Espagnol

français - espagnol • espagnol - français

DICTIONNAIRE DE POCHE

LAROUSSE
DICTIONNAIRES
21, rue du Montparnasse 75283 Paris Cedex 06

Au lecteur

Cette édition du dictionnaire Larousse français-espagnol a été réalisée pour répondre aux besoins spécifiques des apprenants francophones.

Elle est en effet destinée aux débutants et aux « faux débutants » qui, dans le cadre d'un parcours scolaire ou d'autoapprentissage, veulent entreprendre ou reprendre l'étude de la langue espagnole.

Aboutissement d'un travail collectif visant à rendre toute la richesse de la langue, à l'écrit comme à l'oral, ce dictionnaire privilégie les expressions les plus courantes d'aujourd'hui et vous aide à fixer les bases de l'espagnol au niveau du vocabulaire et de la grammaire. Il a été complètement remis à jour à la lumière des nouveaux programmes qui s'appuient sur le *Cadre européen commun de référence pour les langues* (CECR) du Conseil de l'Europe.

La contribution d'enseignants d'espagnol en contexte francophone a été précieuse, car elle a permis de prendre en compte les difficultés spécifiques de l'apprenant francophone.

Avec ses 220 000 mots, expressions et traductions, ses exemples de constructions grammaticales, ses tournures idiomatiques, ses indications de sens et collocations soulignant la ou les traductions appropriées, ce dictionnaire couvre le vocabulaire général ainsi que certains domaines très présents dans la vie de tous les jours, tels que les nouvelles technologies, la cuisine, le sport...

Il constitue votre premier dictionnaire de référence de l'espagnol et, grâce à ses nombreux encadrés et à sa riche contextualisation, il vous deviendra vite indispensable dès que vous voudrez parler ou écrire en espagnol. Il vous permettra de vous exprimer de manière simple et sans hésitation tout en évitant les contresens.

Sa présentation claire permet une consultation aisée et efficace.

L'éditeur

21, rue du Montparnasse
75283 Paris Cedex 06, France
www.larousse.fr

Poche ISBN 978-2-03-595229-5
Poche Plus ISBN 978-2-03-595230-1

Direction du département Dictionnaires et Encyclopédies :
Carine Girac-Marinier

Pour la nouvelle édition

Édition : Valérie Katzaros

Rédaction : Paloma Cabot, David Tarradas, Luca Basili

Informatique éditoriale : Dalila Abdelkader, Monika Al Mourabit, Ivo Kulev

Mise en page : Sylvie Fécamp

Fabrication : Marlène Delbeken

Pour l'édition précédente

Édition : Giovanni Picci

Rédaction :
Chloé Bourbon, Paloma Cabot, Véronica Dersigny, Merry Martinelli,
Ignacio Muñoz, David Tarradas, Cécile Vanwalleghem
Valérie Grossi pour la grammaire

abr	abréviation
adj	adjectif, adjectival
ADMIN	administration
adv	adverbe, adverbial
AÉRON	aeronautique
AGRIC	agriculture
Amér	Amérique
ANAT	anatomie
ARCHÉOL	archéologie
ARCHIT	architecture
arg crime	argot milieu
arg mil	argot militaire
arg scol	argot scolaire
art	article
ASTROL	astrologie
ASTRON	astronomie
att	attributif
AUTO	automobile
aux	auxiliaire
BIOL	biologie
BOT	botanique
CHIM	chimie
CINÉ	cinéma
COMM	commerce
compar	comparatif
conj	conjonction, conjonctif
CONSTR	construction
COUT	couture
CULIN	cuisine
déf	défini
dém	démonstratif
DR	droit
ÉCON	économie
ÉLECTR	électricité
ÉLECTRON	électronique
Esp	Espagne
euphém	euphémisme
excl	exclamatif
f	féminin
fam	familier
fig	figuré
FIN	finance
gén	généralement
GÉOGR	géographie
GÉOL	géologie
GÉOM	géometrie
GRAMM	grammaire
HIST	histoire
hum	humoristique
impers	impersonnel
IMPR	imprimerie
indéf	indéfini
INFORM	informatique
injur	injurieux
insép	inséparable
interj	interjection
interr	interrogatif
inv	invariable
iron	ironique
LING	linguistique
litt	sens propre
LITTÉR	littérature
loc	locution
m	masculin
m ou f	masculin OU féminin - nom dont le genre est flottant : ex. un arobase OU une arobase
MATH	mathématiques

MÉCAN	mécanique
MÉD	médecine
MÉTÉOR	météorologie
mf	masculin et féminin - même forme pour le masculin et le féminin : ex. démocrate
MIL	militaire
MUS	musique
MYTHOL	mythologie
NAUT	nautique
n	nom
nm ou nf	nom dont le genre est flottant : ex. un arobase OU une arobase
nm, f	nom masculin, nom féminin - avec une désinence féminine : ex. menteur, euse
nmf	nom masculin et féminin - même forme pour le masculin et le féminin : ex. démocrate
npr	nom propre
num	numéral
péj	péjoratif
pers	personnel
PHILO	philosophie
PHOTO	photographie
PHYS	physique
pl	pluriel
POLIT	politique
poss	possessif
pp	participe passé
p prés	participe présent
préf	préfixe
prép	préposition, prépositionnel
pron	pronom
prov	proverbe
PSYCHO	psychologie
qqch	quelque chose
qqn	quelqu'un
rel	relatif
RELIG	religion
SCOL	scolaire
sép	séparable
sing	singulier
sout	soutenu
suj	sujet
superl	superlatif
TAUROM	tauromachie
TECHNOL	technologie
TÉLÉCOM	télécommunications
tfam	très familier
TV	télévision
TYPO	typographie
UNIV	université
v	verbe
vi	verbe intransitif
vp	verbe pronominal
vpi	verbe pronominal intransi
vpt	verbe pronominal transitif
vt	verbe transitif
vulg	vulgaire
ZOOL	zoologie

Table phonétique

	espagnol	français	commentaires
[i]	iris	fini	
[e]	estrella	bébé	
[a]	gato	lac	
[o]	otro	coco	
[u]	uno	coucou	mais u dans que ou qui et gue ou gui est muet, comme en français (sauf dans güe ou güi)
[ei̯]	peine, ley	Mireille	
[ai̯]	aire	pagaille	
[oi̯]	boina, soy	cow-boy	
[au̯]	causa	baobab	
[eu̯]	Europa		se prononce éou
[ɟ]	yeso, hierba	yoga	
[j]	ayer	ailleurs, yoyo	
[w]	huevo	oui, kiwi	
[p]	papá	pipe	
[t]	tiempo, tren	toi	
[k]	caro, cuco, saco, quiosco, que, kilo	cou	
[b]	boda, cambio, vaca, enviar	bon	
[β]	caballo, cavar, curvo		un b plus léger
[d]	donde	dire	
[ð]	cada, pardo		un **d** plus léger (en fin de mot, souvent omis dans la langue parlée)
[g]	gas, tango, guerra	gaz	
[ɣ]	agosto, águila, agua		un **g** plus léger
[m]	mano, también	amour	
[n]	nada, antes, avión	noir, tenir	
[ɲ]	año	agneau	
[l]	ala, tal	lire	
[ɾ]	pero, tener, padre	roulé	
[r]	rosa, perro		rr est un **r** allongé
[s]	solo, casa, cortés	soupe	
[z]	resguardar	rose	
[f]	fiesta, frío	faire	
[tʃ]	ocho, China	atchoum	
[θ]	cerdo, cine, azul, paz		comme le th anglais dans thing, mais en Andalousie et en Amérique latine s comme dans savon
[x]	jamón, región		comme le ch allemand dans Bach
[ʎ]	lluvia, calle		se rapproche du son contenu dans million

Comment utiliser ce dictionnaire

hispanoamericano, na ◼ *adj* hispano-américain(e). ◼ *nm, f* Hispano-Américain *(m)*, -e *(f)*.

bisturí (*pl* **bisturíes** *ou* **bisturís**) *nm* bistouri *(m)*.

manta ◼ *nf* couverture *(f)* • **liarse la manta a la cabeza** *fig* sauter le pas, se jeter à l'eau. ◼ *nmf fam* bon *(m)* à rien, bonne *(f)* à rien.

mayúsculo, la *adj* **1.** *(erreur)* monumental(e) **2.** *(effort, surprise)* énorme. ■ **mayúscula** *nf* majuscule *(f)*.

acompañamiento *nm* **1.** cortège *(m)* **2.** escorte *(f)* **3.** MUS accompagnement *(m)* **4.** CULIN garniture *(f)*.

caballito *nm* petit cheval *(m)*. ■ **caballitos** *nmpl* manège *(m)* (de chevaux de bois). ■ **caballito de mar** *nm* hippocampe *(m)*.

columpiar *vt* balancer. ■ **columpiarse** *vp* se balancer.

regañadientes ■ **a regañadientes** *loc adv fam* en rechignant.

abalear *vt* *(Amér)* tirer sur.

registro *nm* **1.** *(gén,* INFORM & MUS*)* registre *(m)* • **inscribir en el registro civil** inscrire à l'état civil **2.** *(inspection)* fouille *(f)* **3.** perquisition *(f)* *(de la police)* **4.** signet *(m)*.

IAE (*abr de* **Impuesto sobre Actividades Económicas**) *nm impôt des travailleurs indépendants en Espagne*.

TGV (*abr de* **train à grande vitesse**) *nm* ≃ AVE *(m)* *(alta velocidad española)* • **prendre un TGV pour Marseille** tomar un TGV para Marsella.

andouille *nf* **1.** *(charcuterie) pour expliquer ce que c'est, vous pouvez dire :* es un embutido elaborado a base de tripas de cerdo. **2.** *fam (personne)* imbécil *(mf)* *(Esp)*, huevón *(m)*, -ona *(f)* *(Amér)*.

jockey = **yóquey**.

- formes féminines
- pluriels qui présentent des difficultés
- signalisation de la catégorie grammaticale
- information sur l'usage
- information sur les niveaux de langue
- signalisation précise des sens et des contextes
- information sur les domaines
- sous-entrées :
  - mots composés, locutions et pluriels ayant leur propre sens
  - verbes pronominaux
- signalisation des américanismes
- mise en évidence des entrées ne s'utilisant que dans des expressions figées
- indication du genre
- précisions sur la traduction
- explications lorsqu'il n'y a pas de traduction directe
- sigles, abréviations et acronymes en contexte
- équivalents culturels
- notes pour aider à expliquer en espagnol des spécificités culturelles françaises
- renvoi des variantes orthographiques aux entrées principales

A

a, A *nm inv (lettre)* a *f*, A *f* • **prouver par a + b** demostrar sin dejar lugar a dudas • **de A à Z** de arriba abajo. ■ **a** (abrév de are) a. ■ **A 1.** (abrév de anticyclone) A **2.** (abrév de ampère) A **3.** (abrév de autoroute) A • **la circulation sur l'A13** la circulación en la A13.

à

■ **à** *prép*

1. INTRODUIT UN COMPLÉMENT D'OBJET DIRECT
• **donner qqch à qqn** dar algo a alguien • **parler à qqn** hablar a alguien • **penser à qqch** pensar en algo

2. INDIQUE LE LIEU OÙ L'ON EST
en • **il habite à Paris** vive en París • **il a une maison à la campagne** tiene una casa en el campo

3. INDIQUE LE LIEU OÙ L'ON VA
a • **aller à Marseille** ir a Marsella • **un voyage à Madrid/aux Baléares** un viaje a Madrid/a las Baleares • **de Nice à Séville** de Niza a Sevilla

4. INTRODUIT UN COMPLÉMENT DE TEMPS
• **à lundi !** ¡hasta el lunes! • **à plus tard !** ¡hasta luego! • **de 8 à 10 heures** de (las) 8 a (las) 10 • **au mois de février** en el mes de febrero

5. INDIQUE LA MANIÈRE
• **à pied** a pie • **à bicyclette** en bicicleta • **à haute voix** en voz alta

6. INTRODUIT UN CHIFFRE
• **ils sont venus à dix** vinieron diez • **un livre à 2 euros** un libro a 2 euros • **la vitesse est limitée à 50 km/h** la velocidad está limitada a 50 km/h

7. INDIQUE L'APPARENCE
• **ce livre est à moi** este libro es mío • **c'est un ami à lui** es un amigo suyo

8. INDIQUE UNE CARACTÉRISTIQUE
• **des chaussures à talons** zapatos de tacón

9. SUIVI D'UN INFINITIF
• **une machine à écrire** una máquina de escribir • **j'ai beaucoup de choses à faire** tengo muchas cosas que hacer.

Å (abrév de angström) Å.

A+ (abrév de à plus tard) *(SMS)* HL *(Hasta Luego)*.

AB 1. (abrév de assez bien) ≃ B **2.** (abrév de agriculture biologique) AB.

abaisser *vt* **1.** *(rideau, voile)* bajar **2.** *(taux, prix)* reducir **3.** *sout (humilier)* degradar. ■ **s'abaisser** *vp* **1.** *(vitre, barrière)* bajarse **2.** *(s'humilier)* rebajarse • **s'abaisser à faire qqch** rebajarse a hacer algo.

abandon *nm* **1.** *(d'une personne, d'une maison, etc)* abandono *m* • **à l'abandon** abandonado(da) **2.** *(d'un droit)* renuncia *f* **3.** *(d'un bien)* cesión *f* **4.** *(confiance)* • **avec abandon** con toda confianza.

abandonné, e *adj* abandonado(da).

abandonner *vt* **1.** *(quitter, négliger)* abandonar **2.** *(renoncer à)* renunciar a **3.** *(céder)* • **abandonner qqch à qqn** ceder algo a alguien. ❑ *vi (laisser tomber)* rendirse • **j'abandonne !** ¡me rindo!

abasourdi, e *adj (stupéfait)* atónito(ta).

abat-jour *nm inv (en toile, en papier)* pantalla *f*.

abats *nmpl (de volaille)* menudillos *mpl* ; *(de bétail)* asaduras *fpl*.

abattement *nm* **1.** *(physique et moral)* abatimiento *m* **2.** *(déduction)* deducción *f* • **abattement fiscal** deducción fiscal.

abattis *nmpl* despojos *mpl*.

abattoir *nm* matadero *m*.

abattre *vt* **1.** *(arbre)* talar **2.** *(tuer)* matar **3.** *(avion, mur)* derribar **4.** *fig (épuiser)* agotar **5.** *(démoraliser)* desmoralizar.

abbaye *nf* abadía *f*.

abbé *nm (d'église)* padre *m* ; *(de couvent)* abad *m*.

abbesse *nf* abadesa *f*.

abc *nm* abecé *m*.

abcès *nm* absceso *m*.

abdication *nf* abdicación *f*.

abdiquer *vt* renunciar a. ❑ *vi* **1.** *(roi)* abdicar **2.** *(abandonner)* claudicar.

abdomen *nm* abdomen *m*.
abdominal, e, -aux *adj* abdominal. ■ **abdominaux** *nmpl* **1.** *(muscles)* abdominales *mpl* **2.** *(exercices)* abdominales *fpl* • **faire des abdominaux** hacer abdominales.
abdos *nmpl fam* **1.** *(muscles)* abdominales *mpl* **2.** *(exercices)* abdominales *fpl* • **faire des abdos** hacer abdominales.
abeille *nf* abeja *f*.
aberrant, e *adj* aberrante.
abîme *nm* abismo *m*.
abîmé, e *adj* estropeado(da).
abîmer *vt* estropear. ■ **s'abîmer** *vp (se détériorer)* estropearse.
abject, e *adj* abyecto(ta).
ablation *nf* ablación *f*.
abnégation *nf* abnegación *f*.
aboiement *nm* ladrido *m*.
abolir *vt* abolir.
abolition *nf* abolición *f*.
abominable *adj* **1.** *(fait)* abominable **2.** *(temps)* horrible.
abondance *nf* abundancia *f* • **en abondance** en abundancia.
abondant, e *adj* **1.** *(gén)* abundante **2.** *(végétation)* frondoso(sa).
abonder *vi* abundar • **la région abonde en fruits** la fruta es abundante en la región • **abonder dans le sens de qqn** abundar en la misma opinión que alguien.
abonné, e *nm,f* **1.** *(à un journal)* suscriptor *m*, -ra *f* **2.** *(à un service, un théâtre)* abonado *m*, -da *f* **3.** *(à une bibliothèque)* socio *m*, -cia *f*.
abonnement *nm* **1.** *(à un journal)* suscripción *f* **2.** *(à un service, un théâtre)* abono *m* **3.** *(à une bibliothèque)* carné *m* de socio.
abonner *vt* • **abonner qqn à qqch a)** *(à un journal)* suscribir a alguien a algo **b)** *(à un service, un théâtre)* abonar a alguien a algo **c)** *(à une bibliothèque)* hacer socio(cia) a alguien de algo. ■ **s'abonner** *vp* abonarse • **s'abonner à qqch a)** *(journal)* suscribirse a algo **b)** *(service, théâtre)* abonarse a algo **c)** *(bibliothèque)* hacerse socio(cia) de algo.
abord *nm* • **être d'un abord difficile/agréable** mostrarse inaccesible/accesible. ■ **abords** *nmpl* inmediaciones *fpl*. ■ **d'abord** *loc adv* en primer lugar, primero. ■ **tout d'abord** *loc adv* ante todo.
abordable *adj* **1.** *(prix, produit)* asequible **2.** *(personne, lieu)* accesible.
abordage *nm* abordaje *m*.
aborder *vi* NAUT atracar. ❑ *vt* **1.** *(personne, question)* abordar **2.** *(virage)* entrar en.
aborigène *adj* aborigen.
aboutir *vi* **1.** *(réussir)* llegar a un resultado **2.** *(mener)* • **aboutir à** *ou* **dans** desembocar en **3.** *fig (déboucher)* • **aboutir à qqch** conducir a algo.
aboyer *vi* **1.** *(chien)* ladrar **2.** *fam (personne)* berrear.
abrasif, ive *adj* abrasivo(va). ■ **abrasif** *nm* abrasivo *m*.
abrégé, e *adj* abreviado(da).
abréger *vt (conversation)* acortar ; *(texte)* resumir ; *(mot)* abreviar.
abreuvoir *nm* abrevadero *m*.
abréviation *nf* abreviatura *f*.
abri *nm* abrigo *m* • **être à l'abri de qqch a)** *(des intempéries)* estar al abrigo de algo **b)** *fig (de menaces, de soupçons)* estar libre de algo • **abri antiatomique** refugio *m* atómico.
Abribus® *nm* marquesina *f* de autobús.
abricot *nm* albaricoque *m*.
abricotier *nm* albaricoquero *m*.
abriter *vt* **1.** *(protéger)* proteger **2.** *(héberger)* alojar. ■ **s'abriter** *vp* resguardarse • **s'abriter de qqch** resguardarse de algo.
abrupt, e *adj* **1.** *(chemin, pente)* abrupto(ta) **2.** *(tons, manières)* brusco(ca).
abruti, e *adj & nm,f fam* estúpido(da).
abrutir *vt* **1.** *(abêtir)* embrutecer **2.** *(accabler)* • **abrutir qqn de qqch** agobiar a alguien con algo **3.** *(étourdir)* aturdir. ■ **s'abrutir** *vp* **1.** *(s'abêtir)* embrutecerse **2.** *(s'accabler)* • **s'abrutir de travail** matarse trabajando.
abrutissant, e *adj* **1.** *(travail)* agotador(ra) **2.** *(jeu, feuilleton)* embrutecedor(ra) **3.** *(bruit)* ensordecedor(ra).
abscisse *nf* MATH abscisa *f*.
absence *nf* **1.** *(de personne)* ausencia *f* • **en l'absence de qqn** en ausencia de alguien **2.** *(carence)* falta *f*.
absent, e *adj & nm,f* ausente • **être absent de** estar ausente de.
absentéisme *nm* absentismo *m*.
absenter ■ **s'absenter** *vp* • **s'absenter (de)** ausentarse (de).
absinthe *nf* **1.** *(plante)* ajenjo *m* **2.** *(boisson)* ajenjo *m*, absenta *f*.
absolu, e *adj* absoluto(ta).
absolument *adv* **1.** *(à tout prix)* sin falta • **il faut absolument qu'il vienne** tiene que venir sin falta • **il veut absolument sortir** por fuerza quiere salir **2.** *(totalement)* totalmente • **c'est absolument vrai** es totalmente cierto • **vous avez absolument raison** tiene usted toda la razón **3.** *(oui)* por supuesto • **absolument pas** en absoluto.
absolutisme *nm* absolutismo *m*.
absorbant, e *adj* absorbente.
absorber *vt* **1.** *(gén)* ÉCON absorber **2.** *(ingérer)* ingerir.
abstenir ■ **s'abstenir** *vp* abstenerse • **s'abstenir de faire qqch** abstenerse de hacer algo.
abstention *nf* abstención *f*.

abstentionnisme *nm* abstencionismo *m*.
abstentionniste *nmf* abstencionista *mf*.
abstinence *nf* abstinencia *f*.
abstraction *nf* abstracción *f*.
abstrait, e *adj* abstracto(ta).
absurde *adj* absurdo(da). ❑ *nm* • **l'absurde** lo absurdo • **par l'absurde** por reducción al absurdo.
absurdité *nf* **1.** *(illogisme)* absurdo *m* • **l'absurdité de** *(situation, attitude, etc)* lo absurdo de **2.** *(parole, action)* disparate *m*.
abus *nm* abuso *m* • **abus de confiance** abuso de confianza • **abus de pouvoir** abuso de poder.
abuser *vi (exagérer)* abusar • **il ne faut pas abuser !** ¡tampoco hay que pasarse! • **abuser de** *(tabac, alcool, pouvoir)* abusar de.
abusif, ive *adj* abusivo(va).
acabit *nm* • **de cet acabit, du même acabit** *péj* de esta calaña, de la misma calaña.
acacia *nm* acacia *f*.
académicien, enne *nm,f* académico *m*, -ca *f*.
académie *nf* **1.** *(gén)* academia *f* • **académie de peinture/musique** academia de pintura/música **2.** SCOL & UNIV *distrito educativo en Francia*. ■ **Académie française** *nf* • **l'Académie française** *sociedad oficial de literatos para la defensa del idioma* ; ≃ Real Academia *f*. ■ **Académie Goncourt** *nf* • **l'Académie Goncourt** *sociedad de literatos que otorga el premio literario Goncourt*.
acajou *adj inv & nm* caoba.
acariâtre *adj* desabrido(da).
acarien *nm* ácaro *m*.
accablant, e *adj* abrumador(ra) ; *(travail)* agobiante.
accabler *vt* **1.** *(surcharger)* • **accabler qqn de qqch a)** *(de travail)* agobiar a alguien de algo **b)** *(d'injures, de reproches)* colmar a alguien de algo **2.** *(accuser)* confundir.
accalmie *nf* calma *f*.
accéder *vi* • **accéder à** acceder a.
accélérateur *nm* acelerador *m*.
accélération *nf* **1.** *(d'un mouvement, d'un véhicule)* aceleración *f* **2.** *(d'un processus)* aceleramiento *m*.
accélérer *vt & vi* acelerar.
accent *nm* acento *m* • **mettre l'accent sur** *fig* poner énfasis en.
accentuation *nf* acentuación *f*.
accentuer *vt* **1.** *(gén)* acentuar **2.** *(intensifier)* aumentar. ■ **s'accentuer** *vp* acentuarse.
acceptable *adj* aceptable.
acceptation *nf* aceptación *f*.
accepter *vt* aceptar ; *(permettre)* admitir • **accepter de faire qqch** aceptar hacer algo • **accepter que** *(+ subjonctif)* consentir que *(+ subjonctif)*.
acception *nf* acepción *f*.
accès *nm* **1.** *(entrée)* entrada *f* • **'accès interdit'** 'prohibida la entrada' **2.** *(voie, crise)* acceso *m* • **avoir accès à qqch** tener acceso a algo • **cette porte donne accès au jardin** esta puerta da al jardín • **cette formation donne accès à...** esta carrera da acceso a... • **accès de colère** arrebato *m* de cólera • **accès de fièvre** acceso de fiebre.
accessible *adj* **1.** *(gén)* accesible **2.** *(prix, produit)* asequible.
accession *nf* acceso *m* • **accession à qqch** acceso a algo.
accessoire *adj* accesorio(ria). ❑ *nm* **1.** *(de théâtre, de cinéma)* atrezo *m* **2.** *(de machine)* accesorio *m* **3.** *(de mode)* complemento *m* **4.** *(chose peu importante)* • **l'accessoire** lo accesorio.
accident *nm* accidente *m* • **accident de la circulation** accidente de tráfico • **accident du travail** accidente laboral • **accident de voiture** accidente de coche. ■ **par accident** *loc adv* por casualidad.
accidenté, e *adj & nm,f* accidentado(da).
accidentel, elle *adj* **1.** *(rencontre)* accidental, casual **2.** *(mort)* por accidente.
acclamation *nf* aclamación *f*.
acclamer *vt* aclamar.
acclimatation *nf* aclimatación *f*.
acclimater *vt (animal, végétal)* aclimatar.
accolade *nf* **1.** *(signe graphique)* llave *f* **2.** *(embrassade)* abrazo *m*.
accommodant, e *adj* **1.** *(personne)* complaciente **2.** *(caractère)* conciliador(ra).
accommodement *nm* acomodamiento *m*.
accommoder *vt* **1.** *(viande, poisson)* preparar **2.** *(adapter)* • **accommoder qqch à qqch** adecuar algo a algo.
accompagnateur, trice *nm,f* acompañante *mf*.
accompagnement *nm* **1.** MUS acompañamiento *m* **2.** CULIN guarnición *f* **3.** *(escorte)* escolta *f*.
accompagner *vt* acompañar • **accompagner qqch de qqch** acompañar algo con algo.
accompli, e *adj* consumado(da).
accomplir *vt* cumplir. ■ **s'accomplir** *vp* cumplirse.
accomplissement *nm* cumplimiento *m*.
accord *nm* **1.** *(entente, traité)* acuerdo *m* **2.** *(acceptation)* aprobación *f* • **donner son accord à** dar su aprobación a **3.** MUS acorde *m* **4.** GRAMM concordancia *f*. ■ **d'accord** *loc adv* de acuerdo • **être d'accord avec qqn/qqch** estar de acuerdo con alguien/algo • **tomber** *ou* **se mettre d'accord** ponerse de acuerdo.
accordéon *nm* acordeón *m*.
accorder *vt* **1.** *(attribuer)* • **accorder qqch à qqn** conceder algo a alguien • **accorder de l'importance/de la valeur à qqch** conceder impor-

tancia/valor a algo **2.** *(harmoniser)* combinar **3.** *GRAMM* • **accorder qqch avec** concordar algo con **4.** *(instrument)* afinar.

accoster *vt* **1.** *NAUT* atracar **2.** *(personne)* abordar. ❑ *vi NAUT* atracar.

accotement *nm* arcén *m* **(Esp)**, acotamiento *m* **(Amér)**.

accouchement *nm* parto *m* • **accouchement anonyme** *ou* **sous X** parto anónimo • **accouchement sans douleur** parto sin dolor.

accoucher *vi* dar a luz • **accoucher de** dar a luz a. ❑ *vt* asistir al parto.

accouder ■ **s'accouder** *vp* • **s'accouder à** apoyar los codos en.

accoudoir *nm* brazo *m (de sillón)*.

accouplement *nm* **1.** *(d'animaux)* apareamiento *m* **2.** *TECHNOL* acoplamiento *m*.

accoupler *vt* **1.** *(animaux)* aparear, acoplar **2.** *TECHNOL* acoplar. ■ **s'accoupler** *vp (animaux)* aparearse.

accourir *vi* acudir.

accoutré, e *adj péj* ataviado(da).

accoutrement *nm péj* atavío *m*.

accoutumance *nf* **1.** *MÉD* adicción *f* **2.** *(adaptation)* acostumbramiento *m*.

accoutumer *vt* • **accoutumer qqn à qqch/à faire qqch** acostumbrar a alguien a algo/a hacer algo. ■ **s'accoutumer** *vp* • **s'accoutumer à qqn/à qqch** acostumbrarse a alguien/a algo.

accréditation *nf* acreditación *f*.

accréditer *vt* acreditar • **accréditer qqn auprès de** acreditar a alguien ante.

accro *adj fam* enganchado(da) • **être accro à qqch** estar enganchado a algo.

Accrobranche® *nf* arborismo *m*.

accroc *nm* **1.** *(déchirure)* desgarrón *m* **2.** *(incident)* contratiempo *m*.

accrochage *nm* **1.** *(accident)* choque *m* **(Esp)**, estrellón *m* **(Amér) 2.** *(d'un tableau)* colocación *f* **3.** *fam (dispute)* agarrada *f*.

accroche *nf COMM* eslogan *m*.

accrocher *vt* **1.** *(suspendre)* colgar • **accrocher qqch à** colgar algo en **2.** *(déchirer)* engancharse • **accrocher qqch à** engancharse algo en *ou* con **3.** *(heurter)* chocar con **4.** *(attacher)* enganchar • **accrocher qqch à** enganchar algo a **5.** *(retenir l'attention de)* impactar. ■ **s'accrocher** *vp* **1.** *(s'agripper)* agarrarse • **s'accrocher à qqn/à qqch a)** agarrarse a alguien/a algo **b)** *fig* aferrarse a alguien/a algo **2.** *fam (se disputer)* agarrarse **3.** *fam (persévérer)* trabajar duro.

accroissement *nm* incremento *m*.

accroître *vt* incrementar. ■ **s'accroître** *vp* incrementarse.

accroupir ■ **s'accroupir** *vp* ponerse en cuclillas.

accueil *nm* **1.** *(d'hôtel, etc)* recepción *f* **2.** *(action)* acogida *f*.

accueillant, e *adj* acogedor(ra).

accueillir *vt* **1.** *(recevoir)* acoger **2.** *(héberger)* alojar, albergar.

accumulateur *nm* acumulador *m*.

accumulation *nf* acumulación *f*.

accumuler *vt* acumular. ■ **s'accumuler** *vp* acumularse.

accusateur, trice *adj & nm, f* acusador(ra).

accusation *nf* acusación *f*.

accusé, e *nm, f* acusado *m*, -da *f*. ■ **accusé de réception** *nm* acuse *m* de recibo.

accuser *vt* **1.** *(gén)* acusar • **accuser qqn de qqch** acusar a alguien de algo **2.** *(accentuer)* resaltar. ■ **s'accuser** *vp* **1.** *(se rendre coupable)* culparse **2.** *(mutuellement)* acusarse.

acerbe *adj* hiriente.

acéré, e *adj* **1.** *(lame)* acerado(da) **2.** *(esprit)* incisivo(va).

achalandé, e *adj (approvisionné)* • **bien achalandé** bien surtido.

acharné, e *adj* **1.** *(combat)* encarnizado(da) **2.** *(joueur)* empedernido(da) **3.** *(travail)* intenso(sa).

acharnement *nm* **1.** *(obstination)* empeño *m* **2.** *(rage)* ensañamiento *m*.

acharner ■ **s'acharner** *vp* **1.** *(attaquer)* • **s'acharner contre** *ou* **sur a)** *(ennemi, victime)* ensañarse con **b)** *(sujet : malheur, sort)* perseguir **2.** *(s'obstiner à)* • **s'acharner à** obstinarse en.

achat *nm* compra *f* • **faire des achats** ir de compras.

acheminer *vt* transportar. ■ **s'acheminer** *vp* • **s'acheminer vers a)** encaminarse hacia **b)** *fig* ir camino de.

acheter *vt* comprar • **acheter qqch à qqn** *ou* **pour qqn** comprar algo a *ou* para alguien • **acheter qqn** *fig* comprar a alguien.

acheteur, euse *nm, f* comprador *m*, -ra *f*.

achevé, e *adj sout* rematado(da).

achèvement *nm* terminación *f*.

achever *vt* **1.** *(terminer)* acabar **2.** *(tuer, accabler)* acabar con. ■ **s'achever** *vp* acabarse.

acide *adj* ácido(da). ❑ *nm* ácido *m*.

acidité *nf* **1.** *(gén)* acidez *f* **2.** *(de propos)* acritud *f*.

acidulé, e *adj (saveur)* ácido(da).

acier *nm* acero *m* • **acier inoxydable** acero inoxidable.

aciérie *nf* acería *f*.

acné *nf* acné *m* • **acné juvénile** acné juvenil.

acolyte *nm péj* acólito *m*.

acompte *nm* anticipo *m*.

Aconcagua *npr* • **l'Aconcagua** el Aconcagua.

Açores *npr f pl* • **les Açores** las Azores.

à-côté *nm* **1.** *(point accessoire)* pormenores *mpl* **2.** *(gén pl) (gain d'appoint)* extras *mpl*.

à-coup *nm* sacudida *f* • **par à-coups** a trompicones.

acoustique *adj* acústico(ca). ❑ *nf* acústica *f.*

acquéreur *nm* adquisidor *m*, -ra *f.*

acquérir *vt* **1.** *(gén)* adquirir **2.** *(procurer)* granjear. ■ **s'acquérir** *vp* granjearse.

acquiescement *nm* consentimiento *m.*

acquiescer *vi* asentir • **acquiescer à** consentir en.

acquis, e *adj* adquirido(da) • **être acquis à** ser adicto a • **tenir qqch pour acquis a)** *(pour évident)* dar algo por sabido **b)** *(pour décidé)* dar algo por hecho. ■ **acquis** *nm* experiencia *f*; *(savoir)* conocimientos *mpl.*

acquisition *nf* adquisición *f.*

acquit *nm* **1.** *(reçu)* recibo *m* • **pour acquit** COMM recibí *m* **2.** *fig* • **par acquit de conscience** para mayor tranquilidad.

acquittement *nm* **1.** *(d'une dette)* pago *m* **2.** *(d'accusé)* absolución *f.*

acquitter *vt* **1.** *(régler)* pagar **2.** *(accusé)* absolver.

âcre *adj* agrio(gria).

acrobate *nmf* acróbata *mf.*

acrobatie *nf* acrobacia *f.*

acrosport *nm* acrosport *m.*

acrylique *nm* acrílico *m.* ❑ *adj* acrílico(ca).

acte *nm* **1.** *(action)* acto *m* • **faire acte de présence** hacer acto de presencia **2.** COMM escritura *f* **3.** DR acta *f* • **acte d'accusation** acta de acusación • **acte de mariage** certificado *m* de matrimonio • **acte de naissance** partida *f* de nacimiento • **prendre acte de qqch** tomar nota de algo. ■ **actes** *nmpl* actas *fpl.*

acteur, trice *nm,f* actor *m*, -triz *f.*

actif, ive *adj* activo(va). ■ **actif** *nm* FIN activo *m* • **avoir qqch à son actif** *fig* tener algo en su haber.

action *nf* acción *f* • **bonne/mauvaise action** buena/mala acción.

actionnaire *nmf* accionista *mf.*

actionnariat *nm* accionariado *m.*

actionner *vt* accionar.

activement *adv* activamente.

activer *vt* **1.** *(travaux, processus)* acelerar **2.** *(feu)* avivar, atizar. ■ **s'activer** *vp* *(s'affairer)* afanarse ; *(se dépêcher)* apresurarse.

activiste *adj & nmf* activista.

activité *nf* actividad *f* • **en activité** *(volcan)* en actividad.

actrice → **acteur.**

actu (abrév de actualité) *nf fam* • **l'actu** la actualidad • **l'actu de la semaine en images** las imágenes de actualidad de la semana.

actualisation *nf* actualización *f.*

actualiser *vt* actualizar. ■ **s'actualiser** *vp* actualizarse.

actualité *nf* actualidad *f* • **l'actualité politique/sportive** la actualidad política/deportiva. ■ **actualités** *nfpl* • **les actualités** el noticiario.

actuel, elle *adj* actual.

actuellement *adv* actualmente, en la actualidad.

acuité *nf* **1.** *(intensité)* gravedad *f* **2.** *(sensibilité)* agudeza *f.*

acupuncteur, trice, acuponcteur, trice *nm,f* acupuntor *m*, -ra *f.*

acupuncture, acuponcture *nf* acupuntura *f.*

adage *nm* adagio *m.*

adaptateur, trice *nm,f* *(personne)* adaptador *m*, -ra *f.* ■ **adaptateur** *nm* ÉLECTR adaptador *m.*

adaptation *nf* adaptación *f.*

adapter *vt* **1.** *(gén)* • **adapter qqch à qqn/à qqch** adaptar *ou* adecuar algo a alguien/a algo **2.** *(fixer)* acoplar **3.** *(œuvre)* adaptar. ■ **s'adapter** *vp* • **s'adapter (à qqch)** adaptarse (a algo).

addiction *nf* adicción *f.*

additif, ive *adj* aditivo(va). ■ **additif** *nm* **1.** *(à un texte)* cláusula *f* adicional **2.** *(substance)* aditivo *m.*

addition *nf* **1.** *(ajout)* adición *f* **2.** *(calcul)* suma *f* **3.** *(note)* cuenta *f.*

additionner *vt* **1.** *(calculer)* sumar **2.** *(ajouter)* añadir • **additionner qqch d'eau** aguar algo.

adepte *nmf* adepto *m*, -ta *f.*

adéquat, e *adj* adecuado(da).

adéquation *nf* adecuación *f.*

adhérence *nf* adherencia *f.*

adhérent, e *adj* adherente. ❑ *nm,f* *(membre -d'une association)* miembro *m* ; *(-d'un parti)* afiliado *m*, -da *f.*

adhérer *vi* **1.** *(coller)* adherirse **2.** *(devenir membre de)* • **adhérer à a)** *(une association)* hacerse miembro de **b)** *(un parti)* afiliarse a **3.** *(être d'accord avec)* • **adhérer à** adherirse a.

adhésif, ive *adj* adhesivo(va). ■ **adhésif** *nm* adhesivo *m.*

adhésion *nf* **1.** *(à une idée)* adhesión *f* **2.** *(à un parti)* afiliación *f.*

adieu *interj* ¡adiós! • **dire adieu à qqch** despedirse de algo. ❑ *nm* *(gén pl)* adiós *m* • **faire ses adieux à** despedirse de.

adipeux, euse *adj* adiposo(sa).

adjectif *nm* adjetivo *m* • **adjectif attribut/épithète** adjetivo atributivo/epíteto.

adjoindre *vt* agregar • **adjoindre qqn à qqn** asignar alguien a alguien.

adjoint, e *adj* adjunto(ta). ❑ *nm,f* adjunto *m*, -ta *f* • **adjoint au maire** teniente *m* de alcalde.

adjonction *nf* agregación *f.*

adjudant *nm* ≃ brigada *m.*

adjuger *vt* **1.** *(aux enchères)* adjudicar • **adjugé !** ¡adjudicado! **2.** *(décerner)* • **adjuger qqch à qqn** otorgar algo a alguien.

admettre *vt* **1.** *(accepter, recevoir)* admitir **2.** *(supposer)* suponer • **admettons que cela soit vrai** supongamos que sea cierto **3.** *(autoriser)* autorizar • **être admis à faire qqch** tener derecho a hacer algo.

administrateur, trice *nm, f* administrador *m*, -ra *f* • **administrateur de site (Web)** INFORM administrador de web.

administratif, ive *adj* administrativo(va).

administration *nf* administración *f*.

administrer *vt* administrar.

admirable *adj* **1.** *(personne, comportement)* admirable **2.** *(paysage, spectacle)* maravilloso(sa).

admiratif, ive *adj (regard, remarque)* de admiración.

admiration *nf* admiración *f*.

admirer *vt* admirar.

admissible *adj* **1.** *(acceptable)* admisible **2.** SCOL & UNIV admitido(da) *(a la segunda parte de un examen)*.

admission *nf* admisión *f*.

ADN (abrév de acide désoxyribonucléique) *nm* ADN *m* • **un test ADN** una prueba de ADN.

ado *nmf fam* adolescente *mf*.

adolescence *nf* adolescencia *f*.

adolescent, e *adj & nm, f* adolescente.

adopter *vt* **1.** *(gén)* adoptar **2.** *(loi)* aprobar.

adoptif, ive *adj* adoptivo(va).

adoption *nf* **1.** *(d'enfant)* adopción *f* • **d'adoption** *(famille, pays)* adoptivo(va) **2.** *(de loi)* aprobación *f*.

adorable *adj* adorable.

adoration *nf* adoración *f*.

adorer *vt* adorar • **adorer qqch/faire qqch** encantarle a uno algo/hacer algo.

adoucir *vt* **1.** *(gén)* suavizar **2.** *(eau)* descalcificar. ■ **s'adoucir** *vp* **1.** *(climat)* suavizarse **2.** *(personne)* serenarse.

adoucissant, e *adj* suavizante. ■ **adoucissant** *nm* suavizante *m*.

adoucisseur *nm* • **adoucisseur (d'eau)** descalcificador *m*.

adresse *nf* **1.** *(domicile)* dirección *f* • **partir sans laisser d'adresse** irse sin dejar señas **2.** *(habileté - physique)* maña *f*; *(- intellectuelle)* ingenio *m* **3.** INFORM dirección *f* • **adresse (de courrier) électronique** dirección de correo electrónico, dirección electrónica • **adresse Web** dirección web **4.** *(intention)* • **à l'adresse de qqn** a la atención de alguien.

adresser *vt* **1.** *(envoyer)* remitir • **adresser qqch à qqn** remitir algo a alguien **2.** *(reproche, compliment)* hacer • **adresser la parole à qqn** dirigir la palabra a alguien **3.** *(recommander)* • **adresser qqn à qqn** mandar *ou* enviar alguien a alguien. ■ **s'adresser** *vp* • **s'adresser à qqn a)** *(parler à qqn)* dirigirse a alguien **b)** *(être destiné à qqn)* estar destinado(da) a alguien.

adroit, e *adj* **1.** *(habile)* diestro(tra) **2.** *(ingénieux)* hábil.

adroitement *adv* **1.** *(avec dextérité)* con destreza **2.** *(avec finesse)* con habilidad.

aduler *vt* adular.

adulte *adj & nmf* adulto(ta).

adultère *nm* adulterio *m*. ❑ *adj* adúltero(ra).

advenir *vi* pasar • **qu'adviendra-t-il de ce projet ?** ¿qué será de este proyecto?

adverbe *nm* adverbio *m*.

adversaire *nmf* adversario *m*, -ria *f*.

adverse *adj* **1.** *(opposé)* opuesto(ta) **2.** DR → **partie**.

adversité *nf* adversidad *f*.

aération *nf* ventilación *f*.

aéré, e *adj* **1.** *(pièce, appartement)* aireado(do), ventilado(do) **2.** *(texte)* aligerado(da).

aérer *vt* **1.** *(pièce)* ventilar ; *(linge)* airear, orear **2.** *fig (texte)* aligerar. ■ **s'aérer** *vp (sortir)* airearse, tomar el aire.

aérien, enne *adj* aéreo(rea).

aérobic *nm* aerobic *m*.

aérodrome *nm* aeródromo *m*.

aérodynamique *nf* aerodinámica *f*. ❑ *adj* aerodinámico(ca).

aérogare *nf* **1.** *(aéroport)* terminal *f* **2.** *(gare)* estación *f* terminal.

aéroglisseur *nm* aerodeslizador *m*.

aérogramme *nm* aerograma *m*.

aéronautique *nf* aeronáutica *f*. ❑ *adj* aeronáutico(ca).

aéronaval, e *adj* aeronaval.

aérophagie *nf* aerofagia *f*.

aéroport *nm* aeropuerto *m*.

aéroporté, e *adj* aerotransportado(da).

aérosol *nm* aerosol *m*. ❑ *adj inv* en aerosol.

aérospatial, e *adj* aeroespacial. ■ **aérospatiale** *nf* tecnología *f* aeroespacial.

affable *adj* afable.

affaiblir *vt* debilitar. ■ **s'affaiblir** *vp* debilitarse.

affaire *nf* **1.** *(gén)* asunto *m* **2.** *(question)* cuestión *f* **3.** *(marché avantageux)* ganga *f* **4.** COMM negocio *m* **5.** *(polémique)* caso *m* • **avoir affaire à qqn** *(traiter avec qqn)* tener que tratar con alguien • **il aura affaire à moi** tendrá que vérselas conmigo • **ça fera l'affaire** con esto me apaño. ■ **affaires** *nfpl* **1.** COMM negocios *mpl* **2.** *(objets personnels)* cosas *fpl* **3.** *(activités publiques et privées)* asuntos *mpl* • **les Affaires étrangères** Asuntos exteriores.

affairé, e *adj* atareado(da).

affairer ■ **s'affairer** *vp* atarearse.

affairisme *nm* mercantilismo *m*.

affaisser ■ **s'affaisser** *vp* **1.** *(se creuser)* hundirse **2.** *(tomber)* desplomarse.
affaler ■ **s'affaler** *vp* repantingarse.
affamé, e *adj* hambriento(ta).
affecté, e *adj* afectado(da).
affecter *vt* **1.** *(consacrer)* destinar **2.** *(nommer)* • **affecter qqn à** *(poste, lieu)* destinar a alguien a **3.** *(feindre)* fingir • **affecter d'être heureux** fingir ser feliz.
affectif, ive *adj* afectivo(va).
affection *nf* **1.** *(sentiment)* afecto *m* **2.** *(maladie)* afección *f.*
affectionner *vt (chose)* adorar.
affectueux, euse *adj* afectuoso(sa).
affichage *nm* **1.** *(action d'afficher)* fijación *f* **2.** INFORM visualización *f* • **affichage numérique** visualización numérica.
affiche *nf* cartel *m* (ESP), afiche *m* (AMÉR).
afficher *vt* **1.** *(liste, affiche)* fijar **2.** *fig (montrer)* hacer alarde de **3.** INFORM visualizar. ■ **s'afficher** *vp* **1.** *(se montrer)* • **s'afficher avec qqn** exhibirse con alguien **2.** ÉLECTR aparecer.
affilée ■ **d'affilée** *loc adv* de un tirón.
affiler *vt* afilar.
affiner *vt* refinar.
affinité *nf* afinidad *f* • **avoir des affinités avec qqn** tener afinidades con alguien.
affirmatif, ive *adj* **1.** *(réponse)* afirmativo(va) **2.** *(ton)* categórico(ca). ■ **affirmatif** *adv* sí. ■ **affirmative** *nf* afirmación *f* • **dans l'affirmative** en caso afirmativo • **répondre par l'affirmative** responder afirmativamente.
affirmation *nf* afirmación *f.*
affirmer *vt* afirmar. ■ **s'affirmer** *vp* confirmarse.
affleurer *vi* aflorar.
affliction *nf sout* aflicción *f.*
affligé, e *adj* afligido(da).
affligeant, e *adj* penoso(sa).
affliger *vt* **1.** *sout (attrister)* afligir **2.** *(accabler)* • **être affligé de qqch** estar aquejado de algo. ■ **s'affliger** *vp* • **s'affliger de qqch** *sout* afligirse por algo.
affluence *nf* afluencia *f.*
affluent *nm* afluente *m.*
affluer *vi* afluir.
afflux *nm* **1.** *(gén)* afluencia *f* **2.** MÉD aflujo *m.*
affolant, e *adj* alarmante.
affoler *vt* **1.** *(inquiéter)* alarmar **2.** *(troubler)* turbar. ■ **s'affoler** *vp (paniquer)* perder la calma.
affranchir *vt* **1.** *(timbrer)* franquear **2.** *(esclave)* libertar.
affranchissement *nm* **1.** *(timbrage)* franqueo *m* **2.** *(libération)* liberación *f.*
affreux, euse *adj* horrible.
affriolant, e *adj* provocativo(va).
affront *nm* afrenta *f.*
affrontement *nm* enfrentamiento *m.*
affronter *vt* **1.** *(personne)* enfrentarse a *ou* con **2.** *(situation)* afrontar.
affubler *vt péj* • **affubler qqn de qqch** ataviar a alguien con algo.
affût *nm* • **être à l'affût (de qqch)** *fig* estar al acecho (de algo).
affûter *vt* afilar.
Afghanistan *npr m* • **l'Afghanistan** Afganistán.
afin ■ **afin de** *loc prép* a fin de, con el fin de. ■ **afin que** *loc conj* con el fin de que • **écris lisiblement afin que l'on puisse te lire** escribe de manera legible con el fin de que se pueda leer lo que escribes.
africain, e *adj* africano(na). ■ **Africain, e** *nm, f* africano *m,* -na *f.*
Afrique *npr* • **l'Afrique** África • **l'Afrique noire** el África negra • **l'Afrique du Nord** África del Norte • **l'Afrique du Sud** Sudáfrica.
afro *adj inv* afro.
after [aftœr] *nm* after *m.*
after-shave *nm inv* loción *f* para después del afeitado. ❑ *adj inv* para después del afeitado.
AG (abrév de assemblée générale) *nf* JG *f.*
agaçant, e *adj* irritante.
agacer *vt* irritar.
âge *nm* edad *f* • **d'âge mûr** de edad madura • **d'un âge avancé** de edad avanzada • **l'âge ingrat** la edad del pavo • **prendre de l'âge** hacerse mayor • **quel âge as-tu ?** ¿cuántos años tienes? • **âge d'or** edad de oro • **âge mental** edad mental • **le troisième âge** la tercera edad.
âgé, e *adj* mayor • **être âgé de 20 ans** tener 20 años.
agence *nf* agencia *f* • **agence immobilière/matrimoniale** agencia inmobiliaria/matrimonial • **agence de publicité** agencia de publicidad • **agence de voyages** agencia de viajes.
agencer *vt* **1.** *(éléments)* disponer **2.** *(espace)* distribuir **3.** *(texte)* estructurar.
agenda *nm* agenda *f* • **agenda électronique** agenda electrónica.
agenouiller ■ **s'agenouiller** *vp* arrodillarse.
agent *nm* agente *mf* • **agent de change** agente de cambio y bolsa • **agent de police** ≃ guardia *m,* agente *m* de policía • **agent secret** agente secreto.
agglomération *nf* **1.** *(amas)* aglomeración *f* **2.** *(ville)* núcleo *m* de población.
aggloméré *nm* conglomerado *m.*
agglomérer *vt* aglomerar, conglomerar.
agglutiner *vt* aglutinar. ■ **s'agglutiner** *vp* aglutinarse.
aggraver *vt* agravar. ■ **s'aggraver** *vp* agravarse.

agile *adj* ágil.

agilité *nf* agilidad *f*.

agir *vi* **1.** *(faire)* actuar **2.** *(se comporter)* comportarse **3.** *(influer)* • **agir sur qqn/qqch** influir sobre alguien/algo **4.** *(être efficace)* surtir efecto. ■ **s'agir** *v impers* • **il s'agit de faire qqch** se trata de hacer algo • **il s'agit de qqn/de qqch** se trata de alguien/de algo • **de quoi s'agit-il ?** ¿de qué se trata?

agissements *nmpl* artimañas *fpl*.

agitateur, trice *nm,f* POLIT agitador *m*, -ra *f*. ■ **agitateur** *nm* CHIM agitador *m*.

agitation *nf* agitación *f*.

agité, e *adj* agitado(da).

agiter *vt* agitar. ■ **s'agiter** *vp* **1.** *(bouger)* moverse **2.** *fam (se dépêcher)* espabilarse.

agneau *nm* **1.** *(animal, viande)* cordero *m* **2.** *(fourrure)* piel *f* de cordero.

agonie *nf* **1.** *(de personne)* agonía *f* **2.** *fig (déclin)* declive *m*.

agoniser *vi* agonizar.

agrafe *nf* grapa *f* **(ESP)**, grampa *f* **(AMÉR)**.

agrafer *vt* **1.** *(papiers)* grapar **2.** *(vêtement)* abrochar.

agrafeuse *nf* grapadora *f* **(ESP)**, corchetera *f* **(AMÉR)**.

agraire *adj* agrario(ria).

agrandir *vt* ampliar. ■ **s'agrandir** *vp* crecer.

agrandissement *nm* ampliación *f*.

agréable *adj* agradable.

agréer *vt sout (accepter)* • **agréer une demande** admitir una demanda • **Veuillez agréer mes salutations distinguées** *ou* **l'expression de mes sentiments distingués** le saluda atentamente.

agrégation *nf* oposición *f* a cátedra.

agrégé, e *nm,f* ≃ catedrático *m*, -ca *f*.

agrément *nm sout* **1.** *(caractère agréable)* encanto *m* • **d'agrément** *(voyage)* de placer **2.** *(approbation)* consentimiento *m*.

agrès *nmpl* aparatos *mpl* de gimnasia.

agresser *vt* agredir.

agressif, ive *adj* agresivo(va).

agression *nf* agresión *f*.

agressivité *nf* agresividad *f*.

agricole *adj* agrícola.

agriculteur, trice *nm,f* agricultor *m*, -ra *f*.

agriculture *nf* agricultura *f*.

agripper *vt* agarrar.

agroalimentaire *adj (industrie, produit)* agroalimentario(ria).

agronome *adj* agrónomo(ma).

agrumes *nmpl* cítricos *mpl*.

aguets ■ **aux aguets** *loc adv* al acecho • **être aux aguets** estar al acecho.

ahuri, e *adj (abasourdi)* asombrado(da). ❑ *nm,f (idiot)* atolondrado *m*, -da *f*.

ahurissant, e *adj* pasmoso(sa).

aide *nf* ayuda *f* • **venir en aide à qqn** venir en ayuda de alguien • **aide sociale** asistencia *f* social. ❑ *nmf* ayudante *mf*. ■ **à l'aide de** *loc prép* con ayuda de. ■ **aide familiale** *nf* ayuda familiar. ■ **aide ménagère** *nf* ayuda doméstica.

S'EXPRIMER

proposer son aide

- ***¿Te/Le puedo ayudar?*** Puis-je t'aider / vous aider ?
- ***¿En qué te/le puedo ayudar?*** Que puis-je faire pour toi / vous ?
- ***Si quiere, me ocupo de ello.*** Si vous voulez, je m'en charge.

aide-comptable *nmf* auxiliar *mf* de contabilidad.

aide-éducateur, trice *nm,f* SCOL asistente *m* educativo, asistente *f* educativa.

aide-mémoire *nm inv* cuaderno *m* de notas.

aider *vt* ayudar • **aider qqn à faire qqch** ayudar a alguien a hacer algo. ■ **s'aider** *vp* **1.** *(s'assister mutuellement)* ayudarse **2.** *(avoir recours)* • **s'aider de qqch** valerse de algo.

aide-soignant, e *nm,f* auxiliar *mf* de clínica.

aïe *interj* **1.** *(de douleur)* ¡ay! **2.** *(de désagrément)* ¡vaya!

aïeul, e *nm,f sout* abuelo *m*, -la *f* **(ESP)**, papá grande *m*, mamá grande *f* **(AMÉR)**.

aïeux *nmpl sout* antepasados *mpl*.

aigle *nm* águila *f*.

aigre *adj* **1.** *(saveur, propos)* agrio(gria) **2.** *(odeur)* acre. ❑ *nm* • **tourner à l'aigre** *(discussion, débat)* subir de tono.

aigre-doux, aigre-douce *adj* agridulce.

aigrelet, ette *adj* **1.** *(vin)* ligeramente agrio(agria) **2.** *(voix)* agudo(da).

aigreur *nf* **1.** *(d'aliment)* agrura *f* **2.** *(de propos)* acritud *f*. ■ **aigreurs d'estomac** *nfpl* acidez *f* de estómago.

aigri, e *adj & nm,f* amargado(da).

aigu, uë *adj* **1.** *(gén)* agudo(da) **2.** *(lame)* afilado(da) **(ESP)**, filoso(sa) **(AMÉR)**. ■ **aigu** *nm* MUS agudo *m*.

aiguillage *nm* RAIL cambio *m* de agujas • **c'est une erreur d'aiguillage** *fig* no era el buen camino.

aiguille *nf* **1.** *(gén)* aguja *f* • **aiguille à coudre** aguja de coser • **aiguille de pin** aguja de pino • **aiguille à tricoter** aguja de punto **2.** GÉOGR pico *m*.

aiguiller *vt litt & fig* encarrilar.

aiguilleur *nm* RAIL guardagujas *m inv*. ■ **aiguilleur du ciel** *nm* controlador aéreo *m*, controladora aérea *f*.

aiguiser *vt* **1.** *(outil)* afilar **2.** *(sensation)* aguzar.

aïkido [ajkido] *nm* aikido *m*.

ail *nm* ajo *m*.

aile *nf* **1.** *(gén)* ala *f* **2.** *(de moulin)* aspa *f* **3.** *(de voiture, de nez)* aleta *f.*

aileron *nm* **1.** *(de requin)* aleta *f* **2.** *(d'avion)* alerón *m.*

ailier *nm* extremo *m.*

ailleurs *adv* en otro lugar, en otra parte. ❑ *nm* otro lugar *m.* ■ **d'ailleurs** *loc adv* **1.** *(de plus)* además • **il ne me plaît pas d'ailleurs, c'est réciproque** no me gusta y además yo a él tampoco **2.** *(du reste)* por cierto • **il est très jeune, et très compétent d'ailleurs** es muy joven y, por cierto, muy competente. ■ **par ailleurs** *loc adv* por otro lado, por otra parte.

ailloli, aïoli *nm* alioli *m.*

aimable *adj* amable.

aimablement *adv* amablemente, con amabilidad.

aimant, e *adj* cariñoso(sa). ■ **aimant** *nm* imán *m.*

aimer

■ **aimer** *vt*

1. ÉPROUVER DE L'AFFECTION POUR QUELQU'UN

querer, amar *sout* • **David aime beaucoup sa mère** David quiere mucho a su madre • **aimer son prochain** amar al prójimo

2. ÉPROUVER DE L'AMOUR POUR QUELQU'UN

• **je t'aime** te quiero

3. APPRÉCIER QUELQUE CHOSE

gustar • **j'aime peindre** me gusta pintar • **j'aime qu'il fasse chaud** me gusta que haga calor • **j'aime bien cuisiner** me gusta cocinar

■ **aimer mieux** *vt*

PRÉFÉRER

• **j'aime mieux lire que regarder la télévision** prefiero leer a ver televisión

■ **s'aimer** *vp*

1. MUTUELLEMENT

quererse, amarse *sout* • **ces deux-là s'aiment vraiment** esos dos se quieren de verdad

2. SOI-MÊME

gustarse • **je m'aime bien dans cette robe** me gusta como me queda este vestido

À PROPOS DE

aimer

Gustar se construit comme le verbe **plaire** en français.

aine *nf* ingle *f.*

aîné, e *adj* mayor. ❑ *nm,f* mayor *mf* • **elle est mon aînée de deux ans** es dos años mayor que yo.

ainsi *adv* **1.** *(de cette manière)* así • **pour ainsi dire** por así decirlo • **ainsi soit-il** así sea **2.** *(par conséquent)* así • **ainsi donc** así pues. ■ **ainsi que** *loc conj* **1.** *sout (comme)* como **2.** *(de même que, et)* así como.

aïoli = **ailloli.**

air *nm* aire *m* • **il a l'air sérieux** tiene cara de serio • **il a l'air de pleurer** parece que está llorando • **en l'air** *(paroles, promesses)* vano(na) • **en plein air** al aire libre • **prendre l'air** tomar el aire • **regarder en l'air** mirar hacia arriba • **air conditionné** aire acondicionado. ■ **airs** *nmpl* • **prendre de grands airs** darse muchos aires.

Airbag® *nm* airbag® *m.*

aire *nf* **1.** *(gén)* área *f* • **aire de jeux/de repos** área de juegos/de descanso **2.** *(nid)* aguilera *f.*

aisance *nf* **1.** *(facilité)* facilidad *f* **2.** *(richesse)* desahogo *m* • **vivre dans l'aisance** vivir desahogadamente.

aise *nf* • **être à l'aise, être à son aise** estar cómodo(da) • **mettre qqn mal à l'aise** hacer que alguien se sienta a disgusto. ❑ *adj* • **j'en suis bien aise !** *sout* ¡cuánto me alegro! ■ **aises** *nfpl* • **aimer ses aises** ser comodón • **prendre ses aises** instalarse a sus anchas.

aisé, e *adj* **1.** *(facile)* fácil **2.** *(riche)* acomodado(da).

aisément *adv* fácilmente.

aisselle *nf* axila *f.*

ajonc *nm* aulaga *f.*

ajourner *vt* **1.** *(reporter)* aplazar **2.** *(recaler)* suspender.

ajout *nm* añadido *m.*

ajouter *vt* añadir. ■ **s'ajouter** *vp* • **s'ajouter à qqch** sumarse a algo.

ajustable *adj* ajustable.

ajuster *vt* **1.** *(pièce, vêtement)* ajustar **2.** *(coiffure, cravate)* arreglar **3.** *(tir)* apuntar. ■ **s'ajuster** *vp* ajustarse.

ajusteur *nm* ajustador *m.*

alangui, e *adj* lánguido(da).

alaouite *adj* alauí, alauita.

alarme *nf* alarma *f* • **donner l'alarme** dar la alarma.

alarmer *vt* alarmar. ■ **s'alarmer** *vp* alarmarse.

alarmiste *adj & nmf* alarmista.

Albanie *npr* • **l'Albanie** Albania.

albâtre *nm* alabastro *m.*

albatros *nm* albatros *m inv.*

albinos *adj inv & nmf* albino(na).

album *nm* álbum *m* • **album (de) photos** álbum de fotos.

alchimiste *nmf* alquimista *mf.*

alcolo *adj fam* • **être alcolo** ser un borracho, ser un tomador (AMÉR). ❑ *nmf* borracho *m*, -cha *f*, tomador *m*, -ra *f* (AMÉR).

alcool *nm* alcohol *m* • **alcool à 90°/à brûler** alcohol de 90/de quemar.

alcoolémie *nf* alcoholemia *f* • **taux d'alcoolémie** tasa de alcoholemia.

alcoolique *adj & nmf* alcohólico(ca).
alcoolisé, e *adj* alcohólico(ca).
alcoolisme *nm* alcoholismo *m.*
Alcootest®, Alcotest® *nm* alcohómetro *m* • **passer un Alcootest** hacer la prueba de alcoholemia.
alcôve *nf* alcoba *f* de nicho.
aléatoire *adj* aleatorio(ria).
alentour *adv sout* alrededor. ■ **alentours** *nmpl (abords)* alrededores *mpl* • **aux alentours de a)** *(spatial)* cerca de **b)** *(temporel)* alrededor de.
alerte *adj* **1.** *(gén)* ágil **2.** *(esprit)* vivo(va). ❑ *nf* alarma *f* • **donner l'alerte** dar la alarma • **alerte à la bombe** alarma de bomba.
alerter *vt* **1.** *(alarmer)* alertar **2.** *(informer - police, pompiers)* avisar ; *(- presse)* poner sobre alerta.
algèbre *nf* álgebra *f.*
Alger *npr* Argel.
Algérie *npr* • **l'Algérie** Argelia.
algérien, enne *adj* argelino(na). ■ **Algérien, enne** *nm, f* argelino *m*, -na *f.*
algue *nf* alga *f* (ESP), huiro *m* (AMÉR).
alibi *nm* coartada *f.*
alien *nm* alien *mf*, alienígena *mf.*
aliénation *nf* **1.** *(asservissement)* alienación *f* **2.** DR & MÉD enajenación *f* • **aliénation mentale** enajenación mental.
aliéné, e *adj* **1.** *(asservi)* alienado(da) **2.** DR & MÉD enajenado(da). ❑ *nm, f* enajenado *m*, -da *f.*
aliéner *vt* **1.** *(asservir)* alienar **2.** *(renoncer à)* renunciar a. ■ **s'aliéner** *vp* jenarse.
alignement *nm (disposition)* alineación *f.*
aligner *vt* **1.** *(disposer en ligne)* alinear **2.** *(présenter)* exponer **3.** *(adapter)* • **aligner qqch sur qqch** ajustar algo a algo. ■ **s'aligner** *vp* **1.** *(élèves, soldats)* ponerse en fila **2.** *(se conformer à)* • **s'aligner sur qqch** alinearse con algo.
aliment *nm* alimento *m.*
alimentaire *adj (produit)* alimenticio(cia) ; *(industrie)* alimentario(ria) • **c'est un travail purement alimentaire** trabajo en eso porque tengo que comer.
alimentation *nf* **1.** *(nourriture)* alimentación *f* **2.** *(approvisionnement)* abastecimiento *m*, suministro *m.*
alimenter *vt* **1.** *(nourrir)* alimentar **2.** *(approvisionner)* • **alimenter qqch en qqch** abastecer algo de algo, suministrar algo a algo **3.** *fig (entretenir)* dar pie a.
alinéa *nm* **1.** *(retrait de ligne)* sangría *f* **2.** *(paragraphe)* párrafo *m.*
aliter *vt* • **être alité** guardar cama. ■ **s'aliter** *vp* encamarse.
Allah *npr* Alá.
allaitement *nm* lactancia *f.*
allaiter *vt* amamantar.
alléchant, e *adj* **1.** *(gâteau)* apetitoso(sa) **2.** *(proposition)* tentador(ra).
allécher *vt* **1.** *(appâter)* atraer **2.** *(séduire)* tentar.
allée *nf* **1.** *(de parc)* paseo *m* ; *(de jardin)* camino *m* **2.** *(de cinéma, d'avion)* pasillo *m (entre sillas o butacas)* **3.** *(trajet)* • **allées et venues** idas y venidas.
allégé, e *adj (aliment)* light ; *(régime)* bajo(ja) en calorías.
alléger *vt* **1.** *(poids)* aligerar **2.** *(impôts)* reducir ; *(douleur)* aliviar.
allégorie *nf* alegoría *f.*
allègre *adj* vivo(va) ; *(humor)* jovial.
allégresse *nf* júbilo *m.*
alléguer *vt* alegar • **alléguer que** alegar que.
Allemagne *npr* • **l'Allemagne** Alemania.
allemand, e *adj* alemán(ana). ■ **allemand** *nm* LING alemán *m.* ■ **Allemand, e** *nm, f* alemán *m*, -ana *f.*

aller

■ aller *nm*

1. PARCOURS
ida *f* • **l'aller m'a paru long** la ida me ha parecido larga

2. BILLET
billete *m* de ida • **un aller pour Madrid** un billete de ida para Madrid

■ aller *vi*

1. SE DÉPLACER D'UN LIEU À UN AUTRE
ir a • **aller faire qqch** ir a hacer algo • **aller chercher les enfants à l'école** ir a buscar a los niños a la escuela • **allons-y !** ¡vamos!

2. CONVENIR, ÊTRE ADPATÉ À
ir, sentar, pegar con • **cette robe te va bien** este vestido te va *ou* sienta bien • **ces chaussures ne vont pas avec cette robe** estos zapatos no pegan con este vestido

3. INDIQUE UN ÉTAT
estar • **— comment ça va ? — ça va** — ¿qué tal? — bien • **je vais bien** estoy bien • **aller mieux** estar mejor

4. DANS DES EXPRESSIONS
• **allez !** ¡venga! • **cela va de soi** es evidente • **cela va sans dire** ni que decirlo • **il y va de sa vie** su vida está en juego

■ aller *v aux*

SUIVI DE L'INFINITIF, POUR EXPRIMER LE FUTUR IMMÉDIAT
ir a • **je vais arriver en retard** voy a llegar tarde

■ s'en aller *vp*

irse • **allez-vous-en !** ¡iros!, ¡marchaos!

allergène *adj* alergeno(na), alérgeno(na). ❑ *nm* alergeno *m*, alérgeno *m.*

allergie *nf* alergia *f* • **allergie à qqch** alergia a algo.
allergique *adj* alérgico(ca) • **allergique à qqch** alérgico(ca) a algo.
allergologue *nmf* alergista *mf.*
aller-retour *nm* ida y vuelta *f.*
alliage *nm* aleación *f.*
alliance *nf* **1.** *(union)* alianza *f* **2.** *(anneau)* anillo *m* de boda **3.** *(mariage)* enlace *m* • **par alliance** *(parent)* político(ca). ■ **Alliance française** *nf* • **l'Alliance française** la Alianza Francesa *(institución encargada de la enseñanza y promoción de la lengua y cultura francesas en el extranjero).*
allié, e *nm, f* aliado *m*, -da *f.*
allier *vt* **1.** *(métaux)* alear **2.** *fig (personne, groupe)* aliar. ■ **s'allier** *vp* aliarse • **s'allier à** aliarse con.
alligator *nm* aligátor *m.*
allô *interj (en décrochant)* ¿diga? ; *(sollicitant une réponse)* ¿oiga?
allocation *nf* subsidio *m* • **accorder/verser une allocation** conceder/dar un subsidio • **allocation (de) chômage** subsidio de desempleo • **allocation (de) logement** subsidio de vivienda • **allocations familiales** prestaciónes familiares.
allocs (abrév de allocations familiales) *nfpl fam* • **les allocs** las prestaciones familiares.
allocution *nf* alocución *f.*
allonger *vt* **1.** *(vêtement, silhouette)* alargar **2.** *(étendre - membre)* estirar ; *(- personne)* tender **3.** *fam (argent)* apoquinar **4.** *fam (coup)* largar **5.** CULIN *(sauce)* aclarar. ❑ *vi (jours)* alargarse. ■ **s'allonger** *vp* **1.** *(se coucher)* echarse **2.** *(devenir plus long)* alargarse.
allopathique *adj* alopático(ca).
allumage *nm* encendido *m.*
allumé, e *adj fam* flipado(da).
allume-cigares *nm inv* encendedor *m (de coche).*
allume-gaz *nm inv* encendedor *m (de cocina).*
allumer *vt* **1.** *(gén)* encender **2.** *(éclairer)* encender la luz de **3.** *fam (exciter)* poner caliente. ■ **s'allumer** *vp* **1.** *(s'enflammer)* prenderse **2.** *(s'éclairer)* iluminarse.
allumette *nf* cerilla *f* (ESP), cerillo *m* (AMÉR).
allumeuse *nf vulg & péj* calientapollas *f inv*, calientabraguetas *f inv.*
allure *nf* **1.** *(vitesse)* velocidad *f* • **à toute allure** a toda marcha **2.** *(prestance)* porte *m* • **avoir de l'allure** tener clase **3.** *(apparence)* aspecto *m.*
allusion *nf* alusión *f* • **faire allusion à qqch/à qqn** referirse a algo/a alguien.
alluvions *nfpl* aluviones *mpl.*
almanach *nm* almanaque *m.*
aloès *nm* áloe *m.*
aloe vera *nm (plante, produit)* áloe *m ou* aloe *m* vera.
aloi *nm* • **de bon/de mauvais aloi** de buen/malgusto.
alors *adv* entonces • **et alors, qu'est-ce qui s'est passé ?** y, ¿qué pasó? • **il va se mettre en colère et alors ?** se va a enfadar ¿y qué? • **ou alors** o si no • **alors, qu'est-ce qu'on fait ?** bueno ¿qué hacemos? • **ça alors !** ¡vaya! ■ **jusqu'alors** *loc adv* hasta entonces • **il n'avait rien dit jusqu'alors** no había dicho nada hasta entonces. ■ **alors que** *loc conj* **1.** *(exprimant le temps)* cuando, mientras que • **l'orage éclata alors que nous étions dehors** la tormenta estalló cuando estábamos fuera **2.** *(exprimant l'opposition)* aunque • **on m'accuse alors que je suis innocent** me acusan aunque soy inocente.
alouette *nf* alondra *f.*
alourdir *vt* **1.** *(véhicule, paquet)* volver pesado(da) **2.** *fig (impôts, charges)* incrementar **3.** *(phrase, style)* recargar.
aloyau *nm* solomillo *m.*
alpaguer *vt fam* pillar • **je me suis fait alpaguer par mon chef en sortant** me pilló el jefe cuando me iba.
Alpes *npr* • **les Alpes** los Alpes.
alphabet *nm* alfabeto *m* • **alphabet braille** alfabeto Braille • **alphabet Morse** alfabeto Morse.
alphabétique *adj* alfabético(ca).
alphabétiser *vt* alfabetizar.
alpin, e *adj* alpino(na).
alpinisme *nm* alpinismo *m.*
alpiniste *nmf* alpinista *mf.*
Alsace *npr f* • **l'Alsace** Alsacia.
alter ego *nm inv* alter ego *m inv.*
altérer *vt* alterar. ■ **s'altérer** *vp* alterarse.
altermondialisation *nf* altermundismo *m*, antiglobalización *f.*
altermondialisme *nm* altermundialismo *m.*
altermondialiste *adj & nmf* altermundista, antiglobalización.
alternance *nf* alternancia *f* • **en alternance** alternativamente.
alternatif, ive *adj* **1.** *(périodique)* alterno(na) **2.** *(parallèle)* alternativo(va). ■ **alternative** *nf* alternativa *f.*
alternativement *adv* alternativamente.
alterner *vt* alternar • **faire alterner qqch et qqch** alternar algo con algo. ❑ *vi* alternarse • **alterner avec qqch** alternarse con algo.
altier, ère *adj sout* altanero(ra).
altitude *nf* altura *f*, altitud *f* • **le village est situé à 1 500 m d'altitude** el pueblo está a 1.500 m de altitud.
alto *nm* **1.** *(voix)* contralto *m* **2.** *(instrument)* viola *f.*
altruiste *adj* altruista.

alu *fam nm* Albal® *m.* ❑ *adj* • **papier alu** papel *m* Albal®.
aluminium *nm* aluminio *m.*
alvéole *nm ou nf* **1.** *(cavité)* celdilla *f* **2.** ANAT alvéolo *m.*
Alzheimer *npr* • **la maladie d'Alzheimer** la enfermedad de Alzheimer, el Alzheimer • **avoir un Alzheimer** tener Alzheimer.
amabilité *nf* amabilidad *f* • **avoir l'amabilité de faire qqch** tener la amabilidad de hacer algo.
amadouer *vt* engatusar.
amaigrir *vt* enflaquecer.
amaigrissant, e *adj* adelgazante.
amaigrissement *nm* adelgazamiento *m.*
amalgame *nm* amalgama *f* • **il ne faut pas faire l'amalgame entre ces deux situations** no hay que mezclar las dos situaciones.
amalgamer *vt* amalgamar.
amande *nf* almendra *f.*
amandier *nm* almendro *m.*
amant *nm* amante *m* • **avoir/prendre un amant** tener/echarse un amante.
amarre *nf* amarra *f.*
amarrer *vt* amarrar.
amas *nm* montón *m.*
amasser *vt* amontonar **(ESP)**, arrumar **(AMÉR)**.
amateur *nm* **1.** *(par plaisir)* aficionado *m*, -da *f* • **en amateur** como afición • **être amateur de qqch** ser aficionado a algo **2.** SPORT amateur *mf* **3.** *péj (dilettante)* • **c'est un travail d'amateur** es un trabajo de aficionados.
Amazonie *npr* • **l'Amazonie** la Amazonia.
amazonien, enne *adj* amazónico(ca).
ambassade *nf* embajada *f.*
ambassadeur, drice *nm,f* embajador *m*, -ra *f.*
ambiance *nf* ambiente *m.*
ambiant, e *adj* ambiente.
ambidextre *adj & nmf* ambidextro(tra).
ambigu, uë *adj* ambiguo(gua).
ambiguïté *nf* ambigüedad *f.*
ambitieux, euse *adj & nm,f* ambicioso(sa).
ambition *nf* **1.** *(désir de réussite)* ambición *f* **2.** *(souhait)* ilusión *f* • **avoir l'ambition de faire qqch** tener la ilusión de hacer algo.
ambivalent, e *adj* ambivalente.
ambre *nm* ámbar *m.*
ambré, e *adj* ambarino(na).
ambulance *nf* ambulancia *f.*
ambulancier, ère *nm,f* conductor *m*, -ra *f* de ambulancia.
ambulant, e *adj* ambulante.
âme *nf* alma *f* • **âme sœur** alma gemela.
amélioration *nf* mejora *f.*
améliorer *vt* mejorar. ■ **s'améliorer** *vp* mejorarse.
amen *adv* amén.
aménagement *nm* **1.** *(de lieu)* habilitación *f*, acondicionamiento *m* **2.** *(de programme)* planificación *f.*
aménager *vt* **1.** *(lieu)* habilitar, acondicionar **2.** *(programme)* planificar.
amende *nf* multa *f.*
amender *vt* **1.** *(projet de loi)* enmendar **2.** *(sol)* abonar. ■ **s'amender** *vp* enmendarse.
amener *vt* **1.** *(emmener)* llevar ; *(faire venir avec soi)* traer **2.** *(inciter)* • **amener qqn à faire qqch** inducir a alguien a hacer algo **3.** *(occasionner)* acarrear **4.** *fig (conclusion, dénouement)* planificar.
amenuiser *vt* **1.** *(amoindrir)* achicar **2.** *(économies, espoir)* disminuir. ■ **s'amenuiser** *vp* reducirse.
amer, ère *adj* amargo(ga) **(ESP)**, amargoso(sa) **(AMÉR)**.
américain, e *adj* americano(na), norteamericano(na). ■ **américain** *nm* LING (inglés) americano *m.* ■ **Américain, e** *nm,f* americano *m*, -na *f*, norteamericano *m*, -na *f.*
amérindien, enne *adj* amerindio(dia). ■ **Amérindien, enne** *nm,f* amerindio *m*, -dia *f.*
Amérique *npr* • **l'Amérique** América • **l'Amérique centrale** América Central, Centroamérica • **l'Amérique latine** América Latina, Latinoamérica • **l'Amérique du Nord** América del Norte, Norteamérica • **l'Amérique du Sud** América del Sur, Sudamérica.
amerrissage *nm* amerizaje *m.*
amertume *nf* **1.** *(goût)* amargor *m* **2.** *(rancœur)* amargura *f.*
améthyste *nf* amatista *f.*
ameublement *nm* mobiliario *m.*
ami, e *adj* amigo(ga) **(ESP)**, compa **(AMÉR)**. ❑ *nm,f* amigo *m*, -ga *f* • **ami d'enfance** amigo de la infancia • **petit ami** novio *m.* ■ **faux ami** *nm* LING falso amigo *m.*
amiable ■ **à l'amiable** *loc adv* • **régler qqch à l'amiable** solventar algo amistosamente.
amiante *nm* amianto *m.*
amibe *nf* ameba *f.*
amical, e *adj* amistoso(sa). ■ **amicale** *nf* asociación *f.*
amidon *nm* almidón *m.*
amidonner *vt* almidonar.
amincissant, e *adj* adelgazante.
amiral *nm* almirante *m.*
amitié *nf* **1.** *(rapports amicaux)* amistad *f* **2.** *(affection)* afecto *m.* ■ **amitiés** *nfpl* • **faire ses amitiés à qqn** dar recuerdos a alguien.
ammoniac *nm (gaz)* amoníaco *m.*
ammoniaque *nf* amoníaco *m.*
amnésie *nf* amnesia *f.*
amnésique *adj & nmf* amnésico(ca).
amniocentèse *nf* amniocentesis *f inv.*
amnistie *nf* amnistía *f.*

amnistier *vt* amnistiar.
amoindrir *vt* disminuir.
amonceler *vt* amontonar.
amont *nm* curso *m* alto • **en amont a)** *(d'une rivière)* río arriba **b)** *fig* antes.
amoral, e *adj* **1.** *(qui ignore la morale)* amoral **2.** *(débauché)* inmoral.
amorce *nf* **1.** *(d'explosif, d'hameçon)* cebo *m* **2.** *fig (commencement)* inicio *m*.
amorcer *vt* **1.** *(explosif, hameçon)* cebar **2.** *fig (commencer)* iniciar.
amorphe *adj* **1.** *(personne)* amuermado(da) **2.** *(matériau)* amorfo(fa).
amortir *vt* **1.** *(choc, bruit)* amortiguar **2.** *(dette, achat)* amortizar.
amour *nm (gén)* amor *m* • **faire l'amour** hacer el amor.
amoureux, euse *adj* **1.** *(personne)* enamorado(da) • **tomber amoureux de qqn** enamorarse de alguien **2.** *(geste)* amoroso(sa) ; *(regard)* de amor. ❑ *nm, f* enamorado *m*, -da *f* • **amoureux de qqch** amante *mf* de algo. ■ **amoureux** *nm* novio *m* (**ESP**), enamorado *m* (**AMÉR**).
amour-propre *nm* amor propio *m*, autoestima *f*.
amovible *adj* amovible.
AMP (abrév de assistance médicale à la procréation) *nf* reproducción *f* asistida • **ils ont eu un bébé grâce à l'AMP** tuvieron un bebé gracias a la reproducción asistida.
ampère *nm* amperio *m*.
amphétamine *nf* anfetamina *f*.
amphi *nm fam* anfiteatro *m*.
amphibie *adj* anfibio(bia). ❑ *nm* anfibio *m*.
amphithéâtre *nm* anfiteatro *m*.
ample *adj* amplio(plia) • **pour de plus amples informations** para más información.
amplement *adv (largement)* ampliamente • **amplement suffisant** más que suficiente.
ampleur *nf* **1.** *(de vêtement)* holgura *f* **2.** *(de mouvement)* amplitud *f* **3.** *(de voix)* potencia *f* **4.** *fig (d'événement)* importancia *f*.
ampli *nm fam* ampli *m*.
amplificateur, trice *adj* amplificador(ra). ■ **amplificateur** *nm* amplificador *m*.
amplifier *vt* **1.** *(mouvement, image)* ampliar **2.** *(son, problème)* amplificar **3.** *(fait)* exagerar.
amplitude *nf* amplitud *f*.
ampoule *nf* **1.** *(de lampe)* bombilla *f* (**ESP**), bombillo *m* (**AMÉR**) • **ampoule à baïonnette** bombilla de bayoneta • **ampoule à économie d'énergie** bombilla de bajo consumo • **ampoule halogène** bombilla halógena **2.** *(de peau, de médicament)* ampolla *f* • **ampoule autocassable** ampolla autorrompible.
amputation *nf* amputación *f*.
amputer *vt* **1.** MÉD amputar **2.** *fig (couper)* recortar.
Amsterdam *npr* Amsterdam.
amulette *nf* amuleto *m*.
amusant, e *adj* divertido(da).
amuse-gueule *nm inv fam* pinchito *m*.
amusement *nm* diversión *f*.
amuser *vt* divertir. ■ **s'amuser** *vp* **1.** *(se distraire)* divertirse • **tu t'es bien amusé ?** ¿te lo has pasado bien? • **il s'amusait à regarder les gens qui passaient** se dedicaba a mirar a la gente que pasaba **2.** *fam (perdre son temps)* • **je ne vais pas m'amuser à tout recompter** no voy a ponerme ahora a contarlo todo de nuevo.
amygdale *nf* amígdala *f*.
an *nm* año *m* • **avoir sept ans** tener siete años • **le Nouvel An** el año nuevo.
anabolisant *nm* anabolizante *m*.
anachronique *adj* anacrónico(ca).
anachronisme *nm* anacronismo *m*.
anagramme *nf* anagrama *m*.
anal, e *adj* anal.
analgésique *adj* analgésico(ca). ❑ *nm* analgésico *m*.
anallergique *adj* hipoalergénico(ca).
analogie *nf* analogía *f*.
analogique *adj* analógico(ca).
analogue *adj* análogo(ga). ❑ *nm* equivalente *m*.
analphabète *adj & nmf* analfabeto(ta).
analphabétisme *nm* analfabetismo *m*.
analyse *nf* **1.** *(gén)* análisis *m inv* **2.** *(psychanalyse)* psicoanálisis *m inv*.
analyser *vt* **1.** *(gén)* analizar **2.** *(psychanalyser)* psicoanalizar.
analyste *nmf* **1.** *(gén)* analista *mf* **2.** *(psychanalyste)* psicoanalista *mf*.
analyste-programmeur, euse *nm, f* analista *m* programador, analista *f* programadora.
analytique *adj* **1.** *(gén)* analítico(ca) **2.** *(psychanalytique)* psicoanalítico(ca).
ananas *nm* piña *f*.
anarchie *nf* anarquía *f*.
anarchique *adj* anárquico(ca).
anarchiste *adj & nmf* anarquista.
anatomie *nf* anatomía *f*.
anatomique *adj* anatómico(ca).
ancestral, e *adj* ancestral.
ancêtre *nm* **1.** *(ascendant)* antepasado *m* **2.** *fig (initiateur)* precursor *m* **3.** *(forme première)* predecesor *m*. ■ **ancêtres** *nmpl (aïeux)* ancestros *mpl*.
anchois *nm (frais)* boquerón *m* ; *(mariné)* anchoa *f*.
ancien, enne *adj* **1.** *(gén)* antiguo(gua) • **la Grèce ancienne** la antigua Grecia **2.** *(avant un*

nom) (précédent) ex. ❑ *nm,f* antiguo alumno *m*, antigua alumna *f*.

anciennement *adv* antiguamente.

ancienneté *nf* antigüedad *f*.

ancrage *nm* **1.** *NAUT* anclaje *m* **2.** *fig (enracinement)* arraigamiento *m*.

ancre *nf* ancla *f* • **jeter/lever l'ancre** echar/levar anclas.

Andalousie *npr* • **l'Andalousie** Andalucía.

Andes *npr* • **les Andes** los Andes.

Andorre *npr* • **(la principauté d')Andorre** (el principado de) Andorra.

andouille *nf* **1.** *(charcuterie) pour expliquer ce que c'est, vous pouvez dire :* es un embutido elaborado a base de tripas de cerdo. **2.** *fam (personne)* imbécil *mf* **(ESP)**, huevón *m*, -ona *f* **(AMÉR)**.

androgyne *adj* andrógino(na). ❑ *nm* andrógino *m*.

âne *nm* **1.** *ZOOL* asno *m*, burro *m* **2.** *fam (personne)* burro *m*.

anéantir *vt* **1.** *(ville, efforts)* aniquilar **2.** *(démoraliser)* asolar.

anecdote *nf* anécdota *f*.

anecdotique *adj* anecdótico(ca).

anémie *nf* **1.** *MÉD* anemia *f* **2.** *fig (affaiblissement)* debilitamiento *m*.

anémique *adj* **1.** *MÉD* anémico(ca) **2.** *fig (faible)* débil.

anémone *nf* anémona *f*.

ânerie *nf fam* burrada *f*.

ânesse *nf* asna *f*, burra *f*.

anesthésie *nf* anestesia *f* • **anesthésie locale/générale** anestesia local/general.

anesthésier *vt* **1.** *MÉD* anestesiar **2.** *fig (opinion, population)* neutralizar.

anesthésique *nm* anestésico *m*. ❑ *adj* anestésico(ca).

anesthésiste *nmf* anestesista *mf*.

anévrysme, anévrisme *nm MÉD* aneurisma *m* • **rupture d'anévrysme** ruptura de aneurisma.

anfractuosité *nf* anfractuosidad *f*.

ange *nm* ángel *m* • **ange gardien** ángel de la guarda • **être aux anges** *fig* estar en la gloria.

angélique *adj* angelical. ❑ *nf BOT* angélica *f*.

angélus *nm* ángelus *m inv*.

angine *nf* angina *f*.

anglais, e *adj* inglés(esa). ■ **anglais** *nm LING* inglés *m*. ■ **Anglais, e** *nm,f* inglés *m*, -esa *f*. ■ **à l'anglaise** *loc adv CULIN* al vapor • **filer à l'anglaise** *fig* despedirse a la francesa. ■ **anglaises** *nfpl (boucles)* tirabuzones *mpl*.

angle *nm* **1.** *(gén)* ángulo *m* **2.** *(coin)* esquina *f*.

Angleterre *npr* • **l'Angleterre** Inglaterra.

anglican, e *adj & nm,f* anglicano(na).

anglicisme *nm* anglicismo *m*.

anglophone *adj & nmf* anglófono(na).

anglo-saxon, onne *adj* anglosajón(ona). ■ **Anglo-Saxon, onne** *nm,f* anglosajón *m*, -ona *f*.

angoissant, e *adj* angustioso(sa).

angoisse *nf* angustia *f*.

angoissé, e *adj* angustiado(da).

angoisser *vt* angustiar. ■ **s'angoisser** *vp* **1.** *(être anxieux)* angustiarse **2.** *fam (s'inquiéter)* agobiarse.

Angola *npr* • **l'Angola** Angola.

anguille *nf ZOOL* anguila *f*.

anguleux, euse *adj* anguloso(sa).

anicroche *nf* obstáculo *m*.

animal, e *adj* **1.** *(propre à l'animal)* animal **2.** *fig (instinctif)* instintivo(va). ■ **animal** *nm* **1.** *(bête)* animal *m* • **animal sauvage/domestique** animal salvaje/doméstico **2.** *fam (personne)* animal *m*.

LEXIQUE

Les animaux

l'âne el asno
la baleine la ballena
le canard el pato
le cerf el ciervo
le chat el gato
la chauve-souris el murciélago
le cheval el caballo
la chèvre la cabra
le chien el perro
le cochon el cerdo
le crocodile el cocodrilo
le dauphin el delfín
l'écureuil la ardilla
l'éléphant el elefante
la girafe la jirafa
la grenouille la rana
l'hippopotame el hipopótamo
le kangourou el canguro
le lama la llama
le lapin el conejo
le lion el león
le loup el lobo
le mouton la oveja
l'oiseau el pájaro
l'ours el oso
le perroquet el loro
le pingouin el pingüino
le poisson el pez
la poule la gallina
le requin el tiburón
le rhinocéros el rinoceronte
le serpent la serpiente
le singe el mono
la souris el ratón
le tigre el tigre
la tortue la tortuga
la tortue marine la tortuga marina
la vache la vaca
le zèbre la cebra

LEXIQUE — Les cris des animaux

l'âne brait el asno rebuzna
le canard cancane el pato parpa
le cerf brame el ciervo brama
le chat miaule el gato maulla
le cheval hennit el caballo relincha
la chèvre béguète la cabra bala
le chien aboie el perro ladra
le cochon grogne el cerdo gruñe
l'éléphant barrit el elefante brama
la grenouille coasse la rana croa
l'hirondelle gazouille la golondrina trina
le lion rugit el león ruge
le loup hurle el lobo aúlla
le mouton bêle la oveja bala
l'oiseau chante el pájaro canta
la poule glousse la gallina cloquea
le serpent siffle la serpiente silba
la vache mugit la vaca muge.

animalerie *nf (magasin)* tienda *f* de animales.
animalier, ère *adj* animalista.
animateur, trice *nm,f* **1.** *(gén)* animador *m*, -ra *f* **2.** *RADIO & TV* presentador *m*, -ra *f*.
animation *nf* **1.** *(gén)* animación *f* **2.** *(spectacle)* actuación *f*.
animatrice → **animateur**.
anime *nm inv* anime *m*.
animé, e *adj* animado(da).
animer *vt* **1.** *(conversation, fête)* animar **2.** *(émission)* presentar. ■ **s'animer** *vp* animarse.
animosité *nf* animosidad *f*.
anis *nm* anís *m*.
ankyloser ■ **s'ankyloser** *vp* anquilosarse.
annales *nfpl* anales *mpl* • **annales du bac** *si vous souhaitez expliquer de quoi il s'agit à un hispanophone, vous pouvez dire :* es un manual que recopila anualmente temas y modelos de los ejercicios del examen final de la selectividad francesa.
anneau *nm* **1.** *(de rideau)* anilla *f* **2.** *(bague, de reptile)* anillo *m* **3.** *(de chaîne)* eslabón *m*. ■ **anneaux** *nmpl SPORT* anillas *fpl*.
année *nf* año *m* • **année fiscale** año fiscal • **année scolaire** curso *m* escolar.
année-lumière *nf* **1.** *ASTRON* año *m* luz **2.** *fig* • **être à des années-lumière de qqn/qqch** estar a años luz de alguien/algo.
annexe *adj* adicional. ❑ *nf* anexo *m*.
annexer *vt* **1.** *(pays)* anexionar **2.** *(joindre)* adjuntar • **annexer qqch à qqch** adjuntar algo a algo.
annexion *nf* anexión *f*.
annihiler *vt* aniquilar.
anniversaire *nm (de naissance)* cumpleaños *m inv* ; *(d'un autre événement)* aniversario *m*. ❑ *adj (de naissance)* de cumpleaños ; *(d'un autre événement)* de aniversario.
annonce *nf* anuncio *m* • **annonce commerciale** anuncio (comercial) • **petite annonce** anuncio por palabras.
annoncer *vt* anunciar.
annonceur, euse *nm,f* locutor *m*, -ra *f*. ■ **annonceur** *nm COMM* anunciante *mf*.
annonciateur, trice *adj* que presagia.
Annonciation *nf inv* Anunciación *f*.
annoter *vt* anotar.
annuaire *nm* anuario *m* • **annuaire téléphonique** guía *f* telefónica.
annuel, elle *adj* anual.
annuité *nf* **1.** *(paiement)* anualidad *f* **2.** *(année de service)* año *m*.
annulaire *adj & nm* anular.
annulation *nf* anulación *f*.
annuler *vt* **1.** *(gén)* anular **2.** *INFORM* cancelar. ■ **s'annuler** *vp* anularse.
anoblir *vt* ennoblecer.
anode *nf* ánodo *m*.
anodin, e *adj* anodino(na).
anomalie *nf* anomalía *f*.
ânon *nm* borriquillo *m*, borriquito *m*.
ânonner *vi* balbucear. ❑ *vt* murmurar.
anonymat *nm* anonimato *m*.
anonyme *adj* **1.** *(sans nom)* anónimo(ma) **2.** *(impersonnel)* impersonal.
anorak *nm* anorak *m*.
anorexie *nf* anorexia *f*.
anorexique *adj & nmf* anoréxico(ca).
anormal, e *adj* **1.** *(gén)* anormal **2.** *MÉD* subnormal **3.** *(intolérable)* • **il est anormal que** no es normal que. ❑ *nm,f* subnormal *mf*.
anse *nf* **1.** *(d'ustensile)* asa *f (de un objeto redondo)* **2.** *GÉOGR* ensenada *f*.
antagoniste *adj & nmf* antagonista.
antarctique *adj* antártico(ca). ■ **Antarctique** *nm* • **l'Antarctique a)** *(continent)* la Antártida **b)** *(océan)* el Antártico.
antécédent *nm* antecedente *m*.
antenne *nf* **1.** *(d'insecte, de télévision, de radio)* antena *f* • **antenne parabolique** antena parabólica **2.** *(succursale)* delegación *f*.
antenne-relais *nf TÉLÉCOM* antena *f* (de telefonía móvil).
antérieur, e *adj* anterior.
antérieurement *adv* anteriormente.
antériorité *nf* anterioridad *f*.
anthologie *nf* antología *f*.
anthracite *nm* antracita *f*. ❑ *adj inv* gris antracita.
anthropologie *nf* antropología *f*.
anthropophage *adj & nmf* antropófago(ga).
antiacarien, enne *adj* antiácaros. ■ **antiacarien** *nm* antiácaros *m*.
anti-âge → **crème**.

antialcoolique → **ligue**.
antiaméricain, e *adj* antiamericano(na).
antibactérien, enne *adj* antibacteriano(na).
antibiotique *nm* antibiótico *m*. ❑ *adj* antibiótico(ca).
antibrouillard *nm* faro *m* antiniebla. ❑ *adj inv* antiniebla.
anticellulitique *adj* anticelulítico(ca).
anticernes *nm* antiojeras *m inv*.
antichambre *nf* antecámara *f* • **faire antichambre** *fig* hacer antesala.
anticipation *nf* anticipación *f*.
anticipé, e *adj* anticipado(da) ; *(paiement)* por adelantado.
anticiper *vt* anticipar. ❑ *vi* • **anticiper (sur qqch)** anticiparse (a algo).
anticorps *nm* anticuerpo *m*.
anticyclone *nm* anticiclón *m*.
antidépresseur *nm* antidepresivo *m*. ❑ *adj m* antidepresivo(va).
antidopage, antidoping *adj inv* • **contrôle antidopage** control *m* antidoping.
antidote *nm* antídoto *m*.
antiécologique *adj* antiecológico(ca).
anti-effraction *adj* antirrobo.
antigel *adj inv & nm* anticongelante.
antiglobalisation *adj* antiglobalización.
antillais, e *adj* antillano(na). ■ **Antillais, e** *nm,f* antillano *m*, -na *f*.
Antilles *nfpl* • **les Antilles** las Antillas.
antilope *nf* antílope *m*.
antimilitariste *adj & nmf* antimilitarista.
antimite *adj inv & nm* matapolillas.
antimondialisation *nf* antiglobalización *f*.
antimondialiste *adj & nmf* antiglobalizador(ora), antiglobalista.
antimoustique *adj* • **répulsif antimoustique** repelente antimosquitos.
antipathie *nf* antipatía *f*.
antipathique *adj* antipático(ca).
antipelliculaire *adj* anticaspa.
antipersonnel *adj inv* antipersonal, antipersonas • **une mine antipersonnel** una mina antipersonal.
antiphrase *nf* antífrasis *f inv*.
antipode *nm* GÉOGR antípoda *f*.
antiquaire *nmf* anticuario *m*, -ria *f*.
antique *adj* **1.** *(gén)* antiguo(gua) **2.** *péj (vieux)* del año de la nana.
antiquité *nf* antigüedad *f*. ■ **Antiquité** *nf* • **l'Antiquité** la Antigüedad.
antirabique → **vaccin**.
antiradiation *adj* antirradiación *(inv)* • **bouclier antiradiation** escudo antirradiación • **étui antiradiation** *(pour téléphone portable)* carcasa antirradiación.
antirides *adj* antiarrugas.
antirouille *adj inv* antioxidante.
antisèche *nf fam* SCOL chuleta *f*.
antisémite *adj & nmf* antisemita.
antisémitisme *nm* antisemitismo *m*.
antiseptique *nm* MÉD antiséptico *m*. ❑ *adj* MÉD antiséptico(ca).
antisida *adj* antisida.
antisismique *adj* antisísmico(ca).
antislash *nm* INFORM barra *f* invertida.
antitabac *adj* antitabaco.
antithèse *nf* antítesis *f inv*.
antitranspirant, e *adj* antitranspirante.
antiviral, , -aux *nm* antiviral *m*.
antivirus *nm* INFORM antivirus *m inv*.
antivol *adj inv & nm* antirrobo.
antre *nm* antro *m*.
anus *nm* ano *m*.
anxiété *nf* ansiedad *f*.
anxieux, euse *adj & nm,f* ansioso(sa).
aorte *nf* aorta *f*.
août *nm* agosto *m*. Voir aussi **septembre**.
apaisement *nm* **1.** *(moral)* sosiego *m* **2.** *(physique)* alivio *m*.
apaiser *vt* **1.** *(personne)* aplacar, apaciguar **2.** *(conscience)* acallar **3.** *(douleur)* calmar **4.** *(faim)* aplacar **5.** *(passion)* apagar. ■ **s'apaiser** *vp* **1.** *(personne)* apaciguarse **2.** *(faim)* aplacarse **3.** *(tempête, douleur)* calmarse.
apanage *nm sout* patrimonio *m* • **être l'apanage de qqn/de qqch** ser atributo propio de alguien/de algo.
aparté *nm* aparte *m* • **prendre qqn en aparté** coger a alguien aparte.
apartheid *nm* apartheid *m*.
apathie *nf* apatía *f*.
apathique *adj & nmf* apático(ca).
apatride *adj & nmf* apátrida.
APEC (abrév de association pour l'emploi des cadres) *nf* ≃ INEM *m (para ejecutivos y directivos)*.
apercevoir *vt* divisar. ■ **s'apercevoir** *vp* • **s'apercevoir de qqch/que** darse cuenta de algo/de que.
aperçu *nm* idea *f* aproximada.
apéritif, ive *adj* de aperitivo. ■ **apéritif** *nm* aperitivo *m* • **prendre l'apéritif** tomar el aperitivo.
apéro (abrév de apéritif) *nm fam* aperitivo *m*.
apesanteur *nf* ingravidez *f*.
à-peu-près *nm inv* aproximación *f*.
apeuré, e *adj* atemorizado(da).
aphasie *nf* afasia *f*.
aphone *adj* afónico(ca).
aphrodisiaque *nm* afrodisíaco *m*. ❑ *adj* afrodisíaco(ca).

aphte *nm* llaga *f (en la boca)*.

apiculteur, trice *nm, f* apicultor *m*, -ra *f*.

apiculture *nf* apicultura *f*.

apitoyer *vt* inspirar compasión. ■ **s'apitoyer** *vp* apiadarse • **s'apitoyer sur son sort** apiadarse de su suerte.

ap. J.-C., ap. J-C (abrév de **après Jésus-Christ**) d. de JC., d. JC. • **en 138 ap. J.-C.** en el año 138 d. de JC.

aplanir *vt* allanar.

aplati, e *adj* aplastado(da).

aplatir *vt* **1.** *(écraser)* aplastar **2.** *(couture)* sentar **3.** *(cheveux)* alisar.

aplomb *nm* **1.** *(stabilité)* aplomo *m* **2.** *(audace)* desfachatez *f*. ■ **d'aplomb** *loc adv* • **être d'aplomb a)** *(meuble)* estar derecho(cha) **b)** *(personne)* encontrarse bien.

APN *nm* abrév de **appareil photo numérique**.

apnée *nf* apnea *f* • **plonger en apnée** bucear a pulmón libre.

apocalypse *nf* apocalipsis *m inv* • **d'apocalypse** *(scène)* apocalíptico(ca).

apogée *nm* apogeo *m*.

apolitique *adj* apolítico(ca).

apologie *nf* apología *f*.

apoplexie *nf* apoplejía *f*.

apostrophe *nf* **1.** *(signe graphique)* apóstrofo *m* **2.** *(interpellation)* apóstrofe *m ou f*.

apostropher *vt* *sout* increpar.

apothéose *nf* apoteosis *f inv*.

apôtre *nm* apóstol *m*.

apparaître *vi* **1.** *(se montrer, se manifester)* aparecer **2.** *fig* *(se dévoiler)* salir a la luz. ❑ *v impers* • **il apparaît que…** parece ser que….

apparat *nm* aparato *m*, pompa *f* • **d'apparat a)** *(dîner, habit)* de gala **b)** *(discours)* solemne.

appareil *nm* **1.** *(gén)* aparato *m* **2.** *(téléphone)* teléfono *m* • **qui est à l'appareil ?** ¿quién es? ■ **appareil digestif** *nm* aparato *m* digestivo. ■ **appareil photo** *nm* cámara *f* fotográfica • **appareil photo numérique** cámara fotográfica digital.

appareillage *nm* **1.** *(équipement)* utillaje *m* **2.** *NAUT* *(manœuvres)* preparativos *mpl* para zarpar ; *(départ)* salida *f (de un barco)*.

appareiller *vt* *(assortir)* emparejar. ❑ *vi NAUT* zarpar.

apparemment *adv* aparentemente, al parecer.

apparence *nf* apariencia *f* • **malgré les** *ou* **en dépit des apparences** a pesar de las apariencias • **sauver les apparences** guardar las apariencias. ■ **en apparence** *loc adv* en apariencia.

apparent, e *adj* **1.** *(gén)* aparente **2.** *(couture, poutre)* a la vista.

apparenté, e *adj* • **apparenté à** *(personne, chose)* emparentado con.

apparenter ■ **s'apparenter** *vp* • **s'apparenter à qqch** semejarse a algo.

appariteur *nm* bedel *m (de facultad)*.

apparition *nf* aparición *f*.

appart *nm fam* piso *m*.

appartement *nm* piso *m*.

appartenir *vi* pertenecer • **appartenir à qqch/à qqn** pertenecer a algo/a alguien • **il ne m'appartient pas de prendre cette décision** no me corresponde tomar esta decisión.

appât *nm* **1.** *(à la pêche)* cebo *m* **2.** *fig* *(attrait)* afán *m*.

appauvrir *vt* empobrecer. ■ **s'appauvrir** *vp* empobrecerse.

appauvrissement *nm* empobrecimiento *m*.

appel *nm* **1.** *(gén)* llamada *f* (ESP), llamado *m* (AMÉR) • **faire appel à qqn** recurrir a alguien • **faire appel à qqch** *(exiger)* requerir algo • **appel au secours** *ou* **à l'aide** llamada de socorro *ou* de auxilio • **appel (téléphonique)** llamada (telefónica) • **appel en PCV** llamada a cobro revertido • **appel longue distance** llamada a larga distancia **2.** *DR* apelación *f*, recurso *m* • **faire appel a)** *DR* apelar, recurrir **b)** *SCOL* presentar un recurso • **sans appel** inapelable **3.** *SCOL* • **faire l'appel** pasar lista **4.** *(signe)* • **faire un appel de phares** dar luces. ■ **appel d'offres** *nm* licitación *f*.

appeler *vt* **1.** *(gén)* llamar **2.** *(exiger)* requerir **3.** *(entraîner)* llevar a • **la violence appelle la violence** la violencia engendra violencia. ■ **s'appeler** *vp* llamarse • **comment t'appelles-tu ?** ¿cómo te llamas? • **je m'appelle Jean** me llamo Jean.

appellation *nf* denominación *f*.

appendice *nm* apéndice *m*.

appendicite *nf* apendicitis *f inv*.

appentis *nm* cobertizo *m*.

appesantir *vt* entorpecer. ■ **s'appesantir** *vp* entorpecerse • **s'appesantir sur qqch** *(insister sur)* alargarse en algo.

appétissant, e *adj* **1.** *(nourriture)* apetitoso(sa) **2.** *(personne)* apetecible.

appétit *nm* apetito *m* • **bon appétit !** ¡buen provecho! • **couper l'appétit à qqn** quitar el apetito a alguien • **manger de bon appétit** comer con mucho apetito.

applaudir *vt* aplaudir. ❑ *vi* • **applaudir à qqch** *fig* aplaudir algo.

applaudissements *nmpl* aplausos *mpl*.

appli (abrév de **application**) *nf INFORM* aplicación *f*.

application *nf* *(gén)* *INFORM* aplicación *f*.

applique *nf* aplique *m*.

appliquer *vt* aplicar • **appliquer sur** aplicar en. ■ **s'appliquer** *vp* **1.** *(convenir)* aplicarse

2. *(s'efforcer)* • **s'appliquer à faire qqch** esmerarse en hacer algo.

appoint *nm* suelto *m* • **faire l'appoint** dar cambio. ■ **d'appoint** *loc adj* adicional • **un radiateur d'appoint** una estufa adicional • **un salaire d'appoint** un sobresueldo.

appointements *nmpl* sueldo *m*.

apport *nm* **1.** FIN aportación *f* **2.** *(de chaleur, aliments)* aporte *m* • **un apport en vitamines** un aporte vitamínico **3.** *fig (contribution)* contribución *f* **4.** DR bienes *mpl (aportados al matrimonio)*.

apporter *vt* **1.** *(objet)* traer • **apporter qqch à qqn** traer algo a alguien **2.** *(raison, preuve)* aportar **3.** *(changement, amélioration)* acarrear • **apporter qqch à qqn** acarrear algo a alguien.

apposer *vt (affiche)* fijar ; *(signature)* firmar.

apposition *nf* aposición *f* • **en apposition** en aposición.

appréciable *adj* apreciable.

appréciation *nf* **1.** *(estimation)* apreciación *f* **2.** *(jugement)* juicio *m* **3.** SCOL opinión *f*.

apprécier *vt* apreciar • **apprécier de faire qqch** gustarle a alguien hacer algo.

appréhender *vt* **1.** *(craindre)* temer • **appréhender de faire qqch** tener miedo de hacer algo **2.** *(arrêter)* aprehender.

appréhension *nf* aprensión *f*.

apprendre *vt* **1.** *(étudier)* aprender • **apprendre qqch/à faire qqch** aprender algo/a hacer algo **2.** *(enseigner)* • **apprendre qqch à qqn** enseñar algo a alguien • **apprendre à qqn à faire qqch** enseñar a alguien a hacer algo **3.** *(être informé de)* enterarse de • **apprendre que** enterarse de que **4.** *(faire connaître)* • **apprendre qqch à qqn** informar de algo a alguien.

apprenti, e *nm,f* aprendiz *m*, -za *f*.

apprentissage *nm* aprendizaje *m*.

apprêter *vt* preparar. ■ **s'apprêter** *vp* **1.** *(se préparer)* • **s'apprêter à faire qqch** disponerse a hacer algo **2.** *(s'habiller)* • **s'apprêter pour qqch** arreglarse para algo.

apprivoiser *vt* **1.** *(animal)* domesticar **2.** *(personne)* domar.

approbateur, trice *adj* de aprobación.

approbation *nf* aprobación *f*.

approche *nf* **1.** *(d'un événement)* proximidad *f* ; *(d'une personne)* llegada *f* • **à l'approche de a)** *(lieu)* al acercarse a **b)** *(événement, date)* al aproximarse **2.** *(point de vue)* enfoque *m* **3.** *(ébauche)* aproximación *f*.

approcher *vt* **1.** *(rapprocher)* acercar **2.** *(aborder)* • **approcher qqn** acercarse a alguien. ❑ *vi* acercarse • **approcher de qqch** acercarse a algo. ■ **s'approcher** *vp* acercarse • **s'approcher de qqn/de qqch** acercarse a alguien/a algo.

approfondir *vt* **1.** *(creuser)* hacer más profundo **2.** *(développer)* profundizar en.

approprié, e *adj* apropiado(da), adecuado(da) • **approprié à qqch** adecuado a algo.

approprier *vt* **1.** *(adapter)* acomodar, adaptar **2.** (BELGIQUE) *(nettoyer)* limpiar. ■ **s'approprier** *vp* apropiarse de.

approuver *vt* aprobar.

> **S'EXPRIMER**
>
> **approuver quelqu'un**
>
> • ***¡Sí, eso es!*** Oui, exactement !
> • ***¡Pienso lo mismo!*** C'est aussi ce que je pense !
> • ***¡Pienso lo mismo!*** C'est aussi ce que je crois !
> • ***¡Buena idea!*** Bonne idée !
> • ***¡Es una excelente idea!*** C'est une excellente idée !
> • ***¡Estupendo!*** Merveilleux !

approvisionnement *nm* provisión *f* ; *(d'un magasin)* abastecimiento *m*.

approvisionner *vt* **1.** *(compte en banque)* ingresar dinero en **2.** *(magasin)* abastecer.

approximatif, ive *adj* aproximado(da).

approximation *nf* aproximación *f*.

approximativement *adv* aproximadamente.

appt (abrév de appartement) piso • **appt à louer** se alquila piso.

appui *nm* apoyo *m*.

appui-tête *nm* reposacabezas *m inv*.

appuyé, e *adj* **1.** *(regard)* insistente **2.** *(plaisanterie)* pesado(da).

appuyer *vt* apoyar. ❑ *vi* • **appuyer sur qqch a)** *(presser sur)* apretar algo **b)** *(insister sur)* hacer hincapié en algo. ■ **s'appuyer** *vp* **1.** *(se tenir)* • **s'appuyer sur** *ou* **contre qqch/qqn** apoyarse en *ou* contra algo/alguien **2.** *(se baser)* • **s'appuyer sur** basarse en **3.** *(compter)* • **s'appuyer sur** contar con **4.** *fam (supporter, prendre en charge)* • **s'appuyer qqn/qqch** apechugar con algo/con alguien.

apr. (abrév de après) d.

âpre *adj* **1.** *(goût, ton)* áspero(ra) **2.** *(concurrence)* duro(ra) **3.** *(combat)* cruel **4.** *(discussion)* violento(ta) **5.** *(critique)* severo(ra).

après *prép* **1.** *(gén)* después de • **après dîner** después de cenar • **après cela** después de eso • **après quoi** después de lo cual **2.** *(indiquant l'attachement, l'hostilité)* • **soupirer après qqn** suspirar por alguien • **aboyer après qqn** abroncar a alguien • **se fâcher après qqn** enfadarse con alguien. ❑ *adv* después • **le mois d'après** el *ou* al mes siguiente • **la rue d'après** la calle siguiente • **un mois après** un mes después • **celui qui vient après** el que viene detrás. ■ **et après** *loc adv* **1.** *(employée interrogativement) (questionnement sur la suite)* ¿y después? **2.** *(exprime l'indifférence)* ¿y qué? ■ **après coup** *loc adv* después. ■ **après tout** *loc adv* después de todo.

■ **d'après** *loc prép* según • **d'après lui** según él • **d'après moi** en mi opinión. ■ **après que** *loc conj (+ indicatif)* después de que • **je le verrai après qu'il aura fini** lo veré cuando lo haya terminado.

après-demain *adv* pasado mañana.

après-guerre *nm ou nf* posguerra *f*.

après-midi *nm inv ou nf inv* tarde *f*.

après-rasage *adj inv* para después del afeitado. ❑ *nm* loción *f* para después del afeitado.

après-shampooing, après-shampoing *nm* acondicionador *m*.

après-ski *nm* descansos *mpl*.

après-soleil *adj (lait, lotion)* aftersun *m*. ❑ *nm* loción *f* para después de tomar el sol.

après-vente → **service**.

apr. J.-C., apr. J-C (abrév de après Jésus-Christ) d. de JC, d. JC • **en 55 apr. J.-C.** en el año 55 d. de JC.

à-propos *nm inv* pertinencia *f* • **avoir le sens de l'à-propos** intervenir de manera oportuna.

APS (abrév de advanced photographic system) *nm* APS *f*.

apte *adj* • **apte à qqch/à faire qqch** apto(ta) para algo/para hacer algo • **apte (au service)** *MIL* apto para el servicio militar.

aptitude *nf* aptitud *f* • **aptitudes à** *ou* **pour faire qqch** aptitudes para hacer algo.

aquagym *nf* gimnasia *f* acuática.

aquarelle *nf* acuarela *f*.

aquarium *nm* acuario *m*.

aquatique *adj* acuático(ca).

aqueduc *nm* acueducto *m*.

aqueux, euse *adj* acuoso(sa).

Aquitaine *npr f* • **l'Aquitaine** Aquitania.

AR, A-R, A/R (abrév de aller-retour) i/v • **un billet AR Paris-Marseille** un billete i/v París-Marsella.

arabe *adj & nm* árabe. ■ **Arabe** *nmf* árabe *mf*.

arabesque *nf* arabesco *m*.

Arabie *npr* • **l'Arabie** Arabia • **l'Arabie saoudite** Arabia Saudí.

arachide *nf* cacahuete *m* (ESP), maní *m* (AMÉR).

araignée *nf* araña *f*. ■ **araignée de mer** *nf* centolla *f*, centollo *m*.

arbalète *nf* ballesta *f*.

arbitrage *nm* arbitraje *m*.

arbitraire *adj* arbitrario(ria).

arbitre *nm* árbitro *m*.

arbitrer *vt* arbitrar.

arboriculture *nf* arboricultura *f*.

arbre *nm* **1.** *(gén)* árbol *m* **2.** *(axe)* eje *m* • **arbre à cames** árbol *m* de levas • **arbre de transmission** eje de transmisión.

LEXIQUE

les arbres

l'abricotier el albaricoquero
le bambou el bambú
le cerisier el cerezo
le chêne el roble
l'érable el arce
le hêtre el haya
l'olivier el olivo
l'oranger el naranjo
le palmier la palmera
le pêcher el melecotonero
le pin el pino
le platane el plátano
le poirier el peral
le pommier el manzano
le sapin el abeto

arbrisseau *nm* arbolillo *m*.

arbuste *nm* arbusto *m*.

arc *nm* **1.** *(gén)* *ARCHIT* arco *m* • **arc de cercle** arco de circunferencia • **arc de triomphe** arco de triunfo **2.** *(courbe)* curva *f*.

arcade *nf (piliers)* arcada *f*; *(couloir)* soportales *mpl*. ■ **arcade sourcilière** *nf* arco *m* de la ceja.

arc-bouter ■ **s'arc-bouter** *vp* • **s'arc-bouter contre** apoyarse en.

arceau *nm* **1.** *ARCHIT* arco *m* de bóveda **2.** *(objet)* aro *m*.

arc-en-ciel *nm* arco iris *m inv*.

archaïque *adj* arcaico(ca).

archange *nm* arcángel *m*.

arche *nf* **1.** *ARCHIT* arco *m* **2.** *RELIG* • **arche de Noé** arca *f* de Noé.

archéologie *nf* arqueología *f*.

archéologique *adj* arqueológico(ca).

archéologue *nmf* arqueólogo *m*, -ga *f*.

archet *nm* arco *m*.

archevêque *nm* arzobispo *m*.

archipel *nm* archipiélago *m*.

architecte *nmf* arquitecto *m*, -ta *f*.

architecture *nf* **1.** *(de bâtiment)* arquitectura *f* **2.** *fig (de roman)* estructura *f*.

archives *nfpl* archivo *m* (ESP), bibliorato *m* (AMÉR).

archiviste *nmf* archivero *m*, -ra *f*.

arctique *adj* ártico(ca). ■ **Arctique** *nm* • **l'Arctique** el Ártico.

ardemment *adv* ardientemente.

Ardennes *npr fpl* • **les Ardennes** las Ardenas.

ardent, e *adj (gén)* ardiente.

ardeur *nf* **1.** *(gén)* ardor *m* **2.** *(au travail)* dinamismo *m*.

ardoise *nf* pizarra *f*.

ardu, e *adj* arduo(dua).

are *nm* área *f*.

arène *nf* ruedo *m*. ■ **arènes** *nfpl* plaza *f* de toros.

arête *nf* **1.** *(de poisson)* espina *f* **2.** *(de toit)* caballete *m* **3.** *(de montagne)* cresta *f* **4.** *(du nez)* línea *f*.

argan *nm* argan *m* • **huile d'argan** aceite de argan.

argent *nm* **1.** *(métal, couleur)* plata *f* **2.** *(monnaie)* dinero *m* • **argent liquide** dinero en metálico • **argent de poche a)** dinero de bolsillo, dinero para gastos menudos **b)** *(que donnent les parents)* paga *f*.

argenté, e *adj* plateado(da).

argenterie *nf* plata *f (vajilla y cubertería)*.

argentin, e *adj* argentino(na). ■ **Argentin, e** *nm, f* argentino *m*, -na *f*.

Argentine *npr* • **l'Argentine** (la) Argentina.

argile *nf* arcilla *f*.

argileux, euse *adj* arcilloso(sa).

argot *nm* **1.** *(langue populaire)* argot *m* **2.** *(jargon)* jerga *f*.

argotique *adj* de argot.

argument *nm* argumento *m* • **argument de vente** argumento (de venta).

argumentaire *nm* COMM argumentación *f*.

argumentation *nf* argumentación *f*.

argumenter *vi & vt* argumentar.

argus *nm* • **être coté à l'argus (de l'automobile)** aparecer en la lista oficial de precios del mercado de los coches de ocasión.

aride *adj* **1.** *(terre)* árido(da) **2.** *(cœur, esprit)* insensible.

aridité *nf* **1.** *(sécheresse, difficulté)* aridez *f* **2.** *(froideur)* insensibilidad *f*.

aristocrate *nmf* aristócrata *mf*.

aristocratie *nf* aristocracia *f*.

aristocratique *adj* aristocrático(ca).

arithmétique *nf* aritmética *f*. ❑ *adj* aritmético(ca).

armateur *nm* armador *m*.

armature *nf* **1.** *(gén)* armazón *m* **2.** *fig (base)* estructura *f*.

arme *nf* arma *f* • **arme à feu/blanche** arma de fuego/blanca • **arme chimique** arma química • **arme de dissuasion** arma disuasoria • **arme non conventionnelle** arma no convencional • **arme nucléaire** arma nuclear • **arme semi-automatique** arma semiautomática • **être une arme à double tranchant** ser un arma de doble filo • **passer l'arme à gauche** *fam* estirar la pata, palmarla • **à armes égales** en igualdad de condiciones • **déposer les armes** deponer las armas • **faire ses premières armes** hacer sus pinitos • **fourbir ses armes** velar las armas • **prendre les armes** tomar las armas • **rendre les armes** *fig (gén)* rendirse. ■ **armes** *nfpl* **1.** *(armée)* • **les armes** la milicia **2.** *(blason)* armas *fpl*.

armée *nf* **1.** *(troupes)* ejército *m* • **l'armée de l'air/de terre** el ejército del aire/de tierra **2.** *(service militaire)* servicio *m* militar • **être à l'armée** hacer la mili **3.** *(unité militaire)* cuerpo *m* de ejército. ■ **Armée du Salut** *nf* • **l'Armée du Salut** el Ejército de Salvación.

armement *nm* **1.** *(gén)* armamento *m* • **l'industrie de l'armement** la industria armamentista **2.** *(d'un appareil photo)* arrastre *m*.

Arménie *npr* • **l'Arménie** Armenia.

armer *vt* **1.** *(personne, groupe)* armar • **être armé pour qqch/pour faire qqch** *fig* estar preparado para algo/para hacer algo **2.** *(fusil)* cargar **3.** *(appareil photo)* arrastrar.

armistice *nm* armisticio *m*.

armoire *nf* armario *m* • **c'est une armoire à glace !** *fig* ¡está cuadrado!

armoiries *nfpl* escudo *m* de armas.

armure *nf* armadura *f*.

armurier *nm* armero *m*.

arnaque *nf fam* estafa *f* (ESP), calote *m* (AMÉR).

arnaquer *vt fam* estafar.

arnaqueur, euse *nm, f fam* estafador *m*, -ra *f*.

aromate *nm* especia *f*.

aromatisé, e *adj* aromatizado(de) • **un yaourt aromatisé au citron** un yogur con sabor a limón.

arôme *nm* **1.** *(odeur - d'un plat)* olor *m* ; *(- du vin)* bouquet *m* ; *(- d'une fleur)* fragancia *f* **2.** *(goût)* aroma *m*.

arpège *nm* arpegio *m*.

arpenter *vt* **1.** *(marcher)* ir y venir *(por una habitación)* **2.** *(mesurer)* apear.

arqué, e *adj* arqueado(da) • **avoir les jambes arquées** tener las piernas arqueadas.

arr. abrév de **arrondissement**.

arrache ■ **à l'arrache** *loc adv fam (en vitesse, n'importe comment)* de cualquier manera, descuidadamente.

arraché ■ **à l'arraché** *loc adv* • **obtenir qqch à l'arraché** conseguir algo con gran esfuerzo.

arrache-pied ■ **d'arrache-pied** *loc adv* sin descanso.

arracher *vt* **1.** *(gén)* arrancar • **arracher qqch des mains de qqn** quitarle algo a alguien de las manos **2.** *(sortir)* • **arracher qqn à qqch** *(pensées, occupations)* sacar a alguien de algo. ■ **s'arracher** *vp* **1.** *(se disputer - une chose)* pelearse por ; *(- une personne)* disputarse • **ce disque, on se l'arrache !** *fam* ¡ese disco, nos lo quitan de las manos! **2.** *fam (partir)* largarse **3.** *fam (s'efforcer)* darse caña.

arrangeant, e *adj* acomodaticio(cia).

arrangement *nm* **1.** *(entente)* MUS arreglo *m* **2.** *(disposition)* colocación *f*.

arranger *vt* **1.** *(gén)* arreglar **2.** *(organiser)* concertar **3.** *(convenir à)* convenir • **ça ne m'arrange pas** *fam* no me viene bien **4.** MUS hacer arreglos. ■ **s'arranger** *vp* **1.** *(dispute, situation)* arreglarse **2.** *(se mettre d'accord)* ponerse de acuerdo **3.** *(se débrouiller)* • **s'arranger pour faire qqch** arreglárselas para hacer algo.

arrdt. abrév de **arrondissement**.

arrestation *nf* detención *f* • **être en état d'arrestation** estar detenido(da).

arrêt *nm* **1.** *(de mouvement, station)* parada *f* • **être à l'arrêt** *(véhicule)* estar parado(da) • **tomber en arrêt devant qqch** quedarse parado(da) ante algo **2.** *(interruption)* interrupción *f*, suspensión *f* • **sans arrêt** sin cesar • **arrêt maladie** baja *f* por enfermedad • **arrêt de travail** baja *f* (laboral) **3.** DR fallo *m*.

arrêté *nm* **1.** ADMIN orden *f* gubernativa **2.** FIN liquidación *f* de deuda.

arrêter *vt* **1.** *(véhicule, machine)* parar • **on n'arrête pas le progrès** el progreso es imparable **2.** *(date)* fijar **3.** *(voleur)* detener **4.** *(études, etc)* dejar **5.** *(compte, dette)* liquidar **6.** INFORM apagar. ❑ *vi* *(cesser)* parar • **arrêter de** dejar de. ■ **s'arrêter** *vp* pararse • **s'arrêter à qqch** *(prêter attention à)* fijarse en algo • **s'arrêter de faire qqch** dejar de hacer algo.

arrhes *nfpl* paga *f* y señal.

arrière *adj inv* trasero(ra) • **la marche arrière** la marcha atrás • **les roues arrière** las ruedas traseras. ❑ *nm* **1.** *(de véhicule)* parte *f* de atrás • **à l'arrière** en la parte de atrás, detrás • **assurer ses arrières** protegerse las espaldas **2.** SPORT defensa *m*. ■ **en arrière** *loc adv* atrás. ■ **en arrière de** *loc prép* detrás de.

arriéré, e *adj* *péj* **1.** *(personne)* retrasado(da) **2.** *(idées)* anticuado(da) **3.** *(pays, région)* atrasado(da). ■ **arriéré** *nm* atraso *m*.

arrière-boutique *nf* trastienda *f*.

arrière-garde *nf* retaguardia *f* • **un combat d'arrière-garde** una última tentativa.

arrière-goût *nm* regusto *m*.

arrière-grand-mère *nf* bisabuela *f*.

arrière-grand-père *nm* bisabuelo *m*.

arrière-grands-parents *nmpl* bisabuelos *mpl*.

arrière-pensée *nf* segunda intención *f* • **sans arrière-pensée** de buena fe.

arrière-petit-fille *nf* bisnieta *f*.

arrière-petit-fils *nm* bisnieto *m*.

arrière-petits-enfants *nmpl* bisnietos *mpl*.

arrière-plan *nm* segundo plano *m*.

arrière-saison *nf* final *m* del otoño.

arrière-train *nm* trasero *m*.

arrimer *vt* estibar.

arrivage *nm* **1.** *(de marchandises)* arribada *f* **2.** *iron* *(de touristes)* hornada *f*.

arrivée *nf* **1.** *(venue)* llegada *f* **2.** *(d'air, d'essence)* entrada *f*.

arriver *vi* **1.** *(venir)* llegar • **arriver à** *(lieu, heure)* llegar a • **arriver de** *(provenance)* llegar de • **arriver en** *ou* **par** *(moyen)* llegar en • **arriver jusqu'à** llegar hasta, alcanzar • **quoi qu'il arrive** pase lo que pase **2.** *(réussir)* triunfar • **arriver à faire qqch** conseguir hacer algo. ❑ *v impers* pasar, suceder • **il arrive à tout le monde de se tromper** todos podemos equivocarnos • **il m'est arrivé une drôle d'aventure** me ha pasado una cosa curiosa • **il arrive qu'en mai il fasse frais** puede (suceder) que en mayo haga frío.

arrivisme *nm* *péj* arribismo *m*.

arriviste *adj & nmf* arribista, trepador(ra).

arrobas, arobas *nf* arroba *f*.

arrogance *nf* arrogancia *f*.

arrogant, e *adj* arrogante.

arroger ■ **s'arroger** *vp* arrogarse.

arrondi *nm* redondeo *m*.

arrondir *vt* redondear.

arrondissement *nm* **1.** ADMIN distrito *m* **2.** *(de somme)* redondeo *m*.

arroser *vt* **1.** *(jardin)* regar **2.** *(sujet : rivière)* bañar **3.** *fam* *(repas)* regar **4.** *fam* *(célébrer)* remojar • **il faut arroser ça !** ¡esto hay que remojarlo! **5.** *fam* *(mélanger)* • **arroser son café** echar unas gotas en el café **6.** *fam* *(soudoyer)* untar.

arrosoir *nm* regadera *f*.

arsenal *nm* arsenal *m*.

arsenic *nm* arsénico *m*.

art *nm* arte *m* • **avoir l'art de** *iron* tener el don de • **art dramatique** arte dramático • **le septième art** el séptimo arte. ■ **arts** *nmpl* artes *fpl* • **arts et métiers** artes y oficios • **arts martiaux** artes marciales • **arts plastiques** artes plásticas.

art. (abrév de article) art., arto. • **conformément à l'art. 34** conforme al art. 34.

Arte *npr* Arte *(canal cultural franco-alemán)*.

artère *nf* arteria *f* • **grande artère** *(rue)* gran arteria.

artériel, elle *adj* arterial.

artériosclérose *nf* arteriosclerosis *f inv*.

arthrite *nf* artritis *f inv*.

arthrose *nf* artrosis *f inv*.

artichaut *nm* alcachofa *f* (ESP), alcaucil *m* (AMÉR).

article *nm* artículo *m* • **article de fond** artículo de fondo • **à l'article de la mort** in articulo mortis.

articulation *nf* **1.** *(gén)* articulación *f* **2.** DR exposición *f* **3.** *(liaison)* estructuración *f*.

articuler *vt* **1.** *(gén)* articular • **articulez !** ¡vocalice! **2.** DR exponer.

artifice *nm* artimaña *f*.

artificiel, elle *adj* artificial.

artificiellement *adv* de manera artificial.

artillerie *nf* artillería *f* • **artillerie lourde** *fig* artillería pesada.

artilleur *nm* artillero *m*.

artisan, e *nm, f* artesano *m*, -na *f*.

artisanal, e *adj* artesanal.

artisanat *nm* **1.** *(art)* artesanía *f* **2.** *(ensemble des artisans)* artesanado *m*.

artiste *nmf* artista *mf* • **artiste peintre** pintor *m*, -ra *f*. ❑ *adj* artístico(ca).

artistique *adj* artístico(ca).

art-thérapie *nf PSYCHO* arteterapia *f*.

as *nm* **1.** *(gén)* as *m* • **as de carreau/de cœur/de pique/de trèfle** as de diamantes/de corazones/de picas/de tréboles **2.** *(au tiercé)* uno *m*.

AS (abrév de association sportive) *nf inv* AD *f* • **être un supporter de l'AS Monaco** ser un hincha de la AD Mónaco.

ASAP (abrév de as soon as possible) *adv* lo antes posible.

ascendant, e *adj* ascendente. ■ **ascendant** *nm* ascendiente *m*.

ascenseur *nm* **1.** ascensor *m* **(ESP)**, elevador *m* **(AMÉR) 2.** *INFORM* ascensor.

ascension *nf* **1.** *(montée)* ascensión *f* • **l'ascension d'une montagne** la ascensión a una montaña **2.** *(réussite)* ascenso *m*. ■ **Ascension** *nf RELIG* • **l'Ascension** la Ascensión.

ascète *nmf* asceta *mf*.

aseptisé, e *adj* aséptico(ca).

aseptiser *vt* aseptizar.

asiatique *adj* asiático(ca). ■ **Asiatique** *nmf* asiático *m*, -ca *f*.

Asie *npr* • **l'Asie** Asia • **l'Asie centrale** Asia central • **l'Asie du Sud-Est** (el) Sureste asiático.

asile *nm* **1.** *(refuge)* asilo *m* **2.** *(psychiatrique)* manicomio *m*.

asocial, e *adj* asocial. ❑ *nm,f* inadaptado *m*, -da *f*.

aspect *nm* aspecto *m* • **à l'aspect de qqch** *sout (à la vue de)* por el cariz de algo.

asperge *nf* espárrago *m*.

asperger *vt* • **asperger qqn de qqch** salpicar a alguien con algo.

aspérité *nf* aspereza *f*.

aspersion *nf* aspersión *f*.

asphalte *nm* asfalto *m*.

asphyxie *nf* asfixia *f*.

asphyxier *vt* asfixiar.

aspic *nm* áspid *m*.

aspirant, e *adj* aspirante. ■ **aspirant** *nm (dans la marine)* ≃ guardiamarina *m*.

aspirateur *nm* aspirador *m*.

aspiration *nf* aspiración *f*. ■ **aspirations** *nfpl (désirs)* aspiraciones *fpl*.

aspirer *vt* aspirar. ❑ *vi* • **aspirer à qqch/à faire qqch** aspirar a algo/a hacer algo.

aspirine *nf* aspirina® *f*.

assagir *vt* **1.** *(personne)* volver juicioso(sa) **2.** *(passion)* moderar. ■ **s'assagir** *vp* sentar la cabeza.

assaillant, e *adj & nm,f* asaltante.

assaillir *vt* asaltar • **assaillir qqn de qqch** *(questions, etc)* acosar a alguien con algo.

assainir *vt* sanear.

assaisonnement *nm* aliño *m*, condimentación *f*.

assaisonner *vt* **1.** *CULIN* aliñar, condimentar • **assaisonner de** *fig* amenizar con **2.** *fam (gronder)* reñir.

assassin, e *adj (regard)* asesino(na) ; *(critique)* mordaz. ■ **assassin** *nm* asesino *m*, -na *f*.

assassinat *nm* asesinato *m*.

assassiner *vt* asesinar.

assaut *nm* asalto *m* • **donner l'assaut à** asaltar • **monter à l'assaut de** lanzarse al asalto de • **prendre qqch d'assaut** tomar algo por asalto.

assécher *vt* **1.** *(terre)* desecar **2.** *(réserve d'eau)* desaguar.

ASSEDIC, Assedic (abrév de Association pour l'emploi dans l'industrie et le commerce) *nfpl* • **toucher les ASSEDIC** ≃ cobrar el paro.

assemblage *nm* **1.** *(montage)* montaje *m* **2.** *(réunion)* combinación *f* **3.** *TECHNOL* ensamblaje *m*.

assemblée *nf* **1.** *(public)* reunión *f* **2.** *ADMIN* junta *f* **3.** *POLIT* asamblea *f*. ■ **Assemblée nationale** *nf* • **l'Assemblée nationale** ≃ el Congreso de los Diputados.

assembler *vt* **1.** *(monter)* montar **2.** *(réunir)* reunir **3.** *TECHNOL* ensamblar. ■ **s'assembler** *vp (personnes)* congregarse.

assener, asséner *vt* asestar.

assentiment *nm* consentimiento *m*.

asseoir *vt* **1.** *(sur un siège)* sentar • **faire asseoir qqn** hacer sentar a alguien **2.** *(fondations)* asentar **3.** *(réputation)* basar **4.** *(impôt)* establecer. ■ **s'asseoir** *vp* sentarse • **asseyez-vous !** **a)** *(messieurs)* ¡siéntense! **b)** *(monsieur)* ¡siéntese! • **s'asseoir sur qqch** sentarse en algo.

assermenté, e *adj* **1.** *(fonctionnaire, traducteur)* jurado(da) **2.** *(témoin)* juramentado(da).

assertion *nf* aserción *f*.

asservir *vt* esclavizar.

assesseur *nm* asesor *m*, -ra *f*.

assez *adv* **1.** *(suffisamment)* suficiente • **assez de** suficiente • **assez de chaises** suficientes sillas • **assez de lait** suficiente leche • **en avoir assez de qqch/de qqn** estar harto(ta) de algo/de alguien **2.** *(plutôt)* bastante • **il roule assez vite** conduce bastante rápido • **assez bien** bastante bien.

assidu, e *adj* **1.** *(élève)* asiduo(dua) **2.** *(travail)* constante.

assiduité *nf* **1.** *(zèle)* perseverancia *f* **2.** *(fréquence)* asiduidad *f* • **avec assiduité** con asiduidad, asiduamente. ■ **assiduités** *nfpl péj & sout (attentions)* atenciones *fpl*.

assiéger *vt* asediar.

assiette *nf* **1.** *(gén)* plato *m* • **assiette anglaise** ≃ entremeses *mpl* variados • **assiette creuse** *ou* **à soupe** plato hondo *ou* sopero • **assiette à dessert** plato de postre • **ne pas être dans son**

assiette *fam* no encontrarse bien **2.** *(de cavalier)* equilibrio *m* **3.** *(d'impôt)* base *f* imponible.

assigner *vt* **1.** *(fonds, tâche)* asignar **2.** DR • **assigner qqn en justice** citar a alguien a juicio.

assimiler *vt* **1.** *(aliment, connaissance)* asimilar **2.** *(confondre)* confundir • **assimiler qqch à qqch** confundir algo con algo **3.** *(intégrer)* integrar.

assis, e *adj* sentado(da). ■ **assise** *nf (base)* cimientos *mpl*. ■ **assises** *nfpl* **1.** DR ≃ sala *f* de lo penal **2.** *(congrès)* congreso *m*.

assistance *nf* **1.** *(gén)* asistencia *f* • **prêter assistance à qqn** prestar asistencia a alguien **2.** *(auditoire)* audiencia *f*. ■ **Assistance publique** *nf* • **l'Assistance publique** la Asistencia social.

assistant, e *nm, f* **1.** *(auxiliaire)* asistente *mf* • **assistante sociale** asistente *f* social **2.** *(enseignant)* auxiliar *mf* de conversación.

assister *vi* • **assister à qqch** asistir a algo. ❑ *vt* • **assister qqn a)** *(le seconder)* ayudar a alguien **b)** *(lui porter secours)* prestar asistencia a alguien.

associatif, ive *adj* asociativo(va).

association *nf* asociación *f* • **association à but non lucratif** *ou* **sans but lucratif** entidad sin ánimo de lucro • **association de consommateurs** asociación de consumidores • **association de malfaiteurs** asociación de malhechores • **association de parents d'élèves** asociación de padres • **association des anciens élèves** asociación de antiguos alumnos • **association d'idées** asociación de ideas • **Association européenne de libre-échange (AELE)** Asociación Europea de Libre Cambio • **association humanitaire** asociación humanitaria • **association sportive** asociación deportiva • **en association avec qqn/qqch** en asociación con alguien/algo.

associé, e *adj* asociado(da). ❑ *nm, f* socio *m*, -cia *f*.

associer *vt* **1.** *(personnes, idées)* asociar • **associer qqch à qqch** asociar algo con algo **2.** *(faire participer)* • **associer qqn à qqch** hacer participar a alguien en algo. ■ **s'associer** *vp* **1.** *(collaborer)* asociarse • **s'associer à** *ou* **avec qqn** asociarse con alguien **2.** *(participer)* • **s'associer à qqch** participar en algo **3.** *(se combiner)* • **s'associer à qqch** combinarse con algo.

assoiffé, e *adj (d'eau)* sediento(ta) ; *(de pouvoir, d'argent)* ávido(da).

assombrir *vt* **1.** *(plonger dans l'obscurité)* oscurecer **2.** *fig (attrister)* ensombrecer. ■ **s'assombrir** *vp* **1.** *(devenir sombre)* oscurecerse **2.** *fig (s'attrister)* ensombrecerse.

assommer *vt* **1.** *(frapper)* tumbar **2.** *fam (ennuyer)* aburrir **3.** *(accabler)* agobiar.

Assomption *nf* RELIG • **l'Assomption** la Asunción.

assorti, e *adj* **1.** *(coordonné)* combinado(da) • **assorti à** combinado con • **bien/mal assorti** bien/mal combinado **2.** *(complémentaire)* • **ce couple est bien assorti** hacen buena pareja **3.** *(approvisionné)* surtido(da).

assortiment *nm* **1.** *(choix)* surtido *m* **2.** *(ensemble)* conjunto *m*.

assortir *vt* **1.** *(objets)* combinar • **assortir qqch à qqch** combinar algo con algo **2.** *(magasin)* surtir.

assoupi, e *adj* **1.** *(endormi)* adormilado(da) **2.** *(affaibli)* adormecido(da).

assoupir *vt* adormecer, dormir. ■ **s'assoupir** *vp* adormilarse.

assouplir *vt* **1.** *(corps)* dar flexibilidad **2.** *(matière)* ablandar **3.** *(règlement)* hacer flexible **4.** *(caractère)* suavizar. ■ **s'assouplir** *vp* **1.** *(physiquement)* adquirir flexibilidad **2.** *(moralement)* suavizarse.

assouplissant, assouplisseur *nm* suavizante *m*.

assourdir *vt* **1.** *(personne)* ensordecer **2.** *(bruit)* amortiguar.

assouvir *vt sout* **1.** *(appétit)* saciar **2.** *(passions)* satisfacer.

assujettir *vt* **1.** *(soumettre)* someter • **assujettir qqn à qqch** someter a alguien a algo **2.** *(fixer)* fijar.

assumer *vt* asumir.

assurance *nf* **1.** *(gén)* seguridad *f* • **j'ai reçu l'assurance qu'on m'aiderait** me han asegurado que me ayudarían • **veuillez recevoir l'assurance de mes sentiments distingués** le saluda atentamente **2.** *(contrat)* seguro *m* • **assurance maladie/tous risques** seguro de enfermedad/a todo riesgo. ■ **assurance-vie** *nf* seguro *m* de vida.

assuré, e *nm, f* asegurado *m*, -da *f* • **assuré social** beneficiario *m* de la Seguridad Social.

assurément *adv sout* ciertamente.

assurer *vt* **1.** *(gén)* asegurar • **il m'a assuré de sa bonne foi** me aseguró que era de buena fe • **il m'a assuré qu'il viendrait** me aseguró que vendría **2.** *(garantir)* garantizar • **assurer des revenus fixes** garantizar ingresos fijos. ❑ *vi fam* dar la talla. ■ **s'assurer** *vp* asegurarse • **s'assurer de qqch/que** *(confirmer)* asegurarse de algo/de que • **s'assurer qqch** *(obtenir)* asegurarse algo • **s'assurer contre qqch** asegurarse contra algo.

astérisque *nm* asterisco *m*.

asthmatique *adj & nmf* asmático(ca).

asthme *nm* asma *m*.

asticot *nm* gusano *m* blanco.

astiquer *vt* sacar brillo.

astre *nm* astro *m*.

astreignant, e *adj* esclavizante.

astreindre *vt* • **astreindre qqn à qqch/à faire qqch** obligar a alguien a algo/a hacer algo.

astringent, e *adj* astringente. ■ **astringent** *nm* astringente *m*.

astrologie *nf* astrología *f*.

astrologue *nmf* astrólogo *m*, -ga *f*.
astronaute *nmf* astronauta *mf*.
astronautique *nf* astronáutica *f*.
astronome *nmf* astrónomo *m*, -ma *f*.
astronomie *nf* astronomía *f*.
astronomique *adj* astronómico(ca).
astuce *nf* **1.** *(ingéniosité)* astucia *f* **2.** *(ruse)* truco *m* **3.** *(plaisanterie)* broma *f*.
astucieux, euse *adj* **1.** *(personne)* astuto(ta) **(Esp)**, abusado(da) **(Amér)** **2.** *(idée)* ingenioso(sa).
asymétrique *adj* asimétrico(ca).
atelier *nm* **1.** *(d'artisan)* taller *m* **2.** *(de peintre)* estudio *m*.
athée *adj & nmf* ateo(a).
athéisme *nm* ateísmo *m*.
Athènes *npr* Atenas.
athlète *nmf* atleta *mf*.
athlétique *adj* atlético(ca).
athlétisme *nm* atletismo *m*.
atlantique *adj* atlántico(ca). ■ **Atlantique** *npr* • **l'Atlantique** el Atlántico.
atlas *nm* atlas *m*.
atmosphère *nf* **1.** GÉOGR atmósfera *f* **2.** *(air)* aire *m* **3.** *(ambiance)* ambiente *m*.
atmosphérique *adj* atmosférico(ca).
atome *nm* átomo *m* • **ne pas avoir un atome de** *fig* no tener ni pizca de.
atomique *adj* atómico(ca).
atomiseur *nm* pulverizador *m*.
atone *adj* **1.** *(voyelle)* átono(na) **2.** *(regard)* inexpresivo(va).
atours *nmpl* *sout* atavío *m*.
atout *nm* **1.** *(carte)* triunfo *m* • **atout carreau/cœur/pique/trèfle** triunfo de diamantes/corazones/picas/tréboles **2.** *fig (ressource)* ventaja *f*, baza *f*.
âtre *nm* *sout* hogar *m (chimenea)*.
atroce *adj* **1.** *(crime)* atroz **2.** *(souffrance, temps)* espantoso(sa).
atrocité *nf* **1.** *(horreur)* atrocidad *f* **2.** *(calomnie)* calumnia *f*.
atrophie *nf* atrofia *f*.
atrophier *vt* atrofiar. ■ **s'atrophier** *vp* atrofiarse.
attabler ■ **s'attabler** *vp* sentarse a la mesa.
attachant, e *adj* entrañable.
attache *nf* atadura *f*. ■ **attaches** *nfpl* **1.** *(relations)* vínculos *m* **2.** *(parenté)* lazos *m* **3.** *(poignets et chevilles)* • **avoir les attaches fines** tener las muñecas y los tobillos finos.
attaché, e *nm,f* agregado *m*, -da *f* • **attaché culturel** agregado cultural • **attaché de presse** responsable *mf* de prensa.
attaché-case *nm* maletín *m*.
attachement *nm* apego *m*.
attacher *vt* **1.** *(animal, paquet)* atar • **attacher qqch à qqch** atar algo a algo **2.** *(ceinture, manteau)* abrochar. ❑ *vi* pegarse. ■ **s'attacher** *vp* **1.** *(se prendre d'affection)* • **s'attacher à qqn/à qqch** encariñarse con alguien/con algo **2.** *(se fermer)* • **s'attacher avec** *ou* **par qqch** abrocharse con algo **3.** *(s'appliquer)* • **s'attacher à qqch/à faire qqch** esmerarse en algo/en hacer algo.
attaquant, e *adj & nm,f* atacante.
attaque *nf* ataque *m* • **avoir une attaque** tener un ataque.
attaquer *vt* **1.** *(gén)* atacar **2.** DR *(jugement)* impugnar • **attaquer qqn en justice** llevar a alguien a los tribunales **3.** *fam (commencer)* liarse con algo • **on attaque ?** ¿nos ponemos? ■ **s'attaquer** *vp* • **s'attaquer à qqn a)** *(le combattre)* atreverse con alguien **b)** *fig* atacar a alguien • **s'attaquer à qqch** *(problème, dossier)* enfrentarse a algo.
attardé, e *adj* retrasado(da). ❑ *nm,f* retrasado *m*, -da *f* (mental).
attarder ■ **s'attarder** *vp* • **s'attarder à qqch** detenerse en algo • **s'attarder à faire qqch** entretenerse haciendo algo.
atteindre *vt* **1.** *(toucher, attraper)* alcanzar **2.** *(affecter)* afectar **3.** *(arriver)* llegar a.
atteint, e *adj* **1.** *(malade)* afectado(da) **2.** *fam (fou)* tocado(da). ■ **atteinte** *nf (portée)* • **hors d'atteinte** fuera de alcance.
attelage *nm* **1.** *(chevaux)* tiro *m* **2.** *(harnachement)* arreos *mpl*.
atteler *vt* **1.** *(animal)* uncir **2.** *(véhicule)* enganchar.
attelle *nf* tablilla *f*.
attenant, e *adj* contiguo(gua) • **attenant à qqch** lindante con algo.
attendre *vt* esperar • **j'attends que la pluie cesse** espero que deje de llover • **attendre qqch de qqn/de qqch** esperar algo de alguien/de algo. ❑ *vi* esperar. ■ **s'attendre** *vp* • **s'attendre à qqch** esperarse algo • **s'attendre à ce que** esperarse que • **il s'attendait à ce qu'elle lui donne cette réponse** se esperaba que le diera esa respuesta. ■ **en attendant** *loc adv* mientras tanto.

> À PROPOS DE
> **attendre**
> Attention, *attendre que* se traduit par ***esperar a que*** suivi du subjonctif.

attendrir *vt* **1.** *fig (personne)* enternecer, ablandar **2.** *(viande)* macerar. ■ **s'attendrir** *vp* enternecerse • **s'attendrir sur qqn/sur qqch** enternecerse por alguien/por algo.
attendrissant, e *adj* **1.** *(personne)* enternecedor(ra) **2.** *(geste)* conmovedor(ra).
attendu, e *adj* esperado(da). ■ **attendu** *nm* DR considerando *m*. ❑ *prép* en vista de. ■ **attendu que** *loc conj* en vista de que.

attentat *nm* atentado *m* • **attentat à la bombe** atentado con bomba • **attentat à la pudeur** atentado contra la moral.

attentat-suicide *nm* atentado *m* suicida.

attente *nf* **1.** *(action d'attendre)* espera *f* **2.** *(espoir)* expectativa *f* • **contre toute attente** contra todo pronóstico • **répondre à l'attente de qqn** responder a las expectativas de alguien.

attenter *vt* • **attenter à qqch** atentar contra algo • **attenter à ses jours** atentar contra su vida.

attentif, ive *adj* atento(ta).

attention *nf* atención *f* • **à l'attention de** a la atención de • **faire attention que** vigilar que • **faire attention à qqch a)** tener cuidado con algo **b)** *(à un détail)* poner atención en algo. ❏ *interj* ¡cuidado!

attentionné, e *adj* considerado(da) • **attentionné avec qqn** atento con alguien.

attentisme *nm* política *f* de espera.

attentivement *adv* atentamente ; *(avec soin)* detenidamente.

atténuante → circonstance.

atténuation *nf* atenuación *f*.

atténuer *vt* atenuar. ■ **s'atténuer** *vp* atenuarse.

atterrir *vi* **1.** *(avion)* aterrizar **2.** *fam (personne)* parar.

atterrissage *nm* aterrizaje *m*.

attestation *nf* **1.** *(certificat)* certificado *m* • **attestation médicale** certificado médico **2.** *(preuve)* prueba *f*.

attester *vt* **1.** *(confirmer)* atestiguar **2.** *(certifier)* testificar.

attique *adj* HIST ático(ca). ❏ *nm* ARCHIT ático *m*.

attirail *nm fam* trastos *mpl*.

attirance *nf* atracción *f*.

attirant, e *adj* atractivo(va).

attirer *vt* **1.** *(gén)* atraer • **attirer qqn à** *ou* **vers soi** atraer a alguien hacia sí **2.** *(provoquer)* • **attirer des ennuis à qqn** acarrear problemas a alguien. ■ **s'attirer** *vp (l'estime, le soutien, la critique, etc)* ganarse.

attiser *vt* **1.** *(feu)* atizar **2.** *fig* & *sout (sentiment)* avivar.

attitré, e *adj* **1.** *(représentant, fournisseur)* acreditado(da) **2.** *(place)* reservado(da) **3.** *iron (habituel)* habitual.

attitude *nf* **1.** *(posture)* postura *f* **2.** *(comportement)* actitud *f*.

attouchements *nmpl* caricias *fpl*.

attractif, ive *adj* atractivo(va).

attraction *nf* **1.** *(gén)* atracción *f* **2.** *(centre d'intérêt)* (centro *m* de) atracción.

attrait *nm* atracción *f*. ■ **attraits** *nmpl* **1.** *sout (séduction)* encantos *mpl* **2.** *(intérêt)* atractivos *mpl*.

attrape-nigaud *nm* engañabobos *m inv*.

attraper *vt* **1.** *(gén)* coger **2.** *(prendre au piège)* atrapar **3.** *fam (train, avion)* coger por los pelos **4.** *fam (gronder)* reñir **5.** *(surprendre)* pillar **6.** *fam (tromper)* engañar • **il m'a bien attrapé !** ¡me la ha dado con queso!

attrayant, e *adj* atrayente.

attribuer *vt* **1.** *(qualité, mérite)* atribuir **2.** *(prix, privilège)* otorgar. ■ **s'attribuer** *vp* atribuirse.

attribut *nm* atributo *m*.

attribution *nf* **1.** *(de prix, rôle)* adjudicación *f* **2.** *(d'une tâche, place)* asignación *f* **3.** *(d'un fait, mérite)* atribución *f*. ■ **attributions** *nfpl (compétences)* atribuciones *fpl* • **ne pas entrer dans les attributions de qqn** no entrar en las atribuciones de alguien.

attrister *vt* entristecer. ■ **s'attrister** *vp* • **s'attrister (de)** entristecerse (por).

attroupement *nm* **1.** *(de badauds)* aglomeración *f* **2.** *(de manifestants)* concentración *f*.

attrouper ■ **s'attrouper** *vp* aglomerarse.

aubade *nf* alborada *f*.

aubaine *nf* ganga *f*.

aube *nf* alba *f* • **à l'aube** de madrugada • **à l'aube de a)** *(au matin de)* en la madrugada de **b)** *fig (au commencement de)* en los albores de.

aubépine *nf* espino *m* blanco.

auberge *nf* hostal *m*, posada *f vieilli* • **auberge de jeunesse** albergue *m* juvenil.

aubergine *nf* berenjena *f*. ❏ *adj inv (couleur)* berenjena *(en apposition)*.

aubergiste *nmf* posadero *m*, -ra *f*.

auburn *adj inv* trigueño(ña).

aucun, e *adj* **1.** *(sens négatif)* ninguno(na) • **il n'y a aucun bus dans la rue** no hay ningún autobus en la calle • **il n'y a aucune boutique ici** no hay ninguna tienda aquí **2.** *(sens positif)* cualquier • **il lit plus qu'aucun autre enfant** lee más que cualquier otro niño. ❏ *pron* **1.** *(sens négatif)* ninguno(na) • **il n'en veut aucun** no quiere ninguno • **aucun d'entre nous** ninguno de nosotros **2.** *(sens positif)* cualquiera • **il parle mieux qu'aucun de nous** habla mejor que cualquiera de nosotros • **d'aucuns** *sout* algunos.

audace *nf* **1.** *(hardiesse)* audacia *f* **2.** *(insolence)* osadía *f* **3.** *(innovation)* atrevimiento *m*.

audacieux, euse *adj* **1.** *(hardi)* audaz **2.** *(insolent)* atrevido(da). ❏ *nm, f* atrevido *m*, -da *f*.

au-dedans *loc adv* dentro, por dentro. ■ **au-dedans de** *loc prép* dentro de.

au-dehors *loc adv* (por) fuera. ■ **au-dehors de** *loc prép* fuera de.

au-delà *loc adv* **1.** *(plus loin)* más allá **2.** *(davantage)* mucho más. ❏ *nm* • **l'au-delà** RELIG el más allá. ■ **au-delà de** *loc prép* más allá de • **au-delà du pont** pasado el puente.

au-dessous *loc adv* debajo. ■ **au-dessous de** *loc prép* debajo de.

au-dessus *loc adv* encima. ■ **au-dessus de** *loc prép* por encima de • **au-dessus de sept ans** de más de siete años.
au-devant *loc adv* delante. ■ **au-devant de** *loc prép* • **aller au-devant de** ir al encuentro de.
audience *nf* audiencia *f*.
Audimat® *nm (taux d'audience)* índice *m* de audiencia.
audioblog *nm* audioblog *m*.
audiodescription *nf* audiodescripción *f* • **ce film vous est proposé en audiodescription** película accesible con audiodescripción.
audioguide *nm* audioguía *m*.
audionumérique *adj* audionumérico(ca).
audiovisuel, elle *adj* audiovisual. ■ **audiovisuel** *nm* **1.** *(secteur)* imagen *f* y sonido **2.** *(techniques)* medios *mpl* audiovisuales.
audit *nm* FIN auditoría *f*.
auditer *vt* FIN auditar.
auditeur, trice *nm, f (gén)* oyente *mf* ; *(de conférence)* asistente *mf* ; *(de radio)* radioyente *mf*. ■ **auditeur** *nm* FIN auditor *m*, -ra *f*. ■ **auditeur libre** *nm* UNIV oyente *mf*.
audition *nf* **1.** *(gén)* audición *f* • **audition de témoins** audición de los testigos **2.** THÉÂTRE prueba *f*.
auditionner *vt* escuchar.
auditoire *nm* auditorio *m*.
auditorium *nm* auditórium *m*, auditorio *m*.
auge *nf* comedero *m*.
augmentation *nf* **1.** *(gén)* aumento *m* **2.** *(de taux)* incremento *m* **3.** *(de prix)* subida *f*.
augmenter *vt* **1.** *(gén)* aumentar **2.** *(durée)* alargar **3.** *(prix, salaire)* subir • **augmenter qqn** conceder un aumento (de sueldo) a alguien, subir el sueldo a alguien. ❑ *vi* aumentar.
augure *nm* augurio *m* • **de bon/mauvais augure** de buen/mal augurio.
auguste *adj sout* augusto(ta).
aujourd'hui *adv* **1.** *(ce jour)* hoy **2.** *(à notre époque)* hoy (en día).
aumône *nf* limosna *f* • **faire l'aumône à qqn** dar limosna a alguien • **elle lui a fait l'aumône d'un regard** se dignó mirarle.
auparavant *adv* antes.
auprès ■ **auprès de** *loc prép* **1.** *(près de)* junto a **2.** *(comparé à)* al lado de **3.** *(dans l'opinion de, en s'adressant à)* ante.
auréole *nf* aureola *f*.
auriculaire *adj* auricular. ❑ *nm* (dedo) meñique *m*.
aurore *nf* **1.** *(aube)* aurora *f* • **se lever aux aurores** levantarse de madrugada **2.** *fig & sout (commencement)* albores *mpl*.
ausculter *vt* auscultar.
auspice *nm (gén pl)* auspicio *m* • **sous les auspices de qqn** bajo los auspicios de alguien.

aussi

■ **aussi** *adv*

1. ÉGALEMENT
también • **moi aussi** yo también • **il parle anglais et aussi espagnol** habla inglés y también español

2. DANS UNE COMPARAISON
tan • **il n'est pas aussi intelligent que son frère** no es tan inteligente como su hermano

3. À CE POINT
• **je n'ai jamais rien vu d'aussi beau** nunca he visto nada tan bonito • **aussi incroyable que cela puisse paraître** por muy increíble que parezca

4. INTRODUIT UNE EXPLICATION
por lo tanto • **aussi ai-je immédiatement fait appel à ses services** por lo tanto recurrí inmediatamente a sus servicios

■ **(tout) aussi bien** *loc adv*

también • **j'aurais pu (tout) aussi bien refuser** también habría podido negarme

■ **aussi bien... que** *loc conj*

tanto... como, tan... como • **cela peut être aussi bien lui qu'elle** puede ser tanto él como ella • **tu le sais aussi bien que moi** lo sabes tan bien como yo • **on n'est jamais aussi bien servi que par soi-même** si quieres ser bien servido, sírvete a ti mismo

aussitôt *adv* en seguida. ■ **aussitôt que** *loc conj* tan pronto como.
austère *adj* austero(ra).
austérité *nf* austeridad *f*.
austral, e *adj* austral.
Australie *npr* • **l'Australie** Australia.
australien, enne *adj* australiano(na). ■ **Australien, enne** *nm, f* australiano *m*, -na *f*.

autant

■ **autant** *adv*

1. DANS UNE COMPARAISON
• **je l'aime autant que toi** lo quiero tanto como tú • **il y a autant de femmes que d'hommes** hay tantas mujeres como hombres

2. EXPRIME L'INTENSITÉ, LE DEGRÉ ÉLEVÉ
tanto(ta) • **je ne pensais pas qu'ils seraient autant** no pensaba que fueran tantos • **autant de personnes, autant d'avis** tantas opiniones como personas • **autant de patience** tanta paciencia • **tu ne peux pas en dire autant** no puedes decir lo mismo • **n'importe qui peut en faire autant** cualquiera puede hacer igual

3. SUIVI DE L'INFINITIF
más vale, mejor • **autant dire la vérité** mejor decir la verdad

■ **autant que** *loc conj*
• **autant que possible** en la medida de lo posible • **(pour) autant que je sache** que yo sepa

■ **d'autant** *loc adv*
otro tanto • **cela augmente d'autant nos intérêts** esto aumenta nuestros intereses otro tanto

■ **d'autant moins** *loc adv*
• **d'autant moins que...** tanto menos cuanto que..., menos aún cuando... • **il ose d'autant moins me téléphoner qu'il me doit beaucoup d'argent** no se atreve a llamarme menos aún cuando me debe mucho dinero

■ **d'autant plus** *loc adv*
todavía más • **d'autant plus que...** tanto más cuanto que..., más aún cuando... • **je le crains d'autant plus qu'il est mon père** le tengo miedo tanto más cuanto que es mi padre

■ **d'autant que** *loc conj*
DANS LA MESURE OÙ
ya que, visto que • **je ne comprends pas que ma voiture soit tombée en panne, d'autant que je venais de la faire réviser** no entiendo que el coche haya tenido una avería, ya que acababa de hacerla revisar

■ **pour autant** *loc adv*
sin embargo • **elle a beaucoup étudié, mais elle n'a pas réussi son examen pour autant** estudió mucho y sin embargo no aprobó el examen • **pour autant que je sache** que yo sepa

autarcie *nf* autarquía *f.*
autel *nm* altar *m.*
auteur *nm* autor *m*, -ra *f.*
auteur-compositeur, **auteure-compositrice** *nm,f* cantautor *m*, -ra *f.*
authenticité *nf* autenticidad *f.*
authentification *nf* DR autenticación *f*, autentificación *f.*
authentifier *vt* DR autenticar, autentificar.
authentique *adj* **1.** *(document, œuvre)* auténtico(ca) **2.** *(sentiment)* verdadero(ra) **3.** *(événement)* real • **c'est une histoire authentique** es una historia real.
autisme *nm* autismo *m.*
autiste *adj & nmf* autista.
autistique *adj* autístico(ca).
auto *nf* coche *m* **(ESP)**, carro *m* **(AMÉR)**.
autoapprentissage *nm* autoaprendizaje *m.*
autobiographie *nf* autobiografía *f.*
autobiographique *adj* autobiográfico(ca).
autobronzant, e *adj* autobronceador(ra). ■ **autobronzant** *nm* autobronceador *m.*
autobus *nm* autobús *m* **(ESP)**, camión *m* **(AMÉR)**.
autocar *nm* autocar *m*, autobús *m (de línea regular)*.
autocensure *nf* autocensura *f.*
autocensurer ■ **s'autocensurer** *vp* autocensurarse.
autochtone *adj & nmf* autóctono(na).
autocollant, e *adj* adhesivo(va). ■ **autocollant** *nm* pegatina *f.*
autocouchette → train.
autocritique *adj* autocrítico(ca). ❑ *nf* autocrítica *f.*
autocuiseur *nm* olla *f* a presión.
autodéfense *nf* autodefensa *f.*
autodestructeur, trice *adj* autodestructor(ra).
autodétruire ■ **s'autodétruire** *vp* autodestruirse.
autodéveloppement *nm* autoayuda *f.*
autodidacte *adj & nmf* autodidacta.
auto-école *nf* autoescuela *f.*
autoentrepreneur, euse *nm,f* emprendedor *m*, -ra *f*, autónomo *m*, -ma *f.*
autoentrepreneuriat *nm* autoempleo *m.*
autoévaluation *nf* autoevaluación *f.*
autofinancement *nm* autofinanciación *f.*
autofinancer ■ **s'autofinancer** *vp* autofinanciarse.
autofocus *adj* autofocus *(inv)*. ❑ *nm (appareil)* autofocus *m inv.*
autogérer ■ **s'autogérer** *vp* autogestionarse.
autogestion *nf* autogestión *f.*
autographe *adj* autógrafo(fa). ❑ *nm* autógrafo *m.*
automate *nm* robot *m.*
automatique *adj* automático(ca). ❑ *nm* (pistola *f*) automática.
automatisation *nf* automatización *f.*
automatiser *vt* automatizar.
automatisme *nm* **1.** *(de machine)* automatismo *m* **2.** *fig (réflexe)* reflejo *m.*
automédication *nf* automedicación *f.*
automne *nm* otoño *m.*
automobile *adj & nf* automóvil *m.*
automobiliste *nmf* automovilista *mf.*
autonettoyant, e *adj* autolimpiable.
autonome *adj (gén)* autónomo(ma) ; *(personne)* independiente.
autonomie *nf* autonomía *f.*
autonomiser *vt* autonomizar. ■ **s'autonomiser** *vp* autonomizarse.
autonomiste *adj & nmf* autonomista.

autopartage *nm* • **faire de l'autopartage** compartir coche *ou* vehículo.
autoproclamer ■ **s'autoproclamer** *vp* autoproclamarse.
autopropulsé, e *adj* autopropulsado(da).
autopsie *nf* autopsia *f.*
autopsier *vt* hacer la autopsia.
autoradio *nm* autorradio *m.*
autorail *nm* autovía *f (tren).*
autoréglage *nm* autorregulación *f.*
auto-reverse *adj & nm* autorreverse.
autorisation *nf* autorización *f* • **avoir l'autorisation de faire qqch** tener la autorización para hacer algo.
autorisé, e *adj* autorizado(da).
autoriser *vt* **1.** *(donner la permission à)* • **autoriser qqn à faire qqch** autorizar a alguien a hacer algo **2.** *(donner la possibilité de)* dar cabida a.
autoritaire *adj & nmf* autoritario(ria).
autoritarisme *nm* autoritarismo *m.*
autorité *nf* autoridad *f* • **faire autorité** sentar cátedra • **autorité parentale** patria potestad *f.*
autoroute *nf* autopista *f* • **autoroute de l'information** autopista de la información.
auto-stop *nm* autostop *m*, autoestop *m* • **faire de l'auto-stop** hacer autostop.
auto-stoppeur, -euse *nm, f* autoestopista *mf*, autostopista *mf.*
autour *adv* alrededor. ■ **autour de** *loc prép* **1.** *(en cercle)* en torno a **2.** *(près de)* alrededor de.
autre *adj indéf* otro(tra) • **un autre homme** otro hombre • **l'un et l'autre projet** uno y otro proyecto • **ni l'une ni l'autre maison** ni una casa ni la otra • **c'est un (tout) autre homme que son père** es un hombre totalmente distinto a su padre. ❑ *pron indéf* el otro, la otra • **ce livre ou l'autre** este libro o el otro • **l'un et l'autre sont venus** han venido uno y otro • **nul autre** nadie más • **quelqu'un d'autre** otra persona • **rien d'autre** nada más. ■ **entre autres** *loc adv* entre otras cosas.

> À PROPOS DE
> **autre**
> Notez l'absence de l'article indéfini devant les pronoms ***otro, otra***.

autrefois *adv* en otro tiempo, antes.
autrement *adv* **1.** *(différemment)* de otro modo • **autrement dit** dicho de otro modo • **je n'ai pas pu faire autrement que d'y aller** no tuve más remedio que ir **2.** *(sinon)* si no • **obéis ! autrement tu seras puni** obedece si no te voy/van a castigar **3.** *sout (beaucoup plus)* mucho más • **c'est autrement mieux** es mucho mejor.
Autriche *npr* • **l'Autriche** Austria.
autrichien, enne *adj* austríaco(ca). ■ **Autrichien, enne** *nm, f* austríaco *m*, -ca *f.*
autruche *nf* avestruz *m.*
autrui *pron* el prójimo.
auvent *nm (en toile)* toldo *m* ; *(en dur)* tejadillo *m.*
Auvergne *npr f* • **l'Auvergne** Auvernia.
auxiliaire *adj* auxiliar. ❑ *nmf (assistant)* ayudante *mf.* ❑ *nm* GRAMM auxiliar *m.*
av. (abrév de **avenue**) Avda.
avachi, e *adj* **1.** *(vêtement, chaussure)* deformado(da) **2.** *fam (traits, visage)* molido(da).
aval[1] *nm inv* curso *m* bajo • **en aval a)** *(d'une rivière)* río abajo **b)** *fig* después.
aval[2] *nm (caution)* aval *m* • **donner son aval à qqch/à qqn** avalar a algo/a alguien.
avalanche *nf* **1.** *(en montagne)* alud *m* **2.** *fig (profusion)* • **une avalanche de qqch** una avalancha *f* de algo.
avaler *vt* **1.** *(manger)* engullir **2.** *fam (croire)* tragarse **3.** *fam (supporter)* tragar.
avance *nf* **1.** *(progression)* avance *m* **2.** *(distance - dans l'espace)* ventaja *f* ; *(- dans le temps)* adelanto *m* **3.** *(somme d'argent)* adelanto *m*, anticipo *m.* ■ **avances** *nfpl* • **faire des avances à qqn** hacer proposiciones a alguien. ■ **à l'avance** *loc adv* por adelantado • **une heure à l'avance** una hora antes. ■ **d'avance** *loc adv* **1.** *(dans le temps)* de adelanto • **une heure d'avance** una hora de adelanto • **payer d'avance** pagar por adelantado **2.** *(dans l'espace)* de ventaja • **3 km d'avance** 3 km por delante. ■ **en avance** *loc adv* • **être en avance** ir adelantado(da) • **être en avance sur qqch a)** *(époque, concurrence)* ir por delante de algo **b)** *(horaire, programme)* ir adelantado(da) en algo. ■ **par avance** *loc adv sout* de antemano.
avancement *nm* **1.** *(développement)* progreso *m* **2.** *(promotion)* ascenso *m.*
avancer *vt* **1.** *(dans l'espace, dans le temps)* adelantar **2.** *(tête, main)* alargar **3.** *(faire progresser)* avanzar **4.** *(argent)* • **avancer qqch à qqn** adelantar algo a alguien. ❑ *vi* **1.** *(progresser)* avanzar **2.** *(faire saillie)* sobresalir • **avancer dans/sur qqch** adentrarse en algo **3.** *(montre, horloge)* adelantar **4.** *(servir)* • **ça ne t'avance à rien** con eso no adelantas nada. ■ **s'avancer** *vp* **1.** *(s'approcher)* acercarse • **s'avancer vers qqn/vers qqch** acercarse a alguien/a algo **2.** *(prendre de l'avance)* adelantarse **3.** *(s'engager)* comprometerse.
avanies *nfpl sout* vejaciones *fpl.*
avant *prép* antes de, antes que • **avant les vacances** antes de las vacaciones • **avant moi** antes que yo. ❑ *adv* antes • **d'avant** anterior • **la semaine d'avant** la semana anterior • **bien avant** mucho antes. ❑ *adj inv* delantero(ra) • **les roues avant** las ruedas delanteras. ❑ *nm* **1.** *(d'un véhicule)* delantera *f* **2.** SPORT delantero *m.* ■ **avant de** *loc prép* • **avant de faire qqch** antes de hacer algo. ■ **avant que** *loc conj* antes de que. ■ **en avant** *loc adv* hacia adelante. ■ **en avant de** *loc prép* por delante de. ■ **avant tout** *loc adv* ante todo.

À PROPOS DE

avant

Notez que lorsque la préposition *avant* est suivie d'un pronom personnel complément, elle se traduit par ***antes que*** suivi du pronom personnel sujet.

avantage *nm* ventaja *f* • **se montrer à son avantage** mostrar el mejor perfil.

avantager *vt* favorecer.

avantageux, euse *adj* **1.** *(profitable, économique)* ventajoso(sa) **2.** *(flatteur)* favorecedor(ra) **3.** *sout (présomptueux)* presuntuoso(sa).

avant-bras *nm inv* antebrazo *m*.

avant-centre *nm* delantero *m* centro.

avant-coureur *adj m* • **des signes avant-coureurs** signos precursores.

avant-dernier, ère *adj* penúltimo(ma).

avant-garde *nf* vanguardia *f* • **d'avant-garde** **a)** *(technique)* de vanguardia **b)** *(idée)* vanguardista.

avant-goût *nm* anticipo *m*.

avant-hier *adv* anteayer.

avant-première *nf* preestreno *m*.

avant-projet *nm* anteproyecto *m*.

avant-propos *nm inv* prólogo *m*.

avant-veille *nf* antevíspera *f*.

avare *adj* **1.** *(pingre)* avaro(ra) **2.** *(peu prodigue)* • **être avare de qqch** ser parco(ca) en algo. ❑ *nmf* avaro *m*, -ra *f*.

avarice *nf* avaricia *f*.

avarie *nf* avería *f*.

avatar *nm (transformation)* INFORM avatar *m*. ■ **avatars** *nmpl (mésaventures)* avatares *mpl*.

avec

■ **avec** *prép*

1. INDIQUE L'ACCOMPAGNEMENT

con • **elle est venue avec un de ses amis** vino con un amigo suyo • **avec moi** conmigo • **avec toi** contigo • **avec soi** consigo

2. INDIQUE UNE CARACTÉRISTIQUE

con • **une chambre avec vue** una habitación con vistas

3. À L'ÉGARD DE, ENVERS

con • **il est gentil avec nous** es amable con nosotros

4. INDIQUE LA MANIÈRE

con • **avancer avec prudence** avanzar con cautela • **parler avec gentillesse** hablar amablemente

5. INDIQUE LE MOYEN

con • **boire avec une paille** beber con una pajita

■ **avec** *adv*

con • **tiens mon sac, je ne peux pas courir avec** toma mi bolso, no puedo correr con él • **il faut faire avec** hay que darse por contento, hay que conformarse • **j'ai perdu mon portefeuille et mes papiers avec** he perdido la cartera y la documentación

Ave (Maria) *nm inv* Avemaría *m*.

avenant, e *adj* **1.** *sout (personne)* afable **2.** *(comportement)* agradable **3.** *(maison)* bonito(ta). ■ **avenant** *nm* DR cláusula *f* adicional. ■ **à l'avenant** *loc adv* al paso.

avènement *nm* **1.** *(de roi)* llegada *f* al trono **2.** *fig* RELIG advenimiento *m*.

avenir *nm* **1.** *(futur)* futuro *m* • **d'avenir** *(domaine, métier)* con futuro **2.** *(de personne)* porvenir *m*. ■ **à l'avenir** *loc adv* en lo sucesivo.

avent *nm* RELIG adviento *m*.

aventure *nf* aventura *f*.

aventurer *vt* **1.** *sout (hypothèse, remarque)* aventurar **2.** *(fortune, réputation)* arriesgar. ■ **s'aventurer** *vp* aventurarse • **s'aventurer à faire qqch** aventurarse a hacer algo.

aventureux, euse *adj* **1.** *(personne, caractère)* aventurado(da) **2.** *(projet)* arriesgado(da) **3.** *(vie)* azaroso(sa).

aventurier, ère *nm, f* aventurero *m*, -ra *f*.

avenu, e *adj* • **nul et non avenu** nulo y sin valor.

avenue *nf* avenida *f*.

avéré, e *adj* probado(da).

avérer ■ **s'avérer** *vp (se révéler)* revelarse • **la situation s'avère difficile** la situación resulta difícil.

averse *nf* chaparrón *m*.

aversion *nf* aversión *f*.

averti, e *adj* **1.** *(expérimenté)* sagaz **2.** *(connaisseur)* iniciado(da) • **être averti de qqch** estar al corriente de algo.

avertir *vt* **1.** *(mettre en garde)* advertir **2.** *(prévenir)* avisar • **avertir qqn de qqch** avisar a alguien de algo.

avertissement *nm* **1.** *(menace de sanction - SPORT)* amonestación *f*; *(- école)* aviso *m* **2.** *(signe)* advertencia *f* **3.** *(conseil)* consejo *m* **4.** *(préambule)* preámbulo *m* **5.** *(avis)* aviso *m*.

avertisseur, euse *adj* de aviso. ■ **avertisseur** *nm* claxon *m*. ■ **avertisseur d'incendie** *nm* alarma *f* de incendios.

aveu *nm* confesión *f* • **de l'aveu de** según el testimonio de • **faire un aveu à qqn** confesarle algo a alguien.

aveugle *adj & nmf* ciego(ga).

aveuglement *nm fig* obcecación *f*.

aveuglément *adv* ciegamente.

aveugler *vt* **1.** *(personne, fenêtre)* cegar **2.** *(éblouir)* deslumbrar **3.** *fig (troubler)* ofuscar.

aveuglette ■ **à l'aveuglette** *loc adv* a ciegas.

aviateur, trice *nm, f* aviador *m*, -ra *f*.

aviation *nf* aviación *f*.

avide *adj* ávido(da) • **avide de qqch** ávido(da) de algo • **avide de faire qqch** ansioso(sa) por hacer algo.

avidité *nf* avidez *f*.

avilir *vt* envilecer. ■ **s'avilir** *vp* envilecerse.

aviné, e *adj* **1.** *sout (personne)* achispado(da) **2.** *(haleine)* que huele a vino.

avion *nm* avión *m* • **en avion** en avión • **par avion** *(courrier)* por vía aérea • **avion à réaction** avión a reacción, reactor *m*.

aviron *nm* remo *m*.

avis *nm* **1.** *(opinion)* opinión *f*, parecer *m* • **changer d'avis** cambiar de opinión • **donner un avis défavorable** no dar la aprobación • **donner un avis favorable** dar el visto bueno • **être d'avis que** ser del parecer *ou* de la opinión que • **à mon avis** a mi parecer, en mi opinión **2.** *(annonce, message)* aviso *m* • **sauf avis contraire** salvo objeciones • **avis de décès** notificación *f* de defunción • **avis de virement** aviso de transferencia. ■ **avis de recherche** *nm* aviso *m* de búsqueda.

avisé, e *adj* prudente • **être bien/mal avisé de faire qqch** hacer bien/mal en hacer algo.

aviser *vt* • **aviser qqn de qqch** informar a alguien de algo. ❑ *vi* decidir. ■ **s'aviser** *vp* **1.** *sout (s'apercevoir)* • **s'aviser de qqch** percatarse de algo • **s'aviser que** percatarse de que **2.** *(oser)* • **s'aviser de faire qqch** atreverse a hacer algo • **ne t'avise pas de rentrer tard** no se te ocurra volver tarde.

aviver *vt* avivar.

av. J-C (abrév de avant Jésus-Christ) a. de JC, a. JC • **Rome aurait été fondée en 753 av. J-C** Roma fue fundada probablemente en el año 753 a. de JC.

avocat, e *nm, f* **1.** *DR* abogado *m*, -da *f* • **avocat d'affaires/de la défense** abogado de empresa/de la defensa • **avocat général** ≃ fiscal *mf* del Tribunal Supremo **2.** *(défenseur)* defensor *m*, -ra *f*. ■ **avocat** *nm (fruit)* aguacate *m* **(Esp)**, palta *f* **(Amér)**.

avoine *nf* avena *f*.

avoir

■ **avoir** *nm*

FORTUNE

haber • **c'est tout son avoir** es todo lo que posee

■ **avoir** *v aux*

haber • **il a déjà mangé** ya ha comido

■ **avoir** *vt*

1. POSSÉDER

tener • **il a deux enfants/une belle maison** tiene dos hijos/una casa preciosa • **il a les cheveux blonds** tiene el pelo rubio

2. ÉPROUVER

• **avoir de la sympathie pour qqn** tener simpatía a alguien • **avoir du chagrin** sentir dolor • **avoir faim** tener hambre • **avoir sommeil** tener sueño • **avoir mal** dolerle a uno • **j'ai mal à la tête/au dos** me duele la cabeza/la espalda • **j'ai mal aux oreilles** me duelen los oídos

3. ÊTRE ÂGÉ DE

tener • **elle a vingt ans** tiene veinte años

4. OBTENIR

• **avoir son permis de conduire** sacarse el carné de conducir • **avoir sa licence** licenciarse

5. DANS DES EXPRESSIONS

• **en avoir après qqn** tener algo contra alguien • **j'en ai pour cinq minutes** sólo serán cinco minutos • **se faire avoir** dejarse engañar

■ **avoir à** *v + prép*

DEVOIR

tener que • **tu n'avais pas à lui parler sur ce ton** no tenías que haberle hablado en ese tono • **tu n'avais qu'à me le demander** bastaba con que lo pidieras

■ **il y a** *v impers*

1. PRÉSENTATIF

hay • **il y a des problèmes** hay problemas • **qu'est-ce qu'il y a ?** ¿qué pasa?

2. TEMPOREL

hace • **il y a dix ans** hace diez años

À PROPOS DE

avoir

Avoir se traduit principalement par ***tener*** ou ***haber***. ***Haber*** est l'auxiliaire qui permet de former tous les temps composés.

avoisinant, e *adj* **1.** *(lieu, maison)* próximo(ma) **2.** *(sens, couleur)* parecido(da).

avortement *nm* **1.** *MÉD* aborto *m* **2.** *fig (de projet)* fracaso *m*.

avorter *vi* **1.** *MÉD* abortar **2.** *fig (échouer)* fracasar.

avorton *nm* **1.** *péj (nabot)* engendro *m* **2.** *(animal, plante)* abortón *m*.

avouer *vt* **1.** *(confesser)* confesar **2.** *(admettre, reconnaître)* reconocer, admitir. ■ **s'avouer** *vp* **1.** *(coupable)* declararse **2.** *(vaincu)* darse por.

avril *nm* abril *m*. Voir aussi **septembre**.

axe *nm* **1.** *(gén)* eje *m* • **dans l'axe de** *(dans le prolongement de)* en la misma línea de *ou* que **2.** *(de politique)* línea *f*.

axer *vt* • **axer qqch sur qqch** centrar algo en algo.

axiome *nm* axioma *m*.

ayant droit *nm* derechohabiente *m*.

azalée *nf* azalea *f*.

azerbaïdjanais, e *adj* azerbaiyano(na). ■ **Azerbaïdjanais, e** *nm, f* azerbaiyano(na).

azimut ■ **tous azimuts** *loc adv fam (offensive)* en todos los frentes ; *fam (débat, arrestations, négociations)* a todos los niveles.

azote *nm* nitrógeno *m*.

aztèque *adj* azteca. ■ **Aztèque** *nmf* azteca *mf*.

azur *nm* azur *m*.

B

b, B *nm inv (lettre)* b *f*, B *f*. ■ **B** (abrév de bien) ≃ N.

BA *nf fam* buena acción *f* • **faire sa BA** hacer una buena acción.

b.a.-ba *nm inv* abecé *m*, rudimentos *mpl*.

babiller *vi* balbucear.

babines *nfpl* belfos *mpl*.

bâbord *nm* babor *m* • **à bâbord** a babor.

babouin *nm* zambo *m (mono)*.

baby-foot *nm inv* futbolín *m*.

Babylone *npr* Babilonia.

baby-sitter *nmf* canguro *mf*.

baby-sitting *nm* • **faire du baby-sitting** hacer de canguro.

bac *nm* **1.** *fam* (abrév de baccalauréat) • **bac blanc** simulacro *m* de examen *(para familiarizarse con el examen que el alumno encontrará en la convocatoria oficial)* • **passer son bac** ≃ examinarse de selectividad • **avoir un bac + 2/3/4/5** haber cursado 2/3/4/5 años de carrera universitaria **2.** *(bateau)* transbordador *m* **3.** *(de réfrigérateur)* bandeja *f* • **bac à glace** bandeja para los cubitos de hielo • **bac à légumes** verdulero *m* **4.** *(d'évier)* pila *f* **5.** INFORM • **bac à papier** bandeja *f* para papel.

baccalauréat *nm* ≃ selectividad *f*.

bâche *nf* cubierta *f* de lona.

bachelier, ère *nm, f* bachiller *mf*.

bachot *vieilli nm* abrév de **baccalauréat**.

bachoter *vi fam* empollar (ESP), quemarse las pestañas (estudiando) (AMÉR), tragar (AMÉR).

bacille *nm* bacilo *m*.

bâcler *vt* hacer deprisa y corriendo • **c'est du travail bâclé** es una chapuza.

bactéricide *adj & nm* bactericida.

bactérie *nf* bacteria *f*.

bactérien, enne *adj* bacteriano(na).

badaud, e *nm, f* curioso *m*, -sa *f*, mirón *m*, -ona *f*.

badge *nm* **1.** *(de fantaisie)* chapa *f* **2.** *(d'identification)* tarjeta *f* **3.** INFORM pase *m* electrónico.

badger *vi* **1.** *(pour enregistrer ses horaires)* fichar **2.** *(pour accéder à un lieu)* pasar la tarjeta de acceso por un lector.

badgeuse *nf* lector *m* electrónico.

badigeonner *vt* **1.** *(mur)* encalar **2.** *(plaie)* cubrir **3.** *(tarte)* recubrir.

badiner *vi sout* bromear • **ne pas badiner avec qqch** no jugar con algo.

badminton *nm* bádminton *m*.

BAFA, Bafa (abrév de brevet d'aptitude aux fonctions d'animation) *nm* ≃ Diploma de Monitor de Tiempo Libre.

baffe *nf fam* torta *f (bofetada)*.

baffle *nm* bafle *m*.

bafouiller *vi & vt* farfullar.

bâfrer *fam vi* engullir. ❏ *vt* zamparse.

bagage *nm* **1.** *(valise, sac)* equipaje *m* • **bagage à main** equipaje de mano **2.** *(connaissances)* bagaje *m* • **bagage intellectuel/culturel** bagaje intelectual/cultural.

bagagiste *nm* mozo *m* de equipajes.

bagarre *nf* pelea *f*.

bagarrer *vi* pelear. ■ **se bagarrer** *vp* pelearse.

bagarreur, euse *adj & nm, f* peleón(ona), camorrista.

bagatelle *nf* **1.** *(objet sans valeur)* bagatela *f* **2.** *(petite somme d'argent)* cuatro perras *fpl* • **coûter la bagatelle de 1 500 euros** *iron* costar la friolera de 1.500 euros **3.** *fig (chose futile)* tontería *f*.

bagdadi, e *adj* bagdadí.

bagdadien, enne *adj* = **bagdadi**. ■ **Bagdadien, enne** *nm, f* bagdadí *mf*.

bagnard *nm* presidiario *m*.

bagne *nm* **1.** *(prison)* presidio *m* **2.** *fig (situation)* muermo *m*.

bagnole *nf fam* coche *m*.

bague *nf* **1.** *(bijou, anneau)* anillo *m*, sortija *f* • **bague de fiançailles** sortija de compromiso **2.** *(de cigare)* vitola *f* **3.** *(de roulement, de serrage)* manguito *m* **4.** *(d'oiseau)* anilla *f*.

baguer *vt* anillar.

baguette *nf* **1.** *(pain)* ≃ barra *f* (de pan) **2.** *(petit bâton)* varilla *f* • **baguette magique** varita *f* mágica **3.** *(pour manger)* palillo *m* **4.** *(de chef d'orchestre)* batuta *f.*

bahut *nm* **1.** *(buffet)* aparador *m* **2.** *(coffre)* arca *f* **3.** *arg scol (lycée)* cole *m.*

baie *nf* **1.** *(fruit)* baya *f* **2.** GÉOGR bahía *f.* ■ **baie vitrée** *nf* ventanal *m.*

baignade *nf* **1.** *(action)* baño *m* • **'baignade interdite'** 'prohibido bañarse' **2.** *(lieu)* playa *f.*

baigner *vt* **1.** *(gén)* bañar **2.** *(remplir)* • **baigner qqch de qqch** inundar algo de algo. ❑ *vi (être immergé dans)* nadar. ■ **se baigner** *vp* bañarse.

baigneur, euse *nm,f* bañista *mf.* ■ **baigneur** *nm (poupée)* muñeco *m.*

baignoire *nf* **1.** *(de salle de bains)* bañera *f* (ESP), tina *f* (AMÉR) **2.** THÉÂTRE palco *m* de platea.

bail *nm* DR contrato *m* de arrendamiento • **ça fait un bail que…** *fam & fig* hace un siglo que….

bâillement *nm* bostezo *m.*

bâiller *vi* **1.** *(personne)* bostezar **2.** *(vêtement)* dar de sí.

bailleur, eresse *nm,f* arrendador *m,* -ra *f.* ■ **bailleur de fonds** *nm* socio *m* capitalista.

bâillon *nm* mordaza *f.*

bâillonner *vt* **1.** *(mettre un bâillon)* amordazar **2.** *fig (réduire au silence)* acallar.

bain *nm* baño *m* • **prendre un bain** tomar un baño, bañarse • **bain de mer** baño de mar • **bain moussant** baño de espuma • **bain à remous** baño de burbujas • **prendre un bain de soleil** tomar el sol.

bain-marie *nm* baño *m* María • **au bain-marie** al baño María.

baïonnette *nf* bayoneta *f.*

baisemain *nm* besamanos *m inv.*

baiser *nm* beso *m.* ❑ *vt* **1.** *(embrasser)* besar **2.** *vulg (coucher avec)* follar **3.** *vulg (tromper)* dar por el culo. ❑ *vi vulg* follar.

baisse *nf* **1.** *(gén)* bajada *f* • **à la baisse** a la baja • **en baisse** en baja **2.** *(de température)* descenso *m.*

baisser *vt* bajar. ❑ *vi (diminuer - température, prix)* descender, bajar ; *(- vue, talent)* debilitarse • **le jour baisse** anochece. ■ **se baisser** *vp* agacharse.

bajoue *nf* **1.** *(d'animal)* carrillada *f* **2.** *péj (de personne)* moflete *m.*

bakchich *nm fam (pot-de-vin)* soborno *m* (ESP), mordida *f* (AMÉR).

Bakou *npr* Bakú.

bal *nm* baile *m* • **bal populaire** *ou* **musette** baile popular • **bal masqué** *ou* **costumé** baile de máscaras *ou* de disfraces.

balade *nf fam* paseo *m.*

balader *fam vt* **1.** *(traîner avec soi)* cargar con **2.** *(emmener en promenade)* pasear. ■ **se balader** *vp fam* darse una vuelta.

baladeur, euse *adj (lampe)* portable. ■ **baladeur** *nm* Walkman® *m.*

balafre *nf* cuchillada *f (en la cara).*

balafré, e *adj* marcado(da).

balai *nm* **1.** *(de nettoyage)* escoba *f* **2.** *(d'essuie-glace)* limpiaparabrisas *m inv* **3.** *fam (année d'âge)* taco *m* • **il a cinquante balais** tiene cincuenta tacos.

balai-brosse *nm* cepillo *m (para fregar).*

balance *nf* **1.** *(gén)* balanza *f* **2.** *(état d'équilibre)* equilibrio *m* **3.** *argot (dénonciateur)* soplón *m,* -ona *f,* chivato *m,* -ta *f.* ■ **Balance** *nf* ASTROL Libra *f.*

balancer *vt* **1.** *(bouger)* balancear **2.** *fam (lancer)* tirar **3.** *fam (jeter)* tirar a la basura **4.** *argot (dénoncer)* chivar. ❑ *vi sout* **1.** *(hésiter)* vacilar **2.** *(osciller)* oscilar. ■ **se balancer** *vp* **1.** *(sur une chaise)* balancearse **2.** *(sur une balançoire)* columpiarse **3.** *fam* • **se balancer de qqch** *(s'en moquer)* importarle a uno un bledo algo.

balancier *nm* **1.** *(de pendule)* péndulo *m* **2.** *(de funambule)* balancín *m.*

balançoire *nf* columpio *m.*

balayer *vt* **1.** *(nettoyer)* barrer **2.** *fig (écarter)* desechar **3.** *(sujet : caméra, projecteur)* dar una pasada por *ou* entre ; *(sujet : radar)* barrer.

balayette *nf* escobilla *f.*

balayeur, euse *nm,f* barrendero *m,* -ra *f.* ■ **balayeuse** *nf* barredora *f.*

balayures *nfpl* basuras *fpl.*

balbutier *vi* **1.** *(bafouiller)* balbucear **2.** *fig (débuter)* estar en sus primeros balbuceos. ❑ *vt (excuses)* murmurar.

balcon *nm* **1.** *(de maison)* balcón *m* **2.** *(de théâtre)* palco *m* **3.** *(de cinéma)* anfiteatro *m.*

baldaquin *nm* dosel *m,* baldaquino *m.*

Baléares *npr* • **les Baléares** (las) Baleares.

baleine *nf* ballena *f.*

balèze *adj fam* **1.** *(grand et fort)* cuadrado (da) **2.** *(intelligent)* puesto(ta), empollado(da) (ESP).

balise *nf* **1.** *(marque, dispositif)* baliza *f* **2.** INFORM etiqueta *f.*

baliser *vt* balizar. ❑ *vi fam (avoir peur)* tener canguelo.

baliverne *nf (gén pl)* pamplina *f.*

balkanique *adj* balcánico(ca).

Balkans *npr* • **les Balkans** los Balcanes.

ballade *nf* balada *f.*

ballant, e *adj* • **les bras ballants** con los brazos colgando.

ballast *nm* **1.** *(chemin de fer)* balasto *m* **2.** NAUT lastre *m.*

balle *nf* **1.** *(de jeu, de sport)* pelota *f* • **balle de jeu/de match/de set** TENNIS bola de juego/de partido/de set • **faire des balles** TENNIS pelotear • **la balle est dans ton camp** *fig* te toca a ti • **prendre** *ou* **saisir la balle au bond** coger la ocasión al vuelo • **renvoyer la balle à qqn** *fig* devolver la pelota a alguien • **se renvoyer la balle** *fig* echarse *ou* pasarse la pelota **2.** *(d'arme, de marchandises)* bala *f* • **à balles réelles** con balas de verdad • **balle perdue** bala perdida • **par balles** por *ou* de bala • **il a été blessé par balles** fue herido por *ou* de bala.

ballerine *nf* **1.** *(danseuse)* bailarina *f* **2.** *(chaussure)* zapatilla *f* de ballet.

ballet *nm* **1.** *(gén)* ballet *m* **2.** *fig (activité intense)* baile *m*.

ballon *nm* **1.** SPORT balón *m* • **ballon de football/de basket/de rugby** balón de fútbol/de baloncesto/de rugby **2.** *(jouet, montgolfière)* globo *m* **3.** *(réservoir)* • **ballon d'eau chaude** termo *m* de agua caliente • **ballon d'oxygène a)** botella *f* de oxígeno **b)** *fig* balón *m* de oxígeno **4.** *fam (verre de vin)* vaso *m*.

ballonné, e *adj* hinchado(da) • **avoir le ventre ballonné** tener el vientre hinchado.

ballot *nm* **1.** *(de marchandises)* fardo *m* **2.** *vieilli (imbécile)* memo *m*, -ma *f*.

ballottage *nm* POLIT • **scrutin de ballottage** segunda vuelta *f* • **il y a ballottage** no hay un resultado mayoritario • **en ballottage** sin mayoría.

ballotter *vt (secouer)* sacudir. ❑ *vi* traquetear.

balluchon = **baluchon**.

balnéaire *adj* costero(ra) • **une station balnéaire** una ciudad costera.

balourd, e *adj & nm,f* palurdo(da).

balte *adj* báltico(ca). ■ **Balte** *nmf* báltico *m*, -ca *f*.

Baltique *npr* • **la Baltique** el Báltico.

baluchon, balluchon *nm* petate *m* • **faire son baluchon** *fam* liar el petate.

balustrade *nf* **1.** ARCHIT balaustrada *f* **2.** *(rambarde)* barandilla *f*.

bambin *nm* chiquillo *m*, -lla *f*.

bambou *nm* bambú *m*.

ban *nm* **1.** *(applaudissements)* aplauso *m* • **mettre qqn au ban de la société** marginar a alguien de la sociedad. ■ **bans** *nmpl (de mariage)* amonestaciones *fpl* • **publier** *ou* **afficher les bans** publicar las amonestaciones.

banal, e *adj* **1.** *(ordinaire)* trivial • **c'est pas banal !** *fam* ¡es extraordinario! **2.** *(sans originalité)* corriente.

banalisation *nf* **1.** *(d'idée, de tendance)* banalización *f* **2.** *(d'objet)* generalización *f*.

banalisé, e *adj* banalizado(da), trivializado(da) • **voiture banalisée** coche camuflado.

banaliser *vt (gén)* banalizar, trivializar ; *(véhicule)* camuflar. ■ **se banaliser** *vp* generalizarse.

banalité *nf* **1.** *(caractère)* trivialidad *f* **2.** *(lieu commun)* tópico *m*.

banane *nf* **1.** *(fruit)* plátano *m* **2.** *(sac)* riñonera *f* **3.** *(coiffure)* tupé *m*.

bananier, ère *adj* bananero(ra). ■ **bananier** *nm* **1.** *(arbre)* plátano *m* **2.** *(cargo)* bananero *m*.

banc *nm* banco *m* • **le banc des accusés** el banquillo de los acusados. ■ **banc d'essai** *nm* banco *m* de pruebas. ■ **banc de poissons** *nm* banco *m* de peces. ■ **banc de sable** *nm* banco *m* de arena.

bancaire *adj* bancario(ria).

bancal, e *adj* **1.** *(personne)* patituerto(ta) **2.** *(meuble)* cojo(ja) **3.** *fig (raisonnement, idée)* errado(da) **4.** *fig (phrase)* mal estructurado *m*, mal estructurada *f*.

bandage *nm* **1.** *(de blessé)* vendaje *m* **2.** *(de roue)* llanta *f*.

bandana *nm* bandana *f*, pañuelo *m* para la cabeza.

bande *nf* **1.** *(de tissu, de papier)* tira *f* **2.** *(de film, d'enregistrement)* cinta *f* • **bande magnétique/vidéo** cinta magnética/de vídeo **3.** *(bandage)* venda *f* • **bande** Velpeau® venda *f* **4.** *(groupe)* pandilla *f* • **en bande** en pandilla **5.** NAUT escora *f* **6.** INFORM & RADIO *(de billard)* banda *f* • **bande de fréquence** banda de frecuencia. ■ **bande dessinée** *nf* cómic *m*. ■ **bande d'arrêt d'urgence** *nf* carril *m* de emergencia.

bande-annonce *nf* tráiler *m*, avances *mpl*.

bandeau *nm* **1.** *(sur les yeux)* venda *f* • **avoir un bandeau sur les yeux** *fig* tener una venda en los ojos **2.** *(dans les cheveux)* cinta *f*.

bander *vt* **1.** *(plaie)* vendar • **bander les yeux de qqn** vendar los ojos a alguien **2.** *(arc)* tensar. ❑ *vi vulg* empalmarse.

banderole *nf* banderola *f*.

bande-son *nf* banda *f* sonora.

bandit *nm* **1.** *(hors-la-loi)* bandido *m*, -da *f* **2.** *(escroc)* estafador *m*, -ra *f*.

bandoulière *nf* bandolera *f* • **en bandoulière** en bandolera.

banlieue *nf* afueras *fpl* • **la proche banlieue** el extrarradio.

banlieusard, e *nm,f* habitante *mf* de las afueras.

bannière *nf* estandarte *m*.

bannir *vt* desterrar.

banque *nf* **1.** *(gén)* banco *m* • **banque d'affaires** banco de negocios • **banque de données** banco de datos • **banque d'organes/du sang/du sperme** banco de órganos/de sangre/de esperma **2.** *(activité, somme au jeu)* banca *f*. ■ **Banque centrale européenne** *nf* • **la Banque centrale européene** el Banco Central Europeo. ■ **Banque de France** *nf* • **la Banque de France** el Banco Nacional de Francia.

banqueroute *nf (faillite)* bancarrota *f* • **faire banqueroute** quebrar.

banquet *nm* banquete *m*.

banquette *nf* banqueta *f* • **banquette arrière** asiento *m* trasero.

banquier, ère *nm, f* **1.** *FIN* banquero *m*, -ra *f* **2.** *(au jeu)* banca *f*.

banquise *nf* banco *m* de hielo.

baptême *nm* bautismo *m* • **baptême de l'air** bautismo del aire.

baptiser *vt* bautizar.

baquet *nm* cubeta *f*.

bar *nm* **1.** *(café, unité de pression)* bar *m* • **bar à café** (SUISSE) cafetería *f* • **bar à bières/à vins** cervecería/bar de vinos • **bar à cocktails** coctelería *f* • **bar à ongles** salón *m* de manicura **2.** *(comptoir)* barra *f* **3.** *(poisson)* lubina *f*.

baraque *nf* **1.** *(cabane)* barraca *f* **2.** *fam (maison)* casa *f*.

baraqué, e *adj fam* • **être baraqué** estar cachas.

baraquement *nm* zona *f* de barracas.

baratin *nm fam* charlatanería *f*.

baratiner *fam vt* camelar. ❑ *vi* contar cuentos.

baratineur, euse *nm, f fam* charlatán *m*, -ana *f*, embaucador *m*, -ra *f*.

barbare *adj* **1.** *péj (invasion, peuple)* bárbaro(ra) **2.** *(crime, mœurs)* salvaje. ❑ *nm* bárbaro *m*, -ra *f*.

barbarie *nf* barbarie *f*.

barbe *nf* barba *f* • **faire qqch au nez et à la barbe de qqn** hacer algo en las barbas de alguien • **quelle** *ou* **la barbe !** *fam* ¡qué lata! ■ **barbe à papa** *nf* algodón *m* (de azúcar).

barbecue *nm (appareil, repas)* barbacoa *f* • **faire un barbecue** hacer una barbacoa.

barbelé, e *adj* espinoso(sa). ■ **barbelé** *nm* alambrada *f* de espino.

barbiche *nf* perilla *f*.

barbiturique *nm* barbitúrico *m*.

barboter *vi (se baigner)* chapotear. ❑ *vt fam (voler)* birlar.

barboteuse *nf* pelele *m (prenda)*.

barbouiller *vt* **1.** *(salir)* embadurnar **2.** *péj (peindre, écrire)* pintarrajear **3.** *(donner la nausée à)* revolver el estómago • **être barbouillé, avoir l'estomac barbouillé** tener el estómago revuelto.

barbu, e *adj* barbudo(da). ■ **barbu** *nm (personne)* barbudo *m*.

barder *vt CULIN* enalbardar • **être bardé de qqch** *fig (décorations, diplômes)* estar cargado de algo. ❑ *vi fam* • **ça va barder !** ¡se va a armar (una)!

barème *nm* baremo *m*.

baril *nm* barril *m*.

bariolé, e *adj* abigarrado(da).

barmaid *nf* camarera *f* (ESP), moza *f* (AMÉR).

barman *nm* camarero *m* (ESP), barman *m* (ESP), mozo *m* (AMÉR).

baromètre *nm* barómetro *m*.

baron, onne *nm, f* barón *m*, -onesa *f*.

baroque *adj* **1.** *(style)* barroco(ca) **2.** *(idée)* extravagante.

barque *nf* barca *f*.

barquette *nf* **1.** *(tartelette)* tartaleta *f* **2.** *(de fruits)* cestita *f*; *(de beurre)* tarrina *f* **3.** *(de congélation)* bandeja *f*.

barrage *nm* **1.** *(de rivière)* presa *f*, embalse *m* (ESP), represa *f* (AMÉR) **2.** *(de rue)* barrera *f* • **barrage de police** cordón *m* policial.

barre *nf* **1.** *(morceau - de bois)* vara *f*; *(- de métal, chocolat)* barra *f* • **barre fixe** barra fija • **barres parallèles** (barras) paralelas **2.** *(gouvernail)* timón *m* • **être à la barre a)** estar al timón **b)** *fig (diriger)* llevar la batuta **3.** *(trait)* raya *f* • **la barre du t** el palote de la t **4.** *INFORM* • **barre de défilement** barra *f* de desplazamiento • **barre d'espacement** espaciador *m* • **barre d'état** barra *f* de estado • **barre de menu** barra *f* de menús • **barre d'outils** barra *f* de herramientas **5.** *DR* barra *f* • **appeler à la barre** llamar al estrado (a declarar).

barreau *nm* **1.** *(de métal, de bois)* barrote *m* **2.** *DR* • **le barreau** el Colegio de Abogados.

barrer *vt* **1.** *(rue, route)* cortar **2.** *(mot, phrase)* tachar **3.** *(chèque)* barrar **4.** *(bateau)* llevar el timón de. ■ **se barrer** *vp fam (partir)* abrirse.

barrette *nf (à cheveux)* pasador *m*.

barreur, euse *nm, f* timonel *mf*.

barricade *nf* barricada *f*.

barrière *nf* barrera *f* • **barrière douanière** barrera arancelaria.

barrique *nf* barrica *f* • **être gros comme une barrique** estar gordo como un tonel.

bar-tabac *nm* bar *m* con estanco.

baryton *nm* barítono *m*.

bas, basse *adj* bajo(ja). ■ **bas** *nm* **1.** *(partie inférieure)* parte *f* de abajo, parte *f* inferior **2.** *(vêtement)* media *f* • **bas résille** media de rejilla. ❑ *adv* bajo • **parler bas** hablar bajo • **mettre bas** parir. ■ **à bas** *loc adv* • **à bas la dictature !** ¡abajo la dictadura! ■ **en bas de** *loc prép* abajo • **il l'attend en bas de chez elle** la espera abajo. ■ **en bas** *loc adv* abajo • **la voiture est en bas** el coche está abajo.

basalte *nm* basalto *m*.

basané, e *adj* moreno(na).

bas-côté *nm* arcén *m* (ESP), acotamiento *m* (AMÉR).

bascule *nf* **1.** *(balance)* báscula *f* **2.** *(balançoire)* balancín *m*.

basculer *vi* **1.** *(tomber à la renverse)* volcar (ESP), voltear (AMÉR) **2.** *fig (vie, film)* • **basculer dans qqch** dar un vuelco hacia *ou* a algo. ❑ *vt* **1.** *(renverser)* tumbar **2.** *(appel)* pasar.

base *nf* **1.** *(gén)* base *f* • **à la base** *fam* en principio • **à la base, je ne devais pas m'en charger** en principio, no tenía que encargarme yo de ello • **de base a)** *(connaissances)* básico(ca) **b)** *(salaire)* base • **à base de qqch** a base de algo

• **sur la base de 20 € de l'heure** sobre una base de 20 euros la hora **2.** *(de colonne)* basa *f* **3.** *MIL, ASTRON & GÉOM* base *f*. ■ **base de données** *nf INFORM* base *f* de datos. ■ **base de loisirs** *nf* base *f* de ocio. ■ **bases** *nfpl (connaissances)* base *f*, nociones *fpl* básicas • **avoir les bases** tener una base • **jeter** *ou* **poser les bases de qqch** sentar las bases de algo • **partir sur de bonnes bases** arrancar con buen pie.

baser *vt MIL* • **être basé à** estar destacado en. ■ **se baser** *vp* • **se baser sur qqch** basarse en algo.

bas-fond *nm (de l'océan)* bajío *m*, bajo *m*. ■ **bas-fonds** *nmpl* **1.** *(de société)* bajos fondos *mpl* **2.** *(quartiers pauvres)* barrios *mpl* bajos.

basilic *nm (plante)* albahaca *f*.

basilique *nf* basílica *f*.

basique *adj* básico(ca).

basket *nf* zapatilla *f* de deporte • **lâche-moi les baskets !** *fam* ¡déjame en paz!

basket-ball *nm* baloncesto *m*.

basketteur, euse *nm,f* baloncestista *mf*, jugador *m*, -ra *f* de baloncesto.

basmati *nm* basmati *m*.

basque *adj* vasco(ca). ❑ *nm LING* vasco *m*, euskera *m*. ❑ *nf (de vêtement)* faldón *m* • **être toujours pendu aux basques de qqn** estar siempre pegado a las faldas de alguien. ■ **Basque** *nmf* vasco *m*, -ca *f*.

bas-relief *nm* bajorrelieve *m*.

basse *nf MUS (personne, voix)* bajo *m* ; *(instrument)* contrabajo *m*.

basse-cour *nf* **1.** *(volaille)* aves *fpl* de corral **2.** *(partie de ferme)* corral *m*.

bassement *adv* vilmente.

bassin *nm* **1.** *(cuvette)* barreño *m* **2.** *(pièce d'eau)* estanque *m* **3.** *(de piscine)* piscina *f* **(ESP)**, pileta *f* **(AMÉR)** • **grand bassin** piscina para adultos • **petit bassin** piscina para niños **4.** *ANAT* pelvis *f inv* **5.** *GÉOL* cuenca *f*. ■ **Bassin parisien** *nm* • **le Bassin parisien** la depresión parisina.

bassine *nf* barreño *m*.

bassiste *nmf* **1.** *(contrebassiste)* contrabajo *m* **2.** *(de rock ou de jazz)* bajo *m*.

basson *nm MUS (instrument)* bajón *m*, fagot *m* ; *(personne)* bajonista *mf*.

Bastille *npr* • **la prise de la Bastille** la toma de la Bastilla.

bastingage *nm* borda *f*.

bastion *nm* bastión *m*.

baston *nf tfam* palos *mpl*.

bastonner ■ **se bastonner** *vp fam* pelearse.

bas-ventre *nm* bajo vientre *m*.

bât *nm* albarda *f* • **c'est là que le bât blesse** *fig* ése es su punto débil.

bataille *nf* **1.** *MIL* batalla *f* • **en bataille** *(cheveux)* desgreñado(da) **2.** *(bagarre)* riña *f* **3.** *(jeu de cartes)* ≃ guerrilla *f*.

bataillon *nm* batallón *m*.

bâtard, e *adj* **1.** *(gén)* bastardo(da) **2.** *péj (hybride)* híbrido(da). ❑ *nm,f péj (enfant illégitime)* bastardo *m*, -da *f*. ■ **bâtard** *nm* **1.** *(pain)* ≃ barra *f* de cuarto corta **2.** *(chien)* chucho *m*.

bateau *nm* **1.** *(embarcation - petite)* barca *f* ; *(- grande)* barco *m* • **bateau à moteur a)** *petit)* barca a motor **b)** *(grand)* barco a motor • **bateau de pêche a)** *(petit)* barca de pesca **b)** *(grand)* (barco) pesquero *m* • **bateau à voile** barco de vela • **mener qqn en bateau** *fam* & *fig* quedarse con alguien **2.** *(de trottoir)* vado *m*. ❑ *adj inv* **1.** *(encolure, lit)* barco **2.** *(sujet, thème)* trillado(da).

bateau-bus *nm* *barco turístico con paradas ilimitadas*.

bateau-mouche *nm* *barco turístico de paseo que circula por el Sena en París*.

bâti, e *adj* edificado(da) • **bien/mal bâti** *(personne)* bien/mal proporcionado. ■ **bâti** *nm* **1.** *COUT* hilván *m* **2.** *CONSTR* armazón *m ou f*.

batifoler *vi* retozar.

bâtiment *nm* **1.** *(édifice)* edificio • **il est** *ou* **travaille dans le bâtiment** trabaja en la construcción **2.** *(navire)* navío *m*.

bâtir *vt* **1.** *(construire)* construir **2.** *COUT* hilvanar **3.** *(théorie)* elaborar ; *(fortune)* labrarse.

bâtisse *nf* caserón *m*.

bâton *nm* **1.** *(canne)* bastón *m* **2.** *(morceau - de bois)* palo *m* ; *(- de rouge à lèvres, de craie)* barra *f* • **bâton de réglisse** palo *ou* barra de regaliz • **mettre des bâtons dans les roues à qqn** poner trabas a alguien • **à bâtons rompus** sin orden ni concierto.

bâtonnet *nm* bastoncillo *m*.

batracien *nm* batracio *m*.

battant, e *adj* que bate, que golpea • **sous une pluie battante** bajo un chaparrón • **le cœur battant** con el corazón palpitante. ❑ *nm,f (personne)* luchador *m*, -ra *f*. ■ **battant** *nm* **1.** *(de porte, de fenêtre)* batiente *m* **2.** *(de cloche)* badajo *m*.

battement *nm* **1.** *(mouvement, bruit)* golpeteo *m* • **battement d'ailes** aleteo *m* • **battement de cils** *ou* **de paupières** parpadeo *m* • **battement de cœur** latido *m* **2.** *(intervalle de temps)* tiempo *m* libre • **une heure de battement** una hora libre.

batterie *nf* batería *f* • **batterie de cuisine** batería de cocina • **recharger ses batteries** *fig* cargar las pilas.

batteur, euse *nm,f* **1.** *MUS (personne)* batería *mf* **2.** *AGRIC* trillador *m*, -ra *f* **3.** *SPORT* bateador *m*, -ra *f*. ■ **batteur** *nm CULIN* batidora *f*. ■ **batteuse** *nf AGRIC* trilladora *f*.

battre *vt* **1.** *(frapper - personne)* pegar ; *(- tapis)* sacudir **2.** *(vaincre - SPORT)* ganar ; *(- en politique)* derrotar **3.** *CULIN* batir • **battre les blancs en neige** batir las claras a punto de nieve **4.** *(cartes)* barajar. ❑ *vi* **1.** *(cœur, pouls)* latir **2.** *(porte)* golpetear **3.** *(frapper)* • **battre des mains** tocar palmas • **battre de l'aile** ir *ou* andar de capa caída • **battre son plein** estar en su apogeo • **battre en retraite** batirse en retirada. ■ **se battre** *vp* **1.** *(combattre)* pelearse • **se battre contre qqn** pelearse con alguien **2.** *(s'acharner)* luchar • **se battre pour/contre qqch** luchar por/contra algo.

battue *nf* batida *f.*

baume *nm* bálsamo *m* • **mettre du baume au cœur de qqn** servir de consuelo a alguien.

bavard, e *adj & nm,f* charlatán(ana).

bavardage *nm* **1.** *(papotage)* charloteo *m* • **puni pour bavardage** castigado por hablar **2.** *(gén pl) (racontar)* habladuría *f.*

bavarder *vi* **1.** *(parler)* charlar **2.** *péj (jaser)* cotillear.

bave *nf* baba *f.*

baver *vi* **1.** *(personne, animal)* babear • **en baver** *fam* pasarlas canutas **2.** *(stylo)* chorrear.

bavette *nf* **1.** *(viande)* lomo *m* bajo **2.** *(de tablier)* peto *m* **3.** *(bavoir)* babero *m* • *fam* **tailler une bavette (avec qqn)** pegar la hebra (con alguien), estar de palique (con alguien).

baveux, euse *adj* **1.** *(qui bave)* baboso(sa) **2.** *(peu cuit)* • **une omelette baveuse** una tortilla poco hecha.

bavoir *nm* babero *m.*

bavure *nf* **1.** *(tache)* tinta *f* corrida **2.** *(erreur)* error *m.*

bazar *nm* **1.** *(boutique)* bazar *m* **2.** *fam (attirail)* bártulos *mpl* • **quel bazar !** ¡vaya leonera!

bazarder *vt fam* quitar de en medio.

BCBG (abrév de bon chic bon genre) *adj & nmf inv fam* pijo(ja) • **un mec très BCBG** un tío muy pijo.

BCE (abrév de Banque centrale européenne) *nf* BCE *m.*

BCG (abrév de bacille Calmette-Guérin) *nm* BCG *f.*

bcp abrév de **beaucoup**.

bd abrév de **boulevard**.

BD[1] (abrév de banque de données) *nf* BDD • **stocker des infos dans une BD** almacenar información en una BDD.

BD[2], **B.D.**, **bédé** (abrév de bande dessinée) *nf* **1.** *(livre)* tebeo *m*, cómic *m* **2.** *(genre littéraire)* • **la BD** el cómic.

beach-volley *nm* volley-playa *m* • **jouer au beach-volley** jugar al volley-playa.

béant, e *adj* muy abierto(ta).

béat, e *adj* **1.** *(content de soi)* plácido(da) **2.** *(niaisement heureux)* beatífico(ca).

beau, belle *adj* **1.** *(esthétique - objet)* hermoso(sa) ; *(- personne)* guapo(pa) **2.** *(joli)* bonito(ta) • **tu as une très belle voix** tienes una voz muy bonita **3.** *(important)* imponente, grande • **il a amassé une belle fortune** amasó una gran fortuna **4.** *(noble)* bello(lla), admirable • **quel beau métier !** ¡qué profesión tan bonita! **5.** *iron (mauvais)* menudo(da) • **j'ai attrapé une belle grippe !** ¡menuda gripe he pillado! **6.** *(à valeur indéfinie)* • **un beau jour** un buen día • **un beau matin/soir** una buena mañana/noche • **avoir beau jeu de faire qqch** resultarle a alguien fácil hacer algo • **c'est la belle vie !** ¡esto es vida! ■ **beau** *adv* • **il fait beau** hace buen tiempo • **j'ai beau essayer, je n'y arrive pas** por más *ou* mucho que lo intente, no lo consigo. ❑ *nm* • **le beau** lo hermoso • **être** *ou* **rester au beau fixe a)** *(temps)* mantenerse **b)** *(conjoncture)* estar en un buen momento • **faire le beau a)** *(chien)* ponerse a cuatro patas **b)** *(paon, personne)* pavonearse. ■ **belle** *nf* **1.** *(femme)* amada *f* **2.** *(dans un jeu)* desempate *m* • **se faire la belle** tomar las de Villadiego. ■ **bel et bien** *loc adv* efectivamente • **je ne pensais pas qu'il s'en irait, mais il a bel et bien démissionné** no creía que se fuera, pero efectivamente ha dimitido. ■ **de plus belle** *loc adv* con más fuerza que antes • **je lui ai dit de se taire, mais il a recommencé à crier de plus belle** le he dicho que se callara, pero ha vuelto a gritar con más fuerza que antes.

Beaubourg *npr centro nacional de arte y de cultura Georges-Pompidou.*

beaucoup *adv* **1.** *(grand nombre, grande quantité)* • **beaucoup de** mucho(cha) • **beaucoup de gens** mucha gente • **il n'a pas beaucoup de temps** no tiene mucho tiempo • **beaucoup d'accidents** muchos accidentes **2.** *(modifiant un verbe, un adjectif comparatif)* mucho • **il boit beaucoup** bebe mucho • **c'est beaucoup mieux** es mucho mejor. ❑ *pron inv* muchos(chas) • **nous sommes beaucoup à penser que** somos muchos los que pensamos que. ■ **de beaucoup** *loc adv* con diferencia.

> À PROPOS DE
> **beaucoup**
> Lorsqu'il se rapporte à un nom, *beaucoup* ne se traduit pas par un adverbe mais par un adjectif, qui s'accorde en genre et en nombre avec ce nom.

beauf *nm péj* **1.** *(Français moyen) pour définir ce concept pour lequel les hispanophones n'ont pas de terme précis, vous pouvez dire :* este término se utiliza para designar a un ciudadano medio de ideas conservadoras, poco abierto y de gustos un poco horteras. **2.** *fam (beau-frère)* cuñado *m.*

beau-fils *nm* **1.** *(gendre)* yerno *m* **2.** *(par remariage)* hijastro *m.*

beau-frère *nm* cuñado *m.*

beau-père *nm* **1.** *(père du conjoint)* suegro *m* **2.** *(par remariage)* padrastro *m.*

beauté *nf* belleza *f* • **de toute beauté** bellísimo(ma) • **en beauté** *(magnifiquement)* triunfalmente • **être en beauté** estar guapísimo(ma) • **se faire une beauté** arreglarse.

beaux-arts *nmpl* bellas artes *fpl.*

beaux-parents *nmpl* suegros *mpl*.
bébé *nm* **1.** *(enfant)* bebé *m* **2.** *(animal - de mammifère)* cachorro *m* ; *(- d'oiseau)* polluelo *m* **3.** *fam (personne immature)* crío *m*, -a *f*. ❑ *adj inv* crío(a) *(en apposition)*.
bébé-éprouvette *nm* bebé probeta *m*.
bec *nm* **1.** *(d'oiseau)* pico *m* • **ouvrir le bec** *fam (pour parler)* abrir el pico • **clouer le bec à qqn** *fam* cerrar el pico a alguien **2.** *(d'instrument de musique)* boquilla *f* **3.** *(d'objet)* pitorro *m* • **bec verseur** pitorro **4.** GÉOGR lengua *f* de tierra. ■ **bec de gaz** *nm* farol *m* de gas.
bécane *nf fam* **1.** *(bicyclette)* bici *f* **2.** *(moto)* moto *f* **3.** *(machine)* máquina *f* **4.** *(ordinateur)* ordenador *m*.
bécasse *nf* **1.** *(oiseau)* becada *f* **2.** *fam (femme sotte)* pava *f*.
bec-de-lièvre *nm* labio *m* leporino.
bêche *nf* laya *f*.
bêcher *vt (terrain)* layar. ❑ *vi fam (personne)* fardar.
bécoter *vt fam* besuquear. ■ **se bécoter** *vp fam* besuquearse.
becquée *nf* bocado *m* • **donner la becquée** dar de comer.
becqueter, béqueter *vt (oiseau)* picotear.
bedaine *nf fam* barrigón *m*.
bédé = **BD**²
bedonnant, e *adj* barrigón(ona).
bédouin, e *adj* beduino(na). ■ **Bédouin, e** *nm, f* beduino *m*, -na *f*.
bée → **bouche**.
bégayer *vi* tartamudear. ❑ *vt (excuses)* mascullar.
bègue *adj & nmf* tartamudo(da).
béguin *nm fam* • **avoir le béguin pour qqn/qqch** estar encaprichado(da) con alguien/algo.
beige *adj & nm* beige.
beignet *nm* CULIN buñuelo *m*.
bêler *vi* balar.
belette *nf* comadreja *f*.
belge *adj* belga. ■ **Belge** *nmf* belga *mf*.
Belgique *npr* • **la Belgique** Bélgica.
Belgrade *npr* Belgrado.
bélier *nm* **1.** *(animal)* carnero *m* **2.** *(poutre)* ariete *m*. ■ **Bélier** *nm* Aries *m*.
belle-famille *nf* familia *f* política.
belle-fille *nf* **1.** *(épouse du fils)* nuera *f* **2.** *(par remariage)* hijastra *f*.
belle-mère *nf* **1.** *(mère du conjoint)* suegra *f* **2.** *(par remariage)* madrastra *f*.
belle-sœur *nf* cuñada *f*.
belligérant, e *adj & nm, f* beligerante.
belliqueux, euse *adj* belicoso(sa).
belvédère *nm* mirador *m*.
bémol *adj & nm* bemol.
bénédiction *nf* **1.** RELIG bendición *f* **2.** *(assentiment)* beneplácito *m*.
bénéfice *nm* beneficio *m* • **au bénéfice de** *(au profit de)* a beneficio de.
bénéficiaire *adj (marge)* de beneficio. ❑ *nmf (personne)* beneficiario *m*, -ria *f*.
bénéficier *vt* • **bénéficier de qqch** beneficiarse de algo.
bénéfique *adj* beneficioso(sa).
Benelux *npr* • **le Benelux** el Benelux.
benêt *adj & nm* bendito.
bénévolat *nm* voluntariado *m* • **faire du bénévolat** trabajar de voluntario(ria).
bénévole *adj* benévolo(la), benevolente. ❑ *nmf (personne)* voluntario *m*, -ria *f*.
bénin, igne *adj* **1.** *(maladie, accident)* leve **2.** *(tumeur)* benigno(na) **3.** *sout (bienveillant)* apacible.
bénir *vt* bendecir.
bénitier *nm* pila *f* (del agua bendita).
benjamin, e *nm, f* benjamín *m*, -ina *f*.
benne *nf* **1.** *(de camion)* volquete *m* **2.** *(de grue)* pala *f* **3.** *(de téléphérique)* cabina *f* **4.** *(wagonnet)* vagoneta *f*.
benzine *nf* bencina *f*.
BEP, Bep (abrév de **brevet d'études professionnelles**) *nm* ≃ Título de Técnico de Formación Profesional.
béqueter = **becqueter**.
béquille *nf* **1.** *(pour marcher)* muleta *f* **2.** *(de deux-roues)* patilla *f*.
berbère *adj* beréber, bereber, berebere. ■ **Berbère** *nmf* beréber *mf*, bereber *mf*, berebere *mf*.
berceau *nm* **1.** *(lit d'enfant, lieu d'origine)* cuna *f* **2.** ARCHIT bóveda *f* de cañón.
bercer *vt (bébé)* acunar.
berceuse *nf* **1.** MUS *(chanson)* nana *f*, canción *f* de cuna ; *(morceau de musique)* nana *f* **2.** **(QUÉBEC)** *(fauteuil)* mecedora *f*.
Bercy *npr (ministère)* *Ministerio de Hacienda francés*.
béret *nm* boina *f*.
berge *nf* **1.** *(bord)* orilla *f* **2.** *fam (année d'âge)* taco *m*.
berger, ère *nm, f (personne)* pastor *m*, -ra *f*. ■ **bergère** *nf (fauteuil)* poltrona *f*. ■ **berger allemand** *nm* pastor *m* alemán.
bergerie *nf* aprisco *m*.
Berlin *npr* Berlín.
berline *nf* berlina *f*.
berlingot *nm* **1.** *(bonbon)* caramelo *m (en forma de rombo)* **2.** *(emballage)* bolsa *f*.
berlinois, e *adj* berlinés(esa). ■ **Berlinois, e** *nm, f* berlinés *m*, -esa *f*.
berlue *nf* • **avoir la berlue** ver visiones.
bermuda *nm* bermudas *fpl*.
berne *nf* • **en berne** a media asta.

berner *vt* engañar.
besogne *nf* trabajo *m.*
besoin *nm* **1.** *(gén)* necesidad • **avoir besoin de qqch** necesitar algo • **avoir besoin de faire qqch** necesitar hacer algo • **au besoin** en caso de necesidad **2.** *(dénuement)* • **être dans le besoin** estar en la indigencia.
bestial, e *adj* bestial.
bestiole *nf* bicho *m.*
best of [bɛstɔf] *nm inv* • **un best of de Serge Gainsbourg** un grandes éxitos de Serge Gainsbourg.
bêtabloquant *nm* betabloqueador *m*, betabloqueante *m.*
bétail *nm* ganado *m.*
bête *adj* **1.** *(stupide)* tonto(ta) **2.** *(simple)* • **c'est tout bête** es muy fácil **3.** *(regrettable)* • **c'est bête !** ¡qué tonto!, ¡qué tontería! ❑ *nf* bestia *f.*
bêtise *nf* tontería *f* **(ESP)**, babosada *f* **(AMÉR)**.
béton *nm* hormigón *m* • **béton armé** hormigón armado.
bétonner *vt* hormigonar.
betterave *nf* remolacha *f* • **betterave fourragère** remolacha forrajera • **betterave sucrière** *ou* **à sucre** remolacha azucarera.
beugler *vi* **1.** *(bovin)* mugir **2.** *fam (personne, radio)* berrear.
beur *nmf joven nacido en Francia de padres inmigrantes de origen magrebí.*
beurre *nm* mantequilla *f* • **au beurre noir** *(œil)* morado(da) • **compter pour du beurre** *(être sans importance)* no ser tomado(da) en consideración • **faire son beurre** *fam (s'enrichir)* hacer su agosto • **mettre du beurre dans les épinards** *fam* redondear el presupuesto • **vouloir le beurre et l'argent du beurre** *fam* querer el oro y el moro.
beurrer *vt* untar con mantequilla.
beuverie *nf* cogorza *f.*
bévue *nf* metedura *f* de pata.
Bhoutan *npr* • **le Bhoutan** Bután.
biais *nm* **1.** *(ligne oblique)* sesgo *m* • **de** *ou* **en biais a)** en diagonal **b)** COUT al sesgo • **regarder de biais** mirar de reojo **2.** COUT bies *m inv* **3.** *(point de vue)* ángulo *m* **4.** *(moyen détourné)* truco *m.* ■ **par le biais de** *loc prép* por medio de • **il a obtenu ce poste par le biais d'un ami** ha conseguido el puesto por medio de un amigo.
biaiser *vi* **1.** *fam (agir, parler indirectement)* andarse con rodeos **2.** *(être de travers)* estar sesgado(da).
bibande *adj* bibanda.
bibelot *nm* bibelot *m.*
biberon *nm* biberón *m* **(ESP)**, mamadera *f* **(AMÉR)** • **donner le biberon** dar el biberón.
bibi *pron fam* mi menda.
bible *nf* biblia *f.* ■ **Bible** *nf* • **la Bible** la Biblia.
bibliobus *nm* bibliobús *m.*
bibliographie *nf* bibliografía *f.*
bibliothécaire *nmf* bibliotecario *m*, -ria *f.*
bibliothèque *nf* **1.** *(meuble)* librería *f*, biblioteca *f* **2.** *(édifice)* INFORM biblioteca *f.*
biblique *adj* bíblico(ca).
Bic® *nm (stylo à bille)* boli *m.*
bicarbonate *nm* bicarbonato *m* • **bicarbonate de soude** bicarbonato sódico.
biceps *nm* bíceps *m inv.*
biche *nf* ZOOL cierva *f.*
bicolore *adj* bicolor.
bicoque *nf fam* casucha *f.*
bicross *nm* bicicross *m.*
bicyclette *nf* bicicleta *f.*
bide *nm fam* **1.** *(ventre)* barriga *f* **2.** *(échec)* fracaso *m.*
bidet *nm* bidé *m.*
bidon *nm* **1.** *(récipient)* bidón *m* **2.** *fam (ventre)* barriga *f.* ❑ *adj inv fam (faux)* falso(sa).
bidonville *nm* barrio *m* de chabolas.
bielle *nf* biela *f.*
Biélorussie *npr* • **la Biélorussie** Bielorrusia.

bien

■ bien *adj inv*

1. EN PARLANT D'UNE CHOSE
bien • **il est bien, ce bureau** está bien este despacho

2. EN PARLANT D'UNE PERSONNE
bueno(a) • **il est bien comme prof** es buen profesor

■ bien *nm*

1. SENS MORAL
• **le bien et le mal** el bien y el mal

2. INTÉRÊT
bien *m* • **je te dis ça pour ton bien !** ¡te lo digo por tu bien! • **les vacances m'ont fait du bien** las vacaciones me han sentado bien

3. RICHESSE, PROPRIÉTÉ
bien *m* • **biens de consommation** bienes de consumo

4. DANS DES EXPRESSIONS
• **dire du bien de qqn/de qqch** hablar bien de alguien/de algo • **en tout bien tout honneur** con buenas intenciones

■ bien *adv*

1. DE MANIÈRE SATISFAISANTE
bien • **tu vas bien ?** ¿estás bien? • **on mange bien ici** aquí se come bien • **il ne s'est pas bien conduit** no se ha portado bien

2. SENS INTENSIF
muy, mucho • **bien souvent** muy a menudo • **elle est bien jolie** es muy guapa • **on a bien**

ri nos reímos mucho • **en es-tu bien sûr ?** ¿estás completamente seguro (de ello)?

3. AU MOINS

• **il y a bien trois heures que j'attends** hace por lo menos tres horas que espero

4. POUR RENFORCER UN COMPARATIF

mucho • **il est parti bien plus tard** se fue mucho más tarde

5. POUR CONCLURE OU POUR INTRODUIRE

• **bien, c'est fini pour aujourd'hui** bueno, se acabó por hoy • **très bien, je vais avec toi** muy bien, voy contigo • **bien, je t'écoute** bien *ou* bueno, te escucho

6. EN EFFET

• **c'est bien lui** efectivamente es él • **c'est bien ce que je disais** es justo lo que yo decía

7. DANS DES EXPRESSIONS

• **c'est bien fait pour toi !** ¡te lo has merecido!

■ **bien** *interj*

• **eh bien !** ¡(muy) bien! • **eh bien, qu'en penses-tu ?** y bien, ¿tú qué opinas?

■ **bien de** *loc adv*

• **il a bien de la chance** tiene mucha suerte

■ **bien entendu** *loc adv*

SERT DE RÉPONSE AFFIRMATIVE

desde luego, por supuesto • **je viendrai aussi bien entendu** por supuesto también vendré

■ **bien que** *loc conj*

aunque *(+ subjonctif)* • **bien qu'il ait terminé son travail, il ne sortira pas** aunque haya terminado el trabajo, no saldrá

■ **bien sûr** *loc adv*

ÉVIDEMMENT

claro, desde luego, por supuesto • **tu viens ? — bien sûr !** ¿vienes? — ¡claro!

bien-aimé, e *adj* querido(da). ❑ *nm, f* amado *m*, -da *f*.

bien-être *nm inv* bienestar *m*.

bienfaisance *nf* beneficencia *f*.

bienfaisant, e *adj* beneficioso(sa).

bienfait *nm* **1.** *(faveur)* favor *m* **2.** *(effet bénéfique)* efecto *m* benéfico.

bienfaiteur, trice *nm, f* benefactor *m*, -ra *f*.

bien-fondé *nm* pertinencia *f*.

bienheureux, euse *adj* dichoso(sa).

bientôt *adv* pronto • **à bientôt** hasta pronto.

bientraitance *nf* buenos tratos *mpl*.

bienveillance *nf* benevolencia *f*.

bienveillant, e *adj* benevolente.

bienvenu, e *adj* *(qui arrive à propos)* oportuno(na). ❑ *nm, f* • **un café serait le bienvenu** un café sería bienvenido • **soyez la bienvenue** sea usted bienvenida. ■ **bienvenue** *nf* bienvenida *f* • **souhaiter la bienvenue à qqn** dar la bienvenida a alguien.

bière *nf* **1.** *(boisson)* cerveza *f* • **bière blonde/brune** cerveza rubia/negra • **bière pression** cerveza de barril **2.** *(cercueil)* ataúd *m*.

bifidus *nm* bífidus *m* • **yaourt au bifidus** yogur *m* con bífidus.

bifteck *nm* bistec *m*.

bifurcation *nf* bifurcación *f*.

bifurquer *vi* **1.** *(route, voie ferrée)* bifurcarse **2.** *(voiture)* girar **3.** *fig (personne)* orientarse hacia.

bigamie *nf* bigamia *f*.

bigarré, e *adj* abigarrado(da).

big data *nm* big data *m*.

bigleux, se *adj* cegato(ta).

bigoudi *nm* bigudí *m*.

bijou *nm* joya *f*.

bijouterie *nf* joyería *f*.

bijoutier, ère *nm, f* joyero *m*, -ra *f*.

bikini *nm* bikini *m*.

bilan *nm* balance *m* • **déposer son bilan** declararse en quiebra • **faire le bilan de qqch** hacer (el) balance de algo.

bilatéral, e *adj* **1.** *(contrat, décision)* bilateral **2.** *(stationnement)* a ambos lados *(de la calzada)*.

bile *nf* MÉD bilis *f inv*.

biliaire *adj* biliar.

bilingue *adj & nmf* bilingüe.

billard *nm* **1.** *(jeu)* billar *m* **2.** *(table de jeu)* mesa *f* de billar.

bille *nf* **1.** *(d'enfant)* canica *f* **(ESP)**, bolita *f* **(AMÉR)** **2.** *(de billard)* bola *f* **3.** *(de bois)* madero *m* **4.** *fam (tête)* careto *m*.

billet *nm* billete *m* • **billet d'avion/de train** billete de avión/de tren • **billet (de banque)** billete (de banco) • **billet de loterie** billete de lotería.

billetterie *nf* **1.** *(de banque)* cajero *m* automático **2.** *(de gare, théâtre)* taquilla *f* **(ESP)**, boletería *f* **(AMÉR)**.

billion *nm* billón *m*.

bimbo *nf fam & péj* *chica atractiva pero carente de inteligencia*.

bimensuel, elle *adj* bimensual. ■ **bimensuel** *nm* bimensual *m*.

bimode *adj* bimode *(inv)*.

bimoteur *adj & nm* bimotor.

binaire *adj* binario(ria).

biner *vt* binar.

binoclard, e *nm, f fam & péj* gafotas *mf inv*.

binocles *nmpl fam* lentes *mpl*.

binôme *nm* MATH binomio *m*.

bio *adj inv* biológico(ca).

biocarburant *nm* biocarburante *m.*
biochimie *nf* bioquímica *f.*
biocombustible *nm* biocombustible *m.*
biodégradable *adj* biodegradable.
biodiversité *nf* biodiversidad *f.*
bioéthique *nf* bioética *f.* ❑ *adj* bioético(ca).
biogénétique *nf* biogenética *f.*
biographie *nf* biografía *f.*
biographique *adj* biográfico(ca).
bioingénierie *nf* bioingeniería *f.*
biologie *nf* biología *f.*
biologique *adj* biológico(ca).
biologiste *nmf* biólogo *m*, -ga *f.*
biomarqueur *nm* MÉD biomarcador *m*, marcador *m* biológico .
biomasse *nf* biomasa *f.*
biométrie *nf* biometría *f.*
biométrique *adj* biométrico(ca) • **passeport biométrique** pasaporte biométrico.
biopesticide *nm* biopesticida *m.*
biopic *nm* biopic *m*, película *f* biográfica.
biopsie *nf* biopsia *f.*
biorythme *nm* biorritmo *m.*
biosphère *nf* biosfera *f.*
biotechnologie *nf* biotecnología *f.*
bioterrorisme *nm* bioterrorismo *m.*
biothérapie *nf* bioterapia *f.*
bip *nm* **1.** *(signal)* bip *m* • **parler après le bip sonore** hablar después de oír la señal **2.** *(appareil)* busca *m.*
bipartite *adj* bipartidista.
bipède *nm* bípedo *m.*
biper *vt* llamar al busca.
bipolaire *adj* ÉLECTR, PHYS & PSYCHO bipolar.
biréacteur *nm* birreactor *m.*
bis[1]**, e** *adj* **1.** *(pain, toile)* bazo(za) **2.** *(teint)* moreno(na).
bis[2] *adv* **1.** *(numéro)* bis **2.** *(à la fin d'un spectacle)* • **crier bis** gritar ¡otra! • **bis ! bis !** ¡otra! ¡otra! ❑ *nm (répétition)* bis *m.*
bisannuel, elle *adj* bienal.
biscornu, e *adj* **1.** *(maison)* de forma irregular **2.** *(idée)* retorcido(da).
biscotte *nf* biscote *m.*
biscuit *nm* **1.** *(gâteau sec)* galleta *f* **2.** *(porcelaine)* porcelana *f* sin esmaltar.
bise *nf* **1.** *(vent)* cierzo *m* **2.** *fam (baiser)* beso *m.*
biseau *nm* bisel *m* • **en biseau** *(vitre)* biselado(da).
bisexuel, elle *adj & nm,f* bisexual.
bison *nm* bisonte *m.*
bisou *nm fam (baiser)* besito *m* • **gros bisou** *(formule d'adieu)* un beso muy fuerte.
bistouri *nm* bisturí *m.*
bistrot, bistro *nm fam (café)* bar *m* ; *fam (restaurant)* restaurante *m.*
bit *nm* INFORM bit *m.*
bitcoin *nm* bitcoin *m.*
bite, bitte *nf vulg* polla *f.*
bitoniau *nm fam* chisme *m* **(ESP)**, chipirulo *m.*
bivouac *nm* vivaque *m.*
bivouaquer *vi* acampar.
biz (abrév de bises) *(SMS)* bss *(besos).*
bizarre *adj* extraño(ña), raro(ra).
bizutage *nm* novatada *f.*
bjr (abrév de bonjour) *(SMS)* bd *(buenos días).*
black *adj fam* negro(gra). ■ **Black** *nmf fam* negro(gra).
blacklister, black-lister *vt* poner en la lista negra.
black-out *nm* **1.** *(panne de courant)* apagón *m* **2.** *fig (censure)* • **faire le black-out** correr un tupido velo.
blafard, e *adj* pálido(da).
blague *nf* **1.** *(plaisanterie)* chiste *m* **2.** *(farce)* broma *f* **3.** *(maladresse)* metedura *f* de pata.
blaguer *fam vi (plaisanter)* bromear. ❑ *vt (taquiner)* burlarse de.
blagueur, euse *adj & nm,f fam* bromista.
blaireau *nm* **1.** *(animal)* tejón *m* **2.** *(de rasage)* brocha *f* de afeitar **3.** *fam (individu antipathique)* pringado(da).
blâme *nm* **1.** *(désapprobation)* censura *f* **2.** *(sanction)* sanción *f.*
blâmer *vt* **1.** *(désapprouver)* censurar **2.** *(sanctionner)* sancionar.
blanc, blanche *adj* **1.** *(gén)* blanco(ca) **2.** *(page, nuit)* en blanco. ■ **blanc** *nm* **1.** *(couleur, linge)* blanco *m* **2.** *(linge de maison)* • **le blanc** la ropa blanca **3.** *(sur papier)* espacio *m* en blanco **4.** *(dans conversation)* silencio *m* **5.** *(de volaille)* pechuga *f* ; *(d'œuf)* clara *f* **6.** *(vin)* vino *m* blanco • **à blanc a)** *(chauffer)* al rojo blanco **b)** *(tirer)* al blanco. ■ **blanche** *nf* MUS blanca *f.*
blanc-bec *nm péj & vieilli* mocoso *m.*
blancheur *nf* blancura *f.*
blanchir *vt* **1.** *(mur, tissu, argent)* blanquear **2.** *(linge)* lavar **3.** *(légumes)* escaldar **4.** *fig (accusé)* exculpar. ❑ *vi (cheveux)* encanecer.
blanchissage *nm* **1.** *(du linge)* lavado *m* **2.** *(du sucre)* refinado *m (del azúcar).*
blanchisserie *nf* lavandería *f.*
blanchisseur, euse *nm,f* lavandero *m*, -ra *f.*
blasé, e *adj* hastiado(da). ❑ *nm,f* desganado *m*, -da *f* • **faire le blasé** hacerse el desganado.
blason *nm* blasón *m.*
blasphème *nm* blasfemia *f.*
blasphémer *vt* blasfemar contra. ❑ *vi* blasfemar.
blatte *nf* cucaracha *f.*

blazer *nm* blazer *m*, americana *f* **(ESP)**, saco *m* **(AMÉR)**.

blé *nm* **1.** *(céréale)* trigo *m* • **blé en herbe** trigo en ciernes **2.** *fam (argent)* pasta *f*.

blême *adj* pálido(da).

blennorragie *nf* blenorragia *f*, blenorrea *f*.

blessant, e *adj* hiriente.

blessé, e *nm, f* herido *m*, -da *f*.

blesser *vt* **1.** *(physiquement)* herir • **être blessé au bras** ser herido en el brazo **2.** *(sujet : souliers)* hacer daño **3.** *(moralement)* ofender. ■ **se blesser** *vp* herirse, hacerse daño.

blessure *nf* herida *f*.

blet, blette *adj* pasado(da).

bleu, e *adj* **1.** *(couleur)* azul **2.** CULIN poco hecho(cha). ■ **bleu** *nm* **1.** *(couleur)* azul *m* **2.** *(meurtrissure)* cardenal *m*, morado *m* **3.** *(colorant)* azulete *m* **4.** *(novice)* recluta *m* **5.** *(fromage)* queso *m* azul. ■ **bleu de travail** *nm* mono *m* de trabajo.

bleuet *nm* aciano *m*.

bleuir *vt* **1.** *(chose)* azular **2.** *(partie du corps)* amoratarse. ❑ *vi (devenir bleu)* volverse azul.

bleuté, e *adj* azulado(da) **(ESP)**, azuloso(sa) **(AMÉR)**.

blindé, e *adj* **1.** *(véhicule, porte)* blindado(da) **2.** *fam* & *fig (personne)* curtido(da). ■ **blindé** *nm* vehículo *m* blindado.

blinder *vt* **1.** *(véhicule, porte)* blindar **2.** *fam* & *fig (personne)* curtir.

bling-bling *adj fam* **1.** *(voyant)* cantoso(sa), ostentoso(sa) **2.** *(vulgaire)* hortera. ❑ *nm* • **le bling-bling** el bling bling • **il fait dans le bling-bling maintenant** ahora le ha dado por lo el bling bling.

blizzard *nm* ventisca *f*.

bloc *nm* **1.** *(gén)* bloque *m* • **en bloc** en bloque • **bloc d'alimentation** INFORM bloque de alimentación • **bloc d'habitations** bloque de viviendas **2.** *(groupe)* coalición *f* **3.** *(ensemble d'éléments)* módulo *m* • **bloc opératoire** quirófano *m*.

blocage *nm* **1.** *(des prix, salaires)* congelación *f* **2.** *(de roue)* bloqueo *m* **3.** PSYCHO bloqueo *m* (mental).

blockbuster *nf* CINÉ gran éxito *m* de taquilla.

blockhaus *nm* blocao *m*.

bloc-moteur *nm* bloque *m* del motor.

bloc-notes *nm* bloc *m* de notas.

blocus *nm* bloqueo *m*.

blog *nm* INFORM blog *m*, bitácora *f*.

blogosphère *nf* blogosfera *f*, blogisfera *f*, blogalaxia *f*.

bloguer *vt* bloguear.

blond, e *adj* & *nm, f* rubio(bia) **(ESP)**, güero(ra) **(AMÉR)**. ■ **blond** *nm* rubio *m* • **blond cendré/platine/vénitien** rubio ceniza/platino/bermejo. ■ **blonde** *nf* **1.** *(cigarette)* rubio *m* **2.** *(bière)* rubia *f*.

blondeur *nf* rubio *m*.

bloquer *vt* **1.** *(gén)* bloquear **2.** *(prix, salaires)* congelar **3.** *(jours)* juntar. ■ **se bloquer** *vp* bloquearse.

blottir ■ **se blottir** *vp* acurrucarse.

blouse *nf* **1.** *(de travail, d'écolier)* bata *f* **2.** *(chemisier)* blusa *f*.

blouson *nm* cazadora *f* **(ESP)**, campera *f* **(AMÉR)**.

blue-jean *nm* vaqueros *mpl*.

blues *nm inv* **1.** MUS blues *m inv* **2.** *fam (mélancolie)* depre *f*.

bluff *nm* fantasmada *f*.

bluffer *fam vi* farolear, tirarse un farol. ❑ *vt* embaucar.

blush *nm* colorete *m*.

boa *nm* boa *f* • **boa constricteur** boa constrictor.

boat people *nmpl* boat people *mpl*.

bobard *nm fam* trola *f*.

bobine *nf* **1.** *(de fil)* bobina *f* ; *(de ruban)* carrete *m* **2.** *fam (visage)* jeta *f*.

bobo (abrév de Bourgeois bohème) *nmf fam* bobo *mf*, bohemio burgués *m*, bohemio burguesa *f*.

bobonne *nf péj* maruja *f*.

bobsleigh, bob *nm* bobsleigh *m*.

bocage *nm pour décrire ce que ce type de paysage, vous pouvez dire :* se trata de un paisaje típico del oeste de Francia formado por campos y prados cercados con setos o árboles.

bocal *nm* tarro *m*.

body *nm* body *m*.

body-building *nm* body-building *m*.

bœuf *nm* **1.** *(animal)* buey *m* **2.** *(viande)* vaca *f*.

bof *interj fam* ¡bah!

bogue, bug *nm* INFORM bug *m*.

bohème *adj* & *nmf* bohemio(mia).

bohémien, enne *adj* bohemio(mia) *(de la Bohemia)*. ❑ *nm, f (gitan)* gitano *m*, -na *f*.

boire *vt* **1.** *(avaler)* beber • **boire de l'eau/du vin** beber agua/vino **2.** *(absorber)* chupar. ❑ *vi* beber.

bois *nm* **1.** *(forêt)* bosque *m* **2.** *(matériau - de construction)* madera *f* ; *(- de chauffage)* leña *f* • **en bois** de madera • **chèque en bois** *fig* cheque sin fondos. ❑ *nmpl* **1.** MUS instrumentos *mpl* de viento **2.** *(cornes)* cornamenta *f*.

boisé, e *adj* poblado(da) de árboles.

boiserie *nf* carpintería *f*.

boisson *nf* bebida *f* • **boisson alcoolisée** bebida alcohólica • **boisson non alcoolisée** *ou* **sans alcool** bebida no alcohólica • **boisson énergisante** bebida energizante *ou* energética *ou* hipertónica • **boisson gazeuse** bebida con gas • **et comme boisson ?** *(au restaurant)* ¿y de beber? • **s'adonner à la boisson** darse a la bebida.

boîte *nf* **1.** *(récipient)* caja *f* • **en boîte** *(en conserve)* en lata • **boîte de conserve** lata *f* de conservas

• **boîte à gants** guantera *f* • **boîte aux lettres** buzón *m* • **boîte aux lettres électronique** *INFORM* buzón *m* de correo electrónico • **boîte à musique** caja de música • **boîte postale** apartado *m* de correos • **boîte de vitesses** caja de cambios • **boîte vocale** *INFORM* buzón *m* de voz **2.** *fam (entreprise)* empresa *f* **3.** *fam (discothèque)* discoteca *f*.

boiter *vi* cojear.

boiteux, euse *adj & nm,f* cojo(ja).

boîtier *nm* **1.** *(gén)* caja *f* **2.** *(d'appareil photo)* cuerpo *m* • **boîtier numérique** cuerpo digital.

bol *nm* tazón *m*, bol *m* • **bol alimentaire** bolo *m* alimenticio • **prendre un bol d'air** tomar el aire.

bolet *nm* boleto *m (seta)*.

bolide *nm* bólido *m*.

Bolivie *npr* • **la Bolivie** Bolivia.

bolivien, enne *adj* boliviano(na). ■ **Bolivien, enne** *nm,f* boliviano *m*, -na *f*.

bombance *nf fam & vieilli* • **faire bombance** ir de francachela *ou* de cuchipanda.

bombardement *nm* bombardeo *m*.

bombarder *vt* **1.** *MIL* bombardear • **bombarder qqn/qqch de qqch** bombardear a alguien/algo con algo **2.** *fam & fig (accabler)* • **bombarder qqn de qqch** bombardear a alguien de algo **3.** *fam & fig (nommer)* nombrar de sopetón *(para un cargo)*.

bombardier *nm* bombardero *m*.

bombe *nf* **1.** *(projectile, scandale)* bomba *f* • **bombe atomique/incendiaire/à retardement** bomba atómica/incendiaria/de efecto retardado **2.** *(de cavalier)* gorra *f (de jinete)* **3.** *(atomiseur)* espray *m*.

bombé, e *adj* abombado(da).

bomber *nm* (cazadora *f*) bomber *f*.

bon, bonne *adj* **1.** *(gén)* bueno(na) **2.** *(dans l'expression d'un souhait)* feliz • **bon anniversaire !** ¡feliz cumpleaños! • **bonne année !** ¡feliz año nuevo! **3.** *(sens intensif)* largo(ga) • **deux bonnes heures** dos horas largas **4.** *(réponse, solution, etc)* correcto(ta) • **être bon à** servir para • **être bon pour qqch/pour faire qqch** *fam* no escaparse de algo/de hacer algo. ■ **bon** *adv* • **il fait bon** hace buen tiempo • **sentir bon** oler bien • **tenir bon** aguantar. ❑ *interj (marque de satisfaction)* ¡bueno! ❑ *nm* **1.** *(coupon)* bono *m* • **bon de commande** nota *f* de pedido, orden *f* • **bon du Trésor** bono del Tesoro, obligación *f* del Estado **2.** *(gén pl) (personne)* • **les bons et les méchants** los buenos y los malos.

bonasse *adj* bonachón(ona).

bonbon *nm* **1.** *(friandise)* caramelo *m* **2.** (BELGIQUE) *(gâteau sec)* galleta *f*.

bonbonne *nf* bombona *f*.

bonbonnière *nf* bombonera *f*.

bond *nm* brinco *m* • **faire un bond a)** *(bondir)* dar un brinco **b)** *(progresser)* dar un salto • **faire faux bond à qqn** fallarle a alguien.

bonde *nf* **1.** *(d'évier)* desagüe *m* **2.** *(bouchon)* tapón *m* **3.** *(trou)* piquera *f*.

bondé, e *adj* abarrotado(da).

bondir *vi* **1.** *(sauter)* brincar **2.** *(s'élancer)* abalanzarse • **bondir sur qqch/sur qqn** saltar sobre algo/sobre alguien **3.** *fig (réagir violemment)* saltar.

bonheur *nm* **1.** *(félicité)* felicidad *f* • **faire le bonheur de qqn a)** *(le rendre heureux)* hacer feliz a alguien **b)** *(lui être utile)* resolver la papeleta a alguien **2.** *(chance)* suerte *f* • **par bonheur** por suerte • **porter bonheur** dar suerte.

bonhomme *adj* bonachón(ona). ❑ *nm* **1.** *fam & péj (homme)* tío *m* **2.** *(petit garçon)* hombrecito *m* **3.** *(représentation)* muñeco *m* • **bonhomme de neige** muñeco de nieve.

bonification *nf* **1.** *(de terre, vin)* mejora *f* **2.** *SPORT* prima *f*.

bonjour *nm* **1.** *(le matin)* buenos días *m* (ESP), buen día *m* (AMÉR) **2.** *(salut)* ¡hola! • **dire bonjour** saludar.

bon marché *adj inv* barato(ta) • **des chaussures bon marché** zapatos baratos.

bonne *nf* criada *f* (ESP), mucama *f* (AMÉR).

bonnement *adv* • **tout bonnement** simplemente.

bonnet *nm* **1.** *(coiffure)* gorro *m* • **bonnet de bain** gorro de baño **2.** *(de soutien-gorge)* copa *f*.

bonneterie *nf* **1.** *(industrie)* industria *f* de géneros de punto **2.** *(marchandise)* géneros *mpl* de punto **3.** *(magasin)* tienda *f* de géneros de punto, mercería *f*.

bonsoir *nm (dans l'après-midi)* buenas tardes *fpl* ; *(la nuit)* buenas noches *fpl*.

bonté *nf* **1.** *(bienveillance)* bondad *f* • **avoir la bonté de faire qqch** *sout* tener la bondad de hacer algo **2.** *(gén pl) (acte d'amabilité)* atención *f*.

bonus *nm* **1.** *(supplément)* plus *m* **2.** *(assurance automobile)* bonificación *f*.

booléen, enne *adj* booleano(na).

booster *vt fam* impulsar, disparar.

bord *nm* **1.** *(extrémité, côté)* borde *m* • **à ras bord** hasta el borde • **au bord de a)** *(très près de)* al borde de **b)** *(sur le point de)* a punto de **2.** *(rivage)* orilla *f* • **au bord de la mer a)** a orillas del mar **b)** *(vacances)* en la playa, en la costa **3.** *(lisière)* lindero *m* **4.** *(bordure - de vêtement)* ribete *m* ; *(- de chapeau)* ala *f* **5.** *(dans un moyen de transport)* • **à bord de qqch** a bordo de algo • **passer par-dessus bord** caer por la borda.

bordeaux *adj inv (couleur)* burdeos *(en aposición)*. ❑ *nm (vin)* burdeos *m inv*.

bordel *nm tfam* **1.** *(maison close)* burdel *m* **2.** *fig (désordre)* follón *m*.

bordélique *adj fam* caótico(ca).

border *vt* **1.** *(être en bordure de)* bordear **2.** *(vêtement)* ribetear **3.** *(lit)* remeter ; *(personne au lit)* arropar **4.** *NAUT* costear.

bordereau *nm* **1.** *(liste)* relación *f* detallada **2.** *(formulaire)* impreso *m* **3.** *(facture)* albarán *m.*

bordure *nf* **1.** *(bord)* borde *m* • **en bordure de qqch** al borde de algo **2.** *(de fleurs)* bordura *f* **3.** *(de vêtement)* ribete *m.*

borgne *adj* **1.** *(personne)* tuerto(ta) **2.** *fig (hôtel)* de mala muerte. ❑ *nmf (personne)* tuerto *m*, -ta *f.*

borne *nf* **1.** *(marque)* mojón *m* **2.** *fam (kilomètre)* kilómetro *m* **3.** *fig (limite)* límite *m* • **dépasser les bornes** pasarse de la raya • **sans bornes** sin límites **4.** *INFORM* • **borne interactive** terminal *m* interactivo.

borné, e *adj* **1.** *(restreint)* limitado(da) **2.** *(obtus)* corto(ta) de alcances.

borner *vt* limitar. ■ **se borner** *vp* • **se borner à faire qqch** limitarse a hacer algo • **se borner à qqch** limitarse a algo.

bosniaque *adj* bosnio(nia). ■ **Bosniaque** *nmf* bosnio *m*, -nia *f.*

Bosnie *npr* • **la Bosnie** Bosnia.

bosquet *nm* bosquecillo *m.*

bosse *nf* **1.** *(à la suite d'un coup)* chichón *m* **2.** *(de bossu, chameau)* giba *f*, joroba *f* ; *(du crâne)* protuberancia *f* **3.** *(de terrain)* montículo *m.*

bosser *vi fam* currar.

bossu, e *adj & nm,f* jorobado(da).

botanique *adj* botánico(ca). ❑ *nf* botánica *f.*

botte *nf* **1.** *(chaussure)* bota *f* • **botte de** *ou* **en caoutchouc** bota de goma **2.** *(de légumes)* manojo *m* **3.** *(d'escrime)* estocada *f.*

botter *vt fam* **1.** *(donner un coup de pied à)* dar una patada a **2.** *vieilli (plaire à)* chiflar.

bottier *nm* zapatero *m.*

Bottin® *nm fam* guía *f* telefónica.

bottine *nf* botín *m.*

bouc *nm* **1.** *(animal)* macho *m* cabrío • **bouc émissaire** *fig* chivo *m* expiatorio **2.** *(barbe)* perilla *f.*

boucan *nm fam* jaleo *m.*

bouche *nf* boca *f* • **bouche d'incendie/de métro** boca de incendios/de metro • **rester bouche bée** quedarse boquiabierto(ta).

bouché, e *adj* **1.** *(obstrué)* atascado(da) **2.** *(vin)* embotellado(da) **3.** *(oreille)* taponado(da).

bouche-à-bouche *nm* boca a boca *m* • **faire du bouche-à-bouche à qqn** hacer el boca a boca a alguien.

bouche-à-oreille *nm inv* boca a boca *m* • **on a trouvé notre maison par le** *ou* **grâce au bouche-à-oreille** encontramos la casa por el *ou* gracias al boca a boca.

bouchée *nf* bocado *m.*

boucher[1] *vt* **1.** *(bouteille, trou)* tapar **2.** *(obstruer -passage)* interceptar ; *(-vue)* tapar.

boucher[2], **ère** *nm,f* carnicero *m*, -ra *f.*

boucherie *nf* carnicería *f.*

bouche-trou *nm* **1.** *(personne)* figurante *m*, -ta *f* **2.** *(objet)* relleno *m.*

bouchon *nm* **1.** *(de bouteille, flacon)* tapón *m* (ESP), tapa *f* (AMÉR) **2.** *(de canne à pêche)* flotador *m* **3.** *(embouteillage)* atasco *m* (ESP), atorón *m* (AMÉR).

boucle *nf* **1.** *(de ceinture, soulier)* hebilla *f* **2.** *(de cheveux, d'avion)* rizo *m* **3.** *(de fleuve)* meandro *m* **4.** *INFORM* bucle *m.* ■ **boucle d'oreille** *nf* pendiente *m* (ESP), aro *m* (AMÉR).

bouclé, e *adj* rizado(da) • **cet enfant est tout bouclé** ese niño tiene el pelo rizadito.

boucler *vt* **1.** *(attacher)* abrocharse **2.** *fam (fermer)* cerrar • **boucle-la !** ¡cierra el pico! **3.** *fam (enfermer)* encerrar **4.** *(quartier)* acordonar **5.** *(cheveux)* rizar (ESP), enchinar (AMÉR) **6.** *fam (terminer)* acabar • **la boucle est bouclée** *fig* volvemos a estar en el punto de partida.

bouclier *nm* escudo *m* • **bouclier fiscal** escudo fiscal • **bouclier humain** escudo humano • **se faire un bouclier de qqch** *fig* escudarse en algo.

bouddhiste *adj & nmf* budista.

bouder *vi (être renfrogné)* enfurruñarse. ❑ *vt (personne)* esquivar ; *(chose)* pasar de.

bouderie *nf* enfurruñamiento *m.*

boudeur, euse *adj* enfurruñado(da). ❑ *nm,f* gruñón *m*, -ona *f.*

boudin *nm* **1.** *CULIN* morcilla *f* **2.** *fam & péj (personne)* feto *m.*

boue *nf* **1.** *(terre)* barro *m* **2.** *fig (infamie)* lodo *m.*

bouée *nf* boya *f* • **bouée de sauvetage** salvavidas *m inv.*

boueux, euse *adj* fangoso(sa).

bouffe *nf fam* manduca *f.*

bouffée *nf* **1.** *(d'air)* bocanada *f* ; *(de parfum)* tufarada *f* **2.** *(de cigarette)* calada *f* **3.** *(de colère)* arrebato *m.*

bouffer *vi* ahuecarse. ❑ *vt fam (manger)* papear.

bouffi, e *adj (yeux, visage)* abotargado(da).

bouffon, onne *adj (comique)* gracioso(sa). ■ **bouffon** *nm* **1.** *(pitre)* payaso *m* **2.** *HIST* bufón *m* **3.** *(personne ridicule)* bufón *m.*

bouge *nm* **1.** *(taudis)* cuchitril *m* **2.** *(café)* antro *m.*

bougeoir *nm* palmatoria *f.*

bougeotte *nf* • **avoir la bougeotte** *fam* ser (un) culo de mal asiento.

bouger *vt (déplacer)* mover. ❑ *vi* **1.** *(remuer, sortir)* moverse **2.** *(vêtement)* alterarse, deformarse **3.** *(changer)* agitarse. ■ **se bouger** *vp fam* **1.** *(faire des efforts)* moverse **2.** *(se déplacer)* apartarse.

bougie *nf* **1.** *(chandelle)* vela *f* (ESP), veladora *f* (AMÉR) **2.** *(de moteur)* bujía *f.*

bougon, onne *adj & nm,f* gruñón(ona).

bougonner *vi fam* refunfuñar.

bouillant, e *adj* **1.** *(eau, café)* hirviendo, hirviente **2.** *fig (tempérament, personne)* ardiente.

bouillie *nf (de bébé)* papilla *f* • **réduire en bouillie a)** *(légumes)* hacer puré de **b)** *(personne)* hacer papilla.

bouillir *vi (liquide)* hervir • **faire bouillir qqch** hervir algo.

bouilloire *nf* hervidor *m*.

bouillon *nm* **1.** *(soupe)* caldo *m* **2.** *(bouillonnement)* borbotón *m* • **à gros bouillons** a borbotones.

bouillonner *vi* **1.** *(liquide, torrent)* borbotear, borbollar **2.** *fig (s'agiter)* hervir.

bouillotte *nf* bolsa *f* de agua caliente.

boul. abrév de **boulevard**.

boulanger, ère *adj & nm,f* panadero(ra).

boulangerie *nf* panadería *f*.

boule *nf (de billard, de pétanque)* bola *f*; *(de loto)* ficha *f* • **boule de neige** bola de nieve • **faire boule de neige** *fig* hacerse una bola de nieve. ■ **boules** *nfpl fam* • **avoir les boules a)** *(avoir peur)* no tenerlas todas consigo **b)** *(être furieux)* estar furioso.

bouleau *nm* abedul *m*.

bouledogue *nm* buldog *m*.

boulet *nm* **1.** *(de canon)* bala *f* **2.** *(de forçat)* grillete *m* **3.** *fig (fardeau)* cruz *f*.

boulette *nf* **1.** *(de pain, papier)* bolita *f* **2.** *(de viande)* albóndiga *f* **3.** *fam & fig (bévue)* • **faire une boulette** meter la pata.

boulevard *nm* **1.** *(rue)* bulevar *m* **2.** THÉÂTRE comedia *f* ligera.

bouleversant, e *adj* conmovedor(ra).

bouleversé, e *adj* emocionado(da).

bouleversement *nm* **1.** *(émotion)* conmoción *f* **2.** *(changement)* alteración *f*.

bouleverser *vt* **1.** *(émouvoir)* conmocionar, trastornar **2.** *(modifier)* perturbar **3.** *(mettre en désordre)* revolver.

boulgour *nm* (trigo) bulgur *m* • **salade/gratin de boulgour** ensalada *f* /gratén *m* de bulgur.

boulier *nm* ábaco *m*.

boulimie *nf* bulimia *f*.

boulimique *nmf* bulímico *m*, -ca *f*.

boulon *nm* perno *m*.

boulonner *vt (visser)* empernar. ❑ *vi fam (travailler)* currar.

boulot *nm fam* trabajo *m*.

bouquet *nm* **1.** *(de fleurs)* ramo *m* **2.** *(du vin)* buqué *m* **3.** *(de feu d'artifice)* castillo *m (de fuegos artificiales)* **4.** TV • **bouquet de programmes** paquete *m* de programas • **bouquet numérique** plataforma *f* digital **5.** *(crevette)* langostino *m*.

bouquin *nm fam* libro *m*.

bouquiner *vt & vi fam* leer.

bouquiniste *nmf* librero *m* de viejo *(en los muelles del Sena)*.

bourbier *nm* **1.** *(lieu)* barrizal *m* **2.** *fig (situation)* lodazal *m*.

bourde *nf* **1.** *(baliverne)* bola *f (mentira)* **2.** *fam (erreur)* • **faire une bourde** meter la pata.

bourdon *nm* **1.** *(insecte)* abejorro *m* **2.** *(cloche)* campana *f* mayor • **avoir le bourdon** *fam* tener morriña.

bourdonnement *nm* **1.** *(d'insecte, de moteur)* zumbido *m* **2.** *(de voix)* murmullo *m*.

bourdonner *vi* zumbar.

bourgeois, e *adj* **1.** *(gén)* burgués(esa) **2.** *(cuisine)* casero(ra). ❑ *nm,f* burgués *m*, -esa *f*.

bourgeoisie *nf* burguesía *f*.

bourgeon *nm* yema *f*.

Bourgogne *npr* • **la Bourgogne** Borgoña.

bourlinguer *vi fam & fig* correr mundo.

bourrade *nf* empujón *m*.

bourrage *nm (de coussin)* relleno *m*. ■ **bourrage de crâne** *nm fam* **1.** *(bachotage)* empollada *f* **2.** *(propagande)* comida *f* de coco.

bourrasque *nf* borrasca *f*.

bourratif, ive *adj fam* pesado(da).

bourreau *nm* verdugo *m* • **bourreau des cœurs** rompecorazones *m inv*.

bourrelet *nm* **1.** *(de graisse)* michelín *m* **2.** *(de porte)* burlete *m*.

bourrer *vt* **1.** *(coussin)* rellenar **2.** *(valise)* abarrotar ; *(fusil, pipe)* cargar **3.** *fam (gaver)* atiborrar • **ça bourre !** ¡llena! ■ **se bourrer** *vp fam* **1.** *(se gaver)* atiborrarse • **se bourrer de qqch** atiborrarse de algo **2.** *(se soûler)* emborracharse.

bourrique *nf* **1.** *(ânesse)* burra *f* **2.** *fam (personne)* burro *m*, -rra *f*.

bourru, e *adj fig* huraño(ña).

bourse *nf* **1.** *(porte-monnaie)* monedero *m* **2.** *(d'études)* beca *f*. ■ **Bourse** *nf* FIN Bolsa *f* • **Bourse de commerce** bolsa de comercio, lonja *f* • **Bourse des valeurs** bolsa de valores.

boursier, ère *adj* **1.** *(élève)* becario(ria) **2.** FIN bursátil. ❑ *nm,f* **1.** *(étudiant)* becario *m*, -ria *f* **2.** FIN bolsista *mf*.

boursouflé, e *adj* abotargado(da).

boursoufler *vt* abotargar.

bousculade *nf* **1.** *(cohue)* avalancha *f* **2.** *(précipitation)* prisa *f*.

bousculer *vt* **1.** *(pousser)* empujar, dar un empujón a **2.** *(presser)* meter prisa a **3.** *fig (idées reçues, habitudes)* tirar, hacer caer.

bouse *nf* • **bouse (de vache)** boñiga *f* (de vaca).

bousiller *vt fam* **1.** *(bâcler)* chapucear **2.** *(casser)* cargarse.

boussole *nf* brújula *f*.

bout *nm* **1.** *(extrémité)* punta *f* **2.** *(fin)* final *m* • **au bout de qqch** al cabo de algo • **d'un bout à l'autre** de punta a punta, de cabo a rabo • **jusqu'au bout** hasta el final • **être à bout d'arguments** quedarse sin argumentos

• **pousser qqn à bout** sacar a alguien de sus casillas • **venir à bout de** acabar con **3.** *(morceau)* trozo *m*.
boutade *nf* broma *f*.
boute-en-train *nm inv* alma *f* • **le boute-en-train de la soirée** el alma de la fiesta.
bouteille *nf* botella *f*.
boutique *nf* tienda *f* • **boutique virtuelle** cibertienda *f*.
bouton *nm* **1.** COUT & ÉLECTR botón *m* • **bouton de manchette** gemelo *m* **2.** *(sur la peau)* grano *m* **3.** *(de porte)* tirador *m* **4.** *(bourgeon)* botón *m*, yema *f*.
bouton-d'or *nm* botón *m* de oro.
boutonner *vt* abotonar.
boutonneux, euse *adj* lleno(na) de granos.
boutonnière *nf* ojal *m*.
bouton-pression *nm* cierre *m*, presilla *f*.
bouture *nf* esqueje *m*.
bouvier *nm (chien)* perro *m* pastor belga.
bovin, e *adj* **1.** *(animal)* bovino(na), vacuno(na) **2.** *fig (regard)* bovino(na). ■ **bovin** *nm* bovino *m*.
bowling *nm* **1.** *(jeu)* bolos *mpl* **2.** *(lieu)* bolera *f*.
box *nm* box *m* ; *(pour voiture)* cochera *f*, garaje *m* • **le box des accusés** el banquillo de los acusados.
boxe *nf* boxeo *m* **(ESP)**, box *m* **(AMÉR)**.
boxer[1] *vi* boxear. ❑ *vt* dar puñetazos a.
boxer[2] *nm (chien)* bóxer *m*.
boxeur *nm* boxeador *m*.
box-office *nm* taquilla *f* • **être en tête du box-office** ser la película más taquillera.
boyau *nm* **1.** *(chambre à air)* tubular *m* **2.** *(corde)* cuerda *f (de tripa)* **3.** *(galerie)* galería *f* estrecha. ■ **boyaux** *nmpl (intestins)* tripas *fpl*.
boycotter *vt* boicotear.
BP (abrév de **boîte postale**) *nf* Apdo.
bracelet *nm* **1.** *(bijou)* pulsera *f* **2.** *(de montre)* correa *f*.
bracelet-montre *nm* reloj *m* de pulsera.
braconner *vi (chasser)* practicar la caza furtiva ; *(pêcher)* practicar la pesca furtiva.
braconnier, ère *nm* **1.** *(chasseur)* cazador *m* furtivo, cazadora *f* furtiva **2.** *(pêcheur)* pescador *m* furtivo, pescadora *f* furtiva.
brader *vt* liquidar • **on brade !** ¡rebajamos las rebajas!
braderie *nf* liquidación *f*.
braguette *nf* bragueta *f*.
braille *nm* braille *m*.
braillement *nm péj* berrido *m*.
brailler *vi* berrear. ❑ *vt* cantar a grito pelado.
braire *vi* rebuznar.
braise *nf* brasa *f*.
bramer *vi* bramar.
brancard *nm* **1.** *(civière)* camilla *f* **2.** *(d'attelage)* varal *m*.
brancardier, ère *nm,f* camillero *m*, -ra *f*.
branchage *nm* ramaje *m*.
branche *nf* **1.** *(d'arbre)* rama *f* • **en branches** *(épinards, céleri)* en rama **2.** *(de lunettes)* patilla *f* **3.** *(de compas)* pierna *f* **4.** *(secteur, discipline)* ramo *m*.
branché, e *adj fam (à la mode)* moderno(na), fashion.
branchement *nm* conexión *f*.
brancher *vt* **1.** *(à une prise)* enchufar **2.** *(à un réseau)* conectar **3.** *fam (orienter)* • **brancher qqn sur qqch** orientar a alguien hacia algo **4.** *fam (plaire à)* molar • **ça te branche de venir au ciné ?** ¿te molaría venir al cine?
branchies *nfpl* branquias *fpl*.
brandir *vt* blandir.
branlant, e *adj (meuble)* cojo(ja).
branle-bas *nm inv* trajín *m*.
branler *vi (être instable)* bambolearse. ❑ *vt tfam (faire)* hacer • **mais qu'est-ce qu'il branle ?** ¿pero qué narices hace? ■ **se branler** *vp vulg* hacerse una paja • **je m'en branle** me la suda.
branleur, euse *nm,f vulg (bon à rien)* gandul *m*, -ula *f*.
braquage *nm* **1.** AUTO giro *m (del volante)* **2.** *(attaque)* atraco *m*.
braquer *vt* **1.** *(diriger)* • **braquer qqch sur qqch/sur qqn a)** *(arme)* apuntar a algo/a alguien con algo **b)** *(lampe)* dirigir algo hacia algo/hacia alguien **c)** *(regard)* fijar algo en algo/en alguien **2.** *(contrarier)* llevar la contraria a **3.** *fam (attaquer)* atracar. ❑ *vi* girar. ■ **se braquer** *vp (personne)* rebotarse.
bras *nm* brazo *m* • **bras droit** *fig* brazo *m* derecho, mano *f* derecha • **bras de fer** *(jeu)* pulso *m* • **bras de mer** brazo de mar • **à bras ouverts** con los brazos abiertos • **avoir le bras long** tener mucha influencia.
brasier *nm* hoguera *f*.
bras-le-corps ■ **à bras-le-corps** *loc adv* por la cintura.
brassage *nm* **1.** *(de bière)* braceado *m* **2.** *fig (mélange)* mezcla *f*.
brassard *nm* brazalete *m*.
brasse *nf (nage)* braza *f* • **brasse papillon** mariposa *f*.
brassée *nf* brazada *f*.
brasser *vt* **1.** *(mélanger)* remover • **brasser la bière** elaborar cerveza **2.** *fig (manipuler)* • **brasser de l'argent** manejar dinero.
brasserie *nf* **1.** *(café-restaurant)* café restaurante *m* **2.** *(usine de bière)* cervecería *f*.
brasseur, euse *nm,f* **1.** *(de bière)* cervecero *m*, -ra *f* **2.** *(nageur)* bracista *mf*. ■ **brasseur d'affaires** *nm* hombre *m* de negocios.

brassière *nf* **1.** *(de bébé)* camisita *f* **2.** *(gilet de sauvetage)* chaleco *m* salvavidas **3.** **(QUÉBEC)** *(soutien-gorge)* sujetador *m.*

bravade *nf* bravata *f.*

brave *adj* **1.** *(courageux)* valiente **2.** *(naïf)* inocentón(ona) • **un brave homme** un buen hombre. ❑ *nm* • **mon brave** amigo mío.

braver *vt* **1.** *(défier)* desafiar **2.** *(mépriser)* afrontar.

bravo *interj (approbation)* ¡bravo! ❑ *nm (applaudissement)* bravo *m.*

bravoure *nf* valentía *f.*

break *nm* **1.** *fam* pausa *f* • **faire un break** hacer una pausa **2.** *SPORT* break *m* • **faire le break** romper el juego, hacer un break.

brebis *nf* oveja *f* • **brebis galeuse** *fig* oveja negra.

brèche *nf* brecha *f* • **battre qqch en brèche** desmontar algo • **colmater les brèches a)** *(gén)* taponar las brechas **b)** *figuré* limar asperezas • **être toujours sur la brèche** estar siempre en la brecha • **s'engouffrer dans la brèche** aprovechar ou explotar una brecha abierta.

bredouille *adj* • **être/rentrer bredouille** tener/volver con las manos vacías.

bredouiller *vi & vt* balbucear.

bref, brève *adj* breve. ■ **bref** *adv* resumiendo, en resumen • **en bref** en pocas palabras. ■ **brève** *nf* **1.** *PRESSE* noticia *f* breve **2.** *MUS* breve *f.*

brème *nf* **1.** *(poisson)* brema *f* **2.** *fam (carte à jouer)* naipe *m.*

Brésil *npr* • **le Brésil** (el) Brasil.

brésilien, enne *adj* brasileño(ña) **(ESP)**, brasilero(ra) **(AMÉR)**. ■ **Brésilien, enne** *nm,f* brasileño *m*, -ña *f* **(ESP)**, brasilero *m*, -ra *f* **(AMÉR)**.

Bretagne *npr* • **la Bretagne** (la) Bretaña.

bretelle *nf* **1.** *(gén pl) (de vêtement)* tirante *m* **(ESP)**, breteles *mpl* **(AMÉR)** **2.** *(de fusil)* bandolera *f* **3.** *(d'autoroute)* enlace *m.*

breton, onne *adj* bretón(ona). ■ **breton** *nm LING* bretón *m.* ■ **Breton, onne** *nm,f* bretón *m*, -ona *f.*

breuvage *nm* brebaje *m.*

brevet *nm* **1.** *(certificat, diplôme)* diploma *m* ; *(au collège)* ≃ diploma de fin de tercero de la ESO *(enseñanza secundaria obligatoria)* • **brevet de technicien** diploma técnico **2.** *(d'invention)* patente *f.*

breveter *vt* patentar.

bréviaire *nm* breviario *m.*

bribe *nf (gén pl)* fragmento *m* • **saisir des bribes de conversation** oír una conversación a medias.

bric-à-brac *nm inv* batiburrillo *m.*

bricolage *nm* **1.** *(travail manuel)* bricolaje *m* **2.** *(réparation provisoire, travail bâclé)* chapuza *f.*

bricole *nf* **1.** *(objet)* tontería *f* **2.** *fig (fait insignifiant)* menudencia *f.*

bricoler *vi* **1.** *(faire des travaux manuels)* hacer bricolaje **2.** *fam (faire toute espèce de métiers)* hacer un poco de todo. ❑ *vt fam* **1.** *(réparer)* arreglar **2.** *(fabriquer)* hacer.

bricoleur, euse *adj* mañoso(sa). ❑ *nm,f* manitas *mf.*

bride *nf* **1.** *(de cheval)* brida *f* **2.** *(de chapeau)* cinta *f* **3.** *COUT (boutonnière)* presilla *f* **4.** *TECHNOL* brida *f.*

brider *vt* **1.** *(cheval)* embridar **2.** *fig (contenir)* refrenar.

bridge *nm* **1.** *(jeu de cartes)* bridge *m* **2.** *(prothèse dentaire)* puente *m.*

briefer *vt* poner al tanto.

briefing *nm* briefing *m.*

brièvement *adv* brevemente.

brièveté *nf* brevedad *f.*

brigade *nf* **1.** *MIL* destacamento *m* • **brigade antigang** ≃ brigada contra el crimen organizado **2.** *(d'ouvriers, d'employés)* brigada *f.*

brigand *nm* **1.** *(bandit)* bandolero *m* **2.** *(homme malhonnête)* sinvergüenza *mf.*

brillamment *adv* brillantemente.

brillant, e *adj* brillante **(ESP)**, brilloso(sa) **(AMÉR)**. ■ **brillant** *nm* **1.** *(diamant)* brillante *m* **2.** *(éclat)* brillo *m.*

briller *vi* brillar.

brimer *vt* humillar.

brin *nm* **1.** *(de paille, muguet)* brizna *f* • **brin d'herbe** brizna de hierba **2.** *(fil)* hilo *m* **3.** *fam (petite quantité)* • **un brin (de)** una pizca (de) • **faire un brin de toilette** lavarse un poco por encima • **ne pas avoir un brin de jugeote** no tener dos dedos de frente.

brindille *nf* ramita *f.*

bringuebaler, brinquebaler *vi* bambolearse.

brio *nm (talent)* ingenio *m* • **avec brio** brillantemente.

brioche *nf* **1.** *(pâtisserie)* brioche *m*, bollo *m* **2.** *fam (gros ventre)* barriga *f.*

brioché, e *adj* de brioche.

brique *adj inv (couleur)* teja *(en apposition).* ❑ *nf* **1.** *(pierre)* ladrillo *m* **2.** *(emballage)* tetrabrik® *m.*

briquer *vt* dar lustre a, sacar brillo a.

briquet *nm* encendedor *m*, mechero *m.*

briquette *nf* tetra brik® *m* pequeño *(pl tetra briks pequeños).*

brisant *nm (écueil)* rompiente *m.*

brise *nf* brisa *f.*

brise-glace, brise-glaces *nm inv* **1.** *(navire)* rompehielos *m inv* **2.** *(de pont)* espolón *m*, tajamar *m.*

brise-jet *nm inv* alcachofa *f (de ducha).*

brise-lames *nm inv* rompeolas *m inv.*

briser *vt* **1.** *(objet, grève)* romper **2.** *(carrière, espoir)* destrozar **3.** *(résistance, orgueil)* vencer **4.** *(cœur)* romper. ■ **se briser** *vp* **1.** *(gén)* romperse **2.** *(espoir)* venirse abajo **3.** *(effort)* fracasar.

briseur, euse *nm,f* • **briseur de grève** esquirol *m*.

bristol *nm* **1.** *(papier)* bristol *m* **2.** *vieilli (carte de visite)* tarjeta *f* (de visita).

britannique *adj* británico(ca). ■ **Britannique** *nmf* británico *m*, -ca *f*.

broc *nm* jarra *f*.

brocante *nf* antigüedades *fpl*.

brocanteur, euse *nm,f* anticuario *m*, -ria *f*.

broche *nf* **1.** *(bijou)* broche *m* **2.** CULIN pincho *m* • **cuire à la broche** asar en el espetón **3.** MÉD clavo *m* **4.** ÉLECTR enchufe *m* macho **5.** *(de métier à filer)* broca *f*.

broché, e *adj* **1.** *(tissu)* briscado(da) **2.** *(livre)* en rústica.

brochet *nm* lucio *m*.

brochette *nf* **1.** *(ustensile, couvert)* pincho *m* **2.** *fam & fig (groupe)* ramillete *m*.

brochure *nf* **1.** *(imprimé)* folleto *m* **2.** *(de livre)* encuadernación *f (en rústica)* **3.** *(de tissu)* briscado *m*.

brocoli *nm* brécol *m*.

broder *vt* **1.** *(tissu)* bordar **2.** *fig (histoire)* adornar. ❑ *vi fig (exagérer)* exagerar.

broderie *nf* bordado *m*.

bromure *nm* bromuro *m*.

bronche *nf* bronquio *m*.

broncher *vi* rechistar • **sans broncher** sin rechistar.

bronchite *nf* bronquitis *f inv*.

bronzage *nm* bronceado *m*.

bronze *nm* bronce *m*.

bronzé, e *adj* bronceado(da), moreno(na).

bronzer *vi* broncearse • **se faire bronzer** broncearse.

brosse *nf* **1.** *(ustensile)* cepillo *m* **(ESP)**, escobilla *f* **(AMÉR)** • **brosse à cheveux/à dents/à habits** cepillo para el pelo/de dientes/para la ropa • **en brosse** *(coiffure)* al cepillo **2.** *(pinceau)* brocha *f*.

brosser *vt* **1.** *(cheveux, habits)* cepillar **2.** *(paysage, portrait)* bosquejar. ■ **se brosser** *vp* **1.** *(se nettoyer)* cepillarse • **se brosser les cheveux/les dents** cepillarse el pelo/los dientes • **tu peux toujours te brosser** *fam* puedes esperar sentado(da).

brouette *nf* carretilla *f*.

brouhaha *nm* guirigay *m*.

brouillard *nm* niebla *f* • **être dans le brouillard** *fig* no enterarse.

brouille *nf* desavenencia *f*.

brouillé, e *adj* **1.** *(fâché)* • **il est brouillé avec son père** ha reñido con su padre • **il est brouillé avec les mathématiques** no le entran las matemáticas **2.** *(teint)* turbado(da).

brouiller *vt* **1.** *(désunir)* separar • **brouiller qqn avec qqch** hacer odiar a alguien algo • **brouiller qqn avec qqn** enfrentar a alguien con alguien **2.** *(troubler - vue)* nublar ; *(- teint)* turbar **3.** *(rendre confus)* confundir **4.** *(émission)* interferir. ■ **se brouiller** *vp* **1.** *(se fâcher)* pelearse • **se brouiller avec qqn** pelearse con alguien **2.** *(vue)* nublarse **3.** *(devenir confus)* confundirse.

brouillon, onne *adj* **1.** *(élève)* desordenado(da) **2.** *(travail)* sucio(cia). ■ **brouillon** *nm* borrador *m* • **au brouillon** en sucio.

broussaille *nf* maleza *f* • **en broussaille** *(cheveux)* enmarañado(da).

brousse *nf* sabana *f*.

brouter *vt (herbe)* pacer. ❑ *vi* **1.** *(animal)* pacer **2.** *(embrayage)* vibrar.

broutille *nf* tontería *f*.

broyer *vt* moler, triturar.

broyeur *nm* trituradora *f*.

bru *nf sout* nuera *f*.

brugnon *nm* nectarina *f*.

bruine *nf* llovizna *f* **(ESP)**, garúa *f* **(AMÉR)**.

bruissement *nm* murmullo *m*, susurro *m*.

bruit *nm* **1.** *(son, vacarme)* ruido *m* • **faire du bruit** hacer ruido • **sans bruit** sin hacer ruido • **bruit de fond** ruido de fondo **2.** *(rumeur)* rumor *m* • **le bruit court que...** corre el rumor de que... **3.** *(retentissement)* • **faire du bruit** *fig* dar mucho de que hablar.

bruitage *nm* THÉÂTRE, CINÉ & RADIO efectos *mpl* de sonido.

brûlant, e *adj* **1.** *(objet)* ardiendo ; *(soleil)* abrasador(ra) **2.** *(main, front)* que arde **3.** *(amour)* ardiente **4.** *(question)* candente.

brûle-pourpoint ■ **à brûle-pourpoint** *loc adv* a quemarropa.

brûler *vt* **1.** *(détruire)* quemar ; *(sujet : soleil)* abrasar **2.** *(irriter)* irritar **3.** *(feu rouge)* saltarse ; *(étape)* quemar **4.** *(café)* tostar. ❑ *vi* **1.** *(être détruit)* quemarse **2.** *fig (se consumer)* arder • **brûler de** *(désir, impatience)* arder de • **brûler de faire qqch** arder en deseos de hacer algo. ■ **se brûler** *vp* quemarse.

brûlure *nf* **1.** *(lésion, marque)* quemadura *f* • **brûlure au premier/troisième degré** quemadura de primer/tercer grado **2.** *(sensation)* ardor *m* • **avoir des brûlures d'estomac** tener ardor de estómago.

brume *nf* bruma *f*.

brumeux, euse *adj* **1.** *(temps)* nuboso(sa) **2.** *fig (pensée)* sombrío(a).

brun, e *adj* **1.** *(cheveux)* moreno(na) **(ESP)**, morocho(cha) **(AMÉR)** **2.** *(bière, tabac)* negro(gra). ❑ *nm,f (personne)* moreno *m*, -na *f*. ■ **brun** *nm (couleur)* castaño *m*. ■ **brune** *nf* **1.** *(cigarette)* cigarrillo *m* negro **2.** *(bière)* cerveza *f* negra.

brunch [brœntʃ] *nm* brunch *m*, desayuno-almuerzo *m*.

bruncher *vi* comer el brunch.

brunir *vt* **1.** *(peau)* tostar **2.** *(métal)* bruñir. ❑ *vi (cheveux)* oscurecerse ; *(personne)* tostarse.

Brushing® *nm* marcado *m*.

brusque *adj* **1.** *(gén)* brusco(ca) **2.** *(départ)* precipitado(da).

brusquement *adv* **1.** *(soudainement)* precipitadamente **2.** *(avec brusquerie)* bruscamente.

brusquer *vt* **1.** *(presser)* precipitar **2.** *(traiter sans ménagement)* ser duro(ra) con.

brusquerie *nf* brusquedad *f*.

brut, e *adj* **1.** *(pétrole, toile)* crudo(da) **2.** *(pierre, minerai)* en bruto **3.** *fig (donnée, fait)* desnudo(da) **4.** *ÉCON* bruto(ta). ■ **brute** *nf (personne violente)* animal *m*.

brutal, e *adj* **1.** *(violent)* brutal, violento(ta) • **être brutal avec qqn** comportarse como un animal con alguien **2.** *(soudain)* repentino(na).

brutaliser *vt* maltratar.

brutalité *nf* **1.** *(violence)* brutalidad *f* **2.** *(soudaineté)* brusquedad *f*.

Bruxelles *npr* Bruselas.

bruyamment *adv* ruidosamente.

bruyant, e *adj* ruidoso(sa).

bruyère *nf* **1.** *(plante)* brezo *m* **2.** *(lande)* brezal *m*.

BSR (abrév de brevet de sécurité routière) *nm* Diploma en Seguridad Vial.

BT *nm* abrév de **brevet de technicien**. ❑ *nf* (abrév de basse tension) BT *f*.

BTP (abrév de bâtiment et travaux publics) *nm* sector *m* de la construcción y obras públicas • **les entreprises de BTP** las empresas de construcción y obras públicas.

BTS (abrév de brevet de technicien supérieur) *nm* ≃ Título de Técnico Superior de Formación Profesional.

BU (abrév de bibliothèque universitaire) *nf* biblioteca *f* universitaria.

buanderie *nf* lavadero *m*.

Bucarest *npr* Bucarest.

buccal, e *adj (cavité)* bucal ; *(voie)* oral.

bûche *nf* **1.** *(bois)* tronco *m* **2.** *fam (chute)* • **prendre** *ou* **ramasser une bûche** pegarse un batacazo **3.** *fam (lourdaud)* pasmarote *m*. ■ **bûche de Noël** *nf* tronco *m* de Navidad ; ≃ brazo *m* de gitano.

bûcher[1] *nm* **1.** *(supplice)* • **le bûcher** la hoguera **2.** *(funéraire)* pira *f*.

bûcher[2] *vt & vi* empollar.

bûcheron, onne *nm, f* leñador *m*, -ra *f*.

bûcheur, euse *adj & nm, f* empollón(ona).

bucolique *adj* bucólico(ca). ❑ *nf* poesía *f* bucólica.

Budapest *npr* Budapest.

budget *nm* presupuesto *m*.

budgétaire *adj* presupuestario(ria).

buée *nf* vaho *m*.

Buenos Aires *npr* Buenos Aires.

buffet *nm* **1.** *(meuble)* aparador *m* **2.** *(réception)* bufé *m* **3.** *(café-restaurant)* bar-restaurante *m* • **buffet de gare** bar-restaurante de estación.

buffle *nm* búfalo *m*.

bug = **bogue**.

buis *nm* boj *m*.

buisson *nm* matorral *m*.

buissonnière → **école**.

bulbe *nm* bulbo *m*.

bulgare *adj* búlgaro(ra). ❑ *nm LING* búlgaro *m*. ■ **Bulgare** *nmf* búlgaro *m*, -ra *f*.

Bulgarie *npr* • **la Bulgarie** Bulgaria.

bulldozer *nm* bulldozer *m* (ESP), topadora *f* (AMÉR).

bulle *nf* **1.** *(d'air, de gaz) MÉD* burbuja *f* • **bulle de savon** pompa *f* de jabón **2.** *fam SCOL (zéro)* rosco *m* **3.** *(de bande dessinée)* bocadillo *m* **4.** *RELIG* bula *f* **5.** *INFORM* • **bulle d'aide** ayuda *f* flotante, burbuja *f* de ayuda.

bulletin *nm* **1.** *(gén) SCOL* boletín *m* • **bulletin (de la) météo/de santé** parte *m* meteorológico/médico **2.** *(certificat)* recibo *m* • **bulletin de salaire** *ou* **de paie** nómina *f*. ■ **bulletin de vote** *nm* papeleta *f*.

bulletin-réponse *nm* cupón *m* de respuesta.

buraliste *nmf* estanquero *m*, -ra *f*.

bureau *nm* **1.** *(lieu de travail)* oficina *f* **2.** *(meuble)* mesa *f* de despacho **3.** *(pièce)* despacho *m* **4.** *(service)* oficina *f* • **bureau d'aide sociale** centro *m* de asistencia social • **bureau de change** oficina de cambio • **bureau de poste** oficina de correos • **bureau de vote** colegio *m* electoral **5.** *(de direction)* comité *m* **6.** *INFORM* escritorio *m*. ■ **bureau d'études** *nm* gabinete *m* de estudios. ■ **bureau de tabac** *nm* estanco *m*.

LEXIQUE

Le bureau

l'atlas	el atlas
le bureau	el escritorio
le cahier	el cuaderno
la chaise	la silla
les ciseaux	las tijeras
le classeur	el clasificador
le clavier	el teclado
la colle	el pegamento
le compas	el compás
le crayon à papier	el lápiz
l'écran	la pantalla
l'équerre	la escuadra
la gomme	la goma
la lampe	la lámpara
le livre	el libro
l'ordinateur	el ordenador
la règle	la regla
la souris	el ratón
le stylo bille	el bolígrafo
le stylo plume	la pluma
le taille-crayon	el sacapuntas

le tapis de souris la alfombrilla del ratón
le tiroir el cajón
la trousse el estuche
l'unité centrale la unidad central

bureaucrate *nmf péj* burócrata *mf*.

bureaucratie *nf* burocracia *f*.

bureaucratique *adj péj* burocrático(ca).

bureautique *nf* ofimática *f*.

burette *nf* **1.** *(de mécanicien)* aceitera *f* **2.** *(de chimiste)* bureta *f*.

burin *nm* **1.** *(outil)* buril *m* **2.** *(gravure)* grabado *m* con buril.

buriné, e *adj* **1.** *(objet)* grabado(da) con buril **2.** *fig (visage, traits)* surcado(da) por las arrugas.

burlesque *adj* **1.** *(comique, ridicule)* grotesco(ca) **2.** *THÉÂTRE* burlesco(ca). ❑ *nm* • **le burlesque** el género burlesco.

burn-out *nm inv MÉD* burn-out *m*, agotamiento *m* ou desgaste *m* profesional.

burqa *nf* burka *m*.

bus *nm* bus *m*.

business *nm fam (affaires)* negocios *mpl* • **parler business** hablar de negocios • **business angel** inversor *m*, -ra *f* *ou* inversionista *mf* ángel • **business model** modelo *m* de negocio.

businessman *nm* hombre *m* de negocios.

buste *nm* busto *m*.

bustier *nm* bustier *m*.

but *nm* **1.** *(gén)* objetivo *m*, meta *f* • **aller droit au but** ir directo al grano • **toucher au but** alcanzar la meta **2.** *(intention)* fin *m* • **à but non lucratif** con fines no lucrativos • **dans le but de faire qqch** con el fin de hacer algo **3.** *(destination)* destino *m* **4.** *SPORT* gol *m* • **marquer un but** marcar *ou* meter un gol • **de but en blanc** de golpe y porrazo.

butane *nm* butano *m*.

buté, e *adj* terco(ca).

buter *vi (se heurter)* • **buter sur** *ou* **contre qqch a)** *(pierre)* tropezar con algo **b)** *fig (difficulté)* encallarse en algo. ❑ *vt tfam (tuer)* cargarse a.

butin *nm* botín *m*.

butiner *vt & vi* libar.

butte *nf* **1.** *(colline)* loma *f* • **butte de tir** espaldón *m* de tiro.

buvard *nm* **1.** *(papier)* papel *m* secante **2.** *(sous-main)* secafirmas *m inv*.

buvette *nf* **1.** *(de gare, théâtre)* bar *m* **2.** *(de station thermale)* fuente *f* de aguas termales.

buveur, euse *nm,f* bebedor *m*, -ra *f*.

buzz [bœz] *nm* buzz *m* • **le film a fait un énorme buzz** la película ha generado un buzz enorme • **buzz marketing** buzz marketing.

buzzer *vi & vt* generar un buzz • **un clip qui fait buzzer la Toile** un clip que ha generado un buzz en la Red.

C

c, C *nm inv (lettre)* c *f*, C *f*. ■ **c 1.** (abrév de centime) cent **2.** (abrév de centi) c. ■ **C 1.** (abrév de Celsius, centigrade) C **2.** (abrév de coulomb) C **3.** (abrév de code) cód.

c' = **ce**.

ça *pron dém* **1.** *(pour désigner un objet)* esto ; *(le plus proche du locuteur)* eso **2.** *(sujet indéterminé)* • **ça ira comme ça** así está bien • **ça y est** ya está • **ça vaut mieux** más vale • **c'est ça** eso es • **comment ça va ?** ¿qué tal? **3.** *(emploi expressif)* • **où ça ?** ¿dónde? • **quand ça ?** ¿cuándo? • **qui ça ?** ¿quién?

çà ■ **çà et là** *loc adv* aquí y allá.

cabale *nf* **1.** *(science, intrigue)* cábala *f* **2.** *(groupe)* camarilla *f*.

caban *nm* **1.** *(de marin)* impermeable *m* **2.** *(longue veste)* chaquetón *m*.

cabane *nf* **1.** *(abri)* cabaña *f* (ESP), bohío *m* (AMÉR) • **cabane à lapins** conejera *f* **2.** *(remise)* caseta *f* **3.** *fam (prison)* chirona *f*.

cabanon *nm* cabañita *f*.

cabaret *nm* cabaré *m*.

cabas *nm* capacho *m*.

cabillaud *nm* bacalao *m* fresco.

cabine *nf* **1.** *(de navire)* camarote *m* **2.** *(d'avion, de fusée)* cabina *f* **3.** *(de véhicule)* habitáculo *m* **4.** *(petit local)* caseta *f* • **cabine d'essayage** probador *m* • **cabine téléphonique** cabina *f* telefónica.

cabinet *nm* **1.** *(petite pièce) POLIT* gabinete *m* • **cabinet de toilette** cuarto *m* de baño • **cabinet de travail** despacho *m* **2.** *(toilettes)* retrete *m* (ESP), excusado *m* (AMÉR) **3.** *(local professionnel)* consultorio *m* • **cabinet d'avocat** bufete *m*, consultorio jurídico • **cabinet (de) conseil** consultoría *f* (ESP), consultora *f* (AMÉR) • **cabinet dentaire/médical** consultorio del dentista/del médico.

câblage *nm* cableado *m*.

câble *nm* cable *m*.

câblé, e *adj* cableado(da).

câbler *vt TÉLÉCOM & TV* conectar por cable.

cabosser *vt* abollar.

cabotage *nm* cabotaje *m*.
caboteur *nm* barco *m* de cabotaje.
cabrer ■ **se cabrer** *vp* **1.** *(cheval, avion)* encabritarse **2.** *fig (s'irriter)* saltar.
cabri *nm* cabrito *m*.
cabriole *nf* cabriola *f* • **faire des cabrioles** hacer cabriolas.
cabriolet *nm* cabriolé *m*.
caca *nm fam* caca *f* • **faire caca** hacer caca.
cacahouète, **cacahuète** *nf* cacahuete *m* (ESP), maní *m* (AMÉR).
cacao *nm* cacao *m*.
cachalot *nm* cachalote *m*.
cache *nf (cachette)* escondite *m*. ❑ *nm* **1.** *(masque) pour expliquer à un hispanophone ce que c'est qu'un cache, vous pouvez donner cette définition :* es un papel o cartón que sirve para proteger una superficie sobre la que se pinta; al retirarlo queda una silueta con la correspondiente forma. **2.** CINÉ ocultador *m* **3.** PHOTO palomita *f*.
cache-cache *nm inv* • **jouer à cache-cache** jugar al escondite.
cache-cœur *nm inv* blusa *f* cruzada.
cachemire *nm* cachemira *f*.
cache-nez *nm inv* bufanda *f*.
cache-pot *nm inv* macetero *m*.
cacher *vt* **1.** *(dissimuler)* esconder • **je ne vous cache pas que...** no le niego que... **2.** *(masquer)* tapar. ■ **se cacher** *vp* esconderse.
cachet *nm* **1.** *(comprimé)* tableta *f* **2.** *(sceau)* sello *m* • **avoir du cachet** tener carácter • **cachet de la poste** matasellos *m inv* **3.** *(rétribution)* cachet *m*.
cacheter *vt* **1.** *(enveloppe)* cerrar **2.** *(bouteille)* precintar.
cachette *nf* escondite *m* • **en cachette (de qqn)** a escondidas (de alguien).
cachot *nm* calabozo *m*.
cachotterie *nf* tapujo *m* • **faire des cachotteries (à qqn)** andarse con tapujos (con alguien).
cachottier, **ère** *adj* que anda con tapujos. ❑ *nm, f* persona que anda con tapujos.
cactus *nm* cactus *m inv*.
c.-à-d. (abrév de c'est-à-dire) es decir, o sea.
cadastre *nm* catastro *m*.
cadavérique *adj* cadavérico(ca).
cadavre *nm* cadáver *m*.
Caddie® *nm (chariot)* carrito *m*.
cadeau *nm* regalo *m* • **faire cadeau de qqch à qqn** regalar algo a alguien. ❑ *adj inv* de regalo.
cadenas *nm* candado *m*.
cadenasser *vt* cerrar con candado.
cadence *nf* **1.** *(de musique)* cadencia *f* • **en cadence** al compás **2.** *(de travail)* ritmo *m*.
cadencé, **e** *adj* acompasado(da).
cadet, **ette** *adj* menor. ❑ *nm, f* **1.** *(plus jeune)* menor *mf* • **être le cadet de qqn** ser más joven que alguien • **il est mon cadet de deux ans** tiene dos años menos que yo **2.** SPORT juvenil *mf*.
cadran *nm* **1.** *(de montre, de baromètre)* esfera *f* • **cadran solaire** reloj *m* de sol **2.** *(de téléphone)* disco *m* **3.** *(de compteur)* frontal *m* de datos y lectura.
cadre *nm* **1.** *(bordure, contexte)* marco *m* **2.** *(décor, milieu)* ambiente *m* **3.** *(responsable)* ejecutivo *m* • **cadre moyen** mando *m* intermedio • **cadre supérieur** ejecutivo • **être rayé des cadres** ser despedido **4.** *(sur formulaire)* recuadro *m*.
cadrer *vi (concorder)* concordar • **ne pas cadrer avec qqch** no concordar con algo. ❑ *vt* PHOTO, CINÉ & TV encuadrar.
caduc, **caduque** *adj* **1.** *(feuille)* caduco(ca) **2.** *(périmé)* obsoleto(ta).
CAF *nf* (abrév de Caisse d'allocations familiales) ≃ centro *m* de ayuda familiar. ❑ *adj inv* (abrév de coût, assurance, fret) CIF *m*.
cafard *nm* **1.** *(insecte)* cucaracha *f* **2.** *fig (mélancolie)* • **avoir le cafard** estar deprimido(da).
café *nm* **1.** *(plante, boisson)* café *m* • **café crème** café con leche • **café en grains/moulu/soluble** café en grano/molido/soluble • **café au lait/noir** café con leche/solo **2.** *(lieu)* bar *m* (ESP), confitería *f* (AMÉR). ❑ *adj inv (couleur)* café *(en apposition)*.
caféine *nf* cafeína *f*.
cafetière *nf* cafetera *f*.
cafouiller *vi fam* **1.** *(s'embrouiller)* no dar pie con bola **2.** *(moteur)* fallar.
cafter *vi & vt fam* chivarse.
cage *nf* **1.** *(pour animaux)* jaula *f* • **mettre en cage** enjaular **2.** ARCHIT • **cage d'escalier/d'ascenseur** hueco *m* de la escalera/del ascensor. ■ **cage thoracique** *nf* caja *f* torácica.
cageot *nm* **1.** *(caisse)* banasta *f* **2.** *péj (femme)* retaco *m*.
cagibi *nm* cuartito *m*.
cagneux, **euse** *adj* **1.** *(jambes, genoux)* torcido(da) **2.** *(cheval)* patizambo(ba).
cagnotte *nf* bote *m*.
cagoule *nf* **1.** *(passe-montagne)* pasamontañas *m inv* **2.** *(de pénitent)* capirote *m* **3.** *(de voleur)* verdugo *m*.
cahier *nm* cuaderno *m* • **cahier de brouillon** cuaderno de sucio • **cahier de textes** cuaderno de ejercicios. ■ **cahier des charges** *nm* pliego *m* de condiciones.
cahin-caha *adv* • **aller cahin-caha** ir tirando.
cahot *nm* bache *m*.
cahoter *vi (véhicule)* renquear. ❑ *vt (secouer)* sacudir (ESP), remecer (AMÉR).
cahute *nf* choza *f* (ESP), mediagua *f* (AMÉR).
caille *nf* codorniz *f*.
caillé, **e** *adj* **1.** *(lait)* cuajado(da) **2.** *(sang)* coagulado(da). ■ **caillé** *nm* CULIN requesón *m*.

cailler *vi* cuajarse. ■ **se cailler** *vp* **1.** *(lait)* cuajarse **2.** *fam (avoir froid)* pelarse • **ça caille !** ¡hace un frío que pela!

caillot *nm* coágulo *m*.

caillou *nm* **1.** *(gén)* piedra *f* **2.** *fam (crâne)* coco *m*.

caillouteux, euse *adj* pedregoso(sa).

caïman *nm* caimán *m*.

caisse *nf* **1.** *(gén)* caja *f* • **caisse enregistreuse** caja registradora • **caisse d'épargne/de retraite** caja de ahorros/de pensiones • **caisse à outils** caja de herramientas **2.** *(organisme)* • **caisse d'allocations familiales** ≃ centro *m* de ayuda familiar • **caisse primaire d'assurance maladie** ≃ INGS *m (Instituto Nacional de Gestión Sanitaria)*.

caissier, ère *nm, f* **1.** *(de banque, de magasin)* cajero *m*, -ra *f* **2.** *(au cinéma)* taquillero *m*, -ra *f* **(ESP)**, boletero *m*, -ra *f* **(AMÉR)**.

caisson *nm* **1.** TECHNOL & NAUT campana *f* **2.** ARCHIT artesón *m* **3.** *fam (tête)* • **se faire sauter le caisson** saltarse la tapa de los sesos.

cajoler *vt* mimar **(ESP)**, apapachar **(AMÉR)**.

cajou → **noix**.

cake *nm* bizcocho *m*.

cal[1] (abrév de **calorie**) cal. • **consommer 2 000 cal par jour** consumir 2.000 cal. al día.

cal[2] *nm* callo *m*.

calamar, calmar *nm* calamar *m*.

calaminé, e *adj* calaminado(da).

calamité *nf* catástrofe *f*.

calandre *nf* calandria *f*.

calanque *nf* cala *f*.

calcaire *adj* calcáreo(a). ❑ *nm* caliza *f*.

calciné, e *adj* calcinado(da).

calciner *vt* calcinar.

calcium *nm* calcio *m*.

calcul *nm* **1.** *(gén)* cálculo *m* • **calcul mental** cálculo mental • **calcul rénal** MÉD cálculo renal **2.** *fig (plan)* intenciones *fpl* • **par calcul** intencionadamente.

calculateur, trice *adj & nm, f* calculador(ra). ■ **calculateur** *nm* INFORM ordenador *m*. ■ **calculatrice** *nf* calculadora *f* • **calculatrice de poche** calculadora de bolsillo.

calculer *vt* calcular • **mal/bien calculer qqch** calcular mal/bien algo. ❑ *vi* **1.** *(faire des calculs)* calcular **2.** *(dépenser avec parcimonie)* llevar las cuentas.

calculette *nf* minicalculadora *f*.

cale *nf* **1.** *(de navire)* cala *f* • **en cale sèche** en dique seco **2.** *(pour immobiliser)* taco *m* **3.** *(pour mettre d'aplomb)* cuña *f*.

calé, e *adj fam (personne)* empollado(da).

caleçon *nm* **1.** *(d'homme)* calzoncillos *mpl* **(ESP)**, interiores *mpl* **(AMÉR)** **2.** *(de femme)* mallas *fpl*.

calembour *nm* retruécano *m* • **faire** *ou* **dire des calembours** hacer juegos de palabras.

calendrier *nm* **1.** *(planning, carnet)* agenda *f* ; *(à accrocher)* almanaque *m* **2.** *(système)* calendario *m*.

cale-pied *nm* calapiés *m inv*.

calepin *nm* bloc *m* de notas.

caler *vt* **1.** *(immobiliser)* calzar **2.** *(installer)* instalar **3.** *fam (estomac)* llenar. ❑ *vi* **1.** *(moteur, véhicule)* calarse **2.** *fam (être bloqué)* rendirse **3.** *fam (être rassasié)* estar lleno(na).

calfeutrer *vt (porte, fenêtre)* tapar con burletes.

calibre *nm* **1.** *(de fusil, fruit)* calibre *m* **2.** TECHNOL calibrador *m* **3.** *fig (importance)* tamaño *m* • **du même calibre** de la misma medida **4.** *argot (arme)* pipa *f*.

calibrer *vt* **1.** *(balle, arme)* calibrar **2.** *(classer)* clasificar.

califourchon ■ **à califourchon** *loc adv* a horcajadas • **à califourchon sur qqch** a horcajadas en *ou* sobre algo.

câlin, e *adj (personne)* mimoso(sa) ; *(regard, ton)* acariciador(ra). ■ **câlin** *nm* mimo *m*.

câliner *vt* mimar.

calleux, euse *adj* calloso(sa).

call-girl *nf* prostituta *f (con la que se contacta por teléfono o Internet)*.

calligraphie *nf* caligrafía *f*.

calmant, e *adj (piqûre)* calmante ; *(infusion)* tranquilizante. ■ **calmant** *nm (pour la douleur)* calmante *m* ; *(pour l'anxiété)* tranquilizante *m*.

calmar = **calamar**.

calme *adj* tranquilo(la). ❑ *nm* calma *f* • **garder/perdre son calme** conservar/perder la calma.

calmer *vt* calmar. ■ **se calmer** *vp* **1.** *(gén)* calmarse **2.** *(s'immobiliser - mer)* calmarse ; *(- vent)* amainar.

calomnie *nf* calumnia *f*.

calomnier *vt* calumniar.

calorie *nf* caloría *f*.

calorifique *adj* calorífico(ca).

calorique *adj* calórico(ca).

calot *nm* **1.** *(de militaire)* gorra *f* militar **2.** *(bille)* canica *f* grande.

calotte *nf* **1.** *(bonnet)* bonete *m* **2.** *fam (gifle)* torta *f*. ■ **calotte crânienne** *nf* bóveda *f* craneal. ■ **calotte glaciaire** *nf* casquete *m* glaciar.

calque *nm* **1.** *(copie)* LING calco *m* **2.** *(papier)* papel *m* de calco **3.** *fig (imitation)* copia *f*.

calquer *vt* **1.** *(dessin)* calcar **2.** *fig (imiter)* copiar • **il a calqué son attitude sur celle de ses parents** ha imitado la actitud de sus padres.

calvaire *nm* calvario *m*.

calvitie *nf* calvicie *f*.

camaïeu *nm* pintura *f* monocroma.

camarade *nmf* **1.** *(ami)* compañero *m*, -ra *f* • **camarade d'école** *ou* **de classe** compañero de escuela *ou* de clase **2.** *POLIT* camarada *mf*.

camaraderie *nf* **1.** *(familiarité, entente)* camaradería *f* **2.** *(solidarité)* compañerismo *m*.

Cambodge *npr* • **le Cambodge** Camboya.

cambouis *nm* grasa *f (de coche, etc)*.

cambré, e *adj (dos, reins)* arqueado(da) ; *(pieds)* con mucho puente.

cambriolage *nm* robo *m*.

cambrioler *vt* robar • **j'ai été cambriolé** me han entrado a robar en casa.

cambrioleur, euse *nm, f* ladrón *m*, -ona *f*.

came *nf* **1.** *tfam (drogue)* farlopa *f* **2.** → **arbre**.

camée *nm (bijou)* camafeo *m*.

caméléon *nm* camaleón *m*.

camélia *nm* camelia *f*.

camelote *nf péj* baratija *f*.

camer ■ **se camer** *vp fam* colocarse, drogarse.

caméra *nf* cámara *f* • **caméra cachée** cámara oculta • **caméra numérique** cámara digital • **caméra vidéo** cámara de vídeo.

cameraman *nm* cámara *m*.

Cameroun *npr* • **le Cameroun** (el) Camerún.

Caméscope® *nm* cámara *f* de vídeo, videocámara *f*.

camion *nm* camión *m* • **camion de déménagement** camión de mudanzas • **camion de dépannage** grúa • **camion remorque/benne** camión remolque/volquete • **tombé du camion** *fig* de dudosa procedencia.

camion-citerne *nm* camión *m* cisterna.

camionnage *nm* camionaje *m*.

camionnette *nf* camioneta *f*.

camionneur *nm* **1.** *(conducteur)* camionero *m*, -ra *f* **2.** *(entrepreneur)* transportista *mf*.

camion-poubelle *nm* camión *m* de la basura.

camisole ■ **camisole de force** *nf* camisa *f* de fuerza.

camomille *nf* manzanilla *f*.

camouflage *nm* **1.** *(déguisement) MIL* camuflaje *m* **2.** *fig (de preuves, d'intentions)* ocultación *f*.

camoufler *vt fig* **1.** *(déguiser)* disimular • **camoufler un crime en suicide** hacer que un asesinato parezca un suicidio **2.** *(preuves, intentions)* ocultar.

camp *nm* **1.** *(lieu où l'on campe)* campamento *m* **2.** *(lieu d'internement)* campo *m* de prisioneros • **camp de concentration** campo *m* de concentración **3.** *SPORT* campo *m* **4.** *(parti)* bando *m*.

campagnard, e *adj* **1.** *(de la campagne)* campesino(na) **2.** *péj (rustique)* del campo. ❏ *nm, f* campesino *m*, -na *f*.

campagne *nf* **1.** *(région rurale)* campo *m* **2.** *MIL, COMM & POLIT* campaña *f* • **faire campagne pour qqch** hacer campaña a favor de algo • **campagne d'affichage** campaña de publicidad exterior • **campagne électorale/publicitaire** campaña electoral/publicitaria • **campagne de presse** campaña de prensa • **campagne de vente** campaña de ventas.

campement *nm* campamento *m*.

camper *vi* **1.** *(faire du camping)* hacer camping **2.** *fig (s'installer provisoirement)* quedarse, parar • **camper sur ses positions** seguir en sus trece. ❏ *vt* **1.** *fig (personnage, scène)* describir **2.** *(poser solidement)* plantar.

campeur, euse *nm, f* campista *mf*.

camphre *nm* alcanfor *m*.

camping *nm* camping *m* • **faire du camping** hacer camping.

camping-car *nm* autocaravana *f*, caravana *f*.

campus *nm* campus *m inv*.

Canada *npr* • **le Canada** (el) Canadá.

Canadair® *nm* hidroavión *m* Canadair®.

canadien, enne *adj* canadiense. ■ **Canadien, enne** *nm, f* canadiense *mf*. ■ **canadienne** *nf (veste)* cazadora *f (forrada de piel de borrego)*.

canaille *adj (coquin)* pícaro(ra). ❏ *nf (personne malhonnête)* canalla *m*.

canal *nm* canal *m*.

canalisation *nf (conduit)* canalización *f*.

canaliser *vt* **1.** *(cours d'eau)* canalizar **2.** *fig (foule, énergie)* encauzar.

canapé *nm* **1.** *(siège)* sofá *m* **2.** *CULIN* canapé *m*.

canapé-lit *nm* sofá cama *m*.

canard *nm* **1.** *(oiseau)* pato *m* • **canard laqué** *CULIN* pato *m* laqueado **2.** *fam (journal)* periodicucho *m*.

canari *nm* canario *m*. ❏ *adj inv (jaune)* canario *(en apposition)*.

Canaries *npr* • **les Canaries** (las) Canarias.

cancan *nm* cotilleo *m* • **colporter des cancans sur qqn** contar cotilleos de alguien. ■ **(French) cancan** *nm* cancán *m*.

cancer *nm MÉD* cáncer *m*. ■ **Cancer** *nm ASTROL* Cáncer *m*.

cancéreux, euse *adj & nm, f* canceroso(sa).

cancérogène, cancérigène *adj* cancerígeno(na).

cancérologue *nmf* cancerólogo *m*, -ga *f*.

cancre *nm fam* mal estudiante *m*, mala estudiante *f*.

cancrelat *nm* cucaracha *f*.

candélabre *nm* candelabro *m*.

candeur *nf* candor *m*.

candidat, e *nm, f* candidato *m*, -ta *f*.

candidater *vi* presentar su candidatura.

candidature *nf* candidatura *f* • **poser sa candidature pour qqch** presentar una candidatura para algo.

candide *adj* cándido(da).

cane *nf* pata *f (hembra del pato)*.

caneton *nm* anadón *m*.
canette *nf* **1.** *(de boisson)* botellín *m* **2.** *(petite cane)* anadina *f* **3.** *(de machine à coudre)* canilla *f*.
canevas *nm* **1.** COUT cañamazo *m* **2.** *(de livre, discours)* esquema *m*.
caniche *nm* caniche *m*.
canicule *nf* canícula *f*.
canif *nm* navaja *f*.
canin, e *adj* canino(na).
canine *nf* canino *m*.
caniveau *nm* alcantarilla *f*.
cannabis *nm* cannabis *m inv*.
canne *nf* **1.** *(bâton)* bastón *m* • **canne à pêche** caña *f* de pescar **2.** *fam (jambe)* pata *f*. ■ **canne à sucre** *nf* caña *f* de azúcar.
canné, e *adj* de rejilla.
cannelle *nf (aromate)* canela *f*. ❑ *adj inv (couleur)* canela *(en apposition)*.
cannelure *nf* acanaladura *f*.
cannibale *adj & nmf* caníbal.
cannibaliser *vt* ÉCON canibalizar.
canoë *nm* canoa *f*.
canoë-kayak *nm* kayak *m* ; SPORT piragüismo *m*.
canon *nm* **1.** *(gén)* cañón *m* **2.** *fam (verre de vin)* • **boire un canon** tomar un chato **3.** *(modèle, MUS)* RELIG canon *m* • **chanter en canon** cantar en canon.
canoniser *vt* canonizar.
canopée *nf* canopea *f*.
canot *nm* bote *m*, lancha *f* • **canot pneumatique** bote neumático, lancha neumática • **canot de sauvetage** bote salvavidas, lancha salvavidas.
cantatrice *nf* cantante *f* (de ópera).
cantine *nf* **1.** *(réfectoire)* comedor *m* **2.** *(malle)* baúl *m*.
cantique *nm* cántico *m*.
canton *nm* **1.** *(en France)* ≃ subdistrito *m* **2.** *(en Suisse)* cantón *m*.
cantonade ■ **à la cantonade** *loc adv* al foro.
cantonnier *nm* peón *m* caminero.
canular *nm* broma *f* • **monter un canular** gastar una broma.
canyoning *nm* barranquismo *m*.
caoutchouc *nm* **1.** *(plante, substance)* caucho *m* **2.** *(matériau)* goma *f*. ■ **caoutchoucs** *nmpl* zapatos *mpl* de goma.
cap *nm* **1.** GÉOGR cabo *m* • **passer le cap de qqch** *fig* superar algo **2.** *(direction)* rumbo *m* • **mettre le cap sur** poner rumbo a • **changer de cap** *fig* cambiar de rumbo.
Cap *npr* • **Le Cap** Ciudad *f* del Cabo.
CAP (abrév de certificat d'aptitude professionnelle) *nm* ≃ Título *m* de Técnico de Formación Profesional.
capable *adj* **1.** *(compétent)* competente **2.** *(apte)* • **capable de faire qqch** capaz de hacer algo • **il est capable de gentillesse** puede ser amable **3.** *(susceptible)* capaz.
capacité *nf* capacidad *f*. ■ **capacité en droit** *nf (diplôme)* ≃ capacitación *f* en derecho.
cape *nf* capa *f* • **rire sous cape** *fig* reír para sus adentros.
CAPES, Capes (abrév de Certificat d'aptitude au professorat de l'enseignement du second degré) *nm* ≃ título *m* de profesor de enseñanza secundaria • **passer le CAPES** presentarse al CAPES.
capharnaüm *nm* leonera *f*.
capillaire *adj* capilar. ❑ *nm* **1.** BOT *(fougère)* culantrillo *m* **2.** ANAT *(vaisseau capillaire)* capilar *m*.
capillarité *nf* capilaridad *f*.
capitaine *nm* capitán *m*.
capitainerie *nf* capitanía *f*.
capital, e *adj* capital. ■ **capital** *nm* capital *m* • **capital social** capital social. ■ **capitale** *nf* **1.** *(ville)* capital *f* **2.** *(lettre majuscule)* mayúscula *f*. ■ **capitaux** *nmpl* FIN capital *m*.
capitaliser *vt* **1.** FIN capitalizar **2.** *fig (accumuler)* adquirir. ❑ *vi (thésauriser)* capitalizar • **capitaliser sur** capitalizar sobre.
capitalisme *nm* capitalismo *m*.
capitaliste *adj & nmf* capitalista.
capiteux, euse *adj* **1.** *(vin, parfum)* embriagador(ra) **2.** *(charme)* seductor(ra).
capitonner *vt* acolchar.
capituler *vi* capitular • **capituler devant qqn/devant qqch** capitular ante alguien/ante algo.
caporal *nm* **1.** MIL cabo *m* **2.** *(tabac)* tabaco *m*.
capot *nm* **1.** *(de voiture)* capó *m* **2.** *(de machine)* tapa *f*.
capote *nf* **1.** *(de voiture, landau)* capota *f* **2.** *(manteau de soldat)* capote *m* **3.** *fam (préservatif)* • **capote (anglaise)** condón *m*.
câpre *nf* alcaparra *f*.
caprice *nm* capricho *m*.
capricieux, euse *adj* **1.** *(personne)* caprichoso(sa) **2.** *fig (temps, moteur)* inestable. ❑ *nm, f* caprichoso *m*, -sa *f*.
capricorne *nm* ZOOL algavaro *m*. ■ **Capricorne** *nm* ASTROL Capricornio *m*.
capsule *nf* **1.** *(gén)* cápsula *f* **2.** *(de bouteille)* chapa *f*.
capter *vt* captar.
captif, ive *adj* cautivo(va). ❑ *nm, f* prisionero *m*, -ra *f*.
captivant, e *adj* cautivador(ra).
captiver *vt* cautivar.
captivité *nf* cautividad *f* • **en captivité** en cautividad.
capture *nf* **1.** *(action)* captura *f* **2.** *(prise)* presa *f* **3.** INFORM • **capture d'écran** captura *f* de pantalla, pantallazo *m*.

capturer *vt* capturar.
capuche *nf* capucha *f*.
capuchon *nm* capuchón *m*.
capucine *nf (fleur)* capuchina *f*.
caquet *nm* **1.** *(de poule)* cacareo *m* **2.** *péj (bavardage)* parloteo *m* • **rabattre le caquet à qqn** cerrarle el pico a alguien.
caqueter *vi* **1.** *(poule)* cacarear **2.** *péj (personne)* chismorrear.
car[1] *nm* autocar *m*.
car[2] *conj* puesto que • **je ne peux pas venir car je suis malade** no puedo ir puesto que estoy enfermo.
carabine *nf* carabina *f*.
Caracas *npr* Caracas.
caractère *nm* **1.** *(tempérament, cachet)* carácter *m* • **avoir du caractère** tener carácter • **avoir mauvais caractère** tener mal carácter *ou* mal genio **2.** *(caractéristique)* rasgo *m* **3.** *(d'écriture)* carácter *m*, letra *f* • **en petits caractères** en letra pequeña • **en gros caractères** en letra grande • **caractère d'imprimerie** letra de imprenta.
caractériel, elle *adj* caracterial, del carácter. ❑ *nm,f* caracterópata *mf*.
caractérisé, e *adj* evidente.
caractériser *vt* caracterizar. ■ **se caractériser** *vp* • **se caractériser par qqch** caracterizarse por algo.
caractéristique *adj* característico(ca). ❑ *nf* característica *f*.
carafe *nf (récipient)* jarra *f*.
Caraïbes *npr* • **les Caraïbes** el Caribe.
carambolage *nm* colisión *f* en cadena.
caramel *nm* **1.** *(sucre fondu)* caramelo *m* (líquido) **2.** *(bonbon)* caramelo *m (golosina)*.
carapace *nf* caparazón *m*.
carat *nm* quilate *m* • **à 18 carats** de 18 quilates.
caravane *nf* **1.** *(de camping, du désert)* caravana *f* **2.** *(cortège)* comitiva *f*.
caravaning *nm* caravaning *m* • **faire du caravaning** hacer caravaning.
caravelle *nf* **1.** *(bateau)* carabela *f* **2.** *(avion)* caravelle *m*.
carbone *nm* carbono *m* • **(papier) carbone** papel *m* carbón.
carbonique *adj* carbónico(ca).
carbonisé, e *adj* carbonizado(da).
carboniser *vt* carbonizar.
carburant *adj & nm* carburante.
carburateur *nm* carburador *m*.
carcan *nm* **1.** *fig (contrainte)* cortapisa *f* **2.** *(collier de fer)* argolla *f*.
carcasse *nf* **1.** *(d'animal)* huesos *mpl* **2.** *(de bateau)* esqueleto *m* **3.** *fam (de personne)* esqueleto *m* • **sauver sa carcasse** salvar el pellejo.
carcéral, e *adj* carcelario(ria).
cardamome *nf* cardamomo *m*.
carder *vt* cardar.
cardiaque *adj* **1.** *(crise)* cardíaco(ca) **2.** *(personne)* enfermo(ma) del corazón. ❑ *nmf* enfermo *m*, -ma *f* del corazón.
cardigan *nm* chaqueta *f* de punto, cárdigan *m*.
cardinal, e *adj* **1.** *(nombre, point)* cardinal **2.** *(principal)* fundamental. ■ **cardinal** *nm* **1.** RELIG cardenal *m* **2.** MATH cardinal *m*.
cardiologie *nf* cardiología *f*.
cardiologue *nmf* cardiólogo *m*, -ga *f*.
cardio-respiratoire *adj* cardiorrespiratorio(ria).
cardio-vasculaire *adj* cardiovascular.
carême *nm* • **faire carême** hacer ayuno. ■ **Carême** *nm* Cuaresma *f*.
carence *nf* **1.** MÉD carencia *f* • **carence en qqch** carencia de algo **2.** *(d'une administration)* incompetencia *f*.
carène *nf* carena *f*.
caressant, e *adj* **1.** *(personne)* cariñoso(sa) **2.** *fig (voix, regard)* acariciador(ra).
caresse *nf* caricia *f* (ESP), apapachos *mpl* (AMÉR).
caresser *vt* acariciar.
cargaison *nf* cargamento *m*.
cargo *nm* carguero *m*.
caricature *nf* caricatura *f*.
caricaturiste *nmf* caricaturista *mf*.
carie *nf* caries *f inv*.
carié, e *adj* cariado(da).
carillon *nm* **1.** *(de cloche)* repique *m* **2.** *(d'horloge)* toque *m* **3.** *(de porte)* timbre *m*.
carlingue *nf* **1.** *(d'avion)* carlinga *f* **2.** *(de navire)* sobrequilla *f*.
carmin *adj inv & nm* carmín.
carnage *nm* matanza *f*, masacre *f*.
carnaval *nm* carnaval *m*.
carnet *nm* **1.** *(cahier)* cuadernillo *m*, libreta *f* • **carnet d'adresses** agenda *f* de direcciones • **carnet de notes** boletín *m* (escolar) **2.** *(à feuilles détachables)* bloc *m* • **carnet de chèques** talonario *m* de cheques • **carnet de timbres** cuadernillo *m* de sellos *(de diez unidades)* • **carnet de tickets** bono *m* de metro.
carnivore *adj* carnívoro(ra). ❑ *nm* carnívoro *m*.
carotte *nf* zanahoria *f*. ❑ *adj inv (couleur)* zanahoria *(en apposition)*.
carpe *nf (poisson)* carpa *f* • **muet comme une carpe** *fig* más callado que un muerto.
carpette *nf* **1.** *(tapis)* alfombrilla *f* **2.** *fam & fig (personne)* gusano *m*.
carquois *nm* aljaba *f*.
carré, e *adj* **1.** *(gén)* cuadrado(da) **2.** *(franc)* sincero(ra) • **être carré en affaires** ser honesto en los negocios. ■ **carré** *nm* **1.** *(quadrilatère)* MATH

cuadrado *m* • **élever un nombre au carré** elevar un número al cuadrado **2.** *NAUT & MIL* comedor *m* de oficiales **3.** *(cartes)* póker *m* **4.** *(petit terrain)* parcela *f*.

carreau *nm* **1.** *(carrelage)* azulejo *m* **2.** *(sol)* baldosa *f* **3.** *(vitre)* cristal *m* **4.** *(motif carré)* cuadro *m* • **à carreaux** a cuadros **5.** *(aux cartes)* diamante *m*.

carrefour *nm* **1.** *(de routes)* cruce *m* **2.** *(forum)* encuentro *m* **3.** *fig (situation charnière)* encrucijada *f*.

carrelage *nm* **1.** *(action de carreler)* embaldosado *m* **2.** *(surface carrelée - sur un mur)* azulejos *mpl* ; *(- par terre)* baldosas *fpl*.

carrément *adv* **1.** *fam (dire, agir)* claramente **2.** *(complètement)* totalmente • **c'est carrément du vol !** ¡es un robo descarado!

carrière *nf* **1.** *(profession)* carrera *f* • **faire carrière dans qqch** hacer carrera en algo **2.** *(de pierre, de marbre)* cantera *f*.

carriériste *nmf péj* arribista *mf*.

carriole *nf* **1.** *(charrette)* carreta *f* **2.** **(QUÉBEC)** *(traîneau)* trineo *m*.

carrossable *adj* abierto(ta) al tránsito rodado.

carrosse *nm* carroza *f*.

carrosserie *nf* carrocería *f*.

carrossier *nm* carrocero *m*, -ra *f*.

carrure *nf* **1.** *(de personne)* anchura *f* de espaldas **2.** *(de vêtement)* anchura *f* de hombros **3.** *fig (personnalité)* envergadura *f*.

cartable *nm* cartera *f*.

carte *nf* **1.** *(de jeu)* carta *f*, naipe *m* • **jouer cartes sur table** poner las cartas boca arriba • **tirer les cartes à qqn** echar las cartas a alguien **2.** *GÉOGR* mapa *m* • **carte routière** mapa de carreteras **3.** *(au restaurant)* carta *f* • **à la carte** a la carta • **carte des vins** carta de vinos **4.** *(document)* tarjeta *f*, carné *m* • **carte d'anniversaire** tarjeta de cumpleaños • **carte bancaire/de crédit** tarjeta bancaria/de crédito • **carte d'électeur** tarjeta de elector *(que hay que presentar en el colegio electoral para poder votar)* • **carte d'étudiant** carné de estudiante • **carte grise/de séjour** permiso *m* de circulación/de residencia • **carte d'identité** carné de identidad, documento *m* nacional de identidad • **carte à mémoire** *ou* **à puce** tarjeta inteligente • **carte postale** (tarjeta) postal *f* • **carte privative** tarjeta intransferible • **carte téléphonique** tarjeta telefónica • **carte de vœux** tarjeta de felicitación • **donner carte blanche à qqn** dar carta blanca a alguien **5.** *INFORM* • **carte graphique** tarjeta *f* gráfica • **carte mère** placa *f* madre • **carte son** tarjeta de sonido. ■ **Carte Bleue** *nf (nationale)* tarjeta *f* bancaria ; *(internationale)* Visa® *f*. ■ **Carte Orange** *nf* abono *m* mensual *(para los transportes públicos de París)*. ■ **Carte Vermeil** *nf* tarjeta *f* de reducción para mayores de 60 años *(válida para el transporte público, los cines, etc)*.

Carthagène *npr* Cartagena.

cartilage *nm* cartílago *m*.

cartographier *vt* cartografiar.

cartomancien, enne *nm,f* echador *m*, -ra *f* de cartas.

carton *nm* **1.** *(matière)* cartón *m* **2.** *(emballage)* caja *f* de cartón • **carton à chapeaux** sombrerera *f* • **carton à dessin** carpeta *f* de dibujos • **rester dans les cartons** *fig (projet)* quedarse en agua de borrajas **3.** *(cible)* blanco *m* • **faire un carton a)** *fam (sur une cible)* tirar al blanco **b)** *fig (réussir)* tener gran éxito **4.** *(d'invitation, de sanction)* tarjeta *f* • **carton jaune/rouge** *SPORT* tarjeta amarilla/roja.

cartonné, e *adj (gén)* de cartón ; *(livre)* en cartoné.

cartonner *vi fam (réussir)* arrasar • **le film a cartonné** la película arrasó.

carton-pâte *nm* cartón *m* piedra • **de** *ou* **en carton-pâte** de cartón piedra.

cartouche *nf* **1.** *(de fusil, dynamite) INFORM* cartucho *m* **2.** *(de stylo, briquet)* recambio *m* **3.** *(de cigarettes)* cartón *m*.

cas *nm* caso *m* • **au cas où** *(+ conditionnel)* por si *(+ présent de l'indicatif)* • **prends un parapluie, au cas où il pleuvrait** llévate un paraguas, por si llueve • **au cas où** *fam (on ne sait jamais)* por si acaso • **en aucun cas** en ningún caso • **en cas de besoin** en caso de necesidad • **en tout cas** en todo caso • **le cas échéant** llegado el caso • **cas de conscience** caso de conciencia • **cas social** caso social.

casanier, ère *adj & nm,f* hogareño(ña), casero(ra).

casaque *nf* casaca *f*.

cascade *nf* **1.** *(chute d'eau)* cascada *f* **2.** *CINÉ* escena *f* de riesgo.

cascadeur, euse *nm,f* **1.** *(au cirque)* acróbata *mf* **2.** *CINÉ* doble *mf*, especialista *mf*.

case *nf* **1.** *(habitation)* cabaña *f* **2.** *(de boîte, tiroir)* compartimento *m* • **il lui manque une case** le falta un tornillo **3.** *(sur un échiquier, un formulaire)* casilla *f* • **retourner à la case départ** *fig* volver a empezar.

caser *vt fam* **1.** *(placer)* poner **2.** *(loger)* alojar **3.** *(trouver un emploi pour)* colocar **4.** *(marier)* casar. ■ **se caser** *vp fam* **1.** *(se marier)* casarse **2.** *(se placer, trouver un emploi)* colocarse **3.** *(se loger)* alojarse.

caserne *nf* cuartel *m*.

cash *adv* al contado • **payer cash** pagar al contado. ❑ *nm* dinero *m* en metálico.

casier *nm* **1.** *(de rangement)* casillero *m* **2.** *(pour la pêche)* nasa *f*. ■ **casier à bouteilles** *nm* botellero *m*. ■ **casier judiciaire** *nm DR* (certificado *m* de) antecedentes *mpl* penales • **avoir un casier judiciaire vierge** no tener antecedentes penales.

casino *nm* casino *m*.

casque *nm* **1.** *(de protection, à écouteurs)* casco *m* **2.** *(séchoir à cheveux)* secador *m*. ■ **casques bleus** *nmpl* • **les casques bleus** los cascos *mpl* azules.

casquer *vi fam (payer)* rascarse el bolsillo.

casquette *nf* gorra *f*.

cassant, e *adj* **1.** *(matière)* quebradizo(za) **2.** *(voix, ton)* tajante.

cassation → **cour**.

casse *nm fam (cambriolage)* robo *m (en un establecimiento)*. ❑ *nf* **1.** *(bris, dommage)* destrozos *mpl* **2.** *fam (bagarre)* • **il va y avoir de la casse** va a armarse la gorda *ou* la marimorena **3.** *(de voitures)* desguace *m* **4.** *(en typographie)* caja *f*.

casse-cou *nm inv fam* temerario *m*, -ria *f*.

casse-croûte *nm inv* tentempié *m*.

casse-gueule *adj inv tfam* **1.** *(endroit)* peligroso(sa) **2.** *(entreprise)* arriesgado(da).

casse-noisettes *nm inv* cascanueces *m inv*.

casse-pieds *adj & nmf* peñazo.

casser *vt* **1.** *(gén)* romper • **à tout casser a)** *(extraordinaire)* genial **b)** *(tout au plus)* como máximo, como mucho • **ça ne casse rien** *fam* no mola nada **2.** DR anular. ❑ *vi* romperse. ■ **se casser** *vp* **1.** *(se briser)* romperse **2.** *(tomber)* • **se casser la figure** *fam ou* **la gueule** & *tfam* darse un porrazo **3.** *fam (se fatiguer)* desriñonarse • **ne pas se casser pour faire qqch** no matarse en hacer algo **4.** *fam (s'en aller)* pirárselas.

casserole *nf (ustensile)* cacerola *f*.

casse-tête *nm inv* **1.** *(jeu)* rompecabezas *m inv* **2.** *(problème)* quebradero *m* de cabeza **3.** *(bruit)* estruendo *m*.

cassette *nf* **1.** *(de magnétophone, magnétoscope)* casete *f* **2.** *(coffret)* cofrecillo *m*. ■ **cassette audionumérique** *nf* casete *f* digital.

cassis *nm* **1.** *(arbuste, liqueur)* casis *m inv* **2.** *(fruit)* grosella *f* negra **3.** *(sur la route)* bache *m*.

cassonade *nf* azúcar *m* moreno.

cassure *nf* **1.** *(brisure)* rotura *f* **2.** *fig (rupture)* ruptura *f*.

caste *nf* casta *f*.

casting *nm* **1.** CINÉ & TV reparto *m* ; CINÉ & TV *(sélection)* casting *m* ; THÉÂTRE audición *f* • **aller à un casting** presentarse a un casting *ou* a una audición.

castor *nm* castor *m*.

castrer *vt* castrar.

cata *nf fam* • **c'est la cata!** ¡qué desastre!

cataclysme *nm* cataclismo *m*.

catalan, e *adj* catalán(ana). ❑ *nm* LING catalán *m*. ■ **Catalan, e** *nm, f* catalán *m*, -na *f*.

Catalogne *npr* • **la Catalogne** Cataluña.

catalogue *nm* catálogo *m*.

cataloguer *vt* catalogar • **cataloguer comme** *péj* catalogar de.

catalyseur *nm* catalizador *m*.

catalytique → **pot**.

catamaran *nm* catamarán *m*.

cataplasme *nm* cataplasma *f*.

catapulter *vt* catapultar.

cataracte *nf* catarata *f*.

catarrhe *nm* catarro *m*.

catastrophe *nf* catástrofe *f* • **catastrophe naturelle** catástrofe natural.

catastrophé, e *adj* destrozado(da).

catastrophique *adj* catastrófico(ca).

catch *nm* lucha *f* libre.

catéchisme *nm* catecismo *m*.

catégorie *nf* categoría *f* • **catégorie socio-professionnelle** categoría socioprofesional.

catégorique *adj* categórico(ca).

cathédrale *nf* catedral *f*.

cathode *nf* cátodo *m*.

catholicisme *nm* catolicismo *m*.

catholique *adj* RELIG católico(ca).

catimini ■ **en catimini** *loc adv* a escondidas, a hurtadillas.

cauchemar *nm* pesadilla *f*.

cauchemardesque *adj* de pesadilla.

cause *nf* causa *f* • **être en cause** estar en juego • **pour cause de qqch** por algo • **remettre en cause** poner en tela de juicio. ■ **à cause de** *loc prép* a causa de, debido a ; *(par la faute de)* por culpa de.

causer *vt* **1.** *(provoquer, occasionner)* causar **2.** *fam (cancaner)* murmurar.

causerie *nf* charla *f* (ESP), conversada *f* (AMÉR).

caustique *adj* cáustico(ca). ❑ *nm* sustancia *f* cáustica.

cautériser *vt* cauterizar.

caution *nf* **1.** *(somme d'argent)* paga y señal *f* • **verser une caution** dejar paga y señal **2.** *(personne)* fiador *m*, -ra *f* • **se porter caution pour qqn** salir fiador(ra) de alguien **3.** *(garantie morale)* garantía *f* ; *(soutien)* aval *m*.

cautionner *vt* **1.** DR *(se porter garant)* salir fiador(ra) de **2.** *fig (soutenir)* avalar.

cavalcade *nf* **1.** *(de cavaliers)* cabalgata *f* **2.** *fam (d'enfants)* correteo *m*.

cavaler *vi fam* **1.** *(courir)* correr **2.** *(rechercher les aventures amoureuses)* • **il ne pense qu'à cavaler** es muy mujeriego. ■ **se cavaler** *vp fam (s'enfuir)* pirárselas.

cavalerie *nf* caballería *f*.

cavalièrement *adv* con insolencia.

cave *nf* **1.** *(sous-sol)* sótano *m* **2.** *(à vin)* bodega *f* **3.** *(cabaret)* cabaré *m*. ❑ *nm argot* primo *m*, -ma *f* *(naïf)*. ❑ *adj* **1.** *(yeux, joues)* hundido(da) **2.** ANAT *(veine)* cava.

caveau *nm* **1.** *(sépulture)* panteón *m* **2.** *(cabaret)* cabaré *m*.

caverne *nf* caverna *f*.

caviar *nm* caviar *m*.
cavité *nf* cavidad *f*.
CB *nf* **1.** (abrév de citizen's band, canaux banalisés) CB *f* **2.** abrév de **carte bleue**.
cc 1. (abrév de cuillère à café) cc. • **prendre 1 cc de sirop** tomar 1 cc. de jarabe **2.** (abrév de charges comprises) gastos *mpl* de comunidad incluidos • **le loyer est de 595 euros cc** el alquiler es de 595 euros gastos de comunidad incluidos.
CCP (abrév de compte chèque postal) *nm* CCP *f*.
CD *nm* **1.** (abrév de chemin départemental) carretera *f* comarcal • **prendre le CD-144** tomar la CD-144 **2.** (abrév de Compact Disc) CD *m* • **écouter un CD** escuchar un CD **3.** (abrév de comité directeur) comité *m* directivo **4.** (abrév de corps diplomatique) CD *m*.
CDD (abrév de contrat à durée déterminée) **1.** *(contrat)* un contrato *m* temporal • **être en CDD** tener un contrato temporal • **un CDD de deux ans** un contrato temporal de dos años **2.** *(personne en CDD)* • **un CDD** una persona con contrato temporal.
CDI *nm* **1.** (abrév de centre de documentation et d'information) biblioteca *f (de un centro de enseñanza secundaria)* **2.** (abrév de contrat à durée indéterminée) contrato *m* indefinido • **il a trouvé un CDI** ha encontrado un trabajo fijo • **elle est en CDI** está fija.
CD-ROM, CD-Rom (abrév de compact disc read only memory) *nm* CD-ROM *m* • **un lecteur de CD-ROM** un lector de CD-ROM • **une encyclopédie sur CD-ROM** una enciclopedia en CD-ROM • **un CD-ROM éducatif** un CD-ROM educativo.

ce

■ **ce, cette** *adj dém*

1. DÉSIGNE UNE PERSONNE OU UNE CHOSE PROCHE DU LOCUTEUR, DANS LE TEMPS OU DANS L'ESPACE
este, esta *f* • **ce mois-ci** este mes

2. DÉSIGNE UNE PERSONNE OU UNE CHOSE TRÈS ÉLOIGNÉE DU LOCUTEUR, DANS LE TEMPS OU DANS L'ESPACE
ese, esa *f* • **quand j'étais petite, je grimpais sur cet arbre** cuando era pequeña, me subía a ese árbol

3. DÉSIGNE UNE PERSONNE OU UNE CHOSE UN PEU PLUS ÉLOIGNÉE DU LOCUTEUR, DANS LE TEMPS OU DANS L'ESPACE
• **cet été-là, il a fait très chaud** aquel verano hizo mucho calor

■ **ce, cette** *pron dém*

• **c'est mon bureau** es mi despacho • **ce sont mes enfants** son mis hijos • **qui est-ce ?** ¿quién es? • **ce dont je me souviens** aquello de lo que me acuerdo • **faites ce pour quoi on vous paye** haga aquello por lo que le pagan • **ils ont obtenu ce qui leur revenait** han obtenido lo que les correspondía • **c'est ce que je lui ai dit** es lo que le he dicho • **ce qui est étonnant, c'est que...** lo asombroso es que...

À PROPOS DE

ce, cette

Lorsqu'ils désignent une personne ou une chose qui est proche dans le temps et l'espace, *ce, cette* se traduisent par ***este, esta***. Lorsqu'ils désignent une personne ou une chose qui est un peu plus éloignée de la personne qui parle dans le temps et l'espace, *ce, cette* se traduisent par ***ese, esa***.
Lorsqu'ils désignent ne personne ou une chose qui est très éloignée de la personne qui parle, dans le temps et l'espace, *ce, cette* se traduisent par ***aquel, aquella***.

CE *nm* **1.** (abrév de comité d'entreprise) comité *m* de empresa • **les élections CE et DP** las elecciones para el comité de empresa y el delegado de personal **2.** (abrév de cours élémentaire) • **être en CE1/CE2** ≃ estar en 2°/3° de E.P. ❏ *nf* (abrév de Communauté européenne) CE *f*.
ceci *pron dém* esto • **ceci (étant) dit** dicho esto • **à ceci près que** excepto que.
cécité *nf* ceguera *f*.
céder *vt* **1.** *(donner)* ceder • **céder la parole à qqn** ceder la palabra a alguien • **céder sa place à qqn** dejar el sitio a alguien • **céder le passage** ceder el paso **2.** *(vendre)* traspasar. ❏ *vi* **1.** *(se soumettre, se rompre)* ceder • **céder à qqch a)** *(demande, menace)* ceder a *ou* ante algo **b)** *(tentation)* caer en algo **c)** *(colère)* dejarse llevar por algo **2.** *(s'abandonner)* • **céder à qqn** entregarse a alguien.
cédérom *nm* INFORM cederrom *m*, cederrón *m*.
CEDEX, Cedex (abrév de courrier d'entreprise à distribution exceptionnelle) *nm pour expliquer ce que c'est, vous pouvez dire :* se trata de un servicio postal con reparto especial rápido destinado a instituciones y empresas que reciben un gran volumen de correo.
cédille *nf* cedilla *f (virgulilla)*.
cèdre *nm* cedro *m*.
CEI (abrév de Communauté d'États indépendants) *nf* CEI *f*.
ceinture *nf* **1.** *(gén)* cinturón *m* • **ceinture à enrouleur** cinturón de seguridad retráctil • **ceinture de sécurité** cinturón de seguridad **2.** ANAT & COUT *(taille)* cintura *f*.
ceinturer *vt* **1.** *(adversaire)* inmovilizar agarrando por la cintura **2.** *(espace, lieu)* rodear.
ceinturon *nm* cinto *m*.
cela *pron dém* eso, aquello • **il y a des années de cela** hace años de aquello • **prenez cela** coja eso • **après cela** después de eso • **cela dit** dicho esto • **malgré cela** a pesar de eso.

célèbre *adj* famoso(sa), célebre.
célébrer *vt* **1.** *(anniversaire, messe)* celebrar **2.** *sout (faire l'éloge de)* alabar.
célébrité *nf* **1.** *(renommée)* fama *f* **2.** *(personne)* celebridad *f*.
céleri *nm* apio *m* • **céleri (branche)** apio • **céleri rave** apionabo *(raíz)*.
céleri-rave *nm* apio nabo *m*.
célérité *nf* celeridad *f*.
céleste *adj* **1.** *(du ciel)* celeste **2.** *fig (merveilleux)* celestial.
célibat *nm* celibato *m*.
célibataire *adj & nmf* soltero(ra).
cellier *nm* bodega *f*.
Cellophane® *nf* celofán® *m*.
cellulaire *adj* celular.
cellule *nf* **1.** *(de prisonnier, moine)* *INFORM* celda *f* **2.** *POLIT* célula *f* **3.** *(groupe)* comisión *f*. ■ **cellule familiale** *nf* unidad *f* familiar.
cellulite *nf* celulitis *f inv*.
celui, **celle** *pron dém* el, la • **celle de devant** la de delante • **ceux d'entre nous** aquellos de entre nosotros • **celui que vous voyez** el que usted ve • **c'est celle qui te va le mieux** es la que mejor te sienta • **ceux que je connais** los que conozco.
celui-ci, **celle-ci** *pron dém* éste, ésta *f* • **ceux-ci/celles-ci** éstos/éstas.
celui-là, **celle-là** *pron dém* ése, ésa *f*, aquél, aquella *f* • **ceux-là/celles-là** ésos, aquellos/ésas, aquellas.
cendre *nf* ceniza *f*. ■ **cendres** *nfpl* cenizas *fpl* • **renaître de ses cendres** renacer de sus cenizas. ■ **Cendres** *nfpl* • **le mercredi des Cendres** el Miércoles de Ceniza.
cendré, **e** *adj* ceniciento(ta).
cendrier *nm* cenicero *m*.
Cène *nf* • **la Cène** la Última Cena.
censé, **e** *adj* • **il est censé être à Paris** se supone que está en París • **elle n'est pas censée le savoir** no tiene por qué saberlo.
censeur *nm* **1.** *(gén)* censor *m*, -ra *f* **2.** *(de lycée)* director *m*, -ra *f* de instituto.
censure *nf* censura *f*.
censurer *vt* censurar.
cent[1] *adj num* **1.** *(gén)* ciento • **cent deux euros** ciento dos euros • **quatre cents pages** cuatrocientas páginas **2.** *(devant substantif)* cien • **cent personnes** cien personas • **cent mille euros** cien mil euros. ❑ *adj inv (centième)* ciento. ❑ *nm (chiffre)* cien *m inv*. Voir aussi **six**.
cent[2] *nm (monnaie du Canada et des États-Unis)* centavo *m*.
centaine *nf* centena *f*.
centenaire *adj & nmf* centenario(ria). ❑ *nm (centième anniversaire)* centenario *m*.
centième *adj* centésimo(ma). ❑ *nm* centésima parte *f*. ❑ *nf THÉÂTRE* centésima representación *f*.
centigrade → **degré**.
centigramme *nm* centígramo *m*.
centilitre *nm* centilitro *m*.
centime *nm* céntimo *m*.
centimètre *nm* **1.** *(mesure)* centímetro *m* **2.** *(ruban, règle)* cinta *f* métrica.
central, **e** *adj* central, céntrico(ca) • **un quartier très central** un barrio muy céntrico. ■ **central** *nm* **1.** *(tennis)* pista *f* central **2.** *(de réseau)* central *f* • **central téléphonique** central telefónica. ■ **centrale** *nf* central *f* • **centrale d'achat** central de compras • **centrale hydroélectrique/nucléaire** central hidroeléctrica/nuclear • **centrale (syndicale)** central sindical.
centraliser *vt* centralizar.
centre *nm* centro *m* • **centre aéré** centro recreativo infantil • **centre antipoison** ≃ centro de información toxicológica • **centre d'appels** central *f* de llamadas • **centre commercial/culturel** centro comercial/cultural • **centre de gravité** centro de gravedad • **centre hospitalier régional** centro hospitalario regional • **centre hospitalo-universitaire** hospital *m* clínico universitario.
centrer *vt* centrar.
centre-ville *nm* centro *m* urbano.
centrifugeuse *nf* **1.** *CULIN* licuadora *f* **2.** *TECHNOL* centrifugadora *f*.
centuple *nm* céntuplo *m* • **au centuple** centuplicado(da).
cep *nm* cepa *f*.
cèpe *nm* seta *f* comestible.
cependant *conj* sin embargo.
céramique *nf* cerámica *f*.
cerceau *nm* **1.** *(de tonneau)* cerco *m* **2.** *(jouet)* aro *m* **3.** *(de robe)* polisón *m*.
cercle *nm* **1.** *(gén)* círculo *m* • **cercle vicieux** círculo vicioso **2.** *(disposition en cercle)* corro *m*.
cercueil *nm* ataúd *m*.
céréale *nf* cereal *m*.
cérémonial *nm* ceremonial *m*.
cérémonie *nf* **1.** *(manifestation)* ceremonia *f*, acto *m* **2.** *fig (politesse)* cumplido *m* • **faire des cérémonies** hacer cumplidos.
cérémonieux, **euse** *adj* ceremonioso(sa).
cerf *nm* ciervo *m*.
cerfeuil *nm* perifollo *m*.
cerf-volant *nm* **1.** *(jouet)* cometa *f* **2.** *(insecte)* ciervo *m* volante.
cerise *nf* cereza *f*. ❑ *adj inv (couleur)* cereza *(en apposition)*.
cerisier *nm* cerezo *m*.

cerne *nm* **1.** *(sous les yeux)* ojera *f* **2.** *(d'arbre)* anillo *m*.

cerner *vt* **1.** *(encercler)* rodear **2.** *fig (problème, question)* delimitar, acotar.

certain, e *adj* seguro(ra) • **c'est sûr et certain** segurísimo • **être certain de** estar seguro de • **être certain que** estar seguro de que. ❑ *adj indéf (avant un nom)* **1.** *(gén)* cierto(ta) • **dans certains cas** en ciertos casos • **un certain temps** algún tiempo • **d'un certain âge** de cierta edad **2.** *(devant nom de personne)* tal • **un certain Juan** un tal Juan. ■ **certains** *pron indéf pl* algunos(nas).

certainement *adv* por supuesto • **c'est certainement un garçon intelligent** sin duda alguna es un chico inteligente • **mais certainement** pues claro.

certes *adv* **1.** *(indique une concession)* en efecto, claro **2.** *(en vérité)* desde luego.

certificat *nm* **1.** *(attestation)* certificado *m* **2.** *(diplôme)* diploma *m* • **certificat d'études** SCOL ≃ certificado de estudios primarios.

certifier *vt* **1.** *(assurer)* • **certifier qqch à qqn** asegurar algo a alguien **2.** ADMIN *(document)* compulsar.

certitude *nf* certeza *f* • **avoir la certitude que** tener la certeza de que.

cerveau *nm* cerebro *m*.

cervelle *nf* **1.** ANAT & CULIN sesos *mpl* **2.** *(facultés mentales)* cerebro *m*.

cervical, e *adj* cervical.

CES *nm* (abrév de **contrat emploi-solidarité**) *pour expliquer à un hispanophone ce que c'est qu'un CES, vous pouvez le définir ainsi :* es un contrato destinado a favorecer la inserción o reinserción laboral, por 20 horas semanales y una duración máxima de 24 meses, generalmente en el sector asociativo. • **être employé en CES** tener un contrato de CES.

César *nm* CINÉ césar *m (premio cinematográfico francés)*.

césarienne *nf* cesárea *f*.

césariser *vt* CINÉ premiar con un césar.

césium *nm* cesio *m*.

cesse *nf* • **n'avoir de cesse que** *sout* no descansar hasta que • **je n'aurai de cesse qu'il n'admette qu'il a tort** no descansaré hasta que admita que se ha equivocado. ■ **sans cesse** *loc adv* sin cesar, sin parar.

cesser *vi* cesar, terminar • **ne pas cesser de faire qqch** no parar de hacer algo. ❑ *vt* suspender.

cessez-le-feu *nm inv* alto *m* el fuego.

cession *nf* cesión *f*.

c'est-à-dire *conj* **1.** *(introduit une explication)* o sea, es decir **2.** *(introduit une restriction)* (la cosa) es que • **tu es libre ce soir ? — c'est-à-dire que je suis déjà invitée ailleurs** ¿tienes la noche libre? — (la cosa) es que ya me han invitado.

cétacé *nm* cetáceo *m*.

cf. (abrév de **confer**) cf. • **cf. chap. 2** cf. cap. 2.

CFDT (abrév de **Confédération française démocratique du travail**) *nf pour expliquer à un hispanophone ce que c'est que la CFDT, vous pouvez dire :* es un sindicato de orientación socialdemócrata.

CFTC (abrév de **Confédération française des travailleurs chrétiens**) *nf pour expliquer à un hispanophone ce que c'est que la CFTC, vous pouvez dire :* es un sindicato obrero de orientación socialcristiana.

CGC (abrév de **Confédération générale des cadres**) *nf pour expliquer à un hispanophone ce que c'est que la CGC, vous pouvez dire :* es una organización sindical de cuadros.

CGT (abrév de **Confédération générale du travail**) *nf pour expliquer à un hispanophone ce que c'est que la CGT, vous pouvez dire :* es un sindicato obrero de orientación marxista. • **les militants de la CGT** los militantes de la CGT.

chacun, e *pron indéf* cada uno, cada una • **chacun de nous/de vous/d'eux** cada uno de nosotros/de vosotros/de ellos • **chacun pour soi** cada cual a lo suyo • **tout un chacun** todos y cada uno.

chagrin, e *adj* triste. ■ **chagrin** *nm* pena *f* • **avoir du chagrin** estar triste.

chagriner *vt* apenar.

chahut *nm* jaleo *m* • **faire du chahut** armar jaleo.

chahuter *vi* armar jaleo. ❑ *vt* **1.** *(importuner)* abuchear **2.** *(bousculer)* incordiar.

chaîne *nf* **1.** *(gén)* cadena *f* • **à la chaîne** en cadena • **chaîne de montage** cadena de montaje • **chaîne de montagnes** cadena montañosa, cordillera *f* **2.** *(appareil)* equipo *m*, cadena *f* • **chaîne hi-fi/stéréo** equipo de alta fidelidad/estéreo **3.** TV canal *m*, cadena *f* • **chaîne à péage** cadena de pago • **chaîne cablée/cryptée** cadena del cable/canal codificado • **chaîne de télévision** canal de televisión • **chaîne thématique** canal temático. ■ **chaînes** *nfpl* **1.** *(pour pneus)* cadenas *fpl* **2.** *fig (servitude)* lazos *mpl*.

chaînon *nm* **1.** *(maillon)* eslabón *m* • **chaînon manquant** eslabón perdido **2.** *fig (élément)* paso *m*.

chair *nf* **1.** *(d'homme)* carne *f* • **avoir la chair de poule** tener la carne de gallina **2.** *(de fruit)* pulpa *f*. ❑ *adj inv (couleur)* carne *(en apposition)*.

chaire *nf* **1.** *(estrade - de prédicateur)* púlpito *m* ; *(- de professeur)* tarima *f* **2.** UNIV *(poste de professeur)* cátedra *f*.

chaise *nf* silla *f* • **chaise électrique** silla eléctrica • **chaise longue** tumbona *f*.

châle *nm* chal *m*, mantón *m*.

chalet *nm* **1.** *(de montagne)* chalet *m*, chalé *m* **2.** (QUÉBEC) *(maison de campagne)* casa *f* de campo.

chaleur *nf* **1.** *(température, enthousiasme)* calor *m* **2.** ZOOL celo *m*.

chaleureux, euse *adj* caluroso(sa).

challenge *nm* **1.** *(sportif)* trofeo *m* **2.** *fig (défi)* reto *m*, desafío *m*.

chaloupe *nf* bote *m*, chalupa *f*.

chalumeau *nm* soplete *m*.

chalut *nm (filet)* traína *f* • **au chalut** *(pêche)* de arrastre.

chalutier *nm* **1.** *(bateau)* trainera *f* **2.** *(pêcheur)* pescador *m*, -ra *f* de trainera.

chamailler ■ **se chamailler** *vp fam* pelearse.

chamarré, e *adj* abigarrado(da).

chambranle *nm (de porte, fenêtre)* marco *m* ; *(de cheminée)* faldón *m*.

chambre *nf* **1.** *(de maison, d'hôtel)* cuarto *m*, habitación *f* • **chambre d'amis** cuarto de invitados • **chambre à coucher** dormitorio *m* • **chambre double/individuelle** habitación doble/individual **2.** *(local)* cámara *f* • **chambre à air/de combustion** cámara de aire/de combustión • **chambre forte** cámara acorazada • **chambre froide** cámara frigorífica • **chambre à gaz** cámara de gas • **chambre noire** cámara oscura **3.** *DR* sala *f*. ■ **Chambre de commerce et d'industrie** *nf* • **la Chambre de commerce et d'industrie** la Cámara de Comercio e Industria. ■ **Chambre des députés** *nf* • **la Chambre des députés** la Cámara de los Diputados.

chambrée *nf* dormitorio *m* (colectivo).

chambrer *vt* **1.** *(vin)* poner del tiempo **2.** *fam (se moquer de)* cachondearse de.

chameau *nm* **1.** *(mammifère)* camello *m* **2.** *fam & péj (personne)* mal bicho *m*.

chamois *nm* gamuza *f*. ❑ *adj inv (couleur)* gamuzado(da).

champ *nm* campo *m* • **champ de bataille** campo de batalla • **champ de courses** hipódromo *m*.

champagne *nm* champán *m* (francés).

champêtre *adj* campestre.

champignon *nm* **1.** *(à manger)* seta *f* **2.** *BIOL & MÉD* hongo *m* **3.** *fam (accélérateur)* acelerador *m*.

champion, onne *nm,f* **1.** *SPORT* campeón *m*, -ona *f* **2.** *fig (défenseur)* paladín *m*. ■ **champion** *adj inv fam (personne)* campeón(ona).

championnat *nm* campeonato *m*.

chance *nf* **1.** *(sort)* suerte *f* • **avoir de la chance** tener suerte • **porter chance** traer suerte, dar (buena) suerte **2.** *(probabilité, possibilité)* posibilidad *f*, probabilidad *f* • **avoir des chances de faire qqch** tener probabilidades de hacer algo.

> **S'EXPRIMER** — **souhaiter bonne chance**
> - ***¡Te deseo mucha suerte!*** Je te dis m…
> - **¡(Buena) *suerte!*** Bonne chance.
> - ***Te deseo muchas cosas buenas.*** Je te souhaite plein de bonnes choses.
> - ***Toco madera.*** Je croise les doigts.

chanceler *vi (personne, gouvernement)* tambalearse.

chancelier *nm* canciller *m*.

chanceux, euse *adj* afortunado(da).

chancre *nm* **1.** *MÉD* chancro *m* **2.** *BOT* cancro *m*.

chandail *nm* jersey *m*.

Chandeleur *nf* Candelaria *f*.

chandelier *nm* candelabro *m*.

chandelle *nf* vela *f* (**ESP**), veladora *f* (**AMÉR**) • **dîner aux chandelles** cenar a la luz de las velas.

change *nm* **1.** *FIN* cambio *m* **2.** *(couche de bébé)* pañal *m*.

changeant, e *adj* **1.** *(variable - temps)* variable ; *(- humeur)* cambiante **2.** *(couleur, étoffe)* tornasolado(da).

changement *nm* **1.** *(gén)* cambio *m* **2.** *(en train, métro)* transbordo *m*, trasbordo *m*.

changer *vt* **1.** *(gén)* cambiar • **changer qqch en qqch** *(monnaie)* cambiar algo en algo • **changer qqch contre qqch** cambiar algo por algo • **ne rien changer à qqch** no cambiar nada en absoluto a *ou* de algo **2.** *(transformer)* • **changer en** convertir en. ❑ *vi* **1.** *(gén)* cambiar • **changer de** *(adresse, vêtement, etc)* cambiar de **2.** *(apporter un changement)* variar • **pour changer** *iron* para variar. ■ **se changer** *vp* **1.** *(de vêtement)* cambiarse **2.** *(se transformer)* • **se changer en** convertirse en.

changeur *nm FIN* cambista *mf*.

chanson *nf* canción *f* • **c'est toujours la même chanson** *fig* siempre la misma canción *ou* historia.

chansonnier, ère *nm,f* cantautor *m*, -ra *f*.

chant *nm* canto *m* • **apprendre le chant** estudiar canto.

chantage *nm* chantaje *m* • **faire du chantage** hacer chantaje.

chanter *vt* **1.** *(chanson)* cantar **2.** *fam (raconter)* contar • **qu'est-ce que tu me chantes ?** ¿qué me cuentas? ❑ *vi* cantar • **faire chanter qqn** *fig* hacer chantaje a alguien.

chanteur, euse *nm,f* cantante *mf*.

chantier *nm* **1.** *(de construction)* obra *f* • **chantier naval** astillero *m* **2.** *fam (désordre)* leonera *f*.

chantilly *nf* nata *f* montada.

chantonner *vt (air)* tararear. ❑ *vi (personne)* canturrear.

chanvre *nm* cáñamo *m*.

chaos *nm* caos *m inv*.

chap. (abrév de **chapitre**) cap. • **voir chap. 15** ver cap. 15.

chaparder *vt* sisar.

chapeau *nm* **1.** *(couvre-chef)* sombrero *m* **2.** *(de texte, d'article)* encabezamiento *m*.

chapeauter *vt (superviser)* controlar.

chapelet *nm* **1.** *RELIG* rosario *m* **2.** *(d'aliments)* ristra *f* **3.** *fig (d'injures, insultes)* retahíla *f*.

chapelle *nf* **1.** *(petite église)* capilla *f* **2.** *(clan)* camarilla *f*.

chapelure *nf* pan *m* rallado.

chapiteau *nm* **1.** *(de colonne)* capitel *m* **2.** *(de cirque)* carpa *f*.

chapitre *nm* **1.** *(de livre)* capítulo *m* **2.** FIN *(de budget)* partida *f*, asiento *m* **3.** RELIG *(assemblée)* cabildo *m* **4.** *(sujet)* tema *m*.

chapon *nm* capón *m*.

chaque *adj indéf* cada • **chaque personne** cada persona.

char *nm* **1.** *(véhicule)* carro *m* • **char d'assaut** carro de combate **2.** *(de carnaval)* carroza *f* **3.** **(Québec)** *(voiture)* coche *m*.

charabia *nm* galimatías *m inv*.

charade *nf* charada *f*.

charbon *nm* carbón *m* • **charbon de bois** carbón de leña.

charcuter *vt fam & péj* hacer una carnicería • **elle s'est fait charcuter dans cette clinique** le han hecho una carnicería en esa clínica.

charcuterie *nf* **1.** *(magasin)* charcutería *f*, tienda *f* de embutidos **2.** *(produits)* embutidos *mpl*.

charcutier, ère *nm, f* charcutero *m*, -ra *f*.

chardon *nm* **1.** *(plante)* cardo *m* **2.** *(sur un mur)* púas *fpl* de hierro.

charge *nf* **1.** *(gén)* cargo *m* • **être à la charge de qqn a)** *(frais, travaux)* correr a cargo de alguien **b)** *(personne)* estar a cargo de alguien • **prendre qqch/qqn en charge** hacerse cargo de algo/de alguien **2.** *(fardeau, attaque)* carga *f*. ■ **charges** *nfpl* **1.** *(d'appartement)* gastos *mpl* de comunidad • **'charges comprises'** 'gastos de comunidad incluidos' **2.** ÉCON costes *mpl* • **charges sociales** cargas *fpl* sociales.

chargé, e *adj* **1.** *(personne, véhicule)* cargado(da) **2.** *(responsable)* encargado(da) **3.** *(journée, emploi du temps)* ocupado(da), cargado(da) **4.** *(décoration, tissu)* recargado(da). ❑ *nm, f* encargado *m*, -da *f* • **chargé d'affaires** encargado de negocios • **chargé de mission** delegado *m*.

chargement *nm* **1.** *(de marchandises)* cargamento *m* **2.** *(d'arme, appareil photo)* carga *f*.

charger *vt* **1.** *(gén)* INFORM cargar **2.** *(attaquer)* cargar contra **3.** *(donner une mission à)* • **charger qqn de qqch/de faire qqch** encargar a alguien de algo/que haga algo **4.** DR *(déposer contre)* declarar en contra de. ■ **se charger** *vp* **1.** *(porter une charge)* cargarse **2.** *(s'occuper de)* • **se charger de qqn/de qqch** ocuparse de alguien/de algo • **se charger de faire qqch** encargarse de hacer algo.

chargeur *nm* *(d'arme)* cargador *m*.

chariot *nm* **1.** *(charrette)* carretilla *f* **2.** *(table roulante)* carrito *m* **3.** *(de machine à écrire)* carro *m*.

charisme *nm* carisma *m*.

charitable *adj* caritativo(va).

charité *nf* **1.** RELIG caridad *f* **2.** *(bonté)* bondad *f*.

charlatan *nm péj* *(vendeur)* charlatán *m*, -ana *f*; *(médecin)* matasanos *mf inv*.

charmant, e *adj* **1.** *(séduisant, ravissant)* encantador(ra) **2.** *(agréable)* agradable • **c'est charmant !** *iron* ¡muy bonito!

charme *nm* **1.** *(attrait)* atracción *f* **2.** *(enchantement)* hechizo *m* **3.** *(arbre)* carpe *m*.

charmer *vt* cautivar • **être charmé de faire qqch** estar encantado de hacer algo.

charmeur, euse *adj* encantador(ra). ❑ *nm, f* seductor *m*, -ra *f*. ■ **charmeur de serpents** *nm* encantador *m* de serpientes.

charnel, elle *adj* carnal.

charnier *nm* osario *m*.

charnière *nf* bisagra *f*. ❑ *adj inv* decisivo(va).

charnu, e *adj* carnoso(sa).

charogne *nf* **1.** *(d'animal)* carroña *f* **2.** *tfam* *(crapule)* crápula *mf*.

charpente *nf* **1.** *(de bâtiment)* armazón *m* ; *(de personne)* osamenta *f* **2.** *fig* *(de roman)* estructura *f*.

charpentier *nm* carpintero *m*, -ra *f* de obra.

charretier, ère *nm, f* carretero *m*, -ra *f*.

charrette *nf* carreta *f*.

charrier *vt* **1.** *(entraîner)* arrastrar **2.** *(transporter)* acarrear **3.** *fam* *(se moquer de)* pitorrearse de, chotearse de. ❑ *vi fam* *(exagérer)* pasarse.

charrue *nf* arado *m*.

charte *nf* carta *f*.

charter *nm* chárter *m*.

chas *nm* ojo *m* *(d'une aiguille)*.

chasse *nf* **1.** *(action)* caza *f* • **chasse à courre** montería *f* **2.** *(période)* temporada *f* de caza • **la chasse est ouverte** la veda está levantada **3.** *(poursuite)* caza *f*, persecución *f* • **faire la chasse à qqch a)** dar caza a algo **b)** *fig* perseguir algo • **prendre qqn en chasse** perseguir a alguien **4.** *(des toilettes)* cadena *f* • **tirer la chasse** tirar de la cadena • **chasse d'eau** cisterna *f*. ■ **chasse au trésor** *nf* caza del tesoro. ■ **chasse gardée** *nf* **1.** *(terrain)* coto *m* privado de caza **2.** *fig* *(sujet réservé)* terreno *m* reservado.

chassé-croisé *nm* cruce *m*.

chasse-neige *nm inv* **1.** *(véhicule)* quitanieves *m inv* **2.** *(position des skis)* cuña *f*.

chasser *vt* **1.** *(animal)* cazar **2.** *(faire partir - personne)* expulsar ; *(- idées noires, soucis)* desechar **3.** *(employé)* despedir. ❑ *vi* **1.** *(aller à la chasse)* cazar **2.** *(roues)* patinar.

chasseur, euse *nm, f* cazador *m*, -ra *f*. ■ **chasseur** *nm* **1.** *(d'hôtel)* botones *m inv* **2.** *(avion)* avión *m* de caza. ■ **chasseur alpin** *nm* MIL cazador *m* de montaña. ■ **chasseur de têtes** *nm* headhunter *mf*, cazatalentos *mf inv*.

châssis *nm* **1.** *(de fenêtre, porte)* contramarco *m* **2.** *(de véhicule)* chasis *m inv* **3.** *(de tableau, machine)* bastidor *m*.

chaste *adj* casto(ta).

chasteté *nf* castidad *f.*
chasuble *nf* casulla *f.*
chat[1], chatte *nm,f* gato *m*, -ta *f.*
chat[2] *nm* INFORM charla *f*, chat *m.*
châtaigne *nf* castaña *f.*
châtaignier *nm* castaño *m.*
châtain *adj (couleur)* castaño(ña). ❑ *nm* castaño *m.*
château *nm* **1.** *(gén)* castillo *m* • **le château de Versailles** el palacio de Versalles • **château fort** fortaleza *f* • **château de sable** castillo de arena • **château gonflable** castillo hinchable **2.** *(vignoble)* viñedo *m.* ■ **château d'eau** *nm* arca *f* de agua.
châtié, e *adj (style, langage)* pulido(da).
châtiment *nm* castigo *m.*
chaton *nm* **1.** *(petit chat)* gatito *m* **2.** BOT amento *m*, candelilla *f* **3.** *(de bague)* engaste *m.*
chatouiller *vt* **1.** *(faire des chatouilles à)* hacer cosquillas a **2.** *fig (titiller)* cosquillear.
chatouilleux, euse *adj* **1.** *(qui craint les chatouilles)* cosquilloso(sa) **2.** *fig (susceptible)* quisquilloso(sa).
chatoyant, e *adj* tornasolado(da).
châtrer *vt* castrar, capar.
chatter, tchatter *vi* INFORM chatear.
chaud, e *adj* **1.** *(chose)* caliente ; *(temps, voix)* cálido(da) **2.** *fig (enthousiaste)* entusiasta • **ne pas être très chaud pour** *(+ infinitif)* no tener ánimos para *(+ infinitif)* **3.** *(sensuel)* ardiente **4.** *fig (animé)* caliente. ■ **chaud** *adv* • **avoir chaud** tener calor • **il fait chaud** hace calor. ❑ *nm* calor *m.*
chaudement *adv* **1.** *(pour avoir chaud)* • **être chaudement vêtu** vestirse con ropa de abrigo **2.** *(chaleureusement)* calurosamente.
chaudière *nf* caldera *f.*
chaudron *nm* caldero *m.*
chauffage *nm* **1.** *(appareil)* calefacción *f* • **chauffage central** calefacción central **2.** *(action de chauffer)* calentamiento *m.*
chauffant, e *adj* que calienta.
chauffard *nm péj* • **c'est un chauffard** conduce como un loco.
chauffe-biberon *nm* calientabiberones *m inv.*
chauffe-eau *nm inv* calentador *m* de agua.
chauffer *vt* calentar. ❑ *vi* **1.** *(devenir chaud)* calentarse **2.** *(moteur)* calentar **3.** *fam (devenir houleux)* armarse una buena.
chaufferette *nf* calientapiés *m inv.*
chauffeur *nm* conductor *m*, -ra *f* **(ESP)**, motorista *mf* **(AMÉR)** ; *(domestique)* chófer *m*, chofer *m.*
chaume *nm* paja *f.*
chaumière *nf* choza *f* **(ESP)**, mediagua *f* **(AMÉR)**.
chaussée *nf* calzada *f.*
chausse-pied *nm* calzador *m.*
chausser *vt* **1.** *(chaussures, skis)* calzarse • **chausser un enfant** calzar a un niño **2.** *(lunettes)* calarse. ❑ *vi* • **chausser bien/mal/large** irle bien/pequeño/grande • **chausser du 40** calzar un cuarenta. ■ **se chausser** *vp* calzarse.
chaussette *nf* calcetín *m.*
chausseur *nm* zapatero *m*, -ra *f.*
chausson *nm* **1.** *(pantoufle, chaussure de danse)* zapatilla *f* **2.** *(de bébé)* peúco *m* **3.** CULIN *(pâtisserie)* ≃ empanadilla *f* • **chausson aux pommes** empanadilla de hojaldre rellena de compota de manzana.
chaussure *nf* **1.** *(soulier)* zapato *m* • **chaussure basse** zapato plano • **chaussure de marche** calzado *m* de marcha • **chaussure montante** botín *m* • **chaussures à scratch** zapatos con velcro • **chaussure de ski** bota *f* de esquí • **chaussures à talons** zapatos de tacón **2.** *(industrie)* industria *f* del calzado.
chauve *adj & nmf* calvo(va).
chauve-souris *nf* murciélago *m.*
chauvin, e *adj & nm,f* chovinista.
chauvinisme *nm* chovinismo *m.*
chaux *nf* cal *f* • **blanchi à la chaux** encalado.
chavirer *vi (bateau, projet)* irse a pique. ❑ *vt* **1.** *(bateau)* hundir **2.** *(meuble)* poner patas arriba **3.** *fig (bouleverser)* emocionar.
check-up *nm inv* chequeo *m.*
cheese-cake, cheesecake *nm* pastel *m* de queso.
chef *nm* **1.** *(dirigeant)* jefe *m*, -fa *f*, director *m*, -ra *f* • **en chef a)** *(gén)* jefe **b)** MIL en jefe • **chef d'entreprise** empresario *m* • **chef de famille** cabeza *mf* de familia • **chef de file** jefe de filas • **chef de gare** jefe de estación • **chef d'orchestre** director de orquesta • **chef de service a)** ADMIN ≃ director de departamento **b)** *(dans un hôpital)* director de servicio **2.** *(cuisinier)* jefe *m* de cocina, chef *m* **3.** *fam (champion)* campeón *m*, -ona *f.* ■ **chef d'accusation** *nm* DR cargo *m.*
chef-d'œuvre *nm* obra *f* maestra.
chef-lieu *nm* ≃ capital *f* (de provincia).
chemin *nm* **1.** camino *m* • **en chemin** por el camino • **se frayer un chemin dans** *ou* **à travers qqch** abrirse camino *ou* paso por *ou* a través de algo **2.** INFORM • **chemin (d'accès)** camino (de acceso). ■ **chemin de fer** *nm* ferrocarril *m.*
cheminée *nf* **1.** *(gén)* chimenea *f* **2.** *(en alpinisme)* chimenea *f.*
cheminement *nm* **1.** *(progression - de marcheurs)* marcha *f* ; *(- d'eau)* flujo *m* **2.** *fig (d'idée, de pensée)* evolución *f.*
cheminer *vi* **1.** *(personne)* caminar **2.** *fig (idée, pensée)* abrirse camino.
cheminot *nm* ferroviario *m.*
chemise *nf* **1.** *(vêtement)* camisa *f* • **chemise de nuit** camisón *m* **2.** *(dossier)* carpeta *f.*

chemisette *nf* **1.** *(d'homme)* camiseta *f* **2.** *(d'enfant)* camisita *f*, camisola *f*.

chemisier *nm (vêtement)* blusa *f*.

chenal *nm* canal *m*.

chêne *nm* roble *m*.

chenet *nm* morillo *m*.

chenil *nm* **1.** *(pour chiens)* perrera *f* **2.** **(SUISSE)** *(désordre)* leonera *f*.

chenille *nf* **1.** *(gén)* oruga *f* **2.** *(tissu)* felpilla *f*.

chèque *nm* cheque *m*, talón *m* • **chèque bancaire** cheque *ou* talón bancario • **chèque barré** cheque *ou* talón cruzado • **chèque en bois** *ou* **sans provision** cheque *ou* talón sin fondos • **chèque au porteur** cheque *ou* talón al portador • **chèque postal/de voyage** cheque postal/de viaje.

chèque-restaurant *nm* ticket restaurante *m*.

chèque-vacances *nm* cheque *m* vacaciones.

chéquier *nm* talonario *m* de cheques **(ESP)**, chequera *f* **(AMÉR)**.

cher, chère *adj* **1.** *(aimé)* querido(da) **2.** *(coûteux)* caro(ra) **3.** *(dans une lettre)* estimado(da), querido(da). ❑ *nm,f* • **mon cher** querido • **ma chère** querida. ■ **cher** *adv* caro • **coûter cher** costar caro.

chercher *vt (gén)* buscar • **aller chercher qqn/qqch** ir a buscar a alguien/algo • **venir chercher qqch/qqn** venir a buscar algo/a alguien. ❑ *vi* • **chercher à faire qqch** procurar hacer algo. ■ **se chercher** *vp* buscarse.

chercheur, euse *adj* **1.** *(esprit)* curioso(sa) **2.** TECHNOL *(tête)* buscador(ra). ❑ *nm,f (scientifique)* investigador *m*, -ra *f*. ■ **chercheur d'or** *nm* buscador *m* de oro.

chéri, e *adj (aimé)* querido(da). ❑ *nm,f* **1.** *(terme d'affection)* • **mon chéri, ma chérie** cariño **2.** *(favori)* preferido *m*, -da *f*.

chérir *vt* **1.** *(personne)* querer **2.** *(chose, idée)* amar.

chétif, ive *adj* **1.** *(enfant)* enclenque **2.** *(arbre)* raquítico(ca).

cheval *nm* **1.** *(animal)* caballo *m* • **être à cheval sur qqch a)** *(être assis sur)* sentarse a horcajadas en algo **b)** *fig (tenir à)* ser estricto(ta) con respecto a *ou* en algo **c)** *fig (siècles, époques)* estar a caballo entre dos cosas **2.** *(équitation)* equitación *f* • **faire du cheval** hacer equitación, practicar la equitación. ■ **cheval-d'arçons** *nm* potro *m*.

chevalerie *nf* caballería *f*.

chevalet *nm* **1.** *(de peintre)* caballete *m* **2.** *(de violon)* puente *m* **3.** *(de tisserand)* bastidor *m* **4.** *(de menuisier)* banco *m*.

chevalier *nm* **1.** *(gén)* caballero *m* **2.** *(oiseau)* chorlito *m*.

chevalière *nf* sello *m (sortija)*.

cheval-vapeur *nm* AUTO caballo *m* de vapor.

chevauchée *nf* cabalgada *f*.

chevaucher *vt* montar. ■ **se chevaucher** *vp (tuiles, dents)* encabalgarse, solaparse.

chevelu, e *adj* melenudo(da).

chevelure *nf* **1.** *(cheveux)* cabellera *f* **2.** *(de comète)* cola *f*.

chevet *nm* cabecera *f* • **être au chevet de qqn** estar a la cabecera de alguien.

cheveu *nm* pelo *m*, cabello *m*.

cheville *nf* **1.** ANAT tobillo *m* **2.** *(pour consolider)* clavija *f*.

chèvre *nf* cabra *f*. ❑ *nm* queso *m* de cabra.

chevreau *nm* **1.** *(animal)* cabrito *m* **2.** *(peau)* cabritilla *f*.

chèvrefeuille *nm* madreselva *f*.

chevreuil *nm* **1.** *(animal)* corzo *m* **2.** CULIN ciervo *m*.

chevronné, e *adj* veterano(na).

chevrotine *nf* posta *f*, perdigón *m*.

chewing-gum *nm* chicle *m*.

chez *prép* **1.** *(dans la demeure de)* en casa de • **il est chez lui** está en su casa • **il va chez lui** va a su casa • **je reste chez moi** me quedo en casa **2.** *(commerçant)* • **aller chez le coiffeur/chez le médecin** ir a la peluquería/al médico **3.** *(en ce qui concerne)* • **chez lui** en él • **ce que j'aime chez lui** lo que me gusta de él.

chez-soi *nm inv* hogar *m*.

chialer *vi tfam* lloriquear.

chiant, e *adj tfam* coñazo *(en apposition)*.

chic *adj (inv en genre)* **1.** *(élégant)* elegante **(ESP)**, elegantoso(sa) **(AMÉR)** **2.** *(serviable)* amable. ❑ *nm (élégance, bon goût)* • **avoir du chic** tener estilo. ❑ *interj* • **chic (alors) !** ¡qué bien!

chicorée *nf* **1.** *(racine, boisson)* achicoria *f* **2.** *(salade)* escarola *f*.

chicos *adj familier* chic.

chien, chienne *nm,f* **1.** *(animal)* perro *m*, -rra *f* • **chien de chasse/de garde** perro de caza/guardián **2.** *(d'arme)* gatillo *m* • **en chien de fusil** acurrucado(da).

chiendent *nm* grama *f*.

chien-guide *nm* perro *m* guía *ou* lazarillo.

chien-loup *nm* perro *m* lobo.

chier *vi vulg* cagar • **faire chier (qqn)** *(l'importuner)* dar el coñazo (a alguien) • **se faire chier** morirse de asco • **se faire chier à faire qqch** romperse los cuernos para hacer algo.

chieur, euse *nm,f tfam* coñazo *m*.

chiffon *nm* trapo *m*. ■ **chiffons** *nmpl fam (vêtements)* trapos *mpl*.

chiffonné, e *adj* **1.** *(tissu)* arrugado(da) **2.** *(contrarié)* preocupado(da) **3.** *(fatigué)* cansado(da).

chiffre *nm* **1.** *(caractère)* cifra *f* • **chiffres arabes/romains** números *mpl* arábigos/romanos **2.** *(montant)* importe *m* • **chiffre rond** número *m*

redondo **3.** *(code secret)* clave *f.* ■ **chiffre d'affaires** *nm* volumen *m* de negocios.
chiffrer *vt* **1.** *(évaluer)* calcular **2.** *(numéroter)* numerar **3.** *(message)* cifrar. ❑ *vi fam* subir.
chignole *nf* taladradora *f.*
chignon *nm* moño *m* **(ESP)**, chongo *m* **(AMÉR)**.
Chili *npr* • **le Chili** Chile.
chilien, enne *adj* chileno(na). ■ **Chilien, enne** *nm,f* chileno *m*, -na *f.*
chimère *nf* quimera *f.*
chimie *nf* química *f.*
chimio *nf fam* quimio *f.*
chimiothérapie *nf* quimioterapia *f.*
chimique *adj* químico(ca).
chimiste *nmf* químico *m*, -ca *f.*
chimpanzé *nm* chimpancé *m.*
Chine *npr* • **la Chine** China.
chiné, e *adj* de mezclilla.
chiner *vi* buscar gangas.
chinois, e *adj* chino(na). ■ **chinois** *nm* LING chino *m.* ■ **Chinois, e** *nm,f* chino *m*, -na *f.*
chiot *nm* cachorro *m.*
chiottes *nfpl vulg* retrete *m*, cagadero *m vulg.*
chipie *nf fam* pillina *f.*
chipolata *nf* chipolata *f.*
chips *nfpl* patatas *fpl* fritas (de bolsa).
chiquenaude *nf* capirotazo *m.*
chiquer *vt* mascar *(tabaco).*
chiropraticien, enne, chiropracteur, trice *nm,f* quiropráctico *m*, -ca *f.*
chirurgical, e *adj* quirúrgico(ca).
chirurgie *nf* cirugía *f.*
chirurgien, enne *nm,f* cirujano *m*, -na *f.*
chirurgien-dentiste *nm* dentista *mf.*
chiure *nf* • **chiure de mouche** cagada *f* de mosca.
ch.-l. (abrév de chef-lieu) ≃ capital *f* (de provincia) • **Ajaccio, ch.-l. de la région Corse** Ajaccio, capital de la región de Córcega.
chlore *nm* cloro *m.*
chloroforme *nm* cloroformo *m.*
chlorophylle *nf* clorofila *f.*
choc *nm* **1.** *(coup, conflit)* choque *m* **2.** *(en apposition) (images)* de choque • **mesures(-)chocs** medidas de choque • **prix choc** ganga *f.*
chocolat *nm* **1.** *(gén)* chocolate *m* • **chocolat au lait/fondant/noir** chocolate con leche/fondant/negro *ou* puro • **chocolat chaud** chocolate a la taza • **chocolat glacé** helado *m* de chocolate **2.** *(bonbon)* bombón *m.* ❑ *adj inv (couleur)* chocolate *(en apposition).*
chocolaté, e *adj* chocolateado(da).
chœur *nm* coro *m.*
choisi, e *adj* **1.** *(morceau, œuvre)* escogido(da) **2.** *(langage, style)* rebuscado(da) **3.** *(société, assemblée)* selecto(ta).
choisir *vt* elegir, escoger. ❑ *vi* **1.** *(se prononcer pour)* elegir, escoger **2.** *(décider de)* • **choisir de faire qqch** decidir hacer algo.
choix *nm* **1.** *(décision)* elección *f* • **avoir le choix** poder elegir • **il n'y a pas le choix** no hay más remedio • **au choix** a elegir • **laisser le choix à qqn** dejar escoger a alguien **2.** *(d'articles)* selección *f* **3.** *(qualité)* • **de premier/second choix** de primera/segunda calidad.
choléra *nm* cólera *m.*
cholestérol *nm* colesterol *m.*
chômage *nm* paro *m*, desempleo *m* **(ESP)**, cesantía *f* **(AMÉR)**.
chômer *vt* festejar, celebrar. ❑ *vi* **1.** *(être sans travail)* estar en paro **2.** *(être inactif)* descansar.
chômeur, euse *nm,f* parado *m*, -da *f.*
chope *nf* jarra *f.*
choper *vt fam* **1.** *(voleur, rhume)* pescar • **il s'est fait choper** lo han pescado **2.** *(voler)* mangar, chorizar.
choquant, e *adj* chocante.
choquer *vt* **1.** *(scandaliser)* chocar **2.** *(traumatiser)* afectar.
choral, e *adj* coral. ■ **choral** *nm (chant liturgique)* coral *f.* ■ **chorale** *nf* coral *f.*
chorégraphie *nf* coreografía *f.*
choriste *nmf* corista *mf.*
chose *nf* cosa *f* • **c'est (bien) peu de chose** es poca cosa • **de deux choses l'une** una de dos. ■ **quelque chose** *pron indéf* algo.
chou[1] *nm* **1.** *(légume)* col *f* **2.** *(pâtisserie)* ≃ petisú *m* • **chou à la crème** bocadito *m* de nata. ■ **chou** *adj inv fam* mono(na).
chou[2], **choute** *nm,f fam (personne)* • **mon chou** cielito mío.
chouchou, oute *nm,f fam* ojito *m* derecho. ■ **chouchou** *nm (pour les cheveux)* coletero *m.*
chouchouter *vt fam* mimar **(ESP)**, papachar **(AMÉR)**.
choucroute *nf* choucroute *f.*
chouette *nf (oiseau)* lechuza *f.* ❑ *adj fam* **1.** *(personne)* majo(ja) **2.** *(chose)* guay. ❑ *interj* ¡(qué) guay!
chou-fleur *nm* coliflor *f.*
chou-rave *nm* colinabo *m.*
choyer *vt sout* mimar.
CHR (abrév de centre hospitalier régional) *nm inv* ≃ centro hospitalario regional • **il a été admis au CHR de Bordeaux** lo ingresaron en el CHR de Burdeos.
chrétien, enne *adj & nm,f* cristiano(na).
chrétienté *nf* cristiandad *f.*
christ *nm (crucifix)* cristo *m.* ■ **Christ** *nm* Cristo *m.*
christianisme *nm* cristianismo *m.*
chrome *nm* cromo *m.* ■ **chromes** *nmpl* cromado *m.*

chromé, e *adj* cromado(da).
chromosome *nm* cromosoma *m*.
chronique *adj* crónico(ca). ❑ *nf* crónica *f*.
chroniqueur, euse *nm,f* PRESSE & TV comentarista *mf* • **chroniqueur sportif** periodista deportivo.
chronologie *nf* cronología *f*.
chronomètre, chrono *nm* cronómetro *m*.
chronométrer *vt* cronometrar.
chrysalide *nf* crisálida *f*.
chrysanthème *nm* crisantemo *m*.
chuchotement *nm* cuchicheo *m*.
chuchoter *vt & vi* cuchichear.
chut *interj* ¡chitón!
chute *nf* **1.** *(gén)* caída *f* • **chute de neige** nevada *f* • **la chute du mur de Berlin** la caída del muro de Berlín **2.** *(cascade)* catarata *f* • **chute d'eau** salto *m* de agua • **chutes du Niagara** cataratas del Niágara **3.** *(de température, de tension)* bajada *f* **4.** *(de tissu)* jirón *m*.
Chypre *npr* Chipre.
ci *adv (après un nom)* • **cet homme-ci** este hombre. ❑ *pron dém* éste • **comme ci, comme ça** *fam* regular.
CIA (abrév de Central Intelligence Agency) *nf* CIA *f*.
ci-après *adv* siguiente.
cible *nf* **1.** *(de tir)* blanco *m* **2.** *(publicité)* objetivo *m*.
ciblé, e *adj* COMM *(public, clientèle)* al que va dirigido(da) *(un producto)*.
ciboulette *nf* cebolleta *f*.
cicatrice *nf* cicatriz *f*.
cicatriser *vt* cicatrizar.
ci-contre *adv* adjunto(ta).
ci-dessous *adv* más abajo.
ci-dessus *adv* más arriba.
CIDJ (abrév de Centre d'information et de documentation de la jeunesse) *nm* ≃ INJUVE *(Instituto de la Juventud)*.
cidre *nm* sidra *f* • **cidre brut** sidra seca.
Cie (abrév de compagnie) Cª, Cíª • **la société Dupond & Cie** la empresa Dupond & Cía.
ciel *nm* cielo *m* • **à ciel ouvert** a cielo abierto. ■ **cieux** *nmpl (paradis)* cielos *mpl*.
cierge *nm* cirio *m*.
cigale *nf* cigarra *f*.
cigare *nm* cigarro *m* puro, puro *m*.
cigarette *nf* cigarrillo *m*.
ci-gît *adv* aquí yace.
cigogne *nf* cigüeña *f*.
ciguë *nf* cicuta *f*.
ci-inclus, e *adj* adjunto(ta). ■ **ci-inclus** *adv* adjunto.
ci-joint, e *adj* adjunto(ta). ■ **ci-joint** *adv* • **veuillez trouver ci-joint** le adjunto.
cil *nm* pestaña *f*.
ciller *vi* pestañear.
cime *nf (sommet - d'arbre)* copa *f* ; *(- de montagne)* cima *f*.
ciment *nm* **1.** *(matériau)* cemento *m* **2.** *fig (lien)* cimientos *mpl*.
cimenter *vt* **1.** CONSTR cimentar **2.** *fig (consolider)* consolidar.
cimetière *nm* cementerio *m*, camposanto *m*.
ciné *nm fam* cine *m*.
cinéaste *nmf* cineasta *mf*.
ciné-club *nm* cine-club *m*.
cinéma *nm* cine *m*.
cinémathèque *nf* cinemateca *f*. ■ **Cinémathèque** *nf* • **la Cinémathèque française** ≃ la Filmoteca Nacional.
cinématographique *adj* cinematográfico(ca).
cinéphile *nmf* cinéfilo *m*, -la *f*.
cinglé, e *adj & nm,f fam* chiflado(da) • **être cinglé** estar chiflado *ou* como una chota.
cingler *vt* **1.** *(cheval)* fustigar, azotar **2.** *fig (sujet : pluie, vent)* azotar. ❑ *vi sout (naviguer)* navegar.
cinoche *nm fam* cine *m* • **se faire un cinoche, aller au cinoche** ir a ver una peli.
cinq *adj num inv & nm inv* cinco • **cinq cents élèves** quinientos alumnos. Voir aussi **six**.
cinquantaine *nf* **1.** *(nombre)* cincuentena *f* **2.** *(âge)* • **la cinquantaine** los cincuenta (años).
cinquante *adj num inv & nm inv* cincuenta. Voir aussi **soixante**.
cinquantenaire *adj* cincuentenario(ria). ❑ *nmf* quincuagenario *m*, -ria *f*. ❑ *nm (anniversaire)* cincuentenario *m*.
cinquantième *adj num & nmf* quincuagésimo(ma). Voir aussi **sixième**.
cinquième *adj num & nmf* quinto(ta). ❑ *nf* SCOL ≃ primero *m* de la ESO. ❑ *nm* quinta parte *f*. Voir aussi **sixième**.
cintre *nm* **1.** *(pour les vêtements)* percha *f* **2.** ARCHIT cimbra *f* **3.** *(de théâtre)* telar *m*.
cintré, e *adj* **1.** COUT entallado(da) **2.** ARCHIT cimbrado(da).
cirage *nm* **1.** *(action de cirer)* encerado *m* **2.** *(produit)* betún *m*.
circoncis, e *adj* circunciso(sa).
circoncision *nf* circuncisión *f*.
circonférence *nf* circunferencia *f*.
circonscription *nf* circunscripción *f*.
circonscrire *vt* **1.** *(incendie, épidémie)* localizar **2.** *(sujet)* delimitar **3.** GÉOM circunscribir.
circonspect, e *adj* circunspecto(ta).
circonstance *nf* circunstancia *f* • **circonstances atténuantes** circunstancias atenuantes.
circonstancié, e *adj* detallado(da).
circonstanciel, elle *adj* circunstancial.
circuit *nm* **1.** *(gén)* circuito *m* • **circuit d'alimentation** circuito de alimentación **2.** *(parcours)*

ruta *f* • **en circuit fermé a)** *(en boucle)* en circuito cerrado **b)** *fig (en restant confiné)* a puerta cerrada **3.** *ÉCON* canal *m* • **circuit de distribution** canal de distribución.

circulaire *adj & nf* circular.

circulation *nf* **1.** *(gén)* circulación *f* • **mettre en circulation** poner en circulación **2.** *(trafic)* circulación *f*, tráfico *m*.

circuler *vi* circular.

cire *nf* cera *f*.

ciré, e *adj (parquet)* encerado(da). ■ **ciré** *nm* impermeable *m*.

cirer *vt* **1.** *(meuble, parquet)* encerar **2.** *(chaussures)* limpiar.

cirque *nm* **1.** *(gén)* circo *m* **2.** *fam & fig (chahut, désordre)* jaleo *m*.

cirrhose *nf* cirrosis *f inv*.

cisaille *nf* **1.** *(à métaux)* cizalla *f* **2.** *(de jardinier)* podadora *f*, podadera *f*.

cisailler *vt* **1.** *(métal)* cizallar **2.** *(branches)* podar.

ciseau *nm* cincel *m*. ■ **ciseaux** *nmpl* **1.** *(instrument)* tijeras *fpl* **2.** *SPORT* • **faire des ciseaux** *(en gymnastique)* hacer tijeretas • **sauter en ciseaux** saltar de tijeras.

ciseler *vt* **1.** *(pierre, métal)* cincelar **2.** *(bijou)* tallar.

citadelle *nf* ciudadela *f*.

citadin, e *adj* urbano(na). ❑ *nm, f* ciudadano *m*, -na *f*.

citation *nf* **1.** *(d'écrit, de propos)* cita *f* **2.** *DR & MIL* citación *f*.

cité *nf* **1.** *(ville)* ciudad *f* **2.** *(résidence, lotissement)* residencia *f* • **cité universitaire** ciudad universitaria.

citer *vt* citar.

citerne *nf* **1.** *(réservoir d'eau)* cisterna *f*, aljibe *m* **2.** *(cuve)* cuba *f*.

cité U (abrév de cité universitaire) *nf fam* ciudad *f* universitaria • **vivre en cité U** vivir en la ciudad universitaria.

citoyen, enne *nm, f* ciudadano *m*, -na *f*.

citoyenneté *nf* ciudadanía *f*.

citron *nm* limón *m* • **citron pressé** zumo *m* de limón natural • **citron vert** limón verde. ❑ *adj inv (couleur)* amarillo limón, amarilla limón.

citronnade *nf* limonada *f*.

citronnelle *nf* cidronela *f*.

citronnier *nm* limonero *m*.

citrouille *nf* calabaza *f*.

civet *nm* encebollado *m*.

civière *nf* camilla *f*.

civil, e *adj* civil *mf* • **en civil** de paisano. ❑ *nm, f* civil *mf* • **dans le civil** en la vida civil.

civilisation *nf* civilización *f*.

civilisé, e *adj* civilizado(da).

civiliser *vt* civilizar.

civique *adj* cívico(ca).

civisme *nm* civismo *m*.

cl (abrév de centilitre) cl.

clair, e *adj* claro(ra) • **c'est clair et net** está bien claro. ■ **clair** *adv* • **en clair** *TV* no codificado(da) • **voir clair** ver claro • **tirer qqch au clair** sacar algo en claro. ■ **clair de lune** *nm* claro *m* de luna.

clairement *adv* claramente.

claire-voie ■ **à claire-voie** *loc adj (persienne, volet)* enrejado(da).

clairière *nf* claro *m*.

clairon *nm* corneta *f*, clarín *m*.

claironner *vi* tocar la corneta, tocar el clarín. ❑ *vt fig (nouvelle)* pregonar.

clairsemé, e *adj (cheveux)* ralo, rala *f*; *(arbres)* poco frondoso(sa).

clairvoyant, e *adj* clarividente.

clamer *vt* proclamar.

clameur *nf* clamor *m*.

clamser *vi fam* palmarla.

clan *nm* clan *m*.

clandestin, e *adj* clandestino(na). ❑ *nm, f (résident)* ilegal *mf*; *(passager)* polizón *m*.

clandestinité *nf* clandestinidad *f*.

clapier *nm* conejera *f*.

clapoter *vi* chapotear.

claquage *nm MÉD* distensión *f*.

claque *nf* **1.** *(gifle)* bofetada *f* (ESP), cachetada *f* (AMÉR) **2.** *(public)* • **la claque** la claque.

claquer *vt* **1.** *(fermer brusquement)* cerrar de un golpe • **claquer la porte** dar un portazo • **claquer la porte au nez de qqn** dar a alguien con la puerta en las narices **2.** *fam (gifler)* pegar **3.** *fam (dépenser)* pulirse **4.** *fam (fatiguer)* reventar. ❑ *vi* **1.** *(provoquer un claquement)* restallar • **la porte a claqué** la puerta se ha cerrado de un portazo • **faire claquer ses doigts/sa langue** chasquear los dedos/la lengua • **claquer des dents** tiritar, castañear **2.** *fam (mourir)* palmarla.

claquettes *nfpl* claqué *m*.

clarifier *vt* clarificar.

clarinette *nf* clarinete *m*.

clarté *nf* **1.** *(lumière)* luz *f* **2.** *(transparence)* transparencia *f* **3.** *fig (d'un raisonnement)* claridad *f*.

classe *nf* **1.** *(gén)* clase *f* • **aller en classe** ir a clase • **avoir de la classe** tener clase • **classe de neige** ≃ semana *f* blanca • **classe préparatoires** *pour expliquer ce que c'est, vous pouvez dire :* es un curso de uno o dos años durante el cual se prepara el difícil examen de ingreso a las "grandes écoles". • **classe verte** excursión *f* al campo con el colegio • **première/seconde classe** *(en train)* primera/segunda clase **2.** *(qualité)* categoría *f* **3.** *MIL (contingent)* reemplazo *m* • **de deuxième classe** raso

• **faire ses classes** hacer la instrucción militar. ❑ *adj fam* guay.
classement *nm* **1.** *(rangement, classification)* clasificación *f* **2.** *(liste)* lista *f.*
classer *vt* **1.** *(ranger, classifier)* clasificar ; *(dossier, affaire)* archivar **2.** *(monument)* • **classer qqch** declarar algo monumento nacional.
classeur *nm* **1.** *(meuble)* archivador *m* **2.** *(dossier compartimenté)* carpeta *f (con separadores)* **3.** *(à feuillets mobiles)* carpeta *f* de anillas.
classification *nf* clasificación *f.*
classique *nm* clásico *m.* ❑ *adj* clásico(ca).
claudication *nf* claudicación *f.*
clause *nf* cláusula *f.*
claustrophobe *adj* claustrofóbico(ca).
claustrophobie *nf* claustrofobia *f.*
clavecin *nm* clavicordio *m.*
clavicule *nf* clavícula *f.*
clavier *nm* teclado *m.*
clé, clef *nf* **1.** *(gén)* llave *f* • **sous clé** bajo llave • **mettre sous clé** poner bajo llave • **clé anglaise** *ou* **à molette** llave inglesa • **clé de contact** llave de contacto **2.** *MUS* clave *f* • **clé de sol/de fa** clave de sol/de fa **3.** *(en apposition) (position, rôle)* clave • **mots(-)clés** palabras clave. ■ **clé de voûte** *nf* clave *f* de bóveda.
clean *adj fam* • **c'est clean** *(lieu)* es un sitio bien • **il est clean** *(personne)* es un buen tío.
clémence *nf* **1.** *sout (indulgence)* clemencia *f* **2.** *fig (de climat, saison)* suavidad *f.*
clément, e *adj* **1.** *(indulgent)* clemente **2.** *fig (climat, saison)* suave.
clémentine *nf* clementina *f.*
cleptomane = **kleptomane.**
clerc *nm* **1.** *RELIG* clérigo *m* **2.** *(employé)* primer oficial *m* • **clerc de notaire** pasante de notario.
clergé *nm* clero *m.*
clic *nm INFORM* clic *m* • **faire un clic droit** hacer clic derecho.
Clic-Clac® *nm (sofá)* Clic-Clac® *m.*
cliché *nm* **1.** *PHOTO* negativo *m*, cliché *m* **2.** *fig (lieu commun)* cliché *m.*
client, e *nm,f* cliente *mf.*
clientèle *nf* clientela *f.*
clientélisme *nm* clientelismo *m.*
cligner *vi* • **cligner de l'œil** guiñar el ojo.
clignotant, e *adj* parpadeante. ■ **clignotant** *nm* **1.** *(de voiture)* intermitente *m* **(ESP)**, direccional *m* **(AMÉR)** **2.** *ÉCON (signal de danger)* señal *f* de alarma.
clignoter *vi* parpadear.
clim (abrév de **climatisation**) *nf fam* climatización *f*, aire *m* acondicionado.
climat *nm* clima *m.*
climatique *adj* climático(ca).
climatisation *nf* climatización *f*, aire *m* acondicionado.
climatisé, e *adj* climatizado(da).
climatosceptique *adj & nmf* climatoescéptico(ca).
clin ■ **clin d'œil** *nm* • **faire un clin d'œil (à qqn)** hacer un guiño (a alguien), guiñar el ojo (a alguien). ■ **en un clin d'œil** *loc adv* en un abrir y cerrar de ojos.
clinique *nf* clínica *f.* ❑ *adj* clínico(ca).
clip *nm* **1.** *(vidéo)* videoclip *m*, clip *m* **2.** *(bijou)* broche *m* ; *(boucle d'oreille)* pendiente *m* de clip.
cliquable *adj INFORM* clicable.
cliquer *vi INFORM* hacer clic.
cliqueter *vi* tintinear.
clitoris *nm* clítoris *m inv.*
clivage *nm* **1.** *fig (division)* división *f* **2.** *GÉOL (fracture)* hendidura *f.*
clochard, e *nm,f* vagabundo *m*, -da *f.*
cloche *nf* **1.** *(d'église)* campana *f* **2.** *(couvercle)* tapadera *f* **3.** *fam (personne stupide)* lelo *m*, -la *f* **4.** *(en apposition) (jupe)* abombado(da) ; *(chapeau)* de campana. ❑ *adj fam (idiot)* lelo(la).
cloche-pied ■ **à cloche-pied** *loc adv* a la pata coja.
clocher[1] *nm* campanario *m.*
clocher[2] *vi* • **il y a quelque chose qui cloche** hay algo que no encaja.
clochette *nf* campanilla *f.*
clodo *nmf fam* vagabundo *m*, -da *f.*
cloison *nf* tabique *m.*
cloisonner *vt* **1.** *(pièce, maison)* tabicar, separar con tabiques **2.** *fig (fonctions, services)* compartimentar.
cloître *nm* claustro *m.*
clonage *nm* clonaje *m* • **clonage thérapeutique** clonaje terapéutico.
clone *nm BIOL* clon *m.*
cloner *vt BIOL* clonar.
clope *nf fam* pito *m (cigarrillo).*
cloporte *nm* cochinilla *f.*
cloque *nf* **1.** *(ampoule - sur la peau)* ampolla *f* ; *(- de peinture)* vejiga *f* • **être en cloque** *fam* estar preñada.
clore *vt* **1.** *(gén)* cerrar • **clore un débat** concluir un debate **2.** *(entourer)* cercar.
clos, e *adj* cerrado(da). ■ **clos** *nm* **1.** *(terrain)* cercado *m* **2.** *(vignoble)* viñedo *m.*
clôture *nf* **1.** *(enceinte - haie)* valla *f* ; *(- en fil de fer)* alambrada *f* **2.** *(fermeture - de scrutin)* cierre *m* ; *(- de compte)* liquidación *f* ; *(- de débat)* clausura *f.*
clôturer *vt* **1.** *(terrain)* cercar **2.** *fig (débat)* clausurar.
clou *nm* **1.** *(pointe)* clavo *m* • **clou de girofle** clavo de especia **2.** *(de spectacle, de fête)* atracción *f* principal.
cloud computing [klawdkɔ̃pytiŋ] *nm INFORM* computación *f* en (la) nube.

clouer *vt* clavar • **cloué sur place** *(stupéfait)* clavado en el sitio.

clouté, e *adj* claveteado(da), con clavos.

clown *nm* payaso *m* • **faire le clown** *fig* hacer el payaso.

club *nm* **1.** *(groupe)* club *m* • **les clubs de sport** los clubes deportivos **2.** *(de golf)* palo *m*.

cm (abrév de centimètre) cm.

CM *nm* (abrév de cours moyen) • **CM1** ≃ 4° de E.P. • **passer en CM1** ≃ pasar a 4° de E.P. • **CM2** ≃ 5° de E.P.

CNRS (abrév de Centre national de la recherche scientifique) *nm* ≃ CSIC *m (Consejo Superior de Investigaciones Científicas)* • **un chercheur au CNRS** un investigador del CNRS.

coach *nmf* **1.** *(entraîneur)* coach *mf* • **coach personnel** coach personal **2.** *(conseiller)* asesor *m*, -ra *f*.

coacher *vt* **1.** *(entraîner)* hacer coaching **2.** *(conseiller)* asesorar.

coaching *nm* **1.** *(entraînement)* coaching *m* **2.** *(conseil)* asesoramiento *m*.

coactionnaire *nmf* accionista *mf*.

coaguler *vt* **1.** *(sang)* coagular **2.** *(lait)* cuajar. ❏ *vi* **1.** *(sang)* coagularse **2.** *(lait)* cuajarse. ■ **se coaguler** *vp* **1.** *(sang)* coagularse **2.** *(lait)* cuajarse.

coaliser *vt* aliarse. ■ **se coaliser** *vp* aliarse.

coalition *nf* **1.** MIL alianza *f* **2.** POLIT coalición *f*.

coasser *vi* croar.

cobaye *nm* **1.** *(animal)* cobaya *f*, conejillo *m* de Indias **2.** *fig (personne)* conejillo *m* de Indias.

cobra *nm* cobra *f*.

cocaïne *nf* cocaína *f*.

cocaïnomane *nmf* cocainómano *m*, -na *f*.

cocarde *nf* **1.** *(sur un avion, une voiture)* divisa *f* **2.** *(sur un vêtement)* escarapela *f*.

cocardier, ère *adj (propos)* chovinista. ❏ *nm, f (personne)* patriotero *m*, -ra *f*.

cocasse *adj fam* gracioso(sa).

coccinelle *nf* **1.** *(insecte)* mariquita *f* **2.** *(voiture)* escarabajo *m*.

coccyx *nm* coxis *m inv*.

cocher[1] *nm* cochero *m*.

cocher[2] *vt* marcar con una cruz.

cochon, onne *adj (obscène)* guarro(rra). ❏ *nm, f péj* cerdo *m*, -da *f*, marrano *m*, -na *f* • **jouer un tour de cochon à qqn** *fam & fig* hacer una jugarreta a alguien. ■ **cochon** *nm (animal)* cerdo *m* (ESP), chancho *m* (AMÉR).

cochonnerie *nf fam* **1.** *(gén)* porquería *f*, guarrería *f* **2.** *(obscénité)* guarrada *f*.

cochonnet *nm* **1.** *(petit cochon)* cochinillo *m* **2.** *(au jeu de boules)* boliche *m*.

cocktail *nm* cóctel *m* • **cocktail Molotov** cóctel molotov • **effet cocktail** efecto cóctel.

coco *nm* **1.** → **noix 2.** *(terme d'affection)* • **mon coco** cariñín **3.** *fam & péj (individu)* tipejo *m* **4.** *péj (communiste)* rojo *m*.

cocon *nm* **1.** ZOOL capullo *m (de gusano)* **2.** *fig (nid)* caparazón *m*.

cocorico *nm* quiquiriquí *m*.

cocotier *nm* cocotero *m*.

cocotte *nf* **1.** *(marmite)* olla *f* **2.** *(poule)* gallina *f* **3.** *péj (courtisane)* mujer *f* de costumbres licenciosas.

Cocotte-Minute® *nf* olla *f* a presión.

cocu, e *adj & nm, f fam* cornudo(da).

code *nm* código *m* • **code (à) barres** código de barras • **code postal** código postal • **code de la route** código de (la) circulación • **code secret** código secreto. ■ **codes** *nmpl* AUTO luces *fpl* de cruce.

code-barres *nm* código *m* de barras.

coder *vt* codificar.

coefficient *nm* MATH & SCOL coeficiente *m*.

cœur *nm* **1.** *(gén)* corazón *m* • **à cœur ouvert a)** MÉD a corazón abierto **b)** *fig (franchement)* con el corazón en la mano • **avoir bon cœur** tener buen corazón • **briser le cœur à qqn** partir el corazón a alguien • **cœur de laitue** cogollo *m* de lechuga • **apprendre/savoir qqch par cœur** aprender/saber algo de memoria • **avoir mal au cœur** estar mareado(da) • **en avoir le cœur net** saber a qué atenerse • **cœur d'artichaut** *litt* corazón de alcachofa • **avoir un cœur d'artichaut** ir de flor en flor **2.** *(point essentiel)* centro *m* • **le cœur du débat** el centro del debate • **au cœur de** en pleno(na). ■ **cœur de palmier** *nm* palmito *m*. ■ **à cœur joie** *loc adv* • **s'en donner à cœur joie** pasarlo en grande. ■ **de bon cœur** *loc adv (volontiers - donner, rire, manger)* de buena gana • **faire qqch de bon cœur** hacer algo de buena gana ; *(- parler)* con el corazón • **c'est de bon cœur : tenez, c'est de bon cœur** tome, es de corazón. ■ **de tout cœur** *loc adv* • **être de tout cœur avec qqn** *(condoléances)* acompañar a alguien en el sentimiento.

coexister *vi* coexistir.

coffre *nm* **1.** *(meuble)* baúl *m* **2.** *(de voiture)* maletero *m* (ESP), cajuela *f* (AMÉR) **3.** *(de banque)* caja *f* fuerte.

coffre-fort *nm* caja *f* fuerte.

coffret *nm* **1.** *(petit coffre)* cofrecito *m* • **coffret à bijoux** joyero *m* **2.** *(de disques, livres)* estuche *m*.

cogiter *vi hum* cavilar.

cogner *vt fam (battre)* sacudir. ❏ *vi* **1.** *(frapper)* • **cogner à la porte** aporrear la puerta • **cogner contre/sur qqch** golpear contra algo **2.** *fam (user de violence)* sacudir • **cogner sur qqn** sacudir a alguien **3.** *fam (soleil)* • **ça cogne** (el sol) pica. ■ **se cogner** *vp* **1.** *(se heurter)* darse contra • **se cogner à** *ou* **contre qqch** darse un golpe contra algo **2.** *fam (se battre)* sacudirse.

cohabiter *vi* **1.** *(habiter ensemble)* convivir **2.** *POLIT* cohabitar.

cohérence *nf* coherencia *f.*

cohérent, e *adj* coherente.

cohésion *nf* cohesión *f.*

cohorte *nf* cohorte *f.*

cohue *nf* **1.** *(foule)* tropel *m* **2.** *(bousculade)* barullo *m.*

coi, coite *adj* *sout* • **rester coi** no decir esta boca es mía.

coiffant, e *adj* • **gel coiffant** gomina *f*, gel *m* fijador.

coiffe *nf (coiffure - régionale)* cofia *f* ; *(- de religieuse)* toca *f.*

coiffé, e *adj (peigné)* peinado(da) • **être bien/mal coiffé** estar bien/mal peinado.

coiffer *vt* **1.** *(peigner)* peinar **2.** *(mettre sur la tête de)* • **coiffer qqn de qqch** *(casquette, chapeau)* poner algo en la cabeza de alguien **3.** *sout (recouvrir)* cubrir **4.** *(diriger)* dirigir. ■ **se coiffer** *vp* **1.** *(se peigner)* peinarse **2.** *(mettre sur sa tête)* • **se coiffer de qqch** tocarse con algo.

coiffeur, euse *nm,f* peluquero *m*, -ra *f* • **aller chez le coiffeur** ir a la peluquería. ■ **coiffeuse** *nf (meuble)* tocador *m.*

coiffure *nf* **1.** *(coupe de cheveux)* peinado *m* **2.** *(chapeau)* sombrero *m* **3.** *(profession)* peluquería *f.*

coin *nm* **1.** *(angle - rentrant)* rincón *m* ; *(- saillant)* esquina *f* • **au coin du feu** junto al fuego **2.** *(commissure)* comisura *f* • **coin de l'œil** rabillo *m* del ojo **3.** *(parcelle)* trozo *m* **4.** *(endroit retiré, recoin)* rincón *m* • **le petit coin** *fam* el retrete **5.** *(outil - pour caler)* calzo *m* ; *(- pour fendre)* cuña *f* **6.** *(matrice pour monnaie)* troquel *m.*

coincer *vt* **1.** *(bloquer)* atrancar, atascar **2.** *fam (attraper, mettre en difficulté)* acorralar.

coïncidence *nf* coincidencia *f.*

coïncider *vi* coincidir.

coing *nm (fruit)* membrillo *m.*

coït *nm* coito *m.*

col *nm* **1.** *(gén)* cuello *m* • **col du fémur/de l'utérus** cuello del fémur/del útero • **col en V** cuello de pico • **col roulé** cuello vuelto **2.** *GÉOGR* puerto *m.*

coléoptère *nm* coleóptero *m.*

colère *nf* **1.** *(mauvaise humeur)* cólera *f*, ira *f* • **être en colère** estar enfadado(da) *ou* enojado(da) • **se mettre en colère** enfadarse, enojarse **2.** *(crise)* rabieta *f* • **piquer une colère** coger una rabieta.

coléreux, euse, colérique *adj* colérico(ca).

colimaçon ■ **en colimaçon** *loc adv* de caracol.

colin *nm* merluza *f.*

colique *nf* cólico *m* • **avoir la colique** tener un cólico.

colis *nm* paquete *m* **(ESP)**, encomienda *f* **(AMÉR)**.

collaborateur, trice *nm,f* **1.** *(gén)* colaborador *m*, -ra *f* **2.** *HIST (sous l'Occupation)* colaboracionista *mf.*

collaboratif, ive *adj* colaborativo(va) • **c'est un travail collaboratif** es un trabajo colaborativo • **encyclopédie collaborative** enciclopedia colaborativa • **espace collaboratif** *INFORM* espacio colaborativo.

collaboration *nf* **1.** *(gén)* colaboración *f* **2.** *HIST (sous l'Occupation)* colaboracionismo *m.*

collaborer *vi* colaborar • **collaborer à qqch** colaborar en algo.

collagène *nm* colágeno *m.*

collant, e *adj* **1.** *(étiquette)* adhesivo(va) **2.** *(vêtement)* ceñido(da) **3.** *fam (personne)* pesado(da). ■ **collant** *nm* **1.** *(sous-vêtement féminin)* medias *fpl*, panty *m* **(ESP)**, pantymedias *fpl* **(AMÉR)** **2.** *(de danse)* malla *f.*

colle *nf* **1.** *(substance)* cola *f*, pegamento *m* **2.** *fam (question difficile)* pregunta *f* difícil **3.** *SCOL (retenue)* castigo *m.*

collecte *nf* colecta *f* • **collecte de vêtements** recogida *f* de ropa.

collectif, ive *adj* colectivo(va). ■ **collectif** *nm* colectivo *m.* ■ **collectif budgétaire** *nm* presupuestos *mpl* adicionales.

collection *nf* colección *f.*

collectionner *vt* coleccionar.

collectionneur, euse *nm,f* coleccionista *mf.*

collectivité *nf* comunidad *f* • **les collectivités locales** las administraciones locales • **collectivité territoriale** colectividad *f* territorial.

collège *nm* **1.** *(établissement scolaire)* colegio *m* *(donde se imparten los cursos para los 11-14 años)* **2.** *(de personnes)* colegio *m.* ■ **Collège de France** *nm* • **le Collège de France** el Collège de France.

collégien, enne *nm,f* colegial *m*, -la *f.*

collègue *nmf* colega *mf.*

coller *vt* **1.** *(gén)* *INFORM* pegar **2.** *fam & fig (suivre partout)* • **coller qqn** pegarse a alguien **3.** *fam (mettre)* apalancar **4.** *fam & fig (donner)* • **coller qqch à qqn** *(gifle, punition, etc)* soltar algo a alguien **5.** *fam (avec une question)* pillar **6.** *SCOL (punir)* castigar ; *(refuser)* • **être collé à un examen** suspender un examen. ❑ *vi* **1.** *(adhérer)* pegarse **2.** *(être adapté)* • **coller à qqch** *(réalité)* adecuarse a algo **3.** *fam (bien se passer)* ir bien **4.** *fam (suivre de près)* pegarse. ■ **se coller** *vp* **1.** *fam (subir)* cargar con **2.** *(se plaquer)* • **se coller contre qqch/qqn** arrimarse a algo/alguien.

collerette *nf* **1.** *(de vêtement)* cuello *m* **2.** *(de tuyau)* brida *f.*

collet *nm* **1.** *(de vêtement)* cuello *m* • **être collet monté** ser estirado(da) **2.** *(piège)* lazo *m.*

collier *nm* **1.** *(gén)* collar *m* **2.** *(barbe)* sotabarba *f.*

colline *nf* colina *f.*

collision *nf* colisión *f* • **entrer en collision avec qqch/avec qqn** chocar contra algo/contra alguien.
colloque *nm* coloquio *m.*
collyre *nm* colirio *m.*
colmater *vt* **1.** *(fuite)* taponar **2.** *(brèche)* tapar.
colo *nf fam* colonia *f* de vacaciones.
coloc[1] (abrév de colocataire) *nmf fam* compañero(ra) de piso.
coloc[2] (abrév de colocation) *nf fam* • **habiter en coloc** compartir piso.
colocataire *nmf* compañero(ra) de piso.
colocation *nf* • **habiter en colocation** compartir piso.
colombe *nf* paloma *f.*
Colombie *npr* • **la Colombie** Colombia.
colombien, enne *adj* colombiano(na). ■ **Colombien, enne** *nm,f* colombiano *m,* -na *f.*
colon *nm* colono *m.*
côlon *nm* colon *m.*
colonel *nm* coronel *m.*
colonelle *nf* coronela *f (épouse du colonel).*
colonial, e *adj* colonial.
colonialisme *nm* colonialismo *m.*
colonie *nf* colonia *f.* ■ **colonie de vacances** *nf* colonia *f* de verano.
colonisation *nf* colonización *f.*
coloniser *vt* **1.** *(occuper)* colonizar **2.** *fig (envahir)* invadir.
colonne *nf* **1.** *(gén)* columna *f* **2.** *(file)* fila *f* • **en colonne** en fila. ■ **colonne vertébrale** *nf* columna *f* vertebral.
colonoscopie = **coloscopie**.
colorant, e *adj* colorante. ■ **colorant** *nm* colorante *m.*
coloration *nf* coloración *f.*
colorer *vt* dar color a • **colorer de qqch** teñir de algo.
coloriage *nm* coloreado *m.*
colorier *vt* colorear.
coloris *nm* colorido *m.*
colorisation *nf* coloración *f.*
coloriser *vt* colorear.
coloscopie, colonoscopie *nf* colonoscopia *f.*
colossal, e *adj* colosal.
colporter *vt* **1.** *(marchandises)* vender *(de manera ambulante)* **2.** *(bruits, nouvelles)* divulgar.
com (abrév de communication) *nf* comunicación *f* • **faire de la com autour de qqch** comunicar sobre algo.
COM (abrév de collectivités d'outre-mer) *nfpl pour expliquer à un hispanophone ce que c'est, vous pouvez dire :* éste es el nombre que reciben los entes territoriales franceses de ultramar. Se consideran COM la Polinesia Francesa, la isla de Mayote (en el océano Índico), el grupo de islotes San Pedro y Miquelón (en el océano Atlántico) y el archipiélago de Wallis y Futuna (en el océano Pacífico).
coma *nm* coma *m* • **être dans le coma** estar en coma.
comateux, euse *adj* comatoso(sa). ❑ *nm,f* persona *f* en coma.
combat *nm* **1.** *(bataille)* combate *m* • **combat de boxe** combate de boxeo **2.** *fig (lutte)* lucha *f* • **engager le combat contre qqch** emprender la lucha contra algo.
combatif, ive *adj* combativo(va).
combattant, e *adj* combatiente. ❑ *nm,f* combatiente *mf* • **ancien combattant** ex combatiente.
combattre *vt* **1.** *(adversaire)* combatir contra *ou* con **2.** *(chose, idée)* combatir. ❑ *vi* combatir, luchar. ■ **se combattre** *vp* vencerse.
combien *adv* cuánto • **combien coûte ce livre ?** ¿cuánto cuesta este libro? • **combien de** cuánto(ta) • **combien de temps vous faut-il ?** ¿cuánto tiempo necesita? • **combien de pilules prenez-vous ?** ¿cuántas pastillas toma? • **combien cela a changé !** ¡cuánto ha cambiado! ❑ *nm inv* • **le combien ?** *(jour)* ¿qué día? • **le combien sommes-nous ?** ¿a qué día estamos? • **tous les combien ?** ¿cada cuánto?

> À PROPOS DE
> ### combien, combien de
> *Combien* se traduit par l'adverbe ***cuanto***, invariable, lorsqu'il se rapporte à un verbe; *combien de* se traduit par l'adjectif, ***cuanto(s), cuanta(s)***, et s'accorde en genre et en nombre avec le nom auquel il se rapporte.

combinaison *nf* **1.** *(gén)* combinación *f* **2.** *(sous-vêtement)* combinación *f* (ESP), fustán *m* (AMÉR) **3.** *(vêtement)* mono *m* • **combinaison de plongée** traje *m* de submarinismo • **combinaison de ski** mono de esquí.
combine *nf fam* chanchullo *m.*
combiné *nm* **1.** *(de téléphone)* auricular *m* **2.** *(au ski)* combinado *m.*
combiner *vt* combinar. ■ **se combiner** *vp fam* resolverse.
comble *nm* colmo *m* • **c'est un** *ou* **le comble !** ¡es el colmo! ❑ *adj* abarrotado(da), atestado(da). ■ **combles** *nmpl* desván *m*, buhardilla *f.*
combler *vt* **1.** *(personne)* colmar • **combler qqn de qqch** *(joie, honneurs)* colmar a alguien de algo **2.** *(trou, fossé)* llenar **3.** *(déficit, lacune)* subsanar.
combustible *adj & nm* combustible.
combustion *nf* combustión *f.*
come-back *nm inv* regreso *m* • **faire son** *ou* **un come-back** hacer su come-back.
comédie *nf* THÉÂTRE & CINÉ comedia *f* • **comédie musicale** comedia musical • **jouer la comédie** *fig* hacer teatro. ■ **Comédie-Française** *nf* • **la**

Comédie-Française *la compañía de teatro nacional francesa.*

comédien, enne *adj & nm,f* comediante(ta).

comestible *adj* comestible. ■ **comestibles** *nmpl* comestibles *mpl.*

comète *nf* ASTRON cometa *m.*

coming out *nm inv* • **faire son coming out** salir del armario.

comique *nm (acteur)* cómico *m*, -ca *f.* ❑ *adj* cómico(ca).

comité *nm* comité *m* • **comité d'entreprise** comité de empresa.

commandant *nm (dans les armées de terre et de l'air)* comandante *m* ; *(dans la marine)* capitán *m.*

commande *nf* **1.** *(de marchandises)* pedido *m* • **passer une commande** pasar un pedido • **sur commande** por encargo **2.** *(de machine)* mando *m* • **prendre les commandes de qqch** tomar las riendas de algo • **commande à distance** mando a distancia **3.** INFORM comando *m* • **commande numérique** comando numérico.

commander *vt* **1.** *(donner des ordres à)* mandar • **commander qqn** dar órdenes a alguien **2.** *(plat)* pedir ; *(livre, meuble)* encargar **3.** *(opération)* dirigir **4.** *(contrôler)* controlar. ❑ *vi* mandar • **commander à qqn de faire qqch** mandar a alguien que haga algo.

commanditaire *adj & nmf* comanditario(ria).

commando *nm* comando *m.*

comme

■ **comme** *conj*

1. INTRODUIT UNE COMPARAISON

como • **il est médecin comme son père** es médico como su padre • **il fait beau comme en plein été** hace buen tiempo como en pleno verano

2. EXPRIME LA MANIÈRE

• **fais comme il te plaira** haz como te plazca, haz lo que te plazca • **il était comme fou** estaba como loco

3. TEL QUE

como • **les arbres comme le châtaignier** los árboles como el castaño

4. AINSI QUE

tanto... como • **les filles comme les garçons jouent au foot** tanto las chicas como los chicos juegan al fútbol

5. INDIQUE LA CAUSE

como • **comme il pleuvait, nous sommes rentrés** como llovía, volvimos

6. DANS DES EXPRESSIONS

• **comme prévu/convenu** como estaba *ou* habíamos previsto/acordado

■ **comme** *adv*

cómo, qué • **comme c'est long !** ¡qué largo es! • **comme il nage bien !** ¡qué bien nada! • **comme tu as grandi !** ¡cómo has crecido!

■ **comme si** *loc conj*

1. EXPRIMANT LA COMPARAISON

como si • **il se conduit comme s'il était encore étudiant** se comporta como si todavía fuera estudiante

2. MARQUANT L'EXCLAMATION

como si • **c'est comme si c'était fait !** ¡es como si estuviera hecho!

■ **comme quoi** *loc adv*

para que veas • **comme quoi on ne peut pas se fier aux apparences** para que veas que no te puedes fiar de las apariencias

commémoration *nf* conmemoración *f.*

commémorer *vt* conmemorar.

commencement *nm* principio *m.*

commencer *vt* empezar, comenzar. ❑ *vi* empezar, comenzar • **commencer à faire qqch** empezar *ou* comenzar a hacer algo • **commencer mal/bien** empezar mal/bien • **ça commence bien !** *iron* ¡empezamos bien!

comment *adv* cómo • **comment vas-tu ?** ¿cómo estás? • **comment cela ?** ¿cómo es eso? • **comment mais... !** ¡pero cómo...!

commentaire *nm* comentario *m.* ■ **commentaires** *nmpl (critiques)* comentarios *mpl.*

commentateur, trice *nm,f* comentarista *mf.*

commenter *vt* comentar.

commérage *nm* comadreo *m*, cotilleo *m.*

commerçant, e *adj* comercial. ❑ *nm,f* comerciante *mf.*

commerce *nm* **1.** *(activité, magasin)* comercio *m* • **commerce électronique** comercio electrónico • **commerce en ligne** comercio en línea • **commerce équitable** comercio justo • **commerce extérieur/intérieur** comercio exterior/interior **2.** *sout (fréquentation)* trato *m.*

commercial, e *adj* comercial ; *(droit)* mercantil. ❑ *nm,f* comercial *mf.*

commercialiser *vt* comercializar.

commère *nf péj* cotilla *f.*

commettre *vt* cometer.

commis *nm* dependiente *m* • **commis voyageur** viajante *mf* (de comercio).

commisération *nf sout* conmiseración *f.*

commissaire *nm* comisario *m*, -ria *f.*

commissaire-priseur *nm* perito *m* tasador, perita *f* tasadora.

commissariat *nm* comisaría *f* ; *(organisme)* comisariado *m.*

commission *nf* **1.** *(délégation, rémunération)* comisión *f* • **travailler à la commission** trabajar a comisión **2.** *(message)* recado *m.* ■ **commissions** *nfpl (achats)* compra *f* • **faire les commissions** hacer la compra.

commissionnaire *nm* comisionista *mf.*

commissure *nf* comisura *f* • **commissure des lèvres** comisura de los labios.

commode *adj* **1.** *(gén)* cómodo(da) **2.** *(aimable)* amable • **il n'est pas commode** no es de trato fácil. ❑ *nf (meuble)* cómoda *f.*

commodité *nf* comodidad *f.*

commotion *nf* conmoción *f* • **commotion cérébrale** conmoción cerebral.

commun, e *adj* **1.** *(collectif, semblable)* común • **en commun** en común • **avoir/mettre qqch en commun** tener/poner algo en común **2.** *(répandu)* corriente **3.** *péj (banal)* vulgar **4.** *péj (manières)* basto(ta). ■ **commune** *nf* municipio *m.*

communal, e *adj* municipal.

communauté *nf* **1.** *(gén)* comunidad *f* • **vivre en communauté** vivir en comunidad • **communauté de biens** comunidad de bienes • **communauté réduite aux acquêts** bienes *mpl* gananciales **2.** *(de sentiments, de pensée)* afinidad *f.* ■ **Communauté** *nf* • **la Communauté européenne** la Comunidad Europea.

communément *adv* comúnmente.

communiant, e *nm, f* comulgante *mf* • **premier communiant** niño(ña) que hace la primera comunión.

communication *nf* **1.** *(gén)* comunicación *f* • **communication d'entreprise** imagen *f* corporativa **2.** *(message)* noticia *f* • **avoir communication de qqch** tener noticia de algo **3.** TÉLÉCOM llamada *f* (ESP), llamado *m* (AMÉR) • **être en communication avec qqn** estar hablando con alguien por teléfono • **recevoir/prendre une communication** recibir/aceptar una llamada • **communication locale** llamada urbana *ou* local.

communier *vi* comulgar.

communion *nf* comunión *f* • **communion solennelle** comunión solemne • **première communion** primera comunión • **être en communion avec qqn** estar en comunión con alguien.

communiqué *nm* comunicado *m* • **communiqué de presse** comunicado de prensa.

communiquer *vt* **1.** *(gén)* comunicar **2.** *(chaleur)* transmitir **3.** *(énergie, rire)* contagiar.

communisme *nm* comunismo *m.*

communiste *adj & nmf* comunista.

commutateur *nm* conmutador *m.*

compact, e *adj* compacto(ta). ■ **compact** *nm* disco *m* compacto, compact *m.* ■ **compacte** *nf* compacto *m.*

compacter *vt* **1.** *(neige, terre)* compactar **2.** INFORM compacter.

compagne → **compagnon.**

compagnie *nf* **1.** *(gén)* COMM compañía *f* • **en compagnie de qqn** en compañía de alguien • **tenir compagnie à qqn** hacer compañía a alguien **2.** *(assemblée)* concurrencia *f.*

compagnon, compagne *nm, f* compañero *m,* -ra *f* • **compagnon d'infortune** compañero de fatigas. ■ **compagnon** *nm (artisan)* oficial *m.*

comparable *adj* comparable.

comparaison *nf* comparación *f* • **en comparaison de qqch** en comparación con algo • **par comparaison avec qqch** en comparación con algo.

S'EXPRIMER

faire des comparaisons

- ***Hace tanto calor como ayer.*** Il fait aussi chaud qu'hier.
- ***Hace menos calor que en mayo.*** Il fait moins chaud qu'au mois de mai.
- ***Tenemos la misma edad.*** Nous avons le même âge.
- ***La bicicleta roja cuesta menos que la azul.*** Le vélo rouge coûte moins cher que le bleu.
- ***Comparada contigo, tu hermana es baja.*** Par rapport à toi, ta sœur est petite.
- ***Ella canta mejor que yo.*** Elle chante mieux que moi.

comparaître *vi* DR comparecer.

comparatif, ive *adj* comparativo(va). ■ **comparatif** *nm* GRAMM comparativo *m.*

comparé, e *adj* comparado(da).

comparer *vt* comparar • **comparer qqn/qqch à** *ou* **avec qqn/qqch** comparar a alguien/algo con alguien/algo.

comparse *nmf péj* compinche *mf.*

compartiment *nm* compartimento *m.*

comparution *nf* DR comparecencia *f.*

compas *nm* compás *m* • **avoir le compas dans l'œil** *fig* tener buen ojo.

compassion *nf* compasión *f* • **avoir de la compassion pour qqn** sentir compasión por alguien.

S'EXPRIMER

exprimer sa compassion

- ***¡Eso sí que es tener mala suerte!*** *ou* ***¡Qué mala suerte!*** C'est vraiment pas de chance !
- ***Lo siento muchísimo.*** Je suis vraiment désolé(e).
- ***¡Pobre!*** Mon pauvre !, Ma pauvre !
- ***Mi más sentido pésame.*** Toutes mes condoléances.

compatibilité *nf (gén)* compatibilidad *f.*

compatible *adj* compatible • **compatible avec qqch** compatible con algo.

compatir *vt* compadecer • **compatir à la douleur de qqn** compadecerse de alguien.
compatriote *nmf* compatriota *mf.*
compensation *nf* compensación *f.*
compensé, e *adj* compensado(da).
compenser *vt* compensar.
compère *nm* compinche *m.*
compète *nf fam* competición *f.*
compétence *nf* competencia *f.*
compétent, e *adj* competente.
compétitif, ive *adj* competitivo(va).
compétition *nf* competición *f* • **être en compétition** competir.
compil *nf fam* grandes éxitos *mpl.*
compilation *nf (gén)* compilación *f.*
complainte *nf* endecha *f.*
complaisant, e *adj* complaciente.
complément *nm* complemento *m* • **pour obtenir un complément d'information...** para más información... • **complément d'agent** complemento agente • **complément d'objet direct/indirect** complemento directo/indirecto.
complémentaire *adj* **1.** *(caractère, couleur)* complementario(ria) **2.** *(supplémentaire)* suplementario(ria).
complet, ète *adj* **1.** *(gén)* completo(ta) ; *(pain, riz)* integral **2.** *(hôtel, théâtre)* lleno(na). ■ **complet** *nm* traje *m.*
compléter *vt* completar. ■ **se compléter** *vp* complementarse.
complexe *nm* complejo *m* • **complexe hospitalier/scolaire** complejo hospitalario/escolar • **complexe multisalle** multicine *m* • **complexe sportif** polideportivo *m* • **complexe d'Œdipe** complejo de Edipo. ❑ *adj* complejo(ja).
complexé, e *adj* acomplejado(da).
complexer *vt* acomplejar.
complexification *nf* complicación *f.*
complexifier *vt* complicar.
complexité *nf* complejidad *f.*
complication *nf* **1.** *(complexité)* complejidad *f* **2.** *(aggravation)* complicación *f.*
complice *adj & nmf* cómplice.
complicité *nf* complicidad *f.*
compliment *nm* cumplido *m* • **faire ses compliments à qqn** *(le féliciter)* felicitar a alguien.
complimenter *vt* • **complimenter qqn sur qqch** felicitar a alguien por algo.
compliqué, e *adj* complicado(da).
compliquer *vt* complicar. ■ **se compliquer** *vp* complicarse.
complot *nm* complot *m*, confabulación *f.*
comploter *vt (manigancer)* tramar. ❑ *vi* **1.** *(conspirer)* conspirar **2.** *fig (intriguer)* maquinar.
comportement *nm* comportamiento *m.*
comportemental, e *adj* conductista.
comporter *vt* **1.** *(inclure)* conllevar **2.** *(être composé de)* constar de. ■ **se comporter** *vp* **1.** *(se conduire)* comportarse **2.** *(fonctionner)* funcionar.
composant, e *adj* componente. ■ **composant** *nm* componente *m.* ■ **composante** *nf* componente *f.*
composé, e *adj* compuesto(ta). ■ **composé** *nm* **1.** *(mélange)* mezcla *f* **2.** CHIM & LING compuesto *m.*
composer *vt* **1.** *(gén)* componer, formar **2.** *(numéro de téléphone)* marcar (ESP), discar (AMÉR). ❑ *vi (trouver un compromis)* transigir. ■ **se composer** *vp (être constitué)* • **se composer de** componerse de, constar de.
composite *nm* compuesto *m.* ❑ *adj* **1.** *(disparate)* heterogéneo(a) **2.** *(matériau)* compuesto(ta).
compositeur, trice *nm, f* **1.** MUS compositor *m*, -ra *f* **2.** TYPO cajista *mf.*
composition *nf* **1.** *(gén)* composición *f* • **être de bonne composition** *(personne)* ser de buena pasta **2.** SCOL redacción *f.*
composter *vt (billet de train)* picar.
compote *nf* CULIN compota *f.*
compréhensible *adj* comprensible.
compréhensif, ive *adj* comprensivo(va).
compréhension *nf* comprensión *f.*
comprendre *vt* **1.** *(gén)* comprender, entender **2.** *(comporter, inclure)* comprender. ❑ *vi* comprender, entender. ■ **se comprendre** *vp* comprenderse, entenderse • **ça se comprend** es comprensible.

S'EXPRIMER

indiquer qu'on n'a pas (tout) compris

- ***¿Perdón?*** Pardon ?
- ***¿Puedes/Puede repetir, por favor?*** Tu peux/Vous pouvez répéter s'il vous plaît ?
- ***Lo siento, no entiendo* (lo que dice).** Désolé, je ne comprends pas (ce que vous dites).
- ***¿Cómo se escribe esto, por favor?*** Comment cela s'écrit-il, s'il te/vous plaît ?
- ***¿Quieres/Quiere decir que...?*** Tu veux/Vous voulez dire que... ?
- ***¿Qué quieres/quiere decir con eso?*** Que veux-tu/voulez-vous dire par là ?
- ***¿Lo he entendido bien?*** Ai-je bien compris ?

compresse *nf* compresa *f.*
compresser *vt* **1.** *(tasser)* apretujar **2.** INFORM comprimir.
compresseur → **rouleau.**
compression *nf* **1.** *(de l'air)* compresión *f* **2.** *fig (réduction)* reducción *f* • **compression de personnel** reducción de plantilla.

comprimé, e *adj* comprimido(da). ■ **comprimé** *nm* comprimido *m* • **comprimé effervescent** comprimido efervescente.

comprimer *vt* **1.** *(gén)* comprimir **2.** *fig (dépenses)* reducir **3.** *(serrer)* apretar.

compris, e *adj* **1.** *(situé)* comprendido(da) **2.** *(inclus)* incluido(da) • **non compris a)** aparte **b)** *(page, date)* exclusive • **y compris a)** incluido(da) **b)** *(page, date)* inclusive.

compromettre *vt* comprometer.

compromis *nm* compromiso *m (acuerdo)*.

compromission *nf* compromiso *m*.

compta (abrév de comptabilité) *nf fam* **1.** *(technique)* contabilidad *f* **2.** *(service)* departamento *m* de contabilidad.

comptabilité *nf* **1.** *(technique)* contabilidad *f* **2.** *(service)* departamento *m* de contabilidad.

comptable *nmf* contable *mf* (ESP), contador *m*, -ra *f* (AMÉR). ❏ *adj sout* • **être comptable de qqch** ser responsable de algo.

comptant *adj inv* al contado. ❏ *adv* • **payer** *ou* **régler comptant** pagar *ou* abonar al contado. ❏ *nm* • **au comptant** al contado.

compte *nm* **1.** *(gén)* cuenta *f* • **être/se mettre à son compte** trabajar/establecerse por su cuenta *ou* por cuenta propia • **faire le compte de qqch** hacer el recuento de algo • **compte à rebours** cuenta atrás **2.** BANQUE & FIN cuenta *f* • **ouvrir un compte** abrir una cuenta • **compte bancaire** *ou* **en banque** cuenta bancaria • **compte courant/d'épargne** cuenta corriente/de ahorros • **compte créditeur/débiteur** cuenta acreedora/deudora • **compte de dépôt** cuenta de depósito • **compte d'exploitation** cuenta de explotación • **compte joint** cuenta conjunta • **compte postal** cuenta de la caja postal **3.** INFORM *(Internet)* cuenta *f* • **compte utilisateur** cuenta de usuario • **compte d'accès Internet** cuenta de acceso internet **4.** *(locutions)* • **avoir son compte (de)** tener su ración (de) • **je n'ai pas mon compte de sommeil** no he dormido bastante • **prendre qqch en compte, tenir compte de qqch** tener en cuenta algo • **compte tenu de** dado, dada • **compte tenu de la conjoncture actuelle, nous ne pouvons pas embaucher** dada la conyuntura actual, no podemos contratar personal • **régler son compte à qqn** *fig* ajustar las cuentas a *ou* con alguien • **rendre compte de qqch** dar cuenta de algo • **se rendre compte de qqch/que** darse cuenta de algo/de que • **trouver son compte : j'y trouve mon compte** me compensa. ■ **comptes** *nmpl (comptabilité)* cuentas *fpl* • **faire ses comptes** hacer cuentas • **faire des comptes d'apothicaire** hacer cuentas minuciosas • **régler ses comptes avec qqn/avec qqch** saldar sus cuentas con alguien/con algo • **rendre des comptes à qqn** rendir cuentas a alguien. ■ **tout compte fait, tous comptes faits** *loc adv* **1.** *(en résumé)* en resumidas cuentas • **il nous reste, tout compte fait, cinq thèmes à aborder** en resumidas cuentas, nos quedan cinco temas que tratar **2.** *(après tout)* al final • **tout compte fait, je vais déménager** al final, me voy a mudar.

compte-chèques *nm* cuenta *f* corriente con talonario.

compte-gouttes *nm inv* cuentagotas *m inv*.

compter *vt* **1.** *(dénombrer)* contar **2.** *(avoir l'intention de)* pensar • **je compte m'installer à Paris** pienso instalarme en París. ❏ *vi* contar • **compter sur qqn/sur qqch** contar con alguien/con algo • **compter parmi** contarse entre. ■ **à compter de** *loc prép* a partir de. ■ **sans compter** *loc adv* **1.** *(sans tenir compte de)* sin contar **2.** *(sans se ménager)* sin escatimar. ■ **sans compter que** *loc conj* aparte de que.

compte rendu, compte-rendu *nm (gén)* informe *m* ; *(de livre, de spectacle)* reseña *f* ; *(de séance)* acta *f*.

compte-tours *nm inv* cuentarrevoluciones *m inv*.

compteur *nm* contador *m*.

comptine *nf* canción *f* infantil.

comptoir *nm* **1.** *(de bar)* barra *f* **2.** *(de magasin)* mostrador *m* **3.** (SUISSE) *(foire)* feria *f* de muestras.

compulser *vt* consultar.

compulsif, ive *adj* compulsivo(va).

comte, comtesse *nm,f* conde *m*, -desa *f*.

con, conne *tfam* & *péj adj* **1.** *(personne)* gilipollas (ESP), gil, gila *f* (AMÉR) **2.** *(chose)* tonto(ta). ❏ *nm,f* gilipollas *mf inv*.

concave *adj* cóncavo(va).

concéder *vt* **1.** *(donner)* conceder **2.** *sout* • **concéder qqch à qqn** admitir algo ante alguien.

concentration *nf* concentración *f*.

concentré, e *adj* **1.** *(gén)* concentrado(da) **2.** *(esprit, personne)* centrado(da). ■ **concentré** *nm* concentrado *m*.

concentrer *vt* concentrar. ■ **se concentrer** *vp* concentrarse, centrarse.

concentrique *adj* concéntrico(ca).

concept *nm* concepto *m*.

conception *nf (d'un projet, d'un enfant)* concepción *f* ; *(d'une machine)* diseño *m* • **conception assistée par ordinateur** diseño asistido por ordenador.

concerner *vt* concernir • **être concerné par qqch** concernirle algo a uno • **se sentir concerné par qqch** afectarle algo a uno • **en ce qui concerne** en lo que se refiere a, en lo que concierne a • **en ce qui me concerne** por lo que a mí respecta.

concert *nm* concierto *m*.

concertation *nf* concertación *f*.

concerter *vt* concertar. ■ **se concerter** *vp* ponerse de acuerdo.

concerto *nm* concerto *m*.

concession *nf* concesión *f* • **concession à perpétuité** concesión a perpetuidad.

concessionnaire *adj & nm* concesionario(ria).

concevable *adj* concebible.

concevoir *vt* concebir.

concierge *nmf* portero *m*, -ra *f*.

conciliateur, trice *nm, f* conciliador *m*, -ra *f*.

conciliation *nf* conciliación *f*.

concilier *vt* **1.** *(mettre d'accord)* conciliar **2.** *(faire coïncider)* • **concilier qqch et** *ou* **avec qqch** compaginar algo y *ou* con algo.

concis, e *adj* conciso(sa).

concision *nf* concisión *f*.

concitoyen, enne *nm, f* conciudadano *m*, -na *f*.

concluant, e *adj* concluyente.

conclure *vt* **1.** *(affaire, marché)* cerrar **2.** *(discours, écrit)* concluir **3.** *(déduire)* • **en conclure que** deducir que. ❑ *vi* • **conclure à qqch** *(innocence, culpabilité)* pronunciarse por *ou* sobre algo.

conclusion *nf* **1.** *(fin, déduction)* conclusión *f* • **en conclusion** en conclusión **2.** *(d'un traité)* firma *f*.

concombre *nm* pepino *m*.

concordance *nf* concordancia *f* • **concordance des temps** concordancia de tiempos.

concorde *nf* concordia *f*.

concorder *vi* concordar • **concorder avec qqch** concordar con algo.

concourir *vi* **1.** *(contribuer)* • **concourir à qqch** contribuir a algo **2.** *(à un concours)* presentarse.

concours *nm* **1.** *(dans l'administration)* oposición *f* **2.** UNIV examen *m* de selección **3.** *(compétition)* concurso *m* • **concours hippique** concurso hípico **4.** *(collaboration)* colaboración *f*. ■ **concours de circonstances** *nm* cúmulo *m* de circunstancias.

concret, ète *adj* concreto(ta).

concrétiser *vt (projet, souhait)* materializar ; *(accord, offre)* concretar. ■ **se concrétiser** *vp (projet, souhait)* materializarse ; *(accord, offre)* concretarse.

concubin, e *nm, f* concubino *m*, -na *f*.

concubinage *nm* concubinato *m*.

concupiscent, e *adj* concupiscente.

concurremment *adv* conjuntamente.

concurrence *nf* competencia *f*.

concurrent, e *adj & nm, f* competidor(ra).

concurrentiel, elle *adj* competitivo(va).

condamnation *nf* condena *f*.

condamné, e *adj* **1.** DR condenado(da) **2.** *(malade)* desahuciado(da). ❑ *nm, f* DR condenado *m*, -da *f*.

condamner *vt* **1.** *(gén)* DR condenar • **condamner qqn à qqch** condenar a alguien a algo **2.** *(malade)* desahuciar **3.** *(interdire)* prohibir **4.** *(blâmer, dénoncer)* denunciar, condenar **5.** *(fermer)* condenar, tapiar.

condensateur *nm* condensador *m*.

condensation *nf* condensación *f*.

condensé, e *adj* condensado(da). ■ **condensé** *nm* resumen *m*.

condenser *vt* **1.** *(gaz)* condensar **2.** *(récit, pensée)* resumir.

condiment *nm* condimento *m*.

condisciple *nmf* condiscípulo *m*, -la *f*.

condition *nf* **1.** *(gén)* condición *f* • **sans condition** sin condiciones **2.** *(état physique)* condiciones *fpl* físicas • **être en bonne/mauvaise condition** estar en buenas/malas condiciones físicas. ■ **conditions** *nfpl* condiciones *fpl* • **conditions atmosphériques** condiciones atmosféricas • **conditions de vie** condiciones de vida. ■ **à condition de** *loc prép* con la condición de, a condición de que. ■ **à condition que** *loc conj* a condición de que.

conditionné, e *adj* **1.** *(produit)* envasado(da) **2.** → **air**.

conditionnel, elle *adj* condicional. ■ **conditionnel** *nm* GRAMM condicional *m*.

conditionnement *nm* **1.** *(emballage)* envase *m* **2.** *(opérations d'emballage)* envasado *m* **3.** PSYCHO condicionamiento *m*.

conditionner *vt* **1.** *(influencer)* PSYCHO condicionar **2.** *(produit)* envasar **3.** *(climatiser)* acondicionar.

condoléances *nfpl* pésame *m* • **présenter ses condoléances à qqn** dar el pésame a alguien.

conducteur, trice *adj* ÉLECTR conductor(ra). ❑ *nm, f (chauffeur)* conductor *m*, -ra *f* (ESP), motorista *mf* (AMÉR). ■ **conducteur** *nm* ÉLECTR conductor *m*.

conduire *vt* **1.** *(gén)* conducir **2.** *(en voiture)* llevar en coche. ❑ *vi* • **conduire à qqch** conducir *ou* llevar a algo. ■ **se conduire** *vp* portarse.

conduit *nm* conducto *m*.

conduite *nf* **1.** *(de véhicule)* conducción *f* **2.** *(d'une entreprise, d'un projet)* dirección *f* **3.** *(comportement)* conducta *f* **4.** *(canalisation)* conducto *m* • **conduite d'eau** conducto de agua • **conduite de gaz** conducto de gas.

cône *nm* cono *m*.

confection *nf* confección *f*.

confectionner *vt* confeccionar.

confédération *nf* confederación *f*.

conférence *nf* conferencia *f* • **conférence de presse** rueda *f* de prensa.

conférencier, ère *nm, f* conferenciante *mf*.

conférer *vt* • **conférer qqch à qqn** conferir algo a alguien.

confesser *vt* confesar. ■ **se confesser** *vp* confesarse.

confession *nf* confesión *f*.

confessionnal *nm* confesionario *m*.

confetti *nm* confeti *m*.

confiance *nf* confianza *f* • **avoir confiance en qqn/en qqch** tener confianza en alguien/en algo, confiar en alguien/en algo • **avoir confiance en soi** tener confianza en uno mismo • **faire confiance à qqn/à qqch** fiarse de alguien/de algo.

confiant, e *adj* confiado(da).

confidence *nf* confidencia *f*.

confident, e *nm,f* confidente *mf*.

confidentiel, elle *adj* confidencial.

confier *vt* • **confier qqn/qqch à qqn** *(donner)* confiar a alguien/algo a alguien • **confier qqch à qqn** *(dire)* confiar algo a alguien. ■ **se confier** *vp* • **se confier à qqn** confiarse a alguien.

configuration *nf* INFORM configuración *f* • **configuration de système** configuración de sistema • **panneau de configuration** panel de control.

confins ■ **aux confins de** *loc prép* en los confines de.

confirmation *nf* confirmación *f*.

confirmer *vt* confirmar • **confirmer que** confirmar que • **confirmer qqn dans qqch** confirmar a alguien en algo. ■ **se confirmer** *vp* confirmarse.

confiserie *nf* **1.** *(activité, magasin)* confitería *f* **2.** *(sucrerie)* dulce *m*.

confiseur, euse *nm,f* confitero *m*, -ra *f*.

confisquer *vt* **1.** *(biens)* confiscar, decomisar **2.** *(objet)* quitar.

confiture *nf* mermelada *f*.

conflit *nm* conflicto *m*.

confondre *vt* confundir.

conformation *nf* conformación *f*.

conforme *adj* • **conforme à qqch** conforme a *ou* con algo.

conformément *adv* • **conformément à qqch** conforme a algo.

conformer *vt* • **conformer qqch à qqch** ajustar algo a algo. ■ **se conformer** *vp* • **se conformer à qqch a)** *(s'adapter à)* adaptarse a algo **b)** *(obéir à)* someterse a algo.

conformiste *adj & nmf* conformista.

conformité *nf* conformidad *f* • **conformité à qqch** conformidad con algo • **être en conformité avec qqch** estar en conformidad con algo.

confort *nm* comodidad *f* • **tout confort** con todas las comodidades.

confortable *adj* **1.** *(fauteuil)* cómodo(da), confortable **2.** *(vie)* desahogado(da) **3.** *(avance)* cómodo(da).

confrère, consœur *nm,f* colega *mf*.

confrontation *nf* **1.** *(face à face)* careo *m* **2.** *(comparaison)* confrontación *f*, cotejo *m*.

confronter *vt* **1.** *(mettre face à face)* • **être confronté à qqch** enfrentarse a algo **2.** *(comparer)* confrontar, cotejar.

confus, e *adj* **1.** *(embrouillé)* confuso(sa) **2.** *(désolé)* • **je suis confus de ce retard** lamento este retraso • **je suis vraiment confus** lo siento mucho, no sé qué decir.

confusion *nf* confusión *f*.

congé *nm* **1.** *(vacances)* vacaciones *fpl* • **en congé** de vacaciones **2.** *(arrêt de travail)* baja *f* laboral • **congé (de) maladie/de maternité** baja por enfermedad/por maternidad **3.** *(renvoi)* despido *m* • **donner son congé à qqn** despedir a alguien • **prendre congé** despedirse.

S'EXPRIMER

prendre congé

- ***¡Hasta luego!*** Au revoir !
- ***¡Adiós!*** Salut !
- ***¡Nos vemos luego!*** À plus tard !
- ***¡Hasta ahora!*** À tout à l'heure !
- ***¡Hasta la noche!*** À ce soir !
- ***¡Hasta el martes!*** À mardi !
- ***¡Buenas noches!*** Bonne nuit !
- ***Lo siento, pero tengo que irme.*** Désolé, il faut que je parte.
- ***Tengo prisa.*** Je suis pressé.
- ***Hala, ¡hasta otra!*** *ou* ***¡hasta la próxima!*** Bon, à la prochaine !
- ***Ha sido un placer conocerte/lo.*** C'était un plaisir de te/vous rencontrer.
- ***Encantado de conocerte/lo.*** J'ai été très content de faire ta/votre connaissance.
- ***¡Ánimo!*** Bon courage !
- ***¡Buen viaje!*** Bon voyage !

congédier *vt sout* despedir **(ESP)**, cesantear **(AMÉR)**.

congé-formation *nm* ≃ permiso *m* de formación.

congélateur *nm* congelador *m*.

congeler *vt* congelar.

congélo (abrév de congélateur) *nm fam* congelador *m*.

congénital, e *adj* congénito(ta).

congère *nf* ventisquero *m*.

congestion *nf* congestión *f* • **congestion pulmonaire** congestión pulmonar.

Congo *npr* • **le Congo** el Congo.

congratuler *vt sout* congratular.

congrégation *nf* congregación *f*.

congrès *nm* congreso *m*.

conifère *nm* conífera *f*.

conjecture *nf* conjetura *f*.

conjecturer *vt sout* • **conjecturer qqch** hacer conjeturas sobre algo.

conjoint, e *adj* **1.** *(note)* adjunto(ta) **2.** *(demande)* conjunto(ta). ❑ *nm,f* cónyuge *mf*.

conjonctif, ive *adj* conjuntivo(va).

conjonction *nf* conjunción *f*.
conjonctivite *nf* conjuntivitis *f inv*.
conjoncture *nf* coyuntura *f*.
conjugaison *nf* conjugación *f*.
conjugal, e *adj* conyugal.
conjuguer *vt* conjugar.
conjuration *nf* **1.** *(conspiration)* conjura *f* **2.** *(exorcisme)* conjuro *m*.
connaissance *nf* **1.** *(savoir, conscience)* conocimiento *m* • **à ma connaissance** que yo sepa • **en connaissance de cause** con conocimiento de causa • **perdre/reprendre connaissance** perder/recobrar el conocimiento • **prendre connaissance de qqch** enterarse de algo **2.** *(relation)* conocido *m*, -da *f* • **faire connaissance (avec qqn)** conocerse (con alguien).
connaisseur, euse *adj & nm, f* entendido(da).
connaître *vt* conocer.
connecté, e *adj (télévision, voiture)* conectado(da).
connecter *vt* ÉLECTR conectar. ■ **se connecter** *vp* • **se connecter sur Internet** conectarse a internet.
connerie *nf tfam* **1.** *(acte, remarque)* gilipollez *f*, chorrada *f* **2.** *(stupidité)* gilipollez *f*.
connexion *nf* conexión *f*.
connu, e *adj* conocido(da).
conquérant, e *adj & nm, f* conquistador(ra).
conquérir *vt* conquistar.
conquête *nf* conquista *f*.
consacrer *vt* **1.** *(église)* consagrar **2.** *(employer)* • **consacrer qqch à qqch** dedicar algo a algo. ■ **se consacrer** *vp* • **se consacrer à a)** *(se vouer à)* consagrarse a **b)** *(s'occuper de)* dedicarse a.
consanguin, e *adj & nm, f* consanguíneo(a).
conscience *nf* **1.** *(gén)* conciencia *f* • **avoir conscience de qqch** tener conciencia de algo, ser consciente de algo • **avoir bonne conscience** tener la conciencia tranquila • **avoir mauvaise conscience** tener mala conciencia • **conscience professionnelle** ética *f* profesional **2.** *(connaissance)* • **perdre/reprendre conscience** perder/recobrar el conocimiento.
consciencieux, euse *adj* concienzudo(da).
conscient, e *adj* consciente • **être conscient de qqch** ser consciente de algo.
conscription *nf* reclutamiento *m*.
conscrit *nm* recluta *m*.
consécration *nf* consagración *f*.
consécutif, ive *adj* **1.** *(successif)* GRAMM consecutivo(va) **2.** *(résultant)* • **consécutif à qqch** provocado por algo.
conseil *nm* **1.** *(avis, assemblée)* consejo *m* • **donner un conseil/des conseils** dar un consejo/(unos) consejos • **conseil d'administration** consejo de administración • **conseil de classe** ≃ junta *f* de evaluación • **conseil de discipline** consejo de disciplina • **conseil des ministres** consejo de ministros • **conseil municipal** cabildo *m* **2.** *(conseiller)* asesor *m*, -ra *f* **3.** ÉCON consulting *m*.

S'EXPRIMER

donner et demander un conseil

- ***¿Qué hago?*** Qu'est ce que je dois faire?
- ***¿Qué piensas?*** Qu'en penses-tu?
- ***Yo en tu lugar llamaría al médico.*** Si j'étais toi, j'appellerais le médecin.
- ***Sería mejor que te quedaras en casa.*** *ou* ***Más te valdría quedarte en casa.*** Tu ferais mieux de rester à la maison.

conseiller[1] *vt (recommander)* aconsejar • **conseiller qqch à qqn** aconsejar algo a alguien.
conseiller[2], **ère** *nm, f* consejero *m*, -ra *f* • **conseiller matrimonial** consejero matrimonial • **conseiller municipal** concejal *m*.
consensuel, elle *adj (contrat)* consensual ; *(politique)* consensuado(da).
consentement *nm* consentimiento *m*.
consentir *vi (accepter)* • **consentir à qqch** consentir algo • **je consens à ce qu'il parte** consiento que se marche.
conséquence *nf* consecuencia *f* • **ça ne porte pas à conséquence** no tiene importancia.
conséquent, e *adj (important)* considerable. ■ **par conséquent** *loc adv* por consiguiente.
conservateur, trice *adj & nm, f* conservador(ra). ■ **conservateur** *nm (produit)* conservante *m*.
conservation *nf* conservación *f*.
conservatoire *nm* conservatorio *m* • **conservatoire d'art dramatique** escuela *f* de arte dramático • **conservatoire de musique** conservatorio (de música).
conserve *nf* conserva *f* • **mettre en conserve** poner en conserva.
conserver *vt* conservar • **être bien conservé** conservarse bien, estar bien conservado.
considérable *adj* considerable.
considération *nf* consideración *f* • **en considération de qqch** en consideración a algo • **prendre qqch en considération** tomar algo en consideración. ■ **considérations** *nfpl* • **se perdre en considérations** perderse en consideraciones.
considérer *vt* **1.** *(envisager)* considerar **2.** *(observer)* mirar **3.** *(juger)* • **considérer que** considerar que • **il considère qu'il est trop jeune pour se marier** considera que es demasiado joven para casarse • **on le considère comme le meilleur** está considerado (como) el mejor **4.** *(apprécier)* apreciar.

consigne *nf* **1.** *(gén pl) (ordre)* consigna *f* **2.** *(à bagages)* consigna *f* **3.** *(d'une bouteille)* importe *m* del casco.

consigner *vt* **1.** *(bagage)* dejar en consigna **2.** *(bouteille)* • **consigné/non consigné** retornable/no retornable **3.** *sout (relater)* anotar **4.** *MIL* acuartelar.

consistance *nf* consistencia *f*.

consistant, e *adj* consistente.

consister *vi* • **consister en qqch** *(se composer de)* constar de algo • **consister à faire qqch** consistir en hacer algo.

conso (abrév de consommation) *nf fam (boisson)* consumición *f*.

consolation *nf* consuelo *m*.

console *nf* **1.** *(table) INFORM* consola *f* • **console de jeux** *INFORM* consola de juegos **2.** *ARCHIT* ménsula *f*.

consoler *vt* • **consoler qqn (de qqch)** consolar a alguien (de algo).

consolider *vt* consolidar.

consommateur, trice *nm,f* **1.** *(acheteur)* consumidor *m*, -ra *f* **2.** *(client)* cliente *m*, -ta *f*.

consommation *nf* **1.** *(de papier, d'essence, etc)* consumo *m* • **la société de consommation** la sociedad de consumo **2.** *(boisson)* consumición *f* **3.** *(accomplissement)* consumación *f*.

consommé, e *adj sout (accompli)* consumado(da). ■ **consommé** *nm* consomé *m*, caldo *m* (de carne).

consommer *vt* **1.** *(gén)* consumir **2.** *sout (accomplir)* consumar. ❑ *vi* consumir.

consonance *nf* **1.** *(rime) MUS* consonancia *f* **2.** *(ensemble de sons)* resonancia *f*, sonido *m*.

consonne *nf* consonante *f*.

conspirateur, trice *nm,f* conspirador *m*, -ra *f*.

conspiration *nf* conspiración *f*.

conspirer *vt* maquinar. ❑ *vi* conspirar • **conspirer contre qqn/contre qqch** conspirar contra alguien/contra algo.

constamment *adv* constantemente.

constant, e *adj* constante.

Constantinople *npr* Constantinopla *f*.

constat *nm* **1.** *(procès-verbal - par un officiel)* atestado *m*, acta *f*; *(- par un particulier)* parte *m* **2.** *(constatation)* constatación *f*.

constatation *nf* constatación *f*.

constater *vt* **1.** *(se rendre compte de)* constatar **2.** *(consigner)* hacer constar.

constellation *nf* constelación *f*.

constellé, e *adj* • **constellé de a)** *(parsemé de)* salpicado de **b)** *(maculé de)* cubierto de.

consternation *nf* consternación *f*.

consterner *vt* consternar.

constipation *nf* estreñimiento *m*.

constipé, e *adj* estreñido(da) • **avoir l'air constipé** *fam & fig* tener cara de estreñido.

constituer *vt* constituir.

constitution *nf* constitución *f*.

constructeur, trice *nm,f* **1.** *(fabricant)* fabricante *mf* **2.** *(bâtisseur)* constructor *m*, -ra *f*.

construction *nf* construcción *f*.

construire *vt* construir.

consul *nm* cónsul *m*.

consultation *nf* consulta *f*.

consulter *vt* **1.** *(gén)* consultar **2.** *(spécialiste - médecin)* consultar a ; *(- avocat)* consultar con. ❑ *vi (médecin)* tener consulta, visitar.

contact *nm* contacto *m*.

contacter *vt* ponerse en contacto con, contactar con.

contagieux, euse *adj* contagioso(sa). ❑ *nm,f* enfermo *m* contagioso, enferma *f* contagiosa.

contagion *nf* contagio *m*.

contaminer *vt* **1.** *(infecter)* contaminar **2.** *fig (gagner)* contagiar.

conte *nm* cuento *m* • **conte de fées** cuento de hadas.

contemplation *nf* contemplación *f*.

contempler *vt* contemplar.

contemporain, e *adj & nm,f* contemporáneo(a).

contenance *nf* **1.** *(de bouteille, réservoir)* capacidad *f* **2.** *fig (attitude)* compostura *f* • **perdre contenance** perder la compostura.

contenir *vt* **1.** *(sujet : récipient, salle)* tener (una) capacidad para **2.** *(inclure, retenir)* contener. ■ **se contenir** *vp* contenerse.

content, e *adj* contento(ta) • **content de qqn/de qqch/de faire qqch** contento con alguien/con algo/de hacer algo.

contentement *nm* contento *m*.

contenter *vt* **1.** *(clientèle)* contentar **2.** *(caprice, besoin)* satisfacer. ■ **se contenter** *vp* • **se contenter de qqch/de faire qqch** contentarse con algo/con hacer algo.

contentieux *nm* contencioso *m*.

contenu *nm* contenido.

conter *vt* contar *(relatar)*.

contestable *adj* discutible.

contestation *nf* contestación *f* • **sans contestation possible** indiscutible.

conteste ■ **sans conteste** *loc adv* sin lugar a dudas.

contester *vt* discutir. ❑ *vi* protestar.

conteur, euse *nm,f* narrador *m*, -ra *f*; *(écrivain)* cuentista *mf*.

contexte *nm* contexto *m*.

contigu, uë *adj* contiguo(gua) • **contigu à qqch** contiguo a algo.

continent *nm* continente *m*.

continental, e *adj* continental.

contingence *nf (gén pl)* contingencia *f*.

contingent, e *adj* contingente. ■ **contingent** *nm* **1.** *MIL* contingente *m* **2.** *(de marchandises)* cupo *m*, contingente *m*.
continu, e *adj* continuo(nua).
continuation *nf* continuación *f* • **bonne continuation !** te/le deseo lo mejor.
continuel, elle *adj* continuo(nua).
continuellement *adv* continuamente.
continuer *vt* continuar. ❑ *vi* continuar, seguir • **continuer à** *ou* **de faire qqch** continuar *ou* seguir haciendo algo. ■ **se continuer** *vp* seguir.
continuité *nf* continuidad *f*.
contorsionner ■ **se contorsionner** *vp* contorsionarse.
contour *nm* **1.** *(limite, silhouette)* contorno *m* **2.** *(gén pl) (de route)* curva *f* ; *(de cours d'eau)* meandro *m*.
contourner *vt* **1.** *(obstacle)* rodear, salvar **2.** *fig (difficulté)* salvar, esquivar.
contraceptif, ive *adj* anticonceptivo(va). ■ **contraceptif** *nm* anticonceptivo *m*.
contraception *nf* anticoncepción *f*, contracepción *f*.
contracter *vt* contraer.
contraction *nf (de muscle)* contracción *f* • **les contractions (utérines) expulsent le fœtus** las contracciones (uterinas) expulsan el feto • **contraction de texte** contracción de texto.
contradiction *nf* contradicción *f*.
contradictoire *adj* **1.** *(idées)* contradictorio(ria) **2.** *(débat)* polémico(ca).
contraignant, e *adj (devoir, travail)* apremiante ; *(horaire)* exigente.
contraindre *vt* • **contraindre qqn à faire qqch/à qqch** obligar a alguien a algo/a hacer algo.
contrainte *nf (violence)* coacción *f* ; *(obligation)* obligación *f* • **obtenir qqch sous la contrainte** obtener algo por coacción.
contraire *nm* contrario *m*. ❑ *adj* **1.** *(opposé)* contrario(ria) • **contraire à qqch** contrario(ria) a algo **2.** *(nuisible)* • **contraire à qqch/à qqn** perjudicial para algo/para alguien. ■ **au contraire** *loc adv* al contrario. ■ **au contraire de** *loc prép* al contrario de.
contrairement ■ **contrairement à** *loc prép* contrariamente a.
contrarier *vt* **1.** *(irriter)* contrariar **2.** *(contrecarrer)* oponerse a.
contrariété *nf* contrariedad *f*.
contraste *nm* contraste *m*.
contraster *vt* hacer contrastar. ❑ *vi* contrastar • **contraster avec qqn/avec qqch** contrastar con alguien/con algo.
contrat *nm* **1.** *(acte, convention)* contrato *m* • **être sous contrat** estar bajo contrato • **contrat d'apprentissage** contrato en prácticas • **contrat à durée déterminée/indéterminée** contrato temporal/indefinido • **contrat emploi-solidarité** *pour expliquer à un hispanophone ce que c'est, vous pouvez le définir ainsi :* es un contrato destinado a favorecer la inserción o reinserción laboral, por 20 horas semanales y una duración máxima de 24 meses, generalmente en el sector asociativo. **2.** *(entente)* trato *m*.
contravention *nf* multa *f*.
contre *prép* **1.** *(gén)* contra • **élu à 15 voix contre 9** elegido por 15 votos a favor y 9 en contra **2.** *(comparaison)* frente a **3.** *(échange)* por • **troquer une bille contre une gomme** cambiar una canica por una goma. ❑ *adv* **1.** *(opposition)* contra **2.** *(juxtaposition)* • **consultez le tableau ci-contre** véase cuadro adjunto. ■ **par contre** *loc adv* en cambio.
contre-attaque *nf* contraataque *m*.
contrebalancer *vt sout* contrarrestar.
contrebande *nf* contrabando *m*.
contrebandier, ère *nm, f* contrabandista *mf*.
contrebas ■ **en contrebas** *loc adv* más abajo. ■ **en contrebas de** *loc prép* más abajo de.
contrebasse *nf* contrabajo *m*.
contrecarrer *vt* oponerse a.
contrecœur ■ **à contrecœur** *loc adv* a regañadientes.
contrecoup *nm* consecuencia *f*.
contre-courant ■ **à contre-courant** *loc adv* a contracorriente. ■ **à contre-courant de** *loc prép* a contracorriente de.
contredire *vt* contradecir. ■ **se contredire** *vp* contradecirse.
contrée *nf* tierra *f*.
contre-espionnage *nm* contraespionaje *m*.
contre-exemple *nm* excepción *f* a la regla.
contre-expertise *nf* peritaje *m* de comprobación.
contrefaçon *nf* **1.** *COMM (de marque)* imitación *f* **2.** *(de billets, signature)* falsificación *f*.
contrefort *nm* contrafuerte *m*.
contre-indication *nf* contraindicación *f*.
contre-indiqué, e *adj MÉD* contraindicado(da).
contre-jour *nm* contraluz *f*. ■ **à contre-jour** *loc adv* a contraluz.
contremaître *nm* capataz *m*.
contremarque *nf* **1.** *THÉÂTRE & CINÉ* contraseña *f* *(tíquet)* **2.** *COMM* contramarca *f*, contraseña *f*.
contre-offensive *nf* contraofensiva *f*.
contrepartie *nf* **1.** *(compensation)* contrapartida *f* **2.** *(contraire)* • **la contrepartie** lo contrario. ■ **en contrepartie** *loc adv* en contrapartida.
contre-performance *nf* mal resultado *m*.
contrepèterie *nf* retruécano *m*.
contre-pied *nm inv* • **prendre le contre-pied de qqch** defender lo contrario de algo.

contreplaqué *nm* contrachapado *m*.
contre-plongée *nf CINÉ & PHOTO* contrapicado *m*.
contrepoids *nm* contrapeso *m*.
contre-pouvoir *nm* contrapoder *m*.
contrer *vt* **1.** *(s'opposer à)* oponerse a **2.** *(aux cartes)* doblar. ❑ *vi (aux cartes)* jugar a la contra.
contresens *nm* contrasentido *m*. ■ **à contresens** *loc adv* **1.** *(rouler, marcher)* a contramano, en sentido contrario **2.** *fig (comprendre)* al revés.
contresigner *vt* refrendar.
contretemps *nm* contratiempo *m*. ■ **à contretemps** *loc adv MUS* a contratiempo ; *fig* a destiempo.
contrevenir *vi* • **contrevenir à qqch** contravenir algo.
contribuable *nmf* contribuyente *mf*.
contribuer *vi* • **contribuer à qqch/à faire qqch** contribuir en algo/a hacer algo.
contribution *nf* **1.** *(somme d'argent)* contribución *f* **2.** *(gén pl) (impôt)* impuesto *m* • **contributions directes/indirectes** impuestos directos/indirectos **3.** *(collaboration, participation)* colaboración *f*, contribución *f* • **mettre qqn à contribution** recurrir a alguien, echar mano de alguien.
contrit, e *adj sout* contrito(ta).
contrôle *nm* control *m* • **perdre le contrôle de qqch** perder el control de algo • **contrôle d'identité** control de identidad • **contrôle judiciaire** vigilancia *f* judicial • **contrôle des naissances** control de natalidad • **contrôle parental** control parental.
contrôler *vt* **1.** *(maîtriser, diriger)* controlar **2.** *(vérifier)* comprobar.
contrôleur, euse *nm,f (de bus, train, etc)* revisor *m*, -ra *f*, interventor *m*, -ra *f* • **contrôleur aérien** controlador *m* aéreo.
contrordre *nm* contraorden *f* • **sauf contrordre** si no hay contraorden.
controverse *nf* controversia *f*.
controversé, e *adj* controvertido(da).
contumace *nf DR* • **condamné par contumace** condenado en rebeldía.
contusion *nf* contusión *f*.
convaincre *vt* **1.** *(persuader)* • **convaincre qqn de qqch/de faire qqch** convencer a alguien de algo/de que haga algo **2.** *DR (reconnaître coupable)* probar la culpabilidad de.

S'EXPRIMER

convaincre quelqu'un

- ***¡Créeme!*** Fais-moi confiance !
- ***¡Créame!*** Croyez-moi !
- ***¡No te arrepentirás/se arrepentirá!*** Tu ne le regretteras pas !/Vous ne le regretterez pas !
- ***¡No hagas caso!*** *ou* ***¡Déjalo (correr)!*** Laisse tomber !
- ***¡Mira que eres terco!*** Ne sois pas si têtu !

convaincu, e *adj* convencido(da) • **convaincu de qqch** *(d'un crime, etc)* convicto de algo.
convalescence *nf* convalecencia *f* • **être en convalescence** estar en período de convalecencia.
convalescent, e *adj & nm,f* convaleciente.
convenable *adj* **1.** *(tenue, manières)* decente **2.** *(approprié)* conveniente **3.** *(acceptable, normal)* aceptable.
convenance *nf* conveniencia *f* • **à ma/à sa convenance** a mi/a su conveniencia. ■ **convenances** *nfpl* reglas *fpl* de urbanidad.
convenir *vi* **1.** *(se mettre d'accord)* • **convenir de qqch/de faire qqch** acordar algo/hacer algo **2.** *(satisfaire)* • **convenir à qqn** convenir a alguien **3.** *(être approprié)* • **convenir à** *ou* **pour qqch** ser adecuado(da) para algo **4.** *sout (admettre)* • **convenir que/de qqch** admitir *ou* reconocer que/algo. ❑ *v impers (être utile)* • **il convient d'y réfléchir** convendría pensárselo.
convention *nf* **1.** *(accord)* convenio *m* • **convention collective** convenio colectivo **2.** *(assemblée)* convención *f*. ■ **conventions** *nfpl* convencionalismos *mpl* • **les conventions sociales** los convencionalismos sociales.
conventionné, e *adj (médecin)* vinculado(da) por un convenio *(para aplicar las tarifas establecidas por la Seguridad Social)*.
conventionnel, elle *adj* convencional.
convenu, e *adj* **1.** *(décidé)* convenido(da) • **comme convenu** según lo acordado **2.** *péj (stéréotypé)* convencional.
convergent, e *adj* convergente.
converger *vi* converger.
conversation *nf* conversación *f*.

S'EXPRIMER

engager la conversation

- ***Oye,...*** Écoute,... *ou* Dis donc,...
- ***¿Tiene un momentito?*** Vous avez un moment ?
- ***Disculpe, pero tengo una pregunta.*** Excusez-moi, mais j'ai une question.

converser *vi sout* conversar • **converser avec qqn** conversar con alguien.
conversion *nf* conversión *f* • **conversion de qqch en qqch** conversión de algo en algo.
converti, e *nm,f* converso *m*, -sa *f*.
convertir *vt* convertir • **convertir qqch en qqch** convertir algo en algo • **convertir qqn à qqch** convertir a alguien a algo. ■ **se convertir** *vp* • **se convertir à qqch** convertirse a algo.
convexe *adj* convexo(xa).
conviction *nf* convicción *f*. ■ **convictions** *nfpl* convicciones *fpl*.
convier *vt* • **convier qqn à qqch a)** *(inviter)* convidar a alguien a algo **b)** *fig & sout (inciter)* invitar a alguien a algo.
convive *nmf* comensal *mf*.

convivial,e *adj* **1.** *(réunion, assemblée)* distendido(da) **2.** *INFORM* de fácil manejo.
convocation *nf* convocatoria *f.*
convoi *nm* **1.** *(de véhicules, de train)* convoy *m* **2.** *(cortège funèbre)* cortejo *m.*
convoiter *vt* codiciar.
convoitise *nf* codicia *f.*
convoquer *vt* convocar.
convoyer *vt* escoltar.
convoyeur,euse *adj* de escolta. ❑ *nm,f* escolta *m* • **convoyeur de fonds** guarda *m* jurado.
convulsé,e *adj* convulso(sa).
convulsion *nf* convulsión *f.*
cookie *nm (petit gâteau) INFORM* cookie *m ou f.*
cool *adj inv fam* guay.
coopération *nf* cooperación *f.*
coopérer *vi* • **coopérer à qqch** cooperar en algo.
coordination *nf* coordinación *f.*
coordonnée *nf* **1.** *LING* coordinada *f* **2.** *MATH* coordenada *f.* ■ **coordonnées** *nfpl* **1.** *fam (adresse)* señas *fpl* **2.** *GÉOGR* coordenadas *fpl.*
coordonner *vt* coordinar.
copain,copine *adj* amigo(ga). ❑ *nm,f fam* colega *mf* **(ESP)**, viejo *m*, -ja *f* **(AMÉR)**.
copeau *nm* viruta *f.*
Copenhague *npr* Copenhague.
copie *nf* **1.** *(double, reproduction)* copia *f* **2.** *SCOL (d'examen)* examen *m* • **rendre copie blanche** entregar el examen en blanco **3.** *INFORM* • **copie d'écran** copia *f* de pantalla.
copier *vt (gén) INFORM* copiar. ❑ *vi* • **copier sur qqn** copiar de alguien.
copier-coller *vt INFORM* copiar y pegar.
copieux,euse *adj* copioso(sa).
copilote *nmf* copiloto *m.*
copine → **copain**.
coproducteur,trice *nm,f* coproductor *m*, -ra *f.*
coproduction *nf* coproducción *f.*
copropriété *nf* copropiedad *f.*
copulation *nf* cópula *f.*
coq *nm* **1.** *ZOOL* gallo *m* **2.** *CULIN* pollo *m* **(ESP)**, ave *f* **(AMÉR)**.
coque *nf* **1.** *(de noix, amande)* cáscara *f* **2.** *(de navire)* casco *m* **3.** *ZOOL* berberecho *m.*
coquelicot *nm* amapola *f.*
coqueluche *nf* tos *f* ferina.
coquet,ette *adj* **1.** *(élégant)* coqueto(ta) **2.** *(avant le nom) hum (important)* bonito(ta). ■ **coquette** *nf* mantenida *f.*
coquetier *nm* huevera *f.*
coquetterie *nf* coquetería *f.*
coquillage *nm* **1.** *(mollusque)* marisco *m (que tiene concha)* **2.** *(coquille)* concha *f.*
coquille *nf* **1.** *(de mollusque)* concha *f* • **coquille Saint-Jacques a)** *(animal)* vieira *f* **b)** *(enveloppe)* concha *f* **2.** *(d'œuf)* cáscara *f* **3.** *(typographique)* gazapo *m*, errata *f.*
coquillette *nf (pâte)* conchita *f (de pasta).*
coquin,e *adj* pícaro(ra). ❑ *nm,f* **1.** *(malicieux)* pícaro *m*, -ra *f* **2.** *(malhonnête)* tunante *m*, -ta *f.*
cor *nm* **1.** *(instrument)* trompa *f* **2.** *(au pied)* callo *m.* ■ **à cor et à cri** *loc adv* a voz en grito.
corail *nm (animal, calcaire)* coral *m.* ■ **corail** *adj inv* **1.** *(couleur)* de color coral **2.** *RAIL (train)* estrella *(en apposition).* ❑ *nm inv (couleur)* color *m* coral.
Coran *nm* Corán *m.*
corbeau *nm* **1.** *(oiseau)* cuervo *m* **2.** *fig (délateur)* autor *m*, -ra *f* de anónimos.
corbeille *nf* **1.** *(panier)* cesta *f* **2.** *THÉÂTRE* palco *m* **3.** *(Bourse)* corro *m* **4.** *INFORM* papelera *f.*
corbillard *nm* coche *m* fúnebre.
cordage *nm* **1.** *(de bateau)* jarcias *fpl*, cordaje *m* **2.** *(de raquette)* cordaje *m.*
corde *nf* cuerda *f* • **cordes vocales** cuerdas vocales • **être sur la corde raide** estar en la cuerda floja • **toucher la corde sensible** tocar la fibra sensible.
cordée *nf* **1.** *(alpinisme)* cordada *f* **2.** *(pêche)* espinel *m.*
cordial,e *adj* cordial.
cordillère *nf* • **la cordillère des Andes** la cordillera de los Andes.
cordon *nm* **1.** *(lien)* cordón *m* • **cordon ombilical** cordón umbilical • **cordon de police** cordón policial **2.** *(insigne)* banda *f.*
cordon-bleu *nm* cocinero *m*, -ra *f* excelente.
cordonnerie *nf* zapatería *f.*
cordonnier,ère *nm,f* zapatero *m*, -ra *f.*
Cordoue *npr* Córdoba.
Corée *npr* Corea • **la Corée du Nord/du Sud** Corea del Norte/del Sur.
coriace *adj* **1.** *(viande)* correoso(sa) **2.** *fig (caractère)* tenaz.
coriandre *nf* cilantro *m.*
corinthien,enne *adj* corintio(tia). ■ **Corinthien,enne** *nm,f* corintio *m*, -tia *f.*
cormoran *nm* cormorán *m.*
corne *nf* **1.** *(gén)* cuerno *m* • **corne de brume** sirena *f* de niebla **2.** *(matière)* asta *f* **3.** *(callosité)* callosidad *f*, dureza *f.*
cornée *nf* córnea *f.*
corneille *nf* corneja *f.*
cornemuse *nf* gaita *f.*
corner[1] *vi (sonner)* tocar la bocina. ❑ *vt (page)* doblar.
corner[2] *nm SPORT* córner *m.*
cornet *nm* cucurucho *m* • **cornet à dés** cubilete *m* • **cornet à pistons** *MUS* cornetín *m.*
corn flakes *nmpl* corn flakes *mpl.*
corniche *nf* cornisa *f.*

cornichon *nm* **1.** *(condiment)* pepinillo *m* **2.** *fam* & *péj (imbécile)* burro *m*, -rra *f*.

corollaire *nm* corolario *m*.

corolle *nf* corola *f*.

coron *nm* **1.** *(maison)* casa *f* de mineros **2.** *(quartier)* barrio *m* minero.

corporate *adj* corporativo(va), empresarial • **communication corporate** comunicación corporativa.

corporation *nf* gremio *m*.

corporel, elle *adj* **1.** *(besoins, exercice)* corporal **2.** DR *(bien)* material.

corps *nm* cuerpo *m* • **corps d'armée** cuerpo de ejército • **corps diplomatique/enseignant** cuerpo diplomático/docente • **corps expéditionnaire** cuerpo expedicionario • **faire corps avec** formar cuerpo con.

LEXIQUE

Le corps humain

l'artère la arteria
la bouche la boca
le bras el brazo
le cerveau el cerebro
les cheveux el pelo
la cheville el tobillo
le cil la pestaña
le cœur el corazón
la colonne vertébrale la columna vertebral
la côte la costilla
le cou el cuello
le coude el codo
le crâne el cráneo
la cuisse el muslo
la dent el diente
le doigt el dedo
le dos la espalda
l'épaule el hombro
l'estomac el estómago
les fesses las nalgas
le foie el hígado
le front la frente
le genou la rodilla
la hanche la cadera
l'intestin el intestino
la jambe la pierna
la joue la mejilla
la langue la lengua
la mâchoire la mandíbula
la main la mano
le menton la barbilla
le mollet la pantorrilla
le nez la nariz
le nombril el ombligo
l'œil el ojo
l'œsophage el esófago
l'ongle la uña
l'oreille la oreja
l'orteil el dedo del pie
la paupière el párpado
le pied el pie
le poignet la muñeca
la poitrine el pecho
le poumon el pulmón
le rein el riñón
le sourcil la ceja
la taille la cintura
le talon el talón
la tête la cabeza
la veine la vena
le ventre la barriga
la vertèbre la vertebra

corpulent, e *adj* corpulento(ta).

correct, e *adj* correcto(ta).

correcteur, trice *adj* & *nm,f* corrector(ra). ■ **correcteur orthographique** *nm* corrector *m* ortográfico.

correction *nf* **1.** *(gén)* corrección *f* • **correction automatique** autocorrección *f* **2.** *(punition)* correctivo *m*.

corrélation *nf* correlación *f*.

correspondance *nf* **1.** *(gén)* correspondencia *f* • **lire sa correspondance** leer la correspondencia • **par correspondance** por correo **2.** *(train, bus)* enlace *m* ; *(avion)* correspondencia *f*.

correspondant, e *adj* correspondiente. ❑ *nm,f* **1.** *(par lettres)* correspondiente *mf* **2.** *(au téléphone)* interlocutor *m*, -ra *f* **3.** PRESSE corresponsal *mf*.

correspondre *vi* **1.** *(être conforme)* • **correspondre à qqch** corresponder a algo **2.** *(par lettres)* cartearse • **correspondre avec qqn** cartearse con alguien.

corridor *nm* **1.** *(couloir)* pasillo *m*, corredor *m* **2.** GÉOGR corredor *m*.

corrigé *nm* corrección *f* • **le corrigé de l'examen** el examen modelo.

corriger *vt* corregir.

corroborer *vt* corroborar.

corroder *vt* corroer.

corrompre *vt* corromper.

corrompu, e *adj* corrupto(ta).

corrosion *nf* **1.** *(des métaux)* corrosión *f* **2.** *(des sols)* erosión *f*.

corruption *nf* corrupción *f*.

corsage *nm* **1.** *(chemisier)* blusa *f* **2.** *(de robe)* cuerpo *f*.

corsaire *nm* **1.** *(marin)* corsario *m* **2.** *(navire)* barco *m* corsario **3.** *(pantalon)* pantalón *m* (de) pirata.

corse *adj* corso(sa). ❑ *nm* LING corso *m*. ■ **Corse** *nmf* corso *m*, -sa *f*. ❑ *npr* • **la Corse** Córcega.

corsé, e *adj (café)* fuerte ; *(problema)* arduo(a).

corset *nm* corsé *m*.

cortège *nm* **1.** *(défilé)* cortejo *m*, séquito *m* **2.** *fig (suite)* séquito *m*.

corticoïde, corticostéroïde *nm MÉD* corticoide *m*, corticosteroide *m*.

corvée *nf* faena *f*.

cosmétique *nm* cosmético *m*. ❑ *adj* cosmético(ca).

cosmique *adj* cósmico(ca).

cosmonaute *nmf* cosmonauta *mf*.

cosmopolite *adj* cosmopolita.

cosmos *nm* cosmos *m*.

cossu, e *adj* **1.** *(maison, intérieur)* señorial **2.** *(personne)* acomodado(da).

Costa Rica *npr* • **le Costa Rica** Costa Rica.

costaud, e *adj fam* **1.** *(personne)* robusto(ta) **2.** *(exercice, problème)* arduo(dua). ■ **costaud** *nm* hombre *m* robusto.

costume *nm* **1.** *(vêtement d'homme)* traje *m* **2.** *THÉÂTRE* • **les costumes** el vestuario.

cotation *nf FIN* cotización *f*.

cote *nf* **1.** *(niveau)* cota *f*, nivel *m* • **cote d'alerte a)** *(de cours d'eau)* nivel *ou* cota de alerta **b)** *fig (de situation)* punto *m* crítico • **cote de popularité** cota *ou* nivel de popularidad **2.** *(de livres)* signatura *f* **3.** *FIN* cotización *f* **4.** *(de voiture)* valoración *f* **5.** *(de cheval)* apuesta.

côte *nf* **1.** *ANAT* costilla *f* **2.** *CULIN (de bœuf)* chuletón *m* ; *(d'agneau, de porc)* chuleta *f* **3.** *(pente)* cuesta *f* **4.** *(littoral)* costa *f*. ■ **côte à côte** *loc adv* uno al lado del otro. ■ **Côte d'Azur** *npr* • **la Côte d'Azur** la Costa Azul.

coté, e *adj* **1.** *(estimé)* cotizado(da) **2.** *FIN* • **être coté en Bourse** cotizar en Bolsa.

côté *nm* **1.** *(gén)* lado *m* • **de l'autre côté de qqch** al otro lado de algo • **côté opposé** lado opuesto *ou* contrario • **être aux côtés de qqn** estar al lado de alguien • **les bons/mauvais côtés de** *(personne, situation)* el lado bueno/malo de **2.** *(flanc)* costado *m*, lado *m* • **sur le côté** de costado, de lado.

coteau *nm* **1.** *(petite colline)* cerro *m* **2.** *(versant)* ladera *f*.

Côte d'Ivoire *npr* • **la Côte d'Ivoire** Costa de Marfil.

côtelé, e *adj* acanalado(da) ; → **velours**.

côtelette *nf* chuleta *f*.

coter *vt* **1.** *(livres)* numerar, poner la signatura en **2.** *FIN* cotizar **3.** *(plan, carte)* acotar.

côtier, ère *adj* costero(ra).

cotisation *nf* **1.** *(quote-part - à un club, parti)* cuota *f* ; *(- à la Sécurité sociale)* cotización *f* **2.** *(collecte d'argent)* colecta *f*.

cotiser *vi* **1.** *(payer une cotisation - à un club, un parti)* pagar una cuota ; *(- à la Sécurité sociale)* cotizar **2.** *(participer)* • **cotiser pour qqch** dar dinero para. ■ **se cotiser** *vp* hacer una colecta.

coton *nm* algodón *m* • **coton à démaquiller** algodón para desmaquillar • **coton hydrophile** algodón hidrófilo.

Coton-Tige® *nm* bastoncillo *m* (de algodón).

côtoyer *vt (fréquenter)* frecuentar.

cou *nm* cuello *m*.

couchant *adj* → **soleil**. ■ **couchant** *nm* poniente *m*.

couche *nf* **1.** *(gén)* capa *f* • **couche d'ozone** capa de ozono **2.** *(de bébé)* pañal *m* **3.** *(classe sociale)* clase *f*. ■ **couches** *nfpl* parto *m* • **être en couches** ir de parto. ■ **fausse couche** *nf* aborto *m* natural, aborto *m* espontáneo.

couche-culotte *nf* braga *f* pañal, pañal *m*.

coucher[1] *vt* **1.** *(enfant)* acostar **2.** *(objet)* tumbar **3.** *(blessé)* tender **4.** *sout (sur un testament)* incluir. ❑ *vi* **1.** *(dormir)* dormir **2.** *fam (avoir des rapports sexuels)* • **coucher avec qqn** acostarse con alguien. ■ **se coucher** *vp* **1.** *(s'allonger)* tumbarse **2.** *(se mettre au lit)* acostarse **3.** *(se courber)* inclinarse **4.** *(soleil)* ponerse.

coucher[2] *nm* puesta *f* • **coucher de soleil** puesta de sol.

couchette *nf* litera *f*.

coucou *nm* **1.** *(oiseau)* cuco *m*, cuclillo *m* **2.** *(fleur)* primavera *f* silvestre **3.** *(pendule)* cucú *m*, reloj *m* de cuco. ❑ *interj* ¡cucú!

coude *nm* **1.** *(gén)* codo *m* **2.** *(de chemin, de rivière)* recodo *m*.

cou-de-pied *nm* empeine *m*.

coudre *vt & vi* coser.

couette *nf* **1.** *(édredon)* funda *f* nórdica, plumón *m* **2.** *(coiffure)* coleta *f*.

couffin *nm* **1.** *(berceau)* cuco *m*, capacho *m* **2.** *(cabas)* serón *m*.

cougar *nf péj* cougar *f*, asaltacunas *f inv*.

couille *nf vulg* cojón *m*, huevo *m*.

couiner *vi* **1.** *(animal)* chillar **2.** *péj (personne)* lloriquear **3.** *(porte, fenêtre)* rechinar.

coulant, e *adj* **1.** *(matière, style)* fluido(da) **2.** *fam (personne)* • **être coulant (avec qqn)** enrollarse bien (con alguien).

coulée *nf* **1.** *(de lave, boue)* río *m* **2.** *(de métal)* colada *f*.

couler *vt* **1.** *(navire, entreprise, personne)* hundir **2.** *(métal, béton)* vaciar, colar. ❑ *vi* **1.** *(liquide)* correr **2.** *(beurre, cire)* derretirse **3.** *(robinet)* gotear **4.** *(bateau, personne)* hundirse • **couler à pic** irse a pique **5.** *(jours)* transcurrir.

couleur *nf* **1.** *(gén)* color *m* • **en couleurs** en color **2.** *(linge)* ropa *f* de color **3.** *(aux cartes)* palo *m*.

LEXIQUE

Les couleurs

blanc blanco
bleu azul
bleu ciel azul celeste
bordeaux granate
gris gris
jaune amarillo
marron marrón
mauve malva
noir negro

orange naranja
rose rosa
rose vif fucsia
rouge rojo
vert verde
vert clair verde claro
vert foncé verde oscuro
violet violeta

couleuvre *nf* culebra *f*.

coulisse *nf* **1.** *(glissière)* riel *m* **2.** *COUT* jareta *f*. ■ **coulisses** *nfpl* **1.** *THÉÂTRE* bastidores *mpl* **2.** *fig (dessous)* entresijos *mpl*.

coulisser *vi* correr.

couloir *nm* **1.** *(corridor, passage)* pasillo *m* **2.** *GÉOGR* corredor *m* **3.** *SPORT* calle *f*.

coup *nm* **1.** *(gén)* golpe *m* • **coup dur** duro golpe • **coup franc** golpe franco • **coup de grâce** golpe de gracia • **sale coup** golpe bajo **2.** *(avec instrument, arme, partie du corps)* • **passer un coup de balai** pasar la escoba • **coup de ciseaux** tijeretazo *m* • **coup de coude** codazo *m* • **coup de crayon** trazo *m* • **coup de feu** disparo *m* • **coup de fouet a)** latigazo *m* **b)** *fig* empujón *m* • **coup de marteau** martillazo *m* • **coup de pied** patada *f*, puntapié *m* • **coup de poing** puñetazo *m* **3.** *fam (fois)* vez *f* **4.** *(manifestation soudaine)* acceso *m*, arrebato *m* • **avoir un coup de barre** *ou* **de pompe** *fam* amodorrarse, dar un bajón • **coup de colère** arrebato de cólera • **coup de tonnerre** trueno *m* **5.** *(action spectaculaire)* jugada *f* • **préparer un mauvais coup** preparar una mala pasada • **avoir un coup dans l'aile** *ou* **dans le nez** *fam* estar un poco contentillo(lla) • **boire un coup** *fam* tomar una copa • **donner un coup de main à qqn** echar una mano a alguien • **tenir le coup** aguantar (el tipo) • **valoir le coup** valer la pena. ■ **coup d'État** *nm* golpe *m* de Estado. ■ **coup de fil** *nm* llamada *f* • **passer un coup de fil (à qqn)** dar un telefonazo (a alguien). ■ **coup de foudre** *nm* flechazo *m*. ■ **coup de téléphone** *nm* llamada *f* (telefónica) **(ESP)**, llamado *m* **(AMÉR)** • **donner** *ou* **passer un coup de téléphone** llamar por teléfono. ■ **coup de théâtre** *nm* golpe *m* de efecto. ■ **à coup sûr** *loc adv* seguro • **il l'aura oublié, à coup sûr** seguro que se le habrá olvidado. ■ **du coup** *loc adv* de resultas. ■ **du premier coup** *loc adv* a la primera. ■ **coup sur coup** *loc adv* uno tras otro, una tras otra. ■ **sous le coup de** *loc prép* **1.** *(sous l'action de)* bajo el peso de **2.** *(sous l'effet de)* bajo el efecto de. ■ **sur le coup** *loc prép* en el momento, al principio. ■ **tout à coup** *loc adv* de repente.

coupable *adj* **1.** *(personne)* culpable • **plaider coupable/non coupable** declararse culpable/inocente **2.** *(action, pensée)* censurable. ❏ *nmf* culpable *mf*.

coupant, e *adj* cortante.

coupe *nf* **1.** *(verre) SPORT* copa *f* **2.** *(coiffure) COUT* corte *m* **3.** *(d'arbres)* tala *f* **4.** *(plan)* sección *f* **5.** *(aux cartes)* corte *m* **6.** *(de mot)* separación *f* de palabras **7.** *(réduction)* recorte *m*.

coupé, e *adj* cortado(da). ■ **coupé** *nm* cupé *m*.

coupe-ongles *nm inv* cortaúñas *m inv*.

coupe-papier *nm* abrecartas *m inv*.

couper *vt* **1.** *(gén) INFORM* cortar **2.** *(blé, herbe)* segar **3.** *(traverser)* cruzar **4.** *(vin)* aguar **5.** *(aux cartes)* matar. ❏ *vi* cortar • **tu ne vas pas couper à la vaisselle** *fam* no te vas a escaquear de lavar los platos.

couper-coller *nm inv INFORM* • **faire un couper-coller** hacer un corta pega.

couperet *nm* cuchilla *f*.

couperose *nf* acné *f* rosácea.

coupe-vent *nm inv* chubasquero *m*.

couple *nm* **1.** *(de personnes, d'oiseaux)* pareja *f* **2.** *PHYS & MATH* par *m*.

coupler *vt TECHNOL* acoplar.

couplet *nm* estrofa *f*; *fig* cantinela *f*.

coupole *nf* cúpula *f*.

coupon *nm* **1.** *(de tissu)* retal *m* **2.** *(billet) FIN* cupón *m*.

coupon-réponse *nm* cupón *m* respuesta.

coupure *nf* **1.** *(gén)* corte *m* • **coupure de courant a)** apagón *m* **b)** *TECHNOL* corte de corriente **2.** *(extrait de journal)* recorte *m* **3.** *(billet de banque)* billete *m* • **grosses/petites coupures** billetes grandes/pequeños **4.** *fig (rupture)* interrupción *f*.

cour *nf* **1.** *(espace)* patio *m* **2.** *(entourage)* corte *f* **3.** *(tribunal)* tribunal *m* • **cour d'assises** ≃ audiencia *f* provincial • **cour martiale** tribunal militar. ■ **Cour de cassation** *nf* • **la Cour de cassation** ≃ el Tribunal Supremo. ■ **Cour des comptes** *nf* • **la Cour des comptes** ≃ el Tribunal de Cuentas.

courage *nm* **1.** *(bravoure)* valor *m*, valentía *f* **2.** *(énergie)* ánimo *m*.

courageux, euse *adj* **1.** *(brave)* valiente **2.** *(travailleur)* animoso(sa) **3.** *(audacieux)* audaz.

courant, e *adj* corriente. ■ **courant** *nm* **1.** *(gén)* corriente *f* • **courant d'air** corriente de aire • **courant de pensée** corriente de pensamiento **2.** *(de personnes)* movimiento *m*. ■ **au courant** *loc adv* • **être au courant (de qqch)** estar al corriente (de algo) • **mettre/tenir qqn au courant (de qqch)** poner/mantener a alguien al corriente (de algo) • **se mettre/se tenir au courant (de qqch)** ponerse/mantenerse al corriente (de algo).

courbature *nf* agujetas *fpl*.

courbaturé, e *adj* • **être courbaturé** tener agujetas.

courbe *nf* curva *f* • **courbe de niveau** curva de nivel. ❏ *adj* curvo(va).

courber *vt* **1.** *(branche, tige)* curvar **2.** *(tête, front)* inclinar. ❏ *vi (ployer)* encorvarse. ■ **se cour-**

ber *vp* **1.** *(branche, tige)* curvarse **2.** *(se baisser)* inclinarse.

courbette *nf* zalema *f* • **faire des courbettes à** *ou* **devant qqn** *fig* hacer zalemas a *ou* ante alguien.

coureur, euse *nm,f* corredor *m*, -ra *f* • **coureur cycliste** ciclista *mf*.

courge *nf* **1.** *(légume)* calabaza *f* **2.** *fam (imbécile)* cabeza hueca *mf*.

courgette *nf* calabacín *m*.

courir *vt* **1.** *(course, risque)* correr **2.** *(parcourir)* recorrer **3.** *(fréquenter)* frecuentar • **courir les magasins** ir de tiendas **4.** *fig (rechercher)* buscar. ❑ *vi* correr.

couronne *nf* **1.** *(gén)* corona *f* **2.** *(pain)* rosco *m*.

couronnement *nm* coronación *f*.

couronner *vt* coronar.

courre → **chasse**.

courriel *nm* correo *m* electrónico, email *m*.

courrier *nm* correo *m* • **courrier du cœur** consultorio *m* sentimental • **courrier électronique** correo electrónico, email *m*.

courroie *nf* correa *f* • **courroie de transmission** correa de transmisión.

courroucé, e *adj sout* enfurecido(da).

courroucer *vt sout* enojar.

cours *nm* **1.** *(gén)* curso *m* • **cours d'eau a)** *(grand)* río *m* **b)** *(petit)* riachuelo *m* • **en cours a)** *(année)* en curso **b)** *(affaire)* pendiente • **en cours de route** por el camino • **donner** *ou* **laisser libre cours à** dar rienda suelta a **2.** FIN cotización *f* • **avoir cours a)** *(monnaie)* tener curso legal **b)** *fig* practicarse **3.** *(leçon)* clase *f* • **cours particuliers** clases particulares **4.** *(classe)* • **cours élémentaire 1** ≃ segundo de E.P. • **cours élémentaire 2** ≃ tercero de E.P. • **cours moyen 1** ≃ cuarto de E.P. • **cours moyen 2** ≃ quinto de E.P. • **cours préparatoire** ≃ primero de E.P. **5.** *(établissement)* academia *f* **6.** *(notes de cours)* apuntes *mpl* **7.** *(avenue)* paseo *m*. ■ **au cours de** *loc prép* durante, a lo largo de.

course *nf* **1.** *(action de courir, compétition)* carrera *f* • **course contre la montre** carrera contrarreloj **2.** *(de projectile)* trayectoria *f* **3.** *(achat)* compra *f* • **faire les courses** hacer la compra.

course-poursuite *nf* persecución *f*.

coursier, ère *nm,f* mensajero *m*, -ra *f*.

court, e *adj* corto(ta). ■ **court** *adv* • **être à court d'argent/d'idées/d'arguments** andar escaso(sa) de dinero/de ideas/de argumentos • **prendre qqn de court** pillar desprevenido(da) • **tourner court** acabarse antes de tiempo.

court-bouillon *nm* caldo *m*.

court-circuit *nm* ÉLECTR cortocircuito *m*.

court-circuiter *vt* **1.** ÉLECTR producir un cortocircuito en **2.** *fig* • **court-circuiter qqn** saltarse *ou* puntearse a alguien.

courtier, ère *nm,f* corredor *m*, -ra *f*.

courtisan, e *nm,f* **1.** HIST cortesano *m*, -na *f* **2.** *fig (flatteur)* adulador *m*, -ra *f*.

courtiser *vt* **1.** *(flatter)* adular **2.** *vieilli (femme)* cortejar.

court-métrage *nm* cortometraje *m*.

courtois, e *adj* cortés.

courtoisie *nf* cortesía *f*.

couru, e *adj* concurrido(da).

couscous *nm* cuscús *m inv*.

cousin, e *nm,f* primo *m*, -ma *f*.

coussin *nm* cojín *m*.

cousu, e *adj* cosido(da).

coût *nm* coste *m* • **coûts de distribution** costes de distribución.

coûtant → **prix**.

couteau *nm* **1.** *(gén)* cuchillo *m* • **couteau à cran d'arrêt** navaja *f* de muelle **2.** *(outil)* espátula *f* **3.** *(coquillage)* navaja *f*.

coûter *vi* costar. ❑ *vt* costar • **ça coûte combien ?** ¿cuánto cuesta?, ¿cuánto es? ■ **coûte que coûte** *loc adv* cueste lo que cueste.

coûteux, euse *adj* costoso(sa).

coutume *nf* costumbre *f*.

couture *nf* costura *f*.

couturier, ère *nm,f* modisto *m*, -ta *f*.

couvée *nf* nidada *f*.

couvent *nm* convento *m*.

couver *vt* **1.** *(œuf, maladie)* incubar **2.** *(enfant)* mimar (ESP), papachar (AMÉR). ❑ *vi* **1.** *(complot)* cocerse **2.** *(feu)* quedar rescoldos.

couvercle *nm* tapadera *f*.

couvert, e *adj* **1.** *(habillé)* abrigado(da) **2.** *(ciel, temps)* nublado(da) **3.** *(plein)* • **couvert de qqch** lleno de algo. ■ **couvert** *nm* **1.** *(abri)* refugio *m*, abrigo *m* • **se mettre à couvert** ponerse a cubierto **2.** *(à table)* cubierto *m* • **mettre le couvert** poner la mesa. ■ **couverts** *nmpl* cubiertos *mpl*.

couverture *nf* **1.** *(de lit)* manta *f* (ESP), cobija *f* (AMÉR) • **couverture chauffante** manta eléctrica **2.** *(de livre)* encuadernación *f*, cubierta *f*, tapa *f*; *(de magazine)* portada *f* **3.** *(protection)* PRESSE cobertura *f* • **couverture sociale** cobertura de la Seguridad Social **4.** *(d'activité secrète)* tapadera *f* **5.** *(toit)* cubierta *f*.

couveuse *nf* **1.** *(pour œuf, bébé)* incubadora *f* **2.** *(poule)* clueca *f*.

couvre-chef *nm* sombrero *m*.

couvre-feu *nm* toque *m* de queda.

couvre-lit *nm* colcha *f*, cubrecama *m*.

couvreur *nm* techador *m*.

couvrir *vt* **1.** *(gén)* PRESSE cubrir • **couvrir qqn de qqch** *(combler de)* cubrir a alguien de algo **2.** *(vêtir)* abrigar **3.** *(livre)* forrar **4.** *(récipient, bruit)* tapar **5.** *(recouvrir)* • **couvrir qqch de qqch** llenar algo de algo. ■ **se couvrir** *vp* **1.** *(gén)* cubrirse **2.** *(se vêtir)* abrigarse.

covoiturage *nm* autoestop *m* organizado • **offre de covoiturage dans la région de Genève** oferta de autoestop organizado en la región de Ginebra.

CP (abrév de cours préparatoire) *nm* ≃ 1º de E.P. • **être au CP** ≃ estar en 1º de E.P.

CPAM (abrév de Caisse primaire d'assurance maladie) *nf* ≃ INGS *m*.

CPE (abrév de Conseiller Principal d'Éducation) *nmf* asesor *m*, -ra *f* docente.

CPGE, cpge (abrév de classe préparatoire aux grandes écoles) *nf* *curso preparatorio para el examen de ingreso en una escuela superior (Grande école) francesa*.

cpt abrév de **comptant**.

crabe *nm* cangrejo *m*.

crachat *nm* escupitajo *m*.

cracher *vi* **1.** *(personne)* escupir • **ne pas cracher sur qqch** *fam & fig* no hacer ascos a algo **2.** *(crépiter)* chisporrotear. ❑ *vt* escupir.

crachin *nm* calabobos *m inv*.

crachoir *nm* escupidera *f* (**Esp**), salivadera *f* (**Amér**).

crack *nm* **1.** *fam (as)* hacha *f* **2.** *(drogue)* crack *m*.

crade, cradingue, crado *adj fam* asqueroso(sa), guarro(rra), cutre • **c'est crade chez lui** su casa es una asquerosidad.

craie *nf* **1.** *(roche)* roca *f* caliza **2.** *(pour écrire)* tiza *f* (**Esp**), gis *m* (**Amér**).

craignos *adj fam* **1.** *(lieu)* cutre, chungo(ga) **2.** *(personne)* dudoso(sa), sospechoso(sa).

craindre *vt* **1.** *(redouter)* temer, tener miedo de • **elle craint de prendre froid** teme enfriarse, tiene miedo de enfriarse • **elle craint que vous (n')ayez oublié quelque chose** teme que os hayáis olvidado algo, tiene miedo de que os hayáis olvidado algo **2.** *(être sensible à)* alterarse con.

crainte *nf* temor *m*. ■ **de crainte de** *loc prép* por temor a. ■ **de crainte que** *loc conj* por temor a que • **de crainte qu'il (ne) parte** por temor a que se vaya.

craintif, ive *adj* temeroso(sa).

cramer *fam vt* quemar. ❑ *vi* quemarse. ■ **se cramer** *vp fam* quemarse.

cramoisi, e *adj* rojo(ja) carmesí.

crampe *nf* calambre *m* • **crampe d'estomac** retortijón *m* de estómago.

crampon *nm* **1.** *(crochet)* gancho *m* **2.** *(de chaussures)* taco *m* **3.** *fam (personne)* lapa *f*.

cramponner ■ **se cramponner** *vp* **1.** *(s'agripper)* • **se cramponner (à qqch/à qqn)** agarrarse (a algo/a alguien) **2.** *fig (s'attacher)* aferrarse • **se cramponner à qqch** *(vie, espoir)* aferrarse a algo.

cran *nm* **1.** *(de ceinture)* agujero *m* **2.** *(entaille)* muesca *f* • **cran d'arrêt** muelle *m* • **cran de sûreté** seguro *m* **3.** *fig (degré)* • **baisser/monter d'un cran** bajar/subir un punto **4.** *fam (audace)* agallas *fpl*.

crâne *nm* cráneo *m*.

crâner *vi fam* fardar.

crânien, enne *adj* craneal.

crapaud *nm* sapo *m*.

crapule *nf* crápula *f*.

craquelure *nf* grieta *f*.

craquement *nm* crujido *m*.

craquer *vi* **1.** *(parquet, branches)* crujir **2.** *(se déchirer)* reventar **3.** *(être séduit)* • **il craque pour le chocolat/sa voisine** le chifla el chocolate/su vecina **4.** *(perdre le contrôle)* • **il n'en peut plus, il va craquer** no puede más, le va a dar algo **5.** *(être effrondré)* hundirse **6.** *fam (au jeu)* fundirse. ❑ *vt* **1.** *(allumette)* frotar **2.** *(couture)* desgarrar, romper.

crasse *nf* **1.** *(saleté)* mugre *f* **2.** *fam (mauvais tour)* jugarreta *f*. ❑ *adj (bêtise, ignorance)* craso(sa).

crasseux, euse *adj* mugriento(ta).

cratère *nm* cráter *m*.

cravache *nf* fusta *f*.

cravate *nf* corbata *f*.

crawl *nm* crol *m*.

crayon *nm* lápiz *m* • **crayon à bille** bolígrafo *m* • **crayon de couleur** lápiz de color.

créancier, ère *nm,f* acreedor *m*, -ra *f*.

créateur, trice *adj & nm,f* creador(ra).

créatif, ive *adj & nm,f* creativo(va).

création *nf* creación *f*.

créativité *nf* creatividad *f*.

créature *nf* criatura *f*.

crécelle *nf* carraca *f*, matraca *f*.

crèche *nf* **1.** *(garderie)* guardería *f* infantil **2.** *(de Noël)* belén *m*.

crécher *vi fam* anidar.

crédibiliser *vt* dar credibilidad a.

crédible *adj* creíble.

crédit *nm* crédito *m* • **faire crédit à qqn** dar crédito a alguien • **acheter/vendre (qqch) à crédit** comprar/vender (algo) a crédito.

crédit-bail *nm* arrendamiento *m* con opción de compra.

créditeur, trice *adj & nm,f* acreedor(ra).

crédule *adj* crédulo(la).

crédulité *nf* credulidad *f*.

créer *vt* crear • **créer des ennuis à qqn** crear problemas a alguien.

crémaillère *nf* **1.** *(de cheminée)* llares *fpl* • **pendre la crémaillère** *fig* inaugurar la casa con una fiesta **2.** TECHNOL cremallera *f*.

crémation *nf* cremación *f*.

crème *nf* **1.** *(gén)* crema *f* • **crème anglaise** crema inglesa • **crème anti-âge** crema contra el envejecimiento • **crème hydratante** crema hidratante • **crème à raser** crema de afeitar

2. *(du lait)* nata *f* • **crème fouettée** nata batida • **crème fraîche** nata. ❑ *adj inv (couleur)* crema *(en apposition)*.

crémerie *nf* mantequería *f*, lechería *f*.

crémeux, euse *adj* cremoso(sa).

crémier, ère *nm, f* mantequero *m*, -ra *f*.

créneau *nm* **1.** *(pour se garer)* aparcamiento *m* • **faire un créneau** aparcar **2.** *(horaire)* hueco *m* **3.** COMM segmento *m* de mercado **4.** *(de fortification)* almena *f*.

créole *adj* criollo(lla). ❑ *nm* LING criollo *m*. ■ **créoles** *nfpl* aros *mpl*.

crêpe *nf* crepe *f*. ❑ *nm* **1.** *(tissu)* crespón *m* **2.** *(caoutchouc)* crepé *m*.

crêperie *nf* crepería *f*.

crépi *nm* enlucido *m*.

crépir *vt* enlucir.

crépiter *vi* crepitar.

crépon *nm* crespón *m*.

crépu, e *adj* crespo(pa).

crépuscule *nm* **1.** *(tombée du jour)* anochecer *m* **2.** *fig & sout (fin)* crepúsculo *m*.

crescendo *adv* crescendo • **aller crescendo** ir in crescendo. ❑ *nm inv* crescendo *m*.

cresson *nm* berro *m*.

Crète *npr* • **la Crète** Creta.

crête *nf* cresta *f*.

crétin, e *adj & nm, f fam* cretino(na).

creuser *vt* **1.** *(trou, sol, tunnel)* cavar **2.** *fig (sujet, idée)* profundizar en, ahondar en **3.** *(front, visage)* • **creusé de rides** lleno de arrugas • **creusé par la fatigue** marcado por el cansancio **4.** *fig (écart, différence)* aumentar. ❑ *vi (donner faim)* • **ça creuse?!** *fam* ¡esto abre el estómago!

creuset *nm* crisol *m*.

creux, euse *adj* **1.** *(vide)* hueco(ca) **2.** *(assiette)* hondo(da) **3.** *(période)* bajo(ja) **4.** *(raisonnement)* vacío(cía). ■ **creux** *nm* hueco *m*.

crevaison *nf* pinchazo *m*.

crevant, e *adj fam* agotador(ra).

crevasse *nf* grieta *f*.

crevé, e *adj* **1.** *(pneu, ballon)* pinchado(da) • **j'ai un pneu crevé** tengo una rueda pinchada **2.** *fam (fatigué)* reventado(da).

crève-cœur *nm inv* desconsuelo *m*.

crever *vi* **1.** *(éclater)* reventar ; *(pneu)* pinchar **2.** *fam & fig (déborder)* • **crever de qqch** *(jalousie, rage)* reventar de algo **3.** *fam (mourir)* palmarla. ❑ *vt* reventar. ■ **se crever** *vp fam* reventarse.

crevette *nf* gamba *f* (ESP), camarón *m* (AMÉR).

cri *nm* **1.** *(de personne, animal)* grito *m* • **pousser un cri** dar *ou* pegar un grito • **c'est du dernier cri** *fig* es el último grito **2.** *(appel)* voz *f*.

criant, e *adj* patente, flagrante.

criard, e *adj* chillón(ona).

crible *nm* criba *f* • **passer qqch au crible** *fig* pasar algo por la criba.

criblé, e *adj* • **criblé de a)** *(troué de)* acribillado de **b)** *(parsemé de)* picado de • **être criblé de dettes** estar acribillado de deudas.

cric *nm* gato *m (herramienta)*.

crier *vi* **1.** *(hurler)* gritar **2.** *(protester)* clamar • **crier contre** *ou* **après qqn** clamar contra alguien. ❑ *vt* gritar.

crime *nm* **1.** *(homicide, faute)* crimen *m* • **crimes contre l'humanité** crímenes *mpl* contra la humanidad **2.** DR *(infraction à la loi)* delito *m*.

criminalité *nf* criminalidad *f*.

criminel, elle *adj* criminal. ❑ *nm, f* criminal *mf* • **criminel de guerre** criminal de guerra.

crin *nm* crin *f* • **à tous crins** de tomo y lomo.

crinière *nf* **1.** *(de lion, personne)* melena *f* **2.** *(de cheval)* crines *fpl*.

crique *nf* cala *f*.

criquet *nm* langosta *f* (ESP), chapulín *m* (AMÉR).

crise *nf* **1.** *(accès)* ataque *m*, crisis *f inv* • **crise cardiaque/de foie** ataque cardíaco/hepático, crisis cardíaca/hepática • **crise de nerfs** ataque de nervios **2.** *(phase critique)* crisis *f inv*.

criser *vi fam* montar un cristo • **réponds-lui ou il va criser !** ¡contéstale o va a montar un cristo!

crispation *nf* crispación *f*.

crisper *vt* **1.** *(visage)* crispar **2.** *(personne)* crisparle los nervios a. ■ **se crisper** *vp* crisparse.

crisser *vi* rechinar.

cristal *nm* cristal *m* • **cristal de roche** cristal de roca.

cristallin, e *adj* cristalino(na). ■ **cristallin** *nm* ANAT cristalino *m*.

critère *nm* criterio *m*.

critique *nmf* crítico *m*, -ca *f*. ❑ *nf* crítica *f*. ❑ *adj* crítico(ca).

critiquer *vt* **1.** *(personne, action)* criticar **2.** *(film, livre)* hacer la crítica de.

croasser *vi* graznar.

croate *adj* croata. ■ **Croate** *nmf* croata *mf*.

Croatie *npr* • **la Croatie** Croacia.

croc *nm* **1.** *(crochet)* gancho *m* **2.** *(canine de chien)* colmillo *m*.

croche *nf* corchea *f*.

croche-pied *nm* zancadilla *f* • **faire un croche-pied à qqn** poner la zancadilla a alguien.

crochet *nm* **1.** *(gén)* gancho *m* • **vivre aux crochets de qqn** vivir a expensas de alguien **2.** *(ouvrage de tricot)* ganchillo *m* **3.** *(signe graphique)* corchete *m* **4.** *(détour)* rodeo *m*.

crochu, e *adj (doigts, nez, bec)* ganchudo(da) ; *(ongles)* curvado(da).

crocodile *nm* cocodrilo *m*.

croire *vt* creer • **croire que** *(penser que)* creer que • **je le crois honnête** creo que es honrado • **j'ai cru l'apercevoir hier** me pareció verle ayer.

❑ *vi* creer • **croire à qqch** creer en algo • **croire en qqn** creer en alguien.

> À PROPOS DE
> **croire**
> Attention ***creer que*** est suivi de l'indicatif alors que ***no creer que*** est suivi du subjonctif.

croisade *nf* cruzada *f.*

croisé, e *adj* **1.** *(veste)* cruzado(da) **2.** *(rime)* alterno(na). ■ **croisé** *nm* cruzado *m.* ■ **croisée** *nf* **1.** *(fenêtre)* ventana *f* **2.** *fig (croisement)* • **à la croisée des chemins** en la encrucijada.

croisement *nm* cruce *m.*

croiser *vt* **1.** *(jambes, bras)* cruzar **2.** *(chemin, route)* atravesar **3.** *(passer à côté de)* cruzarse con **4.** BIOL cruzar. ❑ *vi* NAUT patrullar. ■ **se croiser** *vp* cruzarse.

croisière *nf* crucero *m* • **faire une croisière** hacer un crucero.

croisillons *nmpl* celosía *f* • **à croisillons** de celosía.

croissance *nf* crecimiento *m* • **croissance économique** crecimiento económico.

croissant, e *adj* creciente. ■ **croissant** *nm* **1.** *(lune)* media luna *f* **2.** CULIN cruasán *m.*

croître *vi* crecer • **ne faire que croître et embellir** *iron* ir de mal en peor.

croix *nf* **1.** *(gén)* cruz *f* • **croix de guerre** ≃ medalla *f* al mérito militar **2.** *(signe graphique)* cruz *f*, aspa *f* • **en croix** en cruz. ■ **Croix-Rouge** *nf* • **la Croix-Rouge** la Cruz Roja.

croquant, e *adj* crujiente. ■ **croquant** *nm vieilli* labriego *m.*

croque-madame *nm inv sándwich caliente de jamón y queso con un huevo frito encima.*

croque-mitaine *nm* coco *m (para asustar).*

croque-monsieur *nm inv* sándwich *m* caliente de jamón y queso.

croque-mort *nm fam* enterrador *m.*

croquer *vt* **1.** *(manger)* comer a mordiscos **2.** *(dessiner)* bosquejar. ❑ *vi* crujir.

croquette *nf* croqueta *f.*

croquis *nm* croquis *m inv.*

cross *nm* SPORT cross *m inv.*

crotte *nf* caca *f.* ❑ *interj fam* ¡córcholis!

crottin *nm (de cheval)* cagajón *m.*

crouler *vi* venirse abajo • **crouler sous qqch a)** *(poids)* hundirse bajo el peso de algo **b)** *fig (travail, responsabilités)* estar agobiado(da) por algo.

croupe *nf* grupa *f* • **monter en croupe a)** ir a la grupa **b)** *(en moto)* ir de paquete.

croupier *nm* croupier *m*, crupier *m.*

croupir *vi* **1.** *(eaux)* estancarse **2.** *fig (personne)* pudrirse.

croustillant, e *adj* **1.** *(biscuit, pain)* crujiente **2.** *(détail)* picante.

croustiller *vi* crujir.

croûte *nf* **1.** *(de pain, fromage, etc)* corteza *f* • **croûte terrestre** corteza terrestre **2.** CULIN pastel *m* hojaldrado **3.** *(de plaie)* costra *f* **4.** *fam & péj (tableau)* mamarracho *m.*

croûton *nm* **1.** *(bout du pain)* pico *m* **2.** *(pain frit)* picatoste *m* **3.** *fam (vieillard)* • **un vieux croûton** un carroza.

crowd funding *nm* crowd funding *m*, financiación *f* participativa.

croyance *nf* creencia *f.*

croyant, e *adj & nm,f* creyente.

CRS (abrév de compagnie républicaine de sécurité) *nm (policier)* ≃ antidisturbios *mpl* • **on a fait appel aux CRS** ≃ llamaron a los antidisturbios • **un cordon de CRS** ≃ un cordón de antidisturbios.

cru, e *adj* **1.** *(aliment)* crudo(da) **2.** *(lumière, couleur)* vivo(va) **3.** *(réponse)* directo(ta) **4.** *(histoire)* verde. ■ **à cru** *loc adv* • **monter à cru** montar a pelo.

cruauté *nf* crueldad *f.*

cruche *nf* **1.** *(objet)* cántaro *m* **2.** *fam (personne)* zoquete *m.*

crucial, e *adj* crucial.

crucifix *nm* crucifijo *m.*

crudité *nf (de langage)* crudeza *f.* ■ **crudités** *nfpl (légumes) hortalizas crudas* • **un sandwich aux crudités** un sandwich vegetal.

crue *nf* crecida *f.*

cruel, elle *adj* cruel.

crumble [krœmbœl] *nm* CULIN crumble *m* • **crumble aux pommes** crumble de manzana.

crûment *adv* crudamente.

crustacé *nm* crustáceo *m.*

crypté, e *adj* **1.** *(message)* cifrado(da), encriptado(da) **2.** TV codificado(da).

crypter *vt* **1.** *(message)* cifrar **2.** TV codificar • **chaîne cryptée** canal *m* codificado.

cs (abrév de cuillère à soupe) cs • **ajouter 2 cs d'huile d'olive** añadir 2 cs de aceite de oliva.

Cuba *npr* Cuba.

cubain, e *adj* cubano(na). ■ **Cubain, e** *nm,f* cubano *m*, -na *f.*

cube *nm* cubo *m.* ❑ *adj* cúbico(ca).

cueillette *nf* cosecha *f.*

cueillir *vt* **1.** *(fruits, fleurs)* coger **2.** *fam (personne)* pillar.

cuillère, cuiller *nf* cuchara *f* • **cuillère à café** cucharilla *f* de café • **cuillère à dessert** cuchara de postre • **cuillère à soupe** cuchara sopera • **petite cuillère** cucharilla *f.*

cuillerée *nf* cucharada *f.*

cuir *nm* cuero *m*, piel *f* • **cuir véritable** piel genuina. ■ **cuir chevelu** *nm* cuero *m* cabelludo.

cuirasse *nf* coraza *f.*

cuirassé *nm* NAUT acorazado *m.*

cuire *vt* cocer. ❑ *vi (aliment)* cocer.

cuiseur *nm* cocedor *m* • **cuiseur (vapeur)** cocedor al vapor.
cuisine *nf* **1.** *(gén)* cocina *f* • **faire la cuisine** cocinar **2.** *fam (combine)* artimaña *f* • **faire sa petite cuisine** hacer apaños.
cuisiné, e *adj* precocinado(da).
cuisiner *vt* **1.** *(aliments)* cocinar **2.** *fam (personne)* tirar de la lengua a. ❑ *vi* cocinar.
cuisinier, ère *nm,f* cocinero *m*, -ra *f*. ■ **cuisinière** *nf (appareil)* cocina *f* • **cuisinière électrique/à gaz** cocina eléctrica/de gas.
cuisse *nf* muslo *m*.
cuisson *nf* cocción *f*.
cuit, e *adj* CULIN cocido(da) • **bien cuit** muy hecho.
cuite *nf* colocón *m* • **prendre une cuite** pillar un colocón.
cuiter ■ **se cuiter** *vp fam* pillar una cogorza.
cuit-vapeur *nm inv* cocedor *m* al vapor.
cuivre *nm (métal)* cobre *m*.
cuivré, e *adj* cobrizo(za).
cul *nm tfam* culo *m*.
culbute *nf* **1.** *(saut)* voltereta *f* **2.** *(chute)* costalada *f*.
cul-de-sac *nm* callejón *m* sin salida.
culinaire *adj* culinario(ria).
culminant → **point**.
culminer *vi (surplomber)* culminar.
culot *nm* **1.** *fam (toupet)* morro *m* • **avoir du culot** tener morro **2.** *(d'ampoule)* casquillo *m* **3.** *(de bouteille)* casco *m* **4.** *(dépôt)* residuo *m*.
culotte *nf* **1.** *(vêtement d'enfant)* pantalón *m*, pantalones *mpl* **2.** *(sous-vêtement féminin)* bragas *fpl*.
culotté, e *adj* **1.** *fam (personne)* • **être culotté** tener jeta **2.** *(pipe)* ennegrecido(da).
culpabiliser *vt* culpabilizar. ❑ *vi* sentirse culpable.
culpabilité *nf* culpabilidad *f*.
culte *nm* culto *m*.
cultivateur, trice *nm,f* labrador *m*, -ra *f*.
cultivé, e *adj* **1.** *(plante, terre)* cultivado(da) **2.** *(personne)* culto(ta).
cultiver *vt* cultivar. ■ **se cultiver** *vp* cultivarse.
culture *nf* **1.** *(gén)* cultura *f* • **culture physique** cultura física **2.** AGRIC cultivo *m* • **cultures vivrières** cultivo de plantas comestibles.
culturel, elle *adj* cultural.
culturisme *nm* culturismo *m*.
cumin *nm* comino *m*.
cumuler *vt* acumular.
cupide *adj* codicioso(sa).
cure *nf* MÉD cura *f* • **faire une cure de qqch** *fig* darse un hartón de algo • **cure de désintoxication/de sommeil** cura de desintoxicación/de sueño • **cure thermale** cura termal.
curé *nm* cura *m*.
cure-dents *nm inv* mondadientes *m inv*, palillo *m* (de dientes).
curée *nf fig* arrebatiña *f*.
curer *vt* **1.** *(puits)* mondar **2.** *(pipe)* limpiar.
curieux, euse *adj* curioso(sa) • **être curieux de qqch/de faire qqch** tener curiosidad por algo/por hacer algo. ❑ *nm,f* curioso *m*, -sa *f*.
curiosité *nf* curiosidad *f*.
curriculum vitae *nm inv* currículum *m* vitae.
curry, carry, cari *nm* curry *m*.
curseur *nm* cursor *m*.
customiser *vt* personalizar, customizar.
cutané, e *adj* cutáneo(a).
cuti-réaction *nf* cutirreacción *f*, dermorreacción *f*.
cutter *nm* cúter *m*, cuchilla *f*.
cuve *nf* cuba *f*.
cuvée *nf* **1.** *(récolte de vin)* cosecha *f* **2.** *(contenu de cuve)* cuba *f*.
cuvette *nf* **1.** *(récipient)* palangana *f* **2.** *(partie creuse - de lavabo)* lavabo *m* ; *(- de WC)* taza *f* **3.** GÉOGR depresión *f*.
CV *nm* **1.** (abrév de curriculum vitae) CV *m* • **joindre CV et photo d'identité** adjuntar el CV y una foto de carné **2.** *(puissance fiscale)* (abrév de cheval-vapeur) CV *m* • **un moteur de 11 CV fiscaux** un motor de 11 CV fiscales.
cyanure *nm* cianuro *m*.
cyberattaque *nf* ciberataque *m*.
cybercafé *nm* cibercafé *m*.
cybercrime *nm* cibercrimen *m*.
cybercriminalité *nf* cibercriminalidad *f*.
cybernaute *nmf* cibernauta *mf*.
cyclable → **piste**.
cycle *nm* ciclo *m* • **premier/second/troisième cycle** ≃ primer/segundo/tercer ciclo.
cyclique *adj* cíclico(ca).
cyclisme *nm* ciclismo *m*.
cycliste *adj & nmf* ciclista.
cyclone *nm* ciclón *m*.
cygne *nm* cisne *m*.
cylindre *nm* cilindro *m*.
cymbale *nf* címbalo *m*, platillo *m*.
cynique *adj & nmf* cínico(ca).
cynisme *nm* cinismo *m*.
cyprès *nm* ciprés *m*.
cyrillique *adj* cirílico(ca).

D

d, D *nm inv (lettre)* d *f*, D *f*. ■ **d** (abrév de déci) d.
dactylo *nmf (personne)* mecanógrafo *m*, -fa *f*. ❑ *nf (procédé)* mecanografía *f*.
dactylographier *vt* mecanografiar.
dada *nm* **1.** *(cheval)* caballito *m* **2.** *fam (occupation favorite)* pasatiempo *m* **3.** *fam (idée favorite)* tema *m* predilecto **4.** ART dadaísmo *m*.
daigner *vi sout* • **daigner faire qqch** dignarse a hacer algo.
daim *nm* **1.** *(animal)* gamo *m* **2.** *(peau)* ante *m*.
dallage *nm* enlosado *m*.
dalle *nf* losa *f*.
daltonien, enne *adj & nm,f* daltónico(ca).
dame *nf* **1.** *(femme)* señora *f* **2.** *(aux cartes)* reina *f*.
damier *nm* **1.** *(de jeu de dames)* tablero *m* de damas, damero *m* **2.** *(motif)* • **à damier** de cuadros.
damné, e *adj fam (satané)* condenado(da). ❑ *nm,f* RELIG condenado *m*, -da *f*.
damner *vt* RELIG condenar.
dancing *nm* sala *f* de baile.
dandiner ■ **se dandiner** *vp* **1.** *(canard)* balancearse **2.** *péj (personne)* contonearse.
Danemark *npr* • **le Danemark** Dinamarca.
danger *nm* peligro *m* • **en danger** en peligro.
dangereux, euse *adj* peligroso(sa).
danois, e *adj* danés(esa). ■ **danois** *nm* LING danés *m*. ■ **Danois, e** *nm,f* danés *m*, -esa *f*.

dans

■ **dans** *prép*

1. INDIQUE LE MOMENT
• **dans un mois** dentro de un mes • **dans les années quatre-vingt** en los años ochenta

2. INDIQUE LA SITUATION DANS L'ESPACE
en • **dans la chambre** en la habitación

3. INDIQUE UN ÉTAT
• **vivre dans la misère** vivir en la miseria • **il a parlé dans son sommeil** habló en sueños

4. INDIQUE L'APPARTENANCE À UN GROUPE
• **il est dans le commerce** se dedica al comercio

5. INDIQUE UNE APPROXIMATION
unos, unas *f* • **ça coûte dans les 15 euros** cuesta unos 15 euros

dansant, e *adj* **1.** *(musique, air)* para bailar, bailable **2.** *(soirée, thé)* con baile.
danse *nf* baile *m*.
danser *vi & vt* bailar.
danseur, euse *nm,f* bailarín *m*, -ina *f*.
dard *nm* aguijón *m*.
date *nf* fecha *f* • **à quelle date ?** ¿qué día? • **en date du** con fecha de • **date de naissance** fecha de nacimiento.
dater *vt* **1.** *(lettre)* fechar **2.** *(objet ancien)* datar. ❑ *vi* **1.** *(faire date)* ser un hito **2.** *(être démodé)* estar anticuado(da) **3.** *(remonter à)* • **dater de** datar de. ■ **à dater de** *loc prép* a partir de.
datte *nf* dátil *m*.
dattier *nm* palmera *f* datilera.
dauphin *nm* HIST & ZOOL delfín *m*.
daurade, dorade *nf* dorada *f*.
davantage *adv* más • **nous n'attendrons pas davantage** no esperaremos más.
DCC (abrév de Digital compact cassette) *nf inv* cinta *f* compacta digital.
DDASS, Ddass (abrév de Direction départementale des affaires sanitaires et sociales) *nf pour expliquer en quoi consiste cette administration, vous pouvez dire :* es un organismo provincial que se encarga de la política sanitaria y social • **un enfant de la DDASS** un niño abandonado o maltratado recogido por los servicios sociales de la DDASS.

de

■ **de** *prép*

1. INDIQUE LA PROVENANCE
de • **il est sorti de la maison** ha salido de casa • **revenir de Paris** volver de París

2. INDIQUE L'APPARTENANCE
de • **le frère de Pierre** el hermano de Pierre • **la porte du salon** la puerta del salón

3. INDIQUE LE CONTENU
• **un verre d'eau** un vaso de agua

4. INDIQUE UNE CARACTÉRISTIQUE
de • **une statue de pierre** una estatua de piedra • **un enfant de dix ans** un niño de diez años • **une ville de 500 000 habitants** una ciudad de 500.000 habitantes

5. AVEC « À »
• **d'une ville à l'autre** de una ciudad a otra • **du début à la fin** desde el principio hasta el fin

■ **de** *art partitif*
• **boire de l'eau** beber agua • **je prendrai du fromage** tomaré queso • **avez-vous du pain ?** ¿tiene pan? • **ils n'ont pas d'enfants** no tienen hijos

DE (abrév de diplômé d'État) *adj* con diploma oficial • **une infirmière DE** una enfermera con diploma oficial.

dé *nm* **1.** *(à jouer, morceau)* dado *m* **2.** COUT • **dé à coudre** dedal *m*.

dealer[1] *vi* hacer de camello.

dealer[2] *nm* camello *m (de droga)*.

déambulateur *nm* andador *m*.

déambuler *vi* deambular.

débâcle *nf* **1.** *(débandade)* desbandada *f* **2.** *fig (ruine)* debacle *f*.

déballer *vt* **1.** *(marchandises)* desembalar **2.** *fam & fig (confier)* desembuchar.

débandade *nf* desbandada *f*.

débarbouiller *vt* lavar la cara a. ■ **se débarbouiller** *vp* lavarse la cara.

débarcadère *nm* desembarcadero *m*.

débardeur *nm* **1.** *(vêtement)* camiseta *f* de tirantes **2.** *(ouvrier)* descargador *m*.

débarquement *nm* desembarco *m*.

débarquer *vt* desembarcar. ❑ *vi* **1.** *(d'un bateau)* MIL desembarcar **2.** *fam & fig (ne pas être au courant)* estar en babia **3.** *fam (arriver à l'improviste)* encajarse.

débarras *nm* trastero *m*.

débarrasser *vt* **1.** *(nettoyer - pièce)* despejar ; *(- table)* quitar **2.** *(ôter)* • **débarrasser qqn de qqch** ayudar a alguien a quitarse algo • **je vous débarrasse de votre manteau ?** ¿me permite su abrigo? ■ **se débarrasser** *vp* • **se débarrasser de qqn/de qqch** deshacerse de alguien/de algo • **il s'est débarrassé de l'arme du crime** se deshizo del arma del crimen • **il s'est débarrassé de son manteau** se quitó el abrigo.

débat *nm* debate *m*. ■ **débats** *nmpl* POLIT debate *m*.

débattre *vt* discutir. ❑ *vi* • **débattre de qqch** discutir sobre algo. ■ **se débattre** *vp* debatirse • **se débattre contre qqch** *fig* luchar contra algo.

débauche *nf* desenfreno *m*.

débauché, e *adj & nm, f* libertino(na).

débaucher *vt* **1.** *(corrompre)* corromper, pervertir **2.** *(licencier)* despedir **3.** *fam (détourner de son travail)* distraer.

débile *nmf* **1.** MÉD retrasado *m*, -da *f* • **un débile mental** un retrasado mental **2.** *fam (idiot)* subnormal *mf*. ❑ *adj fam & péj (personne)* subnormal ; *fam & péj (film)* para subnormales.

débit *nm* **1.** *(de marchandises)* salida *f* **2.** *(d'un arbre)* corte *m* **3.** *(de fleuve, robinet)* caudal *m* **4.** *(de compte bancaire)* débito *m*, debe *m* • **carte à débit immédiat/différé** tarjeta de débito/de crédito **5.** *(élocution)* modo *m* de hablar.

débiter *vt* **1.** *(marchandises)* despachar **2.** *(couper)* cortar **3.** *(sujet : robinet)* tener un caudal de **4.** *(compte bancaire)* cargar **5.** *fam & fig (prononcer)* soltar.

débiteur, trice *adj & nm, f* deudor(ra).

déblaiement, déblayage *nm (de décombres)* desescombro *m* ; *(des obstacles)* retirada *f*.

déblayer *vt (passage, route)* despejar ; *(décombres)* desescombrar • **déblayer le terrain** *fig* despejar el terreno.

débloquer *vt* **1.** *(machine)* desbloquear **2.** *(salaire, prix)* descongelar. ❑ *vi fam (perdre la tête)* delirar.

déboguer, débuguer *vt* INFORM depurar.

déboires *nmpl* desengaños *mpl*.

déboiser *vt* talar.

déboîter *vt* **1.** *(porte)* desencajar **2.** *(épaule)* dislocar. ❑ *vi* desviarse. ■ **se déboîter** *vp* **1.** *(épaule)* dislocarse **2.** *(porte)* desencajarse.

débonnaire *adj* bonachón(ona).

débordement *nm (de cours d'eau)* desbordamiento *m*. ■ **débordements** *nmpl (excès)* desbordamientos *mpl*.

déborder *vi* **1.** *(gén)* desbordarse **2.** *fig (être plein de)* • **déborder de qqch** rebosar de algo.

débouché *nm* **1.** *(issue - de vallée)* desembocadura *f* ; *(- de rue)* salida *f* **2.** *(gén pl) (de carrière)* COMM salida *f*.

déboucher *vt* **1.** *(bouteille)* destapar, abrir **2.** *(lavabo, conduite)* desatascar **3.** *(nez)* despejar. ❑ *vi* desembocar • **déboucher sur qqch** desembocar en algo.

débourser *vt* desembolsar.

debout *adv* **1.** *(verticalement)* de pie • **tenir debout a)** *(bâtiment)* mantenerse en pie **b)** *(argument)* tener fundamento • **ne pas tenir debout** no tenerse en pie. ❑ *interj* ¡arriba!

déboutonner *vt* desabotonar.

débraillé, e *adj* descamisado(da).

débrancher *vt* **1.** *(appareil)* desenchufar **2.** *(téléphone)* desconectar. ❑ *vi fam & fig* desconectar.

débrayage *nm* **1.** AUTO desembrague *m* **2.** *(du travail)* paro *m (huelga)*.

débrayer *vi* **1.** AUTO desembragar **2.** *(cesser le travail)* hacer un paro.

débriefer *vt* hacer una reunión informativa.

débriefing *nm* reunión *f* informativa, debriefing *m* • **faire un débriefing** hacer una reunión informativa.

débris *nm* **1.** *(fragment)* pedazo *m* **2.** *fig (d'État, d'armée)* vestigios *mpl*.

débrouillard, e *adj & nm, f* espabilado(da).

débrouille *nf fam* • **la débrouille** el ingenio.

débrouiller *vt* **1.** *(fils, cheveux)* desenredar **2.** *(affaire, mystère)* esclarecer. ■ **se débrouiller** *vp fam* **1.** *(réussir)* defenderse, espabilarse **2.** *(s'arranger)* arreglárselas • **se débrouiller pour** arreglárselas para.

débroussailler *vt* **1.** *(terrain)* desbrozar **2.** *fig (sujet, problème)* preparar.

débuguer = **déboguer**.

début *nm* comienzo *m*, principio *m* • **au début** al principio. ■ **au début de** *loc prép (gén)* al principio de ; *(d'année, de mois, de semaine)* a principios de.

débutant, e *adj & nm, f* principiante.

débuter *vi* **1.** *(commencer)* empezar, comenzar • **débuter par qqch** comenzar *ou* empezar con algo **2.** *(faire ses débuts - dans une activité)* dar los primeros pasos ; *(- dans une carrière)* debutar.

déca *nm fam* descafeinado *m*.

deçà ■ **en deçà de** *loc prép* de este lado de ; *fig (en dessous de)* por debajo de.

décacheter *vt* abrir *(una carta)*.

décadence *nf* decadencia *f*.

décadent, e *adj* decadente.

décaféiné, e *adj* descafeinado(da). ■ **décaféiné** *nm* descafeinado *m*.

décalage *nm* **1.** *(dans le temps)* desfase *m* • **décalage horaire** diferencia *f* horaria **2.** *(dans l'espace)* desajuste *m* **3.** *fig (différence)* distancia *f*.

décaler *vt* **1.** *(dans le temps)* aplazar **2.** *(dans l'espace)* desplazar • **décaler qqch d'un mètre** desplazar algo un metro. ■ **se décaler** *vp* desplazarse.

décalitre *nm* decalitro *m*.

décalquer *vt* calcar.

décamper *vi* salir corriendo.

décapant, e *adj* **1.** *(produit)* decapante **2.** *fig (texte, humour)* corrosivo(va). ■ **décapant** *nm* decapante *m*.

décaper *vt* decapar.

décapitaliser *vt* COMM descapitalizar.

décapiter *vt* **1.** *(personne)* decapitar **2.** *(arbre)* desmochar.

décapotable *adj* descapotable. ❑ *nf* descapotable *m*.

décapsuler *vt* abrir *(botella)*.

décapsuleur *nm* abrebotellas *m inv*, abridor *m* (de botellas).

décati, e *adj* decrépito(ta).

décédé, e *adj* fallecido(da).

décéder *vi* fallecer.

déceler *vt* **1.** *(repérer)* descubrir **2.** *sout (révéler)* revelar.

décembre *nm* diciembre *m*. Voir aussi **septembre**.

décemment *adv* **1.** *(convenablement)* decentemente **2.** *(raisonnablement)* razonablemente.

décence *nf* decencia *f*.

décennie *nf* decenio *m*.

décent, e *adj* decente.

décentralisation *nf* descentralización *f*.

décentraliser *vt* descentralizar.

décentrer *vt* descentrar.

déception *nf* decepción *f*.

> S'EXPRIMER
>
> **exprimer sa déception**
>
> - ***¡Qué lástima!*** Quel dommage!
> - ***Lástima que hayan anulado el concierto.*** Dommage que le concert soit annulé.
> - ***¡Qué mala suerte!*** *ou* ***¡Eso sí que es tener mala suerte!*** C'est vraiment pas de chance !
> - ***No me lo esperaba.*** Je ne m'attendais pas à ça.
> - ***Nunca me lo hubiera podido imaginar de él.*** Je n'aurais jamais cru ça de lui.

décerner *vt* conceder.

décès *nm* fallecimiento *m* ; DR defunción *f*.

décevant, e *adj* decepcionante.

décevoir *vt* **1.** *(personne)* decepcionar **2.** *(confiance, espérance)* frustrar.

déchaîné, e *adj* desatado(da) ; *(mer)* encrespado(da).

déchaîner *vt* desatar. ■ **se déchaîner** *vp* **1.** *(tempête, cyclone, etc)* desatarse **2.** *fig (personne)* enfurecerse **(ESP)**, enchilarse **(AMÉR)** • **se déchaîner contre qqn/contre qqch** ensañarse con alguien/con algo.

déchanter *vi* desilusionarse.

décharge *nf* **1.** *(d'arme à feu)* ÉLECTR descarga *f* • **décharge électrique** descarga eléctrica **2.** DR *(action)* descargo *m* **3.** *(dépotoir)* vertedero *m*.

déchargement *nm* descarga *f*.

décharger *vt* **1.** *(véhicule, marchandises)* descargar **2.** *(arme)* disparar **3.** *fig (libérer)* • **décharger qqn de qqch** descargar *ou* eximir a alguien de algo.

déchaussé, e *adj (dent)* descarnado(da).

déchausser *vt (enfant)* descalzar. ■ **se déchausser** *vp* **1.** *(personne)* descalzarse **2.** *(dent)* descarnarse.

dèche *nf fam* miseria *f* • **être dans la dèche** estar sin blanca.

déchéance *nf* **1.** *(déclin)* decadencia *f* **2.** DR *(d'un droit)* privación *f* ; DR *(de souverain)* destronamiento *m*.

déchet *nm* **1.** *(perte)* desecho *m* **2.** *fig & péj (personne)* escoria *f*. ■ **déchets** *nmpl* restos *mpl*, residuos *mpl*.

déchetterie® *nf* planta *f* de reciclaje.

déchiffrer *vt* **1.** *(énigme, inscription)* descifrar **2.** MUS repentizar.

déchiqueter *vt* desmenuzar.

déchiqueteur *nm* desmenuzador *m*.

déchirant, e *adj* desgarrador(ra).

déchiré, e *adj* **1.** *(vêtement, tissu)* rasgado(da), desgarrado(da) **2.** *(papier)* rasgado(da) **3.** MÉD *(muscle)* desgarrado(da).

déchirement *nm fig* **1.** *(souffrance morale)* dolor *m* **2.** *(division)* división *f*.

déchirer *vt* **1.** *(mettre en morceaux - tissu)* desgarrar ; *(- papier)* rasgar **2.** *fig (percer)* romper **3.** *fig (diviser)* dividir **4.** *(causer une douleur à - physique)* desgarrar ; *(- morale)* destrozar. ■ **se déchirer** *vp* **1.** *(personnes)* enfrentarse continuamente **2.** *(tissu)* rasgarse • **ma robe s'est déchirée** se me ha desgarrado el vestido **3.** MÉD desgarrarse.

déchirure *nf* **1.** *(gén)* desgarradura *f* • **déchirure musculaire** desgarro *m* muscular **2.** *fig (douleur)* dolor *m*.

déchu, e *adj (ange)* caído(da) ; *(souverain)* destronado(da).

décibel *nm* decibelio *m*.

décidé, e *adj* decidido(da) • **décidé à faire qqch** resuelto a hacer algo.

décidément *adv* decididamente.

décider *vt* **1.** *(gén)* decidir • **décider que** decidir que **2.** *(convaincre)* • **décider qqn à faire qqch** convencer a alguien para que haga algo. ❏ *vi* **1.** *(prendre une décision)* decidir • **décider de faire qqch** decidir hacer algo **2.** *(se prononcer)* • **décider de qqch** determinar algo **3.** *(être la cause)* • **décider de qqch** decidir algo. ■ **se décider** *vp* decidirse • **se décider à faire qqch** decidirse a hacer algo • **se décider pour qqch** decidirse por algo.

décigramme *nm* decigramo *m*.

décilitre *nm* decilitro *m*.

décimal, e *adj* decimal. ■ **décimale** *nf* decimal *m*.

décimer *vt* diezmar.

décimètre *nm* **1.** *(dixième de mètre)* decímetro *m* **2.** *(règle)* regla *f* • **double décimètre** regla de veinte centímetros.

décisif, ive *adj* decisivo(va).

décision *nf* decisión *f*.

décisionnaire *nmf* • **les décisionnaires** los que tienen el poder decisorio.

déclamer *vt* declamar.

déclaration *nf* declaración *f* • **déclaration de guerre** declaración de guerra • **déclaration d'impôts** declaración de la renta • **déclaration sur l'honneur** declaración jurada.

déclarer *vt* **1.** *(annoncer)* declarar • **déclarer que** declarar que **2.** *(vol, perte)* denunciar. ■ **se déclarer** *vp* declararse • **se déclarer pour/contre qqch** declararse a favor/en contra de algo.

déclenchement *nm (de mécanisme)* activación *f*; *(d'événement, de phénomène)* desencadenamiento *m*.

déclencher *vt (mécanisme)* activar ; *(conflit, crise, grève)* desencadenar. ■ **se déclencher** *vp (mécanisme)* activarse ; *(conflit, crise)* desencadenarse.

déclic *nm* **1.** *(de mécanisme)* disparador *m* **2.** *(bruit)* clic *m*.

déclin *nm* **1.** *(de pays)* decadencia *f* **2.** *(de population)* descenso *m* **3.** *(de jour, âge)* ocaso *m*.

déclinaison *nf* GRAMM declinación *f*.

décliner *vi* **1.** *(pays)* estar en decadencia **2.** *(santé)* debilitarse **3.** *(jour)* declinar. ❏ *vt* **1.** *(gén)* GRAMM declinar **2.** *(identité)* dar a conocer.

déclouer *vt* desclavar.

déco *nf fam (décoration)* decoración *f*.

décoction *nf* decocción *f*.

décoder *vt* descodificar.

décodeur *nm* descodificador *m*.

décoiffer *vt* despeinar • **qui décoiffe** : **une musique qui décoiffe** una música cañera.

décoincer *vt* **1.** *(mécanisme)* desbloquear **2.** *fam* & *fig (personne)* relajar.

décollage *nm* despegue *m*.

décollé, e *adj* despegado(da).

décoller *vt* & *vi* despegar.

décolleté, e *adj* escotado(da). ■ **décolleté** *nm* escote *m*.

décolonisation *nf* descolonización *f*.

décoloration *nf* decoloración *f*.

décoloré, e *adj* **1.** *(tissu)* descolorido(da), desteñido(da) **2.** *(cheveux)* decolorado(da) • **une blonde décolorée** una rubia oxigenada.

décolorer *vt* decolorar.

décombres *nmpl* escombros *mpl*.

décommander *vt* cancelar. ■ **se décommander** *vp* cancelar una cita.

décompacter *vt* INFORM descompactar.

décomposé, e *adj* descompuesto(ta).

décomposer *vt* **1.** *(gén)* descomponer **2.** *(raisonnement, problème)* analizar. ■ **se décomposer** *vp* **1.** *(gén)* descomponerse **2.** *(se diviser)* • **se décomposer en** dividirse en.

décomposition *nf* **1.** *(gén)* descomposición *f* **2.** *(de raisonnement, de problème)* análisis *m inv*.

décompresser *vt (gén)* INFORM descomprimir. ❏ *vi fam* relajarse.

décompression *nf* descompresión *f*.

décompte *nm* descuento *m*.

déconcentrer *vt* desconcentrar. ■ **se déconcentrer** *vp* desconcentrarse.

déconcerter *vt* desconcertar.

déconfiture *nf fam* descalabro *m*.

décongélation *nf* descongelación *f*.

décongeler *vt* descongelar.

décongestionner *vt* descongestionar.

déconnecter *vt* desconectar. ■ **se déconnecter** *vp* INFORM desconectarse.

déconner *vi tfam* **1.** *(dire des bêtises)* estar de cachondeo **2.** *(fonctionner mal)* funcionar mal.

déconseiller *vt* desaconsejar • **déconseiller à qqn de faire qqch** desaconsejar a alguien que haga algo.

déconsidérer *vt* desacreditar.

décontaminer *vt* descontaminar.

décontenancer *vt* confundir.

décontracté, e *adj* **1.** *(muscle)* relajado(da) **2.** *(détendu - personne)* tranquilo(la) ; *(- allure, ambiance)* distendido(da).

décontracter *vt* relajar. ■ **se décontracter** *vp* relajarse.

déconvenue *nf* desengaño *m.*

décor *nm* **1.** *(cadre)* marco *m (fondo)* **2.** *(décoration)* decoración *f* **3.** CINÉ & THÉÂTRE decorado *m.*

décorateur, trice *nm, f* decorador *m*, -ra *f.*

décoratif, ive *adj* decorativo(va).

décoration *nf* **1.** *(gén)* decoración *f* **2.** *(insigne)* condecoración *f.*

décorer *vt* **1.** *(pièce)* decorar **2.** *(personne)* condecorar.

décortiquer *vt* **1.** *(fruit)* pelar **2.** *fig (texte)* desmenuzar.

découcher *vi* dormir fuera de casa.

découdre *vt* COUT descoser. ❑ *vi* • **en découdre** llegar a las manos.

découler *vi* • **découler de qqch** derivarse de algo.

découpage *nm* **1.** *(action de découper)* recorte *m* **2.** *(jeu d'enfants)* recortable *m* **3.** CINÉ guión *m* técnico **4.** ADMIN • **découpage électoral** demarcación *f* de las circunscripciones electorales.

découper *vt* **1.** *(viande, tissu)* cortar • **'découper suivant le pointillé'** 'cortar por la línea de puntos' **2.** *(article, texte)* recortar.

découpure *nf* **1.** *(chose découpée)* • **découpures** recortes *mpl* **2.** *(d'une côte, etc)* silueta *f* ; *(d'un tissu)* festón *m.*

découragement *nm* desaliento *m*, desánimo *m.*

décourager *vt* **1.** *(démoraliser)* desalentar, desanimar **2.** *(dissuader)* disuadir • **décourager qqn de faire qqch** disuadir a alguien de hacer algo. ■ **se décourager** *vp* desanimarse.

décousu, e *adj* **1.** COUT descosido(da) **2.** *fig (conversation)* deshilvanado(da).

découvert, e *adj* descubierto(ta). ■ **découvert** *nm* FIN descubierto *m* • **être à découvert** tener un descubierto, estar en números rojos. ■ **découverte** *nf* descubrimiento *m.*

découvrir *vt* **1.** *(gén)* descubrir **2.** *(casserole)* destapar **3.** *(paysage)* divisar **4.** *(projet, plan)* revelar.

décrasser *vt fam* quitar la roña a.

décrépitude *nf* decrepitud *f.*

décret *nm* decreto *m* • **décret ministériel** decreto ministerial.

décréter *vt* **1.** ADMIN decretar **2.** *(décider)* • **décréter que** decidir que.

décrire *vt* describir.

décrocher *vt* **1.** *(détacher)* desenganchar **2.** *(tableau, téléphone)* descolgar **3.** *fam (obtenir)* conseguir. ❑ *vi fam* desconectar.

décroître *vi* decrecer.

décrypter *vt* descifrar.

déçu, e *adj* **1.** *(personne)* decepcionado(da) **2.** *(espoir)* frustrado(da).

déculotter *vt* • **déculotter qqn** quitar los pantalones a alguien.

dédaigner *vt (mépriser)* desdeñar. ❑ *vi sout (refuser)* • **dédaigner de faire qqch** no dignarse hacer algo • **ne pas dédaigner de faire qqch** no hacerle ascos a hacer algo.

dédaigneux, euse *adj* desdeñoso(sa).

dédain *nm* desdén *m.*

dédale *nm* laberinto *m.*

dedans *adv* dentro. ❑ *nm* interior *m.* ■ **de dedans** *loc adv* de dentro. ■ **en dedans** *loc adv* por dentro.

dédicace *nf* dedicatoria *f.*

dédicacer *vt (livre, photo)* dedicar.

dédier *vt* dedicar.

dédire ■ **se dédire** *vp* desdecirse.

dédommagement *nm* **1.** *(indemnité)* indemnización *f* **2.** *(compensation)* compensación *f.*

dédommager *vt* **1.** *(indemniser)* indemnizar **2.** *(récompenser)* compensar.

dédouanement, dédouanage *nm* despacho *m* de aduanas.

dédoubler *vt* desdoblar. ■ **se dédoubler** *vp* **1.** PSYCHO desdoblarse **2.** *fig & hum (être partout)* multiplicarse.

dédramatiser *vt* desdramatizar.

déduction *nf* deducción *f.*

déduire *vt* deducir.

déesse *nf* diosa *f.*

défaillance *nf (de machine)* fallo *m*, avería *f* ; *(d'organisation)* incapacidad *f.*

défaillir *vi* **1.** *sout (s'évanouir)* desfallecer **2.** *(mémoire)* fallar.

défaire *vt* **1.** *(gén)* deshacer **2.** *sout (vaincre)* derrotar. ■ **se défaire** *vp* deshacerse • **se défaire de qqn/de qqch** deshacerse de alguien/de algo.

défait, e *adj fig (air, mine)* descompuesto(ta). ■ **défaite** *nf* derrota *f.*

défaitiste *adj & nmf* derrotista.

défaut *nm* **1.** *(imperfection)* defecto *m* **2.** *(manque)* falta *f* • **à défaut de** a falta de • **faire (cruellement) défaut** hacer (mucha) falta • **par défaut** *(valeur, etc)* predefinido(da).

défaveur *nf* • **être/tomber en défaveur** estar/caer en desgracia.

défavorable *adj* desfavorable.

défavoriser *vt* desfavorecer.

défection *nf* deserción *f.*

défectueux, euse *adj* **1.** *(machine, produit)* defectuoso(sa) **2.** *fig (raisonnement, démonstration)* incompleto(ta).

défendre *vt* **1.** *(personne, opinion, accusé)* defender **2.** *(interdire)* prohibir • **défendre qqch à qqn**

prohibir algo a alguien • **défendre à qqn de faire qqch** prohibir a alguien que haga algo • **défendre que** prohibir que. ■ **se défendre** *vp* **1.** *(gén)* defenderse • **se défendre de** negar que • **il se défend d'être avare** niega que sea avaro **2.** *(idée)* sostenerse • **ça se défend** por qué no.

défenestrer *vt* defenestrar.

défense *nf* **1.** *(gén)* defensa *f* • **prendre la défense de qqn/de qqch** defender a alguien/algo • **légitime défense** legítima defensa **2.** *(interdiction)* prohibición *f* **3.** *(d'éléphant)* colmillo *m*.

défenseur *nm* defensor *m*, -ra *f* • **défenseur des droits des enfants** defensor de los derechos de la infancia.

défensif, ive *adj* defensivo(va). ■ **défensive** *nf* • **être sur la défensive** estar a la defensiva.

déférence *nf* deferencia *f*.

déferlante → **vague**.

déferlement *nm* **1.** *(des vagues)* rompimiento *m* **2.** *(d'enthousiasme, de colère)* explosión *f* ; *(de gens)* invasión *f*.

déferler *vi* **1.** *(vagues)* romperse **2.** *fig (personnes)* invadir.

défi *nm* desafío *m*, reto *m*.

défiance *nf* desconfianza *f*.

déficit *nm* déficit *m* • **être en déficit** tener déficit.

déficitaire *adj* deficitario(ria).

défier *vt* **1.** *(mettre au défi de)* desafiar, retar • **défier qqn de faire qqch** desafiar *ou* retar a alguien a que haga algo **2.** *(résister à la comparaison de)* desafiar. ■ **se défier** *vp sout* • **se défier de qqn/de qqch** desconfiar de alguien/de algo.

défigurer *vt* **1.** *(visage)* desfigurar **2.** *(paysage)* afear **3.** *fig (fait, vérité)* deformar.

défilé *nm* **1.** GÉOL desfiladero *m* **2.** *(parade)* desfile *m*.

défiler *vi* desfilar. ■ **se défiler** *vp fam* largarse.

défini, e *adj* definido(da).

définir *vt* definir.

définitif, ive *adj* definitivo(va). ■ **en définitive** *loc adv* en definitiva.

définition *nf* definición *f* • **haute définition** alta definición.

définitivement *adv* definitivamente.

défiscaliser *vt* eximir de impuestos.

déflation *nf* deflación *f*.

déflationniste *adj* deflacionista.

déflecteur *nm* deflector *m*.

déflorer *vt* desflorar.

défoncé, e *adj fam (drogué)* colocado(da), colgado(da).

défoncer *vt (sommier, fauteuil)* desfondar ; *(porte)* echar abajo. ■ **se défoncer** *vp* **1.** *tfam (se droguer)* colocarse **2.** *fam (se surpasser)* emplearse a fondo.

déforestation *nf* deforestación *f*.

déformation *nf* deformación *f* • **déformation professionnelle** deformación profesional.

déformer *vt* deformar. ■ **se déformer** *vp* deformarse.

défouler *vt* desahogar. ■ **se défouler** *vp fam* desahogarse.

défouloir *nm fam* desahogadero *m* • **sortir en boîte, c'est son défouloir** se desahoga yendo a la discoteca.

défraîchi, e *adj* ajado(da).

défrayer *vt* **1.** *sout (indemniser)* • **défrayer qqn de qqch** retribuir a alguien algo **2.** *(locution)* • **défrayer la chronique** saltar a los titulares.

défrisage *nm* alisado *m*.

défunt, e *adj* **1.** *(personne)* difunto(ta) **2.** *sout (amour)* pasado(da). ❑ *nm, f* difunto *m*, -ta *f*, fallecido *m*, -da *f*.

dégagé, e *adj* **1.** *(ciel, vue)* despejado(da) **2.** *(ton, air)* desenvuelto(ta).

dégager *vt* **1.** *(odeur)* desprender, soltar **2.** *(crédits)* liberar **3.** *(idée, blessé)* sacar, extraer **4.** *(épaule)* dejar libre **5.** *(pièce, vue)* despejar **6.** *(libérer)* • **dégager qqn de qqch** *(responsabilités, obligations)* liberar a alguien de algo. ❑ *vi fam* largarse. ■ **se dégager** *vp* **1.** *(se libérer)* • **se dégager de qqch** liberarse de algo **2.** *(ciel, nez)* despejarse **3.** *(odeur, idée)* desprenderse.

dégaine *nf fam* pinta *f*, facha *f* • **quelle dégaine !** ¡qué pinta!

dégâts *nmpl* daños *mpl*, estragos *mpl* • **dégâts matériels** daños materiales • **faire des dégâts** causar estragos.

dégel *nm* **1.** *(fonte des glaces)* deshielo *m* **2.** ÉCON & POLIT desbloqueo *m*.

dégeler *vt* **1.** *(produit surgelé)* ÉCON descongelar **2.** *fig (atmosphère)* caldear. ❑ *vi* descongelarse.

dégénéré, e *adj & nm, f* degenerado(da).

dégénérer *vi* degenerar • **dégénérer en qqch** degenerar en algo.

dégivrer *vt* descongelar.

dégivreur *nm (de voiture)* luneta *f* térmica ; *(de réfrigérateur)* descongelador *m*.

déglutir *vi* deglutir.

dégonfler *vt* desinflar. ❑ *vi* desinflarse • **faire dégonfler qqch** desinflar algo. ■ **se dégonfler** *vp* **1.** *(objet)* desinflarse **2.** *fam (personne)* rajarse.

dégouliner *vi* gotear.

dégoupiller *vt (grenade)* quitar el pasador a.

dégourdi, e *adj & nm, f* despabilado(da).

dégoût *nm* **1.** *(gén)* asco *m* • **dégoût pour qqch** asco por algo • **ravaler son dégoût** reprimir su asco **2.** *(lassitude)* hastío *m* • **le dégoût de la vie** el hastío de la vida.

dégoûtant, e *adj* **1.** *(sale)* asqueroso(sa) **2.** *(révoltant, grossier)* repugnante. ❑ *nm, f* asqueroso *m*, -sa *f* • **un vieux dégoûtant** un viejo verde.

dégoûté, e *adj* asqueado(da).

dégoûter *vt* dar asco • **dégoûter qqn de qqch** hacer aborrecer algo a alguien.
dégoutter *vi* gotear.
dégrader *vt* **1.** *(officier, situation, personne)* degradar **2.** *(édifice, site)* deteriorar. ■ **se dégrader** *vp* **1.** *(situation, personne)* degradarse **2.** *(santé)* empeorar.
dégrafer *vt* desabrochar.
dégraisser *vt* **1.** *(vêtement)* limpiar *(las manchas de grasa)* **2.** CULIN retirar la capa de grasa. ❑ *vi fam (personnel)* reducir la plantilla.
degré *nm* **1.** *(gén)* grado *m* • **degré centigrade** *ou* **Celsius** grado centígrado *ou* Celsius • **prendre qqch au premier degré** interpretar algo al pie de la letra **2.** *sout (marche)* peldaño *m*.
dégressif, ive *adj* decreciente.
dégringoler *fam vt (escalier)* bajar corriendo. ❑ *vi* **1.** *(personne)* caer rodando **2.** FIN hundirse.
déguenillé, e *adj* andrajoso(sa).
déguerpir *vi* salir corriendo.
dégueulasse *tfam adj* guarro(rra) • **c'est dégueulasse, ce qu'il t'a fait !** ¡vaya putada te ha hecho! ❑ *nmf* guarro *m*, -rra *f*.
dégueuler *vi tfam* echar las papas.
déguisement *nm* disfraz *m*.
déguiser *vt* **1.** *(personne)* disfrazar **2.** *(voix, écriture)* disimular. ■ **se déguiser** *vp* • **se déguiser en** disfrazarse de.
dégustation *nf (de mets)* degustación *f*; *(de vin)* cata *f*.
déguster *vt (savourer - mets)* saborear ; *(- vin)* catar. ❑ *vi fam (souffrir)* pasarlas canutas • **qu'est-ce que je vais déguster si je rentre tard !** ¡la que me espera si vuelvo tarde!
déhancher ■ **se déhancher** *vp* contonearse.
dehors *adv* fuera • **jeter** *ou* **mettre qqn dehors** echar a alguien. ❑ *nm* exterior *m*. ❑ *nmpl* • **les dehors** las apariencias. ■ **en dehors** *loc adv* hacia fuera. ■ **en dehors de** *loc prép* aparte de.
déjà *adv* **1.** *(gén)* ya • **je l'ai déjà vu** ya lo he visto **2.** *(au fait)* • **comment tu t'appelles, déjà ?** ¿cómo me has dicho que te llamas?
déjeuner *vi* **1.** *(le matin)* desayunar **2.** *(à midi)* comer, almorzar. ❑ *nm* **1.** *(repas du midi)* comida *f*, almuerzo *m* **2.** **(QUÉBEC)** *(dîner)* cena *f*.
déjouer *vt* desbaratar.
delà ■ **par-delà** *loc prép* al otro lado de, más allá de.
délabré, e *adj* ruinoso(sa).
délacer *vt* desatar.
délai *nm* **1.** *(temps accordé)* plazo *m* • **sans délai** sin demora • **délai de livraison** plazo de entrega **2.** *(sursis)* prórroga *f*.
délaisser *vt* abandonar.
délassant, e *adj* relajante.
délasser *vt* relajar. ■ **se délasser** *vp* relajarse.
délation *nf* delación *f*.
délavé, e *adj* descolorido(da).
délayer *vt* **1.** *(diluer)* desleír, diluir **2.** *fig (exposer longuement)* diluir.
délecter ■ **se délecter** *vp sout* • **se délecter de qqch/de faire qqch** deleitarse con algo/haciendo algo.
délégation *nf* delegación *f*.
délégué, e *adj* delegado(da). ❑ *nm, f* delegado *m*, -da *f*.
déléguer *vt* delegar.
délester *vt* **1.** *(navire, ballon)* deslastrar **2.** *(circulation routière)* descongestionar **3.** *fig & hum (voler)* • **délester qqn de qqch** aligerar a alguien de algo.
délibération *nf* deliberación *f*.
délibéré, e *adj* **1.** *(intentionnel)* deliberado(da) **2.** *(résolu)* resuelto(ta).
délibérer *vi* deliberar.
délicat, e *adj* delicado(da).
délicatement *adv* delicadamente, con delicadeza.
délicatesse *nf* delicadeza *f*.
délice *nm* delicia *f*.
délicieux, euse *adj* delicioso(sa).
délié, e *adj* **1.** *(écriture)* menudo(da) **2.** *(doigts)* ágil.
délier *vt (gén)* desatar.
délimiter *vt* delimitar.
délinquance *nf* delincuencia *f* • **délinquance juvénile** delincuencia juvenil.
délinquant, e *adj* delincuente. ❑ *nm, f* delincuente *mf*.
délirant, e *adj* delirante.
délire *nm* delirio *m* • **en délire** *(public, foule)* delirante • **c'est du délire !** *fig* ¡es una locura!
délirer *vi* delirar.
délit *nm* delito *m* • **en flagrant délit** in fraganti.
délivrance *nf* **1.** *(de prisonnier)* liberación *f* **2.** *(soulagement)* alivio *m* **3.** *(de passeport, de certificat)* expedición *f*.
délivrer *vt* **1.** *(prisonnier, pays)* liberar • **délivrer de** *fig (débarrasser)* librar de **2.** *(certificat, passeport)* expedir **3.** *(marchandise)* entregar.
délocalisation *nf* deslocalización *f*.
délocaliser *vt* deslocalizar.
déloger *vt* desalojar.
déloyal, e *adj* desleal.
delta *nm* delta *m*.
delta-plane, deltaplane *nm* ala *f* delta.
déluge *nm* diluvio *m*. ■ **Déluge** *nm* RELIG • **le Déluge** el Diluvio.
déluré, e *adj* **1.** *(malin)* avispado(da) **2.** *péj (dévergondé)* desvergonzado(da).
démagogie *nf* demagogia *f*.
démagogique *adj* demagógico(ca).

démagogue *nmf* demagogo *m*, -ga *f*.

demain *adv* mañana • **demain matin** mañana por la mañana. ❑ *nm* **1.** *(jour suivant)* mañana *m* • **à demain !** ¡hasta mañana! **2.** *(avenir)* el día de mañana.

demande *nf* **1.** *(souhait)* petición *f* **2.** *(démarche, candidature)* solicitud *f* • **demande d'emploi** solicitud de empleo • **demande en mariage** petición de mano **3.** *(commande)* encargo *m* **4.** ÉCON & DR demanda *f*.

demandé, e *adj* solicitado(da) • **très demandé** muy solicitado.

demander *vt* **1.** *(gén)* pedir • **ne pas demander mieux** no desear otra cosa **2.** *(interroger)* preguntar **3.** *(nécessiter)* requerir **4.** *(chercher)* buscar. ❑ *vi* **1.** *(réclamer)* • **demander à qqn de faire qqch** pedir a alguien que haga algo • **ne demander qu'à** sólo pedir **2.** *(nécessiter)* • **demander** à requerir. ■ **se demander** *vp* • **se demander qqch** preguntarse algo • **se demander si** preguntarse si.

> À PROPOS DE
> **demander**
> Attention à la construction de ***pedir*** : *Demander de* + infinitif se traduit par ***pedir que*** + subjonctif.

demandeur[1], euse *nm,f* solicitante *mf* • **demandeur d'asile** solicitante de asilo • **demandeur d'emploi** desempleado *m*.

demandeur[2], eresse *nm,f* DR demandante *mf*.

démangeaison *nf* **1.** *(irritation)* comezón *f* **2.** *fig (grande envie)* ganas *fpl*.

démanger *vt* **1.** *(gratter)* picar **2.** *fig (donner envie)* • **ça me démange de** tengo unas ganas de.

démantèlement *nm* desmantelamiento *m*.

démanteler *vt* desmantelar.

démaquillant, e *adj* desmaquillador(ra), desmaquillante. ■ **démaquillant** *nm* desmaquillador *m*, desmaquillante *m*.

démaquiller *vt* desmaquillar. ■ **se démaquiller** *vp* desmaquillarse.

démarchage *nm* • **démarchage (à domicile)** venta *f* a domicilio.

démarche *nf* **1.** *(manière de marcher)* andares *mpl* **2.** *(raisonnement)* enfoque *m* **3.** *(requête)* gestión *f*, trámite *m* **(ESP)**, tratativas *fpl* **(AMÉR)**.

démarcheur, euse *nm,f* vendedor *m*, -ra *f* a domicilio.

démarque *nf* rebaja *f*.

démarquer *vt* **1.** *(solder)* rebajar, saldar **2.** *(enlever la marque de)* quitar la marca de **3.** SPORT desmarcar. ■ **se démarquer** *vp* **1.** SPORT desmarcarse **2.** *(se distinguer)* • **se démarquer (de)** desmarcarse (de).

démarrage *nm* arranque *m* • **démarrage en côte** arranque en una cuesta.

démarrer *vi* **1.** *(gén)* arrancar • **faire démarrer** arrancar **2.** NAUT zarpar. ❑ *vt* **1.** *(voiture)* arrancar **2.** *fig (affaire, projet)* poner en marcha.

démarreur *nm* arranque *m (mecanismo)*.

démasquer *vt* desenmascarar.

dématérialiser *vt* desmaterializar.

démêlant, e *adj* suavizante.

démêlé *nm* altercado *m* • **avoir des démêlés avec la justice** tener líos con la justicia.

démêler *vt* **1.** *(cheveux, fils)* desenredar **2.** *fig (affaire, mystère)* desembrollar. ■ **se démêler** *vp* • **se démêler de qqch** *fig* desembarazarse de algo.

déménagement *nm* mudanza *f*.

déménager *vt (meuble)* trasladar. ❑ *vi (changer d'adresse)* mudarse.

déménageur *nm (entrepreneur)* empresa *f* de mudanzas ; *(employé)* mozo *m* de mudanzas.

démence *nf* **1.** MÉD demencia *f* **2.** *fig (bêtise)* locura *f*.

démener ■ **se démener** *vp* **1.** *(s'agiter)* forcejear **2.** *fig (se donner du mal)* moverse.

dément, e *adj* **1.** MÉD demente **2.** *fam (incroyable, extravagant)* alucinante. ❑ *nm,f* MÉD demente *mf*.

démenti *nm* mentís *m inv*.

démentiel, elle *adj* demencial.

démentir *vt* desmentir.

démerder ■ **se démerder** *vp* *tfam* **1.** *(se débrouiller)* apañarselas, arreglárselas **2.** *(s'en sortir)* buscarse la vida.

démesure *nf* desmesura *f*.

démesuré, e *adj* desmesurado(da).

démettre *vt* **1.** MÉD dislocar **2.** *(destituer)* • **démettre qqn de ses fonctions** destituir a alguien de sus funciones. ■ **se démettre** *vp* **1.** MÉD dislocarse **2.** *(démissionner)* • **se démettre de ses fonctions** dimitir (de) su cargo.

demeurant ■ **au demeurant** *loc adv* por lo demás.

demeure *nf* **1.** *(maison)* mansión *f* **2.** *sout (domicile)* residencia *f*. ■ **à demeure** *loc adv* para siempre.

demeuré, e *adj & nm,f* retrasado(da) mental.

demeurer *vi* **1.** *(aux* **être***) (rester)* quedarse, permanecer **2.** *(aux* **avoir***) (habiter)* residir.

demi, e *adj* **1.** *(qui est la moitié de)* medio(dia) • **et demi** y medio **2.** *(incomplet)* • **un demi-succès** un éxito a medias. ■ **demi** *nm* **1.** *(bière)* caña *f* **2.** SPORT medio *m*. ■ **demie** *nf* **1.** *(demi-heure)* media *f* • **à la demie** a la media, a y media **2.** *(demi-bouteille)* botella *f* de medio. ■ **à demi** *loc adv* **1.** *(à moitié)* medio • **à demi nu** medio desnudo **2.** *(en partie)* a medias • **faire les choses à demi** hacer las cosas a medias.

demi-cercle *nm* semicírculo *m* • **en demi-cercle** en semicírculo.

demi-douzaine *nf* media docena *f*.

demi-finale *nf* semifinal *f*.
demi-frère *nm* hermanastro *m*.
demi-heure *nf* media hora *f*.
demi-journée *nf* media jornada *f*.
démilitariser *vt* desmilitarizar.
demi-litre *nm* medio litro *m*.
demi-mesure *nf* **1.** *(quantité)* media medida *f* **2.** *(compromis)* parche *m*.
demi-mot ■ **à demi-mot** *loc adv* • **comprendre à demi-mot** entender sin necesidad de palabras.
déminer *vt* retirar las minas de.
demi-pension *nf* media pensión *f*.
demi-pensionnaire *nmf* medio pensionista *mf*.
demi-saison *nf* entretiempo *m*.
demi-sœur *nf* hermanastra *f*.
démission *nf* dimisión *f*.
démissionner *vi (quitter son emploi)* dimitir. ❑ *vt fam (renvoyer)* dimitir.
demi-tarif *nm* medio billete *m*.
demi-tour *nm* media vuelta *f* • **faire demi-tour** dar media vuelta.
démocrate *adj & nmf* demócrata.
démocratie *nf* democracia *f*.
démocratique *adj* democrático(ca).
démocratiser *vt* democratizar.
démodé, e *adj* **1.** *(vêtement)* pasado(da) de moda **2.** *(technique, théorie)* anticuado(da).
démographie *nf* demografía *f*.
démographique *adj* demográfico(ca).
demoiselle *nf* **1.** *(jeune fille)* señorita *f* • **demoiselle d'honneur** dama *f* de honor **2.** *(libellule)* libélula *f*.
démolir *vt* **1.** *(édifice)* demoler **2.** *(casser)* destrozar **3.** *fam (personne)* moler a palos **4.** *fig (projet, réputation)* arruinar.
démolition *nf* demolición *f*.
démon *nm* **1.** *(diable)* MYTHOL demonio *m* **2.** *(enfant)* diablo *m*.
démondialisation *nf* desglobalización *m*.
démoniaque *adj* **1.** *fig (diabolique)* demoníaco(ca) **2.** *(possédé du démon)* endemoniado(da).
démonstrateur, trice *nm, f* demostrador *m*, -ra *f*.
démonstratif, ive *adj* demostrativo(va). ■ **démonstratif** *nm* GRAMM demostrativo *m*.
démonstration *nf* demostración *f*.
démonter *vt* **1.** *(appareil)* desmontar ; *(meuble)* desarmar **2.** *fig (troubler)* desmoronar.
démontrer *vt* demostrar.
démoralisant, e *adj* desmoralizador(ra).
démoraliser *vt* desmoralizar. ■ **se démoraliser** *vp* desmoralizarse.
démordre *vi* • **ne pas démordre de qqch** no dar su brazo a torcer en algo.
démotiver *vt* desmotivar.
démouler *vt (statue)* vaciar ; *(gâteau, pâté)* desmoldar.
démunir *vt* despojar. ■ **se démunir** *vp* • **se démunir de qqch** despojarse de algo.
démythifier *vt* desmitificar.
dénationaliser *vt* desnacionalizar.
dénaturer *vt* **1.** *(goût)* alterar **2.** *(paroles)* deformar **3.** *(produit)* desnaturalizar.
dénégation *nf* **1.** *(négation)* PSYCHO negación *f* **2.** DR denegación *f*.
dénicher *vt (objet rare)* topar con ; *(voleur)* descubrir.
dénigrer *vt* denigrar.
dénivellation *nf* **1.** *(de route)* desnivel *m* **2.** *(de montagne)* pendiente *f*.
dénombrer *vt* **1.** *(compter)* contar **2.** *(recenser)* censar.
dénominateur *nm* denominador *m* • **dénominateur commun** denominador común.
dénomination *nf* denominación *f*.
dénoncer *vt* **1.** *(gén)* denunciar **2.** *fig (trahir)* revelar.
dénonciation *nf* denuncia *f*.
dénoter *vt* denotar.
dénouement *nm* desenlace *m*.
dénouer *vt* **1.** *(nœud)* desanudar **2.** *fig (affaire)* desenmarañar.
dénoyauter *vt* deshuesar.
denrée *nf* comestible *m* • **denrées alimentaires** productos *mpl* alimenticios.
dense *adj* denso(sa).
densité *nf* densidad *f* • **double/haute densité** INFORM doble/alta densidad.
dent *nf* **1.** *(gén)* diente *m* • **dent de lait** diente de leche • **dent de sagesse** muela *f* del juicio **2.** GÉOGR pico *m*.
dentaire *adj* dental.
dentelé, e *adj* dentado(da).
dentelle *nf* encaje *m*.
dentier *nm* dentadura *f* postiza.
dentifrice *nm* dentífrico *m*.
dentiste *nmf* dentista *mf*.
dentition *nf* **1.** *(dents)* dentadura *f* **2.** *(croissance)* dentición *f*.
dénuder *vt* **1.** *(partie du corps)* dejar al descubierto **2.** *(fil électrique)* pelar.
dénué, e *adj* • **dénué de** desprovisto de.
dénuement *nm* indigencia *f*.
déodorant, e *adj* desodorante. ■ **déodorant** *nm* desodorante *m*.
déontologie *nf* deontología *f*.
dép. abrév de **départ** abrév de **département**.
dépannage *nm* reparación *f*.
dépanner *vt* **1.** *(réparer)* reparar **(ESP)**, refaccionar **(AMÉR)** **2.** *fam & fig (aider)* echar una mano a.

dépanneur, euse *nm,f* **1.** AUTO mecánico *m*, -ca *f* **2.** *(de machine, télévision)* técnico *m*, -ca *f*. ■ **dépanneuse** *nf* grúa *f*.

dépareillé, e *adj* **1.** *(service)* dispar **2.** *(chaussettes, gants)* desparejado(da).

départ *nm* **1.** *(de personne)* partida *f* **2.** *(de train, avion, course)* salida *f* • **faux départ** salida falsa **3.** *(d'employé)* marcha *f* **4.** *(début)* punto *m* de partida. ■ **au départ** *loc adv (au début)* en un principio.

départager *vt* **1.** *(concurrents, candidats)* desempatar **2.** *(opinions)* terciar **3.** *(séparer)* dividir.

département *nm* **1.** *(territoire)* ≃ provincia *f* • **département d'outre-mer** = DOM-TOM **2.** ADMIN departamento *m*.

dépassé, e *adj* **1.** *(périmé)* anticuado(da) **2.** *fam (déconcerté)* desbordado(da).

dépassement *nm* **1.** *(en voiture)* adelantamiento *m* **2.** FIN rebasamiento *m*.

dépasser *vt* **1.** *(voiture)* adelantar **2.** *(surpasser -en hauteur, importance, temps)* sobrepasar ; *(-en qualité)* superar **3.** *(prévision, attente)* superar **4.** *(limite, cap)* rebasar, sobrepasar. ❑ *vi* sobresalir • **dépasser de** sobresalir de.

dépaysement *nm* cambio *m* de aires.

dépayser *vt* **1.** *(désorienter)* desorientar **2.** *(changer de cadre)* cambiar de ambiente. ■ **se dépayser** *vp* cambiar de aires.

dépecer *vt* **1.** *(volaille)* descuartizar **2.** *(proie)* despedazar.

dépêche *nf* **1.** PRESSE comunicado *m* • **dépêche d'agence** comunicado de agencia **2.** *(correspondance officielle)* despacho *m*.

dépêcher *vt sout (envoyer)* mandar. ■ **se dépêcher** *vp* darse prisa • **se dépêcher de faire qqch** apresurarse a hacer algo.

dépénaliser *vt* DR despenalizar.

dépendance *nf* dependencia *f*. ■ **dépendances** *nfpl* dependencias *fpl*.

dépendant, e *adj (gén)* MÉD dependiente • **être dépendant de** depender de.

dépendre *vi (être soumis)* • **dépendre de** depender de. ❑ *vt (décrocher)* descolgar.

dépens *nmpl* DR costas *fpl* • **aux dépens de qqn** a costa de alguien • **à mes dépens** a mi costa.

dépense *nf* gasto *m* • **les dépenses publiques** el gasto público.

dépenser *vt* **1.** *(argent)* gastar **2.** *(temps, efforts)* dedicar. ■ **se dépenser** *vp* **1.** *(se fatiguer)* cansarse **2.** *fig (s'investir)* desvivirse.

dépensier, ère *adj* gastador(ra), derrochador(ra).

déperdition *nf* pérdida *f*.

dépérir *vi* **1.** *(personne)* depauperarse **2.** *(santé, affaire)* decaer **3.** *(plante)* marchitarse.

déphasé, e *adj* desfasado(da).

dépilatoire *adj* depilatorio(ria).

dépistage *nm (de maladie)* reconocimiento *m* • **dépistage du sida** prueba *f* del sida.

dépister *vt* **1.** *(maladie)* detectar **2.** *(voleur)* descubrir el rastro de **3.** *(gibier)* rastrear **4.** *(déjouer)* despistar.

dépit *nm* despecho *m*. ■ **en dépit de** *loc prép* a pesar de.

dépité, e *adj* disgustado(da).

déplacé, e *adj* **1.** *(remarque, attitude)* fuera de lugar **2.** *(population)* desplazado(da).

déplacement *nm* **1.** *(gén)* desplazamiento *m* **2.** *(voyage)* viaje *m*, desplazamiento *m*.

déplacer *vt* **1.** *(objet, meuble)* desplazar **2.** *fig (problème)* desviar **3.** *(fonctionnaire)* trasladar. ■ **se déplacer** *vp* desplazarse.

déplaire *vi* **1.** *(ne pas plaire)* desagradar **2.** *(irriter)* disgustar.

déplaisant, e *adj* desagradable.

dépliant *nm* folleto *m*.

déplier *vt* desplegar, abrir.

déploiement *nm* despliegue *m*.

déplorer *vt sout* deplorar.

déployer *vt* **1.** *(déplier)* MIL desplegar **2.** *fig (montrer)* dar muestra de.

déportation *nf* deportación *f*.

déporté, e *nm,f* deportado *m*, -da *f*.

déporter *vt* **1.** *(prisonnier)* deportar **2.** *(voiture, avion)* desviar.

déposé, e *adj (marque)* registrado(da) ; *(modèle)* patentado(da).

déposer *vt* **1.** *(personne, objet)* dejar **2.** *(sédiments)* depositar ; *(argent)* ingresar **3.** *(marque, brevet)* registrar **4.** DR • **déposer une plainte** presentar una denuncia • **déposer son bilan** declararse en suspensión de pagos **5.** *(monarque)* destituir. ❑ *vi* **1.** DR deponer **2.** *(liquide)* depositar. ■ **se déposer** *vp* depositarse.

dépositaire *nm* **1.** COMM concesionario *m* **2.** *(d'objet)* depositario *m*.

déposition *nf* **1.** DR declaración *f* **2.** *(de monarque)* deposición *f*.

déposséder *vt* • **déposséder qqn de qqch** desposeer a alguien de algo.

dépôt *nm* **1.** *(gén)* depósito *m* • **dépôt de garantie** depósito en garantía • **dépôt légal** depósito legal • **dépôt d'ordures** vertedero *m* **2.** *(prison)* calabozo *m*.

dépotoir *nm* **1.** *(décharge)* vertedero *m* **2.** *péj (lieu en désordre)* leonera *f* **3.** TECHNOL *(usine)* planta *f* de transformación de residuos.

dépôt-vente (*pl* **dépôts-ventes**) *nm* venta *f* en depósito • **mettre qqch en dépôt-vente** dejar algo en depósito para su venta.

dépouille *nf* **1.** *(peau)* piel *f* **2.** *(humaine)* • **dépouille (mortelle)** restos *mpl* (mortales).

dépouillement *nm* **1.** *(sobriété)* austeridad *f* **2.** *(examen minutieux)* escrutinio *m*.

dépouiller *vt* **1.** *(voler)* • **dépouiller qqn de qqch** despojar a alguien de algo **2.** *(examiner)* escrutar.

dépourvu, e *adj* • **dépourvu de** desprovisto de. ■ **au dépourvu** *loc adv* • **prendre qqn au dépourvu** pillar a alguien desprevenido(da).

dépoussiérer *vt* **1.** *(nettoyer)* limpiar el polvo de **2.** *fig (rajeunir)* renovar.

dépravation *nf* depravación *f.*

dépréciation *nf* depreciación *f.*

dépressif, ive *adj & nm, f* depresivo(va).

dépression *nf* depresión *f* • **dépression nerveuse** depresión nerviosa.

dépressurisation *nf* AÉRON despresurización *f.*

déprimant, e *adj* deprimente.

déprime *nf fam* depre *f* • **faire une déprime** tener una depre.

déprimé, e *adj* deprimido(da).

déprimer *vt* deprimir. ❑ *vi fam* estar depre.

déprogrammer *vt* desprogramar.

dépuceler *vt fam* desvirgar.

depuis *prép* **1.** *(à partir de)* desde • **depuis... jusqu'à** desde... hasta • **depuis la route, on pouvait voir la mer** desde la carretera se podía ver el mar • **il est parti depuis hier** se marchó ayer **2.** *(exprimant la durée)* desde hace • **depuis 10 ans** desde hace 10 años • **depuis combien de temps est-il là ?** ¿cuánto tiempo hace que está aquí? • **depuis longtemps** desde hace tiempo • **depuis toujours** desde siempre. ❑ *adv* desde entonces • **depuis, nous ne l'avons pas vu** desde entonces no lo hemos visto. ■ **depuis que** *loc conj* desde que.

député, e *nm, f* diputado *m*, -da *f* • **député européen** eurodiputado *m.*

déraciner *vt* **1.** *(arbre)* arrancar de cuajo, arrancar de raíz **2.** *fig (personne)* desarraigar.

déraillement *nm* descarrilamiento *m.*

dérailler *vi* **1.** *(train)* descarrilar **2.** *fam (montre, radio)* funcionar mal **3.** *fam (personne)* desvariar.

dérailleur *nm* cambio *m* de marchas *(de bicicleta).*

déraisonnable *adj sout* irrazonable.

dérangé, e *adj* **1.** *fam (fou)* trastornado(da) **2.** *(malade)* revuelto(ta), descompuesto(ta) • **avoir l'estomac dérangé** tener el estómago revuelto.

dérangement *nm* **1.** *(gêne)* molestia *f* • **dérangement intestinal** trastorno *m* estomacal **2.** *(déplacement)* viaje *m* **3.** *(dérèglement)* • **en dérangement** *(téléphone)* averiado(da).

déranger *vt* **1.** *(objets, pièce)* desordenar **2.** *(personne)* molestar, importunar • **ça vous dérange si... ?** ¿le molesta si...? **3.** *(esprit)* perturbar. ❑ *vi* molestar. ■ **se déranger** *vp* **1.** *(se déplacer)* moverse **2.** *(être gêné)* molestarse.

dérapage *nm* **1.** *(gén)* derrape *m* **2.** *fig (erreur)* desliz *m.*

déraper *vi* **1.** *(voiture)* derrapar **2.** *fig (économie, prix)* descontrolarse.

dératiser *vt* desratizar.

déréférencer *vt* descatalogar.

déréglé, e *adj (vie, mœurs)* desordenado(da).

déréglementer *vt* ÉCON desregular, liberalizar.

dérégler *vt* **1.** *(mécanisme)* estropear **2.** *(estomac)* destrozar. ■ **se dérégler** *vp (mécanisme)* estropearse.

dérégulation *nf* desregulación *f.*

déréguler *vt* desregular.

dérision *nf* escarnio *m* • **tourner qqch en dérision** hacer escarnio de algo.

dérisoire *adj* irrisorio(ria).

dérivatif, ive *adj* LING derivativo(va). ■ **dérivatif** *nm* • **dérivatif (à qqch)** distracción *f* (para algo).

dérive *nf* **1.** *(mouvement)* deriva *f* • **aller** *ou* **être à la dérive** *fig* ir a la deriva **2.** *(de bateau)* orza *f.*

dérivé *nm* LING & CHIM derivado *m.*

dériver *vt* derivar. ❑ *vi* **1.** *(aller à la dérive)* derivar **2.** *fig (découler)* • **dériver de qqch** derivar *ou* provenir de algo.

dermatologie *nf* dermatología *f.*

dermatologue, dermatologiste *nmf* dermatólogo *m*, -ga *f.*

dernier, ère *adj* **1.** *(gén)* último(ma) **2.** *(après le nom) (semaine, année, etc)* pasado(da). ❑ *nm, f* **1.** *(dans une série)* último *m*, -ma *f* • **ce dernier** éste, este último **2.** *(benjamin)* pequeño *m*, -ña *f.* ■ **en dernier** *loc adv* en último lugar.

dernièrement *adv* últimamente.

dernier-né, dernière-née *nm, f* **1.** *(bébé)* hijo *m* menor, hija *f* menor **2.** *fig (dernier modèle)* • **la dernière-née de la gamme** el último modelo de la gama.

dérobade *nf* espantada *f.*

dérobé, e *adj (escalier, porte)* secreto(ta).

dérober *vt sout* hurtar. ■ **se dérober** *vp sout (s'effondrer)* hundirse.

dérogation *nf* derogación *f.*

déroulé *nm* manera *f* de desarrollarse • **le déroulé d'un procès** la manera de desarrollarse un juicio.

déroulement *nm* **1.** *fig (d'événement)* desarrollo *m* **2.** *(de bobine de fil, câble)* desenrollamiento *m.*

dérouler *vt (bobine de fil, câble)* desenrollar. ■ **se dérouler** *vp fig (événement)* desarrollarse.

déroute *nf* **1.** MIL espantada *f* • **mettre en déroute** poner en fuga **2.** *fig (échec)* desastre *m.*

dérouter *vt* **1.** *fig (personne)* desconcertar **2.** *(avion, navire)* desviar.

derrière *adv* detrás. ❑ *prép* **1.** *(en arrière de)* detrás de **2.** *(au-delà de)* más allá de, detrás de. ❑ *nm* **1.** *(partie arrière)* parte *f* de atrás **2.** *(fesses)* trasero *m*.

dès *prép* **1.** *(depuis)* desde • **dès l'enfance** desde niño • **dès maintenant** desde ahora, a partir de ahora • **dès demain** a partir de mañana **2.** *(aussitôt que)* en cuanto • **dès mon retour, j'irai te voir** en cuanto vuelva, iré a verte. ■ **dès lors** *loc adv* desde entonces. ■ **dès lors que** *loc conj* ya que. ■ **dès que** *loc conj* en cuanto • **dès que j'arriverai, je l'informerai** en cuanto llegue, le pondré al corriente • **dès que possible** cuanto antes.

désabusé, e *adj* desengañado(da).

désaccord *nm* desacuerdo *m*, discrepancia *f*.

S'EXPRIMER

manifester son désaccord

- ***No estoy* (en absoluto) *de acuerdo contigo.*** Je ne suis (absolument) pas d'accord avec toi.
- ***Pienso diferente.*** Je suis d'un autre avis.
- ***¡Qué disparate!*** N'importe quoi !
- ***¿No lo estás/está diciendo en serio?*** Tu n'es/Vous n'êtes quand même pas sérieux ?
- ***¡No es verdad!*** Ce n'est pas vrai !
- ***Me temo que ambos casos no son comparables.*** J'ai bien peur qu'on ne puisse pas comparer ces deux cas.

désaccordé, e *adj* desafinado(da).

désactiver *vt* desactivar.

désaffecté, e *adj* abandonado(da).

désaffection *nf* desafecto *m*.

désagréable *adj* desagradable.

désagrément *nm* disgusto *m*.

désaltérant, e *adj* • **une boisson désaltérante** una bebida que quita la sed.

désaltérer *vt* quitar la sed (a alguien). ■ **se désaltérer** *vp* beber.

désambiguiser *vt* desambiguar.

désamorcer *vt* **1.** *(arme)* descebar **2.** *fig (complot)* desarticular.

désappointer *vt* decepcionar.

désapprobation *nf* desaprobación *f*.

désapprouver *vt* desaprobar. ❑ *vi* protestar.

désarmement *nm* desarme *m*.

désarmer *vt* **1.** *(gén)* desarmar **2.** *(fusil)* desmontar. ❑ *vi* **1.** *(pays)* desarmarse **2.** *fig* • **ne pas désarmer a)** *sout (personne)* no rendirse **b)** *(haine)* no ceder.

désarroi *nm* desconcierto *m*.

désarticulé, e *adj* **1.** *(pantin)* desarticulado(da) **2.** *(corps)* descoyuntado(da).

désastre *nm* desastre *m*.

désastreux, euse *adj* desastroso(sa).

désavantage *nm* desventaja *f*.

désavantager *vt* perjudicar.

désavantageux, euse *adj* desventajoso(sa).

désavouer *vt* **1.** *(renier)* negar **2.** *(désapprouver)* desaprobar. ■ **se désavouer** *vp (se rétracter)* retractarse.

désaxé, e *adj & nm,f* desequilibrado(da).

désaxer *vt* descentrar.

descendance *nf* descendencia *f*.

descendant, e *adj (lignée)* descendente. ❑ *nm,f (héritier)* descendiente *mf*.

descendre *vt (aux avoir)* **1.** *(gén)* bajar • **descendre une rivière** ir río abajo • **descendre à terre** ir a tierra **2.** *fam (abattre - homme)* liquidar ; *(- avion)* derribar. ❑ *vi (aux être)* **1.** *(gén)* bajar **2.** *(de véhicule)* bajarse, apearse (ESP), desembarcarse (AMÉR) **3.** *(être en pente)* ser empinado(da), estar en cuesta **4.** *(séjourner)* alojarse **5.** *(être issu)* • **descendre de** descender de.

descente *nf* **1.** *(action)* descenso *m*, bajada *f* **2.** *(au ski)* descenso *m* **3.** *fam (de boisson)* • **ce type a une bonne descente** ese tipo tiene buen saque. ■ **descente de lit** *nf* alfombrilla *f* de cama.

descriptif, ive *adj* descriptivo(va). ■ **descriptif** *nm* descripción *f* detallada.

description *nf* descripción *f*.

désemparé, e *adj* desamparado(da).

désenchanté, e *adj* desencantado(da).

désendettement *nm* reducción *f* de una deuda.

désenfler *vi* deshincharse, desinflarse.

désensibiliser *vt* insensibilizar.

déséquilibre *nm* desequilibrio *m*.

déséquilibré, e *nm,f* desequilibrado *m*, -da *f*.

déséquilibrer *vt* desequilibrar.

désert, e *adj* desierto(ta). ■ **désert** *nm* desierto *m*.

déserter *vt* **1.** *(endroit)* abandonar **2.** *fig (cause)* desertar de. ❑ *vi* MIL desertar.

déserteur *nm* desertor *m*.

désertion *nf* deserción *f*.

désertique *adj* desértico(ca).

désespéré, e *adj* **1.** *(regard)* de desesperación **2.** *(situation)* desesperado(da). ❑ *nm,f* desesperado *m*, -da *f*.

désespérément *adv* **1.** *(sans espoir)* con desesperación, desesperadamente **2.** *(avec acharnement)* desesperadamente.

désespérer *vt* desesperar • **désespérer que qqch arrive** desesperar de que algo pase. ❑ *vi* perder la esperanza • **désespérer de faire qqch** perder toda esperanza de hacer algo. ■ **se désespérer** *vp* desesperarse.

désespoir *nm* desesperación *f* • **faire le désespoir de qqn** ser la desesperación de alguien • **en désespoir de cause** en último extremo.

déshabillé *nm* deshabillé *m*, salto *m* de cama.

déshabiller *vt* desnudar. ■ **se déshabiller** *vp* desnudarse.
déshabituer *vt* • **déshabituer qqn de qqch/de faire qqch** desacostumbrar a alguien a algo/a hacer algo.
désherbant, e *adj* herbicida. ■ **désherbant** *nm* herbicida *m*.
déshérité, e *adj & nm,f* desheredado(da).
déshériter *vt* desheredar.
déshonneur *nm* deshonor *m*, deshonra *f*.
déshonorer *vt* deshonrar.
déshydrater *vt* deshidratar. ■ **se déshydrater** *vp* deshidratarse.
design *adj inv* de diseño. ❑ *nm* diseño *m*.
designer *nm* diseñador *m*, -ra *f*.
désigner *vt* **1.** *(choisir)* designar, nombrar **2.** *(montrer)* señalar **3.** *(signifier)* significar.
désillusion *nf* desilusión *f*.
désincarné, e *adj* desencarnado(da).
désindustrialisation *nf* desindustrialización *f*.
désinfectant, e *adj* desinfectante. ■ **désinfectant** *nm* desinfectante *m*.
désinfecter *vt* desinfectar.
désinflation *nf* deflación *f*.
désinformer *vt* desinformar.
désinscrire ■ **se désinscrire** *vp INFORM* desuscribirse, darse de baja.
désinstaller *vt INFORM* desinstalar.
désintégrer *vt* desintegrar. ■ **se désintégrer** *vp* desintegrarse.
désintéressé, e *adj* desinteresado(da).
désintéresser ■ **se désintéresser** *vp* • **se désintéresser de qqch/de qqn** desentenderse de algo/de alguien.
désintoxication *nf* desintoxicación *f*.
désintoxiquer *vt* desintoxicar.
désinvolte *adj* **1.** *(à l'aise)* desenvuelto(ta) **2.** *péj (sans gêne)* atrevido(da).
désinvolture *nf* atrevimiento *m*.
désir *nm* deseo *m*.

S'EXPRIMER

exprimer un désir

- ***Me apetece ir al cine.*** J'aimerais bien aller au cinéma.
- ***Tengo muchas ganas de comprarme este jersey.*** J'ai vraiment envie de m'acheter ce pull.
- ***¡Si al menos hiciera un poco más de calor!*** Si seulement il faisait un peu plus chaud !
- ***Me apetece mucho un baño caliente.*** J'ai très envie d'un bain chaud.
- ***¡Me gustaría tanto que os conocierais!*** J'aimerais tellement que vous puissiez faire connaissance !

désirable *adj* **1.** *(chose)* apetecible **2.** *(personne)* deseable.
désirer *vt* desear • **vous désirez ?** *(dans un magasin)* ¿en qué puedo servirle?
désistement *nm* renuncia *f*.
désister ■ **se désister** *vp (retirer sa candidature)* desistir, retirarse • **se désister de qqch** *DR (renoncer à)* renunciar a algo.
désobéir *vi* desobedecer • **désobéir à qqch/à qqn** desobedecer algo/a alguien.
désobéissance *nf* desobediencia *f*.
désobéissant, e *adj* desobediente.
désobligeant, e *adj sout* descortés.
désodorisant, e *adj* desodorante. ■ **désodorisant** *nm* ambientador *m*.
désœuvré, e *adj* ocioso(sa).
désœuvrement *nm* ociosidad *f*.
désolant, e *adj* lamentable.
désolation *nf* desolación *f*.
désolé, e *adj* • **être désolé** sentirlo (mucho) • **je suis désolé, mais je dois m'en aller** lo siento (mucho) pero tengo que irme.
désopilant, e *adj* desternillante.
désordonné, e *adj* desordenado(da).
désordre *nm* **1.** *(fouillis)* desorden *m* • **en désordre** desordenado(da) **2.** *(gén pl) (trouble)* disturbio *m*, desorden *m* **3.** *fig (confusion)* confusión *f*.
désorganisé, e *adj (personne)* desorganizado(da).
désorganiser *vt* desorganizar.
désorienté, e *adj* desorientado(da).
désormais *adv* a partir de ahora, de ahora en adelante.
désosser *vt* **1.** *(viande)* deshuesar **2.** *(voiture)* desguazar ; *(machine)* destripar.
despote *adj & nm* déspota.
despotique *adj* despótico(ca).
despotisme *nm* despotismo *m*.
dessaler *vt* **1.** *(poisson)* desalar **2.** *fam (personne)* espabilar. ❑ *vi fam NAUT* irse a pique.
dessécher *vt* **1.** *(peau)* resecar **2.** *fig (cœur)* endurecer. ■ **se dessécher** *vp* **1.** *(se déshydrater)* resecarse **2.** *(maigrir)* secarse **3.** *fig (s'endurcir)* endurecerse.
desserrer *vt* aflojar.
dessert *nm* postre *m*.
desserte *nf* **1.** *(meuble)* mesa *f* auxiliar **2.** *(service d'autobus)* servicio *m* de transporte.
desservir *vt* **1.** *(désavantager)* perjudicar **2.** *(table)* quitar **3.** *(transports)* comunicar.
dessin *nm* **1.** *(graphique)* dibujo *m* • **dessin animé** dibujos *mpl* animados **2.** *fig (contour - de chose)* contorno *m* ; *(- de visage)* perfil *m*.
dessinateur, trice *nm,f* dibujante *mf*.
dessiner *vt* **1.** *(gén)* dibujar **2.** *(souligner)* resaltar. ❑ *vi* dibujar.

dessous *adv* debajo. ❑ *prép* debajo de. ❑ *nm (partie inférieure)* parte *f* de abajo • **les voisins du dessous** los vecinos de abajo. ❑ *nmpl* **1.** *(sous-vêtements féminins)* ropa *f* interior femenina **2.** *fig (secrets)* • **les dessous de qqch** los entresijos de algo. ■ **en dessous** *loc adv* abajo • **agir par en dessous** actuar de manera subrepticia • **regarder qqn par en dessous** mirar a alguien de soslayo *ou* por el rabillo del ojo. ■ **en dessous de** *loc prép* debajo de • **en dessous de zéro** bajo cero • **vous êtes très en dessous de la vérité** está usted muy lejos de la verdad.

dessous-de-plat *nm inv* salvamanteles *m inv*.

dessus *adv* encima, arriba. ❑ *nm* **1.** *(partie supérieure)* parte *f* de encima • **les voisins du dessus** los vecinos de arriba • **avoir le dessus** ganar • **reprendre le dessus** recuperarse. ■ **en dessus** *loc adv* encima, arriba.

dessus-de-lit *nm inv* colcha *f*, cubrecama *m*.

déstabilisateur, trice *adj* desestabilizador(ra).

déstabilisation *nf* desestabilización *f*.

destin *nm* destino *m*.

destinataire *nmf* destinatario *m*, -ria *f*.

destination *nf* destino *m* • **à destination de** con destino a.

destinée *nf* destino *m*.

destiner *vt* • **destiner qqch à qqn/à qqch** destinar algo a alguien/a algo • **destiner qqn à qqch** destinar a alguien a algo.

destituer *vt* destituir.

déstresser *vt* desestresar. ❑ *vi* desestresarse.

destructeur, trice *adj & nm, f* destructor(ra).

destruction *nf* destrucción *f*.

déstructuration *nf* desestructuración *f*.

désuet, ète *adj* anticuado(da).

désuni, e *adj* desunido(da).

détachable *adj* amovible ; *(supplément, coupon)* recortable.

détachant, e *adj* quitamanchas. ■ **détachant** *nm* quitamanchas *m inv*.

détaché, e *adj* **1.** *(feuille)* suelto(ta) **2.** *(air)* indiferente.

détachement *nm* **1.** *(indifférence)* indiferencia *f* **2.** *(mission)* traslado *m* temporal • **en détachement auprès de qqn** destinado(da) al servicio de alguien **3.** MIL destacamento *m*.

détacher *vt* **1.** *(cheveux, chien)* soltar **2.** *(liens)* desatar **3.** *(découper)* recortar **4.** *(nettoyer)* quitar las manchas de **5.** ADMIN *(fonctionnaire)* destinar provisionalmente **6.** *fig (éloigner)* • **détacher qqn de qqch** apartar a alguien de algo. ■ **se détacher** *vp* **1.** *(se libérer)* librarse • **se détacher de** librarse de **2.** *(défaire ses liens)* desatarse **3.** *(ressortir)* • **se détacher sur** recortarse en **4.** *fig (se désintéresser)* • **se détacher de qqn** apartarse de alguien.

détail *nm* detalle *m*. ■ **au détail** *loc adv (vente)* al por menor, al detalle. ■ **en détail** *loc adv* con todo detalle.

détaillant, e *adj* al por menor, al detalle. ❑ *nm, f* minorista *mf*, detallista *mf*.

détaillé, e *adj* detallado(da).

détailler *vt* **1.** *(récit, facture)* detallar **2.** *(vendre au détail)* vender al por menor, vender al detalle.

détaler *vi* **1.** *(personne)* salir pitando, irse por piernas **2.** *(animal)* huir velozmente.

détartrage *nm* **1.** *(de dents)* limpieza *f* dental *ou* bucal • **se faire faire un détartrage** hacerse una limpieza dental **2.** *(de bouilloire, de cafetière, de chaudière)* eliminación *f* de la cal.

détartrant, e *adj* antical. ■ **détartrant** *nm* antical *m*.

détaxe *nf* desgravación *f*.

détecter *vt* detectar.

détecteur, trice *adj* detector(ra). ■ **détecteur** *nm* detector *m*.

détection *nf* detección *f*.

détective *nm* detective *mf* • **détective privé** detective privado.

déteindre *vt* desteñir. ❑ *vi* **1.** *(changer de couleur)* desteñir **2.** *fig (influencer)* contagiar.

détendre *vt* **1.** *(personne)* relajar **2.** *fig (atmosphère)* hacer menos tenso(sa). ■ **se détendre** *vp* **1.** *(personne)* relajarse **2.** *(corde, ressort)* aflojarse **3.** *(atmosphère, relations)* volverse menos tenso(sa), volverse menos tirante.

détendu, e *adj* **1.** *(personne)* relajado(da) **2.** *(corde, ressort)* flojo(ja).

détenir *vt* **1.** *(objet, record)* poseer **2.** *(secret, vérité)* detentar **3.** *(garder en captivité)* retener *(en prisión)*.

détente *nf* **1.** *(repos)* descanso *m* **2.** *(de ressort)* POLIT distensión *f* **3.** *(d'athlète)* estiramiento *m*.

détenteur, trice *nm, f* poseedor *m*, -ra *f*.

détention *nf* **1.** *(possession)* posesión *f* **2.** *(emprisonnement)* detención *f*.

détenu, e *adj & nm, f* detenido(da).

détergent, e *adj* detergente. ■ **détergent** *nm* detergente *m*.

détérioration *nf* deterioro *m*, empeoramiento *m*.

détériorer *vt* estropear. ■ **se détériorer** *vp* deteriorarse.

déterminant, e *adj* determinante. ■ **déterminant** *nm* determinante *m*.

détermination *nf* **1.** *(définition)* determinación *f* **2.** *(résolution, fermeté)* determinación *f*, decisión *f*.

déterminé, e *adj* **1.** *(fixé)* determinado(da) **2.** *(résolu)* determinado(da), decidido(da).

déterminer *vt* determinar. ■ **se déterminer** *vp* • **se déterminer à faire qqch** decidirse a hacer algo.

déterrer *vt* desenterrar.

détestable *adj* odioso(sa), detestable.
détester *vt* odiar, detestar ; *(plat)* aborrecer.
détonateur *nm* **1.** TECHNOL detonador *m* **2.** *fig (de crise)* detonante *m*.
détonation *nf* detonación *f*.
détonner *vi* desentonar.
détour *nm* **1.** *(déviation)* rodeo *m* • **sans détour** sin rodeos **2.** *(méandre)* recodo *m*.
détourné, e *adj* indirecto(ta).
détournement *nm* desvío *m* • **détournement d'avion** secuestro *m* aéreo • **détournement de fonds** malversación *f* • **détournement de mineur** corrupción *f* de menores.
détourner *vt* **1.** *(gén)* desviar **2.** *(avion)* secuestrar **3.** *(regard)* desviar ; *(tête)* volver **4.** *(fonds)* malversar **5.** *fig (écarter)* • **détourner qqn de** distraer a alguien de. ■ **se détourner** *vp* **1.** *(tourner la tête)* apartar la vista **2.** *fig (se désintéresser)* • **se détourner de qqn/de qqch** apartarse de alguien/de algo.
détraquer *vt* estropear. ■ **se détraquer** *vp fam* estropearse (ESP), descomponerse (AMÉR).
détrempe *nf* **1.** *(de l'acier)* destemple *m* **2.** ART temple *m*.
détresse *nf* **1.** *(sentiment)* desamparo *m* **2.** *(situation)* miseria *f*.
détriment ■ **au détriment de** *loc prép* en detrimento de.
détritus *nm* detritus *m inv*.
détroit *nm* estrecho *m*.
détromper *vt* **1.** *(personne)* sacar del error **2.** *(soupçons, prévisions)* echar por tierra.
détrôner *vt* destronar.
détruire *vt* destruir. ■ **se détruire** *vp* destrozarse.
dette *nf* deuda *f*.
deuil *nm* **1.** *(mort)* deceso *m*, defunción *f* **2.** *(tenue, période)* luto *m* • **en deuil** de luto • **porter le deuil** llevar luto **3.** *(douleur)* duelo *m*.
DEUST, Deust (abrév de diplôme d'études universitaires scientifiques et techniques) *nm* ≃ diplomatura *f (en estudios científicos y técnicos)*.
deux *adj num* dos • **tous les deux jours** cada dos días. ❑ *nm* dos *m inv* • **les deux** ambos(bas). Voir aussi **six**.
deuxième *adj & nmf* segundo(da). Voir aussi **sixième**.
deuxièmement *adv* en segundo lugar.
deux-pièces *nm inv* **1.** *(appartement)* piso *m* con un dormitorio y salón **2.** *(maillot de bain)* biquini *m*.
deux-roues *nm inv* vehículo *m* de dos ruedas.
dévaler *vt* bajar a toda prisa por. ❑ *vi* bajar a toda prisa.
dévaliser *vt* **1.** *(cambrioler)* desvalijar **2.** *fam & fig (vider)* saquear.
dévaloriser *vt* **1.** *(gén)* desvalorizar **2.** *(personne)* menospreciar. ■ **se dévaloriser** *vp* **1.** *(monnaie)* desvalorizarse **2.** *(personne)* menospreciarse.
dévaluation *nf* devaluación *f*.
dévaluer *vt* devaluar. ❑ *vi* devaluar la moneda. ■ **se dévaluer** *vp* devaluarse.
devancer *vt* **1.** *(précéder)* adelantar **2.** *(surpasser)* aventajar **3.** *(anticiper)* anticiparse a.
devancier, ère *nm, f* antecesor *m*, -ra *f*.
devant *adv* delante. ❑ *prép* **1.** *(en face de, en avant de)* delante de • **devant qqch** delante de algo • **devant moi/toi** delante de mí/de ti **2.** *(en présence de, face à)* ante. ❑ *nm* parte *f* de delante, delantera *f* • **prendre les devants** tomar la delantera, adelantarse. ■ **de devant** *loc adj (pattes, roues)* de delante.
devanture *nf* escaparate *m*.
dévaster *vt* devastar.
développement *nm* **1.** *(gén)* desarrollo *m* • **développement durable** ÉCON desarrollo duradero **2.** PHOTO revelado *m* **3.** *(exposé)* exposición *f*. ■ **développements** *nmpl* consecuencias *fpl*.
développer *vt* **1.** *(gén)* desarrollar **2.** PHOTO revelar • **faire développer des photos** revelar unas fotos. ■ **se développer** *vp* desarrollarse.
développeur *nm* INFORM desarrollador *m*.
devenir *vi (changer d'état - sans volonté propre)* volverse ; *(- après des efforts)* llegar a ser • **il est devenu sourd** se ha vuelto sordo • **il est devenu président** ha llegado a ser presidente • **que devient-elle ?** ¿qué es de ella?, ¿qué ha sido de ella?

> À PROPOS DE
> **devenir**
> Il n'y a pas d'équivalent du verbe *devenir* en espagnol. On emploie diverses tournures pour exprimer les différentes valeurs du verbe français. ***Volverse***, suivi d'un adjectif ou d'un nom, indique un changement durable ou une transformation radicale tandis que ***ponerse***, devant un adjectif ou un participe passé, exprime un changement passager. ***Ser*** traduit le verbe *devenir* dans le sens d'advenir. ***Convertirse en*** peut également traduire le changement.

dévergondé, e *adj & nm, f* desvergonzado(da).
déverser *vt* **1.** *(répandre)* verter **2.** *(décharger)* tirar **3.** *fig (sentiment, humeur)* desahogar.
déviation *nf* **1.** *(de trajectoire)* desviación *f* **2.** *(de circulation)* desvío *m* **3.** *(de doctrine)* desviacionismo *m*.
dévier *vi* • **dévier de a)** *(s'écarter de)* desviarse de **b)** *fig* apartarse de. ❑ *vt* desviar.
devin, devineresse *nm, f* adivino *m*, -na *f*.
deviner *vt* adivinar.

devinette *nf* adivinanza *f*, acertijo *m*.

devis *nm* presupuesto *m* • **faire un devis** hacer un presupuesto.

dévisager *vt* mirar de hito en hito.

devise *nf* divisa *f*.

dévisser *vt* desatornillar, destornillar. ❑ *vi* *(en alpinisme)* despeñarse.

dévitaliser *vt* desvitalizar.

dévoiler *vt* **1.** *(gén)* desvelar **2.** *(secret, intentions)* revelar • **dévoiler ses charmes** evidenciar sus encantos.

devoir

■ devoir *nm*

1. OBLIGATION

deber *m* • **le professeur a fait son devoir en prévenant l'assistante sociale** el profesor cumplió con su deber avisando a la asistente social

2. TRAVAIL ÉCRIT

deber *m*, tarea *f* • **le devoir d'histoire comporte trois questions** los deberes de historia constan de tres preguntas • **je dois faire mes devoirs** tengo que hacer los deberes

■ devoir *vt*

1. ÊTRE REDEVABLE

deber • **devoir qqch à qqn** deber algo a alguien • **il lui doit 100 euros** le debe 100 euros • **je lui dois ma situation** le debo mi puesto

2. ÊTRE TENU DE MONTRER

deber • **les enfants doivent le respect à leurs parents** los hijos deben respeto a sus padres

3. EXPRIME LA NÉCESSITÉ

tener que • **c'est mon fils ! je dois le voir !** ¡es mi hijo! ¡tengo que verlo!

4. EXPRIME L'OBLIGATION MATÉRIELLE

tener que • **je dois partir** tengo que irme

5. EXPRIME L'OBLIGATION MORALE

deber, haber de • **je dois le faire** debo hacerlo • **tu dois travailler davantage** has de trabajar más

6. EXPRIME LA PROBABILITÉ

deber de • **ça doit coûter cher** esto debe de costar caro

7. INDIQUE UNE POSSIBILITÉ PORTANT SUR LE FUTUR

• **il doit commencer bientôt** empezará dentro de poco

dévolu, e *adj sout* correspondiente por derecho. ■ **dévolu** *nm* • **jeter son dévolu sur qqn/sur qqch** echar el ojo a alguien/a algo.

dévorer *vt* devorar.

dévotion *nf* devoción *f*.

dévoué, e *adj* abnegado(da).

dévouement *nm* abnegación *f*.

dévouer ■ **se dévouer** *vp* **1.** *(se consacrer)* • **se dévouer à** donegarse por **2.** *fig (se sacrifier)* sacrificarse.

dévoyé, e *adj & nm,f* descarriado(da).

dextérité *nf* **1.** *(manuelle)* destreza *f*, habilidad *f* **2.** *(de l'esprit)* soltura *f*.

dézinguer *vt tfam* **1.** *(critiquer)* cargarse **2.** *(tuer, se débarrasser de)* cargarse • **il s'est fait dézinguer** se lo han cargado.

dézipper *vt* INFORM descomprimir, deszipear.

dézonage *nm* *deszonificación tarifaria de los transportes*.

dg (abrév de **décigramme**) dg.

DGSE (abrév de **Direction générale de la sécurité extérieure**) *nf* ≃ CESID *m (Centro Superior de Información de la Defensa)*.

diabète *nm* diabetes *f inv*.

diabétique *adj & nmf* diabético(ca).

diable *nm* **1.** *(gén)* diablo *m* **2.** *(outil)* carretilla *f*.

diabolique *adj* diabólico(ca).

diaboliser *vt* diabolizar.

diadème *nm* diadema *f*.

diagnostic *nm* diagnóstico *m*.

diagnostiquer *vt* diagnosticar.

diagonal, e *adj* diagonal. ■ **diagonale** *nf* diagonal *f* • **en diagonale** en diagonal.

dialectal, e *adj* dialectal.

dialecte *nm* dialecto *m*.

dialogue *nm* diálogo *m*.

dialoguer *vi* dialogar.

diamant *nm* **1.** *(pierre)* diamante *m* **2.** *(de tête de lecture)* aguja *f*.

diamètre *nm* diámetro *m*.

diapason *nm* diapasón *m*.

diapositive *nf* diapositiva *f*.

diapré, e *adj sout* tornasolado(da).

diarrhée *nf* diarrea *f*.

Dictaphone® *nm* dictáfono *m*.

dictateur *nm* dictador *m*.

dictature *nf* dictadura *f*.

dictée *nf* dictado *m*.

dicter *vt* dictar.

diction *nf* dicción *f*.

dictionnaire *nm* diccionario *m*.

dicton *nm* dicho *m*, refrán *m*.

dièse *adj* sostenido(da). ❑ *nm* **1.** MUS sostenido *m* **2.** *(symbole)* almohadilla *f* • **appuyer sur (la touche) dièse** pulsar la tecla almohadilla.

diesel *adj inv & nm* diésel.

diète *nf (régime)* dieta *f* • **être à la diète** estar a régimen.

diététicien, enne *nm,f* dietista *mf*.

diététique *nf* dietética *f*. ❑ *adj (magasin, aliment)* dietético(ca) • **produits diététiques** productos dietéticos.
dieu *nm* dios *m*. ■ **Dieu** *nm* Dios *m*.
diffamation *nf* difamación *f*.
diffamatoire *adj* difamatorio(ria).
diffamer *vt* difamar.
différé, e *adj* diferido(da). ■ **différé** *nm TV* programa *m* en diferido • **en différé** en diferido.
différemment *adv* de otro modo.
différence *nf* diferencia *f*.
différencier *vt* • **différencier qqch de qqch** diferenciar algo de algo. ■ **se différencier** *vp* • **se différencier de qqn** diferenciarse de alguien.
différend *nm* diferencia *f (desacuerdo)* • **avoir un différend avec qqn** tener diferencias con alguien.
différent, e *adj* **1.** *(distinct)* diferente **2.** *(divers)* vario(ria).
différer *vt (retarder)* aplazar. ❑ *vi* **1.** *(être différent)* • **différer de qqch** diferir de algo **2.** *(varier)* variar **3.** *(ne pas être d'accord)* • **différer sur** discrepar en.
difficile *adj* difícil. ❑ *nmf* • **faire le/la difficile** hacerse el/la difícil.
difficilement *adv* difícilmente.
difficulté *nf* dificultad *f* • **en difficulté** en dificultades, en apuros.
difforme *adj* deforme.
diffuser *vt* **1.** *(gén)* difundir **2.** *(émission)* emitir.
diffuseur *nm* difusor *m* • **diffuseur d'huiles essentielles** difusor de aceites esenciales.
diffusion *nf* **1.** *(gén)* difusión *f* **2.** *(d'émission)* emisión *f*.
digérer *vi* digerir.
digestif, ive *adj* digestivo(va). ■ **digestif** *nm* digestivo *m*.
digestion *nf* digestión *f*.
digital, e *adj* **1.** *(code, affichage)* digital **2.** → **empreinte**.
digne *adj* digno(na) • **digne de qqn/de qqch** digno(na) de alguien/de algo.
dignité *nf* dignidad *f*.
digression *nf* digresión *f*.
dilapider *vt* dilapidar.
dilater *vt* dilatar.
dilemme *nm* dilema *m*.
dilettante *adj & nmf* diletante • **en dilettante** como aficionado.
diligence *nf* diligencia *f*.
diluant *nm* diluyente *m*.
diluer *vt* diluir. ■ **se diluer** *vp* diluirse.
diluvien, enne *adj* diluviano(na).
dimanche *nm* domingo *m*. Voir aussi **samedi**.
dîme *nf* diezmo *m*.
dimension *nf* **1.** *(taille)* dimensión *f* • **à** *ou* **en trois dimensions** en tres dimensiones **2.** *(gén pl) (mesure)* medida *f* • **prendre les dimensions de** tomar las medidas de **3.** *fig (ampleur)* magnitud *f* **4.** *fig (aspect, composante)* aspecto *m*.
diminuer *vt* reducir. ❑ *vi* disminuir. ■ **se diminuer** *vp* rebajarse.
diminutif, ive *adj LING* diminutivo(va). ■ **diminutif** *nm* diminutivo *m*.
diminution *nf* disminución *f*.
dinde *nf litt & fig* pava *f*.
dindon *nm* pavo *m* **(Esp)**, guajolote *m* **(Amér)**.
dîner *vi* cenar. ❑ *nm* cena *f*.
dingue *fam adj* **1.** *(fou)* chalado(da), chiflado(da) **2.** *(incroyable)* de locos. ❑ *nmf* chalado *m*, -da *f*, chiflado *m*, -da *f*.
dinosaure *nm* dinosaurio *m*.
dioxygène *nm CHIM* dioxígeno *m*.
diphtongue *nf* diptongo *m*.
diplomate *adj* diplomático(ca). ❑ *nmf (ambassadeur)* diplomático *m*, -ca *f*. ❑ *nm (gâteau) pour décrire ce type de gâteau, vous pouvez dire :* es un pudín hecho a base de bizcochos de soletilla con licor, frutas confitadas y crema inglesa.
diplomatique *adj* diplomático(ca).
diplôme *nm* diploma *m*.
diplômé, e *adj & nm, f* diplomado(da).
dire *vt* **1.** *(gén)* decir • **dire qqch à qqn** decir algo a alguien • **dire à qqn de** decirle a alguien que • **dis-lui de venir** dile que venga • **(et) dire que je n'étais pas là !** ¡y pensar que no estaba allí! • **on dirait que** parece que • **on dit que** se dice que, dicen que • **que dirais-tu de déjeuner à la campagne ?** ¿qué me dices de un picnic? • **qu'en dis-tu ?** ¿qué te parece? • **vouloir dire** querer decir • **soit dit en passant** dicho sea de paso **2.** *(plaire)* • **ça te dit/dirait de… ?** ¿te apetece…? • **ça ne me dit rien** no me apetece nada **3.** *(rappeler)* sonar • **ça te dit quelque chose ?** ¿te suena de algo? ■ **se dire** *vp* decirse. ■ **au dire de** *loc prép* al decir de. ■ **cela dit** *loc adv* dicho esto. ■ **pour ainsi dire** *loc adv* digamos, por así decirlo. ■ **à vrai dire** *loc adv* a decir verdad.
direct, e *adj* directo(ta). ■ **direct** *nm SPORT & TV* directo *m* • **en direct** en directo.
directement *adv* directamente.
directeur, trice *adj* **1.** *(comité)* director(ra) **2.** *(ligne, roue)* director(triz). ❑ *nm, f (responsable)* director *m*, -ra *f* • **directeur général** director general • **directeur de thèse** director de tesis.
direction *nf* dirección *f* • **en direction de** *(train)* con destino a • **dans la direction de** en dirección de • **sous la direction de** bajo la dirección de • **direction des ressources humaines** dirección de recursos humanos.
directive *nf* directriz *f*.
dirigeable *adj & nm* dirigible.

dirigeant, e *adj* dirigente. ❑ *nm,f* dirigente *mf*; *(d'une entreprise)* directivo *m*, -va *f*.
diriger *vt* **1.** *(entreprise, regard)* dirigir **2.** *(véhicule)* conducir. ■ **se diriger** *vp* • **se diriger vers** dirigirse hacia.
discernement *nm* discernimiento *m*.
discerner *vt* **1.** *(distinguer)* discernir **2.** *(deviner)* distinguir.
disciple *nmf* discípulo *m*, -la *f*.
disciplinaire *adj* disciplinario(ria).
discipline *nf* disciplina *f*.
discipliner *vt* disciplinar.
disc-jockey *nm* pinchadiscos *mf*, pincha *mf*.
discontinu, e *adj* discontinuo(nua).
discordance *nf* discordancia *f*.
discorde *nf* discordia *f*.
discothèque *nf* discoteca *f*.
discourir *vi* extenderse *(hablando)* • **discourir sur qqch** extenderse sobre algo.
discours *nm* discurso *m*.
discréditer *vt* desacreditar.
discret, ète *adj* discreto(ta).
discrètement *adv* discretamente, con discreción.
discrétion *nf* discreción *f*.
discrimination *nf* discriminación *f* • **discrimination sociale** clasismo *m*.
discriminatoire *adj* discriminatorio(ria).
disculper *vt* probar la inocencia de. ■ **se disculper** *vp* probar su inocencia.
discussion *nf* **1.** *(conversation)* conversación *f* **2.** *(débat)* debate *m* **3.** *(contestation, altercation)* discusión *f*.
discutable *adj* discutible.
discuté, e *adj* discutido(da).
discuter *vt* **1.** *(débattre)* debatir **2.** *(contester)* discutir. ❑ *vi* **1.** *(converser)* hablar • **discuter de qqch** hablar de algo **2.** *(contester)* discutir.
disgrâce *nf* desgracia *f (pérdida de favor)*.
disgracieux, euse *adj* **1.** *(geste, démarche)* falto(ta) de gracia **2.** *(visage)* poco agraciado(da).
disjoncter *vi* ÉLECTR saltar (los plomos).
disjoncteur *nm* disyuntor *m*.
disloquer *vt* **1.** MÉD dislocar **2.** *(famille, empire)* desmembrar.
disparaître *vi* desaparecer • **faire disparaître a)** *(gén)* hacer desaparecer **b)** *(difficulté, obstacle)* salvar.
disparate *adj* discordante.
disparité *nf* **1.** *(d'âge, de salaire)* disparidad *f* **2.** *(d'éléments, de couleurs)* discordancia *f*.
disparition *nf* desaparición *f*.
disparu, e *nm,f* desaparecido *m*, -da *f*; *(mort)* difunto *m*, -ta *f*.
dispatcher *vt* repartir, distribuir.
dispensaire *nm* dispensario *m*.
dispense *nf* dispensa *f*.
dispenser *vt* **1.** *sout (soin)* dispensar **2.** *(exempter)* • **dispenser qqn de qqch** dispensar a alguien de algo • **je te dispense de tes réflexions** puedes ahorrarte tus comentarios.
disperser *vt* dispersar. ■ **se disperser** *vp* dispersarse.
dispersion *nf* dispersión *f*.
disponibilité *nf* **1.** *(gén)* disponibilidad *f* **2.** *(de fonctionnaire)* excedencia *f*.
disponible *adj* **1.** *(place, personne)* disponible **2.** *(fonctionnaire)* en excedencia, excedente.
disposé, e *adj* dispuesto(ta) • **être disposé à** estar dispuesto a • **être bien disposé envers qqn** tener buena disposición hacia alguien, estar bien dispuesto hacia alguien.
disposer *vt* *(arranger)* disponer, poner. ❑ *vi* disponer • **disposer de qqch/de qqn** disponer de algo/de alguien.
dispositif *nm* dispositivo *m* • **dispositif d'alarme** dispositivo de alarma • **dispositif antibuée** dispositivo antivaho.
disposition *nf* **1.** *(arrangement)* distribución *f*, disposición *f* **2.** *(disponibilité)* • **à la disposition de** a disposición de **3.** DR disposición *f*.
disproportion *nf* desproporción *f*.
disproportionné, e *adj* desproporcionado(da).
dispute *nf* disputa *f*, discusión *f*.
disputer *vt* disputar • **disputer qqch à qqn** *sout* disputar algo a alguien. ■ **se disputer** *vp* **1.** *(se quereller)* pelearse **2.** SPORT disputarse **3.** *(lutter pour)* • **se disputer qqch** disputarse algo.
disquaire *nmf* vendedor *m*, -ra *f* de discos.
disqualification *nf* descalificación *f*.
disqualifier *vt* descalificar.
disque *nm* disco *m* • **disque compact** compact disc *m*, disco compacto • **disque dur** disco duro • **disque laser** disco láser.
disquette *nf* disquete *m* • **disquette système** disquete sistema.
dissection *nf* disección *f*.
dissemblable *adj* dispar.
disséminer *vt* diseminar.
disséquer *vt* **1.** *(cadavre, animal)* disecar **2.** *fig (ouvrage)* desmenuzar.
dissert (abrév de dissertation) *nf fam* disertación *f*.
dissertation *nf* disertación *f*.
dissident, e *adj & nm,f* disidente.
dissimulateur, trice *adj* disimulador(ra).
dissimulation *nf* **1.** *(de la vérité)* ocultación *f* **2.** *(hypocrisie)* disimulo *m*.
dissimuler *vt* **1.** *(cacher)* disimular **2.** *(taire)* ocultar. ■ **se dissimuler** *vp* **1.** *(se cacher)* ocultarse, esconderse **2.** *(refuser de voir)* • **se dissimuler qqch** cerrar los ojos a algo.

dissipation *nf* **1.** *(gén)* disipación *f* **2.** *(d'élève, de classe)* alboroto *m*.
dissiper *vt* **1.** *(gén)* disipar **2.** *(distraire)* distraer. ■ **se dissiper** *vp* **1.** *(brouillard, doute)* disiparse **2.** *(être inattentif)* distraerse.
dissocier *vt* disociar.
dissolution *nf* disolución *f*.
dissolvant, e *adj* disolvente. ■ **dissolvant** *nm (à ongles)* quitaesmalte *m*.
dissoudre *vt* disolver. ■ **se dissoudre** *vp* disolverse.
dissuader *vt* • **dissuader qqn de faire qqch** disuadir a alguien de hacer algo.
dissuasif, ive *adj* disuasivo(va), disuasorio(ria).
dissuasion *nf* disuasión *f*.
distance *nf* distancia *f* • **à distance** a distancia.
distancer *vt* **1.** *(personne, véhicule)* adelantar • **il a largement distancé son rival** le ha sacado una amplia ventaja a su rival **2.** *fig (concurrence)* dejar atrás.
distant, e *adj* distante.
distillation *nf* destilación *f*.
distillé, e *adj* destilado(da).
distiller *vt* destilar.
distinct, e *adj* **1.** *(séparé)* distinto(ta) **2.** *(clair)* claro(ra).
distinctement *adv* con claridad.
distinctif, ive *adj* distintivo(va).
distinction *nf* distinción *f*.
distingué, e *adj* distinguido(da).
distinguer *vt* distinguir. ■ **se distinguer** *vp* distinguirse.
distraction *nf* distracción *f*.
distraire *vt* distraer. ■ **se distraire** *vp* distraerse.
distrait, e *adj* distraído(da).
distribuer *vt* **1.** *(gén)* repartir, distribuir **2.** *(eau, gaz)* suministrar **3.** *(produit, film)* distribuir.
distributeur, trice *nm,f* repartidor *m*, -ra *f*. ■ **distributeur** *nm* **1.** COMM distribuidor *m*, -ra *f* **2.** *(machine)* máquina *f* expendedora • **distributeur automatique** distribuidor automático.
distribution *nf* **1.** *(répartition, ciné)* THÉÂTRE reparto *m* **2.** *(d'eau, de gaz)* suministro *m* **3.** *(disposition)* COMM distribución *f*.
district *nm* distrito *m*.
dit, e *adj* **1.** *(appelé)* llamado(da) **2.** DR dicho(cha) **3.** *(fixé)* previsto(ta).
DIU (abrév de dispositif intra-utérin) *nm* MÉD DIU *m*.
divagation *nf* divagación *f*. ■ **divagations** *nfpl* desvaríos *mpl*, delirio *m*.
divaguer *vi* divagar.
divan *nm* diván *m*.
divergence *nf* divergencia *f*, discrepancia *f*.
diverger *vi* **1.** *(lignes, rayons)* divergir **2.** *fig (opinions)* divergir, discrepar.
divers, e *adj* **1.** *(différent)* diverso(sa) **2.** *(varié)* variopinto(ta).
diversifier *vt* diversificar. ■ **se diversifier** *vp* **1.** *(varier)* variar **2.** COMM diversificarse.
diversion *nf* diversión *f* • **créer une** *ou* **faire diversion** desviar la atención.
diversité *nf* diversidad *f*.
divertir *vt* divertir. ■ **se divertir** *vp* divertirse.
divertissement *nm* **1.** *(passe-temps)* diversión *f* **2.** MUS intermedio *m*.
divin, e *adj* divino(na).
divinité *nf* divinidad *f*.
diviser *vt* dividir.
division *nf* división *f* • **division blindée** división blindada.
divorce *nm* divorcio *m*.
divorcé, e *adj & nm,f* divorciado(da).
divorcer *vi* divorciarse.
divulguer *vt* divulgar.
dix *adj num* **1.** *(gén)* diez **2.** *(nombre indéterminé)* cien • **je te l'ai répété dix fois !** ¡te lo he repetido cien veces! ❑ *nm* diez *m*. Voir aussi **six**.
dixième *adj num & nmf* décimo(ma). ❑ *nm* décimo *m*, décima parte *f*. Voir aussi **sixième**.
dizaine *nf* **1.** MATH decena *f* **2.** *(environ dix)* unos diez *m*, unas diez *f*.
DJ (abrév de disc-jockey) *nm inv* DJ *mf*, pinchadiscos *mf inv*, pincha *mf*.
djihad *nm* yihad *f*, jihad *f*.
dm (abrév de décimètre) dm.
do *nm inv* MUS do *m inv*.
doc abrév de **documentation**.
doc. (abrév de document) doc., docum. • **voir doc. 5** ver doc. 5.
docile *adj* dócil.
dock *nm* **1.** *(bassin)* dársena *f* **2.** *(hangar)* almacén *m*, depósito *m*.
docker *nm* descargador *m* de muelle.
docteur *nm* doctor *m*, -ra *f*.
doctorant, e *nm,f* doctorando *m*, -da *f*.
doctorat *nm* **1.** *(titre)* doctorado *m* **2.** *(épreuve)* ≃ licenciatura *f* en medicina.
doctrine *nf* doctrina *f*.
document *nm* documento *m* • **document sonore** documento sonoro • **document Word** documento Word.
documentaire *adj & nm* documental.
documentation *nf* **1.** *(gén)* documentación *f* **2.** *(documents)* papeles *mpl*.
documenter *vt* documentar. ■ **se documenter** *vp* documentarse.
dodo *nm langage enfantin* camita *f* • **faire dodo** mimir.

dodu, e *adj* **1.** *(animal)* cebado(da) **2.** *fam (enfant, bras)* regordete(ta).

dogmatisme *nm* dogmatismo *m*.

dogme *nm* dogma *m*.

dogue *nm* dogo *m*.

doigt *nm* dedo *m* • **un doigt de** *(vin, alcool)* un dedo de • **doigt de pied** dedo del pie • **petit doigt** dedo *m* meñique, meñique *m* • **à deux doigts de** a un paso de.

dollar *nm* dólar *m*.

domaine *nm* **1.** *(propriété)* dominio *m* • **domaine skiable** pistas *fpl* esquiables **2.** *(secteur)* campo *m* **3.** *(compétence)* competencia *f*.

dôme *nm* **1.** ARCHIT cúpula *f* **2.** GÉOGR cerro *m*.

domestique *adj* doméstico(ca). ❑ *nmf* criado *m*, da *f* **(Esp)**, mucamo *m*, -ma *f* **(Amér)**.

domestiquer *vt* **1.** *(animal)* domesticar **2.** *(vent, marées)* dominar.

domicile *nm* domicilio *m* • **à domicile** a domicilio.

domiciliation *nf* domiciliación *f* • **domiciliation bancaire** domiciliación bancaria.

domicilié, e *adj* domiciliado(da).

dominant, e *adj* dominante.

dominateur, trice *adj* dominador(ra).

domination *nf* **1.** *(autorité)* dominación *f* **2.** *(influence)* dominio *m*.

dominer *vt* dominar. ❑ *vi* **1.** *(régner)* dominar **2.** *(prédominer)* predominar **3.** *(triompher)* ganar.

domino *nm* dominó *m*.

dommage *nm* **1.** *(préjudice)* daño *m* • **dommages et intérêts** daños y perjuicios **2.** *(dégât)* daño *m*, desperfecto *m* • **(c'est) dommage !** ¡qué pena!, ¡qué lástima!

dompter *vt* **1.** *(animal)* domar **2.** *(éléments)* domeñar **3.** *sout (colère)* dominar.

dompteur, euse *nm, f* domador *m*, -ra *f*.

DOM-TOM (abrév de départements et territoires d'outre-mer) *nmpl* *vous pouvez dire* : los territorios franceses de ultramar ya no se denominan DOM (départements d'outre-mer) y TOM (territoires d'outre-mer), sino que se subdividen en DROM (départements et régions d'outre-mer) y COM (collectivités d'outre-mer). Además, la UE los ha reconocido como PTOM (pays et territoires d'outre-mer).

don *nm* **1.** *(cadeau)* donación *f* **2.** *(talent, aptitude)* don *m*.

donateur, trice *nm, f* donante *mf*.

donation *nf* donación *f*.

donc *conj* **1.** *(marque la conséquence)* así pues, así que • **elle est malade et ne pourra donc pas venir** está enferma así que no podrá venir **2.** *(après une digression, pour renforcer)* pues • **je disais donc que...** pues como decía....

donjon *nm* torreón *m*.

donnant-donnant *nm* • **c'est du donnant-donnant** es dar y recibir.

donné, e *adj (lieu, date, distance)* dado(da). ■ **étant donné que** *loc conj* dado que.

donner *vt* **1.** *(gén)* dar • **elle m'a donné un livre à lire** me ha dado un libro para que lo lea • **ça n'a rien donné** no ha dado resultado **2.** *(attribuer - nom)* poner ; *(- âge)* echar **3.** *fam (complice)* delatar **4.** *(maladie, passion)* • **donner qqch à qqn** contagiar algo a alguien. ❑ *vi* **1.** *(inciter)* • **donner à penser que** dar a pensar que **2.** *(s'adonner)* • **donner dans qqch** darse a algo • **ne plus savoir où donner de la tête** no saber por donde cogerlo.

donneur, euse *nm, f* **1.** *(de cartes)* repartidor *m*, -ra *f* **2.** *(d'organe, de sang)* donante *mf*.

dont *pron rel* **1.** *(complément de verbe ou d'adjectif - relatif à un objet)* del que, de la que ; *(- relatif à une personne)* de quien • **l'accident dont il est responsable** el accidente del que es responsable • **les corvées dont il a été dispensé** las faenas de las que se ha liberado • **c'est quelqu'un dont on dit le plus grand bien** es una persona de quien se dicen muchas cosas buenas • **les personnes dont je parle...** las personas de quienes hablo... **2.** *(complément de nom ou de pronom)* cuyo(ya) • **un meuble dont le bois est vermoulu** un mueble cuya madera está carcomida • **c'est quelqu'un dont j'apprécie l'honnêteté** es alguien cuya honradez admiro • **celui dont les parents sont divorcés** aquél cuyos padres están divorciados **3.** *(indiquant la partie d'un tout)* de los cuales, de las cuales • **j'ai vu plusieurs films, dont deux étaient intéressants** he visto varias películas, dos de las cuales eran interesantes **4.** *(parmi eux)* uno de ellos, una de ellas • **plusieurs personnes ont téléphoné, dont ton frère** han llamado varias personas, entre ellas tu hermano.

dopage *nm* doping *m*.

doper *vt* dopar. ■ **se doper** *vp* doparse.

dorade = **daurade**.

doré, e *adj* dorado(da). ■ **doré** *nm* dorado *m*.

dorénavant *adv* en adelante, en lo sucesivo.

dorer *vt* dorar.

dorloter *vt* mimar **(Esp)**, papachar **(Amér)**.

dormeur, euse *nm, f* dormilón *m*, -ona *f*.

dormir *vi* dormir.

dortoir *nm* dormitorio *m* común.

dorure *nf* **1.** *(processus)* doradura *f*, dorado *m* **2.** *(ornement)* dorados *mpl*.

dos *nm* **1.** *(d'homme, de vêtement)* espalda *f* • **de dos** por detrás • **tourner le dos à** dar la espalda a **2.** *(natation)* • **dos crawlé** espalda **3.** *(de siège)* respaldo *m* **4.** *(de livre, d'animal)* lomo *m* **5.** *(verso)* dorso *m* • **'voir au dos'** 'véase al dorso'.

dosage *nm* dosificación *f*.

dos-d'âne *nm inv* badén *m*.
dose *nf* **1.** *(de médicament)* dosis *f inv* **2.** *(quantité)* ración *f*, dosis *f inv*.
doser *vt* dosificar.
dosette *nf* dosis *m inv* individual.
doseur, se *adj* medidor(ra), dosificador(ra) • **verre doseur** jarra *f* medidora.
dossard *nm* dorsal *m*.
dossier *nm* **1.** *(de fauteuil)* respaldo *m* **2.** *(documents)* dossier *m* • **dossier d'inscription** solicitud *f* de inscripción **3.** *(classeur)* carpeta *f* **4.** INFORM carpeta *f*.
dot *nf* dote *f*.
doté, e *adj* • **doté de** dotado de.
doter *vt* dotar.
douane *nf* aduana *f*.
douanier, ère *adj & nm, f* aduanero(ra).
doublage *nm* **1.** *(de vêtement, de paroi)* forro *m* **2.** CINÉ *(de film)* doblaje *m* **3.** THÉÂTRE & CINÉ *(d'acteur)* substitución *f*.
double *adj* doble. ❑ *adv* doble. ❑ *nm* **1.** *(gén)* doble *m* **2.** *(copie)* copia *f* • **en double a)** por duplicado **b)** *(image)* repetido(da) **3.** *(au tennis)* dobles *m inv*.
doublé, e *adj* **1.** *(vêtement)* forrado(da) **2.** *(film)* doblado(da) **3.** *(consonne, lettre)* doble. ■ **doublé** *nm* **1.** *(orfèvrerie)* chapado *m* **2.** *(réussite)* doble triunfo *m* **3.** *(à la chasse)* doblete *m*.
double-clic *nm* INFORM doble clic *m*.
double-cliquer *vi* INFORM hacer doble clic.
doublement *adv* doblemente. ❑ *nm (de consonne)* duplicación *f*.
doubler *vt* **1.** *(gén)* CINÉ doblar **2.** *(vêtement, sac)* forrar **3.** *(véhicule)* adelantar **4.** *fam (trahir)* engañar **5.** *(augmenter)* redoblar. ❑ *vi* **1.** *(véhicule)* adelantar **2.** *(être multiplié par deux)* duplicarse.
doublure *nf* **1.** *(de vêtement, sac)* forro *m* **2.** THÉÂTRE & CINÉ doble *mf*.
doucement *adv* **1.** *(sans violence)* con suavidad **2.** *(avec douceur)* con dulzura **3.** *(bas)* bajo.
douceur *nf* **1.** *(gén)* suavidad *f* • **la douceur de vivre** los placeres de la vida **2.** *(de saveur)* dulzor *m* **3.** *(de caractère)* dulzura *f*. ■ **douceurs** *nfpl (friandises)* dulces *mpl*. ■ **en douceur** *loc adj (démarrage)* suave. ❑ *loc adv (démarrer)* suavemente, con suavidad ; *(commencer, se passer)* tranquilamente, con tranquilidad.
douche *nf* ducha *f* (ESP), regadera *f* (AMÉR).
doucher *vt* duchar, dar una ducha a. ■ **se doucher** *vp* ducharse.
douchette *nf* lector *m* de código de barras.
doudou *nm fam (langage enfantin) objeto al que un niño toma cariño y con el que se siente seguro*.
doudoune *nf* plumífero *m*.
doué, e *adj* dotado(da) • **être doué pour qqch** estar dotado para algo.
douillet, ette *adj* **1.** *(lit, canapé)* mullido(da) **2.** *(personne)* delicado(da). ❑ *nm, f* delicado *m*, -da *f*.
douleur *nf* dolor *m*.
douloureux, euse *adj* **1.** *(blessure, événement)* doloroso(sa) **2.** *(partie du corps)* dolorido(da) **3.** *(regard, expression)* dolorido(da), doliente.
Douro *npr* • **le Douro** el Duero.
doute *nm* duda *f* • **sans aucun doute** sin duda alguna, sin ninguna duda. ■ **sans doute** *loc adv* seguramente.
douter *vi* dudar • **douter de qqch/de qqn** dudar de algo/de alguien • **douter que** dudar que • **j'en doute** lo dudo. ■ **se douter** *vp* • **se douter de** sospechar • **je m'en doute** me lo figuro • **se douter que** imaginarse que.
douteux, euse *adj* **1.** *(gén)* dudoso(sa) **2.** *(sale)* sucio(cia).
doux, douce *adj* **1.** *(gén)* suave **2.** *(souvenir)* grato(ta) **3.** *(personne, caractère)* dulce **4.** *(climat)* templado(da). ■ **en douce** *loc adv* a la chita callando. ■ **doux** *adv* • **il fait doux** hace un tiempo agradable.
douzaine *nf* **1.** *(douze)* docena *f* **2.** *(environ douze)* • **une douzaine** unos/unas doce.
douze *adj num inv & nm inv* doce. Voir aussi **six**.
douzième *adj num* doceavo(va), duodécimo(ma). ❑ *nmf* doceavo *m*, duodécima parte *f*. Voir aussi **sixième**.
doyen, enne *nm, f* decano *m*, -na *f*.
Dr (abrév de Docteur) Dr., Dra.
draconien, enne *adj* draconiano(na).
dragée *nf* **1.** *(confiserie)* peladilla *f* **2.** *(comprimé)* gragea *f*.
dragon *nm* **1.** *(monstre)* dragón *m* **2.** *péj (personne autoritaire)* sargento *mf*.
drague *nf fam* ligoteo *m* (ESP).
draguer *vt* **1.** *(lac, fleuve)* dragar **2.** *fam (personne)* ligar con.
dragueur, euse *nm, f fam (personne)* ligón *m*, -ona *f*. ■ **dragueur de mines** *nm* dragaminas *m inv*.
drainage *nm* drenaje *m*.
drainer *vt* **1.** *(terrain, plaie)* drenar **2.** *fig (capitaux, main-d'œuvre)* atraer.
dramatique *adj* dramático(ca). ❑ *nf* TV dramático *m*.
dramatiser *vt* dramatizar.
dramaturge *nmf* dramaturgo *m*, -ga *f*.
drame *nm* drama *m*.
drap *nm* **1.** *(de lit)* sábana *f* • **drap du dessous** sábana bajera **2.** *(étoffe)* paño *m*. ■ **drap de bain** *nm* toalla *f* de baño.
drapeau *nm* bandera *f* • **être sous les drapeaux** *fig* servir a la bandera.
draper *vt* **1.** *(couvrir)* cubrir (con un paño) **2.** *(tissu)* drapear.

draperie *nf* **1.** *(tenture)* colgaduras *fpl* **2.** *(industrie)* fábrica *f* de paños.

drap-housse *nm* sábana *f* bajera ajustable.

drapier, ère *adj* pañero(ra). ❑ *nm,f* **1.** *(fabricant)* fabricante *mf* de paños **2.** *(marchand)* pañero *m*, -ra *f*.

dreadlocks *nfpl* rastas *fpl*, dreadlocks *fpl*.

dresser *vt* **1.** *(tête, échelle, tente)* levantar **2.** *(liste, procès-verbal)* elaborar **3.** *sout (statue, monument)* erigir **4.** *(animal)* adiestrar • **être bien dressé** estar bien enseñado **5.** *(opposer)* • **dresser qqn contre qqn** poner a alguien en contra de alguien. ■ **se dresser** *vp* **1.** *(se mettre debout)* levantarse (ESP), pararse (AMÉR) **2.** *(s'élever)* erguirse **3.** *(apparaître)* surgir **4.** *fig (s'insurger)* • **se dresser contre qqch** levantarse contra algo.

dresseur, euse *nm,f* domador *m*, -ra *f*.

DRH *nf* (abrév de direction des ressources humaines) RR. HH. *mpl*, dirección *f* de recursos humanos. ❑ *nm* (abrév de directeur *ou* directrice des ressources humaines) director(ra) de recursos humanos • **avoir un entretien avec le DRH** tener una entrevista con el director de recursos humanos.

dribbler *vt & vi* regatear, driblar.

drogue *nf* droga *f*.

drogué, e *adj* drogado(da). ❑ *nm,f* drogadicto *m*, -ta *f*.

droguer *vt* drogar. ■ **se droguer** *vp* drogarse.

droguerie *nf* droguería *f*.

droguiste *nmf* droguero *m*, -ra *f*.

droit, e *adj* **1.** *(situé à droite, vertical)* derecho(cha) **2.** *(rectiligne, honnête)* recto(ta). ■ **droit** *adv* **1.** *(selon une ligne droite)* recto • **tout droit** todo recto **2.** *(directement)* derecho, directo. ❑ *nm* derecho *m* • **avoir droit à** tener derecho a • **de droit commun** de derecho común • **être dans son droit** estar en su derecho • **être en droit de** estar en el derecho de • **droits d'inscription** derechos *ou* tasas *fpl* de inscripción • **droit de vote** derecho al voto. ■ **droite** *nf* derecha *f*.

droitier, ère *adj & nm,f* diestro(tra) *(que usa la mano derecha)*.

drôle *adj* **1.** *(amusant)* divertido(da) **2.** *(bizarre)* raro(ra) **3.** *fam (remarquable)* menudo(da) • **elle a fait de drôles de progrès !** ¡menudos progresos ha hecho!

DROM (abrév de départements et régions d'outre-mer) *nmpl pour expliquer à un hispanophone ce que c'est, vous pouvez dire :* éste es el nombre que reciben los territorios franceses de ultramar que son al mismo tiempo un departamento y una región; se consideran DROM Guadalupe, la Guyana Francesa, Martinica y la isla de la Reunión.

dromadaire *nm* dromedario *m*.

drone *nm* dron *m*.

dru, e *adj* abundante.

drugstore *nm* drugstore *m*.

dsl (abrév de désolé) *(SMS)* lo siento, sorry.

D.T.COQ. (abrév de diphtérie, tétanos, coqueluche) *nm* vacuna *f* triple.

dû, due *adj* debido(da). ■ **dû** *nm* lo que se debe.

Dublin *npr* Dublín.

duc *nm* duque *m*.

duchesse *nf* duquesa *f*.

duel *nm* duelo *m*.

dûment *adv* debidamente.

dumping *nm* dumping *m*.

dune *nf* duna *f*.

duo *nm* dúo *m*.

dupe *adj* engañado(da) • **être/ne pas être dupe** dejarse/no dejarse engañar. ❑ *nf* • **être la dupe de qqn** ser víctima de alguien.

duper *vt sout* embancar.

duplex *nm* dúplex *m inv*.

duplicata *nm inv* duplicado *m*.

duplicité *nf* duplicidad *f*.

dupliquer *vt* duplicar.

dur, e *adj* **1.** *(gén)* duro(ra) **2.** *(difficile)* difícil. ❑ *nm,f* duro *m*, -ra *f*. ■ **dur** *adv* **1.** *(avec force)* fuerte **2.** *(avec ténacité)* duro.

durabilité *nf* **1.** *(gén)* durabilidad *f* **2.** ÉCON sostenibilidad *f*.

durable *adj* **1.** *(gén)* duradero(ra) **2.** ÉCON sostenible • **le développement durable** el desarrollo sostenible.

duraille *adj fam* durillo(a).

durant *prép* durante.

durcir *vt* endurecer. ❑ *vi* endurecerse. ■ **se durcir** *vp* endurecerse.

durée *nf* duración *f*.

durement *adv* **1.** *(violemment)* con fuerza **2.** *(péniblement)* con rigor, con crudeza **3.** *(sévèrement)* duramente.

durer *vi* durar.

dureté *nf* **1.** *(gén)* dureza *f* **2.** *(d'exercice)* dificultad *f*.

DUT (abrév de diplôme universitaire de technologie) *nm* ≃ Título *m* de Técnico Superior de Formación Profesional.

duvet *nm* **1.** *(plumes)* plumón *m* **2.** *(sac de couchage)* saco *m* de dormir *(de plumón)* **3.** *(poils fins)* bozo *m*.

DVD (abrév de Digital Video *ou* Versatile Disc) *nm inv* DVD *m* • **un lecteur (de) DVD** un lector (de) DVD.

DVD-ROM, DVD-Rom (abrév de Digital Video *ou* Versatile Disk Read Only Memory) *nm* DVD-ROM *m* • **un lecteur (de) DVD-ROM** un lector (de) DVD-ROM.

DVI (abrév de digital video interface) *nf* DVI *m*.

DVR (abrév de digital video recorder) *nm* DVR *m*.

dynamique *adj* dinámico(ca). ❑ *nf* dinámica *f*.

dynamisme *nm* dinamismo *m*.
dynamite *nf* dinamita *f*.
dynamiter *vt* dinamitar.
dynastie *nf* dinastía *f*.
dysfonctionnel, elle *adj* disfuncional • **une famille dysfonctionnelle** una familia disfuncional.
dysfonctionnement *nm* disfunción *f*.
dysfonctionner *vi* disfuncionar.

E

e, E *nm inv (lettre)* e *f*, E *f*. ■ **E** (abrév de est) E.
eau *nf* agua *f* • **eau de Cologne** agua de colonia • **eau douce/de mer** agua dulce/salada • **eau gazeuse/plate** agua con gas/sin gas • **eau minérale** agua mineral • **eau du robinet** agua del grifo • **eau de toilette** (agua de) colonia *f* • **tomber à l'eau** *fig* irse a pique, aguarse.
eau-de-vie *nf (alcool)* aguardiente *m*.
ébahi, e *adj* atónito(ta), boquiabierto(ta).
ébats *nmpl sout* retozos *mpl*.
ébauche *nf* **1.** *(esquisse)* boceto *m* **2.** *fig (commencement)* esbozo *m*.
ébaucher *vt* **1.** *(œuvre, plan)* bosquejar **2.** *fig (geste, sourire)* esbozar.
ébène *nf* ébano *m*.
ébéniste *nmf* ebanista *mf*.
éberlué, e *adj* atónito(ta).
éblouir *vt* deslumbrar.
éblouissement *nm* **1.** *(gén)* deslumbramiento *m* **2.** *(vertige)* mareo *m*.
e-book *nm* ebook *m*, libro *m* electrónico.
éborgner *vt* dejar tuerto(ta).
éboueur *nm* basurero *m*, -ra *f*.
ébouillanter *vt* escaldar.
éboulement *nm* desprendimiento *m*.
éboulis *nm* desprendimiento *m*.
ébouriffé, e *adj* alborotado(da).
ébranler *vt* **1.** *(faire trembler)* estremecer, sacudir **2.** *(santé, moral)* quebrantar **3.** *(gouvernement)* hacer tambalear **4.** *(opinion, conviction)* hacer temblar.
Èbre *npr* • **l'Èbre** el Ebro.
ébrécher *vt* **1.** *(verre, assiette)* picar ; *(lame, couteau)* mellar **2.** *fam* & *fig (fortune)* mermar.
ébriété *nf* embriaguez *f*.
ébruiter *vt* divulgar.
ébullition *nf* ebullición *f* • **en ébullition** *(en effervescence)* en plena ebullición.
écaille *nf* **1.** *(de poisson, reptile)* escama *f* **2.** *(de plâtre, peinture, vernis)* desconchón *m* **3.** *(matière)* concha *f* • **en écaille** de concha.
écailler *vt* **1.** *(poisson)* escamar **2.** *(huîtres)* abrir. ■ **s'écailler** *vp (peinture, vernis)* desconcharse.
écarlate *adj* & *nf* escarlata.
écarquiller *vt* • **écarquiller les yeux** abrir los ojos de par en par.
écart *nm* **1.** *(dans l'espace)* distancia *f*, separación *f* **2.** *(dans le temps)* intervalo *m* **3.** *(différence)* diferencia *f* **4.** *(mouvement)* extraño *m* • **faire un écart à son régime** *fig* saltarse el régimen.
écarteler *vt* **1.** *(torturer)* descuartizar **2.** *fig (tirailler)* dividir.
écartement *nm (gén)* distancia *f* ; *(de rails)* ancho *m*.
écarter *vt* **1.** *(bras, jambes, rideaux)* abrir **2.** *(éloigner)* apartar **3.** *(obstacle, danger)* eliminar ; *(solution)* desechar. ■ **s'écarter** *vp* apartarse.
ecchymose *nf* equimosis *f inv*.
ecclésiastique *adj* eclesiástico(ca). ❑ *nm* eclesiástico *m*.
écervelé, e *adj* & *nm, f* atolondrado(da).
échafaud *nm* cadalso *m*.
échafaudage *nm* **1.** CONSTR andamio *m*, andamiaje *m* **2.** *(amas)* montón *m*, pila *f* **3.** *fig (de plan)* elaboración *f*.
échalote *nf* chalote *m*.
échancrure *nf (de robe)* escote *m*.
échange *nm* intercambio *m*, canje *m* • **en échange (de)** a cambio (de). ■ **échanges** *nmpl* ÉCON intercambios *mpl*.
échangeable *adj* canjeable.
échanger *vt* **1.** *(troquer)* • **échanger qqch contre qqch** cambiar algo por algo **2.** *(sourires, lettres, impressions)* intercambiar. ■ **s'échanger** *vp* intercambiarse.
échangisme *nm* **1.** *(de partenaire sexuel)* intercambio *m* de parejas **2.** ÉCON librecambio *m*.
échantillon *nm* muestra *f*.
échappatoire *nf* escapatoria *f*.
échappement *nm* **1.** AUTO escape *m* ; → **pot** **2.** *(d'horloge)* rueda *f* catalina.
échapper *vi (gén)* • **échapper à a)** escapar *ou* escaparse de **b)** *(détail, nom)* escapársele • **laisser échapper a)** *(occasion)* dejar escapar **b)** *(mot)* soltar **c)** *(erreur, faute)* escapársele. ❑ *vt* • **l'échapper belle** salvarse por los pelos. ■ **s'échapper** *vp* • **s'échapper (de)** escaparse (de), escapar (de).
écharde *nf* astilla *f*.
écharpe *nf* bufanda *f* • **en écharpe** *(bras)* en cabestrillo.
écharper *vt* despedazar.

échasse *nf* **1.** *(de berger)* zanco *m* **2.** *(oiseau)* zancuda *f*.

échassier *nm* zancuda *f*.

échauffement *nm* **1.** *(de moteur)* SPORT calentamiento *m* **2.** *fig (surexcitation)* caldeamiento *m*.

échauffer *vt* **1.** *(gén)* calentar **2.** *(énerver)* irritar. ■ **s'échauffer** *vp* calentarse.

échéance *nf* **1.** *(délai)* plazo *m* • **à longue échéance** a largo plazo • **arriver à échéance** vencer un plazo **2.** *(date de paiement)* vencimiento *m* **3.** *(somme d'argent)* desembolso *m*.

échéant → **cas**.

échec *nm* fracaso *m* • **échec et mat** jaque mate. ■ **échecs** *nmpl* ajedrez *m*.

échelle *nf* **1.** *(objet)* escalera *f* **2.** *(ordre de grandeur)* escala *f*. ■ **échelle de Richter** *nf* GÉOL escala *f* de Richter.

échelon *nm* **1.** *(barreau)* escalón *m*, peldaño *m* **2.** *fig (niveau)* grado *m*.

échelonner *vt* escalonar.

écheveau *nm* madeja *f*.

échevelé, e *adj* **1.** *(personne)* despeinado(da) **2.** *(course, rythme)* desenfrenado(da).

échine *nf* ANAT espinazo *m* ; *(de porc)* lomo *m*.

échiquier *nm* **1.** *(jeu)* tablero *m* de ajedrez **2.** *fig (scène)* tablero *m*.

écho *nm* eco *m*.

échographie *nf* ecografía *f*.

échoir *vi sout* **1.** *(être dévolu)* • **échoir à qqn** tocarle a alguien **2.** *(terme)* vencer.

échoppe *nf* puesto *m*, tenderete *m*.

échouer *vi* **1.** *(ne pas réussir)* fracasar • **échouer à un examen** suspender un examen **2.** *(navire)* encallar **3.** *fam & fig (aboutir)* ir a parar.

e-cigarette *nf* e-cigarrillo *m*, cigarrillo *m* electrónico.

éclabousser *vt* salpicar.

éclair *nm* **1.** *(de lumière)* relámpago *m* (ESP), refusilo *m* (AMÉR) **2.** *fig (instant)* chispa *f* **3.** *(gâteau)* pastelillo *m* alargado relleno de crema de chocolate o café. ❑ *adj inv* relámpago *(en apposition)*.

éclairage *nm* **1.** *(lumière - des rues)* alumbrado *m* ; *(- de local)* iluminación *f* **2.** *fig (point de vue)* enfoque *m*.

éclairagiste *nmf* ingeniero *m*, -ra *f* de luces.

éclaircie *nf* claro *m (entre nubes)*.

éclaircir *vt* aclarar. ■ **s'éclaircir** *vp* **1.** *(gén)* aclararse **2.** *(cheveux)* enrarecer.

éclaircissement *nm* aclaración *f*.

éclairer *vt* **1.** *(illuminer)* alumbrar, iluminar **2.** *sout (renseigner)* • **éclairer qqn sur qqch** aclarar a alguien sobre algo. ■ **s'éclairer** *vp* **1.** *(avec de la lumière)* alumbrarse **2.** *fig (visage)* iluminarse **3.** *(situation, idées)* aclararse.

éclaireur, euse *nm,f* explorador *m*, -ra *f*.

éclat *nm* **1.** *(de lumière)* resplandor *m* **2.** *(de couleur, des yeux)* brillo *m* **3.** *(de verre, pierre)* fragmento *m* **4.** *(faste)* esplendor *m* **5.** *(bruit)* estampido *m* • **éclat de rire** carcajada *f* • **éclats de voix** gritos *mpl* • **rire aux éclats** reír a carcajadas.

éclatant, e *adj* **1.** *(lumière, couleur, succès)* brillante **2.** *(beauté)* resplandeciente **3.** *(rire, voix)* estridente.

éclate *nf fam* • **c'est l'éclate** es genial (ESP).

éclater *vi* estallar • **faire éclater qqch** hacer estallar algo. ■ **s'éclater** *vp fam* pasárselo en grande.

éclectique *adj & nmf* ecléctico(ca).

éclipse *nf* eclipse *m* • **éclipse de Lune/Soleil** eclipse lunar/solar.

éclipser *vt* eclipsar. ■ **s'éclipser** *vp fam* eclipsarse.

éclopé, e *adj & nm,f* cojo(ja).

éclore *vi (fleur, œuf)* hacer eclosión.

écluse *nf* esclusa *f*.

écoblanchiment *nm* ecoblanqueo *m*.

écocitoyen, enne *adj* ecociudadano(na) • **des gestes écocitoyens** gestos ecociudadanos.

écœurant, e *adj* **1.** *(gén)* repugnante, asqueroso(sa) **2.** *fam (démoralisant)* asqueroso(sa).

écœurer *vt* **1.** *(dégoûter, indigner)* dar asco **2.** *fam (décourager)* desmoralizar.

école *nf* **1.** *(gén)* escuela *f*, colegio *m* • **être à bonne école** tener (un) buen maestro • **école communale** ≃ escuela municipal • **école maternelle** parvulario *m* • **l'école publique** la escuela pública • **une grande école** *vous pouvez définir une grande école en disant :* es una institución de enseñanza superior de gran prestigio, aparte de la universidad, a la cual se accede tras haber aprobado unas difíciles oposiciones. • **l'École nationale d'administration** *vous pouvez expliquer ce que c'est que l'ENA de la façon suivante :* esta universidad de élite forma a los futuros altos funcionarios de la Administración. • **l'École nationale de la magistrature** la escuela nacional de la judicatura • **l'École normale supérieure** *pour expliquer ce que c'est, vous pouvez dire :* se trata de una institución de enseñanza superior especializada en humanidades. • **faire l'école buissonnière** hacer novillos **2.** *(éducation)* enseñanza *f* • **école libre** enseñanza libre • **école privée** enseñanza privada.

LEXIQUE

L'École

le bureau el pupitre
le calendrier el calendario
la cantine el comedor
le cartable la cartera
la carte el mapa
la chaise la silla
la classe la clase
la corbeille à papier la papelera

la cour el patio
la craie la tiza
l'élève el alumno/la alumna
le professeur, la professeure) el profesor/la profesora
le tableau la pizarra

écolier, ère *nm,f* **1.** *(élève)* escolar *mf*, colegial *m*, -la *f* **2.** *fig (novice)* principiante *mf*.

écolo *nmf fam* ecologista *mf* • **les écolos** los verdes.

écologie *nf* ecología *f*.

écologique *adj* ecológico(ca).

écologisme *nm* ecologismo *m*.

écologiste *nmf* ecologista *mf*.

éconduire *vt sout* rechazar.

économat *nm* economato *m*.

économe *adj* ahorrador(ra) • **être économe de qqch** ahorrarse algo. ❑ *nmf* ecónomo *m*, -ma *f*.

économie *nf* **1.** *(science)* POLIT economía *f* **2.** *fig (épargne)* ahorro *m* • **faire des économies** ahorrar. ■ **économies** *nfpl* **1.** *(pécule)* ahorros *mpl* **2.** ÉCON • **économies d'échelle** economías *fpl* de escala.

économique *adj* económico(ca).

économiser *vt* ahorrar.

économiseur *nm (pour l'eau, le carburant)* economizador *m*. ■ **économiseur d'écran** *nm* salvapantallas *nm*.

économiste *nmf* economista *mf*.

écoper *vt* NAUT achicar. ❑ *vi fam (être puni)* pagar el pato • **écoper de qqch** *(sanction, corvée)* cargar con algo.

écoproduit *nm* ecoproducto *m*.

écoquartier *nm* ecobarrio *m*, barrio *m* ecológico.

écorce *nf* corteza *f* • **écorce terrestre** corteza terrestre.

écorché, e *adj & nm,f* quisquilloso(sa) • **un écorché vif** una persona con la sensibilidad a flor de piel. ■ **écorché** *nm* **1.** ANAT réplica *f* anatómica de disecciones **2.** *(schéma)* corte *m*, sección *f*.

écorcher *vt* **1.** *(égratigner)* arañar **2.** *(langue, nom)* destrozar **3.** *(lapin)* despellejar.

écorchure *nf* arañazo *m*.

écorecharge *nf* ecorrecarga *f*.

écossais, e *adj* escocés(esa). ■ **écossais** *nm* **1.** LING escocés *m* **2.** *(tissu)* tela *f* escocesa. ■ **Écossais, e** *nm,f* escocés *m*, -esa *f*.

Écosse *npr* • **l'Écosse** Escocia.

écosser *vt* desgranar.

écosystème *nm* ecosistema *m*.

écot *nm* escote *m*.

écotaxe *nf* ecotasa *f*.

écoterrorisme *nm* ecoterrorismo *m*, terrorismo *m* ecológico.

écotourisme *nm* ecoturismo *m*.

écouler *vt* deshacerse de. ■ **s'écouler** *vp* **1.** *(liquide)* escurrirse **2.** *(temps)* pasar.

écourter *vt (durée)* acortar.

écouter *vt* escuchar • **j'aime écouter de la musique** me gusta escuchar música • **il sait écouter** sabe escuchar • **écouter aux portes** escuchar detrás de la puerta • **n'écouter que d'une oreille** escuchar a medias. ■ **s'écouter** *vp* **1.** *(musique, discours)* escucharse **2.** *(suivre son inspiration)* • **si je m'écoutais** si dependiera de mí **3.** *(s'observer)* mirarse el ombligo • **il s'écoute trop** siempre está lloriqueando • **s'écouter parler** escucharse hablar.

écouteurs *nmpl* auriculares *mpl*.

écoutille *nf* escotilla *f*.

écran *nm* pantalla *f* • **le petit écran** la pequeña pantalla.

écrasant, e *adj* aplastante.

écraser *vt* **1.** *(comprimer, vaincre)* aplastar **2.** *(accabler)* agobiar, abrumar **3.** *(piétiner, marcher sur)* pisar **4.** INFORM suprimir **5.** *(renverser)* atropellar • **il s'est fait écraser par une voiture** lo ha atropellado un coche. ❑ *vi* • **écrase !** *fam* ¡cállate ya! ■ **s'écraser** *vp* **1.** *(avion, véhicule)* estrellarse **2.** *fam (se taire)* morderse la lengua.

écrémer *vt* **1.** *(lait)* descremar **2.** *fig (prendre le meilleur de)* escoger lo mejor de.

écrevisse *nf* cangrejo *m* de río • **être rouge comme une écrevisse** estar más rojo que una gamba.

écrier ■ **s'écrier** *vp* exclamar.

écrin *nm* joyero *m (estuche)*.

écrire *vt* escribir. ■ **s'écrire** *vp* escribirse.

écrit, e *adj* escrito(ta). ■ **écrit** *nm* **1.** *(ouvrage, document)* escrito *m* **2.** *(examen)* examen *m* escrito. ■ **par écrit** *loc adv* por escrito.

écriteau *nm* letrero *m*, cartel *m* (ESP), afiche *m* (AMÉR).

écriture *nf* **1.** *(système de signes)* escritura *f* **2.** *(de personne)* letra *f* **3.** *sout (style)* estilo *m*. ■ **écritures** *nfpl* COMM • **tenir les écritures** llevar los libros.

écrivain *nm* escritor *m*, -ra *f*.

écrou *nm* tuerca *f*.

écrouer *vt* encarcelar.

écrouler ■ **s'écrouler** *vp* derrumbarse, desplomarse.

écru, e *adj* crudo(da).

ecsta (abrév de ecstasy) *nm fam* éxtasis *m inv*.

ecstasy *nm* éxtasis *m inv (droga)*.

écu *nm* escudo *m*.

écueil *nm* escollo *m*.

écuelle *nf* escudilla *f*.

éculé, e *adj* gastado(da).

écume *nf* **1.** *(de mer, de bière)* espuma *f* **2.** *(de personne, d'animal)* baba *f*, espumarajo *m* **3.** *fig (rebut)* escoria *f*.

écumoire *nf* espumadera *f*.

écureuil *nm* ardilla *f*.

écurie *nf* **1.** *(bâtiment)* cuadra *f*, caballeriza *f* **2.** *fig (chevaux de courses)* cuadra *f* **3.** AUTO escudería *f*.

écusson *nm* **1.** *(d'armoiries)* escudo *m* **2.** MIL distintivo *m (del cuerpo del ejército)*.

écuyer, ère *nm,f (de cirque)* caballista *mf*. ■ **écuyer** *nm (de chevalier)* escudero *m*.

eczéma *nm* eczema *m*.

éden *nm* edén *m*.

édenté, e *adj* desdentado(da).

EDF, Edf (abrév de Électricité de France) *nf* ≃ Endesa • **la facture EDF** la factura de la luz.

édifice *nm* **1.** *(construction)* edificio *m* **2.** *fig (ensemble organisé)* entramado *m*.

édifier *vt* **1.** *(bâtiment)* construir, edificar **2.** *(théorie)* elaborar **3.** *iron (personne)* edificar.

Édimbourg *npr* Edimburgo.

éditer *vt* editar.

éditeur, trice *nm,f* editor *m*, -ra *f*.

édition *nf* edición *f*.

éditorial *nm* editorial *m*.

édredon *nm* edredón *m*.

éducateur, trice *adj* educador(ra). ❑ *nm,f* educador *m*, -ra *f* • **éducateur spécialisé** ≃ maestro *m* de educación especial.

éducatif, ive *adj* educativo(va).

éducation *nf* educación *f*. ■ **Éducation nationale** *nf* • **l'Éducation nationale** ≃ la Educación Nacional.

édulcorant *nm* edulcorante *m* • **édulcorant de synthèse** edulcorante sintético.

édulcorer *vt* **1.** *sout (sucrer)* endulzar, edulcorar **2.** *fig (adoucir)* suavizar.

éduquer *vt* educar.

effacé, e *adj* **1.** *(personne, rôle)* discreto(ta) **2.** *(teinte)* apagado(da).

effacer *vt* **1.** *(gén)* INFORM borrar **2.** *fig (éclipser)* eclipsar. ■ **s'effacer** *vp* **1.** *(s'estomper)* borrarse **2.** *sout (s'écarter)* apartarse **3.** *fig (s'incliner)* inclinarse *(en señal de respeto)*.

effaceur *nm* borrador *m*.

effarant, e *adj* espantoso(sa).

effarer *vt* espantar, asustar.

effaroucher *vt* asustar.

effectif, ive *adj* efectivo(va). ■ **effectif** *nm* **1.** MIL efectivos *mpl* **2.** SCOL alumnado *m*.

effectivement *adv* **1.** *(réellement)* realmente **2.** *(pour confirmer)* efectivamente.

effectuer *vt* efectuar.

efféminé, e *adj* afeminado(da).

effervescent, e *adj* efervescente.

effet *nm* **1.** *(gén)* efecto *m* • **sous l'effet de** bajo el efecto de • **effet secondaire** efecto secundario • **effet de serre** efecto (de) invernadero • **effets spéciaux** efectos especiales **2.** *(impression produite)* efecto *m*, impresión *f*. ■ **en effet** *loc adv* en efecto, efectivamente.

effeuiller *vt* deshojar.

efficace *adj* **1.** *(remède, mesure)* eficaz **2.** *(personne)* eficaz, eficiente.

efficacité *nf* eficacia *f*.

effigie *nf* efigie *f*.

effiler *vt* **1.** *(tissu)* deshilachar **2.** *(lame, couteau)* afilar **3.** *(cheveux)* atusar.

effilocher *vt* deshilachar. ■ **s'effilocher** *vp* deshilacharse.

efflanqué, e *adj* flaco(ca).

effleurer *vt* **1.** *(surface, visage)* rozar **2.** *(problème, affaire)* tratar superficialmente **3.** *(sujet : idée, pensée)* ocurrirse • **cette pensée ne l'a jamais effleuré** esto nunca se le ha pasado por la cabeza.

effluves *nmpl* efluvios *mpl*.

effondrement *nm* **1.** *(de mur, toit, projet)* hundimiento *m*, desmoronamiento *m*, desplome *m* **2.** *(de personne)* desfondamiento *m*.

effondrer *vt fig (personne)* hundir, desmoronar. ■ **s'effondrer** *vp* hundirse, desmoronarse.

efforcer ■ **s'efforcer** *vp* • **s'efforcer de faire qqch** esforzarse en hacer algo.

effort *nm* **1.** *(de personne)* esfuerzo *m* **2.** PHYS fuerza *f*.

effraction *nf* DR fractura *f*.

effrayant, e *adj* espantoso(sa).

effrayer *vt* asustar. ■ **s'effrayer** *vp* asustarse.

effréné, e *adj* desenfrenado(da).

effriter *vt* pulverizar. ■ **s'effriter** *vp* **1.** *(mur, pierre)* reducirse a polvo **2.** *fig (majorité)* desmoronarse.

effroi *nm* pavor *m*.

effronté, e *adj & nm,f* descarado(da).

effronterie *nf* descaro *m*.

effroyable *adj* espantoso(sa).

effusion *nf* **1.** *(de sang)* derramamiento *m* **2.** *(de sentiments)* efusión *f* • **avec effusion** efusivamente.

égal, e *adj* **1.** *(équivalent)* igual **2.** *(régulier)* regular. ❑ *nm,f* igual *mf*.

également *adv* **1.** *(avec égalité)* con igualdad **2.** *(aussi)* también.

égaler *vt* **1.** MATH ser, dar • **deux plus trois égale cinq** dos y tres son cinco **2.** *(être à la hauteur de)* igualar.

égaliser *vt* **1.** *(rendre égal)* igualar **2.** SPORT empatar, igualar.

égalité *nf* **1.** *(gén)* igualdad *f* **2.** *(d'humeur)* regularidad *f.*
égard *nm* respeto *m.* ■ **à l'égard de** *loc prép* respecto a.
égarement *nm* extravío *m.*
égarer *vt* extraviar. ■ **s'égarer** *vp* **1.** *(objet, personne)* extraviarse **2.** *(discussion)* desviarse **3.** *fig* & *sout (sortir du bon sens)* divagar.
égayer *vt* alegrar, animar.
égide *nf* égida *f* • **sous l'égide de** bajo la égida de, bajo los auspicios de.
églantine *nf* gavanza *f.*
église *nf* iglesia *f.*
égocentrique *adj* & *nmf* egocéntrico(ca).
égoïsme *nm* egoísmo *m.*
égoïste *adj* & *nmf* egoísta.
égorger *vt* degollar.
égosiller ■ **s'égosiller** *vp* desgañitarse.
égout *nm* alcantarilla *f* • **les égouts** el alcantarillado.
égoutter *vt* **1.** *(linge, vaisselle, légumes)* escurrir **2.** *(fromage)* desuerar. ■ **s'égoutter** *vp* escurrirse.
égouttoir *nm* **1.** *(à légumes)* escurridor *m* **2.** *(à vaisselle)* escurridor *m*, escurreplatos *m inv.*
égratigner *vt* **1.** *(érafler)* arañar **2.** *fig (blesser)* afectar. ■ **s'égratigner** *vp (s'érafler)* arañarse.
égratignure *nf* **1.** *(éraflure)* arañazo *m*, rasguño *m* **2.** *fig (blessure)* rasguño *m.*
égrener *vt* desgranar.
égrillard, e *adj* chocarrero(ra).
Égypte *npr* • **l'Égypte** Egipto.
égyptien, enne *adj* egipcio(cia). ■ **égyptien** *nm* LING egipcio *m.* ■ **Égyptien, enne** *nm, f* egipcio *m*, -cia *f.*
égyptologie *nf* egiptología *f.*
eh *interj* eh • **eh bien** bueno.
éhonté, e *adj* & *nm, f* sinvergüenza.
EHPAD (abrév de établissement d'hébergement pour personnes âgées dépendantes) *nm* residencia *f* geriátrica.
Eiffel *npr* • **la tour Eiffel** la Torre Eiffel.
éjaculation *nf* eyaculación *f* • **éjaculation précoce** eyaculación precoz.
éjectable *adj* eyectable.
éjecter *vt* **1.** *(rejeter)* eyectar **2.** *fam (personne)* echar • **il s'est fait éjecter** lo han echado.
élaboration *nf* elaboración *f.*
élaboré, e *adj* elaborado(da) *(sofisticado).*
élaborer *vt* elaborar.
élaguer *vt* **1.** *(arbre)* podar **2.** *fig (texte, exposé)* recortar, expurgar.
élan *nm* **1.** ZOOL alce *m* **2.** *(mouvement physique)* impulso *m* • **prendre son élan** coger impulso **3.** *fig (de joie, de générosité)* arrebato *m.*
élancé, e *adj* esbelto(ta).
élancer *vi* MÉD dar punzadas. ■ **s'élancer** *vp* **1.** *(se précipiter)* lanzarse **2.** SPORT coger impulso.
élargir *vt* **1.** *(route, jupe)* ensanchar **2.** *fig (connaissances)* ampliar. ■ **s'élargir** *vp* **1.** *(route)* ensancharse **2.** *fam (personne)* engordar **3.** *fig (idées, connaissances)* ampliar.
élasticité *nf* elasticidad *f.*
élastique *adj* elástico(ca). ❑ *nm* elástico *m*, goma *f.*
e-learning *nm* e-learning *m*, enseñanza *f* a distancia, aprendizaje *m* virtual.
électeur, trice *nm, f* elector *m*, -ra *f.*
élection *nf* elección *f* • **d'élection** de elección • **élection présidentielle** elecciones presidenciales • **élections municipales** elecciones municipales.
électoral, e *adj* electoral.
électorat *nm* electorado *m.*
électricien, enne *nm, f* electricista *mf.*
électricité *nf* PHYS electricidad *f.*
électrifier *vt* electrificar.
électrique *adj* **1.** PHYS eléctrico(ca) **2.** *fig (impression)* electrizante.
électro *nf inv* MUS electro *m.*
électroaimant *nm* electroimán *m.*
électrocardiogramme *nm* electrocardiograma *m.*
électrochoc *nm* electrochoque *m.*
électrocuter *vt* electrocutar. ■ **s'électrocuter** *vp* morir electrocutado(da).
électrode *nf* electrodo *m.*
électroencéphalogramme *nm* electroencefalograma *m.*
électrogène *adj* electrógeno(na).
électrolyse *nf* electrólisis *f inv.*
électromagnétique *adj* electromagnético(ca).
électroménager *adj* electrodoméstico. ❑ *nm* electrodomésticos *mpl.*
électron *nm* electrón *m.*
électronicien, enne *nm, f* técnico *mf* electrónico.
électronique *adj* electrónico(ca). ❑ *nf* electrónica *f.*
élégance *nf* elegancia *f.*
élégant, e *adj* elegante (ESP), elegantoso(sa) (AMÉR).
élément *nm* elemento *m* • **les bons/mauvais éléments** los buenos/malos elementos • **être dans son élément** *fig* estar en su elemento • **les quatre éléments** los cuatro elementos.
élémentaire *adj* elemental.
éléphant *nm* elefante *m.*
éléphanteau *nm* cría *f* de elefante.
élevage *nm (activité)* cría *f*; *(installation)* criadero *m.*

élévateur, trice *adj* elevador(ra).
élève *nmf* **1.** *(gén)* alumno *m*, -na *f* **2.** *MIL* ≃ cadete *mf*.
élever *vt* **1.** *(enfant)* educar **2.** *(animaux)* criar **3.** *(statue, protestations)* levantar **4.** *(prix, niveau de vie)* subir **5.** *(esprit)* elevar. ■ **s'élever** *vp* **1.** *(gén)* elevarse **2.** *(protester)* • **s'élever contre qqn/contre qqch** levantarse contra alguien/contra algo.
éleveur, euse *nm, f* criador *m*, -ra *f*.
elfe *nm* elfo *m*.
éligible *adj* elegible.
élimination *nf* eliminación *f* • **procéder par élimination** proceder por eliminación.
éliminer *vt* eliminar.
élire *vt* elegir.
élite *nf* elite *f* • **d'élite** de elite.
élitisme *nm* elitismo *m*.
élitiste *adj & nmf* elitista.
elle *pron pers* ella • **il a fait ça pour elle** lo ha hecho por ella • **elle est jolie, Marie** es guapa, Marie • **c'est à elle** es suyo/suya. ■ **elle-même** *pron pers* ella misma.
ellipse *nf* **1.** *GÉOM* elipse *f* **2.** *LING* elipsis *f inv*.
élocution *nf* elocución *f*.
éloge *nm* elogio *m* • **couvrir qqn d'éloges** deshacerse en elogios con alguien • **faire l'éloge de qqch/de qqn** elogiar algo/a alguien.
élogieux, euse *adj* elogioso(sa).
éloignement *nm* **1.** *(gén)* alejamiento *m* **2.** *(recul)* distanciamiento *m*.
éloigner *vt* alejar. ■ **s'éloigner** *vp* alejarse.
élongation *nf* elongación *f*.
éloquence *nf* elocuencia *f*.
éloquent, e *adj* elocuente.
élu, e *adj POLIT* electo(ta). ❑ *nm, f POLIT & RELIG* elegido *m*, -da *f* • **l'élu de son cœur** su media naranja.
élucider *vt* dilucidar.
éluder *vt* eludir.
Élysée *npr* • **l'Élysée** el Elíseo *(residencia oficial del presidente de la República Francesa)*.
émacié, e *adj sout* demacrado(da).
e-mail *nm* e-mail *m*, correo *m* electrónico.
émail *nm* esmalte *m* • **en émail** esmaltado(da).
émaillé, e *adj* • **émaillé de** salpicado de.
émanation *nf* emanación *f*.
émancipé, e *adj* emancipado(da).
émanciper *vt* emancipar. ■ **s'émanciper** *vp* **1.** *(se libérer)* emanciparse **2.** *fam (se dévergonder)* espabilarse.
émaner *vi* emanar.
émarger *vt* firmar en el margen.
émasculer *vt* emascular.
EMBA (abrév de Executive Master of Business Administration) *nm* EMBA *m*.

emballage *nm* embalaje *m*.
emballer *vt* **1.** *(objet, moteur)* embalar **2.** *(cadeau)* envolver **3.** *fam (plaire)* entusiasmar. ■ **s'emballer** *vp* **1.** *(personne, moteur)* embalarse **2.** *(cheval)* desbocarse.
embarcadère *nm* embarcadero *m*.
embarcation *nf* embarcación *f*.
embardée *nf* bandazo *m* • **faire une embardée** dar un bandazo.
embargo *nm* embargo *m*.
embarquement *nm* **1.** *(de marchandises)* embarque *m* **2.** *(de passagers)* embarco *m* • **embarquement immédiat** embarco inmediato.
embarquer *vt* **1.** *(marchandises, passagers)* embarcar **2.** *fam (malfaiteur)* trincar **3.** *fam (emporter)* llevarse **4.** *fam & fig (engager)* • **embarquer qqn dans qqch** embarcar a alguien en algo. ❑ *vi* • **embarquer (pour)** embarcarse (para). ■ **s'embarquer** *vp* embarcarse • **s'embarquer dans** *fam & fig* embarcarse en.
embarras *nm* **1.** *(incertitude, situation difficile)* aprieto *m*, apuro *m* • **avoir l'embarras du choix** tener mucho donde escoger • **être dans l'embarras** estar en un aprieto *ou* apuro • **mettre qqn dans l'embarras** poner a alguien en un compromiso • **tirer qqn d'embarras** sacar a alguien de un aprieto *ou* apuro **2.** *(souci)* problema *m* **3.** *(gêne)* molestia *f*.
embarrassé, e *adj* **1.** *(chargé)* cargado(da) **2.** *(perplexe)* apurado(da) **3.** *(timide)* apocado(da) **4.** *(confus)* confuso(sa).
embarrasser *vt* **1.** *(encombrer)* atestar **2.** *(gêner)* estorbar **3.** *(déconcerter)* poner en un compromiso, poner en un aprieto. ■ **s'embarrasser** *vp* **1.** *(s'encombrer)* • **s'embarrasser de qqch** cargar con algo • **il ne s'embarrasse pas de scrupules** no tiene ningún escrúpulo **2.** *fig (s'empêtrer)* • **s'embarrasser dans** liarse con.
embauche *nf* contratación *f*.
embaucher *vt* **1.** *(employer)* contratar **2.** *fam (occuper)* reclutar.
embaumer *vt* embalsamar. ❑ *vi* desprender buen olor.
embellir *vt* **1.** *(agrémenter)* embellecer **2.** *fig (enjoliver)* adornar. ❑ *vi* embellecerse.
embellissement *nm* embellecimiento *m*.
embêtant, e *adj fam* molesto(ta) ; *fam (personne)* pesado(da).
embêtement *nm fam* problema *m*.
embêter *vt fam* **1.** *(embarrasser)* • **être bien embêté** estar en un buen aprieto **2.** *(importuner, contrarier)* molestar. ■ **s'embêter** *vp fam (s'ennuyer)* aburrirse.
emblée ■ **d'emblée** *loc adv* de golpe, de entrada.
emblème *nm* emblema *m*.
emboîter *vt (ajuster)* • **emboîter qqch dans qqch** encajar algo en algo. ■ **s'emboîter** *vp* encajar.

embonpoint *nm* corpulencia *f.*
embouché, e *adj* • **mal embouché** *fam* mal hablado.
embouchure *nf* **1.** *(de fleuve)* desembocadura *f* **2.** *(d'instrument)* boquilla *f*, embocadura *f.*
embourber *vt* atascar. ▪ **s'embourber** *vp* **1.** *(s'enliser)* atascarse **2.** *fig (s'embrouiller)* liarse.
embourgeoiser *vt* aburguesar. ▪ **s'embourgeoiser** *vp* aburguesarse.
embout *nm* contera *f.*
embouteillage *nm* **1.** *(de véhicules)* atasco *m*, embotellamiento *m* (ESP), atorón *m* (AMÉR) **2.** *(mise en bouteille)* embotellado *m.*
emboutir *vt* **1.** *(voiture)* chocar contra **2.** *TECHNOL* embutir.
embranchement *nm* **1.** *(de chemins)* cruce *m* **2.** *(d'arbre)* ramificación *f.*
embraser *vt* **1.** *(incendier)* abrasar **2.** *(éclairer)* iluminar **3.** *fig (d'amour)* inflamar. ▪ **s'embraser** *vp* **1.** *(prendre feu)* abrasarse **2.** *sout (s'éclairer)* incendiarse **3.** *fig & sout (d'amour)* inflamarse.
embrassade *nf* abrazo *m.*
embrasser *vt* **1.** *(donner un baiser à)* besar **2.** *vieilli (étreindre)* abrazar **3.** *fig (saisir)* abarcar **4.** *fig (religion, carrière)* abrazar. ▪ **s'embrasser** *vp* besarse.
embrasure *nf (de fenêtre, de porte)* hueco *m.*
embrayage *nm* embrague *m.*
embrayer *vi AUTO* embragar.
embrocher *vt* ensartar.
embrouillamini *nm fam* maraña *f*, embrollo *m.*
embrouille *nf fam* lío *m.*
embrouiller *vt* embrollar.
embruns *nmpl* salpicaduras *fpl (de las olas).*
embryon *nm* embrión *m.*
embûches *nfpl* obstáculos *mpl*, trampas *fpl.*
embué, e *adj* empañado(da).
embuer *vt* empañar.
embuscade *nf* emboscada *f* • **tomber dans une embuscade** caer en una emboscada.
embusquer *vt* emboscar. ▪ **s'embusquer** *vp* emboscarse.
éméché, e *adj fam* piripi.
émeraude *nf* esmeralda *f.*
émerger *vi* **1.** *(sortir de l'eau)* emerger **2.** *fig (apparaître)* surgir **3.** *fig (se distinguer)* sobresalir **4.** *fam (se réveiller)* despertarse.
émérite *adj* emérito(ta).
émerveiller *vt* maravillar.
émetteur, trice *adj* emisor(ra). ▪ **émetteur** *nm* emisor *m.*
émettre *vt* emitir.
émeute *nf* motín *m.*
émietter *vt* **1.** *(pain)* desmigar **2.** *fig (disperser)* dispersar.
émigrant, e *adj & nm,f* emigrante.
émigré, e *adj & nm,f* emigrado(da).
émigrer *vi* emigrar.
émincé, e *adj (viande)* en lonchas, en lonjas ; *(légumes)* en rodajas. ▪ **émincé** *nm CULIN pour expliquer ce que c'est, vous pouvez dire :* es un plato a base de finas lonchas de carne asada cubiertas de salsa.
éminemment *adv* eminentemente.
éminence *nf* eminencia *f.*
éminent, e *adj* eminente.
émir *nm* emir *m.*
émirat *nm* emirato *m.* ▪ **Émirats arabes unis** *npr* • **les Émirats arabes unis** los Emiratos Árabes Unidos.
émissaire *nm* emisario *m*, -ria *f.* ❑ *adj* → **bouc**.
émission *nf* **1.** *(gén)* emisión *f* • **émission en direct/en différé** emisión en directo/en diferido • **émission de CO²** emisión de CO2 **2.** *(programme)* programa *m* • **émission de variétés** programa de variedades.
emmagasiner *vt* almacenar.
emmailloter *vt* **1.** *(bébé)* poner los pañales a **2.** *(membre blessé)* vendar.
emmanchure *nf* sisa *f.*
emmêler *vt* **1.** *(fils)* enredar **2.** *fig (idées, affaire)* embrollar.
emménagement *nm* mudanza *f.*
emménager *vi* mudarse.
emmener *vt* llevar • **emmener qqn à** llevar a alguien a.
emmerde *nf tfam* lío *m*, follón *m* (ESP) • **je n'ai que des emmerdes avec lui** con él solo tengo líos.
emmerder *vt tfam* joder *(molestar).* ▪ **s'emmerder** *vp tfam* aburrirse como una ostra.
emmerdeur, euse *nm,f tfam* coñazo *mf.*
emmitoufler *vt* abrigar. ▪ **s'emmitoufler** *vp* abrigarse.
émoi *nm* **1.** *sout (agitation)* conmoción *f* **2.** *vieilli (émotion)* emoción *f.*
émoluments *nmpl* emolumentos *mpl.*
émoticon *nm INFORM* emoticón *m*, emoticono *m*, carita *f.*
émotif, ive *adj & nm,f* emotivo(va).
émotion *nf* emoción *f.*
émotionnel, elle *adj* emocional.
émousser *vt fig* embotar.
émouvant, e *adj* emocionante.
émouvoir *vt* **1.** *(attendrir)* emocionar **2.** *(troubler)* conmover. ▪ **s'émouvoir** *vp* conmoverse, emocionarse.
empailler *vt* **1.** *(animal)* disecar **2.** *(chaise)* empajar.
empaler *vt* • **empaler sur** empalar en.
empaqueter *vt* empaquetar.

empâter *vt* **1.** *(visage, traits)* abotargar **2.** *(bouche, langue)* ponerse pastoso(sa). ■ **s'empâter** *vp* engordar.

empathie *nf* empatía *f*.

empêchement *nm* impedimento *m*.

empêcher *vt* impedir • **empêcher que** impedir que • **j'empêcherai qu'elle sorte** le impediré que salga • **empêcher qqn de faire qqch** impedir a alguien que haga algo • **empêcher qqch de faire qqch** impedir que algo haga algo • **(cela) n'empêche que** eso no quita que.

empereur *nm* emperador *m*.

empesé, e *adj* **1.** *(linge)* almidonado(da) **2.** *fig (style)* afectado(da).

empester *vt & vi* apestar.

empêtrer *vt* liar. ■ **s'empêtrer** *vp* liarse.

emphase *nf péj* énfasis *m inv*.

empiéter *vi* • **empiéter sur qqch a)** *(déborder)* invadir algo **b)** *fig* inmiscuirse en algo.

empiffrer ■ **s'empiffrer** *vp fam* atiborrarse.

empiler *vt* apilar.

empire *nm* **1.** *(gén)* imperio *m* **2.** *sout (contrôle, emprise)* dominio *m*.

empirer *vi* empeorar.

emplacement *nm* situación *f (localización)*.

emplâtre *nm* **1.** *(pommade)* emplasto *m* **2.** *fam & péj (incapable)* pasmarote *m*.

emplette *nf (gén pl)* compra *f*.

emplir *vt* llenar • **emplir qqch de** llenar algo de • **emplir qqn de** *(de sentiments)* llenar a alguien de.

emploi *nm* empleo *m* • **emploi du temps** horario *m*.

employé, e *adj* empleado(da). ❑ *nm, f* empleado *m*, -da *f* • **employé de bureau** oficinista *mf*.

employer *vt* **1.** *(utiliser)* emplear **2.** *(salarier)* dar empleo, emplear.

employeur, euse *nm, f* jefe *m*, -fa *f* ; COMM empresa *f*.

empocher *vt fam* embolsarse.

empoignade *nf fam* agarrada *f*.

empoigner *vt (saisir)* empuñar. ■ **s'empoigner** *vp* **1.** *(se battre)* llegar a las manos **2.** *(se quereller)* discutir.

empoisonnement *nm* **1.** *(intoxication)* envenenamiento *m* **2.** *fam & fig (souci)* engorro *m*.

empoisonner *vt* **1.** *(gén)* envenenar **2.** *fam (ennuyer)* dar la lata **3.** *(empuantir)* apestar.

emporté, e *adj* arrebatado(da).

emportement *nm* arrebato *m*.

emporter *vt* **1.** *(gén)* llevarse • **à emporter** *(plat)* para llevar **2.** *(entraîner)* arrastrar **3.** *(surpasser)* • **l'emporter sur a)** *(adversaire)* superar **b)** *fig* prevalecer sobre. ■ **s'emporter** *vp* dejarse llevar.

empoté, e *adj & nm, f fam* zoquete.

empreint, e *adj* • **empreint de** impregnado de.

empreinte *nf* huella *f* • **empreintes digitales** huellas digitales *ou* dactilares.

empressement *nm* diligencia *f*.

empresser ■ **s'empresser** *vp* • **s'empresser de faire qqch** apresurarse en hacer algo • **s'empresser auprès de qqn** mostrarse atento con alguien.

emprise *nf* influencia *f* • **sous l'emprise de** bajo la influencia de.

emprisonnement *nm* encarcelamiento *m*.

emprisonner *vt* **1.** *(incarcérer)* encarcelar **2.** *(immobiliser)* aprisionar.

emprunt *nm* **1.** *(gén)* ÉCON préstamo *m* **2.** *fig (imitation)* copia *f*, imitación *f*.

emprunté, e *adj* **1.** *(gauche)* forzado(da) **2.** *(artificiel)* artificioso(sa).

emprunter *vt* **1.** *(objet, argent)* pedir prestado(da) • **emprunter qqch à qqn a)** *(argent)* pedir prestado algo a alguien **b)** *fig (expression)* tomar algo de alguien **2.** *(route)* coger, tomar **3.** LING • **emprunter qqch à** *(mot)* tomar prestado algo de.

ému, e *adj* emocionado(da).

émulation *nf (gén)* INFORM emulación *f*.

émule *nmf* émulo *m*, -la *f*.

émulsion *nf* emulsión *f*.

en

■ **en** *prép*

1. INDIQUE LE LIEU

en • **mes amis vivent en Argentine** mis amigos viven en Argentina

2. INDIQUE LE MOMENT

• **en 2006** en 2006

3. INDIQUE LE MOYEN DE TRANSPORT

en • **en avion/bateau/train** en avión/barco/tren

4. INDIQUE LA DURÉE

• **elle a écrit son livre en deux mois** ha escrito el libro en dos meses

5. INTRODUIT CERTAINS COMPLÉMENTS D'OBJETS INDIRECTS

• **il est fort en géo** es bueno en geografía
• **dire qqch en anglais** decir algo en inglés
• **compter en dollars** contar en dólares
• **croire en Dieu** creer en Dios

6. INDIQUE LA TRANSFORMATION

• **convertir des euros en yens** convertir euros en yens • **la chenille s'est transformée en papillon** la oruga se ha transformado en mariposa

7. INDIQUE LA MATIÈRE

• **en métal** de metal • **une théière en argent** una tetera de plata

8. INDIQUE LA FORME
• **sucre en morceaux** azúcar en terrones • **lait en poudre** leche en polvo

9. INDIQUE L'ÉTAT
en • **arbres en fleurs** árboles en flor • **je la préfère en vert** la prefiero (en) verde • **être en bonne santé** estar bien de salud • **elle est en vacances** está de vacaciones

10. INDIQUE LA MANIÈRE
• **agir en traître** actuar a traición • **il parle en connaisseur** habla como experto

11. APRÈS UN VERBE DE MOUVEMENT
a • **elle retourne en Colombie** vuelve a Colombia

12. DEVANT UN PARTICIPE PRÉSENT
• **en arrivant à Paris** al llegar a París • **en mangeant** mientras comía • **en faisant un effort** haciendo un esfuerzo • **elle répondit en souriant** respondió con una sonrisa

■ **en** *pron*
• **nous en avons déjà parlé** ya hemos hablado (de ello) • **j'ai du chocolat, tu en veux ?** tengo chocolate, ¿quieres? • **j'en connais un/plusieurs** conozco uno/varios

■ **en** *adv*
de allí • **j'en viens à l'instant** acabo de llegar de allí

ENA, Ena (abrév de École nationale d'administration) *nf vous pouvez expliquer ce que c'est de la façon suivante :* esta universidad de élite forma a los futuros altos funcionarios de la Administración • **elle a fait l'ENA** ha estudiado en la ENA.

encablure *nf* cable *m (medida)*.

encadrement *nm* **1.** *(de tableau, de porte)* marco *m* **2.** *(responsables - d'entreprise)* directivos *mpl* ; *(- de groupe)* responsables *mpl* **3.** *ÉCON (des prix)* contención *f*.

encadrer *vt* **1.** *(photo, visage)* enmarcar **2.** *(équipe, groupe)* dirigir **3.** *MIL (soldats)* encuadrar **4.** *(détenu)* flanquear • **ne pas pouvoir encadrer qqn** *fam* no tragar a alguien.

encaissé, e *adj* encajonado(da).

encaisser *vt* **1.** *(argent)* cobrar • **encaisser un chèque** cobrar *ou* hacer efectivo un cheque **2.** *fam (critique, coup)* encajar.

encanailler ■ **s'encanailler** *vp* encanallarse.

encart *nm* encarte *m*.

encastré, e *adj (four, réfrigérateur)* empotrado(da).

encastrer *vt* empotrar, encajar. ■ **s'encastrer** *vp* empotrarse.

encaustique *nf* **1.** *(cire)* encáustico *m* **2.** *(peinture)* encausto *m*, encauste *m*.

enceinte *adj f* embarazada. ❑ *nf* **1.** *(muraille)* muralla *f* **2.** *(salle)* recinto *m* **3.** *(baffle)* • **enceinte (acoustique)** altavoz *m*.

encens *nm* incienso *m*.

encenser *vt* incensar.

encensoir *nm* incensario *m*.

encercler *vt* **1.** *(lieu)* rodear **2.** *(avec un stylo)* • **encercler qqch** rodear algo con un círculo.

enchaînement *nm* **1.** *(gén) MUS* encadenamiento *m* **2.** *(liaison)* enlace *m*.

enchaîner *vt* **1.** *(gén)* encadenar **2.** *(idées)* enlazar. ❑ *vi* • **enchaîner sur qqch** proseguir con algo. ■ **s'enchaîner** *vp* enlazarse.

enchanté, e *adj* encantado(da) • **enchanté (de faire votre connaissance)** encantado (de conocerle).

enchantement *nm* **1.** *(sortilège)* encantamiento *m* • **comme par enchantement** como por arte de magia **2.** *sout (ravissement)* encanto *m* **3.** *(merveille)* maravilla *f*.

enchanter *vt* encantar.

enchâsser *vt* engarzar.

enchère *nf* **1.** *(offre)* puja *f* **2.** *(au jeu)* apuesta *f*.

enchérir *vt (aux enchères)* pujar.

enchevêtrer *vt* enredar.

enclave *nf* enclave *m*.

enclencher *vt* poner en marcha. ■ **s'enclencher** *vp* **1.** *TECHNOL* engranar **2.** *fig (affaire, processus)* iniciarse.

enclin, e *adj* • **enclin à qqch/à faire qqch** propenso a algo/a hacer algo.

enclore *vt* cercar.

enclos *nm* cercado *m*.

enclume *nf* yunque *m*.

encoche *nf* muesca *f*.

encoignure *nf* **1.** *(coin)* rincón *m* **2.** *(meuble)* rinconera *f*.

encolure *nf* **1.** *(gén)* cuello *m* **2.** *(de vêtement)* escote *m*.

encombrant, e *adj* **1.** *(colis)* voluminoso(sa) **2.** *fig (personne)* • **être encombrant** ser un estorbo. ■ **encombrants** *nmpl desechos voluminosos que son objeto de una recogida especial por parte de los servicios que se ocupan del mantenimiento y la limpieza de la vía pública*.

encombre ■ **sans encombre** *loc adv* sin tropiezos.

encombré, e *adj* atestado(da).

encombrement *nm* **1.** *(embouteillage)* atasco *m*, embotellamiento *m* **2.** *(volume)* volumen *m* **3.** *(entassement)* amontonamiento *m* **4.** *fig (de réseau)* saturación *f*.

encombrer *vt* **1.** *(couloir, passage)* obstruir, estorbar **2.** *(mémoire)* • **encombrer de** sobrecargar con.

encontre ■ **à l'encontre de** *loc prép* en contra de.

encore

■ encore *adv*

1. TOUJOURS
todavía, aún • **elle l'aime encore** todavía lo quiere • **je n'ai pas encore fini de manger** aún no he terminado de comer • **elle ne travaille pas encore** todavía no trabaja

2. DE NOUVEAU
• **tu manges encore !** ¡estás comiendo otra vez! • **il m'a encore menti** me ha vuelto a mentir • **l'ascenseur est encore en panne !** ¡el ascensor vuelve a estar estropeado! • **encore une fois** una vez más

3. MARQUE LE RENFORCEMENT
todavía más, aún más • **baissez-le encore** bájelo aún más • **encore mieux/pire** aún mejor/peor

4. MARQUE UNE RESTRICTION
• **il ne suffit pas d'être beau, encore faut-il être intelligent** no basta con ser guapo, además hay que ser inteligente

■ encore que *loc conj*
aunque • **j'aimerais y aller, encore qu'il soit trop tard** me gustaría ir aunque es muy tarde

■ mais encore *loc adv*
• **non seulement elle l'a accompagné, mais encore il a fallu qu'elle l'attende** no sólo lo ha acompañado, sino que encima lo ha tenido que esperar

■ si encore *loc conj*
si al menos • **si encore il faisait beau** si al menos hiciera buen tiempo • **si encore il montrait un peu de bonne volonté !** ¡si al menos dara prueba de un poco de buena voluntad!

encouragement *nm* **1.** *(parole)* palabras *fpl* de aliento **2.** *(action)* aliento *m*, apoyo *m*.

encourager *vt* **1.** *(personne)* alentar, animar • **encourager qqn à faire qqch** alentar a alguien a hacer algo *ou* a que haga algo, animar a alguien a hacer algo *ou* a que haga algo **2.** *(activité)* fomentar.

encourir *vt sout* exponerse a.

encrasser *vt* **1.** *(appareil)* atascar **2.** *fam (salir)* ensuciar **(ESP)**, enchastrar **(AMÉR)**.

encre *nf* tinta *f*.

encrer *vt* entintar.

encrier *nm* tintero *m*.

encroûter *vt* encostrar. **■ s'encroûter** *vp fig* anquilosarse.

encyclique *nf* encíclica *f*.

encyclopédie *nf* enciclopedia *f* • **encyclopédie collaborative** enciclopedia colaborativa.

encyclopédique *adj* enciclopédico(ca).

endémique *adj* endémico(ca).

endetté, e *adj* endeudado(da).

endetter *vt* endeudar. **■ s'endetter** *vp* endeudarse.

endeuiller *vt* enlutar.

endiablé, e *adj* endiablado(da).

endiguer *vt litt* & *fig* encauzar.

endimancher ■ s'endimancher *vp* endomingarse.

endive *nf* endibia *f*, endivia *f*.

endoctrinement *nm* adoctrinamiento *m*.

endoctriner *vt* adoctrinar.

endolori, e *adj* dolorido(da).

endommager *vt* dañar, deteriorar.

endormi, e *adj* **1.** *(gén)* dormido(da) **2.** *fig (paysage)* sosegado(da).

endormir *vt* **1.** *(gén)* dormir **2.** *(ennuyer, affaiblir)* adormecer. **■ s'endormir** *vp* **1.** *(gén)* dormirse • **s'endormir sur qqch** *(se contenter de)* dormirse en algo **2.** *(s'affaiblir)* adormecerse.

endosser *vt* **1.** *(vêtement)* ponerse **2.** DR & FIN endosar • **endosser un chèque** endosar un cheque.

endroit *nm* **1.** *(lieu, point)* sitio *m* • **à quel endroit ?** ¿dónde? **2.** *(côté)* derecho *m* • **mettre à l'endroit** poner del derecho. **■ à l'endroit de** *loc prép sout (à l'égard de)* para con, respecto a.

enduire *vt* untar • **enduire qqch de** untar algo con. **■ s'enduire** *vp* • **s'enduire de** untarse con.

enduit *nm* capa *f*, mano *f*.

endurance *nf* **1.** *(physique)* resistencia *f* **2.** *(morale)* resistencia *f*, aguante *m*.

endurcir *vt* **1.** *(rendre dur, moins sensible)* curtir **2.** *(aguerrir)* • **endurcir qqn à** volver a alguien insensible a. **■ s'endurcir** *vp* • **s'endurcir (à)** volverse insensible (a).

endurer *vt* aguantar.

énergie *nf* energía *f* • **énergie éolienne/nucléaire/solaire** energía eólica/nuclear/solar • **énergie renouvelable** energía renovable.

énergique *adj* enérgico(ca).

énergumène *nmf* energúmeno *m*, -na *f*.

énervant, e *adj* irritante.

énervé, e *adj* **1.** *(irrité)* enfadado(da), irritado(da) **2.** *(agité)* nervioso(sa).

énerver *vt* poner nervioso(sa). **■ s'énerver** *vp* • **ne vous énervez pas ! a)** ¡no se ponga nervioso! **b)** *(s'irriter)* ¡no se enfade!

enfance *nf* **1.** *(âge)* infancia *f*, niñez *f* **2.** *(enfants)* niños *mpl*.

enfant *nmf* **1.** *(personne à l'âge de l'enfance)* niño *m*, -ña *f* **2.** *(fils ou fille)* hijo *m*, -ja *f* • **attendre un enfant** estar embarazada.

enfant-bulle *nm* niño(ña) burbuja.

enfanter *vt litt* & *fig* alumbrar.

enfantin, e *adj* **1.** *(qui se rapporte à l'enfance)* infantil **2.** *(facile)* para niños.

enfer *nm* infierno *m*. ■ **Enfers** *nmpl* infiernos *mpl*.
enfermer *vt* **1.** *(gén)* encerrar **2.** *(ranger)* guardar. ■ **s'enfermer** *vp* encerrarse.
enfilade *nf* fila *f*, hilera *f*.
enfiler *vt* **1.** *(aiguille)* enhebrar ; *(perles)* ensartar **2.** *fam (vêtement)* ponerse. ■ **s'enfiler** *vp fam (avaler)* echarse entre pecho y espalda.
enfin *adv* **1.** *(en dernier lieu)* por fin, al fin **2.** *(dans une liste)* finalmente, por último **3.** *(pour récapituler)* en fin **4.** *(pour rectifier)* en fin, bueno.
enflammer *vt* **1.** *(bois)* incendiar **2.** *fig (cœur, esprit)* encender. ■ **s'enflammer** *vp* **1.** *(bois)* incendiarse **2.** *fig (cœur, esprit)* encenderse.
enflé, e *adj* hinchado(da).
enfler *vi* hincharse, inflarse. ❑ *vt* hinchar, inflar.
enfoncer *vt* **1.** *(clou, écharde)* • **enfoncer qqch (dans)** clavar algo (en) **2.** *(enfouir)* • **enfoncer qqch dans** hundir algo en **3.** *(défoncer)* derribar **4.** *fam & fig (humilier)* hundir. ■ **s'enfoncer** *vp* **1.** *(entrer)* • **s'enfoncer dans a)** *(eau, boue)* hundirse en **b)** *(forêt, ville)* adentrarse en **c)** *(sujet : clou)* clavarse en **2.** *(s'affaisser)* hundirse **3.** *fig (s'enferrer)* enredarse.
enfouir *vt* **1.** *(ensevelir)* sepultar, enterrar **2.** *(cacher)* esconder.
enfourcher *vt* montar (a horcajadas) en.
enfourner *vt* **1.** *(pain)* hornear **2.** *fam (avaler)* zamparse.
enfreindre *vt* infringir.
enfuir ■ **s'enfuir** *vp* **1.** *(fuir)* huir **2.** *fig (temps)* pasar.
enfumer *vt* llenar de humo.
engageant, e *adj* atrayente, atractivo(va).
engagement *nm* **1.** *(gén)* POLIT compromiso *m* **2.** MIL alistamiento *m* **3.** SPORT saque *m*.
engager *vt* **1.** *(lier, impliquer)* comprometer **2.** *(embaucher)* contratar **3.** *(faire entrer)* meter **4.** *(capitaux)* invertir **5.** *(négociation, débat)* entablar **6.** *(inciter)* • **engager qqn à faire qqch** animar a alguien a hacer algo. ❑ *vi* SPORT sacar. ■ **s'engager** *vp* **1.** *(commencer)* emprender **2.** POLIT comprometerse **3.** MIL • **s'engager (dans)** alistarse (en) **4.** *(s'avancer)* • **s'engager dans** entrar en **5.** *(promettre)* • **s'engager à qqch/à faire qqch** comprometerse a algo/a hacer algo.
engelure *nf* sabañón *m*.
engendrer *vt sout* engendrar.
engin *nm* **1.** *(machine)* artefacto *m* **2.** MIL *(projectile)* misil *m* **3.** *péj (objet)* trasto *m*.
englober *vt* englobar.
engloutir *vt* **1.** *(gén)* engullir **2.** *(fortune)* enterrar.
engoncé, e *adj* • **engoncé dans** embutido en.
engorger *vt* **1.** *(obstruer)* atascar **2.** MÉD obstruir. ■ **s'engorger** *vp (s'obstruer)* atascarse.
engouement *nm* entusiasmo *m*.
engouffrer *vt* **1.** *fam (dévorer)* tragar **2.** *(dilapider)* enterrar. ■ **s'engouffrer** *vp (pénétrer)* • **s'engouffrer dans** meterse en.
engourdi, e *adj* **1.** *(membre)* entumecido(da) **2.** *fig (esprit)* aletargado(da).
engourdir *vt* **1.** *(membre)* entumecer **2.** *fig (esprit)* aletargar. ■ **s'engourdir** *vp* entumecerse.
engrais *nm* abono *m*.
engraisser *vt* **1.** *(animal)* cebar **2.** *(terre)* abonar. ❑ *vi* engordar.
engrenage *nm* engranaje *m*.
engueulade *nf fam* bronca *f*.
engueuler *vt fam* echar una bronca • **si je rentre tard, je vais me faire engueuler par ma mère** si vuelvo tarde, mi madre me echará una bronca. ■ **s'engueuler** *vp fam* tener una bronca.
enhardir *vt* animar. ■ **s'enhardir** *vp* • **s'enhardir à faire qqch** atreverse a hacer algo.
énième, nième *adj* enésimo(ma) • **la énième fois** *fam* la enésima vez.
énigmatique *adj* enigmático(ca).
énigme *nf* **1.** *(mystère)* enigma *f* **2.** *(jeu)* adivinanza *f*.
enivrant, e *adj* embriagador(ra).
enivrer *vt* embriagar. ■ **s'enivrer** *vp* **1.** *(se saouler)* embriagarse **2.** *fig (être transporté)* • **s'enivrer de** embriagarse con.
enjambée *nf* zancada *f*.
enjamber *vt* **1.** *(obstacle)* pasar por encima de **2.** *fig (vallée, cours d'eau)* atravesar.
enjeu *nm* **1.** *(mise)* apuesta *f* **2.** *fig (but)* lo que está en juego.
enjoindre *vt sout* • **enjoindre à qqn de faire qqch** ordenar a alguien que haga algo.
enjôler *vt* engatusar.
enjoliver *vt* adornar.
enjoliveur *nm* embellecedor *m*.
enjoué, e *adj* jovial.
enlacer *vt* abrazar. ■ **s'enlacer** *vp (s'embrasser)* abrazarse.
enlaidir *vt* afear.
enlèvement *nm* **1.** *(rapt)* rapto *m* **2.** *(de bagages, d'ordures)* recogida *f*.
enlever *vt* **1.** *(ôter, supprimer)* quitar • **enlever qqch à qqn** llevarse algo de alguien **2.** *(emporter -gén)* llevarse ; *(-ordures)* recoger **3.** *(kidnapper)* raptar.
enliser *vt* atascar. ■ **s'enliser** *vp* **1.** *(s'enfoncer)* hundirse **2.** *fig (stagner)* estancarse **3.** *fig (s'embrouiller)* enredarse.
enluminure *nf* iluminación *f*.
enneigement *nm* • **bulletin d'enneigement** estado *m* de la nieve.
ennemi, e *adj & nm,f* enemigo(ga).
ennui *nm* **1.** *(lassitude)* aburrimiento *m* **2.** *(problème)* problema *m* • **avoir des ennuis** tener

problemas • **créer des ennuis à qqn** crear problemas a alguien • **l'ennui c'est que…** el problema es que….

ennuyé, e *adj* en un aprieto.

ennuyer *vt* **1.** *(lasser)* aburrir **2.** *(contrarier)* fastidiar (ESP), embromar (AMÉR) **3.** *(inquiéter)* preocupar. ■ **s'ennuyer** *vp* aburrirse.

ennuyeux, euse *adj* **1.** *(lassant)* aburrido(da) **2.** *(gênant)* molesto(ta).

énoncé *nm* **1.** *(gén)* enunciado *m* **2.** *(de jugement)* lectura *f*.

énoncer *vt* **1.** *(proposition, faits)* enunciar **2.** *(jugement)* leer.

enorgueillir *vt sout* enorgullecer.

énorme *adj* **1.** *(immense)* enorme **2.** *fig (incroyable)* exagerado(da).

énormément *adv* muchísimo • **énormément de** muchísimo(ma) • **énormément de gens** muchísima gente.

énormité *nf* **1.** *(gigantisme)* enormidad *f* **2.** *(absurdité)* barbaridad *f*.

enquête *nf* **1.** *(recherche)* DR investigación *f* **2.** *(sondage)* encuesta *f*.

enquêter *vi* **1.** *(policier)* investigar **2.** *(sonder)* encuestar.

enragé, e *adj* **1.** *(chien)* rabioso(sa) **2.** *fig (joueur)* empedernido(da).

enrager *vi* • **enrager de faire qqch** dar rabia hacer algo • **faire enrager qqn** hacer rabiar a alguien.

enrayer *vt* **1.** *(épidémie)* detener **2.** *(inflation, crise)* frenar. ■ **s'enrayer** *vp (arme)* encasquillarse.

enregistrement *nm* **1.** *(de son, d'images)* grabación *f* **2.** *(à l'aéroport)* facturación *f* • **enregistrement des bagages** facturación de equipajes **3.** ADMIN *(formalité)* inscripción *f*; *(lieu)* registro *m* **4.** *(consignation)* anotación *f*.

enregistrer *vt* **1.** *(son, images)* INFORM grabar **2.** *(constater, inscrire)* registrar **3.** *(bagage)* facturar.

enregistreur, euse *adj* registrador(ra).

enrhumé, e *adj* resfriado(da).

enrhumer *vt* resfriar. ■ **s'enrhumer** *vp* resfriarse.

enrichir *vt* enriquecer. ■ **s'enrichir** *vp* enriquecerse.

enrobé, e *adj* **1.** *(bonbon)* • **enrobé de** bañado de **2.** *fam (personne)* rellenito(ta).

enrober *vt* **1.** *(recouvrir)* • **enrober de** bañar con **2.** *fig (déguiser)* disimular. ■ **s'enrober** *vp (grossir)* entrar en carnes.

enrôler *vt* alistar, enrolar. ■ **s'enrôler** *vp* alistarse, enrolarse.

enroué, e *adj* ronco(ca) • **être enroué** estar ronco.

enrouer *vt* enronquecer. ■ **s'enrouer** *vp* enronquecerse.

enrouler *vt* enrollar • **enrouler qqch autour de qqch** enrollar algo alrededor de algo. ■ **s'enrouler** *vp* **1.** *(entourer)* • **s'enrouler sur/autour de qqch** enrollarse en/alrededor de algo **2.** *(se pelotonner)* • **s'enrouler dans qqch** envolverse en algo.

ensabler *vt* encallar. ■ **s'ensabler** *vp* encallar ; *(port)* enarenarse.

enseignant, e *adj* docente. ❑ *nm, f* profesor *m*, -ra *f*.

enseigne *nf* **1.** *(de commerce)* letrero *m* **2.** MIL bandera *f*, estandarte *m*.

enseignement *nm* **1.** *(gén)* enseñanza *f* • **enseignement primaire/secondaire** enseñanza primaria/secundaria • **enseignement privé** enseñanza privada **2.** *fig (leçon)* lección *f*.

enseigner *vt* enseñar • **enseigner qqch à qqn** enseñar algo a alguien. ❑ *vi* enseñar.

ensemble *adv* **1.** *(en collaboration)* juntos(tas) **2.** *(en même temps)* a la vez **3.** *(en harmonie)* • **aller ensemble** ir bien, pegar. ❑ *nm* **1.** *(gén)* conjunto *m* • **dans l'ensemble** en conjunto **2.** *(harmonie)* • **avec un bel ensemble** al unísono.

ensemblier *nm* **1.** *(décorateur)* decorador *m*, -ra *f* **2.** CINÉ & TV ayudante *mf* de decoración.

ensemencer *vt* **1.** *(terre)* sembrar **2.** *(rivière)* repoblar.

enserrer *vt* ceñir.

ensevelir *vt litt & fig* sepultar.

ensoleillé, e *adj* soleado(da).

ensoleillement *nm* insolación *f (horas de sol)*.

ensommeillé, e *adj* soñoliento(ta).

ensorceler *vt* hechizar.

ensuite *adv* **1.** *(après, plus tard)* después **2.** *(plus loin)* a continuación **3.** *(en second lieu)* y además.

ensuivre ■ **s'ensuivre** *v impers* • **il s'en est suivi…** ha provocado… • **il s'ensuit que…** se deduce que….

ENT (abrév de espace numérique de travail) *nm* EDT *m* *(espacio digital de trabajo)*.

entaille *nf* **1.** *(encoche)* muesca *f* **2.** *(blessure)* corte *m*.

entailler *vt* cortar.

entamer *vt* **1.** *(nourriture, boisson)* empezar **2.** *(commencer - conversation, négociations)* entablar ; *(- travail)* empezar, comenzar **3.** *(économies, réputation)* mermar **4.** *(écorcher)* cortar.

entartrer *vt* cubrir de sarro. ■ **s'entartrer** *vp* cubrirse de sarro.

entassement *nm* amontonamiento *m*.

entasser *vt* **1.** *(objets)* amontonar **2.** *(personnes)* apiñar. ■ **s'entasser** *vp* **1.** *(objets)* amontonarse **2.** *(personnes)* apiñarse.

entendement *nm* PHILO raciocinio *m*.

entendre *vt* **1.** *(percevoir)* oír • **entendre parler de qqch** oír hablar de algo **2.** *(écouter)* escuchar. ■ **s'entendre** *vp* **1.** *(sympathiser)* • **s'entendre avec**

qqn entenderse con alguien, llevarse bien con alguien **2.** *(se mettre d'accord)* ponerse de acuerdo.

entendu, e *adj* **1.** *(compris)* claro(ra) **2.** *(sourire, air)* cómplice *(en apposition)*.

entente *nf* **1.** *(harmonie)* armonía *f* ; *POLIT* alianza *f* **2.** *(accord)* acuerdo *m*.

entériner *vt* ratificar.

enterrement *nm* entierro *m*.

enterrer *vt* enterrar.

en-tête *nm* membrete *m*.

entêté, e *adj* terco(ca). ❑ *nm,f* cabezota *mf*.

entêter ■ **s'entêter** *vp* empeñarse • **s'entêter à** empeñarse en.

enthousiasme *nm* entusiasmo *m*.

enthousiasmer *vt* entusiasmar. ■ **s'enthousiasmer** *vp* • **s'enthousiasmer pour** entusiasmarse por.

enticher ■ **s'enticher** *vp* • **s'enticher de qqch/de qqn** encapricharse por algo/por alguien.

entier, ère *adj* entero(ra). ■ **en entier** *loc adv* en su totalidad.

entièrement *adv* totalmente.

entité *nf* entidad *f*.

entonner *vt (chant)* entonar.

entonnoir *nm* **1.** *(instrument)* embudo *m* **2.** *(cavité)* hoyo *m*.

entorse *nf MÉD* esguince *m*.

entortiller *vt* enredar.

entourage *nm* **1.** *(clôture)* cerca *f*, cercado *m* **2.** *fig (milieu - gén)* entorno *m* ; *(- famille)* entorno *m* familiar.

entourer *vt* **1.** *(gén)* rodear **2.** *fig (soutenir)* apoyar, acompañar.

entourloupette *nf fam* jugarreta *f*.

entracte *nm* entreacto *m*.

entraide *nf* ayuda *f* mutua.

entraider ■ **s'entraider** *vp* ayudarse mutuamente.

entrailles *nfpl* entrañas *fpl*.

entrain *nm* ánimo *m*, animación *f*.

entraînement *nm* **1.** *(de mécanisme)* arrastre *m* **2.** *SPORT* entrenamiento *m* **3.** *(préparation)* práctica *f*.

entraîner *vt* **1.** *(emmener) TECHNOL* arrastrar **2.** *(provoquer)* suponer **3.** *SPORT* entrenar. ■ **s'entraîner** *vp* **1.** *SPORT* entrenarse **2.** *(se préparer)* practicar • **s'entraîner à faire qqch** practicar algo.

entraîneur, euse *nm,f SPORT* entrenador *m*, -ra *f*.

entrave *nf* traba *f*.

entraver *vt* **1.** *(animal)* trabar **2.** *fig (action)* poner trabas a.

entre *prép* entre • **entre nous** entre nosotros.

entrechoquer *vt* entrechocar. ■ **s'entrechoquer** *vp* entrechocarse.

entrecôte *nf* entrecot *m*.

entrecouper *vt* entrecortar.

entrecroiser *vt* entrecruzar. ■ **s'entrecroiser** *vp* entrecruzarse.

entre-deux *nm inv* hueco *m*.

entrée *nf* **1.** *(gén)* entrada *f* • **'entrée libre'** 'entrada libre' • **'entrée interdite'** 'prohibida la entrada' **2.** *(plat)* entrante *m*, primer plato *m* **3.** *(début)* principio *m*.

entrefaites *nfpl* • **sur ces entrefaites** en esto, en estas.

entrefilet *nm* suelto *m*.

entrejambe *nm* entrepierna *f*.

entrelacer *vt* entrelazar. ■ **s'entrelacer** *vp* entrelazarse.

entrelarder *vt* • **entrelarder de** mezclar con.

entremêler *vt* entremezclar, mezclar (**ESP**), entreverar (**AMÉR**) • **entremêler de** mezclar con.

entremets *nm* postre *m*.

entremetteur, euse *nm,f* intermediario *m*, -ria *f*.

entremettre ■ **s'entremettre** *vp* intervenir.

entremise *nf* mediación *f* • **par l'entremise de** por mediación de.

entrepont *nm* entrepuente *m*.

entreposer *vt* depositar.

entrepôt *nm* almacén *m*.

entreprendre *vt (commencer)* emprender • **entreprendre de faire qqch** proponerse a hacer algo.

entrepreneur, euse *nm,f* **1.** *CONSTR* contratista *mf* **2.** *(patron)* empresario *m*, -ria *f* **3.** *(créateur d'entreprise)* emprendedor *m*, -ra *f*.

entrepreneuriat *nm* emprendimiento *m*.

entreprise *nf* empresa *f*.

entrer *vi* **1.** *(pénétrer)* entrar • **entrer dans a)** *(gén)* entrar en **b)** *(bain)* meterse en • **entrer par** *(porte, fenêtre)* entrar por **2.** *(être admis, devenir membre)* • **entrer à** *(club, parti)* entrar en, ingresar en • **entrer dans a)** *(affaires)* meterse en **b)** *(enseignement)* entrar en • **entrer à l'hôpital** ingresar en el hospital • **entrer à l'université** entrar en la universidad. ❑ *vt* introducir • **faire entrer qqch** introducir algo • **faire entrer qqn** hacer entrar a alguien.

entresol *nm* entresuelo *m*.

entre-temps *adv* mientras tanto.

entretenir *vt* **1.** *(faire durer - paix)* mantener ; *(- feu)* alimentar ; *(- amitié, relation)* cultivar **2.** *(soigner - maison, jardin, etc)* mantener • **entretenir qqn** *- personne, famille)* mantener a alguien **3.** *(parler)* • **entretenir qqn de qqch** conversar con alguien sobre algo. ■ **s'entretenir** *vp* **1.** *(se parler)* • **s'entretenir (avec qqn)** conversar (con alguien) **2.** *(prendre soin de soi)* cuidarse.

entretien *nm* **1.** *(soins)* cuidado *m*, mantenimiento *m* **2.** *(conversation)* conversación *f*.

entre-tuer ■ **s'entre-tuer** *vp* matarse (unos a otros).

entrevoir *vt* entrever. ■ **s'entrevoir** *vp* entreverse.

entrevue *nf* entrevista *f*.

entrouvert, e *adj* entreabierto(ta).

entrouvrir *vt* entreabrir. ■ **s'entrouvrir** *vp* entreabrirse.

entuber *vt tfam (duper)* estafar • **il m'a entubé de 100 euros** me ha estafado 100 euros • **il s'est fait entuber** lo han estafado.

énumération *nf* enumeración *f*.

énumérer *vt* enumerar.

env. abrév de **environ**.

envahir *vt* **1.** *(gén)* invadir **2.** *(accaparer)* absorber.

envahissant, e *adj* **1.** *(herbes)* invasor(ra) **2.** *fam (personne)* avasallador(ra).

envahisseur *nm* invasor *m*.

enveloppe *nf* **1.** *(de lettre)* sobre *m* **2.** *(d'emballage)* envoltura *f* **3.** *(de graine)* vaina *f* **4.** *(budget)* suma *f* (de dinero).

envelopper *vt* envolver. ■ **s'envelopper** *vp* • **s'envelopper dans** envolverse en.

envenimer *vt* **1.** *(blessure)* infectar **2.** *fig (querelle)* enconar. ■ **s'envenimer** *vp* **1.** *(blessure)* infectarse **2.** *fig (atmosphère, relations)* degradarse, emponzoñarse.

envergure *nf* envergadura *f*.

envers¹ *prép (à l'égard de)* (para) con • **envers et contre tout** contra viento y marea.

envers² *nm* **1.** *(de vêtement)* revés *m* **2.** *(face cachée)* cara *f* oculta. ■ **à l'envers** *loc adv* al revés, del revés.

envi ■ **à l'envi** *loc adv sout* a porfía.

enviable *adj* envidiable.

envie *nf* **1.** *(désir)* ganas *fpl* • **avoir envie de qqch/de faire qqch** tener ganas de algo/de hacer algo **2.** *(jalousie)* envidia *f* • **faire envie à qqn** apetecer a alguien.

envier *vt* envidiar.

envieux, euse *adj & nm, f* envidioso(sa).

environ *adv* aproximadamente, alrededor de.

environnement *nm* **1.** *(nature)* medio ambiente *m* **2.** *(entourage)* INFORM entorno *m*.

environnemental, e *adj* medioambiental.

environnementaliste *nmf* medioambientalista *mf*.

environs *nmpl* alrededores *mpl* • **aux environs de a)** *(lieu)* en los alrededores de **b)** *(époque)* alrededor de, por **c)** *(heure)* a eso de.

envisageable *adj* factible • **cette solution est envisageable** es una solución factible.

envisager *vt* **1.** *(considérer)* considerar **2.** *(projeter)* proyectar • **envisager de faire qqch** tener previsto hacer algo.

envoi *nm* envío *m*.

envol *nm* **1.** *(d'oiseau)* vuelo *m* • **prendre son envol** levantar el vuelo **2.** *(d'avion)* despegue *m* **3.** *fig (essor)* desarrollo *m*.

envolée *nf (poétique)* vena *f* ; FIN subida *f* estrepitosa.

envoler ■ **s'envoler** *vp* **1.** *(oiseau)* echar a volar, levantar el vuelo **2.** *(avion)* despegar **3.** *fam (disparaître)* esfumarse.

envoûter *vt* embrujar, hechizar.

envoyé, e *adj fam* • **bien envoyé** *(remarque)* bien dirigido. ❑ *nm, f* enviado *m*, -da *f*.

envoyer *vt* **1.** *(paquet, lettre)* enviar • **envoyer qqch à qqn** enviar algo a alguien **2.** *(personne)* • **envoyer qqn faire qqch** mandar a alguien a hacer algo. ■ **s'envoyer** *vp fam* **1.** *(bouteille, gâteau)* • **s'envoyer qqch** meterse algo entre pecho y espalda **2.** *(corvée)* cargar con.

éolien, enne *adj* eólico(ca) • **parc éolien** parque *m* eólico. ■ **éolien** *nm* • **l'éolien** el sector eólico, la eólica. ■ **éolienne** *nf* aerogenerador *m*.

épagneul *nm* podenco *m*.

épais, aisse *adj* **1.** *(chose, personne, plaisanterie)* grueso(sa) **2.** *(brouillard, sauce)* espeso(sa).

épaisseur *nf* **1.** *(largeur)* grosor *m* **2.** *(densité)* espesura *f* **3.** *fig (consistance)* profundidad *f*.

épaissir *vt* espesar. ❑ *vi* **1.** *(sauce)* espesarse **2.** *(taille)* ensanchar. ■ **s'épaissir** *vp* **1.** *(liquide, brouillard)* espesarse **2.** *(taille)* engordar **3.** *(mystère)* oscurecerse.

épanchement *nm* **1.** *(effusion)* desahogo *m* **2.** MÉD derrame *m*.

épancher *vt sout* dar rienda suelta a • **épancher son cœur** desahogarse. ■ **s'épancher** *vp* desahogarse.

épanoui, e *adj* **1.** *(personne)* realizado(da) **2.** *(visage)* risueño(ña), alegre **3.** *(corps)* generoso(sa).

épanouir *vt* **1.** *(personne)* hacer feliz **2.** *(fleur)* abrir. ■ **s'épanouir** *vp* **1.** *(fleur)* abrirse **2.** *(visage)* iluminarse **3.** *(corps)* desarrollarse **4.** *(personnalité)* realizarse.

épanouissement *nm* **1.** *(de fleur)* florecimiento *m* **2.** *(de visage)* felicidad *f* **3.** *(de corps, de personnalité)* plenitud *f*.

épargnant, e *adj* ahorrativo(va), ahorrador(ra). ❑ *nm, f* ahorrador *m*, -ra *f*.

épargne *nf* ahorro *m*.

épargner *vt* **1.** *(argent, explications)* ahorrar • **épargner qqch à qqn** ahorrar algo a alguien **2.** *(personne)* perdonar la vida **3.** *(ne pas détruire)* respetar.

éparpiller *vt* dispersar. ■ **s'éparpiller** *vp* dispersarse.

épars, e *adj sout* disperso(sa).
épatant, e *adj fam* estupendo(da) **(ESP)**, padre **(AMÉR)**.
épaté, e *adj* **1.** *(nez)* chato(ta) **(ESP)**, ñato(ta) **(AMÉR)** **2.** *fam (étonné)* pasmado(da).
épater *vt fam* dejar pasmado(da).
épaule *nf* **1.** *ANAT* hombro *m* **2.** *CULIN* paletilla *f*.
épauler *vt* **1.** *(fusil)* encararse **2.** *CONSTR* contener **3.** *fig (personne)* respaldar.
épaulette *nf* **1.** *MIL* charretera *f* **2.** *(rembourrage)* hombrera *f*.
épave *nf* **1.** *(de navire)* restos *mpl* **2.** *(voiture)* chatarra *f* **3.** *fig (personne)* ruina *f*.
épeautre *nm* espelta *f*, escanda *f*.
épée *nf* espada *f*.
épeler *vt* deletrear.
éperdu, e *adj (sentiment)* apasionado(da) • **être éperdu de** *(personne)* estar loco de.
éperon *nm* **1.** *(gén)* espolón *m* **2.** *(de cavalier)* espuela *f*.
éperonner *vt* espolear.
épervier *nm* gavilán *m*.
éphèbe *nm* efebo *m*.
éphémère *adj* efímero(ra). ❑ *nm* efímera *f*.
éphéméride *nf* efeméride *f*; *(calendrier)* calendario *m*.
épi *nm* **1.** *BOT* espiga *f* **2.** *(de cheveux)* remolino *m*.
épice *nf* especia *f*.
épicé, e *adj* **1.** *(plat)* sazonado(da) **2.** *(récit)* picante.
épicéa *nm* picea *f*.
épicer *vt* **1.** *(plat)* sazonar **2.** *(récit)* salpimentar.
épicerie *nf* **1.** *(magasin)* tienda *f* de comestibles **(ESP)**, abarrotería *f* **(AMÉR)** **2.** *(denrées)* comestibles *mpl*.
épicier, ère *nm,f* tendero *m*, -ra *f* **(ESP)**, abarrotero *m*, -ra *f* **(AMÉR)**.
épidémie *nf* epidemia *f*.
épiderme *nm* epidermis *f inv*.
épier *vt* **1.** *(espionner)* espiar **2.** *(observer)* atisbar.
épieu *nm* **1.** *(de guerre)* chuzo *m* **2.** *(de chasse)* venablo *m*.
épilation *nf* depilación *f*.
épilepsie *nf* epilepsia *f*.
épileptique *adj & nmf* epiléptico(ca).
épiler *vt* depilar. ■ **s'épiler** *vp* depilarse.
épilogue *nm* epílogo *m*.
épiloguer *vi* • **épiloguer sur** hacer comentarios sobre.
épinard *nm* espinaca *f*.
épine *nf* **1.** *(piquant)* espina *f* **2.** *(arbrisseau)* espino *m*.
épineux, euse *adj* espinoso(sa).
épingle *nf (gén)* alfiler *m*.
épingler *vt* **1.** *(fixer)* prender con alfileres **2.** *fam (arrêter)* trincar • **il s'est fait épingler par la police** lo ha trincado la policía.
épinière → **moelle**.
Épiphanie *nf* Epifanía *f*.
épique *adj* épico(ca).
épiscopal, e *adj* episcopal.
épisiotomie *nf* episiotomía *f*.
épisode *nm* **1.** *(de film)* capítulo *m* **2.** *(événement)* episodio *m*.
épisodique *adj* episódico(ca).
épistolaire *adj* epistolar.
épitaphe *nf* epitafio *m*.
épithète *adj* epíteto. ❑ *nf* epíteto *m*.
épître *nf RELIG* epístola *f*.
éploré, e *adj* **1.** *(personne)* desconsolado(da) **2.** *(visage, air, voix)* afligido(da).
épluche-légumes *nm inv* pelador *m*.
éplucher *vt* **1.** *(légumes)* pelar **2.** *fig (texte, comptes)* espulgar.
épluchure *nf* mondadura *f*.
éponge *nf* esponja *f*.
éponger *vt* enjugar.
épopée *nf* epopeya *f*.
époque *nf* época *f*.
épouiller *vt* despiojar.
époumoner ■ **s'époumoner** *vp* desgañitarse.
épouser *vt* **1.** *(se marier avec)* casarse con **2.** *(suivre - forme)* adaptarse ; *(- idées, principes)* abrazar.
épousseter *vt* quitar el polvo de.
époustouflant, e *adj fam* pasmoso(sa).
épouvantable *adj* espantoso(sa).
épouvantail *nm* espantajo *m*.
épouvante *nf* terror *m*.
épouvanter *vt* aterrorizar.
époux, épouse *nm,f* esposo *m*, -sa *f*.
éprendre ■ **s'éprendre** *vp* • **s'éprendre de qqn/de qqch** prendarse de alguien/de algo.
épreuve *nf* prueba *f* • **à l'épreuve de** a prueba de • **épreuve de force** *fig* prueba de fuerza • **épreuve éliminatoire** eliminatoria *f*.
épris, e *adj* • **épris de a)** *(amoureux de)* prendado de **b)** *(passionné de)* apasionado por.
éprouver *vt* **1.** *(tester)* probar **2.** *(faire souffrir)* afectar • **être éprouvé par** estar afectado por **3.** *(ressentir)* sentir **4.** *(difficulté)* sufrir.
éprouvette *nf* probeta *f*.
EPS (abrév de éducation physique et sportive) *nf* educación *f* física.
épuisé, e *adj* agotado(da).
épuisement *nm* agotamiento *m*.
épuiser *vt* agotar.
épuisette *nf* salabre *m*, sacadera *f*.

épuration *nf* depuración *f* • **épuration ethnique** limpieza *f* étnica.
épurer *vt* depurar.
équarrir *vt* **1.** *(poutre)* escuadrar **2.** *(animal)* descuartizar.
équateur *nm* ecuador *m*.
Équateur *npr* • **l'Équateur** Ecuador.
équation *nf* ecuación *f* • **équation du premier/second degré** ecuación de primer/segundo grado.
équatorial, e *adj* ecuatorial.
équerre *nf* escuadra *f*.
équestre *adj* ecuestre.
équidistant, e *adj* equidistante.
équilatéral, e *adj* equilátero(ra).
équilibre *nm* **1.** *(gén)* equilibrio *m* **2.** *(d'une situation)* balance *m*.
équilibré, e *adj* equilibrado(da).
équilibrer *vt* equilibrar. ■ **s'équilibrer** *vp* equilibrarse.
équilibriste *nmf* equilibrista *mf*.
équipage *nm* tripulación *f*.
équipe *nf* equipo *m*.
équipé, e *adj* equipado(da) • **c'est une cuisine tout équipée** es una cocina completamente equipada. ■ **équipée** *nf* **1.** *(aventure)* aventura *f* **2.** *hum (promenade)* escapada *f*.
équipement *nm* **1.** *(matériel)* equipo *m* **2.** *(aménagement)* equipamiento *m* • **équipements sportifs/scolaires** equipamiento deportivo/escolar.
équiper *vt* equipar • **équiper qqch de qqch** equipar algo con algo. ■ **s'équiper** *vp* equiparse • **s'équiper de** equiparse con.
équipier, ère *nm, f* SPORT compañero *m*, -ra *f* de equipo.
équitable *adj* equitativo(va).
équitation *nf* equitación *f*.
équité *nf* equidad *f*.
équivalent, e *adj* equivalente. ■ **équivalent** *nm* equivalente *m*.
équivaloir *vt* equivaler.
équivoque *adj* equívoco(ca). ❑ *nf (ambiguïté)* equívoco *m* • **sans équivoque** inequívoco(ca).
érable *nm* arce *m*.
éradiquer *vt* erradicar.
érafler *vt* arañar. ■ **s'érafler** *vp* arañarse.
éraflure *nf* arañazo *m*.
éraillé, e *adj (voix)* cascado(da).
ère *nf* era *f*.
érection *nf* erección *f*.
éreintant, e *adj* extenuante.
éreinté, e *adj* extenuado(da).
éreinter *vt* **1.** *(fatiguer)* extenuar **2.** *(critiquer)* vapulear.
ergonomie *nf* ergonomía *f*.
ergonomique *adj* ergonómico(ca).
ergot *nm* **1.** *(d'animal)* espolón *m* **2.** *(de blé)* tizón *m*.
ergothérapie *nf* ergoterapia *f*.
ériger *vt* **1.** *(monument)* erigir **2.** *fig (tribunal)* constituir **3.** *fig (élever)* • **ériger qqn en** elevar a alguien a la categoría de.
ermite *nm* ermitaño *m*, -ña *f*.
éroder *vt* erosionar.
érogène *adj* erógeno(na).
érosion *nf* erosión *f*.
érotique *adj* erótico(ca).
érotisme *nm* erotismo *m*.
errance *nf* vagabundeo *m*.
erratum *nm* errata *f*. ■ **errata** *nm inv* fe *f* de erratas.
errer *vi* errar, vagar.
erreur *nf* error *m*, equivocación *f* • **induire en erreur** inducir a error • **par erreur** por error.
erroné, e *adj* erróneo(a).
ersatz *nm* sucedáneo *m*.
éructer *vi* eructar. ❑ *vt fig (injures)* proferir.
érudit, e *adj & nm, f* erudito(ta).
érudition *nf* erudición *f*.
éruption *nf* **1.** *(gén)* erupción *f* **2.** *(de joie, de colère)* acceso *m*.
Érythrée *npr* • **l'Érythrée** Eritrea *f*.
érythréen, enne *adj* eritreo(a). ■ **Érythréen, enne** *nm, f* eritreo(a).
ES SCOL (abrév de économique et social) ≃ bachillerato *m* en economía y ciencias sociales.
ès *prép* en.
ESB (abrév de encéphalopathie spongiforme bovine) *nf* EEB *f* • **l'ESB, que l'on appelle aussi maladie de la « vache folle »** la EBB, también llamada enfermedad de las "vacas locas".
escabeau *nm (échelle)* escalerilla *f*.
escadre *nf* escuadra *f*.
escadrille *nf* escuadrilla *f*.
escadron *nm* escuadrón *m*.
escalade *nf* escalada *f*.
escalader *vt* escalar.
Escalator® *nm* escalera *f* mecánica.
escale *nf* escala *f* • **faire escale à** hacer escala en.
escalier *nm* escalera *f* • **escalier roulant** *ou* **mécanique** escalera mecánica.
escalope *nf* filete *m* (ESP).
escamotable *adj* plegable.
escamoter *vt* **1.** *(gén)* escamotear **2.** AÉRON replegar **3.** *(mot, son)* comerse.
escapade *nf* escapada *f*.
escargot *nm* caracol *m*.
escarmouche *nf* escaramuza *f*.
escarpé, e *adj* escarpado(da).

escarpement *nm* escarpamiento *m*.
escarpin *nm* zapato *m* de tacón.
escarre *nf* escara *f*.
escient *nm* • **à bon escient** oportunamente • **à mauvais escient** inoportunamente.
esclaffer ■ **s'esclaffer** *vp* partirse de risa.
esclandre *nm sout* escándalo *m*.
esclavage *nm* esclavitud *f*.
esclave *adj & nmf* esclavo(va).
escompte *nm* descuento *m*.
escompter *vt* **1.** *(prévoir)* contar con **2.** FIN descontar.
escorte *nf* escolta *f*.
escorter *vt* escoltar.
escouade *nf* **1.** MIL escuadra *f* **2.** *(groupe)* cuadrilla *f*.
escrime *nf* esgrima *f*.
escrimer ■ **s'escrimer** *vp* • **s'escrimer à** empeñarse en.
escroc *nm* estafador *m*.
escroquer *vt* **1.** *(tromper)* estafar **2.** *(extorquer)* • **escroquer qqch à qqn** sacar algo a alguien.
escroquerie *nf* estafa *f*.
eskimo *adj inv* esquimal. ❑ *nm* LING esquimal *m*. ■ **Eskimo** *nmf* esquimal *mf*.
espace *nm* espacio *m* • **espace aérien** espacio aéreo • **espace collaboratif** INFORM espacio colaborativo • **espace vert** zona *f* verde.
espacer *vt* espaciar.
espadon *nm (poisson)* pez *m* espada.
espadrille *nf* alpargata *f*.
Espagne *npr* • **l'Espagne** España.
espagnol, e *adj* español(la). ■ **espagnol** *nm* LING español *m*. ■ **Espagnol, e** *nm,f* español *m*, -la *f*.
espèce *nf* **1.** *(minérale, animale, végétale)* especie *f* • **espèce en voie de disparition** especie en vías de extinción **2.** *(sorte)* clase *f* • **une espèce de** una especie de • **espèce d'idiot !** ¡so imbécil!, ¡pedazo de imbécil! ■ **espèces** *nfpl* FIN • **payer en espèces** pagar en efectivo *ou* en metálico.
espérance *nf* esperanza *f* • **espérance de vie** esperanza de vida.
espérer *vt* esperar • **espérer faire qqch** esperar hacer algo • **espérer que** esperar que. ❑ *vi* tener confianza • **espérer en qqn/en qqch** confiar en alguien/en algo.
espiègle *adj & nmf* travieso(sa).
espion, onne *nm,f* espía *mf*.
espionner *vt* espiar.
esplanade *nf* esplanada *f*.
espoir *nm* **1.** *(gén)* esperanza *f* **2.** *(personne)* promesa *f*.
esprit *nm* **1.** *(attitude, fantôme)* espíritu *m* • **esprit de compétition** espíritu de competición • **esprit critique** espíritu crítico **2.** *(entendement)* mente *f* • **reprendre ses esprits** volver en sí **3.** *(humour)* ingenio *m*.
Esquimau® *nm (glace)* bombón *m*.
esquimau, aude *adj* esquimal. ■ **esquimau** *nm* LING esquimal *m*. ■ **Esquimau, aude** *nm,f* esquimal *mf*.
esquinter *vt fam* **1.** *(abîmer)* escacharrar **2.** *(critiquer)* poner de vuelta y media **3.** *(fatiguer)* dejar molido(da). ■ **s'esquinter** *vp fam* **1.** *(se blesser)* jorobarse **2.** *(se fatiguer)* matarse • **s'esquinter à faire qqch** matarse haciendo algo.
esquisse *nf* **1.** *(croquis)* apunte *m*, bosquejo *m* **2.** *(projet)* esbozo *m* **3.** *fig (de geste, de sourire)* esbozo *m*, amago *m*.
esquiver *vt* esquivar. ■ **s'esquiver** *vp* escabullirse.
essai *nm* **1.** *(test)* prueba *f* • **à l'essai** a prueba **2.** *(tentative)* intento *m* **3.** *(étude)* SPORT ensayo *m*.
essaim *nm* enjambre *m*.
essayage *nm* prueba *f*.
essayer *vt* **1.** *(tester)* probar **2.** *(tenter)* probar (con) • **essayer de faire qqch** intentar hacer algo, tratar de hacer algo **3.** *(vêtement)* probarse.
essence *nf* **1.** *(carburant)* gasolina *f* **(ESP)**, nafta *f* **(AMÉR) 2.** *(nature, concentré)* esencia *f* • **par essence** por definición **3.** *(d'arbre)* especie *f*.
essentiel, elle *adj* esencial. ■ **essentiel** *nm* • **l'essentiel** lo esencial.
esseulé, e *adj sout* abandonado(da).
essieu *nm* eje *m*.
essor *nm* **1.** *(développement)* desarrollo *m* **2.** *(envol)* vuelo *m* • **prendre son essor** levantar el vuelo.
essorer *vt (manuellement)* escurrir ; *(à la machine)* centrifugar.
essoreuse *nf* secadora *f*.
essouffler *vt* dejar sin aliento. ■ **s'essouffler** *vp* **1.** *(être hors d'haleine)* perder el aliento **2.** *(artiste)* perder la inspiración ; *(industrie, économie)* debilitarse, mostrar signos de fatiga.
essuie-glace *nm* limpiaparabrisas *m inv*.
essuie-mains *nm inv* toalla *f* de manos.
essuie-tout *nm inv* bayeta *f*.
essuyer *vt* **1.** *(vaisselle, mains)* secar **2.** *(poussière)* limpiar **3.** *(échec)* sufrir. ■ **s'essuyer** *vp* secarse ; *(fesses)* limpiarse.
est *adj inv* este. ❑ *nm inv* este *m* • **à l'est** en el este • **à l'est de** al este de. ■ **Est** *nm* • **l'Est** el Este.
estafette *nf* furgoneta *f*.
estafilade *nf* chirlo *m*.
estampe *nf* estampa *f*.
estampille *nf* estampilla *f*.
est-ce que *loc adv* • **est-ce que tu viens ?** ¿vienes? • **où est-ce que tu es ?** ¿dónde estás?
esthète *adj & nmf* esteta.

esthéticienne *nf* esteticista *f*, esthéticienne *f*.
esthétique *adj* estético(ca). ❑ *nf* estética *f*.
estimation *nf* estimación *f*.
estime *nf* estima *f*.
estimer *vt* **1.** *(objet d'art)* valorar **2.** *(résultat, somme)* calcular **3.** *(respecter)* apreciar **4.** *(penser)* considerar • **estimer que** considerar que. ■ **s'estimer** *vp* considerarse • **s'estimer heureux de sa situation** considerarse afortunado de su situación.
estivant, e *nm,f* veraneante *mf*.
estomac *nm* estómago *m*.
estomaqué, e *adj* pasmado(da).
estomper *vt* **1.** *(contour)* difuminar **2.** *(douleur)* atenuar. ■ **s'estomper** *vp* **1.** *(contour)* difuminarse **2.** *(douleur)* atenuarse.
Estonie *npr* • **l'Estonie** Estonia.
estrade *nf* estrado *m* ; *(à l'école)* tarima *f*.
estragon *nm* estragón *m*.
estropié, e *adj & nm,f* lisiado(da).
estuaire *nm* estuario *m*.
esturgeon *nm* esturión *m*.
et *conj* y, e *(devant le **i** atone)* • **et moi ?** ¿y yo?

À PROPOS DE
et
Modification orthographique : devant un nom commençant par le son « i » (orthographié i ou hi), le **« y »** devient **« e »**

ét. (abrév de étage) piso • **habiter au 3ème ét.** vivir en el 3er piso.
ETA (abrév de Euskadi Ta Askatasuna) *nf* ETA *f* • **un militant d'ETA** *ou* **de l'ETA** un militante de (la) ETA.
étable *nf* establo *m*.
établi *nm* banco *m*.
établir *vt* **1.** *(installer, fonder)* establecer **2.** *(liste, facture, etc)* fijar **3.** *(vérité, culpabilité)* asentar. ■ **s'établir** *vp* establecerse.
établissement *nm* establecimiento *m* • **établissement hospitalier/public/scolaire** establecimiento hospitalario/público/escolar.
étage *nm* **1.** *(de bâtiment)* piso *m* • **au premier/troisième étage** en el primer/tercer piso **2.** *(de fusée)* cuerpo *m*.
étagère *nf* **1.** *(meuble)* estantería *f* **(Esp)**, librero *m* **(Amér)** **2.** *(rayon)* estante *m*.
étain *nm* **1.** *(métal)* estaño *m* **2.** *(objet)* objeto *m* de estaño.
étal *nm* **1.** *(éventaire)* puesto *m* **2.** *(de boucher)* tabla *f* de carnicero.
étalage *nm* **1.** *(marchandises)* muestrario *m* **2.** *(devanture)* escaparate *m* **3.** *(ostentation)* alarde *m* • **faire étalage de qqch** hacer alarde de algo.
étalagiste *nmf* escaparatista *mf*.
étale *adj* quieto(ta).
étaler *vt* **1.** *(marchandises)* exponer **2.** *(papiers, journal)* desplegar **3.** *(peinture)* extender ; *(beurre, confiture)* untar **4.** *péj (exhiber)* ostentar **5.** *(échelonner)* escalonar. ■ **s'étaler** *vp* **1.** *(peinture, beurre)* extenderse **2.** *(dans le temps)* escalonarse **3.** *fam (s'avachir)* tumbarse **4.** *fam (tomber)* caerse al suelo **5.** *fam (échouer)* catear.
étalon *nm* **1.** *(cheval)* semental *m* **2.** *(mesure)* patrón *m*.
étamine *nf* **1.** *(de fleur)* estambre *m* **2.** *(tissu)* estameña *f* **3.** *(filtre)* cedazo *m*.
étanche *adj (cloison)* estanco(ca) ; *(toiture)* impermeable ; *(montre)* sumergible.
étancher *vt* **1.** *(larmes)* secar **2.** *(tonneau)* cerrar herméticamente **3.** *(soif)* apagar.
étang *nm* estanque *m*.
étape *nf* **1.** *(distance, phase)* etapa *f* **2.** *(halte)* parada *f* • **faire étape à** parar en.
état *nm* **1.** *(gén)* estado *m* • **en bon/mauvais état a)** en buen/mal estado **b)** *(appartement, etc)* en buenas/malas condiciones • **être en état/hors d'état de faire qqch** estar/no estar en condiciones de hacer algo • **état civil** estado civil • **état d'esprit** estado de ánimo • **état des lieux** descripción *f* del estado del piso o local *(en el momento de alquilarlo)* **2.** *sout (condition sociale)* condición *f*. ■ **État** *nm* Estado *m*. ■ **en tout état de cause** *loc adv* en todo caso.
état-major *nm* estado *m* mayor.
États-Unis *npr* • **les États-Unis (d'Amérique)** los Estados Unidos (de América).
étau *nm* torno *m*.
étayer *vt* **1.** *(mur, plafond)* apuntalar **2.** *fig (démonstration)* apoyar.
etc. (abrév de et cetera) etc.
été *nm* verano *m*.
éteindre *vt* **1.** *(gén)* INFORM apagar **2.** DR *(annuler un droit)* anular ; *(annuler une dette)* liquidar. ■ **s'éteindre** *vp* **1.** *(feu, appareil)* apagarse **2.** *(bruit, souvenir)* extinguirse **3.** *(mourir)* apagarse.
étendard *nm* estandarte *m*.
étendre *vt* **1.** *(bras, aile, enduit)* extender **2.** *(linge, blessé)* tender **3.** *(vocabulaire, pouvoir)* extender, ampliar **4.** *fam (élève)* catear. ■ **s'étendre** *vp* **1.** *(personne)* tenderse **2.** *(plaine, paysage, épidémie)* extenderse **3.** *(s'attarder)* • **s'étendre sur qqch** extenderse sobre algo *(hablando)*.
étendu, e *adj* **1.** *(bras, aile)* extendido(da) **2.** *(plaine, pouvoirs)* extenso(sa). ■ **étendue** *nf* extensión *f*.
éternel, elle *adj* eterno(na).
éterniser *vt* eternizar. ■ **s'éterniser** *vp* eternizarse.
éternité *nf* eternidad *f*.
éternuer *vi* estornudar.
étêter *vt (arbre)* desmochar ; *(clou, poisson)* descabezar.
éther *nm* éter *m*.

ethernet *nm INFORM* ethernet *f* • **port ethernet** puerto ethernet.

Éthiopie *npr* • **l'Éthiopie** Etiopía.

éthique *nf* ética *f.* ❑ *adj* ético(ca).

ethnie *nf* etnia *f.*

ethnique *adj* étnico(ca).

ethnologie *nf* etnología *f.*

éthylisme *nm* etilismo *m.*

étincelant, e *adj* **1.** *(couleur, lumière)* relumbrante **2.** *(regard, œil)* brillante.

étinceler *vi* **1.** *(étoile)* relumbrar **2.** *sout (yeux, conversation)* brillar.

étincelle *nf* **1.** *(gén)* chispa *f* **2.** *fig (d'intelligence)* destello *m.*

étioler *vt* **1.** *(plante)* marchitar **2.** *(personne, faculté)* debilitar. ■ **s'étioler** *vp* **1.** *(plante)* marchitarse **2.** *(personne, faculté)* debilitarse.

étique *adj sout* hético(ca) *(débil).*

étiqueter *vt* etiquetar.

étiquette *nf* etiqueta *f.*

étirer *vt* estirar. ■ **s'étirer** *vp* estirarse.

étoffe *nf* **1.** *(tissu)* tela *f* **2.** *(personnalité)* madera *f* • **avoir l'étoffe de** tener madera de.

étoffer *vt* dar cuerpo a.

étoile *nf* estrella *f* • **étoile filante** estrella fugaz • **à la belle étoile** al raso. ■ **étoile de mer** *nf* estrella *f* de mar.

étoilé, e *adj* estrellado(da).

étole *nf* estola *f.*

étonnant, e *adj* asombroso(sa).

étonnement *nm* asombro *m.*

> **S'EXPRIMER**
>
> **exprimer son étonnement**
>
> • ***¡Qué sorpresa!*** Quelle surprise !
> • ***¿Quién lo hubiera creído?*** Qui l'eût cru ?
> • ***¡Qué casualidad!*** Quelle coïncidence !
> • ***Me extraña*** Ça m'étonne.
> • ***¡Qué curioso!*** Comme c'est curieux !
> • ***Nunca me lo hubiera imaginado.*** Jamais je n'aurais cru ça.

étonner *vt* • **étonner qqn** asombrar a alguien. ■ **s'étonner** *vp* asombrarse • **s'étonner que** extrañarse que • **ça m'étonne qu'elle soit venue** me extraña que haya venido • **rien ne m'étonne** nada me sorprende.

étouffant, e *adj* sofocante.

étouffée ■ **à l'étouffée** *loc adj* estofado(da).

étouffer *vt* **1.** *(asphyxier)* ahogar **2.** *(feu)* sofocar **3.** *(bruit)* amortiguar **4.** *(sentiment)* disimular **5.** *(scandale, affaire)* acallar ; *(révolte)* sofocar. ❑ *vi* **1.** *(suffoquer)* sofocar **2.** *fig (être mal à l'aise)* ahogarse. ■ **s'étouffer** *vp (s'étrangler)* atragantarse.

étourderie *nf* despiste *m.*

étourdi, e *adj & nm,f* despistado(da).

étourdir *vt* **1.** *(assommer)* aturdir **2.** *(fatiguer)* atontar.

étourdissement *nm* mareo *m.*

étourneau *nm* estornino *m.*

étrange *adj* extraño(ña).

étranger, ère *adj* **1.** *(personne, langue)* extranjero(ra) **2.** *(affaires, politique)* exterior **3.** *(différent, isolé)* extraño(ña) • **être étranger à qqn** ser desconocido para alguien • **être étranger à qqch** **a)** *(insensible à)* ser insensible a algo **b)** *(extérieur à)* ser ajeno a algo. ❑ *nm,f* **1.** *(d'un autre pays)* extranjero *m,* -ra *f* **2.** *(inconnu)* desconocido *m,* -da *f.* ■ **étranger** *nm* • **à l'étranger** en el extranjero.

étrangeté *nf* extrañeza *f.*

étranglé, e *adj* sofocado(da).

étranglement *nm* **1.** *(strangulation)* estrangulación *f* **2.** *(rétrécissement)* estrechamiento *m.*

étrangler *vt* **1.** *(stranguler, comprimer)* estrangular **2.** *(émouvoir, ruiner)* ahogar **3.** *fig (museler - presse)* amordazar ; *(- libertés)* atropellar. ■ **s'étrangler** *vp* **1.** *(s'étouffer)* atragantarse **2.** *(voix, sanglots)* quebrarse.

étrave *nf* estrave *m.*

être

■ **être** *nm*

ser *m* • **les êtres vivants/humains** los seres vivos/humanos

■ **être** *v aux*

1. POUR FORMER LE PASSÉ COMPOSÉ

haber • **il est arrivé tard** ha llegado tarde • **il est parti ce matin** se ha ido esta mañana • **il est né en 1967** nació en 1967

2. POUR FORMER LE PASSIF

ser • **il a été vu par un témoin** fue visto por un testigo

■ **être** *v att*

1. INDIQUE L'ORIGINE

ser • **il est de Paris** es de París

2. SUIVI D'UN PRONOM OU D'UN NOM

ser • **il est médecin** es médico

3. SUIVI D'UN ADJECTIF INDIQUANT UNE CARACTÉRISTIQUE

ser • **il est grand/heureux** es alto/feliz • **sois sage !** ¡sé bueno!, ¡pórtate bien!

4. SUIVI D'UN COMPLÉMENT INDIQUANT LA MATIÈRE

ser • **ma montre est en argent** mi reloj es de plata

5. SUIVI D'UN COMPLÉMENT DE TEMPS

estar • **nous sommes au printemps/en été** estamos en primavera/en verano

6. SUIVI D'UN COMPLÉMENT DE LIEU

• **il est à Marseille** está en Marsella • **je suis bien ici** aquí estoy bien

7. SUIVI D'UN ADJECTIF INDIQUANT UN ÉTAT
estar • **ma mère est malade** mi madre está enferma

8. INDIQUE UNE OBLIGATION
• **c'est à vérifier** hay que comprobarlo • **cette chemise est à laver** esta camisa es para lavar • **c'est à voir** habrá que verlo

9. INDIQUE UNE CONTINUITÉ
• **il est toujours à ne rien faire** no hace nada en todo el día

10. INDIQUE L'APPARTENANCE
ser • **ce livre est à mon frère** este libro es de mi hermano • **c'est à vous, cette voiture ?** ¿es vuestro este coche?

■ **être** *v impers*

1. POUR EXPRIMER L'HEURE
ser • **quelle heure est-il ?** ¿qué hora es? • **il est dix heures dix** son las diez y diez

2. SUIVI D'UN ADJECTIF
ser • **il est inutile de...** es inútil... • **il serait bon de lui écrire** sería conveniente escribirle • **il serait bon que tu viennes** sería conveniente que vinieras

■ **être** *vi*

EXISTER
• **il n'est plus** pasó a mejor vida

À PROPOS DE

être

Être se traduit par ***estar*** lorsqu'il est suivi d'un complément indiquant le lieu ou le temps, ou d'un adjectif indiquant un état.
Être se traduit par ***ser*** lorsqu'il est suivi d'un nom ou d'un pronom, d'un complément indiquant la matière, l'origine ou l'appartenance, ou d'un adjectif indiquant une caractéristique.
La voix passive se forme à l'aide de ***ser*** suivi du participe passé. On note cependant qu'elle est beaucoup moins utilisée en espagnol qu'en français, et souvent rendue en espagnol par la voix active.

étreindre *vt* **1.** *(serrer, embrasser)* abrazar **2.** *fig (tenailler)* oprimir, atenazar. ■ **s'étreindre** *vp* abrazarse.

étreinte *nf* **1.** *(enlacement)* abrazo *m* **2.** *(pression)* asedio *m*.

étrenner *vt* estrenar.

étrennes *nfpl* aguinaldo *m*.

étrier *nm* estribo *m*.

étriller *vt* **1.** *(cheval)* almohazar **2.** *(adversaire, film)* criticar duramente.

étriper *vt* destripar. ■ **s'étriper** *vp fam* destriparse.

étriqué, e *adj (vêtement)* apretado(da) ; *(local)* exiguo(gua) ; *(esprit)* limitado(da).

étroit, e *adj* **1.** *(rue, chaussures, relation)* estrecho(cha) **2.** *péj (esprit, vues)* limitado(da). ■ **à l'étroit** *loc adj* apretado(da).

étroitesse *nf* estrechez *f*.

étude *nf* **1.** *(gén)* estudio *m* • **à l'étude** en estudio • **étude de marché** estudio de mercado **2.** *(local, charge de notaire)* notaría *f*. ■ **études** *nfpl* estudios *mpl* • **faire des études** estudiar.

étudiant, e *adj* estudiantil. ❑ *nm, f* estudiante *mf*.

étudié, e *adj* estudiado(da).

étudier *vt* estudiar.

étui *nm* estuche *m* • **étui à cigarettes** pitillera *f* • **étui à lunettes** estuche de gafas.

étuve *nf* **1.** *(local)* sauna *f* **2.** *(appareil)* estufa *f*.

étuvée ■ **à l'étuvée** *loc adj* estofado(da).

étymologie *nf* etimología *f*.

É-U, É-U A (abrév de États-Unis (d'Amérique)) *npr* EUA *mpl*, EE UU *mpl*.

eucalyptus *nm* eucalipto *m*.

euh *interj* pues • **viendras-tu demain ? — euh, je ne sais pas** ¿vendrás mañana? — pues no lo sé.

eunuque *nm* eunuco *m*.

euphémisme *nm* eufemismo *m*.

euphorie *nf* euforia *f*.

eurasien, enne *adj* eurasiático(ca). ■ **Eurasien, enne** *nm, f* eurasiático *m*, -ca *f*.

euro *nm* euro *m* • **zone euro** zona *f* euro.

eurodevise *nf* eurodivisa *f*.

eurodollar *nm* eurodólar *m*.

euroméditerranéen, enne, euro-méditerranéen, enne *adj* euromediterráneo(nea).

euromissile *nm* euromisil *m*.

Europe *npr* • **l'Europe** Europa.

européen, enne *adj* europeo(a). ■ **Européen, enne** *nm, f* europeo *m*, -a *f*. ■ **européennes** *nfpl* POLIT • **les européennes** las europeas.

Eurostar® *nm* Eurostar *m*.

euthanasie *nf* eutanasia *f*.

euthanasier *vt* eutanasiar.

eux *pron pers* ellos • **ce sont eux qui me l'ont dit** me lo han dicho ellos • **je veux les voir, eux** quiero verlos • **c'est à eux** es de ellos. ■ **eux-mêmes** *pron pers* ellos mismos.

évacuer *vt* **1.** *(lieu, personnes)* evacuar **2.** *(eau)* verter **3.** MÉD *(éliminer)* eliminar.

évadé, e *nm, f* evadido *m*, -da *f*.

évader ■ **s'évader** *vp* • **s'évader (de)** evadirse (de).

évaluation *nf* evaluación *f*.

évaluer *vt* **1.** *(distance, risque)* evaluar **2.** *(objet d'art)* valorar, evaluar.

évangélique *adj* evangélico(ca).

évangéliser *vt* evangelizar.

évangile *nm* evangelio *m*.

évanouir ■ **s'évanouir** *vp* *(personne)* desmayarse ; *fig* *(espoirs, etc)* desvanecerse.

évanouissement *nm* desmayo *m*, desvanecimiento *m*.

évaporer ■ **s'évaporer** *vp* **1.** *(liquide)* evaporarse **2.** *(disparaître)* evaporarse, esfumarse.

évasé, e *adj* *(vase)* de boca ancha ; *(vêtement)* acampanado(da).

évaser *vt* ensanchar. ■ **s'évaser** *vp* ensancharse.

évasif, ive *adj* evasivo(va).

évasion *nf* evasión *f*.

évêché *nm* obispado *m*.

éveil *nm* despertar *m* • **en éveil** en vilo.

éveillé, e *adj* **1.** *(qui ne dort pas)* desvelado(da) **2.** *(esprit, enfant)* despierto(ta).

éveiller *vt* **1.** *(gén)* despertar **2.** *sout* *(tirer du sommeil)* desvelar. ■ **s'éveiller** *vp* **1.** *(gén)* despertarse **2.** *sout* *(s'ouvrir à)* • **s'éveiller à qqch** despertar a algo.

événement, évènement *nm* *(fait)* acontecimiento *m*, evento *m* • **plus tard, les évènements lui ont donné raison** más tarde, los acontecimientos le dieron la razón • **c'est l'événement cinématographique de cette année** es el acontecimiento cinematográfico de este año • **attendre un heureux événement** esperar un nacimiento, estar embarazada • **être dépassé par les évènements** verse *ou* estar superado por los acontecimientos • **faire** *ou* **créer l'évènement** crear expectación • **les événements d'Algérie/de mai 68** los acontecimientos de Argelia/de Mayo del 68.

événementiel, elle *adj* cronológico(ca).

éventail *nm* abanico *m* • **en éventail** en abanico.

éventaire *nm* *(étalage)* puesto *m*.

éventer *vt* **1.** *(personne)* abanicar **2.** *(secret)* airear. ■ **s'éventer** *vp* **1.** *(personne)* abanicarse **2.** *(parfum)* desvanecerse.

éventrer *vt* destripar.

éventualité *nf* eventualidad *f*.

éventuel, elle *adj* eventual.

éventuellement *adv* eventualmente.

évêque *nm* obispo *m*.

évertuer ■ **s'évertuer** *vp* • **s'évertuer à faire qqch** esforzarse en hacer algo.

évidemment *adv* evidentemente.

évidence *nf* evidencia *f* • **mettre en évidence** poner en evidencia, evidenciar.

évident, e *adj* evidente.

évider *vt* *(gén)* vaciar ; *(arbre)* recortar ; *(fruit)* quitar el corazón a.

évier *nm* fregadero *m*.

évincer *vt* • **évincer qqn (de qqch)** excluir a alguien (de algo).

éviter *vt* evitar • **éviter qqch à qqn** evitar algo a alguien. ❑ *vi* *(s'abstenir)* • **éviter de faire qqch** evitar hacer algo. ■ **s'éviter** *vp* evitarse.

évocateur, trice *adj* evocador(ra).

évocation *nf* evocación *f*.

évolué, e *adj* **1.** *(société, pays)* evolucionado(da) **2.** *(personne)* moderno(na).

évoluer *vi* **1.** *(se transformer, se déplacer)* evolucionar **2.** *(personne)* cambiar.

évolution *nf* evolución *f*. ■ **évolutions** *nfpl* *(mouvements)* evoluciones *fpl*.

évoquer *vt* evocar.

ex *nmf* *fam* ex *mf*.

exacerber *vt* exacerbar.

exact, e *adj* **1.** *(gén)* exacto(ta) **2.** *(ponctuel)* puntual.

exactement *adv* exactamente.

exaction *nf* exacción *f*.

exactitude *nf* **1.** *(gén)* exactitud *f* **2.** *(ponctualité)* puntualidad *f*.

ex aequo *adj inv & adv* ex aequo.

exagération *nf* exageración *f*.

exagéré, e *adj* exagerado(da).

exagérer *vt & vi* exagerar.

exalté, e *adj & nm, f* exaltado(da).

exalter *vt* exaltar. ■ **s'exalter** *vp* exaltarse.

exam (abrév de examen) *nm* *fam* SCOL & UNIV examen *m*.

examen *nm* examen *m* • **examen médical** examen *ou* reconocimiento *m* médico • **mise en examen** DR ≃ inculpación *f*.

examinateur, trice *nm, f* examinador *m*, -ra *f*.

examiner *vt* examinar.

exaspération *nf* exasperación *f*.

exaspérer *vt* exasperar.

exaucer *vt* *(personne)* oír ; *(vœu, demande)* atender.

excédent *nm* **1.** *(surplus)* exceso *m* • **en excédent** en exceso **2.** ÉCON excedente *m*.

excéder *vt* **1.** *(dépasser)* exceder a **2.** *(exaspérer)* exasperar.

excellence *nf* excelencia *f* • **par excellence** por excelencia.

excellent, e *adj* excelente.

exceller *vi* • **exceller en** *ou* **dans qqch** destacar en algo • **exceller à faire qqch** ser muy bueno(na) haciendo algo.

excentré, e *adj* • **c'est très excentré** queda muy alejado del centro.

excentrique *adj* **1.** *(gén)* excéntrico(ca) **2.** *(quartier)* periférico(ca). ❑ *nmf* excéntrico *m*, -ca *f*.

excepté, e *adj* exceptuado(da). ■ **excepté** *prép* excepto.

exception *nf* excepción *f* • **faire exception** ser una excepción • **à l'exception de** con *ou* a excepción de.

exceptionnel, elle *adj* excepcional.

excès *nm* exceso *m* • **excès de vitesse** exceso de velocidad. ❑ *nmpl* excesos *mpl*.

excessif, ive *adj (prix, rigueur)* excesivo(va) ; *(personne, caractère)* exagerado(da).

excitant, e *adj* excitante. ■ **excitant** *nm* excitante *m*.

excitation *nf* excitación *f*.

excité, e *adj* excitado(da). ❑ *nm, f* exaltado *m*, -da *f*.

exciter *vt* **1.** *(gén)* excitar ; *(chien)* azuzar **2.** *(inciter)* • **exciter qqn à qqch/à faire qqch** incitar a alguien a algo/a hacer algo.

exclamation *nf* exclamación *f*.

exclamer ■ **s'exclamer** *vp* exclamar.

exclu, e *adj* excluido(da) • **c'est exclu !** ¡ni hablar! • **il n'est pas exclu que...** es posible que.... ❑ *nm, f* marginado *m*, -da *f*.

exclure *vt* **1.** *(expulser, être incompatible avec)* excluir • **exclure qqn (de qqch)** excluir a alguien (de algo) **2.** *(rejeter)* excluir, descartar.

exclusion *nf* exclusión *f* • **à l'exclusion de** con exclusión de • **exclusion sociale** exclusión social.

exclusivement *adv* **1.** *(uniquement)* exclusivamente **2.** *(non inclus)* exclusive.

exclusivité *nf* **1.** *(gén)* exclusiva *f* • **en exclusivité** en exclusiva **2.** *(de sentiment)* exclusividad *f*.

excommunier *vt* excomulgar.

excrément *nm (gén pl)* excremento *m*.

excroissance *nf* excrecencia *f*.

excursion *nf* excursión *f*.

excursionniste *nmf* excursionista *mf*.

excuse *nf* excusa *f*.

S'EXPRIMER

présenter des excuses

- ***¡Perdona!/¡Perdone!*** Excuse-moi !/ Excusez-moi !
- ***¡Perdón!*** Pardon!
- ***¡Perdone que lo moleste!*** Je suis désolé de vous déranger !
- ***¡Perdón por el retraso!*** *ou* ***¡Siento llegar tarde!*** Je suis désolé d'être en retard !
- ***Lo siento* (muchísimo).** Je suis (vraiment) désolé.

S'EXPRIMER

accepter des excuses

- ***No hay de qué.*** Je t'en prie./Je vous en prie.
- ***No tiene importancia.*** Ça ne fait rien.
- ***No es nada.*** Ce n'est pas grave.
- ***Son cosas que pasan.*** Ce sont des choses qui arrivent.
- ***Esto le puede ocurrir a cualquiera.*** Cela peut arriver à tout le monde.

excuser *vt* **1.** *(gén)* disculpar, excusar • **excusez-moi** perdone, disculpe **2.** *(dispenser)* excusar. ■ **s'excuser** *vp* disculparse, excusarse • **s'excuser de qqch/de faire qqch** disculparse *ou* excusarse por algo/por hacer algo.

exécrable *adj* **1.** *(humeur, temps)* terrible **2.** *sout (crime)* execrable.

exécrer *vt* execrar.

exécutable *adj* INFORM ejecutable.

exécutant, e *nm, f* **1.** *(personne)* mandado *m*, -da *f* **2.** MUS ejecutante *mf*.

exécuter *vt* **1.** *(projet)* llevar a cabo ; *(tableau)* pintar **2.** *(mettre à mort)* MUS ejecutar. ■ **s'exécuter** *vp* obedecer.

exécutif, ive *adj* ejecutivo(va). ■ **exécutif** *nm* ejecutivo *m*.

exécution *nf (gén)* ejecución *f* ; *(de promesse)* cumplimiento *m*.

exemplaire *adj* ejemplar. ❑ *nm* ejemplar *m* • **en trois exemplaires** por triplicado.

exemple *nm* ejemplo *m* • **par exemple** por ejemplo.

exempté, e *adj* exento(ta) • **être exempté de qqch** estar exento de algo.

exempter *vt* • **exempter qqn de** eximir a alguien de.

exercer *vt* **1.** *(métier, activité)* ejercer **2.** *(droit)* ejercitar. ■ **s'exercer** *vp* **1.** *(s'entraîner)* ejercitarse • **s'exercer à qqch** ejercitarse en algo • **s'exercer à faire qqch** ejercitarse haciendo algo **2.** *(se manifester)* ejercerse.

exercice *nm* ejercicio *m* • **en exercice** en ejercicio.

exhaler *vt* **1.** *(odeur, soupir)* exhalar ; *(plainte)* proferir **2.** *(sentiment)* desahogar. ■ **s'exhaler** *vp (odeur, soupir)* desprenderse.

exhaustif, ive *adj* exhaustivo(va).

exhiber *vt* exhibir. ■ **s'exhiber** *vp* exhibirse.

exhibitionniste *nmf* exhibicionista *mf*.

exhumer *vt* **1.** *(déterrer - cadavre)* exhumar ; *(- trésor)* desenterrar **2.** *fig (passé)* desenterrar.

exigeant, e *adj* exigente.

exigence *nf* exigencia *f*.

exiger *vt* exigir • **exiger que** exigir que • **j'exige que tu rentres tôt** exijo que vuelvas temprano • **exiger qqch de qqn** exigir algo de alguien.

exigible *adj* exigible.

exigu, ë *adj* exiguo(gua).

exil *nm* exilio *m* • **en exil** en el exilio.

exilé, e *nm, f* exiliado *m*, -da *f*.

exiler *vt* exilar. ■ **s'exiler** *vp* **1.** POLIT exiliarse **2.** *fig (partir)* retirarse.

existence *nf* existencia *f*.

exister *vi* existir.
exode *nm* éxodo *m*.
exonération *nf* exoneración *f* • **exonération d'impôts** exención *f* tributaria.
exoplanète *nf* exoplaneta *m*.
exorbitant, e *adj* exorbitante.
exorciser *vt* exorcizar.
exorde *nm* exordio *m*.
exotique *adj* exótico(ca).
exotisme *nm* exotismo *m*.
exp (abrév de **expéditeur**) Rte.
expansif, ive *adj* expansivo(va).
expansion *nf* expansión *f*.
expansionniste *adj & nmf* expansionista.
expatrié, e *adj & nm,f* expatriado(da).
expatrier *vt* expatriar. ■ **s'expatrier** *vp* expatriarse.
expédier *vt* **1.** *(lettre, marchandise, bagages)* expedir **2.** *(se débarrasser de - personne)* librarse de ; *(- travail, affaire)* despachar.
expéditeur, trice *adj* expedidor(ra). ❑ *nm,f* remitente *mf*.
expéditif, ive *adj* expeditivo(va).
expédition *nf* expedición *f*.
expérience *nf* **1.** *(gén)* experiencia *f* • **avoir de l'expérience** tener experiencia **2.** *(essai)* experimento *m*.
expérimental, e *adj* experimental.
expérimenté, e *adj* experimentado(da).
expert, e *adj* experto(ta). ■ **expert** *nm* perito *m*.
expert-comptable *nm* ≃ censor *m* jurado de cuentas.
expertise *nf* peritaje *m*.
expertiser *vt* peritar, realizar un examen pericial.
expier *vt* expiar.
expiration *nf* **1.** *(d'air)* espiración *f* **2.** *(de contrat, de bail)* expiración *f* **3.** *(d'un aliment, d'un médicament)* caducidad *f* • **arriver à expiration** caducar.
expirer *vt* espirar. ❑ *vi* expirar.
explicatif, ive *adj* explicativo(va).
explication *nf* explicación *f* • **explication de texte** comentario *m* de texto.
explicite *adj* explícito(ta).
expliciter *vt* explicitar.
expliquer *vt* **1.** *(gén)* explicar **2.** *(texte)* comentar. ■ **s'expliquer** *vp* **1.** *(gén)* explicarse **2.** *(devenir compréhensible)* explicarse, aclararse.
exploit *nm* hazaña *f*.
exploitant, e *nm,f* explotador *m*, -ra *f* • **exploitant agricole** agricultor *m*.
exploitation *nf* explotación *f* • **exploitation agricole** explotación agrícola, finca.
exploiter *vt* explotar.
explorateur, trice *nm,f* explorador *m*, -ra *f*.
exploration *nf* exploración *f*.
explorer *vt* explorar.
exploser *vi* **1.** *(bombe, personne)* explotar **2.** *(colère, joie)* estallar.
explosif, ive *adj* explosivo(va). ■ **explosif** *nm* explosivo *m*.
explosion *nf (de bombe)* explosión *f*.
expo *nf fam* expo *f*.
export *nm* exportación *f* • **export de données** INFORM exportación de datos.
exportateur, trice *adj & nm,f* exportador(ra).
exportation *nf* exportación *f* • **exportation de données** INFORM exportación *f* de datos.
exporter *vt* exportar.
exposé *nm* **1.** *(compte-rendu)* informe *m* **2.** SCOL exposición *f*.
exposer *vt* **1.** *(gén)* exponer **2.** *(orienter)* orientar. ■ **s'exposer** *vp* exponerse • **s'exposer à qqch** exponerse a algo.
exposition *nf* **1.** *(de peinture, récit)* exposición *f* **2.** *(orientation)* orientación *f*.
exprès[1], esse *adj (ordre, défense)* expreso(sa). ■ **exprès** *adj inv (lettre, colis)* urgente.
exprès[2] *adv* aposta, adrede • **faire qqch exprès** hacer algo a propósito *ou* aposta.
express *adj inv (train, voie)* exprés. ❑ *nm inv (train, café)* expreso *m*.
expressément *adv* expresamente.
expressif, ive *adj* expresivo(va).
expression *nf* expresión *f*.
expresso *nm* = **express**.
exprimer *vt* expresar. ■ **s'exprimer** *vp* expresarse.
expropriation *nf* expropiación *f*.
exproprier *vt* expropiar.
expulser *vt (gén)* expulsar ; *(locataire)* desahuciar.
expulsion *nf (gén)* expulsión *f* ; *(de locataire)* desahucio *m*.
expurger *vt* expurgar.
exquis, e *adj* **1.** *(gén)* exquisito(ta) **2.** *(agréable)* delicioso(sa).
exsangue *adj* exangüe.
extase *nf* éxtasis *m inv*.
extasier ■ **s'extasier** *vp* extasiarse • **s'extasier devant qqn/devant qqch** extasiarse ante alguien/ante algo.
extensible *adj* extensible.
extension *nf* extensión *f* • **par extension** por extensión.
exténuer *vt* extenuar.
extérieur, e *adj* **1.** *(gén)* exterior **2.** *(apparent)* aparente. ■ **extérieur** *nm (dehors)* exterior *m* • **à l'extérieur de qqch** por fuera de algo.
extérieurement *adv* **1.** *(à l'extérieur)* exteriormente **2.** *(en apparence)* en apariencia.

extérioriser *vt* exteriorizar.

exterminer *vt* exterminar.

externalisation *nf* ÉCON externalización *m*.

externaliser *vt* ÉCON externalizar.

externat *nm* **1.** *(lycée)* externado *m* **2.** *(en médecine)* rotatorio *m*.

externe *adj* externo(na). ❑ *nmf* **1.** *(élève)* externo *m*, -na *f* **2.** *(étudiant en médecine)* rotatorio *m*, -ria *f*.

extincteur *nm* extintor *m*.

extinction *nf* extinción *f*. ■ **extinction de voix** *nf* afonía *f*.

extirper *vt* **1.** *(plante, secret)* arrancar **2.** MÉD extirpar **3.** *(sortir avec difficulté)* • **extirper qqn/qqch de qqch** sacar a alguien/algo de algo.

extorquer *vt* • **extorquer qqch à qqn** sacar algo a alguien.

extra *adj inv* **1.** *(de qualité supérieure)* extra **2.** *fam (génial)* guay. ❑ *nm inv* **1.** *(service occasionnel)* trabajito *m* **2.** *(chose inhabituelle)* extra *m*.

extraconjugal, e *adj* extraconyugal.

extraction *nf* extracción *f*.

extrader *vt* extraditar.

extradition *nf* extradición *f*.

extraire *vt* extraer.

extrait *nm* extracto *m* • **extrait de naissance** partida *f* de nacimiento.

extraordinaire *adj* extraordinario.

extraplat, e *adj* extraplano(na).

extrapoler *vt & vi* extrapolar.

extrasolaire *adj* extrasolar.

extraterrestre *adj & nmf* extraterrestre.

extravagance *nf* extravagancia *f*.

extravagant, e *adj* **1.** *(idée, propos)* extravagante **2.** *(prix, exigence)* desorbitado(da).

extraverti, e *adj & nm,f* extrovertido(da), extravertido(da).

extrême *adj* **1.** *(gén)* extremo(ma) • **les sports extrêmes** los deportes extremos **2.** *(solution, opinion)* extremado(da). ❑ *nm* extremo *m* • **d'un extrême à l'autre** de un extremo al otro.

extrêmement *adv* extremadamente.

extrême-onction *nf* extremaunción *f*.

Extrême-Orient *npr* • **l'Extrême-Orient** el Extremo Oriente.

extrémiste *adj & nmf* extremista.

extrémité *nf* **1.** *(bout)* extremidad *f* **2.** *(situation critique)* extremo *m*.

exubérant, e *adj* exuberante.

exulter *vi* exultar.

eye-liner *nm* perfilador *m* de ojos.

F

f, F *nm inv* **1.** *(lettre)* f *f*, F *f* **2.** *(appartement) pour expliquer à un hispanophone comment il faut interpréter ce F, vous pouvez dire :* refiriéndonos a un piso, cuando F va seguido de un número, éste indica cuántas habitaciones tiene, sin contar la cocina ni el cuarto de baño, pero incluyendo la sala de estar. • **un F3** ≃ un piso de dos habitaciones. ■ **F 1.** (abrév de femme) M **2.** (abrév de féminin) F **3.** (abrév de Fahrenheit) F **4.** (abrév de franc) F.

fa *nm inv* MUS fa *m*.

fable *nf* fábula *f*.

fabricant, e *nm,f* fabricante *mf*.

fabrication *nf* fabricación *f*.

fabrique *nf* fábrica *f*.

fabriquer *vt* **1.** *(confectionner)* fabricar **2.** *fam (faire)* hacer **3.** *(inventer)* inventar.

fabulation *nf* fabulación *f*.

fabuleux, euse *adj* fabuloso(sa).

fac *nf fam* facul *f*.

façade *nf* fachada *f*.

face *nf* **1.** *(de personne, d'objet)* cara *f* **2.** *(aspect)* aspecto *m* • **de face** de frente • **d'en face** de enfrente • **en face de qqn/de qqch** frente a alguien/a algo • **face à face** cara a cara • **faire face à qqch a)** *(être devant)* dar a algo **b)** *(affronter)* hacer frente a algo.

face-à-face *nm inv* debate *m* cara a cara.

facétie *nf* gracia *f (broma)*.

facette *nf* faceta *f*.

fâché, e *adj* **1.** *(gén)* enfadado(da) **2.** *(contrarié)* disgustado(da).

fâcher *vt* enfadar. ■ **se fâcher** *vp* enfadarse • **se fâcher avec** *ou* **contre qqn** enfadarse con alguien.

fâcheusement *adv* desagradablemente.

fâcheux, euse *adj* enojoso(sa).

facho *adj & nmf fam* facha.

facial, e *adj* facial.

faciès *nm péj* careto *m*.

facile *adj* fácil.

facilement *adv* **1.** *(avec facilité)* fácilmente **2.** *(au moins)* tranquilamente.

facilité *nf* facilidad *f* • **avoir de la facilité pour qqch** tener facilidad para algo. ■ **facilités** *nfpl (de transport)* servicio *m* • **facilités de caisse**

crédito *m* • **facilités de paiement** facilidades *fpl* de pago.

faciliter *vt* facilitar.

façon *nf* **1.** *(manière)* manera *f* **2.** *(travail)* trabajo *m* **3.** *(imitation)* • **façon soie** imitación seda. ■ **de façon à** *loc prép* con el fin de. ■ **de façon (à ce) que** *loc conj* con el fin de que. ■ **de toute façon** *loc adv* de todos modos.

fac-similé *nm* facsímil *m*, facsímile *m*.

facteur, trice *nm,f* cartero *m*, -ra *f*. ■ **facteur** *nm (gén)* factor *m* • **le facteur chance/temps** el factor suerte/tiempo.

factice *adj* facticio(cia).

faction *nf* **1.** *(groupe)* facción *f* **2.** MIL • **être en** *ou* **de faction** estar de guardia.

factotum *nm* factótum *mf*.

facture *nf* factura *f*.

facturer *vt* facturar.

facturette *nf* comprobante *m*.

facultatif, ive *adj* facultativo(va).

faculté *nf* facultad *f* • **faculté de droit/de lettres/de médecine** facultad de derecho/de letras/de medicina.

fadaises *nfpl* insulseces *fpl*, soserías *fpl*.

fade *adj* soso(sa).

fagot *nm* gavilla *f*.

fagoté, e *adj* mal vestido(da).

FAI (abrév de **Fournisseur d'accès Internet**) *nm* PAI *m (Proveedor de Acceso a Internet)*.

faible *adj* **1.** *(gén)* débil **2.** *(élève)* flojo(ja) **3.** *(quantité)* pequeño(ña). ❑ *nmf* débil *mf* • **faible d'esprit** simple *mf*. ❑ *nm (préférence)* debilidad *f*.

faiblement *adv* débilmente.

faiblesse *nf* **1.** *(gén)* debilidad *f* **2.** *(insignifiance)* escasez *f*.

faiblir *vi* **1.** *(gén)* debilitarse **2.** *(vent)* amainar.

faïence *nf* loza *f*.

faignant, e = **feignant**.

faille *nf* **1.** GÉOL falla *f* **2.** *(défaut)* fallo *m*.

faillir *vi* **1.** *(manquer)* • **faillir à qqch** faltar a algo **2.** *(être sur le point de)* estar a punto de • **j'ai failli tomber** casi me caigo.

faillite *nf* **1.** FIN quiebra *f* • **en faillite** en quiebra • **faire faillite** quebrar **2.** *(échec)* fracaso *m*.

faim *nf* **1.** *(besoin de manger)* hambre *f* • **avoir faim** tener hambre **2.** *(désir)* ganas *fpl*.

fainéant, e *adj & nm,f* holgazán(ana).

faire

■ faire *vt*

1. FABRIQUER, PRÉPARER

hacer • **faire un gâteau/du café/un film** hacer un pastel/café/una película • **faire une maison** construir una casa • **il veut en faire un avocat** quiere hacer de él un abogado

2. SE LIVRER À UNE OCCUPATION

• **qu'est-ce qu'il fait dans la vie ?** ¿a qué se dedica? • **faire son droit/de l'anglais/des maths** hacer derecho/inglés/matemáticas • **que fais-tu dimanche ?** ¿qué haces este domingo? • **qu'est-ce que je peux faire pour t'aider ?** ¿qué puedo hacer para ayudarte? • **faire le ménage/la lessive** hacer la limpieza/la colada • **faire la cuisine** cocinar

3. PRATIQUER UN SPORT

jugar • **Martin fait du tennis le mercredi** Martin juega al tenis los miércoles

4. PRATIQUER UN INSTRUMENT

tocar • **faire de la guitare** tocar la guitarra

5. PROVOQUER

• **faire de la peine** entristecer • **faire du mal à qqn** hacer daño a alguien • **ma blessure me fait mal** la herida me duele • **faire plaisir** complacer • **faire du bruit** hacer ruido • **ça ne fait rien** no importa

6. IMITER

hacerse • **faire le sourd/le malin** hacerse el sordo/el listo • **faire l'innocent** hacerse el tonto

7. CALCUL, MESURE

• **un et un font deux** uno y uno son dos • **la table fait deux mètres de long** la mesa mide dos metros de largo • **ça fait combien de kilomètres jusqu'à la mer ?** ¿cuántos kilómetros hay de aquí al mar?

8. EN TANT QUE VERBE SUBSTITUTIF

hacer • **je lui ai dit de prendre une échelle mais il ne l'a pas fait** le dije que cogiera una escalera pero no lo hizo

■ faire *vi*

AGIR

• **vas-y, mais fais vite** hazlo, pero rápido • **tu ferais bien d'aller voir ce qui se passe** más vale que vayas a ver qué pasa

■ faire *v att*

AVOIR L'AIR

hacer • **ça fait jeune/vulgaire** hace joven/vulgar

■ faire *v impers*

1. POUR DÉCRIRE L'ATMOSPHÈRE

• **il fait froid/beau** hace frío/buen tiempo • **il fait 20 degrés** estamos a 20 grados • **il fait jour/nuit** es de día/de noche

2. POUR EXPRIMER LA DURÉE, LA DISTANCE

• **ça fait six mois que…** hace seis meses que… • **ça fait 30 kilomètres que…** hace 30 kilómetros que…

■ faire *v aux*

• **faire démarrer une voiture** arrancar un coche • **faire tomber qqch** hacer caer algo, tirar algo • **faire travailler qqn** hacer trabajar a alguien • **faire réparer sa voiture** llevar el coche a arreglar

■ ne faire que *v aux*

1. NE PAS CESSER DE

• **le bébé ne fait que pleurer** el bebé no para de llorar

2. FAIRE JUSTE

• **je ne faisais que jeter un coup d'œil** sólo echaba un vistazo

■ se faire *vp*

1. AVOIR

hacerse • **se faire des amis** hacerse amigos • **se faire mal** hacerse daño • **se faire une idée sur qqch** hacerse una idea de algo

2. DEVENIR

hacerse • **se faire vieux** hacerse viejo • **il se fait tard** se está haciendo tarde

3. ÊTRE CONVENABLE, À LA MODE

llevarse • **les minijupes se font beaucoup cette année** las minifaldas se llevan mucho este año • **ça ne se fait plus** eso ya no se lleva

4. S'HABITUER

• **elle se fait à la solitude** se va acostumbrando a la soledad

5. SUIVI D'UN INFINITIF

• **se faire couper les cheveux** cortarse el pelo • **elle s'est fait opérer** la han operado

■ s'en faire *vp*

preocuparse • **ne t'en fais pas !** ¡no te preocupes! • **je ne m'en fais pas pour lui** no me preocupo por él

faire-part *nm inv* participación *f*.

faisable *adj* factible.

faisan, e *nm, f* faisán *m*.

faisandé, e *adj (viande)* manido(da).

faisceau *nm* **1.** *(fagot)* manojo *m* **2.** *(rayon)* haz *m* **3.** *MIL* pabellón *m*.

fait, e *adj* hecho(cha) • **bien/mal fait** bien/mal hecho • **être fait pour** estar hecho para • **ils sont faits l'un pour l'autre** están hechos el uno para el otro • **c'en est fait de lui** *sout* está perdido. ■ **fait** *nm* hecho *m* • **le fait de faire qqch** el hecho de hacer algo • **être au fait de qqch** estar al corriente de algo • **prendre qqn sur le fait** coger a alguien in fraganti, coger a alguien con las manos en la masa • **faits et gestes** hechos y milagros • **faits divers** sucesos *mpl*, miscelania *f*. ■ **au fait** *loc adv* a propósito. ■ **en fait** *loc adv* de hecho. ■ **en fait de** *loc prép* en materia de.

faîte *nm* **1.** *(de toit)* techumbre *f* **2.** *(d'arbre)* copa *f* **3.** *fig (sommet)* cima *f*.

faitout, fait-tout *nm* olla *f*.

fake *nm* fake *m* • **fake news** fake news.

fakir *nm* faquir *m*, fakir *m*.

falaise *nf* acantilado *m*.

fallacieux, euse *adj* falaz.

falloir

■ falloir *v impers*

1. EXPRIME UNE NÉCESSITÉ, UNE OBLIGATION

hacer falta, necesitar • **il me faut du temps** necesito tiempo • **il te faut un peu de repos** necesitas descansar un poco • **s'il le faut, j'irai la voir** si no queda más remedio iré a verla • **il ne faut pas exagérer** no hay que exagerar

2. EXPRIME UNE SUPPOSITION

• **il n'est pas venu ? il faut qu'il soit malade !** ¿no ha venido? ¡debe de estar enfermo!

■ s'en falloir *v impers*

• **peu s'en est fallu qu'il démissionne** ha estado a punto de dimitir • **il s'en faut de beaucoup pour qu'il puisse passer son examen** le falta mucho para poder aprobar el examen

falot, e *adj* insulso(sa). ■ **falot** *nm* farol *m*.

falsifier *vt* **1.** *(document, comptes)* falsificar **2.** *(fait, pensée)* falsear.

famé, e *adj* • **mal famé** de mala fama.

famélique *adj* famélico(ca).

fameux, euse *adj* **1.** *(personne)* famoso(sa) **2.** *fam (bon)* estupendo(da) (ESP), padre (AMÉR) **3.** *fam (remarquable)* bestial.

familial, e *adj* familiar.

familiariser *vt* • **familiariser qqn avec qqch** familiarizar a alguien con algo.

familiarité *nf* **1.** *(intimité)* intimidad *f* **2.** *(désinvolture)* familiaridad *f*. ■ **familiarités** *nfpl* familiaridades *fpl*.

familier, ère *adj* familiar. ■ **familier** *nm* parroquiano *m*.

famille *nf* familia *f* • **famille d'accueil** familia de acogida • **famille monoparentale** familia monoparental • **famille recomposée** familia extensa.

LEXIQUE

La famille

l'arrière-grand-mère la bisabuela
l'arrière-grand-père el bisabuelo
le beau-frère el cuñado
le beau-père (père du conjoint) el suegro
le beau-père (mari de la mère) el suegro

la belle-mère (mère du conjoint) la suegra
la belle-mère (femme du père) la suegra
la belle-sœur la cuñada
le cousin el primo
la cousine la prima
le demi-frère el hermanastro
la demi-sœur la hermanastra
la famille recomposée la familia extensa
la fille la hija
le fils el hijo
le frère el hermano
la grand-mère la abuela
le grand-père el abuelo
la mère la madre
l'oncle el tío
le père el padre
la sœur la hermana
la tante la tía

famine *nf* hambruna *f*.

fan *nmf fam* fan *mf*.

fana (abrév de fanatique) *adj & nmf fam* fanático(ca).

fanal *nm* **1.** *(de phare)* faro *m* **2.** *(de train, lanterne)* farol *m*.

fanatique *adj & nmf* fanático(ca).

fanatisme *nm* fanatismo *m*.

faner *vt* **1.** *(fleur)* marchitar **2.** *(couleur)* ajar. ■ **se faner** *vp* **1.** *(gén)* marchitarse **2.** *(couleur)* ajarse.

fanfare *nf* fanfarria *f*.

fanfaron, onne *adj* fanfarrón(ona).

fange *nf sout* fango *m*.

fanion *nm* banderín *m*.

fantaisie *nf* **1.** *(gén)* fantasía *f* **2.** *(extravagance)* extravagancia *f* **3.** *(gré)* antojo *m*.

fantaisiste *adj & nmf* fantasioso(sa).

fantasme, phantasme *nm* fantasía *m*.

fantasmer *vi* fantasear.

fantasque *adj* **1.** *(personne)* lunático(ca) **2.** *(humeur)* caprichoso(sa).

fantassin *nm* infante *m*, soldado *m* de infantería.

fantastique *adj* fantástico(ca). ❑ *nm* • **le fantastique** *(genre artistique)* el fantástico.

fantoche *adj* POLIT títere. ❑ *nm* fantoche *mf*.

fantôme *adj & nm* fantasma.

FAO[1] *nf* (abrév de fabrication assistée par ordinateur) FAO *f* • **un logiciel de FAO** un programa de FAO.

FAO[2] (abrév de Food and Agricultural Organization) *nf* FAO *f*.

faon *nm (de cerf)* cervatillo *m* ; *(de daim)* gamezno *m* ; *(de chevreuil)* corcino *m*.

FAQ (abrév de Frequently Asked Questions *ou* foire aux questions) *nf* INFORM PMF *(preguntas más frecuentes)*.

farce *nf* **1.** CULIN relleno *m* **2.** *(blague)* broma *f* • **farces et attrapes** artículos *mpl* de broma **3.** *(genre littéraire)* farsa *f*.

farceur, euse *nm,f* bromista *mf*.

farci, e *adj* **1.** CULIN relleno(na) **2.** *fig (plein)* atiborrado(da).

farcir *vt* **1.** CULIN rellenar **2.** *(remplir)* • **farcir qqch de** atiborrar algo de.

fard *nm* maquillaje *m* • **fard à paupières** sombra *f* de ojos.

fardeau *nm* carga *f*.

farder *vt* **1.** *(visage)* maquillar **2.** *(vérité)* disfrazar. ■ **se farder** *vp* maquillarse.

farfelu, e *adj* estrafalario(ria).

farfouiller *vi fam* revolver.

farine *nf* harina *f* • **farine animale** AGRIC harina animal.

farouche *adj* **1.** *(animal)* salvaje **2.** *(personne)* arisco(ca).

fart *nm* cera *f (para los esquíes)*.

farter *vt* encerar *(los esquíes)*.

fascicule *nm* fascículo *m*.

fascination *nf* fascinación *f*.

fasciner *vt* fascinar.

fascisme *nm* fascismo *m*.

fasciste *adj & nmf* fascista.

fashionista *nmf* fashionista *mf*.

faste *nm* fasto *m*, fastuosidad *f*. ❑ *adj (jour)* de suerte.

fast-food *nm* fast-food *m*, restaurante *m* de comida rápida.

fastidieux, euse *adj* fastidioso(sa).

fastueux, euse *adj* fastuoso(sa).

fatal, e *adj* **1.** *(coup, erreur)* fatal **2.** *(inévitable)* inevitable.

fataliste *adj & nmf* fatalista.

fatalité *nf* fatalidad *f*.

fatigant, e *adj* **1.** *(activité)* cansado(da) **2.** *(personne)* cansino(na).

fatigue *nf* cansancio *m*, fatiga *f*.

fatigué, e *adj* **1.** *(personne)* cansado(da) (ESP), fané (AMÉR) • **être fatigué de qqch** estar cansado de algo **2.** *(vue)* cansado(da) **3.** *fam (vêtement)* gastado(da).

fatiguer *vt* cansar. ❑ *vi* **1.** *(personne)* cansarse **2.** *(moteur)* resentirse. ■ **se fatiguer** *vp* cansarse • **se fatiguer de qqch** cansarse de algo • **se fatiguer à faire qqch** cansarse haciendo algo.

fatras *nm* fárrago *m*.

fatuité *nf* fatuidad *f*.

faubourg *nm* arrabal *m*.

fauché, e *adj fam* pelado(da).

faucher *vt* **1.** *(couper)* segar **2.** *fam (voler)* • **faucher qqch à qqn** birlar algo a alguien **3.** *(renverser)* arrollar **4.** *(atteindre par balle)* abatir.

faucille *nf* hoz *f.*

faucon *nm* halcón *m.*

faufiler *vt* hilvanar. ■ **se faufiler** *vp* **1.** *(entrer, passer discrètement)* colarse **2.** *(se frayer un chemin)* • **se faufiler entre** deslizarse entre.

faune *nf péj* fauna *f.* ❑ *nm* fauno *m.*

faussaire *nmf* falsificador *m*, -ra *f.*

faussement *adv* **1.** *(à tort, de façon erronée)* erróneamente **2.** *(de façon affectée)* falsamente.

fausser *vt* **1.** *(objet)* torcer **2.** *(résultat, calcul)* falsear. ■ **se fausser** *vp (voix, instrument)* destemplarse.

fausseté *nf* falsedad *f.*

faute *nf* **1.** *(erreur)* falta *f*, error *m* • **faute de frappe** error de máquina • **faute d'orthographe** falta de ortografía **2.** *(méfait, infraction)* falta *f* • **prendre en faute** coger in fraganti • **faute professionnelle** falta profesional **3.** *(responsabilité)* culpa *f* • **c'est de sa faute** es culpa suya • **par la faute de qqn** por culpa de alguien. ■ **faute de** *loc prép* por falta de. ■ **faute de mieux** *loc adv* a falta de algo mejor. ■ **sans faute** *loc adv* sin falta.

fauteuil *nm* **1.** *(siège)* sillón *m*, butaca *f* • **fauteuil roulant** silla *f* de ruedas **2.** *(de théâtre)* butaca *f* • **fauteuil d'orchestre** butaca de patio *ou* de platea **3.** *(d'académicien)* silla *f.*

fautif, ive *adj* **1.** *(coupable)* culpable **2.** *(erroné)* erróneo(a), equivocado(da). ❑ *nm, f* culpable *mf.*

fauve *nm* **1.** *(animal)* fiera *f* **2.** *(couleur)* leonado *m* **3.** ART *(peintre)* fauvista *mf.* ❑ *adj* **1.** *(cheveux, couleur)* leonado(da) **2.** ART fauvista.

fauvette *nf* curruca *f.*

faux, fausse *adj* **1.** *(gén)* falso(sa) **2.** *(barbe, dent)* postizo(za). ■ **faux** *adv* • **chanter faux** desafinar. ❑ *nm* **1.** *(ce qui est faux)* falso *m* **2.** *(contrefaçon, imitation)* falsificación *f.* ❑ *nf* guadaña *f.*

faux-cul *tfam adj* hipócrita. ❑ *nmf* falso *mf*, -sa *f.*

faux-filet *nm* solomillo *m* bajo.

faux-fuyant *nm* evasiva *f.*

faux-monnayeur *nm* falsificador *m* (de dinero).

faux-sens *nm inv* error *m* de interpretación *(en un texto).*

faveur *nf* favor *m* • **avoir la faveur du public** gozar del favor del público. ■ **à la faveur de** *loc prép (grâce à)* aprovechando.

favorable *adj* **1.** *(gén)* favorable **2.** *(personne)* • **être favorable (à)** estar a favor (de).

favori, ite *adj & nm, f* favorito(ta). ■ **favori** *nm* HIST valido *m*, privado *m.*

favoriser *vt* favorecer.

faxer *vt* enviar por fax.

fayoter *vi fam* hacer la pelota.

FBI (abrév de Federal Bureau of Investigation) *nm* FBI *m.*

fébrile *adj* febril.

fécond, e *adj* fecundo(da).

fécondation *nf* fecundación *f* • **fécondation in vitro** fecundación in vitro.

féconder *vt* fecundar.

fécondité *nf* fecundidad *f.*

fécule *nf* fécula *f.*

féculent, e *adj* feculento(ta). ■ **féculent** *nm* alimento *m* feculento • **les féculents** las féculas.

fédéral, e *adj* federal.

fédération *nf* federación *f.*

fée *nf* hada *f.*

feed-back *nm inv* feedback *m*, retroalimentación *f.*

feeling *nm fam* feeling *m*, olfato *m* • **avoir du feeling** *ou* **un bon feeling** tener olfato • **faire qqch au feeling** hacer algo por instinto.

féerie *nf* **1.** THÉÂTRE comedia *f* fantástica **2.** *(d'un lieu, d'un spectacle)* magia *f.*

féerique *adj* mágico(ca).

feignant, e, faignant, e *adj & nm, f fam* gandul(la).

feindre *vt* fingir. ❑ *vi* fingir • **feindre de faire qqch** fingir hacer algo.

feinte *nf* finta *f.*

feinter *vt & vi* SPORT fintar.

fêlé, e *adj* **1.** *(assiette)* resquebrajado(da) **2.** *fam (personne)* chiflado(da). ❑ *nm, f fam* chiflado *m*, -da *f.*

fêler *vt* resquebrajar.

félicitations *nfpl* felicidades *fpl.*

féliciter *vt* felicitar. ■ **se féliciter** *vp* • **se féliciter de qqch** alegrarse de algo.

S'EXPRIMER

féliciter quelqu'un

- ***Te/Le felicito por el examen.*** Tu permets que je te félicite pour ton examen ?/ Vous permettez que je vous félicite pour votre examen ?
- ***¡Enhorabuena por el carné!*** Félicitations pour ton permis !

félin, e *adj* felino(na). ■ **félin** *nm* felino *m.*

félon, onne *adj & nm, f sout* felón(ona).

fêlure *nf* raja *f.*

femelle *adj* **1.** *(animal)* TECHNOL hembra *(en aposition)* **2.** BOT femenina. ❑ *nf* hembra *f.*

féminin, e *adj* femenino(na). ■ **féminin** *nm* GRAMM femenino *m.*

féminiser *vt* feminizar.

féminisme *nm* feminismo *m.*

féministe *adj & nmf* feminista.

féminité *nf* feminidad *f.*

femme *nf* mujer *f* • **femme d'affaires** mujer de negocios • **femme de chambre a)** ayuda *f* de cámara **b)** *(d'hôtel)* camarera *f* • **femme de ménage** asistenta *f*.

fémur *nm* fémur *m*.

FEN (abrév de Fédération de l'Éducation nationale) *nf pour expliquer à un hispanophone ce que c'est, vous pouvez dire* : es un sindicato de profesores y maestros de la enseñanza pública • **le secrétaire général de la FEN** el secretario general de la FEN.

fenaison *nf* siega *f* del heno.

fendre *vt* **1.** *(bois)* partir **2.** *(crevasser)* agrietar **3.** *fig (traverser - foule)* abrirse paso entre ; *(- flots, air)* surcar. ■ **se fendre** *vp (se fêler)* agrietarse.

fenêtre *nf (gén)* INFORM ventana *f* • **fenêtre borgne** claraboya *f*.

fenouil *nm* hinojo *m*.

fente *nf* **1.** *(fissure)* grieta *f* **2.** *(interstice)* ranura *f* **3.** *(de vêtement)* abertura *f*.

féodal, e *adj* feudal. ■ **féodal, aux** *nm* señor *m* feudal.

féodalité *nf* feudalismo *m*.

fer *nm* hierro *m* • **fer à cheval** herradura *f* • **fer forgé** hierro forjado • **fer à repasser** plancha *f (para la ropa)* • **fer à souder** soldador *m*.

fer-blanc *nm* hojalata *f*.

ferblanterie *nf* **1.** *(ustensiles)* objetos *mpl* de hojalata **2.** *(commerce)* hojalatería *f*.

férié, e *adj* festivo(va).

ferme[1] *adj* **1.** *(gén)* firme **2.** *(consistant)* duro(ra) **3.** *(stable)* seguro(ra) **4.** *(achat, vente)* en firme. ❑ *adv* **1.** *(s'ennuyer)* mucho **2.** *(définitivement)* en firme.

ferme[2] *nf* granja *f* (ESP), chacra *f* (AMÉR).

ferment *nm* **1.** *(levure)* fermento *m* **2.** *fig (germe)* germen *m*.

fermentation *nf* **1.** CHIM fermentación *f* **2.** *fig (agitation)* efervescencia *f*.

fermer *vt* **1.** *(gén)* cerrar ; *(rideau)* correr • **fermer qqch à qqn** *(carrière, possibilité)* cerrar las puertas de algo a alguien **2.** *(vêtement)* abrochar **3.** *(télévision, radio)* apagar. ❑ *vi* **1.** *(gén)* cerrar **2.** *(vêtement)* abrocharse. ■ **se fermer** *vp* **1.** *(gén)* cerrarse **2.** *(vêtement)* abrocharse.

fermeté *nf* **1.** *(dureté)* consistencia *f*, dureza *f* **2.** *fig (force, autorité)* firmeza *f*.

fermeture *nf* cierre *m* • **'fermeture annuelle'** 'cerrado por vacaciones' • **fermeture** Éclair® cremallera *f* • **fermeture hebdomadaire** cierre semanal.

fermier, ère *nm,f* granjero *m*, -ra *f* (ESP), chacarero *m*, -ra *f* (AMÉR). ❑ *adj* de granja.

fermoir *nm* cierre *m*.

féroce *adj* **1.** *(animal)* feroz, fiero(ra) **2.** *(personne, appétit, désir)* feroz.

ferraille *nf* **1.** *(morceaux de fer)* chatarra *f* (ESP), grisalla *f* (AMÉR) • **bon à mettre à la ferraille** servir sólo para chatarra **2.** *fam (petite monnaie)* calderilla *f* (ESP), sencillo *m* (AMÉR).

ferronnerie *nf* **1.** *(objet)* objeto *m* de hierro forjado **2.** *(métier)* fabricación *f* de objetos de hierro forjado **3.** *(atelier)* fragua *f*.

ferroviaire *adj* ferroviario(ria).

ferry-boat *nm* transbordador *m*, ferry *m*.

fertile *adj* **1.** *(gén)* fértil **2.** *fig (esprit, imagination)* fecundo(da), fértil • **fertile en** *(rebondissements, etc)* rico(ca) en.

fertiliser *vt* fertilizar.

fertilité *nf* fertilidad *f*.

féru, e *adj sout* • **être féru de qqch** ser un apasionado de algo.

fervent, e *adj* ferviente. ❑ *nm,f* entusiasta *mf*.

ferveur *nf* fervor *m*.

fesse *nf* nalga *f* • **les fesses** el culo.

fessée *nf* zurra *f*.

festin *nm* festín *m*.

festival *nm* festival *m*.

festivités *nfpl* fiestas *fpl*.

feston *nm* festón *m*.

festoyer *vi* celebrar una fiesta.

feta *nf* feta *m*.

fêtard, e *nm,f* juerguista *mf*, trasnochador *m*, -ra *f*.

fête *nf* **1.** *(gén)* fiesta *f* • **les fêtes (de fin d'année)** las vacaciones de Navidad • **fête nationale** fiesta nacional **2.** *(kermesse)* verbena *f*, fiesta *f* popular • **fête foraine** feria *f* **3.** *(jour du saint)* santo *m* • **faire fête à qqn** hacerle fiestas a alguien • **faire la fête** estar *ou* ir de juerga.

fêter *vt* **1.** *(événement)* celebrar **2.** *(personne)* festejar.

fétiche *nm* **1.** *(objet de culte)* fetiche *m* **2.** *(mascotte)* mascota *f*.

fétichisme *nm* fetichismo *m*.

fétide *adj* fétido(da).

fétu *nm* • **fétu (de paille)** brizna *f* de paja.

feu[1]**, e** *adj* • **feu M. X** el difunto señor X.

feu[2] *nm* **1.** *(flammes, décharges)* fuego *m* (ESP), candela *f* (AMÉR) • **à feu doux/vif** a fuego lento/vivo • **à petit feu** a fuego lento • **au feu !** ¡fuego! • **avez-vous du feu ?** ¿tiene fuego? • **être en feu** estar en llamas • **faire feu** abrir fuego • **mettre le feu à qqch** prender fuego a algo • **prendre feu** prenderse • **feu de camp** fuego de campamento • **feu de cheminée** lumbre *f* **2.** *(signal lumineux)* semáforo *m* • **feu rouge/vert** semáforo en rojo/verde **3.** AUTO luz *f* • **feux de position/de croisement** luces *fpl* de posición/de cruce • **feux de route/de détresse** luces *fpl* de carretera/de emergencia **4.** CINÉ & THÉÂTRE candilejas *fpl* • **le feu couve sous la cendre** aún quedan rescoldos • **ne pas faire long feu** no durar mucho. ■ **feu d'artifice** *nm* fuegos *mpl* artificiales.

feuillage *nm* follaje *m*.

feuille *nf* hoja *f* • **feuille morte** hoja seca • **feuille de papier/de vigne** hoja de papel/de parra • **feuille volante** hoja suelta.

feuillet *nm* hoja *f*.

feuilleté, e *adj* **1.** *(pâte)* de hojaldre **2.** *(roche)* estratificado(da).

feuilleter *vt* hojear.

feuilleton *nm* **1.** RADIO serial *m* **2.** *(dans un journal)* folletín *m*.

feutre *nm* **1.** *(crayon)* rotulador *m* **2.** *(étoffe)* fieltro *m* **3.** *(chapeau)* sombrero *m* de fieltro.

feutré, e *adj* **1.** *(garni de feutre)* cubierto(ta) con fieltro **2.** *(abîmé)* apelmazado(da) **3.** *(bruit, pas)* amortiguado(da), sordo(da).

feutrine *nf* fieltro *m* flexible.

fève *nf* haba *f*; *(de la galette des Rois)* sorpresa *f*.

février *nm* febrero *m*. Voir aussi **septembre**.

fg abrév de **faubourg**.

fi *interj sout* • **faire fi de** no hacer caso de.

fiable *adj* fiable.

fiacre *nm* simón *m*, coche *m* de punto.

fiançailles *nfpl (cérémonie)* pedida *f*; *(période)* noviazgo *m*.

fiancé, e *nm,f* novio *m*, -via *f*.

fiancer *vt* conceder la mano de. ■ **se fiancer** *vp* prometerse.

fibre *nf* fibra *f* • **fibre de verre** fibra de vidrio.

ficeler *vt* atar.

ficelle *nf* **1.** *(fil)* cordel *m* • **tirer les ficelles** *fig* mover los hilos **2.** *(pain)* barra *f* de pan muy delgada *(de 125 gramos)* **3.** *(gén pl) (truc)* truco *m*.

fiche *nf* **1.** *(carte)* ficha *f* • **fiche signalétique/technique** ficha antropométrica/técnica **2.** ÉLECTR enchufe *m*. ■ **fiche de paie** *nf* nómina *f (documento)*.

ficher *vt* **1.** *(enfoncer)* clavar **2.** *(inscrire)* fichar **3.** *fam (faire)* hacer • **ne rien ficher** no dar golpe **4.** *fam (mettre)* meter **5.** *fam (donner)* dar. ■ **se ficher** *vp* **1.** *(s'enfoncer)* clavarse **2.** *fam (se moquer)* • **se ficher de qqn** burlarse de alguien **3.** *fam (ignorer)* • **se ficher de** pasar de.

fichier *nm* fichero *m*; INFORM archivo *m*.

fichu, e *adj fam* **1.** *(cassé, détruit)* escacharrado(da) **2.** *(avant le nom) (désagréable)* puñetero(ra) • **être mal fichu a)** *(santé)* estar pachucho **b)** *(fabrication)* estar mal hecho • **ne pas être fichu de faire qqch** no ser capaz de hacer algo. ■ **fichu** *nm* pañoleta *f*.

fictif, ive *adj* ficticio(cia).

fiction *nf* **1.** *(en littérature)* ficción *f* **2.** *(monde imaginaire)* mundo *m* de ficción.

fidèle *adj* **1.** *(gén)* fiel • **fidèle à qqch/à qqn** fiel a algo/a alguien **2.** *(client)* asiduo(dua). ❑ *nmf* **1.** RELIG fiel *mf* **2.** *(adepte)* incondicional *mf*.

fidéliser *vt* fidelizar.

fidélité *nf* COMM fidelidad *f*.

fief *nm* feudo *m*.

fiel *nm* hiel *f*.

fier[1], fière *adj* **1.** *(orgueilleux)* orgulloso(sa) • **fier de qqch/de qqn/de faire qqch** orgulloso de algo/de alguien/de hacer algo **2.** *(allure, âme)* noble.

fier[2] ■ **se fier** *vp* • **se fier à qqn/à qqch** fiarse de alguien/de algo.

fierté *nf* **1.** *(dignité)* dignidad *f* **2.** *(arrogance)* arrogancia *f* **3.** *(satisfaction)* orgullo *m*.

fièvre *nf* fiebre *f* • **avoir 40 de fièvre** tener 40 de fiebre • **fièvre aphteuse** fiebre aftosa.

fiévreux, euse *adj* febril.

fig. (abrév de **figure**) fig.

figer *vt (pétrifier)* paralizar. ■ **se figer** *vp* **1.** *(s'immobiliser)* helarse **2.** *(se solidifier)* cuajarse.

fignoler *vt* perfilar.

figue *nf* higo *m* • **figue de Barbarie** higo chumbo.

figuier *nm* higuera *f*.

figurant, e *nm,f* CINÉ extra *mf*; THÉÂTRE figurante *mf*, comparsa *mf*.

figuratif, ive *adj* figurativo(va).

figuration *nf* **1.** ART figuración *f* **2.** CINÉ extras *mpl* **3.** THÉÂTRE figurantes *mpl*, comparsa *f*.

figure *nf* **1.** *(gén)* figura *f* **2.** *(visage)* cara *f* • **faire figure de** pasar por.

figuré, e *adj* **1.** *(sens)* figurado(da) **2.** *(art, plan)* figurativo(va). ■ **figuré** *nm* • **au figuré** en sentido figurado.

figurer *vt* representar. ❑ *vi* • **figurer dans** figurar en • **figurer parmi** figurar entre. ■ **se figurer** *vp* **1.** *(croire)* figurarse **2.** *(imaginer)* fijarse • **il est parti, figure-toi !** ¡se ha ido, fíjate!

figurine *nf* figurilla *f*.

fil *nm* **1.** *(textile, enchaînement)* hilo *m* **2.** *(métallique)* • **fil (de fer)** alambre *m* • **fil de fer barbelé** alambre de espino • **fil à plomb** plomada *f* • **perdre le fil (de qqch)** perder el hilo (de algo) **3.** *(cours)* curso *m* • **au fil de** a lo largo de.

filament *nm* **1.** *(gén)* filamento *m* **2.** *(de bave, de colle)* rebaba *f*.

filandreux, euse *adj (viande)* fibroso(sa).

filasse *adj inv* de estopa. ❑ *nf* estopa *f*.

filature *nf* **1.** *(usine)* hilandería *f*, hilatura *f* **2.** *(fabrication)* hilado *m* **3.** *(poursuite)* vigilancia *f (de la policía)*.

file *nf* fila *f*, hilera *f* • **à la file** en fila • **file d'attente** cola *f*.

filer *vt* **1.** *(textile)* hilar; *(métal)* tirar; *(toile d'araignée)* tejer **2.** *(suivre)* seguir la pista a **3.** *fam (donner)* • **filer qqch à qqn** pasar algo a alguien. ❑ *vi* **1.** *(bas)* hacerse una carrera **2.** *(aller vite)* volar **3.** *(temps)* pasar volando **4.** *fam (partir)* salir pitando **5.** *(sirop, miel)* fluir • **filer doux** estar suavísimo(ma).

filet *nm* **1.** *(tissu à larges mailles)* red *f* • **filet à cheveux** redecilla *f* • **filet de pêche** red de pesca • **filet à provisions** bolsa *f* de malla **2.** *fig (piège)* trampa *f* **3.** CULIN & TYPO filete *m* • **filet de bœuf** solomillo *m* • **filet de porc** solomillo *m*, filete de lomo • **faux filet** solomillo *m* bajo **4.** *(petite quantité - de liquide)* chorrito *m* ; *(- de lumière)* rayito *m* **5.** *(de vis)* filete *m*, rosca *f* **6.** *(nervure - de feuille)* nervio *m* ; *(- de langue)* frenillo *m*.

filial, e *adj* filial. ■ **filiale** *nf* filial *f*.

filiation *nf* **1.** *(lien de parenté)* filiación *f* **2.** *fig (enchaînement)* ilación *f*.

filière *nf* **1.** *(procédure)* trámites *mpl* • **passer par la filière** seguir el escalafón **2.** *(de trafiquants, etc)* red *f* **3.** SCOL carrera *f*.

filiforme *adj* como un palillo.

filigrane *nm* filigrana *f* • **en filigrane** *fig* con un fondo de • **lire en filigrane** *fig* leer entre líneas.

filin *nm* cabo *m*.

fille *nf* **1.** *(enfant)* hija *f* • **fille adoptive** hija adoptiva **2.** *(femme)* chica *f* • **fille mère** madre *f* soltera • **jeune fille** chica (joven) *f*, muchacha *f* • **petite fille** niña *f* • **vieille fille** solterona *f*.

fillette *nf* chiquilla *f* (ESP), chamaca *f* (AMÉR).

filleul, e *nm, f* ahijado *m*, -da *f*.

film *nm* **1.** *(gén)* película *f* • **film catastrophe** película de catástrofes • **film culte** película de culto **2.** *fig (déroulement)* transcurso *m*.

filmer *vt* filmar.

filmographie *nf* filmografía *f*.

filon *nm* **1.** *(de cuivre, d'argent)* filón *m* **2.** *fam (situation lucrative)* chollo *m*.

fils *nm* hijo *m* • **fils cadet** hijo menor • **fils de famille** niño *m* bien.

filtrant, e *adj* filtrante.

filtre *nm* filtro *m* • **filtre à air/à café** filtro de aire/de café • **filtre parental** INFORM filtro familiar.

filtrer *vt* filtrar. ❑ *vi* **1.** *(gén)* filtrarse **2.** *(vérité)* triunfar.

fin, e *adj* **1.** *(gén)* fino(na) **2.** *(vin, épicerie)* selecto(ta) **3.** *(esprit, personne)* agudo(da) **4.** *(avant le nom) (connaisseur)* gran ; *(gourmet)* fino(na). ■ **fin** *adv (couper, moudre)* finamente • **être fin prêt** estar listo. ❑ *nf* **1.** *(terme)* fin *m*, final *m* • **mettre fin à qqch** poner fin a algo • **prendre fin** acabar • **tirer** *ou* **toucher à sa fin** tocar a su fin • **au fin fond de** en lo más recóndito de **2.** *(but)* fin *m* • **arriver** *ou* **parvenir à ses fins** cumplir sus propósitos. ■ **fin de série** *nf* restos *mpl* de serie. ■ **à la fin** *loc adv* al fin, por fin. ■ **à la fin de** *loc prép (gén)* al final de ; *(mois, année)* a finales de. ■ **en fin de** *loc prép* al final de. ■ **sans fin** *loc adj* sin fin.

final, e *adj* final. ■ **final** *nm (d'opéra)* final *m*. ■ **finale** *nf* **1.** *(dernière épreuve)* final *f* **2.** *(syllabe)* sílaba *f* final.

finalement *adv* finalmente.

finaliste *nmf* finalista *mf*.

finalité *nf* finalidad *f*.

finance *nf* finanzas *fpl*. ■ **finances** *nfpl* **1.** *(ressources pécuniaires)* fondos *mpl* **2.** *fam (situation financière)* finanzas *fpl*.

financement *nm* financiación *f* • **financement occulte** financiación oculta • **financement participatif** financiación participativa, crowdfunding *m*.

financer *vt* financiar.

financier, ère *adj* financiero(ra). ■ **financier** *nm* financiero *m* (ESP), financista *m* (AMÉR).

financièrement *adv* económicamente, en materia de finanzas.

finaud, e *adj* ladino(na).

finesse *nf* **1.** *(délicatesse, minceur, légèreté)* finura *f* **2.** *(perspicacité)* agudeza *f* **3.** *(gén pl) (subtilité)* sutileza *f*, sutilidad *f*.

fini, e *adj* **1.** *(travail, personne)* acabado(da) • **ce politicien est un homme fini** ese político está acabado **2.** *péj (fieffé)* rematado(da) • **un menteur fini** un mentiroso consumado **3.** MATH finito(ta). ■ **fini** *nm* **1.** *(d'une œuvre)* acabado *m* **2.** *(ce qui est limité)* finito *m*.

finir *vt* acabar • **nous avons fini la bouteille** nos hemos acabado la botella. ❑ *vi* **1.** *(gén)* acabarse, acabar • **mal finir** acabar mal • **en finir (avec qqch)** acabar de una vez (con algo) **2.** *(arrêter)* • **finir de faire qqch** dejar de hacer algo **3.** *(parvenir)* • **finir par faire qqch** acabar *ou* terminar por hacer algo.

finition *nf* **1.** *(action)* último toque *m* **2.** *(résultat)* acabado *m*.

Finlande *npr* • **la Finlande** Finlandia.

fiole *nf* frasco *m*.

fioriture *nf* floritura *f*.

fioul *nm inv* fuel-oil *m*.

firmament *nm sout* firmamento *m*.

firme *nf* firma *f (empresa)*.

fisc *nm* fisco *m*.

fiscal, e *adj* fiscal.

fiscalité *nf* fiscalidad *f*.

fissure *nf* fisura *f*.

fissurer *vt* **1.** *(fendre)* agrietar **2.** *fig (groupe)* dividir. ■ **se fissurer** *vp* agrietarse.

fiston *nm fam* chaval *m*.

fitness *nm* fitness *m*.

fixation *nf* fijación *f*.

fixe *adj* fijo(ja). ❑ *nm* sueldo *m* fijo.

fixement *adv* fijamente.

fixer *vt* **1.** *(gén)* fijar ; *(tableau)* colgar • **fixer son choix sur qqch** decidirse por algo **2.** *(regarder)* • **fixer qqn/qqch** mirar fijamente a alguien/algo **3.** *(renseigner)* • **fixer qqn sur qqch** informar a alguien de algo • **être fixé sur qqch** tener las ideas claras sobre algo. ■ **se fixer** *vp* **1.** *(s'arrêter)* • **se fixer sur qqn/sur qqch a)** *(choix)* decidirse por alguien/por algo **b)** *(regard)* detenerse en alguien/en algo **2.** *(s'installer)* establecerse.

fjord *nm* fiordo *m.*

flacon *nm* frasco *m.*

flagada *adj inv fam* aplatanado(da).

flageller *vt* flagelar.

flageoler *vi* flaquear.

flageolet *nm* **1.** *(haricot)* judía *f* blanca **2.** MUS flautín *m.*

flagrant, e *adj* flagrante ; → **délit**.

flair *nm* olfato *m.*

flairer *vt* **1.** *(odeur)* oler **2.** *fig (mensonge)* olerse.

flamant *nm* flamenco *m* • **flamant rose** flamenco rosa.

flambant, e *adj* • **flambant neuf** flamante.

flambé, e *adj* CULIN flameado(da).

flambeau *nm* antorcha *f.*

flamber *vi* **1.** *(brûler)* arder **2.** *fam (dépenser)* pulirse. ❑ *vt* **1.** *(crêpe)* flamear **2.** *(volaille)* soflamar.

flamboyant, e *adj* **1.** *(étincelant)* brillante **(ESP)**, brilloso(sa) **(AMÉR)** **2.** ARCHIT flamígero(ra).

flamboyer *vi* **1.** *(incendie)* arder **2.** *fig (regard)* brillar.

flamingant, e *adj* **1.** *(de langue)* de habla flamenca **2.** *(nationaliste)* flamenco(ca). ❑ *nm, f* **1.** *(de langue)* de habla flamenca **2.** *(nationaliste)* nacionalista *m* flamenco, nacionalista *f* flamenca.

flamme *nf* **1.** *(de bougie)* llama *f* **2.** *fig (ardeur)* ardor *m* **3.** *iron* & *vieilli (amour)* pasión *f.* ■ **flammes** *nfpl* llamas *fpl.*

flan *nm* flan *m.*

flanc *nm* **1.** *(de personne, d'animal)* costado *m* **2.** *(de navire)* flanco *m* **3.** *(de montagne)* ladera *f*, falda *f.*

flancher *vi fam* flaquear.

Flandre, Flandres *npr* Flandes *pl.*

flanelle *nf* franela *f.*

flâner *vi* **1.** *(se promener)* pasear **2.** *(perdre son temps)* pasar el rato.

flâneur, euse *nm, f* paseante *mf.*

flanquer *vt* **1.** *fam (lancer, jeter)* tirar **(ESP)**, botar **(AMÉR)** • **flanquer qqn dehors** largar a alguien **2.** *fam (donner - gifle, coup)* soltar, arrear ; *(- peur)* meter **3.** *(accompagner)* flanquear • **être flanqué de qqn** ir flanqueado por alguien • **être flanqué de qqch** estar flanqueado por algo.

flapi, e *adj fam* reventado(da).

flaque *nf* charco *m.*

flash *nm* **1.** PHOTO flash *m* **2.** *(publicité)* cuña *f* • **flash d'information** flash *m* informativo.

flash-back *nm inv* flash-back *m.*

Flashcode® *nm* Flashcode® *m.*

flasher *vi fam* • **flasher sur qqch/sur qqn** flipar con algo/con alguien • **faire flasher qqn** alucinar a alguien.

flashy *adj inv* llamativo(va).

flasque *adj* fláccido(da). ❑ *nf* petaca *f.*

flatter *vt* **1.** *(caresser)* acariciar **2.** *(complimenter, faire plaisir à)* halagar **3.** *sout (encourager)* fomentar. ■ **se flatter** *vp* vanagloriarse • **se flatter de faire qqch** vanagloriarse de hacer algo.

flatterie *nf* halago *m* ; *(qualité)* adulación *f.*

flatteur, euse *adj* **1.** *(compliment, comparaison)* halagüeño(ña) **2.** *(portrait)* favorecedor(ra). ❑ *nm, f* adulador *m*, -ra *f.*

FLE, fle (abrév de français langue étrangère) *nm francés lengua extranjera.*

fléau *nm* **1.** *(calamité, personne)* plaga *f* **2.** *(de balance)* astil *m* **3.** AGRIC mayal *m.*

flèche *nf* **1.** *(arme, signe graphique)* flecha *f* **2.** *fig (critique)* dardo *m* **3.** *(d'église)* aguja *f.*

fléchette *nf* dardo *m.* ■ **fléchettes** *nfpl (jeu)* dardos *mpl.*

fléchir *vt* **1.** *(membre, articulation)* doblar **2.** *fig (personne)* ablandar. ❑ *vi* **1.** *(branche, membre)* doblarse **2.** *fig (détermination)* flaquear, aflojar **3.** *(Bourse)* bajar.

fléchissement *nm* **1.** *(flexion)* flexión *f* **2.** *(faiblesse)* aflojamiento *m* **3.** *(baisse)* baja *f.*

flegmatique *adj* & *nmf* flemático(ca).

flegme *nm* flema *f.*

flemmard, e *adj* & *nm, f fam* vago(ga) **(ESP)**, atorrante **(AMÉR)**.

flemmarder *vi fam* gandulear.

flemmardise *nf fam* vagancia *f*, pereza *f.*

flemme *nf fam* vagancia *f*, pereza *f* • **avoir la flemme de faire qqch** darle pereza a alguien hacer algo.

flétrir *vt* **1.** *(fleur)* marchitar **2.** *fig (personne, réputation)* censurar. ■ **se flétrir** *vp* **1.** *(fleur)* marchitarse **2.** *fig (visage)* ajarse.

fleur *nf* flor *f* • **à fleurs** de flores • **en fleur(s)** en flor.

LEXIQUE

Les fleurs

le chardon el cardo
le coquelicot la amapola
le géranium el geranio
l'iris el lirio
le lilas la lila
la marguerite la margarita
le muguet el muguete
l'œillet el clavel
l'orchidée la orquídea
la rose la rosa
le tournesol el girasol
la tulipe el tulipán
la violette la violeta

fleuret *nm* florete *m.*

fleuri, e *adj* **1.** *(jardin, pré, style)* florido(da) ; *(vase)* con flores **2.** *(tissu)* floreado(da), de flores **3.** *(table, appartement)* adornado(da) con flores.

fleurir *vi* **1.** *(arbre)* florecer **2.** *fig (se multiplier)* proliferar. ❑ *vt* adornar con flores.
fleuriste *nmf* florista *mf* • **chez le fleuriste** en la floristería.
fleuron *nm* florón *m.*
fleuve *nm* río *m.*
flexible *adj* flexible.
flexion *nf* flexión *f.*
flibustier *nm* filibustero *m.*
flic *nm fam* poli *m* • **les flics** la pasma, la poli.
flicage *nm fam* & *péj* vigilancia *f* • **le flicage des réseaux** la vigilancia de las redes.
flingue *nm fam* pistola *f.*
flinguer *vt fam* freír a tiros. ■ **se flinguer** *vp fam* pegarse un tiro.
flippant, e *adj fam* **1.** *(déprimant)* deprimente **2.** *(effrayant)* flipante, acojonante.
flipper *vi* **1.** *(angoisser)* fliparse **2.** *(paniquer)* acojonarse.
fliquer *vt fam* vigilar • **son chef n'arrête pas de le fliquer** su jefe no deja de vigilarlo.
flirter *vi* flirtear, tontear • **flirter avec qqn** flirtear *ou* tontear con alguien • **flirter avec qqch** *fig* coquetear con algo.
flocon *nm* copo *m.*
flonflons *nmpl* tachín tachín *m.*
flop *nm fam* fracaso *m.*
floraison *nf* **1.** *(éclosion)* floración *f* **2.** *fig (prolifération)* proliferación *f.*
floral, e *adj* floral.
flore *nf* flora *f.*
Florence *npr* Florencia.
florissant, e *adj* **1.** *(santé)* espléndido(da) **2.** *(économie)* floreciente.
flot *nm* **1.** *(gén pl) (vagues)* oleaje *m* • **être à flot** *(flotter)* estar a flote **2.** *sout (mer)* mar *f* **3.** *(afflux)* raudal *m* • **flot de gens** multitud *f* de gente.
flottage *nm* armadía *f.*
flottaison *nf* flotación *f.*
flottant, e *adj* **1.** *(objet, capitaux, dette)* flotante **2.** *(cheveux)* ondeante **3.** *(robe)* con vuelo **4.** *(indécis)* fluctuante.
flotte *nf* **1.** AÉRON & NAUT flota *f* **2.** *fam (eau)* agua *f* **3.** *fam (pluie)* lluvia *f.*
flottement *nm* **1.** *(de drapeau)* ondeo *m* **2.** *(relâchement)* aflojamiento *m* **3.** *(indécision)* vacilación *f* **4.** ÉCON *(de monnaie)* fluctuación *f.*
flotter *vi* **1.** *(sur l'eau, dans l'air)* flotar • **flotter sur qqch** flotar en algo **2.** *(drapeau)* ondear **3.** *(dans un vêtement)* bailar **4.** *fam (pleuvoir)* llover.
flotteur *nm* **1.** *(de canne à pêche)* corcho *m* **2.** *(d'hydravion)* flotador *m* **3.** *(de chasse d'eau)* boya *f.*
flou, e *adj* **1.** *(photo)* borroso(sa), desenfocado(da) **2.** *(pensée)* confuso(sa), impreciso(sa). ■ **flou** *nm* imprecisión *f.*
flouer *vt* timar.
fluctuer *vi* fluctuar.
fluet, ette *adj* **1.** *(personne)* endeble **2.** *(voix)* débil.
fluide *adj* **1.** *(gén)* fluido(da) **2.** *(matière)* terso(sa). ❑ *nm* fluido *m.*
fluidifier *vt (trafic)* dar fluidez a.
fluidité *nf* fluidez *f.*
fluo *adj inv* fosforito • **il porte un tee-shirt fluo** lleva una camiseta fosforito. ❑ *nm (stylo)* rotulador *m* fosforito.
fluor *nm* flúor *m.*
fluorescent, e *adj* fluorescente.
flûte *nf* **1.** MUS flauta *f* **2.** *(verre)* copa *f* alta **3.** *(pain)* barra *f.* ❑ *interj fam* ¡jolín!
flûtiste *nmf* flautista *mf.*
fluvial, e *adj* fluvial.
flux *nm* flujo *m* • **flux migratoire** flujo migratorio.
fluxion *nf* fluxión *f.*
FM (abrév de frequency modulation) *nf* FM *f* • **la fréquence/bande FM** la frecuencia/banda FM.
FMI (abrév de Fonds monétaire international) *nm* FMI *m* • **le directeur général du FMI** el director general del FMI.
FN (abrév de Front national) *nm pour expliquer à un hispanophone ce que c'est, vous pouvez dire :* es un partido político francés de extrema derecha.
FO (abrév de Force ouvrière) *nf pour expliquer à un hispanophone ce que c'est, vous pouvez dire :* es un sindicato obrero.
foc *nm* foque *m.*
focal, e *adj* focal.
focaliser *vt* focalizar. ■ **se focaliser sur** *vp + prép* focalizarse en.
fœtal, e *adj* fetal.
fœtus *nm* feto *m.*
foi *nf* fe *f* • **avoir foi en qqn/en qqch** tener fe en alguien/en algo • **être de bonne/mauvaise foi** ser de buena/mala fe.
foie *nm (gén)* hígado *m.*
foin *nm* heno *m.*
foire *nf* **1.** *(gén)* feria *f* **2.** *fam (agitation)* guirigay *m.*
foirer *vi tfam* cagarla • **ça a foiré** la hemos cagado • **le projet a foiré** el proyecto se ha ido a la mierda. ❑ *vt* • **foirer qqch** cagarla con algo.
foireux, euse *fam adj* **1.** *(voué à l'échec)* chungo(ga) **2.** *(raté)* malo(la).
fois *nf* **1.** *(marque la réitération)* vez *f* • **cette fois** esta vez • **il était une fois** érase una vez • **une autre fois** otra vez **2.** *(marque la multiplication)* por • **deux fois trois** dos por tres. ■ **à la fois** *loc adv* a la vez. ■ **une fois que** *loc conj* una vez que.
foison ■ **à foison** *loc adv* en abundancia.
foisonner *vi* abundar • **foisonner en** *ou* **de** rebosar de.
folâtre *adj* juguetón(ona).

folâtrer *vi* juguetear.
folie *nf* locura *f*.
folklo *adj inv* *fam* *(personne, endroit, soirée)* estrambótico(ca).
folklore *nm* folclor *m*.
folklorique *adj* folclórico(ca).
follement *adv* **1.** *(de manière déraisonnable)* locamente **2.** *(extrêmement)* tremendamente.
fomenter *vt* *sout* fomentar.
foncé, e *adj* oscuro(ra).
foncer *vt* oscurecer. ❑ *vi* **1.** *(teinte)* oscurecerse **2.** *(se ruer)* • **foncer sur qqch/sur qqn** arremeter contra algo/contra alguien • **foncer dans un mur** chocar contra una pared **3.** *fam* *(se dépêcher)* darle caña.
foncier, ère *adj* **1.** *(impôt)* territorial ; *(crédit)* hipotecario(ria) **2.** *(fondamental)* innato(ta).
foncièrement *adv* en el fondo.
fonction *nf* **1.** *(rôle)* función *f* • **faire fonction de** hacer las veces de **2.** *(profession)* cargo *m* • **entrer en fonction** tomar posesión de un cargo. ■ **de fonction** *loc adj* de la empresa • **voiture de fonction** coche de la empresa. ■ **en fonction de** *loc prép* con arreglo a.
fonctionnaire *nmf* funcionario *m*, -ria *f*.
fonctionnel, elle *adj* funcional.
fonctionnement *nm* funcionamiento *m*.
fonctionner *vi* funcionar.
fond *nm* fondo *m*. ■ **à fond** *loc adv* a fondo. ■ **au fond** *loc adv* en el fondo. ■ **au fond de** *loc prép* en el fondo de. ■ **dans le fond** *loc adv* en el fondo. ■ **fond d'artichaut** *nm* corazón *m* de alcachofa. ■ **fond d'écran** *nm* INFORM fondo *m* de (la) pantalla. ■ **fond de teint** *nm* maquillaje *m*, crema *f* de base.
fondamental, e *adj* fundamental.
fondamentalisme *nm* RELIG fundamentalismo *m*.
fondamentaliste *adj & nmf* RELIG fundamentalista.
fondant, e *adj* que se derrite ; *(poire)* que se deshace ; → **chocolat**. ■ **fondant** *nm* *(bonbon)* caramelo *m* relleno.
fondateur, trice *nm, f* fundador *m*, -ra *f*.
fondation *nf* fundación *f*. ■ **fondations** *nfpl* CONSTR cimientos *mpl*.
fondé, e *adj* *(justifié)* fundado(da) • **non fondé** infundado. ■ **fondé de pouvoir** *nm* apoderado *m*.
fondement *nm* **1.** *(base)* cimientos *mpl* **2.** *(motif)* fundamento *m* • **sans fondement** sin fundamento.
fonder *vt* **1.** • **créer** fundar **2.** *(baser)* basar, cimentar • **fonder qqch sur qqch** basar algo en algo • **fonder des espoirs sur qqn** fundar esperanzas en alguien. ■ **se fonder** *vp* • **se fonder sur qqch** basarse en algo.
fonderie *nf* *(usine)* fundición *f*.
fondre *vt* **1.** *(métaux)* fundir • **faire fondre** *(neige, beurre)* derretir ; *(sucre, sel)* disolver **2.** *(couleur)* mezclar. ❑ *vi* *(neige, beurre)* derretirse ; *(sucre, sel)* disolverse ; *(s'attendrir)* derretirse ; *(maigrir)* adelgazar ; *(argent)* irse de las manos ; *(se ruer)* • **fondre sur qqch** abatirse sobre algo.
fonds *nm* **1.** *(bien immobilier)* finca *f* • **fonds de commerce** comercio *m* **2.** *(capital placé, ressources)* fondo *m*. ❑ *nmpl* fondos *mpl* • **les fonds de pension** FIN los fondos de pensión.
fondue *nf* fondue *f*.
fontaine *nf* fuente *f*.
fonte *nf* **1.** *(de neige)* deshielo *m* **2.** *(de métal)* fundición *f* **3.** *(de statue)* vaciado *m* **4.** *(alliage)* hierro *m* colado, fundición *f*.
foot *nm* *fam* fútbol *m*.
football *nm* fútbol *m*.
footballeur, euse *nm, f* futbolista *mf*.
footballistique *adj* futbolístico(ca). ❑ *nf* • **la footballistique** la futbolística.
footeux, euse *nm, f* *fam* forofo *m*, -fa *f* *ou* hincha *mf* del fútbol.
footing *nm* footing *m*.
for *nm* • **dans mon for intérieur** en mi fuero interno.
forage *nm* perforación *f*.
forain, e *adj* → **fête**. ■ **forain** *nm* feriante *m*.
forçat *nm* presidiario *m* *(condenado a trabajos forzados)*.
force *nf* fuerza *f* • **avoir force de loi** tener fuerza de ley • **de force** a la fuerza • **de toutes mes forces** con todas mis fuerzas • **être de force à** ser capaz de • **force de vente** fuerza de venta. ■ **à force de** *loc prép* a fuerza de.
forcément *adv* forzosamente ; *(bien sûr)* lógicamente.
forceps *nm* fórceps *m inv*.
forcer *vt* **1.** *(gén)* forzar • **forcer qqn à qqch/à faire qqch** forzar a alguien a algo/a hacer algo **2.** *fig* *(admiration, respect)* inspirar. ❑ *vi* **1.** *(insister)* forzarse **2.** *fam* *(abuser)* • **forcer sur qqch** pasarse con algo. ■ **se forcer** *vp* • **se forcer à faire qqch** forzarse a hacer algo.
forcing *nm* SPORT presión *f* • **faire le** *ou* **du forcing** *fig* hacer presión, presionar.
forcir *vi* engordar.
forer *vt* perforar.
forestier, ère *adj* forestal. ■ **forestier** *nm* guarda *mf* forestal.
foret *nm* broca *f*.
forêt *nf* bosque *m* • **la forêt amazonienne** la selva amazónica • **forêt vierge** selva *f* virgen • **une forêt de** *fig* un bosque de.
forfait *nm* **1.** *(prix fixe)* tanto *m* alzado **2.** *sout* *(crime)* crimen *m* atroz **3.** SPORT • **déclarer forfait** **a)** abandonar **b)** *fig* *(renoncer)* renunciar.
forge *nf* fragua *f*.

forger *vt* **1.** *(métal, caractère)* forjar **2.** *(excuse)* inventar. ■ **se forger** *vp (réputation, idéal)* forjarse.
forgeron *nm* herrero *m*.
formaliser *vt* formalizar. ■ **se formaliser** *vp* • **se formaliser (de qqch)** molestarse (por algo).
formaliste *adj* formalista.
formalité *nf* trámite *m*, formalidad *f*.
format *nm* formato *m* • **en grand format** en gran formato • **en petit format** *ou* **format réduit** en pequeño formato *ou* formato reducido • **format de fichier** formato de archivo • **format de poche** formato de bolsillo • **format JPEG** *INFORM* formato JPEG • **format MJPEG** *INFORM* formato MJPEG.
formatage *nm* formateo *m*.
formater *vt* formatear.
formateur, trice *adj* formativo(va). ❑ *nm, f* instructor *m*, -ra *f*.
formation *nf* formación *f* • **formation en alternance** formación en alternancia.
forme *nf* forma *f* • **en (pleine) forme** en (plena) forma • **en forme de** en forma de. ■ **formes** *nfpl* **1.** *(silhouette)* formas *fpl* **2.** *(manières)* modales *mpl*.
formel, elle *adj* **1.** *(refus)* categórico(ca) **2.** *(amabilité, politesse)* formal.
Formentera *npr* Formentera.
former *vt* **1.** *(fonder, composer, instruire)* formar **2.** *(plan, projet)* concebir **3.** *(goût, sensibilité)* cultivar. ■ **se former** *vp* formarse.
Formica® *nm* formica® *f*.
formidable *adj* **1.** *(admirable)* formidable, estupendo(da) **(ESP)**, chévere **(AMÉR)** **2.** *(invraisemblable)* increíble.
formol *nm* formol *m*.
formulaire *nm* formulario *m* **(ESP)**, planilla *f* **(AMÉR)** • **remplir un formulaire** rellenar un formulario.
formule *nf* fórmula *f* • **formule de politesse** fórmula de cortesía.
formuler *vt* formular.
fort, e *adj* **1.** *(gén)* fuerte • **être fort en qqch** ser bueno en algo **2.** *(corpulent)* grueso(sa) **3.** *(quantité, somme)* importante • **il y a de fortes chances que…** es muy posible que…. ■ **fort** *nm* **1.** *(château)* fuerte *m* **2.** *(personne)* forzudo *m*. ❑ *adv* **1.** *(avec force, avec intensité)* fuerte **2.** *sout (conseiller)* vivamente **3.** *sout (espérer)* ansiosamente • **il aura fort à faire pour se mettre à jour** le va a costar mucho trabajo ponerse al día.
forteresse *nf* fortaleza *f*.
fortifiant, e *adj* reconstituyente. ■ **fortifiant** *nm* reconstituyente *m*.
fortification *nf* fortificación *f*.
fortifier *vt* **1.** *(physiquement)* fortalecer **2.** *(confirmer)* • **fortifier qqn dans qqch** reafirmar a alguien en algo **3.** *(ville)* fortificar.
fortiori ■ **a fortiori** *loc adv* con mayor motivo.
fortuit, e *adj* fortuito(ta).
fortune *nf* fortuna *f*.
fortuné, e *adj* **1.** *(riche)* adinerado(da) **2.** *(chanceux)* afortunado(da).
forum *nm* foro *m*.
fosse *nf* fosa *f*.
fossé *nm* **1.** *(ravin)* cuneta *f* **2.** *fig (écart)* abismo *m*.
fossette *nf* hoyuelo *m*.
fossile *adj & nm* fósil.
fossoyeur, euse *nm, f* sepulturero *m*, -ra *f*.
fou, folle *adj* (**fol** *devant voyelle ou h muet*) **1.** *(gén)* loco(ca) **2.** *(succès, charme)* tremendo(da). ❑ *nm, f* loco *m*, -ca *f*.
foudre *nf* rayo *m*.
foudroyant, e *adj* fulminante.
foudroyer *vt* fulminar.
fouet *nm* **1.** *(en cuir)* látigo *m* **2.** *CULIN* batidor *m*.
fouetter *vt* **1.** *(gén)* azotar ; *(cheval)* fustigar **2.** *fig (stimuler)* estimular.
fougère *nf* helecho *m*.
fougue *nf* fogosidad *f*.
fougueux, euse *adj* fogoso(sa).
fouille *nf* **1.** *(de personne)* cacheo *m* ; *(de maison)* registro *m* **2.** *(du sol)* excavación *f* **3.** *fam (poche)* bolsillo *m*.
fouiller *vt* **1.** *(maison, bagages)* registrar ; *(personne)* cachear, registrar **2.** *(sol, chantier archéologique)* excavar, hacer excavaciones en **3.** *fig (description)* detallar. ❑ *vi* • **fouiller dans qqch** hurgar en algo.
fouillis *nm* desorden *m*.
fouine *nf* garduña *f*.
fouiner *vi* husmear.
foulard *nm* pañuelo *m*, fular *m*.
foule *nf* **1.** *(de gens)* muchedumbre *f*, multitud *f* **2.** *péj (peuple)* masa *f*.
foulée *nf (de coureur)* zancada *f*.
fouler *vt* **1.** *(raisin)* prensar **2.** *(sol)* pisar. ■ **se fouler** *vp MÉD* • **se fouler qqch** torcerse algo.
foulure *nf* esguince *m*.
four *nm* **1.** *(de cuisson)* horno *m* • **four électrique/à micro-ondes** horno eléctrico/microondas **2.** *(échec)* fracaso *m*.
fourbe *adj & nmf sout* taimado(da).
fourbu, e *adj* rendido(da).
fourche *nf* **1.** *(outil, pièce de vélo)* horquilla *f* **2.** *(de route)* bifurcación *f* **3.** *(de cheveux)* punta *f* abierta **4.** **(BELGIQUE)** *SCOL (temps libre)* hora *f* libre.
fourchette *nf* **1.** *(couvert)* tenedor *m* **2.** *fig (écart)* horquilla *f* **3.** *(de prix)* gama *f*.
fourgon *nm* furgón *m*.
fourgonnette *nf* furgoneta *f* **(ESP)**, guayín *m* **(AMÉR)**.
fourmi *nf* hormiga *f*.
fourmilière *nf litt & fig* hormiguero *m*.

fourmiller *vi* **1.** *(pulluler)* pulular **2.** *fig (être nombreux)* abundar **3.** *(être plein)* • **fourmiller de qqch** estar plagado(da) de algo.

fournaise *nf* **1.** *(incendie)* hoguera *f* **2.** *fig (endroit)* horno *m*.

fourneau *nm* **1.** *(cuisinière, de fonderie)* horno *m* **2.** *(de pipe)* cazoleta *f*.

fournée *nf* hornada *f*.

fourni, e *adj* **1.** *(barbe, chevelure)* poblado(da) **2.** *(magasin)* surtido(da).

fournil *nm* amasadero *m*.

fournir *vt* **1.** *(procurer)* • **fournir qqch à qqn** proporcionar algo a alguien **2.** *(effort)* realizar **3.** *(commerçant, magasin)* proveer.

fournisseur, euse *nm, f* proveedor *m*, -ra *f*. ■ **fournisseur d'accès** *nm* INFORM proveedor *m* de acceso.

fourniture *nf* **1.** *(approvisionnement)* suministro *m* **2.** *(gén pl) (matériel)* material *m*.

fourrage *nm* forraje *m*.

fourrager, ère *adj* forrajero(ra).

fourré, e *adj* **1.** CULIN relleno(na) **2.** *(manteau, bottes)* forrado(da). ■ **fourré** *nm* espesura *f* *(de arbustos)*.

fourreau *nm* **1.** *(de parapluie)* funda *f* ; *(d'épée)* vaina *f* **2.** *(robe)* vestido *m* tubo.

fourrer *vt* **1.** CULIN rellenar **2.** *fam (mettre)* meter. ■ **se fourrer** *vp fam* meterse.

fourre-tout *nm inv* **1.** *(pièce)* trastero *m* **2.** *(sac)* bolso *m* **3.** *fig & péj (d'idées)* cajón *m* de sastre.

fourreur, euse *nm, f* peletero *m*, -ra *f*.

fourrière *nf* **1.** *(pour chiens)* perrera *f* **2.** *(pour voitures)* depósito *m* ; *(camion)* grúa *f*.

fourrure *nf* piel *f*.

fourvoyer ■ **se fourvoyer** *vp sout* **1.** *(s'égarer)* • **se fourvoyer dans qqch** extraviarse en algo **2.** *(se tromper)* equivocarse.

foutre *vt* **1.** *tfam (faire)* • **ne rien foutre** no pegar golpe • **n'en avoir rien à foutre de qqch** importar un carajo algo • **qu'est-ce que tu veux que ça me foute ?** y a mí, ¿qué? **2.** *tfam (mettre)* poner **3.** *fam (gifle)* meter **4.** • **va te faire foutre !** *vulg* ¡vete a la mierda! • **ça la fout mal** *tfam* queda fatal.

foyer *nm* **1.** *(cheminée, maison)* hogar *m* **2.** *(d'étudiants, de travailleurs)* residencia *f* **3.** *(point central)* foco *m*.

fracas *nm* estrépito *m*.

fracasser *vt* estrellar.

fraction *nf* fracción *f*.

fractionner *vt* fraccionar.

fracture *nf* fractura *f*.

fracturer *vt* **1.** MÉD fracturar **2.** *(serrure)* forzar.

fragile *adj* frágil.

fragiliser *vt* debilitar.

fragilité *nf* fragilidad *f*.

fragment *nm* fragmento *m*.

fragmenter *vt* fragmentar.

fraîcheur *nf* **1.** *(d'air)* frescor *m* **2.** *fig (d'accueil)* frialdad *f* **3.** *(de teint, d'aliment)* frescura *f*.

frais, fraîche *adj* **1.** *(gén)* fresco(ca) • **'servir frais'** 'servir frío' **2.** *fig (accueil)* frío(a) **3.** *(teint, couleur)* vivo(va). ■ **frais** *nm* • **mettre qqch au frais** poner algo al fresco. ❑ *nmpl* gastos *mpl* • **faire des frais** tener muchos gastos.

fraise *nf* **1.** *(fruit)* fresa *f* (ESP), frutilla *f* (AMÉR) **2.** *(outil - de dentiste)* fresa *f* ; *(- de menuisier)* lengüeta *f*.

fraiser *vt* fresar.

fraiseuse *nf* fresadora *f*.

fraisier *nm* **1.** *(plante)* fresa *f* **2.** *(gâteau) pour expliquer de quoi il s'agit, vous pouvez dire :* es un pastel de bizcocho de dos capas empapadas en kirsch y separadas por muselina y fresas.

framboise *nf* frambuesa *f*.

framboisier *nm* **1.** *(plante)* frambueso *m* **2.** *(gâteau) pour expliquer de quoi il s'agit, vous pouvez dire :* es un pastel de bizcocho de dos capas empapadas en kirsch y separadas por muselina y frambuesas.

franc, franche *adj* franco(ca) ; *(coupure)* limpio(pia) ; *(couleur)* puro(ra). ■ **franc** *nm* franco *m*.

français, e *adj* francés(esa). ■ **français** *nm* LING francés *m*. ■ **Français, e** *nm, f* francés *m*, -esa *f*.

France *npr* • **la France** Francia.

franchement *adv* **1.** *(gén)* francamente • **franchement !** ¡sinceramente! **2.** *(carrément)* con decisión.

franchir *vt* **1.** *(gén)* salvar **2.** *(porte)* atravesar.

franchise *nf* **1.** *(gén)* franquicia *f* **2.** *(sincérité)* franqueza *f*.

francilien, enne *adj* de la región Isla de Francia. ■ **Francilien, enne** *nm, f* habitante *mf* de la región Isla de Francia.

franciscain, e *adj & nm, f* franciscano(na).

franciser *vt* afrancesar.

franc-jeu *nm* • **jouer franc-jeu** jugar limpio.

franc-maçon, onne *nm, f* masón *m*, -ona *f*.

franc-maçonnerie *nf* **1.** *(association)* masonería *f*, francmasonería *f* **2.** *fig (solidarité)* compañerismo *m*.

franco *adv* COMM franco • **franco de port** franco de porte.

francophone *adj & nmf* francófono(na).

francophonie *nf* francofonía *f*.

franc-parler *nm* • **avoir son franc-parler** no tener pelos en la lengua.

franc-tireur *nm* francotirador *m*.

frange *nf* **1.** *(de cheveux)* flequillo *m* (ESP), cerquillo *m* (AMÉR) **2.** *(de vêtement)* fleco *m* **3.** *(bordure, limite)* franja *f*.

frangin, e *nm, f fam* hermano *m*, -na *f*.

frangipane *nf* crema *f* de almendras.

franglais *nm pour expliquer ce que c'est, vous pouvez dire :* es una modalidad lingüística en la que se mezclan al francés gran cantidad de palabras y construcciones de origen inglés ; es como el "spanglish" pero con francés e inglés en vez de español e inglés.
franquette ■ **à la bonne franquette** *loc adv* sin ceremonia.
frappant, e *adj* impresionante.
frappe *nf* **1.** *(de monnaie)* acuñación *f* **2.** *(à la machine)* tecleo *m* ; *(à la minute)* pulsación *f* **3.** SPORT *(de boxeur)* pegada *f* **4.** *péj (voyou)* golfo *m*, -fa *f*.
frapper *vt* **1.** *(cogner)* golpear **2.** *(concerner)* afectar **3.** *(impressionner)* impresionar **4.** *(boisson)* enfriar **5.** *(monnaie)* acuñar. ❑ *vi* llamar • **'frapper avant d'entrer'** 'llamen antes de entrar'.
frasques *nfpl* locuras *fpl*.
fraternel, elle *adj* fraternal.
fraterniser *vi* • **fraterniser avec qqn** fraternizar con alguien.
fraternité *nf* fraternidad *f*.
fratricide *adj & nmf* fratricida.
fraude *nf* fraude *m*.
frauder *vt* defraudar. ❑ *vi* cometer fraude.
fraudeur, euse *nm, f* defraudador *m*, -ra *f*.
frauduleux, euse *adj* fraudulento(ta).
frayer *vi* • **frayer avec qqn** *sout (le fréquenter)* relacionarse con alguien. ■ **se frayer** *vp* • **se frayer un chemin (à travers)** abrirse camino (a través).
frayeur *nf* susto *m*.
fredaines *nfpl* locuras *fpl*.
fredonner *vt* tararear. ❑ *vi* canturrear.
freezer *nm* congelador *m*.
frégate *nf* fragata *f*.
frein *nm* freno *m* • **sans frein** *(passion, imagination)* desenfrenado(da).
freinage *nm* frenado *m*.
freiner *vt & vi* frenar.
frelaté, e *adj* **1.** *(vin)* adulterado(da) **2.** *fig (corrompu)* corrompido(da).
frêle *adj* **1.** *(construction)* frágil **2.** *(personne)* endeble **3.** *fig (espoir, voix)* débil.
frelon *nm* abejorro *m*.
frémir *vi* **1.** *(personne)* estremecerse **2.** *(eau)* romper a hervir.
frémissement *nm* **1.** *(de personne)* estremecimiento *m* **2.** *(des lèvres)* temblor *m* **3.** *(d'eau chaude)* borboteo *m*.
frêne *nm* fresno *m*.
frénésie *nf* frenesí *m*.
frénétique *adj* frenético(ca).
fréquence *nf* frecuencia *f*.
fréquent, e *adj* frecuente.
fréquentation *nf* **1.** *(d'endroit)* frecuentación *f* **2.** *(de personne)* trato *m*. ■ **fréquentations** *nfpl* relaciones *fpl*.
fréquenté, e *adj* frecuentado(da) • **mal fréquenté** de mala fama • **peu/très fréquenté** poco/muy concurrido.
fréquenter *vt* frecuentar. ■ **se fréquenter** *vp* verse.
frère *nm* hermano *m* • **frères siamois** hermanos siameses. ❑ *adj (parti, peuple)* hermano.
fresque *nf* fresco *m (pintura)*.
fret *nm* flete *m*.
frétiller *vi* **1.** *(poisson)* colear **2.** *fig (personne)* • **frétiller de qqch** *(joie, etc)* bullir de algo.
fretin *nm* • **le menu fretin** la morralla.
friable *adj* desmenuzable.
friand, e *adj* • **être friand de qqch** ser ávido de algo. ■ **friand** *nm* CULIN ≃ empanadilla *f*.
friandise *nf* golosina *f*.
fric *nm fam* pasta *f*, pelas *fpl*.
fric-frac *nm inv fam* robo *m* (con fractura).
friche *nf* baldío *m* • **en friche a)** *(champ)* baldío(a) **b)** *fig (intelligence, capacités)* sin cultivar.
friction *nf* **1.** *(massage)* friega *f* **2.** PHYS fricción *f* **3.** *fig (désaccord)* roce *m*, fricción *f*.
frictionner *vt* friccionar.
Frigidaire® *nm* nevera *f*.
frigide *adj* frígido(da).
frigidité *nf* frigidez *f*.
frigo *nm fam* nevera *f*.
frigorifié, e *adj fam* helado(da).
frileux, euse *adj* **1.** *(craignant le froid)* friolero(ra) **(ESP)**, friolento(ta) **(AMÉR) 2.** *(prudent)* timorato(ta).
frimas *nm sout* escarcha *f*.
frimer *vi fam* chulear **(ESP)**.
frimeur, euse *nm, f & nm, f fam* chulo *m*, -la *f*.
frimousse *nf fam* carita *f*.
fringale *nf fam* hambre *f* canina.
fringant, e *adj* **1.** *(cheval)* fogoso(sa) **2.** *(personne)* apuesto(ta).
fringues *nfpl fam* ropa *f*.
fripes *nfpl* ropa *f* de segunda mano.
fripon, onne *nm, f fam* bribón *m*, -ona *f*. ❑ *adj* pícaro(ra).
fripouille *nf péj* golfo *m*, -fa *f*.
frire *vt* freír. ❑ *vi* freírse.
frise *nf* ARCHIT friso *m*.
friser *vt* **1.** *(cheveux)* rizar **(ESP)**, enchinar **(AMÉR) 2.** *(frôler)* rozar. ❑ *vi* rizarse.
frisson *nm* **1.** *(gén)* estremecimiento *m* **2.** *(de fièvre)* escalofrío *m*.
frissonner *vi* **1.** *(gén)* estremecerse **2.** *(de fièvre)* tener escalofríos **3.** *(eau, feuillage)* agitarse.
frite *nf* patata *f* frita *(de sartén)*.
friteuse *nf* freidora *f*.

friture *nf* **1.** *CULIN (à l'huile)* fritura *f* **2.** *(poisson)* pescado *m* frito **3.** *(interférences)* interferencia *f.*

frivole *adj* frívolo(la).

frivolité *nf* frivolidad *f.*

froid, e *adj* frío(a). ■ **froid** *nm* **1.** *(température)* frío *m* • **avoir froid** tener frío • **prendre froid** coger frío **2.** *(dans les relations)* distanciamiento *m.* ❑ *adv* frío.

froidement *adv* **1.** *(gén)* fríamente **2.** *(sans émotion)* a sangre fría.

froisser *vt* **1.** *(tissu)* arrugar **2.** *fig (personne)* ofender, herir. ■ **se froisser** *vp* **1.** *(tissu)* arrugarse **2.** *(muscle)* lesionarse **3.** *fig (personne)* ofenderse.

frôler *vt* rozar.

fromage *nm* queso *m.*

fromager, ère *adj & nm, f* quesero(ra).

fromagerie *nf* **1.** *(magasin)* quesería *f* **2.** *(industrie)* industria *f* quesera.

froment *nm* trigo *m* candeal.

froncer *vt* fruncir • **froncer les sourcils** fruncir el ceño.

frondaison *nf* **1.** *(période)* foliación *f* **2.** *(feuillage)* frondosidad *f.*

fronde *nf* **1.** *(arme)* honda *f* **2.** *(jouet)* tirachinas *m inv*, tirador *m* **3.** *(révolte)* revuelta *f.*

front *nm* **1.** *(gén)* frente *m* **2.** *ANAT* frente *f* **3.** *fig (audace)* cara *f.*

frontal, e *adj* frontal.

frontalier, ère *adj* fronterizo(za). ❑ *nm, f* • **les (travailleurs) frontaliers** los (trabajadores) fronterizos.

frontière *adj* fronterizo(za). ❑ *nf* frontera *f.*

fronton *nm* frontón *m.*

frottement *nm* **1.** *(contact)* fricción *f* **2.** *fig (conflit)* roce *m.*

frotter *vt* **1.** *(mettre en contact)* frotar **2.** *(astiquer, enduire)* restregar • **frotter qqch de qqch** restregar algo con algo. ❑ *vi* rozar.

frottis *nm* **1.** *MÉD* citología *f* • **frottis vaginal** citología vaginal, frotis vaginal **2.** *ART* pincelada *f.*

fructifier *vi* fructificar.

fructueux, euse *adj* fructífero(ra).

frugal, e *adj* frugal.

fruit *nm* **1.** *(d'arbre)* fruta *f* **2.** *fig (résultat, profit)* fruto *m.* ■ **fruits de mer** *nmpl* marisco *m.*

LEXIQUE

Les fruits

l'abricot el albaricoque
l'airelle el arándano rojo
l'ananas la piña
l'avocat el aguacate
la banane el plátano
le cassis la grosella negra
la cerise la cereza
le citron el limón
le citron vert la lima
la clementine la clementina
la figue el higo
la fraise la fresa
la framboise la frambuesa
le fruit de la passion el maracuyá
la goyave la guayaba
la grenade la granada
la groseille la grosella
le kiwi el kiwi
la mangue el mango
le melon el melón
la mûre la mora
la myrtille el arándano
la noix de coco el coco
l'orange la naranja
la pastèque la sandía
la pêche el melocotón
la poire la pera
la pomme la manzana
la prune la ciruela
le raisin la uva

fruité, e *adj* afrutado(da).

fruitier, ère *adj (arbre)* frutal. ❑ *nm, f* frutero *m*, -ra *f.* ■ **fruitier** *nm* **1.** *(local)* frutería *f* **2.** **(SUISSE)** *(fromager)* quesero *m*, -ra *f.*

fruste *adj* basto(ta).

frustration *nf* frustración *f.*

frustrer *vt* **1.** *(décevoir)* frustrar **2.** *(priver)* • **frustrer qqn de qqch** privar a alguien de algo.

fuchsia *nm* fucsia *f.*

fugace *adj* fugaz.

fugitif, ive *adj* fugaz. ❑ *nm, f* fugitivo *m*, -va *f.*

fugue *nf* fuga *f.*

fuguer *vi* fugarse.

fuir *vi* **1.** *(personne)* huir **2.** *(gaz, eau)* escaparse **3.** *fig (temps)* irse.

fuite *nf* **1.** *(de personne)* huida *f* **2.** *(de gaz, d'eau)* escape *m* **3.** *fig (indiscrétion)* filtración *f.*

fuiter *vi (information)* filtrar.

fulgurant, e *adj* fulgurante.

fulminer *vi* estallar • **fulminer contre qqn** montar en cólera contra alguien. ❑ *vt sout* espetar.

fumé, e *adj* ahumado(da).

fumée *nf* humo *m.*

fumer *vi* **1.** *(cheminée, bouilloire, etc)* humear **2.** *fam (personne)* echar humo. ❑ *vt* **1.** *(cigarette)* fumar **2.** *(saumon)* ahumar **3.** *AGRIC* abonar.

fumette *nf fam* • **se faire une fumette** fumarse un porro.

fumeur, euse *nm, f* fumador *m*, -ra *f.*

fumier *nm* **1.** *AGRIC* estiércol *m* **2.** *tfam (salaud)* cabrón *m* **(ESP)**, concha *f* de su madre **(AMÉR)**.

fumiste *nmf fam* cuentista *mf.*

fumisterie *nf fam* camelo *m.*

fumoir *nm* **1.** *(pour poisson)* ahumadero *m* **2.** *(salon)* fumadero *m*.

fun *fam adj inv* divertido(da). ❑ *nm* • **on a fait ça pour le fun** lo hicimos para divertirnos.

funambule *nmf* funámbulo *m*, -la *f*.

funèbre *adj* fúnebre.

funérailles *nfpl* funerales *mpl*.

funéraire *adj* funerario(ria).

funeste *adj* funesto(ta).

funiculaire *nm* funicular *m*.

fur ■ **au fur et à mesure** *loc adv* poco a poco. ■ **au fur et à mesure que** *loc conj* a medida que, conforme.

furet *nm* **1.** *(animal)* hurón *m* **2.** *péj (personne)* fisgón *m* **3.** *(jeu)* anillito *m*.

fureter *vi* **1.** *(fouiller)* fisgonear **2.** *(chasser)* huronear.

fureur *nf* furor *m* • **faire fureur** arrasar.

furibond, e *adj* furibundo(da).

furie *nf* **1.** *(gén)* furia *f* • **mettre qqn en furie** enfurecer a alguien • **en furie** enfurecido(da) **2.** *fig (femme)* harpía *f*.

furieux, euse *adj* **1.** *(personne, acte, air)* furioso(sa) **2.** *(haine, appétit)* terrible.

furoncle *nm* forúnculo *m*.

furtif, ive *adj* furtivo(va).

fusain *nm* **1.** *(arbre)* bonetero *m* **2.** *(crayon)* carboncillo *m* **3.** *(dessin)* dibujo *m* al carbón.

fuseau *nm* **1.** *(outil)* huso *m* **2.** *(vêtement)* pitillo *m* ; *(de ski)* fuseau *m*. ■ **fuseau horaire** *nm* huso *m* horario.

fusée *nf* **1.** *(gén)* cohete *m* **2.** *(d'un essieu)* mangueta *f*, manga *f*.

fuselage *nm* fuselaje *m*.

fuselé, e *adj* fino(na).

fuser *vi (rires, applaudissements)* estallar.

fusible *nm* fusible *m*.

fusil *nm* **1.** *(arme - gén)* fusil *m* ; *(- de chasse)* escopeta *f* **2.** *(tireur)* tirador *m*, -ra *f* **3.** *(outil)* máquina *f* afiladora.

fusillade *nf* **1.** *(combat)* tiroteo *m* **(ESP)**, balacera *f* **(AMÉR) 2.** *(exécution)* fusilamiento *m*.

fusiller *vt* **1.** *(exécuter)* fusilar **2.** *fam (abîmer)* cargarse.

fusion *nf* **1.** *(gén)* ÉCON fusión *f* **2.** *(de races, de peuples)* mezcla *f*.

fusionnel, elle *adj* fusional.

fusionner *vt* fusionar. ❑ *vi* • **fusionner (avec qqch)** fusionarse (con algo).

fustiger *vt sout* fustigar.

fût *nm* **1.** *(d'arbre)* tronco *m* **2.** *(tonneau)* tonel *m* **3.** *(d'arme)* caña *f* **4.** *(de colonne)* fuste *m*.

futaie *nf* monte *m* alto.

futile *adj* **1.** *(insignifiant)* fútil **2.** *(frivole)* frívolo(la).

futon *nm* futón *m*.

futur, e *adj* futuro(ra). ❑ *nm, f (fiancé)* futuro *m*, -ra *f*. ■ **futur** *nm* futuro *m*.

futuriste *adj & nmf* futurista.

fuyant, e *adj* **1.** *(perspective)* lejano(na) ; *(lignes)* de fuga **2.** *(front, menton)* deprimido(da) **3.** *(regard)* huidizo(za).

fuyard, e *nm, f* fugitivo *m*, -va *f*.

G

g, G *nm inv (lettre)* g *f*, G *f*. ■ **g 1.** (abrév de gauche) izda., izqda. **2.** (abrév de gramme) g. ■ **G 1.** (abrév de gauss) G **2.** (abrév de giga) G.

G20 *nm* • **le G20** el G20.

gabardine *nf* gabardina *f*.

gabarit *nm* **1.** *(modèle)* gálibo *m* **2.** *fam (importance)* calaña *f* ; *fam (carrure)* cuerpo *m*.

Gabon *npr* • **le Gabon** Gabón.

gâcher *vt* **1.** *(gaspiller - argent, talent)* malgastar ; *(- vie)* arruinar ; *(- occasion)* perder ; *(- nourriture)* echar a perder **2.** *(plaisir)* estropear **3.** *(plâtre, mortier)* amasar.

gâchette *nf* gatillo *m*.

gâchis *nm* **1.** *(gaspillage)* derroche *m* **2.** *(désordre)* desastre *m* **3.** CONSTR mortero *m*.

gadget *nm* chisme *m*.

gadgétiser *vt* gadgetizar.

gadoue *nf fam* barro *m*.

gaffe *nf* **1.** *(outil)* bichero *m* **2.** *fam (maladresse)* plancha *f*, metedura *f* de pata, cantada *f*.

gaffer *vt* aferrar con el bichero. ❑ *vi fam* meter la pata.

gag *nm* CINÉ & THÉÂTRE gag *m* ; *(plaisanterie)* broma *f*.

gage *nm* **1.** *(dépôt)* prenda *f* • **mettre qqch en gage** empeñar algo **2.** *(assurance, preuve)* testimonio *m*, prueba *f* **3.** *(au jeu)* prenda *f*.

gager *vt* • **gager que** apostar que.

gageure *nf fam* apuesta *f*.

gagnant, e *adj & nm, f* ganador(ra).

gagnant-gagnant *adj inv (accord, stratégie, partenariat)* en que todos salen ganando. ❑ *nm* • **c'est du gagnant-gagnant pour l'entreprise et le salarié** tanto la empresa como el asalariado salen ganando.

gagne-pain *nm inv* sustento *m*.

gagner *vt* **1.** *(gén)* ganar **2.** *(estime)* ganarse. ❑ *vi* **1.** *(s'améliorer)* • **gagner à** ganar al • **ce vin gagne**

à vieillir este vino gana al envejecer • **gagner en** ganar en **2.** *(se propager)* extenderse.

À PROPOS DE

gagner

Notez la différence de construction : *gagner sa vie* ***ganarse la vida***; l'espagnol a recours à une construction verbale pronominale. L'adjectif possessif est beaucoup moins utilisé en espagnol qu'en français.

gai, e *adj* alegre.
gaieté *nf* alegría *f*.
gaillard, e *adj* **1.** *(alerte)* ágil **2.** *(grivois)* atrevido(da). ❑ *nm,f* buen mozo *m*, buena moza *f*. ■ **gaillard** *nm* NAUT castillo *m*.
gain *nm* **1.** *(gén)* ganancia *f* • **il a obtenu gain de cause** le han dado la razón **2.** *(économie)* ahorro *m*.
gaine *nf* **1.** *(gén)* funda *f* **2.** *(sous-vêtement)* faja *f*.
gaine-culotte *nf* faja pantalón *f*.
gainer *vt* enfundar.
gala *nm* gala *f*.
galant, e *adj* galante. ■ **galant** *nm* *vieilli* & *hum* galán *m*.
galanterie *nf* galantería *f*.
galaxie *nf* galaxia *f*.
galbe *nm* línea *f (perfil)*.
gale *nf* sarna *f*.
galère *nf* **1.** NAUT galera *f* **2.** *fam (situation désagréable)* berenjenal *m* • **quelle galère !** ¡menudo lío!
galérer *vi* *fam* vérselas negras.
galerie *nf* **1.** *(gén)* galería *f* • **galerie marchande** multicentro *m* **2.** *(porte-bagages)* baca *f*.
galet *nm* **1.** *(caillou)* canto *m* rodado, guijarro *m* **2.** TECHNOL ruedecilla *f*.
galette *nf* **1.** *(gâteau)* torta *f* ; *(crêpe)* crepe *f* salada **2.** *fam (argent)* pasta *f*, pelas *fpl*.
galipette *nf* *fam* voltereta *f*.
Galles *npr* → **pays**.
gallicisme *nm* galicismo *m*.
galon *nm* **1.** COUT pasamano *m* **2.** MIL galón *m*.
galop *nm* galope *m* • **au galop a)** *(cheval)* al galope **b)** *fig* rápido.
galoper *vi* **1.** *(gén)* galopar **2.** *(personne)* trotar.
galopin *nm* *fam* galopín *m*, pilluelo *m*.
galvaniser *vt* galvanizar.
galvauder *vt* **1.** *(nom, gloire, réputation)* manchar **2.** *(talent, dons)* prostituir.
gambader *vi* saltar.
gamelle *nf* *(plat)* escudilla *f*.
gamin, e *adj* **1.** *(espiègle)* travieso(sa) **2.** *péj (infantile)* crío(a). ❑ *nm,f* **1.** *fam (enfant)* crío *m*, -a *f* **2.** *(des rues)* pilluelo *m*, -la *f*.
gamme *nf* **1.** MUS escala *f*, gama *f* **2.** *(série)* gama *f* • **gamme de produits** gama de artículos.
gang *nm* banda *f*.
ganglion *nm* ganglio *m*.
gangrène *nf* gangrena *f*.
gangue *nf* **1.** *(de minerai)* ganga *f* **2.** *fig (carcan)* tenaza *f*.
gant *nm* guante *m*.
gap *nm* ÉCON diferencial *m*.
garage *nm* **1.** *(abri)* garaje *m* **2.** *(atelier)* taller *m* **(ESP)**, refaccionaria *f* **(AMÉR)**.
garagiste *nmf* mecánico *m* • **chez le garagiste** en *ou* al taller.
garant, e *nm,f* **1.** DR *(responsable)* garante *mf* • **se porter garant de qqn/de qqch** responder de alguien/de algo **2.** ÉCON *(de dette)* avalador *m*, -ra *f* • **se porter garant de qqn** avalar a alguien. ■ **garant** *nm* garantía *f*.
garantie *nf* garantía *f* • **sous garantie** en garantía.
garantir *vt* **1.** *(gén)* garantizar • **garantir à qqn que** garantizar a alguien que **2.** *(protéger)* proteger • **garantir qqch/qqn de qqch** proteger algo/a alguien de algo.
garçon *nm* **1.** *(jeune homme)* chico *m*, muchacho *m* **2.** *(assistant)* dependiente *m* • **garçon boucher** dependiente de carnicería **3.** *(serveur)* camarero *m* **(ESP)**, mozo *m* **(AMÉR)** • **garçon de café** camarero • **garçon !** ¡camarero! ■ **garçon manqué** *nm* marimacho *m*.
garçonnet *nm* niñito *m*.
garçonnière *nf* apartamento *m* de soltero.
garde *nf* **1.** *(gén)* guardia *f* • **monter la garde** montar guardia • **être** *ou* **se tenir sur ses gardes** estar sobre aviso • **mettre qqn en garde contre qqch** poner a alguien en guardia contra algo **2.** DR *(charge)* custodia *f* • **garde alternée des enfants** custodia compartida de los hijos, custodia alternada *ou* en alternancia de los hijos. ❑ *nm (gardien)* guarda *mf* • **garde du corps** guardaespaldas *mf* • **garde forestier** guardabosques *mf*. ■ **garde à vue** *nf* DR detención *f* preventiva. ■ **Garde des Sceaux** *nm* ≃ Ministro *m* de Justicia. ■ **Garde républicaine** *nf* • **la Garde républicaine** la Guardia republicana.
garde-à-vous *nm inv* posición *f* de firmes • **se mettre au garde-à-vous** ponerse firme.
garde-boue *nm inv* guardabarros *m inv* **(ESP)**, salpicadera *f* **(AMÉR)**.
garde-chasse *nm* guarda *m* de caza.
garde-fou *nm* pretil *m*.
garde-malade *nmf* enfermero *m*, -ra *f*.
garde-manger *nm inv* despensa *f*.
garde-meuble *nm* guardamuebles *m inv*.
garde-pêche *nm (personne)* guarda *m* de pesca. ❑ *nm inv (bateau)* guardapesca *m*.
garder *vt* **1.** *(secret, silence, place)* guardar **2.** *(enfant, entrée, porte)* vigilar **3.** *(prisonnier)* detener **4.** *(conserver - denrées)* conservar ; *(- paquet, vêtement)* quedarse con **5.** *(invité)* retener.

■ **se garder** *vp* **1.** *(se conserver)* conservarse **2.** *(s'abstenir)* • **se garder de faire qqch** guardarse de hacer algo **3.** *(se méfier)* • **se garder de qqch/de qqn** guardarse de algo/de alguien.

garderie *nf* guardería *f*.

garde-robe *nf* **1.** *(armoire)* ropero *m* **2.** *(vêtements)* guardarropa *m*, vestuario *m*.

gardien, enne *nm,f* *(gén)* guarda *mf*, vigilante *mf*; *(d'immeuble)* portero *m*, -ra *f* • **gardien de nuit** vigilante nocturno.

gare[1] *nf* estación *f*.

gare[2] *interj* **1.** *(attention)* ¡cuidado! • **gare à** cuidado con **2.** *(exprime la menace)* ¡ya verás!

garer *vt* aparcar **(Esp)**, parquear **(Amér)**. ■ **se garer** *vp* **1.** *(automobiliste)* aparcar **2.** *(se ranger de côté)* apartarse **3.** *(éviter)* • **se garer (de qqch)** protegerse (de algo).

gargariser ■ **se gargariser** *vp* **1.** *(se rincer)* hacer gárgaras **2.** *péj* *(se délecter)* • **se gargariser de qqch** regodearse en algo.

gargouiller *vi* **1.** *(eau)* gorgotear **2.** *(intestins)* hacer ruido.

garnement *nm* diablillo *m*.

Garnier *npr* • **le palais Garnier** el Palacio Garnier.

garnir *vt* **1.** *(équiper)* equipar **2.** *(couvrir)* • **garnir qqch de** cubrir algo de **3.** *(orner)* • **garnir qqch de** guarnecer algo con **4.** *(approvisionner, remplir)* llenar.

garnison *nf* guarnición *f*.

garniture *nf* **1.** *(de lit)* juego *m* **2.** CULIN guarnición *f* **3.** AUTO accesorios *mpl*.

garrigue *nf* garriga *f*.

garrot *nm* **1.** *(de cheval)* cruz *f* **2.** MÉD torniquete *m* **3.** *(de torture)* garrote *m*.

gars *nm* *fam* tipo *m*.

Gascogne *npr* → **golfe**.

gas-oil, gazole *nm* gasoil *m*, gasóleo *m*.

gaspillage *nm* despilfarro *m*.

gaspiller *vt* despilfarrar.

gastrique *adj* gástrico(ca).

gastro (abrév de gastro-entérite) *nf* *fam* MÉDECINE gastroenteritis *f*.

gastro-entérite *nf* gastroenteritis *f inv*.

gastronome *nmf* gastrónomo *m*, -ma *f*.

gastronomie *nf* gastronomía *f*.

gastronomique *adj* gastronómico(ca) • **repas gastronomique** comida gastronómica • **restaurant gastronomique** restaurante gastronómico.

gâteau *nm* pastel *m* • **gâteau marbré** *pour expliquer à un hispanophone ce que c'est, vous pouvez dire :* es un pastel al que el contraste entre el chocolate y el bizcocho da un aspecto jaspeado.

gâter *vt* **1.** *(avarier, gâcher)* estropear **2.** *(affaire)* arruinar **3.** *(enfant)* mimar **(Esp)**, papachar **(Amér)** **4.** *iron* *(combler)* • **on est gâtés !** ¡lo que faltaba! ■ **se gâter** *vp* **1.** *(gén)* estropearse **2.** *(situation)* ponerse feo(a).

gâteux, euse *adj* chocho(cha). ❑ *nm,f* viejo chocho *m*, vieja chocha *f*.

gauche *adj* **1.** *(côté)* izquierdo(da) **2.** *(personne)* torpe. ❑ *nm ou nf* *(en boxe)* izquierda *f*. ❑ *nf* izquierda *f*.

gaucher, ère *adj & nm,f* zurdo(da).

gauchiste *adj & nmf* izquierdista.

gaufre *nf* gofre *m*.

gaufrer *vt* gofrar.

gaufrette *nf* barquillo *m*.

gaule *nf* **1.** *(perche)* vara *f* **2.** *(canne à pêche)* caña *f* (de pescar).

gauler *vt* varear.

gaulliste *adj & nmf* gaullista.

gaulois, e *adj* **1.** *(de Gaule)* galo(la) **2.** *(osé)* picaresco(ca). ■ **Gaulois, e** *nm,f* galo *m*, -la *f*.

gausser ■ **se gausser** *vp* *sout* • **se gausser de qqn/de qqch** mofarse de alguien/de algo.

gaver *vt* cebar.

gay *adj & nmf* gay.

gaz *nm inv* gas *m* • **bouteille de gaz** bombona (de gas) • **gaz asphyxiant/lacrymogène/hilarant** gas asfixiante/lacrimógeno/de la risa • **gaz butane/propane** gas butano • **gaz carbonique** gas carbónico • **gaz de combat** gas de guerra *ou* de combate • **gaz de pétrole liquéfié (GPL)** gas licuado de petróleo (GLP) • **gaz de ville** gas ciudad • **gaz naturel (liquéfié)** gas natural (licuado) • **gaz de schiste** gas de esquisto. ■ **gaz** *nmpl* gases *mpl* • **gaz d'échappement** gases de escape • **(à) pleins gaz** *fam* a todo gas *ou* a toda mecha • **mettre les gaz** **a)** *(gén)* funcionar a todo gas **b)** *fam & fig* pisar a fondo • **mets les gaz, on est en retard !** ¡pisa a fondo, que llegamos tarde!

gaze *nf* gasa *f*.

gazelle *nf* gacela *f*.

gazer *vt* gasear.

gazette *nf* gaceta *f*.

gazeux, euse *adj* **1.** CHIM gaseoso(sa) **2.** *(boisson)* con gas.

gazoduc *nm* gasoducto *m*, gaseoducto *m*.

gazole = **gas-oil**.

gazon *nm* césped *m* • **sur gazon** SPORT sobre hierba.

gazouiller *vi* **1.** *(oiseau)* trinar, gorjear **2.** *(bébé)* balbucear.

GB, G-B (abrév de Grande-Bretagne) GB.

gd (abrév de grand) g.

geai *nm* arrendajo *m*.

géant, e *adj* gigante, gigantesco(ca). ❑ *nm,f* gigante *m*, -ta *f*.

geek *nmf* friki *mf*, geek *mf*.

geindre *vi* gemir.

gel *nm* **1.** *MÉTÉOR* helada *f* **2.** *(cosmétique)* gel *m* • **gel coiffant** gomina, gel fijador • **gel douche** gel de ducha • **gel hydratant** gel hidratante **3.** *fig (des salaires, activités)* congelación *f.*

gélatine *nf* gelatina *f.*

gelée *nf* **1.** *MÉTÉOR* helada *f* **2.** *CULIN (de viandes)* gelatina *f*; *CULIN (de fruits)* jalea *f*, gelatina *f.*

geler *vt* **1.** *(gén)* helar **2.** *(salaires, activité)* congelar. ❑ *vi* helarse. ❑ *v impers* helar • **il gèle** hiela.

gélule *nf* cápsula *f (medicamento).*

Gémeaux *nmpl* Géminis *m inv.*

gémir *vi* gemir.

gémissement *nm* gemido *m.*

gemme *nf* gema *f.*

gênant, e *adj* molesto(ta).

gencive *nf* encía *f.*

gendarme *nm* gendarme *m*; ≃ guardia *m* civil.

gendarmerie *nf* gendarmería *f*; ≃ Guardia *f* Civil.

gendre *nm* yerno *m.*

gène *nm* gen *m.*

gêne *nf (physique, psychologique)* molestia *f* • **éprouver de la gêne à faire qqch** costarle a uno hacer algo • **mettre qqn dans la gêne** poner a alguien en un apuro.

généalogie *nf* genealogía *f.*

généalogique *adj* genealógico(ca).

gêner *vt* **1.** *(embarrasser, incommoder)* molestar **2.** *(encombrer, entraver)* molestar, estorbar.

général, e *adj* general. ■ **général** *nm MIL* general *m.* ■ **générale** *nf* **1.** *THÉÂTRE* ensayo *m* general **2.** *MIL* generala *f.*

généralisation *nf* generalización *f.*

généraliser *vt* generalizar. ■ **se généraliser** *vp* generalizarse.

généraliste *adj* generalista. ❑ *nmf* médico *m*, -ca *f* generalista.

généralité *nf* generalidad *f.* ■ **généralités** *nfpl* generalidades *fpl.*

générateur, trice *adj* generador(ra). ■ **générateur** *nm* generador *m.* ■ **génératrice** *nf* generador *m.*

génération *nf* generación *f* • **génération spontanée** generación espontánea • **la génération montante** la generación que viene • **la génération X/Y/Z** la generación X/Y/Z • **un conflit de générations** un conflicto generacional.

générationnel, elle *adj* generacional.

générer *vt* generar.

généreux, euse *adj* generoso(sa).

générique *adj* **1.** *LING* genérico(ca) **2.** *MÉD* • **médicament générique** medicamento *m* genérico. ❑ *nm* títulos *mpl* de crédito.

générosité *nf* generosidad *f.*

genèse *nf* génesis *f inv.* ■ **Genèse** *nf* • **la Genèse** el Génesis.

genêt *nm* retama *f.*

génétique *adj* genético(ca). ❑ *nf* genética *f.*

Genève *npr* Ginebra.

génial, e *adj* genial.

génie *nm* **1.** *(gén)* genio *m* **2.** *TECHNOL* ingeniería *f* **3.** *MIL (corps)* cuerpo *m* de ingenieros militares.

genièvre *nm* enebro *m.*

génisse *nf* becerra *f.*

génital, e *adj* genital.

génitif *nm* genitivo *m.*

génocide *nm* genocidio *m.*

génome *nm* genoma *m.*

génotype *nm* genotipo *m.*

genou *nm* rodilla *f* • **se mettre à genoux** arrodillarse.

genouillère *nf* rodillera *f.*

genre *nm* **1.** *(gén)* género *m* **2.** *(style)* estilo *m.*

gens *nmpl* gente *f.*

gentiane *nf* genciana *f.*

gentil, ille *adj* **1.** *(sage)* bueno(na) • **un enfant très gentil** un niño muy bueno **2.** *(aimable)* amable.

gentillesse *nf* **1.** *(qualité)* amabilidad *f* **2.** *(geste)* atención *f.*

gentiment *adv* **1.** *(aimablement)* amablemente **2.** (SUISSE) *(tranquillement)* tranquilamente.

génuflexion *nf* genuflexión *f.*

géographe *nmf* geógrafo *m*, -fa *f.*

géographie *nf* geografía *f.*

geôlier, ère *nm, f sout* carcelero *m*, -ra *f.*

géolocalisation *nf* geolocalización *f.*

géolocalisé, e *adj* geolocalizado(da).

géolocaliser *vt* geolocalizar.

géologie *nf* geología *f.*

géologue *nmf* geólogo *m*, -ga *f.*

géomètre *nmf* **1.** *(spécialiste de géométrie)* geómetra *mf* **2.** *(technicien)* topógrafo *m*, -fa *f.*

géométrie *nf* geometría *f.*

géosphère *nf* geosfera *f.*

gérance *nf* gerencia *f.*

géranium *nm* geranio *m.*

gérant, e *nm, f* gerente *mf.*

gerbe *nf* **1.** *(de fleurs)* ramo *m*; *(de blé)* gavilla *f*, haz *m* **2.** *(d'étincelles)* haz *m* **3.** *(d'eau)* chorro *m.*

gercé, e *adj* cortado(da).

gerçure *nf* grieta *f.*

gérer *vt* administrar.

gériatrie *nf* geriatría *f.*

germain, e *adj* hermano(na).

germanique *adj* germánico(ca).

germe *nm* germen *m.*

germer *vi* germinar.

gésier *nm* molleja *f.*

gésir *vi sout* yacer.
gestation *nf* gestación *f*.
geste *nm* gesto *m*.
gesticuler *vi* gesticular.
gestion *nf* administración *f*, gestión *f*.
geyser *nm* géiser *m*.
Ghana *nm* • **le Ghana** Ghana.
ghetto *nm* gueto *m*.
ghettoïsation *nf* confinamiento *m* en guetos.
gibet *nm* horca *f*.
gibier *nm* caza *f*.
giboulée *nf* chubasco *m*.
Gibraltar *npr* Gibraltar.
gicler *vi* salpicar con fuerza.
gifle *nf* bofetada *f* (**ESP**), cachetada *f* (**AMÉR**).
gifler *vt* **1.** *(sujet : personne)* dar una bofetada **2.** *(sujet : vent, pluie)* golpear.
gigantesque *adj* gigantesco(ca).
GIGN (abrév de Groupe d'intervention de la gendarmerie nationale) *nm* ≃ GEO *mpl (Grupo Especial de Operaciones)* • **les hommes/gendarmes du GIGN** ≃ los GEO.
gigolo *nm* gigoló *m*.
gigot *nm* CULIN pierna *f*.
gigoter *vi* patalear • **arrête de gigoter !** ¡estate quieto!
gilet *nm* **1.** *(cardigan)* chaqueta *f* de punto **2.** *(sans manches)* chaleco *m*.
gin *nm* ginebra *f*.
gingembre *nm* jengibre *m*.
girafe *nf* jirafa *f*.
giratoire *adj* giratorio(ria).
girofle *nm* → **clou**.
girouette *nf* veleta *f* • **cet enfant est une girouette** *fig* este niño es un veleta.
gisement *nm* yacimiento *m*.
gitan, e *adj* gitano(na). ■ **Gitan, e** *nm, f* gitano *m*, -na *f*.
gîte *nm* **1.** *(du lièvre)* madriguera *f* **2.** CULIN redondo *m*.
givre *nm* escarcha *f*.
glabre *adj* lampiño(ña).
glace *nf* **1.** *(eau congelée)* hielo *m* **2.** *(crème glacée)* helado *m* **3.** *(plaque de verre)* luna *f* **4.** *(de voiture - avant et arrière)* luneta *f* ; *(- de côté)* ventanilla *f* **5.** *(miroir)* espejo *m*.
glacé, e *adj* **1.** *(gén)* helado(da) **2.** CULIN *(au sucre)* glaseado(da).
glacer *vt* **1.** *(gén)* helar **2.** CULIN *(au sucre)* glasear.
glacial, e *adj* glacial.
glacier *nm* **1.** GÉOGR glaciar *m* **2.** *(marchand de glaces)* vendedor *m* de helados.
glaçon *nm* **1.** *(glace naturelle)* témpano *m* (de hielo) **2.** *(cube de glace)* cubito *m* de hielo **3.** *fig (personne)* témpano *m*.
gladiateur *nm* gladiador *m*.
glaïeul *nm* gladiolo *m*.
glaire *nf* flema *f*.
glaise *nf* arcilla *f*.
glaive *nm* espada *f*.
gland *nm* **1.** *(fruit du chêne)* bellota *f* **2.** *(ornement)* borla *f* **3.** ANAT glande *m*.
glande *nf* glándula *f*.
glander, glandouiller *tfam vi* vaguear, rascarse la barriga • **elle passe son temps à glander** está todo el día vagueando. ❑ *vt* • **alors, qu'est-ce que tu glandes ? tu viens ?** ¿qué narices estás haciendo? ¿vienes?
glaner *vt* espigar.
glapir *vi* gañir.
glas *nm* doble *m*.
glauque *adj* **1.** *(eau, yeux)* glauco(ca) **2.** *fam (ambiance)* sórdido(da).
glissade *nf* deslizamiento *m*.
glissant, e *adj* **1.** *(route, chaussée)* resbaladizo(za) **2.** *(savon)* escurridizo(za).
glissement *nm* **1.** *(action de glisser)* deslizamiento *m* • **glissement de terrain** corrimiento *m* de tierras **2.** *fig (déplacement)* desplazamiento *m*.
glisser *vi* **1.** *(patineur, skieur)* deslizarse • **glisser sur qqch a)** *(se déplacer)* deslizarse sobre algo **b)** *(déraper)* resbalar sobre algo **c)** *fig (ne pas insister)* tratar por encima *ou* superficialmente algo **2.** *(surface)* resbalar **3.** *fig (progresser)* desplazarse • **glisser vers qqch** desplazarse hacia algo **4.** INFORM • **faire glisser** arrastrar. ❑ *vt* **1.** *(introduire)* deslizar **2.** *(donner)* pasar • **glisser qqch à qqn** pasar algo a alguien **3.** *(regard)* lanzar ; *(mots)* susurrar. ■ **se glisser** *vp (se faufiler)* colarse • **se glisser dans qqch a)** *(personne)* deslizarse en algo **b)** *(erreur)* colarse en algo.
glisser-déposer *vt* INFORM arrastrar y soltar.
glissière *nf* corredera *f*.
global, e *adj* global.
globalement *adv* globalmente.
globalisation *nf (d'un marché)* globalización *f*, internacionalización *f*.
globe *nm* globo *m*.
globe-trotter *nm* trotamundos *mf inv*.
globule *nm* glóbulo *m* • **globule blanc/rouge** glóbulo blanco/rojo.
gloire *nf* **1.** *(renommée)* gloria *f* **2.** *(mérite)* mérito *m* **3.** *(fierté)* orgullo *m*.
glorieux, euse *adj* glorioso(sa).
glossaire *nm* glosario *m*.
glousser *vi* **1.** *(poule)* cloquear **2.** *péj (rire)* reír ahogadamente.
glouton, onne *adj & nm, f* glotón(ona).
glu *nf* liga *f (cola)*.
gluant, e *adj* pegajoso(sa).
glucide *nm* glúcido *m*.
glycémie *nf* glucemia *f*.

glycine *nf* glicina *f*.
GMT (abrév de Greenwich Mean Time) GMT • **la France est à GMT +1 en hiver** Francia está en GMT +1 en invierno.
G.N.V., gnv (abrév de gaz naturel pour véhicules) *nm* GNV *m (gas natural para vehículos)*.
go ■ **tout de go** *loc adv* directamente.
goal *nm* portero *m (en fútbol)*.
gobelet *nm (en métal, pour les dés)* cubilete *m* • **gobelet en plastique/carton** vaso *m* de plástico/papel.
gober *vt* **1.** *(avaler)* sorber **2.** *fam (croire)* tragarse.
godet *nm* **1.** *(récipient)* cortadillo *m* **2.** COUT pliegue *m* • **à godets** plegado(da).
godiller *vi* **1.** *(embarcation)* cinglar **2.** *(skieur)* hacer bedel.
goéland *nm* gaviota *f*.
goélette *nf* goleta *f*.
goguenard, e *adj* guasón(ona), burlón(ona).
goinfre *nmf fam* tragón *m*, -ona *f*, tragaldabas *mf inv*.
goitre *nm* bocio *m*.
golf *nm* golf *m*.
golfe *nm* golfo *m* • **le golfe de Gascogne** el golfo de Vizcaya • **le golfe Persique** el golfo Pérsico.
gomme *nf* **1.** *(substance, pour effacer)* goma *f* **2.** *(bonbon)* pastilla *f* de goma, gominola *f*.
gommer *vt* **1.** *(gén)* borrar **2.** *(enduire de gomme)* engomar.
gond *nm* gozne *m*.
gondole *nf* góndola *f*.
gondoler *vi* combarse.
gonflable *adj* hinchable, inflable.
gonflé, e *adj* **1.** *(déformé)* hinchado(da) **2.** *fam (culotté)* • **être gonflé** tener morro.
gonfler *vt* hinchar, inflar. ❑ *vi* hincharse.
gonflette *nf* • **faire de la gonflette** *fam* trabajar la musculación.
gong *nm* gong *m*.
googliser *vt* googlear, goglear.
gore *adj (pl inv)* gore, sangriento(ta). ❑ *nm* • **le gore** el gore • **il aime le gore** le gusta el gore.
gorge *nf* **1.** *(gosier)* garganta *f* **2.** *(cou)* cuello *m* **3.** *sout (de femme)* pecho *m* **4.** GÉOGR garganta *f*.
gorgée *nf* trago *m*.
gorger *vt* • **gorger qqn de qqch** *(gaver)* cebar a alguien con algo • **gorger qqch de qqch** saturar algo de algo.
gorille *nm* gorila *m*.
gosier *nm* gaznate *m*.
gosse *nmf fam* chaval *m*, -la *f* (**ESP**), chamaco *m*, -ca *f* (**AMÉR**).
gothique *adj* gótico(ca).
gouache *nf* guache *m*, aguada *f*.
goudron *nm* alquitrán *m*.
goudronner *vt* alquitranar.
gouffre *nm* **1.** *(gén)* abismo *m* **2.** *(ruine)* pozo *m* sin fondo.
goujat *nm* patán *m*.
goulet *nm* bocana *f*.
goulot *nm* gollete *m*.
goulu, e *adj & nm, f* tragón(ona).
goupillon *nm* **1.** RELIG hisopo *m* **2.** *(à bouteille)* escobilla *f (para limpiar botellas)*.
gourd, e *adj* entumecido(da).
gourde *adj fam* zoquete. ❑ *nf* **1.** *(bouteille)* cantimplora *f* **2.** *fam (personne)* zoquete *mf*.
gourdin *nm* porra *f*.
gourmand, e *adj & nm, f* goloso(sa).
gourmandise *nf* **1.** *(défaut)* glotonería *f* **2.** *(sucrerie)* golosina *f*.
gourmet *nm* gourmet *m*.
gourmette *nf* esclava *f*.
gousse *nf* vaina *f*.
goût *nm* **1.** *(sens, jugement esthétique)* gusto *m* **2.** *(saveur)* gusto *m*, sabor *m* **3.** *(style)* estilo *m* **4.** *(penchant)* afición *f*, inclinación *f*.

S'EXPRIMER

parler de ses goûts

- ***Me gusta el pescado.*** J'aime le poisson.
- ***Me gusta mucho la trucha.*** J'aime beaucoup la truite.
- ***Me encanta el salmón ahumado.*** J'adore le saumon fumé.
- ***Aborrezco** ou **No puedo ver la carne cruda.*** Je déteste la viande crue.
- ***Me da asco.*** Cela me dégoûte.
- ***Me gusta nadar.*** J'aime (bien) nager.
- ***Prefiero bailar.*** Je préfère danser.
- ***Lo que prefiero más que nada es escuchar música.*** Ce que je préfère par dessus tout, c'est écouter de la musique.
- ***¡Odio levantarme temprano!*** Je déteste me lever tôt !

goûter *vt* **1.** *(aliment, boisson)* probar **2.** *(musique, sensation)* disfrutar de **3.** *sout (auteur, plaisanterie)* apreciar. ❑ *vi* **1.** *(gén)* probar **2.** *(prendre une collation)* merendar. ❑ *nm* merienda *f*.
goutte *nf* **1.** *(gén)* gota *f* **2.** *fam (alcool)* chupito *m*. ❑ *adv (de négation) sout* • **ne… goutte** ni gota. ■ **gouttes** *nfpl (médicament)* gotas *fpl*.
goutte-à-goutte *nm inv* gota a gota *m*.
gouttelette *nf* gotita *f*.
gouttière *nf* **1.** CONSTR canalón *m* **2.** MÉD entablillado *m*.
gouvernail *nm* timón *m*.
gouvernante *nf* **1.** *(d'enfants)* aya *f* **2.** *(dame de compagnie)* ama *f* de llaves, gobernanta *f*.
gouvernement *nm* gobierno *m*.
gouverner *vt* gobernar.

gouverneur *nm* gobernador *m.*

GPA (abrév de gestation pour autrui) *nf* subrogación *f* gestacional, gestación *f* de *ou* por sustitución.

grâce *nf* gracia *f* • **de bonne/mauvaise grâce** de buena/mala gana. ■ **grâce à** *loc prép* gracias a.

gracier *vt* indultar.

gracieusement *adv* **1.** *(avec grâce)* con gracia **2.** *(gratuitement)* graciosamente.

gracieux, euse *adj (danseuse, bébé)* lleno(na) de gracia, grácil.

gradation *nf* gradación *f.*

grade *nm* grado *m.*

gradé, e *adj & nm, f* suboficial.

gradin *nm (d'amphithéâtre, de stade)* grada *f.*

graduation *nf* graduación *f.*

graduel, elle *adj* gradual.

graduer *vt* graduar.

graff (abrév de graffiti) *nm* pintada *f.*

graffiti *nm* pintada *f.*

grain *nm* **1.** *(gén)* grano *m* • **grain de raisin** grano de uva • **grain de riz** grano de arroz • **grain de sel** grano de sal • **mettre son grain de sel** *péj* meter las narices **2.** *fig (petite quantité)* • **un grain de qqch** una pizca de algo • **un grain de folie** una pizca de locura • **avoir un grain** *fam* faltarle un tornillo • **il n'a pas un grain de bon sens** no tiene dos dedos de frente • **veiller au grain** estar atento. ■ **grain de beauté** *nm* lunar *m.*

graine *nf* semilla *f*, simiente *f.*

graisse *nf* **1.** *(gén)* grasa *f* **2.** *(pour cuisiner)* manteca *f.*

graisser *vt* **1.** *(machine)* engrasar **2.** *(salir)* manchar de grasa.

grammaire *nf* gramática *f.*

grammatical, e *adj* gramatical.

gramme *nm (unité de poids)* gramo *m.*

grand, e *adj* **1.** *(gén)* grande, gran • **un grand volume** un volumen grande, un gran volumen • **prendre de grands airs** darse aires de grandeza • **grand âge** edad avanzada • **grands mots** palabras mayores **2.** *(en hauteur)* alto(ta) **3.** *(en âge)* mayor. ❑ *nm, f* **1.** *(adulte)* persona *f* mayor **2.** *(personnalité)* gran figura *f* **3.** *(terme d'affection)* • **mon grand** grandullón *m*, -ona *f.*

grand-angle, grand-angulaire *nm* gran angular *m.*

grand-chose *pron indéf* • **ce n'est pas grand-chose** no es gran cosa, es poca cosa.

Grande-Bretagne *npr* • **la Grande-Bretagne** Gran Bretaña.

grandeur *nf* **1.** *(dimension)* tamaño *m* **2.** *(splendeur)* grandeza *f* **3.** *fig (morale)* grandeza *f*, magnitud *f.*

grandir *vt* **1.** *(rehausser)* hacer (parecer) más alto **2.** *fig (moralement)* engrandecer. ❑ *vi* crecer.

grand-mère *nf* abuela *f* (ESP), mamá *f* grande (AMÉR).

grand-père *nm* abuelo *m* (ESP), papá *m* grande (AMÉR).

grands-parents *nmpl* abuelos *mpl.*

grange *nf* granero *m.*

granit, granite *nm* granito *m.*

granuleux, euse *adj* granuloso(sa).

graphique *adj* gráfico(ca). ❑ *nm* gráfico *m*, gráfica *f.*

graphisme *nm* grafismo *m.*

graphologie *nf* grafología *f.*

grappe *nf* racimo *m.*

grappiller *vt* **1.** *(fruits)* recoger **2.** *fig (renseignements, argent)* sacar. ❑ *vi fig* rebuscar.

grappin *nm* rezón *m.*

gras, grasse *adj* **1.** *(gén)* graso(sa) **2.** *(personne, animal)* gordo(da) **3.** *(vulgaire - plaisanterie)* grosero(ra) ; *(rire)* cazalloso(sa) **4.** *(crayon, toux)* blando(da) **5.** *(plante)* carnoso(sa) **6.** *(sol, terre)* fértil. ■ **gras** *nm* **1.** *(du jambon)* tocino *m* **2.** *(de partie du corps)* grasa *f* **3.** TYPO negrita *f*, negrilla *f.* ❑ *adv* • **manger gras** comer comida grasa • **tousser gras** tener la tos blanda.

grassement *adv* **1.** *(vulgairement)* • **parler/rire grassement** hablar/reír con la voz aguardentosa **2.** *(largement)* generosamente.

gratifier *vt* gratificar • **gratifier qqn de qqch** **a)** *(d'un sourire, d'une récompense)* gratificar a alguien con algo **b)** *iron* obsequiar a alguien con algo.

gratin *nm* **1.** *(plat)* gratén *m*, gratinado *m* **2.** *fam (haute société)* flor y nata *f.*

gratiné, e *adj* **1.** CULIN gratinado(da) **2.** *fam (épreuve, examen)* de aúpa (ESP), de la gran siete (AMÉR) **3.** *fam (plaisanterie, histoire)* fuerte.

gratis *adv* gratis.

gratitude *nf* gratitud *f*, agradecimiento *m.*

gratos *adj fam* gratuito(ta), gratis .

gratte-ciel *nm inv* rascacielos *m inv.*

grattement *nm* rascadura *f.*

gratter *vt* **1.** *(surface, tache, peinture)* rascar **2.** *(sujet : vêtement)* picar **3.** *fam (concurrent)* ganar **4.** *fam (économiser)* sacar. ❑ *vi* **1.** *(frapper)* • **gratter à la porte** llamar suavemente a la puerta **2.** *(démanger)* picar **3.** *fam (écrire)* garrapatear **4.** *fam (travailler)* currar **5.** *fam (jouer)* • **gratter d'un instrument** tocar mediocremente un instrumento. ■ **se gratter** *vp* rascarse.

gratuit, e *adj* gratuito(ta).

gratuitement *adv* **1.** *(sans payer)* gratis, gratuitamente **2.** *(sans raison)* gratuitamente.

gravats *nmpl* escombros *mpl*, cascotes *mpl.*

grave *adj & nm* grave.

gravement *adv* **1.** *(parler)* con gravedad **2.** *(blesser)* de gravedad, gravemente.

graver *vt* **1.** *(gén)* *INFORM* grabar **2.** *(papier)* imprimir.
gravier *nm* grava *f* **(ESP)**, pedregullo *m* **(AMÉR)**.
gravillon *nm* gravilla *f.*
gravir *vt* subir dificultosamente.
gravité *nf* gravedad *f.*
graviter *vi* **1.** *(astre)* gravitar **2.** *fig* *(évoluer)* • **graviter autour de qqn/de qqch** girar alrededor de alguien/de algo.
gravure *nf* grabado *m.*
gré *nm* • **contre mon gré** en contra de mi voluntad • **de gré ou de force** por las buenas o por las malas.
grec, grecque *adj* griego(ga). ■ **grec** *nm* *LING* griego *m.* ■ **Grec, Grecque** *nm,f* griego *m,* -ga *f.*
Grèce *npr* • **la Grèce** Grecia.
gréement *nm* *NAUT* aparejo *m.*
greffe *nf* **1.** *MÉD* trasplante *m* **2.** *BOT* injerto *m.* ❑ *nm* *DR* ≃ secretaría *f* del juzgado.
greffer *vt* **1.** *(organe)* trasplantar • **greffer qqch à qqn** trasplantar algo a alguien **2.** *BOT* injertar. ■ **se greffer** *vp* • **se greffer sur qqch** sumarse a algo.
greffier *nm* *DR* ≃ secretario *m,* -ria *f* judicial.
grégaire *adj* gregario(ria).
grêle *adj* **1.** *(jambe)* delgaducho(cha) **2.** *(son)* agudo(da). ❑ *nf* **1.** *(précipitation)* granizo *m* **2.** *fig* *(grande quantité)* lluvia *f.*
grêler *v impers* granizar • **il grêle** está granizando. ❑ *vt* dañar.
grêlon *nm* granizo *m.*
grelot *nm* cascabel *m.*
grelotter *vi* tiritar • **grelotter de froid** tiritar de frío.
grenade *nf* granada *f.*
Grenade *npr* **1.** *(île)* • **la Grenade** la Granada **2.** *(ville d'Espagne)* Granada.
grenadier *nm* **1.** *(arbre)* granado *m* **2.** *MIL* *(soldat)* granadero *m.*
grenat *adj & nm* granate.
grenier *nm* **1.** *(de maison)* desván *m* **2.** *(à grain, région)* granero *m.*
grenouille *nf* rana *f.*
grès *nm* **1.** *(roche)* arenisca *f* **2.** *(poterie)* gres *m.*
grésiller *vi* chisporrotear ; *(grillon)* cantar.
grève *nf* **1.** *(protestation)* huelga *f* • **faire (la) grève** hacer huelga **2.** *(rivage)* arenal *m.*
grever *vt* gravar • **grever qqch de qqch** gravar algo con algo.
gréviste *adj & nmf* huelguista.
gribouiller *vt* **1.** *(écrire)* garabatear **2.** *(dessiner)* garabatear, pintarrajear.
grief *nm* queja *f* • **faire grief de qqch à qqn** echar en cara algo a alguien.
grièvement *adv* gravemente.
griffe *nf* **1.** *(de fauve, etc)* garra *f,* zarpa *f* ; *(de chat)* uña *f* **2.** **(BELGIQUE)** *(éraflure)* arañazo *m.*
griffé, e *adj* *(vêtement)* de marca.
griffer *vt* **1.** *(sujet : chat)* arañar **2.** *(sujet : créateur)* firmar.
grignoter *vt* **1.** *(du bout des dents)* mordisquear ; *(en dehors du repas)* picar **2.** *(capital, fortune)* pulirse. ❑ *vi* comisquear.
gril *nm* parrilla *f.*
grillade *nf* parrillada *f.*
grillage *nm* **1.** *(de porte, de fenêtre)* rejilla *f* **2.** *(clôture)* alambrada *f.*
grille *nf* **1.** *(portail)* cancela *f* **2.** *(de fenêtre, de ventilation)* reja *f* **3.** *(de guichet)* rejilla *f* **4.** *(de mots croisés, de loto)* encasillado *m* **5.** *(tableau)* cuadro *m.*
grille-pain *nm inv* tostadora *f,* tostador *m.*
griller *vt* **1.** *(viande, marron)* asar **2.** *(pain, café, amande)* tostar **3.** *(végétation, moteur)* quemar **4.** *(ampoule)* fundir **5.** *fam* *(cigarette)* fumarse **6.** *fam* *(feu rouge, étape)* saltarse **7.** *fam* *(concurrents)* pasar delante de **8.** *fam* *(compromettre)* quemar. ❑ *vi* *(viande)* asarse.
grillon *nm* grillo *m.*
grimace *nf* mueca *f.*
grimer *vt* caracterizar *(maquillar).* ■ **se grimer** *vp* caracterizarse *(maquillarse).*
grimper *vt* trepar a. ❑ *vi* **1.** *(personne, animal, plante)* trepar • **grimper sur qqch a)** *(arbre)* trepar a algo **b)** *(échelle, table)* subirse a algo **2.** *(route)* estar en cuesta **3.** *fig* *(prix)* subir.
grincement *nm* chirrido *m.*
grincer *vi* rechinar, chirriar.
grincheux, euse *adj & nm,f* gruñón(ona).
grippe *nf* *MÉD* gripe *f* **(ESP)**, gripa *f* **(AMÉR)**.
grippé, e *adj* griposo(sa).
gripper *vi* atrancarse.
gris, e *adj* **1.** *(gén)* gris **2.** *(saoul)* achispado(da). ■ **gris** *nm* **1.** *(couleur)* gris *m* **2.** *(tabac)* tabaco *m* picado.
grisaille *nf* **1.** *(du ciel)* tono *m* gris **2.** *fig* *(de vie)* monotonía *f.*
grisant, e *adj* embriagador(ra).
griser *vt* embriagar.
grisonner *vi* encanecerse.
grisou *nm* grisú *m.*
grive *nf* tordo *m.*
grivois, e *adj* verde *(picante).*
Groenland *npr* • **le Groenland** Groenlandia.
grog *nm* grog *m.*
grognement *nm* gruñido *m.*
grogner *vi* gruñir.
grognon, onne *adj* gruñón(ona).
groin *nm* morro *m* *(del cerdo).*
grommeler *vt & vi* mascullar.
grondement *nm* **1.** *(de tonnerre, de torrent)* rugido *m* **2.** *(d'animal)* gruñido *m.*

gronder *vi* **1.** *(canon, tonnerre)* rugir **2.** *(animal)* gruñir. ❑ *vt* regañar.
gros, grosse *adj (gén avant le nom)* **1.** *(volumineux, important)* gran, grande • **une grosse boîte** una caja grande **2.** *(avant ou après le nom) (corpulent)* gordo(da) **3.** *(grossier)* grueso(sa) **4.** *(fort, sonore)* fuerte. ❑ *nm, f (personne corpulente)* gordo *m*, -da *f*. ■ **gros** *adv (beaucoup)* mucho. ❑ *nm* COMM • **le gros** los negocios al por mayor **(ESP)**, el mayoreo **(AMÉR)**. ■ **grosse** *nf (douze douzaines)* gruesa *f*.
groseille *nf* grosella *f*. ❑ *adj inv (couleur)* grosella *(en apposition)*.
grossesse *nf* embarazo *m*.
grosseur *nf* **1.** *(grandeur, corpulence)* tamaño *m* **2.** *(épaisseur)* grosor *m* **3.** MÉD bulto *m*.
grossier, ère *adj* **1.** *(gén)* grosero(ra) **2.** *(matière)* basto(ta) **3.** *(approximatif)* aproximado(da) ; *(erreur)* burdo(da).
grossièrement *adv* groseramente.
grossir *vi* **1.** *(prendre du poids)* engordar • **faire grossir** engordar **2.** *(augmenter, s'intensifier)* crecer. ❑ *vt* **1.** *(sujet : microscope, verre)* agrandar **2.** *(sujet : vêtement)* hacer parecer más gordo(da) **3.** *(importance, danger)* exagerar **4.** *(cours d'eau)* hacer crecer.
grossissant, e *adj (verre, lentille)* de aumento.
grossiste *nmf* mayorista *mf*.
grosso modo *adv* grosso modo.
grotte *nf* gruta *f*.
grouiller *vi* hormiguear • **grouiller de** hervir de.
groupe *nm* grupo *m* • **groupe armé** banda *f* armada. ■ **groupe sanguin** *nm* grupo *m* sanguíneo.
groupement *nm* agrupación *f*, agrupamiento *m*.
grouper *vt* agrupar. ■ **se grouper** *vp* agruparse.
grue *nf* **1.** *(appareil de levage)* grúa *f* **2.** ZOOL grulla *f* **3.** *péj (prostituée)* zorra *f*.
grumeau *nm* grumo *m*.
grunge *adj* grunge.
guacamole *nm* guacamole *m*.
Guadalquivir *npr* • **le Guadalquivir** el Guadalquivir.
Guadeloupe *npr* • **la Guadeloupe** Guadalupe.
Guatemala *npr* **1.** *(pays)* • **le Guatemala** Guatemala **2.** *(ville)* Guatemala.
gué *nm* vado *m* • **passer à gué** vadear.
guenille *nf* andrajo *m*.
guenon *nf* mona *f*.
guépard *nm* guepardo *m*.
guêpe *nf* avispa *f*.
guêpier *nm* avispero *m*.
guère *adv (peu)* no mucho • **ne... guère** no... mucho • **elle ne l'aime guère** no le gusta mucho • **elle n'est guère anxieuse** no está muy preocupada.
guéridon *nm* velador *m*.
guérilla *nf* guerrilla *f*.
guérir *vt* curar. ❑ *vi* curarse.
guérison *nf* curación *f*.
guerre *nf* guerra *f* • **guerre atomique/nucléaire** guerra atómica/nuclear • **guerre bactériologique/biologique/chimique** guerra bacteriológica/biológica/química • **guerre de religion** guerra de religión.
guerrier, ère *adj* guerrero(ra). ■ **guerrier** *nm* guerrero *m*.
guet-apens *nm* **1.** *(embuscade)* emboscada *f* **2.** *fig (machination)* encerrona *f*.
guêtre *nf* polaina *f*.
guetter *vt* acechar **(ESP)**, aguaitar **(AMÉR)**.
gueulard, e *adj & nm, f fam* gritón(ona).
gueule *nf* **1.** *(gén)* boca *f* **2.** *tfam (bouche)* pico *m* **3.** *fam (visage)* careto *m*.
gueuler *vt & vi fam* gritar.
gueuleton *nm fam* comilona *f*.
gui *nm* muérdago *m*.
guichet *nm* taquilla *f* **(ESP)**, boletería *f* **(AMÉR)**. ■ **guichet automatique** *nm* cajero *m* automático.
guichetier, ère *nm, f* taquillero *m*, -ra *f*.
guide *nm* **1.** *(personne)* guía *mf* **2.** *(livre)* guía *f*. ❑ *nf (scoutisme)* guía *f*.
guider *vt* guiar.
guidon *nm* manillar *m*.
guignol *nm* **1.** *(marionnette)* títere *m* **2.** *(théâtre)* guiñol *m*.
guillemet *nm* comilla *f*.
guilleret, ette *adj* vivaracho(cha).
guillotine *nf* guillotina *f*.
guindé, e *adj* **1.** *(attitude, personne)* estirado(da) **2.** *(style)* ampuloso(sa).
Guinée *npr* • **la Guinée** Guinea.
guirlande *nf* guirnalda *f*.
guise *nf* • **à ma guise** a mi manera.
guitare *nf* guitarra *f*.
guitariste *nmf* guitarrista *mf*.
guttural, e *adj* gutural.
Guyane *npr* • **la Guyane** (la) Guayana.
gym (abrév de gymnastique) *nf* gimnasia *f*.
gymnase *nm* gimnasio *m*.
gymnastique *nf* gimnasia *f*.
gynéco *nmf fam (gynécologue)* ginecólogo *m*, -ga *f* • **aller voir son gynéco** ir al ginecólogo.
gynécologie *nf* ginecología *f*.
gynécologue *nmf* ginecólogo *m*, -ga *f*.

H

h, H *nm inv (lettre)* h *f*, H *f*. ■ **h 1.** (abrév de **heure**) h **2.** (abrév de **hecto**) h. ■ **H 1.** (abrév de **homme**) H **2.** (abrév de **hydrogène**) H.
ha (abrév de **hectare**) ha.
hab. (abrév de **habitant**) hab. • **une commune de moins de 100 000 hab.** un municipio de menos de 100.000 hab.
habile *adj* hábil.
habileté *nf* habilidad *f*.
habiller *vt* **1.** *(gén)* vestir • **habiller qqn de qqch** vestir a alguien de algo **2.** *(fauteuil)* poner una funda a. ■ **s'habiller** *vp* vestirse.
habit *nm* **1.** *(costume)* traje *m* **2.** RELIG hábito *m*. ■ **habits** *nmpl* ropa *f*.
habitacle *nm* cabina *f (de avión)*.
habitant, e *nm, f* **1.** *(gén)* habitante *mf* **2.** (QUÉBEC) *(paysan)* campesino *m*, -na *f*.
habitation *nf* vivienda *f*.
habité, e *adj* habitado(da).
habiter *vt* **1.** *(sujet : personne)* vivir en **2.** *(sujet : sentiment)* embargar. ❑ *vi* vivir.
habitude *nf* costumbre *f* • **avoir l'habitude de qqch/de faire qqch** tener la costumbre de algo/de hacer algo.
habitué, e *nm, f* asiduo *m*, -dua *f*, habitual *mf*.
habituel, elle *adj* habitual.
habituer *vt* • **habituer qqn à qqch/à faire qqch** acostumbrar a alguien a algo/a hacer algo. ■ **s'habituer** *vp* • **s'habituer à qqch/à faire qqch** acostumbrarse a algo/a hacer algo.
hache *nf* hacha *f*.
hacher *vt* **1.** *(viande)* picar **2.** *fig (style, discours)* entrecortar.
hachisch, haschich, haschisch *nm* hachís *m*.
hachoir *nm* **1.** *(appareil)* picadora *f* **2.** *(couteau)* tajadera *f* **3.** *(planche)* tabla *f* de picar.
hachure *nf (gén pl)* plumeado *m*.
hacker *nm* hacker *m*.
hagard, e *adj* azorado(da).
haie *nf* **1.** *(d'arbustes)* seto *m* **2.** *(de personnes)* fila *f* **3.** SPORT *(obstacle)* obstáculo *m*.
haine *nf* odio *m*.
haïr *vt* odiar.
Haïti *npr* Haití.
haka *nm* haka *f*.
halal *adj* halal.
hâle *nm* tostado *m*.
hâlé, e *adj* tostado(da).
haleine *nf (souffle)* aliento *m*.
haleter *vi* jadear.
hall *nm* vestíbulo *m*, hall *m*.
halle *nf* mercado *m*.
hallucination *nf* alucinación *f*.
halo *nm* halo *m*.
halogène *adj* halógeno(na). ❑ *nm* halógeno *m*.
halte *nf* **1.** *(pause)* alto *m* **2.** *(étape)* meta *f*.
halte-garderie *nf* guardería *f* infantil.
haltère *nm* pesa *f*.
haltérophile *adj & nmf* halterófilo(la).
hamac *nm* hamaca *f*.
hamburger *nm* hamburguesa *f*.
hameau *nm* aldea *f*.
hameçon *nm* anzuelo *m*.
hamster *nm* hámster *m*.
hanche *nf* cadera *f*.
handball *nm* balonmano *m*.
handicap *nm* **1.** *(infirmité)* discapacidad *f*, minusvalía *f*; *fig (désavantage)* handicap *m* **2.** SPORT handicap *m*.
handicapé, e *adj (physique)* discapacitado(da), minusválido(da). ❑ *nm, f* discapacitado *m*, -da *f*, minusválido *m*, -da *f*.
handicaper *vt* **1.** *fig (désavantager)* dificultar **2.** SPORT handicapar.
hangar *nm* hangar *m*.
hanneton *nm* abejorro *m*.
hanter *vt* **1.** *(sujet : fantôme)* aparecerse en **2.** *fig (obséder)* acosar **3.** *fam (bar, quartier)* frecuentar.
happer *vt* **1.** *(saisir)* atrapar de un bocado **2.** *(accrocher)* arrollar.
haranguer *vt* arengar.
haras *nm* acaballadero *m*.
harassant, e *adj* agotador(ra).
harceler *vt* **1.** *(gén)* acosar **2.** *fig (assaillir)* • **harceler qqn de** *(questions)* acribillar a alguien a.
hardes *nfpl* harapos *mpl*.
hardi, e *adj* audaz.
hardware *nm* hardware *m*.
harem *nm* harén *m*.
hareng *nm* arenque *m*.
hargne *nf* hosquedad *f*.
haricot *nm* judía *f*, alubia *f*.
harmonica *nm* armónica *f*.
harmonie *nf* **1.** *(gén)* armonía *f* **2.** MUS *(fanfare)* banda *f*.
harmonieux, euse *adj* armonioso(sa).
harmoniser *vt* armonizar.
harnacher *vt (cheval)* enjaezar.

harnais *nm* **1.** *(de cheval)* arneses *mpl*, arreos *mpl* **2.** *SPORT* equipo *m* **3.** *TECHNOL* tren *m* de engranajes.
harpe *nf* arpa *f*.
harpon *nm* arpón *m*.
harponner *vt* **1.** *(poisson)* arponear **2.** *fam (personne)* echar el guante.
hasard *nm* **1.** *(événement imprévu)* casualidad *f* **2.** *(cause imprévisible)* azar *m* • **au hasard** al azar.
hasarder *vt* **1.** *(conseil)* aventurar **2.** *sout (vie, réputation)* arriesgar. ■ **se hasarder** *vp* • **se hasarder à faire qqch** aventurarse a hacer algo.
haschich, **haschisch** = **hachisch**.
hashtag *nm* hashtag *m*.
hâte *nf* prisa *f*.
hâter *vt* **1.** *(pas)* apresurar **2.** *(départ, mariage, etc)* adelantar. ■ **se hâter** *vp* darse prisa • **se hâter de faire qqch** darse prisa en hacer algo.
hausse *nf* alza *f* • **hausse des températures** subida *f* de las temperaturas.
hausser *vt* alzar • **hausser les épaules** encogerse de hombros.
haut, **e** *adj* alto(ta). ■ **haut** *adv* alto • **parler haut** hablar alto. ❑ *nm* **1.** *(hauteur)* alto *m* • **cette pièce fait deux mètres de haut** esta habitación tiene dos metros de alto **2.** *(sommet)* • **le haut de qqch** la parte alta de algo **3.** *(vêtement)* top *m*. ■ **de haut en bas** *loc adv* de arriba abajo. ■ **du haut de** *loc prép* desde lo alto de. ■ **en haut de** *loc prép* en lo alto de.
hautain, **e** *adj* altivo(va), altanero(ra).
hautbois *nm* oboe *m*.
haute-fidélité *nf* alta fidelidad *f*.
hautement *adv* altamente.
hauteur *nf* **1.** *(gén)* altura *f* **2.** *(colline)* alto *m*.
Haute-Volta *npr* • **la Haute-Volta** el Alto Volta.
haut-fourneau *nm* alto horno *m*.
haut-parleur *nm* altavoz *m* (**ESP**), altoparlante *m* (**AMÉR**).
havre *nm sout* remanso *m*.
hayon *nm* puerta *f* del maletero.
hebdomadaire *adj* semanal. ❑ *nm* semanario *m*, revista *f* semanal.
hébergement *nm* hospedaje *m*.
héberger *vt* alojar, hospedar.
hébergeur *nm (Internet)* • **hébergeur (Web)** hospedador *m* web.
hébété, **e** *adj* alelado(da).
hébraïque *adj* hebraico(ca).
hécatombe *nf* **1.** *(massacre)* hecatombe *f* **2.** *fig (à un examen)* escabechina *f*.
hectare *nm* hectárea *f*.
hectolitre *nm* hectolitro *m*.
hégémonie *nf* hegemonía *f*.
hein *interj fam* **1.** *(indiquant la surprise)* ¿qué? **2.** *(indiquant l'incompréhension)* ¿eh?, ¿cómo? **3.** *(pour susciter l'approbation)* ¿eh?, ¿verdad?
hélas *interj sout* desgraciadamente.
héler *vt (taxi, personne)* llamar.
hélice *nf* hélice *f*.
hélicoptère *nm* helicóptero *m*.
héliport *nm* helipuerto *m*.
hélium *nm* helio *m*.
Helsinki *npr* Helsinki.
hématome *nm* hematoma *m*.
hémicycle *nm* hemiciclo *m* • **l'hémicycle** *POLIT* el hemiciclo.
hémiplégique *adj & nmf* hemipléjico(ca).
hémisphère *nm* hemisferio *m*.
hémophile *adj & nmf* hemofílico(ca).
hémophilie *nf* hemofilia *f*.
hémorragie *nf* **1.** *MÉD* hemorragia *f* **2.** *fig (de capitaux)* fuga *f*.
hémorroïdes *nfpl* hemorroides *fpl*.
hennir *vi* relinchar.
hépatite *nf* hepatitis *f inv*.
herbe *nf* **1.** *(gén)* hierba *f* **2.** *fam (drogue)* hierba *f*.
herbicide *adj & nm* herbicida.
herboriste *nmf* herbolario *m*, -ria *f*, herborista *mf*.
héréditaire *adj* hereditario(ria).
hérédité *nf* herencia *f*.
hérésie *nf* herejía *f*.
hérisser *vt* **1.** *(poil)* erizar **2.** *fig (personne)* indignar.
hérisson *nm* erizo *m*.
héritage *nm* herencia *f*.
hériter *vi* heredar • **hériter de qqch** heredar algo. ❑ *vt* • **hériter qqch de qqn** heredar algo de alguien.
héritier, **ère** *nm, f* heredero *m*, -ra *f*.
hermétique *adj* hermético(ca).
hermine *nf* armiño *m*.
hernie *nf* hernia *f*.
héroïne *nf* heroína *f*.
héroïque *adj* heroico(ca).
héroïsme *nm* heroísmo *m*.
héron *nm* garza *f*.
héros *nm* héroe *m* • **héros national** héroe nacional.
herse *nf* **1.** *AGRIC* rastra *f* **2.** *(grille)* rastrillo *m*.
hésitant, **e** *adj* indeciso(sa).
hésitation *nf* indecisión *f*.
hésiter *vi* vacilar, dudar • **hésiter sur qqch/entre qqch et qqch** dudar sobre algo/entre algo y algo • **hésiter à faire qqch** dudar si hacer algo.
hétéroclite *adj* heteróclito(ta).

hétérogène *adj* heterogéneo(a).
hétérosexuel, elle *adj & nm, f* heterosexual.
hêtre *nm* haya *f*.
heure *nf* hora *f* • **c'est l'heure** es la hora • **être à l'heure** llegar a la hora *ou* puntual • **faire des heures supplémentaires** hacer horas extraordinarias • **il est une heure** es la una • **il est deux heures** son las dos • **quelle heure est-il ?** ¿qué hora es? • **tout à l'heure** luego • **l'heure d'été/d'hiver** la hora de verano/de invierno • **passer à l'heure d'été/d'hiver** cambiar la hora • **heure de fermeture** hora de cierre • **heures de bureau** horas *ou* horario de oficina.

S'EXPRIMER

demander l'heure

- ***¿Qué hora es?*** Quelle heure est-il ?
- ***Son las cuatro.*** Il est quatre heures.
- ***Son las cuatro y cinco.*** Il est quatre heures cinq.
- ***Son las cuatro y cuarto.*** Il est quatre heures et quart.
- ***Son las cuatro y media.*** Il est quatre heures et demie.
- ***Son las cinco menos cuarto.*** Il est cinq heures moins le quart.
- ***Son las cuatro y veinticinco.*** Il est quatre heures vingt-cinq.
- ***Son las cuatro y treinta y cinco*** *ou* ***las cinco menos veinticinco.*** Il est quatre heures trente-cinq.

heureusement *adv* **1.** *(par chance)* afortunadamente **2.** *(favorablement)* felizmente.
heureux, euse *adj (gén)* feliz • **être heureux de faire qqch** estar contento de hacer algo • **heureux de faire votre connaissance** encantado de conocerle • **encore heureux (que)** *fam* menos mal (que).
heurt *nm* **1.** *(choc)* choque *m*, golpe *m* **2.** *fig (désaccord, friction)* choque *m*.
heurté, e *adj* entrecortado(da).
heurter *vt* **1.** *(rentrer dans)* tropezar con **2.** *(sentiments, sensibilité)* herir **3.** *(bon sens)* ofender ; *(convenances)* desafiar. ❑ *vi* • **heurter contre qqch** chocar contra algo. ■ **se heurter** *vp* **1.** *(se cogner)* • **se heurter à qqch** chocar contra algo **2.** *(se quereller)* reñir **3.** *fig (rencontrer)* • **se heurter à** *(opposition, difficulté)* enfrentarse a.
hexagonal, e *adj (français)* francés(esa).
hexagone *nm* hexágono *m*.
hiatus *nm* LING hiato *m*.
hibernation *nf* hibernación *f*.
hiberner *vi* hibernar.
hibou *nm* búho *m* (ESP), tecolote *m* (AMÉR).
hic *nm fam* quid *m*.
hideux, euse *adj* repugnante.
hier *adv* ayer.
hiérarchie *nf* jerarquía *f*.
hiérarchiser *vt* jerarquizar.
hiéroglyphe *nm* jeroglífico *m*.
hilare *adj* risueño(ña).
hindou, e *adj & nm, f* hindú.
hindouiste *adj* hinduista.
hippie, hippy *adj & nmf* hippy.
hippique *adj* hípico(ca).
hippodrome *nm* hipódromo *m*.
hippopotame *nm* hipopótamo *m*.
hippy = **hippie**.
hirondelle *nf* golondrina *f*.
hirsute *adj* hirsuto(ta).
hispanique *adj* **1.** *(gén)* hispánico(ca) **2.** *(aux États-Unis)* hispano(na). ■ **Hispanique** *nmf (aux États-Unis)* hispano *m*, -na *f*.
hispaniser *vt* hispanizar.
hispaniste *nmf* hispanista *mf*.
hispanophone *adj & nmf* hispanoparlante.
hisser *vt* **1.** *(drapeau, voile)* izar **2.** *(charge)* subir. ■ **se hisser** *vp* **1.** *(grimper)* • **se hisser (sur qqch)** subirse (a algo) **2.** *fig (s'élever)* • **se hisser à qqch** ascender a algo.
histoire *nf* **1.** *(gén)* historia *f* **2.** *(récit, mensonge)* cuento *m* **3.** *(gén pl) fam (ennuis)* historias *fpl*, malos rollos *mpl*.
historique *adj* histórico(ca).
HIV (abrév de human immunodeficiency virus) *nm* HIV *m* • **être porteur du HIV** ser portador del HIV.
hiver *nm* invierno *m*.
hivernal, e *adj* invernal.
hl (abrév de hectolitre) hl.
HLM (abrév de habitation à loyer modéré) *nm ou nf* ≃ vivienda *f* de protección oficial • **habiter dans un** *ou* **une HLM** ≃ vivir en una vivienda de protección oficial.
hochet *nm* sonajero *m*.
hockey *nm* hockey *m*.
holding *nm ou nf* holding *m*.
hold-up *nm inv* atraco *m* a mano armada.
Hollande *npr* • **la Hollande** Holanda.
holocauste *nm* holocausto *m*.
hologramme *nm* holograma *m*.
homard *nm* bogavante *m*.
homéopathe *nmf* homeópata *mf*. ❑ *adj* homeopático(ca).
homéopathie *nf* homeopatía *f*.
homéopathique *adj* homeopático(ca).
homicide *nm* homicidio *m*. ❑ *adj* homicida.
hommage *nm* homenaje *m* • **rendre hommage à qqn/à qqch** rendir homenaje a alguien/a algo.
homme *nm* hombre *m* • **homme d'affaires** hombre de negocios • **homme de plume** hombre de letras • **l'homme de la rue** el hombre de la calle.

homme-grenouille *nm* hombre *m* rana.
homo (abrév de homosexuel) *adj & nm fam* homo.
homogène *adj* homogéneo(a).
homogénéiser *vt* homogeneizar.
homologation *nf* homologación *f*.
homologue *adj & nmf* homólogo(ga).
homonyme *nm* homónimo *m*.
homoparental, e, -aux *adj* homoparental • **famille homoparentale** familia homoparental.
homophobe *adj & nmf* homófobo(ba).
homophobie *nf* homofobia *f*.
homosexualité *nf* homosexualidad *f*.
homosexuel, elle *adj & nm,f* homosexual.
Honduras *npr* • **le Honduras** Honduras.
hondurien, enne *adj* hondureño(ña). ■ **Hondurien, enne** *nm,f* hondureño *m*, -ña *f*.
Hongkong, Hong Kong *npr* Hong Kong.
Hongrie *npr* • **la Hongrie** Hungría.
honnête *adj* **1.** *(gén)* honesto(ta) **2.** *(satisfaisant)* satisfactorio(ria).
honnêtement *adv* **1.** *(franchement)* sinceramente **2.** *(loyalement)* honestamente **3.** *(convenablement)* satisfactoriamente.
honnêteté *nf* honestidad *f*.
honneur *nm* **1.** *(gén)* honor *m* • **à qui ai-je l'honneur ?** *sout* ¿con quién tengo el honor? **2.** *(dignité, fierté)* honor *m*, honra *f* • **faire honneur à qqch/à qqn** hacer honor a algo/a alguien • **faire honneur à un repas** hacer los honores a una comida.
honorable *adj* **1.** *(personne, profession)* honorable **2.** *(somme)* razonable.
honorablement *adv* honradamente.
honoraire *adj* honorario(ria). ■ **honoraires** *nmpl* honorarios *mpl*.
honorer *vt* **1.** *(gén)* honrar **2.** *(dette)* liquidar ; *(chèque, paiement)* hacer efectivo.
honte *nf* vergüenza *f* (ESP), pena *f* (AMÉR) • **avoir honte de qqch/de faire qqch** tener vergüenza *ou* avergonzarse de algo/de hacer algo • **avoir honte de qqn** avergonzarse de alguien.
honteux, euse *adj* **1.** *(gêné)* avergonzado(da) • **elle est honteuse de la conduite de son mari** está avergonzada de la conducta de su marido **2.** *(scandaleux)* vergonzoso(sa) • **des loyers aussi élevés, c'est honteux !** ¡unos alquileres tan caros son una vergüenza!
hooligan, houligan *nm* ultra *m*, hooligan *m (hincha del fútbol británico)*.
hôpital *nm* hospital *m*.
hoquet *nm* hipo *m*.
horaire *nm* horario *m*. ❑ *adj (tarif)* por horas.
horizon *nm* horizonte *m*.
horizontal, e *adj* horizontal. ■ **horizontale** *nf* MATH horizontal *f*.
horloge *nf* reloj *m*.
horloger, ère *adj & nm,f* relojero(ra).
hormis *prép sout* menos, excepto.
hormonal, e *adj* hormonal.
hormone *nf* hormona *f*.
hormonothérapie *nf* MÉD hormonoterapia *f*.
Horn (cap) *npr* • **le cap Horn** el Cabo de Hornos.
horodateur *nm* parquímetro *m*.
horoscope *nm* horóscopo *m*.
horreur *nf* horror *m* • **avoir horreur de qqch/de qqn/de faire qqch** dar horror algo/alguien/hacer algo • **j'ai horreur de me lever tôt** odio levantarme temprano.
horrible *adj* **1.** *(laid)* horrible **2.** *fig (terrible)* terrible.
horrifier *vt* horrorizar.
horripiler *vt* poner los nervios de punta.
hors ■ **hors pair** *loc adj* sin igual. ■ **hors service** *loc adj* fuera de servicio. ■ **hors de** *loc prép* fuera de.
hors-bord *nm inv* fueraborda *m*.
hors-d'œuvre *nm inv* entremés *m*.
hors-jeu *nm inv* fuera de juego *m*.
hors-la-loi *nm inv* fuera de la ley *m*, forajido *m*.
hors-piste, hors-pistes *nm inv* esquí *m* fuera de pista.
hors-série *adj inv* fuera de serie. ❑ *nm* número *m* especial.
hortensia *nm* hortensia *f*.
horticulture *nf* horticultura *f*.
hospice *nm* hospicio *m*.
hospitalier, ère *adj* hospitalario(ria).
hospitalisation *nf* hospitalización *f*.
hospitaliser *vt* hospitalizar.
hospitalité *nf* hospitalidad *f*.
hostie *nf* hostia *f*.
hostile *adj* hostil • **hostile à qqn/à qqch** hostil a alguien/a algo.
hostilité *nf* hostilidad *f*. ■ **hostilités** *nfpl* hostilidades *fpl*.
hôte, hôtesse *nm,f* anfitrión *m*, -ona *f*. ■ **hôte** *nmf (invité)* huésped *mf*. ■ **hôtesse** *nf* azafata *f*.
hôtel *nm* **1.** *(hébergement)* hotel *m* • **descendre à l'hôtel** alojarse en un hotel **2.** *(demeure)* • **hôtel particulier** palacete *m*. ■ **hôtel de ville** *nm* ayuntamiento *m*.
hôtelier, ère *adj & nm,f* hotelero(ra).
hot line *nf* linea *f* caliente, hot line *f*.
hotte *nf* **1.** *(panier)* cuévano *m* **2.** *(d'aération)* campana *f*.
houblon *nm* lúpulo *m*.

houille *nf* hulla *f.*

houiller, ère *adj* hullero(ra). ■ **houillère** *nf* yacimiento *m* de hulla.

houle *nf* marejadilla *f.*

houlette *nf sout* • **sous la houlette de qqn** bajo la dirección de alguien.

houligan = **hooligan**.

houmous *nm* CULIN humus *m.*

houppe *nf* **1.** *(à poudre)* borla *f (de maquillar)* **2.** *(de cheveux)* hopo *m.*

hourra, hurrah *nm* hurra *m.* ❑ *interj* ¡hurra!

house, house music *nf* música *f* house.

houspiller *vt* reprender.

housse *nf* funda *f.*

houx *nm* acebo *m.*

HS (abrév de hors service) *fam* kaput, fuera de servicio • **la télé est complètement HS** la tele está completamente kaput.

HT *adj* **1.** (abrév de hors taxe) IVA no incluido, sin IVA • **300 euros HT** 300 euros sin IVA **2.** (abrév de haute tension) AT • **une ligne HT** una línea de AT.

hublot *nm* **1.** *(de bateau)* ojo *m* de buey ; *(d'avion)* ventanilla *f* **2.** *(de four)* puerta *f.*

huche *nf* arca *f.*

huées *nfpl* abucheo *m.*

huer *vt* abuchear.

huile *nf* **1.** *(gén)* aceite *m* • **huile alimentaire** aceite alimentario • **huile d'amandes amères/douces** aceite de almendras amargas/dulces • **huile d'arachide** aceite de cacahuete • **huile d'olive** aceite de oliva • **huile de lin** aceite de linaza • **huile de maïs/de noix** aceite de maíz/de nueces • **huile de palme** aceite de palma • **huile de tournesol** aceite de girasol • **huile essentielle** *ou* **volatile** aceite esencial *ou* volátil • **huile solaire** aceite bronceador • **huile végétale/vierge** aceite vegetal/virgen • **huile de coude** *hum* : **il faut pour cela : une pioche, une pelle et beaucoup d'huile de coude** se necesita un pico, una pala y la fuerza de los brazos • **saintes huiles** RELIG santos óleos • **à l'huile a)** CULIN en aceite **b)** *(peinture)* al óleo • **jeter** *ou* **mettre** *ou* **verser de l'huile sur le feu** echar leña al fuego • **mettre de l'huile dans les rouages** allanar el camino **2.** *(pétrole brut)* crudo *m* **3.** *(peinture)* óleo *m* **4.** *fam (personnalité)* pez *m* gordo.

huis *nm* • **à huis clos** a puerta cerrada.

huissier *nm* **1.** DR ≃ alguacil *m* judicial **2.** *(appariteur)* bedel *m.*

huit *adj num inv* ocho. ❑ *nm inv* ocho *m.* Voir aussi **six**.

huitième *adj num & nmf* octavo(va). ❑ *nm* octavo *m*, octava parte *f.* ❑ *nf* **1.** *(championnat)* • **huitième de finale** octavos *mpl* de final **2.** *(classe)* ≃ cuarto *m* de primaria. Voir aussi **sixième**.

huître *nf* ostra *f.*

humain, e *adj* humano(na). ■ **humain** *nm* humano *m.*

humanitaire *adj* humanitario(ria). ❑ *nm* • **l'humanitaire** las organizaciones humanitarias • **travailler dans l'humanitaire** trabajar en la ayuda humanitaria.

humanité *nf* humanidad *f.*

humble *adj* humilde.

humecter *vt* humedecer. ■ **s'humecter** *vp* humedecerse.

humer *vt* aspirar *(oler).*

humérus *nm* húmero *m.*

humeur *nf* **1.** *(caractère, disposition)* humor *m* • **être d'humeur à faire qqch** estar de humor para hacer algo • **être d'une humeur massacrante** estar de un humor de perros • **mauvaise humeur** malhumor *m* **2.** *(irritation)* mal humor *m.*

humide *adj* húmedo(da).

humidificateur *nm* humidificador *m.*

humidité *nf* humedad *f.*

humiliation *nf* humillación *f.*

humilier *vt* humillar. ■ **s'humilier** *vp* • **s'humilier devant qqn** humillarse ante alguien.

humilité *nf* humildad *f.*

humoristique *adj* humorístico(ca).

humour *nm* humor *m.*

humus *nm* humus *m inv*, mantillo *m.*

huppé, e *adj* de alto copete.

hurlement *nm* alarido *m*, aullido *m.*

hurler *vi* aullar.

hurrah = **hourra**.

hutte *nf* choza *f* (ESP), mediagua *f* (AMÉR).

hutu, e *adj* hutu. ■ **Hutu, e** *nm, f* hutu *mf.*

hybride *adj & nmf* híbrido(da).

hydratant, e *adj* hidratante.

hydrater *vt* hidratar.

hydrater *vt* hidratar. ■ **s'hydrater** *vp* hidratarse.

hydraulique *adj* hidráulico(ca). ❑ *nf (science)* hidráulica *f.*

hydravion *nm* hidroavión *m.*

hydrocarbure *nm* hidrocarburo *m.*

hydrocution *nf* hidrocución *f.*

hydroélectrique *adj* hidroeléctrico(ca).

hydrogène *nm* hidrógeno *m.*

hydroglisseur *nm* hidroplano *m.*

hydrophile *adj (absorbant)* hidrófilo(la).

hyène *nf* hiena *f.*

hygiène *nf* higiene *f.*

hygiénique *adj* higiénico(ca).

hymen *nm* **1.** *ANAT* himen *m* **2.** *sout (mariage)* himeneo *m*.
hymne *nm* himno *m*.
hype *adj inv (quartier, créateur)* fashion *(inv)*, hype.
hyperactif, ive *adj* hiperactivo(va).
hyperactivité *nf* hiperactividad *f*.
hyperlien *nm INFORM* hipervínculo *m*.
hypermarché *nm* hipermercado *m*.
hypermétrope *adj & nmf* hipermétrope.
hypernerveux, euse *adj & nm,f* hipernervioso(sa).
hypertendu, e *adj & nm,f* hipertenso(sa).
hypertension *nf* hipertensión *f*.
hypertrophié, e *adj* hipertrofiado(da).
hypnotiser *vt* hipnotizar • **être hypnotisé par qqch** estar hipnotizado por algo.
hypoallergénique *adj* hipoalergénico(ca).
hypocalorique *adj* hipocalórico(ca).
hypocondriaque *adj & nmf* hipocondríaco(ca).
hypocrisie *nf* hipocresía *f*.
hypocrite *adj & nmf* hipócrita.
hypoglycémie *nf* hipoglucemia *f*.
hypophyse *nf* hipófisis *f inv*.
hypotension *nf* hipotensión *f*.
hypothèque *nf* hipoteca *f*.
hypothéquer *vt* hipotecar.
hypothèse *nf* hipótesis *f inv*.
hystérectomie *nf* histerectomía *f*.
hystérie *nf* histeria *f*.
hystérique *adj & nmf* histérico(ca).

I

i, I *nm inv (lettre)* i *f*, I *f*.
Ibiza *nf* Ibiza *f*.
iceberg *nm* iceberg *m*.
ici *adv* **1.** *(lieu, temps)* aquí • **d'ici là** para entonces • **par ici** por aquí **2.** *(au téléphone)* • **ici Charles** soy Charles.
ici-bas *adv (sur la terre)* en este mundo.
icône *nf* icono *m*.
iconographie *nf* iconografía *f*.
idéal, e *adj* ideal. ■ **idéal** *nm* ideal *m*.
idéalisme *nm* idealismo *m*.
idée *nf* idea *f*.
identifiant *nm INFORM* identificante *m*.
identification *nf* identificación *f* • **identification à qqn/à qqch** identificación con alguien/con algo.
identifier *vt* identificar • **identifier qqn à qqch/à qqn** identificar a alguien con algo/con alguien. ■ **s'identifier** *vp* • **s'identifier à qqn/à qqch** identificarse con alguien/con algo.
identique *adj* idéntico(ca) • **identique à qqch/à qqn** idéntico(ca) a algo/a alguien.
identitaire *adj* identitario(ria) • **repli identitaire** repliegue identitario.
identité *nf (gén)* identidad *f*.
idéogramme *nm* ideograma *m*.
idéologie *nf* ideología *f*.
idéologique *adj* ideológico(ca).
IDH, idh (abrév de **indice de développement humain**) *nm* IDH *m (Índice de Desarrollo Humano)*.
idiomatique *adj* idiomático(ca).
idiot, e *nm,f* idiota *mf*, tonto *m*, -ta *f* **(ESP)**, sonso *m*, -sa *f* **(AMÉR)**. ❑ *adj* **1.** *(chose, histoire)* tonto(ta) **2.** *(personne)* idiota, tonto(ta) **(ESP)**, sonso(sa) **(AMÉR) 3.** *vieilli MÉD* idiota.
idiotie *nf* **1.** *(stupidité) MÉD* idiotez *f* **2.** *(action, parole)* idiotez *f*, tontería *f*.
idolâtrer *vt* idolatrar.
idole *nf* ídolo *m*.
idylle *nf* idilio *m*.
idyllique *adj* idílico(ca).
if *nm* tejo *m*.
igloo, iglou *nm* iglú *m*.
ignare *adj & nmf* ignorante.
ignoble *adj* **1.** *(abject)* innoble **2.** *(hideux)* inmundo(da).
ignominie *nf* **1.** *(gén)* ignominia *f* **2.** *(chose ignoble)* infamia *f*.
ignorance *nf* ignorancia *f*.
ignorant, e *nm,f* ignorante *mf*. ❑ *adj (inculte)* ignorante.
ignorer *vt* ignorar • **ignorer que** ignorar que.
il *pron pers* él *(n'est pas toujours exprimé)* • **il n'est jamais chez lui** nunca está en casa • **il voyage beaucoup** viaja mucho • **il pleut** llueve • **il fait beau** hace buen tiempo.
île *nf* isla *f* • **île de Pâques** isla de Pascua • **île Maurice** isla Mauricio.
illégal, e *adj* ilegal.
illégalité *nf* ilegalidad *f*.
illégitime *adj* **1.** *(union, enfant)* ilegítimo(ma) **2.** *(crainte, prétention)* infundado(da).
illettré, e *adj & nm,f* iletrado(da).
illicite *adj* ilícito(ta).
illimité, e *adj* **1.** *(sans limite)* ilimitado(da) **2.** *(indéterminé)* indeterminado(da).

illisible *adj* ilegible.
illogique *adj* ilógico(ca).
illumination *nf* **1.** *(gén)* iluminación *f* **2.** *(idée)* inspiración *f.* ■ **illuminations** *nfpl* luces *fpl.*
illuminer *vt* iluminar. ■ **s'illuminer** *vp* • **s'illuminer de qqch** iluminarse de algo.
illusion *nf* ilusión *f.*
illusoire *adj* ilusorio(ria).
illustration *nf* ilustración *f.*
illustre *adj* ilustre.
illustré, e *adj* ilustrado(da). ■ **illustré** *nm* revista *f* ilustrada.
illustrer *vt* ilustrar. ■ **s'illustrer** *vp* destacar.
îlot *nm* **1.** *(petite île)* islote *m* **2.** *(de maisons)* manzana *f* **(ESP)**, cuadra *f* **(AMÉR)** **3.** *fig (de verdure, de calme)* oasis *m inv* **4.** *fig (groupe isolé)* foco *m.*
image *nf* **1.** *(gén)* imagen *f* **2.** *(reproduction)* estampa *f.*
imagerie *nf* imágenes *fpl* • **imagerie médicale** imágenes médicas.
imaginaire *adj* imaginario(ria). ❑ *nm* imaginario *m.*
imagination *nf* **1.** *(gén)* imaginación *f* **2.** *(gén pl) sout (chimère)* capricho *m.*
imaginer *vt* **1.** *(gén)* imaginar **2.** *(trouver)* idear. ■ **s'imaginer** *vp* imaginarse.
imam *nm* imán *m.*
imbattable *adj* **1.** *(champion)* invencible, imbatible **2.** *(record, prix)* insuperable, imbatible.
imbécile *adj & nmf* imbécil.
imberbe *adj* barbilampiño, imberbe.
imbiber *vt* • **imbiber qqch de qqch** empapar algo en algo • **être imbibé** *fam* estar como una cuba.
imbriqué, e *adj* imbricado(da).
imbroglio *nm* embrollo *m.*
imbu, e *adj* • **être imbu de qqch a)** *(de préjugés)* estar lleno de algo **b)** *(de sa supériorité)* estar convencido de algo • **être imbu de soi-même** tenérselo muy creído.
imbuvable *adj* **1.** *(eau)* imbebible • **c'est imbuvable** no hay quien se lo beba **2.** *fam (personne)* insoportable.
IMC, imc (abrév de indice de masse corporelle) *nm* IMC *m (índice de masa corporal).*
imitateur, trice *nm, f* imitador *m*, -ra *f.*
imitation *nf* imitación *f.*
imiter *vt* **1.** *(style, conduite)* imitar **2.** *(signature)* falsificar.
immaculé, e *adj* inmaculado(da).
immangeable *adj* incomible.
immanquable *adj* infalible.
immatriculation *nf (de véhicule)* matrícula *f.*
immature *adj* inmaduro(ra).
immédiat, e *adj* **1.** *(dans le temps)* inmediato(ta) **2.** *(dans l'espace)* más cercano(na).
immédiatement *adv* inmediatamente.
immense *adj* inmenso(sa).
immergé, e *adj* sumergido(da) • **la partie immergée de l'iceberg** la parte escondida del iceberg.
immerger *vt* sumergir. ■ **s'immerger** *vp* sumergirse.
immérité, e *adj* inmerecido(da).
immeuble *adj & nm* inmueble.
immigration *nf* inmigración *f* • **immigration clandestine** inmigración clandestina.
immigré, e *adj & nm, f* inmigrado(da).
immigrer *vi* inmigrar.
imminent, e *adj* inminente.
immiscer ■ **s'immiscer** *vp* • **s'immiscer dans qqch** inmiscuirse en algo.
immobile *adj* **1.** *(personne, mécanisme)* inmóvil ; *(visage)* imperturbable **2.** *fig (figé)* arraigado(da).
immobilier, ère *adj* **1.** DR *(bien)* inmueble **2.** *(transaction, agent)* inmobiliario(ria).
immobiliser *vt* inmovilizar. ■ **s'immobiliser** *vp* **1.** *(personne)* quedarse inmóvil **2.** *(mécanisme)* inmovilizarse.
immobilité *nf* **1.** *(gén)* inmovilidad *f* **2.** *(d'un paysage)* quietud *f.*
immodéré, e *adj* **1.** *(dépense)* desmesurado(da) **2.** *(désir, goût)* desmedido(da).
immoler *vt* **1.** RELIG inmolar **2.** *sout (sacrifier)* • **immoler qqch à qqn/à qqch** sacrificar algo por alguien/por algo • **immoler qqn au nom de qqch** inmolar a alguien en aras de algo. ■ **s'immoler** *vp* inmolarse.
immonde *adj* inmundo(da).
immondices *nfpl* inmundicias *fpl.*
immoral, e *adj* inmoral.
immortaliser *vt* inmortalizar.
immortalité *nf* inmortalidad *f.*
immortel, elle *adj* inmortal.
immuable *adj* **1.** *(loi)* inmutable **2.** *(personne, attitude)* inflexible.
immuniser *vt* inmunizar • **immuniser qqn contre qqch** inmunizar a alguien contra algo.
immunitaire *adj* inmunitario(ria).
immunité *nf* inmunidad *f* • **immunité diplomatique/parlementaire** inmunidad diplomática/parlamentaria.
immunodéficience *nf* inmunodeficiencia *f.*
impact *nm* impacto *m* • **avoir de l'impact sur qqch** tener (un) impacto sobre algo.
impair, e *adj* impar. ■ **impair** *nm (faux pas)* • **commettre un impair** cometer una torpeza.
imparable *adj* **1.** *(coup)* imparable **2.** *(argument)* irrefutable.
impardonnable *adj* imperdonable.
imparfait, e *adj* imperfecto(ta). ■ **imparfait** *nm* GRAMM pretérito *m* imperfecto.

impartial, e *adj* imparcial.
impartir *vt* conceder • **impartir qqch à qqn** conceder algo a alguien.
impasse *nf* **1.** *(rue, difficulté)* callejón *m* sin salida **2.** *SCOL & UNIV* • **faire une impasse** *fam* preparar sólo una parte del temario **3.** *(aux cartes)* impasse *m*.
impassible *adj* impasible.
impatience *nf* impaciencia *f*.
impatient, e *adj* impaciente.
impatienter *vt* impacientar. ■ **s'impatienter** *vp* impacientarse.
impayé, e *adj* impagado(da). ■ **impayé** *nm* impagado *m*.
impeccable *adj* impecable.
impénétrable *adj* impenetrable.
impensable *adj* impensable.
impératif, ive *adj* imperativo(va). ■ **impératif** *nm* imperativo *m*.
impératrice *nf* emperatriz *f*.
imperceptible *adj* imperceptible.
imperfection *nf* imperfección *f*.
impérialisme *nm* **1.** *POLIT* imperialismo *m* **2.** *fig (domination)* imperio *m*.
impérieux, euse *adj* imperioso(sa).
impérissable *adj* imperecedero(ra).
imperméabiliser *vt* impermeabilizar.
imperméable *adj* impermeable • **être imperméable à qqch** *fig (insensible)* ser insensible a algo. ❑ *nm* impermeable *m*.
impersonnel, elle *adj* impersonal.
impertinence *nf* impertinencia *f*.
impertinent, e *adj & nm, f* impertinente.
imperturbable *adj* imperturbable.
impétueux, euse *adj* impetuoso(sa).
impie *adj & nmf sout & vieilli* impío(a).
impitoyable *adj* despiadado(da).
implacable *adj* implacable.
implant *nm* implante *m* • **implant dentaire** implante dental.
implanter *vt* implantar. ■ **s'implanter** *vp (personne)* establecerse ; *(usine, entreprise)* implantarse.
implication *nf* implicación *f*.
implicite *adj* implícito(ta).
impliqué, e *adj* involucrado(da).
impliquer *vt* implicar • **impliquer qqn dans qqch** implicar a alguien en algo. ■ **s'impliquer** *vp* • **s'impliquer dans qqch** implicarse en algo, involucrarse en algo.
implorer *vt sout* implorar.
implosion *nf* implosión *f*.
impoli, e *adj* **1.** *(personne)* maleducado(da) **2.** *(remarque, attitude)* descortés.
impopulaire *adj* impopular.
impopularité *nf* impopularidad *f*.
import (abrév de importation) *nm* importación *f*.
importance *nf* importancia *f* • **sans importance** sin importancia • **se donner de l'importance** darse importancia.
important, e *adj* importante.
importation *nf* importación *f*.
importer *vt* importar. ❑ *vi* importar • **il importe de...** es importante... • **il importe d'arriver à l'heure** es importante llegar a la hora • **il importe que...** es importante que... • **il importe qu'il parle espagnol** es importante que hable español • **importer à qqn** importar a alguien • **n'importe lequel** cualquiera • **n'importe qui** cualquiera, quien sea • **n'importe quoi** cualquier cosa, lo que sea • **peu importe !** ¡importa poco!, ¡da igual! • **qu'importe !** ¡no importa!, ¡da igual! • **qu'importe que** qué importa que, da igual que.
import-export *nm* importación y exportación *f*.
importuner *vt* importunar.
imposable *adj* imponible • **non imposable** no imponible, no sujeto(ta) a impuesto.
imposant, e *adj* **1.** *(gén)* imponente **2.** *(somme)* considerable.
imposé, e *adj* **1.** *(revenu)* impuesto(ta) **2.** *SPORT* obligatorio(ria). ❑ *nm, f (contribuable)* contribuyente *mf*.
imposer *vt* **1.** *(gén)* imponer • **imposer qqch à qqn** imponer algo a alguien **2.** *(taxer)* gravar. ❑ *vi* • **en imposer à qqn** *(l'impressionner)* imponer a alguien. ■ **s'imposer** *vp* **1.** *(gén)* imponerse **2.** *(avoir pour règle)* • **s'imposer de faire qqch** obligarse a hacer algo.
impossibilité *nf* **1.** *(incapacité)* imposibilidad *f* • **être dans l'impossibilité de** encontrarse en la imposibilidad de **2.** *(chose impossible)* imposible *m*.
impossible *adj* imposible. ❑ *nm* • **l'impossible** lo imposible • **tenter l'impossible** intentar lo imposible.
imposteur *nm* impostor *m*, -ra *f*.
impôt *nm* impuesto *m* • **impôt sur le revenu** impuesto sobre la renta.
impotent, e *adj* impedido(da).
impraticable *adj* impracticable.
imprécation *nf sout* imprecación *f*.
imprécis, e *adj* impreciso(sa).
imprégner *vt* impregnar • **imprégner qqch/qqn de qqch** impregnar algo/a alguien de algo. ■ **s'imprégner** *vp* • **s'imprégner de qqch** impregnarse de algo.
imprenable *adj (forteresse, vue)* inexpugnable.
imprésario, impresario *nm* agente *m (de un artista)*.
impression *nf* **1.** *(gén)* impresión *f* • **avoir l'impression que** tener la impresión de que

• **faire impression** causar impresión **2.** *(de livre)* impresión *f*; *(d'étoffe)* estampado *m*.
impressionner *vt* impresionar.
impressionnisme *nm* impresionismo *m*.
imprévisible *adj* imprevisible.
imprévu, e *adj* imprevisto(ta). ■ **imprévu** *nm* imprevisto *m*.
imprimante *nf* impresora *f*.
imprimer *vt* **1.** *(gén)* imprimir • **ne plus imprimer** *fam & fig* estar saturado • **je suis trop fatigué, je n'imprime plus !** ¡estoy demasiado cansado y mi cerebro no da para más! **2.** *(tissu)* estampar **3.** *sout (sentiment)* infundir.
imprimerie *nf* imprenta *f*.
improbable *adj* improbable.
improductif, ive *adj & nm,f* improductivo(va).
impromptu, e *adj* improvisado(da).
impropre *adj* **1.** GRAMM *(mot, tournure)* impropio(pia) **2.** *(inadapté)* • **impropre à qqch** no apto(ta) para algo.
improvisé, e *adj* improvisado(da).
improviser *vt* improvisar. ■ **s'improviser** *vp* **1.** *(s'organiser)* improvisarse **2.** *(devenir)* hacer las veces de.
improviste ■ **à l'improviste** *loc adv* de improviso.
imprudence *nf* imprudencia *f*.
imprudent, e *adj & nm,f* imprudente.
impubère *adj & nmf* impúber.
impudent, e *adj & nm,f* impudente.
impudique *adj* impúdico(ca).
impuissant, e *adj* **1.** *(gén)* impotente **2.** *(incapable)* • **impuissant à faire qqch** incapaz de hacer algo. ■ **impuissant** *nm* impotente *m*.
impulsif, ive *adj & nm,f* impulsivo(va).
impulsion *nf* impulso *m* • **sous l'impulsion de qqch/de qqn** bajo el impulso de algo/de alguien.
impunément *adv* impunemente.
impunité *nf* impunidad *f* • **en toute impunité** con toda impunidad.
impur, e *adj* impuro(ra).
impureté *nf* impureza *f*.
imputer *vt* • **imputer qqch à qqn/qqch** imputar algo a alguien/a algo.
imputrescible *adj* imputrescible.
inabordable *adj* **1.** *(prix)* prohibitivo(va) **2.** *(île, personne)* inaccesible, inabordable.
inacceptable *adj* inaceptable.
inaccessible *adj* **1.** *(gén)* inaccesible **2.** *(insensible)* • **inaccessible à qqch** insensible a algo.
inaccoutumé, e *adj* inusual.
inaction *nf* inacción *f*.
inactivité *nf* **1.** *(oisiveté)* inactividad *f* **2.** ADMIN *(congé)* excedencia *f*.
inadapté, e *adj* **1.** *(inadéquat)* • **inadapté à qqch** inadecuado para algo **2.** *(personne)* inadaptado(da). ❑ *nm,f* inadaptado *m*, -da *f*.
inadmissible *adj* inadmisible.
inadvertance *nf sout* inadvertencia *f* • **par inadvertance** por inadvertencia.
inaliénable *adj* inalienable.
inaltérable *adj* inalterable.
inamovible *adj* fijo(ja).
inanimé, e *adj* inanimado(da) ; *(sans vie)* inánime.
inanité *nf* inanidad *f*.
inanition *nf* • **tomber/mourir d'inanition** desfallecer/morirse de inanición.
inaperçu, e *adj* inadvertido(da).
inappliqué, e *adj* **1.** *(élève)* desaplicado(da) **2.** *(méthode)* no aplicado(da).
inappréciable *adj* inapreciable.
inapprochable *adj* inaccesible.
inapte *adj* **1.** *(incapable)* • **inapte à qqch/à faire qqch** inepto(ta) para algo/para hacer algo **2.** MIL no apto, inútil.
inattaquable *adj* **1.** *(forteresse)* inatacable **2.** *(réputation)* irreprochable **3.** *(argument, preuve)* irrefutable.
inattendu, e *adj* inesperado(da).
inattention *nf* falta *f* de atención, desatención *f*.
inaudible *adj* inaudible.
inauguration *nf* inauguración *f*.
inaugurer *vt* inaugurar.
inavouable *adj* inconfesable.
inca *adj* inca.
incalculable *adj* incalculable.
incandescence *nf* incandescencia *f*.
incantation *nf* encantamiento *m*.
incapable *adj* • **incapable de faire qqch** incapaz de hacer algo. ❑ *nmf* incapaz *mf*.
incapacité *nf* incapacidad *f* • **incapacité à faire qqch** incapacidad para hacer algo.
incarcération *nf* encarcelamiento *m*.
incarner *vt* encarnar.
incartade *nf* extravagancia *f*.
incassable *adj* irrompible.
incendie *nm* incendio *m*.
incendier *vt* **1.** *(mettre le feu à)* incendiar **2.** *fam (réprimander)* echar una bronca **3.** *sout (faire rougir)* sonrojar.
incertain, e *adj* **1.** *(pronostic, réussite, durée)* incierto(ta) **2.** *(personne)* inseguro(ra) **3.** *(temps)* inestable **4.** *(lumière, contour)* borroso(sa).
incertitude *nf* **1.** *(gén)* incertidumbre *f* **2.** MATH & PHYS indeterminación *f*.

S'EXPRIMER

exprimer son incertitude

- ***¿Lo crees realmente?*** *ou* ***¿Estás seguro?*** Tu crois vraiment ?
- ***No estoy tan convencido.*** Je n'en suis pas si sûr.
- ***Quién sabe, quizás ha cambiado de opinión.*** Qui sait, il a peut-être changé d'avis.
- ***No estoy seguro del todo.*** Je ne sais pas vraiment.
- ***Me pregunto si he hecho bien.*** Je me demande si j'ai bien fait.

incessamment *adv* en breve.
incessant, e *adj* incesante.
inceste *nm* incesto *m*.
inchangé, e *adj* igual *(sin cambiar)*.
incidence *nf* incidencia *f*.
incident, e *adj* **1.** *(gén)* incidental **2.** *PHYS* incidente. ■ **incident** *nm* incidente *m*.
incinérer *vt* incinerar.
inciser *vt* hacer una incisión en.
incisif, ive *adj* incisivo(va). ■ **incisive** *nf* incisivo *m*.
inciter *vt* • **inciter qqn à qqch/à faire qqch** incitar a alguien a algo/a hacer algo.
incivilité *nf* **1.** *(manque de courtoisie)* falta de civismo *ou* de educación **2.** *(acte)* incivilidad *f*.
inclassable *adj* inclasificable.
inclinable *adj* abatible.
inclinaison *nf* inclinación *f*.
inclination *nf* inclinación *f*.
incliner *vt (pencher)* inclinar. ■ **s'incliner** *vp (se pencher)* inclinarse • **s'incliner devant qqch** *(respecter, céder à)* inclinarse ante algo • **s'incliner devant qqn** *(se soumettre)* inclinarse ante alguien.
inclure *vt* incluir • **inclure qqch dans qqch** incluir algo en algo.
incoercible *adj sout* incoercible.
incognito *adv* de incógnito. ❑ *nm* incógnito *m*.
incohérence *nf* incoherencia *f*.
incohérent, e *adj* incoherente.
incollable *adj* **1.** *(riz)* que no se pega **2.** *fam (personne)* • **il est incollable** no hay quien lo pille.
incolore *adj* incoloro(ra).
incomber *vi* • **incomber à qqn** incumbir a alguien.
incombustible *adj* incombustible.
incommensurable *adj* inconmensurable.
incommodant, e *adj* incómodo(da).
incommoder *vt sout* incomodar.
incomparable *adj* **1.** *(sans pareil)* incomparable **2.** *(différent)* distinto(ta).
incompatibilité *nf* incompatibilidad *f*.
incompatible *adj* incompatible.
incompétent, e *adj* incompetente.
incomplet, ète *adj* incompleto(ta).
incompréhensible *adj* incomprensible.
incompréhensif, ive *adj* poco comprensivo(va).
incompris, e *adj & nm,f* incomprendido(da).
inconcevable *adj* inconcebible.
inconciliable *adj* irreconciliable.
inconditionnel, elle *adj & nm,f* incondicional.
inconfortable *adj* incómodo(da).
incongru, e *adj* incongruente.
inconnu, e *adj* desconocido(da) • **inconnu de qqn** desconocido para alguien. ❑ *nm,f* desconocido *m*, -da *f*. ■ **inconnue** *nf fig MATH* incógnita *f*.
inconsciemment *adv* inconscientemente.
inconscient, e *adj & nm,f* inconsciente. ■ **inconscient** *nm* inconsciente *m*.
inconsidéré, e *adj* desconsiderado(da).
inconsistant, e *adj* inconsistente.
inconsolable *adj* inconsolable.
incontestable *adj* incontestable, indiscutible.
incontinent, e *adj & nm,f* incontinente.
incontournable *adj* ineludible • **ce livre est incontournable** este libro hay que leerlo.
incontrôlable *adj* incontrolable.
inconvenant, e *adj* inconveniente.
inconvénient *nm* inconveniente *m*.
incorporé, e *adj* incorporado(da).
incorporer *vt* • **incorporer qqch à qqch** *(mêler)* incorporar algo a algo • **incorporer qqch dans qqch** *(insérer)* incorporar algo a algo.
incorrect, e *adj* incorrecto(ta).
incorrectement *adv* incorrectamente.
incorrection *nf* incorrección *f*.
incorrigible *adj* incorregible.
incorruptible *adj* incorruptible.
incrédule *adj & nmf* incrédulo(la).
incrédulité *nf* incredulidad *f*.

S'EXPRIMER

exprimer son incrédulité

- ***¡No puede ser!*** Ce n'est pas possible !
- ***¿De verdad?*** Vraiment ?
- ***¡No me lo puedo creer!*** *ou* ***¡No me digas!*** C'est pas vrai !
- ***¡Es realmente increíble!*** *ou* ***¡Parece mentira!*** C'est vraiment incroyable !
- ***¿Quién lo hubiera creído?*** Qui l'eût cru ?
- ***¡Es impensable!*** C'est inimaginable !

increvable *adj* **1.** *(ballon, pneu)* que no se pincha **2.** *fam (mécanisme)* a prueba de bombas **3.** *fam (personne)* duro(ra) como una roca.
incriminer *vt* incriminar.

incroyable *adj* increíble.
incroyant, e *adj & nm,f* no creyente.
incruste *nf fam* • **taper l'incruste** pegarse como una lapa.
incruster *vt* • **incruster qqch dans qqch** incrustar algo en algo. ■ **s'incruster** *vp* **1.** *(gén)* • **s'incruster dans qqch** incrustarse en algo **2.** *fam & péj (s'inviter)* colarse, apalancarse.
incubation *nf* incubación *f*.
inculpation *nf* inculpación *f* • **sous l'inculpation de qqch** bajo acusación de algo.
inculpé, e *nm,f* inculpado *m*, -da *f*.
inculper *vt* inculpar • **inculper qqn de qqch** inculpar a alguien de algo.
inculquer *vt* • **inculquer qqch à qqn** inculcar algo a alguien.
inculte *adj* **1.** *(terre, personne)* inculto(ta) **2.** *(barbe)* descuidado(da).
incurable *adj* incurable ; *fig* irremediable. ❑ *nmf* desahuciado *m*, -da *f*.
incursion *nf* incursión *f*.
incurvé, e *adj* curvado(da).
Inde *nf* • **l'Inde** (la) India.
indéboulonnable *adj* • **il est indéboulonnable** de ahí no hay quien lo saque.
indécent, e *adj* indecente.
indéchiffrable *adj* indescifrable.
indécis, e *adj* **1.** *(gén)* indeciso(sa) **2.** *(résultat)* incierto(ta). ❑ *nm,f* indeciso *m*, -sa *f*.
indécision *nf* indecisión *f*.
indécrottable *adj fam* incorregible.
indéfendable *adj* indefendible.
indéfini, e *adj* indefinido(da).
indéfinissable *adj* indefinible.
indéformable *adj* indeformable.
indélébile *adj* indeleble.
indélicat, e *adj* poco delicado(da).
indemne *adj* indemne.
indemniser *vt* • **indemniser qqn de qqch** indemnizar a alguien por algo.
indemnité *nf* indemnización *f* • **indemnité de chômage** prestación *f* por desempleo.
indémodable *adj* que no pasa de moda • **c'est un style indémodable** es un estilo que nunca pasará de moda.
indéniable *adj* innegable.
indépendance *nf* independencia *f*.
indépendant, e *adj* **1.** *(gén)* independiente • **indépendant de qqch** *(sans rapport avec)* independiente de algo **2.** *(travailleur)* autónomo(ma).
indépendantiste *adj & nmf* independentista.
indéracinable *adj* que no se puede desarraigar.
indescriptible *adj* indescriptible.
indestructible *adj* indestructible.
indéterminé, e *adj* indeterminado(da).
indétrônable *adj* inamovible.
index *nm* índice *m*.
indexation *nf* INFORM indexación *f*, indización *f*.
indexer *vt* **1.** *(gén)* indexar, indizar **2.** ÉCON • **indexer qqch sur qqch** ajustar algo a algo.
indicatif, ive *adj* indicativo(va). ■ **indicatif** *nm* **1.** RADIO & TV sintonía *f* **2.** *(code)* prefijo *m*.
indication *nf* indicación *f*.
indice *nm* **1.** *(gén)* índice *m* **2.** *(signe)* indicio *m*.
indicible *adj sout* indecible.
indien, enne *adj* indio(dia). ■ **Indien, enne** *nm,f (d'Amérique)* indio *m*, -dia *f* ; *(d'Inde)* hindú *mf*.
indifféremment *adv* **1.** *(avec froideur)* con indiferencia **2.** *(sans faire de différence)* sin distinción.
indifférence *nf* indiferencia *f*.

S'EXPRIMER

exprimer son indifférence

- ***Me importa un bledo.*** Ça m'est complètement égal.
- ***¡Esto no es asunto mío!*** Mais ça ne me regarde pas !
- ***¡Estaba escrito!*** C'est pas de chance !
- ***¡Qué importa!*** Peu importe.
- ***Es cosa tuya/suya.*** Ça te/vous regarde.
- ***Si tú lo dices./Si usted lo dice.*** Si tu veux/vous voulez.

indifférent, e *adj* • **indifférent à qqch** indiferente a algo. ❑ *nm,f* indiferente *mf*.
indigence *nf* **1.** *(pauvreté)* indigencia *f* **2.** *fig (intellectuelle, morale)* pobreza *f*.
indigène *adj & nmf* indígena.
indigent, e *adj* **1.** *(pauvre)* indigente **2.** *fig (intellectuellement)* pobre. ❑ *nm,f* indigente *mf*.
indigeste *adj* indigesto(ta).
indigestion *nf* indigestión *f*, hartazgo *m*.
indignation *nf* indignación *f*.
indigne *adj* indigno(na).
indigné, e *adj* indignado(da).
indigner *vt* indignar. ■ **s'indigner** *vp* • **s'indigner de** *ou* **contre qqch** indignarse por algo • **il s'indigne qu'on le fasse tant travailler** le indigna que le hagan trabajar tanto.
indigo *adj & nm* índigo.
indiquer *vt* indicar, señalar.
indirect, e *adj* indirecto(ta).
indirectement *adv* indirectamente.
indiscipliné, e *adj* **1.** *(écolier, soldat)* indisciplinado(da) **2.** *(cheveux)* rebelde.
indiscret, ète *adj & nm,f* indiscreto(ta).
indiscrétion *nf* indiscreción *f*.
indiscutable *adj* indiscutible.
indispensable *adj* indispensable, imprescindible • **indispensable à qqch/à qqn** indispensable *ou* imprescindible para algo/para

alguien • **il est indispensable de faire...** es indispensable *ou* imprescindible hacer....
indisponible *adj* • **il est indisponible** no está disponible.
indisposer *vt* indisponer.
indistinct, e *adj* confuso(sa).
individu *nm* individuo *m*.
individualisme *nm* individualismo *m*.
individualiste *adj & nmf* individualista.
individuel, elle *adj* individual.
indivisible *adj* indivisible.
indolent, e *adj* indolente.
indolore *adj* indoloro(ra).
indomptable *adj* indomable.
Indonésie *nf* • **l'Indonésie** Indonesia.
indu, e *adj* indebido(da).
indubitable *adj* indudable • **il est indubitable que** es indudable que.
induction *nf* PHYS inducción *f* • **plaque à induction** cocina de inducción.
induire *vt* **1.** *(gén)* inducir • **en induire que** inducir (de ello) que • **induire en erreur** inducir a error **2.** *(entraîner)* comportar.
indulgence *nf* indulgencia *f*.
indulgent, e *adj* indulgente • **indulgent pour** *ou* **envers** indulgente con.
indûment *adv* indebidamente.
industrialisé, e *adj* industrializado(da) • **pays industrialisé** país *m* industrializado.
industrialiser *vt* industrializar. ■ **s'industrialiser** *vp* industrializarse.
industrie *nf* industria *f*.
industriel, elle *adj* industrial. ■ **industriel** *nm* industrial *m*.
inébranlable *adj* inquebrantable.
inédit, e *adj* inédito(ta). ■ **inédit** *nm* texto *m* inédito.
ineffable *adj* inefable.
ineffaçable *adj* imborrable.
inefficace *adj* **1.** *(personne)* ineficaz **2.** *(mesure, décision)* inoperante.
inefficacité *nf* **1.** ineficacia *f* **2.** *(d'une mesure, d'une décision)* inoperancia *f*.
inégal, e *adj* **1.** *(gén)* desigual **2.** *(surface, rythme)* irregular.
inégalé, e *adj* inigualado(da).
inégalité *nf* **1.** *(différence)* desigualdad *f* • **inégalité sociale** desigualdad social **2.** *(de terrain, de rythme)* irregularidad *f*.
inélégant, e *adj* poco elegante.
inéluctable *adj* ineluctable.
inénarrable *adj* inenarrable.
inepte *adj* **1.** *(personne)* inepto(ta) **2.** *(théorie)* estúpido(da).
ineptie *nf* sandez *f*.
inépuisable *adj* **1.** *(gén)* inagotable **2.** *(personne)* infatigable.
inerte *adj* inerte.
inertie *nf* inercia *f*.
inespéré, e *adj* inesperado(da) **(ESP)**, sorpresivo(va) **(AMÉR)**.
inesthétique *adj* antiestético(ca).
inestimable *adj* **1.** *(valeur)* incalculable **2.** *fig (soutien)* inestimable.
inévitable *adj* inevitable.
inexact, e *adj* **1.** *(faux, incomplet)* inexacto(ta) **2.** *(en retard)* impuntual.
inexactitude *nf* **1.** *(erreur, imprécision)* inexactitud *f* **2.** *(retard)* impuntualidad *f*.
inexcusable *adj* inexcusable.
inexistant, e *adj* inexistente.
inexorable *adj* inexorable.
inexpérience *nf* inexperiencia *f*.
inexplicable *adj* inexplicable.
inexpliqué, e *adj* inexplicado(da).
inexpressif, ive *adj* inexpresivo(va).
inexprimable *adj* inexpresable.
inexprimé, e *adj* inexpresado(da).
inextensible *adj* inextensible.
in extremis *loc adv* in extremis.
inextricable *adj* inextricable.
infaillible *adj* infalible.
infâme *adj* infame.
infanterie *nf* infantería *f*.
infanticide *adj & nmf* infanticida. ❑ *nm* infanticidio *m*.
infantile *adj* infantil.
infarctus *nm* infarto *m* • **infarctus du myocarde** infarto de miocardio.
infatigable *adj* infatigable, incansable.
infect, e *adj* infecto(ta).
infectieux, euse *adj* infeccioso(sa).
infection *nf* **1.** MÉD infección *f* **2.** *péj (puanteur)* peste *f*.
inféoder *vt (soumettre)* • **être inféodé à qqn/à qqch** estar sometido a alguien/a algo.
inférer *vt sout* • **inférer qqch de qqch** inferir algo de algo.
inférieur, e *adj* inferior • **inférieur à qqch** inferior a algo. ❑ *nm, f* inferior *mf*.
infériorité *nf* inferioridad *f*.
infernal, e *adj* infernal.
infester *vt* infestar • **être infesté de qqch** estar plagado de algo.
infidèle *adj* infiel • **infidèle à qqn** infiel a alguien. ❑ *nmf* RELIG infiel *mf*.
infidélité *nf* infidelidad *f*.
infiltration *nf* infiltración *f*.
infiltrer *vt* infiltrar. ■ **s'infiltrer** *vp* • **s'infiltrer par/dans qqch** infiltrarse por/en algo.

infime *adj* ínfimo(ma).
infini, e *adj* infinito(ta). ■ **infini** *nm* infinito *m*. ■ **à l'infini** *loc adv* **1.** *MATH* al infinito **2.** *(indéfiniment, à perte de vue)* hasta el infinito.
infiniment *adv* infinitamente.
infinité *nf* • **une infinité de** una infinidad de.
infinitif, ive *adj GRAMM (mode)* infinitivo(va) ; *(construction)* en infinitivo ; *(proposition)* de infinitivo. ■ **infinitif** *nm GRAMM* infinitivo *m*.
infirme *adj* impedido(da). ❑ *nmf* impedido *m*, -da *f*.
infirmer *vt* invalidar.
infirmerie *nf* enfermería *f*.
infirmier, ère *nm, f* enfermero *m*, -ra *f*.
infirmité *nf* invalidez *f*.
inflammable *adj* inflamable.
inflammation *nf* inflamación *f*.
inflation *nf* inflación *f*.
inflationniste *adj* inflacionista.
infléchir *vt (politique)* modificar.
inflexible *adj* inflexible.
inflexion *nf* inflexión *f*.
infliger *vt* • **infliger qqch à qqn a)** *(défaite, punition)* infligir algo a alguien **b)** *(présence)* imponer algo a alguien.
influençable *adj* influenciable.
influence *nf* influencia *f*.
influencer *vt* influir en, influenciar.
influer *vi* • **influer sur qqch** influir en algo.
info (abrév de information) *nf fam* información *f*. ■ **infos** (abrév de informations) *nfpl (nouvelles)* noticias *fpl*.
infobulle *nf INFORM* tooltip *m*, descripción *f* emergente.
infographie *nf* infografía *f*.
informaticien, enne *nm, f* informático *m*, -ca *f*.
information *nf* **1.** *(gén)* información *f* **2.** *(nouvelle)* noticia *f*. ■ **informations** *nfpl RADIO & TV* informativo *m*.
informatique *adj* informático(ca). ❑ *nf* informática *f* • **informatique appliquée** informática aplicada • **informatique de gestion/documentaire** informática de gestión/documental • **informatique en nuage** informática en (la) nube, cloud computing *m*.
informatisation *nf* informatización *f*.
informatiser *vt* informatizar.
informe *adj* **1.** *(sans forme)* informe **2.** *fig (projet)* sin pies ni cabeza.
informé, e *adj* informado(da).
informel, elle *adj* informal.
informer *vt* informar • **informer qqn que** informar a alguien de que • **informer qqn de/sur qqch** informar a alguien de/sobre algo. ❑ *vi DR* • **informer sur/contre qqch** abrir una instrucción sobre/contra algo. ■ **s'informer** *vp* informarse • **s'informer de/sur qqch** informarse de/sobre algo.
infortune *nf* infortunio *m*.
infoutu, e *adj fam* incapaz • **être infoutu de faire qqch** ser incapaz de hacer algo • **il est infoutu d'être à l'heure** es incapaz de ser puntual.
infraction *nf* • **être en infraction** cometer una infracción.
infranchissable *adj* infranqueable.
infrarouge *adj* infrarrojo(ja). ❑ *nm* infrarrojo *m*.
infrastructure *nf* infraestructura *f*.
infroissable *adj* inarrugable.
infructueux, euse *adj* infructuoso(sa).
infuser *vt* hacer una infusión de.
infusion *nf* infusión *f*.
ingénier ■ **s'ingénier** *vp* • **s'ingénier à faire qqch** ingeniárselas para hacer algo.
ingénieur *nm* ingeniero *m*, -ra *f*.
ingénieux, euse *adj* ingenioso(sa).
ingéniosité *nf* ingeniosidad *f*.
ingénu, e *adj & nm, f* ingenuo(nua).
ingérable *adj* imposible de administrar.
ingrat, e *adj* **1.** *(personne)* ingrato(ta), desagradecido(da) **2.** *(métier, sol)* ingrato(ta) **3.** *(physique)* ingrato(ta), poco agraciado(da). ❑ *nm, f* ingrato *m*, -ta *f*.
ingratitude *nf* ingratitud *f*.
ingrédient *nm* ingrediente *m*.
inguérissable *adj* incurable.
ingurgiter *vt* engullir.
inhabitable *adj* inhabitable.
inhabité, e *adj* deshabitado(da), inhabitado(da).
inhabituel, elle *adj* inusual.
inhalateur, trice *adj* inhalador(ra). ■ **inhalateur** *nm* inhalador *m*.
inhalation *nf* inhalación *f*.
inhaler *vt* inhalar.
inhérent, e *adj* • **inhérent à qqch** inherente a algo.
inhibition *nf* inhibición *f*.
inhospitalier, ère *adj* **1.** *(personne)* poco hospitalario(ria) **2.** *(lieu)* inhóspito(ta).
inhumain, e *adj* inhumano(na).
inhumation *nf* inhumación *f*.
inhumer *vt* inhumar.
inimaginable *adj* inimaginable.
inimitable *adj* inimitable.
ininflammable *adj* ininflamable.
inintelligible *adj* ininteligible.
inintéressant, e *adj* sin interés.
ininterrompu, e *adj* ininterrumpido(da).
inique *adj sout* inicuo(cua).

initial, e *adj* inicial. ■ **initiale** *nf* inicial *f*.
initialisation *nf* INFORM inicialización *f*.
initialiser *vt* INFORM inicializar.
initiateur, trice *adj & nm,f* iniciador(ra).
initiation *nf* iniciación *f* • **initiation à qqch** iniciación a algo.
initiative *nf* iniciativa *f* • **prendre l'initiative de qqch/de faire qqch** tomar la iniciativa de algo/de hacer algo.
initié, e *adj & nm,f* iniciado(da).
initier *vt* • **initier qqn à qqch** iniciar a alguien en algo.
injecté, e *adj* inyectado(da).
injecter *vt* inyectar.
injection *nf* inyección *f*.
injoignable *adj* ilocalizable.
injonction *nf* conminación *f*.
injure *nf* **1.** *(mot)* insulto *m* **2.** *(affront)* afrenta *f*.
injurier *vt* insultar.
injurieux, euse *adj* insultante.
injuste *adj* injusto(ta) • **injuste envers qqn** injusto(ta) con alguien.
injustice *nf* injusticia *f*.
inlassable *adj* **1.** *(personne)* incansable **2.** *(patience, énergie)* infinito(ta).
inlassablement *adv* incansablemente.
inné, e *adj* innato(ta).
innocence *nf* inocencia *f*.
innocent, e *adj* inocente. ❑ *nm,f* **1.** *(gén)* inocente *mf* **2.** *vieilli (idiot)* tonto *m*, -ta *f* (ESP), sonso *m*, -sa *f* (AMÉR).
innocenter *vt* **1.** DR *(disculper)* declarar inocente **2.** *fig (excuser)* justificar.
innombrable *adj* innumerable.
innover *vi* innovar.
inobservation *nf* incumplimiento *m*.
inoccupé, e *adj* desocupado(da).
inoculer *vt* inocular.
inodore *adj* inodoro(ra).
inoffensif, ive *adj* inofensivo(va).
inondable *adj* inundable.
inondation *nf* **1.** *(gén)* inundación *f* **2.** *fig (afflux)* invasión *f*.
inonder *vt litt & fig* inundar.
inopérable *adj* inoperable.
inopérant, e *adj* **1.** *(mesure, méthode)* inoperante **2.** *(médicament)* ineficaz.
inopiné, e *adj* inopinado(da).
inopportun, e *adj* inoportuno(na).
inoubliable *adj* inolvidable.
inouï, e *adj* increíble.
inoxydable *adj* inoxidable. ❑ *nm* acero *m* inoxidable.
inqualifiable *adj* incalificable.
inquiet, ète *adj* **1.** *(préoccupé)* preocupado(da) • **inquiet pour qqn/pour qqch** preocupado por alguien/por algo **2.** *(anxieux de nature)* inquieto(ta). ❑ *nm,f* inquieto *m*, -ta *f*.
inquiéter *vt* **1.** *(alarmer)* inquietar, preocupar **2.** *(harceler)* acosar. ■ **s'inquiéter** *vp* preocuparse • **s'inquiéter de a)** *(s'intéresser à)* preocuparse por **b)** *(se soucier de)* preocuparse de.
inquiétude *nf* inquietud *f*, preocupación *f*.
insaisissable *adj* **1.** DR *(biens)* inembargable **2.** *(nuance, différence)* imperceptible **3.** *(caractère)* huidizo(za).
insalubre *adj* insalubre • **logement insalubre** infravivienda *f*.
insanité *nf* locura *f*.
insatiable *adj* insaciable.
insatisfait, e *adj & nm,f* insatisfecho(cha).
insaturé, e *adj* insaturado(da), no saturado(da).
inscription *nf* **1.** *(gén)* inscripción *f* **2.** *(à un cours)* matriculación *f*.
inscrire *vt* **1.** *(gén)* inscribir **2.** *(noter - renseignements)* apuntar ; *(- dépenses)* asentar • **inscrire qqn sur** *ou* **dans qqch** *(- sur une liste, dans un registre)* inscribir a alguien en algo • **inscrire qqn à qqch** *(- cours)* matricular a alguien en algo. ■ **s'inscrire** *vp* • **s'inscrire à qqch** *(cours)* matricularse en algo.
insecte *nm* insecto *m*.
insecticide *adj & nm* insecticida.
insécurité *nf* inseguridad *f*.
insémination *nf* inseminación *f* • **insémination artificielle** inseminación artificial.
insensé, e *adj* **1.** *(personne, propos)* insensato(ta) **2.** *(rêve, désir)* imposible **3.** *(incroyable, immense)* increíble **4.** *(architecture, décoration)* delirante.
insensibiliser *vt* insensibilizar • **insensibiliser qqn à qqch** insensibilizar a alguien a *ou* contra algo.
insensible *adj* **1.** *(gén)* insensible **2.** *(imperceptible)* imperceptible.
inséparable *adj* inseparable • **inséparable de qqch/de qqn** inseparable de algo/de alguien.
insérer *vt* • **insérer qqch dans qqch** insertar algo en algo. ■ **s'insérer** *vp* • **s'insérer dans qqch** *(se situer dans)* inscribirse dentro de algo.
insidieusement *adv* insidiosamente.
insidieux, euse *adj* insidioso(sa).
insigne *adj* insigne. ❑ *nm* insignia *f*.
insignifiant, e *adj* insignificante.
insinuation *nf* insinuación *f*.
insinuer *vt* insinuar. ■ **s'insinuer** *vp* • **s'insinuer dans qqch a)** *(eau, humidité)* penetrar en algo **b)** *fig (personne)* insinuarse con algo.
insipide *adj* insípido(da).
insistance *nf* insistencia *f*.

insister *vi* insistir • **insister sur qqch** insistir en *ou* sobre algo • **insister pour faire qqch** insistir en hacer algo.
insolation *nf* insolación *f*.
insolence *nf* insolencia *f*.
insolent, e *adj & nm,f* insolente.
insolite *adj* insólito(ta).
insoluble *adj* insoluble.
insolvable *adj & nmf* insolvente.
insomnie *nf* insomnio *m*.
insondable *adj* insondable.
insonore *adj* insonoro(ra).
insonoriser *vt* insonorizar.
insortable *adj* impresentable • **il est vraiment insortable !** ¡es realmente impresentable!
insouciance *nf* despreocupación *f*.
insouciant, e *adj* despreocupado(da).
insoumis, e *adj* insumiso(sa).
insoumission *nf* **1.** *(gén)* insumisión *f* **2.** *(d'un enfant)* desobediencia *f*.
insoupçonné, e *adj* insospechado(da).
insoutenable *adj* **1.** *(gén)* insostenible **2.** *(douleur, violence)* insufrible.
inspecter *vt* inspeccionar.
inspecteur, trice *nm,f* inspector *m*, -ra *f*.
inspection *nf* inspección *f*.
inspiration *nf* inspiración *f* • **avoir de l'inspiration** tener inspiración.
inspiré, e *adj* inspirado(da).
inspirer *vt* **1.** *(gén)* inspirar • **inspirer qqch à qqn** inspirar algo a alguien **2.** *hum (plaire à)* emocionar. ■ **s'inspirer** *vp* • **s'inspirer de qqch/de qqn** inspirarse en algo/en alguien.
instabilité *nf* inestabilidad *f*.
instable *adj & nmf* inestable.
installation *nf* **1.** *(gén)* instalación *f* **2.** *(dans une fonction)* toma *f* de posesión.
installé, e *adj* **1.** *(personne)* acomodado(da) **2.** *(appartement)* arreglado(da) **3.** *(dans la vie)* colocado(da).
installer *vt* **1.** *(gén)* INFORM instalar **2.** *(fonctionnaire, magistrat)* nombrar. ■ **s'installer** *vp* **1.** *(gén)* instalarse • **s'installer dans qqch** *(maladie, routine)* instalarse en algo **2.** *(médecin, commerçant)* establecerse.
instamment *adv* encarecidamente.
instance *nf* instancia *f*. ■ **en instance de** *loc prép* pendiente de.
instant, e *adj sout* apremiante. ■ **instant** *nm* instante *m* • **à l'instant a)** *(il y a peu de temps)* hace un momento **b)** *(tout de suite)* al instante • **à tout instant a)** *(en permanence)* en todo momento **b)** *(d'un moment à l'autre)* en cualquier momento • **pour l'instant** por el momento, de momento.
instantané, e *adj* instantáneo(a). ■ **instantané** *nm* instantánea *f*.
instar ■ **à l'instar de** *loc prép* a semejanza de.
instaurer *vt* instaurar.
instigateur, trice *nm,f* instigador *m*, -ra *f*.
instigation *nf* instigación *f*. ■ **à l'instigation de** *loc prép* a instigación de.
instinct *nm* instinto *m* • **instinct maternel** instinto maternal.
instinctif, ive *adj & nm,f* instintivo(va).
instituer *vt* instituir.
institut *nm* instituto *m*.
instituteur, trice *nm,f* ≃ profesor *m*, -ra *f* de educación primaria.
institution *nf* institución *f*. ■ **institutions** *nfpl* POLIT instituciones *fpl*.
instructif, ive *adj* instructivo(va).
instruction *nf* **1.** *(gén)* instrucción *f* **2.** *(enseignement)* enseñanza *f* **3.** INFORM orden *f*. ■ **instructions** *nfpl* instrucciones *fpl*.
instruit, e *adj* instruido(da).
instrument *nm* instrumento *m* • **instrument de musique** instrumento musical.

LEXIQUE

Les instruments de musique

la batterie la batería
la clarinette el clarinete
la contrebasse el contrabajo
la cymbale el platillo
la flûte à bec la flauta dulce
la flûte traversière la flauta travesera
la guitare la guitarra
l'harmonica la armónica
le piano el piano
le saxophone el saxofón
le tambourin la pandereta
le trombone el trombón
la trompette la trompeta
le violoncelle el violoncelo
le violon el violín
le xylophone el xilófono

instrumentaliser *vt* instrumentalizar.
insu ■ **à l'insu de** *loc prép* a espaldas de • **à mon/son insu** a mis/a sus espaldas.
insubmersible *adj* insumergible.
insubordination *nf* insubordinación *f*.
insuccès *nm* fracaso *m*.
insuffisance *nf* insuficiencia *f*.
insuffisant, e *adj* insuficiente.
insuffler *vt* **1.** MÉD *(air)* insuflar **2.** *fig (sentiment)* • **insuffler qqch à qqn** infundir algo a alguien.
insulaire *adj* insular, isleño(ña). ❑ *nmf* isleño *m*, -ña *f*.
insuline *nf* insulina *f*.
insulte *nf* insulto *m*.
insulter *vt* insultar.
insupportable *adj* insoportable, inaguantable.

insurgé, e *adj* insurrecto(ta), insurgente. ❑ *nm,f* insurrecto *m*, -ta *f*.
insurger ■ **s'insurger** *vp* sublevarse • **s'insurger contre qqn/contre qqch** sublevarse contra alguien/contra algo.
insurmontable *adj* **1.** *(difficulté, obstacle)* insalvable **2.** *(peur, répulsion)* invencible.
insurrection *nf* insurrección *f*.
intact, e *adj* **1.** *(objet)* intacto(ta) **2.** *(réputation)* intachable.
intangible *adj* **1.** *(impalpable)* intangible **2.** *(secret, principe)* inviolable.
intarissable *adj* inagotable ; *(bavard)* incansable • **il est intarissable sur...** es incansable cuando habla de....
intégral, e *adj* **1.** *(paiement, texte)* íntegro(gra) **2.** *(calcul, bronzage)* integral.
intégralement *adv* íntegramente.
intégrante → **partie**.
intégration *nf* integración *f* • **intégration sociale** integración social.
intègre *adj* **1.** *(personne)* íntegro(gra) **2.** *(vie)* recto(ta).
intégré, e *adj* integrado(da).
intégrer *vt* **1.** *(incorporer)* MATH integrar • **intégrer qqch à** *ou* **dans qqch** integrar algo en algo • **intégrer qqn dans qqch** integrar a alguien en algo **2.** *(grande école)* ingresar en. ■ **s'intégrer** *vp* integrarse • **s'intégrer dans** *ou* **à qqch** integrarse en algo.
intégrisme *nm* integrismo *m*.
intégriste *adj* & *nmf* integrista.
intégrité *nf* **1.** *(honnêteté)* integridad *f* **2.** *(totalité)* totalidad *f*.
intellectuel, elle *adj* & *nm,f* intelectual.
intelligence *nf* **1.** *(entendement)* inteligencia *f* • **intelligence artificielle** inteligencia artificial **2.** *(personne)* cerebro *m* **3.** *(complicité, harmonie)* armonía *f* • **vivre en bonne intelligence** vivir en armonía • **vivre en mauvaise intelligence** vivir en mala armonía. ■ **intelligences** *nfpl* contactos *mpl*.
intelligent, e *adj* inteligente.
intelligible *adj* inteligible.
intello *adj* & *nmf* *fam* & *péj* intelectualoide, cultureta.
intempérie *nf* • **les intempéries** las inclemencias climáticas.
intempestif, ive *adj* intempestivo(va).
intenable *adj* **1.** *(chaleur)* insoportable **2.** *(enfant)* imposible **3.** MIL *(position)* insostenible.
intendance *nf* intendencia *f*.
intendant, e *nm,f* administrador *m*, -ra *f*. ■ **intendant** *nm* MIL intendente *m*.
intense *adj* intenso(sa).
intensif, ive *adj* intensivo(va).
intensité *nf* intensidad *f*.
intenter *vt* • **intenter un procès contre** *ou* **à qqn** entablar un juicio contra alguien.
intention *nf* intención *f* • **avoir l'intention de faire qqch** tener la intención de hacer algo • **à l'intention de** en honor a • **intention de vote** intención de voto.
intentionné, e *adj* • **être bien/mal intentionné** tener buena/mala intención.
interactif, ive *adj* interactivo(va).
interaction *nf* interacción *f*.
intercalaire *adj* **1.** *(feuillet)* separador(ra) **2.** *(jour)* intercalar. ❑ *nm* separador *m*.
intercaler *vt* • **intercaler qqch dans qqch** intercalar algo en algo.
intercéder *vi* • **intercéder pour** *ou* **en faveur de qqn** interceder por *ou* en favor de alguien.
intercepter *vt* interceptar.
interchangeable *adj* intercambiable.
interclasse *nm* descanso *m* *(entre dos clases)*.
interconnexion *nf* interconexión *f*.
interdiction *nf* **1.** *(défense)* prohibición *f* • **'interdiction de fumer'** 'prohibido fumar' **2.** *(de fonctionnaire, de prêtre)* suspensión *f*.

S'EXPRIMER

exprimer une interdiction

- ***Prohibido fumar*** Interdit de fumer
- ***Queda terminantemente prohibido correr alrededor del estanque.*** Il est strictement interdit de courir autour du bassin.
- ***¡Ni pensarlo!*** Il n'en est pas question !
- ***¡Conmigo eso no funciona!*** Ca ne marche pas avec moi !
- ***¡No lo consentiré!*** Je n'accepterai pas ça !

interdire *vt* **1.** *(défendre, prohiber)* prohibir • **interdire qqch à qqn** prohibir algo a alguien • **interdire à qqn de faire qqch** prohibir a alguien hacer algo **2.** *(fonctionnaire, prêtre)* suspender.
interdit, e *adj* *(défendu)* prohibido(da) • **être interdit bancaire** tener la cuenta bancaria bloqueada • **'interdit aux moins de 18 ans'** 'no autorizado a menores de 18 años'.
intéressant, e *adj* interesante.
intéressé, e *adj* interesado(da) • **être intéressé par qqch** tener interés por algo. ❑ *nm,f* interesado *m*, -da *f*.
intéresser *vt* interesar • **intéresser qqn à qqch** interesar a alguien en *ou* por algo. ■ **s'intéresser** *vp* • **s'intéresser à qqn/à qqch** interesarse por alguien/por algo.
intérêt *nm* interés *m* • **l'intérêt de** *(avantage, originalité)* lo interesante de • **intérêt pour qqn/pour qqch** interés por alguien/por algo • **avoir intérêt à faire qqch** interesar a alguien hacer

algo • **tu as intérêt à te taire !** ¡más vale que te calles! ■ **intérêts** *nmpl FIN* intereses *mpl*.

interface *nf* **1.** *INFORM* interfaz *f* • **interface graphique** interfaz gráfica **2.** *(intermédiaire)* intermediario *m*, -ria *f*.

interférer *vi* interferir • **interférer avec** interferir en.

intérieur, e *adj* interior. ■ **intérieur** *nm* **1.** *(gén)* interior *m* • **à l'intérieur** dentro • **à l'intérieur de qqch** dentro de algo, en el interior de algo • **d'intérieur** *(veste, etc)* de estar por casa **2.** *(foyer)* hogar *m*.

intérim *nm (travail temporaire)* trabajo *m* temporal, trabajo *m* eventual • **société d'intérim** empresa *f* de subcontratación.

intérimaire *adj* **1.** *(employé)* temporal **2.** *(fonction)* interino(na). ❑ *nmf* **1.** *(ministre, directeur)* interino *m*, -na *f* **2.** *(employé)* substituto *m*, -ta *f*.

intérioriser *vt* interiorizar.

interjection *nf* **1.** *LING* interjección *f* **2.** *DR* interposición *f* de un recurso de apelación.

interligne *nm* interlineado *m*.

interlocuteur, trice *nm, f* interlocutor *m*, -ra *f*.

interloquer *vt* desconcertar.

interlude *nm* **1.** *MUS* interludio *m* **2.** *TV* intermedio *m*.

intermède *nm* **1.** *THÉÂTRE* entremés *m* **2.** *(interruption)* intermedio *m*.

intermédiaire *nmf (personne)* intermediario *m*, -ria *f*. ❑ *adj* intermedio(dia). ❑ *nm (entremise)* • **par l'intermédiaire de qqch** a través de algo • **par l'intermédiaire de qqn** por alguien, por mediación de alguien.

interminable *adj* interminable.

intermittence *nf* intermitencia *f* • **par intermittence** con intermitencias.

intermittent, e *adj* intermitente. ❑ *nm, f* • **les intermittents du spectacle** *ce statut n'existant pas dans les pays hispanophones, vous pouvez dire :* se trata de trabajadores temporales del mundo del espectáculo que disfrutan de un régimen especial del seguro de desempleo.

internat *nm* **1.** *(établissement scolaire, système)* internado *m* **2.** *UNIV (concours)* ≃ MIR *m* **3.** *(période de stage) MÉD* internado *m*.

international, e *adj* internacional. ❑ *nm, f SPORT* internacional *mf*.

internationalement *adv* internacionalmente.

internationaliser *vt* internacionalizar. ■ **s'internationaliser** *vp* internacionalizarse.

internaute *nmf* internauta *mf*.

interne *adj & nmf* interno(na).

interner *vt* **1.** *(dans une prison, un camp)* recluir **2.** *(dans un hôpital psychiatrique)* internar.

Internet *nm* Internet *f* • **je l'ai trouvé sur Internet** lo he encontrado en Internet.

interpeller *vt* **1.** *(apostropher, interroger)* interpelar **2.** *(susciter l'intérêt de)* reclamar.

Interphone® *nm* telefonillo *m*.

interposer *vt* **1.** *(placer entre)* • **interposer qqch entre qqch et qqch** interponer algo entre algo y algo **2.** *fig (faire intervenir)* interponer, hacer valer. ■ **s'interposer** *vp (intervenir)* • **s'interposer dans qqch** interponerse en algo • **s'interposer entre qqn et qqn** interponerse entre alguien y alguien.

interprétation *nf* interpretación *f* • **interprétation simultanée** interpretación simultánea.

interprète *nmf* **1.** *(gén)* intérprete *mf* **2.** *(porte-parole)* portavoz *mf*.

interpréter *vt* interpretar.

interrogatif, ive *adj* interrogativo(va).

interrogation *nf* **1.** *(question)* interrogación *f* **2.** *SCOL* examen *m* **3.** *GRAMM* oración *f* interrogativa **4.** *INFORM* consulta *f*.

interrogatoire *nm* interrogatorio *m*.

interrogeable → **répondeur**.

interroger *vt* **1.** *(témoin, candidat)* interrogar • **interroger qqn sur qqch** interrogar a alguien sobre algo **2.** *INFORM (base de données)* consultar **3.** *(conscience, faits)* examinar. ■ **s'interroger** *vp* • **s'interroger sur qqch** preguntarse sobre algo.

interrompre *vt* interrumpir • **interrompre qqn dans qqch** interrumpir a alguien en algo. ■ **s'interrompre** *vp* interrumpirse.

interruption *nf* interrupción *f* • **interruption volontaire de grossesse** interrupción voluntaria del embarazo.

intersection *nf* intersección *f*.

interstice *nm* intersticio *m*.

intervalle *nm* intervalo *m* • **à deux jours d'intervalle** con dos días de intervalo.

intervenant, e *nm, f* **1.** *(orateur)* conferenciante *mf* **2.** *DR* parte *f* interesada.

intervenir *vi* **1.** *(gén)* intervenir, intermediar • **intervenir dans qqch** intervenir en algo • **faire intervenir qqn** hacer intervenir a alguien **2.** *(se produire)* ocurrir.

intervention *nf* intervención *f*.

interventionnisme *nm* intervencionismo *m*.

intervertir *vt* invertir.

interview *nf* entrevista *f*.

interviewer[1] *vt* entrevistar.

interviewer[2] *nm* entrevistador *m*, -ra *f*.

intestin *nm* intestino *m* • **intestin grêle** intestino delgado • **gros intestin** intestino grueso.

intestinal, e *adj* intestinal.

Intifada *nf* intifada *f*, Intifada *f*.

intime *adj & nmf* íntimo(ma).

intimider *vt* intimidar.

intimiste *adj* intimista.

intimité *nf* intimidad *f*.

intitulé *nm* título *m*.
intituler *vt* titular. ■ **s'intituler** *vp* titularse.
intolérable *adj* intolerable.
intolérance *nf* intolerancia *f*.
intolérant, e *adj* intolerante.
intonation *nf* entonación *f*.
intouchable *adj & nmf* intocable.
intoxication *nf* **1.** *MÉD* intoxicación *f* **2.** *fig (propagande)* comecocos *m inv*.
intoxiquer *vt* intoxicar. ■ **s'intoxiquer** *vp* intoxicarse.
intraduisible *adj* **1.** *(texte)* intraducible **2.** *(sentiment)* inexplicable.
intraitable *adj* inflexible • **être intraitable sur qqch** ser inflexible en algo.
intranet *nm INFORM* intranet *f*.
intransigeance *nf* intransigencia *f*.
intransigeant, e *adj* intransigente.
intransitif, ive *adj* intransitivo(va).
intransportable *adj* intransportable.
intraveineux, euse *adj* intravenoso(sa). ■ **intraveineuse** *nf* intravenosa *f*.
intrépide *adj* intrépido(da).
intrigue *nf* **1.** *(gén)* intriga *f* **2.** *sout (liaison amoureuse)* aventura *f*.
intriguer *vt & vi* intrigar.
intro (abrév de introduction) *nf fam* introducción *f*.
introduction *nf* introducción *f*.
introduire *vt* introducir. ■ **s'introduire** *vp* introducirse.
introspection *nf* introspección *f*.
introuvable *adj* **1.** *(personne, objet)* • **il est introuvable a)** no hay quien lo encuentre **b)** *(voleur)* se halla en paradero desconocido **2.** *(rare)* imposible de encontrar.
introverti, e *adj & nm, f* introvertido(da).
intrus, e *adj & nm, f* intruso(sa).
intrusion *nf* intrusión *f*.
intuitif, ive *adj & nm, f* intuitivo(va).
intuition *nf* intuición *f*.
inusable *adj (chaussures)* resistente ; *(pneus)* duradero(ra).
inusité, e *adj* inusitado(da).
in utero *loc adj & loc adv* in utero *(s'écrit aussi* ***in útero****)*.
inutile *adj* inútil.
inutilisable *adj* inservible.
inutilité *nf* inutilidad *f*.
inv. (abrév de invariable) inv., invar.
invaincu, e *adj* **1.** *SPORT* invicto(ta) **2.** *(peuple)* imbatido(da).
invalide *adj* inválido(da). ❑ *nmf* inválido *m*, -da *f*.
invalidité *nf* **1.** *MÉD* invalidez *f* **2.** *DR* nulidad *f*.
invariable *adj* invariable.
invasion *nf* invasión *f*.
invendable *adj* invendible.
invendu, e *adj* sin vender. ■ **invendu** *nm* artículo *m* sin vender.
inventaire *nm* inventario *m* • **faire l'inventaire de** inventariar.
inventer *vt* **1.** *(histoire, mensonge)* inventarse **2.** *(machine, engin)* inventar.
invention *nf* **1.** *(découverte, mensonge)* invención *f* **2.** *(imagination)* inventiva *f*.
inventorier *vt* inventariar.
inverse *adj* inverso(sa). ❑ *nm* • **l'inverse** lo contrario • **à l'inverse** al contrario • **dans le** *ou* **en sens inverse** en el sentido contrario.
inversement *adv* **1.** *(gén)* a la inversa **2.** *MATH* inversamente.
inverser *vt* invertir *(el orden)*.
invertébré, e *adj* invertebrado(da). ■ **invertébré** *nm* invertebrado *m*.
investigation *nf* investigación *f*.
investir *vt* **1.** *MIL* sitiar **2.** *(fonctionnaire, évêque)* investir **3.** *(argent, efforts)* invertir • **investir qqch dans qqch** invertir algo en algo. ■ **s'investir** *vp* involucrarse • **s'investir dans** involucrarse en.
investissement *nm* **1.** *FIN* inversión *f* • **investissement socialement responsable** inversión socialmente responsable **2.** *MIL* sitio *m*.
investisseur, euse *nm, f* inversor *m*, -ra *f* **(ESP)**, inversionista *mf* **(AMÉR)**.
investiture *nf* investidura *f*.
invétéré, e *adj* empedernido(da).
invincible *adj* invencible.
inviolable *adj* **1.** *(gén)* inviolable **2.** *(citadelle)* inexpugnable.
invisible *adj* **1.** *(impossible à voir)* invisible **2.** *(caché)* oculto(ta).
invitation *nf* invitación *f*.
invité, e *adj & nm, f* invitado(da).
inviter *vt* invitar • **inviter qqn à qqch/à faire qqch** *(inciter)* invitar a alguien a algo/a hacer algo.
in vitro → **fécondation**.
invivable *adj* **1.** *(personne, situation)* insoportable **2.** *(lieu)* inhabitable.
involontaire *adj* involuntario(ria).
invoquer *vt* **1.** *(gén)* invocar **2.** *(excuse)* alegar.
invraisemblance *nf* inverosimilitud *f*.
invulnérable *adj* invulnerable.
iode *nm* yodo *m*.
ion *nm* ion *m*.
IRA (abrév de Irish Republican Army) *nf* IRA *m* • **l'aile politique de l'IRA** el brazo político del IRA.
Irak, Iraq *nm* • **l'Irak** Irak, Iraq.
Iran *nm* • **l'Iran** Irán.

Iraq = Irak.
irascible *adj* irascible.
iris *nm* **1.** *BOT* lirio *m* **2.** *ANAT* iris *m inv*.
Irlande *nf* • **l'Irlande** Irlanda • **l'Irlande du Nord** Irlanda del Norte • **l'Irlande du Sud** República de Irlanda.
ironie *nf* ironía *f*.
ironique *adj* irónico(ca).
ironiser *vi* • **ironiser sur qqch** ironizar sobre algo.
irradier *vi* **1.** *(lumière, douleur)* irradiar **2.** *fig (sentiment)* manifestarse. ❑ *vt* irradiar.
irraisonné, e *adj (crainte)* infundado(da) ; *(geste)* automático(ca).
irrationnel, elle *adj* irracional.
irréalisable *adj* irrealizable.
irrécupérable *adj* irrecuperable.
irrécusable *adj* irrecusable.
irréductible *adj & nmf* irreductible.
irréel, elle *adj* irreal.
irréfléchi, e *adj* irreflexivo(va).
irréfutable *adj* irrefutable.
irrégularité *nf* irregularidad *f*.
irrégulier, ère *adj* irregular.
irrémédiable *adj* irremediable.
irremplaçable *adj* irremplazable, insustituible.
irréparable *adj* irreparable.
irrépressible *adj* irrefrenable.
irréprochable *adj* intachable, irreprochable.
irrésistible *adj* **1.** *(gén)* irresistible **2.** *(amusant)* desternillante.
irrésolu, e *adj* **1.** *(personne)* irresoluto(ta) **2.** *(problème)* sin resolver.
irrespirable *adj* irrespirable.
irresponsable *adj* **1.** *(gén)* irresponsable **2.** *DR* no responsable ante la ley. ❑ *nmf* irresponsable *mf*.
irréversible *adj* irreversible.
irrévocable *adj* irrevocable.
irrigation *nf* irrigación *f*.
irriguer *vt* irrigar.
irritation *nf* irritación *f*.
irriter *vt* irritar. ■ **s'irriter** *vp* irritarse • **s'irriter contre qqn** enfadarse con alguien • **s'irriter de qqch** irritarse por algo.
irruption *nf* **1.** *(invasion, entrée)* irrupción *f* • **faire irruption** irrumpir **2.** *(débordement)* desbordamiento *m* • **irruption des eaux** desbordamiento de las aguas.
islam *nm RELIG* islam *m*. ■ **Islam** *nm* • **l'Islam** el Islam.
islamique *adj* islámico(ca).
islamiser *vt* islamizar.
islamiste *adj & nmf* islamista.
islamophobie *nf* islamofobia *f*.
Islande *npr* • **l'Islande** Islandia.
isocèle *adj* isósceles *(inv)*.
isolant, e *adj* aislante. ■ **isolant** *nm* aislante *m*.
isolation *nf* aislamiento *m*.
isolationnisme *nm* aislacionismo *m*.
isolé, e *adj* aislado(da).
isolément *adv* aisladamente.
isoler *vt* aislar. ■ **s'isoler** *vp* aislarse • **s'isoler de qqch** aislarse de algo.
isoloir *nm* cabina *f* electoral.
isotherme *adj* isotermo(ma). ❑ *nf* isoterma *f*.
ISR (abrév de investissment socialement responsable) *nm* ISR *f (inversión socialmente responsable)*.
Israël *npr* Israel.
israélite *adj* israelita. ■ **Israélite** *nmf* israelita *mf*.
issu, e *adj* • **issu de qqch a)** *(résultat)* resultante de algo **b)** *(descendant)* descendiente de algo. ■ **issue** *nf* **1.** *(sortie)* salida *f* • **issue de secours** salida de emergencia **2.** *(résultat)* resultado *m* • **issue fatale** desenlace *m* fatal • **heureuse issue** desenlace *m* feliz **3.** *(terme)* final *m*.
Istanbul *npr* Estambul.
isthme *nm* istmo *m*.
Italie *npr* • **l'Italie** Italia.
italien, enne *adj* italiano(na). ■ **italien** *nm LING* italiano *m*. ■ **Italien, enne** *nm,f* italiano *m*, -na *f*.
italique *nm* cursiva *f*.
itinéraire *nm* itinerario *m* • **itinéraire bis** itinerario alternativo.
itinérance *nf* itinerancia *f*.
itinérant, e *adj* **1.** *(spectacle, troupe)* itinerante **2.** *(ambassadeur)* ambulante.
IUFM (abrév de institut universitaire de formation des maîtres) *nm* ≃ EUM *f (Escuela Universitaria de Magisterio)* • **elle a fait l'IUFM** ≃ ha estudiado magisterio.
IUP (abrév de institut universitaire professionnel) *nm* escuela *f* universitaria de formación profesional *(a la que se accede tras haber cursado un año universitario)*.
IUT (abrév de institut universitaire de technologie) *nm* ≃ universidad *f* técnica.
IVG (abrév de interruption volontaire de grossesse) IVE, interrupción voluntaria del embarazo • **pratiquer une IVG** practicar un aborto.
ivoire *nm* **1.** *(gén)* marfil *m* **2.** *(objet)* objeto *m* de marfil.
ivre *adj* borracho(cha).
ivresse *nf (ébriété)* embriaguez *f*.
ivrogne *adj & nmf* borracho(cha).

J

j, J *nm inv (lettre)* j *f*, J *f*. ■ **J 1.** (abrév de joule) J **2.** (abrév de jour) D • **le jour J** el día D.

jabot *nm* **1.** *(d'oiseau)* buche *m* **2.** *(de chemise)* chorrera *f*, pechera *f*.

jacasser *vi* **1.** *(pie)* chirriar **2.** *péj (personne)* cotorrear.

jacinthe *nf* jacinto *m*.

jacquard *nm (pull)* jersey *m* de rombos ; *(motif)* jacquard *m*.

Jacuzzi® *nm* jacuzzi *m*.

jade *nm* jade *m*.

jadis *adv* antaño.

jaguar *nm* jaguar *m*.

jaillir *vi* • **jaillir de a)** *(gén)* surgir de **b)** *(liquide)* brotar de.

jais *nm* azabache *m*.

jalon *nm* jalón *m*.

jalonner *vt (chemin, route)* jalonar, amojonar.

jalousie *nf* **1.** *(envie)* envidia *f* **2.** *(en amour)* celos *mpl* **3.** *(store)* celosía *f*.

jaloux, ouse *adj* celoso(sa) • **jaloux de a)** *(envieux)* envidioso de **b)** *(en amour, attaché à)* celoso de.

jamais *adv* **1.** *(sens négatif)* nunca • **ne… jamais** no… nunca • **je ne reviendrai jamais** no volveré nunca • **je ne reviendrai plus jamais** no volveré nunca más • **plus jamais !** ¡nunca más! • **sans jamais** *(+ infinitif)* sin *(+ infinitif)* • **il travaille sans jamais s'arrêter** trabaja sin parar **2.** *(sens positif)* alguna vez • **as-tu jamais rien vu de pareil ?** ¿has visto alguna vez una cosa igual? • **je doute de jamais y parvenir** dudo que lo consiga alguna vez • **si jamais** si alguna vez • **si jamais tu le vois** si llegas a verlo. ■ **à jamais** *loc adv sout* para siempre. ■ **pour jamais** *loc adv sout* para siempre.

jambage *nm* palo *m (de una letra)*.

jambe *nf* pierna *f* (ESP), canilla *f* (AMÉR).

jambières *nfpl* espinilleras *fpl*.

jambon *nm* jamón *m* • **jambon cru** *ou* **de Bayonne** jamón serrano.

jante *nf* llanta *f*.

janvier *nm* enero *m*. Voir aussi **septembre**.

japper *vi* ladrar.

jaquette *nf* **1.** *(vêtement - d'homme)* chaqué *m* ; *(- de femme)* chaqueta *f* (ESP), saco *m* (AMÉR) **2.** *(de livre)* sobrecubierta *f*.

jardin *nm* jardín *m* • **jardin d'agrément** jardín.

jardinage *nm* jardinería *f*.

jardiner *vi* trabajar en el jardín.

jardinier, ère *nm, f* jardinero *m*, -ra *f*. ■ **jardinière** *nf (bac à fleurs)* jardinera *f*. ■ **jardinière de légumes** *nf* ≃ menestra *f* de verduras.

jargon *nm* jerga *f*.

jarret *nm* **1.** ANAT corva *f* **2.** CULIN jarrete *m*.

jarretelle *nf* liga *f*.

jarretière *nf* liga *f*.

jars *nm* ganso *m*.

jaser *vi* **1.** *(médire)* cotillear **2.** *(bavarder)* charlar.

jasmin *nm* jazmín *m*.

jaspé, e *adj* jaspeado(da).

jatte *nf* cuenco *m*.

jauge *nf* indicador *m*.

jauger *vt* juzgar.

jaune *adj* amarillo(lla). ❑ *nm* **1.** *(couleur)* amarillo *m* **2.** *péj (briseur de grève)* esquirol *m*. ■ **jaune d'œuf** *nm* yema *f* de huevo.

jaunir *vi* amarillear. ❑ *vt* poner amarillo.

jaunisse *nf* MÉD icterícia *f*.

java *nf (danse)* java *f*.

Javel *nf* • **(eau de) Javel** lejía *f*.

javelot *nm* jabalina *f*.

jazz *nm* jazz *m*.

J-C (abrév de Jésus-Christ) J.C., JC.

JDC (abrév de Journée défense et citoyenneté) *nf cita anual de un día de duración, que substituye el servicio militar, destinada a sensibilizar a los jóvenes a las cuestiones de la defensa nacional*.

je *pron pers* yo • **je viendrai demain** vendré mañana • **que dois-je faire ?** ¿qué debo hacer?

jean, jeans *nm* vaqueros *mpl*, tejanos *mpl*.

Jeep® *nf* jeep® *m*.

jérémiades *nfpl* lloriqueos *mpl*, jeremiadas *fpl*.

jerrycan, jerrican *nm* bidón *m*.

jersey *nm* punto *m (tela)*.

Jérusalem *npr* Jerusalén.

jésuite *nm* **1.** RELIG jesuita *m* **2.** *péj (hypocrite)* hipócrita *m*. ❑ *adj* RELIG jesuita.

Jésus-Christ *npr* Jesucristo.

jet[1] *nm* **1.** *(jaillissement)* chorro *m* • **premier jet** *fig* primer bosquejo *m* **2.** *(de javelot)* lanzamiento *m*.

jet[2] *nm* jet *m*.

jetable *adj* desechable, de usar y tirar.

jeté ■ **jeté de lit** *nm* colcha *f*. ■ **jeté de table** *nm* tapete *m*.

jetée *nf* espigón *m*.

jeter *vt* **1.** *(gén)* tirar • **jeter qqch à qqn** tirar algo a alguien **2.** *(mettre rapidement)* echarse

• **jeter un manteau sur ses épaules** echarse un abrigo sobre los hombros. ■ **se jeter** *vp* • **se jeter dans a)** *(sujet : rivière)* desembocar en **b)** *(sujet : personne)* echarse en • **se jeter à l'eau a)** tirarse al agua **b)** *fig (se décider)* liarse la manta a la cabeza • **se jeter sur qqn/sur qqch** lanzarse sobre alguien/sobre algo.

jeton *nm (de jeu, de téléphone)* ficha *f.*

jet-set *nf* jet (set) *f.*

Jet-ski® *nm* moto *f* acuática.

jeu *nm* **1.** *(gén)* juego *m* • **par jeu** para divertirse • **jeu de cartes a)** *(divertissement)* juego de cartas *ou* de naipes **b)** *(paquet)* baraja *f* • **jeu de hasard/de l'oie/de société** juego de azar/de la oca/de sociedad • **jeu vidéo** videojuego *m* • **c'est un jeu d'enfant** es un juego de niños • **jouer le jeu** seguir el juego • **être vieux jeu** estar chapado a la antigua **2.** MUS ejecución *f* ; THÉÂTRE actuación *f*, interpretación *f.* ■ **jeu d'échecs** *nm* ajedrez *m.* ■ **jeu d'écriture** *nm* traspaso *m* de cuentas. ■ **jeu de mots** *nm* juego *m* de palabras.

jeudi *nm* jueves *m inv.* Voir aussi **samedi**.

jeun ■ **à jeun** *loc adv* en ayunas.

jeune *nmf* joven *mf* • **les jeunes** la juventud. ❑ *adj* joven.

jeûne *nm* ayuno *m.*

jeunesse *nf* juventud *f.*

JF, jf (abrév de **jeune fille**) Srta.

JH abrév de **jeune homme**.

jingle *nm* RADIO & TV jingle *m.*

JO *nm* (abrév de **Journal officiel**) ≃ BOE *m* • **paraître au JO** ≃ ser publicado en el BOE.

joaillier, ère *nm, f* joyero *m*, -ra *f.*

job *nm fam* curro *m.*

jockey *nm* jockey *m.*

joggeur, euse *nm, f* corredor *m*, -ra *f* de jogging *ou* footing.

jogging *nm* **1.** *(sport)* jogging *m*, footing *m* **2.** *(vêtement)* chándal *m* (ESP), buzo *m* (AMÉR).

joie *nf* alegría *f.*

S'EXPRIMER

exprimer sa joie

- ***Me alegro de que nos hayamos visto.*** Je suis content que nous nous soyons vus.
- ***Me alegro tan sólo con pensar en las vacaciones.*** Je me réjouis rien qu'à l'idée des vacances.
- ***Me alegra que estés mejor.*** Ça me fait plaisir que tu ailles mieux.
- ***¡Es un placer verte!*** Quel plaisir de te voir !
- ***¡Qué agradable sorpresa!*** Quelle bonne surprise !

joignable *adj* localizable.

joindre *vt (rapprocher)* juntar ; *(adjoindre)* INFORM adjuntar • **joindre un fichier à un message électronique** adjuntar un archivo a un mensaje ; *(par téléphone)* localizar. ■ **se joindre** *vp* • **se joindre à qqn** unirse a alguien.

joker *nm* jóker *m.*

joli, e *adj* **1.** *(gén)* bonito(ta) (ESP), lindo(da) (AMÉR) **2.** *(situation, somme)* bueno(na).

joliment *adv* **1.** *(agréablement)* muy bien **2.** *iron (emploi expressif)* • **elle les a joliment eus !** ¡qué bien los ha engañado! **3.** *fam (beaucoup)* maravillosamente.

jonc *nm* junco *m.*

joncher *vt* cubrir • **être jonché de** estar cubierto de.

jonction *nf (de routes)* confluencia *f.*

jongler *vi* hacer malabarismos • **jongler avec qqch** *fig* hacer malabarismos con algo.

jongleur, euse *nm, f* malabarista *mf.*

jonquille *nf* junquillo *m.*

joue *nf* mejilla *f* (ESP), cachete *m* (AMÉR).

jouer *vi* **1.** *(s'amuser)* jugar • **jouer à qqch** jugar a algo • **jouer avec qqn/avec qqch** jugar con alguien/con algo **2.** CINÉ & THÉÂTRE actuar **3.** MUS tocar • **jouer du piano/de la guitare** tocar el piano/la guitarra **4.** *fig (feindre)* • **jouer à** dárselas de • **jouer au dur** dárselas de valiente **5.** *(bois)* hincharse **6.** *(pièce)* tener holgura. ❑ *vt* **1.** *(carte)* jugar **2.** *(hasarder, risquer)* • **jouer qqch** *(vie, réputation)* jugarse algo **3.** *(pièce, rôle)* representar **4.** *(film)* dar, poner. ■ **se jouer** *vp* **1.** *(gén)* jugarse ; *(auteur, pièce)* representarse ; *(film)* pasar ; *fig (drame)* tener lugar **2.** *sout* • **se jouer de qqn** reírse de alguien • **se jouer de qqch** pasar algo por alto.

jouet *nm* juguete *m* • **être le jouet de qqn** *fig* ser el juguete de alguien.

joueur, euse *nm, f* jugador *m*, -ra *f* • **joueur de tennis** tenista *m.*

joufflu, e *adj* mofletudo(da).

joug *nm* yugo *m.*

jouir *vi* **1.** *(apprécier, bénéficier)* • **jouir de qqch** disfrutar de algo **2.** *(sexuellement)* gozar.

jouissance *nf* **1.** DR *(de bien)* disfrute *m* **2.** *(sexuelle)* goce *m.*

joujou *nm* juguete *m.*

jour *nm* día *m* • **au petit jour** al amanecer • **de jour en jour** de día en día • **de nos jours** hoy en día • **d'un jour à l'autre** de un día para otro • **en plein jour** a plena luz del día • **jour après jour** día tras día • **jour et nuit** día y noche • **le jour de l'An** el día de Año Nuevo • **jour de congé** día de descanso *ou* libre • **jour de fête** día de fiesta • **jour férié** día festivo • **être à jour** estar al día • **donner le jour à** dar a luz a • **mettre qqch à jour** poner algo al día.

LEXIQUE

Les jours de la semaine

lundi	lunes
mardi	martes

mercredi miércoles
jeudi jueves
vendredi viernes
samedi sábado
dimanche domingo

journal *nm* **1.** *(publication)* periódico *m* **2.** *TV* • **journal (télévisé)** telediario *m* **3.** *(carnet)* diario *m* • **journal intime** diario íntimo. ■ **Journal officiel** *nm* • **le Journal officiel de la République française** ≃ el BOE *(Boletín Oficial del Estado)*.
journalier, ère *adj* diario(ria).
journalisme *nm* periodismo *m*.
journaliste *nmf* periodista *mf*.
journée *nf* día *m* ; *(de travail)* jornada *f*.
joute *nf* justa *f*.
jovial, e *adj* jovial.
joyau *nm* joya *f*.
joyeux, euse *adj* alegre.
jubilé *nm (anniversaire)* cincuenta aniversario *m* ; *RELIG* jubileo *m*.
jubiler *vi fam* entusiasmarse.
jucher *vt* • **jucher qqn sur qqch** encaramar a alguien a algo. ■ **se jucher** *vp* • **se jucher sur qqch** encaramarse a *ou* sobre algo.
judaïque *adj* judaico(ca).
judaïsme *nm* judaísmo *m*.
judas *nm (de porte)* mirilla *f*.
judéo-chrétien, enne *adj* judeocristiano(na).
judiciaire *adj* judicial.
judicieux, euse *adj* juicioso(sa).
judo *nm* judo *m*.
juge *nm* juez *m*, jueza *f* • **juge d'enfants** juez de menores • **juge d'instruction/de paix** juez de instrucción/de paz.
jugé ■ **au jugé** *loc adv* a ojo de buen cubero.
jugement *nm* juicio *m*.
jugeote *nf fam* coco *m*.
juger *vt* juzgar • **juger que** estimar *ou* considerar que • **juger qqch inutile/indispensable** juzgar algo inútil/indispensable. ❑ *vi* • **juger de qqch** apreciar algo.
juif, juive *adj* judío(a). ■ **Juif, Juive** *nm, f* judío *m*, -a *f*.
juillet *nm* julio *m* • **la fête du 14 Juillet** el 14 de julio *(la fiesta nacional francesa)*. Voir aussi **septembre**.
juin *nm* junio *m*. Voir aussi **septembre**.
juke-box *nm inv* juke-box *m*.
jumeau, elle *adj* gemelo(la). ❑ *nm, f* gemelo *m*, -la *f*. ■ **jumelles** *nfpl (en optique)* gemelos *mpl*.
jumelage *nm* hermanamiento *m*.
jumelé, e *adj* **1.** *(villes)* hermanado(da) **2.** *(roues)* acoplado(da).
jumeler *vt* hermanar.
jument *nf* yegua *f*.
jungle *nf* jungla *f*.
junior *adj SPORT* júnior.
junte *nf* junta *f (asamblea)*.
jupe *nf* falda *f* **(ESP)**, pollera *f* **(AMÉR)**.
jupe-culotte *nf* falda *f* pantalón.
jupon *nm* enagua *f*.
juré[1] *nm* miembro *m* del jurado.
juré[2]**, e** *adj (ennemi)* jurado(da).
jurer *vt* jurar • **jurer (à qqn) que…** jurar (a alguien) que… • **jurer qqch à qqn** jurar algo a alguien • **jurer de faire qqch** jurar hacer algo • **je le jure** lo juro • **je vous le jure !** ¡se lo juro! • **quel idiot, je te jure !** *fam* ¡joder, qué tonto! • **ne plus jurer que par qqch** sólo creer en algo. ❑ *vi* **1.** *(blasphémer)* jurar **2.** *(couleurs)* no pegar • **jurer avec qqch** no pegar con algo. ■ **se jurer** *vp* • **se jurer qqch** jurarse algo.
juridiction *nf* jurisdicción *f*.
juridique *adj* jurídico(ca).
jurisprudence *nf* jurisprudencia *f*.
juriste *nmf* jurista *mf*.
juron *nm* juramento *m*.
jury *nm* **1.** *DR* jurado *m (asamblea)* **2.** *SCOL* tribunal *m*.
jus *nm* **1.** *(de fruits)* zumo *m* • **jus de raisin** mosto *m* **2.** *(de légumes)* caldo *m* ; *(de viande)* salsa *f*.
jusque ■ **jusqu'à** *loc prép* **1.** *(sens temporel)* hasta • **jusqu'à nouvel ordre** hasta nueva orden • **jusqu'à présent** hasta ahora **2.** *(sens spatial)* hasta • **jusqu'au bout** hasta el final **3.** *(même)* hasta, incluso. ■ **jusqu'à ce que** *loc conj* hasta que. ■ **jusqu'en** *loc prép* hasta. ■ **jusqu'ici** *loc adv (sens spatial)* hasta aquí ; *(sens temporel)* hasta ahora. ■ **jusque-là** *loc adv (sens spatial)* hasta allí ; *(sens temporel)* hasta aquel momento.
justaucorps *nm* body *m*, mallas *fpl*.
juste *adj* **1.** *(gén)* justo(ta) **2.** *(exact)* exacto(ta).
justement *adv* **1.** *(gén)* precisamente, justo **2.** *(avec raison)* con razón.
justesse *nf* precisión *f*. ■ **de justesse** *loc adv* por poco.
justice *nf* justicia *f* • **poursuivre qqn en justice** llevar a alguien ante la justicia *ou* a los tribunales • **passer en justice** ir a juicio.
justicier, ère *nm, f* justiciero *m*, -ra *f*.
justifiable *adj* justificable.
justificatif, ive *adj* justificativo(va), justificante. ■ **justificatif** *nm* justificante *m*.
justification *nf* justificación *f*.
justifier *vt* justificar. ■ **se justifier** *vp* justificarse.
jute *nm* yute *m*.
juter *vi* dar jugo.
juteux, euse *adj* jugoso(sa).
juvénile *adj* juvenil.
juxtaposer *vt* yuxtaponer.

K

k, **K** *nm inv (lettre)* k *f*, K *f*.
kaki *adj inv & nm* caqui, kaki.
kaléidoscope *nm* calidoscopio *m*.
kamikaze *nm* kamikaze *m*.
kangourou *nm* canguro *m*.
karaoké *nm* karaoke *m*.
karaté *nm* kárate *m*.
kart *nm* kart *m*.
karting *nm* karting *m*.
kasher, **casher**, **cachère** *adj inv* kasher.
kayak *nm* kayac *m*.
Kazakhstan *npr* • **le Kazakhstan** Kazajistán.
Kenya *npr* • **le Kenya** Kenia.
képi *nm* quepis *m inv*.
kératine *nf* queratina *f*.
kermesse *nf* kermesse *f*.
kérosène *nm* keroseno *m*.
ketchup *nm* ketchup *m*.
keuf *nm fam* pasma *f*.
keum *nm fam* pive *m*.
kg (abrév de kilogramme) kg.
KGB (abrév de Komitet Gossoudarstvennoï Bezopasnosti) *nm* KGB *m*.
kibboutz *nm* kibutz *m inv*.
kidnapper *vt* secuestrar (ESP), plagiar (AMÉR).
kiffer, **kifer** *vt fam* molar • **je kiffe ta bécane** me mola tu ordenata • **je te kiffe grave** me molas un montón.
kilo *nm* kilo *m*.
kilogramme *nm* kilogramo *m*.
kilométrage *nm* kilometraje *m*.
kilomètre *nm* kilómetro *m*.
kilowatt *nm* kilovatio *m*.
kilt *nm* kilt *m*, falda *f* escocesa.
kimono *nm* kimono *m*. ❑ *adj inv* japonés(esa).
kiné *fam nmf (kinésithérapeute)* fisio *mf* • **aller chez le/la kiné** ir al fisio. ❑ *nf* (abrév de kinésithérapie) quinesioterapia *f*, quinesiterapia *f*, kinesiterapia *f* • **faire de la kiné** seguir una quinesioterapia.
kinésithérapeute *nmf* fisioterapeuta *mf*.
kinésithérapie *nf* quinesioterapia *f*, quinesiterapia *f*, kinesiterapia *f*.
kiosque *nm* **1.** *(gén)* quiosco *m* **2.** *(de navire)* caseta *f*, casetón *m*.
kirsch *nm* kirsch *m*.
kit *nm* kit *m* • **en kit** por piezas • **kit mains libres** TÉLÉCOM kit (de) manos libres, dispositivo *m* (de) manos libres.
kitchenette *nf* kitchenette *f*.
kitesurf, **kite** *nm* kitesurf *m*.
kitsch *adj inv* kitsch.
kiwi *nm* kiwi *m*.
Klaxon® *nm* claxon *m*, bocina *f*.
klaxonner *vi* pitar, tocar el claxon.
kleptomane, **cleptomane** *adj & nmf* cleptómano(na).
km (abrév de kilomètre) km.
km/h (abrév de kilomètre/heure *ou* kilomètre par heure) km/h. • **rouler à 60 km/h** conducir a 60 km/h.
K-O (abrév de knock-out) *nm inv & adj inv* KO.
kosovar, **e** *adj* kosovar. ■ **Kosovar** *nmf* Kosovar *mf*, -es.
Koweït *npr* • **le Koweït** Kuwait.
krach *nm* crac *m* • **krach boursier** crac bursátil.
kung-fu *nm* kung-fu *m*.
K-way® *nm inv* chubasquero *m*.
kyrielle *nf* sarta *f*.
kyste *nm* quiste *m*.

L

l, **L** *nm inv (lettre)* l *f*, L *f*. ■ **l** (abrév de litre) l. ■ **L** SCOL (abrév de littéraire) ≃ bachillerato *m* en humanidades.
la[1] *art déf & pron* → **le**.
la[2] *nm inv* MUS la *m*.
là *adv* **1.** *(lieu)* aquí, ahí • **c'est là que je travaille** ahí es donde trabajo • **passe par là** pasa por aquí • **là est le problème** ahí está el problema **2.** *(temps)* entonces • **là, il a allumé une cigarette** entonces encendió un cigarrillo.
là-bas *adv* allí.
label *nm* **1.** *(étiquette)* etiqueta *f* **2.** *(commerce)* marca *f* de fábrica.
labelliser, **labéliser** *vt (un produit)* certificar.
labeur *nm sout* labor *f*.
labo *nm fam* laboratorio *m*.

laborantin, e *nm,f* auxiliar *mf* de laboratorio.
laboratoire *nm* laboratorio *m*.
laborieux, euse *adj* **1.** *(travail)* laborioso(sa) **2.** *(travailleur)* trabajador(ra).
labourer *vt* **1.** *(terre - travailler)* labrar, trabajar ; *(- creuser)* hacer surcos en **2.** *(griffer)* señalar.
laboureur *nm* labrador *m*.
labyrinthe *nm* laberinto *m*.
lac *nm* lago *m* • **le lac Léman** el lago Lemán • **le lac Majeur** el lago Mayor.
lacer *vt* atar.
lacérer *vt* **1.** *(papier, vêtement)* desgarrar **2.** *(corps)* rajar.
lacet *nm* **1.** *(cordon)* cordón *m* **2.** *(de route)* zigzag *m* **3.** *(piège)* lazo *m*.
lâche *adj* **1.** *(nœud)* flojo(ja) **2.** *(personne)* cobarde **3.** *(action)* vil. ❑ *nmf* cobarde *mf*.
lâcher *vt* **1.** *(gén)* soltar **2.** *(desserrer)* aflojar **3.** *fam (abandonner)* plantar. ❑ *vi* aflojarse.
lâcheté *nf* **1.** *(couardise)* cobardía *f* **2.** *(acte indigne)* vileza *f*.
lacis *nm* **1.** ANAT plexo *m* **2.** *sout (labyrinthe)* laberinto *m*.
laconique *adj* lacónico(ca).
lacrymogène *adj* lacrimógeno(na).
lacté, e *adj* **1.** *(à base de lait - régime)* lácteo(a) ; *(- farine)* lacteado(da) **2.** *sout (pareil au lait)* lechoso(sa).
lacune *nf (manque)* laguna *f*.
lacustre *adj* lacustre.
lad *nm* mozo *m* de cuadras.
là-dedans *adv* ahí dentro • **quel est son rôle là-dedans ?** ¿qué hace en todo esto?
là-dessous *adv* ahí abajo • **il y a quelque chose là-dessous** algo se esconde detrás de todo esto.
là-dessus *adv* **1.** *(sur ce)* en eso, después de eso • **là-dessus, il est parti** después de eso, se fue **2.** *(à ce sujet)* sobre esto • **je n'ai rien à dire là-dessus** no tengo nada que decir al respecto.
lagon *nm* lago *m*.
lagune *nf* laguna *f*.
là-haut *adv* allí arriba.
La Havane *npr* La Habana.
La Haye *npr* La Haya.
laïc, laïque *adj & nm,f* laico(ca).
laïcité *nf* laicidad *f*.
laid, e *adj* feo(a).
laideron *nm* callo *m (mujer fea)*.
laideur *nf* fealdad *f*.
laie *nf* **1.** ZOOL jabalina *f* **2.** *(sentier)* vereda *f*.
lainage *nm* **1.** *(étoffe)* lana *f* **2.** *(vêtement)* prenda *f* de lana.
laine *nf* lana *f* • **laine polaire** forro *m* polar.
laineux, euse *adj* **1.** *(étoffe)* lanudo(da) **2.** *(cheveux, plante)* lanoso(sa).
laisse *nf* correa *f*.
laisser *v aux (+ infinitif)* dejar • **laisser faire (qqch)** dejar hacer (algo) • **laisser faire qqn** dejar hacer a alguien • **laisser tomber qqch** dejar caer algo • **laisse tomber !** *fam* ¡déjalo! ❑ *vt* dejar • **laisser qqch à qqn** *(confier, léguer)* dejar algo a alguien • **laisser qqn à qqn** dejar a alguien con alguien. ■ **se laisser** *vp* • **se laisser aller** *(se relâcher)* abandonarse • **se laisser faire** dejarse avasallar.
laisser-aller *nm inv* dejadez *f*.
laisser-faire, laissez-faire *nm inv* ÉCON laisser-faire *m*, laissez-faire *m*.
laissez-passer *nm inv* pase *m*, credencial *f*.
lait *nm* leche *f* • **lait entier/écrémé/maternel** leche entera/desnatada/materna. ■ **lait de poule** *nm* CULIN yema *f* mejida. ■ **au lait** *loc adj* con leche.
laitage *nm* producto *m* lácteo.
laiterie *nf (usine)* central *f* lechera ; *(ferme)* lechería *f*.
laitier, ère *adj* **1.** *(produit, industrie)* lácteo(a) **2.** *(vache)* lechero(ra). ❑ *nm,f* lechero *m*, -ra *f*.
laiton *nm* latón *m*.
laitue *nf* lechuga *f*.
laïus *nm fam* rollo *m (discurso)* • **faire un laïus** soltar un rollo.
lambda *adj inv fam (moyen)* ordinario(ria) • **le contribuable/citoyen lambda** el contribuyente/ciudadano ordinario.
lambeau *nm* **1.** *(morceau)* pedazo *m* **2.** *fig (fragment)* triza *f*.
lambris *nm* friso *m*.
lame *nf* **1.** *(d'épée, de couteau)* hoja *f* • **lame de rasoir** hoja *ou* cuchilla *f* de afeitar **2.** *(de parquet)* tabla *f* **3.** *(vague)* ola *f*.
lamé, e *adj* laminado(da). ■ **lamé** *nm* lamé *m*.
La Mecque *npr* La Meca.
lamelle *nf* **1.** *(de métal, de plastique, de champignon)* lámina *f* • **en lamelles** CULIN en lonchas **2.** *(de microscope)* cubreobjetos *m inv*.
lamentable *adj* lamentable.
lamentation *nf* lamentación *f*, lamento *m*.
lamenter ■ **se lamenter** *vp* lamentarse.
laminer *vt* **1.** *(métal)* laminar **2.** *fig (santé, espoir, revenus)* mermar.
lampadaire *nm* **1.** *(d'intérieur)* lámpara *f* de pie **2.** *(de rue)* farola *f* (ESP), foco *m* (AMÉR).
lampe *nf* **1.** *(d'éclairage)* lámpara *f* • **lampe de chevet** lámpara de mesa • **lampe halogène** lámpara halógena • **lampe de poche** linterna *f* **2.** *(ampoule)* bombilla *f*.
lampion *nm* farolillo *m*.
lampiste *nm fam (subalterne)* último mono *m*.

lance *nf* **1.** *(arme)* lanza *f* **2.** *(de tuyau)* lanza *f* • **lance à eau** manga *f* de riego • **lance d'incendie** manga *f* de incendio.

lance-flammes *nm inv* lanzallamas *m inv.*

lancement *nm* **1.** *(gén)* COMM lanzamiento *m* **2.** *(de navire)* botadura *f.*

lance-pierres *nm inv* tirachinas *m inv.*

lancer *vt* **1.** *(gén)* lanzar • **lancer qqch à qqn** lanzar *ou* tirar algo a alguien **2.** *(plaisanterie, cri)* soltar **3.** *(moteur)* poner en marcha **4.** INFORM *(programme)* arrancar **5.** *(navire)* botar **6.** *(faire connaître)* • **lancer qqn dans qqch** meter a alguien en algo **7.** *(inciter à parler)* • **lancer qqn (sur qqch)** darle pie a alguien (para que hable de algo). ❑ *nm* **1.** *(pêche)* • **au lancer** al lanzado **2.** SPORT lanzamiento *m.* ■ **se lancer** *vp* **1.** *(se précipiter)* lanzarse **2.** *fig (s'engager)* meterse.

lancinant, e *adj* **1.** *(douleur, souvenir)* lancinante **2.** *(refrain, musique)* cargante.

landau *nm* cochecito *m (de bebé).*

lande *nf* landa *f.*

langage *nm* lenguaje *m.*

lange *nm* mantilla *f.*

langer *vt* envolver en una mantilla.

langoureux, euse *adj* lánguido(da).

langouste *nf* langosta *f.*

langoustine *nf* cigala *f.*

langue *nf* **1.** *(gén)* lengua *f* • **langue maternelle/morte/vivante** lengua materna/muerta/viva • **langue officielle** idioma *m* oficial **2.** *(style)* lenguaje *m.*

langue-de-chat *nf* lengua *f* de gato.

languette *nf* lengüeta *f.*

langueur *nf* languidez *f.*

languir *vi* **1.** *sout (manquer d'énergie)* languidecer **2.** *(attendre)* • **faire languir qqn** tener a alguien en suspenso.

lanière *nf* correa *f.*

lanterne *nf* **1.** *(d'éclairage)* farolillo *m* **2.** *(de voiture)* faro *m* **(Esp)**, foco *m* **(Amér)** **3.** *(de projection)* ARCHIT linterna *f.*

Laos *npr* • **le Laos** Laos.

La Paz *npr* La Paz.

laper *vt & vi* beber a lengüetadas.

lapidation *nf* lapidación *f.*

lapider *vt* **1.** *(gén)* lapidar **2.** *fig (critiquer)* vapulear.

lapin, e *nm,f* **1.** *(animal)* conejo *m*, -ja *f* **2.** *fam (personne)* • **mon lapin !** ¡mi vida!

lapsus *nm* lapsus *m inv.*

laquais *nm* lacayo *m.*

laque *nf & nm* laca *f.*

laqué, e *adj* **1.** *(meuble)* lacado(da) **2.** *(cheveux)* con laca.

larbin *nm fam & péj* **1.** *(domestique)* criado *m* **2.** *(personne servile)* esclavo *m.*

larcin *nm sout* **1.** *(vol)* hurto *m* **2.** *(butin)* botín *m.*

lard *nm* **1.** *(graisse de porc)* tocino *m* **2.** *(viande)* panceta *f* **3.** *fam (graisse de l'homme)* • **(se) faire du lard** echar barriga.

lardon *nm* **1.** CULIN taquito *m* de tocino **2.** *fam (enfant)* mocoso *m.*

large *adj* **1.** *(de mensuration)* ancho(cha) **2.** *(vêtement)* holgado(da) **3.** *(étendu, important, non borné)* amplio(plia) **4.** *(généreux)* espléndido(da). ❑ *nm* **1.** *(largeur)* ancho *m* **2.** *(mer)* • **le large** alta mar *f* • **au large de** a la altura de. ❑ *adv (amplement)* de sobra.

largement *adv* **1.** *(gén)* ampliamente ; *(ouvrir)* de par en par **2.** *(généreusement)* generosamente **3.** *(au moins)* con mucho **4.** *(amplement)* de sobra.

largeur *nf* **1.** *(dimension)* anchura *f* **2.** *fig (de vues, d'esprit)* amplitud *f.*

larguer *vt* **1.** NAUT *(amarres, voile)* largar **2.** *(bombe, parachutiste)* tirar **3.** *fam & fig (personne)* plantar.

larme *nf* **1.** *(pleur)* lágrima *f* • **être en larmes** llorar • **les larmes lui montèrent aux yeux** se le humedecieron los ojos **2.** *fig (très peu)* • **une larme de** una gota de.

larmoyant, e *adj* **1.** *(personne)* lloroso(sa) **2.** *(ton, histoire)* lacrimógeno(na).

larron *nm* **1.** *vieilli (voleur)* ladrón *m*, -ona *f* **2.** *fam (compère)* • **le troisième larron** el tercero en discordia.

larve *nf* **1.** ZOOL larva *f* **2.** *péj (être inférieur)* desecho *m* **3.** *fam (personne molle)* muermo *m.*

laryngite *nf* laringitis *f inv.*

larynx *nm* laringe *f.*

las, lasse *adj sout* **1.** *(fatigué)* fatigado(da) **2.** *(dégoûté, ennuyé)* hastiado(da) • **las de qqch/de faire qqch** harto de algo/de hacer algo.

lascar *nm* **1.** *(homme rusé)* zorro *m* **2.** *fam (enfant)* golfillo *m.*

lascif, ive *adj* lascivo(va).

laser *nm* láser *m.* ❑ *adj inv* láser *(en apposition).*

lasser *vt sout* **1.** *(gén)* fatigar **2.** *(patience)* colmar. ■ **se lasser** *vp sout* fatigarse.

lassitude *nf sout* **1.** *(fatigue)* lasitud *f* **2.** *(découragement)* hastío *m.*

lasso *nm* lazo *m.*

latent, e *adj* latente.

latéral, e *adj* lateral.

latex *nm inv* látex *m inv.*

latin, e *adj* latino(na). ■ **latin** *nm* LING latín *m.* ■ **Latin, e** *nm,f* latino *m*, -na *f.*

latiniste *nmf* latinista *mf.*

latitude *nf* **1.** GÉOGR latitud *f* **2.** *(liberté)* libertad *f.*

latrines *nfpl* letrinas *fpl.*

latte *nf* listón *m*, lámina *f.*

lauréat, e *adj & nm,f* galardonado(da).

laurier *nm* laurel *m.* ■ **lauriers** *nmpl* laureles *mpl.*

lavable *adj* lavable.

lavabo *nm* lavabo *m.* ■ **lavabos** *nmpl* lavabo *m.*

lavage *nm (nettoyage - gén)* lavado *m* ; *(- des vitres)* limpieza *f*.
La Valette *npr* La Valeta.
lavande *nf* lavanda *f*. ❑ *adj inv* lavanda *(en apposition)*.
lave *nf* lava *f*.
lave-glace *nm* limpiaparabrisas *m inv*.
lave-linge *nm inv* lavadora *f*.
laver *vt* **1.** *(nettoyer - personne, linge)* lavar ; *(- vaisselle)* fregar ; *(- vitres)* limpiar **2.** *fig (disculper)* • **laver qqn d'une accusation** desagraviar a alguien. ❑ *vi* lavar. ■ **se laver** *vp* lavarse • **se laver les mains** lavarse las manos.
laverie *nf* lavandería *f* • **laverie automatique** lavandería automática.
lavette *nf* **1.** *(tissu-éponge)* bayeta *f* **2.** *fam (personne)* pelele *m*.
laveur, euse *nm,f* limpiador *m*, -ra *f* • **laveur de carreaux** limpiacristales *m inv* • **laveur de voitures** limpiacoches *m inv*.
lave-vaisselle *nm inv* lavavajillas *m inv*, lavaplatos *m inv*.
lavoir *nm* **1.** *(lieu)* lavadero *m* **2.** *(bac)* pilón *m*.
laxatif, ive *adj* laxante. ■ **laxatif** *nm* laxante *m*.
laxisme *nm* laxismo *m*.
laxiste *adj & nmf* laxista.
layette *nf* canastilla *f (ropa de bebé)*.
LBO (abrév de leverage buyout) *nm FINANCE* LBO *m*.
le, la *art déf* **1.** *(gén)* el, la *f* • **le lac** el lago • **la fenêtre** la ventana • **l'amour** el amor • **les enfants** los niños **2.** *(devant les noms géographiques)* el, la *f* • **la Seine** el Sena • **la France** Francia **3.** *(temps)* • **le 15 janvier 1993 a)** *(date)* el 15 de enero de 1993 **b)** *(dans une lettre)* a 15 de enero de 1993 • **tout est fermé le dimanche** los domingos todo está cerrado **4.** *(distributif)* el, la *f* • **2 euros le mètre** a 2 euros el metro. ❑ *pron pers* **1.** *(personne, animal, chose)* lo, la *f* • **je le/la/les connais bien** lo/la/los/las conozco bien • **tu dois avoir la clé, donne-la-moi** debes de tener la llave, dámela **2.** *(représente une proposition)* lo • **je le sais bien** lo sé • **je te l'avais bien dit !** ¡te lo había dicho!
LEA (abrév de langues étrangères appliquées) *nfpl pour expliquer ce que c'est, vous pouvez dire :* es una carrera en la que se compagina el estudio de dos lenguas extranjeras con su aplicación en el campo comercial o en el de la traducción. • **la filière LEA** la rama LEA.
leader *nm* líder *m*.
leadership *nm* liderazgo *m*.
lèche-bottes *nmf fam* pelota *mf*.
lécher *vt* **1.** *(gén)* lamer **2.** *fam (peaufiner)* repulir.
leçon *nf* **1.** *(gén)* lección *f* • **faire la leçon à qqn** *fig* sermonear a alguien **2.** *(cours)* clase *f* • **leçons particulières** clases particulares.
lecteur, trice *nm,f (de livres) UNIV* lector *m*, -ra *f*. ■ **lecteur** *nm* lector *m* • **lecteur de cassettes/de CD** lector de casetes/de CD • **lecteur laser** lector láser.
lecture *nf* lectura *f*.
ledit, ladite *adj* el susodicho, la susodicha *f*.
légal, e *adj* legal ; *(monnaie)* de curso legal.
légalement *adv* legalmente.
légaliser *vt* legalizar.
légalité *nf* legalidad *f*.
légataire *nmf* legatario *m*, -ria *f*.
légendaire *adj* legendario(ria).
légende *nf* **1.** *(fable, d'illustration)* leyenda *f* **2.** *péj (invention)* cuento *m*.
léger, ère *adj* **1.** *(gén)* ligero(ra) • **à la légère** a la ligera **2.** *(tabac, alcool)* suave **3.** *(anecdote, histoire)* picante.
légèrement *adv* **1.** *(peu, délicatement)* ligeramente **2.** *(avec agilité)* con ligereza **3.** *(inconsidérément)* a la ligera **4.** *(sans gravité)* levemente.
légèreté *nf* **1.** *(gén)* ligereza *f* **2.** *(de vin, de tabac)* suavidad *f* **3.** *(d'une blessure, d'un coup)* levedad *f*.
legging *nm* mallas *fpl*.
légiférer *vi* legislar.
légion *nf* **1.** *MIL* legión *f* **2.** *sout (grand nombre)* batallón *m*.
légionnaire *nm* legionario *m*.
légionnellose *nf MÉD* legionelosis *f inv*, enfermedad *f* de los legionarios.
législatif, ive *adj* legislativo(va). ■ **législatif** *nm* legislativo *m*. ■ **législatives** *nfpl* • **les législatives** las legislativas.
législation *nf* legislación *f*.
légiste *nm* legista *m*. ❑ *adj* → **médecin**.
légitime *adj* legítimo(ma).
légitimité *nf* legitimidad *f*.
legs *nm* legado *m*.
léguer *vt* • **léguer qqch à qqn** legar algo a alguien.
légume *nm* verdura *f* • **légume sec** legumbre *f* • **légumes verts** verdura *f*.

LEXIQUE

Les légumes

l'ail el ajo
l'artichaut la alcachofa
l'asperge el espárrago
l'aubergine la berenjena
la betterave la remolacha
le brocoli el brécol
la carotte la zanahoria
le céleri el apio
le champignon el champiñon
le chou de Bruxelles la col de Bruselas

le chou-fleur la coliflor
le concombre el pepino
la courgette el calabacín
les épinards las espinacas
le germe de soja el brote de soja
le haricot vert la judía verde
la laitue la lechuga
le maïs el maíz
le navet el nabo
l'oignon la cebolla
le petit pois el guisante
le poireau el puerro
le poivron el pimiento
la pomme de terre la patata
le potiron la calabaza
le radis el rábano
la tomate el tomate

légumineuses *nfpl* leguminosas *fpl*.

leitmotiv *nm* leitmotiv *m*.

Léman → **lac**.

lendemain *nm* **1.** *(jour suivant)* día *m* siguiente • **le lendemain de** el día siguiente a **2.** *(avenir)* futuro *m*.

lénifiant, e *adj* lenitivo(va).

lent, e *adj* lento(ta). ■ **lente** *nf* liendre *f*.

lenteur *nf* lentitud *f*.

lentille *nf* **1.** BOT & CULIN lenteja *f* **2.** *(d'optique)* lentilla *f* • **lentilles de contact** lentes *fpl* de contacto.

léopard *nm* leopardo *m*.

lèpre *nf* **1.** MÉD lepra *f* **2.** *fig (mal)* plaga *f*.

lequel, laquelle *pron rel* **1.** *(complément)* el cual, la cual *f* **2.** *(sujet - personne)* el cual, la cual *f*, quien ; *(- chose)* el cual, la cual *f*. ❑ *pron interr* cuál.

les → **le**.

lesbienne *nf* lesbiana *f*.

léser *vt* lesionar.

lésiner *vi* escatimar • **ne pas lésiner sur qqch** no escatimar algo.

lésion *nf* lesión *f*.

lessive *nf* **1.** *(produit)* detergente *m* **2.** *(nettoyage)* limpieza *f* **3.** *(linge)* colada *f* • **faire la lessive** hacer la colada.

lessivé, e *adj fam* hecho(cha) polvo.

lest *nm* lastre *m*.

leste *adj* **1.** *(personne, mouvement)* ligero(ra) **2.** *(histoire, propos)* picante.

lester *vt* **1.** *(garnir de lest)* lastrar **2.** *(charger)* atiborrar.

léthargie *nf* letargo *m*.

léthargique *adj* **1.** *(état, sommeil)* letárgico(ca) **2.** *fig (personne)* alelado(da).

Lettonie *npr* • **la Lettonie** Letonia.

lettre *nf* **1.** *(caractère)* letra *f* • **en toutes lettres** con todas las *ou* sus letras **2.** *(courrier)* carta *f* • **lettre d'amour** carta de amor • **lettre de motivation** carta de motivación • **lettre recommandée (avec avis de réception)** carta certificada (con acuse de recibo) **3.** *(sens strict)* • **à la lettre, au pied de la lettre** al pie de la letra. ■ **lettres** *nfpl* **1.** *(culture)* UNIV letras *fpl* • **lettres classiques/modernes** letras clásicas/modernas **2.** *(titre)* • **lettres de noblesse** carta *f* ejecutoria *ou* de hidalguía.

lettré, e *adj & nm, f* letrado(da).

leucémie *nf* leucemia *f*.

leucocyte *nm* leucocito *m*.

leur *pron pers inv* les • **je leur ai donné la lettre** les he dado la carta • **je voudrais leur parler** desearía hablar con ellos. ❑ *adj poss* su • **ils ont vendu leur maison** han vendido su casa • **ce sont leurs enfants** son sus hijos. ■ **le leur, la leur** *pron poss* el suyo, la suya *f* • **c'est notre problème, pas le leur** es nuestro problema, no el suyo • **il faudra qu'ils y mettent du leur** tendrán que poner algo de su parte • **c'est un des leurs** es uno de los suyos.

leurrer *vt* engañar, embaucar. ■ **se leurrer** *vp* engañarse.

levain *nm* levadura *f* (láctica).

levant *nm* levante *m*. ❑ *adj* → **soleil**.

lever *vt* **1.** *(gén)* levantar **(ESP)**, parar **(AMÉR)** **2.** *(tirer vers le haut - gén)* subir ; *(- ancre)* levar **3.** *(troupes, armée)* reclutar **4.** *(impôts, taxes)* recaudar. ❑ *vi (fermenter)* subir. ❑ *nm* **1.** *(d'astre)* salida *f* • **lever du jour** amanecer *m* • **lever du soleil** salida del sol **2.** *(de personne)* • **au lever** al levantarse **3.** THÉÂTRE • **lever de rideau** subida *f* del telón. ■ **se lever** *vp* **1.** *(gén)* levantarse **(ESP)**, pararse **(AMÉR)** **2.** *(astre)* salir.

lève-tard *nmf* dormilón *m*, -ona *f*.

lève-tôt *nmf* madrugador *m*, -ra *f*.

levier *nm* palanca *f* • **levier de vitesses** palanca de cambios.

lévitation *nf* levitación *f*.

lèvre *nf* labio *m* • **du bout des lèvres** apenas • **manger du bout des lèvres** comer como un pajarito.

lévrier, levrette *nm, f* galgo *m*, -ga *f*.

levure *nf* levadura *f* • **levure de bière** levadura de cerveza • **levure chimique** levadura química.

lexicographe *nmf* lexicógrafo *m*, -fa *f*.

lexicographie *nf* lexicografía *f*.

lexique *nm* léxico *m*.

lézard *nm* lagarto *m*.

lézarder *vt (fissurer)* agrietar. ❑ *vi fam (paresser)* gandulear. ■ **se lézarder** *vp* agrietarse.

liaison *nf* **1.** *(jonction)* conexión *f* **2.** LING *ce phénomène phonétique n'existant pas en espagnol, vous pouvez l'expliquer ainsi :* este enlace o ligazón consiste en pronunciar la consonante final ordinariamente muda de una palabra con la vocal inicial de la palabra siguiente. **3.** *(communication)* contacto *m* **4.** *(relation)* relación *f* • **être/entrer en liaison avec qqn** estar en/establecer contacto con alguien **5.** *(transport)* enlace *m*.

liane *nf* liana *f*, bejuco *m*.

liant, e *adj* comunicativo(va). ■ **liant** *nm* argamasa *f*.

Liban *npr* • **le Liban** (el) Líbano.

libeller *vt* **1.** *(chèque)* extender **2.** *(lettre)* redactar **3.** *DR* redactar, formular.

libellule *nf* libélula *f*.

libéral, e *adj & nm,f* liberal.

libéralisation *nf* liberalización *f*.

libéraliser *vt* liberalizar.

libéralisme *nm* liberalismo *m*.

libération *nf* **1.** *(gén)* liberación *f* **2.** *(d'engagement)* exención *f* **3.** *(des prix)* liberalización *f*.

libérer *vt* **1.** *(gén)* liberar, libertar • **libérer qqn de qqch** *fig (d'un poids)* liberar *ou* libertar a alguien de algo **2.** *(passage)* dejar libre. ■ **se libérer** *vp* **1.** *(se rendre disponible)* escaparse **2.** *(se dégager)* • **se libérer de** *(obligation)* librarse de **3.** *(pays, ville)* liberarse **4.** *(prisonnier, gaz)* escaparse.

liberté *nf* **1.** *(gén)* libertad *f* • **en liberté** en libertad • **liberté d'expression/d'opinion** libertad de expresión/de opinión **2.** *(loisir)* tiempo *m* libre.

libertin, e *adj & nm,f* libertino(na).

libertinage *nm* libertinaje *m*.

libidineux, euse *adj* libidinoso(sa).

libido *nf* libido *f*.

libraire *nmf* librero *m*, -ra *f*.

librairie *nf* librería *f*.

libre *adj* **1.** *(gén)* libre • **être libre de qqch/de faire qqch** ser libre de algo/de hacer algo **2.** *(école, secteur)* privado(da).

libre-échange *nm* librecambio *m*, libre cambio *m*.

librement *adv* libremente.

libre-service *nm* autoservicio *m*.

Libye *npr* • **la Libye** Libia.

licence *nf* **1.** *(gén)* licencia *f* **2.** *UNIV* ≃ diplomatura *f* • **licence de lettres/en droit** ≃ diplomatura en letras/en derecho **3.** *SPORT* ficha *f*.

licence-master-doctorat *nm UNIV licenciatura, máster y doctorado*.

licencié, e *adj & nm,f* **1.** *UNIV* ≃ licenciado(da) **2.** *SPORT* federado(da).

licenciement *nm* despido *m*.

licencier *vt (employé)* despedir **(ESP)**, cesantear **(AMÉR)** • **se faire licencier : il s'est fait licencier** lo han despedido.

lichen *nm* liquen *m*.

licite *adj* lícito(ta).

licorne *nf* unicornio *m*.

licou = **licol**.

lie *nf* **1.** *(de vin)* hez *f*, heces *fpl* **2.** *fig & sout (rebut)* hez *f*.

lié, e *adj* unido(da).

lie-de-vin *adj inv (couleur)* burdeos *(en aposición)*.

liège *nm* corcho *m*.

lien *nm* **1.** *(sangle)* atadura *f* **2.** *(relation)* lazo *m*, vínculo *m* • **lien de parenté** lazo de parentesco **3.** *(rapport)* relación *f*.

lier *vt* **1.** *(attacher)* atar • **lier qqch/qqn à qqch** atar algo/a alguien a algo **2.** *(joindre, unir)* unir **3.** *CULIN (sauce)* ligar **4.** *fig (relier)* relacionar • **lier qqch à qqch** relacionar algo con algo **5.** *(commencer)* • **lier amitié/conversation** entablar amistad/conversación **6.** *(astreindre - contrat)* vincular ; *(- mariage)* unir. ■ **se lier** *vp* **1.** *(s'attacher)* atarse **2.** *(entrer en relation)* • **se lier avec qqn** relacionarse con alguien **3.** *(s'astreindre)* ligarse • **se lier par qqch** ligarse por algo.

lierre *nm* hiedra *f*, yedra *f*.

liesse *nf* • **en liesse** alborozado(da).

lieu *nm* lugar *m*, sitio *m* • **en lieu sûr** en lugar *ou* sitio seguro • **lieu de naissance** lugar de nacimiento • **en premier/second/dernier lieu** en primer/segundo/último lugar • **au lieu de qqch/de faire qqch** en lugar de algo/de hacer algo • **avoir lieu** tener lugar. ■ **lieux** *nmpl* lugar *m* • **sur les lieux de qqch** en lugar de algo. ■ **lieu commun** *nm* lugar *m* común.

lieu-dit *nm* lugar *m*.

lieue *nf* legua *f*.

lieutenant *nm* ≃ teniente *m*.

lièvre *nm ZOOL* liebre *f*.

lifter *vt (au tennis)* cortar.

lifting *nm* lifting *m*.

ligament *nm* ligamento *m*.

ligaturer *vt MÉD* ligar.

light *adj* light.

ligne *nf* **1.** *(gén)* línea *f* • **à la ligne** punto y aparte • **en ligne droite** en línea recta • **ligne aérienne** línea aérea • **ligne d'arrivée/de départ** línea de llegada/de salida • **ligne blanche** *AUTO* línea continua • **ligne de commande** *INFORM* línea de comando • **ligne de conduite** línea de conducta • **ligne de démarcation** línea de demarcación • **ligne de flottaison** línea de flotación • **lignes de la main** líneas de la mano • **dans les grandes lignes** a grandes rasgos • **entrer en ligne de compte** ser tenido(da) en cuenta • **garder la ligne** guardar la línea • **surveiller sa ligne** vigilar la línea **2.** *(de pêche)* caña *f* • **pêcher à la ligne** pescar con caña **3.** *(file)* fila *f*, hilera *f* • **en ligne a)** *(personnes)* en fila **b)** *INFORM* en línea.

lignée *nf* linaje *m*.

ligoter *vt* atar • **ligoter qqn à qqch** atar a alguien a algo.

ligue *nf* liga *f* • **ligue antialcoolique** liga antialcohólica.
lilas *nm* lila *f.* ❑ *adj inv (couleur)* lila *(en apposition).*
limace *nf* babosa *f.*
limaille *nf* limaduras *fpl.*
limande *nf* gallo *m (pez).*
lime *nf* lima *f* • **lime à ongles** lima de uñas.
limer *vt* limar.
limier *nm* sabueso *m.*
liminaire *adj* preliminar, liminar.
limitation *nf* limitación *f*, límite *m* • **limitation de vitesse** limitación *ou* límite de velocidad.
limite *nf* **1.** *(gén)* límite *m* **2.** *(terme, échéance)* fecha *f* límite • **limite d'âge** límite de edad. ❑ *adj inv* límite *(en apposition).* ■ **à la limite** *loc adv* en última instancia, en el peor de los casos.
limiter *vt* limitar. ■ **se limiter** *vp* **1.** *(se restreindre)* • **se limiter à qqch/à faire qqch** limitarse a algo/a hacer algo **2.** *(avoir pour limites)* • **se limiter à qqch/à qqn** limitarse a algo/a alguien.
limitrophe *adj* **1.** *(pays)* limítrofe • **être limitrophe de** ser limítrofe de *ou* con **2.** *(situé à la frontière - maison, terre)* colindante.
limoger *vt* destituir.
limon *nm* **1.** *GÉOL* limo *m* **2.** *BOT & CONSTR* limón *m.*
limonade *nf* gaseosa *f.*
limpide *adj* **1.** *(eau, ciel, regard)* límpido(da) **2.** *(explication, style)* nítido(da).
lin *nm* lino *m.*
linceul *nm* sudario *m*, mortaja *f.*
linéaire *adj* lineal.
linge *nm* **1.** *(de maison)* ropa *f* blanca **2.** *(sous-vêtements)* lencería *f*, ropa *f* interior **3.** *(lessive)* colada *f* **4.** *(morceau de tissu)* trapo *m.*
lingerie *nf* **1.** *(local)* lavandería *f* **2.** *(sous-vêtements)* lencería *f.*
lingette *nf* toallita *f* • **lingette antibactérienne** toallita antibacteriana • **lingette démaquillante** toallita desmaquilladora.
lingot *nm* lingote *m* • **lingot d'or** lingote de oro.
linguistique *adj* lingüístico(ca). ❑ *nf* lingüística *f.*
linoléum *nm* linóleo *m.*
lion, lionne *nm,f* león *m*, -ona *f.* ■ **Lion** *nm* *ASTROL* Leo.
lionceau *nm* cachorro *m* de león.
lipide *nm* lípido *m.*
liposuccion *nf* liposucción *f* • **se faire faire une liposuccion** hacerse una liposucción.
liquéfier *vt* licuar, licuefacer. ■ **se liquéfier** *vp* **1.** *(gaz)* licuarse **2.** *fig (personne)* entrarle a alguien flojera.
liqueur *nf* licor *m.*
liquidation *nf* liquidación *f.*
liquide *adj* líquido(da). ❑ *nm* **1.** *(substance)* líquido *m* • **liquide vaisselle** lavavajillas *m inv* **2.** *(argent)* dinero *m* en efectivo, efectivo *m* • **en liquide** en efectivo • **retirer du liquide** sacar dinero. ❑ *nf LING* líquida *f.*
liquider *vt* **1.** *(gén)* liquidar **2.** *fam (se débarrasser de)* deshacerse de.
liquidité *nf* liquidez *f.* ■ **liquidités** *nfpl FIN* liquidez *f.*
lire[1] *vt* leer • **'lu et approuvé'** 'visto bueno (y conforme)'.
lire[2] *nf* lira *f.*
lis, lys *nm* lirio *m* blanco, azucena *f.*
Lisbonne *npr* Lisboa.
liseré, liséré *nm* ribete *m.*
liseron *nm* correhuela *f.*
liseuse *nf* **1.** *(vêtement)* mañanita *f* **2.** *(lampe)* lámpara *f* de lectura **3.** *INFORM* tableta *f* de lectura digital.
lisible *adj* legible.
lisiblement *adv* de manera legible.
lisière *nf* **1.** *(limite)* linde *m*, lindero *m* • **à la lisière de** en los lindes de **2.** *COUT* orilla *f*, orillo *m.*
lisse *adj* liso(sa).
lisser *vt* alisar.
liste *nf* lista *f* • **liste électorale** lista electoral • **liste de mariage** lista de boda • **liste rouge** lista secreta • **être sur liste d'attente** estar en (la) lista de espera.
lister *vt* **1.** *(faire une liste de)* hacer una lista de **2.** *INFORM* listar.
listériose *nf MÉD* listeriosis *f inv.*
listing *nm* listado *m.*
lit *nm* **1.** *(meuble)* cama *f* • **faire son lit** hacerse la cama • **se mettre au lit** meterse en la cama • **lit de camp** catre *m*, cama de tijera • **lit d'enfant** cama de niño **2.** *DR (mariage)* matrimonio *m* **3.** *(de feuilles, de cours d'eau)* lecho *m.*
litanie *nf* letanía *f.*
literie *nf pour expliquer ce que c'est, vous pouvez dire :* esta palabra designa el conjunto de elementos que componen una cama, el somier, el colchón y la ropa de cama.
lithographie *nf* litografía *f.*
litière *nf* **1.** *(paille)* jergón *m* **2.** *(pour chat)* lecho *m* **3.** *HIST (palanquin)* litera *f.*
litige *nm* litigio *m.*
litigieux, euse *adj* litigioso(sa).
litre *nm* **1.** *(mesure)* litro *m* **2.** *(bouteille)* botella *f* de litro.
littéraire *adj* literario(ria). ❑ *nmf* hombre *m* de letras, mujer *f* de letras.
littéral, e *adj* literal.
littérature *nf* literatura *f.*
littoral, e *adj* litoral. ■ **littoral** *nm* litoral *m.*
Lituanie *npr* • **la Lituanie** Lituania.
liturgie *nf* liturgia *f.*

livide *adj* lívido(da).
livraison *nf* entrega *f*, reparto *m* • **livraison à domicile** entrega *ou* reparto a domicilio.
livre *nm* libro *m* • **livre audio** audiolibro *m* • **livre de bord** libro de a bordo • **livre de cuisine** libro de cocina • **livre d'images** álbum *m* • **livre d'or/de poche** libro de oro/de bolsillo • **à livre ouvert** de corrido. ❑ *nf* libra *f*.
livré, e *adj* • **être livré à** estar entregado a • **être livré à soi-même** verse abandonado a su suerte.
livre-cassette *nm* libro *m* cassette.
livrée *nf* librea *f*.
livrer *vt* **1.** *(gén)* entregar • **livrer qqch à qqn** *(donner, confier)* entregar algo a alguien • **livrer qqn à** *(dénoncer)* entregar alguien a **2.** *(abandonner)* • **livrer qqch à qqch** librar algo a algo. ■ **se livrer** *vp* • **se livrer à qqn a)** *(se rendre, se donner)* entregarse a alguien **b)** *(se confier)* confiarse a alguien • **se livrer à qqch** *(se consacrer)* entregarse a algo.
livret *nm* **1.** *(carnet)* libreta *f*, cartilla *f* • **livret de caisse d'épargne** libreta *ou* cartilla de ahorros • **livret de famille** libro *m* de familia • **livret scolaire** libro *m* de escolaridad **2.** MUS libreto *m*.
livreur, euse *nm, f* repartidor *m*, -ra *f*.
LMD, lmd *nm* = **licence-master-doctorat**.
lob *nm* lob *m*, globo *m*.
lobby *nm* lobby *m*, grupo *m* de presión.
lobbyiste *nmf* lobista *mf*.
lobe *nm* lóbulo *m*.
lober *vt* hacer un lob *ou* un globo a.
local, e *adj* local. ■ **local** *nm* local *m*. ■ **locaux** *nmpl (bureaux)* locales *mpl*.
localisation *nf* localización *f*.
localiser *vt (gén)* INFORM localizar.
localité *nf* localidad *f*.
locataire *nmf* inquilino *m*, -na *f*.
location *nf* **1.** *(gén)* alquiler *m* • **location de voitures/de vélos** alquiler de coches/de bicicletas **2.** *(maison)* casa *f* de alquiler ; *(appartement)* piso *m* de alquiler **3.** *(réservation)* reserva *f*.
location-vente *nf* alquiler *m* con opción a compra.
locavore *nmf & adj* locávoro(ra).
locomotion *nf* locomoción *f*.
locomotive *nf* locomotora *f*.
locution *nf* locución *f*.
loft *nm* loft *m (antiguo almacén o taller convertido en vivienda)*.
logarithme *nm* logaritmo *m*.
loge *nf* **1.** *(de concierge)* portería *f*, recepción *f* **2.** *(d'acteur)* camerino *m* **3.** *(de spectacle)* palco *m* • **être aux premières loges** estar en primera línea **4.** *(de francs-maçons)* ARCHIT logia *f*.
logement *nm* vivienda *f* • **logement de fonction** vivienda oficial.
loger *vi* alojarse. ❑ *vt* **1.** *(héberger - sujet : personne)* alojar ; *(- sujet : salle, hôtel)* albergar **2.** *(introduire)* meter. ■ **se loger** *vp* **1.** *(trouver un logement)* encontrar vivienda **2.** *(balle, ballon)* ir a parar.
logiciel *nm* programa *m*, software *m* • **logiciel intégré** programa integrado.
login *nm* nombre *m* de usuario.
logique *adj* lógico(ca). ❑ *nf* lógica *f*.
logiquement *adv* lógicamente.
logis *nm* vivienda *f*.
logistique *adj* logístico(ca). ❑ *nf* logística *f*.
logo *nm* logo *m*.
loguer ■ **se loguer** *vp* INFORM logarse.
loi *nf* ley *f* • **nul n'est censé ignorer la loi** la ignorancia de la ley no excusa su cumplimiento • **loi de l'offre et de la demande** ley de la oferta y la demanda.
loin *adv (dans le temps, l'espace)* lejos • **aller trop loin** *(exagérer)* ir demasiado lejos. ■ **au loin** *loc adv* a lo lejos. ■ **de loin** *loc adv* **1.** *(à distance)* de lejos **2.** *(assez peu)* poco • **je m'y intéresse de loin** no me interesa mucho **3.** *(de beaucoup)* con mucho. ■ **loin de** *loc prép (gén)* lejos de • **loin de là !** ¡ni mucho menos! • **être loin du compte** estar muy lejos de la realidad.
lointain, e *adj* lejano(na). ■ **lointain** *nm* • **dans le lointain** a lo lejos.
loir *nm* lirón *m*.
Loire *npr* • **la Loire** el Loira.
loisir *nm* ocio *m*. ■ **loisirs** *nmpl* distracciones *fpl*.
LOL (abrév de laughing out loud) *(SMS)* xD *(carcajada)*.
lombago = **lumbago**.
Londres *npr* Londres.
long, longue *adj* **1.** *(gén)* largo(ga) **2.** *(lent)* lento(ta) • **être long à faire qqch a)** *(personne)* ser lento haciendo algo **b)** *(chose)* tardar en hacer algo • **il est long à se décider** es lento para decidirse. ■ **long** *nm* **1.** *(longueur)* • **de long** de largo • **(tout) le long de qqch a)** *(espace)* a lo largo de algo **b)** *(temps)* durante todo algo **2.** *(vêtements longs)* • **le long** los vestidos largos. ❑ *adv (beaucoup)* mucho • **en dire long sur qqch** decir mucho de algo. ■ **à la longue** *loc adv* a la larga. ■ **de long en large** *loc adv* de un lado a otro. ■ **en long, en large et en travers** *loc adv* con pelos y señales.
long-courrier *nm (avion)* avión *m* de larga distancia. ❑ *adj (avion)* de larga distancia.
longe *nf* **1.** *(courroie)* cabestro *m* **2.** *(viande)* lomo *m*.
longer *vt* bordear.
longévité *nf* longevidad *f*.
longiligne *adj* longilíneo(a).
longitude *nf* longitud *f*.
longtemps *adv* mucho tiempo • **depuis longtemps** desde hace mucho (tiempo) • **il y a longtemps que** hace mucho (tiempo) que.

longueur *nf* **1.** *(dimension)* longitud *f*, largo *m* • **saut en longueur** salto de longitud • **en longueur** de largo **2.** *(durée)* duración *f* • **à longueur de** durante todo(da) • **à longueur d'année** durante todo el año • **à longueur de temps** continuamente **3.** *(à la piscine)* largo *m*. ■ **longueurs** *nfpl péj* lentitud *f*.

longue-vue *nf* catalejo *m*.

look *nm* look *m* • **changer de look** cambiar de look.

looping *nm* looping *m*, rizo *m*.

lopin *nm* pedazo *m* • **lopin de terre** parcela *f*.

loquace *adj* locuaz • **peu loquace** poco locuaz.

loque *nf* andrajo *m* • **loque humaine** *fig* pingajo *m*.

loquet *nm* pestillo *m*.

lorgner *vt fam* **1.** *(observer)* mirar de reojo **2.** *(convoiter)* echar el ojo a.

lors *adv* • **lors de** durante • **pour lors** de momento, por ahora • **depuis lors** desde entonces.

lorsque *conj* cuando • **lorsque je chante** cuando canto • **lorsqu'il pleut** cuando llueve.

losange *nm* rombo *m*.

loser *nm* fracasado *m*.

lot *nm* **1.** *(part, stock)* lote *m* **2.** *(prix)* premio *m* **3.** *fig (destin)* sino *m*.

loterie *nf* lotería *f*.

loti, e *adj* • **être bien/mal loti** verse favorecido/desfavorecido.

lotion *nf* loción *f*.

lotir *vt* parcelar.

lotissement *nm* **1.** *(terrain)* urbanización *f* **2.** *(partage)* parcelación *f*.

loto *nm* **1.** *(jeu de société)* bingo *m* casero **2.** *(loterie)* ≃ (lotería) primitiva *f*.

lotte *nf* rape *m*.

lotus *nm* loto *m*.

louable *adj* laudable.

louange *nf* alabanza *f*.

louche *adj* **1.** *(acte)* turbio(bia) **2.** *(individu)* sospechoso(sa). ❑ *nf* cazo *m*.

loucher *vi* **1.** MÉD bizquear **2.** *fig (lorgner)* • **loucher sur qqch/sur qqn** tener echado el ojo a algo/a alguien.

louer *vt* **1.** *(maison, appartement)* alquilar **(ESP)**, rentar **(AMÉR)** • **louer qqch à qqn** alquilar algo a alguien • **'à louer'** 'se alquila' **2.** *(place)* reservar **3.** *(glorifier)* alabar. ■ **se louer** *vp* **1.** *(maison, appartement)* alquilarse **2.** *sout (se féliciter)* • **se louer de qqch/de faire qqch** congratularse de algo/de hacer algo.

loufoque *adj & nmf fam* guillado(da).

loup *nm* **1.** *(mammifère)* lobo *m* **2.** *(poisson)* lubina *f*, róbalo *m* **3.** *(masque)* antifaz *m*, máscara *f*.

loupe *nf* **1.** *(optique)* lupa *f* **2.** MÉD lupia *f* **3.** BOT nudo *m*.

louper *vt fam* **1.** *(travail)* hacer mal ; *(recette)* salir mal ; *(examen)* catear **2.** *(train, avion)* perder.

loup-garou *nm* hombre *m* lobo.

lourd, e *adj* **1.** *(pesant, maladroit)* pesado(da) **2.** *(parfum)* fuerte **3.** *(faute)* grave **4.** *(temps)* bochornoso(sa) **5.** *fig (rempli)* • **lourd de** lleno de. ■ **lourd** *adv* • **peser lourd** pesar mucho • **il n'en fait pas lourd** *fam* no pega ni sello.

loutre *nf* nutria *f*.

louve *nf* loba *f*.

louveteau *nm* **1.** ZOOL lobezno *m* **2.** *(scout)* lobato *m*.

louvoyer *vi* **1.** NAUT bordear **2.** *fig (biaiser)* andar con rodeos.

low-cost *adj inv (compagnie)* de bajo coste. ❑ *nm ou nf* compañía *f* aérea de bajo coste.

loyal, e *adj* leal.

loyauté *nf* lealtad *f*.

loyer *nm* alquiler *m*.

LP (abrév de lycée professionnel) ≃ instituto *m* de FP.

LR (abrév de Les Républicains) *nm* partido político francés de centroderecha.

LRM (abrév de La République en Marche) *nm* partido político francés social liberal.

LSD (abrév de Lysergic acid diethylanide) *nm* LSD *m* • **un trip au LSD** *fam* un viaje de LSD.

lubie *nf* antojo *m*.

lubrification *nf* lubrificación *f*, lubricación *f*.

lubrifier *vt* lubrificar, lubricar.

lubrique *adj* lúbrico(ca).

lucarne *nf* **1.** *(fenêtre)* tragaluz *m* **2.** *(au football)* escuadra *f*.

lucide *adj* lúcido(da).

lucidité *nf* lucidez *f*.

lucratif, ive *adj* lucrativo(va).

ludique *adj* lúdico(ca).

ludothèque *nf* ludoteca *f*.

lueur *nf* **1.** *(lumière)* luz *f*, resplandor *m* • **à la lueur de** a la luz de **2.** *fig (éclat)* chispa *f* • **lueur d'espoir** rayo *m* de esperanza.

luge *nf* **1.** *(gén)* trineo *m* • **faire de la luge** montar en trineo **2.** SPORT luge *m*.

lugubre *adj* lúgubre.

lui *pron pers* **1.** *(complément d'objet indirect)* le • **je lui ai parlé** le he hablado • **qui le lui a dit ?** ¿quién se lo ha dicho? **2.** *(sujet)* él **3.** *(complément d'objet direct)* • **elle est plus jeune que lui** ella es más joven que él **4.** *(après une préposition)* él • **sans/avec lui** sin/con él **5.** *(remplaçant soi en fonction de pronom réfléchi)* sí mismo • **il est content de lui** está contento de sí mismo. ■ **lui-même** *pron pers* él mismo.

luire *vi* **1.** *(soleil, espoir)* brillar **2.** *(objet)* relucir.

lumbago, lombago *nm* lumbago *m*.

lumière *nf* **1.** *(éclairage, clarté)* luz *f* **2.** *fig (personne)* lumbrera *f*.

lumineux, euse *adj* **1.** *(gén)* luminoso(sa) **2.** *(visage, regard)* resplandeciente.
luminosité *nf* luminosidad *f.*
luminothérapie *nf* luminoterapia *f.*
lump *nm* lumpo *m.*
lunaire *adj* **1.** *(gén)* lunar **2.** *fig (visage)* mofletudo(da).
lunatique *adj & nmf* lunático(ca).
lunch *nm* lunch *m.*
lundi *nm* lunes *m inv.* Voir aussi **samedi**.
lune *nf* luna *f* • **lune de miel** luna de miel • **pleine lune** luna llena. ■ **Lune** *nf* • **la Lune** la Luna.
lunette *nf* **1.** *(fenêtre)* luneta *f*, ventanilla *f* **2.** ASTRON anteojo *m* **3.** *(des toilettes)* agujero *m.* ■ **lunettes** *nfpl* gafas *fpl* • **lunettes de vue** gafas graduadas.
lurette *nf* • **il y a belle lurette que** hace un siglo que.
luron, onne *nm, f fam* • **un joyeux luron** un vivalavirgen, un vivales.
lustre *nm* **1.** *(luminaire)* araña *f* **(ESP)**, candil *m* **(AMÉR) 2.** *(éclat)* lustre *m.*
lustrer *vt* **1.** *(faire briller)* dar brillo a **2.** *(user)* deslucir.
luth *nm* laúd *m.*
lutin *nm* duende *m.*
lutte *nf* lucha *f* • **lutte des classes** lucha de clases • **lutte antiterroriste** antiterrorismo *m.*
lutter *vi* luchar • **lutter contre qqch/qqn** luchar contra algo/alguien • **lutter pour qqch/pour qqn** luchar por algo/por alguien.
lutteur, euse *nm, f* luchador *m*, -ra *f.*
luxation *nf* luxación *f.*
luxe *nm* lujo *m* • **de luxe** de lujo • **s'offrir** *ou* **se payer le luxe de** permitirse el lujo de.
Luxembourg *npr* **1.** *(pays)* • **le Luxembourg** Luxemburgo **2.** *(ville)* Luxemburgo.
luxueux, euse *adj* lujoso(sa).
luxure *nf* lujuria *f.*
luzerne *nf* alfalfa *f.*
lycée *nm* instituto *m* • **lycée technique/professionnel** ≃ instituto de formación profesional.
lycéen, enne *nm, f* alumno *m*, -na *f (de instituto).*
Lycra® *nm* lycra® *f.*
lymphatique *adj* linfático(ca).
lymphome *nm* MÉD linfoma *m.*
lynchage *nm* linchamiento *m.*
lyncher *vt* linchar.
lynx *nm* lince *m.*
lyophilisé, e *adj* liofilizado(da).
lyre *nf* lira *f.*
lyrique *adj* **1.** *(gén)* lírico(ca) **2.** *(enthousiaste)* emocionado(da).
lys = **lis**.

M

m, M *nm inv (lettre)* m *f*, M *f.* ■ **m 1.** (abrév de mètre) m **2.** (abrév de milli) m. ■ **M 1.** (abrév de méga) M **2.** (abrév de Major) M **3.** (abrév de Monsieur) Sr. **4.** (abrév de masculin) m **5.** (abrév de maxwell) Mx **6.** (abrév de mille (marin)) m **7.** (abrév de million) M.
m² (abrév de mètre carré) m^2.
m³ (abrév de mètre cube) m^3.
macabre *adj* macabro(bra).
macadam *nm* macadán *m*, macadam *m.*
macaron *nm* **1.** *(pâtisserie)* ≃ macarrón *m* **2.** *(décoration)* insignia *f* **3.** *(coiffure)* rodete *m* **4.** *(autocollant)* pegatina *f* oficial *(que se pega en el parabrisas del coche).*
macaroni *nmpl* macarrones *mpl.*
macédoine *nf* macedonia *f* • **macédoine de fruits** macedonia de frutas.
macérer *vt* macerar. ❑ *vi* macerar • **faire macérer** macerar.
mâche *nf* milamores *fpl.*
mâcher *vt* masticar, mascar.
machiavélique *adj* maquiavélico(ca).
Machin, e *nm, f* **1.** *(personne inconnue)* • **j'ai reçu un courrier de Monsieur Machin** recibí una carta de no sé quién **2.** *(personne connue)* • **j'ai vu Machin** he visto a ése.
machinal, e *adj* mecánico(ca), maquinal.
machination *nf* maquinación *f.*
machine *nf* máquina *f* • **machine à coudre/à écrire** máquina de coser/de escribir • **machine à laver** lavadora *f.*
machine-outil *nf* máquina *f* herramienta.
machiniste *nmf* **1.** THÉÂTRE tramoyista *mf* **2.** CINÉ & RAIL maquinista *mf.*
machisme *nm péj* machismo *m.*
macho *adj & nm péj* machista.
mâchoire *nf* **1.** ANAT mandíbula *f* **2.** *(d'étau)* mordaza *f*; *(de pinces, de tenailles)* boca *f.*
mâchonner *vt* **1.** *(mâcher lentement)* mascar **2.** *(mordiller)* mordisquear **3.** *fig (marmonner)* mascullar.
maçon *nm* **1.** *(ouvrier)* albañil *m* **2.** *(franc-maçon)* masón *m.*
maçonnerie *nf* **1.** *(activité)* albañilería *f* **2.** *(construction)* obra *f* **3.** *(franc-maçonnerie)* masonería *f.*

macramé *nm* macramé *m*.
macro *nf* INFORM macro *m ou f*.
macrobiotique *adj* macrobiótico(ca). ❑ *nf* macrobiótica *f*.
macroéconomie *nf* macroeconomía *f*.
maculer *vt* manchar.
madame *nf* señora *f* • **bonjour madame** buenos días señora • **madame ou mademoiselle ?** ¿señora o señorita? • **Madame n'est pas là** la señora no está • **mesdames, mesdemoiselles, messieurs !** ¡señoras y señores! • **Chère Madame** *(dans une lettre)* Estimada señora.
madeleine *nf* magdalena *f*.
mademoiselle *nf* señorita *f*; → **madame**.
madère *nm* madeira *m*.
madone *nf* madona *f*.
Madrid *npr* Madrid.
madrier *nm* madero *m*.
madrilène *adj* madrileño(ña). ■ **Madrilène** *nmf* madrileño *m*, -ña *f*.
maestria *nf* maestría *f* • **avec maestria** con maestría.
mafia, **maffia** *nf* mafia *f*.
magasin *nm* **1.** *(boutique)* tienda *f* • **faire les magasins** ir de tiendas • **grand magasin** gran almacén *m* **2.** *(entrepôt)* almacén *m* **3.** *(compartiment - d'arme à feu)* recámara *f*; *(- de machine)* almacén *m*; *(- d'appareil photo)* carga *f*.

LEXIQUE
Le magasin

l'ascenseur el ascensor
le billet el billete
le billet de 10 el billete de 10 euros
la cabine d'essayage el probador
la caisse la caja
le cintre la percha
la clé la llave
le/la cliente el cliente/la clienta
l'escalator la escalera mecánica
la monnaie la moneda
la pièce la moneda
le porte-feuilles la cartera
le porte-monnaie el monedero
le téléphone portable el teléfono móvil

magazine *nm* **1.** *(revue)* revista *f* **2.** TV & RADIO magazine *m*.
mage *nm* mago *m*.
Maghreb *npr* • **le Maghreb** el Magreb.
magicien, **enne** *nm,f* mago *m*, -ga *f*.
magie *nf* magia *f*.
magique *adj* mágico(ca).
magistral, **e** *adj* magistral.
magistrat *nm* magistrado *m*.
magistrature *nf* magistratura *f* • **magistrature assise** ≃ jueces y magistrados *mpl* • **magistrature debout** ≃ fiscalía *f*.
magma *nm* magma *m*.
magnanime *adj sout* magnánimo(ma).
magnat *nm* magnate *m*.
magner ■ **se magner** *vp fam* moverse *(darse prisa)*.
magnésium *nm* magnesio *m*.
magnet *nm* imán *m*.
magnétique *adj* magnético(ca).
magnétisme *nm* magnetismo *m*.
magnéto *nm fam* casete *m*.
magnétocassette *nm* casete *m (aparato)*.
magnétophone *nm* magnetófono *m*.
magnétoscope *nm* vídeo *m*.
magnificence *nf* magnificencia *f*.
magnifique *adj* magnífico(ca).
magnum *nm* magnum *m*.
magot *nm fam* pasta *f*; *(économies)* hucha *f*.
Mahomet *npr* Mahoma.
mai *nm* mayo *m*. Voir aussi **septembre**.
maigre *nmf* flaco *m*, -ca *f*. ❑ *adj* **1.** *(personne, animal)* flaco(ca) **2.** *(non gras - laitage)* sin grasa ; *(- viande)* magro(gra) **3.** *(peu important - repas, végétation)* escaso(sa) ; *(- salaire, récolte, consolation)* pobre.
maigreur *nf* delgadez *f*.
maigrichon, **onne** *adj* flacucho(cha).
maigrir *vi* adelgazar.
mail *nm* INFORM mail *m*, correo *m* electrónico.
mailing *nm* mailing *m*.
maille *nf* **1.** *(de tricot)* punto *m* **2.** *(de filet)* malla *f*.
maillet *nm* mazo *m*.
maillon *nm* eslabón *m*.
maillot *nm (de sport)* maillot *m* • **maillot de bain** bañador *m*, traje *m* de baño • **maillot (de bain) une pièce/deux pièces** traje de baño de una pieza/de dos piezas • **maillot de corps** camiseta *f (prenda interior)* • **maillot jaune** *(cyclisme)* camiseta amarilla.
main *nf* mano *f* • **à main armée** a mano armada • **à la main** a mano • **donner la main à qqn** dar la mano a alguien • **haut les mains !** ¡manos arriba! • **tomber sous la main de qqn** *fig* ir a parar a manos de alguien. ■ **main courante** *nf* pasamanos *m inv*. ■ **mains libres** *adj (téléphone, kit)* (de) manos libres.
main-d'œuvre *nf* mano *f* de obra.
mainmise *nf* control *m*.
maint, **e** *adj sout* • **maintes fois** repetidas veces.
maintenance *nf* mantenimiento *m*.
maintenant *adv* ahora. ■ **maintenant que** *loc conj* ahora que.
maintenir *vt* mantener. ■ **se maintenir** *vp* mantenerse.
maintien *nm* **1.** *(conservation)* mantenimiento *m* **2.** *(tenue)* porte *m*.

maire *nmf* alcalde *m*, -sa *f* **(ESP)**, regente *m* **(AMÉR)**.

mairie *nf* **1.** *(bâtiment, administration)* ayuntamiento *m* **2.** *(poste)* alcaldía *f*.

mais *conj* **1.** *(introduisant une opposition)* sino • **non seulement... mais aussi** no sólo... sino también **2.** *(introduisant une objection, une précision, une restriction)* pero • **mais non !** ¡pues claro que no! • **non mais !** ¡pero bueno! **3.** *(introduisant une transition)* • **mais alors** pero (bueno) • **mais alors, tu l'as vu ou non ?** pero (bueno) ¿lo has visto o no? **4.** *(servant à intensifier)* • **il a pleuré, mais pleuré !** lloró, ¡y de qué manera! **5.** *(exprimant la colère, l'indignation, la joie)* • **mais c'est génial !** ¡pero si es genial! • **mais je vais me fâcher, moi !** ¡ya está bien! ¡me voy a enfadar! • **mais tu saignes !** ¡pero si estás sangrando! ❑ *adv* • **— vous êtes prêts ? — mais bien sûr !** ¿estáis listos? ¡pues claro! ❑ *nm* pero *m*.

> **À PROPOS DE**
> **mais**
> Dans une phrase négative, *mais* se traduit par ***sino***.

maïs *nm* maíz *m* **(ESP)**, choclo *m* **(AMÉR)**.

maison *nf (gén)* casa *f* • **être à la maison** estar en casa. ❑ *adj inv (en apposition) (artisanal)* de la casa, casero(ra) • **confiture maison** mermelada casera.

> **LEXIQUE**
> **La maison**
> **l'allée** el camino
> **le balcon** el balcón
> **le bureau** el despacho
> **la cave** el sótano
> **la chambre** la habitación
> **la cheminée (extérieure)** la chimenea
> **la cheminée (intérieure)** la chimenea
> **le couloir** el pasillo
> **la cuisine** la cocina
> **la douche** la ducha
> **l'entrée** la entrada
> **l'entrée (extérieure)** la entrada
> **l'escalier** las escaleras
> **la fenêtre** la ventana
> **le garage** el garaje
> **le grenier** el desván
> **le massif de fleurs** el macizo de flores
> **le mur (extérieur)** el muro
> **la pelouse** el césped
> **la porte** la puerta
> **la salle à manger** el comedor
> **la salle de bains** el cuarto de baño
> **le salon** el salón
> **le store** la persiana
> **la terrasse** la terraza
> **les toilettes** el aseo
> **le toit** el tejado
> **le volet** la contraventana

Maison-Blanche *npr* • **la Maison-Blanche** la Casa Blanca.

maisonnée *nf* habitantes *mpl* (de una casa).

maisonnette *nf* casita *f*.

maître, maîtresse *adj (idée, qualité, poutre)* principal • **le maître mot** el lema • **une maîtresse femme** una mujer de armas tomar • **une œuvre maîtresse** una obra maestra • **être maître de a)** *(son destin, une décision)* ser dueño(ña) de **b)** *(émotions, situation, véhicule)* controlar, dominar • **être maître de soi** ser dueño(ña) de sí mismo • **se rendre maître de** tomar las riendas de. ❑ *nm, f* **1.** SCOL maestro *m*, -tra *f*, profesor *m*, -ra *f* • **maître auxiliaire** profesor auxiliar • **maître d'école** maestro de escuela, profesor de magisterio **2.** *(d'animal)* dueño *m*, -ña *f* **3.** *(de maison)* dueño y señor *m*, dueña y señora *f* • **la maîtresse de maison** el ama de casa. ■ **maître** *nm* **1.** *(chef)* dueño *m* • **maître d'hôtel** maître *m*, jefe *m* de comedor • **maître d'œuvre** capataz *m* **2.** *(expert)* genio *m* • **coup de maître** toque *m* de maestría **3.** *(guide, professeur)* • **maître (à penser)** maestro *m* **4.** *(titre) vous pouvez l'expliquer ainsi :* es el título que se da en Francia a los profesionales del derecho tales como abogados, procuradores y notarios. ■ **maître chanteur** *nm* chantajista *mf*. ■ **maîtresse** *nf* amante *f*.

maître-assistant, e *nm, f* ≃ profesor *m* asociado ; ≃ profesora *f* asociada.

maître-autel *nm* altar *m* mayor.

maître-nageur *nm (surveillant)* socorrista *mf*.

maîtrise *nf* **1.** *(contrôle, connaissance)* dominio *m*, control *m* **2.** *(habileté)* habilidad *f* **3.** UNIV ≃ licenciatura *f* **4.** *(catégorie professionnelle)* capataces *mpl*.

maîtriser *vt* dominar ; *(dépenses)* controlar. ■ **se maîtriser** *vp* dominarse.

majesté *nf* **1.** *(dignité)* majestad *f* **2.** *(splendeur)* majestuosidad *f*. ■ **Majesté** *nf* • **Sa/Votre Majesté** Su/Vuestra Majestad.

majestueux, euse *adj* majestuoso(sa).

majeur, e *adj* **1.** *(personne)* mayor de edad **2.** *(principal)* MUS mayor **3.** *(important)* importante. ■ **majeur** *nm* dedo *m* medio, dedo *m* corazón.

Majeur → **lac**.

major *nm* **1.** MIL mayor *m* **2.** SCOL primero *m*, -ra *f* de la clase.

majordome *nm* mayordomo *m*.

majorer *vt* recargar.

majorette *nf* majorette *f*.

majoritaire *adj* mayoritario(ria) • **être majoritaire** estar en mayoría, ser mayoría.

majoritairement *adv* mayoritariamente.

majorité *nf* **1.** *(âge)* mayoría *f* de edad **2.** *(majeure partie)* POLIT mayoría *f* • **en (grande) majorité**

mayoritariamente • **majorité absolue/relative** mayoría absoluta/relativa.

Majorque *npr* Mallorca.

majuscule *adj* mayúsculo(la). ❑ *nf* mayúscula *f*.

making of *nm inv* cómo se hizo *m* • **un making of de son dernier film** un cómo se hizo de su última película.

mal *nm* **1.** *(physique)* dolor *m* • **avoir mal à la tête** *ou* **des maux de tête** tener dolor de cabeza • **avoir le mal de mer** estar mareado(da) • **faire mal à qqn** hacerle daño a alguien • **se faire mal** hacerse daño **2.** *(moral)* mal *m* • **être en mal de qqch** faltarle a alguien algo • **faire du mal (à qqn)** hacer daño (a alguien) **3.** *(difficulté)* trabajo *m*. ■ **mal** *adv* mal • **mal prendre qqch** tomar algo a mal • **mal tourner** acabar mal • **aller mal** ir mal • **ça n'est pas mal** no está mal • **ça n'est pas mal du tout** no está nada mal • **de mal en pis** de mal en peor • **être au plus mal** estar fatal • **pas mal de** bastante • **pas mal de choses** bastantes cosas • **se sentir mal** encontrarse mal. ■ **mal à l'aise** *loc adj* • **être/se sentir mal à l'aise** no estar/no sentirse a gusto, no estar/no sentirse cómodo(da).

> À PROPOS DE **mal**
>
> Le verbe ***doler***, qui signifie avoir *mal*, se construit comme le verbe ***gustar***.

malade *adj* enfermo(ma) • **tomber malade** ponerse enfermo(ma). ❑ *nmf* enfermo *m*, -ma *f* • **un malade mental** un enfermo mental.

maladie *nf* **1.** MÉD enfermedad *f* • **maladie d'Alzheimer** enfermedad de Alzheimer • **maladie contagieuse** enfermedad contagiosa • **maladie de Creutzfeldt-Jakob** enfermedad de Creutzfeldt-Jakob • **maladie héréditaire** enfermedad hereditaria • **maladie de Parkinson** enfermedad de Parkinson • **maladie sexuellement transmissible** enfermedad de transmisión sexual • **maladie de la vache folle** enfermedad de las vacas locas **2.** *(passion, manie)* obsesión *f*.

maladresse *nf* torpeza *f*.

maladroit, e *adj & nm,f* torpe.

malaise *nm* malestar *m*.

malaisé, e *adj* difícil.

Malaisie *npr* • **la Malaisie** Malasia.

malaisien, enne *adj* malasio(a). ❑ *nm* LING malasio *m*. ■ **Malaisien, enne** *nmf* malasio(a).

malappris, e *adj & nm,f* maleducado(da).

malaria *nf* malaria *f*.

malaudition *nf* MÉD discapacidad *f* auditiva • **souffrir de malaudition** padecer una discapacidad auditiva • **la malaudition liée à l'âge** la discapacidad auditiva debida a la edad.

malavisé, e *adj* desacertado(da).

Malawi *npr* • **le Malawi** Malaui.

malaxer *vt* amasar.

malbouffe *nf* comida *f* basura.

malchance *nf* mala suerte *f*.

malchanceux, euse *adj & nm,f* desafortunado(da).

malcommode *adj* incómodo(da).

mâle *adj* **1.** *(masculin - enfant)* varón ; *(- fleur, animal)* macho ; *(- hormone)* masculino(na) **2.** *(voix, assurance)* varonil, viril **3.** TECHNOL *(prise)* macho. ❑ *nm (homme, enfant)* varón *m* ; *(animal, végétal)* macho *m*.

malédiction *nf* maldición *f*.

maléfique *adj sout* maléfico(ca).

malencontreux, euse *adj* poco afortunado(da), desafortunado(da).

malentendant, e *adj & nm,f* sordo(da).

malentendu *nm* malentendido *m*.

malfaçon *nf* tara *f*.

malfaiteur, trice *nm,f* malhechor *m*, -ra *f*.

malfamé, e, mal famé, e *adj* de mala fama.

malformation *nf* malformación *f*.

malfrat *nm* maleante *m*.

malgré *prép* a pesar de • **malgré moi/toi/lui** a pesar mío/tuyo/suyo • **malgré tout** a pesar de todo.

malhabile *adj* inhábil.

malheur *nm* **1.** *(événement, adversité)* desgracia *f* • **avoir des malheurs** tener desgracias **2.** *(malchance)* • **par malheur** por desgracia • **porter malheur à qqn** traer mala suerte a alguien.

malheureusement *adv* desgraciadamente.

malheureux, euse *adj* **1.** *(vie, amour, victime)* desgraciado(da) **2.** *(air, mine)* desdichado(da) **3.** *(rencontre, réaction, mot)* desafortunado(da) • **c'est bien malheureux !** ¡qué lástima! **4.** *(avant le nom) (sans valeur)* mísero(ra). ❑ *nm,f* desgraciado *m*, -da *f*.

malhonnête *adj & nmf* deshonesto(ta).

malhonnêteté *nf* deshonestidad *f*.

Mali *npr* • **le Mali** Malí.

malice *nf* malicia *f*.

malicieux, euse *adj & nm,f* malicioso(sa).

malin, igne *adj* **1.** *(personne)* astuto(ta) **(ESP)**, abusado(da) **(AMÉR)** • **c'est malin !** ¡vaya por Dios! **2.** *(regard, sourire)* malicioso(sa) **3.** *(plaisir)* malévolo(la) **4.** *(difficile)* difícil **(ESP)**, embromado(da) **(AMÉR)** • **ça n'est pas bien malin** no es nada difícil **5.** MÉD *(tumeur)* maligno(na). ❑ *nm,f* astuto *m*, -ta *f*.

> À PROPOS DE **malin**
>
> Attention ***ser listo*** signifie *être malin* tandis que ***estar listo*** signifie *être prêt*

malingre *adj* enclenque.

malle *nf (caisse)* baúl *m*.

malléable *adj* maleable.

mallette *nf* maletín *m*.
mal-logé, e *nm,f* ocupante *mf* de un alojamiento precario.
malmener *vt* **1.** *(brutaliser)* maltratar **2.** *fig (adversaire)* poner en apuros.
malnutrition *nf* malnutrición *f*.
malodorant, e *adj* maloliente.
malotru, e *nm,f* grosero *m*, -ra *f* **(ESP)**, guarango *m*, -ga *f* **(AMÉR)**.
malpoli, e *adj & nm,f* maleducado(da).
malpropre *adj* **1.** *(gén)* sucio(cia) **2.** *(inconvenant)* indecente.
malsain, e *adj* **1.** *(pervers)* mórbido(da), perverso(sa) **2.** *(mauvais pour la santé)* nocivo(va).
malt *nm* malta *f*.
Malte *npr* Malta.
maltraitance *nf* maltrato *m*.
maltraiter *vt* maltratar.
malus *nm* malus *m inv*.
malveillance *nf* malevolencia *f*.
malveillant, e *adj* malévolo(la).
malversation *nf* malversación *f*.
malvoyant, e *adj & nm,f* invidente.
maman *nf* mamá *f*.
mamelle *nf (de femme)* mama *f*; *(d'animal)* ubre *f*.
mamelon *nm* **1.** *(du sein)* pezón *m* **2.** *(colline)* cerro *m*.
mamie, mamy *nf* abuelita *f* **(ESP)**, mamá grande *f* **(AMÉR)**.
mammifère *nm* mamífero *m* • **les mammifères marins** los mamíferos marinos.
mammographie *nf* mamografía *f*.
mammouth *nm* mamut *m*.
mamy = **mamie**.
management *nm* management *m*.
manager[1] *nm* **1.** *(de chanteur)* agente *mf*, mánager *mf* **2.** *(d'entreprise)* directivo *m*, -va *f*, mánager *mf*.
manager[2] *vt* gestionar.
Managua *npr* Managua.
manche *nf* manga *f* • **manches courtes/longues** mangas cortas/largas. ❑ *nm* **1.** *(d'outil)* mango *m* • **manche à balai a)** palo *m* de escoba **b)** *AÉRON* timón *m* **2.** *(d'instrument de musique)* mástil *m*.
Manche *npr* **1.** *(département normand, région d'Espagne)* • **la Manche** la Mancha **2.** *(mer)* • **la Manche** el canal de la Mancha.
manchette *nf* **1.** *(de chemise)* puño *m* **2.** *(de journal)* titular *m* **3.** *SPORT* golpe *m* dado con el antebrazo.
manchon *nm* manguito *m*.
manchot, e *adj & nm,f* manco(ca). ■ **manchot** *nm ZOOL* pájaro *m* bobo.
mandarine *nf* mandarina *f*.
mandat *nm* **1.** *(procuration)* poder *m*, procuración *f* **2.** *POLIT* mandato *m* **3.** *DR* orden *f* • **mandat d'amener/d'arrêt/de perquisition** orden de comparecencia/de arresto/de registro **4.** *(titre postal)* giro *m* • **mandat postal** giro postal.
mandataire *nmf* mandatario *m*, -ria *f*.
mandibule *nf* mandíbula *f*.
mandoline *nf* mandolina *f*.
manège *nm* **1.** *(attraction)* tiovivo *m*, caballitos *mpl* **(ESP)**, calesitas *fpl* **(AMÉR)** **2.** *(de chevaux - exercices)* doma *f*; *(- lieu)* picadero *m* **3.** *fig (manœuvre)* tejemaneje *m*.
manette *nf* manecilla *f*.
manga *nm* manga *m ou f*.
manganèse *nm* manganeso *m*.
mangeable *adj* comestible.
mangeoire *nf (pour oiseaux)* comedero *m*; *(pour bétail)* pesebre *m*.
manger *vt* **1.** *(nourriture)* comer **2.** *(sujet : mite, rouille)* carcomer, comer **3.** *(fortune)* dilapidar. ❑ *vi* comer.
mangue *nf* mango *m*.
maniable *adj* manejable.
maniaque *adj & nmf* **1.** *(méticuleux)* maniático(ca) **2.** *(fou)* maníaco(ca).
manie *nf* manía *f* • **avoir la manie de qqch/de faire qqch** tener la manía de algo/de hacer algo.
maniement *nm* manejo *m*.
manier *vt* manejar.
manière *nf* manera *f* • **à la manière de qqn** a la manera de alguien • **de toute manière** de todas maneras • **d'une manière générale** en general. ■ **manières** *nfpl (attitude)* modales *mpl*. ■ **de manière à** *loc prép* para. ■ **de manière à ce que** *loc conj* de modo que. ■ **de manière que** *loc conj* de modo que. ■ **de telle manière que** *loc conj* de tal modo que, de modo que.
maniéré, e *adj* amanerado(da).
manif *nf fam (manifestation)* manifestación *f* • **aller à la manif** ir a la manifestación.
manifestant, e *nm,f* manifestante *mf*.
manifestation *nf* manifestación *f*.
manifester *vt* manifestar. ❑ *vi* manifestarse. ■ **se manifester** *vp* manifestarse.
manigancer *vt fam* maquinar.
manioc *nm* mandioca *f*.
manip (abrév de **manipulation**) *fam* manipulación *f* • **faire une fausse manip** cometer un error, equivocarse.
manipulateur, trice *adj & nm,f* manipulador(ra).
manipulation *nf* manipulación *f*.
manipuler *vt* manipular.
manivelle *nf* manivela *f*.
manne *nf* **1.** *RELIG* maná *m* **2.** *fig & sout (aubaine)* agua *f* de mayo.

mannequin *nm* **1.** *(personne)* modelo *mf* **2.** *(de vitrine)* maniquí *m*.

manœuvre *nf* **1.** *(d'appareil)* manejo *m* ; *(de véhicule)* maniobra *f* • **fausse manœuvre a)** *(de véhicule)* mala maniobra **b)** *fig* paso *m* en falso **2.** *(excercice militaire, machination)* maniobra *f*. ❑ *nm* peón *m*.

manœuvrer *vi* maniobrar. ❑ *vt* manejar.

manoir *nm* casa *f* solariega.

manomètre *nm* manómetro *m*.

manquant, e *adj* que falta.

manque *nm* **1.** *(absence)* falta *f* ; *(insuffisance)* carencia *f* **2.** *(du toxicomane)* abstinencia *f* **3.** *(lacune)* laguna *f*.

manquer *vi* **1.** *(gén)* faltar • **manquer à qqch** *(ne pas respecter)* faltar a algo • **manquer à qqn a)** *(temps, outil, etc)* faltar a alguien **b)** *(ami, famille)* echar de menos a alguien • **manquer de qqch** carecer de algo, faltarle a uno algo • **manquer de faire qqch** faltarle (a alguien) poco para hacer algo **2.** *(rater)* fallar. ❑ *vt* **1.** *(rater)* fallar **2.** *(personne)* no encontrar **3.** *(train, avion)* perder **4.** *(occasion)* perderse **5.** *(cours, école)* faltar a.

À PROPOS DE

manquer

Notez la construction ***echar de menos a alguien*** : le sujet de la phrase française devient complément dans la phrase espagnole.

mansarde *nf* buhardilla *f*.

mansardé, e *adj* abuhardillado(da).

mansuétude *nf sout* mansedumbre *f*.

mante *nf* **1.** ZOOL mantis *m inv* • **mante religieuse** mantis religiosa, santateresa *f* **2.** *(manteau de femme)* manto *m*.

manteau *nm* abrigo *m* (ESP), tapado *m* (AMÉR).

manucure *nmf* manicuro *m*, -ra *f*.

manuel, elle *adj* manual. ❑ *nm,f* trabajador *m*, -ra *f* manual. ■ **manuel** *nm* manual *m* • **manuel scolaire** libro *m* de texto.

manufacture *nf* manufactura *f*.

manufacturé, e *adj* manufacturado(da).

manuscrit, e *adj* manuscrito(ta). ■ **manuscrit** *nm* manuscrito *m*.

manutention *nf* logística *f* *(de almacenaje)*.

manutentionnaire *nmf* encargado *m*, -da *f* de logística.

mappemonde *nf* **1.** *(carte)* mapamundi *m* **2.** *(sphère)* globo *m* terráqueo.

maquereau *nm* **1.** ZOOL caballa *f* **2.** *fam* *(proxénète)* chulo *m*.

maquerelle *nf fam* madame *f*.

maquette *nf* maqueta *f*.

maquetter *vt* maquetar.

maquignon *nm* chalán *m*, -ana *f*.

maquillage *nm* maquillaje *m*.

maquiller *vt* **1.** *(personne)* maquillar **2.** *(voiture volée)* maquillar, camuflar ; *(passeport)* falsificar ; *(chiffres)* falsear ; *(vérité)* disfrazar. ■ **se maquiller** *vp* maquillarse.

maquis *nm* **1.** *(végétation)* monte *m* bajo **2.** HIST maquis *m inv*.

marabout *nm* **1.** ZOOL marabú *m* **2.** *(guérisseur)* morabito *m*.

maraîcher, ère *adj* de la huerta. ❑ *nm,f* horticultor *m*, -ra *f*.

marais *nm* pantano *m* • **marais salant** salina.

marasme *nm litt & fig* marasmo *m*.

marathon *nm* maratón *m ou f*.

marâtre *nf* madrastra *f*.

marbre *nm* mármol *m*.

marc *nm* ≃ orujo *m*. ■ **marc de café** *nm* poso *m* de café.

marcassin *nm* jabato *m*.

marchand, e *adj* mercantil ; *(marine)* mercante ; *(galerie, valeur)* comercial. ❑ *nm,f* vendedor *m*, -ra *f* • **marchand forain** feriante *m* • **marchand de journaux** vendedor de periódicos.

marchander *vt & vi* regatear.

marchandise *nf* mercancía *f*.

marche *nf* **1.** *(gén)* marcha *f* • **en marche a)** *(en mouvement)* en marcha **b)** *(en fonctionnement)* encendido(da) • **en marche arrière** marcha atrás • **faire marche arrière a)** *(voiture)* dar marcha atrás **b)** *(changer d'avis)* echarse (para) atrás • **se mettre en marche** ponerse en marcha • **marche à pied** marcha (a pie) • **marche silencieuse** marcha silenciosa **2.** *(d'astre)* movimiento *m* ; *(du temps)* paso *m* **3.** *(d'escalier)* peldaño *m*, escalón *m* **4.** *fig (procédé)* • **c'est la marche à suivre** éstos son los pasos que hay que seguir.

marché *nm* **1.** *(gén)* mercado *m* • **faire son marché** ir a la compra • **marchés financiers** mercados financieros • **marché noir** mercado negro • **marché du travail** mercado de trabajo **2.** *(contrat)* trato *m*.

marchepied *nm* estribo *m*.

marcher *vi* **1.** *(aller à pied)* andar **2.** *(poser le pied)* pisar • **marcher sur qqch** pisar algo **3.** *(se diriger)* • **marcher sur qqch/sur qqn** marchar sobre algo/hacia alguien **4.** *(fonctionner, réussir)* funcionar **5.** *fam (être d'accord)* conformarse • **faire marcher qqn** *fam* tomar el pelo a alguien.

mardi *nm* martes *m inv* • **mardi gras** martes de carnaval. Voir aussi **samedi**.

mare *nf* charco *m*.

marécage *nm* pantano *m*.

marécageux, euse *adj* **1.** *(terrain)* pantanoso(sa) **2.** *(plante)* palustre.

maréchal *nm* mariscal *m*.

marée *nf* **1.** *(gén)* marea *f* • **(à) marée basse/haute** (con) marea baja/alta **2.** *(produits de la mer)* pescado y marisco *m* fresco. ■ **marée noire** *nf* marea *f* negra.

marelle *nf* rayuela *f.*
margarine *nf* margarina *f.*
marge *nf* margen *m* • **marge d'erreur/de sécurité** margen de error/de seguridad • **vivre en marge de la société** vivir al margen de la sociedad.
margelle *nf* brocal *m.*
marginal, e *adj* marginal. ❑ *nm, f* marginado *m*, -da *f.*
marginalisation *nf* marginación *f.*
marguerite *nf* margarita *f.*
mari *nm* marido *m.*
mariage *nm* **1.** *(union, institution)* matrimonio *m* • **mariage blanc/civil/religieux** matrimonio de conveniencia/civil/religioso **2.** *(cérémonie)* boda *f* **3.** *fig (association de choses)* combinación *f.*
Marianne *npr pour expliquer à un hispanophone ce que c'est, vous pouvez dire :* es la personificación de la República Francesa representada por un busto de mujer con un gorro frigio. Esta imagen decora todos los ayuntamientos franceses y aparece en los sellos.
marié, e *adj* casado(da). ❑ *nm, f* novio *m*, -via *f.*
marier *vt* casar. ■ **se marier** *vp* **1.** *(personnes)* casarse **2.** *fig (couleurs)* casar.
marihuana, marijuana *nf* marihuana *f.*
marin, e *adj* **1.** *(gén)* marino(na) **2.** *(carte)* de navegación. ■ **marin** *nm* marino *m* • **marin pêcheur** pescador *m.* ■ **marine** *adj inv (bleu)* marino(na). ❑ *nf* **1.** *(art de la navigation)* marina *f*, náutica *f* **2.** *(ensemble de navires, peinture)* marina *f* • **marine marchande/nationale** marina mercante/nacional. ❑ *nm* **1.** MIL marine *m* **2.** *(couleur)* azul *m* marino.
marinier, ère *adj* marinero(ra). ■ **marinier** *nm* marinero *m.*
marionnette *nf* marioneta *f*, títere *m.*
marital, e *adj* marital.
maritime *adj* marítimo(ma).
mark *nm* marco *m.*
marketer *vt* comercializar.
marketeur, euse *nm, f* persona *f* encargada del marketing .
marketing *nm* marketing *m* • **marketing téléphonique** marketing telefónico.
marmaille *nf fam* chiquillería *f.*
marmelade *nf* mermelada *f.*
marmite *nf* olla *f.*
marmonner *vt & vi* farfullar, mascullar.
marmot *nm* renacuajo *m*, -ja *f* **(ESP)**, chamaco *m*, -ca *f* **(AMÉR)**.
marmotte *nf* marmota *f.*
Maroc *npr* • **le Maroc** Marruecos.
maroquinerie *nf* marroquinería *f.*
marotte *nf* • **avoir la marotte de qqch** ser maniático(ca) de algo • **à chaque fou sa marotte** cada loco con su tema.
marquant, e *adj* notable.
marque *nf* **1.** *(gén)* marca *f* • **à vos marques, prêts, partez !** ¡preparados, listos, ya! • **de marque** de marca • **marque déposée/de fabrique** marca registrada/de fábrica **2.** *(témoignage)* señal *f.*
marqué, e *adj* marcado(da).
marque-page *nm* marcapáginas *m.*
marquer *vt* **1.** *(gén)* marcar, señalar ; *(mécontentement, etc)* manifestar **2.** *(noter)* apuntar. ❑ *vi* marcar.
marqueur *nm* **1.** *(crayon)* rotulador *m* (de punta gruesa) **2.** SPORT marcador *m.*
marquis, e *nm, f* marqués *m*, -esa *f.* ■ **marquise** *nf* marquesina *f.*
marraine *nf* madrina *f.*
marrant, e *adj fam* **1.** *(drôle)* divertido(da) **2.** *(bizarre)* gracioso(sa).
marre *adv* • **en avoir marre (de qqch/de qqn)** *fam* estar harto(ta) (de algo/de alguien).
marrer ■ **se marrer** *vp fam (rire)* desternillarse (de risa) ; *(s'amuser)* pasárselo bomba.
marron, onne *adj péj (avocat, médecin)* clandestino(na). ■ **marron** *nm* **1.** *(fruit)* castaña *f* **2.** *(couleur)* marrón *m* **3.** *fam (coup de poing)* castaña *f.* ❑ *adj inv* marrón ; *(yeux)* castaño(ña).
marronnier *nm* castaño *m* de Indias.
mars *nm* marzo *m.* Voir aussi **septembre.** ■ **Mars** *npr* ASTRON & MYTHOL Marte.
marseillais, e *adj* marsellés(esa). ■ **Marseillais, e** *nm, f* marsellés *m*, -esa *f.* ■ **Marseillaise** *nf* • **la Marseillaise** la Marsellesa.
marsouin *nm* marsopa *f.*
marteau *nm* **1.** *(outil)* SPORT martillo *m* • **marteau piqueur** *ou* **pneumatique** martillo picador *ou* neumático **2.** MUS macillo *m*, martinete *m* **3.** *(heurtoir)* aldabón *m.* ❑ *adj fam* chiflado(da).
martèlement *nm* martilleo *m.*
marteler *vt* **1.** *(avec un marteau)* martillear, martillar **2.** *(frapper)* golpear **3.** *(articuler)* recalcar.
martial, e *adj* marcial.
martien, enne *adj & nm, f* marciano(na).
martinet *nm* **1.** ZOOL vencejo *m* **2.** *(fouet)* látigo *m* de varios ramales.
martingale *nf* martingala *f.*
Martini® *nm* martini® *m.*
martyr, e *adj & nm, f* mártir. ■ **martyre** *nm* martirio *m.*
martyriser *vt* martirizar.
marxisme *nm* marxismo *m.*
mascara *nm* rímel *m.*
mascarade *nf* mascarada *f.*
mascotte *nf* mascota *f.*
masculin, e *adj* masculino(na). ■ **masculin** *nm* GRAMM masculino *m.*

maso *adj & nmf fam (masochiste)* masoca • **il est un peu maso** es un poco masoca.
masochisme *nm & nmf* masoquismo *m*.
masochiste *adj* masoquista.
masque *nm* **1.** *(gén)* máscara *f*; *(de déguisement)* careta *f* • **masque à gaz** máscara antigás • **masque de plongée** gafas *fpl* submarinas **2.** *(crème)* mascarilla *f*.
masquer *vt* **1.** *(dissimuler)* disfrazar **2.** *(cacher à la vue)* esconder, tapar.
massacre *nm* **1.** *(tuerie)* masacre *f* **2.** *fig (gâchis)* estropicio *m*.
massacrer *vt* **1.** *(tuer)* masacrar **2.** *(abîmer, mal interpréter)* destrozar.
massage *nm* masaje *m*.
masse *nf* **1.** *(gén)* masa *f* • **masse monétaire** masa monetaria • **masse salariale** masa salarial **2.** *(quantité)* • **une masse de** un montón de • **en masse a)** *(en bloc)* en masa **b)** *(en grande quantité)* a lo grande • **l'arrivée en masse de...** la llegada masiva de... **3.** *(maillet)* mazo *m*.
masser *vt* **1.** *(assembler)* concentrar **2.** *(frotter)* masajear, dar masaje a. ■ **se masser** *vp* **1.** *(s'assembler)* concentrarse **2.** *(se frotter)* masajearse.
masseur, euse *nm,f* masajista *mf*. ■ **masseur** *nm (appareil)* aparato *m* de hacer masajes.
massicot *nm* guillotina *f*.
massif, ive *adj* **1.** *(gén)* macizo(za) **2.** *(important)* masivo(va). ■ **massif** *nm* macizo *m*.
massue *adj inv* contundente. ❑ *nf* maza *f*.
mastic *nm* masilla *f*.
mastiquer *vt* **1.** *(mâcher)* masticar **2.** *(coller avec du mastic)* pegar con masilla.
masturbation *nf* masturbación *f*.
masturber ■ **se masturber** *vp* masturbarse.
masure *nf* casa *f* en ruinas.
mat, e *adj* mate. ■ **mat** *adj inv (aux échecs)* en posición de (jaque) mate.
mât *nm* **1.** NAUT mástil *m*, palo *m* **2.** *(poteau)* poste *m*.
match *nm* partido *m* • **match aller/retour** partido de ida/de vuelta • **match nul** empate *m* • **faire match nul** empatar.
matelas *nm inv* colchón *m*.
matelassé, e *adj* acolchado(da).
matelot *nm* marinero *m*.
mater *vt* **1.** *(dompter)* domar **2.** *(réprimer)* reprimir **3.** *fam (regarder)* echar el ojo a.
matérialisation *nf* materialización *f*.
matérialiser *vt* materializar. ■ **se matérialiser** *vp* materializarse.
matérialiste *adj & nmf* materialista.
matériau *nm* material *m*. ■ **matériaux** *nmpl* **1.** CONSTR materiales *mpl* • **matériaux de construction** materiales de construcción **2.** *fig (éléments)* material *m*.
matériel, elle *adj* **1.** *(gén)* material **2.** *(prosaïque)* materialista. ■ **matériel** *nm* **1.** *(équipement)* material *m*, equipamiento *m*, equipo *m* **2.** INFORM hardware *m*.
maternel, elle *adj* **1.** *(lait, grand-mère, langue)* materno(na) **2.** *(amour, instinct)* maternal. ■ **maternelle** *nf* parvulario *m*.
maternité *nf* maternidad *f*.
mathématicien, enne *nm,f* matemático *m*, -ca *f*.
mathématique *adj* matemático(ca). ■ **mathématiques** *nfpl* matemáticas *fpl*.
maths *nfpl fam* mates *fpl*.
matière *nf* **1.** *(substance, produit, sujet)* materia *f* • **en matière de** en materia de • **matière grasse** materia grasa • **matière grise/plastique** materia gris/plástica • **matières premières** materias primas **2.** *(discipline)* asignatura *f* **3.** *(motif)* pretexto *m*, motivo *m*.
matin *nm* mañana *f* • **le matin** por la mañana • **ce matin** esta mañana • **du matin au soir** de la mañana a la noche.
matinal, e *adj* **1.** *(du matin)* matinal, matutino(na) **2.** *(personne)* madrugador(ra).
matinée *nf* **1.** *(partie de la journée)* mañana *f* **2.** *(spectacle)* matiné *f*.
matou *nm* gato *m*.
matraque *nf* porra *f*.
matraquer *vt* **1.** *(frapper)* aporrear **2.** *fig (slogan, chanson)* bombardear.
matriarcal, e *adj* matriarcal.
matriarcat *nm* matriarcado *m*.
matrice *nf* matriz *f*.
matricule *nm* número *m* (de registro). ❑ *nf* registro *m*.
matrimonial, e *adj* matrimonial.
matrone *nf péj* verdulera *f*.
mature *adj* maduro(ra).
mâture *nf* arboladura *f*.
maturité *nf* madurez *f*.
maudire *vt* maldecir.
maudit, e *adj & nm,f* maldito(ta).
maugréer *vt* mascullar. ❑ *vi* refunfuñar • **maugréer contre qqn/contre qqch** echar pestes contra alguien/contra algo.
maure, more *adj* moro(ra). ■ **Maure** *nmf* moro *m*, -ra *f*.
mauresque *adj* moruno(na).
Mauritanie *npr* • **la Mauritanie** Mauritania.
mausolée *nm* mausoleo *m*.
maussade *adj* **1.** *(personne)* alicaído(da) **2.** *(temps)* desapacible.
mauvais, e *adj* malo(la), mal *(devant un nom masculin)*. ■ **mauvais** *adv* • **il fait mauvais** hace mal tiempo • **sentir mauvais** oler mal.
mauve *nm & adj* malva.

mauviette *nf fam* **1.** *(personne faible)* alfeñique *m* **2.** *(poltron)* gallina *mf.*
max (abrév de maximum) *nm fam* montón *m*, mogollón *m* • **un max de** un montón de • **un max de fric** una pasta gansa • **s'éclater un max** divertirse (un) mogollón.
max. (abrév de maximum) *nm inv* máx. • **ce produit doit être conservé à 6°C max.** este producto debe conservarse a 6°C máx.
maxillaire *nm* maxilar *m.*
maxime *nf* máxima *f.*
maximiser *vt* maximizar.
maximum *adj* máximo(ma). ❑ *nm* • **le maximum de qqch/de personnes** el máximo de algo/de personas • **au maximum** como máximo.
mayonnaise *nf* mayonesa *f.*
mazout *nm* fuel-oil *m.*
MDD (abrév de marque de distributeur) *nf* MDD *f (marca de distribuidor).*
me *pron pers* **1.** *(gén)* me **2.** *(avec un présentatif)* • **me voilà** aquí estoy • **me voilà prêt** ya estoy listo.
méandre *nm* **1.** *(d'une rivière)* meandro *m* **2.** *fig (d'un raisonnement)* entresijos *mpl.*
mec *nm fam* tío *m.*
mécanicien, enne *adj* mecánico(ca). ❑ *nm,f* **1.** *(de garage)* mecánico *mf* **2.** *(conducteur de train)* maquinista *mf.*
mécanique *adj* mecánico(ca). ❑ *nf* **1.** *(gén)* mecánica *f* **2.** *(mécanisme)* maquinaria *f.*
mécanisme *nm* mecanismo *m.*
mécène *nm* mecenas *m inv.*
méchanceté *nf* **1.** *(attitude)* maldad *f* **2.** *(parole, actes)* • **se dire des méchancetés** decirse cosas desagradables.
méchant, e *adj* **1.** *(malveillant, cruel - personne)* malo(la) ; *(- animal)* peligroso(sa) ; *(- attitude)* malévolo(la) **2.** *(désobéissant)* malo(la). ❑ *nm,f* malo *m*, -la *f.*
mèche *nf* **1.** *(de bougie)* mecha *f*, pábilo *m* **2.** *(de cheveux)* mechón *m* **3.** *(d'arme à feu, de pétard)* mecha *f* **4.** *(de perceuse)* broca *f.*
méchoui *nm* mechuí *m (cordero asado).*
méconnaissable *adj* irreconocible.
méconnu, e *adj* desconocido(da).
mécontent, e *adj & nm,f* descontento(ta).
mécontenter *vt* disgustar.
mécréant, e *nm,f (irreligieux)* pagano *m*, -na *f*; *(infidèle)* infiel *mf.*
médaille *nf* medalla *f.*
médaillé, e *nm,f* SPORT medallista *mf.*
médaillon *nm (bijou)* CULIN medallón *m.*
médecin *nm* médico *m* • **médecin de garde** médico de guardia • **médecin légiste** médico forense • **médecin traitant** *ou* **de famille** médico de cabecera.
médecine *nf* medicina *f* • **médecine générale** medicina general.
Medef (abrév de Mouvement des entreprises de France) *nm* ≃ CEOE *f (Confederación Española de Organizaciones Empresariales).*
média *nm* • **les médias** los medios de comunicación.
médian, e *adj* mediano(na). ■ **médiane** *nf* **1.** *(ligne)* mediana *f* **2.** *(valeur statistique)* media *f.*
médiateur, trice *adj & nm,f* mediador(ra). ■ **médiateur** *nm* ADMIN ≃ defensor *m* del pueblo. ■ **médiatrice** *nf* GÉOM mediatriz *f.*
médiathèque *nf* mediateca *f.*
médiatique *adj* **1.** *(personnalité)* muy presente en los medios de comunicación **2.** *(événement)* muy esperado(da) por los medios de comunicación **3.** *(retentissement)* en los medios de comunicación **4.** *(exploitation)* por parte de los medios de comunicación.
médiatiser *vt* mediatizar.
médical, e *adj* médico(ca).
médicalisé, e *adj* medicalizado(da) • **établissement médicalisé** establecimiento medicalizado • **lit médicalisé** cama medicalizada • **hélicoptère médicalisé** helicóptero medicalizado.
médicament *nm* medicamento *m.*
médicinal, e *adj* medicinal.
médico-légal, e *adj* médicolegal.
médiéval, e *adj* medieval.
médina *nf* medina *f.*
médiocre *adj* **1.** *(gén)* mediocre **2.** *(ressources, résultats)* escaso(sa). ❑ *nmf* mediocre *mf.*
médiocrité *nf* mediocridad *f.*
médire *vi* hablar mal • **médire de qqn** hablar mal de alguien.
médisant, e *adj* murmurador(ra). ❑ *nm,f* mala lengua *mf.*
méditation *nf* meditación *f.*
méditer *vt* meditar • **méditer qqch/de faire qqch** *(projeter)* meditar algo/hacer algo. ❑ *vi* meditar • **méditer sur qqch** meditar sobre algo.
Méditerranée *npr* • **la Méditerranée** el Mediterráneo.
médium[1] *nmf (personne)* médium *mf.*
médium[2] *nm* MUS registro *m* intermedio de la voz.
médius *nm* dedo *m* corazón, dedo *m* medio.
méduse *nf* medusa *f.*
méduser *vt* dejar pasmado(da).
meeting *nm* **1.** *(politique)* mitin *m* **2.** *(sportif)* encuentro *m.*
méfait *nm* **1.** *(acte)* mala acción *f* **2.** *fig (du tabac)* perjuicio *m.*
méfiance *nf* recelo *m.*
méfiant, e *adj* receloso(sa).

méfier ■ **se méfier** *vp* desconfiar • **se méfier de qqn/de qqch** desconfiar de alguien/de algo • **méfie-toi !** ¡ten cuidado!, ¡no te fíes!
méga(-) *préf* super- ; *fam (sens intensif)* mega • **un méga-concert** un megaconcierto.
mégalo *adj & nmf fam (mégalomane)* megalómano(na) • **il est complètement mégalo** tiene delirios de grandeza.
mégalomane *adj & nmf* megalómano *m*, -na *f*.
mégalomanie *nf* megalomanía *f*.
mégapole *nf* megápolis *f inv*.
mégarde ■ **par mégarde** *loc adv* por descuido.
mégère *nf* harpía *f*.
mégot *nm fam* colilla *f* (ESP), pucho *m* (AMÉR).
meilleur, e *adj* mejor. ❑ *nm, f* mejor *mf*. ■ **meilleur** *nm* • **le meilleur** lo mejor • **pour le meilleur et pour le pire** para lo bueno y para lo malo.
méjuger *vt* juzgar mal. ❑ *vi* • **méjuger de qqn/de qqch** infravalorar a alguien/algo.
mél (abrév de courrier électronique) *nm* INFORM mail *m*, correo *m* electrónico.
mélancolie *nf* melancolía *f*.
mélancolique *adj* melancólico(ca).
mélange *nm* mezcla *f*.
mélanger *vt* mezclar (ESP), entreverar (AMÉR). ■ **se mélanger** *vp* mezclarse (ESP), entreverarse (AMÉR).
mélanome *nm* MÉD melanoma *m*.
mêlée *nf* **1.** *(combat)* pelea *f* **2.** *(au rugby)* melé *f*.
mêler *vt* **1.** *(mélanger)* mezclar (ESP), entreverar (AMÉR) **2.** *(emmêler)* enredar **3.** *(impliquer)* • **mêler qqn à qqch** meter a alguien en algo **4.** *(joindre)* • **mêler qqch à qqch** unir algo a algo. ■ **se mêler** *vp* **1.** *(se joindre)* • **se mêler à a)** *(groupe)* unirse a **b)** *(foule)* confundirse con **2.** *(s'occuper)* • **se mêler de qqch** meterse en algo.
mélèze *nm* alerce *m*.
mélo *nm fam* dramón *m*.
mélodie *nf* melodía *f*.
mélodieux, euse *adj* melodioso(sa).
mélodrame *nm* melodrama *m*.
mélomane *adj & nmf* melómano(na).
melon *nm* **1.** BOT melón *m* **2.** *(chapeau)* sombrero *m* hongo, bombín *m*.
melting-pot *nm* mezcla *f* de razas.
membrane *nf* membrana *f*.
membre *nm* **1.** *(de corps, d'organisation)* miembro *m* • **membres antérieurs/postérieurs** *(des animaux)* extremidades anteriores/posteriores • **membres supérieurs/inférieurs** *(de l'homme)* extremidades superiores/inferiores **2.** *(de phrase)* elemento *m*.
mème *nm* meme *m*.

même

■ **même** *adj indéf*

1. INDIQUE UNE IDENTITÉ
mismo(ma) • **nous avons eu les mêmes résultats** obtuvimos los mismos resultados • **c'est cela même** eso mismo

2. SERT À SOULIGNER
• **ce sont ses paroles mêmes** son sus propias palabras • **elle est la bonté même** es la bondad personificada

■ **même** *pron indéf*
• **le/la même** el mismo/la misma

■ **même** *adv*

1. RENFORCE UN ADVERBE DE LIEU, DE TEMPS
• **aujourd'hui même** hoy mismo • **ici même** aquí mismo

2. POSITIF, MARQUE UN RENCHÉRISSEMENT
incluso • **elle est même riche !** ¡incluso es rica!

3. NÉGATIF, POUR INSISTER
• **même pas** ni siquiera • **il n'a même pas appelé** ni siquiera ha llamado por teléfono

■ **à même** *loc prép*
• **s'asseoir à même le sol** sentarse en el mismo suelo

■ **à même de** *loc prép*
• **elle est à même de faire ce travail** es capaz de hacer este trabajo

■ **de même** *loc adv*
del mismo modo • **il en va de même pour lui** otro tanto de lo mismo para él

■ **de même que** *loc conj*
así como, lo mismo que, igual que • **sa fille, de même que sa sœur, est rousse** su hija, igual que su hermana, es pelirroja

■ **même quand** *loc conj*
incluso cuando • **elle sort même quand il pleut** sale incluso cuando llueve

■ **même si** *loc conj*
aunque *(+ subjonctif)* • **j'irai même s'il ne fait pas beau** iré aunque no haga bueno

mémento *nm* **1.** *(agenda)* agenda *f* **2.** *(aide-mémoire)* compendio *m*.
mémoire *nf (gén)* INFORM memoria *f* • **avoir une bonne/mauvaise mémoire** tener buena/mala memoria • **à la mémoire de** en memoria de • **de mémoire** de memoria • **perdre la mémoire** perder la memoria • **mémoire tampon** INFORM búfer *m* • **mémoire virtuelle** INFORM memoria virtual • **mémoire vive** INFORM memoria viva *ou* RAM. ❑ *nm* **1.** *(rapport)* memoria *f* **2.** UNIV tesina *f*. ■ **Mémoires** *nmpl* memorias *fpl*.

mémorable *adj* memorable.
mémorandum *nm* memorándum *m*.
mémorial *nm* memorial *m*.
mémorisable *adj* memorizable.
menaçant, e *adj* amenazador(ra).
menace *nf* amenaza *f*.

S'EXPRIMER

exprimer une menace

- ***¡Si no dejan de armar jaleo, llamo a la policía!*** Si vous n'arrêtez pas ce tapage immédiatement, j'appelle la police !
- ***¡Deje a esta señora tranquila o llamo a la policía!*** Laissez cette femme tranquille ou j'appelle la police !
- ***No te lo volveré a decir, deja de hacer esto inmediatamente.*** Je te préviens, tu ferais mieux d'arrêter tout de suite.
- ***¡Ya basta** ou **vale!*** Maintenant, ça suffit !

menacer *vt* amenazar • **menacer qqn de qqch/de faire qqch** amenazar a alguien con algo/con hacer algo. ❑ *vi* • **la pluie menace** amenaza lluvia.
ménage *nm* **1.** *(nettoyage)* limpieza *f (de la casa)* • **faire le ménage** hacer la limpieza **2.** *(couple)* pareja *f* • **faire bon ménage** llevarse bien **3.** *ÉCON* unidad *f* familiar.
ménagement *nm* miramientos *mpl* • **sans ménagement** sin miramientos.
ménager[1], ère *adj* doméstico(ca). ■ **ménagère** *nf* **1.** *(femme)* ama *f* de casa **2.** *(couverts)* cubertería *f* de plata.
ménager[2] *vt* **1.** *(bien traiter - personne)* tratar con consideración ; *(- susceptibilité)* no herir **2.** *(utiliser avec modération - gén)* emplear bien ; *(- santé)* cuidar de **3.** *(surprise)* preparar. ■ **se ménager** *vp* cuidarse.
ménagerie *nf* casa *f* de fieras.
mendiant, e *nm, f* mendigo *m*, -ga *f*.
mendier *vt* mendigar.
mener *vt* **1.** *(emmener, conduire)* llevar **2.** *(diriger, être en tête de)* dirigir. ❑ *vi* ir ganando.
meneur, euse *nm, f* cabecilla *m* • **meneur d'hommes** líder *mf*.
menhir *nm* menhir *m*.
méningite *nf* meningitis *f inv*.
ménisque *nm* menisco *m*.
ménopause *nf* menopausia *f*.
menotte *nf* manita *f*. ■ **menottes** *nfpl* esposas *fpl* • **passer les menottes à qqn** poner las esposas a alguien.
mensonge *nm* mentira *f*.
menstruel, elle *adj* menstrual.
mensualiser *vt* **1.** *(salarié)* pagar mensualmente **2.** *(paiement)* mensualizar.
mensualité *nf* mensualidad *f*.
mensuel, elle *adj* mensual. ❑ *nm, f* asalariado(da) pagado(da) mensualmente. ■ **mensuel** *nm* publicación *f* mensual.
mensuration *nf* medida *f*.
mental, e *adj* mental.
mentalité *nf* mentalidad *f*.
menteur, euse *adj & nm, f* mentiroso(sa).
menthe *nf* menta *f*.
mention *nf* **1.** *(citation)* mención *f* • **faire mention de qqch** hacer mención de algo **2.** *(note)* dato *m* **3.** *SCOL & UNIV* • **avec mention** con nota.
mentionner *vt* mencionar.
mentir *vi* mentir • **mentir à qqn** mentirle a alguien.
menton *nm* barbilla *f*, mentón *m*.
menu, e *adj* menudo(da). ■ **menu** *nm (gén) INFORM* menú *m* • **menu déroulant** *INFORM* menú desplegable.
menuiserie *nf* carpintería *f*.
menuisier *nm* carpintero *m*.
méprendre ■ **se méprendre** *vp sout* • **se méprendre sur qqch/sur qqn** confundirse respecto a algo/a alguien.
mépris *nm* **1.** *(dédain)* desprecio *m*, menosprecio *m* • **mépris pour qqn/pour qqch** desprecio por alguien/por algo **2.** *(indifférence)* • **mépris de qqch** desprecio de algo. ■ **au mépris de** *loc prép* sin tener en cuenta.
méprisable *adj* despreciable.
méprisant, e *adj* despectivo(va).
mépriser *vt* despreciar.
mer *nf* mar *m* o *u f* • **la mer Baltique** el mar Báltico • **la mer Méditerranée** el mar Mediterráneo • **la mer Morte** el mar Muerto • **la mer Noire** el mar Negro • **la mer du Nord** el mar del Norte • **prendre la mer** hacerse a la mar • **haute** *ou* **pleine mer** alta mar *f*, pleamar *f*.
mercantile *adj péj* negociante.
mercato *nm FOOTBALL* mercado *m* de fichajes.
mercenaire *adj & nmf* mercenario(ria).
mercerie *nf* mercería *f*.
merci *interj* gracias • **merci beaucoup** muchas gracias. ❑ *nm* gracias *fpl* • **dire merci à qqn** darle las gracias a alguien.
mercier, ère *nm, f* mercero *m*, -ra *f*.
mercredi *nm* miércoles *m inv* Voir aussi **samedi**.
mercure *nm* mercurio *m*.
merde *tfam nf* mierda *f*. ❑ *interj* ¡mierda!
merdique *adj fam* de mierda.
mère *nf* madre *f* • **mère biologique** madre biológica • **mère de famille** madre de familia • **mère porteuse** madre de alquiler, madre portadora.
merguez *nf inv* salchicha *f* picante.
méridien, enne *adj* meridiano(na). ■ **méridien** *nm* meridiano *m*. ■ **méridienne** *nf* tumbona *f* **(ESP)**, reposera *f* **(AMÉR)**.

méridional, e *adj* **1.** *(du sud)* meridional **2.** *(du sud de la France)* del sur de Francia.
meringue *nf* merengue *m*.
merisier *nm* cerezo *m* silvestre.
mérite *nm* mérito *m* • **avoir du mérite (à faire qqch)** tener mérito (hacer algo).
mériter *vt* merecer **(ESP)**, ameritar **(AMÉR)**.
merlan *nm* pescadilla *f*.
merle *nm* mirlo *m*.
merveille *nf* maravilla *f* • **à merveille** de maravilla.
merveilleux, euse *adj* maravilloso(sa). ■ **merveilleux** *nm* • **le merveilleux** lo maravilloso.
mésalliance *nf* mal casamiento *m*.
mésange *nf* paro *m*.
mésaventure *nf* desventura *f*.
mésentente *nf* desacuerdo *m*.
Mésopotamie *npr* • **la Mésopotamie** Mesopotamia.
mesquin, e *adj* mezquino(na).
mesquinerie *nf* mezquindad *f*.
mess *nm* comedor *m* (de oficiales y suboficiales).
message *nm* mensaje *m* • **laisser un message à qqn** dejarle un mensaje *ou* un recado a alguien • **message publicitaire** anuncio *m*, mensaje publicitario.
messager, ère *nm,f* mensajero *m*, -ra *f*.
messagerie *nf* **1.** *(transport de marchandises)* mensajería *f* **2.** INFORM • **messagerie électronique** mensajería *f* electrónica.
messe *nf* RELIG & MUS misa *f* • **aller à la messe** ir a misa.
messie *nm* mesías *m inv*. ■ **Messie** *nm* • **le Messie** el Mesías.
mesurable *adj* mensurable.
mesure *nf* **1.** *(gén)* medida *f* • **prendre des mesures** tomar medidas • **prendre les mesures de qqch/de qqn** tomarle las medidas a algo/a alguien • **mesure disciplinaire** medida disciplinaria • **mesures de sécurité** medidas de seguridad **2.** MUS compás *m* • **mesure à deux temps** compás *m* de dos por cuatro **3.** *(modération)* mesura *f*, medida *f* • **à la mesure de** a la medida de • **dans la mesure du possible** en la medida de lo posible • **être en mesure de** estar en condiciones de • **outre mesure** desmesuradamente • **sur mesure** a medida. ■ **à mesure que** *loc conj* a medida que.
mesurer *vt* **1.** *(gén)* medir **2.** *(limiter)* escatimar **3.** *(proportionner)* • **mesurer qqch à qqch** ajustar algo a algo. ■ **se mesurer** *vp* • **se mesurer avec** *ou* **à qqn** medirse con alguien.
métabolisme *nm* metabolismo *m*.
métadonnées *nfpl* metadatos *mpl*.
métal *nm* metal *m*.
métallique *adj* metálico(ca).
métallisé, e *adj* metalizado(da).
métallurgie *nf* metalurgia *f*.
métamorphose *nf* metamorfosis *f inv*.
métaphore *nf* metáfora *f*.
métaphysique *adj* metafísico(ca). ❑ *nf* metafísica *f*.
métastase *nf* metástasis *f inv*.
métayer, ère *nm,f* aparcero *m*, -ra *f*.
météo *nf fam* • **la météo** el tiempo • **les prévisions météo** las previsiones meteorológicas.
météore *nm* meteoro *m*.
météorologie *nf* meteorología *f*.
météorologique *adj* meteorológico(ca).
météorologue, météorologiste *nmf* meteorólogo *m*, -ga *f*, meteorologista *mf*.
méthane *nm* metano *m*.
méthode *nf* método *m* • **avec méthode** metódicamente • **méthode de langue** método de idiomas • **une méthode de travail efficace** un método de trabajo eficaz • **vous manquez de méthode** le falta organización.
méthodologie *nf* metodología *f*.
méthylène *nm* metileno *m*.
méticuleux, euse *adj* meticuloso(sa).
métier *nm* **1.** *(profession)* oficio *m* • **avoir du métier** tener oficio • **de son métier** de profesión • **être du métier** ser del oficio **2.** *(machine)* bastidor *m*.

LEXIQUE

Les métiers

l'acteur/l'actrice el actor/la actriz
l'architecte el arquitecto/la arquitecta
l'artiste peintre el pintor/la pintora
l'avocat/l'avocate el abogado/la abogada
le banquier/la banquière el banquero/la banquera
le coiffeur/la coiffeuse el peluquero/la peluquera
le facteur/la factrice el cartero/la cartera
l'ingénieur el ingeniero/la ingeniera
le/la journaliste el/la periodista
le juge el juez/la jueza
le mécanicien/la mécanicienne el mecánico/la mecánica
le/la médecin el médico/la médica
le/la photographe el fotógrafo/la fotógrafa
le pilote el piloto
le policier/la policière el/la policía
le pompier el bombero
le professeur/la professeure el profesor/la profesora

le vendeur/la vendeuse el vendedor/la vendedora

métis, isse *adj & nm,f* mestizo(za) (**Esp**), cholo(la) (**Amér**). ■ **métis** *nm (tissu)* mezcla *f.*
métissage *nm* mestizaje *m.*
métrage *nm* **1.** *(mesure)* medición *f* **2.** *COUT* metros *mpl* • **quel métrage vous faut-il ?** ¿cuántos metros necesita? **3.** *CINÉ* • **court métrage** cortometraje *m* • **long métrage** largometraje *m* • **moyen métrage** mediometraje *m.*
mètre *nm* metro *m* • **mètre carré/cube** metro cuadrado/cúbico.
métro *nm* metro *m.*
métronome *nm* metrónomo *m.*
métropole *nf* metrópoli *f.*
métropolitain, e *adj* metropolitano(na).
mets *nm sout* manjar *m.*
metteur ■ **metteur en scène** *nm THÉÂTRE & CINÉ* director *m*, -ra *f.*
mettre *vt* **1.** *(gén)* poner • **faire mettre l'électricité** hacer instalar la electricidad **2.** *(vêtement, lunettes)* ponerse **3.** *(temps, argent, énergie)* emplear. ■ **se mettre** *vp (se placer)* ponerse • **se mettre à faire qqch** *(commencer à)* ponerse a hacer algo • **se mettre d'accord** ponerse de acuerdo • **s'y mettre** ponerse a ello.
meuble *nm* mueble *m.* ❑ *adj* **1.** *(terre)* blando(da) **2.** *DR* mueble.
meublé, e *adj* amueblado(da). ■ **meublé** *nm* piso *m* amueblado.
meubler *vt* **1.** *(gén)* amueblar **2.** *fig (occuper - temps, loisirs)* llenar ; *(- conversation)* entretener. ❑ *vi* adornar, ser decorativo(va). ■ **se meubler** *vp* amueblar la casa.
meuf *nf fam* parienta *f*, pivita *f.*
meugler *vi* mugir.
meule *nf* **1.** *(à moudre, à aiguiser)* muela *f* **2.** *(de fromage)* rueda *f* **3.** *(de foin)* almiar *m.*
meunier, ère *adj & nm,f* molinero(ra).
meurtre *nm* asesinato *m.*
meurtrier, ère *adj* mortal. ❑ *nm,f* asesino *m*, -na *f.*
meurtrir *vt* **1.** *(physiquement)* magullar **2.** *fig (moralement)* herir.
meute *nf* jauría *f.*
mexicain, e *adj* mejicano(na). ■ **Mexicain, e** *nm,f* mejicano *m*, -na *f.*
Mexico *npr* México, Méjico.
Mexique *npr* • **le Mexique** México, Méjico.
mezzanine *nf* **1.** *THÉÂTRE* principal *m (palco)* **2.** *ARCHIT* tragaluz *m.*
mezzo-soprano *nmf* mezzo-soprano *f.*
MF 1. (abrév de mark finlandais) FM **2.** (abrév de million de francs) millón de francos.
mg (abrév de milligramme) mg.
Mgr (abrév de Monseigneur) Mons.
mi *nm MUS* mi *m.*
mi- *adj inv* medio(dia) • **à la mi-janvier** a mediados de enero. ❑ *adv* medio • **mi-mort** medio muerto.
miasme *nm* miasma *m.*
miaulement *nm* maullido *m.*
miauler *vi* maullar.
mi-bas *nm inv* ejecutivo *m.*
mi-carême *nf* tercer jueves *m inv* de cuaresma.
mi-chemin ■ **à mi-chemin** *loc adv* a medio camino, a mitad de camino.
mi-clos, e *adj* entornado(da).
micro *nm* **1.** *(microphone)* micro *m* **2.** *fam (micro-ordinateur)* micro *m.*
microbe *nm* microbio *m.*
microbiologie *nf* microbiología *f.*
microblog *nm* microblog *m.*
microclimat *nm* microclima *m.*
microcosme *nm* microcosmos *m inv.*
microcrédit *nm ÉCON* microcrédito *m.*
microfiche *nf* microficha *f.*
microfiction *nf* microrelato *m.*
microfilm *nm* microfilm *m.*
microfinance *nf* microfinanza *f.*
micro-informatique *nf* microinformática *f.*
Micronésie *nf* • **la Micronésie** Micronesia.
micro-ondes *nm inv* microondas *m inv.*
micro-ordinateur *nm* microordenador *m.*
micro-organisme *nm* microorganismo *m.*
micropaiement *nm* micropago *m.*
microphone *nm* micrófono *m.*
micropilule *nf* micropíldora *f.*
microprocesseur *nm* microprocesador *m.*
microscope *nm* microscopio *m* • **microscope électronique** microscopio electrónico.
midi *nm* **1.** *(période du déjeuner)* mediodía *m* **2.** *(heure)* • **il est midi** son las doce *(de la mañana)* **3.** *(sud)* sur *m*, mediodía *m.*
mie *nf* miga *f.*
miel *nm* miel *f.*
mielleux, euse *adj* meloso(sa).
mien, mienne *adj poss* mío, mía. ■ **le mien, la mienne** *pron poss* el mío, la mía *f* • **j'y mets du mien** yo hago (todo) lo que puedo.
miette *nf* migaja *f* • **faire des miettes** hacer migas.
mieux *adv* **1.** *(comparatif)* mejor • **elle pourrait mieux faire** podría hacerlo mejor • **il ferait mieux de travailler** sería mejor que trabajara, más le valdría trabajar • **il vaut mieux commencer** más vale empezar **2.** *(superlatif)* • **il est le mieux payé du service** es el mejor pagado del departamento • **le mieux qu'il peut** lo mejor que puede. ❑ *adj* mejor. ❑ *nm* **1.** *(sans déterminant)* algo mejor • **j'attendais**

mieux esperaba algo mejor **2.** *(avec déterminant)* • **il y a du** *ou* **un mieux** va mejor • **il fait de son mieux** hace (todo) lo mejor que puede. ■ **au mieux** *loc adv* en el mejor de los casos. ■ **de mieux en mieux** *loc adv* cada vez mejor. ■ **pour le mieux** *loc adv* a pedir de boca. ■ **tant mieux** *loc adv* tanto mejor.

mièvre *adj* remilgado(da).

mignon, onne *adj* **1.** *(joli)* mono(na) **2.** *(gentil)* bueno(na), amable. ❑ *nm,f* monada *f.* ■ **mignon** *nm HIST* favorito *m.*

migraine *nf* jaqueca *f*, migraña *f.*

migrant, e *nm,f* migrante *mf*, emigrante.

migrateur, trice *adj* migratorio(ria). ■ **migrateur** *nm (oiseau)* ave *f* migratoria.

migration *nf* migración *f.*

migrer *vi* migrar, emigrar.

mijoter *vt* **1.** *CULIN* guisar **2.** *(tramer)* tramar. ❑ *vi* cocer a fuego lento.

mi-journée *nf* • **les informations de la mi-journée** las noticias de mediodía.

mil[1] *nm* mijo *m.*

mil[2] = **mille.**

milan *nm* milano *m.*

milice *nf* milicia *f.*

milicien, enne *nm,f* miliciano *m*, -na *f.*

milieu *nm* **1.** *(centre - spatial)* medio *m*, centro *m* ; *(- temporel)* mitad *f* **2.** *(intermédiaire)* término *m* medio **3.** *(environnement, groupe social)* medio *m* **4.** *(pègre)* • **le milieu** el hampa. ■ **au milieu de** *loc prép* **1.** *(sens spatial)* en medio de **2.** *(sens temporel)* en mitad de **3.** *(parmi)* entre. ■ **en plein milieu de** *loc prép* **1.** *(sens spatial)* justo en medio de **2.** *(sens temporel)* en pleno(na) • **en plein milieu de la réunion** en plena reunión.

militaire *adj & nm* militar.

militant, e *adj & nm,f* militante.

militarisation *nf* militarización *f.*

militer *vi* militar • **militer pour/contre qqch** militar a favor/en contra de algo.

milk-shake *nm* batido *m.*

mille, mil *adj inv* mil. ■ **mille** *nm inv* **1.** *(unité)* millar *m* **2.** *(de cible)* blanco *m* • **dans le mille** en el blanco. ❑ *nm* **1.** *NAUT* milla *f* • **un mille marin** una milla marina **2.** **(QUÉBEC)** *(unité de mesure)* milla *f.*

mille-feuille *nm CULIN* milhojas *m inv.* ❑ *nf BOT* milenrama *f.*

millénaire *adj* milenario(ria). ❑ *nm* milenario *m.*

mille-pattes *nm inv* ciempiés *m inv.*

millésime *nm* **1.** *(de vin)* reserva *m* **2.** *(de pièce)* fecha *f* de acuñación.

millésimé, e *adj* de reserva.

millet *nm* mijo *m.*

milliard *nm* • **un milliard de a)** *(chiffre)* mil millones de **b)** *(beaucoup de)* un millar de.

milliardaire *adj & nmf* millonario(ria).

millier *nm* millar *m* • **par milliers** a millares *ou* miles • **un millier de** un millar de.

milligramme *nm* miligramo *m.*

millilitre *nm* mililitro *m.*

millimètre *nm* milímetro *m.*

millimétré, e *adj* milimetrado(da).

million *nm* millón *m* • **un million de** un millón de.

millionnaire *adj & nmf* millonario(ria).

mime *nm (spectacle)* mimo *m.* ❑ *nmf (acteur)* mimo *mf.*

mimer *vt* **1.** *(exprimer sans parler)* expresar con mímica **2.** *(imiter)* imitar.

mimétisme *nm* mimetismo *m.*

mimique *nf* **1.** *(grimace)* mueca *f* **2.** *(expression)* mímica *f.*

mimosa *nm* mimosa *f.*

min. (abrév de **minimum**) mín. • **temp. min. : 12°C** temp. mín.: 12°C.

minable *adj* miserable, lamentable.

minaret *nm* minarete *m*, alminar *m.*

minauder *vi* hacer melindres.

mince *adj* **1.** *(gén)* delgado(da) **2.** *fig (preuve, revenu)* insuficiente.

minceur *nf* **1.** *(gén)* delgadez *f* **2.** *fig (insuffisance)* insuficiencia *f.*

mincir *vi* adelgazar.

mine *nf* **1.** *(physionomie)* cara *f* • **avoir bonne/mauvaise mine** tener buena/mala cara • **avoir une mine boudeuse** poner cara larga **2.** *(apparence)* aspecto *m* **3.** *(de crayon) GÉOL* mina *f* • **mine de charbon** mina de carbón • **être une mine de** *fig* ser una mina de.

miner *vt* minar.

minerai *nm* mineral *m.*

minéral, e *adj* mineral. ■ **minéral** *nm* mineral *m.*

minéralogie *nf* mineralogía *f.*

minet, ette *nm,f* **1.** *(chat)* minino *m*, -na *f* **2.** *(personne)* pichoncito *m*, -ta *f* • **mon minet** pichoncito mío • **un (petit) minet** un pijo.

mineur, e *adj & nm,f* menor. ■ **mineur** *nm* minero *m* • **mineur de fond** minero de extracción.

mini (abrév de **minimum**) *préf (sens diminutif)* mini • **un mini-dictionnaire** un minidiccionario.

miniature *nf* miniatura *f.* ❑ *adj* miniatura *(en apposition).*

miniaturiser *vt* miniaturizar.

minibar *nm* minibar *m.*

minibus *nm* minibús *m.*

Minicassette® *nf & nm* minicasete *mf.*

minichaîne *nf* minicadena *f.*

minidisque *nm* minidisco *m.*

minier, ère *adj* minero(ra).

minigolf *nm* minigolf *m*.
minijupe *nf* minifalda *f*.
minimal, e *adj* mínimo(ma).
minimaliste *adj* minimalista.
minime *nmf* SPORT infantil *mf*. ❑ *adj* mínimo(ma).
minimiser *vt* minimizar.
minimum *adj* mínimo(ma). ❑ *nm* mínimo *m* • **au minimum** como mínimo • **le strict minimum** lo mínimo.
minisérie *nf* TV miniserie *f*.
minispace *nm* AUTO minivolumen *m*.
ministère *nm* ministerio *m*.
ministériel, elle *adj* ministerial.
ministre *nm* ministro *m*, -tra *f* • **ministre délégué à qqch** ministro delegado de algo • **ministre d'État** ≃ ministro sin cartera • **Premier ministre** Primer ministro.
minois *nm* carita *f*.
minoritaire *adj & nmf* minoritario(ria).
minorité *nf* minoría *f* • **une/la minorité de qqch** una/la minoría de algo • **en minorité** en minoría.
Minorque *npr* Menorca.
minuit *nm* medianoche *f*.
minuscule *adj* minúsculo(la). ❑ *nf* minúscula *f*.
minute *nf* **1.** *(gén)* minuto *m* • **dans une minute** dentro de un minuto • **d'une minute à l'autre** de un momento a otro **2.** DR original *m*. ❑ *interj fam* ¡un minuto!
minuter *vt* minutar *(cronometrar)*.
minuterie *nf* **1.** *(d'horloge)* minutero *m* **2.** *(d'éclairage)* temporizador *m*.
minuteur *nm* minutero *m*.
minutie *nf* minuciosidad *f* • **avec minutie** minuciosamente.
minutieux, euse *adj* minucioso(sa).
mioche *nmf fam* crío *m*, -a *f*.
mirabelle *nf* **1.** *(fruit)* ciruela *f* mirabel **2.** *(alcool)* aguardiente *m* de ciruela mirabel.
miracle *nm* milagro *m* • **croire aux miracles** creer en milagros • **par miracle** de milagro.
miraculeux, euse *adj* milagroso(sa).
mirador *nm* MIL torre *f* de observación.
mirage *nm* espejismo *m*.
mire *nf* TV carta *f* de ajuste.
mirer ■ **se mirer** *vp sout* **1.** *(se regarder)* contemplarse **2.** *(se refléter)* reflejarse.
mirifique *adj hum* grandioso(sa).
mirobolant, e *adj hum* fantasioso(sa).
miroir *nm* espejo *m*.
miroiter *vi* espejear • **faire miroiter qqch à qqn** tentar a alguien con algo.
misanthrope *adj & nmf* misántropo(pa).
mise *nf* **1.** *(action de mettre)* puesta *f* • **mise à jour** puesta al día • **mise en page** compaginación *f* • **mise au point a)** PHOTO enfoque *m* **b)** TECHNOL puesta a punto **c)** *fig (rectification)* aclaración *f* • **mise en scène a)** CINÉ & THÉÂTRE dirección *f* **b)** *fig (d'événement)* escenificación *f* **2.** *(d'argent)* apuesta *f* **3.** *sout (tenue)* vestimenta *f*.
miser *vt* **1.** *(parier)* apostar **2.** *(compter)* • **miser sur qqch/sur qqn** contar con algo/con alguien.
misérable *adj & nmf* miserable.
misère *nf* miseria *f* • **ça coûte une misère** cuesta una miseria.
miséricorde *nf* misericordia *f*. ❑ *interj vieilli* ¡piedad!
misogyne *adj & nmf* misógino(na).
missel *nm* misal *m*.
missile *nm* misil *m*.
mission *nf* misión *f* • **en mission** en misión.
missionnaire *adj & nmf* misionero(ra).
missionner *vt* comisionar, enviar • **un expert a été missionné pour évaluer les dégâts** han comisionado a un experto para evaluar los daños.
missive *nf* misiva *f*.
mitaine *nf* mitón *m*.
mite *nf* polilla *f*.
mité, e *adj* apolillado(da).
mi-temps *nf inv (SPORT - période)* tiempo *m* ; *(- pause)* descanso *m* • **première/seconde mi-temps** primer/segundo tiempo. ❑ *nm* trabajo *m* a media jornada. ■ **à mi-temps** *loc adv* a media jornada • **travailler à mi-temps** trabajar a media jornada. ❑ *loc adj* • **travail à mi-temps** trabajo de media jornada.
miteux, euse *adj & nm, f fam* miserable.
mitigé, e *adj (tempéré, nuancé)* moderado(da).
mitonner *vt* **1.** CULIN cocer a fuego lento **2.** *fig (préparer)* preparar. ❑ *vi* cocer a fuego lento.
mitoyen, enne *adj* medianero(ra) ; *(maison)* adosado(da).
mitrailler *vt* **1.** MIL ametrallar **2.** *fam (photographier)* acribillar (con los flashes) **3.** *fig (assaillir)* acosar • **mitrailler qqn de questions** acosar a alguien con preguntas.
mitraillette *nf* metralleta *f*.
mitre *nf* mitra *f*.
mi-voix ■ **à mi-voix** *loc adv* a media voz.
mixage *nm* mezcla *f*.
mixer[1] *vt* **1.** *(gén)* mezclar **2.** CULIN triturar.
mixer[2], mixeur *nm* batidora *f*.
mixte *adj* mixto(ta).
mixture *nf* mixtura *f*.
MJC (abrév de maison des jeunes et de la culture) *nf* casa *f* de la juventud y de la cultura • **la MJC propose une vingtaine d'activités** la MJC propone una veintena de actividades.

ml (abrév de millilitre) ml.
Mlle (abrév de mademoiselle) Srta.
mm (abrév de millimètre) mm.
MM (abrév de messieurs) Sres., Srs.
Mme (abrév de madame) Sra.
mn (abrév de minute) min.
mnémotechnique *adj* mnemotécnico(ca).
Mo (abrév de mégaoctet) MB • **ajouter 128 Mo de RAM** añadir 128 MB de RAM.
mobile *adj* **1.** *(gén)* móvil **2.** *(visage, regard)* vivaz. ❑ *nm* móvil *m*.
mobilier, ère *adj* mobiliario(ria). ■ **mobilier** *nm* mobiliario *m*.
mobilisation *nf* movilización *f*.
mobiliser *vt* movilizar. ■ **se mobiliser** *vp* movilizarse.
mobilité *nf* **1.** *(aptitude à se déplacer)* movilidad *f* • **mobilité géographique/professionnelle/sociale** movilidad geográfica/profesional/social • **les personnes à mobilité réduite** las personas con movilidad reducida **2.** *(vivacité)* expresividad *f*.
Mobylette® *nf* mobylette® *f*.
mocassin *nm* mocasín *m*.
moche *adj fam* **1.** *(laid)* feo, fea *f* **2.** *(méprisable)* chungo(ga).
modalité *nf* **1.** *(convention)* DR modalidad *f* • **modalités de paiement** modalidades de pago **2.** GRAMM modo *m*.
mode *nf* **1.** *(gén)* moda *f* • **à la mode** de moda • **lancer une mode** lanzar *ou* sacar una moda **2.** *(coutume)* • **à la mode de** a la manera de. ❑ *nm* **1.** *(gén)* modo *m* • **mode de vie** modo de vida • **mode majeur/mineur** modo mayor/menor **2.** *(méthode)* método *m* • **mode d'emploi** modo de empleo.
modèle *nm* modelo *m* • **sur le modèle de qqch/de qqn** según el modelo de algo/de alguien • **modèle déposé** modelo registrado.
modeler *vt* modelar • **modeler qqch sur qqch** *fig* amoldar algo a algo.
modélisme *nm* modelismo *m*.
modem *nm* modem *m*.
modération *nf* moderación *f*.
modéré, e *adj & nm, f* moderado(da).
modérer *vt* moderar. ■ **se modérer** *vp* moderarse.
moderne *adj* moderno(na).
moderniser *vt* modernizar. ■ **se moderniser** *vp* modernizarse.
modernité *nf* modernidad *f*.
modeste *adj* **1.** *(gén)* modesto(ta) **2.** *(simple)* sencillo(lla).
modestement *adv* con modestia, modestamente.
modestie *nf* modestia *f* • **fausse modestie** falsa modestia.
modification *nf* modificación *f*.
modifier *vt* modificar. ■ **se modifier** *vp* modificarse.
modique *adj* módico(ca).
modiste *nf* sombrerera *f*.
modulation *nf* modulación *f*.
module *nm* módulo *m*.
moduler *vt* **1.** *(chanter)* RADIO modular **2.** *(adapter)* adaptar.
modus vivendi *nm inv* modus vivendi *m inv*.
moelle *nf* médula *f* • **moelle osseuse** médula ósea • **moelle épinière** médula espinal.
moelleux, euse *adj* **1.** *(lit, canapé)* blando(da), mullido(da) **2.** *(fromage)* blando(da) ; *(voix)* meloso(sa).
moellon *nm* morrillo *m*.
mœurs *nfpl* **1.** *(usages, habitudes)* costumbres *fpl* • **de mœurs légères** de costumbres ligeras **2.** *(morale)* moralidad *f* **3.** ZOOL *(mode de vie)* comportamiento *m*.
mohair *nm* mohair *m*.
moi *pron pers* **1.** *(avec impératif)* me • **aide-moi** ayúdame • **donne-le-moi** dámelo **2.** *(sujet, pour renforcer, dans un comparatif)* yo • **c'est moi !** ¡soy yo! • **moi aussi/non plus** yo también/tampoco • **plus âgé que moi** mayor que yo **3.** *(complément d'objet, après une préposition)* mí • **avec moi** conmigo • **après moi** después de mí • **pour moi** para mí • **il me l'a dit, à moi** me lo dijo a mí **4.** *(possessif)* • **à moi** mío, mía *f*. ❑ *nm (en philosophie)* • **le moi** el yo. ■ **moi-même** *pron pers* yo mismo.

À PROPOS DE
moi
Attention à l'accent orthographique qui permet de distinguer le pronom complément ***mí*** de l'adjectif possessif ***mi***.

moignon *nm* **1.** *(de membre)* muñón *m* **2.** *(d'arbre)* garrón *m*.
moindre *adj superl* • **les moindres détails** los más mínimos detalles • **c'est la moindre des choses !** ¡qué menos! ❑ *adj compar* menor.
moine *nm* monje *m*, fraile *m*.
moineau *nm* gorrión *m*.

moins

■ **moins** *adv*

1. INDIQUE UNE INFÉRIORITÉ DE QUANTITÉ, DE PRIX
menos • **moins de 300 calories** menos de 300 calorías • **moins de travail/de verres** menos trabajo/vasos • **c'est moins cher ici** aquí es menos caro • **elle souffre moins** sufre menos

2. COMPARATIF
• **il est moins intelligent que sa sœur** es menos inteligente que su hermana

3. SUPERLATIF
• **le restaurant le moins cher** el restaurante menos caro • **le moins possible** lo menos posible

4. DANS UNE CORRÉLATION
• **moins tu parleras, moins tu auras de chances de te tromper** cuanto menos hables, menos probabilidades tendrás de equivocarte

■ **moins** *prép*

menos • **il est dix heures moins vingt** son las diez menos veinte • **il fait moins dix degrés** estamos a diez grados bajo cero

■ **moins** *nm*

SIGNE MATHÉMATIQUE
(signo) menos *m* • **le moins est le signe de la soustraction** el menos es el signo de la suma

■ **à moins de** *loc prép*

1. AU-DESSOUS DE
a menos de, por debajo de • **il ne le vendra pas à moins de 200 euros** no lo venderá por menos de 200 euros

2. SAUF SI
a no ser que *(+ subjonctif)*, a menos que *(+ subjonctif)* • **vous n'y arriverez pas à moins de faire appel au maire** no lo conseguiréis, a no ser que recurráis al alcalde

■ **à moins que** *loc conj*

a no ser que *(+ subjonctif)*, a menos que *(+ subjonctif)* • **à moins qu'il (ne) soit déjà parti** a menos que ya se haya ido

■ **au moins** *loc adv*

por lo menos • **il pourrait au moins la remercier** podría darle las gracias por lo menos

■ **de moins en moins** *loc adv*

cada vez menos • **ils ont de moins en moins d'argent** tienen cada vez menos dinero

■ **du moins** *loc adv*

por lo menos, al menos • **c'est du moins ce que j'ai compris** eso es por lo menos lo que he entendido

■ **en moins** *loc adv*

(de) menos • **il y a une table en moins** hay una mesa de menos

■ **en moins de** *loc prép*

en menos de • **en moins d'une minute** en menos de un minuto

■ **on ne peut moins** *loc adv*

• **il était on ne peut moins sceptique** no podía ser menos escéptico

■ **pour le moins** *loc adv*

por lo menos • **son attitude est pour le moins surprenante** su actitud es cuando menos sorprendente

À PROPOS DE

moins

Notez que *moins de*, devant un substantif et exprimant une idée de quantité, se traduit par ***menos***.
Superlatif de ***poco***, ***menos*** traduit *le, la moins*. L'article défini n'est pas répété lorsque le superlatif suit le nom ou se trouve dans une relative.

moiré, e *adj* **1.** *(tissu)* de moaré, de muaré **2.** *(aspect)* tornasolado(da).

mois *nm* **1.** *(gén)* mes *m* • **le mois du blanc** el mes blanco **2.** *(salaire)* mensualidad *f*.

LEXIQUE

Les mois de l'année

janvier enero
février febrero
mars marzo
avril abril
mai mayo
juin junio
juillet julio
août agosto
septembre septiembre
octobre octubre
novembre noviembre
décembre diciembre

moisi, e *adj* mohoso(sa), enmohecido(da). ■ **moisi** *nm* moho *m*.

moisir *vi* **1.** *(fruit, bois)* enmohecerse **2.** *fam (personne)* pudrirse **3.** *fam (argent, fortune)* cubrirse de moho.

moisissure *nf* moho *m*.

moisson *nf* **1.** *(récolte)* siega *f*; *fig* cosecha *f* **2.** *(travail)* • **faire la moisson** *ou* **les moissons** segar.

moissonner *vt* segar.

moissonneuse-batteuse *nf* cosechadora *f*.

moite *adj* húmedo(da).

moiteur *nf* humedad *f*.

moitié *nf (gén)* mitad *f* • **à moitié fou** medio loco • **faire qqch à moitié** hacer algo a medias • **moitié-moitié** mitad y mitad • **faire moitié-moitié** ir a medias.

moit-moit *adv fam* mitad y mitad • **faire moit-moit** ir a medias.

moka *nm* **1.** *(café)* moka *m*, moca *m* **2.** *(gâteau)* pastel *m* de moka.

molaire *nf* molar *m*.

moléculaire *adj* molecular.

molécule *nf* molécula *f*.

molester *vt sout* maltratar.

mollement *adv (faiblement)* debilmente ; *(paresseusement)* indolentemente.
mollesse *nf* **1.** *(d'une chose)* blandura *f* **2.** *fig (d'une personne)* apatía *f.*
mollet *nm* pantorrilla *f.* ❑ *adj* → œuf.
mollir *vi* **1.** *(gén)* flojear **2.** *(matière)* reblandecerse **3.** *(vent)* amainar.
mollusque *nm* molusco *m.*
molosse *nm* moloso *m.*
môme *fam nmf* crío *m,* -a *f.* ❑ *nf (jeune fille)* chavala *f.*
moment *nm* **1.** *(gén)* momento *m* • **à tout moment** en cualquier momento • **au moment de/où** en el momento de/en que • **à un moment donné** en un momento dado • **ce n'est pas le moment (de faire qqch)** no es el momento (de hacer algo) • **dans un moment** en *ou* dentro de un momento • **d'un moment à l'autre** de un momento a otro • **en ce moment** ahora mismo, en este momento • **n'avoir pas un moment à soi** no tener ni un momento libre • **par moments** de vez en cuando, a ratos • **pour le moment** de momento, por el momento **2.** *(période)* rato *m* • **passer un mauvais moment** pasar un mal rato.
momentané, e *adj* momentáneo(a).
momentanément *adv* momentáneamente.
momie *nf* momia *f.*
mon, ma *adj poss* mi.
monacal, e *adj* monacal.
Monaco *npr* • **(la principauté de) Monaco** (el principado de) Mónaco.
monarchie *nf* monarquía *f* • **monarchie absolue/constitutionnelle** monarquía absoluta/constitucional.
monarque *nm* monarca *m.*
monastère *nm* monasterio *m.*
monceau *nm* montón *m* (ESP), ruma *f* (AMÉR).
mondain, e *adj* mundano(na). ❑ *nm,f* hombre *m* de mundo, mujer *f* de mundo.
mondanités *nfpl* **1.** *(événements)* ecos *mpl* de sociedad **2.** *(politesses)* convencionalismos *mpl.*
monde *nm* **1.** *(gén)* mundo *m* • **l'autre monde** RELIG el otro mundo • **le/la plus** *(+ adj)* **au** *ou* **du monde** el/la más *(+ adj)* del mundo • **mettre un enfant au monde** traer al mundo un niño • **pour rien au monde** por nada del mundo • **venir au monde** venir al mundo • **c'est un monde !** ¡es el colmo! • **se faire un monde de qqch** hacer una montaña de algo **2.** *(gens)* gente *f* • **beaucoup/peu de monde** mucha/poca gente • **tout le monde** todo el mundo, todos • **noir de monde** abarrotado **3.** *(milieu social)* mundillo *m.*
mondial, e *adj* mundial.
mondialement *adv* mundialmente.
mondialisation *nf* globalización *f.*
mondialiste *adj* globalizador(ra), globalista.
monétaire *adj* monetario(ria).
Monétique® *nf* banca *f* electrónica.
mongolien, enne *adj & nm,f* mongólico(ca).
mongolisme *nm* mongolismo *m.*
moniteur, trice *nm,f* monitor *m,* -ra *f* • **moniteur d'auto-école** profesor *m,* -ra *f* de autoescuela.
monitorat *nm* **1.** *(formation)* formación *f* de monitor **2.** *(fonction)* puesto *m* de monitor.
monnaie *nf* **1.** *(argent, devise)* moneda *f* • **monnaie unique** moneda única • **fausse monnaie** moneda falsa **2.** *(ferraille)* suelto *m* (ESP), morralla *f* (AMÉR) • **avoir de la monnaie** tener suelto **3.** *(appoint, petite unité)* cambio *m* • **avoir la monnaie** tener cambio • **avoir la monnaie de 5 euros** tener cambio de 5 euros • **faire (de) la monnaie** cambiar • **rendre la monnaie à qqn** dar el cambio a alguien.
monnayer *vt* **1.** *(changer en argent)* canjear **2.** *fig (vendre)* sacar dinero de.
monochrome *adj* monocromo(ma).
monocle *nm* monóculo *m.*
monocoque *adj & nm* monocasco.
monocorde *adj* monocorde.
monoculture *nf* monocultivo *m.*
monologue *nm* monólogo *m.*
monôme *nm* monomio *m.*
monoparental, e *adj* monoparental.
monoplace *adj, nm & nf* monoplaza.
monopole *nm* monopolio *m,* monopolización *f* • **avoir le monopole de qqch** tener el monopolio de algo • **monopole d'État** monopolio del Estado.
monopoliser *vt* monopolizar.
monoski *nm* monoesquí *m.*
monospace *nm* monovolumen *m.*
monosyllabe *adj* monosílabo(ba). ❑ *nm* monosílabo *m.*
monotone *adj* monótono(na).
monotonie *nf* monotonía *f.*
monseigneur *nm* monseñor *m.*
monsieur *nm* señor *m* • **Cher Monsieur** *(dans une lettre)* Muy señor mío, Estimado señor • **monsieur Tout-le-Monde** el ciudadano de a pie • **asseyez-vous, messieurs** señores, siéntense.
monstre *nm* monstruo *m.* ❑ *adj fam (énorme)* bárbaro(ra).
monstrueux, euse *adj* monstruoso(sa).
monstruosité *nf* **1.** *(sauvagerie)* monstruosidad *f* **2.** *(énormité)* barbaridad *f.*
mont *nm* monte *m.*
montage *nm* montaje *m.*
montagnard, e *adj & nm,f* montañés(esa).
montagne *nf* montaña *f* • **en haute montagne** en alta montaña • **faire de la haute montagne**

hacer alta montaña • **vivre à la montagne** vivir en la montaña.

montant, e *adj* **1.** *(mouvement, marée)* creciente ; *fig (phase)* creciente, ascendente **2.** *(encolure)* cerrado(da) • **un col montant** un cuello alto. ■ **montant** *nm* **1.** *(d'échelle, de porte)* montante *m* **2.** *(somme)* importe *m*.

mont-de-piété *nm* monte *m* de piedad.

monte-charge *nm inv* montacargas *m inv*.

montée *nf* **1.** *(gén)* subida *f* **2.** *(intensification)* aumento *m*.

monte-plats *nm inv* montaplatos *m inv*.

monter *vi* **1.** *(gén)* subir • **monter à** *ou* **dans qqch** subir a algo • **ça monte !** ¡vaya cuesta! • **monter sur qqch** subirse a algo **2.** *(chevaucher)* montar • **monter à cheval** montar a caballo **3.** *fam (se déplacer)* ir **4.** *(augmenter en intensité)* crecer. ❑ *vt* **1.** *(gén)* montar ; *(meuble)* armar **2.** *(gravir, élever, porter)* subir. ■ **se monter** *vp* **1.** *(s'assembler)* montarse **2.** *(atteindre)* • **se monter à** ascender a.

monteur, euse *nm,f* montador *m*, -ra *f*.

Montevideo *npr* Montevideo.

monticule *nm* montículo *m*.

montre *nf* reloj *m* • **montre à quartz** reloj de cuarzo • **course contre la montre** carrera contra reloj, contrarreloj *f* • **montre en main** reloj en mano.

montre-bracelet *nf* reloj *m* de pulsera.

montrer *vt* **1.** *(exhiber, expliquer)* enseñar • **montrer qqch à qqn** enseñar algo a alguien **2.** *(démontrer, désigner)* mostrar • **montrer du doigt** señalar con el dedo **3.** *(manifester)* demostrar **4.** *(dépeindre)* reflejar. ■ **se montrer** *vp* **1.** *(se faire voir)* dejarse ver **2.** *(se présenter, se révéler)* mostrarse.

monture *nf* **1.** *(gén)* montura *f* **2.** *(de bijou)* engaste *m*.

monument *nm* monumento *m* • **monument à qqch/à qqn** monumento a algo/a alguien • **monument aux morts** monumento a los caídos *(durante la 1ª y la 2ª Guerra Mundial)*.

monumental, e *adj* **1.** *(gén)* monumental **2.** *fig (impressionnant)* impresionante.

MOOC (abrév de Massive Online open Course) *nm* MOOC *m*.

moquer ■ **se moquer** *vp* **1.** *(plaisanter)* burlarse • **se moquer de qqch/de qqn** burlarse de algo/de alguien **2.** *(ne pas se soucier)* • **se moquer de qqch** pasar de algo • **je m'en moque** me da igual.

moquerie *nf* **1.** *(ironie)* guasa *f* **2.** *sout (raillerie)* broma *f*, mofa *f*.

moquette *nf* moqueta *f*.

moquetter *vt* enmoquetar.

moqueur, euse *adj* burlón(ona).

moral, e *adj* **1.** *(gén)* moral **2.** *(honnête)* ético(ca). ■ **moral** *nm* moral *f* • **avoir bon/mauvais moral** tener la moral alta/baja • **avoir/ne pas avoir le moral** tener/no tener ánimos • **avoir le moral à zéro** tener la moral por los suelos • **remonter le moral (à qqn)** levantar la moral *ou* el ánimo (a alguien). ■ **morale** *nf* **1.** *(gén)* moral *f* **2.** *(leçon)* moraleja *f* • **faire la morale à qqn** echar un sermón a alguien.

moralisateur, trice *adj & nm,f* moralizador(ra).

moralité *nf* **1.** *(gén)* moralidad *f* **2.** *(leçon)* moraleja *f*.

moratoire *adj* moratorio(ria). ❑ *nm* moratoria *f*.

morbide *adj* morboso(sa).

morceau *nm* **1.** *(gén)* trozo *m* **2.** *(de poème, de musique)* fragmento *m*.

morceler *vt* parcelar. ■ **se morceler** *vp* dividirse.

mordant, e *adj* **1.** *(froid)* cortante **2.** *fig (ironie)* mordaz. ■ **mordant** *nm* mordacidad *f*.

mordiller *vt* mordisquear.

mordoré, e *adj* doradillo(lla).

mordre *vt* **1.** *(sujet : animal, personne)* morder **2.** *(sujet : scie, vis)* corroer **3.** *fig (empiéter sur)* invadir. ❑ *vi* **1.** *(croquer)* • **mordre dans qqch** dar un mordisco a algo **2.** *(poisson)* picar • **mordre à l'hameçon** morder el anzuelo **3.** SPORT • **mordre sur qqch** *(ligne)* pisar algo.

mordu, e *adj (amoureux)* prendado(da). ❑ *nm,f (passionné)* forofo *m*, -fa *f*.

morfler *vi fam* sufrir, pasarlas canutas • **après son divorce, il a morflé !** ¡tras el divorcio las pasó canutas!

morfondre ■ **se morfondre** *vp* languidecer en la espera.

morgue *nf* **1.** *(attitude)* altivez *f* **2.** *(lieu)* morgue *f*, depósito *m* de cadáveres.

moribond, e *adj & nm,f* moribundo(da).

morille *nf* morilla *f*, colmenilla *f*.

morne *adj* **1.** *(personne)* taciturno(na) **2.** *(style, ville)* apagado(da).

morose *adj* melancólico(ca) ; *fig* moroso(sa).

morphine *nf* morfina *f*.

morphologie *nf* morfología *f*.

morpion *nm* ladilla *f*.

mors *nm* bocado *m*.

morse *nm* **1.** ZOOL morsa *f* **2.** *(code)* morse *m*.

morsure *nf* mordedura *f*.

mort, e *adj* **1.** *(gén)* muerto(ta) • **mort de peur/de fatigue** muerto de miedo/de cansancio **2.** *fam (appareil)* hecho(cha) polvo. ❑ *nm,f* muerto *m*, -ta *f*. ■ **mort** *nm (aux cartes)* muerto *m*. ❑ *nf* muerte *f* • **condamner qqn à mort** condenar a alguien a muerte • **être en danger de mort** estar *ou* hallarse *ou* encontrarse en peligro de muerte • **se donner la mort** acabar con su vida.

mortadelle *nf* mortadela *f*.

mortalité *nf* mortalidad *f*.
mort-aux-rats *nf inv* matarratas *m inv*.
mortel, elle *adj & nm,f* mortal.
morte-saison *nf* temporada *f* baja.
mortier *nm* mortero *m* **(Esp)**, molcajete *m* **(Amér)**.
mortification *nf* mortificación *f*.
mortuaire *adj* mortuorio(ria).
morue *nf* **1.** *ZOOL* bacalao *m* **2.** *péj (prostituée)* zorra *f*.
mosaïque *nf* mosaico *m*.
Moscou *npr* Moscú.
mosquée *nf* mezquita *f*.
mot *nm* **1.** *LING* palabra *f* • **faire du mot à mot** traducir literalmente **2.** *(court énoncé)* palabras *fpl* • **dire un mot à qqn** decirle dos palabras a alguien • **en un mot** en una palabra • **mot de passe a)** *(gén)* contraseña *f*, santo y seña *m* **b)** *INFORM* clave *f* ou código *m* de acceso • **mots fléchés** autodefinido *m* • **mots croisés** crucigrama *m* **3.** *(message)* nota *f*.
motard *nm* **1.** *(motocycliste)* motorista *mf* **2.** *(policier)* motorista *mf* (de la policía).
mot-clé *nm* palabra *f* clave.
motel *nm* motel *m*.
moteur, trice *adj* motor(triz). ■ **moteur** *nm* motor *m* • **moteur de recherche** *INFORM* buscador *m*.
motif *nm* motivo *m*.
motion *nf* moción *f* • **motion de censure** moción de censura.
motivation *nf* motivación *f*.
motiver *vt* motivar.
moto *nf* moto *f*.
motocross *nm* motocross *m*.
motoculteur *nm* motocultor *m*.
motocycliste *nmf* motociclista *mf*.
motoneige *nf* moto *f* de nieve.
motorisé, e *adj* motorizado(da) • **être motorisé** *fam* ir motorizado.
moto-taxi *nf* mototaxi *m*, taximoto *f*.
motricité *nf* motricidad *f*.
mou, molle *adj* (**mol** *devant voyelle ou h muet*) **1.** *(pâte, beurre)* blando(da) **2.** *(chapeau, col)* flexible **3.** *(jambes, personne)* flojo(ja) **4.** *fam (sans caractère)* blandengue. ■ **mou** *nm* **1.** *fam (personne)* blandengue *m* **2.** *(poumon de bétail)* bofe *m*.
mouchard, e *nm,f fam* chivato *m*, -ta *f*. ■ **mouchard** *nm (appareil)* chivato *m*.
mouche *nf* **1.** *ZOOL* mosca *f* • **mouche tsé-tsé** mosca tsé-tsé **2.** *(accessoire féminin)* lunar *m* postizo.
moucher *vt* **1.** *(nez, enfant)* sonar **2.** *(chandelle)* despabilar, espabilar **3.** *fam (réprimander)* dar una lección a. ■ **se moucher** *vp* sonarse.
moucheron *nm* mosquilla *f*.
moucheté, e *adj* moteado(da).
mouchoir *nm* pañuelo *m*.
moudjahidin *mpl* muyahidín *m*.
moudre *vt* moler.
moue *nf* mohín *m* de disgusto • **faire la moue** poner mala cara.
mouette *nf* gaviota *f*.
moufle *nf* manopla *f*.
mouflon *nm* muflón *m*.
mouillage *nm* **1.** *(NAUT - emplacement)* fondeadero *m* ; *(- manœuvre)* fondeo *m* **2.** *(coupage)* aguaje *m*.
mouiller *vt* **1.** *(humidifier)* mojar • **se faire mouiller** mojarse **2.** *(vin, lait)* aguar **3.** *CULIN* • **mouiller qqch avec qqch** añadir algo a algo **4.** *NAUT (ancre)* echar **5.** *LING* palatalizar. ❑ *vi NAUT* fondear. ■ **se mouiller** *vp* mojarse.
moulage *nm* **1.** *(action)* moldeado *m* **2.** *(objet)* molde *m*.
moule *nm* molde *m* • **moule à gâteau/à gaufre/à tarte** molde para pastel/para gofre/para tartas. ❑ *nf* mejillón *m*.
mouler *vt* moldear.
moulin *nm* **1.** *(appareil)* molinillo *m* • **moulin à café/à poivre** molinillo de café/de pimienta **2.** *(bâtiment)* molino *m*.
moulinet *nm* **1.** *(de canne à pêche)* carrete *m* **2.** *(mouvement)* • **faire des moulinets** hacer molinetes.
Moulinette® *nf* minipimer® *m* • **passer qqch à la Moulinette** pasar algo por el minipimer®.
moulu, e *adj* molido(da).
moulure *nf* moldura *f*.
mourant, e *adj* **1.** *(personne)* moribundo(da) **2.** *fig (voix, lumière)* languideciente. ❑ *nm,f* moribundo *m*, -da *f*.
mourir *vi* morir, morirse.
mousquetaire *nm* mosquetero *m*.
moussant, e *adj* espumoso(sa).
mousse *nf* **1.** *BOT* musgo *m* **2.** *(de bière, de matelas)* espuma *f* • **mousse à raser** espuma de afeitar **3.** *CULIN* mousse *f inv*. ❑ *nm* grumete *m*.
mousseline *nf* muselina *f*.
mousser *vi* hacer espuma.
mousseux, euse *adj (vin, cidre)* espumoso(sa). ■ **mousseux** *nm* (vino) espumoso *m*.
mousson *nf* monzón *m*.
moussu, e *adj* musgoso(sa).
moustache *nf* bigote *m*.
moustiquaire *nf* mosquitera *f*.
moustique *nm* mosquito *m* **(Esp)**, zancudo *m* **(Amér)**.
moutarde *nf* mostaza *f*. ❑ *adj inv* mostaza *(en apposition)*.
mouton *nm* **1.** *ZOOL* carnero *m* **2.** *(viande)* cordero *m* **3.** *fam (personne)* corderito *m* **4.** *fam (de poussière)* pelusa *f* **5.** *(vague)* cabrilla *f*.

mouture *nf* **1.** *(de céréales, de café)* molienda *f*, moltura *f* **2.** *(de thème, d'œuvre)* refrito *m*.
mouvance *nf* • **dans la mouvance du parti** en la esfera de influencia del partido.
mouvant, e *adj* **1.** *(sable)* movedizo(za) **2.** *(situation)* inestable.
mouvement *nm* **1.** *(gén)* movimiento *m* • **en mouvement** en movimiento **2.** *(de colère, de joie)* arrebato *m* **3.** *(d'horloge)* mecanismo *m*.
mouvementé, e *adj* agitado(da).
mouvoir *vt* mover. ■ **se mouvoir** *vp* moverse.
moyen, enne *adj* **1.** *(gén)* medio(dia) **2.** *(médiocre)* mediano(na). ■ **moyen** *nm* medio *m* • **au moyen de** por medio de, mediante • **moyen de communication/d'expression** medio de comunicación/de expresión • **moyen de locomotion/de transport** medio de locomoción/de transporte. ■ **moyenne** *nf* media *f* • **en moyenne** por término medio, un promedio de • **la moyenne d'âge** la media de edad. ■ **moyens** *nmpl* **1.** *(ressources)* medios *mpl* **2.** *(capacités)* fuerzas *fpl*.
Moyen Âge *nm* • **le Moyen Âge** la Edad Media.
Moyen-Orient *npr* • **le Moyen-Orient** el Oriente Medio.
MP3 (abrév de moving picture experts group audio layer 3) *nm inv* INFORM MP3 *m* • **on peut télécharger des MP3 sur Internet** se pueden bajar MP3 de internet • **lecteur (de) MP3** lector de MP3.
MP4 (abrév de moving picture experts group audio layer 4) *nm* INFORM MP4 *m* • **lecteur (de) MP4** lector de MP4.
MST *nf* **1.** (abrév de maladie sexuellement transmissible) ETS *f* • **attraper une MST** coger una ETS **2.** (abrév de maîtrise de sciences et techniques) ≃ licenciatura *f (en carreras técnicas y de ciencias)*.
mue *nf* muda *f*.
muer *vi* mudar.
muet, ette *adj* mudo(da) • **muet de** *(étonnement, admiration)* mudo de. ❑ *nm, f* mudo *m*, -da *f*.
mufle *nm* **1.** *(d'animal)* morro *m*, hocico *m* **2.** *fig (goujat)* zafio *m*.
muflerie *nf* zafiedad *f*.
mugir *vi* **1.** *(bovidé)* mugir **2.** *(vent, sirène)* bramar.
muguet *nm* muguete *m (flores que se ofrecen el día uno de mayo para dar buena suerte)*.
mule *nf* **1.** *(animal)* mula *f* **2.** *(pantoufle)* chinela *f*.
mulet *nm* **1.** *(âne)* mulo *m* **2.** *(poisson)* mújol *m*.
mulot *nm* ratón *m* de campo.
multicolore *adj* multicolor.
multiconfessionnel, elle *adj* multiconfesional.
multicoque *adj & nm* multicasco.
multidisciplinaire *adj* multidisciplinario(ria), multidisciplinar.
multiethnique *adj* multiétnico(ca).
multifonction *adj inv* multifunción.
multilatéral, e *adj* multilateral.
multilingue *adj* multilingüe.
multilinguisme *nm* plurilingüismo *m*.
multimilliardaire *adj & nmf* multimillonario(ria).
multinational, e *adj* multinacional. ■ **multinationale** *nf* multinacional *f*.
multiple *nm* múltiplo *m*. ❑ *adj* múltiple.
multiplication *nf* multiplicación *f*.
multiplier *vt* multiplicar • **X multiplié par Y égale Z** X multiplicado por Y igual a Z. ■ **se multiplier** *vp* multiplicarse.
multiracial, e *adj* multirracial.
multirisque *adj* multirriesgo.
multitude *nf* multitud *f* • **une multitude de** una multitud de.
multi-utilisateurs *adj inv* INFORM multiusuario.
municipal, e *adj* municipal. ■ **municipales** *nfpl* • **les municipales** las (elecciones) municipales.
municipalité *nf* municipio *m*.
munir *vt* • **munir qqch de qqch** equipar algo con algo • **munir qqn de qqch** proveer a alguien de algo. ■ **se munir** *vp* • **se munir de qqch** proveerse de algo.
munitions *nfpl* municiones *fpl*.
muqueuse *nf* mucosa *f*.
mur *nm* **1.** *(cloison)* pared *f* • **mur de soutènement** muro *m* de contención • **faire le mur** *fig* escaparse **2.** *fig (obstacle)* muro *m*. ■ **mur du son** *nm* barrera *f* del sonido.
mûr, e *adj* maduro(ra).
muraille *nf* muralla *f*.
muralisme *nm* muralismo *m*.
murène *nf* morena *f*.
murer *vt* **1.** *(porte, fenêtre)* tapiar **2.** *(personne)* encerrar entre cuatro paredes. ■ **se murer** *vp (s'enfermer)* encerrarse • **se murer dans qqch** *fig* encerrarse en algo.
muret *nm* muro *m* bajo.
mûrier *nm* morera *f*.
mûrir *vi* madurar.
murmure *nm* murmullo *m*, susurro *m*.
murmurer *vt & vi* murmurar, susurrar.
musaraigne *nf* musaraña *f*.
musarder *vi fam* callejear.
muscade *nf* nuez *f* moscada.
muscadet *nm* vino *m* blanco seco *(de la región de Nantes)*.
muscat *nm* moscatel *m*.
muscle *nm* músculo *m*.
musclé, e *adj* **1.** *(personne)* musculoso(sa) **2.** *fig (intervention, mesure)* enérgico(ca).
muscler *vt* desarrollar los músculos de. ■ **se muscler** *vp* desarrollar los músculos • **il se**

muscle les bras desarrolla los músculos de los brazos.
muscu (abrév de musculation) *nf fam* musculación *f*.
musculation *nf* musculación *f*.
muse *nf* musa *f*. ■ **Muse** *nf MYTHOL* Musa *f*.
museau *nm* morro *m*, hocico *m*.
musée *nm* museo *m*.
museler *vt* **1.** *(animal)* poner un bozal a **2.** *fig (presse, personne)* amordazar.
muselière *nf* bozal *m*.
musette *nf* morral *m*.
musical, e *adj* musical.
music-hall *nm* music-hall *m*.
musicien, enne *adj & nm,f* músico(ca).
musique *nf* **1.** *ART* música *f* • **musique de chambre/de film** música de cámara/de película • **connaître la musique** *fam* saberse la canción **2.** *fig (d'une phrase, d'une voix)* musicalidad *f*.
musulman, e *adj & nm,f* musulmán(ana).
mutant, e *adj & nm,f* mutante.
mutation *nf* **1.** *BIOL* mutación *f* **2.** *fig (changement)* transformación *f* **3.** *(d'un employé)* traslado *m*.
muter *vt* trasladar.
mutilation *nf* mutilación *f*.
mutilé, e *nm,f* mutilado *m*, -da *f*.
mutiler *vt* **1.** *(membre, organe)* amputar **2.** *(statue, texte, vérité)* mutilar.
mutin, e *adj sout* travieso(sa). ■ **mutin** *nm* amotinado *m*.
mutiner ■ **se mutiner** *vp* amotinarse.
mutinerie *nf* motín *m*.
mutisme *nm* mutismo *m*.
mutualité *nf* mutualidad *f*.
mutuel, elle *adj* mutuo(tua). ■ **mutuelle** *nf* mutua *f*.
Myanmar *npr* • **le Myanmar** Myanmar.
mycose *nf* micosis *f inv*.
myocarde *nm* miocardio *m*.
myopathie *nf* miopatía *f*.
myope *adj & nmf* miope.
myosotis *nm* miosota *f*.
myriade *nf* miríada *f*.
myrtille *nf* arándano *m*.
mystère *nm* misterio *m*. ■ **Mystère®** *nm CULIN* helado *m (relleno de merengue y cubierto de praliné)*.
mystérieux, euse *adj* misterioso(sa).
mysticisme *nm* misticismo *m*.
mystification *nf* mistificación *f*.
mystifier *vt* mistificar.
mystique *adj & nmf* místico(ca).
mythe *nm* mito *m*.
mythique *adj* mítico(ca).
mytho *adj fam* mitómano(na).
mythologie *nf* mitología *f*.
mythomane *adj & nmf* mitómano(na).

N

n, N *nm inv (lettre)* n *f*, N *f*. ■ **n** (abrév de nano) n. ■ **N 1.** (abrév de newton) N **2.** (abrév de nord) N.
nº (abrév de numéro) nº.
nacelle *nf (de montgolfière)* barquilla *f*.
nacre *nf* nácar *m*.
nage *nf (natation-action)* natación *f*; *(-façon)* estilo *m* (de natación) • **à la nage** a nado • **être en nage** estar empapado(da) en sudor.
nageoire *nf* aleta *f*.
nager *vi* **1.** *(se déplacer dans l'eau, flotter)* nadar **2.** *fig* • **nager dans qqch a)** *(opulence)* nadar en algo **b)** *(joie)* rebosar de algo **c)** *fam (vêtements)* nadar en algo • **je nage** *fam* no me entero de nada. ❑ *vt* nadar.
nageur, euse *nm,f* nadador *m*, -ra *f*.
naguère *adv sout* antes.
naïf, ïve *adj* **1.** *(personne, air, remarque)* ingenuo(nua) **2.** *ART* naif. ❑ *nm,f* **1.** *(niais)* ingenuo *m*, -nua *f* **2.** *(peintre)* pintor *m* naif, pintora *f* naif.
nain, e *adj & nm,f* enano(na) • **nain de jardin** enano de jardín.
naissance *nf* nacimiento *m* • **donner naissance à a)** dar a luz (a) **b)** *fig* dar origen a.
naissant, e *adj* naciente.
naître *vi* **1.** *(enfant)* nacer **2.** *(commencer)* • **faire naître qqch** engendrar algo • **naître de qqch** nacer de algo.
naïveté *nf* ingenuidad *f*.
nana *nf fam* tía *f*.
nanoparticule *nf PHYS* nanopartícula *f*.
nanoscience *nf* nanociencia *f*.
nanti, e *adj & nm,f* pudiente.
nantir *vt sout* • **nantir qqn de qqch** proveer a alguien de algo.
nappe *nf* **1.** *(de table)* mantel *m* **2.** *(étendue, couche)* capa *f*, napa *f* • **nappe phréatique** capa freática.
napper *vt CULIN* cubrir.
napperon *nm* tapete *m*.
narcisse *nm* narciso *m*.

narcissisme *nm* narcisismo *m*.
narcodollars *nmpl* narcodólares *mpl*.
narcotique *adj* narcótico(ca). ❑ *nm* narcótico *m*.
narguer *vt* burlarse de.
narine *nf* ventana *f* nasal, fosa *f* nasal.
narquois, e *adj* socarrón(ona).
narrateur, trice *nm,f* narrador *m*, -ra *f*.
narrer *vt* narrar.
NASA, Nasa (abrév de National Aeronautics and Space Administration) *nf* NASA *f*.
nasal, e *adj* nasal.
naseau *nm* ollar *m*, nariz *f*.
nasiller *vi* ganguear.
nasse *nf* nasa *f*.
natal, e *adj* natal.
natalité *nf* natalidad *f*.
natation *nf* natación *f*.
natif, ive *adj* **1.** *(originaire)* nativo(va), natural • **natif de** natural de **2.** *sout (inné)* innato(ta). ❑ *nm,f* nativo *m*, -va *f*.
nation *nf* nación *f*.
national, e *adj* nacional. ■ **nationale** *nf* nacional *f*.
nationalisation *nf* ÉCON nacionalización *f*.
nationaliser *vt* nacionalizar.
nationalisme *nm* nacionalismo *m*.
nationalité *nf* nacionalidad *f* • **de nationalité française/espagnole** de nacionalidad francesa/española.
nativité *nf* ART natividad *f*.
natte *nf* **1.** *(tresse)* trenza *f* **2.** *(tapis)* estera *f*.
naturalisation *nf* nacionalización *f*.
naturaliser *vt* **1.** *(acclimater)* DR naturalizar **2.** *(animal)* disecar.
naturaliste *adj* naturalista. ❑ *nmf* **1.** *(zoologiste, romancier)* naturalista *mf* **2.** *(empailleur)* disecador *m*, -ra *f*.
nature *nf* naturaleza *f*. ❑ *adj inv* natural ; *(café)* solo(la).

LEXIQUE

La nature

la campagne el campo
le champ el campo
la colline la colina
la falaise el acantilado
la ferme la granja
la forêt el bosque
l'île la isla
la mer el mar
la montagne la montaña
la plage la playa
la plaine la planicie
la rivière el río
le rocher el peñasco
la vallée el valle
le volcan el volcán

naturel, elle *adj* natural. ■ **naturel** *nm* **1.** *(tempérament)* naturaleza *f*, natural *m* • **être d'un** *ou* **avoir un naturel calme** ser de *ou* tener una naturaleza tranquila **2.** *(aisance, simplicité)* naturalidad *f*.
naturellement *adv* **1.** *(gén)* naturalmente **2.** *(de façon innée)* por naturaleza.
naturisme *nm* naturismo *m*.
naturiste *adj & nmf* naturista.
naturopathe *nmf* naturópata *mf*.
naufrage *nm* **1.** *(de navire)* naufragio *m* • **faire naufrage** naufragar **2.** *fig (d'entreprise)* hundimiento *m*.
naufragé, e *adj & nm,f* náufrago(ga).
nauséabond, e *adj* nauseabundo(da).
nausée *nf* náusea *f* • **avoir la nausée** tener náuseas.
nautique *adj* náutico(ca) ; *(ski, sport)* acuático(ca).
naval, e *adj* naval.
navet *nm* **1.** BOT nabo *m* **2.** *péj (œuvre)* birria *f*, churro *m*.
navette *nf* lanzadera *f* ; *(car)* autobús *m* • **navette spatiale** lanzadera espacial • **faire la navette** ir y venir.
navigable *adj* navegable.
navigateur, trice *nm,f* navegante *mf*. ■ **navigateur** *nm* INFORM navegador *m*.
navigation *nf* **1.** *(transport)* INFORM navegación *f* **2.** *(pilotage)* náutica *f*, navegación *f*.
naviguer *vi* **1.** *(en bateau)* INFORM navegar **2.** *(en avion)* volar.
navire *nm* buque *m*, navío *m*.
navrant, e *adj* lamentable.
navrer *vt* afligir • **être navré de qqch/de faire qqch** sentir mucho algo/hacer algo.
nazi, e *adj & nm,f* nazi.
nazisme *nm* nazismo *m*.
NB (abrév de nota bene) NB.
nbreuses abrév de **nombreuses**.
nbreux, nbrx abrév de **nombreux**.
NDLR (abrév de note de la rédaction) N. de la R.
ne *adv* **1.** *(négation)* no • **il ne veut pas** no quiere **2.** *(négation implicite)* • **il se porte mieux que je ne (le) croyais** se porta mejor de lo que (yo) creía **3.** *(avec verbes ou expressions marquant le doute, la crainte, etc)* • **je crains qu'il n'oublie** temo que se olvide.
né, e *adj* **1.** *(venu au monde)* nacido(da) • **né le 6 février** nacido el 6 de febrero • **Mme X, née Y** la señora X, de soltera Y **2.** *fig (de naissance)* nato(ta) • **un artiste-né** un artista nato.
néanmoins *adv* sin embargo.
néant *nm* nada *f* • **réduire qqch à néant** reducir algo a la nada.
nébuleux, euse *adj* nebuloso(sa).

nécessaire *adj* necesario(ria) • **nécessaire à qqch** necesario para algo • **il est nécessaire de faire qqch** es necesario hacer algo • **il est nécessaire que** *(+ subjonctif)* es necesario que *(+ subjonctif)*. ❑ *nm* **1.** *(biens indispensables)* • **le nécessaire** lo necesario • **faire le nécessaire** hacer lo necesario • **le strict nécessaire** lo estrictamente necesario **2.** *(trousse)* • **nécessaire (de toilette)** bolsa *f* de aseo, neceser *m*.

nécessité *nf* necesidad *f* • **être dans la nécessité de faire qqch** verse en la necesidad de hacer algo.

nécessiter *vt* exigir.

nec plus ultra *nm inv* non plus ultra *m inv*.

nécrologique *adj* necrológico(ca).

nécropole *nf* necrópolis *f inv*.

nectar *nm* néctar *m*.

nectarine *nf* nectarina *f*.

nef *nf* **1.** *(d'église)* nave *f* **2.** *sout (bateau)* nao *f*.

néfaste *adj* nefasto(ta).

négatif, ive *adj* negativo(va). ■ **négatif** *nm* PHOTO negativo *m*. ■ **négative** *nf* negativa *f* • **dans la négative** en caso negativo • **répondre par la négative** responder negativamente.

négation *nf* negación *f*.

négationnisme *nm* negacionismo *m*.

négationniste *nmf* negacionista *mf*.

négligé, e *adj* **1.** *(tenue, personne, jardin)* descuidado(da), dejado(da) **2.** *(enfant)* desatendido(da).

négligeable *adj* despreciable • **non négligeable** nada despreciable.

négligence *nf* negligencia *f* • **par négligence** por negligencia.

négliger *vt* **1.** *(ignorer, délaisser)* desatender **2.** *(oublier)* • **négliger de faire qqch** olvidar hacer algo **3.** *(jardin, tenue)* descuidar. ■ **se négliger** *vp* descuidarse, abandonarse.

négoce *nm* negocio *m*.

négociant, e *nm,f* negociante *mf*.

négociateur, trice *nm,f* negociador *m*, -ra *f*.

négociation *nf* negociación *f* • **négociations de paix** negociaciones de paz.

négocier *vt* **1.** *(gén)* negociar **2.** *(virage)* tomar bien.

nègre, négresse *adj & nm,f péj (noir)* negro(gra). ■ **nègre** *nm fam (écrivain anonyme)* negro *m*, -gra *f*.

neige *nf* nieve *f*.

neiger *vi* nevar • **il neige** nieva, está nevando.

neigeux, euse *adj* **1.** *(lieu)* nevado(da) **2.** *(temps)* nevoso(sa).

nem *nm* CULIN nem *m*.

nénuphar *nm* nenúfar *m*.

néologisme *nm* neologismo *m*.

néon *nm (lumière)* CHIM neón *m* ; *(tube)* fluorescente *m*.

néonazi, e *adj & nm,f* neonazi.

néophyte *adj & nmf* neófito(ta).

Népal *npr* • **le Népal** Nepal.

népotisme *nm* nepotismo *m*.

nerd *nm péj* nerd *mf*.

nerf *nm* nervio *m*. ■ **nerfs** *nmpl* nervios *mpl*.

nerveux, euse *adj* **1.** *(gén)* nervioso(sa) **2.** *(voiture)* con nervio. ❑ *nm,f* nervioso *m*, -sa *f*.

nervosité *nf* nerviosismo *m*.

nervure *nf* nervadura *f*.

n'est-ce pas *loc adv* ¿verdad? • **délicieux, n'est-ce pas ?** delicioso ¿verdad? • **n'est-ce pas que vous vous êtes bien amusés ?** ¿a que os habéis divertido?

net, nette *adj* **1.** *(propre, rangé, pur)* limpio(pia) **2.** COMM & FIN neto(ta) • **net d'impôt** libre de impuestos **3.** *(image, idée)* nítido(da) **4.** *(réponse, terme, différence)* claro(ra). ■ **net** *adv* **1.** *(brutalement)* • **s'arrêter net** parar en seco **2.** *(franchement)* • **casser net** romper de un golpe • **refuser net** negarse tajantemente.

Net *nm* • **le Net** la Red.

netéconomie *nf* economía *f* Internet.

nétiquette *nf* INFORM netiqueta *f*.

nettement *adv* **1.** *(clairement)* netamente **2.** *(incontestablement)* mucho • **nettement plus/moins** mucho más/menos.

netteté *nf* **1.** *(propreté)* limpieza *f* **2.** *(précision)* nitidez *f*.

nettoyage *nm* limpieza *f* (ESP), limpia *f* (AMÉR) • **nettoyage à sec** limpieza en seco.

nettoyer *vt* limpiar.

neuf[1] *adj num inv & nm inv* nueve. Voir aussi **six**.

neuf[2], **neuve** *adj* nuevo(va). ■ **neuf** *nm* • **vêtu de neuf** con vestido nuevo • **quoi de neuf ?** ¿qué hay de nuevo? • **remettre à neuf** renovar • **rien de neuf** nada nuevo.

neurasthénique *adj & nmf* neurasténico(ca).

neurodégénératif, ive *adj* neurodegenerativo(va).

neurologie *nf* neurología *f*.

neurologique *adj* neurológico(ca).

neutraliser *vt* neutralizar.

neutralité *nf* neutralidad *f*.

neutre *adj* **1.** *(gén)* neutro(tra) **2.** *(pays)* neutral. ❑ *nm* GRAMM neutro *m*.

neutron *nm* neutrón *m*.

neuvième *adj num & nmf* noveno(na). ❑ *nm* noveno *m*, novena parte *f*. ❑ *nf* SCOL ≃ tercero *m* de primaria. Voir aussi **sixième**.

névé *nm* nevero *m*, ventisquero *m*.

neveu *nm* sobrino *m*.

névralgie *nf* neuralgia *f*.

névrose *nf* neurosis *f inv*.

névrosé, e *adj & nm,f* neurótico(ca).

new age *nf* MUS new age *f*.

New York *npr* Nueva York.
new-yorkais, e *adj* neoyorquino(na). ■ **New-Yorkais, e** *nm,f* neoyorquino *m*, -na *f*.
nez *nm* **1.** ANAT nariz *f* • **saigner du nez** sangrar por la nariz • **nez à nez** cara a cara **2.** *(odorat)* olfato *m* **3.** *(d'avion, de fusée)* morro *m*.
ni *conj* ni • **je ne peux ni ne veux venir** no puedo ni quiero venir. ■ **ni... ni** *loc corrélative* ni... ni • **ni lui ni moi** ni él ni yo • **ni l'un ni l'autre** ni el uno ni el otro • **ni plus ni moins** ni más ni menos.
niais, e *adj & nm,f* bobo(ba).
Nicaragua *npr* • **le Nicaragua** Nicaragua.
nicaraguayen, enne *adj* nicaragüense. ■ **Nicaraguayen, enne** *nm,f* nicaragüense *mf*.
Nice *npr* Niza.
niche *nf* **1.** *(de chien)* caseta *f* **2.** *(de statue)* hornacina *f*, nicho *m*.
nicher *vi* **1.** *(oiseau)* anidar **2.** *fam (personne)* vivir. ■ **se nicher** *vp* meterse.
nickel *nm* níquel *m*. ❑ *adj inv fam* impecable.
nicotine *nf* nicotina *f*.
nid *nm* nido *m*.
nid-d'abeilles *nm* nido *m* de abejas.
nid-de-poule *nm* socavón *m*.
nièce *nf* sobrina *f*.
nième = **énième**.
nier *vt* negar.
niet *interj fam* ¡ni hablar!
nigaud, e *adj & nm,f* atontado(da), negado(da).
Nigeria *npr* • **le Nigeria** Nigeria.
Nil *npr* • **le Nil** el Nilo.
Nîmes *npr* Nimes.
nippon, one *adj* nipón(ona). ■ **Nippon, one** *nm,f* nipón *m*, -ona *f*.
nirvana *nm* nirvana *m*.
nitrate *nm* nitrato *m*.
nitroglycérine *nf* nitroglicerina *f*.
niveau *nm* **1.** *(gén)* nivel *m* • **de même niveau** del mismo nivel • **le niveau de la mer** el nivel del mar • **niveau scolaire/de vie** nivel académico/de vida • **au niveau de qqch a)** al nivel de algo **b)** *(à côté de)* a la altura de **2.** *(étage)* piso *m*.
niveler *vt* nivelar.
noble *adj & nmf* noble.
noblesse *nf* nobleza *f*.
noce *nf* **1.** *(gén)* boda *f* **2.** *fam & fig (fête)* parranda *f*. ■ **noces** *nfpl* bodas *fpl* • **noces d'argent/d'or** bodas de plata/de oro.
nocif, ive *adj* nocivo(va).
noctambule *adj & nmf* noctámbulo(la).
nocturne *adj* nocturno(na). ❑ *nm* **1.** MUS nocturno *m* **2.** ZOOL *(rapace)* ave *f* nocturna. ❑ *nf (de magasin)* apertura *f* nocturna • **'nocturne le jeudi'** 'abierto los jueves hasta tarde'.
Noël *nm* Navidad *f*.
nœud *nm* **1.** *(gén)* nudo *m* • **filer à 20 nœuds** navegar a 20 nudos • **double nœud** doble nudo **2.** *(ornement)* lazo *m* • **nœud de cravate** nudo *m* de corbata • **nœud papillon** pajarita *f* **3.** ASTRON nodo *m*.
noir, e *adj* **1.** *(gén)* negro(gra) • **noir (de qqch)** *(sale)* negro (de algo) • **noir de monde** abarrotado **2.** *(intention, regard)* pérfido(da) **3.** *fam (ivre)* ciego(ga). ■ **noir** *nm* **1.** *(gén)* negro *m* • **en noir et blanc** en blanco y negro • **payer au noir** pagar en dinero negro • **travailler au noir** trabajar de ilegal • **noir sur blanc** por escrito **2.** *(obscurité)* oscuridad *f*. ■ **noire** *nf* MUS negra *f*. ■ **Noir, e** *nm,f* negro *m*, -gra *f*.
noirceur *nf* **1.** *sout (couleur)* negrura *f* **2.** *fig (méchanceté)* perfidia *f*.
noircir *vi* ennegrecerse. ❑ *vt* **1.** *(foncer)* ennegrecer **2.** *sout (réputation)* manchar.
noisetier *nm* avellano *m*.
noisette *nf* **1.** *(fruit)* avellana *f* **2.** *(petite quantité)* nuez *f* • **une noisette de beurre** una nuez de mantequilla. ❑ *adj inv* avellana *(en apposition)*.
noix *nf* **1.** *(fruit)* nuez *f* • **noix de cajou** anacardo *m* • **noix de coco** nuez de coco • **noix (de) muscade** nuez moscada • **à la noix** de tres al cuarto **2.** *fam (imbécile)* papanatas *mf*.
nom *nm* **1.** *(gén)* nombre *m* • **nom propre/commun** nombre propio/común **2.** *(patronyme)* apellido *m* • **nom de famille** apellido • **nom de jeune fille** apellido de soltera.
nomade *adj & nmf* nómada.
nomadisme *nm* nomadismo *m*.
nombre *nm* número *m* • **nombre pair/impair** número par/impar.
nombreux, euse *adj* numeroso(sa).
nombril *nm* ombligo *m*.
nomenclature *nf* nomenclatura *f*.
nominal, e *adj* nominal.
nomination *nf* nombramiento *m*.
nommé, e *adj* **1.** *(désigné par son nom)* nombrado(da) **2.** *(choisi)* designado(da). ❑ *nm,f* mencionado *m*, -da *f*.
nommément *adv* por el nombre.
nommer *vt* **1.** *(appeler, qualifier)* llamar **2.** *(désigner, promouvoir)* nombrar **3.** *(dénoncer)* dar el nombre de, decir el nombre de. ■ **se nommer** *vp* **1.** *(s'appeler)* llamarse **2.** *(se désigner)* decir su nombre.
non *adv & nm inv* no. ■ **non (pas)... mais** *loc corrélative* no... sino. ■ **non (pas) que... mais** *loc corrélative* no es que... sino que. ■ **non plus** *loc adv* tampoco. ■ **non plus... mais** *loc corrélative* ya no... sino. ■ **non sans** *loc prép* no sin • **non sans mal** no sin dificultad • **non sans peine** no sin esfuerzo.
nonagénaire *adj & nmf* nonagenario(ria).
non-agression *nf* no agresión *f*.

non-alcoolisé, e *adj* sin alcohol.

non-assistance *nf* • **non-assistance à personne en danger** omisión *f* de socorro a persona en peligro.

nonchalance *nf* indolencia *f*.

non-fumeur, euse *nm,f* no fumador *m*, -ra *f*.

non-interventionniste *adj & nmf* no intervencionista.

non-lieu *nm* sobreseimiento *m* • **rendre un non-lieu** dictar un auto de sobreseimiento.

nonne *nf* monja *f*.

non-remboursable *adj* a fondo perdido, sin posibilidad de reembolso.

non-sens *nm inv* **1.** *(absurdité)* disparate *m*, absurdo *m* **2.** *(en traduction)* frase *f* sin sentido.

non-stop *adj inv* **1.** *(continu)* sin interrupción **2.** *(vol)* sin escala.

non-violence *nf* no violencia *f*.

non-voyant, e *nm,f* invidente *mf*.

nord *adj inv* norte. ❑ *nm inv* norte *m* • **le nord de l'Europe** el norte de Europa. ■ **Nord** *nm* • **le Nord** el Norte • **les gens du Nord** la gente del Norte • **le grand Nord** los países del mar del Norte.

nord-est *adj inv & nm inv* nordeste, noreste.

nordique *adj* nórdico(ca). ■ **Nordique** *nmf* **1.** *(du Nord)* nórdico *m*, -ca *f* **2.** (QUÉBEC) habitante *mf* del norte de Canadá.

nord-ouest *adj inv & nm inv* noroeste.

normal, e *adj* normal. ■ **normale** *nf* • **la normale** la normalidad.

normalement *adv* **1.** *(habituellement)* normalmente **2.** *(selon les prévisions)* en circunstancias normales.

normalisation *nf* normalización *f*.

normaliser *vt* normalizar. ■ **se normaliser** *vp* normalizarse.

normand, e *adj* normando(da).

Normandie *nf* • **la Normandie** Normandía.

norme *nf* norma *f*.

Norvège *npr* • **la Norvège** Noruega.

nosocomial, e *adj* nosocomial.

nostalgie *nf* **1.** *(mélancolie)* nostalgia *f* **2.** *(mal du pays)* morriña *f*.

notable *adj & nm* notable.

notaire *nm* notario *m*, -ria *f*.

notamment *adv* especialmente, particularmente.

note *nf* **1.** *(gén)* nota *f* • **avoir une bonne/mauvaise note** tener una buena/mala nota • **prendre des notes** tomar apuntes • **note de frais** detalle *m* de los gastos **2.** *(facture)* cuenta *f*, nota *f*.

noté, e *adj* • **être bien/mal noté a)** estar bien/mal considerado **b)** SCOL estar bien/mal puntuado.

noter *vt* **1.** *(marquer d'un signe)* señalar **2.** *(écrire)* anotar, apuntar **3.** *(constater)* notar **4.** SCOL & UNIV calificar **5.** MUS escribir.

notice *nf* reseña *f*.

notifier *vt* • **notifier qqch à qqn** notificar algo a alguien.

notion *nf* noción *f*.

notoire *adj (célèbre)* notorio(ria) ; *(manifeste)* evidente, claro(ra) ; *(quantité, etc)* considerable.

notre *adj poss* nuestro(tra).

nôtre ■ **le nôtre, la nôtre** *pron poss* el nuestro, la nuestra • **serez-vous des nôtres demain ?** ¿podemos contar con vosotros para mañana?

Notre-Dame de Paris *npr* Nuestra Señora *f* de París.

nouer *vt* **1.** *(corde, lacets)* anudar • **avoir la gorge nouée** tener un nudo en la garganta **2.** *(bouquet, cheveux)* atar **3.** *sout (alliance, amitié, liens)* trabar, entablar **4.** *(intrigue)* tramar, urdir. ■ **se nouer** *vp* **1.** *(gorge)* hacerse un nudo **2.** *(alliance, amitié)* entablarse **3.** *(intrigue)* tramarse.

noueux, euse *adj* **1.** *(bois)* nudoso(sa) **2.** *(main, doigt)* huesudo(da).

nougat *nm* ≃ turrón *m*.

nouille *nf* **1.** *(pâte)* pasta *f* **2.** *fam (imbécile)* lelo *m*, -la *f*. ❑ *adj (niais)* inútil.

nourri, e *adj* **1.** *(gén)* alimentado(da) • **nourri logé blanchi** comido, vestido y calzado **2.** *(tir)* graneado(da).

nourrice *nf* **1.** *(qui allaite)* nodriza *f*, ama *f* de cría **2.** *(garde d'enfant)* niñera *f*.

nourrir *vt* **1.** *(gén)* alimentar **2.** *(projet)* acariciar **3.** *(style, récit, esprit)* enriquecer. ■ **se nourrir** *vp* alimentarse • **se nourrir de qqch** alimentarse de algo.

nourrissant, e *adj* nutritivo(va).

nourrisson *nm* niño *m* de pecho.

nourriture *nf* alimento *m* ; *(régime alimentaire)* alimentación *f*.

nous *pron pers* **1.** *(gén)* nosotros(tras) **2.** *(complément d'objet direct, de verbe pronominal)* nos • **dépêchons-nous !** ¡démonos prisa! • **il nous l'a donné** nos lo ha dado • **nous devons nous occuper de lui** tenemos que ocuparnos de él **3.** *(possessif)* • **c'est à nous** es nuestro(tra). ■ **nous-mêmes** *pron pers* nosotros mismos, nosotras mismas.

nouveau, elle *adj* (**nouvel** *devant voyelle ou h muet*) **1.** *(gén)* nuevo(va) **2.** *(récent)* recién • **le nouveau venu** el recién llegado. ❑ *nm,f* nuevo *m*, -va *f*. ■ **nouveau** *nm* novedad *f*. ■ **nouvelles** *nfpl* noticias *fpl* • **donner de ses nouvelles** dar noticias • **les nouvelles** *(informations)* el telediario, las noticias. ■ **à nouveau** *loc adv* de nuevo. ■ **de nouveau** *loc adv* de nuevo.

nouveau-né, e *adj & nm,f* recién nacido(da).

nouveauté *nf* novedad *f*.

Nouvelle-Calédonie *npr* • **la Nouvelle-Calédonie** Nueva Caledonia.
Nouvelle-Guinée *npr* • **la Nouvelle-Guinée** Nueva Guinea.
Nouvelle-Zélande *npr* • **la Nouvelle-Zélande** Nueva Zelanda.
novateur, trice *adj & nm,f* innovador(ra).
novembre *nm* noviembre *m*. Voir aussi **septembre**.
novice *adj* novato(ta). ❑ *nmf* **1.** *(débutant)* novato *m*, -ta *f* **2.** RELIG novicio *m*, -cia *f*.
noyade *nf* ahogamiento *m*.
noyau *nm* **1.** *(gén)* núcleo *m* **2.** *(de fruit)* hueso *m* **(ESP)**, carozo *m* **(AMÉR)**. ■ **noyau dur** *nm* • **le noyau dur** los duros *(dentro de un grupo)*.
noyauter *vt* infiltrar.
noyé, e *adj* **1.** *(personne)* ahogado(da) **2.** *(inondé)* anegado(da) • **noyé de larmes** inundado de lágrimas. ❑ *nm,f* ahogado *m*, -da *f*.
noyer[1] *nm* nogal *m*.
noyer[2] *vt* **1.** *(personne, sentiment, moteur)* ahogar **2.** *(terrain)* anegar **3.** *(estomper, diluer)* difuminar. ■ **se noyer** *vp* **1.** *(personne)* ahogarse **2.** *fig (être submergé, se perdre)* perderse.
NPI (abrév de **nouveaux pays industrialisés**) *nmpl* PRI *m*, PIR *m*.
nu, e *adj* **1.** *(gén)* desnudo(da) **2.** *(arbre, paysage, région)* yermo(ma) **3.** *(style)* escueto(ta). ■ **nu** *nm* desnudo *m*. ■ **à nu** *loc adv* • **mettre à nu** dejar al descubierto • **se mettre à nu** *fig* mostrarse al desnudo.
nuage *nm (gén)* nube *f*.
nuageux, euse *adj* **1.** *(temps, ciel)* nublado(da) **2.** *fig (esprit)* confuso(sa).
nuance *nf* matiz *m*.
nuancé, e *adj* matizado(da).
nubile *adj* núbil.
nucléaire *adj* nuclear. ❑ *nm* energía *f* nuclear.
nudisme *nm* nudismo *m*.
nudiste *adj & nmf* nudista.
nudité *nf* desnudez *f*.
nue *nf (gén pl)* • **tomber des nues** caérsele el alma al suelo a alguien.
nuée *nf* **1.** *(multitude)* • **une nuée de** una nube de **2.** *sout (gros nuage)* nubarrón *m*.
nugget *nm* nugget *m*.
nuire *vi* • **nuire à qqch/à qqn** perjudicar algo/a alguien.
nuisible *adj* dañino(na) • **nuisible à** perjudicial para. ❑ *nm* animal *m* dañino.
nuit *nf* noche *f* • **de nuit** de noche • **la nuit des temps** *fig* la noche de los tiempos.
nuitée *nf* noche *f (de hotel)*.
nul, nulle *adj indéf (avant un nom) sout* ninguno(na) • **nulle part a)** en ninguna parte **b)** *(aller, mener)* a ninguna parte. ❑ *adj (après un nom)* nulo(la) • **match nul** empate • **être nul en qqch** *fam* ser negado para algo. ❑ *nm,f péj* inútil *mf*, desastre *m*. ❑ *pron indéf sout* nadie.
nullement *adv* en absoluto.
nullité *nf* nulidad *f*.
numéraire *adj* numerario(ria). ❑ *nm* numerario *m*.
numération *nf* **1.** MATH numeración *f* **2.** MÉD recuento *m*.
numérique *adj* **1.** *(gén)* numérico(ca) **2.** INFORM digital, numérico(ca).
numérisation *nf* digitalización *f*.
numérisé, e *adj* digitalizado(da).
numériser *vt* digitalizar.
numéro *nm* **1.** *(gén)* número *m* • **composer un numéro** marcar un número • **numéro de compte** número de cuenta • **numéro de poste** número de puesto • **numéro de poste** número de puesto • **numéro vert** ≃ llamada *f* gratuita • **faux numéro** número equivocado **2.** *fam (personne)* • **c'est un sacré numéro !** ¡es una buena pieza!
numéroter *vt* numerar.
numismatique *nf* numismática *f*.
nu-pieds *nm inv* sandalia *f*.
nuptial, e *adj* nupcial.
nuque *nf* nuca *f*.
nurse *nf* nurse *f*.
nutritif, ive *adj* nutritivo(va).
nutritionniste *nmf* nutricionista *mf* **(ESP)**, dietista *mf* **(AMÉR)**.
Nylon® *nm* nylon® *m*, nailon® *m*.
nymphe *nf* ninfa *f*.
nymphomane *adj* ninfómano(na). ❑ *nf* ninfómana *f*.

O

o, O *nm inv (lettre)* o *f*, O *f*. ■ **O 1.** (abrév de **Ouest**) O **2.** (abrév de **Oxygène**) O.
ô *interj sout* ¡oh!
oasis *nf* oasis *m inv*.
obéir *vi* • **obéir à qqn/à qqch** obedecer a alguien/a algo.
obéissance *nf* obediencia *f* • **devoir obéissance à qqn** deber obediencia a alguien.
obélisque *nm* obelisco *m*.

obèse *adj & nmf* obeso(sa).
obésité *nf* obesidad *f.*
objecteur *nm* objetor *m* • **objecteur de conscience** objetor de conciencia.
objectif, ive *adj* objetivo(va). ■ **objectif** *nm* objetivo *m.*
objection *nf* objeción *f* • **faire objection à qqch/à qqn** poner objeciones a algo/a alguien.
objectivité *nf* objetividad *f.*
objet *nm* objeto *m* • **objet d'art** objeto de arte.
obligation *nf (gén)* FIN obligación *f* • **être dans l'obligation de faire qqch** estar en la obligación de hacer algo. ■ **obligations** *nfpl* obligaciones *fpl* • **avoir des obligations** tener obligaciones.
obligatoire *adj* **1.** *(imposé)* obligatorio(ria) **2.** *(inéluctable)* inevitable.
obligé, e *adj sout* agradecido(da). ❑ *nm, f* servidor *m*, -ra *f.*
obligeance *nf sout* bondad *f* • **avoir l'obligeance de faire qqch** tener la bondad de hacer algo.
obliger *vt* **1.** *(forcer)* • **obliger qqn à qqch/à faire qqch** obligar a alguien a algo/a hacer algo • **être obligé de faire qqch** tener que hacer algo **2.** DR *(lier)* obligar **3.** *sout (rendre service)* complacer. ■ **s'obliger** *vp* • **s'obliger à qqch/à faire qqch** obligarse a algo/a hacer algo.
oblique *adj (gén)* oblicuo(cua) ; *(regard)* de soslayo. ❑ *nf* GÉOM oblicua *f.*
obliquer *vi* torcer.
oblitérer *vt* **1.** *(billet)* picar ; *(timbre)* matar **2.** *sout (effacer)* borrar **3.** MÉD obliterar.
oblong, oblongue *adj* oblongo(ga).
obnubiler *vt* obnubilar • **être obnubilé par qqch/par qqn** estar obnubilado por algo/por alguien.
obole *nf* óbolo *m.*
obscène *adj* obsceno(na).
obscénité *nf* obscenidad *f.*
obscur, e *adj* oscuro(ra), obscuro(ra).
obscurantisme *nm* oscurantismo *m*, obscurantismo *m.*
obscurcir *vt* oscurecer, obscurecer. ■ **s'obscurcir** *vp* oscurecerse, obscurecerse.
obscurité *nf* oscuridad *f*, obscuridad *f.*
obsédé, e *adj* obsesionado(da). ❑ *nm, f* obseso *m*, -sa *f.*
obséder *vt* obsesionar.
obsèques *nfpl* funerales *mpl*, exequias *fpl.*
obséquieux, euse *adj* servil.
observateur, trice *adj & nm, f* observador(ra).
observation *nf* **1.** *(gén)* observación *f* • **être en observation** estar en observación **2.** *(d'un règlement)* observancia *f.*
observatoire *nm* observatorio *m.*
observer *vt* **1.** *(gén)* observar • **faire observer qqch à qqn** advertir algo a alguien **2.** *(adopter)* guardar.
obsession *nf* obsesión *f.*
obsolète *adj* obsoleto(ta).
obstacle *nm* obstáculo *m* • **faire obstacle à qqch/à qqn** obstaculizar algo/a alguien • **rencontrer un obstacle** encontrar un obstáculo.
obstétrique *nf* obstetricia *f.*
obstination *nf* obstinación *f.*
obstiné, e *adj & nm, f* obstinado(da).
obstiner ■ **s'obstiner** *vp* obstinarse • **s'obstiner à faire qqch** obstinarse en hacer algo • **s'obstiner dans qqch** obstinarse en algo.
obstruction *nf* obstrucción *f.*
obstruer *vt* obstruir. ■ **s'obstruer** *vp* obstruirse.
obtempérer *vi* • **obtempérer à qqch** acatar algo.
obtenir *vt* obtener, conseguir • **obtenir qqch de qqn** obtener *ou* conseguir algo de alguien • **obtenir qqch à** *ou* **pour qqn** conseguir algo a *ou* para alguien.
obtention *nf* obtención *f*, consecución *f.*
obturer *vt* obturar.
obtus, e *adj* obtuso(sa).
obus *nm* obús *m.*
occasion *nf* **1.** *(possibilité, chance)* ocasión *f*, oportunidad *f* • **à l'occasion a)** si llega el caso **b)** *(un jour)* un día de estos • **rater une occasion de faire qqch** perder la ocasión de hacer algo • **saisir l'occasion (de faire qqch)** aprovechar la ocasión (de hacer algo) **2.** *(circonstance, motif)* ocasión *f* • **à la première occasion** en la primera ocasión • **à l'occasion de qqch** con ocasión de algo **3.** *(seconde main)* ganga *f* • **d'occasion** de segunda mano, de ocasión.
occasionnel, elle *adj* ocasional.
occasionnellement *adv* ocasionalmente.
occasionner *vt* ocasionar.
occident *nm* occidente *m.* ■ **Occident** *nm* • **l'Occident** (el) Occidente.
occidental, e *adj* occidental. ■ **Occidental, e** *nm, f* occidental *mf.*
occidentaliser *vt* occidentalizar. ■ **s'occidentaliser** *vp* occidentalizarse.
occiput *nm* occipucio *m.*
occlusion *nf* oclusión *f.*
occulte *adj* oculto(ta).
occulter *vt* ocultar.
occupation *nf* ocupación *f.*
occupé, e *adj* ocupado(da) • **être occupé à qqch** estar ocupado en algo • **c'est occupé** *(au téléphone)* está comunicando, comunica.
occuper *vt* ocupar. ■ **s'occuper** *vp* ocuparse • **s'occuper à qqch/à faire qqch** ocuparse de

algo/de hacer algo • **s'occuper de qqch/de qqn** encargarse de algo/de alguien.

occurrence *nf* **1.** *(circonstance)* caso *m* • **en l'occurrence** en este caso **2.** *LING* ocurrencia *f*.

OCDE (abrév de Organisation de coopération et de développement économique) *nf* OCDE *f* • **les pays membres de l'OCDE** los países miembros de la OCDE.

océan *nm* océano *m* • **l'océan Antarctique** el océano (glacial) Antártico • **l'océan Arctique** el océano (glacial) Ártico • **l'océan Atlantique** el océano Atlántico • **l'océan Indien** el océano Índico • **l'océan Pacifique** el océano Pacífico • **un océan de** *fig* un mar de.

Océanie *npr* • **l'Océanie** Oceanía.

océanique *adj* oceánico(ca).

océanographie *nf* oceanografía *f*.

ocre *adj inv & nf* ocre.

octave *nf* **1.** *MUS & RELIG* octava *f* **2.** *(à l'escrime)* octava *f*, posición *f* octava.

octet *nm* byte *m*, octeto *m*.

octobre *nm* octubre *m*. Voir aussi **septembre**.

octogénaire *adj & nmf* octogenario(ria).

octogone *nm* octógono *m*.

octroyer *vt* otorgar • **octroyer qqch à qqn** otorgar algo a alguien. ■ **s'octroyer** *vp* concederse.

oculaire *adj & nm* ocular.

oculiste *nmf* oculista *mf*.

ode *nf* oda *f*.

odeur *nf* olor *m*.

odieux, euse *adj* odioso(sa).

odorant, e *adj* oloroso(sa).

odorat *nm* olfato *m*.

œdème *nm* edema *m*.

œil *nm ANAT* ojo *m* • **yeux bridés/exorbités/globuleux** ojos rasgados/desorbitados/saltones • **avoir les yeux cernés** tener ojeras • **baisser/lever les yeux** bajar/alzar la vista • **écarquiller les yeux** poner unos ojos como platos • **à l'œil nu** a simple vista • **à vue d'œil** a ojos vistas • **avoir qqn à l'œil** no perder de vista a alguien • **n'avoir pas froid aux yeux** tener más valor que un torero • **mon œil !** *fam* ¡y una porra! • **sauter aux yeux** saltar a la vista.

œillade *nf* guiño *m* • **lancer une œillade à qqn** guiñar el ojo a alguien.

œillère *nf* **1.** *(de cheval)* anteojera *f* **2.** *MÉD* lavaojos *m inv*.

œillet *nm* **1.** *BOT* clavel *m* **2.** *COUT* ojete *m*.

œnologie *nf* enología *f*.

œnologue *nmf* enólogo *m*, -ga *f*.

œsophage *nm* esófago *m*.

œuf *nm* huevo *m* • **œuf à la coque** huevo pasado por agua *(3 minutos)* • **œuf dur** huevo duro • **œuf mollet** huevo pasado por agua *(4 minutos)* • **œuf au** *ou* **sur le plat** huevo frito • **œuf poché** huevo escalfado.

œuvre *nf* obra *f* • **mettre tout en œuvre pour** poner todos los medios para • **bonnes œuvres** obras de caridad • **œuvre d'art** obra de arte.

off *adj inv CINÉ* en off.

offense *nf* ofensa *f*.

offenser *vt* ofender. ■ **s'offenser** *vp* • **s'offenser de qqch** ofenderse por algo.

offensif, ive *adj* ofensivo(va). ■ **offensive** *nf* ofensiva *f* • **passer à l'offensive** pasar a la ofensiva • **prendre l'offensive** tomar la ofensiva • **l'offensive de l'hiver** *fig* los primeros fríos.

office *nm* **1.** *(bureau)* oficina *f* • **office du tourisme** oficina de turismo **2.** *RELIG* oficio *m*. ■ **d'office** *loc adv* de entrada ; *(autorité)* de oficio • **commis d'office** *(avocat)* de oficio.

officialiser *vt* oficializar, dar carácter oficial a.

officiel, elle *adj* oficial. ■ **officiel** *nm* • **les officiels** las autoridades.

officier[1] *vi* oficiar.

officier[2] *nm* oficial *m*.

officieux, euse *adj* oficioso(sa).

offrande *nf* ofrenda *f*.

offre *nf* **1.** *(gén) COMM* oferta *f* • **la loi de l'offre et de la demande** la ley de la oferta y la demanda • **offre d'emploi** oferta de empleo • **offre d'essai** oferta de prueba **2.** *POLIT (de paix)* propuesta *f*.

offrir *vt (donner)* • **offrir qqch à qqn** regalar algo a alguien. ■ **s'offrir** *vp* **1.** *(se proposer)* ofrecerse **2.** *(se faire cadeau de)* regalarse.

offusquer *vt* ofender. ■ **s'offusquer** *vp* ofenderse • **s'offusquer de qqch** ofenderse por algo.

OGM (abrév de organisme génétiquement modifié) *nm* OGM *m* • **les anti-OGM** los anti-OMG.

ogre *nm* ogro *m*.

oh *interj* ¡oh!

ohé *interj* ¡eh!

oie *nf* **1.** *ZOOL* oca *f* **2.** *fam & péj (niais)* gansa *f*.

oignon *nm* **1.** *(plante, bulbe)* cebolla *f* • **petits oignons** cebolletas *fpl* (en vinagre) **2.** *MÉD* juanete *m*.

oiseau *nm* **1.** *ZOOL* ave *f*, pájaro *m* • **oiseau de proie** ave de rapiña **2.** *fam (individu)* • **un drôle d'oiseau** *péj* ¡un buen pájaro! • **un oiseau rare** un bicho raro.

oisellerie *nf* pajarería *f*.

oisif, ive *adj & nm, f* ocioso(sa).

oisillon *nm* pajarillo *m*.

oisiveté *nf* ociosidad *f*.

OK *interj fam* ¡vale!

ola *nf* ola *f* • **faire la ola** hacer la ola.

oléagineux, euse *adj* oleaginoso(sa). ■ **oléagineux** *nm* planta *f* oleaginosa.

oléoduc *nm* oleoducto *m*.

olfactif, ive *adj* olfativo(va).
oligarchie *nf* oligarquía *f.*
oligoélément *nm* oligoelemento *m.*
olive *nf* aceituna *f*, oliva *f.* ❏ *adj inv* de color verde oliva.
olivier *nm* olivo *m.*
OLP (abrév de Organisation de libération de la Palestine) *nf* OLP *f* • **le chef de l'OLP** el jefe de la OLP.
olympique *adj* olímpico(ca).
ombilical, e *adj* umbilical.
ombrage *nm* enramada *f.*
ombragé, e *adj* umbrío(a).
ombrageux, euse *adj* **1.** *(caractère, esprit)* desconfiado(da), receloso(sa) **2.** *(cheval)* espantadizo(za).
ombre *nf* sombra *f* • **à l'ombre de a)** *(arbre)* a la sombra de **b)** *fig (personne)* al amparo de.
ombrelle *nf* sombrilla *f.*
OMC (abrév de Organisation mondiale du commerce) *nf* OMC *f* • **les négociations de l'OMC** las negociaciones de la OMC.
omelette *nf* tortilla *f.*
omettre *vt* omitir • **omettre de faire qqch** olvidarse de hacer algo.
omission *nf* **1.** *(action)* omisión *f* • **par omission** por omisión **2.** *(oubli)* olvido *m.*
omnibus *nm* ómnibus *m inv.*
omniprésence *nf* omnipresencia *f.*
omniprésent, e *adj* omnipresente.
omnivore *adj* omnívoro(ra). ❏ *nm* omnívoro *m.*
omoplate *nf* omóplato *m*, omoplato *m.*
OMS (abrév de Organisation mondiale de la santé) *nf* OMS *f* • **un rapport de l'OMS** un informe de la OMS.

on

■ **on** *pron indéf*

1. DÉSIGNE L'ESPÈCE HUMAINE OU UN NOMBRE INDÉTERMINÉ DE PERSONNES

se • **on n'a pas le droit de fumer ici** aquí no se puede fumar • **on ne sait jamais** nunca se sabe • **en Espagne, on se couche tard** en España, la gente se acuesta tarde

2. DÉSIGNE L'OPINION PUBLIQUE

• **on raconte** *ou* **on dit que…** dicen que…

3. DÉSIGNE UNE PERSONNE INDÉTERMINÉE

• **on t'a téléphoné ce matin** te ha llamado alguien esta mañana, esta mañana te han llamado • **est-ce qu'on t'a vu ?** ¿alguien te ha visto?, ¿te han visto?

4. NOUS

• **on s'en va** nos vamos • **on se voit demain** nos vemos mañana

oncle *nm* tío *m.*
onctueux, euse *adj* untuoso(sa).
onde *nf* **1.** PHYS onda *f* **2.** *sout (eau)* agua *f.* ■ **ondes** *nfpl* • **les ondes** *(la radio)* las ondas.
ondée *nf* chaparrón *m*, aguacero *m.*
ondoyant, e *adj* **1.** *(blés, démarche)* ondulante **2.** *sout (caractère, personne)* voluble.
ondoyer *vi* ondear.
ondulation *nf* **1.** *(mouvement)* ondulación *f* **2.** *(de cheveux)* ondulado *m.*
onduler *vi* ondear. ❏ *vt* ondular.
ongle *nm* **1.** *(de personne)* uña *f* • **se faire les ongles** arreglarse *ou* hacerse las uñas • **se ronger les ongles** comerse las uñas **2.** *(d'animal)* garra *f.*
onglerie *nf (institut)* salón *m* ou bar *m* de uñas.
onglet *nm* **1.** *(de livre)* uñero *m* **2.** *(de lame)* muesca *f* **3.** CULIN ≃ solomillo *m.*
onguent *nm sout* ungüento *m.*
onomatopée *nf* onomatopeya *f.*
ONU, Onu (abrév de Organisation des Nations unies) *nf* ONU *f* • **le Conseil de sécurité de l'ONU** el Consejo de Seguridad de la ONU.
onusien, enne *adj* de la ONU.
onyx *nm* ónice *m.*
onze *adj num inv & nm inv* once. Voir aussi **six.**
onzième *adj num & nmf* undécimo(ma). ❏ *nm* onceavo *m*, onceava *f* parte. ❏ *nf (classe)* ≃ primero *m* de primaria. Voir aussi **sixième.**
OPA (abrév de offre publique d'achat) *nf* OPA *f* • **lancer une OPA** lanzar una OPA.
opacité *nf* opacidad *f.*
opale *adj inv* opalino(na). ❏ *nf* ópalo *m.*
opaline *nf* opalina *f.*
opaque *adj* opaco(ca) ; *(brouillard, etc)* denso(sa).
open-source *adj* INFORM código *m* fuente abierto.
OPEP, Opep (abrév de Organisation des pays exportateurs de pétrole) *nf* OPEP *f* • **les pays membres de l'OPEP** los países miembros de la OPEP.
opéra *nm* ópera *f.*
opéra-comique *nm* ópera *f* cómica.
opérateur, trice *nm, f* operador *m*, -ra *f.*
opération *nf* operación *f.*
opérationnel, elle *adj* **1.** *(gén)* operativo(va) **2.** MIL *(base)* operacional.
opérer *vt* **1.** *(gén)* operar **2.** *(choix)* efectuar. ■ **s'opérer** *vp* operarse.
opérette *nf* opereta *f.*
ophtalmo (abrév de ophtalmologue) *nmf fam* oftalmólogo *m*, -ga *f.*
ophtalmologie *nf* oftalmología *f.*
ophtalmologiste, ophtalmologue *nmf* oftalmólogo *m*, -ga *f.*

Opinel® *nm navaja con empuñadura de madera.*
opiniâtre *adj* **1.** *(persévérant - caractère, personne)* pertinaz, tenaz ; *(- travail)* oneroso(sa) **2.** *(fièvre, toux)* rebelde.
opinion *nf* opinión *f* • **avoir une bonne/mauvaise opinion de qqch/de qqn** tener (una) buena/mala opinión de algo/de alguien • **donner son opinion sur qqch/sur qqn** dar su opinión sobre algo/sobre alguien • **l'opinion publique** la opinión pública.
opium *nm* opio *m*.
opportun, e *adj* oportuno(na).
opportuniste *adj & nmf* oportunista.
opportunité *nf* oportunidad *f*.
opposant, e *adj* de la oposición, opositor(ra). ❑ *nm, f* opositor *m*, -ra *f*.
opposé, e *adj* **1.** *(gén)* opuesto(ta) **2.** *(hostile)* • **opposé à qqch/à qqn** contrario a algo/a alguien. ■ **opposé** *nm (contraire)* opuesto *m* • **à l'opposé de a)** *(du côté opposé à)* en el lado opuesto a **b)** *(contrairement à)* al contrario de.
opposer *vt* **1.** *(objecter)* objetar **2.** *(diviser)* separar **3.** *(pression, résistance)* oponer ; *(comme obstacle, défense)* interponer **4.** *(confronter, comparer)* contraponer **5.** *(faire s'affronter)* enfrentar. ■ **s'opposer** *vp* **1.** *(faire obstacle, être contraire)* • **s'opposer à qqch/à qqn** oponerse a algo/a alguien **2.** *(se confronter)* • **s'opposer à qqn/à qqch** enfrentarse a alguien/a algo **3.** *(contraster)* contrastar.
opposition *nf* **1.** *(gén)* oposición *f* • **faire opposition à qqch** oponerse a algo • **faire opposition à un chèque** suspender el pago de un talón **2.** *(conflit)* enfrentamiento *m* **3.** *(contraste)* contraste *m* • **par opposition à qqch** en contraste con algo.
oppresser *vt* **1.** *(sujet : douleur, remords)* oprimir **2.** *(sujet : chaleur)* asfixiar.
oppresseur *nm* opresor *m*.
oppression *nf* **1.** *(asservissement)* opresión *f* **2.** *(malaise)* ahogo *m*.
opprimé, e *adj & nm, f* oprimido(da).
opprimer *vt* **1.** *(asservir)* oprimir **2.** *(censurer)* reprimir.
opter *vi* • **opter pour qqch/pour qqn** optar por algo/por alguien.
opticien, enne *nm, f* óptico(ca).
optimal, e *adj* óptimo(ma).
optimisation *nf* optimización *f*, optimación *f*.
optimisme *nm* optimismo *m*.
optimiste *adj & nmf* optimista *m*.
option *nf* **1.** *(gén)* opción *f* • **prendre une option sur qqch** *FIN* tomar una opción sobre algo • **être en option** ser opcional **2.** *UNIV* optativa *f (asignatura)*.
optionnel, elle *adj* opcional ; *(matière)* optativo(va).
optique *adj* óptico(ca). ❑ *nf* óptica *f*.
opulence *nf* opulencia *f*.
opulent, e *adj* opulento(ta).
or[1] *nm* **1.** *(métal, richesse)* oro *m* • **en or** de oro • **or blanc/massif** oro blanco/macizo • **être en or** *(personne)* ser una joya **2.** *(dorure)* dorado *m*.
or[2] *conj* ahora bien.
oracle *nm* oráculo *m*.
orage *nm* **1.** *(gén)* tormenta *f* **2.** *fig (de la vie, de l'amour)* revés *m*.
orageux, euse *adj (mouvementé)* tormentoso(sa), tempestuoso(sa) ; *(chaleur)* bochornoso(sa).
oraison *nf* oración *f* • **oraison funèbre** oración fúnebre.
oral, e *adj* oral. ■ **oral** *nm* oral *m (examen)* • **par oral** oralmente • **oral de rattrapage** oral de repesca.
oralement *adv* oralmente.
orange *adj inv* naranja *(en apposition)*. ❑ *nf* naranja *f*. ❑ *nm (couleur)* naranja *m*.
orangé, e *adj* anaranjado(da).
orangeade *nf* naranjada *f*.
oranger *nm* naranjo *m*.
orang-outan, orang-outang *nm* orangután *m*.
orateur, trice *nm, f* orador *m*, -ra *f*.
oratoire *nm* oratorio *m*.
orbital, e *adj* orbital.
orbite *nf* órbita *f* • **mettre sur orbite** poner en órbita.
orchestre *nm* **1.** *MUS* orquesta *f* **2.** *CINÉ & THÉÂTRE* patio *m* de butacas.
orchestrer *vt* orquestar.
orchidée *nf* orquídea *f*.
ordi (abrév de ordinateur) *nm fam* ordenata *m*.
ordinaire *adj* ordinario(ria) ; *(habituel)* habitual. ❑ *nm* **1.** *(moyenne)* media *f* **2.** *(repas)* • **l'ordinaire** lo ordinario. ■ **d'ordinaire** *loc adv* generalmente, habitualmente.
ordinal, e *adj* ordinal. ■ **ordinal** *nm* ordinal *m*.
ordinateur *nm* ordenador *m* • **ordinateur personnel** ordenador personal.

LEXIQUE

L'ordinateur

l'adresse Internet la dirección de Internet
le clavier el teclado
la connexion ADSL la conexión ADSL
la connexion Internet la conexión Internet
le courriel el correo electrónico
l'écran la pantalla
l'écran plat la pantalla plana
le fournisseur d'accès el proveedor de aceso
l'imprimante la impresora

le modem el modem
le moteur de recherche el buscador
l'ordinateur el ordenador
l'ordinateur portable el ordenador portátil
le réseau la red
le scanner el escáner
le site internet el sitio Internet
la souris el ratón
le tapis de souris la alfombrilla del ratón
l'unité centrale la unidad central

ordonnance *nf* **1.** *MÉD* receta *f* **2.** *(document-de gouvernement)* ordenanza *f* ; *(-de juge)* mandato *m*, mandamiento *m* **3.** *(agencement)* disposición *f*.

ordonné, e *adj* ordenado(da).

ordonner *vt* **1.** *(gén)* ordenar • **ordonner à qqn de faire qqch** ordenar a alguien que haga algo **2.** *MÉD* • **ordonner qqch à qqn** recetar *ou* prescribir algo a alguien. ■ **s'ordonner** *vp* ordenarse.

ordre *nm* **1.** *(gén)* orden *m* • **à l'ordre du jour a)** *(d'actualité)* al orden del día **b)** *(d'une assemblée)* en el orden del día • **en ordre** en orden • **par ordre alphabétique** por orden alfabético • **rétablir l'ordre** restablecer el orden **2.** *(corporation)* colegio *m* **3.** *(commandement)* orden *f* • **donner un ordre à qqn** dar una orden a alguien • **donner à qqn l'ordre de faire qqch** dar a alguien la orden de hacer algo • **être aux ordres de qqn** estar a las órdenes de alguien • **jusqu'à nouvel ordre** hasta nueva orden **4.** *RELIG* orden *f*.

S'EXPRIMER

donner un ordre

- ***¡Silencio!*** Silence !
- ***¡Basta!, ¿entendido?*** Ça suffit, c'est compris ?
- ***Retroceda, por favor.*** Reculez-vous, s'il vous plaît !
- ***¡Pon esta caja aquí!*** Pose cette boîte ici !

ordure *nf* **1.** *(grossièreté)* porquería *f* **2.** *péj (personne)* canalla *m*. ■ **ordures** *nfpl* basura *f*.

ordurier, ère *adj* grosero(ra) **(ESP)**, guarango(ga) **(AMÉR)**.

orée *nf* • **à l'orée de qqch** en la linde de algo.

oreille *nf* **1.** *ANAT* oreja *f* • **se boucher les oreilles** taparse los oídos **2.** *(ouïe)* oído *m* **3.** *(de marmite, tasse)* asa *f*.

oreiller *nm* almohada *f*.

oreillette *nf* **1.** *(du cœur)* aurícula *f* **2.** *(de casquette)* orejera *f*.

oreillons *nmpl* paperas *fpl*.

Orénoque *npr* • **l'Orénoque** el Orinoco.

ores ■ **d'ores et déjà** *loc adv* de aquí en adelante.

orfèvre *nm* orfebre *m* • **être orfèvre en la matière** estar ducho(cha) en la materia.

orfèvrerie *nf* orfebrería *f*.

organe *nm* **1.** *(gén)* órgano *m* **2.** *sout (voix)* voz *f*.

organigramme *nm* organigrama *m*.

organique *adj* orgánico(ca).

organisateur, trice *adj & nm,f* organizador(ra).

organisation *nf* organización *f*. ■ **Organisation mondiale du commerce** *nf* • **l'Organisation mondiale du commerce** la Organización Mundial del Comercio.

organisé, e *adj* organizado(da).

organiser *vt* organizar. ■ **s'organiser** *vp* **1.** *(travail, temps)* organizarse **2.** *(se clarifier)* arreglarse.

organisme *nm* organismo *m*.

organiste *nmf* organista *mf*.

orgasme *nm* orgasmo *m*.

orge *nf* cebada *f*.

orgie *nf* orgía *f*.

orgue *nm* órgano *m*.

orgueil *nm* orgullo *m*.

orgueilleux, euse *adj & nm,f* orgulloso(sa).

orient *nm* oriente *m*. ■ **Orient** *nm* • **l'Orient** (el) Oriente.

oriental, e *adj* oriental.

orientalisme *nm* orientalismo *m*.

orientation *nf* orientación *f*.

orienté, e *adj* **1.** *(exposé)* orientado(da) **2.** *(tendancieux)* tendencioso(sa) • **orienté à droite/à gauche** de tendencia derechista/izquierdista.

orienter *vt* orientar. ■ **s'orienter** *vp* orientarse • **s'orienter vers qqch** orientarse hacia algo.

orifice *nm* orificio *m*.

originaire *adj* • **être originaire de** ser originario(ria) de, ser natural de.

original, e *adj & nm,f* original. ■ **original** *nm* original *m*.

originalité *nf* originalidad *f*.

origine *nf* origen *m* • **à l'origine** al principio • **d'origine** de origen.

oripeaux *nmpl (vêtements)* atavíos *mpl*.

ORL *nmf* (abrév de oto-rhino-laryngologiste) otorrinolaringólogo *mf* • **consulter un ORL** consultar a un otorrinolaringólogo. ❑ *nf* (abrév de oto-rhino-laryngologie) ORL *f* • **le service (d')ORL** el servicio de ORL.

orme *nm* olmo *m*.

orné, e *adj* adornado(da) • **orné de** adornado de.

ornement *nm* ornamento *m*.

orner *vt* adornar, ornamentar • **orner qqch de** adornar algo con *ou* de.

ornière *nf* rodada *f* • **sortir de l'ornière a)** *fig* salir de la rutina **b)** *(situation difficile)* salir del atolladero.
ornithologie *nf* ornitología *f.*
orphelin, e *adj & nm,f* huérfano(na).
orphelinat *nm* orfanato *m.*
orteil *nm* dedo *m* del pie.
orthodontiste *nmf* ortodontista *mf.*
orthodoxe *adj & nmf* ortodoxo(xa).
orthographe *nf* ortografía *f.*
orthopédique *adj* ortopédico(ca).
orthophoniste *nmf* ortofonista *mf.*
ortie *nf* ortiga *f.*
os *nm* hueso *m* • **os à moelle** hueso de espinazo • **tomber sur un os** *fig* dar con un hueso.
oscariser *vt* oscarizar.
oscillation *nf* oscilación *f.*
osciller *vi* oscilar.
osé, e *adj* atrevido(da).
oseille *nf* **1.** BOT acedera *f* **2.** *fam (argent)* guita *f.*
oser *vt* • **oser qqch/faire qqch** atreverse a algo/a hacer algo.
osier *nm* mimbre *m.*
Oslo *npr* Oslo.
osmose *nf* ósmosis *f inv.*
ossature *nf* **1.** ANAT osamenta *f* **2.** *fig (structure)* armazón *f.*
ossements *nmpl* osamenta *f.*
osseux, euse *adj* **1.** ANAT & MÉD óseo(a) **2.** *(maigre)* huesudo(da).
ossuaire *nm* osario *m.*
ostensible *adj* ostensible.
ostensoir *nm* custodia *f (vaso litúrgico).*
ostentation *nf* ostentación *f.*
ostéopathe *nmf* osteópata *mf.*
ostéoporose *nf* osteoporosis *f.*
ostracisme *nm* ostracismo *m.*
ostréiculture *nf* ostricultura *f.*
otage *nm* rehén *mf* • **prendre qqn en otage** tomar a alguien como rehén.
OTAN, Otan (abrév de Organisation du traité de l'Atlantique Nord) *nf* OTAN *f* • **les bombardements de l'OTAN** los bombardeos de la OTAN.
otarie *nf* león *m* marino, otaria *f.*
ôter *vt* **1.** *(enlever)* quitarse • **ôter qqch à qqn** quitar algo a alguien **2.** *(soustraire)* • **6 ôté de 10 égale 4** 10 menos 6 igual a 4.
otite *nf* otitis *f inv.*
oto-rhino *nmf fam* otorrino *mf.*
oto-rhino-laryngologie *nf* otorrinolaringología *f.*
oto-rhino-laryngologiste *nmf* otorrinolaringólogo *mf.*
ou *conj* o, u *(devant* **o***)* • **c'est l'un ou l'autre** o uno u otro. ■ **ou (bien)... ou (bien)** *loc corrélative* o... o • **ou (bien) c'est elle, ou (bien) c'est moi !** ¡o ella o yo!

> À PROPOS DE
> ### ou
> Attention à la modification orthographique : ***o*** est remplacé par ***u*** si le mot qui suit commence par le son « o » orthographié o ou ho.

où *pron rel* **1.** *(spatial - sans mouvement)* donde ; *(- avec mouvement)* adonde • **là où j'habite** donde vivo • **où que vous soyez** allí donde estéis • **là où il allait** allí adonde iba • **où que vous alliez** vaya adonde vaya **2.** *(temporel)* (en) que • **le jour où je suis venue** el día (en) que vine. ❑ *adv* **1.** *(spatial - sans mouvement)* donde ; *(- avec mouvement)* adonde • **d'où j'étais** desde donde estaba • **je vais où je veux** voy adonde quiero **2.** *(temporel)* cuando. ❑ *adv interr (sans mouvement)* dónde ; *(avec mouvement)* adónde • **où étais-tu ?** ¿dónde estabas? • **où vas-tu ?** ¿adónde vas? ■ **d'où** *loc adv (conséquence)* de donde, de lo que • **d'où on conclut que...** de lo que *ou* de donde se deduce que... • **d'où ma surprise** de ahí mi sorpresa.

> À PROPOS DE
> ### où
> Quand *où* indique le temps, il peut aussi se traduire par ***en que***.

ouate *nf* guata *f.*
oubli *nm* **1.** *(perte de mémoire, étourderie)* olvido *m* • **tomber dans l'oubli** caer en el olvido **2.** *(négligence)* descuido *m.*
oublier *vt* olvidar.

> À PROPOS DE
> ### oublier
> *Oublier* peut se traduire par ***olvidar***, (une construction directe) ou par ***olvidarse de***.

oubliette *nf (gén pl)* mazmorra *f* • **tomber dans les oubliettes** *fig* caer en el olvido.
ouest *adj inv* oeste. ❑ *nm* oeste *m* • **l'ouest de l'Europe** el oeste de Europa. ■ **Ouest** *nm* • **l'Ouest** el Oeste • **les gens de l'Ouest** la gente del Oeste.
ouf *interj* ¡uf!
Ouganda *npr* • **l'Ouganda** Uganda.
oui *adv & nm inv* sí.
ouï-dire *nm inv* rumor *m* (ESP), bola *f* (AMÉR) • **par ouï-dire** de oídas.
ouïe *nf (sens)* oído *m* • **avoir l'ouïe fine** tener el oído fino. ■ **ouïes** *nfpl* agallas *fpl.*
ouille *interj* ¡uy!
ouragan *nm* **1.** MÉTÉOR huracán *m* **2.** *fig (tumulte)* tormenta *f* • **arriver comme un ouragan** llegar en tromba.
ourlet *nm* **1.** COUT dobladillo *m* **2.** *(d'oreille)* hélice *f.*

ours *nm* **1.** *(peluche)* ZOOL oso *m* • **ours blanc/brun** oso blanco/pardo **2.** *péj (misanthrope)* hurón *m*.

ourse *nf* osa *f*.

oursin *nm* erizo *m* de mar.

ourson *nm* osezno *m*.

outil *nm* **1.** *(instrument)* herramienta *f*, útil *m* • **boîte** *ou* **caisse à outils** caja *f* de herramientas **2.** *fig (aide)* instrumento *m*.

outillage *nm (équipement)* utillaje *m*.

outrage *nm* ultraje *m* • **outrage à magistrat** desacato *m* a un magistrado.

outrager *vt (offenser)* ultrajar.

outrance *nf* exageración *f* • **à outrance** a ultranza.

outrancier, ère *adj* excesivo(va).

outre[1] *nf* odre *m*, pellejo *m*.

outre[2] *prép* además de. ❑ *adv* • **passer outre** **a)** *(aller plus loin)* ir más allá **b)** *fig* pasar por alto. ■ **en outre** *loc adv* además.

outré, e *adj* **1.** *(offusqué)* indignado(da) **2.** *(exagéré)* exagerado(da).

outre-Atlantique *loc adv* al otro lado del Atlántico.

outre-Manche *loc adv* más allá de la Mancha.

outremer *adj inv (bleu)* ultramar. ❑ *nm (pierre)* lapislázuli *m* ; *(couleur)* azul *m* ultramar.

outre-mer *adv* en ultramar.

outrepasser *vt* extralimitarse en.

outrer *vt* **1.** *(indigner)* indignar **2.** *(exagérer)* exagerar.

outre-Rhin *loc adv* más allá del Rin.

outsider *nm* outsider *m*.

outsourcing *nm* externalización *f*, outsourcing *m*.

ouvert, e *adj* **1.** *(gén)* abierto(ta) • **grand ouvert** abierto de par en par **2.** *(visage)* franco(ca).

ouvertement *adv* abiertamente.

ouverture *nf* **1.** *(action)* PHOTO abertura *f* **2.** *(de local, de débat, de relations)* apertura *f* **3.** *(entrée)* boca *f* **4.** MUS obertura *f* **5.** *(dans un jeu - aux cartes)* salida *f* ; *(- aux échecs)* apertura *f* **6.** SPORT *(au rugby)* apertura *f* **7.** MIL *(des hostilités)* comienzo *m* **8.** *fig (sortie)* puerta *f*. ■ **ouverture d'esprit** *nf* amplitud *f* de miras. ■ **ouvertures** *nfpl* POLIT propuestas *fpl*.

ouvrable *adj* laborable.

ouvrage *nm* **1.** *(gén)* labor *f* **2.** *sout (travail)* trabajo *m* • **se mettre à l'ouvrage** ponerse manos a la obra **3.** *(livre)* obra *f* • **ouvrage de référence** obra de referencia.

ouvre-boîtes *nm inv* abrelatas *m inv*.

ouvre-bouteilles *nm inv* abrebotellas *m inv*.

ouvreuse *nf* acomodadora *f*.

ouvrier, ère *adj* obrero(ra). ❑ *nm, f* obrero *m*, -ra *f* (ESP), roto *m*, -ta *f* (AMÉR) • **ouvrier qualifié** obrero cualificado • **ouvrier spécialisé** obrero especializado. ■ **ouvrière** *nf (abeille)* obrera *f*.

ouvrir *vt* **1.** *(gén)* abrir • **ouvrir qqch à qqn** abrir algo a alguien **2.** *fam (radio, télé)* poner ; *fam (électricité)* dar. ❑ *vi* **1.** *(donner accès)* • **ouvrir sur qqch** abrirse a algo **2.** *(magasin)* abrir **3.** *(commencer)* • **ouvrir par** empezar con **4.** *(aux cartes)* • **ouvrir à** abrir con. ■ **s'ouvrir** *vp* abrirse • **s'ouvrir à qqn** abrirse a *ou* con alguien • **s'ouvrir à qqch** abrirse a algo.

Ouzbékistan *npr* • **l'Ouzbékistan** Uzbekistán.

ovaire *nm* ovario *m*.

ovale *adj* oval, ovalado(da). ❑ *nm* óvalo *m*.

ovation *nf* ovación *f* • **faire une ovation à qqn** ovacionar a alguien.

ovationner *vt* ovacionar.

overbooking *nm* overbooking *m*.

overdose *nf* sobredosis *f inv* • **overdose de qqch** *fam* & *fig* sobredosis de algo.

OVNI, ovni (abrév de objet volant non identifié) *nm* OVNI *m*, ovni *m* • **voir un OVNI** ver un OVNI.

ovulation *nf* ovulación *f*.

ovule *nm* óvulo *m*.

oxydation *nf* oxidación *f*.

oxyde *nm* óxido *m* • **oxyde de carbone** óxido de carbono.

oxygène *nm* oxígeno *m*.

oxygéné, e *adj* oxigenado(da).

ozone *nm* ozono *m*.

P

p, P *nm inv (lettre)* p *f*, P *f*. ■ **p** **1.** (abrév de pico) p **2.** (abrév de page) p **3.** (abrév de passable) S, Suf. **4.** (abrév de pièce) h., hab.

pacage *nm* pastoreo *m*.

pacemaker *nm* marcapasos *m inv*.

pacha *nm* HIST *(gouverneur)* pachá *m* • **mener une vie de pacha** *fam* vivir como un pachá.

pachyderme *nm* paquidermo *m*.

pacifier *vt* **1.** *(pays, peuple)* pacificar **2.** *fig (esprit)* apaciguar.

pacifique *adj* pacífico(ca). ■ **Pacifique** *nm* • **le Pacifique** el Pacífico.

pacifiste *adj* & *nmf* pacifista.

pack *nm* **1.** *(de bouteilles)* pack *m* **2.** *SPORT (au rugby)* delantera *f*.
package *nm* paquete *m* • **package vol et hôtel** paquete vuelo y hotel.
packageur *nm subcontratista en el ámbito de la edición*.
packaging *nm* embalaje *m*.
pacotille *nf* pacotilla *f* • **de pacotille** de pacotilla.
PACS (abrév de **Pacte civil de solidarité**) *nm* ley *f* que regula la unión de las parejas de hecho • **signer un PACS avec qqn** contraer un PACS con alguien.
pacsé, e *nm f fam* persona *f* que ha contraído un PACS.
pacser ■ **se pacser** *vp fam* contraer un PACS.
pacte *nm* pacto *m*.
pactiser *vi* • **pactiser avec qqch/avec qqn** pactar con algo/con alguien.
pactole *nm* mina *f (de dinero)*.
pagaie *nf* pagaya *f*.
pagaille, pagaye, pagaïe *nf fam* follón *m* • **en pagaille** *(en quantité)* a porrillo • **être en pagaille** *(chambre)* estar manga por hombro.
pagayer *vi* remar con zagual.
page *nf* página *f* • **page précédente** *INFORM* página anterior • **page suivante** *INFORM* página siguiente • **page Web** *INFORM* página web • **être à la page** estar al día. ❑ *nm* paje *m*.
pagination *nf* paginación *f*.
pagne *nm* taparrabos *m inv*.
pagode *nf* pagoda *f*.
paie, paye *nf* paga *f*.
paiement *nm* pago *m* • **paiement comptant/à la livraison** pago al contado/contra reembolso • **paiement différé** pago diferido • **paiement minimum** pago mínimo • **« paiement minimun autorisé pour la CB : 15 euros »** pago mínimo autorizado con tarjeta: 15 euros • **paiement sans contact** pago sin contacto • **paiement sécurisé** pago seguro • **un paiement anticipé** un pago anticipado *ou* por adelantado • **nous n'acceptons pas les paiements par chèque** no aceptamos pagos con cheque.
païen, enne *adj & nm, f* pagano(na).
paillard, e *adj* verde *(obsceno)*. ❑ *nm, f* vividor *m*, -ra *f*.
paillasse *nf* **1.** *(matelas)* jergón *m* **2.** *(d'évier)* escurridero *m*. ❑ *nm* payaso *m*.
paillasson *nm* **1.** *(gén)* felpudo *m* **2.** *AGRIC* pajote *m*.
paille *nf* paja *f* • **être sur la paille** *fam* estar a dos velas. ■ **paille de fer** *nf* estropajo *m* metálico.
pailleté, e *adj* de lentejuelas.
paillette *nf* **1.** *(de vêtements)* lentejuela *f* ; *(poudre)* purpurina *f* **2.** *(d'or)* chispa *f* **3.** *(de lessive, de savon)* escama *f*.
pain *nm* **1.** *(aliment)* pan *m* • **pain au lait** ≃ bollo *m* de leche • **pain d'épice** ≃ alajú *m* • **pain de mie** pan de molde **2.** *(masse moulée - en pâtisserie)* pudín *m* ; *(- de poisson, de légumes)* pastel *m* ; *(- de cire)* librillo *m* ; *(- de savon)* pastilla *f* **3.** *fam (coup)* puñetazo *m*. ■ **Pain de Sucre** *npr GÉOGR* • **le Pain de Sucre** el Pan de Azúcar.
pair, e *adj* par. ■ **pair** *nm* igual *m*. ■ **paire** *nf* **1.** *(de choses)* par *m* **2.** *(d'animaux - gén)* pareja *f* ; *(- de bœufs)* yunta *f*. ■ **au pair** *loc adv FIN* a la par • **travailler au pair** trabajar de au pair. ■ **de pair** *loc adv* • **aller de pair avec** ir parejo(ja) con.
paisible *adj* apacible.
paître *vt* pacer, pastar. ❑ *vi* • **faire paître** apacentar.
paix *nf* paz *f* • **en paix** en paz • **avoir la paix** estar tranquilo(la) • **faire la paix avec qqn** hacer las paces con alguien • **fiche-moi la paix** *fam* déjame en paz.
Pakistan *npr* • **le Pakistan** Pakistán.
palace *nm* hotel *m* de lujo.
palais *nm* **1.** *(gén)* palacio *m* **2.** *ANAT* paladar *m*.
palan *nm* aparejo *m*.
pale *nf* **1.** *(d'hélice)* pala *f*, aspa *f* **2.** *(de rame)* pala *f*.
pâle *adj* pálido(da).
paléontologie *nf* paleontología *f*.
Palestine *npr* • **la Palestine** Palestina.
palestinien, enne *adj* palestino(na). ■ **Palestinien, enne** *nm, f* palestino *m*, -na *f*.
palet *nm* tejo *m*.
paletot *nm* gabán *m*.
palette *nf* **1.** *(de peintre, de chargement)* paleta *f* **2.** *CULIN* paletilla *f*.
pâleur *nf* palidez *f*.
palier *nm* **1.** *(d'escalier)* rellano *m* **2.** *fig (étape)* escalón *m* **3.** *TECHNOL (de transmission)* palier *m*.
pâlir *vt sout* hacer palidecer. ❑ *vi* palidecer.
palissade *nf* empalizada *f*.
palissandre *nm* palisandro *m*.
palliatif, ive *adj* paliativo(va). ■ **palliatif** *nm* paliativo *m*.
pallier *vt* paliar.
Palma *npr* • **Palma (de Majorque)** Palma (de Mallorca).
palmarès *nm* palmarés *m inv*.
palme *nf* **1.** *(feuille, insigne)* palma *f* **2.** *(de nageur)* aleta *f*.
palmé, e *adj* palmeado(da).
palmeraie *nf* palmar *m*, palmeral *m*.
palmier *nm* palmera *f*.
palmipède *adj* palmípedo(da). ❑ *nm* palmípedo *m*.
palombe *nf* paloma *f* torcaz.
pâlot, otte *adj fam* paliducho(cha).
palourde *nf* almeja *f*.

palper *vt* **1.** *(toucher)* palpar **2.** *fam (argent)* embolsarse.
palpitant, e *adj* palpitante.
palpitation *nf* palpitación *f*.
palpiter *vi* **1.** *(cœur)* palpitar **2.** *sout (flamme)* chisporrotear.
paludisme *nm* paludismo *m*.
pâmer ■ **se pâmer** *vp sout (s'évanouir)* desfallecer.
pamphlet *nm* panfleto *m*.
pamplemousse *nm ou nf* pomelo *m*.
pan *nm* **1.** *(de vêtement)* faldón *m* **2.** *(morceau)* parte *f* • **pan de mur** lienzo *m* de pared **3.** *(d'écrou)* cara *f*. ❑ *interj* ¡pum!
panache *nm* **1.** *(de plumes)* penacho *m* **2.** *(de fumée)* bocanada *f* **3.** *(éclat)* brillo *m* • **avoir du panache** estar radiante.
panaché, e *adj* **1.** *(de couleurs différentes)* abigarrado(da) **2.** *(glace)* combinado(da). ■ **panaché** *nm (bière)* clara *f*.
Panama *npr (pays)* • **le Panama** Panamá.
panaris *nm* panadizo *m*, uñero *m*.
pancarte *nf* **1.** *(panneau de signalisation)* cartel *m*, letrero *m* **2.** *(de manifestant)* pancarta *f*.
pancréas *nm* páncreas *m inv*.
pandémie *nf* pandemia *f*.
pané, e *adj* empanado(da).
paner *vt* empanar.
panier *nm (gén)* cesta *f* • **le panier de la ménagère** la cesta de la compra • **panier à provisions** cesta de la compra • **panier percé** *fig* manirroto *m*, -ta *f* • **mettre au panier** tirar a la basura • **mettre dans le même panier** meter en el mismo saco.
panini *nm* bocadillo *m*.
panique *adj* • **être pris d'une peur panique** ser presa del pánico. ❑ *nf* pánico *m*.
paniquer *vt* aterrorizar. ❑ *vi* entrarle el pánico a alguien.
panne *nf* avería *f* (ESP), descompostura *f* (AMÉR) • **tomber en panne** tener una avería • **tomber en panne d'essence** quedarse sin gasolina • **panne de courant** *ou* **d'électricité** apagón *m*.
panneau *nm* **1.** *(pancarte)* cartel *m* (ESP), afiche *m* (AMÉR) • **panneau indicateur** señal *f* indicadora • **panneau publicitaire** valla *f* publicitaria • **panneau de signalisation** AUTO señal *f* de tráfico, placa *f* de señalización **2.** *(élément)* tablero *m*.
panoplie *nf* **1.** *(jouet)* disfraz *m* (de niño) **2.** *(d'armes, de mesures)* panoplia *f*.
panorama *nm* **1.** *(vue)* panorama *m* **2.** *fig (rétrospective)* panorámica *f*.
panoramique *adj* panorámico(ca). ❑ *nm* CINÉ panorámica *f*.
panse *nf* panza *f*.
pansement *nm* **1.** *(compresse)* venda *f* • **pansement (adhésif)** tirita® *f* **2.** *(dentaire)* empaste *m* (ESP), emplomadura *f* (AMÉR).
panser *vt* **1.** *(plaie)* vendar **2.** *(cheval)* almohazar.
pantacourt *nm* pantalón *m* pirata.
pantalon *nm* pantalón *m*, pantalones *mpl*.
pantelant, e *adj* palpitante ; *(haletant)* jadeante.
panthère *nf* pantera *f*.
pantin *nm* pelele *m*.
pantomime *nf* pantomima *f*.
pantouflard, e *fam adj* casero(ra). ❑ *nm, f* • **c'est un pantouflard** es muy casero.
pantoufle *nf* zapatilla *f*, pantufla *f*.
panure *nf* pan *m* rallado.
paon *nm* pavo *m* real.
papa *nm* papá *m*.
papauté *nf* papado *m*.
pape *nm* papa *m* • **le pape** el Papa.
paperasse *nf* **1.** *(papier sans importance)* papelote *m* **2.** *péj (papiers administratifs)* papeleo *m*.
papeterie *nf* **1.** *(magasin)* papelería *f* **2.** *(fabrique)* papelera *f*.
papetier, ère *nm, f* papelero *m*, -ra *f*.
papier *nm* **1.** *(gén)* papel *m* • **papier alu** *fam ou* **aluminium** papel de plata *ou* aluminio • **papier glacé** papel glaseado • **papier à lettres** papel de cartas • **papier peint** papel pintado • **papier sulfurisé** papel vegetal • **papier toilette** *ou* **hygiénique** papel higiénico **2.** *(article de journal)* artículo *m*.
papier-calque *nm* papel *m* de calco.
papille *nf* papila *f* • **papilles gustatives** papilas gustativas.
papillon *adj inv* mariposa *(en apposition)*. ❑ *nm* **1.** *(insecte, écrou)* mariposa *f* **2.** *fam (contravention)* multa *f*.
papillonner *vi* mariposear.
papillote *nf* **1.** *(pour cheveux)* papillote *f* **2.** CULIN • **en papillote** a la papillote **3.** *(bonbon)* caramelo *m (envuelto en papel rizado)*.
papilloter *vi* **1.** *(personne, yeux)* pestañear, parpadear **2.** *(lumière)* parpadear.
papotage *nm fam* parloteo *m*.
papoter *vi fam* parlotear.
paprika *nm* paprika *f*.
Pâque *nf (fête juive)* Pascua *f*.
paquebot *nm* paquebote *m*.
pâquerette *nf* margarita *f*.
Pâques *npr* → **île**. ❑ *nm (fête chrétienne)* Pascua *f*; *(période)* Semana *f* Santa • **les vacances de Pâques** las vacaciones de Semana Santa. ❑ *nfpl* Pascuas *fpl*.
paquet *nm* paquete *m*. ■ **paquet-cadeau** *nm* paquete *m* para regalo.
paquetage *nm* impedimenta *f*.

par

■ **par** *prép*

1. INDIQUE LE LIEU PAR OÙ L'ON PASSE
por • **par ici/par là** por aquí/por allí

2. INDIQUE LE MOMENT, LES CIRCONSTANCES
• **par un beau jour d'été** en un bonito día de verano • **il évite de prendre la mer par grand vent** evita hacerse a la mar cuando sopla fuerte el viento

3. INDIQUE LE MOYEN, LA MANIÈRE
con • **le spectacle s'est terminé par un feu d'artifice** el espectáculo terminó con fuegos artificiales • **il est arrivé à ses fins par la persuasion** se salió con la suya gracias a *ou* mediante la persuasión

4. INDIQUE LE MOYEN DE TRANSPORT
• **par avion/par bateau** por avión/por barco

5. INDIQUE LA CAUSE, LA MOTIVATION
por • **par accident** por accidente • **par intérêt** por interés • **je l'ai fait uniquement par pitié** lo hice sólo por compasión

6. INTRODUIT UN COMPLÉMENT D'AGENT
por • **il a été trahi par son meilleur ami** fue traicionado por su mejor amigo • **faire faire qqch par qqn** mandar hacer algo por alguien

7. INDIQUE LA DISTRIBUTION, LA RÉPARTITION
• **deux par deux** de dos en dos • **une heure par jour** una hora al día

■ **de par** *loc prép*

1. DANS L'ESPACE
• **de par le monde** por el mundo

2. PAR L'ORDRE DE
• **de par la loi** de por ley

3. DU FAIT DE
• **de par son refus, il a fallu tout annuler** debido a su negativa, hubo que anularlo todo

■ **par-ci par-là** *loc adv*

aquí y allá • **des livres traînaient par-ci par-là** había libros tirados por todas partes

À PROPOS DE
par
L'emploi de la voix passive est beaucoup moins fréquent en espagnol qu'en français : la forme passive française est souvent rendue en espagnol par la voix active.

paraben *nm* parabeno *m* • **sans paraben** sin parabeno.
parabole *nf* parábola *f.*
parabolique *adj* parabólico(ca).
paracétamol *nm* paracetamol *m.*
parachever *vt* dar el último toque a.
parachute *nm* paracaídas *m inv.*
parachutiste *nmf* paracaidista *mf.*
parade *nf* **1.** *(gén)* parada *f* **2.** *(spectacle)* desfile *m* **3.** *(étalage)* ostentación *f.*
paradis *nm* paraíso *m.*
paradoxal, e *adj* paradójico(ca).
paradoxe *nm* paradoja *f.*
parafe, paraphe *nm* rúbrica *f.*
parafer, parapher *vt* rubricar.
paraffine *nf* parafina *f.*
parages *nmpl* NAUT aguas *fpl.*
paragraphe *nm* párrafo *m* **(ESP)**, acápite *m* **(AMÉR)**.
Paraguay *npr* • **le Paraguay** Paraguay.
paraître *v att* parecer • **il paraît fatigué** parece cansado. ❑ *vi* **1.** *(apparaître, être publié)* aparecer **2.** *(se faire remarquer)* aparentar **3.** *(sentiment)* manifestarse. ❑ *v impers* • **il paraît** *ou* **paraîtrait que** parece ser que.
parallèle *adj* paralelo(la). ❑ *nm* paralelo *m.* ❑ *nf* MATH paralela *f.*
parallélépipède *nm* paralelepípedo *m.*
parallélisme *nm* paralelismo *m.*
parallélogramme *nm* paralelogramo *m.*
paralympique *adj* paralímpico(ca).
paralyser *vt* paralizar.
paralysie *nf* **1.** parálisis *f inv* **2.** paralización *f.*
paramédical, e *adj* paramédico(ca).
paramètre *nm* parámetro *m.*
paramétrer *vt* INFORM parametrizar.
paramilitaire *adj* paramilitar.
parano *adj fam* paranoico(ca).
paranoïa *nf* paranoia *f.*
paranoïaque *adj & nmf* paranoico(ca).
parapente *nm* parapente *m* • **faire du parapente** hacer parapente.
parapet *nm* parapeto *m.*
parapharmacie *nf* parafarmacia *f.*
paraphe = **parafe**.
parapher = **parafer**.
paraphrase *nf* paráfrasis *f inv.*
paraplégique *adj & nmf* parapléjico(ca).
parapluie *nm* paraguas *m inv.*
parapublic, ique *adj* parapúblico(ca).
parasite *adj* parásito(ta). ❑ *nm* parásito *m.* ■ **parasites** *nmpl* RADIO interferencias *fpl.*
parasol *nm* sombrilla *f*, parasol *m.*
paratonnerre *nm* pararrayos *m inv.*
paravent *nm* biombo *m.*
parc *nm* **1.** *(gén)* parque *m* • **parc animalier** parque de animales • **parc aquatique** parque acuático • **parc automobile a)** *(national)* parque automovilístico **b)** *(privé)* parque móvil • **parc d'attraction** parque de atracciones • **parc de loisirs** parque • **parc de stationnement** parking

• **parc national** parque nacional • **parc de loisirs** parque • **parc de stationnement** parking • **parc à thème** parque temático **2.** *(enclos)* redil *m* • **parc de stationnement** aparcamiento *m* **(ESP)**, parqueadero *m* **(AMÉR) 3.** *(pour bébés)* parque *m.* ■ **parc des Princes** *npr* Parque de los Príncipes.

parcelle *nf* **1.** *(terrain)* parcela *f* **2.** *(petite partie)* ápice *f.*

parce que *loc conj* porque.

À PROPOS DE **parce que**
Ne pas confondre ***por qué*** *pourquoi*, et ***porque*** *parce que*.

parchemin *nm* pergamino *m.*

parcimonie *nf* parsimonia *f.*

parcimonieux, euse *adj* parsimonioso(sa).

parcmètre *nm* parquímetro *m.*

parcourir *vt* **1.** *(région, ville)* recorrer **2.** *(journal)* hojear.

parcours *nm* **1.** *(itinéraire)* SPORT recorrido *m* • **parcours du combattant a)** MIL pista de entrenamiento **b)** *fig (série de difficultés)* odisea • **parcours santé** área de ejercicios **2.** *fig (trajectoire individuelle)* trayectoria *f* • **parcours professionnel** experiencia profesional.

par-dedans *adv* por dentro.

par-dehors *adv* por fuera.

par-derrière *adv* **1.** *(par l'arrière)* por detrás **2.** *fig (en cachette)* a espaldas de uno.

par-dessous *adv* por debajo. ❑ *prép* por debajo de.

pardessus *nm* sobretodo *m.*

par-dessus *adv* por encima. ❑ *prép* por encima de.

par-devant *adv* por delante. ❑ *prép* por delante de.

pardi *interj fam* ¡pues claro!

pardon *nm* perdón *m* • **demander pardon** pedir perdón. ❑ *interj* ¡perdón!

pardonner *vt* perdonar • **pardonner qqch à qqn** perdonar algo a alguien • **pardonner à qqn** perdonar a alguien.

pare-balles *adj inv* antibalas. ❑ *nm inv* chaleco *m* antibalas.

pare-boue *nm inv* guardabarros *m inv.*

pare-brise *nm inv* parabrisas *m inv.*

pare-chocs *nm inv* parachoques *m inv.*

pareil, eille *adj* **1.** *(semblable)* • **pareil à qqch** igual a algo **2.** *(tel)* semejante • **je n'ai jamais vu une insolence pareille** nunca he visto semejante insolencia *ou* insolencia igual. ❑ *nm,f* • **ne pas avoir son pareil** no tener igual. ■ **pareil** *adv fam* igual.

parent, e *adj* pariente(ta). ❑ *nm,f* pariente *mf.* ■ **parents** *nmpl* **1.** *(père et mère)* padres *mpl* **2.** *sout (ancêtres)* antepasados *mpl.*

parental, e, -aux *adj (autorité)* paterno(na) • **congé parental** permiso *m* de paternidad.

parenté *nf* **1.** *(lien familial, ressemblance)* parentesco *m* **2.** *(ensemble de la famille)* parentela *f.*

parenthèse *nf* paréntesis *m inv* • **entre parenthèses** entre paréntesis • **ouvrir/fermer la parenthèse** abrir/cerrar el paréntesis.

parer *vt* **1.** *sout (orner)* engalanar **2.** *(vêtir)* • **parer qqn de qqch a)** ataviar a alguien con algo **b)** *fig (qualité, vertu)* atribuir a alguien algo **3.** *(coup)* parar **4.** NAUT aparejar. ❑ *vi (faire face)* • **parer à qqch** precaverse contra algo • **parer au plus pressé** solucionar lo más urgente. ■ **se parer** *vp (se vêtir)* ataviarse.

pare-soleil *nm inv* parasol *m.*

paresse *nf* pereza *f.*

paresser *vi* holgazanear.

paresseux, euse *adj & nm,f* perezoso(sa). ■ **paresseux** *nm* ZOOL perezoso *m.*

parfaire *vt* perfeccionar.

parfait, e *adj* **1.** *(gén)* perfecto(ta) **2.** *(calme)* absoluto(ta). ■ **parfait** *nm* **1.** CULIN helado *m* **2.** GRAMM pretérito *m* perfecto.

parfaitement *adv* **1.** *(admirablement)* perfectamente **2.** *(totalement)* completamente • **vous avez parfaitement le droit** tiene todo el derecho **3.** *(certainement)* seguro.

parfois *adv* a veces.

parfum *nm* **1.** *(gén)* perfume *m* **2.** *(goût)* sabor *m.*

parfumé, e *adj* **1.** *(gén)* perfumado(da) **2.** *(aromatisé)* • **parfumé à** con sabor a.

parfumer *vt* **1.** *(gén)* perfumar **2.** CULIN aromatizar. ■ **se parfumer** *vp* perfumarse.

parfumerie *nf* perfumería *f.*

pari *nm* apuesta *f.*

paria *nm* paria *m.*

parier *vt* apostar • **je l'aurais parié !** ¡lo habría jurado!

parieur, euse *nm,f* apostante *mf.*

Paris *npr* París.

parisien, enne *adj* parisino(na). ■ **Parisien, enne** *nm,f* parisino *m*, -na *f.*

paritaire *adj* paritario(ria).

parité *nf* paridad *f* • **parité hommes-femmes** igualdad *f* de género.

parjure *adj & nmf* perjuro(ra). ❑ *nm* perjurio *m.*

parjurer ■ **se parjurer** *vp* perjurar.

parka *nm & nf* parka *f.*

parking *nm* parking *m.*

parlant, e *adj* **1.** *(qui parle - horloge)* parlante ; *(- cinéma)* sonoro(ra) **2.** *fig (chiffres, données)* elocuente **3.** *(portrait)* vívido(da).

parlé, e *adj* hablado(da).

parlement *nm* parlamento *m.* ■ **Parlement** *nm* • **le Parlement européen** el Parlamento Europeo.

parlementaire *adj & nmf* parlamentario(ria).

parlementer *vi* parlamentar.

parler *vi* hablar • **parler à** *ou* **avec qqn** hablar con alguien *ou* a alguien • **parler de faire qqch** hablar de hacer algo • **parler de qqch/qqn (à qqn)** hablar de algo/de alguien (a alguien) • **sans parler de** sin hablar de, amén de • **n'en parlons plus !** ¡no se hable más! • **parler pour ne rien dire** hablar por hablar, hablar por no estar callado(da) • **tu parles !** *fam* ¡qué va! ❑ *vt (langue)* hablar. ❑ *nm* **1.** *(manière de parler)* manera *f* de hablar **2.** *LING (patois)* habla *m*. ■ **à proprement parler** *loc adv* propiamente dicho.

parloir *nm* locutorio *m*.

parmi *prép* entre • **parmi d'autres** entre otros, entre otras *f*.

parodie *nf* parodia *f*.

parodier *vt* parodiar.

paroi *nf* pared *f* • **paroi rocheuse** pared rocosa.

paroisse *nf* parroquia *f*.

paroissial, e *adj* parroquial.

paroissien, enne *nm, f* parroquiano *m*, -na *f*, feligrés *m*, -esa *f*.

parole *nf* **1.** *(faculté de parler)* habla *m* **2.** *(propos, discours)* palabra *f* • **adresser la parole à qqn** dirigir la palabra a alguien • **couper la parole à qqn** cortar a alguien • **prendre la parole** tomar la palabra, hacer uso de la palabra. ■ **paroles** *nfpl (de chanson)* letra *f*.

paroxysme *nm* paroxismo *m*.

parquer *vt* **1.** *(animal)* encerrar *(en un redil)* **2.** *(prisonniers)* hacinar **3.** *(voiture)* aparcar **(ESP)**, parquear **(AMÉR)**.

parquet *nm* **1.** *(plancher)* parquet *m*, parqué *m* **2.** *DR* ≃ ministerio *m* fiscal.

parqueter *vt* poner parquet a.

parrain *nm* padrino *m*.

parrainer *vt* apadrinar ; *(un projet)* patrocinar.

parricide *adj* parricida. ❑ *nm (meurtre)* parricidio *m*. ❑ *nmf (assassin)* parricida *mf*.

parsemer *vt* **1.** *(recouvrir)* sembrar • **parsemer qqch de** sembrar algo de **2.** *sout (consteller - ciel)* constelar ; *(- texte)* salpicar.

part *nf* parte • **à part entière a)** *(membre)* de pleno derecho **b)** *(artiste)* de pies a cabeza • **c'est de la part de qui ?** ¿de parte de quién? • **faire part à qqn de qqch** hacer partícipe a alguien de algo • **pour ma part** por mi parte • **pour une bonne part** en gran medida • **prendre part à qqch a)** tomar parte en algo **b)** *(douleur)* compartir algo. ■ **part de marché** *nf* cuota *f* de mercado. ■ **à part** *loc adv* aparte. ■ **à part que** *loc conj* solo que. ■ **autre part** *loc adv (sans mouvement)* en otra parte ; *(avec mouvement)* a otra parte. ■ **d'autre part** *loc adv* por otra parte. ■ **de la part de** *loc prép* **1.** *(au nom de)* de parte de • **je vous appelle de la part de...** le llamo de parte de... • **c'est de la part de qui ?** ¿de parte de quién? **2.** *(venant de)* por parte de • **de ta part, cela me surprend beaucoup** me sorprende mucho por tu parte. ■ **de part et d'autre** *loc adv* de una y otra parte. ■ **d'une part..., d'autre part** *loc corrélative* por una parte..., por otra. ■ **nulle part** *loc adv (sans mouvement)* en ninguna parte ; *(avec mouvement)* a ninguna parte. ■ **quelque part** *loc adv (sans mouvement)* en alguna parte ; *(avec mouvement)* a alguna parte.

part. (abrév de **particulier**) part.

partage *nm* **1.** *(action)* reparto *m*, repartición *f* **2.** *DR* partición *f*.

partagé, e *adj (opinions, torts)* compartido(da) ; *(tendresse)* correspondido(da) ; *(ambivalent)* dividido(da) • **être partagé sur** estar dividido acerca de.

partager *vt* **1.** *(héritage)* partir **2.** *fig (désunir)* dividir ; *fig (temps)* repartir **3.** *(pouvoir, joie, repas)* • **partager qqch avec qqn** compartir algo con alguien. ■ **se partager** *vp* **1.** *(gén)* repartirse **2.** *(personne, groupe)* dividirse.

partance *nf* • **en partance pour** con destino a.

partant, e *adj* • **être partant pour** estar dispuesto a *ou* para. ■ **partant** *nm SPORT* participante *mf*.

partenaire *nmf* **1.** *(gén)* pareja *f* **2.** *(au cinéma)* coprotagonista *mf* **3.** *COMM (pays)* país *m* socio ; *COMM (entreprise)* empresa *f* asociada. ■ **partenaires sociaux** *nmpl* agentes *mpl* sociales.

partenariat *nm* cooperación *f*.

parterre *nm* **1.** *(de fleurs)* parterre *m* **2.** *THÉÂTRE* patio *m* de butacas.

parti, e *adj fam (ivre)* piripi. ■ **parti** *nm* **1.** *(gén) POLIT* partido *m* • **prendre parti** tomar partido • **tirer parti** sacar partido • **un beau parti** un buen partido **2.** *(choix)* decisión *f* • **prendre le parti de qqch/faire qqch** decidir algo/hacer algo • **prendre le parti de qqn** ponerse a favor de alguien • **être de parti pris** tener prejuicios • **j'en prends mon parti** habrá que resignarse. ■ **partie** *nf* **1.** *(élément, portion) DR* parte *f* • **en grande/majeure partie** en gran/en su mayor parte • **faire partie (intégrante) de qqch** formar parte de algo • **la partie adverse** la parte contraria **2.** *(domaine d'activité)* especialidad *f* **3.** *SPORT* partido *m* **4.** *(au jeu)* partida *f* • **n'être que partie remise : je ne peux pas demain — ce n'est que partie remise** mañana no puedo — pues lo dejamos para otra ocasión • **prendre qqn à partie** tomarla con alguien. ■ **en partie** *loc adv* en parte.

partial, e *adj* parcial.

partialité *nf* parcialidad *f*.

participant, e *adj* participante. ❑ *nm, f* **1.** *SPORT (concurrent)* participante *mf* **2.** *(adhérent)* miembro *m*.

participation *nf* participación *f*.

participe *nm LING* participio *m* • **participe passé/présent** participio pasado/presente.

participer *vi* **1.** *(prendre part)* • **participer à qqch a)** *(réunion, fête)* asistir a algo **b)** *(bénéfices)* participar en algo **c)** *(frais)* compartir algo **2.** *sout (relever)* • **participer de qqch** participar de algo.

particularisme *nm* particularismo *m.*

particularité *nf* particularidad *f.*

particule *nf* partícula *f.*

particulier, ère *adj* **1.** *(gén)* particular • **particulier à qqn** característico de alguien **2.** *(remarquable)* excepcional **3.** *(soin)* especial. ■ **en particulier** *loc adv* **1.** *(gén)* en particular **2.** *(seul à seul)* a solas.

particulièrement *adv* **1.** *(surtout)* en particular **2.** *(spécialement)* particularmente • **tout particulièrement** muy particularmente.

partiel, elle *adj* parcial. ■ **partiel** *nm* UNIV parcial *m.*

partir *vi* **1.** *(personne, tache)* marcharse **2.** *(se mettre en marche - voiture)* arrancar ; *(- train, avion)* salir **3.** *(commencer)* partir **4.** *(bouchon)* saltar **5.** *(coup de feu, éclat de rire)* estallar **6.** *(prendre son point de départ)* • **partir de** partir de. ■ **à partir de** *loc prép* a partir de.

partisan, e *adj* partidista. ■ **partisan** *nm* **1.** POLIT partidario *m*, -ria *f* **2.** *(combattant)* guerrillero *m.* ❑ *adj* • **partisan de** partidario(ria) de.

partition *nf* **1.** *(séparation)* división *f* **2.** MUS partitura *f.*

partout *adv* en todas partes • **partout où il allait** por dondequiera que iba.

parure *nf* **1.** *(de bijoux)* juego *m* **2.** *(de lit)* juego *m* de cama.

parution *nf* publicación *f.*

parvenir *vi (réussir)* • **parvenir à qqch/à faire qqch** conseguir algo/hacer algo.

parvenu, e *nm,f péj* nuevo rico *m*, nueva rica *f.*

pas[1] *nm* **1.** *(gén)* paso *m* • **allonger le pas** alargar la zancada • **au pas cadencé** marcando el paso • **avancer d'un pas** avanzar un paso • **faire un pas en avant** dar un paso adelante • **le pas de l'oie** el paso de la oca • **à pas de loup** *ou* **feutrés** con paso sigiloso • **c'est à deux pas (d'ici)** está a dos pasos (de aquí) • **emboîter le pas à qqn** ir tras los pasos de alguien • **faire le premier pas** dar el primer paso • **faire les cent pas** pasear arriba y abajo • **faire un faux pas** dar un paso en falso • **pas à pas** paso a paso • **rouler au pas** circular lentamente • **sauter le pas** dar el paso • **tirer qqn d'un mauvais pas** sacar a alguien de un apuro **2.** *(d'une porte)* umbral *m.* ■ **pas de vis** *nm* paso *m* de rosca.

pas[2] *adv* no • **ne… pas** no… • **il ne mange pas** no come • **absolument/vraiment pas** en absoluto • **pas assez** *(+ adj)* no lo suficientemente *(+ adj)*, no lo bastante *(+ adj)* • **pas encore** todavía no • **pas un de** ninguno de • **pas** *(+ adj)* nada *(+ adj)* • **ce n'est pas drôle** no es nada divertido.

pascal, e *adj* pascual, de Pascua. ■ **pascal** *nm* PHYS pascal *m.*

pas-de-porte *nm inv* traspaso *m.*

pashmina *nm* pashmina *f.*

passable *adj* pasable, aceptable ; SCOL suficiente.

passage *nm* **1.** *(gén)* paso *m* • **attraper qqch au passage** coger algo al vuelo • **de passage** de paso • **passage pour piétons** paso de cebra *ou* de peatones • **passage à niveau** paso a nivel • **passage protégé** cruce *m* con prioridad • **passage souterrain** paso subterráneo **2.** *(de texte, de musique)* pasaje *m.*

passager, ère *adj* pasajero(ra). ❑ *nm,f* pasajero *m*, -ra *f.*

passant, e *adj* concurrido(da). ❑ *nm,f* transeúnte *mf.* ■ **passant** *nm (de ceinture)* presilla *f.*

passe *nf* **1.** *(col de montagne)* paso *m* **2.** SPORT pase *m* **3.** NAUT *(chenal)* pasaje *m* **4.** *(d'escrime)* pase *m*, finta *f* **5.** *fam (de prostituée)* cita *f (con prostituta).*

passé, e *adj* pasado(da). ■ **passé** *nm* pasado *m* • **passé antérieur/composé/simple** pretérito anterior/perfecto/indefinido. ❑ *prép* pasado(da).

passe-droit *nm* favor *m* ilícito.

passe-montagne *nm* pasamontañas *m inv.*

passe-partout *nm inv* **1.** *(clé)* llave *f* maestra **2.** *(en apposition) (phrase, mot, réponse)* comodín *m.*

passeport *nm* pasaporte *m.*

passer

■ **passer** *vi*

1. ALLER D'UN LIEU À UN AUTRE, SE DÉPLACER D'UN MOUVEMENT CONTINU

pasar • **le bus passe devant la maison** el autobús pasa por delante de la casa • **la Seine passe à Paris** el Sena pasa por París

2. ALLER QUELQUE PART UN BREF INSTANT

pasar • **je dois passer chez Jacques/chez moi** tengo que pasar por casa de Jacques/por mi casa • **passer à la boulangerie** pasar por la panadería

3. FRANCHIR UNE LIMITE, UN OBSTACLE

• **ces armes sont passées en fraude** pasaron estas armas de contrabando

4. COULER AU TRAVERS D'UN FILTRE

filtrar • **le café est passé** el café está filtrado

5. ÊTRE DIGÉRÉ

• **mon dîner ne passe pas** no acabo de digerir la cena

6. ÊTRE ADMIS, ACCEPTÉ

pasar • **cet enfant va passer en sixième** este niño va a pasar a sexto

7. VENIR EN TELLE POSITION
• **pour elle, la famille passe avant le travail** para ella, la familia pasa antes que el trabajo
8. SE SOUMETTRE À, SUBIR
• **le médecin lui a fait passer une radio** el médico le mandó hacerse una radiografía
9. ÊTRE PROMU À UNE FONCTION
• **elle est passée responsable** la han ascendido a responsable
10. PERDRE SON ÉCLAT
• **la couleur passe au soleil** el color se destiñe con el sol
11. À LA TÉLÉVISION, À LA RADIO, AU CINÉMA
dar, poner • **qu'est-ce qui passe, ce soir ?** ¿qué dan *ou* ponen esta noche?
12. DANS DES EXPRESSIONS
• **passons...** dejémoslo...

■ **passer** *vt*

1. TEMPS, VACANCES
pasar • **nous avons passé l'après-midi à chercher un hôtel** nos pasamos la tarde buscando un hotel • **ils ont passé leurs vacances en Espagne** pasaron las vacaciones en España
2. OBSTACLE
pasar • **ils ont passé la frontière sans encombre** pasaron la frontera sin dificultad
3. SUBIR UN EXAMEN
hacer, examinarse • **il faut passer un concours d'entrée** hay que hacer un examen de ingreso
4. DONNER, TRANSMETTRE
pasar • **passer qqch à qqn** pasar algo a alguien • **peux-tu me passer ton stylo ?** ¿me puedes pasar el boli?
5. ÉTENDRE SUR UNE SURFACE
dar • **passer une couche de peinture/de vernis** dar una capa de pintura/de barniz
6. DES VITESSES
poner, meter • **passer la marche arrière** poner marcha atrás
7. AU JEU
pasar • **passer son tour** pasar el turno
8. UN FILM, UN DISQUE
poner • **j'adore la musique qu'on passe sur cette station de radio** me encanta la música que ponen en esta emisora
9. UN VÊTEMENT
ponerse • **elle passa son manteau et sortit** se puso el abrigo y salió
10. ADMETTRE AVEC INDULGENCE
consentir • **ses parents lui passent tous ses caprices** sus padres le consienten todos sus caprichos
11. ÉTABLIR DANS LES FORMES LÉGALES
• **passer une commande auprès d'un fournisseur** hacer un pedido a un proveedor
• **passer un marché** hacer un trato

■ **se passer** *vp*

1. VIVRE SANS
prescindir, pasar • **nous pouvons nous passer de votre aide** podemos prescindir de vuestra ayuda • **elle ne peut pas se passer de café** no puede pasar sin café
2. S'ÉCOULER, EN PARLANT DU TEMPS
transcurrir • **un mois s'est passé depuis le drame** ha transcurrido un mes desde el drama
3. AVOIR LIEU, ARRIVER
transcurrir • **le film se passe en Afrique** la película transcurre en África
4. SE METTRE
ponerse • **se passer de la crème sur le visage** ponerse crema en la cara

■ **en passant** *loc adv*

1. AU PASSAGE
al pasar • **arrête-toi en passant** párate al pasar
2. *fig* PAR LA MÊME OCCASION
de paso • **soit dit en passant** dicho sea de paso

■ **passer pour** *v + prép*

ÊTRE CONSIDÉRÉ COMME
• **passer pour** pasar por • **se faire passer pour qqn** hacerse pasar por alguien

■ **passer sur** *v + prép*

NE PAS S'ARRÊTER À
pasar por alto • **passons sur cette affaire et parlons de nos projets** pasemos por alto este asunto y hablemos de nuestros proyectos

passerelle *nf* **1.** *(gén)* pasarela *f* **2.** *(de bateau)* puente *m* de mando.
passe-temps *nm inv* pasatiempo *m.*
passif, ive *adj* pasivo(va). ■ **passif** *nm* **1.** GRAMM pasiva *f*, voz *f* pasiva **2.** FIN pasivo *m.*
passiflore *nf* pasionaria *f.*
passion *nf* pasión *f* • **avoir la passion de qqch** tener pasión por algo.
passionnant, e *adj* apasionante.
passionné, e *adj* apasionado(da). ❑ *nm, f (de caractère)* pasional *mf.*
passionnel, elle *adj* pasional.
passionner *vt* **1.** *(personne)* apasionar **2.** *(débat)* animar, dar un tono apasionado a. ■ **se passionner** *vp* • **se passionner pour qqch** apasionarse por algo.
passivité *nf* pasividad *f.*

passoire *nf* colador *m*.
pastel *nm (crayon)* pastel *m*. ❑ *adj inv* pastel *(en apposition)*.
pastèque *nf* sandía *f*.
pasteur *nm* pastor *m*.
pasteuriser *vt* pasteurizar.
pastille *nf* **1.** *(bonbon - médicament)* pastilla *f* ; *(-confiserie)* caramelo *m* **2.** *(motif)* lunar *m*.
pastis *nm* anís *m (bebida)*.
patate *nf fam* **1.** *(pomme de terre)* patata *f* (ESP), papa *f* (AMÉR) **2.** *(imbécile)* burro *m*, -rra *f*. ■ **patate douce** *nf* boniato *m*, batata *f*.
patauger *vi* **1.** *(barboter)* chapotear **2.** *fam & fig (s'embrouiller)* hacerse un taco.
patch *nm* MÉD parche *m*.
pâte *nf* **1.** CULIN masa *f* • **pâte d'amandes** mazapán *m* • **pâte brisée** masa quebrada • **pâte de coings** carne *f* de membrillo • **pâte feuilletée** masa de hojaldre • **pâte de fruits** dulce *m* de frutas • **pâte à pain/à tarte** masa de pan/de tarta **2.** *(substance)* pasta *f* • **pâte dentifrice** pasta dentífrica *ou* de dientes. ■ **pâtes** *nfpl* pasta *f*.
pâté *nm* **1.** CULIN paté *m* • **pâté de campagne** paté de campaña • **pâté en croûte** empanada *f* de paté • **pâté de foie** paté de hígado ; ≃ foie-gras *m inv* **2.** *(tache)* borrón *m*.
patelin *nm fam* pueblucho *m*.
patente *nf* patente *f*.
patère *nf* colgador *m*.
paternalisme *nm* paternalismo *m*.
paternel, elle *adj* **1.** *(gén)* paternal **2.** *(autorité)* paterno(na).
paternité *nf* paternidad *f*.
pâteux, euse *adj* **1.** *(aliment)* pastoso(sa) **2.** *(style)* pesado(da).
pathétique *adj* patético(ca). ❑ *nm* patético *m*.
pathologie *nf* patología *f*.
patibulaire *adj péj* patibulario(ria).
patience *nf* **1.** *(gén)* paciencia *f* • **prendre son mal en patience** tomarse las cosas con paciencia **2.** *(jeu de cartes)* solitario *m*.
patient, e *adj & nm,f* paciente.
patienter *vi* esperar (pacientemente).
patin *nm* patín *m* • **patin à glace** patín de cuchilla • **patin à roulettes** patín de ruedas.
patinage *nm* SPORT patinaje *m* • **patinage artistique/de vitesse** patinaje artístico/de velocidad.
patiner *vi* patinar. ❑ *vt* dar pátina a. ■ **se patiner** *vp* cubrirse de pátina.
patinoire *nf* pista *f* de patinaje.
pâtisserie *nf* **1.** *(gâteau)* pastel *m* **2.** *(art, métier, industrie)* pastelería *f*, repostería *f* **3.** *(commerce)* pastelería *f*.
pâtissier, ère *adj & nm,f* pastelero(ra).
patois *nm* dialecto *m*.
patriarche *nm* patriarca *m*.
patrie *nf* patria *f*.
patrimoine *nm* **1.** *(gén)* patrimonio *m* **2.** *(culturel)* acervo *m*.
patriote *adj & nmf* patriota.
patriotique *adj* patriótico(ca).
patron, onne *nm,f* **1.** *(chef d'entreprise)* patrón *m*, -ona *f* **2.** *(chef)* jefe *m* **3.** RELIG patrón *m*, -ona *f*. ■ **patron** *nm* COUT patrón *m*.
patronage *nm* **1.** *(gén)* patronato *m* **2.** COMM patrocinio *m*.
patronal, e *adj* patronal.
patronat *nm* patronal *f*, empresariado *m*.
patronyme *nm sout* patronímico *m*.
patrouille *nf* patrulla *f*.
patte *nf* **1.** *(d'animal)* pata *f* • **se mettre à quatre pattes devant qqn** *fig* doblegarse ante alguien **2.** *fam (d'homme - jambe, pied)* pata *f* ; *(- main)* mano *f* **3.** COUT *(languette d'étoffe, attache)* lengüeta *f* **4.** *(favori)* patilla *f*.
pâturage *nm* pasto *m*.
pâture *nf* pasto *m*.
paume *nf* **1.** *(de la main)* palma *f* **2.** *(jeu)* pelota *f* vasca.
paumé, e *fam adj* perdido(da) *(desorientado)*. ❑ *nm,f* colgado *m*, -da *f*.
paumer *vt fam* perder. ■ **se paumer** *vp fam* perderse.
paupérisation *nf* pauperización *f*.
paupière *nf* párpado *m*.
pause *nf* pausa *f*.
pauvre *adj* pobre • **pauvre en qqch** pobre en algo. ❑ *nmf* pobre *mf*.
pauvreté *nf* pobreza *f*.
pavaner ■ **se pavaner** *vp* pavonearse.
pavé, e *adj* pavimentado(da). ■ **pavé** *nm* **1.** *(bloc de pierre)* adoquín *m* • **jeter un pavé dans la mare** *fig* meter el lobo en el redil **2.** *(chaussée)* adoquinado *m* • **être sur le pavé** *fig* estar en la calle **3.** *fam (gros livre)* tocho *m* **4.** CULIN entrecot *m* **5.** PRESSE recuadro *m*. ■ **pavé numérique** *nm* INFORM teclado *m* numérico.
pavillon *nm* **1.** *(gén)* pabellón *m* **2.** *(drapeau)* bandera *f*.
pavot *nm* adormidera *f*.
payant, e *adj* **1.** *(hôte, spectacle)* de pago **2.** *fam (effort)* provechoso(sa).
paye = **paie**.
payement = **paiement**.
payer *vt* pagar • **faire payer** cobrar • **payer qqch à qqn** pagar algo a alguien • **payer par chèque/en liquide** pagar con cheque/en metálico. ❑ *vi* compensar ; *(métier)* estar bien pagado(da).
pays *nm* **1.** *(gén)* país *m* **2.** *(région, province)* región *f* **3.** *(terre natale)* tierra *f* • **rentrer au pays** volver a su tierra **4.** *(village)* pueblo *m*. ■ **pays Baltes** *npr*

• **les pays Baltes** los países Bálticos. ■ **pays de Galles** *npr* • **le pays de Galles** (País de) Gales.
paysage *nm* paisaje *m*.
paysager, ère *adj que está destinado a producir un efecto de paisaje natural* • **jardin paysager** jardín *m* paisajista • **bureau paysager** oficina *f* abierta.
paysagiste *adj & nmf* paisajista.
paysan, anne *adj & nm, f* campesino(na).
Pays-Bas *npr* • **les Pays-Bas** los Países Bajos.
Pays basque *npr* • **le Pays basque** el País Vasco.
PC *nm* **1.** (abrév de Parti communiste) PC *m* • **être membre du PC** ser miembro del PC **2.** INFORM (abrév de personal computer) PC *m* • **l'utilisateur de PC** el usuario de PC **3.** (abrév de poste de commandement) PM *m* • **un PC de crise** un PM de crisis **4.** (abrév de petite ceinture) línea *f* de autobuses de circunvalación *(de París)* • **prendre le PC** tomar el PC **5.** (abrév de permis de construire) permiso *m* de construcción • **délivrer/obtenir un PC** conceder/obtener un permiso de construcción.
péage *nm* peaje *m*.
peau *nf* **1.** *(gén)* piel *f* • **peau de chamois** gamuza *f* • **peau d'orange** MÉD piel de naranja • **peau de vache** *fam* hueso *m (persona dura)* **2.** *(de lait)* nata *f*.
pécan *nm (arbre, fruit)* pacana *f* • **noix de pécan** nuez *f* pacana.
peccadille *nf sout* pequeñez *m*.
pêche *nf* **1.** *(fruit)* melocotón *m* (ESP), durazno *m* (AMÉR) **2.** *(activité, poissons pêchés)* pesca *f* • **pêche à la ligne/sous-marine** pesca con caña/submarina.
péché *nm* pecado *m*.
pécher *vi* pecar.
pêcher[1] *vt* pescar.
pêcher[2] *nm* melocotonero *m*.
pécheur, eresse *adj & nm, f* pecador(ra).
pêcheur, euse *nm, f* pescador *m*, -ra *f*.
pêchu, e *adj fam* • **être pêchu** ser dinámico.
pectoraux *nmpl* pectorales *mpl*.
pécule *nm* peculio *m*.
pécuniaire *adj* pecuniario(ria).
PED, P.E.D. (abrév de pays en développement) *nm* PED *(país en desarrollo)*.
pédagogie *nf* pedagogía *f*.
pédagogue *adj & nmf* pedagogo(ga).
pédale *nf* **1.** *(gén)* pedal *m* **2.** *vulg & péj (homosexuel)* marica *m* (ESP), joto *m* (AMÉR).
pédaler *vi (à bicyclette)* pedalear • **pédaler dans la choucroute** *fam* no entender ni papa.
pédalo *nm* patín *m (de pedales)*.
pédant, e *adj & nm, f* pedante.
pédéraste *nm* pederasta *m*.
pédestre *adj* pedestre • **une randonnée pédestre** una marcha.
pédiatre *nmf* pediatra *mf*.
pédiatrie *nf* pediatría *f*.
pédicure *nmf* pedicuro *m*, -ra *f*, callista *mf*.
pédophile *adj & nmf* pedófilo(la).
pédopsychiatre *nmf* pedopsiquiatra *mf*.
peer to peer, peer-to-peer *nm* • **le peer to peer** sistema peer to peer, red entre pares. ❑ *adj* entre iguales, de igual a igual.
pègre *nf* hampa *f*.
peigne *nm* **1.** *(de cheveux - pour démêler)* peine *m* ; *(- barrette)* peineta *f* **2.** *(de tissage)* carda *f*, rastrillo *m*.
peigner *vt* **1.** *(cheveux)* peinar **2.** *(fibres)* cardar.
peignoir *nm* **1.** *(sortie de bain)* • **peignoir (de bain)** albornoz *m* (de baño) **2.** *(déshabillé)* bata *f*.
peindre *vt* pintar.
peine *nf* **1.** *(châtiment, tristesse)* pena *f* • **avoir de la peine** estar triste • **faire de la peine à qqn** entristecer a alguien • **sous peine de qqch** bajo pena de algo • **peine capitale** *ou* **de mort** pena capital *ou* de muerte • **peine incompressible** condena *f* sin reducción de pena **2.** *(effort)* esfuerzo *m* • **se donner de la peine** esforzarse • **sans peine** sin esfuerzo • **prendre la peine de faire qqch** tomarse la molestia de hacer algo **3.** *(difficulté)* trabajo *m* • **à grand-peine** a duras penas. ■ **à peine** *loc adv* apenas.
peintre *nm* pintor *m*, -ra *f*.
peinture *nf* pintura *f* • **peinture murale** mural *m*.
péjoratif, ive *adj* peyorativo(va).
Pékin *npr* Pekín.
pelage *nm* pelaje *m*.
pêle-mêle *adv* en desorden.
peler *vt & vi* pelar.
pèlerin *nm* peregrino *m*, -na *f*.
pèlerinage *nm* peregrinación *f*, peregrinaje *m*.
pélican *nm* pelícano *m*.
pelle *nf* pala *f*.
pelleter *vt* remover con la pala.
pellicule *nf* película *f*. ■ **pellicules** *nfpl* caspa *f*.
pelote *nf* **1.** *(de fils)* ovillo *m* • **pelote de laine** ovillo de lana **2.** COUT *(à épingles)* alfiletero *m*, acerico *m*. ■ **pelote basque** *nf* pelota *f* vasca.
peloton *nm* **1.** *(de soldats, de concurrents)* pelotón *m* • **peloton d'exécution** MIL pelotón de ejecución **2.** *(de ficelle)* ovillejo *m*.
pelotonner ■ **se pelotonner** *vp* acurrucarse • **se pelotonner contre qqch/contre qqn** acurrucarse contra algo/contra alguien.
pelouse *nf* **1.** *(gén)* césped *m* **2.** *(de champ de courses)* entrada *f*.
peluche *nf* **1.** *(gén)* peluche *m* **2.** *(gén pl) (d'étoffe)* bola *f*.

pelure *nf* **1.** *(de fruit, de légume)* monda *f*, peladura *f* ; *(d'oignon)* capa *f* **2.** *fam (vêtement)* abrigo *m* (ESP), tapado *m* (AMÉR).
pénal, e *adj* penal. ■ **pénal** *nm* penal *m*.
pénaliser *vt* penalizar.
penalty *nm* penalty *m*.
penaud, e *adj* avergonzado(da) (ESP), apenado(da) (AMÉR).
penchant *nm* inclinación *f* • **avoir un penchant pour qqch/pour qqn** tener inclinación por algo/por alguien.
penché, e *adj* inclinado(da).
pencher *vi* **1.** *(être incliné)* estar inclinado(da) **2.** *(préférer)* • **pencher pour** inclinarse por. ❑ *vt* inclinar. ■ **se pencher** *vp* • **se pencher sur** *ou* **vers qqn/qqch** inclinarse hacia alguien/algo.
pendaison *nf* ahorcamiento *m*.
pendant[1], **e** *adj* **1.** *(bras)* colgando ; *(langue)* fuera **2.** DR *(question)* pendiente. ■ **pendant** *nm* **1.** *(bijou)* pendiente *m* **2.** *(équivalent)* equivalente *mf* • **il est le pendant de sa sœur** él y su hermana son tal para cual.
pendant[2] *prép* durante. ■ **pendant que** *loc conj* mientras que • **pendant que j'y suis,...** ya que estoy aquí,....
pendentif *nm* colgante *m*.
penderie *nf* ropero *m*.
pendre *vi* colgar. ❑ *vt* **1.** *(rideau, tableau)* colgar **2.** *(personne)* ahorcar, colgar. ■ **se pendre** *vp* **1.** *(s'accrocher)* • **se pendre à qqch** colgarse de algo **2.** *(se suicider)* ahorcarse, colgarse.
pendule *nm* péndulo *m*. ❑ *nf* reloj *m* de péndulo.
pendulette *nf* reloj *m* pequeño.
pénétrer *vi* **1.** *(chose)* penetrar **2.** *(personne)* entrar. ❑ *vt* **1.** *(sujet : pluie)* calar ; *(sujet : vent)* penetrar **2.** *(mystère, intentions, secret)* descubrir **3.** *(cœur, âme)* llegar a.
pénible *adj* **1.** *(gén)* penoso(sa) **2.** *fam (personne)* pesado(da).
péniblement *adv* a duras penas.
péniche *nf* chalana *f*.
pénicilline *nf* penicilina *f*.
péninsule *nf* península *f* • **la péninsule Ibérique** la península Ibérica.
pénis *nm* pene *m*.
pénitence *nf* penitencia *f*.
pénitencier *nm* penitenciaría *f*.
pénitentiaire *adj* penitenciario(ria).
pénombre *nf* penumbra *f*.
pensant, e *adj* pensante.
pense-bête *nm* señal *f (recordatorio)*.
pensée *nf* **1.** *(gén)* pensamiento *m* • **en** *ou* **par la pensée** con el pensamiento **2.** *(opinion)* parecer *m* **3.** *(idée)* idea *f*.
penser *vi* pensar • **faire penser à qqch/à qqn** hacer pensar en algo/en alguien • **penser à qqch/à qqn/à faire qqch** pensar en algo/en alguien/en hacer algo • **n'y pensons plus !** ¡olvidemos eso! ❑ *vt* pensar • **penser faire qqch** pensar hacer algo • **il n'en pense pas moins** en realidad lo piensa • **pensez-vous !** ¡qué va!
pensif, ive *adj* pensativo(va).
pension *nf* **1.** *(allocation, hébergement)* pensión *f* • **pension alimentaire** pensión alimenticia • **pension de famille** casa *f* de huéspedes **2.** *(internat)* internado *m*.
pensionnat *nm* internado *m*.
pentagone *nm* pentágono *m*.
pente *nf* pendiente *f* • **en pente** en pendiente.
Pentecôte *nf* Pentecostés *m*.
pénurie *nf* penuria *f*.
people *adj* jet (set). ❑ *nmpl* • **les people** el famoseo.
pépier *vi* piar.
pépin *nm* **1.** *(graine)* pepita *f* **2.** *fam (ennui)* contratiempo *m* **3.** *fam (parapluie)* paraguas *m inv*.
pépinière *nf* vivero *m*.
pépite *nf* pepita *f*.
perçant, e *adj* **1.** *(vue, regard, froid)* penetrante **2.** *(son)* taladrante.
perce-neige *nm & nf inv* narciso *m* de las nieves.
percepteur *nm* inspector *m*, -ra *f* de Hacienda.
perception *nf* **1.** *(action, emploi, bureau)* inspección *f* **2.** *(sensation)* percepción *f*.
percer *vt* **1.** *(mur, planche)* taladrar ; *(trou)* hacer **2.** *(fenêtre, tunnel, rue)* abrir **3.** *(traverser - vêtement)* calar ; *(- foule, armée ennemie)* atravesar **4.** *(secret, complot)* descubrir. ❑ *vi* **1.** *(soleil, abcès)* aparecer ; *(dent)* salir **2.** *(secret, conversation)* filtrarse **3.** *(réussir)* calar.
perceuse *nf* taladradora *f*.
percevoir *vt* **1.** *(intention, nuance, argent)* percibir **2.** *(impôts)* recaudar.
perche *nf* **1.** *(poisson)* perca *f* **2.** *(bâton)* pértiga *f*.
percher *vi* **1.** *(oiseau)* posarse **2.** *fam (personne)* vivir. ❑ *vt (mettre)* encaramar. ■ **se percher** *vp* posarse.
perchiste *nmf* **1.** SPORT saltador *m*, -ra *f* de pértiga **2.** CINÉ & TV perchista *mf*.
perchoir *nm* **1.** *(d'oiseau)* palo *m* **2.** *fam (lieu surélevé)* pedestal *m*.
perclus, e *adj* • **perclus de** *(rhumatismes, douleurs)* baldado de.
percolateur *nm* percolador *m*.
percussion *nf* percusión *f*.
percutant, e *adj* **1.** *(obus)* percutiente **2.** *fig (argument)* contundente.
percuter *vt* chocar contra. ❑ *vi* • **percuter contre qqch** chocar contra algo.
perdant, e *adj & nm, f* perdedor(ra).

perdition *nf* **1.** *(ruine morale)* perdición *f* **2.** *(détresse)* • **en perdition** en peligro.
perdre *vt & vi* perder. ■ **se perdre** *vp* **1.** *(gén)* perderse **2.** *(pourrir)* echarse a perder.
perdrix *nf* perdiz *f*.
perdu, e *adj* **1.** *(gén)* perdido(da) **2.** *(malade)* desahuciado(da) **3.** *(moments)* libre.
perdurer *vi sout* perdurar.
père *nm* **1.** *(gén)* padre *m* • **de père en fils** de padre a hijo • **père de famille** padre de familia **2.** *fam (homme mûr)* • **le père Martin** el abuelo Martin. ■ **pères** *nmpl sout (ancêtres)* padres *mpl*. ■ **père Noël** *nm* Papá Noel *m* • **croire au père Noël** creer en Papá Noel.
pérégrination *nf (gén pl)* peregrinación *f*.
péremption *nf* caducidad *f* • **date de péremption** fecha *f* de caducidad.
péremptoire *adj* perentorio(ria).
pérenniser *vt* perennizar.
pérennité *nf* perennidad *f*.
péréquation *nf* perecuación *f*.
perfection *nf* perfección *f*.
perfectionné, e *adj* perfeccionado(da).
perfectionner *vt* perfeccionar. ■ **se perfectionner** *vp* perfeccionarse.
perfectionnisme *nm* perfeccionismo *m*.
perfectionniste *adj & nmf* perfeccionista.
perfide *adj* pérfido(da).
perfidie *nf sout* **1.** *(caractère)* perfidia *f* **2.** *(action, propos)* maldad *f*.
perforation *nf* perforación *f*.
perforer *vt* perforar.
perforeuse *nf* perforadora *f*.
performance *nf* **1.** *(réussite)* hazaña *f*, proeza *f* **2.** *(de sportif)* marca *f*.
performant, e *adj* **1.** *(personne)* competitivo(va) **2.** *(machine)* con buenas prestaciones.
perfusion *nf* perfusión *f* • **être sous perfusion** tener puesto el gotero.
péridural, e *adj* peridural. ■ **péridurale** *nf* epidural *f*, peridural *f*.
péril *nm sout* peligro *m*.
périlleux, euse *adj* peligroso(sa).
périmé, e *adj* **1.** *(passeport)* caducado(da) **2.** *fig (idée)* caduco(ca).
périmètre *nm* perímetro *m*.
période *nf* período *m*, periodo *m*.
périodique *adj* periódico(ca). ❑ *nm* periódico *m*.
péripétie *nf (gén pl)* peripecia *f*.
périph *nm fam (périphérique)* circunvalación *f*.
périphérie *nf* periferia *f*.
périphérique *adj (gén)* periférico(ca) ; *(boulevard)* de circunvalación. ❑ *nm* **1.** *(boulevard)* ronda *f* de circunvalación, carretera *f* de circunvalación **2.** INFORM periférico *m*.
périphrase *nf* perífrasis *f inv*.
périple *nm* periplo *m*.
périr *vi sout* **1.** *(mourir)* perecer **2.** *fig (disparaître)* desaparecer.
périscope *nm* periscopio *m*.
périssable *adj* perecedero(ra).
péritonite *nf* peritonitis *f inv*.
perle *nf* **1.** *(bille de nacre, goutte)* perla *f* **2.** *(de bois, de verre)* cuenta *f* **3.** *(personne parfaite)* perla *f*, joya *f* **4.** *fam (erreur)* gazapo *m*.
perlé, e *adj* **1.** *(tissu)* adornado(da) con perlas **2.** *fig* ÉCON • **une grève perlée** una huelga intermitente.
perler *vi* perlar.
permanence *nf* permanencia *f* • **en permanence** permanentemente • **assurer la permanence** estar de guardia.
permanent, e *adj (gén)* permanente ; *(cinéma)* de sesión continua. ❑ *nm, f* miembro *m* permanente. ■ **permanente** *nf (coiffure)* permanente *f*.
perméable *adj* permeable • **perméable à qqch** permeable a algo.
permettre *vt* permitir • **permettre à qqn de faire qqch** permitir a alguien que haga algo *ou* hacer algo. ■ **se permettre** *vp* permitirse • **se permettre de faire qqch** permitirse hacer algo.
permis *nm* permiso *m* • **avoir son permis** *fam* sacarse el carné (de conducir) • **permis de conduire** carné *m ou* permiso de conducir • **permis à points** carné (de conducir) por puntos.
permission *nf* permiso *m* • **avoir la permission de faire qqch** tener permiso para hacer algo.
permuter *vt* cambiar el orden de. ❑ *vi* hacer un cambio.
pernicieux, euse *adj* pernicioso(sa).
pérorer *vi péj* perorar.
Pérou *npr* • **le Pérou** (el) Perú • **c'est pas le Pérou** *fam* no es nada del otro jueves.
perpendiculaire *adj & nf* perpendicular.
perpète, perpette ■ **à perpète** *loc adv fam (loin)* en el quinto pino ; *(pour toujours)* de por vida.
perpétrer *vt* perpetrar.
perpette = **perpète**.
perpétuel, elle *adj* perpetuo(tua).
perpétuer *vt* perpetuar. ■ **se perpétuer** *vp* perpetuarse.
perpétuité *nf* perpetuidad *f* • **à perpétuité a)** *(pour toujours)* a perpetuidad **b)** *(condamner)* a cadena perpetua.
perplexe *adj* perplejo(ja).
perquisition *nf* registro *m*.
perron *nm* escalinata *f*.
perroquet *nm* **1.** *(animal)* loro *m*, papagayo *m* **2.** NAUT *(voile)* juanete *m*.

perruche *nf* cotorra *f.*
perruque *nf* peluca *f.*
persécuter *vt* perseguir *(maltratar).*
persécution *nf* persecución *f.*
persévérance *nf* perseverancia *f.*
persévérant, e *adj* perseverante.
persévérer *vi* perseverar.
persienne *nf* persiana *f (postigo).*
persiflage *nm* mofa *f.*
persifler *vt sout* mofarse.
persil *nm* perejil *m.*
Persique → **golfe.**
persistance *nf* persistencia *f.*
persistant, e *adj* **1.** *(fièvre, odeur)* persistente **2.** BOT perenne.
persister *vi* persistir • **persister à faire qqch** persistir en hacer algo.
perso *adj fam (personnel)* personal.
personnage *nm* **1.** *(gén)* personaje *m* • **personnage principal** personaje principal, protagonista *mf* **2.** *(personnalité)* figura *f.*
personnalisé, e *adj (papier à lettres, voiture, crédit)* personalizado(da).
personnaliser *vt* personalizar.
personnalité *nf* personalidad *f.*
personne *nf* persona *f* • **en personne a)** *(en chair et en os)* en persona **b)** *(incarné)* personificado(da) • **par personne interposée** a través de un intermediario • **personne âgée** persona mayor, mayor • **personne morale/physique** persona jurídica/física. ❑ *pron indéf* **1.** *(quelqu'un)* alguien **2.** *(aucune personne)* nadie.

À PROPOS DE **personne**

Nadie placé devant le verbe supprime la négation.

personnel, elle *adj* **1.** *(gén)* personal **2.** *péj (égoïste)* suyo(ya). ■ **personnel** *nm* personal *m* ; *(domestiques)* servidumbre *f* • **personnel navigant** tripulación *f.*
personnellement *adv* personalmente.
personnifier *vt* personificar.
perspective *nf* perspectiva *f* • **en perspective** en perspectiva.
perspicace *adj* perspicaz.
persuader *vt* • **persuader qqn de qqch/de faire qqch** persuadir a alguien de algo/de que haga algo. ■ **se persuader** *vp* • **se persuader de qqch** persuadirse de algo • **se persuader que** persuadirse de que.
persuasif, ive *adj* persuasivo(va).
persuasion *nf* persuasión *f.*
perte *nf* **1.** *(gén)* COMM pérdida *f* • **à perte de vue** hasta el horizonte, hasta donde alcanza la vista **2.** *(ruine, déchéance)* ruina *f.* ■ **pertes** *nfpl* MIL bajas *fpl.*
pertinence *nf* pertinencia *f.*
pertinent, e *adj* pertinente.
perturbant, e *adj* perturbador(ra).
perturber *vt* perturbar.
pervenche *adj inv (bleu)* malva *(en apposition).* ❑ *nf* **1.** BOT vincapervinca *f* **2.** *fam (contractuelle)* ≃ policía *f* municipal.
pervers, e *adj* **1.** *(acte, goût)* perverso(sa) **2.** *(effet)* negativo(va). ❑ *nm, f* perverso *m*, -sa *f.*
perversion *nf* perversión *f.*
perversité *nf* perversidad *f.*
pervertir *vt* pervertir.
pesage *nm* **1.** *(pesée)* peso *m* **2.** *(de jockeys)* pesaje *m.*
pesamment *adv (lourdement)* pesadamente ; *(gauchement)* torpemente.
pesant, e *adj* pesado(da). ■ **pesant** *nm* • **valoir son pesant d'or** valer su peso en oro.
pesanteur *nf* **1.** PHYS gravedad *f* **2.** *(lenteur, lourdeur)* lentitud *f.*
pèse-bébé *nm* pesabebés *m inv.*
pesée *nf* **1.** *(pesage)* pesaje *m* **2.** *(pression)* presión *f.*
pèse-lettre *nm* pesacartas *m inv.*
pèse-personne *nm* báscula *f* de baño.
peser *vt* **1.** *(mesurer le poids de)* pesar **2.** *(considérer, examiner)* sopesar. ❑ *vi* **1.** *(avoir un certain poids)* pesar • **sa mort lui pèse sur la conscience** su muerte le pesa sobre la conciencia **2.** *(appuyer)* • **peser sur qqch** hacer fuerza sobre algo.
peseta *nf* peseta *f.*
pessimisme *nm* pesimismo *m.*
pessimiste *adj & nmf* pesimista.
peste *nf* peste *f* • **craindre qqch/qqn comme la peste** temer algo/a alguien como la peste • **fuir qqch/qqn comme la peste** huir de algo/de alguien como de la peste.
pester *vi* echar pestes • **pester contre qqch/contre qqn** echar pestes contra algo/contra alguien.
pestiféré, e *adj & nm, f* apestado(da) • **être un pestiféré** *iron* tener la peste.
pestilentiel, elle *adj sout* pestilente.
pet *nm fam* pedo *m.*
pétale *nm* pétalo *m.*
pétanque *nf* petanca *f.*
pétarader *vi* pedorrear.
pétard *nm* **1.** *(petit explosif)* petardo *m* **2.** *fam (cigarette de haschich)* petardo *m* **3.** *fam (revolver)* pipa *f* **4.** *fam (postérieur)* trasero *m.*
péter *vi tfam* **1.** *(faire un pet)* tirarse un pedo **2.** *(exploser)* estallar **3.** *(se rompre brusquement)* reventar. ❑ *vt fam (casser)* cargarse • **péter les plombs** *ou* **un boulon** *fam* cruzársele a uno los cables.
pète-sec *fam adj inv* mandón(ona). ❑ *nmf* sargento *mf.*

pétiller *vi* **1.** *(feu)* chisporrotear **2.** *(liquide)* burbujear **3.** *(yeux)* chispear, brillar.

petit, e *adj* **1.** *(jeune, réduit, peu important)* pequeño(ña) • **une petite maison** una casita, una casa pequeña **2.** *(médiocre - esprit)* pobre ; *(- artiste)* de segunda fila **3.** *(gens)* modesto(ta) **4.** *péj (exprime le mépris)* • **mon petit monsieur** mi querido señor • **petit crétin !** ¡cretino! ❑ *nm,f* pequeño *m*, -ña *f*. ■ **petit** *nm* **1.** *(gén)* pequeño *m* **2.** *(jeune animal)* cachorro *m*. ❑ *adv* • **en petit** en pequeño.

petit-beurre *nm* galletita *f* de mantequilla.

petit-bourgeois, petite-bourgeoise *adj & nm,f* pequeñoburgués(esa).

petit déjeuner *nm* desayuno *m*.

petite-fille *nf* nieta *f*.

petitement *adv* **1.** *(à l'étroit)* • **être petitement logé** vivir apretados **2.** *(modestement)* con estrecheces **3.** *(mesquinement)* con mezquindad, mezquinamente.

petitesse *nf* **1.** *(taille)* pequeñez *f* **2.** *(modicité)* escasez *f* **3.** *(mesquinerie)* • **petitesse d'esprit** estrechez *f* de miras.

petit-fils *nm* nieto *m*.

petit-four *nm (salé)* canapé *m* ; *(sucré)* pastelito *m*.

pétition *nf* petición *f*.

petit-lait *nm* suero *m* de la leche.

petit-nègre *nm inv fam & péj* • **parler petit-nègre** hablar un francés macarrónico.

petit pois (*pl* **petits pois**) *nm* guisante *m* • **il a un petit pois à la place du cerveau** *fam* tiene pocas luces.

petits-enfants *nmpl* nietos *mpl*.

petit-suisse *nm* petit suisse *m*.

pétri, e *adj* • **pétri de qqch** lleno de algo.

pétrifier *vt* **1.** *(changer en pierre)* petrificar **2.** *fig (méduser)* dejar petrificado(da).

pétrin *nm* **1.** *(du boulanger)* artesa *f* **2.** *fam (situation difficile)* berenjenal *m* • **se fourrer/être dans le pétrin** meterse/estar en un berenjenal.

pétrir *vt* **1.** *(pâte)* amasar ; *(muscle)* masajear **2.** *fig & sout (façonner)* moldear.

pétrole *nm* petróleo *m*.

pétrolier, ère *adj* petrolero(ra). ■ **pétrolier** *nm* petrolero *m*.

pétrolifère *adj* petrolífero(ra).

P et T (abrév de postes et télécommunications) *nfpl* ≃ CTT *mpl*.

pétulant, e *adj* impetuoso(sa).

peu *adv* poco • **peu de** poco(ca) • **peu de travail** poco trabajo • **peu d'élèves** pocos alumnos • **peu souvent** de tarde en tarde. ❑ *nm* • **le peu de** los pocos, las pocas *f* • **le peu de connaissances que j'ai** los pocos conocimientos que tengo • **le peu que** lo poco que • **un peu** un poco • **un (tout) petit peu** un poquito. ■ **avant peu** *loc adv* dentro de poco. ■ **de peu** *loc adv* por poco. ■ **depuis peu** *loc adv* desde hace poco. ■ **peu à peu** *loc adv* poco a poco. ■ **pour peu que** *loc conj (+ subjonctif)* a poco que *(+ subjonctif)* • **pour peu qu'il le veuille, il réussira** por poco que quiera, lo conseguirá. ■ **pour un peu** *loc adv* casi. ■ **sous peu** *loc adv* dentro de poco. ■ **un tant soit peu** *loc adv* un poquito.

> À PROPOS DE
> **peu**
> *Peu de* se traduit par l'adjectif ***poco(s), poca(s)***, qui s'accorde alors en genre et en nombre avec le nom auquel il se rapporte. Notez que ***poco*** est aussi un adverbe, invariable quand il se rapporte à un verbe.

peuplade *nf* comunidad *f*.

peuple *nm* **1.** *(gén)* pueblo *m* **2.** *fam (multitude)* mogollón *m* de gente.

peuplement *nm* población *f*.

peupler *vt* poblar. ■ **se peupler** *vp* llenarse de gente.

peuplier *nm* álamo *m*.

peur *nf* miedo *m* • **avoir peur de faire qqch/de qqch/de qqn** tener miedo de hacer algo/de algo/de alguien • **avoir peur que** *(+ subjonctif)* tener miedo de que *(+ subjonctif)* • **j'ai peur qu'il (ne) pleuve** tengo miedo de que llueva • **de** *ou* **par peur de qqch** por miedo a *ou* de algo • **de** *ou* **par peur que** *(+ subjonctif)* por miedo a que *(+ subjonctif)* • **de** *ou* **par peur qu'on (ne) le punisse** por miedo a que le castiguen • **à faire peur** que asusta • **il est laid à faire peur** es de un feo que asusta.

> S'EXPRIMER
> **exprimer sa peur**
> • ***Tengo miedo a las arañas.*** J'ai peur des araignées.
> • ***Tengo miedo que haya tenido un accidente*** Je crains qu'il/elle n'ait eu un accident.
> • ***Me inquieto por ti.*** Je me fais du souci pour toi.

peureux, euse *adj & nm,f* miedoso(sa).

peut-être *adv* **1.** *(gén)* quizás, quizá • **peut-être que** quizás, quizá • **peut-être qu'elle ne viendra pas, elle ne viendra peut-être pas** quizás no venga **2.** *(alors)* acaso • **et moi, je ne sais pas conduire, peut-être ?** ¿y yo? ¿acaso no sé conducir?

p. ex. (abrév de par exemple) p. ej.

pH (abrév de potentiel hydrogène) *nm* pH *m*.

phablette *nf* phablet *m*.

phalange *nf* falange *f*.

phallocrate *adj & nmf* falócrata.

phallus *nm* falo *m*.

phantasme = **fantasme**.

pharaon *nm* faraón *m*.

phare *nm* faro *m* • **phare antibrouillard** faro antiniebla. ❑ *adj* emblemático(ca) • **une industrie phare** una industria puntera.
pharmaceutique *adj* farmacéutico(ca).
pharmacie *nf* **1.** *(science, magasin)* farmacia *f* **2.** *(armoire, trousse)* botiquín *m*.
pharmacien, enne *nm, f* farmacéutico *m*, -ca *f*.
pharynx *nm* faringe *f*.
phase *nf* fase *f* • **phase terminale** *MÉD* fase terminal • **être en phase avec qqn** estar en la misma onda con alguien.
phénoménal, e *adj* fenomenal.
phénomène *nm* fenómeno *m*.
philanthropie *nf* filantropía *f*.
philatélie *nf* filatelia *f*.
philatéliste *nmf* filatélico *m*, -ca *f*, filatelista *mf*.
philharmonique *adj* filarmónico(ca).
philologie *nf* filología *f*.
philosophe *adj & nmf* filósofo *m*, -fa *f*.
philosophie *nf* filosofía *f*.
phobie *nf* fobia *f*.
phonétique *adj* fonético(ca). ❑ *nf* fonética *f*.
phonographe *nm* fonógrafo *m*.
phoque *nm* foca *f*.
phosphate *nm* fosfato *m*.
phosphore *nm* fósforo *m*.
phosphorescent, e *adj* fosforescente.
photo *adj inv* fotográfico(ca). ❑ *nf* **1.** *(technique)* fotografía *f* **2.** *(image)* foto *f* • **photo d'identité** foto (de tamaño) carné • **y'a pas photo** *fam* no hay color.
photocomposition *nf* fotocomposición *f*.
photocopie *nf* fotocopia *f*.
photocopier *vt* fotocopiar.
photocopieur *nm* fotocopiadora *f*.
photocopieuse *nf* fotocopiadora *f*.
photoélectrique *adj* fotoeléctrico(ca).
photogénique *adj* fotogénico(ca).
photographe *nmf* fotógrafo *m*, -fa *f*.
photographie *nf* fotografía *f*.
photographier *vt* fotografiar.
Photomaton® *nm* fotomatón *m*.
photomontage *nm* fotomontaje *m*.
photoreportage *nm* reportaje *m* fotográfico.
phrase *nf* frase *f*.
physicien, enne *nm, f* físico *m*, -ca *f*.
physiologie *nf* fisiología *f*.
physiologique *adj* fisiológico(ca).
physionomie *nf* fisonomía *f*.
physionomiste *adj & nmf* fisonomista.
physique *adj* físico(ca). ❑ *nf (science)* física *f*. ❑ *nm (constitution)* físico *m*.
physiquement *adv* físicamente.
piaffer *vi* **1.** *(cheval)* piafar **2.** *fig (personne)* saltar.
piailler *vi* **1.** *(oiseau)* piar **2.** *(enfant)* chillar.
pianiste *nmf* pianista *mf*.
piano *nm* piano *m*. ❑ *adv* piano.
pianoter *vi* **1.** *(jouer du piano)* aporrear el piano **2.** *(tapoter)* tamborilear.
piaule *nf fam* cuartucho *m*.
PIB (abrév de produit intérieur brut) *nm* PIB *m* • **hausse/recul/croissance du PIB** alza/retroceso/crecimiento del PIB.
pic *nm* **1.** *(oiseau)* pájaro *m* carpintero **2.** *(outil, montagne)* pico *m* **3.** *fig (maximum)* pico *m* • **pic d'audience** pico de audiencia • **pic de pollution** pico de polución. ■ **à pic** *loc adv* **1.** *(verticalement)* en picado • **couler à pic** irse a pique **2.** *fam & fig (à point nommé)* • **arriver à pic** llegar en el momento justo • **tomber à pic** venir de perilla.
pichenette *nf fam* palpi *m*.
pichet *nm* jarra *f*.
pickpocket *nm* carterista *mf*.
pick-up *nm inv* **1.** *vieilli (tourne-disque)* pick-up *m* **2.** *(camionnette)* camioneta *f* descubierta.
picorer *vt & vi* picotear, picar.
picotement *nm* picor *m*.
pictogramme *nm* pictograma *m*.
pie *adj inv (cheval)* pío(a). ❑ *nf* **1.** *(oiseau)* urraca *f* **2.** *péj (bavard)* loro *m*, cotorra *f*.
pièce *nf* **1.** *(élément)* pieza *f* • **pièce détachée** pieza de recambio • **en pièces détachées** desarmado(da) **2.** *(unité)* unidad *f* • **acheter/vendre qqch à la pièce** comprar/vender algo por unidades • **deux euros pièce** dos euros la pieza **3.** *(document)* documento *m* • **pièce à conviction** prueba *f* • **pièce d'identité** documento de identidad • **pièce jointe** documento adjunto • **juger sur pièces** juzgar prueba en mano **4.** *(œuvre littéraire ou musicale)* obra *f* • **pièce de théâtre** obra de teatro **5.** *(argent)* moneda *f* • **pièce de monnaie** moneda **6.** *COUT* remiendo *m*, pieza *f*. ■ **pièce d'eau** *nf* estanque *m*. ■ **pièce montée** *nf* ≃ pastel *m* de pisos.
pied *nm* **1.** *(gén)* pie *m* • **avoir pied** hacer pie • **faire du pied à qqn** hacer piececitos con alguien • **à pied** a pie • **sur pied** en pie • **c'est le pied !** ¡es genial! **2.** *(de mouton, de veau)* pata *f*.
pied-à-terre *nm inv* apeadero *m (alojamiento de paso)*.
pied-de-biche *nm* **1.** *(outil)* palanca *f* **2.** *COUT* prensatelas *f inv*.
piédestal *nm* pedestal *m* • **mettre qqn sur un piédestal** *fig* poner a alguien en un pedestal.
piedmont = **piémont**.
pied-noir, e *nm, f* francés *m*, -esa *f* nacido(da) en Argelia *(antes de su independencia)*.
piège *nm* trampa *f*.
piéger *vt* **1.** *(animal, personne)* pillar *ou* coger en la trampa • **se trouver piégé** estar metido

en un atolladero **2.** *(voiture, valise)* poner un explosivo en.

piémont, piedmont *nm* llanura *f.*

piercing *nm* piercing *m.*

pierraille *nf* grava *f* **(ESP)**, pedregullo *m* **(AMÉR)**.

pierre *nf* piedra *f.*

pierreries *nfpl* pedrería *f.*

piété *nf* RELIG piedad *f.*

piétiner *vi (ne pas avancer)* estancarse. ❑ *vt* pisotear.

piéton, onne *adj* peatonal. ❑ *nm,f* peatón *m*, -ona *f.*

piétonnier, ère *adj* peatonal.

piètre *adj (avant le nom)* pobre.

pieu *nm* **1.** *(poteau)* estaca *f* **2.** *fam (lit)* sobre *m.*

pieuvre *nf* pulpo *m.*

pieux, euse *adj* **1.** *(personne, livre)* piadoso(sa) **2.** *(soins)* devoto(ta).

pif *nm fam* napia *f*, napias *fpl* • **au pif** a ojímetro.

pigeon *nm* **1.** *(oiseau)* paloma *f* **2.** *fam & péj (dupe)* primo *m.*

pigeonnier *nm (pour les pigeons)* palomar *m.*

pigment *nm* pigmento *m.*

pile *nf* **1.** *(gén)* montón *m*, pila *f* **(ESP)**, ruma *f* **(AMÉR)** **2.** *(électrique)* pila *f* **3.** *(côté d'une pièce)* cruz *f* • **pile ou face** cara o cruz. ❑ *adv fam (heure)* en punto • **il est 7 h pile** son las 7 en punto • **tomber** *ou* **arriver pile a)** *(personne)* llegar al pelo **b)** *(chose)* venir al pelo.

piler *vt* **1.** *(amandes)* machacar **2.** *fam & fig (battre)* machacar. ❑ *vi fam* frenar en seco.

pileux, euse *adj* piloso(sa).

pilier *nm* **1.** *(gén)* pilar *m* **2.** *fig (habitué)* habitual *mf*, asiduo *m*, -dua *f.*

pillard, e *adj & nm,f* saqueador(ra).

piller *vt* **1.** *(ville, magasin)* saquear **2.** *fig (ouvrage, auteur)* plagiar.

pilon *nm* **1.** *(de mortier)* maja *f* **2.** *(de poulet)* pata *f* **3.** *(jambe de bois)* pata *f* de palo.

pilonner *vt* **1.** *(écraser)* machacar **2.** *(livre)* destruir la edición de **3.** MIL bombardear.

pilori *nm* picota *f* • **clouer** *ou* **mettre qqn au pilori** *fig* poner a alguien en la picota.

pilosité *nf* ANAT pilosidad *f.*

pilotage *nm* pilotaje *m* • **pilotage automatique** piloto automático.

pilote *nm* **1.** *(conducteur)* piloto *m* • **pilote de chasse/de course/d'essai** piloto de caza/de carreras/de pruebas • **pilote de ligne** piloto civil **2.** *(poisson)* pez *m* piloto. ❑ *adj* piloto *(en apposition)*.

piloter *vt* **1.** *(véhicule, avion)* pilotar **2.** *(personne)* guiar.

pilotis *nm* pilote *m* • **sur pilotis** sobre pilotes.

pilule *nf* píldora *f* • **pilule du lendemain** píldora del día después • **prendre la pilule** tomar la píldora.

piment *nm* **1.** *(plante)* pimiento *m* **(ESP)**, ají *m* **(AMÉR)** • **piment rouge** guindilla *f* **2.** *fig (piquant)* sabor *m.*

pimpant, e *adj* peripuesto(ta).

pin *nm* pino *m* • **pin parasol** pino piñonero.

pince *nf* **1.** *(instrument)* pinzas *fpl* • **pince à cheveux** horquilla *f* • **pince à épiler** pinzas de depilar • **pince à linge** pinza (de la ropa) **2.** *(de crabe)* COUT pinza *f* **3.** *fam (main)* zarpa *f.*

pinceau *nm* **1.** *(pour peindre)* pincel *m* **2.** *fam (jambe, pied)* pata *f.*

pincée *nf* pellizco *m* • **une pincée de sel** un pellizco de sal.

pincer *vt* **1.** *(entre les doigts - gén)* pellizcar ; *(- cordes d'instrument)* puntear **2.** *(lèvres)* fruncir **3.** *fam & fig (arrêter)* pillar • **il s'est fait pincer** lo han pillado **4.** *(sujet : froid)* azotar. ❑ *vi fam (faire froid)* • **ça pince drôlement aujourd'hui** hoy hace un frío que pela.

pincettes *nfpl* tenazas *fpl.*

pingouin *nm* pingüino *m.*

ping-pong *nm* ping pong *m.*

pinson *nm* pinzón *m.*

pintade *nf* pintada *f.*

pin-up *nf inv* chica *f* de revista ; *fig* tía *f* buena.

pioche *nf* pico *m.*

piocher *vt* **1.** *(terre)* cavar **2.** *(au jeu)* robar **3.** *(prendre au hasard)* coger al azar. ❑ *vi* **1.** *(creuser)* cavar **2.** *(au jeu)* robar **3.** *(choisir)* • **piocher dans qqch** rebuscar en algo.

pion, pionne *nm,f argot* vigilante *mf.* ■ **pion** *nm* **1.** *(aux échecs)* peón *m* **2.** *péj (personne)* peón *m.*

pionnier, ère *nm,f* pionero *m*, -ra *f.*

pipe *nf* pipa *f (para fumar)*.

pipeline, pipe-line *nm (de pétrole)* oleoducto *m* ; *(de gaz)* gasoducto *m.*

pipi *nm fam* pipí *m* • **faire pipi** hacer pipí.

piquant, e *adj* **1.** *(barbe)* rasposo(sa) **2.** *(sauce)* picante **3.** *(froid)* penetrante **4.** *fig (détail)* gracioso(sa). ■ **piquant** *nm* **1.** *(d'animal)* pincho *m* ; *(de végétal)* pincho *m*, espina *f* **2.** *fig (d'une histoire)* gracia *f.*

pique *nf* **1.** *(arme)* pica *f* **2.** *fig (mot blessant)* puya *f* • **lancer des piques à qqn** soltar puyas a alguien. ❑ *nm (aux cartes)* picas *fpl.*

piqué, e *adj* **1.** *(gén)* picado(da) **2.** *fam (personne)* tocado(da) del ala.

pique-assiette *nmf péj* gorrón *m*, -ona *f*, gorrero *m*, -ra *f.*

pique-nique *nm* picnic *m.*

pique-niquer *vi* ir de picnic.

piquer *vt* **1.** *(sujet : animal, froid, fumée)* picar ; *(sujet : barbe, tissu)* rascar, picar **2.** *(sujet : aiguille, épine)* pinchar **3.** *(épingler)* prender **4.** COUT coser

5. *fam (voler)* birlar, levantar **6.** *(curiosité)* picar **7.** *fam (attraper)* pillar. ❏ *vi* **1.** *(plante)* pinchar **2.** *(animal, aliment pimenté)* picar **3.** *fam (voler)* levantar **4.** *(avion)* bajar en picado. ■ **se piquer** *vp* **1.** *(avec épingle, cactus, orties)* pincharse **2.** *fam (se droguer)* picarse, pincharse **3.** *sout (prétendre connaître)* • **se piquer de qqch/de faire qqch** jactarse de algo/de hacer algo **4.** *sout (se vexer)* sentirse ofendido(da).

piquet *nm* **1.** *(petit pieu)* estaca *f* **2.** *(jeu de cartes)* ≃ chinchón *m*.

piqûre *nf* **1.** *(d'insecte, de plante)* picadura *f* **2.** *MÉD* inyección *f* • **faire une piqûre de qqch à qqn** poner una inyección de algo a alguien **3.** *COUT* pespunte *m*.

piratage *nm* **1.** *(gén)* piratería *f* **2.** *INFORM* pirateo *m*.

pirate *adj* pirata. ❏ *nm* pirata *m* • **pirate de l'air** pirata del aire.

pirater *vt* piratear.

pire *adj* peor • **c'est pire que jamais** es peor que nunca. ❏ *nm* • **le pire** lo peor.

pirogue *nf* piragua *f*.

pirouette *nf* **1.** *(gén)* pirueta *f* **2.** *fig (faux-fuyant)* • **répondre** *ou* **s'en tirer par une pirouette** salirse por peteneras.

pis[1] *adj* peor. ❏ *adv* peor • **de mal en pis** de mal en peor.

pis[2] *nm ZOOL* ubre *f*.

pis-aller *nm inv* mal *m* menor.

pisciculture *nf* piscicultura *f*.

piscine *nf* piscina *f* **(ESP)**, alberca *f* **(AMÉR)** • **piscine couverte/découverte/olympique** piscina cubierta/descubierta/olímpica.

pissenlit *nm* diente *m* de león.

pisser *tfam vt* **1.** *(sujet : personne)* mear **2.** *(sujet : plaie)* • **pisser le sang** sangrar (abundantemente). ❏ *vi* mear.

pissotière *nf fam* meadero *m*.

pistache *adj inv (couleur)* pistacho *(en apposition)*. ❏ *nf (fruit)* pistacho *m*.

piste *nf* pista *f* • **piste d'atterrissage** pista de aterrizaje • **piste cyclable** circuito *m* para bicicletas **(ESP)**, ciclovía *f* **(AMÉR)** • **jeu de piste** juego de pistas.

pistil *nm* pistilo *m*.

pistolet *nm* **1.** *(gén)* pistola *f* **2.** *fam (urinal)* orinal *m* **(ESP)**, bacinica *f* **(AMÉR)**.

piston *nm* **1.** *(de moteur, d'instrument)* pistón *m* **2.** *fam (appui)* enchufe *m* **(ESP)**, cuña *f* **(AMÉR)**.

pistonner *vt fam* enchufar • **se faire pistonner** conseguir por enchufe.

pitance *nf vieilli* & *péj* pitanza *f*.

pitbull, pit-bull *nm* pitbull *m*.

piteux, euse *adj* penoso(sa).

pitié *nf* lástima *f*, piedad *f* • **avoir pitié de qqn** sentir lástima por alguien.

piton *nm* **1.** *(de montagne)* pico *m* **2.** *(clou - à anneau)* cáncamo *m* ; *(- à crochet)* alcayata *f*.

pitoyable *adj (triste)* penoso(sa) ; *(mauvais)* lamentable.

pitre *nm* payaso *m*, indio *m*.

pitrerie *nf (gén pl)* payasada *f*.

pittoresque *adj* pintoresco(ca).

pivot *nm* **1.** *(gén)* pivote *m* **2.** *SPORT (au basket)* pívot *mf* **3.** *fig (élément principal)* eje *m*.

pivoter *vi* girar ; *TECHNOL* pivotar.

pixel *nm* píxel *m*.

pixélisé, e *adj INFORM* pixelado(da).

pizza *nf* pizza *f*.

pizzeria *nf* pizzería *f*.

Pl., pl. (abrév de place) Pl., Pza.

placage *nm* chapeado *m*, chapado *m*.

placard *nm* **1.** *(armoire)* armario *m* empotrado • **mettre au placard** *fig* jubilar **2.** *(affiche)* cartel *m* **(ESP)**, afiche *m* **(AMÉR)**.

placarder *vt* fijar (carteles).

placardiser *vt* aislar *(laboralmente)* • **se faire placardiser** ser aislado(da) *(laboralmente)*.

place *nf* **1.** *(espace)* sitio *m* • **prendre de la place** coger *ou* ocupar sitio • **faire place à qqch** dar paso a algo **2.** *(emplacement, position)* lugar *m*, sitio *m* • **à la place de qqn** en lugar de alguien • **à ta place** en tu lugar • **changer qqch de place** cambiar algo de sitio • **prendre la place de qqn** coger el sitio de alguien **3.** *(siège)* asiento *m* ; *(au théâtre)* localidad *f* ; *(au cinéma)* entrada *f* ; *(dans les transports)* billete *m* • **place assise** plaza *f* sentada **4.** *(dans un classement)* lugar *m*, posición *f* **5.** *(de ville) MIL* & *COMM* plaza *f* • **place forte** plaza fuerte **6.** *(emploi)* empleo *m*, plaza *f (de funcionario)* • **perdre sa place** perder su empleo. ■ **sur place** *loc adv* in situ.

placé, e *adj* **1.** *(gén)* situado(da) **2.** *(pour savoir, juger, obtenir, etc)* • **être bien/mal placé pour faire qqch** ser el más/el menos indicado para hacer algo • **il est mal placé pour critiquer** es el menos indicado para criticar • **il est bien placé pour ce poste** es el más indicado para este puesto **3.** *(fondé)* • **c'est de l'orgueil mal placé** no tiene por qué estar orgulloso(sa).

placement *nm* **1.** *(d'argent)* inversión *f* **2.** *(d'employé)* colocación *f* **3.** *(de malade)* internamiento *m*.

placenta *nm* placenta *f*.

placer *vt* **1.** *(gén)* colocar, poner • **placer les petits devant** colocar a los niños delante • **placer qqn comme secrétaire** colocar a alguien de secretaria • **placer sous la protection de/la responsabilité de** poner bajo la protección de/la responsabilidad de • **placer sa confiance en** poner su confianza en • **placer ses espoirs dans** poner sus esperanzas en **2.** *(mot, plaisanterie)* soltar • **je ne peux pas en placer une** no puedo abrir la boca **3.** *(argent - investir)* invertir ; *(- mettre en dépôt)* meter. ■ **se placer** *vp* situarse, colocarse • **ça dépend de quel point de vue on se place** depende del punto de vista del que lo mires.

placide *adj* plácido(da).

plafond *nm* techo *m* • **faux plafond** falso techo.

plafonner *vt* techar. ❑ *vi (prix, salaire)* tocar techo.

plage *nf* **1.** *(de sable)* playa *f* **2.** *(d'ombre)* zona *f*; *(de prix)* gama *f* **3.** *(de disque)* surco *m*. ■ **plage arrière** *nf* bandeja *f*. ■ **plage horaire** *nf* intervalo *m* horario.

plagiat *nm* plagio *m*.

plagier *vt* plagiar.

plaid *nm* manta *f* de viaje.

plaider *vt* DR pleitear • **plaider une affaire** pleitear un caso → **coupable**. ❑ *vi* defender • **plaider contre qqn** pleitear *ou* litigar contra alguien • **plaider pour qqn a)** DR defender a alguien **b)** *fig* disculpar a alguien.

plaidoirie *nf* **1.** DR informe *m* **2.** *fig (art de plaider)* alegato *m*.

plaidoyer *nm* **1.** DR informe *m* **2.** *fig (défense)* alegato *m*.

plaie *nf* **1.** *(blessure)* herida *f* **2.** *fig (morale)* llaga *f* **3.** *fam (calamité)* murga *f*.

plaindre *vt* compadecer. ■ **se plaindre** *vp* quejarse • **se plaindre de qqch/de qqn** quejarse de algo/de alguien.

plaine *nf* planicie *f*, llanura *f*.

plain-pied ■ **de plain-pied** *loc adv* **1.** *(pièce)* a la misma altura **2.** *fig (directement)* de lleno **3.** *fig (au même niveau)* al mismo nivel.

plainte *nf* **1.** *(gémissement)* quejido *m* **2.** *(grief)* queja *f* **3.** DR denuncia *f* • **porter plainte** denunciar • **plainte contre X** denuncia contra persona(s) desconocida(s).

plaintif, ive *adj* quejumbroso(sa).

plaire *vi* • **plaire à qqn** gustarle a alguien • **ça te plairait d'y aller ?** ¿te gustaría ir? • **il me plaît** me gusta • **il plaît beaucoup** gusta mucho • **s'il vous/te plaît** por favor.

plaisance ■ **de plaisance** *loc adj (bateau, navigation, port)* deportivo(va).

plaisancier, ère *nm, f* aficionado *m*, -da *f* a la navegación.

plaisant, e *adj* agradable.

plaisanter *vi* bromear • **tu plaisantes ?** ¿estás de broma?, ¿bromeas? • **plaisanter avec** *ou* **sur qqch** jugar con algo. ❑ *vt* tomar el pelo a.

plaisanterie *nf* broma *f* • **faire une plaisanterie** gastar una broma • **c'était une plaisanterie** *fig* era muy fácil.

plaisantin *nm* bromista *mf*.

plaisir *nm* **1.** *(joie)* placer *m*, gusto *m* • **avoir** *ou* **prendre plaisir à faire qqch** hacer algo con gusto • **faire plaisir à qqn** complacer a alguien • **avec plaisir** con (mucho) gusto • **j'ai le plaisir de vous annoncer qqch/que...** tengo el placer de anunciaros algo/que... **2.** *(de la chair)* placer *m* **3.** *(gén pl) (distractions)* placeres *mpl*.

plan, e *adj* plano(na). ■ **plan** *nm* **1.** *(dessin)* CINÉ plano *m* • **au premier/second plan** en primer/segundo plano *ou* término • **gros plan** primer plano **2.** *(projet)* plan *m* • **faire des plans** hacer planes • **avoir un plan** tener un plan **3.** *(domaine, aspect)* aspecto *m* • **sur le plan de** desde el punto de vista de • **sur le plan professionnel** en el terreno profesional • **sur tous les plans** en todos los aspectos **4.** *(niveau)* • **sur le même plan** al mismo nivel **5.** ÉCON • **plan d'épargne** plan de ahorro. ■ **plan d'eau** *nm* estanque *m*. ■ **plan social** *nm* plan *m* social. ■ **plan de travail** *nm* encimera *f*. ■ **plan vigipirate** *nm* dispositivo *m* de seguridad y vigilancia antiterrorista. ■ **de tout premier plan** *loc adj* excepcional. ■ **en plan** *loc adv* • **laisser en plan** dejar colgado(da).

planche *nf* **1.** *(en bois)* tabla *f* • **planche à découper** tabla de cocina • **planche à dessin** tablero *m* de dibujo • **planche à pain** tabla • **planche à repasser** tabla de planchar • **planche à voile a)** *(objet)* (tabla de) windsurf *m* **b)** SPORT windsurfing *m* • **faire la planche** hacer el muerto *(en el agua)* **2.** *(d'illustration)* lámina *f*. ■ **planches** *nfpl* **1.** *(théâtre)* tablas *fpl* **2.** *(skis)* esquís *mpl*.

plancher[1] *nm* **1.** *(de maison, de voiture)* suelo *m* **2.** *fig (limite)* nivel *m* mínimo.

plancher[2] *vi* • **plancher sur qqch** *fam* currarse algo.

plancton *nm* plancton *m*.

planer *vi* **1.** *(voler - avion, oiseau)* planear ; *(- feuille)* volar **2.** *(fumée, vapeur)* flotar **3.** *fig (danger, mystère)* rondar **4.** *fam (être dans la lune)* estar en las nubes.

planétaire *adj* planetario(ria).

planétarium *nm* planetario *m*, planetarium *m*.

planète *nf* planeta *m*.

planeur *nm* planeador *m*.

planification *nf* planificación *f*.

planifier *vt* planificar.

planning *nm* planning *m*, plan *m* de trabajo • **planning familial** planificación *f* familiar.

planque *nf fam* **1.** *(cachette)* escondrijo *m*, escondite *m* **2.** *(situation privilégiée)* chollo *m*.

plant *nm* **1.** *(jeune plante)* plantón *m* **2.** *(culture)* plantación *f*, plantío *m*.

plantaire *adj* plantar.

plantation *nf* plantación *f*.

plante *nf* planta *f* • **plante d'appartement** *ou* **d'intérieur** *ou* **verte** planta de interior *ou* verde.

planter *vt* **1.** *(arbre, tente)* plantar • **rester planté (quelque part)** quedarse plantado (en alguna parte) • **tout planter là** *(tout abandonner)* dejar todo colgado **2.** *(clou, couteau, regard)* clavar **3.**

fig (décor) situar **4.** *fig (chapeau)* plantarse. ❑ *vi fam* INFORM colgarse. ■ **se planter** *vp* **1.** *(se camper)* plantarse **2.** *fam (avoir un accident)* pegársela **3.** *fam (se tromper)* meter la pata.

plantureux, euse *adj (repas)* copioso(sa) ; *(femme, poitrine)* generoso(sa).

plaque *nf* placa *f* • **plaque chauffante** *ou* **de cuisson** placa eléctrica • **plaque d'immatriculation** *ou* **minéralogique** matrícula *f* • **être à côté de la plaque** *fam* no enterarse (de nada).

plaquer *vt* **1.** *(bijou)* chapar **2.** *(meuble)* contrachapar **3.** *(cheveux)* alisar **4.** *(coller)* • **plaquer qqch/qqn contre qqch** aplastar algo/a alguien contra algo **5.** *(au rugby)* hacer un placaje a **6.** MUS *(accord)* tocar simultáneamente **7.** *fam (abandonner)* dejar colgado(da).

plaquette *nf* **1.** *(petite plaque)* placa *f* **2.** *(de beurre)* pastilla *f* ; *(de chocolat)* tableta *f* **3.** *(de comprimés)* blíster *m* **4.** *(gén pl)* MÉD • **plaquettes sanguines** plaquetas *fpl* sanguíneas **5.** *(petit livre)* folleto *m*.

plasma *nm* plasma *m*.

plastifié, e *adj* plastificado(da).

plastique *adj* plástico(ca). ❑ *nf* **1.** *(en sculpture)* plástica *f* **2.** *(beauté)* belleza *f*. ❑ *nm* plástico *m*.

plastiquer *vt* volar *(con explosivo plástico)*.

plat, e *adj* **1.** *(relief, terrain, toit)* plano(na) **2.** *(assiette)* llano(na) **3.** *fig (style)* soso(sa). ■ **plat** *nm* **1.** *(de la main)* palma *f* **2.** *(récipient)* fuente *f* **3.** *(mets)* plato *m* • **plat du jour** plato del día • **plat de résistance** plato fuerte **4.** *(plongeon)* panzada *f*. ■ **à plat** *loc adj* **1.** *(pneu, roue)* desinflado(da) **2.** *fam (personne)* reventado(da). ❑ *loc adv (horizontalement)* plano.

platane *nm* plátano *m (árbol)*.

plateau *nm* **1.** *(de cuisine)* bandeja *f* (ESP), charola *f* (AMÉR) • **plateau de fromages** tabla *f* de quesos **2.** *(de balance)* platillo *m* **3.** GÉOGR meseta *f* **4.** *(de théâtre)* escenario *m* ; *(de télévision)* plató *m* **5.** *(de vélo)* plato *m*.

plateau-repas *nm* bandeja *f* de comida preparada.

plate-bande *nf* arriate *m* • **marcher sur les plates-bandes de qqn** *fig* meterse en el terreno de alguien.

platée *nf* **1.** *(contenu d'un plat)* plato *m* **2.** *fam (grosse portion)* platazo *m*.

plate-forme *nf* plataforma *f* • **plate-forme de forage** plataforma de perforación • **plate-forme pétrolière** plataforma petrolífera.

platine *adj inv (couleur)* platino *(en apposition)*. ❑ *nm (métal)* platino *m*. ❑ *nf (électrophone)* platina *f* • **platine disque** plato *m* • **platine laser** reproductor *m* de disco compacto, platina láser.

platonique *adj* **1.** *(amour, relation)* platónico(ca) **2.** *sout (protestation, lutte)* inútil.

plâtras *nm* cascote *m*.

plâtre *nm* **1.** *(de construction)* yeso *m* **2.** *(de sculpture, de chirurgie)* escayola *f* **3.** *péj (nourriture indigeste)* bazofia *f*.

plâtrer *vt* **1.** *(mur)* enyesar **2.** MÉD escayolar.

plausible *adj* plausible.

play-back *nm inv* play-back *m*.

play-boy *nm* play-boy *m*.

plébiscite *nm* plebiscito *m*.

pléiade *nf* pléyade *f*.

plein, e *adj* **1.** *(rempli - gén)* lleno(na) ; *(- journée)* apretado(da) • **plein de qqch** lleno de algo **2.** *(confiance)* total **3.** *(femelle)* preñada **4.** *(non creux)* macizo(za), relleno(na) **5.** *fam (ivre)* cargado(da) **6.** *(en intensif)* pleno(na) • **en plein...** *(au milieu de)* en pleno... • **en plein air** al aire libre • **en plein jour** en pleno día • **en plein soleil** a pleno sol • **en pleine rue** en medio de la calle • **en plein milieu** en medio • **en pleine mer** en altamar. ■ **plein** *nm* **1.** *(d'essence)* lleno *m* • **le plein, s'il vous plaît** lleno, por favor **2.** *fig* • **battre son plein** estar en su apogeo. ❑ *adv fam* • **elle a de l'encre plein les doigts** tiene los dedos llenos de tinta. ■ **plein de** *loc prép* mucho(cha) • **plein de bises** muchos besos. ■ **en plein dans** *loc adv* de lleno en, de pleno en. ■ **en plein sur** *loc adv* de lleno sobre, de pleno sobre.

À PROPOS DE

plein

Notez que *plein de* se traduit par l'adjectif ***mucho***, qui s'accorde donc en genre et en nombre avec le nom auquel il se rapporte.

plein-air *nm inv* aire *m* libre. ■ **de plein-air** *loc adj* al aire libre.

plein-temps *nm* jornada *f* completa. ■ **à plein-temps** *loc adj (poste, emploi, employé)* a jornada completa.

plénitude *nf sout* plenitud *f*.

pléonasme *nm* pleonasmo *m*.

pleur *nm (gén pl) sout* llanto *m* • **être en pleurs** estar llorando.

pleurer *vi* llorar • **pleurer de qqch** llorar de algo • **pleurer sur qqch/sur qqn** llorar por algo/por alguien. ❑ *vt* llorar.

pleuvoir *v impers* llover • **il pleut** llueve. ❑ *vi (coups, insultes, invitations)* llover.

Plexiglas® *nm* plexiglás® *m*.

plexus *nm* plexo *m* • **plexus solaire** plexo solar.

pli *nm* **1.** *(de tissu)* pliegue *m* ; *(de jupe)* tabla *f*, pliegue *m* ; *(de pantalon)* raya *f* • **faux pli** arruga *f* **2.** *(marque, ride)* arruga *f* **3.** *fig (habitude)* costumbre *f* **4.** *(lettre)* carta *f* **5.** *(aux cartes)* baza *f*.

pliant, e *adj* plegable.

plier *vt* **1.** *(papier, tissu, vêtement)* doblar **2.** *(chaise, lit, tente)* plegar. ❑ *vi* **1.** *(se courber)* doblarse **2.** *fig (personne)* doblegarse. ■ **se plier** *vp* **1.** *(lit, table)* plegarse **2.** *(personne)* • **se plier à qqch** doblegarse a algo.

plinthe *nf* zócalo *m*.

plissé, e *adj* **1.** *(jupe)* plisado(da), de tablas **2.** *(peau)* arrugado(da) **3.** *(terrain)* plegado(da).

plissement *nm* **1.** *(du front, des yeux)* frunce *m* **2.** GÉOL plegamiento *m*.

plisser *vt* **1.** COUT *(jupe)* plisar, tablear **2.** *(front, yeux, lèvres)* fruncir. ❑ *vi (étoffe)* arrugar.

plomb *nm* **1.** *(métal)* plomo *m* • **ne pas avoir de plomb dans la cervelle** *fam* tener cabeza de chorlito **2.** *(de chasse)* perdigón *m* **3.** *(gén pl)* ÉLECTR • **les plombs** los plomos **4.** *(de pêche)* escandallo *m* **5.** ART *(de vitrail)* emplomado *m*.

plombage *nm* **1.** *(scellement)* precinto *m* **2.** *(de dent)* empaste *m*.

plomber *vt* **1.** *(ligne)* emplomar **2.** *(sceller)* precintar **3.** *(dent)* empastar (ESP), emplomar (AMÉR).

plomberie *nf* fontanería *f* (ESP), plombería *f* (AMÉR).

plombier *nm* fontanero *m* (ESP), plomero *m* (AMÉR).

plonge *nf* • **faire la plonge** fregar los platos *(en un restaurante)*.

plongeant, e *adj* **1.** *(vue)* de pájaro **2.** *(décolleté)* escotado(da).

plongée *nf* **1.** *(immersion)* zambullida *f* **2.** *(sans bouteilles)* buceo *m* • **plongée sous-marine** submarinismo *m* **3.** PHOTO & CINÉ picado *m*.

plongeoir *nm* trampolín *m (de piscina)*.

plongeon *nm* **1.** *(dans l'eau)* zambullida *f* **2.** *(chute)* caída *f* **3.** SPORT *(au football)* palomita *f*.

plonger *vt* **1.** *(immerger)* sumergir **2.** *(enfoncer)* hundir **3.** *(regard)* fijar. ❑ *vi* **1.** *(dans l'eau)* zambullirse ; SPORT hacer submarinismo **2.** SPORT *(gardien de but)* lanzarse. ■ **se plonger** *vp* **1.** *(s'immerger)* sumergirse **2.** *fig (s'adonner à)* • **se plonger dans qqch** sumirse en algo.

plongeur, euse *nm, f* **1.** SPORT buceador *m*, -ra *f* • **plongeur (sous-marin)** submarinista *m* **2.** *(dans un restaurant)* lavaplatos *mf*.

plouc *adj & nmf péj* paleto(ta), palurdo(da).

ployer *sout vt* doblar. ❑ *vi* **1.** *(plier)* doblarse **2.** *fig (céder)* doblegarse.

PLU (abrév de plan local d'urbanisme) *nm* plan *m* municipal de urbanismo.

pluie *nf* lluvia *f* • **une pluie battante** una lluvia recia • **pluies acides** lluvia ácida.

plumage *nm* plumaje *m*.

plume *nf* pluma *f*. ❑ *nm fam* piltra *f*.

plumeau *nm* plumero *m*.

plumer *vt* desplumar.

plumier *nm* plumier *m*, estuche *f* de lápices.

plupart *nf* • **pour la plupart** en su mayoría • **la plupart des gens** la mayoría de la gente • **la plupart du temps** la mayoría de las veces.

pluridisciplinaire *adj* pluridisciplinar.

pluriel, elle *adj* **1.** LING plural **2.** *(société)* pluralista. ■ **pluriel** *nm* LING plural *m*.

plus

■ **plus** *adv*

1. QUANTITÉ

más • **je ne peux pas vous en dire plus** no puedo deciros más • **beaucoup/un peu plus** mucho/un poco más • **il y a (un peu) plus de 15 ans** hace (poco) más de 15 años

2. COMPARATIF

más • **c'est plus simple qu'on (ne) le croit** es más sencillo de lo que se piensa • **il est plus jeune que moi** es más joven que yo • **c'est plus court par là** es más corto por allí • **viens plus souvent** ven más a menudo

3. SUPERLATIF

• **c'est lui qui travaille le plus** el que más trabaja es él • **un de ses tableaux les plus connus** uno de sus cuadros más conocidos • **le plus loin possible** lo más lejos posible

4. DANS UNE CORRÉLATION

• **plus j'y pense, plus je suis persuadé qu'il ment** cuanto más lo pienso, más estoy convencido de que está mintiendo

5. NÉGATION

no más, ni más • **plus un mot !** ¡ni una palabra más! • **plus d'idioties !** ¡basta de tonterías! • **il n'y a plus personne** ya no hay nadie • **il n'a plus d'amis** no le quedan amigos

6. DANS DES NÉGATIONS

• **plus ou moins** más o menos

■ **plus** *nm*

1. SIGNE MATHÉMATIQUE

(signo) más *m* • **le plus est le signe de l'addition** el más es el signo de la suma

2. ATOUT

punto *m* (a favor) • **cette formation est un plus pour toi** esta formación es una baza a tu favor

■ **plus** *prép*

más • **trois plus trois font six** tres más tres igual a seis

■ **au plus** *loc adv*

como mucho • **elle est partie il y a au plus cinq minutes** ha salido como mucho hace cinco minutos • **tout au plus** como máximo

■ **de plus** *loc adv*

1. EN SUPPLÉMENT

de más • **elle a cinq ans de plus que moi** tiene cinco años más que yo

2. EN OUTRE

además • **il est désagréable et de plus agressif** es desagradable y además agresivo, además de desagradable es agresivo

■ **de plus en plus** *loc adv*
cada vez más • **c'est de plus en plus difficile** es cada vez más difícil

■ **en plus** *loc adv*
1. EN SUPPLÉMENT
de más
2. D'AILLEURS
además, encima

■ **en plus de** *loc prép*
además de • **j'ai eu un CD en plus des livres** además de los libros recibí un CD

■ **ni plus ni moins** *loc adv*
ni más ni menos • **elle a appliqué les consignes, ni plus ni moins** ha seguido las consignas, ni más ni menos

■ **on ne peut plus** *loc adv*
a más no poder • **il est on ne peut plus bête** es tonto a más no poder

■ **plus ou moins** *loc adv*
más o menos

À PROPOS DE **Le/La plus**
En espagnol, on ne répète pas l'article défini devant l'adverbe quand le superlatif suit le nom.

plusieurs *adj indéf pl & pron indéf pl* varios(rias).

plus-que-parfait *nm* pluscuamperfecto *m*.

plus-value *nf* **1.** *(gén)* plusvalía *f* **2.** FIN *(excédent)* superávit *m*.

plutôt *adv* **1.** *(de préférence, plus exactement)* más bien • **plutôt** *(+ infinitif)* antes *(+ infinitif)* • **plutôt mourir que (de) céder** antes morir que ceder • **ou plutôt** o mejor dicho **2.** *(au lieu de)* • **plutôt que de** en vez de **3.** *(assez)* bastante.

pluvieux, euse *adj* lluvioso(sa).

pluviométrie *nf* pluviometría *f*.

PME (abrév de petites et moyennes entreprises) *nf* PYME *fpl* • **les salariés des PME** los trabajadores de las PYMEs.

PMI *nf* (abrév de petites et moyennes industries) PMI *f* • **les PME-PMI** las PYME-PMI.

PMU (abrév de Pari mutuel urbain) *nm* **1.** *(jeu)* ≃ quiniela *f* hípica • **jouer au PMU** ≃ jugar a la quiniela hípica **2.** *(bar) pour expliquer ce que c'est, vous pouvez dire* : es un lugar en el que se rellenan y validan los boletos de las quinielas hípicas, situado en general en el interior de un bar.

pneu *nm (de véhicule)* neumático *m* • **pneu avant/arrière** rueda *f* delantera/trasera.

pneumatique *adj* neumático(ca). ❑ *nm (de véhicule)* neumático *m*.

pneumonie *nf* neumonía *f*, pulmonía *f*.

poche *nf* **1.** *(de vêtement, de sac)* bolsillo *m* **2.** *(sac, cavité, déformation)* bolsa *f*. ■ **de poche** *loc adj* de bolsillo.

poché, e *adj* **1.** CULIN escalfado(da) **2.** *(œil)* a la funerala.

pocher *vt* CULIN escalfar.

pochette *nf* **1.** *(d'allumettes)* caja *f* **2.** *(de disque)* funda *f* **3.** *(mouchoir)* pañuelo *m (para adornar un traje)*.

pochoir *nm* plantilla *f* de estarcir.

Podcast® *nm* Podcast® *m*.

podcaster *vt (émission)* podcastear.

podcasting *nm* podcasting *m*.

podium *nm* podio *m*.

poêle *nf* sartén *f* (ESP), paila *f* (AMÉR) • **poêle à frire** sartén. ❑ *nm (chauffage)* estufa *f*.

poème *nm* poema *m*.

poésie *nf* poesía *f*.

poète *adj & nm* poeta.

pognon *nm tfam* pasta *f*.

pogrom, pogrome *nm* pogrom *m*, pogromo *m*.

poids *nm* **1.** *(gén)* peso *m* • **perdre/prendre du poids** perder/ganar peso • **poids lourd a)** *(boxeur)* peso pesado **b)** *(camion)* vehículo *m* pesado • **de poids** *(important)* de peso **2.** *(de balance)* pesa *f*.

poignant, e *adj* desgarrador(ra).

poignard *nm* puñal *m*.

poignarder *vt* apuñalar.

poigne *nf* **1.** *(force du poignet)* fuerza *f* del puño **2.** *fig (autorité)* mano *f* dura • **poigne de fer** mano *f* de hierro.

poignée *nf* **1.** *(contenu de la main, petit nombre)* puñado *m* **2.** *(manche - d'épée, de sabre)* puño *m* ; *(- de valise, de couvercle, de tiroir)* asa *f* ; *(- de porte, de fenêtre)* picaporte *m*. ■ **poignée de main** *nf* apretón *m* de manos.

poignet *nm* puño *m*.

poil *nm* pelo *m* • **à poil a)** *(animal)* de pelo **b)** *fam (tout nu)* en pelotas.

poilu, e *adj* peludo(da).

poinçon *nm* **1.** *(outil)* punzón *m* **2.** *(marque)* contraste *m*.

poinçonner *vt* **1.** *(bijou)* contrastar **2.** *(billet)* picar **3.** *(tôle)* perforar.

poing *nm* puño *m*.

point *nm* punto *m* • **à point** *(cuit)* a punto • **au point mort** AUTO en punto muerto • **être sur le point de faire qqch** estar a punto de hacer algo • **mettre qqch au point** poner algo a punto • **point d'appui** punto de apoyo • **point de chute** sitio *m* donde parar • **point de côté** punzada *f* (en el costado) • **point culminant a)** *(de montagne)* cumbre *f* **b)** *fig* punto culminante • **point d'exclamation/d'interrogation** signo *m* de exclamación/de interrogación • **point faible** punto débil • **point final** punto final • **point noir a)** *(sur la peau)* espinilla *f*, punto negro **b)** *fig* punto negro • **point de non-retour** punto sin retorno • **point de repère** punto de referencia • **point de vente** punto de venta • **point de vue** punto de vista • **points de suspension** puntos suspensivos • **points de suture** puntos de sutura • **à ce point** *(+ adj)* hasta tal punto • **il se sent à ce point honteux qu'il ne m'appelle plus** se siente avergonzado hasta tal punto que ya no me llama • **au point de faire qqch** hasta el punto de hacer algo • **avoir un point commun avec qqn** tener algo en común con alguien • **marquer un point** marcarse un tanto. ❑ *adv vieilli (pas)* • **il n'a point d'argent** no tiene dinero • **ne vous en faites point** no se preocupe. ■ **à tel point que** *loc conj* hasta tal punto que. ■ **points cardinaux** *nmpl* puntos *mpl* cardinales.

pointe *nf* **1.** *(gén)* punta *f* • **en pointe** en punta • **faire des pointes** bailar de puntas • **se hausser sur la pointe des pieds** ponerse de puntillas • **pointe d'asperge** punta *ou* cabeza *f* de espárrago • **une pointe d'ironie** un punto de ironía **2.** *(sommet)* pico *m* • **à la pointe de** *(technique, recherche)* a la vanguardia de. ■ **de pointe** *loc adj* punta *(en apposition)*.

pointer *vt* **1.** *(gén)* apuntar **2.** *(employés)* hacer recuento de **3.** *(diriger)* • **pointer qqch sur/vers** *(arme)* apuntar algo a/hacia • **pointer son doigt vers qqn/qqch** señalar a alguien/a algo. ❑ *vi* **1.** *(au travail)* fichar **2.** *(être en pointe)* ser puntiagudo(da) **3.** *(apparaître - jour)* despuntar ; *(- sentiment)* asomarse **4.** *(à la pétanque)* tirar. ■ **se pointer** *vp fam* presentarse.

pointillé *nm* **1.** *(trait discontinu)* punteado *m* • **en pointillé a)** *(ligne)* de puntos **b)** *(par sous-entendus)* de manera velada **2.** *(perforations)* línea *f* de puntos.

pointilleux, euse *adj* puntilloso(sa).

pointu, e *adj* **1.** *(chose)* puntiagudo(da) ; *(nez)* afilado(da) **2.** *(voix, ton)* agudo(da) **3.** *(approfondi - analyse)* detallado(da) ; *(- formation)* muy especializado(da).

pointure *nf* número *m*.

point-virgule *nm* punto y coma *m*.

poire *nf* **1.** *(fruit)* pera *f* **2.** *fam (tête)* jeta *f* **3.** *fam (naïf)* primo *m*, -ma *f*.

poireau *nm* puerro *m*.

poireauter, poiroter *vi fam* estar de plantón.

poirier *nm (arbre)* peral *m*.

pois *nm* **1.** *(gén)* guisante *m* **(ESP)**, arveja *f* **(AMÉR)** • **petit pois** guisante • **pois chiche** garbanzo *m* **2.** *(motif)* lunar *m* • **à pois** de lunares.

poison *nm* veneno *m* ; *fig* peste *f*.

poisse *nf fam* mala pata *f* • **porter la poisse** gafar, ser gafe.

poisseux, euse *adj* pegajoso(sa).

poisson *nm (animal)* pez *m* ; *(mets)* pescado *m* • **poisson d'avril a)** *fig (plaisanterie)* ≃ inocentada *f* **b)** *(poisson en papier)* ≃ monigote *m* • **poisson d'avril !** ≃ ¡inocente! • **poisson rouge** pez *m* de colores. ■ **Poissons** *nmpl* ASTROL Piscis *m inv*.

poissonnerie *nf* **1.** *(boutique)* pescadería *f* **2.** *(métier)* pesca *f*.

poissonnier, ère *nm,f* pescadero *m*, -ra *f*.

poitrine *nf* **1.** *(gén)* pecho *m* **2.** *(viande)* panceta *f (de cerdo)*.

poivre *nm* pimienta *f* • **poivre blanc/gris/noir** pimienta blanca/gris/negra.

poivron *nm* pimiento *m* (morrón) **(ESP)**, ají *m* **(AMÉR)** • **poivron rouge/vert** pimiento rojo/verde.

poker *nm* póker *m*, póquer *m*.

polaire *adj* polar. ❑ *nf (textile, vêtement)* forro *m* polar, polar *m*.

pôle *nm* polo *m* • **le pôle Nord** el polo Norte • **le pôle Sud** el polo Sur • **pôle magnétique** polo magnético • **pôle d'attraction** centro de atracción • **pôle de développement** ÉCON polo de desarrollo. ■ **Pôle emploi** *nm organismo público francés para el empleo* ; ≃ SPE *m (Servicio Público de Empleo)*.

polémique *adj* polémico(ca). ❑ *nf* polémica *f*.

poli, e *adj* **1.** *(personne)* educado(da) **2.** *(surface, marbre)* pulido(da). ■ **poli** *nm (aspect)* pulimento *m*.

police *nf* **1.** *(force publique)* policía *f* • **être de** *ou* **dans la police** estar en la policía • **police secours** servicio *m* urgente de policía *(para socorrer a accidentados y enfermos de gravedad)* **2.** *(assurance)* • **police (d'assurance)** póliza *f* (de seguros) **3.** *(de caractères)* • **police (de caractères)** fuente *f* (de caracteres).

polichinelle *nm* polichinela *m*.

policier, ère *adj* **1.** *(régime, mesure)* policial **2.** *(roman, film)* policíaco(ca), policiaco(ca). ❑ *nm,f* policía *mf*.

poliomyélite *nf* poliomielitis *f inv*.

polir *vt* pulir.

polisson, onne *adj* pícaro(ra). ❑ *nm,f* pillo *m*, -lla *f*.

politesse *nf* **1.** *(qualité)* cortesía *f* **2.** *(acte)* cumplido *m*.

politicien, enne *adj* • **la politique politicienne** el politiqueo. ❑ *nm,f* político *m*, -ca *f*.

politique *adj* político(ca) • **un homme/une femme politique** un político/una (mujer) política. ❑ *nf* política *f* • **politique d'ouverture** aperturismo *m*. ❑ *nm* • **le politique** lo político.

politiquement *adv* políticamente • **politiquement correct** políticamente correcto.

politiser *vt* politizar.

pollen *nm* polen *m*.

polluer *vt* contaminar.

pollution *nf* contaminación *f*, polución *f*.

polo *nm (vêtement)* SPORT polo *m*.

Pologne *npr* • **la Pologne** Polonia.
poltron, onne *adj & nm,f* cobarde.
polychrome *adj* polícromo(ma), policromo(ma).
polyclinique *nf* policlínica *f.*
polycopier *vt* policopiar, multicopiar.
polyester *nm* poliéster *m.*
polygamie *nf* poligamia *f.*
polyglotte *adj & nmf* políglota, poliglota.
polygone *nm* polígono *m.*
polymère *adj* polímero(ra). ❑ *nm* polímero *m.*
Polynésie *npr* • **la Polynésie** Polinesia • **la Polynésie française** la Polinesia francesa.
polysémique *adj* polisémico(ca).
polystyrène *nm* poliestireno *m.*
polytechnicien, enne *nm,f* alumno *m,* -na *f* de la Escuela Politécnica.
polyvalent, e *adj* polivalente.
pommade *nf* pomada *f.*
pomme *nf* **1.** *(fruit)* manzana *f* • **pomme de pin** piña *f* (piñonera) **2.** *(pomme de terre)* • **pommes allumettes/vapeur** patatas *fpl* paja/al vapor **3.** *fam (tête)* • **ma/ta pomme** mi/tu menda. ■ **pomme d'Adam** *nf* nuez *f* de Adán.
pomme de terre *nf* patata *f* (ESP), papa *f* (AMÉR) • **pomme de terres de terre frites** patatas fritas.
pommette *nf* pómulo *m.*
pommier *nm* manzano *m.*
pompe *nf* **1.** *(appareil)* bomba *f* • **pompe à essence** surtidor *m* de gasolina **2.** *(magnificence)* pompa *f* **3.** *fam (chaussure)* zapato *m.*
pomper *vt* **1.** *(air, eau)* bombear **2.** *(avec éponge, buvard)* chupar **3.** *fam (fatiguer)* baldar.
pompette *adj fam* piripi, alegre.
pompeux, euse *adj* pomposo(sa).
pompier *nm* bombero *m.*
pompiste *nmf* dependiente *mf* de una gasolinera.
pompon *nm* pompón *m* • **c'est le pompon !** *fam* ¡es el colmo!
pomponner ■ **se pomponner** *vt* emperifollarse.
poncer *vt* lijar.
ponceuse *nf* lijadora *f.*
ponction *nf* **1.** MÉD punción *f* **2.** *fig (prélèvement)* sangría *f.*
ponctualité *nf* puntualidad *f.*
ponctuation *nf* puntuación *f.*
ponctuel, elle *adj* puntual.
pondéré, e *adj* ponderado(da).
pondérer *vt* ponderar.
pondre *vt* **1.** *(œuf)* poner **2.** *fam (projet, texte)* gestar.
poney *nm* poney *m.*
pont *nm* puente *m* • **pont aérien** puente aéreo • **ponts et chaussées** ADMIN ≃ MOPU *m.*
ponte *nf* puesta *f (de huevos).* ❑ *nm* **1.** *(au jeu)* punto *m (contra la banca)* **2.** *fam (autorité)* eminencia *f* ; *fam (de la mafia, du crime)* capo *m.*
pont-levis *nm* puente *m* levadizo.
ponton *nm* pontón *m.*
pop *adj inv, nm & nf* pop.
pop-corn *nm inv* palomita *f* (de maíz).
populace *nf péj* populacho *m.*
populaire *adj* popular.
populariser *vt* popularizar.
popularité *nf* popularidad *f.*
population *nf* población *f* • **population active** población activa.
populisme *nm* populismo *m.*
populiste *adj & nmf* populista.
pop-up *nm & nm* pop-up *m,* ventana *f* emergente.
porc *nm* **1.** *(animal, viande)* cerdo *m* (ESP), chancho *m* (AMÉR) **2.** *(peau)* piel *f* de cerdo **3.** *péj (personne)* cochino *m.*
porcelaine *nf (matière, objet)* porcelana *f.*
porc-épic *nm* puerco *m* espín.
porche *nm* porche *m.*
porcherie *nf* pocilga *f.*
porcin, e *adj* **1.** *(élevage, race)* porcino(na) **2.** *(regard, yeux)* de cerdo degollado. ■ **porcin** *nm* porcino *m.*
pore *nm* poro *m.*
poreux, euse *adj* poroso(sa).
porno *adj & nm* porno.
pornographie *nf* pornografía *f.*
porosité *nf* porosidad *f.*
port *nm* **1.** *(lieu)* puerto *m* • **port de commerce/de pêche** puerto comercial/pesquero **2.** *(transport, allure)* porte *m* • **port d'armes** tenencia *f* de armas.
portable *adj* **1.** *(vêtement)* llevable **2.** *(machine à écrire, ordinateur)* portátil. ❑ *nm* **1.** INFORM portátil *m* **2.** *(téléphone)* móbil *m.*
portail *nm (gén)* INFORM portal *m.*
portant, e *adj* • **être bien/mal portant** estar en buen/en mal estado de salud. ■ **portant** *nm (au théâtre)* bastidor *m.*
portatif, ive *adj* portátil.
porte *nf* puerta *f* • **écouter aux portes** escuchar detrás de las puertas • **mettre qqn à la porte** poner a alguien de patitas en la calle • **porte de communication** puerta comunicante • **porte d'entrée/de secours** puerta de entrada/de emergencia.
porte-à-faux *nm inv* • **en porte-à-faux a)** CONSTR en falso **b)** *fig* en una situación incómoda.
porte-à-porte *nm inv* puerta a puerta *m* • **faire du porte-à-porte** hacer el puerta a puerta.

porte-avions *nm inv* portaviones *m inv*, portaaviones *m inv*.
porte-bagages *nm inv* portaequipajes *m inv*.
porte-bébé *nm* mochila *f* portabebés.
porte-bonheur *nm inv* amuleto *m*.
porte-clefs, porte-clés *nm inv* llavero *m*.
porte-documents *nm inv* portafolios *m inv*.
portée *nf* **1.** *(distance, importance)* alcance *m* • **à portée de qqch** al alcance de algo • **à la portée de qqn** al alcance de alguien **2.** *MUS* pentagrama *m* **3.** *(de chiots, chatons)* camada *f*.
porte-fenêtre *nf* puerta *f* vidriera.
portefeuille *nm* **1.** *(étui)* cartera *f* **2.** *FIN* cartera *f* de valores.
porte-jarretelles *nm inv* liguero *m*.
portemanteau *nm* perchero *m*.
portemine *nm* portaminas *m inv*.
porte-monnaie *nm inv* monedero *m*.
porte-parole *nm inv* portavoz *mf*.
porter *vt* **1.** *(gén)* llevar **2.** *(soutenir)* sostener **3.** *(inscrire)* asentar • **porté disparu** dado por desaparecido **4.** *(présenter)* presentar **5.** *(diriger)* dirigir. ❑ *vi* **1.** *(s'appuyer)* • **porter sur qqch** apoyarse en algo **2.** *(avoir un effet)* surtir efecto **3.** *(voix, tir)* alcanzar. ■ **se porter** *vp* **1.** *(personne)* encontrarse • **il se porte bien/mal** se encuentra bien/mal **2.** *(vêtement)* llevarse **3.** *(se présenter)* presentarse • **se porter volontaire** presentarse voluntario(ria).
porte-savon *nm* jabonera *f*.
porte-serviettes *nm inv* toallero *m*.
porteur, euse *adj* **1.** *(gén)* portador(ra) **2.** *(marché, créneau)* con salida. ❑ *nm,f* **1.** *(de maladie)* portador *m*, -ra *f* **2.** *FIN (d'actions)* tenedor *m*, -ra *f* • **au porteur** *(chèque)* al portador. ■ **porteur** *nm (de bagages)* mozo *m* de equipajes.
portier, ère *nm,f* portero *m*, -ra *f*.
portière *nf (de voiture)* portezuela *f* ; *(de train)* puerta *f*.
portion *nf* **1.** *(partie)* porción *f* **2.** *(ration)* ración *f*.
portique *nm* pórtico *m*.
porto *nm* oporto *m*.
Porto Rico, Puerto Rico *npr* • **le Porto Rico** Puerto Rico.
portrait *nm* retrato *m*.
portraitiste *nmf* retratista *mf*.
portrait-robot *nm* retrato *m* robot.
portuaire *adj* portuario(ria).
portugais, e *adj* portugués(esa). ■ **portugais** *nm LING* portugués *m*. ■ **Portugais, e** *nm,f* portugués *m*, -esa *f*.
Portugal *npr* • **le Portugal** Portugal.
pose *nf* **1.** *(mise en place)* colocación *f* **2.** *(attitude)* pose *f* **3.** *PHOTO* exposición *f*.
posé, e *adj* pausado(da).
poser *vt* **1.** *(objet)* poner **2.** *(question)* hacer, plantear **3.** *(principe, hypothèse, problème)* plantear. ❑ *vi* **1.** *(modèle)* posar **2.** *(avoir une attitude affectée)* presumir. ■ **se poser** *vp* **1.** *(oiseau, avion)* posarse **2.** *(objet, main)* colocarse **3.** *(se présenter - problème)* plantearse ; *(- question)* hacerse.
poseur, euse *adj & nm,f* engreído(da).
positif, ive *adj* positivo(va). ■ **positif** *nm* positivo *m*.
position *nf* **1.** *(gén)* posición *f* • **prendre position** tomar partido **2.** *(du corps)* postura *f*.
positionnement *nm* posicionamiento *m*.
positiver *vt* positivizar.
posologie *nf* posología *f*.
posséder *vt* **1.** *(gén)* poseer **2.** *(langue, art)* dominar **3.** *fam (duper)* • **il s'est fait posséder** le han dado gato por liebre.
possesseur *nm* poseedor *m*, -ra *f*.
possessif, ive *adj* posesivo(va). ■ **possessif** *nm GRAMM* posesivo *m*.
possession *nf* **1.** *(gén)* posesión *f* • **en ma/ta** *etc* **possession** en mi/tu *etc* posesión **2.** *(de soi, d'une langue)* dominio *m*.
possibilité *nf* posibilidad *f*.
possible *adj* **1.** *(gén)* posible • **c'est/ce n'est pas possible a)** *(réalisable)* es/no es posible **b)** *(probable)* puede/no puede ser **2.** *fam (supportable)* soportable • **ce n'est plus possible** es insoportable. ❑ *nm* posible *m*. ■ **au possible** *loc adv* a más no poder.
post *nm (sur réseau socailt)* post *m*.
postal, e *adj* postal.
poste *nf* correos *m inv* • **envoyer/recevoir par la poste** enviar/recibir por correo • **poste restante** lista *f* de correos. ❑ *nm* **1.** *(emplacement, emploi)* puesto *m* • **poste de police/de secours** puesto de policía/de socorro **2.** *(appareil)* aparato *m* • **poste de radio/de télévision** aparato de radio/de televisión.
poster *vt* **1.** *(lettre)* echar al correo **2.** *(sentinelle)* apostar. ■ **se poster** *vp* apostarse.
postérieur, e *adj* posterior. ■ **postérieur** *nm fam* trasero *m*.
posteriori ■ **a posteriori** *loc adv* a posteriori.
postérité *nf* posteridad *f*.
posthume *adj* póstumo(ma).
postiche *adj (cheveux, mèche)* postizo(za). ❑ *nm* postizo *m*.
postier, ère *nm,f* empleado *m*, -da *f* de correos.
postillonner *vi* echar perdigones.
Post-it® *nm inv* Post-it® *m*.
postmoderne *adj* posmoderno(na).
post-scriptum *nm inv* post scriptum *m*, posdata *f*.

post-traumatique *adj MÉD* postraumático(ca).

postulant, e *nm,f (candidat)* solicitante *mf*; *RELIG* postulante *mf*.

postuler *vi* • **postuler à qqch** solicitar algo. ❑ *vt* postular.

posture *nf* postura *f* • **être** *ou* **se trouver en mauvaise posture** *fig* estar *ou* hallarse en una mala situación.

pot *nm* **1.** *(récipient)* bote *m* • **pot de chambre** orinal *m* • **pot de fleurs** maceta *f* **2.** *fam (boisson)* copa *f* • **faire un pot** dar una copa **3.** *fam (chance)* potra *f* • **avoir du pot** tener chorra. ■ **pot catalytique** *nm* catalizador *m*. ■ **pot d'échappement** *nm* tubo *m* de escape.

potable *adj* potable.

potache *nm fam* colegial *m*.

potage *nm* sopa *f*.

potasser *vt fam* empollar.

potassium *nm* potasio *m*.

pot-au-feu *nm inv* **1.** *(plat)* ≃ cocido *m* **(ESP)** ; ≃ ajiaco *m* **(AMÉR)** **2.** *(viande)* carne *f* del cocido.

pot-de-vin *nm* unto *m*, soborno *m* **(ESP)**, mordida *f* **(AMÉR)**.

pote *nmf fam* colega *mf (amigo)*.

poteau *nm* poste *m* • **poteau indicateur** poste indicador.

potelé, e *adj* regordete(ta).

potence *nf* **1.** *CONSTR* jabalcón *m* **2.** *(gibet)* horca *f*.

potentiellement *adv* potencialmente.

poterie *nf* **1.** *(art)* alfarería *f*, cerámica *f* **2.** *(objet)* cerámica *f*, objeto *m* de alfarería.

potiche *nf* **1.** *(vase)* jarrón *m* de porcelana **2.** *fam (personne)* • **être une potiche** estar de adorno.

potier, ère *nm,f* alfarero *m*, -ra *f*.

potin *nm fam* **1.** *(bruit)* jaleo *m*, alboroto *m* **(ESP)**, mitote *m* **(AMÉR)** • **faire du potin** armar jaleo **2.** *(gén pl) (ragot)* chisme *m*, cotilleo *m*.

potion *nf* poción *f*, pócima *f*.

potiron *nm* calabaza *f* **(ESP)**, guacal *m* **(AMÉR)**.

pot-pourri *nm* **1.** *MUS* popurrí *m* **2.** *(mélange odorant)* saquito *m* de olor.

pou *nm* piojo *m*.

poubelle *nf* **1.** *(gén)* cubo *m* de la basura • **mettre qqch à la poubelle** tirar algo a la basura **2.** *INFORM* papelera *f*.

pouce *nm* **1.** *(doigt)* pulgar *m* **2.** *(mesure)* pulgada *f*. ❑ *interj* • **pouce !** ≃ ¡alto!

poudre *nf* **1.** *(substance)* polvo *m* **2.** *(explosif)* pólvora *f* **3.** *(fard)* polvos *mpl* • **prendre la poudre d'escampette** tomar las de Villadiego.

poudreux, euse *adj* en polvo. ■ **poudreuse** *nf* nieve *f* en polvo.

poudrier *nm* **1.** *(boîte)* polvera *f* **2.** *(fabricant d'explosifs)* fabricante *mf* de pólvora.

poudrière *nf* polvorín *m*.

pouf *nm* puf *m*. ❑ *interj* ¡paf!

pouffer *vi* • **pouffer de rire a)** *(une fois)* reventar de risa **b)** *(continuellement)* tener la risa tonta.

pouffiasse *nf vulg* & *péj* zorra *f*.

pouilleux, euse *adj* **1.** *(qui a des poux)* piojoso(sa) **2.** *(habitation, vêtement)* asqueroso(sa). ❑ *nm,f* piojoso *m*, -sa *f*.

poulailler *nm* gallinero *m*.

poulain *nm* **1.** *ZOOL* potro *m* **2.** *fig (débutant)* pupilo *m*.

poule *nf* **1.** *ZOOL* gallina *f* **2.** *fam* & *péj (femme)* fulana *f* **3.** *SPORT* liga *f*.

poulet *nm* **1.** *(animal, viande)* pollo *m* **(ESP)**, ave *f* **(AMÉR)** • **poulet rôti** pollo asado **2.** *fam (policier)* madero *m*.

pouliche *nf* potranca *f*.

poulie *nf* polea *f*.

poulpe *nm* pulpo *m*.

pouls *nm* pulso *m* • **prendre le pouls de qqn** tomar el pulso a alguien.

poumon *nm* pulmón *m*.

poupe *nf* popa *f* • **avoir le vent en poupe** *fig* ir viento en popa.

poupée *nf* **1.** *(jouet)* muñeca *f* **2.** *fam (pansement)* dedil *m*.

poupon *nm* **1.** *(jouet)* pepona *f* **2.** *(bébé)* bebé *m*.

pouponnière *nf* guardería *f*.

pour

■ **pour** *prép*

1. INDIQUE LA DESTINATION GÉOGRAPHIQUE

para • **un billet pour Rouen, s'il vous plaît** un billete para Ruan por favor

2. INDIQUE LE BÉNÉFICIAIRE D'UNE ACTION

• **acheter un cadeau pour qqn** comprar un regalo para alguien

3. INDIQUE LE TERME D'UN DÉLAI

para • **il faut finir ce travail pour lundi** hay que terminar este trabajo para el lunes

4. INDIQUE LE POINT DE VUE

para • **pour moi, elle a raison** para mí, ella tiene razón

5. INDIQUE LE BUT

• **pour éviter un accident** para evitar un accidente • **j'ai pris le métro pour aller plus vite** he cogido el metro para ir más deprisa

6. INDIQUE LA CAUSE, LA MOTIVATION

por • **il est tombé malade pour avoir mangé trop d'huîtres** se puso enfermo por haber comido demasiadas ostras • **voyager pour son plaisir** viajar por placer

7. INDIQUE LA DURÉE
por • **il est sous contrat pour trois mois** tiene un contrato por tres meses

8. INDIQUE L'ÉQUIVALENCE OU LA SUBSTITUTION
por • **employer un mot pour un autre** utilizar una palabra por otra

9. À L'ÉGARD DE
por • **son amour pour lui** su amor por él • **ne t'en fais pas pour moi** no te preocupes por mí

■ **pour** *adv*
a favor • **je suis pour** estoy a favor • **n'être ni pour ni contre** no estar ni a favor ni en contra

■ **pour** *nm*
• **le pour et le contre** los pros y los contras

■ **pour ce qui est de** *loc prép*
EN CE QUI CONCERNE
en lo que se refiere a • **pour ce qui est des vacances, on en parlera plus tard** en lo que se refiere a las vacaciones, hablaremos de ello más tarde

■ **pour que** *loc conj*
para que *(+ subjonctif)* • **j'ai changé la date pour que tu puisses venir** he cambiado la fecha para que puedas venir

pourboire *nm* propina *f*.
pourcentage *nm* porcentaje *m*.
pourchasser *vt* perseguir.
pourlécher ■ **se pourlécher** *vp* relamerse.
pourparlers *nmpl* conversaciones *fpl*, negociaciones *fpl*.
pourpre *adj, nm & nf* púrpura.
pourquoi *adv* por qué • **pourquoi es-tu venu ?** ¿por qué has venido? • **pourquoi pas ?** ¿por qué no? • **je ne comprends pas pourquoi il est venu** no entiendo por qué ha venido • **c'est pourquoi…** por eso.... ❑ *nm inv* **1.** *(raison)* • **le pourquoi (de)** el porqué (de) **2.** *(question)* • **les pourquoi** las preguntas.
pourri, e *adj* **1.** *(fruit, personne, milieu)* podrido(da) **2.** *(enfant)* mimado(da).
pourrir *vt* **1.** *(matière, aliment)* pudrir **2.** *(enfant)* mimar. ❑ *vi* pudrirse.
pourrissement *nm* podredumbre *f*.
pourriture *nf* **1.** *(gén)* podredumbre *f* **2.** *péj (personne)* canalla *m*.
poursuite *nf (recherche - d'une personne)* persecución *f*; *(d'argent, de la vérité)* afán *m*. ■ **poursuites** *nfpl* DR diligencias *fpl*.
poursuivre *vt* **1.** *(gén)* perseguir • **poursuivre qqn de** *(menaces, assiduités)* acosar a uno con **2.** *(enquête, travail)* proseguir • **poursuivez, je vous écoute** prosiga, le escucho.
pourtant *adv* sin embargo.
pourtour *nm* perímetro *m*.
pourvoi *nm* recurso *m* • **pourvoi en cassation** recurso de casación.
pourvoir *vt* • **pourvoir qqch/qqn de qqch** dotar algo/a alguien de algo. ❑ *vi* • **pourvoir aux besoins de qqn** satisfacer las necesidades de alguien.
pourvu, e ■ **pourvu que** *loc conj (+ subjonctif)* **1.** *(à condition que)* siempre que, con tal que **2.** *(espérons que)* ojalá.
pousse *nf* **1.** *(croissance)* crecimiento *m* **2.** *(bourgeon)* brote *m*.
pousse-café *nm inv fam* copa *f (después del café)*.
poussée *nf* **1.** *(pression)* empuje *m* **2.** *(de fièvre, de maladie)* acceso *m* **3.** *(progression)* subida *f*, ascenso *m*.
pousse-pousse *nm inv* **1.** *(voiture)* culí *m* **2.** (SUISSE) *(poussette)* cochecito *m* de niño.
pousser *vt* **1.** *(personne, objet)* empujar • **pousser qqn à faire qqch/à qqch** empujar a alguien a hacer algo/a algo **2.** *(moteur, voiture)* forzar **3.** *(recherche, étude)* proseguir **4.** *(cri, soupir)* dar, lanzar. ❑ *vi* **1.** *(cheveux, plante, enfant)* crecer **2.** *(poursuivre son chemin)* • **pousser jusqu'à…** seguir hasta… **3.** *fam (exagérer)* pasarse. ■ **se pousser** *vp* **1.** *(laisser la place)* echarse a un lado, apartarse **2.** *(se donner des coups)* empujarse.
poussette *nf* cochecito *m* de niño.
poussière *nf* polvo *m* • **avoir une poussière dans l'œil** tener una mota en el ojo.
poussiéreux, euse *adj* polvoriento(ta).
poussif, ive *adj* **1.** *(personne)* que se ahoga con facilidad **2.** *(moteur)* que se ahoga.
poussin *nm* **1.** ZOOL polluelo *m* **2.** SPORT alevín *m*.
poutre *nf* **1.** CONSTR viga *f* **2.** SPORT potro *m*.
poutrelle *nf* vigueta *f*.
pouvoir *nm* poder *m* • **pouvoir d'achat** poder adquisitivo • **les pouvoirs publics** los poderes públicos. ❑ *vt* poder • **pouvez-vous/peux-tu faire quelque chose ?** ¿puede/puedes hacer algo? • **je n'en peux plus** no puedo más • **il est on ne peut plus sûr de lui** no puede estar más seguro de sí mismo. ■ **se pouvoir** *v impers* • **il se peut que** puede que • **il se peut qu'il arrive en retard** puede que llegue tarde.
PQ[1] (abrév de papier-cul) *nm tfam* papel *m* de wáter • **un rouleau de PQ** un rollo de papel de wáter.
PQ[2] **1.** (abrév de province du Québec) provincia *f* de Quebec **2.** (abrév de premier quartier (de lune)) cuarto *m* creciente.
PR abrév de **poste restante**.
pragmatique *adj* pragmático(ca).
Prague *npr* Praga.
prairie *nf* prado *m*, pradera *f*.
praliné *nm* praliné *m*.

praticable *adj* practicable. ❑ *nm* **1.** *THÉÂTRE* practicable *m* **2.** *CINÉ* grúa *f* móvil.
praticien, enne *nm,f* médico *mf*.
pratiquant, e *adj & nm,f* practicante.
pratique *adj* práctico(ca). ❑ *nf* práctica *f* • **mettre qqch en pratique** poner algo en práctica.
pratiquement *adv* **1.** *(en fait)* en la práctica **2.** *(quasiment)* prácticamente.
pratiquer *vt* practicar.
pré *nm* prado *m*.
préado (abrév de préadolescent) *nmf fam* preadolescente *mf*.
préadolescent, e *nm,f* preadolescente *mf*.
préalable *adj* previo(via). ❑ *nm* condición *f* previa. ■ **au préalable** *loc adv* previamente.
préambule *nm* **1.** *(introduction, propos)* preámbulo *m* **2.** *fig (prélude)* preludio *m*.
préau *nm* patio *m*.
préavis *nm* preaviso *m*.
précaire *adj* precario(ria).
précariser *vt* precarizar.
précarité *nf* precariedad *f*.
précaution *nf* precaución *f*.
précédent, e *adj* precedente, anterior. ■ **précédent** *nm DR* precedente *m* • **sans précédent** sin precedentes.
précéder *vt* **1.** *(gén)* preceder **2.** *(arriver avant)* adelantarse a.
précepte *nm* precepto *m*.
précepteur, trice *nm,f* preceptor *m*, -ra *f*.
prêcher *vt & vi* predicar.
précieux, euse *adj* **1.** *(objet, pierre, métal)* precioso(sa) **2.** *(collaborateur)* preciado(da) **3.** *(style)* afectado(da) **4.** *LITTÉR* preciosista.
précipice *nm* precipicio *m*.
précipitation *nf* precipitación *f*. ■ **précipitations** *nfpl MÉTÉOR* precipitaciones *fpl*.
précipité *nm* precipitado *m*.
précipiter *vt* precipitar • **précipiter qqch/qqn du haut de** precipitar algo/a alguien desde lo alto de. ■ **se précipiter** *vp (gén)* precipitarse.
précis, e *adj* **1.** *(rapport, mesure)* preciso(sa) **2.** *(heure)* fijo(ja) • **à 6 heures précises** a las seis en punto. ■ **précis** *nm* compendio *m*.
précisément *adv* **1.** *(avec précision)* con precisión **2.** *(exactement)* exactamente **3.** *(justement)* precisamente.
préciser *vt* precisar. ■ **se préciser** *vp* precisarse, concretarse.
précision *nf* **1.** *(exactitude)* precisión *f* **2.** *(détail)* detalle *m*.
précoce *adj* **1.** *(plante, fruit)* precoz, temprano(na) **2.** *(enfant)* precoz.
précolombien, enne *adj* precolombino(na).
préconçu, e *adj* preconcebido(da).
préconiser *vt* preconizar • **il préconise que vous pratiquiez un sport** le aconseja que practique un deporte.
précurseur *adj m* precursor(ra). ❑ *nm* precursor *m*.
prédateur, trice *adj* depredador(ra), predador(ra). ■ **prédateur** *nm* depredador *m*.
prédécesseur *nm* predecesor *m*, antecesor *m*.
prédestination *nf* predestinación *f*.
prédestiner *vt* predestinar • **être prédestiné à faire qqch/à qqch** estar predestinado a hacer algo/a algo.
prédicateur, trice *nm,f* predicador *m*, -ra *f*.
prédiction *nf* predicción *f*.
prédilection *nf* predilección *f* • **avoir une prédilection pour qqch/pour qqn** tener predilección por algo/por alguien.
prédire *vt* predecir.
prédisposition *nf* • **prédisposition à qqch** predisposición a algo.
prédominer *vi* predominar.
préencollé, e *adj* engomado(da).
préfabriqué, e *adj* **1.** *(maison, immeuble)* prefabricado(da) **2.** *(accusation)* amañado(da). ■ **préfabriqué** *nm* construcción *f* prefabricada.
préface *nf* prólogo *m*, prefacio *m*.
préfacer *vt* prologar.
préfectoral, e *adj* de la prefectura.
préfecture *nf* prefectura *f*; ≃ gobierno *m* civil • **préfecture de police** jefatura *f* de policía.
préférable *adj* preferible.
préféré, e *adj & nm,f* preferido(da).
préférence *nf* **1.** *(prédilection)* preferencia *f* • **de préférence** preferentemente, de preferencia **2.** *(choix)* elección *f* • **quelle est ta préférence ?** ¿cuál prefieres?
préférentiel, elle *adj* preferente.
préférer *vt* preferir • **préférer qqch/qqn (à qqch/à qqn)** preferir algo/a alguien (a algo/a alguien) • **je préfère ça !** ¡eso está mejor!
préfet *nm* prefecto *m*.
préfixe *nm* prefijo *m*.
préhispanique *adj* prehispánico(ca).
préhistoire *nf* prehistoria *f*.
préhistorique *adj* prehistórico(ca).
préinscription *nf* preinscripción *f*.
préjudice *nm* perjuicio *m* • **porter préjudice à qqn** perjudicar a alguien.
préjugé *nm* prejuicio *m* • **avoir un préjugé contre qqch/qqn** tener un prejuicio contra algo/alguien.
préjuger *vt* • **préjuger de qqch** *sout* prejuzgar algo.
prélasser ■ **se prélasser** *vp* repantigarse.
prélat *nm* prelado *m*.

prélavage *nm* prelavado *m*.

prélèvement *nm* **1.** *MÉD (échantillon)* muestra *f* **2.** *MÉD (prise)* extracción *f* • **prélèvement de sang** extracción de sangre **3.** *FIN* retención *f* • **prélèvement automatique** pago domiciliado • **prélèvement à la source** retención en la fuente • **prélèvement mensuel/automatique** transferencia *f* mensual/automática • **faire un prélèvement sur un compte** retirar dinero de una cuenta. ■ **prélèvements obligatoires** *nmpl* retenciones *fpl* fiscales *(de impuestos y cotizaciones sociales)*.

prélever *vt* **1.** *MÉD* extraer **2.** *FIN* retener • **prélever qqch sur qqch** retener algo de algo.

préliminaire *adj* preliminar. ■ **préliminaires** *nmpl* preliminares *mpl*.

prélude *nm* preludio *m*.

prématuré, e *adj & nm, f* prematuro(ra).

préméditation *nf* premeditación *f* • **avec préméditation** con premeditación.

prémices *nfpl sout* primicias *fpl*.

premier, ère *adj* primero(ra), primer *(devant un nom masculin)*. ❑ *nm, f* • **le premier** el primero • **jeune premier** *THÉÂTRE & CINÉ* galán *m* joven. ■ **premier** *nm* primero *m*. ■ **première** *nf* **1.** *THÉÂTRE* estreno *m* **2.** *(exploit)* innovación *f* **3.** *(classe, vitesse)* primera *f* **4.** *SCOL* ≃ primero *m* de Bachillerato. ■ **en premier** *loc adv* en primer lugar.

premièrement *adv* primero.

prémisse *nf* premisa *f*.

prémolaire *nf* premolar *f*.

prémonition *nf* premonición *f*.

prémonitoire *adj* premonitorio(ria).

prémunir *vt* • **prémunir qqn contre qqch** prevenir a alguien de *ou* contra algo. ■ **se prémunir** *vp* prevenirse • **se prémunir contre qqch** prevenirse contra algo.

prénatal, e *adj* prenatal.

prendre

■ prendre *vt*

1. SAISIR, EMPORTER
tomar, coger **(ESP)**, agarrar **(AMÉR)** • **prendre un crayon sur la table** tomar un lápiz de la mesa • **tu devrais prendre ton parapluie** deberías coger el paraguas

2. REPAS, BOISSON
• **tu prendras quelque chose ?** ¿tomarás algo?

3. DÉCISION
tomar • **prendre des mesures pour lutter contre la pollution** tomar medidas para luchar contra la contaminación

4. MOYEN DE TRANSPORT
tomar, coger **(ESP)** • **prendre l'avion/le train** tomar el avión/el tren

5. ATTRAPER, SURPRENDRE
atrapar, coger **(ESP)** • **il s'est fait prendre** lo han cogido

6. TEMPS
llevar • **ce travail nous a pris une semaine** este trabajo nos ha llevado una semana

7. TRANSPORTER QUELQU'UN
llevar • **prenez-moi dans votre voiture** llevadme con vosotros en el coche

8. EN PARLANT D'UN MOT
llevar • **le mot « passion » prend deux « s »** la palabra "passion" lleva dos "s"

9. ALLER CHERCHER
recoger • **je passerai vous prendre à la gare** pasaré a recogeros a la estación

10. ASSUMER
asumir • **prendre la responsabilité de qqch** asumir la responsabilidad de algo

11. PHOTO
sacar • **prendre des photos** sacar fotos • **je l'ai pris en photo** le he hecho una foto

12. ACHETER
sacar • **prendre des places pour un concert** sacar entradas para un concierto

13. SE FAIRE RÉPRIMANDER
• **qu'est-ce que j'ai pris quand ma mère a appris que j'avais fait l'école buisssonnière !** ¡la que me cayó encima cuando mi madre se enteró de que había hecho novillos!

14. ABORDER UNE PERSONNE
• **elle prend les enfants par la douceur** se gana a los niños mediante la dulzura

15. ABORDER UN PROBLÈME, UNE QUESTION
plantear • **il faut prendre le problème autrement** hay que plantear el problema de otro modo

16. INTERPRÉTER
tomarse • **il prend tout de travers** todo se lo toma mal

■ prendre *vi*

1. PASSER DE L'ÉTAT LIQUIDE À L'ÉTAT PÂTEUX
• **ajouter de la farine pour que la pâte prenne** añadir harina para que la masa se espese • **la mayonnaise prend** la mayonesa liga • **le plâtre commence à prendre** el yeso empieza a fraguar

2. POUSSER, S'ENRACINER
agarrar, echar raíces • **la bouture a bien pris** el esqueje ha enraizado bien

3. COMMENCER À BRÛLER
• **prendre feu** prenderse • **l'incendie a pris dans la cuisine** el incendio se declaró en la cocina

4. AVOIR DU SUCCÈS
tener éxito, cuajar • **la révolution n'a pas pris** la revolución no cuajó

5. SUIVRE UNE DIRECTION
tomar, coger (ESP) • **prendre à droite/à gauche** coger a la derecha/a la izquierda

6. CONFONDRE
confundir con • **il m'a prise pour ma sœur** me confundió con mi hermana

7. DANS DES EXPRESSIONS
• **qu'est ce qui te prend?** ¿qué te pasa? • **c'est à prendre ou à laisser** lo tomas o lo dejas

■ **se prendre** *vp*

1. SE CONSIDÉRER
creerse • **il se prend pour un génie** se cree un genio

2. DANS DES EXPRESSIONS
• **se prendre la tête** picarse

■ **s'en prendre à** *vp + prép*

S'ATTAQUER À
• **s'en prendre à qqn** tomarla con alguien

■ **s'y prendre** *vp*

• **il s'y prend bien avec les enfants** sabe cómo hacer con los niños • **je m'y suis mal pris** lo hice mal

prénom *nm* nombre *m*.

prénuptial, e *adj* prenupcial.

préoccupation *nf* preocupación *f*.

préoccuper *vt* preocupar. ■ **se préoccuper** *vp* • **se préoccuper de qqch/de qqn** preocuparse por algo/por alguien.

prépa *nf* SCOL *(préparation) pour expliquer ce que c'est, vous pouvez dire :* es un curso de uno o dos años durante el cual se prepara el difícil examen de ingreso a las "grandes écoles".

pré-paiement *nm* prepago *m*.

préparatifs *nmpl* preparativos *mpl*.

préparation *nf* **1.** *(gén)* preparación *f* **2.** CHIM preparado *m* **3.** *(préparatifs)* preparativos *mpl*.

préparatoire *adj* preparatorio(ria).

préparer *vt* preparar • **préparer qqn à qqch** preparar a alguien para algo. ■ **se préparer** *vp* prepararse • **se préparer à faire qqch/à qqch** prepararse para hacer algo/para algo.

prépayé, e *adj* de prepago, prepagado(da).

prépondérant, e *adj* preponderante.

préposé, e *nm, f* encargado *m*, -da *f*.

préposition *nf* preposición *f*.

préquelle *nf* precuela *f*.

préréglé, e *adj* preajustado(da) ; *(radio, etc)* presintonizado(da).

préretraite *nf* jubilación *f* anticipada.

prérogative *nf* prerrogativa *f*.

près *adv* cerca • **il habite près de chez moi** vive cerca de mi casa • **tout près** al lado. ■ **de près** *loc adv* de cerca • **regarder qqch de près a)** *(à petite distance)* mirar algo de cerca **b)** *(avec attention)* mirar algo detenidamente • **de plus/de très près a)** *(regarder)* de más/de muy cerca **b)** *(connaître)* mejor/muy bien. ■ **près de** *loc prép* **1.** *(dans l'espace, dans le temps)* cerca de • **être près de qqn** estar junto a alguien **2.** *(sur le point de)* a punto de **3.** *(presque)* casi • **il y a près d'une heure** hace casi una hora. ■ **à peu près** *loc adv* aproximadamente, poco más o menos. ■ **à peu de chose près** *loc adv* aproximadamente, poco más o menos. ■ **à ceci près que, à cela près que** *loc conj* excepto por (el hecho que).

présage *nm* presagio *m*.

présager *vt* presagiar.

presbyte *adj & nmf* présbita, présbite.

presbytère *nm* casa *f* parroquial, rectoral *m*.

prescription *nf* prescripción *f*.

prescrire *vt* **1.** *(mesures, conditions)* prescribir **2.** MÉD recetar, prescribir.

préséance *nf* prelación *f*.

présélection *nf* preselección *f*.

présence *nf* **1.** *(gén)* presencia *f* • **en présence** presente • **en sa présence** en su presencia • **en présence de qqn** en presencia de alguien • **se trouver en présence de qqch** encontrarse ante *ou* con algo **2.** *(à un cours)* asistencia *f*. ■ **présence d'esprit** *nf* presencia *f* de ánimo.

présent, e *adj* presente • **présent !** *(à l'appel)* ¡presente! ■ **présent** *nm (gén)* GRAMM presente *m* • **à présent (que)** ahora (que) • **dès à présent** desde ahora • **jusqu'à présent** hasta ahora, hasta el momento.

présentable *adj* presentable.

présentateur, trice *nm, f* presentador *m*, -ra *f*.

présentation *nf* **1.** *(gén)* presentación *f* • **faire les présentations** hacer las presentaciones • **sur présentation de qqch** *(document, facture)* al presentar algo **2.** *(aspect extérieur)* presencia *f*.

S'EXPRIMER

faire les présentations

- ***Me presento: me llamo...*** Je me présente : je m'appelle...
- ***Me llamo Schmidt.*** Je m'appelle Schmidt.
- ***Te presento a la señora Thomas.*** Je te présente Mme Thomas.
- ***¡Encantado!*** Enchanté !
- ***¡Encantado de conocerlo!*** Ravi de faire votre connaissance !

présentement *adv* actualmente.

présenter *vt* **1.** *(gén)* presentar • **présenter qqch à qqn** *(soumettre)* presentar algo a alguien **2.** *(félicitations, condoléances)* • **présenter qqch à qqn** dar algo a alguien. ■ **se présenter** *vp* presentarse • **se présenter à qqn** presentarse a alguien • **se présenter à qqch** presentarse a algo • **se présenter bien/mal** presentarse bien/mal.

présentoir *nm* expositor *m (objeto)*.

préservatif *nm* preservativo *m*.

préserver *vt* preservar. ■ **se préserver** *vp* • **se préserver de qqch** preservarse de algo.

présidence *nf* presidencia *f*.

président, e *nm,f* presidente *m*, -ta *f* • **président de la République** Presidente de la República. ■ **président-directeur général** *nm* director *m* general.

présidentiable *adj* presidenciable.

présidentiel, elle *adj* presidencial. ■ **présidentielle** *nf* (elecciones) presidenciales *fpl*.

présider *vt* presidir. ❑ *vi* • **présider à qqch** **a)** *(diriger)* dirigir algo **b)** *fig (régner sur)* presidir algo.

présomption *nf* presunción *f* • **présomption d'innocence** *DR* presunción de inocencia.

présomptueux, euse *adj & nm,f* presuntuoso(sa).

presque *adv* casi.

presqu'île *nf* península *f*.

pressant, e *adj* apremiante.

presse *nf* prensa *f*.

pressé, e *adj* **1.** *(travail)* urgente **2.** *(personne)* • **être pressé** tener prisa • **être pressé de faire qqch** tener prisa por hacer algo **3.** *(fruit)* • **un citron pressé** un zumo de limón natural.

presse-agrumes *nm inv* exprimidor *m*, exprimelimones *m*.

pressentiment *nm* presentimiento *m*, corazonada *f*.

pressentir *vt* **1.** *(événement)* presentir **2.** *(personne)* sondear.

presse-papiers *nm inv* pisapapeles *m inv*.

presser *vt* **1.** *(écraser - agrumes)* exprimir ; *(- olives, raisin, etc)* prensar **2.** *(dans ses bras)* apretar **3.** *(bouton)* apretar, pulsar **4.** *(accélérer - opération)* apresurar ; *(- pas)* apretar. ■ **se presser** *vp* **1.** *(se dépêcher)* darse prisa, apresurarse • **pressons !** ¡deprisa! **2.** *(s'agglutiner, se serrer)* apretujarse.

pressing *nm* tintorería *f*.

pression *nf* **1.** *(gén)* presión *f* • **exercer une pression sur qqch** ejercer una presión sobre algo • **exercer une pression sur qqn** *fig* ejercer una presión sobre alguien • **sous pression** bajo presión **2.** *(bouton)* automático *m* **3.** *(bière)* cerveza *f* de barril, cerveza *f* a presión.

pressoir *nm* lagar *m*.

pressurer *vt* **1.** *(presser)* prensar **2.** *fig (contribuable)* ahogar.

pressurisé, e *adj* presurizado(da).

prestance *nf* prestancia *f* • **avoir de la prestance** tener prestancia.

prestataire *nmf* suministrador *m*, -ra *f* • **prestataire de services** suministrador de servicios.

prestation *nf* **1.** *(gén)* prestación *f* • **prestation de service** prestación de servicios **2.** *(gén pl) (d'appartement)* equipamiento *m*. ■ **prestation de serment** *nf* juramento *m*, jura *f*.

preste *adj sout* presto(ta), pronto(ta).

prestidigitateur, trice *nm,f* prestidigitador *m*, -ra *f*.

prestige *nm* prestigio *m*.

prestigieux, euse *adj* prestigioso(sa).

présumer *vt* suponer • **être présumé coupable/innocent** ser presunto culpable/inocente. ❑ *vi* • **présumer de qqch** presumir de algo.

prêt, e *adj* listo(ta), preparado(da) • **prêt à faire qqch** dispuesto a hacer algo, preparado para hacer algo • **être prêt** estar listo • **prêts ? partez !** ¿listos? ¡ya! ■ **prêt** *nm* préstamo *m* • **accorder un prêt** conceder un préstamo • **prêt bancaire** préstamo bancario.

prêt-à-porter *nm* prêt-à-porter *m inv*.

prétendre *vt* **1.** *(faire semblant de)* pretender • **toi qui prétends tout connaître** tú que pretendes saberlo todo **2.** *(affirmer)* • **prétendre que** asegurar que **3.** *(exiger de)* • **prétendre faire qqch** querer hacer algo. ❑ *vi* • **prétendre à qqch** *(aspirer à)* pretender algo.

prétendu, e *adj (avant le nom)* supuesto(ta).

prête-nom *nm* testaferro *m*.

prétentieux, euse *adj & nm,f* pretencioso(sa).

prétention *nf* pretensión *f* • **avoir la prétention de faire qqch** tener la pretensión de hacer algo.

prêter *vt* • **prêter qqch à qqn** **a)** *(gén)* prestar algo a alguien **b)** *(attribuer)* atribuir algo a alguien. ■ **se prêter** *vp* • **se prêter à qqch** prestarse a algo.

prétérit *nm* pretérito *m*.

prêteur, euse *adj* generoso(sa). ■ **prêteur sur gages** *nm* prestamista *mf*.

prétexte *nm* pretexto *m* • **sous prétexte de faire qqch/que** con el *ou* so pretexto de hacer algo/de que • **sous aucun prétexte** bajo ningún pretexto.

prétexter *vt* pretextar.

prétimbré, e *adj* pretimbrado(da).

prêtre *nm* sacerdote *m*.

préuniversitaire *adj* preuniversitario(ria).

preuve *nf* prueba *f* • **faire preuve de qqch** dar prueba de algo.

prévaloir *vi sout* prevalecer • **prévaloir sur qqch** prevalecer sobre algo. ■ **se prévaloir** *vp* • **se prévaloir de** valerse de.

prévenance *nf* **1.** *(attitude)* atención *f (amabilidad)* **2.** *(acte)* deferencia *f*.

prévenant, e *adj* atento(ta).

prévenir *vt* **1.** *(personne)* prevenir, advertir **2.** *(police)* avisar **3.** *(danger, maladie)* prevenir **4.** *(désirs)* adelantarse a.

préventif, ive *adj* preventivo(va).

prévention *nf* **1.** *(protection)* prevención *f* **2.** *DR (emprisonnement)* prisión *f* preventiva.

prévenu, e *nm,f* acusado *m*, -da *f*.

prévision *nf (gén) FIN* previsión *f* • **les prévisions météorologiques** las previsiones meteorológicas. ■ **en prévision de** *loc prép* en previsión de.

prévoir *vt* prever • **comme prévu** (tal) como estaba previsto • **ça n'était pas prévu** no estaba previsto.

prévoyant, e *adj* previsor(ra).

prier *vt* **1.** *RELIG (Dieu)* rezar a ; *RELIG (ciel)* rogar a **2.** *(implorer, demander)* rogar • **je vous en prie a)** *(s'il vous plaît)* se lo ruego **b)** *(de rien)* no hay de qué • **(ne pas) se faire prier (pour faire qqch)** (no) hacerse de rogar (para hacer algo). ❑ *vi* rezar, orar.

prière *nf* **1.** *RELIG (recueillement, formule)* oración *f* **2.** *(demande)* ruego *m* • **prière de ne pas fumer** se ruega no fumar.

primaire *adj* **1.** *(gén)* primario(ria) **2.** *SCOL (école)* ≃ primaria.

prime *nf* prima *f* • **prime d'intéressement** prima de participación en los beneficios • **prime d'objectif** prima incentivo. ❑ *adj* **1.** *MATH* primo(ma) **2.** *(premier)* • **la prime jeunesse** la tierna juventud • **de prime abord** a primera vista.

primer *vi* primar • **primer sur qqch** primar sobre algo. ❑ *vt* **1.** *(dominer)* primar **2.** *(récompenser)* premiar.

prime time *nm TV* hora *f* de mayor audiencia • **une émission diffusée en prime time** un programa emitido a la hora de mayor audiencia.

primevère *nf* primavera *f*, prímula *f*.

primitif, ive *adj* primitivo(va). ❑ *nm,f* hombre *m* primitivo, mujer *f* primitiva. ■ **primitif** *nm (peintre, sculpteur)* primitivo *m*.

primordial, e *adj* primordial.

prince *nm* príncipe *m*.

princesse *nf* princesa *f*.

princier, ère *adj* principesco(ca).

principal, e *adj* principal. ❑ *nm,f SCOL* director *m*, -ra *f*. ■ **principal** *nm* • **le principal** *(l'important)* lo principal.

principauté *nf* principado *m*.

principe *nm* principio *m* • **par principe** por principio. ■ **en principe** *loc adv* en principio.

printanier, ère *adj* primaveral.

printemps *nm* primavera *f* • **les printemps arabes** *POLIT & HIST* las primaveras árabes • **le Printemps de Bourges** el Festival musical de Bourges.

prion *nm BIOL & MÉD* prión *m*.

priori ■ **a priori** *loc adv & loc adj inv* a priori. ❑ *nm inv* prejuicio *m*.

prioritaire *adj* prioritario(ria).

priorité *nf* prioridad *f* • **ce voyage fait partie de mes priorités** este viaje está entre mis prioridades • **priorité à droite** prioridad a la derecha. ■ **en priorité** *loc adv* en primer lugar • **venir en priorité** tener prioridad.

pris, e *adj* **1.** *(personne, place)* ocupado(da) **2.** *(envahi)* • **pris de qqch** *(doute, pitié)* preso de algo **3.** *(nez)* tapado(da) ; *(gorge)* tomado(da). ■ **prise** *nf* **1.** *(saisie)* agarre *m* • **lâcher prise a)** soltar **b)** *fig* ceder **2.** *(de médicament, de ville)* toma *f* **3.** *SPORT* llave *f* **4.** *(ce qui permet de saisir)* asidero *m* **5.** *(pêche)* presa *f* **6.** *ÉLECTR* enchufe *m* • **prise (de courant)** toma *f* (de corriente) • **prise mâle/femelle** enchufe macho/hembra • **prise multiple** ladrón *m* • **prise Péritel** euroconector *m* • **prise de terre** toma *f* de tierra. ■ **prise de conscience** *nf* toma *f* de conciencia. ■ **prise d'otages** *nf* toma *f* de rehenes. ■ **prise de sang** *nf* extracción *f* de sangre. ■ **prise de son** *nf* toma *f* de sonido. ■ **prise de vues** *nf* toma *f* de vistas.

prisme *nm* prisma *m*.

prison *nf* cárcel *f*, prisión *f*.

prisonnier, ère *adj* prisionero(ra). ❑ *nm,f* **1.** *(détenu)* • **faire qqn prisonnier** detener a alguien **2.** *fig (captif)* prisionero *m*, -ra *f*.

privation *nf DR* privación *f*. ■ **privations** *nfpl* privaciones *fpl*.

privatisation *nf* privatización *f*.

privatiser *vt* privatizar.

privé, e *adj* privado(da). ■ **privé** *nm* **1.** *ÉCON* sector *m* privado • **dans le privé** en el sector privado, en la privada **2.** *(détective)* detective *m* privado. ■ **en privé** *loc adv* en privado.

priver *vt* • **priver qqn de qqch a)** *(démunir, déposséder de)* privar a alguien de algo **b)** *(interdire de)* castigar a alguien sin algo.

privilège *nm* privilegio *m*.

privilégié, e *adj & nm,f (gén)* privilegiado(da).

privilégier *vt* privilegiar.

prix *nm* **1.** *(coût)* precio *m* • **à moitié prix** a mitad de precio • **à** *ou* **au prix coûtant** a precio de coste • **au prix fort** al precio normal • **hors de prix** muy caro, muy cara *f* • **prix d'achat** precio de compra • **prix de gros** precio al por mayor • **prix libre** precio libre • **prix net** precio neto • **prix de revient** precio de coste • **à aucun prix** por nada del mundo • **à tout prix** a toda costa **2.** *(importance)* valor *m* • **au prix de** a costa de **3.** *(récompense, championnat, lauréat)* premio *m* • **prix de consolation** premio de consolación • **le prix Goncourt** el premio Goncourt.

pro *adj & nmf fam* profesional.

probabilité *nf* probabilidad *f*.

probable *adj* probable • **il est probable que** es probable que.

probant, e *adj* concluyente, convincente.

probité *nf* probidad *f*.

problème *nm* problema *m* • **il n'y a pas de problème** no hay ningún problema • **est-ce que cela pose un problème si je passe chez toi vers 10 heures ?** ¿hay algún problema si paso por tu casa hacia las 10?

procédé *nm* **1.** *(méthode)* proceso *m* **2.** *(agissement)* modo *m*.

procéder *vi* proceder • **procéder à qqch** proceder a algo.

procédure *nf* procedimiento *m* • **procédure de divorce** tramitación de divorcio.

procès *nm* proceso *m* • **intenter un procès à qqn** emprender un proceso contra alguien • **faire le procès de qqn** *fig* sentar a alguien en el banquillo • **faire le procès de qqch** *fig* juzgar algo.

processeur *nm* procesador *m*.

procession *nf* procesión *f* • **en procession** en procesión.

processus *nm* proceso *m*.

procès-verbal *nm* **1.** *(contravention)* multa *f* **2.** *(compte rendu)* acta *f*.

prochain, e *adj* **1.** *(imminent)* próximo(ma), cercano(na) **2.** *(suivant)* próximo(ma), que viene. ■ **prochain** *nm sout* prójimo *m*. ■ **prochaine** *nf* • **à la prochaine !** *fam* ¡hasta otra!, ¡hasta la próxima!

prochainement *adv* próximamente.

proche *adj* **1.** *(gén)* próximo(ma), cercano(na) **2.** *(intime)* unido(da) **3.** *(semblable)* parecido(da). ■ **proches** *nmpl* • **les proches** *(famille)* los familiares. ■ **de proche en proche** *loc adv sout* poco a poco.

Proche-Orient *npr* • **le Proche-Orient** el Oriente Próximo.

proclamation *nf* **1.** *(action)* proclamación *f* **2.** *(discours)* proclama *f*.

proclamer *vt* proclamar.

procréation *nf* procreación *f* • **procréation artificielle** reproducción *f* artificial • **procréation médicalement assistée** procreación asistida.

procréer *vt* procrear.

procuration *nf* procuración *f*, poder *m* • **par procuration** por poderes *ou* procuración.

procurer *vt* • **procurer qqch à qqn** proporcionar algo a alguien. ■ **se procurer** *vp* procurarse.

procureur, e *nm,f* fiscal *mf*. ■ **procureur général** *nm* ≃ fiscal *mf* del Tribunal Supremo. ■ **procureur de la République** *nm* ≃ fiscal *mf*.

prodige *nm* prodigio *m*.

prodigieux, euse *adj* prodigioso(sa).

prodigue *adj* pródigo(ga).

prodiguer *vt* prodigar • **prodiguer qqch à qqn** prodigar algo a alguien.

producteur, trice *adj & nm,f* productor(ra).

productif, ive *adj* productivo(va).

production *nf* **1.** *(gén)* producción *f* **2.** *(d'un document)* presentación *f*.

productivité *nf* productividad *f*.

produire *vt* **1.** *(gén)* producir **2.** *(montrer)* presentar. ■ **se produire** *vp* **1.** *(événement)* producirse **2.** *(artiste)* actuar.

produit *nm* producto *m* • **produit de beauté** producto de belleza • **produit cartésien** producto cartesiano • **produit de consommation** producto de consumo • **produit de grande consommation** producto de gran consumo • **produit industriel** producto industrial • **produits chimiques** productos químicos • **produits d'entretien** productos de limpieza.

proéminent, e *adj* prominente.

prof (abrév de professeur) *nmf fam* profe *mf*.

profanation *nf* profanación *f*.

profane *adj* **1.** *(laïc)* profano(na) **2.** *(ignorant)* profano(na), lego(ga). ❑ *nmf* profano *m*, -na *f*.

profaner *vt* profanar.

proférer *vt* proferir.

professeur *nm* profesor *m*, -ra *f*.

profession *nf* profesión *f* • **profession libérale** profesión liberal • **de profession** de profesión.

professionnalisme *nm* profesionalismo *m*.

professionnel, elle *adj* **1.** *(gén)* profesional, ocupacional **2.** *(lycée)* de formación profesional. ❑ *nm,f* profesional *mf* **(Esp)**, profesionista *mf* **(Amér)**.

professorat *nm* profesorado *m*.

profil *nm* perfil *m* • **profil utilisateur** INFORM perfil (del) usuario. ■ **de profil** *loc adv* de perfil.

profit *nm* **1.** *(avantage)* provecho *m* • **au profit de qqch** en beneficio de algo • **tirer profit de qqch** sacar provecho de algo **2.** ÉCON beneficio *m*.

profitable *adj* provechoso(sa) • **être profitable à qqn** ser provechoso(sa) para alguien.

profiter *vi* • **profiter à qqn** ser útil a alguien • **profiter de qqch** aprovechar algo • **profiter de qqn** aprovecharse de alguien • **profiter de qqch pour faire qqch** aprovechar algo para hacer algo • **en profiter** sacar partido.

profond, e *adj* profundo(da). ■ **profond** *nm* • **au plus profond de** en lo más profundo de. ❑ *adv* hondo.

profondeur *nf* profundidad *f* • **en profondeur** en profundidad. ■ **profondeur de champ** *nf* profundidad *f* de campo.

profusion *nf* • **une profusion de qqch** una gran profusión de algo • **avoir qqch à profusion** tener (gran) profusión de algo.

progéniture *nf* prole *f*.

programmable *adj* programable.

programmation *nf* TV & INFORM programación *f*.

programme *nm* TV & INFORM programa *m*.

programmer *vt & vi* TV & INFORM programar.

programmeur, euse *nm,f* INFORM programador *m*, -ra *f*.

progrès *nm* progreso *m* • **faire des progrès** hacer progresos, progresar.

progresser *vi* **1.** *(avancer)* avanzar **2.** *(se développer, s'améliorer)* progresar.

progressif, ive *adj* progresivo(va).

progression *nf* **1.** *(gén)* progresión *f* **2.** *(avancée)* MIL avance *m*.

prohiber *vt* prohibir.

proie *nf* presa *f* • **être la proie de qqch** *(des flammes)* ser pasto de algo • **être en proie à qqch** ser presa de algo.

projecteur *nm* proyector *m*.

projectile *nm* proyectil *m*.

projection *nf* proyección *f*.

projectionniste *nmf* proyeccionista *mf*.

projet *nm* proyecto *m* • **projet de loi** proyecto de ley.

projeter *vt* proyectar • **projeter qqch/de faire qqch** proyectar *ou* planear algo/hacer algo.

prolétaire *adj & nmf* proletario(ria).

prolétariat *nm* proletariado *m*.

proliférer *vi* proliferar.

prolifique *adj* prolífico(ca).

prologue *nm* prólogo *m*.

prolongation *nf* **1.** *(continuation)* prolongación *f* **2.** SPORT prórroga *f*.

prolongement *nm* **1.** *(allongement)* prolongación *f* • **dans le prolongement de qqch** en la prolongación de algo **2.** *(gén pl) (conséquence)* repercusión *f*.

prolonger *vt* prolongar • **prolonger ses vacances d'une semaine** prolongar sus vacaciones una semana.

promenade *nf* paseo *m* • **faire une promenade** dar un paseo.

promener *vt* pasear. ■ **se promener** *vp* pasear, pasearse.

promesse *nf* **1.** *(gén)* promesa *f* • **faire une promesse** hacer una promesa • **tenir sa promesse** cumplir su promesa **2.** *(engagement)* compromiso *m* • **promesse d'achat/de vente** compromiso de compra/de venta.

S'EXPRIMER

faire une promesse

- ***¡Prometido!*** C'est promis !
- ***Cuenta conmigo.*** Tu peux compter sur moi.
- ***Voy a ocuparme de ello.*** Je vais m'en occuper.
- ***Vale, no hay ningún problema, hacemos así.*** Pas de problème, ça marche.

prometteur, euse *adj* prometedor(ra).

promettre *vt* prometer • **promettre qqch à qqn** prometer algo a alguien • **promettre à qqn de faire qqch** prometer a alguien hacer algo • **promettre à qqn que** prometer a alguien que • **ça promet !** *iron* ¡empezamos bien!

promis, e *adj* prometido(da) • **être promis à qqch** estar destinado a algo. ❑ *nm, f hum* prometido *m*, -da *f*.

promiscuité *nf* promiscuidad *f*.

promo (abrév de **promotion**) *nf fam (d'une grande école, sur un produit)* promoción *f* • **en promo** *(article)* en oferta.

promontoire *nm* promontorio *m*.

promoteur, trice *nm, f* promotor *m*, -ra *f*.

promotion *nf* promoción *f* • **en promotion** en oferta.

promouvoir *vt* promover.

prompt, e *adj* rápido(da) • **prompt à faire qqch** rápido en hacer algo.

promulguer *vt* promulgar.

prôner *vt sout* preconizar.

pronom *nm* pronombre *m* • **pronom personnel/possessif/relatif** pronombre personal/posesivo/relativo.

pronominal, e *adj* pronominal.

prononcé, e *adj* marcado(da).

prononcer *vt* pronunciar. ■ **se prononcer** *vp (gén, méd)* DR pronunciarse.

prononciation *nf* **1.** LING pronunciación *f* **2.** DR lectura *f*.

pronostic *nm* pronóstico *m*.

propagande *nf* propaganda *f*.

propane *nm* propano *m*.

prophète, prophétesse *nm, f* profeta *m*, profetisa *f*.

prophétie *nf* profecía *f*.

prophétiser *vt* profetizar.

prophylaxie *nf* profilaxis *f inv*.

propice *adj* propicio(cia).

proportion *nf* proporción *f*. ■ **proportions** *nfpl* proporciones *fpl* • **toutes proportions gardées** salvando las distancias.

proportionné, e *adj* proporcionado(da) • **bien/mal proportionné** bien/mal proporcionado.

proportionnel, elle *adj* proporcional • **proportionnel à qqch** proporcional a algo. ■ **proportionnelle** *nf* • **la proportionnelle** POLIT el sistema de representación proporcional.

propos *nm* **1.** *(gén pl) (parole)* palabra *f* **2.** *(but)* propósito *m* • **c'est à quel propos ?** ¿de qué se trata? • **hors de propos** fuera de lugar. ■ **à propos** *loc adv (opportunément)* oportunamente ; *(au fait)* por cierto. ■ **à propos de** *loc prép* a propósito de, con respecto a.

proposer *vt* **1.** *(gén)* proponer • **proposer qqch à qqn** proponer algo a alguien • **proposer à qqn de faire qqch** proponer a alguien hacer algo **2.** *(offrir)* ofrecer.

proposition *nf* **1.** *(offre, suggestion)* propuesta *f*, proposición *f* **2.** GRAMM proposición *f*.

S'EXPRIMER

faire une proposition

- ***Propongo que vayamos todos juntos al cine.*** Je propose que nous allions tous ensemble au cinéma.
- ***¿Te/Le apetece ir al restaurante?*** Ça te/vous dit d'aller au restaurant ?
- ***¿Y si fuéramos a nadar?*** Et si on allait nager ?
- ***¿Te/Le gustaría ir al museo?*** Ça te/vous plairait d'aller au musée ?

propre *adj* **1.** *(gén)* limpio(pia) • **nous voilà propres !** *fig* & *hum* ¡estamos listos! **2.** *(personnel)* propio(pia) • **propre à qqn** propio(pia) de alguien **3.** *(mot)* apropiado(da). ❑ *nm* **1.** *(propreté)* limpieza *f* • **au propre** *(recopier)* a limpio **2.** *(sens)* sentido *m* literal.

proprement *adv* **1.** *(soigneusement)* limpiamente **2.** *(convenablement)* decentemente **3.** *(véritablement)* verdaderamente • **à proprement parler** propiamente dicho • **proprement dit** propiamente dicho **4.** *(spécifiquement)* propiamente.

propreté *nf* limpieza *f*.

propriétaire *nmf* propietario *m*, -ria *f*, dueño *m*, -ña *f* • **propriétaire foncier** *ou* **terrien** terrateniente *m*.

propriété *nf* **1.** *(gén)* propiedad *f* • **propriété privée** propiedad privada **2.** *(domaine, exploitation)* finca *f* (ESP), campito *m* (AMÉR).

proprio (abrév de propriétaire) *nmf fam (d'une maison, un appartement)* casero *m*, -ra *f*, dueño *m*, -ña *f*.

propulser *vt* **1.** *(gén)* propulsar **2.** *fig (jeter)* lanzar. ■ **se propulser** *vp* propulsarse.

prorata ■ **au prorata de** *loc prép* a prorrata de.

prosaïque *adj* prosaico(ca).

proscrit, e *adj* & *nm,f* proscrito(ta).

prose *nf* prosa *f* • **en prose** en prosa.

prospecter *vt* prospectar.

prospection *nf* prospección *f*.

prospectus *nm* prospecto *m*, folleto *m*.

prospère *adj* próspero(ra).

prospérité *nf* prosperidad *f*.

prostate *nf* próstata *f*.

prosterner ■ **se prosterner** *vp* prosternarse • **se prosterner devant qqch/devant qqn** prosternarse ante algo/ante alguien.

prostituée *nf* prostituta *f*.

prostitution *nf* prostitución *f*.

prostré, e *adj* postrado(da).

protagoniste *nmf* protagonista *mf*.

protecteur, trice *adj* **1.** *(gén)* protector(ra) **2.** ÉCON proteccionista. ❑ *nm,f* protector *m*, -ra *f*.

protection *nf* protección *f* • **de protection** *(écran, système)* protector(ra) • **prendre qqn sous sa protection** tomar a alguien bajo su protección • **se mettre sous la protection de qqn** ponerse bajo la protección de alguien.

protectionnisme *nm* proteccionismo *m*.

protectionniste *adj* & *nmf* proteccionista.

protectorat *nm* protectorado *m*.

protégé, e *adj* & *nm,f* protegido(da) • **rapports sexuels non protégés** relaciones sexuales desprotegidas.

protège-cahier *nm* forro *m*.

protège-poignets *nm inv* muñequera *f*.

protéger *vt* proteger. ■ **se protéger** *vp* protegerse.

protège-slip *nm* salva slip *m*.

protéine *nf* proteína *f*.

protestant, e *adj* & *nm,f* protestante.

protestation *nf* protesta *f*.

protester *vi* protestar • **protester contre qqch** protestar contra algo.

prothèse *nf* prótesis *f inv* • **prothèse dentaire** prótesis dental.

protide *nm* prótido *m*.

protocolaire *adj* protocolario(ria).

protocole *nm* protocolo *m*.

proton *nm* protón *m*.

prototype *nm* prototipo *m*.

protubérance *nf* protuberancia *f*.

proue *nf* proa *f*.

prouesse *nf* proeza *f*.

prouver *vt* **1.** *(établir)* demostrar, probar **2.** *(témoigner de)* demostrar.

provenance *nf* procedencia *f* • **en provenance de** procedente de.

provenir *vi* • **provenir de** proceder de.

proverbe *nm* proverbio *m*, refrán *m*.

proverbial, e *adj* proverbial.

providence *nf* providencia *f*.

providentiel, elle *adj* providencial.

province *nf* **1.** *(gén)* provincia *f*; ≃ región *f* **2.** *péj (campagne)* pueblo *m* **3.** (QUÉBEC) *pour expliquer ce que c'est, vous pouvez dire :* es el nombre con que se designa cada uno de los diez estados federados que componen Canadá (más tres regiones llamadas "territorios"). Cada provincia está dotada de un gobierno propio. **4.** (BELGIQUE) *pour expliquer ce que c'est, vous pouvez dire :* es el nombre con que se designa cada una de los diez unidades territoriales que componen Bélgica (junto con Bruselas, la región capital). La provincia está dirigida por un gobernador nombrado por el rey.

provincial, e *adj* **1.** *(de province - personne, vie)* de provincias ; *(- administration)* provincial **2.** *péj (de la campagne)* provinciano(na). ❑ *nm,f* provinciano *m*, -na *f*.

proviseur *nm* director *m*, -ra *f (de un instituto)*.

provision *nf* **1.** *(réserve)* provisión *f* **2.** FIN • **sans provision** sin fondos. ■ **provisions** *nfpl* provisiones *fpl* • **faire ses provisions** *(achats)* hacer la compra.

provisoire *adj* provisional. ❑ *nm* • **le provisoire** lo provisional • **vivre dans le provisoire** vivir provisionalmente • **c'est du provisoire** es provisional.

provoc (abrév de provocation) *nf fam* provocación *f*.

provocant, e *adj* provocador(ra).

provocation *nf* provocación *f*.

provoquer *vt* provocar.

proxénète *nmf* proxeneta *mf*.

proximité *nf* proximidad *f*. ■ **à proximité de** *loc prép* cerca de. ■ **de proximité** *loc adj* de proximidad.

prude *adj* mojigato(ta).

prudence *nf* prudencia *f*.

prudent, e *adj* prudente • **ce n'est pas prudent** no es sensato.

prune *adj inv (couleur)* ciruela *(en apposition)*. ❑ *nf* **1.** *(fruit)* ciruela *f* **2.** *fam (contravention)* multa *f*.

pruneau *nm* **1.** *(fruit)* ciruela *f* pasa **2.** *argot (balle)* bala *f*.

prunelle *nf* ANAT pupila *f*, niña *f*.

prunier *nm* ciruelo *m*.

PS[1] (abrév de Parti socialiste) *nm* partido *m* socialista • **le secrétaire du PS** el secretario del PS.

PS[2], **P-S** (abrév de post-scriptum) *nm* PD *f*, PS *m*.

psalmodier *vt & vi* salmodiar.

psaume *nm* salmo *m*.

pseudonyme *nm* seudónimo *m*, pseudónimo *m*.

psy *nmf fam* **1.** *(psychiatre)* psiquiatra *mf*, siquiatra *mf* • **aller voir un/une psy** ir a ver a un/una psiquiatra **2.** *(psychanalyste)* psicoanalista *mf*, sicoanalista *mf* **3.** *(psychologue)* psicólogo(ga), sicólogo(ga) **4.** *(psychothérapeute)* psicoterapeuta *mf*, sicoterapeuta *mf*.

psychanalyse *nf* psicoanálisis *m inv*.

psychanalyste *nmf* psicoanalista *mf*.

psychédélique *adj* psicodélico(ca).

psychiatre *nmf* psiquiatra *mf*.

psychiatrie *nf* psiquiatría *f*.

psychique *adj* psíquico(ca).

psychodrame *nm* psicodrama *m*.

psychologie *nf* psicología *f*.

psychologique *adj* psicológico(ca).

psychologue *adj & nmf* psicólogo(ga).

psychose *nf* psicosis *f inv*.

psychosomatique *adj* psicosomático(ca).

psychothérapeute *nmf* psicoterapeuta *mf*.

psychothérapie *nf* psicoterapia *f*.

Pta (abrév de peseta) Pta.

Pte 1. (abrév de porte) pta. **2.** abrév de **pointe**.

puant, e *adj* **1.** *(odeur)* fétido(da) **2.** *fam & fig (personne)* fantasma.

puanteur *nf* peste *f*.

pub *nf fam* anuncio *m* • **la pub** los anuncios.

pubère *adj* púber.

puberté *nf* pubertad *f*.

pubis *nm* pubis *m inv*.

public, ique *adj* público(ca). ■ **public** *nm* público *m* • **en public** en público • **être bon public** ser (un) buen público. ■ **grand public** *loc adj* para el gran público • **un film grand public** una película para el gran público.

publication *nf* publicación *f* • **publication des bans** amonestaciones *fpl* (matrimoniales).

publiciste *nmf* publicista *mf*.

publicitaire *adj* publicitario(ria). ❑ *nmf* publicitario *m*, -ria *f*, publicista *mf*.

publicité *nf* **1.** *(gén)* publicidad *f* • **publicité comparative** publicidad comparativa • **publicité institutionnelle** publicidad institucional • **publicité mensongère** publicidad engañosa • **publicité sur le lieu de vente** publicidad en (el) punto de venta **2.** *(annonce, spot)* anuncio *m*.

publier *vt* publicar.

publireportage *nm* publirreportaje *m*.

puce *nf* **1.** *(animal)* pulga *f* **2.** INFORM chip *m* **3.** *(terme affectueux)* • **ma puce** cariño *m*.

puceau *adj m & nm fam* virgen.

pucelle *adj f & nf fam* virgen.

pudeur *nf* pudor *m*.

pudibond, e *adj sout* pudibundo(da).

pudique *adj* púdico(ca).

puer *vi* apestar • **ça pue !** *fam* ¡huele que apesta! ❑ *vt* apestar a.

puéricultrice *nf* puericultora *f*.

puériculture *nf* puericultura *f*.

puéril, e *adj* pueril.

Puerto Rico = Porto Rico.

pugilat *nm* pugilato *m*.

puis *adv* después • **et puis** y además.

puiser *vt* **1.** *(liquide)* sacar **2.** *fig (extraire)* • **puiser qqch dans qqch a)** *(référence, citation)* sacar algo de algo **b)** *(se servir)* coger algo de algo.

puisque *conj* **1.** *(gén)* ya que **2.** *(renforce une affirmation)* • **mais puisque je te dis que je ne veux pas !** ¡ya te he dicho que no quiero! • **tu vas vraiment y aller ? — puisque je te le dis !** ¿de veras vas a ir? — ¡no te lo estoy diciendo!

puissance *nf* **1.** *(gén)* potencia *f* **2.** *(pouvoir)* poder *m*. ■ **en puissance** *loc adj* en potencia.

puissant, e *adj* **1.** *(gén)* poderoso(sa) **2.** *(machine, ordinateur)* potente. ■ **puissant** *nm* • **les puissants** los poderosos.

puits *nm* pozo *m*.

pull, pull-over *nm* jersey *m*.

pulluler *vi* **1.** *(proliférer)* pulular **2.** *péj (grouiller)* • **pulluler de** estar plagado(da) de.

pulmonaire *adj* pulmonar.

pulpe *nf* pulpa *f.*

pulsation *nf* pulsación *f.*

pulsion *nf* pulsión *f.*

pulvérisation *nf* pulverización *f.*

pulvériser *vt* pulverizar.

puma *nm* puma *m.*

punaise *nf* **1.** *(insecte)* chinche *m* **2.** *(clou)* chincheta *f.*

punch[1] *nm (boisson)* ponche *m.*

punch[2] *nm inv fam (énergie)* marcha *f.*

punching-ball *nm* punching-ball *m.*

puni, e *adj* castigado(da).

punir *vt (crime, personne)* castigar • **punir qqn de qqch** *(criminel)* condenar a alguien a algo.

punition *nf* castigo *m.*

pupille *nf* ANAT pupila *f.* ❑ *nmf* pupilo *m*, -la *f* • **pupille de l'État** hospiciano *m*, -na *f* • **pupille de la nation** huérfano *m*, -na *f* de guerra.

pupitre *nm* **1.** *(d'orateur, de musicien)* atril *m* **2.** TECHNOL *(de machine)* consola *f* **3.** SCOL *(bureau)* pupitre *m.*

pur, e *adj* **1.** *(gén)* puro(ra) • **pur coton** puro algodón • **pure laine** pura lana • **c'est par un pur hasard que nous nous sommes rencontrés** nos encontramos por pura casualidad • **pur et dur** puro y duro • **c'est un militant pur et dur** es un militante puro y duro • **pur et simple** puro y duro • **c'est un malentendu pur et simple** es un malentendido puro y duro **2.** *(abstrait)* teórico(a) • **la recherche pure/la physique pure** la investigación teórica/la física pura.

purée *nf* puré *m* • **purée de pommes de terre** puré de patatas.

purement *adv* puramente • **purement et simplement** pura y simplemente.

pureté *nf* pureza *f.*

purgatif, ive *adj* purgante. ■ **purgatif** *nm* purgante *m*, purga *f.*

purgatoire *nm* RELIG purgatorio *m* ; *fig* infierno *m.*

purge *nf* purga *f.*

purger *vt* purgar.

purifier *vt* purificar.

purin *nm* estiércol *m.*

puriste *adj & nmf* purista.

puritain, e *adj & nm, f* puritano(na).

puritanisme *nm* puritanismo *m.*

pur-sang *nm inv* pura sangre *m inv.*

purulent, e *adj* purulento(ta).

pus *nm* pus *m.*

pusillanime *adj sout* pusilánime.

pustule *nf* pústula *f.*

putain *vulg nf* puta *f.*

pute *nf vulg* puta *f.*

putréfier ■ **se putréfier** *vp* pudrirse.

putsch *nm* golpe *m* de estado.

puzzle *nm* **1.** *(jeu)* puzzle *m* **2.** *fig (problème)* rompecabezas *m inv.*

P-V (abrév de procès-verbal) *nm* **1.** *(amende)* multa *f* • **se prendre un P-V** *fam* **: je me suis pris un P-V** me han puesto una multa **2.** *(compte-rendu)* acta *f.*

pyjama *nm* pijama *m.*

pylône *nm* poste *m.*

pyramidal, e *adj* piramidal.

pyramide *nf* **1.** GÉOM & ARCHIT pirámide *f* • **la Pyramide du Louvre** la Pirámide del Louvre **2.** *(tas)* pila *f*, montón *m* (ESP), ruma *f* (AMÉR).

Pyrex® *nm* pírex® *m.*

pyrolyse *nf* pirólisis *f* • **four à pyrolyse** horno pirolítico.

pyromane *nmf* pirómano *m*, -na *f.*

pyrotechnique *adj* pirotécnico(ca).

python *nm* pitón *m.*

Q

q, Q *nm inv (lettre)* q *f*, Q *f.* ■ **q** (abrév de quintal) q.

QCM (abrév de questionnaire à choix multiple) *nm* cuestionario *m* con preguntas de selección múltiple • **répondre à un QCM** responder a un cuestionario con preguntas de selección múltiple.

QG (abrév de quartier général) *nm* CG *m* • **QG de campagne** CG de campaña.

QI (abrév de quotient intellectuel) *nm* CI *m* • **avoir un QI de 135** tener un CI de 135.

qqch abrév de **quelque chose**.

qqn abrév de **quelqu'un**.

quad *nm* **1.** *(moto)* quad *m* **2.** *(rollers)* patín *m* quad.

quadra (abrév de quadragénaire) *nmf fam* cuarentón *m*, -ona *f.*

quadragénaire *adj & nmf* cuadragenario(ria).

quadrangulaire *adj* cuadrangular.

quadri (abrév de quadrichromie) *nf fam* cuatricromía *f* • **en quadri** en cuatricromía.

quadrichromie *nf* cuatricromía *f* • **en quadrichromie** en cuatricromía.

quadrilatère *nm* cuadrilátero *m.*

quadrillage *nm* **1.** *(de papier, de tissu)* cuadriculado *m* **2.** *(policier)* peinado *m*.

quadriller *vt* **1.** *(papier)* cuadricular **2.** *(ville)* peinar.

quadrimoteur *adj & nm* cuatrimotor, tetramotor.

quadrupède *adj* cuadrúpedo(da). ❑ *nm* cuadrúpedo *m*.

quadrupler *vt & vi* cuadruplicar.

quadruplés, ées *nmf pl* cuatrillizos *mpl*, cuatrillizas *fpl*.

quai *nm* **1.** *(de port, de rivière)* muelle *m* • **être à quai** estar atracado(da) **2.** *(de gare)* andén *m*.

qualificatif, ive *adj* **1.** GRAMM calificativo(va) **2.** SPORT *(épreuve)* puntuable. ■ **qualificatif** *nm* calificativo *m*.

qualification *nf* **1.** *(titre, gramm)* SPORT calificación *f* **2.** *(compétence)* cualificación *f*.

qualifier *vt* **1.** *(caractériser)* calificar • **qualifier qqch/qqn de qqch** calificar algo/a alguien de algo **2.** *(donner des compétences)* • **être qualifié pour faire qqch/pour qqch** estar cualificado(da) para hacer algo/para algo. ■ **se qualifier** *vp* SPORT calificarse.

qualitatif, ive *adj* cualitativo(va).

qualité *nf* **1.** *(gén)* calidad *f* • **de bonne/mauvaise qualité** de buena/mala calidad • **qualité de la vie** calidad de vida **2.** *(caractéristique, vertu)* cualidad *f*.

quand *conj* **1.** *(lorsque, alors que)* cuando • **pourquoi rester ici quand on pourrait partir en week-end ?** ¿por qué quedarse aquí cuando podríamos irnos de fin de semana? **2.** *sout* *(introduit une hypothèse)* aun cuando. ❑ *adv interr* cuándo. ■ **quand même** *loc adv* a pesar de todo • **c'était quand même bien** a pesar de todo estuvo bien • **tu pourrais faire attention quand même !** ¡podrías tener más cuidado! (¿no?). ❑ *interj (ça suffit)* ¡por favor! • **quand même, à son âge !** ¡a su edad! ■ **quand bien même** *loc conj sout* aun cuando. ■ **n'importe quand** *loc adv* • **tu peux venir n'importe quand** puedes venir cuando quieras.

À PROPOS DE

quand

Alors que le français emploie le futur de l'indicatif, l'espagnol emploie le présent du subjonctif dans une proposition subordonnée de temps.

quant ■ **quant à** *loc prép* en cuanto a, por lo que se refiere a • **quant à moi/toi** en cuanto a mí/ti se refiere.

quantifier *vt* cuantificar.

quantitatif, ive *adj* cuantitativo(va).

quantité *nf* **1.** *(mesure)* LING cantidad *f* **2.** *(abondance)* • **(une) quantité de** (una) gran cantidad de • **en quantité** en cantidad.

quarantaine *nf* **1.** *(nombre)* unos cuarenta • **une quarantaine de personnes** unas cuarenta personas **2.** *(âge)* • **avoir la quarantaine** estar en los cuarenta **3.** *(isolement)* cuarentena *f*.

quarante *adj num inv & nm inv* cuarenta. Voir aussi **six**.

quarantième *adj num & nmf* cuadragésimo(ma). ❑ *nm* cuadragésimo *m*, cuadragésima parte *f*. Voir aussi **sixième**.

quart *adj num* cuarto(ta). ❑ *nm* **1.** *(fraction)* cuarto *m*, cuarta parte *f* • **un quart de qqch** un cuarto de algo • **un quart d'heure** un cuarto de hora • **moins le quart** menos cuarto • **quart de soupir** MUS silencio *m* de semicorchea **2.** NAUT *(veille)* cuarto *m* **3.** *(gobelet)* tanque *m*.

quartier *nm* **1.** *(de ville)* barrio *m* **(ESP)**, colonia *f* **(AMÉR)** • **le Quartier Latin** el Barrio Latino **2.** *(de viande)* trozo *m* ; *(de fruit)* gajo *m* **3.** ASTRON cuarto *m* **4.** *(héraldique)* MIL cuartel *m* **5.** **(BELGIQUE)** estudio *m*.

quartier-maître *nm* NAUT ≃ cabo *m* de la marina.

quart-monde *nm* cuarto mundo *m*.

quartz *nm* cuarzo *m* • **à quartz** de cuarzo.

quasi *adv* cuasi. ❑ *nm (de veau)* trozo *m* de pierna.

quasiment *adv fam* casi.

quaternaire *adj* cuaternario(ria). ❑ *nm* • **le quaternaire** el cuaternario.

quatorze *adj num inv & nm inv* catorce. Voir aussi **six**.

quatrain *nm (strophe)* ≃ cuarteto *m*.

quatre *adj num inv* cuatro • **quatre à quatre** de cuatro en cuatro • **se mettre en quatre pour qqn** *fig* desvivirse por alguien. ❑ *nm inv* cuatro *m*. Voir aussi **six**.

quatre-quarts *nm inv* CULIN *bizcocho compuesto de cuatro ingredientes, mantequilla, harina, azúcar y huevos, a partes iguales*.

quatre-vingt = **quatre-vingts**.

quatre-vingt-dix *adj num inv & nm inv* noventa. Voir aussi **six**.

quatre-vingts, quatre-vingt *adj num & nm inv* ochenta. Voir aussi **six**.

quatrième *adj num & nmf* cuarto(ta). ❑ *nf* **1.** SCOL ≃ segundo *m* de la ESO **2.** *(danse)* cuarta *f*. ❑ *nm* cuarto *m*, cuarta parte *f*. Voir aussi **sixième**.

quatuor *nm* cuarteto *m*.

que

■ **que** *conj*

1. INTRODUIT UNE SUBORDONNÉE

que • **je sais que...** sé que... • **je ne tiens pas à ce que tout le monde le sache** no quiero que todo el mundo se entere

2. EXPRIME L'HYPOTHÈSE
tanto si • **que vous le vouliez ou non** tanto si quiere como si no, que lo quiera o no

3. REMPLACE UNE AUTRE CONJONCTION
• **s'il fait beau et que nous avons le temps** si hace bueno y tenemos tiempo

4. INDIQUE UN ORDRE, UN SOUHAIT
que • **qu'il entre !** ¡que entre!

5. AVEC UN PRÉSENTATIF
• **voilà** *ou* **voici que ça recommence !** ¡ya empieza otra vez!

6. DANS UNE COMPARAISON
como • **tu es aussi grand que Marc** eres tan alto como Marc

7. DANS UNE PHRASE NÉGATIVE, EXPRIME UNE RESTRICTION
sólo • **il ne me reste que deux euros** sólo me quedan dos euros

■ **que** *pron rel*

1. CHOSE, ANIMAL
que • **le livre que tu m'as prêté** el libro que me has prestado • **le chat que j'ai trouvé dans la rue** el gato que encontré en la calle

2. PERSONNE
• **l'homme que j'aime** el hombre a quien quiero, el hombre al que quiero • **les personnes que j'ai invitées** las personas a quienes invité, las personas a las que invité

■ **que** *pron interr*

qué • **que savez-vous au juste ?** ¿qué sabéis exactamente?

■ **que** *adv excl*

qué • **que tu es beau !** ¡qué guapo estás! • **que de** cuánto(ta) • **que de monde !** ¡cuánta gente!

■ **c'est que** *loc conj*

INDIQUE LA CAUSE
es que • **si je vais me coucher, c'est que j'ai sommeil** si me acuesto es que tengo sueño

■ **qu'est-ce que** *pron interr*

qué • **qu'est-ce que tu veux ?** ¿qué quieres?

■ **qu'est-ce qui** *pron interr*

qué • **qu'est-ce qui se passe ?** ¿qué pasa?

À PROPOS DE **que**

Que se traduit par ***como*** dans l'expression de la comparaison, et par l'adverbe ***sólo*** dans une phrase négative. L'accent grammatical permet de distinguer la conjonction que du pronom interrogatif ou de l'adverbe exclamatif ***qué***.

Québec *npr* **1.** *(province)* • **le Québec** (el) Quebec **2.** *(ville)* Quebec.

québécois, e *adj* quebequés(esa). ■ **québécois** *nm* LING quebequés *m.* ■ **Québécois, e** *nm,f* quebequés *m*, -esa *f.*

quechua *nm* LING quechua *m.*

quel, quelle *adj interr* qué • **quelle heure est-il ?** ¿qué hora es? • **quel homme ?** ¿qué hombre? ❑ *adj excl* qué • **quel dommage !** ¡qué pena! ❑ *adj indéf* • **il se baigne, quel que soit le temps** se baña haga el tiempo que haga • **il refuse de voir les nouveaux arrivants, quels qu'ils soient** se niega a ver a los recién llegados, sean quienes sean. ❑ *pron interr (chose)* cuál ; *(personne)* quién.

À PROPOS DE **quel**

Cuál est un pronom et ne varie qu'en nombre. Il ne s'accorde pas en genre.
Qué est toujours invariable.

quelconque *adj indéf* **1.** *(après le nom)* cualquiera **2.** *(avant le nom)* • **un/une quelconque...** algún(una) .... ❑ *adj (après le nom) péj (ordinaire)* del montón.

quelque

■ **quelque** *adj indéf*

1. AU SINGULIER, INDIQUE UNE QUANTITÉ, UNE DURÉE, UN DEGRÉ INDÉTERMINÉ
algún(una) • **à quelque distance de là** a poca distancia de allí • **dans quelque temps** dentro de poco (tiempo) • **cet incident a suscité quelque étonnement** este incidente ha suscitado asombro

2. AU PLURIEL, INDIQUE UN PETIT NOMBRE
poco(ca) • **à quelques heures d'intervalle** a pocas horas de intervalo • **j'ai quelques lettres à écrire** tengo que escribir unas cuantas *ou* algunas cartas • **tu n'as pas quelques photos à me montrer ?** ¿no tienes fotos que enseñarme?

■ **quelque** *adv*

INDIQUE UNE APPROXIMATION
unos, unas *f* • **quelque 30 euros** unos 30 euros

■ **quelque peu** *loc adv*

un poco • **je suis quelque peu fatigué** estoy un poco cansado

■ **quelque... que** *loc adv*

INDIQUE UNE CONCESSION OU UNE OPPOSITION
por muy *(+ adj)* que, por mucho, mucha *f (+ nom)* que • **quelque amitié qu'il eût** por mucha amistad que hubiera • **quelque solide que fût notre amitié** por muy sólida que fuera nuestra amistad

■ et quelques *loc adv*
y pico • **il est midi et quelques** son las doce y pico

quelque chose *pron indéf* algo.
quelquefois *adv* a veces.
quelques-uns, quelques-unes *pron indéf* algunos(nas) • **quelques-uns de** algunos de • **quelques-uns de ces spectateurs** algunos de estos espectadores.
quelqu'un *pron indéf m* alguien • **c'est quelqu'un d'intelligent** es una persona inteligente.
quémander *vt* mendigar.
qu'en-dira-t-on *nm inv fam* • **se moquer/se soucier/avoir peur du qu'en-dira-t-on** burlarse/preocuparse/tener miedo del qué dirán.
quenelle *nf pour décrire cette spécialité gastronomique à un hispanophone, vous pouvez dire :* es una especie de croqueta grande sin rebozar de pescado o carne.
querelle *nf* pelea *f.*
querelleur, euse *adj & nm,f* pendenciero(ra).
question *nf* **1.** *(interrogation)* pregunta *f* • **poser une question à qqn** hacer una pregunta a alguien • **question subsidiaire** pregunta de desempate **2.** *(sujet de discussion)* cuestión *f* • **il est question de faire qqch** es cuestión de hacer algo • **il n'en est pas question !** ¡ni hablar! • **mettre qqch/qqn en question** poner algo/a alguien en duda **3.** *HIST (torture)* tormento *m.*
questionnaire *nm* cuestionario *m.*
questionner *vt* interrogar.
quête *nf* **1.** *sout (recherche)* búsqueda *f* • **se mettre en quête de qqch/de qqn** ir en busca de algo/de alguien **2.** *(d'aumône)* colecta *f.*
quêter *vi* colectar. ❑ *vt fig (solliciter)* mendigar.
queue *nf* **1.** *(d'animal)* cola *f*; *(des quadrupèdes)* rabo *m* **2.** *(de fruit)* rabillo *m* **3.** *(d'objet)* mango *m* **4.** *(de groupe)* cola *f* • **à la queue leu leu** en fila india • **faire la queue** hacer cola **5.** *vulg (sexe)* rabo *m.*
queue-de-cheval *nf* cola *f* de caballo.
queue-de-pie *nf* chaqué *m.*

qui

■ qui *pron rel*

1. SUJET
que • **la maison qui est là** la casa que está allí • **la fille qui me parlait** la chica que me hablaba • **je l'ai vu qui passait** lo vi pasar

2. COMPLÉMENT D'OBJET DIRECT
quien, quienes • **invite qui tu veux** invita a quien quieras • **je ne sais pas ce qui est arrivé** no sé lo que pasó

3. COMPLÉMENT D'OBJET INDIRECT
• **la personne à qui j'ai parlé** la persona con quien hablé, la persona con la que hablé • **le copain avec qui je suis venue à la soirée** el amigo con quien vine a la fiesta, el amigo con el que vine a la fiesta • **les enfants pour qui j'ai acheté des cadeaux** los niños para quienes compré regalos, los niños para los que compré regalos

4. INDÉFINI, QUICONQUE
quienquiera • **qui que ce soit** quienquiera que sea

■ qui *pron interr*

1. SUJET
quién • **qui es-tu ?** ¿quién eres? • **je ne sais pas qui tu es** no sé quién eres

2. COMPLÉMENT D'OBJET DIRECT
• **qui préfères-tu ?** ¿a quién prefieres? • **à qui est ce livre ?** ¿de quién es ese libro? • **à qui le tour ?** ¿a quién le toca? • **avec qui ?** ¿con quién?

3. COMPLÉMENT D'OBJET INDIRECT
• **à qui parles-tu ?** ¿con quién hablas? • **à qui penses-tu ?** ¿en quién piensas?

■ qui est-ce que *pron interr*
a quién • **qui est-ce que tu vois ?** ¿a quién ves?

■ qui est-ce qui *pron interr*
quién • **qui est-ce qui parle ?** ¿quién habla?

■ n'importe qui *pron indéf*
cualquiera • **ce n'est pas n'importe qui !** ¡no es un cualquiera!

À PROPOS DE
qui
Quand il est complément, *qui* se traduit par ***quien*** précédé d'une préposition qui est fonction du verbe de la phrase.

quiche *nf* quiche *f.*
quiconque *pron indéf* cualquiera • **sans en avertir quiconque** sin avisar a nadie. ❑ *pron rel* quienquiera que • **pour quiconque** para cualquiera • **pour quiconque a l'habitude de lire** para cualquiera que tenga costumbre de leer.
quidam *nm fam* quídam *m.*
quiétude *nf sout* quietud *f.*
quignon *nm* mendrugo *m.*
quille *nf* **1.** *(de bateau)* quilla *f* **2.** *(de jeu)* bolo *m.* **■ quilles** *nfpl fam (jambes)* patas *fpl.*
quincaillerie *nf* **1.** *(ustensiles)* quincalla *f* **2.** *(industrie, commerce, magasin)* ferretería *f* **3.** *fam (bijoux)* quincalla *f.*
quinconce ■ en quinconce *loc adj & loc adv* al tresbolillo.
quinine *nf* quinina *f.*

quinoa *nm* quínoa *f*.

quinqua (abrév de quinquagénaire) *nmf fam* cincuentón(ona).

quinquagénaire *adj & nmf* quincuagenario(ria).

quinquennal, e *adj* quinquenal.

quinquennat *nm* quinquenato *m*.

quintal *nm* quintal *m*.

quinte *nf* **1.** *MUS* quinta *f* **2.** *(au poker)* escalera *f*. ■ **quinte de toux** *nf* ataque *m* de tos.

quintuple *adj* quíntuplo(pla). ❑ *nm* quíntuplo *m*.

quintuplés, , -ées *nmf pl* quintillizos *mpl*, quintillizas *fpl*.

quinzaine *nf* **1.** *(nombre)* quincena *f* • **une quinzaine de** unos quince **2.** *(deux semaines)* dos semanas *fpl*.

quinze *adj num inv* quince • **dans quinze jours** dentro de quince días *ou* dos semanas. ❑ *nm inv* **1.** *(chiffre)* quince *m* **2.** *SPORT* • **le quinze de France** el equipo nacional francés de rugby. Voir aussi **six**.

quiproquo *nm* quid pro quo *m*.

quittance *nf* recibo *m* • **quittance d'électricité/de loyer** recibo de la luz/del alquiler.

quitte *adj* • **être quitte (envers qqn)** estar en paz (con alguien) • **en être quitte pour faire qqch/pour qqch** librarse con hacer algo/con algo • **il en a été quitte pour une bonne peur** no ha sido más que el susto • **quitte à faire qqch** aunque tenga que hacer algo • **quitte à dormir sur place je préfère rester** aunque tenga que dormir aquí mismo prefiero quedarme.

quitter *vt* **1.** *(renoncer à, abandonner)* dejar, abandonar • **ne quittez pas !** *(au téléphone)* no cuelgue **2.** *(partir de)* irse de, marcharse de **3.** *(vêtement)* quitarse **4.** *INFORM* salir. ■ **se quitter** *vp* separarse.

qui-vive *nm inv* • **être sur le qui-vive** estar en vilo.

quoi *pron rel (après une prép)* • **ce à quoi je me suis intéressée** aquello por lo que me interesé • **c'est en quoi tu as tort** ahí es donde te equivocas • **après quoi** después de lo cual • **avoir de quoi vivre** tener de qué vivir • **avez-vous de quoi écrire ?** ¿tiene con qué escribir? • **merci — il n'y a pas de quoi** gracias — no hay de qué *ou* de nada. ❑ *pron interr* qué • **à quoi bon ?** ¿para qué? • **à quoi penses-tu ?** ¿en qué piensas? • **je ne sais pas quoi dire** no sé qué decir • **quoi de neuf ?** ¿qué hay de nuevo? • **quoi ?** *fam (comment ?)* ¿qué? • **... ou quoi ?** *fam* ¿... o no?, ¿... o qué? • **tu viens ou quoi ?** *fam* ¿vienes o no? • **décide-toi, quoi !** *fam* ¿te decides o qué?, ¿te decides o no? ■ **quoi que** *loc conj (+ subjonctif)* • **quoi qu'il arrive** pase lo que pase • **quoi qu'il dise** diga lo que diga • **quoi qu'il en soit** sea como sea. ■ **n'importe quoi** *pron indéf* cualquier cosa, lo que sea.

quoique *conj* aunque.

> À PROPOS DE
> **quoique**
> *Quoique* est suivi du subjonctif, ***aunque*** est suivi de l'indicatif.

quolibet *nm sout* pulla *f*.

quota *nm (gén)* cuota *f* ; *(d'importation)* cupo *m*.

quotidien, enne *adj* diario(ria). ■ **quotidien** *nm* **1.** *(vie quotidienne)* cotidiano *m* **2.** *(journal)* diario *m*.

quotient *nm* cociente *m* • **quotient intellectuel** coeficiente intelectual *ou* de inteligencia.

R

r, R *nm inv (lettre)* r *f*, R *f*. ■ **r** (abrév de rue) C/.

rabâcher *fam vi* machacar • **tu rabâches !** ¡no seas machacón! ❑ *vt* machacar.

rabais *nm* descuento *m*, rebaja *f*. ■ **au rabais** *loc adj* de pacotilla. ❑ *loc adv* por poco dinero.

rabaisser *vt* rebajar. ■ **se rabaisser** *vp* rebajarse • **se rabaisser à faire qqch** rebajarse a hacer algo.

rabat *nm* **1.** *(partie rabattue)* carterilla *f* **2.** *(col - de magistrat)* golilla *f* ; *(- d'ecclésiastique)* alzacuello *m*.

rabat-joie *adj inv & nmf* aguafiestas.

rabatteur, euse *nm, f* **1.** *(de gibier)* ojeador *m*, -ra *f* **2.** *fig & péj (de clientèle)* gancho *m*.

rabattre *vt* **1.** *(abaisser - gén)* abatir ; *(- col)* doblar ; *(- couvercle)* cerrar **2.** *(somme)* rebajar **3.** *(gibier)* ojear **4.** *(client)* captar. ■ **se rabattre** *vp* **1.** *(siège)* abatirse **2.** *(voiture)* cerrarse **3.** *(se contenter de)* • **se rabattre sur qqch/sur qqn** conformarse con algo/con alguien.

rabbin *nm* rabino *m*.

râble *nm CULIN* rabadilla *f*.

râblé, e *adj* fornido(da).

rabot *nm* cepillo *m (de carpintería)*.

raboter *vt* cepillar.

rabougri, e *adj* **1.** *(plante)* desmedrado(da) **2.** *(personne)* canijo(ja).

rabrouer *vt* desairar.

raccommodage *nm* zurcido *m*.

raccommoder *vt* **1.** *(vêtement)* zurcir **2.** *fam (personnes)* • **raccommoder qqn avec qqn** hacer que alguien haga las paces con alguien.

raccompagner *vt* acompañar.

raccord *nm* **1.** *(liaison)* retoque *m* **2.** *CINÉ* ajuste *m* **3.** *(pièce)* empalme *m*.

raccordement *nm* empalme *m*.

raccorder *vt* empalmar • **raccorder qqch à qqch** empalmar algo a algo. ■ **se raccorder** *vp* • **se raccorder à qqch** conectar(se) con algo.

raccourci *nm* atajo *m* • **prendre un raccourci** coger un atajo • **en raccourci** *fig* en síntesis. ■ **raccourci clavier** *nm INFORM* atajo *m* de teclado.

raccourcir *vt (gén)* acortar ; *(texte)* abreviar. ❑ *vi (jour)* menguar.

raccrocher *vt* volver a colgar. ❑ *vi* **1.** *(au téléphone)* colgar **2.** *fam (abandonner)* colgar la toalla. ■ **se raccrocher** *vp* • **se raccrocher à qqch/à qqn** *fig* aferrarse a algo/a alguien.

race *nf* **1.** *(humaine, animale)* raza *f* • **de race** de raza **2.** *fig (catégorie)* raza *f*, casta *f*.

racé, e *adj* **1.** *(animal)* de raza **2.** *(voiture)* con clase.

rachat *nm* **1.** *(de biens)* nueva compra *f* **2.** *fig (de péchés)* redención *f* **3.** *(de prisonniers)* rescate *m*.

racheter *vt* **1.** *(acheter à nouveau)* volver a comprar **2.** *(acheter d'occasion)* comprar **3.** *(péché, faute)* redimir ; *(défaut, lapsus)* compensar **4.** *(prisonnier, candidat)* rescatar. ■ **se racheter** *vp* hacer méritos.

rachitique *adj* raquítico(ca).

racial, e *adj* racial.

racine *nf (gén) INFORM* raíz *f* • **prendre racine** echar raíces.

racisme *nm* racismo *m*.

raciste *adj & nmf* racista.

racket *nm* extorsión *f*, chantaje *m*.

racketter *vt* extorsionar, chantajear.

raclée *nf* tunda *f*, paliza *f* **(ESP)**, golpiza *f* **(AMÉR)**.

raclement *nm* carraspeo *m*.

racler *vt* rascar. ■ **se racler** *vp* • **se racler la gorge** rascarse la garganta.

raclette *nf CULIN plato suizo a base de queso fundido y patatas*.

racoler *vt péj* enganchar *(prostituta)*.

racoleur, euse *adj péj (publicité)* facilón(ona) ; *(sourire)* baboso(sa). ■ **racoleur** *nm fam (de clients)* gancho *m*. ■ **racoleuse** *nf fam péj* buscona *f*.

racontar *nm (gén pl)* chisme *m*, habladuría *f*.

raconter *vt* contar • **raconter qqch à qqn** contar algo a alguien.

racorni, e *adj (gén)* reseco(ca) ; *(papier)* acartonado(da).

radar *nm* radar *m*.

rade *nf* rada *f*.

radeau *nm (embarcation)* balsa *f* • **radeau de sauvetage** balsa salvavidas.

radial, e *adj* radial.

radiateur *nm* radiador *m* • **radiateur électrique/à gaz** radiador eléctrico/de gas.

radiation *nf* **1.** *(rayonnement)* radiación *f* **2.** *(élimination)* expulsión *f*.

radical, e *adj* radical. ■ **radical** *nm* radical *m*.

radicalisation *nf* radicalización *f*.

radicaliser *vt* radicalizar. ■ **se radicaliser** *vp* radicalizarse.

radicalisme *nm* radicalismo *m*.

radier *vt (exclure)* excluir ; *(d'une profession)* expulsar.

radieux, euse *adj* radiante.

radin, e *adj & nm, f fam & péj* rácano(na).

radio *nf* **1.** *(diffusion, transistor, station)* radio *f* • **allumer/éteindre/mettre la radio** encender/apagar/poner la radio • **radio locale/privée/libre** radio local/privada/libre **2.** *(rayons X)* • **passer une radio** hacerse una radiografía. ❑ *nm* radio *m*.

radioactif, ive *adj* radiactivo(va), radioactivo(va).

radioactivité *nf* radiactividad *f*, radioactividad *f*.

radiocassette *nm* radiocasete *m*.

radiodiffuser *vt* radiar.

radiographie *nf* radiografía *f*.

radiologie *nf* radiología *f*.

radiologue, radiologiste *nmf* radiólogo *m*, -ga *f*.

radioréveil, radio-réveil *nm* radiodespertador *m*.

radiotélévisé, e *adj* radiotelevisado(da).

radis *nm* rábano *m*.

radium *nm* radio *m (elemento radiactivo)*.

radius *nm* radio *m (hueso)*.

radoucissement *nm* mejoramiento *m (del tiempo, la temperatura)*.

rafale *nf* **1.** *(de vent)* ráfaga *f*, racha *f* • **souffler en rafale** rachear **2.** *(de coups de feu)* ráfaga *f* **3.** *fig (d'applaudissements)* salva *f*.

raffinage *nm* refinado *m*.

raffiné, e *adj* refinado(da).

raffinement *nm* refinamiento *m*.

raffiner *vt* refinar. ❑ *vi* • **raffiner sur qqch** cuidar algo.

raffinerie *nf* refinería *f*.

raffoler *vi* • **raffoler de qqch/de qqn** volverse loco(ca) por algo/por alguien • **il raffole des glaces** le chiflan los helados.

raffut *nm fam* jaleo *m* **(ESP)**, despiole *m* **(AMÉR)** • **faire du raffut** armar jaleo.

rafistoler *vt fam* remendar.

rafle *nf* **1.** *(vol)* robo *m* **2.** *(de police)* redada *f*.

rafler *vt fam* **1.** *(s'emparer de)* arramblar con **2.** *(piller, voler)* birlar.

rafraîchir *vt* **1.** *(nourriture, vin)* enfriar **2.** *(vêtement, appartement)* reformar ; *(tableau)* restaurar ; *(cheveux)* igualar **3.** *fig (mémoire)* refrescar **4.** INFORM actualizar, refrescar. ❑ *vi* enfriar. ■ **se rafraîchir** *vp* **1.** *(temps)* refrescar **2.** *(personne)* refrescarse.

rafraîchissant, e *adj* refrescante.

rafraîchissement *nm* **1.** *(de climat)* enfriamiento *m* **2.** *(boisson)* refresco *m* • **prendre un rafraîchissement** tomar un refresco **3.** *(de vêtement, d'appartement)* reforma *f* ; *(de tableau)* restauración *f* ; *(de coupe de cheveux)* cambio *m*.

raft, rafting *nm* rafting *m*.

ragaillardir *vt fam* entonar.

rage *nf* **1.** *(fureur, maladie)* rabia *f* **2.** *(manie, passion)* pasión *f* • **faire rage** *(tempête)* causar estragos. ■ **rage de dents** *nf* dolor *m* de muelas.

rager *vi fam* • **rager contre qqch/contre qqn** echar pestes contra algo/contra alguien • **ça me fait rager** me da mucha rabia.

rageur, euse *adj* **1.** *fam (enfant)* con malas pulgas **2.** *(ton)* rabioso(sa).

raglan *nm* prenda *f* con mangas raglán. ❑ *adj inv* raglán.

ragot *nm fam* cotilleo *m*.

ragoût *nm* ragú *m*, guiso *m*.

rai *nm sout* rayo *m*.

raid *nm* **1.** MIL & SPORT raid *m* **2.** AÉRON incursión *f*, raid *m* • **raid aérien** incursión aérea, raid aéreo **3.** FIN adquisición *f* hostil.

raide *adj* **1.** *(cheveux)* lacio(cia) **2.** *(membre)* rígido(da), tieso(sa) **3.** *(pente, escalier)* empinado(da) **4.** *(attitude)* envarado(da) **5.** *fam (incroyable)* • **elle est raide !** ¡eso pasa de castaño oscuro! **6.** *fam (chanson, propos)* verde **7.** *fam (pauvre)* • **être raide** estar pelado(da). ❑ *adv (abruptement)* • **grimper raide** ser empinado(da).

raideur *nf* **1.** *(physique)* rigidez *f* **2.** *(morale)* rigidez *f*, inflexibilidad *f*.

raidir *vt* estibar. ■ **se raidir** *vp (de froid)* quedarse tieso(sa).

raie *nf* **1.** *(gén)* raya *f* **2.** *(des fesses)* raja *f*.

rail *nm* **1.** *(de voie ferrée)* riel *m*, raíl *m* **2.** *(moyen de transport)* ferrocarril *m*.

railler *vt sout* burlarse de.

railleur, euse *adj & nm, f sout* burlón(ona).

rainure *nf* ranura *f*.

raisin *nm* uva *f*.

raison *nf* **1.** *(faculté de raisonner, sagesse)* razón *f* • **ramener qqn à la raison** hacer entrar a alguien en razones **2.** *(justesse)* • **avoir raison** tener razón • **avoir raison de faire qqch** hacer bien en hacer algo • **le froid a eu raison de lui** el frío pudo más que él • **donner raison à qqn** dar la razón a alguien **3.** *(santé mentale)* juicio *m* **4.** *(rationalité)* raciocinio *m* **5.** *(motif, excuse)* razón *f*, motivo *m* • **à plus forte raison quand** con mayor motivo cuando, máxime cuando • **en raison de qqch** debido a algo • **raison de plus** razón de más • **raison de vivre** razón de vivir. ■ **à raison de** *loc prép* a razón de. ■ **raison d'État** *nf* razón *f* de Estado. ■ **raison sociale** *nf* razón *f* social.

raisonnable *adj* **1.** *(décision, prix)* razonable **2.** *(rationnel)* racional.

raisonné, e *adj* razonado(da).

raisonnement *nm* **1.** *(faculté)* raciocinio *m* **2.** *(argumentation)* razonamiento *m*.

raisonner *vi* **1.** *(penser)* pensar **2.** *(discuter)* razonar. ❑ *vt* hacer entrar en razón a.

rajeunir *vt* **1.** *(sujet : couleur, vêtement, coiffure)* rejuvenecer, hacer más joven **2.** *(sujet : personne)* echar menos años • **rajeunir qqn de trois ans** echar a alguien tres años menos **3.** *(décoration, canapé)* remozar **4.** *(population, profession)* rebajar la media de edad de. ❑ *vi* rejuvenecer, rejuvenecerse.

rajeunissement *nm* rejuvenecimiento *m*.

rajouter *vt* volver a añadir • **en rajouter** *fam (exagérer)* cargar las tintas.

rajuster, réajuster *vt* **1.** *(salaire, prix, tir)* reajustar **2.** *(cravate)* retocar. ■ **se rajuster** *vp* retocarse.

râle *nm* estertor *m*.

ralenti, e *adj* ralentizado(da). ■ **ralenti** *nm* ralentí *m* • **au ralenti** *fig* al ralentí.

ralentir *vt (allure, expansion, rythme)* reducir ; *(pas)* aminorar, ralentizar. ❑ *vi* reducir la velocidad.

ralentissement *nm* **1.** *(freinage)* disminución *f* de la velocidad **2.** *(embouteillage)* retención *f* **3.** *(diminution)* disminución *f*, ralentización *f*.

râler *vi* **1.** *(malade)* tener estertores **2.** *fam (grogner)* refunfuñar.

râleur, euse *adj & nm, f fam* refunfuñón(ona).

ralliement *nm* **1.** MIL concentración *f* **2.** *(adhésion)* adhesión *f*.

rallier *vt* **1.** *(hommes)* concentrar **2.** *(troupe)* incorporarse a ; *(parti)* adscribirse a ; *(majorité)* sumarse a **3.** *(suffrages)* agrupar. ■ **se rallier** *vp* **1.** *(troupes, hommes)* concentrarse **2.** *(souscrire)* • **se rallier à qqch a)** *(parti)* adscribirse a algo **b)** *(avis, cause)* sumarse a algo.

rallonge *nf* **1.** *(de table)* larguero *m* **2.** *(électrique)* prolongador *m*, alargo *m* **3.** *fam (de crédit)* plus *m*.

rallonger *vt* alargar. ❑ *vi* alargarse.

rallumer *vt* **1.** *(feu, lampe, cigarette)* volver a encender **2.** *fig (querelle)* reavivar.

rallye *nm* rallye *m*.

RAM, Ram (abrév de random access memory) *nf* RAM *f*.

ramadan *nm* ramadán *m*.

ramassage *nm* recogida *f* • **ramassage scolaire** transporte *m* escolar.

ramasse *nf fam* • **être à la ramasse** *(fatigué)* estar hecho(cha) polvo • **après la compétition, il était complètement à la ramasse** después de la competición estaba totalmente hecho polvo.

ramasser *vt* **1.** *(gén)* recoger **2.** *(forces)* reunir, aunar **3.** *(champignons, fleurs, etc)* coger **4.** *(personne)* levantar del suelo **5.** *fig (pensée)* condensar, resumir **6.** *fam (voleur, criminel)* echar el guante a **7.** *fam (claque)* llevarse. ■ **se ramasser** *vp* **1.** *(se replier)* encogerse **2.** *fam (tomber)* medir el suelo **3.** *fam (échouer)* catear.

rambarde *nf* barandilla *f.*

rame *nf* **1.** *(d'embarcation)* remo *m* **2.** *(de train)* tren *m* **3.** *(de papier)* resma *f* **4.** *(de haricots, de pois)* rodrigón *m.*

rameau *nm* **1.** *(d'arbre, de végétal)* ramo *m* **2.** *(d'un ensemble)* rama *f.* ■ **Rameaux** *nmpl* RELIG • **les Rameaux** el domingo de Ramos.

ramener *vt* **1.** *(reconduire)* acompañar **2.** *(amener de nouveau)* volver a llevar **3.** *(rapporter)* traer **4.** *(faire revenir)* volver a traer, hacer volver • **ramener qqn à qqch** hacer volver a alguien a algo **5.** *(faire réapparaître - paix, ordre)* restablecer ; *(- inquiétudes, gaieté)* hacer renacer **6.** *(réduire)* • **ramener qqch à qqch** reducir algo a algo.

ramer *vi* **1.** *(rameur)* remar **2.** *fam & fig (peiner)* bregar.

ramette *nf (de papier)* resmilla *f.*

rameur, euse *nm, f* remero *m*, -ra *f.*

ramifications *nfpl* ramificaciones *fpl.*

ramifier ■ **se ramifier** *vp* ramificarse.

ramolli, e *adj* **1.** *(beurre)* reblandecido(da) **2.** *fam & fig (cerveau)* seco(ca). ❑ *nm, f fam* flojucho *m*, -cha *f.*

ramollir *vt* **1.** *(matière)* reblandecer, ablandar **2.** *fam & fig (personne)* acabar con. ❑ *vi* reblandecerse, ablandarse. ■ **se ramollir** *vp* **1.** *(matière)* reblandecerse, ablandarse **2.** *fam & fig (personne)* • **il s'est ramolli** se le ha secado el cerebro.

ramoner *vt* deshollinar.

ramoneur *nm* deshollinador *m.*

rampant, e *adj* **1.** *(animal, plante)* rastrero(ra) **2.** *fig (attitude, caractère)* servil.

rampe *nf* **1.** *(d'escalier)* baranda *f*, barandilla *f* **2.** *(d'accès)* rampa *f* • **rampe d'accès** rampa de acceso • **rampe de lancement** rampa *ou* plataforma *f* de lanzamiento **3.** THÉÂTRE candilejas *fpl.*

ramper *vi* **1.** *(animal, personne)* reptar **2.** *(plante)* trepar.

rance *adj* rancio(cia). ❑ *nm* rancio *m* • **ça sent le rance** huele a rancio.

rancir *vi* volverse rancio(cia), enranciarse.

rancœur *nf* rencor *m.*

rançon *nf* **1.** *(somme d'argent)* rescate *m* **2.** *fig (compensation, contrepartie)* tributo *m* • **(c'est) la rançon de la gloire** (es) el precio de la gloria.

rancune *nf* rencor *m* • **garder** *ou* **tenir rancune à qqn de qqch** guardar rencor a alguien por algo • **sans rancune !** ¡sin rencores!

rancunier, ère *adj & nm, f* rencoroso(sa).

rando *nf fam (randonnée)* senderismo *m*, marcha *f.*

randonnée *nf* **1.** *(à pied)* senderismo *m*, marcha *f* **2.** *(à bicyclette)* paseo *m*, excursión *f.*

randonneur, euse *nm, f* excursionista *mf.*

rang *nm* **1.** *(d'objets, de personnes)* MIL fila *f* • **se mettre en rang par deux** ponerse en fila de a dos • **se mettre sur les rangs** *fig* presentar su candidatura **2.** *(de perles, de tricot)* vuelta *f* **3.** *(ordre)* puesto *m* **4.** *(hiérarchie, classe sociale)* rango *m.*

rangé, e *adj (personne)* formal ; *(vie)* ordenado(da).

rangée *nf* • **une rangée de qqch** una hilera de algo.

rangement *nm* **1.** *(gén)* orden *m* • **faire du rangement** poner orden **2.** *(placard)* alacena *f.*

ranger *vt* **1.** *(chambre, objets)* ordenar **2.** *(élèves, soldats)* poner en fila **3.** *fig (livre, auteur)* • **ranger parmi** colocar entre. ■ **se ranger** *vp* **1.** *(élèves, soldats)* ponerse en fila • **se ranger par deux** ponerse en fila de a dos **2.** *(voiture)* echarse a un lado **3.** *(piéton)* apartarse, dejar paso **4.** *(devenir sage)* sentar la cabeza **5.** *fig (se placer)* • **se ranger parmi** situarse entre **6.** *(se soumettre, se rallier)* • **se ranger à** plegarse a.

ranimer *vt* **1.** *(personne)* reanimar **2.** *(feu)* avivar **3.** *fig (sentiment)* despertar.

rap *nm* rap *m.*

rapace *adj* codicioso(sa). ❑ *nm* rapaz *m*, ave *f* rapaz.

rapatriement *nm* repatriación *f.*

rapatrier *vt* repatriar.

râpe *nf* **1.** *(de cuisine)* rallador *m* **2.** *(de menuisier)* escofina *f* **3.** **(Suisse)** *fam (avare)* rácano *m*, -na *f.*

râpé, e *adj* **1.** CULIN rallado(da) **2.** *(vêtement)* raído(da) **3.** *fam (raté)* • **c'est râpé !** ¡se acabó!, ¡olvídate!

râper *vt* **1.** CULIN rallar **2.** *(bois, métal)* limar **3.** *fig (gorge)* raspar.

rapide *adj* **1.** *(gén)* rápido(da) **2.** *(intelligence)* ágil. ❑ *nm* rápido *m.*

rapidement *adv* rápidamente.

rapidité *nf (de processus)* rapidez *f* ; *(de véhicule)* velocidad *f.*

rapiécer *vt* remendar.

rappel *nm* **1.** *(souvenir, vaccin)* recuerdo *m* • **rappel à l'ordre** llamada *f* al orden **2.** *(de paiement)* advertencia *f* **3.** *(au spectacle)* llamada *f* a escena **4.** *(de réserviste)* retirada *f* **5.** SPORT rápel *m*, rappel *m* **6.** TÉLÉCOM • **rappel automatique** rellamada *f* automática, retro-llamada *f.*

rappeler *vt* **1.** *(appeler de nouveau)* volver a llamar • **rappeler qqn à la vie** hacer volver a alguien en sí **2.** *(faire penser à)* recordar • **rappeler qqch à qqn** recordar algo a alguien • **je te rappelle que tu dois te lever tôt** te recuerdo que tienes que madrugar **3.** *(ressembler à)* recordar a • **il me rappelle un ami à moi** me recuerda a un amigo mío **4.** *(acteurs)* llamar a escena. ■ **se rappeler** *vp* recordar, acordarse de • **je me rappelle mes premières vacances** recuerdo mis primeras vacaciones.

rapper *vi* rapear.

rappliquer *vi* *fam* volver (ESP), regresarse (AMÉR).

rapport *nm* **1.** *(corrélation)* relación *f* (ESP), atingencia *f* (AMÉR) **2.** *(gén pl) (relation)* relación *f* **3.** *(compte rendu)* informe *m* **4.** *(profit)* rendimiento *m* **5.** *(ratio)* razón *f.* ■ **par rapport à** *loc prép* en relación a, con respecto a.

rapporter *vt* **1.** *(apporter avec soi)* traer • **rapporter qqch à qqn** traer algo a alguien **2.** *(apporter de nouveau)* volver a traer **3.** *(rendre)* devolver **4.** *(argent, profit)* reportar **5.** *(fait)* relatar, contar. ❑ *vi* **1.** *(être rentable)* rendir **2.** *(enfant)* chivarse. ■ **se rapporter** *vp* • **se rapporter à** referirse a.

rapporteur, euse *adj & nm, f* chivato(ta). ■ **rapporteur** *nm* **1.** *(de commission)* ponente *m* **2.** GÉOM transportador *m.*

rapproché, e *adj* **1.** *(dans l'espace)* cercano(na) **2.** *(dans le temps)* seguido(da).

rapprochement *nm* **1.** *(gén)* acercamiento *m* **2.** *(comparaison)* relación *f.*

rapprocher *vt* **1.** *(mettre plus près)* • **rapprocher qqch/qqn de qqch** acercar algo/a alguien a algo **2.** *fig* *(unir)* unir **3.** *(comparer)* cotejar. ■ **se rapprocher** *vp* **1.** *(gén)* • **se rapprocher de qqch/de qqn** acercarse a algo/a alguien **2.** *(se ressembler)* parecerse.

rapt *nm* rapto *m.*

raquer *tfam* *vt* aflojar, apoquinar (ESP), garpar (AMÉR). ❑ *vi* aflojar la mosca.

raquette *nf* raqueta *f.*

rare *adj* **1.** *(surprenant)* raro(ra) **2.** *(peu fréquent)* contado(da) **3.** *(peu nombreux)* contado(da), escaso(sa) **4.** *(peu dense)* ralo(la).

raréfier *vt* enrarecer. ■ **se raréfier** *vp* enrarecerse.

rarement *adv* raramente.

rareté *nf* **1.** *(gén)* rareza *f* **2.** *(pénurie)* escasez *f.*

ras, e *adj* **1.** *(herbe, poil, barbe)* corto(ta) **2.** *(cheveux)* al rape **3.** *(mesure)* raso(sa). ■ **ras** *adv* al rape. ■ **à ras de, au ras de** *loc prép* a ras de.

RAS (abrév de rien à signaler) sin novedad.

rasade *nf* vaso *m* lleno, copa *f* llena.

rasage *nm* afeitado *m.*

rasant, e *adj* **1.** *(tir, lumière)* rasante **2.** *fam* *(ennuyeux)* latoso(sa).

rasé, e *adj* *(crâne)* rapado(da) ; *(barbe)* afeitado(da) • **être rasé de près** tener un afeitado apurado.

raser *vt* **1.** *(barbe)* afeitar ; *(cheveux)* rapar **2.** *(mur, sol)* pasar rozando **3.** *(village)* arrasar **4.** *fam* *(ennuyer)* ser un rollo para. ■ **se raser** *vp* **1.** *(barbe)* afeitarse **2.** *fam* *(s'ennuyer)* aburrirse.

ras-le-bol *nm inv* *fam* • **en avoir ras-le-bol** estar hasta las narices *ou* hasta el moño.

rasoir *nm* navaja *f* de afeitar • **rasoir électrique/mécanique** maquinilla *f* eléctrica/mecánica. ❑ *adj inv* *fam* *(ennuyeux)* rollo *m* • **qu'est-ce qu'il est rasoir, ce film !** ¡qué rollo de película!

rassasier *vt* hartar, saciar.

rassemblement *nm* **1.** *(d'objets)* recolección *f* **2.** *(de personnes)* concentración *f*, aglomeración *f* **3.** *(union, parti)* agrupación *f* **4.** MIL formación *f.*

rassembler *vt* **1.** *(gén)* reunir **2.** *(idées)* poner en orden **3.** *(courage)* hacer acopio de. ■ **se rassembler** *vp* **1.** *(manifestants)* concentrarse **2.** *(famille)* reunirse.

rasseoir ■ **se rasseoir** *vp* volver a sentarse.

rasséréner *vt* *sout* serenar.

rassis, e *adj* **1.** *(pain)* duro(ra) **2.** *sout* *(esprit)* sereno(na).

rassurant, e *adj* tranquilizador(ra).

rassuré, e *adj* tranquilo(la) • **ne pas être rassuré** no estar tranquilo.

rassurer *vt* tranquilizar.

S'EXPRIMER

rassurer quelqu'un

- ***Ya verás, todo irá bien.*** Tu verras, tout ira bien.
- ***No te preocupes.*** Ne t'en fais pas.
- ***¡No es nada!*** *ou* ***¡No pasa nada!*** Ce n'est pas grave !
- ***Pero ¿qué quieres que haya ocurrido?*** Que veux-tu qu'il se soit passé ?

rasta *adj & nmf* *fam* rasta.

rat *nm* rata *f* • **petit rat** *(danseuse)* joven bailarín(ina) *(de la escuela de danza de la Ópera de París).* ❑ *adj* *fam* rata.

ratatiné, e *adj* **1.** *(fruit, personne)* arrugado(da) **2.** *fam* *(vélo, voiture)* hecho polvo, hecha polvo.

ratatouille *nf* CULIN pisto *m.*

rate *nf* **1.** *(animal)* rata *f* **2.** *(organe)* bazo *m.*

raté, e *adj & nm, f* fracasado(da). ■ **raté** *nm* **1.** *(gén pl)* AUTO sacudida *f* **2.** *(difficulté)* tropiezo *m.*

râteau *nm* rastrillo *m.*

rater *vt* **1.** *(manquer - train, occasion)* perder ; *(- cible)* errar ; *(- gibier)* dejar escapar **2.** *(ne pas réussir - vie)* malograr ; *(- examen)* suspender ; *(- plat)* • **j'ai raté le gâteau** me ha salido mal el pastel. ❑ *vi* fracasar.

ratification *nf* ratificación *f.*

ratifier *vt* ratificar.

ration *nf* ración *f* • **ration alimentaire** ración alimenticia.

rationaliser *vt* racionalizar.

rationnel, elle *adj* racional.

rationnement *nm* racionamiento *m*.

rationner *vt* **1.** *(aliment)* racionar **2.** *(personne)* racionar la comida de, racionarle la comida a.

ratissage *nm* **1.** *(de jardin)* rastrillado *m* **2.** *(de zone, de quartier)* rastreo *m*.

ratisser *vt* **1.** *(jardin)* rastrillar **2.** *(zone, quartier)* peinar **3.** *fam (ruiner)* dejar limpio(pia).

raton *nm* ratita *f* • **raton laveur** mapache *m*.

ratonnade *nf* agresión *f (contra magrebíes)*.

RATP (abrév de Régie autonome des transports parisiens) *nf* empresa *f* de transportes públicos parisinos ; ≃ EMT *f (Empresa Municipal de Transportes)* • **les usagers de la RATP** los usuarios de la RATP.

rattachement *nm* incorporación *f*.

rattacher *vt* **1.** *(attacher de nouveau)* volver a atar **2.** *(relier)* • **rattacher qqch à qqch a)** incorporar algo a algo **b)** *fig* relacionar algo con algo **3.** *(unir)* • **rattacher qqn à qqch** unir a alguien a algo. ■ **se rattacher** *vp* • **se rattacher à qqch** relacionarse con algo.

ratte *nf* BOT & CULIN patata *f* ratte.

rattrapage *nm* **1.** SCOL recuperación *f* **2.** *(de salaires, de prix)* reajuste *m*.

rattraper *vt* **1.** *(animal, prisonnier)* coger **2.** *(temps perdu)* recuperar **3.** *(bus)* alcanzar **4.** *(personne qui tombe)* agarrar **5.** *(erreur, malfaçon)* reparar. ■ **se rattraper** *vp* **1.** *(se retenir)* • **se rattraper à qqch/à qqn** agarrarse a algo/a alguien **2.** *(compenser une insuffisance)* ponerse al nivel **3.** *(réparer une erreur)* corregirse.

rature *nf* tachadura *f*.

raturer *vt* tachar.

rauque *adj* ronco(ca).

ravage *nm* estrago *m*.

ravagé, e *adj* **1.** *(gén)* desfigurado(da) **2.** *fam (fou)* • **être ravagé** estar chalado.

ravager *vt* asolar.

ravalement *nm* revoque *m*.

ravaler *vt* **1.** *(façade, immeuble)* revocar **2.** *(salive)* tragar **3.** *fig (larmes, colère)* tragarse **4.** *(avilir)* rebajar.

ravauder *vt* remendar, zurcir.

rave *nf* naba *f*.

ravi, e *adj (personne)* encantado(da) ; *(air)* radiante • **ravi de vous connaître** encantado de conocerle.

ravier *nm* fuente *f (para entremeses)*.

ravigotant, e *adj fam* que entona.

ravigoter *vt fam* entonar.

ravin *nm* barranco *m*.

ravioli *nm* ravioli *m*.

ravir *vt* **1.** *(charmer)* encantar • **être ravi de qqch/de faire qqch/que** estar encantado con algo/de hacer algo/de que • **ravi de vous connaître** encantado de conocerle • **être ravi de partir** estar encantado de marcharse • **je suis ravie que tu puisses venir** estoy encantada de que puedas venir • **à ravir** *(admirablement)* a las mil maravillas, que ni pintado(da) **2.** *sout (arracher)* • **ravir qqch à qqn** arrebatar algo a alguien.

raviser ■ **se raviser** *vp* echarse atrás.

ravissant, e *adj* encantador(ra).

ravissement *nm* **1.** *(enchantement)* maravilla *f* **2.** *sout (rapt)* rapto *m*.

ravisseur, euse *nm, f* secuestrador *m*, -ra *f*.

ravitaillement *nm* abastecimiento *m*.

ravitailler *vt* **1.** *(en denrées)* abastecer **2.** *(en carburant)* repostar.

raviver *vt* reavivar.

ravoir *vt* recuperar.

rayé, e *adj* **1.** *(tissu)* a rayas **2.** *(disque, vitre)* rayado(da) **3.** *(canon)* estriado(da).

rayer *vt* **1.** *(disque, vitre)* rayar **2.** *(nom, mot)* tachar • **être rayé de la carte** desaparecer del mapa.

rayon *nm* **1.** *(de lumière, radiation)* rayo *m* • **rayon laser** rayo láser • **rayons X** rayos X **2.** *fig (d'espoir)* viso *m*, resquicio *m* **3.** *(de roue, de cercle)* radio *m* • **dans un rayon de** en un radio de • **rayon d'action** radio de acción • **rayon de braquage** radio de giro **4.** *(de ruche)* panal *m* **5.** *(étagère)* estante *m* **6.** *(dans un magasin)* sección *f*.

rayonnage *nm* estantería *f*.

rayonnant, e *adj* radiante • **rayonnant de qqch** radiante de algo.

rayonne *nf* rayón *m*.

rayonnement *nm* **1.** *(gén)* radiación *f* **2.** *fig (éclat)* resplandor *m* **3.** *fig (de bonheur)* brillo *m*.

rayonner *vi* **1.** *(chaleur)* irradiar ; *(soleil)* brillar **2.** *(culture, visage)* resplandecer **3.** *(avenues, rues)* tener una estructura radial.

rayure *nf* **1.** *(sur étoffe)* raya *f* **2.** *(sur disque, sur meuble)* rayadura *f* **3.** *(de fusil)* estría *f*.

raz ■ **raz de marée** *nm* **1.** *(vague)* maremoto *m* **2.** *fig (phénomène massif)* epidemia *f*, plaga *f*.

razzia *nf* razia *f* • **faire une razzia sur qqch** *fam* arramblar con algo.

R&D (abrév de Recherche et Développement) *nf* I+D *m (Investigación y Desarollo)*.

RdC, R-C (abrév de rez-de-chaussée) B.

RDV, R-V (abrév de rendez-vous) cita *f* • **téléphoner pour prendre RDV** llamar para pedir cita.

ré *nm inv* MUS re *m*.

réabonnement *nm* renovación *f* de suscripción.

réac *adj & nmf fam & péj* carca • **être réac** ser un carca.

réacheminer *vt* reencaminar, redirigir.

réacteur *nm* reactor *m* • **réacteur nucléaire** reactor nuclear.

réactif, ive *adj* reactivo(va). ■ **réactif** *nm* CHIM reactivo *m*.

réaction *nf* reacción *f* • **en réaction contre** como reacción contra • **réaction en chaîne** reacción en cadena.

réactionnaire *adj & nmf péj* reaccionario(ria).

réactiver *vt* reactivar.

réactualisation *nf* reactualización *f*.

réactualiser *vt* reactualizar.

réadaptation *nf* readaptación *f*.

réadapter *vt* **1.** *(adapter de nouveau)* readaptar **2.** *(rééduquer)* reeducar. ■ **se réadapter** *vp* • **se réadapter à qqch** readaptarse a algo.

réaffirmer *vt* ratificar, reafirmar.

réagir *vi* reaccionar • **réagir à qqch a)** *(à un médicament)* reaccionar a algo **b)** *fig (à la critique)* reaccionar en contra de algo • **réagir contre qqch** reaccionar contra algo • **réagir sur qqch** repercutir en algo.

réajustement *nm* reajuste *m*.

réajuster = **rajuster**.

réalisable *adj* realizable.

réalisateur, trice *nm,f* realizador *m*, -ra *f*.

réalisation *nf* realización *f*.

réaliser *vt* **1.** *(effectuer, tv)* CINÉ realizar **2.** *(rêve)* cumplir **3.** *(se rendre compte de)* darse cuenta de. ■ **se réaliser** *vp* realizarse.

réaliste *adj & nmf* realista.

réalité *nf* realidad *f* • **réalité virtuelle** INFORM realidad virtual. ■ **en réalité** *loc adv* en realidad.

reality-show, reality show *nm* reality-show *m*, reality show *m*.

réaménagement *nm* **1.** *(projet)* • **réaménagement du territoire** reordenación *f* territorial **2.** *(de taux d'intérêt)* reajuste *m*.

réamorcer *vt* reactivar.

réanimation *nf* reanimación *f* • **être en réanimation** estar en cuidados intensivos.

réanimer *vt* reanimar.

réapparaître *vi* reaparecer.

réassort *nm* **1.** *(action)* renovación *f* de existencias **2.** *(marchandises)* mercancía *f* repuesta.

réassortiment *nm* COMM renovación *f* de existencias.

rébarbatif, ive *adj* **1.** *(aspect, personne)* adusto(ta) **2.** *(travail)* ingrato(ta) **3.** *(style)* árido(da).

rebâtir *vt* reedificar.

rebattu, e *adj* trillado(da).

rebelle *adj* rebelde.

rebeller ■ **se rebeller** *vp* rebelarse • **se rebeller contre qqn** rebelarse contra alguien.

rébellion *nf* rebelión *f*.

rebiffer ■ **se rebiffer** *vp* resistirse.

reboiser *vt* repoblar *(con árboles)*.

rebond *nm* rebote *m*.

rebondir *vi* **1.** *(objet)* rebotar **2.** *fig (affaire)* volver a cobrar actualidad.

rebondissement *nm (de crise, d'affaire)* resurgimiento *m*.

rebord *nm* reborde *m*.

reboucher *vt* volver a tapar.

rebours ■ **à rebours** *loc adj (brossage, caresse)* a contrapelo ; *(compte)* atrás. ❏ *loc adv* a contracorriente.

reboutonner *vt* volver a abrochar.

rebrousse-poil ■ **à rebrousse-poil** *loc adv* a contrapelo.

rebrousser *vt* cepillar a contrapelo.

rébus *nm* jeroglífico *m (juego)*.

rebut *nm* desecho *m* • **mettre qqch au rebut** deshacerse de algo.

rebuter *vt* repeler.

recadrer *vt* reenfocar.

récalcitrant, e *adj & nm,f* recalcitrante.

recaler *vt fam* catear.

récapituler *vt* recapitular.

recaser ■ **se recaser** *vp fam* **1.** *(retrouver un emploi)* recolocarse **2.** *(se remarier)* volver a casarse.

recel *nm (d'objet volé)* receptación *f* ; *(de personne)* encubrimiento *m*.

receleur, euse *nm,f (d'objet volé)* receptador *m*, -ra *f* ; *(de personne)* encubridor *m*, -ra *f*.

récemment *adv* recientemente.

recensement *nm* **1.** *(de population)* censo *m* **2.** *(de biens)* inventario *m*.

recenser *vt* **1.** *(population)* censar **2.** *(biens)* inventariar.

récent, e *adj* reciente.

recentrer *vt* volver a centrar.

récépissé *nm* resguardo *m*, recibo *m*.

récepteur, trice *adj* receptor(ra). ■ **récepteur** *nm* receptor *m*.

réception *nf* recepción *f* • **donner une réception** dar una recepción.

réceptionner *vt* **1.** *(marchandises)* verificar **2.** SPORT recibir.

réceptionniste *nmf* recepcionista *mf*.

récession *nf* recesión *f*.

recette *nf* **1.** ÉCON ingresos *mpl* • **recette principale** ingresos principales **2.** *(méthode)* CULIN receta *f* **3.** CINÉ & THÉÂTRE taquilla *f* **(ESP)**, boletería *f* **(AMÉR)**.

recevable *adj* **1.** *(offre, excuse)* admisible **2.** DR *(plainte)* admisible, válido(da).

receveur, euse *nm,f* **1.** ADMIN inspector *m*, -ra *f* • **receveur des impôts** ≃ inspector de Hacienda • **receveur des postes** jefe *m* de correos **2.** *(des transports)* cobrador *m*, -ra *f* **3.** MÉD *(de greffe, de sang)* receptor *m*, -ra *f* • **receveur universel** receptor universal.

recevoir *vt* **1.** *(gén)* recibir **2.** *(à un examen)* • **être reçu à qqch** aprobar algo. ■ **se recevoir** *vp (après un saut, une chute)* caer.

rechange ■ **de rechange** *loc adj* de recambio, de repuesto.

réchapper *vi* • **réchapper à** *ou* **de qqch** escapar a *ou* de algo.

recharge *nf* recarga *f*.

rechargeable *adj* recargable.

recharger *vt* **1.** *(gén)* recargar **2.** PHOTO (volver a) cargar.

réchaud *nm* hornillo *m*, infiernillo *m*.

réchauffé, e *adj* recalentado(da). ■ **réchauffé** *nm* refrito *m* • **c'est du réchauffé** esto está más visto que el tebeo.

réchauffement *nm* recalentamiento *m* • **réchauffement de la planète** calentamiento global, recalentamiento del planeta.

réchauffer *vt* **1.** *(nourriture)* recalentar **2.** *(personne)* hacer entrar en calor. ■ **se réchauffer** *vp* **1.** *(personne)* entrar en calor **2.** *(climat, terre)* recalentarse.

rêche *adj* áspero(ra).

recherche *nf* **1.** *(quête)* búsqueda *f* • **être à la recherche de qqch/de qqn** estar buscando algo/a alguien • **partir à la recherche de qqch/de qqn** ir en busca de algo/de alguien • **se mettre à la recherche de qqch/de qqn** ponerse a buscar algo/a alguien **2.** *(de police)* investigación *f* • **faire** *ou* **effectuer des recherches** hacer *ou* efectuar investigaciones • **faire de la recherche** dedicarse a la investigación • **recherche fondamentale** investigación básica **3.** *(raffinement)* refinamiento *m*.

recherché, e *adj* *(rare)* codiciado(da) ; *(style)* rebuscado(da).

rechercher *vt* buscar.

rechigner *vi* • **rechigner à faire qqch** hacer algo a regañadientes.

rechute *nf* recaída *f*.

récidive *nf* **1.** DR reincidencia *f* **2.** MÉD recaída *f*.

récidiver *vi* **1.** DR reincidir **2.** MÉD reaparecer.

récidiviste *adj & nmf* reincidente.

récif *nm* arrecife *m*.

récipient *nm* recipiente *m*.

réciproque *adj* recíproco(ca). ❑ *nf* • **la réciproque** lo contrario • **rendre la réciproque** pagar con la misma moneda.

réciproquement *adv* recíprocamente • **et réciproquement** y viceversa.

récit *nm* relato *m*.

récital *nm* recital *m*.

récitation *nf* poesía *f*.

réciter *vt* recitar.

réclamation *nf* reclamación *f* • **faire une réclamation** hacer una reclamación.

réclame *nf* propaganda *f* • **faire de la réclame pour qqch** hacer propaganda de algo • **être en réclame** estar de oferta.

réclamer *vt* **1.** *(gén)* reclamar • **réclamer qqch à qqn** reclamar algo a alguien **2.** *(nécessiter)* exigir, requerir.

reclasser *vt* **1.** *(dossiers, fiches)* volver a clasificar **2.** *(chômeur)* reciclar **3.** *(fonctionnaire)* recalificar.

réclusion *nf* reclusión *f* • **réclusion à perpétuité** reclusión a perpetuidad.

recoiffer *vt* repeinar. ■ **se recoiffer** *vp* repeinarse.

recoin *nm* rincón *m*.

recoller *vt* volver a pegar.

récolte *nf* cosecha *f*.

récolter *vt* **1.** AGRIC cosechar **2.** *fam & fig (recueillir - renseignement, gain, ennuis)* cosechar ; *(- punition, gifle)* ganarse.

recommandable *adj* recomendable • **peu recommandable** poco recomendable.

recommandation *nf* recomendación *f*.

recommandé, e *adj* **1.** *(envoi)* certificado(da) • **envoyer qqch en recommandé** enviar algo certificado **2.** *(conseillé)* aconsejado(da).

recommander *vt* recomendar • **recommander à qqn de faire qqch** recomendar a alguien que haga algo • **recommander qqn à qqn** recomendar alguien a alguien.

recommencer *vt* **1.** *(refaire)* volver a empezar **2.** *(reprendre)* retomar, remprender • **recommencer à faire qqch** volver a hacer algo **3.** *(répéter)* repetir. ❑ *vi* **1.** *(récidiver)* volver a hacerlo **2.** *(se produire de nouveau)* empezar de nuevo.

récompense *nf* recompensa *f*.

récompenser *vt* recompensar.

recompter *vt* volver a contar.

réconciliation *nf* reconciliación *f*.

réconcilier *vt* reconciliar. ■ **se réconcilier** *vp* reconciliarse • **se réconcilier avec qqn** reconciliarse con alguien.

reconduire *vt* **1.** *(personne)* acompañar **2.** *(budget, politique)* seguir con **3.** DR reconducir.

reconfigurer *vt* INFORM reconfigurar.

réconfort *nm* consuelo *m*.

réconfortant, e *adj* reconfortante **(ESP)**, papachador(ra) **(AMÉR)**.

réconforter *vt* reconfortar.

S'EXPRIMER

réconforter quelqu'un

- ***No te preocupes.*** Ne t'en fais pas.
- ***¡Ánimo!*** Du nerf !
- ***No te des por vencido.*** Ne te laisse pas abattre.
- ***¡Ánimo!*** Bon courage !

reconnaissable *adj* reconocible.

reconnaissance *nf* **1.** *(gén)* reconocimiento *m* • **aller** *ou* **partir en reconnaissance** ir a reconocer el terreno **2.** *(gratitude)* agradecimiento *m* • **exprimer sa reconnaissance à qqn** expresar su agradecimiento a alguien.

reconnaissant, e *adj* agradecido(da) • **je vous serais reconnaissant de répondre rapidement** le agradecería que me respondiese rápidamente.

reconnaître *vt* reconocer • **reconnaître qqn/qqch à** *(identifier)* reconocer *ou* conocer a alguien/algo por.

reconnecter ■ **se reconnecter** *vp INFORM* volver a conectar.

reconnu, e *adj* reconocido(da).

reconquête *nf* reconquista *f*.

reconsidérer *vt* reconsiderar.

reconstituer *vt* reconstruir.

reconstitution *nf* reconstitución *f*; *(de crime, de faits)* reconstrucción *f*.

reconstruction *nf* reconstrucción *f*.

reconstruire *vt (gén)* reconstruir ; *(fortune)* rehacer. ■ **se reconstruire** *vp (après une épreuve)* reponerse, recobrarse.

recontacter *vt* • **recontacter qqn** volver a contactar a alguien, volver a ponerse en contacto con alguien.

reconversion *nf* reconversión *f* • **reconversion économique/technique** reconversión económica/técnica.

reconvertir *vt (économie)* reconvertir ; *(employé)* reciclar. ■ **se reconvertir** *vp* reciclarse.

recopier *vt (texte)* copiar ; *(brouillon)* pasar a limpio.

record *adj inv* récord *(en apposition)*. ❑ *nm* récord *m* • **battre/détenir un record** batir/detentar un récord.

recoudre *vt* recoser.

recoupement *nm* cotejo *m* • **par recoupement** atando cabos.

recouper *vt* **1.** *(couper de nouveau)* volver a cortar **2.** *(coïncider avec)* coincidir con. ❑ *vi (aux cartes)* cortar. ■ **se recouper** *vp* **1.** *(ligne, cercle)* recortarse **2.** *(coïncider)* coincidir.

recourir *vi* • **recourir à qqch/à qqn** recurrir a algo/a alguien.

recours *nm* recurso *m* • **avoir recours à qqch/à qqn** recurrir a algo/a alguien • **en dernier recours** como último recurso.

recouvrir *vt* **1.** *(couvrir à nouveau)* recubrir • **recouvrir de qqch** recubrir de algo **2.** *(surface)* tapar, cubrir **3.** *(siège)* tapizar ; *(livre)* forrar **4.** *fig (masquer)* esconder **5.** *(thème, sens)* abarcar. ■ **se recouvrir** *vp* **1.** *(surface)* recubrirse, cubrirse **2.** *(tuiles)* superponerse.

recracher *vt* escupir.

récréatif, ive *adj* recreativo(va).

récréation *nf* **1.** *(à l'école)* recreo *m* **2.** *(détente)* recreación *f*.

recréer *vt* recrear.

récrimination *nf* recriminación *f*.

récrire, réécrire *vt* reescribir.

recroqueviller ■ **se recroqueviller** *vp* **1.** *(se replier)* acurrucarse ; *fig* encerrarse en sí mismo **2.** *(plante, papier)* retorcerse.

recrudescence *nf* recrudecimiento *m*.

recrutement *nm* **1.** *MIL* reclutamiento *m* **2.** *(de personnel)* contratación *f*.

recruter *vt* **1.** *MIL* reclutar **2.** *(personnel)* contratar.

rectal, e *adj* rectal.

rectangle *nm* rectángulo *m*.

rectangulaire *adj* rectangular.

recteur *nm* rector *m (de un distrito universitario)*.

rectificatif, ive *adj* rectificativo(va). ■ **rectificatif** *nm* rectificativo *m*.

rectification *nf* rectificación *f*.

rectifier *vt* rectificar.

rectiligne *adj* rectilíneo(a).

recto *nm* cara *f (de un folio)*, recto *m* • **recto verso** por las dos caras.

rectorat *nm* rectorado *m*.

rectum *nm* recto *m*.

reçu *nm* recibo *m*.

recueil *nm* selección *f*.

recueillement *nm* recogimiento *m*.

recueilli, e *adj* recogido(da).

recueillir *vt* **1.** *(dons, fonds, enfant)* recoger **2.** *(suffrages)* obtener. ■ **se recueillir** *vp* recogerse.

recul *nm* **1.** *(gén)* retroceso *m* **2.** *fig (distance)* distancia *f*.

reculé, e *adj* **1.** *(endroit)* recóndito(ta) **2.** *(époque, temps)* remoto(ta).

reculer *vt* **1.** *(véhicule)* mover hacia atrás **2.** *(date)* retrasar. ❑ *vi* retroceder.

reculons ■ **à reculons** *loc adv* andando hacia atrás.

récup (abrév de récupération) *nf fam* **1.** *(recyclage)* reciclaje *m*, recuperación *f* **2.** *POLIT* distorsión *f*, deformación *f*.

récupération *nf* **1.** *(gén)* reciclaje *m*, recuperación *f* **2.** *POLIT* distorsión *f*, deformación *f*.

récupérer *vt* recuperar. ❑ *vi* recuperarse.

récurer *vt* restregar.

récurrent, e *adj* recurrente.

récuser *vt* recusar.

recyclable *adj* reciclable.

recyclage *nm* reciclaje *m*.

recycler *vt* reciclar. ■ **se recycler** *vp* reciclarse.

rédacteur, trice *nm, f* redactor *m*, -ra *f* • **rédacteur en chef** redactor jefe.

rédaction *nf* redacción *f*.

redécouvrir *vt* redescubrir.

redéfinir *vt* redefinir.

redéfinition *nf* redefinición *f*.

redemander *vt* volver a pedir.

redémarrer *vi* **1.** *(gén)* volver a arrancar **2.** *INFORM* reiniciar.

rédemption *nf* redención *f.*

redescendre *vt & vi* volver a bajar.

redevable *adj* • **être redevable de qqch à qqn** deber algo a alguien.

redevance *nf* **1.** *(taxe)* canon *m* ; *(de télévision) pour expliquer ce que c'est, vous pouvez dire :* es el impuesto que se paga anualmente por tener un televisor y que sirve para financiar la televisión pública. **2.** *(rente)* renta *f.*

rédhibitoire *adj (prix)* prohibitivo(va).

rediffusion *nf TV* reposición *f.*

rédiger *vt* redactar.

redimensionner *vt INFORM* redimensionar.

redire *vt* repetir • **avoir** *ou* **trouver à redire à qqch** tener algo que decir sobre algo.

rediriger *vt* redirigir.

redistribuer *vt* redistribuir.

redite *nf* repetición *f.*

redondance *nf* redundancia *f.*

redoublant, e *nm,f* repetidor *m*, -ra *f (alumno).*

redoubler *vt* **1.** *(répéter) SCOL* repetir **2.** *(efforts)* redoblar. ❑ *vi (augmenter - gén)* aumentar ; *(- tempête)* arreciar.

redoutable *adj* temible.

redouter *vt* temer.

redoux *nm* templanza *f.*

redressement *nm (gén)* recuperación *f.* ■ **redressement fiscal** *nm* rectificación *f* fiscal.

redresser *vt* **1.** *(gén)* enderezar **2.** *(pays, économie)* recuperar, enderezar. ■ **se redresser** *vp* **1.** *(personne)* enderezarse ; *(dans son lit)* incorporarse **2.** *(pays, économie)* recuperarse.

réducteur, trice *adj* **1.** *(limitatif)* simplista **2.** *CHIM* reductor(ra).

réduction *nf* **1.** *(gén) MÉD* reducción *f* **2.** *(rabais)* reducción *f*, rebaja *f.*

réduire *vt* **1.** *(gén) CULIN & INFORM* reducir **2.** **(SUISSE)** *(ranger)* colocar. ❑ *vi CULIN* reducirse.

réduit, e *adj* reducido(da). ■ **réduit** *nm* **1.** *(local exigu)* cuchitril *m* **2.** *(renfoncement)* rincón *m.*

redynamiser *vt (économie, secteur, activité)* revitalizar, reanimar, reactivar.

rééchelonner *vt (dette)* reprogramar el pago de.

réécrire = **récrire**.

réédition *nf* reedición *f.*

rééducation *nf* rehabilitación *f.*

réel, elle *adj* real.

réélection *nf* reelección *f.*

réellement *adv* realmente.

rééquilibrer *vt* reequilibrar.

réévaluer *vt* revaluar.

réexaminer *vt* reexaminar.

réf. (abrév de référence) ref.

refaire *vt* rehacer.

réfection *nf* reparación *f* **(ESP)**, refacción *f* **(AMÉR)**.

réfectoire *nm* refectorio *m.*

référence *nf* referencia *f* • **faire référence à qqch/à qqn** hacer referencia a algo/a alguien. ■ **références** *nfpl* referencias *fpl.*

référencer *vt INFORM* referenciar.

référendum *nm* referéndum *m.*

référer *vi* • **en référer à qqn** consultarlo con alguien.

refermer *vt* volver a cerrar.

réfléchi, e *adj (gén)* reflexivo(va) ; *(action)* pensado(da) • **c'est tout réfléchi** está decidido.

réfléchir *vt* reflejar. ❑ *vi* reflexionar • **réfléchir à qqch** pensar en algo • **réfléchir sur qqch** reflexionar sobre algo. ■ **se réfléchir** *vp* reflejarse.

reflet *nm* reflejo *m.*

refléter *vt* reflejar. ■ **se refléter** *vp* reflejarse.

refleurir *vi* volver a florecer.

réflexe *adj* reflejo(ja). ❑ *nm* reflejo *m.*

réflexion *nf* **1.** *(gén)* reflexión *f* **2.** *(remarque)* observación *f* **(ESP)**, atingencia *f* **(AMÉR)**.

réflexologie *nf* reflexología *f.*

refluer *vi* **1.** *(liquide)* refluir **2.** *(foule)* retroceder.

reflux *nm* reflujo *m.*

refonder *vt* refundar.

refonte *nf* refundición *f.*

reforestation *nf* reforestación *f.*

reformater *vt INFORM* volver a formatear.

réformateur, trice *adj & nm,f* reformador(ra).

réforme *nf* reforma *f.*

réformé, e *adj* **1.** *RELIG* reformado(da) **2.** *MIL* exento. ❑ *nm,f RELIG* reformado *m*, -da *f.* ■ **réformé** *nm MIL* persona *f* exenta.

réformer *vt* **1.** *(améliorer, corriger)* reformar **2.** *MIL* declarar exento.

reformuler *vt* reformular.

refoulé, e *adj & nm,f* reprimido(da).

refouler *vt* **1.** *(envahisseur)* rechazar **2.** *(sentiment)* reprimir.

réfractaire *adj* refractario(ria).

réfraction *nf PHYS* refracción *f.*

refrain *nm* **1.** *MUS* estribillo *m* **2.** *fig (rengaine)* canción *f.*

refréner *vt* refrenar. ■ **se refréner** *vp* refrenarse.

réfrigérant, e *adj* **1.** *(liquide, fluide)* refrigerante **2.** *fig (accueil)* poco caluroso(sa) ; *fig (attitude)* frío(a).

réfrigérateur *nm* frigorífico *m.*

refroidir *vt* **1.** *(rendre froid, décourager)* enfriar **2.** *argot (tuer)* cargarse. ❑ *vi* enfriar.

refroidissement *nm* enfriamiento *m.*

refuge *nm* refugio *m.*

réfugié, e *adj & nm,f* refugiado(da).

réfugier ■ **se réfugier** *vp* refugiarse • **se réfugier dans qqch** *fig* refugiarse en algo.

refus *nm inv* rechazo *m*.

refuser *vt* **1.** *(repousser)* rechazar **2.** *(contester)* • **refuser qqch à qqn** negar algo a alguien **3.** *(client, spectateur)* dejar fuera **4.** *(dire non)* decir que no • **refuser de faire qqch** negarse a hacer algo **5.** *(candidat)* • **être refusé** suspender.

réfuter *vt* refutar.

regagner *vt* **1.** *(reprendre)* recuperar, recobrar **2.** *(revenir à)* volver a (ESP), regresarse a (AMÉR).

regain *nm* **1.** *(retour)* recuperación *f* • **regain d'énergie** recuperación de energía **2.** *(herbe)* hierba *f* de segunda siega.

régal *nm* **1.** *(mets)* delicia *f* **2.** *(plaisir)* regalo *m*.

régalade ■ **à la régalade** *adv* • **boire à la régalade** beber a chorro.

régaler *vt* obsequiar con *(una comida)* • **c'est moi qui régale !** ¡invito yo! ■ **se régaler** *vp* *(manger, s'amuser)* • **nous nous sommes régalés** nos ha encantado.

regard *nm* mirada *f*.

regardant, e *adj* mirado(da) con el dinero • **être très/peu regardant sur qqch** ser muy/poco mirado con algo.

regarder *vt* **1.** *(gén)* mirar • **regarder qqch/qqn faire qqch** mirar algo/a alguien hacer algo **2.** *(concerner)* • **ça ne te regarde pas** eso no es cosa tuya.

régate *nf* regata *f*.

régénérateur, trice *adj* regenerativo(va).

régénérer *vt* regenerar. ■ **se régénérer** *vp* regenerarse.

régent, e *nm,f* regente *mf*.

régenter *vt* *péj* dirigir.

reggae *adj inv & nm* reggae.

régie *nf* **1.** *(gestion)* concesión *f* administrativa ; *(entreprise)* empresa *f* estatal • **régie des tabacs** compañía *f* arrendataria de tabacos **2.** *(de spectacle, de radio, de télévision)* servicio *m* de producción ; *(local)* sala *f* de control.

regimber *vi* **1.** *(cheval)* respingar **2.** *fig* *(personne)* • **regimber contre** rezongar contra.

régime *nm* **1.** *(gén)* régimen *m* • **régime carcéral** régimen carcelario • **régime de Sécurité sociale** régimen de la Seguridad Social **2.** *(alimentaire)* régimen *m*, dieta *f* • **se mettre au régime** ponerse a régimen *ou* dieta • **suivre un régime** seguir un régimen *ou* una dieta **3.** *(de bananes, de dattes)* racimo *m*.

régiment *nm* regimiento *m* • **un régiment de qqch** *fam* & *fig* un regimiento de algo.

région *nf* **1.** *(gén)* región *f* **2.** *(division administrative)* ≃ provincia *f*.

régional, e *adj* regional.

régir *vt* regir.

régisseur *nm* regidor *m*, -ra *f*.

registre *nm* registro *m*.

réglable *adj* **1.** *(adaptable)* regulable **2.** *(payable)* abonable.

réglage *nm* reglaje *m*.

règle *nf* regla *f* • **règle d'or** regla de oro • **règle de conduite/de droit** norma de conducta/de derecho • **règle de trois** MATH regla de tres • **avoir pour règle de faire qqch** tener por norma hacer algo • **dans** *ou* **selon les règles** según las normas • **en règle** *(avertissement, bataille)* en toda regla • **être de règle** ser obligatorio • **être/se mettre en règle** estar/ponerse en regla • **c'est la règle du jeu** son las reglas del juego • **dans les règles de l'art** con todas las de la ley • **il va falloir qu'il se plie aux règles** va a tener que someterse a las reglas • **ils ont enfreint la règle** han infringido la regla • **apprendre les règles de grammaire/de la politesse/du bridge** aprender las reglas gramaticales/de buena educación/del bridge • **les règles de la concurrence** las reglas de la competencia • **cette opération n'échappe pas à la règle** esta operación no escapa a la regla. ■ **en règle générale** *loc adv* por regla general. ■ **règles** *nfpl* *(menstruations)* regla *f* • **elle a ses règles** tiene la regla • **elle a des règles douloureuses** tiene reglas dolorosas.

réglé, e *adj* **1.** *(vie)* ordenado(da) **2.** *(papier)* pautado(da).

règlement *nm* **1.** *(d'affaire, de conflit)* arreglo *m* • **règlement de comptes** ajuste *m* de cuentas **2.** *(règle)* reglamento *m* **3.** *(paiement)* pago *m*.

réglementaire *adj* reglamentario(ria).

réglementation *nf* reglamentación *f*.

régler *vt* **1.** *(détails, question, problème)* arreglar **2.** *(mécanisme, machine)* regular **3.** *(note, commerçant)* pagar. ■ **se régler** *vp* **1.** *(suivre)* • **se régler sur qqn** seguir el ejemplo de alguien **2.** *(affaire, conflit)* arreglarse.

réglisse *nf* regaliz *m*.

réglo *adj inv* *fam* legal • **un mec réglo** un tío legal.

règne *nm* reinado *m* • **sous le règne de** bajo el reinado de.

régner *vi* reinar.

regonfler *vt* **1.** *(ballon, pneu)* volver a hinchar **2.** *fam* *(personne)* levantar el ánimo a.

regorger *vi* • **regorger de qqch** rebosar (de) algo.

régresser *vi* experimentar una regresión.

régression *nf* regresión *f*.

regret *nm* **1.** *(nostalgie)* añoranza *f* • **à regret** a disgusto • **sans regrets** sin (ningún) pesar **2.** *(repentir)* arrepentimiento *m* • **tous mes regrets** sintiéndolo mucho **3.** *(chagrin)* pena *f*, tristeza *f*.

S'EXPRIMER

exprimer ses regrets

- ***Me apena muchísimo.*** Ça me fait beaucoup de peine.
- ***Desgraciadamente no lo he podido localizar.*** Je n'ai malheureusement pas pu le joindre.
- ***Es una verdadera pena que no podamos continuar viéndonos.*** C'est vraiment dommage que nous ne puissions plus nous voir.

regrettable *adj* **1.** *(incident)* lamentable **2.** *(dommage)* • **c'est regrettable que...** es una pena que....

regretter *vt* **1.** *(passé)* añorar **2.** *(se repentir de)* arrepentirse de **3.** *(déplorer)* sentir, lamentar • **regretter que** sentir *ou* lamentar que • **il regrette que vous n'ayez pas pu vous rencontrer** siente mucho que no os hayáis podido conocer • **regretter de faire qqch** sentir *ou* lamentar hacer algo.

regrouper *vt* agrupar. ■ **se regrouper** *vp* agruparse.

régularisation *nf* regularización *f.*

régulariser *vt* **1.** *(situation, documents)* regularizar **2.** *(circulation, fonctionnement)* regular.

régularité *nf* **1.** *(gén)* regularidad *f* **2.** *(harmonie)* proporción *f.*

réguler *vt* regular.

régulier, ère *adj* **1.** *(gén)* regular **2.** *(visage, traits)* bien proporcionado(da) **3.** *fam (honnête)* decente.

régulièrement *adv* **1.** *(uniformément, souvent)* con regularidad **2.** *(légalement)* de forma regular.

régurgiter *vi* regurgitar.

réhabilitation *nf* rehabilitación *f (de una acusación).*

réhabiliter *vt* rehabilitar.

rehausser *vt* **1.** *(gén)* levantar **2.** *(mettre en valeur)* realzar.

rehausseur *nm* elevador *m.*

rein *nm* riñón *m* • **rein artificiel** riñón artificial. ■ **reins** *nmpl* riñones *mpl.*

réincarnation *nf* reencarnación *f.*

réincarner ■ **se réincarner** *vp* reencarnarse.

réindustrialisation *nf* reindustrialización *f.*

réindustrialiser *vt* reindustrializar.

reine *nf* reina *f.*

réinitialiser *vt* INFORM reiniciar, reinicializar.

réinscriptible *adj* INFORM reescribible, regrabable • **CD réinscriptible** CD reescribible *ou* regrabable.

réinsertion *nf* reinserción *f.*

réinstaller *vt* INFORM reinstalar.

réintégrer *vt* **1.** *(rejoindre)* volver a (ESP), regresarse a (AMÉR) **2.** DR reintegrar.

rejaillir *vi* salpicar.

rejet *nm* **1.** *(refus)* MÉD rechazo *m* **2.** BOT retoño *m.*

rejeter *vt* **1.** *(balle)* volver a lanzar **2.** MÉD *(vomir)* echar ; MÉD *(greffe)* rechazar **3.** *fig (faire retomber)* • **rejeter qqch sur qqn** hacer recaer algo sobre alguien **4.** *(offre, personne)* rechazar.

rejeton *nm* retoño *m.*

rejoindre *vt* **1.** *(retrouver)* reunirse con **2.** *(regagner)* volver a, regresar a (ESP), regresarse a (AMÉR) **3.** *(s'unir à)* unirse a **4.** *(concorder avec)* confirmar **5.** *(rattraper - personne)* alcanzar ; *(- route, sentier)* llegar a. ■ **se rejoindre** *vp* **1.** *(personnes)* reunirse, encontrarse **2.** *(routes, chemins)* encontrarse **3.** *(opinions)* coincidir.

réjoui, e *adj* alegre.

réjouir *vt* *sout* alegrar. ■ **se réjouir** *vp* alegrarse • **se réjouir de qqch** alegrarse de algo.

relâche *nf* descanso *m* • **faire relâche** descansar • **sans relâche** sin descanso.

relâchement *nm* relajación *f*, descuido *m.*

relâcher *vt* **1.** *(étreinte, attention, efforts)* relajar, descuidar ; *(muscle)* aflojar **2.** *(prisonnier, animal)* soltar. ■ **se relâcher** *vp* **1.** *(corde, muscle)* aflojarse **2.** *(discipline, personne)* relajarse, descuidarse.

relais *nm* **1.** *(auberge)* albergue *m* **2.** SPORT relevo *m* **3.** TV repetidor *m* • **par relais satellite** vía satélite.

relance *nf* **1.** ÉCON recuperación *f*, reactivación *f* **2.** *(au jeu)* envite *m.*

relancer *vt* **1.** *(balle)* volver a lanzar **2.** *(économie, projet)* reactivar **3.** *(personne)* acosar **4.** *(au jeu)* hacer un envite a **5.** INFORM reiniciar.

relater *vt* *sout* relatar.

relatif, ive *adj* relativo(va) • **relatif à qqch** relativo a algo • **tout est relatif** todo es relativo. ■ **relative** *nf* GRAMM relativa *f.*

relation *nf* relación *f* • **mettre qqn en relation avec qqn** poner en contacto a alguien con alguien. ■ **relations** *nfpl* relaciones *fpl* • **avoir des relations** tener relaciones.

relationnel, elle *adj* relacional.

relativement *adv* **1.** *(par comparaison)* • **relativement à** en relación con **2.** *(de façon relative)* relativamente.

relativiser *vt* relativizar.

relativité *nf* relatividad *f.*

relax, relaxe *adj* *fam* tranqui.

relaxant, e *adj* relajante.

relaxation *nf* relajación *f.*

relaxe = **relax.**

relaxer *vt* **1.** *(gén)* relajar **2.** *(prévenu)* poner en libertad. ■ **se relaxer** *vp* relajarse.

relayer *vt* relevar. ■ **se relayer** *vp* turnarse.

relecture *nf* relectura *f.*

reléguer *vt* relegar.

relent *nm* tufo *m*.

relève *nf* relevo *m* • **prendre la relève** coger *ou* tomar el relevo.

relevé, e *adj (sauce)* picante **(ESP)**, picoso(sa) **(AMÉR)**. ■ **relevé** *nm (de compteur)* lectura *f* • **relevé de compte** extracto *m* de cuenta • **relevé d'identité bancaire** certificado *m* de identificación bancaria *(que especifica el número de cuenta, el código de la sucursal, etc)*.

relever *vt* **1.** *(gén)* levantar **2.** *(remettre debout)* poner de pie **3.** *(store, prix, salaire)* subir **4.** *(cahiers, copies)* recoger **5.** CULIN *(mettre en valeur)* realzar ; CULIN *(pimenter)* sazonar **6.** *(adresse, recette)* anotar, apuntar ; *(erreur)* señalar **7.** *(compteur)* leer **8.** *(sentinelle, vigile)* relevar • **relever qqn de** *(fonctions)* relevar a alguien de. ❑ *vi* **1.** *(se rétablir)* • **relever de qqch** restablecerse *ou* recuperarse de algo **2.** *(être du domaine)* • **relever de qqch** atañer *ou* concernir a algo. ■ **se relever** *vp (gén)* levantarse ; *(après une chute)* ponerse de pie **(ESP)**, pararse **(AMÉR)**.

relief *nm* relieve *m* • **mettre qqch en relief** poner algo de relieve.

relier *vt* **1.** *(livre)* encuadernar **2.** *(attacher, joindre)* unir • **relier qqch à qqch** unir algo a algo **3.** *fig (associer)* relacionar.

religieux, euse *adj & nm, f* religioso(sa). ■ **religieuse** *nf* RELIG religiosa *f*.

religion *nf* religión *f*.

relique *nf (gén pl)* reliquia *f*.

relire *vt* releer. ■ **se relire** *vp* releer *(lo que uno ha escrito)*.

reliure *nf* encuadernación *f*.

reloger *vt* alojar.

relooker *vt fam* cambiar el look de.

relou *adj fam (idiot)* pesado(da) • **elle est relou, ta blague** ¡menuda broma pesada! • **tu deviens relou avec tes questions** *(agaçant)* te estás poniendo pesado con tus preguntitas.

reluire *vi* relucir.

reluisant, e *adj* reluciente • **peu** *ou* **pas très reluisant** *fig (avenir, acte)* poco *ou* no muy brillante.

reluquer *vt fam* echar el ojo a.

remake *nm* CINÉ nueva versión *f*.

remaniement *nm* remodelación *f* • **remaniement ministériel** reajuste *m* ministerial.

remanier *vt* remodelar.

remarier ■ **se remarier** *vp* volver a casarse.

remarquable *adj* notable.

remarque *nf* observación *f*, comentario *m* **(ESP)**, atingencia *f* **(AMÉR)** • **faire une remarque à qqn** hacer una observación a alguien.

remarquer *vt* **1.** *(noter)* notar • **remarquer que** notar que • **se faire remarquer** *péj* hacerse notar **2.** *(signaler)* señalar. ■ **se remarquer** *vp* notarse.

rembarrer *vt fam* cortar.

remblai *nm* **1.** *(action)* terraplenado *m* **2.** *(masse de terre)* terraplén *m*.

rembobiner *vt* rebobinar.

rembourrage *nm* relleno *m*.

remboursement *nm* reembolso *m*.

rembourser *vt* **1.** *(dette)* pagar ; *(montant)* reembolsar **2.** *(personne)* pagar a, devolver el dinero a • **rembourser qqn de qqch** reembolsar algo a alguien • **se faire rembourser : je me suis fait rembourser mes frais de voyage** me han reembolsado los gastos de viaje.

rembrunir ■ **se rembrunir** *vp* ensombrecerse *(entristecerse)*.

remède *nm* remedio *m*.

remédier *vi* • **remédier à qqch** remediar algo.

remembrement *nm* concentración *f* parcelaria.

remémorer ■ **se remémorer** *vp sout* recordar.

remerciement *nm* agradecimiento *m* • **avec tous mes remerciements** con todo mi agradecimiento.

remercier *vt* **1.** *(exprimer sa gratitude à)* dar las gracias a, agradecer • **remercier qqn de** *ou* **pour qqch** agradecer a alguien algo, dar las gracias a alguien por algo • **non, je vous remercie** no, gracias **2.** *(employé)* despedir **(ESP)**, cesantear **(AMÉR)**.

remettre *vt* **1.** *(replacer)* volver a poner **2.** *(vêtement, accessoire)* volver a ponerse **3.** *(ordre)* restablecer ; *(lumière)* volver a encender **4.** *(donner)* • **remettre qqch à qqn** entregar algo a alguien **5.** *(réunion, rendez-vous)* • **remettre qqch (à plus tard)** aplazar algo (hasta más tarde) **6.** *fam (reconnaître)* situar. ■ **se remettre** *vp* **1.** *(recommencer)* • **se remettre à qqch/à faire qqch** volver a algo/a hacer algo **2.** *(se rétablir)* • **se remettre (de qqch)** reponerse (de algo). ■ **s'en remettre à** *vp + prép* confiar en • **je m'en remets à toi** cuento contigo.

réminiscence *nf sout* reminiscencia *f*.

remise *nf* **1.** *(réduction)* rebaja *f* • **remise de peine** remisión *f* de condena **2.** *(de lettre, de colis)* entrega *f* **3.** *(action de remettre)* • **remise en état** revisión *f* • **remise en jeu** saque *m* • **remise en question** *ou* **cause** replanteamiento *m* **4.** *(hangar)* cobertizo *m* **(ESP)**, galpón *m* **(AMÉR)**.

rémission *nf* remisión *f* • **sans rémission a)** *(condamner)* irrevocablemente **b)** *(pleuvoir, etc)* sin cesar.

remix *nm* MUS remix *m*.

remodeler *vt* remodelar.

remonte-pente *nm* telearrastre *m*.

remonter *vt* **1.** *(escalier, étage, objet)* volver a subir **2.** *(meuble, machine)* volver a montar **3.** *(relever - vitre, store)* subir ; *(- col, chaussettes)* subirse **4.** *(refaire - groupe, équipe)* rehacer ; *(- garde-robe, ménage)* renovar **5.** *(horloge, montre)* dar cuerda a **6.** *(malade, déprimé)* reanimar. ❑ *vi* **1.** *(gén)* subir **2.** *(dater)* remontarse • **remonter à** remontarse a.

remontoir *nm* cuerda *f*.

remontrer *vt* volver a mostrar, volver a enseñar.

remords *nm inv* remordimiento *m* • **il est bourrelé de remords** lo atormentan los remordimientos.

remorque *nf* remolque *m*.

remorquer *vt* remolcar.

remorqueur *nm* remolcador *m*.

remous *nm* **1.** *(tourbillon)* remolino *m* **2.** *fig (bouleversement)* agitación *f*.

rempailler *vt* remozar la paja de.

rempart *nm (gén pl)* muralla *f*.

rempiler *vt* volver a apilar. ❑ *vi fam* reengancharse.

remplaçant, e *nm,f* sustituto *m*, -ta *f*.

remplacement *nm* sustitución *f* • **faire un remplacement/des remplacements** hacer una sustitución/sustituciones.

remplacer *vt* **1.** *(gén)* sustituir • **remplacer qqch/qqn (par)** sustituir algo/a alguien (por) **2.** *(renouveler)* reemplazar, remplazar.

rempli, e *adj (journée)* ocupado(da) • **rempli de** lleno de.

remplir *vt* **1.** *(gén)* llenar • **remplir qqch de qqch** llenar algo de algo • **remplir qqn de qqch** *(joie, colère, etc)* llenar a alguien de algo **2.** *(questionnaire)* rellenar, completar **3.** *(fonction, promesse, condition)* cumplir (con).

remplissage *nm* **1.** *(d'un récipient)* llenado *m* **2.** *fig & péj (d'un texte)* • **faire du remplissage** meter paja.

rempocher *vt* volver a embolsar.

remporter *vt (prix, coupe)* ganar, llevarse ; *(succès, victoire)* conseguir.

remuant, e *adj* inquieto(ta).

remue-ménage *nm inv* trajín *m*.

remuer *vt* **1.** *(meuble, bras, jambes)* mover **2.** *(terre, café, salade)* remover **3.** *(émouvoir)* afectar. ❑ *vi* **1.** *(gesticuler)* moverse **2.** *(bouger)* mover. ■ **se remuer** *vp* moverse.

rémunération *nf* remuneración *f*.

rémunérer *vt* remunerar.

renâcler *vi* refunfuñar • **renâcler devant** *ou* **à qqch** refunfuñar ante *ou* por algo.

renaissance *nf* renacimiento *m*.

renaître *vi* renacer.

rénal, e *adj* renal.

renard, e *nm,f* zorro *m*, -rra *f*.

renchérir *vi* **1.** *(surenchérir)* • **renchérir sur qqch** encarecer algo **2.** *sout (prix)* encarecerse.

rencontre *nf* encuentro *m* • **aller/marcher/venir à la rencontre de qqn** ir/andar/venir al encuentro de alguien.

rencontrer *vt* **1.** *(par hasard)* encontrarse con, encontrar **2.** *(avoir rendez-vous avec)* reunirse con **3.** *(faire la connaissance de)* conocer **4.** *(heurter)* dar contra ; *fig (obstacle, opposition)* tropezar con. ■ **se rencontrer** *vp* **1.** *(par hasard)* encontrarse **2.** *(se réunir)* reunirse **3.** *(faire connaissance)* conocerse **4.** *(regards, opinions)* coincidir.

rendement *nm* rendimiento *m*.

rendez-vous *nm inv* **1.** *(rencontre - entre amis, amoureux)* cita *f* ; *(- chez le coiffeur, le médecin)* hora *f* • **j'ai rendez-vous chez le dentiste** tengo hora con el dentista • **prendre rendez-vous** pedir hora **2.** *(lieu)* lugar *m* de encuentro • **se donner rendez-vous : on s'est donné rendez-vous devant le cinéma** hemos quedado delante del cine.

S'EXPRIMER

fixer un rendez-vous

- ***¿Cuándo nos volvemos a ver?*** Quand nous revoyons-nous ?
- ***¿Dónde quedamos?*** Où nous donnons-nous rendez-vous ?
- ***¿Quieres/Quiere que quedemos esta noche?*** Veux-tu/Voulez-vous qu'on se donne rendez-vous ce soir ?
- ***¿Tienes/Tiene ya plan para mañana?*** As-tu/Avez-vous déjà quelque-chose de prévu demain ?
- ***Mañana no puedo, pero por el momento no tengo nada previsto para el fin de semana.*** Je ne peux pas demain, mais je n'ai encore rien de prévu pour ce week-end.

rendormir *vt* volver a dormir. ■ **se rendormir** *vp* volver a dormirse.

rendre *vt* **1.** *(restituer, donner en retour)* • **rendre qqch à qqn a)** devolver algo a alguien **b)** *(honneurs, hommage)* rendir algo a alguien **2.** DR pronunciar **3.** *(+ adj) (faire devenir)* volver • **rendre heureux** hacer feliz • **il me rendra folle** va a volverme loca **4.** *(exprimer, reproduire)* reflejar **5.** *(produire)* aportar **6.** *(vomir)* devolver **7.** MIL *(céder)* rendir. ❑ *vi* **1.** *(produire)* rendir **2.** *(vomir)* devolver. ■ **se rendre** *vp* **1.** *(obéir, capituler)* rendirse **2.** *(aller)* • **se rendre à a)** acudir a **b)** *(à l'étranger)* irse a **3.** *(+ adj) (se faire tel)* hacerse • **se rendre malade** ponerse enfermo(ma) • **se rendre utile** hacer algo útil.

rêne *nf (gén pl)* rienda *f*.

renégat, e *nm,f sout* renegado *m*, -da *f*.

renégocier *vt* renegociar.

renfermé, e *adj* cerrado(da). ■ **renfermé** *nm* • **ça sent le renfermé** huele a cerrado.

renfermer *vt* **1.** *(contenir)* encerrar **2.** *(secret)* esconder. ■ **se renfermer** *vp (s'isoler)* encerrarse.

renflé, e *adj* hinchado(da).

renflouer *vt* **1.** *(bateau)* desencallar **2.** *fig (entreprise, personne)* sacar a flote.

renfoncement *nm* hueco *m*.

renforcer *vt* **1.** *(mur, équipe, armée)* reforzar **2.** *(paix, soupçon)* fortalecer **3.** *(couleur, expression, politique)* intensificar.

renfort *nm* MIL & TECHNOL refuerzo *m* • **en renfort** de refuerzo.

renfrogner ■ **se renfrogner** *vp* enfurruñarse.

rengaine *nf* **1.** *(formule répétée)* • **toujours la même rengaine !** ¡siempre la misma canción! **2.** *(refrain populaire)* cancioncilla *f*.

rengorger ■ **se rengorger** *vp* pavonearse.

renier *vt* renegar de.

renifler *vi* sorberse los mocos. ❑ *vt* olfatear.

renne *nm* reno *m*.

renom *nm* renombre *m* • **de grand renom** de gran renombre.

renommé, e *adj* reputado(da) • **renommé pour qqch** reputado por algo. ■ **renommée** *nf* renombre *m*.

renommer *vt* INFORM cambiar el nombre a.

renoncement *nm* renuncia *f* • **renoncement à qqch** renuncia a algo.

renoncer *vt* renunciar • **renoncer à qqch/à faire qqch** renunciar a algo/a hacer algo. ❑ *vi* renunciar.

renouer *vt* **1.** *(cravate, lacet)* volver a anudar **2.** *(conversation, liaison)* reanudar. ❑ *vi* • **renouer avec qqch** restablecer algo • **renouer avec qqn** reconciliarse con alguien.

renouveau *nm* **1.** *(transformation)* renovación *f* **2.** *(regain)* rebrote *m*.

renouvelable *adj* renovable • **énergies renouvelables** energías *fpl* renovables, renovables *fpl*.

renouveler *vt* **1.** *(gén)* renovar **2.** *(demande)* reiterar. ■ **se renouveler** *vp* **1.** *(gén)* renovarse **2.** *(recommencer)* repetirse.

renouvellement *nm* renovación *f*.

rénovation *nf* reforma *f*.

rénover *vt* reformar.

renseignement *nm* información *f* • **demander un renseignement** informarse. ■ **renseignements** *nmpl* **1.** *(service d'information)* información *f* **2.** *(espionnage)* servicios *mpl* secretos.

S'EXPRIMER

demander un renseignement

- ***¡Disculpe, por favor!*** Excusez-moi, s'il vous plaît !
- ***¿Me sabría decir dónde se encuentra la plaza del mercado?*** Pouvez-vous me dire où se trouve la place du marché ?
- ***¿Sabe a qué hora sale el tren para Madrid?*** Savez-vous à quelle heure part le train pour Madrid ?
- ***Por favor, ¿qué hora es?*** Quelle heure est-il, s'il vous plaît ?
- ***¿Hasta qué hora están abiertos hoy?*** Jusqu'à quelle heure êtes-vous ouverts aujourd'hui ?
- ***¿Tiene cambio de 10 euros?*** Auriez-vous la monnaie de 10 euros ?

renseigner *vt* informar • **renseigner qqn sur qqch** informar a alguien sobre algo. ■ **se renseigner** *vp* informarse.

rentabiliser *vt* rentabilizar.

rentabilité *nf* rentabilidad *f*.

rentable *adj* **1.** ÉCON rentable **2.** *fam (payant)* productivo(va).

rente *nf* **1.** *(gén)* renta *f* • **vivre de ses rentes** vivir de renta **2.** *(emprunt d'État)* renta *f* de la deuda pública.

rentier, ère *nm,f* rentista *mf*.

rentrée *nf* **1.** *(reprise des activités)* reanudación *f* • **la rentrée des classes** la vuelta al colegio • **la rentrée parlementaire** la reanudación de las tareas parlamentarias **2.** *(retour à la scène)* reaparición *f* **3.** *(mise à l'abri)* recogida *f* **4.** COMM *(recette)* entrada *f*.

rentrer *vi* **1.** *(entrer, pénétrer, être perçu)* entrar • **rentrer dans qqch a)** *(s'emboîter dans)* entrar dentro de algo **b)** *(être compris dans)* entrar en algo **2.** *(revenir)* • **rentrer (à/de)** volver (a/de) • **rentrer (chez soi)** volver (a su casa) **3.** *(élève)* reanudar las clases ; *(employé)* volver a trabajar ; *(tribunal)* reanudar las sesiones **4.** *(voiture)* • **rentrer dans qqch/dans qqn** estrellarse contra algo/contra alguien. ❑ *vt* **1.** *(mettre à l'abri)* entrar ; *(foins)* recoger **2.** *(griffes)* meter **3.** *(larmes, colère)* tragarse.

renversant, e *adj* asombroso(sa).

renverse ■ **à la renverse** *loc adv* de espaldas.

renversement *nm* **1.** *(action de mettre à l'envers, changement complet)* inversión *f* **2.** *(de régime)* derrocamiento *m*.

renverser *vt* **1.** *(mettre à l'envers, inverser)* invertir **2.** *(faire tomber - objet)* volcar (ESP), voltear (AMÉR) ; *(- piéton)* atropellar • **se faire renverser** ser atropellado(da) • **il s'est fait renverser par un motard** le ha atropellado un motorista ; *(- liquide)* derramar **3.** *(éliminer - ordre établi)* derribar (ESP), voltear (AMÉR) ; *(- personne)* destituir ; *(- régime)* derrocar **4.** *(tête)* echar hacia atrás **5.** *(étonner)* asombrar. ■ **se renverser** *vp* **1.** *(se pencher en arrière)* echarse hacia atrás **2.** *(objet)* volcar (ESP), voltearse (AMÉR) **3.** *(liquide)* derramarse.

renvoi *nm* **1.** *(licenciement)* despido *m* **2.** *(à l'expéditeur)* devolución *f* **3.** *(ajournement)* aplazamiento *m* **4.** *(référence)* llamada *f* **5.** *(éructation)* • **il a eu des renvois** se le ha repetido.

renvoyer *vt* **1.** *(faire retourner)* hacer volver **2.** *(employé)* despedir (ESP), cesantear (AMÉR) **3.** *(paquet, balle)* devolver **4.** *(lumière)* reflejar **5.** *(procès)* aplazar **6.** *(référer)* • **renvoyer à qqch/à qqn** remitir a algo/a alguien.

réorganisation *nf* reorganización *f*.
réorganiser *vt* reorganizar.
réorienter *vt* reorientar.
réouverture *nf* reapertura *f*.
repaginer *vt* INFORM repaginar.
repaire *nm* guarida *f*.
répandre *vt* **1.** *(liquide, larmes)* derramar ; *(graines, substance)* esparcir **2.** *(odeur, chaleur)* despedir ; *(bienfaits)* prodigar **3.** *(panique, effroi, terreur)* sembrar **4.** *(mode, doctrine, nouvelle)* difundir.
répandu, e *adj* extendido(da).
réparable *adj* reparable.
réparateur, trice *adj & nm, f* reparador(ra).
réparation *nf* **1.** *(gén)* reparación *f* **2.** SPORT *(au football)* • **surface de réparation** área *f* (de castigo).
réparer *vt* arreglar, reparar **(ESP)**, refaccionar **(AMÉR)**.
reparler *vi (d'un sujet)* • **reparler de qqch/de qqn** volver a hablar de algo/de alguien.
repartie *nf* réplica *f* • **avoir de la repartie** tener respuesta para todo.
répartir *vt* **1.** *(gén)* repartir, distribuir **2.** *(somme)* repartir. ■ **se répartir** *vp* repartirse.
répartition *nf* **1.** *(partage)* reparto *m* **2.** *(dans un espace)* distribución *f*.
repas *nm* comida *f* • **prendre son repas** comer • **repas d'affaires** comida de negocios.

LEXIQUE

Le repas

l'assiette el plato
la bière la cerveza
le café el café
la carafe d'eau la jarra de agua
la charcuterie los embutidos
les couverts los cubiertos
les crudités la verdura
le dessert el postre
l'eau du robinet el agua del grifo
l'eau gazeuse el agua con gas
l'eau minérale el agua mineral
l'eau plate el agua sin gas
l'entrée la entrada
la forêt noire la tarta Selva Negra
le fromage el queso
les fruits la fruta
le gâteau el pastel
le gâteau d'anniversaire el pastel de cumpleaños
le jus de pommes el zumo de manzana
le jus d'oranges el zumo de naranja
les légumes las verduras
le pain el pan
le plat el plato
le plateau la bandeja
le plateau de fromages la tabla de quesos
la tarte la tarta
le thé el té
la tisane la infusión
le verre el vaso
la viande la carne
le vin el vino
le yaourt el yogur

repassage *nm* planchado *m*.
repasser *vi* **1.** *(passer à nouveau)* volver a pasar **2.** *(film)* volver a emitirse. ❑ *vt* **1.** *(linge)* planchar **2.** *(leçon)* repasar **3.** *(examen)* volver a pasar.
repêchage *nm* **1.** *(hors de l'eau)* rescate *m* **2.** *fig (rattrapage)* repesca *f*.
repêcher *vt* **1.** *(retirer de l'eau)* rescatar **2.** *fig (élève, candidat)* repescar.
repeindre *vt* repintar.
repenser *vt* replantearse.
repentir *nm* arrepentimiento *m*. ■ **se repentir** *vp* arrepentirse • **se repentir de qqch/d'avoir fait qqch** arrepentirse de algo/de haber hecho algo.
repérage *nm* localización *f*.
répercussion *nf* repercusión *f* • **répercussion de qqch sur qqch** repercusión de algo en algo.
répercuter *vt* **1.** *(son, taxe)* repercutir • **répercuter qqch sur qqch** FIN repercutir algo en algo **2.** *(ordre)* transmitir. ■ **se répercuter** *vp* repercutir • **se répercuter sur qqch** repercutir en algo.
repère *nm* referencia *f*.
repérer *vt* **1.** *(situer)* señalar **2.** *(sous-marin, bateau)* localizar **3.** *fam (apercevoir, remarquer)* localizar • **on va se faire repérer** nos van a calar. ■ **se repérer** *vp fam (trouver son chemin)* orientarse.
répertoire *nm* **1.** *(gén)* repertorio *m* **2.** *(agenda)* agenda *f* **3.** INFORM directorio *m*.
répertorier *vt* inscribir en un repertorio.
répéter *vt* **1.** *(gén)* repetir • **répéter que** repetir que • **je ne te le répéterai pas deux fois** no pienso repetirlo (dos veces) **2.** THÉÂTRE ensayar. ■ **se répéter** *vp* repetirse.
répétitif, ive *adj* repetitivo(va).
répétition *nf* **1.** *(gén)* repetición *f* **2.** THÉÂTRE ensayo *m* • **répétition générale** ensayo general.
repeupler *vt* **1.** *(gén)* repoblar **2.** *(forêt)* reforestar.
répit *nm* respiro *m* • **sans répit** sin parar.
replacer *vt* **1.** *(situer)* situar **2.** *(remettre en place)* volver a colocar.
replet, ète *adj* rechoncho(cha).
repli *nm* **1.** *(gén)* repliegue *m* **2.** *(gén pl) sout (partie dissimulée)* recoveco *m*.

réplique *nf* **1.** *(gén)* réplica *f* • **sans réplique** sin rechistar **2.** *THÉÂTRE* entrada *f* • **donner la réplique à qqn** dar la entrada a alguien.

répliquer *vt* replicar • **répliquer qqch à qqn** replicar algo a alguien. ❑ *vi* replicar.

replonger *vt* • **replonger qqch/qqn dans qqch a)** volver a sumergir algo/a alguien en algo **b)** *fig* volver a sumir algo/a alguien en algo. ❑ *vi* volver a sumergirse. ■ **se replonger** *vp* • **se replonger dans qqch** *fig (dans un livre, etc)* volver a sumirse en algo.

répondeur *nm* contestador *m* • **répondeur automatique** *ou* **téléphonique** contestador automático • **répondeur interrogeable à distance** contestador interrogable a distancia.

répondeur-enregistreur *nm* contestador *m* automático.

répondre *vi* contestar, responder • **répondre à qqch** *(faire écho, correspondre)* responder a algo • **répondre à qqch/à qqn** contestar *ou* responder (a) algo/a alguien • **répondre à qqch (par qqch)** responder a algo (con algo) • **répondre de qqch/de qqn** responder de *ou* por algo/de *ou* por alguien. ❑ *vt* contestar, responder • **répondre qqch à qqch** contestar *ou* responder algo a algo • **répondre qqch à qqn** contestar *ou* responder algo a alguien.

réponse *nf* **1.** *(action de répondre)* respuesta *f*, contestación *f* • **en réponse à votre lettre...** en respuesta a su carta... **2.** *(solution, réaction)* respuesta *f* **3.** *(réfutation, riposte)* réplica *f*.

report *nm* **1.** *(d'un rendez-vous, d'une réunion)* aplazamiento *m* **2.** *(d'écritures)* transcripción *f*.

reportage *nm* reportaje *m* **(ESP)**, reporte *m* **(AMÉR)**.

reporter[1] *nm* reportero *m*, -ra *f* • **grand reporter** gran reportero(ra).

reporter[2] *vt* **1.** *(rapporter)* volver a llevar **2.** *(réunion, céremonie)* aplazar • **reporter qqch à** aplazar algo hasta **3.** *(recopier, transférer)* • **reporter qqch sur qqch/sur qqn** trasladar algo a algo/a alguien. ■ **se reporter** *vp* • **se reporter à qqch** remitirse a algo.

repos *nm* **1.** *(gén)* descanso *m* **2.** *(immobilité, sommeil)* reposo *m*.

reposé, e *adj* descansado(da) • **à tête reposée** con calma.

reposer *vt* **1.** *(poser à nouveau)* volver a poner **2.** *(remettre en place)* volver a colocar **3.** *(question)* volver a plantear **4.** *(appuyer)* • **reposer qqch sur qqch** apoyar algo sobre algo **5.** *(délasser)* descansar. ❑ *vi* **1.** *(gén)* descansar • **reposer sur qqch a)** *(être appuyé sur)* descansar sobre algo **b)** *fig (être fondé sur)* apoyarse sobre algo **2.** *CULIN* reposar. ■ **se reposer** *vp* **1.** *(se délasser)* descansar **2.** *(compter)* • **se reposer sur qqn** contar con alguien.

repositionnable *adj* reposicionable.

repositionnement *nm* reposicionamiento *m*.

repoussant, e *adj* repulsivo(va).

repoussé, e *adj* repujado(da).

repousser *vi (barbe, poil)* volver a crecer ; *(végétal)* volver a brotar. ❑ *vt* **1.** *(déplacer)* empujar **2.** *(dégoûter)* repeler **3.** *(personne, offre, ennemi)* rechazar **4.** *(date)* aplazar.

répréhensible *adj* reprensible.

reprendre *vt* **1.** *(chose)* volver a coger ; *(ce qu'on avait donné)* volver a llevarse **2.** *(revenir chercher)* recoger **3.** *COMM (marchandise)* devolver **4.** *(se resservir, répéter)* repetir • **reprendre de qqch** repetir algo • **on ne l'y reprendra plus** no lo volverá a hacer **5.** *(travail, route, lutte)* retomar **6.** *(vêtement)* arreglar **7.** *(corriger)* reprender **8.** *(haleine, courage, souffle)* recobrar. ❑ *vi* **1.** *(retrouver la vie, la vigueur)* recuperarse **2.** *(recommencer)* reanudarse.

représailles *nfpl* represalias *fpl*.

représentant, e *nm,f* representante *mf*.

représentatif, ive *adj* representativo(va) • **représentatif de qqch** representativo de algo.

représentation *nf* representación *f* • **donner une représentation** dar una representación.

représentativité *nf* representatividad *f*.

représenter *vt* representar. ■ **se représenter** *vp* **1.** *(s'imaginer)* imaginarse **2.** *(occasion)* volver a presentarse **3.** *(aux élections)* • **se représenter à qqch** volver a presentarse a algo.

répression *nf* represión *f*.

réprimande *nf* reprimenda *f*.

réprimander *vt* reprender.

réprimer *vt* reprimir.

repris ■ **repris de justice** *nm* reincidente *mf*.

reprise *nf* **1.** *(recommencement)* reanudación *f* **2.** *(de marchandises)* recogida *f* **3.** *SPORT* asalto *m* **4.** *(accélération)* reprís *m* **5.** *COUT* zurcido *m* **6.** *(entre locataires)* traspaso *m*. ■ **à plusieurs reprises** *loc adv* repetidas veces.

repriser *vt* zurcir.

réprobateur, trice *adj* reprobador(ra).

réprobation *nf* reprobación *f*.

reproche *nm* reproche *m*.

reprocher *vt* • **reprocher qqch à qqn** reprochar algo a alguien. ■ **se reprocher** *vp* • **se reprocher qqch** reprocharse algo.

reproducteur, trice *adj* reproductor(ra).

reproduction *nf* reproducción *f* • **'reproduction interdite'** 'prohibida la reproducción'.

reproduire *vt* reproducir. ■ **se reproduire** *vp* reproducirse.

réprouver *vt* reprobar.

reptile *nm* reptil *m*.

repu, e *adj* harto(ta).

républicain, e *adj & nm,f* republicano(na).

république *nf* república *f*.

République française *npr* • **la République française** la República francesa.

République tchèque *npr* • **la République tchèque** la República Checa.

répudier *vt* repudiar.

répugnance *nf* **1.** *(répulsion, horreur)* repugnancia *f* **2.** *(réticence)* desgana *f.*

répugnant, e *adj* repugnante.

répugner *vi* • **répugner à qqn** repugnarle a alguien • **répugner à qqch/à faire qqch** odiar algo/hacer algo.

répulsion *nf* repulsión *f.*

réputation *nf* reputación *f* • **avoir une réputation de** tener reputación de • **avoir bonne/mauvaise réputation** tener buena/mala reputación.

réputé, e *adj* reputado(da).

requérir *vt* **1.** *(gén)* requerir **2.** DR *(peine)* solicitar.

requête *nf* **1.** *sout (prière)* petición *f* **2.** DR requerimiento *m.*

requiem *nm inv* réquiem *m.*

requin *nm* tiburón *m.*

requis, e *adj* requerido(da).

réquisition *nf (de personnes)* movilización *f* ; *(de biens)* requisa *f.*

réquisitionner *vt* **1.** *(personnes)* movilizar ; *(biens)* requisar **2.** *fam (embaucher)* reclutar.

réquisitoire *nm* requisitoria *f.*

RER (abrév de réseau express régional) *nm (réseau)* red *f* de trenes de cercanías *(que enlaza París con la periferia).*

rescapé, e *adj & nm,f* superviviente.

rescousse ■ **à la rescousse** *loc adv* en ayuda de • **appeler qqn à la rescousse** pedir socorro a alguien.

réseau *nm* **1.** red *f* • **réseau ferroviaire** red ferroviaria • **réseau routier** red de carreteras • **réseau aérien** red aérea • **réseau de distribution** COMM red de distribución • **les réseaux sociaux** las redes sociales • **réseau Wi-fi** red wi-fi • **réseau urbain** red urbana **2.** INFORM red *m* • **je n'ai pas accès au réseau** no tengo acceso a la red • **réseau local** red local • **en réseau** en red • **c'est l'un des meilleurs sites de jeux en réseau** es uno de los mejores sitios de juegos de la red.

réseautage *nm fam* • **j'ai fait du réseautage** he establecido contactos.

réseauter *vi fam* establecer contactos.

réservation *nf* reserva *f.*

réserve *nf* **1.** *(gén)* reserva *f* • **en réserve** en reserva • **se tenir sur la réserve** estar sobre aviso • **sans réserve** sin reserva • **sous réserve de qqch** reservándose el derecho de algo • **réserve indienne** reserva india • **réserve naturelle** reserva natural **2.** *(local)* depósito *m* ; *(garde-manger)* despensa *f.*

réservé, e *adj* reservado(da) • **réservé à qqch/à qqn** reservado a algo/a alguien.

réserver *vt* reservar • **réserver qqch à qqn** **a)** *(affecter, destiner)* reservar algo a alguien **b)** *(marchandise)* apartar algo para alguien. ■ **se réserver** *vp* reservarse • **se réserver le droit de faire qqch** reservarse el derecho a hacer algo.

réservoir *nm* **1.** *(d'eau)* reserva *f* ; *(d'essence)* depósito *m* **2.** *fig (réceptacle)* cantera *f.*

résidence *nf* **1.** *(habitation)* residencia *f* • **résidence principale** vivienda *f* habitual • **résidence secondaire** segunda residencia **2.** *(groupe d'habitations)* conjunto *m* residencial.

résident, e *nm,f* residente *mf.*

résidentiel, elle *adj* residencial.

résider *vi* residir.

résidu *nm* residuo *m.*

résignation *nf* resignación *f.*

résigné, e *adj & nm,f* resignado(da).

résigner *vt sout* renunciar a. ■ **se résigner** *vp* resignarse • **se résigner à qqch/à faire qqch** resignarse a algo/a hacer algo.

résilience *nf* PSYCHO resilencia *f.*

résilier *vt* rescindir.

résine *nf* resina *f.*

résineux, euse *adj* resinoso(sa). ■ **résineux** *nm* resinífero *m.*

résistance *nf* resistencia *f* • **opposer une résistance à qqch/à qqn** oponer resistencia a algo/a alguien.

résistant, e *adj & nm,f* resistente.

résister *vi* resistir • **résister à qqch** **a)** *(supporter)* resistir algo **b)** *(lutter contre, s'opposer à)* resistirse a algo.

résolu, e *adj* resuelto(ta) • **être bien résolu à faire qqch** estar resuelto a hacer algo.

résolument *adv* decididamente.

résolution *nf* resolución *f* • **prendre de bonnes résolutions** tener buenos propósitos • **prendre la résolution de faire qqch** tomar la resolución de hacer algo.

résonance *nf* resonancia *f.*

résonner *vi* resonar.

résorber *vt* **1.** *(déficit, chômage)* reabsorber **2.** MÉD *(épanchement, abcès)* resorber. ■ **se résorber** *vp* **1.** *(déficit, chômage)* desaparecer **2.** MÉD *(épanchement, abcès)* resorberse.

résoudre *vt (solutionner)* resolver. ❑ *vi* • **résoudre de faire qqch** decidir hacer algo. ■ **se résoudre** *vp* • **se résoudre à faire qqch** decidirse a hacer algo.

respect *nm* respeto *m* • **respect de qqch** respeto de algo • **avoir du respect pour qqch/pour qqn** tener respeto por algo/por alguien • **avec tout le respect que je vous dois** con todo el respeto que le debo.

respectable *adj* respetable.

respecter *vt* respetar.

respectif, ive *adj* respectivo(va).
respectivement *adv* respectivamente.
respectueux, euse *adj* respetuoso(sa) • **respectueux de qqch** respetuoso con algo.
respiration *nf* respiración *f* • **respiration artificielle** respiración artificial.
respiratoire *adj* respiratorio(ria).
respirer *vt & vi* respirar.
resplendissant, e *adj* resplandeciente • **resplendissant de qqch** resplandeciente de algo.
responsabilisation *nf* responsabilización *f.*
responsabiliser *vt* responsabilizar.
responsabilité *nf* responsabilidad *f* • **assumer toute la responsabilité de qqch** asumir toda la responsabilidad de algo • **avoir la responsabilité de qqch/de faire qqch** tener la responsabilidad de algo/de hacer algo • **rejeter la responsabilité sur qqn** achacar la responsabilidad a alguien.
responsable *adj* responsable • **responsable de qqch** responsable de algo. ❑ *nmf* responsable *mf.*
resquiller *vi fam* colarse.
resquilleur, euse *nm,f fam* colón *m*, -ona *f (que se cuela).*
ressac *nm* resaca *f.*
ressaisir ■ **se ressaisir** *vp (se maîtriser)* dominarse ; *(élève, concurrent)* recuperarse.
ressasser *vt* **1.** *(répéter)* machacar **2.** *(penser sans cesse à)* dar vueltas a.
ressemblance *nf* parecido *m.*
ressemblant, e *adj* parecido(da).
ressembler *vi* • **ressembler à qqch/à qqn** parecerse a algo/a alguien • **cela ne lui ressemble pas** eso no es normal en él. ■ **se ressembler** *vp* parecerse.
ressemeler *vt* poner suelas nuevas a.
ressenti *nm* vivencia *f* • **exprimer son ressenti** expresar lo vivido.
ressentiment *nm* resentimiento *m.*
ressentir *vt* sentir, experimentar.
resserrer *vt* **1.** *(ceinture, nœud)* apretar **2.** *fig (liens)* estrechar. ■ **se resserrer** *vp* **1.** *(route, chemin, liens)* estrecharse **2.** *(nœud, étreinte)* apretarse.
resservir *vt* **1.** *(plat)* volver a servir **2.** *fig (histoire)* sacar a colación. ❑ *vi* volver a servir. ■ **se resservir** *vp* • **se resservir de a)** *(ustensile)* volver a usar *ou* utilizar **b)** *(plat)* servirse más • **se resservir de la viande/des légumes** servirse más carne/más verdura.
ressort *nm* **1.** *(mécanisme)* resorte *m*, muelle *m* **2.** *(énergie)* energía *f* **3.** *(gén pl) sout (cause)* resorte *m* • **en dernier ressort** en última instancia **4.** *(compétence)* incumbencia *f.*
ressortir¹ *vi* **1.** *(sortir à nouveau)* volver a salir **2.** *(après être entré)* salir **3.** *fig (se détacher)* resaltar, destacar. ❑ *vt* volver a sacar. ❑ *v impers* • **il ressort que…** se desprende que….
ressortir² *vi DR* • **ressortir à qqch a)** depender de algo **b)** *sout (relever de)* concernir a algo.
ressortissant, e *nm,f* residente *mf (extranjero).*
ressource *nf (recours)* recurso *m.* ■ **ressources** *nfpl* recursos *mpl* • **ressources naturelles** recursos naturales.
ressusciter *vt & vi* resucitar.
restant, e *adj* restante ; → **poste.**
restaurant *nm* restaurante *m* • **restaurant d'entreprise** comedor *m* de empresa • **restaurant universitaire** restaurante universitario.
restaurateur, trice *nm,f* restaurador *m*, -ra *f.*
restauration *nf* restauración *f.*
restaurer *vt ART & POLIT* restaurar ; *(quartier)* remodelar. ■ **se restaurer** *vp* comer.
reste *nm* **1.** *(de lait, de temps)* resto *m* **2.** *MATH* resta *f* **3.** *fig* • **au** *ou* **du reste** por lo demás. ■ **restes** *nmpl* **1.** *(de repas)* sobras *fpl* **2.** *(d'un mort)* restos *mpl* mortales.
rester *vi* **1.** *(dans un lieu)* quedarse • **en rester à qqch** *(s'arrêter)* quedarse en algo • **en rester là** dejarlo • **y rester** *fam (mourir)* quedarse en el sitio • **il reste que, il n'en reste pas moins que…** eso no impide que **2.** *(dans un état)* permanecer **3.** *(durer, subsister)* quedar.
restituer *vt* restituir.
restreindre *vt* restringir. ■ **se restreindre** *vp* restringirse • **se restreindre dans qqch** *(dépenses)* restringir algo.
restrictif, ive *adj* restrictivo(va).
restriction *nf* **1.** *(limitation)* restricción *f* **2.** *(condition)* condición *f* • **sans restriction** sin condiciones. ■ **restrictions** *nfpl* restricciones *fpl.*
restructuration *nf* reestructuración *f.*
restructurer *vt* reestructurar.
résultat *nm* resultado *m.*
résulter *vi* • **il en résulte que** se deduce que.
résumé *nm* resumen *m* • **en résumé** en resumen, resumiendo.
résumer *vt* resumir. ■ **se résumer** *vp* **1.** *(récapituler)* resumir **2.** *(se réduire)* • **se résumer à (faire) qqch** reducirse a (hacer) algo.
résurgence *nf* **1.** *GÉOL* resurgencia *f* **2.** *fig (réapparition)* resurgimiento *m.*
résurrection *nf* resurrección *f.*
rétablir *vt (gén)* restablecer ; *(texte)* restituir. ■ **se rétablir** *vp* **1.** *(gén)* restablecerse **2.** *(gymnaste)* recuperar el equilibrio.
rétablissement *nm* restablecimiento *m.*
retaper *vt* **1.** *(lettre)* volver a escribir *(a máquina)* **2.** *fam (maison, canapé)* arreglar **3.** *fam (personne)* reponer. ■ **se retaper** *vp fam (personne)* reponerse.

retard *nm* **1.** *(gén)* retraso *m* • **être en retard** **a)** *(sur un horaire)* llegar tarde **b)** *fig (sur une échéance)* llevar retraso • **prendre du retard** atrasarse **2.** *(retardement)* demora *f* • **sans retard** sin demora.

retardataire *adj* que llega tarde. ❑ *nmf* tardón *m*, -ona *f*.

retardement *nm* • **à retardement** de efectos retardados • **comprendre à retardement** ser de efectos retardados.

retarder *vt* **1.** *(gén)* retrasar **2.** *(montre)* atrasar. ❑ *vi* **1.** *(horloge, montre)* atrasar, atrasarse **2.** *fam (ne pas être au courant)* no estar al loro **3.** *(être en décalage)* • **retarder sur qqch** no vivir con algo.

retenir *vt* **1.** *(gén)* retener **2.** *(objet)* sujetar **3.** *(montant, impôt)* deducir, retener **4.** *(chambre, table)* reservar **5.** *(projet, idée)* aceptar **6.** MATH llevar, llevarse **7.** *(cri, souffle, larmes)* contener, reprimir **8.** *(attention, regard, chaleur)* mantener **9.** *(personne)* detener • **retenir qqn de faire qqch** impedir a alguien que haga algo. ■ **se retenir** *vp* **1.** *(s'accrocher)* • **se retenir à qqch/à qqn** agarrarse a algo/a alguien **2.** *(se contenir)* aguantarse, contenerse • **se retenir de faire qqch** contenerse de hacer algo.

rétention *nf* MÉD retención *f*.

retentir *vi* **1.** *(son)* resonar **2.** *(fatigue, blessure)* • **retentir sur** repercutir en.

retentissant, e *adj* **1.** *(sonore)* sonoro(ra) **2.** *(déclaration, succès)* rotundo(da) ; *(échec)* estrepitoso(sa).

retentissement *nm* **1.** *(de mesures)* repercusión *f* **2.** *(de spectacle)* resonancia *f*.

retenue *nf* **1.** *(prélèvement)* deducción *f* • **retenue à la source** retención *f* a cuenta **2.** MATH cantidad *f* que se lleva • **j'ai oublié la retenue** he olvidado la que me llevo **3.** SCOL *(punition)* castigo *m (sin salir)* **4.** *fig (réserve)* discreción *f*, reserva *f* • **sans retenue** sin reservas.

réticence *nf* reticencia *f* • **avec/sans réticence** con/sin reticencias.

réticent, e *adj* reticente.

rétine *nf* retina *f*.

retiré, e *adj* retirado(da).

retirer *vt* **1.** *(gén)* sacar • **retirer qqch/qqn (de qqch)** sacar algo/a alguien (de algo) **2.** *(argent)* sacar • **retirer qqch (de qqch)** quitar algo (de algo) **3.** *(vêtement)* quitarse **4.** *(permis, candidature, parole)* retirar • **retirer qqch à qqn** retirar algo a alguien. ■ **se retirer** *vp* retirarse • **se retirer de qqch** retirarse de algo.

retombées *nfpl* consecuencias *fpl*.

retomber *vi* **1.** *(tomber de nouveau)* volver a caer • **retomber sur qqch/qqn** *fig* recaer sobre algo/alguien **2.** *fig (rechuter)* recaer • **retomber dans qqch** volver a caer en **3.** *(redescendre, pendre)* caer **4.** *fig (colère)* aplacarse.

rétorquer *vt* replicar • **rétorquer à qqn que** replicar *ou* contestar a alguien que.

retors, e *adj* retorcido(da).

rétorsion *nf* represalia *f*.

retouche *nf* retoque *m*.

retoucher *vt* retocar.

retour *nm* **1.** *(gén)* vuelta *f* • **retour à qqch** *(état habituel, antérieur)* vuelta a algo • **à mon retour** a mi regreso • **être de retour (de)** estar de vuelta (de) • **retour en arrière** *fig* mirada *f* retrospectiva **2.** *(mouvement inverse)* retorno *m* **3.** *(trajet)* viaje *m* de vuelta **4.** *(réexpédition)* devolución *f* • **en retour** a cambio.

retourner *vt* **1.** *(matelas, carte)* dar la vuelta a **2.** *(terre)* remover **3.** *(poche, pull)* volver del revés **4.** *(compliment, objet prêté, lettre)* devolver **5.** *fig (émouvoir)* trastornar. ❑ *vi* volver • **retourner à** *(lieu, état antérieur)* volver a • **retourner faire qqch** volver para hacer algo • **retourner à qqn** *(être restitué)* volver a alguien. ■ **se retourner** *vp* **1.** *(voiture)* volcar (ESP), voltear (AMÉR) **2.** *(personne)* volverse • **s'en retourner** *(rentrer)* volverse **3.** *fig (s'opposer)* • **se retourner contre qqch/qqn** volverse contra algo/contra alguien **4.** *fam (s'adapter)* acomodarse.

retracer *vt* **1.** *(ligne)* volver a trazar **2.** *(événement)* reconstituir.

rétracter *vt* **1.** *(contracter)* retraer **2.** *sout (nier)* • **rétracter qqch** retractarse de algo. ■ **se rétracter** *vp* **1.** *(se contracter)* retraerse **2.** *(se dédire)* retractarse.

retrait *nm (gén)* retirada *f* ; *(d'argent)* reintegro *m* • **faire un retrait** sacar dinero • **j'ai fait un retrait de 500 euros** he sacado 500 euros ; *(de bagages)* recuperación *f*. ■ **en retrait** *loc adv (en arrière)* hacia atrás • **rester en retrait** *fig* quedarse en la retaguardia. ❑ *loc adj (en arrière)* retranqueado(da).

retraite *nf* **1.** *(cessation d'activité)* jubilación *f*, retiro *m* • **être à la retraite** estar jubilado(da) *ou* retirado(da) **2.** *(revenu)* pensión *f* • **retraite complémentaire** pensión complementaria (de jubilación) **3.** *(fuite)* retirada *f* **4.** RELIG retiro *m*.

retraité, e *adj* **1.** *(personne)* jubilado(da), retirado(da) **2.** TECHNOL *(déchets)* reciclado(da). ❑ *nm, f* jubilado *m*, -da *f*, retirado *m*, -da *f*.

retraitement *nm* TECHNOL recuperación *f*.

retrancher *vt (enlever - gén)* suprimir ; *(- d'un montant)* restar. ■ **se retrancher** *vp* atrincherarse • **se retrancher derrière qqch/derrière qqn** *fig* parapetarse tras algo/tras alguien.

retranscrire *vt* transcribir.

retransmission *nf* retransmisión *f*.

retravailler *vt & vi* volver a trabajar.

rétrécir *vt* estrechar. ❑ *vi* encoger. ■ **se rétrécir** *vp* estrecharse.

rétrécissement *nm* **1.** *(de chaussée)* estrechamiento *m* **2.** *(de vêtement)* encogimiento *m* **3.** MÉD constricción *f*.

rétribution *nf* retribución *f*.

rétroactif, ive *adj* retroactivo(va).

rétrograde *adj péj* retrógrado(da).
rétrograder *vt* degradar. ❑ *vi* **1.** *(gén)* retroceder **2.** *AUTO* reducir la marcha • **rétrograder de troisième en seconde** reducir de tercera a segunda.
rétroprojecteur *nm* retroproyector *m*.
rétrospective *nf* retrospectiva *f*.
rétrospectivement *adv* a posteriori.
retrousser *vt* arremangar, remangar.
retrouvailles *nfpl* reencuentro *m*.
retrouver *vt* **1.** *(récupérer - gén)* encontrar ; *(- appétit)* recobrar **2.** *(reconnaître)* reconocer **3.** *(rencontrer)* • **retrouver qqn** encontrarse con alguien. ■ **se retrouver** *vp* **1.** *(se rencontrer de nouveau)* reencontrarse **2.** *(être de nouveau)* volver a encontrarse **3.** *(se rejoindre)* encontrarse **4.** *(s'orienter)* orientarse **5.** *(financièrement)* • **s'y retrouver** *fam* recuperarse.
rétroviral, e *adj MÉD* retroviral.
rétrovirus *nm* retrovirus *m*.
rétroviseur *nm* retrovisor *m*.
réunification *nf* reunificación *f*.
réunifier *vt* reunificar.
réunion *nf* **1.** *(gén)* reunión *f* **2.** *(jonction)* unión *f*.
réunir *vt* **1.** *(gén)* reunir **2.** *(joindre)* unir. ■ **se réunir** *vp* **1.** *(gén)* reunirse **2.** *(se joindre)* juntarse.
réussi, e *adj* logrado(da) **(ESP)**, exitoso(sa) **(AMÉR)** • **c'est réussi !** *iron* ¡vaya éxito!
réussir *vi* **1.** *(affaire)* salir bien **2.** *(personne)* salir adelante • **réussir à faire qqch** conseguir hacer algo • **réussir à qqch** *(examen, test)* aprobar algo **3.** *(climat)* • **réussir à qqn** sentar bien a alguien. ❑ *vt* **1.** *(portrait, plat)* • **réussir qqch** salirle bien a uno algo **2.** *(examen)* aprobar.
réussite *nf* **1.** *(succès)* éxito *m* **2.** *(jeu de cartes)* solitario *m*.
réutilisable *adj* reutilizable.
réutiliser *vt* reutilizar.
revalorisation *nf* revalorización *f*.
revaloriser *vt* **1.** *(monnaie, salaires)* revaluar **2.** *fig (idée, doctrine)* revalorizar.
revanche *nf* revancha *f*, venganza *f* • **prendre sa revanche** tomarse la revancha. ■ **en revanche** *loc adv* en cambio.
rêvasser *vi* soñar despierto(ta).
rêve *nm* sueño *m* • **de rêve** de ensueño • **faire un rêve** tener un sueño.
rêvé, e *adj* ideal.
revêche *adj* arisco(ca).
réveil *nm* **1.** *(de personne, d'animal, de volcan)* despertar *m* **2.** *(pendule)* despertador *m* **3.** *fig (retour à la réalité)* vuelta *f* a la realidad.
réveiller *vt* **1.** *(gén)* despertar **2.** *(sentiment, qualité)* estimular. ■ **se réveiller** *vp* despertarse.
réveillon *nm* **1.** *(de Noël)* cena *f* de Nochebuena **2.** *(de la Saint-Sylvestre)* cena *f* de Nochevieja **3.** *(fête)* cotillón *m*, revellón *m*.
réveillonner *vi* cenar el día de Nochebuena *ou* el de Nochevieja.
révélateur, trice *adj* revelador(ra). ■ **révélateur** *nm* **1.** *PHOTO* revelador *m* **2.** *fig (ce qui révèle)* dato *m* revelador.
révélation *nf* **1.** *(gén)* revelación *f* **2.** *(prise de conscience)* conciencia *f*.
révéler *vt* **1.** *(gén)* revelar **2.** *(artiste)* dar a conocer. ■ **se révéler** *vp* **1.** *(apparaître)* revelarse **2.** *(s'avérer)* resultar.
revenant, e *nm, f* **1.** *(fantôme)* aparecido *m*, -da *f* **2.** *fam (personne)* resucitado *m*, -da *f*.
revendeur, euse *nm, f* revendedor *m*, -ra *f*.
revendication *nf* reivindicación *f*.
revendiquer *vt (gén)* reivindicar ; *(responsabilité)* asumir.
revendre *vt* revender • **avoir qqch à revendre** *fig* tener algo para dar y tomar.
revenir *vi* **1.** *(gén)* volver • **revenir à qqch** volver a algo • **revenir à qqn** volver con alguien • **revenir sur qqch** volver sobre algo **2.** *(mot, sujet)* salir **3.** *(à l'esprit)* • **ça ne me revient pas** no me acuerdo **4.** *(être rapporté)* • **revenir à qqn/aux oreilles de qqn** llegar a alguien/a oídos de alguien **5.** *(coûter)* • **revenir à** salir por **6.** *(être équivalent)* • **cela revient au même** eso viene a ser lo mismo **7.** *(honneur, tâche)* • **revenir à qqn (de faire qqch)** corresponder a alguien (hacer algo) **8.** *fam (plaire)* • **ne pas revenir à qqn** no caer bien a alguien.
revente *nf* reventa *f*.
revenu *nm* renta *f*. ■ **revenus** *nmpl* ingresos *mpl*.
rêver *vi* **1.** *(gén)* soñar • **rêver de qqn** soñar con alguien • **rêver de qqch/de faire qqch** soñar con algo/con hacer algo • **rêver que** soñar que **2.** *(rêvasser)* soñar despierto(ta) • **rêver à qqch** soñar con algo. ❑ *vt* soñar.
réverbération *nf* reverberación *f*.
réverbère *nm* farola *f*.
révérence *nf* reverencia *f*.
révérer *vt sout* reverenciar.
rêverie *nf* fantasía *f*, ensueño *m*.
revers *nm* **1.** *(de main)* dorso *m* **2.** *(de pièce)* reverso *m* **3.** *(de vêtement)* solapa *f* **4.** *(de fortune, au tennis)* revés *m*.
reverser *vt* **1.** *(liquide)* volver a verter **2.** *FIN* transferir.
réversible *adj* reversible.
revêtement *nm (de paroi, sol)* revestimiento *m* ; *(de route)* firme *m*.
revêtir *vt* **1.** *(vêtement)* vestir **2.** *(mur, surface, caractère)* revestir • **revêtir qqch de qqch** revestir algo con algo.
rêveur, euse *adj & nm, f* soñador(ra).
revient *nm* → **prix**.
revigorer *vt* tonificar.
revirement *nm* viraje *m*.

réviser *vt* **1.** *(gén)* revisar **2.** *SCOL & UNIV* repasar.
révision *nf* **1.** *(gén)* revisión *f* **2.** *SCOL & UNIV* repaso *m*.
révisionnisme *nm* revisionismo *m*.
révisionniste *adj & nmf* revisionista.
revisser *vt* volver a atornillar.
revivre *vi* revivir • **faire revivre qqch à qqn** hacer revivir algo a alguien. ❑ *vt* volver a vivir.
revoici *prép* • **me revoici !** ¡aquí estoy otra vez!
revoir *vt* **1.** *(voir à nouveau)* volver a ver **2.** *(réviser)* repasar. ■ **se revoir** *vp* volver a verse. ■ **au revoir** *interj* ¡adiós!
révoltant, e *adj* indignante.
révolte *nf* revuelta *f*.
révolter *vt* sublevar. ■ **se révolter** *vp* **1.** *(se soulever)* rebelarse, sublevarse • **se révolter contre qqch/contre qqn** rebelarse *ou* sublevarse contra algo/contra alguien **2.** *(s'indigner)* sublevarse.
révolu, e *adj* **1.** *(époque)* pasado(da) **2.** *(ans)* cumplido(da).
révolution *nf* revolución *f* • **la Révolution (française)** la Revolución Francesa.
révolutionnaire *adj & nmf* revolucionario(ria).
révolutionner *vt* revolucionar.
revolver *nm* revólver *m*.
révoquer *vt* revocar.
revue *nf* **1.** *(gén)* revista *f* • **passer qqch en revue** pasar revista a algo • **revue de presse** revista de prensa **2.** *(défilé)* desfile *m*.
révulsé, e *adj (yeux)* en blanco.
révulsion *nf* revulsión *f*.
rez-de-chaussée *nm inv* planta *f* baja.
rez-de-jardin *nm inv* planta *f* baja con jardín.
RH (abrév de Ressources Humaines) *nfpl* RR HH *mpl (recursos humanos)*.
rhabiller *vt* vestir de nuevo. ■ **se rhabiller** *vp* vestirse de nuevo.
rhésus *nm MÉD* Rh *m* • **rhésus positif/négatif** Rh positivo/negativo.
rhétorique *nf* retórica *f*.
Rhin *npr* • **le Rhin** el Rin.
rhinocéros *nm* rinoceronte *m*.
rhino-pharyngite *nf* rinofaringitis *f inv*.
Rhône *npr* • **le Rhône** el Ródano.
rhubarbe *nf* ruibarbo *m*.
rhum *nm* ron *m* • **rhum-Coca** cubata *f fam*.
rhumatisme *nm* reumatismo *m*.
rhume *nm* catarro *m*, resfriado *m* (ESP), resfrío *m* (AMÉR) • **attraper un rhume** coger un catarro *ou* resfriado • **rhume des foins** fiebre *f* del heno.
riant, e *adj* risueño(ña).
RIB, Rib (abrév de relevé d'identité bancaire) *nm* certificado *m* de identificación bancaria *(que especifica el número de cuenta, el código de la sucursal, etc.)* • **joindre un RIB** adjuntar un certificado de identificación bancaria.
ribambelle *nf* • **une ribambelle de qqch** una retahíla de algo.
ricaner *vi (avec méchanceté)* reír sarcásticamente ; *(bêtement)* tener la risa tonta.
riche *adj* rico(ca) • **riche d'enseignements** rico en enseñanzas • **riche en vitamines** rico en vitaminas. ❑ *nmf* rico *m*, -ca *f*.
richesse *nf* riqueza *f* • **richesse en qqch** riqueza en algo. ■ **richesses** *nfpl* **1.** *(de personne)* riquezas *fpl* **2.** *(de pays)* riqueza *f*.
ricochet *nm* rebote *m* • **faire des ricochets** tirar piedras • **par ricochet** *fig* de carambola.
rictus *nm* rictus *m inv*.
ride *nf* **1.** *(sur la peau)* arruga *f* **2.** *(sur l'eau)* onda *f*.
rideau *nm* **1.** *(gén)* cortina *f* **2.** *THÉÂTRE* telón *m*.
rider *vt* **1.** *(peau)* arrugar **2.** *(surface de l'eau)* rizar. ■ **se rider** *vp* arrugarse.
ridicule *adj* ridículo(la). ❑ *nm* • **se couvrir de ridicule** hacer el ridículo • **tourner qqch/qqn en ridicule** poner algo/a alguien en ridículo.
ridiculiser *vt* ridiculizar. ■ **se ridiculiser** *vp* hacer el ridículo.
rien *pron indéf* nada • **ne... rien** no... nada • **il n'y a rien** no hay nada • **je n'en sais rien** no sé nada • **ça ne sert à rien** no sirve para nada • **c'est ça ou rien !** o eso o nada • **de rien !** ¡de nada! • **rien à dire !** ¡no hay nada que decir! • **rien à faire !** ¡no hay nada que hacer! • **rien à signaler** sin novedad • **rien d'autre** nada más • **rien de nouveau** nada nuevo, sin novedad • **sans rien dire** sin decir nada • **tout ou rien** todo o nada • **plus rien** nada más • **pour rien** para nada • **pour rien au monde** por nada del mundo. ❑ *nm* • **pour un rien** *(se fâcher, pleurer)* por nada, por una tontería • **en un rien de temps** en un santiamén. ■ **rien que** *loc adv* sólo • **rien que l'idée des vacances le rend heureux** sólo con pensar en las vacaciones ya es feliz • **la verité, rien que la verité** la verdad y nada más que la verdad.
rieur, euse *adj* risueño(ña).
rigide *adj* rígido(da).
rigidité *nf* rigidez *f*.
rigole *nf* acequia *f*.
rigoler *vi fam* **1.** *(rire)* reírse • **rigoler de qqch** reírse de algo **2.** *(plaisanter)* bromear.
rigolo, ote *fam adj* **1.** *(drôle)* cachondo(da) **2.** *(curieux)* rarillo(lla). ❑ *nm, f* cachondo *m*, -da *f (guasón)*.
rigoureux, euse *adj* riguroso(sa).
rigueur *nf* rigor *m*. ■ **à la rigueur** *loc adv* en última instancia.
rime *nf* rima *f*.
rimer *vi* rimar • **rimer avec qqch** rimar con algo.

rinçage *nm (de vaisselle)* enjuague *m* ; *(de linge, de cheveux)* aclarado *m*.

rincer *vt (vaisselle)* enjuagar ; *(cheveux, linge)* aclarar.

ring *nm* **1.** *(de boxe)* ring *m* **2.** (BELGIQUE) *(rocade)* circunvalación *f*.

riposte *nf* **1.** *(réponse)* réplica *f* **2.** *(contre-attaque)* respuesta *f*.

riposter *vt (répondre)* • **riposter que** replicar que. ❑ *vi* **1.** *(répondre)* replicar **2.** *(contre-attaquer)* responder.

rire *nm* risa *f* • **éclater de rire** echarse a reír • **c'est à mourir de rire** es para morirse de risa. ❑ *vi* **1.** *(s'esclaffer)* reír • **rire de qqch/de qqn** *(se moquer)* reírse de algo/de alguien **2.** *(plaisanter)* • **pour rire** *fam* en broma.

risée *nf* • **être la risée de** ser el hazmerreír de.

risible *adj* risible.

risque *nm* riesgo *m* • **à tes risques et périls** por tu cuenta y riesgo • **prendre des risques** arriesgarse • **risque alimentaire** riesgo alimentario.

risqué, e *adj* **1.** *(entreprise, expédition)* arriesgado(da) **2.** *(plaisanterie)* atrevido(da).

risquer *vt* **1.** *(gén)* arriesgar • **risquer qqch** arriesgarse a algo • **risquer de faire qqch** correr el riesgo de hacer algo **2.** *(tenter)* aventurar. ■ **se risquer** *vp* arriesgarse • **se risquer à (faire) qqch** arriesgarse a (hacer) algo.

rite *nm* rito *m*.

rituel, elle *adj* ritual. ■ **rituel** *nm* ritual.

rivage *nm* orilla *f*, ribera *f*.

rival, e *adj & nm,f* rival.

rivaliser *vi* • **rivaliser avec qqch/avec qqn** rivalizar *ou* competir con algo/con alguien.

rivalité *nf* rivalidad *f*.

rive *nf* orilla *f*, ribera *f*.

river *vt* **1.** *(rivet)* remachar **2.** *(fixer)* • **être rivé à qqch** *fig* estar pegado a algo.

riverain, e *adj & nm,f (de rivière)* ribereño(ña) ; *(de rue, de route)* vecino(na).

rivet *nm* remache *m*.

rivière *nf* río *m*.

rixe *nf* riña *f*.

riz *nm* arroz *m*.

rizière *nf* arrozal *m*.

RN (abrév de route nationale) *nf* N • **prendre la RN 19** tomar la N 19.

robe *nf* **1.** *(de femme)* vestido *m* **2.** *(de magistrat)* toga *f* **3.** *(de cheval)* pelaje *m* **4.** *(de vin)* color *m*. ■ **robe de chambre** *nf* bata *f*.

robinet *nm* **1.** *(d'évier)* grifo *m* (ESP), canilla *f* (AMÉR) • **robinet mélangeur** grifo monobloc **2.** *(vanne d'eau, de gaz)* llave *f*.

robinetterie *nf* grifería *f*.

robot *nm* robot *m*.

robotique *nf* robótica *f*.

robotisation *nf* robotización *f*.

robotiser *vt* robotizar.

robuste *adj* robusto(ta).

robustesse *nf* robustez *f*.

roc *nm* roca *f*.

rocade *nf* desvío *m*.

rocaille *nf* **1.** *(cailloux)* guijarros *mpl* ; *(terrain)* pedregal *m* **2.** *(dans un jardin)* rocalla *f* **3.** *(style)* rococó *m*.

rocailleux, euse *adj* **1.** *(terrain)* pedregoso(sa) **2.** *fig (voix)* ronco(ca).

rocambolesque *adj* rocambolesco(ca).

roche *nf* roca *f*.

rocher *nm* **1.** *(bloc)* peñasco *m* • **le rocher de Gibraltar** el peñón de Gibraltar **2.** *fig (confiserie)* • **rocher au chocolat** bombón *m (en forma de roca)*.

rocheux, euse *adj* rocoso(sa).

rock *adj inv & nm* rock.

rocker, euse *nm,f* rockero *m*, -ra *f*.

rodage *nm* rodaje *m* • **en rodage** en rodaje.

rodé, e *adj* rodado(da) ; *(personne)* puesto(ta).

rodéo *nm* **1.** *(sport)* rodeo *m* **2.** *fig & hum (chose difficile)* odisea *f*.

rôder *vi* merodear, rondar.

rôdeur, euse *nm,f* merodeador *m*, -ra *f*.

rogne *nf fam* cabreo *m* • **être en rogne** estar cabreado(da) • **se mettre en rogne** cabrearse.

rogner *vt* **1.** *(livre, ongles)* cortar **2.** *(montant)* recortar • **rogner sur qqch** recortar algo.

roi *nm* rey *m* • **tirer les rois** *pour expliquer ce que c'est, vous pouvez dire :* esta expresión se refiere al hecho de reunirse para comer el roscón de Reyes; se designa "rey" a quien le toca la figurita.

rôle *nm* papel *m (personaje, función)* • **jeu de rôles** juego de rol.

rôle-titre *nm* papel *m* protagonista.

roller *nm* roller *m inv* • **faire du roller** hacer rolling.

ROM, Rom (abrév de read only memory) *nf* ROM *f* • **un CD-ROM** un CD-ROM.

roman, e *adj* románico(ca). ■ **roman** *nm (gén)* novela *f* • **roman à l'eau de rose/à succès** novela rosa/comercial • **roman d'amour/d'anticipation/d'aventures** novela de amor/de anticipación/de aventuras • **roman d'épouvante/de science-fiction** novela de terror/de ciencia ficción • **roman d'espionnage/d'initiation** novela de espías/de iniciación • **roman graphique** novela gráfica • **roman policier** novela policíaca.

romance *nf* romanza *f*.

romancier, ère *nm,f* novelista *mf*.

romanesque *adj* novelesco(ca).

roman-feuilleton *nm* folletín *m*.

roman-fleuve *nm fam & péj* novelón *m*.

roman-photo *nm* fotonovela *f*.
romantique *adj & nmf* romántico(ca).
romantisme *nm* romanticismo *m*.
romarin *nm* romero *m*.
Rome *npr* Roma.
rompre *vt sout (gén)* romper ; *(pain)* partir. ❑ *vi* **1.** *(casser)* romperse **2.** *fig (se séparer)* • **rompre avec qqn** romper con alguien. ■ **se rompre** *vp* romperse • **se rompre qqch** romperse algo.
ronce *nf* **1.** *(arbuste)* zarza *f* **2.** *(en ébénisterie)* veta *f*.
rond, e *adj* **1.** *(gén)* redondo(da) **2.** *fam (ivre)* trompa. ■ **rond** *nm* **1.** *(cercle)* círculo *m* **2.** *(anneau)* aro *m* **3.** *fam (argent)* • **ne pas avoir un rond** no tener un duro.
ronde *nf* **1.** *(de surveillance)* ronda *f* **2.** *(danse)* corro *m* **3.** MUS *(note)* redonda *f*. ■ **à la ronde** *loc adv* a la redonda.
rondelle *nf* **1.** *(de saucisson)* rodaja *f* **2.** *(de métal)* arandela *f*.
rondement *adv* eficazmente.
rondeur *nf* **1.** *(forme)* redondez *f* **2.** *(partie charnue)* curva *f* **3.** *(de caractère)* franqueza *f*.
rond-point *nm* glorieta *f*.
ronflant, e *adj péj* rimbombante.
ronflement *nm* **1.** *(de dormeur)* ronquido *m* **2.** *(de poêle, d'un moteur)* zumbido *m*.
ronfler *vi* **1.** *(personne)* roncar **2.** *(poêle, moteur)* zumbar.
ronger *vt* **1.** *(os)* roer ; *(bois)* carcomer **2.** *(détruire peu à peu, miner)* corroer. ■ **se ronger** *vp* • **se ronger les ongles** morderse las uñas.
ronronner *vi* **1.** *(chat)* ronronear **2.** *(moteur)* zumbar.
roquette *nf* rucola *f*.
ROR (abrév de rougeole oreillons rubéole) *nm* • **vaccin ROR** vacuna SPR.
rosace *nf* rosetón *m*.
rose *nf (fleur)* rosa *f*. ❑ *nm (couleur)* rosa *m*. ❑ *adj* rosa • **rose bonbon** rosa fuerte.
rosé, e *adj* rosado(da). ■ **rosé** *nm (vin)* rosado *m*. ■ **rosée** *nf* rocío *m*.
roseau *nm* caña *f (planta)*.
rosier *nm* rosal *m*.
rosir *vt* sonrosar. ❑ *vi* sonrosarse.
rosser *vt* vapulear.
rossignol *nm* **1.** *(oiseau)* ruiseñor *m* **2.** *(passe-partout)* ganzúa *f*.
rot *nm* eructo *m*.
rotatif, ive *adj* rotativo(va).
rotation *nf* rotación *f*.
roter *vi fam* eructar.
rôti, e *adj* asado(da). ■ **rôti** *nm* asado *m*.
rotin *nm* mimbre *m*.
rôtir *vt* asar. ❑ *vi* asarse.
rôtisserie *nf* asador *m (establecimiento)*.
rotonde *nf* rotonda *f*.
rotule *nf* rótula *f*.
rouage *nm* rueda *f*. ■ **rouages** *nmpl* engranajes *mpl*.
rouble *nm* rublo *m*.
roucouler *vt* tararear. ❑ *vi* arrullarse.
roue *nf* **1.** *(gén)* rueda *f* • **roue de secours** rueda de repuesto **2.** *(de loterie)* ruleta *f*. ■ **grande roue** *nf* noria *f*.
rouer *vt* • **rouer qqn de coups** moler a alguien a golpes.
rouge *adj* rojo(ja). ❑ *nm* **1.** *(couleur)* rojo *m* **2.** *(émotion)* • **le rouge lui monta aux joues** se puso colorado(da) **3.** *fam (vin)* tinto *m* **4.** *(fard)* colorete *m* • **rouge à joues** colorete • **rouge à lèvres** barra *f* ou lápiz *m* de labios. ❑ *nmf péj (communiste)* rojo *m*, -ja *f*.
rougeâtre *adj* rojizo(za).
rouge-gorge *nm* petirrojo *m*.
rougeole *nf* sarampión *m*.
rougeoyer *vi* enrojecer.
rougeur *nf (gén)* rojez *f* ; *(de honte)* rubor *m*.
rougir *vt* enrojecer. ❑ *vi* **1.** *(arbre, feuille, ciel)* enrojecer **2.** *(personne)* • **rougir de qqch** ruborizarse por algo.
rougissant, e *adj (gén)* enrojecido(da) ; *(de honte)* ruborizado(da).
rouille *nf* **1.** *(oxyde)* herrumbre *f*, óxido *m* **2.** CULIN alioli *m* con guindilla *(que acompaña la sopa de pescado)*. ❑ *adj inv (couleur)* rojizo(za).
rouiller *vt* oxidar. ❑ *vi* oxidarse. ■ **se rouiller** *vp* oxidarse.
roulade *nf* **1.** *(galipette)* voltereta *f* **2.** CULIN rollo *m* de carne.
roulé, e *adj* **1.** *(col)* vuelto(ta) **2.** LING vibrante.
rouleau *nm* **1.** *(cylindre)* rollo *m* ; *(de monnaie)* cartucho *m* **2.** *(de peintre, de pâtissier)* rodillo *m* **3.** *(bigoudi)* rulo *m* **4.** *(vague)* rompiente *f*. ■ **rouleau compresseur** *nm* apisonadora *f*. ■ **rouleau de printemps** *nm* CULIN rollito *m* de primavera.
roulement *nm* **1.** *(gén)* rodamiento *m* **2.** *(de personnel, de hanches)* rotación *f* **3.** *(de tambour)* redoble *m* **4.** FIN *(circulation)* circulación *f*. ■ **roulement de tonnerre** *nm* trueno *m*.
rouler *vt* **1.** *(tonneau)* rodar **2.** *(tapis)* enrollar ; *(cigarette)* liar **3.** LING hacer vibrar **4.** *fig (projets, pensées)* darle vueltas a **5.** *fam (duper)* timar. ❑ *vi* **1.** *(ballon)* rodar **2.** *(véhicule, argent)* circular **3.** *(automobiliste)* conducir (ESP), manejar (AMÉR) **4.** *(bateau)* balancearse **5.** *(tonnerre)* resonar **6.** *(conversation)* • **rouler sur qqch/sur qqn** girar sobre algo/sobre alguien. ■ **se rouler** *vp* revolcarse.
roulette *nf* **1.** *(petite roue)* ruedecilla *f* **2.** *(de dentiste)* torno *m* **3.** *(jeu)* ruleta *f*.
roulis *nm* balanceo *m*.

roulotte *nf* **1.** *(de gitans)* caravana *f* **2.** *(de tourisme)* roulotte *f*, caravana *f*.

roumain, e *adj* rumano(na). ■ **roumain** *nm* LING rumano *m*. ■ **Roumain, e** *nm,f* rumano *m*, -na *f*.

rouquin, e *adj & nm,f fam* pelirrojo(ja).

rouspéter *vi fam* refunfuñar.

rousseur *nf* rubicundez *f (del pelo)*.

routage *nm (de journaux)* envío *m*, expedición *f*.

routard, e *nm,f fam* mochilero *m*, -ra *f*.

route *nf* **1.** *(gén)* carretera **(ESP)**, carretero *m* **(AMÉR)** • **route départementale** ≃ carretera comarcal • **en route !** ¡en marcha! • **en cours de route** a mitad de camino • **mettre en route** poner en marcha **2.** *(des épices, de la soie)* ruta *f* **3.** *(itinéraire)* camino *m* **4.** NAUT rumbo *m*.

routier, ère *adj (carte, relais)* de carreteras ; *(circulation)* por carretera, viario(a). ■ **routier** *nm* **1.** *(chauffeur)* camionero *m*, -ra *f* **2.** *(restaurant)* restaurante *m* de camioneros.

routine *nf* rutina *f*.

routinier, ère *adj* rutinario(ria).

rouvrir *vt (porte)* volver a abrir ; *(débat)* reabrir. ■ **se rouvrir** *vp* volverse a abrir.

roux, rousse *adj* **1.** *(cheveux)* pelirrojo(ja) **2.** *(feuille)* rojizo(za) **3.** *(sucre)* moreno(na). ❑ *nm,f (personne)* pelirrojo *m*, -ja *f*. ■ **roux** *nm* **1.** *(couleur)* rojizo *m* **2.** CULIN salsa *f* dorada *ou* tostada.

royal, e *adj* **1.** *(de roi)* real **2.** *(magnifique)* regio(gia).

royaliste *adj & nmf* monárquico(ca).

royaume *nm* **1.** *(gén)* reino *m* **2.** *fig (domaine)* reino *m* personal.

Royaume-Uni *npr* • **le Royaume-Uni** el Reino Unido.

royauté *nf* **1.** *(fonction)* realeza *f* **2.** *(régime)* monarquía *f*.

RSVP (abrév de répondez s'il vous plaît) SRC.

rte (abrév de route) C, ctra.

RTT (abrév de réduction du temps de travail) *nf* reducción *f* del tiempo de trabajo *(a 35 horas semanales)*. ❑ *nm* día *m* de asueto *(tomado en el marco de la reducción del tiempo de trabajo)* • **poser/prendre un (jour de) RTT** pedir/tomar un día de descanso.

ruade *nf* coz *f*.

ruban *nm* **1.** *(gén)* cinta *f* • **ruban adhésif** cinta adhesiva **2.** *(décoration)* condecoración *f*.

rubéole *nf* rubéola *f*.

rubis *adj inv (couleur)* rubí *(en apposition)*. ❑ *nm* rubí *m* • **payer rubis sur l'ongle** *fig* pagar a tocateja.

rubrique *nf* **1.** *(chronique)* sección *f* **2.** *(chapitre)* rúbrica *f*.

ruche *nf* **1.** *(d'abeilles)* colmena *f* **2.** *fig (endroit animé)* hormiguero *m*.

rude *adj* **1.** *(étoffe, surface)* rudo(da), basto(ta) **2.** *(voix, son)* bronco(ca) **3.** *(personne, mot, manières)* brusco(ca) **4.** *(épreuve, traits)* duro(ra) ; *(climat)* riguroso(sa) **5.** *fam (appétit)* imponente.

rudesse *nf* rudeza *f*.

rudimentaire *adj* rudimentario(ria).

rudoyer *vt* tratar rudamente.

rue *nf* calle *f* • **rue piétonne** *ou* **piétonnière** calle peatonal.

ruée *nf* estampida *f (carrera)*.

ruelle *nf* callejón *m*, callejuela *f*, calleja *f*.

ruer *vi* cocear. ■ **se ruer** *vp* • **se ruer sur qqch/sur qqn** abalanzarse sobre algo/sobre alguien.

rugby *nm* rugby *m*.

rugbyman *nm* jugador *m* de rugby.

rugir *vi* rugir. ❑ *vt (menaces, injures)* proferir.

rugissement *nm* rugido *m*.

rugosité *nf* rugosidad *f*.

rugueux, euse *adj* rugoso(sa).

ruine *nf* ruina *f*.

ruiner *vt* arruinar. ■ **se ruiner** *vp* arruinarse.

ruineux, euse *adj* ruinoso(sa).

ruisseau *nm* **1.** *(cours d'eau)* arroyo *m* **(ESP)**, quebrada *f* **(AMÉR)** **2.** *sout (de larmes)* río *m*.

ruisseler *vi* chorrear.

rumba *nf* rumba *f*.

rumeur *nf* rumor *m* **(ESP)**, bola *f* **(AMÉR)** • **rumeur publique** rumor general.

ruminer *vt* **1.** *(sujet : animal)* rumiar **2.** *(projet, souvenirs)* dar vueltas a.

rupture *nf* **1.** *(cassure, panne)* rotura *f* **2.** *fig (changement, annulation, brouille)* ruptura *f*.

rural, e *adj* rural. ❑ *nm,f* campesino *m*, -na *f*.

ruse *nf* **1.** *(habileté sournoise)* astucia *f* **2.** *(subterfuge)* ardid *m*.

rusé, e *adj & nm,f* astuto(ta) **(ESP)**, abusado(da) **(AMÉR)**.

Russie *npr* • **la Russie** Rusia.

Rustine® *nf* parche *m (para cámara de aire de bicicleta)*.

rustique *adj* rústico(ca). ❑ *nm* estilo *m* rústico.

rustre *adj & nmf péj* patán(ana).

rutilant, e *adj* rutilante.

R-V = RDV.

ryad *nm* riad *m*.

rythme *nm* ritmo *m* • **en rythme** con ritmo.

rythmique *adj* rítmico(ca).

S

s, S *nm (lettre)* s *f*, S *f* • **en S** en forma de S. ■ **s** (abrév de seconde) s. ■ **S 1.** (abrév de sud) S **2.** *SCOL* (abrév de scientifique) ≃ bachillerato *m* en ciencias • **être en S** ≃ cursar el bachillerato en ciencias • **faire un bac S** ≃ cursar un bachillerato en ciencias.

SA (abrév de société anonyme) *nf* SA *f* • **la création d'une SA** la creación de una SA.

sabbatique *adj* sabático(ca).

sable *nm* arena *f* • **sables mouvants** arenas movedizas. ❑ *adj inv (couleur)* arena *(en aposición)*.

sablé, e *adj* **1.** *(route)* enarenado(da), arenado(da) **2.** *CULIN* granulento(ta). ■ **sablé** *nm CULIN* ≃ polvorón *m*.

sabler *vt* **1.** *(route)* enarenar, arenar **2.** *(façade)* arenar.

sablier *nm* reloj *m* de arena.

sabot *nm* **1.** *(chaussure)* zueco *m* **2.** *(d'animal - gén)* pezuña *f*; *(- de cheval)* casco *m* **3.** *AUTO* • **sabot (de Denver)** cepo *m*.

sabotage *nm* **1.** *(destruction)* sabotaje *m* **2.** *fig (bâclage)* chapuza *f*.

saboter *vt* **1.** *(faire échouer)* sabotear **2.** *fig (bâcler)* chapucear.

saboteur, euse *nm, f* **1.** *MIL* saboteador *m*, -ra *f* **2.** *fig (bâcleur)* chapucero *m*, -ra *f*.

sabre *nm* sable *m*.

sac *nm* **1.** *(gén)* saco *m*; *(en papier, en plastique)* bolsa *f* • **sac à main** bolso *m* (de mano) • **sac (en) plastique** bolsa de plástico • **sac poubelle** bolsa de basura **2.** *fam (dix francs)* diez francos *mpl* **3.** *sout (pillage)* saqueo *m*. ■ **sac de couchage** *nm* saco *m* de dormir (ESP), bolsa *f* (AMÉR).

saccade *nf* tirón *m*.

saccadé, e *adj (respiration, bruit)* entrecortado(da); *(geste)* brusco(ca).

saccage *nm* saqueo *m*.

saccager *vt* **1.** *(piller)* saquear **2.** *(abîmer)* destrozar.

sacerdoce *nm* sacerdocio *m*.

sachet *nm (de bonbons, de thé)* bolsita *f*; *(de lavande)* saquito *m* • **soupe en sachet** sopa de sobre.

sacoche *nf* **1.** *(d'écolier)* cartera *f*; *(de médecin)* maletín *m* **2.** *(de cycliste)* serón *m*.

sac-poubelle *nm* bolsa *f* de basura.

sacre *nm* **1.** *(de roi, d'empereur)* coronación *f* **2.** *(d'évêque)* consagración *f*.

sacré, e *adj* **1.** *(gén)* sagrado(da) **2.** *RELIG (art)* sacro(cra) **3.** *fam (maudit)* dichoso(sa), maldito(ta).

sacrement *nm* sacramento *m*.

sacrer *vt* **1.** *(roi)* coronar **2.** *(évêque)* consagrar **3.** *fig (déclarer)* proclamar.

sacrifice *nm* sacrificio *m* • **faire un sacrifice/des sacrifices** hacer un sacrificio/sacrificios.

sacrifié, e *adj* sacrificado(da); *(prix)* por los suelos.

sacrifier *vt* sacrificar • **sacrifier qqch pour faire qqch** sacrificar algo para hacer algo • **sacrifier qqch/qqn à qqch/à qqn** sacrificar algo/a alguien a algo/a alguien. ■ **se sacrifier** *vp* • **se sacrifier à** *ou* **pour qqch** sacrificarse por algo • **se sacrifier pour qqn** sacrificarse por alguien.

sacrilège *adj & nmf* sacrílego(ga). ❑ *nm* sacrilegio *m*.

sacristain *nm* sacristán *m*.

sacristie *nf* sacristía *f*.

sadique *adj & nmf* sádico(ca).

sadisme *nm* sadismo *m*.

sado-maso *adj & nmf* sadomasoquista.

sadomasochiste *adj & nmf* sadomasoquista.

safari *nm* safari *m*.

safari-photo *nm* safari *m* fotográfico.

safran *nm* azafrán *m*. ❑ *adj inv (couleur)* azafrán *(en apposition)*.

saga *nf* saga *f*.

sage *adj* **1.** *(avisé)* prudente, sensato(ta) **2.** *(docile)* tranquilo(la) • **sois sage !** ¡pórtate bien! **3.** *(chaste)* decente **4.** *(discret)* sensato(ta). ❑ *nm* sabio *m*, -bia *f*.

sage-femme *nf* comadrona *f*.

sagesse *nf* **1.** *(bon sens)* sensatez *f* **2.** *(docilité)* tranquilidad *f* **3.** *(connaissance)* sabiduría *f*.

Sagittaire *nm ASTROL* Sagitario *m*.

Sahara *npr* • **le Sahara** el Sáhara • **le Sahara occidental** el Sáhara Occidental.

saignant, e *adj* **1.** *(blessure)* sanguinolento(ta) **2.** *CULIN (viande)* poco hecho(cha) **3.** *fam & fig (critique, discussion)* sangriento(ta).

saignement *nm* hemorragia *f*.

saigner *vt* **1.** *(financièrement) MÉD* sangrar **2.** *(animal)* degollar. ❑ *vi* sangrar.

saillant, e *adj* **1.** *(pommettes, corniche)* saliente; *(muscle)* prominente; *(yeux)* saltón(ona) **2.** *fig (événement)* destacado(da).

sain, e *adj* sano(na) • **sain et sauf** sano y salvo.

saint, e *adj* **1.** *(gén)* santo(ta) **2.** *(extrême)* imponente, fabuloso(sa). ❑ *nm, f* santo *m*, -ta *f*.

sainteté *nf* santidad *f*.

Saint-Jacques-de-Compostelle *npr* Santiago de Compostela.

Saint-Père *nm* • **le Saint-Père** el Santo Padre.

Saint-Pétersbourg *npr* San Petersburgo.

Saint-Sébastien *npr* San Sebastián.

saisie *nf* **1.** DR embargo *m* **2.** INFORM introducción *f* de datos, picado *m* • **une erreur de saisie** un error de picado.

saisir *vt* **1.** *(attraper)* coger **2.** *fig (occasion, prétexte)* agarrarse a **3.** DR embargar **4.** INFORM picar, introducir, digitar **(AMÉR) 5.** *(comprendre)* captar **6.** *sout (sujet : sensation, émotion)* invadir **7.** *(surprendre)* sorprender **8.** CULIN cocinar a fuego vivo. ■ **se saisir** *vp* • **se saisir de qqch/de qqn** coger algo/a alguien.

saisissant, e *adj* **1.** *(spectacle, ressemblance)* sobrecogedor(ra) **2.** *(froid)* penetrante.

saison *nf* **1.** *(division de l'année)* estación *f* **2.** *(époque)* temporada *f* • **hors saison** fuera de temporada • **la basse** *ou* **morte saison** la temporada baja *ou* de calma • **la haute saison** la temporada alta.

LEXIQUE

Les saisons

l'automne el otoño
l'été el verano
l'hiver el invierno
le printemps la primavera

saisonnalité *nf* carácter *m* estacional.

saisonnier, ère *adj* de temporada. ❑ *nm, f* temporero *m*, -ra *f*.

salace *adj sout* salaz.

salade *nf* **1.** *(plante)* lechuga *f* **2.** *(plat)* ensalada *f* • **salade composée** ensalada mixta **3.** *fam (affaire confuse)* follón *m* **4.** *fam (mensonge)* bola *f*.

saladier *nm* ensaladera *f*.

salafisme *nm* salafismo *m*.

salafiste *nmf* salafista *mf*.

salaire *nm* **1.** *(rémunération)* sueldo *m*, salario *m* • **salaire de base** sueldo *ou* salario base • **salaire brut/net** salario bruto/neto **2.** *(récompense)* recompensa *f*, premio *m*.

salant → **marais**.

salarial, e *adj* salarial.

salarié, e *adj* **1.** *(personne)* asalariado(da) **2.** *(travail)* remunerado(da). ❑ *nm, f* asalariado *m*, -da *f*.

salaud *vulg nm péj* cabrón *m* **(ESP)**, concha de su madre *m* **(AMÉR)**. ❑ *adj m* • **c'est salaud de faire ça** eso es hacer una putada.

sale *adj* **1.** *(gén)* sucio(cia) **2.** *(déplaisant)* desagradable **3.** *péj (maudit)* dichoso(sa), maldito(ta) **(ESP)**, pinche **(AMÉR) 4.** *fam (détestable)* • **un sale boulot** una mierda de trabajo • **un sale coup** una jugarreta • **un sale type** un cerdo.

salé, e *adj* **1.** *(gén)* salado(da) **2.** *(histoire)* picante **3.** *fam (addition, note)* hinchado(da). ■ **salé** *nm* • **le salé** la comida salada • **je préfère le salé au sucré** prefiero el salado al dulce.

saler *vt* **1.** *(aliment, plat)* salar **2.** *(route)* echar sal a **3.** *fam (addition, note)* cargar la mano en.

saleté *nf* **1.** *(gén)* porquería *f* • **faire des saletés** dejarlo todo hecho una porquería **2.** *(malpropreté)* suciedad *f* **3.** *(méchanceté)* perrería *f* • **faire une saleté à qqn** hacer una perrería a alguien **4.** *fam & péj (personne)* puerco *m*, -ca *f*.

salière *nf* salero *m*.

salir *vt* **1.** *(souiller)* ensuciar **(ESP)**, enchastrar **(AMÉR) 2.** *fig (réputation, honneur, personne)* ensuciar, manchar. ■ **se salir** *vp* ensuciarse, mancharse.

salissant, e *adj* sucio(cia).

salive *nf* saliva *f*.

saliver *vi* salivar • **il salive d'avance** se le hace la boca agua.

salle *nf* sala *f* • **salle d'attente** sala de espera • **salle de bains** *ou* **d'eau** cuarto *m* de baño *ou* de aseo • **salle de cinéma** sala de cine • **salle d'embarquement** sala de embarque • **salle non-fumeurs** sala para no fumadores • **salle d'opération** quirófano *m*, sala de operaciones.

salon *nm* salón *m*.

salope *nf vulg & péj* puta *f*.

saloperie *nf tfam* guarrada *f*.

salopette *nf (vêtement)* (pantalón *m* de) peto *m* ; *(de travail)* mono *m*.

salsa *nf* salsa *f (baile)*.

saltimbanque *nmf* saltimbanqui *mf*.

salubre *adj* salubre.

salubrité *nf* salubridad *f*.

saluer *vt* saludar. ■ **se saluer** *vp* saludarse.

S'EXPRIMER

saluer quelqu'un

- ***¡Hola!*** Salut !
- ***¡Buenos días!*** Bonjour ! (le matin)
- ***¡Buenas tardes!*** Bonjour ! (l'après-midi)
- ***¿Qué tal?*** Comment vas-tu/allez-vous ?
- ***¡Buenas tardes!*** Bonsoir ! (l'après-midi)
- ***¡Buenas noches!*** Bonsoir ! (le soir)

salut *nm* **1.** *(geste, révérence)* saludo *m* **2.** *(sauvegarde)* RELIG salvación *f*. ❑ *interj fam (bonjour)* ¡hola! ; *(au revoir)* ¡adiós!

salutaire *adj* saludable.

salutation *nf* RELIG saludo *m*. ■ **salutations** *nfpl* • **veuillez agréer mes salutations distinguées** le saluda atentamente.

Salvador *npr* • **le Salvador** El Salvador.

salvadorien, enne *adj* salvadoreño(ña). ■ **Salvadorien, enne** *nm, f* salvadoreño *m*, -ña *f*.

salve *nf* salva *f*.

samba *nf* samba *f*.

samedi *nm* sábado *m* • **samedi dernier** el sábado pasado • **samedi prochain** el sábado que viene, el próximo sábado • **samedi en quinze** dentro de dos sábados.

SAMU, Samu (abrév de Service d'aide médicale d'urgence) *nm* ≃ SAMUR *(Servicio de Atención Médica de Urgencia)* • **les interventions du SAMU** ≃ las intervenciones del SAMUR. ■ **SAMU social, Samu social** *nm* servicio *m* móvil de urgencia *(destinado a la asistencia y recogida de personas sin techo)*.

sanatorium *nm* sanatorio *m* antituberculoso.

sanctifier *vt* santificar.

sanction *nf* **1.** *(gén)* sanción *f* • **prendre des sanctions contre qqn** sancionar a alguien **2.** *fig (conséquence)* castigo *m*.

sanctionner *vt* sancionar.

sanctuaire *nm* santuario *m*.

sandale *nf* sandalia *f*.

sandalette *nf* sandalia *f*.

sandwich *nm (gén)* bocadillo *m* ; *(de pain de mie)* sandwich *m*.

sandwicherie *nf* bocadillería *f*.

sang *nm (gén)* sangre *f*.

sang-froid *nm inv* sangre *f* fría • **de sang-froid** a sangre fría • **conserver** *ou* **garder son sang-froid** conservar la calma • **perdre son sang-froid** perder los estribos *ou* la calma.

sanglant, e *adj* **1.** *(épée, surface)* ensangrentado(da) **2.** *(combat, affront)* sangriento(ta).

sangle *nf (de selle)* cincha *f* ; *(de parachutiste, de siège, de lit)* correa *f*.

sangler *vt* **1.** *(cheval)* cinchar **2.** *(attacher)* atar.

sanglier *nm* jabalí *m*.

sanglot *nm* sollozo *m* • **éclater en sanglots** romper *ou* prorrumpir en sollozos.

sangloter *vi* sollozar.

sangsue *nf* **1.** ZOOL sanguijuela *f* **2.** *fam* & *fig (personne)* lapa *f*.

sanguin, e *adj* **1.** *(tempérament)* ANAT sanguíneo(a) **2.** *(visage)* colorado(da) **3.** *(orange)* sanguino(na).

sanguinaire *adj* sanguinario(ria).

Sanisette® *nf* aseos *mpl* públicos automáticos.

sanitaire *adj* sanitario(ria). ■ **sanitaires** *nmpl* sanitarios *mpl*.

sans *prép* sin • **sans faire d'effort** sin hacer ningún esfuerzo • **être sans…** no tener ningún, ninguna *f*… • **elle est sans charme** no tiene ningún encanto. ❑ *adv* • **passe-moi mon manteau, je ne peux pas sortir sans** dame mi abrigo, no puedo salir sin él. ■ **sans plus** *loc adv* sin más. ■ **sans quoi** *loc adv* • **prête-moi de l'argent, sans quoi je ne pourrai pas payer** préstame dinero, si no no podré pagar. ■ **sans que** *loc conj* • **sans que tu le saches** sin que lo sepas.

sans-abri *nmf* • **les sans-abri** los sin techo *ou* sin hogar.

San Salvador *npr* San Salvador.

sans-emploi *nmf* desempleado *m*, -da *f*.

sans-fil *nm inv (téléphone)* inalámbrico *m*.

sans-gêne *adj inv* & *nmf* descarado(da). ❑ *nm inv* descaro *m inv* • **il est d'un sans-gêne !** ¡tiene una cara!

sans-papiers *nmf* • **les sans-papiers** los sin papeles.

sans-plomb *nm inv* sin plomo *f inv*.

santé *nf* **1.** *(gén)* salud *f* • **à ta santé !** ¡a tu salud! **2.** ADMIN • **santé publique** sanidad *f* pública.

santon *nm* figurita *f* del belén.

São Tomé et Príncipe *npr* Santo Tomé y Príncipe.

saoul = soûl.

saouler = soûler.

sapeur-pompier *nm* bombero *m*.

saphir *nm* **1.** *(pierre)* zafiro *m* **2.** *(de tourne-disque)* aguja *f*.

sapin *nm* **1.** *(arbre)* abeto *m* • **sapin de Noël** árbol *m* de Navidad **2.** *(bois)* pino *m*.

sarabande *nf* **1.** *(danse)* MUS zarabanda *f* **2.** *fam (vacarme)* estrépito *m*.

sarcasme *nm* sarcasmo *m*.

sarcastique *adj* sarcástico(ca).

sarcler *vt* escardar, sachar.

sarcophage *nm* sarcófago *m*.

Sardaigne *npr* • **la Sardaigne** Cerdeña.

sardine *nf* sardina *f*.

SARL, Sarl (abrév de société à responsabilité limitée) *nf* SL *f* • **Leduc, SARL** Leduc, SL.

sarment *nm* **1.** *(de vigne)* sarmiento *m* **2.** *(tige)* zarcillo *m*.

sas *nm* **1.** NAUT & AÉRON cámara *f* estanca **2.** *(d'écluse)* cámara *f* **3.** *(tamis)* cedazo *m*, tamiz *m*.

satanique *adj* satánico(ca).

satelliser *vt* satelizar.

satellite *nm* satélite *m* • **par satellite** vía satélite • **satellite artificiel** satélite artificial • **satellite météorologique** satélite meteorológico • **satellite de télécommunications** satélite de telecomunicaciones.

satiété *nf* • **à satiété** hasta la saciedad.

satin *nm* satén *m*, raso *m*.

satiné, e *adj (tissu)* satinado(da), de raso ; *(peau)* terso(sa). ■ **satiné** *nm* tersura *f*.

satire *nf* sátira *f*.

satirique *adj* satírico(ca).

satisfaction *nf* satisfacción *f*.

satisfaire *vt* satisfacer. ■ **se satisfaire** *vp* • **se satisfaire de qqch** contentarse con algo.

satisfaisant, e *adj* satisfactorio(ria).

satisfait, e *adj* satisfecho(cha) • **être satisfait de qqch** estar satisfecho de algo.

saturation *nf* saturación *f*.

saturé, e *adj* saturado(da).

satyre *nm* sátiro *m*.

sauce *nf* salsa *f* • **en sauce** con salsa, en salsa.

saucisse *nf* salchicha *f.*

saucisson *nm* salchichón *m.*

sauf[1], **sauve** *adj* **1.** *(personne)* ileso(sa) **2.** *fig (honneur)* intacto(ta).

sauf[2] *prép* **1.** *(à l'exclusion de)* salvo, excepto **2.** *(sous réserve)* salvo • **sauf que** *fam* salvo *ou* excepto que.

sauf-conduit *nm* salvoconducto *m.*

sauge *nf* **1.** CULIN salvia *f* **2.** BOT *(plante ornementale)* salvia *f* de jardín.

saugrenu, e *adj* descabellado(da).

saule *nm* sauce *m* • **saule pleureur** sauce llorón.

saumon *nm* ZOOL salmón *m* • **saumon fumé** salmón ahumado. ❑ *adj inv (couleur)* salmón *(en apposition).*

saumoné, e *adj* asalmonado(da), salmonado(da).

sauna *nm* sauna *f.*

saupoudrer *vt* • **saupoudrer qqch de qqch a)** CULIN espolvorear algo con algo **b)** *fig (discours)* salpicar algo con algo.

saut *nm* salto *m* • **saut à l'élastique** goming *m* • **faire du saut à l'élastique** hacer goming • **saut de page** INFORM salto de página.

sauté, e *adj* CULIN salteado(da).

saute-mouton *nm inv* • **jouer à saute-mouton** jugar al salto de pídola.

sauter *vi* **1.** *(personne, plombs, bouchon)* saltar **2.** *(se précipiter - au cou)* tirarse ; *(- dans les bras)* echarse **3.** *(exploser)* saltar, estallar **4.** *(chaîne de vélo)* salirse **5.** *fam (employé)* saltar **6.** *(être annulé)* suspenderse. ❑ *vt* **1.** *(fossé, obstacle)* saltar **2.** *(page, repas, classe)* saltarse.

sauterelle *nf (grande)* langosta *f* **(ESP)**, chapulín *m* **(AMÉR)** ; *(petite)* saltamontes *m inv* **(ESP)**, chapulín *m* **(AMÉR)**.

sauteur, euse *adj (insecte)* saltador(ra). ❑ *nm,f (athlète)* saltador *m*, -ra *f* **(ESP)**, clavadista *mf* **(AMÉR)**. ■ **sauteur** *nm (cheval)* caballo *m* de saltos. ■ **sauteuse** *nf* CULIN sartén *f* **(ESP)**, paila *f* **(AMÉR)**.

sautiller *vi* dar saltitos.

sautoir *nm* **1.** *(bijou)* collar *m* muy largo **2.** SPORT zona *f* de salto.

sauvage *adj* **1.** *(gén)* salvaje ; *(plante, fleur, fruit)* silvestre **2.** *(personne)* huraño(ña) ; *(concurrence)* bestial. ❑ *nmf* salvaje *mf.*

sauvagerie *nf* **1.** *(férocité)* salvajismo *m* **2.** *(insociabilité)* huraña *f* **3.** *(acte)* salvajada *f.*

sauvegarde *nf* **1.** *(protection)* salvaguardia *f*, salvaguarda *f* **2.** INFORM copia *f* de seguridad.

sauvegarder *vt* **1.** *(protéger)* salvaguardar **2.** INFORM grabar, (salva)guardar.

sauve-qui-peut *nm inv* desbandada *f.*

sauver *vt* **1.** *(gén)* salvar • **sauver qqch/qqn de qqch** salvar algo/a alguien de algo **2.** *(racheter)* compensar. ■ **se sauver** *vp (fuir)* escaparse • **se sauver de qqch** *(s'échapper de)* escaparse de algo.

sauvetage *nm* rescate *m*, salvamento *m* • **de sauvetage** salvavidas.

sauveteur *nm* salvador *m.*

sauvette ■ **à la sauvette** *loc adv* deprisa y corriendo. ❑ *loc adj (vente)* callejero(ra).

savamment *adv* **1.** *(avec érudition)* sabiamente **2.** *(avec habileté)* hábilmente.

savane *nf* sabana *f.*

savant, e *adj* **1.** *(personne)* erudito(ta), sabio(bia) ; *(livre)* erudito(ta) **2.** *(manœuvre)* hábil **3.** *(animal)* amaestrado(da). ■ **savant** *nm* científico *m.*

saveur *nf* sabor.

savoir *vt* **1.** *(gén)* saber • **faire savoir qqch à qqn** hacer saber algo a alguien • **savoir** *(+ infinitif) (avoir le don, la force de)* saber *(+ infinitif)* • **elle sait se faire respecter** sabe hacerse respetar • **si j'avais su** si lo hubiera sabido, de haberlo sabido • **en savoir long sur qqn/sur qqch** saber un rato de alguien/de algo **2.** *(avoir en mémoire)* saberse. ❑ *nm* saber *m.* ■ **à savoir** *loc adv* a saber.

savoir-faire *nm inv* destreza *f*, habilidad *f*, savoir-faire *m.*

savoir-vivre *nm inv* modales *mpl.*

savon *nm* **1.** *(matière)* jabón *m* • **savon de Marseille** jabón de Marsella **2.** *(pain)* pastilla *f* de jabón **3.** *fam (réprimande)* rapapolvo *m.*

savonnette *nf* pastilla *f* de jabón.

savourer *vt* saborear.

savoureux, euse *adj* sabroso(sa).

saxo (abrév de **saxophone**) *nm* saxo *m.*

saxophone *nm* saxofón *m.*

saxophoniste *nmf* saxofonista *mf.*

scabreux, euse *adj* escabroso(sa).

scalpel *nm* escalpelo *m.*

scalper *vt* escalpar.

scan *nm* escaneo *m.*

scandale *nm* escándalo *m* • **faire du scandale** armar (un) escándalo.

scandaleux, euse *adj* escandaloso(sa).

scandaliser *vt* escandalizar. ■ **se scandaliser** *vp* escandalizarse.

scander *vt (vers)* escandir ; *(slogan)* gritar.

scandinave *adj* escandinavo(va). ■ **Scandinave** *nmf* escandinavo *m*, -va *f.*

Scandinavie *npr* • **la Scandinavie** Escandinavia.

scanner[1] *nm* escáner *m.*

scanner[2] *vt* **1.** MÉD hacer un escáner a **2.** INFORM escanear.

scaphandre *nm* escafandra *f.*

scarabée *nm* escarabajo *m.*

scatologique *adj* escatológico(ca).

sceau *nm* sello *m.*

scélérat, e *adj sout* canallesco(ca). ❑ *nm,f* canalla *mf*.

sceller *vt* **1.** *CONSTR* empotrar **2.** *(acte, promesse)* sellar **3.** *(maison)* precintar **4.** *(lettre)* lacrar.

scénario *nm* **1.** *CINÉ, THÉÂTRE & LITTÉR* argumento *m* **2.** *CINÉ (script)* guión *m* **(ESP)**, libreto *m* **(AMÉR)** **3.** *fig (déroulement prévu)* plan *m*.

scénariste *nmf* guionista *mf*.

scène *nf* **1.** *(gén)* escena *f* • **scène de ménage** riña *f* conyugal **2.** *(estrade, décor de théâtre)* escenario *m*.

scepticisme *nm* escepticismo *m*.

sceptique *adj & nmf* escéptico(ca).

sceptre *nm* cetro *m*.

schéma *nm* esquema *m*.

schématique *adj* esquemático(ca).

schématiser *vt* **1.** *(faire un dessin de)* hacer un esquema de **2.** *(simplifier)* esquematizar.

schisme *nm* cisma *m*.

schizo (abrév de schizophrène) *adj fam* esquizofrénico(ca).

schizophrène *adj & nmf* esquizofrénico(ca).

schizophrénie *nf* esquizofrenia *f*.

sciatique *adj* ciático(ca). ❑ *nf* ciática *f*.

scie *nf* **1.** *(outil)* sierra *f* **2.** *(rengaine)* cantinela *f*.

sciemment *adv* a sabiendas, conscientemente.

science *nf* ciencia *f* • **sciences humaines/sociales** ciencias humanas/sociales.

science-fiction *nf* ciencia *f* ficción.

sciences-po *nfpl UNIV* ciencias *fpl* políticas. ■ **Sciences Po** (abrév de Institut des Sciences Politiques) *nf denominación familiar del instituto de ciencias políticas de París*.

scientifique *adj & nmf* científico(ca).

scientologie *nf* cienciología *f*.

scier *vt* **1.** *(couper)* aserrar, serrar **2.** *fam (stupéfier)* dejar de una pieza.

scierie *nf* aserradero *m*, serrería *f*.

scinder *vt* dividir. ■ **se scinder** *vp* escindirse.

scintillement *nm* centelleo *m*.

scintiller *vi* centellear.

scission *nf* escisión *f*.

sciure *nf* serrín *m*.

sclérose *nf* esclerosis *f inv* • **sclérose en plaques** esclerosis múltiple *ou* en placas.

sclérosé, e *adj* **1.** *MÉD* esclerótico(ca) **2.** *fig (paralyser)* estancado(da).

scléroser ■ **se scléroser** *vp* **1.** *MÉD* esclerosarse **2.** *fig (se figer)* anquilosarse.

scolaire *adj* escolar.

scolarisable *adj* en edad escolar.

scolarité *nf* escolaridad *f*.

scolastique *adj* escolástico(ca).

scoop *nm fam* notición *m*.

scooter *nm* scooter *m* **(ESP)**, motoneta *f* **(AMÉR)** • **scooter des mers** moto *f* acuática • **scooter des neiges** moto de nieve.

score *nm* resultado *m*.

scorpion *nm* escorpión *m*, alacrán *m*. ■ **Scorpion** *nm ASTROL* Escorpio *m*.

scotch *nm* whisky *m* escocés.

Scotch® *nm* celo *m*.

scotché, e *adj fam & fig* • **être scotché devant la télévision** estar pegado(da) al televisor.

scotcher *vt* pegar con celo.

scout, e *adj* scout. ■ **scout** *nm* scout *m*.

Scrabble® *nm* Scrabble® *m*.

scratch *nm* velcro *m*.

scratcher ■ **se scratcher** *vp fam* estamparse.

scribe *nm* **1.** *HIST* escriba *m* **2.** *péj (employé)* chupatintas *m inv*.

script *nm* **1.** *CINÉ (scénario)* guión *m* **(ESP)**, libreto *m* **(AMÉR)** **2.** *(écriture)* letra *f* de imprenta.

scripte *nmf* script *mf*.

scrupule *nm* **1.** *(cas de conscience)* escrúpulo *m* • **sans scrupules** sin escrúpulos **2.** *(délicatesse)* escrupulosidad *f*.

scrupuleux, euse *adj* escrupuloso(sa).

scrutateur, trice *adj & nm,f* escrutador(ra).

scruter *vt* **1.** *(horizon, pénombre)* escrutar **2.** *(motif, intention)* indagar.

scrutin *nm* **1.** *(vote)* escrutinio *m* **2.** *(opérations)* votación *f* **3.** *(système)* sistema *m* de votación • **scrutin majoritaire/proportionnel** sistema mayoritario/(de representación) proporcional.

sculpter *vt* esculpir.

sculpteur *nm* escultor *m*.

sculpture *nf* escultura *f*.

s/c (abrév de sous couvert de) a/c.

SDF (abrév de sans domicile fixe) *nmf & adj* • **les SDF** los sin techo.

se *pron pers (réfléchi)* se • **se couper** cortarse • **s'aimer** quererse.

séance *nf* **1.** *(gén)* sesión *f* **2.** *fam (scène)* escena *f*.

seau *nm* cubo *m* **(ESP)**, tacho *m* **(AMÉR)** • **seau à champagne** champañera *f*.

sec, sèche *adj* **1.** *(gén)* seco(ca) • **vol sec** sólo vuelo *m* **2.** *(raisin, figue)* paso(sa) **3.** *(maigre)* enjuto(ta). ■ **sec** *nm* • **tenir au sec** guardar en un sitio seco • **être à sec a)** *(sans eau)* estar seco(ca) **b)** *fam (sans argent)* estar pelado(da).

sécable *adj* divisible.

sécateur *nm* tijeras *fpl* de podar, podadera *f*.

sécession *nf* secesión *f* • **faire sécession** separarse.

sèche *nf fam* pitillo *m*.

sèche-cheveux *nm inv* secador *m* (de pelo).

sèche-linge *nm inv* secadora *f*.

sèche-mains *nm inv* secamanos *m inv* automático.

sèchement *adv* secamente.

sécher *vt* **1.** *(gén)* secar **2.** SCOL *(cours)* fumarse. ❑ *vi* **1.** *(gén)* secarse **2.** SCOL *(ne pas savoir répondre)* estar pez.

sécheresse *nf* **1.** *(gén)* sequedad *f* **2.** *(absence de pluie)* sequía *f.*

séchoir *nm* **1.** *(local)* secadero *m* **2.** *(appareil - à tringles)* tendedero *m* ; *(- électrique)* secadora *f* • **séchoir à cheveux** secador *m* (de pelo).

second, e *adj num & nm, f* segundo(da). ■ **seconde** *nf* **1.** *(unité de temps)* segundo *m* **2.** SCOL ≃ cuarto *m* de la ESO **3.** *(classe de transport, vitesse)* segunda *f.*

secondaire *adj* secundario(ria). ❑ *nm* • **le secondaire a)** GÉOL & ÉCON el secundario **b)** SCOL la (enseñanza) secundaria.

seconder *vt* secundar.

secouer *vt (gén)* sacudir **(ESP)**, remecer **(AMÉR)** ; *(flacon, bouteille)* agitar ; *(sujet : malheur)* afectar. ■ **se secouer** *vp fam (réagir)* • **secoue-toi !** ¡espabila!, ¡muévete!

secourable *adj* caritativo(va).

secourir *vt* socorrer.

secourisme *nm* socorrismo *m.*

secouriste *nmf* socorrista *mf.*

secours *nm* **1.** *(aide)* socorro *m*, auxilio *m* • **appeler au secours** pedir socorro *ou* auxilio • **au secours !** ¡socorro!, ¡auxilio! • **être d'un grand secours** ser de gran ayuda **2.** *(dons, renforts, soins)* socorro *m* • **les premiers secours** los primeros auxilios. ■ **de secours** *loc adj* **1.** *(poste)* de socorro **2.** *(issue, sortie, porte)* de emergencia **3.** *(roue)* de recambio.

secousse *nf* sacudida *f.*

secret, ète *adj* secreto(ta). ■ **secret** *nm* **1.** *(gén)* secreto *m* • **dont il a le secret** cuyo secreto sólo él conoce • **dans le plus grand secret** con el más absoluto secreto **2.** *(carcéral)* • **mettre au secret** incomunicar.

secrétaire *nmf* secretario *m*, -ria *f* • **secrétaire général** secretario general • **secrétaire général adjoint** secretario general adjunto. ❑ *nm (meuble)* escritorio *m*, secreter *m.*

secrétariat *nm* **1.** *(fonction)* secretariado *m*, secretaría *f* **2.** *(bureau, personnel)* secretaría *f* **3.** *(métier)* secretariado *m.*

sécréter *vt* **1.** *(substance)* secretar, segregar **2.** *fig (ennui)* rezumar.

sécrétion *nf* secreción *f.*

sectaire *adj & nmf* sectario(ria).

secte *nf* secta *f.*

secteur *nm* **1.** *(gén)* sector *m* • **sur secteur** ÉLECTR conectado(da) a la red • **secteur privé/public** sector privado/público • **secteur primaire/secondaire/tertiaire** sector primario/secundario/terciario **2.** *fam (endroit)* zona *f* **3.** ADMIN distrito *m.*

section *nf* **1.** *(gén)* sección *f* **2.** *(électorale)* distrito *m.*

sectionner *vt* **1.** *(trancher)* seccionar **2.** *fig (diviser)* dividir.

Sécu *nf fam* ≃ Seguridad *f* Social.

séculaire *adj* secular.

sécuriser *vt* tranquilizar.

sécurité *nf* seguridad *f* • **en sécurité** seguro(ra) • **en toute sécurité** con toda tranquilidad • **la sécurité routière** la seguridad vial. ■ **Sécurité sociale** *nf* ≃ Seguridad *f* Social.

sédatif, ive *adj* sedante, sedativo(va). ■ **sédatif** *nm* sedante *m.*

sédentaire *adj & nmf* sedentario(ria).

sédentariser ■ **se sédentariser** *vp* volverse sedentario(ria).

sédiment *nm* sedimento *m.*

sédition *nf sout* sedición *f.*

séduction *nf* seducción *f.*

séduire *vt* seducir.

séduisant, e *adj* seductor(ra).

séfarade *adj* sefardí, sefardita. ■ **Séfarade** *nmf* sefardí *mf*, sefardita *mf.*

segment *nm* segmento *m.*

segmenter *vt* segmentar.

Ségovie *npr* Segovia.

ségrégation *nf* segregación *f.*

seigle *nm* centeno *m.*

seigneur *nm* HIST señor *m.* ■ **Seigneur** *nm* • **le Seigneur** el Señor.

sein *nm* **1.** *(mamelle)* seno *m*, pecho *m* • **donner le sein** dar el pecho **2.** *(poitrine, milieu)* seno *m.* ■ **au sein de** *loc prép* en el seno de.

Seine *npr* • **la Seine** el Sena.

séisme *nm* seísmo *m.*

seize *adj num inv & nm inv* dieciséis. Voir aussi **six**.

séjour *nm* **1.** *(durée)* estancia *f* • **être interdit de séjour** tener prohibida la entrada al país • **séjour linguistique** estancia lingüística **2.** *(pièce)* sala *f* de estar.

séjourner *vi* pasar una temporada.

sel *nm* sal *f.*

sélectif, ive *adj* selectivo(va).

sélection *nf* selección *f.*

sélectionner *vt (gén)* INFORM seleccionar.

selfie *nm* selfie *m*, autofoto *f.*

self-service *nm* selfservice *m*, autoservicio *m.*

selle *nf* **1.** *(de cheval)* silla *f* **2.** *(de bicyclette)* sillín *m* **3.** CULIN rabadilla *f.* ■ **selles** *nfpl* MÉD heces *fpl* (fecales).

seller *vt* ensillar.

selon *prép (gén)* según • **c'est selon** *fam* depende. ■ **selon que** *loc conj* según, depende de si.

semaine *nf* **1.** *(période)* semana *f* • **à la semaine** semanalmente **2.** *(salaire)* semana *f*, paga *f* semanal.

sémantique *adj* semántico(ca). ❑ *nf* semántica *f*.

semblable *adj* **1.** *(analogue)* semejante, parecido(da) • **une voiture semblable à une autre** un coche parecido a otro **2.** *(tel)* semejante • **de semblables mensonges** semejantes mentiras. ❑ *nm* **1.** *(de même caractère)* igual *m* **2.** *(prochain)* semejante *m*.

semblant *nm* • **faire semblant de faire qqch** fingir *ou* simular hacer algo.

sembler *vi* parecer. ❑ *v impers* • **il (me/te) semble que** (me/te) parece que.

semelle *nf* **1.** *(sous la chaussure)* suela *f* **2.** *(dans la chaussure)* plantilla *f* **3.** CONSTR solera *f*.

semence *nf* **1.** *(graine)* semilla *f* **2.** *(sperme)* semen *m*.

semer *vt* **1.** *(gén)* sembrar **2.** *(répandre)* esparcir **3.** *fam (se débarrasser de, perdre)* dar esquinazo a.

semestre *nm* semestre *m*.

semestriel, elle *adj* semestral.

séminaire *nm* seminario *m*.

séminariste *nm* seminarista *m*.

semi-remorque *nm* camión *m* articulado.

semis *nm* **1.** *(plant)* semillero *m* **2.** *(méthode)* siembra *f* **3.** *(terrain)* sembrado *m*.

semoule *nf* sémola *f*.

sempiternel, elle *adj* perpetuo(tua).

sénat *nm* senado *m*. ■ **Sénat** *nm* **1.** *(en France)* Senado *m* (francés) **2.** *(aux USA)* Senado *m* (de los Estados Unidos) **3.** HIST *(à Rome)* Senado *m* (de Roma).

sénateur, trice *nm* senador *m*, -ra *f*.

Sénégal *npr* • **le Sénégal** Senegal.

sénile *adj* **1.** MÉD senil **2.** *péj (gâteux)* chocho(cha).

sénilité *nf* senilidad *f*.

sens *nm (gén)* sentido *m* • **sens figuré/propre** sentido figurado/propio • **sens interdit/unique** dirección *f* prohibida/única • **rue à sens unique** calle de sentido único • **bon sens** sentido común.

sensass *adj inv fam* guay.

sensation *nf* sensación *f*.

sensationnel, elle *adj* sensacional. ■ **sensationnel** *nm* • **le sensationnel** las sensaciones fuertes.

sensé, e *adj* sensato(ta).

sensibiliser *vt* sensibilizar.

sensibilité *nf* sensibilidad *f*.

sensible *adj* **1.** *(gén)* sensible • **sensible à qqch** sensible a algo **2.** *(perceptible)* perceptible.

sensiblement *adv* **1.** *(approximativement)* casi **2.** *(notablement)* sensiblemente.

sensoriel, elle *adj* sensorial.

sensualité *nf* sensualidad *f*.

sensuel, elle *adj* sensual.

sentence *nf* sentencia *f*.

sentencieux, euse *adj péj* sentencioso(sa).

senteur *nf sout* fragancia *f*.

sentier *nm* sendero *m*, senda *f* • **sentier de grande randonnée** sendero *(especialmente hecho para excursionistas)*.

sentiment *nm* **1.** *(affection, penchant)* sentimiento *m* **2.** *(opinion)* sentir *m* **3.** *(impression)* impresión *f*.

sentimental, e *adj & nm,f* sentimental.

sentinelle *nf* centinela *m*.

sentir *vt* **1.** *(par l'odorat)* oler ; *(par le goût, par le toucher)* notar **2.** *(exhaler)* oler a **3.** *(pressentir)* sentir • **faire sentir qqch à qqn** dar a entender algo a alguien. ❑ *vi* oler • **sentir bon/mauvais** oler bien/mal. ■ **se sentir** *vp* **1.** *(être perceptible)* notarse • **se faire sentir** notarse, hacerse sentir • **ça se sent !** ¡se nota! **2.** *fam (se supporter)* • **ne pas pouvoir se sentir** *fam* no poder tragarse *ou* aguantarse. ❑ *v att* sentirse • **se sentir fatigué/malade/mal** sentirse cansado/enfermo/mal • **se sentir la force/le courage de** sentirse con fuerzas/con ánimos para.

séparation *nf* separación *f*.

séparatiste *nmf* separatista *mf*.

séparé, e *adj* **1.** *(distinct)* distinto(ta) • **des intérêts séparés** distintos intereses **2.** *(couple)* separado(da).

séparer *vt* **1.** *(gén)* separar • **séparer qqch de qqch** separar algo de algo • **séparer qqn de qqn** separar a alguien de alguien **2.** *(espace, lieu)* dividir. ■ **se séparer** *vp* **1.** *(gén)* • **se séparer de qqch/de qqn** separarse de algo/de alguien **2.** *(route, fleuve)* dividirse.

sept *adj num inv & nm inv* siete. Voir aussi **six**.

septembre *nm* septiembre *m*, setiembre *m* • **au mois de** *ou* **en septembre** en (el mes de) septiembre.

septicémie *nf* septicemia *f*.

septuagénaire *adj & nmf* septuagenario(ria).

sépulcre *nm sout* sepulcro *m*.

sépulture *nf* sepultura *f*.

séquelle *nf (gén pl)* secuela *f*.

séquence *nf* **1.** CINÉ & TV secuencia *f* **2.** *(série de cartes)* escalera *f*.

séquestrer *vt* **1.** *(personne)* secuestrar (ESP), plagiar (AMÉR) **2.** DR *(bien)* depositar.

Serbie *npr* • **la Serbie** Serbia.

serein, e *adj* sereno(na).

sérénade *nf* serenata *f*.

sérénité *nf* serenidad *f*.

serf, serve *adj* de servidumbre. ❑ *nm,f* siervo *m*, -va *f*.

sergent *nm* sargento *m*.

série *nf* **1.** *(gén)* serie *f* • **hors série** fuera de serie • **série noire a)** *fig* mala racha *f* **b)** *(en littérature)* serie negra **2.** SPORT categoría *f*. ■ **en série** *loc adv & loc adj* en serie.

sérieusement *adv* **1.** *(sans plaisanter, avec application)* seriamente, en serio **2.** *(grièvement)* seriamente.

sérieux, euse *adj* serio(ria). ■ **sérieux** *nm* seriedad *f* • **garder son sérieux** mantener la seriedad • **prendre qqch/qqn au sérieux** tomarse algo/a alguien en serio.

serin, e *nm,f* **1.** *(oiseau)* canario *m* **2.** *fam (niais)* merluzo *m*, -za *f*.

seringue *nf* jeringuilla *f*.

serment *nm* juramento *m* • **faire le serment de** jurar que • **sous serment** bajo juramento • **serment d'Hippocrate** juramento de Hipócrates.

sermon *nm litt & fig* sermón *m*.

séronégatif, ive *adj* seronegativo(va).

séropositif, ive *adj* seropositivo(va).

séropositivité *nf* seropositividad *f*.

serpe *nf* podadera *f*.

serpent *nm* serpiente *f*.

serpenter *vi* serpentear.

serpillière *nf* trapo *m*, bayeta *f*.

serre *nf* invernadero *m*. ■ **serres** *nfpl* ZOOL garras *fpl*.

serré, e *adj* **1.** *(nœud, poing)* apretado(da) **2.** *(masse, tissu, forêt)* tupido(da) **3.** *(style)* conciso(sa) **4.** *(vêtement, chaussures)* ceñido(da) **5.** *(discussion, match)* reñido(da) **6.** *(café)* cargado(da).

serrer *vt* **1.** *(poing, lèvres, vis)* apretar ; *fig (cœur)* encoger **2.** *(sujet : vêtement)* apretar **3.** *(personne, main, rangs)* estrechar **4.** *(se tenir près de)* pegarse a. ❑ *vi* AUTO • **serrer à droite/à gauche** pegarse a la derecha/a la izquierda. ■ **se serrer** *vp* *(cœur)* encogerse.

serre-tête *nm inv* diadema *f*.

serrure *nf* cerradura *f* (ESP), chapa *f* (AMÉR).

serrurier *nm* cerrajero *m*.

sertir *vt* engastar.

sérum *nm* suero *m* • **sérum physiologique** suero fisiológico.

servage *nm* servidumbre *f*.

servante *nf* sirvienta *f*.

serveur, euse *nm,f* **1.** *(employé)* camarero *m*, -ra *f* (ESP), mozo *m*, -za *f* (AMÉR) **2.** *(aux cartes)* jugador *m*, -ra *f* que reparte las cartas **3.** SPORT servidor *m*, -ra *f*. ■ **serveur** *nm* INFORM servidor *m*.

serviable *adj* servicial.

service *nm* **1.** *(gén)* servicio *m* • **être au service (militaire)** *fam* estar en la mili • **être en service** estar en servicio • **être hors service** estar fuera de servicio • **service compris** servicio incluido • **service après vente** servicio posventa • **service militaire/public** servicio militar/público **2.** *(département)* departamento *m* **3.** *(aide)* favor *m* • **que puis-je faire pour votre service ?** ¿puedo ayudarle en algo? • **rendre un service à qqn** hacer un favor a alguien **4.** *(à café, de porcelaine)* juego *m* **5.** RELIG oficio *m*.

serviette *nf* **1.** *(de table)* servilleta *f* **2.** *(de toilette)* toalla *f* **3.** *(porte-documents)* cartera *f*. ■ **serviette hygiénique** *nf* compresa *f*.

serviette-éponge *nf* toalla *f* de felpa.

servile *adj* servil.

servir *vt* **1.** *(gén)* servir ; *(client)* atender • **servir qqch à qqn** servir algo a alguien **2.** *(aider, travailler pour)* servir a ; *(sujet : circonstances)* favorecer. ❑ *vi* servir • **servir à faire qqch** servir para hacer algo • **servir de** servir de • **ça peut toujours** *ou* **encore servir** aún puede servir • **cela ne sert à rien** no sirve de *ou* para nada. ■ **se servir** *vp* servirse • **se servir de qqch/de qqn** servirse de algo/de alguien.

serviteur *nm* servidor *m*, -ra *f*.

servitude *nf* servidumbre *f*.

session *nf* **1.** *(assemblée)* sesión *f* **2.** UNIV *(examen)* convocatoria *f*.

set *nm* **1.** SPORT set *m* **2.** *(napperon)* mantel *m* individual • **sets de table** juego *m* de manteles individuales.

seuil *nm* umbral *m*.

seul, e *adj* **1.** *(isolé)* solo(la) • **seul à seul** a solas **2.** *(unique)* • **le seul/la seule** el único/la única • **un seul/une seule** un solo/una sola **3.** *(sans compagnie)* solo(la) **4.** *(sans aide)* • **(tout) seul** por sí solo • **je le ferai tout seul** lo haré yo solo.

seulement *adv* **1.** *(pas davantage, exclusivement)* solamente, sólo • **non seulement... mais (encore)** no sólo... sino (también) **2.** *(toutefois)* sólo que **3.** *(pas plus tôt que)* • **elle est arrivée seulement hier** no llegó hasta ayer • **il vient seulement d'arriver** acaba de llegar ahora **4.** *(même)* ni siquiera.

sève *nf* savia *f*.

sévère *adj* **1.** *(gén)* severo(ra) **2.** *(décor, tenue)* sobrio(bria).

sévérité *nf* severidad *f*.

sévices *nmpl* malos tratos *mpl*.

Séville *npr* Sevilla.

sévir *vi* **1.** *(punir)* castigar duramente • **sévir contre qqn** castigar duramente a alguien **2.** *(faire des ravages)* hacer estragos.

sevrer *vt* **1.** *(enfant, animal)* destetar **2.** *fig (priver de)* • **sevrer qqn de qqch** privar a alguien de algo.

sexagénaire *adj & nmf* sexagenario(ria).

sexe *nm* sexo *m*.

sexiste *adj & nmf* sexista.

sexologue *nmf* sexólogo(ga).

sex-shop *nm* sex-shop *m*.
sextant *nm* sextante *m*.
sexualité *nf* sexualidad *f*.
sexué, e *adj* sexuado(da).
sexuel, elle *adj* sexual.
sexy *adj inv fam* sexy.
seyant, e *adj* favorecedor(ra).
shampooing, shampoing *nm* **1.** *(savon)* champú *m* **2.** *(lavage)* • **faire un shampooing à qqn** lavarle la cabeza a alguien.
shérif *nm* shérif *m*.
shit *fam nm* costo *m*, chocolate *m*.
shooter *vi* **1.** SPORT chutar **2.** *fam (donner un coup de pied)* • **shooter dans qqch** dar una patada a algo. ■ **se shooter** *vp fam* chutarse.
shopping *nm* • **faire du shopping** ir de tiendas *ou* de compras.
short *nm* pantalón *m* corto, short *m*.
show *nm* show *m*, espectáculo *m*.
show-business *nm inv* show business *m*.
si *adv* **1.** *(gén)* tan • **elle est si belle** es tan guapa • **il roulait si vite qu'il a eu un accident** conducía tan rápido que tuvo un accidente • **ce n'est pas si facile que ça** no es tan fácil (como parece) **2.** *(oui)* sí • **tu n'aimes pas sa maison ? — si** ¿no te gusta su casa? — sí • **mais si !** ¡que sí! ❑ *conj* si • **si tu veux, on y va** si quieres, vamos • **je ne sais pas s'il est parti** no sé si se ha ido • **si seulement** si al menos, si por lo menos • **il y a toujours des si et des mais** siempre hay peros. ❑ *nm inv* MUS si *m*. ■ **si bien que** *loc conj* de modo que. ■ **si ce n'est** *loc prép* **1.** *(sinon)* sino **2.** *(sauf)* excepto. ■ **si ce n'est que** *loc conj* excepto que. ■ **si peu que** *loc conj* por poco que, a poco que. ■ **si tant est que** *loc conj* si es que.

> À PROPOS DE **si**
> Attention aux différentes traductions de *si* : l'accent grammatical permet de distinguer la réponse affirmative ***sí*** de la conjonction ***si***. Par ailleurs, l'adverbe se traduit par ***tan***.

siamois, e *adj* siamés(esa).
Sibérie *npr* • **la Sibérie** Siberia.
sibyllin, e *adj* sibilino(na).
Sicile *npr* • **la Sicile** Sicilia.
SIDA, sida (abrév de syndrome d'immunodéficience acquise) *nm* sida *m* • **le virus du SIDA** el virus del sida.
side-car *nm* sidecar *m*.
sidéré, e *adj* pasmado(da).
sidérer *vt* dejar pasmado(da).
sidérurgie *nf* siderurgia *f*.
siècle *nm* siglo *m* • **la découverte du siècle** el descubrimiento del siglo • **ça fait des siècles que...** hace siglos que....
siège *nm* **1.** *(meuble)* asiento *m* • **siège arrière/avant/éjectable** asiento trasero/delantero/eyectable **2.** *(d'élu)* escaño *m* **3.** MIL sitio *m* **4.** *(résidence)* sede *f* • **siège social** domicilio *m* social **5.** *(centre)* foco *m* **6.** ANAT nalgas *fpl* • **se présenter par le siège** *(bébé)* venir de nalgas.
siéger *vi* **1.** *(faire partie d'une assemblée)* ocupar un escaño **2.** *(tenir séance)* reunirse **3.** *(se situer)* tener la sede **4.** *fig (résider)* residir.
sien, sienne *adj poss* suyo, suya *f*. ■ **le sien, la sienne** *pron poss* el suyo, la suya *f* • **les siens** *(sa famille)* los suyos.
sieste *nf* siesta *f* • **faire la sieste** dormir *ou* echarse la siesta.
sifflement *nm* **1.** *(gén)* silbido *m* (ESP), chiflido *m* (AMÉR) **2.** *(d'oiseau)* canto *m*.
siffler *vi* **1.** *(gén)* silbar (ESP), chiflar (AMÉR) ; *(avec un instrument)* pitar **2.** *(oiseau)* cantar. ❑ *vt* **1.** *(air, chanson)* silbar (ESP), chiflar (AMÉR) **2.** *(chien)* llamar con un silbido **3.** *fam (verre)* soplarse.
sifflet *nm* **1.** *(instrument)* silbato *m* ; *(jouet)* pito *m* **2.** *(son)* silbido *m*, pitido *m* (ESP), chiflido *m* (AMÉR). ■ **sifflets** *nmpl* silbidos *mpl*, abucheos *mpl*.
siffloter *vt & vi* silbar (ESP), chiflar (AMÉR).
sigle *nm* sigla *f*.
signal *nm* **1.** *(gén)* señal *f* • **donner le signal (de qqch)** dar la señal (de algo) • **signal d'alarme** señal de alarma **2.** *(geste)* seña *f*.
signalement *nm* descripción *f*.
signaler *vt* **1.** *(gén)* señalar • **rien à signaler** nada que señalar **2.** *(à la police)* denunciar.
signalétique *adj* → **fiche**.
signalisation *nf* señalización *f*.
signataire *nmf* firmante *mf*, signatario *m*, -ria *f*.
signature *nf* firma *f*.
signe *nm* **1.** *(indice)* señal *f* **2.** *(geste, trait, signal)* seña *f* • **signes particuliers** señas particulares **3.** ASTROL signo *m*.
signer *vt* firmar. ■ **se signer** *vp* persignarse.
signet *nm* marcador *m*.
significatif, ive *adj* significativo(va).
signification *nf* **1.** *(sens)* significado *m* **2.** DR notificación *f*.
signifier *vt* **1.** *(avoir le sens de)* significar **2.** *(faire connaître)* DR notificar.
silence *nm* silencio *m* • **silence radio** *fam* silencio total.
silencieux, euse *adj* silencioso(sa). ■ **silencieux** *nm* silenciador *m*.
silex *nm inv* sílex *m inv*.
silhouette *nf* silueta *f*.
sillage *nm* estela *f* • **laisser qqch dans son sillage** *fig* dejar tras de sí una estela de algo.
sillon *nm* surco *m*.

sillonner *vt* surcar.
silo *nm* silo *m*.
SIM (abrév de Subscriber Identity Module) *nf* SIM *f* • **carte SIM** tarjeta *f* SIM.
simagrées *nfpl péj* melindres *mpl*.
similaire *adj* similar.
similarité *nf* similitud *f*.
similicuir *nm* polipiel *f*.
similitude *nf* **1.** *(analogie)* similitud *f* **2.** GÉOM semejanza *f*.
simple *adj* **1.** *(gén)* sencillo(lla), simple • **c'est simple comme bonjour** es coser y cantar **2.** CHIM simple. ❑ *nm (personne)* simple *m* ; *(au tennis)* individuales *mpl*.
simplicité *nf* **1.** *(facilité)* sencillez *f*, simplicidad *f* **2.** *fig (modestie, sobriété)* sencillez *f* **3.** *(naïveté)* simplicidad *f*.
simplification *nf* simplificación *f*.
simplifier *vt* simplificar.
simpliste *adj & nmf péj* simplista.
simulacre *nm* simulacro *m*.
simulateur, trice *nm,f* farsante *mf*. ■ **simulateur** *nm* TECHNOL simulador *m*.
simulation *nf* simulación *f*.
simuler *vt* **1.** *(feindre)* simular, fingir **2.** TECHNOL simular.
simultané, e *adj* simultáneo(nea).
sincère *adj* sincero(ra).
sincèrement *adv* sinceramente ; *(franchement)* francamente.
sincérité *nf* sinceridad *f*.
sine qua non *loc adj inv* sine qua non.
Singapour *npr* Singapur.
singe *nm* mono *m*, -na *f*.
singer *vt* **1.** *(imiter)* remedar **2.** *(feindre)* fingir, simular.
singerie *nf (gén pl) (grimace)* mueca *f*, mojiganga *f*.
singulariser *vt* singularizar. ■ **se singulariser** *vp* singularizarse.
singularité *nf* singularidad *f*.
singulier, ère *adj* singular. ■ **singulier** *nm* GRAMM singular *m*.
singulièrement *adv* **1.** *(bizarrement)* de forma singular **2.** *(beaucoup)* extraordinariamente **3.** *(notamment)* especialmente.
sinistre *adj* **1.** *(gén)* siniestro(tra) **2.** *péj (stupide)* pobre. ❑ *nm* **1.** *(catastrophe)* siniestro *m* **2.** DR daño *m*.
sinistré, e *adj & nm,f* siniestrado(da).
sinon *conj* **1.** *(autrement)* si no • **obéis, sinon je me fâche** obedece, si no me enfado **2.** *(sauf)* sino • **je ne sens rien, sinon une légère courbature** no siento sino unas ligeras agujetas.
sinueux, euse *adj* sinuoso(sa).
sinuosité *nf* sinuosidad *f*.
sinus *nm* ANAT & MATH seno *m*.
sinusite *nf* sinusitis *f inv*.
sionisme *nm* sionismo *m*.
sioniste *adj & nmf* sionista.
siphon *nm* sifón *m*.
siphonner *vt* trasegar con un sifón.
sirène *nf* sirena *f*.
sirop *nm* jarabe *m* • **au sirop** en almíbar • **sirop d'érable** jarabe de arce • **sirop de grenadine** granadina *f* • **sirop de menthe** jarabe de menta.
siroter *vt fam* beber a sorbitos.
sismique *adj* sísmico(ca).
sitcom *nf & nm* telecomedia *f*.
site *nm* **1.** *(emplacement)* emplazamiento *m* • **site archéologique/historique** emplazamiento arqueológico/histórico **2.** *(paysage pittoresque)* paraje *m* • **site naturel** paraje natural **3.** INFORM • **site Web** sitio *m* Web.
sitôt *adv* tan pronto como, en cuanto • **sitôt dit, sitôt fait** dicho y hecho • **sitôt après** inmediatamente después • **il ne reviendra pas de sitôt** tardará en volver. ■ **sitôt que** *loc conj* tan pronto como, en cuanto • **je le lui dirai sitôt qu'il reviendra** se lo diré tan pronto como *ou* en cuanto vuelva.
situation *nf* **1.** *(gén)* situación *f* • **situation de famille** estado *m* civil **2.** *(emploi)* puesto *m*.
situé, e *adj* situado(da) • **bien/mal situé** bien/mal situado.
situer *vt* situar. ■ **se situer** *vp* situarse.
six *adj* **1.** *(gén)* seis • **il a six ans** tiene seis años • **il est six heures** son las seis • **le six janvier** el seis de enero **2.** *(roi, pape)* sexto(ta). ❑ *nm inv* seis *m* • **elle habite (au) six rue de Valois** vive en la calle Valois número seis. ❑ *pron* seis • **six par six** de seis en seis • **venir à six** venir seis.
sixième *adj* sexto(ta) • **le sixième siècle** el siglo sexto • **arriver/se classer sixième** llegar/clasificarse en sexto lugar *ou* el sexto. ❑ *nmf* sexto *m*, -ta *f*. ❑ *nf* SCOL ≃ sexto *m* de primaria • **entrer en sixième** ≃ pasar a sexto de primaria • **être en sixième** ≃ estar en sexto de primaria. ❑ *nm* **1.** *(part)* • **le** *ou* **un sixième de qqch** el *ou* un sexto de algo, la *ou* una sexta parte de algo **2.** *(arrondissement)* distrito *m* sexto, sexto distrito *m* **3.** *(étage)* sexto *m*.
skateboard, skate *nm* monopatín *m*, skateboard *m*.
skateur, skater *nm* patinador *m*, -ra *f*.
sketch *nm* esquech *m*, sketch *m*.
ski *nm* esquí *m* • **ski acrobatique/alpin/nautique** esquí acrobático/alpino/náutico • **ski de fond** esquí de fondo.
skier *vi* esquiar.
skieur, euse *nm,f* esquiador *m*, -ra *f*.
skinhead *nmf* cabeza *mf* rapada, skin head *mf*.

skipper *nm* **1.** *(de yacht)* patrón *m*, capitán *m* **2.** *(barreur)* timonel *m*.

sky-surfing, sky-surf *(pl* **sky-surfs***)* *nm* surf *m* aéreo.

slalom *nm* **1.** *(de ski)* eslálom *m* **2.** *(zigzags)* zigzag *m*.

slim *nm (pantalon)* slim *mpl*.

slip *nm (d'homme)* eslip *m* ; *(de femme)* bragas *fpl* (ESP), calzones *mpl* (AMÉR).

slogan *nm* eslogan *m*.

Slovaquie *npr* • **la Slovaquie** Eslovaquia.

Slovénie *npr* • **la Slovénie** Eslovenia.

slow *nm* balada *f (canción)*, lenta *f*.

slt (abrév de salut) *(SMS)* hola.

smala, smalah *nf fam (famille nombreuse)* tropa *f*.

smartphone® *nm* smartphone®.

smasher *vi* dar un mate.

SME (abrév de Système monétaire européen) *nm* SME *m*.

SMIC, smic (abrév de salaire minimum interprofessionnel de croissance) *nm* ≃ SMI *m (salario mínimo interprofesional)* • **être payé au SMIC** ≃ cobrar el SMI.

smiley *nm* cara *f* sonriente.

smoking *nm* esmoquin *m*, smoking *m*.

smoothie *nm* smoothie *m*.

SMS *nm* (abrév de Short Message System) SMS *m* • **envoyer un SMS** mandar un SMS. ❑ *adj* SCOL (abrév de sciences médico-sociales) ≃ bachillerato *m* en ciencias médicas y sociales.

snack-bar, snack *nm* bar *m*, cafetería *f*.

SNCF (abrév de Société nationale des chemins de fer français) *nf* ≃ RENFE *f (Red Nacional de los Ferrocarriles Españoles)* • **le réseau SNCF** la red de la SNCF.

sniper *nm* sniper *m*.

snob *adj & nmf* esnob.

snober *vt* mirar por encima del hombro.

snobisme *nm* esnobismo *m*.

snowboard *nm (planche, sport)* snowboard *m*.

snowboardeur, snowboarder *nm* esquiador *m*, -ra *f* de snowboard.

soap opera *nm* serial *m*.

sobre *adj* sobrio(bria).

sobriété *nf* sobriedad *f*.

sobriquet *nm* apodo *m*.

soc *nm* reja *f (del arado)*.

sociable *adj* sociable.

social, e *adj* social. ❑ *nm* • **le social** el ámbito social.

socialisme *nm* socialismo *m*.

socialiste *adj & nmf* socialista.

sociétaire *adj* asociado(da). ❑ *nmf* socio *m*, -cia *f*.

société *nf* sociedad *f* • **en société** en sociedad • **société anonyme** sociedad anónima • **société à responsabilité limitée** sociedad (de responsabilidad) limitada.

socioculturel, elle *adj* sociocultural.

sociologie *nf* sociología *f*.

sociologue *nmf* sociólogo *m*, -ga *f*.

socioprofessionnel, elle *adj* socioprofesional.

socle *nm* zócalo *m*.

socquette *nf* calcetín *m* corto.

soda *nm* soda *f*.

sodium *nm* sodio *m*.

sodomie *nf* sodomía *f*.

sodomiser *vt* sodomizar.

sœur *nf* hermana *f* • **sœurs siamoises** hermanas siamesas • **grande/petite sœur** hermana mayor/pequeña.

sofa *nm* sofá *m*.

software *nm* software *m*.

soi *pron pers* sí mismo, sí misma, uno mismo, una misma • **parler de soi** hablar de sí mismo • **être content de soi** estar contento con uno mismo • **revenir à soi** volver en sí • **cela va de soi (que)** ni que decir tiene (que). ■ **soi-même** *pron pers* uno mismo, una misma *f*.

soi-disant *adj inv* supuesto(ta). ❑ *adv fam* se supone que • **il était soi-disant malade** se supone que estaba enfermo.

soie *nf* **1.** *(textile)* seda *f* **2.** *(poil)* cerda *f*.

soierie *nf* **1.** *(gén pl) (textile)* sedas *fpl* **2.** *(industrie)* sedería *f*.

soif *nf* sed *f* • **avoir soif** tener sed.

soigné, e *adj (gén)* cuidado(da).

soigner *vt* **1.** *(blessure, malade)* curar **2.** *(travail, jardin)* cuidar. ■ **se soigner** *vp (malade)* curarse.

soigneur *nm* SPORT cuidador *m*.

soigneusement *adv* cuidadosamente.

soigneux, euse *adj* cuidadoso(sa).

soin *nm* **1.** *(application)* esmero *m* • **avoir** *ou* **prendre le soin de** tener el cuidado de • **faire qqch avec soin** hacer algo con cuidado *ou* cuidadosamente • **faire qqch sans soin** hacer algo de cualquier manera **2.** *(sollicitude)* cuidado *m* • **prendre soin de qqch/de qqn** cuidar de algo/de alguien. ■ **soins** *nmpl* asistencia *f* médica • **être aux petits soins pour qqn** colmar de atenciones a alguien.

soir *nm (déclin du jour)* tarde *f* ; *(nuit)* noche *f* • **le soir a)** *(au déclin du jour)* por la tarde **b)** *(la nuit)* por la noche.

soirée *nf* **1.** *(soir)* noche *f* ; *(avec des amis)* velada *f* **2.** *(réception)* recepción *f* • **de soirée** *(tenue, robe)* de noche **3.** *(spectacle)* función *f* de noche • **soirée de gala** función de gala • **en soirée** por la noche.

soit[1] *conj* **1.** *(c'est-à-dire)* o sea, es decir **2.** MATH *(étant donné)* dado(da) • **soit une droite AB** dada una recta AB. ■ **soit..., soit** *loc corrélative* o... o. ■ **soit que..., soit que** *loc corrélative (+ subjonctif)* tanto si... como si *(+ indicatif)* • **soit que tu viennes chez moi, soit que j'aille chez toi...** tanto si tu vienes a mi casa como si yo voy a la tuya....

soit² *adv sout* de acuerdo.

soixante *adj num inv & nm inv* sesenta. Voir aussi **six**.

soixante-dix *adj num inv & nm inv* setenta. Voir aussi **six**.

soixante-dixième *adj & nmf* septuagésimo(ma). ❑ *nm* setentavo *m*, setentava parte *f*.

soixantième *adj num & nmf* sexagésimo(ma). ❑ *nm* sesentavo *m*, sesentava parte *f*.

soja *nm* soja *f*.

sol *nm* suelo *m*. ❑ *nm inv MUS* sol *m*.

solaire *adj* solar ; *(cadran)* de sol.

solarium *nm* solárium *m*.

soldat *nm* **1.** *(militaire)* soldado *m* • **le Soldat inconnu** el soldado desconocido • **simple soldat** soldado raso **2.** *(jouet)* soldadito *m*.

solde *nm* **1.** *(d'un compte, d'une facture)* saldo *m* • **solde créditeur/débiteur** saldo acreedor/deudor **2.** *COMM* • **être en solde** estar rebajado(da). ❑ *nf MIL* sueldo *m*. ■ **soldes** *nmpl COMM* rebajas *fpl*.

solder *vt (compte - régler)* saldar ; *(- fermer)* liquidar ; *(article)* rebajar, saldar. ■ **se solder** *vp* • **se solder par qqch a)** *FIN* saldarse con algo **b)** *fig (aboutir à)* acabar en algo.

sole *nf* lenguado *m*.

soleil *nm* **1.** *(gén)* sol *m* • **au soleil** al sol • **en plein soleil** a pleno sol • **soleil couchant/levant** sol poniente/naciente **2.** *(tournesol)* girasol *m* **3.** *SPORT* giro *m* de apoyo libre.

solennel, elle *adj* solemne.

solennité *nf* solemnidad *f*.

solfège *nm* solfeo *m*.

solidaire *adj* solidario(ria) • **être solidaire de qqn** ser solidario(ria) con alguien.

solidarité *nf* solidaridad *f* • **par solidarité avec** en solidaridad con.

solide *adj* **1.** *(gén)* sólido(da) **2.** *(personne)* robusto(ta) • **ne pas être solide sur ses jambes** no tenerse en pie **3.** *(couple, relation)* estable, sólido(da). ❑ *nm* **1.** *PHYS* sólido *m* **2.** *fig (concret)* • **c'est du solide** es algo tangible.

solidité *nf* solidez *f*.

soliloque *nm sout* soliloquio *m*.

soliste *nmf* solista *mf*.

solitaire *adj & nmf* solitario(ria). ❑ *nm* solitario *m*.

solitude *nf* soledad *f*.

sollicitation *nf (gén pl) (requête)* petición *f* ; *(impulsion)* señal *f*.

solliciter *vt* **1.** *(réclamer)* solicitar • **solliciter qqch de qqn a)** *(audience, entretien)* solicitar algo de alguien **b)** *(curiosité, intérêt, attention)* reclamar algo de alguien **2.** *(faire appel à)* • **solliciter qqn pour faire qqch** reclamar a alguien para hacer algo.

sollicitude *nf* solicitud *f (atención, amabilidad)*.

solo *nm MUS* solo *m* • **en solo** *fig* en solitario.

solstice *nm* solsticio *m*.

soluble *adj* **1.** *(matière)* soluble **2.** *(problème)* • **être soluble** poder resolverse.

solution *nf* solución *f* • **chercher/trouver la solution** buscar/encontrar la solución.

solvable *adj* solvente.

solvant *nm* disolvente *m*.

Somalie *npr* • **la Somalie** Somalia.

somatiser *vt* somatizar.

sombre *adj* **1.** *(gén)* oscuro(ra) **2.** *(avenir, air, pensées)* sombrío(a) • **une sombre brute** un pedazo de bruto.

sombrer *vi* **1.** *(bateau)* zozobrar **2.** *fig (personne)* • **sombrer dans qqch a)** *(folie, oubli, alcoolisme)* hundirse en algo **b)** *(sommeil)* sumergirse en algo.

sommaire *adj* **1.** *(explication)* somero(ra) **2.** *(exécution)* sumario(ria) **3.** *(installation)* sencillo(lla). ❑ *nm* índice *m*.

sommation *nf* **1.** *DR* intimación *f*, requerimiento *m* **2.** *(ordre)* orden *f* • **rendez-vous, dernière sommation !** ¡ríndanse!, ¡último aviso!

somme *nf* suma *f*. ❑ *nm* siesta *f* • **faire un petit somme** echar una cabezada. ■ **en somme** *loc adv* en suma. ■ **somme toute** *loc adv* después de todo.

sommeil *nm* sueño *m* • **avoir sommeil** tener sueño.

sommeiller *vi* **1.** *sout (personne)* dormitar **2.** *fig (sentiment, qualité)* latir, estar latente.

sommelier, ère *nm, f* sumiller *mf*, sommelier *mf*.

sommet *nm* **1.** *(gén)* cumbre *f* • **au sommet de** en la cumbre de **2.** *GÉOM* vértice *m*.

sommier *nm* somier *m*.

sommité *nf* eminencia *f*.

somnambule *adj & nmf* sonámbulo(la).

somnifère *nm* somnífero *m*.

somnolence *nf* somnolencia *f*.

somnolent, e *adj* **1.** *(personne)* soñoliento(ta), somnoliento(ta) **2.** *fig (économie)* aletargado(da).

somnoler *vi* dormitar.

somptueux, euse *adj* suntuoso(sa).

somptuosité *nf* suntuosidad *f*.

son¹, sa *adj poss* su.

son² *nm* sonido *m* • **au son de** al son de.

son³ *nm* salvado *m*.

sonate *nf* sonata *f*.

sondage *nm* sondeo *m* • **sondage d'opinion** sondeo de opinión.

sonde *nf* sonda *f*.

sondé, e *nm,f* encuestado *m*, -da *f*.

sonder *vt* **1.** *(gén)* sondear **2.** MÉD sondar.

songe *nm* *sout* sueño *m*.

songer *vt* • **songer que** pensar que. ❑ *vi* • **songer à qqch** pensar en algo • **songer à faire qqch** pensar en hacer algo.

songeur, euse *adj* pensativo(va).

sonnant, e *adj (heure)* en punto.

sonné, e *adj* **1.** *(heure)* pasado(da) **2.** *fam (ans)* cumplido(da) **3.** *(étourdi)* atontado(da) **(ESP)**, ahuevado(da) **(AMÉR)** **4.** *fam (fou)* sonado(da).

sonner *vt* **1.** *(cloche, retraite, angélus)* tocar **2.** *(alarme)* dar **3.** *(domestique, infirmière)* llamar **4.** *fam (appeler)* • **je ne t'ai pas sonné** ¡a ti nadie te ha dicho nada! ❑ *vi* **1.** *(cloche, réveil, téléphone)* sonar **2.** *(appeler)* llamar.

sonnerie *nf* **1.** *(de téléphone, de réveil)* timbre *m* **2.** *(de cloche)* repique *m* **3.** *(de clairon)* toque *m*.

sonnet *nm* soneto *m*.

sonnette *nf* **1.** *(électrique)* timbre *m* • **appuyer sur la sonnette** pulsar el timbre **2.** *(clochette)* campanilla *f*.

sono *nf fam* sonorización *f*.

sonore *adj* sonoro(ra).

sonorisation *nf* sonorización *f*.

sonoriser *vt* sonorizar.

sonorité *nf* sonoridad *f*.

Sopalin® *nm* papel *m* de cocina.

sophistiqué, e *adj* sofisticado(da).

sophrologie *nf* sofrología *f*.

soporifique *adj* soporífero(ra), soporífico(ca). ❑ *nm* soporífero *m*.

soprano *nm & nmf* soprano.

sorbet *nm* sorbete *m* • **sorbet à la fraise/au citron** sorbete de fresa/de limón.

Sorbonne *npr* • **la Sorbonne** la Sorbona.

sorcellerie *nf* brujería *f*, hechicería *f*.

sorcier, ère *nm,f* brujo *m*, -ja *f*, hechicero *m*, -ra *f*. ■ **sorcier** *nm (guérisseur)* brujo *m*. ■ **sorcière** *nf fam & fig* bruja *f*.

sordide *adj* sórdido(da).

sornettes *nfpl* sandeces *fpl*.

sort *nm* **1.** *(maléfice)* maldición *f* • **jeter un sort à qqn** echar una maldición sobre alguien **2.** *(destinée)* destino *m* **3.** *(hasard)* suerte *f* • **tirer au sort** echar a suertes.

sortant, e *adj* **1.** *(numéro)* premiado(da) **2.** POLIT saliente.

sorte *nf* clase *f* • **toutes sortes de** toda clase de • **une sorte de** una especie de. ■ **de telle sorte que** *loc conj* de manera que, de modo que.

sortie *nf* **1.** *(gén)* salida *f* • **à la sortie** a la salida • **être de** *ou* **faire une sortie** salir • **sortie de secours** salida de emergencia **2.** *(de livre)* publicación *f* ; *(de film)* estreno *m* **3.** INFORM *(impression)* impresión *f* • **sortie papier** *ou* **imprimante** salida *f* de papel *ou* de impresora.

sortilège *nm* sortilegio *m*.

sortir *vi* **1.** *(gén)* salir • **sortir de a)** *(d'un endroit)* salir de **b)** *(table)* levantarse de **c)** *(famille, milieu social)* venir de **d)** *(de la tête)* irse de **e)** *(de l'ordinaire, de la norme, du commun)* salirse de, estar fuera de • **sortez !** ¡marchaos! **2.** *(livre)* publicarse ; *(film)* estrenarse ; *(disque)* aparecer. ❑ *vt* **1.** *(gén)* sacar **2.** *(livre)* publicar ; *(film)* estrenar ; *(disque)* editar **3.** *fam (jeter dehors)* echar (fuera) **4.** *fam (dire)* soltar. ■ **se sortir** *vp (se tirer)* salir • **s'en sortir** salir del paso • **ne pas s'en sortir** no dar abasto.

SOS (abrév de save our souls) *nm* SOS *m* • **lancer un SOS** lanzar un SOS. ■ **SOS-médecins** *npr* ≃ SOS Urgencias. ■ **SOS-Racisme** *npr* ≃ SOS Racismo.

sosie *nm* sosia *m*, doble *mf*.

sot, sotte *adj & nm,f* tonto(ta) **(ESP)**, sonso(sa) **(AMÉR)**.

sottise *nf* tontería *f* **(ESP)**, babosada *f* **(AMÉR)**.

sou *nm fam* perra *f (dinero)*. ■ **sous** *nmpl fam* perras *fpl (dinero)*.

soubassement *nm* CONSTR cimientos *mpl* ; CONSTR *(de colonne)* basamento *m*.

soubresaut *nm* **1.** *(saccade)* sacudida *f* **2.** *(tressaillement)* sobresalto *m*.

souche *nf* **1.** *(d'arbre)* tocón *m* **2.** *(de famille, langue, mot)* tronco *m* **3.** *(talon)* matriz *f*.

souci *nm* **1.** *(tracas, préoccupation)* preocupación *f* • **se faire du souci** preocuparse **2.** BOT caléndula *f*, maravilla *f*.

soucier ■ **se soucier** *vp* • **se soucier de qqch/de qqn** preocuparse por algo/por alguien.

soucieux, euse *adj* preocupado(da) • **être soucieux de qqch/de faire qqch** preocuparse por algo/por hacer algo • **peu soucieux de** poco cuidadoso de.

soucoupe *nf* platillo *m*. ■ **soucoupe volante** *nf* platillo *m* volante.

soudain, e *adj* repentino(na). ■ **soudain** *adv* de repente.

Soudan *npr* • **le Soudan** (el) Sudán.

soude *nf* sosa *f*.

souder *vt* **1.** TECHNOL & MÉD soldar **2.** *fig (personnes)* unir.

soudoyer *vt* sobornar.

soudure *nf* soldadura *f*.

souffle *nm* **1.** *(respiration)* respiración *f* • **avoir du souffle** tener fondo • **avoir le souffle coupé** quedarse sin aliento **2.** *(expiration)* soplido *m*, soplo *m* **3.** *(de vent)* MÉD soplo *m* **4.** *(d'une explosion)* onda *f* expansiva.

souffler *vt* **1.** *(bougie, verre)* soplar **2.** *(vitre, fenêtre)* pulverizar **3.** *(dire)* • **souffler qqch à qqn a)** *(chuchoter)* susurrar algo a alguien **b)** SCOL soplar algo a alguien **c)** THÉÂTRE apuntar algo a alguien

4. *(au jeu de dames)* comer. ❑ *vi* **1.** *(gén)* soplar **2.** *(respirer)* respirar.

soufflet *nm* **1.** *(gén)* fuelle *m* **2.** *sout (claque)* sopapo *m* **(ESP)**, cachetada *f* **(AMÉR)**.

souffleur, euse *nm,f* THÉÂTRE apuntador *m*, -ra *f*. ■ **souffleur** *nm (de verre)* soplador *m*.

souffrance *nf* sufrimiento *m*.

souffrant, e *adj* indispuesto(ta).

souffre-douleur *nm inv* cabeza *mf* de turco.

souffrir *vi* sufrir • **souffrir de qqch a)** *(physiquement)* sufrir *ou* padecer (de) algo **b)** *(psychologiquement)* sufrir por algo. ❑ *vt* **1.** *(ressentir, supporter)* sufrir **2.** *fam & fig (personne)* aguantar, sufrir. ■ **se souffrir** *vp* sufrirse.

soufre *nm* azufre *m*.

souhait *nm* deseo *m* • **à tes/vos souhaits !** ¡Jesús!, ¡salud! ■ **à souhait** *loc adv* a pedir de boca.

souhaiter *vt* desear • **souhaiter qqch/faire qqch** desear algo/hacer algo • **souhaiter qqch à qqn** desear algo a alguien • **souhaiter un joyeux anniversaire/un joyeux Noël** felicitar el cumpleaños/las Navidades. ❑ *vi* • **souhaiter à qqn de faire qqch** desear a alguien que haga algo.

À PROPOS DE

souhaiter

Souhaiter + infinitif se traduit par ***desear que*** suivi du subjonctif.

souiller *vt* **1.** *sout (salir)* manchar **2.** *fig (mémoire)* mancillar.

souillon *nf péj* fregona *f* ; *fig* guarra *f*.

soûl, e, saoul, e *adj* borracho(cha) • **être soûl de qqch** *fig* estar borracho de algo. ■ **soûl** *nm* • **tout mon/son soûl** *fig* hasta más no poder.

soulagement *nm* alivio *m*.

S'EXPRIMER

exprimer son soulagement

- ***Menos mal, llegaremos a tiempo*** Heureusement, on sera à l'heure.
- ***¡Uf, el jarrón no se ha roto!*** Ouf, le vase n'est pas cassé !
- ***¡Por fin estás aquí!*** Te voilà enfin !
- ***Me alivia mucho que…*** Je suis vraiment soulagé que….

soulager *vt* **1.** *(gén)* aliviar **2.** *hum & fig (voler)* sustraer.

soûler, saouler *vt fam* **1.** *(gén)* emborrachar • **soûler qqn de qqch** *fig* emborrachar a alguien con algo **2.** *fig (ennuyer)* tener harto(ta). ■ **se soûler** *vp fam* emborracharse • **se soûler de qqch** *fig* emborracharse con algo.

soulèvement *nm* levantamiento *m*.

soulever *vt* **1.** *(gén)* levantar **2.** *(question, problème)* plantear **3.** *(foule)* • **soulever qqn contre qqch/contre qqn** sublevar *ou* levantar a alguien contra algo/contra alguien **4.** *(exalter)* animar. ■ **se soulever** *vp* **1.** *(s'élever)* levantarse **2.** *(se révolter)* sublevarse, levantarse.

soulier *nm* zapato *m*.

souligner *vt* **1.** *(par un trait)* subrayar **2.** *(mettre l'accent sur)* subrayar, recalcar **3.** *(mettre en valeur)* realzar.

soumettre *vt* someter • **soumettre qqch/qqn à qqch/à qqn** someter algo/a alguien a algo/a alguien. ■ **se soumettre** *vp* someterse • **se soumettre à qqch** someterse a algo.

soumis, e *adj* sumiso(sa).

soumission *nf* sumisión *f*.

soupape *nf* válvula *f* • **soupape de sûreté** *ou* **de sécurité** *litt & fig* válvula de seguridad.

soupçon *nm (gén)* sospecha *f*.

soupçonner *vt* sospechar • **soupçonner qqn de qqch** sospechar algo de alguien • **soupçonner qqn de faire qqch** sospechar de alguien que haya hecho algo • **soupçonner que** sospechar que.

soupçonneux, euse *adj* suspicaz.

soupe *nf* **1.** CULIN sopa *f* **2.** *fam (neige fondue)* caldo *m*. ■ **soupe populaire** *nf* comedor *m* de beneficencia.

souper *nm* cena *f*. ❑ *vi* cenar.

soupeser *vt* sopesar.

soupière *nf* sopera *f*.

soupir *nm* suspiro *m* • **pousser un soupir** lanzar *ou* dar un suspiro.

soupirail *nm* tragaluz *m*, respiradero *m*.

soupirant *nm* pretendiente *m*.

soupirer *vi* suspirar. ❑ *vt* replicar suspirando.

souple *adj* **1.** *(gén)* flexible ; *(cheveux)* con volumen **2.** *(pas, démarche)* ligero(ra) **3.** *(consistance, emballage)* blando(da).

souplesse *nf* **1.** *(agilité, flexibilité)* flexibilidad *f* • **faire qqch tout en souplesse** hacer algo con mucha soltura **2.** *fig (habileté)* tacto *m*.

source *nf* **1.** *(gén)* fuente *f* **2.** *(d'eau)* fuente *f*, manantial *m* **(ESP)**, vertiente *f* **(AMÉR)** • **prendre sa source à** nacer en.

sourcer *vt (citation, information)* indicar la fuente de.

sourcil *nm* ceja *f* • **froncer les sourcils** fruncir el ceño.

sourciller *vi* pestañear • **sans sourciller** sin pestañear.

sourcilleux, euse *adj* puntilloso(sa).

sourd, e *adj* sordo(da). ❑ *nm,f* sordo *m*, -da *f*.

sourdine *nf* sordina *f* • **en sourdine** en sordina.

sourd-muet, sourde-muette *adj & nm,f* sordomudo(da).

sourdre *vi sout* **1.** *(eau)* manar, brotar **2.** *fig (haine)* brotar.

souriant, e *adj* sonriente.

souricière *nf* ratonera *f*.

sourire *vi* sonreír • **sourire à qqn a)** *(personne, futur)* sonreír a alguien **b)** *fig (plaire)* ilusionar a alguien. ❑ *nm* sonrisa *f*.

souris *nf* **1.** *(animal)* INFORM ratón *m* • **souris blanche/grise** ratón blanco/gris **2.** *(de gigot)* carne *f* pegada al hueso **3.** *fam (fille)* chavala *f*.

sournois, e *adj* **1.** *(personne)* solapado(da) **2.** *fig (maladie, catastrophe)* imprevisible. ❑ *nm, f* hipócrita *mf*.

sous *prép* **1.** *(gén)* bajo • **nager sous l'eau** nadar bajo el agua • **sous la pluie** bajo la lluvia • **sous la responsabilité/les ordres de** bajo la responsabilidad/las órdenes de • **sous Louis XV** bajo Luis XV **2.** *(dans un délai de)* dentro de **3.** *(marque la manière)* • **sous cet aspect** *ou* **angle** desde este punto de vista.

sous-alimenté, e *adj* subalimentado(da).

sous-bois *nm* monte *m* bajo.

sous-continent *nm* subcontinente *m*.

souscription *nf* subscripción *f*, suscripción *f*.

souscrire *vt* subscribir, suscribir. ❑ *vi* • **souscrire à** subscribirse a, suscribirse a.

sous-développé, e *adj* subdesarrollado(da).

sous-directeur, trice *nm, f* subdirector *m*, -ra *f*.

sous-ensemble *nm* subconjunto *m*.

sous-entendre *vt* sobreentender, sobrentender.

sous-entendu *nm* sobreentendido *m*, sobrentendido *m*.

sous-équipé, e *adj* mal equipado(da).

sous-estimer *vt* subestimar.

sous-évaluer *vt* infravalorar.

sous-jacent, e *adj* subyacente.

sous-louer *vt* realquilar, subarrendar.

sous-marin, e *adj* submarino(na). ■ **sous-marin** *nm* submarino *m*.

sous-officier *nm* suboficial *m*.

sous-préfecture *nf* subprefectura *f (subdivisión administrativa del gobierno civil francés)*.

sous-répertoire *nm* INFORM subdirectorio *m*.

soussigné, e *adj* • **je, soussigné** yo, el abajo firmante • **nous, soussignés** nosotros, los abajo firmantes. ❑ *nm, f* • **le soussigné** el abajo firmante.

sous-sol *nm* **1.** *(naturel)* subsuelo *m* **2.** *(de bâtiment)* sótano *m*.

sous-tasse *nf* platillo *m*.

sous-titrage *nm* CINÉ subtitulado *m*.

sous-titre *nm* subtítulo *m*.

sous-titré, e *adj* subtitulado(da).

soustraction *nf* substracción *f*, sustracción *f*.

soustraire *vt* **1.** *(gén)* substraer, sustraer **2.** MATH restar **3.** *(pour protéger)* • **soustraire qqch/qqn à qqch/à qqn** substraer *ou* sustraer algo/a alguien de algo/de alguien. ■ **se soustraire** *vp* • **se soustraire à** substraerse *ou* sustraerse de *ou* a.

sous-traitance *nf* subcontratación *f*.

sous-traitant, e *adj* subcontratante. ■ **sous-traitant** *nm* subcontratista *mf*.

sous-traiter *vt* subcontratar.

sous-vêtement *nm* prenda *f* interior • **les sous-vêtements** la ropa interior.

soutane *nf* sotana *f*.

soute *nf* **1.** *(d'avion)* • **soute (à bagages)** bodega *f* **2.** *(de bateau)* pañol *m*.

soutenance *nf* UNIV defensa *f (de una tesis)*.

souteneur *nm* chulo *m*.

soutenir *vt* **1.** *(immeuble, poutre, infirme)* sostener • **soutenir que** *(affirmer que)* sostener que **2.** *fig (personne)* POLIT apoyar **3.** *(effort, intérêt, opinion)* mantener **4.** UNIV *(thèse)* defender **5.** *(regard, assaut)* aguantar.

soutenu, e *adj* **1.** *(style, langage)* culto(ta) **2.** *(attention, rythme)* sostenido(da) **3.** *(couleur)* subido(da).

souterrain, e *adj* **1.** *(sous terre)* subterráneo(nea) **2.** *fig (organisation)* secreto(ta). ■ **souterrain** *nm* subterráneo *m*.

soutien *nm* **1.** *(appui, aide)* apoyo *m* • **apporter son soutien à qqch/à qqn** apoyar *ou* dar apoyo a algo/a alguien **2.** *(support)* sostén *m*.

soutien-gorge *nm* sujetador *m*, sostén *m* **(ESP)**, brasiers *mpl* **(AMÉR)**.

soutif *nm fam* sujetador *m*, sostén *m* **(ESP)**, brasiers *mpl* **(AMÉR)**.

soutirer *vt* **1.** *(argent, information)* • **soutirer qqch à qqn** sonsacar algo a alguien **2.** *(liquide)* trasegar.

souvenir *nm* recuerdo *m* • **en souvenir de** como recuerdo de • **perdre le souvenir de qqch** olvidar algo. ■ **se souvenir** *vp* • **se souvenir de qqch/de qqn** acordarse de algo/de alguien • **se souvenir que** acordarse que • **je me souviens que c'était en été** me acuerdo que era en verano • **je m'en souviendrai !** ¡no se me olvidará!

souvent *adv* a menudo, con frecuencia.

souverain, e *adj & nm, f* soberano(na).

souveraineté *nf* soberanía *f*.

soyeux, euse *adj* sedoso(sa).

SPA (abrév de Société protectrice des animaux) *nf* sociedad *f* protectora de animales.

spacieux, euse *adj* espacioso(sa).

spaghetti *nm* espagueti *m*.

spam *nm (Internet)* espam *m*, correo *m* no deseado, correo *m* basura.

sparadrap *nm* esparadrapo *m*.

spartiate *adj (éducation)* espartano(na).

spasme *nm* espasmo *m*.

spasmodique *adj* espasmódico(ca).

spatial, e *adj* espacial.

spatule *nf* **1.** *(gén, de ski)* espátula *f* **2.** CULIN paleta *f*.

speaker, speakerine *nm,f* locutor *m*, -ra *f*.

spécial, e *adj* especial.

spécialiser *vt* especializar. ■ **se spécialiser** *vp* especializarse • **se spécialiser dans qqch** especializarse en algo.

spécialiste *nmf* especialista *mf*.

spécialité *nf* especialidad *f*.

spécificité *nf* especificidad *f*.

spécifier *vt* especificar.

spécifique *adj* específico(ca).

spécimen *nm* espécimen *m*.

spectacle *nm* espectáculo *m*.

spectaculaire *adj* espectacular.

spectateur, trice *nm,f* espectador *m*, -ra *f*.

spectre *nm* espectro *m*.

spéculateur, trice *nm,f* especulador *m*, -ra *f*.

spéculation *nf* especulación *f*.

spéculer *vi* • **spéculer sur qqch a)** especular con algo **b)** *fig (miser sur)* especular sobre algo.

speech *nm* discurso *m*.

speed *adj fam* como una moto • **il est toujours très speed** siempre está como una moto.

speed-dating *nm* speed dating *m*, cita *f* rápida, multicita *f*.

speeder *vi fam* espabilar.

spéléologie *nf* espeleología *f*.

spermatozoïde *nm* espermatozoide *m*.

sperme *nm* esperma *m*.

spermicide *adj & nm* espermicida *m*.

sphère *nf* esfera *f*.

sphérique *adj* esférico(ca).

spirale *nf* espiral *f* • **en spirale** en espiral.

spiritisme *nm* espiritismo *m*.

spiritualité *nf* espiritualidad *f*.

spirituel, elle *adj* **1.** *(vie, pouvoir)* espiritual **2.** *(personne)* ingenioso(sa).

splendeur *nf* **1.** *(gén)* esplendor *m* **2.** *(merveille)* • **c'est une splendeur** es una maravilla.

splendide *adj* espléndido(da).

spongieux, euse *adj* esponjoso(sa).

sponsor *nm* esponsor *m*, patrocinador *m*.

sponsorisation *nf* patrocinio *m*.

sponsoriser *vt* patrocinar.

spontané, e *adj* espontáneo(a).

spontanéité *nf* espontaneidad *f*.

sporadique *adj* esporádico(ca).

sport *nm* deporte *m* • **sports d'hiver** deportes de invierno. ❑ *adj inv* **1.** *(vêtement)* de sport **2.** *(fair-play)* • **être sport** ser deportivo(va).

LEXIQUE

Les sports

l'athlétisme el atletismo
le base-ball el béisbol
la boxe el boxeo
le basket-ball el baloncesto
l'équitation la equitación
l'escrime la esgrima
le football el fútbol
le football américain el fútbol americano
le golf el golf
le hockey sur glace el hockey sobre hielo
le judo el judo
le kayak el piragüismo
la natation la natación
le patinage sur glace el patinaje sobre hielo
la planche à voile el windsurf
le rugby el rugby
le ski el esquí
le tennis el tenis
le tennis de table el tenis de mesa
la voile la vela
le volley-ball el voleibol

sportif, ive *adj* **1.** *(gén)* deportivo(va) **2.** *(personne)* deportista. ❑ *nm,f* deportista *mf*.

spot *nm* **1.** *(lampe)* foco *m* **2.** TV spot *m*, anuncio *m* • **spot publicitaire** spot publicitario.

spray *nm* spray *m* • **elle utilise un déodorant (en) spray** utiliza un desodorante en spray.

sprint *nm* esprint *m*.

sprinter *vi* esprintar.

square *nm* parque *m*.

squash *nm* squash *m*.

squatter[1] *vt* ocupar *(un local vacío)*.

squatter[2] *nm* okupa *mf*.

squelette *nm* esqueleto *m*.

squelettique *adj* **1.** *(corps)* esquelético(ca) **2.** *(schématique)* escueto(ta).

St (abrév de saint) S., Sto. • **St Jérôme** S. Jerónimo.

stabiliser *vt* estabilizar. ■ **se stabiliser** *vp* estabilizarse.

stabilité *nf* estabilidad *f*.

stable *adj* estable.

stade *nm* **1.** *(terrain)* estadio *m* **2.** *(étape)* fase *f* • **en être au stade où** llegar a un punto en el que • **stade anal/oral** fase anal/oral.

stage *nm (études pratiques)* período *m* de prácticas.

stagiaire *nmf* **1.** *(en classe pratique, en entreprise)* estudiante *mf* en prácticas **2.** *(en formation intensive)* cursillista *mf*. ❑ *adj* **1.** *(en classe pratique, en entreprise)* en prácticas **2.** *(en formation intensive)* cursillista.

stagnant, e *adj* estancado(da).

stagner *vi* estancarse.

stalactite *nf* estalactita *f*.

stalagmite *nf* estalagmita *f*.

stand *nm* **1.** *(d'exposition)* estand *m* **2.** *(de foire)* caseta *f.*
standard *adj inv* estándar. ❑ *nm* **1.** *(téléphonique)* centralita *f* (ESP), conmutador *m* (AMÉR) **2.** *(norme)* • **le standard** el estándar.
standardiste *nmf* telefonista *mf.*
standing *nm* estanding *m.*
star *nf* estrella *f* de cine, star *f.*
starter *nm* estárter *m*, stárter *m.*
starting-block *nm* taco *m* de salida.
start-up *nf inv* start-up *f*, start-ups.
station *nf* **1.** *(gén)* estación *f* ; *(d'autobus, de taxi)* parada *f* (ESP), paradero *m* (AMÉR) • **station balnéaire** ciudad *f* costera • **station d'épuration** estación de depuración, depuradora *f* • **station de ski** *ou* **de sports d'hiver** estación de esquí *ou* de deportes de invierno • **station thermale** balneario *m* **2.** *(halte)* parada *f*, alto *m.*
stationnaire *adj* estacionario(ria).
stationnement *nm* estacionamiento *m* • **'stationnement interdit'** 'prohibido aparcar'.
stationner *vi* **1.** *(voiture)* estacionar **2.** *(troupe)* permanecer.
station-service *nf* estación *f* de servicio.
statique *adj* estático(ca).
statisticien, enne *nm, f* estadista *mf.*
statistique *adj* estadístico(ca). ❑ *nf* estadística *f.*
statue *nf* estatua *f.*
statuer *vi* • **statuer sur qqch** decidir sobre algo.
statuette *nf* estatuilla *f.*
statu quo *nm inv* statu quo *m inv.*
stature *nf* **1.** *(taille)* estatura *f* **2.** *fig (valeur)* talla *f.*
statut *nm* **1.** *(position)* estatus *m inv* **2.** DR estatuto *m.* ■ **statuts** *nmpl* estatutos *mpl.*
statutaire *adj* estatutario(ria).
Ste (abrév de sainte) Sta. • **Ste Geneviève** Sta. Genoveva.
Sté (abrév de société) Sdad.
steak *nm* bistec *m.*
stèle *nf* estela *f.*
sténo *fam nf (sténographie)* taquigrafía *f*, estenografía *f.* ❑ *nmf (sténographe)* taquígrafo *m*, -fa *f*, estenógrafo *m*, -fa *f.*
sténodactylo *nmf* taquimecanógrafo *m*, -fa *f.*
sténodactylographie *nf* taquimecanografía *f.*
sténographie *nf* taquigrafía *f*, estenografía *f.*
steppe *nf* estepa *f.*
stéréo *adj inv* estéreo. ❑ *nf* estereofonía *f* • **en stéréo** en estéreo.
stéréotypé, e *adj* estereotipado(da).
stérile *adj* estéril.
stérilet *nm* DIU *m*, dispositivo *m* intrauterino.
stériliser *vt* esterilizar.
stérilité *nf* esterilidad *f.*
sternum *nm* esternón *m.*
stéthoscope *nm* estetoscopio *m.*
steward *nm (d'avion)* auxiliar *m* de vuelo ; *(de bateau)* camarero *m.*
stigmate *nm litt & fig* estigma *f.* ■ **stigmates** *nmpl* RELIG estigmas *mpl.*
stigmatiser *vt* estigmatizar.
stimulant, e *adj* estimulante. ■ **stimulant** *nm* **1.** *(remontant)* estimulante *m* **2.** *(motivation)* estímulo *m.*
stimulation *nf* **1.** *(encouragement)* estímulo *m* **2.** BIOL *(excitation)* estimulación *f.*
stimuler *vt* estimular.
stipuler *vt* • **stipuler qqch/que** estipular algo/que.
stock *nm* **1.** *(de marchandises)* stock *m*, existencias *fpl* ; *(d'une entreprise)* stock *m* • **en stock** en stock, en depósito **2.** *fig (réserve)* reserva *f.*
stockage *nm* almacenamiento *m.*
stocker *vt* almacenar.
stoïque *adj & nmf* estoico(ca).
stomacal, e *adj* estomacal.
stop *interj (arrêtez-vous)* ¡alto! ; *(j'en ai assez)* ¡basta! ❑ *nm* **1.** *(feux)* luz *f* de freno **2.** *(panneau, signe télégraphique)* estop *m* **3.** *(auto-stop)* autoestop *m* • **j'y suis allé en stop** me fui a dedo.
stopper *vt* detener ; COUT coser. ❑ *vi* detenerse.
store *nm* **1.** *(de fenêtre)* persiana *f* **2.** *(de magasin)* toldo *m.*
STP (abrév de s'il te plaît) PFV.
strabisme *nm* estrabismo *m.*
strangulation *nf* estrangulación *f.*
strapontin *nm (siège)* asiento *m* plegable.
Strasbourg *npr* Estrasburgo.
strass *nm* estrás *m.*
stratagème *nm* estratagema *f.*
stratège *nm* estratega *m.*
stratégie *nf* estrategia *f.*
stratégique *adj* estratégico(ca).
stress *nm* estrés *m.*
stressé, e *adj* estresado(da).
stretching *nm* stretching *m.*
strict, e *adj* estricto(ta).
strident, e *adj* estridente.
strie *nf (gén pl)* **1.** *(en relief)* estría *f* **2.** *(raie)* raya *f.*
strier *vt* dibujar rayas en.
strip-tease *nm* strip-tease *m.*
strophe *nf* estrofa *f.*
structure *nf* estructura *f.*
structurer *vt* estructurar.
studieux, euse *adj* **1.** *(personne)* estudioso(sa) **2.** *(vacances)* dedicado(da) a estudiar.

studio *nm* estudio *m*.
stupéfaction *nf* estupefacción *f*.
stupéfait, e *adj* estupefacto(ta), asombrado(da).
stupéfiant, e *adj* asombroso(sa). ■ **stupéfiant** *nm* estupefaciente *m*.
stupeur *nf* estupor *m*, asombro *m*.
stupide *adj* estúpido(da).
stupidité *nf* estupidez *f*.
style *nm* estilo *m* • **style direct/indirect** estilo directo/indirecto.
stylé, e *adj fam* guay *inv*.
styliste *nmf* estilista *mf*.
stylo *nm* boli *m* • **stylo (à) plume** pluma *f*.
stylo-feutre *nm* rotulador *m*.
suave *adj* suave.
subalterne *adj & nmf* subalterno(na).
subconscient *nm* subconsciente *m*.
subdiviser *vt* subdividir.
subir *vt* **1.** *(gén)* sufrir **2.** *(examen)* pasar **3.** *péj (personne)* soportar.
subit, e *adj* súbito(ta).
subitement *adv* súbitamente.
subjectif, ive *adj* subjetivo(va).
subjonctif *nm* subjuntivo *m*.
subjuguer *vt* subyugar.
sublime *adj* sublime. ❑ *nm* • **le sublime** lo sublime.
submergé, e *adj* • **submergé de** *fig* agobiado de.
submerger *vt* **1.** *(inonder)* sumergir **2.** *(déborder)* agobiar **3.** *(envahir)* invadir.
subordination *nf* subordinación *f*.
subordonné, e *adj* GRAMM subordinado(da). ❑ *nm, f* subordinado *m*, -da *f*. ■ **subordonnée** *nf* GRAMM subordinada *f*.
subornation *nf* soborno *m*.
subrepticement *adv* subrepticiamente.
subsaharien, enne *adj* subsahariano(na).
subsidiaire *adj* subsidiario(ria).
subsistance *nf* subsistencia *f*.
subsister *vt* subsistir.
substance *nf* sustancia *f*, substancia *f*.
substantiel, elle *adj* **1.** *(repas)* sustancioso(sa) **2.** *(avantage)* sustancioso(sa), sustancial **3.** *(essentiel)* sustancial.
substantif, ive *adj* sustantivo(va). ■ **substantif** *nm* sustantivo *m*.
substituer *vt* • **substituer A à B** substituir B por A. ■ **se substituer** *vp* • **se substituer à qqch/à qqn** substituir algo/a alguien.
substitut *nm* **1.** *(gén)* sustituto *m* **2.** DR ≃ teniente *mf* fiscal.
substitution *nf* sustitución *f*, substitución *f*.
subterfuge *nm* subterfugio *m*.
subtil, e *adj* sutil.
subtiliser *vt* sustraer.
subtilité *nf* sutileza *f*, sutilidad *f*.
subtropical, e *adj* subtropical.
subvenir *vi* • **subvenir aux besoins de qqn** satisfacer las necesidades de alguien.
subvention *nf* subvención *f*.
subventionner *vt* subvencionar.
subversif, ive *adj* subversivo(va).
succédané *nm* sucedáneo *m*.
succéder *vi* • **succéder à qqch** suceder a algo • **succéder à qqn à qqch** suceder a alguien en algo. ■ **se succéder** *vp* sucederse.
succès *nm* **1.** *(réussite, triomphe)* éxito *m* • **avec/sans succès** con/sin éxito • **avoir du succès** tener éxito **2.** *(conquête)* conquista *f*.
successeur *nm* sucesor *m*.
successif, ive *adj* sucesivo(va).
succession *nf* sucesión *f* • **prendre la succession (de)** suceder (a).
succinct, e *adj* **1.** *(résumé)* sucinto(ta) **2.** *(repas)* poco abundante.
succion *nf* succión *f*.
succomber *vi* sucumbir • **succomber à qqch** sucumbir a algo.
succulent, e *adj (repas)* suculento(ta).
succursale *nf* sucursal *f*.
sucer *vt* chupar.
sucette *nf* pirulí *m*, piruleta *f*; *(de bébé)* chupete *m*.
sucre *nm* azúcar *m ou f*; *(morceau)* azucarillo *m* • **sucre en morceaux** azúcar en terrones • **sucre en poudre** *ou* **semoule** azúcar en polvo • **sucre roux** *ou* **brun** azúcar moreno.
sucré, e *adj (aliment, boisson)* azucarado(da) • **je préfère les yaourts non sucrés** prefiero los yogures no azucarados. ■ **sucré** *nm* • **le sucré** el dulce • **je préfère le salé au sucré** prefiero el salado al dulce. ❑ *adv* dulce • **tu manges trop sucré** comes demasiado dulce.
sucrer *vt* **1.** *(café, thé)* azucarar, echar azúcar en **2.** *fam (supprimer)* cargarse.
sucrerie *nf* **1.** *(friandise)* dulce *m*, golosina *f* **2.** *(usine)* azucarera *f*.
sucrette *nf* pastilla *f* de sacarina.
sud *adj inv & nm inv* sur. ■ **Sud** *nm* Sur *m*.
sudation *nf* sudación *f*.
sud-est *adj inv & nm inv* sudeste, sureste.
sud-ouest *adj inv & nm inv* sudoeste, suroeste.
Suède *npr* • **la Suède** Suecia.
suer *vi (transpirer)* sudar. ❑ *vt sout* rezumar, destilar.
sueur *nf* sudor *m* • **avoir des sueurs froides** *fig* tener sudores fríos.
Suez *npr* • **le canal de Suez** el canal de Suez.

suffire *vi* bastar • **il lui suffit de chanter pour être heureux** le basta con cantar para ser feliz • **suffire à qqch/à qqn** *(satisfaire)* bastar a algo/a alguien • **suffire pour qqch/pour faire qqch** *(être assez)* bastar para algo/para hacer algo. ■ **se suffire** *vp* • **se suffire à soi-même** bastarse a sí mismo(ma).

suffisamment *adv* suficientemente • **avoir suffisamment pour** tener (lo) suficiente para • **suffisamment de livres** suficientes libros.

suffisant, e *adj* **1.** *(quantité, somme)* suficiente **2.** *péj (air, ton)* de suficiencia.

suffixe *nm* sufijo *m*.

suffocation *nf* sofocación *f*, sofoco *m* • **avoir des suffocations** tener sofocos.

suffoquer *vt* **1.** *(sujet : chaleur)* sofocar **2.** *(sujet : colère)* dejar sin respiración **3.** *(stupéfier)* dejar impresionado(da). ❑ *vi* **1.** *MÉD* asfixiarse **2.** *fig (de colère, d'indignation)* • **suffoquer de** encenderse de.

suffrage *nm* **1.** *(élection)* sufragio *m* • **au suffrage indirect/universel** por sufragio indirecto/universal **2.** *(voix)* voto *m*.

suggérer *vt* sugerir • **suggérer de** sugerir que • **je te suggère d'agir rapidement** te sugiero que actúes con rapidez • **suggérer qqch à qqn** sugerir algo a alguien.

suggestif, ive *adj* sugestivo(va), sugerente.

suggestion *nf* **1.** *(conseil)* sugerencia *f* **2.** *PSYCHO* sugestión *f*.

suicidaire *adj* suicida.

suicide *nm* suicidio *m* ; *(en apposition)* suicida.

suicider ■ **se suicider** *vp* suicidarse.

suie *nf* hollín *m*.

suinter *vi (gén)* rezumar ; *(plaie)* supurar.

suite *nf* **1.** *(ce qui vient après)* continuación *f* • **à la suite de** después de • **à la suite de ce qui s'est passé...** después de lo que ha pasado... • **suite à a)** *(gén)* como consecuencia de **b)** *(lettre)* en contestación a • **tout de suite** enseguida **2.** *(série)* serie *f*, sucesión *f* • **une suite de caractères** una sucesión de caracteres **3.** *(escorte)* séquito *m* **4.** *(appartement) MUS* suite *f*. ■ **suites** *nfpl* consecuencias *fpl*.

suivant, e *adj* siguiente. ❑ *nm,f* siguiente *mf* • **au suivant !** ¡(el) siguiente!

suivi, e *adj* **1.** *(travail, qualité, relation)* constante **2.** *(raisonnement)* estructurado(da). ■ **suivi** *nm* seguimiento *m*.

suivre *vt* **1.** *(gén)* seguir • **faire suivre** *(lettre)* remítase al destinatario **2.** *(succéder à)* suceder a • **'à suivre'** *(dans un feuilleton)* 'continuará' **3.** *(longer)* bordear **4.** *(malade)* atender, llevar **5.** *(discours, conversation)* escuchar ; *(match)* mirar. ❑ *vi* seguir. ■ **se suivre** *vp (se succéder - logiquement)* seguirse ; *(- dans le temps)* sucederse.

sujet, ette *nm,f* súbdito *m*, -ta *f*. ■ **sujet** *nm* **1.** *(question, thème)* tema *m* • **à ce sujet** al respecto • **au sujet de** a propósito de • **c'est à quel sujet ?** ¿de qué se trata? • **sujet de conversation** tema de conversación **2.** *(cobaye) GRAMM* sujeto *m*.

sulfate *nm* sulfato *m*.

sulfurique *adj* sulfúrico(ca).

sunnite *adj & nmf RELIG* suní, sunní, sunita, sunnita.

superbe *adj* **1.** *(femme)* despampanante **2.** *(temps, situation, position)* magnífico(ca). ❑ *nf sout* soberbia *f*.

supercherie *nf* superchería *f*.

supérette *nf* supermercado *m (entre 200 y 400 metros cuadrados)*.

superficie *nf* superficie *f*.

superficiel, elle *adj* superficial.

superflu, e *adj* superfluo(flua). ■ **superflu** *nm* • **le superflu** lo superfluo.

super-héros, super-héroïne *nm,f* superhéroe *m*, superheroína *f*.

supérieur, e *adj* **1.** *(gén)* superior **2.** *péj (air)* de superioridad. ❑ *nm,f* superior *m*, -ra *f*.

supériorité *nf* superioridad *f*.

superlatif *nm* superlativo *m*.

supermarché *nm* supermercado *m*.

superposer *vt* superponer. ■ **se superposer** *vp* superponerse.

superposition *nf* superposición *f*, sobreposición *f*.

superproduction *nf* superproducción *f*.

superpuissance *nf* superpotencia *f*.

supersonique *adj* supersónico(ca).

superstar *nf* superestrella *f*.

superstitieux, euse *adj & nm,f* supersticioso(sa).

superstition *nf* superstición *f*.

superviser *vt* supervisar.

supplanter *vt* **1.** *(personne)* • **supplanter qqn** suplantar a alguien **2.** *(chose)* • **supplanter qqch** substituir a algo.

suppléant, e *adj & nm,f* suplente.

suppléer *vt* • **suppléer qqch/qqn** suplir algo/a alguien.

supplément *nm* suplemento *m*.

supplémentaire *adj (gén)* suplementario(ria) ; *(train)* especial ; *(heure)* extraordinario(ria).

supplication *nf* súplica *f*.

supplice *nm* suplicio *m*.

supplier *vt* • **supplier qqn de faire qqch** suplicar a alguien que haga algo • **je t'en/vous en supplie** te lo/se lo suplico.

À PROPOS DE
supplier
Supplier de + infinitif se traduit par ***suplicar que*** + subjonctif.

support *nm* soporte *m* • **support publicitaire** soporte publicitario.
supportable *adj* soportable.
supporter[1] *vt* **1.** *(gén)* soportar • **supporter que** *(tolérer que)* soportar *ou* aguantar que **2.** *(soutenir)* sostener, soportar que **3.** *(encourager)* apoyar. ■ **se supporter** *vp* soportarse.
supporter[2] *nm* SPORT hincha *mf*.
supposer *vt* suponer • **supposer qqch/que** suponer algo/que • **en supposant que** suponiendo que • **à supposer que** en el supuesto de que.
supposition *nf* suposición *f*.

S'EXPRIMER
émettre une supposition
- ***Supongo que está de viaje.*** Je suppose qu'il est en voyage.
- ***Tal vez lo ha hecho aposta.*** Peut-être qu'il l'a fait exprès.
- ***Si no me equivoco, pronto va a ser su cumpleaños.*** Si je ne m'abuse, c'est bientôt son anniversaire.
- ***Sin duda vendrá mañana.*** Elle viendra sans doute demain.

suppositoire *nm* supositorio *m*.
suppression *nf* supresión *f*.
supprimer *vt* **1.** *(gén)* suprimir **2.** *(douleur)* eliminar **3.** *(permis)* • **supprimer qqch à qqn** retirar algo a alguien **4.** INFORM borrar.
suprématie *nf* supremacía *f*.
suprême *adj* supremo(ma). ❑ *nm* CULIN suprema *f*.

sur
■ **sur** *prép*

1. DESSUS
en, encima de • **il est assis sur une chaise** está sentado en una silla • **sur la table** en *ou* encima de la mesa

2. INDIQUE LA DIRECTION
a, hacia • **sur la droite/gauche** a la derecha/izquierda

3. INDIQUE LA DISTANCE
en • **sur 10 kilomètres** en 10 kilómetros

4. INDIQUE UNE APPROXIMATION TEMPORELLE
• **sur le tard** bastante tarde

5. D'APRÈS
por • **juger quelqu'un sur les apparences** juzgar a alguien por las apariencias

6. GRÂCE À
de • **il vit sur les revenus de ses parents** vive del dinero de sus padres

7. AU SUJET DE
sobre • **un débat sur la drogue** un debate sobre la droga

8. INDIQUE UNE PROPORTION
• **une fois sur deux** una de cada dos veces • **un jour sur deux** día sí día no • **un mètre sur deux** un metro por dos • **sur douze invités, six sont venus** de doce invitados han venido seis

■ **sur ce** *loc adv*
• **sur ce, je vous laisse** con esto os dejo

sûr, e *adj* **1.** *(gén)* seguro(ra) ; *(goût, instinct)* bueno(na) • **être sûr de qqch/que** estar seguro de algo/que • **être sûr et certain de qqch** estar convencido de algo • **sûr et certain !** ¡segurísimo! **2.** *(personne)* de confianza.
surbooké, e *adj* con sobreventa *ou* sobrereserva de plazas.
surbooking *nm* sobreventa *f*, sobrereserva *f*, overbooking *m*.
surcharge *nf* **1.** *(excès de poids - d'un véhicule)* sobrecarga *f* ; *(- de bagages)* exceso *m*, sobrepeso *m* **2.** *(de travail, de décoration)* exceso *m* **3.** *(rature)* enmienda *f*.
surcharger *vt* **1.** *(véhicule)* sobrecargar **2.** *(d'impôts, de travail)* abrumar **3.** *(texte)* enmendar.
surchauffé, e *adj* con la calefacción muy alta ; *fig* excitado(da).
surchemise *nf* sobrecamisa *f*.
surcoût *nm* sobrecoste *m*.
surcroît *nm* aumento *m*.
surdiplômé, e *adj* sobrecualificado(da).
surdité *nf* sordera *f*.
surdoué, e *adj* superdotado(da).
sureffectif *nm* exceso *m* de efectivos.
surélever *vt* sobrealzar.
sûrement *adv* **1.** *(certainement, sans doute)* seguramente • **sûrement pas !** *fam* ¡ni hablar! **2.** *(en sûreté)* con seguridad.
surenchère *nf* **1.** DR sobrepuja *f* **2.** *fig (exagération)* demagogia *f*.
surenchérir *vi* **1.** DR sobrepujar **2.** *fig (renchérir)* prometer más que nadie.
surendetté, e *adj* sobreendeudado(da).
surendettement *nm* sobreendeudamiento *m*.
surestimer *vt* sobreestimar. ■ **se surestimer** *vp* sobreestimarse.
sûreté *nf* **1.** *(gén)* seguridad *f* • **de sûreté** de seguridad • **en sûreté** a salvo **2.** *(d'une amitié, de renseignements)* fiabilidad *f*.
surexposé, e *adj* sobreexpuesto(ta).
surf *nm* surf *m* • **surf des neiges** surf de nieve.
surface *nf* superficie *f* • **grande surface** hipermercado, gran superficie • **refaire surface**

a) *fig (réapparaître)* reaparecer **b)** *(se remettre)* salir a flote.

surfait, e *adj* sobreestimado(da).

surfer *vi* **1.** *SPORT* hacer surf **2.** *INFORM* navegar, surfear. ❑ *vt INFORM* • **surfer sur** surfear.

surgelé, e *adj (produit)* ultracongelado(da) ; *(frites, haricots)* congelado(da). ■ **surgelé** *nm* congelado *m* • **les surgelés** los ultracongelados.

surgir *vi* surgir.

surhomme *nm* superhombre *m*.

surhumain, e *adj* sobrehumano(na).

surimi *nm* surimi *m*.

surimpression *nf* sobreimpresión *f*.

surinformation *nf* sobreinformación *f*.

surinformer *vt* sobreinformar, dar un exceso de información.

sur-le-champ *loc adv* en el acto.

surlendemain *nm* • **le surlendemain** a los dos días.

surligner *vt* marcar con rotulador fluorescente.

surligneur *nm* marcador *m*, subrayador *m*.

surmenage *nm* agotamiento *m*, surmenaje *m*.

surmené, e *adj* agotado(da).

surmener *vt* agotar. ■ **se surmener** *vp* agotarse.

surmonter *vt* **1.** *(être placé au-dessus de)* coronar **2.** *(obstacle, peur, colère)* superar.

surnager *vi* **1.** *(flotter)* sobrenadar **2.** *fig (subsister)* perdurar, pervivir.

surnaturel, elle *adj* **1.** *(phénomène, pouvoir, vie)* sobrenatural **2.** *(talent)* prodigioso(sa). ■ **surnaturel** *nm* • **le surnaturel** lo sobrenatural.

surnom *nm* sobrenombre *m*, apodo *m*.

surnombre ■ **en surnombre** *loc adv* de más.

surpasser *vt* superar. ■ **se surpasser** *vp* superarse.

surpeuplé, e *adj* superpoblado(da).

surplomb *nm* desplome *m* • **en surplomb** voladizo(za), salidizo(za).

surplomber *vt* dominar. ❑ *vi* desaplomarse.

surplus *nm* **1.** *(excédent)* excedente *m* **2.** *(magasin)* tienda *f* de ropa militar americana *(de segunda mano)*.

surprenant, e *adj* sorprendente.

surprendre *vt* **1.** *(gén)* sorprender **2.** *(secret)* descubrir.

surprise *nf* sorpresa *f* • **faire une surprise à qqn** dar una sorpresa a alguien • **par surprise** por sorpresa.

surproduction *nf* superproducción *f*.

surréalisme *nm* surrealismo *m*.

surréaliste *nmf* surrealista *mf*.

sursaut *nm* **1.** *(mouvement brusque)* sobresalto *m* • **en sursaut** de un sobresalto **2.** *(d'énergie)* arranque *m*.

sursauter *vi* sobresaltarse.

sursis *nm* **1.** *(délai)* aplazamiento *m* **2.** *DR* ≃ condena *f* condicional • **6 mois avec sursis** pena *f* de 6 meses con remisión condicional.

sursitaire *nm MIL* beneficiario *m*, ria *f* de una prórroga.

surtaxe *nf* sobretasa *f*.

surtout *adv* sobre todo • **n'y touche surtout pas** no se te ocurra tocar esto. ■ **surtout que** *loc conj fam* sobre todo porque.

surveillance *nf* vigilancia *f* • **surveillance médicale** observación *f* médica.

surveillant, e *nm, f* **1.** *(gardien) SCOL* vigilante *m* **(ESP)**, guachimán *m* **(AMÉR)** **2.** *SCOL* vigilante *m* **(ESP)**.

surveiller *vt* **1.** *(enfant, santé, suspect)* vigilar **2.** *(études, travaux)* supervisar **3.** *(langage, ligne)* cuidar. ■ **se surveiller** *vp* cuidarse.

survenir *vi* sobrevenir.

survêtement *nm* chandal *m*.

survie *nf* **1.** *(de malade)* vida *f* **2.** *(de l'âme)* supervivencia *f*.

survivant, e *adj & nm, f* superviviente.

survivre *vi (continuer à vivre)* sobrevivir • **survivre à qqch/à qqn** sobrevivir a algo/a alguien.

survol *nm* **1.** *(de territoire)* vuelo *m* sobre **2.** *(de texte)* • **faire un survol de qqch** echar un vistazo a algo.

survoler *vt* **1.** *(territoire)* sobrevolar **2.** *(texte)* echar un vistazo a.

survolté, e *adj* sobreexcitado(da).

sus *adv* • **en sus (de)** además (de).

susceptibilité *nf* susceptibilidad *f*.

susceptible *adj* susceptible • **susceptible de qqch/de faire qqch** susceptible de algo/de hacer algo.

susciter *vt* suscitar.

sushi *nm* sushi *m*.

suspect, e *adj* **1.** *(personne)* sospechoso(sa) • **suspect de qqch** sospechoso de algo **2.** *(douteux)* dudoso(sa). ❑ *nm, f* sospechoso *m*, -sa *f*.

suspecter *vt* sospechar • **suspecter qqn de qqch** sospechar algo de alguien • **suspecter qqn de faire qqch** sospechar que alguien hace algo.

suspendre *vt* **1.** *(gén)* suspender **2.** *(accrocher)* colgar.

suspendu, e *adj (tableau, lampe)* suspendido(da) • **bien/mal suspendu** *(véhicule)* con buena/mala suspensión.

suspens ■ **en suspens** *loc adv* pendiente.

suspense *nm* suspense *m*.

suspension *nf* **1.** *(gén)* suspensión *f* • **en suspension** en suspensión **2.** *(lustre)* lámpara *f* de techo.
suspicion *nf* suspicacia *f*.
susurrer *vt & vi* susurrar.
suture *nf* sutura *f*.
SUV (abrév de sport utility vehicle) *nm* VUD *m (vehículo utilitario deportivo)*.
svelte *adj* esbelto(ta).
SVP (abrév de s'il vous plaît) PFV.
SVT (abrév de sciences de la vie et de la terre) *nfpl* CTM *fpl (Ciencias de la Tierra y medioambientales)*.
sweat-shirt *nm* sudadera *f*.
syllabe *nf* sílaba *f*.
symbiose *nf* simbiosis *f inv*.
symbole *nm* **1.** *(représentation)* CHIM símbolo *m* **2.** *(personnification)* • **être le symbole de qqch** ser estandarte de algo.
symbolique *adj* simbólico(ca). ❑ *nf* simbología *f*.
symboliser *vt* simbolizar.
symétrie *nf* simetría *f*.
symétrique *adj* simétrico(ca).
sympa *adj fam* majo(ja).
sympathie *nf* **1.** *(entente, amitié)* simpatía *f* **2.** *(compassion)* • **témoigner sa sympathie à qqn** expresar su simpatía a alguien.
sympathique *adj (agréable - personne)* simpático(ca) ; *(- soirée, moment)* agradable ; *(- maison, lieu)* acogedor(ra).
sympathiser *vi* simpatizar • **sympathiser avec qqn** simpatizar con alguien.
symphonie *nf* sinfonía *f*.
symphonique *adj* sinfónico(ca).
symptomatique *adj* sintomático(ca).
symptôme *nm* síntoma *m*.
synagogue *nf* sinagoga *f*.
synchroniser *vt* sincronizar.
syncope *nf* **1.** *(évanouissement)* síncope *m* **2.** MUS síncopa *f*.
syndic *nm* ≃ presidente *mf* de la comunidad de propietarios.
syndicaliste *adj & nmf* sindicalista.
syndicat *nm* sindicato *m*. ■ **syndicat de communes** *nm* ≃ mancomunidad *f* de municipios. ■ **syndicat de copropriétaires** *nm* ≃ comunidad *f* de propietarios. ■ **syndicat d'initiative** *nm* ≃ oficina *f* de turismo.
syndiqué, e *adj & nm, f* sindicado(da).
syndrome *nm* síndrome *m* • **syndrome d'immunodéficience acquise** *ou* **immunodéficitaire acquis** síndrome de inmunodeficiencia adquirida.
synergie *nf* sinergia *f*.
synonyme *adj* sinónimo(ma). ❑ *nm* sinónimo *m*.
syntaxe *nf* sintaxis *f inv*.
synthé *nm fam* sintetizador *m*.
synthèse *nf* síntesis *f inv*.
synthétique *adj* sintético(ca).
synthétiseur *nm* sintetizador *m*.
syphilis *nf* sífilis *f inv*.
Syrie *npr* • **la Syrie** Siria.
systématique *adj* sistemático(ca).
systématiser *vt* sistematizar. ❑ *vi* generalizar.
système *nm (gén)* INFORM sistema *m* • **système bureautique** ofimática *f* • **système clé en main** sistema llave en mano • **système de conception et de fabrication** sistema de diseño y fabricación • **système expert** sistema experto • **système d'exploitation** sistema operativo • **système intégré** sistema integrado • **système intégré de gestion** sistema integrado de gestión • **système nerveux** sistema nervioso • **système de traitement transactionnel** sistema de transacciones. ■ **système D** *nm* receta *f* casera. ■ **système monétaire européen** *nm* sistema *m* monetario europeo.

T

t, T *nm inv (lettre)* t *f*, T *f*. ■ **t** (abrév de tonne) t.
tabac *nm* **1.** *(plante)* tabaco *m* • **tabac blond/brun** tabaco rubio/negro • **tabac à priser** rapé *m* **2.** *(magasin)* estanco *m*.
tabagisme *nm* tabaquismo *m*.
tabasser *vt fam* dar una paliza.
tabernacle *nm* tabernáculo *m*.
table *nf (meuble)* mesa *f* • **à table !** ¡a comer! • **débarrasser/mettre la table** quitar/poner la mesa • **se mettre à table** sentarse a la mesa • **table de cuisson** placa *f* de cocina • **table d'opération/de travail** mesa de operaciones/de trabajo. ■ **table des matières** *nf* índice *m*. ■ **table de multiplication** *nf* tabla *f* de multiplicar. ■ **table ronde** *nf litt & fig* mesa *f* redonda.
tableau *nm* **1.** *(gén)* cuadro *m* • **noircir le tableau** *fig* pintarlo todo negro **2.** *(d'école)* pizarra *f*, encerado *m* • **tableau noir** pizarra *f* **3.** *(panneau)* tablón *m*, tablero *m* • **tableau d'affichage a)** *(gén)* tablón de anuncios **b)** SPORT marcador *m*. ■ **tableau de bord** *nm* **1.** *(de voiture)* salpicadero

m **2.** *(d'avion)* cuadro *m* de mandos **3.** *INFORM* tablero *m* de control.

tabler *vi* • **tabler sur qqch** contar con algo.

tablette *nf* **1.** *(étagère)* tabla *f*; *(de cheminée, de radiateur, de salle de bains)* repisa *f* **2.** *(de chewing-gum, de chocolat)* tableta *f*. ■ **tablette de lecture** *nf* tableta *f* digital. ■ **tablette graphique** *nf INFORM* tableta gráfica. ■ **tablette tactile** *nf INFORM* tableta táctil. ■ **tablettes** *nfpl (dans l'Antiquité)* tablillas *fpl* • **mettre** *ou* **inscrire** *ou* **noter** *ou* **écrire qqch sur ses tablettes** tomar buena nota de algo • **rayer qqch/qqn de ses tablettes** sacar algo/a alguien de la cabeza.

tableur *nm* hoja *f* de cálculo.

tablier *nm* **1.** *(de cuisinière)* delantal *m* **2.** *(d'écolier)* bata *f* • **rendre son tablier** *fig* cortarse la coleta **3.** *(de cheminée)* pantalla *f*; *(de magasin)* persiana *f* (metálica) **4.** *(de pont)* piso *m*.

tabloïde *nm* tabloide *m*.

tabou, e *adj* tabú. ■ **tabou** *nm* tabú *m*.

tabouret *nm* taburete *m*.

tabulateur *nm* tabulador *m*.

tac *nm* • **répondre** *ou* **riposter du tac au tac** devolver la pelota.

tache *nf* **1.** *(gén)* mancha *f* • **taches de rousseur** pecas *fpl* **2.** *sout (souillure morale)* tacha *f*.

tâche *nf* tarea *f*, labor *f* • **faciliter la tâche à qqn** ponérselo fácil a alguien.

tacher *vt* manchar. ■ **se tacher** *vp* mancharse.

tâcher *vi* • **tâcher de faire qqch** procurar hacer algo. ❑ *vt* • **tâche que ça ne se reproduise plus** procura que no vuelva a ocurrir.

tacheté, e *adj* • **tacheté de** moteado de.

tacheter *vt* motear.

tacite *adj* tácito(ta).

taciturne *adj* taciturno(na).

tact *nm* tacto *m* • **avoir du/manquer de tact** tener/no tener tacto • **c'est manquer de tact** es una falta de tacto.

tactique *adj* táctico(ca). ❑ *nf* táctica *f*.

taffe *nf fam (de cigarette)* calada *f*.

tag *nm* pintada *f*, graffiti *m*.

tajine = **tajine**.

tagliatelles *nfpl* tallarines *mpl*.

taguer *vt* hacer pintadas *ou* graffitis en.

tagueur, euse *nm, f* autor *m*, -ra *f* de pintadas, graffitero *m*, -ra *f*.

taie *nf* **1.** *(enveloppe)* funda *f* • **taie d'oreiller** funda de almohada **2.** *MÉD* nube *f (en la córnea)*.

taille *nf* **1.** *(coupe - de pierre, de bois)* talla *f*; *(- d'arbres)* tala *f* **2.** *(de personne)* estatura *f* • **quelle est ta taille ?** ¿cuánto mides? **3.** *(de vêtement)* talla *f* • **à ma taille** de mi talla **4.** *(d'objet)* tamaño *m* • **de taille** *(erreur)* de bulto **5.** *ANAT* talle *m*, cintura *f*.

taillé, e *adj* **1.** *(coupé)* cortado(da) **2.** *fig (fait)* • **être taillé pour** estar hecho para.

taille-crayon *nm* sacapuntas *m inv*.

tailler *vt* **1.** *(pierre, bois)* tallar ; *(arbres)* talar ; *(crayon)* sacar punta a **2.** *(vêtement)* cortar.

tailleur *nm* **1.** *(couturier)* sastre *m* **2.** *(vêtement)* traje *m* (sastre *ou* de chaqueta).

taillis *nm* monte *m* bajo, bosquecillo *m*.

tain *nm* azogue *m*.

taire *vt* callar. ■ **se taire** *vp* **1.** *(ne pas parler)* callarse • **tais-toi !** ¡cállate! **2.** *(bruit, son)* dejar de oírse, cesar ; *(orchestre)* dejar de tocar.

Taïwan *npr* Taiwan.

tajine, tagine *nm CULIN* *estofado de carne o de verduras servido en un cuenco con tapa cónica típica del Norte de África*.

talc *nm* talco *m*.

talent *nm* talento *m* • **avoir du talent** tener talento.

talentueux, euse *adj* talentoso(sa) • **être très talentueux** tener mucho talento.

taliban *nm* talibán *m*.

talisman *nm* talismán *m*.

talkie-walkie *nm* walkie-talkie *m*.

talon *nm* **1.** *(du pied, de chaussette)* talón *m* **2.** *(de chaussure)* tacón *m* (ESP), taco *m* (AMÉR) • **talons hauts/plats/aiguilles** tacones altos/planos/de aguja **3.** *(de jambon, de fromage)* punta *f* **4.** *(de chèque)* matriz *f* **5.** *(de jeu de cartes)* montón *m*.

talonner *vt* **1.** *(suivre de près)* pisar los talones a **2.** *fig (harceler)* acosar.

talonnette *nf* talonera *f*.

talquer *vt* espolvorear con talco.

talus *nm* talud *m*.

tambour *nm* **1.** *(de machine à laver) MUS* tambor *m* • **battre le tambour** tocar el tambor **2.** *COUT* tambor *m*, bastidor *m*.

tambourin *nm* **1.** *(cerceau à grelots)* pandereta *f* **2.** *(tambour)* tamboril *m*.

tambouriner *vt MUS* • **tambouriner qqch** tocar algo con el tambor. ❑ *vi* • **tambouriner sur** *ou* **contre qqch a)** golpetear en *ou* sobre algo **b)** *(pluie)* repiquetear en *ou* sobre algo.

tamis *nm* **1.** *(crible)* tamiz *m* • **passer au tamis** pasar por el tamiz **2.** *(de raquette de tennis)* cordaje *m*.

tamisé, e *adj (lumière)* tamizado(da).

tamiser *vt* tamizar.

tampon *nm* **1.** *(masse de tissu)* bayeta *f*, paño *m* • **tampon hygiénique** *ou* **périodique** tampón *m* (higiénico) • **tampon à récurer** estropajo *m* **2.** *(cachet)* sello *m*, tampón *m* **3.** *(bouchon)* tapón *m* (ESP), tapa *f* (AMÉR) **4.** *(de locomotive)* tope *m* **5.** *fig (médiateur)* • **servir de tampon** servir de colchón.

tamponner *vt* **1.** *(surface)* frotar con un paño **2.** *(plaie)* limpiar **3.** *(document)* sellar **4.** *(heurter)* topar con.

tam-tam *nm* tam-tam *m*.

tandem *nm* tándem *m* • **en tandem** a dúo.

tandis ■ **tandis que** *loc conj* mientras que.

tangage *nm* cabeceo *m*.

tangent, e *adj* **1.** *MATH* tangente **2.** *fam (juste)* • **c'était tangent** (fue) por los pelos. ■ **tangente** *nf MATH* tangente *f*.

tangible *adj* tangible.

tango *nm* tango *m*.

tanguer *vi* cabecear.

tanière *nf* **1.** *(d'animal)* guarida *f*, cubil *m* **2.** *fig (de personne)* guarida *f*.

tank *nm* tanque *m*.

tanner *vt* **1.** *(peau)* curtir **2.** *fam (personne)* dar la tabarra.

tant *adv* **1.** *(quantité)* • **tant de** tanto(ta) • **tant d'élèves** tantos alumnos • **et tant d'autres** y otros muchos, otras muchas *f* • **tant que ça ?** ¿tanto? **2.** *(tellement)* tanto • **il l'aime tant** la quiere tanto • **il a crié tant il souffrait** le dolía tanto que gritó **3.** *(quantité indéfinie)* • **tant de** tanto(ta) • **tant de grammes** tantos gramos **4.** *(valeur indéfinie)* tanto • **ça coûte tant** esto cuesta tanto **5.** *(jour indéfini)* • **le tant** tal día **6.** *(comparatif)* • **tant... que** tanto... como • **tant les premiers que les seconds** tanto los primeros como los segundos **7.** *(valeur temporelle)* • **tant que** mientras • **amuse-toi tant que tu peux** disfruta mientras puedas • **tant que tu y es...** ya que te pones.... ■ **en tant que** *loc conj* como. ■ **tant bien que mal** *loc adv* a trancas y barrancas, mal que bien. ■ **tant pis** *loc adv* qué se le va a hacer • **tant pis pour lui** peor para él. ■ **tant et plus** *loc adv* el ciento y la madre. ■ **tant qu'à** *loc conj* si, ya que • **tant qu'à faire...** ya que estamos....

> À PROPOS DE
> ### tant
> Lorsqu'il est suivi d'un nom, *tant de* se traduit en espagnol par un adjectif qui s'accorde en genre et en nombre avec ce nom : ***tanto(s), tanta(s)***.

tante *nf* **1.** *(parente)* tía *f* **2.** *tfam & péj (homosexuel)* maricón *m*.

tantinet *nm* • **un tantinet radin** un poquito tacaño • **un tantinet trop long** un pelín largo.

tantôt *adv* **1.** *(notion d'alternance)* • **tantôt... tantôt** unas veces... otras • **tantôt il me déteste, tantôt il m'adore** unas veces me odia, otras me adora **2.** *vieilli (après-midi)* por la tarde.

tapage *nm* **1.** *(bruit)* escándalo *m*, alboroto *m* **2.** *fig (battage)* • **faire du tapage** dar que hablar.

tapageur, euse *adj* **1.** *(hôte, enfant)* escandaloso(sa), alborotador(ra) **2.** *(luxe, liaison, publicité)* escandaloso(sa).

tape *nf* cachete *m*.

tape-à-l'œil *adj inv* llamativo(va). ❑ *nm inv* fachada *f (apariencia)* • **ce n'est que du tape-à-l'œil** es todo pura fachada.

taper *vt* **1.** *(donner un coup à)* golpear ; *(à la porte)* llamar **2.** *(texte)* pasar a máquina. ❑ *vi* **1.** *(donner un coup)* golpear **2.** *(à la machine)* escribir a máquina **3.** *fam (soleil)* pegar ; *fam (vin)* subir **4.** *fig (dire du mal)* • **taper sur qqn** poner como un trapo a alguien.

tapis *nm* **1.** *(pour le sol)* alfombra *f* • **tapis de bain** alfombra de baño • **tapis de souris** *INFORM* alfombrilla *f* de ratón • **dérouler le tapis rouge** *fig* recibir con todos los honores **2.** *(de mur)* tapiz *m* **3.** *(de meuble)* tapete *m* • **tapis vert** tapete verde • **mettre qqch sur le tapis** poner algo sobre el tapete. ■ **tapis roulant** *nm (de marchandises)* cinta *f* transportadora ; *(de voyageurs)* tapiz *m* deslizante.

tapisser *vt* **1.** *(couvrir - meuble)* tapizar ; *(- mur)* empapelar **2.** *fig (recouvrir)* cubrir.

tapisserie *nf* **1.** *(tenture)* colgadura *f* **2.** *(papier peint)* empapelado *m* **3.** *ART (ouvrage)* tapiz *m*.

tapissier, ère *nm, f* **1.** *(artiste, commerçant)* tapicero *m*, -ra *f* **2.** *(ouvrier)* empapelador *m*, -ra *f*.

tapotement *nm (petite tape)* golpeteo *m*.

tapoter *vt* dar golpecitos en. ❑ *vi* • **tapoter sur qqch a)** dar golpecitos en algo **b)** *(pianoter sur)* aporrear algo.

taquin, e *adj & nm, f* guasón(ona).

taquiner *vt* pinchar.

tarabuster *vt* **1.** *(sujet : personne)* dar la tabarra **2.** *(sujet : idée)* rondar.

tarama *nm CULIN* tarama *m*.

tard *adv* tarde • **au plus tard** a más tardar • **plus tard** más tarde • **sur le tard a)** *(en fin de journée)* al anochecer **b)** *(vers la fin de la vie)* muy tarde.

tarder *vi* • **(ne pas) tarder à faire qqch** (no) tardar en hacer algo • **il me tarde de** *(+ infinitif)*, **il me tarde que** *(+ subjonctif)* estoy impaciente por *(+ infinitif)* • **il me tarde de te revoir** estoy impaciente por verte.

tardif, ive *adj* tardío(a).

tare *nf* tara *f*.

tarif *nm* **1.** *(prix, tableau des prix)* tarifa *f* • **à tarif réduit** a precio reducido • **tarif syndical** tarifa salarial fijada por el sindicato del ramo **2.** *(douanier)* arancel *m*.

tarir *vt* **1.** *(source, ressource)* agotar **2.** *fig (larmes)* enjugar. ❑ *vi* **1.** *(source, ressources)* agotarse **2.** *fig (larmes)* enjugarse **3.** *fig (personne)* • **ne pas tarir d'éloges sur qqch/sur qqn** hacerse lenguas de algo/de alguien. ■ **se tarir** *vp* agotarse.

tarot *nm* tarot *m*. ■ **tarots** *nmpl* • **tirer les tarots** echar las cartas, leer el tarot.

tartare *adj* tártaro(ra).

tarte *nf* **1.** *(gâteau)* tarta *f* **2.** *fam (gifle)* torta *f*. ❑ *adj fam* estúpido(da).

tartiflette *nf pour expliquer à un hispanophone ce que c'est, vous pouvez dire :* es un plato típico de Saboya a base de patatas con "reblochon", un queso de leche vaca blando típico de la región, y tocino al gratén.

tartine *nf* **1.** *(de pain)* rebanada *f* de pan con mantequilla **2.** *fam (laïus)* rollo *m*.

tartiner *vt* **1.** *(du pain)* untar **2.** *fam & fig (pages)* llenar.

tartre *nm (de chaudière, des canalisations)* cal *f* ; *(du vin)* tártaro *m* ; *(des dents)* sarro *m*.

tas *nm* montón *m* **(ESP)**, ruma *f* **(AMÉR)** • **un tas de** un montón de.

tasse *nf* taza *f* • **tasse à café/à thé** *(vaisselle)* taza de café/de té • **tasse de café/de thé** *(à boire)* taza de café/de té.

tassé, e *adj* • **bien tassé a)** *(fort)* bien cargado **b)** *(âge, ans)* bien puesto.

tasseau *nm* codal *m*.

tasser *vt* **1.** *(neige, terre)* apisonar **2.** *(choses, personnes)* apretujar. ■ **se tasser** *vp* **1.** *(mur, terrain)* hundirse **2.** *(vieillard)* achaparrarse **3.** *(se serrer)* apiñarse, apretujarse **4.** *fig (se calmer)* arreglarse • **les choses se tassent** las cosas se van arreglando.

tâter *vt* **1.** *(toucher)* tentar **2.** *fig (sonder)* tantear. ■ **se tâter** *vp fam (hésiter)* pensarlo.

tâte-vin = **taste-vin**.

tatillon, onne *adj & nm, f* puntilloso(sa).

tâtonnement *nm* **1.** *(action)* marcha *f* a tientas **2.** *(gén pl) (tentative)* tanteo *m*.

tâtonner *vi* **1.** *(pour se diriger)* tantear **2.** *fig (chercher)* dar palos de ciego.

tâtons ■ **à tâtons** *loc adv* a tientas.

tatouage *nm* tatuaje *m*.

tatouer *vt* tatuar.

taudis *nm* **1.** *(logement misérable)* tugurio *m*, cuchitril *m* **2.** *fig & péj (maison ou pièce mal tenue)* leonera *f*.

taulard, e, tôlard, e *nm, f argot* enchironado *m*, -da *f*.

taule, tôle *nf argot* chirona *f*.

taupe *nf (animal, espion)* topo *m*.

taureau *nm* toro *m*. ■ **Taureau** *nm ASTROL* Tauro *m*.

tauromachie *nf* tauromaquia *f*.

taux *nm* **1.** *(cours)* tasa *f*, tipo *m* • **taux de change/d'escompte** tipo de cambio/de descuento • **taux d'inflation** tasa de inflación • **taux d'intérêt** tipo de interés **2.** *(de cholestérol, d'alcool, etc)* índice *m* • **taux de natalité/de mortalité** índice de natalidad/de mortalidad.

taverne *nf* **1.** *(auberge, bar à bière)* taberna *f* **2.** *(restaurant rustique)* hostería *f*.

taxe *nf* impuesto *m*, contribución *f* • **hors taxe a)** *(prix)* sin IVA **b)** *(boutique)* libre de impuestos • **taxe d'habitation** ≃ contribución urbana.

taxer *vt* **1.** *(produit)* tasar **2.** *(importations)* gravar **3.** *fam (emprunter)* • **taxer qqch à qqn** sablear a alguien algo.

taxi *nm* **1.** *(voiture)* taxi *m* **2.** *(chauffeur)* taxista *mf* **(ESP)**, ruletero *m* **(AMÉR)**.

taxidermie *nf* taxidermia *f*.

TB, tb (abrév de **très bien**) *SCOL* • **mention TB** ≃ Sob.

Tchad *npr* • **le Tchad** (el) Chad.

tchadien, enne *adj* chadiano(na). ■ **tchadien** *nm LING* chadiano *m*. ■ **Tchadien, enne** *nm, f* chadiano *m*, -na *f*.

tchador *nm* chador *m*.

tchat = **chat**.

tchatter = **chatter**.

tchatche *nf fam* • **avoir la tchatche** tener la lengua floja.

tchatcher *vi fam* estar de cháchara.

Tchécoslovaquie *npr* • **la Tchécoslovaquie** Checoslovaquia *f*.

tchèque *adj* checo(ca). ❑ *nm LING* checo *m*. ■ **Tchèque** *nmf* checo *m*, -ca *f*.

tchétchène *adj* checheno(na), chechén(ena). ■ **Tchétchène** *nmf* checheno *m*, -na *f*, chechén *m*, -ena *f*.

te *pron pers* **1.** *(gén)* te **2.** *(avec un présentatif)* • **te voilà** aquí estás • **te voici prêt** ya estás listo.

teasing *nm (en marketing)* teasing *m*, campaña *f* de intriga.

technicien, enne *nm, f* **1.** *(professionnel)* técnico *mf* **2.** *(spécialiste)* especialista *mf*.

technico-commercial, e *adj & nm, f* técnico comercial.

technique *adj* técnico(ca). ❑ *nf* técnica *f*.

techno *adj* tecno. ❑ *nf* tecno *m*.

technocrate *nm péj* tecnócrata *mf*.

technologie *nf* tecnología *f*.

technologique *adj* tecnológico(ca).

teck *nm* teca *f*.

teckel *nm* teckel *m*.

tee-shirt, T-shirt *nm* camiseta *f* **(ESP)**, remera *f* **(AMÉR)**.

teigne *nf* **1.** *(mite)* polilla *f* **2.** *MÉD* tiña *f* **3.** *fam (personne)* (mal) bicho *m*.

teindre *vt* teñir.

teint, e *adj (cheveux)* teñido(da). ■ **teint** *nm* tez *f*. ■ **teinte** *nf (couleur)* color *m*.

teinté, e *adj* tintado(da) ; *(verre)* ahumado(da) • **teinté de** *fig* teñido de.

teinter *vt* teñir.

teinture *nf* **1.** *(action de teindre) BIOL* tintura *f* • **teinture d'iode** tintura de yodo **2.** *(colorant)* tinte *m*.

teinturerie *nf* tintorería *f*, tinte *m*.

teinturier, ère *nm, f* tintorero *m*, -ra *f* • **chez le teinturier** al tinte.

tel, telle *adj* **1.** *(valeur indéterminée)* tal • **tel ou tel** tal o cual **2.** *(semblable)* semejante • **de telles personnes** semejantes personas • **je n'ai rien dit de tel** no he dicho nada semejante • **un tel homme** un hombre semejante • **une telle occasion** una oportunidad semejante **3.** *(reprend ce qui a été énoncé)* éste, ésta • **telle fut l'histoire qu'il nous raconta** ésta fue la historia que nos contó **4.** *(valeur emphatique ou intensive)* tal • **un tel bonheur** una felicidad tal **5.** *(introduit un exemple ou une énumération)* • **tel (que)** como • **des métaux tels que le cuivre** metales como el cobre **6.** *(introduit une comparaison)* cual • **il grondait tel un lion** rugía como un león • **tel que** tal (y) como • **il est tel que je l'avais toujours rêvé** es tal (y) como siempre lo soñé • **tel quel** tal cual • **tout est resté tel quel depuis son départ** todo ha permanecido tal cual desde que se marchó. ❑ *pron indéf* **1.** *(personnes ou choses indéterminées)* • **tel… tel autre** uno… otro • **tel veut travailler et tel autre veut dormir** uno quiere trabajar y otro dormir **2.** *(une personne)* • **un tel…** un tal….

tél. (abrév de téléphone) tel., tfno.

télé *nf fam* tele *f*.

téléachat *nm* telecompra *f*.

téléchargeable *adj INFORM* descargable.

téléchargement *nm INFORM* descarga *f*.

télécharger *vt INFORM* descargar, bajar(se) *fam*.

télécommande *nf* mando *m* a distancia, telemando *m*.

télécommander *vt* teledirigir.

télécommunication *nf* telecomunicación *f*.

téléconférence *nf* teleconferencia *f*.

téléconseiller, ère *nm,f* teleasesor *m*, -ra *f*.

télécopie *nf* fax *m (documento)*.

télécopieur *nm* fax *m (aparato)*.

télédétection *nf* teledetección *f*.

téléfilm *nm* telefilm *m*, telefilme *m*.

télégramme *nm* telegrama *m*.

télégraphe *nm* telégrafo *m*.

télégraphier *vt* telegrafiar.

téléguider *vt* teledirigir.

télématique *adj* telemático(ca). ❑ *nf* telemática *f*.

téléobjectif *nm* teleobjetivo *m*.

télépathie *nf* telepatía *f*.

téléphérique *nm* teleférico *m*.

téléphone *nm* teléfono *m* • **téléphone arabe** *fam* radio *f* macuto • **téléphone à carte** teléfono de tarjeta • **téléphone cellulaire** teléfono celular • **téléphone fixe** teléfono fijo • **téléphone sans fil** teléfono inalámbrico • **téléphone portable** móvil *m*.

téléphoner *vt* decir por teléfono. ❑ *vi* llamar (por teléfono) • **téléphoner à qqn** llamar (por teléfono) a alguien. ■ **se téléphoner** *vp* llamarse (por teléfono).

téléphonique *adj* telefónico(ca).

téléprompteur *nm* teleprómpter *m*.

téléréalité *nf* telerrealidad *f* • **une émission de téléréalité** un programa de telerrealidad.

télescope *nm* telescopio *m*.

télescopique *adj* telescópico(ca).

téléscripteur *nm* teletipo *m*.

télésiège *nm* telesilla *m*.

téléski *nm* telesquí *m*.

téléspectateur, trice *nm,f* telespectador *m*, -ra *f*.

télésurveillance *nf* televigilancia *f*.

télétraitement *nm* teleproceso *m*.

télétransmission *nf* teletransmisión *f*.

télétravail *nm* teletrabajo *m*.

télévente *nf* televenta *f*.

téléviser *vt* televisar.

téléviseur *nm* televisor *m*.

télévision *nf* televisión *f* • **télévision numérique** televisión digital.

télex *nm* télex *m inv*.

tellement *adv* **1.** *(si)* tan • **elle est tellement gentille !** ¡es tan simpática! • **tellement mieux** mucho mejor **2.** *(tant)* tanto • **elle a tellement changé !** ¡ha cambiado tanto! • **je ne comprends rien tellement il parle vite** habla tan deprisa que no entiendo nada • **tellement… que** tanto… que • **tellement de** tanto(ta) • **j'ai tellement de choses à faire !** ¡tengo tantas cosas que hacer! • **veux-tu un biscuit ? — non, j'en ai mangé tellement !** ¿quieres una galleta? — no, ¡ya he comido tantas!

tellurique *adj* telúrico(ca).

téméraire *adj & nmf* temerario(ria).

témérité *nf* temeridad *f*.

témoignage *nm* **1.** *(récit) DR* testimonio *m* **2.** *(gage)* muestra *f*, prueba *f* • **en témoignage de** como muestra *ou* prueba de.

témoigner *vt* **1.** *(sentiment)* mostrar, manifestar **2.** *(révéler)* demostrar • **témoigner que** demostrar que **3.** *(attester)* • **témoigner que** declarar que. ❑ *vi DR* declarar, testificar • **témoigner en faveur de/contre qqn** declarar a favor/en contra de alguien.

témoin *nm* **1.** *(gén)* testigo *mf* • **être témoin de qqch** ser testigo de algo **2.** *INFORM* indicador *m*. ❑ *adj (appartement, lampe)* piloto.

tempe *nf* sien *f*.

tempérament *nm* temperamento *m*.

température *nf* **1.** *(gén)* temperatura *f* **2.** *(fièvre)* fiebre *f* • **avoir de la température** tener fiebre • **prendre sa température** tomarse la temperatura.

tempéré, e *adj* **1.** *(climat)* templado(da) **2.** *(caractère, personne)* temperado(da).

tempérer *vt* temperar.
tempête *nf* **1.** *MÉTÉOR* tormenta *f* • **tempête de neige/de sable** tormenta de nieve/de arena **2.** *fig (agitation, déchaînement)* tempestad *f*.
tempêter *vi* vociferar.
temple *nm* templo *m*.
tempo *nm* tempo *m*.
temporaire *adj* temporal.
temporairement *adv* temporalmente.
temporel, elle *adj* temporal.
temps *nm* **1.** *(durée)* tiempo *m* • **avoir le temps de faire qqch** tener tiempo de hacer algo • **avoir tout son temps** tener todo el tiempo del mundo • **ces temps-ci, ces derniers temps** últimamente • **chaque chose en son temps** cada cosa a su tiempo • **faire qqch en un temps record** hacer algo en un tiempo récord • **perdre son temps** perder el tiempo • **travailler à plein temps** trabajar a jornada completa • **un temps partiel** un tiempo parcial, media jornada *f* • **un certain temps** cierto tiempo • **temps libre** tiempo libre **2.** *MÉTÉOR* tiempo *m* • **beau/mauvais temps** buen/mal tiempo • **le temps est à la pluie** parece que va a llover • **par beau temps** cuando hace bueno • **par temps de pluie** cuando llueve **3.** *(de l'année, de l'histoire)* época *f* • **le temps des vendanges** la época de la vendimia • **au temps des Romains** en la época de los romanos • **les temps glorieux de...** los días gloriosos de... • **de mon temps** en mis tiempos *ou* mi época • **au** *ou* **du temps où** en el tiempo en el que **4.** *(moment)* momento *m*. ■ **à temps** *loc adv* a tiempo. ■ **de temps à autre** *loc adv* de vez en cuando. ■ **de temps en temps** *loc adv* de vez en cuando. ■ **en même temps** *loc adv* al mismo tiempo. ■ **tout le temps** *loc adv* todo el tiempo, todo el rato.

LEXIQUE

Le temps

le brouillard la niebla
l'éclair el relámpago
la grêle el granizo
la neige la nieve
le nuage la nube
l'orage la tormenta
la pluie la lluvia
le soleil el sol
le vent el viento

S'EXPRIMER

parler du temps qu'il fait

- ***¿Qué tiempo hace?*** Quel temps fait-il ?
- ***Hace buen tiempo*** *ou* ***bueno.*** Il fait beau.
- ***Brilla el sol.*** Le soleil brille.
- ***Hace mal tiempo.*** Il fait mauvais.
- ***Está nublado y seguramente va a llover.*** Le temps est couvert et il va sûrement pleuvoir.
- ***Hace (mucho) calor/frío.*** Il fait (très) chaud/froid.
- ***¿Qué tiempo anuncian?*** Quelles sont les prévisions météo ?
- ***Las previsiones meteorológicas anuncian nieve para mañana*** La météo annonce de la neige pour demain.

tenable *adj* • **ce n'est pas tenable** es insoportable • **ce n'est plus tenable** ya es insoportable.
tenace *adj* tenaz.
ténacité *nf* tenacidad *f*.
tenailler *vt* atenazar.
tenailles *nfpl* tenazas *fpl*.
tenancier, ère *nm, f* encargado *m*, -da *f*.
tendance *nf* tendencia *f* • **avoir tendance à qqch/à faire qqch** tener tendencia a algo/a hacer algo.
tendancieux, euse *adj* tendencioso(sa).
tendeur *nm* **1.** *(courroie)* pulpo *m* **2.** *(appareil)* tensor *m* **3.** *(de tente)* viento *m*.
tendinite *nf* tendinitis *f inv*.
tendon *nm* tendón *m*.
tendre[1] *adj* **1.** *(aliment, personne)* tierno(na) **2.** *(bois)* blando(da) **3.** *(couleur)* suave **4.** *(parole)* cariñoso(sa). ❑ *nmf* persona *f* tierna.
tendre[2] *vt* **1.** *(corde)* tensar **2.** *(étendre)* tender • **tendre qqch à qqn** *(donner)* tender algo a alguien. ■ **se tendre** *vp* tensarse.
tendresse *nf* **1.** *(sentiment)* ternura *f*, cariño *m* **2.** *(gén pl) (expression)* caricia *f* (ESP), apapacho *m* (AMÉR) **3.** *(indulgence)* simpatía *f*.
tendu, e *adj* **1.** *(fil, corde)* tenso(sa), tirante **2.** *(pièce)* • **tendu de a)** *(de tissu)* tapizado de **b)** *(de papier)* empapelado con **3.** *(personne, atmosphère, rapports)* tenso(sa) **4.** *(main)* tendido(da).
ténèbres *nfpl* tinieblas *fpl*.
ténébreux, euse *adj* tenebroso(sa).
Tenerife, Ténériffe *npr* Tenerife.
teneur *nf* **1.** *(d'une lettre, d'un article)* contenido *m* **2.** *(pourcentage)* proporción *f*, cantidad *f* • **teneur en** proporción *ou* cantidad de.

tenir

■ **tenir** *vt*

1. AVOIR À LA MAIN, DANS SES BRAS
tener, llevar • **tenir qqch dans ses mains** tener algo en las manos • **il tenait ses dossiers sous le bras** llevaba las carpetas bajo el brazo • **tenir fermement qqch** sujetar algo con firmeza • **tenir qqn par la main/le bras** llevar a alguien de la mano/del brazo

2. GARDER
sujetar, controlar • **tiens-moi ça !** ¡sujétame esto!

3. MAÎTRISER
• **tenir ses élèves** controlar a los alumnos
• **tenir son cheval** sujetar el caballo

4. MAINTENIR
mantener • **tenir la porte ouverte** mantener la puerta abierta

5. RÉSISTER
aguantar • **tenir le coup** aguantar (la prueba)

6. RESPECTER
cumplir • **tenir un engagement/une promesse** cumplir un compromiso/una promesa

7. GÉRER
llevar, encargarse de, regentar • **tenir un restaurant/un bar** llevar un restaurante/un bar • **il tient une librairie dans le quartier** regenta una librería en el barrio

8. CONSIDÉRER
considerar • **je te tiens pour responsable de ce qui s'est passé** te hago responsable de lo que ha ocurrido

9. APPRENDRE, SAVOIR
• **je tiens cette information de mon directeur** lo sé por mi director

10. DANS DES EXPRESSIONS
• **je te tiens !** ¡te tengo!

■ **tenir** *vi*

1. ÊTRE FIXÉ SOLIDEMENT
resistir, aguantar • **la réparation n'a pas tenu** la reparación no ha resistido • **la colle ne tient pas** la cola no pega • **la neige n'a pas tenu** la nieve no ha cuajado

2. SE MAINTENIR, RESTER DANS UNE POSITION DONNÉE
• **il ne tient pas debout** no se tiene en pie

3. POUVOIR ÊTRE CONTENU
caber • **on tient à combien dans cette salle ?** ¿cuántos cabemos en esta sala? • **son C.V. tient sur une page** su CV cabe en una sola página

4. DANS DES EXPRESSIONS
• **tiens ! a)** *(tiens)* ¡toma! • **tiens ! a)** *(justement)* ¡anda! • **tenir jusqu'au bout** aguantar hasta el final • **ça tient toujours pour samedi ?** ¿sigue en pie lo del sábado? • **ça ne tient pas debout** eso no tiene fundamento • **si vous y tenez** si usted se empeña en ello • **je n'y tiens pas** no me apetece

■ **tenir** *v impers*
• **il ne tient qu'à lui de...** sólo depende de él que...

■ **tenir à** *v + prép*

1. ÊTRE ATTACHÉ À
• **il tient beaucoup à cette fille** tiene mucho apego a esta chica • **tenir à sa réputation** mirar por su reputación • **tenir à son indépendance** querer preservar la independencia

2. AVOIR POUR CAUSE
deberse a • **sa démission tient à plusieurs raisons** su dimisión se debe a varias razones

3. AVOIR LA FERME VOLONTÉ DE
• **il tient à venir** tiene interés en venir • **il tient à vous parler** insiste en hablarle

■ **tenir de** *v + prép*

1. RESSEMBLER À
salir • **il tient de son père** ha salido a su padre

2. RELEVER DE
parecer • **tenir du miracle** parece milagro

■ **se tenir** *vp*

1. SE TROUVER
estar • **il se tenait près de l'ascenseur** estaba cerca del ascensor

2. AVOIR LIEU
tener lugar, celebrarse • **la conférence se tiendra à Barcelone** la conferencia tendrá lugar en Barcelona

3. ÊTRE, RESTER
ponerse • **tiens-toi droit !** ¡ponte derecho!

4. SE PRENDRE
cogerse • **se tenir par la main** ir cogidos de la mano

5. ÊTRE COHÉRENT
concordar • **son argumentation se tient** su argumentación tiene fundamento

6. SE COMPORTER
portarse, comportarse • **tiens-toi bien !** ¡pórtate bien! • **tiens-toi tranquille !** ¡estate quieto!

7. S'AGRIPPER
agarrarse • **se tenir à la rampe de l'escalier** agarrarse a la barandilla de la escalera

8. SE CONSIDÉRER
• **se tenir pour** darse por • **je me tiens pour satisfait** me doy por satisfecho

9. SE BORNER
• **s'en tenir à qqch** atenerse a algo • **je m'en tiendrai là** lo dejamos ahí

tennis *nm (sport)* tenis *m inv* • **tennis de table** tenis de mesa. ❑ *nmpl ou* nfpl zapatillas *fpl* de deporte.
tennisman *nm* tenista *m.*

ténor *adj (instrument)* tenor. ❑ *nm* **1.** *(chanteur)* tenor *m* **2.** *fig (vedette)* figura *f*.

tension *nf* **1.** *(contraction, méd)* ÉLECTR tensión *f* • **avoir de la tension** tener la tensión alta • **basse/haute tension** baja/alta tensión • **tension artérielle** tensión arterial **2.** *(concentration)* concentración *f* **3.** *(désaccord)* tensión *f*, tirantez *f*.

tentaculaire *adj* **1.** ZOOL tentacular **2.** *fig (ville, firme)* en expansión.

tentant, e *adj* tentador(ra).

tentation *nf* tentación *f* • **résister à la tentation** resistir la tentación.

tentative *nf* intento *m*, tentativa *f* • **tentative d'homicide** tentativa de homicidio • **tentative de suicide** intento de suicidio.

tente *nf (de camping)* tienda *f* de campaña ; *(de cirque)* carpa *f*. ■ **tente à oxygène** *nf* cámara *f* de oxígeno.

tenter *vt (attirer)* tentar • **être tenté de faire qqch** estar tentado de hacer algo • **être tenté par qqch/par qqn** estar tentado por *ou* a algo/por alguien.

tenture *nf* colgadura *f*.

tenu, e *adj (en ordre)* • **bien/mal tenu** bien/mal atendido.

ténu, e *adj* tenue.

tenue *nf* **1.** *(entretien - d'école, d'établissement)* dirección *f* ; *(- de maison)* cuidado *m* ; *(- de comptabilité)* teneduría *f* **2.** *(manières)* modales *mpl* • **un peu de tenue !** ¡compórtate! **3.** *(maintien du corps)* postura *f* **4.** *(séance)* sesión *f* **5.** *(habillement)* ropa *f* ; MIL uniforme *m* • **tenue de soirée** traje *m* de noche. ■ **tenue de route** *nf* adherencia *f* (a la carretera).

ter *adj* ter. ❑ *adv* MUS tres veces.

TER (abrév de Train Express Régional) *nm* ≃ tren de cercanías • **prendre le TER** tomar el TER.

Tergal® *nm* tergal® *m*.

tergiverser *vi* vacilar • **sans tergiverser** sin vacilar.

terme *nm* **1.** *(fin, mot, élément)* término *m* • **mettre un terme à qqch** poner término a algo **2.** *(de grossesse)* • **arriver à terme** salir de cuentas **3.** *(délai)* plazo *m* ; COMM vencimiento *m* • **à terme** a plazos • **à court/moyen/long terme** a corto/medio/largo plazo **4.** *(de loyer)* • **à terme échu** a plazo vencido. ■ **termes** *nmpl (expression, formule)* términos *mpl*.

terminaison *nf* GRAMM terminación *f*.

terminal, e *adj* terminal. ■ **terminal** *nm* **1.** INFORM terminal *m* **2.** *(dock, aérogare)* terminal *f*. ■ **terminale** *nf* SCOL ≃ segundo *m* de Bachillerato.

terminer *vt* terminar, acabar. ■ **se terminer** *vp* terminarse, acabarse • **se terminer en/par qqch** terminarse *ou* acabarse en/con algo.

terminologie *nf* terminología *f*.

terminus *nm* término *m*, final *m* (de línea).

termite *nm* termita *f*.

terne *adj* **1.** *(couleur, regard)* apagado(da) **2.** *(vie, journée, conversation)* monótono(na) **3.** *(personne)* insignificante.

ternir *vt (couleurs)* desteñir ; *fig (réputation)* empañar.

terrain *nm* **1.** *(gén)* terreno *m* • **terrain à bâtir** solar *m* • **être sur son terrain** *fig* estar en su (propio) terreno **2.** *(de foot, d'aviation)* campo *m* ; *(de camping)* terreno *m* **3.** MIL campo *m* de batalla.

terrasse *nf* **1.** *(gén)* terraza *f* **2.** *(toit)* terraza *f*, azotea *f*.

terrassement *nm* excavación *f*.

terrasser *vt* **1.** *(adversaire)* derribar **2.** *(sujet : maladie)* abatir.

terre *nf* **1.** *(gén)* tierra *f* • **terre battue** tierra batida • **avoir les pieds sur terre** *fig* tener los pies en el suelo **2.** *(sol)* tierra *f*, suelo *m* • **par terre a)** *(sans mouvement)* en el suelo **b)** *(avec mouvement)* al suelo.

terreau *nm* mantillo *m*.

terre-plein *nm* terraplén *m*.

terrer ■ **se terrer** *vp* encerrarse.

terrestre *adj* **1.** *(gén)* terrestre ; *(globe)* terráqueo(a) **2.** *(plaisir, paradis)* terrenal.

terreur *nf* terror *m*.

terrible *adj* **1.** *(gén)* terrible **2.** *(appétit, travail)* tremendo(da) **3.** *fam (étonnant, excellent)* bestial • **le film n'était pas terrible** la película estuvo regular.

terriblement *adv* terriblemente • **il a terriblement grandi** ha crecido muchísimo.

terrien, enne *adj* rural. ❑ *nm, f* **1.** *(qui vit à l'intérieur des terres)* persona *f* de tierra adentro **2.** *(habitant de la Terre)* terrícola *mf*.

terrier *nm* **1.** *(de lapin)* madriguera *f* **2.** *(chien)* terrier *m*.

terrifier *vt* aterrorizar.

terrine *nf* terrina *f*.

territoire *nm* territorio *m*.

territorial, e *adj* **1.** *(intégrité)* territorial ; *(eaux)* jurisdiccional **2.** MIL *(armée)* de reserva.

terroir *nm* región *m*.

terroriser *vt* aterrorizar.

terrorisme *nm* terrorismo *m*.

terroriste *adj & nmf* terrorista.

tertiaire *adj* terciario(ria). ❑ *nm* sector *m* terciario.

tesson *nm* casco *m* • **tesson de bouteille** casco de botella.

test *nm* test *m* • **test de dépistage** prueba *f* de detección • **test de grossesse** test *ou* prueba *f* de embarazo.

testament *nm* testamento *m*.

tester *vt* someter a un test. ❑ *vi* DR testar.

testicule *nm* testículo *m*.
testostérone *nf* testosterona *f*.
tétaniser *vt* **1.** *(muscle)* tetanizar **2.** *fig (personne)* paralizar.
tétanos *nm* tétanos *m inv*.
têtard *nm* renacuajo *m*.
tête *nf* **1.** *(gén)* cabeza *f* ; *(d'arbre)* copa *f* ; *(de phrase, de liste)* principio *m* • **de la tête aux pieds** de la cabeza a los pies • **la tête la première** de cabeza • **tête de lit** cabecera *f* • **de tête** mentalmente **2.** *(visage)* cara *f* **3.** *(chef)* cabecilla *f* • **tête de liste** cabeza *mf* de lista.
tête-à-queue *nm inv* trompo *m*.
tête-à-tête *nm inv (entrevue)* mano a mano *m*.
tête-bêche *loc adv* pies contra cabeza.
tétée *nf* pecho *m* • **prendre six tétées par jour** tomar el pecho seis veces al día.
téter *vt* mamar • **donner à téter** dar de mamar.
tétine *nf* **1.** *(de biberon)* tetina *f* **2.** *(sucette)* chupete *m* **3.** *(mamelle)* teta *f*.
Tetra Brik® *nm* tetrabrick®.
tétraèdre *nm* tetraedro *m*.
tétraplégique *adj & nmf* tetraplégico(ca).
têtu, e *adj* testarudo(da).
teuf *nf fam* fiesta *f*.
Texas *npr* Texas, Tejas.
tex mex *adj & nm* tex mex.
texte *nm* texto *m*.
textile *adj* textil. ❑ *nm* **1.** *(matière)* tejido *m* **2.** *(industrie)* textil *m*.
texto[1] *adv fam (textuellement)* literalmente • **elle a dit ça texto ?** ¿dijo eso literalmente?
texto[2] *nm* mensaje *m* de texto, SMS *m* • **envoyer un texto** mandar un mensaje de texto.
textoter *vi & vt* textear.
textuel, elle *adj* textual.
texture *nf* textura *f*.
TGV (abrév de train à grande vitesse) *nm* ≃ AVE *m (alta velocidad española)* • **prendre un TGV pour Marseille** tomar un TGV para Marsella.
Thaïlande *npr* • **la Thaïlande** Tailandia.
thalassothérapie *nf* talasoterapia *f*.
thé *nm* té *m*.
théâtral, e *adj* teatral.
théâtre *nm* teatro *m*.
théière *nf* tetera *f*.
théine *nf* teína *f*.
thématique *adj* temático(ca) • **chaîne thématique** canal *m* temático. ❑ *nf* temática *f*.
thème *nm* **1.** *(sujet)* MUS tema *m* **2.** *(traduction)* traducción *f* inversa • **thème grec** traducción inversa al griego.
théologie *nf* teología *f*.
théorème *nm* teorema *m*.
théoricien, enne *nm, f* teórico *m*, -ca *f*.
théorie *nf* teoría *f* • **en théorie** en teoría, teóricamente • **théorie du complot** teoría del complot.
théorique *adj* teórico(ca).
théoriser *vt & vi* teorizar.
thérapeute *nmf* terapeuta *mf*.
thérapeutique *adj* terapéutico(ca). ❑ *nf* terapéutica *f*.
thérapie *nf* terapia *f* • **thérapie génique** terapia génica.
thermal, e *adj* termal ; → **station**.
thermes *nmpl* termas *fpl*.
thermique *adj* térmico(ca).
thermodynamique *nf* termodinámica *f*.
thermomètre *nm* termómetro *m*.
thermonucléaire *adj* termonuclear.
Thermos® *nf* termo *m*.
thermostat *nm* termostato *m*.
thèse *nf* tesis *f inv* • **thèse de doctorat** tesis doctoral.
thon *nm* atún *m*.
thorax *nm* tórax *m inv*.
thriller *nm* thriller *m*.
thune, tune *nf fam* pasta *f inv* • **il a plein de thunes** tiene mucha pasta.
thym *nm* tomillo *m*.
thyroïde *nf* tiroides *m inv*.
Tibet *npr* • **le Tibet** el Tíbet.
tibia *nm* tibia *f*.
tic *nm* **1.** *(nerveux)* tic *m* **2.** *(de langage)* muletilla *f*.
ticket *nm* billete *m* • **ticket de caisse** tíquet *m* de compra.
ticket-repas *nm* tíquet *m* restaurante.
tic-tac *nm inv* tictac *m inv*.
tiède *adj* **1.** *(boisson, eau)* templado(da), tibio(bia) **2.** *(vent)* templado(da) **3.** *fig (amour, militant)* tibio(bia). ❑ *adv* • **boire tiède** beber cosas templadas *ou* tibias.
tiédir *vt* templar, entibiar. ❑ *vi* templar • **faire tiédir qqch** templar algo.
tien, tienne *adj poss* tuyo, tuya. ■ **le tien, la tienne** *pron poss* el tuyo, la tuya • **à la tienne !** ¡(a tu) salud!
tierce *nf* **1.** *(à l'escrime)* MUS tercera *f* **2.** *(aux cartes)* escalerilla *f* **3.** TYPO última prueba *f*.
tiercé *nm* apuesta *f* triple *(en carrera de caballos)*.
tiers, tierce *adj* • **une tierce personne** una tercera persona, un tercero. ■ **tiers** *nm* **1.** *(personne)* tercero *m* **2.** *(portion)* tercio *m*, tercera parte *f* • **le tiers provisionnel** ≃ el pago fraccionado.
tiers-monde *nm* tercer mundo *m*.
tiers-mondisation *nf* tercermundización *f*.
tige *nf* **1.** *(de plante)* tallo *m* **2.** *(de métal, de bois)* varilla *f*.
tignasse *nf fam* pelambrera *f*.

tigre, esse *nm, f* *ZOOL* tigre *m*, -esa *f*. ■ **tigresse** *nf* *(femme jalouse)* fiera *f*.

tilleul *nm* *(arbre)* tilo *m* ; *(infusion)* tila *f*.

tilt *nm* tilt *m* • **faire tilt** *fam* & *fig* encender la bombilla.

timbale *nf* **1.** *(gobelet)* cubilete *m* **2.** *CULIN* timbal *m*.

timbre *nm* **1.** *(de la poste, tampon)* sello *m* ; *ADMIN* sello *m*, timbre *m* • **timbre fiscal** timbre fiscal **2.** *(d'instrument, de voix, de bicyclette)* timbre *m*.

timbré, e *adj* **1.** *(lettre)* sellado(da) **2.** *fam* *(personne)* chalado(da) **3.** *(papier, voix)* timbrado(da).

timbrer *vt* **1.** *(tamponner)* timbrar, sellar **2.** *(lettre)* sellar.

timide *adj* & *nmf* tímido(da).

timidité *nf* timidez *f*.

timing *nm* programa *m*, timing *m*.

timoré, e *adj* timorato(ta).

tintamarre *nm* *fam* guirigay *m*.

tintement *nm* **1.** *(de cloche)* tañido *m* ; *(de clochette)* campanilleo *m* **2.** *(de métal)* tintineo *m* **3.** *MÉD* *(d'oreilles)* zumbido *m*.

tinter *vi* **1.** *(cloche)* tañer ; *(horloge, sonnette)* sonar **2.** *(métal)* tintinear.

tir *nm* **1.** *(gén)* tiro *m* • **tir au but** lanzamiento *m* de penalty **2.** *(salve)* disparo *m* • **tir de roquette** disparo de un cohete anticarro.

tirage *nm* **1.** *(d'un journal, d'un livre)* tirada *f* • **à grand tirage** de gran tirada **2.** *PHOTO* positivado *m* **3.** *(du loto)* sorteo *m* • **tirage au sort** sorteo **4.** *(d'une cheminée)* tiro *m* **5.** *INFORM* impresión *f*.

tiraillement *nm* **1.** *(sensation)* retortijón *m* **2.** *fig* *(conflit)* tirantez *f*.

tirailler *vt* *(tirer)* tirar de • **être tiraillé entre…** debatirse entre…. ❑ *vi* *(faire feu)* tirotear.

tiré, e *adj* *(traits)* cansado(da).

tire-bouchon *nm* sacacorchos *m inv*. ■ **en tire-bouchon** *loc adj* rizado(da).

tirelire *nf* hucha *f*.

tirer *vt* **1.** *(charrette, remorque)* tirar de ; *(porte, tiroir)* abrir ; *(courroie)* estirar ; *(rideaux)* correr **2.** *(plan, trait)* trazar **3.** *(revue, livre)* editar **4.** *(avec une arme, cartes)* tirar **5.** *(faire sortir - langue, de la poche)* sacar ; *(- numéro)* sacar, extraer **6.** *(obtenir - argent, avantage)* obtener ; *(- profit, conclusion)* sacar ; *(- leçon)* aprender **7.** *(chèque)* hacer. ❑ *vi* **1.** *(gén)* • **tirer sur qqch a)** *(corde)* tirar de algo **b)** *(couleur)* tirar a algo **2.** *(cheminée)* tirar **3.** *(avec une arme)* disparar. ■ **se tirer** *vp* **1.** *(se sortir)* • **se tirer de qqch** salir (bien) de algo • **il s'en est bien tiré a)** *(réussir)* lo ha hecho bastante bien **2.** *fam* *(s'en aller)* abrirse **3.** *fam* *(prendre fin)* • **ça se tire !** ¡esto se acaba!

tiret *nm* guión *m*.

tireur, euse *nm, f* tirador *m*, -ra *f* • **tireur d'élite** tirador de élite.

tiroir *nm* cajón *m*.

tiroir-caisse *nm* caja *f* registradora.

tisane *nf* infusión *f*, tisana *f*.

tisonnier *nm* atizador *m*.

tissage *nm* tejido *m* *(acción)*.

tisser *vt* tejer.

tissu *nm* *(étoffe)* *BIOL* tejido *m* ; *fig* *(de mensonges)* sarta *f*.

titiller *vt* cosquillear.

titre *nm* **1.** *(gén)* título *m* **2.** *(de presse)* titular *m* • **gros titre** gran titular **3.** *(de métal précieux)* ley *f*. ■ **à titre de** *loc prép* a título de. ■ **titre de transport** *nm* título *m* de transporte.

tituber *vi* tambalearse.

titulaire *adj* & *nmf* titular • **être titulaire de** ser titular de.

titulariser *vt* titularizar.

TNP (abrév de traité de non-prolifération) *nm* TNP *m*.

toast *nm* **1.** *(pain grillé)* tostada *f* **2.** *(discours)* brindis *m* • **porter un toast à qqch/à qqn** brindar por algo/por alguien.

toboggan *nm* tobogán *m*.

toc *interj* • **et toc !** ¡punto! ❑ *nm* *fam* bisutería *f* • **en toc** de bisutería.

TOC (abrév de troubles obsessionnels compulsifs) *nmpl* *MÉD* TOC *m*.

toi *pron pers* **1.** *(avec impératif)* te • **réveille-toi !** ¡despiértate! **2.** *(sujet, pour renforcer, dans un comparatif)* tú • **c'est toi ?** ¿eres tú? • **tu t'amuses bien, toi !** ¡tú sí que te diviertes! **3.** *(complément d'objet, après une préposition)* ti • **avec toi** contigo • **après toi** después de ti • **pour toi** para ti • **il vous a invités, Pierre et toi** os invitó a Pierre y a ti • **qui te l'a dit, à toi?** ¿quién te lo ha dicho a ti? **4.** *(possessif)* • **à toi** tuyo(ya). ■ **toi-même** *pron pers* tú mismo, tú misma.

toile *nf* **1.** *(étoffe)* tela *f* ; *(de lin)* hilo *m* ; *(de bâche)* lona *f* **2.** *(tableau)* lienzo *m* **3.** *NAUT* *(voilure)* lonas *fpl* **4.** *fam* *(film)* peli *f*. ■ **toile d'araignée** *nf* telaraña *f*. ■ **Toile** *nf* • **la Toile** *INFORM* la Web.

toilette *nf* **1.** *(soins de propreté)* aseo *m* • **faire sa toilette** lavarse **2.** *(parure, vêtements)* vestuario *m* **3.** *(de monument)* restauración *f* **4.** *(meuble)* tocador *m*. ■ **toilettes** *nfpl* servicios *mpl*.

toise *nf* talla *f*, marca *f*.

toiser *vt* mirar de arriba a abajo.

toison *nf* **1.** *(pelage)* vellón *m* **2.** *(chevelure)* melena *f*.

toit *nm* **1.** *(toiture)* tejado *m* **2.** *fig* *(maison)* techo *m* • **dormir sous un toit** dormir bajo techo. ■ **toit ouvrant** *nm* techo *m* corredizo.

toiture *nf* techumbre *f*, techado *m*.

Tokyo *npr* Tokio.

tôlard, e = **taulard**.

tôle *nf* **1.** *(de métal)* chapa *f* • **tôle ondulée** chapa ondulada **2.** *fam* *(prison)* cárcel *f*.

tolérable *adj* tolerable.

tolérance *nf* tolerancia *f*.

tolérant, e *adj* tolerante.
tolérer *vt* tolerar • **tolérer que** tolerar que. ■ **se tolérer** *vp* tolerarse.
tollé *nm* protesta *f* airada.
tomate *nf (fruit)* tomate *m* ; *(plante)* tomatera *f*.
tombant, e *adj (moustaches, épaules)* caído(da).
tombe *nf* tumba *f*.
tombeau *nm* tumba *f*.
tombée *nf* • **à la tombée du jour** al atardecer • **à la tombée de la nuit** a la caída de la noche, al anochecer.
tomber *vi* **1.** *(gén)* caer • **tomber sur qqn** *(attaquer)* caer encima de alguien • **tomber bien/mal a)** *(événement)* venir bien/mal **b)** *(personne)* caer bien/mal **2.** *(choir)* caer, caerse • **faire tomber qqn** hacer caer *ou* tirar a alguien • **tomber de** *(sommeil, fatigue)* caerse de **3.** *(décliner - colère, enthousiasme)* decaer ; *(- vent)* amainar ; *(- fièvre)* bajar **4.** *(rencontrer)* • **tomber sur qqch/sur qqn** encontrarse con algo/con alguien **5.** *(devenir)* • **tomber amoureux** enamorarse • **tomber malade** ponerse enfermo(ma). ❑ *vt fam* **1.** *(femme)* conquistar **2.** *(veste)* quitarse.
tombola *nf* tómbola *f*.
tome *nm* tomo *m*.
tommette *nf* baldosín *m*.
ton¹ *nm* tono *m*.
ton², ta *adj poss* tu.
tonalité *nf* **1.** tonalidad *f* **2.** *(au téléphone)* línea *f*, señal *f* sonora.
tondeuse *nf* **1.** *(pour gazon)* cortacéspedes *m inv* **2.** *(pour cheveux)* maquinilla *f* **3.** *(pour animaux)* esquiladora *f*.
tondre *vt* **1.** *(gazon)* cortar **2.** *(cheveux)* rapar **3.** *(animal)* esquilar.
tondu, e *adj* **1.** *(gazon)* cortado(da) **2.** *(cheveux)* rapado(da) **3.** *(animal)* esquilado(da).
toner *nm* tóner *m*.
tonicité *nf* tonicidad *f*.
tonifier *vt* tonificar.
tonique *adj* tónico(ca). ❑ *nm* MÉD tónico *m*. ❑ *nf* MUS tónica *f*.
tonitruant, e *adj* atronador(ra), estruendoso(sa).
tonnage *nm* tonelaje *m*, arqueo *m*.
tonnant, e *adj (voix)* de trueno.
tonne *nf* **1.** *(gén)* tonelada *f* **2.** *(tonneau)* cuba *f*.
tonneau *nm* **1.** *(de vin, acrobatie)* tonel *m* **2.** *(accident)* vuelta *f* de campana.
tonnelle *nf* cenador *m*.
tonner *vi* **1.** *(orage)* tronar **2.** *(canon)* retumbar **3.** *(personne)* • **tonner contre qqn** tronar contra alguien.
tonnerre *nm* trueno *m*.
tonte *nf (d'animal)* esquileo *m* ; *(des cheveux)* rapadura *f* ; *(du gazon)* corte *m*.
tonus *nm* tono *m* • **avoir du tonus** estar entonado(da).
top *nm* **1.** *(dans une course)* señal *f* **2.** *(vêtement)* top *m*. ■ **top secret** *loc adj* top secret, alto secreto.
topless *nm* • **faire du topless** hacer topless.
top model, top modèle *nm* top model *mf*.
topographie *nf* topografía *f*.
toque *nf (coiffure, chapeau)* gorro *m* ; *(de magistrat)* birrete *m*, bonete *m*.
torche *nf* antorcha *f*, tea *f* • **torche électrique** linterna *f*.
torcher *vt fam* **1.** *(essuyer - avec un linge, un papier)* limpiar ; *(- assiette)* rebañar **2.** *(travail)* chapucear **3.** *(bouteille)* apurar.
torchon *nm* **1.** *(serviette)* trapo *m* ; *(de cuisine)* paño *m* **2.** *péj (texte)* churro *m* **3.** *péj (journal)* periodicucho *m*.
tordre *vt* **1.** *(gén)* retorcer **2.** *(barre de fer)* torcer **3.** *(visage)* desfigurar **4.** *(le linge)* escurrir. ■ **se tordre** *vp (membre)* torcerse.
tordu, e *adj fam (esprit, idée)* retorcido(da). ❑ *nm, f péj* chalado *m*, -da *f*.
torero *nm* torero *m*.
tornade *nf* tornado *m*.
torpeur *nf* torpeza *f*.
torpille *nf* torpedo *m*.
torpiller *vt* torpedear.
torréfaction *nf* torrefacción *f*.
torrent *nm* torrente *m* • **des torrents de a)** *(de lumière)* chorros de **b)** *(de larmes)* ríos de **c)** *(d'injures)* una lluvia de.
torrentiel, elle *adj* torrencial.
torride *adj* tórrido(da).
tors, e *adj (jambes)* torcido(da).
torsade *nf* **1.** *(de cheveux)* trenzado *m* **2.** ARCHIT • **à torsades** *(colonne)* salomónico(ca).
torsader *vt* retorcer.
torse *nm* torso *m*.
torsion *nf (action)* torsión *f* ; *(résultat)* retorcimiento *m*.
tort *nm* **1.** *(erreur)* fallo *m* • **avoir tort** no tener razón • **avoir tort de faire qqch** equivocarse al hacer algo • **à tort** sin razón • **être dans son tort** *ou* **en tort** tener la culpa **2.** *(préjudice)* perjuicio *m*, daño *m*.
torticolis *nm* tortícolis *m inv*.
tortillement *nm* retorcimiento *m* • **tortillement des hanches** contoneo *m*.
tortiller *vt* retorcer. ■ **se tortiller** *vp* retorcerse.
tortionnaire *adj & nmf* torturador(ra).
tortue *nf* tortuga *f*.
tortueux, euse *adj* tortuoso(sa).
torture *nf* tortura *f*, tormento *m*.
torturer *vt* torturar, atormentar.

tôt *adv* **1.** *(de bonne heure)* temprano **2.** *(vite)* pronto, temprano. ■ **au plus tôt** *loc adv* como muy pronto ; *(dans les plus brefs délais)* cuanto antes.

total, e *adj* total. ■ **total** *nm* total *m*.

totalement *adv* totalmente.

totaliser *vt* totalizar.

totalitaire *adj* totalitario(ria).

totalitarisme *nm* totalitarismo *m*.

totalité *nf* totalidad *f* • **en totalité** en total.

totem *nm* tótem *m*.

toubib *nmf fam* matasanos *mf*.

toucan *nm* tucán *m*.

touchant, e *adj* conmovedor(ra).

touche *nf* **1.** *(de clavier)* tecla *f* • **touche alphanumérique** tecla alfanumérica • **touche annulation** tecla de anulación • **touche de fonction** tecla de función **2.** *(de peinture)* pincelada *f* **3.** *fig (note)* • **une touche de qqch** un toque de algo **4.** *fam (allure)* pinta *f*, facha *f* **5.** *(à la pêche)* picada *f* **6.** *(au football)* banda *f* ; *(à l'escrime)* toque *m*.

toucher *vt* **1.** *(gén)* tocar **2.** *(cible, but)* dar en **3.** *(chèque, argent)* cobrar **4.** *(gros lot, tiercé)* ganar **5.** *(sujet : crise, catastrophe)* afectar **6.** *(concerner)* atañer **7.** *(émouvoir)* emocionar **8.** *(contacter)* contactar con. ❑ *vi* **1.** *(être contigu à)* • **toucher à** lindar con **2.** *(être relatif à)* • **toucher à** rozar.

touffe *nf* **1.** *(d'herbe)* mata *f* **2.** *(de cheveux)* mechón *m*.

touffu, e *adj* **1.** *(barbe, forêt)* tupido(da) ; *(arbre)* frondoso(sa) **2.** *fig (roman, discours)* denso(sa).

touillette *nf fam* agitador *m* de café.

toujours *adv* **1.** *(exprime la continuité, la répétition)* siempre • **ils s'aimeront toujours** se querrán siempre • **elle est toujours malade** siempre está enferma • **toujours moins/plus** cada vez menos/más **2.** *(encore)* todavía • **il n'est toujours pas arrivé** todavía no ha llegado **3.** *(de toute façon)* siempre • **tu peux toujours lui écrire** siempre puedes escribirle. ■ **de toujours** *loc adj* de siempre. ■ **pour toujours** *loc adv* para siempre. ■ **toujours est-il que** *loc conj* pero la verdad es que.

toupet *nm* **1.** *(de cheveux)* tupé *m* **2.** *fam (aplomb)* caradura *f* **(ESP)**, patas *fpl* **(AMÉR)** • **avoir du** *ou* **ne pas manquer de toupet** tener cara.

toupie *nf* peonza *f*, trompo *m*.

tour *nm* **1.** *(périmètre)* contorno *m* • **tour de poitrine/taille/tête** contorno de pecho/cintura/cabeza • **faire le tour de qqch a)** *(lieu)* dar la vuelta a algo **b)** *(question, problème)* ver algo en profundidad **2.** *(promenade)* paseo *m* • **faire un tour** dar una vuelta **3.** *(rotation, polit)* SPORT vuelta *f* • **fermer qqch à double tour** cerrar algo con doble vuelta *ou* con dos vueltas • **tour du monde** vuelta al mundo **4.** *(attraction, plaisanterie)* número *m* • **tour de force** hazaña *f*, proeza *f* **5.** *(succession, rang)* turno *m*, vez *f* • **tour à tour** por turno • **à tour de rôle** por turno **6.** *(des événements)* giro *m*, cariz *m* **7.** *(machine-outil)* torno *m* **8.** AUTO revolución *f*. ❑ *nf* torre *f* • **tour de contrôle** torre de control • **tour de guet** atalaya *f*. ■ **Tour de France** *nm* • **le tour** el Tour de Francia.

tourbe *nf* turba *f*.

tourbillon *nm* **1.** *(gén)* torbellino *m* • **tourbillon de poussière** polvareda *f* **2.** *(d'eau)* remolino *m*.

tourbillonner *vi* arremolinarse.

tourelle *nf* *(gén)* torrecilla *f* ; *(de char)* torreta *f* ; *(de bateau de guerre)* torre *f*.

tourisme *nm* turismo *m* • **tourisme de masse** turismo masivo • **tourisme vert** turismo verde • **faire du tourisme** hacer turismo.

touriste *nmf* turista *mf*.

touristique *adj* turístico(ca).

tourment *nm sout* tormento *m*.

tourmente *nf* tormenta *f*.

tourmenté, e *adj* **1.** *(personne)* angustiado(da), atormentado(da) **2.** *(mer, période)* agitado(da) **3.** *(paysage)* escabroso(sa).

tourmenter *vt* atormentar. ■ **se tourmenter** *vp* atormentarse.

tournage *nm* CINÉ rodaje *m*.

tournant, e *adj* **1.** *(porte, fauteuil)* giratorio(ria) **2.** *(mouvement)* MIL envolvente. ■ **tournant** *nm* **1.** *(virage)* curva *f* **2.** *fig (moment décisif)* momento *m* crucial • **un tournant dans sa vie** un giro en su vida.

tourne-disque *nm* tocadiscos *m inv*.

tournedos *nm* turnedós *m*.

tournée *nf* **1.** *(d'inspecteur)* viaje *m* de inspección ; *(de représentant)* viaje *m* de negocios ; *(de facteur)* ronda *f* ; *(d'artiste)* gira *f* **2.** *fam (au café)* ronda *f*.

tournemain ■ **en un tournemain** *loc adv* en un santiamén.

tourner *vt* **1.** *(clé, manivelle, poignée)* girar, dar vueltas a ; *(pages d'un livre)* pasar • **'tournez, s'il vous plaît'** 'véase al dorso' **2.** *(dos, tête)* volver **(ESP)**, voltear **(AMÉR)** **3.** *(pas, pensées)* dirigir **4.** *(transformer)* • **tourner qqch en** convertir algo en • **tourner en ridicule** ridiculizar **5.** *(obstacle)* rodear ; *fig (loi)* eludir **6.** CINÉ rodar **7.** *(pièce de bois, ivoire)* tornear. ❑ *vi* **1.** *(terre, roue)* girar, dar vueltas ; *(heure)* avanzar • **tourner autour de qqch** girar alrededor de algo • **tourner autour de qqn** *fig* rondar a alguien **2.** *(chemin, route)* torcer, doblar ; *(vent, chance)* cambiar **3.** *(lait, crème)* cortarse ; *(vin)* avinagrarse **4.** *(moteur, compteur)* estar andando **5.** *fam (entreprise)* marchar.

tournesol *nm* girasol *m*.

tournevis *nm* destornillador *m* **(ESP)**, desarmador *m* **(AMÉR)**.

tourniquet *nm* torniquete *m* ; *(du métro)* molinete *m*.

tournis *nm* **1.** *fam (vertige)* • **avoir le tournis** tener vértigo • **donner le tournis à qqn** marear a alguien **2.** *(maladie)* modorra *f*.

tournoi *nm* torneo *m*.

tournoyer *vi* arremolinarse.

tournure *nf* **1.** *(apparence)* cariz *m*, sesgo *m* • **prendre mauvaise tournure** tomar mal cariz • **prendre tournure** coger *ou* tomar forma **2.** *(formulation)* giro *m*.

tour-opérateur *nm* operador *m* turístico.

tourte *nf* empanada *f* redonda.

tourteau *nm* **1.** *(crabe)* buey *m* de mar **2.** *(pour bétail)* torta *f* de orujo.

tourterelle *nf* tórtola *f*.

Toussaint *nf* RELIG • **la Toussaint** el día de Todos los Santos.

tousser *vi* toser.

toussotement *nm* tosiguera *f*.

toussoter *vi* toser.

tout

■ tout, toute *adj*

1. AVEC UN SUBSTANTIF SINGULIER DÉTERMINÉ

todo(da) • **toute la journée** todo el día • **tout le monde** todo el mundo, todos • **tout le temps** todo el rato

2. AVEC UN PRONOM DÉMONSTRATIF

• **tout ça** *ou* **cela** todo esto

■ tout, toute *adj indéf*

1. EXPRIME LA TOTALITÉ

todos(das) • **tous les hommes** todos los hombres • **tous les trois** los tres

2. CHAQUE

cada • **tous les jours** cada día, todos los días

3. N'IMPORTE QUEL

cualquier • **à toute heure** a cualquier hora • **tout autre que lui** cualquier otro en su lugar

■ tout, toute *pron indéf*

• **je t'ai tout dit** te lo he dicho todo • **c'est tout** (eso) es todo • **ils voulaient tous la voir** todos querían verla

■ tout, toute *adv*

1. ENTIÈREMENT, TOUT À FAIT

muy • **tout jeune/petit/triste** muy joven/pequeño/triste • **tout nu** (completamente) desnudo • **tout seuls** (completamente) solos • **tout au début** al principio • **tout en haut** arriba del todo • **tout près** muy cerca • **tout contre** contra

2. AVEC UN GÉRONDIF, INDIQUE LA SIMULTANÉITÉ

• **ils parlaient tout en marchant** hablaban mientras andaban

■ tout *nm*

• **tenter le tout pour le tout** jugarse el todo por el todo • **former un tout** formar un conjunto

■ tout à fait *loc adv*

1. COMPLÈTEMENT

completamente, totalmente, del todo • **c'est tout à fait vrai** es totalmente cierto • **ce n'est pas tout à fait fini** no está completamente acabado

2. EXACTEMENT

exactamente • **c'est tout à fait ce que je voulais** es exactamente lo que quería • **pas tout à fait** no del todo

■ tout à l'heure *loc adv*

1. DANS LE FUTUR

luego, dentro de un momento • **je vais le voir tout à l'heure** voy a verlo luego • **à tout à l'heure !** ¡hasta luego!

2. DANS LE PASSÉ

hace poco, hace un rato • **j'ai vu Mario tout à l'heure** he visto a Mario hace un rato

■ tout de même *loc adv*

QUAND MÊME

a pesar de todo • **vous avez tout de même apprécié ce vin** a pesar de todo le ha gustado el vino

■ tout de suite *loc adv*

enseguida, inmediatamente • **je vais le faire tout de suite** lo voy a hacer enseguida

■ du tout au tout *loc adv*

completamente, de medio a medio • **elle a changé du tout au tout** ha cambiado por completo

■ pas du tout *loc adv*

nada, en absoluto • **je n'ai pas du tout peur** no tengo ningún miedo • **il ne fait pas du tout froid** no hace nada de frío • **ça ne me plaît pas du tout** no me gusta nada • **— je vous dérange ? — non, pas du tout** — ¿os molesto? — no, en absoluto

tout-à-l'égout *nm inv* sumidero *m*.

toutefois *adv* sin embargo, no obstante • **si toutefois** si (es que) • **si toutefois tu changeais d'avis** si (es que) cambias de idea.

tout-petit *nm* • **les tout-petits** los pequeñines.

tout-puissant, toute-puissante *adj* todopoderoso(sa).

toux *nf* tos *f*.

toxicité *nf* toxicidad *f*.

toxicomane *nmf* toxicómano *m*, -na *f*.

toxicomanie *nf* drogadicción *f*, toxicomanía *f*.
toxine *nf* toxina *f*.
toxique *adj* tóxico(ca).
tps (abrév de temps) t.
trac *nm* nerviosismo *m (antes de examinarse o salir a escena)* • **avoir le trac** estar nervioso(sa).
traçabilité *nf* trazabilidad *f*.
tracas *nm* preocupación *f*.
tracasserie *nf* molestia *f* (ESP), vaina *f* (AMÉR).
trace *nf* **1.** *(empreinte)* huella *f*, rastro *m* • **marcher sur les traces de qqn** *fig* seguir las huellas de alguien **2.** *(marque)* huella *f* **3.** *(gén pl) (vestige)* huella *f* **4.** *(très petite quantité)* huella *f*, traza *f*.
tracé *nm* trazado *m*.
tracer *vt* trazar. ❑ *vi fam* ir a todo gas.
trachéite *nf* traqueítis *f inv*.
trachéotomie *nf* traqueotomía *f*.
tract *nm* octavilla *f*; *(de propagande politique)* panfleto *m*.
tractation *nf (gén pl)* trato *m*.
tracter *vt* remolcar.
tracteur *nm* tractor *m*.
traction *nf* tracción *f* • **traction avant/arrière** tracción delantera/trasera.
trader *nm* bróker *mf*, corredor *m*, -ra *f* de bolsa.
tradition *nf* tradición *f*.
traditionnel, elle *adj* tradicional.
traducteur, trice *nm,f* traductor *m*, -ra *f*. ■ **traducteur** *nm* INFORM traductor *m*.
traduction *nf* traducción *f*.
traduire *vt* **1.** *(gén)* traducir • **traduire en** traducir al **2.** DR • **traduire qqn en justice** llevar a alguien a los tribunales.
trafic *nm* tráfico *m*.
trafiquant, e *nm,f* traficante *mf*.
trafiquer *vt* **1.** *(falsifier)* falsear; *(moteur)* trucar **2.** *fam (manigancer)* tramar. ❑ *vi* traficar.
tragédie *nf* tragedia *f*.
tragi-comédie *nf* tragicomedia *f*.
tragique *adj* trágico(ca). ❑ *nm (auteur tragique)* trágico *m*, -ca *f*.
tragiquement *adv* trágicamente.
trahir *vt* traicionar. ■ **se trahir** *vp* traicionarse.
trahison *nf* traición *f*.
train *nm* **1.** *(chemin de fer)* TECHNOL tren *m* • **train d'atterrissage** tren de aterrizaje • **train auto-couchettes** tren coche-cama • **train avant/arrière** tren delantero/trasero **2.** *(allure)* marcha *f*, paso *m* • **aller bon train** ir a buen paso • **être en train** *(être en forme)* estar en forma • **mettre qqch en train** poner algo en marcha **3.** *fam (postérieur)* trasero *m* (ESP), traste *m* (AMÉR). ■ **train de vie** *nm* tren *m* de vida. ■ **en train de** *loc prép* • **être en train de faire qqch** estar haciendo algo • **je suis en train de lire** estoy leyendo.
traînant, e *adj* **1.** *(robe)* que arrastra **2.** *(voix)* cansino(na), lánguido(da).
traîne *nf* **1.** *(de robe)* cola *f* • **être à la traîne** ir rezagado(da) **2.** *(de pêche)* traína *f*.
traîneau *nm* trineo *m*.
traînée *nf* **1.** *(trace)* reguero *m*; *(de comète)* estela *f* **2.** *tfam & péj (prostituée)* zorra *f*.
traîner *vt* **1.** *(gén)* arrastrar **2.** *(forcer à aller)* llevar a rastras. ❑ *vi* **1.** *(s'attarder)* rezagarse **2.** *(errer)* callejear, vagabundear **3.** *(maladie, affaire)* ir para largo • **faire traîner qqch** dar largas a algo • **ça n'a pas traîné !** ¡no ha tardado mucho! **4.** *(pendre)* colgar **5.** *(ne pas être rangé)* estar tirado(da). ■ **se traîner** *vp* **1.** *(marcher avec peine)* arrastrarse **2.** *(durer)* hacerse largo(ga).
train-train *nm fam* rutina *f*.
traire *vt* ordeñar.
trait *nm* **1.** *(ligne)* trazo *m* • **à grands traits** a grandes rasgos • **trait d'union** guión *m* **2.** *(caractéristique)* rasgo *m* • **trait d'esprit** agudeza *f* **3.** *(flèche)* saeta *f*. ■ **traits** *nmpl (du visage)* rasgos *mpl*, facciones *fpl* • **avoir les traits tirés** tener cara de cansado(da).
traitant, e *adj* **1.** *(shampooing, crème)* tratante **2.** *(médecin)* de cabecera.
traite *nf* **1.** *(de vache)* ordeño *m* **2.** COMM letra *f* de cambio **3.** *(d'esclaves)* trata *f*. ■ **d'une seule traite** *loc adv* de un tirón, de una tirada.
traité *nm* tratado *m* • **traité de non-prolifération** tratado de no proliferación.
traitement *nm* **1.** *(gén)* tratamiento *m* • **traitement de l'information** procesamiento *m* de la información • **traitement des données** proceso *m* de datos • **traitement de texte** tratamiento de textos **2.** *(envers quelqu'un)* trato *m* **3.** *(rémunération)* paga *f*.
traiter *vt* **1.** *(gén)* tratar • **traiter qqn de** tratar a alguien de • **bien/mal traiter qqn** tratar bien/mal a alguien **2.** INFORM *(données)* procesar. ❑ *vi* **1.** *(négocier)* tratar **2.** *(livre)* • **traiter de** tratar de.
traiteur *nm* restaurador *m* especializado en comidas preparadas.
traître, esse *adj* traidor(ra). ❑ *nm,f* traidor *m*, -ra *f* • **en traître** a traición.
traîtrise *nf sout* traición *f*.
trajectoire *nf* trayectoria *f*.
trajet *nm* trayecto *m*.
tralala *nm péj* parafernalia *f*.
trame *nf* trama *f*.
tramer *vt sout* tramar. ■ **se tramer** *vp* tramarse.
trampoline *nm* cama *f* elástica.
tramway *nm* tranvía *m*.
tranchant, e *adj* **1.** *(instrument)* cortante, afilado(da) (ESP), filoso(sa) (AMÉR) **2.** *(personne)* cortante **3.** *(ton)* tajante. ■ **tranchant** *nm* filo *m*.

tranche *nf* **1.** *(de pain)* rebanada *f* ; *(de jambon)* loncha *f*, lonja *f* ; *(de saucisson)* rodaja *f* **2.** *(de livre, de pièce)* canto *m* **3.** *(de loterie)* sorteo *m* **4.** *(période)* intervalo *m* **5.** *(partie)* serie *f*.

trancher *vt* **1.** *(gén)* cortar **2.** *(pain)* rebanar **3.** *fig (question, difficulté)* zanjar. ❑ *vi* **1.** *fig (décider)* decidirse **2.** *(contraster)* • **trancher avec** contrastar con.

tranquille *adj* tranquilo(la) • **laisser qqch/qqn tranquille** dejar algo/a alguien tranquilo *ou* en paz • **rester** *ou* **se tenir tranquille** quedarse *ou* estarse quieto(ta).

tranquillement *adv* tranquilamente.

tranquillisant, e *adj* **1.** *(nouvelle)* tranquilizador(ra) **2.** *(médicament)* tranquilizante. ■ **tranquillisant** *nm* tranquilizante *m*.

tranquilliser *vt* tranquilizar. ■ **se tranquilliser** *vp* tranquilizarse.

tranquillité *nf* tranquilidad *f* • **en toute tranquillité** con toda tranquilidad.

transaction *nf* transacción *f*.

transalpin, e *adj* transalpino(na).

transat *nm* tumbona *f* (**ESP**), reposera *f* (**AMÉR**). ❑ *nf* regata *f* transatlántica.

transatlantique *adj* transatlántico(ca). ❑ *nm* transatlántico *m*. ❑ *nf* regata *f* transatlántica.

transcription *nf* transcripción *f*.

transcrire *vt* transcribir.

transe *nf sout* ansia *f* • **être en transe a)** estar en trance **b)** *fig* estar fuera de sí.

transférable *adj* trasladable.

transférer *vt* **1.** *(bureaux)* transferir **2.** *(prisonnier, inculpé)* trasladar.

transfert *nm* **1.** *(de fonds, de marchandises)* *PSYCHO* transferencia *f* **2.** *INFORM* transferencia *f* • **transfert de fichiers** transferencia de archivos **3.** *(de prisonnier, de population)* traslado *m* **4.** *DR (de biens immobiliers)* transmisión *f*.

transfigurer *vt* transfigurar.

transformateur, trice *adj* transformador(ra). ■ **transformateur** *nm* transformador *m*.

transformation *nf* **1.** *(changement, conversion)* transformación *f* **2.** *SPORT (d'essai)* transformación *f* (de ensayo).

transformer *vt* • **transformer qqch en qqch** transformar algo en algo. ■ **se transformer** *vp* • **se transformer en** transformarse en.

transfuge *nmf* tránsfuga *mf*.

transfuser *vt (du sang)* hacer una transfusión a.

transfusion *nf* transfusión *f* • **transfusion sanguine** transfusión de sangre *ou* sanguínea.

transgénérationnel, elle *adj* transgeneracional.

transgénique *adj* transgénico(ca).

transgresser *vt* transgredir, quebrantar.

transhumance *nf* trashumancia *f*.

transi, e *adj* • **être transi de a)** *(froid)* estar aterido de **b)** *(peur)* estar transido de.

transistor *nm* transistor *m*.

transit *nm* tránsito *m* • **en transit** en tránsito.

transiter *vi* transitar, estar en tránsito.

transitif, ive *adj* transitivo(va).

transition *nf* transición *f* • **sans transition** sin transición.

transitivité *nf* transitividad *f*.

transitoire *adj* transitorio(ria).

translucide *adj* translúcido(da).

transmettre *vt* • **transmettre qqch à qqn** transmitir algo a alguien. ■ **se transmettre** *vp* transmitirse.

transmissible *adj* transmisible.

transmission *nf* transmisión *f*.

transparaître *vi* transparentarse.

transparence *nf* transparencia *f*.

transparent, e *adj* transparente. ■ **transparent** *nm* transparencia *f*.

transpercer *vt* traspasar.

transpiration *nf* transpiración *f*, sudor *m*.

transpirer *vi* transpirar, sudar.

transplanter *vt* **1.** *(arbre, organe)* trasplantar **2.** *fig (population, usine)* trasladar.

transport *nm* **1.** *(gén)* transporte *m* ; *(de personnes)* traslado *m* • **transports en commun** transportes públicos **2.** *(accès)* arrebato *m*.

LEXIQUE

Les moyens de transport

l'autobus el autobús
l'avion el avión
le bateau el barco
la bicyclette/le vélo la bicicleta/la bici
le camion el camión
la camionnette la camioneta
l'hélicoptère el helicóptero
le métro el metro
la Mobylette la mobylette
le monospace el monovolumen
la moto la moto
les rollers los patines en línea
le scooter el escúter
le train el tren
le tramway el tranvía
la trottinette el patinete
la voiture el coche

transportable *adj* **1.** *(marchandise)* transportable **2.** *(blessé)* trasladable.

transporter *vt* **1.** *(gén)* llevar ; *(voyageurs, marchandises)* transportar **2.** *(personne)* trasladar. ■ **se transporter** *vp* trasladarse.

transporteur *nm* **1.** *(personne)* transportista *mf* • **transporteur routier** transportista *(camionero)* **2.** *(machine)* transportador *m*.

transposer *vt* **1.** *(mots)* transponer **2.** *(situation, intrigue)* trasladar **3.** *(à l'écran)* llevar **4.** MUS transportar.

transposition *nf* **1.** *(de mots)* transposición *f* **2.** *(de situation, d'intrigue)* traslado *m* **3.** MUS transporte *m*.

transsexuel, elle *adj & nm,f* transexual.

transvaser *vt* transvasar, trasegar.

transversal, e *adj* transversal.

trapèze *nm* trapecio *m*.

trapéziste *nmf* trapecista *mf*.

trappe *nf* **1.** *(ouverture)* trampa *f*, trampilla *f* **2.** *(piège)* trampa *f*.

trapu, e *adj (personne)* achaparrado(da).

traquenard *nm* trampa *f*.

traquer *vt* **1.** *(animal)* acorralar **2.** *(personne)* acosar **3.** *fig (rechercher, être à l'affût de)* ir a la busca y captura de.

trash *adj inv* cutre • **un film trash** una película cutre. ❑ *nm* lo cutre • **elle fait dans le trash** le va lo cutre.

traumatisant, e *adj* traumatizante.

traumatiser *vt* traumatizar.

traumatisme *nm* **1.** *(psychique)* trauma *m* **2.** *(physique)* traumatismo *m*.

travail *nm* **1.** *(gén)* trabajo *m* • **demander du travail** *(sujet : projet)* dar trabajo • **se mettre au travail** ponerse a trabajar • **travail intellectuel** trabajo intelectual • **travail à la chaîne** producción *f* en cadena • **travail au noir** trabajo clandestino **2.** *(de la mémoire, du souvenir)* mecanismo *m* **3.** *(du temps, de la fermentation, etc)* obra *f*. ■ **travaux** *nmpl* **1.** *(gén)* trabajos *mpl* • **travaux des champs** faenas *fpl* del campo **2.** *(d'aménagement)* obras *fpl*, reformas *fpl* • **travaux publics** obras públicas • **une entreprise de travaux publics** una empresa de obras públicas.

travaillé, e *adj* **1.** *(matériau, style)* trabajado(da) **2.** *(tourmenté)* • **être travaillé par** estar minado por.

travailler *vi* **1.** *(gén)* trabajar ; SCOL estudiar • **travailler chez/dans** trabajar en • **travailler sur** *ou* **à qqch** trabajar en algo • **travailler à temps partiel** trabajar a tiempo parcial **2.** *(métal, bois)* alabearse **3.** *(vin)* fermentar. ❑ *vt* **1.** *(gén)* trabajar • **travailler son piano** ejercitarse en el piano **2.** *(tracasser)* atormentar.

travailleur, euse *adj* trabajador(ra). ❑ *nm,f* trabajador *m*, -ra *f* • **travailleur émigré/indépendant** trabajador emigrante/autónomo.

travelling *nm* travelling *m*.

travers *nm* defecto *m*. ■ **à travers** *loc adv* a través. ❑ *loc prép* • **à travers qqch** a través de algo. ■ **au travers** *loc adv* a través. ■ **au travers de** *loc prép* a través de. ■ **de travers** *loc adv* **1.** *(marcher)* de través **2.** *(placer)* torcido(da) • **avaler de travers** atragantarse **3.** *(se garer)* atravesado(da) **4.** *(comprendre)* al revés **5.** *(expressions)* • **aller de travers** ir al revés • **faire tout de travers** no hacer nada a derechas • **regarder qqn de travers** mirar a alguien con malos ojos. ■ **en travers** *loc adv* de través. ■ **en travers de** *loc prép* • **être en travers de** estar atravesado(da) en.

traverse *nf* **1.** *(chemin)* atajo *m* **2.** *(de chemin de fer)* traviesa *f*.

traversée *nf* travesía *f*.

traverser *vt (gén)* atravesar ; *(rue)* cruzar.

traversin *nm* travesaño *m (almohada)*.

travesti, e *adj* travestido(da). ■ **travesti** *nm* travestí *m*, travesti *m*.

travestir *vt* disfrazar. ■ **se travestir** *vp* **1.** *(pour un bal)* disfrazarse **2.** *(en femme)* travestirse.

trébucher *vi* **1.** *(tomber)* tropezar, dar un traspié • **trébucher sur** *ou* **contre qqch** tropezar con *ou* contra algo **2.** *fig (buter)* • **trébucher sur qqch** tropezar con algo.

trèfle *nm* trébol *m* • **trèfle à quatre feuilles** trébol de cuatro hojas.

treille *nf* **1.** *(de vigne)* parra *f* **2.** *(tonnelle)* emparrado *m*.

treillis *nm* **1.** *(clôture)* enrejado *m* **2.** *(toile)* arpillera *f* **3.** MIL traje *m* de faena.

treize *adj num inv & nm inv* trece. Voir aussi **six**.

trekking *nm* trekking *m*.

tréma *nm* diéresis *f inv*.

tremblant, e *adj* tembloroso(sa).

tremblement *nm* temblor *m* • **tremblement de terre** terremoto *m* • **et tout le tremblement** *fam* y toda la pesca.

trembler *vi* **1.** *(gén)* temblar **2.** *fig (avoir peur)* • **trembler pour qqch/pour qqn** temblar por algo/por alguien • **trembler de faire qqch** *sout* temer hacer algo.

trembloter *vi* **1.** *(personne)* temblequear **2.** *(voix, lumière)* temblar.

trémousser ■ **se trémousser** *vp* menearse.

trempe *nf* **1.** *(caractère)* temple *m* • **de cette/sa trempe** de esta/su temple **2.** *fam (coups)* paliza *f* (ESP), golpiza *f* (AMÉR).

trempé, e *adj (mouillé)* calado(da) • **trempé jusqu'aux os** calado hasta los huesos.

tremper *vt* **1.** *(mouiller)* mojar **2.** *(plonger)* • **tremper qqch dans** empapar algo en **3.** *(métal)* templar. ❑ *vi (linge)* estar en remojo, remojarse • **faire tremper** poner en remojo.

tremplin *nm* trampolín *m*.

trentaine *nf* **1.** *(nombre)* • **une trentaine de** una treintena de **2.** *(âge)* • **avoir la trentaine** tener los treinta.

trente *adj num inv* treinta. ❑ *nm inv* treinta *m inv*. Voir aussi **six**.

trentenaire *adj* treintañal, que dura treinta años. ❑ *nmf* treintañero *m*, -ra *f*.

trente-trois-tours *nm inv* elepé *m*, long-play *m*.

trentième *adj num & nmf* trigésimo(ma). ❑ *nm* treintavo *m*, treintava parte *f*. Voir aussi **sixième**.

trépasser *vi sout* fallecer.

trépidant, e *adj* trepidante.

trépied *nm* trípode *m*.

trépigner *vi* patalear.

très *adv* mucho(cha) *(devant un nom)*, muy *(devant un adjectif ou un adverbe)* • **très malade** muy enfermo • **très bien** muy bien • **très à l'aise** muy a gusto • **arriver très en retard** llegar muy tarde *ou* con mucho retraso • **avoir très envie de** tener muchas ganas de • **avoir très peur/très faim** tener mucho miedo/mucha hambre.

À PROPOS DE

très

L'adverbe *très* se traduit parfois par un adjectif quand il se rapporte à un nom. Il s'accorde alors en genre et en nombre avec ce nom.

trésor *nm* tesoro *m* • **des trésors d'ingéniosité** ingeniosidad *f* a raudales. ■ **Trésor** *nm* • **le Trésor public** el Tesoro Público.

trésorerie *nf* tesorería *f*.

trésorier, ère *nm, f* tesorero *m*, -ra *f*.

tressaillement *nm* estremecimiento *m*.

tressaillir *vi* estremecerse.

tressauter *vi* bambolearse.

tresse *nf* trenza *f*.

tresser *vt* trenzar.

tréteau *nm* caballete *m*.

treuil *nm* torno *m* elevador.

trêve *nf* tregua *f* • **trêve de plaisanteries/de sottises** basta de bromas/de tonterías. ■ **sans trêve** *loc adv* sin tregua.

tri *nm (de lettres)* clasificación *f*; *(de candidats)* selección *f* • **faire le tri dans qqch** poner orden en algo • **tri sélectif (des ordures ménagères)** separación *f* selectiva (de basuras).

triage *nm (de lettres)* clasificación *f*.

triangle *nm* triángulo *m*.

triangulaire *adj* triangular.

triathlète *nmf* triatleta *mf*.

triathlon *nm* triatlón *m*.

tribal, e *adj* tribal.

tribord *nm* estribor *m* • **à tribord** a estribor.

tribu *nf* tribu *f*.

tribulations *nfpl* tribulaciones *fpl*.

tribunal *nm* tribunal *m* • **tribunal correctionnel** ≃ sala *f* de lo penal • **tribunal d'instance** ≃ juzgado *m* municipal • **tribunal de grande instance** ≃ audiencia *f* provincial o regional.

tribune *nf* tribuna *f*.

tribut *nm sout* tributo *m*.

tributaire *adj* tributario(ria) • **être tributaire de qqch/de qqn** depender de algo/de alguien.

tricher *vi* **1.** *(au jeu)* hacer trampas **2.** *(à un examen)* copiar **3.** *(mentir)* • **tricher sur qqch** engañar sobre algo.

tricherie *nf* **1.** *(gén)* trampa *f* **2.** *(tromperie)* engaño *m*.

tricheur, euse *nm, f* **1.** *(au jeu)* tramposo *m*, -sa *f* **2.** *(à un examen)* copión *m*, -ona *f*.

tricolore *adj* tricolor.

tricot *nm* **1.** *(étoffe)* punto *m* • **faire du tricot** hacer punto **2.** *(vêtement)* jersey *m*.

tricoter *vt* • **tricoter qqch** hacer algo de punto, tejer algo. ❑ *vi* hacer punto, tejer.

tricycle *nm* triciclo *m*.

trier *vt* **1.** *(classer)* clasificar **2.** *(sélectionner)* seleccionar.

trigonométrie *nf* trigonometría *f*.

trilingue *adj & nmf* trilingüe.

trilogie *nf* trilogía *f*.

trimestre *nm* trimestre *m*.

trimestriel, elle *adj* trimestral.

tringle *nf* varilla *f* • **tringle à rideaux** riel *m*.

Trinité *npr* Trinidad *f*.

trinquer *vi* **1.** *(boire)* brindar • **trinquer à** *(à la santé de)* beber a **2.** *fam (subir un dommage)* pagar el pato.

trio *nm* trío *m*.

triomphal, e *adj* triunfal.

triomphaliste *adj & nmf* triunfalista.

triomphant, e *adj* triunfante.

triomphe *nm* triunfo *m* • **porter qqn en triomphe** llevar a alguien a hombros.

triompher *vi* **1.** *(gén)* triunfar • **triompher de qqch/de qqn** triunfar sobre algo/sobre alguien **2.** *(jubiler)* cantar victoria.

triparti, e *adj* tripartito(ta).

tripes *nfpl* **1.** *(d'animal)* tripas *fpl*; CULIN *(plat)* callos *mpl* **2.** *fam (de personne)* agallas *fpl* • **rendre tripes et boyaux** echar las tripas.

triple *adj & nm* triple.

triplé *nm* **1.** *(au turf)* combinación *f* de los tres caballos ganadores *(en la Quíntuple Plus)* **2.** SPORT triplete *m*. ■ **triplés, ées** *nmf pl* trillizos *mpl*, trillizas *fpl* (ESP), triates *mpl* (AMÉR).

tripler *vt* triplicar. ❑ *vi* triplicarse.

triste *adj* triste • **être triste de faire qqch** estar triste por hacer algo.

tristesse *nf* tristeza *f*.

triturer *vt* triturar.

trivial, e *adj* **1.** *(banal)* trivial **2.** *péj (vulgaire)* grosero(ra) (ESP), guarango(ga) (AMÉR).

troc *nm* trueque *m*.

trois *adj num* tres. ❑ *nm* tres *m inv*. Voir aussi **six**.

troisième *adj & nmf* tercero(ra). ❑ *nm* tercero *m*, tercera parte *f*. ❑ *nf* **1.** SCOL ≃ tercero *m* de la ESO *(educación secundaria obligatoria)* **2.** *(vitesse)* tercera *f.* Voir aussi **sixième**.

troisièmement *adv* en tercer lugar.

trois-quarts *nm* tres cuartos *m.*

trois-roues *nm* tres ruedas *m.*

trombe *nf* tromba *f.*

trombone *nm* **1.** *(agrafe)* clip *m* **2.** MUS trombón *m.*

trompe *nf* trompa *f.*

trompe-l'œil *nm inv* **1.** *(peinture)* trampantojo *m* • **en trompe-l'œil** de trampantojo **2.** *fig (apparence)* engañifa *f.*

tromper *vt* **1.** *(gén)* engañar **2.** *(vigilance)* burlar **3.** *sout (espoir)* frustrar. ■ **se tromper** *vp* equivocarse • **se tromper de** equivocarse de.

tromperie *nf* engaño *m*, engañifa *f.*

trompette *nf* trompeta *f.*

trompettiste *nmf* trompetista *mf.*

trompeur, euse *adj* **1.** *(personne)* embustero(ra) **2.** *(chose)* engañoso(sa) • **c'est trompeur** eso engaña. ❑ *nm, f* embustero *m*, -ra *f.*

tronc *nm* **1.** *(gén)* tronco *m* **2.** *(d'église)* cepillo *m.* ■ **tronc commun** *nm* tronco *m* común.

tronche *nf fam* & *péj* pinta *f.*

tronçon *nm* **1.** *(morceau)* trozo *m* **2.** *(de route, de chemin de fer)* tramo *m.*

tronçonneuse *nf* sierra *f* eléctrica.

trône *nm* trono *m* • **monter sur le trône** subir al trono.

trôner *vi* **1.** *(gén)* reinar **2.** *hum (faire l'important)* pavonearse.

trop *adv* **1.** *(avec adjectif, adverbe et verbe)* demasiado • **trop loin/vieux** demasiado lejos/viejo **2.** *(devant un nom)* demasiado(da) • **avoir trop chaud** tener demasiado calor • **avoir trop faim** tener demasiada hambre **3.** *(avec complément)* • **trop de** demasiado(da) • **trop d'argent** demasiado dinero • **trop de tristesse** demasiada tristeza **4.** *(dans une négation)* • **pas trop** no mucho, no demasiado • **sans trop savoir pourquoi** sin saber muy bien por qué. ■ **de trop, en trop** *loc adv* de más • **être de trop** estar de más. ■ **par trop** *loc adv sout* en demasía, demasiado.

trophée *nm* trofeo *m.*

tropical, e *adj* tropical.

tropique *nm* trópico *m.* ■ **tropiques** *nmpl* trópicos *mpl.*

trop-plein *nm* **1.** *(de récipient)* sobrante *m* **2.** *(de barrage)* rebosadero *m* **3.** *(d'énergie)* exceso *m.*

troquer *vt* • **troquer qqch contre qqch** trocar algo por algo.

trot *nm* trote *m.*

trotter *vi* trotar.

trottiner *vi* trotar.

trottinette *nf* patinete *m.*

trottoir *nm* acera *f* (ESP), vereda *f* (AMÉR).

trou *nm* **1.** *(gén)* agujero *m* ; *(dans le sol)* hoyo *m* • **trou d'air** bolsa *f* de aire • **trou de mémoire** laguna *f* • **boire comme un trou** beber como una esponja **2.** *(temps libre)* hueco *m* **3.** *fam (prison)* trullo *m.*

troublant, e *adj* **1.** *(ressemblance, coïncidence)* inquietante **2.** *(sourire, femme)* turbador(ra), perturbador(ra).

trouble *adj* turbio(bia). ❑ *nm* **1.** *(désordre)* confusión *f* **2.** *(émotion)* turbación *m*, confusión *f* **3.** *(dérèglement)* trastorno *m.* ■ **troubles** *nmpl* disturbios *mpl.*

trouble-fête *nmf* aguafiestas *mf inv.*

troubler *vt* **1.** *(gén)* turbar, perturbar **2.** *(eau)* enturbiar **3.** *(vue)* nublar. ■ **se troubler** *vp* **1.** *(eau)* enturbiarse **2.** *(personne)* turbarse.

trouée *nf* **1.** *(ouverture)* boquete *m* **2.** MIL & GÉOGR brecha *f.*

trouer *vt (percer)* agujerear.

trouille *nf fam* canguelo *m.*

troupe *nf* **1.** MIL tropa *f* **2.** *(d'amis)* pandilla *f* **3.** THÉÂTRE compañía *f*, troupe *f.*

troupeau *nm* **1.** *(d'animaux domestiques)* rebaño *m*, manada *f* ; *(de porcs)* piara *f* **2.** *(d'animaux sauvages)* manada *f* **3.** *péj (groupe de personnes)* manada *f* (ESP), titipuchal *m* (AMÉR).

trousse *nf* estuche *m* • **trousse de secours** botiquín *m* de primeros auxilios • **trousse de toilette** bolsa *f* de aseo.

trousseau *nm* **1.** *(de mariée)* ajuar *m* **2.** *(de clefs)* manojo *m.*

trouvaille *nf* hallazgo *m.*

trouvé, e *adj* • **bien trouvé** acertado • **tout trouvé** fácil.

trouver *vt* encontrar • **trouver bon/mauvais que** encontrar mal/bien que • **il trouve toujours quelque chose à dire** siempre encuentra algo que decir • **trouver qqch à qqn** encontrarle algo a alguien • **trouver que** creer que. ■ **se trouver** *vp* encontrarse. ❑ *v impers* • **il se trouve que** resulta que.

truand *nm* mafioso *m* ; *fam* timador *m.*

truc *nm fam* **1.** *(combine)* truco *m* **2.** *(chose)* chisme *m* (ESP), coso *m* (AMÉR) • **le théâtre c'est mon truc** lo mío es el teatro.

trucage = **truquage**.

truculent, e *adj* truculento(ta).

truelle *nf* llana *f.*

truffe *nf* **1.** *(champignon)* trufa *f* **2.** *(museau)* morro *m.*

truffer *vt* trufar • **truffé de** repleto de.

truie *nf* cerda *f*, marrana *f.*

truite *nf* trucha *f.*

truquage, trucage *nm (de dés)* CINÉ trucaje *m* ; *(d'élections)* amaño *m.*

truquer *vt (dés)* CINÉ trucar ; *(élections)* amañar.

trust *nm* trust *m.*

ts abrév de **tous**.
tsar, **tzar** *nm* zar *m*.
tsé-tsé *nf inv* → **mouche**.
tsigane = **tzigane**.
tsunami *nm* tsunami *m*.
tu *pron pers* tú • **dire tu à qqn** tratar de tú a alguien, tutear a alguien.
tuba *nm* **1.** *MUS* tuba *f* **2.** *(de plongée)* tubo *m*.
tube *nm* **1.** *(gén)* tubo *m* • **tube à essai** tubo de ensayo • **tube cathodique** tubo catódico **2.** *fam (chanson)* éxito *m*. ■ **tube digestif** *nm* tubo *m* digestivo.
tubercule *nm* tubérculo *m*.
tuberculose *nf* tuberculosis *f inv*.
tue-mouches *adj inv* matamoscas.
tuer *vt* matar.
tuerie *nf* matanza *f*.
tue-tête ■ **à tue-tête** *loc adv (chanter)* a voz en grito ; *(crier)* hasta desgañitarse.
tueur, **euse** *nm,f* **1.** *(meurtrier)* asesino *m*, -na *f* • **tueur en série** asesino en serie **2.** *(dans un abattoir)* matarife *m*.
tuile *nf* **1.** *(sur un toit)* teja *f* **2.** *fam (désagrément)* marrón *m*.
tulipe *nf* **1.** *BOT* tulipán *m* **2.** *(abat-jour)* tulipa *f*.
tulle *nm* tul *m*.
tuméfaction *nf* tumefacción *f*.
tuméfié, **e** *adj* tumefacto(ta).
tumeur *nf* tumor *m*.
tumulte *nm* tumulto *m*.
tune = **thune**.
tuner *nm* túner *m*.
tunique *nf* túnica *f*.
Tunisie *nf* • **la Tunisie** Túnez.
tunnel *nm* túnel *m*.
turban *nm* turbante *m*.
turbine *nf* turbina *f*.
turbo *nm* turbo *m*.
turboréacteur *nm* turborreactor *m*.
turbulence *nf* turbulencia *f*.
turbulent, **e** *adj* turbulento(ta) ; *(enfant)* revoltoso(sa).
Turkménistan *npr* • **le Turkménistan** Turkmenistán.
turnover *nm* rotación *f* de la mano de obra.
Turquie *npr* • **la Turquie** Turquía.
turquoise *nf (pierre)* turquesa *f*. ❑ *adj inv (couleur)* turquesa *(en apposition)*.
tutelle *nf* tutela *f*.
tuteur, **trice** *nm,f* tutor *m*, -ra *f*. ■ **tuteur** *nm* tutor *m*, rodrigón *m*.
tutoriel *nm INFORM* tutorial *m*.
tutoyer *vt* tutear. ■ **se tutoyer** *vp* tutearse.
tuyau *nm* **1.** *(conduit - gén)* tubo *m* ; *(- de plume, de cheminée, d'orgue)* cañón *m* • **tuyau d'arrosage** manga *f ou* manguera *f* de riego • **tuyau d'échappement** tubo de escape **2.** *fam (renseignement)* soplo *m*.
tuyauterie *nf* tubería *f*, cañería *f*.
TV (abrév de **télévision**) *nf* TV *f* • **un programme TV** un programa de televisión • **la redevance TV** *pour expliquer ce que c'est, vous pouvez dire :* es el impuesto que se paga anualmente por tener un televisor y que sirve para financiar la televisión pública.
TVA (abrév de **taxe sur la valeur ajoutée**) *nf* IVA *m* • **le taux de TVA** la tasa del IVA.
tweed *nm* tweed *m*.
Tweet® *nm* tuit *m*.
tweeter, **twitter** *vi & vt* tuitear.
tympan *nm ANAT & ARCHIT* tímpano *m*.
type *nm* tipo *m* • **un chic/sale type** un tipo estupendo/asqueroso.
typhoïde *nf* tifoidea *f*.
typhon *nm* tifón *m*.
typhus *nm* tifus *m inv*.
typique *adj* típico(ca).
typographie *nf* tipografía *f*.
tyran *nm* tirano *m*, -na *f*.
tyrannie *nf* tiranía *f*.
tyrannique *adj* tiránico(ca).
tyranniser *vt* tiranizar.
tzar = **tsar**.
tzigane, **tsigane** *adj* cíngaro(ra), zíngaro(ra). ■ **Tzigane**, **Tsigane** *nmf* cíngaro *m*, -ra *f*.

U

u, **U** *nm inv (lettre)* u *f*, U *f*.
UE (abrév de **Union européenne**) *nf* UE *f* • **les pays membres de l'UE** los países miembros de la UE.
UER *nf* (abrév de **Union européenne de radiodiffusion**) UER *f*.
Ukraine *npr* • **l'Ukraine** Ucrania.
ulcère *nm* úlcera *f*.
ulcérer *vt* **1.** *MÉD* ulcerar **2.** *(indigner)* afectar, indignar.
ULM (abrév de **ultraléger motorisé**) *nm* ultraligero *m* • **voler en ULM** volar en ultraligero.
ultérieur, **e** *adj* ulterior.

ultérieurement *adv* posteriormente.
ultimatum *nm* ultimátum *m*.
ultime *adj* último(ma).
ultramoderne *adj* ultramoderno(na).
ultrasensible *adj* ultrasensible.
ultrason *nm* ultrasonido *m*.
ultraviolet, ette *adj* ultravioleta. ■ **ultraviolet** *nm* ultravioleta *m*.
ululement *nm* ululación *f*.
un, une *art indéf* un, una. ❑ *pron indéf* • **l'un l'autre** el uno al otro • **l'un... l'autre** (el) uno... (el) otro • **l'un et/ou l'autre** uno y/u otro. ❑ *adj num* un, una. ■ **un** *nm inv* uno *m*. Voir aussi **six**.
unanime *adj* unánime.
unanimité *nf* unanimidad *f* • **à l'unanimité** por unanimidad.
UNESCO, Unesco (abrév de United Nations Educational, Scientific and Cultural Organization) *nf* UNESCO *f* • **site classé au patrimoine mondial de l'UNESCO** sitio declarado patrimonio mundial de la UNESCO.
uni, e *adj* **1.** *(personnes, famille, couple)* unido(da) **2.** *(surface, mer, route)* llano(na) **3.** *(de couleur)* liso(sa).
UNICEF, Unicef (abrév de United Nations International Children's Emergency Fund) *nf* UNICEF *f*.
unidose *adj* monodosis • **ce produit se présente sous forme d'un flacon unidose** este producto se presenta en formato de frasco monodosis.
unifier *vt* unificar.
uniforme *adj & nm* uniforme.
uniformisation *nf* uniformización *f*.
uniformiser *vt* uniformar.
unijambiste *adj & nmf* cojo(ja).
unilatéral, e *adj* unilateral.
union *nf* unión *f* • **l'union fait la force** la unión hace la fuerza • **union conjugale/libre** unión conyugal/libre. ■ **Union européenne** *nf* Unión *f* Europea. ■ **Union soviétique** *nf* Unión *f* Soviética.
unique *adj* único(ca).
uniquement *adv* **1.** *(exclusivement)* únicamente **2.** *(seulement)* sólo.
unir *vt* unir • **unir qqch à qqch** unir algo a algo. ■ **s'unir** *vp* unirse.
unitaire *adj* unitario(ria).
unité *nf* unidad *f*. ■ **unité centrale** *nf* INFORM unidad *f* central.
univers *nm* **1.** *(gén)* universo *m* **2.** *fig (milieu)* mundo *m*, universo *m*.
universel, elle *adj* universal.
universitaire *adj* universitario(ria). ❑ *nmf* profesor *m*, -ra *f* de universidad.
université *nf* universidad *f*.
untel, unetelle, Untel, Unetelle *nm,f* fulano *m*, -na *f*.
upériser *vt* uperizar • **lait upérisé** leche uperizada.
uranium *nm* uranio *m*.
urbain, e *adj* **1.** *(de la ville)* urbano(na) **2.** *sout (poli)* cortés.
urbaniser *vt* urbanizar.
urbanisme *nm* urbanismo *m*.
urbaniste *nmf* urbanista *mf*.
urgence *nf* urgencia *f* • **les urgences** *(d'un hôpital)* urgencias. ■ **d'urgence** *loc adv* urgentemente.
urgent, e *adj* urgente.
urgentiste *nmf* MÉD médico(ca) de urgencias.
urine *nf* orina *f*.
uriner *vi* orinar.
urinoir *nm* urinario *m*.
urne *nf* urna *f*.
URSSAF, Urssaf (abrév de Union de recouvrement des cotisations de sécurité sociale et d'allocations familiales) *nf pour expliquer ce que c'est, vous pouvez dire :* es un organismo encargado de recaudar las cotizaciones de la Seguridad Social y de los subsidios familiares.
urticaire *nf* urticaria *f*.
Uruguay *npr* • **l'Uruguay** Uruguay.
USA (abrév de United States of America) *nmpl* • **les USA** EE.UU. *mpl*.
usage *nm* uso *m* • **'à usage externe'** 'uso tópico' • **'à usage interne'** 'vía oral, rectal o parenteral' • **faire de l'usage** durar mucho • **hors d'usage** inservible • **il est d'usage de...** es costumbre....
usagé, e *adj* usado(da).
usager *nm* usuario *m*, -ria *f*.
usé, e *adj* **1.** *(vêtement)* gastado(da) **2.** *(eaux)* residual **3.** *(personne)* estropeado(da) **4.** *(plaisanterie)* manido(da).
user *vt* **1.** *(vêtement, santé, force)* gastar **2.** *(personne)* estropear. ■ **s'user** *vp* **1.** *(chaussures, vêtement)* gastarse, desgastarse **2.** *(personne)* agotarse **3.** *(sentiment)* debilitarse.
usine *nf* fábrica *f*.
usiner *vt* **1.** *(façonner)* mecanizar **2.** *(fabriquer)* fabricar.
usité, e *adj* usado(da) • **très/peu usité** muy/poco usado.
USP (abrév de unité de soins palliatifs) *nf* MÉD UCP *f*.
ustensile *nm* utensilio *m*.
usufruit *nm* usufructo *m*.
usure *nf* **1.** *(détérioration, affaiblissement)* desgaste *m* **2.** *(intérêt de prêt)* usura *f*.
usurier, ère *nm,f* usurero *m*, -ra *f*.
usurpateur, trice *adj & nm,f* usurpador(ra).

usurpation *nf* usurpación *f*.
usurper *vt* usurpar.
ut *nm inv* ut *m*.
utérus *nm* útero *m*.
utile *adj* útil • **être utile à qqch/à qqn** ser útil para algo/a alguien.
utilisateur, trice *nm,f* usuario *m*, -ria *f*.
utiliser *vt* **1.** *(employer)* utilizar **2.** *(tirer parti de)* aprovechar.
utilitaire *adj* utilitario(ria). ❑ *nm INFORM* programa *m* de utilidad.
utilité *nf* **1.** *(usage)* utilidad *f* **2.** *(intérêt)* interés *m* • **d'utilité publique** de interés público, de utilidad pública.
utopie *nf* utopía *f*.
utopiste *nmf* utópico *m*, -ca *f*, utopista *mf*.
UV *nf* (abrév de unité de valeur) ≃ asignatura *f* • **valider/obtenir une UV** ≃ validar/obtener una asignatura. ❑ *nm* (abrév de ultraviolet) rayo *m* UVA • **faire des UV** tomar rayos UVA.

V

v, V *nm inv (lettre)* v *f*, V *f* • **col en V** cuello de pico.
v.[1] **1.** *LITTÉR* (abrév de vers) v **2.** (abrév de verset) v.
v.[2], **V.** (abrév de voir) V, v.
va *interj* ¡venga! **(ESP)**, ¡ándele! **(AMÉR)** • **va pour cette fois** por esta vez pase.
vacance *nf* **1.** *(de poste)* vacante *f* **2.** *(du pouvoir)* vacío *m*. ■ **vacances** *nfpl* vacaciones *fpl* • **être en vacances** estar de vacaciones • **les grandes vacances** las vacaciones de verano.
vacancier, ère *adj* vacacional, de vacaciones. ❑ *nm,f* persona *f* de vacaciones ; *(d'été)* veraneante *mf*.
vacant, e *adj* **1.** *(poste, emploi)* vacante **2.** *(logement)* desocupado(da), vacío(a).
vacarme *nm* jaleo *m*, estrépito *m* **(ESP)**, despidole *m* **(AMÉR)**.
vacataire *adj & nmf* substituto(ta).
vacation *nf* **1.** *(période)* diligencia *f* **2.** *(rémunération)* dietas *fpl*.
vaccin *nm* vacuna *f* • **vaccin antirabique** vacuna antirrábica.
vaccination *nf* vacunación *f*.
vacciner *vt* vacunar.
vache *nf* **1.** *ZOOL* vaca *f* • **manger de la vache enragée** *fig* pasar las de Caín • **vaches grasses/maigres** *fig* vacas gordas/flacas **2.** *fam (personne méchante)* hueso *m*. ❑ *adj fam* **1.** *(sévère)* • **être vache** ser un hueso **2.** *(pénible)* duro(ra). ■ **vache à eau** *nf* bolsa *f* de agua.
vachement *adv fam* tope • **c'est vachement bien** es tope guay • **il y a vachement de monde** hay mogollón de gente.
vaciller *vi* vacilar.
vadrouiller *vi fam* vagar.
va-et-vient *nm inv* **1.** *(gén)* vaivén *m* **2.** *(charnière)* muelle *m*.
vagabond, e *adj* **1.** *(chien, personne)* vagabundo(da) ; *(vie)* errante **2.** *(humeur, imagination)* errabundo(da). ❑ *nm,f* vagabundo *m*, -da *f*.
vagabondage *nm* vagabundeo *m*.
vagal, e, -aux *adj ANAT* vagal • **malaise vagal** lipotimia.
vagin *nm* vagina *f*.
vaginal, e *adj* vaginal.
vagissement *nm* **1.** *(de nouveau-né)* vagido *m* **2.** *(d'animal)* chillido *m*.
vague[1] *adj* **1.** *(idée, promesse)* vago(ga) **2.** *(vêtement)* amplio(plia) **3.** *(avant le nom) (cousin)* lejano(na).
vague[2] *nf* ola *f* • **vague déferlante** ola rompiente.
vaguement *adv* vagamente.
vaillant, e *adj* **1.** *(vigoureux)* fuerte **2.** *sout (courageux)* valeroso(sa), valiente.
vain, e *adj* vano(na) • **en vain** en vano.
vaincre *vt* vencer.
vaincu, e *adj* vencido(da). ❑ *nm,f* vencido *m*, -da *f*.
vainement *adv* vanamente.
vainqueur *nm* vencedor *m*, -ra *f*. ❑ *adj m (air)* triunfante.
vaisseau *nm* **1.** *NAUT & ARCHIT* nave *f* • **vaisseau spatial** nave espacial • **brûler ses vaisseaux** *fig & sout* quemar sus naves **2.** *ANAT* vaso *m*.
vaisselle *nf* vajilla *f* • **faire la vaisselle** fregar los platos.
val *nm* valle *m*.
valable *adj* **1.** *(carte, excuse, raison)* válido(da) **2.** *(œuvre)* de valor.
valet *nm* **1.** *(serviteur)* sirviente *m* • **valet d'écurie** mozo *m* de cuadra • **valet de ferme** gañán *m* **2.** *fig & péj (homme servile)* lacayo *m* **3.** *(aux cartes)* ≃ sota *f*.
valeur *nf* valor *m* • **de (grande) valeur** de (gran) valor, (muy) valioso(sa) • **mettre en valeur** poner de relieve.
valide *adj* válido(da) ; *(personne)* sano(na).
valider *vt* validar.
validité *nf* validez *f*.
valise *nf* maleta *f* **(ESP)**, petaca *f* **(AMÉR)**.

vallée *nf* valle *m*.
vallon *nm* pequeño valle *m*.
vallonné,e *adj* ondulado(da).
valoche *nf fam* maleta *f*.
valoir *vi* **1.** *(gén)* valer • **à valoir sur** *COMM* a cuenta de • **faire valoir a)** *(faire ressortir)* hacer resaltar **b)** *(faire produire)* beneficiar **c)** *(faire état de)* hacer valer • **ne rien valoir** no valer nada **2.** *(équivaloir à)* equivaler a. ❑ *v impers* • **il vaut mieux que** *(+ subjonctif)* más vale que *(+ subjonctif)*. ■ **se valoir** *vp* ser tal para cual.
valorisant,e *adj* valorizante, gratificante.
valoriser *vt* valorizar.
valse *nf* **1.** *(danse) MUS* vals *m* **2.** *fam (de personnel)* baile *m*.
valser *vi* **1.** *(danser)* valsear **2.** *fam (être projeté)* ir a parar.
valve *nf* **1.** *(gén)* válvula *f* **2.** *(de mollusque)* valva *f*.
vampire *nm* vampiro *m*.
vandale *nm* vándalo *m*.
vandalisme *nm* vandalismo *m*.
vanille *nf* vainilla *f*.
vanité *nf* vanidad *f*.
vaniteux,euse *adj & nm,f* vanidoso(sa).
vanne *nf* **1.** *(d'écluse)* compuerta *f* **2.** *fam (remarque)* pulla *f*.
vannerie *nf* cestería *f*.
vantard,e *adj & nm,f* jactancioso(sa).
vanter *vt* alabar. ■ **se vanter** *vp* jactarse (ESP), compadrear (AMÉR) • **se vanter de qqch/de faire qqch** jactarse de algo/de hacer algo.
va-nu-pieds *nmf* descamisado *m*, -da *f*.
vapeur *nf* vapor *m* • **à la vapeur** *CULIN* al vapor • **à toute vapeur** *fig* a toda máquina. ❑ *nm (bateau)* vapor *m*.
vaporisateur *nm* vaporizador *m*.
vaporiser *vt* vaporizar.
vapoter *vi fam* vapear.
vapoteur,euse *fam nm,f (personne)* vapeador *m*, -ora *f*. ■ **vapoteuse** *nf (cigarette)* vapeador *m*.
vaquer *vi* • **vaquer à qqch** ocuparse de algo.
varappe *nf* escalada *f*.
variable *adj & nf* variable.
variante *nf* variante *f*.
variateur *nm* variador *m*.
variation *nf* variación *f*.
varice *nf* variz *f*.
varicelle *nf* varicela *f*.
varié,e *adj* variado(da).
varier *vt & vi* variar.
variété *nf* variedad *f*. ■ **variétés** *nfpl* variedades *fpl*.
variole *nf* viruela *f*, viruelas *fpl*.
Varsovie *npr* Varsovia.
vase *nm* florero *m*, jarrón *m*. ❑ *nf* cieno *m*.
vaseline *nf* vaselina *f*.
vaste *adj* vasto(ta), amplio(plia).
Vatican *npr* • **le Vatican** el Vaticano.
vautour *nm* buitre *m*.
vds (abrév de vends) se vende(n) • **vds TV TBE** se vende TV en muy buen estado.
veau *nm* **1.** *(animal)* ternero *m*, becerro *m* • **tuer le veau gras** *fig* tirar la casa por la ventana **2.** *(viande)* ternera *f* **3.** *(peau)* becerro *m* **4.** *fam & péj (personne)* zángano *m* ; *fam & péj (voiture)* cacharro *m*.
vecteur *nm* vector *m*.
vectoriser *vt (image)* vectorizar.
vécu,e *adj* vivido(da).
vedette *nf* **1.** *NAUT* lancha *f* motora **2.** *(star)* estrella *f*, vedette *f* ; *(personnalité)* figura *f*.
végan,e *adj inv* vegano(na).
véganisme *nm* veganismo *m*.
végétal,e *adj* vegetal. ■ **végétal** *nm* vegetal *m*.
végétarien,enne *adj & nm,f* vegetariano(na).
végétation *nf* vegetación *f*. ■ **végétations** *nfpl MÉD* vegetaciones *fpl*.
végéter *vi péj & fig* vegetar.
véhémence *nf* vehemencia *f*.
véhément,e *adj* vehemente.
véhicule *nm* vehículo *m*.
veille *nf* **1.** *(jour précédent)* día *m* anterior, víspera *f* **2.** *(éveil, privation de sommeil)* vigilia *f*, velo *f* **3.** *MIL (garde de nuit)* imaginaria *f*.
veillée *nf* **1.** *(soirée)* velada *f* **2.** *(d'un mort)* velatorio *m*.
veiller *vi* **1.** *(rester éveillé)* velar **2.** *(être de garde)* estar de guardia **3.** *(rester vigilant)* • **veiller à qqch** cuidar de algo • **veiller à faire qqch** asegurarse de hacer algo • **veiller sur qqch/sur qqn** cuidar de algo/de alguien.
veilleur *nm* vigilante *m* nocturno (ESP), nochero *m* (AMÉR).
veilleuse *nf* **1.** *(lampe)* lamparilla *f*, mariposa *f* **2.** *(d'allumage)* piloto *m*. ■ **veilleuses** *nfpl AUTO* luces *fpl* de posición.
veinard,e *nm,f fam* • **quel veinard !** ¡qué potra! ❑ *adj* • **il est vraiment veinard !** ¡tiene una potra increíble!
veine *nf* **1.** *(inspiration) ANAT* vena *f* **2.** *(marque - du bois)* vena *f* ; *(- de la pierre)* vena *f*, veta *f* **3.** *fam (chance)* potra *f*.
veineux,euse *adj* **1.** *ANAT* venoso(sa) **2.** *(bois)* veteado(da).
véliplanchiste *nmf* windsurfista *mf*.
velléité *nf* veleidad *f*.
vélo *nm fam* bici *f*.
vélocité *nf* velocidad *f*.
vélodrome *nm* velódromo *m*.
vélomoteur *nm* velomotor *m*.

vélo-taxi *nm* bicitaxi *m*.
velours *nm* terciopelo *m* • **velours côtelé** pana *f*.
velouté, e *adj (papier, peau, lumière)* aterciopelado(da) ; *(vin)* suave ; *(crème)* untuoso(sa). ■ **velouté** *nm* **1.** *(douceur)* terciopelo *m* **2.** *(potage)* crema *f*.
velu, e *adj* velludo(da).
vénal, e *adj* venal.
vendange *nf* vendimia *f*.
vendanger *vt & vi* vendimiar.
vendeur, euse *nm,f (gén)* vendedor *m*, -ra *f* ; *(employé de magasin)* dependiente *m*, -ta *f*.
vendre *vt* vender.
vendredi *nm* viernes *m inv*. Voir aussi **samedi**.
vendu, e *adj & nm,f* vendido(da).
vénéneux, euse *adj* venenoso(sa).
vénérable *adj* venerable.
vénération *nf* veneración *f*.
vénérer *vt* venerar.
vénérien, enne *adj* venéreo(a).
Venezuela *npr* • **le Venezuela** Venezuela.
vengeance *nf* venganza *f* • **crier vengeance** clamar venganza.
venger *vt* vengar. ■ **se venger** *vp* vengarse • **se venger de qqch/de qqn** vengarse de algo/de alguien.
vengeur, eresse *adj & nm,f* vengador(ra).
venimeux, euse *adj* venenoso(sa).
venin *nm* veneno *m*.

venir

■ **venir** *vi*

1. SE DÉPLACER

venir • **Marie est venue me voir** Marie vino a verme • **quand viens-tu me voir à Marseille ?** ¿cuándo vienes a verme a Marsella?

2. SURVENIR

llegar • **les problèmes viennent toujours quand on s'y attend le moins** los problemas llegan cuando menos uno se lo espera

3. AVOIR POUR CAUSE

• **ton erreur vient d'un manque d'attention** tu error se debe a una falta de atención

4. ARRIVER

llegar • **alors, cette paella, ça vient ?** bueno, ¿llega o qué, esta paella? • **ça ne me serait jamais venu à l'esprit** *ou* **à l'idée** nunca se me hubiera ocurrido

5. POUSSER

crecer, desarrollarse, darse • **un sol où les arbres fruitiers viennent bien** un suelo en que los frutales se dan bien

6. INDIQUE L'ORIGINE

venir, provenir • **elle vient de Cordoue** viene de Córdoba • **c'est un mot qui vient du latin** es una palabra que viene del latín • **cette montre lui vient de son grand-père** este reloj le viene de su abuelo

7. INDIQUE UNE ÉVENTUALITÉ

• **si elle venait à mourir...** si muriera...

■ **à venir** *loc adj*

• **il y aura de grands changements dans les années à venir** habrá grandes cambios en los años venideros

■ **en venir à** *vp + prép*

• **où veux-tu en venir ?** ¿adónde quieres ir a parar? • **j'en viens à souhaiter qu'il meure** a veces deseo incluso que se muera • **venons-en aux faits** pasemos a los hechos • **ils en sont venus aux mains** llegaron a las manos

■ **venir de** *vp + prép*

EXPRIME LE PASSÉ PROCHE

acabar de • **elle vient d'arriver** acaba de llegar

Venise *npr* Venecia.
vent *nm* **1.** *(air)* viento *m* • **bon vent !** ¡buen viaje! • **quel bon vent vous amène ?** ¿qué le trae por aquí? **2.** *(gaz intestinal)* ventosidad *f*, gas *m*.
vente *nf* venta *f* • **en vente libre** *(médicament)* sin receta médica • **vente en ligne** venta en línea • **vente par téléphone** venta por teléfono.
venteux, euse *adj* ventoso(sa).
ventilateur *nm* ventilador *m*.
ventilation *nf* **1.** *(de pièce)* ventilación *f* **2.** FIN desglose *m*.
ventouse *nf* ventosa *f*.
ventre *nm* **1.** *(abdomen)* barriga *f*, estómago *m* ; ANAT vientre *m* • **à plat ventre** boca *f* abajo • **avoir/prendre du ventre** tener/echar barriga • **avoir mal au ventre** tener dolor de estómago **2.** *(de bouteille, de cruche)* panza *f*.
ventriloque *adj & nmf* ventrílocuo(cua).
venue *nf (arrivée)* llegada *f*.
Vénus *npr* ASTRON & MYTHOL Venus.
vépéciste *nm* empresa *f* de venta por correspondencia.
vêpres *nfpl* vísperas *fpl*.
ver *nm* gusano *m* • **ver solitaire** solitaria *f* • **vers intestinaux** lombrices *fpl* intestinales.
véracité *nf* veracidad *f*.
véranda *nf* marquesina *f*.
verbal, e *adj* verbal.
verbaliser *vt* verbalizar. ❑ *vi* multar.
verbe *nm* verbo *m*.
verdâtre *adj* verdoso(sa).

verdeur *nf* **1.** *(de fruit, de bois)* verdor *m* **2.** *(vigueur)* vigor *m* **3.** *(crudité)* • **la verdeur** la rudeza **4.** *(du vin)* verdor *m.*

verdict *nm* **1.** DR sentencia *f* **2.** *fig (jugement)* veredicto *m.*

verdir *vt* pintar de verde. ❑ *vi* verdear.

verdoyant,e *adj* que verdece.

verdure *nf* **1.** *(végétation, couleur)* verdor *m* **2.** *(plantes potagères)* verdura *f.*

véreux,euse *adj* **1.** *(fruit)* agusanado(da) **2.** *fig (affaire)* sospechoso(sa) **3.** *fig (personne)* podrido(da).

verge *nf* **1.** ANAT verga *f* **2.** *sout (baguette)* fusta *f.*

verger *nm* vergel *m.*

vergetures *nfpl* estrías *fpl.*

verglas *nm* hielo *m (en la calzada).*

véridique *adj* **1.** *(témoignage, récit)* verídico(ca) **2.** *sout (personne)* veraz.

vérification *nf* comprobación *f*, verificación *f.*

vérifier *vt* comprobar, verificar.

véritable *adj* **1.** *(gén)* verdadero(ra) **2.** *(or, perle)* auténtico(ca).

véritablement *adv* verdaderamente.

vérité *nf* **1.** *(gén)* verdad *f* **2.** *(ressemblance - d'une reproduction)* parecido *m* ; *(- d'un personnage)* credibilidad *f.* ■ **en vérité** *loc adv* en realidad.

verlan *nm jerga que consiste en hablar invirtiendo las sílabas de las palabras.*

vermeil,eille *adj* bermejo(ja). ■ **vermeil** *nm* corladura *f.*

vermicelle *nm* fideo *m* • **soupe au vermicelle** sopa de fideos.

vermine *nf* **1.** *(parasites)* miseria *f* **2.** *fig (canaille)* chusma *f.*

vermoulu,e *adj* carcomido(da).

verni,e *adj (chaussures)* de charol • **être verni** *fam* tener chiripa.

vernir *vt* barnizar.

vernis *nm (gén)* barniz *m* ; *(pour cuir)* charol *m* • **vernis à ongles** esmalte *m* de uñas.

vernissage *nm* **1.** *(action de vernir)* barnizado *m* **2.** *(d'exposition)* vernissage *m.*

vérole *nf* sífilis *f inv.*

verre *nm* **1.** *(matière)* vidrio *m* **2.** *(récipient, dose)* vaso *m*, copa *f* **3.** *(de vue)* cristal *m* • **verres de contact** lentes *fpl* de contacto • **verres progressifs** lentes *fpl* progresivas **4.** *(boisson alcoolisée)* copa *f* • **boire** *ou* **prendre un verre** tomar una copa.

verrière *nf* **1.** *(baie vitrée)* ARCHIT vidriera *f* **2.** AÉRON cristalera *f.*

verrine *nf* vaso *m.*

verrou *nm* cerrojo *m* • **être sous les verrous** estar en la cárcel • **mettre qqn sous les verrous** encerrar a alguien (en la cárcel).

verrouillage *nm* **1.** cierre *m* (automático) **2.** INFORM bloqueo *m.*

verrouiller *vt* **1.** *(porte)* cerrar con cerrojo **2.** INFORM bloquear.

verrue *nf* verruga *f.*

vers[1] *nm* verso *m.*

vers[2] *prép* **1.** *(en direction de)* a, hacia **2.** *(aux environs de - temporel)* hacia, sobre ; *(- spatial)* hacia.

Versailles *npr* Versalles • **le château de Versailles** el palacio de Versalles.

versant *nm* vertiente *f.*

versatile *adj* versátil.

verse ■ **à verse** *loc adv* • **pleuvoir à verse** llover a cántaros.

Verseau *nm* ASTROL Acuario *m.*

versement *nm* pago *m* ; *(sur un compte)* abono *m*, ingreso *m* • **versements échelonnés** pago a plazos *ou* fraccionado.

verser *vt* **1.** *(eau, sang, larmes)* derramar **2.** *(vin)* echar **3.** *(payer)* pagar • **verser de l'argent sur son compte** ingresar dinero en su cuenta. ❑ *vi (se renverser)* volcar **(ESP)**, voltearse **(AMÉR)**.

verset *nm* versículo *m.*

verseur *adj m* vertedor.

version *nf* **1.** *(traduction)* traducción *f* directa **2.** *(interprétation, variante)* versión *f* • **version française/originale** versión francesa/original.

verso *nm* dorso *m.*

vert,e *adj* **1.** *(gén)* verde ; *(vin)* agraz, verde **2.** *(écologique)* verde • **produit vert** producto *m* verde • **emploi vert** empleo *m* verde.

vertébral,e *adj* vertebral.

vertèbre *nf* vértebra *f.*

vertébré,e *adj* vertebrado(da).

vertement *adv* severamente.

vertical,e *adj* vertical. ■ **verticale** *nf* vertical *f* • **à la verticale** en vertical.

vertige *nm* vértigo *m* • **avoir des vertiges** tener mareos • **donner le vertige** dar vértigo.

vertigineux,euse *adj* vertiginoso(sa).

vertu *nf* virtud *f.*

vertueux,euse *adj* virtuoso(sa).

verve *nf* elocuencia *f.*

vésicule *nf* vesícula *f* • **vésicule biliaire** vesícula biliar.

vessie *nf* vejiga *f.*

veste *nf* chaqueta *f* **(ESP)**, saco *m* **(AMÉR)** • **veste croisée/droite** chaqueta cruzada/recta.

vestiaire *nm* **1.** *(gén)* guardarropa *m* **2.** *(gén pl) (de sportifs)* vestuario *m.*

vestibule *nm* vestíbulo *m.*

vestige *nm (gén pl)* vestigio *m.*

vestimentaire *adj* indumentario(ria).

veston *nm* chaqueta *f (de hombre)* **(ESP)**, saco *m* **(AMÉR)**.

Vésuve *npr* Vesubio *m.*

vêtement *nm* prenda *f*, vestido *m* • **les vêtements** la ropa.

LEXIQUE

Les vêtements

le blouson en cuir la cazadora de cuero
le bonnet el gorro
le bonnet de bain el gorro de baño
la botte la bota
le caleçon de bain el bañador
la chaussette el calcetín
la chaussure el zapato
la chaussure de sport la zapatilla de deporte
la chemise la camisa
la chemise de nuit el camisón
le chemisier la blusa
le collant las medias
la culotte las bragas
l'écharpe la bufanda
le gant el guante
le gilet la chaqueta
l'imperméable el impermeable
le jean los vaqueros
la jupe la falda
les lunettes de soleil las gafas de sol
le maillot de bain el bañador
le manteau el abrigo
la mini-jupe la minifalda
le pantalon el pantalón
la pantoufle la zapatilla
le peignoir de bain el albornoz de baño
le pull el jersey
le pyjama el pijama
la robe el vestido
la sandale la sandalia
le short el pantalón corto
le slip los calzoncillos
le slip de bain el bañador
la socquette el calcetín corto
le soutien-gorge el sujetador
le survêtement el chándal
le tee-shirt la camiseta
la tennis la zapatilla de deporte
la veste la chaqueta

vétéran *nm* veterano *m*.
vétérinaire *adj & nmf* veterinario(ria).
vététiste *nmf* practicante *mf* de ciclismo de montaña.
vêtir *vt* vestir. ■ **se vêtir** *vp* vestirse.
veto *nm* veto *m* • **mettre son veto à qqch** vetar algo.
vêtu, e *adj* vestido(da) • **chaudement vêtu** bien abrigado.
vétuste *adj* vetusto(ta).
veuf, veuve *adj & nm,f* viudo(da).
veuvage *nm* viudez *f* • **pension de veuvage** pensión *f* de viudedad.
vexation *nf* vejación *f*.
vexer *vt* ofender. ■ **se vexer** *vp* ofenderse, molestarse.
VF (abrév de **version française**) *nf* versión *f* francesa • **regarder un film en VF** mirar una película en versión francesa.
via *prép* vía.
viabiliser *vt (entreprise)* hacer viable ; *(terrain)* acondicionar.
viable *adj* viable.
viaduc *nm* viaducto *m*.
viager, ère *adj* vitalicio(cia). ■ **viager** *nm* vitalicio *m* • **vendre qqch en viager** ≃ constituir un censo vitalicio.
Viagra® *nm* Viagra® *m ou f*.
viande *nf* carne *f*.
vibration *nf* vibración *f*.
vibrer *vi* vibrar.
vibreur *nm* TÉLÉCOM vibrador *m* • **mettre son téléphone en mode vibreur** poner el móvil en vibrador.
vice *nm* vicio *m*.
vice-président, e *nm,f* vicepresidente *m*, -ta *f*.
vice versa *loc adv* viceversa.
vicié, e *adj* viciado(da).
vicieux, euse *adj* **1.** *(personne, conduite, regard)* vicioso(sa) **2.** *(animal)* resabiado(da) **3.** *(attaque)* traicionero(ra).
victime *nf* víctima *f* • **être victime de** ser víctima de.
victimisation *nf* victimización *f*.
victimiser *vt* victimizar.
victoire *nf* victoria *f*.
victorieux, euse *adj* **1.** *(gén)* victorioso(sa) **2.** *(mine, air)* triunfante.
victuailles *nfpl* vituallas *fpl*.
vidange *nf* **1.** TECHNOL vaciado *m* **2.** AUTO cambio *m* de aceite **3.** *(mécanisme)* desagüe *m*.
vidanger *vt* vaciar.
vide *adj* vacío(a). ❑ *nm* vacío *m* • **vide juridique** vacío jurídico • **sous vide** al vacío.
vidé, e *adj* reventado(da).
vide-greniers *nm inv en Francia, mercadillo en que personas particulares venden sus viejos objetos*.
vidéo *nf* vídeo *m*. ❑ *adj inv* de vídeo.
vidéoblog *nm* videoblog *m*.
vidéocassette *nf* cinta *f* de vídeo, videocasete *m*.
vidéoclip *nm* videoclip *m*.
vidéoclub *nm* videoclub *m*.
vidéoconférence = **visioconférence**.
vidéodisque *nm* videodisco *m*.
vidéoprojecteur *nm* videoproyector *m*.

vide-ordures *nm inv* conducto *m* de basuras **(Esp)**, tiradero *m* **(Amér)**.

vidéosphère *nf* videoesfera *f*.

vidéosurveillance *nf* videovigilancia *f*.

vidéothèque *nf* videoteca *f*.

vidéotransmission *nf* videotransmisión *f*.

vide-poches *nm inv* **1.** *(corbeille)* bandeja *f (para depositar objetos menudos)* **2.** *(de voiture)* guantera *f*.

vider *vt* **1.** *(sac, poche, verre)* vaciar **2.** *(lieu)* abandonar **3.** *(salle, maison)* desalojar **4.** *CULIN (poulet, poisson)* limpiar **5.** *fam (personne - épuiser)* agotar ; *(- expulser)* echar **(Esp)**, botar **(Amér)**. ■ **se vider** *vp* **1.** *(gén)* vaciarse **2.** *(eaux)* evacuarse.

videur *nm* segura *m*.

vie *nf* vida *f* • **avoir la vie sauve** salir ileso(sa) • **en vie** con vida • **être en vie** estar vivo(va) • **gagner sa vie** ganarse la vida • **avoir la vie dure** *(être résistant)* tener más vidas que un gato.

vieillard *nm* anciano *m*.

vieillerie *nf* antigualla *f*.

vieillesse *nf* **1.** *(période de la vie)* vejez *f* **2.** *(personnes âgées)* tercera edad *f*.

vieillir *vi* **1.** *(personne)* envejecer **2.** *(s'affiner - vin)* envejecer ; *(- fromage)* curarse **3.** *(tradition, idée, mot)* quedarse anticuado(da). ❑ *vt* envejecer.

vieillissement *nm* **1.** *(de personne)* envejecimiento *m* **2.** *(de vin)* envejecimiento *m* ; *(de fromage)* curación *f* **3.** *(de mot, d'idée, de tradition)* caída *f* en desuso.

viennoiserie *nf* bollería *f*.

vierge *nf* virgen *f*. ❑ *adj* virgen ; *(page)* en blanco ; *(casier judiciaire)* limpio(pia). ■ **Vierge** *nf ASTROL* Virgo *m*.

Vietnam, Viêt Nam *npr* • **le Vietnam** Vietnam.

vieux, vieille *adj (au masculin* **vieil** *devant une voyelle ou h muet)* **1.** *(gén)* viejo(ja) **2.** *(vin)* añejo(ja) **3.** *(client, connaissance)* de toda la vida **4.** *(meuble, maison, histoire)* antiguo(gua). ❑ *nm, f* **1.** *(personne âgée)* viejo *m*, -ja *f* **2.** *tfam (parents)* viejo *m*, -ja *f*.

vif, vive *adj* **1.** *(gén)* vivo(va) **2.** *(froid)* intenso(sa) **3.** *(reproche, discussion)* violento(ta) **4.** *(sensation, émotion)* fuerte. ■ **vif** *nm* **1.** *DR* vivo *m* **2.** *(poisson)* cebo *m* vivo. ■ **à vif** *loc adj* **1.** *(blessure)* en carne viva **2.** *fig (nerfs)* a flor de piel.

vigie *nf* **1.** *NAUT (personne)* vigía *m* ; *NAUT (poste)* atalaya *f* **2.** *(de chemin de fer)* garita *f*.

vigilance *nf* vigilancia *f*.

vigilant, e *adj* vigilante.

vigile *nm (veilleur)* vigilante *m* ; *(policier privé)* guardia *m* jurado.

Vigipirate *npr* • **le plan Vigipirate** *dispositivo de seguridad francés ante amenazas o atentados terroristas*.

vigne *nf* **1.** *(plante)* vid *f* **2.** *(vignoble)* viña *f*. ■ **vigne vierge** *nf* viña *f* virgen.

vigneron, onne *nm, f* viñador *m*, -ra *f*.

vignette *nf* **1.** *ART (motif)* viñeta *f* **2.** *(de médicament)* etiqueta *f*.

vignoble *nm* viñedo *m*.

vigoureux, euse *adj* vigoroso(sa).

vigueur *nf* vigor *m*. ■ **en vigueur** *loc adj* en vigor • **être en vigueur** estar en vigor, estar vigente.

VIH (abrév de Virus de l'immunodéficience humaine) *nm* VIH *m* • **être infecté/contaminé par le VIH** estar infectado/contaminado por el VIH.

vilain, e *adj* **1.** *(mauvais, grossier)* malo(la) **2.** *(laid, grave)* feo(a).

vilebrequin *nm* **1.** *(outil)* berbiquí *m* **2.** *AUTO* cigüeñal *m*.

villa *nf* chalé *m*, villa *f*.

village *nm* pueblo *m* • **le village global** la aldea global • **village de vacances** ciudad de vacaciones • **village olympique** villa olímpica.

villageois, e *adj & nm, f* aldeano(na), lugareño(ña).

ville *nf* ciudad *f* • **ville champignon** ciudad hongo • **ville dortoir** ciudad dormitorio.

LEXIQUE

La ville

l'ambulance	la ambulancia
l'arrêt de bus	la parada de autobús
la boutique	la tienda
la chaussée	la calzada
le cinéma	el cine
le feu	el semáforo
le grand magasin	el gran almacén
l'hôpital	el hospital
l'immeuble	el edificio
le kiosque à journaux	el kiosko
la mairie	el ayuntamiento
le parking	al aparcamiento
le passage piétons	el paso de peatones
le piéton	el peatón
la place	la plaza
la rue	la calle
la station de taxis	la parada de taxis
le taxi	el taxi
le trottoir	la acera
les vitrines	los escaparates

villégiature *nf* veraneo *m* • **aller en villégiature** ir de veraneo.

vin *nm* **1.** *(de raisin)* vino *m* • **cuver son vin** dormir la mona **2.** *(liqueur)* licor *m*. ■ **vin d'honneur** *nm* vino *m* de honor.

vinaigre *nm* vinagre *m*.

vinaigrette *nf* vinagreta *f*.

vindicatif, ive *adj* vindicativo(va).

vingt *adj num inv & nm inv* veinte. Voir aussi **six**.

vingtaine *nf* veintena *f*.

vingtième *adj num & nmf* vigésimo(ma). ❑ *nm* vigésimo *m*, veinteava parte *f*. Voir aussi **sixième**.
vinicole *adj* vinícola.
vinification *nf* vinificación *f*.
vintage *adj inv* vintage. ❑ *nm* • **le vintage est très tendance aujourd'hui** el vintage está muy de moda hoy en día.
vinyle *nm* vinilo *m*.
viol *nm* violación *f*.
violacé, e *adj* violáceo(a).
violation *nf* violación *f*.
violence *nf* violencia *f* • **violence routière** violencia vial • **se faire violence** contenerse.
violent, e *adj* violento(ta).
violer *vt* violar.
violet, ette *adj* violeta. ■ **violet** *nm (couleur)* violeta *m*.
violette *nf* violeta *f*.
violeur *nm* violador *m*.
violon *nm* **1.** *MUS* violín *m* **2.** *arg crime (prison)* talego *m*.
violoncelle *nm* violoncelo *m*, violonchelo *m*.
violoniste *nmf* violinista *mf*.
vipère *nf* víbora *f*.
virage *nm* **1.** *(sur la route)* curva *f* • **'virage dangereux'** 'curva peligrosa' **2.** *fig (changement de direction)* viraje *m* **3.** *MÉD* reacción *f* positiva.
viral, e *adj* viral.
virée *nf fam* vuelta *f*.
virement *nm* **1.** *FIN* transferencia *f* • **virement automatique** giro *m* automático • **virement bancaire** transferencia bancaria • **virement postal** giro *m* postal **2.** *NAUT* virada *f*.
virer *vi* **1.** *(véhicule)* • **virer à droite/à gauche** girar a la derecha/a la izquierda • **virer de bord** *NAUT* virar de bordo **2.** *(étoffe)* cambiar de color • **virer à** *(couleur)* tirar a **3.** *PHOTO* virar. ❑ *vt* **1.** *FIN* transferir **2.** *fam (renvoyer)* echar **(ESP)**, botar **(AMÉR)**.
virevolter *vi* **1.** *(danseur)* hacer piruetas ; *(cheval)* hacer escarceos **2.** *(voleter)* revolotear.
virginité *nf* virginidad *f*.
virgule *nf* coma *f*.
viril, e *adj* viril, varonil.
virilité *nf* virilidad *f*.
virtuel, elle *adj* virtual • **la réalité virtuelle** la realidad virtual • **visite virtuelle** visita virtual.
virtuose *nmf* virtuoso *m*, -sa *f*.
virulence *nf* virulencia *f*.
virulent, e *adj* virulento(ta).
virus *nm INFORM & MÉD* virus *m inv*.
vis *nf* tornillo *m* • **vis sans fin** tornillo sin fin.
visa *nm (cachet)* visado *m* ; *fig (approbation)* visto *m* bueno.
visage *nm* rostro *m*.
vis-à-vis *nm* **1.** *(personne)* vecino *m*, -na *f* de enfrente **2.** *(immeuble)* edificio *m* de enfrente • **sans vis-à-vis** sin nada enfrente. ■ **vis-à-vis de** *loc prép* **1.** *(en face de)* enfrente de **2.** *(en comparaison de)* en comparación con **3.** *(à l'égard de)* con respecto a.
viscéral, e *adj* visceral.
viscère *nm (gén pl)* víscera *f*.
viscose *nf* viscosa *f*.
visé, e *adj* **1.** *(concerné)* aludido(da) **2.** *(convoité)* pretendido(da).
visée *nf* **1.** *(avec une arme)* puntería *f* **2.** *(gén pl) (intention, dessein)* intención *f*.
viser *vt* **1.** *(cible)* apuntar a **2.** *fig (poste)* aspirar a ; *fig (personne)* concernir **3.** *fam (fille, voiture)* echar el ojo a **4.** *(document)* visar. ❑ *vi* **1.** *(pour tirer)* apuntar • **viser à a)** *(arme)* apuntar a **b)** *(avoir pour but)* pretender **2.** *(avoir des ambitions)* • **viser haut** apuntar alto.
viseur *nm PHOTO* visor *m* ; *(d'arme)* mira *f*.
visibilité *nf* visibilidad *f*.
visible *adj* **1.** *(gén)* visible **2.** *(évident)* patente.
visiblement *adv* visiblemente.
visière *nf* visera *f*.
visioconférence, vidéoconférence *nf* videoconferencia *f*, visioconferencia *f*.
vision *nf* visión *f*.
visionnaire *adj & nmf* visionario(ria).
visionner *vt* visionar.
visite *nf* **1.** *(gén)* visita *f* • **visite de politesse** visita de cumplido **2.** *(d'expert, de douane)* inspección *f*. ■ **visite médicale** *nf* revisión *f* médica.
visiter *vt* visitar.
visiteur, euse *nm, f (touriste)* visitante *mf* • **avoir un visiteur** *(chez soi)* tener visita.
vison *nm* visón *m*.
visqueux, euse *adj* **1.** *(liquide, surface)* viscoso(sa) **2.** *péj (personne, manières)* repulsivo(va).
visser *vt* **1.** *(avec des vis)* atornillar **2.** *(couvercle)* apretar **3.** *fam (enfant)* apretar los tornillos a.
visu ■ **de visu** *loc adv* con mis/tus *etc* propios ojos.
visualiser *vt* visualizar.
visuel, elle *adj* visual. ■ **visuel** *nm* elemento *m* visual, imagen *f*.
vital, e *adj* vital.
vitalité *nf* vitalidad *f*.
vitamine *nf* vitamina *f*.
vitaminé, e *adj* vitaminado(da).
vite *adv* **1.** *(rapidement)* deprisa, de prisa • **faire vite** apresurarse • **vite !** ¡deprisa! **2.** *(tôt)* pronto.
vitesse *nf* **1.** *(gén)* velocidad *f* • **à toute vitesse** a toda velocidad • **être en perte de vitesse** perder velocidad • **vitesse de pointe** velocidad punta **2.** *(hâte)* rapidez *f* **3.** *AUTO* • **changer de vitesse** cambiar de marcha.

viticole *adj* vitícola.

viticulteur, trice *nm, f* viticultor *m*, -ra *f*.

viticulture *nf* viticultura *f*.

vitrail *nm* vidriera *f (de iglesia)*.

vitre *nf* **1.** *(carreau)* cristal *m* **2.** *(glace - de voiture)* luna *f*; *(- de train)* ventanilla *f*.

vitreux, euse *adj* **1.** *(qui contient du verre)* vítreo(a) **2.** *fig (œil, regard)* vidrioso(sa).

vitrifier *vt* vitrificar.

vitrine *nf* **1.** *(de boutique)* escaparate *m* **2.** *(meuble)* vitrina *f*.

vitrocéramique *nf* vitrocerámica *f*.

vivable *adj (appartement)* habitable ; *(situation)* soportable.

vivace *adj* vivaz.

vivacité *nf* **1.** *(d'esprit, d'enfant)* vivacidad *f* **2.** *(de coloris, de teint)* viveza *f* **3.** *(de propos)* violencia *f*.

vivant, e *adj* **1.** *(gén)* vivo(va) **2.** *(ville, quartier, rue)* animado(da). ■ **vivant** *nm* **1.** *(vie)* • **du vivant de qqn** en vida de alguien **2.** *(personne)* vivo *m*.

vive[1] *nf* peje *m* araña.

vive[2] *interj* • **vive... !** ¡viva...!

vivement *adv* **1.** *(agir)* con presteza **2.** *(répondre, affecter)* vivamente. ❑ *interj* • **vivement les vacances !** ¡que lleguen pronto las vacaciones! • **vivement que** *(+ subjonctif) fam* que *(+ subjonctif)* ya • **vivement qu'il s'en aille !** ¡que se vaya ya!

vivifiant, e *adj* vivificante.

vivisection *nf* vivisección *f*.

vivre *vi* vivir • **vivre pour qqch/qqn** vivir para algo/alguien • **vivre bien/mal** vivir bien/mal • **qui vivra verra** vivir para ver. ❑ *vt (faire l'expérience de)* vivir. ❑ *nm* • **avoir le vivre et le couvert** tener casa y comida. ■ **vivres** *nmpl* víveres *mpl*.

vizir *nm* visir *m*.

VO (abrév de version originale) *nf* VO *f* • **un film en VO** una película en VO.

vocable *nm* **1.** LING vocablo *m* **2.** RELIG advocación *f*.

vocabulaire *nm* vocabulario *m*.

vocale → **corde**.

vocation *nf* vocación *f* • **avoir la vocation** tener vocación.

vociférations *nfpl* vociferaciones *fpl*.

vociférer *vi* vociferar • **vociférer contre qqn** vociferar contra alguien. ❑ *vt* vociferar.

vodka *nf* vodka *m*.

vœu *nm* **1.** *(promesse)* RELIG voto *m* **2.** *(souhait)* deseo *m* • **former des vœux pour** hacer votos por **3.** *(requête)* petición *f*. ■ **vœux** *nmpl* felicidades *fpl*.

S'EXPRIMER

formuler des vœux

- **¡(Buena) suerte!** Bonne chance !
- **¡Diviértete!/¡Diviértanse!** Amuse-toi bien !/Amusez-vous bien !
- **¡Feliz cumpleaños!** Bon anniversaire !
- **¡Feliz Navidad!** Joyeux Noël !
- **¡Feliz** *ou* **Próspero Año Nuevo!** Bonne année !

vogue *nf* fama *f* • **en vogue** en boga.

voguer *vi sout* bogar.

voici *prép* **1.** *(pour désigner)* • **le voici** aquí está • **voici mon père** éste es mi padre • **le voici qui arrive** míralo, ahora *ou* aquí llega • **vous cherchiez des allumettes ? en voici** ¿buscabais cerillas? aquí hay • **vous vouliez les clefs, les voici** queríais las llaves, aquí están **2.** *(introduit ce dont on va parler)* he aquí, esto es • **voici ce qui s'est passé** he aquí lo que pasó, esto es lo que pasó **3.** *(il y a)* hace • **voici trois mois/quelques années** hace tres meses/varios años.

voie *nf* **1.** *(gén)* vía *f* • **par voie buccale/rectale** por vía oral/rectal • **voie d'eau** vía de agua • **voie ferrée** vía férrea • **voie de garage** vía muerta • **voie maritime/navigable** vía marítima/navegable • **voies de fait** vías de hecho • **voies respiratoires** vías respiratorias **2.** *(route)* carril *m* • **à plusieurs voies** de varios carriles • **la voie publique** la vía pública **3.** *fig (chemin)* camino *m* • **mettre qqn sur la voie** encaminar a alguien **4.** *(filière, moyen)* medio *m* • **par la voie hiérarchique** por el conducto reglamentario. ■ **en voie de** *loc prép* en vías de • **en voie de développement** en vías de desarrollo. ■ **Voie lactée** *nf* Vía *f* Láctea.

voilà *prép* **1.** *(pour désigner)* • **le voilà** ahí está • **vous cherchiez de l'encre ? en voilà** ¿buscabais tinta? ahí hay • **vous vouliez les clefs, les voilà** queríais las llaves, ahí están **2.** *(temporel)* ya • **le voilà endormi** ya se ha dormido • **nous voilà arrivés** ya hemos llegado **3.** *(reprend ce dont on a parlé)* esto es ; *(introduit ce dont on va parler)* he ahí, esto es • **voilà ce qui s'est passé** esto es lo que pasó • **voilà où je voulais en venir** ahí es donde quería llegar **4.** *(il y a)* hace • **voilà trois mois/quelques années** hace tres meses/varios años.

À PROPOS DE

voici et voilà

Voilà, de même que *voici*, ne se traduisent pas par une préposition mais par une tournure verbale qui s'accorde avec le sujet.

voilage *nm (de fenêtre)* visillo *m*.

voile *nf* **1.** *(de bateau)* vela *f* • **mettre à la voile** hacerse a la vela • **toutes voiles dehors** a toda vela **2.** SPORT *(de planeur)* aleta *f*. ❑ *nm* **1.** *(tissu, coiffure)* velo *m* • **jeter un voile sur** correr un tupido velo sobre • **prendre le voile** RELIG tomar el velo **2.** *(brume)* capa *f* **3.** PHOTO veladura *f* **4.** MÉD *(au poumon)* mancha *f*. ■ **voile du palais** *nm* ANAT velo *m* del paladar.

voilé, e *adj* **1.** *(femme, statue)* con velo **2.** *(allusion, regard, photo)* velado(da) **3.** *(ciel)* brumoso(sa)

4. *(métal, roue)* torcido(da) ; *(bois)* alabeado(da) 5. *(son, voix)* tomado(da).

voiler *vt* 1. *(avec un voile)* tapar con un velo 2. *(vérité, regard, photo)* velar 3. *(métal, roue)* torcer ; *(bois)* alabear. ■ **se voiler** *vp* 1. *(femme)* ponerse un velo 2. *(yeux, voix, astre)* velarse 3. *(métal, roue)* torcerse ; *(bois)* alabearse.

voilier *nm* velero *m*.

voilure *nf* 1. *(de bateau)* velamen *m* 2. *(d'avion)* planos *mpl* de sustentación 3. *(de parachute)* tela *f* 4. *(de métal)* torcedura *f* ; *(de bois)* alabeo *m*.

voir *vt* ver • **aller voir qqn** ir a ver a alguien • **faire voir (qqch à qqn)** mostrar *ou* enseñar (algo a alguien) • **je ne la vois pas en secrétaire** no la veo como secretaria • **laisser voir qqch** dejar ver algo • **voir page...** véase página... • **avoir assez vu qqn** *fam* haber visto bastante a alguien. ❑ *vi* ver. ■ **se voir** *vp* verse.

voire *adv* (e) incluso.

voirie *nf* 1. ADMIN ≃ ministerio *m* de transportes 2. *(décharge)* servicios *mpl* municipales de limpieza.

voisin, e *adj* 1. *(pays, ville, maison)* vecino(na) 2. *(idées)* parecido(da). ❑ *nm, f* vecino *m*, -na *f*.

voisinage *nm* 1. *(entourage)* vecindario *m* 2. *(voisins)* vecindad *f* 3. *(environs)* cercanía *f*.

voiture *nf* coche *m* (ESP), carro *m* (AMÉR) • **voiture banalisée** coche camuflado • **voiture de fonction** coche de servicio • **voiture de location/d'occasion** coche de alquiler/de segunda mano • **voiture de sport** coche deportivo.

voiturier *nm* aparcacoches *mf inv*.

voix *nf* 1. *(gén)* GRAMM voz *f* • **à mi-voix** a media voz • **à voix basse/haute** en voz baja/alta • **de vive voix** de viva voz 2. *(suffrage)* voto *m* • **mettre aux voix** poner a votación.

vol *nm* 1. *(d'oiseau, d'avion)* vuelo *m* • **vol charter** vuelo chárter • **au vol** al vuelo • **à vol d'oiseau** en línea recta • **en plein vol** en pleno vuelo 2. *(groupe d'oiseaux)* bandada *f* 3. *(délit)* robo *m*.

vol. (abrév de **volume**) vol.

volage *adj sout* voluble, veleidoso(sa).

volaille *nf* 1. *(collectif)* aves *fpl* (de corral) 2. *(volatile)* ave *f* (de corral).

volant, e *adj* 1. *(animal, machine)* volador(ra) 2. *(brigade, pont, escalier)* volante 3. *(page)* suelto(ta). ■ **volant** *nm* volante *m* (ESP), timón *m* (AMÉR).

volatil, e *adj* volátil.

volatiliser *vt* volatilizar. ■ **se volatiliser** *vp* volatilizarse.

volcan *nm* volcán *m*.

volcanique *adj* volcánico(ca).

volcanologue = **vulcanologue**.

volée *nf* 1. *(d'oiseau)* vuelo *m* • **de haute volée** de altos vuelos 2. *(de flèches)* ráfaga *f* 3. SPORT volea *f* • **à la volée** de volea 4. *(de coups)* paliza *f* (ESP), golpiza *f* (AMÉR) *fam* 5. *(de cloches)* campanada *f* • **sonner à la volée** repicar (campanas) 6. *(de marches)* tramo *m* 7. AGRIC • **semer à la volée** sembrar a voleo.

voler *vi* volar. ❑ *vt* robar.

volet *nm* 1. *(de maison)* postigo *m* 2. *(de dépliant)* hoja *f* ; *(d'émission)* episodio *m* 3. *(d'avion)* flap *m* 4. INFORM pestaña *f* de seguridad.

voleur, euse *adj* ladrón(ona). ❑ *nm, f* ladrón *m*, -ona *f* • **voleur de grand chemin** salteador *m* de caminos • **voleur à la tire** carterista *m*.

volière *nf* pajarera *f*.

volley-ball *nm* balonvolea *m*.

volontaire *nmf* voluntario *m*, -ria *f*. ❑ *adj* 1. *(activité, omission)* voluntario(ria) 2. *(caractère)* voluntarioso(sa).

volontariat *nm* voluntariado *m*.

volonté *nf* voluntad *f* • **à volonté** a voluntad • **bonne/mauvaise volonté** buena/mala voluntad.

volontiers *adv* 1. *(avec plaisir)* con mucho gusto 2. *(naturellement, ordinairement)* fácilmente.

volt *nm* voltio *m*.

voltage *nm* voltaje *m*.

volte-face *nf inv* 1. *(demi-tour)* media vuelta *f* • **faire volte-face** dar media vuelta 2. *fig (revirement)* giro *m*.

voltige *nf* 1. *(au trapèze)* acrobacia *f* • **haute voltige a)** acrobacia **b)** *fam* & *fig* malabarismo *m* 2. *(à cheval)* volteo *m* 3. *(en avion)* acrobacia *f* aérea.

voltiger *vi* 1. *(acrobate)* hacer acrobacias 2. *(insectes, oiseaux)* revolotear 3. *(flotter)* flotar.

volubile *adj (bavard)* locuaz.

volubilis *nm* enredadera *f* de campanillas.

volume *nm* volumen *m*.

volumineux, euse *adj* voluminoso(sa).

volupté *nf* voluptuosidad *f*.

voluptueux, euse *adj* & *nm, f* voluptuoso(sa).

volute *nf* voluta *f*.

vomi *nm fam* vomitona *f*.

vomir *vi* & *vt* vomitar.

vorace *adj* voraz.

voracité *nf* 1. *(gloutonnerie)* voracidad *f* 2. *fig (avidité)* codicia *f*.

Vosges *npr* • **les Vosges** *(massif, département)* los Vosgos.

vote *nm* 1. *(suffrage, voix)* voto *m* • **vote par correspondance/par procuration** voto por correo/por poder 2. *(élection)* votación *f*.

voter *vi* & *vt* votar.

votre *adj poss* vuestro(tra).

vôtre ■ **le vôtre, la vôtre** *pron poss* el vuestro, la vuestra *f*.

vouer *vt* 1. *(promettre, jurer)* • **vouer qqch à qqn** profesar algo a alguien 2. *(employer, consacrer)*

• **vouer qqch à qqch** consagrar algo a algo **3.** *(condamner)* • **être voué à** estar condenado a.

vouloir

■ **vouloir** *vt*

1. APPLIQUER SA VOLONTÉ, SON ÉNERGIE À OBTENIR QQCH

querer • **il veut ce poste** quiere ese puesto

2. DEMANDER AVEC AUTORITÉ, EXIGER

querer • **je veux des résultats** quiero resultados • **je veux qu'il parte maintenant** quiero que se vaya ahora • **je ne veux pas entendre parler de ça !** ¡no quiero oír hablar de esto!

3. EXIGER DE PAR SA NATURE, SON AUTORITÉ

• **le règlement veut que personne ne sorte sans autorisation** el reglamento especifica que nadie puede salir sin autorización • **comme le veut la tradition** como manda la tradición

4. AVOIR TELLE INTENTION, TEL PROJET

querer • **il voudrait devenir médecin** querría llegar a ser médico

5. DEMANDER

• **si tu veux mon avis...** si quieres (saber) mi opinión... • **que voulez-vous de moi ?** ¿qué quiere de mí?

6. ACCEPTER

querer • **ils n'ont pas voulu qu'elle vienne au mariage** no quisieron que viniera a la boda • **je ne veux pas de lui chez moi** no lo quiero en mi casa • **je veux bien du poulet** con mucho gusto tomaré pollo • **je veux bien être patiente, mais il y a des limites** de acuerdo, tendré paciencia, pero hay límites • **la voiture ne veut pas démarrer** el coche no quiere arrancar

7. SOUHAITER, DÉSIRER

querer • **voulez-vous boire quelque chose ?** ¿quiere beber algo? • **comme tu veux !** ¡como quieras! • **que tu le veuilles ou non** quieras o no • **je l'ai vexé sans le vouloir** le he ofendido sin querer • **je ne te veux que du bien** te deseo lo mejor

8. DANS UNE DEMANDE FORMELLE OU POLIE

• **veuillez m'excuser un instant** discúlpenme un momento, por favor • **veuillez vous asseoir** siéntese, por favor • **'veuillez accepter, Madame, Monsieur, l'expression de mes salutations distinguées'** 'cordialmente'

9. MARQUE LA RÉSIGNATION

• **que veux-tu !** ¡qué quieres que te diga!, ¡qué se le va a hacer!

10. DANS DES EXPRESSIONS

• **pourquoi tu m'en veux ?** ¿por qué estás resentido conmigo? • **tu l'auras voulu !** ¡tú lo habrás querido! • **quand on veut, on peut** querer es poder • **Dieu le veuille !** ¡Dios lo quiera!

■ **en vouloir** *vi*

• **en vouloir à qqn** estar resentido(da) con alguien

■ **s'en vouloir** *vp*

• **je m'en veux de le lui avoir dit** me arrepiento de habérselo dicho • **il s'en voulait d'avoir eu des doutes** no se perdonaba haber dudado

■ **bon vouloir** *nm*

buena voluntad *f* • **notre inscription dépend de son bon vouloir** nuestra inscripción depende de su buena voluntad

voulu, e *adj* **1.** *(requis)* debido(da) **2.** *(délibéré)* deseado(da).

vous *pron pers* **1.** *(plusieurs personnes - gén)* vosotros(tras) ; *(- complément d'objet direct, de verbe pronominal)* os • **dépêchez-vous !** ¡daos prisa! • **il vous l'a donné** os lo ha dado • **je vous aime** os quiero • **vous devez vous occuper de lui** debéis ocuparos de él • **à vous** *(- possessif)* vuestro(tra) **2.** *(une seule personne - gén)* usted ; *(- complément d'objet direct)* le, la *f* ; *(- de verbe pronominal)* se • **dépêchez-vous !** ¡dese prisa! • **il vous l'a donné** se lo ha dado • **je vous aime** la quiero, la amo • **vous devez vous occuper de lui** debe ocuparse de él • **à vous** *(- possessif)* suyo(ya). ■ **vous-même** *pron pers* usted mismo, usted misma *f*. ■ **vous-mêmes** *pron pers* vosotros mismos, vosotras mismas *f*.

voûte *nf* bóveda *f* • **voûte plantaire** bóveda plantar.

voûter *vt* abovedar. ■ **se voûter** *vp* encorvarse.

vouvoiement *nm* tratamiento *m* de usted.

vouvoyer *vt* tratar de usted. ■ **se vouvoyer** *vp* tratarse de usted.

voyage *nm* viaje *m* • **voyage d'affaires/organisé/de noces** viaje de negocios/organizado/de novios.

voyager *vi* **1.** *(gén)* viajar **2.** *(marchandise)* • **voyager bien/mal** viajar bien/mal.

voyageur, euse *nm, f* viajero *m*, -ra *f* • **voyageur de commerce** viajante *mf* (de comercio).

voyagiste *nmf* operador *m* turístico.

voyance *nf* videncia *f*.

voyant, e *adj* vistoso(sa). ❑ *nm, f* vidente *mf*. ■ **voyant** *nm* piloto *m*, indicador *m* luminoso • **voyant d'essence/d'huile** indicador de nivel de gasolina/de aceite.

voyelle *nf* vocal *f*.

voyeur, euse *nm, f* mirón *m*, -ona *f*, voyeur *mf*.

voyou *nm* golfo *m*.

vrac ■ **en vrac** *loc adv* **1.** *(sans emballage, au poids)* a granel **2.** *(en désordre)* en desorden.

vrai, e *adj* **1.** *(gén)* verdadero(ra) • **c'est** *ou* **il est vrai que** es verdad *ou* cierto que **2.** *(réel)* auténtico(ca) **3.** *(naturel)* natural. ■ **vrai** *nm* • **à vrai dire, à dire vrai** a decir verdad.

vraiment *adv* **1.** *(véritablement)* verdaderamente **2.** *(franchement)* realmente.

vraisemblable *adj (plausible)* verosímil ; *(probable)* probable.

vraisemblance *nf* verosimilitud *f.*

vrille *nf* **1.** BOT tijereta *f*, zarcillo *m* **2.** *(outil)* AÉRON barrena *f* **3.** *(spirale)* caracol *m.*

vrombir *vi* zumbar.

vrombissement *nm* zumbido *m.*

VTC¹ (abrév de vélo tout chemin) BTC *(bici todo camino)*.

VTC² (abrév de voiture de transport avec chauffeur) *nm* VTC *m (vehículo (de alquiler) con conductor)*.

VTT (abrév de vélo tout terrain) *nm* BTT *f* • **faire du VTT** hacer BTT.

vu, e *adj* **1.** *(gén)* visto(ta) **2.** *(compris)* • **(c'est bien) vu ?** ¿lo has captado? ■ **vu** *prép* en vista de. ■ **vue** *nf* **1.** *(sens)* vista *f* • **de vue** de vista • **à première vue** a primera vista **2.** → **prise** **3.** *(idée)* visión *f.* ■ **vu que** *loc conj* dado que. ■ **en vue de** *loc prép* con vistas a.

vulgaire *adj* vulgar.

vulgarisation *nf* vulgarización *f* ; *(des connaissances)* divulgación *f* • **de vulgarisation** *(livre)* divulgativo(va).

vulgariser *vt* vulgarizar ; *(connaissances)* divulgar.

vulgarité *nf* vulgaridad *f.*

vulnérable *adj* vulnerable.

vulve *nf* vulva *f.*

warning *nm* AUTO luces *fpl* de emergencia, warning *m.*

wasabi *nm* wasabi *m.*

Washington *npr* Washington.

water-polo *nm* waterpolo *m.*

waterproof *adj inv* **1.** *(étanche)* acuático(ca) **2.** *(résistant à l'eau - gén)* resistente al agua ; *(- mascara)* waterproof.

watt *nm* vatio *m.*

W-C (abrév de water closet) *nmpl* WC *m* • **aller aux W-C** ir al servicio.

Web *nm* • **le Web** la Web.

webcam *nf* webcam *f.*

webcast *nm* INFORM webcast *m.*

webmaster, webmestre *nmf* INFORM webmaster *mf*, administrador *m*, -ra *f* de sitio web.

webradio *nf* webradio *f.*

webtélé *nf* televisión *f* por internet.

week-end *nm* fin *m* de semana.

western *nm* western *m*, película *f* de vaqueros *ou* del Oeste.

whisky *nm* whisky *m.*

white-spirit *nm* aguarrás *m.*

Wi-Fi, wi-fi (abrév de Wireless Fidelity) *nm inv* wi-fi *m inv.*

Windsurf® *nm* windsurf *m.*

wok *nm* wok *m.*

WWF (abrév de World Wildlife Fund) WWF.

WWW (abrév de World Wide Web) *nm* WWW *f.*

WYSIWYG (abrév de what you see is what you get) WYSIWYG.

W

w, W *nm inv (lettre)* w *f*, W *f.*

wagon *nm* vagón *m* • **wagon fumeurs/non-fumeurs** vagón de fumadores/de no fumadores • **wagon de première/de seconde classe** vagón de primera/de segunda clase.

wagon-citerne *nm* vagón *m* cisterna.

wagon-lit *nm* coche *m* cama **(ESP)**, carro *m* dormitorio **(AMÉR)**.

wagon-restaurant *nm* vagón *m* restaurante.

Walkman® *nm* walkman® *m.*

X

x, X *nm inv (lettre)* x *f*, X *f.* ■ **X** *nf* • **l'X** *(École polytechnique)* la Escuela Politécnica.

xénophobe *adj & nmf* xenófobo(ba).

xénophobie *nf* xenofobia *f.*

xérès *nm* jerez *m.*

XXL (abrév de extra extra large) *adj* XXL • **un tee-shirt XXL** una camiseta XXL.

xylophone *nm* xilófono *m.*

Y

y[1], Y *nm inv (lettre)* y *f*, Y *f*.

y[2] *adv* • **j'y vais demain** iré mañana • **mets-y du sel** échale *ou* ponle sal • **va voir sur la table si les clefs y sont** ve a ver si las llaves están encima de la mesa • **on ne peut pas couper cet arbre, des oiseaux y font leur nid** no podemos talar este árbol porque algunos pájaros anidan en él • **ils ont rapporté des vases anciens et y ont fait pousser des fleurs exotiques** trajeron vasijas antiguas y plantaron flores exóticas (en ellas). ❑ *pron (la traduction varie selon la préposition utilisée avec le verbe)* • **pensez-y** piénseselo, piense en ello • **n'y compte pas** no cuentes con ello • **j'y suis !** *(j'ai compris)* ¡ya veo!

yacht *nm* yate *m*.

yankee *adj* yanqui. ■ **Yankee** *nm,f* yanqui.

yaourt, yogourt, yoghourt *nm* yogurt *m*.

yaourtière *nf* yogurtera *f*.

yard *nm* yarda *f*.

yen *nm* yen *m*.

yiddish *adj inv* judeoalemán(ana). ❑ *nm inv* yiddish *m*.

yoga *nm* yoga *m*.

yogourt, yoghourt = **yaourt**.

Yougoslavie *npr* • **la Yougoslavie** Yugoslavia • **l'ex-Yougoslavie** la ex Yugoslavia.

yoyo *nm MÉD* tubito *m*.

Z

z, Z *nm inv (lettre)* z *f*, Z *f*.

Zaïre *npr* • **le Zaïre** (el) Zaire.

zapper *vi* hacer zapping.

zapping *nm* zapping *m*.

zèbre *nm* **1.** *(animal)* cebra *f* **2.** *fam (individu)* elemento *m*.

zébré, e *adj* rayado(da).

zébrure *nf* **1.** *(de pelage)* rayado *m* **2.** *(marque)* varazo *m*.

zébu *nm* cebú *m*.

zèle *nm* celo *m* • **faire du zèle** *péj* pasarse.

zélé, e *adj* celoso(sa) *(trabajador)*.

zen *adj & nm* **1.** zen **2.** *fam & fig* tranquilo(la) • **elle est très zen** es muy tranquila • **restons zen** ¡mantengamos la calma!

zénith *nm* cenit *m*.

zéro *nm* **1.** *(gén)* cero *m* • **deux buts à zéro** dos goles a cero • **à zéro** *(moral)* por los suelos • **repartir à** *ou* **de zéro** volver a empezar desde cero **2.** *fam (personne)* cero *m* a la izquierda. ❑ *adj* cero *(en aposición)*.

zeste *nm* corteza *f*, cáscara *f (de cítricos)* • **zeste de citron** corteza de limón.

zézayer *vi* cecear.

zigzag *nm* zigzag *m* • **en zigzag** en zigzag.

zigzaguer *vi* zigzaguear.

zinc *nm* **1.** *(matière)* cinc *m*, zinc *m* **2.** *fam (comptoir)* barra *f* **3.** *fam & vieilli (avion)* cacharro *m*.

zip, ZIP *nm* • **un fichier zip** un archivo zip.

zipper *vt INFORM* zipear, comprimir.

zizi *nm fam* pajarito *m*.

zodiaque *nm* zodíaco *m*.

zombie *nm fam* zombi *m*.

zona *nm* zona *f*.

zone *nf* **1.** *(région)* zona *f* • **zone euro** eurozona *f* • **zone bleue** ≃ zona azul **2.** *fam & péj (faubourg)* barriada *f* • **c'est la zone !** ¡es un barrio chungo!

zoo *nm* zoo *m*.

zoologie *nf* zoología *f*.

zoom *nm* zum *m* • **zoom numérique** zum digital.

zoomer *vt* hacer zum sobre • **zoome sur l'oiseau qui est sur la branche, là-bas !** ¡haz zum sobre aquel pájaro que está sobre la rama!

zoophile *adj & nmf* zoófilo(la).

zoophilie *nf* zoofilia *f*.

zut *interj fam* ¡jolín!

zygomatique *adj* zigomático(ca).

Guide pratique

Accentuation

L'accent tonique

Tous les mots espagnols de plus d'une syllabe ont une syllabe tonique, c'est-à-dire plus fortement accentuée que les autres (c'est la syllabe sur laquelle la voix insiste, en allongeant la voyelle). On appelle accent tonique l'appui que la voix marque sur la voyelle de la syllabe accentuée.

- Les mots qui se terminent par une voyelle, par **-n** ou par **-s** sont régulièrement accentués sur l'avant-dernière syllabe : una silla, una dosis, un crimen.
- Les mots qui se terminent par une consonne (**-y** compris) sauf **-n** ou **-s**, sont régulièrement accentués sur la dernière syllabe : regular, estoy.
- Si l'accent tonique n'est pas à sa place normale, l'irrégularité est signalée par un accent aigu : **París**, **el mármol**, **el jabalí**, **la razón**, **el espectáculo**.

Remarques

La place de l'accent ne change jamais, y compris lorsque le mot passe au pluriel.

Exceptions :

carácter → **caracteres**

régimen → **regímenes**,

espécimen → **especímenes**

L'accent grammatical

Il est obligatoire sur tous les mots interrogatifs ou exclamatifs : **¿Quién?**, **¡Cómo**

Il sert à distinguer deux homonymes :

el *(le)*, **él** *(il)*;

solo *(seul)*, **sólo** *(seulement)*;

tu *(ton, ta)*, **tú** *(toi, tu)*.

C'est généralement le pronom qui porte l'accent écrit (l'accent marque la différence entre adjectifs et pronoms) :

este libro *ce livre*;

éste *celui-ci*.

Alphabet

A (a)	f (efe)	l (ele)	p (pe)	w (uve doble)
b (be)	g (ge)	ll (elle)	q (cu)	x (equis)
c (ce)	h (ache)	m (eme)	r (erre)	t (te)
ch (che)	i (i)	n (ene)	s (ese)	y (i griega)
d (de)	j (jota)	ñ (eñe)	u (u)	z (zeta)
e (e)	k (ka)	o (o)	v (uve)	

L'alphabet espagnol comporte 29 lettres, elles sont du genre féminin.

las vocales : la **a**, la **e**, la **i**...

las consonantes : la **b**, la **c**...

Trois lettres n'existent pas dans l'alphabet français : **ch**, **ll**, **ñ**. Dans les dictionnaires :

ch (la che) est classé avec **c** (la ce);

ll (la elle) est classé avec **l** (la ele);

ñ (la eñe) est classé avec **n** (la ene).

Article

	Articles définis		Articles indéfinis	
	MASCULIN	FÉMININ	MASCULIN	FÉMININ
singulier	el	la	un	una
pluriel	los	las	-	-

- Articles contractés :

  a + el = al → Voy al colegio.

  de + el = del → Vuelven del restaurante.

- L'article indéfini pluriel « des » n'a pas d'équivalent en espagnol :

  Lee libros interesantes. *Il lit des livres intéressants.*

- L'article partitif « du », « de » n'existe pas en espagnol :

  Quiero pan. *Je veux du pain.*

  Dame agua. *Donne-moi de l'eau.*

- En espagnol, il n'y pas d'article devant les noms de pays (à quelques exceptions près) :

  España *l'Espagne*;

  Francia *la France*.

« Lo » : article neutre

Il n'est jamais employé devant un nom.

Lo + adjectif ou participe passé = « ce qui est », « ce qu'il y a de » :

Lo interesante... *Ce qui est intéressant...*

Lo penoso es subir la cuesta. *Ce qu'il y a de pénible, c'est de monter la côte.*

Lo que = « ce qui », « ce que » :

Lo que me gusta... *Ce qui me plaît...*

Lo + adjectif + **que** = « combien », « comme » :

¡No te das cuenta lo guapo que es! *Tu ne te rends pas compte comme il est beau !*

Adjectifs

Formation du féminin : voir Genre

Formation du pluriel : voir Nombre

Adverbes en « mente »

Formation :

Féminin singulier de l'adjectif + **-mente** : lentamente, ferozmente.

Lorsque l'adjectif porte un accent écrit, l'adverbe le conserve à la même place : fácilmente.

Omission de « mente »

Lorsque deux ou plusieurs adverbes se suivent, seul le dernier prend la forme en **-mente**. Les autres se présentent comme des adjectifs au féminin singulier :

Lee lenta y distintamente. *Il lit lentement et distinctement.*

Apocope

On appelle apocope la perte de la voyelle finale ou de la dernière syllabe de certains adjectifs lorsqu'ils sont devant un nom (comme en français *la Grand-rue*, par exemple) :

- **bueno**, **malo**, **primero**, **tercero**, **alguno**, **ninguno** perdent le **o** devant un nom masculin singulier : un libro bueno → un buen libro.
- **cualquiera** perd le **a** devant un nom singulier : cualquier niño.
- **grande** perd la syllabe **de** devant un nom singulier (masculin ou féminin) : una casa grande → una gran casa.

Attention au changement de sens, comme en français :
Napoleón era un gran hombre, pero no era un hombre grande. *Napoléon était un grand homme, mais ce n'était pas un homme grand.*

C' est... qui / c' est... que

- On insiste sur l'objet : « quoi ? ».

  Je préfère le piano. = Je préfère quoi ? Le piano.

  Forme emphatique : *C'est le piano que je préfère.*

« Qui » et « que » se traduisent par **el que**, **la que**, **lo que**, **los que**, **las que**, éventuellement précédés d'une préposition :

Es el piano que prefiero. *C'est le piano que je préfère.*

- On insiste sur la circonstance : « quand? », « où? », « comment? ».

« Qui » et « que » se traduisent par **cuando**, **donde** ou **como**, éventuellement précédés de la préposition qui convient.

cuando (insistance sur le temps) :

Entonces fue cuando descubrí las playas más hermosas de América. *C'est alors que j'ai découvert les plus belles plages d'Amérique.*

donde (insistance sur le lieu) :

En México será donde veranearemos. *C'est au Mexique que nous irons passer l'été.*

Por aquí fue por donde pasó el ladrón. *C'est par ici que le voleur est passé.*

como (insistance sur la manière) :

Así es como se debe hablarme. *C'est ainsi qu'il faut s'adresser à moi.*

- On insiste sur la personne : « qui? ».

Tu me l'as dit. = Qui me l'a dit?

Toi. Forme emphatique : *C'est toi qui me l'as dit.*

« Qui » et « que » se traduisent par **quien**, **quienes**, éventuellement précédés de la préposition qui convient :

Fuiste tú quien me lo dijo. *C'est toi qui me l'as dit.*

A mí será a quien lo dirá primero. *C'est à moi qu'elle le dira en premier.*

Dans ces formes d'insistance, « être » se traduit toujours par **ser**, conjugué au même temps que le verbe de la subordonnée et à la même personne que celle sur laquelle porte l'insistance.

« Qui » ou « que » se traduisent en fonction du sens (on cherche d'abord à savoir à quelle question répond la phrase).

Comparaison

- Comparatif d'égalité : **tan... como...**

Somos tan viejos como ellos. *Nous sommes aussi âgés qu'eux.*

- Comparatif de supériorité : **más... que...**

Eres más alto que yo. *Tu es plus grand que moi.*

- Comparatif d'infériorité : **menos... que...**

Soy menos rico que usted. *Je suis moins riche que vous.*

- Comparatifs irréguliers :

bueno → mejor

malo → peor

grande → mayor

pequeño, **joven → menor**

Concordance des temps

Elle s'applique avec beaucoup de rigueur en espagnol lorsque le verbe de la subordonnée doit être au subjonctif.

- Verbe de la principale au présent ou au futur de l'indicatif, à l'impératif, au passé composé → Verbe de la subordonnée au présent du subjonctif :

  Le diré que venga a casa. *Je lui dirai de venir à la maison.*

- Verbe de la principale à un temps du passé (imparfait, prétérit, plus-que-parfait) ou au conditionnel → Verbe de la subordonnée à l'imparfait du subjonctif :

  Le dije que viniera a casa. *Je lui ai dit de venir à la maison.*

Como si est toujours suivi de l'imparfait du subjonctif :

Habla como si lo supiera todo. *Il parle comme s'il savait tout.*

Conditionnel

Formation des verbes réguliers

Infinitif du verbe + les terminaisons de **haber** à l'imparfait de l'indicatif : **ía**, **ías**, **ía**, **íamos**, **íais**, **ían**.

Démonstratifs

Comme en français, les pronoms et adjectifs démonstratifs s'accordent en genre et en nombre avec le nom qu'ils déterminent.

Ils permettent d'indiquer un éloignement progressif dans l'espace ou dans le temps par rapport au locuteur :

Este año vamos de vacaciones a Italia. *Cette année, nous partons en vacances en Italie.*

Aquel año fuimos de vacaciones a Italia. *Cette année-là, (il y a un an, deux ans...), nous sommes allés en vacances en Italie.*

Adjectifs démonstratifs

masc. sing. : **este** / **ese** / **aquel**
masc. plur. : **estos** / **esos** / **aquellos**
fém. sing. : **esta** / **esa** / **aquella**
fém. plur. : **estas** / **esas** / **aquellas**

Pronoms démonstratifs

Ils se différencient des adjectifs par un accent écrit sur la syllabe accentuée :

masc. sing. : **éste** / **ése** / **aquél**
masc. plur. : **éstos** / **ésos** / **aquéllos**

fém. sing. : **ésta / ésa / aquélla**

fém. plur. : **éstas / ésas / aquéllas**

Les pronoms démonstratifs ont une forme neutre : **esto / eso / aquello**. Cette forme neutre représente un objet dont on ne précise ni la nature ni le genre ; elle peut aussi représenter une phrase entière.

No me digas eso. *Ne me dis pas ça.*

Enclise

Le pronom personnel complément ou réfléchi se soude au verbe :

- à l'impératif :
  dilo *dis-le*
- à l'infinitif :
  Tengo que irme. *Je dois m'en aller.*
- au gérondif :
  Está lavándose. *Il est en train de se laver.*

Quand il y a plusieurs pronoms compléments, le pronom complément d'objet indirect (COI) est toujours placé avant le pronom complément d'objet direct (COD) :

explícamelo *explique-le-moi.*

Remarques

L'enclise est obligatoire à l'impératif et à l'infinitif, mais simplement préférable au gérondif.

Il faut souvent rajouter un accent écrit :

levántate *lève-toi* ;

diciéndolo *en le disant*.

Être

« Être » peut se traduire par **ser**, **estar** ou par des semi-auxiliaires qui les remplacent.

On emploie toujours « ser »

- devant un nom ou un pronom attribut :
  Eres mi mejor amigo. *Tu es mon meilleur ami.*
  Nuestro coche es ése. *Celle-ci est notre voiture.*
- suivi de la préposition **de**, il indique l'appartenance :
  El coche es de mi padre. *La voiture est à mon père.*
- devant un nombre ou un indéfini :
  Somos tres. *Nous sommes trois.*
  Son muchos. *Ils sont nombreux.*
- pour dire l'heure :
  Es la una. *Il est une heure.*
  Son las dos. *Il est deux heures.*

- devant un adjectif, pour définir ou exprimer une caractéristique essentielle (identité, genre, nationalité, origine, profession…) :

  Elena es española, es de Madrid, es profesora, es guapa. *Elena est espagnole, elle est de Madrid, elle est professeur, elle est belle.*

- il permet d'indiquer la couleur, la matière :

  El cielo es azul. *Le ciel est bleu.*

  La mesa es de madera. *La table est en bois.*

- devant un participe passé, pour former la voix passive :

  La pared fue pintada por Miguel. *Le mur a été peint par Miguel.*

On emploie toujours « estar »

- pour situer dans l'espace ou dans le temps :

  Estoy en casa. *Je suis chez moi.*

  Estamos en invierno. *Nous sommes en hiver.*

- avec le gérondif, pour indiquer que l'action est en train de se faire (présent progressif) :

  ¿Qué estás haciendo? *Qu'es-tu en train de faire ?*

- devant un adjectif, pour traduire un état dépendant des circonstances (une transformation, un résultat, une situation accidentelle…) :

  ¡Tú aquí! ¡Qué contento estoy! *Toi ici ! Comme je suis content !*

  Esta anciana está muy sola. *Cette vieille dame est très seule.*

  ¡Qué guapa estás con este peinado! *Comme tu es belle avec ta nouvelle coiffure !*

- devant un participe passé, pour exprimer le résultat d'une action :

  La pared está pintada de blanco. *Le mur est peint en blanc.*

  Cuando llegué, la puerta estaba cerrada. *Quand je suis arrivé, la porte était fermée.*

Certains adjectifs changent de sens selon qu'ils sont employés avec **ser** ou **estar**.

Exemples :

Ser bueno/malo. *Être bon (bonté)/mauvais (méchant).*

Estar bueno/malo. *Être en bonne/mauvaise santé ; avoir bon/mauvais goût.*

Ser listo. *Être intelligent.*

Estar listo. *Être prêt.*

Ser orgulloso. *Être orgueilleux.*

Estar orgulloso. *Être fier.*

Ser vivo. *Être malin, futé.*

Estar vivo. *Être vivant.*

Les semi-auxiliaires qui remplacent « ser » ou « estar »

Ils les remplacent en ajoutant une nuance particulière :

resultar (idée de conséquence, d'aboutissement)

andar, **ir**, **venir** (idée de progression)

hallarse, **quedar**, **permanecer** (idée de permanence)

Siempre anda metido en líos. *Il est toujours impliqué dans des histoires compliquées.*

Exclamation

- L'exclamation porte sur un nom ou un adjectif. **¡Qué** + nom (ou adj)**!**

  ¡Qué elegancia! *Quelle élégance !*

  ¡Qué guapa estás! *Comme tu es belle !*
- L'exclamation porte sur un nom accompagné d'un adjectif. **¡Qué** + nom + **más** ou **tan** + adj**!**

  ¡Qué chica más ou **tan linda!** *Quelle belle fille !*
- L'exclamation porte sur un verbe. **¡Cuánto / Cómo** + verbe**!**

  ¡Cuánto / Cómo me gusta esta novela! *Comme ce roman me plaît !*
- L'exclamation porte sur une quantité, un nombre. **¡Cuánto, -a, -os, -as...!**

  ¡Cuántos coches en la autopista! *Que de voitures sur l'autoroute !*

Quelques exclamations

¡Hola! ¡Qué tal! *Salut ! Ça va ?*

¡Cuidado! ¡Ojo! *Attention !*

¡Anda! *Allez !*

¡Vaya piscina! *En voilà une piscine !*

¡Dichosa excursión! *Maudite excursion !*

¡Adelante! *Entrez !*

¡Fuera! *Dehors !*

¡Hombre! *Tiens !*

¡Basta! *Ça suffit !*

¡Vale! *D'accord !*

Toute phrase exclamative commence par un point d'exclamation à l'envers et se termine par un point d'exclamation à l'endroit. Les mots exclamatifs portent un accent écrit sur la syllabe accentuée.

¡Qué!, ¡Cómo!, ¡Cuánto!

Futur

Formation (verbes réguliers)

Infinitif du verbe + les terminaisons de **haber** au présent de l'indicatif : **-é**, **-ás**, **-á**, **-emos**, **-éis**, **-án**.

Emploi

Il peut servir à exprimer une hypothèse :

Dolerá mucho. *Cela doit faire très mal.*

¿Quién será? *Qui cela peut-il bien être ?*

Futur proche

Ir conjugué au présent de l'indicatif + **a** + infinitif :

Vamos a comer. *Nous allons manger.*

Genre

Attention : Le **-o** n'est pas la marque du masculin, ni le **-a** la marque du féminin.
Exemples : **la mano, la moto, la radio, el Sena, el artista, el problema, el día, el mapa.**

- Les noms, les adjectifs et les participes qui se terminent en **-o** au masculin ont leur féminin en **-a** :

  amarillo → **amarilla** ;

  el hermano → **la hermana** ;

  cansado → **cansada**.

- Les noms terminés en **-or** sont généralement masculins (il existe des exceptions : **la flor**, **la labor**, ...) et ont leur féminin en **-ora** :

  el profesor → **la profesora**.

  Exception : **el actor** → **la actriz**.

- Les noms et adjectifs de nationalité ont leur féminin en **-a** :

  inglés → **inglesa**.

- Les adjectifs en **-án**, **-ín**, **-ón**, **-or** font leur féminin en **-a** :

  bonachón → **bonachona**.

  Exceptions : **mayor**, **menor**, **peor**… qui ne s'accordent pas en genre.

- Les autres adjectifs et participes sont identiques au masculin et au féminin :

  un vestido verde, una falda verde ;

  un chico original, una chica original.

Gérondif

Il correspond au participe présent français :

hablando... *en parlant...*

Formation

Pour les verbes en **-ar** : radical du verbe + **-ando**.

Pour les verbes en **-er** et en **-ir** : radical du verbe + **-iendo**.

Pour les gérondifs irréguliers, voir les tableaux de conjugaison.

Emplois

Le gérondif est invariable.

- Employé seul
  - c'est un complément de manière (il permet de répondre à la question **¿Cómo?**) :

    Marta le contestó burlándose de él... *Marta lui a répondu en se moquant de lui...*
  - il exprime la simultanéité d'une action avec celle du verbe principal (« en même temps que ») :

    Come mirando la tele. *Il mange tout en regardant la télé.*
- Employé avec un auxiliaire
  - il permet d'exprimer les différents moments de l'action :

  estar + gérondif indique que l'action est en train de se faire (« être en train de »). C'est le présent progressif.

Estábamos comiendo cuando alguien llamó a la puerta. *Nous étions en train de manger quand quelqu'un a sonné à la porte.*

ir, **venir**, **andar** + gérondif indique que l'action se fait peu à peu :

Los alumnos van entrando en clase. *Les élèves rentrent au fur et à mesure en salle de cours.*

seguir, **continuar** + gérondif indique que l'action se poursuit (« continuer à ») :

Él seguía hablando aunque estaba solo. *Quoique seul, il continuait à parler.*

llevar + complément de temps + gérondif indique la durée de l'action (« cela fait... », « il y a... ») :

Llevo tres horas esperándote. *Cela fait trois heures que je t'attends.*

L'enclise est obligatoire au gérondif. Dans ce cas, il faut penser à vérifier l'accentuation.

« Gustar »

Ce verbe est l'une des traductions du verbe « aimer » lorsqu'il ne s'agit pas d'un sentiment pour une personne.

Il se construit comme le verbe « plaire » en français : le complément du verbe « aimer » devient sujet du verbe **gustar** :

Me gustan los caramelos. *J'aime les bonbons.*

[caramelos est le sujet du verbe **gustar** : « les bonbons me plaisent »]

Nos gusta la música. *Nous aimons la musique.*

[la música est le sujet du verbe **gustar** : « la musique me plaît »]

A ustedes les gusta viajar. *Vous aimez voyager.*

[viajar est le sujet du verbe **gustar** : « à vous, voyager vous plaît »]

(A mí)	me	gusta leer	gustan las flores.
(A ti)	te	gusta bailar	gustan los animales.
(A él/ella/usted)	le	gusta la ópera	gustan las flores.
(A nosotros/as)	nos	gusta la música	gustan los deportes.
(A vosotros/as)	os	gusta la montaña	gustan las flores.
(A ellos/as/ustedes)	les	gusta viajar	gustan los viajes.

D'autres verbes se construisent comme **gustar** (ce sont les tournures affectives) : **doler**, **encantar**, **ilusionar**, **fascinar**, **entusiasmar**, **apetecer**...

Habitude

Soler (conjugué) + verbe à l'infinitif exprime l'habitude, la généralité :

En verano solemos ir a la playa. *En été, nous avons l'habitude d'aller à la plage.*

Suele tomar el autobús para ir al cole. *Généralement, il prend le bus pour aller à l'école.*

Hypothèse

A lo mejor + indicatif (comme en français « peut-être » + indicatif) :

A lo mejor nos vemos el martes. *Nous nous voyons peut-être mardi.*

Es posible que + subjonctif (comme en français) :

Es posible que trabaje. *Il est possible qu'il travaille.*

Quizá, **quizás**, **puede ser que** + subjonctif :

Quizá pueda salir mañana. *Je pourrai peut être sortir demain.*

Puede ser que salga mañana. *Je sortirai peut être demain.*

Le futur simple :

¿Cuántos años tendrá este niño? *Quel âge peut bien avoir cet enfant?*

	SUBORDONNÉE	PRINCIPALE
a) condition réalisable	si + présent de l'indicatif **Si tengo bastante dinero,** ***Si j'ai assez d'argent*** (un jour ! et c'est possible !),	futur de l'indicatif **compraré una casa.** ***j'achèterai une maison.***
b) condition non réalisée (irréalisable dans le présent)	si + subjonctif imparfait **Si tuviera bastante dinero,** ***Si j'avais assez d'argent*** (mais ce n'est pas le cas),	conditionnel **compraría una casa.** ***j'achèterais une maison.***
c) condition irréalisée dans le passé	si + subjonctif plus que parfait **Si hubiera tenido bastante dinero,** ***Si j'avais eu assez d'argent*** (mais je n'en n'avais pas assez),	conditionnel passé **habría *ou* hubiera comprado una casa.** ***j'aurais acheté une maison.***

Négation

La négation **no**, (« ne… pas ») se place avant le groupe verbal :

¿No entiendes? *Tu ne comprends pas?*

No me gusta el campo. *Je n'aime pas la campagne.*

Dans une phrase négative, « mais » se traduit par **sino** :

No quiero carne sino pescado. *Je ne veux pas de viande mais du poisson.*

Ya no... = « Ne… plus… » :

Ya no hay nadie. *Il n'y a plus personne.*

No... sino... ou **No... más que...** = « Ne… que… » :

No bebo sino agua. ou

No bebo más que agua. *Je ne bois que de l'eau.*

Quand la négation porte sur deux verbes juxtaposés ou coordonnés, on remplace **no** par **ni** :

Ni bebía ni comía. *Il ne mangeait ni ne buvait.*

Mots négatifs

nada (≠ algo) *rien*

nadie (≠ alguién) *personne*

nunca, **jamás** (≠ siempre) *jamais*

ninguno (≠ alguno) *personne*

tampoco (≠ también) *non plus*

Ils admettent une double construction :

- mot négatif + verbe :

  Nadie fue a la reunión. *Personne n'est allé à la réunion.*
- **No** + verbe + mot négatif :

  No fue nadie a la reunión. *Personne n'est allé à la réunion.*

Nombre

Les noms et adjectifs terminés par une voyelle non accentuée prennent un **-s** au pluriel :

el vestido rojo → los vestidos rojos;

la chica holgazana → las chicas holgazanas.

Les noms et adjectifs terminés par une consonne, une voyelle accentuée ou un **-y** forment leur pluriel en ajoutant **-es** :

cortés → corteses;

la capital → las capitales;

marroquí → marroquíes;

el rey → los reyes;

el joven → los jóvenes.

Les noms terminés par **-z** forment leur pluriel en

-ces : la luz → las luces.

Numération

les nombres cardinaux

Uno devient **un** devant un nom masculin (apocope) :

un solo niño, veintiún alumnos.

Ciento devient **cien** devant un nom (apocope) et un numéral qu'il multiplie :

cien personas, cien mil.

La conjonction **y** se place entre les dizaines et les unités :

140 = ciento cuarenta, 145 = ciento cuarenta y cinco.

Les centaines s'accordent avec le nom qui suit :

Trescientas personas.

Mil est invariable comme en français :

Dos mil *deux mille*.

Millar est un faux-ami : un millar = *un millier*.

les adjectifs ordinaux

primero, **a**, **os**, **as** — **segundo**, **a**, **os**, **as**
tercero, **a**, **os**, **as** — **cuarto**, **a**, **os**, **as**
quinto, **a**, **os**, **as** — **sexto**, **a**, **os**, **as**
séptimo, **a**, **os**, **as** — **octavo**, **a**, **os**, **as**
noveno, **a**, **os**, **as** — **décimo**, **a**, **os**, **as**

Primero et **tercero** s'apocopent : **la primera vez, el primer momento** ; à partir de *onze*, il est d'usage d'employer l'adjectif cardinal : **el piso catorce, Alfonso XII (doce).**

Obligation

Obligation personnelle

Elle s'adresse à quelqu'un ou à quelque chose en particulier.

Tener (conjugué) **que** + infinitif (c'est la tournure la plus employée) :

Mañana tengo que madrugar. *Demain, il faut que je me lève tôt.*

Deber (conjugué) + infinitif (pour exprimer une obligation plus morale) :

Debemos ayudar a nuestros padres. *Nous devons aider nos parents.*

Obligation impersonnelle

Elle est générale et ne s'adresse à personne en particulier.

Hay que + infinitif (c'est la structure la plus employée) :

Hay que comer para vivir. *Il faut manger pour vivre.*

Se debe + infinitif (pour une obligation plus morale) :

Se debe socorrer a los heridos. *On doit secourir les personnes blessées.*

L'obligation impersonnelle peut être introduite par un verbe unipersonnel : **es preciso** / **es necesario** / **es menester** / **hace falta** + infinitif.

Es necesario presentar el pasaporte para pasar la frontera. *Il est nécessaire de présenter son passeport pour passer la frontière.*

ON

Il y a plusieurs façons de traduire le pronom personnel indéfini *on*.

- **Se** + 3e personne du singulier ou du pluriel : « on » a le sens de « normalement », « généralement » (la personne qui parle peut faire partie de ce « on »). Cette tournure exprime un fait général, une interdiction.

  ¿Cómo se dice en español? *Comment on dit ça en espagnol ?*

  Aquí no se puede aparcar. *Ici, on ne peut pas se garer.*

> Il faut faire l'accord au pluriel :
> **Se ve un barco en el horizonte.** *On voit un bateau à l'horizon.*
> **Se ven bonitas ciudades en Castilla.** *On voit de jolies villes en Castille.* [**ciudades** devient le sujet du verbe.]

- La troisième personne du pluriel :
  - quand « on » représente « les gens », « quelqu'un » (la personne qui parle ne fait pas partie de ce « on ») :

  Dicen que es un libro muy divertido. *On dit que c'est un livre très drôle.*
  - avec les verbes pronominaux :

  Te han llamado. *On t'a appele.*
- **Uno**, **una** + 3^e^ personne du singulier : quand le locuteur parle de lui-même, « on » est un équivalent de « je » :

  Cuando uno lee el texto. *Quand on lit le texte / quand je lis le texte.*

Ordre

- Le mode utilisé pour exprimer un ordre est l'impératif. Il y a cinq personnes :

  Deux pour le tutoiement : **tú** / **vosotros** ;

  Deux pour le vouvoiement : **usted** / **ustedes** ;

  La première personne du pluriel : **nosotros** / **nosotras**.
- Formation (pour les trois groupes) :

  Deuxième personne du singulier (**tú**) → 3e personne du présent de l'indicatif : **habla** ;

  Deuxième personne du pluriel (**vosotros**) → infinitif sans **-r** + **-d** :

  Recoged los libros. *Ramassez les livres.*

  Pour les autres personnes (**usted**, **nosotros**, **ustedes**) → on utilise le présent du subjonctif :

  hable usted, cantemos, vengan por favor.

Remarques

À l'impératif, l'enclise est obligatoire. Il faut penser à vérifier l'accentuation.

Cállate. *Tais-toi.*

Il existe huit verbes irréguliers à la deuxième personne du singulier :

poner → pon	**venir → ven**	**decir → di**	**ser → sé**
tener → ten	**salir → sal**	**hacer → haz**	**ir → ve**

Le cas des verbes pronominaux :

- à la première personne du pluriel (**nosotros**), le **-s** disparaît :

  ¡Levantémonos! *Levons-nous !*
- à la deuxième personne du pluriel (**vosotros**), le **-d** disparaît :

  ¡Levantaos! *Levez-vous !*

L'infinitif peut avoir une valeur injonctive :

¡Cruzar la calle despacio! *Traversez la rue doucement !*

¡Callaros! *Taisez-vous !*

La défense

C'est un ordre négatif, une interdiction. On l'exprime avec **no** + le subjonctif présent à toutes les personnes.

¡No me llames esta noche! *Ne m'appelle pas ce soir !*

¡No salgáis solos! *Ne sortez pas tout seuls !*

Attention, on ne fait pas l'enclise :

¡No te pierdas! *Ne te perds pas!*

Le pronom complément se déplace, comme en français (prends-le! → ne le prends pas!).

Construction des verbes d'ordre (« pedir », « mandar », « decir »)

Les verbes d'ordre, suivis en français de l'infinitif, se construisent en espagnol avec **que** + subjonctif (attention, il faut respecter la concordance des temps!).

Te pido que te calles. *Je te demande de te taire.*

Te dije que vinieras. *Je t'ai dit de venir.*

N.B. Les verbes **mandar** et **impedir** admettent deux constructions : avec **que** + subjonctif ou avec l'infinitif :

El profesor me mandó callar. / El profesor me mandó que me callara. *Le professeur m'a ordonné de me taire.*

Participe passé

voir Temps composés

Passé (de l'indicatif)

L'imparfait

- Formation :

  radical + **-aba**, **-abas**, **-aba**, **-ábamos**, **-abais**, **-aban**, pour les verbes en **-ar** ;

  radical + **-ía**, **-ías**, **-ía**, **-íamos**, **-íais**, **-ían**, pour les verbes en **-er** et en **-ir**.

Il existe trois verbes irréguliers à l'imparfait : **ir**, **ser** et **ver** (voir les tableaux de conjugaison).

- Emploi :

  comme son nom l'indique, il exprime que l'action n'est pas parfaite, qu'elle n'est pas terminée ; on insiste sur le déroulement de l'action plutôt que sur son terme. On peut comparer l'imparfait à un présent dans le passé. Comme en français, il exprime une action habituelle qui se répète dans le passé :

  Cuando era niño, vivía en Madrid. *Quand il était petit, il habitait à Madrid.*

Le passé simple (« preterito indefinido »)

- Formation (verbes réguliers) :

  pour les verbes en **-ar**, radical + **-é**, **-aste**, **-ó**, **-amos**, **-astéis**, **-aron** ;

  pour les verbes en **-er** et en **-ir**, radical + **-í**, **-iste**, **-ió**, **-imos**, **-isteis**, **-ieron**.

- Emploi :

  il est beaucoup plus utilisé en espagnol qu'en français et est souvent traduit par le passé composé français. Il exprime une action passée achevée, sans rapport avec le présent et située dans une période de temps révolue pour celui qui parle (hier, l'année dernière,...) :

  Ayer llovió. *Hier, il a plu.*

Le passé composé

- Formation :
  auxiliaire **haber** au présent de l'indicatif + participe passé (voir Temps composés).
- Emploi :
  il est beaucoup moins utilisé en espagnol qu'en français. Si l'action passée est achevée, mais dans une période de temps non révolue (aujourd'hui, ce matin, cette année,...), on emploie le passé composé :

  Ha llovido toda la mañana. *Il a plu toute la matinée.*

  On l'emploie également pour exprimer une action achevée, dont les conséquences sur le présent sont encore manifestes :

  He descubierto que me adoptaron. *J'ai découvert que j'ai été adopté.*

Remarques

Les temps composés se forment toujours avec l'auxiliaire **haber**. Le participe passé ne peut pas être séparé de l'auxiliaire **haber** et est invariable (dans les temps composés).

Possessifs

Adjectifs possessifs

Il existe deux formes d'adjectif possessif :
- devant le nom, **mi hermano**, c'est la forme atone ;
- après le nom, **un hermano mío**, c'est la forme accentuée.

Espagnol		Français
DEVANT LE NOM	COMPARATIF	SUPERLATIF
mi(s)	mío(s), mía(s)	mon, ma, mes
tu(s)	tuyo(s), tuya(s)	ton, ta, tes
su(s)	suyo(s), suya(s), de usted	son, sa, ses
nuestro(s), nuestra(s)	nuestro(s), nuestra(s)	notre, nos
vuestro(s), vuestra(s)	vuestro(s), vuestra(s)	votre, vos
su(s)	suyo(s), suya(s), de ustedes	leur, leurs

Pronoms possessifs

Les pronoms possessifs n'ont pas de forme propre. Ils s'obtiennent en mettant l'article défini devant la forme accentuée (c'est-à-dire l'adjectif situé après le substantif) :

Son los míos. *Ce sont les miens.*

Pronoms personnels

Les pronoms sujets

Le pronom personnel sujet n'est généralement pas utilisé en espagnol, les terminaisons suffisant à indiquer la personne. On ne l'emploie que pour insister ou lever une ambiguïté :

Soy francés. *Je suis français.*

Quédate, yo me voy. *Reste, moi je m'en vais.*

FRANÇAIS	ESPAGNOL
je	yo
tu	tú
il / lui/ elle	él / ella
vous (politesse)	usted
nous	nosotros / nosotras
vous	vosotros / vosotras
ils / eux / elles	ellos / ellas

Les pronoms compléments introduits par une préposition

FRANÇAIS	ESPAGNOL	AVEC LA PRÉPOSITION « CON »
moi	para mí	conmigo
toi	a ti	contigo
lui, elle	sin él, ella	con él, con ella
vous (politesse)	de usted	con usted
(soi)	(sí)	(consigo)
nous	hacia nostros, as	con nosotros, as
vous	por vosotros, as	con vosotros, as
eux, elles	para ellos, ellas	con ellos, ellas
vous (politesse)	a ustedes	con ustedes
(soi)	(sí)	(consigo)

Podéis empezar sin mí. *Vous pouvez commencer sans moi.*

Esto es para usted. *Ceci est pour vous.*

Se dirigió hacia ellos. *Il s'est dirigé vers eux.*

Lo hice por ti. *Je l'ai fait pour toi.*

Les pronoms compléments sans préposition

direct		indirect		réfléchi	
FRANÇAIS	ESPAGNOL	FRANÇAIS	ESPAGNOL	FRANÇAIS	ESPAGNOL
me	me	me	me	me	me
te	te	te	te	te	te
le	lo (le), la	lui	le	se	se
nous	nos	nous	nos	nous	nos
vous	os	vous	os	vous	os
les	los (les), las	leur	les	se	se

Place des pronoms

Le pronom personnel complément sans préposition se place avant le verbe, sauf à l'infinitif, à l'impératif et au gérondif :

No la veo. *Je ne la vois pas.*

Le pronom complément d'objet indirect est toujours placé avant le pronom complément d'objet direct :

No me lo digas. *Ne me le dis pas.*

Lorsque deux pronoms de la 3e personne se suivent, le premier prend la forme du réfléchi :

Se lo dije ayer. *Je le lui ai dit hier.*

Dans les cas d'enclise, on respecte les règles précédentes et on vérifie l'accentuation :

No quiero decírselo. *Je ne veux pas le lui dire.*

Voir aussi **Enclise**.

Pronoms relatifs (qui, que, quoi, dont, où)

Le pronom sujet

Il se traduit par **que**, que l'antécédent soit une personne ou une chose :

El chico que telefoneó. *Le garçon qui a téléphoné.*

Il se traduit par **quien**, **quienes**, lorsque l'antécédent n'est pas exprimé, mais qu'il sous-entend une personne :

Quien va a Sevilla pierde su silla. *Qui va à la chasse perd sa place.*

Dans une proposition explicative, il peut se traduire par

- **el cual**, **la cual**, **los cuales**, **las cuales**, quand il a pour antécédent une personne ou une chose :

  El bandido amenazó al anciano y a Amelia, la cual temblaba de miedo. *Le bandit menaça le vieil homme et Amelia, laquelle tremblait de peur.*
- **quien** et **quienes**, qui ne peuvent être employés que pour une personne ;
- **lo que**, qui est utilisé pour un antécédent neutre ou quand l'antécédent est toute la proposition :

  Perdió toda la tarde esperándolo, lo que le puso de mal humor. *Il a passé tout l'après-midi à l'attendre, ce qui l'a mis de mauvaise humeur.*

Le pronom relatif complément

Le pronom relatif complément est **que** si l'antécédent est une chose :

La novela que hemos leído. *Le roman que nous avons lu.*

Si l'antécédent est une personne : **a quien(es)**, **al que**, **a la que**, **a los que**, **a las que** :

Las personas a quienes invitamos. *Les personnes que nous invitons.*

Remarques

En espagnol, **que** est le pronom relatif le plus employé. Il peut avoir comme antécédent des personnes ou des choses, être sujet ou complément.

Quantité

Adjectifs indéfinis

mucho, a, os, as = *beaucoup.*

Hay muchos niños en la playa. *Il y a beaucoup d'enfants sur la plage.*

poco, a, os, as = *peu.*

Lo dijo con pocas palabras. *Il l'a dit en peu de mots.*

bastante, es = *assez.*

No tienes bastantes naranjas. *Tu n'as pas assez d'oranges.*

demasiado, a, os, as = *trop, trop de.*

Hay demasiadas personas aquí. *Il y a trop de personnes ici.*

Adverbes indéfinis

Ils sont invariables.

mucho = *beaucoup.*

Te quiero mucho. *Je t'aime beaucoup.*

poco = *peu.*

Son poco interesantes. *Ils sont peu intéressants.*

bastante = *assez.*

No sois bastante fuertes. *Vous n'êtes pas assez forts.*

demasiado = *trop.*

Las calles son demasiado estrechas. *Les rues sont trop étroites.*

muy = *très.*

Son muy cultos. *Ils sont très cultivés.*

Répétition / Réitération

Volver a + infinitif :

Volví a llamarla anoche. *Je l'ai rappelée hier soir.*

Verbe + **de nuevo** / **otra vez** :

La llamé otra vez anoche. *Je l'ai rappelée hier soir.*

Le verbe précédé du préfixe **re-** rend également l'idée de répétition, mais cette possibilité est beaucoup moins fréquente qu'en français :

renacer *renaître*;

revivir *revivre*;

rehacer *refaire*.

Subjonctif

Formation du subjonctif présent

Pour les verbes en **-ar** : radical + **-e**, **-es**, **-e**, **-emos**, **-éis**, **-en**.

Pour les verbes en **-er** et en **-ir** : radical + **-a**, **-as**, **-a**, **-amos**, **-áis**, **-an**.

La diphtongue fonctionne comme à l'indicatif.

Si la première personne du singulier du présent de l'indicatif est irrégulière, tout le subjonctif présent est irrégulier :

salir : **salgo → salga, salgas,...**

Attention aux modifications orthographiques qui peuvent être entraînées par le changement de voyelle de la terminaison :

llegar → llegue;

coger → coja.

Voir les tableaux de conjugaison pour les verbes irréguliers.

Formation du subjonctif imparfait

Il existe deux formes :

la forme en **-ra** et la forme en **-se**, qui se forment à partir de la troisième personne du pluriel du prétérit, pour les verbes réguliers et irréguliers. On remplace la terminaison **-aron** / **-ieron**, par **-ara** / **-iera** ou **-ase** / **-iese**.

Emplois

Le subjonctif se trouve presque toujours dans une subordonnée. C'est le mode de la subjectivité, de l'irréalité, de l'éventualité.

1. Dans une proposition subordonnée.

On emploie le subjonctif dans une proposition subordonnée chaque fois que l'action est envisagée comme improbable ou irréalisée.

- Dans une subordonnée complétive, après un verbe d'opinion ou de sentiment à la forme négative (puisque l'action sur laquelle porte l'opinion négative n'a pas de réalité) : **no parece que**, **no me gusta que**, **no pensaba que**, **es lástima que**, **es una pena que**, **es correcto que**, **es natural que**, **es seguro que**.
- Dans une subordonnée finale, après **para que**, **con objeto de que**, **a fin de que**.

Vengo para que hagas tus deberes. *Je viens pour que tu fasses tes devoirs.*

L'espagnol emploie le subjonctif après un verbe exprimant une volonté, un désir, une crainte :

querer *vouloir*;

temer *craindre*;

desear *désirer*;

Quiero que vengas. *Je veux que tu viennes.*

Teme que la envenenen. *Elle a peur qu'on l'empoisonne.*

L'espagnol emploie le subjonctif à la place de l'infinitif français après les verbes exprimant un ordre, une prière, un conseil ou une recommandation :

decir *dire* ;

rogar *prier* ;

suplicar *supplier* ;

pedir *demander* ;

aconsejar *conseiller* ;

mandar *ordonner, commander* ;

prohibir *interdire.*

L'espagnol emploie également le subjonctif pour traduire l'aspect d'éventualité présenté par le futur français

- dans une proposition subordonnée temporelle, après **cuando**, **hasta que**, **siempre que** :

  Cuando vengan... *Quand ils viendront...*

- dans une proposition relative et comparative :

  Los que puedan... *Ceux qui le pourront...*

  Como quieras. *Comme tu voudras.*

On emploie l'imparfait du subjonctif :

- après **como si** dans la phrase conditionnelle, pour exprimer une condition irréalisable ou irréalisée dans le passé (voir Hypothèse) ;
- lorsque la proposition principale est au passé. C'est la concordance des temps.

Quand la subordonnée temporelle exprime une action postérieure à la principale, on utilise le subjonctif : en effet, **antes que** est suivi du subjonctif. Dans une subordonnée concessive (pour traduire « même si »), on utilise le subjonctif après **aunque**, **aun cuando**. Les locutions **por más... que**, **por mucho... que**, **por muy... que** sont suivies

- du subjonctif, si le locuteur considère l'action comme éventuelle ;
- de l'indicatif, s'il la considère comme réalisée.

2. Dans une proposition principale.

On emploie le subjonctif dans une proposition principale pour renforcer la valeur dubitative après :

Es posible que... *Il est possible que...*

Ojalá... *Pourvu que...*

Quizá(s) / Tal vez / Acaso... *Peut-être...*

3. Dans une proposition indépendante.

On emploie également le subjonctif dans une proposition indépendante :

- pour exprimer la défense : **no** + subjonctif présent (voir Ordre)
- pour donner un ordre aux troisièmes personnes du singulier et du pluriel et à la première personne du pluriel : **usted**, **ustedes**, **nosotros** (voir Ordre)
- pour exprimer le regret : **¡Qué lastima que...!**, **¡Qué pena, que...!**
- pour exprimer l'obligation personnelle, après **es preciso que...**, **es necesario que...** (voir Obligation).

Suffixes

Les diminutifs

- On ajoute **-ito, a** ou **-illo, a** aux mots qui se terminent par **-a** ou **-o** (ces voyelles s'élident) ou par une consonne (sauf **-n** et **-r**). **-ito, a** est le diminutif le plus commun. Il peut avoir une valeur affective. Appliqué à un adjectif, il en renforce le sens :

  solo *seul* → **solito** *tout seul* ;

  una casita *une petite maison* ;

  mi abuelita *ma chère grand-mère* ou *ma grand-mère chérie*.

  -illo, a indique que l'objet est petit :

  una cuchara *une cuillère* → **una cucharilla** *une petite cuillère*.

- On ajoute **-cito, a** aux mots terminés par **-e**, **-n**, ou **-r** :

  pobre → **pobrecito** ;

  joven → **jovencito**.

- On ajoute **-ecito, a** aux monosyllabes terminés par une consonne et aux mots à diphtongue de deux syllabes (leur voyelle finale s'élidant) :

  una vieja → **una viejecita** ;

  un pez → **un pececito**.

Les augmentatifs

Ils expriment la démesure et sont souvent péjoratifs, mais c'est toujours le contexte qui éclaire sur leur sens :

- **-ón**, **-ona** :

  un hombre →**un hombrón** *un gaillard* ;

  una mujer → **una mujerona** *une grande femme*.

  Il peut aussi marquer un excès :

  un dormilón *un dormeur* ;

  burlón *moqueur*.

- **-azo** :

  un coche → **un cochazo** *une grosse voiture*.

- **-ote**, **-ota** :

  una palabra → **una palabrota** *un gros mot* ;

  un grandote *un échalas*.

Les suffixes collectifs

Ils désignent les plantations.

-al et **-ar** :

el trigo *le blé* → **el trigal** *le champ de blé* ;

el olivo *l'olivier* → **un olivar** *une oliveraie*.

Les suffixes qui expriment les coups

-azo, a :

un golpe de hacha → **un hachazo** *un coup de hache* ;

un codazo *un coup de coude* ;

un vistazo *un coup d'œil*.

Superlatifs

Superlatif absolu : **muy** + adj ou suffixe → **ísimo**.

Una chica muy guapa. → Una chica guapísima. *Une fille très belle* ou *extrêmement belle.*

Superlatif relatif : **el más / el menos** + adj.

Es el más gordo de la familia; es también el menos simpático. *C'est le plus gros de la famille ; c'est aussi le moins sympathique.*

On ne répète pas l'article si le superlatif suit un nom déterminé :

Es el alumno más listo de la clase. *C'est l'élève le plus intelligent de la classe.*

Temps composés

Formation

Auxiliaire **haber** conjugué au temps souhaité + participe passé.

Haber est le seul auxiliaire utilisé pour la formation des temps composés.

L'auxiliaire **haber** :

- Présent de l'indicatif (pour la formation du passé composé) : **he**, **has**, **ha**, **hemos**, **habéis**, **han**.
- Imparfait de l'indicatif (pour la formation du plus-que-parfait) : **había**, **habías**, **había**, **habíamos**, **habíais**, **habían**.

Le participe passé :

- radical + **-ado**, pour les verbes en **-ar** ;
- radical + **-ido**, pour les verbes en **-er**, et en **-ir**.

Pour les participes passés irréguliers, voir les tableaux de conjugaison.

Contrairement au français, auxiliaire et participe sont inséparables et le participe passé est invariable :

He comido demasiado. *J'ai trop mangé.*

La sangría que has bebido. *La sangria que tu as bue.*

Vouvoiement

En espagnol vouvoyer quelqu'un revient à lui parler à la troisième personne, en utilisant les pronoms et adjectifs possessifs correspondants : *Monsieur veut-il que je lui porte ses bagages ?*

Le pronom personnel sujet correspondant au « vous de politesse » est **usted** si l'on s'adresse à une personne et **ustedes** si l'on s'adresse à plusieurs personnes.

¿Dónde está usted, (señor/señora)? *Où êtes-vous (Monsieur/Madame) ?*

Tous les accords se font à la troisième personne, y compris ceux des adjectifs et pronoms possessifs.

Señor, su coche está mal aparcado. *Monsieur, votre voiture est mal garée.*

¿Alguien le atiende? *On s'occupe de vous ?*

Pour éviter toute confusion sur la personne représentée par le pronom complément, on peut préciser : **a usted**, **a ustedes** :

No la veo a usted. *Je ne vous vois pas (Madame).*

	1 amar	2 temer
indicatif présent	amo ama amamos	temo teme tememos
indicatif imparfait	amaba amábamos	temía temíamos
passé simple	amé amó amamos amaron	temí temió temimos temieron
futur	amaré amará amaremos	temeré temerá temeremos
conditionnel présent	amaría amaríamos	temería temeríamos
subjonctif présent	ame amemos	tema temamos
subjonctif imparfait	amara, amase amáramos, amásemos	temiera, temiese temiéramos, temiésemos
impératif	ama (tú), ame (él, ella, usted) amemos (nosotros) amad (vosotros) amen (ellos, ellas, ustedes)	teme (tú) tema (él, ella, usted) temamos (nosotros) temed (vosotros) teman (ellos, ellas, ustedes)
gérondif, part. passé	amando, amado	temiendo, temido

	3 partir	4 haber
indicatif présent	parto parte partimos	he ha hemos
indicatif imparfait	partía partíamos	había habíamos
passé simple	partí partió partimos partieron	hube hubo hubimos hubieron
futur	partiré partirá partiremos	habré habrá habremos
conditionnel présent	partiría partiríamos	habría habríamos
subjonctif présent	parta partamos	haya hayamos
subjonctif imparfait	partiera, partiese partiéramos, partiésemos	hubiera, hubiese hubiéramos, hubiésemos
impératif	parte (tú) parta (él, ella, usted) partamos (nosotros) partid (vosotros) partan (ellos, ellas, ustedes)	he (tú) haya (él, ella, usted) hayamos (nosotros) habed (vosotros) hayan (ellos, ellas, ustedes)
gérondif, part. passé	partiendo, partido	habiendo, habido

	5 ser	6 actuar
indicatif présent	soy es somos	actúo actúa actuamos
indicatif imparfait	era éramos	actuaba actuábamos
passé simple	fui fue fuimos fueron	actué actuó actuamos actuaron
futur	seré será seremos	actuaré actuará actuaremos
conditionnel présent	sería seríamos	actuaría actuaríamos
subjonctif présent	sea seamos	actúe actuemos
subjonctif imparfait	fuera, fuese fuéramos, fuésemos	actuara, actuase actuáramos, actuásemos
impératif	sé (tú) sea (él, ella, usted) seamos (nosotros) sed (vosotros) sean (ellos, ellas, ustedes)	actúa (tú) actúe (él, ella, usted) actuemos (nosotros) actuad (vosotros) actúen (ellos, ellas, ustedes)
gérondif, part. passé	siendo, sido	actuando, actuado

	7 adecuar	8 cambiar
indicatif présent	adecuo adecua adecuamos	cambio cambia cambiamos
indicatif imparfait	adecuaba adecuábamos	cambiaba cambiábamos
passé simple	adecué adecuó adecuamos adecuaron	cambié cambió cambiamos cambiaron
futur	adecuaré adecuará adecuaremos	cambiaré cambiará cambiaremos
conditionnel présent	adecuaría adecuaríamos	cambiaría cambiaríamos
subjonctif présent	adecue adecuemos	cambie cambiemos
subjonctif imparfait	adecuara, adecuase adecuáramos, adecuásemos	cambiara, cambiase cambiáramos, cambiásemos
impératif	adecua (tú) adecue (él, ella, usted) adecuemos (nosotros) adecuad (vosotros) adecuen (ellos, ellas, ustedes)	cambia (tú) cambie (él, ella, usted) cambiemos (nosotros) cambiad (vosotros) cambien (ellos, ellas, ustedes)
gérondif, part. passé	adecuando, adecuado	cambiando, cambiado

	9 guiar	10 sacar
indicatif présent	guío guía guiamos	saco saca sacamos
indicatif imparfait	guiaba guiábamos	sacaba sacábamos
passé simple	guie guio guiamos guiaron	saqué sacó sacamos sacaron
futur	guiaré guiará guiaremos	sacaré sacará sacaremos
conditionnel présent	guiaría guiaríamos	sacaría sacaríamos
subjonctif présent	guíe guiemos	saque saquemos
subjonctif imparfait	guiara, guiase guiáramos, guiásemos	sacara, sacase sacáramos, sacásemos
impératif	guía (tú) guíe (él, ella, usted) guiemos (nosotros) guiad (vosotros) guíen (ellos, ellas, ustedes)	saca (tú) saque (él, ella, usted) saquemos (nosotros) sacad (vosotros) saquen (ellos, ellas, ustedes)
gérondif, part. passé	guiando, guiado	sacando, sacado

	11 mecer	12 zurcir
indicatif présent	mezo mece mecemos	zurzo zurce zurcimos
indicatif imparfait	mecía mecíamos	zurcía zurcíamos
passé simple	mecí meció mecimos mecieron	zurcí zurció zurcimos zurcieron
futur	meceré mecerá meceremos	zurciré zurcirá zurciremos
conditionnel présent	mecería meceríamos	zurciría zurciríamos
subjonctif présent	meza mezamos	zurza zurzamos
subjonctif imparfait	meciera, meciese meciéramos, meciésemos	zurciera, zurciese zurciéramos, zurciésemos
impératif	mece (tú) meza (él, ella, usted) mezamos (nosotros) meced (vosotros) mezan (ellos, ellas, ustedes)	zurce (tú) zurza (él, ella, usted) zurzamos (nosotros) zurcid (vosotros) zurzan (ellos, ellas, ustedes)
gérondif, part. passé	meciendo, mecido	zurciendo, zurcido

	13 cazar	14 proteger
indicatif présent	cazo caza cazamos	protejo protege protegemos
indicatif imparfait	cazaba cazábamos	protegía protegíamos
passé simple	cacé cazó cazamos cazaron	protegí protegió protegimos protegieron
futur	cazaré cazará cazaremos	protegeré protegerá protegeremos
conditionnel présent	cazaría cazaríamos	protegería protegeríamos
subjonctif présent	cace cacemos	proteja protejamos
subjonctif imparfait	cazara, cazase cazáramos, cazásemos	protegiera, protegiese protegiéramos, protegiésemos
impératif	caza (tú) cace (él, ella, usted) cacemos (nosotros) cazad (vosotros) cacen (ellos, ellas, ustedes)	protege (tú) proteja (él, ella, usted) protejamos (nosotros) proteged (vosotros) protejan (ellos, ellas, ustedes)
gérondif, part. passé	cazando, cazado	protegiendo, protegido

	15 dirigir	16 llegar
indicatif présent	dirijo dirige dirigimos	llego llega llegamos
indicatif imparfait	dirigía dirigíamos	llegaba llegábamos
passé simple	dirigí dirigió dirigimos dirigieron	llegué llegó llegamos llegaron
futur	dirigiré dirigirá dirigiremos	llegaré llegará llegaremos
conditionnel présent	dirigiría dirigiríamos	llegaría llegaríamos
subjonctif présent	dirija dirijamos	llegue lleguemos
subjonctif imparfait	dirigiera, dirigiese dirigiéramos, dirigiésemos	llegara, llegase llegáramos, llegásemos
impératif	dirige (tú) dirija (él, ella, usted) dirijamos (nosotros) dirigid (vosotros) dirijan (ellos, ellas, ustedes)	llega (tú) llegue (él, ella, usted) lleguemos (nosotros) llegad (vosotros) lleguen (ellos, ellas, ustedes)
gérondif, part. passé	dirigiendo, dirigido	llegando, llegado

	17 distinguir	18 delinquir
indicatif présent	distingo distingue distinguimos	delinco delinque delinquimos
indicatif imparfait	distinguía distinguíamos	delinquía delinquíamos
passé simple	distinguí distinguió distinguimos distinguieron	delinquí delinquió delinquimos delinquieron
futur	distinguiré distinguirá distinguiremos	delinquiré delinquirá delinquiremos
conditionnel présent	distinguiría distinguiríamos	delinquiría delinquiríamos
subjonctif présent	distinga distingamos	delinca delincamos
subjonctif imparfait	distinguiera, distinguiese distinguiéramos, distinguiésemos	delinquiera, delinquiese delinquiéramos, delinquiésemos
impératif	distingue (tú) distinga (él, ella, usted) distingamos (nosotros) distinguid (vosotros) distingan (ellos, ellas, ustedes)	delinque (tú) delinca (él, ella, usted) delincamos (nosotros) delinquid (vosotros) delincan (ellos, ellas, ustedes)
gérondif, part. passé	distinguiendo, distinguido	delinquiendo, delinquido

	19 acertar	20 tender
indicatif présent	acierto acierta acertamos	tiendo tiende tendemos
indicatif imparfait	acertaba acertábamos	tendía tendíamos
passé simple	acerté acertó acertamos acertaron	tendí tendió tendimos tendieron
futur	acertaré acertará acertaremos	tenderé tenderá tenderemos
conditionnel présent	acertaría acertaríamos	tendería tenderíamos
subjonctif présent	acierte acertemos	tienda tendamos
subjonctif imparfait	acertara, acertase acertáramos, acertásemos	tendiera, tendiese tendiéramos, tendiésemos
impératif	acierta (tú) acierte (él, ella, usted) acertemos (nosotros) acertad (vosotros) acierten (ellos, ellas, ustedes)	tiende (tú) tienda (él, ella, usted) tendamos (nosotros) tended (vosotros) tiendan (ellos, ellas, ustedes)
gérondif, part. passé	acertando, acertado	tendiendo, tendido

	21 discernir	22 adquirir
indicatif présent	discierno discierne discernimos	adquiero adquiere adquirimos
indicatif imparfait	discernía discerníamos	adquiría adquiríamos
passé simple	discerní discernió discernimos discernieron	adquirí adquirió adquirimos adquirieron
futur	discerniré discernirá discerniremos	adquiriré adquirirá adquiriremos
conditionnel présent	discerniría discerniríamos	adquiriría adquiriríamos
subjonctif présent	discierna discernamos	adquiera adquiramos
subjonctif imparfait	discerniera, discerniese discerniéramos, discerniésemos	adquiriera, adquiriese adquiriéramos, adquiriésemos
impératif	discierne (tú) discierna (él, ella, usted) discernamos (nosotros) discernid (vosotros) disciernan (ellos, ellas, ustedes)	adquiere (tú) adquiera (él, ella, usted) adquiramos (nosotros) adquirid (vosotros) adquieran (ellos, ellas, ustedes)
gérondif, part. passé	discerniendo, discernido	adquiriendo, adquirido

	23 sonar	24 mover
indicatif présent	sueno suena sonamos	muevo mueve movemos
indicatif imparfait	sonaba sonábamos	movía movíamos
passé simple	soné sonó sonamos sonaron	moví movió movimos movieron
futur	sonaré sonará sonaremos	moveré moverá moveremos
conditionnel présent	sonaría sonaríamos	movería moveríamos
subjonctif présent	suene sonemos	mueva movamos
subjonctif imparfait	sonara, sonase sonáramos, sonásemos	moviera, moviese moviéramos, moviésemos
impératif	suena (tú) suene (él, ella, usted) sonemos (nosotros) sonad (vosotros) suenen (ellos, ellas, ustedes)	mueve (tú) mueva (él, ella, usted) movamos (nosotros) moved (vosotros) muevan (ellos, ellas, ustedes)
gérondif, part. passé	sonando, sonado	moviendo, movido

	25 dormir	26 pedir
indicatif présent	duermo duerme dormimos	pido pide pedimos
indicatif imparfait	dormía dormíamos	pedía pediamos
passé simple	dormí durmió dormimos durmieron	pedí pidió pedimos pidieron
futur	dormiré dormirá dormiremos	pediré pedirá pediremos
conditionnel présent	dormiría dormiríamos	pediría pediríamos
subjonctif présent	duerma durmamos	pida pidamos
subjonctif imparfait	durmiera, durmiese durmiéramos, durmiésemos	pidiera, pidiese pidiéramos, pidiésemos
impératif	duerme (tú) duerma (él, ella, usted) durmamos (nosotros) dormid (vosotros) duerman (ellos, ellas, ustedes)	pide (tú) pida (él, ella, usted) pidamos (nosotros) pedid (vosotros) pidan (ellos, ellas, ustedes)
gérondif, part. passé	durmiendo, dormido	pidiendo, pedido

	27 sentir	28 reír
indicatif présent	siento siente sentimos	río ríe reímos
indicatif imparfait	sentía sentíamos	reía reíamos
passé simple	sentí sintió sentimos sintieron	reí rio reímos rieron
futur	sentiré sentirá sentiremos	reiré reirá reiremos
conditionnel présent	sentiría sentiríamos	reiría reiríamos
subjonctif présent	sienta sintamos	ría riamos
subjonctif imparfait	sintiera, sintiese sintiéramos, sintiésemos	riera, riese riéramos, riésemos
impératif	siente (tú) sienta (él, ella, usted) sintamos (nosotros) sentid (vosotros) sientan (ellos, ellas, ustedes)	ríe (tú) ría (él, ella, usted) riamos (nosotros) reíd (vosotros) rían (ellos, ellas, ustedes)
gérondif, part. passé	sintiendo, sentido	riendo, reído

	29 nacer	30 parecer
indicatif présent	nazco nace nacemos	parezco parece parecemos
indicatif imparfait	nacía nacíamos	parecía parecíamos
passé simple	nací nació nacimos nacieron	parecí pareció parecimos parecieron
futur	naceré nacerá naceremos	pareceré parecerá pareceremos
conditionnel présent	nacería naceríamos	parecería paraceríamos
subjonctif présent	nazca nazcamos	parezca parezcamos
subjonctif imparfait	naciera, naciese naciéramos, naciésemos	pareciera, pareciese pareciéramos, pareciésemos
impératif	nace (tú) nazca (él, ella, usted) nazcamos (nosotros) naced (vosotros) nazcan (ellos, ellas, ustedes)	parece (tú) parezca (él, ella, usted) parezcamos (nosotros) pareced (vosotros) parezcan (ellos, ellas, ustedes)
gérondif, part. passé	naciendo, nacido	pareciendo, parecido

	31 conocer	32 lucir
indicatif présent	conozco conoce conocemos	luzco luce lucimos
indicatif imparfait	conocía conocíamos	lucía lucíamos
passé simple	conocí conoció conocimos conocieron	lucí lució lucimos lucieron
futur	conoceré conocerá conoceremos	luciré lucirá luciremos
conditionnel présent	conocería conoceríamos	luciría luciríamos
subjonctif présent	conozca conozcamos	luzca luzcamos
subjonctif imparfait	conociera, conociese conociéramos, conociésemos	luciera, luciese luciéramos, luciésemos
impératif	conoce (tú) conozca (él, ella, usted) conozcamos (nosotros) conoced (vosotros) conozcan (ellos, ellas, ustedes)	luce (tú) luzca (él, ella, usted) luzcamos (nosotros) lucid (vosotros) luzcan (ellos, ellas, ustedes)
gérondif, part. passé	conociendo, conocido	luciendo, lucido

	33 conducir	34 comenzar
indicatif présent	conduzco conduce conducimos	comienzo comienza comenzamos
indicatif imparfait	conducía conducíamos	comenzaba comenzábamos
passé simple	conduje condujo condujimos condujeron	comencé comenzó comenzamos comenzaron
futur	conduciré conducirá conduciremos	comenzaré comenzará comenzaremos
conditionnel présent	conduciría conduciríamos	comenzaría comenzaríamos
subjonctif présent	conduzca conduzcamos	comience comencemos
subjonctif imparfait	condujera, condujese condujéramos, condujésemos	comenzara, comenzase comenzáramos, comenzásemos
impératif	conduce (tú) conduzca (él, ella, usted) conduzcamos (nosotros) conducid (vosotros) conduzcan (ellos, ellas, ustedes)	comienza (tú) comience (él, ella, usted) comencemos (nosotros) comenzad (vosotros) comiencen (ellos, ellas, ustedes)
gérondif, part. passé	conduciendo, conducido	comenzando, comenzado

	35 negar	36 trocar
indicatif présent	niego niega negamos	trueco trueca trocamos
indicatif imparfait	negaba negábamos	trocaba trocábamos
passé simple	negué negó negamos negaron	troqué trocó trocamos trocaron
futur	negaré negará negaremos	trocaré trocará trocaremos
conditionnel présent	negaría negaríamos	trocaría trocaríamos
subjonctif présent	niegue neguemos	trueque troquemos
subjonctif imparfait	negara, negase negáramos, negásemos	trocara, trocase trocáramos, trocásemos
impératif	niega (tú) niegue (él, ella, usted) neguemos (nosotros) negad (vosotros) nieguen (ellos, ellas, ustedes)	trueca (tú) trueque (él, ella, usted) troquemos (nosotros) trocad (vosotros) truequen (ellos, ellas, ustedes)
gérondif, part. passé	negando, negado	trocando, trocado

	37 forzar	38 avergonzar
indicatif présent	fuerzo fuerza forzamos	avergüenzo avergüenza avergonzamos
indicatif imparfait	forzaba forzábamos	avergonzaba avergonzábamos
passé simple	forcé forzó forzamos forzaron	avergoncé avergonzó avergonzamos avergonzaron
futur	forzaré forzará forzaremos	avergonzaré avergonzará avergonzaremos
conditionnel présent	forzaría forzaríamos	avergonzaría avergonzaríamos
subjonctif présent	fuerce forcemos	avergüence avergoncemos
subjonctif imparfait	forzara, forzase forzáramos, forzásemos	avergonzara, avergonzase avergonzáramos, avergonzásemos
impératif	fuerza (tú) fuerce (él, ella, usted) forcemos (nosotros) forzad (vosotros) fuercen (ellos, ellas, ustedes)	avergüenza (tú) avergüence (él, ella, usted) avergoncemos (nosotros) avergonzad (vosotros) avergüencen (ellos, ellas, ustedes)
gérondif, part. passé	forzando, forzado	avergonzando, avergonzado

	39 colgar	40 jugar
indicatif présent	cuelgo cuelga colgamos	juego juega jugamos
indicatif imparfait	colgaba colgábamos	jugaba jugábamos
passé simple	colgué colgó colgamos colgaron	jugué jugó jugamos jugaron
futur	colgaré colgará colgaremos	jugaré jugará jugaremos
conditionnel présent	colgaría colgaríamos	jugaría jugaríamos
subjonctif présent	cuelgue colguemos	juegue juguemos
subjonctif imparfait	colgara, colgase colgáramos, colgásemos	jugara, jugase jugáramos, jugásemos
impératif	cuelga (tú) cuelgue (él, ella, usted) colguemos (nosotros) colgad (vosotros) cuelguen (ellos, ellas, ustedes)	juega (tú) juegue (él, ella, usted) juguemos (nosotros) jugad (vosotros) jueguen (ellos, ellas, ustedes)
gérondif, part. passé	colgando, colgado	jugando, jugado

	41 cocer	42 regir
indicatif présent	cuezo cuece cocemos	rijo rige regimos
indicatif imparfait	cocía cocíamos	regía regíamos
passé simple	cocí coció cocimos cocieron	regí rigió regimos rigieron
futur	coceré cocerá coceremos	regiré regirá regiremos
conditionnel présent	cocería coceríamos	regiría regiríamos
subjonctif présent	cueza cozamos	rija rijamos
subjonctif imparfait	cociera, cociese cociéramos, cociésemos	rigiera, rigiese rigiéramos, rigiésemos
impératif	cuece (tú) cueza (él, ella, usted) cozamos (nosotros) coced (vosotros) cuezan (ellos, ellas, ustedes)	rige (tú) rija (él, ella, usted) rijamos (nosotros) regid (vosotros) rijan (ellos, ellas, ustedes)
gérondif, part. passé	cociendo, cocido	rigiendo, regido

	43 seguir	44 argüir
indicatif présent	sigo sigue seguimos	arguyo arguye argüimos
indicatif imparfait	seguía seguíamos	argüía argüíamos
passé simple	seguí siguió seguimos siguieron	argüí arguyó argüimos arguyeron
futur	seguiré seguirá seguiremos	argüiré argüirá argüiremos
conditionnel présent	seguiría seguiríamos	argüiría argüiríamos
subjonctif présent	siga sigamos	arguya arguyamos
subjonctif imparfait	siguiera, siguiese siguiéramos, siguiésemos	arguyera, arguyese arguyéramos, arguyésemos
impératif	sigue (tú) siga (él, ella, usted) sigamos (nosotros) seguid (vosotros) sigan (ellos, ellas, ustedes)	arguye (tú) arguya (él, ella, usted) arguyamos (nosotros) argüid (vosotros) arguyan (ellos, usted, ustedes)
gérondif, part. passé	siguiendo, seguido	arguyendo, argüido

	45 averiguar	46 agorar
indicatif présent	averiguo averigua averiguamos	agüero agüera agoramos
indicatif imparfait	averiguaba averiguábamos	agoraba agorábamos
passé simple	averigüé averiguó averiguamos averiguaron	agoré agoró agoramos agoraron
futur	averiguaré averiguará averiguaremos	agoraré agorará agoraremos
conditionnel présent	averiguaría averiguaríamos	agoraría agoraríamos
subjonctif présent	averigüe averigüemos	agüere agoremos
subjonctif imparfait	averiguara, averiguase averiguáramos, averiguásemos	agorara, agorase agoráramos, agorásemos
impératif	averigua (tú) averigüe (él, ella, usted) averigüemos (nosotros) averiguad (vosotros) averigüen (ellos, ellas, ustedes)	agüera (tú) agüere (él, ella, usted) agoremos (nosotros) agorad (vosotros) agüeren (ellos, ellas, ustedes)
gérondif, part. passé	averiguando, averiguado	agorando, agorado

	47 errar	48 desosar
indicatif présent	yerro yerra erramos	deshueso deshuesa desosamos
indicatif imparfait	erraba errábamos	desosaba desosábamos
passé simple	erré erró erramos erraron	desosé desosó desosamos desosaron
futur	erraré errará erraremos	desosaré desosará desosaremos
conditionnel présent	erraría erraríamos	desosaría desosaríamos
subjonctif présent	yerre erremos	deshuese desosemos
subjonctif imparfait	errara, errase erráramos, errásemos	desosara, desosase desosáramos, desosásemos
impératif	yerra (tú) yerre (él, ella, usted) erremos (nosotros) errad (vosotros) yerren (ellos, ellas, ustedes)	deshuesa (tú) deshuese (él, ella, usted) desosemos (nosotros) desosad (vosotros) deshuesen (ellos, ellas, ustedes)
gérondif, part. passé	errando, errado	desosando, desosado

	49 oler	50 leer
indicatif présent	huelo huele olemos	leo lee leemos
indicatif imparfait	olía olíamos	leía leíamos
passé simple	olí olió olimos olieron	leí leyó leímos leyeron
futur	oleré olerá oleremos	leeré leerá leeremos
conditionnel présent	olería oleríamos	leería leeríamos
subjonctif présent	huela olamos	lea leamos
subjonctif imparfait	oliera, oliese oliéramos, oliésemos	leyera, leyese leyéramos, leyésemos
impératif	huele (tú) huela (él, ella, usted) olamos (nosotros) oled (vosotros) huelan (ellos, ellas, ustedes)	lee (tú) lea (él, ella, usted) leamos (nosotros) leed (vosotros) lean (ellos, ellas, ustedes)
gérondif, part. passé	oliendo, olido	leyendo, leído

	51 huir	52 andar
indicatif présent	huyo huye huimos	ando anda andamos
indicatif imparfait	huía huíamos	andaba andábamos
passé simple	hui huyó huimos huyeron	anduve anduvo anduvimos anduvieron
futur	huiré huirá huiremos	andaré andará andaremos
conditionnel présent	huiría huiríamos	andaría andaríamos
subjonctif présent	huya huyamos	ande andemos
subjonctif imparfait	huyera, huyese huyéramos, huyésemos	anduviera, anduviese anduviéramos, anduviésemos
impératif	huye (tú) huya (él, ella, usted) huyamos (nosotros) huid (vosotros) huyan (ellos, ellas, ustedes)	anda (tú) ande (él, ella, usted) andemos (nosotros) andad (vosotros) anden (ellos, ellas, ustedes)
gérondif, part. passé	huyendo, huido	andando, andado

	53 asir	54 caber
indicatif présent	asgo ase asimos	quepo cabe cabemos
indicatif imparfait	asía asíamos	cabía cabíamos
passé simple	así asió asimos asieron	cupe cupo cupimos cupieron
futur	asiré asirá asiremos	cabré cabrá cabremos
conditionnel présent	asiría asiríamos	cabría cabríamos
subjonctif présent	asga asgamos	quepa quepamos
subjonctif imparfait	asiera, asiese asiéramos, asiésemos	cupiera, cupiese cupiéramos, cupiésemos
impératif	ase (tú) asga (él, ella, usted) asgamos (nosotros) asid (vosotros) asgan (ellos, ellas, ustedes)	cabe (tú) quepa (él, ella, usted) quepamos (nosotros) cabed (vosotros) quepan (ellos, ellas, ustedes)
gérondif, part. passé	asiendo, asido	cabiendo, cabido

	55 caer	56 dar
indicatif présent	caigo cae caemos	doy da damos
indicatif imparfait	caía caíamos	daba dábamos
passé simple	caí cayó caímos cayeron	di dio dimos dieron
futur	caeré caerá caeremos	daré dará daremos
conditionnel présent	caería caeríamos	daría daríamos
subjonctif présent	caiga caigamos	dé demos
subjonctif imparfait	cayera, cayese cayéramos, cayésemos	diera, diese diéramos, diésemos
impératif	cae (tú) caiga (él, ella, usted) caigamos (nosotros) caed (vosotros) caigan (ellos, ellas, ustedes)	da (tú) dé (él, ella, usted) demos (nosotros) dad (vosotros) den (ellos, ellas, ustedes)
gérondif, part. passé	cayendo, caído	dando, dado

	57 decir	58 erguir
indicatif présent	digo dice decimos	irgo, yergo irgue, yergue erguimos
indicatif imparfait	decía decíamos	erguía erguíamos
passé simple	dije dijo dijimos dijeron	erguí irguió erguimos irguieron
futur	diré dirá diremos	erguiré erguirá erguiremos
conditionnel présent	diría diríamos	erguiría erguiríamos
subjonctif présent	diga digamos	irga, yerga irgamos
subjonctif imparfait	dijera, dijese dijéramos, dijésemos	irguiera, irguiese irguiéramos, irguiésemos
impératif	di (tú) diga (él, ella, usted) digamos (nosotros) decid (vosotros) digan (ellos, ellas, ustedes)	irgue, yergue (tú) irga, yerga (él, ella) irgamos (nosotros) erguid (vosotros) irgan, yergan (ellos, ellas, ustedes)
gérondif, part. passé	diciendo, dicho	irguiendo, erguido

	59 estar	60 hacer
indicatif présent	estoy está estamos	hago hace hacemos
indicatif imparfait	estaba estábamos	hacía hacíamos
passé simple	estuve estuvo estuvimos estuvieron	hice hizo hicimos hicieron
futur	estaré estará estaremos	haré hará haremos
conditionnel présent	estaría estaríamos	haría haríamos
subjonctif présent	esté estemos	haga hagamos
subjonctif imparfait	estuviera, estuviese estuviéramos, estuviésemos	hiciera, hiciese hiciéramos, hiciésemos
impératif	está (tú) esté (él, ella, usted) estemos (nosotros) estad (vosotros) estén (ellos, ellas, ustedes)	haz (tú) haga (él, ella, usted) hagamos (nosotros) haced (vosotros) hagan (ellos, ellas, ustedes)
gérondif, part. passé	estando, estado	haciendo, hecho

	61 ir	62 oír
indicatif présent	voy va vamos	oigo oye oímos
indicatif imparfait	iba íbamos	oía oíamos
passé simple	fui fue fuimos fueron	oí oyó oímos oyeron
futur	iré irá iremos	oiré oirá oiremos
conditionnel présent	iría iríamos	oiría oiríamos
subjonctif présent	vaya vayamos	oiga oigamos
subjonctif imparfait	fuera, fuese fuéramos, fuésemos	oyera, oyese oyéramos, oyésemos
impératif	ve (tú) vaya (él, ella, usted) vayamos (nosotros) id (vosotros) vayan (ellos, ellas, ustedes)	oye (tú) oiga (él, ella, usted) oigamos (nosotros) oíd (vosotros) oigan (ellos, ellas, ustedes)
gérondif, part. passé	yendo, ido	oyendo, oído

	63 placer	64 poder
indicatif présent	plazco place placemos	puedo puede podemos
indicatif imparfait	placía placíamos	podía podíamos
passé simple	plací plació, plugo placimos placieron, pluguieron	pude pudo pudimos pudieron
futur	placeré placerá placeremos	podré podrá podremos
conditionnel présent	placería placeríamos	podría podríamos
subjonctif présent	plazca plazcamos	pueda podamos
subjonctif imparfait	placiera, placiese placiéramos, placiésemos	pudiera, pudiese pudiéramos, pudiésemos
impératif	place (tú) plazca (él, ella, usted) plazcamos (nosotros) placed (vosotros) plazcan (ellos, ellas, ustedes)	puede (tú) pueda (él, ella, usted) podamos (nosotros) poded (vosotros) puedan (ellos, ellas, ustedes)
gérondif, part. passé	placiendo, placido	pudiendo, podido

	65 poner	66 predecir
indicatif présent	pongo pone ponemos	predigo predice predecimos
indicatif imparfait	ponía poníamos	predecía predecíamos
passé simple	puse puso pusimos pusieron	predije predijo predijimos predijeron
futur	pondré pondrá pondremos	prediré predirá prediremos
conditionnel présent	pondría pondríamos	prediría prediríamos
subjonctif présent	ponga pongamos	prediga predigamos
subjonctif imparfait	pusiera, pusiese pusiéramos, pusiésemos	predijera, predijese predijéramos, predijésemos
impératif	pon (tú) ponga (él, ella, usted) pongamos (nosotros) poned (vosotros) pongan (ellos, ellas, ustedes)	predice (tú) prediga (él, ella, usted) predigamos (nosotros) predecid (vosotros) predigan (ellos, ellas, ustedes)
gérondif, part. passé	poniendo, puesto	prediciendo, predicho

	67 querer	68 raer
indicatif présent	quiero quiere queremos	rao, raigo, rayo rae raemos
indicatif imparfait	quería queríamos	raía raíamos
passé simple	quise quiso quisimos quisieron	raí rayó raímos rayeron
futur	querré querrá querremos	raeré raerá raeremos
conditionnel présent	querría querríamos	raería raeríamos
subjonctif présent	quiera queramos	raiga, raya raigamos, rayamos
subjonctif imparfait	quisiera, quisiese quisiéramos, quisiésemos	rayera, rayese rayéramos, rayésemos
impératif	quiere (tú) quiera (él, ella, usted) queramos (nosotros) quered (vosotros) quieran (ellos, ellas, ustedes)	rae (tú) raiga, raya (él, ella, usted) raigamos, rayamos (nosotros) raed (vosotros) raigan, rayan (ellos, ellas, ustedes)
gérondif, part. passé	queriendo, querido	rayendo, raído

	69 roer	70 saber
indicatif présent	roo, roigo, royo roe roemos	sé sabe sabemos
indicatif imparfait	roía roíamos	sabía sabíamos
passé simple	roí royó roímos royeron	supe supo supimos supieron
futur	roeré roerá roeremos	sabré sabrá sabremos
conditionnel présent	roería roeríamos	sabría sabríamos
subjonctif présent	roa, roiga, roya roamos, roigamos, royamos	sepa sepamos
subjonctif imparfait	royera, royese royéramos, royésemos	supiera, supiese supiéramos, supiésemos
impératif	roe (tú) roa, roiga, roya (él, ella, usted) roamos, roigamos, royamos (nos.) roed (vosotros) roan, roigan, royan (ellos[as], us.)	sabe (tú) sepa (él, ella, usted) sepamos (nosotros) sabed (vosotros) sepan (ellos, ellas, ustedes)
gérondif, part. passé	royendo, roído	sabiendo, sabido

	71 salir	72 tener
indicatif présent	salgo sale salimos	tengo tiene tenemos
indicatif imparfait	salía salíamos	tenía teníamos
passé simple	salí salió salimos salieron	tuve tuvo tuvimos tuvieron
futur	saldré sadrá saldremos	tendré tendrá tendremos
conditionnel présent	saldría saldríamos	tendría tendríamos
subjonctif présent	salga salgamos	tenga tengamos
subjonctif imparfait	saliera, saliese saliéramos, saliésemos	tuviera, tuviese tuviéramos, tuviésemos
impératif	sal (tú) salga (él, ella, usted) salgamos (nosotros) salid (vosotros) salgan (ellos, ellas, ustedes)	ten (tú) tenga (él, ella, usted) tengamos (nosotros) tened (vosotros) tengan (ellos, ellas, ustedes)
gérondif, part. passé	saliendo, salido	teniendo, tenido

	73 traer	74 valer
indicatif présent	traigo trae traemos	valgo vale valemos
indicatif imparfait	traía traíamos	valía valíamos
passé simple	traje trajo trajimos trajeron	valí valió valimos valieron
futur	traeré traerá traeremos	valdré valdrá valdremos
conditionnel présent	traería traeríamos	valdría valdríamos
subjonctif présent	traiga traigamos	valga valgamos
subjonctif imparfait	trajera, trajese trajéramos, trajésemos	valiera, valiese valiéramos, valiésemos
impératif	trae (tú) traiga (él, ella, usted) traigamos (nosotros) traed (vosotros) traigan (ellos, ellas, ustedes)	vale (tú) valga (él, ella, usted) valgamos (nosotros) valed (vosotros) valgan (ellos, ellas, ustedes)
gérondif, part. passé	trayendo, traído	valiendo, valido

	75 venir	76 ver
indicatif présent	vengo viene venimos	veo ve vemos
indicatif imparfait	venía veníamos	veía veíamos
passé simple	vine vino venimos vinieron	vi vio vimos vieron
futur	vendré vendrá vendremos	veré verá veremos
conditionnel présent	vendría vendríamos	vería veríamos
subjonctif présent	venga vengamos	vea veamos
subjonctif imparfait	viniera, viniese viniéramos, viniésemos	viera, viese viéramos, viésemos
impératif	ven (tú) venga (él, ella, usted) vengamos (nosotros) venid (vosotros) vengan (ellos, ellas, ustedes)	ve (tú) vea (él, ella, usted) veamos (nosotros) ved (vosotros) vean (ellos, ellas, ustedes)
gérondif, part. passé	viniendo, venido	viendo, visto

77 yacer	
indicatif présent	yazco, yazgo, yago yace yacemos
indicatif imparfait	yacía yacíamos
passé simple	yací yació yacimos yacieron
futur	yaceré yacerá yaceremos
conditionnel présent	yacería yaceríamos
subjonctif présent	yazca, yazga, yaga yazcamos, yazgamos, yagamos
subjonctif imparfait	yaciera, yaciese yaciéramos, yaciésemos
impératif	yace, yaz (tú) yazca, yazga, yaga (él, ella, usted) yazcamos, yazgamos, yagamos (nos.) yaced (vosotros) yazcan, yazgan, yagan (ellos...)
gérondif, part. passé	yaciendo, yacido

Verbes défectifs

	78 abolir	79 balbucir
		Les formes non conjuguées sont remplacées par celles du verbe : balbucear.
indicatif présent	*ne se conjugue pas* – – abolimos abolís *inusité*	*ne se conjugue pas* balbuces balbuce balbucemos balbucís balbucen
indicatif imparfait	abolía abolías abolía abolíamos abolíais abolían	balbucía balbucías balbucía balbucíamos balbucíais balbucían
passé simple	abolí aboliste abolió abolimos abolisteis abolieron	balbucí balbuciste balbució balbucimos balbucisteis balbucieron
futur	aboliré abolirás abolirá aboliremos aboliréis abolirán	balbuciré balbucirás balbucirá balbuciremos balbuciréis balbucirán
conditionnel présent	aboliría abolirías aboliría aboliríamos aboliríais abolirían	balbuciría balbucirías balbuciría balbuciríamos balbuciríais balbucirían
subjonctif présent	*ne se conjugue pas*	*ne se conjugue pas*
subjonctif imparfait	aboliera, aboliese abolieras, abolieses aboliera, aboliese aboliéramos, aboliésemos abolierais, abolieseis abolieran, aboliesen	balbuciera, balbuciese balbucieras, balbucieses balbuciera, balbuciese balbuciéramos, balbuciésemos balbucierais, balbucieseis balbucieran, balbuciesen
impératif	*ne se conjugue pas* – abolid (vosotros) *ne se conjugue pas* –	balbuce (tú) *ne se conjugue pas* balbucid (vosotros) *ne se conjugue pas* –
gérondif, part. passé	aboliendo, abolido	balbuciendo, balbucido

	80 desolar	81 soler
	S'utilise seulement à l'infinitif et comme participe desolado.	
indicatif présent		suelo sueles suele solemos soléis suelen
indicatif imparfait		solía solías solía solíamos solíais solían
passé simple		solí soliste solió solimos solisteis solieron
futur		*ne se conjugue à aucune personne*
conditionnel présent		*ne se conjugue à aucune personne*
subjonctif présent		suela suelas suela solamos soláis suelan
subjonctif imparfait		soliera, soliese solieras, solieses soliera, soliese soliéramos, soliésemos solierais, solieseis solieran, soliesen
impératif		*ne se conjugue à aucune personne*
gérondif, part. passé		soliendo, solido

À l'office du tourisme

¿Tiene un plano de la ciudad?
Avez-vous un plan de la ville ?

Quisiera un plano de los transportes públicos con los horarios.
Je voudrais un plan des transports en commun avec les horaires.

¿Hay algún autobús nocturno?
Est-ce qu'il y a un bus de nuit ?

¿Tiene una lista de los albergues juveniles/de los campings de la región?
Avez-vous une liste des auberges de jeunessse / des campings de la région ?

¿Tiene una guía de restaurantes de la ciudad?
Avez-vous un guide des restaurants de la ville ?

¿Tienen un programa de espectáculos?
Auriez-vous un programme des spectacles ?

Busco un hotel no demasiado caro.
Je cherche un hôtel pas trop cher.

¿Me puede recomendar un hotel cerca del centro?
Pouvez-vous me recommander un hôtel près du centre ?

¿Cuáles son los horarios de apertura de los museos?
Quels sont les horaires d'ouverture des musées ?

¿Hay visitas guiadas?
Y a-t-il des visites guidées ?

¿Dónde alquilan coches?
Où peut-on louer une voiture ?

L'hébergement

À l'hôtel

¿Le quedan habitaciones para esta noche?
Vous reste-t-il des chambres pour la nuit ?

¿Ofrecen media pensión / pensión completa?
Faites-vous la demi-pension / la pension complète ?

¿Qué precios tienen?
Quels sont vos tarifs ?

Querríamos una habitación doble / dos habitaciones individuales para esta noche.
Nous voudrions une chambre double / deux chambres simples pour la nuit.

Querría una habitación con ducha / con baño.
Je voudrais une chambre avec douche / avec baignoire.

Querría una habitación tranquila / con vistas al mar.
J'aimerais une chambre tranquille / avec vue sur la mer.

Pensamos quedarnos tres noches.
Nous pensons rester trois nuits.

Querríamos quedarnos una noche más.
Nous aimerions rester une nuit supplémentaire.

Reservé por teléfono/por Internet una habitación a nombre de Pignon.
J'ai réservé une chambre au nom de Pignon par téléphone / par Internet.

Hemos reservado una habitación para dos noches.
Nous avons réservé une chambre pour deux nuits.

¿Hay ascensor?
Est-ce qu'il y a un ascenseur ?

¿Alguien puede subirme el equipaje?
Est-ce que vous pourriez faire monter mes bagages ?

¿Tienen caja fuerte para guardar los objetos de valor?
Avez-vous un coffre pour déposer les objets de valeur ?

¿Hay un punto Internet en el hotel?
Y a-t-il une borne internet dans l'hôtel ?

¿Hay un parking privado para los clientes del hotel?
Y a-t-il un parking réservé aux clients de l'hôtel ?

¿Me puede despertar a las siete?
Pourriez-vous me réveiller à sept heures ?

¿A qué hora se sirve el desayuno?
À quelle heure le petit déjeuner est-il servi ?

¿Me pueden servir el desayuno en la habitación?
Pouvez-vous me servir le petit déjeuner dans la chambre ?

La llave de la habitación 121, por favor.
La clé de la chambre 121, s'il vous plaît.

¿Tiene algún recado para mí?
Est-ce qu'il y a des messages pour moi ?

El aire acondicionado / La televisión no fuciona.
L'air conditionné / La télévision ne marche pas.

No hay luz en el cuarto de baño.
Il n'y a pas de lumière dans la salle de bains.

¿Me pueden traer otra manta?
Est-il possible d'avoir une couverture supplémentaire ?

Me voy mañana. ¿Me puede preparar la cuenta, por favor?
Je pars demain. Pouvez-vous préparer ma note, s'il vous plaît ?

À l'auberge de jeunesse

Aquí tiene mi carné de alberguista.
Voici ma carte d'adhérent des auberges de jeunesse.

¿Tienen habitaciones dobles/para cuatro personas?
Avez-vous des chambres doubles / pour quatre personnes ?

¿Sólo tienen dormitorios comunes?
Vous avez uniquement des dortoirs ?

¿Las habitaciones son mixtas?
Les chambres sont-elles mixtes ?

¿Cuánto cuesta por noche en dormitorio común?
Quel est le prix d'une nuit en dortoir ?

¿El desayuno está incluido?
Le petit déjeuner est-il compris ?

¿Hay cocina equipada para preparar las comidas?
Y a-t-il une cuisine équipée pour préparer les repas ?

¿Hay consigna automática?
Y a-t-il une consigne automatique ?

¿Hay lavandería automática?
Y a-t-il une laverie automatique ?

¿Hay toque de queda?
Est-ce qu'il y a un couvre-feu ?

¿A qué hora hay que dejar las habitaciones libres?
À quelle heure faut-il libérer les chambres ?

¿Dan toallas?
Est-il possible d'avoir des serviettes de toilette ?

u camping

¿Les quedan plazas libres?
Vous reste-il des emplacements libres ?

¿Cuánto cuesta una plaza para una tienda y dos personas?
Combien coûte un emplacement pour une tente et deux personnes ?

Querríamos una plaza para dos tiendas y un coche.
Nous voudrions un emplacement pour deux tentes et une voiture.

¿Alquilan tiendas de campaña?
Est-il possible de louer une tente ?

¿Alquilan sacos de dormir?
Est-ce que vous louez des sacs de couchage ?

¿Dónde se encuentran las instalaciones sanitarias?
Où se trouvent les sanitaires ?

¿El camping propone actividades?
Le camping propose-t-il des activités ?

¿En el camping hay discoteca?
Est-ce qu'il y a une discothèque dans le camping ?

Se renseigner en ville

¿Puede ayudarme? Creo que me he perdido.
Pourriez-vous m'aider ? Je crois que je me suis perdu.

¿Podría indicarme en el plano dónde estamos?
Pourriez-vous m'indiquer où nous sommes sur le plan ?

¿Me puede indicar cómo ir a la estación, por favor?
Pouvez-vous m'indiquer la direction de la gare, s'il vous plaît ?

¿Cómo se llega a la autopista?
Comment rejoint-on l'autoroute ?

¿Voy bien para la estación?
Est-ce bien la direction de la gare ?

Perdone, estoy buscando la comisaría.
Excusez-moi, je cherche le commissariat.

Perdone, estoy buscando el museo de arte moderno.
Excusez-moi, je cherche le musée d'art moderne.

¿Queda lejos? ¿Se puede ir andando?
C'est loin ? Peut-on y aller à pied ?

¿Queda lejos en coche?
Est-ce que c'est loin en voiture ?

¿Hay que coger el autobús / el metro?
Faut-il prendre le bus / le métro ?

¿Hay una parada de autobuses por aquí cerca?
Y a-t-il un arrêt de bus à proximité ?

¿Dónde está la estación de metro / la parada de taxis más cercana?
Où est la station de métro / la station de taxis la plus proche ?

¿Dónde se encuentra el hospital más cercano?
Où se trouve l'hôpital le plus proche ?

Les transports en commun

Prendre le bus

¿Dónde se compran los billetes?
Où peut-on acheter les tickets ?

¿Los billetes se pueden comprar en el autobús, directamente al conductor?
Peut-on acheter les tickets au chauffeur du bus ?

Dos billetes para la estación, por favor.
Deux tickets pour la gare, s'il vous plaît.

¿Qué autobús hay que tomar para ir al aeropuerto?
Quel bus faut-il prendre pour aller à l'aéroport ?

Perdone, ¿dónde se encuentra la parada del 20?
Excusez-moi, où se trouve l'arrêt du 20 ?

¿Dentro de cuánto tiempo pasa el 48?
Dans combien de temps passe le 48 ?

¿Este autobús lleva al museo arqueológico?
Est-ce que ce bus va au musée archéologique ?

¿En que estación tengo que bajar para ir a la Gran Vía?
À quelle station dois-je descendre pour aller à la Gran Vía ?

¿Me puede avisar cuando tenga que bajarme?
Pourrez-vous me prévenir quand je devrai descendre ?

¿Hemos llegado al final de la línea?
Nous sommes arrivés au terminus ?

Prendre le train

¿A qué hora sale el próximo tren para Bilbao?
À quelle heure part le prochain train pour Bilbao ?

¿Hay algún tren más temprano / tarde?
Y a-t-il un train plus tôt / tard ?

¿El billete se puede comprar directamente en el tren?
Est-ce que je peux acheter le billet dans le train ?

Un billete de sólo ida para Málaga, por favor.
Un aller simple pour Malaga, s'il vous plaît.

Un billete de ida y vuelta para Salamanca, por favor.
Un aller-retour pour Salamanque, s'il vous plaît.

¿Hay que hacer transbordo?
Est-ce qu'il y a un changement ?

¿Hay precios reducidos para los jóvenes / los grupos?
Est-ce qu'il y a une réduction pour les jeunes / les groupes ?

¿Hay consigna de equipaje?
Y a-t-il une consigne pour les bagages ?

Querría reservar dos asientos en primera / segunda clase para Sevilla.
Je voudrais réserver deux places en première / seconde classe pour Séville.

Querría viajar en tren hotel.
Je voudrais voyager en train couchettes.

¿Dónde puedo picar el billete?
Où puis-je composter mon billet ?

¿De qué vías salen los trenes de cercanías?
De quels quais partent les trains de banlieue ?

Disculpe, ¿éste asiento está libre?
Excusez-moi, est-ce que cette place est libre ?

Perdone, creo que está usted sentado en mi asiento.
Excusez-moi, je crois que vous êtes assis à ma place.

¿Me podrá avisar cuando hayamos llegado a Zaragoza?
Pourrez-vous m'avertir quand nous serons arrivés à Saragosse ?

¿Hay bar/vagón restaurante en el tren?
Y a-t-il un bar / une voiture-restaurant dans le train ?

He perdido el enlace.
J'ai raté ma correspondance.

¿Hay un enlace para Madrid ?
Y a-t-il une correspondance pour Madrid ?

Prendre l'avion

¿Dónde está el mostrador de Air France, por favor?
Où est le guichet Air France, s'il vous plaît ?

¿A qué hora es el próximo vuelo para Perpiñán?
À quelle heure est le prochain vol pour Perpignan ?

¿Cuánto cuesta un billete de ida y vuelta para Estrasburgo?
Combien coûte un billet aller-retour pour Strasbourg ?

Querría reservar un billete de sólo ida para Niza.
Je voudrais réserver un aller simple pour Nice.

Póngame en la lista de espera, por favor.
Mettez-moi en liste d'attente, s'il vous plaît.

Tengo una reserva en el vuelo de las 9 para París.
J'ai une réservation sur le vol de 9 heures pour Paris.

Querría un asiento de pasillo / de ventana.
Je voudrais une place côté couloir / côté hublot.

¿Sirven comidas en el avión?
Un repas est-il servi dans l'avion ?

¿Dónde se factura el equipaje?
Où devons-nous enregistrer nos bagages ?

¿Me puede decir dónde se encuentra la puerta 2?
Pouvez-vous me dire où se trouve la porte 2?

He perdido la conexión del vuelo para Valencia.
J'ai raté ma correspondance pour Valence.

Mis maletas no han llegado.
Mes bagages ne sont pas arrivés.

Perdone, estoy buscando un carrito para llevar el equipaje.
Excusez-moi, je cherche un chariot pour mes bagages.

¿Dónde se encuentran los autobuses/trenes para ir al centro ciudad/a la estación central?
Où se trouvent les bus / trains pour se rendre au centre-ville / à la gare centrale ?

D'autres phrases utiles

¿Tiene un plano del metro, por favor?
Auriez-vous un plan de métro, s'il vous plaît ?

¿Dónde tengo que hacer transbordo para tomar la línea A?
Où dois-je changer pour prendre la ligne A ?

Un billete / Un bono, por favor.
Je voudrais un ticket / un carnet de tickets, s'il vous plaît.

Un bono diario / semanal / mensual, por favor.
Je voudrais un ticket pour la journée / hebdomadaire / mensuel, s'il vous plaît.

¿Tengo que picar el billete?
Faut-il que je composte mon billet ?

Prendre un taxi

¿Podría pedirme un taxi?
Pourriez-vous m'appeler un taxi ?

Querría reservar un taxi para las 8.
Je voudrais réserver un taxi pour 8h.

¿Cuánto cuesta un taxi de aquí al centro ciudad?
Combien coûte un taxi d'ici au centre-ville ?

¿Hay que pagar suplemento por el equipaje?
Doit-on payer un supplément pour les bagages ?

¿Cuánto tiempo se tarda para ir al aeropuerto?
Combien de temps met-on pour aller à l'aéroport?

¿Puedo sentarme delante?
Je peux monter devant ?

Lléveme a esta dirección, por favor.
Conduisez-moi à cette adresse, s'il vous plaît.

A la estación central / Al aeropuerto, por favor.
À la gare centrale / À l'aéroport, s'il vous plaît.

Pare aquí / en el semáforo / en la esquina.
Arrêtez-vous ici / au feu / au coin de la rue.

¿Cuánto le debo?
Combien je vous dois ?

Quédese con la vuelta.
Vous pouvez garder la monnaie.

En voiture / scooter

Louer un véhicule

Querría alquilar un coche / un escúter para una semana.
Je voudrais louer une voiture / un scooter pour une semaine.

¿Cuáles son las tarifas diarias de alquiler?
Quel est le tarif pour une journée ?

¿Cuánto cuesta el seguro a todo riesgo?
Combien coûte l'assurance tous risques ?

¿El kilometraje es ilimitado?
Le kilométrage est-il illimité ?

¿Puedo devolver el coche en el aeropuerto?
Est-ce que je peux rendre la voiture à l'aéroport ?

¿Puedo coger el vehículo en Madrid y devolverlo en Barcelona?
Puis-je prendre le véhicule à Madrid et le rendre à Barcelone ?

¿El depósito está lleno?
Est-ce que le réservoir est plein ?

¿Es preciso llenar el depósito antes de devolver el coche?
Dois-je faire le plein avant de rendre la voiture ?

Circuler en voiture / en scooter

¿Hay algún aparcamiento por aquí cerca?
Y a-t-il un parking près d'ici ?

¿Puedo estacionar aquí?
Est-ce que je peux stationner ici ?

Me he quedado sin gasolina.
Je suis en panne d'essence.

Estoy buscando una estación de servicio.
Je cherche une station-service.

He tenido un pinchazo.
J'ai crevé.

¿Dónde se encuentra el taller (de reparaciones) más cercano?
Où se trouve le garage le plus proche ?

¿Me puede venir a buscar la grúa?
Pouvez-vous m'envoyer une dépanneuse ?

¿Me puede remolcar hasta un taller (de reparaciones)?
Pourriez-vous me remorquer jusqu'à un garage ?

Dans une station-service

Lleno, por favor.
Le plein, s'il vous plaît.

¿A cuánto está la gasolina?
Quel est le prix de l'essence ?

Querría comprobar la presión de los neumáticos.
Je voudrais vérifier la pression des pneus.

Chez le garagiste

La batería está descargada.
La batterie est à plat.

El motor calienta / hace un ruido extraño.
Le moteur chauffe / fait un drôle de bruit.

Tengo el escúter averiado.
Mon scooter est en panne.

Se me ha caído el tubo de escape.
J'ai perdu le pot d'échappement.

El motor pierde aceite.
Il y a une fuite d'huile dans le moteur.

He tenido un accidente, el escúter ha quedado inmovilizado.
J'ai eu un accident, le scooter est immobilisé.

¿Puede comprobar los frenos?
Pourriez-vous vérifier les freins ?

¿Cuánto me van a costar las reparaciones?
Combien vont coûter les réparations ?

La restauration

Au café

¿Esta mesa está libre?
Cette table est-elle libre ?

¡(Camarero,) por favor!
S'il vous plaît !

¿Nos podría traer la lista de precios?
Pourriez-vous nous apporter la carte des consommations ?

¿De qué tienen bocadillos?
Qu'avez-vous comme sandwichs ?

¿Qué bebidas calientes / frías tienen?
Qu'avez-vous comme boissons chaudes / fraîches ?

Un café, un zumo de naranja y un cruasán, por favor.
Un café, un jus d'orange et un croissant, s'il vous plaît.

Un café americano, un café con leche y un capuchino, por favor.
Un café allongé, un grand crème et un cappuccino, s'il vous plaît.

Una caña, por favor.
Une bière pression, s'il vous plaît.

Nos traerá un aperitivo sin alcohol / una gaseosa, por favor.
Je voudrais un apéritif sans alcool / une limonade, s'il vous plaît.

¿Me pone otro vaso de tinto por favor?
Puis-je avoir un autre verre de vin rouge, s'il vous plaît ?

¿Me trae hielo?
Pourrais-je avoir des glaçons ?

¡La cuenta, por favor!
L'addition, s'il vous plaît !

Quédese con la vuelta.
Gardez la monnaie.

Au restaurant

Somos cuatro.
Nous sommes quatre.

Querría reservar una mesa para esta noche.
Je voudrais réserver une table pour ce soir.

Hemos hecho una reserva a nombre de Legrand.
Nous avons réservé au nom de Legrand.

¿Nos puede traer el menú / la carta de bebidas, por favor?
Pourriez-vous nous apporter le menu / la carte des boissons, s'il vous plaît ?

¿Cuáles son las especialidades regionales?
Quels sont les plats typiques de la région ?

¿Cuál es el plato del día?
Quel est le plat du jour ?

Soy vegetariano.
Je suis végétarien.

Para beber, una botella de agua mineral, por favor.
Comme boisson, une bouteille d'eau minérale, s'il vous plaît.

¿Nos puede recomendar un buen vino?
Est-ce que vous pouvez nous recommander un bon vin ?

¡Poco hecho / En su punto / Muy hecho, por favor!
Saignant / À point / Bien cuit, s'il vous plaît !

Mire, finalmente voy a tomar pescado en lugar de carne.
J'ai changé d'avis, je vais prendre le poisson à la place de la viande.

¿Me puede traer un vaso de agua / pan, por favor?
Est-ce que je pourrais avoir un verre d'eau / du pain, s'il vous plaît ?

Esto no es lo que había pedido.
Ce n'est pas ce que j'avais commandé.

¡La cuenta, por favor!
L'addition, s'il vous plaît !

Pagamos a escote, ¿vale?
Chacun paie sa part, d'accord ?

¿Aceptan las tarjetas de crédito?
Vous acceptez les cartes de crédit ?

¿Dónde están los servicios, por favor?
Où sont les toilettes, s'il vous plaît ?

Querría informarme.
Je peux vous demander un renseignement ?

Chez le médecin — À l'hôpital

Querría pedir hora con un médico generalista.
Je voudrais prendre un rendez-vous avec un médecin généraliste.

¿Este médico recibe sin haber pedido de hora?
Ce médecin reçoit-il sans rendez-vous ?

Me duele mucho la barriga y esta mañana tenía 39 de fiebre.
J'ai très mal au ventre et ce matin j'avais 39°C de fièvre.

Creo que he pillado la gripe.
Je crois que j'ai la grippe.

Tengo náuseas y me mareo.
J'ai mal au cœur et j'ai des vertiges.

He pasado la noche vomitando.
J'ai vomi toute la nuit.

Me he caído y me duele mucho el brazo / la pierna.
Je suis tombé et mon bras / ma jambe me fait très mal.

Me he torcido el tobillo.
Je me suis foulé la cheville.

Tengo una insolación.
J'ai attrapé un coup de soleil.

Estoy embarazada.
Je suis enceinte.

Soy diabético(ca)/epiléptico(ca).
Je suis diabétique / épileptique.

Soy del grupo cero positivo.
Mon groupe sanguin est 0 + .

¿Es contagioso?
C'est une maladie contagieuse ?

¿Cuándo cree que podré volver a viajar?
Quand pensez-vous que je serai en état de voyager ?

Preferiría que me repatriaran a Francia.
Je préférerais me faire rapatrier en France.

¿Me puede rellenar estos formularios para el seguro?
Pourriez-vous remplir ces formulaires pour mon assurance ?

¿Cuánto le debo, doctor?
Combien vous dois-je, Docteur ?

Au commissariat

Nos han agredido.
Nous avons été agressés.

Me han robado el bolso con toda la documentación.
On m'a volé mon sac avec tous mes papiers.

Me han robado el coche / la escúter.
On m'a volé ma voiture / mon scooter.

Ha habido un accidente.
Il y a eu un accident.

He perdido el carné de identidad.
J'ai perdu ma carte d'identité.

À la banque

¿Puedo cambiar aquí mis cheques de viaje?
Est-ce que je peux changer mes traveller's cheques ici ?

¿Dónde hay un cajero automático?
Où y a-t-il un distributeur de billets ?

El cajero automático se me ha tragado la tarjeta de crédito.
Le distributeur automatique a avalé ma carte de crédit.

Quisiera sacar dinero.
Je voudrais retirer de l'argent.

Querría conocer el estado de mi cuenta.
Je voudrais connaître la situation de mon compte.

Estoy esperando un giro de Francia a nombre de Jean Dupont. ¿Ha llegado ya?
J'attends un virement de France au nom de Jean Dupont. Est-il arrivé ?

Querría billetes de 10 euros.
Je voudrais des billets de 10 euros.

Quiero cambiar 100 euros en pesos / dólares.
Je voudrais changer 100 euros en pesos / dollars.

À la poste

Quiero diez sellos para Francia.
Je voudrais dix timbres pour la France.

Quiero enviar esta carta / este paquete por certificado.
Je voudrais envoyer cette lettre / ce paquet en recommandé.

¿Dónde debo indicar la dirección del destinatario y dónde la del remitente?
Où dois-je indiquer l'adresse du destinataire et celle de l'expéditeur ?

¿Cuánto tiempo tarda en llegar a Francia?
Ça met combien de temps pour arriver en France ?

¿Cuánto cuesta el envío de un paquete en correo urgente?
Combien coûte l'envoi d'un paquet par Chronopost ?

¿Tienen correo a nombre de Daniel Lejeune?
Y a-t-il du courrier au nom de Daniel Lejeune ?

Estoy esperando un giro a nombre de Chabrier.
J'attends un mandat au nom de Chabrier.

A

a

■ **a** *prép*

a + el = al

1. POUR INDIQUER LE LIEU OÙ L'ON VA
à, en • **voy a Sevilla/a África/a Japón** je vais à Séville/en Afrique/au Japon • **llegó a Barcelona/a la fiesta** il est arrivé à Barcelone/à la fête

2. POUR INDIQUER LE LIEU OÙ L'ON EST
à • **está a más de cien kilómetros** c'est à plus de cent kilomètres • **está a la derecha/a la izquierda** c'est à droite/à gauche

3. POUR INDIQUER UN MOMENT PRÉCIS
à • **a las siete** à sept heures • **a once años** à onze ans • **a la salida del cine** à la sortie du cinéma

4. POUR INDIQUER LE TEMPS ÉCOULÉ
• **a las pocas semanas** quelques semaines après • **al mes de casados** au bout d'un mois de mariage

5. POUR EXPRIMER LA SIMULTANÉITÉ
en • **al oír la noticia se desmayó** en apprenant la nouvelle, il s'est évanoui

6. POUR INDIQUER UN PRIX
à • **¿a cuánto están las peras?** à combien sont les poires ? • **vende las peras a dos euros** elle vend les poires à deux euros

7. POUR INDIQUER LA DISTRIBUTION
par • **cuarenta horas a la semana** quarante heures par semaine • **a cientos/miles** par centaines/milliers

8. DEVANT UN COMPLÉMENT D'OBJET DIRECT
• **quiere a su hijo/gato** il aime son fils/chat

9. DEVANT COMPLÉMENT D'OBJET INDIRECT
à • **dáselo a Juan** donne-le à Juan

10. POUR EXPRIMER LA MANIÈRE, LE MOYEN
à, en • **lavar a máquina/a mano** laver à la machine/à la main • **a la antigua** à l'ancienne • **a escondidas** en cachette

11. POUR EXPRIMER LE BUT
• **entró a pagar** il est entré pour payer • **vino a buscar un libro** il est venu chercher un livre • **aprende a nadar** il apprend à nager

12. POUR EXPRIMER L'HYPOTHÈSE
• **a no ser por mí, hubieses fracasado** si je n'avais pas été là, tu aurais échoué

13. POUR DONNER UN ORDRE
• **¡a comer!** à table ! • **¡niños, a callar!** les enfants, taisez-vous !

■ **a por** *loc prép*

fam ALLER CHERCHER
• **ir a por pan** aller chercher du pain • **ve a por los niños** va chercher les enfants

■ **a que** *loc conj*

POUR EXPRIMER UN DÉFI
• **¿a que no lo haces?** je parie que tu ne le fais pas !

a (*pl* **aes**), **A** (*pl* **Aes**) [a] *nf* a *m inv*, A *m inv*.

abad, desa *nm,f* abbé *m*, abbesse *f*.

abadía *nf* abbaye *f*.

abajo *adv* **1.** dessous • **vive abajo** il habite en dessous • **abajo del todo** tout en bas • **más abajo** plus bas **2.** en bas, vers le bas • **mirar hacia abajo** regarder en bas • **ir para abajo** descendre • **correr escaleras abajo** dévaler l'escalier • **calle abajo** en descendant la rue • **río abajo** en aval **3.** *(dans un texte)* ci-dessous. ❑ *interj* • **¡abajo la dictadura!** à bas la dictature ! ■ **de abajo** *loc adj* • **el piso de abajo** l'étage en dessous • **la vecina de abajo** la voisine du dessous • **el estante de abajo** l'étagère du bas • **la tienda de abajo** le magasin d'en bas.

abalanzarse [13] *vp* se ruer.

abalear *vt* **(AMÉR)** tirer sur.

abalorio *nm* perle *f* de verre ; verroterie *f*.

abanderado *nm* *litt* & *fig* porte-drapeau *m*.

abandonado, da *adj* **1.** abandonné(e) **2.** négligé(e) **3.** laissé(e) à l'abandon, mal entretenu(e).

abandonar *vt* **1.** abandonner **2.** quitter **3.** négliger. ■ **abandonarse** *vp* **1.** se négliger, se laisser aller • **abandonarse a a)** s'abandonner à, succomber à **b)** sombrer dans.

abandono *nm* **1.** abandon *m* **2.** laisser-aller *m inv*.

abanicar [10] *vt* éventer. ■ **abanicarse** *vp* s'éventer.

abanico *nm* *litt* & *fig* éventail *m*.

abaratar *vt* baisser le prix de. ■ **abaratarse** *vp* baisser ; coûter moins cher.

abarcar [10] *vt* **1.** embrasser, comprendre, recouvrir **2.** encercler **3.** embrasser du regard.

abarrotado, da *adj* plein(e) à craquer, bondé(e) ; comble • **abarrotado (de)** bourré(e) (de).

abarrotar *vt* • **abarrotar algo (de ou con) a)** remplir qqch (de) **b)** bourrer qqch (de).

abarrote *nm* **(AMÉR)** épicerie *f*.

abarrotería *nf* **(AMÉR)** épicerie *f.*
abarrotero, ra *nm, f* **(AMÉR)** épicier *m*, -ère *f.*
abastecer [30] *vt* approvisionner, ravitailler. ■ **abastecerse** *vp* • **abastecerse (de)** s'approvisionner (de ou en).
abasto *nm* • **no dar abasto** *fig* ne pas s'en sortir, être débordé(e).
abatible *adj* inclinable ; à abattants.
abatido, da *adj* abattu(e).
abatir *vt* abattre. ■ **abatirse** *vp* • **abatirse (sobre)** s'abattre (sur).
abdicación *nf* abdication *f.*
abdicar [10] *vi* abdiquer • **abdicar de algo** *fig* renoncer à qqch.
abdomen *nm* abdomen *m.*
abdominal *adj* abdominal(e). ■ **abdominales** *nmpl* abdominaux *mpl* • **hacer abdominales** faire des abdominaux.
abecé *nm* **1.** alphabet *m* **2.** *fig* b.a.-ba *m inv.*
abecedario *nm* **1.** alphabet *m* **2.** abécédaire *m.*
abedul *nm* bouleau *m.*
abeja *nf* abeille *f.*
abejorro *nm* ZOOL bourdon *m.*
aberración *nf* aberration *f.*
abertura *nf* ouverture *f.*
abertzale [aβer'tsale] *adj & nmf* nationaliste basque.
abeto *nm* sapin *m.*
abierto, ta *adj* **1.** ouvert(e) • **estar abierto a** être ouvert à • **abierto de par en par** grand ouvert **2.** *fig* à l'esprit ouvert. ■ **abierto** *pp* → **abrir**.
abigarrado, da *adj litt & fig* bigarré(e).
abismal *adj* abyssal(e).
abismo *nm* abîme *m.*
ablandar *vt* **1.** ramollir **2.** *fig* attendrir ; *(caractère)* adoucir ; *(rigueur)* assouplir ; *(colère)* apaiser. ■ **ablandarse** *vp* **1.** se ramollir **2.** *fig* s'attendrir ; *(caractère)* s'adoucir ; *(rigueur)* s'assouplir ; *(colère)* s'apaiser.
ablativo *nm* ablatif *m.*
abnegación *nf* dévouement *m.*
abnegarse [35] *vp* se dévouer, se sacrifier.
abochornar *vt* vexer, faire honte à. ■ **abochornarse** *vp* rougir de honte.
abofetear *vt* gifler.
abogacía *nf* barreau *m.*
abogado, da *nm, f* avocat *m*, -e *f* • **abogado defensor** défenseur *m* • **abogado del estado** avocat représentant les intérêts de l'État • **abogado de oficio** avocat commis d'office • **abogado laboralista** avocat spécialisé en droit du travail • **hacer de abogado del diablo** se faire l'avocat du diable.
abogar [16] *vi* • **abogar por algo/alguien** plaider pour qqch/qqn.
abolengo *nm* ascendance *f* • **de (rancio) abolengo** de vieille souche.
abolición *nf* abolition *f.*
abolicionista *adj & nmf* abolitionniste.
abolir [78] *vt* abolir.
abolladura *nf* bosse *f.*
abollar *vt* bosseler, cabosser. ■ **abollarse** *vp* se bosseler, se cabosser.
abombado, da *adj* bombé(e).
abominable *adj* abominable.
abominación *nf* abomination *f* • **es una abominación** c'est une horreur.
abominar *vt* **1.** condamner **2.** avoir en horreur.
abonado, da *nm, f* abonné *m*, -e *f.*
abonar *vt* **1.** régler • **abonar en cuenta** créditer un compte • **abonar algo en la cuenta de alguien** verser qqch sur le compte de qqn **2.** AGRIC amender. ■ **abonarse** *vp* • **abonarse (a) a)** s'abonner (à) **b)** prendre un abonnement (à).
abonero, ra *nm, f* **(AMÉR)** colporteur *m*, -euse *f.*
abono *nm* **1.** abonnement *m*, carte *f* d'abonnement **2.** engrais *m* **3.** *(paiement)* règlement *m* **4.** crédit *m* **5. (AMÉR)** crédit *m* • **pagar en abonos** payer par versements échelonnés.
abordable *adj* abordable.
abordaje *nm* abordage *m* • **¡al abordaje!** à l'abordage !
abordar *vt* aborder.
aborigen *adj* aborigène. ■ **aborígenes** *nmf pl* aborigènes *mf pl.*
aborrecer [30] *vt* avoir en horreur, détester.
aborrecible *adj* détestable.
abortar *vi* **1.** avorter, se faire avorter ; faire une fausse couche **2.** *fig* échouer. ❑ *vt fig* faire avorter.
aborto *nm* **1.** avortement *m* ; fausse couche *f* **2.** *fam & péj* avorton *m* **3.** *fam* • **te ha salido hecho un aborto** tu l'as complètement raté.
abotargado, da, abotagado, da *adj* **1.** *(yeux, visage)* gonflé(e), bouffi(e) **2.** *(personne)* abruti(e) ; *(esprit)* embrumé(e).
abotonar *vt* boutonner. ■ **abotonarse** *vp* se boutonner.
abovedado, da *adj* ARCHIT voûté(e).
abr., abr (abrév de **abril**) avr. • **23 abr. 2006** 23 avr. 2006.
abrasar *vt* **1.** brûler **2.** *(sujet : passion)* embraser ; *(sujet : soif, désir)* torturer ; *(sujet : haine, jalousie)* ronger. ❑ *vi* être brûlant(e). ■ **abrasarse** *vp* brûler ; se brûler ; griller.
abrasivo, va *adj* abrasif(ive). ■ **abrasivo** *nm* abrasif *m.*
abrazadera *nf* anneau *m.*
abrazar [13] *vt* **1.** serrer dans ses bras **2.** *fig* épouser ; *fig* entrer dans. ■ **abrazarse** *vp* s'étreindre • **los amigos se abrazaron afectuosamente** les amis se sont étreints affectueusement.

abrazo *nm* accolade *f* • **dar un abrazo a alguien** embrasser qqn • **un (fuerte) abrazo** (très) affectueusement.
abrebotellas *nm inv* ouvre-bouteille *m*.
abrecartas *nm inv* coupe-papier *m*.
abrefácil *adj inv* d'ouverture facile.
abrelatas *nm inv* ouvre-boîte *m*.
abrev. (abrév de abreviación) abrév.
abrevadero *nm* abreuvoir *m* ; point *m* d'eau.
abreviación *nf (de texte)* réduction *f*.
abreviar [8] *vt* abréger ; réduire ; écourter ; *(démarches)* accélérer.
abreviatura *nf* abréviation *f*.
abridor *nm* **1.** décapsuleur *m* **2.** ouvre-boîte *m*.
abrigar [16] *vt* **1.** couvrir ; tenir chaud **2.** *fig (héberger)* nourrir. ■ **abrigarse** *vp* se couvrir • **abrigarse de a)** s'abriter de **b)** se protéger de.
abrigo *nm* **1.** manteau *m* **2.** abri *m* • **al abrigo de** à l'abri de.
abril *nm* avril *m*. Voir aussi **septiembre.** ■ **abriles** *nmpl* • **tiene 14 abriles** elle a 14 printemps.
abrillantador *nm* produit *m* qui fait briller.
abrillantar *vt* faire briller.
abrir *vt* **1.** ouvrir ; *(ailes)* déployer ; *(melon)* découper **2.** allumer **3.** percer ; creuser ; tracer **4.** *(jambes)* écarter. ❑ *vi (établissement)* ouvrir. ■ **abrirse** *vp* **1.** *(expressions)* • **abrirse a alguien** s'ouvrir ou se confier à qqn • **abrirse (con alguien)** être ouvert(e) (avec qqn) **2.** *(ciel)* se dégager **3.** *tfam* se casser.
abrochar *vt* fermer ; attacher. ■ **abrocharse** *vp* se fermer ; s'attacher • **abróchense los cinturones** attachez vos ceintures.
abroncar [10] *vt fam* **1.** passer un savon à **2.** huer.
abrumador, ra *adj* **1.** *(gén)* accablant(e) **2.** *(travail)* épuisant(e).
abrumar *vt* **1.** accabler • **el trabajo me abruma** je suis accablé de travail **2.** épuiser.
abrupto, ta *adj* abrupt(e).
absceso *nm* abcès *m*.
absentismo *nm* absentéisme *m* • **absentismo laboral** absentéisme.
ábside *nm ou nf* abside *f*.
absolución *nf* **1.** DR acquittement *m* **2.** RELIG absolution *f*.
absolutamente *adv* absolument.
absolutismo *nm* absolutisme *m*.
absolutista *adj & nmf* absolutiste.
absoluto, ta *adj* absolu(e). ■ **en absoluto** *loc adv* certainement pas ; • **¿te gusta? — en absoluto** ça te plaît ? — pas du tout • **nada en absoluto** rien du tout.
absolver [24] *vt* **1.** DR acquitter • **absolvieron al acusado del delito** ils ont acquitté l'accusé **2.** RELIG • **absolver (a alguien de algo)** absoudre (qqn de qqch).
absorbente *adj* **1.** absorbant(e) **2.** *(personne)* accaparant(e) **3.** *(activité)* prenant(e).
absorber *vt* absorber • **el trabajo lo absorbe** il est accaparé par son travail.
absorción *nf* absorption *f*.
absorto, ta *adj* absorbé(e) • **absorto en** plongé dans.
abstemio, mia *adj* • **es abstemio** il ne boit pas d'alcool.
abstención *nf* abstention *f*.
abstencionismo *nm* abstentionnisme *m*.
abstenerse [72] *vp* • **abstenerse (de algo/de hacer algo)** s'abstenir (de qqch/de faire qqch).
abstinencia *nf* abstinence *f*.
abstracción *nf* abstraction *f*.
abstracto, ta *adj* abstrait(e) • **en abstracto** dans l'abstrait.
abstraer [73] *vt* abstraire • **abstraer conceptos** conceptualiser.
abstraído, da *adj* absorbé(e).
absuelto, ta *pp* → **absolver**.
absurdo, da *adj* absurde. ■ **absurdo** *nm* absurde *m*.
abuchear *vt* huer.
abuelo, la *nm,f* grand-père *m*, grand-mère *f* ; papy *m*, mamie *f* • **¡cuéntaselo a tu abuela!** *fam* à d'autres !
abulia *nf* veulerie *f*.
abúlico, ca *adj* veule.
abultado, da *adj* volumineux(euse).
abultar *vt* **1.** gonfler ; faire enfler **2.** grossir. ❑ *vi* **1.** prendre de la place **2.** faire une bosse.
abundancia *nf* abondance *f* • **en abundancia** en abondance.
abundante *adj* abondant(e).
abundar *vi* abonder • **la región abunda en riquezas** la région regorge de richesses.
aburguesarse *vp* s'embourgeoiser.
aburrido, da *adj* ennuyeux(euse) • **estar aburrido** s'ennuyer • **estar aburrido de hacer algo** en avoir assez de faire qqch. ❑ *nm,f* • **es un aburrido** il est ennuyeux, il n'est pas drôle.
aburrimiento *nm* ennui *m*.
aburrir *vt* ennuyer. ■ **aburrirse** *vp* s'ennuyer.
abusado, da *adj* (AMÉR) rusé(e).
abusar *vi* abuser • **abusar de algo/de alguien** abuser de qqch/de qqn.
abusivo, va *adj* abusif(ive).
abuso *nm* • **abuso (de)** abus *m* (de).
abusón, ona *adj & nm,f* égoïste.
abyecto, ta *adj sout* abject(e).
a. C. (abrév de antes de Cristo) av. J-C • **en el siglo VIII a. C.** au VIIIe siècle av. J-C.
acá *adv* **1.** ici • **de acá para allá** ici et là ; • **de una semana acá** depuis une semaine **2.** (AMÉR) ici.
acabado, da *adj* **1.** poussé(e), approfondi(e) ; parfait(e) **2.** fini(e). ■ **acabado** *nm* finition *f*.

acabar

■ acabar *vt*

1. TERMINER
finir • **cuando acabe este capítulo, me iré a dormir** quand j'aurai fini ce chapitre, j'irai me coucher • **¿has acabado ya el trabajo?** as-tu déjà fini ton travail ?

2. UTILISER COMPLÈTEMENT
• **primero hay que acabar todos los recursos a tu alcance** tu dois d'abord avoir épuisé toutes les possibilités • **habéis acabado el tiempo de que disponíais, entregad el examen** le temps dont vous disposiez est écoulé, rendez vos copies

■ acabar *vi*

1. TERMINER
finir • **¿ya se ha acabado?** c'est déjà fini ?

2. TERMINER D'UNE CERTAINE FAÇON
finir • **acabar bien/mal** finir bien/mal

3. PASSER D'UN ÉTAT À UN AUTRE
• **acabar loco** devenir fou • **acabó sola** elle a fini toute seule • **acabamos agotados** à la fin nous étions épuisés

4. SUIVI D'UN GÉRONDIF
• **acabó cediendo** il a fini par céder

■ acabar de *v + prép*

1. POUR EXPRIMER LE PASSÉ PROCHE
venir de • **acabo de llegar ahora mismo** je viens juste d'arriver

2. DANS DES PHRASES NÉGATIVES
ne pas arriver à • **no acabo de entender su reacción** je n'arrive pas à comprendre sa réaction

3. DANS DES EXPRESSIONS
• **de nunca acabar** à n'en plus finir, sans fin

■ acabar con *v + prép*

1. VENIR À BOUT DE QQCH
• **hay que acabar con el problema de la droga** il faut en finir avec le problème de la drogue • **estás acabando con mi paciencia** tu vas me faire perdre patience, tu vas me pousser à bout • **una enfermedad acabó con su salud** une maladie lui a ruiné la santé

2. EN FINIR AVEC OU SE DÉBARRASSER DE QQN
• **acabaron con el enemigo** ils sont venus à bout de l'ennemi

■ acabar en *v + prép*

finir en • **las palabras que acaban en "n"** les mots qui finissent en « n »

■ acabar por *v + prép*

finir par • **acabaron por venir** ils ont fini par venir

■ acabarse *vp*

1. SE TERMINER
• **las vacaciones se han acabado** les vacances sont finies • **se ha acabado la comida** il ne reste plus rien à manger • **¡se acabó!** ça suffit !, un point c'est tout !

2. TERMINER
• **acábate la sopa** finis ta soupe • **se nos ha acabado la gasolina** nous n'avons plus d'essence

acacia *nf* acacia *m*.

academia *nf* **1.** école *f* **2.** académie *f*. **■ Academia** *nf* • **Real Academia Española** *académie de la langue espagnole* ; ≃ Académie *f* française.

CULTURE

la Real Academia Española

Cette institution officielle est chargée de fixer les normes linguistiques et grammaticales de la langue espagnole dans l'ensemble des pays hispanophones. Elle publie périodiquement une grammaire ainsi que des bulletins présentant les nouveaux mots admis dans la langue. En collaboration avec les académies des pays hispanophones d'Amérique et des Philippines, la Real Academia publie notamment un dictionnaire, le **Diccionario de la Real Academia** (DRAE), ouvrage de référence dans tout le monde hispanique.

académico, ca *adj* **1.** scolaire ; universitaire **2.** académique. ❑ *nm, f* académicien *m*, -enne *f*.

acaecer *v impers sout* avoir lieu.

acallar *vt* **1.** *(personne, bruit)* apaiser, faire taire, calmer **2.** *fig* *(critiques, rumeurs)* faire taire, apaiser.

acaloradamente *adv* avec ardeur, passionnément.

acalorado, da *adj* **1.** *(chaud)* • **estar acalorado** avoir chaud **2.** *fig* *(animé par la passion - personne)* emporté(e) ; ardent(e) *(défenseur)* ; *(-débat)* passionné(e) ; *(-thème)* brûlant(e) **3.** échauffé(e).

acalorar *vt* **1.** donner chaud **2.** échauffer. **■ acalorarse** *vp* **1.** avoir chaud **2.** s'échauffer.

acampada *nf* camping *m* • **hacer acampada libre** faire du camping sauvage.

acampar *vi* camper.

acanalar *vt* **1.** sillonner **2.** canneler.

acantilado *nm* falaise *f*.

acaparar *vt* *litt* & *fig* accaparer, monopoliser.

acápite *nm* (AMÉR) paragraphe *m*.

acaramelado, da *adj* **1.** caramélisé(e) **2.** *fig* tout sucre tout miel ; • **estar acaramelados** roucouler.

acariciar [8] *vt* caresser. **■ acariciarse** *vp* se caresser.

acarrear *vt* **1.** emporter ; *(sujet : eau)* charrier **2.** *fig* entraîner ; *fig* amener ; *fig* poser.

acartonarse *vp* *fam* se ratatiner.

acaso *adv* peut-être • **acaso venga** peut-être viendra-t-il • **vendrá acaso** il viendra peut-être • **¿acaso no lo sabías?** comme si tu ne le savais pas ! • **por si acaso** au cas où.

■ **si acaso** *loc adv* à la rigueur • **hoy no puedo, si acaso mañana** aujourd'hui je ne peux pas, demain à la rigueur. ❑ *loc conj* si jamais • **si acaso llama** si jamais il appelle.
acatamiento *nm* observation *f*, respect *m*.
acatar *vt* observer, respecter.
acatarrado, da *adj* enrhumé(e).
acatarrarse *vp* s'enrhumer.
acaudalado, da *adj* fortuné(e).
acaudillar *vt* **1.** commander, diriger **2.** *fig* prendre la tête de.
acceder *vi* • **acceder (a algo/a hacer algo)** consentir (à qqch/à faire qqch) ; • **acceder a** accéder à.
accesible *adj* accessible.
acceso *nm* **1.** accès *m* • **acceso a** accès à **2.** abord *m* **3.** *fig* accès *m* ; quinte *f*.
accesorio, ria *adj* accessoire, secondaire. ■ **accesorio** *nm (gén pl)* accessoire *m* • **accesorios de cocina** ustensiles *mpl* de cuisine.
accidentado, da *adj* **1.** mouvementé(e) **2.** accidenté(e). ❑ *nm, f* accidenté *m*, -e *f*.
accidental *adj* **1.** secondaire, accessoire **2.** accidentel(elle) ; fortuit(e).
accidentarse *vp* avoir un accident.
accidente *nm* **1.** *(gén)* GÉOGR accident *m* • **accidente laboral/de tráfico** accident du travail/de la route • **accidente del terreno** accident de terrain **2.** GRAMM flexion *f*.
acción *nf* **1.** action *f* • **poner en acción** mettre en route **2.** acte • **unir la acción a la palabra** joindre le geste à la parole.
accionar *vt* actionner.
accionariado *nm* actionnariat *m* • **el accionariado** les actionnaires *mpl*.
accionista *nmf* actionnaire *mf*.
acechar *vt* guetter.
acecho *nm* guet *m* • **escapar al acecho de** échapper au regard de • **estar al acecho (de)** *litt & fig* être à l'affût (de).
aceite *nm* huile *f*.
aceitera *nf* burette *f* d'huile. ■ **aceiteras** *nfpl* huilier *m*.
aceitoso, sa *adj* huileux(euse), gras, grasse *f*.
aceituna *nf* olive *f* • **aceituna rellena** olive farcie.
aceituno *nm* olivier *m*.
aceleración *nf* accélération *f*.
acelerador, ra *adj* d'accélération. ■ **acelerador** *nm* accélérateur *m*.
acelerar *vt & vi* accélérer. ■ **acelerarse** *vp* s'activer ; s'emballer • **¡no te aceleres!** *fam & fig* du calme !
acelerón *nm* coup *m* d'accélérateur.
acelga *nf* bette *f*.
acento *nm* accent *m*.
acentuación *nf* accentuation *f*.
acentuar [6] *vt litt & fig* accentuer. ■ **acentuarse** *vp litt & fig* s'accentuer.
acepción *nf* acception *f*.
aceptable *adj* acceptable.
aceptación *nf* **1.** acceptation *f* **2.** succès *m* • **tener buena aceptación** être bien reçu(e).
aceptar *vt* accepter.
acequia *nf* canal *m* d'irrigation.
acera *nf* **1.** trottoir *m* **2.** côté *m* de la rue • **de la otra acera , de la acera de enfrente** *fam & péj* de la jaquette.
acerbo, ba *adj sout* acerbe.
acerca ■ **acerca de** *loc prép* au sujet de.
acercamiento *nm* rapprochement *m*.
acercar [10] *vt* rapprocher • **¡acércame el pan!** passe-moi le pain ! ■ **acercarse** *vp* **1.** se rapprocher, s'approcher **2.** *(aller, venir)* passer **3.** *(avoisiner)* approcher.
acero *nm* acier *m* • **acero inoxidable** acier inoxydable.
acérrimo, ma *adj* acharné(e) ; *(ennemi)* juré(e).
acertado, da *adj* bon, bonne *f* ; dans le mille ; judicieux(euse).
acertar [19] *vt* **1.** mettre dans le mille **2.** deviner **3.** bien choisir. ❑ *vi* bien faire • **acertaste al decírselo** tu as bien fait de le lui dire ; • **acertar a hacer algo** arriver à faire qqch ; • **acertar con** trouver.
acertijo *nm* devinette *f*.
acervo *nm* patrimoine *m*.
acetona *nf* acétone *f*.
achacable *adj* imputable.
achacar [10] *vt* • **achacar algo a alguien** faire retomber qqch sur qqn.
achantar *vt fam* flanquer la trouille à. ■ **achantarse** *vp fam* se dégonfler.
achaque *nm* problème *m* de santé.
achatado, da *adj* écrasé(e).
achicar [10] *vt* **1.** rétrécir **2.** *(eau - d'un bateau)* écoper ; *(- d'un terrain)* drainer **3.** *fig* intimider. ■ **achicarse** *vp* se laisser intimider • **achicarse ante alguien** s'aplatir devant qqn.
achicharrante *adj* torride.
achicharrar *vt* **1.** griller, faire brûler **2.** *fig* • **achicharrar (a)** harceler ou accabler (de). ❑ *vi (soleil)* être de plomb ; *(chaleur)* être torride. ■ **achicharrarse** *vp* **1.** *fig* cuire *(au soleil)* **2.** griller, brûler.
achicoria *nf* chicorée *f*.
achinado, da *adj* **1.** bridé(e) **2.** oriental(e) **3.** (AMÉR) d'origine indienne.
achispado, da *adj fam* pompette, éméché(e).
achuchado, da *adj fam* **1.** dur(e) **2.** *(qui suffit à peine)* juste.
achuchar *vt fam* **1.** serrer très fort dans ses bras ; écraser **2.** *fig* tanner.
achuchón *nm fam* **1.** gros câlin *m* **2.** malaise *m* • **le dio un achuchón** il s'est senti mal.
acicalado, da *adj* • **ir muy acicalado** être très élégant.
acicalar *vt* pomponner. ■ **acicalarse** *vp* se faire beau, belle *f* ; se pomponner.

acicate *nm fig* stimulant *m*.
acidez *nf* acidité *f* ; • **acidez (de estómago)** aigreurs *fpl* (d'estomac).
ácido, da *adj* acide. ■ **ácido** *nm* **1.** acide *m* • **ácido desoxirribonucleico/ribonucleico** acide désoxyribonucléique/ribonucléique **2.** *fam* acide *m*.
acierto *nm* **1.** bonne réponse *f* ; combinaison *f* gagnante **2.** discernement *m* • **tuviste mucho acierto** tu as vu juste **3.** succès *m*, réussite *f*.
aclamación *nf* acclamation *f* • **por aclamación** *fig* par acclamation.
aclamar *vt* **1.** acclamer **2.** proclamer.
aclaración *nf* éclaircissement *m*.
aclarar *vt* **1.** éclaircir ; désépaissir *(les cheveux)* ; allonger *(une sauce)* • **aclarar la voz** s'éclaircir la voix **2.** rincer. ❑ *v impers* s'éclaircir ; • **está aclarando a)** le jour se lève **b)** *(temps)* ça se lève. ■ **aclararse** *vp fam* **1.** être clair(e) ; • **ya me aclaro** je vois • **no me aclaro** je n'y comprends rien **2.** s'y retrouver.
aclaratorio, ria *adj* explicatif(ive).
aclimatación *nf* acclimatation *f*.
aclimatar *vt* **1.** acclimater **2.** *fig* habituer. ■ **aclimatarse** *vp* • **aclimatarse (a) a)** s'acclimater (à) *(climat)* **b)** s'adapter (à) *(ambiance)*.
acné *nm ou nf* acné *f*.
acobardar *vt* faire peur à. ■ **acobardarse** *vp* avoir peur • **acobardarse ante** se laisser impressionner par.
acogedor, ra *adj* accueillant(e).
acoger [14] *vt* accueillir, recevoir. ■ **acogerse** *vp* • **acogerse a** se retrancher derrière, recourir à.
acogido, da *adj* accueilli(e), reçu(e). ■ **acogida** *nf* accueil *m* • **tener gran acogida** être très bien accueilli(e).
acojonante *adj* **(ESP)** *vulg* **1.** *(qui fait peur)* flippant(e) **2.** *(impresionnant)* hallucinant(e), d'enfer.
acojonar *vt* **(ESP)** *vulg* **1.** foutre les boules à **2.** *(surprendre)* scier. ■ **acojonarse** *vp vulg* avoir les boules.
acolchar *vt* matelasser ; capitonner.
acometer *vt* **1.** attaquer **2.** se lancer dans. ❑ *vi* • **acometer contra** foncer dans ou sur.
acometida *nf* **1.** assaut *m* **2.** raccordement *m*.
acomodado, da *adj* **1.** *(riche)* aisé(e) **2.** *(bien installé)* calé(e) *(dans un fauteuil)*.
acomodador, ra *nm,f* ouvreur *m*, -euse *f*.
acomodar *vt* **1.** placer, faire asseoir **2.** arranger. ■ **acomodarse** *vp* se mettre à l'aise • **acomodarse en** s'installer dans.
acomodaticio, cia *adj* accommodant(e), arrangeant(e).
acompañamiento *nm* **1.** cortège *m* ; escorte *f* **2.** MUS accompagnement *m* **3.** CULIN garniture *f*.
acompañante *nmf* compagnon *m*, compagne *f* • **no tengo acompañante para la fiesta** je n'ai personne pour m'accompagner à la fête.
acompañar *vt* **1.** accompagner • **acompañar a alguien a)** accompagner qqn **b)** raccompagner qqn ; tenir compagnie à qqn **2.** *(partager)* • **acompañar en algo a alguien** partager qqch avec qqn • **acompañar en el sentimiento** présenter ses condoléances **3.** *(ajouter)* joindre. ❑ *vi* tenir compagnie • **la desgracia le acompaña** la malchance le poursuit.
acompasar *vt* rythmer • **acompasar algo (a)** régler qqch (sur).
acomplejado, da *adj* complexé(e).
acomplejar *vt* • **acomplejar a alguien** donner des complexes à qqn. ■ **acomplejarse** *vp* avoir des complexes.
acondicionado, da *adj* aménagé(e) ; équipé(e).
acondicionador *nm* **1.** après-shampooing *m* **2.** climatiseur *m*.
acondicionar *vt* aménager ; équiper.
aconfesional *adj* laïque.
acongojar *vt* angoisser. ■ **acongojarse** *vp* s'affoler ; être terrorisé(e).
aconsejar *vt* conseiller • **aconsejar a alguien que haga algo** conseiller à qqn de faire qqch.
aconstitucional *adj* anticonstitutionnel(elle).
acontecer *v impers* arriver.
acontecimiento *nm* événement *m* • **adelantarse ou anticiparse a los acontecimientos** devancer les événements.
acopio *nm* surabondance *f* • **hacer acopio de a)** faire provision de **b)** s'armer de *(courage, patience)*.
acoplable *adj* • **acoplable (a)** adaptable (à).
acoplar *vt* **1.** ajuster, raccorder **2.** *fig* adapter ; aménager *(un horaire)*. ■ **acoplarse** *vp* **1.** s'entendre **2.** s'ajuster.
acorazado, da *adj* blindé(e). ■ **acorazado** *nm* cuirassé *m*.
acordar [23] *vt* • **acordar algo** décider qqch, convenir de qqch, se mettre d'accord sur qqch • **acordar hacer algo** décider ou convenir de faire qqch, se mettre d'accord pour faire qqch • **según lo acordado** comme convenu. ■ **acordarse** *vp* • **acordarse de algo** se souvenir de qqch, se rappeler qqch • **acordarse de hacer algo** penser à faire qqch.
acorde *adj* • **acorde (con)** en accord (avec). ❑ *nm* MUS accord *m*.
acordeón *nm* accordéon *m*.
acordonar *vt* **1.** lacer **2.** encercler.
acorralar *vt* traquer ; *fig* acculer.
acortar *vt* **1.** raccourcir **2.** écourter. ■ **acortarse** *vp* raccourcir ; être écourté(e).
acosamiento *nm* harcèlement *m* • **acosamiento sexual** harcèlement sexuel.
acosar *vt* **1.** traquer **2.** harceler.
acoso *nm* **1.** poursuite *f* **2.** harcèlement *m* • **acoso sexual** harcèlement sexuel.
acostar [23] *vt* coucher. ■ **acostarse** *vp* se coucher ; • **acostarse con alguien** *fam* coucher avec qqn.

acostumbrado, da *adj* habituel(elle) • **estar acostumbrado (a)** être habitué (à).

acostumbrar *vt* habituer • **acostumbrar a alguien a algo/a hacer algo** habituer qqn à qqch/à faire qqch. ❑ *vi* • **acostumbrar a hacer algo** avoir l'habitude de faire qqch. ■ **acostumbrarse** *vp* • **acostumbrarse a algo** s'habituer à qqch ; • **acostumbrarse a hacer algo** s'habituer à *ou* prendre l'habitude de faire qqch.

acotación *nf* **1.** annotation *f* **2.** indication *f* scénique.

acotamiento *nm* **(AMÉR)** bas-côté *m*.

acotar *vt* **1.** délimiter **2.** annoter.

acrecentar [19] *vt* accroître.

acreditación *nf* **1.** *(identification)* laissez-passer *m inv* **2.** *(acceptation)* accréditation *f*.

acreditado, da *adj* **1.** reconnu(e) ; réputé(e) **2.** accrédité(e).

acreditar *vt* **1.** certifier ; autoriser **2.** attester **3.** accréditer *(un ambassadeur)*.

acreedor, ra *adj* • **hacerse acreedor de** se montrer digne de. ❑ *nm,f* créancier *m*, -ère *f*.

acribillar *vt* **1.** cribler • **me han acribillado los mosquitos** je me suis fait dévorer par les moustiques **2.** *fam* & *fig* • **acribillar a alguien a preguntas** bombarder qqn de questions.

acrílico, ca *adj* acrylique.

acristalar *vt* vitrer.

acrobacia *nf* acrobatie *f*.

acróbata *nmf* acrobate *mf*.

acromático, ca *adj* achromatique.

acrónimo *nm* acronyme *m*.

acrópolis *nf inv* acropole *f*.

acta *nf (el)* **1.** procès-verbal *m* • **levantar acta** dresser un procès-verbal **2.** acte *m*. ■ **actas** *nfpl* actes *mpl*.

actitud *nf* attitude *f*.

activar *vt* **1.** *(gén)* CHIM activer **2.** déclencher. ■ **activarse** *vp* se déclencher.

actividad *nf* activité *f*.

activismo *nm* POLIT action *f* directe.

activista *nmf* POLIT activiste *mf*.

activo, va *adj* actif(ive) • **volcán activo** volcan en activité • **en activo** en activité. ■ **activo** *nm* actif *m*.

acto *nm* **1.** *(action)* THÉÂTRE acte *m* • **hacer acto de presencia** faire acte de présence • **acto sexual** acte sexuel **2.** cérémonie *f*. ■ **en el acto** *loc adv* sur-le-champ • **fotos de carné en el acto** photos d'identité minute.

actor, triz *nm,f* acteur *m*, -trice *f*.

actuación *nf* **1.** conduite *f*, façon *f* d'agir **2.** rôle *m* ; intervention *f* **3.** jeu *m* **4.** DR • **las actuaciones del juez** la procédure.

actual *adj* actuel(elle).

actualidad *nf* actualité *f* • **de actualidad** d'actualité • **en la actualidad** actuellement, à l'heure actuelle • **ser actualidad** faire la une de l'actualité.

actualización *nf* actualisation *f* ; *(de datos)* mise *f* à jour.

actualizar [13] *vt* actualiser ; *(de données)* mettre à jour.

actualmente *adv* actuellement.

actuar [6] *vi* **1.** agir • **actuar de** remplir la fonction de **2.** jouer **3.** instruire un procès.

acuarela *nf* aquarelle *f*. ■ **acuarelas** *nfpl* aquarelles *fpl*.

acuario *nm* aquarium *m*. ■ **Acuario** *nm inv* Verseau *m inv*. ❑ *nmf inv* verseau *m inv*.

acuartelar *vt* caserner ; consigner.

acuático, ca *adj* aquatique.

acuchillar *vt* **1.** poignarder **2.** poncer.

acuciar [8] *vt* *sout* presser • **acuciar con preguntas** presser de questions.

acuclillarse *vp* s'accroupir.

acudir *vi* **1.** *(aller)* • **acudir a a)** se rendre à *(un rendez-vous)* **b)** aller à *(l'école, l'église)* **2.** arriver • **acudir en auxilio de** venir en aide à **3.** *(avoir recours à)* • **acudir a** faire appel à.

acueducto *nm* aqueduc *m*.

acuerdo *nm* accord *m* • **de acuerdo** d'accord • **de acuerdo con** en accord avec • **estar de acuerdo** être d'accord • **llegar a un acuerdo** parvenir à un accord • **ponerse de acuerdo** se mettre d'accord • **acuerdo marco** accord-cadre *m*.

acumulación *nf* accumulation *f*.

acumular *vt* accumuler. ■ **acumularse** *vp* s'accumuler.

acunar *vt* bercer.

acuñar *vt* frapper • **acuñar moneda** battre monnaie.

acuoso, sa *adj* aqueux(euse) ; juteux(euse).

acupuntura *nf* acupuncture *f*.

acurrucarse [10] *vp* se blottir.

acusación *nf* accusation *f*.

acusado, da *adj* & *nm,f* accusé(e).

acusador, ra *adj* accusateur(trice).

acusar *vt* accuser • **acusar (a alguien de algo)** accuser (qqn de qqch) • **acuso recibo de su carta** j'ai bien reçu votre lettre.

acusativo *nm* accusatif *m*.

acuse de recibo *nm* accusé *m* de réception.

acusica *adj* & *nmf* *fam* rapporteur(euse).

acústico, ca *adj* acoustique. ■ **acústica** *nf* acoustique *f*.

a/c (abrév de a cuenta) ≃ au numéro du compte... • **ingresar a/c nº 528-456** déposer sur le compte nº 528-456.

a.D. (abrév de anno Domini) A.D. • **en 1124 a.D.** en 1124 A.D.

adagio *nm* **1.** adage *m* **2.** adagio *m*.

adaptable *adj* adaptable.

adaptación *nf* • **adaptación (a)** adaptation (à).

adaptador, ra *nm,f* adaptateur *m*, -trice *f*. ■ **adaptador** *nm* adaptateur *m*.

adaptar *vt* adapter. ■ **adaptarse** *vp* • **adaptarse (a)** s'adapter (à).

adecentar *vt* mettre en ordre. ■ **adecentarse** *vp* s'arranger.

adecuación *nf* adéquation *f*, ajustement *m*.

adecuado, da *adj* adéquat(e) • **adecuado para niños** qui convient parfaitement aux enfants.

adecuar [7] *vt* adapter. ■ **adecuarse** *vp* • **adecuarse a** s'adapter à.

adefesio *nm fam* horreur *f* • **estar ou ir hecho un adefesio** être fringué comme l'as de pique.

a. de JC., a. JC. (abrév de antes de Jesucristo) av. J-C • **en el año 785 a. de JC.** en l'an 785 av. J-C.

adelantado, da *adj* avancé(e), en avance • **por adelantado** d'avance.

adelantamiento *nm* AUTO dépassement *m*.

adelantar *vt* **1.** avancer • **adelantar con : ¿qué adelantas con eso?** à quoi ça t'avance ? **2.** dépasser ; doubler. ❑ *vi* **1.** faire des progrès **2.** *(montre)* avancer. ■ **adelantarse** *vp* **1.** être en avance • **adelantarse para hacer algo** s'y prendre à l'avance pour faire qqch • **adelantársele a alguien** devancer qqn **2.** *(montre)* avancer **3.** *(dans l'espace)* s'avancer, avancer.

adelante *adv* en avant • **de ahora en adelante** dorénavant, à l'avenir • **más adelante a)** plus tard **b)** plus loin **c)** plus bas • **ir adelante** *fig* aller de l'avant • **salir adelante** *fig* s'en sortir • **seguir adelante** suivre son cours. ❑ *interj* • **¡adelante! a)** en avant ! **b)** entrez !

adelanto *nm* **1.** avance *f* **2.** progrès *m*.

adelgazamiento *nm* amaigrissement *m* • **un régimen de adelgazamiento** un régime amaigrissant.

adelgazante *adj* amaigrissant(e).

adelgazar [13] *vi* maigrir. ❑ *vt* perdre *(des kilos)*.

ademán *nm* geste *m* • **hacer ademán de** faire mine de. ■ **ademanes** *nmpl* manières *fpl*.

además *adv* en plus, de plus, en outre • **además de** non seulement, outre que • **además de ser caro es malo** non seulement c'est cher, mais en plus c'est mauvais.

adentrarse *vp* • **adentrarse en a)** s'enfoncer dans **b)** pénétrer plus avant dans.

adentro *adv* à l'intérieur, dedans • **tierra adentro** à l'intérieur des terres • **mar adentro** au large.

adentros *nmpl* • **para mis/tus** *etc* **adentros** dans mon/ton *etc* for intérieur, en moi-même/toi-même *etc*.

adepto, ta *adj* adepte • **ser adepto a a)** être un adepte de **b)** être partisan de. ❑ *nm,f* • **adepto (a) a)** adepte *mf* (de) **b)** partisan *m* (de).

aderezar [13] *vt* **1.** assaisonner **2.** parer.

aderezo *nm* **1.** assaisonnement *m* **2.** parure *f*.

adeudar *vt* **1.** devoir *(de l'argent)* **2.** COMM débiter.

adherente *adj* adhésif(ive).

adherir [27] *vt* coller. ■ **adherirse** *vp* coller.

adhesión *nf* adhésion *f*.

adhesivo, va *adj* adhésif(ive). ■ **adhesivo** *nm* **1.** autocollant *m* **2.** adhésif *m*.

adicción *nf* • **adicción (a)** dépendance *f* (par rapport à).

adición *nf* **1.** ajout *m* **2.** addition *f*.

adicional *adj* supplémentaire ; additionnel(elle).

adictivo, va *adj* addictif(ive).

adicto, ta *adj* • **adicto (a)** dépendant (de). ❑ *nm,f* fidèle *mf* • **un adicto al alcohol/al tabaco** un alcoolique/fumeur.

adiestramiento *nm (d'animal)* dressage *m* ; *(de personne)* entraînement *m*.

adiestrar *vt* dresser *(un animal)* ; entraîner *(une personne)* ; exercer *(un soldat)*.

adinerado, da *adj* nanti(e).

adiós *nm* adieu *m*. ❑ *interj* • **¡adiós!** au revoir !

adiposidad *nf (embonpoint)* obésité *f*.

adiposo, sa *adj* adipeux(euse).

aditivo *nm* additif *m*.

adivinanza *nf* devinette *f*.

adivinar *vt* deviner. ■ **adivinarse** *vp* se deviner.

adivino, na *nm,f* devin *m*, devineresse *f*.

adjetivo, va *adj* adjectival(e). ■ **adjetivo** *nm* adjectif *m*.

adjudicación *nf* **1.** attribution *f* **2.** adjudication *f*.

adjudicar [10] *vt* **1.** attribuer ; décerner *(un prix)* ; allouer *(une pension)* **2.** DR adjuger. ■ **adjudicarse** *vp* s'attribuer.

adjuntar *vt* joindre.

adjunto, ta *adj* **1.** ci-joint(e) • **'adjunto le remito...'** 'veuillez trouver ci-joint...' **2.** adjoint(e). ❑ *nm,f* adjoint *m*, -e *f*.

adm. = **admón.**.

administración *nf* administration *f*. ■ **Administración** *nf* Administration *f* • **Administración pública** service *m* public.

administrador, ra *adj & nm,f* administrateur(trice), gestionnaire.

administrar *vt* **1.** administrer ; gérer **2.** rendre *(la justice)* **3.** économiser *(ses forces)* ; rationner *(des aliments)*. ■ **administrarse** *vp* gérer son budget.

administrativo, va *adj* administratif(ive). ❑ *nm,f* employé *m*, -e *f* de bureau.

admirable *adj* admirable.

admiración *nf* **1.** admiration *f* **2.** étonnement *m* **3.** point *m* d'exclamation.

admirador, ra *nm,f* admirateur *m*, -trice *f*.

admirar *vt* **1.** admirer **2.** étonner. ■ **admirarse** *vp* • **admirarse (de) a)** s'étonner (de) **b)** être en admiration (devant).

admisibilidad *nf* admissibilité *f*.

admisible *adj* acceptable.

admisión *nf* **1.** admission *f* **2.** acceptation *f*.

admitir *vt* **1.** admettre • **admitir a alguien en** admettre qqn à ou dans **2.** accepter.

admón., adm. (abrév de administración) adm.
ADN (abrév de ácido desoxirribonucleico) *nm* ADN *m* • **una prueba de ADN** un test ADN • **un chip de ADN** une puce ADN.
adobar *vt* faire mariner.
adobe *nm* pisé *m (brique)*.
adobo *nm* **1.** marinage *m* **2.** marinade *f*.
adocenado, da *adj* de bas étage.
adoctrinamiento *nm* endoctrinement *m*.
adoctrinar *vt* endoctriner.
adolecer [30] ■ **adolecer de** *vi* **1.** souffrir de **2.** pécher par.
adolescencia *nf* adolescence *f*.
adolescente *adj & nmf* adolescent(e).
adonde *adv* où • **la ciudad adonde vamos** la ville où nous allons.
adónde *adv* où • **¿adónde vas?** où vas-tu ?
adondequiera *adv* n'importe où • **adondequiera que vaya** où que j'aille.
adonis *nm inv fig* adonis *m*.
adopción *nf* adoption *f*.
adoptar *vt* adopter.
adoptivo, va *adj* adoptif(ive).
adoquín *nm* **1.** pavé *m* **2.** *fam* cruche *f*.
adoquinado, da *adj* pavé(e). ■ **adoquinado** *nm (sol)* pavé *m*.
adorable *adj* adorable ; merveilleux(euse), délicieux(euse).
adoración *nf* adoration *f*.
adorar *vt* adorer.
adormecer [30] *vt* **1.** endormir **2.** *fig* calmer **3.** engourdir *(les membres)* ; insensibiliser *(les gencives)*. ■ **adormecerse** *vp* s'endormir.
adormecido, da *adj* **1.** *(somnolent)* assoupi(e), endormi(e) **2.** *(raidi)* engourdi(e).
adormidera *nf* pavot *m*.
adormilarse *vp* s'assoupir.
adornar *vt* décorer, orner. ❑ *vi* être décoratif(ive). ■ **adornarse** *vp* • **para la feria, se adornan las calles de la ciudad** pour la féria, on décore les rues de la ville.
adorno *nm* ornement *m*, décoration *f* • **de adorno a)** décoratif(ive), pour décorer **b)** *(personne)* inutile.
adosado, da *adj* jumeau(elle) ; mitoyen(enne) • **un garaje adosado a la casa** un garage attenant à la maison.
adosar *vt* adosser.
adquirir [22] *vt* acquérir ; remporter *(un succès)* ; contracter *(une maladie, un vice)*.
adquisición *nf* acquisition *f*.
adquisitivo, va *adj* • **el poder adquisitivo** le pouvoir d'achat.
adrede *adv* exprès • **lo hizo adrede** il l'a fait exprès.
adrenalina *nf* adrénaline *f*.
adscribir *vt* **1.** attribuer ; fixer *(un horaire)* **2.** rattacher. ■ **adscribirse** *vp* • **adscribirse (a) a)** adhérer (à) **b)** souscrire (à).
adscrito, ta *adj* rattaché(e). ■ **adscrito** *pp* → **adscribir**.
aduana *nf* douane *f*.
adueñarse *vp* • **adueñarse de algo a)** s'approprier qqch **b)** *fig* s'emparer de qqch.
adulación *nf* flatterie *f*.
adulador, ra *adj & nm,f* flatteur(euse).
adular *vt* flatter.
adulteración *nf* falsification *f* ; *(du vin)* frelatage *m*.
adulterar *vt* dénaturer, falsifier ; frelater *(un vin)* ; déformer *(la vérité)*.
adulterio *nm* adultère *m*.
adúltero, ra *adj & nm,f* adultère.
adulto, ta *adj & nm,f* adulte.
advenedizo, za *adj & nm,f* étranger(ère) *(à un lieu)* ; parvenu(e) *(à une position)*.
advenimiento *nm* avènement *m*.
adventista *adj & nmf* adventiste.
adverbial *adj* adverbial(e).
adverbio *nm* adverbe *m*.
adversario, ria *nm,f* adversaire *mf*.
adversidad *nf* adversité *f*.
adverso, sa *adj* adverse ; *(circonstances)* défavorable ; *(destination, vent)* contraire.
advertencia *nf* avertissement *m* • **servir de advertencia** servir de leçon.
advertir [27] *vt* **1.** remarquer **2.** signaler, faire remarquer **3.** avertir, prévenir.
adviento *nm* Avent *m*.
adyacente *adj* adjacent(e).
aéreo, a *adj* aérien(enne).
aerobic, aeróbic *nm* aérobic *m*.
aerobio, bia *adj* aérobie.
aeroclub (*pl* **aeroclubes** *ou* **aeroclubs**) *nm* aéro-club *m*.
aerodeslizador *nm* aéroglisseur *m*.
aerodinámico, ca *adj* aérodynamique. ■ **aerodinámica** *nf* aérodynamique *f*.
aeródromo *nm* aérodrome *m*.
aeroespacial *adj* aérospatial(e).
aerofagia *nf* aérophagie *f*.
aerofaro *nm* balise *f* lumineuse *(d'aéroport)*.
aerogenerador *nm* aérogénérateur *m*, éolienne *f*.
aerógrafo *nm* Aérographe® *m*.
aerolínea *nf* ligne *f* aérienne.
aerolito *nm* aérolithe *m*.
aeromodelismo *nm* aéromodélisme *m*.
aeromozo, za *nm,f* (AMÉR) steward *m*, hôtesse *f* de l'air.
aeronauta *nmf* aéronaute *mf*.
aeronáutico, ca *adj* aéronautique. ■ **aeronáutica** *nf* aéronautique *f*.
aeronaval *adj* aéronaval(e).
aeronave *nf* aéronef *m*.
aeroplano *nm* aéroplane *m*.
aeropuerto *nm* aéroport *m*.

aerosol *nm* aérosol *m*.
aerostático, ca *adj* aérostatique.
aeróstato *nm* aérostat *m*.
aerotaxi *nm* avion-taxi *m*.
aerotransportado, da *adj* aéroporté(e).
aerotransportar *vt* aéroporter.
aerotrén *nm* Aérotrain® *m*.
afabilidad *nf* affabilité *f*.
afable *adj* affable, avenant(e).
afamado, da *adj* renommé(e).
afán *nm* **1.** ardeur *f* **2.** soif *f (d'aventure)* ; désir *m (d'apprendre, etc)*.
afanador, ra *nm, f* **(AMÉR)** *agent de service dans un établissement public*.
afanar *vt fam (voler)* piquer. ■ **afanarse** *vp* • **afanarse (por hacer algo)** s'efforcer (de faire qqch).
afanoso, sa *adj* laborieux(euse) ; • **afanoso por** avide de.
afear *vt* enlaidir.
afección *nf* affection *f*.
afectación *nf* affectation *f*.
afectado, da *adj* **1.** affecté(e) • **afectado por** affecté par **2.** atteint(e) • **afectado de** atteint de. ❑ *nm, f* victime *f (d'un accident)* ; sinistré *m*, -e *f* ; malade *mf*.
afectar *vt* **1.** affecter **2.** toucher ; *(sujet : maladie, désastre)* frapper ; *(sujet : décision, discussion)* porter tort à.
afectísimo, ma *adj* • **'suyo afectísimo'** 'bien à vous'.
afectivo, va *adj* **1.** affectif(ive) **2.** sensible.
afecto *nm* affection *f* • **sentir afecto por alguien, tenerle afecto a alguien** avoir de l'affection pour qqn.
afectuosamente *adv* affectueusement.
afectuoso, sa *adj* affectueux(euse).
afeitar *vt* raser. ■ **afeitarse** *vp* se raser.
afelpado, da *adj* • **un tejido afelpado** un tissu peluché.
afeminado, da *adj* efféminé(e). ■ **afeminado** *nm* efféminé *m*.
afeminarse *vp* être efféminé.
aferrarse *vp* • **aferrarse (a)** *litt & fig* s'accrocher (à).
affaire [a'fer] *nm* affaire *f*.
afianzar [13] *vt* **1.** cautionner *(une idée)* ; étayer *(une théorie)* ; appuyer *(une demande)* ; renforcer *(un soupçon)* **2.** consolider, renforcer *(un mur, etc)*. ■ **afianzarse** *vp* se cramponner • **afianzarse con** se raccrocher à • **afianzarse en** être conforté(e) dans.
afiche *nm* **(AMÉR)** affiche *f*.
afición *nf* **1.** penchant *m* • **por afición** par goût, pour le plaisir • **tener afición a algo** aimer bien qqch **2.** fans *mpl* ; SPORT supporters *mpl* ; ART amateurs *mpl*.
aficionado, da *adj* • **ser aficionado a algo** être un grand amateur de qqch. ❑ *nm, f* amateur *mf* • **para ser un aficionado pinta bien** pour un amateur, il ne peint pas mal.
aficionar *vt* • **aficionar a alguien a algo** faire aimer qqch à qqn. ■ **aficionarse** *vp* • **aficionarse a algo** prendre goût à qqch, se passionner pour qqch.
afilado, da *adj* **1.** effilé(e) ; *(couteau)* aiguisé(e) ; *(crayon)* taillé(e) **2.** *fig* incisif(ive).
afilador, ra *adj* à aiguiser. ❑ *nm, f* rémouleur *m*. ■ **afiladora** *nf* affûteuse *f*.
afilalápices *nm inv* taille-crayon *m*.
afilar *vt* aiguiser ; tailler *(un crayon)*.
afiliado, da *nm, f* affilié *m*, -e *f* ; adhérent *m*, -e *f*.
afiliarse *vp* • **afiliarse a a)** s'affilier à **b)** adhérer à.
afín *adj* voisin(e) ; *(goûts)* commun(e) ; *(matières)* similaire.
afinar *vt* **1.** accorder *(un instrument)* ; poser *(sa voix)* **2.** peaufiner *(un travail)* **3.** ajuster *(un tir)* **4.** affiner *(un métal)*.
afinidad *nf* affinité *f* • **por afinidad** par alliance.
afirmación *nf* affirmation *f*.
afirmar *vt* **1.** affirmer **2.** conforter **3.** CONSTR renforcer. ■ **afirmarse** *vp* **1.** se confirmer **2.** • **afirmarse en lo dicho** maintenir ce que l'on a dit.
afirmativo, va *adj* affirmatif(ive) • **en caso afirmativo** dans l'affirmative.
aflicción *nf* peine *f* profonde.
afligido, da *adj* affligé(e), attristé(e).
afligir [15] *vt* affliger, rendre triste. ■ **afligirse** *vp* être affligé(e), être triste.
aflojar *vt* **1.** desserrer *(une ceinture, un nœud)* ; donner du mou *(à une corde)* **2.** *fam (donner)* filer. ❑ *vi* **1.** *(fièvre)* baisser ; *(vent)* tomber ; *(tempête)* se calmer **2.** *fig* lâcher du lest.
aflorar *vi litt & fig* affleurer.
afluencia *nf* affluence *f*, flot *m*.
afluente *nm* affluent *m*.
afluir [51] *vi* • **afluir a** affluer à ; *(fleuve)* se jeter dans.
afonía *nf* extinction *f* de voix.
afónico, ca *adj* aphone.
aforo *nm* capacité *f (d'accueil)* • **el teatro tiene un aforo de 1.000 plazas** le théâtre a 1 000 places • **'aforo completo'** 'complet'.
afortunadamente *adv* heureusement.
afortunado, da *adj* **1.** chanceux(euse) • **es muy afortunado** il a beaucoup de chance **2.** heureux(euse). ❑ *nm, f* gagnant *m*, -e *f*.
afrancesado, da *adj* très français(e) • **tiene un estilo afrancesado** il a un style très français. ❑ *nm, f partisan de Napoléon pendant la guerre d'Espagne*.
afrenta *nf* **1.** déshonneur *m* **2.** affront *m*.
África *npr* Afrique *f*.
africano, na *adj* africain(e). ❑ *nm, f* Africain *m*, -e *f*.
afro *adj inv* afro *(inv)* ; africain(e).

afroamericano, na *adj* afro-américain(e).
afrodisíaco, ca, afrodisiaco, ca *adj* aphrodisiaque. ■ **afrodisíaco, afrodisiaco** *nm* aphrodisiaque *m*.
afrontar *vt* **1.** affronter **2.** confronter.
afta *nf* aphte *m*.
aftershave, after shave *nm* après-rasage *m*, after-shave *m inv*.
aftersun [after'san] *adj inv* après-soleil *(inv)*.
afuera *adv* dehors, à l'extérieur. ■ **afueras** *nfpl* • **las afueras** la banlieue, les environs *mpl*.
afuerita *adv* **(AMÉR)** *fam* dehors.
afusilar *vt* **(AMÉR)** *fam* fusiller.
agachar *vt* baisser *(la tête, etc)*. ■ **agacharse** *vp* se baisser.
agalla *nf (gén pl)* ZOOL ouïe *f*. ■ **agallas** *nfpl fig* cran *m* • **tener agallas** avoir du cran.
ágape *nm sout* festin *m*.
agarrada *nf* → **agarrado**.
agarradero *nm* **1.** *(manche)* prise *f* **2.** *fam & fig (prétexte)* mauvaise excuse *f*.
agarrado, da *adj* **1.** accroché(e) • **agarrado de** accroché à • **agarrados del brazo** bras dessus bras dessous • **agarrados de la mano** main dans la main **2.** *fam* radin(e). ■ **agarrado** *nm* slow *m*. ■ **agarrada** *nf fam* prise *f* de bec.
agarrar *vt* **1.** saisir **2.** attraper *(un voleur, une maladie)* • **agarrarla** *fam* prendre une cuite **3.** **(AMÉR)** prendre • **agarrar a alguien por el brazo** prendre qqn par le bras • **agarrar un taxi** prendre un taxi. ❑ *vi* prendre. ■ **agarrarse** *vp* **1.** s'accrocher • **agarrarse de ou a algo** se raccrocher à qqch • **agarrarse fuerte** se cramponner **2.** CULIN attacher **3.** *fam & fig (se disputer)* s'accrocher **4.** *(prétexter)* • **agarrarse a algo** prendre qqch pour excuse.
agarrón *nm* empoignade *f*; • **dar un agarrón a alguien** empoigner qqn.
agarrotar *vt* serrer ; comprimer. ■ **agarrotarse** *vp* **1.** s'engourdir **2.** s'enrayer.
agasajar *vt* traiter comme un roi, une reine *f* • **agasajar a alguien con algo** offrir qqch à qqn.
ágata *nf (el)* agate *f*.
agave *nf* agave *m*.
agazaparse *vp* **1.** se tapir **2.** se pelotonner.
agencia *nf* **1.** agence *f* • **agencia de aduanas** bureau *m* de douane • **agencia de viajes/de publicidad** agence de voyages/de publicité • **agencia inmobiliaria/matrimonial** agence immobilière/matrimoniale **2.** succursale *f*.
agenciar *vt* procurer. ■ **agenciarse** *vp* • **agenciarse algo** se procurer qqch.
agenda *nf* **1.** agenda *m* • **agenda de direcciones** carnet *m* d'adresses • **agenda de teléfonos** répertoire *m* téléphonique **2.** programme *m*.
agente *nmf* agent *m* • **agente comercial** commercial *m*, -e *f* • **agente de aduanas** douanier *m* • **agente de cambio (y bolsa)** agent de change • **agente secreto** agent secret. ❑ *nm* agent *m*.
ágil *adj* **1.** agile **2.** *(style)* enlevé(e) ; *(esprit)* alerte.
agilidad *nf* agilité *f*.
agilipollado, da *adj* **(ESP)** *tfam* abruti(e).
agilización *nf* activation *f*.
agilizar [13] *vt* faciliter.
agitación *nf* agitation *f*.
agitado, da *adj* **1.** *(altéré - personne, voix)* agité(e), troublé(e) ; *(- respiration)* agité(e), haletant(e) **2.** *(en mouvement - mer)* agité(e) ; *(- foule)* agité(e), en effervescence *f* ; *(- vie, journée)* agité(e), mouvementé(e).
agitador, ra *adj* violent(e). ❑ *nm,f* agitateur *m*, -trice *f*.
agitar *vt* **1.** secouer, remuer, agiter • **agítese antes de usar** *(en botella)* agiter avant l'emploi **2.** *(inquiéter)* agiter **3.** semer le trouble. ■ **agitarse** *vp (ponerse nervioso)* devenir agité(e).
aglomeración *nf* agglomération *f*; attroupement *m*.
aglomerar *vt* agglomérer ; accumuler. ■ **aglomerarse** *vp* s'amasser.
aglutinante *adj* agglutinant(e).
aglutinar *vt* **1.** agglutiner **2.** *fig* regrouper ; conjuguer *(les efforts)* ; rassembler *(des idées)*.
agnosticismo *nm* agnosticisme *m*.
agnóstico, ca *adj & nm,f* agnostique.
ago., ago (abrév de **agosto**) août • **15 ago. 2006** 15 août 2006.
agobiante *adj (chaleur, travail)* accablant(e) ; *(personne)* épuisant(e).
agobiar [8] *vt* accabler, submerger • **estoy agobiado a)** je suis débordé **b)** *(déprimé)* je n'en peux plus. ■ **agobiarse** *vp* • **no te agobies** ne t'en fais pas.
agobio *nm* étouffement *m* ; accablement *m* • **¡qué agobio!** quel cauchemar !
agolparse *vp* **1.** s'attrouper ; *(sang)* affluer **2.** *fig* s'accumuler.
agonía *nf* **1.** agonie *f* **2.** *fig* angoisse *f*.
agonizante *adj* agonisant(e).
agonizar [13] *vi* **1.** agoniser, être à l'agonie **2.** *fig* souffrir le martyre.
agorafobia *nf* agoraphobie *f*.
agosto *nm* **1.** août *m* **2.** *fig* temps *m* des moissons • **hacer su agosto** faire son beurre. Voir aussi **septiembre**.
agotado, da *adj* épuisé(e) • **agotado de trabajar** épuisé par le travail.
agotador, ra *adj* épuisant(e).
agotamiento *nm* épuisement *m*.
agotar *vt* épuiser. ■ **agotarse** *vp* être épuisé(e) • **este libro se ha agotado** ce livre est épuisé.
agraciado, da *adj* **1.** ravissant(e) **2.** *(chanceux)* • **agraciado con algo** qui a la chance de gagner qqch. ❑ *nm,f* heureux gagnant *m*, heureuse gagnante *f*.
agraciar [8] *vt* **1.** embellir **2.** accorder **3.** *sout* • **agraciar con** gratifier de.

agradable *adj* agréable.
agradar *vi* être agréable.
agradecer [30] *vt* **1.** *(personne)* • **agradecer algo a alguien a)** remercier qqn de qqch **b)** être reconnaissant(e) à qqn de qqch **2.** *(choses)* apprécier.
agradecido, da *adj* reconnaissant(e).
agradecimiento *nm* reconnaissance *f*.
agrado *nm* **1.** plaisir *m* **2.** complaisance *f*.
agrandar *vt* agrandir.
agrario, ria *adj* agraire ; agricole.
agravamiento *nm* aggravation *f*.
agravante *adj* aggravant(e). ❑ *nm* circonstance *f* aggravante.
agravar *vt* **1.** aggraver **2.** augmenter (le poids de). ■ **agravarse** *vp* s'aggraver.
agraviar [8] *vt* offenser.
agravio *nm* **1.** offense *f* **2.** injustice *f* • **no puedo pagarte más a ti que a los demás porque sería un agravio comparativo** je ne peux pas te payer plus que les autres, ce serait avoir deux poids, deux mesures.
agredir [78] *vt* agresser.
agregado, da *adj* ajouté(e). ❑ *nm, f* **1.** maître *m* auxiliaire **2.** attaché *m*, -e *f* • **agregado cultural** attaché culturel. ■ **agregado** *nm* **1.** ajout *m* **2.** ÉCON agrégat *m*.
agregar [16] *vt* • **agregar (algo a algo)** ajouter (qqch à qqch). ■ **agregarse** *vp* • **agregarse (a algo)** rejoindre (qqch).
agresión *nf* agression *f*.
agresividad *nf* agressivité *f*.
agresivo, va *adj* **1.** agressif(ive) **2.** *fig* dynamique.
agresor, ra *nm, f* agresseur *m*.
agreste *adj* **1.** agreste ; champêtre **2.** sauvage **3.** *fig* fruste.
agriar [9] *vt* **1.** rendre aigre **2.** *fig* aigrir. ■ **agriarse** *vp* **1.** tourner ; devenir aigre **2.** *fig* s'aigrir.
agrícola *adj* agricole.
agricultor, ra *nm, f* agriculteur *m*, -trice *f*.
agricultura *nf* agriculture *f*.
agridulce *adj* aigre-doux, aigre-douce *f*.
agrietar *vt* *(mur)* lézarder ; *(terre)* crevasser ; *(lèvres, mains)* gercer. ■ **agrietarse** *vp* se gercer.
agrio, gria *adj* **1.** aigre **2.** *fig* âpre. ■ **agrios** *nmpl* agrumes *mpl*.
agroalimentario, ria *adj* agroalimentaire.
agrocarburante *nm* agrocarburant *m*.
agronomía *nf* agronomie *f*.
agrónomo, ma *nm, f* agronome *mf*.
agropecuario, ria *adj* agricole.
agroturismo *nm* tourisme *m* vert.
agrupación *nf* **1.** groupe *m* **2.** regroupement *m*.
agrupamiento *nm* regroupement *m*.
agrupar *vt* grouper, regrouper. ■ **agruparse** *vp* se regrouper.
agua *nf (el)* eau *f* • **agua bendita/destilada/dulce/potable** eau bénite/distillée/douce/potable • **agua mineral** eau minérale • **agua (mineral) con gas/sin gas** eau gazeuse/plate • **hacer agua a)** faire eau **b)** *fig* couler. ■ **aguas** *nfpl* **1.** eaux *fpl* • **aguas territoriales ou jurisdiccionales** eaux territoriales **2.** pente *f (de toit)* **3.** eau *f (d'un diamant)*. ■ **agua de colonia** *nf* eau *f* de Cologne. ■ **agua oxigenada** *nf* eau *f* oxygénée.
aguacate *nm* **1.** avocat *m* **2.** avocatier *m*.
aguacero *nm* averse *f*.
aguachirle *nm* lavasse *f*.
aguado, da *adj* **1.** *(vin, etc)* coupé(e) ; *(soupe)* trop liquide **2.** *fig* gâché(e). ■ **aguada** *nf* gouache *f*.
aguafiestas *nmf inv* rabat-joie *mf inv*.
aguafuerte *nm ou nf* eau-forte *f*.
aguamarina *nf* aigue-marine *f*.
aguamiel *nf* (AMÉR) *eau mélangée avec du sucre de canne*.
aguanieve *nf* neige *f* fondue.
aguantar *vt* **1.** tenir **2.** supporter **3.** retenir. ❑ *vi* résister. ■ **aguantarse** *vp* **1.** se retenir **2.** faire avec.
aguante *nm* **1.** patience *f* **2.** résistance *f* • **tener aguante** être résistant(e).
aguar [45] *vt* **1.** couper *(avec de l'eau)* **2.** *fig* gâcher. ■ **aguarse** *vp* être gâché(e).
aguardar *vt* être dans l'attente de.
aguardiente *nm* eau-de-vie *f*.
aguarrás *nm* white-spirit *m*.
agudeza *nf* **1.** finesse *f* **2.** *fig* acuité *f* **3.** mot *m* d'esprit.
agudizar [13] *vt* **1.** aiguiser **2.** *fig* accentuer. ■ **agudizarse** *vp* **1.** devenir plus aigu(uë) **2.** devenir plus subtil(e).
agudo, da *adj* **1.** pointu(e) ; *(crise, voix, note)* aigu(uë) ; *(problème, maladie)* grave ; *(odeur, goût)* fort(e) **2.** *fig* *(esprit)* vif, vive *f* ; *(ouïe)* fin(e) ; *(vue)* perçant(e) **3.** *fig* spirituel(elle) **4.** GRAMM • **palabra aguda** mot accentué sur la dernière syllabe.
agüero *nm* • **de buen/mal agüero** de bon/mauvais augure.
aguijón *nm* **1.** dard *m* **2.** épine *f* **3.** *fig* motivation *f*.
aguijonear *vt* **1.** aiguillonner *(un taureau)* ; éperonner *(un cheval)* **2.** *fig* titiller.
águila *nf (el)* **1.** aigle *m* **2.** *fig (personne)* lumière *f*.
aguileño, ña *adj* aquilin • **una nariz aguileña** un nez aquilin.
aguilucho *nm* aiglon *m*.
aguinaldo *nm* étrennes *fpl*.
aguja *nf* aiguille *f* • **aguja hipodérmica** seringue *f* hypodermique. ■ **agujas** *nfpl* **1.** aiguillettes *fpl* **2.** RAIL aiguillage *m*.
agujerear *vt* percer un trou dans. ■ **agujerearse** *vp* trouer • **agujerearse los calcetines** trouer ses chaussettes.

agujero *nm* trou *m* • **agujero negro** trou noir • **agujero de ozono** trou d'ozone.
agujetas *nfpl* courbatures *fpl.*
aguzar [13] *vt* **1.** aiguiser **2.** *fig* stimuler ; → **ingenio, oído.**
ah *interj* • **¡ah!** ah !
ahí *adv* là • **la solución está ahí** c'est là qu'est la solution • **¡ahí tienes!** voilà ! • **está por ahí a)** il est quelque part par là **b)** il est sorti • **de ahí que** d'où le fait que • **por ahí, por ahí** à peu près • **por ahí va la cosa** c'est à peu près ça.
ahijado, da *nm,f* **1.** filleul *m*, -e *f* **2.** *fig* protégé *m*, -e *f.*
ahínco *nm* acharnement *m.*
ahogar [16] *vt* **1.** noyer **2.** étrangler **3.** *litt* & *fig* étouffer. ■ **ahogarse** *vp* **1.** se noyer **2.** s'étouffer **3.** *fig* étouffer.
ahogo *nm* **1.** étouffement *m* **2.** *fig* oppression *f.*
ahondar *vi* • **ahondar (en algo) a)** s'enfoncer (dans qqch) **b)** *fig* approfondir (qqch).
ahora *adv* maintenant • **ahora vive en México** maintenant il vit au Mexique • **ahora nos vemos** on se voit tout à l'heure • **ahora mismo a)** tout de suite **b)** à l'instant • **ha salido ahora mismo** il vient juste de sortir, il est sorti à l'instant • **ven ahora mismo** viens tout de suite • **por ahora** pour le moment. ❑ *conj* **1.** que... ou que... • **ahora haga frío, ahora calor, siempre viste igual** qu'il fasse froid ou qu'il fasse chaud, il s'habille toujours de la même façon **2.** mais • **dámelo, ahora no me hago responsable** donne-le-moi, mais je n'en prends pas la responsabilité • **ahora bien** cela dit.
ahorcado, da *nm,f* pendu *m*, -e *f.*
ahorcar [10] *vt* pendre. ■ **ahorcarse** *vp* se pendre.
ahorita, ahoritita *adv* (AMÉR) *fam* tout de suite.
ahorrador, ra *adj* économe. ❑ *nm,f* épargnant *m*, -e *f.*
ahorrar *vt* économiser ; épargner. ■ **ahorrarse** *vp* s'épargner ; s'éviter.
ahorro *nm* **1.** épargne *f* **2.** *(gén pl)* économies *fpl* **3.** *fig* gain *m.*
ahuecar [10] *vt* **1.** creuser ; évider • **ahuecar las manos** tendre le creux de la main **2.** retaper *(un oreiller)* ; faire bouffer *(un vêtement)* ; ameublir *(la terre).* ❑ *vi fam* mettre les voiles. ■ **ahuecarse** *vp fam* & *fig* boire du petit-lait.
ahuevado, da *adj* (AMÉR) *fam* abruti(e).
ahumado, da *adj* fumé(e). ■ **ahumado** *nm* fumage *m.*
ahumar *vt* **1.** fumer **2.** enfumer. ■ **ahumarse** *vp* **1.** prendre un goût de fumée **2.** noircir.
ahuyentar *vt* **1.** faire fuir **2.** *fig* chasser.
airado, da *adj* irrité(e).
airar *vt* exaspérer.
aire *nm* **1.** air *m* • **al aire** à l'air • **al aire libre** en plein air • **estar algo en el aire a)** *(idée)* être dans l'air **b)** *(projet)* être encore vague **c)** *(rumeur)* circuler • **tomar el aire** prendre l'air **2.** allure *f* ; grâce *f (d'une danseuse)* • **a mi/tu** *etc* **aire** à ma/ta *etc* guise. ■ **aires** *nmpl* airs *mpl* • **darse aires** *fig* se donner de grands airs. ■ **aire acondicionado** *nm* air *m* conditionné.
aireación *nf* aération *f.*
airear *vt* **1.** aérer **2.** *fig* ébruiter. ■ **airearse** *vp* s'aérer.
airoso, sa *adj* gracieux(euse) ; • **salir airoso de algo** s'en tirer brillamment.
aislacionismo *nm* isolationnisme *m.*
aislado, da *adj* isolé(e).
aislamiento *nm* isolement *m.*
aislante *adj* isolant(e).
aislar *vt* isoler. ■ **aislarse** *vp* s'isoler.
aizkolari *nm bûcheron participant à des compétitions sportives au Pays basque.*
ajá *interj* • **¡ajá! a)** ha ! **b)** *fam* voilà !
ajado, da *adj (persona)* vieilli(e).
ajarse *vp (fleurs)* se faner ; *(peau)* se flétrir.
ajardinado, da *adj* aménagé(e) en espaces verts.
a. JC. = **a. de JC.**.
ajedrez *nm* échecs *mpl.*
ajeno, na *adj* d'autrui ; • **ajeno a a)** étranger(ère) à *(une affaire)* **b)** contraire à *(un caractère)* **c)** indépendant(e) de *(la volonté)* ; • **ajeno de** *fig* libre de.
ajetreo *nm* **1.** agitation *f* **2.** effervescence *f.*
ají *nm* (AMÉR) piment *m* rouge, chili *m.*
ajiaceite, ajoaceite *nm* CULIN aïoli *m.*
ajiaco *nm* (AMÉR) *ragoût aux piments.*
ajillo ■ **al ajillo** *loc adj avec une sauce à base d'huile, d'ail et de piment.*
ajo *nm* ail *m* • **andar ou estar en el ajo** *fig* être dans le coup.
ajonjolí (*pl* **ajonjolíes**) *nm* sésame *m.*
ajuar *nm* trousseau *m (de mariée).*
ajuntarse *vp fam* se mettre ensemble.
ajustable *adj* ajustable.
ajustado, da *adj* **1.** moulant(e) ; serré(e) **2.** correct(e) ; *(prix)* raisonnable. ■ **ajustado** *nm* ajustage *m.*
ajustar *vt* **1.** ajuster ; adapter *(une conduite)* ; aménager *(un horaire)* **2.** serrer **3.** façonner *(des pièces)* ; calfeutrer *(une fenêtre)* **4.** arranger *(un mariage)* ; négocier *(un prix, la paix)* ; DR conclure. ■ **ajustarse** *vp* • **ajustarse a a)** s'adapter à **b)** cadrer avec.
ajuste *nm* ajustage *m* ; façonnage *m (de pièces)* ; réglage *m (d'un mécanisme)* ; ajustement *m (des salaires)* • **ajuste de cuentas** *fig* règlement *m* de comptes.
ajusticiar *vt* exécuter.
al → **a, el.**
ala *nf (el)* **1.** aile *f* ; pente *f (d'un toit)* ; bord *m (d'un chapeau)* ; abattant *m (d'une table)* • **dar alas a al-**

guien donner des ailes à qqn. **2.** *SPORT* ailier *m* ■ **ala delta** *nf* deltaplane *m.*

Alá *npr* Allah.

alabanza *nf* louange *f.*

alabar *vt* vanter • **alabar algo** faire les louanges de qqch.

alabarda *nf* hallebarde *f.*

alabastro *nm* albâtre *m.*

alacena *nf* placard *m* à provisions.

alacrán *nm* scorpion *m.*

alado, da *adj* ailé(e).

alambicado, da *adj* alambiqué(e).

alambique *nm* alambic *m.*

alambrada *nf* grillage *m.*

alambre *nm* **1.** fil *m* de fer **2.** **(AMÉR)** brochette *f.*

alameda *nf* **1.** peupleraie *f* **2.** promenade *f* *(bordée d'arbres).*

álamo *nm* peuplier *m.*

alarde *nm* • **alarde (de)** déploiement *m* (de) • **hacer alarde de** faire étalage de.

alardear *vi* • **alardear de** se targuer de.

alargador, ra *adj* • **un cable alargador** un prolongateur. ■ **alargador** *nm* *ÉLECTR* rallonge *f.*

alargar [16] *vt* **1.** rallonger **2.** prolonger **3.** *(passer)* • **alargar algo a alguien** passer qqch à qqn **4.** *fig* augmenter ; étendre. ■ **alargarse** *vp* **1.** *(jours)* rallonger ; *(réunion)* se prolonger **2.** *fig* se répandre *(en commentaires).*

alarido *nm* hurlement *m.*

alarma *nf* **1.** alarme *f* • **señal de alarma** signal *m* d'alarme • **dar la alarma** sonner l'alarme **2.** *fig* inquiétude *f* • **alarma social** climat *m* d'inquiétude **3.** alerte *f.*

alarmante *adj* alarmant(e).

alarmar *vt* **1.** alerter **2.** *fig* alarmer. ■ **alarmarse** *vp* s'alarmer.

alarmista *adj & nmf* alarmiste.

alauí, alauita *adj* alaouite, alawite.

Álava *npr* Álava, Alava.

alazán, ana *adj* alezan(e).

alba *nf (el)* aube *f.*

albacea *nm,f* exécuteur *m*, -trice *f* testamentaire.

Albacete *npr* Albacete.

albahaca *nf* basilic *m.*

albaicín *nm* *quartier d'une ville construit à flanc de colline, en particulier à Grenade (el Albaicín).*

Albania *npr* Albanie *f.*

albañil *nm* maçon *m.*

albañilería *nf* maçonnerie *f.*

albarán *nm* bon *m* de livraison.

albarda *nf* selle *f.*

albaricoque *nm* **1.** abricot *m* **2.** abricotier *m.*

albatros *nm inv* albatros *m.*

albedrío *nm* guise *f* • **libre albedrío** libre arbitre *m.*

alberca *nf* **1.** bassin *m* ; réservoir *m* d'eau **2.** **(AMÉR)** piscine *f.*

albergar [16] *vt* **1.** héberger **2.** nourrir *(des sentiments)* ; caresser *(des espoirs).* ■ **albergarse** *vp* loger.

albergue *nm* hébergement *m* ; refuge *m* • **albergue de juventud ou juvenil** auberge *f* de jeunesse.

albino, na *adj & nm,f* albinos.

albis ■ **in albis** *loc adv* • **estar/quedarse in albis** **a)** *(ignorer)* ne rien entendre **b)** *(être distrait)* avoir la tête ailleurs.

albóndiga *nf* boulette *f* (de viande).

albor *nm* **1.** blancheur *f* **2.** lueur *f* du jour **3.** *(gén pl) fig* aube *f.*

alborada *nf* **1.** petit matin *m* **2.** aubade *f.*

alborear *v impers* poindre *(le jour).*

albornoz *nm* peignoir *m* (de bain).

alborotador, ra *adj* chahuteur(euse). ❑ *nm,f* fauteur *m*, -euse *f* de troubles.

alborotar *vi* chahuter. ❑ *vt* **1.** mettre en émoi **2.** ameuter **3.** mettre sens dessus dessous. ■ **alborotarse** *vp* s'affoler.

alboroto *nm* **1.** tapage *m*, vacarme *m* **2.** agitation *f* **3.** bazar *m.*

alborozar [13] *vt* transporter de joie.

alborozo *nm* débordement *m* de joie.

albricias *interj* • **¡albricias!** magnifique !

albufera *nf* marécage *m* *(du Levant espagnol)* • **La Albufera** La Albufera.

álbum *nm* album *m.*

albúmina *nf* albumine *f.*

alcachofa *nf* **1.** artichaut *m* **2.** pomme *f* *(de douche, d'arrosoir)* ; crépine *f* *(d'un tuyau).*

alcahuete, ta *nm,f* **1.** entremetteur *m*, -euse *f* **2.** commère *f.*

alcaide *nm* directeur *m* de prison.

alcalde, esa *nm,f* maire *m* • **la alcaldesa** **a)** Madame le maire **b)** la femme du maire.

alcaldía *nf* **1.** mairie *f* **2.** commune *f.*

alcalino, na *adj* alcalin(e).

alcance *nm* portée *f* • **al alcance de** à portée de • **al alcance de la mano** à la portée de la main • **a mi/a tu** *etc* **alcance** à ma/à ta *etc* portée • **dar alcance a alguien** rattraper qqn • **de corto/largo alcance** à faible/longue portée • **de gran alcance** d'une grande portée • **de pocos alcances** limité(e) intellectuellement • **fuera de alcance** hors d'atteinte, hors de portée.

alcancía *nf* tirelire *f.*

alcanfor *nm* camphre *m.*

alcantarilla *nf* égout *m.*

alcantarillado *nm* • **el alcantarillado** les égouts *mpl.*

alcanzar [13] *vt* **1.** atteindre **2.** rattraper **3.** attraper **4.** *(remettre à)* passer **5.** obtenir **6.** *(affecter)* toucher, frapper. ❑ *vi* • **alcanzar para algo/hacer algo** suffire pour qqch/faire qqch ; • **alcanzar a hacer algo** arriver à faire qqch.

alcaparra *nf* câpre *f.*

alcatraz *nm* pélican *m* *(américain).*

alcayata *nf* piton *m.*

alcázar *nm* alcazar *m*.
alce *v* → **alzar**. ❑ *nm ZOOL* élan *m*.
alcista *adj FIN* haussier(ère) • **una tendencia alcista** une tendance à la hausse.
alcoba *nf* chambre *f* à coucher.
alcohol *nm* alcool *m*.
alcoholemia *nf* taux *m* d'alcool dans le sang, alcoolémie *f*.
alcohólico, ca *adj* **1.** alcoolisé(e) **2.** alcoolique. ❑ *nm,f* alcoolique *mf*.
alcoholímetro, alcohómetro *nm* **1.** *(boisson)* alcoomètre *m* **2.** *(sang)* Alcootest® *m*.
alcoholismo *nm* alcoolisme *m*.
alcoholizar [13] *vt* alcooliser. ■ **alcoholizarse** *vp* devenir alcoolique.
alcohotest *nm* Alcootest® *m*.
alcornoque *nm* **1.** chêne-liège *m* **2.** *fig* empoté(e).
alcurnia *nf* • **de alcurnia** de haute lignée.
aldaba *nf* **1.** marteau *m* **2.** loquet *m*.
aldea *nf* petit village *m*, hameau *m*.
aldeano, na *nm,f* villageois *m*, -e *f*.
ale *interj* • **¡ale!** allez !
aleación *nf* alliage *m*.
aleatorio, ria *adj* aléatoire.
alebrestarse *vp* **(AMÉR) 1.** s'énerver **2.** se mettre en colère.
aleccionador, ra *adj (ejemplar)* qui sert de leçon, exemplaire.
aleccionar *vt* • **aleccionar algo a alguien** apprendre qqch à qqn ; • **aleccionar a alguien** faire la leçon à qqn.
aledaño, ña *adj* avoisinant(e). ■ **aledaños** *nmpl* abords *mpl*.
alegación *nf* argument *m*.
alegar [16] *vt* alléguer, prétexter ; avancer *(des preuves, des arguments)*.
alegato *nm* plaidoyer *m*.
alegoría *nf* allégorie *f*.
alegórico, ca *adj* allégorique.
alegrar *vt* **1.** • **alegrar a alguien** faire plaisir à qqn **2.** *fig* égayer **3.** *fig* griser. ■ **alegrarse** *vp* **1.** se réjouir, être content(e) **2.** *fig* être un peu gai(e).
alegre *adj* **1.** gai(e), joyeux(euse) ; réjoui(e) ; heureux(euse) **2.** réjouissant(e) **3.** *fig* insouciant(e) **4.** *fam* éméché(e) **5.** *fig* dissolu(e) ; léger(ère) ; facile.
alegría *nf* **1.** joie *f* • **me da mucha alegría verte** ça me fait très plaisir de te voir **2.** gaieté *f* **3.** *fig* légèreté *f*, insouciance *f*.
alegrón *nm fam* grande ou immense joie *f* • **darle un alegrón a alguien** faire très plaisir à qqn.
alejamiento *nm* éloignement *m*.
alejar *vt* **1.** éloigner, écarter **2.** *fig* chasser. ■ **alejarse** *vp* s'éloigner, s'écarter.
alelado, da *adj* ahuri(e).
aleluya *nm ou nf* alléluia *m*. ❑ *interj* • **¡aleluya!** alléluia !
alemán, ana *adj* allemand(e). ❑ *nm,f* Allemand *m*, -e *f*. ■ **alemán** *nm* allemand *m*.
Alemania *npr* Allemagne *f*.
alentador, ra *adj* encourageant(e).
alentar [19] *vt* encourager.
alergeno, na, alérgeno, na *adj* allergène. ■ **alergeno, alérgeno** *nm* allergène *m*.
alergia *nf litt & fig* allergie *f* • **tener alergia a algo** être allergique à qqch • **él me da alergia** *fam* il me donne des boutons.
alérgico, ca *adj litt & fig* • **alérgico (a)** allergique (à).
alergólogo, ga, alergista *nm,f* allergologue *mf*, allergologiste *mf*.
alero *nm* **1.** auvent *m* **2.** *SPORT* ailier *m*.
alerta *adv* • **estar alerta** être sur ses gardes, être sur le qui-vive. ❑ *nf* alerte *f* • **dar la voz de alerta** donner l'alerte. ❑ *interj* • **¡alerta!** alerte !
alertar *vt* alerter.
aleta *nf* **1.** nageoire *f* **2.** palme *f* **3.** aile *f (de nez, de voiture)*.
aletargar [16] *vt* engourdir, donner envie de dormir à. ■ **aletargarse** *vp (animal)* hiberner ; *(personne)* s'assoupir.
aletear *vi* battre des ailes.
alevín *nm* **1.** alevin *m* **2.** *fig* débutant *m*, -e *f* ; *SPORT* poussin *m*, -e *f*.
alevosía *nf* traîtrise *f*.
alfabético, ca *adj* alphabétique.
alfabetización *nf* alphabétisation *f*.
alfabetizar [13] *vt* alphabétiser.
alfabeto *nm* alphabet *m*.
alfalfa *nf* luzerne *f*.
alfanumérico, ca *adj INFORM* alphanumérique.
alfarería *nf* poterie *f*.
alféizar *nm* rebord *m (de fenêtre)*.
alférez *nm* ≃ sous-lieutenant *m*.
alfil *nm* fou *m (aux échecs)*.
alfiler *nm* épingle *f* • **alfiler de corbata** épingle de cravate • **alfiler de gancho (AMÉR)** épingle de nourrice.
alfombra *nf* tapis *m*.
alfombrar *vt* tapisser *(le sol)*.
alfombrilla *nf* **1.** carpette *f* **2.** paillasson *m* **3.** tapis *m* de bain.
alforja *nf (gén pl)* besace *f* ; sacoche *f* (de selle).
alga *nf (el)* algue *f*.
algarabía *nf* **1.** *(discours)* charabia *m* **2.** *(tapage)* vacarme *m*.
algarroba *nf* **1.** vesce *f* **2.** caroube *f*.
algarrobo *nm* caroubier *m*.
algazara *nf* • **con gran algazara** à grand bruit.
álgebra *nf (el)* algèbre *f*.
álgido, da *adj (point)* culminant(e) ; *(moment)* critique, fort(e).
algo *pron* quelque chose • **¿tienes algo que decir?** as-tu quelque chose à dire ? • **por algo lo habrá dicho** ce n'est pas pour rien qu'il l'a dit • **por algo será** il y a certainement une

raison • **algo de** un peu de • **algo de dinero** un peu d'argent • **algo es algo** c'est mieux que rien, c'est toujours ça. ❑ *adv* un peu, légèrement • **es algo presumida** elle est un peu prétentieuse.

algodón *nm* coton *m* • **algodón (hidrófilo)** coton (hydrophile) • **criado entre algodones** *fig* élevé dans du coton.

algoritmo *nm* algorithme *m*.

alguacil *nm* huissier *m*.

alguien *pron* quelqu'un • **¿hay alguien en casa?** il y a quelqu'un ? • **llegará a ser alguien** il deviendra quelqu'un.

alguno

■ alguno, na *adj*

devant un nom masculin singulier : **algún**

1. INDÉTERMINÉ

• **algún día** un jour • **algún tiempo después** quelque temps après • **algunas veces** quelquefois • **en algún sitio** quelque part • **en algunos casos** dans certains cas • **alguno que otro** quelques-uns

2. APRÈS UN NOM, AVEC UN SENS NÉGATIF

aucun(e) • **no tengo duda alguna** je n'ai aucun doute • **no hay mejora alguna** il n'y a aucune amélioration

■ alguno, na *pron*

• **¿te gustó alguno?** est-ce qu'il y en a un qui t'a plu ? • **algunos de sus amigos no vinieron** certains de ses amis ne sont pas venus • **algunos de entre ellos se fueron a esquiar** quelques-uns d'entre eux sont allés faire du ski

alhaja *nf* **1.** bijou *m* **2.** *fig* joyau *m*.

aliado, da *adj* allié(e).

alianza *nf* alliance *f*.

aliar [9] *vt* allier. ■ **aliarse** *vp* s'allier.

alias *adv* alias. ❑ *nm inv* surnom *m* ; pseudonyme *m*.

alicaído, da *adj* **1.** abattu(e) **2.** *fig* affaibli(e).

alicatado, da *adj* **(Esp)** *(cuisine, salle de bains)* carrelé(e). ■ **alicatado** *nm* **(Esp)** *(de cuisine, salle de bains)* carrelage *m*.

alicates *nmpl* pince *f*.

aliciente *nm* **1.** encouragement *m* **2.** attrait *m*.

alícuota *adj* **1.** *(proportionnel)* • **alícuota (de algo)** proportionnel(elle) (à qqch) **2.** MATH • **una parte alícuota** un diviseur.

alienación *nf* aliénation *f*.

alienante *adj* aliénant(e).

alienar *vt* **1.** rendre fou, folle *f* **2.** PHILO aliéner. ■ **alienarse** *vp* devenir fou, folle *f*.

alienígena *nmf* **1.** *(d'ailleurs)* étranger *m*, -ère *f* **2.** *(d'une autre planète)* extraterrestre *mf*.

aliento *nm* **1.** haleine *f* • **cobrar aliento** reprendre haleine ou son souffle • **quedarse sin aliento a)** être hors d'haleine, être à bout de souffle **b)** avoir le souffle coupé **2.** *fig* courage *m*.

aligerar *vt* **1.** alléger *(un poids)* **2.** accélérer *(le rythme)* ; hâter *(le pas)* **3.** *fig* soulager *(la douleur)*.

alijo *nm* marchandise *f* de contrebande • **se capturó un importante alijo de hachís** d'importantes quantités de haschisch ont été saisies.

alimaña *nf* animal *m* nuisible.

alimentación *nf* alimentation *f* • **alimentación de papel** bac *m* d'alimentation papier.

alimentar *vt* nourrir ; entretenir *(le feu, une relation)* ; alimenter *(une machine)*. ❑ *vi* être nourrissant(e). ■ **alimentarse** *vp* se nourrir, s'alimenter.

alimentario, ria *adj* alimentaire • **la industria alimentaria** l'industrie alimentaire.

alimenticio, cia *adj* alimentaire ; nourrissant(e) • **un producto alimenticio** un produit alimentaire.

alimento *nm* **1.** aliment *m* **2.** nourriture *f*.

alineación *nf* **1.** *(gén)* alignement *m* **2.** SPORT composition *f (d'une équipe)*.

alinear *vt* **1.** *(gén)* aligner ; *(enfants)* faire mettre en rang **2.** SPORT sélectionner. ■ **alinearse** *vp* POLIT s'aligner.

aliñar *vt* assaisonner.

aliño *nm* assaisonnement *m*.

alioli *nm* aïoli *m*.

alirón *interj* • **¡alirón!, ¡alirón!** hip, hip, hip, hourra !

alisar *vt* lisser ; défroisser. ■ **alisarse** *vp* • **alisarse el pelo** se lisser les cheveux.

alistarse *vp* MIL s'engager.

aliviar [8] *vt* **1.** calmer, atténuer ; apaiser *(l'esprit)* **2.** soulager *(une personne)* ; alléger *(une charge)*.

alivio *nm* soulagement *m*.

aljibe *nm* **1.** citerne *f* **2.** bateau-citerne *m*.

allá *adv* **1.** là-bas • **allá abajo** là en bas • **allá arriba** là-haut • **más allá** plus loin • **más allá de** au-delà de ; • **allá por los años veinte** autrefois, dans les années vingt • **allá para Navidad** aux environs de Noël • **allá él/ella** *etc* libre à lui/elle *etc*. ■ **el más allá** *nm* l'au-delà *m*.

allanamiento *nm* • **proceder al allanamiento** entrer par la force • **allanamiento de morada** violation *f* de domicile.

allegado, da *adj* proche. ❑ *nm,f* **1.** proche parent *m*, -e *f* • **los allegados** les proches *mpl* **2.** proche *m*.

allende *adv* • **allende los mares** au-delà des mers.

allí *adv* là, là-bas • **allí nació** c'est là-bas qu'elle est née • **allí mismo** à cet endroit-là • **está por allí** il est quelque part par là • **voy hacia allí** j'y vais ; • **hasta allí** jusqu'alors, jusque-là.

alma *nf (el)* **1.** âme *f* **2.** cœur *m* • **partir el alma a alguien** briser le cœur de *ou* à qqn • **sentirlo en** *ou* **con el alma** regretter du fond du cœur • **ser un alma de cántaro** être sans cœur.

almacén *nm* magasin *m*. ■ **(grandes) almacenes** *nmpl* grand magasin *m*.
almacenamiento *nm* stockage *m*.
almacenar *vt* **1.** stocker **2.** collectionner.
almanaque *nm* almanach *m*.
almeja *nf* palourde *f*.
almena *nf* créneau *m (de rempart)*.
almendra *nf* amande *f*.
almendrado, da *adj* en amande. ■ **almendrado** *nm Esquimau enrobé de chocolat et d'amandes* • **de almendrado** aux amandes.
almendro *nm* amandier *m*.
Almería *npr* Almería.
almíbar *nm* sirop *m* • **en almíbar** au sirop.
almidón *nm* amidon *m*.
almidonar *vt* amidonner, empeser.
almirantazgo *nm* amirauté *f*.
almirante *nm* amiral *m*.
almizcle *nm* musc *m*.
almogávar *nm au Moyen Âge, mercenaire au service de la couronne catalano-aragonaise*.
almohada *nf* oreiller *m*.
almohadilla *nf* **1.** petit coussin *m*, coussinet *m* **2.** *IMPR* dièse *m*.
almohadón *nm (cojín)* coussin *m*.
almorávide *adj* des Almoravides. ❑ *nmf* • **los almorávides** les Almoravides.
almorranas *nfpl* hémorroïdes *fpl*.
almorzar [37] *vt* manger (de qqch) au déjeuner ; • **almorzar un bocadillo** prendre un sandwich. ❑ *vi* **1.** déjeuner **2.** prendre un en-cas.
almuerzo *nm* **1.** déjeuner *m* **2.** *en-cas pris entre le petit déjeuner et le déjeuner*.
aló *interj* **(AMÉR)** • **¿aló?** allô ?
alocado, da *nm,f* inconséquent *m*, -e *f*.
alocución *nf* allocution *f*.
alojamiento *nm* logement *m*.
alojar *vt* loger ; héberger. ■ **alojarse** *vp* **1.** loger • **alojarse en el hotel** descendre à l'hôtel, passer la nuit à l'hôtel **2.** se loger.
alondra *nf* alouette *f*.
alpaca *nf* **1.** alpaga *m* **2.** maillechort *m*.
alpargata *nf (gén pl)* espadrille *f*.
Alpes *nmpl* • **los Alpes** les Alpes *fpl*.
alpinismo *nm* alpinisme *m*.
alpinista *nmf* alpiniste *mf*.
alpino, na *adj* alpin(e).
alpiste *nm* **1.** alpiste *m* **2.** millet *m* long.
alquilar *vt* louer. ■ **alquilarse** *vp* se louer ; être à louer • **'se alquila'** 'à louer'.
alquiler *nm* **1.** location *f* • **de alquiler** de location • **tenemos pisos de alquiler** nous avons des appartements à louer **2.** loyer *m* ; location *f*.
alquimia *nf* alchimie *f*.
alquimista *nmf* alchimiste *mf*.
alquitrán *nm* goudron *m*.
alrededor *adv* • **alrededor (de)** autour (de) • **a tu alrededor** autour de toi • **de alrededor** environnant(e) ; • **alrededor de** environ, aux alentours de. ■ **alrededores** *nmpl* environs *mpl*, alentours *mpl*.
alta *nf* → **alto**.
altamente *adv* extrêmement.
altanería *nf* morgue *f*, suffisance *f*.
altanero, ra *adj* hautain(e).
altar *nm* autel *m*.
altavoz *nm* haut-parleur *m*.
alteración *nf* **1.** modification *f* **2.** agitation *f* **3.** trouble *m*.
alterar *vt* **1.** modifier **2.** troubler ; perturber **3.** altérer, détériorer ; gâter. ■ **alterarse** *vp* **1.** se troubler **2.** se détériorer ; se gâter.
altercado *nm* altercation *f*.
altermundialismo *nm* altermondialisme *m*.
altermundialista *nmf* altermondialiste *mf*.
alternador *nm* alternateur *m*.
alternancia *nf* alternance *f*.
alternar *vt* faire alterner. ❑ *vi* **1.** nouer des relations • **alternar con alguien** fréquenter qqn **2.** *(se succéder)* • **alternar con** alterner avec. ■ **alternarse** *vp* **1.** se relayer **2.** alterner.
alternativamente *adv* **1.** *(en alternance)* tour à tour **2.** *(en deuxième choix)* autrement.
alternativo, va *adj* alternatif(ive). ■ **alternativa** *nf (gén) TAUROM* alternative *f*.
alterne *nm* • **un bar de alterne** un bar à entraîneuses.
alterno, na *adj* **1.** alternatif(ive) **2.** *GÉOM* alterne.
alteza *nf fig* grandeur *f* d'âme. ■ **Alteza** *nf* Altesse *f* • **Su Alteza Real** Son Altesse Royale.
altibajos *nmpl* irrégularités *fpl* ; • **tener altibajos** *fig* avoir ou connaître des hauts et des bas.
altillo *nm* **1.** *placard situé en hauteur dans une niche* **2.** mamelon *m*.
altiplano, altiplanicie *nm* haut plateau *m*.
altísimo, ma *adj* très haut(e).
altisonante *adj* pompeux(euse).
altitud *nf* altitude *f*.
altivez *nf* morgue *f*, suffisance *f*.
altivo, va *adj* hautain(e).
alto, ta *adj* **1.** haut(e) ; *(personne, arbre)* grand(e) ; *(prix)* élevé(e) ; *(qualité)* supérieur(e) • **pasar por alto** passer sous silence • **por todo lo alto** en grand. **2.** *(musique, voix)* fort(e) **3.** *(heure)* avancé(e). ■ **alto** *nm* **1.** hauteur *f* **2.** halte *f* **3.** *MUS* alto *m* ❑ *adv* **1.** haut **2.** fort. ❑ *interj* • **¡alto!** halte ! ■ **alta** *nf (el)* **1.** *fin de l'arrêt maladie* • **dar de alta ou el alta** *donner l'autorisation de reprendre le travail* **2.** autorisation *f* de sortie **3.** inscription *f*.
altoparlante *nm* **(AMÉR)** haut-parleur *m*.
altramuz *nm* lupin *m*.
altruismo *nm* altruisme *m*.
altruista *adj & nmf* altruiste.

altura *nf* **1.** hauteur *f* • **tener dos metros de altura a)** avoir deux mètres de haut **b)** mesurer deux mètres • **altura de espíritu** grandeur *f* d'âme **2.** haute mer *f*; altitude *f* **3.** niveau *m* • **a la altura de** au niveau de. ■ **alturas** *nfpl* cieux *mpl* • **a estas alturas** *fig* maintenant • **a estas alturas del año, ya no hay nieve** l'année est trop avancée pour qu'il y ait de la neige • **a estas alturas del partido me pides...** *fam* c'est maintenant que tu me demandes....

alubia *nf* haricot *m* blanc.

alucinación *nf* hallucination *f*.

alucinado, da *adj* **1.** halluciné(e) **2.** *fam* & *fig* épaté(e) • **estoy alucinado** je n'en reviens pas.

alucinante *adj litt* & *fig* hallucinant(e).

alucinar *vi* **1.** avoir des hallucinations, délirer **2.** *fam* rêver, halluciner. ❑ *vt fam* & *fig* épater.

alucine *nm fam (stupéfaction)* • **de alucine** hallucinant(e) • **ser un alucine** être hallucinant.

alucinógeno, na *adj* hallucinogène. ■ **alucinógeno** *nm* hallucinogène *m*.

alud *nm litt* & *fig* avalanche *f*.

aludido, da *nm,f* personne *f* visée • **darse por aludido** se sentir visé.

aludir *vi* • **aludir a a)** faire allusion à **b)** évoquer.

alumbrado *nm* éclairage *m*.

alumbramiento *nm* **1.** éclairage *m* **2.** mise *f* au monde.

alumbrar *vt* **1.** éclairer **2.** mettre au monde. ❑ *vi* éclairer.

aluminio *nm* aluminium *m*.

alumnado *nm* effectif *m* scolaire.

alumno, na *nm,f* élève *mf*.

alunizaje *nm* alunissage *m*.

alunizar [13] *vi* atterrir sur la Lune, alunir.

alusión *nf* allusion *f* • **hacer alusión a** faire allusion à.

alusivo, va *adj* allusif(ive) • **alusivo a** faisant allusion à.

aluvial *adj* alluvial(e).

aluvión *nm* **1.** crue *f* **2.** alluvion *f* **3.** *fig* flot *m*.

alvéolo, alveolo *nm* alvéole *m ou f*.

alza *nf (el)* hausse *f* • **en alza** en hausse.

alzamiento *nm* soulèvement *m*.

alzar [13] *vt* **1.** lever ; élever *(la voix, un immeuble)* ; hausser *(le ton)* **2.** relever **3.** soulever. ■ **alzarse** *vp* **1.** se lever **2.** se soulever.

Alzheimer [alθeimer] *nm* maladie *f* d'Alzheimer.

a.m. (abrév de ante meridiem) a.m. • **abierto por las mañanas de 8 a 11 a.m.** ouvert le matin de 8h à 11h.

ama *nf* → **amo**.

amabilidad *nf* amabilité *f*.

amabilísimo, ma *superl* = **amable**.

amable *adj* aimable.

amaestrado, da *adj* dressé(e).

amaestrar *vt* dresser.

amagar [16] *vt* **1.** annoncer **2.** esquisser. ❑ *vi* menacer.

amago *nm* **1.** signe *m* avant-coureur **2.** menace *f*.

amainar *vi* **1.** se calmer ; *(vent)* faiblir **2.** *fig (colère)* passer.

amalgama *nf* amalgame *m*.

amalgamar *vt* amalgamer.

amamantar *vt* allaiter.

amancebarse *vp* se mettre en ménage.

amanecer [30] *nm* lever *m* du jour. ❑ *v impers* commencer à faire jour. ❑ *vi* arriver au lever du jour.

amanerado, da *adj* **1.** efféminé(e) **2.** maniéré(e).

amansar *vt* **1.** dompter **2.** *fig* calmer. ■ **amansarse** *vp* se calmer.

amante *nmf* **1.** amant *m*, maîtresse *f* **2.** *fig* • **ser (un) amante de algo** être un amoureux de qqch, avoir le goût de qqch.

amanuense *nmf* copiste *mf*.

amañar *vt* truquer ; fausser *(un résultat)* ; falsifier *(un document)*.

amaño *nm (gén pl)* ruse *f*.

amapola *nf* **1.** coquelicot *m* **2.** pavot *m*.

amar [1] *vt* aimer.

amaranto *nm* amarante *f*.

amarar *vi* amerrir.

amargado, da *adj* & *nm,f* aigri(e).

amargar [16] *vt* **1.** donner un goût amer à **2.** *fig* gâcher • **amargar la vida** gâcher la vie. ■ **amargarse** *vp* **1.** devenir aigre **2.** *fig* s'aigrir.

amargo, ga *adj litt* & *fig* amer(ère).

amargor *nm* amertume *f*.

amargoso, sa *adj* (AMÉR) amer(ère).

amargura *nf* amertume *f*.

amarillento, ta *adj* jaunâtre.

amarillo, lla *adj* **1.** jaune **2.** PRESSE à sensation. ■ **amarillo** *nm* jaune *m*.

amarilloso, sa *adj* (AMÉR) jaunâtre.

amarra *nf* amarre *f*.

amarrar *vt* amarrer • **amarrar algo/a alguien (a algo)** attacher qqch/qqn (à qqch).

amarre *nm* amarrage *m*.

amarrete *adj* (AMÉR) *fam* & *péj* rapiat(e).

amasar *vt* **1.** pétrir **2.** *fam* & *fig* amasser.

amasia *nf* (AMÉR) maîtresse *f*.

amasiato *nm* (AMÉR) concubinage *m*.

amasijo *nm* **1.** tas *m* **2.** *fam* & *fig* ramassis *m*.

amateur [ama'ter] *adj inv* & *nmf* amateur.

amazona *nf* **1.** MYTHOL amazone *f* **2.** *fig* cavalière *f*.

Amazonas *npr* • **el Amazonas** l'Amazone.

Amazonia *npr* Amazonie *f*.

amazónico, ca *adj* amazonien(enne). ❑ *nm,f* Amazonien *m*, -enne *f*.

ambages ■ **sin ambages** *loc adv* sans ambages.

ámbar *nm* ambre *m*.

ambición *nf* ambition *f*.
ambicionar *vt* avoir l'ambition de, désirer.
ambicioso, sa *adj & nm,f* ambitieux(euse).
ambidextro, tra *adj & nm,f* ambidextre.
ambientación *nf* **1.** atmosphère *f* **2.** décoration *f* **3.** adaptation *f* **4.** bruitage *m*.
ambientador *nm* désodorisant *m*.
ambiental *adj* **1.** d'ambiance ; ambiant(e) **2.** de l'environnement, environnemental(e).
ambientalismo *nm* **(AMÉR)** écologisme *m*.
ambientalista *nmf* environnementaliste *mf*.
ambiente *adj* ambiant(e). ❑ *nm* **1.** air *m*, atmosphère *f* **2.** environnement *m* **3.** milieu *m* **4.** ambiance *f* **5.** **(AMÉR)** pièce *f (d'appartement)*.
ambigüedad *nf* ambiguïté *f*.
ambiguo, gua *adj* ambigu(uë).
ámbito *nm* **1.** enceinte *f* ; portée *f (d'une loi)* **2.** milieu *m*.
ambivalencia *nf* ambivalence *f*.
ambivalente *adj* ambivalent(e).
ambos, bas *pron pl* tous les deux, toutes les deux *f*. ❑ *adj pl* les deux.
ambulancia *nf* ambulance *f*.
ambulante *adj* ambulant(e).
ambulatorio *nm* dispensaire *m* ; hôpital *m* de jour.
ameba, amiba *nf* amibe *f*.
amedrentar *vt* • **amedrentar a** effrayer, faire peur à. ■ **amedrentarse** *vp* s'effrayer, avoir peur.
amén *adv* amen • **decir amén a** *fig* dire amen à, approuver • **en un decir amén** *fig* en moins de temps qu'il n'en faut pour le dire. ■ **amén de** *loc prép* **1.** *(en plus de)* outre **2.** *(sauf)* excepté.
amenaza *nf* **1.** menace *f* • **amenaza de muerte** menace de mort **2.** alerte *f* • **amenaza de bomba** alerte à la bombe.
amenazador, ra *adj* menaçant(e).
amenazante *adj* menaçant(e).
amenazar [13] *vt* menacer • **amenaza lluvia** la pluie menace • **amenazar a alguien con algo/con hacer algo** menacer qqn de qqch/de faire qqch • **amenazar a alguien de algo** menacer qqn de qqch.
amenidad *nf* entrain *m* ; agrément *m*, charme *m*.
amenizar [13] *vt fig* égayer.
ameno, na *adj* agréable.
América *npr* Amérique *f* • **América Central/del Norte/del Sur** Amérique centrale/du Nord/du Sud • **América Latina** Amérique latine.
americana *nf* → **americano**.
americanismo *nm* américanisme *m*.
americano, na *adj* américain(e). ❑ *nm,f* Américain *m*, -e *f*. ■ **americana** *nf* veste *f*.
amerindio, dia *adj* amérindien(enne). ❑ *nm,f* Amérindien *m*, -enne *f*.
ameritar *vt* **(AMÉR)** mériter.
amerizaje *nm* amerrissage *m*.
amerizar [13] *vi* amerrir.
ametralladora *nf* mitrailleuse *f*.
ametrallar *vt* mitrailler.
amianto *nm* amiante *m*.
amiba = **ameba**.
amigable *adj (repas, ton, etc.)* convivial(e) ; *(contrat, arrangement)* à l'amiable.
amígdala *nf* amygdale *f*.
amigdalitis *nf inv* amygdalite *f*.
amigo, ga *adj* **1.** ami(e) • **hacerse amigo de** devenir ami avec • **hacerse amigos** devenir amis **2.** • **ser amigo de algo** être amateur de qqch. ❑ *nm,f* **1.** ami *m*, -e *f* • **el amigo invisible** *tradition qui consiste à offrir un cadeau à une personne que l'on connaît bien sans que celle-ci sache de qui il provient* **2.** *fam* petit ami *m*, petite amie *f*.
amigote, amiguete *nm fam* copain *m*, pote *m*.
amiguismo *nm* copinage *m*.
amilanar *vt (intimider)* effrayer. ■ **amilanarse** *vp* **1.** se laisser intimider ; *(achicarse)* **2.** se laisser abattre.
aminoácido *nm* acide *m* aminé.
aminorar *vt* réduire ; ralentir. ❑ *vi* diminuer.
amistad *nf litt & fig* amitié *f* • **hacer ou trabar amistad (con)** lier amitié (avec), se lier d'amitié (avec). ■ **amistades** *nfpl* amis *mpl*, relations *fpl*.
amistoso, sa *adj* amical(e) • **consejo amistoso** conseil d'ami.
amnesia *nf* amnésie *f*.
amnésico, ca *adj & nm,f* amnésique.
amniótico, ca *adj* amniotique.
amnistía *nf* amnistie *f*.
amnistiar [9] *vt* amnistier.
amo, ama *nm,f* **1.** maître *m*, maîtresse *f* **2.** propriétaire *mf* **3.** patron *m*, -onne *f*. ■ **ama de casa** *nf* maîtresse *f* de maison. ■ **ama de cría** *nf* nourrice *f*. ■ **ama de llaves** *nf* gouvernante *f*.
amodorrarse *vp* s'assoupir.
amoldar *vt* • **amoldar algo (a)** adapter ou ajuster qqch (à). ■ **amoldarse** *vp* • **amoldarse a** s'adapter à.
amonestación *nf* **1.** réprimande *f* **2.** SPORT avertissement *m*. ■ **amonestaciones** *nfpl* bans *mpl*.
amonestar *vt* **1.** réprimander **2.** SPORT donner un avertissement à **3.** publier les bans de.
amoníaco, amoniaco *nm (gaz)* ammoniac *m* ; *(liquide)* ammoniaque *f*.
amontonar *vt* **1.** entasser **2.** accumuler ; amasser. ■ **amontonarse** *vp* **1.** *(personnes)* se masser **2.** *(problèmes, travail)* s'accumuler ; *(idées, demandes)* se bousculer.
amor *nm* amour *m* • **hacer el amor** faire l'amour • **por amor al arte** pour l'amour de l'art • **¡por el amor de Dios!** pour l'amour de Dieu ! ■ **amor propio** *nm* amour-propre *m*.
amoral *adj* amoral(e).
amoratado, da *adj* violacé(e).

amoratar *vt* rendre violacé(e) ; contusionner. ■ **amoratarse** *vp* violacer ; bleuir.
amordazar [13] *vt* bâillonner ; museler.
amorfo, fa *adj litt & fig* amorphe.
amorío *nm fam* flirt *m* • **los amoríos de su juventud** ses amours de jeunesse.
amoroso, sa *adj* **1.** aimant(e), affectueux(euse) **2.** amoureux(euse) ; *(après un nom) (lettre)* d'amour.
amortajar *vt* ensevelir.
amortiguador, ra *adj* qui amortit. ■ **amortiguador** *nm* amortisseur *m*.
amortiguar [45] *vt* amortir ; atténuer.
amortizable *adj* ÉCON amortissable.
amortización *nf* ÉCON amortissement *m*.
amortizar [13] *vt* ÉCON amortir.
amoscarse *vp fam* se mettre en rogne.
amostazarse *vp* (AMÉR) *(avoir honte)* rougir, être embarrassé(e).
amotinar *vt* soulever ; ameuter. ■ **amotinarse** *vp* se soulever ; se mutiner.
amovible *adj* amovible.
amparar *vt* protéger. ■ **ampararse** *vp* **1.** • **ampararse en** *fig* **a)** s'abriter derrière *(la loi)* **b)** se retrancher derrière *(des excuses)* **2.** • **ampararse de** *ou* **contra** se protéger de ou contre.
amparo *nm* **1.** protection *f* **2.** abri *m* • **al amparo de a)** sous la protection de **b)** à l'aide de **c)** à l'abri de.
amperímetro *nm* ampèremètre *m*.
amperio *nm* ampère *m*.
ampli (abrév de amplificador) *nm fam* ampli *m*.
ampliación *nf* **1.** agrandissement *m* ; élargissement *m* ; prolongation *f (d'un délai)* ; développement *m (d'un commerce)* **2.** augmentation *f* • **ampliación de capital** augmentation de capital.
ampliar [9] *vt* **1.** agrandir ; élargir ; prolonger *(un délai)* ; développer *(un commerce)* **2.** augmenter *(un capital)* **3.** poursuivre *(des études)*.
amplificación *nf* amplification *f*.
amplificador, ra *adj* amplificateur(trice). ■ **amplificador** *nm* amplificateur *m*.
amplificar [10] *vt* amplifier.
amplio, plia *adj* **1.** grand(e) ; vaste **2.** *(vêtement, majorité)* large **3.** *(pouvoirs, connaissances)* étendu(e) ; *(étude, explication)* approfondi(e).
amplitud *nf* **1.** largeur *f* ; grandeur *f* **2.** *fig* étendue *f (des connaissances)* ; ampleur *f (d'une catastrophe)* **3.** PHYS amplitude *f*.
ampolla *nf* ampoule *f*.
amputar *vt* amputer.
Amsterdam *npr* Amsterdam.
amueblar *vt* meubler.
amuermar *vt fam* **1.** assommer, abrutir **2.** (ESP) ennuyer. ■ **amuermarse** *vp fam* **1.** s'abrutir **2.** (ESP) s'ennuyer.
amuleto *nm* amulette *f*.
amurallar *vt* entourer de murailles.
anabolizante *adj* anabolisant(e). ❑ *nm* anabolisant *m*.
anacardo *nm* **1.** *(arbre)* anacardier *m* **2.** *(fruit)* noix *f* de cajou.
anacrónico, ca *adj* anachronique.
anacronismo *nm* anachronisme *m*.
anaerobio, bia *adj* anaérobie.
anagrama *nm* anagramme *f*.
anal *adj* anal(e). ■ **anales** *nmpl litt & fig* annales *fpl*.
analfabetismo *nm* analphabétisme *m*, illettrisme *m*.
analfabeto, ta *adj & nm, f* analphabète, illettré(e).
analgésico, ca *adj* analgésique. ■ **analgésico** *nm* analgésique *m*.
análisis *nm inv* analyse *f* • **análisis gramatical** analyse grammaticale.
analista *nmf* MÉD, INFORM & FIN analyste *mf* • **analista programador** analyste-programmeur *m*.
analítico, ca *adj* analytique. ■ **analítica** *nf* MÉD analyse *f* médicale.
analizar [13] *vt* analyser.
analogía *nf* analogie *f* • **por analogía** par analogie • **presentar analogías** présenter des similitudes.
analógico, ca *adj* **1.** analogue **2.** INFORM & TECHNOL analogique.
análogo, ga *adj* analogue • **análogo a** semblable à.
ananá, ananás *(inv) nm* ananas *m*.
anaquel *nm* étagère *f*.
anaranjado, da *adj* orangé(e).
anarquía *nf litt & fig* anarchie *f*.
anárquico, ca *adj litt & fig* anarchique.
anarquismo *nm* anarchisme *m*.
anarquista *adj & nmf* anarchiste.
anatema *nm* anathème *m*.
anatemizar *vt* anathématiser.
anatomía *nf* anatomie *f*.
anatómico, ca *adj* anatomique.
anca *nf (el)* croupe *f* • **ancas de rana** cuisses *fpl* de grenouille.
ancestral *adj* ancestral(e).
ancestro *nm* • **nuestros ancestros** nos ancêtres *mpl*.
ancho, cha *adj* large • **a mis/tus/sus** *etc* **anchas** *fig* à mon/ton/son *etc* aise • **quedarse tan ancho** ne pas être gêné pour autant. ■ **ancho** *nm* largeur *f* • **cinco metros de ancho** cinq mètres de large • **a lo ancho (de)** sur (toute) la largeur (de). ■ **ancho de tela** *nm* lé *m*.
anchoa *nf* anchois *m*.
anchura *nf* largeur *f*.
anciano, na *adj* âgé(e). ❑ *nm, f* personne *f* âgée, vieux monsieur *m*, vieille dame *f*.
ancla *nf (el)* ancre *f*.
anclaje *nm (NAUT - acción)* ancrage *m* ; *(- fondeadero)* ancrage *m*, mouillage *m*.

anclar *vi* jeter l'ancre.
andadas *nfpl* • **volver a las andadas** *fam* & *fig* rechuter.
andaderas *nfpl* trotteur *m.*
andador, ra, andariego, ga *adj* • **ser muy andador** être un bon marcheur. ■ **andador** *nm* déambulateur *m.*
andadura *nf* marche *f.*
ándale, ándele *interj* **(AMÉR)** *fam* • **¡ándale!** allez !
Andalucía *npr* Andalousie *f.*
andalucismo *nm* **1.** *doctrine défendant les valeurs politiques, économiques et culturelles de l'Andalousie* **2.** *mot ou expression propre aux Andalous.*
andaluz, za *adj* andalou(se). ❑ *nm,f* Andalou *m,* -se *f.*
andamio *nm* échafaudage *m.*
andando *interj* • **¡andando!** en route !
andante *adj* errant(e) ; ambulant(e). ❑ *adv* *MUS* andante.
andanza *nf (gén pl)* aventure *f (gén pl)* • **mala andanza** mauvaise fortune *f.*
andar[1] [52] *vi* **1.** marcher • **hemos venido andando** nous sommes venus à pied **2.** être • **andar preocupado** être inquiet • **andar mal de dinero** être à court d'argent • **las cosas andan mal** les choses vont mal • **creo que anda por ahí** je crois qu'il est quelque part par là • **andar haciendo algo** être en train de faire qqch • **andar tras algo/alguien a)** être à la recherche de qqch/qqn **b)** courir après qqch/qqn • **andar en a)** être dans *(la paperasserie, les affaires)* **b)** être mêlé(e) à *(une affaire, une histoire)* **c)** être en *(procès)* **3.** *(devant* **a** *+ nom pluriel)* • **andaban a puñetazos** ils se battaient à coups de poing • **andaban a gritos** ils se criaient dessus **4.** *(valeur approximative)* • **andará por los sesenta años** il doit avoir dans les soixante ans • **andamos por los mil números vendidos** nous avons vendu dans les mille numéros **5.** *fig* • **quien mal anda mal acaba** on récolte ce que l'on a semé. ❑ *vt* parcourir • **anduvieron tres kilómetros** ils ont fait trois kilomètres (à pied). ■ **andarse** *vp* • **andarse con cuidado/misterios** faire attention/des mystères. ■ **anda** *interj* • **¡anda! a)** allez ! **b)** non ! sans blague ! • **¡anda ya!** c'est pas vrai !
andar[2] *nm* démarche *f,* allure *f.* ■ **andares** *nmpl* démarche *f* • **tener andares de** avoir une démarche de, marcher comme.
andas *nfpl* brancard *m* • **llevar a alguien en andas** *fig* être aux petits soins pour qqn.
ándele = **ándale.**
andén *nm* **1.** quai *m (de gare)* **2. (AMÉR)** trottoir *m* **3. (AMÉR)** terrasse *f.*
Andes *nmpl* • **los Andes** les Andes *fpl.*
andinismo *nm* **(AMÉR)** *alpinisme pratiqué dans les Andes.*
andinista *nmf* **(AMÉR)** *alpiniste, dans les Andes.*
andino, na *adj* andin(e) ; des Andes. ❑ *nm,f* Andin *m,* -e *f.*
Andorra *npr* • **(el principado de) Andorra** (la principauté d')Andorre *f.*
andorrano, na *adj* andorran(e). ❑ *nm,f* Andorran *m,* -e *f.*
andrajo *nm* *litt* & *fig* loque *f.*
andrajoso, sa *adj* déguenillé(e). ❑ *nm,f* gueux *m,* gueuse *f.*
andrógino, na *adj* androgyne. ■ **andrógino** *nm* androgyne *m.*
androide *nm* androïde *m.*
andurriales *nmpl* coin *m* perdu.
anécdota *nf* anecdote *f.*
anecdótico, ca *adj* anecdotique.
anegar [16] *vt* **1.** inonder **2.** noyer. ■ **anegarse** *vp* **1.** s'inonder • **sus ojos se anegaron en lágrimas** ses yeux se sont baignés de larmes **2.** se noyer.
anemia *nf* anémie *f.*
anémico, ca *adj* anémique.
anémona *nf* anémone *f.*
anestesia *nf* anesthésie *f.*
anestesiar *vt* anesthésier.
anestésico, ca *adj* anesthésique, anesthésiant(e). ■ **anestésico** *nm* anesthésique *m,* anesthésiant *m.*
anestesista *nmf* anesthésiste *mf.*
aneurisma *nm* anévrysme *m.*
anexar *vt* joindre.
anexión *nf* annexion *f.*
anexionar *vt* annexer.
anexo, xa *adj (bâtiment)* annexe ; *(document)* joint(e). ■ **anexo** *nm* annexe *f.*
anfetamina *nf* amphétamine *f.*
anfibio, bia *adj* *litt* & *fig* amphibie. ■ **anfibios** *nmpl* amphibiens *mpl.*
anfiteatro *nm* amphithéâtre *m.*
anfitrión, ona *adj* d'accueil *(après un nom).* ❑ *nm,f* hôte *m,* hôtesse *f.*
ánfora *nf (el)* amphore *f.*
ángel *nm* *litt* & *fig* ange *m* • **ángel custodio** ou **de la guarda** ange gardien • **tener ángel** avoir du charme.
angelical *adj* angélique.
angina *nf (gén pl)* angine *f* • **tener anginas** avoir une angine. ■ **angina de pecho** *nf* angine *f* de poitrine.
angioma *nm* angiome *m.*
anglicano, na *adj* & *nm,f* anglican(e).
anglicismo *nm* anglicisme *m.*
angloamericano, na *adj* anglo-américain(e). ❑ *nm,f* Anglo-Américain *m,* -e *f.*
anglófilo, la *adj* & *nm,f* anglophile.
anglófono, na *adj* & *nm,f* anglophone.
angloparlante *adj* & *nm,f* anglophone.
anglosajón, ona *adj* anglo-saxon(onne). ❑ *nm,f* Anglo-Saxon *m,* -onne *f.*
angora *nf* angora *m* • **de angora a)** en angora **b)** en mohair.
angosto, ta *adj* *sout* étroit(e).

angostura *nf* **1.** étroitesse *f* **2.** angustura *f.*
anguila *nf* anguille *f.*
angula *nf* alevin *m* d'anguille.
angular *adj* angulaire. ■ **gran angular** *nm* objectif *m* grand-angle, grand-angle *m.*
ángulo *nm* angle *m.*
anguloso, sa *adj* anguleux(euse).
angustia *nf* angoisse *f.*
angustiar [8] *vt* angoisser. ■ **angustiarse** *vp* s'angoisser.
angustioso, sa *adj* angoissant(e).
anhelante *adj* • **anhelante (por algo/por hacer algo)** désireux(euse) (de qqch/de faire qqch).
anhelar *vt* briguer ; aspirer à • **anhelar hacer algo** rêver de faire qqch.
anhelo *nm* aspiration *f*, désir *m.*
anhídrido *nm* anhydride *m* • **anhídrido carbónico** dioxyde *m* de carbone.
anidar *vi* faire son nid, nicher ; • **anidar en** *fig* habiter.
anilla *nf* anneau *m.* ■ **anillas** *nfpl* SPORT anneaux *mpl.*
anillo *nm* **1.** *(gén)* ASTRON anneau *m* **2.** bague *f* • **anillo de boda** alliance *f.*
animación *nf* animation *f.*
animado, da *adj* **1.** animé(e) **2.** en pleine forme ; drôle.
animador, ra *nm,f* animateur *m*, -trice *f.*
animadversión *nf* antipathie *f.*
animal *adj* **1.** animal(e) **2.** *fam* & *fig* bête • **ser animal** être une brute. ❑ *nmf fam* & *fig* brute *f.* ❑ *nm* animal *m* • **animal doméstico ou de compañía** animal domestique ou de compagnie.
animalada *nf fam* & *fig* ânerie *f.*
animalista *adj* animalier(ère).
animar *vt* **1.** encourager ; • **animar a alguien** remonter le moral à qqn **2.** animer *(une discussion, une fête)* ; activer *(le feu)*. ■ **animarse** *vp* **1.** s'animer ; se réjouir **2.** *(oser)* • **animarse (a hacer algo)** se décider (à faire qqch).
anímico, ca *adj* • **el estado anímico** l'humeur.
ánimo *nm* **1.** courage *m* **2.** encouragement *m* • **dar ánimos a alguien** encourager qqn **3.** *(but)* • **con ánimo de** avec l'intention de • **sin ánimo de** sans intention de **4.** humeur *f* • **tener el ánimo dispuesto para** être d'humeur à. ❑ *interj* • **¡ánimo!** courage !
animosidad *nf* animosité *f.*
animoso, sa *adj* **1.** courageux(euse) **2.** résolu(e).
aniñado, da *adj* enfantin(e) ; d'enfant.
aniquilar *vt* anéantir, exterminer.
anís *(pl* **anises***)* *nm* **1.** anis *m* **2.** ≃ pastis *m.*
aniversario *nm* anniversaire *m.*
ano *nm* anus *m.*
anoche *adv* hier soir, la nuit dernière • **antes de anoche** avant-hier soir.
anochecer [30] *nm* • **al anochecer** à la tombée de la nuit. ❑ *v impers* faire nuit • **ya empieza a anochecer** la nuit commence à tomber. ❑ *vi* arriver quelque part de nuit.
anodino, na *adj* **1.** quelconque, insipide **2.** inconsistant(e).
ánodo *nm* anode *f.*
anomalía *nf* anomalie *f.*
anómalo, la *adj* anormal(e).
anonadado, da *adj* **1.** abasourdi(e) **2.** anéanti(e).
anonimato *nm* anonymat *m.*
anónimo, ma *adj* anonyme. ■ **anónimo** *nm* lettre *f* anonyme.
anorak, anorac *nm* anorak *m.*
anorexia *nf* anorexie *f.*
anoréxico, ca *adj* & *nm,f* anorexique.
anormal *adj* & *nmf* anormal(e).
anotación *nf* note *f*, annotation *f.*
anotar *vt* noter ; annoter.
anquilosamiento *nm* **1.** stagnation *f (de l'économie)* ; sclérose *f (d'un parti)* **2.** MÉD ankylose *f.*
anquilosarse *vp* **1.** *(économie)* stagner ; *(idées)* se scléroser **2.** MÉD s'ankyloser.
ansia *nf (el)* **1.** *(envie)* • **ansia de** soif *f* de • **hacer algo con ansia** faire qqch avec avidité **2.** anxiété *f* ; angoisse *f.* ■ **ansias** *nfpl* nausées *fpl.*
ansiar [9] *vt* • **ansiar hacer algo** mourir d'envie de faire qqch • **ansio llegar a casa** il me tarde d'arriver à la maison.
ansiedad *nf* anxiété *f.*
ansioso, sa *adj* **1.** impatient(e) • **estar ansioso por ou de hacer algo** mourir d'impatience de faire qqch **2.** anxieux(euse).
antagónico, ca *adj* antagonique ; opposé(e).
antagonismo *nm* antagonisme *m* • **el antagonismo de opiniones** la différence d'opinion.
antagonista *nmf* • **antagonista de** opposant *m*, -e *f* à.
antaño *adv* autrefois, jadis.
antártico, ca *adj* antarctique. ■ **Antártico** *npr* • **el Antártico** l'Antarctique *m (océan)*.
Antártida *npr* • **la Antártida** l'Antarctique *m (continent)*.
ante[1] *nm* **1.** daim *m* **2.** élan *m.*
ante[2] *prép* devant • **ante las circunstancias** vu les circonstances • **ante el juez** par-devant le juge • **ante notario** par-devant notaire • **ante los ojos** sous les yeux ; • **su opinión prevaleció ante la mía** son opinion a prévalu sur la mienne. ■ **ante todo** *loc adv* avant tout.
anteanoche *adv* avant-hier soir.
anteayer *adv* avant-hier.
antebrazo *nm* avant-bras *m.*
antecedente *adj* précédent(e). ❑ *nm* **1.** précédent *m* **2.** *(gén pl)* *(passé)* antécédents *mpl* ; *(expérience)* bagage *m* ; *(gén pl)* précédents *mpl* *(d'un sujet)* • **poner en antecedentes** aviser.
anteceder *vt* précéder.

antecesor, ra *nm,f* prédécesseur *m.* ■ **antecesores** *nmpl* aïeux *mpl.*

antedatar *vt* antidater.

antedicho, cha *adj* susdit(e), susmentionné(e) ; susnommé(e).

antediluviano, na *adj litt & fig* antédiluvien(enne).

antelación *nf* • **con antelación** à l'avance • **con una hora de antelación** avec une heure d'avance.

antemano ■ **de antemano** *loc adv* d'avance.

antena *nf* RADIO, TV & ZOOL antenne *f.*

anteojos *nmpl* **1.** jumelles *fpl* **2.** (AMÉR) lunettes *fpl.*

antepasado, da *nm,f* ancêtre *mf.*

antepenúltimo, ma *adj & nm,f* antépénultième, avant avant-dernier(ère).

anteponer [65] *vt* **1.** *(placer devant)* • **anteponer algo a algo** mettre qqch devant qqch **2.** faire passer avant. ■ **anteponerse** *vp* • **anteponerse a** passer avant.

anteproyecto *nm* avant-projet *m.*

anterior *adj* **1.** d'avant, précédent(e) • **la parada anterior** l'arrêt d'avant • **la noche anterior** la nuit précédente • **anterior a** antérieur à **2.** antérieur(e) ; de devant.

anterioridad *nf* • **con anterioridad** à l'avance • **con anterioridad a** avant.

anteriormente *adv* précédemment, auparavant.

antes

■ **antes** *prép*

1. DANS LE TEMPS

• **la inscripción es gratuita pero antes debe rellenar un formulario** l'inscription est gratuite, mais auparavant vous devez remplir un formulaire • **poco antes** peu de temps avant • **lo antes posible** dès que possible

2. DANS L'ESPACE

avant • **correos está antes de la farmacia** la poste est avant la pharmacie

3. EN PREMIER

avant • **yo estaba antes** j'étais là avant • **llegaron antes que yo** ils sont arrivés avant moi

4. POUR INDIQUER UNE PRÉFÉRENCE

• **antes ir a la cárcel que mentir** plutôt aller en prison que mentir • **prefiero el mar antes que la montaña** je préfère la mer à la montagne

■ **antes** *adj*

• **el año antes** l'année d'avant ou précédente • **el mes antes** le mois d'avant ou précédent • **el día antes** le jour d'avant, la veille

■ **antes de** *loc prép*

avant de • **lávate las manos antes de comer** lave-toi les mains avant de manger

■ **antes (de) que** *loc conj*

avant que • **antes (de) que llegarais** avant que vous n'arriviez

antesala *nf* hall *m* • **estar en la antesala de** *fig* être au seuil de.

antiadherente *adj* antiadhésif(ive).

antiaéreo, a *adj* antiaérien(enne).

antiamericano, na *adj* antiaméricain(e).

antiarrugas *adj inv* antirides.

antibala, antibalas *adj inv* pare-balles.

antibiótico, ca *adj* antibiotique. ■ **antibiótico** *nm* antibiotique *m.*

anticalcáreo, rea *adj* anticalcaire. ■ **anticalcáreo** *nm* anticalcaire *m.*

anticancerígeno, na *adj* anticancéreux(euse). ■ **anticancerígeno** *nm* anticancéreux *m.*

anticaspa *adj* antipelliculaire.

anticelulítico, ca *adj* anticellulitique.

antichoc, antichoque *adj* antichoc.

anticiclón *nm* anticyclone *m.*

anticipación *nf* avance *f* • **con anticipación a** avant • **con anticipación** à l'avance • **con un mes de anticipación** avec un mois d'avance.

anticipadamente *adv* à l'avance, d'avance • **jubilarse anticipadamente** prendre sa retraite anticipée • **pagar anticipadamente** payer d'avance.

anticipado, da *adj* anticipé(e) • **por anticipado** par anticipation, d'avance.

anticipar *vt* **1.** avancer *(un départ, un travail)* **2.** anticiper **3.** *(information)* • **no te puedo anticipar nada** je ne peux encore rien te dire. ■ **anticiparse** *vp* être en avance, être avancé(e) • **anticiparse a su tiempo** être en avance sur son temps • **anticiparse a alguien** précéder qqn, devancer qqn • **anticiparse a hacer algo** faire qqch plus tôt que prévu.

anticipo *nm* **1.** avance *f*, acompte *m* **2.** *(présage)* signe *m.*

anticlerical *adj* anticlérical(e).

anticlericalismo *nm* anticléricalisme *m.*

anticonceptivo, va *adj* contraceptif(ive) ; de contraception. ■ **anticonceptivo** *nm* contraceptif *m.*

anticongelante *adj* antigivrant(e). ❑ *nm* antigel *m.*

anticonstitucional *adj* anticonstitutionnel(elle).

anticonstitucionalidad *nf* inconstitutionnalité *f.*

anticorrosivo, va *adj* anticorrosion *(inv).* ■ **anticorrosivo** *nm* antirouille *m.*

anticorrupción *adj inv* anticorruption *f inv.*

anticuado, da *adj* démodé(e) ; *(mot)* vieilli(e) ; *(personne)* vieux jeu ; *(idée)* vieillot(otte).

anticuario, ria *nm,f* antiquaire *mf* • **en un anticuario** chez un antiquaire.

anticuerpo *nm* anticorps *m.*

antidemocrático, ca *adj* antidémocratique.
antidepresivo, va *adj* antidépresseur. ■ **antidepresivo** *nm* antidépresseur *m*.
antideslizante *adj* antidérapant(e).
antidisturbios *adj inv* → **brigada**.
antidoping [anti'ðopin] *adj* antidopage *(inv)*, antidoping *(inv)*.
antídoto *nm* antidote *m*.
antidroga *adj inv* antidrogue *(inv)*.
antidumping *adj inv* ÉCON antidumping *(inv)*.
antiecológico, ca *adj* antiécologique.
antier *adv* **(AMÉR)** *fam* l'autre jour.
antiespasmódico, ca *adj* antispasmodique. ■ **antiespasmódico** *nm* antispasmodique *m*.
antiestético, ca *adj* inesthétique.
antiestrés *adj inv* antistress *(inv)*.
antieuropeísta, antieuropeo, pea *adj* antieuropéen(enne).
antifascista *adj & nmf* antifasciste.
antifaz *nm* masque *m*, loup *m*.
antigás *adj inv* à gaz • **una careta antigás** un masque à gaz.
antiglobalización *nf* antimondialisation *f*.
antigualla *nf péj* vieillerie *f*; *(personne)* vieux fossile *m*.
antiguamente *adv* autrefois, anciennement.
antigubernamental *adj* contre le ou opposé(e) au gouvernement.
antigüedad *nf* **1.** antiquité *f* **2.** ancienneté *f*. ■ **antigüedades** *nfpl* antiquités *fpl*.
antiguo, gua *adj* **1.** ancien(enne) ; vieux, vieille *f* **2.** dépassé(e) • **a la antigua** à l'ancienne.
antihéroe *nm* antihéros *m*.
antihigiénico, ca *adj* antihygiénique.
antihistamínico, ca *adj* antihistaminique. ■ **antihistamínico** *nm* antihistaminique *m*.
antiinflacionista *adj* anti-inflationniste.
antiinflamatorio, ria *adj* anti-inflammatoire. ■ **antiinflamatorio** *nm* anti-inflammatoire *m*.
antílope *nm* antilope *f*.
antimilitarismo *nm* antimilitarisme *m*.
antimilitarista *adj & nmf* antimilitariste.
antimonárquico, ca *adj* antimonarchique, antimonarchiste.
antimonopolio *adj* antitrust.
antinatural *adj* contre nature.
antiniebla *adj inv* antibrouillard *(inv)*.
antinuclear *adj (gén)* antinucléaire ; *(refuge)* antiatomique.
antioxidante *adj* antirouille. ❑ *nm* antirouille *m*.
antipatía *nf* antipathie *f*; répugnance *f* • **tener antipatía a alguien** avoir de l'antipathie pour qqn.
antipático, ca *adj* antipathique. ❑ *nm,f* personne *f* désagréable.
antípodas *nfpl* • **las antípodas** les antipodes *mpl*.
antiquísimo, ma *adj* très ancien(enne).
antirracista *adj & nmf* antiraciste.
antirreflectante *adj* antireflet *(inv)*.
antirretroviral *adj* antirétroviral(e). ❑ *nm* antirétrovirus.
antirrobo *adj inv* antivol *(inv)*. ❑ *nm* antivol *m*.
antisemita *adj & nmf* antisémite.
antisemitismo *nm* antisémitisme *m*.
antiséptico, ca *adj* antiseptique. ■ **antiséptico** *nm* antiseptique *m*.
antisistema *adj* antisystème.
antisocial *adj* antisocial(e).
antitabaco *adj* antitabac.
antiterrorismo *nm* lutte *f* antiterroriste.
antiterrorista *adj* antiterroriste.
antítesis *nf inv* antithèse *f*.
antitetánico, ca *adj* antitétanique.
antitranspirante *adj* antiperspirant(e). ❑ *nm* antiperspirant *m*.
antivicio *nf fam* stups *mpl (brigade des stupéfiants)* • **la antivicio lo detuvo** il s'est fait arrêter par les stups.
antivirus *nm inv* **1.** MÉD antiviral *m* **2.** INFORM antivirus *m*.
antojadizo, za *adj* capricieux(euse).
antojarse *v impers* **1.** *(caprice)* • **antojársele a alguien algo/hacer algo** avoir envie de qqch/de faire qqch **2.** *(possibilité)* • **se me antoja que...** j'ai le sentiment que....
antojitos *nmpl* **(AMÉR)** amuse-gueule *mpl*.
antojo *nm* envie *f* • **a mi/tu** *etc* **antojo** à ma/ta *etc* guise.
antología *nf* anthologie *f*.
antonimia *nf* antonymie *f*.
antónimo *nm* antonyme *m*.
antonomasia *nf* • **por antonomasia** par excellence.
antorcha *nf* torche *f* • **antorcha olímpica** flambeau *m* olympique.
antracita *nf* anthracite *m*.
antro *nm péj* boui-boui *m*.
antropofagia *nf* anthropophagie *f*.
antropófago, ga *adj & nm,f* anthropophage.
antropomorfo, fa *adj* anthropomorphe. ■ **antropomorfo** *nm* ZOOL anthropomorphe *m*.
anual *adj* annuel(elle).
anualidad *nf* annuité *f*.
anualmente *adv* annuellement.
anuario *nm* annuaire *m*.
anudar *vt litt & fig* nouer. ■ **anudarse** *vp litt & fig* se nouer • **se le anudó la voz** sa gorge se noua.
anulación *nf* annulation *f*; DR abrogation *f*.
anular[1] *adj* annulaire. ❑ *nm* → **dedo**.
anular[2] *vt* **1.** annuler ; décommander ; DR abroger **2.** *fig* étouffer. ■ **anularse** *vp* être annulé(e).

anunciación *nf* annonce *f*. ■ **Anunciación** *nf* RELIG Annonciation *f*.

anunciante *adj* • **la empresa anunciante** l'annonceur *m*. ❑ *nm,f* annonceur *m*, -euse *f*.

anunciar [8] *vt* annoncer ; • **anunciar algo** faire de la publicité pour qqch. ■ **anunciarse** *vp* • **anunciarse en a)** passer une annonce dans **b)** faire de la publicité dans.

anuncio *nm* **1.** annonce *f* **2.** publicité *f* • **anuncio (publicitario) a)** message *m* publicitaire **b)** spot *m* publicitaire **c)** encart *m* publicitaire **d)** affiche *f* (publicitaire) • **anuncio por palabras** petites annonces.

anverso *nm* face *f (d'une monnaie)* ; recto *m (d'une feuille)*.

añadido, da *adj* • **añadido (a)** ajouté (à). ■ **añadido** *nm* ajout *m*.

añadidura *nf* complément *m* • **por añadidura** en plus, qui plus est.

añadir *vt* ajouter.

añejo, ja *adj* **1.** vieux, vieille *f* **2.** ancien(enne).

añicos *nmpl* • **hacer añicos a)** mettre en pièces *(quelque chose)* **b)** démolir *(quelqu'un)*.

añil *nm* indigo *m*.

año *nm* année *f*, an *m* • **en el año 1939** en 1939 • **los años 30** les années 30 • **desde hace tres años** depuis trois ans • **¡feliz año nuevo!** bonne année ! • **año académico** ou **escolar** année scolaire • **año bisiesto** année bissextile • **año nuevo** nouvel an ; • **año (fiscal)** exercice *m* (annuel). ■ **años** *nmpl* âge *m* • **¿cuántos años tienes? — tengo 17 (años)** quel âge as-tu ? — j'ai 17 ans • **cumplir años** fêter son anniversaire. ■ **año luz** (*pl* **años luz**) *nm* année-lumière *f* • **estar a años luz de** *fig* être à des années-lumière de.

añoranza *nf* nostalgie *f (du passé)* ; regret *m (d'une personne)* ; mal *m* du pays.

añorar *vt* avoir la nostalgie de • **añora su país natal** il a le mal du pays • **añoro a mi hermana** ma sœur me manque.

anzuelo *nm* **1.** hameçon *m* **2.** *fam* appât *m*.

aorta *nf* aorte *f*.

apabullante *adj fam* sidérant(e).

apabullar *vt* troubler. ■ **apabullarse** *vp* se laisser dépasser par les événements.

apacentar [19] *vt* faire paître.

apache *adj* apache. ❑ *nmf* Apache *mf*.

apacible *adj* **1.** paisible **2.** doux, douce *f*.

apaciguador, ra *adj* pacificateur(trice).

apaciguar [45] *vt* apaiser, calmer. ■ **apaciguarse** *vp* s'apaiser, se calmer.

apadrinar *vt* **1.** être le parrain de **2.** parrainer.

apagado, da *adj* **1.** éteint(e) **2.** terne **3.** *(son)* étouffé(e) ; *(voix)* faible, petit(e).

apagar [16] *vt* **1.** éteindre **2.** calmer *(la douleur)* ; étancher *(la soif)* ; faire perdre *(ses illusions)* **3.** atténuer *(une couleur)* ; étouffer *(un son)* **4.** *fig* • **apaga y vámonos** n'en parlons plus. ■ **apagarse** *vp* s'éteindre ; *(illusions)* s'envoler.

apagón *nm* coupure *f* ou panne *f* de courant.

apaisado, da *adj* oblong(ongue).

apalabrar *vt* convenir verbalement de.

apalancamiento *nm fam* flemmardise *f*.

apalancar [10] *vt* forcer *(avec un pied-de-biche)* ; soulever *(avec un levier)*. ■ **apalancarse** *vp tfam* • **se apalancó** il est resté planté là.

apalear *vt* rouer de coups.

apañado, da *adj fam* débrouillard(e).

apañar *vt fam* **1.** retaper, rafistoler, raccommoder **2.** goupiller. ■ **apañarse** *vp fam* se débrouiller • **apañárselas (para hacer algo)** *fig* se débrouiller (pour faire qqch).

apaño *nm fam* **1.** rafistolage *m* ; *(couture)* reprise *f* **2.** magouille *f*.

apapacho *nm* (AMÉR) câlin *m*.

aparador *nm* **1.** buffet *m* **2.** vitrine *f*.

aparato *nm* **1.** appareil *m* ; poste *m (de radio, de télévision)* **2.** apparat *m*, pompe *f*.

aparatoso, sa *adj* **1.** tape-à-l'œil **2.** spectaculaire.

aparcacoches *nmf inv* voiturier *m*.

aparcamiento *nm* **1.** créneau *m* ; stationnement *m* **2.** parking *m* ; place *f* (de parking).

aparcar [10] *vt* **1.** garer **2.** suspendre. ❑ *vi* se garer • **'prohibido aparcar'** 'défense de stationner'.

aparear *vt* **1.** accoupler **2.** rassembler par paires ; mettre deux par deux. ■ **aparearse** *vp* s'accoupler.

aparecer [30] *vi* **1.** apparaître ; figurer *(sur une liste)* **2.** arriver **3.** être retrouvé(e) **4.** *(publier)* paraître. ■ **aparecerse** *vp (la Vierge etc)* apparaître.

aparejador, ra *nm,f* métreur *m*, -euse *f*.

aparejo *nm* **1.** harnais *m* **2.** palan *m* **3.** gréement *m*. ■ **aparejos** *nmpl* matériel *m*.

aparentar *vt* **1.** *(faire semblant)* • **aparentar algo** feindre ou simuler qqch • **aparentar hacer algo** faire semblant de faire qqch **2.** faire • **no aparenta los años que tiene** il ne fait pas son âge. ❑ *vi* se faire remarquer.

aparente *adj* **1.** apparent(e) **2.** voyant(e).

aparentemente *adv* apparemment, à première vue.

aparición *nf* **1.** apparition *f* **2.** parution *f*.

apariencia *nf* **1.** apparence *f* • **guardar las apariencias** sauver les apparences • **las apariencias engañan** les apparences sont trompeuses **2.** frime *f*.

apartado, da *adj* **1.** écarté(e) **2.** retiré(e). ■ **apartado** *nm* **1.** alinéa *m* **2.** *(dans un bureau)* section *f*. ■ **apartado de correos** *nm* boîte *f* postale.

apartamento *nm* appartement *m*.

apartar *vt* **1.** écarter • **apartar la vista** détourner les yeux • **no apartar la vista de algo/alguien** ne pas quitter qqch/qqn des yeux

2. séparer **3.** mettre de côté. ■ **apartarse** *vp* se pousser • **apartarse de a)** *(personne)* s'éloigner de **b)** s'écarter de *(sujet, chemin)* **c)** se retirer de *(monde)*.

aparte *adv* à part ; • **aparte de** *(en dehors de)* mis à part • **aparte de fea...** *(en plus de)* non seulement elle est laide.... ❑ *adj inv* à part. ❑ *nm* **1.** alinéa *m* **2.** THÉÂTRE aparté *m*.

apartheid [apar'teid] *nm* apartheid *m*.

apartotel, aparthotel *nm* résidence *f* hôtelière.

apasionado, da *adj & nm, f* passionné(e).

apasionante *adj* passionnant(e).

apasionar *vt* passionner. ■ **apasionarse** *vp* s'enthousiasmer ; *(s'énerver)* s'emporter • **apasionarse por ou con** se passionner pour, être passionné(e) de.

apatía *nf* apathie *f*.

apático, ca *adj* apathique. ❑ *nm, f* mou *m*, molle *f*.

apátrida *adj & nmf* apatride.

apdo. (abrév de **apartado**) BP • **escribir al Apdo. (nº) 463 37080 Salamanca** écrire à BP nº 463 37080 Salamanca.

apeadero *nm* halte *f*.

apear *vt* **1.** faire descendre **2.** *fam (dissuader)* • **apear a alguien de algo** faire démordre qqn de qqch • **no conseguimos apearlo de sus ideas** nous n'avons pas réussi à le faire démordre de ses idées. ■ **apearse** *vp* • **apearse (de)** descendre (de).

apechugar [16] *vi fam* • **apechugar con a)** *(travail)* se coltiner, s'appuyer **b)** subir *(les conséquences)*.

apedrear *vt* lapider. ❑ *v impers* grêler.

apegarse [16] *vp* • **apegarsese (a)** s'attacher (à).

apego *nm* attachement *m* • **tener apego a** être attaché(e) à • **tomar apego a** se prendre d'affection pour.

apelación *nf* DR appel *m*.

apelar *vi* DR faire appel • **apelar ante/contra** se pourvoir en/contre ; • **apelar a a)** avoir recours à *(une personne, la violence, etc)* **b)** en appeler à *(sens commun, bonté)*.

apelativo, va *adj* GRAMM appellatif(ive). ■ **apelativo** *nm* surnom *m*.

apellidar *vt* baptiser, surnommer. ■ **apellidarse** *vp* se nommer, s'appeler.

apellido *nm* nom *m* (de famille).

apelmazar [13] *vt (tissu)* feutrer ; *(riz)* faire coller ; *(gâteau)* alourdir. ■ **apelmazarse** *vp (tissu)* se feutrer ; *(riz)* coller ; *(gâteau)* être lourd(e).

apelotonar *vt* mettre en boule *(un vêtement)* ; mettre en pelote *(la laine)*. ■ **apelotonarse** *vp* s'agglutiner.

apenado, da *adj* (AMÉR) gêné(e).

apenar *vt* faire de la peine. ■ **apenarse** *vp* avoir de la peine.

apenas *adv* **1.** à peine • **apenas me puedo mover** je peux à peine bouger • **apenas si** c'est à peine si **2.** à peine, tout juste • **hace apenas dos minutos** ça fait à peine ou tout juste deux minutes **3.** à peine, dès que • **apenas llegó, le dieron la mala noticia** il était à peine arrivé qu'on lui annonça la mauvaise nouvelle • **apenas se fueron, me acosté** je me suis couché dès qu'ils sont partis.

apéndice *nm* **1.** *(gén)* ANAT appendice *m* **2.** annexe *f (d'un document)*.

apendicitis *nf inv* appendicite *f*.

apercibir *vt* **1.** mettre en garde **2.** prévenir. ■ **apercibirse** *vp* • **apercibirse de algo** remarquer qqch.

aperitivo *nm* apéritif *m* ; amuse-gueule *m*.

apertura *nf* **1.** ouverture *f* ; percement *m* ; ART vernissage *m* **2.** SPORT coup *m* d'envoi **3.** *politique d'ouverture*.

aperturismo *nm* politique *f* d'ouverture.

aperturista *adj* d'ouverture ; à l'ouverture. ❑ *nmf* partisan *m* de l'ouverture.

apesadumbrado, da *adj* accablé(e).

apesadumbrar *vt* accabler. ■ **apesadumbrarse** *vp* être accablé(e).

apestado, da *adj & nm, f* pestiféré(e).

apestar *vi* • **apestar (a algo)** puer (qqch) • **este cuarto apesta a tabaco** cette chambre pue le tabac. ❑ *vt* **1.** empester **2.** transmettre la peste.

apetecer [30] *vi* • **¿te apetece un café?** tu as envie d'un café ? • **me apetece salir** j'ai envie de sortir. ❑ *vt* • **tenían todo cuanto apetecían** ils avaient tout ce dont ils avaient envie.

apetecible *adj* appétissant(e) ; *(vacances, etc)* tentant(e).

apetito *nm* appétit *m* • **abrir el apetito** ouvrir l'appétit • **tener apetito** avoir faim.

apetitoso, sa *adj* **1.** délicieux(euse) **2.** *(repas)* appétissant(e) ; *(proposition)* alléchant(e).

apiadar *vt* apitoyer. ■ **apiadarse** *vp* • **apiadarse (de)** s'apitoyer (sur).

ápice *nm* **1.** iota *m* • **no ceder ni un ápice** ne pas céder d'un pouce **2.** sommet *m* ; haut *m (d'un immeuble, d'une feuille)* ; bout *m (de la langue)* **3.** *fig* sommet *m*.

apicultor, ra *nm, f* apiculteur *m*, -trice *f*.

apicultura *nf* apiculture *f*.

apilable *adj* empilable, superposable.

apilar *vt* empiler. ■ **apilarse** *vp* s'empiler.

apiñar *vt* entasser. ■ **apiñarse** *vp* s'entasser, se serrer les uns contre les autres.

apio *nm* céleri *m*.

apisonadora *nf* rouleau *m* compresseur.

aplacar [10] *vt* calmer. ■ **aplacarse** *vp* se calmer.

aplanar *vt* **1.** *(superficie)* aplanir **2.** *(sol)* niveler. ■ **aplanarse** *vp* **1.** *(superficie)* s'aplanir **2.** *(personne)* dépérir.

aplastante *adj (majorité, etc)* écrasant(e) ; *(logique)* implacable.

aplastar *vt* écraser.

aplatanar *vt fam (chaleur)* abrutir ; *(grippe)* sonner. ■ **aplatanarse** *vp fam* se ramollir.
aplaudir *vt litt & fig* applaudir.
aplauso *nm* **1.** applaudissement *m* **2.** *fig* éloge *m*.
aplazamiento *nm* report *m*.
aplazar [13] *vt* reporter.
aplicable *adj* applicable.
aplicación *nf* application *f*.
aplicado, da *adj* appliqué(e).
aplicar [10] *vt* appliquer. ■ **aplicarse** *vp* • **aplicarse en (hacer) algo** s'appliquer à (faire) qqch ; • **aplicarse a alguien/a algo** s'appliquer à qqn/à qqch.
aplomo *nm* aplomb *m* • **perder el aplomo** perdre son aplomb.
apocado, da *adj* timide.
apocalipsis *nm ou nf inv* apocalypse *f*. ■ **Apocalipsis** *nm ou nf inv* Apocalypse *f*.
apocarse [10] *vp* **1.** s'effrayer **2.** se rabaisser.
apócope *nf* apocope *f*.
apodar *vt* surnommer. ■ **apodarse** *vp* être surnommé(e).
apoderado, da *nm,f* **1.** fondé *m*, -e *f* de pouvoir **2.** TAUROM manager *m*.
apoderar *vt* déléguer ses pouvoirs à. ■ **apoderarse** *vp* • **apoderarse de** s'emparer de.
apodo *nm* surnom *m*.
apogeo *nm* apogée *m* • **estar en (pleno) apogeo** être à l'apogée.
apolillar *vt* faire des trous. ■ **apolillarse** *vp* être mité(e), se miter.
apolítico, ca *adj* apolitique.
apología *nf* apologie *f*.
apoltronarse en *vp* **1.** se caler dans **2.** *fig* s'installer dans, s'encroûter dans.
apoplejía *nf* apoplexie *f*.
apoquinar *vt & vi fam* casquer.
aporafobia *nf* pauvrophobie *f*.
aporrear *vt* taper.
aportación *nf* apport *m* • **hacer una aportación a una causa** contribuer à une cause.
aportar *vt* apporter ; fournir *(des renseignements, des preuves)* ; *(argent)* faire un apport de.
aposentar *vt* loger. ■ **aposentarse** *vp* se loger.
aposento *nm* chambre *f* ; • **dar aposento, tomar aposento** loger.
aposición *nf* apposition *f*.
aposta *adv* exprès.
apostante *nmf* parieur *m*, -euse *f*.
apostar[1] [23] *vt* parier. ❑ *vi* • **apostar (por)** parier ou miser (sur). ■ **apostarse** *vp* • **apostarse algo con alguien** parier qqch avec qqn • **apostarse algo a que** parier qqch que.
apostar[2] [1] *vt* poster. ■ **apostarse** *vp* se poster.
apostasía *nf* apostasie *f*.
apostilla *nf* annotation *f*.
apóstol *nm litt & fig* apôtre *m*.
apostólico, ca *adj* apostolique.
apóstrofe *nm ou nf* apostrophe *f (interpellation)*.
apóstrofo *nm* apostrophe *f (signe)*.
apoteósico, ca *adj* triomphal(e).
apoteosis *nf inv* apothéose *f*.
apoyabrazos *nm inv* appui-bras *m*, accoudoir *m*.
apoyacabezas *nm inv* appui-tête *m*.
apoyamuñecas *nm inv* repose-poignets *m*.
apoyar *vt* **1.** appuyer **2.** *fig* soutenir. ■ **apoyarse** *vp* **1.** *(se tenir)* • **apoyarse en** s'appuyer sur ; • **apoyarse en** *fig* reposer sur **2.** se soutenir.
apoyo *nm* **1.** support *m*, appui *m* **2.** *fig* soutien *m*.
apreciable *adj* **1.** *(qui se remarque)* sensible **2.** *fig* remarquable.
apreciación *nf* appréciation *f*.
apreciado, da *adj* **1.** *(querido)* cher, chère *f* **2.** *(valorado)* apprécié(e) • **apreciado por** apprécié(e) de.
apreciar [8] *vt* **1.** apprécier **2.** distinguer **3.** estimer • **apreciar que es necesario hacer algo** juger nécessaire de faire qqch.
aprecio *nm* estime *f*.
aprehender *vt* appréhender *(une personne)* ; saisir *(une marchandise, une nuance)*.
aprehensión *nf* capture *f (d'une personne)* ; saisie *f (d'une marchandise)*.
apremiante *adj* pressant(e), urgent(e).
apremiar [8] *vt* presser, bousculer ; • **apremiar a alguien a hacer algo** contraindre qqn à faire qqch. ❑ *vi* presser.
apremio *nm* urgence *f*.
aprender *vt* apprendre, retenir. ■ **aprenderse** *vp* apprendre.
aprendiz, za *nm,f* **1.** apprenti *m*, -e *f* **2.** débutant *m*, -e *f*.
aprendizaje *nm* apprentissage *m*.
aprensión *nf* • **aprensión (por) a)** appréhension *f* (de) **b)** dégoût *m* (pour).
aprensivo, va *adj* **1.** craintif(ive) **2.** *(scrupuleux)* délicat(e) **3.** *(hypocondriaque)* alarmiste.
apresar *vt* **1.** saisir *(un animal)* **2.** capturer *(une personne)*.
apresuradamente *adv* précipitamment, à la hâte.
apresurado, da *adj* pressé(e) ; *(départ, fuite)* précipité(e).
apresurar *vt* activer *(des démarches)* ; presser *(une personne)*. ■ **apresurarse** *vp* se dépêcher.
apretado, da *adj* **1.** serré(e) **2.** *fig* critique **3.** *fig (programme)* chargé(e).
apretar [19] *vt* **1.** serrer • **estos zapatos me aprietan** ces chaussures me serrent **2.** appuyer sur **3.** *fig* presser *(le pas)* **4.** tasser *(des vêtements, des objets)* **5.** pincer *(les lèvres)* **6.** *fig (faire pression)* • **apretar a alguien** harceler qqn, faire pression sur qqn. ❑ *vi (pluie, tempête)* redoubler. ■ **apretarse** *vp* se serrer • **apretarse el cinturón** se serrer la ceinture.

apretón *nm* bousculade *f* • **apretón de manos** poignée *f* de main.

apretujar *vt* *(objets)* tasser ; *(personnes)* écraser. ■ **apretujarse** *vp* se masser ; *(à cause du froid, de la peur)* se blottir, se pelotonner.

apretujón *nm* *fam* • **dar un apretujón a alguien a)** *(accolade)* serrer qqn très fort **b)** bousculer qqn.

aprieto *nm* *fig* situation *f* difficile • **poner en un aprieto a alguien** mettre qqn dans l'embarras • **verse en un aprieto** être très ennuyé(e).

aprisa *adv* vite.

aprisionar *vt* **1.** emprisonner **2.** immobiliser.

aprobación *nf* approbation *f*.

aprobado, da *adj* approuvé(e) ; *(candidat)* reçu(e). ■ **aprobado** *nm* mention *f* passable.

aprobar [23] *vt* **1.** approuver ; adopter *(une loi)* **2.** réussir *(à un examen)*.

apropiación *nf* appropriation *f*.

apropiado, da *adj* approprié(e).

apropiar [8] *vt* • **apropiar (a)** adapter (à). ■ **apropiarse** *vp* • **apropiarse de algo** s'approprier qqch.

aprovechable *adj* utilisable ; *(vêtement)* mettable.

aprovechado, da *adj* **1.** *(personne)* • **es muy aprovechado** c'est un profiteur **2.** *(temps)* bien employé(e) ; *(espace)* bien conçu(e) • **un día bien aprovechado** une journée bien remplie **3.** appliqué(e). ❑ *nm,f* profiteur *m*, -euse *f*.

aprovechamiento *nm* **1.** utilisation *f*, exploitation *f* **2.** *SCOL* assimilation *f*.

aprovechar *vt* **1.** *(gén)* • **aprovechar algo** profiter de qqch **2.** récupérer, se servir de. ❑ *vi* **1.** profiter, être profitable • **¡que aproveche!** bon appétit ! **2.** progresser, faire des progrès. ■ **aprovecharse** *vp* • **aprovecharse (de)** profiter (de), tirer parti (de).

aprovisionamiento *nm* approvisionnement *m*.

aprovisionar *vt* approvisionner.

aprox. (abrév de aproximadamente) approx. • **'metro a 2 minutos aprox.'** 'métro à 2 mn d'ici approx.'.

aproximación *nf* **1.** rapprochement *m* **2.** approximation *f* • **con aproximación** approximativement **3.** lot *m* de consolation.

aproximadamente *adv* approximativement.

aproximado, da *adj* approximatif(ive).

aproximar *vt* approcher, rapprocher. ■ **aproximarse** *vp* **1.** approcher **2.** s'approcher.

aproximativo, va *adj* approximatif(ive).

aptitud *nf* aptitude *f* • **tener aptitud para algo** être doué(e) pour qqch.

apto, ta *adj* **1.** *(capable)* • **apto (para)** apte (à) **2.** bon, bonne *f* • **apto para el servicio militar** bon pour le service **3.** *CINÉ* • **película no apta para menores** film interdit aux moins de dix-huit ans.

apuesta *nf* pari *m*. ❑ *v* → **apostar**.

apuesto, ta *adj* fringant(e).

apunado, da *adj* (AMÉR) • **estar apunado** avoir le mal de l'altitude.

apuntador, ra *nm,f* *THÉÂTRE* souffleur *m*, -euse *f*.

apuntalar *vt* *litt* & *fig* étayer.

apuntar *vt* **1.** noter • **apuntar a alguien** inscrire qqn • **apúntamelo (en la cuenta)** mets-le sur mon compte **2.** pointer • **apuntar a alguien (con el dedo)** montrer qqn du doigt • **apuntar a alguien (con un arma)** viser qqn **3.** *THÉÂTRE* souffler **4.** *fig* évoquer **5.** *fig* signaler ; souligner *(l'importance de)*. ❑ *vi* poindre. ■ **apuntarse** *vp* **1.** s'inscrire **2.** être partant(e) • **apuntarse (a hacer algo)** se joindre à qqn (pour faire qqch) • **yo me apunto** je viens avec vous.

apunte *nm* **1.** note *f* (écrite) **2.** esquisse *f* **3.** écriture *f* (comptable). ■ **apuntes** *nmpl* *SCOL* notes *fpl*, cours *mpl*.

apuñalar *vt* poignarder.

apurado, da *adj* **1.** dans le besoin • **apurado de** à court de **2.** *(honteux)* gêné(e) **3.** *(difficile)* délicat(e).

apurar *vt* **1.** finir ; *COMM* épuiser **2.** *(presser)* bousculer **3.** inquiéter **4.** *(faire honte)* gêner. ■ **apurarse** *vp* **1.** s'inquiéter **2.** se dépêcher.

apuro *nm* **1.** gros ennui *m* • **estar en apuros** avoir des problèmes • **sacar de un apuro a alguien** tirer qqn d'affaire **2.** manque *m* (d'argent) **3.** gêne *f* • **me da apuro decírtelo** ça me gêne ou ça m'ennuie de te le dire.

aquejado, da *adj* • **aquejado de** atteint de.

aquejar *vt* frapper, atteindre.

aquel, aquella (*mpl* **aquellos**, *fpl* **aquellas**) *adj dém* ce, cette • **dame aquellos libros** donne-moi les livres qui sont là-bas • **aquel edificio que se ve a lo lejos es nuevo** le bâtiment qu'on voit là-bas, au loin, est neuf • **en aquella época** à cette époque-là.

aquél, aquélla (*mpl* **aquéllos**, *fpl* **aquéllas**) *pron dém* celui-là, celle-là • **este cuadro me gusta pero aquél del fondo no** ce tableau(-ci) me plaît mais pas celui du fond • **aquél fue mi último día en Londres** ce fut mon dernier jour à Londres • **aquéllos que quieran hablar que levanten la mano** que ceux qui veulent parler lèvent la main.

aquelarre *nm* sabbat *m*.

aquella → **aquel**.

aquélla → **aquél**.

aquello *pron dém neutre* cela • **aquello que se ve al fondo es el mar** c'est la mer que l'on voit dans le fond • **no sé si aquello lo dijo en serio** je ne sais pas s'il a dit cela sérieusement.

aquellos, aquellas → **aquel**.

aquéllos, aquéllas → **aquél**.

aquí *adv* ici • **aquí arriba/abajo** en haut/bas • **aquí cerca** près d'ici • **aquí dentro** dedans • **aquí fuera** dehors • **aquí mismo** ici même • **por aquí** par ici • **de aquí a mañana** d'ici de-

main ; • **aquí empezaron los problemas** c'est là que les problèmes ont commencé.
ara *nf (el) sout* **1.** pierre *f* d'autel **2.** autel *m.* ■ **en aras de** *loc prép* au nom de.
árabe *adj* arabe. ❑ *nmf* Arabe *mf.* ❑ *nm* arabe *m.*
Arabia Saudita, Arabia Saudí *npr* Arabie saoudite *f.*
arábigo, ga *adj* **1.** arabique **2.** arabe.
arabista *nmf* arabisant *m,* -e *f.*
arácnido *nm ZOOL* arachnide *m.* ■ **arácnidos** *nmpl* arachnides *mpl.*
arado *nm* charrue *f.*
Aragón *npr* Aragon *m.*
aragonés, esa *adj* aragonais(e). ❑ *nm,f* Aragonais *m,* -e *f.*
arancel *nm* **1.** tarif *m* douanier **2.** droit *m* de douane, taxe *f.*
arancelario, ria *adj* douanier(ère), de douane.
arándano *nm* **1.** airelle *f* **2.** myrtille *f.*
arandela *nf TECHNOL* rondelle *f.*
araña *nf* **1.** araignée *f* **2.** lustre *m.*
arañar *vt* **1.** griffer **2.** égratigner, érafler **3.** *fig* grappiller.
arañazo *nm* égratignure *f,* éraflure *f.*
arar *vt* labourer.
araucano, na *adj* araucanien(enne). ❑ *nm,f* Araucan *m,* -e *f,* Araucanien *m,* -enne *f.* ■ **araucano** *nm (idioma)* araucanien *m.*
arbitraje *nm* arbitrage *m.*
arbitrar *vt* **1.** *SPORT & DR* arbitrer **2.** prendre *(des mesures)* ; employer *(des ressources).*
arbitrariedad *nf* **1.** arbitraire *m* **2.** acte *m* arbitraire • **con arbitrariedad** de façon arbitraire.
arbitrario, ria *adj* arbitraire.
arbitrio *nm* volonté *f.*
árbitro *nm SPORT & DR* arbitre *m.*
árbol *nm* **1.** arbre *m* • **árbol de Navidad** sapin *m* de Noël **2.** *NAUT* mât *m.* ■ **árbol genealógico** *nm* arbre *m* généalogique.
arbolar *vt* **1.** *NAUT* mâter **2.** arborer • **arbolar la bandera** hisser le pavillon **3.** *(mer)* déchaîner.
arboleda *nf* bois *m.*
arbusto *nm* arbuste *m.*
arca *nf (el)* coffre *m* • **arca de Noé** arche *f* de Noé. ■ **arcas** *nfpl* caisses *fpl* • **arcas públicas** caisses de l'État.
arcada *nf* **1.** *(gén pl)* haut-le-cœur *m inv* **2.** *ARCHIT* arcade *f* **3.** arche *f.*
arcaico, ca *adj* archaïque.
arcaísmo *nm* archaïsme *m.*
arcángel *nm* archange *m.*
arce *nm* érable *m.*
arcén *nm* bas-côté *m.*
archiconocido, da *adj fam* archiconnu(e).
archiduque, esa *nm,f* archiduc *m,* archiduchesse *f.*
archimillonario, ria *adj* archimilliardaire.
archipiélago *nm* archipel *m.*
archisabido, da *adj* bien connu(e) • **es archisabido que...** tout le monde sait bien que....
archivador, ra *nm,f* archiviste *mf.* ■ **archivador** *nm* classeur *m.*
archivar *vt* **1.** classer **2.** *fig* enfouir **3.** *INFORM* archiver.
archivo *nm* **1.** archives *fpl* **2.** *INFORM* fichier *m.*
arcilla *nf* argile *f.*
arcipreste *nm* archiprêtre *m.*
arco *nm* **1.** arc *m* **2.** *ARCHIT* arche *f* • **arco de herradura** arc *m* en fer à cheval • **arco triunfal ou de triunfo** arc *m* de triomphe **3.** *MUS* archet *m* **4.** **(AMÉR)** *SPORT* buts *mpl.* ■ **arco iris** *nm inv* arc-en-ciel *m.*
arcón *nm* grand coffre *m.*
arder *vi litt & fig* brûler • **está que arde a)** *(lieu, réunion)* ça chauffe, ça barde **b)** *(personne)* il bout de colère.
ardid *nm* ruse *f.*
ardiente *adj* brûlant(e) ; *(braise, désir, défenseur)* ardent(e) ; fervent(e) *(admirateur).*
ardientemente *adv* ardemment.
ardilla *nf* écureuil *m.*
ardor *nm* **1.** *litt & fig* ardeur *f* **2.** brûlure *f.*
arduo, dua *adj* ardu(e).
área *nf (el)* **1.** zone *f* • **área de servicio** aire *f* de service **2.** *GÉOM* surface *f* **3.** *AGRIC* are *m* **4.** *SPORT* • **área (de castigo ou penalti)** surface *f* (de réparation).
arena *nf* **1.** sable *m* • **arenas movedizas** sables mouvants **2.** *HIST & TAUROM* arène *f.*
arenal *nm* grève *f (rivage).*
arenga *nf* harangue *f.*
arenilla *nf* sable *m* fin ; poussière *f (dans l'œil).*
arenoso, sa *adj* sablonneux(euse) ; de sable.
arenque *nm* hareng *m.*
aretes *nmpl* **(AMÉR)** boucles *fpl* d'oreille.
argamasa *nf CONSTR* mortier *m.*
Argel *npr* Alger.
Argelia *npr* Algérie *f.*
argelino, na *adj* algérien(enne). ❑ *nm,f* Algérien *m,* -enne *f.*
Argentina *npr* • **(la) Argentina** (l')Argentine *f.*
argentino, na *adj* argentin(e). ❑ *nm,f* Argentin *m,* -e *f.*
argolla *nf* **1.** anneau *m* **2.** **(AMÉR)** alliance *f.*
argot (*pl* **argots**) *nm* **1.** argot *m* **2.** jargon *m.*
argucia *nf* sophisme *m.*
argüir *vt sout* **1.** *(déduire)* arguer **2.** *(démontrer)* prouver **3.** *(argumenter)* • **argüir a favor/en contra de algo** apporter des arguments à l'appui de/contre qqch. ❑ *vi* argumenter.
argumentación *nf* argumentation *f.*
argumentar *vt* **1.** argumenter **2.** invoquer.
argumento *nm* **1.** argument *m* **2.** thème *m.*
aridez *nf litt & fig* aridité *f.*
árido, da *adj* aride ; *fig* rébarbatif(ive). ■ **áridos** *nmpl céréales et légumes secs.*

Aries *nm inv* Bélier *m.* ❑ *nm,f inv* bélier *m inv.*
ariete *nm* **1.** *HIST & MIL* bélier *m* **2.** *SPORT* avant-centre *m.*
arisco, ca *adj* farouche ; bourru(e), revêche.
arista *nf* arête *f.*
aristocracia *nf* aristocratie *f.*
aristócrata *nmf* aristocrate *mf.*
aritmético, ca *adj* arithmétique. ■ **aritmética** *nf* arithmétique *f.*
arlequín *nm* arlequin *m.*
arma *nf (el)* arme *f* • **arma blanca/de fuego** arme blanche/à feu • **arma homicida** arme du crime • **una mujer de armas tomar** une maîtresse femme. ■ **armas** *nfpl* armes *fpl.*
armada *nf* → **armado**.
armadillo *nm* tatou *m.*
armado, da *adj* armé(e). ■ **armada** *nf* marine *f* ; flotte *f.*
armador, ra *nm,f* armateur *m.*
armadura *nf* **1.** monture *f (de lunettes)* ; charpente *f (de toit)* ; carcasse *f (de bateau)* **2.** armure *f.*
armamentista *adj* de l'armement.
armamentístico, ca *adj* relatif(ive) à l'armement • **industria armamentística** industrie de l'armement.
armamento *nm* armement *m.*
armar *vt* **1.** armer **2.** monter *(un meuble, une tente)* **3.** *fam & fig* faire • **armar un escándalo** faire un scandale • **armarla** *fam* faire des histoires. ■ **armarse** *vp* s'armer • **armarse de** s'armer de • **se armó la gorda ou la de San Quintín ou la de Dios es Cristo** *fam* ça a bardé.
armario *nm* armoire *f* • **armario (empotrado)** placard *m.*
armatoste *nm (meuble)* mastodonte *m* ; *(machine)* engin *m.*
armazón *nm ou nf* armature *f* ; *ARCHIT* ossature *f.*
armería *nf* **1.** arsenal *m* **2.** musée *m* de l'armée **3.** armurerie *f.*
armiño *nm* hermine *f.*
armisticio *nm* armistice *m.*
armonía, harmonía *nf* harmonie *f.*
armónico, ca *adj* harmonique. ■ **armónico** *nm* harmonique *m.* ■ **armónica** *nf* harmonica *m.*
armonioso, sa *adj* harmonieux(euse).
armonizar [13] *vt (gén) MUS* harmoniser. ❑ *vi* • **armonizar con** être en harmonie avec.
arnés *nm* armure *f.* ■ **arneses** *nmpl* **1.** harnais *m* **2.** matériel *m.*
aro *nm* **1.** cercle *m* ; *TECHNOL* bague *f* **2.** *(boucle d'oreille, bague)* anneau *m* • **los aros olímpicos** les anneaux olympiques **3.** rond *m* de serviette **4.** *fig* • **entrar ou pasar por el aro** céder, s'incliner.
aroma *nm* arôme *m.*
aromaterapia *nf* aromathérapie *f.*
aromático, ca *adj* aromatique.
aromatizar [13] *vt* aromatiser.
aros *nmpl* (AMÉR) boucles *fpl* d'oreille.
arpa *nf (el)* harpe *f.*
arpía *nf fig MYTHOL* harpie *f.*
arpillera *nf* toile *f* à sac, toile *f* de jute.
arpón *nm* harpon *m.*
arquear *vt* arquer ; hausser *(les sourcils)* ; courber *(le dos)* • **arquear el lomo** faire le gros dos. ■ **arquearse** *vp* ployer.
arqueo *nm* **1.** courbure *f* **2.** *COMM* caisse *f* • **arqueo de caja** contrôle *m* ou vérification *f* de caisse.
arqueología *nf* archéologie *f.*
arqueólogo, ga *nm,f* archéologue *mf.*
arquero *nm* **1.** archer *m* **2.** gardien *m* de but.
arquetípico, ca *adj* archétypique, archétypal(e).
arquetipo *nm* archétype *m.*
arquitecto, ta *nm,f* architecte *mf.*
arquitectura *nf* architecture *f.*
arrabal *nm* • **los arrabales** les faubourgs, les quartiers populaires.
arrabalero, ra *adj* **1.** des faubourgs, des quartiers populaires **2.** populacier(ère) ; *(langage)* de charretier. ❑ *nm,f* zonard *m*, -e *f.*
arraigado, da *adj* enraciné(e).
arraigar [16] *vt* enraciner. ❑ *vi* **1.** prendre racine, pousser **2.** *fig* s'enraciner. ■ **arraigarse** *vp* se fixer • **arraigarse a** s'attacher à.
arraigo *nm* enracinement *m* • **tener mucho arraigo** être bien ancré(e).
arrancar [10] *vt* **1.** arracher ; déraciner **2.** faire démarrer ; mettre en marche **3.** *INFORM* lancer. ❑ *vi* **1.** démarrer **2.** *(provenir de)* • **arrancar de** remonter à **3.** partir. ■ **arrancarse** *vp* • **arrancarse a hacer algo** se mettre à faire qqch.
arranque *nm* **1.** point *m* de départ, début *m* **2.** démarreur *m* **3.** *fig* accès *m* • **en un arranque de generosidad** dans un élan de générosité.
arras *nfpl* **1.** arrhes *fpl* **2.** *les treize pièces de monnaie ou autre cadeau que le jeune marié offre à sa femme pendant la cérémonie du mariage.*
arrasador, ra *adj* **1.** *(séisme, incendie, cyclone)* dévastateur(trice) **2.** *(succès)* triomphal(e).
arrasar *vt* **1.** *(séisme, incendie, cyclone)* ravager, dévaster **2.** *(film, chanson)* avoir du succès.
arrastrar *vt* **1.** traîner ; remorquer ; *(sujet : air, courant)* emporter **2.** *fig* rallier **3.** *fig* entraîner • **arrastrar a alguien a algo/a hacer algo** pousser qqn à qqch/à faire qqch. ❑ *vi* traîner (par terre). ■ **arrastrarse** *vp* **1.** se traîner ; ramper **2.** *fig* ramper.
arrastre *nm* **1.** déplacement *m* **2.** *(pêche)* • **pesca de arrastre** pêche *f* au chalut ou à la traîne • **estar para el arrastre** *fam* être au bout du rouleau.
arre *interj* • **¡arre!** hue !
arrear *vt* **1.** stimuler *(un animal)* ; presser *(une personne)* **2.** *fam* flanquer *(un coup)* **3.** harnacher.
arrebatado, da *adj* **1.** emporté(e) **2.** tout rouge, toute rouge *f* **3.** furieux(euse).

arrebatador, ra *adj* fascinant(e).

arrebatar *vt* **1.** arracher **2.** *fig* fasciner. ■ **arrebatarse** *vp* s'emporter.

arrebato *nm* emportement *m* ; extase *f* • **arrebato de amor** transport *m* amoureux • **arrebato de ira** accès *m* de colère.

arrebujar *vt* **1.** mettre en vrac **2.** emmitoufler. ■ **arrebujarse** *vp* s'emmitoufler.

arreciar [8] *vi* *litt* & *fig* *(vent, fièvre, etc)* redoubler.

arrecife *nm* récif *m*.

arreglado, da *adj* **1.** réparé(e) ; *(vêtement)* retouché(e) **2.** rangé(e) **3.** *(personne)* arrangé(e), soigné(e) **4.** *fig* *(problème)* réglé(e) **5.** *fig* *(prix)* raisonnable.

arreglar *vt* **1.** *(gén)* *MUS* arranger ; *(soigner)* remettre d'aplomb **2.** ranger **3.** *(problème)* régler **4.** *(personne)* préparer ; pomponner **5.** *fam* • **¡ya te arreglaré!** tu vas voir ! ■ **arreglarse** *vp* **1.** s'arranger • **saber arreglárselas** savoir s'y prendre **2.** *(personne)* se préparer ; se pomponner.

arreglo *nm* arrangement *m* ; retouche *f* • **no tiene arreglo** cela ne peut pas s'arranger, il n'y a pas de solution • **con arreglo a** conformément à.

arremangar [16] = **remangar**.

arremeter *vi* • **arremeter contra a)** se jeter sur **b)** *fig* s'en prendre à.

arremetida *nf* bourrade *f*.

arremolinarse *vp* **1.** *fig* *(personnes)* se bousculer **2.** *(choses)* tourbillonner.

arrendamiento, arriendo *nm* **1.** location *f* **2.** loyer *m*.

arrendar [19] *vt* louer.

arrendatario, ria *adj* de location. ❑ *nm, f* locataire *mf* ; *AGRIC* exploitant *m*, -e *f*.

arreo *nm* **1.** parure *f*, ornement *m* **2.** **(AMÉR)** troupeau *m*. ■ **arreos** *nmpl* **1.** *(pour chevaux)* harnais *m* **2.** *(d'une activité)* attirail *m*.

arrepentido, da *adj* repenti(e), repentant(e) • **estar arrepentido de algo** regretter qqch. ❑ *nm, f* repenti *m*, -e *f*.

arrepentimiento *nm* repentir *m*.

arrepentirse [27] *vp* • **arrepentirse (de algo)** se repentir (de qqch), regretter (qqch).

arrestar *vt* arrêter.

arresto *nm* arrestation *f*.

arriar [9] *vt* amener *(les voiles)* ; baisser *(le pavillon)*.

arriba *adv* **1.** au-dessus • **vive (en el piso de) arriba** il habite au-dessus • **arriba del todo** tout en haut • **más arriba** plus haut, au-dessus **2.** en haut • **mirar hacia arriba** regarder en l'air • **ir para arriba** monter • **calle arriba** en remontant la rue • **río arriba** en amont • **de arriba abajo a)** du début à la fin **b)** de la tête aux pieds • **mirar a alguien de arriba abajo** regarder qqn de haut en bas. ❑ *interj* • **¡arriba!** courage ! • **¡arriba la República!** vive la République ! • **¡arriba las manos!** haut les mains ! **3.** ci-dessus ■ **arriba de** *loc prép* plus de ; **(AMÉR)** sur. ■ **de arriba** *loc adj* • **la vecina de arriba** la voisine du dessus • **el estante de arriba** l'étagère du haut.

arribar *vi* **1.** parvenir **2.** *NAUT* toucher au port.

arribeño, ña *nm, f* **(AMÉR)** *fam* habitant *m*, -e *f* des hauts plateaux.

arribista *adj* & *nmf* arriviste.

arriendo = **arrendamiento**.

arriesgado, da *adj* **1.** risqué(e) **2.** audacieux(euse).

arriesgar [16] *vt* risquer. ■ **arriesgarse** *vp* s'exposer, prendre des risques • **arriesgarse a** se risquer à.

arrimar *vt* **1.** approcher, rapprocher **2.** *fig* mettre dans un coin. ■ **arrimarse** *vp* s'approcher, se rapprocher • **arrimarse a algo** s'appuyer sur ; • **arrimarse a alguien** *fig* s'en remettre à qqn.

arrinconar *vt* **1.** mettre dans un coin **2.** *fig* mettre au pied du mur **3.** *fig* délaisser, mettre à l'écart.

arroba *nf* *INFORM* arobas(e) *f*, arrobas(e) *f*.

arrodillarse *vp* s'agenouiller.

arrogancia *nf* arrogance *f*.

arrogante *adj* arrogant(e).

arrojado, da *adj* courageux(euse), intrépide.

arrojar *vt* **1.** jeter **2.** cracher *(de la fumée, de la lave)* ; dégager *(une odeur)* **3.** chasser **4.** faire apparaître, mettre en évidence *(un résultat)* **5.** *(vomir)* rendre. ■ **arrojarse** *vp* se jeter.

arrojo *nm* courage *m*.

arrollador, ra *adj* *(force)* irrésistible ; *(succès)* retentissant(e) ; *(beauté)* éblouissant(e).

arrollar *vt* **1.** enrouler **2.** *(véhicule)* renverser **3.** *(sujet : eau, vent)* emporter **4.** mettre en déroute.

arropar *vt* **1.** couvrir **2.** *fig* protéger. ■ **arroparse** *vp* se couvrir.

arrostrar *vt* *(conséquences)* faire face à ; *(danger)* affronter.

arroyo *nm* **1.** ruisseau *m* **2.** caniveau *m*.

arroz *nm* riz *m* • **arroz blanco** riz nature • **arroz con leche** riz au lait.

arruga *nf* **1.** *(sur vêtement, papier)* pli *m* **2.** *(sur peau)* ride *f*.

arrugar *vt* **1.** *(vêtement, papier)* chiffonner, froisser **2.** *(peau)* rider **3.** *(front)* plisser. ■ **arrugarse** *vp* **1.** *(vêtement, papier)* se chiffonner, se froisser **2.** *(peau)* se rider.

arruinar *vt* *litt* & *fig* ruiner. ■ **arruinarse** *vp* se ruiner.

arrullar *vt* chanter une berceuse à, bercer. ■ **arrullarse** *vp* *litt* & *fig* roucouler.

arrullo *nm* **1.** roucoulement *m* **2.** berceuse *f* **3.** *fig* murmure *m*.

arrumar *vt* **(AMÉR)** empiler.

arrume *nm* **(AMÉR)** pile *f*.

arsenal *nm* **1.** arsenal *m* **2.** stock *m*.

arsénico *nm* arsenic *m*.

art. (abrév de **artículo**) art. • **'conforme al art. 14'** 'conformément à l'art. 14'.

arte *nm ou nf* **1.** art *m* **2.** ruse *f* • **por ou con malas artes** par des moyens pas très catholiques. ■ **artes** *nfpl* arts *mpl* • **artes gráficas/plásticas** arts graphiques/plastiques • **bellas artes** beaux-arts *mpl*.

artefacto *nm* engin *m*.

arteria *nf* artère *f*.

arterioesclerosis, arteriosclerosis *nf inv* artériosclérose *f*.

artesanal *adj* artisanal(e).

artesanía *nf* artisanat *m*.

artesano, na *nm, f* artisan *m*, -e *f*.

ártico, ca *adj* arctique. ■ **Ártico** *npr* • **el Ártico** l'Arctique *m (océan)*.

articulación *nf* articulation *f*.

articulado, da *adj* articulé(e).

articular *vt* **1.** articuler **2.** élaborer.

articulista *nmf* journaliste *mf*.

artículo *nm* article *m* • **artículo de fondo** article de fond.

artífice *nmf* artisan *m*, -e *f*.

artificial *adj litt & fig* artificiel(elle).

artificio *nm* **1.** engin *m* **2.** *fig* artifice *m*.

artificioso, sa *adj fig* trompeur(euse).

artillería *nf* artillerie *f*.

artillero *nm* artilleur *m*.

artilugio *nm* **1.** engin *m* **2.** *fig* stratagème *m*.

artimaña *nf (gén pl)* ruse *f*, subterfuge *m*, artifice *m*.

artista *nmf litt & fig* artiste *mf*.

artístico, ca *adj* artistique.

artritis *nf inv* arthrite *f*.

artrosis *nf inv* arthrose *f*.

arz. abrév de **arzobispo**.

arzobispo *nm* archevêque *m*.

as *nm* as *m*.

asa *nf (el)* anse *f (poignée)*.

asado *nm* rôti *m*.

asador *nm* **1.** rôtissoire *f* **2.** broche *f* **3.** grill *m*.

asaduras *nfpl* abats *mpl*.

asalariado, da *nm, f* salarié *m*, -e *f*.

asalmonado, da *adj* saumon *(inv)*.

asaltacunas *nmf inv fam* • **ser un asaltacunas** les prendre au berceau.

asaltante *nmf* assaillant *m*, -e *f*.

asaltar *vt* **1.** assaillir ; prendre d'assaut **2.** attaquer • **asaltar con** *fig* assaillir de **3.** *(sujet : doute)* assaillir ; *(sujet : idée)* venir à.

asalto *nm* **1.** assaut *m* ; hold-up *m* ; attaque *f*, agression *f* **2.** SPORT round *m*.

asamblea *nf* assemblée *f*.

asar *vt* **1.** rôtir ; griller **2.** *fig (importuner)* • **asar a alguien a preguntas** harceler qqn de questions. ■ **asarse** *vp fig* cuire, étouffer.

ascendencia *nf* **1.** ascendance *f* ; • **es de baja/alta ascendencia** il est de basse/haute extraction **2.** *fig (influence)* ascendant *m*.

ascendente *adj* ascendant(e). ❑ *nm* ASTROL ascendant *m*.

ascender [20] *vi* **1.** monter **2.** augmenter **3.** être promu(e) ; SPORT monter dans le classement • **ascender a primera división** monter en première division **4.** *(facture, somme)* • **ascender a** s'élever à. ❑ *vt* • **ascender a alguien (a algo)** promouvoir qqn (à qqch).

ascendiente *nmf* ancêtre *mf*.

ascensión *nf* ascension *f*. ■ **Ascensión** *nf* RELIG Ascension *f*.

ascenso *nm* **1.** avancement *m*, promotion *f* ; SPORT • **el equipo lucha por el ascenso a primera** l'équipe fait tout pour monter en première division **2.** ascension *f (d'une montagne)*.

ascensor *nm* ascenseur *m*.

asceta *nmf* ascète *mf*.

ascético, ca *adj* ascétique.

asco *nm* dégoût *m* • **¡qué asco de tiempo!** quel sale temps!, quel temps pourri ! • **¡qué asco !** c'est dégoûtant ou répugnant ! • **dar asco** dégoûter • **hacer ascos a algo** faire la fine bouche devant qqch • **estar hecho un asco** *fam* être vraiment dégoûtant(e) • **ser un asco a)** *fam (chose)* être nul, nulle *f* **b)** être une horreur **c)** être vraiment dégoûtant(e).

ascua *nf (el)* charbon *m* ardent • **arrimar el ascua a su sardina** tirer la couverture à soi.

aseado, da *adj* **1.** *(personne)* net, nette *f* ; *(animal)* propre **2.** soigné(e).

asear *vt* nettoyer. ■ **asearse** *vp* **1.** faire sa toilette **2.** se préparer.

asediar [8] *vt* assiéger ; *fig* harceler.

asedio *nm* siège *m* ; *fig* harcèlement *m*.

asegurado, da *nm, f* assuré *m*, -e *f*.

asegurador, ra *nm, f* assureur *m*.

asegurar *vt* **1.** *(fixer)* assujettir ; resserrer *(un écrou)* **2.** *(garantir)* assurer. ■ **asegurarse** *vp* **1.** *(vérifier)* • **asegurarse de que** s'assurer que • **asegúrate de cerrar la puerta** n'oublie pas de fermer la porte **2.** *(prendre une garantie)* • **asegurarse (contra)** s'assurer (contre).

asentamiento *nm* **1.** assise *f (d'un bâtiment)* **2.** colonie *f (de personnes)*.

asentar [19] *vt* **1.** implanter *(une entreprise)* ; installer *(un campement, un village)* **2.** asseoir *(les fondations)* ; parfaire *(ses connaissances)*. ■ **asentarse** *vp* **1.** s'établir, se fixer **2.** se déposer.

asentimiento *nm* assentiment *m*.

asentir [27] *vi* **1.** *(être d'accord)* • **asentir (a algo)** admettre (qqch) **2.** acquiescer.

aseo *nm* **1.** toilette *f* **2.** propreté *f* **3.** salle *f* d'eau. ■ **aseos** *nmpl* toilettes *fpl*.

aséptico, ca *adj* **1.** aseptique **2.** *fig* aseptisé(e).

asequible *adj* accessible.

aserción *nf* assertion *f*.

aserradero *nm* scierie *f.*
asesinar *vt* assassiner.
asesinato *nm* assassinat *m.*
asesino, na *adj* assassin(e) ; meurtrier(ère). ❑ *nm, f* assassin *m*, meurtrier *m*, -ère *f.*
asesor, ra *nm, f* **1.** conseiller *m*, -ère *f* ; *DR* assesseur *m* • **asesor de imagen** conseiller en communication • **asesor fiscal** conseiller fiscal **2.** *ÉCON* consultant *m*, -e *f.*
asesorar *vt* conseiller. ■ **asesorarse** *vp* • **asesorarse (en algo)** se faire conseiller (sur qqch) • **asesorarse de ou con alguien** prendre conseil auprès de qqn.
asesoría *nf* **1.** conseil *m* **2.** cabinet-conseil *m* • **asesoría jurídica** cabinet juridique.
asestar *vt* asséner *(un coup)* ; tirer.
aseveración *nf* affirmation *f.*
aseverar *vt* affirmer.
asexuado, da *adj* asexué(e).
asfaltado *nm* goudronnage *m*, asphaltage *m* ; chaussée *f.*
asfaltar *vt* goudronner, asphalter.
asfalto *nm* asphalte *m.*
asfixia *nf* asphyxie *f.*
asfixiante *adj (chaleur)* asphyxiant(e) ; étouffant(e).
asfixiar [8] *vt* **1.** asphyxier **2.** *fig* étouffer, oppresser. ■ **asfixiarse** *vp* **1.** s'asphyxier **2.** *fam* crever de chaleur **3.** *fig* étouffer.

así

■ **así** *adv*

1. DE CETTE FAÇON
• **así es/fue como empezó todo** voilà comment tout a commencé, c'est ainsi que tout a commencé • **era así de largo** il était long comme ça • **algo así** quelque chose comme ça • **y así todos los días** et c'est comme ça tous les jours • **y así sucesivamente** et ainsi de suite • **¡así es!** c'est ça ! • **así, así** comme ci comme ça

2. DE CE TYPE
• **quiero uno así** j'en voudrais un comme ça

■ **así** *conj*

• **no lo haré así me paguen** je ne le ferai pas même pour de l'argent

■ **así** *adj inv*

DE CE TYPE
pareil(eille) • **con vecinos así, uno vive más tranquilo** avec des voisins pareils, on vit plus tranquille

■ **así como** *loc adv*

1. DE MÊME QUE
ainsi que • **habló de Lorca así como de poetas contemporáneos** il a parlé de Lorca, ainsi que de poètes contemporains • **estaban sus padres así como sus hermanas** il y avait ses parents ainsi que ses sœurs

2. AUSSITÔT QUE
dès que • **llámame así como llegues** téléphone-moi dès que tu seras arrivé

■ **así no más** *loc adv*

1. SOUDAINEMENT
• **ocurrió así no más** c'est arrivé sans prévenir

2. MOYENNEMENT
• **¿cómo estás? — así no más** ça va ? — comme ci comme ça

■ **así pues** *loc adv*

EXPRIME LA CONSÉQUENCE
donc, par conséquent • **no lo necesito, así pues, te lo devuelvo** je n'en ai pas besoin, donc *ou* par conséquent, je te le rends

■ **así que** *loc conj*

1. EXPRIME LA CONSÉQUENCE
alors • **estoy enferma así que no voy a ir** je suis malade, alors je ne vais pas y aller

2. AUSSITÔT QUE
dès que • **me iré así que haya terminado** je partirai dès que j'aurai terminé

■ **así y todo** *loc adv*

malgré tout • **no tienen dinero, y así y todo, han ido a esquiar** ils n'ont pas d'argent et, malgré tout, ils sont partis au ski

Asia *npr* Asie *f* • **Asia Menor** Asie Mineure.
asiático, ca *adj* asiatique. ❑ *nm, f* Asiatique *mf.*
asidero *nm* **1.** manche *m (d'un outil)* **2.** *fig* soutien *m.*
asiduidad *nf* assiduité *f.*
asiduo, dua *adj* assidu(e). ❑ *nm, f* habitué *m*, -e *f.*
asiento *nm* **1.** siège *m* • **tomar asiento** prendre place **2.** *(billet)* place *f* **3.** assise *f* **4.** site *m* **5.** *COMM* écriture *f* • **asiento contable** écriture comptable.
asignación *nf* **1.** attribution *f (à une personne)* ; répartition *f (entre plusieurs personnes)* ; affectation *f (de fonds, à un poste)* **2.** appointements *mpl* ; traitement *m.*
asignar *vt* • **asignar algo a alguien** assigner ou attribuer qqch à qqn ; • **asignar a alguien a** affecter qqn à.
asignatura *nf SCOL* matière *f.*
asilado, da *nm, f* réfugié *m*, -e *f.*
asilo *nm litt & fig* asile *m* • **asilo político** asile politique.
asimétrico, ca *adj* asymétrique.
asimilación *nf* **1.** *(gén) LING* assimilation *f* **2.** confrontation *f.*
asimilar *vt* **1.** assimiler **2.** confronter. ■ **asimilarse** *vp* s'assimiler.
asimismo *adv* aussi, de même • **es asimismo necesario que...** de même, il est nécessaire que....
asíncrono, na *adj* asynchrone.
asir *vt* saisir. ■ **asirse** *vp* • **asirse a** se raccrocher à.

asistencia *nf* **1.** présence *f* **2.** assistance *f* • **asistencia médica** soins *mpl* • **asistencia técnica** assistance technique **3.** fréquentation *f* **4.** *SPORT* passe *f*.
asistencial *adj* de l'assistance sociale.
asistenta *nf* femme *f* de ménage.
asistente *nmf* assistant *m*, -e *f* • **una asistente social** une assistante sociale ; • **los asistentes** les personnes présentes.
asistido, da *adj AUTO & INFORM* assisté(e).
asistir *vt* **1.** *(accompagner)* assister **2.** *(venir en aide)* secourir ; soigner. ❑ *vi* • **asistir a** assister à.
askenazí = **asquenazí**.
asma *nf (el)* asthme *m*.
asno *nm litt & fig* âne *m*.
asociación *nf* association *f* • **asociación de consumidores** association de (défense des) consommateurs • **asociación de ideas** association d'idées.
asociado, da *adj* associé(e). ❑ *nm,f* **1.** associé *m*, -e *f* **2.** maître *m* de conférences.
asocial *adj* asocial(e).
asociar [8] *vt* associer. ■ **asociarse** *vp* s'associer.
asociativo, va *adj* associatif(ive).
asolar [23] *vt* dévaster.
asomar *vi* apparaître ; *(chemise)* sortir, dépasser ; *(soleil)* poindre. ❑ *vt* passer • **asomar la cabeza por la ventana** passer la tête par la fenêtre. ■ **asomarse** *vp* • **asomarse a** se pencher à.
asombrar *vt* stupéfier ; étonner. ■ **asombrarse** *vp* • **asombrarse (de)** s'étonner (de).
asombro *nm* stupéfaction *f* ; étonnement *m*.
asombroso, sa *adj* stupéfiant(e), ahurissant(e) ; étonnant(e).
asomo *nm* pointe *f* ; ombre *f (d'un doute)* ; lueur *f (d'espoir)* • **ni por asomo** pas le moins du monde • **no creer algo ni por asomo** ne pas croire une seconde à quelque chose.
aspa *nf (el)* aile *f (de moulin)* ; pale *f (d'hélice)*.
aspaviento *nm (gén pl)* simagrée *f* • **hacer aspavientos** faire des simagrées.
aspecto *nm* aspect *m*, apparence *f* ; *(personne)* allure *f*, mine *f* • **tener buen/mal aspecto** avoir bonne/mauvaise mine • **bajo este aspecto** sous cet angle • **en todos los aspectos** à tous points de vue.
aspereza *nf* **1.** rugosité *f (de la peau)* ; aspérité *f (d'un terrain)* ; âpreté *f (d'un goût)* **2.** *fig* rudesse *f* • **limar asperezas** arrondir les angles.
áspero, ra *adj* **1.** rugueux(euse) ; rêche **2.** âpre **3.** *(terrain)* raboteux(euse) **4.** *fig* revêche.
aspersión *nf* aspersion *f*.
aspersor *nm* asperseur *m* ; pulvérisateur *m*.
aspiración *nf* aspiration *f*.
aspirador *nm* = **aspiradora**.
aspiradora *nf* aspirateur *m*.
aspirante *adj* aspirant(e). ❑ *nmf* candidat *m*, -e *f*.
aspirar *vt* aspirer. ❑ *vi* • **aspirar a algo** aspirer à qqch.
aspirina® *nf* aspirine *f*.
asquear *vt* dégoûter.
asquenazí, askenazí *adj* ashkénaze. ❑ *nmf* Ashkénaze *mf*.
asquerosidad *nf* nullité *f* ; horreur *f* ; • **es una asquerosidad** c'est vraiment répugnant.
asqueroso, sa *adj* répugnant(e).
asta *nf (el)* **1.** hampe *f (d'un drapeau, d'une lance)* **2.** manche *m (d'un pinceau)* **3.** corne *f (de taureau)*.
asterisco *nm* astérisque *m*.
astigmatismo *nm* astigmatisme *m*.
astilla *nf* éclat *m (de pierre, de bois)* ; écharde *f (dans un doigt)*.
astillero *nm* chantier *m* naval.
astracán *nm* astrakan *m*.
astringente *adj* astringent(e).
astro *nm* **1.** astre *m* **2.** *fig* vedette *f*, star *f*.
astrofísica *nf* astrophysique *f*.
astrología *nf* astrologie *f*.
astrólogo, ga *nm,f* astrologue *mf*.
astronauta *nmf* astronaute *mf*.
astronave *nf* astronef *m*.
astronomía *nf* astronomie *f*.
astronómico, ca *adj* astronomique • **unos precios astronómicos** *fam* des prix astronomiques.
astrónomo, ma *nm,f* astronome *mf*.
astucia *nf* **1.** astuce *f* **2.** *(gén pl)* ruse *f*.
astuto, ta *adj* astucieux(euse) ; rusé(e).
asumir *vt* assumer.
Asunción *npr GÉOGR* Asunción.
asunto *nm* **1.** sujet *m* **2.** affaire *f* **3.** *fam* liaison *f* (amoureuse). ■ **Asuntos Exteriores** *nmpl* Affaires *fpl* étrangères.
asustadizo, za *adj* craintif(ive).
asustado, da *adj* effrayé(e).
asustar *vt* effrayer, faire peur à. ■ **asustarse** *vp* • **asustarse (de)** avoir peur (de) • **no se asusta de ou por nada** il n'a peur de rien.
atacante *adj* attaquant(e). ❑ *nmf* assaillant *m*, -e *f*.
atacar [10] *vt* **1.** attaquer • **me ataca los nervios** *fig* il me tape sur les nerfs **2.** être surpris(e) par • **me atacó el sueño** j'ai été surpris par le sommeil • **le atacó la fiebre** il a eu une poussée de fièvre • **me atacó la risa** j'ai été pris d'un fou rire **3.** *fig* critiquer, s'en prendre à ; *(sujet : médicament)* combattre.
atadura *nf* **1.** attache *f* ; lien *m (sentimental)* **2.** *fig* astreinte *f* ; *fig* contrainte *f*.
atajar *vi* couper, prendre un raccourci. ❑ *vt* **1.** *fig (interrompre)* • **atajar a alguien** couper la parole à qqn **2.** stopper *(une hémorragie, une offensive)* ; maîtriser *(un incendie)* ; enrayer *(un processus, une épidémie)*.
atajo *nm* **1.** raccourci *m* **2.** *péj* bande *f*, ramassis *m*.

atañer *vi* concerner, regarder.

ataque *v* → **atacar**. ❑ *nm* **1.** attaque *f* **2.** *fig* crise *f* • **ataque cardíaco ou al corazón** crise cardiaque • **ataque de tos** quinte *f* de toux • **ataque de risa** fou rire *m*.

atar *vt* **1.** attacher **2.** *fig* relier **3.** *fig* astreindre. ■ **atarse** *vp* **1.** *(attacher)* • **atarse los cordones** nouer ses lacets **2.** *(s'engager)* prendre des engagements.

atardecer [30] *nm* tombée *f* du jour. ❑ *v impers* • **atardece** le jour tombe.

atareado, da *adj* occupé(e), pris(e).

atascar [10] *vt* boucher. ■ **atascarse** *vp* **1.** se boucher **2.** *fig* s'embourber, s'enliser ; *fig* bafouiller.

atasco *nm* **1.** engorgement *m* **2.** AUTO embouteillage *m* **3.** *fig* entrave *f*.

ataúd *nm* cercueil *m*.

ataviar [9] *vt* parer. ■ **ataviarse** *vp* • **ataviarse (con)** se parer (de).

atávico, ca *adj* atavique ; *fig* archaïque.

atavío *nm (ornement, vêtement)* parure *f* ; *(de femme)* toilette *f*.

ate *nm* (AMÉR) gelée *f* de coing.

atemorizar [13] *vt* effrayer. ■ **atemorizarse** *vp* s'effrayer, prendre peur.

Atenas *npr* Athènes.

atención *nf* **1.** attention *f* • **llamar la atención a)** attirer l'attention **b)** rappeler à l'ordre • **poner ou prestar atención** prêter attention **2.** prévenance *f*, égard *m*. ❑ *interj* • **¡atención!** votre attention s'il vous plaît ! ■ **atenciones** *nfpl* attentions *fpl*.

atender [20] *vt* **1.** répondre à, accéder à *(une demande)* ; faire cas de *(conseils)* **2.** s'occuper de ; soigner *(un patient)* ; servir *(un client)* • **¿le atienden?** on s'occupe de vous ? ❑ *vi* **1.** être attentif(ive) • **atender (a algo)** écouter (qqch) **2.** répondre • **atender por** répondre au nom de.

ateneo *nm* cercle *m*.

atenerse [72] *vp* • **atenerse a a)** s'en tenir à *(ordres, instructions)* **b)** observer *(la loi)* • **atente a las consecuencias** tu l'auras voulu.

atentado *nm* attentat *m*.

atentamente *adv* **1.** attentivement **2.** poliment **3.** *(dans la correspondance)* • **'le saluda muy atentamente'** 'veuillez agréer, Madame/Monsieur, mes salutations distinguées'.

atentar *vi* • **atentar contra** attenter à.

atento, ta *adj* **1.** attentif(ive) • **atento a** attentif à **2.** attentionné(e).

atenuante *nm* DR circonstance *f* atténuante.

atenuar [6] *vt* atténuer.

ateo, a *adj & nm, f* athée.

aterciopelado, da *adj* velouté(e).

aterrado, da *adj* terrifié(e), terrorisé(e).

aterrador, ra *adj* terrifiant(e).

aterrar *vt* terrifier.

aterrizaje *nm* atterrissage *m* • **aterrizaje forzoso** atterrissage forcé.

aterrizar [13] *vi* **1.** atterrir **2.** *fig* débarquer.

aterrorizar [13] *vt* terroriser. ■ **aterrorizarse** *vp* paniquer.

atesorar *vt* **1.** amasser *(des richesses)* **2.** accumuler *(des connaissances)* ; réunir *(des qualités)*.

atestado *nm* constat *m*.

atestar *vt* **1.** remplir, bourrer **2.** DR attester.

atestiguar [45] *vt* • **atestiguar algo** témoigner de qqch.

atezado, da *adj* hâlé(e).

atiborrar *vt* bourrer. ■ **atiborrarse** *vp fam* & *fig* • **atiborrarse (de)** s'empiffrer (de).

ático *nm appartement situé au dernier étage d'un immeuble.*

atinar *vi* **1.** voir juste • **atinar con** trouver *(la réponse, le chemin)* **2.** viser juste ; • **atinar a hacer algo** réussir à faire qqch.

atingencia *nf* (AMÉR) **1.** rapport *m* **2.** remarque *f*.

atípico, ca *adj* atypique.

atisbar *vt* entrevoir.

atisbo *nm (gén pl)* soupçon *m* ; lueur *f (d'espoir)*.

atizar [13] *vt* **1.** attiser *(le feu, les sentiments)* ; éveiller *(les soupçons)* **2.** *fam* flanquer *(une gifle)*. ■ **atizarse** *vp fam (absorber)* s'envoyer.

atlántico, ca *adj* atlantique. ■ **Atlántico** *nm* • **el Atlántico** l'Atlantique *m*.

atlantismo *nm* atlantisme *m*.

atlas *nm inv* atlas *m*.

atleta *nmf litt* & *fig* athlète *mf*.

atlético, ca *adj* athlétique.

atletismo *nm* athlétisme *m*.

atmósfera *nf litt* & *fig* atmosphère *f*.

atmosférico, ca *adj* atmosphérique.

atolladero *nm fig* pétrin *m*, impasse *f* • **sacar del atolladero** tirer d'affaire.

atolondrado, da *adj & nm, f* étourdi(e).

atolondramiento *nm* étourderie *f*.

atómico, ca *adj* atomique.

atomización *nf* **1.** *(de sustancia)* atomisation *f* **2.** *(de líquido)* pulvérisation *f*, vaporisation *f*.

atomizador *nm* atomiseur *m*.

atomizar *vt* **1.** *(fragmentar)* atomiser ; *(agua)* pulvériser **2.** *fig (problema, cuestión)* analyser point par point.

átomo *nm litt* & *fig* atome *m*.

atonal *adj* MUS atonal(e).

atónito, ta *adj* sans voix • **mirar con ojos atónitos** regarder avec des yeux ronds.

átono, na *adj* atone.

atontado, da *adj* **1.** étourdi(e) **2.** abruti(e).

atontar *vt* **1.** étourdir **2.** abrutir.

atormentar *vt litt* & *fig* torturer.

atornillar *vt* visser.

atorón *nm* (AMÉR) embouteillage *m*.

atorrante (AMÉR) *adj* **1.** feignant(e) **2.** *(mal habillé)* • **ella iba atorrante** elle était habillée comme une pauvresse. ❑ *nmf* clochard *m*, -e *f*.
atosigar [16] *vt fig* harceler.
atracador, ra *nm,f* voleur *m*, -euse *f (à main armée)*.
atracar [10] *vi* • **atracar (en)** accoster (à). ❑ *vt* attaquer *(une banque)* ; agresser *(une personne)*. ■ **atracarse** *vp* • **atracarse de** se gaver de.
atracción *nf* **1.** attraction *f* **2.** *fig* attrait *m* ; charme *m (d'une personne)* • **sentir atracción por** être attiré(e) par.
atraco *nm* hold-up *m inv*.
atracón *nm fam* • **darse un atracón (de)** se goinfrer (de).
atractivo, va *adj* attirant(e). ■ **atractivo** *nm* attrait *m* ; charme *m (d'une personne)*.
atraer [73] *vt fig* attirer.
atragantarse *vp* • **atragantarse (con)** s'étrangler (avec) • **se me ha atragantado** *fig* je ne peux plus le voir en peinture.
atrancar [10] *vt* **1.** barricader *(une porte)* ; bloquer *(une serrure)* **2.** boucher. ■ **atrancarse** *vp* **1.** s'enfermer à double tour **2.** se boucher **3.** *fig* bafouiller.
atrapar *vt* **1.** attraper **2.** *fam (obtenir)* décrocher **3.** *fam (tromper)* rouler.
atrás *adv* **1.** derrière, à l'arrière • **los niños suben atrás** les enfants montent derrière ou à l'arrière ; arrière, en arrière • **hacer marcha atrás** faire marche arrière • **dar un paso atrás** faire un pas en arrière **2.** plus tôt, avant • **(pocos) días atrás** quelques jours plus tôt, il y a quelques jours.
atrasado, da *adj* en retard ; arriéré(e) • **mi reloj está atrasado** ma montre retarde.
atrasar *vt* retarder ; reporter • **atrasar el reloj una hora** retarder sa montre d'une heure. ❑ *vi* retarder • **mi reloj atrasa** ma montre retarde. ■ **atrasarse** *vp* **1.** retarder **2.** prendre du retard.
atraso *nm* retard *m*. ■ **atrasos** *nmpl* arriérés *mpl*.
atravesar [19] *vt* **1.** traverser **2.** mettre en travers **3.** traverser, passer à travers ; transpercer. ■ **atravesarse** *vp* se mettre en travers • **se me ha atravesado** *fig* je ne peux plus le voir.
atrayente *adj* attrayant(e), séduisant(e).
atreverse *vp* • **atreverse (a algo/hacer algo)** oser (qqch/faire qqch).
atrevido, da *adj* **1.** effronté(e) ; intrépide **2.** osé(e). ❑ *nm,f* effronté *m*, -e *f*.
atrevimiento *nm* **1.** hardiesse *f* **2.** *(insolence)* écart *m*.
atribución *nf* attribution *f*.
atribuir [51] *vt* • **atribuir algo a** attribuer qqch à. ■ **atribuirse** *vp* s'attribuer.
atributo *nm (gén)* INFORM attribut *m*.
atrio *nm* **1.** parvis *m (d'une église)* **2.** cour *f* intérieure *(d'une maison)*.
atrocidad *nf* **1.** atrocité *f* **2.** *fig* énormité *f*.
atrofiar *vt* atrophier. ■ **atrofiarse** *vp* s'atrophier.
atropellado, da *adj* précipité(e).
atropellar *vt* **1.** renverser **2.** *fig* piétiner, marcher sur. ■ **atropellarse** *vp* bredouiller.
atropello *nm* **1.** accident *m* • **fue víctima de un atropello** il a été renversé par une voiture **2.** *fig* violation *f*.
atroz *adj* atroce ; infâme.
ATS (abrév de ayudante técnico sanitario) *nm,f* infirmier *m*, -ère *f*.
atte. abrév de **atentamente**.
atuendo *nm* toilette *f*, tenue *f*.
atún *nm* thon *m*.
aturdido, da *adj* abasourdi(e).
aturdimiento *nm* **1.** confusion *f* **2.** étourderie *f*.
aturdir *vt* **1.** étourdir **2.** *fig* abasourdir. ■ **aturdirse** *vp* **1.** être étourdi(e) **2.** *fig* être abasourdi(e).
aturullar, aturrullar *vt fam* embobiner. ■ **aturullarse, aturrullarse** *vp fam* perdre ses moyens.
atusar *vt* **1.** *(cheveux)* lisser **2.** *(animal)* égaliser le poil de. ■ **atusarse** *vp (cheveux)* se lisser.
audacia *nf* audace *f*.
audaz *adj* audacieux(euse).
audible *adj* audible.
audición *nf* audition *f*.
audiencia *nf* **1.** audience *f* • **conceder una audiencia** accorder un entretien **2.** auditoire *m* **3.** RADIO & TV audience *f* • **de máxima audiencia** à très forte audience, à très fort indice d'écoute **4.** cour *f* ; palais *m* de justice • **audiencia pública** audience *f* publique.
audífono *nm* audiophone *m*, appareil *m* acoustique. ■ **audífonos** *nmpl* (AMÉR) écouteurs *mpl*.
audio *nm* son *m*.
audioblog *nm* audioblog *m*.
audiolibro *nm* livre *m* audio.
audiometría *nf* audiométrie *f*.
audiómetro *nm* audiomètre *m*.
audiovisual *adj* audiovisuel(elle).
auditar *vt* FIN auditer.
auditivo, va *adj* auditif(ive).
auditor, ra *nm,f* **1.** auditeur *m*, -trice *f* **2.** audit *m*.
auditoría *nf* **1.** audit *m* **2.** cabinet *m* d'audit.
auditorio *nm* **1.** auditoire *m* **2.** auditorium *m*.
auge *nm* essor *m*.
augurar *vt (sujet : personne)* prédire ; *(sujet : événement)* présager.
augurio *nm* augure *m*.
aula *nf (el)* salle *f* de classe ; salle *f* de cours.
aullar *vi* hurler.
aullido *nm* hurlement *m*.

aumentar *vt* **1.** augmenter • **aumentar de peso** prendre du poids **2.** *(optique)* grossir **3.** monter *(le son)*. ❑ *vi* augmenter.

aumentativo, va *adj* augmentatif(ive). ■ **aumentativo** *nm* augmentatif *m*.

aumento *nm* **1.** augmentation *f* • **ir en aumento a)** augmenter **b)** *(tension)* monter **2.** *(optique)* grossissement *m* • **de aumento** grossissant(e).

aun *adv* même • **aun en pleno invierno...** même en plein hiver.... ❑ *conj* bien que • **aun estando malo, vendrá** il viendra, bien qu'il soit malade • **ni aun puesto de puntillas logra ver** même sur la pointe des pieds, il ne voit pas. ■ **aun cuando** *loc conj* quand bien même, même si • **no mentiría aun cuando le fuera en ello la vida** elle ne mentirait pas même si elle devait en mourir.

aún *adv* encore • **aún no ha llamado** il n'a pas encore appelé.

aunar *vt* rassembler *(des idées, des bonnes volontés)* ; conjuguer, unir *(ses efforts)*. ■ **aunarse** *vp* s'unir.

aunque

■ **aunque** *conj*

1. SUIVI DE L'INDICATIF

bien que • **aunque está enfermo, sigue trabajando** bien qu'il soit malade, il continue à travailler

2. SUIVI DU SUBJONCTIF

même si • **aunque esté enfermo, tendrá que seguir trabajando** même s'il est malade, il devra continuer à travailler

aúpa *interj fam* • **¡aúpa! a)** hop là ! **b)** debout là-dedans ! • **¡aúpa el Atlético!** allez l'Atlético ! ■ **de aúpa** *loc adj fam* du tonnerre • **un miedo de aúpa** une peur bleue • **un frío de aúpa** un froid de canard.

aupar *vt* **1.** hisser • **aupar a alguien** faire la courte échelle à qqn **2.** *fig* encourager. ■ **auparse** *vp* • **auparse en** s'élever à.

aura *nf (el)* aura *f*.

aureola *nf litt & fig* auréole *f*.

auricular *adj* auriculaire. ❑ *nm* écouteur *m*. ■ **auriculares** *nmpl* casque *m*.

aurora *nf* aurore *f*.

auscultar *vt* ausculter.

ausencia *nf* absence ; carence *f (en fer, etc)* ; manque *m (d'air)*.

ausentarse *vp* s'absenter.

ausente *adj & nmf* absent(e).

ausentismo *nm* absentéisme *m*.

austeridad *nf* austérité *f*.

austero, ra *adj* austère • **ser austero en la comida** manger avec modération.

austral *adj* austral(e).

Australia *npr* Australie *f*.

australiano, na *adj* australien(enne). ❑ *nm,f* Australien *m*, -enne *f*.

Austria *npr* Autriche *f*.

austríaco, ca, austriaco, ca *adj* autrichien(enne). ❑ *nm,f* Autrichien *m*, -enne *f*.

autarquía *nf* autarcie *f*.

autenticación *nf (gen)* INFORM authentification *f*.

autenticar *vt* authentifier.

autenticidad *nf* authenticité *f*.

auténtico, ca *adj* **1.** authentique **2.** vrai(e) ; véritable • **son brillantes auténticos** ce sont de vrais diamants • **es un auténtico cretino** c'est un vrai crétin.

autentificación *nf* authentification *f*.

autentificar *vt* authentifier.

autismo *nm* autisme *m*.

autista *adj & nmf* autiste.

auto *nm* **1.** *fam (voiture)* auto *f* **2.** DR ordonnance *f*, arrêt *m* **3.** LITTÉR ≃ mystère *m (drame religieux des XVIe et XVIIe siècles)*.

autoabastecerse *vp* se suffire à soi-même, être autosuffisant(e) • **autoabastecerse de** être autosuffisant(e) en.

autoabastecimiento *nm* autosuffisance *f*.

autoadhesivo, va *adj* autocollant(e).

autoaprendizaje *nm* autoapprentissage *m*.

autoayuda *nf* autodéveloppement *m*.

autobiografía *nf* autobiographie *f*.

autobombo *nm fam* • **darse autobombo** s'envoyer des fleurs.

autobronceador, ra *adj* autobronzant(e). ■ **autobronceador** *nm* autobronzant *m*.

autobús *nm* autobus *m*.

autocar *nm* autocar *m*.

autocaravana *nf* camping-car *m*.

autocensura *nf* autocensure *f*.

autocine *nm* drive-in *m inv*.

autocomplacencia *nf* autosatisfaction *f*.

autocontrol *nm* self-control *m*.

autocorrección *nf* INFORM correction *f* automatique.

autocrítico, ca *adj* autocritique. ■ **autocrítica** *nf* autocritique *f*.

autóctono, na *adj & nm,f* autochtone.

autodefensa *nf* autodéfense *f* ; self-défense *f*.

autodefinido *nm* mots *mpl* fléchés.

autodeterminación *nf* autodétermination *f*.

autodidacta *adj & nmf* autodidacte.

autodirigido, da *adj* autoguidé(e).

autodisciplina *nf* autodiscipline *f*.

autoedición *nf* publication *f* assistée par ordinateur, PAO *f*.

autoempleo *nm* autoentrepreneuriat *f*.

autoempresario, ria *nm,f* autoentrepreneur *m*, -euse *f*.

autoescuela *nf* auto-école *f*.

autoestima *nf* amour-propre *m*.

autoestop, autostop *nm* auto-stop *m* • **hacer autoestop** faire de l'auto-stop.

autoestopista, autostopista *nm,f* auto-stoppeur *m*, -euse *f*.

autoevaluación *nf* autoévaluation *f* • **pruebas de autoevaluación** tests d'autoévaluation.

autogestionar *vt* autogérer, gérer soi-même. ■ **autogestionarse** *vp (empresa, cooperativa)* s'autogérer.

autogobierno *nm* autonomie *f*.

autógrafo *nm* autographe *m*.

autómata *nm litt & fig* automate *m*.

automático, ca *adj* automatique ; mécanique.

automatismo *nm* automatisme *m*.

automatización *nf* automatisation *f* • **automatización de fábricas** robotisation *f*.

automatizar [13] *vt* automatiser.

automedicación *nf* automédication *f*.

automedicarse [10] *vp prendre des médicaments sans avis médical*.

automóvil *nm* automobile *f*.

automovilismo *nm* automobilisme *m*.

automovilista *nmf* automobiliste *mf*.

automovilístico, ca *adj* automobile.

autonomía *nf* **1.** autonomie *f* **2.** Communauté *f* autonome.

autonómico, ca *adj* **1.** autonome **2.** d'une Communauté autonome.

autonomizar *vt* autonomiser. ■ **autonomizarse** *vp* s'autonomiser.

autónomo, ma *adj* **1.** autonome **2.** indépendant(e), à son compte. ❑ *nm,f* travailleur *m* indépendant.

autopista *nf* autoroute *f* • **autopista de la información** *fig* autoroute de l'information.

autoproclamarse *vp* s'autoproclamer.

autopsia *nf* autopsie *f*.

autor, ra *nm,f* auteur *m*.

autoría *nf* **1.** paternité *f* littéraire **2.** perpétration *f*.

autoridad *nf* autorité *f* • **ser una autoridad en** faire autorité en matière de ; • **la autoridad** les autorités *fpl*.

autoritario, ria *adj* autoritaire.

autoritarismo *nm* autoritarisme *m*.

autorización *nf* autorisation *f* • **dar autorización a alguien (para hacer algo)** donner l'autorisation à qqn (de faire qqch).

autorizado, da *adj* autorisé(e).

autorizar [13] *vt* autoriser.

autorregulación *nf* autoréglage *m*, autorégulation *f*.

autorretrato *nm* autoportrait *m*.

autoservicio *nm* **1.** libre-service *m* **2.** self-service *m*.

autostop = **autoestop**.

autostopista = **autoestopista**.

autosuficiencia *nf* autosuffisance *f*.

autosuficiente *adj* autosuffisant(e).

autosugestión *nf* autosuggestion *f*.

autovía *nf* route *f* à quatre voies, quatre-voies *f*.

aux. (abrév de auxiliar) auxiliaire *mf* • **aux. de Justicia** auxiliaire de justice.

auxiliar[1] *adj (gén)* GRAMM auxiliaire ; *(meuble)* d'appoint. ❑ *nmf* assistant *m*, -e *f* • **auxiliar administrativo** employé *m* de bureau • **auxiliar técnico sanitario** infirmier *m*, -ère *f*.

auxiliar[2] *vt* assister, aider.

auxilio *nm* aide *f*, secours *m*, assistance *f* • **pedir auxilio** demander de l'aide, appeler au secours • **primeros auxilios** premiers secours.

av., avda. (abrév de avenida) av.

aval *nm* **1.** *(personne)* caution *f*, garant *m* **2.** *(banque)* aval *m*.

avalancha *nf litt & fig* avalanche *f*.

avalar *vt* **1.** avaliser, donner son aval à **2.** se porter garant de.

avalista *nmf* caution *f*, garant *m*, -e *f*.

avance *nm* **1.** avance *f (d'argent)* ; avancée *f (des troupes)* **2.** progrès *mpl (de la science, etc)* **3.** présentation *f* des programmes • **avance informativo** flash *m* d'informations • **avance meteorológico** prévisions *fpl* météo. ❑ *v* → **avanzar**.

avanzadilla *nf* MIL avant-garde *f*.

avanzado, da *adj* avancé(e) ; *(élève)* en avance. ■ **avanzada** *nf* MIL avant-garde *f*.

avanzar [13] *vi* avancer. ❑ *vt* **1.** avancer **2.** annoncer.

avaricia *nf* avarice *f*.

avaricioso, sa *adj & nm,f* intéressé(e).

avaro, ra *adj & nm,f* avare.

avasallador, ra *adj* écrasant(e).

avasallar *vt* **1.** écraser • **no te dejes avasallar** ne te laisse pas faire **2.** asservir.

avatar *nm (gén pl)* avatar *m* • **los avatares de la vida** les surprises de la vie.

avda. = **av.**.

ave *nf (el)* **1.** oiseau *m* • **ave de rapiña** oiseau de proie • **ave rapaz** rapace *m* **2.** (AMÉR) poulet *m*.

AVE (abrév de alta velocidad española) *nm train à grande vitesse espagnol* ; ≃ TGV *m*.

avecinarse *vp* approcher, être proche.

avejentado, da *adj* vieilli(e).

avellana *nf* noisette *f*.

avemaría *nf (el)* Ave Maria *m inv*, Ave *m inv*.

avena *nf* avoine *f*.

avenencia *nf (accord)* entente *f*.

avenida *nf* avenue *f*.

avenido, da *adj* • **bien/mal avenidos** en bons/mauvais termes.

avenirse [75] *vp* s'entendre • **avenirse a algo** s'entendre sur qqch • **avenirse a hacer algo** consentir ou se résoudre à faire qqch.

aventajado, da *adj* remarquable.

aventajar *vt* dépasser, devancer • **aventajar a alguien en algo** surpasser qqn en qqch, l'emporter sur qqn en qqch.

aventón *nm* **(AMÉR)** • **dar un aventón a alguien** déposer qqn *(en voiture)*.
aventura *nf* aventure *f*.
aventurado, da *adj* risqué(e) ; *(projet, affirmation)* hasardeux(euse).
aventurarse *vp* s'aventurer.
aventurero, ra *adj* d'aventure. ❑ *nm, f* aventurier *m*, -ère *f*.
avergonzado, da *adj* honteux(euse).
avergonzar [38] *vt* faire honte. ■ **avergonzarse** *vp* • **avergonzarse (de algo/de alguien)** avoir honte (de qqch/de qqn).
avería *nf* panne *f* ; NAUT avarie *f*.
averiado, da *adj* en panne.
averiar [9] *vt* endommager. ■ **averiarse** *vp* tomber en panne.
averiguación *nf* recherche *f*, enquête *f*.
averiguar [45] *vt (investiguer)* rechercher, chercher à savoir ; *(apprendre)* arriver à savoir, découvrir.
aversión *nf* aversion *f*.
avestruz *nm* autruche *f*.
aviación *nf* aviation *f*.
aviador, ra *nm, f* aviateur *m*, -trice *f*.
aviar [9] *vt* **1.** faire *(une valise)* ; mettre en ordre *(une pièce)* **2.** préparer *(un repas)*.
avícola *adj* avicole.
avicultura *nf* aviculture *f*.
avidez *nf* avidité *f*.
ávido, da *adj* • **ávido (de)** avide (de).
avinagrado, da *adj* **1.** aigre **2.** *fig* aigri(e) ; *fig* renfrogné(e).
avinagrarse *vp* **1.** tourner au vinaigre **2.** *fig* s'aigrir.
avío *nm* • **el avío a)** les préparatifs *mpl* **b)** les provisions *fpl*. ■ **avíos** *nmpl fam* attirail *m* • **avíos de coser** nécessaire *m* de couture.
avión *nm* avion *m* • **en avión** en avion • **por avión** par avion • **avión a reacción** avion à réaction • **avión nodriza** ravitailleur *m*.
avioneta *nf* avion *m* de tourisme.
avisar *vt* **1.** prévenir **2.** appeler *(au téléphone)*.
aviso *nm* **1.** avertissement *m* • **poner sobre aviso a alguien** mettre qqn sur ses gardes • **sin previo aviso** sans préavis **2.** avis *m* ; *(dans un aéroport)* appel *m* • **hasta nuevo aviso** jusqu'à nouvel ordre.
avispa *nf* guêpe *f*.
avispado, da *adj fam* & *fig* futé(e).
avispero *nm* **1.** guêpier *m* **2.** *fig* fourmilière *f* ; *fig* sac *m* de nœuds.
avituallar *vt* ravitailler.
avivar *vt* raviver.
A.VV (*pl* **AA.VV**) (abrév de Asociación de Vecinos) association *f* de voisins *ou* de voisinage.
axila *nf* aisselle *f*.
axioma *nm* axiome *m*.
ay *nm* plainte *f*. ❑ *interj* • **¡ay! a)** aïe ! **b)** oh ! • **¡ay de ti!** gare à toi !
ayer *adv litt* & *fig* hier • **ayer noche** hier soir • **ayer por la mañana** hier matin. ❑ *nm fig* • **del ayer** d'antan, du temps jadis.
aymara *adj* & *nm* aymara. ❑ *nm, f* Aymara *mf*.
ayo, ya *nm, f* précepteur *m*, -trice *f* ; gouvernante *f*.
ayuda *nf* aide *f*.
ayudante *adj* & *nmf* assistant(e).
ayudar *vt* aider. ■ **ayudarse** *vp* • **ayudarse (de** ou **con)** s'aider (de) • **hacer algo ayudándose de alguien** faire qqch avec l'aide de qqn.
ayunar *vi* jeûner.
ayunas *nfpl* • **en ayunas** à jeun • **estar en ayunas a)** jeûner **b)** *fig* ne rien savoir de qqch.
ayuno *nm* jeûne *m* • **hacer ayuno** faire maigre.
ayuntamiento *nm* **1.** municipalité *f* **2.** *(édifice)* mairie *f*.
azabache *nm* jais *m*.
azada *nf* houe *f*.
azafata *nf* hôtesse *f*.
azafate *nm* **(AMÉR)** plateau *m*.
azafrán *nm* safran *m*.
azahar *nm* fleur *f* d'oranger.
azar *nm* hasard *m* • **al azar** au hasard • **por (puro) azar** par (pur) hasard.
azaroso, sa *adj* hasardeux(euse) ; *(vie)* aventureux(euse).
azorar *vt* gêner *(intimider)*. ■ **azorarse** *vp* être gêné(e).
azotaina *nf fam* raclée *f* ; fessée *f*.
azotar *vt* **1.** frapper ; fouetter ; • **azotar a alguien** donner une fessée à qqn **2.** *fig* s'abattre sur.
azote *nm* **1.** coup *m* ; gifle *f* ; fessée *f* ; coup *m* de fouet **2.** *fig* fléau *m*.
azotea *nf* **1.** terrasse *f* **2.** *fam* & *fig* ciboulot *m*.
azteca *adj* & *nm* aztèque. ❑ *nmf* Aztèque *mf*.
azúcar *nm ou nf* sucre *m* • **azúcar moreno** sucre roux.
azucarado, da *adj* sucré(e).
azucarero, ra *adj* sucrier(ère). ■ **azucarero** *nm* sucrier *m*.
azucena *nf* lis *m*, lys *m*.
azufre *nm* soufre *m*.
azul *adj* bleu(e). ❑ *nm* bleu *m*.
azulejo *nm* azulejo *m*, carreau *m* de faïence.
azulgrana *adj inv* du football-club de Barcelone.

B

b, B [be] *nf* b *m inv*, B *m inv*.
baba *nf* bave *f*.

babear *vi* baver.
babero *nm* bavoir *m*.
babi *nm* tablier *m (d'écolier)*.
Babilonia *npr* Babylone.
babilónico, ca *adj* **1.** babylonien(enne) **2.** somptueux(euse).
bable *nm dialecte asturien*.
babor *nm* bâbord *m* • **a babor** à bâbord.
babosada *nf* (AMÉR) *fam* bêtise *f*.
baboso, sa *adj* **1.** baveux(euse) **2.** (AMÉR) *fam* crétin(e). ❑ *nm,f* (AMÉR) *fam* crétin *m*, -e *f*. ■ **babosa** *nf* limace *f*.
babucha *nf* babouche *f*.
baca *nf* galerie *f (de voiture)*.
bacalao *nm* morue *f* • **bacalao a la vizcaína** *spécialité basque de morue salée à l'oignon et à la tomate* • **bacalao al pil-pil** *spécialité basque de morue salée à l'huile et à l'ail* • **partir ou cortar el bacalao** *fam* & *fig* mener la barque.
bacanal *nf* orgie *f*.
bacarrá, bacará *nm* baccara *m*.
bachata *nm* (AMÉR) fête *f* • **estar de bachata** faire la fête.
bache *nm* **1.** *(sur la route)* cassis *m* ; nid-de-poule *m* **2.** *fig* mauvaise passe *f*, moment *m* difficile **3.** AÉRON trou *m* d'air.
bachiller *nmf* bachelier *m*, -ère *f*.
bachillerato *nm cycle de fin d'études secondaires en Espagne correspondant à la première et à la terminale ; diplôme obtenu à la fin de ce cycle*.
bacilo *nm* bacille *m*.
bacinica *nf* (AMÉR) pot *m* de chambre.
bacon ['beikon] *nm inv* bacon *m*.
bacteria *nf* bactérie *f*.
bacteriano, na *adj* bactérien(enne).
bactericida *adj* & *nm* bactéricide.
bacteriológico, ca *adj* bactériologique.
báculo *nm* crosse *f*.
Badajoz *npr* Badajoz.
badén *nm* **1.** *(sur la route)* cassis *m* **2.** *(pour l'eau)* rigole *f*.
bádminton *nm inv* badminton *m*.
bafle, baffle *nm* baffle *m*.
bagaje *nm* bagage *m*.
bagatela *nf* bagatelle *f*.
bahía *nf* baie *f*.
Bahrein, Bahrain *npr* Bahreïn *m*.
bailable *adj* **1.** *(qui incite à danser)* dansant(e) **2.** *(sur laquelle on peut danser)* dansable.
bailaor, ra *nm,f* danseur *m*, -euse *f* de flamenco.
bailar *vt* danser • **que me quiten lo bailado** *fam* c'est toujours ça de pris. ❑ *vi* **1.** danser **2.** *fig (bois, métal)* jouer • **bailarle a alguien algo** être trop grand(e) • **los pies me bailan en los zapatos** je nage dans mes chaussures.
bailarín, ina *nm,f* danseur *m*, -euse *f*.
baile *nm* **1.** danse *f* **2.** bal *m*. ■ **baile de San Vito** *nm* danse *f* de Saint-Guy.
bailotear *vi fam* se trémousser.
baja *nf* → **bajo**.
bajada *nf* **1.** descente *f* **2.** pente *f* **3.** baisse *f*. ■ **bajada de bandera** *nf* prise *f* en charge.
bajamar *nf* marée *f* basse.
bajar *vt* **1.** baisser • **bajar los precios/el telón/el volumen** baisser les prix/le rideau/le son • **bajar la cabeza** baisser la tête **2.** descendre • **bajar las escaleras** descendre l'escalier • **bajar las maletas del armario** descendre les valises de l'armoire. ❑ *vi* **1.** baisser ; dégonfler **2.** descendre. ■ **bajarse** *vp* se baisser ; • **bajarse (de)** descendre (de) • **se bajó a la calle para comprar pan** il est descendu acheter du pain.
bajero, ra *adj* de dessous • **una sábana bajera** un drap de dessous.
bajeza *nf* bassesse *f*.
bajial *nm* (AMÉR) plaine *f*.
bajini(s) ■ **por lo bajini(s)** *loc adv fam* **1.** *(à voix basse)* tout bas **2.** *fig* en cachette, en catimini.
bajo, ja *adj* **1.** bas, basse *f* ; *(personne)* petit(e) **2.** *(son)* grave, faible • **en voz baja** à voix basse **3.** *(qualité)* mauvais(e) ; *(instinct)* primaire ; *(paroles)* ignoble **4.** *(langage)* vulgaire. ■ **bajo** *nm* **1.** *(gén pl)* ourlet *m* **2.** rez-de-chaussée *m inv* **3.** MUS basse *f* ; MUS bassiste *mf*. ❑ *adv* bas • **hablar bajo** parler tout bas. ❑ *prép* sous • **bajo el sol/el puente** sous le soleil/le pont • **bajo los Austrias** sous les Habsbourg • **bajo pena de** sous peine de • **bajo palabra** sur parole • **estamos a dos grados bajo cero** il fait moins deux. ■ **baja** *nf* **1.** baisse *f* **2.** • **dar de baja a alguien a)** licencier qqn **b)** exclure qqn • **darse de baja (de) a)** quitter, donner sa démission (de) **b)** se retirer (de) **3.** congé *m* maladie, arrêt *m* maladie • **estar de baja** être arrêté(e) ou en congé maladie **4.** perte *f*, mort *m*. ■ **bajos** *nmpl* rez-de-chaussée *m inv*.
bajón *nm* chute *f* • **dar un bajón a)** *(température)* chuter **b)** *(santé)* se dégrader.
bajorrelieve *nm* bas-relief *m*.
bajura *nf* → **pesca**.
bala *nf* balle *f*.
balacear *vt* (AMÉR) blesser par balle.
balacera *nf* (AMÉR) fusillade *f*.
balada *nf* ballade *f* ; slow *m*.
balance *nm (gén)* COMM bilan *m* ; résultat *m (d'une discussion, d'une réunion)* • **hacer el balance (de)** faire le point (de).
balancear *vt* balancer. ■ **balancearse** *vp* se balancer ; NAUT rouler.
balanceo *nm* balancement *m* ; NAUT roulis *m* ; oscillation *f (de pendule)*.
balancín *nm* **1.** fauteuil *m* à bascule, rocking-chair *m* ; balancelle *f* **2.** *(balançoire)* bascule *f* **3.** AUTO culbuteur *m*.
balanza *nf (gén)* COMM balance *f* • **balanza comercial/de pagos** balance commerciale/des paiements • **se inclinó la balanza a nuestro favor** la balance a penché de notre côté.
balar *vi* bêler.

balaustrada *nf* balustrade *f.*
balazo *nm* balle *f*; blessure *f* par balle.
balbucear = **balbucir.**
balbuceo *nm* balbutiement *m.*
balbucir, balbucear *vt & vi* balbutier.
Balcanes *nmpl* • **los Balcanes** les Balkans *mpl.*
balcanización *nf* balkanisation *f.*
balcón *nm* **1.** balcon *m* **2.** belvédère *m.*
baldado, da *adj* impotent(e) ; éreinté(e).
balde *nm* seau *m.* ■ **de balde** *loc adv* gratuit • **el viaje me ha salido de balde** le voyage ne m'a rien coûté. ■ **en balde** *loc adv* en vain.
baldeo *nm* lavage *m* à grande eau.
baldío, a *adj* **1.** *(terrain)* inculte **2.** *(efforts)* vain(e). ■ **baldío** *nm* **(AMÉR)** terrain *m* vague.
baldosa *nf* carreau *m* ; dalle *f.*
baldosín *nm* petit carreau *m.*
balear[1] *vt* **(AMÉR)** blesser par balle.
balear[2] *adj* des Baléares.
Baleares *nfpl* • **(las) Baleares** les Baléares *fpl.*
balearico, ca *adj* des Baléares.
baleo *nm* **(AMÉR)** coup *m* de feu.
balido *nm* bêlement *m.*
balín *nm* balle *f* de petit calibre.
baliza *nf* balise *f.*
balizar *vt* baliser.
ballena *nf* baleine *f.*
ballenero, ra *adj* baleinier(ère) • **la pesca ballenera** la pêche à la baleine. ■ **ballenero** *nm* baleinier *m.*
ballesta *nf* **1.** arbalète *f* **2.** ressort *m* de suspension.
ballet [ba'le] *(pl* **ballets***)* *nm* ballet *m.*
balneario *nm* station *f* thermale, ville *f* d'eaux.
balompié *nm* football *m.*
balón *nm* **1.** ballon *m* **2.** bulle *f* *(de bande dessinée).*
balonazo *nm* coup *m* de ballon.
baloncesto *nm* basket-ball *m.*
balonmano *nm* hand-ball *m.*
balonvolea *nm* volley-ball *m.*
balsa *nf* **1.** radeau *m* **2.** étang *m* **3.** *fig* • **ser una balsa de aceite** être d'un calme plat.
balsámico, ca *adj* apaisant(e) • **una pastilla balsámica** une pastille qui adoucit la gorge.
bálsamo *nm* *litt & fig* baume *m.*
balsero, ra *nm,f* *Cubain tentant d'émigrer clandestinement aux États-Unis à bord d'un radeau.*
Báltico *npr* • **el Báltico** la Baltique.
Bálticos *adj* → **países Bálticos.**
baluarte *nm* *litt & fig* bastion *m.*
bamba *nf* bamba *f.* ■ **bambas** *nfpl* tennis *mpl.*
bambalina *nf* THÉÂTRE frise *f* • **entre bambalinas** *fig* sur les planches.
bambolear *vt* secouer ; *(suj: vent)* agiter. ■ **bambolearse** *vp* *(personne)* vaciller, chanceler.
bamboleo *nm* balancement *m*, oscillation *f.*
bambú *(pl* **bambúes** *ou* **bambús***)* *nm* bambou *m.*
banal *adj* banal(e).
banalidad *nf* banalité *f.*
banalizar *vt* banaliser.
banana *nf* banane *f.*
bananero, ra *adj* bananier(ère). ■ **bananero** *nm* *(arbre)* bananier *m.*
banca *nf* **1.** banque *f*, secteur *m* bancaire • **banca telefónica** télébanque *f* **2.** banc *m.*
bancario, ria *adj* bancaire.
bancarrota *nf* faillite *f* • **en bancarrota** en faillite.
banco *nm* **1.** banc *m* • **banco de peces** banc de poissons • **banco de arena** banc de sable **2.** banque *f* • **banco de sangre** banque du sang **3.** établi *m.* ■ **Banco Mundial** *nm* Banque *f* mondiale.
banda *nf* **1.** bande *f* • **banda armada** bande armée • **banda magnética** bande magnétique **2.** fanfare *f* **3.** écharpe *f* **4.** ruban *m* **5.** ligne *f* de touche **6.** *fig* • **se cerró en banda** il n'a rien voulu savoir. ■ **banda sonora** *nf* bande-son *f*, bande *f* originale.
bandada *nf* volée *f* *(d'oiseaux)* ; banc *m* *(de poissons)* ; groupe *m* *(d'enfants).*
bandazo *nm* embardée *f* • **dar bandazos a)** *(bateau)* gîter **b)** *(personne ivre)* tituber **c)** *fig* être une vraie girouette.
bandeja *nf* plateau *m* • **servir ou dar algo a alguien en bandeja** *fig* amener qqch à qqn sur un plateau.
bandera *nf* drapeau *m* • **jurar bandera** prêter serment au drapeau • **bandera blanca** drapeau blanc. ■ **de bandera** *loc adj* *fam* du tonnerre.
banderilla *nf* **1.** banderille *f* **2.** mini-brochette *f* *(amuse-gueule).*
banderillero *nm* TAUROM banderillero *m.*
banderín *nm* **1.** fanion *m* **2.** MIL porte-drapeau *m.*
bandido, da *nm,f* **1.** bandit *m* **2.** coquin *m*, -e *f.*
bando *nm* **1.** camp *m* **2.** arrêté *m* *(municipal).*
bandolero, ra *nm,f* brigand *m.* ■ **bandolera** *nf* bandoulière *f* • **en bandolera** en bandoulière.
bandurria *nf* mandoline *f* espagnole.
banjo ['bandʒo] *nm* banjo *m.*
banquero, ra *nm,f* banquier *m*, -ère *f.*
banqueta *nf* **1.** banquette *f* **2.** **(AMÉR)** trottoir *m.*
banquete *nm* banquet *m* • **darse un banquete** *fig* faire un festin.
banquillo *nm* **1.** petit banc *m* **2.** SPORT banc *m* **3.** DR • **banquillo (de los acusados)** banc *m* des accusés.
bañadera *nf* **(AMÉR)** baignoire *f* ; bus *m.*
bañador *nm* maillot *m* de bain.
bañar *vt* baigner ; • **bañar con ou de a)** CULIN enrober de **b)** *(avec de l'or)* recouvrir de ; • **bañar**

en tremper dans. ■ **bañarse** *vp* **1.** se baigner **2.** (AMÉR) prendre une douche.
bañera *nf* baignoire *f*.
bañista *nmf* baigneur *m*, -euse *f*.
baño *nm* **1.** bain *m* ; baignade *f* • **darse un baño** prendre un bain **2.** baignoire *f* **3.** salle *f* de bains **4.** couche *f (de peinture, etc)*. ■ **baños** *nmpl* eaux *fpl*, bains *mpl*. ■ **baño María** *nm* bain-marie *m*.
baobab (*pl* **baobabs**) *nm* baobab *m*.
baquetas *nfpl* baguettes *fpl*.
bar *nm* bar *m* • **bar musical** *bar avec une ambiance de discothèque*.
barahúnda *nf (bruit)* foire *f* ; *(désordre)* chantier *m*.
baraja *nf* jeu *m* de cartes • **baraja española** *jeu de cartes espagnoles*.
barajar *vt* **1.** battre *(les cartes)* **2.** *fig* brasser ; mettre en avant *(une idée)* ; envisager *(une possibilité)*. ■ **barajarse** *vp* être envisagé(e) ; être examiné(e).
baranda, **barandilla** *nf (d'escalier)* rampe *f* ; *(de balcon)* balustrade *f*.
baratija *nf* babiole *f*.
baratillo *nm* brocanteur *m*.
barato, ta *adj* bon marché, pas cher(ère). ■ **barato** *adv* (à) bon marché • **comprar barato** acheter à bas prix • **salir barato** ne pas revenir cher.
barba *nf* barbe *f* • **dejarse barba** se laisser pousser la barbe • **por barba** par tête.
barbacoa *nf* barbecue *m*.
barbaridad *nf* **1.** atrocité *f* • **¡qué barbaridad!** quelle horreur ! **2.** ineptie *f* **3.** *(expressions)* • **una barbaridad (de)** des tonnes (de) • **comer una barbaridad** manger comme quatre • **gastar una barbaridad** dépenser une fortune.
barbarie *nf* barbarie *f*.
barbarismo *nm* barbarisme *m*.
bárbaro, ra *adj* **1.** *(gén)* HIST barbare • **¡qué bárbaro!** quelle brute!, quel sauvage ! **2.** grossier(ère) **3.** *fam* super. ❑ *nm,f* Barbare *mf*. ■ **bárbaro** *adv fam* • **pasarlo bárbaro** s'éclater.
barbecho *nm* jachère *f*.
barbería *nf* coiffeur *m* (pour hommes) *(salon)*.
barbero *nm* coiffeur *m* (pour hommes).
barbilampiño *adj* imberbe. ❑ *nm* jeunot *m*.
barbilla *nf* menton *m*.
barbitúrico *nm* barbiturique *m*.
barbo *nm* barbeau *m*.
barbudo, da *adj & nm,f* barbu(e).
barca *nf* barque *f*.
barcaza *nf* péniche *f* • **barcaza de desembarque** allège *f*.
Barcelona *npr* Barcelone.
barcelonés, esa *adj* barcelonais(e). ❑ *nm,f* Barcelonais *m*, -e *f*.
barcelonista *adj* SPORT du football-club de Barcelone.
barco *nm* bateau *m* • **barco de vela/de motor** bateau à voile/à moteur • **barco mercante** cargo *m*.
baremo *nm* barème *m*.
bareto *nm fam* bistrot *m*, boui-boui *m*.
bario *nm* baryum *m*.
barítono *nm* baryton *m*.
barman (*pl* **barmans**) *nm* barman *m*.
Barna abrév de **Barcelona**.
barniz *nm* vernis *m*.
barnizar [13] *vt* vernir.
barómetro *nm* baromètre *m*.
barón, onesa *nm,f* baron *m*, -onne *f*.
barquero, ra *nm,f* passeur *m*, -euse *f*.
barquillo *nm* gaufrette *f*.
barra *nf* **1.** barre *f* ; lingot *m* (d'or) ; pain *m (de glace)* ; tringle *f* • **barra de labios** rouge *m* à lèvres • **barra de pan** ≃ baguette *f* **2.** comptoir *m*, bar *m* • **barra americana** bar à hôtesses • **barra libre** *boisson à volonté* **3.** INFORM barre *f* • **barra de desplazamiento** ascenseur *m* • **barra de herramientas** barre d'outils • **barra de menús** barre de menu • **barra espaciadora** barre d'espacement.
barrabasada *nf fam* **1.** belle bêtise *f* **2.** vacherie *f*.
barraca *nf* **1.** baraque *f* **2.** stand *m* **3.** chaumière *f (à Valence et en Murcie)*.
barracón *nm* baraquement *m*.
barranco *nm* **1.** précipice *m* **2.** ravin *m*.
barranquismo *nm* canyoning *m*.
barraquismo *nm* • **el barraquismo** la prolifération des bidonvilles.
barrena *nf* TECHNOL mèche *f* • **barrena de mano** vrille *f*.
barrenar *vt* **1.** forer, perforer **2.** enfreindre *(la loi)* ; manquer à *(un principe)* ; saboter *(les efforts de quelqu'un)*.
barrendero, ra *nm,f* balayeur *m*, -euse *f*.
barreno *nm* **1.** foret *m* **2.** trou *m* de mine.
barreño *nm* bassine *f*.
barrer *vt* **1.** balayer **2.** *fam* battre à plate couture.

> À PROPOS DE
> **barrer**
> Attention **barrer** est un faux-ami ! Il signifie **balayer**.

barrera *nf* **1.** barrière *f* • **barreras arancelarias** barrières douanières • **barrera del sonido** mur *m* du son **2.** SPORT mur *m (de joueurs)*.
barriada *nf* quartier *m*.
barricada *nf* barricade *f*.
barrido *nm (gén)* TECHNOL balayage *m* • **dar un barrido** donner un coup de balai.
barriga *nf* ventre *m* • **echar barriga** prendre du ventre.
barrigón, ona *adj (homme)* bedonnant ; *(femme)* qui a du ventre. ■ **barrigón** *nm* (gros) ventre *m* ; gros père *m*.

barrigudo, da *adj (homme)* bedonnant ; *(femme)* qui a du ventre.

barril *nm* baril *m* ; tonneau *m* • **de barril** (à la) pression.

barrio *nm* **1.** quartier *m* • **mandar a alguien al otro barrio** *fam & fig* achever qqn **2.** (AMÉR) bidonvilles *mpl*.

barriobajero, ra *péj adj* peuple. ❑ *nm, f* zonard *m*, -e *f*.

barrizal *nm* bourbier *m*.

barro *nm* **1.** boue *f* **2.** argile *f* **3.** acné *f*.

barroco, ca *adj* **1.** *ART* baroque **2.** *fig* ampoulé(e) ; *fig* extravagant(e). ■ **barroco** *nm ART* baroque *m*.

barrote *nm* barreau *m*.

bartola ■ **a la bartola** *loc adv fam* • **tumbarse a la bartola** flemmarder • **tomar algo a la bartola** prendre qqch à la rigolade.

bártulos *nmpl* affaires *fpl* • **liar los bártulos** *fam & fig* prendre ses cliques et ses claques.

barullo *nm fam* **1.** boucan *m* • **armar barullo** faire du boucan **2.** bazar *m*.

basalto *nm* basalte *m*.

basar *vt* baser. ■ **basarse** *vp* • **basarse en** se baser sur.

basca *nf* **1.** *fam* potes *mpl* **2.** mal *m* au cœur.

báscula *nf* bascule *f*. ■ **báscula de baño** *nf* pèse-personne *m*.

bascular *vi* basculer.

base *nf* base *f* • **a base de a)** *(aliment)* à base de **b)** *(médicament)* à coup de • **a base de bien** *fam* drôlement bien • **sentar las bases** poser les jalons. ■ **base de datos** *nf* base *f* de données.

básicamente *adv* essentiellement.

básico, ca *adj* de base, essentiel(elle), basique.

basílica *nf* basilique *f*.

basilisco *nm* • **ponerse hecho un basilisco** *fam & fig* se mettre en rogne.

basta *interj* • **¡basta!** ça suffit ! • **¡basta de caprichos!** finis les caprices ! • **¡basta de bromas!** trêve de plaisanteries !

bastante *adv* assez • **no come bastante** il ne mange pas assez • **es lo bastante lista para…** elle est assez futée pour… • **gana bastante** il gagne bien sa vie. ❑ *adj* assez • **no tengo bastante dinero** je n'ai pas assez d'argent • **tengo bastante frío** j'ai plutôt froid • **éramos bastantes** nous étions assez nombreux • **gana bastante dinero** il gagne pas mal d'argent.

bastar *vi* suffire • **basta con decirlo** il suffit de le dire • **basta con que se lo digas** il suffit que tu le lui dises. ■ **bastarse** *vp* se débrouiller tout seul, toute seule *f* • **él solo se basta y sobra para llevar la empresa** il est tout à fait capable de gérer l'entreprise tout seul.

bastardilla *nf* → **letra**.

bastardo, da *adj* **1.** bâtard(e) **2.** *péj* infâme. ❑ *nm, f* bâtard *m*, -e *f*.

bastidor *nm (cadre) AUTO* châssis *m*. ■ **bastidores** *nmpl* coulisses *fpl* • **entre bastidores** *fig* dans les coulisses.

basto, ta *adj* **1.** grossier(ère) **2.** rugueux(euse). ■ **bastos** *nmpl l'une des quatre couleurs du jeu de cartes espagnol*.

bastón *nm* canne *f* ; bâton *m (de ski)*. ■ **bastón de mando** *nm* bâton *m* de commandement.

bastoncillo *nm* Coton-Tige® *m*.

basura *nf* **1.** ordures *fpl* **2.** *fig (de mauvaise qualité)* saleté *f*.

basurero *nm* **1.** éboueur *m* **2.** décharge *f*.

bata *nf* **1.** robe *f* de chambre **2.** blouse *f (de travail)*.

batacazo *nm* • **darse ou pegarse un batacazo** se casser la figure.

batalla *nf* **1.** bataille *f* • **batalla campal** *MIL* **a)** bataille rangée **b)** *fig* foire *f* d'empoigne **2.** *fig* lutte *f* • **de batalla** de tous les jours.

batallar *vi litt & fig* batailler.

batallita *nf* anecdote *f* • **contar batallitas** raconter des anecdotes.

batallón, ona *adj* **1.** bagarreur(euse) **2.** turbulent(e) **3.** *fam* épineux(euse). ■ **batallón** *nm fig MIL* bataillon *m*.

batata *nf* patate *f* douce.

bate *nm SPORT* batte *f*.

bateador, ra *nm, f SPORT* batteur *m*, -euse *f*.

batear *vt SPORT* frapper. ❑ *vi SPORT* être à la batte.

batería *nf* **1.** *(gén, mus) MIL* batterie *f* • **batería de cocina** batterie de cuisine **2.** *THÉÂTRE* rampe *f* • **aparcar en batería** se garer en épi. ❑ *nmf MUS* batteur *m*, -euse *f*.

batido, da *adj* **1.** *(crème)* fouetté(e) **2.** *(blancs d'œufs, chemin)* battu(e). ■ **batido** *nm* **1.** battage *m* **2.** milk-shake *m*. ■ **batida** *nf* **1.** battue *f* **2.** *(police)* • **dar una batida** ratisser.

batidor *nm* **1.** *CULIN* fouet *m* **2.** rabatteur *m* **3.** *MIL* éclaireur *m*.

batidora *nf* • **batidora (eléctrica) a)** batteur *m* **b)** mixer *m*.

batiente *nm* **1.** battant *m* **2.** brise-lames *m* ; brisant *m*.

batín *nm* veste *f* d'intérieur.

batir *vt* **1.** battre ; fouetter *(la crème)* **2.** *(sujet : la police)* ratisser. ❑ *vi (pluie)* battre. ■ **batirse** *vp* se battre.

batracio *nm* batracien *m*.

baturro, rra *adj* aragonais(e). ❑ *nm, f* paysan *m* aragonais, paysanne *f* aragonaise • **es un baturro** il est buté.

batuta *nf* baguette *f* de chef d'orchestre • **llevar la batuta** *fig* faire la loi.

baúl *nm* **1.** malle *f* **2.** (AMÉR) coffre *m (de voiture)*.

bautismal *adj* baptismal(e) ; *(rite, cérémonie)* du baptême.

bautismo *nm* baptême *m (sacrement)*.

bautizar [13] *vt litt & fig* baptiser.

bautizo *nm* baptême *m (cérémonie)*.
Baviera *npr* Bavière *f*.
baya *nf* baie *f*.
bayeta *nf* **1.** flanelle *f* **2.** lavette *f (carré de tissu-éponge)*.
bayoneta *nf* baïonnette *f*.
baza *nf* **1.** pli *m (aux cartes)* **2.** atout *m* **3.** *fig* • **meter baza en** mettre son nez dans.
bazar *nm* bazar *m*.
bazo, za *adj* bis(e). ■ **bazo** *nm* ANAT rate *f*.
bazofia *nf litt & fig* cochonnerie *f*.
bazuca, bazooka *nm* bazooka *m*.
BBVA (abrév de Banco Bilbao Vizcaya Argentaria) *nm établissement bancaire espagnol*.
Bco. (abrév de banco) banque *f*.
be *nf* • **be larga** *ou* **grande (AMÉR)** b *m inv*, lettre *f* b.
beatificación *nf* béatification *f*.
beatificar [10] *vt* **1.** béatifier **2.** *fig* ennoblir.
beatitud *nf* **1.** RELIG béatitude *f* **2.** *fam (tranquillité)* • **dormir con beatitud** dormir comme un bienheureux.
beato, ta *adj & nm,f* **1.** bienheureux(euse) **2.** dévot(e) **3.** *fig* bigot(e).
bebe, ba *nm,f* **(AMÉR)** *fam* bébé *m*, petit garçon *m*, petite fille *f*.
bebé *nm* bébé *m* • **bebé probeta** bébé-éprouvette.
bebedero *nm* **1.** auget *m* **2.** abreuvoir *m*.
bebedor, ra *nm,f* buveur *m*, -euse *f*.
beber *vt* **1.** boire **2.** *fig* puiser. ❑ *vi* boire • **beber a ou por** *(trinquer)* boire à.
bebida *nf* boisson *f*.
bebido, da *adj* gris(e) *(ivre)*.
beca *nf* bourse *f*.
becar [10] *vt* • **becar a alguien** attribuer une bourse à qqn.
becario, ria *nm,f* boursier *m*, -ère *f*.
becerro, rra *nm,f* veau *m*, génisse *f*.
bechamel = **besamel**.
bedel *nm* appariteur *m*.
beduino, na *adj* bédouin(e). ❑ *nm,f* Bédouin *m*, -e *f*.
begonia *nf* bégonia *m*.
beicon *nm* bacon *m (lard)*.
beige, beis *adj & nm inv* beige.
béisbol *nm* base-ball *m*.
bejuco *nm* **(AMÉR)** liane *f*.
belén *nm* **1.** crèche *f (de Noël)* **2.** *fam* foutoir *m* **3.** *(gén pl) fig (ennuis)* histoire *f*.
belga *adj* belge. ❑ *nmf* Belge *mf*.
Bélgica *npr* Belgique *f*.
Belgrado *npr* Belgrade.
bélico, ca *adj* de guerre ; guerrier(ère).
belicoso, sa *adj* belliqueux(euse).
beligerante *adj & nmf* belligérant(e).
bellaco, ca *nm,f* scélérat *m*, -e *f*.
belleza *nf* beauté *f*.
bello, lla *adj* beau, belle *f*.
bellota *nf* gland *m* • **jamón ibérico de bellota** *jambon espagnol de grande qualité produit à partir de porcs nourris aux glands*.
bemol *adj* bémol. ❑ *nm* bémol *m* • **tiene (muchos) bemoles** *fig* **a)** ce n'est pas de la tarte **b)** il en a dans le ventre **c)** c'est un peu fort.
bencina *nf* **1.** CHIM benzine *f* **2.** **(AMÉR)** essence *f*.
bencinera *nf* **(AMÉR)** pompe *f* à essence.
bendecir [66] *vt* bénir ; consacrer.
bendición *nf* bénédiction *f*.
bendito, ta *adj* **1.** bénit(e) **2.** bienheureux(euse) **3.** sacré(e). ❑ *nm,f* simple *m* d'esprit.
benedictino, na *adj & nm,f* bénédictin(e).
benefactor, ra *adj* bienfaisant(e). ❑ *nm,f* bienfaiteur *m*, -trice *f*.
beneficencia *nf* bienfaisance *f*.
beneficiar [8] *vt* profiter à • **esta actitud no te beneficia** cette attitude te fait du tort. ■ **beneficiarse** *vp* gagner • **no se beneficia nadie** personne n'y gagne • **beneficiarse de algo** profiter de qqch.
beneficiario, ria *nm,f* bénéficiaire *mf*.
beneficio *nm* **1.** bienfait *m* • **a beneficio de** au profit de • **en beneficio de todos** dans l'intérêt de tous • **en beneficio propio** dans son propre intérêt **2.** bénéfice *m*.
beneficioso, sa *adj* bienfaisant(e).
benéfico, ca *adj* **1.** bienfaisant(e) **2.** de bienfaisance.
Benelux *npr* • **el Benelux** le Benelux.
benemérito, ta *adj* vénérable. ■ **Benemérita** *nf* • **la Benemérita (ESP)** la Garde civile *(gendarmerie espagnole)*.
beneplácito *nm* consentement *m*.
benevolencia *nf* bienveillance *f*.
benévolo, la, benevolente *adj* bienveillant(e).
bengala *nf* **1.** fusée *f* de détresse **2.** feu *m* de Bengale.
benigno, na *adj* **1.** MÉD bénin(igne) **2.** *(climat, température)* doux, douce *f*.
benjamín, ina *nm,f* benjamin *m*, -e *f*.
berberecho *nm* coque *f (coquillage)*.
beréber, bereber, berebere *adj* berbère. ❑ *nmf* Berbère *mf*. ❑ *nm (langue)* berbère *m*.
berenjena *nf* aubergine *f*.
berenjenal *nm fam* pagaille *f* • **meterse en un berenjenal** se mettre dans de beaux draps.
Berlín *npr* Berlin.
berlina *nf* berline *f*.
bermejo, ja *adj* vermeil(eille).
bermellón *adj inv & nm* vermillon.
bermudas *nm ou nf pl* bermuda *m*.
Bermudas *npr* • **las Bermudas** les Bermudes *fpl* • **el triángulo de las Bermudas** le triangle des Bermudes.
Berna *npr* Berne.

berrear *vi* beugler ; *(enfant)* brailler.
berrido *nm* beuglement *m* ; braillement *m* *(d'enfant)*.
berrinche *nm fam* • **coger un berrinche** piquer une crise.
berro *nm* cresson *m*.
berza *nf* chou *m*.
berzotas *nm,f inv fam* • **ser un berzotas** être bouché(e).
besamel, bechamel *nf* béchamel *f*.
besar *vt* embrasser. ■ **besarse** *vp* s'embrasser.
beso *nm* baiser *m* • **comer a besos** couvrir de baisers.
bestia *adj fig* • **es muy bestia** c'est une vraie brute. ❑ *nmf fig (personne)* brute *f*. ❑ *nf (animal)* bête *f* • **bestia de carga** bête de somme.
bestial *adj* **1.** bestial(e) **2.** *fam* terrible **3.** *fam* super.
bestialidad *nf* **1.** brutalité *f* **2.** *fam* énormité *f* **3.** *fam* • **una bestialidad de** des tonnes de.
best seller [bes'seler] (*pl* **best sellers**) *nm* best-seller *m*.
besucón, ona *adj & nm,f* qui a la manie d'embrasser.
besugo *nm* **1.** daurade *f* **2.** *fam* andouille *f*.
besuquear *vt fam* bécoter. ■ **besuquearse** *vp fam* se bécoter.
betabloqueador, ra, betabloqueante *adj* MÉD bêtabloquant(e). ■ **betabloqueador, betabloqueante** *nm* bêtabloquant *m*.
bético, ca *adj* de la Bétique *(ancien nom de l'Andalousie)*.
betún *nm* **1.** cirage *m* **2.** bitume *m*.
bianual *adj* **1.** bisannuel(elle) **2.** semestriel(elle).
biberón *nm* biberon *m*.
biblia *nf* bible *f*. ■ **Biblia** *nf* • **la Biblia** la Bible.
bibliobús *nm* (Esp) bibliobus *m*.
bibliófilo, la *nm,f* bibliophile *mf*.
bibliografía *nf* bibliographie *f*.
biblioteca *nf* bibliothèque *f*.
bibliotecario, ria *nm,f* bibliothécaire *mf*.
bicameralismo *nm* bicamérisme *m*.
bicarbonato *nm* **1.** CHIM bicarbonate *m* **2.** MÉD bicarbonate *m* (de soude).
bicentenario *nm* bicentenaire *m*.
bíceps *nm inv* biceps *m*.
bicharraco *nm fam* **1.** bestiole *f* **2.** sale type *m*.
bicho *nm* **1.** *(animal)* bête *f* ; *(insecte)* bestiole *f* **2.** *(personne)* peste *f* • **bicho raro** drôle d'oiseau *m*.
bici *nf fam* vélo *m*.
bicicleta *nf* bicyclette *f*.
bicitaxi *nm* vélo-taxi *m*.
bicoca *nf fam* • **ser algo una bicoca** être une bonne affaire • **una bicoca de trabajo** une bonne planque.
bicolor *adj* bicolore.
bidé *nm* bidet *m*.
bidimensional *adj* en deux dimensions.
bidón *nm* bidon *m*.
biela *nf* bielle *f*.
Bielorrusia *npr* Biélorussie *f*.
biempensante *adj & nmf* bien-pensant(e).

bien

■ bien *adv*

1. CORRECTEMENT, DE MANIÈRE SATISFAISANTE
bien • **has hecho bien** tu as bien fait • **habla bien el inglés** il parle bien l'anglais • **¡muy bien!** très bien ! • **este vestido te sienta muy bien** cette robe te va très bien • **encontrarse bien** se sentir bien • **¿seguro que estás bien? te veo un poco pálida…** tu es sûre que tu vas bien ? je te trouve un peu pâle…

2. DE BONNE QUALITÉ
• **este libro está muy bien** ce livre est très bien • **tus deberes no están bien** ton travail n'est pas bon

3. GOÛT, ODEUR
bon • **saber bien** avoir bon goût • **oler bien** sentir bon

4. POUR EXPRIMER SON ACCORD
d'accord • **¿nos vamos? — ¡bien!** on y va ? — d'accord ! • **¡está bien!** d'accord !

5. DANS DES EXPRESSIONS
• **¡ya está bien!** ça suffit ! • **nos lo pasamos muy bien en la fiesta** on s'est vraiment bien amusés à la fête • **como bien le parezca** comme bon vous semble

■ bien *adj inv*

bien • **es gente bien** ce sont des gens bien • **un chico bien** un garçon bien

■ bien *conj*

POUR EXPRIMER UNE ALTERNATIVE
• **puede pagar bien en efectivo bien con tarjeta** vous pouvez payer soit en liquide soit par carte

■ bien *nm*

1. SENS MORAL
bien • **el bien y el mal** le bien et le mal • **hacer el bien** faire le bien

2. PROPRIÉTÉ
bien • **un bien público** un bien public

3. INTÉRÊT
bien • **es por tu bien** c'est pour ton bien
SCOL ≃ mention assez bien

■ bienes *nmpl*

PROPRIÉTÉ
biens • **legó todos sus bienes a una fundación** il a légué tous ses biens à une fondation • **bienes de consumo** biens de consommation • **bienes gananciales** DR acquêts *mpl* • **bienes muebles/inmuebles** biens mobiliers/immobiliers

■ **más bien** *loc adv*
POUR INDIQUER UNE TENDANCE
plutôt • **el clima de esta región es más bien húmedo** le climat de cette région est plutôt humide

bienal *adj* biennal(e), bisannuel(elle). ❑ *nf* biennale *f.*
bienaventurado, da *nm,f* bienheureux *m*, -euse *f.*
bienestar *nm* **1.** bien-être *m* **2.** *(financièrement)* confort *m.*
bienhablado, da *adj* **1.** poli(e), bien élevé(e) **2.** qui parle bien, qui s'exprime correctement.
bienhechor, ra *nm,f* bienfaiteur *m*, -trice *f.*
bienintencionado, da *adj* bien intentionné(e).
bienio *nm* **1.** *espace de deux ans* **2.** *prime d'ancienneté accordée au bout de deux ans d'activité.*
bienvenido, da *adj* bienvenu(e) • **¡bienvenido!** soyez le bienvenu ! ■ **bienvenida** *nf* bienvenue *f* • **dar la bienvenida** souhaiter la bienvenue.
bies *nm inv* biais *m* • **al bies a)** *(couture)* en biais **b)** *(chapeau, etc)* de biais.
bife *nm* (AMÉR) = **bistec**.
bífido, da *adj* bifide.
bifocal *adj* à double foyer. ■ **bifocales** *nfpl* lunettes *fpl* à double foyer.
biftec = **bistec**.
bifurcación *nf* bifurcation *f.*
bifurcarse [10] *vp* bifurquer ; se diviser en deux.
bigamia *nf* bigamie *f.*
bígamo, ma *adj & nm,f* bigame.
bigote *nm* moustache *f.*
bigotudo, da *adj* moustachu(e).
bikini = **biquini**.
bilateral *adj* bilatéral(e).
bilbaíno, na *adj & nm,f* de Bilbao.
biliar *adj* biliaire.
bilingüe *adj* bilingue.
bilingüismo *nm* bilinguisme *m.*
bilis *nf inv* bile *f.*
billar *nm* billard *m.*
billete *nm* billet *m* • **sacar un billete** prendre un billet • **billete de ida y vuelta** aller-retour *m* • **billete sencillo** aller *m* simple.
billetera *nf* portefeuille *m.*
billetero *nm* = **billetera**.
billón *nm* billion *m.*
bimensual *adj* bimensuel(elle).
bimestral *adj* bimestriel(elle).
binacional *adj & nmf* binational(e).
binario, ria *adj* INFORM binaire.
bingo *nm* **1.** bingo *m* **2.** salle *f* de bingo.
binóculo *nm* binocle *m.*
binomio *nm fig* MATH binôme *m* • **un binomio de amigos** deux amis.
biocarburante *nm* biocarburant *m.*
biocombustible *nm* biocombustible *m.*
biodegradable *adj* biodégradable.
biodiversidad *nf* biodiversité *f.*
bioético, ca *adj* bioéthique. ■ **bioética** *nf* bioéthique *f.*
biofísico, ca *adj* biophysique. ■ **biofísica** *nf* biophysique *f.*
biogénesis *nf inv* biogenèse *f.*
biogenética *nf* biogénétique *f.*
biografía *nf* biographie *f.*
biográfico, ca *adj* biographique.
biógrafo, fa *nm,f* biographe *mf.*
bioinformática *nf* bio-informatique *f.*
bioingeniería *nf* bioingénierie *f.*
biología *nf* biologie *f.*
biológico, ca *adj* biologique.
biólogo, ga *nm,f* biologiste *mf.*
biomasa *nf* biomasse *f.*
biombo *nm* paravent *m.*
biometría *nf* biométrie *f.*
biónico, ca *adj* bionique.
biopsia *nf* biopsie *f.*
bioquímico, ca *adj* biochimique. ❑ *nm,f* biochimiste *mf.* ■ **bioquímica** *nf* biochimie *f.*
biorritmo *nm* biorythme *m.*
biosfera *nf* biosphère *f.*
biotecnología *nf* biotechnologie *f*, biotechnique *f.*
bioterapia *nf* biothérapie *f.*
bioterrorismo *nm* bioterrorisme *m.*
bipartidismo *nm* bipartisme *m.*
bipartidista *adj* bipartite.
bipartito, ta *adj* bipartite, biparti(e).
bípedo, da *adj* bipède. ■ **bípedo** *nm* bipède *m.*
biplaza *adj m & nm* biplace.
bipolar *adj* bipolaire.
biquini, bikini *nm* bikini *m*, deux-pièces *m.*
birlar *vt fam* faucher.
birra *nf tfam* mousse *f.*
birrete *nm* **1.** barrette *f (de prêtre)* **2.** bonnet *m (de professeur, d'avocat)* ; toque *f (de juge).*
birria *nf* **1.** *fam (chose, personne)* horreur *f* ; *fam (tableau)* croûte *f* **2.** *fam* camelote *f.*
birrioso, sa *adj fam* minable.
biruji *nm fam* • **¡que biruji hace!** qu'est-ce qu'il fait frisquet !
bis *adj inv* bis • **viven en el 15 bis** ils habitent au 15 bis. ❑ *nm* bis *m* • **pedir un bis** bisser. ❑ *adv* bis.
bisabuelo, la *nm,f* arrière-grand-père *m*, arrière-grand-mère *f.*
bisagra *nf* charnière *f.*
biscuit *nm* biscuit *m (porcelaine).*
bisección *nf* bissection *f.*

bisector, triz *adj* bissecteur(trice). ■ **bisectriz** *nf* bissectrice *f*.
biselar *vt* biseauter.
bisexual *adj & nmf* bisexuel(elle).
bisiesto *adj* → **año**.
bisilábico, ca, bisílabo, ba *adj* de deux syllabes.
bisnieto, ta, biznieto, ta *nm,f* arrière-petit-fils *m*, arrière-petite-fille *f*.
bisonte *nm* bison *m*.
bisoño, ña *adj* novice. ❑ *nm,f* débutant *m*, -e *f*; MIL jeune recrue *f*.
bistec, biftec, bife *nm* (AMÉR) bifteck *m*.
bisturí (*pl* **bisturíes** *ou* **bisturís**) *nm* bistouri *m*.
bisutería *nf* bijoux *mpl* fantaisie.
bit ['bit] (*pl* **bits**) *nm* INFORM bit *m*.
bitácora *nf* NAUT habitacle *m*.
bíter, bitter *nm* bitter *m*.
bizantino, na *adj* byzantin(e). ❑ *nm,f* Byzantin *m*, -e *f*.
bizarro, rra *adj* **1.** (*courageux*) brave **2.** (*prodigue*) généreux(euse).
bizco, ca *adj* • **es bizco** il louche. ❑ *nm,f* loucheur *m*, -euse *f*.
bizcocho *nm* **1.** gâteau *m* **2.** biscuit *m*.
biznieto = **bisnieto**.
bizquear *vi* **1.** loucher **2.** *fam & fig* être épaté(e).
blablablá *nm fam* bla-bla *m*.
blanco, ca *adj* blanc, blanche *f*. ❑ *nm,f* Blanc *m*, Blanche *f*. ■ **blanco** *nm* **1.** blanc *m* **2.** cible *f* • **dar en el blanco** mettre dans le mille • **fue el blanco de todas las miradas** tous les regards se sont portés sur lui **3.** *fig* but *m*. ■ **blanca** *nf* MUS blanche *f* • **estar ou quedarse sin blanca** *fig* ne pas avoir un sou. ■ **blanco del ojo** *nm* blanc *m* de l'œil. ■ **en blanco** *loc adv* • **dejar su hoja en blanco** rendre copie blanche ; • **quedarse con la mente en blanco** avoir un trou de mémoire ; • **pasar la noche en blanco** passer une nuit blanche.
blancura *nf* blancheur *f*.
blandengue *adj litt & fig* mollasse. ❑ *nmf* lavette *f*.
blandir *vt* brandir.
blando, da *adj* **1.** mou, molle *f* ; (*viande*) tendre **2.** *fig* faible • **es demasiado blando con los alumnos** il n'est pas assez sévère avec les élèves.
blandura *nf* **1.** mollesse *f* **2.** *fig* faiblesse *f*.
blanquear *vt* blanchir.
blanquecino, na *adj* blanchâtre ; blafard(e).
blanqueo *nm* **1.** blanchissage *m* **2.** blanchiment *m*.
blanquiazul *adj du football-club Real Madrid*.
blanquillo *nm* (AMÉR) **1.** œuf *m* **2.** pêche *f*.
blanquiverde *adj du football-club Real Betis*.
blasfemar *vi* **1.** blasphémer **2.** jurer.
blasfemia *nf* **1.** blasphème *m* **2.** juron *m* **3.** *fig* sacrilège *m*.
blasfemo, ma *adj* blasphématoire ; blasphémateur(trice). ❑ *nm,f* blasphémateur *m*, -trice *f*.
blasón *nm* **1.** (*gén*) blason *m* **2.** *fig* (*fierté*) honneur *m*.
blaugrana *adj & nm,f* SPORT *terme catalan qualifiant et désignant l'équipe de football de Barcelone par la couleur de son maillot*.
blazer ['bleiser] (*pl* **blazers**) *nm* blazer *m*.
bledo *nm* • **me importa un bledo** *fam* je m'en fiche comme de l'an quarante.
blindado, da *adj* blindé(e).
blindaje *nm* blindage *m*.
blindar *vt* blinder.
bloc (*pl* **blocs**) *nm* bloc-notes *m*.
blocaje *nm* SPORT blocage *m*.
blog *nm* blog *m*.
blogalaxia *nf* blogosphère *f*.
blogosfera, blogisfera *nf* blogosphère *f*.
bloguero, ra *nm,f fam* blogueur *m*, -euse *f*.
bloque *v* → **blocar**. ❑ *nm* **1.** (*gén*) INFORM bloc *m* **2.** immeuble *m*. ■ **bloque del motor** *nm* bloc-moteur *m*.
bloquear *vt* **1.** bloquer **2.** saisir (*des biens*) ; faire opposition à (*un chèque*) ; geler (*un compte, des crédits*). ■ **bloquearse** *vp* se bloquer ; (*personne*) faire un blocage.
bloqueo *nm* **1.** blocage *m* **2.** blocus *m* ; embargo *m* • **bloqueo económico** embargo économique **3.** saisie *f* (*de biens*) ; gel *m* (*d'un compte, de crédits*).
blues ['blus] *nm inv* blues *m*.
blusa *nf* chemisier *m*.
blusón *nm* chemise *f* ample.
bluyín *nm* jean *m*.
bluyines *nmpl* (AMÉR) = **bluyín**.
boa *nf* boa *m*.
bobada *nf fam* bêtise *f* • **decir/hacer bobadas** dire/faire des bêtises.
bobería *nf fam* bêtise *f*.
bobina *nf* bobine *f*.
bobo, ba *adj & nm,f* **1.** idiot(e) **2.** niais(e).
boca *nf* bouche *f* • **mantener seis bocas** avoir six bouches à nourrir • **boca de metro** bouche de métro • **abrir ou hacer boca** mettre en appétit • **se me hace la boca agua** j'en ai l'eau à la bouche • **quitar de la boca** ôter de la bouche. ■ **boca arriba** *loc adv* sur le dos. ■ **boca abajo** *loc adv* sur le ventre, à plat ventre. ■ **boca a boca** *nm* bouche-à-bouche *m inv*.
bocacalle *nf* rue *f* • **gire a la izquierda en la tercera bocacalle** prenez la troisième rue à gauche.
bocadillería *nf* sandwicherie *f*.
bocadillo *nm* **1.** sandwich *m* **2.** bulle *f* (*de bande dessinée*).
bocadito *nm* (AMÉR) canapé *m* • **bocadito de nata** profiterole *f*, petit chou *m* à la crème.

bocado *nm* bouchée *f* ; morceau *m* • **no probar bocado** ne rien avaler ; • **dar un bocado** mordre.

bocajarro ■ **a bocajarro** *loc adv* **1.** à brûle-pourpoint **2.** à bout portant.

bocanada *nf* **1.** gorgée *f* **2.** bouffée *f*.

bocata *nm fam* sandwich *m*.

bocazas *nmf inv fam & péj* grande gueule *f*.

boceto *nm* ébauche *f*, esquisse *f*.

bochorno *nm* chaleur *f* étouffante • **pasó un bochorno** il est devenu tout rouge *(de honte)*.

bochornoso, sa *adj* **1.** étouffant(e) **2.** honteux(euse).

bocina *nf* **1.** *(de voiture)* Klaxon® *m* **2.** *(mégaphone)* porte-voix *m* **3.** **(AMÉR)** combiné *m (du téléphone)*.

bocinazo *nm* coup *m* de Klaxon.

boda *nf* mariage *m* • **bodas de diamantes/oro/plata** noces *fpl* de diamants/d'or/d'argent.

bodega *nf* **1.** cave *f* à vin ; bar *m* à vin **2.** *NAUT* cale *f* ; *AÉRON* soute *f* à bagages.

bodegón *nm* **1.** nature *f* morte **2.** taverne *f*.

bodrio *nm fam & péj* • **es un bodrio a)** ça ne vaut rien **b)** c'est infâme.

body (*pl* **bodies** *ou* **bodys**) *nm* body *m*.

BOE (abrév de Boletín Oficial del Estado) *nm Journal officiel espagnol* ; ≃ JO • **publicado en el BOE** publié au BOE.

bofetada *nf* gifle *f* • **darse de bofetadas con a)** *fig* ne pas aller du tout avec **b)** *(couleurs)* jurer avec.

bofetón *nm* claque *f*.

bofia *nf fam* • **la bofia** les poulets *mpl*, les flics *mpl*.

boga *nf* nage *f* • **estar en boga** être en vogue.

bogavante *nm* homard *m*.

Bogotá, Santa Fe de Bogotá *npr* Bogotá, Santa Fe de Bogotá.

bogotano, na *adj* de Bogotá. ❑ *nm, f* habitant *m*, -e *f* de Bogotá.

bohemio, mia *adj* **1.** bohème ; de bohème **2.** bohémien(enne). ❑ *nm, f* **1.** bohème *m* **2.** Bohémien *m*, -enne *f*.

boicot (*pl* **boicots**), **boycot** (*pl* **boycots**) *nm* boycott *m*.

boicotear, boycotear *vt* boycotter.

boina *nf* béret *m*.

bol *nm* bol *m*.

bola *nf* **1.** boule *f* **2.** bille *f* **3.** *fig & fam* • **contar bolas** raconter des bobards • **en bolas** à poil.

bolada *nf* **(AMÉR)** *fam* occase *f*.

bolardo *nm* plot *m (empêchant le stationnement sur les trottoirs)*.

bolchevismo *nm* bolchevisme *m*.

bolea *nf SPORT* volée *f*.

boleador *nm* **(AMÉR)** cireur *m* de chaussures.

boleadoras *nfpl arme de jet constituée de deux ou trois longues courroies terminées par des boules de pierre*.

bolear *vt* **(AMÉR) 1.** cirer **2.** *fig* embrouiller.

bolera *nf* bowling *m*.

bolería *nf* **(AMÉR)** cireur *m* de chaussures *(boutique)*.

bolero *nm* **1.** boléro *m* **2.** **(AMÉR)** cireur *m* de chaussures.

boletería *nf* **(AMÉR)** guichet *m*.

boletero, ra *nm, f* **(AMÉR) 1.** guichetier *m*, -ère *f* **2.** menteur *m*, -euse *f*.

boletín *nm* bulletin *m* • **boletín de noticias ou informativo** bulletin d'informations • **boletín de prensa** communiqué *m* de presse • **boletín meteorológico** bulletin météorologique.

boleto *nm* billet *m (de loterie, de tombola)* ; bulletin *m (de loto)*.

boli *nm fam* stylo *m*, Bic® *m*.

boliche *nm* **1.** cochonnet *m* **2.** boulodrome *m*.

bólido *nm* bolide *m*.

bolígrafo *nm* stylo-bille *m*.

bolillo *nm* **(AMÉR)** petit pain *m*.

bolita *nf* **(AMÉR)** bille *f*.

bolívar *nm* bolivar *m*.

Bolivia *npr* Bolivie *f*.

boliviano, na *adj* bolivien(enne). ❑ *nm, f* Bolivien *m*, -enne *f*.

bollo *nm* **1.** pain *m* au lait ; • **los bollos** la viennoiserie **2.** bosse *f*.

bolo *nm* **1.** quille *f* **2.** **(AMÉR)** *fam* poivrot *m*. ■ **bolos** *nmpl* quilles *fpl*.

bolsa *nf* **1.** sac *m* • **bolsa de basura** sac-poubelle *m* • **bolsa de viaje** sac de voyage **2.** Bourse *f* • **la bolsa baja/sube** la Bourse est en baisse/en hausse • **jugar en bolsa** jouer en Bourse **3.** *(cavité)* poche *f* **4.** **(AMÉR)** *(de vêtement)* poche *f* • **bolsa de dormir** sac *m* de couchage. ■ **bolsa de agua caliente** *nf* bouillotte *f*.

bolsillo *nm* poche *f* • **de bolsillo** de poche • **meterse a alguien en el bolsillo** mettre qqn dans sa poche.

bolso *nm* sac *m* (à main).

boludez *nf* **(AMÉR) 1.** *tfam* connerie *f* **2.** *tfam* flemme *f*.

boludo, da *nm, f* **(AMÉR)** *tfam* con *m*, conne *f*.

bomba *nf* **1.** bombe *f* • **bomba atómica** bombe atomique • **bomba de mano** grenade *f* **2.** pompe *f* **3.** **(AMÉR)** pompe *f* à essence **4.** *fig & fam* • **pasarlo bomba** *fam* s'éclater.

bombachos *nmpl* culotte *f* bouffante.

bombardear *vt litt & fig* bombarder.

bombardeo *nm* bombardement *m*.

bombardero, ra *adj* de bombardement. ■ **bombardero** *nm* bombardier *m*.

bombazo *nm* bombardement *m* • **ser un bombazo** *fig* faire l'effet d'une bombe.

bombear *vt* pomper.

bombero, ra *nm, f* pompier *m*.

bombilla *nf* ampoule *f* (électrique) • **bombilla de bajo consumo** ampoule à économie d'énergie.

bombillo *nm* **(AMÉR)** ampoule *f* (électrique).
bombín *nm* chapeau *m* melon.
bombita *nf* **(AMÉR)** *(de lampe)* ampoule *f.*
bombo *nm* grosse caisse *f* • **dar mucho bombo a** *fig* **a)** faire beaucoup de bruit autour de *(quelque chose)* **b)** ne pas tarir d'éloges sur *(quelqu'un)* • **con mucho bombo, a bombo y platillo** *fig* en fanfare.
bombón *nm* **1.** chocolat *m (bonbon)* **2.** Esquimau® *m* **3.** *fam* & *fig (femme)* • **ser un bombón** être jolie comme un cœur.
bombona *nf* bonbonne *f* • **bombona de butano** bouteille *f* de gaz.
bonachón, ona *fam adj* bonhomme. ❑ *nm,f* brave homme *m*, brave femme *f.*
bonaerense *adj* de Buenos Aires. ❑ *nm,f* habitant *m*, -e *f* de Buenos Aires.
bonanza *nf* **1.** *(temps, mer)* calme *m* plat **2.** prospérité *f.*
bondad *nf* bonté *f* • **tener la bondad de hacer algo** avoir la bonté de faire qqch.
bondadoso, sa *adj* bon, bonne *f* • **es bondadoso** il respire la bonté.
bonete *nm* barrette *f (d'ecclésiastique).*
boniato *nm* patate *f* douce.
bonificar [10] *vt* **1.** *COMM* faire un rabais de **2.** bonifier.
bonito, ta *adj* joli(e) ; gentil(ille). ■ **bonito** *nm* thon *m.*
bono *nm* **1.** bon *m* d'achat **2.** *COMM (titre)* obligation *f* ; bon *m (du Trésor)* • **bono basura** obligation de pacotille.
bonobús *nm coupon d'autobus valable pour dix trajets.*
bonoloto *nf* ≃ loto *m.*
bonometro *nm titre de transport valable pour dix trajets en métro ou en bus.*
bonotrén *nm* (carte *f* d') abonnement *m* de train.
bonsai *nm* bonsaï *m.*
bonus *nm inv* bonus *m.*
boñiga *nf* bouse *f.*
boom *nm* boom *m.*
boquerón *nm* anchois *m (frais).*
boquete *nm* brèche *f.*
boquiabierto, ta *adj* • **estar boquiabierto** avoir la bouche ouverte • **quedarse boquiabierto** *fig* rester bouche bée.
boquilla *nf* **1.** fume-cigarette *m inv* **2.** tuyau *m (d'une pipe, d'un appareil)* **3.** bec *m (de flûte).* ■ **de boquilla** *loc adj fam (promesses, etc)* en l'air.
borbónico, ca *adj* • **la dinastía borbónica** la dynastie des Bourbons.
borbotear, borbotar *vi* bouillonner.
borbotón ■ **a borbotones** *loc adv* à gros bouillons.
borda *nf NAUT* • **por la borda** par-dessus bord. ■ **fuera borda** *nm* hors-bord *m.*
bordado, da *adj* brodé(e). ■ **bordado** *nm* broderie *f.*
bordar *vt* **1.** broder **2.** fignoler.
borde *adj tfam* emmerdant(e). ❑ *nmf tfam* emmerdeur *m*, -euse *f.* ❑ *nm* bord *m* • **al borde de** *fig* au bord de.
bordear *vt* **1.** border ; longer **2.** *fig* friser *(ans)* ; frôler *(le succès).*
bordillo *nm* bord *m* ; bordure *f (de trottoir, de quai).*
bordo *nm NAUT* bord *m.* ■ **a bordo** *loc adv* à bord.
boreal *adj* boréal(e).
Borgoña *npr* Bourgogne *f.*
borla *nf* **1.** pompon *m* **2.** *pompon du bonnet des diplômés universitaires dont la couleur varie suivant la faculté.*
borrachera *nf* **1.** • **coger una borrachera** se soûler **2.** *fig* ivresse *f.*
borrachín, ina *nm,f fam* poivrot *m*, -e *f.*
borracho, cha *adj* **1.** soûl(e) **2.** *fig* • **borracho de** ivre de. ❑ *nm,f* ivrogne *mf.* ■ **borracho** *nm* baba *m* au rhum.
borrador *nm* **1.** brouillon *m* **2.** gomme *f* ; tampon *m (pour effacer au tableau)* **3.** cahier *m* de brouillon.
borrar *vt* **1.** effacer ; gommer **2.** rayer. ■ **borrarse** *vp* s'effacer ; • **se me ha borrado su cara** je ne me souviens plus de son visage.
borrasca *nf* tempête *f.*
borrego, ga *nm,f* **1.** agneau *m*, agnelle *f* **2.** *fam* & *péj* plouc *mf.*
borrón *nm* **1.** pâté *m* **2.** *fig* • **hacer borrón y cuenta nueva** faire table rase.
borroso, sa *adj* flou(e) ; à moitié effacé(e).
Bosnia *npr* Bosnie *f.*
Bosnia-Herzegovina *npr* Bosnie-Herzégovine *f.*
bosnio, nia *adj* bosniaque. ❑ *nm,f* Bosniaque *mf.*
bosque *nm* bois *m* ; forêt *f.*
bosquejar *vt* ébaucher, esquisser.
bosquejo *nm* ébauche *f*, esquisse *f* ; • **hacer un bosquejo de algo** *fig* peindre qqch à grands traits.
bostezar [13] *vi* bâiller.
bostezo *nm* bâillement *m.*
bota *nf* **1.** botte *f* • **bota de agua ou de goma ou de lluvia** botte en caoutchouc **2.** outre *f.*
botafumeiro *nm* encensoir *m.*
botana *nf* **(AMÉR)** amuse-gueule *m.*
botánico, ca *adj* botanique. ❑ *nm,f* botaniste *mf.* ■ **botánica** *nf* botanique *f.*
botar *vt* **1.** *NAUT* lancer **2.** *fam* virer *(quelqu'un)* **3.** faire rebondir *(une balle)* **4.** *SPORT* • **botar el córner** tirer un corner **5.** **(AMÉR)** jeter. ❑ *vi* **1.** sauter ; *(voiture)* cahoter **2.** *(balle)* rebondir.
bote *nm* **1.** pot *m* **2.** boîte *f* ; bouteille *f (en plastique)* **3.** canot *m* • **bote salvavidas** canot de sauvetage **4.** pourboire *m* **5.** bond *m* • **dar botes de alegría** sauter de joie **6.** rebond *m (d'une balle)* • **dar botes** rebondir **7.** *fig* • **chupar del bote** *fam* s'en mettre plein les poches

• **tener en el bote a alguien** avoir qqn dans la poche. ■ **a bote pronto** *loc adv* au rebond ; *fig* du tac au tac. ■ **de bote en bote** *loc adv* plein(e) à craquer.

À PROPOS DE

bote

Attention **bote** est un faux ami ! Il signifie **pot** ou **barque**.

botella *nf* bouteille *f* • **botella de oxígeno a)** *MÉD* bouteille d'oxygène **b)** *NAUT* bouteille de plongée.
botellín *nm* canette *f*.
botellón *nm* **(ESP)** *fam rassemblement de jeunes qui se retrouvent dans la rue pour boire de l'alcool.*
boticario, ria *nm, f vieilli* apothicaire *m*.
botijo *nm* cruche *f*.
botín *nm* **1.** butin *m* **2.** bottine *f*.
botiquín *nm* armoire *f* à pharmacie ; trousse *f* à pharmacie.
botón *nm* bouton *m (de fleur, de vêtement)*. ■ **botón de muestra** *nm* exemple *m* • **como botón de muestra** à titre d'exemple. ■ **botones** *nm inv* groom *m* ; garçon *m* de courses.
botulismo *nm* botulisme *m*.
boutique [bu'tik] *nf* boutique *f (de vêtements)*.
bóveda *nf* voûte *f*. ■ **bóveda celeste** *nf* voûte *f* céleste.
bóvidos *nmpl* bovidés *mpl*.
bovino, na *adj* bovin(e). ■ **bovinos** *nmpl* bovins *mpl*.
boxeador, ra *nm, f* boxeur *m*, -euse *f*.
boxear *vi* boxer.
boxeo *nm* boxe *f*.
boxer (*pl* **boxers**) *nm* boxer *m*.
boya *nf* **1.** *(en mer)* bouée *f* **2.** flotteur *m*.
boyante *adj* heureux(euse) ; *(affaires, économie)* prospère, florissant(e) ; *(situation)* brillant(e).
boycot = **boicot**.
boycotear = **boicotear**.
boy scout ['bojes'kaut] (*pl* **boy scouts**) *nm* boy-scout *m*.
bozal *nm* **1.** muselière *f* **2. (AMÉR)** licol *m*.
bracear *vi* **1.** remuer ou agiter les bras **2.** nager la brasse.
braga *nf (gén pl)* culotte *f*.
bragueta *nf* braguette *f*.
braille ['braile] *nm* braille *m*.
bramar *vi* **1.** mugir **2.** hurler *(de douleur)* ; rugir *(de colère)*.
bramido *nm* **1.** mugissement *m* **2.** hurlement *m* ; rugissement *m*.
brandy, brandi *nm* brandy *m*.
branquia *nf (gén pl)* branchie *f*.
brasa *nf* braise *f* • **a la brasa** sur la braise.
brasero *nm* brasero *m*.
brasier, brassier *nm* **(AMÉR)** soutien-gorge *m*.
Brasil *npr* • **(el) Brasil** (le) Brésil.
brasileño, ña *adj* brésilien(enne). ❑ *nm, f* Brésilien *m*, -enne *f*.
brasilero, ra *adj* **(AMÉR)** brésilien(enne). ❑ *nm, f* Brésilien *m*, -enne *f*.
braveza *nf* bravoure *f*.
bravío, a *adj (animal)* sauvage ; *(personne)* indomptable.
bravo, va *adj* **1.** *(personne)* brave **2.** *(animal)* sauvage **3.** *(mer)* démonté(e). ■ **bravo** *nm* bravo *m*. ❑ *interj* • **¡bravo!** bravo ! ■ **por las bravas** *loc adv* de force.
bravucón, ona *adj* bravache, fanfaron(onne). ❑ *nm, f* bravache *mf*, fanfaron *m*, -onne *f*.
bravuconear *vi péj* fanfaronner.
bravura *nf* **1.** *(personne)* bravoure *f* **2.** *(animal)* férocité *f*.
braza *nf* brasse *f*.
brazada *nf* brassée *f*, brasse *f*.
brazalete *nm* **1.** bracelet *m* **2.** brassard *m*.
brazo *nm* **1.** bras *m* • **cogidos del brazo** bras dessus bras dessous • **llevar en brazos** porter dans ses bras • **quedarse o estarse con los brazos cruzados** rester les bras croisés • **ser el brazo derecho de alguien** être le bras droit de qqn **2.** patte *f* avant ; jambe *f*. ■ **brazo de gitano** *nm* ≃ gâteau *m* roulé ; ≃ bûche *f* de Noël glacée. ■ **brazo de mar** *nm* bras *m* de mer.
brebaje *nm* breuvage *m*.
brecha *nf* brèche *f* ; • **hacer brecha en alguien** *fig* ébranler qqn.
bregar [16] *vi* **1.** se battre **2.** trimer **3.** *fig* se démener.
breva *nf* **1.** figue *f* **2.** cigare *m* aplati **3.** *(chance)* veine *f* • **¡no caerá esa breva!** *fam* je n'aurai pas cette veine ou chance !
breve *adj* bref, brève *f* • **en breve** d'ici peu.
brevedad *nf* brièveté *f* • **a ou con la mayor brevedad** dans les plus brefs délais.
brevemente *adv* brièvement.
bribón, ona *nm, f* vaurien *m*, -enne *f*.
bricolaje, bricolage *nm* bricolage *m*.
brida *nf* bride *f*.
bridge *nm* bridge *m (jeu)*.
brigada *nm* ≃ adjudant *m*. ❑ *nf* brigade *f* • **brigada antidisturbios** ≃ CRS *mpl* • **brigada antidroga** brigade des stupéfiants.
brillante *adj* **1.** brillant(e) **2.** *(sourire)* radieux(euse). ❑ *nm* brillant *m (diamant)*.
brillantez *nf fig* splendeur *f*.
brillantina *nf* brillantine *f*.
brillar *vi litt & fig* briller.
brillo *nm* éclat *m*.
brilloso, sa *adj* **(AMÉR)** brillant(e).
brincar [10] *vi* sauter • **brincar de alegría** sauter de joie.
brinco *nm* bond *m*.
brindar *vi* trinquer • **brindar por algo/alguien** porter un toast à qqch/qqn • **brindar a la salud**

de alguien boire à la santé de qqn. ❑ *vt* offrir. ■ **brindarse** *vp* • **brindarse a hacer algo** offrir de faire qqch.

brindis *nm inv* toast *m*.

brío *nm (pour marcher)* allant *m* ; *(pour travailler)* entrain *m*.

brioche [brioʃ] *nm* brioche *f*.

brisa *nf* brise *f*.

británico, ca *adj* britannique. ❑ *nm,f* Britannique *mf*.

brizna *nf* **1.** brin *m (de fil)* **2.** souffle *m (d'air)*.

broca *nf* mèche *f (outil)*.

brocha *nf* brosse *f (de peintre)* • **brocha de afeitar** blaireau *m*.

brochazo *nm* coup *m* de pinceau.

broche *nm* **1.** agrafe *f (de robe)* ; fermoir *m (de collier)* **2.** *(bijou)* broche *f*.

brocheta *nf* brochette *f*.

brócoli *nm* brocoli *m*.

broker ['broker] (*pl* **brokers**) *nm* agent *m* de change.

broma *nf* plaisanterie *f*; farce *f* • **en broma** pour rire • **gastar una broma a alguien** faire une farce à qqn • **ni en broma** *fig* jamais de la vie.

bromear *vi* plaisanter.

bromista *adj & nmf* farceur(euse).

bromuro *nm* bromure *m*.

bronca *nf* → **bronco**.

bronce *nm* bronze *m*.

bronceado, da *adj* bronzé(e). ■ **bronceado** *nm* bronzage *m*.

bronceador, ra *adj* bronzant(e). ■ **bronceador** *nm* crème *f* solaire.

broncear *vt* bronzer. ■ **broncearse** *vp* se faire bronzer.

bronco, ca *adj* **1.** *(matériau)* grossier(ère) **2.** *(voix, son, toux)* rauque **3.** *fig (personne, manières)* rustre. ■ **bronca** *nf* **1.** bagarre *f* • **buscar bronca** chercher la bagarre **2.** *(réprimande)* • **echar una bronca a alguien** passer un savon à qqn **3.** huées *fpl*. ■ **broncas** *nm,f* • **ser un broncas** (ESP) *fam* être une brute.

bronquio *nm* bronche *f*.

bronquitis *nf inv* bronchite *f*.

brotar *vi* **1.** *(plante)* pousser **2.** *(liquide)* jaillir **3.** *fig (sentiments, etc)* naître **4.** *(boutons)* sortir.

brote *nm* **1.** bourgeon *m* **2.** *fig* premiers signes *mpl*.

bruces ■ **de bruces** *loc adv* à plat ventre • **caerse de bruces** s'étaler de tout son long.

bruja *nf* → **brujo**.

brujería *nf* sorcellerie *f*.

brujo, ja *adj* ensorceleur(euse). ❑ *nm,f* sorcier *m*, -ère *f*. ■ **bruja** *nf* **1.** laideron *m* • **estar hecha una bruja** être épouvantable **2.** mégère *f*. ❑ *adj inv* (AMÉR) *fam* à sec *(sans argent)*.

brújula *nf* boussole *f*.

bruma *nf* brume *f*.

bruñido *nm* brunissage *m*.

brusco, ca *adj* brusque.

Bruselas *npr* Bruxelles.

brusquedad *nf* **1.** soudaineté *f* **2.** brusquerie *f* • **con brusquedad** brusquement.

brut *adj inv (champagne)* brut.

brutal *adj* **1.** brutal(e) **2.** *fam* super.

brutalidad *nf* **1.** brutalité *f* **2.** ânerie *f*.

brutalizar [13] *vt* brutaliser.

bruto, ta *adj* **1.** lourdaud(e) ; rustre **2.** *(pétrole, salaire)* brut(e) • **en bruto** brut. ❑ *nm,f* brute *f*.

Bs.As. (abrév de Buenos Aires) *npr* Buenos Aires.

1bso (abrév de un beso) *(SMS)* biz *(bises)*.

bucal *adj* buccal(e).

Bucarest *npr* Bucarest.

buceador, ra *nm,f* plongeur *m*, -euse *f*.

bucear *vi* faire de la plongée sous-marine • **bucear en a)** *fig* se plonger dans **b)** fouiller dans *(le passé)*.

buceo *nm* plongée *f* (sous-marine).

buche *nm* **1.** jabot *m* **2.** *fam* panse *f*.

bucle *nm* **1.** *(gén)* INFORM boucle *f* **2.** virage *m* en épingle à cheveux.

bucodental *adj* buccodentaire.

bucólico, ca *adj* **1.** champêtre **2.** bucolique.

Budapest *npr* Budapest.

budismo *nm* bouddhisme *m*.

budista *adj & nmf* bouddhiste.

buen → **bueno**.

buenamente *adv* • **haz lo que buenamente puedas** fais tout ton possible.

buenaventura *nf* **1.** bonne aventure *f* **2.** destin *m*.

bueno, na (***mejor*** *est le comparatif et le superlatif de* ***bueno***) *adj (devant un nom masculin singulier :* ***buen****)* **1.** bon, bonne *f* • **un hombre bueno** un homme bon • **un buen cuchillo** un bon couteau • **una buena siesta** une bonne sieste • **ser bueno con alguien** être gentil avec qqn **2.** sage • **un niño bueno** un enfant sage **3.** *(sain)* • **estar bueno** être en bonne santé **4.** *(temps, climat)* • **hace buen día ou tiempo** il fait beau **5.** *fam (beau)* • **está bueno** il est canon **6.** *(usage emphatique)* • **ese buen hombre** ce brave homme • **un buen día** un beau jour **7.** *fig* • **de buenas a primeras a)** tout à coup **b)** de prime abord • **estar de buenas** être de bonne humeur • **lo bueno es que…** la meilleure c'est que… • **ser de buen ver** être bien de sa personne. ■ **bueno** *adv* bon. ❑ *interj* (AMÉR) • **¿bueno?** allô ? ■ **buenas** *interj* • **¡buenas!** bonjour !

Buenos Aires *npr* Buenos Aires.

buey *nm* bœuf *m*.

búfalo *nm* buffle *m*.

bufanda *nf* écharpe *f*.

bufar *vi* **1.** *(taureau)* souffler ; *(cheval)* s'ébrouer **2.** *fig (personne)* fulminer.

bufé, buffet (*pl* **buffets**) *nm* buffet *m (de réception)*.

bufete *nm* cabinet *m* (d'avocats).

buffet = **bufé**.
bufido *nm* **1.** soufflement *m* **2.** *fam* gueulante *f* • **lanzar un bufido** pousser une gueulante.
bufón, ona *adj* bouffon(onne). ■ **bufón** *nm* bouffon *m*.
bufonada *nf* bouffonnerie *f*.
bug *nm* bug *m*.
buga *nm fam (voiture)* caisse *f*.
buhardilla *nf* **1.** mansarde *f* **2.** lucarne *f*.
búho *nm* hibou *m*.
buitre *nm* **1.** vautour *m* **2.** *fig* requin *m*.
bujía *nf AUTO* bougie *f*.
bulbo *nm BOT & ANAT* bulbe *m*.
buldozer (*pl* **buldozers**), **bulldozer** (*pl* **bulldozers**) [bul'doθer] *nm* bulldozer *m*.
bulevar (*pl* **bulevares**) *nm* boulevard *m*.
Bulgaria *npr* Bulgarie *f*.
búlgaro, ra *adj* bulgare. ❑ *nm,f* Bulgare *mf*. ■ **búlgaro** *nm* bulgare *m*.
bulimia *nf* boulimie *f*.
bulímico, ca *adj & nm,f* boulimique.
bulín *nm* **(AMÉR)** garçonnière *f*.
bulla *nf* raffut *m* • **armar bulla** faire du raffut.
bulldozer = **buldozer**.
bullicio *nm* brouhaha *m* ; agitation *f*.
bullicioso, sa *adj* **1.** animé(e) **2.** turbulent(e). ❑ *nm,f* nerveux *m*, -euse *f*.
bullir *vi* **1.** bouillir ; bouillonner **2.** *fig* grouiller, fourmiller.
bulo *nm fig* bruit *m* • **corren bulos sobre...** des bruits courent sur....
bulto *nm* **1.** bosse *f* • **hacer mucho bulto** prendre beaucoup de place **2.** masse *f* ; *(de personne)* silhouette *f* **3.** paquet *m* • **bulto de mano** bagage *m* à main **4.** *fig* • **escurrir el bulto a)** se dérober **b)** éluder la question.
bumerán (*pl* **bumerans**) *nm* boomerang *m*.
bungalow [buŋga'lo] (*pl* **bungalows**) *nm* bungalow *m*.
búnquer (*pl* **búnquers**), **búnker** (*pl* **búnkers**) *nm* **1.** bunker *m* **2.** *fig faction conservatrice d'un parti*.
buñuelo *nm* **1.** beignet *m* • **buñuelo de viento** pet-de-nonne *m* **2.** *fig (chose)* horreur *f*.
buque *nm* navire *m*.
burbuja *nf* bulle *f*.
burbujear *vi* faire des bulles, pétiller.
burdel *nm* bordel *m*.
burdeos *adj inv & nm inv* bordeaux.
burdo, da *adj* grossier(ère).
burger (*pl* **burgers**), **búrguer** (*pl* **burguers**) *nm fam* fast-food *m*.
burgués, esa *adj & nm,f* bourgeois(e).
burguesía *nf* bourgeoisie *f*.
burka *nm* burqa *f*.
Burkina Faso *npr* Burkina *m*.
burla *nf* **1.** moquerie *f* • **hacer burla de algo/alguien** se moquer de qqch/qqn **2.** plaisanterie *f* **3.** escroquerie *f*.
burladero *nm TAUROM panneau de bois derrière lequel le torero peut se réfugier*.
burlar *vt* **1.** tromper **2.** déjouer *(la vigilance de)* ; contourner *(la loi)*. ■ **burlarse** *vp* • **burlarse de** se moquer de.
burlesco, ca *adj* burlesque ; *(ton)* moqueur(euse).
burlón, ona *adj* moqueur(euse).
buró *nm* **(AMÉR)** table *f* de nuit.
burocracia *nf* bureaucratie *f*.
burócrata *nmf* bureaucrate *mf*.
burocrático, ca *adj* bureaucratique.
burrada *nf* **1.** ânerie *f* **2.** *fam (quantité)* • **hay una burrada de gente** il y a vachement de monde.
burrito *nm* **1.** *(animal)* ânon *m* **2.** **(AMÉR)** *CULIN* burrito *m*.
burro, rra *adj* bête. ❑ *nm,f* **1.** âne *m*, ânesse *f* **2.** *fig* âne *m* • **no ver tres en un burro** *fam* être myope comme une taupe.
bursátil *adj* boursier(ère).
bus *nm AUTO & INFORM* bus *m*.
busca *nf* recherche *f* • **en busca de a)** en quête de *(qqch)* **b)** à la recherche de *(qqn)*. ❑ *nm inv* = **buscapersonas**.
buscador, ra *nm,f* chercheur *m*, -euse *f*. ■ **buscador** *nm (sur Internet)* moteur *m* de recherche.
buscapersonas, busca *nm inv* bip *m*.
buscar [10] *vt* **1.** chercher **2.** *INFORM* rechercher. ❑ *vi* • **ir/venir/pasar a buscar a alguien/algo** aller/venir/passer chercher qqn/qqch. ■ **buscarse** *vp (castigo, desgracia)* chercher.
buscavidas *nmf inv fam* **1.** débrouillard *m*, -e *f* **2.** fouinard *m*, -e *f*.
buscón, ona *nm,f* • **es un buscón** il vit d'expédients.
búsqueda *nf* recherche *f*.
busto *nm* buste *m*.
butaca *nf* **1.** fauteuil *m* **2.** *(au théâtre, etc)* place *f* • **butaca (de patio)** fauteuil *m* d'orchestre.
Bután *npr* Bhoutan *m*.
butano *nm* gaz *m* (butane).
buten ■ **de buten** *loc adj tfam* délirant(e).
butifarra *nf* saucisse *f* • **butifarra catalana** ≃ boudin *m*.
buzo *nm* **1.** plongeur *m* **2.** bleu *m* de travail.
buzón *nm* boîte *f* aux lettres • **buzón electrónico** boîte aux lettres électronique • **buzón de voz** boîte vocale.
buzonear *vi distribuer de la publicité dans les boîtes aux lettres*.
buzoneo *nm dépôt de matériel publicitaire dans les boîtes aux lettres*.
buzz [baz] *nm* buzz *m* • **buzz marketing** buzz marketing • **generar un buzz** buzzer • **un clip que ha generado un buzz en la Red** un clip qui fait buzzer la Toile.
byte ['bait] *nm INFORM* octet *m*.

C

c, C [θe] *nf* c *m inv*, C *m inv*.
c., c/ (abrév de calle) r.
cabal *adj* accompli(e). ■ **cabales** *nmpl* • **no estar en sus cabales** *fig* ne pas avoir toute sa tête.
cábala *nf* **1.** *(doctrine)* cabale *f* **2.** *(gén pl)* conjecture *f* • **hacer cábalas** se perdre en conjectures.
cabalgar [16] *vi* chevaucher.
cabalgata *nf* chevauchée *f*. ■ **cabalgata de los Reyes Magos** *nf* *défilé de chars et de cavaliers déguisés en Rois mages pour l'Épiphanie*.
caballa *nf* maquereau *m*.
caballeresco, ca *adj* *(personne, manières)* chevaleresque ; *(tournoi)* de chevaliers ; *(littérature)* de chevalerie.
caballería *nf* **1.** monture *f* **2.** cavalerie *f* **3.** chevalerie *f*.
caballeriza *nf* écurie *f*.
caballero *adj* galant(e). ❑ *nm* **1.** gentleman *m* • **ser todo un caballero** être un vrai gentleman **2.** monsieur *m* • **'caballeros'** 'messieurs' • **de caballero** pour homme **3.** chevalier *m*.
caballeroso, sa *adj* *(personne)* galant(e) ; *(manières)* courtois(e).
caballete *nm* **1.** tréteau *m* **2.** chevalet *m* **3.** arête *f (de nez)*.
caballito *nm* petit cheval *m*. ■ **caballitos** *nmpl* manège *m* (de chevaux de bois). ■ **caballito de mar** *nm* hippocampe *m*.
caballo *nm* **1.** cheval *m* • **montar a caballo** faire du cheval **2.** cavalier *m* **3.** *l'une des cartes du jeu espagnol* ; ≃ dame *f* ; cavalier *m* **4.** *fam* *(drogue)* héro *f* **5.** *fig* • **estar a caballo entre** être à cheval sur.
cabaña *nf* **1.** cabane *f* **2.** cheptel *m*.
cabaré *nm* cabaret *m*.
cabecear *vi* **1.** hocher la tête **2.** dodeliner de la tête **3.** faire une tête **4.** *(véhicule)* bringuebaler ; *(bateau)* tanguer.
cabecera *nf* **1.** chevet *m* **2.** place *f* d'honneur **3.** tête *f* de chapitre ; PRESSE manchette *f* **4.** source *f (d'un fleuve)*.
cabecilla *nmf* meneur *m*, -euse *f*.
cabellera *nf* chevelure *f*.
cabello *nm* **1.** cheveu *m* **2.** cheveux *mpl*. ■ **cabello de ángel** *nm* *confiture de citrouille utilisée en pâtisserie* ; cheveu *m* d'ange.
caber [54] *vi* **1.** rentrer, tenir • **no cabe nadie más** il n'y a plus de place **2.** aller • **no me caben los pantalones** ce pantalon est trop petit pour moi ; • **cabe la posibilidad de que…** il est possible que… • **cabe preguntarse si…** on peut se demander si… ; • **diez entre dos caben a cinco** MATH dix divisé par deux égale cinq **3.** *fig* • **dentro de lo que cabe a)** autant que possible **b)** l'un dans l'autre.
cabestrillo ■ **en cabestrillo** *loc adj* en écharpe.
cabestro *nm* **1.** licou *m* **2.** sonnailler *m*.
cabeza *nf* **1.** tête *f* • **actuar con cabeza** agir avec discernement • **a la ou en cabeza** à la ou en tête • **de cabeza** la tête la première • **tirarse de cabeza (a)** plonger (dans) • **cabeza lectora** tête de lecture **2.** chef *m* • **cabeza de familia** chef de famille **3.** ville *f* principale ; chef-lieu *m* **4.** *fig* • **alzar ou levantar cabeza** s'en sortir • **anda de cabeza por ganar dinero** il ne sait plus quoi faire pour gagner de l'argent • **andar ou estar mal de la cabeza** ne pas tourner rond • **no se le pasó por la cabeza que…** ça ne lui est pas venu à l'esprit que… • **meterle algo en la cabeza a alguien** mettre qqch dans la tête de qqn • **sentar la cabeza** se ranger • **se le subió a la cabeza** ça lui est monté à la tête • **traer de cabeza** rendre fou, folle *f* ou malade. ■ **cabeza de ajo** *nf* tête *f* d'ail. ■ **cabeza de chorlito** *nm* tête *f* de linotte. ■ **cabeza de lista** *nm* POLIT tête *f* de liste. ■ **cabeza de turco** *nf* tête *f* de Turc.
cabezada *nf* **1.** dodelinement *m* • **dar cabezadas** dodeliner de la tête **2.** signe *m* de (la) tête **3.** coup *m* de tête.
cabezal *nm* **1.** tête *f* de lecture **2.** traversin *m*.
cabezazo *nm* **1.** coup *m* sur la tête • **darse un cabezazo** se cogner la tête **2.** SPORT • **dar un cabezazo** faire une tête.
cabezón, ona *adj* **1.** qui a une grosse tête **2.** têtu(e). ❑ *nm, f* entêté *m*, -e *f*.
cabezota *fam* *adj* têtu(e) comme une mule. ❑ *nmf* tête *f* de mule.
cabezudo, da *adj & nm, f* cabochard(e). ■ **cabezudo** *nm* *déguisement de carnaval en forme de tête géante*.
cabida *nf* contenance *f* ; capacité *f*.
cabildo *nm* *sout* *(mairie)* conseil *m* municipal.
cabina *nf* cabine *f* ; cabine *f* de bain • **cabina telefónica** cabine téléphonique.
cabinera *nf* (AMÉR) hôtesse *f* de l'air.
cabizbajo, ja *adj* tête basse • **miraba el suelo, cabizbajo** il regardait par terre, la tête basse.
cable *nm* câble *m* • **echar un cable** *fam* filer un coup de main.
cableado, da *adj* câblé(e). ■ **cableado** *nm* câblage *m*.
cabo *nm* **1.** cap *m* • **el cabo de Buena Esperanza** le cap de Bonne-Espérance • **el cabo Cañaveral** le cap Canaveral • **el cabo de Hornos** le cap Horn **2.** cordage *m* **3.** ≃ brigadier *m* ; ≃ caporal *m* **4.** bout *m* ; pointe *f (de crayon)* **5.** *fig* • **atar cabos** faire des recoupements • **llevar algo a cabo** mener qqch à bien, réaliser qqch. ■ **al cabo de** *loc prép* au bout de. ■ **cabo**

suelto *nm* point *m* d'interrogation • **no dejar ningún cabo suelto** ne rien laisser au hasard. ■ **de cabo a rabo** *loc adv* d'un bout à l'autre.

cabotaje *nm NAUT* cabotage *m*.

cabra *nf* chèvre *f* • **está como una cabra a)** *fam* il est complètement taré **b)** il est excité comme une puce.

cabrales *nm inv fromage bleu des Asturies au goût très fort*.

cabré → **caber**.

cabrear *vt tfam* emmerder. ■ **cabrearse** *vp tfam* se foutre en rogne.

cabreo *nm tfam* rogne *f* • **cogerse** ou **coger un cabreo** se foutre en rogne.

cabría → **caber**.

cabriola *nf* **1.** *(cheval)* • **lanzar una cabriola** caracoler **2.** *(enfant)* cabriole *f*.

cabrito *nm* **1.** chevreau *m* **2.** *tfam* petite ordure *f*.

cabro, bra *nm,f* **(AMÉR)** *fam* gamin *m*, -e *f*.

cabrón, ona *adj & nm,f vulg* enfoiré(e). ■ **cabrón** *nm vulg* cocu *m*.

cabronada *nf vulg* vacherie *f* • **menuda cabronada tener que...** ça fait chier de devoir....

caca *nf fam* crotte *f* ; caca *m* ; • **es caca** c'est crade ; • **es una caca** *fig* c'est de la cochonnerie.

cacahuete, cacahuate (AMÉR) *nm* **1.** cacahouète *f* **2.** arachide *f*.

cacao *nm* **1.** cacao *m* **2.** cacaoyer *m* **3.** *fam* pagaille *f* • **tener un cacao mental** s'emmêler les pinceaux.

cacarear *vt fam* crier sur les toits. ❑ *vi* caqueter, glousser.

cacatúa *nf* **1.** cacatoès *m* **2.** *fam* vieille sorcière *f*.

Cáceres *npr* Cáceres.

cacería *nf* partie *f* de chasse.

cacerola *nf* fait-tout *m inv*.

cacha *nf fam* cuisse *f*. ■ **cachas** *adj inv & nm inv fam* • **está cachas** il est baraqué.

cachalote *nm* cachalot *m*.

cacharrazo *nm* grand coup *m* • **dar cacharrazos** taper comme une brute.

cacharro *nm* **1.** pot *m* ; ustensile *m* • **fregar los cacharros** faire la vaisselle **2.** *fam* truc *m* **3.** *fam (voiture)* guimbarde *f*.

cachaza *nf* • **tener cachaza** *fam* être cool.

cachear *vt* fouiller *(une personne)*.

cachemir, cachemira *nf* cachemire *m*.

cacheo *nm* fouille *f*.

cachet [ka'tʃe] *(pl* **cachets***)* *nm* **1.** style *m* **2.** *(originalité)* cachet *m*.

cachetada *nf* **(AMÉR)** *fam* baffe *f*.

cachete *nm* **1.** joue *f* **2.** gifle *f* • **dar un cachete** donner une gifle.

cachirulo *nm* **1.** *fam* bidule *m* **2.** flacon *m* **3.** *foulard du costume traditionnel aragonais que les hommes se mettent sur la tête*.

cachivache *nm fam* truc *m*.

cacho *nm* **1.** *fam* bout *m* **2.** **(AMÉR)** corne *f (de taureau)*.

cachondearse *vp fam* se marrer • **cachondearse de** se ficher de.

cachondeo *nm fam* rigolade *f*.

cachondo, da *fam adj* **1.** marrant(e) **2.** excité(e). ❑ *nm,f* **1.** rigolo *m*, -ote *f* **2.** chaud lapin *m*.

cachorro, rra *nm,f* **1.** chiot *m* **2.** petit *m*.

cacique *nm* **1.** éléphant *m* **2.** *fig & péj* tyran *m* **3.** cacique *m*.

caco *nm fam* voleur *m*.

cacofonía *nf* cacophonie *f*.

cacto *nm* = **cactus**.

cactus *nm inv* cactus *m*.

cada *adj inv* **1.** chaque • **a cada rato** à chaque instant • **cada cual** chacun • **cada uno (de)** chacun (de) • **una de cada diez personas** une personne sur dix **2.** tous les, toutes les • **cada dos días** tous les deux jours **3.** *(valeur progressive)* • **cada vez** ou **día más** de plus en plus • **cada vez más largo** de plus en plus long **4.** *(valeur emphatique)* • **¡se pone cada sombrero!** elle met de ces chapeaux !

cadalso *nm* échafaud *m*.

cadáver *nm* cadavre *m*.

cadavérico, ca *adj* cadavérique.

cadena *nf* **1.** chaîne *f* • **en cadena a)** en chaîne **b)** à la chaîne • **cadena de montaje** chaîne de montage **2.** chasse *f* (d'eau) **3.** *RADIO* station *f* **4.** enchaînement *m*. ■ **cadenas** *nfpl AUTO* chaînes *fpl*. ■ **cadena perpetua** *nf* • **a cadena perpetua** à perpétuité.

cadencia *nf* cadence *f*.

cadera *nf* hanche *f*.

cadete *nm MIL* cadet *m*.

Cádiz *npr* Cadix.

caducado, da *adj* périmé(e).

caducar [10] *vi* **1.** expirer **2.** être périmé(e).

caducidad *nf* **1.** expiration *f* **2.** *(d'un aliment, d'un médicament)* → **fecha**.

caduco, ca *adj* **1.** périmé(e) ; *(personne)* décati(e) **2.** *(célébrité, beauté)* éphémère **3.** *DR & BOT* caduc, caduque *f*.

caer [55] *vi* **1.** tomber • **caer en domingo** tomber un dimanche **2.** *(comprendre)* saisir • **¿no caes?** tu ne vois pas ? **3.** *(se rappeler)* • **caer en algo** se rappeler qqch • **¡ya caigo!** j'y suis ! **4.** *(apparaître)* • **dejarse caer por casa de alguien** passer chez qqn **5.** *(convenir)* • **su cumplido me cayó bien** son compliment m'a fait plaisir • **el comentario le cayó mal** la remarque ne lui a pas plu • **me cae bien** je l'aime bien • **me cae mal, no me cae bien** je ne l'aime pas, il ne me revient pas **6.** se trouver • **caer lejos** être loin **7.** *fig* • **caer bajo** tomber bien bas • **estar al caer a)** être sur le point d'arriver **b)** être sur le point de tomber. ■ **caerse** *vp* tomber • **caerse de a)** tomber de **b)** tomber sur • **caerse del árbol** tomber de l'arbre • **caerse de**

lado tomber sur le côté • **caerse de espaldas** tomber à la renverse.
café *nm* **1.** café *m* • **café con leche** café au lait • **café descafeinado** café décaféiné • **café instantáneo ou soluble** café instantané ou soluble • **café solo** café noir • **café teatro** café-théâtre *m* **2.** caféier *m*. ❑ *adj inv* couleur café.
cafeína *nf* caféine *f*.
cafetera *nf* → **cafetero**.
cafetería *nf* snack-bar *m*.
cafetero, ra *adj* **1.** producteur(trice) de café **2.** amateur de café. ■ **cafetera** *nf* **1.** cafetière *f* **2.** *fam (appareil)* vieux machin *m* ; *fam (voiture)* guimbarde *f*.
cafre *adj* grossier(ère). ❑ *nmf* grossier personnage *m*.
cagada *nf* → **cagado**.
cagado, da *nm, f vulg* trouillard *m*, -e *f*. ■ **cagada** *nf vulg* **1.** connerie *f* **2.** *(excrément)* merde *f*.
cagar [16] *vulg vi* chier. ❑ *vt* foutre en l'air • **la has cagado** *fig* tu t'es foutu dedans. ■ **cagarse** *vp vulg* **1.** chier dans sa culotte **2.** *fig (pour insulter)* • **¡me cago en tu madre!** putain de ta mère ! **3.** *fig* chier dans son froc.
cagón, ona *nm, f vulg* • **ser un cagón a)** *(enfant)* faire dans sa culotte **b)** *(lâche)* faire dans son froc.
cagueta *nmf vulg* • **ser un cagueta** être trouillard.
caído, da *adj fig* abattu(e) ; *(moral)* bas, basse *f*. ■ **caído** *nm (gén pl)* • **los caídos** les morts *(pour la patrie)*. ■ **caída** *nf* **1.** chute *f* **2.** baisse *f* **3.** tombée *f (du jour)* **4.** pente *f*.
caimán *nm* **1.** caïman *m* **2.** *fig* vieux renard *m*.
caja *nf* **1.** boîte *f* • **caja de herramientas** boîte à outils **2.** caisse *f* • **caja de ahorros** caisse d'épargne • **caja registradora** caisse enregistreuse **3.** boîtier *m* **4.** cercueil *m* **5.** coffre *m* • **caja fuerte ou de caudales** coffre-fort *m* **6.** cage *f (d'escalier, d'ascenseur)* ; conduit *m (de cheminée)* ; • **caja torácica** cage thoracique **7.** *MUS* caisse *f* de résonance. ■ **caja de música** *nf* boîte *f* à musique. ■ **caja negra** *nf* boîte *f* noire.
cajero, ra *nm, f* caissier *m*, -ère *f*. ■ **cajero** *nm* • **cajero (automático)** distributeur *m* (automatique de billets).
cajetilla *nf* **1.** boîte *f (d'allumettes)* **2.** paquet *m (de cigarettes)*.
cajón *nm* **1.** tiroir *m* **2.** caisse *f (en bois, etc)*. ■ **cajón de sastre** *nm* fourre-tout *m inv*.
cajuela *nf* (AMÉR) coffre *m*.
cal *nf* chaux *f*.
cal. (abrév de calorías) cal. • **un plato de pasta tiene alrededor de 350 cal.** une assiette de pâtes contient environ 350 cal.
cala *nf* **1.** crique *f* **2.** cale *f* **3.** morceau *m (de fruit, pour goûter)* **4.** arum *m*.
calabacín *nm* courgette *f*.
calabaza *nf* courge *f* ; potiron *m*, citrouille *f* ; calebasse *f* • **dar calabazas a alguien a)** *fam* & *fig (prétendant)* envoyer promener qqn **b)** recaler qqn *(à un examen)* • **recibir calabazas** *fam* & *fig* **a)** *(prétendant)* se faire jeter **b)** se faire recaler *(à un examen)*.
calabozo *nm* cachot *m* ; *(au commissariat)* dépôt *m*.
calada *nf* → **calado**.
calado, da *adj* trempé(e). ■ **calado** *nm* **1.** tirant *m* d'eau ; profondeur *f (du port)* **2.** broderie *f* ajourée. ■ **calada** *nf* **1.** trempage *m* **2.** bouffée *f (de cigarette)*.
calamar *nm* calmar *m*, calamar *m*.
calambre *nm* **1.** décharge *f* électrique **2.** crampe *f*.
calamidad *nf* calamité *f* • **es una calamidad** c'est une catastrophe. ■ **calamidades** *nfpl* malheurs *mpl*.
calamitoso, sa *adj* désastreux(euse).
calaña *nf péj* • **de esa calaña** de cet acabit.
calar *vt* **1.** transpercer, passer au travers de **2.** *fig* percer à jour *(quelqu'un)* **3.** ajourer **4.** enfoncer *(un chapeau)* **5.** entamer *(un fruit)* **6.** percer, perforer *(un mur, une planche)*. ❑ *vi* **1.** avoir un tirant d'eau **2.** *fig (idées, mots, mode)* prendre • **calar en** avoir un impact sur • **calar en lo más hondo** *fig* aller au fond des choses. ■ **calarse** *vp* **1.** se faire tremper **2.** *(moteur)* caler.
calavera *nf* tête *f* de mort. ❑ *nm fig* tête *f* brûlée. ■ **calaveras** *nfpl* (AMÉR) *AUTO* feux *mpl* arrière.
calcar [10] *vt* **1.** décalquer ; calquer **2.** *fig* reproduire *(un mouvement)* ; reprendre *(une scène)*.
calceta *nf* bas *m* (de laine) • **hacer calceta** tricoter.
calcetín *nm* chaussette *f* • **calcetines rojos** des chaussettes rouges.
calcificarse [10] *vp* se calcifier.
calcinación *nf* calcination *f*.
calcinar *vt* calciner.
calcio *nm* calcium *m*.
calco *nm litt* & *fig* calque *m* • **ser un calco de** être calqué(e) sur.
calcomanía *nf* décalcomanie *f*.
calculador, ra *adj litt* & *fig* calculateur(trice). ■ **calculadora** *nf* calculatrice *f*.
calcular *vt* **1.** calculer **2.** croire • **calculo que estaremos de vuelta temprano** je crois que nous serons rentrés tôt • **le calculo sesenta años** je lui donne soixante ans.
cálculo *nm MATH* & *MÉD* calcul *m*.
caldear *vt* chauffer ; échauffer *(les esprits)*.
caldera *nf* **1.** fait-tout *m inv* **2.** chaudière *f*.
caldereta *nf (de viande) soupe paysanne à base de viande de mouton* ; *(de poisson)* ≃ bouillabaisse *f*.
calderilla *nf* petite monnaie *f*.
caldero *nm* chaudron *m*.
caldo *nm* **1.** bouillon *m* **2.** *(gén pl) (vin, huile)* cru *m*. ■ **caldo de cultivo** *nm* bouillon *m* de culture.

caldoso, sa *adj* • **arroz caldoso** *riz dans lequel il reste du bouillon.*
calé *adj* kalé *(inv).* ❑ *nmf* Kalé *mf inv.*
calefacción *nf* chauffage *m* • **calefacción central** chauffage central.
calefactor *nm* radiateur *m.*
caleidoscopio, calidoscopio *nm* kaléidoscope *m.*
calendario *nm* calendrier *m* • **calendario de trabajo** planning *m* • **calendario escolar** calendrier scolaire • **calendario laboral** année *f* de travail.
calentador, ra *adj* chauffant(e). ■ **calentador** *nm* **1.** chauffe-eau *m inv* **2.** guêtre *f.*
calentamiento *nm* **1.** *(montée de la tempéature)* • **por calentamiento** sous l'effet de la chaleur • **calentamiento global** réchauffement *m* de la planète ou global **2.** *(entraînement)* échauffement *m.*
calentar [19] *vt* **1.** faire chauffer • **calentar agua** faire chauffer de l'eau **2.** *fig (public)* chauffer **3.** *fig* frapper. ■ **calentarse** *vp* **1.** se réchauffer ; *(repas)* chauffer **2.** *(les esprits, un sportif)* s'échauffer **3.** *tfam* & *fig* bander.
calentón, ona *nm,f tfam* chaud lapin *m* • **una calentona** une allumeuse.
calentura *nf* **1.** température *f* • **tener calentura** avoir de la fièvre **2.** bouton *m* de fièvre.
calenturiento, ta *adj* **1.** fiévreux(euse) **2.** *fig* • **una mente calenturienta** une âme exaltée • **una imaginación calenturienta** une imagination débridée.
calesa *nf* calèche *f.*
calesitas *nfpl* **(AMÉR)** manège *m* (de chevaux de bois).
calibración *nf* = **calibrado.**
calibrado *nm* calibrage *m.*
calibrar *vt* **1.** calibrer **2.** *fig* mesurer.
calibre *nm* **1.** calibre *m* ; jauge *f* **2.** *fig* taille *f*, importance *f* • **de mucho calibre** de taille.
calidad *nf* qualité *f* • **la calidad humana** les qualités humaines • **de calidad** de qualité • **en calidad de** en qualité de, en tant que.
cálido, da *adj* **1.** chaud(e) **2.** chaleureux(euse).
calidoscopio = **caleidoscopio.**
calientabraguetas *nf inv vulg* & *péj* allumeuse *f.*
calientapiés *nm inv* chaufferette *f.*
calientaplatos *nm inv* chauffe-plat *m.*
calientapollas *nf inv vulg* & *péj* allumeuse *f.*
caliente *adj* **1.** chaud(e) • **en caliente** *fig* à chaud **2.** *fig* passionné(e) **3.** *tfam* • **ponerse caliente** bander.
califa *nm* calife *m.*
califato *nm* califat *m.*
calificación *nf* **1.** qualification *f* **2.** SCOL note *f.*
calificado, da *adj* **1.** *(important)* éminent(e) **2.** *(apte)* qualifié(e).
calificar [10] *vt* **1.** qualifier **2.** SCOL noter.
calificativo, va *adj* qualificatif(ive). ■ **calificativo** *nm* • **no encuentro calificativos para describir su generosidad** je ne trouve pas de mots pour décrire sa générosité.
caligrafía *nf* **1.** calligraphie *f* **2.** écriture *f.*
caligráfico, ca *adj* calligraphique • **un estudio caligráfico** une analyse graphologique.
calimocho *nm* **(ESP)** calimocho *m (boisson à base de vin rouge et de Cola-Cola).*
cáliz *nm* calice *m.*
calizo, za *adj* calcaire. ■ **caliza** *nf* calcaire *m.*
callado, da *adj* **1.** réservé(e) **2.** silencieux(euse).
callar *vi* se taire. ❑ *vt* taire, passer sous silence ; garder *(un secret).* ■ **callarse** *vp* se taire.
calle *nf* **1.** rue *f* • **calle peatonal** rue piétonnière ou piétonne **2.** SPORT couloir *m* **3.** *fig* • **dejar a alguien en la calle, echar a alguien a la calle** mettre qqn sur le pavé, mettre qqn à la porte.
calleja *nf* ruelle *f.*
callejear *vi* flâner.
callejero, ra *adj (scène)* de la rue ; *(vente)* ambulant(e) • **un perro callejero** un chien errant • **es muy callejera** elle est tout le temps dehors. ■ **callejero** *nm* répertoire *m* des rues.
callejón *nm* ruelle *f* • **callejón sin salida** *litt* & *fig* impasse *f.*
callejuela *nf* ruelle *f.*
callista *nmf* pédicure *mf.*
callo *nm* durillon *m*, cor *m* • **es un callo** *fam* & *fig* il est laid comme un pou. ■ **callos** *nmpl* tripes *fpl.*
calma *nf* calme *m* • **estar en calma** être calme.
calmante *adj* calmant(e). ❑ *nm* calmant *m.*
calmar *vt* calmer. ■ **calmarse** *vp* se calmer.
caló *nm parler gitan repris dans la langue familière.*
calor *nm* chaleur *f* • **entrar en calor a)** se réchauffer **b)** SPORT s'échauffer • **tener calor** avoir chaud.
caloría *nf* calorie *f.*
calórico, ca *adj* calorique.
calorífico, ca *adj* calorifique.
calote *nm* **(AMÉR)** escroquerie *f.*
calumnia *nf* calomnie *f.*
calumniador, ora *adj* & *nm,f* calomniateur(trice).
calumniar *vt* calomnier.
calumnioso, sa *adj* calomnieux(euse).
calurosamente *adv* **1.** *(avec affection)* chaleureusement **2.** *(avec enthousiasme)* chaudement.
caluroso, sa *adj* **1.** chaud(e) **2.** *fig* chaleureux(euse).
calva *nf* → **calvo.**
calvario *nm* **1.** chemin *m* de croix **2.** *fig* calvaire *m.*
calvicie *nf* calvitie *f.*
calvo, va *adj* & *nm,f* chauve. ■ **calva** *nf* crâne *m* dégarni.

calzada *nf* chaussée *f*.
calzado, da *adj* **1.** chaussé(e) **2.** *(oiseau)* pattu(e). ■ **calzado** *nm* chaussure *f*.
calzador *nm* chausse-pied *m inv*.
calzar [13] *vt* **1.** chausser ; mettre *(des gants)* **2.** porter *(des chaussures)* • **¿qué número calza?** quelle est votre pointure ? **3.** caler. ■ **calzarse** *vp* se chausser • **calzarse unas sandalias** mettre des sandales.
calzo *nm* cale *f*.
calzón *nm (gén pl)* **1.** *vieilli* culotte *f* **2.** (AMÉR) slip *m*.
calzoncillos *nmpl* slip *m* ; caleçon *m*.
cama *nf* lit *m* • **estar en ou guardar cama** rester au lit, garder le lit • **hacer la cama** faire son lit • **cama nido** lit gigogne.
camada *nf* portée *f*.
camafeo *nm* camée *m*.
camaleón *nm litt & fig* caméléon *m*.
camaleónico, ca *adj fig* • **es camaleónico** c'est un caméléon.
cámara *nf* **1.** chambre *f* • **cámara de gas** chambre à gaz • **cámara frigorífica** chambre froide **2.** caméra *f* • **a cámara lenta** au ralenti • **cámara (fotográfica)** appareil *m* photo **3.** carré *m* (des officiers) **4.** chambre *f* à air. ❑ *nmf* cameraman *m*.
camarada *nmf* camarade *mf*.
camaradería *nf* camaraderie *f*.
camarero, ra *nm,f* **1.** *(de bar, de restaurant)* serveur *m*, -euse *f*, garçon *m* ; *(d'hôtel)* garçon d'étage *m*, femme de chambre *f* **2.** chambellan *m*, dame *f* d'honneur. ■ **camarera** *nf* (AMÉR) hôtesse *f* de l'air.
camarilla *nf* bande *f (groupe)*.
camarista *nmf* (AMÉR) femme *f* de chambre.
camarón *nm* crevette *f*.
camarote *nm* cabine *f*.
cambalache *nm* (AMÉR) *boutique d'articles d'occasion*.
cambiador *nm* table *f* à langer.
cambiante *adj* changeant(e).
cambiar [8] *vt* changer • **cambiar algo (por)** échanger qqch (contre). ❑ *vi* **1.** • **cambiar (de)** changer (de) • **cambiar de parecer** changer d'avis **2.** AUTO • **cambiar (de velocidades)** changer de vitesse. ■ **cambiarse** *vp* se changer • **cambiarse de casa** déménager.
cambio *nm* **1.** changement *m* • **cambio climático** changement climatique • **a las primeras de cambio** *fig* tout d'un coup **2.** échange *m* • **a cambio** en échange **3.** monnaie *f* **4.** *(actions, devises)* change *m* **5.** AUTO • **cambio (de marchas ou velocidades)** changement *m* de vitesse. ■ **en cambio** *loc adv* **1.** en revanche *sout*, par contre *fam* **2.** à la place, en échange. ■ **cambio de rasante** *nm* sommet *m* de côte. ■ **libre cambio** *nm* libre-échange *m*.
cambista *nmf* cambiste *mf*.
cambujo, ja *adj* (AMÉR) métis(isse) *(d'Indien et de Noir)*.
camelar *vt fam* embobiner.
camelia *nf* camélia *m*.
camello, lla *nm,f* chameau *m*, chamelle *f*. ■ **camello** *nm tfam* dealer *m*.
camellón *nm* (AMÉR) terre-plein *m* central.
camelo *nm fam* baratin *m*.
camerino *nm* THÉÂTRE loge *f*.
camilla *nf* brancard *m*. ❑ *adj* → **mesa**.
camillero, ra *nm,f* brancardier *m*.
caminante *nmf* marcheur *m*, -euse *f*.
caminar *vi* marcher • **caminar (hacia)** *fig* aller (au-devant de) • **caminar hacia su ruina** *fig* courir à sa perte. ❑ *vt* parcourir.
caminata *nf* trotte *f*.
camino *nm* **1.** chemin *m* • **camino de ronda** chemin de ronde • **de camino** en chemin • **nos pilla de camino** c'est sur le chemin • **abrirse alguien camino** *fig* faire son chemin • **andar por mal camino** *fig* être sur la mauvaise pente • **quedarse alguien a medio camino** *fig* s'arrêter en chemin • **el camino de Santiago** le « chemin de Saint Jacques » **2.** route *f*.
camión *nm* **1.** camion *m* • **camión cisterna** camion-citerne *m* **2.** (AMÉR) bus *m*.
camionero, ra *nm,f* camionneur *m*, routier *m*.
camioneta *nf* camionnette *f*.
camisa *nf* **1.** chemise *f* **2.** TECHNOL manchon *m* **3.** ZOOL mue *f* **4.** BOT peau *f* **5.** *fig* • **mudar** *ou* **cambiar de camisa** retourner sa veste. ■ **camisa de fuerza** *nf* camisole *f* de force.
camiseta *nf* **1.** maillot *m* de corps **2.** tee-shirt *m* **3.** SPORT maillot *m*.
camisola *nf* **1.** nuisette *f* **2.** (AMÉR) chemisier *m* ; (AMÉR) chemise *f* de nuit.
camisón *nm* chemise *f* de nuit.
camorra *nf* bagarre *f* • **buscar camorra** chercher la bagarre.
campal *adj* → **batalla**.
campamento *nm* **1.** campement *m* **2.** troupe *f*.
campana *nf* **1.** cloche *f* ; hotte *f (de cheminée)* • **doblar las campanas a)** sonner les cloches **b)** sonner le glas • **campana extractora de humos** hotte *f* aspirante • **oír campanas y no saber dónde** ne comprendre qu'à moitié.
campanada *nf* **1.** sonnerie *f (de cloche, de réveil)* **2.** *fig (événement)* • **la campanada del siglo** l'événement *m* du siècle • **ser la campanada** faire sensation.
campanario *nm* clocher *m*.
campanilla *nf (instrument, fleur)* clochette *f* ; *(porte)* sonnette *f*.
campanilleo *nm* tintement *m*.
campante *adj* **1.** *fam* cool • **estar ou quedarse tan campante** *fig* ne pas broncher **2.** fier, fière *f*.
campaña *nf* campagne *f (électorale, publicitaire)*.

campechano, na *adj* simple • **es un hombre campechano** c'est un chic type.

campeón, ona *nm,f* champion *m*, -onne *f*.

campeonato *nm* championnat *m* • **de campeonato** *fam* & *fig* d'enfer.

campero, ra *adj* de campagne. ■ **campera** *nf* **1.** *(gén pl)* ≃ camarguaise *f* **2.** (AMÉR) blouson *m*.

campesino, na *adj* & *nm,f* paysan(anne).

campestre *adj* champêtre.

camping ['kampin] *nm* camping *m*.

campo *nm* **1.** champ *m* • **campo de batalla/de tiro** champ de bataille/de tir • **dejar el campo libre** *fig* laisser le champ libre **2.** campagne *f* **3.** *SPORT* & *AÉRON* terrain *m* ; court *m (de tennis)* **4.** *fig* domaine *m*. ■ **campo de concentración** *nm* camp *m* de concentration. ■ **campo de trabajo** *nm* camp *m* de travail. ■ **campo visual** *nm* champ *m* visuel.

camposanto *nm* cimetière *m*.

campus *nm inv* campus *m*.

camuflaje *nm* camouflage *m*.

camuflar *vt* camoufler.

can *nm* chien *m*.

cana *nf* → **cano**.

Canadá *npr* • **(el) Canadá** (le) Canada.

canadiense *adj* canadien(enne). ❑ *nmf* Canadien *m*, -enne *f*.

canal *nm* **1.** canal *m* **2.** carcasse *f* **3.** *RADIO* & *TV* chaîne *f* • **canal temático** chaîne thématique **4.** conduite *f (d'eau, de gaz)*. ❑ *nm ou nf* gouttière *f*.

canalización *nf* canalisation *f*.

canalizar [13] *vt* *litt* & *fig* canaliser.

canalla *nmf* canaille *f*.

canallada *nf* • **hacer una canallada** jouer un mauvais tour.

canalón *nm* **1.** gouttière *f* **2.** = **canelón**.

canapé *nm* *CULIN (sofa)* canapé *m*.

Canarias *npr* • **(las) Canarias** (les) Canaries *fpl*.

canario, ria *adj* canarien(enne). ❑ *nm,f* Canarien *m*, -enne *f*. ■ **canario** *nm* *ZOOL* canari *m*.

canasta *nf* **1.** corbeille *f* **2.** *(jeu de cartes)* canasta *f* **3.** *SPORT* panier *m*.

canastilla *nf* **1.** corbeille *f* **2.** layette *f*.

canasto *nm* grande corbeille *f*.

cancela *nf* grille *f*.

cancelación *nf* annulation *f*.

cancelar *vt* **1.** annuler ; résilier **2.** solder *(une dette)* ; lever *(une hypothèque)*.

cáncer *nm* *fig* *MÉD* cancer *m*. ■ **Cáncer** *nm inv* Cancer *m inv*. ❑ *nmf inv* cancer *m inv*.

cancerígeno, na *adj* cancérigène.

canceroso, sa *adj* & *nm,f* cancéreux(euse).

cancha *nf* terrain *m (de football, de golf)* ; court *m (de tennis)*.

canciller *nm* **1.** chancelier *m* **2.** ministre *m* des Affaires étrangères.

cancillería *nf* chancellerie *f*.

canción *nf* chanson *f* • **canción de cuna** berceuse *f*.

cancionero *nm* recueil *m* de chansons ; recueil *m* de poésies.

candado *nm* cadenas *m*.

candela *nf* chandelle *f* • **dar candela** *fam* & *fig* donner du feu.

candelabro *nm* candélabre *m*.

candelero *nm* chandelier *m* • **estar en el candelero** *fig* être très en vue.

candente *adj* **1.** incandescent(e) **2.** *fig (sujet)* brûlant(e).

candidato, ta *nm,f* candidat *m*, -e *f*.

candidatura *nf* **1.** candidature *f* **2.** liste *f* *(de candidats)*.

candidez *nf* candeur *f*.

cándido, da *adj* candide.

candil *nm* **1.** lampe *f* à huile **2.** (AMÉR) lustre *m*.

candilejas *nfpl* feux *mpl* de la rampe ; *fig* théâtre *m*.

candor *nm* candeur *f*.

candoroso, sa *adj* candide.

canelo, la *adj* cannelle *(inv)*. ■ **canela** *nf* cannelle *f*.

canelón *nm* cannelloni *m*.

cangrejo *nm* crabe *m*.

canguelo *nm* *fam* trouille *f*.

canguis *nm inv* *fam* trouille *f* • **dar canguis a alguien** flanquer la trouille à quelqu'un • **viajar en avión me da canguis** j'ai la trouille de prendre l'avion • **entrarle canguis a alguien** avoir la trouille • **¡menudo canguis nos entró!** quelle trouille on a eu!

canguro *nm* kangourou *m*. ❑ *nmf* *fam* baby-sitter *mf* • **hacer de canguro** faire du baby-sitting.

caníbal *adj* & *nmf* cannibale.

canibalismo *nm* cannibalisme *m*.

canibalizar *vt* *ÉCON* cannibaliser.

canica *nf* bille *f*. ■ **canicas** *nfpl (jeu)* billes *fpl*.

caniche *nm* caniche *m*.

canícula *nf* canicule *f*.

canijo, ja *adj* *péj* rachitique. ❑ *nm,f* nabot *m*, -e *f*.

canilla *nf* **1.** tibia *m* **2.** cannette *f (de fil)* **3.** (AMÉR) robinet *m* **4.** (AMÉR) *fam (pied)* canne *f*.

canino, na *adj* canin(e). ■ **canino** *nm* canine *f*.

canje *nm* échange *m*.

canjeable *adj* échangeable.

canjear *vt* échanger.

cannabis *nm inv* cannabis *m*.

cano, na *adj* blanc, blanche *f*. ■ **cana** *nf* cheveu *m* blanc.

canoa *nf* canot *m* ; *SPORT* canoë *m*.

canódromo *nm* cynodrome *m*.

canon *nm* **1.** *(norme)* *MUS* canon *m* **2.** idéal *m* **3.** redevance *f*.

canónigo *nm* chanoine *m*.

canonización *nf* canonisation *f*.

canonizar [13] *vt* canoniser.
canoso, sa *adj* grisonnant(e).
cansado, da *adj* **1.** fatigué(e) • **estar cansado de algo** *fig* être fatigué de qqch **2.** fatigant(e).
cansador, ra *adj* **(AMÉR) 1.** fatigant(e) **2.** ennuyeux(euse).
cansancio *nm* fatigue *f*.
cansar *vt & vi* fatiguer. ■ **cansarse** *vp* • **cansarse (de)** se fatiguer (de) • **cansarse (de algo/de hacer algo)** *fig* se lasser de qqch/de faire qqch.
cansino, na *adj* traînant(e).
Cantabria *npr* Cantabrique.
cantábrico, ca *adj* de Cantabrique. ■ **Cantábrico** *nm* • **el Cantábrico** le golfe de Gascogne.
cántabro, bra *adj* cantabre. ❑ *nm,f* Cantabre *mf*.
cantado, da *adj fam (presque sûr)* • **el resultado está cantado** le résultat est couru d'avance. ■ **cantada** *nf fam* bourde *f*, gaffe *f*.
cantaleta *nf* **(AMÉR) 1.** rengaine *f* **2.** *fig* sermon *m*.
cantamañanas *nmf inv* baratineur *m*, -euse *f*.
cantante *adj & nmf* chanteur(euse).
cantaor, ra *nm,f* chanteur *m*, -euse *f* de flamenco.
cantar *vt* **1.** chanter **2.** *(bingo, gros lot)* annoncer ; *(heures)* sonner. ❑ *vi* **1.** chanter **2.** *fam & fig (confesser)* • **cantar (de plano)** lâcher le morceau **3.** *fam & fig* puer. ❑ *nm sout* chanson *f*.
cántaro *nm* cruche *f*.
cantautor, ra *nm,f* auteur-compositeur-interprète *m*, auteure-compositrice-interprète *f*.
cante *nm fam* bourde *f*. ■ **cante jondo** *nm âme du chant flamenco*.
cantera *nf* **1.** carrière *f (de pierres)* **2.** *fig* vivier *m*.
cantero *nm* **(AMÉR)** parterre *m*.
cántico *nm* cantique *m*.
cantidad *nf* **1.** quantité *f* • **cantidad de** beaucoup de • **hay cantidad de gente** il y a beaucoup de monde **2.** somme *f (d'argent)*. ❑ *adv fam* vachement • **cantidad de bien** vachement bien.
cantiga, cántiga *nf* chantefable *f*.
cantilena, cantinela *nf* rengaine *f*, couplet *m*.
cantimplora *nf* gourde *f*.
cantina *nf* **1.** MIL popote *f* **2.** buffet *m* de la gare ; cafétéria *f* **3.** cantine *f*.
cantinela = **cantilena**.
canto *nm* **1.** chant *m* **2.** arête *f (d'une table)* ; tranche *f (d'un livre, d'une pièce)* ; • **de canto a)** sur le côté **b)** *(livre)* sur la tranche **3.** dos *m (d'un couteau)* **4.** caillou *m* • **canto rodado** galet *m*.
cantor, ra *adj & nm,f* chanteur(euse).
canturrear, canturriar *vt & vi* chantonner, fredonner.
canturreo *nm* chantonnement *m*, fredonnement *m*.
canutas *nfpl fam* • **pasarlas canutas** en baver.
canuto *nm* **1.** tube *m* **2.** *fam* pétard *m*.
caña *nf* **1.** tige *f* • **caña de azúcar** canne *f* à sucre **2.** demi *m* **3.** *fig* • **darle ou meterle caña a algo** *fam* se défoncer pour qqch. ■ **caña (de pescar)** *nf* canne *f* à pêche • **pescar con caña** pêcher à la ligne.
cañada *nf* GÉOGR gorge *f*.
cañaveral *nm* **1.** *(de rivière)* roselière *f* **2.** **(AMÉR)** *(plantation)* plantation *f* de canne à sucre.
cañería *nf* canalisation *f*.
cañero, ra *adj* **1.** de la canne à sucre **2.** **(ESP)** *fam* qui décoiffe • **música cañera** musique qui décoiffe. ❑ *nm,f* **(AMÉR) 1.** *planteur de canne à sucre* **2.** *propriétaire d'une exploitation de canne à sucre*.
cañí (*pl* **cañís**) *adj* gitan(e).
caño *nm* tuyau *m*.
cañón *nm* **1.** canon *m* ; conduit *m (de cheminée)* ; tuyau *m (d'un orgue)* **2.** cañon *m*, canyon *m*.
cañonazo *nm* **1.** coup *m* de canon **2.** *(au football)* boulet *m* de canon.
caoba *nf* acajou *m*.
caos *nm inv* chaos *m*.
caótico, ca *adj* chaotique.
cap. (abrév de **capítulo**) chap. • **'consultar el cap. 5'** 'consulter le chap. 5'.
capa *nf* **1.** *(vêtement)* TAUROM cape *f* **2.** couche *f (de peinture, de glace, sociale, etc)* • **capa de ozono** couche d'ozone **3.** *fig* • **andar de capa caída a)** *(affaire)* battre de l'aile **b)** *(personne)* être dans une mauvaise passe.
capacidad *nf* capacité *f*.
capacitación *nf* formation *f*.
capacitador, ra *adj* **(AMÉR)** formateur(trice). ❑ *nm,f* **(AMÉR)** formateur *m*, -trice *f*.
capacitar *vt* • **capacitar a alguien para algo** former qqn à qqch • **capacitar a alguien para hacer algo** habiliter qqn à faire qqch.
capar *vt* châtrer.
caparazón *nm* carapace *f* • **meterse en su caparazón** *fig* rentrer dans sa coquille.
capataz *nm* **1.** chef *m* d'exploitation **2.** chef *m* de chantier.
capaz *adj* • **capaz (de algo/de hacer algo)** capable (de qqch/de faire qqch).
capazo *nm* cabas *m*.
capear *vt fig* **1.** contourner *(les difficultés)* ; se dérober à *(ses engagements)* ; fuir *(le travail)* **2.** TAUROM *faire des passes avec la cape*.
capellán *nm* aumônier *m*.
caperuza *nf* capuchon *m (de vêtement, de stylo)*.
capicúa *adj inv* palindrome. ❑ *nm inv* nombre *m* palindrome.
capilar *adj* capillaire. ❑ *nm* capillaire *m*.
capilla *nf* chapelle *f* • **capilla ardiente** chapelle ardente.
cápita ■ **per cápita** *loc adj* par personne ; par habitant.
capital *adj* capital(e) • **lo capital es…** l'essentiel, c'est.... ❑ *nm* capital *m*. ❑ *nf* capitale *f*.

capitalidad *nf* • **ostentar la capitalidad de** être la capitale de • **la capitalidad de Valencia** le fait que Valence soit une capitale.
capitalismo *nm* capitalisme *m*.
capitalista *adj & nmf* capitaliste.
capitalización *nf* capitalisation *f*.
capitalizar [13] *vt* capitaliser • **capitalizar algo** *fig* tirer profit de qqch.
capitán, ana *nm,f* capitaine *m*.
capitanear *vt* **1.** *MIL* commander **2.** *(diriger)* mener **3.** *SPORT* être le capitaine de.
capitanía *nf* état-major *m*.
capitel *nm ARCHIT* chapiteau *m*.
capitoste *nmf péj* caïd *m*.
capitulación *nf* capitulation *f*.
capitular *vi* capituler.
capítulo *nm* chapitre *m*.
capó, capot [ka'po] (*pl* **capots**) *nm* capot *m*.
capón *nm* **1.** *(animal)* chapon *m* **2.** *(coup)* pichenette *f*.
caporal *nm* caporal *m*.
capot = **capó**.
capota *nf AUTO* capote *f*.
capote *nm* **1.** *(manteau)* capote *f* **2.** *TAUROM* cape *f*.
capricho *nm* caprice *m* • **darse un capricho** se faire un petit plaisir • **por puro capricho** par pur caprice.
caprichoso, sa *adj* capricieux(euse).
Capricornio *nm inv* Capricorne *m inv*. ❑ *nmf inv* capricorne *m inv*.
cápsula *nf* **1.** capsule *f* **2.** gélule *f*.
captación *nf* **1.** *(de clients, membres)* recrutement *m* **2.** *(de signal, image, son)* captage *m*.
captar *vt* **1.** gagner *(la sympathie)* ; capter *(l'attention)* **2.** *(comprendre)* saisir **3.** *(signal, image son)* capter.
captura *nf* capture *f*.
capturar *vt* capturer.
capucha *nf* capuche *f* ; capuchon *m (de stylo)*.
capuchón *nm* capuchon *m*.
capullo, lla *adj & nm,f vulg* con, conne *f*. ■ **capullo** *nm* **1.** bouton *m (de fleur)* **2.** cocon *m (de ver)* **3.** *vulg* gland *m*.
caqui, kaki *adj inv* kaki *(inv)*. ❑ *nm* **1.** plaqueminier *m* **2.** kaki *m*.
cara *nf* **1.** visage *m*, figure *f* • **cara a cara** face à face • **de cara** dans les yeux **2.** tête *f* • **tener buena/mala cara** avoir bonne/mauvaise mine • **tener cara de enfado/sueño** avoir l'air fâché(e) /fatigué(e) • **tiene cara de ponerse a llover** on dirait qu'il va pleuvoir **3.** face *f* • **a cara o cruz** à pile ou face **4.** *fam* culot *m* • **tener (mucha) cara , tener la cara muy dura** avoir un sacré culot **5.** façade *f* **6.** *fig* • **cruzar la cara a alguien** gifler qqn • **de cara a** en vue de • **de cara al futuro** face à l'avenir • **decir algo a alguien a la ou en cara** dire qqch en face à qqn • **echar en cara** jeter à la figure • **romper ou partir la cara a alguien** casser la figure à qqn • **nos veremos las caras** on se retrouvera.
carabela *nf* caravelle *f*.
carabina *nf* **1.** carabine *f* **2.** *fam & fig* chaperon *m*.
caracol *nm* **1.** escargot *m* • **caracol de mar** bigorneau *m* **2.** coquillage *m* **3.** *ANAT* limaçon *m* **4.** accroche-cœur *m*.
caracola *nf* conque *f*.
carácter (*pl* **caracteres**) *nm* caractère *m* • **(tener) buen/mal carácter** (avoir) bon/mauvais caractère.
característico, ca *adj* caractéristique. ■ **característica** *nf* caractéristique *f*.
caracterización *nf* **1.** caractérisation *f* **2.** grimage *m*.
caracterizar [13] *vt* **1.** caractériser **2.** incarner **3.** grimer. ■ **caracterizarse** *vp* • **caracterizarse por** se caractériser par.
caradura *adj & nmf fam* gonflé(e) • **es un caradura** il est gonflé.
carajillo *nm café arrosé de rhum ou de cognac*.
carajo *nm tfam* • **¡qué carajo!** bordel !
caramba *interj* • **¡caramba! a)** ça alors ! **b)** zut alors !
carambola *nf* carambolage *m*. ■ **carambolas** *interj* **(AMÉR)** *fam* • **¡carambolas!** zut !
caramelizar [13] *vt* caraméliser.
caramelo *nm* **1.** bonbon *m* **2.** caramel *m*.
carantoñas *nfpl* • **hacer carantoñas a)** faire des mamours **b)** *fig* faire patte de velours.
carátula *nf* **1.** couverture *f (de livre)* ; pochette *f (de disque)* **2.** masque *m*.
caravana *nf* **1.** caravane *f* ; roulotte *f* **2.** *(embouteillage)* bouchon *m*. ■ **caravanas** *nfpl* **(AMÉR)** **1.** pendants *mpl* d'oreilles **2.** courbettes *fpl*.
caray *interj* • **¡caray!** mince !
carbón *nm* **1.** charbon *m* **2.** fusain *m*.
carboncillo *nm* fusain *m*.
carbonero, ra *adj & nm,f* charbonnier(ère). ■ **carbonera** *nf* **1.** cave *f* à charbon **2.** pile *f* de bois.
carbónico, ca *adj* carbonique.
carbonilla *nf* **1.** escarbille *f* **2.** poussier *m*.
carbonizar [13] *vt* carboniser. ■ **carbonizarse** *vp* être carbonisé(e).
carbono *nm* carbone *m*.
carburador *nm* carburateur *m*.
carburante *nm* carburant *m*.
carburar *vt* carburer. ❑ *vi fam* gazer.
carca *adj & nmf péj* réac.
carcajada *nf* éclat *m* de rire • **reír a carcajadas** rire aux éclats.
carcajearse *vp* rire aux éclats • **carcajearse de** se moquer de.
carcamal *nmf fam & péj (homme)* vieux croulant *m* ; *(femme)* vieille peau *f*.
cárcel *nf* prison *f*.
carcelario, ria *adj* carcéral(e).

carcelero, ra *nm,f* gardien *m*, -enne *f* de prison.
carcoma *nf* **1.** ver *m* à bois **2.** vermoulure *f*.
carcomer *vt* ronger ; *(santé)* miner.
carcomido, da *adj (bois, meuble)* mangé(e) aux vers, vermoulu(e).
cardamomo *nm* cardamome *f*.
cardar *vt* **1.** carder *(la laine)* **2.** crêper *(les cheveux)*.
cardenal *nm* **1.** cardinal *m* **2.** *(hématome)* bleu *m*.
cardiaco, ca, cardíaco, ca *adj* cardiaque.
cárdigan, cardigán *nm* cardigan *m*.
cardinal *adj* cardinal(e).
cardiología *nf* cardiologie *f*.
cardiólogo, ga *nm,f* cardiologue *mf*.
cardiovascular *adj* cardio-vasculaire.
cardo *nm* chardon *m* • **es un cardo** *fam & fig* il est aimable comme une porte de prison.
carear *vt* DR confronter.
carecer [30] ■ **carecer de** *vi* manquer de.
carena *nf* carénage *m*.
carenado *nm* carénage *m*.
carencia *nf* manque *m* ; MÉD carence *f*.
carente *adj* dépourvu(e) • **carente de** dépourvu de • **carente de interés** sans intérêt.
careo *nm* DR confrontation *f*.
carestía *nf* **1.** manque *m* **2.** cherté *f*.
careta *nf* **1.** masque *m* • **careta antigás** masque à gaz **2.** *fig* façade *f*.
careto *nm fam* tête *f*, bobine *f*.
carey *nm* **1.** caret *m* **2.** *(matière)* écaille *f*.
carga *nf* **1.** *(gén)* MIL & ÉLECTR charge *f* • **volver a la carga** *fig* revenir à la charge **2.** chargement *m* **3.** cargaison *f* • **de carga y descarga** *(zone)* de livraisons **4.** recharge *f*.
cargado, da *adj* **1.** chargé(e) **2.** *(boisson alcoolisée)* tassé(e) • **un café cargado** un café serré **3.** lourd(e) • **un cielo cargado** un ciel couvert • **¡qué habitación más cargada!** on étouffe dans cette pièce !
cargador, ra *adj* chargeur(euse). ■ **cargador** *nm* **1.** chargeur *m* **2.** *(personne)* débardeur *m*.
cargamento *nm* chargement *m*, cargaison *f*.
cargante *adj fam & fig* assommant(e).
cargar [16] *vt* **1.** *(gén, mil)* ÉLECTR charger **2.** recharger **3.** faire payer *(un montant, une facture, une dette)* ; faire monter *(un prix)* • **cargar algo en cuenta** mettre qqch sur un compte **4.** *fig* donner • **lo cargaron de trabajo/de responsabilidades** ils lui ont donné beaucoup de travail/de responsabilités **5.** *fam & fig* assommer **6.** *(sujet : fumée)* • **cargar la cabeza** donner mal à la tête • **cargar el ambiente** enfumer l'atmosphère. ❑ *vi* **1.** • **cargar algo sobre alguien** retomber sur qqn **2.** • **cargar con a)** porter *(un paquet)* **b)** prendre à sa charge *(des frais)* **c)** *fig* assumer *(des responsabilités, la responsabilité)* **d)** *fig* accepter *(les conséquences)*. ■ **cargarse** *vp* **1.** *fam* bousiller **2.** *fam* recaler **3.** *fam* dégommer **4.** *(par la fumée)* • **se me carga el pecho** j'ai les poumons tout encrassés.
cargo *nm* **1.** *(gén)* DR charge *f* • **correr a cargo de** être à la charge de • **hacerse cargo de a)** se charger de **b)** prendre en charge **c)** se rendre compte de **2.** *(emploi)* poste *m* **3.** ÉCON débit *m*.
cargosear *vt* (AMÉR) agacer.
cargoso, sa *adj* (AMÉR) agaçant(e).
carguero *nm* cargo *m*.
cariacontecido, da *adj* affligé(e).
cariar *vt* carier. ■ **cariarse** *vp* se carier.
Caribe *npr* • **el Caribe** la mer des Caraïbes.
caribeño, ña *adj* caribéen(enne). ❑ *nm,f* Caribéen *m*, -enne *f*.
caricatura *nf* caricature *f*.
caricaturista *nmf* caricaturiste *mf*.
caricaturizar, caricaturar *vt* caricaturer.
caricia *nf litt & fig* caresse *f*.
caridad *nf* charité *f*.
caries *nf inv* carie *f*.
carilargo, ga *adj* au visage allongé.
carillón *nm* carillon *m*.
cariño *nm* **1.** affection *f*, tendresse *f* • **tomar cariño a alguien** prendre qqn en affection **2.** soin *m* **3.** *(appellation affectueuse)* chéri *m*, -e *f*.
cariñoso, sa *adj* affectueux(euse).
carioca *adj* carioca, de Rio de Janeiro. ❑ *nmf* Carioca *mf*.
carisma *nm* charisme *m*.
carismático, ca *adj* charismatique.
Cáritas *nf* Caritas Internationalis *(œuvre de charité)*.
caritativo, va *adj* charitable ; *(association)* caritatif(ive).
cariz *nm (seulement sing)* tournure *f*.
carlista *adj & nmf* carliste.
carmesí (*pl* **carmesíes** *ou* **carmesís**) *adj* cramoisi(e). ❑ *nm* rouge *m* cramoisi.
carmín *adj* carmin *(inv)*. ❑ *nm* **1.** carmin *m* **2.** rouge *m* à lèvres.
carnada *nf litt & fig* appât *m*.
carnal *adj* **1.** charnel(elle) **2.** *(oncle, neveu)* au premier degré ; *(cousin)* germain(e).
carnaval *nm* carnaval *m*.
carnaza *nf litt & fig* appât *m*.
carne *nf* **1.** chair *f* • **en carne viva** à vif • **ser alguien de carne y hueso** *fig* être qqn d'humain **2.** viande *f* • **carne de cerdo** viande de porc • **carne de cordero a)** mouton *m* **b)** agneau *m* • **carne de ternera** veau *m* • **carne picada** viande hachée. ■ **carne de gallina** *nf* chair *f* de poule.
carné, carnet (*pl* **carnets**) *nm* **1.** carte *f* • **carné de conducir** permis *m* de conduire • **carné de identidad** carte d'identité **2.** agenda *m*.
carnero *nm fam & péj (animal, viande)* mouton *m*.
carnicería *nf* **1.** boucherie *f* **2.** *fig* carnage *m*.
carnicero, ra *adj* carnassier(ère). ❑ *nm,f litt & fig* boucher *m*, -ère *f*.

cárnico, ca *adj (industrie)* de la viande ; *(produit)* de boucherie.

carnívoro, ra *adj* carnivore ; *(oiseau)* carnassier(ère). ■ **carnívoros** *nmpl* carnivores *mpl.*

carnoso, sa *adj* charnu(e).

caro, ra *adj* cher, chère *f.* ■ **caro** *adv* • **costar/vender caro** coûter/vendre cher • **esta tienda vende caro** ce magasin est cher.

carozo *nm* (AMÉR) noyau *m (de fruit).*

carpa *nf* **1.** carpe *f* **2.** chapiteau *m* ; tente *f.*

carpanta *nf* (ESP) *fam* fringale *f*, faim *f* de loup • **tener carpanta** avoir la dalle.

carpeta *nf* **1.** chemise *f (de bureau)* **2.** INFORM dossier *m.*

carpetovetónico, ca *adj* typiquement espagnol(e) *(au sens chauvin du terme).*

carpintería *nf* **1.** menuiserie *f* **2.** charpenterie *f* ; charpente *f.*

carpintero, ra *nm,f* menuisier *m* ; charpentier *m.*

carraca *nf* **1.** crécelle *f* **2.** *fig* épave *f.*

carraspear *vi* **1.** parler d'une voix rauque **2.** se racler la gorge.

carraspeo *nm* raclement *m* de gorge.

carraspera *nf* • **tener carraspera** être enroué(e).

carrera *nf* **1.** *(gén)* SPORT course *f* • **en una carrera** en courant • **tomar carrera** prendre de l'élan • **carrera armamentista ou de armamentos** course aux armements **2.** parcours *m* **3.** cursus *m* (universitaire) • **hacer la carrera de derecho** faire des études de droit **4.** *(profession)* carrière *f* **5.** *nom de certaines rues en Espagne.*

carrerilla *nf* • **coger ou tomar carrerilla** prendre de l'élan. ■ **de carrerilla** *loc adv* **1.** d'une seule traite **2.** de A à Z.

carreta *nf* charrette *f.*

carretada *nf* **1.** charretée *f* **2.** *fam (grande quantité)* tonne *f.*

carrete *nm* **1.** bobine *f* **2.** pellicule *f* **3.** *(pour la pêche)* moulinet *m* **4.** ruban *m (de machine à écrire).*

carretera *nf* route *f* • **carretera comarcal/nacional** route départementale/nationale • **carretera de cuota** (AMÉR) autoroute *f.*

carretero, ra *nm,f* charretier *m*, -ère *f.* ■ **carretero** *nm* (AMÉR) route *f.*

carretilla *nf* brouette *f.*

carril *nm* **1.** voie *f* • **carril bici** voie cyclable • **carril bus** couloir *m* d'autobus **2.** rail *m* **3.** ornière *f.*

carrillo *nm* joue *f* • **comer a dos carrillos** *fig* manger comme quatre.

carrito *nm* **1.** chariot *m* (à bagages) **2.** *(au supermarché)* • **carrito (de la compra)** Caddie® *m* **3.** (AMÉR) *(de vente ambulante)* chariot *m* **4.** (AMÉR) *(atraction)* • **carritos chocones** autos tamponneuses.

carro *nm* **1.** chariot *m* • **carro de combate** char *m* d'assaut • **¡para el carro!** *fam* eh, mollo ! **2.** (AMÉR) voiture *f* • **carro comedor** wagon-restaurant *m.*

carrocería *nf* **1.** carrosserie *f* **2.** atelier *m* de carrosserie.

carromato *nm* **1.** roulotte *f* **2.** guimbarde *f.*

carroña *nf* charogne *f.*

carroñero, ra *adj* **1.** *(animal)* charognard(e), qui se nourrit de charogne **2.** *fig* & *péj (presse)* • **una revista carroñera** un magazine trash.

carroza *nf* carrosse *m.* ❑ *nmf fam* ringard *m*, -e *f.*

carruaje *nm* voiture *f.*

carrusel *nm* **1.** manège *m* **2.** carrousel *m.*

carta *nf* **1.** lettre *f* • **echar una carta** poster une lettre • **carta de recomendación** lettre de recommandation **2.** *(de jeu, menu, routière)* carte *f* • **a la carta** à la carte • **echar las cartas a alguien** tirer les cartes à qqn • **carta verde** carte verte *(délivrée par les assurances automobiles)* **3.** charte *f* **4.** *fig* • **jugarse todo a una carta** *fig* mettre tous ses œufs dans le même panier. ■ **carta de ajuste** *nf* TV mire *f.* ■ **carta blanca** *nf* • **tener carta blanca** avoir carte blanche.

À PROPOS DE

carta

Attention **carta** est un faux-ami ! Il désigne une **lettre** ou une **carte à jouer**.

cartabón *nm* équerre *f.*

Cartagena *npr* Carthagène • **Cartagena de Indias** Carthagène d'Indes.

cartapacio *nm* **1.** cartable *m* **2.** cahier *m.*

cartearse *vp* s'écrire, échanger des lettres.

cartel *nm* **1.** affiche *f* • **'prohibido fijar carteles'** 'défense d'afficher' **2.** *fig (succès)* • **de cartel** de renom.

cártel *nm* cartel *m.*

cartelero, ra *adj* • **ser cartelero** faire fureur. ■ **cartelera** *nf* **1.** porte-affiche *m* **2.** PRESSE rubrique *f* des spectacles.

cárter *nm* AUTO carter *m.*

cartera *nf* **1.** portefeuille *m* • **cartera de clientes** fichier *m* (de) clients • **cartera de pedidos** carnet *m* de commandes **2.** porte-documents *m* ; serviette *f* ; cartable *m.*

carterista *nmf* pickpocket *m.*

cartero, ra *nm,f* facteur *m*, -trice *f.*

cartílago *nm* cartilage *m.*

cartilla *nf* **1.** livret *m* • **cartilla de ahorros** livret de caisse d'épargne • **cartilla de la seguridad social** carte *f* de sécurité sociale • **cartilla militar** livret matricule **2.** *premier livre de lecture.*

cartografía *nf* cartographie *f.*

cartografiar *vt* cartographier.

cartomancia *nf* cartomancie *f.*

cartomántico, ca *nm,f* cartomancien *m*, -enne *f.*

cartón *nm* **1.** carton *m* • **cartón piedra** carton-pâte *m* **2.** cartouche *f (de cigarettes).*

cartuchera *nf* cartouchière *f.*

cartucho *nm* **1.** cartouche *f (d'arme)* **2.** cornet *m (de papier)* ; rouleau *m (de pièces)*.

cartujo, ja *adj* chartreux(euse). ■ **cartujo** *nm* **1.** chartreux *m* **2.** *fig* ermite *m*. ■ **cartuja** *nf* chartreuse *f*.

cartulina *nf* bristol *m*.

casa *nf* **1.** maison *f* • **casa adosada/unifamiliar** maison jumelle/individuelle • **Casa Consistorial** hôtel *m* de ville • **casa de campo** maison de campagne • **casa de huéspedes** pension *f* de famille • **casa de socorro** poste *m* de secours **2.** logement *m* **3.** famille *f* **4.** *fig* • **caérsele a uno la casa encima a)** ne plus se supporter chez soi **b)** avoir le moral à zéro • **echar ou tirar la casa por la ventana** jeter l'argent par les fenêtres • **ser de andar por casa** ne pas être génial(e).

casaca *nf* casaque *f*.

casadero, ra *adj* en âge de se marier.

casado, da *adj* marié(e) • **estar casado con alguien** être marié avec qqn. ❑ *nm, f* marié *m*, -e *f*.

casamiento *nm* mariage *m*.

casanova *nm* don Juan *m*.

casar *vt* **1.** marier **2.** enfiler *(des perles)* ; recoller *(des morceaux)*. ❑ *vi* aller ensemble. ■ **casarse** *vp* • **casarse (con)** se marier (avec).

cascabel *nm* grelot *m*.

cascada *nf* cascade *f*.

cascado, da *adj* **1.** *fam* nase **2.** éraillé(e).

cascanueces *nm inv* casse-noix *m inv*.

cascar [10] *vt* **1.** casser *(un œuf, une noix, la voix)* ; fêler *(un pot, une assiette)* **2.** *fam (sujet : maladie)* amocher **3.** *fam* cogner. ❑ *vi fam* papoter.

cáscara *nf* **1.** coquille *f (d'œuf, de noix, etc)* **2.** écorce *f (d'orange, de citron)* ; zeste *m* ; peau *f (de banane)*.

cascarilla *nf* enveloppe *f (du riz, du maïs)* ; coque *f (du cacao)*.

cascarón *nm* coquille *f (d'œuf)*.

cascarrabias *nmf inv* grincheux *m*, -euse *f*.

casco *nm* **1.** casque *m* **2.** coque *f (d'un bateau)* **3.** *(ville)* • **casco antiguo** vieille ville *f* • **casco urbano** centre-ville *m* **4.** sabot *m (de cheval)* **5.** bouteille *f* vide **6.** *(morceau)* éclat *m*. ■ **cascos** *nmpl fam* tête *f* • **ser alegre ou ligero de cascos** être tête en l'air. ■ **cascos azules** *nmpl* • **los cascos azules** les casques bleus.

caserío *nm* **1.** hameau *m* **2.** ferme *f* **3.** maison *f* de campagne.

caserna *nf* caserne *f*.

casero, ra *adj* **1.** *(recette)* maison *(inv)* ; *(travaux)* ménager(ère) ; *(soirée)* familial(e), de famille **2.** casanier(ère). ❑ *nm, f* **1.** propriétaire *mf* **2.** intendant *m*, -e *f*.

caserón *nm* bâtisse *f*.

caseta *nf* **1.** maisonnette *f* **2.** cabine *f (de plage)* **3.** stand *m (de tir)* **4.** *tente installée dans les foires pour danser le flamenco* **5.** niche *f (de chien)*.

casete, cassette [ka'sete] *nm ou nf* cassette *f*. ❑ *nm* magnétophone *m*.

casi *adv* presque • **casi no dormí** je n'ai presque pas dormi • **casi se cae** il a failli tomber • **casi nunca** presque jamais.

casilla *nf* **1.** guichet *m* **2.** casier *m (d'une armoire)* **3.** case *f (d'un imprimé, aux échecs)* • **casilla de correos (AMÉR)** boîte *f* postale.

casillero *nm* casier *m*.

casino *nm* **1.** casino *m* **2.** *(association)* cercle *m*.

caso *nm* **1.** *(gén)* GRAMM cas *m* • **el caso es que...** le fait est que... • **en el mejor/peor de los casos** dans le meilleur/pire des cas • **caso que, dado el caso que, en caso de que** au cas où • **en todo ou cualquier caso** en tout cas **2.** DR affaire *f* **3.** *fig* • **hacer caso a** prêter attention à • **no hacer ou venir al caso** *fam* être hors de propos • **ser un caso** *fam* être un cas.

casorio *nm* noce *f*, mariage *m*.

caspa *nf* pellicules *fpl (de cheveux)*.

casposo, sa *adj* **1.** plein(e) de pellicules **2. (ESP)** *(démodé)* ringard(e) • **los famosos casposos** les has been.

casquete *nm* calotte *f* • **casquete esférico** calotte *f* sphérique • **casquete polar** calotte *f* glaciaire.

casquillo *nm* **1.** douille *f (de balle)* **2.** culot *m (d'une ampoule)* **3.** manche *m (d'un bâton de ski)*.

cassette = **casete**.

casta *nf* **1.** lignée *f* **2.** race *f* **3.** *(en Inde)* caste *f*.

castaña *nf* → **castaño**.

castañazo *nm fam* marron *m (coup)*.

castañetear *vt* • **castañetear los dedos** faire claquer ses doigts. ❑ *vi* claquer des dents.

castaño, ña *adj* marron *(inv)* ; châtain. ■ **castaño** *nm* **1.** marron *m inv* ; châtain *m* **2.** châtaignier *m*. ■ **castaña** *nf* **1.** châtaigne *f* • **castañas asadas** marrons *mpl* chauds **2.** *fam* châtaigne *f* **3.** *fam* cuite *f* • **agarrarse una castaña** prendre une cuite.

castañuela *nf* castagnette *f*.

castellanización *nf* • **la castellanización de las palabras inglesas** le fait d'hispaniser les mots anglais.

castellanizar [13] *vt* hispaniser.

castellano, na *adj* castillan(e). ❑ *nm, f* Castillan *m*, -e *f*. ■ **castellano** *nm* castillan *m*, espagnol *m*.

castellanohablante *adj & nmf* castillanophone.

castellanoparlante *adj & nmf* castillanophone, hispanophone.

Castellón *npr* Castellon.

castidad *nf* chasteté *f*.

castigador, ra *fam adj* de séducteur(trice). ❑ *nm, f* tombeur *m*, -euse *f*.

castigar [16] *vt* **1.** punir • **le han castigado sin postre** il a été privé de dessert **2.** SPORT pénaliser **3.** *(maltraiter)* endommager, frapper ; mortifier *(le corps)* **4.** *fig* séduire.

castigo *nm* **1.** punition *f* • **quedar sin castigo** rester impuni(e) **2.** épreuve *f* **3.** *SPORT* pénalité *f*.
Castilla *npr* Castille *f*.
Castilla-La Mancha *npr* Castille-La Manche.
Castilla-León *npr* Castille-León.
castillo *nm* **1.** château *m* **2.** *NAUT* • **castillo de popa/de proa** gaillard *m* d'arrière/d'avant.
casting *nm* casting *m*.
castizo, za *adj* pur(e) ; *(auteur)* puriste.
casto, ta *adj* chaste.
castor *nm* castor *m*.
castración *nf* castration *f*.
castrado *adj m (animal)* châtré ; *(homme)* castré. ❏ *nm (homme)* castrat *m*.
castrar *vt* **1.** castrer **2.** *fig (affaiblir)* • **castrar el entendimiento** ramollir le cerveau.
castrense *adj* militaire.
castrismo *nm* castrisme *m*.
castrista *adj & nmf* castriste.
casual *adj* fortuit(e).
casualidad *nf* hasard *m* • **dio la casualidad de que...** il s'est trouvé que... • **por casualidad** par hasard • **¡qué casualidad!** quelle coïncidence !
casualmente *adv* **1.** par hasard, accidentellement **2.** *(dans le cas précis)* justement, précisément.
casucha *nf péj* bicoque *f*, baraque *f*.
casulla *nf* chasuble *f*.
cata *nf* dégustation *f*.
cataclismo *nm litt & fig* cataclysme *m*.
catacumbas *nfpl* catacombes *fpl*.
catador, ra *nm,f* dégustateur *m*, -trice *f* • **catador de vinos** taste-vin *m inv*.
catalán, ana *adj* catalan(e). ❏ *nm,f* Catalan *m*, -e *f*. ■ **catalán** *nm* catalan *m*.
catalanismo *nm* **1.** *doctrine défendant les valeurs politiques, économiques et culturelles de la Catalogne* **2.** catalanisme *m*.
catalanista *adj & nmf* catalaniste.
catalanohablante *adj & nmf* catalanophone.
catalanoparlante *adj & nmf* catalanophone.
catalejo *nm* longue-vue *f*.
catalizador, ra *adj* **1.** catalytique **2.** *fig* • **ser el elemento catalizador de** être le détonateur de. ■ **catalizador** *nm litt & fig* catalyseur *m*.
catalizar *vt* **1.** *CHIM* catalyser **2.** *fig* déclencher.
catalogación *nf* classement *m*.
catalogar [16] *vt* cataloguer • **se le cataloga entre los mejores especialistas** on le classe parmi les meilleurs spécialistes • **catalogar a alguien de algo** taxer qqn de qqch.
catálogo *nm* catalogue *m*.
Cataluña *npr* Catalogne *f*.
catamarán *nm* catamaran *m*.
cataplasma *nf* **1.** cataplasme *m* **2.** *fam & fig* pot *m* de colle.
catapulta *nf* catapulte *f*.
catapultar *vt* **1.** catapulter **2.** *fig* • **catapultar a alguien a la fama** lancer qqn.
catapún *interj* patatras. ❏ *adj* • **del año catapún** d'avant le déluge • **desde el año catapún** depuis des siècles.
catar *vt* **1.** goûter **2.** déguster.
catarata *nf* **1.** chute *f* • **cataratas de Iguazú** chutes d'Iguaçu **2.** *(gén pl) MÉD* cataracte *f*.
cátaro, ra *adj & nm,f* cathare.
catarro *nm* rhume *m*.
catarsis *nf* catharsis *f*.
catártico, ca *adj* cathartique.
catastro *nm* cadastre *m*.
catástrofe *nf* catastrophe *f*.
catastrófico, ca *adj* catastrophique.
catastrofismo *nm* **1.** catastrophisme *m* **2.** *(pessimisme)* alarmisme *m*.
catavinos *nm inv* **1.** dégustateur *m* de vins **2.** *(poivrot)* poivrot *m*, pilier *m* de bar.
catch ['katʃ] *(pl* **catchs***)* *nm* catch *m*.
cátcher ['katʃer] *(pl* **catchers***)* *nm* catcher *m inv*.
cate *nm fam* • **dar un cate a alguien** flanquer une baffe à qqn • **sacar un cate** être recalé(e), prendre une gamelle.
cateado, da *fam adj* recalé(e). ❏ *nm,f* recalé *m*, -e *f* • **está entre los cateados** il fait partie des recalés.
catear *vt fam* recaler, coller.
catecismo *nm* catéchisme *m*.
cátedra *nf* chaire *f*.
catedral *nf* cathédrale *f*.
catedrático, ca *nm,f* professeur *m* d'université ; ≃ professeur *m* agrégé.
categoría *nf* **1.** catégorie *f* **2.** rang *m* • **de categoría a)** *(personne)* de haut rang **b)** grand(e) *(artiste)* **c)** *(produit)* de qualité **d)** *(hôtel)* bon, bonne *f* • **de primera categoría** de premier choix, de qualité supérieure.
categórico, ca *adj* catégorique.
catequesis *nf inv* catéchèse *f*.
catering ['katerin] *nm* catering *m*.
caterva *nf péj* bande *f (d'imbéciles, de voyous)*.
catéter *nm* cathéter *m*.
cateto, ta *adj & nm,f péj* plouc.
cátodo *nm* cathode *f*.
catolicismo *nm* catholicisme *m*.
católico, ca *adj* catholique. ❏ *nm,f* catholique *mf*.
catolizar [13] *vt* convertir au catholicisme.
catorce *adj num inv & nm inv* quatorze. Voir aussi **seis**.
catorceavo, va, catorzavo, va *adj num* quatorzième.
catre *nm* **1.** lit *m* de camp **2.** *fam* pieu *m*.
catrín, ina *adj* **(Amér)** *fam* bêcheur(euse).
cauce *nm* **1.** cours *m* **2.** lit *m (d'un fleuve)* **3.** canal *m (d'irrigation)*.
caucho *nm* caoutchouc *m*.

caudal *nm* **1.** débit *m (d'eau)* **2.** fortune *f* **3.** mine *f* • **tiene un caudal de conocimientos** c'est un puits de science.

caudaloso, sa *adj* **1.** à fort débit **2.** fortuné(e).

caudillo *nm* **1.** caudillo *m*, chef *m* militaire **2.** chef *m* de file.

causa *nf* cause *f* • **a causa de** à cause de.

causalidad *nf* causalité *f*.

causante *adj* • **la razón causante de** la cause de. ❑ *nmf* **1.** *(cause)* • **ser el causante de** être à l'origine de **2.** (AMÉR) contribuable *mf*.

causar *vt* causer ; faire *(plaisir, des victimes)* ; provoquer *(une maladie)* ; porter *(préjudice)*.

cáustico, ca *adj litt & fig* caustique.

cautela *nf* précaution *f* • **con cautela** avec précaution.

cautelar *adj* DR *(mesure, détention)* préventif(ive).

cauteloso, sa *adj & nm,f* prudent(e).

cauterizar *vt* MÉD cautériser.

cautivador, ra *adj* captivant(e) • **una mirada cautivadora** un regard charmeur. ❑ *nm,f* charmeur *m*, -euse *f*.

cautivante *adj* captivant(e).

cautivar *vt* **1.** capturer **2.** captiver.

cautiverio *nm* captivité *f*.

cautividad *nf* = **cautiverio**.

cautivo, va *adj & nm,f* captif(ive).

cauto, ta *adj* prudent(e).

cava *adj* ANAT cave. ❑ *nm vin catalan fabriqué selon la méthode champenoise*. ❑ *nf* **1.** cave *f* **2.** AGRIC bêchage *m*.

cavar *vt* creuser. ❑ *vi* bêcher ; biner.

caverna *nf* caverne *f*.

cavernícola *adj (animaux)* cavernicole ; *(personnes)* des cavernes. ❑ *nmf* **1.** HIST homme *m* des cavernes **2.** *fig* ours *m*.

caviar *nm* caviar *m*.

cavidad *nf* cavité *f*.

cavilar *vi* réfléchir.

cayado *nm* **1.** houlette *f (de berger)* **2.** crosse *f (d'évêque)*.

cayo *nm îlot bas et sablonneux*.

caza *nf* **1.** chasse *f* • **salir** ou **ir de caza** aller à la chasse **2.** gibier *m*. ❑ *nm* avion *m* de chasse.

cazabombardero *nm* chasseur *m* bombardier.

cazador, ra *adj* de chasse. ❑ *nm,f litt & fig* chasseur *m*, -euse *f*. ■ **cazadora** *nf* blouson *m*.

cazadotes *nm inv* coureur *m* de dot.

cazalla *nf eau-de-vie anisée*.

cazar [13] *vt* **1.** chasser **2.** *fig* attraper • **lo cazaron con las manos en la masa** ils l'ont pris la main dans le sac **3.** *fam* dégoter.

cazatalentos *nmf inv* **1.** chasseur *m*, -euse *f* de têtes **2.** *(d'artistes, de sportifs)* découvreur *m*, -euse *f* de talents.

cazo *nm* **1.** casserole *f* **2.** louche *f*.

cazoleta *nf* **1.** cassolette *f* **2.** fourneau *m (d'une pipe)*.

cazuela *nf* **1.** *casserole en terre cuite* **2.** ragoût *m* • **a la cazuela** à la casserole.

cazurro, rra *adj* **1.** abruti(e) **2.** têtu(e) **3.** renfrogné(e). ❑ *nm,f* brute *f*.

CC OO, CC.OO. (abrév de **Comisiones Obreras**) *nfpl syndicat ouvrier espagnol proche du parti communiste*.

c/c abrév de **cuenta corriente**.

CD (*pl* **CDs**) *nm* **1.** (abrév de **compact disc**) CD *m* • **un lector de CD** un lecteur de CD **2.** (abrév de **cuerpo diplomático, consejo directivo**) CD *m*.

CD-I (abrév de **Compact Disc Interactivo**) *nm* CD-I *m*.

CD-Rom [θeðe'ron] (*pl* **CD-Roms**) *nm* CD-ROM *m*.

CDS (abrév de **Centro Democrático y Social**) *nm parti politique espagnol de tendance libérale*.

ce *nf* c *m inv* • **ce cedilla** c cédille.

CE *nm* (abrév de **Consejo de Europa**) CE *m*. ❑ *nf* **1.** (abrév de **Comunidad Europea**) CE *f* **2.** (abrév de **constitución española**) Constitution *f* espagnole.

cebada *nf* orge *f*.

cebar *vt* **1.** gaver **2.** mettre en marche *(une machine)* ; amorcer *(une arme, un hameçon)* **3.** alimenter *(un feu, un four)*. ■ **cebarse** *vp* • **cebarse en** s'acharner sur.

cebiche = **ceviche**.

cebo *nm* **1.** appât *m* **2.** pâtée *f*.

cebolla *nf* **1.** oignon *m* **2.** filtre *m* ; crapaudine *f*.

cebolleta *nf* ciboulette *f* ; petit oignon *m (frais)*.

cebollino *nm* **1.** ciboule *f* **2.** *fam* crétin *m*, -e *f*.

cebra *nf* zèbre *m*.

ceca *nf* ≃ hôtel *m* de la Monnaie. ■ **Ceca** *nf* • **va de la Ceca a la Meca** *fig* il est toujours à droite à gauche.

cecear *vi* zézayer.

ceceo *nm* zézaiement *m (prononciation propre à certains parlers andalous et latino-américains)*.

cecina *nf viande séchée et salée*.

cedazo *nm* tamis *m*.

ceder *vt* céder. ❑ *vi* **1.** céder • **ceder a** céder à • **ceder en** céder sur • **ceder a una propuesta** accepter une proposition • **ceder en sus pretensiones** en rabattre **2.** se détendre **3.** *(douleur)* s'apaiser ; *(temps)* s'adoucir ; *(température)* baisser.

cedilla *nf* c *m* cédille ; *(signe)* cédille *f*.

cedro *nm* cèdre *m*.

cédula *nf* certificat *m* • **cédula de habitabilidad** *certificat garantissant l'habitabilité d'un logement* • **cédula (de identidad)** (AMÉR) carte *f* d'identité.

cegar [35] *vt* **1.** aveugler **2.** boucher ; murer. ❑ *vi* être aveuglant(e). ■ **cegarse** *vp litt & fig* être aveuglé(e).

cegato, ta *adj & nm,f fam* bigleux(euse).

ceguera *nm* **1.** cécité *f* **2.** *fig* aveuglement *m*.

ceja *nf* **1.** sourcil *m* **2.** rebord *m* **3.** *MUS* sillet *m* ; *MUS* capodastre *m* **4.** *fam* & *fig* • **meterse algo entre ceja y ceja** se mettre qqch dans la tête.

cejar *vi* • **cejar en** renoncer à, abandonner • **no cejar en su empeño** ne pas abandonner la partie.

celar *vt* **1.** surveiller **2.** *fig* dissimuler ; *fig* nourrir secrètement.

celda *nf* cellule *f*.

celebérrimo, ma *adj* célébrissime.

celebración *nf* **1.** célébration *f* **2.** *(réalisation)* tenue *f*.

celebrar *vt* **1.** célébrer *(un centenaire, une messe)* ; fêter *(une réunion, une bonne nouvelle)* **2.** tenir *(un anniversaire, une assemblée)* ; disputer *(un match)* ; organiser *(des élections)* **3.** se réjouir de, se féliciter de **4.** louer, faire l'éloge de. ■ **celebrarse** *vp* **1.** avoir lieu **2.** être célébré(e).

célebre *adj* célèbre.

celebridad *nf* célébrité *f*.

celeridad *nf* promptitude *f*.

celeste *adj* céleste.

celestial *adj* **1.** céleste ; de Dieu **2.** *fig* divin(e) ; *fig* céleste.

celestina *nf* entremetteuse *f*.

celibato *nm* célibat *m*.

célibe *adj* & *nmf* célibataire.

celo *nm* **1.** zèle *m* **2.** ferveur *f* **3.** *ZOOL* amours *fpl* • **en celo a)** *(femelle)* en chaleur **b)** *(mâle)* en rut **4.** Scotch® *m*. ■ **celos** *nmpl* jalousie *f* • **dar celos** rendre jaloux(ouse) • **tener celos de alguien** être jaloux(ouse) de qqn.

celofán® *nm* Cellophane® *f*.

celosía *nf* jalousie *f (de fenêtre)*.

celoso, sa *adj* **1.** jaloux(ouse) **2.** *(de confiance)* • **celoso en su trabajo** exigeant dans son travail. ❑ *nm,f* jaloux *m*, -ouse *f*.

celta *adj* celte. ❑ *nmf* Celte *mf*. ❑ *nm* celtique *m*.

celtíbero, ra, celtibero, ra *adj* celtibère. ❑ *nm,f* Celtibère *mf*.

céltico, ca *adj* celtique.

célula *nf* cellule *f*. ■ **célula fotoeléctrica** *nf* cellule *f* photoélectrique. ■ **célula fotovoltaica** *nf* cellule *f* photovoltaïque, photopile *f*.

celular *adj* cellulaire.

celulitis *nf inv* cellulite *f*.

celuloide *nm* **1.** *(matière)* Celluloïd® *m* **2.** *(art)* cinéma *m*.

celulosa *nf* cellulose *f*.

cementar *vt* cémenter.

cementerio *nm* **1.** cimetière *m* **2.** dépotoir *m* • **cementerio de automóviles ou coches** casse *f*.

cemento *nm* **1.** ciment *m* • **cemento armado** béton *m* armé **2.** cément *m*.

cena *nf* dîner *m* • **dar una cena** avoir du monde à dîner.

cenador, cenadero *nm (dans jardin)* tonnelle *f*.

cenagal *nm* bourbier *m* • **estar metido en un cenagal** *fig* être en mauvaise posture.

cenagoso, sa *adj* bourbeux(euse).

cenar *vt* manger au dîner • **cenó huevos** il a mangé des œufs au dîner. ❑ *vi* dîner.

cencerro *nm* sonnaille *f* • **estar como un cencerro** *fam* & *fig* avoir un grain.

cenefa *nf* **1.** liseré *m* **2.** plinthe *f* ; frise *f*.

cenicero *nm* cendrier *m*.

ceniciento, ta *adj* cendré(e). ■ **Cenicienta** *nf* • **la Cenicienta** Cendrillon.

cenit, zenit *nm* zénith *m* • **en el cenit de** *fig* au sommet de.

cenizo, za *adj* cendré(e) ; cendreux(euse). ■ **cenizo** *nm* **1.** poisse *f* • **ser un cenizo** porter la poisse **2.** *BOT* oïdium *m*. ■ **ceniza** *nf* cendre *f*. ■ **cenizas** *nfpl* cendres *fpl (d'un défunt)*.

censar *vt* recenser.

censo *nm* **1.** recensement *m* • **censo (electoral)** listes *fpl* électorales **2.** ≃ taxe *f* d'habitation.

censor, ra *nm,f* censeur *m*. ■ **censor de cuentas** *nm* expert-comptable *m*.

censura *nf* **1.** censure *f* ; fermeture *f (d'un local)* ; interdiction *f (d'une activité)* **2.** condamnation *f* • **ha sido objeto de censura por…** il a été condamné pour….

censurable *adj* blâmable.

censurar *vt* **1.** censurer **2.** blâmer.

cent (*pl* **cents**) *nm (d'euro)* centime *m*, cent *m*.

centauro *nm* centaure *m*.

centavo, va *adj num* centième.

centella *nf* **1.** éclair *m* **2.** étincelle *f* **3.** *fig (chose, personne)* • **ser una centella** être plus rapide que l'éclair • **como una centella** comme l'éclair.

centellear *vi* scintiller.

centelleo *nm* scintillement *m*.

centena *nf* centaine *f*.

centenar *nm* centaine *f*.

centenario, ria *adj* centenaire. ■ **centenario** *nm* centenaire *m* • **quinto centenario** cinq centième anniversaire.

centeno *nm* seigle *m*.

centesimal *adj* centésimal(e).

centésimo, ma *adj num* centième.

centígrado, da *adj* centigrade. ■ **centígrado** *nm* degré *m* centigrade.

centigramo *nm* centigramme *m*.

centilitro *nm* centilitre *m*.

centímetro *nm* centimètre *m*.

céntimo *nm* centime *m*.

centinela *nm* sentinelle *f*.

centollo *nm* araignée *f* de mer.

centrado, da *adj* **1.** centré(e) • **centrado en** centré ou basé sur **2.** *(personne)* équilibré(e).

central *adj* central(e). ❑ *nm SPORT* arrière *m* centre. ❑ *nf* **1.** maison *f* mère **2.** centrale *f* • **central nuclear/térmica** centrale nucléaire/thermique.

centralismo *nm* centralisme *m*.

centralista *adj* & *nmf* centraliste.

centralita *nf* standard *m* (téléphonique).

centralización *nf* centralisation *f.*
centralizado, da *adj* centralisé(e) • **cierre centralizado** AUTO verrouillage *m* centralisé.
centralizar [13] *vt* centraliser.
centrar *vt* **1.** *(gén)* SPORT centrer • **centrar una novela en cuestiones sociales** axer un roman sur des problèmes sociaux **2.** pointer *(une arme)* ; cadrer *(une photo)* **3.** *(personne)* stabiliser **4.** attirer • **centrar la atención/la mirada en algo** fixer son attention/son regard sur qqch. ■ **centrarse** *vp* **1.** *(se concentrer)* • **centrarse en** se concentrer sur **2.** se stabiliser.
céntrico, ca *adj* central(e) • **un piso céntrico** un appartement situé en plein centre-ville.
centrifugación *nf* centrifugation *f.*
centrifugador, ra *adj* • **una máquina centrifugadora** une centrifugeuse. ■ **centrifugadora** *nf* **1.** *(machine)* centrifugeuse *f* **2.** *(de sèche-linge)* essoreuse *f.*
centrifugar [16] *vt* centrifuger.
centrífugo, ga *adj* centrifuge.
centrismo *nm* POLIT centrisme *m.*
centrista *adj* & *nmf* POLIT centriste.
centro *nm* **1.** centre *m* • **me voy al centro** je vais en ville **2.** foyer *m (de rébellion, etc)* ; institution *f (catholique, etc)* ; institut *m (d'études, de recherche)* **3.** cible *f (des regards)* ; objet *m (de curiosité)* **4.** cœur *m (d'un problème)*. ■ **centro comercial** *nm* centre *m* commercial. ■ **centro de gravedad** *nm* centre *m* de gravité. ■ **centro de mesa** *nm* centre *m* de table.
centroafricano, na *adj* centrafricain(e). ❑ *nm,f* Centrafricain *m*, -e *f.*
Centroamérica *npr* Amérique centrale.
centroamericano, na *adj* centraméricain(e), d'Amérique centrale. ❑ *nm,f natif ou habitant d'Amérique centrale.*
centrocampista *nmf* SPORT demi *m.*
centroeuropeo, a *adj* d'Europe centrale. ❑ *nm,f natif ou habitant d'Europe centrale.*
centuplicar *vt* centupler. ■ **centuplicarse** *vp* centupler.
céntuplo, pla *adj* centuple • **la céntupla parte** le centième. ■ **céntuplo** *nm* centuple *m.*
centuria *nf* **1.** *sout* siècle *m* **2.** centurie *f.*
centurión *nm* centurion *m.*
ceñir [26] *vt (vêtement)* mouler ; *(ceinture)* serrer • **ceñir por la cintura** prendre par la taille • **ceñir a** *fig* limiter à, borner à. ■ **ceñirse** *vp* serrer • **se ciñó el cinturón** il serra sa ceinture • **ceñirse a** *fig* s'en tenir à.
ceño *nm* • **fruncir el ceño** froncer les sourcils.
CEOE (abrév de Confederación Española de Organizaciones Empresariales) *nf confédération espagnole des organisations patronales* ; ≃ Medef *m.*
cepa *nf* **1.** cep *m* **2.** souche *f* • **un sevillano de pura cepa** *fig* un Sévillan de souche.
cepillar *vt* **1.** brosser ; bouchonner *(un cheval)* **2.** raboter **3.** *fam (flatter)* • **cepillar a alguien** cirer les pompes à qqn. ■ **cepillarse** *vp* **1.** se brosser • **cepillarse los dientes** se brosser les dents **2.** *fam* s'envoyer *(un repas)* ; *fam* expédier *(un travail)* **3.** *fam* dévaliser **4.** *fam (rater)* étendre **5.** *vulg* butter.
cepillo *nm* **1.** brosse *f* **2.** rabot *m* **3.** *(boîte)* tronc *m.*
cepo *nm* **1.** piège *m* **2.** *(pour les voitures)* sabot *m* **3.** attache *f* **4.** *(pour les prisonniers)* cep *m.*
CEPSA (abrév de Compañía Española de Petróleos, SA) *nf groupe pétrolier espagnol* • **la petrolera CEPSA** le groupe pétrolier CEPSA.
cera *nf* **1.** cire *f* • **cera depilatoria/virgen** cire dépilatoire/vierge **2.** fart *m.*
cerámica *nf* céramique *f.*
ceramista *nmf* céramiste *mf.*
cerca *nf* clôture *f.* ❑ *adv* **1.** près • **vive muy cerca** il habite tout près • **por aquí cerca** tout près • **de cerca** de près **2.** proche • **la Navidad ya está cerca** Noël est proche. ■ **cerca de** *loc prép* près de • **vive cerca de aquí** il habite près d'ici • **ganó cerca de tres millones** il a gagné près de trois millions.
cercado *nm* **1.** clôture *f* **2.** enclos *m.*
cercanía *nf* proximité *f.* ■ **cercanías** *nfpl* **1.** banlieue *f* **2.** environs *mpl.*
cercano, na *adj* • **cercano (a)** proche (de) • **vive en un pueblo cercano** il habite un village voisin.
cercar [10] *vt* **1.** clôturer **2.** encercler.
cercenar *vt sout (budget, coûts, etc.)* réduire ; *(pouvoir, responsabilités, etc.)* diminuer.
cerciorar *vt* assurer. ■ **cerciorarse** *vp* • **cerciorarse (de)** s'assurer (de) • **me cercioré de que no había nadie** je me suis assuré qu'il n'y avait personne.
cerco *nm* **1.** cercle *m* ; cerne *m (d'une blessure)* ; *(tache)* auréole *f* **2.** encadrement *m (de porte, de fenêtre)* **3.** halo *m* **4.** haie *f (de soldats)* ; cordon *m (de policiers)*.
cerda *nf* → **cerdo**.
cerdada *nf fam* vacherie *f.*
Cerdeña *npr* Sardaigne *f.*
cerdo, da *nm,f* **1.** porc *m*, truie *f* **2.** *fam* & *fig* porc *m.* ■ **cerdo** *nm (viande)* porc *m.* ■ **cerda** *nf* soie *f (du porc)* ; crin *m (du cheval)*.
cereal *nm* céréale *f.*
cerealero, ra *adj* & *nm,f* (AMÉR) AGRIC céréalier(ère).
cerebelo *nm* cervelet *m.*
cerebral *adj* cérébral(e).
cerebro *nm* **1.** *fig* ANAT cerveau *m* **2.** cervelle *f* **3.** *fig* tête *f.*
ceremonia *nf* cérémonie *f.*
ceremonial *adj* cérémoniel(elle) ; de cérémonie. ❑ *nm* cérémonial *m.*
ceremonioso, sa *adj* cérémonieux(euse) ; *(accueil, salut, etc)* solennel(elle).
cereza *nf* cerise *f.*
cerezo *nm* **1.** cerisier *m* **2.** merisier *m.*
cerilla *nf* allumette *f.*

cerillo *nm* **(AMÉR)** allumette *f*.
cerner [20], **cernir** *vt* tamiser. ■ **cernerse, cernirse** *vp litt & fig* planer.
cernícalo *nm* **1.** buse *f* **2.** *fam* mufle *m*.
cernir = **cerner.**
cero *nm* zéro *m* • **ser un cero a la izquierda** *fam* être un zéro. Voir aussi **seis.**
cerrado, da *adj* **1.** fermé(e) **2.** *(temps, ciel)* couvert(e) ; *(végétation, pluie)* dru(e) • **hace una noche cerrada** il fait nuit noire **3.** *(personne)* réservé(e) ; *(peu réceptif)* • **ser muy cerrado** avoir des idées bien arrêtées **4.** *(sens, message)* caché(e) **5.** *(accent)* prononcé(e) **6.** *(courant, circuit)* coupé(e).
cerradura *nf* serrure *f*.
cerrajería *nf* serrurerie *f*.
cerrajero, ra *nm,f* serrurier *m*.
cerrar *vt* **1.** fermer ; couper *(l'eau, le gaz)* ; barrer *(le chemin, la route)* • **cerrar el desfile** fermer la marche **2.** boucher **3.** *fig* clore *(une discussion, un contrat)* ; conclure *(un accord)* **4.** refermer *(une blessure)*. ❑ *vi* fermer • **cerrar con llave** fermer à clé • **cerrar con candado** cadenasser • **cerrar con cerrojo** verrouiller. ■ **cerrarse** *vp* **1.** se fermer • **cerrarse a** être fermé(e) à **2.** *(blessure)* se refermer **3.** *(débat, cérémonie)* être clos(e).
cerrazón *nf* **1.** *(obscurité)* • **había una gran cerrazón** le ciel s'obscurcissait **2.** *fig* entêtement *m*.
cerro *nm* colline *f* • **irse por los cerros de Úbeda** *fig* s'écarter du sujet.
cerrojo *nm* verrou *m* • **echar el cerrojo** mettre le verrou.
certamen *nm* concours *m (de poésie, etc)*.
certero, ra *adj* **1.** *(tir)* précis(e) **2.** *(opinion, jugement)* sûr(e) ; *(réponse)* juste.
certeza *nf* certitude *f* • **tener la certeza de que...** être certain(e) que....
certidumbre *nf* certitude *f*.
certificación *nf* **1.** *(action)* attestation *f* **2.** *(document)* certificat *m*.
certificado, da *adj (lettre, paquet)* recommandé(e). ■ **certificado** *nm* certificat *m* • **certificado médico** certificat médical.
certificar [10] *vt* **1.** certifier **2.** *(innocence)* prouver ; *(soupçons, etc)* confirmer **3.** envoyer en recommandé.
cerumen *nm* cérumen *m*.
cervantino, na, cervantesco, ca *adj* de Cervantès ; *(estudio)* sur Cervantès.
cervato *nm* faon *m*.
cervecería *nf* brasserie *f*.
cervecero, ra *adj* de la bière ; producteur(trice) de bière. ❑ *nm,f* brasseur *m*, -euse *f*.
cerveza *nf* bière *f* • **cerveza de barril** bière (à la) pression • **cerveza negra** bière brune.
cervical *adj* cervical(e). ❑ *nf (gén pl)* vertèbres *fpl* cervicales.
cérvidos *nmpl* cervidés *mpl*.
cesante *adj* **1.** sans emploi **2.** **(AMÉR)** au chômage. ❑ *nmf* sans-emploi *mf inv*.
cesantear *vt* **(AMÉR)** renvoyer.
cesantía *nf* **1.** révocation *f* **2.** **(AMÉR)** chômage *m*.
cesar *vt* démettre de ses fonctions ; révoquer *(un fonctionnaire)*. ❑ *vi* • **cesar (de hacer algo)** cesser (de faire qqch) • **sin cesar** sans cesse, sans arrêt • **cesar (de ou en)** démissionner (de).
césar *nm* CINÉ césar *m*.
cesárea *nf* césarienne *f* • **practicar una cesárea** faire une césarienne.
cese *nm* **1.** arrêt *m* ; cessation *f* **2.** renvoi *m* ; révocation *f (d'un fonctionnaire)* **3.** ordre *m* de cessation de paiements.
cesión *nf* cession *f*.
césped *nm* pelouse *f*, gazon *m* • **'prohibido pisar el césped'** 'pelouse interdite'.
cesta *nf* **1.** panier *m* **2.** couffin *m*. ■ **cesta de la compra** *nf* panier *m* de la ménagère.
cesto *nm* **1.** corbeille *f* **2.** SPORT panier *m*.
cesura *nf* LITTÉR césure *f*.
cetáceos *nmpl* cétacés *mpl*.
cetrería *nf* fauconnerie *f*.
cetro *nm* sceptre *m* • **ostentar el cetro de** *fig* tenir le sceptre de.
ceviche, cebiche *nm plat à base de poisson cru mariné dans du citron, de l'oignon et des épices*.
cf., cfr. (abrév de **confróntese**) cf *ou* cf. • **'cf. cap. 7'** 'cf. chap.7'.
cg (abrév de **centigramo**) cg.
CGPJ (abrév de **Consejo General del Poder Judicial**) *nm conseil supérieur espagnol de la magistrature*.
ch, Ch [tʃe] *nf* ch, Ch.
chabacanada *nf* grossièreté *f*.
chabacano, na *adj* vulgaire. ■ **chabacano** *nm* **(AMÉR) 1.** abricotier *m* **2.** abricot *m*.
chabola *nf* baraque *f* • **los barrios de chabolas** les bidonvilles.
chabolista *nmf* **(ESP)** habitant *m*, -e *f* d'un bidonville.
chacal *nm* chacal *m*.
chacarero, ra *nm,f* **(AMÉR) 1.** fermier *m*, -ère *f* **2.** bavard *m*, -e *f*.
chacha *nf fam* bonne *f*.
chachachá *nm* cha-cha-cha *m inv*.
cháchara *nf fam* papotage *m* • **estar de cháchara** papoter.
chachi *fam adj* **(ESP)** super, extra. ■ **chachi** *adv* super bien • **ayer nos lo pasamos chachi** nous nous sommes éclatés hier. ■ **chachi** *interj* chouette !
chacina *nf* **1.** charcuterie *f* **2.** *viande de porc préparée pour la charcuterie*.
chacota *nf* plaisanterie *f* • **tomar algo a chacota** *fam* prendre qqch à la rigolade.
chacra *nf* **(AMÉR)** ferme *f*.
chador *nm* tchador *m*.
chafar *vt* **1.** écraser ; *(coiffure)* aplatir **2.** froisser **3.** *fig* bouleverser *(les plans, un projet)* **4.** *(sujet :*

maladie) mettre à plat • **chafar la moral** saper le moral. ■ **chafarse** *vp* tomber à l'eau.

chaflán *nm* **1.** pan *m* coupé • **hacer chaflán** faire l'angle **2.** *GÉOM* chanfrein *m.*

chagra **(AMÉR)** *nmf* paysan *m*, -anne *f.* ❑ *nf* ferme *f.*

chal *nm* châle *m.*

chalado, da *fam adj* dingue. ❑ *nm,f* dingue *mf.*

chaladura *nf fam* **1.** lubie *f* **2.** béguin *m.*

chalar *vt* rendre fou, folle *f.* ■ **chalarse** *vp* perdre la tête • **chalarse por alguien** s'enticher de qqn.

chalé, chalet (*pl* **chalets**) *nm* pavillon *m* ; maison *f* de campagne ; chalet *m.*

chaleco *nm* gilet *m* • **chaleco salvavidas** gilet de sauvetage.

chalet = **chalé**.

chalupa *nf* chaloupe *f.*

chamaco, ca *nm,f* **(AMÉR)** *fam* gamin *m*, -e *f.*

chamanismo *nm* chamanisme *m.*

chamarra *nf* blouson *m.*

chamba *nf fam* **1.** *(chance)* • **tener chamba** avoir du pot **2.** **(AMÉR)** boulot *m.*

chamiza *nf* **1.** chaume *m* **2.** petit bois *m.*

chamizo *nm* **1.** tison *m* **2.** cahute *f* **3.** *fam* & *péj* bouge *m.*

champán, champaña *nm* champagne *m.*

champiñón *nm* champignon *m (de Paris).*

champú *nm* shampooing *m.*

chamuscar [10] *vt CULIN* flamber. ■ **chamuscarse** *vp* se griller *(les moustaches)* ; se brûler *(les cheveux).*

chamusquina *nf* • **oler a chamusquina** *fam* & *fig* sentir le roussi.

chance *nf* **(AMÉR)** possibilité *f*, occasion *f.*

chanchada *nf* **(AMÉR)** **1.** saleté *f* **2.** sale coup *m.*

chancho *nm* **(AMÉR)** cochon *m.*

chanchullero, ra *adj* & *nm,f fam* magouilleur(euse).

chanchullo *nm fam* magouille *f.*

chancla *nf* **1.** *péj* savate *f* **2.** tong *f.*

chancleta *nf* tong *f.*

chándal (*pl* **chándales** *ou* **chandals**), **chandal** (*pl* **chandals**) *nm* survêtement *m.*

changarro *nm* **(AMÉR)** petit magasin *m.*

chanquete *nm alevin d'anchois préparé en friture.*

chantaje *nm* chantage *m.*

chantajear *vt* faire chanter.

chantajista *nmf* maître-chanteur *m.*

chanza *nf* plaisanterie *f.*

chao *interj fam* • **¡chao!** ciao !, tchao !

chapa *nf* **1.** plaque *f* **2.** capsule *f* **3.** badge *m* **4.** jeton *m (du vestiaire)* **5.** **(AMÉR)** serrure *f.* ■ **chapas** *nfpl* • **jugar a las chapas** jouer à pile ou face.

chapado, da *adj* plaqué(e) • **chapado en oro** plaqué or • **chapado a la antigua** *fig* vieux jeu.

chapapote *nm* galette *f* de goudron .

chaparro, rra *adj* boulot(otte). ❑ *nm,f* petit gros *m*, petite boulotte *f.* ■ **chaparro** *nm* buisson *m* d'yeuses.

chaparrón *nm* **1.** averse *f* • **un chaparrón de** *fam* & *fig* une pluie de **2.** *fam (réprimande)* • **dar un chaparrón a alguien** passer un savon à qqn.

chapeado, da *adj* plaqué(e).

chapear *vt* **(AMÉR)** débroussailler.

chapela *nf* béret *m.*

chapista *adj* & *nmf* tôlier *m.*

chapó *interj* chapeau !

chapopote *nm* **(AMÉR)** goudron *m.*

chapotear *vi* barboter.

chapucear *vt* bricoler *(un moteur)* ; bâcler *(un travail).*

chapucería *nf* • **es una chapucería** ce n'est ni fait ni à faire.

chapucero, ra *adj* bâclé(e). ❑ *nm,f* • **ser chapucero** bâcler son travail.

chapulín *nm* **(AMÉR)** sauterelle *f.*

chapurrear, chapurrar *vt* baragouiner.

chapuza *nf* **1.** travail *m* de cochon **2.** *(travail occasionnel)* bricole *f.*

chapuzón *nm* • **darse un chapuzón** piquer une tête.

chaqué *nm* jaquette *f.*

chaqueta *nf* **1.** veste *f* **2.** cardigan *m.*

chaquetero, ra *nm,f fam* **(ESP)** *personne qui retourne facilement sa veste, notamment en politique, dans un but intéressé* ; ≃ girouette *f.*

chaquetón *nm* trois-quarts *m.*

charada *nf* charade *f.*

charanga *nf* **1.** fanfare *f* **2.** *fam* bamboula *f.*

charca *nf* mare *f.*

charco *nm* flaque *f* (d'eau).

charcutería *nf* charcuterie *f.*

charia, sharia ['ʃaria] *nf RELIG* charia *f.*

charla *nf* discussion *f* • **dar una charla sobre** faire un exposé sur.

charlar *vi* discuter, bavarder.

charlatán, ana *adj* bavard(e). ❑ *nm,f* **1.** bavard *m*, -e *f* **2.** baratineur *m*, -euse *f* **3.** camelot *m.*

charlestón *nm* charleston *m.*

charlotada *nf* **1.** bouffonnerie *f* **2.** corrida *f* bouffonne.

charlotear *vi* papoter.

charnego, ga *nm,f péj en Catalogne, immigrant venant d'une autre région d'Espagne.*

charol *nm* **1.** cuir *m* verni ; *(chaussures)* • **de charol** verni(e) **2.** vernis *m* **3.** **(AMÉR)** plateau *m.*

charola *nf* **(AMÉR)** plateau *m.*

charro *nm* **1.** cavalier *m* mexicain **2.** chapeau *m* à larges bords.

chárter *adj inv* charter. ❑ *nm inv* charter *m.*

chasca *nf* **(AMÉR)** tignasse *f.*

chascar [10] *vt* faire claquer *(la langue, les doigts).* ❑ *vi* **1.** *(langue)* claquer **2.** *(bois)* craquer.

chasco *nm* **1.** déception *f* • **llevarse un chasco** être très déçu(e) **2.** *(escroquerie)* tour *m*.

chasis *nm inv* **1.** châssis *m (d'un véhicule, d'un appareil photo)* **2.** *fam* & *fig (personne)* • **quedarse en el chasis** n'avoir que la peau sur les os.

chasquear *vt* **1.** faire claquer *(un fouet, la langue)* **2.** *fig* jouer un tour. ❑ *vi (bois)* craquer.

chasquido *nm* **1.** claquement *m (de langue, d'un fouet)* ; détonation *f (d'une arme)* **2.** craquement *m (du bois)*.

chat (*pl* **chats**) *nm (sur Internet)* chat *m*, tchat *m*.

chatarra *nf* **1.** ferraille *f* **2.** *fam* & *péj (bijou)* camelote *f* **3.** *fam* ferraille *f*, mitraille *f*.

chatarrería *nf* • **en la chatarrería** chez le ferrailleur.

chatarrero, ra *nm,f* ferrailleur *m*.

chateador, ra *nm,f fam (sur Internet)* chatteur *m*, -euse *f*.

chatear *vi fam (sur Internet)* chatter.

chateo *nm* • **ir de chateo** faire la tournée des bars.

chatero, ra *nm,f fam* INFORM chatteur *m*, -euse *f*, tchatteur *m*, -euse *f*.

chato, ta *adj* **1.** *(nez)* aplati(e) ; au nez camus **2.** plat(e). ❑ *nm,f fam* mon coco *m*, ma cocotte *f* • **¡chata!** ma poule ! ■ **chato** *nm* petit verre *m (de vin)*.

chau, chaucito *interj* **(AMÉR)** *fam* • **¡chau!** salut !

chauvinismo = **chovinismo**.

chauvinista = **chovinista**.

chava *nf* **(AMÉR)** *fam* nana *f*.

chaval, la *nm,f fam* jeune *mf*.

chaveta *nf* **1.** clavette *f* **2.** *fam* boule *f* • **perder la chaveta** perdre la boule **3.** **(AMÉR)** canif *m*.

chavo *nm fam* **1.** *(argent)* • **no tener un chavo** ne pas avoir un radis **2.** **(AMÉR)** mec *m*.

che, ché *interj* **(AMÉR)** *fam* • **¡che!** eh !

checar *vt* **(AMÉR)** **1.** vérifier **2.** contrôler.

chef ['tʃef] (*pl* **chefs**) *nm* chef *m*, chef *m* cuisinier.

chelo, la *adj* **(AMÉR)** blond(e).

chepa *nf fam* bosse *f*.

cheque *nm* chèque *m* • **extender un cheque** faire un chèque • **cheque al portador** chèque au porteur • **cheque cruzado ou barrado/nominativo** chèque barré/nominatif ou à ordre • **cheque (de) gasolina** chèque *m* essence • **cheque de viaje** chèque de voyage, traveller's cheque.

chequear *vt* **1.** MÉD • **chequear a alguien** faire un bilan de santé à qqn **2.** vérifier.

chequeo *nm* **1.** bilan *m* de santé **2.** vérification *f*.

chequera *nf* carnet *m* de chèques.

chévere *adj* **(AMÉR)** *fam* super.

Chiapas *npr* Chiapas.

chic *adj inv* chic.

chica *nf* → **chico**.

chicano, na *adj* chicano. ❑ *nm,f* Chicano *mf*. ■ **chicano** *nm langue des Mexicains émigrés aux États-Unis*.

chicarrón, ona *nm,f* grand garçon *m*, grande fille *f*.

chicha *nf fam* **1.** viande *f* **2.** *(de personne)* graisse *f* **3.** **(AMÉR)** *boisson alcoolisée à base de maïs fermenté*.

chícharo *nm* **(AMÉR)** petit pois *m*.

chicharra *nf* **1.** cigale *f* **2.** **(AMÉR)** sonnette *f*.

chicharro *nm* chinchard *m*.

chicharrón *nm* charbon *m (viande carbonisée)*. ■ **chicharrones** *nmpl* rillons *mpl*.

chiche *nm* **(AMÉR)** **1.** *fam* babiole *f* **2.** *tfam* néné *m*.

chichón *nm* bosse *f*.

chicle *nm* chewing-gum *m*.

chiclé, chicler *nm* AUTO gicleur *m*.

chico, ca *adj* petit(e). ❑ *nm,f* garçon *m*, fille *f* • **¡mira, chico!** *fam* écoute, mon vieux ! ■ **chico** *nm* garçon *m* de courses. ■ **chica** *nf* bonne *f*.

chicote *nm* **(AMÉR)** **1.** fouet *m* **2.** mégot *m*.

chifla *nf* **1.** *(moquerie)* • **hacer chifla a alguien** se moquer de qqn **2.** sifflement *m*.

chiflado, da *fam adj* cinglé(e) • **chiflado por** *fig* dingue de. ❑ *nm,f* cinglé *m*, -e *f*.

chiflar *vt fam* raffoler de, adorer • **me chiflan las patatas fritas** j'adore les chips. ❑ *vi* siffler. ■ **chiflarse** *vp* • **chiflarse por algo** s'emballer pour qqch • **chiflarse por alguien** s'enticher de qqn.

chiflido *nm* **(AMÉR)** sifflement *m*.

chilaba *nf* djellaba *f*.

chile *nm* piment *m*.

Chile *npr* Chili *m*.

chileno, na *adj* chilien(enne). ❑ *nm,f* Chilien *m*, -enne *f*.

chillar *vi* **1.** crier ; *(enfant)* brailler **2.** grincer **3.** *fam (gronder)* • **le chilló** il lui a crié dessus.

chillido *nm* **1.** cri *m* **2.** grincement *m*.

chillón, ona *adj* **1.** criard(e) **2.** braillard(e). ❑ *nm,f* braillard *m*, -e *f*.

chimenea *nf* cheminée *f*.

chimpancé *nm* chimpanzé *m*.

china *nf* → **chino**.

China *npr* • **(la) China** (la) Chine.

chinchar *vt fam* taquiner. ■ **chincharse** *vp fam* • **ahora te chinchas** maintenant, tant pis pour toi.

chinche *nf (insecte)* punaise *f*. ❑ *adj* & *nmf fam* & *fig* enquiquineur *m*, -euse *f*.

chincheta *nf (clou)* punaise *f*.

chinchilla *nf* chinchilla *m*.

chinchín *nm* **1.** flonflon *m* **2.** *fam* toast *m* • **¡chinchín!** tchin-tchin !

chinchón *nm* alcool *m* d'anis.

chingadera *nf* **(AMÉR)** *tfam* **1.** *(action)* connerie *f* **2.** *(objet)* truc *m*.

chingado, da *adj* (AMÉR) *vulg* foutu(e). ■ **chingada** *nf* (AMÉR) *vulg* • **¡vete a la chingada!** va te faire foutre !

chingar [16] *vt* **1.** *tfam* emmerder **2.** *tfam* foutre en l'air **3.** (AMÉR) *vulg* baiser. ❑ *vi vulg* baiser. ■ **chingarse** *vp vulg* se bourrer la gueule.

chingón, ona *adj* (AMÉR) *fam* super.

chino, na *adj* chinois(e). ❑ *nm,f* **1.** Chinois *m*, -e *f* **2.** (AMÉR) métis *m*, -isse *f*. ■ **chino** *nm* **1.** chinois *m* **2.** (AMÉR) boucle *f* *(de cheveux)*. ■ **china** *nf* **1.** caillou *m* **2.** *fam* *(droque)* boulette *f*. ■ **chinos** *nmpl* *jeu qui consiste à deviner combien de pièces ou de cailloux l'autre joueur cache dans sa main.*

chip (*pl* **chips**) *nm* INFORM puce *f*.

chipirón *nm* petit calmar *m*.

Chipre *npr* Chypre.

chiquillada *nf* gaminerie *f*.

chiquillería *nf fam* • **la chiquillería** la marmaille.

chiquillo, lla *nm,f* gamin *m*, -e *f*.

chiquitín, ina *adj* tout petit, toute petite *f*. ❑ *nm,f* • **los chiquitines** les petits *(les enfants)*.

chiquito, ta *adj* tout petit, toute petite *f*. ■ **chiquito** *nm* petit verre *m* *(de vin)*.

chiribita *nf* étincelle *f*. ■ **chiribitas** *nfpl fam* • **los ojos le hacían chiribitas** *fig* ses yeux jetaient des étincelles.

chirigota *nf fam* blague *f* • **tomar algo a chirigota** prendre qqch à la rigolade.

chirimbolo *nm fam* truc *m*.

chirimoya *nf* anone *f*.

chiringuito *nm* **1.** *fam* buvette *f* **2.** affaire *f* • **montarse un chiringuito** monter une petite affaire.

chiripa *nf fam* & *fig* • **tener chiripa** avoir du bol • **de** ou **por chiripa** par miracle.

chirla *nf* *(coquillage)* petite coque *f*.

chirona *nf fam* • **en chirona** en taule.

chirriar [9] *vi* grincer.

chirrido *nm* grincement *m*.

chiruca® *nf* Pataugas® *f*.

chis, chist *interj* • **¡chis!** chut !

chisme *nm* **1.** commérage *m* **2.** *fam* truc *m*.

chismear, chusmear *vi* faire des commérages, cancaner.

chismorrear *vi* faire des commérages, cancaner.

chismorreo *nm* commérages *mpl*.

chismoso, sa *adj* & *nm,f* cancanier(ère).

chispa *nf* **1.** étincelle *f* • **echa chispas** *fam* il n'est pas à prendre avec des pincettes **2.** gouttelette *f* **3.** *fig* pincée *f* **4.** *fig* esprit *m*.

chispazo *nm* **1.** étincelle *f* **2.** *fig* détonateur *m*.

chispear *vi* **1.** étinceler **2.** *fig* *(yeux)* pétiller *(de joie, de malice)* ; jeter des étincelles *(de colère)*. ❑ *v impers* pleuvoter • **apenas chispeaba** il ne tombait que quelques gouttes.

chisporrotear *vi (bois)* craquer ; *(feu)* crépiter ; *(huile)* grésiller.

chist = **chis**.

chistar *vi* • **sin chistar** sans broncher.

chiste *nm* histoire *f* drôle, blague *f* • **contar chistes** raconter des histoires drôles ou des blagues • **chiste verde** blague cochonne.

chistera *nf* chapeau *m* haut de forme.

chistorra *nf saucisson typique d'Aragon et de Navarre.*

chistoso, sa *adj* **1.** blagueur(euse) **2.** drôle. ❑ *nm,f* blagueur *m*, -euse *f*.

chita ■ **a la chita callando** *loc adv fam* **1.** *(sans bruit)* doucement **2.** en douce.

chitón *interj* • **¡chitón!** chut !

chivar *vt fam* souffler *(la réponse)*. ■ **chivarse** *vp fam* cafter ; moucharder.

chivatazo *nm fam* mouchardage *m* • **dar el chivatazo** moucharder.

chivato, ta *adj* & *nm,f fam* mouchard(e). ■ **chivato** *nm* **1.** voyant *m* lumineux **2.** sonnerie *f* **3.** (AMÉR) *fam* ponte *m*.

chivo, va *nm,f* chevreau *m*, chevrette *f* • **ser el chivo expiatorio** *fig* être le bouc émissaire.

choc, shock [ʃok, tʃok] *nm* choc *m* *(psychologique)*.

chocante *adj* choquant(e).

chocar [10] *vi* **1.** heurter • **chocar contra** rentrer dans **2.** *fig* *(se disputer)* s'accrocher **3.** *fig* se battre **4.** *fig* choquer. ❑ *vt* taper dans *(les mains)* • **¡choca esa mano** ou **los cinco!**, **¡chócala!** tope là ! • **chocaron sus copas** ils ont trinqué.

chochear *vi* **1.** être gâteux(euse) **2.** *fam* & *fig* *(être fou de)* • **chochear por alguien** être gaga devant qqn • **chochear por algo** être dingue de qqch.

chocho, cha *adj* **1.** gâteux(euse) **2.** *fam* & *fig* gaga.

choclo *nm* (AMÉR) maïs *m*.

choco, ca *adj* (AMÉR) mutilé(e). ❑ *nm,f* (AMÉR) mutilé *m*, -e *f*. ■ **choco** *nm* petite seiche *f*.

chocolatada *nf goûter au cours duquel on boit du chocolat épais et chaud.*

chocolate *nm* **1.** chocolat *m* • **chocolate a la taza** chocolat à cuire • **chocolate blanco/con leche** chocolat blanc/au lait **2.** *fam* shit *m*.

chocolatina *nf* barre *f* chocolatée.

chófer, chofer *nmf* chauffeur *m*.

chollo *nm fam* bon plan *m* ; occase *f*.

cholo, la *adj* (AMÉR) **1.** métis(isse) **2.** *Indien qui a adopté un mode de vie occidental.* ❑ *nm,f* **1.** métis *m*, -isse *f* **2.** Indien *m* occidentalisé, Indienne *f* occidentalisée.

chomba, chompa *nf* (AMÉR) pull *m*.

chompipe *nm* (AMÉR) dindon *m*.

chongo *nm* (AMÉR) chignon *m*.

choped, chóped *nm sorte de mortadelle à base de porc, de poulet ou de dinde hachés.*

chopo *nm* peuplier *m* noir.

choque *nm* **1.** choc *m* ; collision *f* **2.** *fig* accrochage *m.* ❑ *v* → **chocar.**
chorbo, ba *nm,f* **(ESP)** *tfam* **1.** jeune mec *m*, jeune nana *f* **2.** petit ami *m*, petite amie *f.*
choricear, chorizar [13] *vt fam* chourer.
chorizo *nm* **1.** chorizo *m* **2.** *fam* voleur *m.*
choro *nm* **(AMÉR)** moule *f.*
chorra *nmf tfam* • **es un chorra** il est nase. ❑ *nf tfam* • **tener chorra** avoir du pot.
chorrada *nf fam* **1.** *(cadeau)* bricole *f* **2.** *(parole)* bêtise *f.*
chorrear *vi* **1.** goutter **2.** couler. ❑ *vt* ruisseler de • **chorrear sudor** ruisseler de sueur.
chorro *nm* **1.** jet *m* • **salir a chorros** couler à flots **2.** filet *m* **3.** *fig* flot *m (de choses, de personnes, d'argent).*
chota *nf fam* & *fig* • **estar como una chota** être dingue ou cinglé(e).
chotearse *vp fam* • **chotearse de** se ficher de.
choteo *nm fam* blague *f* • **tomar a choteo** prendre à la rigolade.
chotis *nm inv danse, musique et chanson typiques de Madrid à la mode au début du siècle.*
choto, ta *nm,f* **1.** chevreau *m*, chevrette *f* **2.** veau *m.*
chovinismo, chauvinismo [tʃoβi'nismo] *nm* chauvinisme *m.*
chovinista, chauvinista [tʃoβi'nista] *adj* & *nmf* chauvin(e).
choza *nf* hutte *f.*
christmas *nm* carte *f* de vœux.
chubasco *nm* averse *f.*
chubasquero *nm* ciré *m.*
chúcaro, ra *adj* **(AMÉR)** *fam* sauvage.
chuchería *nf* **1.** friandise *f* **2.** babiole *f.*
chucho *nm fam (chien)* cabot *m.*
chufa *nf* souchet *m (tubercule avec lequel on fait la «horchata»).*
chufla *nf fam* rigolade *f* • **estar de chufla** plaisanter • **tomarse algo a chufla** prendre qqch à la rigolade.
chulada *nf* **1.** vantardise *f* **2.** *fam* bijou *m* • **¡qué chulada de coche tienes!** t'en as une belle voiture !
chulapo, pa, chulapón, ona *nm,f figure typique des quartiers populaires de Madrid.*
chulear *fam vt* • **chulear a alguien** se faire entretenir par qqn. ❑ *vi* frimer • **chulear de** se vanter de.
chulería *nf* **1.** insolence *f*; vantardise *f* **2.** charme *m.*
chuleta *nf* **1.** côtelette *f*; côte *f* **2.** *fam* antisèche *f.* ❑ *adj* & *nmf fam* frimeur(euse).
chuletón *nm* côte *f* de bœuf.
chullo *nm* **(AMÉR)** bonnet *m* péruvien.
chulo, la *adj* **1.** *(insolent)* • **ponerse chulo** la ramener **2.** crâneur(euse) **3.** *fam* chouette **4.** typique de Madrid. ❑ *nm,f* **1.** crâneur *m*, -euse *f* **2.** *figure typique des quartiers populaires de Madrid.* ■ **chulo** *nm tfam* maquereau *m.*
chumbera *nf* figuier *m* de Barbarie.
chumbo *adj* → **higo.**
chungo, ga *adj fam* craignos. ■ **chunga** *nf fam* • **tomarse algo a chunga** prendre qqch à la rigolade.
chupa *nf fam (blouson)* cuir *m.*
chupado, da *adj* **1.** squelettique **2.** *fam (facile)* • **está chupado** c'est du tout cuit. ■ **chupada** *nf* taffe *f.*
chupamedias *nmf inv* **(AMÉR)** *fam* & *péj* lèche-bottes *mf inv.*
chupar *vt* **1.** sucer ; *(fumer)* tirer sur **2.** absorber **3.** soutirer *(de l'argent).* ■ **chuparse** *vp* **1.** devenir squelettique **2.** *fam* se taper • **se ha chupado siete kilómetros andando** il s'est tapé sept kilomètres à pied.
chupatintas *nmf inv péj* gratte-papier *m inv.*
chupe *nm* **(AMÉR)** ragoût *m.*
chupete *nm* tétine *f.*
chupetón *nm fam* suçon *m.*
chupi *adj fam* génial(e).
chupinazo *nm* **1.** coup *m* de feu ; coup *m* de canon ; *coup d'envoi d'une fête* **2.** SPORT shoot *m* • **dar un chupinazo** shooter.
chupito *nm* **1.** gorgée *f* **2.** petit verre *m.*
chupón, ona *adj* **1.** qui tète beaucoup **2.** *fam* & *fig* parasite. ■ **chupón** *nm* **(AMÉR)** tétine *f.*
chupóptero, ra *nm,f fam* parasite *m.*
churrasco *nm* grillade *f.*
churrasquería *nf* **(AMÉR)** rôtisserie *f.*
churrería *nf commerce de « churros ».*
churrigueresco, ca *adj* churrigueresque.
churro *nm* **1.** *long beignet cylindrique* **2.** *fam* bide *m* **3.** *fam* truc *m* mal foutu **4.** *fam (chance)* pot *m.*
churruscar *vt* faire griller. ■ **churruscarse** *vp* brûler.
churrusco *nm morceau de pain roussi.*
churumbel *nm fam* chérubin *m.*
chusco, ca *adj* cocasse. ■ **chusco** *nm fam* quignon *m* (de pain).
chusma *nf* racaille *f.*
chusmear = **chismear.**
chut *nm* shoot *m.*
chutar *vi* **1.** shooter **2.** *fam* marcher • **esto va que chuta** ça marche comme sur des roulettes. ■ **chutarse** *vp tfam* se shooter.
chute *nm tfam (héroïne)* shoot *m.*
ch/ abrév de **cheque.**
CIA (abrév de Central Intelligence Agency) *nf* CIA *f.*
cía., Cía. (abrév de compañía) Cie.
cianuro *nm* cyanure *m.*
ciático, ca *adj* sciatique. ■ **ciática** *nf* sciatique *f.*
cibercafé *nm* cybercafé *m*, webcafé *m.*
cibercriminalidad *nf* cybercriminalité *f.*
ciberdelito *nm* cyberdélit *m.*
ciberespacio *nm* cyberespace *m.*
cibernauta *nmf* cybernaute *mf.*

cibernético, ca *adj* cybernétique. ■ **cibernética** *nf* cybernétique *f.*
cibersexo *nm* cybersexe *m.*
ciberterrorismo *nm* cyberterrorisme *m.*
cibertienda *nf* boutique *f* virtuelle.
cicatriz *nf litt & fig* cicatrice *f.*
cicatrización *nf* cicatrisation *f.*
cicatrizar [13] *vt & vi* cicatriser.
cicerone *nmf* guide *mf.*
cíclico, ca *adj* cyclique ; *(apprentissage)* progressif(ive).
ciclismo *nm* cyclisme *m.*
ciclista *adj & nmf* cycliste.
ciclo *nm* cycle *m.*
ciclocrós *nm* cyclo-cross *m inv.*
ciclomotor *nm* cyclomoteur *m.*
ciclón *nm* cyclone *m.*
cíclope *nm* cyclope *m.*
ciclostil, ciclostilo *nm* polycopie *f* ; machine *f* à polycopier.
cicloturismo *nm* cyclotourisme *m.*
ciclovía *nf* **(AMÉR)** piste *f* cyclable.
cicuta *nf* ciguë *f.*
Cid *npr* • **el Cid Campeador** le Cid Campeador.
ciego, ga *adj* **1.** aveugle • **a ciegas** à l'aveuglette **2.** *fig* aveuglé(e) • **ciego de** aveuglé par, fou de **3.** obstrué(e) **4.** *tfam (drogué)* défoncé(e). ❑ *nm,f* aveugle *mf.* ■ **ciego** *nm tfam (de drogue)* défonce *f.*
cielo *nm* **1.** ciel *m* **2.** *(appellation affectueuse)* • **(mi) cielo** mon ange • **ser un cielo** être un ange **3.** plafond *m* • **cielo raso** faux plafond **4.** *fig* • **como llovido ou caído del cielo a)** à pic **b)** comme par miracle. ■ **cielos** *interj* • **¡cielos!** ciel !
ciempiés *nm inv* mille-pattes *m inv.*
cien *adj num inv & nm inv* cent • **cien mil** cent mille • **al cien por cien** à cent pour cent • **pura lana al cien por cien** cent pour cent pure laine. Voir aussi **seis.** ■ **todo a cien®** *nm chaîne de magasins proposant des articles pour la maison à prix très réduits.*
ciénaga *nf* marécage *m.*
ciencia *nf* science *f.* ■ **ciencias** *nfpl* sciences *fpl.* ■ **a ciencia cierta** *loc adv* avec certitude. ■ **ciencia ficción** *nf* science-fiction *f.*
cienciología *nf* scientologie *f.*
cienciólogo, ga *nm,f* scientologue *mf.*
cieno *nm* **1.** vase *f* **2.** *fig* boue *f.*
científico, ca *adj & nm,f* scientifique.
ciento *adj num & nm* cent • **ciento cincuenta** cent cinquante • **cientos de miles de euros** des centaines de milliers d'euros • **por ciento** pour cent • **al ciento por ciento (AMÉR)** à cent pour cent. Voir aussi **seis.**
cierne ■ **en cierne(s)** *adv & adj* en herbe.
cierre *nm* **1.** fermeture *f* **2.** fermeture *f* Éclair®.
ciertamente *adv* **1.** *(de manière certaine)* certes, sans aucun doute **2.** *(pour insister)* bien sûr.
cierto, ta *adj* certain(e) • **cierta tristeza** une certaine tristesse • **estar en lo cierto** être dans le vrai • **lo cierto es que...** c'est un fait que.... ■ **cierto** *adv* certainement. ■ **por cierto** *loc adv* au fait.
ciervo, va *nm,f* cerf *m*, biche *f.*
CIF *nm abrév de* **código de identificación fiscal.**
cifra *nf* chiffre *m.*
cifrado, da *adj* codé(e).
cifrar *vt* **1.** coder **2.** *fig (centrer)* • **cifrar en** fonder sur, placer dans. ■ **cifrarse** *vp* • **cifrarse en** se chiffrer par ou en.
cigala *nf* langoustine *f.*
cigarra *nf* cigale *f.*
cigarrillo *nm* cigarette *f.*
cigarro *nm* **1.** cigarette *f* **2.** cigare *m.*
cigüeña *nf* cigogne *f.*
cigüeñal *nm* vilebrequin *m.*
cilantro *nm* coriandre *f.*
cilicio *nm* cilice *m.*
cilindrada *nf* cylindrée *f.*
cilíndrico, ca *adj* cylindrique.
cilindro *nm* cylindre *m.*
cima *nf* **1.** cime *f* **2.** *fig* sommet *m.*
cimborio, cimborrio *nm* ARCHIT coupole *m.*
cimbrear *vt* **1.** faire vibrer **2.** balancer *(les hanches).*
cimentar [19] *vt* **1.** creuser les fondations de ; fonder *(une ville)* **2.** *fig* cimenter.
cimiento *nm (gén pl)* CONSTR assises *fpl* • **los cimientos** les fondations *fpl* • **echar los cimientos de algo** *fig* jeter les bases de qqch.
cinc, zinc *nm* zinc *m.*
cincel *nm (outil)* ciseau *m.*
cincelar *vt* ciseler.
cincha *nf* sangle *f.*
cincho *nm* **1.** *ceinture en tissu* **2.** cerceau *m (de tonneau).*
cinco *adj num inv* cinq. ❑ *nm inv* cinq *m inv* • **¡choca esos cinco!** *fig* tope là ! Voir aussi **seis.**
cincuenta *adj num inv & nm inv* cinquante. Voir aussi **sesenta.**
cincuentena *nf* cinquantaine *f.*
cincuentón, ona *nm,f* quinquagénaire *mf.*
cine, cinema *nm* cinéma *m* • **cine de terror** films *mpl* d'horreur • **cine fantástico** cinéma fantastique.
cineasta *nmf* cinéaste *mf.*
cineclub *nm* ciné-club *m.*
cinéfilo, la *adj* de cinéphile. ❑ *nm,f* cinéphile *mf.*
cinema = **cine.**
cinemascope® *nm* CinémaScope® *m.*
cinemateca *nf* cinémathèque *f.*
cinematografía *nf* cinématographie *f.*
cinematográfico, ca *adj* cinématographique.
cinematógrafo *nm* cinématographe *m.*
cinerama® *nm* Cinérama® *m.*

cinético, ca *adj* cinétique. ■ **cinética** *nf* cinétique *f.*
cíngaro, ra, zíngaro, ra *adj* tsigane. ❑ *nm,f* Tsigane *mf.*
cínico, ca *adj & nm,f* cynique.
cinismo *nm* cynisme *m.*
cinta *nf* **1.** ruban *m* • **cinta adhesiva ou autoadhesiva** ruban adhésif • **cinta métrica** mètre *m* ruban **2.** cassette *f* • **cinta de vídeo** cassette vidéo • **cinta magnética ou magnetofónica** bande *f* magnétique **3.** *(mécanisme)* • **cinta (transportadora) a)** transporteur *m* à bande **b)** tapis *m* roulant *(de marchandises, de personnes)* **4.** INFORM bande *f.* ■ **cinta de lomo** *nf* rôti *m* de porc.
cintura *nf* **1.** taille *f* **2.** ceinture *f.*
cinturilla *nf* gros grain *m.*
cinturón *nm* **1.** *(gén)* SPORT ceinture *f* **2.** périphérique *m.* ■ **cinturón de seguridad** *nm* ceinture *f* (de sécurité).
ciprés *nm* cyprès *m.*
circense *adj* de cirque.
circo *nm* cirque *m.*
circuito *nm* **1.** *(gén, sport)* ÉLECTR circuit *m* ; piste *f (de bicyclettes)* **2.** périmètre *m.* ■ **corto circuito** *nm* court-circuit *m.*
circulación *nf* circulation *f.*
circular[1] *adj* circulaire. ❑ *nf* circulaire *f.*
circular[2] *vi* **1.** circuler • **circular por a)** *(personnes, liquides)* circuler dans **b)** *(véhicules)* circuler sur **2.** *(monnaie)* être en circulation.
circulatorio, ria *adj* circulatoire.
círculo *nm* **1.** *(gén)* GÉOM cercle *m* **2.** attroupement *m.* ■ **círculo vicioso** *nm* cercle *m* vicieux. ■ **círculos** *nmpl* milieux *mpl.*
circuncidar *vt* circoncire.
circuncisión *nf* circoncision *f.*
circunciso, sa *adj* circoncis(e).
circundante *adj* environnant(e).
circundar *vt* entourer.
circunferencia *nf* circonférence *f.*
circunscribir *vt* circonscrire. ■ **circunscribirse** *vp* • **circunscribirse a** s'en tenir à.
circunscripción *nf* **1.** étroitesse *f* **2.** circonscription *f.*
circunscrito, ta *adj* circonscrit(e). ■ **circunscrito** *pp* → **circunscribir.**
circunspecto, ta *adj* circonspect(e).
circunstancia *nf* **1.** *(gén)* DR circonstance *f* **2.** condition *f.*
circunstancial *adj* fortuit(e).
circunvalación *nf* ≃ périphérique *m.*
circunvalar *vt* faire le tour de.
cirílico, ca *adj* cyrillique.
cirio *nm* cierge *m* • **ser/montar un cirio** *fig* être/ fairetoute une histoire.
cirrosis *nf inv* cirrhose *f.*
ciruela *nf* prune *f* • **ciruela pasa** pruneau *m.*
cirugía *nf* chirurgie *f* • **cirugía estética ou plástica** chirurgie esthétique ou plastique.
cirujano, na *nm,f* chirurgien *m,* -enne *f.*
cisco *nm* **1.** poussier *m* **2.** *fam* grabuge *m* **3.** *fig* • **hecho cisco a)** *(personne)* démoli **b)** *(chose)* déglingué • **tener los pies hechos cisco** avoir les pieds en compote.
cisma *nm* schisme *m.*
cisne *nm* cygne *m.*
cisterna *nf* **1.** chasse *f* d'eau **2.** citerne *f.*
cistitis *nf inv* cystite *f.*
cisura *nf* fissure *f.*
cita *nf* **1.** rendez-vous *m* • **tener una cita** avoir rendez-vous **2.** citation *f.*
citación *nf* citation *f.*
citar *vt* citer. ■ **citarse** *vp* se donner rendez-vous.
cítara *nf* cithare *f.*
citología *nf* **1.** cytologie *f* **2.** frottis *m.*
cítrico, ca *adj* citrique • **un fruto cítrico** un agrume. ■ **cítricos** *nmpl* agrumes *mpl.*
CiU (abrév de Convergència i Unió) *nf coalition nationaliste catalane.*
ciudad *nf* ville *f.*
ciudadanía *nf* **1.** citoyenneté *f* **2.** • **la ciudadanía** les habitants *mpl.*
ciudadano, na *adj* citadin(e). ❑ *nm,f* **1.** citadin *m,* -e *f* **2.** citoyen *m,* -enne *f.*
Ciudad de México, Ciudad de Méjico *npr* Mexico.
ciudadela *nf* citadelle *f.*
cívico, ca *adj* civique.
civil *adj litt & fig* courtois(e) • **tener un comportamiento civil** se comporter correctement. ❑ *nm* **1.** civil *m* **2.** *fam membre de la Guardia Civil.*
civilización *nf* civilisation *f.*
civilizado, da *adj* civilisé(e).
civilizar [13] *vt* civiliser. ■ **civilizarse** *vp* apprendre les bonnes manières.
civismo *nm* **1.** civisme *m* **2.** civilité *f.*
cizaña *nf* ivraie *f* • **meter ou sembrar cizaña** *fig* semer la zizanie.
cl (abrév de centilitro) cl.
clamar *vt* clamer, crier • **clamar justicia** demander justice. ❑ *vi* • **clamar a** en appeler à • **clamar contra** crier à • **clamar contra la injusticia** crier à l'injustice.
clamor *nm* clameur *f.*
clamoroso, sa *adj* retentissant(e).
clan *nm* clan *m.*
clandestinidad *nf* clandestinité *f.*
clandestino, na *adj* clandestin(e).
claqué *nm* • **el claqué** les claquettes *fpl.*
claqueta *nf* clap *m.*
clara *nf* → **claro.**
claraboya *nf* lucarne *f.*
claramente *adv* clairement, nettement.
clarear *vt* éclairer. ❑ *v impers* **1.** poindre • **al clarear el día** au point du jour **2.** *(temps)* s'éclair-

cir. ■ **clarearse** *vp* **1.** être transparent(e) **2.** *fig* se trahir • **su maldad se clarea en sus palabras** sa méchanceté transparaît dans ses paroles.
clarete *nm (vin rosé)* rosé *m* ; *(vin rouge)* clairet *m*.
claridad *nf* **1.** clarté *f* ; pureté *f (de l'eau, d'un diamant)* • **me lo dijo con una claridad meridiana** il me l'a dit très clairement **2.** lucidité *f*.
clarificación *nf* éclaircissement *m*.
clarificar [10] *vt* clarifier ; éclaircir *(un sujet, un mystère)*.
clarín *nm* clairon *m*.
clarinete *nm* clarinette *f*. ❑ *nmf* clarinettiste *mf*.
clarividencia *nf* clairvoyance *f*.
clarividente *adj* clairvoyant(e).
claro, ra *adj* **1.** clair(e) ; *(image)* net, nette *f* • **tener la mente clara** avoir les idées claires • **una clara victoria** une franche victoire • **claro está que...** il est clair que... • **dejar claro que...** faire comprendre que... • **a las claras** clairement • **poner ou sacar en claro** tirer au clair • **pasar una noche en claro** passer une nuit blanche **2.** *(dilué)* léger(ère) **3.** clairsemé(e). ■ **claro** *nm* **1.** vide *m* **2.** clairière *f* **3.** éclaircie *f* **4.** *(en peinture)* clair *m*. ❑ *adv* clairement. ❑ *interj* • **¡claro (está)!** bien sûr ! ■ **clara** *nf* **1.** blanc *m (œuf)* **2.** *(boisson)* panaché *m* **3.** *(calvitie)* • **tiene unas claras** il se dégarnit.
claroscuro *nm* clair-obscur *m*.
clase *nf* **1.** classe *f* • **clase media/obrera ou trabajadora** classe moyenne/ouvrière • **clase preferente/turista** classe affaires/loisirs • **las clases pasivas** les retraités *mpl* • **primera clase** première classe **2.** *(type)* • **toda clase de** toutes sortes de **3.** genre *m (d'une personne)* **4.** cours *m* • **dar clases a)** donner des cours **b)** suivre des cours • **clases particulares** cours particuliers.
clasicismo *nm* LITTÉR & ART classicisme *m*.
clásico, ca *adj* **1.** classique **2.** *(particulier)* • **clásico de** typique de. ❑ *nm,f* classique *m*.
clasificación *nf* classement *m*.
clasificador, ra *adj* classificateur(trice). ■ **clasificador** *nm* classeur *m*.
clasificar [10] *vt* classer. ■ **clasificarse** *vp* se classer • **se clasificó para la final** il s'est qualifié pour la finale.
clasismo *nm* discrimination *f* sociale.
clasista *adj* & *nmf* élitiste.
claudicar [10] *vi* **1.** abandonner **2.** • **claudicar de a)** manquer à *(ses devoirs, ses principes)* **b)** faillir à *(ses promesses, ses engagements)*.
claustro *nm* **1.** cloître *m* **2.** réunion *f* • **claustro de profesores** conseil *m* de classe.
claustrofobia *nf* claustrophobie *f*.
claustrofóbico, ca *adj* claustrophobe.
cláusula *nf* **1.** clause *f* **2.** GRAMM proposition *f*.
clausura *nf* **1.** *(gén)* RELIG clôture *f* **2.** fermeture *f*.
clausurar *vt* **1.** clôturer **2.** fermer.
clavadista *nmf* (AMÉR) plongeur *m*, -euse *f*.
clavado, da *adj* **1.** cloué(e) **2.** *(pile)* sonnant(e) • **ir clavado** aller comme un gant • **ser clavado a alguien** être la copie conforme de qqn **3.** *fam* planté(e) • **permanecer clavado en la puerta** rester planté devant la porte **4.** *fam (ébahi)* • **me dejó clavado** il m'a scié. ■ **clavada** *nf* (ESP) *fam* coup *m* de matraque, coup *m* de massue • **nos metieron una buena clavada en ese restaurante** ça a été le coup de matraque ou de massue dans ce restaurant.
clavar *vt* **1.** planter ; clouer • **clavar la mirada/la atención en** *fig* fixer son regard/son attention sur • **clavar en el suelo** *fam* & *fig* clouer sur place **2.** *tfam* faire casquer. ■ **clavarse** *vp* **1.** *(se planter quelque chose dans)* • **me clavé un cristal en el pie** je me suis planté un bout de verre dans le pied **2.** (AMÉR) • **clavársela** *fam* prendre une cuite.
clave *adj inv* clef • **es el punto clave** c'est l'élément clef. ❑ *nm* clavecin *m*. ❑ *nf* **1.** code *m* • **en clave** codé(e) **2.** *(solution)* MUS clef *f*.
clavecín *nm* clavecin *m*.
clavel *nm* œillet *m*.
clavetear *vt* **1.** clouter **2.** clouer grossièrement.
clavicémbalo *nm* clavecin *m*.
clavicordio *nm* clavecin *m*.
clavícula *nf* clavicule *f*.
clavija *nf* **1.** TECHNOL & MUS cheville *f* **2.** ÉLECTR fiche *f*.
clavo *nm* **1.** clou *m* **2.** clou *m* de girofle **3.** MÉD broche *f* **4.** *fig* • **agarrarse a un clavo ardiendo** être prêt(e) à tout *(pour s'en sortir)* • **como un clavo** pile à l'heure • **dar en el clavo** mettre dans le mille.
claxon® *nm* Klaxon® *m*.
clemencia *nf* clémence *f*.
clemente *adj litt* & *fig* clément(e).
cleptomanía *nf* kleptomanie *f*.
cleptómano, na *nm,f* kleptomane *mf*.
clerical *adj* & *nmf* clérical(e).
clérigo *nm* prêtre *m*.
clero *nm* clergé *m*.
clic, click *nm* **1.** *(bruit)* clic *m* **2.** INFORM clic *m* • **clic derecho/izquierdo** clic droit/gauche • **hacer clic** cliquer • **hacer doble clic** double-cliquer.
clictivismo *nm* clic-activisme *m* .
clicar [10], **cliquear** *vi* INFORM cliquer.
cliché, clisé *nm litt* & *fig* cliché *m*.
cliente, ta *nm,f* client *m*, -e *f*.
clientela *nf* clientèle *f*.
clientelismo *nm* clientélisme *m*.
clima *nm litt* & *fig* climat *m*.
climático, ca *adj* climatique.
climatización *nf* climatisation *f*.
climatizado, da *adj* climatisé(e).
climatizar [13] *vt* climatiser.
climatología *nf* climatologie *f*.
clímax *nm inv* point *m* culminant.

clínico, ca *adj* clinique ; *(dossier, matériel)* médical(e). ■ **clínica** *nf* clinique *f*.
clip *nm* **1.** trombone *m* **2.** pince *f (pour les cheveux)* **3.** *(boucle d'oreille, vidéo)* clip *m*.
clipart [kli'part] *nm* INFORM clipart *m*.
cliquear = **clicar**.
clisé = **cliché**.
clítoris *nm inv* clitoris *m*.
cloaca *nf* égout *m*.
clon *nm* BIOL clone *m*.
clonación *nf* BIOL clonage *m* • **clonación reproductiva** clonage reproductif • **clonación terapéutica** clonage thérapeutique.
clonar *vt* BIOL cloner.
cloquear *vi* glousser.
clorar *vt* chlorer.
cloro *nm* chlore *m*.
clorofila *nf* chlorophylle *f*.
clorofílico, ca *adj* chlorophyllien(enne).
cloroformo *nm* chloroforme *m*.
clóset, closet *nm* (AMÉR) placard *m*.
club (*pl* **clubes** *ou* **clubs**) *nm* club *m* • **club de fans** fan-club *m* • **club náutico** yacht-club *m*.
cm (abrév de **centímetro**) cm.
CNT (abrév de **Confederación Nacional del Trabajo**) *nf syndicat espagnol anarchiste*.
Co. (abrév de **compañía**) Cie.
coacción *nf* pression *f*.
coaccionar *vt* • **coaccionar a alguien a ou para hacer algo** faire pression sur qqn pour lui faire faire qqch.
coach [koutʃ] (*pl* **coachs**) *nmf* coach *mf* • **coach personal** coach personnel.
coaching ['koutʃin] *nm* coaching *m* • **hacer coaching** faire du coaching, coacher.
coagular *vt* coaguler ; *(lait)* cailler. ■ **coagularse** *vp* (se) coaguler ; *(lait)* (se) cailler.
coágulo *nm* caillot *m*.
coalición *nf* coalition *f*.
coaligar = **coligar**.
coartada *nf* alibi *m*.
coartar *vt* entraver ; brider *(des sentiments)*.
coautor, ra *nm,f* coauteur *m*.
coba *nf fam* lèche *f* • **dar coba a alguien** passer de la pommade à qqn.
cobalto *nm* cobalt *m*.
cobarde *adj & nmf* lâche.
cobardía *nf* lâcheté *f*.
cobaya *nm ou nf* cobaye *m*.
cobertizo *nm* appentis *m*.
cobertura *nf* couverture *f* • **cobertura informativa** couverture d'un événement.
cobija *nf* (AMÉR) couverture *f*.
cobijar *vt* abriter. ■ **cobijarse** *vp* **1.** se réfugier **2.** s'abriter.
cobijo *nm* refuge *m* ; abri *m* • **dar cobijo a alguien** héberger qqn.
cobra *nf* cobra *m*.
cobrador, ra *nm,f (bus)* receveur *m*, -euse *f* ; *(factures, quittances)* encaisseur *m*.
cobrar *vt* **1.** encaisser *(un chèque, une dette)* ; toucher *(un salaire)* • **¿me cobra, por favor?** je vous dois combien s'il vous plaît ? • **me han cobrado muy caro** on m'a pris très cher **2.** *(acquérir)* • **cobrar importancia** prendre de l'importance **3.** *(ressentir)* • **cobrar afecto a alguien** prendre qqn en affection. ❑ *vi* **1.** être payé(e) **2.** *fam* • **¡vas a cobrar!** tu vas t'en ramasser une ! ■ **cobrarse** *vp* se solder par.
cobre *nm* **1.** cuivre *m* **2.** (AMÉR) sou *m* • **no tener un cobre** ne pas avoir un sou.
cobrizo, za *adj* **1.** cuivré(e) **2.** cuivreux(euse).
cobro *nm* encaissement *m*.
coca *nf* **1.** coca *f* **2.** *fam* coke *f*.
cocaína *nf* cocaïne *f*.
cocainómano, na *nm,f* cocaïnomane *mf*.
cocción *nf* cuisson *f*.
cóccix, coxis *nm inv* coccyx *m*.
cocear *vi* ruer.
cocedor *nm* cuiseur *m* • **cocedor al vapor** cuit-vapeur *m*, cuiseur vapeur • **cocedor de arroz** cuiseur à riz.
cocer [41] *vt* cuire. ■ **cocerse** *vp* **1.** cuire • **a medio cocerse** à mi-cuisson **2.** *fig* se tramer.
coche *nm* voiture *f* • **coche cama** wagon-lit *m* • **coche celular** fourgon *m* cellulaire • **coche de alquiler/de bomberos/de carreras** voiture de location/de pompiers/de course • **coche familiar** break *m* • **coche restaurante** wagon-restaurant *m* • **ir en el coche de san Fernando** *fam* aller à pinces. ■ **coche bomba** *nm* voiture *f* piégée.
cochecito *nm* **1.** poussette *f* **2.** *(jouet)* petite voiture *f*.
cochera *nf* garage *m* ; dépôt *m (d'autobus)*.
cochinada *nf fam & fig* cochonnerie *f* ; vacherie *f*.
cochinilla *nf* **1.** cloporte *m* **2.** cochenille *f*.
cochinillo *nm* cochon *m* de lait.
cochino, na *adj* **1.** dégoûtant(e) **2.** *(temps)* de cochon ; • **¡este cochino dinero!** l'argent, toujours l'argent ! ❑ *nm,f* cochon *m*, truie *f*.
cocido *nm* • **cocido (madrileño)** ≃ pot-au-feu *m*.
cociente *nm* quotient *m*.
cocina *nf* **1.** cuisine *f* • **cocina de mercado** cuisine du marché **2.** *(électroménager)* cuisinière *f*.
cocinar *vt* cuisiner. ❑ *vi* faire la cuisine, cuisiner.
cocinero, ra *nm,f* cuisinier *m*, -ère *f*.
cocker *nm* cocker *m*.
coco *nm* **1.** cocotier *m* **2.** noix *f* de coco **3.** *fam* caboche *f* • **comerse el coco** se prendre la tête **4.** *fam* Père *m* fouettard.
cocodrilo *nm* crocodile *m*.
cocotero *nm* cocotier *m*.
cóctel, coctel *nm* cocktail *m*. ■ **cóctel molotov** *nm* cocktail *m* Molotov.
coctelera *nf* shaker *m*.

coctelería *nf* bar *m* à cocktails.
codazo *nm* coup *m* de coude • **abrirse paso a codazos** jouer des coudes.
codear *vt* pousser du coude. ■ **codearse** *vp* • **codearse (con)** fréquenter.
codera *nf* **1.** *(pièce de cuir)* coude *m* **2.** SPORT coudière *f.*
códice *nm* manuscrit *m* ancien ; *(précolombien)* codex *m.*
codicia *nf* **1.** cupidité *f* • **mirar con codicia** convoiter du regard **2.** *fig (d'apprendre, de connaître)* • **codicia (de)** soif *f* (de).
codiciar [8] *vt* convoiter.
codicioso, sa *adj* avide.
codificado, da *adj* **1.** *(langage, message)* codé(e) **2.** *(programme)* crypté(e).
codificar [10] *vt* **1.** *(langage, message)* coder **2.** codifier *(une loi).*
código *nm* code *m* • **código civil/penal** code civil/pénal • **código de barras** code-barres *m* • **código de circulación** code de la route • **código de identificación fiscal** code d'identification fiscale *(attribué à toute personne physique ou morale payant des impôts en Espagne)* • **código máquina** langage *m* machine • **código postal** code postal.
codillo *nm* **1.** *(gén)* CULIN épaule *f* **2.** coude *m (d'un tuyau).*
codirector, ra *nm,f* codirecteur *m,* -trice *f.*
codo *nm* **1.** coude *m* • **estaba de codos sobre la mesa** il était accoudé à la table **2.** coudée *f* **3.** *fam* & *fig* • **codo con codo, codo a codo** coude à coude • **empinar el codo** lever le coude • **hablar por los codos** être un moulin à paroles.
codorniz *nf* caille *f.*
COE (*pl* **COE** *ou* **COEs**) (abrév de Compañías de Operaciones Especiales) *nfpl corps d'élite de l'armée espagnole.*
coedición *nf* coédition *f.*
coeditar *vt* coéditer.
coeficiente *nm* **1.** coefficient *m* **2.** taux *m* • **coeficiente intelectual ou de inteligencia** quotient *m* intellectuel.
coercer [11] *vt* limiter.
coerción *nf* contrainte *f.*
coercitivo, va *adj* coercitif(ive).
coetáneo, a *adj* contemporain(e).
coexistencia *nf* coexistence *f.*
coexistir *vi* coexister.
cofia *nf* coiffe *f.*
cofradía *nf* **1.** confrérie *f* **2.** corporation *f.*
cofre *nm* **1.** coffret *m* **2.** coffre *m.*
coger [14] *vt* **1.** prendre • **coger el avión** prendre l'avion • **coger a alguien de ou por la mano** prendre qqn par la main • **le fui cogiendo cariño** je me suis pris d'affection pour lui **2.** attraper *(un voleur, un poisson, la grippe, etc)* **3.** rattraper *(un véhicule, quelqu'un)* **4.** cueillir **5.** *(sujet : voiture)* renverser ; *(sujet : taureau)* encorner **6.** *(comprendre)* saisir • **no cogió el chiste** il n'a pas compris la plaisanterie **7.** *(susprendre)* • **me cogió la lluvia** la pluie m'a surpris **8.** *(rencontrer)* • **lo cogí de buen humor** je suis bien tombé, il était de bonne humeur **9.** RADIO capter **10.** **(AMÉR)** *vulg* baiser. ❑ *vi* • **coger cerca/lejos (de)** être près/loin (de) • **coger a la derecha/a la izquierda** prendre à droite/à gauche • **cogió y se fue** il est parti sans faire ni une ni deux. ■ **cogerse** *vp* **1.** s'accrocher • **cogerse de ou a algo** s'accrocher à qqch **2.** se prendre • **cogerse los dedos en la puerta** se prendre les doigts dans la porte.
cogestión *nf* cogestion *f.*
cogida *nf* **1.** coup *m* de corne **2.** cueillette *f.*
cognac = **coñac.**
cognitivo, va *adj* cognitif(ive).
cogollo *nm* **1.** cœur *m (de laitue, de chou)* **2.** bourgeon *m.*
cogorza *nf fam* cuite *f.*
cogote *nm fam* colback *m.*
cohabitación *nf* cohabitation *f.*
cohabitar *vi* vivre ensemble • **cohabitar con alguien** vivre avec qqn.
cohecho *nm* corruption *f.*
coherencia *nf* cohérence *f.*
coherente *adj* cohérent(e).
cohesión *nf* cohésion *f.*
cohesionar *vt* donner de la cohésion à.
cohete *nm* fusée *f.*
cohibido, da *adj* intimidé(e).
cohibir *vt* intimider. ■ **cohibirse** *vp* se laisser intimider.
cohorte *nf* cohorte *f.*
COI (abrév de Comité Olímpico Internacional) *nm* CIO *m.*
coima *nf* **(AMÉR)** *fam* pot-de-vin *m.*
coincidencia *nf* coïncidence *f.*
coincidir *vi* **1.** coïncider ; *(versions)* se recouper ; *(dates)* concorder **2.** *(deux personnes)* se retrouver **3.** être d'accord • **todos coinciden en que...** tout le monde s'accorde à dire que... • **todos coinciden en los gustos** ils ont tous les mêmes goûts.
coito *nm* coït *m.*
cojear *vi* **1.** boiter **2.** être bancal(e) **3.** *fig* battre de l'aile • **cojear de** se ressentir de.
cojera *nf* boiterie *f.*
cojín *nm* coussin *m.*
cojinete *nm* palier *m* ; coussinet *m* • **cojinete de bolas** roulement *m* à billes.
cojo, ja *adj* **1.** boiteux(euse) **2.** bancal(e). ❑ *nm,f* boiteux *m,* -euse *f.*
cojón *nm (gén pl) vulg* couille *f.* ■ **cojones** *interj vulg* • **¡cojones!** bordel !
cojonudo, da *adj vulg* super.
cojudez *nf* **(AMÉR)** *tfam* connerie *f.*
cojudo, da *adj* **(AMÉR)** *tfam* con *m,* conne *f.*
col *nf* chou *m* • **col de Bruselas** chou de Bruxelles.

cola *nf* **1.** queue *f* • **hacer cola** faire la queue • **cola de caballo** queue de cheval **2.** traîne *f* **3.** colle *f* **4.** Coca® *m* **5.** *fig* • **tener ou traer cola** avoir des répercussions.

colaboración *nf* collaboration *f*.

colaboracionismo *nm* collaboration *f (avec l'ennemi)*.

colaboracionista *adj* collaborationniste. ❑ *nm,f* collaborateur *m*, -trice *f (avec l'ennemi)*.

colaborador, ra *adj* coopératif(ive). ❑ *nm,f* collaborateur *m*, -trice *f*.

colaborar *vi* • **colaborar (en/con)** collaborer (à/avec) • **colaborar a que** contribuer à ce que.

colaborativo, va *adj* INFORM & INTERNET collaboratif(ive) • **enciclopedia colaborativa** encyclopédie collaborative • **espacio colaborativo** INFORM espace collaboratif.

colación *nf* collation *f* • **sacar ou traer a colación** *fig* faire mention de.

colado, da *adj* **1.** *(liquide)* filtré(e) **2.** *fig (amoureux)* • **estar colado por alguien** *fam* en pincer pour qqn. ■ **colada** *nf* lessive *f* • **hacer la colada** faire la lessive.

colador *nm* passoire *f*.

colágeno *nm* collagène *m*.

colapsar *vt* paralyser. ❑ *vi* s'effondrer.

colapso *nm* **1.** chute *f* de tension **2.** AUTO • **provocar el colapso del tráfico** paralyser la circulation **3.** effondrement *m (de l'activité)*.

colar [23] *vt* **1.** filtrer ; passer *(le lait)* **2.** écouler *(de l'argent sale)* ; faire croire à *(un mensonge)* **3.** *(dans un passage étroit)* glisser, introduire. ❑ *vi* prendre • **su mentira no cuela** son mensonge ne prend pas • **esto no cuela** c'est louche. ■ **colarse** *vp* **1.** *(liquide)* • **colarse (por ou en)** s'infiltrer (dans) **2.** se faufiler *(quelque part)* ; s'incruster *(dans une fête)* • **colarse en una cola** resquiller **3.** *fam* se planter.

colateral *adj* collatéral(e).

colcha *nf* couvre-lit *m*.

colchón *nm* **1.** matelas *m* **2.** INFORM mémoire *f* tampon.

colchoneta *nf (de plage)* matelas *m* pneumatique ; *(de gymnastique)* tapis *m* de sol.

cole *nm* *fam (collège)* bahut *m*.

colear *vi* **1.** remuer la queue **2.** *fig (sujet, problème)* • **el asunto todavía colea** l'affaire n'est pas close.

colección *nf* *litt* & *fig* collection *f*.

coleccionable *adj* détachable. ❑ *nm* supplément *m* détachable.

coleccionar *vt* collectionner.

coleccionista *nmf* collectionneur *m*, -euse *f*.

colecta *nf (d'argent)* collecte *f*.

colectar *vt* **1.** *(argent)* collecter, recouvrer **2.** *(plantes, fruits)* cueillir, ramasser.

colectividad *nf* collectivité *f* • **la colectividad agrícola** l'ensemble *m* des agriculteurs.

colectivismo *nm* collectivisme *m*.

colectivizar *vt* collectiviser.

colectivo, va *adj* collectif(ive). ■ **colectivo** *nm* **1.** ensemble *m* • **colectivo médico** profession *f* médicale **2.** groupe *m* d'étude, comité *m*.

colector, ra *adj* collecteur(trice). ❑ *nm,f* receveur *m*, -euse *f* • **colector de contribuciones** receveur des contributions. ■ **colector** *nm* collecteur *m* • **colector de basuras** vide-ordures *m inv*.

colega *nmf* **1.** collègue *mf* ; confrère *m*, consœur *f* **2.** *fam* pote *m*.

colegiado, da *adj* inscrit(e) (à un ordre professionnel). ■ **colegiado** *nm* SPORT arbitre *m*.

colegial, la *nm,f* collégien *m*, -enne *f*. ■ **colegial** *adj* scolaire.

colegio *nm* **1.** école *f* **2.** corporation *f* ; ordre *m* • **colegio de abogados** barreau *m*.

colegir *vi* déduire. ■ **colegirse** *vp* s'ensuivre • **se colige que…** on en déduit que….

cólera *nm* choléra *m*. ❑ *nf* colère *f* • **montar en cólera** prendre une colère.

colérico, ca *adj* **1.** coléreux(euse) **2.** colérique.

colesterol *nm* cholestérol *m*.

coleta *nf (de cheveux)* couette *f*.

coletilla *nf* petite note *f*.

colgado, da *adj* **1.** • **colgado (de)** pendu (à) **2.** raccroché(e) **3.** *fam* & *fig* • **dejar colgado a alguien** *fam* laisser qqn en rade • **estar colgado** *fam* être taré. ❑ *nm,f* *fam* camé *m*, -e *f* • **ser un colgado** être paumé.

colgador *nm* étendoir *m*.

colgante *adj* suspendu(e). ❑ *nm* breloque *f* ; pendentif *m*.

colgar [39] *vt* **1.** pendre ; accrocher ; étendre • **colgar el teléfono** raccrocher **2.** • **colgar algo a alguien** mettre qqch sur le dos de qqn **3.** laisser tomber **4.** coller. ❑ *vi* **1.** • **colgar (de)** pendre (à) **2.** raccrocher. ■ **colgarse** *vp* • **colgarse (de)** se suspendre (à), se pendre (à).

colibrí (*pl* **colibríes** *ou* **colibrís**) *nm* colibri *m*.

cólico *nm* colique *f*.

coliflor *nf* chou-fleur *m*.

coligar [16], **coaligar** *vt* allier • **coligar dos países** resserrer les liens entre deux pays.

colilla *nf* mégot *m*.

colimba *nf* (AMÉR) *fam* service *m* (militaire).

colina *nf* colline *f*.

colindante *adj* limitrophe ; voisin(e).

colirio *nm* collyre *m*.

colisión *nf* **1.** collision *f* **2.** *fig* affrontement *m*.

colisionar *vi* *litt* & *fig* • **colisionar contra** heurter.

collage *nm* collage *m*.

collar *nm* collier *m*.

collarín *nm* minerve *f*.

colmado, da *adj* plein(e), rempli(e). ■ **colmado** *nm* épicerie *f*.

colmar *vt* **1.** remplir à ras bord **2.** *fig* combler.

colmena *nf* ruche *f*.

colmillo *nm* **1.** canine *f* **2.** croc *m* **3.** défense *f*.

colmo *nm* comble *m*.
colocación *nf* **1.** emplacement *m* **2.** *fig* placement *m* **3.** place *f*.
colocado, da *adj* **1.** placé(e) • **estar muy bien colocado** avoir une bonne place **2.** *fam* fait(e).
colocar [10] *vt* **1.** placer • **colocar a alguien en...** placer qqn chez... **2.** mettre • **colocar algo al revés** mettre qqch à l'envers. ■ **colocarse** *vp* **1.** trouver une place **2.** *fam* se défoncer ; *fam* prendre une cuite.
colocón *fam nm* cuite *f* • **llevar un colocón** être bourré(e) • **pillar un colocón** prendre une cuite.
colofón *nm* **1.** couronnement *m* **2.** achevé *m* d'imprimer.
Colombia *npr* Colombie *f*.
colombiano, na *adj* colombien(enne). ❑ *nm,f* Colombien *m*, -enne *f*.
colon *nm* côlon *m*.
colón *nm* colon *m (unité monétaire du Costa Rica et du Salvador)*.
colonia *nf* **1.** colonie *f* **2.** • **colonias (de verano)** colonie *f* (de vacances) **3.** eau *f* de Cologne **4.** (AMÉR) quartier *m* ; ≃ arrondissement *m* • **colonia proletaria** bidonville *m*.
colonial *adj* colonial(e).
colonialismo *nm* colonialisme *m*.
colonización *nf* colonisation *f*.
colonizador, ra *adj & nm,f* colonisateur(trice).
colonizar [13] *vt* coloniser.
colono *nm* colon *m*.
colonoscopia *nf* coloscopie *f*, colonoscopie *f*.
coloquial *adj* parlé(e) *(langue)*.
coloquio *nm* **1.** discussion *f* **2.** colloque *m*.
color *nm* **1.** couleur *f* • **de color** de couleur • **en color** en couleurs • **lleno de color** *fig* coloré(e) **2.** jour *m*.
colorado, da *adj* rouge • **poner colorado a alguien** faire rougir qqn • **ponerse colorado** rougir. ■ **colorado** *nm* rouge *m*.
colorante *adj* colorant(e). ❑ *nm* colorant *m*.
colorear *vt* colorier.
colorete *nm* blush *m*, fard *m* à joues.
colorido *nm* coloris *m*, couleur *f*.
colorista *adj* varié(e).
colosal *adj* colossal(e).
coloso *nm* **1.** colosse *m* **2.** *fig* géant *m*, -e *f*.
columna *nf* **1.** *(gén)* ARCHIT colonne *f* **2.** *fig* pilier *m*. ■ **columna vertebral** *nf* colonne *f* vertébrale.
columnista *nmf* chroniqueur *m*, -euse *f*.
columpiar [8] *vt* balancer. ■ **columpiarse** *vp* se balancer.
columpio *nm* balançoire *f*.
coma *nm* coma *m* • **en coma** dans le coma. ❑ *nf* virgule *f*.
comadre *nf* commère *f*.
comadrear *vi* cancaner.
comadreja *nf* belette *f*.
comadrona *nf* sage-femme *f*.
comandancia *nf* **1.** grade *m* de commandant ; charge *f* de commandant **2.** bureau *m* du commandant.
comandante *nmf* commandant *m*.
comandar *vt* MIL commander.
comando *nm* MIL commando *m*.
comarca *nf* région *f*.
comarcal *adj* régional(e).
comba *nf* corde *f* à sauter • **jugar a la comba** sauter à la corde.
combar *vt* faire ployer. ■ **combarse** *vp* ployer.
combate *nm* combat *m*.
combatiente *nmf* combattant *m*, -e *f*.
combatir *vi* • **combatir (contra)** combattre (contre). ❑ *vt* combattre.
combatividad *nf* combativité *f*.
combativo, va *adj* combatif(ive).
combi *nm* réfrigérateur-congélateur *m*.
combinación *nf* **1.** *(gén, chim)* MATH combinaison *f* **2.** cocktail *m* **3.** *(plan)* manœuvre *f* **4.** *(dans les transports)* • **tener buena combinación** ne pas avoir beaucoup de changements *(en métro, etc)*.
combinado *nm* **1.** cocktail *m* **2.** assortiment *m* de glaces **3.** SPORT équipe *f* de sélection.
combinar *vt* **1.** combiner **2.** assortir **3.** organiser.
combinatorio, ria *adj* combinatoire.
combustible *adj* combustible. ❑ *nm* combustible *m*.
combustión *nf* combustion *f*.
comecocos *nm inv fam* casse-tête *m* • **ser un comecocos** prendre la tête.
comedia *nf* **1.** comédie *f* ; *(genre)* comique *m* **2.** *fig* farce *f*.
comediante, ta *nm,f litt & fig* comédien *m*, -enne *f*.
comedido, da *adj* réservé(e).
comedimiento *nm* réserve *f (discrétion)*.
comediógrafo, fa *nm,f* auteur *m*, -e *f* de comédies.
comedirse [26] *vp* être réservé(e).
comedor *nm* salle *f* à manger • **comedor de empresa** restaurant *m* d'entreprise.
comedura *nf* • **comedura de coco** *fam* prise *f* de tête.
comensal *nmf* convive *mf*.
comentar *vt* commenter • **se lo comentaré** je lui en parlerai.
comentario *nm* commentaire *m*. ■ **comentarios** *nmpl* commentaires *mpl* (malveillants).
comentarista *nmf* commentateur *m*, -trice *f*.
comenzar [34] *vt* commencer • **comenzar a hacer algo** commencer à faire qqch • **comenzar haciendo algo** commencer par faire qqch. ❑ *vi* commencer.
comer *vi* manger ; déjeuner. ❑ *vt* **1.** manger **2.** consommer *(de l'énergie, etc)* ; *(couleurs)* ternir

3. *(aux échecs, aux dames)* prendre **4.** *(sujet : jalousie)* dévorer. ■ **comerse** *vp* **1.** manger **2.** *(métal)* ronger ; *(fortune)* engloutir **3.** *(aux échecs, aux dames)* prendre **4.** boire *(les paroles de quelqu'un)* **5.** *fam* avaler *(une lettre, une syllabe)* ; *fam* sauter *(une ligne, un mot)*.

comercial *adj* commercial(e) ; *(zone, rue)* commerçant(e).

comercialización *nf* commercialisation *f*.

comercializar [13] *vt* commercialiser.

comerciante *nmf* commerçant *m*, -e *f*.

comerciar [8] *vi* commercer • **comerciar con** faire du commerce avec.

comercio *nm* commerce *m* • **comercio electrónico** commerce électronique • **comercio exterior/interior** commerce extérieur/intérieur • **libre comercio** libre-échange *m*.

comestible *adj* comestible. ■ **comestibles** *nmpl* alimentation *f*.

cometa *nm* comète *f*. ❑ *nf* cerf-volant *m*.

cometer *vt* commettre.

cometido *nm* **1.** objectif *m* **2.** devoir *m*.

comezón *nf* démangeaison *f* • **sentir la comezón de algo** *fig* être torturé(e) par qqch • **sentía comezón por hablar** *fig* ça le démangeait de parler.

cómic (*pl* **comics**) *nm* bande *f* dessinée.

comicidad *nf* comique *m*.

comicios *nmpl* élections *fpl*.

cómico, ca *adj* comique. ❑ *nm,f* comique *mf*.

comida *nf* **1.** nourriture *f* • **comida rápida** restauration *f* rapide **2.** repas *m* ; déjeuner *m*.

comidilla *nf fam* • **ser la comidilla** être l'objet de tous les potins.

comienzo *nm* commencement *m*, début *m*.

comillas *nfpl* guillemets *mpl* • **entre comillas** entre guillemets.

comino *nm* cumin *m* • **me importa un comino** *fam* & *fig* je m'en fiche complètement.

comisaría *nf* commissariat *m*.

comisario, ria *nm,f* **1.** commissaire *m* • **comisario europeo** commissaire européen **2.** commissaire *mf* *(d'une exposition)*.

comisión *nf* **1.** commission *f* • **(trabajar) a comisión** (travailler) à la commission • **comisión investigadora** commission d'enquête **2.** DR • **acusado de la comisión de delitos** accusé d'avoir commis des délits.

comisionar *vt* mandater.

comisura *nf* commissure *f*.

comité *nm* comité *m*.

comitiva *nf* cortège *m*.

como *adv* **1.** comme • **vive como un rey** il vit comme un roi • **lo he hecho como es debido** je l'ai fait comme il faut • **como te lo decía ayer** comme je te le disais hier • **es (tan) negro como el carbón** il est noir comme du charbon • **es tan alto como yo** il est aussi grand que moi **2.** comme, en tant que • **asiste a las clases como oyente** il assiste aux cours comme auditeur libre • **como periodista tengo una opinión muy diferente sobre el tema** en tant que journaliste j'ai un avis très différent sur le sujet **3.** à peu près, environ • **me quedan como diez euros** il me reste à peu près dix euros. ❑ *conj* **1.** comme • **como no llegabas, nos fuimos** comme tu n'arrivais pas, nous sommes partis **2.** si • **¡como vuelvas a hacerlo!** si jamais tu recommences ! **3.** que • **verás como vas a ganar** tu vas voir que tu vas gagner. ■ **como que** *loc conj* que • **le pareció como que lloraban** il lui sembla qu'ils pleuraient. ■ **como quiera que** *loc conj* de quelque façon que • **como quiera que se vista, siempre va bien** quoi qu'elle mette, elle est toujours bien habillée • **como quiera que sea** quoi qu'il en soit. ■ **como si** *loc conj* comme si.

cómo *adv* **1.** comment • **¿cómo lo has hecho?** comment l'as-tu fait ? • **¿cómo te llamas?** comment t'appelles-tu ? • **no sé cómo has podido decir eso** je ne sais pas comment tu as pu dire ça • **¿a cómo están los tomates?** à combien sont les tomates ? • **¿cómo?** comment ? **2.** comme • **¡cómo pasan los años!** comme les années passent ! • **¡cómo no!** bien sûr ! ❑ *nm* • **el cómo y el porqué** le comment et le pourquoi. ❑ *interj* • **¡cómo!** comment !

cómoda *nf* commode *f*.

comodidad *nf* • **es una gran comodidad** c'est très pratique. ■ **comodidades** *nfpl* confort *m*.

comodín *nm* **1.** joker *m* **2.** *(chose)* passe-partout *m* ; *(personne)* homme *m* à tout faire.

cómodo, da *adj* **1.** confortable **2.** pratique • **sentirse cómodo** être à l'aise.

comodón, ona *adj* & *nm,f fam* flemmard(e).

comoquiera *adv* n'importe comment • **comoquiera que…** de quelque façon que….

compa *nmf* (AMÉR) *fam* copain *m*, copine *f*.

compactar *vt* **1.** réduire **2.** faire rétrécir *(la laine)*.

compact disk, compact disc *nm* Compact Disc® *m*, disque *m* laser ; platine *f* laser.

compacto, ta *adj* **1.** compact(e) **2.** *fig* *(écriture)* serré(e).

compadecer [30] *vt* avoir pitié de • **te compadezco** je compatis. ■ **compadecerse** *vp* • **compadecerse de alguien** plaindre qqn.

compadre *nm fam* **1.** copain *m* **2.** (AMÉR) fanfaron *m*, matamore *m*.

compadrear *vi* (AMÉR) *fam* crâner.

compadreo *nm fam* • **hay un buen ambiente de compadreo** il y a une bonne ambiance entre copains.

compaginación *nf* **1.** • **la compaginación del trabajo con el ocio es difícil** il est difficile de concilier le travail avec les loisirs **2.** *(en imprimerie)* mise *f* en page.

compaginar *vt* **1.** concilier **2.** mettre en page. ■ **compaginarse** *vp* • **compaginarse con** aller de pair avec.

compañerismo *nm* camaraderie *f*.

compañero, ra *nm,f* **1.** compagnon *m*, compagne *f* • **compañero sentimental** ami *m* **2.** collègue *mf*; camarade *mf* **3.** pendant *m* • **he perdido el compañero de este guante** j'ai perdu l'autre gant.
compañía *nf* **1.** compagnie *f* • **en compañía de** en compagnie de • **hacer compañía a alguien** tenir compagnie à qqn **2.** société *f* • **compañía de seguros** compagnie *f* d'assurances • **compañía multinacional** société multinationale.
comparable *adj* comparable • **comparable a ou con** comparable à ou avec.
comparación *nf* comparaison *f* • **en comparación con** par rapport à • **sin comparación** de loin • **es el más fuerte sin comparación** il est de loin le plus fort.
comparado, da *adj* comparé(e).
comparar *vt* • **comparar (con)** comparer (à).
comparativo, va *adj* comparatif(ive).
comparecencia *nf* DR comparution *f*.
comparecer [30] *vi* **1.** DR comparaître **2.** se présenter.
comparsa *nf* **1.** figurants *mpl* **2.** *troupe de compagnons qui chantent pour critiquer les notables de leur ville ou de leur village.* ❑ *nmf* **1.** figurant *m*, -e *f* **2.** *fig* subalterne *mf*.
compartido, da *adj* **1.** *(logement)* en colocation **2.** INFORM partagé(e).
compartimentar *vt* compartimenter.
compartimento, compartimiento *nm* compartiment *m*.
compartir *vt* partager.
compás *nm* **1.** *(gén)* compas *m* **2.** MUS mesure *f*; rythme *m* • **al compás** en rythme • **llevar/perder el compás** tenir/perdre le rythme • **marcar el compás** battre la mesure.
compasión *nf* compassion *f*.
compasivo, va *adj* compatissant(e).
compatibilidad *nf* compatibilité *f*.
compatibilizar [13] *vt* rendre compatible.
compatible *adj (gén)* INFORM compatible.
compatriota *nmf* compatriote *mf*.
compeler *vt* contraindre.
compendiar [8] *vt* résumer.
compendio *nm* **1.** précis *m* **2.** *fig (synthèse)* • **se considera como un compendio de virtudes** à l'entendre, c'est la vertu personnifiée.
compenetración *nf* entente *f*.
compenetrado, da *adj* uni(e) • **están muy compenetrados** ils s'entendent très bien • **es un equipo muy compenetrado** c'est une équipe très unie.
compenetrarse *vp* se compléter.
compensación *nf* **1.** compensation *f* • **en compensación (por)** en échange (de) **2.** dédommagement *m*.
compensar *vt* **1.** *(valoir la peine)* • **no me compensa (perder tanto tiempo)** ça ne vaut pas la peine (que je perde tant de temps) • **ver a sus hijos sanos le compensaba de tantos sacrificios** voir ses enfants en bonne santé le récompensait de tous ses sacrifices **2.** *(indemniser)* • **compensar a alguien (de ou por)** dédommager qqn (de).
competencia *nf* **1.** *(gén)* ÉCON concurrence *f* • **libre competencia** libre concurrence **2.** *(ressort)* • **no es de mi competencia** cela n'est pas de mon ressort **3.** compétence *f* **4.** attribution *f*.
competente *adj* compétent(e).
competer *vi* • **competer a** incomber à.
competición *nf* **1.** lutte *f* **2.** SPORT compétition *f*.
competidor, ra *adj & nm,f* concurrent(e).
competir [26] *vi* **1.** *(entre personnes)* • **competir (por/con)** concourir (pour/avec), être en compétition (pour/avec) **2.** *(entre entreprises, entre produits)* • **competir (con)** faire concurrence (à).
competitividad *nf* compétitivité *f*.
competitivo, va *adj* **1.** compétitif(ive); concurrentiel(elle) **2.** de compétition.
compilación *nf (gén)* INFORM compilation *f*.
compilar *vt (gén)* INFORM compiler; rassembler *(des informations)*.
compincharse *vp fam* s'acoquiner.
compinche *nmf fam* acolyte *m*.
complacencia *nf* **1.** plaisir *m*, satisfaction *f* **2.** complaisance *f*.
complacer [29] *vt* rendre heureux(euse) • **me complace verlo** je suis heureuse de le voir • **complacer a alguien** faire plaisir à qqn.
complaciente *adj* **1.** prévenant(e) **2.** complaisant(e).
complejidad *nf* complexité *f*.
complejo, ja *adj* complexe. ■ **complejo** *nm* complexe *m* • **complejo (industrial)** complexe industriel.
complementar *vt* compléter. ■ **complementarse** *vp* se compléter.
complementario, ria *adj* complémentaire.
complemento *nm* complément *m*.
completamente *adv* complètement.
completar *vt* compléter. ■ **completarse** *vp* se compléter.
completo, ta *adj* complet(ète) • **por completo** complètement, en entier.
complexión *nf* constitution *f*.
complicación *nf* **1.** complication *f* **2.** complexité *f*.
complicado, da *adj* compliqué(e) • **complicado (en)** impliqué (dans).
complicar [10] *vt* compliquer • **complicar (en)** impliquer (dans). ■ **complicarse** *vp* se compliquer.
cómplice *nmf* complice *mf*.
complicidad *nf* complicité *f* • **de complicidad** complice.
compló, complot (*pl* **complots**) *nm* complot *m*.
componente *adj* composant(e). ❑ *nm ou nf* composant *m*. ❑ *nmf (personne)* membre *m*.

componer [65] *vt* **1.** composer **2.** arranger ; réparer **3.** décorer ; parer. ■ **componerse** *vp* **1.** *(être formé de)* • **componerse de** se composer de **2.** *(personne)* se parer.
comportamiento *nm* comportement *m*.
comportar *vt* impliquer. ■ **comportarse** *vp* se conduire.
composición *nf* composition *f*.
compositor, ra *nm,f* compositeur *m*, -trice *f*.
compostura *nf* **1.** réparation *f* ; raccommodage *m* **2.** maintien *m (d'une personne)* ; expression *f (du visage)* **3.** circonspection *f*.
compota *nf* compote *f*.
compra *nf* achat *m* • **ir de compras** aller faire des courses • **compra a plazos** achat à tempérament • **hacer la compra** faire son marché • **ir a la compra** aller au marché.
comprador, ra *adj & nm,f* acheteur(euse).
comprar *vt* acheter.
compraventa *nf* achat *m* et vente.
comprender *vt* comprendre. ■ **comprenderse** *vp* se comprendre *(entre personne)*.
comprensible *adj* compréhensible.
comprensión *nf* compréhension *f*.
comprensivo, va *adj* compréhensif(ive).
compresa *nf* **1.** compresse *f* **2.** serviette *f* hygiénique.
compresión *nf* compression *f*.
comprimido, da *adj* comprimé(e). ■ **comprimido** *nm* comprimé *m*.
comprimir *vt* comprimer.
comprobación *nf* vérification *f*.
comprobante *nm* **1.** pièce *f* justificative **2.** reçu *m*.
comprobar [23] *vt* vérifier.
comprometedor, ra *adj* compromettant(e).
comprometer *vt* **1.** compromettre **2.** faire honte à **3.** impliquer • **comprometer a alguien (a hacer algo)** engager qqn (à faire qqch). ■ **comprometerse** *vp* **1.** *(s'engager)* • **comprometerse (a hacer algo/en algo)** s'engager (à faire qqch/dans qqch) **2.** se fiancer.
comprometido, da *adj* **1.** engagé(e) **2.** *(difficile)* délicat(e).
compromiso *nm* **1.** engagement *m* • **compromiso matrimonial** promesse *f* de mariage **2.** *(rendez-vous)* • **tengo un compromiso** je suis pris, je ne suis pas libre **3.** *(accord)* compromis *m* **4.** embarras *m*.
compuerta *nf* vanne *f*.
compuesto, ta *adj* **1.** composé(e) • **compuesto de** composé de **2.** paré(e).
compulsar *vt* **1.** confronter avec l'original **2.** faire une copie conforme de.
compulsivo, va *adj* irrépressible.
compungido, da *adj* contrit(e).
computable *adj* calculable.
computación *nf* **1.** calcul *m* **2.** (AMÉR) informatique *f*.
computacional *adj* informatique.
computador *nm* = **computadora**.
computadora *nf* ordinateur *m*.
computar *vt* **1.** calculer **2.** prendre en compte.
computerizar, computarizar [13] *vt* informatiser.
cómputo *nm* calcul *m*.
comulgar [16] *vi* **1.** communier **2.** *fig (idées, etc)* • **comulgar con algo** partager qqch.
común *adj* **1.** commun(e) • **hacer algo en común** faire qqch ensemble • **tener algo en común** avoir qqch en commun • **por lo común** en général **2.** courant(e) **3.** ordinaire.
comuna *nf* communauté *f*.
comunicación *nf* **1.** communication *f* • **ponerse en comunicación con alguien** se mettre en rapport avec qqn **2.** allocution *f*. ■ **comunicaciones** *nfpl* moyens *mpl* de communication.
comunicado, da *adj* desservi(e) • **bien comunicado** bien desservi. ■ **comunicado** *nm* communiqué *m*.
comunicante *adj* communicant(e). ❑ *nmf* informateur *m*, -trice *f*.
comunicar [10] *vt* **1.** communiquer **2.** *(mouvement, virus)* transmettre. ❑ *vi* **1.** *(personne)* • **comunicar con alguien** contacter qqn **2.** *(deux choses)* communiquer • **comunicar con algo a)** communiquer avec qqch **b)** *(deux régions, etc)* être relié(e) à qqch **3.** *(téléphone, ligne)* être occupé(e). ■ **comunicarse** *vp* **1.** communiquer ; se voir **2.** *(deux pièces)* communiquer ; *(deux régions, etc)* • **Sevilla se comunica con Jerez por autopista** Séville est reliée à Jerez par l'autoroute **3.** *(feu)* se propager.
comunicativo, va *adj* communicatif(ive).
comunidad *nf* communauté *f* • **comunidad autónoma** communauté autonome. ■ **Comunidad Europea** *nf* Communauté *f* européenne. ■ **Comunidad Valenciana** *npr* communauté *f* autonome de Valence.

CULTURE
las comunidades autónomas
Ce terme désigne une entité publique, territoriale et autonome mise en place après l'adoption de la Constitution de 1978 dans une volonté de décentralisation politique. L'Espagne compte 17 **comunidades autónomas** ; chacune est dotée d'organes administratifs propres et peut être constituée d'une ou de plusieurs provinces. Au niveau institutionnel, chaque communauté a une Assemblée législative élue au suffrage universel direct ainsi qu'un Conseil de gouvernement, organe exécutif et administratif. Les domaines de compétences de ces collectivités ont été acquis de façon graduelle et sont variables d'une autonomie à l'autre. En plus du rôle qui leur est dévolu, certaines ont, par exemple, des pouvoirs en

matière de fiscalité, d'autres des compétences en matière d'éducation et de santé.

comunión *nf litt & fig* communion *f*.
comunismo *nm* communisme *m*.
comunista *adj & nmf* communiste.
comunitario, ria *adj* communautaire.

con

■ con *prép*

1. POUR INDIQUER L'ACCOMPAGNEMENT
avec • **¿quieres venir con nosotros?** veux-tu venir avec nous ?
2. À L'ÉGARD DE
avec • **fueron muy amables con ella** ils ont été très gentils avec elle
3. POUR INDIQUER LA MANIÈRE
• **la miró con atención** il l'a regardée avec attention • **hablaba con calma** elle parlait calmement • **lo ha conseguido con su esfuerzo** il y est parvenu grâce à ses efforts
4. POUR INDIQUER LE MOYEN, L'INSTRUMENT
• **bebía con una pajita** il buvait avec une paille • **corta la carne con el cuchillo** coupe la viande avec le couteau
5. POUR INDIQUER UNE CARACTÉRISTIQUE
• **la chica con el suéter rojo/con los ojos azules** la fille au pull rouge/aux yeux bleus
6. POUR INDIQUER LE CONTENU
• **una cartera con varios documentos** une serviette contenant plusieurs documents
7. POUR INDIQUER LA CONCESSION
bien que • **con lo estudiosa que es la suspendieron** bien qu'elle soit très studieuse, elle n'a pas été reçue
8. SUIVI DE L'INFINITIF, POUR INDIQUER UNE CONDITION
si • **con salir a las diez vale** si nous partons à dix heures, ça va
9. MALGRÉ
• **¡mira que perder con lo bien que jugaste!** quel dommage que tu aies perdu, tu avais pourtant si bien joué !

■ con (tal) que *loc conj*

SUIVI DU SUBJONCTIF, POUR INDIQUER UNE CONDITION
du moment que • **con que llegue a tiempo me conformo** du moment qu'il arrive à l'heure, je ne me plains pas

conato *nm* **1.** tentative *f* • **conato de robo** tentative de vol **2.** début *m* • **conato de incendio** début d'incendie.
concadenar = **concatenar**.
concatenación *nf* enchaînement *m*.
concatenar, concadenar *vt* enchaîner.
concavidad *nf* **1.** concavité *f* **2.** anfractuosité *f*.
cóncavo, va *adj* concave.
concebir [26] *vt & vi* concevoir.
conceder *vt* **1.** accorder ; décerner *(un prix)* **2.** admettre.
concejal, la *nm,f* conseiller *m* municipal, conseillère *f* municipale.
concejo *nm* conseil *m* municipal.
concentración *nf* **1.** concentration *f* • **concentración parcelaria** ÉCON remembrement *m* **2.** rassemblement *m (de gens)* **3.** SPORT entraînement *m*.
concentrado *nm* concentré *m*.
concentrar *vt* **1.** rassembler **2.** CHIM & MIL concentrer. **■ concentrarse** *vp* **1.** se concentrer **2.** se rassembler.
concéntrico, ca *adj* concentrique.
concepción *nf* conception *f*.
concepto *nm* **1.** concept *m* **2.** *(opinion)* • **tener un gran concepto de alguien** avoir une haute idée de qqn **3.** *(motif)* • **bajo ningún concepto** en aucun cas • **en concepto de** au titre de **4.** chapitre *m (d'un budget)*.
conceptual *adj* conceptuel(elle).
concernir [21] *v impers* concerner • **en lo que concierne a...** en ce qui concerne... • **por lo que a mí me concierne** en ce qui me concerne.
concertación *nf* concertation *f* • **concertación salarial** accord *m* salarial.
concertado, da *adj* **1.** *(plan)* concerté(e), organisé(e) **2.** *(traité, affaire)* conclu(e) **3.** *(organisme, médecin)* agréé(e) **4.** (ESP) *(école)* privé(e) sous contrat.
concertar [19] *vt* **1.** *(prix)* convenir de **2.** *(rendez-vous)* fixer *(un)* **3.** *(pacte)* conclure. ❑ *vi* • **concertar (con)** concorder (avec).
concertina *nf* concertina *m*.
concertista *nmf* concertiste *mf*.
concesión *nf (gén)* COMM concession *f* ; remise *f (d'un prix, d'une récompense, d'une coupe)*.
concesionario, ria *adj & nm,f* concessionnaire.
concha *nf* **1.** coquille *f* ; carapace *f* **2.** écaille *f* **3.** (AMÉR) *vulg* chatte *f*. **■ concha de su madre** *nmf* (AMÉR) *vulg* salaud *m*, salope *f*.
conchabarse *vp fam* s'acoquiner.
conchudo, da *adj* (AMÉR) *vulg* con, conne *f*.
conciencia, consciencia *nf* conscience *f* • **a conciencia** consciencieusement • **remorderle a alguien la conciencia** avoir mauvaise conscience.
concienciar [8] *vt* faire prendre conscience. **■ concienciarse** *vp* prendre conscience.
concienzudo, da *adj* consciencieux(euse).
concierto *nm* **1.** concerto *m* ; concert *m* **2.** accord *m* **3.** ordre *m*.
conciliable *adj* conciliable.
conciliación *nf* conciliation *f*.
conciliador, ra *adj* conciliant(e).
conciliar [8] *vt* **1.** réconcilier **2.** concilier • **conciliar el sueño** trouver le sommeil.
concilio *nm* concile *m*.
concisión *nf* concision *f*.
conciso, sa *adj* concis(e).

conciudadano, na *nm,f* concitoyen *m*, -enne *f*.
cónclave, conclave *nm* **1.** conclave *m* **2.** réunion *f*.
concluir [51] *vt* **1.** terminer, finir **2.** conclure. ❑ *vi* finir • **concluir haciendo** ou **por hacer algo** finir par faire qqch.
conclusión *nf* **1.** conclusion *f* • **en conclusión** pour conclure **2.** accord *m* • **llegar a una conclusión** parvenir à un accord.
concluyente *adj* concluant(e).
concomer *vt* ronger. ■ **concomerse** *vp* • **concomerse de a)** *(jalousie, impatience)* mourir de **b)** *(remords)* être rongé(e) de.
concomitante *adj* concomitant(e).
concordancia *nf (gén)* GRAMM concordance *f* ; accord *m (entre deux mots)*.
concordar [23] *vt* mettre d'accord ; accorder. ❑ *vi* **1.** concorder **2.** GRAMM s'accorder • **concordar en género y número** s'accorder en genre et en nombre.
concorde *adj* • **estar concorde** être d'accord.
concordia *nf* entente *f*.
concretamente *adv* concrètement.
concretar *vt* **1.** préciser • **concretar una fecha** convenir d'une date **2.** *(concrétiser)* • **concretar un acuerdo** conclure un accord **3.** résumer. ■ **concretarse** *vp* **1.** *(se limiter)* • **concretarse a hacer algo** se borner à faire qqch **2.** se concrétiser.
concreto, ta *adj* concret(ète) ; précis(e) • **en concreto a)** en bref **b)** précisément • **nada en concreto** rien de précis. ■ **concreto armado** *nm* béton *m* armé.
concubina *nf* concubine *f*.
conculcar [10] *vt* enfreindre.
concurrencia *nf* **1.** assistance *f* **2.** coïncidence *f* ; concours *m (de circonstances)* **3.** ÉCON concurrence *f*.
concurrido, da *adj* fréquenté(e) ; couru(e).
concurrir *vi* • **concurrir a** assister à, contribuer à, participer à.
concursante *nmf* participant *m*, -e *f (à un concours)*.
concursar *vi* concourir.
concurso *nm* **1.** concours *m* • **concurso de televisión** jeu *m* télévisé **2.** adjudication *f* • **salir a concurso** être mis(e) en adjudication **3.** appel *m* d'offres • **concurso público** adjudication *f*.
condado *nm* comté *m*.
condal *adj* comtal(e) • **la Ciudad Condal** Barcelone.
conde, esa *nm,f* comte *m*, comtesse *f*.
condecoración *nf* **1.** *(insigne)* décoration *f* **2.** remise *f* de décoration.
condecorar *vt* décorer *(d'une médaille)*.
condena *nf* peine *f*.
condenable *adj* condamnable.
condenado, da *adj* **1.** condamné(e) **2.** RELIG damné(e) **3.** *fam & fig* satané(e). ❑ *nm,f* **1.** condamné *m*, -e *f* **2.** RELIG damné *m*, -e *f*.
condenar *vt* condamner • **condenar a alguien a algo/a hacer algo** condamner qqn à qqch/à faire qqch • **condenar a** vouer à *(l'échec, au silence)*.
condensación *nf* condensation *f*.
condensar *vt litt & fig* condenser.
condescendencia *nf* **1.** complaisance *f* **2.** condescendance *f*.
condescender [20] *vi* • **condescender a a)** consentir à **b)** condescendre à.
condescendiente *adj* complaisant(e).
condición *nf* **1.** condition *f* • **de condición humilde** de condition modeste • **con una sola condición** à une seule condition **2.** caractère *m*. ■ **condiciones** *nfpl* **1.** dispositions *fpl* **2.** conditions *fpl* • **condiciones atmosféricas/de vida** conditions atmosphériques/de vie **3.** état *m* • **estar en condiciones (de** ou **para hacer algo)** être en état (de faire qqch) • **no estar en condiciones, estar en malas condiciones** *(aliment)* être avarié(e).
condicionado, da *adj* conditionné(e).
condicional *adj* **1.** *(gén)* GRAMM conditionnel(elle) **2.** sous condition. ❑ *nm* GRAMM conditionnel *m*.
condicionante *adj* qui conditionne. ❑ *nm* • **ser el condicionante de algo** conditionner qqch.
condicionar *vt* • **condicionar (algo a algo)** faire dépendre (qqch de qqch) • **condicionará su respuesta al resultado** il donnera sa réponse en fonction du résultat.
condimentación *nf* assaisonnement *m*.
condimentar *vt* assaisonner.
condimento *nm* condiment *m*.
condiscípulo, la *nm,f* condisciple *mf*.
condolencia *nf* condoléances *fpl* • **expresar su condolencia a alguien** présenter ses condoléances à qqn.
condolerse [24] *vp* • **condolerse (de)** compatir (à).
condominio *nm* **1.** copropriété *f* **2.** (AMÉR) immeuble *m (appartenant à plusieurs propriétaires)*.
condón *nm fam* capote *f*.
cóndor *nm* condor *m*.
conducción *nf* **1.** conduite *f* **2.** PHYS conduction *f*.
conducir [33] *vt* **1.** conduire • **conducir una investigación** mener une enquête **2.** amener *(un liquide)*. ❑ *vi* conduire • **tu decisión no nos condujo a nada** ta décision ne nous a menés à rien.
conducta *nf (comportement)* conduite *f*.
conducto *nm* **1.** *(d'un fluide)* ANAT conduit *m* **2.** *fig* voie *f*.
conductor, ra *adj* PHYS conducteur(trice). ❑ *nm,f* conducteur *m*, -trice *f* ; chauffeur *m*. ■ **conductor** *nm* PHYS conducteur *m*.
conectado, da *adj* **1.** ÉLECTR branché(e) **2.** INFORM connecté(e).

conectar *vt* ÉLECTR • **conectar algo (a)** brancher qqch (sur) • **conectar algo (con)** raccorder qqch (à). ❑ *vi* **1.** RADIO & TV prendre l'antenne **2.** *(personne)* • **conectar con** entrer en contact avec.
conector *nm* **1.** ÉLECTR connecteur *m* **2.** LING connecteur *m*, mot *m* de liaison.
conejillo ■ **conejillo de Indias** *nm* cochon *m* d'Inde • **ser un conejillo de Indias** servir de cobaye.
conejo, ja *nm, f* lapin *m*, -e *f*.
conexión *nf* **1.** lien *m* **2.** ÉLECTR branchement *m* **3.** RADIO & TV liaison *f*.
conexo, xa *adj* connexe.
confabulación *nf* complot *m*.
confabular *vi* deviser. ■ **confabularse** *vp* • **confabularse para hacer algo** comploter de faire qqch.
confección *nf* **1.** confection *f*, prêt-à-porter *m* **2.** préparation *f (d'un repas, d'un médicament)* ; établissement *m (d'une liste)*.
confeccionar *vt* **1.** confectionner **2.** préparer *(une boisson, un repas)* ; dresser, établir *(une liste)*.
confederación *nf* confédération *f*.
confederado, da *adj* confédéré(e).
confederarse *vp* se confédérer.
conferencia *nf* **1.** conférence *f* • **dar una conferencia** faire une conférence **2.** communication *f* (longue distance) • **poner una conferencia** téléphoner (à l'étranger).
conferenciante *nmf* conférencier *m*, -ère *f*.
conferir [27] *vt* • **conferir algo a alguien a)** conférer qqch à qqn **b)** *(responsabilités)* confier qqch à qqn.
confesar [19] *vt* **1.** avouer • **confesar su ignorancia** confesser son ignorance **2.** RELIG • **confesar a alguien** confesser qqn • **confesar algo** confesser qqch. ■ **confesarse** *vp* RELIG • **confesarse (de algo)** se confesser (de qqch).
confesión *nf* **1.** aveu *m* **2.** RELIG confession *f*.
confesional *adj* confessionnel(elle).
confesionario, confesonario *nm* confessionnal *m*.
confesor *nm* confesseur *m*.
confeti *nmpl* confetti *m*.
confiado, da *adj* confiant(e).
confianza *nf* **1.** *(foi)* • **confianza (en algo/alguien)** confiance (en qqch/qqn) • **tengo confianza en que se arreglarán las cosas** j'ai bon espoir que les choses s'arrangent • **de confianza** de confiance **2.** *(intimité)* • **tengo mucha confianza con él** nous sommes très intimes • **nos tratamos con mucha confianza** nous sommes très proches • **conmigo hay confianza** nous sommes entre amis • **en confianza** entre nous. ■ **confianzas** *nfpl* • **tomar confianzas con alguien** prendre des libertés avec qqn.
confiar [9] *vt* • **confiar algo a alguien** confier qqch à qqn. ❑ *vi* **1.** *(avoir confiance)* • **confiar en** avoir confiance en ou dans, compter sur **2.** *(espérer)* • **confiar en/en que** avoir bon espoir de/que • **confío en verle mañana** j'espère le voir demain. ■ **confiarse** *vp* être sûr(e) de soi.
confidencia *nf* confidence *f*.
confidencial *adj* confidentiel(elle).
confidencialidad *nf* confidentialité *f*.
confidente *nmf* **1.** confident *m*, -e *f* **2.** *(délateur)* indicateur *m*, -trice *f*.
configuración *nf (gén)* INFORM configuration *f*.
configurar *vt* **1.** donner forme à **2.** INFORM configurer.
confín *nm (gén pl)* confins *mpl*.
confinar *vt* **1.** interner • **confinar en el domicilio** assigner à résidence **2.** exiler.
confirmación *nf* confirmation *f*.
confirmar *vt* confirmer • **confirma la idea que tenía de que...** cela me conforte dans l'idée que....
confiscación *nf* confiscation *f*.
confiscar [10] *vt* confisquer.
confitado, da *adj* confit(e).
confite *nm* sucrerie *f*.
confitería *nf* **1.** confiserie *f* **2.** (AMÉR) café *m*.
confitero, ra *nm, f* confiseur *m*, -euse *f*.
confitura *nf* confiture *f*.
conflagración *nf* conflagration *f*.
conflictivo, va *adj (situation)* conflictuel(elle) ; *(sujet)* polémique ; *(personne)* contestataire.
conflicto *nm* conflit *m*.
confluencia *nf (croisement - de cours d'eau)* confluent *m* ; *(- de rues)* carrefour *m*.
conflictuar *vi* créer des conflits.
confluir [51] *vi* **1.** confluer ; converger **2.** se rejoindre.
conformar *vt* adapter. ■ **conformarse** *vp* • **conformarse con a)** se contenter de **b)** se résigner à.
conforme *adj* • **conforme a a)** conforme à **b)** adapté(e) à • **conforme con a)** d'accord avec **b)** heureux(euse) de. ❑ *adv* **1.** tel que, telle que *f* • **te lo cuento conforme lo he vivido** je te le raconte tel que je l'ai vécu • **conforme a** conformément à **2.** à mesure que • **conforme envejecía** à mesure qu'il vieillissait.
conformidad *nf* **1.** consentement *m* • **conformidad con** consentement à **2.** résignation *f*.
conformismo *nm* conformisme *m*.
conformista *adj & nmf* conformiste.
confort *nm* confort *m*.
confortable *adj* confortable.
confortar *vt* réconforter.
confraternidad *nf* fraternité *f* ; *(entre pays)* amitié *f*.
confraternizar *vi* fraterniser.
confrontación *nf* confrontation *f*.
confrontar *vt* confronter • **confrontar a los testigos** confronter les témoins.
confundido, da *adj* • **estar confundido** se tromper.

confundir *vt* **1.** *(gén)* • **confundir una cosa con otra** confondre une chose avec une autre • **confundir algo** mélanger qqch • **confundí la receta** je me suis trompé de recette **2.** embrouiller. ■ **confundirse** *vp* **1.** se tromper • **se ha confundido** *(au téléphone)* vous faites erreur **2.** s'embrouiller **3.** *(ne pas se distinguer)* • **confundirse en** ou **entre** se fondre dans.
confusión *nf* **1.** confusion *f* **2.** erreur *f.*
confuso, sa *adj* confus(e).
congelación *nf* **1.** congélation *f* **2.** gel *m.*
congelado, da *adj* **1.** *(gén)* gelé(e) **2.** *(aliment)* congelé(e). ■ **congelados** *nmpl* surgelés *mpl.*
congelador *nm* congélateur *m.*
congelar *vt* **1.** congeler ; surgeler **2.** geler. ■ **congelarse** *vp* *litt* & *fig* geler.
congeniar [8] *vi* • **congeniar (con)** sympathiser (avec).
congénito, ta *adj* **1.** congénital(e) ; héréditaire **2.** inné(e).
congestión *nf* congestion *f* • **la congestión del tráfico** les encombrements *mpl.*
congestionado, da *adj* **1.** *(nez)* bouché(e) **2.** *(visage)* congestionné(e).
congestionar *vt* bloquer. ■ **congestionarse** *vp* **1.** être congestionné(e) • **se le congestionó la cara de rabia** son visage est devenu rouge de colère **2.** être bloqué(e).
conglomerado *nm* **1.** GÉOL & ÉCON conglomérat *m* **2.** TECHNOL aggloméré *m* **3.** *fig* groupement *m* • **conglomerado urbano** conurbation *f.*
congoja *nf* angoisse *f.*
congraciarse [8] *vp* • **congraciarse con alguien** s'attirer la sympathie de qqn.
congratular *vt* • **congratular a alguien por algo** féliciter qqn de ou pour qqch. ■ **congratularse** *vp* • **congratularse por algo** se féliciter de qqch • **congratularse de que** ou **que** se féliciter que.
congregación *nf* congrégation *f.*
congregar [16] *vt* réunir. ■ **congregarse** *vp* se réunir.
congresista *nmf* **1.** congressiste *mf* **2.** membre *m* du Congrès.
congreso *nm* **1.** congrès *m* **2.** POLIT • **Congreso de Diputados** ≃ Chambre *f* des députés. ■ **Congreso** *nm (aux États-Unis)* • **el Congreso** le Congrès.
congrio *nm* congre *m.*
congruencia *nf* cohérence *f.*
congruente *adj* • **ser congruente (con)** avoir un rapport logique (avec).
cónico, ca *adj* **1.** conique **2.** pointu(e).
conjetura *nf* conjecture *f* • **hacerse una conjetura** se livrer à des conjectures • **hacer conjeturas** se perdre en conjectures.
conjugación *nf* **1.** GRAMM conjugaison *f* ; groupe *m (de verbes)* **2.** ensemble *m (de choses).*
conjugar [16] *vt* **1.** GRAMM conjuguer **2.** *(combiner)* joindre, allier. ■ **conjugarse** *vp* **1.** GRAMM se conjuguer **2.** *fig (éléments)* se conjuguer, s'allier.
conjunción *nf* *litt* & *fig* conjonction *f.*
conjuntamente *adv* conjointement.
conjuntar *vt* **1.** assortir **2.** SPORT souder *(une équipe).*
conjuntivitis *nf inv* conjonctivite *f.*
conjuntivo, va *adj* conjonctif(ive).
conjunto, ta *adj* conjoint(e) ; simultané(e). ■ **conjunto** *nm* **1.** *gén,* MATH & MUS ensemble *m* ; groupe *m (de rock, etc)* • **en conjunto** dans l'ensemble • **un conjunto de circunstancias** un concours de circonstances **2.** tenue *f (de sport).*
conjurar *vi* conspirer. ❑ *vt* **1.** conjurer **2.** parer à.
conjuro *nm* conjuration *f* ; exhortation *f.*
conllevar *vt* **1.** impliquer • **conllevar riesgos** comporter des risques **2.** supporter, endurer.
conmemoración *nf* commémoration *f.*
conmemorar *vt* commémorer.
conmemorativo, va *adj* commémoratif(ive).
conmensurable *adj* mesurable.
conmigo *pron pers* avec moi • **llevo/tengo algo conmigo** je porte/j'ai quelque chose sur moi.
conmoción *nf* **1.** commotion *f* • **conmoción cerebral** commotion cérébrale **2.** bouleversement *m (politique, social).*
conmocionar *vt* **1.** commotionner **2.** bouleverser *(politiquement, socialement).*
conmovedor, ra *adj* émouvant(e).
conmover [24] *vt* **1.** émouvoir **2.** ébranler. ■ **conmoverse** *vp* **1.** s'émouvoir **2.** s'ébranler.
conmutador *nm* **1.** commutateur *m* **2.** standard *m* téléphonique.
conmutar *vt* DR • **conmutar una pena (por)** commuer une peine (en).
connotación *nf* connotation *f.*
connotado, da *adj* (AMÉR) remarquable.
cono *nm* cône *m.*
conocedor, ra *nm,f* connaisseur *m,* -euse *f* • **ser un buen conocedor de...** être un fin connaisseur en....
conocer [31] *vt* **1.** connaître • **conocer a alguien de oídas** avoir entendu parler de qqn • **conocer a alguien de vista** connaître qqn de vue • **darse a conocer** se faire connaître • **conocer a alguien** faire la connaissance de qqn **2.** *(reconnaître)* • **conocer a alguien (por algo)** reconnaître qqn (à qqch). ■ **conocerse** *vp* **1.** se connaître • **conocerse de toda la vida** se connaître depuis toujours **2.** faire connaissance. ❑ *v impers* • **se conoce que...** apparemment....
conocido, da *adj* connu(e). ❑ *nm,f* connaissance *f.*
conocimiento *nm* connaissance *f* • **perder/recobrar el conocimiento** perdre/reprendre connaissance. ■ **conocimientos** *nmpl* connais-

sances *fpl* • **tener muchos conocimientos** savoir beaucoup de choses.
conque *conj* alors • **está de mal humor, conque trátale con cuidado** il est de mauvaise humeur, alors sois gentil avec lui • **¿conque nos vamos o nos quedamos?** alors, on reste ou on s'en va ?
conquista *nf litt & fig* conquête *f*.
conquistador, ra *adj* séducteur(trice). ❑ *nm,f* **1.** conquérant *m*, -e *f* **2.** *HIST* conquistador *m* **3.** *fig* séducteur *m*, -trice *f*.
conquistar *vt litt & fig* conquérir.
consabido, da *adj (blague, etc)* classique ; *(coutume, etc)* traditionnel(elle).
consagración *nf* consécration *f* ; sacre *m*.
consagrado, da *adj* consacré(e).
consagrar *vt* consacrer ; sacrer • **consagrar algo a algo/a alguien** consacrer qqch à qqch/à qqn. ■ **consagrarse** *vp* **1.** • **consagrarse a** se consacrer à **2.** *(succès)* obtenir la consécration.
consanguíneo, a *adj* consanguin(e).
consciencia = **conciencia**.
consciente *adj* conscient(e) • **ser consciente de algo** être conscient(e) de qqch • **estar consciente** *(éveillé)* être conscient(e).
consecución *nf* réalisation *f (d'un désir, d'un objectif)* ; obtention *f (d'un prix)* ; réussite *f (d'un projet)*.
consecuencia *nf* conséquence *f* • **a ou como consecuencia de** à la suite de • **tener consecuencias** avoir des conséquences.
consecuente *adj* conséquent(e).
consecuentemente *adv* en conséquence.
consecutivo, va *adj* consécutif(ive) • **el número dos es el consecutivo al uno** le chiffre deux vient immédiatement après le un.
conseguir [43] *vt* obtenir ; atteindre *(un objectif)* • **conseguir hacer algo** réussir à faire qqch.
consejería *nf* **(ESP)** *ministère d'un gouvernement autonome*.
consejero, ra *nm,f* **1.** conseiller *m*, -ère *f* • **Juan es un buen consejero** Juan est de bon conseil **2.** **(ESP)** ministre *m (d'un gouvernement autonome)*.
consejo *nm* conseil *m* • **dar un consejo** donner un conseil. ■ **Consejo de Europa** *nm* Conseil *m* de l'Europe. ■ **consejo de ministros** *nm* conseil *m* des ministres.
consenso *nm* consensus *m* ; consentement *m* • **de mutuo consenso** d'un commun accord.
consensual *adj* consensuel(elle).
consensuar [6] *vt* approuver à la majorité.
consentido, da *adj* gâté(e). ❑ *nm,f* • **es un consentido** c'est un enfant gâté.
consentimiento *nm* consentement *m*.
consentir [27] *vt* **1.** permettre ; tolérer • **no te consiento que me repliques así** je ne te permets pas de me répondre de cette façon **2.** gâter • **le consentía todos los caprichos** elle lui passait tous ses caprices. ❑ *vi* • **consentir en algo/en hacer algo** consentir à qqch/à faire qqch.
conserje *nmf* gardien *m*, -enne *f*.
conserjería *nf* **1.** réception *f* **2.** loge *f* ; conciergerie *f*.
conserva *nf* conserve *f* • **en conserva** en conserve.
conservación *nf* **1.** conservation *f* **2.** entretien *m*.
conservacionismo *nm* écologisme *m*.
conservado, da *adj* conservé(e) • **estar bien conservado** *fam* être bien conservé.
conservador, ra *adj & nm,f* conservateur(trice).
conservadurismo *nm* conservatisme *m*.
conservante *nm (produit)* conservateur *m*.
conservar *vt* conserver ; garder *(des lettres, un secret, la santé)*. ■ **conservarse** *vp* être bien conservé(e) • **se conserva joven** il reste jeune.
conservatorio *nm* conservatoire *m*.
considerable *adj* considérable ; remarquable.
considerablemente *adv* considérablement.
consideración *nf* **1.** examen *m* • **en consideración a algo** compte tenu de qqch **2.** considération *f* • **en consideración a alguien** par égard pour qqn • **tratar a alguien con consideración** avoir beaucoup d'égards pour qqn **3.** *(importance)* • **de consideración** grave • **hubo varios heridos de consideración** plusieurs personnes ont été grièvement blessées.
considerado, da *adj* **1.** attentionné(e) **2.** *(respecté)* apprécié(e).
considerar *vt* considérer • **considerar las consecuencias** mesurer les conséquences.
consigna *nf* consigne *f*.
consignar *vt* **1.** consigner **2.** allouer **3.** *(paquet)* envoyer, laisser à la consigne.
consigo *pron pers* avec soi ; avec lui, avec elle ; avec vous • **llevar mucho dinero consigo no es prudente** il n'est pas prudent d'avoir beaucoup d'argent sur soi • **lleva siempre la pistola consigo** il a toujours son pistolet sur lui. ❑ *v* → **conseguir**.
consiguiente *adj* résultant(e) • **recibimos la noticia con la consiguiente pena** nous avons appris la nouvelle et en avons été peinés • **por consiguiente** par conséquent.
consistencia *nf* consistance *f*.
consistente *adj* consistant(e).
consistir *vi* • **consistir en a)** consister en **b)** reposer sur.
consistorio *nm* **(ESP)** *(corporation)* conseil *m* municipal ; *(bâtiment)* hôtel *m* de ville.
consola *nf* console *f* • **consola de videojuegos** console de jeux (vidéo).
consolación *nf* consolation *f*.
consolar [23] *vt* consoler. ■ **consolarse** *vp* se consoler.
consolidación *nf* consolidation *f*.

consolidar *vt* consolider.
consomé *nm* consommé *m*.
consonancia *nf* harmonie *f* • **en consonancia con** en accord avec.
consonante *nf* consonne *f*.
consorcio *nm* pool *m*, consortium *m*.
consorte *nmf* **1.** conjoint *m*, -e *f* **2.** associé *m*, -e *f* • **el príncipe consorte** le prince consort.
conspiración *nf* conspiration *f*.
conspirador, ra *nm,f* conspirateur *m*, -trice *f*.
conspirar *vi* conspirer.
constancia *nf* **1.** persévérance *f*; constance *f* **2.** preuve *f* • **dejar constancia de algo a)** prouver qqch **b)** laisser un témoignage de qqch **c)** *(enregistrer)* inscrire qqch.
constante *adj* constant(e). ❑ *nf* constante *f*.
constantemente *adv* constamment.
Constantinopla *npr* Constantinople.
constar *vi* **1.** *(information)* • **constar (en)** figurer (dans) • **me consta que ha llegado** je suis sûr qu'il est arrivé • **hacer constar** faire observer • **que conste que...** note que..., notez que... **2.** *(être constitué de)* • **constar de** se composer de.
constatación *nf* **1.** constatation *f* **2.** vérification *f*.
constatar *vt* constater ; vérifier.
constelación *nf* constellation *f*.
consternación *nf* consternation *f*.
consternar *vt* consterner.
constipado, da *adj* • **estar constipado** être enrhumé. ■ **constipado** *nm* rhume *m*.

> À PROPOS DE
> **constipado**
> **Constipado** est un faux-ami, il signifie **enrhumé** ou **rhume**.

constiparse *vp* s'enrhumer.
constitución *nf* **1.** constitution *f* **2.** composition *f*. ■ **Constitución** *nf* • **la Constitución** la Constitution.
constitucional *adj* constitutionnel(elle).
constitucionalidad *nf* constitutionnalité *f*.
constituir [51] *vt* constituer • **constituye para nosotros un honor...** c'est pour nous un honneur de....
constitutivo, va *adj* constitutif(ive).
constituyente *adj* constituant(e). ❑ *nm* constituant *m*.
constreñir *vt* **1.** *(obliger)* • **constreñir a alguien a hacer algo** contraindre qqn à faire qqch **2.** *(oppresser)* étouffer.
construcción *nf* **1.** construction *f* **2.** bâtiment *m*.
constructivo, va *adj* constructif(ive).
constructor, ra *adj* constructeur(trice). ■ **constructor** *nm* constructeur *m*. ■ **constructora** *nf* entreprise *f* de ou en bâtiment.
construir [51] *vt* construire.
consuegro, gra *nm,f* • **mis consuegros** les beaux-parents de mon fils/ma fille.
consuelo *nm* consolation *f*, réconfort *m*.
cónsul *nmf* consul *m*.
consulado *nm* consulat *m*.
consular *adj* consulaire.
consulta *nf* **1.** consultation *f* • **hacer una consulta a alguien** consulter qqn **2.** consultation *f*; cabinet *m* (médical).
consultar *vt* consulter ; vérifier. ❑ *vi* • **consultar con alguien** consulter qqn.
consulting [kon'sultin] *nm* conseil *m*.
consultivo, va *adj* consultatif(ive).
consultor, ra *adj* consultant(e), conseil • **ingeniero consultor** ingénieur-conseil. ❑ *nm,f* consultant *m*, -e *f*.
consultoría *nf* cabinet *m* (de)conseil.
consultorio *nm* **1.** cabinet *m* (de consultation) **2.** courrier *m* des lecteurs **3.** *émission durant laquelle un spécialiste répond aux questions des auditeurs* **4.** bureau *m* • **consultorio jurídico** cabinet *m* juridique.
consumado, da *adj* *(professionnel)* accompli(e) ; *(truand)* parfait(e).
consumar *vt* consommer *(le mariage)*.
consumible *adj* consommable. ❑ *nm (gén pl)* consommable *m*.
consumición *nf* consommation *f*.
consumidor, ra *nm,f* consommateur *m*, -trice *f*.
consumir *vt* **1.** consommer **2.** *(sujet : feu, maladie)* consumer. ❑ *vi* consommer. ■ **consumirse** *vp* **1.** être rongé(e) *(par la maladie)* **2.** être consumé(e).
consumismo *nm* surconsommation *f*.
consumista *adj* consumériste • **la sociedad consumista** la société de consommation.
consumo *nm* consommation *f*.
consustancial *adj* inhérent(e).
contabilidad *nf* comptabilité *f* • **llevar la contabilidad** tenir la comptabilité.
contabilizar [13] *vt* comptabiliser.
contable *nmf* comptable *mf*.
contactar *vi* • **contactar con alguien** contacter qqn.
contacto *nm* contact *m* • **perder el contacto con alguien** perdre (le) contact avec qqn.
contado, da *adj* **1.** rare • **contadas veces, en contadas ocasiones** rarement **2.** compté(e). ■ **al contado** *loc adv* • **pagar al contado** payer comptant.
contador, ra *nm* compteur *m*.
contagiar [8] *vt* transmettre *(une maladie)* ; contaminer *(une personne)*. ■ **contagiarse** *vp* *(maladie)* se transmettre ; *(personne)* être contaminé(e) ; *(rire)* se communiquer • **contagiarse con algo** attraper qqch.
contagio *nm* contagion *f*.
contagioso, sa *adj* contagieux(euse) ; *(rire)* communicatif(ive).
container *nm* = **contenedor**.

contaminación *nf* **1.** pollution *f* **2.** contamination *f.*
contaminante *adj* polluant(e).
contaminar *vt* **1.** polluer ; contaminer **2.** *fig* donner le mauvais exemple à.
contante → **dinero.**
contar [23] *vt* **1.** compter • **contar a alguien entre** compter qqn parmi **2.** raconter. ❑ *vi* **1.** compter • **contar con algo/alguien** compter sur qqch/qqn • **no contaba con esto** je ne m'attendais pas à ça **2.** avoir, disposer de • **cuenta con dos horas para hacerlo** il a deux heures pour le faire.
contemplación *nf* contemplation *f.* ■ **contemplaciones** *nfpl* égards *mpl* • **no andarse con contemplaciones** ne pas y aller par quatre chemins.
contemplar *vt* **1.** contempler **2.** envisager.
contemplativo, va *adj* contemplatif(ive).
contemporáneo, a *adj* contemporain(e).
contención *nf* **1.** soutènement *m* **2.** *(modération)* retenue *f.*
contencioso, sa *adj* contentieux(euse). ■ **contencioso** *nm* contentieux *m.*
contendiente *adj* adverse.
contenedor, ra *adj* qui contient. ■ **contenedor, container** *nm* container *m* • **contenedor de basura** benne *f* à ordures.
contener [72] *vt* contenir ; retenir *(sa respiration, un rire).* ■ **contenerse** *vp* se retenir.
contenido *nm* contenu *m.*
contentar *vt* faire plaisir à. ■ **contentarse** *vp* • **contentarse con algo** se contenter de qqch.
contento, ta *adj* content(e) • **contento con** content de. ■ **contento** *nm* joie *f.*
contertulio, lia *nm, f participant à une « tertulia ».*
contestación *nf* réponse *f.*
contestador ■ **contestador automático** *nm* répondeur *m* (automatique).
contestar *vt* répondre.
contestatario, ria *adj* contestataire.
contestón, ona *adj fam* insolent(e).
contexto *nm* contexte *m.*
contextual *adj* contextuel(elle).
contextualizar [13] *vt* replacer dans son contexte.
contienda *nf* combat *m* ; *(guerre)* conflit *m.* ❑ *v* → **contender.**
contigo *pron pers* avec toi.
contiguo, gua *adj* contigu(ë) ; voisin(e).
continencia *nf* abstinence *f* ; modération *f.*
continental *adj* continental(e).
continente *nm* **1.** continent *m* **2.** contenant *m.*
contingencia *nf* éventualité *f.*
contingente *adj* imprévisible. ❑ *nm* contingent *m.*
continuación *nf* suite *f* • **a continuación** ensuite.
continuar [6] *vt* continuer. ❑ *vi* continuer • **continuar haciendo algo** continuer à faire qqch.
continuidad *nf* continuité *f* ; maintien *m.*
continuo, nua *adj* **1.** continu(e) ; perpétuel(elle) **2.** continuel(elle) **3.** persévérant(e).
contonearse *vp* se dandiner.
contornear *vt* **1.** tracer le contour de **2.** *(endroit)* faire le tour de.
contorno *nm* **1.** contour *m* **2.** *(gén pl)* alentours *mpl.*
contorsión *nf* contorsion *f.*
contorsionarse *vp* se contorsionner ; se tordre *(de douleur).*
contorsionista *nmf* contorsionniste *mf.*
contra *prép* contre • **en contra** contre • **estar en contra de algo** être contre qqch • **en contra de** contrairement à. ❑ *nm* • **el pro y el contra** le pour et le contre.
contraatacar [10] *vt* contre-attaquer.
contraataque *nm* contre-attaque *f.*
contrabajo *nm* **1.** contrebasse *f* **2.** basse *f.* ❑ *nmf* contrebassiste *mf.*
contrabandista *nmf* contrebandier *m,* -ère *f.*
contrabando *nm* contrebande *f.*
contracción *nf* contraction *f.*
contracepción *nf* contraception *f.*
contraceptivo, va *adj* contraceptif(ive). ■ **contraceptivo** *nm* contraceptif *m.*
contrachapado, da *adj* contreplaqué(e). ■ **contrachapado** *nm* contreplaqué *m.*
contracorriente *nf* contre-courant *m* • **ir a contracorriente** *fig* aller à contre-courant.
contractual *adj* contractuel(elle).
contracultura *nf* contre-culture *f.*
contradecir [66] *vt* contredire. ■ **contradecirse** *vp* se contredire.
contradicción *nf* contradiction *f.*
contradicho, cha *pp* → **contradecir.**
contradictorio, ria *adj* contradictoire.
contraer [73] *vt* **1.** contracter **2.** prendre *(un accent)* ; attraper *(une maladie).* ■ **contraerse** *vp* se contracter.
contraespionaje *nm* contre-espionnage *m.*
contragolpe *nm* contrecoup *m.*
contraindicación *nf* contre-indication *f.*
contraindicado, da *adj* contre-indiqué(e).
contralor *nm* **(AMÉR)** inspecteur *m* des Finances.
contraloría *nf* **(AMÉR)** inspection *f* des Finances.
contralto *nmf* contralto *mf.*
contraluz *nm* contre-jour *m* • **a contraluz** à contre-jour.
contramaestre *nm* **1.** maître *m* d'équipage **2.** contremaître *m,* -esse *f.*
contramanifestación *nf* contre-manifestation *f.*

contramano ■ **a contramano** *loc adv* à contresens.
contraofensiva *nf* contre-offensive *f.*
contraoferta *nf* contre-proposition *f.*
contraorden *nf* contrordre *m* • **si no hay contraorden** sauf contrordre.
contrapartida *nf* contrepartie *f* • **como contrapartida** en contrepartie.
contrapelo ■ **a contrapelo** *loc adv* **1.** à rebrousse-poil **2.** *fig* à contrecœur.
contrapesar *vt litt & fig* contrebalancer.
contrapeso *nm* contrepoids *m* • **servir de contrapeso** faire contrepoids.
contraponer [65] *vt* **1.** opposer **2.** confronter. ■ **contraponerse** *vp* s'opposer.
contraportada *nf* quatrième *f* de couverture ; dernière page *f (d'un journal).*
contraproducente *adj* contre-productif(ive).
contrapuesto, ta ■ **contrapuesto** *pp* → **contraponer.**
contrapunto *nm* **1.** MUS contrepoint *m* **2.** *fig* note *f* d'originalité.
contrariado, da *adj* contrarié(e).
contrariamente ■ **contrariamente a** *loc adv* contrairement à.
contrariar [9] *vt* contrarier.
contrariedad *nf* **1.** ennui *m* **2.** contrariété *f* **3.** contradiction *f.*
contrario, ria *adj* contraire ; adverse • **ser contrario a algo** être opposé à qqch • **llevar la contraria a)** contredire **b)** contrarier. ■ **contrario** *nm* **1.** adversaire *m* **2.** contraire *m* • **al ou por el contrario** au contraire • **al contrario de lo que pensaba** contrairement à ce que je pensais • **de lo contrario** sinon • **todo lo contrario** bien au contraire. ■ **contraria** *nf* • **llevar la contraria a alguien a)** *(verbalmente)* contredire qqn **b)** *(con acciones)* contrarier qqn • **llevar siempre la contraria** *(contradecir sistemáticamente)* avoir l'esprit de contradiction.
contrarreloj *adj* contre-la-montre.
contrarrestar *vt* **1.** neutraliser ; compenser **2.** SPORT retourner *(la balle).*
contrasentido *nm* contresens *m* ; non-sens *m inv.*
contraseña *nf* mot *m* de passe.
contrastar *vi* contraster. ❑ *vt* **1.** éprouver **2.** résister à.
contraste *nm* contraste *m* ; différence *f (de caractères, etc).*
contratación *nf* embauche *f.*
contratante *nmf* contractant *m*, -e *f.*
contratar *vt* embaucher ; engager • **contratar algo con alguien** passer un contrat pour qqch avec qqn.
contraterrorismo *nm* contre-terrorisme *m.*
contratiempo *nm* contretemps *m* • **tener un contratiempo** avoir un empêchement • **a contratiempo a)** MUS à contretemps **b)** *(gén)* trop tard.
contratista *nmf* entrepreneur *m*, -euse *f.*
contrato *nm* contrat *m* • **contrato de aprendizaje** contrat d'apprentissage • **contrato basura** *contrat de travail dont les conditions sont très désavantageuses pour l'employé* • **contrato a tiempo parcial** contrat à temps partiel.
contribución *nf* contribution *f.*
contribuir [51] *vi* **1.** contribuer • **contribuir a** participer à **2.** payer des impôts.
contributivo, va *adj* INFORM & INTERNET contributif(ive) • **programa contributivo** logiciel *m* contributif • **enciclopedia contributiva** encyclopédie *f* contributive.
contribuyente *nmf* contribuable *mf.*
contrición *nf* contrition *f.*
contrincante *nmf* adversaire *mf.*
control *nm* **1.** contrôle *m* **2.** commande *f (d'un appareil).*
controlador, ra *nm,f* contrôleur *m*, -euse *f* • **controlador aéreo** aiguilleur *m* du ciel. ■ **controlador** *nm* INFORM contrôleur *m* • **controlador de disco** contrôleur de disque.
controlar *vt* **1.** surveiller **2.** contrôler **3.** régler. ■ **controlarse** *vp* se contrôler.
controversia *nf* controverse *f.*
controvertido, da *adj* controversé(e).
contundencia *nf* **1.** force *f* **2.** *fig* • **con contundencia** d'un ton tranchant.
contundente *adj* **1.** contondant(e) **2.** *fig* convaincant(e) ; *(logique)* implacable ; *(preuve)* indiscutable.
contusión *nf* contusion *f.*
contusionar *vt* contusionner.
convalecencia *nf* convalescence *f.*
convaleciente *adj* convalescent(e).
convalidación *nf (de diplôme)* équivalence *f.*
convalidar *vt* **1.** valider • **le convalidaron muchas asignaturas** il a obtenu l'équivalence dans beaucoup de matières **2.** confirmer *(une décision, etc).*
convector *nm* convecteur *m.*
convencer [11] *vt* • **convencer a alguien (de algo)** convaincre qqn (de qqch). ■ **convencerse** *vp* • **convencerse de algo** se convaincre de qqch.
convencido, da *adj* convaincu(e) • **estar convencido de algo** être convaincu de qqch.
convencimiento *nm* conviction *f.*
convención *nf* convention *f.*
convencional *adj* conventionnel(elle).
convenido *adj* convenu(e).
conveniencia *nf* **1.** opportunité *f* ; *(d'une réponse)* à-propos *m inv* **2.** convenance *f* • **por su propia conveniencia** dans son propre intérêt. ■ **conveniencias** *nfpl* convenances *fpl.*
conveniente *adj* bon, bonne *f* ; opportun(e) ; convenable • **sería conveniente asistir a la reunión** il vaudrait mieux aller à la réunion.

convenio *nm* convention *f*.

convenir [75] *vi* convenir • **conviene analizar la situación** il serait bon d'analyser la situation • **no te conviene hacerlo** tu ne devrais pas le faire • **convenir en que** convenir que • **convenimos en reunirnos** nous avons convenu de nous réunir • **convenir en** convenir de • **convenir en que** admettre que. ❑ *vt* • **convenir algo** convenir de qqch.

convento *nm* couvent *m*.

convergencia *nf* **1.** croisement *m* **2.** *fig* convergence *f*.

convergente *adj* convergent(e).

converger [14] *vi* converger • **converger en** tendre vers.

conversación *nf* conversation *f*. ■ **conversaciones** *nfpl* pourparlers *mpl*.

conversada *nf* (AMÉR) conversation *f*.

conversador, ra *adj* bavard(e). ❑ *nm,f* • **ser un gran conversador** être très volubile.

conversar *vi* • **conversar con alguien** avoir une conversation avec qqn.

conversión *nf* conversion *f*.

converso, sa *adj & nm,f* converti(e).

convertible *adj* convertible.

convertir [21] *vt* convertir • **convertir a alguien a algo** convertir qqn à qqch • **convertir algo en** transformer qqch en • **convirtió a su hijo en una estrella** il a fait de son fils une vedette. ■ **convertirse** *vp* **1.** RELIG • **convertirse (a)** se convertir (à) **2.** *(se transformer)* • **convertirse en** devenir.

convexo, xa *adj* convexe.

convicción *nf* conviction *f* • **tener la convicción de que...** être convaincu(e) que.... ■ **convicciones** *nfpl* convictions *fpl*.

convicto, ta *adj* • **convicto de** convaincu de.

convidado, da *nm,f* invité *m*, -e *f*.

convidar *vt* inviter • **convidar a alguien a tomar algo** offrir un verre à qqn. ❑ *vi* • **convidar a** inviter à.

convincente *adj* convaincant(e).

convite *nm* **1.** invitation *f* **2.** banquet *m*.

convivencia *nf* vie *f* en commun.

convivir *vi* • **convivir con** vivre avec • **convive con sus hermanos** il vit avec ses frères.

convocar [10] *vt* convoquer *(une assemblée, les élections)*; appeler à *(la grève)*.

convocatoria *nf* **1.** convocation *f*; appel *m (à la grève)* **2.** session *f (d'examen)*.

convoy (*pl* **convoyes**) *nm* convoi *m*.

convulsión *nf* **1.** convulsion *f* **2.** agitation *f (politique, sociale)* **3.** *(de terre, de mer)* secousse *f*.

convulsionar *vt* convulsionner, convulser.

convulsivo, va *adj* convulsif(ive).

convulso, sa *adj* convulsé(e).

conyugal *adj* conjugal(e).

cónyuge *nmf* conjoint *m*, -e *f*.

coña *nf tfam* **1.** connerie *f* • **estar de coña** déconner **2.** galère *f* • **dar la coña** emmerder.

coñac (*pl* **coñacs**), **cognac** (*pl* **cognacs**) *nm* cognac *m*.

coñazo *nm tfam* • **ser un coñazo** être chiant(e).

coño *vulg nm* **1.** *(sexe)* con *m* **2.** *(valeur emphatique)* • **¿dónde coño está el jersey?** où est le pull, bordel ? • **¿qué coño estás haciendo?** qu'est-ce que tu fais, bordel ? ❑ *interj* • **¡coño! a)** *(exprime la colère)* bordel ! **b)** *(exprime l'étonnement)* putain !

cooperación *nf* coopération *f* • **cooperación internacional** coopération *(aide aux pays en développement)*.

cooperar *vi* • **cooperar (en algo)** coopérer (à qqch).

cooperativa *nf* → **cooperativo**.

cooperativismo *nm* coopératisme *m*.

cooperativo, va *adj* coopératif(ive). ■ **cooperativa** *nf* coopérative *f* • **cooperativa agrícola** coopérative agricole.

coord. (abrév de **coordinador**) coord.

coordenada *nf (gén pl)* MATH coordonnée *f*.

coordinación *nf* coordination *f*.

coordinador, ra *adj & nm,f* coordinateur(trice). ■ **coordinadora** *nf (conjunto de personas)* fédération *f*.

coordinar *vt* coordonner ; aligner *(des mots)*.

copa *nf* **1.** verre *m* (à pied) **2.** *(contenu)* verre *m* • **ir de copas** sortir prendre un verre **3.** cime *f* **4.** calotte *f* • **de copa (alta)** haut de forme **5.** SPORT coupe *f*. ■ **copas** *nfpl l'une des quatre couleurs du jeu de cartes espagnol*.

copar *vt* **1.** accaparer **2.** MIL prendre par surprise.

Copenhague *npr* Copenhague.

copeo *nm* • **ir de copeo** faire la tournée des bars.

copete *nm* **1.** huppe *f* **2.** houppe *f* **3.** *fig* • **de alto copete** huppé(e).

copetín *nm* (AMÉR) apéritif *m*.

copia *nf* copie *f*; *(photo)* épreuve *f* • **copia de seguridad** copie de sauvegarde • **ser una copia de alguien** être tout le portrait de qqn.

copiar [8] *vt* copier. ❑ *vi* copier *(à un examen)*.

copiloto *nmf* copilote *mf*.

copión, ona *nm,f* copieur *m*, -euse *f*.

copiosamente *adv* copieusement.

copioso, sa *adj* copieux(euse) ; *(pluie, chevelure)* abondant(e).

copla *nf* **1.** chanson *f* populaire **2.** couplet *m*.

copo *nm* flocon *m*.

copón *nm* ciboire *m* • **del copón** (ESP) *tfam* : **nos lo pasamos del copón** on s'est éclatés • **hace un frío del copón** il fait un froid de canard • **jugaron un partido del copón** ils ont joué un match d'enfer.

copresidente, ta *nm,f* coprésident *m*, -e *f*.

coproducción *nf* coproduction *f*.

copropiedad *nf* copropriété *f*.

copropietario, ria *nm,f* copropriétaire *mf*.
coprotagonista *nmf* partenaire *mf*.
copular *vi* copuler.
copulativo, va *adj* copulatif(ive).
copyright [ˌkopi'rrait] *nm* copyright *m*.
coquetear *vi* minauder ; aguicher.
coqueto, ta *adj* **1.** coquet(ette) **2.** aguicheur(euse).
coraje *nm* **1.** courage *m* **2.** *(rage)* • **dar coraje** mettre en colère.
coral *adj* choral(e). ❑ *nm* corail *m*. ❑ *nf* **1.** chorale *f* **2.** choral *m*.
Corán *nm* • **el Corán** le Coran.
coránico, ca *adj* coranique.
coraza *nf* **1.** carapace *f* **2.** cuirasse *f*.
corazón *nm* **1.** cœur *m* • **no tener corazón** ne pas avoir de cœur, être sans cœur • **ser de buen corazón** avoir bon cœur • **de (todo) corazón** de tout cœur. **2.** courage *m* **3.** → **dedo**
corazonada *nf* **1.** pressentiment *m* **2.** coup *m* de tête.
corbata *nf* cravate *f*.
corbeta *nf* corvette *f*.
Córcega *npr* Corse *f*.
corchea *nf* croche *f*.
corchete *nm* **1.** agrafe *f* ; bouton-pression *m* **2.** crochet *m*.
corcho *nm* **1.** liège *m* **2.** bouchon *m*.
córcholis *interj* • **¡córcholis!** nom d'une pipe !
cordada *nf* SPORT cordée *f*.
cordel *nm* ficelle *f*.
cordero, ra *nm,f* *litt* & *fig* agneau *m*, agnelle *f*.
cordial *adj* cordial(e).
cordialidad *nf* cordialité *f*.
cordialmente *adv* cordialement.
cordillera *nf* chaîne *f* (de montagnes) ; cordillère *f*. ■ **cordillera Cantábrica** *npr* • **la cordillera Cantábrica** les monts *mpl* Cantabriques.
cordillerano, na *adj* andin(e). ❑ *nm,f* Andin *m*, -e *f*.
Córdoba *npr* Cordoue.
cordón *nm* **1.** cordon *m* ; lacet *m* • **cordón umbilical** cordon ombilical **2.** fil *m* **3.** (AMÉR) bord *m* du trottoir.
cordura *nf* raison *f* ; sagesse *f*.
Corea *npr* Corée *f* • **República de Corea** *ou* **Corea del Sur** la République de Corée ou Corée du Sud • **República Popular Democrática de Corea ou Corea del Norte** la République populaire démocratique de Corée ou Corée du Nord.
corear *vt* **1.** reprendre en chœur **2.** approuver.
coreografía *nf* chorégraphie *f*.
coreografiar [9] *vt* chorégraphier.
coreógrafo, fa *nm,f* chorégraphe *mf*.
corista *nmf* choriste *mf*. ❑ *nf* girl *f*.
cornada *nf* coup *m* de corne.
cornamenta *nf* **1.** cornes *fpl* ; bois *mpl* **2.** *fam* cornes *fpl (du conjoint trompé)*.
córnea *nf* cornée *f*.
corneja *nf* corneille *f*.
córner (*pl* **corners**) *nm* corner *m*.
corneta *nf* cornet *m*. ❑ *nmf* cornettiste *mf*.
cornete *nm* cornet *m*.
cornetín *nm* cornet *m* à piston. ❑ *nmf* cornettiste *mf*.
cornisa *nf* corniche *f*.
cornudo, da *adj* **1.** à cornes **2.** *fam* & *fig* cocu(e). ❑ *nm,f* *fam* & *fig* cocu *m*, -e *f*.
coro *nm* chœur *m* • **a coro** en chœur • **hablar a coro** parler tous en même temps.
corola *nf* corolle *f*.
corona *nf* **1.** couronne *f* • **corona fúnebre/de laurel** couronne mortuaire/de lauriers **2.** auréole *f*.
coronación *nf* *litt* & *fig* couronnement *m*.
coronamiento *nm* couronnement *m*.
coronar *vt* **1.** couronner **2.** *fig* achever **3.** *fig* atteindre.
coronel *nmf* colonel *m*.
coronilla *nf* sommet *m* du crâne • **estar hasta la coronilla** *fig* en avoir par-dessus la tête.
corpiño *nm* bustier *m*.
corporación *nf* corporation *f*.
corporal *adj* corporel(elle).
corporativismo *nm* corporatisme *m*.
corporativo, va *adj* corporatif(ive).
corpóreo, a *adj* corporel(elle).
corpulencia *nf* corpulence *f*.
corpulento, ta *adj* corpulent(e).
corpus (*pl* **corpus** *ou* **corpora**) *nm* *(de textes, données)* corpus *m*.
Corpus Christi ['korpus'kristi] *nm* Fête-Dieu *f*.
corpúsculo *nm* corpuscule *m*.
corral *nm* **1.** cour *f* (de ferme) ; basse-cour *f* **2.** *ancien théâtre en plein air*.
correa *nf* **1.** *(gén)* TECHNOL courroie *f* **2.** bracelet *m (de montre)* **3.** laisse *f* **4.** anse *f* **5.** ceinture *f*.
corrección *nf* correction *f* • **con toda corrección** parfaitement.
correccional *nm* maison *f* de redressement.
correctivo, va *adj* correctif(ive). ■ **correctivo** *nm* correction *f*.
correcto, ta *adj* correct(e) • **políticamente correcto** politiquement correct.
corrector, ra *adj* correcteur(trice). ❑ *nm,f* • **corrector de estilo** lecteur-correcteur *m* • **corrector tipográfico** correcteur typographique.
corredizo, za *adj* coulissant(e) • **un nudo corredizo** un nœud coulant.
corredor, ra *nm,f* **1.** coureur *m*, -euse *f* **2.** courtier *m*, -ère *f* • **corredor de comercio** ≃ agent *m* de change. ■ **corredor** *nm* corridor *m*.
corregir [42] *vt* corriger. ■ **corregirse** *vp* se corriger.
correlación *nf* corrélation *f*.
correlacionar *vt* relier.

correlativo, va *adj* **1.** corrélatif(ive) **2.** consécutif(ive).

correligionario, ria *adj (en religion)* coreligionnaire ; *(en politique)* du même bord.

correo *nm* **1.** courrier *m* • **a vuelta de correo** par retour du courrier • **echar al correo** poster • **correo certificado** courrier recommandé • **correo comercial** prospectus *m* • **correo electrónico** courrier électronique **2.** poste *f.* ❑ *adj* postal(e). ■ **Correos** *nmpl* poste *f.*

correoso, sa *adj* caoutchouteux(euse) ; *(pain)* mou, molle *f* ; *(viande, personne)* coriace.

correr *vi* **1.** courir • **a todo correr** à toute vitesse **2.** aller vite ; rouler vite **3.** *(fleuve, eau du robinet)* couler ; *(chemin)* passer **4.** *(temps, heures)* passer **5.** *(nouvelle)* se propager ; *(rumeur)* courir **6.** *(monnaie)* avoir cours **7.** *(payer)* • **correr con a)** prendre à sa charge **b)** régler • **correr a cargo de** être à la charge de **8.** être dû, due *f.* ❑ *vt* **1.** courir *(une distance)* ; parcourir *(un lieu)* **2.** pousser *(une table, une chaise)* ; tirer *(des rideaux)* **3.** connaître *(des aventures, des vicissitudes)* ; courir *(un risque)* **4.** (AMÉR) renvoyer. ■ **correrse** *vp* **1.** *(personne)* se pousser ; *(chose)* glisser **2.** *(peinture, couleur)* couler **3.** *vulg* jouir.

correría *nf* escapade *f.*

correspondencia *nf* **1.** rapport *m (entre deux choses)* **2.** correspondance *f* • **mantener una correspondencia con alguien** entretenir une correspondance avec qqn **3.** courrier *m.*

corresponder *vi* **1.** *(payer, compenser)* • **corresponder a algo** remercier de qqch • **me lo ofreció para corresponderme** il me l'a offert pour me remercier **2.** *(coïncider)* • **corresponder (con)** correspondre (à) **3.** *(revenir à)* • **te corresponde a ti hacerlo** c'est à toi de le faire • **le corresponde la herencia** l'héritage lui revient **4.** rendre • **él la quiere y ella le corresponde** il l'aime et elle le lui rend bien. ■ **corresponderse** *vp* **1.** *(s'écrire)* • **corresponderse con alguien** correspondre avec qqn **2.** *(s'aimer)* • **corresponderse en el amor** s'aimer mutuellement **3.** *(deux pièces)* communiquer.

correspondiente *adj* correspondant(e).

corresponsal *nmf* **1.** PRESSE correspondant *m*, -e *f* **2.** COMM représentant *m*, -e *f.*

corretear *vi* **1.** *(enfants)* galoper ; *(rats)* trotter **2.** *fam* traîner.

correveidile *nmf* rapporteur *m*, -euse *f.*

corrido, da *adj* **1.** bon, bonne *f* • **un kilo corrido de...** un bon kilo de... **2.** gêné(e). ■ **corrida** *nf* corrida *f* • **dar una corrida** *fig* courir. ■ **de corrido** *loc adv* par cœur ; d'un trait.

corriente *adj* **1.** courant(e) **2.** ordinaire. ❑ *nf* courant *m* • **estar al corriente de a)** être à jour pour **b)** être au courant de • **ir contra corriente** aller à contre-courant.

corrimiento ■ **corrimiento de tierras** *nm* glissement *m* de terrain.

corro *nm* **1.** cercle *m* ; ronde *f* • **en corro** en rond **2.** *(à la Bourse)* corbeille *f.*

corroborar *vt* corroborer.

corroer [69] *vt* **1.** corroder ; GÉOL éroder **2.** *fig* ronger.

corromper *vt* corrompre. ■ **corromperse** *vp* **1.** pourrir **2.** se corrompre.

corrosión *nf* corrosion *f.*

corrosivo, va *adj* **1.** corrosif(ive) **2.** décapant(e).

corrupción *nf* corruption *f.*

corruptela *nf* corruption *f.*

corrupto, ta *adj* corrompu(e).

corrusco *nm* quignon *m* de pain.

corsario, ria *adj* pirate • **una nave corsaria** un bateau pirate • **un capitán corsario** un corsaire. ■ **corsario** *nm* corsaire *m.*

corsé *nm* corset *m.*

cortacésped *nm* tondeuse *f* à gazon.

cortado, da *adj* **1.** gercé(e) **2.** *(lait)* tourné(e) **3.** *fig* timide ; *fig* coincé(e) • **quedarse cortado** être décontenancé **4.** *(style)* haché(e). ■ **cortado** *nm (café)* noisette *f.*

cortador, ra *adj* • **una máquina cortadora de madera** une machine à couper le bois. ■ **cortadora de césped** *nf* tondeuse *f* à gazon.

cortafuego, cortafuegos *nm* **1.** coupe-feu *m inv* **2.** INFORM pare-feu *m inv.*

cortante *adj* **1.** coupant(e) **2.** *fig* cassant(e) ; *(vent)* cinglant(e) ; *(froid)* glacial(e).

cortapisa *nf* entrave *f* • **poner cortapisas** mettre des bâtons dans les roues.

cortaplumas *nm inv* canif *m.*

cortar *vt* **1.** couper ; tondre *(le gazon)* **2.** arrêter *(un abus, une hémorragie)* ; interrompre *(une conversation)* **3.** découper *(du papier)* ; tailler *(de la toile)* **4.** gercer *(les mains, les lèvres)* **5.** faire tourner *(le lait)* ; faire tomber *(la mayonnaise)* **6.** réduire *(les dépenses)* **7.** retirer *(une bourse, une subvention)* ; couper court à *(des abus)* **8.** fendre *(l'air, les vagues)* **9.** *fig* gêner • **me corta su seriedad** sa gravité me met mal à l'aise. ❑ *vi* **1.** couper **2.** *fam* rompre. ■ **cortarse** *vp* **1.** se couper **2.** *(lèvres, mains)* se gercer **3.** *(lait)* tourner ; *(mayonnaise)* ne pas prendre **4.** *fig* se troubler.

cortaúñas *nm inv* coupe-ongles *m inv.*

corte *nm* **1.** déchirure *f* ; entaille *f (dans la peau)* **2.** coupe *f (de cheveux, d'un vêtement, d'un schéma)* • **corte y confección** confection *f* **3.** *(blessure, pause, interruption)* coupure *f* **4.** coupon *m (de tissu)* **5.** ton *m (d'une œuvre)* **6.** fil *m (d'un couteau)* **7.** *fam (remarque humiliante)* gifle *f* **8.** *fam* honte *f* • **me da corte salir a la calle** j'ai honte de sortir. ❑ *nf* cour *f.* ■ **Cortes** *nfpl* • **las Cortes** *le Parlement espagnol.*

cortejar *vt* courtiser.

cortejo *nm* cortège *m.*

cortés *adj* courtois(e).

cortesano, na *adj* **1.** de la cour • **la vida cortesana** la vie à la cour **2.** *(manières)* poli(e). ❑ *nm, f*

courtisan *m*, dame *f* d'honneur. ■ **cortesana** *nf* courtisane *f*.
cortesía *nf* **1.** politesse *f* • **de cortesía** de politesse **2.** gentillesse *f* **3.** *(cadeau)* • **el aperitivo es cortesía de la casa** l'apéritif vous est offert par la maison.
corteza *nf* **1.** écorce *f* **2.** croûte *f (de pain, de fromage, etc)* ; peau *f (d'orange)* • **corteza terrestre** croûte terrestre **3.** cortex *m*.
corticoide, corticosteroide *nm* MÉD corticoïde *m*, corticostéroïde *m*.
cortijo *nm* ferme *f* (andalouse).
cortina *nf* rideau *m*.
cortisona *nf* cortisone *f*.
corto, ta *adj* **1.** court(e) • **una corta espera** une brève attente **2.** *fig (niais)* • **corto (de alcances)** simplet **3.** *fig* • **quedarse corto a)** voir trop juste **b)** être en deçà de la vérité.
cortocircuito *nm* court-circuit *m*.
cortometraje *nm* court-métrage *m*.
corzo, za *nm, f* chevreuil *m*, chevrette *f*.
cosa *nf* **1.** chose *f* • **poca cosa** pas grand-chose **2.** *(gén pl)* affaires *fpl* **3.** *(gén pl)* matériel *m* • **cosas de coser** nécessaire *m* de couture **4.** *(gén pl)* truc *m* • **¡qué cosas tienes!** tu as de ces idées ! **5.** *(gén pl)* manie *f* **6.** *fig* • **como quien no quiere la cosa** mine de rien • **como si tal cosa** comme si de rien n'était • **eso es cosa mía** c'est moi que ça regarde. ■ **cosa de** *loc prép* environ • **tuvimos que esperar cosa de 10 minutos** on a dû attendre quelque chose comme 10 minutes.
cosaco, ca *adj* cosaque. ■ **cosaco** *nm* • **los cosacos** les cosaques *mpl* • **beber como un cosaco** *fig* boire comme un trou.
coscorrón *nm* coup *m* sur la tête.
cosecha *nf* récolte *f* ; moisson *f* • **de su (propia) cosecha** *fig* de son cru.
cosechar *vt* **1.** récolter ; moissonner **2.** *fig* obtenir. ❑ *vi* faire la récolte ; moissonner.
coseno *nm* cosinus *m*.
coser *vt* **1.** coudre **2.** agrafer **3.** *fig* • **ser cosa de coser y cantar** être simple comme bonjour. ❑ *vi* coudre.
cosido *nm (action)* couture *f*.
cosmético, ca *adj* cosmétique. ■ **cosmético** *nm* cosmétique *m*. ■ **cosmética** *nf* cosmétique *f*.
cósmico, ca *adj* cosmique.
cosmonauta *nmf* cosmonaute *mf*.
cosmopolita *adj* cosmopolite.
cosmos *nm inv* cosmos *m*.
cosmovisión *nf* cosmovision *f*.
coso *nm* (AMÉR) truc *m*.
cosquillas *nfpl* chatouilles *fpl* • **hacer cosquillas** chatouiller, faire des chatouilles • **tengo cosquillas** ça me chatouille.
cosquilleo *nm* **1.** chatouillement *m* **2.** *fig* frisson *m*.
costa *nf* côte *f*. ■ **Costa Brava** *nf* • **la Costa Brava** la Costa Brava. ■ **Costa del Sol** *nf* • **la Costa del Sol** la Costa del Sol. ■ **a costa de** *loc prép* **1.** aux dépens de **2.** au prix de. ■ **a toda costa** *loc adv* à tout prix.
costado *nm* flanc *m* • **dormir de costado** dormir sur le côté • **en ambos costados de la calle** des deux côtés de la rue.
costal *nm* sac *m (de jute)*.
costanera *nf* (AMÉR) bord *m* de mer.
costar [23] *vt* **1.** coûter **2.** prendre *(du temps)*. ❑ *vi* coûter.
Costa Rica *npr* Costa Rica *m*.
costarricense *adj* costaricien(enne). ❑ *nmf* Costaricien *m*, -enne *f*.
coste *nm* coût *m* • **coste de la vida** coût de la vie.
costear *vt* **1.** payer, financer ; *(rentabiliser)* couvrir **2.** NAUT longer, côtoyer.
costeño, ña *adj* côtier(ère).
costero, ra *adj* côtier(ère). ❑ *nm, f* habitant *m*, -e *f* du littoral.
costilla *nf* **1.** côte *f* **2.** côtelette *f* **3.** barreau *m (d'une chaise)* ; membrure *f (d'un bateau)* **4.** *fam* & *fig (conjoint)* moitié *f*.
costo *nm* **1.** coût *m* **2.** *fam* hasch *m*.
costoso, sa *adj* **1.** coûteux(euse) **2.** *fig* pénible ; *fig* difficile.
costra *nf* croûte *f*.
costumbre *nf* **1.** habitude *f* **2.** coutume *f*.
costumbrismo *nm* peinture *f* des mœurs.
costumbrista *adj* • **la pintura costumbrista** la peinture de genre. ❑ *nmf* **1.** LITTÉR *écrivain spécialisé dans la peinture des mœurs* **2.** ART peintre *mf* de genre.
costura *nf* couture *f* • **alta costura** haute couture.
costurera *nf* couturière *f*.
costurero *nm* **1.** corbeille *f* à ouvrage **2.** couturier *m*.
cota *nf* **1.** cote *f* **2.** cotte *f* • **cota de mallas** cotte de mailles.
cotarro *nm* • **alborotar el cotarro** mettre la pagaille • **dirigir el cotarro** faire la loi.
cotejar *vt (comparer)* confronter.
cotejo *nm* confrontation *f*.
cotidiano, na *adj* quotidien(enne).
cotilla *nmf fam* commère *f*.
cotillear *vi fam* faire des ragots.
cotilleo *nm fam* potin *m*.
cotillón *nm* cotillon *m* • **artículos de cotillón** cotillons *mpl*.
cotización *nf* **1.** prix *m* **2.** cours *m* ; cotation *f*.
cotizar [13] *vt* estimer ; coter. ❑ *vi* cotiser, verser une cotisation. ■ **cotizarse** *vp* **1.** *(en Bourse)* • **cotizarse (a)** être coté(e) (à) **2.** être apprécié(e).
coto *nm* **1.** réserve *f* • **coto de caza** chasse *f* gardée **2.** *fig* • **poner coto a** mettre le holà à.
cotorra *nf* **1.** perruche *f* **2.** *fam* & *fig* pie *f* • **hablar como una cotorra** être un moulin à paroles.

cowboy ['kauboi] (*pl* **cowboys**) *nm* cow-boy *m*.
coxis = **cóccix**.
coyote *nm* coyote *m*.
coyuntura *nf* **1.** conjoncture *f* **2.** occasion *f* **3.** jointure *f*.
coyuntural *adj* conjoncturel(elle).
coz *nf* **1.** ruade *f* ; coup *m* de sabot **2.** recul *m* *(d'une arme)*.
CP (abrév de **código postal**) code *m* postal.
crac (*pl* **cracs**), **crack** (*pl* **cracks**) *nm* **1.** star *f* **2.** FIN krach *m*.
crack *nm inv* **1.** crack *m* **2.** = **crac**.
cráneo *nm* crâne *m*.
crápula *nm* débauché *m*. ❑ *nf* débauche *f*.
cráter *nm* cratère *m*.
crawl = **crol**.
creación *nf* création *f*.
creacionismo *nm* créationnisme *m*.
creador, ra *adj & nm, f* créateur(trice).
crear *vt* **1.** créer **2.** provoquer *(du désordre, le mécontentement)* ; répandre *(une rumeur)*.
creatividad *nf* créativité *f*.
creativo, va *adj & nm, f* créatif *m*, -ive *f*.
crecer [30] *vi* **1.** *(enfants, sentiments)* grandir ; *(plantes, cheveux)* pousser **2.** *(jours, nuits)* allonger **3.** *(fleuve)* grossir ; *(marée)* monter ; *(lune)* croître **4.** *(intérêt, goût)* être croissant(e). ■ **crecerse** *vp* prendre de l'assurance.
creces ■ **con creces** *loc adv* largement.
crecido, da *adj* grand(e). ■ **crecida** *nf* crue *f*.
creciente *adj* croissant(e). ❑ *nm* phase *f* ascendante (de la Lune).
crecimiento *nm* croissance *f* ; augmentation *f* *(de prix)*.
credencial *nf* laissez-passer *m*. ■ **credenciales** *nfpl* lettres *fpl* de créance.
credibilidad *nf* crédibilité *f*.
crédito *nm* **1.** crédit *m* • **a crédito** à crédit • **crédito al consumo** crédit à la consommation **2.** confiance *f* • **dar crédito a algo** croire qqch **3.** UNIV ≃ unité *f* de valeur.
credo *nm litt & fig* credo *m*.
credulidad *nf* crédulité *f*.
crédulo, la *adj* crédule.
creencia *nf* **1.** croyance *f* **2.** conviction *f*.
creer [50] *vt* croire. ❑ *vi* • **creer en** croire en. ■ **creerse** *vp* **1.** se croire • **¿quién se cree que es?** pour qui se prend-il ? **2.** croire.
creíble *adj* crédible.
creído, da *nm, f* prétentieux *m*, -euse *f*.
crema *nf* **1.** crème *f* **2.** cirage *m*. ❑ *adj inv* crème.
cremallera *nf* **1.** fermeture *f* Éclair® **2.** crémaillère *f*.
crematístico, ca *adj* financier(ère).
crematorio, ria *adj* crématoire. ■ **crematorio** *nm* crématorium *m*.
cremoso, sa *adj* crémeux(euse).
crepe ['krep] *nf* crêpe *f*.
crepitar *vi* crépiter.
crepuscular *adj* crépusculaire.
crepúsculo *nm litt & fig* crépuscule *m*.
crescendo [kres'tʃendo] *nm* crescendo *m*. ■ **in crescendo** *loc adv* • **ir in crescendo** aller en augmentant.
crespo, pa *adj* crépu(e).
cresta *nf* **1.** crête *f* • **dar a alguien en la cresta** *fig* rabattre le caquet à qqn **2.** huppe *f*.
Creta *npr* Crète *f*.
cretino, na *nm, f* crétin *m*, -e *f*.
cretona *nf* cretonne *f*.
creyente *nmf* croyant *m*, -e *f*.
cría *nf* → **crío**.
criadero *nm* **1.** pépinière *f* **2.** élevage *m* **3.** gisement *m*.
criadilla *nf* *testicules d'animal (de taureau par exemple) utilisés en cuisine*.
criadillas *nfpl* *testicules d'animal (taureau par exemple) utilisés en cuisine*.
criado, da *adj* élevé(e) • **bien criado** bien élevé. ❑ *nm, f* domestique *mf*.
criador, ra *adj* producteur(trice). ❑ *nm, f* éleveur *m*, -euse *f* • **criador de vino** viticulteur *m*.
crianza *nf* **1.** allaitement *m* **2.** élevage *m* *(d'animaux, du vin)* **3.** éducation *f*.
criar [9] *vt* **1.** allaiter **2.** élever *(des animaux, des enfants)* **3.** cultiver. ■ **criarse** *vp* **1.** grandir **2.** se reproduire.
criatura *nf* **1.** enfant *m* ; nourrisson *m* **2.** créature *f*.
criba *nf* **1.** crible *m* **2.** passage *m* au crible.
cricket ['kriket] *nm* cricket *m*.
Crimea *npr* Crimée *f*.
crimen *nm* crime *m*.
criminal *adj & nmf* criminel(elle).
criminalidad *nf* criminalité *f*.
criminalista *adj* • **un abogado criminalista** un avocat pénaliste. ❑ *nmf* criminaliste *mf*.
criminalizar *vt* criminaliser.
criminología *nf* criminologie *f*.
crin *nf* **1.** crin *m* **2.** *(gén pl)* crinière *f*.
crío, a *nm, f* gamin *m*, -e *f*. ■ **cría** *nf* **1.** petit *m* **2.** élevage *m* **3.** culture *f*.
criogénico, ca *adj* cryogénique.
criogenizar [13], **crionizar** *vt* cryogéniser.
criollo, lla *adj* créole. ❑ *nm, f* Créole *mf*.
cripta *nf* crypte *f*.
criptografía *nf* cryptographie *f*.
criptograma *nm* cryptogramme *m*.
crisálida *nf* chrysalide *f*.
crisantemo *nm* chrysanthème *m*.
crisis *nf inv* **1.** crise *f* **2.** pénurie *f*.
crisma *nf fam* • **romperle la crisma a alguien** casser la figure à qqn.
crisol *nm* **1.** creuset *m* **2.** révélateur *m*.
crispado, da *adj* crispé(e).
crispar *vt* crisper • **crispar los nervios** taper sur les nerfs. ■ **crisparse** *vp* se crisper.

cristal *nm* **1.** verre *m* ; cristal *m* **2.** vitre *f*, carreau *m* **3.** *fig* glace *f*.
cristalera *nf* verrière *f* ; porte *f* vitrée ; armoire *f* à glace.
cristalería *nf* **1.** verrerie *f* **2.** vitrerie *f* • **pasar por la cristalería** aller chez le vitrier.
cristalino, na *adj* cristallin(e). ■ **cristalino** *nm* cristallin *m*.
cristalización *nf* **1.** cristallisation *f* **2.** *fig* concrétisation *f*.
cristalizar [13] *vt* cristalliser. ■ **cristalizarse** *vp* se cristalliser ; se concrétiser • **cristalizarse en** *fig* aboutir à.
cristiandad *nf* chrétienté *f*.
cristianismo *nm* **1.** christianisme *m* **2.** chrétienté *f*.
cristianizar [13] *vt* christianiser.
cristiano, na *adj & nm,f* chrétien(enne).
cristo *nm* christ *m*. ■ **Cristo** *nm* Christ *m*.
criterio *nm* **1.** critère *m* **2.** discernement *m* **3.** avis *m*.
crítica *nf* → **crítico**.
criticable *adj* critiquable.
criticar [10] *vt* critiquer.
crítico, ca *adj & nm,f* critique. ■ **crítica** *nf* critique *f*.
criticón, ona *adj* qui a la critique facile. ❑ *nm,f* critiqueur *m*, -euse *f*.
Croacia *npr* Croatie *f*.
croar *vi* coasser.
croata *adj* croate. ❑ *nmf* Croate *mf*.
croissantería = **cruasantería**.
crol, crawl ['krol] *nm* crawl *m*.
cromado *nm* chromes *mpl*.
cromático, ca *adj* chromatique.
cromatismo *nm* chromatisme *m*.
cromo *nm* **1.** chrome *m* **2.** image *f*.
cromosoma *nm* chromosome *m*.
cromosómico, ca *adj* chromosomique.
crónico, ca *adj* chronique. ■ **crónica** *nf* **1.** chronique *f* **2.** magazine *m* d'information.
cronista *nmf* chroniqueur *m*, -euse *f*.
cronología *nf* chronologie *f*.
cronológico, ca *adj* chronologique.
cronometraje *nm* chronométrage *m*.
cronometrar *vt* chronométrer.
cronómetro *nm* chronomètre *m*.
croqueta *nf* croquette *f*.
croquis *nm inv* croquis *m*.
cross *nm inv* cross *m inv*.
cruasán *nm (pâtisserie)* croissant *m*.
cruasantería, croissantería *nf* croissanterie *f*.
cruce *nm* **1.** *(de chemins)* BIOL croisement *m* ; carrefour *m (de routes, de rues)* **2.** interférence *f* **3.** court-circuit *m*. ❑ *v* → **cruzar**.
crucero *nm* **1.** croisière *f* **2.** croisée *f* du transept.
crucial *adj* crucial(e).
crucificar [10] *vt* **1.** crucifier **2.** *fig* tourmenter.
crucifijo *nm* crucifix *m*.
crucifixión *nf* crucifixion *f*.
crucigrama *nm* mots croisés *mpl*.
crudeza *nf* **1.** rigueur *f (du temps)* **2.** crudité *f (d'une description)* **3.** rudesse *f (d'un comportement)* ; dureté *f (de la vérité, de la réalité)*.
crudo, da *adj* **1.** cru(e) • **es la cruda realidad** c'est la dure réalité • **de forma cruda** crûment **2.** rude, rigoureux(euse) **3.** écru(e). ■ **crudo** *nm* pétrole *m* brut, brut *m*.
cruel *adj* cruel(elle).
crueldad *nf* cruauté *f*.
cruento, ta *adj* sanglant(e).
crujido *nm* craquement *m* ; grincement *m (de dents)* ; crissement *m (de la soie)*.
crujiente *adj* craquant(e) ; croustillant(e).
crujir *vi* craquer ; *(dents)* grincer ; *(soie)* crisser.
crustáceos *nmpl* crustacés *mpl*.
cruz *nf* **1.** croix *f* **2.** *(d'une pièce)* pile *f* **3.** fourche *f* **4.** *fig* poids *m* ; calvaire *m* **5.** *fig* • **hacer cruz y raya a)** tourner la page **b)** couper les ponts. ■ **Cruz Roja** *nf* • **la Cruz Roja** la Croix-Rouge.
cruza *nf* (AMÉR) croisement *m*.
cruzado, da *adj (gén)* BIOL croisé(e) • **cruzado (en)** en travers (de). ■ **cruzado** *nm* HIST croisé *m*. ■ **cruzada** *nf* croisade *f* • **ir de cruzada contra** *fig* partir en croisade contre.
cruzar [13] *vt* **1.** croiser **2.** mettre en travers **3.** traverser *(une rue)* **4.** échanger *(des mots)*. ■ **cruzarse** *vp* • **cruzarse con alguien** croiser qqn • **me crucé con ella** je l'ai croisée • **cruzarse de brazos/piernas** croiser les bras/les jambes.
CSIC (abrév de Consejo Superior de Investigaciones Científicas) *nm conseil supérieur de la recherche scientifique en Espagne* ; ≃ CNRS *m*.
cta. (abrév de cuenta) cpte • **cta. cte. nº 193-1533** cpte courant nº 193-1533.
cte. (abrév de corriente) courant • **cta. cte. nº 193-1533** cpte courant nº 193-1533.
CTNE (abrév de Compañía Telefónica Nacional de España) *nf compagnie espagnole des télécommunications* ; ≃ France Télécom.
ctra. (abrév de carretera) rte.
cuaderno *nm* cahier *m*.
cuadra *nf* **1.** écurie *f* **2.** (AMÉR) pâté *m* de maisons.
cuadrado, da *adj* **1.** *(gén)* MATH carré(e) **2.** *(personne)* • **estar cuadrada** *fam* être un pot à tabac. ■ **cuadrado** *nm* carré *m*.
cuadrangular *adj* quadrangulaire.
cuadrante *nm* **1.** GÉOGR & GÉOM quadrant *m* **2.** cadran *m*.
cuadrar *vi* **1.** *(informations, faits)* concorder ; *(caractères, vêtements)* s'accorder • **su confesión no cuadra con la declaración** ses aveux ne concordent pas avec sa déclaration **2.** *(numéros, compte)* tomber juste **3.** convenir • **le cuadra ese trabajo** ce travail lui convient

parfaitement. ■ **cuadrarse** *vp* **1.** se mettre au garde-à-vous **2.** durcir le ton.
cuadrícula *nf* quadrillage *m*.
cuadriculado, da *adj* quadrillé(e).
cuadrilátero *nm* **1.** quadrilatère *m* **2.** ring *m*.
cuadrilla *nf* **1.** bande *f* **2.** équipe *f* **3.** *équipe qui assiste le matador*.
cuadriplicar *vt* quadrupler. ■ **cuadruplicarse** *vp* être multiplier par quatre.
cuadro *nm* **1.** tableau *m* • **cuadro de costumbres** étude *f* de mœurs • **cuadro sinóptico** tableau synoptique **2.** spectacle *m* **3.** carré *m* • **a cuadros** à carreaux **4.** équipe *f* • **el cuadro de dirigentes** la direction **5.** cadre *m (de bicyclette)*.
cuadrúpedo *nm* quadrupède *m*.
cuádruple, cuádruplo *nm* quadruple *m*.
cuadruplicar [10] *vt* quadrupler.
cuajado, da *adj* • **la leche cuajada** le lait caillé. ■ **cuajada** *nf* caillé *m*.
cuajar *vt* **1.** *(lait)* cailler ; *(sang)* coaguler **2.** couvrir *(de décorations)*. ❑ *vi* **1.** *(projet)* aboutir ; *(accord)* être conclu(e) **2.** *(personne)* être adopté(e) ; *(mode)* prendre ; *(neige)* tenir. ■ **cuajarse** *vp* **1.** *(lait)* cailler ; *(flan, glace)* prendre ; *(sang)* coaguler **2.** se remplir • **se le cuajaron los ojos de lágrimas** ses yeux se sont emplis de larmes.
cuajo *nm* **1.** présure *f* **2.** *fig* nonchalance *f*. ■ **de cuajo** *loc adv* complètement • **arrancar de cuajo a)** déraciner *(un arbre)* **b)** arracher *(un pied, une main)*.

cual

■ **cual** *pron rel*

1. SUJET
qui • **llamé a Juan, el cual dormía** j'ai appelé Juan, qui dormait • **han sacado un nuevo producto, el cual es muy eficaz** ils ont sorti un nouveau produit, qui est très efficace
2. COMPLÉMENT D'OBJET DIRECT
que • **es el libro el cual te presté** c'est le livre que je t'ai prêté • **Jorge es el hermano de Ana, a la cual por cierto veo a menudo** Jorge est le frère d'Ana, que je vois souvent
3. COMPLÉMENT D'OBJET INDIRECT
auquel, à laquelle • **un amigo al cual confío mis secretos** un ami auquel je confie mes secrets • **la chica a la cual regalé el libro** la fille à laquelle j'ai offert le livre • **la película a la cual hago referencia** le film auquel je fais référence
4. COMPLÉMENT DE MOYEN, DE BUT, ETC.
lequel, laquelle • **el ordenador con el cual trabajo** l'ordinateur avec lequel je travaille • **el puesto para el cual me contrataron** le poste pour lequel on m'a embauché • **la amiga con la cual fui al cine** l'amie avec laquelle je suis allé au cinéma
5. COMPLÉMENT DE LIEU
• **la cabina desde la cual te llamo** la cabine d'où je t'appelle
6. PRÉCÉDÉ DE LA PRÉPOSITION « DE »
dont • **el club del cual soy socio** le club dont je suis membre • **el libro/el actor del cual te hablé** le livre/l'acteur dont je t'ai parlé • **una noticia de la cual me alegro** une nouvelle dont je me réjouis
7. DANS DES EXPRESSIONS
• **sea cual sea el resultado** quel que soit le résultat

■ **lo cual** *pron indéf*

• **vendrán atletas de todas partes del mundo, lo cual requiere mucha organización** des athlètes du monde entiers vont venir, ce qui demande beaucoup d'organisation • **está muy enfadada, lo cual comprendo perfectamente** elle est très fâchée, ce que je comprends parfaitement

cuál *pron* **1.** quel, quelle • **¿cuál es la diferencia?** quelle est la différence ? ; lequel, laquelle • **¿cuál prefieres?** laquelle préfères-tu ? • **no sé cuáles son mejores** je ne sais pas lesquels sont les meilleurs **2.** *(dans des phrases distributives)* • **todos han contribuido, cuál más, cuál menos** ils ont tous participé, certains plus que d'autres.
cualidad *nf* qualité *f*.
cualificación *nf* qualification *f*.
cualificado, da *adj* qualifié(e).
cualificar [10] *vt* qualifier.
cualitativo, va *adj* qualitatif(ive).
cualquiera *adj (devant un substantif singulier :* **cualquier***)* **1.** *(devant un substantif)* n'importe quel, n'importe quelle • **cualquier día vendré a visitarte** un de ces jours, je viendrai te rendre visite • **en cualquier momento** n'importe quand • **en cualquier lugar** n'importe où **2.** *(après un substantif)* quelconque • **un sitio cualquiera** un endroit quelconque. ❑ *pron (pl* **cualesquiera***)* n'importe qui • **cualquiera te lo dirá** n'importe qui te le dira • **cualquiera que a)** quiconque **b)** quel que, quelle que *f* • **cualquiera que te viera se reiría** quiconque te verrait rirait • **cualquiera que sea la razón** quelle que soit la raison. ❑ *nm, f* moins que rien *mf*. ❑ *nf fam* traînée *f*.
cuan *adv* • **se desplomó cuan largo era** il est tombé de tout son long.
cuando *adv* • **mañana es cuando me voy de vacaciones** c'est demain que je pars en vacances • **de cuando en cuando, de vez en cuando** de temps en temps. ❑ *conj* **1.** quand, lorsque • **cuando llegué a París** quand ou lorsque je suis arrivé à Paris **2.** si • **cuando tú lo dices será verdad** si c'est toi qui le dis, ça doit être vrai.
cuándo *adv* quand • **¿cuándo vienes?** quand viens-tu ? • **le pregunté cuándo se iba** je lui ai demandé quand il partait. ❑ *nm* • **ignora el cómo y el cuándo de la operación** il ignore comment et quand se déroulera l'opération.
cuantía *nf* quantité *f* ; montant *m*.

cuántico, ca *adj* quantique. ■ **cuántica** *nf* mécanique *f* quantique.
cuantificable *adj* quantifiable.
cuantificar [10] *vt* quantifier.
cuantioso, sa *adj* • **una cuantiosa suma** une forte somme.
cuantitativo, va *adj* quantitatif(ive).

cuanto

■ **cuanto, ta** *adj*

1. POUR INDIQUER LA TOTALITÉ
tout le, toute la • **despilfarra cuanto dinero gana** il gaspille tout l'argent qu'il gagne
2. POUR INTRODUIRE UNE CORRÉLATION
• **cuantas más mentiras digas, menos te creerán** plus tu raconteras de mensonges, moins on te croira • **cuanto menos pienses en ello, mejor será** moins tu y penseras, mieux ce sera

■ **cuanto, ta** *pron*

1. POUR INDIQUER UN GROUPE DÉTERMINÉ
tous ceux, toutes celles • **dio las gracias a todos cuantos la ayudaron** elle remercia tous ceux qui l'avaient aidée • **es la mejor versión entre todas cuantas conozco** c'est la meilleure version parmi toutes celles que je connais
2. POUR INDIQUER LA TOTALITÉ
• **comprendo cuanto dice** je comprends tout ce qu'il dit • **me gustaron cuantas vi** toutes celles que j'ai vues m'ont plu • **come cuanto quieras** mange autant que tu voudras
3. POUR INDIQUER UNE CORRÉLATION
• **cuanto más se tiene, más se quiere** plus on en a, plus on en veut

■ **cuanto antes** *loc adv*

• **ven cuanto antes** viens le plus vite possible *ou* dès que possible • **cuanto antes empecemos, antes acabaremos** plus vite nous commencerons, plus vite nous aurons fini

■ **en cuanto** *loc conj*

AUSSITÔT QUE
dès que • **nos vamos en cuanto termine de llover** nous partirons dès qu'il cessera de pleuvoir

■ **en cuanto a** *loc prép*

POUR CE QUI EST DE
• **en cuanto a lo que te dije el otro día, olvídalo** quant à *ou* en ce qui concerne ce que je t'ai dit l'autre jour, oublie-le

cuánto

■ **cuánto, ta** *adj*

1. DANS DES PHRASES INTERROGATIVES
combien de • **¿cuánto dinero tienes?** combien d'argent as-tu ? • **no sé cuántas horas tardaré en hacerlo** je ne sais pas combien d'heures je mettrai pour le faire
2. DANS DES PHRASES EXCLAMATIVES
• **¡cuánta gente hay!** que de monde ! • **¡cuánto tiempo sin verte!** ça fait tellement longtemps que je ne t'ai pas vu !

■ **cuánto, ta** *pron*

1. DANS DES PHRASES INTERROGATIVES
combien • **¿cuánto has ganado este mes?** combien as-tu gagné ce mois-ci ? • **dime cuántas necesitas** dis-moi combien il t'en faut
2. DANS DES PHRASES EXCLAMATIVES
• **¡cuánto me gusta este cuadro!** que j'aime ce tableau ! • **¡cuánto han cambiado las cosas!** comme les choses ont changé ! • **hablando de cómics, ¡cuántos tienes!** en parlant de BD, qu'est-ce que tu en as !

cuarenta *nm inv* quarante *m inv*. Voir aussi **sesenta**.
cuarentavo, va *adj num* quarantième.
cuarentena *nf* quarantaine *f* • **poner en cuarentena a)** mettre en quarantaine **b)** attendre pour divulguer.
cuarentón, ona *nm, f fam* quadragénaire *mf*.
cuaresma *nf* carême *m*.
cuartear *vt* couper en quartiers *(un fruit)* ; dépecer *(du bétail)*.
cuartel *nm* caserne *f* • **¡guerra sin cuartel!** *fig* pas de quartier !
cuartelazo *nm* **(AMÉR)** putsch *m*.
cuartelillo *nm* poste *m (de police)*.
cuarteto *nm* **1.** quatuor *m* ; quartette *m (de jazz)* **2.** quatrain *m* **3.** ensemble *m* de quatre (éléments).
cuartilla *nf* feuille *f* (de papier).
cuarto, ta *adj num* quatrième • **una cuarta parte** un quart. Voir aussi **sexto**. ■ **cuarto** *nm* **1.** quart *m* • **ser tres cuartos de lo mismo** *fig* être du pareil au même **2.** pièce *f* ; chambre *f* • **cuarto de baño** salle *f* de bains • **cuarto de estar** salle *f* de séjour **3.** *(gén pl)* sou *m* **4.** *(gén pl)* quartier *m (de lune)* • **cuarto creciente/menguante** premier/dernier quartier.
cuarzo *nm* quartz *m*.
cuate, ta *nm, f* **(AMÉR)** *fam* copain *m*, copine *f*.
cuatrillizos, zas *nm, f pl* quadruplés *mpl*, quadruplées *f*.
cuatrimestral *adj* **1.** *(tous les quatre mois)* • **una revista cuatrimestral** un magazine qui sort tous les quatre mois **2.** de quatre mois.
cuatrimotor *nm* quadrimoteur *m*.
cuatro *adj num* **1.** *(chiffre)* quatre **2.** *fig (peu)* • **cuatro fresones** une poignée de fraises • **parece que pasó hace cuatro días** on dirait que c'était hier. ❑ *nm inv* quatre *m inv*. Voir aussi **seis**.
cuatrocientos, tas *adj num inv* quatre cents. Voir aussi **seiscientos**.
cuba *nf* tonneau *m* • **estar como una cuba** *fig* être complètement rond(e).
Cuba *npr* Cuba.

cubalibre *nm* rhum-Coca *m*, Cuba-libre *m*.
cubano, na *adj* cubain(e). ❑ *nm, f* Cubain *m*, -e *f*.
cubata *nm fam* rhum-Coca *m*.
cubertería *nf (couverts)* ménagère *f*.
cubeta *nf* **1.** petit tonneau *m* ; cuvette *f (de baromètre)* **2.** *PHOTO* bac *m* **3.** **(AMÉR)** seau *m*.
cúbico, ca *adj* cubique • **metro cúbico** mètre cube.
cubierto, ta *adj* couvert(e) • **estar/ponerse a cubierto** être/se mettre à l'abri. ■ **cubierto** *pp* → **cubrir**. ❑ *nm* **1.** couvert *m* **2.** menu *m*. ■ **cubierta** *nf* **1.** couverture *f (de livre)* **2.** couvre-lit *m* **3.** housse *f (de meuble)* **4.** enveloppe *f* de pneu **5.** pont *m (d'un bateau)*.
cubilete *nm* gobelet *m*.
cubismo *nm* cubisme *m*.
cubito *nm* glaçon *m*.
cubo *nm* **1.** seau *m* • **cubo de la basura** poubelle *f* **2.** *GÉOM & MATH* cube *m*.
cubrecama *nm* couvre-lit *m*.
cubrir *vt* **1.** couvrir **2.** cacher **3.** pourvoir • **cubrir sus necesidades** pourvoir à ses besoins. ■ **cubrirse** *vp* • **cubrirse (de)** se couvrir (de) • **cubrirse de gloria** se couvrir de gloire.
cucaña *nf* mât *m* de cocagne.
cucaracha *nf* cafard *m*.
cuchara *nf* **1.** cuillère *f*, cuiller *f* **2.** *(appareil)* benne *f*.
cucharada *nf* cuillerée *f*.
cucharadita *nf* petite cuillerée *f*.
cucharilla *nf* petite cuillère *f* ; cuillère *f* à café.
cucharón *nm* louche *f*.
cuchichear *vi* chuchoter.
cuchilla *nf* lame *f*.
cuchillo *nm* couteau *m*.
cuchitril *nm* taudis *m* ; boui-boui *m*.
cuclillas ■ **en cuclillas** *loc adv* accroupi(e) • **ponerse en cuclillas** s'accroupir.
cuclillo *nm (oiseau)* coucou *m*.
cuco, ca *adj fam* **1.** mignon(onne) **2.** futé(e). ■ **cuco** *nm (oiseau)* coucou *m*.
cucú *(pl* **cucúes**) *nm (chant, pendule)* coucou *m*.
cucurucho *nm* **1.** cornet *m* **2.** cagoule *f (de pénitent)*.
cuello *nm* **1.** cou *m* **2.** col *m* • **cuello de botella a)** goulot *m* **b)** *fig* goulet *m*.
cuenca *nf* **1.** *(d'un fleuve, d'une région minière)* bassin *m* **2.** orbite *f*.
Cuenca *npr* Cuenca.
cuenco *nm* terrine *f* ; jatte *f* ; ramequin *m*.
cuenta *nf* **1.** compte *m* • **echar cuentas** faire les comptes • **he perdido la cuenta** je ne sais plus où j'en suis • **me lo dijo tantas veces que perdí la cuenta** il me l'a dit je ne sais combien de fois • **cuenta atrás** compte à rebours **2.** *FIN & COMM* compte *m* • **abrir una cuenta** ouvrir un compte • **pagar a cuenta** verser un acompte • **cuenta corriente** compte courant • **cuenta de ahorros** compte (d')épargne **3.** *(calcul)* opération *f* **4.** *(facture)* note *f* ; *(au restaurant)* addition *f* **5.** charge *f* • **los gastos corren de mi cuenta** je prends les frais à ma charge • **déjalo de mi cuenta** laisse-moi m'en occuper • **lo haré por mi cuenta** je le ferai moi-même **6.** perle *f (de collier)* ; grain *m (d'un chapelet)* **7.** *fig* • **a fin de cuentas** en fin de compte, tout compte fait • **ajustarle las cuentas a alguien** régler son compte à qqn • **caer en la cuenta** comprendre • **darse cuenta de** se rendre compte de • **más de la cuenta** un peu trop • **tener en cuenta algo** tenir compte de qqch. ❑ *v* → **contar**.
cuentagotas *nm inv* compte-gouttes *m inv* • **a ou con cuentagotas** au compte-gouttes.
cuentakilómetros *nm inv* compteur *m* (kilométrique).
cuentarrevoluciones *nm inv* compte-tours *m inv*.
cuentista *nm, f* **1.** conteur *m*, -euse *f* **2.** menteur *m*, -euse *f*.
cuento *nm* **1.** conte *m* **2.** histoire *f* • **lo que me dices es un cuento** tu me racontes des histoires • **cuento chino** histoire à dormir debout **3.** *fig* • **eso no viene a cuento** cela n'a rien à voir • **tener (mucho) cuento** jouer la comédie.
cuerda *nf* **1.** corde *f* **2.** ressort *m* • **dar cuerda a un reloj** remonter une montre • **habla como si le hubieran dado cuerda** il ne peut plus s'arrêter de parler **3.** *fig* • **tener mucha cuerda, tener cuerda para rato** en avoir pour un moment. ■ **cuerdas vocales** *nfpl* cordes *fpl* vocales.
cuerdo, da *adj* **1.** *(sain d'esprit)* • **no estás muy cuerdo** tu ne vas pas bien **2.** raisonnable, sage. ❑ *nm, f* sage *mf*.
cueriza *nf* **(AMÉR)** *fam* trempe *f*.
cuerno *nm* **1.** corne *f* **2.** *MUS* trompe *f*. ■ **cuernos** *nmpl fam* cornes *fpl*.
cuero *nm* cuir *m* • **cuero cabelludo** cuir chevelu • **en cueros (vivos)** nu(e) comme un ver.
cuerpo *nm* corps *m* • **de cuerpo entero** en pied • **de cuerpo presente** sur son lit de mort • **en cuerpo y alma** *fig* corps et âme • **luchar cuerpo a cuerpo** lutter corps à corps • **tomar cuerpo** prendre corps.
cuervo *nm* corbeau *m*.
cuesta *nf* côte *f* • **ir cuesta abajo** descendre (la côte) • **ir cuesta arriba** monter (la côte) • **llevar a cuestas** porter sur le dos • **se le hizo cuesta arriba hacer este trabajo** *fig* ça lui a été pénible de faire ce travail. ❑ *v* → **costar**.
cuestión *nf* **1.** question *f* **2.** problème *m*.
cuestionable *adj* discutable.
cuestionar *vt* remettre en question. ■ **cuestionarse** *vp* se demander • **me estoy cuestionando si quedarme o no** je me demande si je reste ou pas.

À PROPOS DE

cuestionar

Attention **cuestionar** es un faux ami. Il ne signifie pas **questionner** mais **remettre en question.**

cuestionario *nm* questionnaire *m*.
cueva *nf* grotte *f*.
cuicos *nmpl* **(AMÉR)** *fam* flics *mpl*.
cuidado *nm* **1.** attention *f* • **un genio de cuidado** un sacré caractère • **tener cuidado con** faire attention à **2.** soin *m* • **cuidados intensivos** soins intensifs • **eso me trae sin cuidado** *fig* je n'en ai rien à faire. ❑ *interj* • **¡cuidado!** attention !
cuidadoso, sa *adj* soigneux(euse).
cuidar *vt* **1.** soigner **2.** prendre soin de. ❑ *vi* • **cuidar de** s'occuper de. ■ **cuidarse** *vp* se ménager • **cuidarse de** s'occuper de.
culata *nf* **1.** culasse *f* **2.** croupe *f*.
culé (*pl* **culés**) *adj* *fam du football-club de Barcelone*.
culebra *nf* couleuvre *f*.
culebrón *nm* feuilleton *m* mélo.
culinario, ria *adj* culinaire.
culminación *nf* point *m* culminant.
culminante *adj* culminant(e).
culminar *vt* • **culminar (con)** mettre le point final (à). ❑ *vi* culminer • **culminar (con)** *fig* s'achever (par).
culo *nm* **1.** derrière *m (d'une personne)* **2.** fond *m (d'un objet, d'un liquide)* ; cul *m (d'une bouteille)*.
culpa *nf* faute *f* • **tiene la culpa** c'est de sa faute • **echar la culpa a alguien** rejeter la faute sur qqn • **por culpa de** à cause de.
culpabilidad *nf* culpabilité *f*.
culpabilizar [13] *vt* accuser. ■ **culpabilizarse** *vp* • **culpabilizarse de algo** reconnaître qqch.
culpable *adj* • **culpable (de)** coupable (de) • **declarar culpable a alguien** déclarer qqn coupable • **declararse culpable** plaider coupable. ❑ *nmf* coupable *mf* • **tú eres el culpable** c'est de ta faute.
culpar *vt* • **culpar a alguien de algo a)** reprocher qqch à qqn **b)** accuser qqn de qqch.
cultismo *nm* mot *m* savant.
cultivador, ra *nm,f* cultivateur *m*, -trice *f*.
cultivar *vt* cultiver. ■ **cultivarse** *vp* se cultiver.
cultivo *nm* culture *f (des terres)*.
culto, ta *adj* cultivé(e) ; *(langage)* soutenu(e). ■ **culto** *nm* culte *m*.
cultura *nf* culture *f*.
cultural *adj* culturel(elle).
cultureta *nmf* *fam* & *péj* intello *mf*.
culturismo *nm* musculation *f*, culturisme *m*.
culturista *adj* culturiste. ❑ *nmf* culturiste *mf*.
culturizar [13] *vt* transmettre sa culture à.
cumbre *nf* **1.** sommet *m* **2.** POLIT conférence *f* au sommet • **en el momento cumbre de su carrera** au faîte de sa carrière.
cumpleaños *nm inv* anniversaire *m*.
cumplido, da *adj* **1.** bon, bonne *f* • **un cumplido vaso de...** un bon verre de... • **una cumplida recompensa** une bonne récompense • **cinco años cumplidos** cinq ans révolus **2.** parfait(e) • **es un cumplido galán** c'est un parfait séducteur **3.** poli(e). ■ **cumplido** *nm* **1.** compliment *m* **2.** *(courtoisie)* • **sin cumplidos** sans façons.
cumplidor, ra *adj* sûr(e), digne de confiance. ❑ *nm,f* personne *f* de confiance.
cumplimentar *vt* **1.** accueillir **2.** féliciter **3.** exécuter.
cumplimiento *nm* accomplissement *m* ; exécution *f* ; respect *m (d'une loi, d'une promesse)* ; échéance *f*.
cumplir *vt* **1.** accomplir *(un devoir, une mission)* ; exécuter *(un ordre, un contrat)* ; tenir *(une promesse, une parole)* ; respecter *(la loi)* **2.** avoir • **ha cumplido 40 años** il a fêté ses 40 ans **3.** purger *(une peine)* ; faire *(son service militaire)*. ❑ *vi* **1.** expirer **2.** faire son devoir • **cumplir con alguien** s'acquitter de ses obligations envers qqn • **para** ou **por cumplir** par courtoisie • **cumplir con el deber** remplir son devoir • **cumplir con la palabra** tenir parole.
cúmulo *nm* **1.** tas *m (de papiers, de vêtements)* **2.** cumulus *m* **3.** *fig* série *f*.
cuna *nf* *litt* & *fig* berceau *m*.
cundir *vi* **1.** se répandre • **cunde la voz de que...** le bruit court que... **2.** *(être rentable)* • **esta semana me ha cundido mucho** j'ai bien rempli ma semaine • **este jamón nos ha cundido mucho** avec ce jambon, nous avons eu largement de quoi manger • **me cunde más cuando estudio por la mañana** c'est le matin que je travaille le mieux.
cuneta *nf* caniveau *m* ; fossé *m*.
cuña *nf* **1.** cale *f* ; coin *m* • **hacer la cuña** faire du chasse-neige • **meter cuña** ou **meterse en cuña** semer la discorde **2.** urinal *m* **3.** **(AMÉR)** *fam* • **tener cuña** avoir du piston. ■ **cuña publicitaria** *nf* RADIO & TV page *f* de publicité.
cuñado, da *nm,f* beau-frère *m*, belle-sœur *f*.
cuño *nm* poinçon *m*.
cuota *nf* **1.** cotisation *f* ; contribution *f* **2.** frais *mpl* **3.** quote-part *f* • **cuota de mercado** part *f* de marché.
cupé *nm* coupé *m*.
cupido *nm* *fig* coureur *m* de jupons.
cupiera *(etc)* → **caber**.
cuplé *nm* *chanson populaire espagnole légèrement satirique et licencieuse*.
cupo *nm* **1.** contingent *m (de recrues)* ; quota *m (de marchandises)* **2.** quote-part *f*. ❑ *v* → **caber**.
cupón *nm* **1.** bon *m* **2.** billet *m (de loterie)* **3.** *(Bourse)* coupon *m*.
cúpula *nf* coupole *f* ; dôme *m* • **la cúpula** *fig* les dirigeants *mpl*.
cura *nm* curé *m*. ❑ *nf* **1.** guérison *f* **2.** soin *m*.
curación *nf* guérison *f*.

curado, da *adj (aliment)* sec, sèche *f*; *(poisson)* salé(e); *(viande)* séché(e) • **estoy curado de espanto** j'en ai vu d'autres. ■ **curado** *nm* séchage *m*; salage *m (du poisson)*.

curandero, ra *nm,f* guérisseur *m*, -euse *f*.

curar *vt* **1.** soigner **2.** faire sécher *(un aliment, un matériau)*. ❑ *vi* guérir. ■ **curarse** *vp* **1.** se soigner; • **curarse (de)** guérir (de) **2.** *(aliment, matériau)* sécher **3.** *(expressions)* • **curarse en salud a)** prendre ses précautions **b)** *fig* parer à toute éventualité.

curativo, va *adj* curatif(ive).

curcuncho, cha *adj* **(AMÉR)** bossu(e). ■ **curcuncho** *nm* **(AMÉR) 1.** bosse *f* **2.** bossu *m*.

curda *nf* **(ESP & AMÉR)** *fam* cuite *f* • **coger** *ou* **agarrar una curda** prendre une cuite.

curdo, da *adj* kurde. ❑ *nm,f* Kurde *mf*.

curiosear *vi* épier; fouiner. ❑ *vt* parcourir *(un livre, une revue)*.

curiosidad *nf* **1.** curiosité *f* **2.** *(propreté)* soin *m*.

curioso, sa *adj* **1.** curieux(euse) **2.** soigneux(euse) **3.** soigné(e). ❑ *nm,f* curieux *m*, -euse *f*.

curita® *nf* **(AMÉR)** pansement *m* adhésif.

currante *adj & nmf fam* bosseur(euse).

currar, currelar *vi* **(ESP)** *fam* bosser, trimer. ❑ *vt* **(ESP)** *fam* tabasser. ■ **currarse** *vp* **(ESP)** *fam* bosser sur, bûcher • **se lo merece, se lo ha currado mucho** il le mérite, il a beaucoup bossé dessus.

curre = **curro**.

currelar = **currar**.

currele = **curro**.

currelo = **curro**.

currículum, currículo *nm* CV *m*, curriculum *m* • **currículum vitae** curriculum vitae *m*.

curro, curre, currele, currelo *nm fam* boulot *m*.

currusco *nm* quignon *m*.

curry *nm* curry *m*.

cursar *vt* **1.** faire des études de • **cursar leyes** faire son droit **2.** envoyer **3.** donner *(des ordres, des instructions)* **4.** présenter *(une demande, un dossier)*.

cursi *adj fam* snob; cucul (la praline). ❑ *nmf* bêcheur *m*, -euse *f*.

cursilada *nf* **1.** *(action, commentaire)* mièvrerie *f* **2.** *(objet)* objet *m* de mauvais goût.

cursilería *nf* **1.** objet *m* de mauvais goût **2.** mauvais goût *m (d'un objet)*; manières *fpl (d'une personne)*.

cursillo *nm* **1.** stage *m* **2.** cycle *m* de conférences.

cursiva *nf* → **letra**.

curso *nm* **1.** *(gén)* ÉCON cours *m* • **de curso legal** ayant cours légal • **seguir su curso** suivre son cours • **en curso** en cours • **dar curso a algo** donner libre cours à qqch **2.** année *f* scolaire **3.** SCOL promotion *f*.

cursor *nm* curseur *m*.

curtido, da *adj* tanné(e). ■ **curtido** *nm* tannage *m*.

curtir *vt* **1.** tanner **2.** *fig* aguerrir. ■ **curtirse** *vp* **1.** sécher *(des peaux)* **2.** s'aguerrir.

curva *nf* → **curvo**.

curvar *vt* courber; *(doblar)* recourber. ■ **curvarse** *vp* se courber.

curvatura *nf* courbure *f*.

curvo, va *adj* courbe. ■ **curva** *nf* courbe *f*; virage *m (d'une route)* • **las curvas** *fig* les formes *fpl*, les rondeurs *fpl*.

Cusco = **Cuzco**.

cúspide *nf litt & fig* sommet *m*.

custodia *nf* **1.** garde *f* **2.** ostensoir *m*.

custodiar [8] *vt* **1.** garder **2.** veiller sur.

custodio *adj* → **ángel**. ❑ *nm* gardien *m*.

cutáneo, a *adj* cutané(e).

cúter, cutter (*pl* **cutters**) *nm* cutter *m*.

cutícula *nf* cuticule *f*.

cutis *nm inv* peau *f* (du visage).

cutre *adj fam* **1.** miteux(euse), minable **2.** radin(e).

cutter = **cúter**.

cuyo, ya *adj* dont le, dont la • **ése es el señor cuyo hijo viste ayer** c'est le monsieur dont tu as vu le fils hier • **un equipo cuya principal estrella…** une équipe dont la vedette… • **el libro en cuya portada…** le livre sur la couverture duquel… • **ésos son los amigos en cuya casa nos hospedamos** ce sont les amis chez qui nous avons logé.

c/u (abrév de **cada uno**) chacun • **20 paquetes de 50 g c/u** 20 paquets de 50 g chacun.

Cuzco, Cusco *npr* Cuzco *f*.

CV (abrév de **currículum vitae**) *nm* CV *m* • **redactar el CV** rédiger son CV.

c/ abrév de **cuenta**.

D

d, D *nf* d *m inv*, D *m inv*.

D. abrév de **don**.

dabuten, dabuti *adj fam* génial(e) • **¡es un tío dabuten!** c'est un mec génial ! ❑ *adv* super bien • **¡nos lo pasamos dabuten!** on s'est super bien amusés !

dactilar *adj* → **huella**.

dadaísmo, dadá *nm* dadaïsme *m*.

dádiva *nf* **1.** présent *m* **2.** don *m*.

dadivoso, sa *adj* généreux(euse).

dado, da *adj* donné(e) • **en un momento dado** à un moment donné • **ser dado a a)** être féru

de **b)** être enclin à. ■ **dado** *nm* dé *m*. ■ **dado que** *loc conj* étant donné que.
daga *nf* dague *f*.
daguerrotipo *nm* daguerréotype *m*.
dale *interj* • **¡dale!** allez!, vas-y !
dalia *nf* dahlia *m*.
dálmata *nmf* dalmatien *m*, -enne *f*.
daltónico, ca *adj & nm,f* daltonien(enne).
daltonismo *nm* daltonisme *m*.
dama *nf* dame *f*. ■ **dama de honor** *nf* demoiselle *f* d'honneur ; dame *f* d'honneur. ■ **damas** *nfpl (jeux)* dames *fpl*.
damasco *nm* **(AMÉR)** *(BOT - fruit)* abricot *m* ; *(-arbre)* abricotier *m*.
damisela *nf péj & iron* donzelle *f*.
damnificado, da *adj & nm,f* sinistré(e).
damnificar [10] *vt* endommager.
dandi, dandy *nm* dandy *m*.
danés, esa *adj* danois(e). ❑ *nm,f* Danois *m*, -e *f*. ■ **danés** *nm* danois *m*.
danza *nf* danse *f*.
dañar *vt* **1.** endommager ; abîmer **2.** *fig* porter tort à. ■ **dañarse** *vp (personne)* se faire mal ; *(chose)* s'abîmer.
danzar [13] *vi* danser ; *fig* avoir la bougeotte.
dañino, na *adj* nocif(ive) ; nuisible.
daño *nm* **1.** mal *m* • **hacer(se) daño** (se) faire mal **2.** dégât *m*, dommage *m* • **daños y perjuicios** dommages et intérêts.

dar

■ **dar** [56] *vt*

1. OFFRIR
donner • **dame un caramelo** donne-moi un bonbon • **¿te gusta? te lo doy** ça te plaît ? je te le donne • **nos dio un beso a cada uno** il nous a fait une bise à chacun
2. COMMUNIQUER UN RENSEIGNEMENT, UNE INFORMATION
donner • **¿podrías darme un ejemplo?** pourrais-tu me donner un exemple ? • **¿quién te ha dado mi número de teléfono?** qui t'a donné mon numéro de téléphone ?
3. DONNER, ACCORDER QQCH À QQN
donner • **me dio un buen consejo** il m'a donné un bon conseil • **no nos dio permiso para ir** il ne nous a pas donné la permission d'y aller • **en el piso nuevo todavía no nos han dado la luz/el agua** dans notre nouvel appartement, on ne nous a pas encore branché l'électricité/l'eau
4. PRODUIRE
donner • **esta tierra da mucho trigo** cette terre donne beaucoup de blé • **esta fuente ya no da agua** cette source ne donne plus d'eau
5. INDIQUER L'HEURE
sonner • **el reloj ha dado las dos** l'horloge a sonné deux heures
6. ACTIVER UN DISPOSITIF
allumer • **da la luz de la cocina** allume la lumière de la cuisine
7. PROVOQUER UN ÉTAT, UN SENTIMENT OU UNE RÉACTION
• **dar gusto/miedo/pena** faire plaisir/peur/de la peine • **dar risa** faire rire • **dar escalofríos** donner des frissons
8. *fam* À LA TÉLÉ, AU CINÉMA
passer • **hoy dan una película de miedo en la segunda cadena** aujourd'hui, on passe un film d'horreur sur la 2
9. *fam* AU THÉÂTRE
jouer • **¿qué dan esta semana en el Capitolio?** qu'est-ce qu'on joue au Capitolio cette semaine ?
10. *fam* FAIRE EN SORTE QUE QQN PASSE UN MAUVAIS MOMENT
• **me dio la tarde con sus preguntas** il m'a enquiquinée tout l'après-midi avec ses questions • **dar la lata** casser les pieds
11. DANS DES EXPRESSIONS
• **dar los buenos días** dire bonjour • **dar las gracias** dire merci, remercier • **dar un paseo** faire une promenade • **dar un grito** pousser un cri • **dar un empujón a alguien** bousculer qqn • **dar prisa** presser

■ **dar** [56] *vi*

1. INDIQUE L'HEURE
sonner • **acaban de dar las tres** trois heures viennent juste de sonner
2. SUIVI D'UN NOM INDIQUANT UN ÉTAT
avoir • **le dio un mareo/un ataque de nervios** il a eu un malaise/une crise de nerfs
3. DANS DES EXPRESSIONS
• **la falda ha dado mucho de sí** la jupe s'est beaucoup détendue • **los zapatos han dado de sí** les chaussures se sont faites • **te digo que pares y tú ¡dale (que dale)!** *fam* je te dis d'arrêter et toi tu continues !

■ **dar a** *v + prép*

1. ÊTRE ORIENTÉ VERS, DONNER SUR
• **la fachada principal da al este** la façade principale est orientée à l'est • **la ventana da al patio** la fenêtre donne sur la cour • **la puerta da a la calle** la porte donne sur la rue
2. METTRE UN MÉCANISME EN ACTION
• **dar a la manilla** tourner la poignée • **dar al botón** appuyer sur le bouton

■ **dar con** *v + prép*

• **he dado con la solución** j'ai trouvé la solution • **di con él al salir de aquí** je l'ai rencontré en sortant d'ici

■ **dar contra** *v + prép*

heurter • **la piedra dio contra el cristal** la pierre a heurté la vitre

■ dar de *v + prép*

1. SUIVI D'UN SUBSTANTIF

donner • **¿os han dado de comer?** on vous a donné à manger ? • **le da de mamar a su hijo** elle allaite son fils

2. SUIVI D'UN NOM

donner • **dar de golpes** donner des coups et des coups

■ dar para *v + prép*

1. SUFFIRE

• **esa tela no da para una falda** il n'y a pas assez de tissu pour faire une jupe

2. DANS DES EXPRESSIONS

• **esta tarjeta de teléfono no da para más** il n'y a plus d'unités sur cette carte de téléphone • **no doy para más** je suis épuisé

■ dar por *v + prép*

1. PRENDRE UNE HABITUDE, AVOIR UNE MANIE

• **le ha dado por dejarse la barba** il s'est mis en tête de se laisser pousser la barbe • **le ha dado por creerse Napoleón** maintenant, il se prend pour Napoléon

2. CONSIDÉRER QQN OU QQCH COMME

• **con estas palabras dio la conversación por terminada** sur ce, il a considéré la conversation close • **lo doy por hecho** c'est comme si c'était fait • **lo dieron por muerto** on l'a tenu pour mort

■ dar que *loc conj*

SUIVI DE L'INFINITIF

• **esa historia dio mucho que hablar** cette histoire a fait beaucoup parler

■ darse *vp*

1. SE PRODUIRE

arriver • **se ha dado el caso de pacientes que se han curado totalmente** il est arrivé que des patients soient complètement guéris

2. AVOIR PLUS OU MOINS D'HABILETÉ OU DE FACILITÉ POUR QQCH

• **se le dan bien la informática** il est doué en informatique • **se me dan bien las matemáticas** je suis bon en mathématiques • **se le da mal la ortografía** il n'est pas bon en orthographe

3. DANS DES EXPRESSIONS

• **quiso dárnosla** *fam* il a voulu nous rouler

■ darse a *vp + prép*

SE CONSACRER À QQCH

• **darse a la bebida** s'adonner à la boisson

■ darse de *vp + prép*

SE CONSIDÉRER COMME, TENIR LE RÔLE DE

• **se las da de listo** il se croit très intelligent • **se las da de valiente** il joue les durs

■ darse por *vp + prép*

CONSIDÉRER

• **puedes darte por satisfecho** tu as des raisons d'être satisfait

dardo *nm* **1.** fléchette *f* **2.** *fig* pique *f*.

dársena *nf* bassin *m* ; dock *m*.

datar *vt* dater. ❑ *vi* • **datar de** dater de, remonter à.

dátil *nm* datte *f*. ■ **dátil (de mar)** *nm* datte *f* de mer.

dativo *nm* GRAMM datif *m*.

dato *nm* **1.** *(gén)* INFORM & MATH donnée *f* **2.** renseignement *m* • **datos personales** *noms, prénoms, adresse, etc.*

d.C. (abrév de **después de Cristo**) apr. J.-C.

dcha., der. (abrév de **derecha**) dr., dte.

d. de JC., d. JC. (abrév de **después de Jesucristo**) apr. J-C • **en el año 128 d. de JC.** en l'an 128 apr. J-C.

de

■ de *prép*

de + el = del

1. INDIQUE L'APPARTENANCE

de • **el coche de mi padre** la voiture de mon père

2. INDIQUE LA MATIÈRE

en • **un reloj de oro** une montre en or

3. INDIQUE LE CONTENU

de • **bebió un vaso de agua** il a bu un verre d'eau • **los libros de historia** les livres d'histoire

4. INDIQUE UNE CARACTÉRISTIQUE

à, en • **un aparato de fácil manejo** un appareil facile à utiliser • **un sello de sesenta céntimos** un timbre à soixante centimes • **la señora de verde** la dame en vert

5. INDIQUE LE BUT

de • **una bici de carreras** un vélo de course

6. INDIQUE LA CAUSE

de • **llorar de alegría** pleurer de joie

7. INDIQUE LA MANIÈRE

de • **de una sola vez** d'un coup

8. INDIQUE LA PROVENANCE, L'ORIGINE

de • **vengo de mi casa** je viens de chez moi • **soy de Bilbao** je suis de Bilbao • **es de buena familia** elle est de bonne famille

9. INDIQUE LE MOMENT

• **a las tres de la tarde** à trois heures de l'après-midi • **llegamos de madrugada** nous sommes arrivés à l'aube • **trabaja de noche y duerme de día** il travaille la nuit et dort le jour • **de pequeño, comía muchos caramelos** quand il était petit, il mangeait beaucoup de bonbons

10. INDIQUE UN POINT DE DÉPART DANS LE TEMPS

de • **de nueve a cinco** de neuf heures à cinq heures

11. INDIQUE LE MÉTIER

• **trabaja de bombero** il est pompier • **trabaja de camarero en un restaurante** il travaille comme serveur dans un restaurant

12. DANS DES PHRASES SUPERLATIVES

de • **el mejor de todos** le meilleur de tous

13. SUIVI DE L'INFINITIF, EXPRIME UNE CONDITION
• **de haber querido ayudarme, lo habría hecho** s'il avait voulu m'aider, il l'aurait fait
14. AVEC UNE VALEUR EMPATHIQUE
• **el idiota de tu hermano** ton idiot de frère

dé → **dar**.
deambular *vi* déambuler.
deán *nm (ecclésiastique)* doyen *m*.
debacle *nf (ruine)* débâcle *f*.
debajo *adv* dessous • **por debajo de** en dessous de, au-dessous de • **por debajo de la rodilla** au-dessous du genou • **por debajo del puente** sous le pont • **debajo de** sous • **debajo de la cama** sous le lit.
debate *nm* débat *m*.
debatir *vt* • **debatir algo** débattre de qqch. ■ **debatirse** *vp* se débattre.
debe *nm* débit *m* • **debe y haber** débit et crédit.
deber *nm (ce à quoi l'on est obligé par la loi, la morale)* devoir • **todos tenemos derechos y deberes** nous avons tous des droits et des devoirs. ■ **deberes** *nmpl (travaux écrits)* devoirs • **hacer los deberes** faire ses devoirs.

deber

■ **deber** *vt*

1. ÊTRE TENU DE PAYER, DE RESTITUER, DE FOURNIR
devoir • **¿cuánto ou qué le debo?** combien je vous dois ? • **me debes al menos una explicación** tu me dois au moins une explication
2. EXPRIME UNE OBLIGATION MORALE, UNE NÉCESSITÉ
devoir • **debo hacerlo** je dois le faire • **debes dominar tus impulsos** tu dois maîtriser tes impulsions • **deberían abolir esa ley** cette loi devrait être abolie

■ **deber de** *v + prép*

EXPRIME UNE HYPOTHÈSE
devoir • **deben de ser las siete** il doit être sept heures • **no debe de haber nadie en casa** il ne doit y avoir personne à la maison • **debe de tener más de sesenta años** elle doit avoir plus de soixante ans

■ **deberse a** *vp + prép*

1. ÊTRE TENU DE SE CONSACRER À QQCH OU QQN
se devoir à • **dice que se debe a sus hijos** elle dit qu'elle se doit à ses enfants
2. ÊTRE CAUSÉ PAR
être dû, due *f* à • **el retraso se debe a la huelga** le retard est dû à la grève

debidamente *adv* dûment, comme il se doit.
debido, da *adj* **1.** dû, due *f* **2.** nécessaire • **como es debido a)** comme il se doit **b)** comme il faut, correctement. ■ **debido a** *loc prép* du fait de, en raison de.
débil *adj* faible ; affaibli(e) *(par une maladie)*. ❑ *nmf* faible *mf*.

À PROPOS DE débil

Débil est un faux-ami ! Il signifie **faible.**

debilidad *nf* faiblesse *f* • **tener ou sentir debilidad por** *fig* avoir un faible pour.
debilitamiento *nm* affaiblissement *m*.
debilitar *vt* affaiblir. ■ **debilitarse** *vp* s'affaiblir.
debut (*pl* **debuts**) *nm* **1.** débuts *mpl (d'un artiste)* **2.** sortie *f (d'un film)* ; première *f (d'une pièce de théâtre)*.
debutante *nmf* THÉÂTRE • **ser debutante** faire ses débuts.
debutar *vi* débuter, faire ses débuts.
década *nf* **1.** décennie *f* **2.** décade *f*.
decadencia *nf* décadence *f*.
decadente *adj* décadent(e) ; *(bâtiment)* dégradé(e).
decaer [55] *vi* décliner ; *(malade)* s'affaiblir ; *(état de santé)* s'aggraver ; *(qualité)* baisser ; *(enthousiasme)* tomber.
decaído, da *adj* **1.** abattu(e) **2.** affaibli(e).
decaimiento *nm* **1.** abattement *m* **2.** faiblesse *f*.
decálogo *nm* **1.** décalogue *m* **2.** *fig* règles *fpl* d'or.
decámetro *nm* décamètre *m*.
decano, na *nm,f* doyen *m*, -enne *f*.
decantar *vt* décanter. ■ **decantarse** *vp* **1.** *(s'incliner)* • **decantarse (a)** pencher (vers) **2.** *(opter)* • **decantarse por algo** pencher pour qqch.
decapitación *nf* décapitation *f*.
decapitar *vt* décapiter.
decasílabo, ba *adj* décasyllabe. ■ **decasílabo** *nm* décasyllabe *m*.
decatleta *nm,f* SPORT décathlonien *m*.
decatlón, decathlón *nm* décathlon *m*.
decelerar *vt & vi* décélérer.
decena *nf* dizaine *f*.
decencia *nf* décence *f* • **con decencia** décemment.
decenio *nm* décennie *f*.
decente *adj* décent(e) ; *(prix, pourboire)* correct(e) • **una mujer decente** une femme qui se respecte.
decepción *nf* déception *f*.
decepcionado, da *adj* déçu(e) • **estar muy decepcionado con algo** être très déçu par qqch.
decepcionante *adj* décevant(e).
decepcionar *vt* décevoir.
dechado *nm* • **ser un dechado de virtudes** *fig* être un modèle de vertu.
decibelio *nm* décibel *m*.
decididamente *adv* **1.** résolument, carrément **2.** clairement, sans aucun doute.
decidido, da *adj* décidé(e).

decidir *vt* décider • **decidir hacer algo** décider de faire qqch • **decidir algo** décider de qqch. ■ **decidirse** *vp* • **decidirse (a hacer algo)** se décider (à faire qqch) • **decidirse por** se décider pour.
decilitro *nm* décilitre *m*.
décima *nf* → **décimo**.
decimal *adj* décimal(e) • **la parte decimal** le dixième. ❑ *nm* décimale *f*.
décimo, ma *adj num* dixième. Voir aussi **sexto**. ■ **décimo** *nm* dixième *m*. ■ **décima** *nf* dixième *m* • **una décima de segundo** un dixième de seconde • **tiene unas décimas (de fiebre)** il a un peu de fièvre.
decimoctavo, va *adj num* dix-huitième.
decimocuarto, ta *adj num* quatorzième.
decimonónico, ca *adj* **1.** du XIXe siècle **2.** *fig* dépassé(e).
decimonoveno, na *adj num* dix-neuvième.
decimoquinto, ta *adj num* quinzième.
decimoséptimo, ma *adj num* dix-septième.
decimosexto, ta *adj num* seizième.
decimotercero, ra *adj num* treizième.
decir *vt* **1.** dire • **¿cómo se dice?** comment dit-on ? • **decir a alguien que haga algo** dire à qqn de faire qqch • **decir mucho de algo** en dire long sur qqch • **se dice que…** il paraît que… • **decir que sí/no** dire oui/non • **¿diga?, ¿dígame?** allô ! **2.** réciter **3.** *fig* • **decir para sí** se dire • **… y dijo para sí: «ya veremos»** … et il s'est dit : « on verra bien » • **el qué dirán** le qu'en-dira-t-on • **es decir** c'est-à-dire • **no me dice nada el tenis** le tennis ne me dit rien.
decisión *nf* décision *f*.
decisivo, va *adj* décisif(ive).
declamar *vt* déclamer.
declaración *nf* **1.** déclaration *f* • **declaración del impuesto sobre la renta, declaración de renta** déclaration d'impôts sur le revenu, déclaration de revenus **2.** déposition *f*.
declarar *vt* déclarer. ❑ *vi* déposer ; témoigner. ■ **declararse** *vp* se déclarer • **declararse a favor/en contra de algo** se déclarer pour/contre qqch • **declararse culpable/inocente** plaider coupable/non coupable.
declinación *nf* GRAMM déclinaison *f*.
declinar *vt & vi* décliner.
declive *nm* **1.** déclin *m* **2.** pente *f* • **en declive a)** en pente **b)** *fig* en déclin.
decodificador = **descodificador**.
decodificar = **descodificar**.
decoloración *nf* décoloration *f*.
decolorar *vt* décolorer. ■ **decolorarse** *vp* se décolorer.
decomisar *vt* DR saisir.
decoración *nf* **1.** décoration *f* **2.** THÉÂTRE décor *m*.
decorado *nm* décor *m* • **el decorado** CINÉ & THÉÂTRE les décors.
decorador, ra *nm,f* décorateur *m*, -trice *f*.
decorar *vt* décorer.
decorativo, va *adj* décoratif(ive).
decoro *nm* **1.** décence *f* • **vestir con (mucho) decoro** s'habiller (très) convenablement **2.** dignité *f* • **vivir con decoro** vivre décemment.
decoroso, sa *adj* convenable.
decrecer [30] *vi* décroître.
decreciente *adj* **1.** *(gén)* décroissant(e) • **la luna está en cuarto decreciente** la lune est dans son dernier quartier **2.** *(santé, etc.)* déclinant(e).
decrépito, ta *adj péj (personne)* décrépit(e) ; *(civilisation)* décadent(e).
decrepitud *nf péj (de personne)* décrépitude *f* ; *(de civilisation)* décadence *f*.
decretar *vt* décréter.
decretazo *nm fam décret considéré comme injuste mais approuvé par le gouvernement sans l'accord de l'opposition*.
decreto *nm* décret *m* • **decreto ley** décret-loi *m*.
dedal *nm* dé *m* (à coudre).
dédalo *nm* dédale *m*.
dedicación *nf* **1.** *(de temps)* dévouement *m* • **de dedicación en exclusiva** à plein temps, à temps complet **2.** attribution *f (de fonds)* **3.** consécration *f (de monuments)*.
dedicar [10] *vt* **1.** consacrer *(du temps, de l'argent, de l'énergie)* ; adresser *(des mots)* **2.** dédier **3.** dédicacer. ■ **dedicarse** *vp* • **dedicarse a** *(un métier)* faire • **se dedica a la fotografía a)** il fait de la photo **b)** se consacrer à *(une activité, quelqu'un)* • **¿a qué te dedicas?** qu'est-ce que tu fais dans la vie ? • **me dedico a la enseñanza** je suis enseignant.
dedicatoria *nf* dédicace *f*.
dedillo *nm* • **saber algo al dedillo** *fam* savoir qqch sur le bout des doigts.
dedo *nm* **1.** doigt *m* • **a dedo** au hasard • **elegir a alguien a dedo** désigner qqn • **hacer dedo** *fam* faire du stop • **(dedo) anular** annulaire *m* • **(dedo) corazón** majeur *m* • **dedo gordo** *ou* **pulgar** pouce *m* • **(dedo) índice** index *m* • **(dedo) meñique** petit doigt **2.** orteil *m* **3.** *fig* • **pillarse** *ou* **cogerse los dedos** se brûler les doigts • **poner el dedo en la llaga** mettre le doigt sur la plaie.
deducción *nf* déduction *f*.
deducible *adj* **1.** *(idée)* • **es fácilmente deducible que…** il est facile d'en déduire que… **2.** *(argent)* déductible.
deducir [33] *vt* déduire.
defecar [10] *vi* déféquer.
defección *nf* défection *f*.
defectivo, va *adj* défectif(ive).
defecto *nm* défaut *m*. ■ **por defecto** *loc adv* par défaut.
defectuoso, sa *adj* défectueux(euse) ; mal fait(e).

defender [20] *vt* défendre • **defender a alguien (de)** protéger qqn (de). ■ **defenderse** *vp* se défendre • **defenderse (de)** se protéger (de) • **se defiende del frío** il se protège du froid • **se defiende en el trabajo** *fig* il se défend bien dans son travail.
defendible *adj* défendable.
defenestrar *vt fig* destituer.
defensa *nf* **1.** défense *f* • **en defensa propia** pour se défendre **2.** plaidoyer *m*. ❑ *nmf* arrière *m*. ■ **defensas** *nfpl* défenses *fpl*.
defensivo, va *adj* défensif(ive) ; de défense. ■ **defensiva** *nf* • **ponerse/estar a la defensiva** se mettre/être sur la défensive.
defensor, ra *adj* → **abogado**. ❑ *nm,f* défenseur *m*. ■ **defensor del pueblo** *nm* ≃ médiateur *m* (de la République).
deferencia *nf* déférence *f* • **por deferencia a** par respect pour.
deferente *adj* déférent(e).
deficiencia *nf* **1.** défaillance *f* **2.** insuffisance *f*.
deficiente *adj* **1.** déficient(e) ; *(aliment)* pauvre **2.** *(élève)* médiocre. ■ **deficiente (mental)** *nmf* arriéré *m*, -e *f*.
déficit *nm inv* **1.** déficit *m* **2.** manque *m*.
deficitario, ria *adj* déficitaire.
definición *nf* **1.** définition *f* **2.** description *f* **3.** position *f (idéologique)*.
definir *vt* définir. ■ **definirse** *vp* se définir ; prendre position.
definitivamente *adv* **1.** définitivement **2.** décidément, sans aucun doute.
definitivo, va *adj* définitif(ive) • **en definitiva** en définitive.
deflagración *nf* déflagration *f*.
deforestación *nf* déboisement *m*, déforestation *f*.
deforestar *vt* déboiser.
deformación *nf* déformation *f*.
deformado, da *adj* déformé(e).
deformar *vt litt* & *fig* déformer. ■ **deformarse** *vp* se déformer.
deforme *adj* difforme.
deformidad *nf* **1.** difformité *f* **2.** malformation *f*.
defragmentación = **desfragmentación**.
defraudador, ra *nm,f* fraudeur *m*, -euse *f*.
defraudar *vt* **1.** décevoir **2.** frauder • **defraudar a Hacienda** frauder le fisc.
defunción *nf* décès *m*.
degeneración *nf* **1.** décadence *f* **2.** dégénérescence *f*.
degenerado, da *adj* décadent(e). ❑ *nm,f* dégénéré *m*, -e *f*.
degenerar *vi* • **degenerar (en)** dégénérer (en).
degenerativo, va *adj* dégénératif(ive).
deglutir *vt* & *vi* déglutir.
degollar [23] *vt* égorger.
degradante *adj* dégradant(e).
degradar *vt (moralement)* MIL dégrader ; *(poste)* rétrograder. ■ **degradarse** *vp* **1.** se dégrader **2.** se rabaisser.
degustación *nf* dégustation *f*.
degustar *vt* déguster.
dehesa *nf* pâturage *m*.
deificar [10] *vt* déifier.
dejadez *nf* laisser-aller *m*.
dejado, da *adj* négligent(e) ; *(aspect)* négligé(e). ❑ *nm,f* souillon *mf*.

dejar

■ **dejar** *vt*

1. DÉPOSER
laisser • **deja el libro en la mesa** laisse le livre sur la table • **he dejado el abrigo en el guardarropa** j'ai laissé mon manteau au vestiaire

2. CONFIER, DONNER QQCH À QQN
laisser • **dejaré la llave a la portera** je laisserai la clé à la concierge • **su abuelo le dejó mucho dinero** son grand-père lui a laissé beaucoup d'argent • **deja un poco de café para mí** laisse-moi un peu de café • **¿puedes dejarme el boli/cien euros?** peux-tu me prêter ton stylo/cent euros ?

3. AUTORISER, PERMETTRE
• **deja que tu hijo venga con nosotros** laisse ton fils venir avec nous • **sus gritos no me dejaron dormir** ses cris m'ont empêché de dormir

4. ABANDONNER
• **está triste porque su novia lo dejó** il est triste parce que sa fiancée l'a quitté • **se negó a dejar a sus hijos** il a refusé d'abandonner ses enfants • **lo obligaron a dejar el país** il a été obligé de quitter le pays • **tuvo que dejar los estudios y ponerse a trabajar** il a dû abandonner ses études et commencer à travailler

5. CESSER DE, ARRÊTER DE
• **ha dejado la bebida** il a arrêté de boire
• **sin dejar de hablar** sans cesser de parler

6. NE PAS IMPORTUNER QQN
laisser • **¡déjame!, que tengo trabajo** laisse-moi tranquille, j'ai du travail !

7. NE PAS S'OCCUPER DE QQCH
laisser • **déjalo, no importa** laisse tomber, ce n'est pas grave

8. LAISSER QQN QUELQUE PART
déposer • **¿te puedo dejar en algún sitio? — sí, déjame en la estación, por favor** je peux te déposer quelque part ? — oui, dépose-moi à la gare, s'il te plaît

9. NE PAS OMETTRE
• **lo copió todo, sin dejar una coma** il a tout recopié à la virgule près

10. NE PAS FAIRE QQCH
• **dejó la cama sin hacer** il n'a pas fait son lit • **dejaron varias cuestiones por resolver** ils ont laissé plusieurs points en suspens
11. CHANGER L'ÉTAT DE QQN OU QQCH
• **me ha dejado los zapatos como nuevos** il a remis mes chaussures à neuf • **con lo que me dijiste, me dejaste preocupado** avec ce que tu m'as dit, j'ai commencé à m'inquiéter
12. REPOUSSER, DIFFÉRER UNE ACTION
attendre • **dejó que terminara de llover para salir** il a attendu qu'il cesse de pleuvoir pour sortir • **dejaremos la fiesta para cuando se encuentre bien** nous attendrons qu'il aille mieux pour faire cette fête
13. DANS DES EXPRESSIONS
• **más vale dejarlo correr** il vaut mieux laisser tomber

■ **dejar** *vi*
laisser • **esta traducción deja (mucho ou bastante) que desear** cette traduction laisse (beaucoup) à désirer

■ **dejar de** *v + prép*
1. CESSER DE FAIRE QQCH
arrêter • **he decidido dejar de fumar** j'ai decidé d'arrêter de fumer • **¡deja de gritar!** arrête de crier !
2. NE PAS MANQUER DE FAIRE QQCH
• **¡no dejes de escribirme!** n'oublie pas de m'écrire ! • **no dejaremos de venir a verte** nous ne manquerons pas de venir te voir

■ **dejarse** *vp*
1. OUBLIER
laisser • **me dejé el paraguas en el taxi** j'ai laissé mon parapluie dans le taxi
2. PERMETTRE À QQN DE FAIRE QQCH
se laisser • **se dejó engañar** il s'est laissé berner • **¡no me voy a dejar insultar!** je ne vais pas me laisser insulter !
3. SE LAISSER ALLER, SE NÉGLIGER
• **se dejó mucho después del divorcio** il s'est beaucoup laissé aller après son divorce
4. *fam* ÊTRE AGRÉABLE, EN PARLANT DE QQCH
• **no está mal este cóctel, se deja beber** pas mal ce cocktail, il se laisse boire • **una película que se deja mirar** un film qui se laisse regarder
5. DANS DES EXPRESSSIONS
• **si puedo me dejaré caer por tu casa** si je peux, je passerai chez toi • **se deja llevar por lo que le dicen sus amigos** il se laisse influencer par ses amis • **no te dejes llevar por la cólera** ne te laisse pas emporter par la colère

■ **dejarse de** *vp + prép*
arrêter de • **¡déjate de tonterías!** arrête de raconter des bêtises !

deje *nm* **1.** accent *m* **2.** *fig* arrière-goût *m*.

del → **de**.
delantal *nm* tablier *m*.
delante *adv* devant • **pasar delante** passer devant • **el de delante** celui de devant. ■ **delante de** *loc prép* devant • **delante de la ventana** devant la fenêtre • **delante de él** devant lui • **delante de mi casa** devant chez moi • **por delante de todos** devant tout le monde.
delantero, ra *adj* avant, de devant • **las ruedas delanteras** les roues avant. ❑ *nm, f* SPORT avant *m*. ■ **delantera** *nf* **1.** SPORT ligne *f* d'attaque **2.** *fam (décolleté)* • **¡vaya delantera!** il y a du monde au balcon ! **3.** *fig* • **llevar la delantera a alguien** avoir de l'avance sur qqn.
delatar *vt* dénoncer ; *fig (sujet : yeux, sourire, etc)* trahir. ■ **delatarse** *vp* se trahir.
delator, ra *nm, f* délateur *m*, -trice *f*.
delectación *nf* délectation *f*.
delegación *nf* **1.** délégation *f* **2.** filiale *f* **3.** office *m* régional • **delegación de Hacienda** centre *m* des impôts **4.** agence *f*.
delegado, da *nm, f* **1.** délégué *m*, -e *f* **2.** COMM représentant *m*, -e *f*.
delegar [16] *vt* • **delegar algo (en ou a alguien)** déléguer qqch (à qqn).
deleitar *vt (plaire)* enchanter. ■ **deleitarse** *vp* se régaler.
deleite *nm* délice *m*.
deletrear *vt* épeler.
deleznable *adj (climat, livre, conduite)* exécrable ; *(raison, excuse)* minable.
delfín *nm* dauphin *m*.
delgadez *nf* **1.** *(d'une personne, d'un animal)* maigreur *f* **2.** *(d'une chose)* minceur *f*, finesse *f*.
delgado, da *adj* **1.** mince ; maigre **2.** fin(e).
deliberación *nf* délibération *f*.
deliberado, da *adj* délibéré(e).
deliberar *vi* délibérer.
delicadeza *nf* délicatesse *f*.
delicado, da *adj* **1.** délicat(e) ; attentionné(e) **2.** affaibli(e) • **estar delicado de salud/del estómago** avoir la santé/l'estomac fragile.
delicia *nf* délice *m* • **¡qué delicia!** quel plaisir ! • **estar contigo es una delicia** c'est un vrai plaisir d'être avec toi.
delicioso, sa *adj (repas)* délicieux(euse) ; *(personne)* charmant(e).
delictivo, va *adj* délictueux(euse) • **un acto delictivo** un délit.
delimitación *nf* délimitation *f*.
delimitar *vt* délimiter.
delincuencia *nf* délinquance *f*.
delincuente *nmf* délinquant *m*, -e *f*.
delineante *nmf* dessinateur *m*, -trice *f*.
delinear *vt* tracer, dessiner.
delinquir *vi* commettre un délit.
delirante *adj* délirant(e).
delirar *vi* délirer.
delirio *nm* délire *m*.

delito *nm* délit *m* • **delito ecológico** délit à l'encontre de l'environnement • **cometer un delito** commettre un délit.
delta *nm* delta *m.*
demacrado, da *adj (visage)* émacié(e) ; *(corps)* décharné(e).
demagogia *nf* démagogie *f.*
demagógico, ca *adj* démagogique.
demagogo, ga *nm,f* démagogue *mf.*
demanda *nf* **1.** *(gén)* ÉCON demande *f* • **demanda salarial** revendication *f* salariale **2.** action *f* en justice • **presentar una demanda contra alguien** poursuivre qqn en justice.
demandante *nmf* demandeur *m,* -eresse *f.*
demandar *vt* • **demandar a alguien (por difamación)** poursuivre qqn (en diffamation).
demarcación *nf* **1.** démarcation *f* **2.** zone *f* • **demarcación territorial** circonscription *f.*
demás *adj inv* autre • **la demás gente** les autres gens. ❑ *pron inv* • **las/los demás** les autres • **lo demás** le reste • **por lo demás** à part ça • **y demás** et autres.
demasía ■ **en demasía** *loc adv* à l'excès.
demasiado, da *adj* trop de • **demasiado pan** trop de pain • **demasiada comida** trop à manger. ■ **demasiado** *adv* trop • **habla demasiado** il parle trop • **va demasiado rápido** il va trop vite.
demencia *nf* démence *f.*
demencial *adj* démentiel(elle).
demente *adj & nmf* dément(e).
democracia *nf* démocratie *f.*
demócrata *adj & nmf* démocrate.
democrático, ca *adj* démocratique.
democratización *nf* démocratisation *f.*
democratizador, ra *adj* **1.** *(personne)* démocrate **2.** *(tentative)* de démocratisation • **proceso democratizador** processus de démocratisation. ❑ *nm,f* acteur *m,* -trice *f* de la démocratisation.
democratizar *vt* démocratiser. ■ **democratizarse** *vp* se démocratiser.
demografía *nf* démographie *f.*
demoledor, ra *adj* dévastateur(trice).
demoler [24] *vt* démolir.
demolición *nf* démolition *f.*
demoniaco, ca, demoníaco, ca *adj* démoniaque.
demonio *nm* **1.** RELIG démon *m* **2.** *fig* diable *m* **3.** *(valeur emphatique)* • **¿dónde/qué demonios...?** bon sang, où/qui... ? ■ **demonios** *interj* • **¡demonios!** flûte !
demora *nf* retard *m.*
demorar *vt* retarder. ■ **demorarse** *vp* **1.** s'attarder **2.** être en retard.
demostración *nf* **1.** démonstration *f* **2.** preuve *f* ; manifestation *f (de douleur, de joie)* **3.** exhibition *f (sportive)* ; étalage *m (de pouvoir, de richesses).*
demostrar [23] *vt* **1.** démontrer **2.** manifester *(de la joie, de l'impatience, de la douleur)* ; faire étalage de *(son pouvoir, de ses richesses)* **3.** montrer *(un fonctionnement, un processus).*
demostrativo, va *adj* **1.** représentatif(ive) • **un documento demostrativo de** un justificatif de **2.** GRAMM démonstratif(ive).
denegar [35] *vt* rejeter.
denigrante *adj (accusation, peine)* infamant(e) ; *(travail, activité)* dégradant(e) ; *(façon de traiter)* humiliant(e).
denigrar *vt* humilier.
denominación *nf* dénomination *f* • **denominación de origen** appellation *f* d'origine.
denominador *nm* dénominateur *m* • **denominador común** dénominateur commun.
denotar *vt* témoigner de • **un lenguaje que denota mucha cultura** un langage qui témoigne d'une grande culture.
densidad *nf* densité *f* • **alta/doble densidad** haute/double densité • **densidad de población** densité de population.
denso, sa *adj* **1.** dense **2.** épais(aisse).
dentadura *nf* denture *f* • **la higiene de la dentadura** l'hygiène des dents • **dentadura postiza** dentier *m.*
dental *adj* dentaire.
dentera *nf* • **dar dentera a)** faire grincer des dents **b)** *fig* faire envie.
dentición *nf* dentition *f* • **dentición de leche** dents de lait.
dentífrico, ca *adj* dentifrice. ■ **dentífrico** *nm* dentifrice *m.*
dentista *nmf* dentiste *mf.*
dentro *adv* dedans, à l'intérieur • **quedarse dentro** rester à l'intérieur • **ahí dentro** là-dedans • **el bolsillo de dentro** la poche intérieure • **por dentro a)** à l'intérieur **b)** *fig* intérieurement • **hay que lavar el coche por dentro** il faut laver l'intérieur de la voiture. ■ **dentro de** *loc prép* dans • **dentro del sobre** dans l'enveloppe • **dentro de un año** dans un an • **dentro de lo posible** dans la mesure du possible • **dentro de poco** d'ici peu • **dentro de mi/tu** *etc* **alma** en moi/toi *etc.*
denuncia *nf* **1.** plainte *f* • **presentar una denuncia (contra)** déposer une plainte (contre) **2.** dénonciation *f.*
denunciante *nm,f* dénonciateur *m,* -trice *f.*
denunciar [8] *vt* **1.** signaler **2.** dénoncer.
deontología *nf* déontologie *f.*
deontológico, ca *adj* déontologique.
deparar *vt* causer *(une surprise)* ; procurer *(du plaisir)* ; offrir *(une opportunité)* • **lo que nos depara la vida** ce que la vie nous réserve.
departamental *adj* départemental(e).
departamento *nm* **1.** département *m* **2.** *(dans un grand magasin)* rayon *m* **3.** *(à l'école, à l'université)* section *f* **4.** *(dans une entreprise)* service *m* **5.** *(d'un tiroir, d'une valise)* compartiment *m.*

departir *vi* converser.
depauperación *nf* paupérisation *f.*
depauperar *vt* appauvrir. ■ **depauperarse** *vp* dépérir.
dependencia *nf* **1.** dépendance *f* **2.** *(département)* service *m.* ■ **dependencias** *nfpl* pièces *fpl* ; dépendances *fpl.*
depender *vi* dépendre • **depender de algo/de alguien** dépendre de qqch/de qqn.
dependienta *nf* vendeuse *f.*
dependiente *adj* dépendant(e). ❑ *nm* vendeur *m.*
depilación *nf* épilation *f.*
depilar *vt* épiler. ■ **depilarse** *vp* s'épiler.
depilatorio, ria *adj* dépilatoire. ■ **depilatorio** *nm* dépilatoire *m.*
deplorable *adj* déplorable ; *(personne)* lamentable.
deplorar *vt* déplorer.
deportado, da *adj & nm,f* déporté(e).
deportar *vt* déporter ; expulser *(un immigrant).*
deporte *nm* sport *m* • **deportes de riesgo** sports *mpl* à haut risque • **hacer deporte** faire du sport • **practicar un deporte** pratiquer un sport.
deportista *adj & nmf* sportif(ive).
deportivo, va *adj* **1.** sportif(ive) • **la ropa deportiva** les vêtements de sport **2.** *(conduite, comportement)* sport, fair-play **3.** *(bateau, port)* de plaisance. ■ **deportivo** *nm* voiture *f* de sport.
deposición *nf* **1.** destitution *f (d'un ministre, d'un secrétaire)* ; déposition *f (d'un roi)* **2.** selles *fpl.*
depositar *vt* **1.** déposer **2.** *fig* • **depositar su confianza en alguien** placer sa confiance en qqn • **depositar ilusiones en alguien** entretenir des illusions sur qqn • **depositar cariño en alguien** donner son affection à qqn. ■ **depositarse** *vp* se déposer.
depositario, ria *adj & nm,f* dépositaire.
depósito *nm* **1.** dépôt *m* • **depósito de cadáveres** morgue *f* • **depósito de muebles** garde-meuble *m* • **depósito legal** dépôt légal **2.** réservoir *m* • **depósito de gasolina** réservoir d'essence.
depravación *nf* dépravation *f.*
depravado, da *adj & nm,f* dépravé(e).
depravar *vt* dépraver.
depre *fam adj* déprimé(e). ❑ *nf* déprime *f.*
depreciación *nf* dépréciation *f.*
depreciar [8] *vt* déprécier. ■ **depreciarse** *vp* se déprécier.
depredador, ra *adj* **1.** prédateur(trice) **2.** *fig* rapace. ■ **depredador** *nm* prédateur *m.*
depresión *nf* dépression *f* • **depresión atmosférica** dépression atmosphérique.
depresivo, va *adj* **1.** dépressif(ive) **2.** déprimant(e). ❑ *nm,f* dépressif *m*, -ive *f.*
depresor, ra *adj* déprimant(e).
deprimente *adj* déprimant(e).
deprimido, da *adj* déprimé(e).
deprimir *vt* **1.** déprimer **2.** *fig* appauvrir. ■ **deprimirse** *vp* être déprimé(e).
deprisa, de prisa *adv* vite.
depto., dep. (abrév de **departamento**) dépt.
depuración *nf* **1.** épuration *f* **2.** *fig* purge *f (d'un organisme, d'une corporation).*
depurador, ra *adj* d'épuration. ■ **depurador** *nm* épurateur *m.* ■ **depuradora** *nf* station *f* d'épuration.
depurar *vt* **1.** épurer **2.** *fig* purger **3.** affiner *(le goût).*
der. = **dcha.**.
derby (*pl* **derbys**) *nm* derby *m.*
derecha *nf* → **derecho**.
derecho, cha *adj* **1.** droit(e) • **en la fila derecha** dans la file de droite **2.** droit • **andar derecho** se tenir droit **3.** droit • **me fui derecho a la cama** je suis allé (tout) droit au lit • **ir derecho al grano** aller droit au but. ■ **derecho** *adv* droit • **siga derecho por esta calle hasta el final** continuez tout droit jusqu'au bout de la rue. ❑ *nm* **1.** droit *m* • **¡no hay derecho!** ce n'est pas juste ! • **'reservado el derecho de admisión'** 'droit d'entrée réservé' • **derecho civil/penal** droit civil/pénal • **derechos humanos** droits de l'homme **2.** *(d'un tissu, d'un vêtement)* endroit *m* • **del derecho** à l'endroit. ■ **derecha** *nf* droite *f* • **a la derecha** à droite • **ser de derechas** être de droite. ■ **derechos** *nmpl* droits *mpl* • **derechos de aduana** droits de douane • **derechos de autor** droits d'auteur.
deriva *nf* dérive *f* • **a la deriva** à la dérive.
derivación *nf* dérivation *f.*
derivado, da *adj* dérivé(e). ■ **derivado** *nm* dérivé *m.*
derivar *vt* dériver ; dévier *(une route)* ; détourner *(la conversation).* ❑ *vi* dériver ; détourner • **derivar de** dériver de.
dermatología *nf* dermatologie *f.*
dermatólogo, ga *nm,f* dermatologue *mf.*
dermis *nf inv* derme *m.*
dermoprotector, ra *adj* dermoprotecteur(trice).
derogación *nf* dérogation *f.*
derogar [16] *vt* abroger.
derramamiento *nm* écoulement *m* • **derramamiento de sangre** effusion *f* de sang.
derramar *vt* répandre ; renverser *(par accident)* • **derramar lágrimas** verser des larmes. ■ **derramarse** *vp* se répandre.
derrame *nm* **1.** MÉD épanchement *m* • **derrame sinovial** épanchement de synovie **2.** déversement *m (d'un liquide)* ; écoulement *m (de sang).*
derrapaje, derrape *nm* dérapage *m.*
derrapar *vi* déraper.
derretir [26] *vt* fondre. ■ **derretirse** *vp* fondre • **derretirse (por alguien)** *fam & fig* être fou, folle *f* (de qqn).

derribar *vt* **1.** démolir *(un bâtiment)* **2.** abattre *(un arbre, un avion)* **3.** *fig* renverser *(un gouvernement, un dirigeant)*.
derribo *nm* **1.** démolition *f* ; abattage *m (d'arbres)* **2.** gravats *mpl*.
derrocar [10] *vt POLIT* renverser.
derrochador, ra *adj & nm,f* dépensier(ère).
derrochar *vt* **1.** gaspiller **2.** déborder de • **derrocha energía** il déborde d'énergie.
derroche *nm* **1.** gaspillage *m* **2.** profusion *f* ; explosion *f (de joie)*.
derrota *nf* **1.** échec *m* **2.** *MIL & SPORT* défaite *f* **3.** *NAUT* route *f*.
derrotar *vt* **1.** *(gén)* battre ; *MIL* vaincre **2.** *fig* accabler.
derrotero *nm* **1.** chemin *m* **2.** *NAUT* route *f*.
derrotismo *nm* défaitisme *m*.
derrotista *adj & nmf* défaitiste.
derrumbamiento *nm litt & fig* effondrement *m*.
derrumbar *vt* **1.** démolir *(physiquement)* **2.** abattre *(moralement)*. ■ **derrumbarse** *vp litt & fig* s'effondrer.
derrumbe *nm* effondrement *m*.
desaborido, da *fam adj* rasoir. ❑ *nm,f* raseur *m*, -euse *f*.
desabotonar *vt* déboutonner. ■ **desabotonarse** *vp* se déboutonner • **desabotonarse el abrigo** déboutonner son manteau.
desabrigar *vt* découvrir • **hace frío, no desabrigues a los niños** il fait froid, ne découvre pas les enfants. ■ **desabrigarse** *vp* se découvrir.
desabrochar *vt* **1.** déboutonner ; dégrafer **2.** défaire *(une ceinture)*. ■ **desabrocharse** *vp* se déboutonner • **desabrocharse el abrigo** déboutonner son manteau.
desacato *nm* **1.** désobéissance *f* **2.** manque *m* de respect **3.** *DR* outrage *m*.
desacertado, da *adj* **1.** *(commentaire, personne)* maladroit(e) **2.** *(opinion)* erroné(e).
desacierto *nm* maladresse *f*.
desaconsejable *adj* déconseillé(e).
desaconsejar *vt* déconseiller.
desacorde *adj* discordant(e) • **estar desacorde con algo** être en désaccord avec qqch.
desacreditar *vt* discréditer.
desactivar *vt* désamorcer.
desacuerdo *nm* désaccord *m*.
desafiante *adj* provocant(e).
desafiar *vt* **1.** *(personne)* défier **2.** *(danger)* braver.
desafinado, da *adj* **1.** *(note)* faux, fausse *f* **2.** *(instrument)* désaccordé(e).
desafinar *vi* **1.** chanter faux **2.** jouer faux.
desafío *nm* défi *m*.
desaforado, da *adj* **1.** *(appétit, ambition)* démesuré(e) **2.** *(cri)* épouvantable.
desafortunadamente *adv* malheureusement.
desafortunado, da *adj* **1.** *(personne)* malchanceux(euse) • **ser desafortunado** ne pas avoir de chance **2.** *(accident, déclaration)* malheureux(euse). ❑ *nm,f* • **es un desafortunado con las mujeres/los coches** il n'a pas de chance avec les femmes/les voitures.
desagradable *adj* désagréable ; *(aspect)* déplaisant(e).
desagradar *vi* déplaire.
desagradecido, da *nm,f* ingrat *m*, -e *f*.
desagrado *nm* mécontentement *m*.
desagraviar [8] *vt* • **desagraviar a alguien por algo a)** se faire pardonner qqch par qqn **b)** dédommager qqn de qqch.
desagravio *nm* dédommagement *m (pour un préjudice)*.
desagüe *nm* **1.** tuyau *m* d'écoulement **2.** écoulement *m*.
desaguisado *nm* dégâts *mpl*.
desahogado, da *adj* **1.** spacieux(euse) ; dégagé(e) **2.** *(personne)* aisé(e) ; *(situation, position)* confortable.
desahogar [16] *vt* soulager *(sa peine)* ; décharger *(sa colère)* ; donner libre cours à *(ses passions)*. ■ **desahogarse** *vp* **1.** s'épancher **2.** se libérer *(d'une dette)*.
desahogo *nm* **1.** soulagement *m (moral)* **2.** *(espace)* • **tener un mayor desahogo** avoir plus de place **3.** aisance *f (financière)* • **vivir con desahogo** vivre confortablement.
desahuciar [8] *vt* **1.** expulser **2.** condamner.
desahucio *nm* expulsion *f*.
desaire *nm* affront *m* • **hacer un desaire a alguien** faire un affront à qqn.
desajuste *nm* **1.** jeu *m (d'une pièce)* ; dérèglement *m (d'une machine)* **2.** discordance *f (entre plusieurs déclarations)* **3.** déséquilibre *m (économique)*.
desalar *vt* dessaler.
desalentador, ra *adj* décourageant(e).
desalentar [19] *vt* décourager. ■ **desalentarse** *vp* se décourager.
desaliento *nm* découragement *m*.
desaliñado, da *adj (aspect)* négligé(e) ; *(cheveux)* ébouriffé(e).
desaliño *nm* négligé *m* • **un cierto aire de desaliño** un petit air négligé.
desalmado, da *adj* sans-cœur. ❑ *nm,f* • **es un desalmado** il n'a pas de cœur.
desalojar *vt* **1.** (faire) évacuer *(par la force, en urgence)* **2.** déloger *(un occupant)* **3.** quitter *(de son propre chef)*.
desambientado, da *adj (personne)* mal à l'aise ; *(chose)* déplacé(e).
desamor *nm* **1.** manque *m* d'affection ; indifférence *f* **2.** aversion *f*.

desamparado, da *adj* abandonné(e), délaissé(e). ❑ *nm,f* laissé-pour-compte *m*, laissée-pour-compte *f*.
desamparar *vt* abandonner, délaisser.
desamparo *nm* **1.** abandon *m* **2.** détresse *f*.
desangrar *vt* saigner ; *fig* ruiner. ■ **desangrarse** *vp* saigner abondamment ; perdre tout son sang.
desanimado, da *adj* **1.** *(personne)* découragé(e) **2.** *(fête, endroit)* • **la fiesta estaba muy desanimada** il n'y avait pas d'ambiance à la fête.
desanimar *vt* décourager. ■ **desanimarse** *vp* se décourager.
desánimo *nm* découragement *m*.
desapacible *adj* désagréable ; *(temps)* vilain(e).
desaparecer [30] *vi* disparaître.
desaparecido, da *nm,f* disparu *m*, -e *f*.
desaparición *nf* disparition *f*.
desapasionado, da *adj* objectif(ive).
desapego *nm* indifférence *f*.
desapercibido, da *adj* • **pasar desapercibido** passer inaperçu.
desaprensivo, va *nm,f* • **es un desaprensivo** il est sans scrupules.
desaprobar [23] *vt* désapprouver.
desaprovechar *vt* **1.** ne pas profiter de • **he desaprovechado las vacaciones** je n'ai pas profité des vacances **2.** perdre *(du temps, une occasion)* **3.** gaspiller *(du tissu, de l'eau, etc)*.
desarmado, da *adj* **1.** *(personne)* désarmé(e) **2.** *(meuble)* démonté(e).
desarmador *nm* **(AMÉR)** tournevis *m*.
desarmar *vt* **1.** désarmer **2.** démonter.
desarme *nm* **1.** désarmement *m* **2.** démontage *m*.
desarraigado, da *adj* déraciné(e).
desarraigar [16] *vt* **1.** déraciner **2.** éradiquer.
desarraigo *nm* *litt* & *fig* déracinement *m*.
desarreglar *vt* **1.** déranger **2.** dérégler.
desarreglo *nm* **1.** désordre *m* **2.** dérèglement *m* *(d'un mécanisme)*.
desarrollado, da *adj* **1.** *(personne)* épanoui(e) **2.** *(pays)* développé(e).
desarrollador, ra *adj* de développement. ❑ *nm,f* INFORM développeur *m*, -euse *f* • **desarrollador de software** développeur de logiciels.
desarrollar *vt* **1.** développer ; faire pousser *(une plante)* **2.** dérouler **3.** avoir *(une activité, une expérience)*. ■ **desarrollarse** *vp* **1.** *(enfant)* grandir ; *(plante)* pousser **2.** se développer **3.** se dérouler.
desarrollo *nm* **1.** développement *m* **2.** croissance *f* *(d'un enfant, d'une plante)*.
desarticular *vt* **1.** déboîter *(un os)* **2.** démonter *(un mécanisme)* **3.** démanteler *(une organisation, un groupe)* ; déjouer *(un plan)*.
desasirse *vp* se dégager • **desasirse de** se défaire de *(d'une habitude, d'un vice)*.
desasosegado, da *adj* inquiet(ète), anxieux(euse) • **estar desasosegado** être anxieux.
desasosegar [35] *vt* troubler ; inquiéter.
desasosiego *nm* trouble *m*.
desastre *nm* **1.** désastre *m* • **desastre aéreo** catastrophe *f* aérienne **2.** *fig* *(personne)* calamité *f*.
desastroso, sa *adj* **1.** désastreux(euse) **2.** *fam* nul, nulle *f*.
desatado, da *adj* **1.** *(lien, animal)* détaché(e) • **llevo los cordones desatados** mes lacets sont défaits **2.** *(incontrôlé)* déchaîné(e).
desatar *vt* **1.** *(lien, animal)* détacher **2.** *(tempête, colère, passions)* déchaîner ; *(langue)* délier. ■ **desatarse** *vp* **1.** se détacher **2.** *(tempête, violence)* éclater ; *(colère, passions)* se déchaîner.
desatascador *nm* déboucheur *m*.
desatascar [10] *vt* **1.** déboucher **2.** désembourber.
desatender [20] *vt* **1.** négliger *(une obligation, un travail)* **2.** ne pas écouter *(des conseils)* ; rester sourd à *(une prière)* **3.** *(personne)* • **desatender a alguien** ne pas s'occuper de qqn • **le procesaron por desatender a una persona** il a été condamné pour non-assistance à personne en danger.
desatino *nm* **1.** folie *f* **2.** bêtise *f*.
desautorizar [13] *vt* **1.** désavouer *(quelqu'un)* ; démentir *(une nouvelle, une déclaration)* ; interdire *(une grève, une manifestation)* **2.** discréditer.
desavenencia *nf* désaccord *m* ; brouille *f*.
desavenirse [75] *vp* • **desavenirse (con)** se brouiller (avec).
desaventajado, da *adj* désavantagé(e).
desayunar *vi* déjeuner, prendre son petit déjeuner. ❑ *vt* • **desayunar algo** prendre qqch au petit déjeuner.
desayuno *nm* petit déjeuner *m*.
desazón *nf* **1.** fadeur *f* **2.** inquiétude *f* • **causar desazón** chagriner.
desazonar *vt* causer du chagrin à.
desbancar [10] *vt* *fig* supplanter.
desbandada *nf* dispersion *f* • **a la desbandada** à la débandade.
desbarajuste *nm* désordre *m*.
desbaratar *vt* **1.** *(mécanisme)* détraquer **2.** faire échouer *(une conspiration, un plan)* **3.** dilapider *(une fortune)*.
desbloquear *vt* **1.** débloquer **2.** lever le blocus de.
desbocado, da *adj* **1.** *(cheval)* emballé(e) **2.** *(vêtement)* • **un jersey desbocado** un pull au col qui bâille.
desbocarse [10] *vp* *(cheval)* s'emballer.
desbordamiento *nm* *litt* & *fig* débordement *m*.
desbordante *adj* débordant(e) • **una imaginación desbordante** une imagination débordante.

desbordar *vt* **1.** *(rivière)* sortir de • **el agua desborda el lavabo** l'eau déborde du lavabo **2.** dépasser *(les limites, la ligne)* ; pousser à bout *(la patience)*. ■ **desbordarse** *vp* **1.** *(liquide, fleuve)* • **desbordarse (de)** déborder (de) **2.** *fig (sentiments)* se déchaîner.
desbravarse *vp* **1.** *(vin)* s'éventer **2.** *(courant)* s'apaiser, se calmer.
descabalgar [16] *vi* descendre de cheval.
descabellado, da *adj* insensé(e).
descabezar [13] *vt* **1.** décapiter *(une personne)* **2.** étêter *(une plante, un arbre)*.
descafeinado, da *adj* **1.** décaféiné(e) **2.** *fig* édulcoré(e). ■ **descafeinado** *nm* décaféiné *m*.
descalabrar *vt* **1.** blesser à la tête **2.** *fam & fig* malmener.
descalabro *nm* revers *m*.
descalcificar [10] *vt* décalcifier.
descalificar [10] *vt* disqualifier.
descalzar [13] *vt* déchausser. ■ **descalzarse** *vp* se déchausser.
descalzo, za *adj* **1.** pieds nus, nu-pieds **2.** *RELIG* déchaux, déchaussé(e).
descamisado, da *adj* **1.** torse nu **2.** débraillé(e). ❑ *nm,f* **(AMÉR)** *POLIT* péroniste *mf*.
descampado *nm* terrain *m* vague.
descansado, da *adj* tranquille, reposant(e).
descansar *vi* **1.** se reposer • **¡que descanses!** dors bien ! **2.** *(cadavre, poutre, théorie)* • **descansar (en)** reposer (sur).
descansillo *nm* palier *m (d'escalier)*.
descanso *nm* **1.** repos *m* • **tomarse un descanso** se reposer • **¡descanso!** repos ! **2.** soulagement *m* **3.** pause *f* **4.** *CINÉ & THÉÂTRE* entracte *m* **5.** *SPORT* mi-temps *f*.
descapitalizar *vt COMM* décapitaliser. ■ **descapitalizarse** *vp COMM* être sous-capitalisé(e).
descapotable *adj* décapotable. ❑ *nm* décapotable *f*.
descaradamente *adv* ouvertement.
descarado, da *adj* effronté(e) ; éhonté(e). ❑ *nm,f* effronté *m*, -e *f*.
descarga *nf* **1.** déchargement *m* **2.** décharge *f (d'électricité, d'une arme)*.
descargar [16] *vt* décharger. ❑ *vi (tempête)* s'abattre. ■ **descargarse** *vp* **1.** *(s'épancher)* • **descargarse con alguien** se défouler sur qqn **2.** *DR* prouver son innocence **3.** *(batterie)* se décharger.
descargo *nm* **1.** déchargement *m* **2.** excuse *f* ; *DR* décharge *f* • **en descargo de mi/tu** *etc* **conciencia** par acquit de conscience **3.** acquittement *m* ; reçu *m*.
descarnado, da *adj* **1.** *(personne, animal)* décharné(e) **2.** *(description)* cru(e).
descaro *nm* effronterie *f*.
descarriarse [9] *vp* **1.** s'égarer **2.** *fig* s'écarter du droit chemin.
descarrilamiento *nm* déraillement *m*.
descarrilar *vi* dérailler.
descartar *vt* écarter ; rejeter *(une aide, une proposition)*.
descastado, da *nm,f* ingrat *m*, -e *f*.
descatalogar [16] *vt* déréférencer.
descendencia *nf* **1.** descendants *mpl* • **tener descendencia** avoir des enfants **2.** origine *f*.
descender [20] *vi* **1.** descendre *(de catégorie)* • **descender de a)** *(train, avion, ancêtre)* descendre de **b)** découler de **2.** *(quantité, valeur, niveau)* baisser.
descenso *nm* **1.** *(gén) SPORT* descente *f* **2.** baisse *f*.
descentrado, da *adj* **1.** décentré(e) **2.** désaxé(e) ; déconcentré(e).
descentralización *nf* décentralisation *f*.
descentralizar [13] *vt* décentraliser.
descentrar *vt* **1.** décentrer **2.** désaxer.
descifrable *adj* déchiffrable.
descifrar *vt* déchiffrer ; élucider *(un mystère)* ; démêler *(un problème)*.
desclasificar *vt* déclasser.
descodificador, ra, decodificador, ra *adj* de décodage. ■ **descodificador, decodificador** *nm* décodeur *m*.
descodificar, decodificar *vt* décoder.
descojonante *adj vulg* poilant(e), bidonnant(e), marrant(e).
descojonarse *vp vulg* se poiler, se bidonner, se marrer • **descojonarse de risa** pisser de rire.
descolgar [39] *vt* décrocher. ■ **descolgarse** *vp* se décrocher • **descolgarse (por algo)** se laisser glisser (le long de qqch) • **descolgarse de** se détacher de.
descolonización *nf* décolonisation *f*.
descolonizar *vt* décoloniser.
descolorido, da *adj* décoloré(e).
descompactar *vt INFORM* décompacter.
descompasado, da *adj* excessif(ive).
descomponer [65] *vt* **1.** *(pourrir, diviser)* décomposer **2.** *(abîmer)* détraquer **3.** mettre en désordre ; défaire *(une coiffure)* **4.** *fig (mettre en colère)* • **eso le descompuso** ça l'a mis hors de lui **5.** *fig* bouleverser. ■ **descomponerse** *vp* **1.** *(pourrir)* se décomposer **2.** *(se mettre en colère)* • **se descompuso** il s'est mis dans tous ses états **3.** **(AMÉR)** tomber en panne.
descomposición *nf* décomposition *f* • **descomposición de vientre** diarrhée *f*.
descompostura *nf* **1.** laisser-aller *m (vestimentaire)* **2.** *(comportement)* grossièreté *f* **3.** **(AMÉR)** panne *f*.
descompresión *nf* décompression *f*.
descompuesto, ta *pp* → **descomponer**.
descomunal *adj* énorme.
desconcentrar *vt* déconcentrer.
desconcertado, da *adj* déconcerté(e).
desconcertante *adj* déconcertant(e).
desconcertar [19] *vt* déconcerter. ■ **desconcertarse** *vp* être déconcerté(e).

desconchado *nm* écaillure *f (de peinture)*.
desconcharse *vp* s'écailler.
desconcierto *nm* désordre *m* ; confusion *f*.
desconectado, da *adj* **1.** débranché(e), déconnecté(e) **2.** *fig* déconnecté(e).
desconectar *vt* débrancher ; couper *(une ligne)*. ■ **desconectarse** *vp* se détacher • **desconectarse de algo** se couper de qqch.
desconexión *nf* **1.** déconnexion *f* ; *(de ligne téléphonique)* coupure *f* **2.** disproportion *f*.
desconfiado, da *adj* méfiant(e). ❑ *nm, f* • **es un desconfiado** il est méfiant.
desconfianza *nf* méfiance *f*.
desconfiar [9] *vi* • **desconfiar de a)** se méfier de **b)** ne pas avoir confiance en.
descongelar *vt* **1.** décongeler *(un produit)* ; dégivrer *(un réfrigérateur)* **2.** dégeler *(des crédits)* ; débloquer *(un compte)* ; libérer *(les salaires, les prix)*.
descongestionante *adj* décongestif(ive), décongestionnant(e). ❑ *nm* décongestif *m*, décongestionnant *m*.
descongestionar *vt* **1.** *(gén)* MÉD décongestionner **2.** *fig (laisser libre)* débloquer.
desconocer [31] *vt* ne pas connaître • **desconozco sus planes** je ne connais pas ses projets.
desconocido, da *adj* **1.** inconnu(e) **2.** méconnaissable. ❑ *nm, f* inconnu *m*, -e *f*.
desconocimiento *nm* méconnaissance *f*.
desconsiderado, da *nm, f* malotru *m*, -e *f*.
desconsoladamente *adv* • **llorar desconsoladamente** pleurer tout son saoûl.
desconsolar [23] *vt* affliger.
desconsuelo *nm* peine *f*, douleur *f*.
descontado, da *adj* déduit(e). ■ **por descontado** *loc adv* • **dar por descontado que** être convaincu(e) que.
descontaminar *vt* décontaminer, dépolluer.
descontar [23] *vt* **1.** *(quantité)* • **descontar algo de** déduire qqch de **2.** COMM escompter.
descontentar *vt* • **descontentar a alguien a)** *(mesures, nouvelles)* mécontenter qqn **b)** *(attitude)* déplaire à qqn.
descontento, ta *adj* mécontent(e). ■ **descontento** *nm* mécontentement *m*, grogne *f fam*.
descontrol *nm fam* pagaille *f*.
descontrolado, da *adj* incontrôlé(e).
descontrolar *vt* **1.** perdre le contrôle de **2.** faire perdre ses moyens à, perturber. ❑ *vi fam & fig* se déchaîner. ■ **descontrolarse** *vp* **1.** *(véhicule)* s'emballer **2.** *(personne)* perdre la maîtrise de soi.
desconvocar [10] *vt* • **desconvocar una huelga** annuler un ordre de grève.
descorazonador, ra *adj* décourageant(e).
descorazonar *vt* décourager.
descorchar *vt* déboucher.
descorrer *vt* tirer *(les rideaux, le verrou, etc)*.
descoser *vt* découdre.
descosido, da *adj* décousu(e). ■ **descosido** *nm* • **como un descosido a)** *(boire)* comme un trou **b)** *(manger)* comme quatre **c)** *(courir)* comme un dératé **d)** *(crier)* comme un putois **e)** *(rire)* comme un bossu • **hablar como un descosido** être un moulin à paroles.
descoyuntar *vt* déboîter. ■ **descoyuntarse** *vp* se déboîter • **se descoyuntó el hombro** il s'est déboîté l'épaule.
descrédito *nm* discrédit *m*.
descreído, da *nm, f* incroyant *m*, -e *f*.
descremado, da *adj* écrémé(e).
describir *vt* décrire.
descripción *nf* description *f*.
descrito, ta *pp* → **describir**.
descuartizar [13] *vt* dépecer.
descubierto, ta *adj* découvert(e). ■ **descubierto** *pp* → **descubrir**. ❑ *nm* découvert *m (d'un compte bancaire)* ; déficit *m (d'une entreprise)*. ■ **al descubierto** *loc adv* **1.** en plein air ; à découvert ; ouvertement **2.** FIN à découvert.
descubridor, ra *nm, f* découvreur *m*, -euse *f*.
descubrimiento *nm* **1.** découverte *f* ; invention *f* **2.** inauguration *f*.

CULTURE

el descubrimiento de América

Cristóbal Colón (1451-1506), découvreur de l'Amérique, était un marin expert qui, grâce à ses lectures et déductions, pensait que la Terre était ronde, et décida d'arriver aux Indes en passant par l'Ouest. Il convainquit les Rois d'Espagne de financer l'expédition et partit avec trois caravelles : la Pinta, la Niña et la Santa María. Soixante douze jours plus tard, il débarqua sur l'île de Guanahani (aujourd'hui San Salvador). C'était le 12 octobre 1492. De nos jours on fête cette date comme **El Día de la Hispanidad**. Christophe Colomb réalisa trois autres voyages en Amérique mais il mourut sans savoir qu'il avait découvert un nouveau continent.

descubrir *vt* **1.** découvrir ; inventer **2.** inaugurer **3.** apercevoir **4.** dévoiler *(ses intentions, un secret)* ; démasquer *(un coupable)*. ■ **descubrirse** *vp* se découvrir • **descubrirse ante algo** *fig* être en admiration devant qqch.
descuento *nm* **1.** remise *f*, réduction *f (d'un prix)* **2.** FIN escompte *m*.
descuidado, da *adj* **1.** *(personne)* négligé(e) ; *(jardin, plantes)* mal entretenu(e) **2.** distrait(e).
descuidar *vt* négliger. ❑ *vi* ne pas s'inquiéter • **descuida, que yo me encargo** ne t'inquiète pas, je m'en occupe. ■ **descuidarse** *vp* **1.** se négliger, se laisser aller **2.** ne pas faire attention.
descuido *nm* négligence *f* ; inattention *f*.

desde *prép* **1.** *(temps)* depuis • **desde el lunes hasta el viernes** du lundi au vendredi • **desde hace mucho/un mes** depuis longtemps/un mois • **no lo veo desde el mes pasado** je ne l'ai pas vu depuis un mois • **desde ahora** dès à présent • **desde entonces** depuis • **desde entonces no lo he vuelto a ver** je ne l'ai plus revu depuis • **desde que** depuis que • **desde que murió mi madre** depuis que ma mère est morte **2.** *(espace)* de • **desde aquí hasta el centro** d'ici au centre-ville. ■ **desde luego** *loc adv* **1.** *(pour confirmer)* bien sûr **2.** *(en guise de reproche)* décidément • **¡desde luego tienes cada idea!** décidément, tu as de ces idées !

desdecir [66] *vi* • **desdecir de a)** être indigne de **b)** ne pas aller avec. ■ **desdecirse** *vp* se dédire • **desdecirse de** revenir sur.

desdén *nm* dédain *m*.

desdentado, da *adj* édenté(e).

desdeñable *adj* dédaignable • **una cantidad no desdeñable** une somme non négligeable.

desdeñar *vt* dédaigner.

desdeñoso, sa *adj* dédaigneux(euse).

desdibujado, da *adj* estompé(e).

desdibujarse *vp* s'estomper.

desdicha *nf* malheur *m*.

desdichado, da *adj & nm,f* malheureux(euse).

desdicho, cha *pp* → **desdecir**.

desdoblar *vt* déplier ; dédoubler.

desdramatizar *vt* dédramatiser.

deseable *adj* désirable • **es deseable que…** il est souhaitable que….

desear *vt* **1.** désirer • **desearía estar allí** je voudrais y être • **¿qué desea?** *(dans une boutique)* vous désirez ? **2.** souhaiter • **te deseo un feliz año nuevo** je te souhaite une bonne année.

desecar [10] *vt* dessécher ; *(marais, rivière)* assécher. ■ **desecarse** *vp* se dessécher ; *(marais, rivière)* s'assécher.

desechable *adj* jetable.

desechar *vt* **1.** se débarrasser de **2.** rejeter *(une offre, une aide)* ; passer outre *(les critiques)* **3.** chasser *(une idée)* ; écarter *(un soupçon)*.

desecho *nm* déchet *m*.

desembalar *vt* déballer.

desembarazar [13] *vt* débarrasser • **desembarazar el paso** dégager le passage. ■ **desembarazarse** *vp* • **desembarazarse de** se débarrasser de.

desembarcar [10] *vt & vi* débarquer. ■ **desembarcarse** *vp* (AMÉR) descendre.

desembarco *nm (de passagers)* MIL débarquement *m*.

desembarque *nm* débarquement *m (de marchandises)*.

desembocadura *nf* embouchure *f*.

desembocar [10] *vi* • **desembocar en a)** *(fleuve)* se jeter dans **b)** *(rue)* déboucher sur • **la disputa desembocó en drama** la dispute a tourné au drame.

desembolsar *vt* verser.

desembolso *nm* versement *m* • **desembolso inicial** acompte *m*.

desembuchar *vt* dégorger. ❑ *vi fam & fig* vider son sac.

desempacar *vt* **1.** *(carton)* déballer **2.** *(valise)* défaire.

desempañar *vt (avec un chiffon)* enlever la buée de ; *(de façon électronique)* désembuer.

desempaquetar *vt* défaire *(un paquet)* ; déballer *(une caisse, un carton)*.

desempatar *vi* départager • **jugar para desempatar** faire la belle.

desempate *nm* résultat *m* final • **el partido de desempate** la belle.

desempeñar *vt* **1.** remplir *(une mission)* ; exercer *(une fonction)* **2.** jouer *(un rôle)* **3.** *récupérer un objet mis en gage*. ■ **desempeñarse** *vp* se libérer de ses dettes.

desempeño *nm* **1.** exercice *m (d'une charge, d'une mission, d'une fonction)* **2.** interprétation *f (d'un rôle)*.

desempleado, da *nm,f* chômeur *m*, -euse *f*.

desempleo *nm* chômage *m*.

desempolvar *vt* **1.** épousseter **2.** *fig* remuer *(des souvenirs)*.

desencadenante *adj* qui déclenche • **los factores/hechos desencadenantes del conflicto** les facteurs/faits qui ont déclenché le conflit. ❑ *nm* élément *m* déclencheur, catalyseur *m*.

desencadenar *vt* **1.** *(prisonnier, chien)* détacher **2.** *(passion, fureur)* déchaîner ; *(guerre, conflit)* déclencher ; *(polémique)* engager. ■ **desencadenarse** *vp (gén)* se déchaîner ; *(guerre, conflit)* se déclencher.

desencajado, da *adj* **1.** *(personne, visage)* décomposé(e) **2.** *(œil)* exorbité(e).

desencajar *vt* déboîter. ■ **desencajarse** *vp* se déboîter ; *(visage)* se décomposer.

desencaminado, da *adj* • **andar ou ir desencaminado** se tromper.

desencantar *vt* **1.** décevoir **2.** désenchanter. ■ **desencantarse** *vp* déchanter.

desencanto *nm* désenchantement *m*.

desenchufar *vt* débrancher.

desencuentro *nm* rendez-vous *m* manqué.

desenfadado, da *adj (personne, comportement)* décontracté(e) ; *(comédie, programme de télévision)* léger(ère).

desenfado *nm* décontraction *f*.

desenfocado, da *adj (image)* flou(e) ; *(vision)* trouble.

desenfocarse *vp* • **como te muevas, se desenfocará la fotografía** si tu bouges, la photo sera floue.

desenfrenado, da *adj* **1.** *(rythme, course)* effréné(e) • **un baile desenfrenado** une danse

endiablée **2.** *(comportement, style)* débridé(e) ; *(appétit)* insatiable.
desenfreno *nm* **1.** frénésie *f* **2.** débordement *m*.
desenfundar *vt* **1.** enlever la housse de *(meuble, vêtement)* **2.** dégainer *(un pistolet)*.
desenganchar *vt* **1.** décrocher *(un wagon)* **2.** dételer. ■ **desengancharse** *vp* **1.** se décrocher, se dégager **2.** *fam* décrocher.
desengañado, da *adj* déçu(e) ; désabusé(e).
desengañar *vt* • **desengañar a alguien** ouvrir les yeux à qqn • **desengañar a alguien** faire perdre ses illusions à qqn. ■ **desengañarse** *vp* • **desengáñate** détrompe-toi.
desengaño *nm* déception *f* • **llevarse un desengaño con alguien** être déçu(e) par qqn.
desengrasar *vt* dégraisser.
desenlace *nm* dénouement *m*.
desenmarañar *vt litt & fig* démêler.
desenmascarar *vt* démasquer.
desenredar *vt litt & fig* démêler. ■ **desenredarse** *vp* • **desenredarse de algo** bien se tirer de qqch • **desenredarse el pelo** se démêler les cheveux.
desenrollar *vt* dérouler.
desenroscar [10] *vt* dévisser.
desentenderse [20] *vp* faire la sourde oreille.
desenterrar [19] *vt litt & fig* déterrer.
desentonar *vi* **1.** *(chanteur)* chanter faux ; *(instrument)* jouer faux **2.** *(couleurs)* détonner ; *(personne, manières)* être déplacé(e).
desentrañar *vt* éclaircir, percer *(mystère, sens)*.
desentrenado, da *adj* rouillé(e) • **estar desentrenado** manquer d'entraînement.
desentumecer [30] *vt* dégourdir. ■ **desentumecerse** *vp* se dégourdir.
desenvoltura *nf* aisance *f*.
desenvolver [24] *vt* défaire *(un paquet)*. ■ **desenvolverse** *vp* **1.** *(affaire, processus)* se dérouler **2.** *(personne)* s'en tirer.
desenvuelto, ta *pp* → **desenvolver**. ■ **desenvuelto** *adj* **1.** à l'aise **2.** débrouillard(e).
deseo *nm* **1.** désir *m* **2.** souhait *m* • **buenos deseos** meilleurs vœux.
deseoso, sa *adj* • **estar deseoso de algo/de hacer algo** avoir envie de qqch/de faire qqch.
desequilibrado, da *adj & nm,f* déséquilibré(e).
desequilibrio *nm* déséquilibre *m*.
desertar *vi* déserter.
desértico, ca *adj* **1.** désertique **2.** désert(e).
desertificación, desertización *nf* désertification *f*.
desertor *nm* déserteur *m*.
desesperación *nf* désespoir *m* • **causar desesperación** désespérer • **con desesperación** désespérément • **ser una desesperación** être désespérant(e).
desesperadamente *adv* désespérément.
desesperado, da *adj* désespéré(e) • **actuar a la desesperada** tenter le tout pour le tout.
desesperante *adj* désespérant(e).
desesperanza *nf* désespoir *m*.
desesperar *vt* désespérer. ■ **desesperarse** *vp* **1.** se désespérer **2.** s'arracher les cheveux.
desestabilizar [13] *vt* déstabiliser.
desestimar *vt* **1.** sous-estimer **2.** rejeter.
desestresar *vt* déstresser. ■ **desestresarse** *vp* déstresser.
desfachatez *nf fam* toupet *m*.
desfalco *nm* détournement *m* de fonds.
desfallecer [30] *vi* **1.** défaillir • **desfallecer de a)** mourir de *(faim, peur)* **b)** tomber de *(fatigue)* **2.** s'évanouir.
desfallecimiento *nm* **1.** évanouissement *m* **2.** malaise *m*.
desfasado, da *adj* dépassé(e).
desfase *nm* **1.** décalage *m* **2.** déphasage *m*.
desfavorable *adj* défavorable.
desfavorecido, da *adj* **1.** défavorisé(e) **2.** *(laid)* • **salí muy desfavorecido en la foto** je ne suis pas à mon avantage sur la photo.
desfigurar *vt* défigurer *(un visage)* ; déformer *(un corps, la vérité)*.
desfiladero *nm* défilé *m (en montagne)*.
desfilar *vi* **1.** MIL défiler **2.** *fig* se retirer.
desfile *nm* défilé *m*.
desfogar [16] *vt* décharger *(sa colère, sa mauvaise humeur)* ; donner libre cours à *(ses passions)*. ■ **desfogarse** *vp* se défouler.
desfragmentación, defragmentación *nf* défragmentation *f*.
desgajar *vt* arracher ; couper en quartiers *(une orange)*. ■ **desgajarse** *vp* être arraché(e) ; *(pages d'un livre)* se détacher • **desgajarse de** s'arracher à.
desgana *nf* • **tener desgana** manquer d'appétit • **hacer algo con desgana** faire qqch à contrecœur.
desganado, da *adj* • **estoy desganado a)** je n'ai pas faim **b)** *fig* je n'ai envie de rien.
desgarbado, da *adj* dégingandé(e).
desgarrador, ra *adj* déchirant(e).
desgarrar *vt litt & fig* déchirer. ■ **desgarrarse** *vp* se déchirer • **se me desgarra el corazón** ça me fend le cœur.
desgarro *nm* déchirure *f*.
desgarrón *nm* déchirure *f* • **hizo un desgarrón en la falda** elle a fait un accroc à sa jupe.
desgastar *vt* user. ■ **desgastarse** *vp* s'user ; *fig (personne)* être fatigué(e).
desgaste *nm* usure *f*.
desglosar *vt* **1.** découper **2.** détacher *(un formulaire)* **3.** ventiler *(des frais)*.
desglose *nm* découpage *m* ; ventilation *f (des frais)*.

desgracia *nf* **1.** malheur *m* **2.** malchance *f* • **por desgracia** malheureusement **3.** *fig* • **caer en desgracia** tomber en disgrâce.
desgraciadamente *adv* malheureusement.
desgraciado, da *adj* **1.** malheureux(euse) ; *(événement)* funeste **2.** • **ser desgraciado** ne pas avoir de chance. ❑ *nm, f* **1.** malheureux *m*, -euse *f* **2.** *fig* pauvre homme *m*, pauvre femme *f*.
desgraciar [8] *vt* **1.** abîmer ; gâcher **2.** esquinter **3.** *fig* faire échouer.
desgranar *vt* **1.** égrener *(le maïs, le raisin)* **2.** débiter *(des phrases, des insultes)* ; énumérer *(des avantages, etc)*.
desgravable *adj* déductible *(des impôts)*.
desgravar *vt* dégrever.
desgreñado, da *adj* échevelé(e).
desguace *nm* casse *f (de voitures)*.
deshabitado, da *adj* inhabité(e).
deshabituar [6] *vt* déshabituer. ■ **deshabituarse** *vp* se déshabituer.
deshacer [60] *vt* **1.** défaire **2.** faire fondre **3.** rompre *(un pacte, un contrat)* ; annuler *(une affaire)* ; déjouer *(un plan)* ; dissoudre *(une organisation)* **4.** détruire *(une maison)* ; briser *(un couple)* **5.** *fig* abattre **6.** déchirer *(un livre)* ; dépecer *(du bétail)*. ■ **deshacerse** *vp* **1.** disparaître **2.** se désespérer **3.** *fig* • **deshacerse de** se débarrasser de • **deshacerse en a)** se répandre en *(compliments)* **b)** ne pas tarir de *(éloges)* **c)** se confondre en *(excuses)* • **deshacerse por a)** se mettre en quatre pour **b)** *(être amoureux)* être fou, folle *f* de.
desharrapado, da *adj* déguenillé(e). ❑ *nm, f* clochard *m*, -e *f*.
deshecho, cha *adj* **1.** défait(e) **2.** fondu(e) **3.** *(moteur, machine)* mort(e) **4.** *fig* abattu(e). ■ **deshecho** *pp* → **deshacer**.
desheredar *vt* déshériter.
deshidratado, da *adj* déshydraté(e).
deshidratar *vt* déshydrater. ■ **deshidratarse** *vp* se déshydrater.
deshielo *nm* dégel *m*.
deshilachado, da *adj* effiloché(e).
deshilachar *vt* effilocher.
deshilvanado, da *adj fig (discours, scénario)* décousu(e).
deshinchar *vt* **1.** *(pneu)* dégonfler **2.** *(ballon)* désenfler. ■ **deshincharse** *vp* **1.** *(enflure)* désenfler **2.** *(ballon, pneu)* se dégonfler **3.** *fam & fig (personne pédante, prétentieuse)* s'écraser.
deshojar *vt* **1.** effeuiller **2.** arracher les pages de. ■ **deshojarse** *vp* s'effeuiller.
deshollinar *vt* ramoner.
deshonesto, ta *adj* **1.** malhonnête **2.** *(sans pudeur)* indécent(e).
deshonor, deshonra *nf* déshonneur *m*.
deshonrar *vt* déshonorer.
deshonroso, sa *adj* déshonorant(e).
deshora ■ **a deshora, a deshoras** *loc adv* au mauvais moment ; à n'importe quelle heure • **llegar a deshora** rentrer à une heure indue.
deshuesar *vt* **1.** désosser **2.** dénoyauter.
deshumanizar [13] *vt* déshumaniser. ■ **deshumanizarse** *vp* devenir inhumain(e).
desidia *nf* laisser-aller *m inv*.
desidioso, sa *adj* **1.** négligent(e) **2.** nonchalant(e).
desierto, ta *adj* **1.** désert(e) **2.** *(libre)* • **la vacante queda desierta** le poste reste à pourvoir • **el premio ha quedado desierto** le prix n'a pas été attribué. ■ **desierto** *nm* désert *m*.
designación *nf* désignation *f*.
designar *vt* **1.** désigner **2.** choisir ; fixer *(une date)*.
designio *nm* dessein *m*.
desigual *adj* **1.** inégal(e) ; dépareillé(e) • **un terreno desigual** un terrain accidenté **2.** *(caractère, temps)* changeant(e).
desigualdad *nf* inégalité *f*.
desilusión *nf* désillusion *f* • **llevarse una desilusión con** être très déçu(e) par.
desilusionado, da *adj* **1.** déçu(e) • **estar desilusionado con algo/alguien** être déçu par qqch/qqn **2.** désabusé(e).
desilusionar *vt* **1.** décevoir **2.** désillusionner. ■ **desilusionarse** *vp* être déçu(e) • **¡desilusiónate!** ne te fais pas d'illusions !
desincentivar *vt* décourager.
desincrustar *vt* détartrer *(les canalisations)*.
desindustrialización *nf* désindustrialisation *f*.
desinencia *nf* désinence *f*.
desinfección *nf* désinfection *f*.
desinfectante *adj* désinfectant(e). ❑ *nm* désinfectant *m*.
desinfectar *vt* désinfecter.
desinflamar *vt* désenflammer.
desinflar *vt* **1.** dégonfler **2.** *fig* minimiser **3.** démoraliser. ■ **desinflarse** *vp* **1.** se dégonfler **2.** se démoraliser.
desinformación *nf* désinformation *f*.
desinformar *vi* désinformer.
desinhibido, da *adj* désinhibé(e).
desinhibir *vt* désinhiber. ■ **desinhibirse** *vp* se désinhiber, perdre ses inhibitions.
desinstalar *vt* INFORM désinstaller.
desintegración *nf* **1.** désintégration *f* **2.** éclatement *m (d'un groupe, d'une organisation)*.
desintegrar *vt* désintégrer. ■ **desintegrarse** *vp* se désintégrer.
desinterés *nm* **1.** manque *m* d'intérêt, indifférence *f* **2.** désintéressement *m*.
desinteresadamente *adv* de manière désintéressée.
desinteresado, da *adj* désintéressé(e).
desinteresarse *vp* • **desinteresarse de** ou **por algo** se désintéresser de qqch.

desintoxicación *nf* désintoxication *f*.
desintoxicar [10] *vt* désintoxiquer.
desinvertir *vt* ÉCON désinvestir.
desistimiento *nm* **1.** *(projet)* abandon *m* **2.** DR désistement *m*.
desistir *vi* • **desistir (de hacer algo)** renoncer (à faire qqch).
desleal *adj* déloyal(e).
deslealtad *nf* déloyauté *f*.
desleír [28] *vt* délayer.
deslenguado, da *adj fig (personne)* grossier(ère).
desligar [16] *vt* détacher • **desligar algo (de)** *fig* dissocier qqch (de). ■ **desligarse** *vp* se détacher ; se dégager *(d'une obligation)* • **desligarse de** *fig* se dissocier de • **desligarse de un grupo** prendre ses distances à l'égard d'un groupe.
deslindar *vt* **1.** délimiter **2.** *fig* cerner.
desliz *nm* faux pas *m* ; *fig* dérapage *m* • **cometer un desliz** commettre un impair • **un desliz de juventud** une erreur de jeunesse.
deslizante *adj* glissant(e).
deslizar [13] *vt* glisser. ■ **deslizarse** *vp* **1.** glisser ; *(serpent)* ramper ; *(larmes)* couler **2.** *(s'introduire)* se glisser **3.** *(temps)* passer.
deslocalización *nf* délocalisation *f*.
deslocalizar *vt* délocaliser.
deslomar *vt* esquinter. ■ **deslomarse** *vp fam* s'esquinter.
deslucido, da *adj* **1.** terni(e) **2.** terne.
deslumbrante *adj* éblouissant(e).
deslumbrar *vt litt & fig* éblouir.
desmadejar *vt fig* affaiblir.
desmadrarse *vp fam* délirer.
desmadre *nm fam* bazar *m*.
desmán *nm* **1.** excès *m*, abus *m* **2.** *(gén pl)* malheur *m*.
desmandarse *vp* **1.** n'en faire qu'à sa tête **2.** se rebeller.
desmantelamiento *nm* démantèlement *m*.
desmantelar *vt* démanteler ; *(usine)* désaffecter ; *(voilier)* démâter.
desmaquillador, ra *adj* démaquillant(e).
desmaquillar *vt* démaquiller. ■ **desmaquillarse** *vp* se démaquiller.
desmarcar *vt* SPORT démarquer. ■ **desmarcarse** *vp* SPORT se démarquer.
desmaterializar *vt* dématérialiser.
desmayar *vi* faiblir. ■ **desmayarse** *vp* s'évanouir.
desmayo *nm* **1.** évanouissement *m* **2.** défaillance *f* • **sin desmayo** sans relâche.
desmedido, da *adj* démesuré(e).
desmejorado, da *adj* affaibli(e), diminué(e).
desmejorar *vt* diminuer ; *fig (chose)* ternir. ❑ *vi (personne)* s'affaiblir. ■ **desmejorarse** *vp* **1.** *(personne)* s'affaiblir **2.** *fig (chose)* se détériorer.
desmelenado, da *adj* **1.** déchaîné(e) **2.** décoiffé(e).
desmembrar [19] *vt* démembrer ; faire éclater.
desmemoriado, da *adj* distrait(e) • **ser desmemoriado** ne pas avoir de mémoire. ❑ *nm, f* ingrat *m*, -e *f*.
desmentir [27] *vt* démentir.
desmenuzar [13] *vt* **1.** déchiqueter, réduire en charpie ; émietter *(du pain)* **2.** *fig* éplucher *(les comptes, etc)*.
desmerecer [30] *vt* être indigne de, ne pas mériter • **desmerece la recompensa** il ne mérite pas la récompense. ❑ *vi* perdre • **desmerecer de alguien en algo** être inférieur(e) à qqn en qqch.
desmesura *nf* démesure *f* • **con desmesura** sans modération.
desmesurado, da *adj* démesuré(e).
desmilitarizar [13] *vt* démilitariser.
desminar *vt* déminer.
desmitificar [10] *vt* démythifier.
desmontable *adj* démontable.
desmontar *vt* démonter.
desmoralizado, da *adj* démoralisé(e).
desmoralizador, ra *adj* démoralisant(e).
desmoralizante *adj* démoralisant(e).
desmoralizar [13] *vt* démoraliser. ■ **desmoralizarse** *vp* se démoraliser.
desmoronamiento *nm* éboulement *m*.
desmoronar *vt* **1.** abattre *(un édifice)* ; faire s'ébouler *(des rochers)* **2.** *fig* décourager. ■ **desmoronarse** *vp* **1.** *(édifice)* s'écrouler ; *(rochers)* s'ébouler **2.** *fig (personne, empire)* s'effondrer.
desmotivar *vt* démotiver. ■ **desmotivarse** *vp* perdre sa motivation.
desmovilizar [13] *vt* démobiliser.
desnatado, da *adj* écrémé(e).
desnaturalizado, da *adj* dénaturé(e).
desnivel *nm* **1.** clivage *m*, déséquilibre *m* *(culturel, social)* **2.** dénivellation *f*.
desnivelar *vt* **1.** déséquilibrer ; dérégler *(une balance)* **2.** déniveler. ■ **desnivelarse** *vp* **1.** être dénivelé(e) **2.** *fig* basculer.
desnucar [10] *vt* briser la nuque. ■ **desnucarse** *vp* se rompre le cou.
desnudar *vt* **1.** déshabiller **2.** *fig* dépouiller. ■ **desnudarse** *vp* se déshabiller.
desnudez *nf* nudité *f*.
desnudismo *nm* nudisme *m*.
desnudo, da *adj* nu(e) ; *(arbre, paysage, épaules)* dénudé(e) ; *(décoration, style)* dépouillé(e). ■ **desnudo** *nm* nu *m*.
desnutrición *nf* malnutrition *f*.
desobedecer [30] *vt* désobéir.
desobediencia *nf* désobéissance *f*.
desobediente *adj* désobéissant(e).
desocupación *nf* **1.** chômage *m* **2.** désœuvrement *m* **3.** évacuation *f*.
desocupado, da *adj* **1.** inoccupé(e) **2.** au chômage.

desocupar *vt* **1.** évacuer **2.** libérer.
desodorante *nm* **1.** déodorant *m* **2.** désodorisant *m*.
desoír *vt* ne pas écouter *(un conseil, une recommandation)*.
desolación *nf* **1.** dévastation *f* • **causar desolación** dévaster **2.** désolation *f*.
desolado, da *adj* **1.** *(détruit)* dévasté(e) **2.** *(sans vie)* désolé(e).
desolador, ra *adj (nouvelle)* désolant(e) ; *(spectacle)* affligeant(e).
desolar [80] *vt* **1.** dévaster **2.** désoler.
desorbitado, da *adj* exorbitant(e) • **con los ojos desorbitados** les yeux exorbités.
desorden *nm* désordre *m*.
desordenado, da *adj* **1.** *(personne)* désordonné(e) ; *(pièce, armoire, etc)* en désordre **2.** *fig* déréglé(e).
desordenar *vt* **1.** mettre en désordre, déranger **2.** décoiffer.
desorganización *nf* désorganisation *f*.
desorganizado, da *adj* désorganisé(e), mal organisé(e).
desorganizar [13] *vt* désorganiser.
desorientado, da *adj* **1.** *(dans l'espace)* désorienté(e), perdu(e) **2.** *(confus)* déconcerté(e), désorienté(e).
desorientar *vt litt* & *fig* désorienter. ■ **desorientarse** *vp* être désorienté(e).
despabilar = **espabilar**.
despachar *vt* **1.** vendre *(une marchandise, une entrée)* **2.** servir *(un client)* **3.** *fam* expédier *(un travail, un discours)* ; *fam* engloutir *(un repas)* ; *fam* descendre *(une boisson)* **4.** traiter *(un sujet)* ; régler *(une question)*. ❑ *vi* **1.** *(sur un sujet)* • **despachar con alguien** avoir un entretien avec qqn **2.** *fam* activer. ■ **despacharse** *vp* • **despacharse (con alguien)** se soulager (auprès de qqn).
despacho *nm* **1.** bureau *m* **2.** vente *f* ; *(dans un théâtre)* • **despacho de localidades a)** guichet *m* **b)** *(kiosque)* ≃ bureau *m* de location • **despacho de pan** dépôt *m* de pain **3.** dépêche *f* ; *DR* mandat *m*.
despachurrar, espachurrar *vt fam* écrabouiller.
despacio *adv* lentement.
despampanante *adj fam (fille)* canon.
desparejar *vt* dépareiller.
desparpajo *nm fam* sans-gêne *m inv*.
desparramar *vt* **1.** répandre *(un liquide)* **2.** *fig* dilapider *(de l'argent)*. ■ **desparramarse** *vp (liquide)* se répandre ; *(personnes, bétail)* se disperser.
despatarre *nm* manspreading *m*.
despatarrarse *vp fam* **1.** écarter les jambes **2.** tomber les quatre fers en l'air.
despavorido, da *adj* épouvanté(e).
despecho *nm* dépit *m*.
despechugado, da *adj fam* **1.** *(homme)* torse nu **2.** *(femme)* les seins à l'air **3.** décolleté(e).
despectivo, va *adj* **1.** méprisant(e) • **de manera despectiva** avec mépris **2.** *GRAMM* péjoratif(ive). ■ **despectivo** *nm* forme *f* péjorative.
despedazar [13] *vt* **1.** dépecer **2.** *fig* briser *(moralement)*.
despedida *nf* **1.** *(adieux)* • **la despedida** les adieux **2.** soirée *f* d'adieux.
despedido, da *adj* **1.** *(personne)* licencié(e), renvoyé(e) **2.** *(objet)* • **salir despedido** être éjecté. ■ **despedida** *nf* **1.** *(adieux)* • **la despedida** les adieux **2.** soirée *f* d'adieux • **hacer la despedida de soltero** enterrer sa vie de garçon.
despedir [26] *vt* **1.** faire ses adieux à • **fuimos a despedirlo a la estación** nous sommes allés lui dire au revoir à la gare **2.** renvoyer ; licencier **3.** jeter ; *(sujet : volcan)* cracher **4.** *fig* dégager. ■ **despedirse** *vp* • **despedirse (de) a)** dire au revoir (à) *(quelqu'un)* **b)** dire adieu (à) *(quelque chose)*.
despegado, da *adj fig* distant(e).
despegar [16] *vt* & *vi* décoller. ■ **despegarse** *vp* se décoller • **despegarse de alguien** se détacher de qqn.
despegue *nm* décollage *m*.
despeinado, da *adj* décoiffé(e), mal coiffé(e).
despeinar *vt* décoiffer. ■ **despeinarse** *vp* se décoiffer.
despejado, da *adj* dégagé(e) • **tener la mente despejada** *fig* avoir les idées claires.
despejar *vt* **1.** dégager ; débarrasser *(une table)* **2.** *MATH* déterminer *(une inconnue)*. ■ **despejarse** *vp* **1.** s'éclaircir les idées ; se réveiller **2.** *(temps)* s'éclaircir ; *(ciel)* se dégager.
despeje *nm SPORT* dégagement *m*.
despellejar *vt* **1.** dépouiller *(un animal)* **2.** *fig (critiquer)* • **despellejar a alguien** casser du sucre sur le dos de qqn.
despelotarse *vp fam* **1.** se mettre à poil **2.** *(rire)* • **despelotarse (de risa)** se tordre de rire.
despelote *nm fam* **1.** pagaille *f* **2.** crise *f* de rire.
despenalización *nf* légalisation *f*, dépénalisation *f*.
despenalizar [13] *vt* légaliser, dépénaliser.
despensa *nf* garde-manger *m*.
despeñadero *nm* précipice *m*.
despeñar *vt* précipiter, jeter. ■ **despeñarse** *vp* se précipiter.
desperdiciar [8] *vt* gaspiller ; perdre *(une occasion)*.
desperdicio *nm* gaspillage *m* ; perte *f (de temps)* • **los desperdicios** les déchets.
desperdigar [16] *vt* disperser. ■ **desperdigarse** *vp* se disperser.
desperezarse [13] *vp* s'étirer.
desperfecto *nm* dégât *m* ; défaut *m* • **sufrir desperfectos** être endommagé(e).
despertador *nm (objet)* réveil *m*.

despertar *vt* **1.** réveiller **2.** éveiller *(l'intérêt)* ; provoquer *(l'admiration)*. ❑ *vi* se réveiller. ❑ *nm (action)* réveil *m*. ■ **despertarse** *vp* se réveiller.
despiadado, da *adj* impitoyable.
despido *nm* licenciement *m*.
despiece *nm* dépeçage *m*.
despierto, ta *adj litt & fig* éveillé(e).
despilfarrador, ra *adj & nm,f* gaspilleur(euse).
despilfarrar *vt* gaspiller.
despilfarro *nm* gaspillage *m*.
despintar *vt* délaver.
despistado, da *adj* tête en l'air • **estar despistado** être désorienté. ❑ *nm,f* tête *f* en l'air.
despistar *vt* **1.** égarer ; semer *(la police, etc)* **2.** *fig* désorienter, dérouter. ■ **despistarse** *vp* **1.** s'égarer **2.** *fig* avoir un moment d'inattention.
despiste *nm* **1.** étourderie *f* **2.** faute *f* d'étourderie.
desplante *nm (remarque, etc)* insolence *f*.
desplazado, da *adj fig* • **encontrarse desplazado** ne pas se sentir à sa place.
desplazamiento *nm* déplacement *m*.
desplazar [13] *vt* déplacer • **desplazar a alguien/algo** *fig* supplanter qqn/qqch. ■ **desplazarse** *vp* se déplacer • **tiene que desplazarse cinco kilómetros** il doit faire cinq kilomètres.
desplegable *adj* **1.** dépliant(e) **2.** INFORM déroulant(e) • **menú desplegable** menu *m* déroulant. ❑ *nm* dépliant *m*.
desplegar [35] *vt* **1.** *(gén)* MIL déployer **2.** déplier.
despliegue *nm* déploiement *m*.
desplomarse *vp litt & fig* s'effondrer.
desplome *nm* effondrement *m*.
desplumar *vt litt & fig* plumer.
despoblado, da *adj* dépeuplé(e).
despoblarse *vp* **1.** se dépeupler, se vider **2.** *(crâne)* se dégarnir.
despojar *vt* • **despojar a alguien de algo** dépouiller qqn de qqch. ■ **despojarse** *vp* • **despojarse de a)** se dépouiller de *(ses biens, ses vêtements)* **b)** se priver de *(manger)*.
despojo *nm* dépouillement *m*. ■ **despojos** *nmpl* **1.** restes *mpl* **2.** abats *mpl* ; abattis *mpl* **3.** dépouille *f* (mortelle).
despolitizar [13] *vt* dépolitiser.
desposar *vt* marier. ■ **desposarse** *vp* se marier.
desposeer [50] *vt* • **desposeer a alguien de algo** déposséder qqn de qqch.
desposeído, da *adj* **1.** démuni(e) **2.** • **desposeído de** privé de.
desposorios *nmpl sout* **1.** fiançailles *fpl* **2.** noces *fpl*.
déspota *nmf litt & fig* despote *m*.
despotismo *nm* despotisme *m*.
despotricar [10] *vi* • **despotricar (contra)** *fam* pester (contre).
despreciable *adj* **1.** méprisable **2.** négligeable, insignifiant(e).
despreciar [8] *vt* **1.** mépriser **2.** rejeter.
desprecio *nm* mépris *m*.
desprender *vt* **1.** détacher ; décoller **2.** dégager *(une odeur)* ; diffuser *(de la lumière)*. ■ **desprenderse** *vp* **1.** se détacher ; se décoller **2.** *fig (déduire de)* • **de sus palabras se desprende que...** ses paroles laissent entendre que... **3.** *(se libérer de)* • **desprenderse de** se défaire de.
desprendido, da *adj* généreux(euse), désintéressé(e).
desprendimiento *nm* **1.** détachement *m* • **desprendimiento de retina** décollement *m* de la rétine **2.** *fig* générosité *f*.
despreocupadamente *adv* **1.** avec insouciance **2.** négligemment.
despreocupado, da *adj* insouciant(e). ❑ *nm,f* insouciant *m*, -e *f* • **es un despreocupado en el vestir** il s'habille n'importe comment.
despreocuparse *vp* • **despreocuparse de a)** ne plus penser à *(quelque chose)* **b)** négliger *(quelqu'un, un commerce)*.
desprestigiar [8] *vt* discréditer.
desprestigio *nm* discrédit *m*.
despresurización *nf* AÉRON dépressurisation *f*.
desprevenido, da *adj* • **coger** ou **pillar desprevenido** prendre au dépourvu • **estar desprevenido** ne pas s'attendre à qqch.
desprolijo, ja *adj* (AMÉR) peu soigneux(euse).
desproporción *nf* disproportion *f*.
desproporcionado, da *adj* disproportionné(e).
despropósito *nm* absurdité *f*, bêtise *f*.
desprotegido, da *adj* non protégé(e).
desprovisto, ta *adj* • **desprovisto de** dépourvu de.

después

■ **después** *adv*

1. INDIQUE LA POSTÉRIORITÉ DANS LE TEMPS
après • **te lo diré después** je te le dirai après *ou* plus tard • **poco después** peu après • **años después** des années après • **el año después** l'année d'après • **dos días después** deux jours plus tard • **¿qué pasó después?** qu'est-ce qui s'est passé ensuite ? • **llamé primero y después entré** j'ai sonné, puis je suis entré

2. INDIQUE LA POSTÉRIORITÉ DANS L'ESPACE
• **dos filas después** deux rangs plus loin

■ **después de** *loc prép*

1. INDIQUE LA POSTÉRIORITÉ DANS LE TEMPS
après • **llegó después de ti** il est arrivé après toi • **después de hablar con él te lo podré confirmar** je pourrai te le confirmer

après avoir parlé avec lui • **después de comer** après le déjeuner
2. INDIQUE UN POINT DE DÉPART DANS LE TEMPS
une fois • **después de hechos los cálculos** une fois les calculs faits • **después de cerrada la ventana** une fois la fenêtre fermée

■ después de que *loc conj*

INDIQUE LA POSTÉRIORITÉ DANS LE TEMPS
après que • **después de que lo hice** après que je l'ai fait • **después de que hubiese hablado** après qu'il eut parlé

■ después de todo *loc adv*

TOUT COMPTE FAIT
après tout • **después de todo no tiene mayor importancia** après tout, ce n'est pas si important que ça

despuntar *vt* épointer. ❑ *vi* **1.** bourgeonner ; éclore **2.** *fig (personne)* • **despuntar entre/por** se distinguer de/par • **no despunta por su inteligencia** il ne brille pas par son intelligence **3.** poindre.
desquiciado, da *adj (personne)* bouleversé(e), perturbé(e) • **tener a alguien desquiciado** mettre qqn hors de lui, faire sortir qqn de ses gonds.
desquiciar [8] *vt* **1.** dégonder **2.** *fig* détraquer, perturber ; *fig* rendre fou, folle *f*, faire sortir de ses gonds.
desquitarse *vp* • **desquitarse de** se venger de, prendre sa revanche sur.
desquite *nm* revanche *f*.
desratizar [13] *vt* dératiser.
desregulación *nf* **1.** *(de marché)* dérégulation *f*, déréglementation *f* **2.** *(de mécanisme)* déréglage *m*.
desregular *vt* **1.** *(marché)* déréguler, déréglementer **2.** *(mécanisme)* dérégler.
destacable *adj* **1.** *(fait)* remarquable **2.** *(figure, personnalité)* marquant(e).
destacado, da *adj (fait)* remarquable ; *(figure, personnalité)* marquant(e).
destacamento *nm* MIL détachement *m*.
destacar [10] *vt* **1.** souligner, faire remarquer • **cabe destacar que…** il convient de souligner que... **2.** MIL détacher. ❑ *vi* ressortir. **■ destacarse** *vp* • **destacarse (de/por)** se distinguer (de/par).
destajo *nm (contrat)* forfait *m* • **a destajo a)** à la pièce **b)** au forfait **c)** *fig* d'arrache-pied.
destapar *vt* **1.** ouvrir *(une bouteille, etc)* **2.** découvrir *(un lit, un meuble, etc)*. **■ destaparse** *vp* **1.** *(se déshabiller)* se découvrir **2.** *fig* se montrer sous son vrai jour.
destartalado, da *adj* **1.** *(maison, meuble)* délabré(e) ; *(voiture, appareil)* déglingué(e) *fam* **2.** dépareillé(e).
destello *nm* **1.** éclat *m* ; scintillement *m* **2.** *fig* lueur *f*.
destemplado, da *adj* **1.** fiévreux(euse) **2.** désaccordé(e) **3.** *(temps)* maussade **4.** *(caractère, etc)* emporté(e) **5.** *(voix, ton)* aigre.
desteñir *vt* • **desteñir algo** déteindre sur qqch. ❑ *vi* déteindre ; ternir. **■ desteñirse** *vp* **1.** déteindre **2.** ternir.
desternillante *adj fam* tordant(e).
desternillarse *vp fam* • **desternillarse de risa** se tordre de rire.
desterrar [19] *vt* **1.** exiler **2.** *fig* chasser **3.** *fig* bannir.
destetar *vt* sevrer.
destiempo ■ a destiempo *loc adv* à contretemps.
destierro *nm* exil *m*.
destilación *nf* distillation *f*.
destilar *vt* **1.** distiller **2.** suinter. ❑ *vi* suinter, goutter.
destilería *nf* distillerie *f*.
destinar *vt* destiner ; adresser *(une lettre)* ; affecter • **destinar a alguien a a)** affecter qqn à **b)** envoyer qqn à.
destinatario, ria *nm,f* destinataire *mf*.
destino *nm* **1.** destin *m* **2.** destination *f* • **con destino a** à destination de **3.** affectation *f*, poste *m*.
destitución *nf* destitution *f*.
destituir [51] *vt* destituer.
destornillador *nm* **1.** tournevis *m* **2.** vodka-orange *f*.
destornillar *vt* dévisser.
destreza *nf (habileté)* adresse *f*.
destripar *vt fam* spoiler.
destripe *nm fam* spoiler *m*.
destronar *vt litt & fig* détrôner.
destrozar [13] *vt* **1.** mettre en pièces ; abîmer, détériorer ; détruire **2.** *fig* briser.
destrozo *nm* dégât *m* • **ocasionar grandes destrozos** faire de gros dégâts.
destrucción *nf* destruction *f*.
destructor, ra *adj* destructeur(trice). **■ destructor** *nm* destroyer *m*.
destruir [51] *vt* détruire ; démolir *(un argument, un projet)*.
desubicar *vt* **(AMÉR)** désorienter. **■ desubicarse** *vp* **(AMÉR)** se perdre.
desunir *vt* **1.** séparer **2.** *fig* désunir, diviser.
desuso *nm* désuétude *f* • **caer en desuso** tomber en désuétude • **estar en desuso** ne plus être utilisé(e).
desvaído, da *adj* **1.** *(couleur)* pâle, passé(e) **2.** *(regard)* vague ; *(forme, contour)* flou(e).
desvalido, da *adj & nm,f* démuni(e).
desvalijar *vt* dévaliser.
desván *nm* grenier *m*.
desvanecer [30] *vt* dissiper. **■ desvanecerse** *vp* **1.** *(gén)* se dissiper **2.** *(personne)* s'évanouir.
desvanecimiento *nm* évanouissement *m*.
desvariar [9] *vi* délirer, divaguer.

desvarío *nm* **1.** *(parole)* absurdité *f*; *(geste)* folie *f* **2.** délire *m*.

desvelar *vt* **1.** *(café, thé)* empêcher de dormir **2.** dévoiler *(une nouvelle, un secret)*. ■ **desvelarse** *vp* **1.** • **desvelarse por hacer algo** se donner du mal pour faire qqch **2.** (AMÉR) se coucher tard.

desvelo *nm* **1.** insomnie *f* **2.** effort *m*.

desvencijado, da *adj* **1.** *(meuble)* disloqué(e) **2.** *(mécanisme)* détraqué(e) **3.** *(maison, véhicule)* délabré(e).

desventaja *nf* désavantage *m*.

desventura *nf* malheur *m*.

desventurado, da *adj & nm,f* malheureux(euse).

desvergonzado, da *adj & nm,f* effronté(e).

desvergüenza *nf* **1.** effronterie *f* **2.** insolence *f*.

desvestir [26] *vt* dévêtir. ■ **desvestirse** *vp* se dévêtir.

desviación *nf* déviation *f*.

desviar [9] *vt* **1.** détourner ; dévier *(une balle, un tir, la circulation)* ; dérouter *(un bateau)* **2.** éluder *(une question)*. ■ **desviarse** *vp* dévier, changer de route • **desviarse de tema** faire une digression • **desviarse de propósito** changer de cap.

desvincular *vt* • **desvincular a alguien de una obligación** dégager qqn d'une obligation. ■ **desvincularse** *vp* • **desvincularse de a)** se détacher de *(ses amis)* **b)** se dégager de *(ses responsabilités)*.

desvío *nm* **1.** déviation *f* **2.** *fig* désaffection *f*, froideur *f*.

desvirtuar [6] *vt* dénaturer.

desvivirse *vp* • **desvivirse (por alguien/algo)** se dépenser sans compter pour qqn/qqch • **desvivirse por hacer algo** mourir d'envie de faire qqch.

detallar *vt* détailler.

detalle *nm* **1.** détail *m* • **con detalle** en détail • **entrar en detalles** entrer dans les détails **2.** attention *f* • **tener un detalle** avoir une délicate attention. ■ **al detalle** *loc adv* au détail.

detallista *adj* pointilleux(euse). ❑ *nmf* COMM détaillant *m*, -e *f*.

detección *nf* détection *f*.

detectar *vt* détecter.

detective *nmf* détective *mf*.

detector, ra *adj* détecteur(trice). ■ **detector** *nm* détecteur *m* • **detector de mentiras** détecteur de mensonges.

detención *nf* arrestation *f*.

detener [72] *vt* **1.** arrêter **2.** retenir. ■ **detenerse** *vp* **1.** s'arrêter **2.** s'attarder.

detenidamente *adv* attentivement.

detenido, da *adj* **1.** approfondi(e) **2.** *(arrêté)* • **estar detenido** être en état d'arrestation. ❑ *nm,f* détenu *m*, -e *f*.

detenimiento ■ **con detenimiento** *loc adv* avec attention.

detentar *vt* **1.** *(record)* détenir **2.** s'emparer de • **detentar el poder** s'emparer du pouvoir.

detergente *nm* lessive *f*; détergent *m*.

deteriorar *vt* détériorer. ■ **deteriorarse** *vp* *fig* se détériorer, se dégrader.

deterioro *nm* détérioration *f*.

determinación *nf* détermination *f* • **tomar una determinación** prendre une résolution.

determinado, da *adj* **1.** certain(e) • **en determinados casos** dans certains cas **2.** déterminé(e).

determinante *adj* déterminant(e). ❑ *nm* déterminant *m*.

determinar *vt* **1.** déterminer ; fixer *(une date)* **2.** être à l'origine de • **determinar algo/hacer algo** décider qqch/de faire qqch. ■ **determinarse** *vp* • **determinarse a hacer algo** se résoudre à faire qqch.

determinismo *nm* déterminisme *m*.

detestable *adj* détestable.

detestar *vt* détester.

detonación *nf* *(bruit)* détonation *f*; *(action)* • **proceder a la detonación de algo** faire exploser qqch.

detonador *nm* détonateur *m*.

detonar *vi* détoner.

detractor, ra *adj & nm,f* détracteur(trice).

detrás *adv* **1.** derrière • **siéntate detrás** assieds-toi derrière • **tus amigos vienen detrás** tes amis nous suivent **2.** après, ensuite • **primero entró él y detrás ella** il est entré le premier et elle après lui. ■ **detrás de** *loc prép* **1.** derrière • **detrás de la puerta** derrière la porte • **estar detrás de algo** être derrière qqch **2.** par-derrière • **decir algo detrás de alguien** dire qqch dans le dos de qqn. ■ **por detrás** *loc adv* par derrière • **hablar de alguien por detrás** parler de qqn dans son dos.

detrimento *nm* • **causar detrimento** faire des dégâts • **en detrimento de** au détriment de.

detrito *nm* détritus *m*. ■ **detritos** *nmpl* détritus *mpl*.

deuda *nf* dette *f* • **deuda pública** dette publique.

deudor, ra *adj & nm,f* débiteur(trice).

devaluación *nf* dévaluation *f*.

devaluar [6] *vt* dévaluer. ■ **devaluarse** *vp* se dévaluer.

devanar *vt* dévider. ■ **devanarse** *vp* *fam* • **devanarse los sesos** se creuser la cervelle.

devaneos *nmpl* **1.** divagations *fpl* **2.** amourettes *fpl*.

devastador, ra *adj* dévastateur(trice).

devastar *vt* dévaster.

devoción *nf* *fig* RELIG dévotion *f*.

devocionario *nm* missel *m*.

devolución *nf* **1.** retour *m* **2.** restitution *f* *(de courrier)*, retour *m* à l'expéditeur **3.** remboursement *m*.

devolver [24] *vt* **1.** rendre **2.** rembourser **3.** renvoyer, retourner *(une lettre, un paquet)* **4.** redonner *(de l'éclat)* **5.** remettre *(à sa place)*. ❑ *vi* rendre.
devorar *vt litt & fig* dévorer.
devoto, ta *adj* **1.** dévot(e) **2.** • **ser muy devoto (de alguien)** être un fervent admirateur (de qqn) **3.** de dévotion • **una imagen devota** une image pieuse. ❑ *nm,f* **1.** adepte *mf* **2.** dévot *m*, -e *f*.
devuelto, ta *pp* → **devolver**.
deyección *nf* **1.** GÉOL déjection *f* **2.** *(MÉD - action)* déjection *f* ; *(- excréments)* déjections *fpl*.
dg (abrév de **decigramo**) dg.
di *(etc)* → **dar** → **decir**.
día *nm* **1.** jour *m* • **me voy el día ocho** je pars le huit • **¿a qué día estamos?** quel jour sommes-nous ? • **al día siguiente** le lendemain • **a plena luz del día** en plein jour • **día y noche** jour et nuit • **a 60 días vista** à 60 jours de vue • **el día de hoy/de mañana** aujourd'hui/demain • **hoy en día** de nos jours • **todos los días** tous les jours • **un día sí y otro no** un jour sur deux • **día de pago** jour de paie • **día festivo** jour férié • **día hábil ou laborable ou de trabajo** jour ouvrable • **de día en día** de jour en jour • **del día** du jour • **menú del día** plat du jour • **pan del día** du pain frais **2.** *(temps, espace de temps)* journée *f* • **un día lluvioso** une journée pluvieuse • **todo el (santo) día** toute la (sainte) journée **3.** fête *f* • **día de los Inocentes** ≃ 1er avril • **el día de la madre** la fête des Mères • **el día de San Juan** la Saint-Jean **4.** *fig* • **mañana será otro día** demain, il fera jour • **poner algo al día** mettre qqch à jour • **poner alguien al día** mettre qqn au courant • **un día es un día** une fois n'est pas coutume • **vivir al día** vivre au jour le jour. ■ **días** *nmpl* **1.** vie *f* • **pasar sus días haciendo algo** passer sa vie à faire qqch **2.** époque *f* • **en mis días** à mon époque, de mon temps. ■ **buen día** *interj* (AMÉR) • **¡buen día!** bonjour ! ■ **buenos días** *interj* • **¡buenos días!** bonjour !
diabetes *nf inv* MÉD diabète *m*.
diabético, ca *adj & nm,f* diabétique.
diablo *nm* diable *m*. ■ **diablos** *fam nmpl* • **¿dónde/cómo diablos…?** où/comment diable… ? ❑ *interj* • **¡diablos!** diable !
diablura *nf* diablerie *f*.
diabólico, ca *adj litt & fig* diabolique.
diacrítico *nm* signe *m* diacritique.
diadema *nf* **1.** serre-tête *m* **2.** diadème *m*.
diáfano, na *adj* **1.** diaphane **2.** *fig* limpide.
diafragma *nm* diaphragme *m*.
diagnosticar [10] *vt* diagnostiquer.
diagnóstico *nm* diagnostic *m*.
diagonal *adj* diagonal(e). ❑ *nf* diagonale *f*.
diagrama *nm* diagramme *m*.
dial *nm* cadran *m (de téléphone)*.
dialectal *adj* dialectal(e).
dialéctico, ca *adj* PHILO dialectique.
dialecto *nm* dialecte *m*.
diálisis *nf inv* dialyse *f*.
dialogar [16] *vi* dialoguer.
diálogo *nm* dialogue *m*.
diamante *nm* diamant *m*. ■ **diamantes** *nmpl (aux cartes)* carreau *m*.
diametralmente *adv* diamétralement.
diámetro *nm* diamètre *m*.
diana *nf* **1.** *(cible)* • **hacer diana** faire mouche **2.** réveil *m (à la caserne)*.
diapasón *nm* diapason *m*.
diapositiva *nf* diapositive *f*.
diariamente *adv* tous les jours, quotidiennement.
diario, ria *adj* quotidien(enne) ; journalier(ère) • **a diario** tous les jours • **ropa de diario** vêtements de tous les jours. ■ **diario** *nm* journal *m*.
diarrea *nf* diarrhée *f*.
diáspora *nf* diaspora *f*.
dibujante *nmf* dessinateur *m*, -trice *f*.
dibujar *vt & vi* dessiner.
dibujo *nm* dessin *m* • **dibujo lineal ou técnico** dessin industriel • **dibujos animados** dessins animés.
dic., dic (abrév de **diciembre**) déc. • **25 dic. 2005** 25 déc. 2005.
dicción *nf* diction *f*.
diccionario *nm* dictionnaire *m*.
dice → **decir**.
dicha *nf* **1.** bonheur *m* **2.** chance *f*.
dicharachero, ra *adj fam* blagueur(euse).
dicho, cha *adj* ce, cette • **o mejor dicho** ou plutôt • **dicho y hecho** aussitôt dit aussitôt fait. ■ **dicho** *pp* → **decir**. ❑ *nm* dicton *m*.
dichoso, sa *adj* **1.** heureux(euse) **2.** *(valeur emphatique)* maudit(e).
diciembre *nm* décembre *m*. Voir aussi **septiembre**.
dicotomía *nf* dichotomie *f*.
dictado *nm* dictée *f*.
dictador, ra *nm,f* dictateur *m*.
dictadura *nf* dictature *f*.
dictáfono® *nm* Dictaphone® *m*.
dictamen *nm* **1.** opinion *f* • **dar un dictamen** donner un avis **2.** rapport *m*.
dictaminar *vt* **1.** *(expert)* estimer, juger **2.** *(médecin)* conclure à.
dictar *vt* **1.** dicter **2.** prononcer *(une phrase, un jugement)* ; promulguer *(une loi, un décret)*.
dictatorial *adj* dictatorial(e).
didáctico, ca *adj* didactique.
diecinueve *adj num inv* dix-neuf • **el siglo diecinueve** le dix-neuvième siècle. ❑ *nm inv* dix-neuf *m inv*. Voir aussi **seis**.
dieciocho *adj num inv* dix-huit • **el siglo dieciocho** le dix-huitième siècle. ❑ *nm inv* dix-huit *m inv*. Voir aussi **seis**.

dieciséis *adj num inv* seize • **el siglo dieciséis** le seizième siècle. ❑ *nm inv* seize *m inv.* Voir aussi **seis**.
diecisiete *adj num inv* dix-sept • **el siglo diecisiete** le dix-septième siècle. ❑ *nm inv* dix-sept *m inv.* Voir aussi **seis**.
diente *nm* dent *f* • **diente de leche** dent de lait • **hablar entre dientes** parler entre ses dents. ■ **diente de ajo** *nm* gousse *f* d'ail.
diera → **dar**.
diéresis *nf inv* tréma *m.*
dieron *(etc)* → **dar**.
diésel *adj* diesel.
diestro, tra *adj* **1.** adroit(e) **2.** droitier(ère) • **a diestro y siniestro** *fig* à tort et à travers.
dieta *nf* régime *m.* ■ **dietas** *nfpl* indemnités *fpl* • **dietas por desplazamiento** frais *mpl* de déplacement.
dietario *nm* livre *m* de comptes.
dietético, ca *adj* diététique. ■ **dietética** *nf* diététique *f.*
dietista *nmf* **(AMÉR)** nutritionniste *mf.*
diez *adj num inv & nm inv* dix. Voir aussi **seis**.
difamación *nf* diffamation *f.*
difamar *vt* diffamer.
difamatorio, ria *adj* diffamatoire.
diferencia *nf* **1.** différence *f* **2.** différend *m.*
diferencial *adj* différentiel(elle) ; distinctif(ive). ❑ *nm* différentiel *m.*
diferenciar [8] *vt* différencier ; reconnaître *(les couleurs, les lettres)* • **diferenciar lo bueno de lo malo** distinguer le bien et le mal. ■ **diferenciarse** *vp* **1.** *(être différent)* • **diferenciarse (de)** se différencier (de) **2.** se distinguer.
diferente *adj* différent(e) • **diferente de ou a** différent de. ❑ *adv* différemment.
diferido ■ **en diferido** *loc adv* en différé.
diferir [27] *vt* différer. ❑ *vi* • **diferir (de)** différer (de) • **difiero de ti en opiniones** nous n'avons pas les mêmes opinions.
difícil *adj* difficile • **difícil de hacer** difficile à faire.
difícilmente *adv* difficilement • **algo difícilmente imaginable** une chose difficile à imaginer.
dificultad *nf* difficulté *f* • **con dificultades** en difficulté • **pasar dificultades** connaître des moments difficiles.
dificultar *vt* rendre difficile.
dificultoso, sa *adj* difficile.
difteria *nf* diphtérie *f.*
difuminar *vt* estomper *(une couleur)* ; dissiper *(une odeur)* ; assourdir *(un son)*.
difundir *vt* diffuser ; répandre *(une nouvelle)*. ■ **difundirse** *vp* **1.** se diffuser ; *(nouvelle)* se répandre ; *(épidémie)* se propager **2.** être diffusé(e).
difunto, ta *adj & nm,f* défunt(e).
difusión *nf* diffusion *f.*
difuso, sa *adj* diffus(e).
difusor, ra *adj* de diffusion. ❑ *nm,f* diffuseur *m,* -euse *f.*
diga → **decir**.
digerir [27] *vt litt & fig* digérer.
digestión *nf* digestion *f.*
digestivo, va *adj* digestif(ive).
digital *adj* **1.** digital(e) **2.** numérique.
digitalización *nf* numérisation *f.*
digitalizar *vt* numériser.
digitar *vt* **(AMÉR)** *(au clavier)* saisir.
dígito *nm* chiffre *m.*
dignarse *vp* • **dignarse hacer algo** daigner faire qqch.
dignatario, ria *nm,f* dignitaire *m.*
dignidad *nf* dignité *f.*
dignificar [10] *vt* rendre digne.
digno, na *adj* • **digno (de)** digne (de).
digo → **decir**.
digresión *nf* digression *f.*
dijera *(etc)* → **decir**.
dilación *nf* délai *m* • **sin dilación** sans plus attendre.
dilapidar *vt* dilapider.
dilatación *nf* dilatation *f.*
dilatar *vt* **1.** dilater **2.** faire durer.
dilema *nm* dilemme *m.*
diletante *adj & nmf* dilettante.
diligencia *nf* **1.** *(soin)* application *f* **2.** *(rapidité)* • **con diligencia** rapidement **3.** démarche *f* *(auprès de quelqu'un)* **4.** *(véhicule)* diligence *f.*
diligente *adj* appliqué(e).
dilucidar *vt* élucider.
diluir [51] *vt* diluer. ■ **diluirse** *vp* se diluer.
diluviar [8] *v impers* pleuvoir à torrents.
diluvio *nm* déluge *m.*
dimensión *nf* dimension *f.*
diminutivo *nm* diminutif *m.*
diminuto, ta *adj* tout petit, toute petite *f,* minuscule.
dimisión *nf* démission *f* • **presentar la dimisión** présenter sa démission.
dimitir *vi* • **dimitir (de)** démissionner (de).
dimos → **dar**.
Dinamarca *npr* Danemark *m.*
dinámico, ca *adj* dynamique. ■ **dinámica** *nf* dynamique *f.*
dinamismo *nm* dynamisme *m.*
dinamita *nf* dynamite *f.*
dinamitar *vt* dynamiter.
dinamo, dínamo *nf* dynamo *f.*
dinastía *nf* dynastie *f.*
dineral *nm fam* fortune *f.*
dinero *nm* argent *m* • **dinero contante y sonante** espèces *fpl* sonnantes et trébuchantes • **dinero negro ou sucio** argent sale • **dinero público** fonds *mpl* publics • **andar bien de dinero** être en fonds • **un hombre de dinero** un homme riche.

dinosaurio *nm* dinosaure *m*.
dintel *nm* linteau *m*.
dio → **dar**.
diócesis *nf inv* diocèse *m*.
dioptría *nf* dioptrie *f*.
dios, **osa** *nm, f* dieu *m*, déesse *f* • **todo dios** *fam* tout le monde. ■ **Dios** *nm* Dieu • **a Dios gracias** grâce à Dieu • **a la buena de Dios** au petit bonheur la chance • **¡Dios mío!** mon Dieu ! • **¡por Dios!** je t'en/vous en prie ! • **¡vaya por Dios!** nous voilà bien !
diploma *nm* diplôme *m*.
diplomacia *nf* diplomatie *f*.
diplomado, **da** *adj & nm, f* diplômé(e).
diplomar *vt* diplômer. ■ **diplomarse** *vp* obtenir son diplôme • **diplomarse en periodismo** obtenir son diplôme de journalisme.
diplomático, **ca** *adj* diplomatique. ❑ *nm, f* diplomate *mf*.
díptico *nm* **1.** brochure *f* **2.** ART diptyque *m*.
diptongo *nm* diphtongue *f*.
diputación *nf* **1.** conseil *m* **2.** députation *f* • **diputación provincial** ≃ conseil *m* général.
diputado, **da** *nm, f* député *m*, -e *f*.
dique *nm* **1.** digue *f* **2.** dock *m*.
dir. (abrév de **dirección**) dir. • **después del peaje tomar dir. Vigo** après le péage, prendre la dir. de Vigo.
Dir. (abrév de **director**) Dir. • **dir. Gral.** Dir. Gén.
dirá → **decir**.
dirección *nf* **1.** direction *f* ; sens *m* • **dirección prohibida** sens interdit • **dirección única** sens unique • **dirección asistida** direction assistée • **dirección comercial/general** direction commerciale/générale • **en dirección a** en direction de **2.** adresse *f*. ■ **Dirección General de Tráfico** *nf organisme chargé de la circulation routière, dépendant du ministère de l'Intérieur espagnol*.
direccional *adj* directionnel(elle). ■ **direccionales** *nmpl* (AMÉR) AUTO clignotants *mpl*.
direccionar *vt* INFORM adresser.
directamente *adv* directement.
directivo, **va** *adj* directeur(trice) ; de direction. ❑ *nm, f* dirigeant *m*, -e *f*. ■ **directiva** *nf* **1.** direction *f* **2.** directive *f*.
directo, **ta** *adj* direct(e). ■ **directo** *nm* direct *m*. ❑ *adv* tout droit, directement. ■ **directa** *nf* cinquième vitesse *f (dernière vitesse)*. ■ **en directo** *loc adv* en direct.
director, **ra** *nm, f* directeur *m*, -trice *f* • **director de cine** réalisateur *m* • **director de escena ou teatro** metteur *m* en scène • **director de orquesta** chef *m* d'orchestre • **director general** president-directeur *m* général.
directorio *nm* répertoire *m*.
directriz *nf* directrice *f*. ■ **directrices** *nfpl* directives *fpl*.
diría → **decir**.
dirigente *adj & nmf* dirigeant(e).
dirigible *nm* dirigeable *m*.
dirigir [15] *vt* **1.** diriger **2.** mettre en scène *(une pièce de théâtre)* ; réaliser *(un film)* **3.** adresser *(un mot, une lettre)* **4.** *(conseiller)* guider **5.** • **dirigir algo a** consacrer qqch à. ■ **dirigirse** *vp* • **dirigirse a ou hacia** se diriger vers • **dirigirse a alguien** s'adresser à qqn.
discapacidad *nf* handicap *m*.
discapacitado, **da** *adj & nm, f* handicapé(e).
discar [10] *vt* (AMÉR) composer *(un numéro de téléphone)*.
discernimiento *nm* discernement *m*.
discernir [21] *vt* discerner.
disciplina *nf* discipline *f*.
disciplinado, **da** *adj* discipliné(e).
disciplinario, **ria** *adj* disciplinaire.
discípulo, **la** *nm, f* disciple *mf*.
disc-jockey (*pl* **disc-jockeys**) *nm, f* disc-jockey *mf*.
disco *nm* **1.** disque *m* • **disco compacto** disque compact • **disco de larga duración** trente-trois-tours *m* • **disco duro/flexible** disque dur/souple **2.** feu *m* • **disco rojo** feu rouge.
discografía *nf* discographie *f*.
discográfico, **ca** *adj* discographique. ■ **discográfica** *nf* (ESP) maison *f* de disques.
disconforme *adj* • **estar disconforme con** ne pas être d'accord avec, être en désaccord avec.
disconformidad *nf* désaccord *m*.
discontinuidad *nf* discontinuité *f*.
discontinuo, **nua** *adj* discontinu(e).
discordancia *nf* discordance *f*, désaccord *m*.
discordante *adj* discordant(e).
discordia *nf* discorde *f*.
discoteca *nf* discothèque *f*.
discreción *nf* discrétion *f*. ■ **a discreción** *loc adv* à volonté.
discrecional *adj* spécial(e).
discrepancia *nf* divergence *f*.
discrepar *vi* diverger • **discrepar de** être en désaccord avec.
discreto, **ta** *adj* **1.** discret(ète) **2.** modéré(e).
discriminación *nf* discrimination *f*.
discriminar *vt* discriminer.
discriminatorio, **ria** *adj* discriminatoire.
disculpa *nf* excuse *f* • **pedir disculpas** présenter ses excuses.
disculpar *vt* excuser. ■ **disculparse** *vp* • **disculparse (de ou por algo)** s'excuser (de qqch).
discurrir *vi* **1.** *(temps, vie)* s'écouler ; *(cérémonie, séance)* se dérouler **2.** réfléchir.
discurso *nm* discours *m*.
discusión *nf* discussion *f*.
discutible *adj* discutable.
discutir *vi* **1.** se disputer **2.** *(converser)* • **discutir de ou sobre** discuter de. ❑ *vt* • **discutir algo** discuter de qqch.
disecar [10] *vt* disséquer.
disección *nf* dissection *f*.
diseminar *vt* disséminer.

disensión *nf* dissension *f*.
disentir [27] *vi* ne pas être d'accord.
diseñador, ra *nm,f* dessinateur *m*, -trice *f*, designer *m* • **diseñador de modas** créateur *m* • **diseñador gráfico** concepteur *m* graphique.
diseñar *vt* **1.** dessiner **2.** concevoir.
diseño *nm* **1.** dessin *m* **2.** conception *f* • **de diseño** design • **diseño asistido por ordenador** conception *f* assistée par ordinateur *(CAO)* • **diseño gráfico** conception graphique.
disertación *nf* dissertation *f*.
disertar *vi* disserter.
disfraz *nm* déguisement *m* • **de disfraces** costumé(e).
disfrazar [13] *vt* déguiser. ■ **disfrazarse** *vp* • **disfrazarse (de)** se déguiser (en).
disfrutar *vi* **1.** s'amuser **2.** • **disfrutar de a)** bénéficier de *(confort)* **b)** jouir de *(bonne santé, faveur)*. ❑ *vt* • **disfrutar algo** profiter de qqch.
disfunción *nf* dysfonctionnement *m*.
disgregar [16] *vt* **1.** disperser **2.** *(roche)* désagréger. ■ **disgregarse** *vp* **1.** *(famille, manifestation)* se disperser **2.** *(roche)* se désagréger **3.** *(empire)* se morceler.
disgustado, da *adj* **1.** fâché(e), énervé(e) **2.** contrarié(e).
disgustar *vt* déplaire. ■ **disgustarse** *vp* se fâcher, s'énerver.
disgusto *nm* **1.** contrariété *f* • **dar un disgusto** contrarier • **llevarse un disgusto** être contrarié(e) **2.** ennui *m* • **estar a disgusto** être mal à l'aise **3.** *(dispute)* • **tener un disgusto con alguien** s'accrocher avec qqn.
disidente *adj & nmf* dissident(e).
disimular *vt* dissimuler, cacher. ❑ *vi* faire l'innocent(e) ; faire comme si de rien n'était.
disimulo *nm* dissimulation *f* • **con disimulo** en cachette.
disipar *vt* dissiper. ■ **disiparse** *vp* se dissiper.
diskette = **disquete**.
dislexia *nf* dyslexie *f*.
dislocación *nf* déboîtement *m*.
dislocar [10] *vt* démettre. ■ **dislocarse** *vp* se démettre.
disminución *nf* diminution *f* ; baisse *f (des températures, des salaires, etc)*.
disminuir [51] *vt & vi* diminuer.
disociar *vt* dissocier.
disolución *nf* **1.** dissolution *f* **2.** *(mélange)* solution *f*.
disoluto, ta *adj* dissolu(e).
disolvente *adj* dissolvant(e). ❑ *nm* dissolvant *m*.
disolver [24] *vt* dissoudre. ■ **disolverse** *vp* se dissoudre ; *(manifestation)* se disperser.
disonante, dísono, na *adj* dissonant(e), discordant(e).
disparar *vt* lancer *(une flèche, son dard)*. ❑ *vi* tirer. ■ **dispararse** *vp* **1.** *(arme à feu)* partir **2.** s'emporter **3.** *(prix)* s'envoler.
disparatado, da *adj* **1.** absurde **2.** extravagant(e) • **¡qué ideas más disparatadas!** quelles drôles d'idées !
disparate *nm* **1.** bêtise *f* **2.** drôle d'idée *f* **3.** fortune *f* • **costar un disparate** coûter une fortune.
disparidad *nf* disparité *f*.
disparo *nm* **1.** coup *m* de feu **2.** tir *m*.
dispensar *vt* **1.** excuser **2.** rendre *(les honneurs)* ; réserver *(un accueil)* ; donner *(son aide)*. ❑ *vi* • **dispensar de** dispenser de.
dispensario *nm* dispensaire *m*.
dispersar *vt* disperser. ■ **dispersarse** *vp* se disperser.
dispersión *nf* **1.** *(gén)* PHYS dispersion *f* **2.** désordre *m*.
disperso, sa *adj* dispersé(e).
disponer [65] *vt* **1.** disposer • **disponer lo necesario para** prendre ses dispositions pour **2.** *(prescrire)* • **disponer algo a)** *(sujet : personne)* décider de qqch **b)** *(sujet : loi)* stipuler qqch. ❑ *vi* • **disponer de** disposer de. ■ **disponerse** *vp* • **disponerse a** s'apprêter à.
disponibilidad *nf* disponibilité *f*.
disponible *adj* disponible.
disposición *nf* disposition *f* • **a disposición de** à la disposition de • **tener disposición para** avoir des dispositions pour • **estar ou hallarse en disposición de** être en état de.
dispositivo *nm* dispositif *m* • **dispositivo intrauterino** stérilet *m*.
dispuesto, ta *adj* prêt(e) • **estar dispuesto a algo/a hacer algo** être prêt à qqch/à faire qqch • **ser muy dispuesto** avoir de bonnes dispositions. ■ **dispuesto** *pp* → **disponer**.
disputa *nf* dispute *f*.
disputar *vt* • **disputar algo** se disputer qqch • **disputar algo** discuter de qqch.
disruptivo, va *adj* de rupture • **tecnologías disruptivas** technologies disruptives *ou* de rupture.
distancia *nf* distance *f* • **a distancia** à distance • **se saludaron a distancia** ils se sont salués de loin • **de larga distancia** international(e).
distanciar [8] *vt* éloigner ; *(dans une compétition)* distancer. ■ **distanciarse** *vp* s'éloigner, prendre ses distances.
distante *adj* **1.** éloigné(e) • **no está muy distante** ce n'est pas très loin **2.** *(froid)* distant(e).
distar *vi (se trouver)* • **ese sitio dista varios kilómetros de aquí** cet endroit est à plusieurs kilomètres d'ici • **distar de** *fig* être loin de.
diste *(etc)* → **dar**.
distender [20] *vt* distendre ; détendre *(une corde, l'atmosphère)*.
distendido, da *adj* décontracté(e).
distinción *nf* distinction *f* • **a distinción de** à la différence de.
distinguido, da *adj* **1.** éminent(e) **2.** distingué(e).

distinguir [17] *vt* distinguer • **distinguir con** décorer de. ■ **distinguirse** *vp* se distinguer.
distintivo, va *adj* distinctif(ive). ■ **distintivo** *nm* **1.** badge *m* **2.** signe *m* distinctif.
distinto, ta *adj* différent(e). ■ **distintos, tas** *adj pl* plusieurs.
distorsión *nf* **1.** entorse *f* **2.** distorsion *f* *(d'images, de sons)*.
distorsionar *vt* déformer.
distracción *nf* distraction *f*.
distraer [73] *vt* distraire. ■ **distraerse** *vp* **1.** se distraire **2.** être distrait(e) ; se déconcentrer • **distraerse un momento** avoir un moment d'inattention.
distraído, da *adj* **1.** amusant(e) **2.** distrait(e). ❑ *nm,f* étourdi *m*, -e *f*.
distribución *nf* distribution *f*.
distribuidor, ra *adj* qui distribue ; de distribution. ❑ *nm,f* distributeur *m*, -trice *f* • **distribuidor exclusivo** représentant *m* exclusif. ■ **distribuidor** *nm* distributeur *m*.
distribuir [51] *vt* distribuer. ■ **distribuirse** *vp* se répartir.
distributivo, va *adj* distributif(ive).
distrito *nm* district *m* ; *SCOL* académie *f* • **distrito postal** secteur *m* postal.
distrofia *nf MÉD* dystrophie *f*.
disturbio *nm* troubles *mpl*, émeute *f*.
disuadir *vt* dissuader.
disuasión *nf* dissuasion *f*.
disuasivo, va *adj* dissuasif(ive).
disuelto, ta *pp* → **disolver**.
DIU (abrév de dispositivo intrauterino) *nm* stérilet *m* • **insertar un DIU** poser un stérilet.
diurético, ca *adj* diurétique. ■ **diurético** *nm* diurétique *m*.
diurno, na *adj* diurne.
divagar [16] *vi* **1.** *(dévier)* • **divagar sobre** se perdre en considérations sur **2.** errer **3.** divaguer.
diván *nm* divan *m*.
divergencia *nf litt & fig* divergence *f*.
divergente *adj* divergent(e).
divergir [15] *vi litt & fig* diverger.
diversidad *nf* diversité *f*.
diversificación *nf* diversification *f*.
diversificar [10] *vt* diversifier. ■ **diversificarse** *vp* se diversifier.
diversión *nf* distraction *f*.
diverso, sa *adj* différent(e) ; divers(e). ■ **diversos, sas** *adj pl* plusieurs.
divertido, da *adj* amusant(e), drôle.
divertimiento, divertimento *nm* divertissement *m*.
divertir [27] *vt* amuser. ■ **divertirse** *vp* s'amuser ; se divertir.
dividendo *nm* dividende *m*.
dividir *vt* **1.** diviser **2.** couper en morceaux **3.** partager. ■ **dividirse** *vp* se répartir • **dividirse en** *(être composé de)* se diviser en.
divinidad *nf* divinité *f*.
divino, na *adj* **1.** divin(e) **2.** *fig* merveilleux(euse) ; *(goût, repas)* exquis(e).
divisa *nf (gén pl)* **1.** devise *f* (étrangère) **2.** insigne *m*.
divisar *vt* apercevoir.
divisible *adj* divisible.
división *nf* **1.** *(gén) MIL & SPORT* division *f* **2.** *fig* discorde *f* • **hubo división de opiniones** les avis ont été partagés.
divisor *nm* diviseur *m*.
divo, va *nm,f* **1.** chanteur *m* d'opéra, diva *f* **2.** *fig* vedette *f*.
divorciado, da *adj & nm,f* divorcé(e).
divorciar [8] *vt* **1.** prononcer le divorce de **2.** *fig* séparer *(deux choses)*. ■ **divorciarse** *vp* divorcer.
divorcio *nm litt & fig* divorce *m*.
divulgación *nf* **1.** divulgation *f* **2.** vulgarisation *f*.
divulgar [16] *vt* **1.** divulguer ; propager *(une rumeur)* **2.** vulgariser.
divulgativo, va *adj* de vulgarisation.
d. JC. = **d. de JC.**.
dl (abrév de decilitro) dl.
dm (abrév de decímetro) dm.
DNI (abrév de documento nacional de identidad) *nm carte d'identité espagnole* ; ≃ CNI *f* • **tramitar el DNI** faire les démarches nécessaires pour obtenir sa carte d'identité.
Dña. (abrév de Doña) Mme *(Madame)* *(lorsque 'doña' est suivi d'un prénom seulement, il ne se traduit pas en français)* • **Dña. María (García López)** María (García López).
do *nm* do *m*.
dobladillo *nm* ourlet *m*.
doblado, da *adj* **1.** plié(e) **2.** doublé(e).
doblaje *nm* doublage *m*.
doblar *vt* **1.** *(gén, NAUT) CINÉ* doubler **2.** plier **3.** tordre **4.** *(tourner)* • **doblar la esquina** tourner au coin de la rue **5.** *fig (frapper)* • **doblar a alguien a palos** rouer qqn de coups. ❑ *vi* **1.** tourner **2.** *(cloches)* • **doblar (a muerto)** sonner le glas. ■ **doblarse** *vp* • **doblarse a** ou **ante algo a)** plier sous ou se soumettre à qqch **b)** *(demande)* accéder à qqch.
doble *adj* double • **de doble sentido** à double sens • **doble «l»** deux « l » • **tiene doble número de habitantes** elle a deux fois plus d'habitants • **doble de ancho que...** deux fois plus large que.... ❑ *nmf* **1.** double *m*, sosie *m* **2.** doublure *f*. ❑ *nm* double *m* • **gana el doble que yo** elle gagne deux fois plus que moi. ❑ *adv* double • **ver doble** voir double • **trabajar doble** travailler deux fois plus. ■ **dobles** *nm inv* double *m*.

doblegar [16] *vt* **1.** plier **2.** faire fléchir. ■ **doblegarse** *vp* • **doblegarse a** se plier à • **doblegarse ante/bajo** fléchir devant/sous.
doblez *nm* pli *m*. ❑ *nm ou nf fig* duplicité *f*.
doce *adj num inv* douze • **las doce a)** midi **b)** minuit. ❑ *nm inv* douze *m inv*. Voir aussi **seis**.
doceavo, va *adj num* douzième.
docena *nf* douzaine *f* • **por docenas a)** à la douzaine **b)** *(en quantité)* beaucoup.
docencia *nf* enseignement *m*.
docente *adj* enseignant(e) ; d'enseignement. ❑ *nmf* enseignant *m*, -e *f*.
dócil *adj* docile ; *(enfant)* facile.
docilidad *nf* docilité *f*.
docto, ta *adj & nm,f* savant(e).
doctor, ra *nm,f* docteur *m* • **doctor en a)** docteur en **b)** docteur ès.
doctorado *nm* doctorat *m*.
doctorando, da *nm,f* doctorant *m*, -e *f*.
doctorar *vt* • **doctorar a alguien** délivrer un doctorat à qqn.
doctrina *nf* doctrine *f*.
documentación *nf* **1.** documentation *f* **2.** papiers *mpl*.
documentado, da *adj* documenté(e) • **ir documentado** avoir ses papiers sur soi.
documental *adj* documentaire. ❑ *nm* documentaire *m*.
documentalista *nmf* documentaliste *mf*.
documentar *vt* **1.** documenter ; fournir des documents à l'appui de **2.** informer. ■ **documentarse** *vp* se documenter.
documento *nm* **1.** document *m* • **documento nacional de identidad** carte *f* nationale d'identité **2.** témoignage *m*.
dogma *nm* dogme *m*.
dogmático, ca *adj* dogmatique.
dogmatismo *nm* dogmatisme *m*.
dólar *nm* dollar *m*.
dolencia *nf* douleur *f*.
doler [24] *vi* **1.** faire mal • **me duele la pierna** ma jambe me fait mal • **me duele la cabeza** j'ai mal à la tête **2.** faire de la peine, faire du mal • **me duele verte llorar** ça me fait de la peine de te voir pleurer. ■ **dolerse** *vp* • **dolerse de** *ou* **por a)** se plaindre de **b)** regretter de **c)** être affligé(e) par.
dolido, da *adj* meurtri(e).
dolmen *nm* dolmen *m*.
dolor *nm* douleur *f* • **dolor de muelas** rage *f* de dents • **tener dolor de cabeza/de estómago** avoir des maux de tête/d'estomac • **tener dolor de barriga/de riñones** avoir mal au ventre/ aux reins.
dolorido, da *adj* **1.** endolori(e) **2.** peiné(e).
doloroso, sa *adj* douloureux(euse).
domador, ra *nm,f* dompteur *m*, -euse *f*.
domar *vt* **1.** dompter *(un fauve, une passion)* **2.** dresser *(une personne, un animal)*.
domesticar [10] *vt* **1.** domestiquer *(un animal)* **2.** apprivoiser *(une personne)*.
doméstico, ca *adj* **1.** ménager(ère) **2.** domestique.
domiciliación *nf* domiciliation *f* • **domiciliación bancaria** domiciliation (bancaire).
domiciliar [8] *vt* payer par virement bancaire.
domicilio *nm* domicile *m* • **domicilio social** siège *m* social.
dominador, ra *adj* dominateur(trice).
dominante *adj* dominant(e) ; dominateur(trice).
dominar *vt* dominer ; maîtriser. ■ **dominarse** *vp* se dominer, se maîtriser.
domingo *nm* dimanche *m*. Voir aussi **sábado**.
dominguero, ra *fam adj* du dimanche. ❑ *nm,f* • **conduce como un dominguero** c'est un vrai conducteur du dimanche.
dominical *adj* dominical(e).
dominicano, na *adj* dominicain(e). ❑ *nm,f* Dominicain *m*, -e *f*.
dominio *nm* **1.** domination *f* • **el dominio de los Austrias** l'empire d'Autriche **2.** pouvoir *m* • **el dominio de la Iglesia** le pouvoir de l'Église **3.** *(territoire, univers)* domaine *m* **4.** maîtrise *f (des connaissances)*. ■ **dominios** *nmpl* territoires *mpl*.
dominó *nm* **1.** dominos *mpl* **2.** domino *m*.
domótica *nf* domotique *f*.
don *nm* **1.** *(titre)* • **don Luis García, don Luis** monsieur Luis García, monsieur García **2.** don *m* • **tener el don de los idiomas** avoir le don des langues • **tener el don de los negocios** avoir le sens des affaires.
donación *nf* don *m* ; DR donation *f*.
donaire *nm* **1.** grâce *f* ; allure *f* ; esprit *m* **2.** mot *m* d'esprit.
donante *nmf* donateur *m*, -trice *f* ; donneur *m*, -euse *f*.
donar *vt* faire don de.
donativo *nm* don *m*.
doncella *nf* **1.** damoiselle *f* **2.** bonne *f*.
donde *adv* où • **el bolso está donde lo dejaste** le sac est là où tu l'as laissé • **de ou desde donde** d'où • **pasaré por donde me manden** je passerai par où on me dira de passer. ❑ *pron* où • **ésa es la casa donde nací** c'est la maison où je suis né • **de donde** d'où • **la ciudad de donde viene** la ville d'où il vient • **ése es el camino por donde pasamos** c'est le chemin par lequel nous sommes passés. ■ **de donde** *loc adv* d'où.
dónde *adv (interrogatif)* où • **¿dónde estás?** où es-tu ? • **no sé dónde está** je ne sais pas où il est • **¿a dónde vas?** où vas-tu ? • **¿de dónde eres?** d'où es-tu ? • **¿por dónde se va al teatro?** par où va-t-on au théâtre ?
dondequiera ■ **dondequiera que** *loc adv* où que • **dondequiera que estés** où que tu sois.
donjuán, don Juan *nm fam* don Juan *m*.

donostiarra *adj & nmf* de Saint-Sébastien.
doña *nf* • **doña Luisa García, doña Luisa** madame Luisa García, Luisa.
Doñana *npr* • **coto de Doñana** *parc national espagnol situé dans la province de Huelva*.
dopado, da *adj* dopé(e).
dopaje, doping *nm* dopage *m*.
dopar *vt* doper. ■ **doparse** *vp* se doper.
doping = **dopaje**.
doquier ■ **por doquier** *loc adv* partout.
dorado, da *adj* **1.** doré(e) **2.** *fig* d'or. ■ **dorada** *nf* daurade *f*.
dorar *vt* **1.** dorer **2.** faire revenir ; faire dorer **3.** enjoliver. ■ **dorarse** *vp* dorer.
dormilón, ona *fam adj (dormeur)* • **es un niño dormilón** c'est un enfant qui dort beaucoup. ❑ *nm, f* marmotte *f*. ■ **dormilona** *nf* (AMÉR) chemise *f* de nuit.
dormir [25] *vt* endormir • **dormir la siesta** faire la sieste. ❑ *vi* dormir. ■ **dormirse** *vp* **1.** s'endormir • **dormirse en los laureles** s'endormir sur ses lauriers **2.** s'engourdir • **se me ha dormido la mano** j'ai la main tout engourdie.
dormitar *vi* somnoler.
dormitorio *nm* chambre *f* (à coucher) ; dortoir *m*.
dorsal *adj* dorsal(e). ❑ *nm* dossard *m*.
dorso *nm* dos *m* • **'véase al dorso'** 'voir au dos'.
dos *adj num inv* deux • **cada dos por tres** à tout bout de champ. ❑ *nm inv* deux *m*. Voir aussi **seis**.
DOS (abrév de **disk operating system**) *nm* DOS *m*.
doscientos, tas *adj num inv* deux cents. Voir aussi **seiscientos**.
dosificar [10] *vt* **1.** doser **2.** *fig* peser.
dosis *nf inv litt & fig* dose *f*.
dossier [do'sjer] (*pl* **dossiers** *ou* **dossieres**) *nm* dossier *m*.
dotación *nf* **1.** dotation *f* **2.** personnel *m*.
dotado, da *adj* • **dotado para** doué pour • **dotado de** équipé de.
dotar *vt* doter • **dotar algo de a)** équiper qqch de **b)** fournir le personnel nécessaire à • **dotar a alguien de** *fig* douer qqn de.
dote *nm ou nf* dot *f*. ■ **dotes** *nfpl* qualités *fpl* • **tener dotes de** être doué(e) pour.
dpto. (abrév de **departamento**) dép. *(département)*.
Dr. (abrév de **doctor**) Dr.
Dra. (abrév de **doctora**) Dr.
draconiano, na *adj fig* draconien(enne).
dragar [16] *vt* draguer.
dragón *nm* dragon *m*.
drama *nm* drame *m* • **hacer un drama** *fig* faire tout un cirque • **hacer un drama de algo** *fig* faire un drame de qqch.
dramático, ca *adj litt & fig* dramatique.
dramatizar [13] *vt* dramatiser ; adapter *(une œuvre, un poème)*.
dramaturgo, ga *nm, f* dramaturge *m*.
dramón *nm fam* mélo *m*.
drástico, ca *adj* **1.** radical(e) **2.** draconien(enne), drastique.
drenaje *nm* drainage *m*.
drenar *vt* drainer.
driblar *vt* dribbler.
dribling *nm* FOOTBALL dribble *m*.
droga *nf* drogue *f*.
drogadicción *nf* toxicomanie *f*.
drogadicto, ta *adj & nm, f* toxicomane.
drogar [16] *vt* droguer. ■ **drogarse** *vp* se droguer.
drogata *adj & nmf fam* toxico, camé(e).
drogodependencia *nf* toxicodépendance *f*.
droguería *nf* droguerie *f*.
dromedario *nm* dromadaire *m*.
drugstore [droɣes'tor] (*pl* **drugstores**) *nm* drugstore *m*.
dto. (abrév de **descuento**) • **un 10% (de) dto.** 10% de remise *ou* de réduction.
dual *adj* dual(e).
dualidad *nf* dualité *f*.
Dublín *npr* Dublin.
ducado *nm* **1.** duché *m* **2.** ducat *m*.
ducha *nf* douche *f* • **tomar ou darse una ducha** prendre une douche.
duchar *vt* doucher. ■ **ducharse** *vp* se doucher.
duda *nf* doute *m* • **no cabe duda** il n'y a pas de doute • **salir de dudas** en avoir le cœur net • **sin duda** sans doute.
dudar *vi* **1.** *(ne pas avoir confiance)* • **dudar de** douter de **2.** *(ne pas être sûr)* • **dudar sobre** avoir des doutes sur **3.** hésiter. ❑ *vt* douter • **dudo que venga** je doute qu'il vienne • **lo dudo** j'en doute.
dudoso, sa *adj* **1.** *(improbable)* • **es dudoso que...** il n'est pas certain que... **2.** hésitant(e) **3.** douteux(euse).
duelo *nm* **1.** duel *m* **2.** deuil *m*.
duende *nm* **1.** lutin *m* **2.** *fig* charme *m*.
dueño, ña *nm, f* propriétaire *mf*.
Duero *nm* • **el Duero** le Douro.
dulce *adj* **1.** doux, douce *f* **2.** sucré(e). ❑ *nm* **1.** gâteau *m* **2.** bonbon *m* • **dulce de membrillo** pâte *f* de coings. ■ **dulces** *nmpl* sucreries *fpl*, friandises *fpl*.
dulcificar [10] *vt* **1.** sucrer **2.** *fig* adoucir.
dulzura, dulzor *nf* douceur *f*.
duna *nf* dune *f*.
dúo *nm* duo *m* • **a dúo** en duo.
duodécimo, ma *adj num* douzième.
duodeno *nm* duodénum *m*.
dúplex *nm inv* duplex *m*.
duplicado, da *adj* en double exemplaire. ■ **duplicado** *nm* duplicata *m* • **por duplicado** en double exemplaire.
duplicar [10] *vt* **1.** doubler **2.** faire un double de. ■ **duplicarse** *vp* doubler • **se ha duplicado el precio** le prix a doublé.

duplicidad *nf* **1.** *(de choses)* doublement *m* **2.** *(caractère)* duplicité *f.*
duque, esa *nm,f* duc *m*, duchesse *f.*
durabilidad *nf* durabilité *f.*
duración *nf* durée *f.*
duradero, ra *adj* durable.
durante *prép* pendant • **durante las vacaciones** pendant les vacances • **durante toda la semana** toute la semaine.
durar *vi* durer ; persister.
durazno *nm* **(AMÉR)** pêche *f.*
dureza *nf* **1.** dureté *f* **2.** durillon *m.*
duro, ra *adj* dur(e) • **ser duro de pelar** être un dur à cuire. ■ **duro** *nm* **1.** *(monnaie)* • **un duro** cinq pesetas **2.** dur *m.* ❑ *adv* dur • **trabajar duro** travailler dur • **pegar duro** frapper fort.
DVD (abrév de disco versátil digital) *nm (disco)* DVD *m* ; *(aparato)* lecteur *m* de DVD.
DVR (abrév de digital video recorder) *nm* DVR *m.*
d/v (abrév de días vista) • **giro a 15 d/v a la orden del Banco Popular** virement à 15 jours à l'ordre du Banco Popular.

E

e[1], **E** [e] *nf* e *m inv*, E *m inv.*
e[2] *conj* (**e** *à la place de* **y** *devant des mots qui commencent par* **i** *ou* **hi**) et.
EA (abrév de Eusko Alkartasuna) *nf parti politique basque né d'une scission du PNV.*
ebanista *nmf* ébéniste *mf.*
ebanistería *nf* **1.** ébénisterie *f* **2.** atelier *m* d'ébéniste.
ébano *nm* ébène *f.*
ebrio, bria *adj litt & fig* ivre.
Ebro *nm* • **el Ebro** l'Èbre *m.*
ebullición *nf* ébullition *f.*
eccema *nm* eczéma *m.*

echar

■ **echar** *vt*

1. LANCER, JETER QQCH
• **echó un hueso al perro** il a jeté un os au chien • **échame la pelota** lance-moi la balle • **la carne está mala, échala a la basura** la viande est avariée, jette-la à la poubelle • **los pescadores echaron las redes** les pêcheurs ont lancé les filets

2. DÉPOSER QQCH DANS UN ENDROIT DÉTERMINÉ
• **eché la carta al buzón** j'ai posté la lettre • **echar azúcar en el café** mettre du sucre dans son café

3. FERMER
• **echar la llave** fermer à clé • **echar el cerrojo** fermer le verrou

4. DÉGAGER QQCH
• **echar vapor/chispas** faire de la vapeur/des étincelles • **echar humo** fumer • **echar lágrimas** verser des larmes

5. METTRE QQN À LA PORTE
• **lo han echado del colegio** il a été exclu du collège • **la empresa ha echado a catorce empleados** l'entreprise a licencié quatorze employés

6. IMPOSER UNE PEINE
• **le echaron diez años de prisión** il a été condamné à dix ans de prison

7. DONNER DE LA NOURRITURE
• **fue a echar comida a las gallinas** il est allé donner à manger aux poules • **¿qué os han echado hoy de comer?** qu'est-ce qu'on vous a servi à manger aujourd'hui ?

8. PRODUIRE QQCH, EN PARLANT D'UN ORGANISME
• **los rosales echan flores** les rosiers fleurissent • **echar los dientes** faire ses dents

9. *fam* AU CINÉMA, À LA TÉLÉVISION
passer • **¿qué echan en el cine de al lado?** qu'est-ce qui passe au cinéma d'à côté ?

10. *fam* AU THÉÂTRE
jouer • **en el Zorilla echan un vodevil** au théâtre Zorrilla, on joue un vaudeville

11. *fam* FAIRE UNE SUPPOSITION
• **¿cuántos años me echas?** quel âge tu me donnes ? • **¿qué precio le echas?** ça a coûté combien, d'après toi ?

12. DANS DES EXPRESSIONS
• **echar abajo** abattre • **echar cuentas** faire des comptes • **echo de menos aquella época** je regrette cette époque • **echo de menos a mis hijos** mes enfants me manquent • **las lluvias echaron a perder la cosecha** les pluies ont abîmé la récolte • **echó a perder todos nuestros planes** il a gâché tous nos projets • **echar las cartas** tirer les cartes • **echar el freno de mano** mettre le frein à main

■ **echar a** *v + prép*

COMMENCER À RÉALISER UNE ACTION
se mettre à • **echó a correr** il s'est mis à courir

■ **echar por** *v + prép*

fam SUIVI D'UN COMPLÉMENT DE LIEU
• **echar por el camino de la izquierda** prendre le chemin à gauche

■ **echarse** *vp*

1. S'ÉTENDRE QUELQUE PART
s'allonger • **estoy agotado, me voy a echar un ratito** je suis épuisé, je vais m'allonger un moment

2. SE PRÉCIPITER VERS QQ CHOSE OU QQN
se jeter • **al vernos se nos echó encima** quand il nous a vus, il s'est jeté sur nous • **los niños se echaron sobre el pastel** les enfants se sont jetés sur le gâteau
3. DANS DES EXPRESSIONS
• **echarse a un lado** se pousser • **me eché atrás para que pasaran** j'ai reculé pour leur permettre de passer • **¡ahora ya no te puedes echar atrás!** désormais, tu ne peux plus changer d'avis ! • **toda la comida se ha echado a perder** toute la nourriture s'est abîmée • **con la lluvia la fiesta se echó a perder** la fête a été gâchée par la pluie

■ **echarse a** *vp + prép*
COMMENCER À RÉALISER UNE ACTION
se mettre à • **se echó a llorar** il s'est mis à pleurer

echarpe *nm* écharpe *f.*
ecléctico, ca *adj & nm,f* éclectique.
eclesiástico, ca *adj* ecclésiastique. ■ **eclesiástico** *nm* ecclésiastique *m.*
eclipsar *vt* **1.** éclipser **2.** *fig* faire de l'ombre à.
eclipse *nm* éclipse *f.*
eco *nm* écho *m* • **hacerse eco de** se faire l'écho de. ■ **eco del radar** *nm* écho-radar *m.*
ecobalance *nm* écobilan *m.*
ecobarrio *nm* écoquartier *m.*
ecociudadano, na *adj* écocitoyen(enne) • **gestos ecociudadanos** des gestes écocitoyens.
ecoetiqueta *nf* écolabel *m*, label *m* écologique.
ecografía *nf* échographie *f.*
ecología *nf* écologie *f.*
ecológico, ca *adj* écologique.
ecologismo *nm* écologisme *m.*
ecologista *adj & nmf* écologiste.
economato *nm* économat *m.*
economía *nf* économie *f* • **economía sumergida** économie parallèle.
económico, ca *adj* **1.** économique • **sirven comidas económicas** on sert des repas à bas prix **2.** économe. ■ **económicas** *nfpl* sciences *fpl* économiques.
economista *nmf* économiste *mf.*
economizar [13] *vt litt & fig* économiser.
ecosistema *nm* écosystème *m.*
ecotasa *nf* écotaxe *f.*
ecoterrorismo *nm* écoterrorisme *m.*
ecoturismo *nm* écotourisme *m.*
ecuación *nf* équation *f.*
ecuador *nm* équateur *m.*
Ecuador *npr* • **(el) Ecuador** l'Équateur *m.*
ecuánime *adj* **1.** impartial(e) **2.** d'humeur égale.
ecuanimidad *nf* **1.** impartialité *f* **2.** égalité *f* d'humeur.
ecuatorial *adj* équatorial(e).
ecuatoriano, na *adj* équatorien(enne). ❑ *nm,f* Équatorien *m*, -enne *f.*
ecuestre *adj* équestre.
edad *nf* âge *m* • **¿qué edad tienes?** quel âge as-tu ? • **una persona de edad** une personne âgée • **edad del pavo** âge ingrat • **edad escolar** âge scolaire • **Edad Media** Moyen Âge • **tercera edad** troisième âge.
edelweiss [eðel'βais] *nm inv* edelweiss *m.*
edén *nm litt & fig* éden *m.*
edición *nf* édition *f* • **edición de bolsillo** édition de poche • **edición electrónica** édition électronique.
edicto *nm* édit *m.*
edificante *adj* édifiant(e).
edificar [10] *vt* **1.** construire **2.** édifier.
edificio *nm* **1.** bâtiment *m* **2.** immeuble *m.*
edil *nm* conseiller *m* municipal, conseillère *f* municipale.
Edimburgo *npr* Édimbourg.
editar *vt* éditer.
editor, ra *adj* éditeur(trice). ❑ *nm,f* **1.** éditeur *m*, -trice *f* **2.** réalisateur *m*, -trice *f.* ■ **editor** *nm* éditeur *m* de textes.
editorial *adj* éditorial(e). ❑ *nm* éditorial *m.* ❑ *nf* maison *f* d'édition.
editorialista *nmf* éditorialiste *mf.*
edredón *nm* édredon *m* • **edredón (nórdico)** couette *f.*
educación *nf* éducation *f* • **recibió una buena educación en esa escuela** il a reçu une bonne éducation dans cette école • **¡qué poca educación!** qu'il est mal élevé ! • **educación física** éducation physique.
educado, da *adj* bien élevé(e) • **mal educado** mal élevé.
educador, ra *nm,f* éducateur *m*, -trice *f.*
educar [10] *vt* éduquer ; élever.
educativo, va *adj* éducatif(ive).
edulcorante *adj* édulcorant(e). ❑ *nm* édulcorant *m.*
edulcorar *vt* édulcorer.
EE (abrév de Euskadiko Ezkerra) *nm parti politique basque de gauche.*
EE. UU., EE.UU. (abrév de Estados Unidos) *npr* USA *mpl.*
efebo *nm sout* éphèbe *m.*
efectivamente *adv* effectivement.
efectividad *nf* effet *m.*
efectivo, va *adj* **1.** positif(ive) **2.** réel(elle) • **hacer efectivo a)** mettre à exécution *(une menace, un plan, une promesse)* **b)** réaliser *(un rêve)* **c)** exaucer *(un souhait)* **d)** payer *(un crédit).* ■ **efectivo** *nm* liquidités *fpl*, avoirs *mpl* en liquide • **no tengo efectivo** je n'ai pas de liquide • **en efectivo** en espèces. ■ **efectivos** *nmpl* effectifs *mpl.*
efecto *nm* **1.** effet *m* • **efecto invernadero** effet de serre • **efecto óptico** illusion *f* d'optique • **efectos especiales** effets spéciaux • **efectos**

secundarios effets secondaires • **efecto 2000** bogue *m* de l'an 2000 **2.** trucage *m* **3.** but *m* • **a efecto de** dans le but de • **a efectos de, para los efectos de** pour. ■ **en efecto** *loc adv* en effet. ■ **efectos personales** *nmpl* effets *mpl* personnels.

efectuar [6] *vt* effectuer. ■ **efectuarse** *vp* avoir lieu.

efeméride *nf* date *f* anniversaire. ■ **efemérides** *nfpl* éphéméride *f*.

efervescencia *nf litt* & *fig* effervescence *f*.

efervescente *adj* effervescent(e).

eficacia *nf* efficacité *f*.

eficaz *adj* efficace.

eficiencia *nf* efficacité *f*.

eficiente *adj* efficace.

efigie *nf* effigie *f*.

efímero, ra *adj* éphémère.

efluvio *nm* effluve *m*.

efusión *nf* effusion *f*.

efusivo, va *adj* expansif(ive).

egipcio, cia *adj* égyptien(enne). ❑ *nm, f* Égyptien *m*, -enne *f*.

Egipto *npr* Égypte *f* • **el Egipto antiguo** l'Égypte ancienne.

ego *nm* ego *m inv*.

egocéntrico, ca *adj* & *nm, f* égocentrique.

egocentrismo *nm* égocentrisme *m*.

egoísmo *nm* égoïsme *m*.

egoísta *adj* & *nmf* égoïste.

ególatra *adj* égotiste.

egresado, da *nm, f* **(AMÉR)** diplômé *m*, -e *f*.

egresar *vi* **(AMÉR)** obtenir son diplôme.

egreso *nm* **(AMÉR)** diplôme *m*.

eh *interj* • **¡eh!** hé !

ej. (abrév de ejemplo) ex.

eje *nm* **1.** axe *m* **2.** NAUT arbre *m* ; NAUT essieu *m*.

ejecución *nf* exécution *f*.

ejecutable *adj* exécutable.

ejecutar *vt* exécuter.

ejecutivo, va *adj* exécutif(ive) • **la secretaría ejecutiva** le secrétariat de direction. ❑ *nm, f* cadre *mf* • **ejecutivo agresivo** jeune cadre dynamique. ■ **ejecutivo** *nm* exécutif *m*.

ejecutor, ra *nm, f* exécuteur *m*, -trice *f*.

ejem *interj* • **¡ejem!** hum !

ejemplar *adj* exemplaire. ❑ *nm* exemplaire *m*.

ejemplaridad *nf* exemplarité *f*.

ejemplificar [10] *vt* illustrer (par des exemples) ; donner des exemples de.

ejemplo *nm* exemple *m* • **por ejemplo** par exemple.

ejercer [11] *vt* exercer. ❑ *vi* exercer • **ejercer de** exercer la profession de.

ejercicio *nm* exercice *m*.

ejercitar *vt* exercer. ■ **ejercitarse** *vp* • **ejercitarse (en algo)** s'exercer (à qqch).

ejército *nm litt* & *fig* armée *f*.

ejote *nm* **(AMÉR)** haricot *m* vert.

el, la (*mpl* **los**, *fpl* **las**) *art (devant un nom féminin singulier qui commence par **a** ou **ha** tonique : **el** ; a + el = **al** ; de + el = **del**)* **1.** le, la • **el libro/la casa** le livre/la maison • **el amor/la vida** l'amour/la vie • **el agua/hacha/águila** l'eau/la hache/l'aigle • **los niños imitan a los adultos** les enfants imitent les adultes • **el Sena/Everest** la Seine/l'Everest • **¡ahora con ustedes, el inigualable Pérez!** et voici l'inégalable Pérez ! • **prefiero el grande** je préfère le grand **2.** *(indique l'appartenance)* • **se rompió la pierna** il s'est cassé la jambe • **se quitó los zapatos** il a enlevé ses chaussures **3.** *(avec les jours de la semaine)* • **vuelven el sábado** ils reviennent samedi prochain **4.** *(devant la préposition **de**)* • **el de** celui de, celle de • **he perdido el tren, cogeré el de las doce** j'ai raté mon train, je prendrai celui de midi • **mi hermano y el de Juan** mon frère et celui de Juan **5.** *(devant **que**)* • **el que a)** celui qui, celle qui **b)** celui que, celle que • **el que primero llegue…** celui qui arrivera le premier… • **coge el que quieras** prends celui que tu voudras.

él, ella *pron pers* il, elle ; lui, elle • **él se llama Juan** il s'appelle Juan • **el culpable es él** c'est lui le coupable • **díselo a él/ella** dis-le-lui • **voy con ella** je vais avec elle • **le hablé de él** je lui ai parlé de lui • **de él/ella** à lui/elle.

elaborar *vt* **1.** élaborer, mettre au point **2.** fabriquer.

elasticidad *nf* **1.** élasticité *f (d'un muscle, d'un tissu)* **2.** souplesse *f (dans le sport, dans le caractère)*.

elástico, ca *adj litt* & *fig* élastique. ■ **elástico** *nm* élastique *m*. ■ **elásticos** *nmpl* bretelles *fpl*.

E/LE, ELE (abrév de español como lengua extranjera) *nm* espagnol *m* langue étrangère.

elección *nf* **1.** élection *f* **2.** choix *m*. ■ **elecciones** *nfpl* élections *fpl*.

electo, ta *adj* élu(e).

elector, ra *nm, f* électeur *m*, -trice *f*.

electorado *nm* électorat *m*.

electoral *adj* électoral(e).

electoralista *adj* électoraliste.

electricidad *nf* électricité *f*.

electricista *adj* • **un ingeniero electricista** un ingénieur électricien. ❑ *nmf* électricien *m*, -enne *f*.

eléctrico, ca *adj* électrique.

electrificar [10] *vt* électrifier.

electrizar [13] *vt litt* & *fig* électriser.

electrocardiograma *nm* électrocardiogramme *m*.

electrochoque, electroshock (*pl* electroshocks) *nm* électrochoc *m*.

electrocución *nf* électrocution *f*.

electrocutar *vt* électrocuter. ■ **electrocutarse** *vp* s'électrocuter.

electrodo *nm* électrode *f*.

electrodoméstico *nm (gén pl)* appareil *m* électroménager • **los electrodomésticos** l'électroménager *m*.

electroencefalograma *nm* électroencéphalogramme *m*.
electrólisis *nf inv* électrolyse *f*.
electromagnético, ca *adj* électromagnétique.
electrón *nm* électron *m*.
electrónico, ca *adj* électronique. ■ **electrónica** *nf* électronique *f*.
electroshock = **electrochoque**.
elefante, ta *nm,f* éléphant *m*. ■ **elefante marino** *nm* éléphant *m* de mer.
elegancia *nf* élégance *f*.
elegante *adj* élégant(e).
elegantoso, sa *adj* (AMÉR) chic.
elegía *nf* élégie *f*.
elegir [42] *vt* **1.** choisir **2.** élire.
elemental *adj* **1.** élémentaire **2.** évident(e).
elemento *nm* **1.** élément *m* **2.** *fam* numéro *m* • **¡vaya elemento!** quel numéro !
elenco *nm* **1.** THÉÂTRE troupe *f*, distribution *f* **2.** liste *f*.
elepé *nm* 33-tours *m inv*.
elevación *nf* **1.** élévation *f* **2.** levage *m* • **de elevación** de levage.
elevado, da *adj* **1.** élevé(e) **2.** *fig* noble.
elevador, ra *adj* élévateur(trice). ■ **elevador** *nm* **1.** élévateur *m* **2.** ascenseur *m*.
elevalunas *nm inv* lève-glace *m*.
elevar *vt* **1.** élever • **elevar al cuadrado/al cubo** élever au carré/au cube **2.** monter *(du matériel, des marchandises)*. ■ **elevarse** *vp* • **elevarse (a)** s'élever (à).
elidir *vt* élider.
eliminar *vt* éliminer.
eliminatorio, ria *adj* éliminatoire. ■ **eliminatoria** *nf* épreuve *f* éliminatoire • **la eliminatoria** SPORT les éliminatoires *fpl*.
elipse *nf* ellipse *f*.
elipsis *nf inv* GRAMM ellipse *f*.
elíptico, ca *adj* elliptique.
élite, elite *nf* élite *f*.
elitismo *nm* élitisme *m*.
elitista *adj & nmf* élitiste.
elixir, elíxir *nm litt & fig* élixir *m*.
ella → **él**.
ellas → **ellos**.
ello *pron pers neutre* **1.** cela • **me es antipático, pero ello no impide que le hable** il m'est antipathique, mais cela ne m'empêche pas de lui parler **2.** *(après une préposition)* • **de ello** en, de cela • **no quiero hablar de ello** je ne veux pas en parler • **en ello** y • **no quiero pensar en ello** je ne veux pas y penser • **para ello** pour cela • **para ello tendremos que…** pour cela nous devrons....
ellos, ellas *pron pers* ils, elles ; eux, elles • **ellos se llaman Juan y Carlos** ils s'appellent Juan et Carlos • **los culpables son ellos** ce sont eux les coupables • **díselo a ellos** dis-le-leur • **voy con ellas** je vais avec elles • **le hablé de ellos** je lui ai parlé d'eux • **de ellos/ellas** à eux/elles.
elocución *nf* élocution *f*.
elocuencia *nf* éloquence *f*.
elocuente *adj* éloquent(e).
elogiar [8] *vt* • **elogiar algo/a alguien** faire l'éloge de qqch/qqn.
elogio *nm* éloge *m*.
elogioso, sa *adj* élogieux(euse).
El Salvador *npr* (le) Salvador.
elucidar *vt* élucider.
elucubración *nf* élucubration *f*.
elucubrar *vt* **1.** *(réfléchir)* • **elucubrar sobre** méditer sur **2.** *péj* échafauder.
eludir *vt* éviter ; éluder *(une question)* ; contourner *(une difficulté)* ; échapper à *(des poursuivants)*.
e-mail [imejl] *nm* **1.** *(message)* e-mail *m*, mél *m* • **enviar un e-mail** envoyer un e-mail ou mél • **recibir un e-mail** recevoir un e-mail ou mél **2.** *(système)* courrier *m* électronique, e-mail *m*.
emanación *nf* émanation *f*.
emanar *vi* • **emanar de** émaner de.
emancipación *nf* **1.** émancipation *f* ; affranchissement *m (d'un esclave)* **2.** indépendance *f (d'un territoire)*.
emancipado, da *adj* émancipé(e).
emancipar *vt* émanciper ; affranchir *(un esclave)*. ■ **emanciparse** *vp* s'émanciper.
embadurnar *vt* • **embadurnar (de algo)** barbouiller (de qqch). ■ **embadurnarse** *vp* • **embadurnarse (de algo)** se barbouiller (de qqch).
embajada *nf* ambassade *f*.
embajador, ra *nm,f* ambassadeur *m*, -drice *f*.
embalaje *nm* emballage *m*.
embalar *vt* emballer. ■ **embalarse** *vp litt & fig* s'emballer.
embalsamar *vt* embaumer.
embalse *nm* **1.** barrage *m* **2.** réservoir *m*.
embarazada *adj f* enceinte • **dejar embarazada** mettre enceinte • **(estar) embarazada de** (être) enceinte de • **quedarse embarazada** tomber enceinte. ❏ *nf* femme *f* enceinte.
embarazar [13] *vt* **1.** faire un enfant à **2.** gêner.
embarazo *nm* grossesse *f*.
embarazoso, sa *adj* embarrassant(e).
embarcación *nf* **1.** embarcation *f* **2.** embarquement *m*.
embarcadero *nm* embarcadère *m*.
embarcar [10] *vt* embarquer • **embarcar a alguien en algo** *fig* entraîner qqn dans qqch. ❏ *vi* embarquer. ■ **embarcarse** *vp* s'embarquer • **embarcarse en algo** *fig* se lancer dans qqch.
embargar [16] *vt* **1.** DR saisir **2.** *(sujet : sentiment)* paralyser, saisir.
embargo *nm* **1.** DR saisie *f* **2.** embargo *m*.
embarque *nm* embarquement *m*.
embarrancar [10] *vi* s'échouer. ■ **embarrancarse** *vp* s'embourber.

embarullar *vt fam* embrouiller. ■ **embarullarse** *vp fam* s'embrouiller.
embate *nm* **1.** accès *m (de colère, de jalousie)* **2.** coup *m* • **embate de mar** coup de mer.
embaucar [10] *vt* embobiner.
embeber *vt* absorber *(un liquide)*. ■ **embeberse** *vp* **1.** s'absorber **2.** *fig* s'imprégner.
embelesado, da *adj* subjugué(e) • **embelesado (con algo)** captivé (par qqch).
embellecedor *nm* enjoliveur *m*.
embellecer [30] *vt* embellir.
embestida *nf (attaque)* charge *f*.
embestir [26] *vt (attaquer)* charger.
emblema *nm* emblème *m*.
emblemático, ca *adj* emblématique.
embobar *vt* ébahir. ■ **embobarse** *vp* rester bouche bée.
embocadura *nf* embouchure *f*.
embolado *nm fam* **1.** bobard *m* **2.** pétrin *m*.
embolia *nf* embolie *f*.
émbolo *nm* piston *m*.
embolsar *vt* mettre dans un sac. ■ **embolsarse** *vp* empocher.
embonar *vt* (AMÉR) *fam* aller comme un gant à.
emborrachar *vt* soûler. ■ **emborracharse** *vp* se soûler.
emborronar *vt* **1.** gribouiller sur **2.** griffonner.
emboscada *nf litt* & *fig* embuscade *f*.
embotellado, da *adj* en bouteille. ■ **embotellado** *nm* mise *f* en bouteilles.
embotellamiento *nm* **1.** embouteillage *m* **2.** mise *f* en bouteilles.
embotellar *vt* **1.** embouteiller **2.** mettre en bouteilles.
embozar [13] *vt* **1.** boucher **2.** *fig* déguiser. ■ **embozarse** *vp* **1.** se couvrir le visage **2.** se boucher.
embragar [16] *vi* embrayer.
embrague *nm* embrayage *m*.
embravecer *vt* rendre furieux(euse). ■ **embravecerse** *vp* **1.** devenir furieux(euse) **2.** *(mer, tempête)* se déchaîner.
embriagador, ra *adj* enivrant(e).
embriagar [16] *vt* enivrer. ■ **embriagarse** *vp* s'enivrer.
embriaguez *nf* ivresse *f*.
embrión *nm litt* & *fig* embryon *m*.
embrionario, ria *adj* embryonnaire.
embrollo *nm* **1.** embrouillement *m* **2.** *fig* imbroglio *m* ; *fig* mensonge *m*.
embromado, da *adj* (AMÉR) *fam* casse-pieds.
embromar *vt* (AMÉR) *fam* casser les pieds à.
embrujamiento *nm* envoûtement *m*.
embrujar *vt* ensorceler, envoûter.
embrujo *nm* **1.** ensorcellement *m* **2.** charme *m*.
embrutecer [30] *vt* abrutir. ■ **embrutecerse** *vp* s'abrutir.
embuchado, da *adj* • **carne embuchada** *viande préparée en boyaux*.
embuchar *vt* **1.** *fam* engloutir **2.** farcir *(avec de la viande)*.
embudo *nm* entonnoir *m*.
embuste *nm* mensonge *m*.
embustero, ra *adj & nm,f* menteur(euse).
embutido *nm* charcuterie *f*.
embutir *vt* **1.** farcir **2.** *fig* bourrer.
emergencia *nf* urgence *f*.
emergente *adj* émergé(e).
emerger [14] *vi* émerger.
emérito, ta *adj* SCOL émérite.
emigración *nf* **1.** émigration *f* **2.** migration *f*.
emigrado, da *nm,f* émigré *m*, -e *f*.
emigrante *adj & nmf* émigrant(e).
emigrar *vi* **1.** émigrer **2.** migrer.
eminencia *nf* sommité *f*. ■ **Eminencia** *nf* • **Su Eminencia** Son Éminence.
eminente *adj* **1.** éminent(e) **2.** élevé(e).
emir *nm* émir *m*.
emirato *nm* émirat *m*.
Emiratos Árabes Unidos *npr* • **los Emiratos Árabes Unidos** les Émirats arabes unis.
emisario, ria *nm,f* émissaire *m*.
emisión *nf* émission *f*.
emisor, ra *adj* émetteur(rice). ■ **emisor** *nm* émetteur *m*. ■ **emisora** *nf* station *f* de radio.
emitir *vt & vi* émettre.
emoción *nf* émotion *f*.
emocional *adj* émotionnel(elle).
emocionante *adj* **1.** émouvant(e), touchant(e) **2.** palpitant(e).
emocionar *vt* **1.** émouvoir, toucher **2.** *fig* enflammer. ■ **emocionarse** *vp* **1.** être ému(e), être touché(e) **2.** *fig* s'enflammer.
emoji [e'moxi] *nm* emoji *m*.
emolumento *nm sout* émoluments *mpl*.
emoticón, emoticono *nm* INFORM émoticon *m*, smiley *m*.
emotivo, va *adj* **1.** émotif(ive) **2.** émouvant(e).
empacar [10] *vt* conditionner, emballer. ❑ *vi* (AMÉR) faire ses valises.
empachar *vt* donner une indigestion à. ■ **empacharse** *vp* avoir une indigestion.
empacho *nm* indigestion *f*.
empadronar *vt* recenser • **estoy empadronado en Madrid** je suis inscrit sur les listes électorales de Madrid. ■ **empadronarse** *vp* se faire recenser.
empalagar [16] *vt* écœurer.
empalago *nm* • **producir empalago** écœurer.
empalagoso, sa *adj* écœurant(e).
empalizada *nf* palissade *f*.
empalmar *vt* **1.** raccorder **2.** enchaîner *(des projets, des idées)* **3.** FOOTBALL reprendre de volée. ❑ *vi* **1.** *(moyen de transport)* • **empalmar (con)** assurer la correspondance (avec) **2.** *(autoroutes,*

routes) se rejoindre **3.** s'enchaîner • **un chiste empalmaba con otro** les blagues s'enchaînaient.
empalme *nm* **1.** raccordement *m* **2.** embranchement *m*.
empanada *nf chausson fourré à la viande ou autre ingrédient salé.*
empanadilla *nf petit chausson fourré à la viande ou autre ingrédient salé.*
empanar *vt* paner.
empantanar *vt* embourber. ■ **empantanarse** *vp* s'embourber.
empañar *vt* **1.** embuer **2.** *fig* ternir. ■ **empañarse** *vp* être embué(e).
empapar *vt* tremper ; *(terre)* détremper. ■ **empaparse** *vp* être trempé(e) ; se faire tremper • **empaparse de** *fig* s'imprégner de.
empapelar *vt* **1.** tapisser *(avec du papier peint)* **2.** *fam* & *fig* traîner en justice.
empaquetar *vt* emballer.
emparedado, da *adj* enfermé(e) entre quatre murs, claquemuré(e). ■ **emparedado** *nm sandwich de pain de mie.*
emparedar *vt* **1.** emmurer **2.** *fam* coffrer.
emparejar *vt* **1.** assembler par paires ; mettre deux par deux **2.** mettre au même niveau. ■ **emparejarse** *vp* se mettre en couple.
emparentado, da *adj* apparenté(e).
emparentar [19] *vi* • **emparentar con** s'apparenter à.
emparrar *vt* faire grimper *(une plante)*.
empastar *vt* plomber *(une dent)*.
empaste *nm* plombage *m (d'une dent)*.
empatado, da *adj* à égalité • **el partido sigue empatado** les deux équipes sont toujours à égalité.
empatar *vi* **1.** SPORT égaliser • **empatar a dos** faire deux partout • **empatar a cero** faire match nul, zéro partout **2.** être en ballottage. ❑ *vt* **(AMÉR)** emboîter.
empate *nm* **1.** • **empate a dos** deux partout • **empate a cero** match *m* nul, zéro à zéro **2.** ballottage *m* **3.** **(AMÉR)** emboîtement *m*.
empatía *nf* empathie *f*.
empecinarse *vp* se buter • **empecinarse en una idea** avoir une idée en tête.
empedarse *vp* **(AMÉR)** *tfam* se soûler.
empedernido, da *adj* invétéré(e) • **es un fumador empedernido** c'est un fumeur invétéré.
empedrado *nm* pavement *m*.
empedrar [19] *vt* paver.
empeine *nm* **1.** cou-de-pied *m* **2.** empeigne *f*.
empeñado, da *adj* **1.** gagé(e) **2.** *(obstiné)* • **estar empeñado en hacer algo** s'obstiner à faire qqch.
empeñar *vt* **1.** mettre en gage **2.** donner *(sa parole)* ; engager *(son honneur)*. ■ **empeñarse** *vp* **1.** • **empeñarse en hacer algo a)** s'obstiner à faire qqch **b)** s'efforcer de faire qqch **2.** s'endetter.
empeño *nm* **1.** mise *f* en gage **2.** acharnement *m* • **tener empeño en hacer algo** tenir absolument à faire qqch.
empeorar *vi* empirer.
empequeñecer [30] *vt* **1.** rapetisser **2.** *fig* minimiser.
emperador, triz *nm,f* empereur *m*, impératrice *f*. ■ **emperador** *nm* espadon *m*.
emperifollar *vt fam* pomponner. ■ **emperifollarse** *vp fam* **1.** se mettre sur son trente et un **2.** se pomponner.
emperrarse *vp* • **emperrarse (en hacer algo)** s'entêter (à faire qqch).
empezar [34] *vt* commencer. ❑ *vi* • **empezar a/por hacer algo** commencer à/par faire qqch • **para empezar** pour commencer.
empinado, da *adj* escarpé(e).
empinar *vt* **1.** *(pot, pichet)* incliner *(pour boire)* • **empinar el codo** lever le coude **2.** dresser. ■ **empinarse** *vp* **1.** *(animal)* se dresser sur ses pattes de derrière **2.** *(personne)* se mettre sur la pointe des pieds **3.** *vulg (sexe)* • **se le empina** il bande.
empírico, ca *adj* empirique. ❑ *nm,f* empiriste *mf*.
empirismo *nm* empirisme *m*.
emplasto *nm* emplâtre *m*.
emplazamiento *nm* **1.** emplacement *m* **2.** assignation *f*, mise *f* en demeure.
emplazar [13] *vt* **1.** installer **2.** assigner en justice.
empleado, da *nm,f* employé *m*, -e *f*.
empleador, ra *adj* qui emploie. ❑ *nm,f* employeur *m*, -euse *f*.
emplear *vt* employer ; mettre *(du temps à)* • **empleó mucho tiempo en hacerlo** il a mis beaucoup de temps à le faire. ■ **emplearse** *vp* s'employer, s'utiliser.
empleo *nm* emploi *m* • **tener un buen empleo** avoir une bonne situation.
emplomadura *nf* **(AMÉR)** plombage *m (d'une dent)*.
emplomar *vt* plomber *(une dent)*.
empobrecer [30] *vt* appauvrir. ■ **empobrecerse** *vp* s'appauvrir.
empobrecimiento *nm* appauvrissement *m*.
empollar *vt* **1.** couver *(un œuf)* **2.** *fam* potasser. ❑ *vi fam* bûcher. ■ **empollarse** *vp fam* • **empollarse las matemáticas** bûcher les maths.
empollón, ona *adj* & *nm,f fam* polard(e).
empolvarse *vp* se poudrer.
emporrarse *vp fam* se défoncer *(avec du hachisch)*.
empotrado, da *adj* encastré(e).
empotrar *vt* encastrer.
emprendedor, ra *adj* entreprenant(e) • **tener espíritu emprendedor** être entreprenant(e).
emprender *vt* entreprendre • **emprender el vuelo** s'envoler.

empresa *nf* entreprise *f* • **empresa de seguridad** société *f* de gardiennage • **empresa privada** entreprise privée • **pequeña y mediana empresa** PME *f*.
empresariado *nm* patronat *m*.
empresarial *adj* patronal(e). ■ **empresariales** *nfpl* études *fpl* de commerce.
empresario, ria *nm,f* chef *m* d'entreprise.
empréstito *nm* emprunt *m*.
empujar *vt* pousser • **empujar a alguien a que haga algo** pousser qqn à faire qqch.
empuje *nm* **1.** *(impulsion)* poussée *f* **2.** *(énergie)* entrain *m*.
empujón *nm* **1.** grand coup *m* • **abrirse paso a empujones** se frayer un chemin en bousculant tout le monde **2.** *fig* effort *m*.
empuñadura *nf* poignée *f* ; pommeau *m* *(d'une épée)*.
empuñar *vt* empoigner ; braquer *(une arme)*.
emulación *nf (gén)* INFORM émulation *f*.
emulador *nm* INFORM émulateur *m*.
emular *vt* **1.** *(personne)* • **emular a alguien a)** rivaliser avec qqn **b)** imiter qqn **2.** INFORM émuler.
emulsión *nf* émulsion *f*.
emulsionar *vt* émulsionner.

en

■ **en** *prép*

1. À L'INTÉRIEUR DE
dans • **lo he guardado en el cajón** je l'ai rangé dans le tiroir • **¡come todo lo que tienes en el plato!** mange tout ce qu'il y a dans ton assiette ! • **entraron en la habitación** ils sont entrés dans la pièce

2. INDIQUE LE LIEU OÙ SE TROUVE QQN OU QQCH
à, dans • **viven en París** ils vivent à Paris • **en casa** à la maison • **en el trabajo** au travail • **en la calle** dans la rue

3. INDIQUE LA POSITION DE QQCH
sur • **en la mesa/el estante** sur la table/l'étagère

4. INDIQUE UN MOMENT PRÉCIS
en, à • **llegará en mayo** il arrivera en mai • **nació en 1967** il est né en 1967 • **en Navidad/invierno** à Noël/en hiver • **en aquella época** à cette époque-là • **en la antigüedad** dans l'Antiquité

5. INDIQUE LA DURÉE
en • **lo hizo en dos días** il l'a fait en deux jours

6. INDIQUE LE MOYEN DE TRANSPORT
en • **ir en tren/coche/avión/barco** aller en train/voiture/avion/bateau

7. INDIQUE LA MANIÈRE
en • **pagar en metálico** payer en liquide • **fabricar en serie** fabriquer en série • **lo dijo en inglés** il l'a dit en anglais • **en voz baja** à voix basse • **lo conocí en su forma de hablar** je l'ai reconnu à sa façon de parler

8. INDIQUE LA DESTINATION DE QQCH
en • **todo se lo gasta en ropa** il dépense tout son argent en vêtements

9. SUIVI D'UN CHIFFRE
• **te lo dejo en 25 euros** je te le laisse à 25 euros • **las ganancias se calculan en millones** les gains se chiffrent en millions

10. INDIQUE UNE SPÉCIALITÉ, UNE QUALITÉ
en • **es un experto en la materia** c'est un expert en la matière • **es doctor en medicina** il est docteur en médecine • **le supera en inteligencia** elle est plus intelligente que lui

enagua *nf (gén pl)* jupon *m*.
enajenación *nf* aliénation *f*.
enajenamiento *nm* = **enajenación**.
enajenar *vt* **1.** rendre fou, folle *f* **2.** *(enchanter)* ravir **3.** DR aliéner.
enaltecer [30] *vt* exalter.
enamoradizo, za *adj* • **ser enamoradizo** avoir un cœur d'artichaut.
enamorado, da *adj & nm,f* amoureux(euse).
enamoramiento *nm* état *m* amoureux.
enamorar *vt* séduire. ■ **enamorarse** *vp* • **enamorarse (de)** tomber amoureux(euse) (de).
enano, na *adj & nm,f* nain(e).
enarbolar *vt* arborer.
enardecer [30] *vt* enflammer ; échauffer *(les esprits)*.
encabezamiento *nm* **1.** en-tête *m* **2.** avant-propos *m inv*.
encabezar [13] *vt* **1.** être en tête de **2.** mettre l'en-tête à **3.** être à la tête de.
encabritarse *vp* **1.** se cabrer **2.** *fam* se mettre en boule.
encabronarse *vp* **(ESP)** *vulg* se foutre en colère.
encadenar *vt* enchaîner.
encajar *vt* **1.** emboîter, faire entrer ; ajuster **2.** remettre *(un os déboîté)* **3.** assener *(un coup)* ; lancer *(des insultes)* **4.** *(recevoir)* encaisser. ❑ *vi* **1.** s'emboîter, s'ajuster **2.** *(convenir)* • **encajar (con)** cadrer (avec) • **encajar (bien) en/con** aller (bien) dans/avec.
encaje *nm* **1.** dentelle *f* **2.** emboîtement *m*, ajustement *m*.
encalar *vt* blanchir à la chaux.
encallar *vi* échouer. ■ **encallarse** *vp* *fig* rester lettre morte.
encamarse *vp* s'aliter.
encaminar *vt* *fig* orienter. ■ **encaminarse** *vp* • **encaminarse a ou hacia** se diriger vers.
encamotarse *vp* **(AMÉR)** *fam* • **encamotarse de** s'amouracher (de).
encandilar *vt* éblouir. ■ **encandilarse** *vp* être ébloui(e).
encantado, da *adj* **1.** enchanté(e) • **encantado de conocerle** enchanté de faire votre connaissance **2.** *(maison, lieu)* hanté(e) ; *(personne)* ensorcelé(e).

encantador, ra *adj* charmant(e).
encantar *vt* **1.** *(enchanter)* • **encantarle a alguien algo/hacer algo** adorer qqch/faire qqch **2.** jeter un sort à.
encanto *nm* **1.** charme *m* • **ser un encanto** être adorable **2.** *(appellation affectueuse)* • **oye, encanto** écoute, mon trésor. ■ **encantos** *nmpl* charmes *mpl*.
encañonar *vt* viser.
encapotado, da *adj (ciel)* couvert(e).
encapotarse *vp (ciel)* se couvrir.
encapricharse *vp* **1.** *(s'obstiner)* • **encapricharse con hacer algo** se mettre en tête de faire qqch • **encaprichársele algo a alguien** se mettre qqch en tête **2.** *(tomber amoureux)* • **encapricharse con algo** s'emballer pour qqch • **encapricharse con alguien** s'enticher de qqn.
encapuchado, da *adj* masqué(e). ❑ *nm, f* homme *m* masqué, femme *f* masquée.
encapuchar *vt* encapuchonner.
encaramar *vt* jucher. ■ **encaramarse** *vp* • **encaramarse a ou en** se jucher ou se percher sur.
encarar *vt* **1.** *(gén)* DR confronter **2.** affronter, faire face à. ■ **encararse** *vp* • **encararse a ou con** tenir tête à.
encarcelamiento *nm* incarcération *f*, emprisonnement *m*.
encarcelar *vt* incarcérer, emprisonner, écrouer.
encarecer [30] *vt* **1.** faire monter les prix de **2.** *(prier)* • **encarecer a alguien que haga algo** supplier qqn de faire qqch. ■ **encarecerse** *vp* augmenter.
encarecidamente *adv* **1.** instamment • **se lo ruego encarecidamente** je vous en supplie **2.** vivement, chaleureusement.
encarecimiento *nm* augmentation *f*, hausse *f* • **con encarecimiento** instamment • **encarecimiento de la vida** hausse du coût de la vie.
encargado, da *adj* • **encargado de algo** responsable de qqch • **encargado de hacer algo** chargé de faire qqch. ❑ *nm, f* responsable *mf* ; gérant *m*, -e *f*.
encargar [16] *vt* **1.** *(charger)* • **encargar a alguien de algo/que haga algo** charger qqn de qqch/de faire qqch **2.** *(passer une commande)* commander. ■ **encargarse** *vp* • **encargarse de algo/de hacer algo** se charger de qqch/de faire qqch.
encargo *nm* **1.** commande *f* • **hacer un encargo** passer une commande • **por encargo** sur commande **2.** commission *f*.
encariñar *vt* attendrir. ■ **encariñarse** *vp* • **encariñarse con** s'attacher à.
encarnación *nf* incarnation *f*.
encarnado, da *adj* **1.** incarné(e) **2.** incarnat(e) ; rouge. ■ **encarnado** *nm* incarnat *m*.
encarnar *vt* incarner.
encarnizado, da *adj* acharné(e).
encarnizarse [13] *vp* • **encarnizarse (con)** s'acharner (sur).
encarrilar *vt* **1.** remettre sur les rails **2.** *fig* mettre sur la bonne voie.
encarte *nm* encart *m*.
encasillar *vt* **1.** cataloguer **2.** inscrire sur du papier quadrillé.
encasquetar *vt* **1.** *fam (imposer)* • **encasquetar algo a alguien a)** *(idée, théorie)* enfoncer qqch dans le crâne de qqn **b)** *(discours, leçon)* assener qqch à qqn **c)** *(travail, paquet)* refiler qqch à qqn **2.** *(chapeau)* enfoncer sur la tête. ■ **encasquetarse** *vp* • **se encasquetó la boina** il a enfoncé son béret sur sa tête • **encasquetársele a alguien hacer algo** se mettre en tête de faire qqch.
encasquillarse *vp* s'enrayer.
encauzar [13] *vt* **1.** canaliser **2.** mener.
encefalograma *nm* encéphalogramme *m*.
encender [20] *vt* **1.** allumer • **encender la chimenea** faire du feu dans la cheminée **2.** *fig* enflammer *(les cœurs, une discussion)* ; provoquer *(la colère)*. ■ **encenderse** *vp* s'allumer.
encendido, da *adj* **1.** allumé(e) **2.** *fig* enflammé(e) **3.** *(joues)* en feu. ■ **encendido** *nm* allumage *m*.
encerado, da *adj* ciré(e). ■ **encerado** *nm* **1.** cirage *m* **2.** tableau *m* noir.
encerar *vt* cirer.
encerrar [19] *vt* **1.** enfermer **2.** renfermer. ■ **encerrarse** *vp* s'enfermer • **encerrarse en sí mismo** se renfermer ou se replier sur soi-même.
encerrona *nf* **1.** piège *m* **2.** corrida *f* privée.
encestar *vi* SPORT marquer un panier.
enceste *nm* SPORT panier *m*.
encharcar [10] *vt* inonder, détremper. ■ **encharcarse** *vp* **1.** s'inonder, être détrempé(e) **2.** *fig* • **encharcarse en** sombrer dans *(la boisson, la drogue)*.
enchilado, da *adj* (AMÉR) **1.** *(aliment)* préparé(e) avec du piment **2.** *fam (personne)* rageur(euse) • **estar enchilado** voir rouge. ■ **enchilada** *nf* (AMÉR) CULIN enchilada *f (crêpe fourrée à la viande, au poulet ou au fromage, servie dans une sauce au piment ou « chile »)*.
enchilarse *vp* **1.** avoir la bouche en feu **2.** *fam & fig* se mettre en pétard.
enchironar *vt fam* coffrer.
enchufado, da *adj & nm, f fam* pistonné(e).
enchufar *vt* **1.** brancher **2.** *fam* pistonner.
enchufe *nm* **1.** prise *f* (de courant) **2.** *fam* piston *m*.
encía *nf* gencive *f*.
encíclica *nf* encyclique *f*.
enciclopedia *nf* encyclopédie *f*.
enciclopédico, ca *adj* encyclopédique.
encierro *nm* **1.** *(action d'enfermer)* • **su encierro duró dos días** il s'est enfermé pendant deux jours **2.** réclusion *f* **3.** mise *f* au toril *(tradition*

selon laquelle les taureaux sont conduits à travers la ville jusqu'au toril) ; toril *m*.

encima *adv* **1.** dessus • **ponlo encima** mets-le dessus • **yo vivo encima** je vis au-dessus • **por encima a)** par-dessus, au-dessus **b)** *fig* superficiellement • **leer por encima** lire en diagonale **2.** en plus **3.** *(sur soi)* • **llevar un abrigo encima** porter un manteau • **llevar dinero encima** avoir de l'argent sur soi. ■ **encima de** *loc prép* **1.** sur • **encima de la mesa** sur la table • **encima de tu casa** au-dessus de chez toi • **estar encima de alguien** être sur le dos de qqn **2.** *(en plus)* • **encima de ser guapo es gracioso** non seulement il est beau, mais en plus il est drôle. ■ **por encima de** *loc prép* **1.** au-dessus de • **por encima de la ciudad** au-dessus de la ville • **por encima de sus posibilidades** au-dessus de ses moyens **2.** *fig* plus que • **por encima de todo** plus que tout.

encimera *nf* plan *m* de travail.

encina *nf* chêne *m* vert.

encinta *adj f* • **estar encinta** être enceinte.

enclaustrar *vt* cloîtrer. ■ **enclaustrarse** *vp* se cloîtrer.

enclave *nm* enclave *f*.

enclenque *adj* malingre.

encofrar *vt* coffrer.

encoger [14] *vt* **1.** faire rétrécir *(un vêtement)* **2.** contracter *(un membre)*. ❑ *vi* rétrécir. ■ **encogerse** *vp (vêtement)* rétrécir ; *(membre)* se contracter • **encogerse de hombros** hausser les épaules.

encogido, da *adj* timoré(e) • **tener el corazón encogido** avoir le cœur serré.

encolar *vt* **1.** coller **2.** encoller.

encolerizar [13] *vt* mettre en colère. ■ **encolerizarse** *vp* se mettre en colère.

encomendar [19] *vt* confier • **le encomiendo a usted mi hijo** je vous confie mon fils. ■ **encomendarse** *vp* • **encomendarse a** s'en remettre à.

encomiable *adj* louable.

encomiar [8] *vt* vanter, célébrer.

encomienda *nf* **1.** service *m* **2.** *HIST* encomienda *f (dans l'Amérique espagnole, territoire soumis à l'autorité d'un conquistador)* **3.** **(AMÉR)** colis *m*.

encontrado, da *adj* opposé(e).

encontrar [23] *vt* trouver ; rencontrer *(une personne, des difficultés)*. ■ **encontrarse** *vp* **1.** se trouver • **encontrarse con alguien** rencontrer qqn, tomber sur qqn **2.** *fig* se sentir • **encontrarse mal de salud** être en mauvaise santé.

encontronazo *nm* choc *m* • **tuve un encontronazo con otro coche** je suis rentré dans une voiture.

encorvar *vt* courber. ■ **encorvarse** *vp* se voûter ; se courber.

encrespar *vt* **1.** *(esprit)* irriter **2.** *(mer)* déchaîner **3.** *(cheveux)* friser.

encriptación *nf INFORM* cryptage *m*.

encriptar *vt INFORM* crypter.

encrucijada *nf* croisement *m* ; *fig* carrefour *m*.

encuadernación *nf* reliure *f*.

encuadernador, ra *nm,f* relieur *m*, -euse *f*.

encuadernar *vt* relier • **encuadernar en rústica** brocher.

encuadrar *vt* **1.** encadrer **2.** cadrer.

encubierto, ta *adj (sens, etc)* caché(e) ; *(mots, etc)* couvert(e) ; *(intentions)* secret(ète). ■ **encubierto** *pp* → **encubrir**.

encubridor, ra *adj* complice. ❑ *nm,f* complice *mf* ; receleur *m*, -euse *f*.

encubrir *vt* **1.** cacher ; être complice de ; *DR* receler **2.** dissimuler.

encuentro *nm* **1.** *(gén) SPORT* rencontre *f* **2.** trouvaille *f*.

encuesta *nf* **1.** sondage *m* **2.** enquête *f*.

encuestador, ra *nm,f* enquêteur *m*, -trice *f*.

encuestar *vt* • **encuestar a alguien** interroger qqn.

encumbrar *vt (socialement)* élever ; *(économiquement)* enrichir. ■ **encumbrarse** *vp (socialement)* grimper dans l'échelle sociale ; *(économiquement)* s'enrichir.

endeble *adj* faible.

endémico, ca *adj fig MÉD* endémique.

endemoniado, da *adj* **1.** *fam & fig (enfant, vie, etc)* infernal(e) • **un trabajo endemoniado** un travail ingrat **2.** *(temps, odeur)* épouvantable **3.** possédé(e). ❑ *nm,f* possédé *m*, -e *f* du démon.

endenantes *adv* **(AMÉR)** *fam* **1.** l'autre jour **2.** avant.

enderezar [13] *vt litt & fig* redresser. ■ **enderezarse** *vp* se redresser.

endeudamiento *nm* endettement *m*.

endeudarse *vp* s'endetter.

endiablado, da *adj* épouvantable.

endibia, endivia *nf* endive *f*.

endiñar *vt fam* **1.** flanquer *(un coup)* **2.** refiler *(un travail)*.

endiosar *vt* déifier, diviniser. ■ **endiosarse** *vp* s'enorgueillir, devenir vaniteux(euse).

endivia = **endibia**.

endocrinología *nf* endocrinologie *f*.

endogamia *nf* endogamie *f*.

endomingado, da *adj* endimanché(e).

endomingar [16] *vt* endimancher. ■ **endomingarse** *vp* s'endimancher.

endosar *vt* **1.** *fig* repasser • **me endosó sus maletas** il m'a repassé ses valises **2.** *COMM* endosser.

endulzar [13] *vt* **1.** sucrer **2.** *fig* adoucir.

endurecer [30] *vt* **1.** durcir **2.** *(muscles, etc)* raffermir **3.** *fig (personne)* endurcir.

ene., ene (abrév de **enero**) janv. • **5 ene. 2007** 5 janv. 2007.

eneldo *nm BOT* aneth *m*.

enemigo, ga *adj & nm,f* ennemi(e) • **ser enemigo de algo** détester qqch. ■ **enemigo** *nm* ennemi *m*.
enemistad *nf* inimitié *f*.
enemistar *vt* brouiller. ■ **enemistarse** *vp* se brouiller.
energético, ca *adj* énergétique.
energía *nf* **1.** *fig* PHYS énergie *f* **2.** force *f* • **energía renovable** énergie renouvelable.
enérgico, ca *adj* énergique.
energúmeno, na *nm,f fig* énergumène *mf*.
enero *nm* janvier *m*. Voir aussi **septiembre**.
enervar *vt* **1.** affaiblir **2.** énerver.
enésimo, ma *adj* **1.** *fig* énième • **por enésima vez** pour la énième fois **2.** MATH • **enésima potencia** puissance n.
enfadado, da *adj* en colère, fâché(e) • **estar enfadado con alguien** être fâché avec qqn.
enfadar *vt* fâcher, mettre en colère. ■ **enfadarse** *vp* se fâcher, se mettre en colère.
enfado *nm* colère *f*.
enfangar [16] *vt* couvrir de boue. ■ **enfangarse** *vp* **1.** se couvrir de boue **2.** *fam & fig* tremper *(dans une affaire louche)*.
énfasis *nm inv* emphase *f*.
enfático, ca *adj* emphatique.
enfatizar [13] *vt* souligner, mettre l'accent sur.
enfermar *vt* **1.** contaminer **2.** *fig (irriter)* rendre malade. ❑ *vi* tomber malade. ■ **enfermarse** *vp* **(AMÉR)** tomber malade.
enfermedad *nf* maladie *f* ; mal *m (de la société)*.
enfermería *nf* infirmerie *f*.
enfermero, ra *nm,f* infirmier *m*, -ère *f*.
enfermizo, za *adj* **1.** maladif(ive) **2.** *(climat)* insalubre ; *(aliment, curiosité)* malsain(e).
enfermo, ma *adj & nm,f* malade.
enfilar *vt* **1.** prendre *(une direction)* **2.** pointer *(une arme)*. ❑ *vi* • **enfilar hacia** aller tout droit vers • **enfiló hacia su casa** il est allé directement chez lui.
enflaquecer [30] *vt* amaigrir, faire maigrir. ❑ *vi* maigrir.
enfocar [10] *vt* **1.** faire la mise au point de *(image, objectif)* **2.** braquer, diriger *(la lumière, un projecteur)* **3.** *fig* aborder *(un thème, une question)*.
enfoque *nm* **1.** mise *f* au point *(d'une image)* **2.** *fig* approche *f (d'un sujet)*.
enfrascado, da *adj* • **enfrascado en** absorbé dans.
enfrascar [10] *vt* mettre en pot ; mettre en flacon. ■ **enfrascarse** *vp* • **enfrascarse en** se plonger dans.
enfrentamiento *nm* **1.** affrontement *m* **2.** face-à-face *m*.
enfrentar *vt* **1.** affronter **2.** mettre face à face **3.** opposer. ■ **enfrentarse** *vp* **1.** s'affronter **2.** SPORT se rencontrer **3.** affronter, faire face à • **enfrentarse a alguien** tenir tête à qqn • **enfrentarse con alguien** affronter qqn.
enfrente *adv* en face • **la tienda de enfrente** le magasin d'en face • **enfrente de mi casa** en face de chez moi.
enfriamiento *nm* refroidissement *m*.
enfriar [9] *vt* refroidir. ■ **enfriarse** *vp* **1.** se refroidir **2.** refroidir **3.** attraper froid.
enfundar *vt* rengainer. ■ **enfundarse** *vp* • **enfundarse el abrigo** endosser son manteau.
enfurecer [30] *vt* rendre furieux(euse). ■ **enfurecerse** *vp* s'emporter.
enfurecido, da *adj* furieux(euse).
enfurruñarse *vp fam* ronchonner ; bouder.
engalanar *vt* décorer. ■ **engalanarse** *vp* se faire beau, belle *f*.
enganchar *vt* **1.** accrocher *(une remorque, des wagons)* ; atteler *(des chevaux)* ; • **enganchar a alguien** *fam & fig* mettre le grappin sur qqn, mettre la main sur qqn **2.** *fam* prendre *(une cuite)* ; décrocher *(un emploi)* ; dégoter *(un mari, etc)*. ■ **engancharse** *vp* **1.** s'accrocher **2.** MIL s'engager **3.** *fam (avoir une addiction)* • **engancharse a** devenir accro à.
enganche *nm* **1.** accrochage *m* **2.** attelage *m* **3.** **(AMÉR)** acompte *m*.
engañabobos *nm inv* **1.** attrape-nigaud *m* **2.** charlatan *m*.
engañar *vt* tromper • **engañar el hambre** tromper la faim • **las apariencias engañan** les apparences sont trompeuses. ■ **engañarse** *vp* **1.** se leurrer **2.** se tromper.
engañifa *nf fam* • **hacerle una engañifa a alguien** mener qqn en bateau.
engaño *nm* tromperie *f*.
engañoso, sa *adj* trompeur(euse).
engarzar [13] *vt* **1.** enfiler *(des perles)* **2.** sertir **3.** *fig* enchaîner *(des idées, les mots)*.
engatusar *vt fam* embobiner.
engendrar *vt litt & fig* engendrer.
engendro *nm* **1.** horreur *f* **2.** monstre *m*.
englobar *vt* englober.
engomar *vt* **1.** encoller **2.** apprêter.
engordar *vt* **1.** engraisser *(un animal)* ; gaver *(une oie)* **2.** remplir *(les caisses)* ; faire fructifier *(un compte)*. ❑ *vi (personne)* grossir ; *(aliment)* faire grossir.
engorro *nm* embêtement *m* • **¡vaya un engorro!** tu parles d'une partie de plaisir !
engorroso, sa *adj* pénible ; *(situation)* délicat(e).
engranaje *nm* **1.** engrenage *m* **2.** *fig* enchaînement *m (d'idées)* **3.** *fig* rouages *mpl*.
engranar *vt* **1.** engrener **2.** *fig* enchaîner *(les idées)*.
engrandecer [30] *vt* **1.** *fig* exalter **2.** agrandir.
engrasar *vt* graisser.
engreído, da *adj & nm,f (prétentieux)* suffisant(e).
engreírse *vp* • **engreírse (con)** s'enorgueillir (de).

engrescar [10] *vt* • **engrescar a alguien con** monter qqn contre. ■ **engrescarse** *vp* se quereller.
engrosar [23] *vt* **1.** *(personne)* faire grossir ; *(texte)* augmenter **2.** *fig* grossir • **diez personas engrosaron nuestras filas** dix personnes sont venues grossir nos rangs.
engullir *vt* engloutir *(de la nourriture)*.
enhebrar *vt* enfiler.
enhorabuena *nf* félicitations *fpl.* ❑ *adv* heureusement • **enhorabuena lo hiciste** tu as eu raison de le faire • **¡enhorabuena (por...)!** félicitations (pour...) !
enigma *nm* énigme *f*.
enigmático, ca *adj* énigmatique.
enjabonar *vt* **1.** savonner **2.** *fig* passer de la pommade à. ■ **enjabonarse** *vp* se savonner.
enjambre *nm* **1.** essaim *m* **2.** *fig* foule *f*.
enjaular *vt* **1.** mettre en cage **2.** *fam* & *fig* coffrer.
enjoyar *vt* parer de bijoux. ■ **enjoyarse** *vp* se parer de bijoux.
enjuagar [16] *vt* rincer. ■ **enjuagarse** *vp* se rincer.
enjuague *nm* rinçage *m* ; bain *m* de bouche.
enjugar [16] *vt* **1.** sécher **2.** *fig* éponger.
enjuiciar [8] *vt* **1.** porter un jugement sur **2.** DR juger *(une personne)* ; DR instruire *(une cause)*.
enjuto, ta *adj* décharné(e).
enlace *nm* **1.** *(gén)* CHIM liaison *f* **2.** délégué *m*, -e *f*, responsable *mf* • **servir de enlace entre** servir d'intermédiaire entre **3.** *(union)* • **enlace (matrimonial)** mariage *m* **4.** correspondance *f* • **vía de enlace** voie *f* de raccordement. ❑ *v* → **enlazar**.
enlatar *vt* mettre en boîte ; mettre en conserve.
enlazar [13] *vt* • **enlazar algo a** ou **con a)** lier qqch à **b)** relier qqch à. ❑ *vi* • **enlazar (con)** assurer la correspondance (avec). ■ **enlazarse** *vp* s'unir *(par les liens du mariage)*.
enloquecer [30] *vt* **1.** rendre fou, folle *f* **2.** *fig* adorer • **me enloquece comer** j'adore manger. ❑ *vi* devenir fou, folle *f*.
enlutado, da *adj* en deuil.
enmarañar *vt* **1.** emmêler **2.** embrouiller.
enmarcar [10] *vt* encadrer.
enmascarado, da *adj* masqué(e). ❑ *nm,f* homme *m* masqué, femme *f* masquée.
enmascarar *vt* *litt* & *fig* masquer.
enmendar [19] *vt* **1.** corriger ; réparer **2.** amender. ■ **enmendarse** *vp* se corriger.
enmicado *nm* (AMÉR) film *m* plastique.
enmienda *nf* **1.** amendement *m* • **hacer propósito de enmienda** prendre de bonnes résolutions **2.** correction *f* *(apportée à un document)*.
enmohecer [30] *vt* **1.** laisser moisir **2.** rouiller, faire rouiller. ■ **enmohecerse** *vp* **1.** moisir **2.** *fig* se rouiller.
enmoquetar *vt* moquetter • **enmoquetar una habitación** poser de la moquette dans une pièce.
enmudecer [30] *vt* faire taire. ❑ *vi* **1.** rester muet(ette) **2.** se taire.
ennegrecer [30] *vt* noircir ; *(sujet : nuages)* assombrir. ■ **ennegrecerse** *vp* se noircir ; *(ciel)* s'assombrir.
ennoblecer [30] *vt* **1.** anoblir **2.** *fig* ennoblir.
enojado, da *adj* (AMÉR) fâché(e), en colère.
enojar *vt* irriter, mettre en colère. ■ **enojarse** *vp* se mettre en colère.
enojo *nm* colère *f* • **causar enojo a)** irriter **b)** agacer, ennuyer.
enojoso, sa *adj* irritant(e) ; *(mots)* déplaisant(e).
enología *nf* œnologie *f*.
enólogo, ga *nm,f* œnologue *mf*.
enorgullecer [30] *vt* enorgueillir. ■ **enorgullecerse** *vp* • **enorgullecerse de** s'enorgueillir de.
enorme *adj* *litt* & *fig* énorme.
enormemente *adv* extrêmement.
enormidad *nf* *litt* & *fig* énormité *f*.
enrabiar [8] *vt* faire enrager. ■ **enrabiarse** *vp* se mettre en colère.
enraizar [13] *vi* s'enraciner. ■ **enraizarse** *vp* s'enraciner.
enrarecer [30] *vt* raréfier. ■ **enrarecerse** *vp* se raréfier.
enrarecido, da *adj* **1.** *(situation)* dégradé(e), détérioré(e) **2.** *(air)* raréfié(e).
enredadera *adj* grimpant(e). ❑ *nf* **1.** plante *f* grimpante **2.** liseron *m*.
enredar *vt* emmêler ; embrouiller • **enredar a alguien en** *fig* entraîner qqn dans. ❑ *vi* **1.** faire des bêtises **2.** *fig* *(fouiller)* trafiquer **3.** *(semer la zizanie)* intriguer. ■ **enredarse** *vp* **1.** s'emmêler ; s'embrouiller **2.** *(sujet : plantes)* grimper **3.** *(commencer)* • **enredarse en algo** se lancer dans qqch **4.** *fam* *(couple)* • **enredarse con alguien** se mettre en ménage avec qqn.
enredo *nm* **1.** enchevêtrement *m* ; nœud *m* *(dans les cheveux)* **2.** imbroglio *m* **3.** liaison *f* *(amoureuse)*. ■ **enredos** *nmpl* attirail *m*.
enrejado *nm* **1.** grille *f* **2.** treillage *m*.
enrevesado, da *adj* compliqué(e).
enriquecedor, ra *adj* enrichissant(e).
enriquecer [30] *vt* enrichir. ■ **enriquecerse** *vp* s'enrichir.
enriquecimiento *nm* enrichissement *m*.
enrojecer [30] *vt* rougir ; faire rougir. ❑ *vi* rougir. ■ **enrojecerse** *vp* rougir ; s'empourprer.
enrolar *vt* enrôler. ■ **enrolarse** *vp* • **enrolarse (en)** s'enrôler (dans).
enrollar *vt* **1.** enrouler **2.** *fam* brancher **3.** *fam* embobiner. ■ **enrollarse** *vp* *fam* **1.** *(fréquenter)* • **enrollarse con** sortir avec **2.** avoir la langue bien pendue • **enrollarse por teléfono** rester des heures au téléphone • **enrollar-**

se con alguien tenir la jambe à qqn **3.** être sympa • **¡enróllate!** sois sympa !
enroscar [10] *vt* **1.** visser **2.** enrouler.
ensaimada *nf gâteau brioché typique de Majorque.*
ensalada *nf litt & fig* salade *f.*
ensaladera *nf* saladier *m.*
ensaladilla *nf* macédoine *f* • **ensaladilla rusa** salade *f* russe.
ensalzar [13] *vt* porter aux nues.
ensambladura *nf* = **ensamblaje**.
ensamblaje *nm* assemblage *m.*
ensamblar *vt* assembler.
ensanchar *vt* élargir ; agrandir.
ensanche *nm* **1.** élargissement *m* **2.** zone *f* d'extension urbaine, quartiers *mpl* neufs.
ensangrentar [19] *vt* ensanglanter.
ensañarse *vp* • **ensañarse con** s'acharner contre ou sur.
ensartar *vt* **1.** enfiler **2.** planter *(un couteau, une aiguille).*
ensayar *vt* **1.** tester **2.** *THÉÂTRE* répéter.
ensayista *nmf* essayiste *mf.*
ensayo *nm* **1.** *THÉÂTRE* répétition *f* **2.** test *m* **3.** *LITTÉR & SPORT* essai *m.*
enseguida *adv* **1.** tout de suite • **enseguida vamos** on arrive tout de suite **2.** aussitôt • **la reconoció enseguida** il la reconnut aussitôt.
ensenada *nf* anse *f (de mer).*
enseña *nf* enseigne *f.*
enseñante *nmf* enseignant *m*, -e *f.*
enseñanza *nf* enseignement *m* • **enseñanza a distancia** enseignement à distance • **enseñanza superior/universitaria** enseignement supérieur/universitaire • **primera enseñanza, enseñanza primaria** enseignement primaire • **segunda enseñanza, enseñanza media** enseignement secondaire.
enseñar *vt* **1.** apprendre ; enseigner **2.** montrer **3.** laisser voir.
enseres *nmpl* **1.** effets *mpl (personnels)* **2.** matériel *m (du travailleur).*
ensillar *vt* seller.
ensimismado, da *adj* renfermé(e), replié(e) sur soi-même.
ensimismarse *vp* **1.** *(se plonger)* • **ensimismarse en** se plonger dans **2.** se renfermer, se replier sur soi-même.
ensombrecer [30] *vt* assombrir. ■ **ensombrecerse** *vp* s'assombrir.
ensoñación *nf* rêverie *f.*
ensopar *vt* **(AMÉR)** tremper.
ensordecer [30] *vt* **1.** rendre sourd(e) **2.** assourdir. ❑ *vi* devenir sourd(e).
ensortijar *vt* boucler.
ensuciar [8] *vt litt & fig* salir. ■ **ensuciarse** *vp* se salir.
ensueño *nm* rêve *m.*
entablado *nm* estrade *f* ; plancher *m.*
entablar *vt* **1.** poser un plancher sur **2.** engager *(une conversation)* ; entamer *(des négociations)* ; nouer *(une amitié)* **3.** mettre une attelle à.
entallar *vt* **1.** ajuster *(un vêtement)* **2.** sculpter.
entarimado *nm* **1.** plancher *m* ; parquet *m* **2.** estrade *f.*
ente *nm* **1.** être *m* **2.** organisme *m*, société *f* • **ente público** service *m* public **3.** *fam* phénomène *m.*
entelequia *nf* **1.** entéléchie *f* **2.** vue *f* de l'esprit.
entendederas *nfpl fam* jugeote *f* • **ser duro ou corto de entendederas** ne pas avoir la comprenette facile.
entendedor, ra *adj* connaisseur(euse). ❑ *nm,f* connaisseur *m*, -euse *f.*
entender *vt* **1.** comprendre • **¿qué entiendes tú por amistad?** qu'est-ce que tu entends par amitié ? **2.** penser • **yo no entiendo las cosas así** je ne vois pas les choses de cette façon-là. ❑ *vi* • **entender de ou en algo** s'y connaître en qqch. ❑ *nm* • **a mi entender** à mon sens. ■ **entenderse** *vp* **1.** se comprendre **2.** communiquer **3.** *(se mettre d'accord)* s'entendre **4.** avoir une liaison.

À PROPOS DE
entender
Attention ! **Entender** est un faux-ami. Il signifie **comprendre.**

entendido, da *adj* **1.** compris(e) • **¡entendido!** entendu ! • **no se da por entendido** il fait comme s'il n'était pas au courant **2.** *(expert)* • **ser entendido en** s'y connaître en. ❑ *nm,f* connaisseur *m*, -euse *f.* ■ **bien entendido que** *loc adv* qu'il soit clair que.
entendimiento *nm* jugement *m* • **con mucho entendimiento** avec une grande présence d'esprit.
entente *nf* entente *f (commerciale, industrielle).*
enterado, da *adj* averti(e) • **enterado en** informé sur • **estar enterado de** être au courant de • **no se da por enterado** il fait comme s'il n'était pas au courant.
enteramente *adv* entièrement.
enterar *vi* • **enterar a alguien de algo** informer qqn de qqch. ■ **enterarse** *vp* **1.** *(connaître, découvrir)* • **enterarse de algo** apprendre qqch • **me enteré de que te habías mudado** j'ai appris que tu avais déménagé **2.** *fam* piger • **no me entero** je n'y comprends rien **3.** *(s'informer)* • **enterarse de algo** se renseigner sur qqch **4.** *(s'apercevoir)* • **enterarse (de)** se rendre compte (de).
entereza *nf* **1.** fermeté *f* **2.** force *f* de caractère **3.** intégrité *f.*
enternecedor, ra *adj* attendrissant(e).
enternecer [30] *vt* attendrir. ■ **enternecerse** *vp* s'attendrir.

entero, ra *adj* **1.** entier(ère) • **el pueblo entero** tout le village • **la casa entera** toute la maison **2.** *(caractère)* fort(e) **3.** intact(e).

enterrador, ra *nm, f* fossoyeur *m*, -euse *f*.

enterrar [19] *vt* enterrer ; *fig* enfouir. ■ **enterrarse** *vp fig* s'enterrer.

entibiar [8] *vt* **1.** faire tiédir **2.** freiner *(son enthousiasme, son ardeur)* ; *(tendresse, amitié)* affaiblir. ■ **entibiarse** *vp* **1.** tiédir ; *(atmosphère, pièce)* se réchauffer **2.** *(sentiment)* s'affaiblir.

entidad *nf* **1.** organisme *m* • **entidad deportiva** club *m* sportif • **entidad local** collectivité *f* locale **2.** société *f* • **una entidad privada** une société privée • **entidad bancaria** établissement *m* bancaire **3.** PHILO entité *f* **4.** *(importance)* envergure *f*.

entierro *nm* enterrement *m* • **el entierro de la sardina** *fête ayant lieu dans certaines régions d'Espagne au moment des Cendres*.

entlo. abrév de **entresuelo**.

entoldado *nm* tente *f*.

entonación *nf* intonation *f* • **cantar con buena entonación** chanter dans le ton.

entonar *vt* **1.** entonner **2.** revigorer. ❑ *vi* **1.** chanter juste **2.** • **entonar con** être assorti(e) à.

entonces *adv* alors • **en** ou **por aquel entonces** en ce temps-là • **desde entonces** depuis.

entornar *vt* entrebâiller *(une porte)* ; entrouvrir *(les yeux, une fenêtre)* • **ojos entornados** yeux mi-clos.

entorno *nm* environnement *m* • **entorno informático** environnement.

entorpecer [30] *vt* **1.** engourdir *(les membres, l'esprit)* ; entraver *(un mouvement)* **2.** gêner *(la circulation)* ; retarder *(un processus, une évolution)* ; encombrer *(un chemin, une route)*.

entrada *nf* **1.** entrée *f* ; hall *m (d'un hôtel)* ; arrivée *f (de gaz, d'eau)* **2.** place *f* • **sacar una entrada** prendre une place **3.** apport *m* initial **4.** recette *f* • **entrada de dinero** rentrée *f* d'argent **5.** *(sur le front)* • **tener entradas** avoir les tempes dégarnies.

entrante *adj (année, mois)* prochain(e) ; nouveau(elle) *(président, gouvernement)*. ❑ *nm* **1.** *(plat)* entrée *f* **2.** renfoncement *m*.

entraña *nf (gén pl)* **1.** entrailles *fpl* **2.** cœur *m (d'un sujet, d'une question)*.

entrañable *adj* cher, chère *f* ; *(amitié)* profond(e) ; *(carte, personne, scène)* attendrissant(e).

entrañar *vt* comporter.

entrar

■ **entrar** *vi*

1. ALLER À L'INTÉRIEUR D'UN LIEU

entrer • **está prohibido entrar** il est interdit d'entrer • **¡no te quedes ahí en la puerta, hombre, entra!** ne reste pas là à la porte, entre ! • **entré por la ventana** je suis entré par la fenêtre

2. TENIR DANS

• **los vaqueros del año pasado no me entran** je ne rentre pas dans mes jeans de l'année dernière • **este anillo no te entra** cette bague est trop petite pour toi

3. DÉMARRER

• **entró el año con buen tiempo** l'année a commencé avec du beau temps

4. COMMENCER À SE FAIRE SENTIR

• **le entraron ganas de hablar** il a eu envie de parler • **le entró pánico** il fut pris de panique • **me está entrando frío** je commence à avoir froid

5. *fam* ÊTRE COMPRIS OU ASSIMILÉ

rentrer • **no le entra la geometría** la géométrie, ça ne rentre pas

6. VITESSE

passer • **no entra la tercera** la troisième ne passe pas

■ **entrar** *vt*

1. METTRE À L'INTÉRIEUR

rentrer • **entra las sillas porque está lloviendo** rentre les chaises parce qu'il pleut

2. AJUSTER UN VÊTEMENT

• **entrar unos pantalones** reprendre un pantanlon

3. *fam* ABORDER QQN

• **a ése no sé por dónde entrarle** celui-là, je ne sais pas comment le prendre

■ **entrar a** *v + prép*

commencer à • **entró a trabajar aquí el mes pasado** il a commencé à travailler ici le mois dernier

■ **entrar de** *v + prép*

ENTRER DANS UNE ENTREPRISE EN QUALITÉ DE

être embauché(e) comme • **entró de telefonista y ahora es director** il a débuté comme standardiste et maintenant il est directeur

■ **entrar en** *v + prép*

1. ALLER À L'INTÉRIEUR D'UN LIEU

entrer dans • **entró en la casa** il entra dans la maison

2. PASSER DANS UN NOUVEL ÉTAT

entrer dans • **entramos en un período de cambios** nous entrons dans une période de changements

3. S'ENGAGER DANS UNE PROFESSION

entrer dans • **decidió entrar en el ejército** il a decidé d'entrer dans l'armée

4. TENIR DANS, ÊTRE INCLUS DANS

• **no entramos todos en tu coche** nous ne tenons pas tous dans ta voiture • **¿cuántas entran en un kilo?** il y en a combien dans un kilo ? • **esto no entraba en mis cálculos** ceci n'entrait pas dans mes calculs • **esto no entra en el precio** ce n'est pas compris dans le prix

entre *prép* **1.** entre • **entre Barcelona y Madrid** entre Barcelone et Madrid • **entre la vida y la muerte** entre la vie et la mort • **entre nosotros** entre nous **2.** parmi, dans, au milieu de *(choses)* • **entre los mejores** parmi les meilleurs • **entre los papeles** dans les papiers • **entre los rosales** au milieu des rosiers **3.** *(addition)* • **entre tú y yo lo conseguiremos** à nous deux nous y arriverons • **entre una cosa y otra, nos salió carísimo** au total, ça nous est revenu très cher.
entreabierto, ta *pp* → **entreabrir**.
entreabrir *vt* entrouvrir.
entreacto *nm* entracte *m*.
entrecejo *nm* • **fruncir el entrecejo** froncer les sourcils.
entrechocar *vt* entrechoquer.
entrecomillado, da *adj* entre guillemets. ■ **entrecomillado** *nm* citation *f*.
entrecortado, da *adj* entrecoupé(e).
entrecot, , entrecots, entrecote, , entrecotes *nm* entrecôte *f*.
entredicho *nm* • **estar en entredicho** être mis(e) en doute • **poner en entredicho** mettre en doute.
entrega *nf* **1.** remise *f (de clés, d'argent, d'un prix)* ; livraison *f (d'une commande, d'un paquet)* **2.** dévouement *m* **3.** fascicule *m*.
entregar [16] *vt* **1.** remettre *(de clés, d'argent, un prix)* **2.** livrer *(une commande, un paquet)*. ■ **entregarse** *vp* **1.** se rendre **2.** • **entregarse a a)** se consacrer à *(sa famille, ses amis, son travail)* **b)** s'adonner à *(un vice, la boisson)* **c)** s'abandonner à *(la passion, un homme)*.
entreguerras ■ **de entreguerras** *loc adj* de l'entre-deux-guerres.
entrelazar [13] *vt* entrecroiser.
entrelínea *nf* interligne *m*.
entremeses *nmpl* hors-d'œuvre *mpl*.
entremeter *vt* insérer. ■ **entremeterse** *vp* • **entremeterse en** se mêler de.
entremetido, da, entrometido, da *adj & nm, f* indiscret(ète).
entremezclar *vt* mélanger. ■ **entremezclarse** *vp* se mêler.
entrenador, ra *nm, f* entraîneur *m*, -euse *f*.
entrenamiento *nm* entraînement *m*.
entrenar *vt* entraîner. ❑ *vi* s'entraîner. ■ **entrenarse** *vp* s'entraîner.
entrepierna *nf* entrejambe *m*.
entresacar [10] *vt* **1.** sélectionner ; tirer *(d'un texte)* **2.** désépaissir *(des cheveux)* ; éclaircir *(un bois)*.
entresijos *nmpl* dessous *mpl (d'une affaire)* ; ficelles *fpl (d'un métier)* ; arcanes *mpl (du pouvoir)*.
entresuelo *nm* entresol *m*.
entretanto *adv* pendant ce temps, entretemps.
entretención *nf* (AMÉR) distraction *f*.
entretener [72] *vt* **1.** distraire **2.** retarder, retenir *(une personne)* ; repousser *(une date, une décision)* **3.** entretenir **4.** tromper *(la faim)* ; calmer *(la douleur)*. ■ **entretenerse** *vp* **1.** • **entretenerse (con)** être distrait(e) (par) **2.** se distraire **3.** s'attarder.
entretenido, da *adj* **1.** distrayant(e) **2.** prenant(e).
entretenimiento *nm* **1.** distraction *f* **2.** entretien *m*.
entretiempo *nm* • **de entretiempo** *(vêtement)* de demi-saison.
entrever [76] *vt litt & fig* entrevoir.
entrevero *nm* (AMÉR) enchevêtrement *m*.
entrevista *nf* **1.** entretien *m (entre deux personnes)* **2.** interview *f* • **hacer una entrevista a alguien** interviewer qqn.
entrevistador, ra *nm, f* interviewer *m*.
entrevistar *vt* interviewer. ■ **entrevistarse** *vp* • **entrevistarse (con)** avoir un entretien (avec).
entrevisto, ta *pp* → **entrever**.
entristecer [30] *vt (personne)* attrister ; *(chose)* rendre triste. ■ **entristecerse** *vp* • **entristecerse (por ou con algo)** s'attrister (de qqch).
entrometerse *vp* • **entrometerse en a)** se mêler de **b)** s'immiscer dans *(la conversation)*.
entrometido, da = **entremetido**.
entroncar [10] *vi* • **entroncar con a)** *(famille)* être apparenté(e) à **b)** *(transports)* assurer la correspondance avec.
entronización *nf* intronisation *f*.
entronizar [13] *vt* **1.** introniser **2.** *fig* élever.
entubar *vt* **1.** tuber **2.** intuber.
entuerto *nm* tort *m* • **deshacer entuertos** jouer les redresseurs de torts.
entumecer [30] *vt* engourdir. ■ **entumecerse** *vp* s'engourdir.
entumecido, da *adj* engourdi(e) • **los dedos entumecidos** les doigts gourds.
enturbiar [8] *vt litt & fig* troubler. ■ **enturbiarse** *vp litt & fig* se troubler.
entusiasmado, da *adj* enthousiaste.
entusiasmar *vt* enthousiasmer, emballer • **me entusiasma la música** j'adore la musique. ■ **entusiasmarse** *vp* • **entusiasmarse (con)** s'enthousiasmer (pour), s'emballer (pour).
entusiasmo *nm* enthousiasme *m*.
entusiasta *adj* enthousiaste. ❑ *nmf* passionné *m*, -e *f*.
enumeración *nf* énumération *f*.
enumerar *vt* énumérer.
enunciación *nf* énonciation *f*.
enunciado *nm (gén)* LING énoncé *m*.
enunciar [8] *vt* énoncer.
envainar *vt* rengainer.
envalentonar *vt* • **envalentonar a alguien** donner du courage à qqn. ■ **envalentonarse** *vp* s'enhardir.
envanecer [30] *vt* gonfler d'orgueil. ■ **envanecerse** *vp* • **envanecerse de algo** être fier, fière *f* de qqch • **envanecerse de hacer algo** s'enorgueillir de faire qqch.

envanecimiento *nm* vanité *f.*
envasado *nm* conditionnement *m* • **envasado en latas** mise *f* en conserve.
envasar *vt* conditionner *(un article, une marchandise)*.
envase *nm* **1.** conditionnement *m* **2.** emballage *m* • **envase desechable** emballage jetable **3.** bouteille *f*; boîte *f* • **'envase sin retorno'** 'bouteille non consignée'.
envejecer [30] *vt & vi* vieillir.
envejecimiento *nm* vieillissement *m.*
envenenamiento *nm* empoisonnement *m.*
envenenar *vt* empoisonner.
envergadura *nf* envergure *f.*
envés *nm* envers *m.*
enviado, da *nm,f* envoyé *m*, -e *f* • **enviado especial** envoyé spécial.
enviar [9] *vt* envoyer • **enviar a alguien por algo/a hacer algo** envoyer qqn chercher qqch/faire qqch • **enviar algo por correo** poster qqch.
enviciarse *vt* • **enviciarse con a)** *(boisson, jeu)* s'adonner à **b)** *(ordinateur, télévision)* être mordu(e) de.
envidia *nf* **1.** envie *f* **2.** jalousie *f* • **me da envidia tu nuevo vestido** je suis jalouse de ta nouvelle robe • **tener envidia de** être jaloux(ouse) de.
envidiable *adj* enviable.
envidiar [8] *vt* **1.** envier **2.** être jaloux(ouse) de.
envidioso, sa *adj & nm,f* envieux(euse).
envilecer [30] *vt* avilir.
envío *nm* **1.** envoi *m* • **el paquete se perdió en el envío** le paquet s'est perdu pendant le transport **2.** colis *m.*
envite *nm* **1.** *(au jeu)* mise *f* **2.** *fig* offre *f.*
enviudar *vi* devenir veuf, veuve *f.*
envoltorio *nm* emballage *m.*
envoltura *nf* enveloppe *f* • **poner una envoltura** emballer.
envolver [24] *vt* **1.** envelopper • **le envuelve el cariño de su familia** sa famille l'entoure de tendresse **2.** enrouler **3.** *(impliquer)* • **envolver a alguien en** mêler qqn à **4.** enjôler. ■ **envolverse** *vp* s'envelopper.
envuelto, ta *pp* → **envolver.**
enyesar *vt* plâtrer • **tiene un brazo enyesado** il a un bras dans le plâtre.
enzarzar [13] *vt* envenimer • **enzarzar a alguien en** entraîner qqn dans *(une discussion, une dispute)*. ■ **enzarzarse** *vp* • **enzarzarse en** s'empêtrer dans *(une dispute, une affaire)*.
enzima *nf* enzyme *f.*
eólico, ca *adj* éolien(enne).
epatar *vt* épater.
e.p.d. (abrév de en paz descanse) RIP.
épica *nf* → **épico.**
epicentro *nm* épicentre *m.*
épico, ca *adj* épique. ■ **épica** *nf* poésie *f* épique.
epicúreo, a *adj & nm,f* épicurien(enne).
epidemia *nf* épidémie *f.*
epidémico, ca *adj* épidémique.
epidérmico, ca *adj* épidermique.
epidermis *nf inv* épiderme *m.*
epidural *nf* péridurale *f.*
epiglotis *nf inv* épiglotte *f.*
epígrafe *nm* épigraphe *f.*
epilepsia *nf* épilepsie *f.*
epiléptico, ca *adj & nm,f* épileptique.
epílogo *nm* *litt & fig* épilogue *m.*
episcopado *nm* épiscopat *m.*
episcopal *adj* épiscopal(e).
episódico, ca *adj* épisodique.
episodio *nm* épisode *m.*
epístola *nf* épître *f.*
epistolar *adj* épistolaire.
epitafio *nm* épitaphe *f.*
epíteto *nm* épithète *f.*
e.p.m. (abrév de en propia mano) en main(s) propre(s) • **documento entregado e.p.m.** document remis en mains propres.
época *nf* **1.** époque *f* • **de época a)** *(habit, voiture)* d'époque **b)** *(film)* historique **2.** saison *f.*
epónimo, ma *adj* éponyme. ■ **epónimo** *nm* éponyme *m.*
epopeya *nf* *litt & fig* épopée *f.*
equidad *nf* équité *f.*
equidistante *adj* équidistant(e).
equidistar *vi* • **equidistar (de)** être équidistant(e) (de).
équidos *nmpl* équidés *mpl.*
equilátero, ra *adj* équilatéral(e).
equilibrado, da *adj* équilibré(e). ■ **equilibrado** *nm* équilibrage *m.*
equilibrar *vt* équilibrer.
equilibrio *nm* équilibre *m* • **perder el equilibrio** perdre l'équilibre • **hacer equilibrios** *fig* ménager la chèvre et le chou.
equilibrista *nmf* équilibriste *mf.*
equino, na *adj* chevalin(e).
equinoccio *nm* équinoxe *m.*
equipaje *nm* bagages *mpl* • **equipaje de mano** bagage *m* à main.
equipamiento *nm* équipement *m.*
equipar *vt* • **equipar (con ou de)** équiper (en ou de). ■ **equiparse** *vp* s'équiper.
equiparar *vt* • **equiparar a ou con** comparer à. ■ **equipararse** *vp* se comparer.
equipo *nm* **1.** matériel *m* **2.** trousseau *m* *(d'une mariée)*; paquetage *m* *(d'un soldat)* **3.** *(gén)* SPORT équipe *f* • **equipo de rescate** équipe de secours **4.** MUS • **equipo (de sonido)** chaîne *f* (hi-fi).
equis *adj inv* x, X • **un número equis de personas** un nombre x de personnes. ❑ *nf inv* x *m inv.*
equitación *nf* équitation *f.*

equitativo, va *adj* équitable.
equivalencia *nf* équivalence *f*.
equivalente *adj* équivalent(e). ❑ *nm* équivalent *m*.
equivaler [74] *vi* • **equivaler a** équivaloir à.
equivocación *nf* erreur *f*.
equivocadamente *adv* par erreur.
equivocado, da *adj* erroné(e).
equivocar [10] *vt* • **equivocar algo con algo** confondre qqch avec qqch. ■ **equivocarse** *vp* • **equivocarse (de)** se tromper (de) • **equivocarse con alguien** se tromper sur qqn.
equívoco, ca *adj* équivoque. ■ **equívoco** *nm* malentendu *m*.
era *nf* **1.** ère *f*; époque *f* • **era cristiana** ère chrétienne **2.** AGRIC aire *f*. ❑ *v* → **ser**.
erario *nm* budget *m*.
ERASMUS (abrév de European Action Scheme for the Mobility of University Students) *nm* Erasmus.
ERC (abrév de Esquerra Republicana de Catalunya) *nf parti nationaliste catalan de gauche*.
erección *nf* érection *f*.
erecto, ta *adj* dressé(e) ; *(pénis)* en érection.
eres → **ser**.
ergonomía *nf* ergonomie *f*.
ergonómico, ca *adj* ergonomique.
erguido, da *adj* dressé(e).
erguir [58] *vt* dresser. ■ **erguirse** *vp* se dresser.
erigir [15] *vt* **1.** ériger **2.** nommer.
Eritrea *npr* Érythrée *f*.
eritreo, a *adj* érythréen(enne). ❑ *nm,f* Érythréen *m*, -enne *f*.
erizado, da *adj* litt & *fig* hérissé(e).
erizar [13] *vt* hérisser. ■ **erizarse** *vp* se hérisser.
erizo *nm* hérisson *m*. ■ **erizo de mar** *nm* oursin *m*.
ermita *nf* ermitage *m*.
ermitaño, ña *nm,f* ermite *m*. ■ **ermitaño** *nm* bernard-l'ermite *m*.
eros *nm inv* éros *m*.
erosionar *vt* éroder. ■ **erosionarse** *vp* être érodé(e).
erótico, ca *adj* érotique.
erotismo *nm* érotisme *m*.
erradicación *nf* éradication *f*.
erradicar [10] *vt* éradiquer.
errante *adj* errant(e) ; vagabond(e).
errar [47] *vt* **1.** se tromper de *(chemin, de direction)* • **errar la vocación** rater sa vocation **2.** manquer *(son tir, son coup)*. ❑ *vi* **1.** faire erreur, se tromper **2.** manquer son coup *(en tirant)* **3.** errer.
errata *nf* erratum *m*, coquille *f*.
erre *nf* r *m inv* • **erre que erre** obstinément.
erróneo, a *adj* erroné(e).
error *nm* erreur *f* • **estar en un error** être dans l'erreur • **salvo error u omisión** sauf erreur ou omission • **error de bulto** grossière erreur.
Ertzaintza *nf police autonome basque*.
eructar *vi* faire un rot.
eructo *nm* rot *m*.
erudición *nf* érudition *f*.
erudito, ta *adj & nm,f* érudit(e).
erupción *nf* éruption *f (de volcan)* • **en erupción** en éruption.
es → **ser**.
esa → **ese**.
ésa → **ése**.
esbelto, ta *adj* svelte.
esbozar [13] *vt* litt & *fig* ébaucher.
esbozo *nm* ébauche *f*.
escabechado, da *adj* mariné(e). ■ **escabechado** *nm (action)* marinage *m* ; *(plat)* marinade *f*.
escabechar *vt* CULIN faire mariner.
escabeche *nm* CULIN marinade *f*; escabèche *f (de poissons)* • **escabeche de sardina/perdiz** sardines/perdrix marinées.
escabechina *nf* massacre *m*.
escabroso, sa *adj* **1.** *(surface)* inégal(e) • **un terreno escabroso** un terrain accidenté **2.** scabreux(euse) **3.** délicat(e).
escabullirse *vp* **1.** filer **2.** s'éclipser **3.** se défiler.
escacharrar, descacharrar *vt fam* bousiller ; ficher en l'air *(la journée, un plan)*. ■ **escacharrarse, descacharrarse** *vp fam* se détraquer ; *(plan)* cafouiller.
escafandra *nf* scaphandre *m*.
escala *nf* **1.** échelle *f* • **a escala 1:50.000** à l'échelle de 1/50 000e • **a escala internacional** à l'échelle internationale • **a gran escala** à grande échelle **2.** MUS *(de couleurs)* gamme *f* • **escala musical** gamme **3.** escale *f* • **hacer escala** faire escale **4.** cote *f* • **escala de popularidad** cote de popularité.
escalada *nf* litt & *fig* escalade *f*.
escalador, ra *adj* qui fait de l'alpinisme. ❑ *nm,f* **1.** grimpeur *m*, -euse *f*; alpiniste *mf* **2.** *fam* jeune loup *m*, carriériste *mf*.
escalafón *nm* hiérarchie *f*; tableau *m* d'avancement.
escalar *vt* escalader • **escalar puestos** *fam & fig* grimper dans l'échelle sociale.
escaldado, da *adj* **1.** CULIN blanchi(e) **2.** *fig* échaudé(e).
escaldar *vt* **1.** CULIN blanchir **2.** chauffer à blanc **3.** *fig* blesser à vif. ■ **escaldarse** *vp* s'ébouillanter ; se brûler *(avec une flamme, le soleil)*.
escalera *nf* **1.** escalier *m* • **escalera de caracol** escalier en colimaçon • **escalera mecánica ou automática** Escalator® *m* **2.** *(aux cartes)* quinte *f* • **escalera de color** quinte flush.
escalerilla *nf (d'un avion)* passerelle *f*.
escaléxtric *nm* **1.** circuit *m* miniature **2.** échangeur *m*.

escalfar *vt* pocher *(un œuf)*.
escalibada *nf* CULIN *spécialité culinaire catalane à base de légumes grillés*.
escalinata *nf* perron *m*.
escalofriante *adj* terrifiant(e).
escalofrío *nm (gén pl)* frisson *m*.
escalón *nm* **1.** marche *f* **2.** *fig* échelon *m*.
escalonar *vt* échelonner.
escalope *nm* escalope *f*.
escama *nf* **1.** ZOOL & BOT écaille *f* **2.** paillette *f (de savon)* **3.** squame *f*.
escamar *vt* **1.** écailler **2.** *fam* & *fig* mettre la puce à l'oreille.
escamotear *vt* **1.** escroquer **2.** subtiliser.
escampar *v impers* cesser de pleuvoir.
escandalizar [13] *vt* **1.** scandaliser **2.** faire du tapage dans. ■ **escandalizarse** *vp* se scandaliser • **escandalizarse de** être scandalisé(e) par.
escándalo *nm* **1.** scandale *m* **2.** tapage *m* ; chahut *m (en classe)*.
escandaloso, sa *adj* **1.** scandaleux(euse) **2.** tapageur(euse) ; *(enfants)* bruyant(e). ❑ *nm, f* • **es un escandaloso** il est très bruyant.
escandinavo, va *adj* scandinave. ❑ *nm, f* Scandinave *mf*.
escáner *(pl* **escáners***)*, **scanner** [es'kaner] *(pl* **scanners***)* *nm* scanner *m*.
escaño *nm* siège *m (au Parlement)*.
escapada *nf* **1.** escapade *f* **2.** SPORT échappée *f*.
escapar *vi* • **escapar (de)** s'échapper (de) *(endroit, lieu)* • **escapar de algo/a alguien** échapper à qqch/à qqn. ■ **escaparse** *vp* **1.** *(fuir)* • **escaparse (de algo)** s'échapper (de qqch) *(involontairement)* • **se le escapó la risa/un taco** un rire/un gros mot lui a échappé • **se le escapó el tren/la ocasión** il a manqué son train/l'occasion **2.** *(liquide, gaz, etc)* fuir.
escaparate *nm* vitrine *f*.
escapatoria *nf* **1.** évasion *f* ; escapade *f* • **no tener escapatoria** être au pied du mur **2.** *fam* échappatoire *f*.
escape *nm* fuite *f (d'eau, de gaz, etc)* ; échappement *m (d'une voiture)* • **a escape** à toute vitesse.
escapulario *nm* scapulaire *m*.
escaquearse *vp fam* se défiler • **escaquearse de hacer algo** s'arranger pour ne pas faire qqch.
escarabajo *nm* **1.** scarabée *m* **2.** *fam (voiture)* coccinelle *f*.
escaramuza *nf* escarmouche *f*.
escarbar *vt* gratter *(la terre)* ; *fig* fouiller *(une vie, le passé)*.
escarceos *nmpl* **1.** incursions *fpl* **2.** divagations *fpl*.
escarcha *nf* givre *m*.
escarlata *adj* & *nf* écarlate.
escarlatina *nf* scarlatine *f*.
escarmentar [19] *vi* tirer la leçon *(d'une expérience)*.
escarmiento *nm (avertissement)* leçon *f*.
escarnio *nm* raillerie *f*.
escarola *nf* frisée *f*.
escarpado, da *adj* escarpé(e).
escasear *vi* manquer.
escasez *nf* **1.** pénurie *f* **2.** indigence *f*.
escaso, sa *adj* **1.** *(ressources, repas)* maigre ; *(nombre, quantité)* faible ; • **andar escaso de dinero** être à court d'argent **2.** rare **3.** *(presque complet)* • **un metro/kilo escaso** à peine un mètre/kilo • **media hora escasa** une petite demi-heure.
escatimar *vt* rogner sur *(le repas, les moyens)* ; ménager *(ses efforts)* • **no escatimar algo** ne pas lésiner sur qqch.
escatología *nf* scatologie *f*.
escay, skay [es'kai] *nm* Skaï® *m*.
escayola *nf* plâtre *m*.
escayolar *vt* MÉD plâtrer.
escena *nf* scène *f* • **poner en escena** mettre en scène • **hacer una escena** *fig* faire une scène.
escenario *nm* **1.** *(planches)* scène *f* **2.** CINÉ & THÉÂTRE cadre *m* **3.** *fig (lieu de l'action)* théâtre *m* • **el escenario del crimen** le lieu du crime.
escenificación *nf* mise *f* en scène.
escenificar [10] *vt* mettre en scène.
escenografía *nf* **1.** scénographie *f* **2.** mise *f* en scène.
escenógrafo, fa *nm, f* metteur *m* en scène.
escepticismo *nm* scepticisme *m*.
escéptico, ca *adj* & *nm, f* sceptique.
escindir *vt* scinder. ■ **escindirse** *vp* • **escindirse (en) a)** *(parti politique)* se scinder (en) **b)** *(atome)* se diviser (en).
escisión *nf* scission *f (d'un parti politique, etc)* ; fission *f (du noyau)*.
esclarecer [30] *vt* tirer au clair, élucider.
esclarecimiento *nm* élucidation *f*.
esclava → **esclavo**.
esclavismo *nm* esclavagisme *m*.
esclavitud *nf litt* & *fig* esclavage *m*.
esclavizar [13] *vt* réduire en esclavage • **el vino/su trabajo le esclaviza** il est esclave du vin/de son travail.
esclavo, va *adj* & *nm, f litt* & *fig* esclave. ■ **esclava** *nf* gourmette *f*.
esclerosis *nf inv* sclérose *f*.
esclusa *nf* écluse *f*.
escoba *nf* balai *m*.
escobilla *nf* **1.** balayette *f* **2.** ÉLECTR balai *m* **3.** **(AMÉR)** brosse *f*.
escocedura *nf* **1.** brûlure *f* **2.** irritation *f*.
escocer [41] *vi* **1.** *(blessure, condiment)* brûler **2.** *fig* blesser. ■ **escocerse** *vp (peau)* être meurtri(e).
escocés, esa *adj* écossais(e). ❑ *nm, f* Écossais *m*, -e *f*. ■ **escocés** *nm* écossais *m*.

Escocia *npr* Écosse *f*.
escoger [14] *vt* choisir.
escogido, da *adj* choisi(e).
escolar *adj* scolaire. ❑ *nm,f* écolier *m*, -ère *f*.
escolaridad *nf* scolarité *f*.
escolarización *nf* scolarisation *f*.
escolarizar [13] *vt* scolariser.
escolástico, ca *adj* scolastique. ■ **escolástico** *nm* scolastique *m*. ■ **escolástica** *nf* scolastique *f*.
escoliosis *nf inv* scoliose *f*.
escollo *nm litt* & *fig* écueil *m*.
escolta *nf* escorte *f*.
escoltar *vt* escorter.
escombro *nm (gén pl)* **1.** décombres *mpl* **2.** gravats *mpl*.
esconder *vt litt* & *fig* cacher. ■ **esconderse** *vp* se cacher • **esconderse de a)** se dérober à *(un regard, la vue de)* **b)** fuir *(une personne)*.
escondido, da *adj* caché(e) ; *(endroit)* retiré(e). ■ **escondidas** *nfpl* gourmette *f*. ■ **a escondidas** *loc adv* en cachette.
escondite *nm* **1.** cachette *f* **2.** cache-cache *m inv*.
escondrijo *nm* cachette *f*.
escoñar *vt* **(ESP)** *tfam* bousiller, péter. ■ **escoñarse** *vp* **(ESP)** *tfam* **1.** *(objet)* être pété(e) ou naze • **el ordenador se ha escoñado** l'ordinateur est pété **2.** *(un bras, una jambe)* se bousiller.
escopeta *nf* fusil *m* (de chasse).
escoria *nf* scorie *f* ; *fig* rebut *m*.
Escorpio, Escorpión *nm inv* Scorpion *m inv*. ❑ *nm,f inv* scorpion *m inv*.
escorpión *nm* scorpion *m*. ■ **Escorpión** *nm inv* & *nmf inv* = **Escorpio.**
escotado, da *adj* décolleté(e).
escotar *vt* décolleter.
escote *nm* **1.** encolure *f* **2.** décolleté *m* • **pagar a escote** partager les frais • **pagamos a escote** chacun paie sa part.
escotilla *nf* écoutille *f*.
escozor *nm* brûlure *f* ; piqûre *f (d'ortie)*.
escribiente *nmf* employé *m*, -e *f* aux écritures.
escribir *vt* écrire. ■ **escribirse** *vp* s'écrire.
escrito, ta *adj* écrit(e) • **por escrito** par écrit. ■ **escrito** *pp* → **escribir.** ❑ *nm* écrit *m* ; texte *m*.
escritor, ra *nm,f* écrivain *m*.
escritorio *nm* **1.** secrétaire *m* **2.** bureau *m*.
escritura *nf* **1.** écriture *f* **2.** acte *m*. ■ **Sagrada Escritura** *nf (gén pl)* • **la Sagrada Escritura** l'Écriture *f* sainte.
escrúpulo *nm* **1.** scrupule *m* **2.** méticulosité *f* **3.** dégoût *m*.
escrupuloso, sa *adj* **1.** scrupuleux(euse) **2.** délicat(e).
escrutar *vt* **1.** scruter **2.** *(aux élections)* • **escrutar los votos** dépouiller le scrutin.
escrutinio *nm* dépouillement *m* du scrutin.
escuadra *nf* **1.** *GÉOM* équerre *f* **2.** *NAUT* escadre *f* **3.** *MIL* escouade *f*.
escuadrilla *nf* escadrille *f*.
escuadrón *nm* escadron *m*.
escuálido, da *adj sout* décharné(e) • **un rostro escuálido** un visage émacié.
escucha *nf* écoute *f* • **escuchas telefónicas** écoutes téléphoniques.
escuchar *vt litt* & *fig* écouter. ■ **escucharse** *vp* s'écouter parler.
escudería *nf* écurie *f*.
escudero *nm* écuyer *m*.
escudilla *nf* écuelle *f*.
escudo *nm* **1.** bouclier *m* **2.** blason *m*, armes *fpl* **3.** écu *m* ; *(monnaie portugaise)* escudo *m*.
escudriñar *vt* **1.** scruter **2.** *(enquêter)* fouiller dans.
escuela *nf* école *f* • **escuela privada/pública** école privée/publique • **escuela universitaria** institut *m* universitaire • **ser de la vieja escuela** être de la vieille école.
escueto, ta *adj* **1.** sobre **2.** succinct(e).
escuincle, cla *nm,f* **(AMÉR)** gamin *m*, -e *f*.
esculpir *vt* sculpter.
escultismo, scoutismo *nm* scoutisme *m*.
escultor, ra *nm,f* sculpteur *m*.
escultura *nf* sculpture *f*.
escupidera *nf* crachoir *m*.
escupir *vt* & *vi* cracher.
escupitajo *nm* crachat *m*.
escurreplatos *nm inv* égouttoir *m* (à vaisselle).
escurridizo, za *adj* **1.** *(sol)* glissant(e) **2.** *(personne)* fuyant(e) ; *(réponse)* évasif(ive).
escurridor *nm* passoire *f*.
escurrir *vt* **1.** égoutter ; essorer *(du linge)* **2.** vider jusqu'à la dernière goutte. ❑ *vi* **1.** goutter **2.** *(sol)* glisser. ■ **escurrirse** *vp* **1.** s'égoutter **2.** *(chose)* glisser.
escúter *(pl* **escúteres**), **scooter** [es'kuter] *(pl* **scooters**) *nf* scooter *m*.
esdrújulo, la *adj* accentué(e) sur l'avant-avant-dernière syllabe. ■ **esdrújula** *nf GRAMM* proparoxyton *m*.
ese[1] *nf s m inv* • **hacer eses a)** *(personne)* tituber **b)** *(voiture)* zigzaguer.
ese[2], **esa** *(mpl* **esos**, *fpl* **esas**) *adj dém* **1.** ce, cette, ce...-là, cette...-là • **¿qué es ese ruido?** qu'est-ce que c'est que ce bruit ? • **esa corbata que llevas hoy es muy bonita** la cravate que tu portes aujourd'hui est très belle • **busco precisamente ese libro** c'est précisément ce livre que je cherche • **prefiero esa casa a ésta** je préfère cette maison-là à celle-ci **2.** *(après un substantif) péj* ce...-là, cette...-là • **el hombre ese no me inspira confianza** cet homme-là ne m'inspire pas confiance.
ése, ésa *(mpl* **ésos**, *fpl* **ésas**) *pron dém* **1.** celui-là, celle-là • **no cojas este diccionario, coge ése** ne prends pas ce dictionnaire-ci, prends celui-là • **dame un vaso — ¿cuál? — ése que está en la mesa** donne-moi un verre — lequel ?

— celui qui est sur la table • **ésa es mi idea de...** c'est l'idée que je me fais de... **2.** *(après avoir été mentionné)* • **entraron Ana y María, ésa con un vestido rojo** Ana et María sont entrées, la première portait une robe rouge **3.** *fam (emploi péjoratif)* • **¿qué se ha creído ésa?** qu'est-ce qu'elle croit, celle-là ? • **ése me ha querido timar** ce type-là a essayé de me rouler.

esencia *nf* **1.** essence *f* **2.** essentiel *m* • **quinta esencia** quintessence *f*.

esencial *adj* essentiel(elle).

esfera *nf* **1.** sphère *f*; cadran *m (de montre)* • **las altas esferas de** *fig* les hautes sphères de **2.** *fig* domaine *m*.

esférico, ca *adj* sphérique. ■ **esférico** *nm* ballon *m*.

esfinge *nf* sphinx *m*.

esfínter *nm* sphincter *m*.

esforzar [37] *vt* forcer *(sa voix, sa vue)*. ■ **esforzarse** *vp* faire des efforts • **esforzarse en ou por hacer algo** s'efforcer de faire qqch.

esfuerzo *nm* effort *m*.

esfumar *vt* estomper. ■ **esfumarse** *vp fig* se volatiliser.

esgrima *nf* escrime *f*.

esgrimir *vt* **1.** manier *(une arme blanche)* **2.** *(menacer)* brandir **3.** *fig* invoquer.

esguince *nm* foulure *f*; *(avec déchirure)* entorse *f*.

eslabón *nm* maillon *m*, chaînon *m* • **eslabón perdido** chaînon manquant.

eslalon (*pl* **eslalons**), **slalom** (*pl* **slaloms**) *nm* slalom *m*.

eslam, slam *nm* **1.** *MUS* slam **2.** *SPORT* chelem • **gran/pequeño slam** grand/petit chelem.

eslamero, ra, slamero, ra *nm,f* slameur *m*, -euse *f*.

eslavo, va *adj* slave. ❑ *nm,f* Slave *mf*.

eslogan (*pl* **eslóganes**), **slogan** [es'loγan] (*pl* **slogans**) *nm* slogan *m*.

eslora *nf* longueur *f (d'un bateau)*.

Eslovaquia *npr* Slovaquie *f*.

Eslovenia *npr* Slovénie *f*.

esmaltar *vt* émailler.

esmalte *nm* émail *m* ; *ART* émaillerie *f*. ■ **esmalte (de uñas)** *nm* vernis *m* à ongles.

esmerado, da *adj (personne)* soigneux(euse) ; *(travail, prononciation, etc)* soigné(e).

esmeralda *nf* émeraude *f*. ❑ *adj inv* (vert) émeraude. ❑ *nm* vert *m* émeraude.

esmerarse *vp* • **esmerarse (en algo/en hacer algo)** s'appliquer (dans qqch/à faire qqch).

esmeril *nm* émeri *m*.

esmerilar *vt* polir à l'émeri.

esmero *nm* soin *m*, application *f*.

esmirriado, da *adj* chétif(ive).

esmoquin (*pl* **esmóquines**), **smoking** [es'mokin] (*pl* **smokings**) *nm* smoking *m*.

esnifar *vt fam* sniffer.

esnob (*pl* **esnobs**), **snob** (*pl* **snobs**) *adj inv & nmf* snob.

esnobismo, snobismo *nm* snobisme *m*.

eso *pron dém neutre* cela, ça • **¿le habló usted de eso en particular?** lui avez-vous parlé de cela en particulier ? • **eso me interesa** ça m'intéresse • **eso es la Torre Eiffel** ça, c'est la tour Eiffel • **eso es lo que yo pienso** c'est ce que je pense • **eso de vivir solo no me gusta** je n'aime pas l'idée de vivre seul • **¡eso, eso!** c'est ça, c'est ça ! • **¿cómo es eso?** comment ça se fait ? • **¡eso es!** c'est ça ! ■ **a eso de** *loc prép* vers. ■ **en eso** *loc adv* sur ce. ■ **y eso que** *loc conj* et pourtant.

esófago *nm* œsophage *m*.

esos, esas → **ese**.

ésos, ésas → **ése**.

esotérico, ca *adj* ésotérique.

esoterismo *nm* ésotérisme *m*.

esp 1. (abrév de **especialista**) spécialiste • **'se busca técnico esp en instalaciones eléctricas'** 'recherchons technicien spécialisé dans les installations électriques' **2.** (abrév de **especialmente**) spécialement.

espabilado, da, despabilado, da *adj* vif, vive *f*.

espabilar, despabilar *vt* **1.** réveiller • **espabilar a alguien** *fig* dégourdir qqn **2.** expédier. ■ **espabilarse, despabilarse** *vp* **1.** se réveiller **2.** *fam* se remuer **3.** se dégourdir.

espachurrar = **despachurrar**.

espaciador *nm INFORM* barre *f* d'espacement.

espacial *adj* spatial(e).

espaciar [8] *vt* espacer.

espacio *nm* **1.** espace *m* • **no tengo mucho espacio** je n'ai pas beaucoup de place • **por espacio de dos años** pendant deux ans • **espacio aéreo** espace aérien • **espacio de tiempo** laps *m* de temps **2.** émission *f* • **espacio musical** plage *f* musicale **3.** interligne *m* • **a doble espacio** à double interligne.

espacioso, sa *adj* spacieux(euse).

espada *nf* épée *f* • **estar entre la espada y la pared** être pris entre deux feux. ❑ *nm* matador *m*. ■ **espadas** *nfpl l'une des quatre couleurs du jeu de cartes espagnol*.

espagueti, spaguetti *nm (gén pl)* spaghetti *m*.

espalda *nf* **1.** dos *m* • **caerse de espaldas** tomber à la renverse • **tumbarse de espaldas** s'allonger sur le dos • **por la espalda** par-derrière **2.** dos *m* crawlé • **cubrirse las espaldas** protéger ses arrières • **hablar de alguien a sus espaldas** parler de qqn dans son dos • **volver la espalda a alguien** tourner le dos à qqn.

espaldarazo *nm* • **dar un espaldarazo** donner une tape dans le dos • **se pegó un espaldarazo** il est tombé sur le dos.

espalderas *nfpl* espalier *m (de gymnastique)*.

espam, spam *nm* spam *m*.

espanglish, spanglish *nm* spanglish *m (espagnol comportant de nombreux anglicismes)*.
espantadizo, za *adj* craintif(ive).
espantajo *nm* épouvantail *m* ; croque-mitaine *m*.
espantapájaros *nm inv* épouvantail *m*.
espantar *vt* **1.** faire fuir **2.** épouvanter. ■ **espantarse** *vp* s'affoler • **espantarse de ou por** être épouvanté(e) de ou par.
espanto *nm* épouvante *f* • **¡qué espanto!** quelle horreur ! • **estoy curado de espantos** *fig* j'en ai vu d'autres.
espantoso, sa *adj* **1.** épouvantable **2.** *fig* terrible **3.** horrible.
España *npr* Espagne *f* • **la España del Siglo de Oro** l'Espagne du siècle d'or.
español, la *adj* espagnol(e). ❑ *nm,f* Espagnol *m*, -e *f*. ■ **español** *nm* espagnol *m*.
españolada *nf péj qui présente un caractère hispanique exagéré*.
españolismo *nm* **1.** attachement *m* à l'Espagne **2.** caractère *m* espagnol.
españolizar [13] *vt* hispaniser. ■ **españolizarse** *vp (personne)* prendre des habitudes espagnoles ; *(mot)* s'hispaniser.
esparadrapo *nm* sparadrap *m*.
esparcido, da *adj* éparpillé(e).
esparcir [12] *vt* répandre *(de l'huile, une nouvelle, etc)* ; éparpiller *(des papiers, des objets)*. ■ **esparcirse** *vp* se répandre.
espárrago *nm* asperge *f*.
esparto *nm* BOT alfa *m*.
espasmo *nm* spasme *m*.
espasmódico, ca *adj* spasmodique.
espatarrarse *vp fam* s'affaler.
espátula *nf* spatule *f*.
especia *nf* épice *f*.
especial *adj* spécial(e) ; *(traitement)* de faveur • **en especial** particulièrement • **uno en especial** un en particulier.
especialidad *nf* spécialité *f*.
especialista *adj* spécialiste • **un médico especialista** un spécialiste. ❑ *nmf* **1.** spécialiste *mf* **2.** CINÉ cascadeur *m*, -euse *f*.
especialización *nf* spécialisation *f*.
especializado, da *adj* spécialisé(e).
especializar [13] *vt* spécialiser. ■ **especializarse** *vp* • **especializarse (en algo)** se spécialiser (dans ou en qqch).
especialmente *adv* **1.** spécialement **2.** surtout.
especismo *nm* spécisme *m*.
especie *nf* **1.** espèce *f* **2.** genre *m* **3.** sorte *f* • **pagar en especie ou especies** payer en nature.
especificación *nf* spécification *f* • **hacer especificación de algo** spécifier qqch.
especificar [10] *vt* • **especificar algo** spécifier qqch • **especificar algo a alguien** préciser qqch à qqn.
especificidad *nf* spécificité *f*.
específico, ca *adj* spécifique. ■ **específicos** *nmpl (médicaments)* spécialités *fpl*.
espécimen *(pl* **especímenes***)* *nm* spécimen *m*.
espectacular *adj* spectaculaire.
espectáculo *nm* spectacle *m* • **dar el espectáculo** *fig* se donner en spectacle.
espectador, ra *nm,f* spectateur *m*, -trice *f*. ■ **espectadores** *nmpl* public *m*.
espectral *adj* spectral(e).
espectro *nm* spectre *m*.
especulación *nf* spéculation *f*.
especular *vi* **1.** *(réfléchir)* • **especular (sobre)** spéculer (sur) **2.** FIN & COMM • **especular (con ou en)** spéculer (sur).
especulativo, va *adj* spéculatif(ive).
espejismo *nm litt & fig* mirage *m*.
espejo *nm* **1.** glace *f*, miroir *m* • **(espejo) retrovisor** rétroviseur *m* • **ser el espejo de algo** *fig* **a)** *(société, époque)* refléter qqch **b)** *(âme)* être le miroir de qqch **2.** *fig* modèle *m*.
espeleología *nf* spéléologie *f*.
espeluznante *adj* à donner la chair de poule.
espera *nf* **1.** attente *f* • **a la espera de** dans l'espoir de • **en espera de** dans l'attente de **2.** patience *f*.
esperanto *nm* espéranto *m*.
esperanza *nf* espoir *m* • **perder la esperanza** perdre l'espoir • **tener esperanza de hacer algo** avoir l'espoir de faire qqch • **esperanza de vida** espérance *f* de vie.
esperanzador *adj* encourageant(e).
esperanzar [13] *vt* donner de l'espoir. ■ **esperanzarse** *vp* reprendre espoir.
esperar *vt* **1.** *(attendre)* • **esperar (algo/a alguien)** attendre (qqch/qqn) • **esperar algo de alguien** attendre qqch de qqn • **era algo de esperar** c'était à prévoir • **como era de esperar** comme il fallait s'y attendre **2.** *(souhaiter)* • **esperar que** espérer que • **espero que sí** j'espère bien • **esperar hacer algo** espérer faire qqch. ■ **esperarse** *vp* **1.** s'attendre à • **no se lo esperaba** il ne s'y attendait pas **2.** attendre • **se esperó durante una hora** il a attendu une heure.
esperma *nm ou nf* sperme *m*.
espermatozoide *nm* spermatozoïde *m*.
espermicida *adj & nm* spermicide.
esperpento *nm* **1.** *(personne)* épouvantail *m* **2.** *(chose)* horreur *f*.
espeso, sa *adj* **1.** épais(aisse) **2.** *(végétation)* dense ; *(bois)* touffu(e) **3.** *fig* impénétrable.
espesor *nm* épaisseur *f*.
espesura *nf* **1.** fourré *m* **2.** épaisseur *f*.
espía *nm,f* espion *m*, -onne *f*.
espiar [9] *vt* épier.
espiga *nf* **1.** épi *m* **2.** *(tissu)* chevron *m* **3.** cheville *f (en bois, en fer)*.

espigado, da *adj* **1.** *fig (personne)* • **es espigado** il est grand et mince **2.** *(plante)* monté(e) en graine.
espigón *nm* jetée *f.*
espina *nf* **1.** arête *f* **2.** épine *f* **3.** *fig (peine)* • **tiene una espina clavada** il en a gros sur le cœur • **me da mala espina** cela ne me dit rien qui vaille. ■ **espina dorsal** *nf* épine *f* dorsale.
espinaca *nf (gén pl)* épinard *m.*
espinazo *nm* échine *f.*
espinilla *nf* **1.** tibia *m* **2.** *(bouton)* point *m* noir.
espinoso, sa *adj litt & fig* épineux(euse).
espionaje *nm* espionnage *m.*
espiral *nf* spirale *f* • **en espiral** en spirale.
espirar *vi* expirer. ❑ *vt* exhaler.
espiritismo *nm* spiritisme *m.*
espiritista *adj* spirite. ❑ *nmf* médium *mf.*
espíritu *nm* **1.** *(gén)* RELIG esprit *m* **2.** *fig* force *f.* ■ **Espíritu Santo** *nm* Saint-Esprit *m.*
espiritual *adj* spirituel(elle). ❑ *nm* • **espiritual (negro)** negro spiritual *m.*
espiritualidad *nf* spiritualité *f.*
espléndido, da *adj* **1.** splendide **2.** prodigue.
esplendor *nm* splendeur *f.*
esplendoroso, sa *adj* splendide.
espliego *nm* lavande *f.*
espoleta *nf* détonateur *m.*
espolio = **expolio**.
espolvorear *vt* saupoudrer.
esponja *nf* éponge *f.*
esponjoso, sa *adj* spongieux(euse).
espónsor *nmf* sponsor *m.*
esponsorizar *vt* sponsoriser.
espontaneidad *nf* spontanéité *f.*
espontáneo, a *adj* spontané(e). ❑ *nm, f spectateur qui saute dans l'arène pour toréer.*
esporádico, ca *adj* sporadique.
esposado, da *adj* • **iba esposado** il avait les menottes aux poignets.
esposar *vt* passer les menottes à.
esposo, sa *nm, f* époux *m*, -ouse *f.* ■ **esposas** *nfpl* menottes *fpl.*
espray *(pl* **esprays**), **spray** *(pl* **sprays**) *nm* spray *m*, aérosol *m.*
esprint *(pl* **esprints**), **sprint** *(pl* **sprints**) *nm* sprint *m.*
espuela *nf* **1.** éperon *m* **2.** *fig* aiguillon *m* **3.** *fam & fig* coup *m* de l'étrier.
espuma *nf* **1.** mousse *f (de la bière, du savon)* **2.** mousse *f* coiffante ou de coiffage **3.** écume *f (des vagues, d'un bouillon).*
espumadera *nf* écumoire *f.*
espumarajo *nm (bave)* écume *f.*
espumoso, sa *adj (mer, vagues)* écumeux(euse) ; *(vin)* mousseux(euse) ; *(savon)* moussant(e). ■ **espumoso** *nm* mousseux *m.*
esputo *nm* expectoration *f.*
esqueje *nm* bouture *f.*
esquela *nf* faire-part *m* de décès.
esquelético, ca *adj* squelettique.
esqueleto *nm* squelette *m* • **menear ou mover el esqueleto** *fam* guincher.
esquema *nm* schéma *m.*
esquemático, ca *adj* schématique.
esquematizar *vt* schématiser.
esquetch = **esquech**.
esquí *(pl* **esquís**), **ski** *nm* ski *m* • **esquí náutico ou acuático** ski nautique.
esquiador, ra *nm, f* skieur *m*, -euse *f.*
esquiar [9] *vi* skier.
esquilar *vt* tondre *(les moutons).*
esquimal *adj* esquimau(aude). ❑ *nm, f* Esquimau *m*, -aude *f.* ❑ *nm (langue)* esquimau *m.*
esquina *nf* coin *m* • **a la vuelta de la esquina** au coin de la rue • **al doblar la esquina** en tournant au coin de la rue.
esquirol *nm fam (briseur de grève)* jaune *mf.*
esquivar *vt* éviter ; esquiver *(un coup).*
esquivo, va *adj* farouche.
esquizofrenia *nf* schizophrénie *f.*
esquizofrénico, ca *adj & nm, f* schizophrène.
esta → **este**.
ésta → **éste**.
estabilidad *nf* stabilité *f.*
estabilizar [13] *vt* stabiliser. ■ **estabilizarse** *vp* se stabiliser.
estable *adj* stable.
establecer [30] *vt* établir. ■ **establecerse** *vp* s'établir.
establecimiento *nm* établissement *m.*
establo *nm* étable *f.*
estaca *nf* **1.** pieu *m* **2.** gourdin *m.*
estacada *nf* palissade *f* • **dejar a alguien en la estacada** laisser tomber qqn • **quedar ou quedarse alguien en la estacada** être abandonné(e) à son triste sort.
estación *nf* **1.** *(gén)* INFORM station *f* • **estación de esquí** station de ski • **estación de gasolina** station-service *f*, pompe *f* à essence • **estación de metro** station de métro • **estación de trabajo** poste *m* de travail • **estación emisora/meteorológica** station de radio/météo **2.** gare *f (ferroviaire)* • **estación de autocares** gare routière **3.** saison *f.* ■ **estación de servicio** *nf* station-service *f.*
estacional *adj* saisonnier(ère).
estacionamiento *nm* stationnement *m* • **'estacionamiento indebido'** 'stationnement interdit'.
estacionar *vt* garer. ■ **estacionarse** *vp* se garer, stationner.
estacionario, ria *adj* stationnaire.
estadía *nf* (AMÉR) séjour *m.*
estadio *nm* stade *m.*
estadista *nmf* homme *m* d'État.
estadístico, ca *adj* statistique. ■ **estadística** *nf* statistique *f.*

estado *nm* état *m* • **estar en buen/mal estado** être en bon/mauvais état • **la carne está en mal estado** la viande est avariée • **estado civil** état civil • **estado de ánimo** humeur *f* • **estado de excepción ou emergencia** état d'urgence • **estado de sitio** état de siège • **estar en estado (de esperanza ou buena esperanza)** *fig* attendre un heureux événement. ■ **Estado** *nm* État *m* • **Estado Mayor** état-major *m*.
Estados Unidos (de América) *npr* les États-Unis (d'Amérique) *mpl* • **Estados Unidos de América salió vencedor** les États-Unis ont gagné.
estadounidense *adj* américain(e) *(des États-Unis)*. ❑ *nmf* Américain *m*, -e *f*.
estafa *nf* escroquerie *f*.
estafador, ra *nm,f* escroc *m*.
estafar *vt* escroquer.
estafeta *nf* bureau *m* de poste.
estafilococo *nm* staphylocoque *m*.
estalactita *nf* stalactite *f*.
estalagmita *nf* stalagmite *f*.
estallar *vi* éclater ; *(bombe)* exploser ; *(verre, vitre)* voler en éclats • **estallar en sollozos/en una carcajada** éclater en sanglots/de rire.
estallido *nm* explosion *f* ; éclatement *m* *(d'un pneu, d'un conflit)*.
estambre *nm* **1.** fil *m* de laine **2.** étamine *f*.
Estambul *npr* Istanbul.
estamento *nm* classe *f* *(de la société)*.
estampa *nf* **1.** estampe *f* **2.** image *f* • **este niño es la estampa de su padre** cet enfant est l'image de son père **3.** allure *f*.
estampado, da *adj* **1.** *(tissu)* imprimé(e) **2.** *(signature)* apposé(e). ■ **estampado** *nm* imprimé *m*.
estampar *vt* **1.** *(métal)* estamper ; *(tissu)* imprimer **2.** *(écrire)* • **estampar su firma** apposer sa signature **3.** *fig* *(jeter)* • **estampar algo contra** fracasser qqch contre • **estampar a alguien contra** précipiter qqn contre **4.** *fam & fig* flanquer.
estampida *nf* fuite *f*, débandade *f*.
estampido *nm* fracas *m*.
estampilla *nf* **1.** cachet *m* ; estampille *f* **2.** **(AMÉR)** timbre *m* **3.** **(AMÉR)** image *f*.
estancarse [10] *vp* **1.** stagner **2.** rester en suspens.
estancia *nf* **1.** *(durée)* séjour *m* **2.** pièce *f* **3.** **(AMÉR)** ferme *f* d'élevage.
estanciero *nm* **(AMÉR)** fermier *m*.
estanco, ca *adj* étanche. ■ **estanco** *nm* bureau *m* de tabac.
estándar (*pl* **estándares**) *adj inv & nm* standard.
estandarización *nf* standardisation *f*.
estandarizar [13] *vt* standardiser.
estandarte *nm* étendard *m*.
estanque *nm* étang *m*.
estanquero, ra *nm,f* buraliste *mf*.
estante *nm* *(planche)* étagère *f*.
estantería *nf* *(meuble)* étagère *f*.
estaño *nm* étain *m*.

estar

■ **estar** [59] *vi*

1. INDIQUE UN ÉTAT TRANSITOIRE
être • **¿cómo estás?** comment vas-tu ? • **estoy enfermo/cansado** je suis malade/fatigué • **¡estás loco!** tu es fou ! • **esta calle está sucia** cette rue est sale
2. ÊTRE DANS UN LIEU DÉTERMINÉ
être • **estoy aquí** je suis là • **¿está María?** est-ce que María est là ?
3. ÊTRE DANS UNE POSITION DÉTERMINÉE
être • **el cuadro está torcido** le tableau est de travers
4. RESTER QUELQUE PART UN TEMPS DÉTERMINÉ
rester • **estaré un par de horas y me iré** je resterai une heure ou deux et je m'en irai • **estuvo toda la tarde en casa** il est resté chez lui tout l'après-midi
5. ÊTRE PRÊT
• **el almuerzo estará a las tres** le déjeuner sera prêt à trois heures
6. CONVENIR À QQN, EN PARLANT D'UN VÊTEMENT
aller • **este traje te está muy bien** cette robe te va très bien

■ **estar** [59] *v aux*

1. SUIVI DU GÉRONDIF, INDIQUE QU'UNE ACTION EST EN TRAIN DE SE DÉROULER
• **estoy pintando** je suis en train de peindre, je peins
2. SUIVI DU GÉRONDIF, EXPRIMER LA DURÉE
• **estuvieron trabajando día y noche** ils ont travaillé jour et nuit
3. AVANT UN PARTICIPE PASSÉ, FORME PASSIVE
• **la exposición está organizada por el ayuntamiento** l'exposition est organisée par la mairie

■ **estar a** *v + prép*

1. POUR INDIQUER UNE VALEUR, UN PRIX
être • **¿a cuánto está el dólar?** à combien est le dollar ?
2. POUR SITUER DANS LE TEMPS
être • **¿a qué estamos hoy?** le combien sommes-nous aujourd'hui ? • **hoy estamos a 13 de julio** aujourd'hui, nous sommes le 13 juillet
3. DANS DES EXPRESSIONS
être • **estoy a régimen** je suis au régime

■ **estar de** *v + prép*

1. OCCUPER UN POSTE
être • **está de director de la agencia** il est directeur de l'agence

2. INDIQUE UN ÉTAT

être • **hoy estoy de buen/mal humor** aujourd'hui, je suis de bonne/mauvaise humeur

3. DANS DES EXPRESSIONS

être • **estar de viaje** être en voyage

■ **estar en** *v + prép*

1. INDIQUE LE LIEU OÙ SE TROUVE QQN OU QQCH

être • **toda su familia está en Buenos Aires** toute sa famille est à Buenos Aires • **estoy aquí** je suis là • **la llave está en la cerradura** la clé est dans la serrure • **el Museo del Prado está en Madrid** le Musée du Prado se trouve à Madrid

2. SE TROUVER

être • **el problema está en la fecha** c'est la date qui pose problème

■ **estar en que** *v + conj*

EXPRIME UNE OPINION

• **estoy en que no vendrá** je pense qu'il ne viendra pas

■ **estar para** *v + prép*

1. INDIQUE L'HUMEUR, L'ÉTAT

être • **no estoy para bromas** je ne suis pas d'humeur à plaisanter • **no estoy para jugar** je ne suis pas en état de jouer

2. INDIQUE LA FINALITÉ

être • **para eso están los amigos** les amis sont là pour ça

■ **estar por** *v + prép*

1. INDIQUE QU'UNE ACTION N'A PAS ENCORE ÉTÉ ACCOMPLIE

être à, rester à • **el trabajo más difícil todavía está por hacer** le travail le plus difficile est encore à faire • **eso está por ver** ça reste à voir

2. INDIQUE QU'UNE ACTION EST IMMINENTE

• **estaba por irme cuando llegaste** j'étais sur le point de partir quand tu es arrivé • **estuve por pegarle** j'ai failli le frapper • **estoy por llamarlo** je suis tenté de l'appeler

■ **estar que** *v + conj*

• **estoy que no sé qué hacer** je ne sais pas vraiment ce que je dois faire • **hoy el jefe está que muerde** aujourd'hui, le boss est d'une humeur de chien

■ **estarse** *vp*

DEMEURER DANS UN LIEU OU DANS UN ÉTAT

rester • **puedes estarte unos días aquí** tu peux rester quelques jours ici • **estate quieto** reste tranquille

estárter (*pl* **estárters**), **starter** (*pl* **starters**) *nm* starter *m*.

estatal *adj* de l'État • **un representante estatal** un représentant de l'État • **un organismo estatal** un organisme d'État • **una empresa estatal** une entreprise publique.

estatalizar [13] *vt* étatiser.

estático, ca *adj* statique. ■ **estática** *nf* statique *f*.

estatismo *nm* **1.** étatisme *m* **2.** statisme *m*.

estatua *nf* statue *f*.

estatuilla *nf* statuette *f*.

estatura *nf* stature *f*.

estatus, status *nm inv* statut *m* social.

estatutario, ria *adj* statutaire.

estatuto *nm* statut *m* • **estatuto de autonomía** *loi définissant le fonctionnement d'une communauté autonome espagnole*.

este[1] *nm* est *m* • **el este de Europa** l'est de l'Europe. ❑ *adj (zone, frontière)* est *(inv)* ; *(vent)* d'est. ■ **Este** *nm* • **el Este** l'Est • **los países del Este** les pays de l'Est.

este[2], **esta** (*mpl* **estos**, *fpl* **estas**) *adj dém* ce, cette, ce...-ci, cette...-ci • **este hombre** cet homme • **me regaló estos libros** elle m'a offert ces livres • **me gusta más esta casa que ésa** cette maison-ci me plaît plus que celle-là • **esta mañana ha llovido** ce matin il a plu • **no soporto a la niña esta** cette fille, je ne la supporte pas.

éste, ésta (*mpl* **éstos**, *fpl* **éstas**) *pron dém* **1.** celui-ci, celle-ci • **aquellos cuadros están bien, aunque éstos me gustan más** ces tableaux-là sont bien mais je préfère ceux-ci • **éste es el modelo más barato** c'est ou voici le modèle le moins cher • **éste ha sido el día más feliz de mi vida** ça a été le plus beau jour de ma vie **2.** *fam* & *péj* • **¿qué hace aquí éste?** qu'est-ce qu'il fait ici lui ? • **éste es el que me pegó** c'est lui qui m'a frappé.

estela *nf* sillage *m (d'un bateau)* ; traînée *f (d'une étoile filante)* • **dejar estela** *fig* laisser des traces.

estelar *adj* **1.** stellaire **2.** *fig* marquant(e) • **la figura estelar** la vedette • **el momento estelar** le moment clé.

estepa *nf* steppe *f*.

estera *nf* natte *f (en paille)*.

estercolero *nm* tas *m* de fumier ; *fig* porcherie *f*.

estéreo *adj inv* stéréo. ❑ *nm* chaîne *f* stéréo.

estereofónico, ca *adj* stéréophonique.

estereotipado, da *adj* stéréotypé(e).

estereotipo *nm* stéréotype *m*.

estéril *adj litt* & *fig* stérile.

esterilete *nm* stérilet *m*.

esterilización *nf* stérilisation *f*.

esterilizar [13] *vt* stériliser.

esterilla *nf* natte *f (de plage)*.

esterlina → **libra**.

esternón *nm* sternum *m*.

esteroide *nm* stéroïde *m*.

esteta *nmf* esthète *mf*.

esteticismo *nm* esthétisme *m*.

esteticista, esthéticienne [esteti'θjen] *nf* esthéticienne *f*.

estético, ca *adj* esthétique. ■ **estética** *nf* esthétique *f.*
esthéticienne = **esteticista**.
estiércol *nm* fumier *m.*
estigma *nm litt & fig* stigmate *m.*
estigmatizar [13] *vt* stigmatiser.
estilarse *vp fam* se faire, se porter, être à la mode • **ya no se estila ese tipo de pantalones** ce type de pantalon ne se fait plus.
estilete *nm* stylet *m.*
estilista *nmf* styliste *mf.*
estilístico, ca *adj* stylistique. ■ **estilística** *nf* stylistique *f.*
estilizado, da *adj* **1.** *(silhouette)* stylisé(e) **2.** *(personne)* mince ; *(rasgo)* fin(e).
estilizar [13] *vt* styliser • **estilizar la figura** mettre les formes en valeur.
estilo *nm* **1.** *(gén)* GRAMM style *m* • **por el estilo de** dans le genre de • **estilo de vida** style de vie • **estilo directo/indirecto** style direct/indirect **2.** SPORT • **estilo libre** nage *f* libre • **estilo mariposa** nage *f* papillon **3.** *fig* • **algo por el estilo** quelque chose comme ça.
estilográfica *nf* → **pluma**.
estima *nf* estime *f* • **tener a alguien en mucha estima** tenir qqn en grande estime.
estimable *adj* appréciable.
estimación *nf* **1.** estime *f* **2.** estimation *f.*
estimado, da *adj* **1.** *(gén)* estimé(e) • **el valor estimado es de...** la valeur est estimée à... **2.** *(dans lettre)* • **Estimado señor:** Cher monsieur.
estimar *vt* estimer. ■ **estimarse** *vp* avoir une haute idée de sa personne.
estimulador, ra *adj* stimulant(e).
estimulante *adj* stimulant(e). ❑ *nm* stimulant *m.*
estimular *vt* stimuler.
estímulo *nm* **1.** stimulant *m* ; stimulation *f* **2.** stimulus *m.*
estío *nm sout* été *m.*
estipendio *nm* rétribution *f.*
estipulación *nf* **1.** fixation *f (des prix, etc)* **2.** DR stipulation *f.*
estipular *vt* stipuler.
estirado, da *adj* **1.** guindé(e) **2.** hautain(e).
estiramiento *nm* étirement *m* • **estiramiento de la piel** lifting *m.*
estirar *vt* **1.** étirer **2.** tendre **3.** *fig* faire durer *(des économies, la conversation).* ❑ *vi* • **estirar de** tirer sur. ■ **estirarse** *vp* **1.** s'étirer **2.** s'étendre **3.** pousser.
estirón *nm* saccade *f* • **dar un estirón a algo** tirer sur qqch • **¡vaya estirón que ha dado este niño!** qu'est-ce qu'il a poussé ce petit !
estirpe *nf (lignée)* souche *f.*
estival *adj* estival(e).
esto *pron dém neutre* ceci, ça • **esto es un nuevo producto** ceci est un nouveau produit • **esto no puede ser** ça n'est pas possible • **esto que acabas de decir no tiene sentido** ce que tu viens de dire n'a pas de sens • **esto de trabajar de noche no me gusta** je n'aime pas travailler la nuit • **esto es** c'est-à-dire • **el precio neto, esto es libre de impuestos, es...** le prix net, c'est-à-dire hors taxe, est de....
Estocolmo *npr* Stockholm.
estofa *nf* espèce *f*, sorte *f* • **de baja estofa** de condition modeste.
estofado *nm* estouffade *f.*
estofar *vt* cuire à l'étouffée.
estoicismo *nm* stoïcisme *m.*
estoico, ca *adj* stoïque.
estomacal *adj* **1.** stomacal(e) • **dolencias estomacales** maux d'estomac **2.** *(boisson)* digestif(ive). ❑ *nm* digestif *m.*
estómago *nm* estomac *m.*
Estonia *npr* Estonie *f.*
estorbar *vt* gêner • **el ruido le estorba** le bruit le gêne • **no quiero estorbar** je ne veux pas vous déranger. ❑ *vi* bloquer le passage.
estorbo *nm* gêne *f.*
estornudar *vi* éternuer.
estornudo *nm* éternuement *m.*
estos, estas → **este**.
éstos, éstas → **éste**.
estoy → **estar**.
estrabismo *nm* strabisme *m.*
estrado *nm* estrade *f* ; *(pour une cérémonie officielle)* tribune *f.*
estrafalario *adj* saugrenu(e).
estragón *nm* estragon *m.*
estragos *nmpl* • **causar o hacer estragos** faire des ravages.
estrambótico, ca *adj* farfelu(e).
estrangulador, ra *nm, f* étrangleur *m*, -euse *f.*
estrangulamiento *nm* étranglement *m.*
estrangular *vt* **1.** étrangler **2.** ligaturer **3.** étouffer dans l'œuf.
estraperlista *nmf* trafiquant *m*, -e *f (au marché noir).*
estraperlo *nm* marché *m* noir.
Estrasburgo *npr* Strasbourg.
estratagema *nf* stratagème *m.*
estratega *nmf* stratège *m.*
estrategia *nf* stratégie *f.*
estratégico, ca *adj* stratégique.
estratificar [10] *vt* stratifier.
estrato *nm* **1.** strate *f* **2.** *fig* couche *f (sociale).*
estratosfera *nf* stratosphère *f.*
estrechamente *adv* **1.** étroitement **2.** à l'étroit • **vivir estrechamente** vivre à l'étroit.
estrechamiento *nm* **1.** rétrécissement *m* **2.** *fig* resserrement *m (des liens).*
estrechar *vt* **1.** rétrécir **2.** *fig* resserrer *(les liens)* **3.** serrer • **estrechar entre sus brazos** serrer dans ses bras • **estrechar la mano a alguien** serrer la main à qqn. ■ **estrecharse** *vp* **1.** se rétrécir **2.** s'étreindre **3.** se serrer.

estrechez *nf* **1.** étroitesse *f* • **estrechez de miras** étroitesse d'esprit **2.** *fig (manque d'argent)* • **pasar estrecheces** être dans la gêne.
estrecho, cha *adj* **1.** étroit(e) • **estar muy estrecho** être très serré **2.** *fig* strict(e). ❑ *nm,f fam* bégueule *mf* • **hacerse el estrecho** jouer les prudes • **ser una estrecha** être une sainte-nitouche. ■ **estrecho** *nm* détroit *m*.
estrella *adj inv (présentateur)* vedette ; *(produit)* phare. ❑ *nf* **1.** étoile *f* **2.** *fig* vedette *f*, star *f* **3.** *fig* • **tener buena/mala estrella** être né(e) sous une bonne/mauvaise étoile. ■ **estrella de mar** *nf* étoile *f* de mer.
estrellado, da *adj* étoilé(e).
estrellar *vt* fracasser ; *(verre, assiette)* briser. ■ **estrellarse** *vp* **1.** • **estrellarse (contra) a)** se fracasser (contre) **b)** *(voiture, avion)* s'écraser (contre) **2.** *fig* s'effondrer.
estrellato *nm* vedettariat *m*.
estrellón *nm* (AMÉR) collision *f*.
estremecedor, ra *adj* frappant(e), saisissant(e) • **imágenes estremecedoras** images frappantes.
estremecer [30] *vt* **1.** ébranler, faire trembler **2.** *fig* faire frémir. ■ **estremecerse** *vp* • **estremecerse (de) a)** frémir (de) *(horreur)* **b)** trembler de *(peur, de froid)*.
estremecimiento *nm* frémissement *m*.
estrenar *vt* **1.** étrenner **2.** THÉÂTRE donner la première de ; CINÉ projeter pour la première fois. ■ **estrenarse** *vp* **1.** *(personne)* débuter **2.** *(film)* sortir.
estreno *nm* **1.** *(spectacle)* première *f* ; *(film)* sortie *f* **2.** débuts *mpl (dans un poste)*.
estreñido, da *adj* constipé(e).
estreñimiento *nm* constipation *f*.
estrépito *nm* **1.** fracas *m* **2.** *fig* • **con gran estrépito** à grand bruit.
estrepitoso, sa *adj* retentissant(e).
estrés, stress *nm inv* stress *m inv*.
estresante *adj* stressant(e).
estresar *vt* stresser.
estría *nf* vergeture *f*.
estribar *vi* • **estribar en** reposer sur.
estribillo *nm* **1.** refrain *m* **2.** *fam* tic *m* de langage.
estribo *nm* **1.** étrier *m* **2.** marchepied *m* • **perder los estribos** perdre les pédales.
estribor *nm* tribord *m*.
estricto, ta *adj* strict(e).
estridente *adj* **1.** strident(e) **2.** *fig* voyant(e).
estrofa *nf* strophe *f*.
estropajo *nm* tampon *m* à récurer.
estropear *vt* **1.** abîmer **2.** faire échouer. ■ **estropearse** *vp* **1.** tomber en panne **2.** s'abîmer **3.** échouer.
estropicio *nm (dégâts)* casse *f*.
estructura *nf* structure *f*.
estructural *adj* structurel(elle).
estructurar *vt* structurer.
estruendo *nm* **1.** vacarme *m* ; grondement *m (du tonnerre)* ; tonnerre *m (d'applaudissements)* **2.** tumulte *m*.
estrujar *vt* **1.** presser *(un citron, une orange)* **2.** froisser *(un papier)* ; écraser *(une boîte, une main)* **3.** *fig* exploiter ; *(soutirer de l'argent à)* saigner. ■ **estrujarse** *vp* se serrer • **estrujarse la cabeza** se creuser la tête.
estuario *nm* estuaire *m*.
estucar [10] *vt* stuquer.
estuche *nm* étui *m* ; coffret *m (à bijoux)*. ■ **estuche de aseo** *nm* trousse *f* de toilette.
estuco *nm* stuc *m*.
estudiante *nmf* étudiant *m*, -e *f*.
estudiantil *adj* estudiantin(e) ; d'étudiants.
estudiar [8] *vt* étudier ; apprendre *(une leçon, une langue)* • **estudiar derecho** faire des études de droit. ❑ *vi* étudier • **estudiar para médico** faire médecine • **tengo que estudiar para aprobar** je dois travailler pour être reçu.
estudio *nm* **1.** étude *f* • **estar en estudio** être à l'étude • **estudio de mercado** étude de marché **2.** atelier *m (de peintre)* **3.** studio *m (de photographe)* **4.** *(gén pl)* CINÉ, RADIO & TV studio *m*. ■ **estudios** *nmpl* études *fpl* • **tener estudios** avoir fait des études • **estudios primarios/secundarios** études primaires/secondaires.
estudioso, sa *adj* studieux(euse). ❑ *nm,f* spécialiste *mf*.
estufa *nf* poêle *m*.
estupefacción *nf* stupéfaction *f*.
estupefaciente *nm* stupéfiant *m*.
estupefacto, ta *adj* stupéfait(e).
estupendamente *adv* merveilleusement bien • **encontrarse estupendamente** être en pleine forme.
estupendo, da *adj* formidable, magnifique.
estupidez *nf* stupidité *f* • **decir/hacer una estupidez** dire/faire une bêtise.
estúpido, da *adj* stupide. ❑ *nm,f* idiot *m*, -e *f*.
estupor *nm* stupeur *f*.
esturión *nm* esturgeon *m*.
estuviera *(etc)* → **estar**.
esvástica *nf* croix *f* gammée, svastika *m*.
ETA (abrév de Euskadi ta Askatasuna) *nf* ETA *f* • **un presunto miembro de ETA** un membre présumé de l'ETA.
etapa *nf* étape *f* • **por etapas** par étapes.
etarra *adj* de l'ETA. ❑ *nmf* membre *m* de l'ETA.
ETB (abrév de Euskal Telebista) *nf télévision autonome basque*.
etc. (abrév de etcétera) etc.
etcétera *nm* • **... y un largo etcétera** ... et j'en passe. ❑ *adv* et cetera.
éter *nm* éther *m*.
etéreo, a *adj* éthéré(e) ; *(vapeurs)* d'éther.
eternidad *nf litt* & *fig* éternité *f*.
eternizar [13] *vt* faire durer (éternellement). ■ **eternizarse** *vp* s'éterniser.

eterno, na *adj* éternel(elle) ; *fig* interminable.
ético, ca *adj* éthique. ■ **ética** *nf* **1.** éthique *f* **2.** morale *f* • **ética profesional** conscience *f* professionnelle.
etílico, ca *adj* éthylique • **en estado etílico** en état d'ivresse.
etimología *nf* étymologie *f*.
Etiopía *npr* Éthiopie *f*.
etiqueta *nf* **1.** étiquette *f* • **de etiqueta a)** *(dîner, tenue)* habillé(e) **b)** *(visite, réception)* officiel(elle) **c)** *(tenue)* de soirée **2.** *INFORM* label *m*.
etiquetar *vt* étiqueter • **etiquetar a alguien de** *fig* étiqueter qqn comme.
etnia *nf* ethnie *f*.
étnico, ca *adj* ethnique.
etnología *nf* ethnologie *f*.
ETT (abrév de empresa de trabajo temporal) *nf* agence *f* d'intérim • **inscribirse/buscar trabajo en una ETT** s'inscrire dans une agence d'intérim/chercher du travail par le biais d'une agence d'intérim.
eucalipto *nm* eucalyptus *m*.
eucaristía *nf* eucharistie *f*.
eufemismo *nm* euphémisme *m*.
euforia *nf* euphorie *f*.
eufórico, ca *adj* euphorique.
eunuco *nm* eunuque *m*.
eureka *interj* • **¡eureka!** eurêka !
euro *nm* euro *m*.
eurocheque *nm* eurochèque *m*.
eurocomunismo *nm* eurocommunisme *m*.
euroconector *nm* prise *f* Péritel®.
eurócrata *nmf* eurocrate *mf*.
eurodiputado, da *nm,f* député *m* européen, députée *f* européenne, eurodéputé *m*, -e *f*.
euroescéptico, ca *nm,f* eurosceptique *mf*.
euromediterráneo, nea *adj* euroméditerranéen(enne).
Europa *npr* Europe *f*.
europarlamentario, ria *adj* du Parlement européen. ❑ *nm,f* parlementaire *m* européen, parlementaire *f* européenne.
europeísmo *nm* européisme *m*, européanisme *m*.
europeísta *adj (homme politique)* proeuropéen(enne) ; *(programme)* européen(enne). ❑ *nmf* partisan *m* de l'union européenne.
europeizar [13] *vt* européaniser.
europeo, a *adj* européen(enne). ❑ *nm,f* Européen *m*, -enne *f*.
eurovisión *nf* Eurovision® *f*.
eurozona *nf* zone *f* euro.
Euskadi *npr (Pays basque espagnol)* Euskadi.
euskera *adj* euskarien(enne). ❑ *nm* euskera *m*.
eutanasia *nf* euthanasie *f*.
evacuación *nf* évacuation *f*.
evacuado, da *adj & nm,f* évacué(e).
evacuar [7] *vt* évacuer • **evacuar (el vientre)** aller à la selle.
evadir *vt* **1.** *(gén)* • **evadir (hacer algo)** éviter (de faire qqch) **2.** fuir *(les responsabilités)* ; éluder *(une question)*. ■ **evadirse** *vp* s'évader.
evaluable *adj* évaluable.
evaluación *nf* **1.** évaluation *f* **2.** *SCOL* contrôle *m* des connaissances ; *SCOL (période)* trimestre *m*.
evaluar [6] *vt* évaluer ; *SCOL* contrôler les connaissances de.
evanescente *adj sout* évanescent(e).
evangélico, ca *adj & nm,f* évangélique.
evangelio *nm* évangile *m* ; *(doctrine)* Évangile *m*.
evangelización *nf* évangélisation *f*.
evangelizar [13] *vt* évangéliser.
evaporar *vt* évaporer. ■ **evaporarse** *vp litt & fig* s'évaporer.
evasión *nf* **1.** évasion *f* **2.** *ÉCON* fuite *f* • **evasión de capitales ou divisas** fuite des capitaux.
evasivo, va *adj* évasif(ive). ■ **evasiva** *nf* échappatoire *f* • **responder con evasivas** se dérober à une question.
evento *nm* événement *m*.
eventual *adj* **1.** temporaire **2.** éventuel(elle).
eventualidad *nf* **1.** précarité *f* d'une situation **2.** éventualité *f*.
eventualmente *adv* **1.** par hasard **2.** éventuellement.
evidencia *nf* **1.** évidence *f* • **poner algo en evidencia** mettre qqch en évidence • **poner a alguien en evidencia** tourner qqn en ridicule **2.** preuve *f*.
evidenciar [8] *vt* mettre en évidence. ■ **evidenciarse** *vp* être évident(e).
evidente *adj* évident(e).
evidentemente *adv* évidemment.
evitable *adj* évitable.
evitar *vt* éviter.
evocación *nf* évocation *f*.
evocador, ra *adj* évocateur(trice).
evocar [10] *vt* évoquer.
evolución *nf* évolution *f*.
evolucionar *vi* évoluer.
evolucionismo *nm* évolutionnisme *m*.
evolutivo, va *adj* évolutif(ive).
ex *nmf fam* ex *mf (conjoint)*. ❑ *adj* ex • **un ex ministro** un ex-ministre, un ancien ministre.
exacerbado, da *adj* **1.** exacerbé(e) **2.** excédé(e).
exacerbar *vt* **1.** exacerber **2.** excéder.
exactamente *adv* exactement.
exactitud *nf* exactitude *f*.
exacto, ta *adj* exact(e) • **tres metros exactos** exactement trois mètres. ■ **exacto** *interj* • **¡exacto!** exactement !
exageración *nf* exagération *f* • **contar exageraciones** exagérer • **ser una exageración** être exagéré(e).

exagerado, da *adj* exagéré(e) ; *(prix, personne)* excessif(ive).
exagerar *vt & vi* exagérer.
exaltación *nf* exaltation *f*.
exaltado, da *adj & nm,f* exalté(e).
exaltar *vt* **1.** élever **2.** exalter. ■ **exaltarse** *vp* s'exalter.
examen *nm* examen *m* • **hacer un examen de algo** examiner qqch • **presentarse a un examen** se présenter à un examen • **examen final** examen final • **examen oral** épreuve *f* orale, oral *m* • **examen parcial** partiel *m*.
examinador, ra *nm,f* examinateur *m*, -trice *f*.
examinar *vt* **1.** examiner **2.** faire passer un examen à • **examinar a alguien sobre algo** interroger qqn sur qqch. ■ **examinarse** *vp* passer un examen.
exánime *adj* **1.** inanimé(e) **2.** *fig* éreinté(e) • **dejar a alguien exánime** épuiser qqn.
exasperación *nf* exaspération *f*.
exasperante *adj* exaspérant(e).
exasperar *vt* exaspérer. ■ **exasperarse** *vp* être exaspéré(e).
excavación *nf* excavation *f* ; fouille *f (archéologique)*.
excavador, ra *nm,f* fouilleur *m*, -euse *f (archéologique)*. ■ **excavadora** *nf* pelleteuse *f*.
excavar *vt* creuser ; fouiller *(une zone archéologique)*.
excedencia *nf* congé *m (des salariés, de maternité)* ; disponibilité *f (des fonctionnaires)*.
excedentario, ria *adj* excédentaire.
excedente *adj* **1.** excédentaire **2.** *(salarié)* en congé, en congé de maternité ; *(fonctionnaire)* en disponibilité. ❑ *nm* excédent *m*. ❑ *nmf* employé *m*, -e *f* en congé ; fonctionnaire *mf* en disponibilité.
exceder *vt* dépasser • **exceder a alguien** surpasser qqn. ❑ *vi* • **exceder (a ou de algo)** dépasser (qqch). ■ **excederse** *vp* dépasser les bornes • **excederse (en algo)** exagérer (dans qqch) • **excederse en el peso** peser trop lourd.
excelencia *nf* excellence *f* • **por excelencia** par excellence. ■ **Excelencia** *nmf* • **Su Excelencia** Son Excellence.
excelente *adj* excellent(e).
excelso, sa *adj sout* **1.** éminent(e) *(poète, directeur)* **2.** *(montagne)* élevé(e).
excentricidad *nf* excentricité *f*.
excéntrico, ca *adj & nm,f* excentrique.
excepción *nf* exception *f* • **a ou con excepción de** à l'exception de. ■ **de excepción** *loc adj* d'exception.
excepcional *adj* exceptionnel(elle).
excepcionalmente *adv* exceptionnellement.
excepto *adv* excepté, hormis.
exceptuar [6] *vt* exclure • **no exceptúo a nadie** je n'exclus personne • **exceptuando a los chicos** les garçons exceptés • **exceptuar a alguien (de)** dispenser qqn (de) *(obligation, devoir)*.
excesivo, va *adj* excessif(ive).
exceso *nm* **1.** excès *m* • **habla en exceso** il parle trop • **exceso de peso a)** excès de poids **b)** surcharge *f* • **exceso de poder** abus *m* de pouvoir **2.** excédent *m* • **exceso de equipaje** excédent de bagages • **exceso de natalidad** excédent des naissances.
excipiente *nm* excipient *m*.
excisión *nf* excision *f*.
excitación *nf* excitation *f*.
excitado, da *adj* excité(e).
excitante *adj* excitant(e), palpitant(e). ❑ *nm* excitant *m*.
excitar *vt* **1.** exciter • **excitar a alguien a algo/a hacer algo** pousser qqn à qqch/à faire qqch **2.** aiguiser *(l'appétit)* ; éveiller *(le désir)* ; taper sur *(les nerfs)*. ■ **excitarse** *vp* s'exciter.
exclamación *nf* exclamation *f*.
exclamar *vt* proférer. ❑ *vi* s'exclamer.
exclamativo, va *adj* exclamatif(ive).
excluir [51] *vt* exclure • **excluir a alguien de** exclure qqn de.
exclusión *nf* exclusion *f* • **exclusión social** exclusion sociale.
exclusiva *nf* → **exclusivo**.
exclusive *adv* non compris, non inclus • **página 10 exclusive** page 10 non comprise • **hasta el 10 de enero exclusive** jusqu'au 10 janvier non inclus.
exclusividad *nf* exclusivité *f* • **ser una exclusividad española** être propre aux Espagnols.
exclusivo, va *adj* **1.** seul(e) **2.** exclusif(ive). ■ **exclusiva** *nf* exclusivité *f*.
excluyente *adj* exclusif(ive).
Excma. abrév de **Excelentísima**.
Excmo. abrév de **Excelentísimo**.
excombatiente *nmf* ancien combattant *m*.
excomulgar [16] *vt* excommunier.
excomunión *nf* excommunication *f*.
excrecencia *nf* excroissance *f*.
excremento *nm (gén pl)* excrément *m*.
exculpar *vt* • **exculpar a alguien de algo a)** disculper qqn de qqch **b)** DR acquitter qqn de qqch.
excursión *nf* excursion *f* • **ir de excursión** partir en excursion • **darse una excursión** *fam* faire un tour.
excursionismo *nm* randonnée *f*.
excursionista *nmf* excursionniste *mf*.
excusa *nf* excuse *f*.
excusable *adj* excusable.
excusar *vt* **1.** excuser **2.** *(éviter)* • **excusar hacer algo** s'abstenir de faire qqch. ■ **excusarse** *vp* • **excusarse (con alguien por algo)** s'excuser (de qqch auprès de qqn).
execrable *adj sout* abominable.
exégesis *nf inv* exégèse *f*.

exento, ta *adj* • **exento (de) a)** exempt(e) (de) *(curiosités, d'erreurs)* **b)** libéré(e) (de) *(ses responsabilités, ses obligations)* **c)** exempté(e) (de) *(service militaire)* **d)** exonéré(e) (de) *(d'impôts)* **e)** dispensé(e) (de) *(cours)*.
exequias *nfpl* obsèques *fpl*.
exfoliar *vt* exfolier.
exhalación *nf* **1.** *(émanation)* exhalaison *f*; *(soupir)* exhalation *f* **2.** *(rapidité)* • **como una exhalación** comme l'éclair.
exhalar *vt* **1.** exhaler **2.** pousser *(un soupir)*; proférer *(des reproches)*.
exhaustivo, va *adj* exhaustif(ive).
exhausto, ta *adj* épuisé(e).
exhibición *nf* **1.** exposition *f* **2.** exhibition *f (de danse, etc)* **3.** projection *f (d'un film)* **4.** présentation *f (de modèles)* **5.** démonstration *f (de force)*.
exhibicionismo *nm litt & fig* exhibitionnisme *m*.
exhibicionista *adj & nmf* exhibitionniste.
exhibir *vt* **1.** exposer *(des tableaux, des photos)* **2.** projeter *(un film)* **3.** présenter *(un modèle, un produit)*. ■ **exhibirse** *vp* s'exhiber.
exhortación *nf* exhortation *f*.
exhortar *vt* • **exhortar a alguien a algo/a hacer algo** exhorter qqn à qqch/à faire qqch.
exhumar *vt litt & fig* exhumer.
exigencia *nf* exigence *f* • **exigencias del trabajo** obligations *fpl* professionnelles.
exigente *adj* exigeant(e). ❑ *nmf* • **es un exigente** il est exigeant.
exigible *adj* exigible.
exigir [15] *vt* exiger. ❑ *vi* être exigeant(e).
exiguo, gua *adj* minime ; maigre *(salaire)* ; *(pièce)* exigu(ë).
exiliado, da *adj & nm,f* exilé(e).
exiliar [8] *vt* exiler. ■ **exiliarse** *vp* s'exiler.
exilio *nm* exil *m*.
eximir *vt* • **eximir de** exempter de.
existencia *nf* existence *f*. ■ **existencias** *nfpl* stocks *mpl*.
existencialismo *nm* existentialisme *m*.
existir *vi* exister • **existe…** il y a… • **existen varias posibilidades** il y a plusieurs possibilités.
éxito *nm* **1.** succès *m* ; *(livre)* best-seller *m* ; *(chanson)* tube *m* • **tener éxito** avoir du succès **2.** réussite *f*.
exitoso, sa *adj* à succès.
éxodo *nm* exode *m*.
exonerar *vt sout* • **exonerar a alguien de a)** *(d'un poste)* dégager qqn de **b)** *(d'impôts)* exonérer qqn de.
exoplaneta *nm* exoplanète *f*.
exorbitante *adj* exorbitant(e).
exorbitar *vt* exagérer.
exorcismo *nm* exorcisme *m*.
exorcista *nmf* exorciste *mf*.
exorcizar [13] *vt* exorciser.
exótico, ca *adj* exotique.
exotismo *nm* exotisme *m*.
expandible *adj* **1.** *(matière)* expansible **2.** INFORM extensible.
expandir *vt* **1.** PHYS dilater **2.** répandre *(une nouvelle, une rumeur)*. ■ **expandirse** *vp (rumeur)* se répandre.
expansión *nf* **1.** *(gén, phys)* ÉCON expansion *f* **2.** *fig* propagation *f (d'une nouvelle)* **3.** détente *f*.
expansionarse *vp* **1.** PHYS se dilater **2.** se détendre **3.** *(se confier)* • **expansionarse con alguien** s'épancher auprès de qqn **4.** ÉCON se développer.
expansionismo *nm* expansionnisme *m*.
expansivo, va *adj litt & fig* expansif(ive).
expatriación *nf* expatriation *f*.
expatriado, da *adj & nm,f* expatrié(e).
expatriar [9] *vt* expatrier. ■ **expatriarse** *vp* s'expatrier.
expectación *nf* **1.** attente *f* **2.** curiosité *f* **3.** impatience *f* générale.
expectante *adj* • **seguir expectante** rester dans l'expectative.
expectativa *nf* **1.** expectative *f* • **estar a la expectativa** être dans l'expectative • **estar a la expectativa de** être dans l'attente de **2.** perspective *f*.
expectorar *vi* expectorer.
expedición *nf* expédition *f*.
expedicionario, ria *adj* expéditionnaire. ❑ *nm,f* membre *m* d'une expédition.
expedidor, ra *nm,f* expéditeur *m*, -trice *f*.
expediente *nm* **1.** dossier *m* **2.** enquête *f* • **abrir expediente a alguien a)** prendre des sanctions contre qqn **b)** ouvrir une enquête administrative sur qqn • **cubrir el expediente** *fig* faire acte de présence.
expedir [26] *vt* **1.** expédier **2.** délivrer *(un passeport, un certificat)* **3.** dresser *(un contrat)*.
expeditivo, va *adj* expéditif(ive).
expedito, ta *adj (voie, chemin, etc)* dégagé(e).
expeler *vt* expulser ; *(fumée, chaleur)* dégager.
expendedor, ra *adj* distributeur(trice) • **una máquina expendedora de…** un distributeur automatique de…. ❑ *nm,f* vendeur *m*, -euse *f* • **expendedor de tabaco** buraliste *mf*. ■ **expendedor** *nm* • **expendedor automático** distributeur *m* (automatique).
expendeduría *nf* bureau *m* de tabac.
expensas *nfpl* frais *mpl*. ■ **a expensas de** *loc prép* aux dépens de, aux frais de.
experiencia *nf* expérience *f*.
experimentación *nf* expérimentation *f*.
experimentado, da *adj (personne)* expérimenté(e) ; *(méthode)* éprouvé(e).
experimental *adj* expérimental(e).
experimentar *vt* **1.** expérimenter **2.** connaître • **experimentar lo que es el miedo** savoir ce qu'est la peur.
experimento *nm (expérimentation)* expérience *f*.

experto, ta *adj* expert(e). ❑ *nm,f* expert *m*.
expiar [9] *vt* expier.
expirar *vi* expirer.
explanada *nf* terrain *m* découvert.
explanar *vt* **1.** aplanir *(un terrain)* **2.** *fig* préciser *(un sujet)*.
explayar *vt* étendre. ■ **explayarse** *vp* **1.** se distraire **2.** *(se confier)* • **explayarse con alguien** s'ouvrir à qqn.
explicable *adj* explicable.
explicación *nf* explication *f*.
explicar [10] *vt* expliquer ; enseigner *(une matière)*. ■ **explicarse** *vp* s'expliquer.
explicitar *vt* expliciter.
explícito, ta *adj* explicite.
exploración *nf* **1.** exploration *f* ; prospection *f (d'un gisement)* **2.** *MÉD* examen *m*.
explorador, ra *adj* de reconnaissance. ❑ *nm,f* explorateur *m*, -trice *f* ; scout *m*, -e *f*.
explorar *vt* **1.** explorer ; prospecter **2.** examiner.
exploratorio, ria *adj* exploratoire.
explosión *nf* explosion *f* • **hacer explosión** exploser.
explosionar *vt* faire exploser. ❑ *vi* exploser.
explosivo, va *adj* explosif(ive). ■ **explosivo** *nm* explosif *m*.
explotación *nf* exploitation *f* • **explotación agrícola** exploitation agricole.
explotador, ra *adj* • **la empresa explotadora de la mina** l'entreprise qui exploite la mine. ❑ *nm,f* exploitant *m*, -e *f*.
explotar *vt* exploiter. ❑ *vi* exploser.
expo *nf* *exposition très importante, notamment l'exposition universelle* • **la expo de Sevilla** l'exposition universelle de Séville.
expoliar [8] *vt* spolier.
expolio, espolio *nm* *sout* spoliation *f*.
exponencial *adj* exponentiel(elle).
exponente *nm* **1.** *MATH* exposant *m* **2.** *fig* représentant *m*, -e *f*.
exponer [65] *vt* exposer. ■ **exponerse** *vp* **1.** s'exhiber **2.** prendre des risques • **exponerse a** courir le risque de.
exportación *nf* exportation *f*.
exportador, ra *adj & nm,f* exportateur(trice).
exportar *vt* *COMM & INFORM* exporter.
exposición *nf* **1.** exposition *f* **2.** *(explication)* exposé *m* **3.** risque *m*.
expósito, ta *adj (enfant)* trouvé(e). ❑ *nm,f* enfant *m* trouvé, enfant *f* trouvée.
expositor, ra *adj (principe)* fondamental(e). ❑ *nm,f* exposant *m*, -e *f* ; *fig (qui explique)* avocat *m*, -e *f*.
exprés *adj inv (train, café)* express. ❑ *nm inv* = **expreso**.
expresamente *adv* **1.** exprès, spécialement **2.** expressément.
expresar *vt* exprimer. ■ **expresarse** *vp* s'exprimer.
expresión *nf* expression *f* • **reducir a la mínima expresión** réduire à sa plus simple expression.
expresionismo *nm* expressionnisme *m*.
expresivo, va *adj* **1.** expressif(ive) **2.** affectueux(euse).
expreso, sa *adj* formel(elle). ■ **expreso, exprés** *nm (train, café)* express *m*. ❑ *adv* exprès.
exprimidor *nm* presse-agrume *m*.
exprimir *vt* **1.** presser *(un agrume)* **2.** *fig* exploiter *(une personne, une nouvelle)*.

À PROPOS DE

exprimir

Exprimir est un faux-ami, il signifie **presser**.

expropiación *nf* **1.** expropriation *f* **2.** terrain *m* exproprié.
expropiar [8] *vt* exproprier.
expuesto, ta *adj* exposé(e) ; dangereux(euse). ■ **expuesto** *pp* → **exponer**.
expulsar *vt* expulser ; rejeter *(des fumées, des gaz)*.
expulsión *nf* expulsion *f* ; *AUTO* échappement *m*.
exquisitez *nf* **1.** délicatesse *f* **2.** *(repas)* délice *m*.
exquisito, ta *adj* exquis(e).
extasiarse [9] *vp* • **extasiarse (ante/con)** s'extasier (devant/sur).
éxtasis *nm inv* **1.** extase *f* **2.** *fam* ecstasy *m*.
extender [20] *vt* **1.** étendre **2.** répandre *(des graines, du sucre)* **3.** délivrer *(un certificat)* ; libeller *(un chèque)*. ■ **extenderse** *vp* • **extenderse (en/por)** s'étendre (sur/à).
extensible *adj* extensible.
extensión *nf* **1.** étendue *f* **2.** durée *f* **3.** *(action) INFORM* extension *f* • **en toda la extensión de la palabra** dans tous les sens du terme **4.** *TÉLÉCOM* poste *m*.
extensivo, va *adj* extensif(ive) • **haz extensivos mis saludos a...** transmets mes salutations à....
extenso, sa *adj* **1.** *(plaine, membre)* étendu(e) **2.** long, longue *f (discours, conversation)*.
extensor *adj m* extenseur • **músculo extensor** muscle extenseur. ❑ *nm* extenseur *m*.
extenuado, da *adj* exténué(e).
extenuante *adj* exténuant(e).
extenuar [6] *vt* exténuer. ■ **extenuarse** *vp* s'exténuer.
exterior *adj* extérieur(e) ; *POLIT* étranger(ère). ❑ *nm* **1.** extérieur *m* **2.** apparence *f*. ■ **exteriores** *nmpl* extérieurs *mpl*.
exteriorización *nf* extériorisation *f*.
exteriorizar [13] *vt* extérioriser.
exterminación *nf* extermination *f*.
exterminar *vt* **1.** exterminer **2.** dévaster.
exterminio *nm* extermination *f*.
externalización *nf* *ÉCON* externalisation *f*.
externalizar *vt* *ÉCON* externaliser.

externo, na *adj* externe ; *(signe, aspect)* extérieur(e).
extinción *nf* extinction *f.*
extinguir [17] *vt* éteindre ; exterminer *(une race)* ; tuer *(un sentiment, l'enthousiasme)*. ■ **extinguirse** *vp* s'éteindre ; *(sentiment, enthousiasme, bruit)* cesser.
extintor, ra *adj* extincteur(trice). ■ **extintor** *nm* extincteur *m.*
extirpación *nf* extirpation *f* ; *MÉD* ablation *f* ; *fig* éradication *f (d'un mal)*.
extirpar *vt* extirper ; arracher *(une dent)* ; *fig* éradiquer *(un mal)*.
extorsión *nf* **1.** désagrément *m*, dérangement *m* **2.** racket *m (de fonds)*, extorsion *f.*
extorsionar *vt* **1.** déranger **2.** extorquer.
extorsionista *nmf* escroc *m*, extorqueur *m*, -euse *f (de fonds)*.
extra *adj (qualité, produit)* supérieur(e) ; *(heures, travail, paie, frais)* supplémentaire. ❑ *nmf CINÉ* figurant *m*, -e *f*, doublure *f.* ❑ *nm (cadeau)* extra *m* ; *(plat)* supplément *m.* ❑ *nf* → **paga**.
extracción *nf* extraction *f.*
extracelular *adj* extracellulaire.
extracomunitario, ria *adj* extra-communautaire.
extracto *nm* extrait *m* • **extracto de cuentas** relevé *m* de compte.
extractor, ra *adj* d'extraction ; *(industrie)* de l'extraction. ■ **extractor** *nm* extracteur *m* • **extractor (de humos)** hotte *f* (aspirante).
extracurricular *adj* hors programme *(d'enseignement)*.
extradición *nf* extradition *f.*
extraditar *vt* extrader.
extraer [73] *vt* **1.** extraire ; arracher *(une dent)* **2.** tirer *(des conclusions)*.
extraescolar *adj* extrascolaire.
extrafino, na *adj* extra-fin(e).
extralimitarse *vp fig* aller trop loin • **extralimitarse en sus funciones** outrepasser ses fonctions.
extramatrimonial *adj* hors mariage.
extramuros *adv* extra-muros.
extranjería *nf* extranéité *f.*
extranjero, ra *adj & nm, f* étranger(ère). ■ **extranjero** *nm* • **vivir en el extranjero** vivre à l'étranger.
extrañar *vt* **1.** étonner • **me extrañó verte aquí** j'ai été étonné de te voir ici **2.** *(manquer à)* • **extraña a sus padres** ses parents lui manquent **3.** exiler. ■ **extrañarse** *vp* • **extrañarse de** s'étonner de.
extrañeza *nf* **1.** étonnement *m* **2.** extravagance *f.*
extraño, ña *adj* **1.** étrange **2.** étranger(ère) **3.** étonnant(e).
extraoficial *adj* officieux(euse).
extraordinario, ria *adj* extraordinaire ; *(heure, travail)* supplémentaire ; *(édition, supplément)* spécial(e). ■ **extraordinario** *nm* **1.** *CULIN* extra *m* **2.** *PRESSE* número *m* hors série **3.** pli *m* urgent. ■ **extraordinaria** *nf* → **paga**.
extraparlamentario, ria *adj* extraparlementaire.
extraplano, na *adj* extra-plat(e).
extrapolar *vt (tirer des conclusions)* déduire.
extrarradio *nm* banlieue *f*, périphérie *f.*
extrasensorial *adj* extrasensoriel(elle).
extraterrestre *adj & nmf* extraterrestre.
extraterritorialidad *nf* extraterritorialité *f.*
extravagancia *nf* extravagance *f.*
extravagante *adj* extravagant(e).
extraversión, extroversión *nf* extraversion *f.*
extravertido, da, extrovertido, da *adj & nm, f* extraverti(e).
extraviado, da *adj* **1.** perdu(e) **2.** débauché(e).
extraviar [9] *vt* égarer • **le extraviaba la mirada** il avait le regard égaré. ■ **extraviarse** *vp* **1.** s'égarer **2.** se débaucher.
extravío *nm* **1.** perte *f* **2.** débauche *f* • **extravío de juventud** écart *m* de jeunesse.
extremadamente *adv* extrêmement.
extremado, da *adj* extrême ; *(vêtement)* extravagant(e).
Extremadura *npr* Estrémadure *f.*
extremar *vt* pousser à l'extrême ; renforcer *(la vigilance)*. ■ **extremarse** *vp* donner le meilleur de soi-même.
extremaunción *nf* extrême-onction *f.*
extremidad *nf* extrémité *f.* ■ **extremidades** *nfpl (mains, pieds)* extrémités *fpl.*
extremismo *nm* extrémisme *m.*
extremista *adj & nmf* extrémiste.
extremo, ma *adj* extrême ; *(idéologie)* extrémiste. ■ **extremo** *nm* **1.** *(dans l'espace)* extrémité *f* **2.** extrême *m* • **en último extremo** en dernier recours • **llegar al extremo de hacer algo** en arriver à faire qqch **3.** *SPORT* ailier *m* **4.** point *m (dans un texte)*.
extrínseco, ca *adj* extrinsèque.
extroversión = **extraversión**.
extrovertido, da = **extravertido**.
exuberancia *nf litt & fig* exubérance *f.*
exuberante *adj* exubérant(e).
exultante *adj* débordant(e).
exultar *vi* • **exultar de** exulter de.
exvoto *nm* ex-voto *m inv.*
eyaculación *nf* éjaculation *f.*
eyacular *vi* éjaculer.

F

f, F [efe] *nf* f *m inv*, F *m inv.* ■ **23 F** *nm date de la tentative de coup d'État perpétrée le 23 février 1981 en Espagne.*

fa *nm* fa *m inv*.
fa. abrév de **factura**.
fabada *nf plat asturien comparable au cassoulet*.
fábrica *nf* **1.** usine *f* **2.** fabrication *f* **3.** *fig* • **es una fábrica de mentiras** il ment comme il respire **4.** maçonnerie *f*.
fabricación *nf* fabrication *f* • **fabricación en serie** fabrication en série.
fabricante *adj* qui fabrique. ❑ *nmf* fabricant *m*, -e *f*.
fabricar [10] *vt* **1.** fabriquer **2.** construire.
fábula *nf* fable *f*.
fabular *vi* raconter des histoires.
fabuloso, sa *adj* fabuleux(euse).
facción *nf* faction *f*. ■ **facciones** *nfpl* traits *mpl* (du visage) • **tiene las facciones finas** il a les traits fins.
faccioso, sa *adj & nm,f* rebelle.
faceta *nf* facette *f*.
facha *nf* allure *f*. ❑ *nmf fam* facho *mf*.
fachada *nf litt & fig* façade *f*.
facial *adj* facial(e).
fácil *adj* **1.** facile • **ser una persona fácil** être facile à vivre **2.** *(probable)* • **es fácil que...** il est probable que....
facilidad *nf* facilité *f*. ■ **facilidades** *nfpl* facilités *fpl* • **facilidades de pago** facilités de paiement.
facilitar *vt* **1.** faciliter • **facilitar la vida** faciliter la vie **2.** fournir • **le facilitó la información** il lui a fourni le renseignement.
facsímil, facsímile *nm* fac-similé *m*.
factible *adj* faisable.
factor *nm* facteur *m*.
factoría *nf* **1.** usine *f* **2.** *(colonie)* comptoir *m*.
factorizar *vt* factoriser.
factótum (*pl* **factotums**) *nmf* factotum *m*.
factura *nf* facture *f* • **factura pro forma ou proforma** facture pro forma.
facturación *nf* **1.** *(action)* facturation *f* **2.** *(volume des ventes)* chiffre *m* d'affaires **3.** *(des bagages)* enregistrement *m*.
facturar *vt* **1.** facturer **2.** enregistrer un chiffre d'affaires de **3.** enregistrer.
facu *nf fam* fac *f*.
facultad *nf* faculté *f* • **tener facultad para** être habilité(e) à.
facultar *vt* **1.** autoriser **2.** habiliter.
facultativo, va *adj* **1.** facultatif(ive) **2.** médical(e) ; de santé **3.** universitaire. ❑ *nm,f* médecin *m*.
faena *nf* travail *m* • **faenas del campo** travaux des champs • **hacerle una (mala) faena a alguien** *fig* jouer un (mauvais) tour à qqn.
faenar *vi* pêcher *(en mer)*.
faisán *nm* faisan *m*.
faja *nf* **1.** ceinture *f* **2.** gaine *f* **3.** bande *f (d'un livre, de terrain)*.
fajo *nm* liasse *f (de billets)* ; fagot *m (de bois)*.
fake [feik] *nm* fake *m*.
fakir = **faquir**.
falacia *nf* supercherie *f*.
falangismo *nm* phalangisme *m*.
falangista *adj & nmf* phalangiste.
falaz *adj* fallacieux(euse).
falda *nf* **1.** jupe *f* • **falda pantalón** jupe-culotte *f* **2.** flanc *m (d'une montagne)* **3.** *(giron)* • **en la falda de alguien** sur les genoux de qqn • **en la falda materna** dans les jupes de sa mère **4.** tapis *m* de table ; pan *m (d'une nappe)*.
faldero, ra *adj* de compagnie • **un hombre faldero** un coureur de jupons.
faldón *nm* **1.** basque *f (d'une veste)* ; pan *m (de chemise)* **2.** pan *m (d'un toit)*.
falible *adj* faillible.
fálico, ca *adj* phallique.
falla *nf* **1.** GÉOL faille *f* **2.** défaut *m* **3.** *grande figure en carton-pâte brûlée à Valence lors des fêtes de la Saint-Joseph*. ■ **fallas** *nfpl fêtes de la Saint-Joseph à Valence*.
fallar *vt* **1.** prononcer *(un jugement)* ; décerner *(un prix)* **2.** *(rater)* • **fallar el tiro** manquer son coup. ❑ *vi* **1.** échouer • **falló en el examen** il a échoué à l'examen **2.** *(mémoire)* défaillir ; *(cœur, nerfs)* lâcher **3.** *(décevoir)* • **fallarle a alguien** laisser tomber qqn • **no me falles** je compte sur toi **4.** rater **5.** céder **6.** rendre un jugement • **fallar a favor/en contra** se prononcer pour/contre.
fallecer [30] *vi* décéder.
fallecido, da *adj* décédé(e). ❑ *nm,f* défunt *m*, -e *f*.
fallecimiento *nm* décès *m*.
fallido, da *adj* **1.** *(coup)* manqué(e) ; *(projet)* raté(e) ; *(espoir)* déçu(e) **2.** COMM irrécouvrable.
fallo *nm* **1.** erreur *f* **2.** jugement *m* ; résultat *m (de concours)* **3.** défaillance *f*.
falo *nm* phallus *m*.
falsear *vt (résultat)* fausser ; *(fait, propos)* dénaturer.
falsedad *nf* **1.** fausseté *f* **2.** mensonge *m*.
falsificación *nf* **1.** falsification *f* **2.** faux *m*.
falsificador, ra *nm,f* faussaire *mf*.
falsificar [10] *vt* falsifier ; contrefaire *(une signature)*.
falso, sa *adj* faux, fausse *f*. ■ **en falso** *loc adv* • **dar un paso en falso** faire un faux pas • **declarar en falso** faire une fausse déclaration.
falta *nf* **1.** manque *m* • **hace falta pan** il faut du pain • **me haces falta** tu me manques • **falta de educación** manque d'éducation **2.** absence *f* • **echar en falta algo** remarquer l'absence de qqch • **echar en falta a alguien** regretter qqn **3.** défaut *m* **4.** *(erreur)* SPORT faute *f* • **falta de ortografía** faute d'orthographe. ■ **a falta de** *loc prép* faute de.
faltar *vi* **1.** manquer • **faltar a su palabra** manquer à sa parole • **faltar a la confianza de** trahir la confiance de • **faltar (el respeto) a alguien** manquer de respect à qqn **2.** être

absent(e) • **Pedro falta, creo que está enfermo** Pedro n'est pas là, je crois qu'il est malade • **faltó a la cita** il n'est pas venu au rendez-vous **3.** rester • **falta un mes para las vacaciones** il reste un mois jusqu'aux vacances • **sólo te falta firmar** il ne te reste plus qu'à signer • **falta mucho por hacer** il y a encore beaucoup à faire • **falta poco para que llegue** il ne va pas tarder à arriver • **faltó poco para que le matase** il s'en est fallu de peu qu'il le tue **4.** disparaître • **cuando sus padres falten** quand ses parents auront disparu • **¡no faltaba ou faltaría más! a)** je vous en prie ! **b)** il ne manquait ou manquerait plus que ça !

falto, ta *adj* dépourvu(e).

fam. (abrév de familiar) fam.

fama *nf* **1.** célébrité *f* **2.** réputation *f.*

famélico, ca *adj* famélique.

familia *nf* famille *f* • **acaba de tener familia** elle vient d'être mère • **en familia** en famille.

familiar *adj* **1.** familier(ère) **2.** familial(e). ❑ *nm* parent *m,* -e *f.*

familiaridad *nf* familiarité *f.*

familiarizar [13] *vt* familiariser. ■ **familiarizarse** *vp* se familiariser.

familiarmente *adv* familièrement • **familiarmente conocido como Paquito** Paquito, pour les intimes.

famoseo *nm fam* • **el famoseo** les people.

famoso, sa *adj* **1.** célèbre **2.** *fam* fameux(euse). ❑ *nm,f* célébrité *f.*

fan (*pl* **fans**) *nmf* fan *mf.*

fanático, ca *adj & nm,f* fanatique.

fanatismo *nm* fanatisme *m.*

fanatizar [13] *vt* fanatiser.

fandango *nm* **1.** fandango *m* **2.** *fam* chambard *m.*

fanfarria *nf* **1.** *fam* fanfaronnade *f* **2.** fanfare *f.*

fanfarrón, ona *adj & nm,f* fanfaron(onne).

fango *nm* boue *f.*

fantasear *vi* rêvasser. ❑ *vt* rêver de • **fantasea grandes éxitos** il rêve de grands succès.

fantasía *nf* **1.** imagination *f* • **una joya de fantasía** un bijou fantaisie **2.** chimères *fpl* **3.** *MUS* fantaisie *f.*

fantasioso, sa *adj (personne)* imaginatif(ive) ; *(idée, projet)* fou, folle *f.*

fantasma *nm* fantôme *m.* ❑ *nmf fam* frimeur *m,* -euse *f.*

fantasmagórico, ca *adj* fantasmagorique.

fantástico, ca *adj* fantastique.

fantoche *nm* **1.** fantoche *m* • **estar hecho un fantoche** avoir l'air ridicule **2.** vantard *m,* -e *f.*

FAO (abrév de Food and Agriculture Organization) *nf* FAO *f.*

faquir, fakir *nm* fakir *m.*

farándula *nf* **1.** *(théâtre)* • **la farándula** le monde du théâtre **2.** *(compagnie)* troupe *f.*

faraón *nm* pharaon *m.*

fardada *nf* (ESP) *fam* • **se ha comprado una fardada de casa** il s'est acheté une maison qui en jette.

fardar *vi* (ESP) *fam (attirer l'attention)* en mettre plein la vue, en jeter • **¡cómo farda esa moto!** elle en jette, cette moto ! ■ **fardar de** *v + prép* (ESP) *fam* frimer.

fardo *nm* ballot *m.*

fardón, ona *adj* (ESP) *fam* **1.** *(persona)* frimeur(euse) **2.** *(objet)* tape-à-l'œil.

farfullar *vt & vi* bredouiller.

faringe *nf* pharynx *m.*

faringitis *nf inv* pharyngite *f.*

farlopa *nf tfam* came *f.*

farmacéutico, ca *adj* pharmaceutique. ❑ *nm,f* pharmacien *m,* -enne *f.*

farmacia *nf* pharmacie *f* • **farmacia de turno ou de guardia** pharmacie de garde.

fármaco *nm* médicament *m.*

farmacología *nf* pharmacologie *f.*

faro *nm* phare *m* • **faro antiniebla** phare antibrouillard • **faro halógeno** phare halogène.

farol *nm* **1.** réverbère *m* ; lanterne *f* **2.** *fam* bluff *m.*

farola *nf* réverbère *m.*

farolear *vi fam* bluffer.

farra *nf fam* bringue *f.*

farragoso, sa *adj* embrouillé(e).

farsa *nf* farce *f.*

farsante *adj & nmf (simulateur)* comédien(enne).

fascículo *nm* fascicule *m.*

fascinación *nf* fascination *f.*

fascinante *adj* fascinant(e).

fascinar *vt* fasciner • **me fascinan los coches deportivos** j'adore les voitures de sport.

fascismo *nm* fascisme *m.*

fascista *adj & nmf* fasciste.

fase *nf* phase *f.*

fashion ['faʃjon] *adj* branché(e), hype *(inv).*

fashionista [faʃjo'nista] *nmf* fashionista *mf.*

fastidiado, da *adj* • **estar fastidiado** *fam* être mal fichu • **estar fastidiado del estómago** avoir l'estomac barbouillé.

fastidiar [8] *vt* **1.** gâcher *(une fête, un projet)* ; casser *(une machine, un objet)* **2.** ennuyer • **¡no (me) fastidies!** *fam* fiche-moi la paix ! ■ **fastidiarse** *vp* **1.** rater ; *(projet)* tomber à l'eau ; *(machine)* se casser **2.** *(faire avec)* • **te fastidias, fastídiate** tant pis pour toi.

fastidio *nm* ennui *m* • **ser un fastidio** être ennuyeux(euse).

fastidioso, sa *adj* ennuyeux(euse).

fastuoso, sa *adj* fastueux(euse).

fatal *adj* **1.** fatal(e) **2.** très mauvais(e). ❑ *adv* très mal.

fatalidad *nf* **1.** malchance *f* **2.** fatalité *f.*

fatalismo *nm* fatalisme *m.*

fatalista *adj & nmf* fataliste.

fatídico, ca *adj* fatidique.
fatiga *nf* fatigue *f*. ■ **fatigas** *nfpl* difficultés *fpl*.
fatigar [16] *vt* fatiguer. ■ **fatigarse** *vp* se fatiguer.
fatigoso, sa *adj* fatigant(e).
fatuo, tua *adj* **1.** niais(e) **2.** prétentieux(euse).
fauna *nf* faune *f*.
fauno *nm* faune *m*.
fausto, ta *adj* heureux(euse) • **presencié ese fausto acontecimiento** j'ai assisté à cet heureux événement. ■ **fausto** *nm* faste *m*.
favela *nf* favela *f*.
favor *nm* **1.** faveur *f* • **a favor de** en faveur de • **de favor** de faveur • **tener a ou en su favor** avoir en sa faveur **2.** service *m* • **hacer un favor a alguien a)** rendre un service à qqn **b)** *fam (coucher avec)* se faire qqn • **por favor** s'il vous plaît.
favorable *adj* • **favorable (para)** favorable (à) • **favorable para la salud** bon pour la santé • **ser favorable a algo** être en faveur de qqch.
favorablemente *adv* favorablement.
favorecer [30] *vt* favoriser ; *(aller bien à)* avantager.
favorecido, da *adj* **1.** *(personne, classe)* favorisé(e) **2.** *(sur une photo)* à son avantage • **has salido muy favorecida en la foto** sur cette photo, tu es vraiment à ton avantage. ❑ *nm,f* **1.** *(personne)* privilégié *m*, -e *f*, nanti *m*, -e *f* **2.** (AMÉR) gagnant *m*, -e *f*.
favoritismo *nm* favoritisme *m*.
favorito, ta *adj & nm,f* favori(ite).
fax *nm inv* fax *m* • **mandar por fax** faxer.
fayuquero, ra *nm,f* (AMÉR) contrebandier *m*, -ère *f*.
faz *nf* face *f*.
Fdo. (abrév de **firmado**) signé • **'Fdo.: Fernando Alegre'** 'signé : Fernando Alegre'.
fe *nf* **1.** foi *f* • **de buena fe** de bonne foi **2.** confiance *f* • **digno de fe** digne de foi **3.** certificat *m* • **fe de erratas** errata *m inv* • **fe de vida** fiche *f* d'état civil • **dar fe de que** certifier que.
fealdad *nf litt & fig* laideur *f*.
feb., febr. (abrév de **febrero**) fév. • **12 feb. 1967** 12 fév. 1967.
febrero *nm* février *m*. Voir aussi **septiembre**.
febril *adj litt & fig* fébrile.
fecha *nf* date *f* • **fecha de caducidad a)** date limite de consommation *(d'un produit alimentaire)* **b)** date limite d'utilisation *(d'un médicament)* **c)** date d'expiration *(d'un passeport)* • **fecha tope ou límite** date limite.
fechar *vt* dater.
fechoría *nf* méfait *m*.
fécula *nf* fécule *f*.
fecundación *nf* fécondation *f* • **fecundación artificial/in vitro** fécondation artificielle/in vitro.
fecundar *vt* **1.** féconder **2.** fertiliser.
fecundidad *nf* fécondité *f*.
fecundo, da *adj* fécond(e).
federación *nf* fédération *f*.
federal *adj* **1.** fédéral(e) **2.** fédéraliste. ❑ *nmf* fédéraliste *mf*.
federalismo *nm* fédéralisme *m*.
federalista *adj & nmf* fédéraliste.
federar *vt* fédérer. ■ **federarse** *vp* se fédérer.
federativo, va *nm,f* membre *m* d'une fédération.
feedback ['fidbak] (*pl* **feedbacks**) *nm* feedback *m*.
fehaciente *adj (document)* qui fait foi ; *(preuve)* irréfutable.
felación *nf* fellation *f*.
felicidad *nf* bonheur *m*. ■ **felicidades** *interj* • **¡felicidades! a)** félicitations ! **b)** *(pour un anniversaire)* joyeux anniversaire ! **c)** *(pour une fête)* bonne fête ! **d)** *(pour la nouvelle année)* meilleurs vœux !
felicitación *nf* **1.** *(gén pl)* félicitations *fpl* **2.** vœux *mpl* **3.** carte *f* de vœux.
felicitar *vt* **1.** féliciter **2.** *(souhaiter)* • **felicitar el cumpleaños/el Año Nuevo/las Navidades** souhaiter un joyeux anniversaire/une bonne année/un joyeux Noël. ■ **felicitarse** *vp* • **felicitarse (por)** se féliciter (de).
feligrés, esa *nm,f* paroissien *m*, -enne *f*.
felino, na *adj* félin(e). ■ **felinos** *nmpl* félins *mpl*.
feliz *adj* heureux(euse) ; joyeux(euse) *(anniversaire, Noël)* ; bon, bonne *f (année)*.
felizmente *adv* **1.** *(de manière heureuse)* • **está felizmente casado con cuatro niños** il vit heureux avec sa femme et ses quatre enfants **2.** *(par chance)* heureusement • **felizmente, una ambulancia pasaba por allí** heureusement, une ambulance passait par là.
felpa *nf* **1.** peluche *f* **2.** tissu-éponge *m*.
felpudo *nm* paillasson *m*.
femenino, na *adj* **1.** féminin(e) **2.** femelle. ■ **femenino** *nm* féminin *m*.
fémina *nf* femme *f*.
feminicidio *nm* féminicide *m*.
feminismo *nm* féminisme *m*.
feminista *adj & nmf* féministe.
feminizar [13] *vt* féminiser.
fémur (*pl* **fémures**) *nm* fémur *m*.
fénix *nm inv* phénix *m*.
fenomenal *adj* **1.** superbe **2.** phénoménal(e).
fenómeno *nm* phénomène *m*. ❑ *adv fam* vachement bien • **lo pasamos fenómeno** c'était vachement bien.
fenotipo *nm* phénotype *m*.
feo, a *adj* **1.** laid(e) ; *(nez, temps, acte)* vilain(e) **2.** sale *(affaire)* • **ponerse feo** *fig* mal tourner. ❑ *nm,f* • **es un feo** il est laid comme un pou • **una fea** un laideron. ■ **feo** *nm* affront *m* • **hacer un feo** faire un affront.
féretro *nm* cercueil *m*.

feria *nf* **1.** foire *f* • **la feria de abril** *fête très populaire ayant lieu pendant une semaine à Séville au mois d'avril* • **feria (de muestras)** salon *m* • **feria del automóvil/libro** salon de l'automobile/du livre **2.** fête *f* foraine.

CULTURE

la Feria de Abril

La **Feria de Abril** a lieu tous les ans pendant une semaine à Séville, environ 15 jours après Pâques. Cette fête a lieu dans un grand parc, où sont installés des stands de toile rayée vert et blanc, décorés de fleurs et de lampions. On s'y rend en famille ou entre amis pour boire un verre, manger des tapas et danser des **sevillanas** jusqu'à tard dans la nuit. On peut assister alors à des spectacles, concerts et défilés en costumes traditionnels. C'est aussi le début de la saison des **corridas**.

feriado, da *adj* **(AMÉR)** férié(e). ■ **feriado** *nm* **(AMÉR)** jour *m* férié.

feriante *nmf* **1.** forain *m* **2.** exposant *m*, -e *f*.

fermentación *nf* fermentation *f*.

fermentar *vi* fermenter. ❑ *vt* faire fermenter.

ferocidad *nf* férocité *f*.

feromona *nf* BIOL phéromone *f*, phérormone *f*.

feroz *adj* **1.** féroce • **el lobo feroz** le grand méchant loup **2.** *(regard)* terrible ; *(crime, maladie, souffrance)* atroce ; *(faim)* de loup.

férreo, a *adj* **1.** *(réseau, voie)* ferré(e) **2.** *fig (volonté, discipline)* de fer.

ferretería *nf* quincaillerie *f*.

ferrocarril *nm* chemin *m* de fer.

ferroviario, ria *adj* ferroviaire. ❑ *nm,f* cheminot *m*.

ferry (*pl* **ferries**) *nm* ferry-boat *m*.

fértil *adj* fertile.

fertilidad *nf* fertilité *f*.

fertilizante *adj* fertilisant(e). ❑ *nm* engrais *m*.

fertilizar [13] *vt* fertiliser.

ferviente *adj* fervent(e).

fervor *nm* ferveur *f*.

festejar *vt* **1.** *(bien traiter)* • **festejar a alguien** être aux petits soins pour qqn **2.** fêter • **el 10 se festeja el santo patrón** le 10, nous fêtons le patron de notre ville.

festejo *nm* petites attentions *fpl*. ■ **festejos** *nmpl* festivités *fpl*.

festín *nm* festin *m*.

festival *nm* festival *m*.

festivalero, ra *adj* festivalier(ère).

festividad *nf* fête *f*.

festivo, va *adj* **1.** de fête ; férié(e) **2.** enjoué(e) ; badin(e).

feta *nf* **(AMÉR)** tranche *f*.

fetal *adj* fœtal(e).

fetén *adj* **(ESP)** *fam* super, génial(e) • **una idea fetén** une super idée.

fetiche *nm* fétiche *m*.

fetichismo *nm* fétichisme *m*.

fetichista *adj & nmf* fétichiste.

fétido, da *adj* fétide • **una bomba fétida** une boule puante.

feto *nm* fœtus *m* • **ser un feto** *fam & péj* être laid(e) comme un pou.

feudal *adj* féodal(e).

feudalismo *nm* féodalisme *m*.

FF AA, FF.AA. (abrév de **Fuerzas Armadas**) *nfpl forces armées espagnoles*.

fiable *adj* fiable.

fiador, ra *nm,f* garant *m*, -e *f* • **salir fiador** se porter garant.

fiambre *nm* **1.** charcuterie *f* **2.** *fam* macchabée *m*.

fiambrera *nf* ≃ Tupperware® *m*.

fianza *nf* caution *f*.

fiar [9] *vt* **1.** faire crédit de **2.** se porter garant(e) de. ❑ *vi* • **ser de fiar** être quelqu'un de confiance. ■ **fiarse** *vp* • **fiarse de algo/alguien** avoir confiance en qqch/qqn, se fier à qqch/qqn • **¡no te fíes!** méfie-toi ! • **se fía demasiado** il est trop naïf.

fiasco *nm* fiasco *m*.

FIBA (abrév de **Federación Internacional de Baloncesto Amateur**) *nf* FIBA *f*.

fibra *nf* fibre *f* • **fibra de vidrio** fibre de verre • **fibra sensible** *fig* corde *f* sensible.

fibroma *nm* fibrome *m*.

fibrosis *nf inv* fibrose *f*.

ficción *nf* **1.** *(simulation)* comédie *f* **2.** fiction *f*.

ficha *nf* **1.** fiche *f* **2.** ticket *m* **3.** jeton *m (de jeu, de téléphone)* ; *(jeu)* domino *m* ; pièce *f (au jeu d'échecs)* **4.** SPORT licence *f*.

fichaje *nm* **1.** SPORT *(action)* engagement *m* ; *(somme)* montant *m* du transfert **2.** *fam* recrue *f*.

fichar *vt* **1.** mettre sur fiche **2.** *(sujet : police)* ficher **3.** SPORT engager **4.** *fam* classer, repérer. ❑ *vi* **1.** pointer **2.** • **fichar (por)** signer un contrat (avec).

fichero *nm* fichier *m*.

ficticio, cia *adj* fictif(ive).

ficus *nm inv* ficus *m*.

fidedigno, na *adj* digne de foi • **según fuentes fidedignas…** de source sûre….

fidelidad *nf* fidélité *f*.

fidelizar *vt* COMM fidéliser.

fideo *nm* vermicelle *m*.

fideuá *nf* CULIN *spécialité culinaire du Levant proche de la paella mais à base de vermicelles*.

fiebre *nf* fièvre *f* • **fiebre amarilla** fièvre jaune • **fiebre del heno** rhume *m* des foins.

fiel *adj & nmf* fidèle.

fielmente *adv* fidèlement.

fieltro *nm (tissu)* feutre *m*.

fiero, ra *adj litt & fig* féroce. ■ **fiera** *nf (animal)* fauve *m* ; *(personne)* brute *f.* ❑ *nmf fam* bête *f* • **es un fiera en física** c'est une bête en physique.
fierro *nm* (AMÉR) fer *m.*
fiesta *nf* **1.** fête *f* **2.** jour *m* férié • **hacer fiesta** être en congé • **fiesta mayor** *fête du saint patron dans une localité* • **la fiesta nacional** les courses *fpl* de taureaux. ■ **fiestas** *nfpl* fêtes *fpl.*
fiestero, ra *adj & nm, f fam* noceur(euse).
FIFA (abrév de Federación Internacional de Fútbol Asociación) *nf* FIFA *f.*
figura *nf* **1.** figure *f* **2.** silhouette *f.*
figuraciones *nfpl* idées *fpl* • **son figuraciones tuyas** tu te fais des idées.
figurado, da *adj* figuré(e).
figurante, ta *nm, f* figurant *m*, -e *f.*
figurar *vi* **1.** figurer **2.** être en vue. ❑ *vt* **1.** figurer **2.** feindre. ■ **figurarse** *vp* se figurer, s'imaginer • **¡ya me lo figuraba yo!** c'est bien ce que je pensais !
figurativo, va *adj* figuratif(ive).
figurín *nm* dessin *m* de mode.
fijación *nf* **1.** fixation *f* **2.** PHOTO fixage *m.* ■ **fijaciones** *nfpl* fixations *fpl (de skis).*
fijador, ra *adj* fixateur(trice). ■ **fijador** *nm (liquide)* fixateur *m* • **fijador de pelo a)** *(en spray)* laque *f* **b)** *(en gel)* gel *m.*
fijar *vt* fixer • **fijar carteles** afficher • **fijar (el) domicilio** se fixer • **fijar la mirada/la atención en** fixer son regard/son attention sur. ■ **fijarse** *vp* faire attention • **no se fijó y se equivocó** il n'a pas fait attention et il s'est trompé • **fijarse en algo a)** remarquer qqch **b)** faire attention à qqch • **fíjate lo que me dijo** tu te rends compte de ce qu'elle m'a dit.
fijo, ja *adj* fixe ; *(client)* fidèle. ■ **fijo** *adv fam* sûr • **mañana voy fijo** j'irai demain sûr.
fila *nf* rang *m* ; file *f* • **en fila** à la file, en file • **aparcar en doble fila** se garer en double file • **ponerse en fila** se mettre en rang • **en fila india** en file indienne. ■ **filas** *nfpl* rangs *mpl* • **cerrar filas** serrer les rangs.
filamento *nm* filament *m.*
filantropía *nf* philantropie *f.*
filántropo, pa *nm, f* philanthrope *mf.*
filarmónico, ca *adj* philharmonique. ■ **filarmónica** *nf* orchestre *m* philharmonique.
filatelia *nf* philatélie *f.*
filete *nm* bifteck *m.*
filiación *nf* **1.** filiation *f* **2.** POLIT appartenance *f.*
filial *adj* **1.** filial(e) **2.** COMM • **una compañía filial** une filiale. ❑ *nf* COMM filiale *f.*
filibustero *nm* flibustier *m.*
filiforme *adj* filiforme.
filigrana *nf* **1.** filigrane *m* **2.** *fig* prouesse *f* ; *(objet)* bijou *m*, merveille *f.*
Filipinas *npr* • **(las) Filipinas** (les) Philippines *fpl.*
film = **filme.**
filmar *vt* filmer • **filmar una película** tourner un film.
filme, film (*pl* **films**) *nm* film *m.*
filmografía *nf* filmographie *f.*
filmoteca *nf* cinémathèque *f.*
filo *nm* fil *m* • **de doble filo, de dos filos** *litt & fig* à double tranchant. ■ **al filo de** *loc prép* sur le coup de.
filología *nf* philologie *f* • **estudiar filología inglesa** faire des études d'anglais.
filón *nm litt & fig* filon *m.*
filoso, sa *adj* (AMÉR) aiguisé(e).
filosofar *vi* philosopher.
filosofía *nf* philosophie *f.*
filósofo, fa *nm, f* philosophe *mf.*
filtración *nf* **1.** filtrage *m* **2.** fuite *f (d'une nouvelle, etc).*
filtrar *vt* filtrer. ■ **filtrarse** *vp (renseignement, lumière)* filtrer ; *(eau)* s'infiltrer.
filtro *nm* **1.** filtre *m* **2.** philtre *m.*
fimosis *nf inv* phimosis *m.*
fin *nm* **1.** fin *f* • **dar ou poner fin a algo** mettre fin à qqch • **fin de semana** week-end *m* • **a fines de** *(semaine, mois, an)* à la fin de • **al ou por fin** enfin • **a fin de cuentas, al fin y al cabo** en fin de compte **2.** but *m.* ■ **a fin de** *loc prép* afin de. ■ **en fin** *loc adv* enfin.
final *adj* final(e). ❑ *nm* **1.** fin *f* • **final feliz** happy end *m* **2.** bout *m* • **a finales de** *(semaine, mois, an)* à la fin de • **al final** finalement. ❑ *nf* SPORT finale *f.*
finalidad *nf* but *m*, finalité *f sout.*
finalista *adj & nmf* finaliste.
finalizar [13] *vt* terminer, achever. ❑ *vi* se terminer, prendre fin.
finalmente *adv* **1.** finalement **2.** enfin.
financiación *nf* financement *m.*
financiamiento *nm* (AMÉR) financement *m.*
financiar [8] *vt* financer.
financiero, ra *adj* financier(ère). ❑ *nm, f* financier *m.* ■ **financiera** *nf* société *f* financière.
financista *nmf* (AMÉR) financier *m.*
finanzas *nfpl* finance *f* • **el mundo de las finanzas** le monde de la finance • **mis finanzas están por los suelos** mes finances sont au plus bas.
finca *nf* **1.** propriété *f (à la campagne)* **2.** immeuble *m.*
finde (abrév de fin de semana) *nm fam* week-end *m.*
fingir [15] *vt* feindre. ❑ *vi* faire semblant.
finiquito *nm* solde *m* (de tout compte).
finito, ta *adj* fini(e).
finlandés, esa *adj* finlandais(e). ❑ *nm, f* Finlandais *m*, -e *f.* ■ **finlandés** *nm* finnois *m.*
Finlandia *npr* Finlande *f.*
fino, na *adj* **1.** fin(e) • **tiene el oído fino** elle a l'ouïe fine • **una manta fina** une couverture légère **2.** *(goût, manières)* raffiné(e) ; *(langage)* châtié(e) **3.** *(personne)* poli(e). ■ **fino** *nm xérès très sec.*

finolis *fam adj inv & nm,f inv* chochotte.
fintar *vt & vi SPORT* feinter. ❑ *vi* **(AMÉR)** bluffer.
finura *nf* finesse *f.*
firma *nf* **1.** signature *f* • **estampar una firma** apposer une signature **2.** firme *f.*
firmamento *nm* firmament *m.*
firmante *adj & nmf* signataire • **el abajo firmante** le soussigné.
firmar *vt* signer.
firme *adj* **1.** ferme • **se mantuvo firme en su posición** il est resté sur ses positions **2.** stable **3.** solide • **un argumento firme** un argument de poids. ❑ *nm* revêtement *m.* ❑ *adv* ferme.
firmemente *adv* fermement.
firmeza *nf* fermeté *f*; solidité *f.*
fiscal *adj* fiscal(e). ❑ *nmf* procureur *m* (de la République).
fiscalidad *nf* fiscalité *f.*
fiscalizar [13] *vt* **1.** soumettre à un contrôle fiscal **2.** *fig (contrôler)* • **¡deja de fiscalizar mi vida!** arrête de te mêler de mes affaires !
fisco *nm* fisc *m.*
fisgar [16], **fisgonear** *vi* fouiner • **fisgar en** fouiller dans.
fisgón, ona *adj & nm,f* fouineur(euse).
fisgonear = **fisgar**.
físicamente *adv* physiquement.
físico, ca *adj* physique. ❑ *nm,f* physicien *m*, -enne *f.* ■ **físico** *nm* physique *m.* ■ **física** *nf* physique *f.*
fisiológico, ca *adj* physiologique.
fisionomía = **fisonomía**.
fisionomista = **fisonomista**.
fisioterapeuta *nmf* physiothérapeute *mf.*
fisioterapia *nf* physiothérapie *f.*
fisonomía, fisionomía *nf* physionomie *f.*
fisonomista, fisionomista *adj & nmf* physionomiste.
fístula *nf* fistule *f.*
fisura *nf* **1.** fissure *f* **2.** *fig* faille *f.*
flacidez, flaccidez *nf* flaccidité *f.*
flácido, da, fláccido, da *adj* flasque.
flaco, ca *adj* maigre. ❑ *nm,f* **(AMÉR)** mon coco *m*, ma cocotte *f.*
flagelar *vt* flageller.
flagrante *adj* flagrant(e).
flamante *adj* **1.** flambant neuf **2.** resplendissant(e).
flambear *vt* flamber.
flamenco, ca *adj* **1.** flamenco(ca) **2.** flamand(e). ❑ *nm,f* **1.** danseur *m*, -euse *f* de flamenco ; chanteur *m*, -euse *f* de flamenco **2.** Flamand *m*, -e *f.* ■ **flamenco** *nm* **1.** flamenco *m* **2.** *ZOOL* flamant *m* **3.** flamand *m.*

CULTURE

el flamenco

Le flamenco est issu du chant andalou, le **cante jondo**, créé par les gitans qui s'installèrent en Andalousie au XVe siècle. Le **cante jondo** est un cri, une déchirure traduisant la peine et la prière d'un peuple toujours chassé et méprisé. Ce chant fut ensuite repris accompagné de guitare sèche dans les tavernes d'Andalousie puis de toute l'Espagne, lorsque celles-ci furent en vogue vers 1850. C'est ainsi qu'est né le flamenco. Avec son maître, le compositeur Manuel de Falla, le poète du peuple andalou Federico García Lorca étudia le **cante jondo** et contribua à la popularisation de ce genre musical dans les années 1920. Parmi les grands interprètes du flamenco on peut citer Enrique Morente et Camarón de la Isla.

flan *nm* flan *m* • **estar hecho ou como un flan** *fig* trembler comme une feuille.
flanco *nm* flanc *m.*
Flandes *npr* Flandre *f*, Flandres *fpl.*
flanquear *vt* flanquer.
flaquear *vi (jambes)* flageoler ; *(forces, enthousiasme)* faiblir.
flaqueza *nf* faiblesse *f.*
flash [flaʃ] (*pl* **flashes**) *nm* flash *m* • **tener un flash** *fam* avoir un flash • **¡qué flash!** *fam* c'est dingue !
flashmob (*pl* **flashmobs**) *nm ou nf* flashmob *m*, mobilisation *f* éclair.
flato *nm* gaz • **tener flatos** avoir des gaz.
flatulencia *nf* flatulence *f.*
flatulento, ta *adj* flatulent(e).
flauta *nf* flûte *f.*
flecha *nf* flèche *f.*
flechazo *nm* **1.** coup *m* de flèche ; blessure *f* par flèche **2.** *fam* coup *m* de foudre.
fleco *nm* frange *f (d'un tissu).*
flema *nf* **1.** lymphe *f* **2.** flegme *m.*
flemático, ca *adj* flegmatique.
flemón *nm* phlegmon *m.*
flequillo *nm* frange *f (de cheveux).*
fletar *vt* **1.** affréter **2.** charger *(le fret).*
flete *nm* fret *m.*
flexibilidad *nf* flexibilité *f* ; souplesse *f (d'une personne).*
flexibilización *nf* assouplissement *m.*
flexibilizar [13] *vt* assouplir.
flexible *adj* flexible ; *(personne)* souple.
flexión *nf* flexion *f.*
flexionar *vt* fléchir.
flipante *adj* **(ESP)** *fam* **1.** dingue, hallucinant(e) **2.** super.
flipar *fam vi* **1.** *(s'amuser)* • **flipar (cantidad)** s'éclater (un max) **2.** être scié(e) **3.** *(avec de la drogue)* planer. ❑ *vt* botter. ■ **flipar con** *v + prép* **(ESP)** *fam* **1.** adorer • **yo flipé con su última película** moi, j'ai adoré son dernier film **2.** halluciner • **flipo con las tonterías que dice** les bêtises qu'il peut sortir, j'hallucine. ■ **fli-**

parse *vp fam* **1.** s'éclater **2.** (ESP) *fam (drogue)* se défoncer. ■ **fliparse con** *v + prép* (ESP) *fam* s'éclater avec • **se flipan con la música de los 60** ils s'éclatent avec la musique des années 60.
flipe *nm* (ESP) *fam* **1.** trip *m* **2.** • **¡qué flipe!** c'est hallucinant ! • **tiene una moto que es un flipe** elle est d'enfer, sa moto.
flirtear *vi* flirter.
flojear *vi (forces)* faiblir ; *(mémoire)* flancher ; *(chaleur, ventes)* baisser ; • **flojear en algo** être faible en qqch.
flojera *nf fam* flemme *f.*
flojo, ja *adj* **1.** *(nœud, bandage)* lâche **2.** *(boisson, son, vent)* léger(ère) **3.** *(élève)* faible ; *(travail)* médiocre • **flojo en inglés** faible en anglais **4.** *fam (personne)* mou, molle *f*, flemmard(e).
flor *nf* fleur *f* • **la flor (y nata)** la fine fleur • **en la flor de la edad ou de la vida** dans la fleur de l'âge. ■ **a flor de** *loc prép* à fleur de.
flora *nf* flore *f.*
floral *adj* floral(e).
florecer [30] *vi* **1.** fleurir **2.** être florissant(e).
floreciente *adj* florissant(e).
Florencia *npr* Florence.
florero *nm* vase *m.*
florete *nm* fleuret *m.*
florido, da *adj* fleuri(e).
florista *nmf* fleuriste *mf.*
floristería *nf* • **voy a la floristería** je vais chez le fleuriste.
flota *nf* NAUT flotte *f.*
flotación *nf* **1.** flottaison *f* **2.** ÉCON flottement *m.*
flotador *nm* flotteur *m* ; bouée *f (pour enfant).*
flotante *adj* flottant(e).
flotar *vi* flotter.
flote ■ **a flote** *loc adv* à flot • **sacar a flote** *fig* remettre à flot, renflouer • **salir a flote** *fig* se remettre à flot, se renflouer.
flotilla *nf* flottille *f.*
fluctuación *nf* **1.** fluctuation *f* **2.** flottement *m.*
fluctuante *adj* fluctuant(e).
fluctuar [6] *vi* **1.** fluctuer **2.** hésiter.
fluidez *nf* **1.** *(gén)* ÉCON fluidité *f* ; harmonie *f (des relations)* **2.** *fig* aisance *f (dans le langage).*
fluido, da *adj* fluide. ■ **fluido** *nm* fluide *m* • **fluido (eléctrico)** courant *m* (électrique).
fluir [51] *vi* couler.
flujo *nm (gén)* ÉCON flux *m* • **un flujo de palabras** un flot de paroles • **flujo de caja** marge *f* brute d'autofinancement • **flujo de lava** coulée *f* de lave.
flúor *nm* fluor *m.*
fluorescente *adj* fluorescent(e). ❑ *nm* néon *m.*
fluvial *adj* fluvial(e).
FMI (abrév de **Fondo Monetario Internacional**) *nm* FMI *m.*
fobia *nf* phobie *f.*
foca *nf* **1.** phoque *m* **2.** *fam & fig (personne)* grosse vache *f.*
focal *adj* focal(e).
focalizar [13] *vt* focaliser.
foco *nm* **1.** *(gén)* PHYS foyer *m* **2.** projecteur *m* **3.** (AMÉR) ampoule *f.*
fofo, fa *adj* flasque.
fogata *nf* flambée *f.*
fogón *nm* **1.** fourneau *m* **2.** chaudière *f.*
fogoso, sa *adj* fougueux(euse).
fogueo *nm* • **de fogueo** *(munition, tir)* à blanc.
foie-gras [fwa'ɣras] *nm inv* pâté *m* (de foie) ; foie gras *m.*
folclore, folclor, folklor *nm* folklore *m.*
folclórico, ca *adj* folklorique. ❑ *nm, f* (ESP) *chanteur ou danseur de flamenco.*
folio *nm* feuille *f* (de papier) ; *(format)* in-folio *m.*
folklor = **folclore**.
follaje *nm* feuillage *m.*
follar *vi vulg* baiser.
folletín *nm* feuilleton *m.*
folleto *nm* **1.** brochure *f* ; prospectus *m* ; dépliant *m* **2.** notice *f.*
follón *nm fam* **1.** chahut *m* ; bazar *m* • **se armó un follón** ça a fait du chahut • **¡vaya follón!** quel bazar ! • **tener follones** avoir des histoires **2.** grabuge *m.*
follonero, ra *adj & nm, f fam qui cherche la bagarre.*
fomentar *vt* encourager, développer ; susciter *(la haine, la guerre).*
fomento *nm* développement *m (économique, industriel).*
fonda *nf* auberge *f.*
fondear *vi* NAUT mouiller. ❑ *vt* fouiller.
fondo *nm* **1.** fond *m* • **al fondo de** au fond de • **tener buen fondo** avoir un bon fond • **tocar fondo** toucher le fond • **doble fondo** double fond **2.** *(argent, bibliothèque, archives)* fonds *m inv* • **a fondo perdido** à fonds perdu • **fondo común** caisse *f* commune • **fondo de inversión** fonds commun de placement • **fondo de pensiones** caisse *f* de retraite • **fondos reservados** fonds secrets **3.** SPORT endurance *f.* ■ **a fondo** *loc adv* à fond. ■ **en el fondo** *loc adv* au fond. ■ **bajos fondos** *nmpl* bas-fonds *mpl.*
fonema *nm* phonème *m.*
fonético, ca *adj* phonétique. ■ **fonética** *nf* phonétique *f.*
fónico, ca *adj* phonique.
fontanería *nf* plomberie *f.*
fontanero, ra *nm, f* plombier *m.*
football = **fútbol**.
footing ['futin] *nm* footing *m.*
forajido, da *nm, f* hors-la-loi *m inv.*
foral *adj* local(e).
foráneo, a *adj* étranger(ère).

forastero, ra *nm,f* étranger *m*, -ère *f*.
forcejear *vi* **1.** se débattre **2.** se démener.
fórceps *nm inv* forceps *m*.
forense *nmf* médecin *m* légiste.
forestal *adj* forestier(ère).
forestar *vt* reboiser.
forfait [for'fe] (*pl* **forfaits**) *nm* forfait *m*.
forja *nf* **1.** forge *f* **2.** forgeage *m*.
forjar *vt litt* & *fig* forger. ■ **forjarse** *vp fig* se forger.
forma *nf* **1.** forme *f* • **estar en forma** être en forme **2.** façon *f* • **de cualquier forma, de todas formas** de toute façon • **de forma que** de façon que • **forma de pago** modalité *f* de paiement **3.** RELIG hostie *f*. ■ **formas** *nfpl (silhouette, manières)* formes *fpl*.
formación *nf* formation *f* • **formación de personal** formation interne • **formación profesional** *enseignement technique en Espagne*.
formal *adj* **1.** bien élevé(e) ; *(de confiance)* sérieux(euse) **2.** *(accusation, engagement)* formel(elle) ; *(langage)* soutenu(e).
formalidad *nf* **1.** formalité *f* **2.** sérieux *m*.
formalizar [13] *vt* régulariser *(une situation)* ; officialiser *(un accord, une relation)*.
formar *vt* former. ■ **formarse** *vp* se former • **formarse una idea** se faire une idée.
formatear *vt* formater.
formateo *nm* formatage *m*.
formato *nm (gén)* INFORM format *m*.
formica® *nf* Formica® *m*.
formidable *adj* formidable.
formol *nm* formol *m*.
fórmula *nf* formule *f*.
formulación *nf* formulation *f*.
formular *vt* formuler. ❑ *vi* CHIM rédiger des formules.
formulario *nm* formulaire *m*.
formulismo *nm* formalisme *m*.
fornicación *nf sout* fornication *f*.
fornicar [10] *vi sout* forniquer.
fornido, da *adj* robuste.
foro *nm* **1.** *(tribunal)* barreau *m* **2.** THÉÂTRE fond *m* de la scène **3.** *(débat)* forum *m*.
forofo, fa *nm,f fam* SPORT supporter *m*.
forraje *nm* fourrage *m*.
forrar *vt* couvrir *(un livre, un meuble)* ; doubler *(un vêtement)*. ■ **forrarse** *vp fam* & *fig* se remplir les poches.
forro *nm* couverture *f (d'un livre)* ; housse *f (d'un meuble)* ; doublure *f (d'un vêtement)* • **forro polar** laine *f* polaire.
fortachón, ona *adj fam* costaud(e).
fortalecer [30] *vt* renforcer ; fortifier *(physiquement)* ; réconforter *(moralement)*.
fortalecimiento *nm* renforcement *m* ; *(de muscle, tissu)* raffermissement *m*.
fortaleza *nf* **1.** force *f* **2.** forteresse *f*.
fortificación *nf* fortification *f*.
fortificar [10] *vt* fortifier.
fortuito, ta *adj* fortuit(e).
fortuna *nf* **1.** chance *f* • **por fortuna** heureusement, par chance **2.** *(destin)* sort *m* **3.** fortune *f*.
fórum (*pl* **fórums**) *nm* forum *m*.
forúnculo, furúnculo *nm* furoncle *m*.
forzado, da *adj* forcé(e).
forzar [37] *vt* **1.** forcer **2.** abuser de.
forzosamente *adv* forcément.
forzoso, sa *adj* **1.** obligatoire **2.** inévitable • **es forzoso que…** il est nécessaire que….
forzudo, da *adj* & *nm,f* costaud(e).
fosa *nf* fosse *f* • **fosa común** fosse commune • **fosas nasales** fosses nasales.
fosfato *nm* phosphate *m*.
fosforescente *adj* phosphorescent(e).
fosforito *adj inv* (ESP) *fam* fluo *(inv)*.
fósforo *nm* **1.** phosphore *m* **2.** allumette *f*.
fósil *adj* fossile. ❑ *nm* **1.** fossile *m* **2.** *fam* & *fig* vieux fossile *m*.
fosilizarse [13] *vp* **1.** GÉOL se fossiliser **2.** *fig* s'encroûter, se fossiliser.
foso *nm* **1.** *(gén)* SPORT fosse *f* **2.** fossé *m* **3.** tranchée *f* **4.** fosse *f* d'orchestre.
foto *nf* photo *f* • **sacar una foto** faire une photo.
fotocélula *nf* cellule *f* photoélectrique.
fotocomponer *vt* photocomposer.
fotocomposición *nf* photocomposition *f*.
fotocopia *nf* photocopie *f*.
fotocopiadora *nf* photocopieuse *f*.
fotocopiar [8] *vt* photocopier.
fotodepilación *nf* photo-épilation *f*.
fotoeléctrico, ca *adj* photoélectrique.
fotofobia *nf* photophobie *f*.
fotogénico, ca *adj* photogénique.
fotografía *nf* photographie *f*.
fotografiar [9] *vt* photographier.
fotógrafo, fa *nm,f* photographe *mf*.
fotomatón® *nm* Photomaton® *m*.
fotomontaje *nm* photomontage *m*.
fotonovela *nf* roman-photo *m*.
fotorrobot (*pl* **fotorrobots**) *nf* portrait-robot *m*.
fotosensible *adj* photosensible.
fotosíntesis *nf inv* photosynthèse *f*.
foulard = **fular**.
FP (abrév de **formación profesional**) *nf enseignement technique en Espagne*.
fra. abrév de **factura**.
frac (*pl* **fracs** *ou* **fraques**) *nm* habit *m*, frac *m*.
fracasado, da *adj* & *nm,f* raté(e).
fracasar *vi* échouer.
fracaso *nm* échec *m* • **fracaso escolar** échec scolaire.
fracción *nf* fraction *f*.
fraccionamiento *nm* **1.** *(gén)* fractionnement *m* **2.** (AMÉR) zone *f* urbaine.

fraccionar *vt* fractionner.
fraccionario, ria *adj* MATH fractionnaire • **la moneda fraccionaria** la petite monnaie.
fractura *nf* **1.** MÉD fracture *f* **2.** DR effraction *f*.
fracturación *nf* fracturation *f* • **fracturación hidráulica** fracturation hydraulique.
fracturar *vt* fracturer. ■ **fracturarse** *vp* se fracturer.
fracturarse *vp* se fracturer.
fragancia *nf* parfum *m*, senteur *f*.
fragante *adj* odorant(e).
fraganti ■ **in fraganti** *loc adv* en flagrant délit.
fragata *nf* frégate *f*.
frágil *adj* fragile • **una memoria frágil** une mauvaise mémoire.
fragilidad *nf* fragilité *f*.
fragmentación *nf* fragmentation *f*.
fragmentar *vt* fragmenter.
fragmento *nm* fragment *m*.
fragor *nm* fracas *m* ; grondement *m (du tonnerre)*.
fragua *nf* forge *f*.
fraguar [45] *vt* **1.** forger **2.** *fig* tramer. ❑ *vi (ciment, chaux)* prendre. ■ **fraguarse** *vp* se tramer.
fraile *nm (religieux)* frère *m*.
frambuesa *nf* framboise *f*.
francés, esa *adj* français(e). ❑ *nm, f* Français *m*, -e *f*. ■ **francés** *nm* français *m*.
franchute, ta *nm, f péj* Français *m*, -e *f*.
Francia *npr* France *f*.
franciscano, na *adj & nm, f* franciscain(e).
francmasonería = **masonería**.
francmasón = **masón**.
francmasónico, ca = **masónico**.
franco, ca *adj* **1.** franc, franche *f* • **franco de porte** franco de port **2.** net, nette *f* • **una franca mejoría** une nette amélioration **3.** HIST franc, franque *f*. ❑ *nm, f* HIST Franc *m*, Franque *f*. ■ **franco** *nm* franc *m*.
francófilo, la *adj & nm, f* francophile.
francófono, na *adj & nm, f* francophone.
francotirador, ra *nm, f* franc-tireur *m*.
franela *nf* flanelle *f*.
franja *nf* frange *f (d'un tissu)* ; bande *f (de terre)* ; rai *m (de lumière)*.
franquear *vt* **1.** dégager *(la voie, un chemin)* **2.** franchir *(une rivière, un obstacle)* **3.** affranchir *(une lettre, une carte postale)*.
franqueo *nm* affranchissement *m*.
franqueza *nf* **1.** franchise *f* **2.** *(confiance)* • **tener franqueza con alguien** être en confiance avec qqn.
franquicia *nf* franchise *f (commerciale)*.
franquiciado, da *adj & nm, f* ÉCON franchisé(e).
franquiciar *vt* franchiser.
franquismo *nm* franquisme *m*.

> CULTURE
> ### el franquismo
> Régime politique dictatorial et corporatiste instauré en Espagne par le général Franco dès la fin de la guerre civile, en 1939, et qui se maintint jusqu'à sa mort, en 1975.

franquista *adj & nmf* franquiste.
frasco *nm* flacon *m*.
frase *nf* phrase *f* • **frase hecha** phrase toute faite.
fraternal *adj* fraternel(elle).
fraternidad *nf* fraternité *f*.
fraternizar [13] *vi* fraterniser.
fraterno, na *adj* fraternel(elle).
fratricida *adj & nmf* fratricide.
fratricidio *nm* fratricide *m*.
fraude *nm* fraude *f* • **fraude fiscal** fraude fiscale.
fraudulento, ta *adj* frauduleux(euse).
fray *nm* • **fray Luis** frère Luis.
frazada *nf* (AMÉR) couverture *f* • **frazada eléctrica** couverture chauffante.
frecuencia *nf* fréquence *f* • **frecuencia modulada** modulation *f* de fréquence • **con frecuencia** fréquemment.
frecuentación *nf* fréquentation *f (relation)*.
frecuentado, da *adj* fréquenté(e).
frecuentar *vt* fréquenter.
frecuente *adj* fréquent(e).
frecuentemente *adv* fréquemment.
free lance ['frilens] *adj & nmf inv* free-lance *(inv)*.
fregadero *nm* évier *m*.
fregado, da *adj* (AMÉR) *fam* enquiquinant(e) • **estar fregado** s'enquiquiner. ■ **fregado** *nm* **1.** lavage *m* ; récurage *m (des casseroles)* **2.** *fam* sac *m* de nœuds **3.** *fam* grabuge *m*.
fregar [35] *vt* **1.** laver ; récurer *(les casseroles)* • **fregar los platos** faire la vaisselle **2.** frotter **3.** (AMÉR) *fam* enquiquiner.
fregona *nf* balai-serpillière *m*.
freidora *nf* friteuse *f*.
freír [28] *vt* **1.** faire frire **2.** *fam* enquiquiner • **freír a preguntas** bombarder de questions **3.** *fam (tuer)* refroidir. ■ **freírse** *vp* frire • **se fríen las patatas** les pommes de terre sont en train de frire.
frenar *vt* freiner ; réfréner *(une impulsion, sa colère)* • **frenar el coche** freiner. ❑ *vi* freiner.
frenazo *nm* **1.** AUTO coup *m* de frein **2.** *fig* coup *m* d'arrêt.
frenesí (*pl* **frenesíes** *ou* **frenesís**) *nm* **1.** frénésie *f* **2.** folie *f* furieuse.
frenético, ca *adj* **1.** frénétique **2.** fou furieux, folle furieuse *f*.
freno *nm* **1.** *(gén)* AUTO frein *m* **2.** mors *m (d'une monture)*.
frente *nf* ANAT front *m*. ❑ *nm* **1.** *(gén, météor)* POLIT front *m* • **hacer frente a a)** faire face à *(un problème)* **b)** tenir tête à *(une personne)* • **frente frío**

front froid **2.** devant *m* • **estar al frente (de)** être à la tête (de). ■ **de frente** *loc adv* **1.** *(photo)* de face ; *(rencontre)* nez à nez ; *(accident)* de plein fouet **2.** *(sans détours)* de front. ■ **frente a** *loc prép* **1.** en face de • **frente a su casa** en face de chez lui **2.** par rapport à ; devant. ■ **frente a frente** *loc adv* face à face.
fresa *nf* **1.** *(fruit)* TECHNOL fraise *f* **2.** fraisier *m*.
fresco, ca *adj* **1.** frais, fraîche *f* • **su recuerdo permanece fresco en mi memoria** je garde son souvenir intact **2.** sans gêne. ❑ *nm,f* • **ser un fresco** être sans gêne. ■ **fresco** *nm* **1.** fresque *f* • **al fresco** à fresque **2.** fraîcheur *f* • **tomar el fresco** prendre le frais.
frescor *nm* fraîcheur *f*.
frescura *nf* **1.** fraîcheur *f* **2.** sans-gêne *m*.
fresno *nm* frêne *m*.
fresón *nm* fraise *f*.
fresquito, ta *adj fam* frisquet(ette).
freudiano, na [froi'ðjano, na] *adj* freudien(enne).
frialdad *nf* **1.** froid *m* **2.** *fig* froideur *f*.
fríamente *adv (avec indifférence)* froidement.
fricción *nf* friction *f* • **hacerse una fricción con** se frictionner à.
friccionar *vt* frictionner.
friega *nf (massage)* friction *f*. ❑ *v* → **fregar**.
friegaplatos *nm inv* lave-vaisselle *m inv*.
frigidez *nf* frigidité *f*.
frigorífico, ca *adj* frigorifique. ■ **frigorífico** *nm* réfrigérateur *m*.
frijol, fríjol *nm* (AMÉR) haricot *m*.
friki *nmf fam* **1.** *(personne extravagante)* original *m*, -e *f* **2.** *(mordu)* fana *mf*.
frío, a *adj* froid(e). ■ **frío** *nm* froid *m* • **en frío** à froid • **la noticia me cogió en frío** la nouvelle m'a pris de court • **hace un frío que pela** *fam* il fait un froid de canard.
friolero, ra *adj & nm,f* frileux(euse). ■ **friolera** *nf fam* • **costar la friolera de...** coûter la bagatelle de....
friqui *nm fam (au football)* tir *m*.
frisar *vt* friser • **frisar los cincuenta años** friser la cinquantaine.
frito, ta *adj* **1.** frit(e) **2.** *fig* • **me tiene frito** il me tape sur les nerfs. ■ **frito** *pp* → **freír**. ❑ *nm (gén pl)* friture *f*.
fritura *nf* friture *f (plat)*.
frívolo, la *adj* frivole.
frontal *adj* frontal(e). ❑ *nm* ANAT frontal *m*.
frontalmente *adv* de front • **chocaron frontalmente** ils se sont heurtés de front.
frontenis *nm* SPORT *pelote basque jouée avec une raquette et une balle de tennis*.
frontera *nf* **1.** frontière *f* **2.** *fig* limite *f*.
fronterizo, za *adj* frontalier(ère).
frontón *nm* **1.** SPORT & ARCHIT fronton *m* **2.** pelote *f* basque.
frotar *vt* frotter. ■ **frotarse** *vp* se frotter.
frotis *nm inv* MÉD frottis *m* • **frotis vaginal** frottis vaginal.
fructífero, ra *adj* fructueux(euse).
fructificar [10] *vi* fructifier.
fructuoso, sa *adj* fructueux(euse).
frugal *adj* frugal(e).
fruncir [12] *vt* froncer • **fruncir el ceño** froncer les sourcils • **fruncir la boca** faire la moue.
fruslería *nf* broutille *f*.
frustración *nf* frustration *f* ; déception *f*.
frustrado, da *adj (personne)* frustré(e) • **un intento frustrado** une tentative avortée.
frustrante *adj* frustrant(e).
frustrar *vt* **1.** frustrer **2.** décevoir • **me frustra ver que no mejoro** ça me déçoit de voir que je ne progresse pas **3.** faire échouer. ■ **frustrarse** *vp* **1.** être frustré(e) ; être déçu(e) **2.** *(plans, projets)* tomber à l'eau ; *(tentative)* échouer.
fruta *nf* fruit *m* • **le gusta mucho la fruta** il aime beaucoup les fruits. ■ **fruta de sartén** *nf* beignet *m*.
frutal *adj* fruitier(ère). ❑ *nm* arbre *m* fruitier.
frutería *nf* • **ir a la frutería** aller chez le marchand de fruits.
frutero, ra *adj* fruitier(ère). ❑ *nm,f* marchand *m*, -e *f* de fruits. ■ **frutero** *nm* coupe *f* à fruits.
frutícola *adj* arboricole.
fruticultura *nf* fructiculture *f*.
frutilla *nf* (AMÉR) fraise *f*.
fruto *nm* fruit *m* • **dar fruto** *fig* porter ses fruits • **sacar fruto de algo** *fig* tirer profit de qqch. ■ **frutos secos** *nmpl* fruits *mpl* secs.
fu ■ **ni fu ni fa** *loc adv fam* couci-couça.
fucsia *nf* fuchsia *m*. ❑ *adj inv & nm inv* fuchsia.
fue → **ir** → **ser**.
fuego *nm* feu *m* • **pegar fuego a** mettre le feu à • **fuegos artificiales** feu d'artifice.
fuel, fuel-oil *nm* fioul *m*.
fuente *nf* **1.** source *f* • **fuente de alimentación** source d'alimentation, alimentation *f* **2.** fontaine *f* • **fuente bautismal** fonts *mpl* baptismaux **3.** *(vaisselle)* plat *m*.
fuera *adv* **1.** dehors • **hacia fuera** vers l'extérieur • **por fuera** à l'extérieur • **pintamos la casa por fuera** on a peint l'extérieur de la maison **2.** ailleurs • **esta semana estaré fuera** cette semaine je ne serai pas là • **de fuera a)** *(d'un autre pays)* étranger(ère) **b)** *(d'autre part)* d'ailleurs **3.** *fig (éloigné)* • **fuera de** hors de • **eso está fuera de mis cálculos** je n'avais pas prévu ça • **estar fuera de sí** être hors de soi • **fuera de plazo** hors délai. ❑ *interj* • **¡fuera!** dehors ! ■ **fuera de** *loc prép* en dehors de • **fuera de eso, me puedes pedir lo que quieras** à part ça, tu peux me demander ce que tu veux. ■ **fuera de banda** *nm* SPORT touche *f*. ■ **fuera de combate** *nm* SPORT hors-combat *m* • **estar fuera de combate a)** être mis(e) hors de combat **b)** *fig* être bon à jeter. ■ **fuera de juego** *nm* hors-jeu *m inv*. ■ **fuera de serie** *adj* hors pair. ❑ *nmf* • **ser**

un fuera de serie être exceptionnel(elle). ❑ *v* **1.** → ir **2.** → ser.
fueraborda *nm inv* hors-bord *m inv.*
fuero *nm* **1.** privilège *m* ; *(au Moyen Âge)* charte *f* • **los fueros** *anciennes chartes espagnoles d'origine médiévale garantissant les privilèges, les libertés et les traditions d'une ville ou d'une région, encore en vigueur en Navarre par exemple* **2.** tribunal *m.*
fuerte *adj* **1.** fort(e) ; *(matériel, mur, nœud)* solide ; *(froid, chaleur, couleur)* intense ; *(dispute, combat)* dur(e) **2.** grossier(ère). ❑ *adv* **1.** fort • **trabaja fuerte** il travaille dur **2.** beaucoup • **come fuerte** il mange beaucoup. ❑ *nm* fort *m* • **ser algo el fuerte de alguien** être le point fort de qqn.
fuerza *nf* **1.** *(gén)* PHYS force *f* • **tener fuerzas para** être assez fort(e) pour • **tiene que irse por fuerza** il doit absolument partir • **fuerzas del orden público** forces de l'ordre • **a fuerza de** à force de • **a la fuerza a)** *(contre la volonté)* de force **b)** *(par nécessité)* forcément • **por la fuerza** par la force **2.** ÉLECTR courant *m.* ■ **fuerzas** *nfpl (groupe de personnes)* forces *fpl.* ❑ *v* → forzar.
fuese → ir → ser.
fuga *nf* **1.** fuite *f* ; évasion *f (de prisonniers)* **2.** MUS fugue *f.*
fugarse [16] *vp* s'évader *(d'une prison)* • **su marido se fugó con otra** son mari est parti avec une autre.
fugaz *adj* fugace.
fugitivo, va *adj* **1.** en fuite • **fugitivo de la ley o justicia** qui fuit la justice **2.** *fig* fugitif(ive). ❑ *nm,f* fugitif *m,* -ive *f.*
fui → ir → ser.
fulano, na *nm,f* Machin *m,* -e *f* • **fulano de tal** M. Untel • **un fulano** un type. ■ **fulana** *nf* prostituée *f.*
fular *(pl* fulares), **foulard** [fu'lar] *(pl* foulards) *nm* foulard *m.*
fulgor *nm* éclat *m.*
fulgurante *adj* fulgurant(e).
fullero, ra *adj & nm,f* tricheur(euse).
fulminante *adj* **1.** *(maladie, regard)* foudroyant(e) ; *(renvoi, arrêt)* immédiat(e) **2.** *(explosif)* détonant(e).
fulminar *vt* foudroyer • **fulminar a alguien con la mirada** foudroyer qqn du regard.
fumador, ra *nm,f* fumeur *m,* -euse *f* • **fumador pasivo** fumeur passif.
fumar *vt & vi* fumer.
fumeta *nmf fam* fumeur *m,* -euse *f* de hasch.
fumigación *nf* fumigation *f.*
fumigar [16] *vt* désinfecter (par fumigation).
funámbulo, la *nm,f* funambule *mf.*
función *nf* **1.** fonction *f* **2.** CINÉ séance *f* ; THÉÂTRE représentation *f.*
funcional *adj* fonctionnel(elle).
funcionalidad *nf* fonctionnalité *f.*
funcionamiento *nm* fonctionnement *m.*
funcionar *vi* **1.** *(appareil, machine)* fonctionner • **funcionar con gasolina** marcher à l'essence • **'no funciona'** 'en panne' **2.** *(plan, activité)* marcher.
funcionariado *nm* • **el funcionariado** les fonctionnaires.
funcionario, ria *nm,f* fonctionnaire *mf.*
funda *nf* étui *m* ; taie *f (d'oreiller)* ; housse *f (de meuble, de machine)* ; pochette *f (de disque).*
fundación *nf* fondation *f.*
fundador, ra *adj & nm,f* fondateur(trice).
fundamental *adj* fondamental(e).
fundamentalismo *nm* fondamentalisme *m.*
fundamentalista *adj & nmf* fondamentaliste.
fundamentalmente *adv* essentiellement.
fundamentar *vt* • **fundamentar algo (en) a)** CONSTR asseoir qqch (sur) **b)** *fig (théorie, etc)* fonder qqch (sur). ■ **fundamentarse** *vp* • **fundamentarse (en) a)** CONSTR être assis(e) (sur) **b)** *fig (théorie, etc)* se fonder (sur).
fundamento *nm* **1.** *fig* fondement *m* **2.** *fig* raison *f* • **sin fundamento** sans fondement. ■ **fundamentos** *nmpl* fondations *fpl.*
fundar *vt* fonder. ■ **fundarse en** *vp (teoría, razones)* se fonder sur.
fundir *vt* **1.** fondre • **fundieron sus intereses** ils ont uni leurs intérêts **2.** *(ampoule, appareil)* griller ; *(fusible)* faire sauter. ■ **fundirse** *vp* **1.** *(ampoule, appareil)* griller ; *(fusible)* sauter **2.** fondre **3.** *fig* se fondre.
fúnebre *adj* funèbre.
funeral *nm* funérailles *fpl.*
funerario, ria *adj* funéraire • **una empresa funeraria** une entreprise de pompes funèbres. ■ **funeraria** *nf* pompes *fpl* funèbres.
funesto, ta *adj* funeste.
fungicida *adj* fongicide. ❑ *nm* fongicide *m.*
funicular *adj* funiculaire. ❑ *nm* **1.** funiculaire *m* **2.** téléphérique *m.*
funk ['fank], **funky** ['fanki] *adj & nm* funk.
furgón *nm* fourgon *m.*
furgoneta *nf* fourgonnette *f.*
furia *nf* fureur *f* • **ponerse hecho una furia** devenir fou furieux.
furibundo, da *adj* furibond(e).
furioso, sa *adj* furieux(euse).
furor *nm* fureur *f* • **hacer furor** *fig* faire fureur.
furtivo, va *adj* furtif(ive) • **un cazador furtivo** un braconnier.
furúnculo = forúnculo.
fuselaje *nm* fuselage *m.*
fusible *adj* fusible. ❑ *nm* fusible *m.*
fusil *nm* fusil *m (de guerre).*
fusilamiento *nm* **1.** exécution *f* **2.** *fam* plagiat *m.*
fusilar *vt* **1.** fusiller **2.** *fam* plagier.
fusión *nf* fusion *f.*
fusionar *vt & vi* fusionner. ■ **fusionarse** *vp* ÉCON fusionner.

fusta *nf* cravache *f*.
fuste *nm* fût *m*.
fútbol, futbol, football ['fudbol] *nm* football *m*.
futbolero, ra *adj* passionné(e) de football.
futbolín *nm* baby-foot *m inv*.
futbolista *nmf* footballeur *m*, -euse *f*.
futbolístico, ca *adj (équipe)* de football ; *(ambiance, etc.)* du football.
fútil *adj* futile.
futilidad *nf* futilité *f*.
futón *nm* futon *m*.
futurismo *nm* futurisme *m*.
futuro, ra *adj* futur(e). ■ **futuro** *nm* **1.** avenir *m* **2.** GRAMM futur. ■ **futuros** *nmpl* ÉCON opérations *fpl* à terme.
futurología *nf* futurologie *f*.
futurólogo, ga *nm, f* futurologue *mf*.

G

g[1], **G** [xe] *nf* g *m inv*, G *m inv*.
g[2] (abrév de gramo) g.
gabacho, cha *fam & péj adj* franchouillard(e). ❑ *nm, f* • **no me gustan los gabachos** je n'aime pas les Français.
gabán *nm* pardessus *m*.
gabardina *nf* gabardine *f*.
gabinete *nm* **1.** cabinet *m* • **gabinete de estudios** bureau *m* d'études **2.** boudoir *m*.
gacela *nf* gazelle *f*.
gaceta *nf* gazette *f*.
gacho, cha *adj* • **con la cabeza gacha** la tête basse. ■ **gachas** *nfpl bouillie de farine cuite avec du lard*.
gaditano, na *adj* de Cadix. ❑ *nm, f* Gaditan *m*, -e *f*.
gafado, da *adj fam* • **estar gafado** avoir la poisse.
gafar *vt fam* porter la poisse à • **nos has gafado el viaje** tu nous as gâché le voyage.
gafas *nfpl* lunettes *fpl* • **gafas de sol** lunettes de soleil • **gafas progresivas** lunettes à verres progressifs.
gafe *fam adj* • **ser gafe** porter la poisse. ❑ *nmf* oiseau *m* de malheur.
gafotas *nmf inv fam & péj* binoclard(e).
gag (*pl* **gags**) *nm* gag *m*.
gaita *nf* **1.** cornemuse *f* **2.** *fam* galère *f*.
gajes *nmpl* primes *fpl* • **gajes del oficio** risques *mpl* du métier.
gajo *nm* **1.** quartier *m (de fruit)* **2.** grappillon *m (de raisin)* ; bouquet *m (de cerises)* **3.** rameau *m*.
gala *nf* **1.** gala *m* • **una fiesta de gala** une soirée de gala • **un vestido de gala** une tenue de soirée • **con sus mejores galas** dans ses plus beaux atours **2.** *fig* • **hacer gala de algo a)** faire étalage de qqch **b)** être fier(ère) de qqch.
galáctico, ca *adj* galactique.
galán *nm* **1.** bel homme *m* **2.** THÉÂTRE jeune premier *m*. ■ **galán de noche** *nm* valet *m* de nuit.
galante *adj* galant(e) • **tiene fama de galante** il a une réputation de galant homme.
galantear *vt* • **galantear a una mujer** faire la cour à une femme.
galantería *nf* galanterie *f*.
galápago *nm* tortue *f* d'eau douce.
galardón *nm (récompense)* prix *m*.
galaxia *nf* galaxie *f*.
galeón *nm* galion *m*.
galera *nf* galère *f*.
galería *nf* **1.** galerie *f* **2.** tringle *f* • **hacer algo para la galería** *fig* faire qqch pour la galerie. ■ **galerías (comerciales)** *nfpl* galerie *f* marchande.
galerista *nmf* galeriste *mf*.
Gales *npr* pays *m* de Galles.
galés, esa *adj* gallois(e). ❑ *nm, f* Gallois *m*, -e *f*. ■ **galés** *nm* gallois *m*.
galgo *nm* lévrier *m*.
Galicia *npr* Galice *f*.
galicismo *nm* gallicisme *m*.
galimatías *nm inv* galimatias *m*.
gallardía *nf* **1.** bravoure *f* **2.** prestance *f*.
gallego, ga *adj* galicien(enne). ❑ *nm, f* Galicien *m*, -enne *f*. ■ **gallego** *nm* galicien *m*.
galleta *nf* biscuit *m*.
gallina *nf* poule *f* • **gallina ciega** colin-maillard *m* • **gallina clueca** couveuse *f*. ❑ *nmf fam & fig* poule *f* mouillée.
gallinero *nm* poulailler *m*.
gallito *nm fig (dans un groupe)* petit chef *m* • **hacerse el gallito con alguien** jouer les durs avec qqn.
gallo *nm* **1.** coq *m* **2.** *fig* chef *m* **3.** couac *m* **4.** limande *f*.
galo, la *adj* **1.** HIST gaulois(e) **2.** français(e). ❑ *nm, f* **1.** HIST Gaulois *m*, -e *f* **2.** Français *m*, -e *f*.
galón *nm* **1.** *(décoration militaire)* galon *m* **2.** *(mesure)* gallon *m*.
galopante *adj* galopant(e).
galopar *vi* galoper.
galope *nm* galop *m*.
galpón *nm* (AMÉR) hangar *m*.
galvanizar [13] *vt* galvaniser.
gama *nf* gamme *f*.
gamba *nf* crevette *f*.
gamberrada *nf* acte *m* de vandalisme • **hacer gamberradas** faire des bêtises.
gamberrismo *nm* vandalisme *m*.
gamberro, rra *adj* • **un niño gamberro** un garnement. ❑ *nm, f* voyou *m*.

gameto *nm* gamète *m* • **gameto macho/hembra** gamète mâle/femelle.
gammaglobulina *nf* gammaglobuline *f.*
gamo *nm* daim *m.*
gamonal *nm* (AMÉR) cacique *m.*
gamuza *nf* **1.** chamois *m* **2.** peau *f* de chamois.
gana *nf* • **gana (de)** envie *f* (de) • **lo hago porque me da la (real) gana** je le fais parce que ça me plaît • **no me da la gana de hacerlo** il est hors de question que je le fasse • **de buena gana** volontiers • **de mala gana** à contrecœur. ■ **ganas** *nfpl* **1.** envie *f* • **darle a alguien ganas de** avoir envie de • **tener ganas de algo/de hacer algo** avoir envie de qqch/de faire qqch • **quedarse con las ganas** rester sur sa faim **2.** appétit *m* • **comer con ganas** manger avec appétit.
ganadería *nf* **1.** élevage *m* **2.** cheptel *m.*
ganadero, ra *adj* d'élevage • **la industria ganadera** l'industrie de l'élevage. ❑ *nm, f* éleveur *m*, -euse *f.*
ganado *nm* bétail *m.*
ganador, ra *adj* & *nm, f* gagnant(e).
ganancial *adj* → **bien.**
ganancias *nfpl* bénéfices *mpl.*
ganar *vt* **1.** gagner ; atteindre *(la gloire, la renommée)* **2.** conquérir *(une ville, un chateau)* **3.** *(être supérieur)* • **me ganas en astucia** tu es plus astucieux que moi. ❑ *vi* gagner • **gana con el trato** il gagne à être connu • **gana para vivir** il gagne juste de quoi vivre • **hemos ganado con el cambio** nous avons gagné au change • **ganamos en espacio** nous y avons gagné en place. ■ **ganarse** *vp* • **ganarse algo a)** gagner qqch **b)** bien mériter qqch **c)** recevoir qqch • **ganarse a alguien** gagner la faveur de qqn.
ganchillo *nm (ouvrage)* crochet *m* • **hacer ganchillo** faire du crochet.
gancho *nm* **1.** *(gén)* SPORT crochet *m* **2.** *(complice - COMM)* rabatteur *m* ; *(- d'un joueur)* compère *m* **3.** (AMÉR) portemanteau *m* **4.** *fig* • **tener gancho a)** *fam (femme)* avoir du chien **b)** *(vendeur, titre)* être accrocheur(euse).
gandul, la *adj* & *nm, f fam* flemmard(e).
gandulear *vi fam* flemmarder.
ganga *nf fam* affaire *f* (en or).
ganglio *nm* ganglion *m.*
gangoso, sa *adj (voix)* nasillard(e) • **ser gangoso** parler du nez.
gangrena *nf* gangrène *f.*
gangrenarse *vp* se gangrener.
gángster (*pl* **gángsters**) *nm* gangster *m.*
ganso, sa *nm, f* **1.** jars *m*, oie *f* **2.** *fam* abruti *m*, -e *f.*
garabatear *vt* & *vi* gribouiller.
garabato *nm* gribouillage *m.*
garaje *nm* garage *m.*
garante *nmf* garant *m*, -e *f.*
garantía *nf* garantie *f* • **este libro es una garantía de éxito** ce livre, c'est le succès assuré • **con garantía** sous garantie.
garantizado, da *adj* garanti(e).
garantizar [13] *vt* garantir • **garantizar algo a alguien** assurer qqch à qqn.
garapiñado, da = **garrapiñado.**
garapiñar = **garrapiñar.**
garbanzo *nm* pois *m* chiche.
garbeo *nm fam* balade *f* • **dar un garbeo** faire une balade.
garbo *nm* allure *f (d'une personne)* ; talent *m (pour l'écriture).*
garboso, sa *adj* élégant(e) • **ser garboso** avoir de l'allure.
gardenia *nf* gardénia *m.*
garete *nm* • **ir** ou **irse al garete** *fam* & *fig* se casser la figure.
garfio *nm* crochet *m.*
gargajo *nm* crachat *m.*
garganta *nf* gorge *f.*
gargantilla *nf (collier)* ras-du-cou *m.*
gárgara *nf (gén pl)* gargarisme *m* • **hacer gárgaras** faire des gargarismes.
gargarismo *nm* gargarisme *m.*
garita *nf* MIL guérite *f.*
garito *nm* **1.** tripot *m* **2.** *péj* boui-boui *m.*
garra *nf* griffe *f* ; serre *f (d'un oiseau de proie)* • **caer en las garras de alguien** tomber entre les griffes de qqn • **tener garra** être accrocheur(euse).
garrafa *nf* carafe *f.*
garrafal *adj (erreur)* monumental(e).
garrapata *nf* tique *f.*
garrapiñado, da, garapiñado, da *adj* praliné(e). ■ **garrapiñado** *nm* praline *f.*
garrapiñar, garapiñar *vt* praliner.
garrotazo *nm* coup *m* de gourdin.
garrote *nm* **1.** gourdin *m* **2.** garrot *m.*
garrulo, la *adj* & *nm, f fam* & *péj* plouc.
garúa *nf* (AMÉR) bruine *f.*
garza *nf* héron *m.*
gas *nm* gaz *m* • **gas butano** gaz butane • **gas lacrimógeno** gaz lacrymogène • **gas natural** gaz naturel. ■ **gases** *nmpl (dans le tube digestif)* gaz *mpl.* ■ **a todo gas** *loc adv* à toute allure.
gasa *nf* gaze *f.*
gaseoducto *nm* gazoduc *m*, pipeline *m.*
gaseoso, sa *adj* gazeux(euse). ■ **gaseosa** *nf* limonade *f.*
gasificar [10] *vt* gazéifier.
gasoil, gas-oil, gas oil *nm* **1.** *(pour véhicule)* gas-oil *m*, gazole *m* **2.** *(pour chaudière)* fioul *m*, mazout *m.*
gasóleo *nm* gazole *m.*
gasolina *nf* essence *f* • **poner gasolina** prendre de l'essence • **gasolina normal** essence ordinaire • **gasolina sin plomo** essence sans

plomb, sans-plomb *m* • **(gasolina) súper** super *m*.
gasolinera *nf* pompe *f* à essence.
gastado, da *adj* usé(e).
gastar *vt* **1.** dépenser **2.** user **3.** porter • **¿qué número de zapatos gastas?** quelle est ta pointure ? **4.** *(faire)* • **gastar una broma/cumplidos a alguien** faire une blague/des compliments à qqn. ❑ *vi* **1.** dépenser **2.** user. ■ **gastarse** *vp* **1.** s'user ; *(bougie)* se consumer **2.** dépenser.
gasto *nm* dépense *f* • **cubrir gastos** couvrir les frais • **gasto público** dépenses *fpl* publiques.
gástrico, ca *adj* gastrique.
gastritis *nf inv* gastrite *f*.
gastroneta *nf* camion de restauration, food truck *m*.
gastroenteritis *nf inv* gastro-entérite *f*.
gastronomía *nf* gastronomie *f*.
gastrónomo, ma *nm, f* gastronome *mf*.
gatas ■ **a gatas** *loc adv* à quatre pattes.
gatear *vi* marcher à quatre pattes.
gatillo *nm* gâchette *f*.
gato, ta *nm, f* chat *m*, chatte *f* • **dar gato por liebre a alguien** *fam* rouler qqn • **buscar tres pies al gato** chercher midi à quatorze heures • **hay gato encerrado** il y a anguille sous roche. ■ **gato** *nm* AUTO cric *m*.
gauchada *nf* (AMÉR) *fig* service *m*.
gaucho, cha *nm, f* gaucho *m*.
gavilán *nm* épervier *m*.
gavilla *nf* **1.** gerbe *f (de blés)* **2.** fagot *m (de sarments)*.
gaviota *nf* mouette *f*.
gay *adj inv & nm* gay.
gazapo *nm* **1.** lapereau *m* **2.** lapsus *m* ; IMPR coquille *f*.
gazpacho *nm* gaspacho *m*.
GB (abrév de Gran Bretaña) *nf* GB *f*.
géiser (*pl* **géiseres**), **géyser** (*pl* **géyseres**) *nm* geyser *m*.
gel *nm* gel *m*.
gelatina *nf* gelée *f (de viande, etc)* ; gélatine *f*.
gema *nf* gemme *f*.
gemelo, la *adj & nm, f* jumeau(elle). ■ **gemelo** *nm* mollet *m*. ■ **gemelos** *nmpl* **1.** boutons *mpl* de manchette **2.** jumelles *fpl*.
gemido *nm* gémissement *m*.
Géminis *nm inv* Gémeaux *mpl*. ❑ *nm, f inv (personne)* gémeaux *m inv*.
gemir [26] *vi* gémir.
gen *nm* gène *m*.
gendarme *nm, f* gendarme *m*.
gendarmería *nf* gendarmerie *f*.
genealogía *nf* généalogie *f*.
genealógico, ca *adj* généalogique.
generación *nf* génération *f* • **generación del 27** *groupe d'écrivains espagnols nés vers le début du XXe siècle* • **generación del 98** *groupe d'écrivains hispanophones nés dans la deuxième moitié du XIXe siècle.*
generacional *adj* de génération.
generador, ra *adj* générateur(trice). ■ **generador** *nm* ÉLECTR générateur *m*.
general *adj* général(e) • **en general, por lo general** en général • **hablar de algo en términos generales** parler de qqch en général. ❑ *nm* MIL général *m*.
generalidad *nf* **1.** majorité *f* **2.** généralité *f*.
generalísimo *nm* généralissime *m*.
generalista *adj* généraliste.
Generalitat [ʒenerali'tat] *nf nom du gouvernement de Catalogne et de celui de la communauté de Valence.*
generalización *nf* généralisation *f*.
generalizar [13] *vt & vi* généraliser. ■ **generalizarse** *vp* se généraliser.
generalmente *adv* en général, généralement.
generar *vt* générer.
genérico, ca *adj* générique.
género *nm* **1.** *(gén)* GRAMM genre *m* • **el género humano** le genre humain **2.** article *m*, marchandise *f* **3.** tissu *m*. ■ **géneros de punto** *nmpl* tricots *mpl*.
generosidad *nf* générosité *f*.
generoso, sa *adj* généreux(euse) ; *(repas)* copieux(euse).
génesis *nf inv* genèse *f*.
genético, ca *adj* génétique. ■ **genética** *nf* génétique *f*.
genial *adj* génial(e).
genio *nm* **1.** caractère *m* **2.** mauvais caractère *m* **3.** génie *m*.
genital *adj* génital(e). ■ **genitales** *nmpl* organes *mpl* génitaux.
genitivo *nm* génitif *m*.
genocidio *nm* génocide *m*.
genoma *nm* génome *m*.
genotipo *nm* génotype *m*.
gente *nf* **1.** gens *mpl* • **hay poca gente** il n'y a pas beaucoup de monde • **es buena gente** *fam* il est sympa • **la gente bien** *fam* les gens comme il faut • **la gente de bien** les gens bien • **la gente menuda** *(les enfants)* les petits *mpl* **2.** *fam* • **mi gente** *(la famille)* les miens.
gentil *adj* courtois(e) ; aimable.
gentileza *nf* **1.** courtoisie *f* ; amabilité *f* **2.** attention *f*, cadeau *m*.
gentilicio *nm* ethnonyme *m*.
gentío *nm* foule *f*.
gentuza *nf péj* racaille *f* ; populace *f*.
genuflexión *nf* génuflexion *f*.
genuino, na *adj* authentique ; *(cuir)* véritable.
GEO (*pl* **GEO** *ou* **GEOs**) (abrév de Grupo Especial de Operaciones) *nm brigade d'intervention spéciale de la police nationale espagnole* ; ≃ GIGN *m*.

geofísico, ca *adj* géophysique. ❑ *nm,f* géophysicien *m*, -enne *f*. ■ **geofísica** *nf* géophysique *f*.
geografía *nf* géographie *f*.
geográfico, ca *adj* géographique.
geógrafo, fa *nm,f* géographe *mf*.
geolocalización *nf* géolocalisation *f*.
geolocalizar *vt* géolocaliser.
geología *nf* géologie *f*.
geólogo, ga *nm,f* géologue *mf*.
geometría *nf* géométrie *f*.
geopolítico, ca *adj* géopolitique. ■ **geopolítica** *nf* géopolitique *f*.
geranio *nm* géranium *m*.
gerencia *nf* gérance *f*.
gerente *nmf* gérant *m*, -e *f*.
geriatra *nmf* gériatre *mf*.
geriatría *nf* gériatrie *f*.
geriátrico, ca *adj* gériatrique. ■ **geriátrico** *nm (hôpital)* hôpital *m* gériatrique ; *(établissement)* maison *f* de retraite, EHPAD *m*.
germánico, ca *adj* **1.** HIST germain(e) **2.** germanique. ❑ *nm,f* **1.** HIST Germain *m*, -e *f* **2.** Allemand *m*, -e *f*. ■ **germánico** *nm* germanique *m*.
germano, na *adj* germain(e). ❑ *nm,f* Germain *m*, -e *f*.
germen *nm litt & fig* germe *m*.
germinar *vi litt & fig* germer.
gerontocracia *nf* gérontocratie *f*.
gerontólogo, ga *nm,f* gérontologue *mf*.
gerundio *nm* gérondif *m*.
gestación *nf* gestation *f*.
gestar *vi* être en gestation. ■ **gestarse** *vp (projet)* être en gestation ; *(changement)* se préparer ; *(révolution)* couver.
gesticulación *nf* gesticulation *f* ; *(gén pl)* gestes *mpl*.
gesticular *vi* gesticuler.
gestión *nf* **1.** démarche *f* **2.** gestion *f* • **gestión de cartera** gestion de portefeuille.
gestionar *vt* **1.** faire des démarches pour • **tengo que gestionar mis vacaciones** il faut que j'organise mes vacances **2.** gérer.
gesto *nm* **1.** geste *m* **2.** mimique *f* **3.** grimace *f*.
gestor, ra *adj* gestionnaire. ❑ *nm,f personne faisant des démarches administratives pour le compte d'un particulier ou d'une entreprise*.
gestoría *nf* cabinet *m* d'affaires.
gestual *adj* gestuel(elle).
géyser (*pl* **géyseres**) = **géiser**.
ghetto = **gueto**.
GHz (abrév de gigahercio) *nm* GHz *m*.
giba *nf* bosse *f*.
Gibraltar *npr* Gibraltar • **el peñón de Gibraltar** le rocher de Gibraltar • **el estrecho de Gibraltar** le détroit de Gibraltar.
GIF (abrév de graphics interchange format) *nm* GIF *m*.
giga *nm fam* giga *m*.
gigabyte [xiɣa'βait] *nm* gigaoctet *m*.
gigahercio *nm* gigahertz *m*.
gigante, ta *nm,f* géant *m*, -e *f*. ■ **gigante** *adj* géant(e).
gigantesco, ca *adj* gigantesque.
gigantismo *nm* gigantisme *m*.
gigoló [ʝiɣo'lo] *nm* gigolo *m*.
Gijón *npr* Gijón.
gilipollada *nf tfam* connerie *f*.
gilipollas *adj inv & nm,f inv tfam* con, conne *f*.
gilipollez *nf tfam* connerie *f*.
gilipuertas *adj inv & nmf inv fam & euphém* crétin(e), débile.
gimnasia *nf* gymnastique *f* • **confundir la gimnasia con la magnesia** prendre des vessies pour des lanternes.
gimnasio *nm* gymnase *m*.
gimnasta *nmf* gymnaste *mf*.
gimotear *vi* pleurnicher.
gin = **ginebra**.
gincana, gymkhana [jin'kana] *nf* gymkhana *m*.
ginebra, gin ['ɟin] *nf* gin *m*.
Ginebra *npr* Genève.
ginecología *nf* gynécologie *f*.
ginecólogo, ga *nm,f* gynécologue *mf*.
giñar = **jiñar**.
gira *nf* tournée *f* • **estar de gira** être en tournée.
girar *vi* **1.** tourner • **girar en torno a ou alrededor de** *fig* tourner autour de **2.** COMM • **girar a sesenta días** payer à soixante jours. ❑ *vt* **1.** tourner ; faire tourner *(une toupie)* • **girar (el volante)** braquer **2.** virer *(de l'argent)* **3.** COMM tirer *(une lettre de change)*.
girasol *nm* tournesol *m*.
giratorio, ria *adj (mouvement)* giratoire ; *(meuble, chaise)* pivotant(e) ; *(plaque)* tournant(e) ; *(porte)* à tambour.
giro *nm* **1.** tour *m* **2.** tournure *f (d'une conversation, d'une affaire, d'une phrase)* **3.** COMM traite *f* ; COMM virement *m* • **giro postal** virement postal ; ≃ mandat *m*.
gitano, na *adj* **1.** gitan(e) **2.** *fam* roublard(e) • **¡si será gitano el tío este!** quel arnaqueur ce type ! ❑ *nm,f* Gitan *m*, -e *f*.
glacial *adj* glaciaire ; *(vent, accueil)* glacial(e).
glaciar *nm* glacier *m*. ❑ *adj* glaciaire.
gladiador *nm* gladiateur *m*.
gladiolo, gladíolo *nm* glaïeul *m*.
glamour, glamur *nm* glamour *m*.
glamouroso, sa, glamuroso, sa [glamu'roso] *adj fam* glamour *(inv)*.
glamur = **glamour**.
glándula *nf* glande *f*.
glasé *adj* glacé(e).
glicerina *nf* glycérine *f*.
global *adj* global(e).
globalización *nf* globalisation *f*.
globalizar [13] *vt* globaliser.

globalmente *adv* globalement.
globo *nm* **1.** globe *m* **2.** *(montgolfière, jouet)* ballon *m*.
glóbulo *nm* globule *m* • **glóbulo blanco/rojo** globule blanc/rouge.
gloria *nf* **1.** gloire *f* **2.** plaisir *m* • **es una gloria verte** c'est un plaisir de te voir ! **3.** *fig* • **saber a gloria** être exquis(e). ❑ *nm* gloria *m*.
glorieta *nf* **1.** rond-point *m* **2.** tonnelle *f*.
glorificar [10] *vt* glorifier. ■ **glorificarse** *vp* • **glorificarse de** se glorifier de.
glorioso, sa *adj* **1.** glorieux(euse) **2.** *RELIG* bienheureux(euse).
glosa *nf* glose *f*.
glosar *vt* gloser.
glosario *nm* glossaire *m*.
glotón, ona *adj & nm,f* glouton(onne).
glotonería *nf* gloutonnerie *f*.
glúcido *nm* glucide *m*.
glucosa *nf* glucose *m*.
gluten *nm* gluten *m*.
glúteo, tea *adj* fessier(ère). ■ **glúteo** *nm* fessier *m*.
GMT (abrév de Greenwich mean time) *nf* GMT *m*.
gnomo, nomo *nm* gnome *m*.
gobernable *adj* gouvernable.
gobernación *nf (direction)* gouvernement *m*.
gobernador, ra *adj* gouvernant(e). ❑ *nm,f* gouverneur *m*.
gobernanta *nf* gouvernante *f*.
gobernante *adj* gouvernant(e) ; *(parti, personne)* au pouvoir. ❑ *nmf* gouvernant *m*.
gobernanza *nf* gouvernance *f*.
gobernar [19] *vt* **1.** *(gén) NAUT* gouverner **2.** tenir *(une maison)* ; mener, gérer *(des affaires)*.
gobierno *nm* **1.** gouvernement *m* **2.** régime *m* • **gobierno parlamentario** régime parlementaire **3.** *(bâtiment)* • **gobierno civil** préfecture *f* **4.** *NAUT* gouverne *f*.
goce *v* → **gozar**. ❑ *nm* jouissance *f*, plaisir *m*.
gocho, cha *adj & nm,f fam* morfal.
godo, da *adj* des Goths. ❑ *nm,f* • **los godos** les Goths *mpl*.
gol *nm SPORT* but *m*.
golazo *nm fam SPORT* but *m* d'anthologie, but *m* extraordinaire.
goleada *nf* carton *m*.
goleador, ra *nm,f* buteur *m*, -euse *f*.
golear *vt* marquer de nombreux buts contre • **golear al equipo contrario** écraser l'adversaire.
golf *nm* golf *m*.
golfear *vi fam* glandouiller.
golfista *nmf* golfeur *m*, -euse *f*.
golfo, fa *adj & nm,f* voyou. ■ **golfo** *nm* golfe *m* • **el golfo de León** le golfe du Lion • **el golfo de Vizcaya** le golfe de Gascogne • **el golfo Pérsico** le golfe Persique.
golondrina *nf* **1.** hirondelle *f* **2.** *(bateau)* vedette *f*.
golondrino *nm* hirondeau *m*.
golosina *nf* friandise *f*.
goloso, sa *adj & nm,f* gourmand(e).
golpe *nm* **1.** coup *m* ; accrochage *m (entre deux voitures)* • **golpe bajo** *litt & fig* coup bas • **golpe franco** *SPORT* coup franc **2.** *fam (trait d'esprit)* • **¡tiene cada golpe! a)** *(personne)* il en sort de belles ! **b)** *(film)* il y a de ces gags ! **3.** *fam & fig* • **no dar ou pegar golpe** *fam* ne pas en ficher une rame. ■ **de golpe** *loc adv* **1.** d'un seul coup **2.** brusquement. ■ **de golpe y porrazo** *loc adv* sans crier gare. ■ **golpe de Estado** *nm* coup *m* d'État. ■ **golpe de suerte** *nm* coup *m* de chance. ■ **golpe de vista** *nm* coup *m* d'œil.
golpear *vt & vi* frapper. ■ **golpearse** *vp* se cogner • **se golpeó en la cabeza** il s'est cogné la tête.
golpetazo *nm* coup *m* violent.
golpista *adj & nmf* putschiste.
golpiza *nf* (AMÉR) volée *f*.
goma *nf* **1.** gomme *f* **2.** caoutchouc *m* • **goma espuma** Caoutchouc Mousse® *m* • **goma (elástica)** élastique *m* **3.** *fam* capote *f*. ■ **Goma-2** *nf* plastic *m*.
gomina *nf* gomina *f*.
góndola *nf* **1.** gondole *f* **2.** (AMÉR) autobus *m*.
gondolero *nm* gondolier *m*.
gong *nm* gong *m*.
googlear *vt* googliser, googler.
gordinflón, ona *fam adj* grassouillet(ette). ❑ *nm,f* gros bonhomme *m*, grosse bonne femme *f*.
gordo, da *adj* gros, grosse *f* • **me cae gordo** *fam* je ne peux pas le sentir. ❑ *nm,f* **1.** gros *m*, grosse *f* • **armar la gorda** *fam & fig* faire une scène **2.** (AMÉR) mon coco *m*, ma cocotte *f*. ■ **gordo** *nm* gros lot *m* • **tocarle a alguien el gordo** *fam & fig* toucher le gros lot.
gordura *nf* embonpoint *m*.
gore *adj inv* gore. ❑ *nm* • **el gore** le gore.
gorgorito *nm MUS* roulade *f*.
gorila *nm* **1.** *ZOOL* gorille *m* **2.** *fam (garde du corps)* gorille *m* ; *fam* videur *m (d'une discothèque)*.
gorjear *vi (oiseaux)* gazouiller.
gorra *nf* casquette *f* • **de gorra** *fam* à l'œil. ❑ *nm fam* parasite *m* ; *(pour manger)* pique-assiette *mf*.
gorrear *fam vt* taper. ❑ *vi* vivre en parasite.
gorrinada, gorrinería *nf* **1.** cochonnerie *f* **2.** vacherie *f*.
gorrino, na *nm,f* **1.** *(animal)* goret *m* **2.** *fig (personne)* cochon *m*, -onne *f*.
gorrión *nm* moineau *m*.
gorro *nm* bonnet *m* • **estar hasta el gorro (de)** *fig* en avoir par-dessus la tête (de).
gorrón, ona *fam adj* • **ser gorrón** être un parasite. ❑ *nm,f* parasite *m* ; *(pour manger)* pique-assiette *mf*.

gorronear *fam vt* taper • **gorronear cigarros** taper des cigarettes. ❑ *vi* vivre aux crochets des autres.
gospel ['gospel] *nm* gospel *m*.
gota *nf* **1.** *(gén) MÉD* goutte *f* • **es la gota que colma el vaso** c'est la goutte d'eau qui fait déborder le vase • **sudar la gota gorda a)** *fam* suer à grosses gouttes **b)** *fig* suer sang et eau **2.** souffle *m (d'air)* ; once *f (de bon sens)* ; • **no me queda ni gota de harina** il ne me reste pas un gramme de farine. ■ **gota a gota** *nm* goutte-à-goutte *m inv*. ■ **gota fría** *nf* orage *m* de chaleur.
gotear *vi* **1.** goutter **2.** *fig (bénéfices, revenus)* arriver au compte-gouttes. ❑ *v impers* tomber des gouttes.
gotera *nf* **1.** gouttière *f* **2.** fuite *f* **3.** tache *f* d'humidité.
gótico, ca *adj* gothique. ■ **gótico** *nm* gothique *m*.
gourmet [gur'met] (*pl* **gourmets**) *nmf* gourmet *m*.
goya *nm CINÉ prix décerné par l'Académie espagnole du cinéma, analogue aux césars*.
goyesco, ca *adj* de Goya.
gozada *nf fam* • **¡es una gozada!** c'est le pied !
gozar [13] *vi* **1.** éprouver du plaisir • **gozar con a)** se réjouir de **b)** se régaler avec *(un bon repas)* • **gozar de** jouir de **2.** jouir *(sexuellement)*.
gozne *nm* gond *m*.
gozo *nm* plaisir *m* • **ser motivo de gozo** être une occasion de réjouissance • **¡mi gozo en un pozo!** *fig* c'est bien ma chance !
gpo. (abrév de grupo) gpe.
GPS ['xe'pe'ese] (abrév de Global Positioning System) *nm* GPS *m*.
gr (abrév de gramo) g.
grabación *nf* enregistrement *m*.
grabado *nm* gravure *f*.
grabador, ra *nm,f* graveur *m*, -euse *f*. ■ **grabadora** *nf* magnétophone *m*.
grabadora *nf (de CDs)* graveur *m*.
grabar *vt* **1.** graver **2.** *(son) INFORM* enregistrer. ■ **grabarse** *vp* • **grabarse en** *(souvenirs)* se graver dans.
gracia *nf* **1.** grâce *f* • **no es guapo pero tiene gracia** il n'est pas beau mais il a du charme • **goza de la gracia del rey** il jouit de la faveur du roi **2.** drôlerie *f* • **déjate de gracias** assez plaisanté • **caer en gracia** plaire • **hacer gracia a alguien** faire rire qqn • **(no) tener gracia** (ne pas) être drôle • **tiene gracia** *iron* c'est drôle **3.** *(art)* goût *m* ; talent *m*. ■ **gracias** *nfpl* merci *m* • **dar las gracias** remercier • **gracias a** grâce à • **muchas gracias** merci beaucoup.
gracioso, sa *adj* drôle. ❑ *nm,f* **1.** comique *m* • **algún gracioso** un petit plaisantin **2.** *THÉÂTRE* bouffon *m*.
grada *nf* **1.** marche *f (pour monter ou descendre)* **2.** tribune *f* ; *THÉÂTRE* rangée *f*. ■ **gradas** *nfpl* gradins *mpl*.
gradación *nf* **1.** gradation *f* **2.** dégradé *m*.
gradería *nf* = **graderío**.
graderío *nm* tribune *f*.
grado *nm* **1.** *(gén) GRAMM & GÉOM* degré *m* **2.** *MIL & SCOL* grade *m* • **tener el grado de doctor** avoir le titre de docteur **3.** *SCOL* année *f* **4.** gré *m* • **de buen/mal grado** de bon/mauvais gré.
graduable *adj* réglable.
graduación *nf* **1.** graduation *f* ; titre *m (d'un vin, d'une liqueur, etc)* • **graduación de la vista** mesure *f* de l'acuité visuelle **2.** *(titre - MIL)* grade *m* ; *(- SCOL)* diplôme *m*.
graduado, da *adj* **1.** *(lunettes, thermomètre)* gradué(e) **2.** diplômé(e). ❑ *nm,f* diplômé *m*, -e *f*. ■ **graduado** *nm* diplôme *m* • **graduado escolar** certificat *m* d'études.
gradual *adj* graduel(elle).
gradualmente *adv* graduellement.
graduar [6] *vt* **1.** mesurer ; titrer *(un vin, une liqueur, etc)* **2.** régler **3.** échelonner *(un paiement)* ; graduer *(un thermomètre)* **4.** *MIL* promouvoir ; *SCOL* diplômer. ■ **graduarse** *vp* • **graduarse (en)** obtenir son diplôme (de) • **graduarse la vista** se faire vérifier la vue.
grafía *nf* graphie *f*.
gráfico, ca *adj* **1.** graphique **2.** *fig (expressif)* parlant(e). ■ **gráfico** *nm* graphique *m*. ■ **gráfica** *nf (graphique)* courbe *f*.
grafismo *nm* graphisme *m*.
grafista *nmf* graphiste *mf*.
grafitero, ra *nm,f* graffiteur *m*, -euse *f*.
grafiti *nm* graffiti *m*.
grafito *nm* graphite *m*.
grafología *nf* graphologie *f*.
grafólogo, ga *nm,f* graphologue *mf*.
gragea *nf* dragée *f*.
grajo *nm (corbeau)* freux *m*.
gral. (abrév de general) gal.
gramática *nf* → **gramático**.
gramatical *adj* grammatical(e).
gramático, ca *adj* grammatical(e). ❑ *nm,f* grammairien *m*, -enne *f*. ■ **gramática** *nf* grammaire *f*.
gramo *nm* gramme *m*.
gramófono *nm* gramophone *m*.
gramola *nf* phonographe *m*.
gran *adj* → **grande**.
granada *nf* grenade *f*.
Granada *npr* **1.** *(en Espagne)* Grenade **2.** *(aux Antilles)* (la) Grenade.
granadino, na *adj* grenadin(e). ❑ *nm,f* Grenadin *m*, -e *f*. ■ **granadina** *nf* **1.** grenadine *f* **2.** *chant flamenco de Grenade*.
granar *vi* grener.
granate *adj inv & nm* grenat.
Gran Bretaña *npr* Grande-Bretagne *f*.
grande *adj (devant un nom singulier :* **gran***)* grand(e) • **es grande que...** *fig & iron* c'est un peu fort que.... ❑ *nm (noble)* grand *m*. ■ **a lo grande** *loc adv* en grande pompe • **vivir a**

lo grande mener grand train. ■ **en grande** *loc adv* à grande échelle • **lo hemos pasado en grande** *fam* nous nous sommes amusés comme des fous.
grandeza *nf* **1.** grandeur *f* **2.** grandesse *f* • **toda la grandeza de España** tous les grands d'Espagne.
grandilocuente *adj* grandiloquent(e).
grandioso, sa *adj* grandiose.
grandullón, ona *adj* dégingandé(e). ❏ *nm,f péj* grande perche *f*.
granel ■ **a granel** *loc adv* **1.** en vrac ; *(pour un liquide)* au litre **2.** à foison.
granero *nm* grenier *m*.
granito *nm* granit *m*.
granizada *nf* **1.** grêle *f* **2.** *fig* pluie *f* • **una granizada de golpes** une volée de coups.
granizado *nm* CULIN granité *m*.
granizar [13] *v impers* grêler.
granizo *nm* grêle *f*.
granja *nf* ferme *f* • **granja de vacas** ferme d'élevage bovin.
granjearse *vp* s'attirer *(l'admiration, l'amitié)*.
granjero, ra *nm,f* fermier *m*, -ère *f*.
grano *nm* **1.** grain *m* **2.** ANAT bouton *m* • **ir al grano** *fig* en venir au fait, aller droit au but.
granuja *nmf* canaille *f* ; garnement *m*.
granulado, da *adj* granulé(e) • **el azúcar granulado** le sucre cristallisé. ■ **granulado** *nm* granulés *mpl*.
grapa *nf* agrafe *f*.
grapadora *nf* agrafeuse *f*.
grapar *vt* agrafer.
grasa *nf* → **graso**.
grasiento, ta *adj* graisseux(euse).
graso, sa *adj* gras, grasse *f*. ■ **grasa** *nf* graisse *f*.
gratamente *adv* **1.** agréablement **2.** avec plaisir.
gratén *nm* gratin *m* • **macarrones/patatas al gratén** gratin de macaroni/de pommes de terre.
gratificación *nf* gratification *f*.
gratificante *adj* gratifiant(e).
gratificar [10] *vt* récompenser.
gratinado, da *adj* gratiné(e).
gratinar *vt* gratiner.
gratis *adv* **1.** gratuitement **2.** sans peine.
gratitud *nf* gratitude *f*.
grato, ta *adj* agréable • **nos es grato comunicarle que...** nous avons le plaisir de vous informer que....
gratuidad *nf* gratuité *f*.
gratuito, ta *adj* gratuit(e).
grava *nf* gravier *m*.
gravamen (*pl* **gravámenes**) *nm* **1.** ÉCON taxe *f* ; ÉCON charge *f* **2.** *fig* obligation *f*.
gravar *vt* **1.** ÉCON grever ; ÉCON taxer **2.** *fig* aggraver.
grave *adj* **1.** grave **2.** GRAMM • **una palabra grave** un mot accentué sur l'avant-dernière syllabe.
gravedad *nf* gravité *f*.
gravemente *adv* gravement.
gravilla *nf* gravillon *m*.
gravitación *nf* **1.** PHYS gravitation *f* **2.** **(AMÉR)** influence *f*.
gravitacional *adj* PHYS gravitationnel(elle).
gravitar *vi* **1.** PHYS graviter **2.** *fig (sujet : menace, danger)* • **gravitar sobre** peser sur.
gravoso, sa *adj* **1.** onéreux(euse) **2.** pesant(e).
graznar *vi* croasser.
graznido *nm* **1.** *(corbeau)* croassement *m* **2.** *fig (personne)* cri *m* d'orfraie.
Grecia *npr* Grèce *f*.
grecolatino, na *adj* gréco-latin(e).
grecorromano, na *adj* gréco-romain(e).
gregario, ria *adj* grégaire • **ser gregario** *fig* avoir l'esprit grégaire.
gregoriano, na *adj* grégorien(enne).
gremial *adj* **1.** corporatif(ive) **2.** **(AMÉR)** syndical(e) • **un dirigente gremial** un dirigeant syndical. ❏ *nf* **(AMÉR)** syndicat *m*.
gremio *nm* **1.** corporation *f* **2.** *fam* camp *m* **3.** **(AMÉR)** syndicat *m*.
greña *nf (gén pl)* tignasse *f* • **andar a la greña** *fam & fig* se crêper le chignon.
gres *nm* grès *m*.
gresca *nf* **1.** chahut *m* **2.** bagarre *f*.
griego, ga *adj* grec, grecque *f*. ❏ *nm,f* Grec *m*, Grecque *f*. ■ **griego** *nm* grec *m*.
grieta *nf* fissure *f* ; ANAT gerçure *f*.
grifa *nf fam* marijuana *f*.
grifero, ra *nm,f* **(AMÉR)** pompiste *mf*.
grifo *nm* **1.** robinet *m* • **grifo monobloque** robinet monobloc **2.** **(AMÉR)** station-service *f*.
grill ['gril] (*pl* **grills**) *nm* gril *m*.
grillado, da *adj & nm,f fam* cinglé(e).
grillo *nm* grillon *m*.
grima *nf* • **dar grima a)** écœurer **b)** faire grincer les dents.
gringo, ga *péj adj* yankee. ❏ *nm,f* amerloque *mf*.
gripa *nf* **(AMÉR)** grippe *f*.
gripal *adj* grippal(e).
gripe *nf* grippe *f*.
griposo, sa *adj* grippé(e).
gris *adj* **1.** gris(e) **2.** *fig* morne • **sentirse gris** être morose. ❏ *nm* gris *m*.
grisear *vi* grisonner.
gritar *vi* crier. ❏ *vt* • **gritar a alguien a)** crier après qqn **b)** *(acteur, etc)* huer qqn.
griterío *nm* cris *mpl*.
grito *nm* cri *m* • **dar** ou **pegar un grito** pousser un cri.
gritón, ona *adj fam* braillard(e), gueulard(e).
Groenlandia *npr* Groenland *m*.

grogui *adj* groggy • **la noticia lo dejó grogui** *fam & fig* la nouvelle l'a scié.
grosella *nf* groseille *f.*
grosería *nf* grossièreté *f.*
grosero, ra *adj* grossier(ère). ❑ *nm,f* malotru *m*, -e *f.*
grosor *nm* épaisseur *f.*
grosso ■ **grosso modo** *loc adv* grosso modo.
grotesco, ca *adj* grotesque.
grúa *nf* **1.** grue *f* **2.** dépanneuse *f* • **grúa (municipal)** (camion de) la fourrière.
grueso, sa *adj* gros, grosse *f*; épais(aisse). ■ **grueso** *nm* épaisseur *f* • **el grueso de** le gros de.
grulla *nf* ZOOL grue *f.*
grumete *nm* mousse *m.*
grumo *nm* grumeau *m.*
grunge [gruntʃ] *adj* grunge.
gruñido *nm* grognement *m* • **soltar un gruñido a alguien** *fig* gronder qqn.
gruñir *vi* grogner ; *fam* râler.
gruñón, ona *fam adj* grognon. ❑ *nm,f* râleur *m*, -euse *f.*
grupa *nf* croupe *f.*
grupo *nm* groupe *m* • **grupo de empresas** groupement *m* d'entreprises • **grupo profesional** équipe *f.* ■ **grupo sanguíneo** *nm* groupe *m* sanguin.
grupúsculo *nm* groupuscule *m.*
gruta *nf* grotte *m.*
guaca, huaca *nf* (AMÉR) *sépulture précolombienne.*
guacal, huacal *nm* (AMÉR) **1.** calebasse *f* **2.** cage *f* **3.** cageot *m.*
guácala, guácatelas *interj* (AMÉR) *fam* berk !, beurk !
guacamayo *nm* ZOOL ara *m.*
guacamol, guacamole *nm* guacamole *m* *(purée d'avocat épicée typique du Mexique).*
guachada *nf* (AMÉR) *fam* vacherie *f.*
guache *nm* **1.** ART gouache *f* **2.** (AMÉR) *(canaill)* rustre *m.*
guachimán *nm* (AMÉR) gardien *m.*
guacho, cha, huacho, cha *nm,f* (AMÉR) *fam* *(enfant)* bâtard *m*, -e *f.*
guadal *nm* (AMÉR) marécage *m.*
Guadalquivir *npr* • **el Guadalquivir** le Guadalquivir.
guadaña *nf* faux *f.*
guagua *nf* (AMÉR) **1.** bus *m* **2.** bébé *m.*
guajiro, ra *nm,f* (AMÉR) *fam* paysan *m*, -anne *f.* ■ **guajira** *nf air populaire cubain.*
guajolote *nm* (AMÉR) **1.** dindon *m* **2.** *fig* âne *m.*
gualdo, da *adj* jaune d'or.
guampa *nf* (AMÉR) corne *f.*
guampudo, da *adj* (AMÉR) à cornes.
guanaco *nm (animal)* guanaco *m.*
guanajo *nm* (AMÉR) dindon *m.*
guano *nm* **1.** *(engrais)* guano *m* **2.** (AMÉR) *fam* fric *m.*
guantazo *nm fam* baffe *f.*
guante *nm* gant *m* • **echarle el guante a algo/a alguien** mettre le grappin sur qqch/qqn.
guantera *nf* boîte *f* à gants.
guaperas *nmf fam* beau gosse *m*, (nana) canon *m.*
guapetón, ona *fam adj (personne)* très mignon(onne). ❑ *nm,f* beau *m*, belle *f* gosse.
guapo, pa *adj (personne)* beau, belle *f*; *fam* *(chose)* super *inv*, génial(e). ❑ *nm,f* **1.** *(brave)* • **¿quién es el guapo que...?** qui a le courage de... ? **2.** vantard *m*, -e *f* • **se cree el guapo del pueblo** il se prend pour le coq du village.
guarache *nm* (AMÉR) *sandale de mauvaise qualité.*
guarangada *nf* (AMÉR) grossièreté *f.*
guaraní (*pl* guaranís *ou* guaraní) *adj* guarani. ❑ *nmf* Guarani *mf.* ❑ *nm (langue)* guarani *m.*
guarapo *nm* **1.** (AMÉR) *(jus)* vesou *m* **2.** (AMÉR) *(boisson alcoolisée) boisson fermentée à base de vesou* **3.** (AMÉR) *(café)* café *m* très léger.
guarapón *nm* (AMÉR) *chapeau à larges bords.*
guarda *nmf* gardien *m*, -enne *f* • **guarda de caza** garde-chasse *m* • **guarda jurado** agent *m* de sécurité privé. ❑ *nf* garde *f.*
guardabarrera *nmf* garde-barrière *mf.*
guardabarros *nm inv* garde-boue *m inv.*
guardabosque *nmf* garde *m* forestier.
guardacoches *nmf inv* gardien *m*, -enne *f* de parking.
guardacostas *nm inv* garde-côte *m.*
guardador, ra *nm,f* gardien *m*, -enne *f.*
guardaespaldas *nmf inv* garde *m* du corps.
guardameta *nmf* gardien *m* de but.
guardapolvo *nm* blouse *f.*
guardar *vt* **1.** garder • **guardar cama/silencio** garder le lit/le silence • **guardar la palabra** tenir parole • **guardar las formas** *fig* sauver les apparences • **guardar las leyes** observer les lois • **guardar (de)** protéger (de) **2.** ranger. ■ **guardarse** *vp* • **guardarse de** se garder de • **guardársela a alguien** *fig* garder à qqn un chien de sa chienne.
guardarropa *nmf* employé *m*, -e *f* de vestiaire. ❑ *nm* **1.** *(dans un lieu public)* vestiaire *m* ; *(chez un particulier)* penderie *f* **2.** garde-robe *f.*
guardarropía *nf* THÉÂTRE costumes *mpl* ; THÉÂTRE magasin *m* des accessoires.
guardería *nf (établissement)* crèche *f.*
guardia *nf* garde *f* • **estar de guardia** être de garde • **montar (la) guardia** monter la garde • **guardia montada** police *f* montée • **guardia municipal ou urbana** police *f* municipale • **la vieja guardia** la vieille garde. ❑ *nmf* agent *m* • **guardia de tráfico** agent de police. ■ **Guardia Civil** *nf* Garde *f* civile ; ≃ gendarmerie *f.*
guardián, ana *nm,f* gardien *m*, -enne *f* *(vigile).*

guarecer [30] *vt* • **guarecer (de)** abriter (de), protéger (de). ■ **guarecerse** *vp* • **guarecerse (de)** s'abriter (de).
guarida *nf* **1.** tanière *f* **2.** *fig* repaire *m*.
guarismo *nm* **1.** chiffre *m* **2.** nombre *m*.
guarnecer [30] *vt (gén)* CULIN • **guarnecer (con)** garnir (de).
guarnición *nf* **1.** *(gén)* CULIN garniture *f* **2.** MIL garnison *f*.
guarrada *nf fam* **1.** cochonnerie *f* **2.** tour *m* de cochon.
guarrería *nf fam* **1.** cochonnerie *f* **2.** *fig* crasse *f*.
guarro, rra *adj* dégoûtant(e). ❏ *nm, f* **1.** *(animal)* cochon *m*, truie *f* **2.** *fam (personne sale)* cochon *m*, -onne *f* ; *(personne corrompue)* pourriture *f*.
guarura *nm* (AMÉR) *fam (garde du corps)* gorille *m*.
guasa *nf fam* **1.** *(humour)* • **déjate de guasas** arrête de rigoler • **estar de guasa** être d'humeur à rigoler **2.** *(ennui)* • **¡ese tío tiene una guasa!** quel raseur ce type ! • **¡tiene guasa la cosa!** elle est forte, celle-là !
guasearse *vp fam* • **guasearse (de alguien)** mettre (qqn) en boîte.
guaso, sa, huaso, sa *adj & nm, f* (AMÉR) paysan(anne).
guasón, ona *adj & nm, f* blagueur *m*, -euse *f*.
Guatemala *npr* Guatemala *m*.
guatemalteco, ca *adj* guatémaltèque. ❏ *nm, f* Guatémaltèque *mf*.
guateque *nm* surprise-partie *f*, fête *f*.
guau *nm* ouah *m*.
guay *adj fam* super • **muy guay** génial(e).
guayabera *nf* (AMÉR) *veste en toile légère*.
guayabo, ba *nm, f* (AMÉR) *fam* beau gosse *m*, belle fille *f*. ■ **guayabo** *nm* goyavier *m*. ■ **guayaba** *nf* goyave *f*.
Guayana *npr* Guyane *f*.
guayín *nm* (AMÉR) camionnette *f*.
gubernamental *adj* gouvernemental(e).
gubernativo, va *adj* du gouvernement • **una orden gubernativa** ≃ un arrêté préfectoral.
guepardo *nm* guépard *m*.
güero, ra *adj* (AMÉR) *fam* blond(e).
guerra *nf* guerre *f* ; conflit *m (d'intérêts, d'idées, d'opinions)* • **declarar la guerra** déclarer la guerre • **guerra bacteriológica** guerre bactériologique • **guerra civil** guerre civile • **guerra fría** guerre froide • **guerra relámpago** guerre éclair • **dar guerra a alguien** *fam & fig* donner du fil à retordre à qqn • **¡mira que das guerra!** *fam* ce que tu es casse-pieds !

CULTURE

la guerra civil española

En 1936, une partie de l'armée espagnole stationnée au Maroc et dirigée par le général Franco se rebelle contre le gouvernement républicain : c'est le début de la guerre civile. Après des années d'affrontements particulièrement sanglants, les nationalistes, soutenus par l'Allemagne hitlérienne et l'Italie fasciste, remportent la victoire et installent Franco au pouvoir en 1939. Durant ces trois années de guerre, de nombreux artistes et intellectuels, tels que Federico García Lorca, furent assassinés. D'autres durent s'exiler, notamment en France et en Amérique latine, d'où ils dénoncèrent les horreurs de la guerre à travers leurs œuvres, comme Picasso dans **Guernica**. La dictature de Franco s'est achevée à sa mort, en 1975.

guerrear *vi* faire la guerre • **los dos pueblos guerrean** les deux peuples se font la guerre.
guerrero, ra *adj* guerrier(ère). ❏ *nm, f* guerrier *m*. ■ **guerrera** *nf* MIL vareuse *f*.
guerrilla *nf* groupe *m* de guérilleros ; guérilla *f*.
guerrillero, ra *nm, f* guérillero *m*.
gueto, ghetto ['geto] *nm* ghetto *m*.
güevón *nm* (AMÉR) *vulg* connard *m*.
guía *nmf (personne)* guide *mf* • **guía turístico** guide. ❏ *nf* **1.** *(livre)* guide *m* • **guía de ferrocarriles** indicateur *m* des chemins de fer • **guía telefónica** annuaire *m* (du téléphone) • **guía turística** guide touristique **2.** tringle *f* à glissière.
guiar [9] *vt* **1.** guider • **el profesor guió el estudio** le professeur a dirigé l'étude **2.** AUTO conduire **3.** tuteurer. ■ **guiarse** *vp* • **guiarse (de ou por)** se guider (sur).
guijarro *nm* caillou *m*.
guillado, da *adj fam* timbré(e).
guillotina *nf* **1.** guillotine *f* **2.** massicot *m*.
guillotinar *vt* **1.** guillotiner **2.** massicoter.
guinda *nf* griotte *f*.
guindilla *nf* piment *m* rouge.
Guinea *npr* Guinée *f*.
guiñapo *nm* loque *f*.
guiñar *vt* • **guiñar el ojo** faire un clin d'œil.
guiño *nm* clin *m* d'œil.
guiñol *nm* guignol *m*.
guión *nm* **1.** *(schéma)* plan *m* **2.** CINÉ & TV scénario *m* **3.** GRAMM trait *m* d'union.
guionista *nmf* scénariste *mf*.
Guipúzcoa *npr* Guipuscoa.
guipuzcoano, na *adj & nm, f* de Guipuscoa.
guiri *nmf fam & péj* métèque *m*.
guirigay *nm* **1.** *fam* brouhaha *m* **2.** charabia *m*.
guirlache *nm amandes grillées et caramélisées*.
guirnalda *nf* guirlande *f*.
guisa *nf* • **a guisa de** en guise de • **de esta guisa** de cette façon.
guisado *nm* ragoût *m*.
guisante *nm* **1.** *(plante)* pois *m* **2.** *(fruit)* petit pois *m*.
guisar *vt fig* cuisiner, mijoter. ❏ *vi* cuisiner.
guiso *nm* ragoût *m*.

güisqui, whisky *nm* whisky *m*.
guita *nf fam* pognon *m*.
guitarra *nf* guitare *f*.
guitarrista *nmf* guitariste *mf*.
gula *nf* gloutonnerie *f* • **con (tanta) gula** (si) goulûment.
gurí, isa *nm,f* (AMÉR) *fam* gamin *m*, -e *f*.
guripa *nm fam (policier)* poulet *m*.
guru, gurú *nm* gourou *m*.
gusa *nf fam* dalle *f* • **a estas horas me entra una gusa que no veas** à cette heure-ci j'ai vraiment la dalle.
gusanillo *nm fam* • **sentir un gusanillo en el estómago a)** *(avoir peur)* avoir les tripes nouées **b)** *(avoir faim)* avoir un petit creux • **tener el gusanillo de la conciencia** avoir quelque chose sur la conscience • **matar el gusanillo** manger un petit quelque chose.
gusano *nm* **1.** ver *m* **2.** *fig* moins-que-rien *mf*.

gustar

■ gustar *vi*

1. EN PARLANT D'UNE PERSONNE

• **me gusta esa chica** j'aime bien cette fille, cette fille me plaît

2. EN PARLANT D'UNE CHOSE

aimer • **me gusta el deporte** j'aime le sport • **a mi hermano le gustan mucho las motos** mon frère aime beaucoup les motos • **¿te gusta ir al cine?** est-ce que tu aimes aller au cinéma ?

■ gustar *vt*

• **gustó el guisado y lo encontró falto de sal** il a goûté le ragoût et a trouvé qu'il n'était pas assez salé

■ gustar de *v + prép*

aimer • **gusto de viajar** j'aime voyager

■ gustarse *vp*

se plaire • **Ana y Juan se gustan** Ana et Juan se plaisent

gustativo, va *adj* gustatif(ive).
gustazo *nm fam* • **darse el gustazo de** se payer le luxe de • **¡es un gustazo!** c'est le pied !
gustillo *nm* **1.** *(saveur)* arrière-goût *m* **2.** *(satisfaction)* • **le da gustillo ver trabajar a los demás** il prend un malin plaisir à voir les autres travailler.
gusto *nm* **1.** goût *m* • **tener buen/mal gusto** avoir bon/mauvais goût • **tomar gusto a algo** prendre goût à qqch **2.** plaisir *m* • **con mucho gusto** avec plaisir • **da gusto estar aquí** ça fait plaisir d'être ici • **mucho** ou **tanto gusto** enchanté(e). **■ a gusto** *loc adv* • **estar a gusto** être à son aise • **hacer algo a gusto a)** prendre plaisir à faire qqch **b)** être à son aise pour faire qqch.
gustosamente *adv* avec plaisir.
gustoso, sa *adj* savoureux(euse) • **hacer algo gustoso** faire qqch avec plaisir.
gutural *adj* guttural(e).
gymkhana = **gincana**.

H

h¹, H [atʃe] *nf* h *m inv*, H *m inv* • **por h o por b** *fig* pour une raison ou pour une autre.
h², h. (abrév de **hora**) h • **a las 16 h** à 16 h.
ha *v* → **haber**. ❑ *v* (abrév de **hectárea**) ha.
hab., hab (abrév de **habitante**) hab *ou* hab. • **hab./km2** hab/km2.
haba *nf* fève *f*.
habano, na *adj* havanais(e). **■ habano** *nm* havane *m*.
haber *nm* • **tiene varios millones en su haber a)** il a plusieurs millions à son crédit • **tiene numerosos premios en su haber** il a plusieurs prix à son actif. **■ haberes** *nmpl* **1.** *(possessions)* biens • **le incautaron todos sus haberes** on lui a saisi tous ses biens **2.** *(rémunération)* appointements • **la cuenta en la que recibe sus haberes** le compte sur lequel il reçoit ses appointements.

haber

■ haber [4] *v aux*

1. AVEC UN VERBE TRANSITIF, POUR FORMER LES TEMPS COMPOSÉS

avoir • **lo he hecho** je l'ai fait • **ya se lo había dicho** je le lui avais déja dit • **los niños ya han comido** les enfants ont déjà mangé • **esta canción todavía no la he oído nunca** je n'ai encore jamais entendu cette chanson

2. AVEC UN VERBE DE MOUVEMENT OU D'ÉTAT, POUR FORMER LES TEMPS COMPOSÉS

être • **ha salido** il est sorti • **nos hemos quedado en casa** nous sommes restés à la maison

3. AVEC UN VERBE PRONOMINAL, POUR FORMER LES TEMPS COMPOSÉS

être • **niños, ¿os habéis lavado?** les garçons, vous vous êtes lavés ?

4. Y AVOIR, EXISTER

avoir • **hay mucha gente en la calle** il y a beaucoup de monde dans la rue • **en la manifestación había dos mil personas** il y avait deux mille personnes à la manif • **hubo muchos problemas** il y a eu beaucoup de problèmes • **¿quién habrá en la fiesta?** qui sera là à la fête ?

5. EXPRIME UN REPROCHE
• **haber venido a la reunión** tu n'avais qu'à venir à la réunion
6. DANS DES EXPRESSIONS
• **¿qué hay?** *fam* ça va ? • **no hay de qué** il n'y a pas de quoi • **¡hay que ver qué malo es!** qu'est-ce qu'il est méchant ! • **¡hay que ver cómo lo trata!** il faut voir comment il le traite ! • **como hay pocos** comme il y en a peu

■ **haber** [4] *vt*
se produire • **los accidentes habidos este verano** les accidents qui se sont produits cet été

■ **haber de** *v + prép*
1. EXPRIME UNE OBLIGATION
devoir • **has de trabajar más** tu dois travailler davantage
2. EXPRIME UNE HYPOTHÈSE
devoir • **ha de ser su hermano** ce doit être son frère • **han de ser las tres** il doit être trois heures

■ **haber que** *v + conj*
EXPRIME UNE OBLIGATION
falloir • **habrá que encontrar una solución** il faudra trouver une solution

■ **haberse** *vp*
devoir • **para esto tendrás que habértelas con el director** pour cela, tu devras avoir affaire au directeur

habichuela *nf* haricot *m*.
hábil *adj* **1.** habile **2.** *DR* • **hábil para** apte à • **días hábiles** jours ouvrables • **en tiempo hábil** dans le délai requis.
habilidad *nf* **1.** habileté *f* **2.** don *m* • **tener habilidad para algo** être doué(e) pour qqch.
habilidoso, sa *adj* habile.
habilitado, da *adj DR* habilité(e).
habilitar *vt* **1.** aménager **2.** *DR* habiliter.
habiloso, sa *adj* **(AMÉR)** intelligent(e).
habitable *adj* habitable.
habitación *nf* **1.** pièce *f* **2.** chambre *f* • **habitación doble/simple** chambre double/individuelle.
habitacional *adj* **(AMÉR)** • **un complejo habitacional** un lotissement.
habitáculo *nm* réduit *m* ; habitacle *m (d'une voiture)*.
habitante *nm* habitant *m*, -e *f*.
habitar *vt & vi* habiter.
hábitat (*pl* **hábitats**) *nm* habitat *m*.
hábito *nm* **1.** habitude *f* **2.** habit *m*.
habitual *adj* habituel(elle) ; *(client, lecteur)* fidèle.
habituar [6] *vt* • **habituar a alguien a** habituer qqn à. ■ **habituarse** *vp* • **habituarse a a)** s'habituer à **b)** s'accoutumer à *(la drogue, etc)*.
habla *nf (el)* **1.** langue *f* **2.** parole *f* • **quedarse sin habla** rester sans voix **3.** *LING* parler *m*. ■ **al habla** *loc adv* • **estar al habla con alguien** être en communication avec qqn.
hablado, da *adj* • **bien hablado** poli(e) • **mal hablado** grossier(ère).
hablador, ra *adj & nm, f* bavard(e).
habladurías *nfpl* cancans *mpl*, commérages *mpl*.
hablante *adj* parlant(e). ❑ *nmf* locuteur *m*, -trice *f*.
hablar *vi* • **hablar (con)** parler (à ou avec) • **hablar bien/mal de alguien** dire du bien/du mal de qqn • **hablar de tú/de usted a alguien** tutoyer/vouvoyer qqn • **hablar en voz alta/baja** parler à voix haute/basse • **¡ni hablar!** pas question ! ❑ *vt* **1.** parler *(une langue)* **2.** *(sujet)* • **hablar algo con alguien** discuter de qqch avec qqn. ■ **hablarse** *vp* se parler • **no hablarse con alguien** ne pas se parler • **hace un año que no se hablan** ils ne se parlent plus depuis un an.
habrá *(etc)* → **haber**.
hacendado, da *nm, f* propriétaire *m* terrien.
hacendoso, sa *adj* actif(ive), travailleur(euse) • **es una mujer muy hacendosa** c'est une parfaite ménagère.

hacer

■ **hacer** [60] *vt*
1. FABRIQUER, FAIRE
faire • **hacer un vestido/un pastel** faire une robe/un gâteau • **hacer una fotocopia** faire une photocopie
2. ACCOMPLIR UN GESTE, UNE ACTION
faire • **le hice señas** je lui ai fait des signes • **hacer planes** faire des projets
3. SOUMETTRE QQCH À UNE ACTION PARTICULIÈRE
faire • **voy a hacer teñir este traje** je vais faire teindre cette robe • **he hecho la cama** j'ai fait le lit
4. SE LIVRER À UNE OCCUPATION
faire • **hacer un crucigrama** faire des mots croisés • **debes hacer deporte** tu dois faire du sport
5. PRODUIRE, ÊTRE À L'ORIGINE DE
faire • **el árbol hace sombra** l'arbre fait de l'ombre • **no hagas ruido** ne fais pas de bruit
6. JOUER LE RÔLE DE
• **deja de hacer el tonto** arrête de faire l'idiot • **hace el papel de detective** il joue le rôle d'un privé
7. PROVOQUER UN ÉTAT
• **me hizo daño/reír** il m'a fait mal/rire • **te hará feliz** il te rendra heureuse
8. TRANSFORMER QQN EN QQCH
faire • **hizo de ella una buena cantante** il a fait d'elle une bonne chanteuse

9. DONNER UNE CERTAINE IMPRESSION
• **este espejo te hace gordo** cette glace te grossit • **este peinado la hace más joven** cette coiffure la rajeunit
10. IMAGINER, PENSER
• **yo te hacía en París** je te croyais à Paris

■ **hacer** [60] *vi*
1. AGIR
faire • **déjame hacer a mí** laisse-moi faire
2. DANS DES EXPRESSIONS
• **¿hace?** *fam* d'accord ? • **vamos al cine, ¿te hace?** *fam* on va au cinéma, ça te dit ?

■ **hacer** [60] *v impers*
1. POUR INDIQUER LA TEMPÉRATURE, LE TEMPS QU'IL FAIT
faire • **hace frío** il fait froid • **hace buen tiempo** il fait beau
2. POUR INDIQUER UN POINT DE DÉPART DANS LE TEMPS
• **hace una semana** il y a une semaine • **hace mucho** il y a longtemps • **mañana hará un mes que estoy aquí** demain ça fera un mois que je suis ici

■ **hacer como si ou como que** *v + conj*
• **hace como si no nos viera** il fait comme s'il ne nous voyait pas • **hace como que no entiende** il fait semblant de ne pas comprendre

■ **hacer de** *v + prép*
1. SERVIR DE
• **un sofá que también hace de cama** un canapé qui fait aussi office de lit
2. JOUER LE RÔLE DE
• **en su última película hace de vampiro** dans son dernier film, il joue le rôle d'un vampire

■ **hacerse** *vp*
1. PASSER D'UN ÉTAT À UN AUTRE, VOLONTAIREMENT OU INVOLONTAIREMENT
• **se hizo monja** elle est devenue bonne sœur • **se hizo rico** il est devenu riche • **hacerse viejo** se faire vieux
2. JOUER LE RÔLE DE
• **se hace el gracioso** il fait le malin • **se hace la atrevida** elle joue les courageuses • **se hace el distraído para no saludar** il fait celui qui ne nous a pas vus pour ne pas nous dire bonjour
3. CUIRE
• **deja el asado en el horno que se vaya haciendo** laisse le rôti dans le four pour qu'il cuise
4. SUIVI DE L'INFINITIF, ÉQUIVAUT À UNE FORME PASSIVE
• **le gusta hacerse (de) rogar** elle aime se faire prier
5. INTRODUIT UNE OPINION
• **se me hace que nos ha mentido** je crois qu'il nous a menti
6. DANS DES EXPRESSIONS
• **se está haciendo tarde** il se fait tard • **no te hagas ilusiones** ne te fais pas d'illusions

■ **hacerse a** *vp + prép*
S'HABITUER À
se faire à • **no me hago a esta casa** je ne me fais pas à cette maison

■ **hacerse con** *vp + prép*
1. S'APPROPRIER
• **se hicieron con todo el dinero** ils se sont emparés de tout l'argent • **los rebeldes se han hecho con el poder** les rebelles ont pris le pouvoir
2. SE PROCURER
• **habrá que hacerse con víveres para la expedición** il faudra se procurer des vivres pour l'expédition

hacha *nf (el)* hache *f* • **ser un hacha** *fam & fig* être un as.
hachís, haschich [xa'ʃis], **hash** [xaʃ] *nm* haschisch *m*.
hacia *prép* vers • **hacia abajo/arriba** vers le bas/le haut • **hacia aquí/allí** par ici/là • **hacia atrás/adelante** en arrière/avant • **hacia las diez** vers dix heures.
hacienda *nf* **1.** exploitation *f* agricole **2.** fortune *f*. ■ **Hacienda** *nf* • **la Hacienda Pública** les Finances.
hacinamiento *nm* entassement *m*.
hacinar *vt* entasser. ■ **hacinarse** *vp* s'entasser.
hackear [xake'ar] *vi* faire du piratage informatique.
hacker ['xaker] *nmf* hacker *m*, pirate *m* informatique.
hada *nf (el)* fée *f*.
hado *nm* destin *m*.
haga *(etc)* → **hacer**.
Haití *npr* Haïti.
hala *interj* • **¡hala! a)** *(pour encourager)* allez ! **b)** *(pour exprimer la surprise)* hou là!, ça alors !
halagador, ra *adj & nm, f* flatteur(euse).
halagar [16] *vt* flatter.
halago *nm* flatterie *f*.
halagüeño, ña *adj (nouvelle, perspective)* encourageant(e).
halal *adj* halal.
halcón *nm* faucon *m*.
hale *interj* • **¡hale!** allez !
hálito *nm litt & fig* souffle *m*.
hall ['xol] *(pl* **halls***) nm* hall *m*.
hallar *vt* trouver. ■ **hallarse** *vp* se trouver • **se halla enfermo/en reunión** il est malade/en réunion.
hallazgo *nm* trouvaille *f*; découverte *f*.
halo *nm* **1.** halo *m* **2.** auréole *f* **3.** *fig* auréole *f*, aura *f*.
halógeno, na *adj* halogène.
halterofilia *nf* haltérophilie *f*.

hamaca *nf* **1.** hamac *m* **2.** chaise *f* longue.
hambre *nf* faim *f* • **tener hambre** avoir faim • **matar el hambre** calmer sa faim.
hambriento, ta *adj* affamé(e).
hambruna *nf* famine *f*.
hamburguesa *nf* hamburger *m*.
hamburguesería *nf* fast-food *m*.
hampa *nf* • **el hampa** *(la pègre)* le milieu.
hámster ['xamster] (*pl* **hámsters**) *nm* hamster *m*.
hándicap ['xandikap] (*pl* **hándicaps**) *nm* handicap *m*.
hangar *nm* hangar *m*.
hará *(etc)* → **hacer**.
harapiento, ta *adj* en haillons.
harapo *nm* haillon *m*.
hardware ['xar'wer] *nm* hardware *m*, matériel *m*.
harén *nm* harem *m*.
harina *nf* farine *f*.
harinoso, sa *adj* farineux(euse).
harmonía = **armonía**.
hartar *vt* **1.** gaver **2.** *fam* fatiguer. ■ **hartarse** *vp* **1.** se gaver **2.** *fam* en avoir marre **3.** *(exagérer)* • **hartarse de hacer algo** faire qqch du matin au soir.
hartazgo *nm* indigestion *f* • **darse un hartazgo (de)** avoir une indigestion (de).
harto, ta *adj* **1.** repu(e) **2.** *fam* fatigué(e) • **estar harto de** en avoir marre de. ■ **harto** *adv* on ne peut plus • **es harto evidente** c'est on ne peut plus évident.
hartón *nm* indigestion *f* • **darse un hartón de llorar** pleurer toutes les larmes de son corps.
haschich = **hachís**.
hash = **hachís**.
hashtag (*pl* **hashtags**) *nm* hashtag *m*, mot-dièse *m* • **seguir el hashtag #elecciones en Twitter®** suivre le hashtag #élections sur Twitter®.
hasta *prép* jusqu'à • **desde aquí hasta allí** d'ici jusque-là • **hasta ahora** à tout de suite • **hasta la vista** au revoir • **hasta luego a)** à tout à l'heure, à plus tard **b)** au revoir • **hasta mañana** à demain • **hasta otra** à la prochaine • **hasta pronto** à bientôt. ❑ *adv* même. ■ **hasta que** *loc conj* jusqu'à ce que.
hastiar [9] *vt* lasser, excéder. ■ **hastiarse** *vp* • **hastiarse de** se lasser de.
hastío *nm* lassitude *f* ; dégoût *m (pour la nourriture)*.
hatajo *nm* • **hatajo (de)** ramassis *m* (de).
hatillo *nm* balluchon *m*.
haya *v* → **haber**. ❑ *nf* hêtre *m*.
haz *v* → **hacer**. ❑ *nm* faisceau *m* ; gerbe *f (de céréales, de fleurs)* ; fagot *m (de bois)* ; botte *f (de paille, de foin)* • **haz de rayos luminosos** faisceau lumineux.
hazaña *nf* exploit *m*.
hazmerreír *nm* risée *f*.
HB (abrév de Herri Batasuna) *nf parti indépendantiste basque*.
Hda. (abrév de hacienda) finance *f*.
he → **haber**.
heavy *adj* **1.** *MUS* heavy *m inv* **2.** *tfam (dur)* hard. ❑ *nm MUS* heavy *m inv* • **heavy metal** heavy metal *m*.
hebdomadario, ria *sout adj* hebdomadaire. ■ **hebdomadario** *nm* hebdomadaire *m*.
hebilla *nf* boucle *f (de ceinture, de chaussure)*.
hebra *nf* **1.** brin *m (de fil, de tabac)* • **de hebra** *(tabac)* à rouler **2.** fil *m (des légumes)*.
hebraico, ca *adj* hébraïque.
hebreo, a *adj* hébreu, hébraïque *f*. ❑ *nm, f* • **los hebreos** les Hébreux. ■ **hebreo** *nm* hébreu *m*.
hechicería *nf* sorcellerie *f*.
hechicero, ra *adj* ensorcelant(e), envoûtant(e). ❑ *nm, f* sorcier *m*, -ère *f*.
hechizar [13] *vt litt & fig* envoûter.
hechizo *nm litt & fig* envoûtement *m*.
hecho, cha *adj* **1.** fait(e) • **es un trabajo mal hecho** c'est un travail mal fait • **está muy bien hecha** *fam* elle est très bien faite • **está hecho todo un padrazo** c'est le père idéal • **ya es un hombre hecho y derecho** il est devenu un homme **2.** cuit(e) • **el pastel está muy hecho** le gâteau est trop cuit • **un filete bien/muy/poco hecho** un steak à point/bien cuit/saignant. ■ **hecho** *pp* → **hacer**. ❑ *nm* fait *m* • **hecho diferencial** trait *m* distinctif. ❑ *interj* • **¡hecho!** d'accord ! ■ **de hecho** *loc adv* de fait.
hechura *nf (forme)* façon *f*.
hectárea *nf* hectare *m*.
hectolitro *nm* hectolitre *m*.
heder [20] *vi* empester.
hediondo, da *adj* puant(e).
hedonismo *nm* hédonisme *m*.
hedor *nm* puanteur *f*.
hegemonía *nf* hégémonie *f*.
hegemónico, ca *adj* hégémonique.
hégira, héjira *nf* hégire *f*.
helada *nf* → **helado**.
heladería *nf* • **lo compré en la heladería** je l'ai acheté chez le marchand de glaces.
heladero, ra *nm, f* glacier *m* ; *(ambulant)* marchand *m*, -e *f* de glaces.
helado, da *adj* **1.** gelé(e) ; *(dessert)* glacé(e) **2.** *fig (stupéfait)* • **quedarse helado** avoir un choc. ■ **helado** *nm* glace *f*. ■ **helada** *nf* gelée *f*.
helar [19] *vt* **1.** geler **2.** *fig (laisser sans voix)* glacer. ❑ *v impers* geler • **ayer por la noche heló** il a gelé cette nuit. ■ **helarse** *vp* geler • **se han helado las plantas** les plantes ont gelé • **¡me estoy helando!** je gèle !
helecho *nm* fougère *f*.
helénico, ca *adj* hellénique.
hélice *nf* hélice *f*.
helicóptero *nm* hélicoptère *m*.
helio *nm* hélium *m*.
helipuerto *nm* héliport *m*.
helvético, ca *adj* helvétique. ❑ *nm, f* Helvète *mf*.

hematoma *nm* hématome *m*.
hembra *nf* **1.** *(animal)* femelle *f* **2.** *(personne)* femme *f*; fille *f* **3.** ÉLECTR prise *f* femelle.
hemeroteca *nf* bibliothèque *f* de périodiques.
hemiciclo *nm* hémicycle *m*.
hemipléjico, ca *adj & nm,f* hémiplégique.
hemisférico, ca *adj* hémisphérique.
hemisferio *nm* hémisphère *m*.
hemodiálisis *nf inv* hémodialyse *f*.
hemofilia *nf* hémophilie *f*.
hemofílico, ca *adj & nm,f* hémophile.
hemoglobina *nf* hémoglobine *f*.
hemorragia *nf* hémorragie *f* • **hemorragia nasal** saignement *m* de nez.
hemorroides *nfpl* hémorroïdes *fpl*.
henchir [26] *vt* remplir • **henchir los pulmones de aire** remplir ses poumons d'air. ■ **henchirse** *vp* **1.** se gaver **2.** *fig* • **henchirse de** *(sentiments)* être rempli de.
hender [20] = **hendir**.
hendido, da *adj* fendu(e).
hendidura *nf* fente *f*.
hendir [27], **hender** *vt* fendre.
heno *nm* foin *m*.
hepatitis *nf inv* hépatite *f*.
heptágono *nm* heptagone *m*.
heráldico, ca *adj* héraldique. ■ **heráldica** *nf* héraldique *f*.
herbario *nm* herbier *m*.
herbicida *nm* désherbant *m*.
herbívoro, ra *adj* herbivore. ❑ *nm,f* herbivore *m*.
herbolario, ria *nm,f* herboriste *mf*. ■ **herbolario** *nm* herboristerie *f*.
herboristería *nf* herboristerie *f*.
hercio ['erθjo] *nm* hertz *m*.
heredar *vt* hériter • **heredó un piso** il a hérité d'un appartement • **heredó una casa de su padre** il a hérité une maison de son père • **ha heredado la nariz de su madre** il a hérité du nez de sa mère.
heredero, ra *adj* • **el príncipe heredero** le prince héritier. ❑ *nm,f* héritier *m*, -ère *f*.
hereditario, ria *adj* héréditaire.
hereje *nm,f* **1.** hérétique *mf* **2.** *fig* blasphémateur *m*, -trice *f*.
herejía *nf* hérésie *f*.
herencia *nf* héritage *m*.
herético, ca *adj* hérétique.
herido, da *adj & nm,f* blessé(e). ■ **herida** *nf litt & fig* blessure *f*.
herir [27] *vt litt & fig* blesser.
hermafrodita *adj & nmf* hermaphrodite.
hermanado, da *adj (personnes)* proche ; *(villes)* jumelé(e).
hermanamiento *nm* **1.** *(gén)* union *f* **2.** *(de villes)* jumelage *m*.
hermanar *vt* **1.** conjuguer *(ses efforts)* **2.** rapprocher *(deux personnes)* **3.** jumeler *(deux villes)*. ■ **hermanarse** *vp* **1.** *(villes)* être jumelé(e) **2.** *(idées, tendances, etc)* s'associer.
hermanastro, tra *nm,f* demi-frère *m*, demi-sœur *f*.
hermandad *nf* **1.** *(association)* amicale *f*; *(RELIG -d'hommes)* confrérie *f*; *(-de femmes)* communauté *f* **2.** fraternité *f*.
hermano, na *adj* frère, sœur *f*. ❑ *nm,f* frère *m*, sœur *f*.
hermético, ca *adj litt & fig* hermétique.
hermoso, sa *adj* beau, belle *f*.
hermosura *nf* beauté *f*.
hernia *nf* hernie *f*.
herniarse [8] *vp* **1.** développer une hernie **2.** *fam (faire des efforts)* • **se hernia a trabajar** il se tue au travail.
héroe *nm* héros *m*.
heroico, ca *adj* héroïque.
heroína *nf* héroïne *f*.
heroinómano, na *nm,f* héroïnomane *mf*.
heroísmo *nm* héroïsme *m*.
herpes *nm* herpès *m*.
herradura *nf* fer *m* à cheval.
herramienta *nf* outil *m*.
herrería *nf* **1.** forge *f* • **en la herrería** chez le forgeron **2.** forgeage *m*.
herrero *nm* forgeron *m*.
herrumbrarse *vp* se rouiller.
herrumbre *nf* rouille *f*.
hertz = **hercio**.
hervidero *nm* **1.** *(de sentiments)* bouillonnement *m* • **un hervidero de intrigas** un foyer d'intrigues **2.** *(de gens)* fourmilière *f*.
hervidor *nm* bouilloire *f*.
hervir [27] *vt* faire bouillir. ❑ *vi* bouillir.
hervor *nm* ébullition *f* • **dar un hervor a algo** CULIN blanchir qqch.
hetero (abrév de **heterosexual**) *adj inv fam* hétéro.
heteróclito, ta *adj* hétéroclite.
heterodoxo *adj & nmf* hétérodoxe.
heterogeneidad *nf* hétérogénéité *f*.
heterogéneo, a *adj* hétérogène.
heterosexual *adj & nmf* hétérosexuel(elle).
hexágono *nm* hexagone *m*.
hez *nf litt & fig* lie *f*. ■ **heces** *nfpl* selles *fpl*.
hiato *nm* hiatus *m*.
hibernación *nf* hibernation *f*.
hibernal *adj* hivernal(e).
hibernar *vi* hiberner.
hibridación *nf* hibridation *f*.
híbrido, da *adj* hybride. ■ **híbrido** *nm* hybride *m*.
hice *(etc)* → **hacer**.
hidalgo, ga *adj* noble. ❑ *nm,f* hidalgo *m*.
hidratación *nf* hydratation *f*.

hidratante *adj* hydratant(e). ❑ *nm* hydratant *m.*
hidratar *vt* hydrater.
hidrato *nm* hydrate *m.*
hidráulico, ca *adj* hydraulique.
hidroavión *nm* hydravion *m.*
hidrocarburo *nm* hydrocarbure *m.*
hidroeléctrico, ca *adj* hydroélectrique.
hidrofobia *nf* hydrophobie *f*; *MÉD* rage *f.*
hidrófugo, ga *adj* hydrofuge.
hidrógeno *nm* hydrogène *m.*
hidrografía *nf* hydrographie *f.*
hidrográfico, ca *adj* hydrographique.
hidrólisis *nf inv CHIM* hydrolyse *f.*
hidrología *nf* **1.** hydrologie *f* **2.** hydrographie *f.*
hidromasaje *nm* hydromassage *m.*
hidrometría *nf* hydrométrie *f.*
hidroplano *nm* **1.** hydroglisseur *m* **2.** hydravion *m.*
hidrostático, ca *adj* hydrostatique.
hidroterapia *nf* hydrothérapie *f.*
hiedra, yedra *nf* lierre *m.*
hiel *nf* fiel *m.*
hielo *nm* glace *f*; verglas *m (sur la route)* • **romper el hielo** *fig* rompre la glace.
hiena *nf* hyène *f.*
hierático, ca *adj* hiératique.
hierba, yerba *nf* herbe *f* • **este tipo es mala hierba** ce type c'est de la mauvaise graine • **mala hierba nunca muere** mauvaise herbe croît toujours.
hierbabuena *nf* menthe *f.*
hierro *nm* **1.** fer *m* • **de hierro** *(santé, volonté, etc)* de fer • **hierro forjado** fer forgé **2.** lame *f (d'un poignard, d'un couteau).*
HI-FI (abrév de **high fidelity**) *nf* hi-fi *f.*
hígado *nm* foie *m.*
higiene *nf* hygiène *f.*
higiénico, ca *adj* hygiénique.
higienista *nmf* hygiéniste *mf.*
higienizar [13] *vt* désinfecter.
higo *nm* figue *f* • **higo chumbo** figue de Barbarie.
higuera *nf* figuier *m.*
hijab [i'xaβ] *nm* hijab *m.*
hijastro, tra *nm,f (enfants d'un premier mariage)* beau-fils *m*, belle-fille *f.*
hijo, ja *nm,f* **1.** fils *m*, fille *f* • **hijo de papá** *fam* fils à papa **2.** enfant *mf (d'une terre, d'un pays)* **3.** *(vocatif)* • **¡ay, hija, qué mala suerte!** ma pauvre, c'est vraiment pas de chance ! • **¡pues hijo, podrías haber avisado!** dis donc, tu aurais pu prévenir ! • **hijo mío** mon fils • **¡hijo mío, qué tonto eres!** qu'est-ce que tu es bête mon pauvre ! ■ **hijo** *nm* enfant *m* • **tiene dos hijos** elle a deux enfants. ■ **hijo político** *nm* gendre *m.* ■ **hija política** *nf (bru)* belle-fille *f.*
híjole *interj* **(AMÉR)** *fam* • **¡híjole!** ça alors !
hilacha *nf* fil *m (qui dépasse).*
hilada *nf* rangée *f.*
hilar *vt* filer.
hilarante *adj* hilarant(e).
hilaridad *nf* hilarité *f.*
hilatura *nf* filature *f.*
hilera *nf* rangée *f.*
hilo *nm* **1.** fil *m* **2.** filet *m (d'eau, de sang, etc)* • **hilo de voz** filet de voix **3.** *fig* • **colgar ou pender de un hilo** ne tenir qu'à un fil • **mover los hilos** tirer les ficelles • **perder/seguir el hilo** perdre/suivre le fil. ■ **hilo musical** *nm* fond *m* musical.
hilván *nm* faufil *m.*
hilvanar *vt* **1.** faufiler, bâtir **2.** *fig* relier *(deux idées)* **3.** *fig* improviser *(un discours).*
himen *nm* hymen *m.*
himno *nm* hymne *m.*
hincapié *nm* • **hacer hincapié en** mettre l'accent sur.
hincar [10] *vt* planter.
hincha *v* → **henchir.** ❑ *nmf SPORT* supporter *m.* ❑ *nf* haine *f* • **tenerle hincha a alguien** avoir une dent contre qqn.
hinchable *adj* gonflable.
hinchabolas, hinchapelotas *vulg adj inv* **(AMÉR)** casse-couilles. ❑ *nmf inv* • **es un hinchabolas** il est casse-couilles.
hinchado, da *adj* **1.** gonflé(e) **2.** enflé(e) • **hinchado de orgullo** bouffi d'orgueil.
hinchar *vt* **1.** gonfler **2.** *(exagérer)* grossir. ■ **hincharse** *vp* **1.** enfler **2.** *fig (personne)* • **hincharse de orgullo** se gonfler d'orgueil **3.** se gaver *(à un repas)*; se tuer *(au travail).*
hinchazón *nf* enflure *f.*
hindú (*pl* **hindúes** *ou* **hindús**) *adj* **1.** indien(enne) **2.** *RELIG* hindou(e). ❑ *nmf* **1.** Indien *m*, -enne *f* **2.** *RELIG* hindou *m*, -e *f.*
hinduismo *nm RELIG* hindouisme *m.*
hinduista *adj & nmf RELIG* hindouiste.
hinojo *nm* fenouil *m.*
hipar *vi* hoqueter.
híper *nm fam* hyper *m.*
hiperactividad *nf* hyperactivité *f.*
hiperactivo, va *adj* hyperactif(ive).
hipérbaton (*pl* **hipérbatos** *ou* **hiperbatones**) *nm* hyperbate *f.*
hipérbola *nf* hyperbole *f.*
hipérbole *nf LITTÉR* hyperbole *f.*
hipercalórico, ca *adj* hypercalorique.
hiperenlace *nm INFORM* hyperlien *m.*
hiperglucemia *nf* hyperglycémie *f.*
hipermercado *nm* hypermarché *m.*
hipermetropía *nf* hypermétropie *f.*
hiperrealismo *nm* hyperréalisme *m.*
hipersensible *adj* hypersensible.
hipersónico, ca *adj* hypersonique.
hipertensión *nf* hypertension *f.*
hipertexto *nm INFORM* hypertexte *m.*
hipertextual *adj INFORM* hypertexte.

hipertrofia *nf* hypertrophie *f*.
hiperventilación *nf MÉD* hyperventilation *f*.
hipervínculo *nm INFORM* lien *m* hypertexte.
hípico, ca *adj* hippique. ■ **hípica** *nf* hippisme *m*.
hipnosis *nf inv* hypnose *f*.
hipnótico, ca *adj* hypnotique.
hipnotismo *nm* hypnotisme *m*.
hipnotizador, ra *adj* **1.** hypnotique **2.** *fig* envoûtant(e). ❑ *nm, f* hypnotiseur *m*, -euse *f*.
hipnotizar [13] *vt litt* & *fig* hypnotiser.
hipo *nm* hoquet *m* • **quitar el hipo** *fig* couper le souffle.
hipoalergénico, ca, hipoalérgico, ca *adj* hypoallergénique.
hipocalórico, ca *adj* hypocalorique.
hipocondriaco, ca, hipocondríaco, ca *adj* & *nm, f MÉD* hypocondriaque.
hipocresía *nf* hypocrisie *f*.
hipócrita *adj* & *nmf* hypocrite.
hipodérmico, ca *adj* hypodermique.
hipodermis *nf inv* hypoderme *m*.
hipódromo *nm* hippodrome *m*.
hipoglucemia *nf* hypoglycémie *f*.
hipopótamo *nm* hippopotame *m*.
hipoteca *nf* hypothèque *f*.
hipotecar [10] *vt litt* & *fig* hypothéquer.
hipotecario, ria *adj* hypothécaire.
hipotensión *nf* hypotension *f*.
hipotenusa *nf* hypoténuse *f*.
hipotermia *nf* hypothermie *f*.
hipótesis *nf inv* hypothèse *f*.
hipotético, ca *adj* hypothétique.
hipotetizar *vi* émettre une ou plusieurs hypothèses.
hippy (*pl* **hippies**), **hippie** ['xipi] (*pl* **hippies**) *adj* & *nmf* hippie.
hipster *nm* hipster *m*.
hiriente *adj* blessant(e).
hirsuto, ta *adj* **1.** *(cheveux)* hirsute **2.** *fig (personne)* revêche.
hispalense *adj* sévillan(e). ❑ *nmf* Sévillan *m*, -e *f*.
hispánico, ca *adj* hispanique. ❑ *nm, f* Hispanique *mf*; Espagnol *m*, -e *f*.
hispanidad *nf (culture)* hispanité *f*; *(peuple)* monde *m* hispanique.

CULTURE

el día de la hispanidad

Ce jour, fêté aussi bien en Espagne qu'en Amérique latine, commémore la découverte de l'Amérique par Christophe Colomb, navigateur gênois au service des Rois Catholiques, Ferdinand d'Aragon et Isabelle de Castille, arrivé le 12 octobre 1492 dans une île des Bahamas. La découverte de l'Amérique fut une étape décisive dans l'histoire de l'Espagne.

hispanismo *nm* **1.** hispanisme *m* **2.** *étude de la culture espagnole*.
hispanista *nmf* hispaniste *mf*.
hispanización *nf* hispanisation *f*.
hispanizar [13] *vt* hispaniser.
hispano, na *adj* **1.** espagnol(e) **2.** *(aux États-Unis)* latino, hispanique. ❑ *nm, f (aux États-Unis)* Latino *mf*, Hispanique *mf*.
Hispanoamérica *npr* Amérique *f* latine.
hispanoamericanismo *nm* hispano-américanisme *m*.
hispanoamericano, na *adj* hispano-américain(e). ❑ *nm, f* Hispano-Américain *m*, -e *f*.
hispanoárabe *adj HIST* hispano-arabe. ❑ *nmf HIST* musulman *m*, -e *f* d'Espagne.
hispanofilia *nf* hispanophilie *f*.
hispanofobia *nf* hispanophobie *f*.
hispanófono, na *adj* & *nm, f* hispanophone.
hispanohablante *adj* & *nmf* hispanophone.
hispanojudío, a *adj* des Juifs d'Espagne. ❑ *nm, f* Juif *m* d'Espagne, Juive *f* d'Espagne.
hispanoparlante *adj* & *nmf* hispanophone.
histerectomía *nf* hystérectomie *f*.
histeria *nf* hystérie *f*.
histérico, ca *adj* & *nm, f* hystérique.
histerismo *nm* hystérie *f*.
histograma *nm* histogramme *m*.
historia *nf* histoire *f* • **historia antigua/universal** histoire ancienne/universelle • **historia del arte** histoire de l'art • **historia natural** histoire naturelle • **dejarse de historias** arrêter de raconter des histoires • **pasar algo a la historia** entrer dans l'histoire • **pasar alguien a la historia** laisser son nom dans l'histoire.
historiador, ra *nm, f* historien *m*, -enne *f*.
historial *nm* **1.** parcours *m* • **historial médico ou clínico** antécédents *mpl* médicaux • **historial profesional** parcours professionnel **2.** *SPORT* palmarès *m*.
histórico, ca *adj* **1.** historique **2.** véridique.
historieta *nf* **1.** histoire *f* drôle **2.** bande *f* dessinée.
hit ['xit] (*pl* **hits**) *nm* tube *m*.
hitleriano, na [xitle'rjano, na] *adj* & *nm, f* hitlérien(enne).
hito *nm* **1.** borne *f* **2.** événement *m* marquant **3.** *fig* • **mirar de hito en hito** regarder fixement.
hizo → **hacer**.
hl (abrév de **hectolitro**) hl.
Hmnos. (abrév de **Hermanos**) frères.
hnos. (abrév de **hermanos**) Frères • **Bodegas Pedro Páez y hnos.** Bodegas Pedro Páez et Frères.
hobby ['xoβi] (*pl* **hobbies**) *nm* hobby *m*.
hocico *nm* **1.** museau *m*; groin *m (du porc, du sanglier)* **2.** *péj* gueule *f* • **romper los hocicos a alguien** casser la gueule à qqn • **te vas a romper el hocico ou los hocicos** tu vas te casser la gueule.

hockey ['xokei] *nm* hockey *m* • **hockey sobre hielo/hierba/patines** hockey sur glace/gazon/patins.
hogar *nm* foyer *m* ; *sout* âtre *m (de la cheminée)*.
hogareño, ña *adj* casanier(ère).
hogaza *nf* miche *f*.
hoguera *nf* bûcher *m* ; feu *m* de joie.
hoja *nf* **1.** feuille *f (d'une plante, de papier)* **2.** lame *f (de métal)* • **hoja de afeitar** lame de rasoir **3.** battant *m (de porte, de fenêtre)*. ■ **hoja de cálculo** *nf* INFORM feuille *f* de calcul, tableur *m*.
hojalata *nf* fer-blanc *m*.
hojaldre *nm* pâte *f* feuilletée.
hojarasca *nf* **1.** feuilles *fpl* mortes **2.** feuillage *m* épais.
hojear *vt* jeter un coup d'œil à ; feuilleter *(un livre)*.
hola *interj* • **¡hola!** bonjour ! ; *fam* salut !
Holanda *npr* Hollande *f*.
holandés, esa *adj* hollandais(e). ❑ *nm,f* Hollandais *m*, -e *f*. ■ **holandés** *nm* hollandais *m*.
holding ['xoldin] *nm* holding *m ou f*.
holgado, da *adj* **1.** ample **2.** *(situation financière)* aisé(e) ; *(victoire)* facile.
holgar [39] *vi* être inutile • **huelga decir que...** inutile de dire que....
holgazán, ana *adj & nm,f* fainéant(e).
holgazanear *vi (paresser)* traîner.
holgura *nf* **1.** ampleur *f* ; espace *m* **2.** jeu *m (entre deux pièces)* **3.** *(confort)* aisance *f*.
hollar [23] *vt* fouler.
hollín *nm* suie *f*.
holocausto *nm* holocauste *m*.
holograma *nm* hologramme *m*.
hombre *nm* homme *m* • **el hombre de la calle** ou **de a pie** l'homme de la rue • **el hombre del saco** *fam* le croque-mitaine • **un buen hombre** un brave homme • **hombre de estado** homme d'État • **hombre de mundo** homme du monde • **hombre de paja** homme de paille • **hombre de palabra** homme de parole • **pobre hombre** pauvre homme • **de hombre a hombre** d'homme à homme. ❑ *interj* • **¡hombre!** **a)** *(exprime la surprise)* tiens ! **b)** *(exprime l'admiration)* ça alors ! **c)** *(exprime l'évidence)* et comment ! • **ven aquí hombre, no llores** viens ici, va, ne pleure pas. ■ **hombre lobo** *(pl* **hombres lobo***)* *nm* loup-garou *m*. ■ **hombre orquesta** *nm* homme-orchestre *m*. ■ **hombre rana** *nm* homme-grenouille *m*.
hombrear *vi* jouer les hommes mûrs.
hombrera *nf* épaulette *f*.
hombría *nf* virilité *f*.
hombro *nm* épaule *f* • **a hombros** sur les épaules • **encogerse de hombros** hausser les épaules • **arrimar el hombro** *fig* donner un coup de main.
hombruno, na *adj* hommasse.
homenaje *nm* hommage *m* • **en homenaje a** en hommage à • **rendir homenaje a alguien** rendre hommage à qqn.
homenajeado, da *adj* honoré(e). ❑ *nm,f* personne *f* à laquelle il est rendu hommage.
homenajear *vt* honorer.
homeopatía *nf* homéopathie *f*.
homeopático, ca *adj* homéopathique.
homicida *adj & nmf* meurtrier(ère).
homicidio *nm* homicide *m*.
homilía *nf* homélie *f*.
homínido *nm* hominidé *m*. ■ **homínidos** *nmpl* hominidés *mpl*.
homo (abrév de **homosexual**) *adj inv fam* homo.
homofobia *nf* homophobie *f*.
homófobo, ba *adj & nm,f* homophobe.
homófono, na *adj* homophone.
homogeneidad *nf* homogénéité *f*.
homogeneización *nf* homogénéisation *f*.
homogeneizar [13] *vt* homogénéiser.
homogéneo, a *adj* homogène.
homógrafo, fa *adj* homographe. ■ **homógrafo** *nm* GRAMM homographe *m*.
homologación *nf (gén)* SPORT homologation *f*.
homologar [16] *vt (gén)* SPORT homologuer • **homologar con** aligner sur.
homólogo, ga *adj & nm,f* homologue.
homónimo, ma *adj* homonyme. ■ **homónimo** *nm* homonyme *m*.
homoparental *adj* homoparental(e).
homosexual *adj & nmf* homosexuel(elle).
homosexualidad *nf* homosexualité *f*.
hondo, da *adj* profond(e) • **en lo más hondo de** au plus profond de. ■ **honda** *nf* fronde *f*.
hondonada *nf* dépression *f (du terrain)*.
hondura *nf* profondeur *f*.
Honduras *npr* Honduras *m*.
hondureño, ña *adj* hondurien(enne). ❑ *nm,f* Hondurien *m*, -enne *f*.
honestidad *nf* honnêteté *f*.
honesto, ta *adj* honnête.
Hong Kong *npr* Hongkong, Hong Kong.
hongo *nm* **1.** BIOL & MÉD champignon *m* **2.** chapeau *m* melon.
honor *nm* honneur *m* • **en honor a la verdad** pour être franc, franche *f* • **hacer honor a** faire honneur à. ■ **honores** *nmpl* honneurs *mpl*.
honorabilidad *nf* honorabilité *f*.
honorable *adj* honorable. ■ **Honorable** *adj* • **el Honorable Alcalde** monsieur le maire.
honorar *vt* honorer.
honorario, ria *adj* honoraire. ■ **honorarios** *nmpl* honoraires *mpl*.
honorífico, ca *adj* honorifique.
honra *nf* honneur *m* • **tener a mucha honra algo** se flatter de qqch • **¡claro que soy ecologista, y a mucha honra!** bien sûr que je suis écologiste, et fier de l'être ! ■ **honras fúnebres** *nfpl* honneurs *mpl* funèbres ou suprêmes.

honradez *nf* honnêteté *f*.
honrado, da *adj* honnête.
honrar *vt* • **honrar (con)** honorer (de). ■ **honrarse** *vp* • **honrarse (con ou de ou en)** s'honorer (de).
honroso, sa *adj* honorable.
hora *nf* **1.** heure *f* • **a la hora** à l'heure • **a primera hora** à la première heure • **a primera/última hora de** en début/fin de • **a última hora** au dernier moment • **dar la hora** sonner l'heure • **de última hora a)** de dernière heure **b)** *(nouvelle, information)* de dernière minute • **en su hora** le moment venu • **¿éstas son horas de llegar?** c'est à cette heure-ci qu'on rentre ? • **¿qué hora es?** quelle heure est-il ? • **trabajar/pagar por horas** travailler/payer à l'heure • **¡ya era hora!** il était temps ! • **hora oficial** heure légale • **hora punta** heure de pointe • **horas de oficina/de trabajo** heures de bureau/de travail • **horas de visita** heures de consultation • **horas extraordinarias** heures supplémentaires • **media hora** demi-heure *f* **2.** rendez-vous *m* • **dar/pedir hora** donner/prendre rendez-vous • **tener hora en el dentista** avoir rendez-vous chez le dentiste **3.** *(mort)* • **llegó su hora** son heure a sonné **4.** *fig* • **a buena hora me lo dices/lo traes** *etc* c'est maintenant que tu me le dis/tu me l'apportes *etc* • **en mala hora lo creí** mal m'en a pris de le croire • **la hora de la verdad** la minute de vérité.
horario, ria *adj* horaire • **tener problemas horarios** avoir des problèmes d'horaire. ■ **horario** *nm* horaire *m* ; SCOL emploi *m* du temps • **horario comercial** heures *fpl* d'ouverture • **horario intensivo** journée *f* continue • **horario laboral** horaire de travail.
horca *nf* **1.** potence *f* **2.** AGRIC fourche *f*.
horcajadas ■ **a horcajadas** *loc adv* à califourchon.
horchata *nf* orgeat *m (de souchet)*.
horizontal *adj* horizontal(e).
horizonte *nm* **1.** horizon *m* **2.** *(gén pl) (esprit)* • **tener amplitud de horizontes** avoir l'esprit ouvert.
horma *nf* forme *f* ; embauchoir *m*.
hormiga *nf* fourmi *f*.
hormigón *nm* béton *m* • **hormigón armado** béton armé.
hormigonar *vt* bétonner.
hormigonera *nf* bétonnière *f*.
hormiguear *vi* **1.** *(donner des fourmillements)* • **me hormiguean los pies** j'ai des fourmis dans les pieds **2.** *fig* fourmiller.
hormigueo *nm* • **sentir hormigueo en...** avoir des fourmis dans....
hormiguero *adj* → **oso**. ❑ *nm litt & fig* fourmilière *f*.
hormiguita *nf* • **su mujer es una hormiguita** sa femme est une vraie petite fourmi.
hormona *nf* hormone *f*.
hormonal *adj* hormonal(e).
hornada *nf* fournée *f*.
hornear *vt* enfourner.
hornillo *nm* réchaud *m* ; fourneau *m (de laboratoire)*.
horno *nm* four *m* • **alto horno** haut-fourneau *m* • **horno eléctrico/microondas** four électrique/à micro-ondes.
Hornos *npr* • **el cabo de Hornos** le Cap Horn.
horóscopo *nm* **1.** signe *m* (du zodiaque) **2.** horoscope *m*.
horquilla *nf* **1.** épingle *f* à cheveux **2.** fourche *f (de bicyclette, etc)*.
horrendo, da *adj* **1.** horrible **2.** *fam* atroce.
hórreo *nm silo en bois sur pilotis en Galice et dans les Asturies*.
horrible *adj* horrible.
horripilante *adj* **1.** *fam* atroce **2.** terrifiant(e).
horripilar *vt* terrifier.
horror *nm* • **los horrores de la guerra** les horreurs de la guerre. ■ **horrores** *adv fam* • **me gusta horrores el chocolate** j'adore le chocolat.
horrorizado, da *adj* épouvanté(e).
horrorizar [13] *vt* épouvanter. ■ **horrorizarse** *vp* être épouvanté(e).
horroroso, sa *adj* **1.** horrible **2.** *fam* atroce.
hortaliza *nf* légume *m*.
hortelano, na *adj & nm, f* maraîcher(ère).
hortensia *nf* hortensia *m*.
hortera *adj & nmf fam* beauf.
horterada *nf fam* • **¡es una horterada!** c'est d'un beauf !
horticultor, ra *nm, f* horticulteur *m*, -trice *f*.
horticultura *nf* horticulture *f*.
hortofrutícola *adj* horticole et arboricole.
hosco, ca *adj* **1.** *(personne)* bourru(e) **2.** *(endroit)* sauvage.
hospedador *nm* INFORM hébergeur *m* • **hospedador web** hébergeur Web.
hospedaje *nm* hébergement *m*.
hospedar *vt* héberger. ■ **hospedarse** *vp* loger ; descendre *(dans un hôtel)* • **se hospedó en el hotel Miramar** il est descendu à l'hôtel Miramar.
hospicio *nm* orphelinat *m* ; foyer *m* d'accueil *(pour les personnes démunies)*.
hospital *nm* hôpital *m*.
hospitalario, ria *adj* hospitalier(ère).
hospitalidad *nf* hospitalité *f*.
hospitalización *nf* hospitalisation *f*.
hospitalizar [13] *vt* hospitaliser.
hosquedad *nf* antipathie *f*.
hostal *nm* hôtel *m*.
hostelería *nf* hôtellerie *f*.
hostelero, ra *adj & nm, f* hôtelier(ère).
hostia *nf* **1.** ostie *f* **2.** *vulg (raclée)* • **dar una hostia a alguien** foutre son poing dans la gueule à qqn **3.** *vulg (accident)* • **pegarse una hostia** se foutre en l'air. ■ **¡hostia!, ¡hostias!** *interj vulg* putain !

hostiar [9] *vt vulg* • **hostiar a alguien** péter la gueule à qqn.
hostigar [16] *vt* harceler.
hostil *adj* hostile.
hostilidad *nf* hostilité *f*.
hotel *nm* hôtel *m*.
hotelería *nf* **(AMÉR)** hôtellerie *f*.
hotelero, ra *adj & nm,f* hôtelier(ère).
hoy *adv* aujourd'hui • **de hoy en adelante** dorénavant • **hoy día, hoy en día, hoy por hoy** de nos jours.
hoyo *nm* **1.** *(gén)* SPORT trou *m* **2.** *fam* tombe *f*.
hoyuelo *nm* fossette *f*.
hoz *nf* faucille *f*.
huaca = **guaca**.
huacal = **guacal**.
huacho = **guacho**.
huaso = **guaso**.
huasteco, ca **(AMÉR)** *adj* huaxtèque. ❑ *nm,f (personne)* Huaxtèque *mf*. ■ **huasteco** *nm (langue)* huaxtèque *m*.
hubiera *(etc)* → **haber**.
hucha *nf* tirelire *f*.
hueco, ca *adj* creux(euse). ■ **hueco** *nm* **1.** creux *m* **2.** *(espace libre)* place *f*.
huelga *v* → **holgar**. ❑ *nf* grève *f* • **declararse/estar en huelga** se mettre/être en grève • **huelga de hambre** grève de la faim • **huelga general** grève générale.
huelguista *adj & nmf* gréviste.
huella *v* → **hollar**. ❑ *nf* **1.** trace *f* • **huella digital ou dactilar** empreinte *f* digitale **2.** *fig* marque *f* • **dejar huella** marquer.
Huelva *npr* Huelva.
huérfano, na *adj & nm,f* orphelin(e).
huerta *nf* **1.** plaine *f* maraîchère ; verger *m* **2.** *plaines maraîchères irriguées de Valence et de Murcie*.
huertano, na *nm,f* **1.** maraîcher *m*, -ère *f* **2.** *(habitant)* • **ser un huertano** *être de la région de Murcie ou de Valence*.
huerto *nm* jardin *m* potager, potager *m*.
Huesca *npr* Huesca.
hueso *nm* **1.** os *m* **2.** noyau *m* **3.** *fam* peau *f* de vache **4.** *fam* bête *f* noire **5.** **(AMÉR)** *fam* sinécure *f*.
huésped, da *nm,f* hôte *m*, hôtesse *f* ; client *m*, -e *f (d'un hôtel)*.
huesudo, da *adj* osseux(euse).
hueva *nf* œufs *mpl (de poisson)*.
huevada *nf* **(AMÉR)** *tfam* connerie *f*.
huevo *nm* **1.** *(gén)* CULIN œuf *m* • **huevo a la copa ou tibio** **(AMÉR)** œuf à la coque • **huevo duro** œuf dur • **huevo frito** œuf sur le plat *(frit)* • **huevo pasado por agua** œuf à la coque • **huevos al plato** *œufs sur le plat accompagnés de chorizo* • **huevos revueltos** œufs brouillés **2.** *(gén pl) vulg* couilles *fpl* • **¡y un huevo!** mon cul !
huevón, ona *nm,f* **(AMÉR)** *vulg* flemmard *m*, -e *f*. ■ **huevón** *nm* **(AMÉR)** *vulg* connard *m*.
huida *nf* fuite *f* ; évasion *f (de prisonniers)*.
huidizo, za *adj* fuyant(e) ; *(animal)* farouche.
huir [51] *vi* **1.** s'enfuir **2.** fuir • **huir de algo/alguien** fuir qqch/qqn. ❑ *vt* fuir.
hule *nm* toile *f* cirée ; alaise *f (de bébé)*.
humanidad *nf* humanité *f*. ■ **humanidades** *nfpl* sciences *fpl* humaines.
humanismo *nm* humanisme *m*.
humanista *adj & nmf* humaniste.
humanitario, ria *adj* humanitaire.
humanizar [13] *vt* humaniser. ■ **humanizarse** *vp* s'humaniser.
humano, na *adj* humain(e). ■ **humano** *nm (gén pl)* homme *m*.
humanoide *adj & nmf* humanoïde.
humareda *nf* nuage *m* de fumée.
humear *vi* fumer.
humedad *nf* humidité *f*.
humedecer [30] *vt* humecter ; humidifier *(du linge)*. ■ **humedecerse** *vp* s'humecter.
húmedo, da *adj* humide.
humidificador *nm* humidificateur *m*.
humidificar [10] *vt* humidifier.
humildad *nf* humilité *f*.
humilde *adj* humble.
humillación *nf* humiliation *f*.
humillado, da *adj* humilié(e).
humillante *adj* humiliant(e).
humillar *vt* humilier. ■ **humillarse** *vp* s'humilier.
humo *nm* fumée *f*. ■ **humos** *nmpl fig* • **tener (unos) humos** prendre de grands airs • **se le han subido los humos** ça lui est monté à la tête.
humor *nm* **1.** *(gén)* ANAT humeur *f* • **buen/mal humor** bonne/mauvaise humeur **2.** humour *m* • **un programa de humor** une émission humoristique • **humor negro** humour noir.
humorismo *nm* humour *m* • **el mundo del humorismo** le monde des comiques.
humorista *nmf* comique *mf* ; humoriste *mf*.
humorístico, ca *adj* humoristique.
humus *nm inv* humus *m*.
hundimiento *nm* **1.** naufrage *m* **2.** *(ruine)* effondrement *m*.
hundir *vt* **1.** plonger ; couler *(un bateau)* ; planter *(ses griffes, ses ongles)* **2.** provoquer l'effondrement de *(terrain)* **3.** *fig* anéantir *(quelqu'un)*. ■ **hundirse** *vp* **1.** couler ; *(sous-marin)* plonger **2.** *(toit, personne)* s'effondrer.
Hungría *npr* Hongrie *f*.
huracán *nm* ouragan *m*.
huraño, ña *adj* farouche.
hurgar [16] *vi* fouiller. ■ **hurgarse** *vp* • **hurgarse la nariz** se mettre les doigts dans le nez.
hurón *nm* **1.** furet *m* **2.** *fig (personne)* ours *m*.
hurra *interj* • **¡hurra!** hourra !
hurtadillas ■ **a hurtadillas** *loc adv* en cachette.

hurtar *vt* dérober.
hurto *nm* larcin *m.*
husmear *vt* flairer. ❑ *vi* fureter.
huso *nm* fuseau *m.* ■ **huso horario** *nm* fuseau *m* horaire.
huy *interj* • **¡huy! a)** *(exprime la douleur)* aïe ! **b)** *(exprime la surprise)* oh là là !
hype *adj* hype.

I

i, I [i] *nf* i *m inv*, I *m inv.*
ib., ibíd. (abrév de ibidem) ib., ibid. • **ib. págs. 19 y 20** ibid. pages 19 et 20.
iba → ir.
ibérico, ca *adj* ibérique.
íbero, ra, ibero, ra *adj* ibère. ❑ *nm, f* Ibère *mf.* ■ **íbero, ibero** *nm* ibère *m.*
Iberoamérica *npr* Amérique *f* latine.
iberoamericano, na *adj* latino-américain(e). ❑ *nm, f* Latino-Américain *m*, -e *f.*
IBI (abrév de Impuesto de Bienes Inmuebles) *nm impôt foncier espagnol.*
íbice *nm* ibex *m*, bouquetin *m.*
Ibiza *npr* Ibiza.
IC (abrév de Iniciativa per Catalunya) *nf parti politique catalan.*
iceberg (*pl* **icebergs**) *nm* iceberg *m.*
Icona (abrév de Instituto Nacional para la Conservación de la Naturaleza) *nm organisme espagnol pour la protection de la nature* ; ≃ SNPN *f.*
icono *nm (gén)* INFORM icône *f.*
iconoclasta *adj & nmf* iconoclaste.
iconografía *nf* iconographie *f.*
ictericia *nf* jaunisse *f*, ictère *m.*
id → ir.
I+D (abrév de Investigación y Desarrollo) *nm* R&D *f (Recherche et Développement).*
ida *nf* aller *m* • **un billete de ida y vuelta** un billet aller-retour.
idea *nf* **1.** idée *f* • **idea fija** idée fixe **2.** intention *f* • **cambiar de idea** changer d'avis • **con la idea de** avec l'intention de **3.** notion *f* • **no tener ni idea de algo a)** *(événement)* ne pas avoir la moindre idée de qqch **b)** *(sujet, matière)* ne rien connaître en qqch.
ideal *adj* idéal(e). ❑ *nm* idéal *m.* ■ **ideales** *nmpl* idéaux *mpl.*
idealista *adj & nmf* idéaliste.
idealización *nf* idéalisation *f.*
idealizar [13] *vt* idéaliser.
idear *vt* concevoir.
ideario *nm* idéologie *f.*
ídem *adv* idem • **ídem de ídem** *fam* kif-kif.
idéntico, ca *adj* identique • **idéntico a** identique à.
identidad *nf* identité *f.*
identificable *adj* identifiable.
identificación *nf* identification *f.*
identificador *nm* INFORM identifiant *m* • **el identificador de usuario** l'identifiant.
identificar [10] *vt* identifier. ■ **identificarse** *vp* • **identificarse (con)** s'identifier (avec).
ideograma *nm* idéogramme *m.*
ideología *nf* idéologie *f.*
ideológico, ca *adj* idéologique.
ideólogo, ga *nm, f* idéologue *mf.*
idílico, ca *adj* idyllique.
idilio *nm* idylle *f.*
idioma *nm* langue *f.*
idiomático, ca *adj* idiomatique.
idiosincrasia *nf* particularité *f* ; *sout* idiosyncrasie *f.*
idiosincrásico, ca *adj* caractéristique ; *sout* idiosyncrasique.
idiota *adj & nmf* idiot(e).
idiotez *nf* idiotie *f.*
idiotizar [13] *vt* abrutir, rendre idiot(e).
ido, ida *adj* **1.** fou, folle *f* **2.** distrait(e).
idólatra *adj* idolâtre. ❑ *nmf* **1.** idolâtre *mf* **2.** *fig* • **ser el idólatra de alguien** idolâtrer qqn.
idolatrar *vt* idolâtrer.
ídolo *nm* idole *f.*
idoneidad *nf* • **hay que comprobar la idoneidad del producto** il faut s'assurer que le produit est approprié.
idóneo, a *adj* idéal(e) ; *(personne)* indiqué(e) ; bon, bonne *f (mot, réponse).*
iglesia *nf* église *f.* ■ **Iglesia** *nf* • **la Iglesia** l'Église *f.*
iglú (*pl* **iglúes** *ou* **iglús**) *nm* igloo *m.*
ignición *nf* ignition *f.*
ignífugo, ga *adj* ignifuge.
ignominia *nf* ignominie *f.*
ignominioso, sa *adj* ignominieux(euse).
ignorancia *nf* ignorance *f.*
ignorante *adj & nmf* ignorant(e).
ignorar *vt* ignorer.
ignoto, ta *adj* ignoré(e).
igual *adj* **1.** pareil(eille) • **dos libros iguales** deux livres pareils • **llevan jerseys iguales** ils portent le même pull • **igual que** le même que • **mi lápiz es igual que el tuyo** j'ai le même crayon que toi • **su hija es igual que ella** sa fille lui ressemble **2.** égal(e) **3.** MATH • **A más B es igual a C** A plus B égale C. ❑ *nmf* égal *m*, -e *f* • **sin igual** sans égal(e). ❑ *adv* **1.** de la même façon • **al igual que** de la même façon que • **por igual** de la même façon • **repartió el dinero por igual** il a distribué l'argent à parts égales **2.** peut-être • **igual viene** il viendra peut-être **3.** *(expressions)* • **me da igual salir o**

quedarme ça m'est égal de sortir ou de rester là • **es igual a la hora que vengas** tu peux venir à l'heure que tu veux.
igualado, da *adj* • **estar igualado** être à égalité • **están muy igualados** ils sont quasiment à égalité.
igualar *vt* **1.** *(salaires, terrain)* égaliser • **igualar algo/a alguien a ou con** mettre qqch/qqn sur le même plan que **2.** *(personne)* • **igualar a alguien en** égaler qqn en • **nadie le iguala en generosidad** personne n'est aussi généreux que lui. ❏ *vi SPORT* égaliser. ■ **igualarse** *vp* être égal(e) • **igualarse a ou con alguien** se comparer à qqn.
igualdad *nf* égalité *f* • **en igualdad de condiciones** à conditions égales • **igualdad de oportunidades** égalité des chances.
igualitario, ria *adj* égalitaire.
igualitarismo *nm* égalitarisme *m*.
igualmente *adv* **1.** également **2.** *(formule de politesse)* • **recuerdos a tus padres gracias, igualmente** mon bon souvenir à tes parents merci, pareillement • **¡que te diviertas mucho! igualmente** amuse-toi bien! toi aussi.
iguana *nf* iguane *m*.
ikastola *nf SCOL école primaire du Pays basque où l'enseignement est donné en langue basque*.
ikurriña *nf drapeau officiel du Pays basque espagnol*.
ilegal *adj* illégal(e).
ilegalidad *nf (acción)* illégalité *f*.
ilegalizar [13] *vt* rendre illégal.
ilegible *adj* illisible.
ilegitimar *vt* déclarer illégitime.
ilegitimidad *nf* illégitimité *f*.
ilegítimo, ma *adj* illégitime.
ileso, sa *adj* indemne • **el conductor salió ou resultó ileso** le conducteur est sorti indemne de l'accident.
iletrado, da *adj & nm,f* illettré(e).
ilícito, ta *adj* illicite.
ilimitado, da *adj* illimité(e).
ilocalizable *adj* injoignable.
ilógico, ca *adj* illogique.
iluminación *nf* **1.** éclairage *m* • **esta calle tiene poca iluminación a)** cette rue est peu éclairée **b)** *(pour les fêtes)* illuminations *fpl* **2.** *RELIG* illumination *f*.
iluminado, da *adj* **1.** éclairé(e) **2.** *RELIG* illuminé(e). ❏ *nm,f* illuminé *m*, -e *f*.
iluminar *vt* illuminer ; éclairer. ■ **iluminarse** *vp (rue)* être éclairé(e) ; *(monument)* être illuminé(e) ; *(visage, regard, etc)* s'illuminer, s'éclairer.
ilusión *nf* **1.** illusion *f* • **hacerse ou forjarse ilusiones** se faire des illusions • **ilusión óptica** illusion d'optique **2.** rêve *m* **3.** espoir *m* **4.** joie *f* • **¡qué ilusión verte!** quel plaisir de te voir ! • **me hace (mucha) ilusión que vengas** ça me fait (très) plaisir que tu viennes.
ilusionar *vt* **1.** *(donner de l'espoir)* • **ilusionar a alguien** donner de faux espoirs à qqn **2.** ravir • **me ilusiona verte** je suis ravi de te voir. ■ **ilusionarse** *vp* • **ilusionarse (con) a)** se faire des illusions (sur) **b)** se réjouir (de).
ilusionismo *nm* illusionisme *m*.
ilusionista *nmf* illusionniste *mf*.
iluso, sa *adj & nm,f* naïf(ïve).
ilusorio, ria *adj* illusoire.
ilustración *nf* **1.** illustration *f* **2.** *(culture)* instruction *f*.
ilustrado, da *adj* **1.** *(publication)* illustré(e) **2.** *(personne)* instruit(e) **3.** *HIST* éclairé(e).
ilustrador, ra *nm,f* illustrateur *m*, -trice *f*.
ilustrar *vt* **1.** illustrer **2.** instruire.
ilustrativo, va *adj* illustratif(ive).
ilustre *adj* **1.** illustre **2.** *(titre)* • **el ilustre señor alcalde** monsieur le maire.
imagen *nf* image *f* • **ser la viva imagen de alguien** être tout le portrait de qqn.
imaginable *adj* imaginable.
imaginación *nf* **1.** imagination *f* • **pasar por la imaginación de alguien** venir à l'esprit ou à l'idée de qqn **2.** *(gén pl)* idées *fpl* • **son imaginaciones tuyas** tu te fais des idées.
imaginar *vt* imaginer. ■ **imaginarse** *vp* s'imaginer.
imaginario, ria *adj* imaginaire.
imaginativo, va *adj* imaginatif(ive).
imaginería *nf* imagerie *f*.
imán *nm* **1.** aimant *m* **2.** *RELIG* imam *m*.
imanar, imantar *vt* aimanter.
imbatible *adj* imbattable.
imbebible *adj* imbuvable.
imbécil *adj & nmf* imbécile.
imbecilidad *nf* imbécillité *f*.
imberbe *adj* imberbe.
imborrable *adj fig* ineffaçable, indélébile.
imbricación *nf* imbrication *f*.
imbricar [10] *vt* imbriquer.
imbuir [51] *vt* inculquer • **imbuir a alguien ideas falsas** inculquer des idées fausses à qqn.
IMC [i 'eme θe] (abrév de **índice de masa corporal**) *nm* IMC *m (indice de masse corporelle)*.
imitación *nf* imitation *f* ; *(d'une œuvre)* plagiat *m* • **joya de imitación** bijou fantaisie • **piel de imitación** imitation cuir.
imitador, ra *nm,f* imitateur *m*, -trice *f* • **es una imitadora de...** elle imite....
imitar *vt* imiter.
impaciencia *nf* impatience *f*.
impacientar *vt* impatienter.
■ **impacientarse** *vp* s'impatienter.
impaciente *adj* • **impaciente (por hacer algo)** impatient(e) (de faire qqch).
impactante *adj* **1.** *(nouvelle, déclaration)* étonnant(e) **2.** *(beauté)* renversant(e).
impactar *vt* **1.** frapper **2.** *fig (affecter)* toucher.
impacto *nm* impact *m* ; choc *(émotionnel) m*.

impagable *adj* **1.** inabordable **2.** *fig* inestimable • **su ayuda es impagable** votre aide n'a pas de prix.
impagado, da *adj* impayé(e). ■ **impagado** *nm* impayé *m*.
impar *adj* **1.** impair(e) **2.** sans pareil(eille).
imparable *adj* imparable.
imparcial *adj* impartial(e).
imparcialidad *nf* impartialité *f*.
impartir *vt* donner.
impase, impasse [im'pas] *nm* impasse *f*.
impasible *adj* impassible.
impávido, da *adj* **1.** impassible **2.** *sout* impavide.
impecable *adj* impeccable.
impedancia *nf* impédance *f*.
impedido, da *adj* handicapé(e) • **estar impedido de** avoir perdu l'usage de. ❑ *nm, f* handicapé *m*, -e *f*.
impedimento *nm* empêchement *m*.
impedir [26] *vt* **1.** empêcher • **impedir a alguien hacer algo** empêcher qqn de faire qqch **2.** gêner.
impeler *vt* pousser • **impeler a alguien a algo/a hacer algo** pousser qqn à qqch/à faire qqch.
impenetrable *adj* *litt* & *fig* impénétrable.
impenitente *adj* impénitent(e).
impensable *adj* impensable.
impensado, da *adj* imprévu(e) • **en el momento más impensado** au moment où l'on s'y attendait le moins.
impepinable *adj* *fam* indiscutable.
imperante *adj* dominant(e).
imperar *vi* régner, dominer.
imperativo, va *adj* impératif(ive). ■ **imperativo** *nm (gén)* GRAMM impératif *m*.
imperceptible *adj* imperceptible.
imperdible *nm* épingle *f* de nourrice.
imperdonable *adj* impardonnable.
imperecedero, ra *adj* **1.** non périssable **2.** *fig* impérissable.
imperfección *nf* imperfection *f*.
imperfecto, ta *adj* imparfait(e). ■ **imperfecto** *nm* GRAMM imparfait *m*.
imperial *adj* impérial(e).
imperialismo *nm* impérialisme *m*.
imperialista *adj* & *nmf* impérialiste.
impericia *nf* inexpérience *f*.
imperio *nm* **1.** empire *m* **2.** règne *m*.
imperioso, sa *adj* impérieux(euse).
impermeabilización *nf* imperméabilisation *f*.
impermeabilizar [13] *vt* imperméabiliser.
impermeable *adj* & *nm* imperméable.
impersonal *adj* impersonnel(elle).
impertérrito, ta *adj* imperturbable.
impertinencia *nf* impertinence *f*.
impertinente *adj* & *nmf* impertinent(e). ■ **impertinentes** *nmpl* face-à-main *m*.
imperturbable *adj* imperturbable.
ímpetu *nm* **1.** force *f* **2.** énergie *f*.
impetuoso, sa *adj* **1.** *(vague, vent, attaque)* violent(e) **2.** *(rythme)* soutenu(e) **3.** *(personne)* impulsif(ive), impétueux(euse). ❑ *nm, f* impulsif *m*, -ive *f*.
impío, a *adj* impie.
implacable *adj* implacable.
implantación *nf (gén)* BIOL & MÉD implantation *f* • **implantación de órgano** transplantation *f* d'organe.
implantar *vt (gén)* MÉD implanter ; poser *(une prothèse)*. ■ **implantarse** *vp* s'implanter.
implante *nm* implant *m* • **implante dental** implant dentaire.
implementar *vt* mettre en œuvre ; *(idée, décision)* mettre en application.
implicación *nf* implication *f*.
implicar [10] *vt* impliquer. ■ **implicarse** *vp* • **implicarse en** intervenir dans, se mêler de.
implícito, ta *adj* implicite.
implorar *vt* implorer.
imponderable *adj* incalculable ; *fig* inappréciable. ❑ *nm* impondérable *m*.
imponente *adj (bâtiment, montagne, etc)* imposant(e) ; *(œuvre, spectacle)* impressionnant(e) • **¡estás imponente con ese abrigo!** tu es superbe dans ce manteau !
imponer [65] *vt* imposer • **imponer respeto/silencio** imposer le respect/le silence. ❑ *vi* en imposer. ■ **imponerse** *vp* s'imposer.
impopular *adj* impopulaire.
impopularidad *nf* impopularité *f*.
importación *nf* importation *f*.
importador, ra *adj* & *nm, f* importateur(trice).
importancia *nf* importance *f* • **dar importancia a algo** accorder de l'importance à qqch • **quitar importancia a algo** relativiser qqch • **darse importancia** *fig* faire l'important(e).
importante *adj* important(e).
importar *vt* **1.** *(gén)* INFORM importer **2.** *(sujet : facture)* s'élever à ; *(sujet : article, marchandise)* valoir. ❑ *vi* **1.** *(préoccuper)* importer • **eso a ti no te importa** ça ne te regarde pas • **me importas mucho** tu comptes beaucoup pour moi • **no me importa** ça m'est égal • **nos importa saber...** il est important pour nous de savoir... • **¿y a ti qué te importa?** qu'est-ce que ça peut te faire ? **2.** *(sur le mode interrogatif)* ennuyer • **¿te importa que venga contigo?** ça t'ennuie si je viens avec toi ? ❑ *v impers* avoir de l'importance • **no importa** ça ne fait rien • **¡qué importa si llueve!** ça ne fait rien s'il pleut !
importe *nm* montant *m (d'une facture, etc)* ; prix *m (d'une marchandise)*.
importunar *vt* importuner. ❑ *vi* être importun(e).
importuno, na = **inoportuno.**
imposibilidad *nf* impossibilité *f*.

imposibilitado, da *adj* paralysé(e) • **estar imposibilitado para hacer algo** être inapte à faire qqch • **verse imposibilitado para ou de hacer algo** se voir dans l'impossibilité de faire qqch.
imposibilitar *vt* • **imposibilitar a alguien para hacer algo** empêcher qqn de faire qqch, mettre qqn dans l'impossibilité de faire qqch.
imposible *adj* impossible.
imposición *nf* **1.** fait *m* d'imposer **2.** contrainte *f* **3.** *(impôt)* imposition *f* **4.** *(banque)* dépôt *m*.
impositivo, va *adj* fiscal(e) • **el sistema impositivo** le système d'imposition.
impostor, ra *adj* • **una persona impostora** une personne qui se fait passer pour quelqu'un d'autre. ❑ *nm,f* **1.** imposteur *m* **2.** calomniateur *m*, -trice *f*.
impotencia *nf* impuissance *f*.
impotente *adj* impuissant(e). ❑ *nm* impuissant *m*.
impracticable *adj* **1.** irréalisable • **el buceo es impracticable sin aletas** on ne peut pas faire de plongée sans palmes **2.** impraticable.
imprecisión *nf* imprécision *f*.
impreciso, sa *adj* imprécis(e).
impredecible *adj* imprédictible.
impregnar *vt* imprégner. ■ **impregnarse** *vp* • **impregnarse (de)** s'imprégner (de).
imprenta *nf* imprimerie *f*.
imprescindible *adj* indispensable.
impresentable *adj* • **estás impresentable** tu n'es pas présentable.
impresión *nf* **1.** impression *f* • **cambiar impresiones** échanger des impressions • **causar (una) buena/mala impresión** faire bonne/mauvaise impression • **dar la impresión de** donner l'impression de • **tener la impresión de que ou que** avoir l'impression que **2.** marque *f* ; *(dans la boue)* empreinte *f* • **impresión digital ou dactilar** empreinte digitale.
impresionable *adj* impressionnable.
impresionante *adj* impressionnant(e).
impresionar *vt* **1.** *(gén)* PHOTO impressionner **2.** enregistrer *(des sons, un discours, etc)*. ❑ *vi* • **esta película impresiona mucho** ce film est très impressionnant. ■ **impresionarse** *vp* être impressionné(e).
impresionismo *nm* impressionnisme *m*.
impreso, sa *adj* imprimé(e). ■ **impreso** *pp* → **imprimir**. ❑ *nm* imprimé *m*.
impresor, ra *adj* imprimant(e), imprimeur(euse). ❑ *nm,f* imprimeur *m*. ■ **impresora** *nf* imprimante *f* • **impresora de chorro de tinta** imprimante à jet d'encre • **impresora láser** imprimante laser.
imprevisible *adj* imprévisible.
imprevisto, ta *adj* imprévu(e). ■ **imprevisto** *nm* imprévu *m* • **salvo imprevistos** sauf imprévu. ■ **imprevistos** *nmpl* faux frais *mpl*.
imprimir *vt & vi* imprimer.
improbable *adj* improbable.
improcedente *adj* **1.** inopportun(e) ; *(commentaire)* hors de propos ; *(demande, réclamation)* irrecevable **2.** DR irrégulier(ère).
improductivo, va *adj* improductif(ive).
impronta *nf* empreinte *f*.
impronunciable *adj* imprononçable.
improperio *nm* injure *f*.
impropio, pia *adj* **1.** inapproprié(e) ; *(vocabulaire)* impropre **2.** *(étrange)* inhabituel(elle).
improrrogable *adj* non renouvelable • **un plazo improrrogable** une échéance qui ne peut pas être prolongée.
improvisación *nf* improvisation *f*.
improvisado, da *adj* improvisé(e).
improvisar *vt* improviser.
improviso ■ **de improviso** *loc adv* à l'improviste.
imprudencia *nf* imprudence *f*.
imprudente *adj & nmf* imprudent(e).
impúber *adj & nmf* impubère.
impúdico, ca *adj* impudique.
impuesto, ta *pp* → **imponer**. ■ **impuesto** *nm* impôt *m*, taxe *f* • **impuesto sobre el valor añadido** taxe sur la valeur ajoutée • **impuesto sobre la renta** impôt sur le revenu.
impugnación *nf* contestation *f*.
impugnar *vt* contester.
impulsar *vt* **1.** pousser **2.** stimuler, développer.
impulsividad *nf* impulsivité *f*, caractère *m* impulsif.
impulsivo, va *adj & nm,f* impulsif(ive).
impulso *nm* **1.** impulsion *f* • **obedecer a sus impulsos** obéir à ses impulsions **2.** élan *m* • **tener un impulso de generosidad** avoir un élan de générosité • **tomar impulso** prendre de l'élan.
impulsor, ra *adj* moteur(trice). ❑ *nm,f* promoteur *m*, -trice *f*.
impune *adj* impuni(e) • **quedar impune** rester impuni(e).
impunemente *adv* impunément.
impunidad *nf* impunité *f* • **con la más absoluta impunidad** en toute impunité.
impuntualidad *nf* manque *m* de ponctualité.
impureza *nf (gén pl)* impureté *f*.
impuro, ra *adj* impur(e).
imputable *adj* imputable.
imputación *nf* imputation *f*.
imputar *vt* imputer.
inabarcable *adj* trop vaste.
inabordable *adj* inaccessible.
inacabable *adj* interminable.

inacabado, da *adj* inachevé(e).
inaccesible *adj* inaccessible.
inacción *nf* inaction *f*.
inaceptable *adj* inacceptable.
inactividad *nf* inactivité *f*.
inactivo, va *adj* inactif(ive).
inadaptación *nf* inadaptation *f*.
inadaptado, da *adj & nm,f* inadapté(e).
inadecuado, da *adj* inadéquat(e).
inadmisible *adj* inadmissible.
inadvertido, da *adj* inaperçu(e) • **pasar inadvertido** passer inaperçu.
inagotable *adj* inépuisable.
inaguantable *adj* insupportable.
inalámbrico *adj* → **teléfono**.
inalcanzable *adj* inaccessible.
inalienable *adj* inaliénable.
inalterable *adj* inaltérable ; *(caractère)* imperturbable.
inalterado, da *adj* inaltéré(e).
inamovible *adj* inamovible.
inanición *nf* inanition *f*.
inanimado, da *adj* inanimé(e).
inánime *adj* inanimé(e), sans vie.
inapelable *adj* **1.** inévitable **2.** *DR* sans appel.
inapetencia *nf* inappétence *f*.
inaplazable *adj* qui ne peut être reporté • **esta reunión es inaplazable** cette réunion ne peut pas être reportée • **una necesidad inaplazable de...** un besoin urgent de....
inaplicable *adj* inapplicable.
inapreciable *adj* **1.** inappréciable, inestimable **2.** insignifiant(e) ; *(différence)* imperceptible.
inapropiado, da *adj* inapproprié(e) ; *(comportement, attitude)* déplacé(e).
inasequible *adj* **1.** *(prix)* inabordable **2.** inaccessible.
inaudible *adj* inaudible.
inaudito, ta *adj* inouï(e).
inauguración *nf* inauguration *f* ; cérémonie *f* d'ouverture *(d'un congrès, etc)* ; mise *f* en service *(d'une route)*.
inaugural *adj* inaugural(e).
inaugurar *vt* inaugurer.
inca *adj* inca. ❑ *nm,f* Inca *mf*.
incaico, ca *adj* inca.
incalculable *adj* incalculable.
incalificable *adj* inqualifiable.
incandescente *adj* incandescent(e).
incansable *adj* infatigable.
incapacidad *nf* incapacité *f*.
incapacitado, da *adj & nm,f DR* incapable.
incapacitar *vt* • **incapacitar para a)** empêcher de **b)** *(travail, etc)* rendre inapte à.
incapaz *adj* **1.** *(gén) DR* • **incapaz (de)** incapable (de) • **es incapaz de matar una mosca** il ne ferait pas de mal à une mouche • **declarar incapaz a alguien** *DR* frapper qqn d'incapacité **2.** *(sans talent)* • **ser incapaz para** ne pas être doué pour.
incautación *nf DR* saisie *f*.
incautar *vt DR* saisir. ■ **incautarse de** *vp DR* s'emparer de, saisir.
incauto, ta *adj & nm,f* naïf(ïve).
incendiar [8] *vt* incendier. ■ **incendiarse** *vp* prendre feu.
incendiario, ria *adj & nm,f* incendiaire.
incendio *nm* incendie *m*.
incentivar *vt* stimuler.
incentivo *nm* incitation *f* • **un trabajo sin incentivos** un travail peu motivant.
incertidumbre *nf* incertitude *f*.
incesto *nm* inceste *m*.
incidencia *nf* **1.** incidence *f* **2.** incident *m*.
incidente *nm* incident *m*.
incidir *vi* • **incidir en a)** tomber dans *(l'erreur)* **b)** mettre l'accent sur *(un thème)* **c)** *(influer)* avoir une incidence sur **d)** *(opérer)* faire une incision dans • **incidir en repeticiones** se répéter.
incienso *nm* encens *m*.
incierto, ta *adj* **1.** incertain(e) **2.** faux, fausse *f*.
incineración *nf* incinération *f*.
incineradora *nf* incinérateur *m*.
incinerar *vt* incinérer.
incipiente *adj* naissant(e).
incisión *nf* incision *f*.
incisivo, va *adj litt & fig* incisif(ive). ■ **incisivo** *nm* incisive *f*.
inciso, sa *adj* • **un estilo inciso** un style incisif. ■ **inciso** *nm* **1.** parenthèse *f (dans un discours)* **2.** *GRAMM* incise *f*.
incitación *nf* incitation *f*.
incitar *vt* • **incitar a alguien a algo/a hacer algo** inciter qqn à qqch/à faire qqch.
incívico, ca *adj* incivique.
incivilizado, da *adj* mal élevé(e).
incl. (abrév de **incluido**) incl. • **IVA incl.** TVA incl.
inclasificable *adj* inclassable.
inclemencia *nf* **1.** rigueur *f (d'un climat)* **2.** dureté *f (d'une personne)*.
inclinación *nf* **1.** inclinaison *f* ; *(terrain)* pente *f* **2.** *(goût, salut)* inclination *f* • **sentir inclinación por algo/alguien** avoir un penchant pour qqch/qqn.
inclinado, da *adj* **1.** incliné(e), penché(e) • **una pendiente/cuesta muy inclinada** une pente/côte très inclinée **2.** *(terrain)* en pente **3.** *(personne)* enclin(e), incliné(e).
inclinar *vt* **1.** incliner • **inclinar la cabeza a)** incliner la tête *(pour saluer)* **b)** pencher la tête *(pour lire)* **c)** baisser la tête *(de honte)* **2.** *(influer)* • **inclinar a alguien a hacer algo** pousser qqn à faire qqch. ■ **inclinarse** *vp* **1.** se pencher **2.** *(pour saluer)* • **inclinarse (ante)** s'incliner (devant) **3.** *fig (préférer)* • **inclinarse por** pencher pour **4.** *fig (tendre à)* • **inclinarse a** être enclin(e) à.

incluido, da *adj* inclus(e), compris(e) • **IVA incluido** TVA incluse • **el desayuno está incluido en el precio** le petit déjeuner est compris dans le prix.
incluir [51] *vt* **1.** *(mettre dans)* inclure **2.** *(contenir)* comprendre.
inclusive *adv* y compris • **hasta la página 9 inclusive** jusqu'à la page 9 incluse.
incluso, sa *adj* inclus(e). ■ **incluso** *adv* même • **invitó a todos, incluso a tu hermano** il a invité tout le monde, même ton frère • **incluso nos invitó a cenar** il nous a même invités à dîner.
incógnito, ta *adj* inconnu(e). ■ **de incógnito** *loc adv* incognito. ■ **incógnita** *nf* **1.** MATH inconnue *f* **2.** mystère *m.*
incoherencia *nf* incohérence *f.*
incoherente *adj* incohérent(e).
incoloro, ra *adj* incolore.
incomestible *adj* non comestible.
incomible *adj* immangeable.
incomodar *vt* gêner ; *(sujet : visite, appel, etc)* déranger ; *(sujet : situation)* mettre mal à l'aise. ■ **incomodarse** *vp* • **incomodarse (por)** se fâcher (à cause de).
incomodidad *nf* • **ser una incomodidad a)** ne pas être confortable **b)** ne pas être pratique.
incómodo, da *adj* **1.** *(peu pratique)* • **ser incómodo a)** ne pas être confortable **b)** ne pas être pratique **2.** gênant(e) • **sentirse incómodo** se sentir mal à l'aise.
incomparable *adj* incomparable.
incomparecencia *nf* non-comparution *f.*
incompatibilidad *nf* incompatibilité *f.*
incompatible *adj* incompatible.
incompetencia *nf* incompétence *f.*
incompetente *adj* incompétent(e).
incompleto, ta *adj* incomplet(ète).
incomprendido, da *adj* **1.** *(mal compris)* • **su discurso fue incomprendido** son discours n'a pas été compris **2.** *(personne)* incompris(e). ❑ *nm, f* incompris *m*, -e *f.*
incomprensible *adj* incompréhensible.
incomprensión *nf* incompréhension *f.*
incompresible *adj* incompressible.
incomunicación *nf* manque *m* de communication ; *(d'un détenu)* isolement *m* cellulaire.
incomunicado, da *adj* isolé(e).
inconcebible *adj* inconcevable.
inconcluso, sa *adj* inachevé(e).
incondicional *adj & nmf* inconditionnel(elle).
inconexo, xa *adj* décousu(e).
inconfesable *adj* inavouable.
inconformismo *nm* non-conformisme *m.*
inconfundible *adj* caractéristique, reconnaissable entre tous, toutes *f.*
incongruencia *nf* incongruité *f* ; *(de récit)* incohérence *f* • **decir incongruencias** dire des absurdités.
incongruente *adj* incongru(e) ; *(récit)* incohérent(e).
inconmensurable *adj* incommensurable.
inconsciencia *nf litt & fig* inconscience *f.*
inconsciente *adj & nmf* inconscient(e). ❑ *nm* PSYCHO • **el inconsciente** l'inconscient *m.*
inconsecuente *adj* inconséquent(e). ❑ *nmf* • **ser un inconsecuente** être inconséquent.
inconsistencia *nf* inconsistance *f.*
inconsistente *adj* inconsistant(e).
inconsolable *adj* inconsolable.
inconstancia *nf* inconstance *f.*
inconstante *adj* inconstant(e).
inconstitucional *adj* inconstitutionnel(elle).
inconstitucionalidad *nf* inconstitutionnalité *f.*
incontable *adj* **1.** innombrable • **un número incontable de** un nombre incalculable de **2.** inracontable.
incontestable *adj* incontestable.
incontinencia *nf* incontinence *f.*
incontinente *adj* incontinent(e).
incontrolable *adj* incontrôlable.
incontrolado, da *adj* incontrôlé(e).
inconveniencia *nf* inconvenance *f* • **ser una inconveniencia** être un inconvénient.
inconveniente *adj (propos, conduite)* déplacé(e) ; *(tenue, style)* inconvenant(e). ❑ *nm* **1.** inconvénient *m* **2.** problème *m* • **poner inconvenientes** faire des difficultés.
incordiar [8] *vt fam* casser les pieds à.
incordio *nm fam* **1.** *(personne)* casse-pieds *mf inv* **2.** *(situation)* corvée *f.*
incorporación *nf* incorporation *f.*
incorporar *vt* **1.** incorporer • **incorporar los huevos a la masa** incorporer les œufs à la pâte **2.** redresser. ■ **incorporarse** *vp* **1.** • **incorporarse a algo a)** *(équipe, groupe)* intégrer qqch **b)** *(travail)* commencer qqch **2.** se redresser.
incorrección *nf* incorrection *f.*
incorrecto, ta *adj* incorrect(e).
incorregible *adj* incorrigible.
incorrupto, ta *adj* **1.** *(cadavre)* intact(e) **2.** *fig (personne)* non corrompu(e).
incredulidad *nf* incrédulité *f.*
incrédulo, la *adj & nm, f* incrédule, sceptique.
increíble *adj* incroyable.
incrementar *vt* accroître. ■ **incrementarse** *vp* s'accroître, augmenter.
incremento *nm* accroissement *m* ; hausse *f (des températures).*
increpar *vt* **1.** blâmer **2.** injurier.
incriminación *nf* incrimination *f.*
incriminar *vt* incriminer.
incruento, ta *adj* sans effusion de sang.
incrustación *nf* incrustation *f.*
incrustar *vt* incruster. ■ **incrustarse** *vp* **1.** s'incruster ; *(deux objets, deux voitures)* s'encas-

trer **2.** *fig* se graver *(dans l'esprit)* • **aquella imagen se le incrustó en la memoria** cette image s'est gravée dans sa mémoire.
incubación *nf* incubation *f.*
incubadora *nf* couveuse *f.*
incubar *vt* couver.
incuestionable *adj* indiscutable.
inculcar [10] *vt* • **inculcar algo a alguien** inculquer qqch à qqn.
inculpación *nf* inculpation *f.*
inculpado, da *adj & nm,f* inculpé(e).
inculpar *vt* • **inculpar a alguien (de)** inculper qqn (de).
inculto, ta *adj* inculte. ❑ *nm,f* ignorant *m*, -e *f*.
incultura *nf* inculture *f.*
incumbencia *nf* ressort *m* • **no es de mi incumbencia** ce n'est pas de mon ressort • **eso no es asunto de tu incumbencia** cela ne te regarde pas.
incumbir *vi* • **incumbir (a)** incomber (à).
incumplimiento *nm* non-respect *m (de la loi, d'un contrat)* ; non-exécution *f (d'un ordre)* • **incumplimiento de su palabra/su deber** manquement *m* à sa parole/son devoir.
incumplir *vt* ne pas respecter *(la loi, un contrat)* ; ne pas exécuter *(un ordre)* ; manquer à *(son devoir, sa parole)* ; ne pas tenir *(une promesse)*.
incurable *adj* incurable.
incurrir *vi* • **incurrir en a)** commettre *(une faute, un délit)* **b)** encourir, s'exposer à *(le mépris, la haine, la colère)*.
incursión *nf* incursion *f.*
indagación *nf* investigation *f.*
indagar [16] *vt* rechercher *(les origines, les causes)*. ❑ *vi* investiguer, procéder à des investigations.
indebido, da *adj* **1.** ÉCON indu(e) **2.** illicite.
indecencia *nf* indécence *f.*
indecente *adj* **1.** *(impudique)* indécent(e) **2.** *(indigne)* infect(e).
indecible *adj* indicible, inexprimable.
indecisión *nf* indécision *f.*
indeciso, sa *adj* indécis(e).
indefectible *adj* indéfectible, éternel(elle).
indefendible *adj* **1.** indéfendable, inexcusable **2.** *(cas, théorie)* indéfendable.
indefensión *nf* incapacité *f* à se défendre.
indefenso, sa *adj* sans défense.
indefinible *adj* indéfinissable.
indefinido, da *adj* indéfini(e) • **un contrato indefinido** un contrat à durée indéterminée.
indeleble *adj sout* indélébile.
indemne *adj* indemne.
indemnidad *nf sout* immunité *f.*
indemnización *nf* **1.** indemnisation *f* **2.** indemnité *f.*
indemnizar [13] *vt* • **indemnizar a alguien (por)** indemniser qqn (de).
indemostrable *adj* indémontrable.
independencia *nf* indépendance *f.*
independentismo *nm* indépendantisme *m.*
independentista *adj & nmf* indépendantiste.
independiente *adj* indépendant(e).
independizar [13] *vt* rendre indépendant(e) • **independizar a un país** accorder son indépendance à un pays. ■ **independizarse** *vp (personne)* s'émanciper ; *(pays)* accéder à l'indépendance • **independizarse de** devenir indépendant(e) de.
indescifrable *adj* indéchiffrable.
indescodificable *adj* indécodable.
indescriptible *adj* indescriptible.
indeseable *adj* indésirable.
indestructible *adj* indestructible.
indeterminación *nf* indétermination *f.*
indeterminado, da *adj* **1.** indéterminé(e) • **por un tiempo indeterminado** pour une durée indéterminée **2.** GRAMM • **un artículo indeterminado** un article indéfini.
indexación *nf* INFORM indexation *f.*
indexar *vt* INFORM indexer.
India *npr* • **(la) India** (l')Inde *f.*
indiano, na *adj* indien(enne). ❑ *nm,f* **1.** *(indigène)* Indien *m*, -enne *f* **2.** *Espagnol rentré en Espagne après avoir fait fortune en Amérique.*
indicación *nf* **1.** indication *f* **2.** *(signal, geste)* signe *m.*
indicador, ra *adj* indicateur(trice), qui indique. ■ **indicador** *nm* indicateur *m* • **indicador de velocidad** compteur *m* de vitesse.
indicar [10] *vt* **1.** indiquer • **indicar algo con la mirada** faire signe du regard **2.** *(sujet : médecin)* prescrire.
indicativo, va *adj* indicatif(ive). ■ **indicativo** *nm* GRAMM indicatif *m.*
índice *nm* **1.** *(gén)* MATH indice *m* ; taux *m (de natalité, d'alcool, d'accroissement)* • **índice de precios al consumo** indice des prix à la consommation **2.** index *m (alphabétique, des auteurs, des œuvres)* ; table *f* des matières ; catalogue *m (d'une bibliothèque)* **3.** → **dedo**.
indicio *nm (signe)* indice *m.*
Índico *npr* • **el Índico** l'océan Indien.
indiferencia *nf* indifférence *f.*
indiferente *adj* indifférent(e).
indígena *adj & nmf* indigène.
indigencia *nf sout* indigence *f*, dénuement *m.*
indigenismo *nm* indigénisme *m.*
indigente *adj & nmf* indigent(e).
indigestarse *vp* avoir une indigestion • **indigestarse de** se donner une indigestion de • **se me ha indigestado esa chica** *fam & fig* je ne peux plus encaisser cette fille • **se me ha indigestado la novela** *fam & fig* ce roman me sort par les yeux.
indigestión *nf* indigestion *f.*
indigesto, ta *adj litt & fig* indigeste.
indignación *nf* indignation *f.*

indignado, da *adj* indigné(e).
indignante *adj* révoltant(e).
indignar *vt* indigner. ■ **indignarse** *vp* • **indignarse (por algo/con alguien)** s'indigner (devant qqch/contre qqn).
indigno, na *adj* • **indigno (de)** indigne (de).
indio, dia *adj* indien(enne). ❑ *nm, f* Indien *m*, -enne *f* • **hacer el indio** *fig* faire le pitre.
indirectamente *adv* indirectement.
indirecto, ta *adj* indirect(e). ■ **indirecta** *nf* sous-entendu *m* • **lanzar una indirecta a)** lancer une pique **b)** glisser une allusion.
indisciplina *nf* indiscipline *f*.
indisciplinado, da *adj* indiscipliné(e).
indiscreción *nf* indiscrétion *f* • **si no es indiscreción** si cela n'est pas indiscret.
indiscreto, ta *adj* indiscret(ète).
indiscriminado, da *adj* indistinct(e) • **de modo indiscriminado** indistinctement.
indiscutible *adj* indiscutable.
indisoluble *adj* **1.** *(substance)* insoluble **2.** *(union, lien, etc.)* indissoluble.
indispensable *adj* indispensable.
indisponer [65] *vt* **1.** *(rendre malade)* indisposer **2.** brouiller *(deux personnes)*.
indisposición *nf* **1.** indisposition *f* **2.** *(réticence)* • **su indisposición para trabajar era manifiesta** manifestement, il n'était pas disposé à travailler.
indispuesto, ta *adj* souffrant(e). ■ **indispuesto** *pp* → **indisponer**.
indistintamente *adv* **1.** indistinctement **2.** indifféremment.
indistinto, ta *adj* **1.** indistinct(e) **2.** *(indifférent)* • **es indistinto** peu importe • **una cuenta indistinta** un compte joint ou commun.
individual *adj* **1.** individuel(elle) ; *(chambre)* simple, pour une personne ; *(lit)* à une place **2.** *(épreuve, compétition)* simple. ■ **individuales** *nmpl* SPORT simple *m* • **individuales masculinos/femeninos** simple messieurs/dames.
individualismo *nm* individualisme *m*.
individualista *adj & nmf* individualiste.
individualizar [13] *vi* individualiser • **no quiero individualizar** je ne veux nommer personne.
individuo, dua *nm, f* individu *m* ; *péj* type *m*, bonne femme *f*.
indivisible *adj* indivisible.
indiviso, sa *adj* **1.** intégral(e) **2.** DR indivis(e).
indización *nf* INFORM indexation *f*.
indocumentado, da *adj* **1.** *(sans papiers d'identité)* • **salió indocumentado** il est sorti sans ses papiers **2.** ignare. ❑ *nm, f* ignare *mf*.
indoeuropeo, a *adj* indo-européen(enne). ❑ *nm, f* Indo-Européen *m*, -enne *f*. ■ **indoeuropeo** *nm* indo-européen *m*.
índole *nf* nature *f* • **ser de índole pacífica** être d'un naturel pacifique.
indolencia *nf* indolence *f*.
indolente *adj* indolent(e).
indoloro, ra *adj* indolore.
indomable *adj* indomptable.
indómito, ta *adj* **1.** *(animal)* indompté(e) **2.** *fig (personne, caractère)* indomptable.
Indonesia *npr* Indonésie *f*.
inducción *nf* **1.** PHYS induction *f* • **cocina de inducción** plaque *f* à induction **2.** *fig* incitation *f*.
inducir [33] *vt* **1.** *(gén)* PHYS induire • **inducir a error** induire en erreur **2.** *(inciter)* • **inducir a alguien a algo/a hacer algo** inciter qqn à qqch/à faire qqch.
inductor, ra *adj* inducteur(trice). ❑ *nm, f* instigateur *m*, -trice *f*. ■ **inductor** *nm* inducteur *m*.
indudable *adj* indubitable • **es indudable que...** il ne fait aucun doute que....
indudablemente *adv* sans aucun doute.
indulgencia *nf* indulgence *f*.
indulgente *adj* indulgent(e).
indultar *vt* gracier.
indulto *nm (total)* grâce *f* ; *(partiel)* remise *f* de peine.
indumentaria *nf* costume *m*.
industria *nf* industrie *f*.
industrial *adj* industriel(elle). ❑ *nmf* industriel *m*.
industrialización *nf* industrialisation.
industrializar [13] *vt* industrialiser. ■ **industrializarse** *vp* s'industrialiser.
INE (abrév de Instituto Nacional de Estadística) *nm institut national espagnol de statistiques* ; ≃ INSEE *m* • **el índice del INE** ≃ l'indice INSEE.
inédito, ta *adj* inédit(e).
INEF (abrév de Instituto Nacional de Educación Física) *nm institut national espagnol de formation des professeurs d'éducation physique* ; ≃ INSEP *m*.
inefable *adj* ineffable.
ineficaz *adj* inefficace.
ineficiente *adj* inefficace.
inelegible *adj* inéligible.
ineluctable *adj* inéluctable.
ineludible *adj* inévitable, incontournable.
INEM (abrév de Instituto Nacional de Empleo) *nm institut national espagnol pour l'emploi* ; ≃ ANPE *f* • **una oficina del INEM** ≃ une agence (de l') ANPE.
inenarrable *adj* inénarrable, inracontable.
ineptitud *nf* inaptitude *f*.
inepto, ta *adj* inepte. ❑ *nm, f* incapable *mf*.
inequívoco, ca *adj* évident(e), manifeste.
inercia *nf* inertie *f* • **hacer algo por inercia** *fig* faire qqch par habitude.
inerme *adj* désarmé(e).
inerte *adj* inerte.
inesperadamente *adv* soudainement.
inesperado, da *adj* inespéré(e), inattendu(e).
inestabilidad *nf* instabilité *f*.
inestable *adj* instable.

inestimable *adj* inestimable.
inevitable *adj* inévitable.
inexacto, ta *adj* inexact(e).
inexcusable *adj* **1.** *(impardonnable)* inexcusable **2.** *(inévitable)* incontournable.
inexistencia *nf* inexistence *f.*
inexistente *adj* inexistant(e).
inexorable *adj* inexorable.
inexperiencia *nf* inexpérience *f.*
inexperto, ta *adj* inexpérimenté(e).
inexplicable *adj* inexplicable.
inexpresivo, va *adj* inexpressif(ive).
infalible *adj* infaillible.
infame *adj* infâme.
infamia *nf* infamie *f.*
infancia *nf* enfance *f.*
infante, ta *nm,f* **1.** enfant *mf* **2.** infant *m*, -e *f.* ■ **infante** *nm* fantassin *m.*
infantería *nf* infanterie *f.*
infanticida *adj & nmf* infanticide.
infanticidio *nm* infanticide *m.*
infantil *adj* **1.** *(médecine, comportement)* infantile **2.** *(langage, jeu)* enfantin(e) ; *(programme, livre, chaussures)* pour enfants.
infarto *nm* infarctus *m.*
infatigable *adj* infatigable.
infausto, ta *adj (nouvelle, conséquences)* malheureux(euse).
infección *nf* infection *f.*
infeccioso, sa *adj* infectieux(euse).
infectar *vt* infecter. ■ **infectarse** *vp* s'infecter.
infecto, ta *adj* **1.** infecté(e) **2.** *(lieu)* malsain(e).
infeliz *adj* **1.** malheureux(euse) **2.** *fig* brave. ❑ *nmf (ingénu)* • **¡pobre infeliz!** il est bien brave !
inferior *adj & nmf* inférieur(e).
inferioridad *nf* infériorité *f.*
inferir [27] *vt* **1.** conclure • **infiero que es hora de marcharse** j'en conclus qu'il est temps de partir **2.** faire, causer • **inferir una herida** blesser.
infernal *adj* infernal(e).
infertilidad *nf* stérilité *f*, infertilité *f.*
infestar *vt* **1.** contaminer **2.** *(sujet : animal nuisible)* infester **3.** *fig (sujet : publicités, affiches)* envahir.
infidelidad *nf* infidélité *f.*
infiel *adj & nmf* infidèle.
infiernillo *nm* réchaud *m.*
infierno *nm* enfer *m* • **en el quinto infierno** au diable (vauvert) • **¡vete al infierno!** va au diable !
infiltración *nf* infiltration *f.*
infiltrado, da *adj* infiltré(e). ❑ *nm,f* • **los infiltrados** les espions.
infiltrar *vt* **1.** *(gén)* MÉD infiltrer **2.** *fig* inculquer. ■ **infiltrarse** *vp* • **infiltrarse (en)** s'infiltrer (dans).
ínfimo, ma *adj* infime.
infinidad *nf* • **una infinidad de** une infinité de • **en infinidad de ocasiones** à maintes reprises.
infinitesimal *adj* infinitésimal(e).
infinitivo, va *adj* infinitif(ive). ■ **infinitivo** *nm* GRAMM infinitif *m.*
infinito, ta *adj* infini(e) • **infinitas cartas** un nombre infini de lettres. ■ **infinito** *nm* infini *m.*
inflable *adj* gonflable.
inflación *nf* inflation *f.*
inflacionario, ria, inflacionista *adj* inflationniste.
inflamable *adj* inflammable.
inflamación *nf* inflammation *f.*
inflamar *vt litt & fig* enflammer. ■ **inflamarse** *vp* s'enflammer.
inflamatorio, ria *adj* inflammatoire.
inflar *vt* **1.** gonfler **2.** *fig (exagérer)* grossir. ■ **inflarse** *vp* • **inflarse (de)** se gaver (de).
inflexible *adj* **1.** *(matière)* rigide **2.** *fig (caractère, attitudes, etc)* inflexible.
inflexión *nf* inflexion *f.*
infligir [15] *vt* infliger.
influencia *nf* influence *f* • **de influencia** *(personne)* influent(e).
influenciar [8] *vt* influencer.
influir [51] *vi* • **influir en** influer sur, avoir de l'influence sur.
influjo *nm* influence *f.*
influyente *adj* influent(e).
infografía *nf* infographie *f.*
información *nf* **1.** *(connaissance)* information *f*, renseignement *m* **2.** *(nouvelle)* information *f* • **información meteorológica** bulletin *m* météorologique **3.** bureau *m* d'information ; *(dans un aéroport)* comptoir *m* information ; *(dans un magasin)* accueil *m* **4.** renseignements *mpl (téléphoniques).*
informado, da *adj* informé(e).
informal *adj* **1.** *(irresponsable)* peu sérieux(euse) **2.** *(réunion, etc)* informel(elle) ; *(tenue, etc)* décontracté(e).
informante *nmf* informateur *m*, -trice *f.*
informar *vt* informer • **informar a alguien de algo** informer qqn de qqch. ■ **informarse** *vp* • **informarse (de)** s'informer (de) • **informarse (sobre)** se renseigner (sur).
informático, ca *adj* informatique. ❑ *nm,f* informaticien *m*, -enne *f.* ■ **informática** *nf* informatique *f.*
informativo, va *adj (publicité)* informatif(ive) ; *(bulletin, revue)* d'information. ■ **informativo** *nm* RADIO & TV journal *m*, informations *fpl.*
informatización *nf* informatisation *f.*
informatizar [13] *vt* informatiser.
informe *adj* informe. ❑ *nm* rapport *m.* ■ **informes** *nmpl* renseignements *mpl* ; références *fpl (d'un employé).*
infortunio *nm* infortune *f.*
infoxicación *nf* excès *m* d'information.

infracción *nf* infraction *f*.
infractor, ra *adj* en infraction. ❑ *nm, f* contrevenant *m*, -e *f*.
infraestructura *nf* infrastructure *f*.
infrahumano, na *adj* inhumain(e).
infranqueable *adj* infranchissable.
infrarrojo, ja *adj* infrarouge.
infravalorar *vt* sous-estimer.
infravivienda *nf* logement *m* insalubre.
infrecuente *adj* peu fréquent(e).
infringir [15] *vt* enfreindre.
infructuoso, sa *adj* infructueux(euse).
infumable *adj fam (insupportable)* imbuvable.
infundado, da *adj* infondé(e).
infundir *vt* inspirer *(la peur, la crainte, etc)* ; insuffler *(du courage)*.
infusión *nf* infusion *f*, tisane *f*.
infuso, sa *adj* infus(e).
ingeniar [8] *vt* inventer. ■ **ingeniarse** *vp* • **ingeniárselas (para)** s'arranger (pour).
ingeniería *nf* **1.** *(science)* génie *m* **2.** *(études)* • **estudia ingeniería** il fait des études d'ingénieur.
ingeniero, ra *nm, f* ingénieur *m* • **ingeniero de caminos, canales y puertos** ingénieur des Ponts et chaussées.
ingenio *nm* **1.** esprit *m*, ingéniosité *f* • **aguzar el ingenio** se creuser la tête **2.** engin *m*.
ingenioso, sa *adj* ingénieux(euse).
ingente *adj* énorme.
ingenuidad *nf* ingénuité *f*.
ingenuo, nua *adj & nm, f* ingénu(e).
ingerir [27] *vt* ingérer.
ingesta *nf sout* ingestion *f*.
Inglaterra *npr* Angleterre *f*.
ingle *nf* aine *f*.
inglés, esa *adj* anglais(e). ❑ *nm, f* Anglais *m*, -e *f*. ■ **inglés** *nm* anglais *m*.
ingobernable *adj* ingouvernable.
ingratitud *nf* ingratitude *f*.
ingrato, ta *adj* ingrat(e).
ingrávido, da *adj (sans gravité)* léger(e) ; *fig* aérien(enne) • **en estado ingrávido** en apesanteur.
ingrediente *nm* ingrédient *m*.
ingresar *vt* déposer, remettre *(un chèque)* ; déposer, verser *(de l'argent liquide)*. ❑ *vi* • **ingresar (en)** être admis(e) (dans ou à).
ingreso *nm* **1.** admission *f* **2.** dépôt *m*, versement *m (d'argent)* ; remise *f (de chèque)*. ■ **ingresos** *nmpl* revenus *mpl (personnels)* ; recettes *fpl (commerciales)*.
inhábil *adj* **1.** malhabile **2.** inapte, incapable **3.** *(jour)* chômé(e).
inhabilitación *nf* incapacité *f* (légale).
inhabilitar *vt* **1.** déclarer inapte **2.** interdire.
inhabitable *adj* inhabitable.
inhabitado, da *adj* inhabité(e).
inhalador *nm* inhalateur *m*.
inhalar *vt* inhaler.
inherente *adj* inhérent(e).
inhibición *nf* inhibition *f*.
inhibir *vt* **1.** *(gén)* MÉD inhiber **2.** DR dessaisir. ■ **inhibirse** *vp* se refréner • **inhibirse de** se dérober à *(ses responsabilités, ses engagements)*.
inhóspito, ta *adj* inhospitalier(ère).
inhumano, na *adj* inhumain(e).
inhumar *vt* inhumer.
INI (abrév de Instituto Nacional de Industria) *nm organisme gouvernemental espagnol pour la promotion de l'industrie*.
iniciación *nf* **1.** initiation *f* **2.** début *m*.
iniciado, da *adj & nm, f* initié(e).
inicial *adj* initial(e). ❑ *nf* initiale *f*.
inicialización *nf* INFORM initialisation *f*.
inicializar [13] *vt* INFORM initialiser.
inicialmente *adv* initialement.
iniciar [8] *vt* commencer • **iniciar a alguien en algo** initier qqn à qqch. ■ **iniciarse** *vp* commencer • **iniciarse en el estudio de algo** s'initier à (l'étude de) qqch.
iniciático, ca *adj* initiatique.
iniciativa *nf* initiative *f*.
inicio *nm* début *m*.
inigualable *adj* inégalable.
inigualado, da *adj* inégalé(e).
inimaginable *adj* inimaginable.
inimitable *adj* inimitable.
ininteligible *adj* inintelligible.
ininterrumpidamente *adv* sans interruption, sans arrêt.
ininterrumpido, da *adj* ininterrompu(e).
injerencia *nf* ingérence *f*.
injerir [27] *vt* insérer. ■ **injerirse** *vp* • **injerirse (en)** s'ingérer (dans).
injertar *vt* greffer.
injerto *nm* greffe *f*.
injuria *nf* injure *f*.
injuriar [8] *vt* injurier.
injurioso, sa *adj* injurieux(euse).
injusticia *nf* injustice *f*.
injustificable *adj* injustifiable.
injustificado, da *adj* injustifié(e).
injusto, ta *adj* injuste.
inmaculado, da *adj* immaculé(e). ■ **Inmaculada** *nf* • **la Inmaculada** l'Immaculée Conception.
inmadurez *nf* immaturité *f*.
inmaduro, ra *adj* **1.** *(fruit)* pas mûr(e) **2.** *(personne)* immature.
inmaterial *adj* immatériel(elle).
inmediaciones *nfpl* abords *mpl*.
inmediatamente *adv* immédiatement.
inmediato, ta *adj* **1.** adjacent(e) ; voisin(e) **2.** immédiat(e) • **de inmediato** immédiatement.
inmejorable *adj* exceptionnel(elle).
inmemorial *adj* immémorial(e).

inmensidad *nf* immensité *f*; *fig* multitude *f*.
inmenso, sa *adj* immense.
inmerecido, da *adj* immérité(e).
inmersión *nf* immersion *f*.
inmerso, sa *adj* immergé(e) *(dans un liquide)* ; *fig* plongé(e) *(dans la lecture)*.
inmigración *nf* immigration *f*.
inmigrante *nmf* **1.** immigré *m*, -e *f* **2.** immigrant *m*, -e *f*.
inmigrar *vi* immigrer.
inminente *adj* imminent(e).
inmiscuirse [51] *vp* • **inmiscuirse (en)** s'immiscer (dans).
inmobiliario, ria *adj* immobilier(ère). ■ **inmobiliaria** *nf* société *f* immobilière.
inmolar *vt* immoler.
inmoral *adj* immoral(e).
inmoralidad *nf* immoralité *f*.
inmortal *adj* immortel(elle).
inmortalidad *nf* immortalité *f*.
inmortalizar [13] *vt* immortaliser.
inmóvil *adj* immobile.
inmovilismo *nm* immobilisme *m*.
inmovilizado, da *adj* immobilisé(e). ■ **inmovilizado** *nm* ÉCON immobilisations *fpl*.
inmovilizar [13] *vt* immobiliser.
inmueble *adj & nm* immeuble.
inmundicia *nf* saleté *f*, crasse *f*. ■ **inmundicias** *nfpl* immondices *fpl*.
inmundo, da *adj* immonde.
inmune *adj* **1.** MÉD immunisé(e) **2.** exempt(e).
inmunidad *nf* immunité *f*.
inmunitario, ria *adj* immunitaire.
inmunizar [13] *vt* immuniser.
inmunodeficiencia *nf* immunodéficience *f*.
inmunodepresión *nf* immunodépression *f*.
inmunología *nf* immunologie *f*.
inmutable *adj* **1.** *(idées, coutumes, etc.)* immuable **2.** *(personne)* • **permanecer inmutable** rester imperturbable.
inmutar *vt* impressionner. ■ **inmutarse** *vp* • **no inmutarse** rester imperturbable.
innato, ta *adj* inné(e).
innecesario, ria *adj* inutile.
innegable *adj* indéniable.
innegociable *adj* non négociable.
innoble *adj* ignoble.
innombrable *adj* innommable • **es un tema innombrable** c'est un sujet tabou.

> FAUX AMIS
>
> **Innombrable**
>
> **Innombrable** est un faux ami. Il ne signifie pas "innombrable" mais "innommable".

innovación *nf* innovation *f*.
innovador, ra *adj & nm, f* innovateur(trice), novateur(trice).
innovar *vt* innover.
innumerable *adj* innombrable.
inocencia *nf* innocence *f*.
inocentada *nf* *plaisanterie traditionnelle faite le 28 décembre, jour des saints Innocents* ; ≃ poisson *m* d'avril.
inocente *adj & nmf* innocent(e). ■ **Inocentes** *nmfpl* • **los Santos Inocentes** les Saints-Innocents • **día de los Inocentes** ≃ 1er avril.
inodoro, ra *adj* inodore. ■ **inodoro** *nm* toilettes *fpl*.
inofensivo, va *adj* inoffensif(ive).
inolvidable *adj* inoubliable.
inoperancia *nf* inefficacité *f*.
inoperante *adj* *(mesure)* inopérant(e) ; *(personne)* inefficace.
inopia *nf sout* indigence *f* • **estar en la inopia** *fig* être dans les nuages.
inopinado, da *adj* inopiné(e).
inoportuno, na, importuno, na *adj* inopportun(e).
inorgánico, ca *adj* inorganique.
inoxidable *adj* inoxydable.
inquebrantable *adj* inébranlable.
inquietar *vt* inquiéter. ■ **inquietarse** *vp* s'inquiéter.
inquieto, ta *adj* **1.** inquiet(ète) **2.** agité(e).
inquietud *nf* inquiétude *f*. ■ **inquietudes** *nfpl* préoccupations *fpl*.
inquilino, na *nm, f* locataire *mf*.
inquirir [22] *vt sout* s'enquérir de.
inquisición *nf* enquête *f*. ■ **Inquisición** *nf* • **la Inquisición** l'Inquisition *f*.

> CULTURE
>
> **la Inquisición**
>
> L'Inquisition fut instituée au XIIIe siècle dans le but de lutter contre les hérésies et se prolongea jusqu'au début du XVIIIe siècle. Ce tribunal religieux dépendait officiellement du Saint-Siège mais demeurait en réalité sous l'influence des Rois Catholiques. Ceux-ci, en vue de faire de l'unité de la foi le ciment national, voulaient s'assurer de la sincérité des convertis juifs et maures, minorités religieuses incorporées lors de la **Reconquista**. Les inquisiteurs procédaient à une enquête, souvent sur la foi de délations, afin d'obtenir les aveux de l'accusé ; ils le soumettaient à la « question » (torture) puis le verdict du jugement était rendu public et la sanction pouvait aller de la peine de prison à la condamnation à mort par le feu.

inquisidor, ra *adj* inquisiteur(trice). ■ **inquisidor** *nm* inquisiteur *m*.
inrayable *adj* inrayable.
inri *nm* • **para más inri** *fam & fig* pour couronner le tout.
insaciable *adj* insatiable.
insalubre *adj* insalubre.

Insalud (abrév de Instituto Nacional de la Salud) *nm organisme gouvernemental espagnol de santé* ; ≃ CPAM *f*.
insalvable *adj* insurmontable.
insano, na *adj* **1.** malsain(e) **2.** fou, folle *f*.
insatisfacción *nf* insatisfaction *f*.
insatisfecho, cha *adj* **1.** insatisfait(e) **2.** *(non rassasié)* • **está insatisfecho con la comida** il n'est pas rassasié.
inscribir *vt* inscrire • **inscribir a alguien en a)** inscrire qqn à *(une école, un cours, etc)* **b)** faire inscrire sur *(un registre civil, une liste, etc)*. ■ **inscribirse** *vp* s'inscrire • **inscribirse en a)** s'inscrire sur *(une liste, un registre)* **b)** s'inscrire à *(une école, un cours)* **c)** s'inscrire dans *(un club, une association)*.
inscripción *nf* inscription *f*.
inscrito, ta *adj* inscrit(e). ■ **inscrito** *pp* → **inscribir**.
insecticida *adj & nm* insecticide.
insecto *nm* insecte *m*.
inseguridad *nf* insécurité *f*.
inseguro, ra *adj* **1.** *(personne)* • **es inseguro** il n'est pas sûr de lui **2.** *(projet, résultat, etc)* incertain(e) **3.** *(endroit, engin)* dangereux(euse).
inseminación *nf* insémination *f* • **inseminación artificial** insémination artificielle.
inseminar *vt* inséminer.
insensatez *nf* stupidité *f*.
insensato, ta *adj* ridicule.
insensibilidad *nf* insensibilité *f*.
insensibilizar [13] *vt* **1.** *(gén)* rendre insensible **2.** MÉD insensibiliser. ■ **insensibilizarse** *vp* • **insensibilizarse a** devenir insensible à.
insensible *adj* insensible.
inseparable *adj* inséparable.
inserción *nf* insertion *f*.
insertar *vt (gén)* INFORM insérer.
inservible *adj* inutilisable.
insidia *nf* coup *m* bas, piège *m*.
insidioso, sa *adj* insidieux(euse).
insigne *adj* éminent(e).
insignia *nf* **1.** *(décoration)* insigne *m* **2.** *(drapeau)* pavillon *m*.
insignificante *adj* insignifiant(e).
insinuación *nf* insinuation *f*. ■ **insinuaciones** *nfpl (amoureuses)* avances *fpl*.
insinuante *adj* insinuant(e).
insinuar [6] *vt* insinuer. ■ **insinuarse** *vp* **1.** faire des avances **2.** poindre.
insípido, da *adj litt & fig* insipide.
insistencia *nf* insistance *f*.
insistente *adj* insistant(e).
insistir *vi* • **insistir (en)** insister (sur).
insobornable *adj* incorruptible.
insociable *adj* insociable.
insolación *nf* insolation *f*.
insolencia *nf* insolence *f*.
insolente *adj & nmf* insolent(e).
insolidaridad *nf* manque *m* de solidarité.
insolidario, ria *adj* non solidaire.
insólito, ta *adj* insolite.
insoluble *adj* insoluble.
insolvencia *nf* insolvabilité *f*.
insolvente *adj* insolvable.
insomnio *nm* insomnie *f*.
insondable *adj* insondable.
insonorización *nf* insonorisation *f*.
insonorizar [13] *vt* insonoriser.
insoportable *adj* insupportable.
insoslayable *adj* inévitable.
insospechable *adj* insoupçonnable.
insostenible *adj* insoutenable.
inspección *nf* inspection *f*.
inspeccionar *vt* inspecter.
inspector, ra *nm, f* inspecteur *m*, -trice *f* • **inspector de Hacienda** inspecteur des impôts.
inspiración *nf* inspiration *f*.
inspirado, da *adj* inspiré(e).
inspirar *vt* inspirer. ■ **inspirarse** *vp* être inspiré(e) • **no escribe si no se inspira** il n'écrit pas s'il n'est pas inspiré • **inspirarse en** s'inspirer de.
instalación *nf* installation *f*. ■ **instalaciones** *nfpl* équipements *mpl*.
instalar *vt* installer. ■ **instalarse** *vp* • **instalarse (en)** s'installer (dans).
instancia *nf* **1.** requête *f* • **a instancias de** sur la requête de • **en última instancia** *fig* en dernier ressort **2.** DR instance *f*.
instantáneamente *adv* instantanément.
instantáneo, a *adj* instantané(e). ■ **instantánea** *nf* PHOTO instantané *m*.
instante *nm* instant *m* • **a cada instante** à chaque instant • **al instante** à l'instant • **en un instante** en un instant.
instar *vt* • **instar a ou para** prier instamment de.
instauración *nf* instauration *f*.
instaurar *vt* instaurer.
instigar [16] *vt* inciter.
instintivo, va *adj* instinctif(ive).
instinto *nm* instinct *m*.
institución *nf* institution *f*. ■ **instituciones** *nfpl* institutions *fpl*.
institucional *adj* institutionnel(elle).
institucionalizar [13] *vt* institutionnaliser.
instituir [51] *vt* instituer.
instituto *nm* **1.** institut *m* **2.** lycée *m* • **instituto de Bachillerato ou Enseñanza Media** établissement *m* d'enseignement secondaire • **instituto de Formación Profesional** ≃ lycée technique • **instituto politécnico** *institut universitaire d'enseignement technique*. ■ **instituto de belleza** *nm* institut *m* de beauté.
institutriz *nf* institutrice *f*.
instrucción *nf* instruction *f*. ■ **instrucciones** *nfpl* mode *m* d'emploi.
instructivo, va *adj* instructif(ive).
instructor, ra *adj* DR & MIL instructeur. ❑ *nm, f* moniteur *m*, -trice *f* ; MIL instructeur *m*.

instruido, da *adj* instruit(e).
instruir [51] *vt* instruire.
instrumental *adj* instrumental(e). ❑ *nm* instruments *mpl*.
instrumentista *nmf* instrumentiste *mf*.
instrumento *nm* instrument *m*.
insubordinación *nf* insubordination *f*.
insubordinado, da *adj* insubordonné(e) ; *(enfant, attitude)* rebelle. ❑ *nm,f* rebelle *mf*.
insubordinar *vt* soulever. ■ **insubordinarse** *vp* se soulever, se rebeller.
insubstancial = **insustancial**.
insubstituible = **insustituible**.
insuficiencia *nf* insuffisance *f*.
insuficiente *adj* insuffisant(e). ❑ *nm* SCOL *mention qui signale que le travail ou les résultats sont insuffisants*.
insufrible *adj fig* insupportable.
insular *adj & nmf* insulaire.
insulina *nf* insuline *f*.
insulso, sa *adj litt & fig* fade, insipide.
insultante *adj* insultant(e).
insultar *vt* insulter.
insulto *nm* insulte *f*.
insumisión *nf* insoumission *f*.
insumiso, sa *adj* insoumis(e). ❑ *nm,f* rebelle *mf* ; MIL insoumis *m*.
insuperable *adj* **1.** imbattable **2.** insurmontable.
insurgente *adj & nmf* insurgé(e).
insurrección *nf* insurrection *f*.
insurrecto, ta *adj & nm,f* insurgé(e).
insustancial, insubstancial *adj* **1.** fade **2.** *fig (sans intérêt)* creux, creuse *f*.
insustituible, insubstituible *adj* irremplaçable.
intachable *adj* irréprochable.
intacto, ta *adj* intact(e).
intangible *adj* intangible.
integración *nf* intégration *f* • **integración social** intégration sociale.
integral *adj* intégral(e) ; *(pain, riz)* complet(ète). ❑ *nf* MATH intégrale *f*.
íntegramente *adv* intégralement, entièrement.
integrante *adj* intégrant(e) • **los países integrantes de la OTAN** les pays membres de l'OTAN. ❑ *nmf* membre *m*.
integrar *vt* **1.** *(gén)* MATH intégrer **2.** *(faire partie)* composer • **los capítulos que integran el libro** les chapitres qui composent le livre. ■ **integrarse** *vp* • **integrarse (en)** s'intégrer (dans).
integridad *nf litt & fig* intégrité *f*.
integrismo *nm* • **integrismo (religioso)** intégrisme *m*.
integrista *adj & nmf* intégriste.
íntegro, gra *adj* **1.** intégral(e) **2.** *fig* intègre.
intelecto *nm* intellect *m*.
intelectual *adj & nmf* intellectuel(elle).
inteligencia *nf* **1.** intelligence *f* • **inteligencia artificial** intelligence artificielle **2.** MIL • **los servicios de inteligencia** les services secrets.
inteligente *adj (gén)* INFORM intelligent(e).
inteligible *adj* intelligible.
intemperancia *nf* intolérance *f* ; intempérance *f*.
intemperie *nf* • **a la intemperie a)** à la belle étoile **b)** dehors.
intempestivo, va *adj (arrivée, intervention)* intempestif(ive) ; *(proposition, visite)* inopportun(e) ; *(commentaire)* déplacé(e) • **a horas intempestivas** à des heures indues.
intemporal *adj* intemporel(elle).
intención *nf* intention *f* • **con buena/mala intención** dans une bonne/mauvaise intention.
intencionado, da *adj* intentionné(e).
intencional *adj* intentionnel(elle).
intendencia *nf* intendance *f*.
intendente, ta *nm,f* **1.** intendant *m*, -e *f* **2.** (AMÉR) maire *mf*. ■ **intendente** *nm* MIL intendant *m*.
intensidad *nf (gén)* ÉLECTR intensité *f*.
intensificación *nf* intensification *f*.
intensificar [10] *vt* intensifier. ■ **intensificarse** *vp* s'intensifier.
intensivo, va *adj* intensif(ive) • **la jornada intensiva** la journée continue.
intenso, sa *adj* intense.
intentar *vt* • **intentar hacer algo** essayer ou tenter de faire qqch.
intento *nm* **1.** tentative *f* **2.** SPORT essai *m*.
intentona *nf fam* tentative *f* hasardeuse • **intentona golpista** tentative de coup d'État.
interacción *nf* interaction *f*.
interactividad *nf* interactivité *f*.
interactivo, va *adj* INFORM interactif(ive).
interbancario *adj* interbancaire.
intercalar *vt* **1.** intercaler *(des fiches, des feuilles)* **2.** insérer *(des chapitres, des épisodes, etc)*.
intercambiable *adj* interchangeable.
intercambiar [8] *vt* échanger. ■ **intercambiarse** *vp* s'échanger.
intercambio *nm* échange *m*.
interceder *vi* intercéder • **interceder por alguien** intercéder en faveur de qqn.
interceptar *vt* **1.** intercepter *(une lettre, une conversation, etc)* **2.** barrer *(une route)*.
interconexión *nf* interconnexion *f*.
interconfesional *adj* interconfessionnel(elle).
intercontinental *adj* intercontinental(e).
interdisciplinario, ria, interdisciplinar *adj* interdisciplinaire.
interés *nm (gén)* FIN intérêt *m* • **tener interés en algo** tenir à qqch • **tiene interés en que vengamos** il tient à ce que nous venions • **tener interés por algo** être intéressé(e) par qqch • **tiene interés por comprar el cuadro** il est

intéressé par l'achat du tableau • **intereses creados** intérêts communs.
interesado, da *adj* intéressé(e). ❑ *nm, f* personne *f* intéressée.
interesante *adj* intéressant(e).
interesar *vi* être intéressant(e) • **el asunto no interesa** le sujet n'est pas intéressant. ❑ *vt* • **interesar a alguien en algo** intéresser qqn à qqch. ■ **interesarse** *vp* • **interesarse (por)** s'intéresser (à) • **se interesó por tu salud** il s'est inquiété de ta santé.
interfaz *nm ou nf* INFORM interface *f*.
interferencia *nf* PHYS interférence *f*.
interferir [27] *vt* **1.** RADIO, TÉLÉCOM & TV brouiller **2.** *fig* interrompre. ❑ *vi* interférer • **interferir en a)** interférer dans **b)** se mêler de *(sujet, problèmes, etc)* **c)** intervenir dans *(la conversation)*.
interfono *nm* interphone *m*.
ínterin (*pl* **intérines**) *nm* laps *m* de temps • **en el ínterin** entre-temps.
interinidad *nf* intérim *m*.
interino, na *adj* intérimaire • **el presidente interino** le président par intérim. ❑ *nm, f* intérimaire *mf*. ■ **interina** *nf* femme *f* de ménage.
interior *adj* intérieur(e) • **la ropa interior** les sous-vêtements. ❑ *nm* **1.** intérieur *m* **2.** *(d'une personne)* • **en mi interior** au fond de moi.
interiorismo *nm* architecture *f* d'intérieur.
interiorización *nf* intériorisation *f*.
interiorizar [13] *vt* intérioriser.
interiormente *adv* **1.** à l'intérieur **2.** *(dans l'esprit)* intérieurement.
interjección *nf* interjection *f*.
interlineado *nm* interligne *m*.
interlocutor, ra *nm, f* interlocuteur *m*, -trice *f*.
interludio *nm* interlude *m*.
intermediar [8] *vi* intervenir.
intermediario, ria *adj & nm, f* intermédiaire.
intermedio, dia *adj* intermédiaire. ■ **intermedio** *nm* intermède *m* • **la película tuvo tres intermedios** il y a eu trois coupures publicitaires pendant le film.
interminable *adj* interminable.
intermitencia *nf* intermittence *f*.
intermitente *adj* intermittent(e). ❑ *nm* clignotant *m*.
internacional *adj* international(e).
internacionalismo *nm* internationalisme *m*.
internacionalizar *vt* internationaliser. ■ **internacionalizarse** *vp* s'internationaliser.
internado, da *adj & nm, f* interné(e) ; SCOL interne. ■ **internado** *nm* internat *m*.
internamiento *nm* internement *m*.
internar *vt* interner ; SCOL mettre en pension ; hospitaliser. ■ **internarse** *vp* • **internarse en a)** s'enfoncer dans *(un bois, etc)* **b)** se plonger dans *(une affaire, etc)*.
internauta *nmf* internaute *mf*.
Internet *nm ou nf* Internet *m*.
interno, na *adj* **1.** *(gén)* MÉD interne ; POLIT intérieur(e) **2.** SCOL • **los alumnos internos** les internes. ❑ *nm, f* **1.** *(élève)* interne *mf* **2.** *(prisonnier)* interné *m*, -e *f*.
interparlamentario, ria *adj* interparlementaire.
interpelación *nf* interpellation *f*.
interpelar *vt* interpeller.
interpersonal *adj* interpersonnel(elle).
interplanetario, ria *adj* interplanétaire.
Interpol (abrév de International Criminal Police Organization) *nf* Interpol *m*.
interpolar *vt* intercaler.
interponer [65] *vt* **1.** interposer **2.** DR • **interponer un recurso** interjeter appel. ■ **interponerse** *vp* s'interposer *(entre deux)* • **interponerse en** se mêler de *(affaires, vie de quelqu'un)*.
interpretación *nf* interprétation *f*.
interpretar *vt* interpréter.
intérprete *nmf* interprète *mf*. ■ **intérprete** *nm* INFORM interpréteur *m*.
interpuesto, ta *pp* → **interponer**.
interracial *adj* interracial(e).
interrail *nm* carte *f* Inter Rail.
interrelación *nf* relation *f*.
interrelacionar *vt (personnes)* mettre en relation ; *(faits)* faire des rapprochements entre. ■ **interrelacionarse** *vp* être en relation.
interrogación *nf* interrogation *f*.
interrogante *nm* **1.** interrogation *f* **2.** GRAMM point *m* d'interrogation.
interrogar [16] *vt* interroger.
interrogativo, va *adj* interrogatif(ive).
interrogatorio *nm* interrogatoire *m*.
interrumpir *vt* interrompre. ■ **interrumpirse** *vp* s'interrompre • **la programación se interrumpió** le programme a été interrompu.
interrupción *nf* interruption *f* • **interrupción voluntaria del embarazo** interruption volontaire de grossesse.
interruptor *nm* interrupteur *m*.
intersección *nf* intersection *f*.
intersticio *nm* interstice *m*.
interurbano, na *adj* interurbain(e).
intervalo *nm* intervalle *m*.
intervención *nf* intervention *f* • **intervención quirúrgica** intervention chirurgicale.
intervencionista *adj & nmf* interventionniste.
intervenir [75] *vi* • **intervenir (en)** intervenir (dans) • **intervenir en un debate** participer à un débat. ❑ *vt* **1.** MÉD opérer **2.** TÉLÉCOM mettre sur écoutes **3.** DR saisir *(des armes, de la drogue, etc)* ; DR contrôler *(les comptes)*.
interventor, ra *nm, f* **1.** contrôleur *m*, -euse *f* de gestion **2.** contrôleur *m*, -euse *f* **3.** scrutateur *m*, -trice *f*.
interviú (*pl* **interviús**) *nf* interview *f*.
intestinal *adj* intestinal(e).

intestino, na *adj* intestin(e). ■ **intestino** *nm* intestin *m* • **intestino delgado** intestin grêle • **intestino grueso** gros intestin.
intifada, Intifada *nf* Intifada *f*.
intimar *vi* • **intimar (con)** sympathiser (avec).
intimidación *nf* intimidation *f*.
intimidad *nf* intimité *f* • **en la intimidad** dans l'intimité.
intimidatorio, ria *adj (mesures, action)* d'intimidation.
intimista *adj* intimiste.
íntimo, ma *adj* intime. ❑ *nm,f* intime *mf*.
intocable *adj* intouchable. ■ **intocables** *nm,f pl (en Inde)* • **los intocables** les intouchables.
intolerable *adj* intolérable.
intolerancia *nf* intolérance *f*.
intolerante *adj & nmf* intolérant(e).
intoxicación *nf* intoxication *f* • **intoxicación alimenticia** intoxication alimentaire.
intoxicar [10] *vt* intoxiquer. ■ **intoxicarse** *vp* s'intoxiquer.
intracomunitario, ria *adj* intra-communautaire.
intraducible *adj* intraduisible.
intragable *adj fam (film, livre)* nul, nulle *f*, nase.
intramuros *adv* intra-muros.
intramuscular *adj* intramusculaire.
intranet *nf INFORM* intranet *m*.
intranquilizar [13] *vt* inquiéter. ■ **intranquilizarse** *vp* s'inquiéter.
intranquilo, la *adj* **1.** inquiet(ète) **2.** agité(e).
intransferible *adj (droit, charge)* intransmissible ; *(compte)* non transférable.
intransigencia *nf* intransigeance *f*.
intransigente *adj* intransigeant(e).
intransitable *adj* impraticable.
intransitivo, va *adj* intransitif(ive).
intrascendente *adj* insignifiant(e).
intratable *adj* intraitable.
intrauterino, na *adj* intra-utérin(e).
intravenoso, sa *adj* intraveineux(euse).
intrépido, da *adj* intrépide.
intriga *nf* **1.** curiosité *f* • **tener intriga por** être curieux(euse) de **2.** suspense *m* • **de intriga** à suspense **3.** intrigue *f*.
intrigante *adj* suspect(e). ❑ *nmf* intrigant *m*, -e *f*.
intrigar [16] *vt & vi* intriguer.
intrincado, da *adj* inextricable ; *(affaire, problème)* compliqué(e) • **un camino intrincado** un chemin tortueux.
intríngulis *nm inv fam* hic *m* • **el intríngulis de la historia** le fin mot de l'histoire.
intrínseco, ca *adj* intrinsèque.
intro *nm INFORM* entrée *f*.
introducción *nf* introduction *f*.
introducir [33] *vt* • **introducir (en)** introduire (dans). ■ **introducirse** *vp* • **introducirse (en)** s'introduire (dans).
introductorio, ria *adj (discours, note)* d'introduction, introductif(ive).
intromisión *nf* intrusion *f*.
introspección *nf* introspection *f*.
introspectivo, va *adj* introspectif(ive).
introversión *nf* introversion *f*.
introvertido, da *adj & nm,f* introverti(e).
intrusión *nf* intrusion *f*.
intruso, sa *adj & nm,f* intrus(e).
intubar *vt MÉD* intuber.
intuición *nf* intuition *f*.
intuir [51] *vt* avoir l'intuition de, pressentir.
intuitivo, va *adj* intuitif(ive).
inundación *nf* inondation *f*.
inundar *vt* inonder ; *fig* envahir. ■ **inundarse** *vp* • **inundarse (de) a)** être inondé(e) (de) **b)** *fig* être envahi(e) (par).
inusitado, da *adj (mot, langage)* inusité(e) ; *(froid, comportement, etc)* inhabituel(elle).
inusual *adj* inhabituel(elle).
inútil *adj* **1.** inutile **2.** *(personne)* maladroit(e), invalide. ❑ *nmf* incapable *mf* ; invalide *mf*.
inutilidad *nf* **1.** inutilité *f* **2.** *(objet)* • **esta máquina es una inutilidad** cette machine ne sert à rien **3.** invalidité *f*.
inutilizar [13] *vt* • **inutilizar algo** rendre qqch inutilisable.
invadir *vt litt & fig* envahir.
invalidar *vt* invalider ; *(argument)* infirmer ; *(suj: loi)* annuler.
invalidez *nf* invalidité *f* • **invalidez permanente/temporal** incapacité *f* permanente/temporaire.
inválido, da *adj & nm,f* invalide.
invariable *adj* invariable.
invasión *nf* invasion *f*.
invasivo, va *adj MÉD* invasif(ive).
invasor, ra *adj* • **el país invasor fue sancionado** le pays agresseur a été sanctionné. ❑ *nm,f* envahisseur *m*.
invectiva *nf* invective *f*.
invencible *adj* **1.** *(armée, équipe, etc.)* invincible **2.** *(timidité, dégoût, etc.)* insurmontable.
invención *nf* invention *f*.
invendible *adj* invendable.
inventar *vt* inventer. ■ **inventarse** *vp* inventer • **se inventó una excusa** il a inventé une excuse.
inventariar *vt* inventorier, faire l'inventaire de.
inventario *nm* inventaire *m*.
inventiva *nf* imagination *f*.
invento *nm* invention *f*.
inventor, ra *nm,f* inventeur *m*, -trice *f*.
invernadero, invernáculo *nm* serre *f*.

invernal *adj* hivernal(e).
invernar [19] *vi* **1.** hiberner **2.** hiverner.
inverosímil *adj* invraisemblable.
inverosimilitud *nf* invraisemblance *f.*
inversamente *adv* **1.** inversement • **inversamente proporcional a** inversement proportionnel à **2.** inversement, à l'inverse.
inversión *nf* **1.** inversion *f* **2.** investissement *m (de temps, d'argent)* • **una mala inversión** un mauvais placement.
inversionista *nmf* (AMÉR) investisseur *m*, -euse *f.*
inverso, sa *adj* inverse. ■ **a la inversa** *loc adv* à l'inverse.
inversor, ra *adj & nm,f* investisseur(euse).
invertebrado, da *adj* **1.** invertébré(e) **2.** *fig* non structuré(e). ■ **invertebrados** *nmpl* invertébrés *mpl.*
invertido, da *adj & nm,f* homosexuel(elle).
invertir [27] *vt* **1.** inverser **2.** investir **3.** mettre *(du temps)* • **invierto mucho tiempo en ir a tu casa** je mets beaucoup de temps pour aller chez toi.
investidura *nf* investiture *f.*
investigación *nf* **1.** recherche *f*; investigation *f* • **investigación y desarrollo** recherche-développement *f* **2.** enquête *f.*
investigador, ra *adj* **1.** *(qui étudie)* • **un centro investigador** un centre de recherche **2.** *(qui enquête)* • **una comisión investigadora** une commission d'enquête. ❑ *nm,f* **1.** chercheur *m*, -euse *f* **2.** enquêteur *m*, -euse *f.*
investigar [16] *vt* **1.** faire des recherches sur **2.** rechercher, enquêter sur. ❑ *vi* **1.** faire de la recherche **2.** enquêter.
investir [26] *vt* • **investir a alguien con algo** **a)** *(charge)* investir qqn de qqch **b)** *(grade, titre)* décerner qqch à qqn **c)** *(médaille)* décorer qqn de qqch.
inveterado, da *adj (coutume)* ancré(e).
inviable *adj* infaisable.
invidente *adj* aveugle. ❑ *nmf* non-voyant *m*, -e *f.*
invierno *nm* hiver *m.*
invisible *adj* invisible.
invitación *nf* invitation *f.*
invitado, da *adj & nm,f* invité(e).
invitar *vt* inviter • **invitar a alguien a (hacer) algo** inviter qqn à (faire) qqch • **lo invitó a una copa** il lui a offert un verre • **invitar a** *fig* inviter à • **el sol invita a pasear** le soleil invite à la promenade.
in vitro *loc adv* in vitro.
invocar [10] *vt* invoquer.
involución *nf fig* régression *f (d'une situation).*
involucrado, da *adj* impliqué(e).
involucrar *vt* • **involucrar en** impliquer dans. ■ **involucrarse** *vp* • **involucrarse en** être impliqué(e) dans.
involuntario, ria *adj* involontaire.
invulnerabilidad *nf* invulnérabilité *f.*
invulnerable *adj* invulnérable.
inyección *nf* **1.** injection *f* **2.** piqûre *f.*
inyectable *adj* injectable.
inyectar *vt* injecter. ■ **inyectarse** *vp (avec de la drogue)* se piquer ; *(avec un médicament)* se faire une piqûre de.
iodo = **yodo**.
ion *nm* ÉLECTR & CHIM ion *m.*
ionizar [13] *vt* ioniser.
IPC (abrév de **índice de precios al consumo**) *nm* IPC *m.*
iPhone® ['aifon *ou* 'ifón] *nm* iPhone® *m.*
iPod® ['aipod *ou* 'ipod] *nm* iPod® *m.*
ipso facto *loc adv* sur-le-champ.

ir

■ **ir** [61] *vi*

1. SE DÉPLACER VERS UN ENDROIT DÉTERMINÉ
aller • **no quiero ir** je ne veux pas y aller • **iremos en coche/en tren/andando** nous irons en voiture/en train/à pied • **¡vamos!** on y va !

2. S'ÉTENDRE D'UN POINT À UN AUTRE
aller • **nuestra parcela va de aquí hasta el mar** notre terrain va d'ici à la mer

3. DEVANT UN GÉRONDIF, INDIQUE QU'UNE ACTION SE RÉALISE PEU À PEU
• **voy mejorando mi estilo** j'améliore mon style • **su estado va empeorando** son état se dégrade

4. FONCTIONNER, MARCHER
• **tu coche va muy bien** ta voiture marche très bien • **sus negocios van mal** ses affaires vont mal

5. ÊTRE
• **iba muy borracho** il était complètement soûl • **iba hecho un pordiosero** on aurait dit un mendiant

6. CONVENIR À QQN, EN PARLANT DE VÊTEMENTS, DE COULEURS
aller • **te van muy bien estas gafas** ces lunettes te vont très bien • **le va fatal el color negro** le noir ne lui va pas du tout

7. DANS UN PARI
• **van diez euros a que no lo haces** je te parie dix euros que tu ne le fais pas

8. AVEC UNE VALEUR EMPHATIQUE, INDIQUE QU'UNE ACTION SE PRODUIT DE FAÇON SOUDAINE OU IMPRÉVUE
• **fue y se puso a llorar** tout à coup, il s'est mis à pleurer • **fue y se lo contó todo** d'un coup, il est allé tout lui raconter

9. DANS DES EXPRESSIONS
• **¿cómo te va?** comment vas-tu ?, comment ça va ? • **¡qué va!** tu parles ! • **es el no va más** c'est le nec plus ultra • **este tratamiento me ha ido muy bien** ce traitement m'a fait beaucoup de bien • **unas vacaciones te harían bien** des vacances te feraient du bien

■ **ir a** *v + prép*

1. SE DÉPLACER VERS UN ENDROIT DÉTERMINÉ
aller à • **voy a Madrid/al cine** je vais à Madrid/au cinéma • **todavía va al colegio** il va encore à l'école
2. SUIVI DE L'INFINITIF, EXPRIME LE FUTUR IMMÉDIAT
aller • **voy a llamarlo ahora mismo** je vais l'appeler tout de suite • **va a llover** il va pleuvoir
3. ÊTRE DANS TEL ÉTAT
aller • **ir a mejor/a peor** aller mieux/moins bien

■ **ir con** *v + prép*

1. ÊTRE VÊTU DE
être en • **ir con corbata** être en cravate
2. ÊTRE EN HARMONIE AVEC
aller avec • **el color del sofá no va con el de las cortinas** la couleur du canapé ne va pas avec celle des rideaux

■ **ir de** *v + prép*

1. TRAITER DE, AVOIR POUR SUJET
parler de • **¿de qué va la película?** de quoi parle le film ?
2. ÊTRE VÊTU DE
être en • **ir de azul** être en bleu
3. PRÉTENDRE ÊTRE
• **va de intelectual** il fait l'intello • **pero ¿tú de qué vas?** mais tu te prends pour qui ?

■ **ir en** *v + prép*

ÊTRE VÊTU DE
être en • **ir en camiseta** être en tee-shirt

■ **ir por** *v + prép*

1. ALLER CHERCHER QQCH OU QQN
• **ve a por el pan** va chercher le pain • **si quieres yo iré por el niño** si tu veux, j'irai chercher le gamin
2. CONCERNER QQN, S'ADRESSER À QQN
• **lo que he dicho no va por nadie en particular** ce que je viens de dire ne vise personne en particulier • **no mires al techo que esto va por ti** ne regarde pas au plafond, c'est de toi dont il s'agit
3. INDIQUE UNE COMPENSATION
• **eso va por lo que tú me hiciste** ça, c'est pour ce que tu m'as fait
4. ATTEINDRE
en être à • **ya va por el cuarto vaso de vino** il en est à son quatrième verre de vin

■ **irse** *vp*

QUITTER UN LIEU, PARTIR
• **como sigas así me voy** si tu continues comme ça, je m'en vais • **se ha ido de viaje/a comer** il est parti en voyage/manger • **esta mancha no se va** cette tache ne part pas • **¡vete!** va-t-en !

ira *nf* colère *f*.

IRA (abrév de Irish Republican Army) *nm* IRA *f*.

iracundo, da *adj* coléreux(euse) • **se puso iracundo** il est devenu furieux.

Irak = **Iraq**.

irakí (*pl* **irakíes** *ou* **irakís**) = **iraquí**.

Irán *npr* • **(el) Irán** (l')Iran *m*.

Iraq, Irak *npr* • **(el) Iraq** (l')Iraq *m*, (l')Irak *m*.

iraquí (*pl* **iraquíes** *ou* **iraquís**), **irakí** (*pl* **irakíes** *ou* **irakís**) *adj* irakien(enne). ❏ *nm, f* Irakien *m*, -enne *f*.

irascible *adj* irascible.

iris *nm inv* iris *m*.

Irlanda *npr* Irlande *f* • **Irlanda del Norte** Irlande du Nord.

irlandés, esa *adj* irlandais(e). ❏ *nm, f* Irlandais *m*, -e *f*. ■ **irlandés** *nm* irlandais *m*.

ironía *nf* ironie *f* • **por una curiosa ironía,...** par une curieuse ironie du sort,....

irónico, ca *adj* ironique.

ironizar [13] *vt* tourner en dérision. ❏ *vi* • **ironizar (sobre)** ironiser (sur).

IRPF (abrév de Impuesto sobre la Renta de las Personas Físicas) *nm impôt sur le revenu des personnes physiques en Espagne* ; ≃ IRPP *m*.

irracional *adj* irrationnel(elle).

irradiación *nf* **1.** *(gén)* MÉD irradiation *f* **2.** *(de culture, idées)* rayonnement *m*.

irradiar [8] *vt* **1.** *(gén)* MÉD irradier **2.** rayonner de *(joie, bonheur)* ; déborder de *(sympathie)*.

irrazonable *adj* déraisonnable.

irreal *adj* irréel(elle).

irrealidad *nf* irréalité *f*.

irrealizable *adj* irréalisable.

irrebatible *adj* irréfutable.

irreconciliable *adj* irréconciliable.

irreconocible *adj* méconnaissable.

irrecuperable *adj* irrécupérable.

irreductible *adj* irréductible.

irreemplazable *adj* irremplaçable.

irreflexión *nf* irréflexion *f*.

irreflexivo, va *adj* irréfléchi(e).

irrefrenable *adj* irrépressible.

irrefutable *adj* irréfutable.

irregular *adj* irrégulier(ère).

irregularidad *nf* irrégularité *f*.

irrelevancia *nf* insignifiance *f* ; *(observación, etc.)* manque *m* d'à-propos.

irrelevante *adj* **1.** insignifiant(e) **2.** qui n'est pas pertinent(e).

irremediable *adj* irrémédiable.

irremisible *adj* irrémissible.

irremplazable *adj* irremplaçable.

irreparable *adj* irréparable.

irrepetible *adj* unique.

irreprimible *adj* irrépressible.

irreprochable *adj* irréprochable.

irresistible *adj* irrésistible.

irresoluto, ta *adj & nm, f sout* irrésolu(e).

irrespetuoso, sa *adj* irrespectueux(euse).
irrespirable *adj* irrespirable.
irresponsable *adj & nmf* irresponsable.
irreverente *adj* irrévérencieux(euse).
irreversible *adj* irréversible.
irrevocable *adj* irrévocable.
irrigación *nf* irrigation *f*.
irrigar [16] *vt* irriguer.
irrisorio, ria *adj* dérisoire.
irritabilidad *nf* irritabilité *f*.
irritable *adj* irritable.
irritado, da *adj* irrité(e).
irritante *adj* irritant(e).
irritar *vt* irriter. ■ **irritarse** *vp* s'irriter.
irrompible *adj* incassable.
irrumpir *vi* faire irruption.
irrupción *nf* irruption *f*.
ISBN (abrév de international standard book number) *nm* ISBN *m*.
isla *nf* île *f* • **isla de Pascua** île de Pâques • **las islas Baleares** les îles Baléares • **las islas Canarias** les îles Canaries • **las islas Fidji** les îles Fidji • **las islas Malvinas** les îles Malouines.
islam *nm* islam *m*. ■ **Islam** *nm* • **el Islam** l'Islam *m*.
islámico, ca *adj* islamique.
islamismo *nm* **1.** islam *m* **2.** islamisme *m*.
islamista *adj & nmf* islamiste.
islamizar [13] *vt* islamiser. ■ **islamizarse** *vp* se convertir à l'islam, s'islamiser.
islamofobia *nf* islamophobie *f*.
islandés, esa *adj* islandais(e). ❑ *nm,f* Islandais *m*, -e *f*. ■ **islandés** *nm* islandais *m*.
Islandia *npr* Islande *f*.
isleño, ña *adj & nm,f* insulaire.
islote *nm* îlot *m*.
isobara, isóbara *nf* isobare *f*.
isósceles *adj inv* isocèle. ❑ *nm inv* triangle *m* isocèle.
isotérmico, ca, isotermo, ma *adj* isotherme.
isótopo *adj* isotopique. ❑ *nm* CHIM isotope *m*.
Israel *npr* Israël.
israelí (*pl* **israelíes** *ou* **israelís**) *adj* israélien(enne). ❑ *nmf* Israélien *m*, -enne *f*.
israelita *adj & nmf* israélite.
istmo *nm* isthme *m*.
Italia *npr* Italie *f*.
italiano, na *adj* italien(enne). ❑ *nm,f* Italien *m*, -enne *f*. ■ **italiano** *nm* italien *m*.
item, ítem *nm* **1.** objet *m* **2.** DR article *m* **3.** INFORM élément *m* (d'information).
iteración *nf* **1.** réitération *f* **2.** INFORM itération *f*.
itinerancia *nf* itinérance *f*.
itinerante *adj* itinérant(e).
itinerario *nm* itinéraire *m*.
ITV (abrév de inspección técnica de vehículos) *nf* *contrôle technique des véhicules en Espagne*.
i/v (abrév de ida y vuelta) A/R *(aller-retour)*.
IVA (abrév de impuesto sobre el valor añadido) *nm* TVA *f* • **el tipo ou la tasa del IVA** le taux de la TVA.
izar [13] *vt* hisser.
izda, izqda (abrév de izquierda) gche.
izquierdismo *nm* POLIT gauche *f*.
izquierdista *adj* de gauche. ❑ *nmf* homme *m* de gauche, femme *f* de gauche • **los izquierdistas** la gauche.
izquierdo, da *adj* gauche ; *(file, bouton, voie)* de gauche. ■ **izquierda** *nf* **1.** *(gén)* POLIT gauche *f* • **a la izquierda** à gauche • **de izquierdas** de gauche **2.** main *f* gauche ; SPORT *(pied)* gauche *m*.
izquierdoso, sa *adj fam* gaucho *(gauchiste)*.

J

j, J [xota] *nf* j *m inv*, J *m inv*.
ja *interj* • **¡ja!** ha !
jabalí, ina *nm,f* sanglier *m*, laie *f*.
jabalina *nf* javelot *m*.
jabato, ta *adj* courageux(euse). ■ **jabato** *nm* marcassin *m*.
jabón *nm* savon *m*.
jabonar *vt* savonner. ■ **jabonarse** *vp* se savonner.
jabonero, ra *adj* savonnier(ère). ■ **jabonera** *nf* porte-savon *m*.
jabugo *nm* Jabugo *m (jambon espagnol de grande qualité)*.
jaca *nf* **1.** ZOOL bidet *m* **2.** jument *f*.
jacal *nm* (AMÉR) hutte *f*.
jacinto *nm* jacinthe *f*.
jacquard *nm inv* jacquard *m*.
jactarse *vp* • **jactarse de** se vanter de.
jacuzzi® *nm* Jacuzzi® *m*.
jade *nm* jade *m*.
jadeante *adj* haletant(e).
jadear *vi* haleter.
jadeo *nm* halètement *m*.
Jaén *npr* Jaén, Jaen.
jaguar (*pl* **jaguars**) *nm* jaguar *m*.
jaiba *nf* (AMÉR) crabe *m*.
jalapeño *nm* *petit piment vert très piquant, utilisé frais en cuisine*.
jalar *vt* **1.** (ESP) *fam* bouffer **2.** (AMÉR) *fam* tirer • **lo jaló de la manga** il l'a tiré par la manche **3.** (AMÉR) traîner. ■ **jalar con** *fam v + prép* (AMÉR) **1.** s'entendre avec **2.** faucher. ■ **jalar en** *v + prép* (AMÉR) *fam* bosser. ■ **jalarse** *vi* (ESP) *fam* bouffer, se taper.
jale *nm* (AMÉR) *fam* boulot *m*.

jalea *nf* gelée *f* • **jalea real** gelée royale.
jalear *vt* encourager *(par des cris, des applaudissements)*.
jaleo *nm fam* **1.** raffut *m* **2.** histoire *f* • **se ha metido en un jaleo muy gordo** il s'est embarqué dans une sale histoire **3.** pagaille *f*.
jalonar *vt litt & fig* jalonner.
Jamaica *npr* Jamaïque *f*.
jamás *adv* jamais • **jamás de los jamases** *fig* jamais, au grand jamais.
jamón *nm* jambon *m* • **jamón (de) York** jambon blanc • **jamón (en) dulce** jambon cuit • **jamón serrano** jambon de montagne ou cru ; ≃ jambon de Bayonne.
Japón *npr* • **(el) Japón** (le) Japon.
japonés, esa *adj* japonais(e). ❑ *nm,f* Japonais *m*, -e *f*. ■ **japonés** *nm* japonais *m*.
jaque *nm* échec *m* • **jaque mate** échec et mat.
jaqueca *nf* migraine *f*.
jarabe *nm* sirop *m*.
jarana *nf* **1.** java *f* • **estar ou irse de jarana** faire la java **2.** bagarre *f*.
jaranero, ra *adj* • **es tan jaranero que sale todas las noches** il aime tellement faire la fête qu'il sort tous les soirs. ❑ *nm,f* noceur *m*, -euse *f*.
jardín *nm* jardin *m* • **jardín botánico** jardin botanique. ■ **jardín de infancia** *nm* jardin *m* d'enfants.
jardinera *nf* → **jardinero**.
jardinería *nf* jardinage *m*.
jardinero, ra *nm,f* jardinier *m*, -ère *f*. ■ **jardinera** *nf* jardinière *f*.
jarra *nf* carafe *f* ; chope *f (pour contenir de la bière)* • **de ou en jarras** les poings sur les hanches. ■ **jarra de cerveza** *nf* chope *f (remplie de bière)*.
jarro *nm* pichet *m*.
jarrón *nm* vase *m*.
jaspeado, da *adj* jaspé(e).
jauja *nf fam* pays *m* de cocagne • **¡esto es jauja!** c'est Byzance !
jaula *nf* cage *f*.
jauría *nf* meute *f*.
jazmín *nm* jasmin *m*.
jazz [ʝas] *nm* jazz *m*.
JC, J. C. (abrév de **Jesucristo**) J.-C.
je *interj* • **¡je!** ha !
jeep® ['ʝip] (*pl* **jeeps**) *nm* Jeep® *f*.
jefatura *nf* direction *f*.
jefazo, za *nm fam* grand chef *m (en entreprise)*.
jefe, fa *nm,f* chef *m* • **jefe de estación** chef de gare • **jefe de Estado** chef d'État • **jefe de estudios** conseiller *m* d'éducation • **jefe de gobierno** chef de gouvernement.
Jehová *npr RELIG* Jéhovah.
jengibre *nm* gingembre *m*.
jeque *nm* cheikh *m*.
jerarquía *nf* hiérarchie *f* • **la alta jerarquía** les hauts dignitaires.
jerárquico, ca *adj* hiérarchique.
jerarquizar [13] *vt* hiérarchiser.
jerez *nm* xérès *m*.
jerga *nf* jargon *m*.
jerifalte *nm fam* big boss *m*.
jerigonza *nf* **1.** charabia *m* **2.** jargon *m*.
jeringa *nf* seringue *f*.
jeringar *vt fam* **1.** *(ennuyer)* raser, gonfler **2.** *(abîmer)* bousiller. ■ **jeringarse** *vp fam* **1.** *(personne)* se contenter de **2.** *(objet)* se bousiller, être H.S.
jeringuilla *nf* seringue *f* • **jeringuilla hipodérmica** seringue hypodermique.
jeroglífico, ca *adj* hiéroglyphique. ■ **jeroglífico** *nm* **1.** hiéroglyphe *m* **2.** rébus *m*.
jerséi (*pl* **jerséis**), **jersey** (*pl* **jerseys**) *nm* pull-over *m*.
Jerusalén *npr* Jérusalem.
Jesucristo *npr* Jésus-Christ.
jesuita *adj & nm* jésuite.
jesús *interj* • **¡jesús! a)** *(quand on éternue)* à tes/vos souhaits ! **b)** *(exprime la surprise)* ça alors !
jet ['ʝet] (*pl* **jets**) *nm* jet *m*. ❑ *nf* = **jet-set**.
jeta *fam nf* gueule *f* • **tener (mucha) jeta** être gonflé(e). ❑ *nmf* • **¡es un jeta!** il a un culot monstre !
jet-set ['ʝetset], **jet** *nf* jet-set *f*.
jibia *nf ZOOL* seiche *f*.
jihad = **yihad**.
jijona *nm* touron *m* (de Jijona).
jilguero *nm* chardonneret *m*.
jinete *nmf* cavalier *m*, -ère *f*.
jiñar, giñar *vi vulg* chier.
jipioso, sa *adj & nm,f fam* hippie, hippy.
jirafa *nf* girafe *f*.
jirón *nm* **1.** lambeau *m* • **hecho jirones** en lambeaux **2.** **(AMÉR)** avenue *f*.
jitomate *nm* **(AMÉR)** tomate *f*.
JJ OO (abrév de **juegos olímpicos**) *nmpl* JO *mpl* • **participar en los JJ OO** participer aux JO.
jo *interj* **(ESP)** *fam* **1.** *(exprime l'agacement)* mince ! • **¡jo, me he vuelto a olvidar las llaves!** mince, j'ai encore oublié les clés ! • **¡jo, déjame en paz!** allez, laisse-moi tranquille ! **2.** *(indique la surprise, la joie)* • **¡jo, qué suerte!** waouh, quelle chance ! • **¡jo, qué casualidad!** eh ben, quelle coïncidence !
jobar *interj* **(ESP)** *fam & euphém* punaise !, purée !
jockey = **yóquey**.
jocoso, sa *adj* cocasse.
joder *vulg vi* **1.** baiser **2.** faire chier • **¡no jodas!** tu déconnes ! ❑ *vt* **1.** emmerder, faire chier • **joderla : ¡como nos pille, la hemos jodido!** s'il nous pince, c'est foutu ! **2.** niquer. ■ **joderse** *vp vulg* **1.** *(personne)* aller se faire foutre **2.** *(personne)* faire avec **3.** *(objet)* être foutu(e).
jodido, da *adj vulg* **1.** mal foutu(e) **2.** emmerdé(e) **3.** merdique **4.** *(maudit)* • **este jodido coche** cette putain de voiture **5.** *(abîmé)* foutu(e).
jodienda *nf vulg* • **¡qué jodienda!** ça fait chier !

jofaina *nf* bassine *f.*
jogging ['ɟoɣin] *nm* jogging *m.*
jojoba *nf* jojoba *m.*
jóker ['ɟoker] (*pl* **jokers**) *nm* joker *m.*
jolgorio *nm* fête *f.*
jolín, jolines *interj fam* • **¡jolín! a)** *(exprime la l'étonnement)* la vache ! **b)** *(exprime l'ennui)* mince !
jondo *adj* → **cante.**
JONS (abrév de Juntas de Ofensiva Nacional Sindicalista) *nfpl mouvement politique espagnol d'extrême droite datant de l'époque franquiste.*
jopé *interj* (ESP) *fam* & *euphém* punaise !
Jordania *npr* Jordanie *f.*
jornada *nf* journée *f* • **jornada de trabajo** journée ou temps *m* de travail • **jornada intensiva** journée continue • **media jornada** mi-temps *m.*
jornal *nm* salaire *m* journalier.
jornalero, ra *nm, f* journalier *m*, -ère *f.*
joroba *nf* bosse *f.*
jorobado, da *adj* **1.** *fam* mal fichu(e) • **tengo el estómago jorobado** j'ai mal à l'estomac **2.** bossu(e). ❑ *nm, f* bossu *m*, -e *f.*
jorobar *vt tfam* casser les pieds à, emmerder. ■ **jorobarse** *vp fam* • **si no te gusta, te jorobas** si ça ne te plaît pas, tant pis pour toi.
jorongo *nm* (AMÉR) **1.** couverture *f* **2.** poncho *m* (mexicain).
jota *nf* **1.** *(10ᵉ lettre de l'alphabet)* j *m inv* **2.** jota *f (chanson et danse populaires espagnoles avec accompagnement de castagnettes)* **3.** *fig* • **no entiendo ni jota ou una jota de inglés** *fam* je ne comprends pas un mot d'anglais.
joto *nm* (AMÉR) *vulg* pédé *m.*
joven *adj* jeune. ❑ *nmf* jeune homme *m*, jeune fille *f* • **¡joven!** garçon !
jovenzuelo, la *nm, f* gamin *m*, -e *f.*
jovial *adj* jovial(e).
jovialidad *nf* jovialité *f.*
joya *nf* **1.** bijou *m* **2.** *(personne)* perle *f*; *(chose)* bijou *m.*
joyería *nf* bijouterie *f*, joaillerie *f.*
joyero, ra *nm, f* bijoutier *m*, -ère *f*, joaillier *m*, -ère *f.* ■ **joyero** *nm* coffret *m* à bijoux.
JPEG [xe'peg] *nm INFORM* JPEG *m.*
Jr. (abrév de junior) Jr • **Walter Gálvez Jr.** Walter Gálvez Jr.
juanete *nm MÉD* oignon *m.*
jubilación *nf* retraite *f* • **jubilación anticipada** retraite anticipée.
jubilado, da *adj* & *nm, f* retraité(e).
jubilar *vt* mettre à la retraite *fam* ; *fig* mettre au placard *(un employé, un vêtement).* ■ **jubilarse** *vp* prendre sa retraite.
jubileo *nm RELIG* jubilé *m* • **su casa es un jubileo** *fam* & *fig* sa maison est un vrai moulin.
júbilo *nm* jubilation *f.*
judaísmo *nm* judaïsme *m.*
judeocristiano, na *adj* judéo-chrétien(enne).
judería *nf* quartier *m* juif.
judía *nf* haricot *m* • **judía verde ou tierna** haricot vert.
judicial *adj* judiciaire.
judío, a *adj* juif(ive). ❑ *nm, f* Juif *m*, -ive *f.*
judo = **yudo.**
judoka = **yudoca.**
juego *nm* **1.** *(gén)* SPORT jeu *m* • **estar/poner en juego** être/mettre en jeu • **estar (en) fuera de juego a)** SPORT être hors jeu **b)** *fig* être hors circuit • **juego de azar** jeu de hasard • **juego de manos** tour *m* de passe-passe • **juego de palabras** jeu de mots • **juegos olímpicos** jeux *mpl* Olympiques **2.** *(ensemble)* • **hacer juego** aller avec • **zapatos a juego con…** des chaussures assorties à... • **juego de café/de té** service *m* à café/à thé.
juerga *nf fam* bringue *f* • **irse ou estar de juerga** faire la bringue.
juerguista *fam adj* • **es muy juerguista** il aime bien faire la fête. ❑ *nmf* fêtard *m*, -e *f.*
jueves *nm inv* jeudi *m* • **no es nada del otro jueves** *fig* ça n'a rien d'extraordinaire. Voir aussi **sábado.** ■ **Jueves Santo** *nm* jeudi *m* saint.
juez, za *nm, f* juge *m* • **juez de línea a)** juge de touche *(au football, au rugby)* **b)** juge de ligne *(au tennis)* • **juez de paz** ≃ juge d'instance • **juez de silla** arbitre *m (au tennis, etc).*
jugada *nf SPORT* coup *m*, action *f* • **ha sido una buena jugada de…** quelle belle action de... ! • **hacer una mala jugada a alguien** *fig* jouer un mauvais tour à qqn.
jugador, ra *adj* & *nm, f* joueur(euse).
jugar [40] *vi* jouer • **jugar al balón/a la pelota** jouer au ballon/à la balle. ❑ *vt* **1.** faire *(un match)* • **jugar un partido de fútbol** faire un match de foot **2.** jouer *(de l'argent, une carte).* ■ **jugarse** *vp* **1.** parier **2.** *(risquer)* jouer • **te estás jugando el puesto** tu es en train de jouer ton poste • **se jugó la vida para salvarla** il a risqué sa vie pour la sauver.
jugarreta *nf fam* sale coup *m.*
juglar *nm* jongleur *m (poète-musicien du Moyen Âge)*, ménestrel *m.*
jugo *nm* **1.** jus *m* **2.** *ANAT* suc *m* **3.** *fig (intérêt)* • **un artículo con mucho jugo** un article très fouillé • **sacar jugo a algo/alguien** tirer parti de qqch/qqn.
jugoso, sa *adj* **1.** juteux(euse) **2.** *fig (intéressant)* fouillé(e).
juguete *nm* jouet *m* • **un coche de juguete** une petite voiture • **una vajilla de juguete** une dînette.
juguetear *vi* jouer • **deja de juguetear con las llaves** arrête de t'amuser avec les clefs.
juguetería *nf* magasin *m* de jouets.
juguetón, ona *adj* joueur(euse).

juicio *nm* jugement *m* • **(no) estar en su (sano) juicio** (ne pas) avoir toute sa tête • **perder el juicio** perdre la raison. ■ **Juicio Final** *nm* • **el Juicio Final** le Jugement *m* dernier.

juicioso, sa *adj* **1.** *(personne)* sensé(e) **2.** *(action)* judicieux(euse).

jul., jul (abrév de **julio**) juil. • **14 jul. 1789** 14 juil. 1789.

julio *nm* **1.** juillet *m* **2.** *PHYS* joule *m*. Voir aussi **septiembre**.

jumbo ['ɟumbo] *nm* jumbo-jet *m*.

jun., jun (abrév de **junio**) juin • **24 jun. 1999** 24 juin 1999.

junco *nm* **1.** *BOT* jonc *m* **2.** *NAUT* jonque *f*.

jungla *nf* jungle *f*.

junio *nm* juin *m*. Voir aussi **septiembre**.

júnior ['ɟunior] (*pl* **juniors**) *adj inv* junior. ❑ *nmf* *SPORT* junior *mf*.

junta *nf* **1.** assemblée *f* • **junta (general) de accionistas** assemblée (générale) des actionnaires • **junta directiva** comité *m* directeur • **junta militar** junte *f* (militaire) **2.** joint *m* • **junta de culata** joint de culasse.

juntar *vt* **1.** réunir ; joindre *(les mains)* **2.** rassembler *(des personnes, des fonds)*. ■ **juntarse** *vp* **1.** *(personnes)* s'assembler ; *(rivières, chemins)* se rejoindre ; • **juntarse a** se rapprocher de **2.** vivre ensemble.

junto, ta *adj* **1.** ensemble • **nunca había visto tanta gente junta** je n'avais jamais vu autant de gens réunis • **rezaba con las manos juntas** elle priait les mains jointes **2.** côte à côte • **tenía los ojos juntos** il avait les yeux rapprochés. ■ **junto a** *loc prép* à côté de, près de. ■ **junto con** *loc prép* avec.

juntura *nf* jointure *f*.

jura *nf* serment *m* • **jura de la bandera** serment au drapeau.

jurado, da *adj* **1.** *(déclaration, etc)* juré(e) **2.** *(traducteur)* assermenté(e) **3.** → **guarda**. ■ **jurado** *nm (tribunal)* jury *m* ; *(membre)* juré *m*.

juramento *nm* **1.** serment *m* • **juramento hipocrático** serment d'Hippocrate **2.** juron *m*.

jurar *vt* **1.** jurer • **jurar por... que** jurer sur... que • **jurar por Dios que** jurer devant Dieu que • **jurársela ou jurárselas a alguien** *fam* jurer de se venger de qqn **2.** prêter serment à. ❑ *vi (blasphémer)* jurer.

jurel *nm* chinchard *m*.

jurídico, ca *adj* juridique.

jurisdicción *nf* **1.** autorité *f* • **estar fuera de la jurisdicción de alguien** ne pas être de la compétence de qqn **2.** *DR* juridiction *f*.

jurisdiccional *adj* **1.** juridictionnel(elle) **2.** → **agua**.

jurisprudencia *nf* jurisprudence *f*.

jurista *nmf* juriste *mf*.

justa *nf HIST* joute *f*.

justamente *adv* justement • **tienen justamente la misma edad** ils ont exactement le même âge.

justicia *nf* justice *f* • **hacer justicia a** faire ou rendre justice à • **es de justicia que** c'est justice que • **tomarse alguien la justicia por su mano** se faire justice.

justiciero, ra *adj & nm,f* justicier(ère).

justificable *adj* justifiable.

justificación *nf (gén) INFORM* justification *f*.

justificante *nm* justificatif *m*.

justificar [10] *vt* justifier • **justificar a alguien** justifier qqn. ■ **justificarse** *vp* se justifier.

justificativo, va *adj* justificatif(ive).

justo, ta *adj* juste • **tendremos la luz justa para...** nous aurons juste assez de lumière pour... • **estar ou venir justo** être juste. ■ **justo** *nm RELIG* • **los justos** les justes. ❑ *adv* juste • **justo ahora iba a llamarte** j'allais justement t'appeler.

juvenil *adj* **1.** juvénile **2.** *SPORT* ≃ cadet. ❑ *nmf (gén pl) SPORT* ≃ cadet *m*, -ette *f*.

juventud *nf* **1.** jeunesse *f* **2.** *(ensemble des jeunes)* • **la juventud** les jeunes.

juzgado *nm* **1.** tribunal *m* • **juzgado de guardia** *tribunal où une permanence est assurée* **2.** juridiction *f*.

juzgar [16] *vt* juger • **a juzgar por (como)** à en juger par (la façon dont).

K

k, K [ka] *nf* k *m inv*, K *m inv*.

kafkiano, na *adj* kafkaïen(enne).

kaki = **caqui**.

kamikaze *nm* kamikaze *m*.

karaoke *nm* **1.** *(loisir)* karaoké *m* **2.** *(local)* karaoké *m*, bar *m* karaoké.

kárate *nm* karaté *m*.

karateka, karateca *nmf SPORT* karatéka *mf*.

karma *nm RELIG* karma *m*, karman *m*.

kart (*pl* **karts**) *nm* kart *m*.

katiusca, katiuska *nf* botte *f* en caoutchouc.

kayac (*pl* **kayacs**) *nm SPORT* kayak *m*.

Kazajistán, Kazakztán *npr* Kazakhstan, Kazakstan *m*.

Kb (abrév de **kilobyte**) *nm* Kb *m*.

Kbps (abrév de **kilobit por segundo**) *INFORM* Kbit/s *m*.

kebab *nm* kebab *m*.

Kenia *npr* Kenya *m*.

keroseno = **queroseno**.

ketchup® ['ketʃup], **catchup** ['katʃup], **catsup** *nm inv* ketchup *m*.

kg (abrév de kilogramo) kg.
KGB (abrév de Komitet Gosudárstvennoy Bezopásnosti) *nm* KGB *m*.
kibbutz (*pl* **kibbutz** *ou* **kibbutzim**), **kibutz** (*pl* **kibutz** *ou* **kibutzim**) [ki'βuts, ki'βuθ] *nm* kibboutz *m*.
kilo, **quilo** *nm* **1.** kilo *m* **2.** *fam* million *m* de pesetas.
kilobit *nm* kilobit *m*.
kilobyte [kilo'βait] *nm* INFORM kilobyte *m*.
kilocaloría, **quilocaloría** *nf* kilocalorie *f*.
kilogramo, **quilogramo** *nm* kilogramme *m*.
kilometraje, **quilometraje** *nm* kilométrage *m*.
kilometrar, **quilometrar** *vt* kilométrer.
kilométrico, ca, **quilométrico, ca** *adj* **1.** *(distance, billet)* kilométrique **2.** *fig (long)* interminable.
kilómetro, **quilómetro** *nm* kilomètre *m* • **kilómetros por hora** kilomètres à l'heure • **kilómetro cuadrado** kilomètre carré.
kilovatio, **quilovatio** *nm* kilowatt *m*.
kilovoltio, **quilovoltio** *nm* kilovolt *m*.
kimono = **quimono**.
kiosco = **quiosco**.
kit (*pl* **kits**) *nm* kit *m*.
kitsch *adj inv* kitsch *(inv)*, kitch *(inv)*. ❑ *nm* kitsch *m inv*, kitch *m inv*.
kiwi *nm* kiwi *m*.
kleenex®, **klínex** *nm inv* kleenex® *m*.
km (abrév de kilómetro) km.
km² (abrév de kilómetro cuadrado) km².
km/h (abrév de kilómetro por hora) km/h.
KO (abrév de knock-out) *nm* K-O *m*.
kosher [koʃer] *adj* kasher.
ktl? (abrév de ¿qué tal?) *(SMS)* sava? *(ça va?)*.
Kuwait [ku'βait] *npr* **1.** *(pays)* Koweït *m* **2.** *(ville)* Koweït.
kW (abrév de kilovatio) *nm* kW.
kWh (abrév de kilovatio hora) *nm* kWh *m*.

L

l¹, **L** [ele] *nf* l *m inv*, L *m inv*.
l² (abrév de litro) l.
la¹ *nm* MUS la *m*.
la² *art* → **el**. ❑ *pron* → **lo**.
laberinto *nm* labyrinthe *m*.
labia *nf fam* bagou *m*.
labial *adj* labial(e). ❑ *nf* labiale *f*.
labio *nm (gén pl)* **1.** lèvre *f* **2.** *fig* bouche *f*.
labor *nf* **1.** travail *m* • **profesión: sus labores** profession : femme au foyer **2.** ouvrages *mpl (de couture, de tricot, etc)* • **labor de aguja** travaux *mpl* d'aiguille.
laborable *adj* → **día**.
laboral *adj (journée, conditions)* de travail ; *(accident, droit)* du travail.
laboralista *adj* du droit du travail. ❑ *nmf* spécialiste *mf* en droit du travail.
laboratorio *nm* laboratoire *m* • **laboratorio de idiomas ou lenguas** laboratoire de langues.
laborioso, sa *adj* **1.** laborieux(euse) **2.** travailleur(euse).
laborista *adj & nmf* travailliste.
labrador, ra *nm,f* cultivateur *m*, -trice *f*.
labranza *nf* culture *f* • **una casa de labranza** une ferme.
labrar *vt* **1.** cultiver **2.** labourer **3.** travailler *(le bois, la pierre, etc)* **4.** *fig* bâtir *(sa fortune)* ; se préparer *(à l'avenir, au futur)* ; faire *(le malheur de)*.
■ **labrarse** *vp* bâtir ; se préparer.
labriego, ga *nm,f* cultivateur *m*, -trice *f*.
laca *nf* **1.** laque *f* **2.** vernis *m (à ongles)* **3.** *(objet)* laque *m*.
lacar [10] *vt* laquer.
lacayo *nm* laquais *m*.
lacerante *adj* **1.** *(douleur)* aigu(ë) **2.** *(remarque, etc.)* blessant(e) **3.** *(cri, etc.)* déchirant(e).
lacerar *vt* **1.** lacérer *(un corps, un visage, etc)* **2.** *fig* blesser, meurtrir *(une personne)* ; déchirer *(le cœur)*.
lacio, cia *adj* **1.** *(cheveux)* raide **2.** *(peau, plante)* flétri(e) **3.** *fig* abattu(e).
lacón *nm* *épaule de porc salée*.
lacónico, ca *adj* laconique.
lacra *nf* fléau *m* • **las lacras de la sociedad** les plaies de la société.
lacrar *vt* cacheter à la cire.
lacre *nm* cire *f* à cacheter.
lacrimógeno, na *adj (gaz)* lacrymogène ; *fig (roman, film, etc)* à l'eau de rose.
lacrimoso, sa *adj* **1.** larmoyant(e) **2.** mélodramatique.
lactancia *nf* allaitement *m*.
lactante *nmf* nourrisson *m*.
lácteo, a *adj* **1.** *(produit, industrie)* laitier(ère) ; *(régime)* lacté(e) **2.** *fig (peau)* laiteux(euse).
lactosa *nf* lactose *m*.
ladear *vt* • **ladear la cabeza** pencher la tête.
ladera *nf* versant *m*.
ladilla *nf* morpion *m*.
ladino, na *adj* rusé(e). ■ **ladino** *nm* ladino *m*, judéo-espagnol *m*.
lado *nm* **1.** côté *m* • **a ambos lados** des deux côtés • **de lado** de côté • **dormir de lado** dormir sur le côté • **por un lado..., por otro lado...** d'un côté..., d'un autre côté... • **en el lado (de)** sur le côté (de) • **dejar de lado, dejar a un lado** laisser de côté • **en el lado de abajo/arriba** en bas/haut **2.** endroit *m* • **en algún**

lado quelque part • **en algún otro lado** ailleurs ■ **al lado** *loc adv* à côté. ■ **al lado de** *loc prép* à côté de. ■ **de al lado** *loc adj* d'à côté • **la casa de al lado** la maison d'à côté.
ladrar *vi* **1.** *(sujet : chien)* aboyer **2.** *fig (sujet : personne)* brailler.
ladrido *nm* **1.** *(chien)* aboiement *m* **2.** *fig (personne)* braillement *m*.
ladrillo *nm* **1.** brique *f* **2.** *fam & fig (roman, etc)* • **es un ladrillo** c'est ennuyeux comme la pluie.
ladrón, ona *adj & nm,f* voleur(euse). ■ **ladrón** *nm* ÉLECTR prise *f* multiple.
lagartija *nf* petit lézard *m*.
lagarto, ta *nm,f* lézard *m*.
lago *nm* lac *m*.
lágrima *nf* larme *f* • **llorar a lágrima viva** pleurer à chaudes larmes.
lagrimal *adj* lacrymal(e). ❑ *nm* larmier *m*.
laguna *nf* **1.** lagune *f* **2.** *fig* lacune *f*.
La Habana *npr* La Havane.
La Haya *npr* La Haye.
laicidad *nf* laïcité *f*.
laicismo *nm* laïcisme *m*.
laico, ca *adj & nm,f* laïque.
laísmo *nm emploi incorrect de «la» et «las» au lieu de «le» et «les» au datif.*
lama *nm* lama *m*.
La Mancha *npr (région d'Espagne)* la Manche.
lamber *vt* (AMÉR) **1.** lécher **2.** *fam & fig* lécher les bottes.
lameculos *nmf inv vulg & péj (persona)* lèche-cul *mf inv*.
lamentable *adj* **1.** regrettable **2.** lamentable.
lamentablemente *adv* malheureusement, hélas.
lamentación *nf* lamentation *f*.
lamentar *vt* regretter ; déplorer *(des victimes, un malheur, etc)* • **lamentamos comunicarle…** nous sommes au regret de vous informer…. ■ **lamentarse** *vp* se lamenter • **lamentarse de ou por algo** se lamenter sur qqch.
lamento *nm* lamentation *f*.
lamer *vt* lécher. ■ **lamerse** *vp* se lécher.
lamido, da *adj* décharné(e). ■ **lamido** *nm* coup *m* de langue.
lámina *nf* **1.** lame *f* **2.** tranche *f* **3.** ART planche *f*.
laminar *vt* **1.** laminer **2.** stratifier.
lámpara *nf* **1.** lampe *f* **2.** *fig* tache *f*.
lamparilla *nf* **1.** petite lampe *f* **2.** veilleuse *f*.
lamparita *nf* (AMÉR) ampoule *f*.
lamparón *nm* grosse tache *f*.
lampiño, ña *adj* **1.** imberbe **2.** *(sans duvet)* lisse.
lampista *nmf* **1.** électricien *m*, -enne *f* **2.** *fam* plombier *m*.
lamprea *nf* lamproie *f*.
lana *nf* laine *f* • **de lana** en laine. ❑ *nm* (AMÉR) *fam* fric *m*.
lance *v* → **lanzar**. ❑ *nm* **1.** *(dans un jeu)* coup *m* ; *(au football)* phase *f* de jeu **2.** circonstance *f* • **un lance difícil** un moment difficile **3.** altercation *f*.
lancha *nf* **1.** *(embarcation - grande)* chaloupe *f* ; *(- petite)* barque *f* • **lancha salvavidas** canot *m* de sauvetage **2.** pierre *f* plate.
lancinante *adj* lancinant(e).
landó *nm* landau *m*.
lanero, ra *adj* lainier(ère).
langosta *nf* **1.** langouste *f* **2.** criquet *m*.
langostino *nm (grosse crevette)* bouquet *m*.
languidecer [30] *vi* languir.
languidez *nf* **1.** fragilité *f* **2.** langueur *f*.
lánguido, da *adj* **1.** fragile **2.** alangui(e).
lanilla *nf* **1.** poil *m (d'un lainage qui bouloche)* **2.** lainage *m* fin.
lanolina *nf* lanoline *f*.
lanza *nf* **1.** lance *f* **2.** timon *m*.
lanzadera *nf* navette *f*. ■ **lanzadera espacial** *nf* navette *f* spaciale.
lanzado, da *adj* **1.** *(intrépide)* • **ser lanzado** ne pas avoir froid aux yeux **2.** *(rapide)* • **ir lanzado** *fig* foncer.
lanzagranadas *nm inv* lance-grenade(s) *m*.
lanzallamas *nm inv* lance-flamme(s) *m*.
lanzamiento *nm* **1.** lancement *m* **2.** SPORT lancer *m* • **lanzamiento de peso** lancer du poids **3.** jet *m (d'un objet)*.
lanzamisiles *nm inv* lance-missile(s) *m*.
lanzar [13] *vt* lancer ; pousser *(un soupir, un cri, etc)*. ■ **lanzarse** *vp* **1.** se jeter **2.** *(commencer)* se lancer **3.** *(se ruer)* • **lanzarse sobre alguien** se précipiter sur qqn.
lapa *nf* **1.** patelle *f* **2.** *fam* pot *m* de colle • **pegarse como una lapa** être collant(e).
La Paz *npr* La Paz.
lapicera *nf* (AMÉR) stylo *m*.
lapicero *nm* crayon *m*.
lápida ■ **lápida mortuoria** *nf* pierre *f* tombale.
lapidación *nf* lapidation *f*.
lapidar *vt* lapider.
lapidario, ria *adj* lapidaire.
lápiz *nm* crayon *m* • **lápiz de labios** crayon à lèvres • **lápiz de ojos** crayon pour les yeux • **lápiz óptico** crayon optique.
lapso *nm* laps *m* • **en el lapso de…** en l'espace de….
lapsus *nm inv (en parlant)* lapsus *m* ; *(en agissant)* impair *m*.
laquear *vt* laquer.
lar *nm* **1.** foyer *m* **2.** MYTHOL lare *m*. ■ **lares** *nmpl* foyers *mpl* • **regresar a sus lares** s'en retourner à ses foyers.
larga *nf* → **largo**.
largar [16] *vt* **1.** larguer **2.** *fam* filer *(de l'argent, un livre, etc)* ; *fam* flanquer *(une gifle, etc)* **3.** *fam* débiter *(un discours, un sermon)* • **el acusado**

lo largó todo l'accusé a lâché le morceau. ■ **largarse** *vp fam* ficher le camp, se tirer.

largavistas *nm inv* (AMÉR) jumelles *fpl*.

largo, ga *adj* **1.** long, longue *f* **2.** et quelques • **una hora larga** une bonne heure **3.** grand(e) **4.** *fam* futé(e). ■ **largo** *nm* longueur *f* • **siete metros de largo** sept mètres de long • **pasar de largo** *(dans l'espace)* passer sans s'arrêter • **a lo largo de a)** *(dans l'espace)* le long de **b)** *(dans le temps)* tout au long de. ❑ *adv* longuement • **hablar largo y tendido de algo** parler en long et en large de qqch. ❑ *interj* • **¡largo (de aquí)!** hors d'ici ! ■ **larga** *nf* **1.** passe *f* de cape **2.** *fig* • **a la larga** à la longue • **está aprendiendo y, a la larga, piensa trabajar** pour le moment il apprend et, à long terme, il pense travailler • **dar largas a algo** faire traîner qqch (en longueur).

largometraje *nm* long-métrage *m*.

larguero *nm* **1.** montant *m (de lit, de porte, etc)* **2.** SPORT barre *f* transversale.

largura *nf* longueur *f*.

laringe *nf* larynx *m*.

laringitis *nf inv* laryngite *f*.

La Rioja *npr* La Rioja.

larva *nf* larve *f*.

las *art* → **el.** ❑ *pron* → **lo.**

lasaña *nf* lasagnes *fpl*.

lascivo, va *adj* lascif(ive). ❑ *nm, f* • **ser un lascivo** être sensuel.

láser *adj inv* → **rayo.** ❑ *nm inv* laser *m*.

laserterapia *nf* laserthérapie *f*.

lasitud *nf* lassitude *f*.

lástex® *nm inv* Lastex® *m*.

lástima *nf* **1.** pitié *f*, peine *f* • **dar lástima** faire de la peine **2.** dommage *m* • **¡qué lástima!** quel dommage ! • **hecho una lástima** en piteux état.

lastimar *vt* **1.** faire mal à **2.** *fig* blesser. ■ **lastimarse** *vp* • **lastimarse (la pierna/el brazo)** se faire mal (à la jambe/au bras).

lastimero, ra *adj (ton)* plaintif(ive).

lastimoso, sa *adj* déplorable.

lastrar *vt (dirigeable, bateau)* lester. ❑ *vi* (AMÉR) *fam* s'empiffrer.

lastre *nm* **1.** lest *m* **2.** *fig* fardeau *m* • **su pasado es un lastre para su carrera** son passé fait obstacle à sa carrière.

lata *nf* **1.** boîte *f* (de conserve) • **una lata de aceite** un bidon d'huile **2.** *fam (ennui)* • **es una lata a)** *(chose)* c'est casse-pieds **b)** *(personne)* c'est un casse-pieds • **¡qué lata!** quelle barbe ! • **dar la lata** casser les pieds.

latente *adj* latent(e).

lateral *adj* **1.** latéral(e) **2.** DR collatéral(e). ❑ *nm* **1.** côté *m* **2.** DR latéral *m*.

látex *nm inv* latex *m*.

latido *nm (palpitation)* battement *m* ; *(douleur)* élancement *m*.

latifundio *nm (grand domaine agricole)* latifundium *m*.

latifundismo *nm* latifundisme *m*.

latifundista *nmf (grand propriétaire foncier)* latifundiste *m*.

latigazo *nm* **1.** coup *m* de fouet **2.** claquement *m* de fouet **3.** *fam (verre)* • **pegarse un latigazo** s'en jeter un (derrière la cravate).

látigo *nm* fouet *m*.

latiguillo *nm (gén)* tic *m* de langage ; *(de comédien)* tic *m* d'interprétation.

latín *nm* latin *m* • **sabe (mucho) latín** *fig* il est malin comme un singe.

latinajo *nm fam* latin *m* de cuisine.

latinismo *nm* latinisme *m*.

latinista *nmf* latiniste *mf*.

latino, na *adj* latin(e). ❑ *nm, f* Latin *m*, -e *f*.

Latinoamérica *npr* Amérique *f* latine.

latinoamericano, na *adj* latino-américain(e). ❑ *nm, f* Latino-Américain *m*, -e *f*.

latir *vi* **1.** *(palpiter)* battre **2.** être latent(e).

latitud *nf* **1.** GÉOGR latitude *f* **2.** étendue *f*.

latón *nm* laiton *m*.

latoso, sa *fam adj* barbant(e). ❑ *nm, f* raseur *m*, -euse *f*.

latrocinio *nm* larcin *m*.

laúd *nm* luth *m*.

laudable *adj* louable.

laudatorio, ria *adj* élogieux(euse).

laureado, da *adj* lauréat(e).

laurear *vt fig* récompenser.

laurel *nm* laurier *m*. ■ **laureles** *nmpl* lauriers *mpl* • **dormirse en los laureles** *fig* s'endormir sur ses lauriers.

lava *nf* lave *f*.

lavable *adj* lavable.

lavabo *nm* **1.** *(vasque)* lavabo *m* **2.** *(pièce)* toilettes *fpl*.

lavacoches *nmf inv* laveur *m*, -euse *f* de voitures.

lavadero *nm* lavoir *m*.

lavado *nm* lavage *m* • **lavado de cerebro** lavage de cerveau • **lavado de estómago** lavage d'estomac.

lavadora *nf* lave-linge *m*.

lavamanos *nm inv* lave-mains *m inv*.

lavanda *nf* lavande *f*.

lavandería *nf* blanchisserie *f*.

lavaplatos *nmf inv* plongeur *m*, -euse *f (dans un café, un restaurant)*. ❑ *nm inv* lave-vaisselle *m inv*.

lavar *vt* laver • **lavar y marcar** un shampooing et un brushing • **lavar su honor** sauver son honneur. ■ **lavarse** *vp* se laver.

lavativa *nf* **1.** poire *f* à lavement **2.** lavement *m*.

lavavajillas *nm inv* lave-vaisselle *m*.

laxante *adj* **1.** laxatif(ive) **2.** relaxant(e). ❑ *nm* laxatif *m*.

laxar *vt* purger *(le ventre)*.

laxativo, va *adj* laxatif(ive). ■ **laxativo** *nm* laxatif *m*.

lazarillo *nm* **1.** guide *m* d'aveugle **2.** chien *m* d'aveugle.
lazo *nm* **1.** nœud *m* ; ruban *m (pour les cheveux)* **2.** lasso *m (de cow-boy)* **3.** *(gén pl) fig* lien *m*.
Lda. abrév de **licenciada**.
Ldo. abrév de **licenciado**.
le *pron pers (complément indirect) (à lui, à elle)* lui ; *(à « usted », à « ustedes »)* vous • **le di una manzana** je lui ai donné une pomme • **le tengo miedo** j'ai peur de lui/d'elle • **le dije que no** *(à « usted »)* je vous ai dit non • **le gusta leer** il/elle aime lire • **añádele sal a las patatas** rajoute du sel dans les pommes de terre.
leader = **líder**.
leal *adj* loyal(e). ❑ *nmf* loyaliste *mf*.
lealtad *nf* loyauté *f*.
leasing ['lisin] *nm* leasing *m*.
lebrel *nm* lévrier *m*.
lección *nf* leçon *f* • **dar a alguien una lección de algo** donner une leçon de qqch à qqn.
lechal *adj (agneau, cochon)* de lait. ❑ *nm* agneau *m* de lait.
lechazo *nm* agneau *m* de lait.
leche *nf* **1.** lait *m* • **leche condensada** lait concentré • **leche descremada ou desnatada** lait écrémé • **leche merengada** *boisson sucrée à base de lait, de blanc d'œuf et de cannelle* **2.** *vulg (sperme)* foutre *m* • **¡una leche!** mon cul ! • **¡eres la leche!** tu te fais pas chier, toi ! **3.** *vulg (gifle)* • **pegar una leche a alguien** péter la gueule à qqn **4.** *vulg (accident)* • **pegarse ou darse una leche** se foutre en l'air **5.** *vulg (mauvaise humeur)* • **estar de mala leche** être d'une humeur de chiotte • **tener mala leche** avoir un foutu caractère.
lechera *nf* → **lechero**.
lechería *nf vieilli* laiterie *f*, crémerie *f*.
lechero, ra *adj & nm, f* laitier(ère). ■ **lechera** *nf (pour transporter)* bidon *m* de lait ; *(pour servir)* pot *m* à lait.
lecho *nm* **1.** lit *m* ; fond *m (de la mer, d'un lac, d'un canal)* **2.** *(superposition de)* couche *f*.
lechón *nm* cochon *m* de lait.
lechuga *nf* **1.** laitue *f* **2.** *fam billet de mille pesetas*.
lechuza *nf* chouette *f*.
lectivo, va *adj (jour, journée)* de classe ; *(année)* scolaire.
lector, ra *nm, f* lecteur *m*, -trice *f*. ■ **lector** *nm* lecteur *m* • **lector óptico** lecteur optique.
lectorado *nm* poste *m* de lecteur.
lectura *nf* lecture *f* ; soutenance *f (de thèse)* ; relevé *m (d'un compteur)* • **lectura óptica** lecture optique.
LED (abrév de **light emetting diode**) *nm* LED *f*.
leer [50] *vt (gén)* INFORM lire. ❑ *vi* lire • **leer de corrido** lire couramment.
legado *nm* **1.** legs *m* **2.** *fig* héritage *m (d'une génération)* **3.** légat *m* **4.** légation *f*.
legajo *nm* dossier *m*.
legal *adj* **1.** légal(e) • **un médico legal** un médecin légiste **2.** *fam* réglo.
legalidad *nf* légalité *f*.
legalista *adj & nmf* légaliste.
legalización *nf (gén)* légalisation *f*.
legalizar [13] *vt* légaliser.
legar [16] *vt* **1.** léguer **2.** déléguer.
legendario, ria *adj* légendaire.
legible *adj* lisible.
legión *nf* légion *f*. ■ **Legión** *nf* • **la Legión** la Légion. ■ **Legión de Honor** *nf* • **la Legión de Honor** la Légion d'honneur.
legionario, ria *adj* de la Légion. ■ **legionario** *nm* légionnaire *m*.
legionelosis *nf inv* MÉD légionnellose *f*.
legislación *nf* législation *f*.
legislador, ra *adj & nm, f* législateur(trice).
legislar *vi* légiférer.
legislativo, va *adj* législatif(ive). ■ **legislativas** *nfpl (élections)* législatives *fpl*.
legislatura *nf* législature *f*.
legitimar *vt* **1.** légitimer **2.** authentifier.
legitimidad *nf* légitimité *f*.
legítimo, ma *adj* **1.** légitime **2.** *(or, cuir, etc)* véritable ; *(œuvre)* authentique.
lego, ga *adj* **1.** profane **2.** laïque. ❑ *nm, f* **1.** profane *mf* **2.** laïc *m*, laïque *f*.
legua *nf* lieue *f* • **legua marina** lieue marine • **se ve a la legua** *fig* ça saute aux yeux.
legumbre *nf (gén pl)* légume *m*.
leguminosas *nfpl* légumineuses *fpl*.
lehendakari = **lendakari**.
leído, da *adj* **1.** *(œuvre)* lu(e) **2.** *(personne)* lettré(e). ■ **leída** *nf* lecture *f*.
leísmo *nm emploi incorrect de «le» au lieu de «lo» et de «la» à l'accusatif*.
leitmotiv ['leitmo'tif] *nm* leitmotiv *m*.
lejanía *nf* éloignement *m* • **en la lejanía** dans le lointain.
lejano, na *adj* **1.** lointain(e) • **estar lejano** être loin • **no está tan lejano el día en que me hartará** je ne vais pas tarder à en avoir marre de lui **2.** *fig* distrait(e).
lejía *nf* eau *f* de Javel.
lejos *adv* loin • **a lo lejos** au loin • **de ou desde lejos** de loin. ■ **lejos de** *loc prép* loin de • **lejos de mejorar...** loin de s'améliorer....
lelo, la *adj & nm, f* niais(e).
lema *nm* **1.** devise *f* **2.** entrée *f (de dictionnaire)* **3.** MATH lemme *m*.
lempira *nm (monnaie)* lempira *m*.
lencería *nf* **1.** linge *m (de maison)* ; lingerie *f* **2.** magasin *m* de blanc ; boutique *f* de lingerie.
lendakari, lehendakari *nm président du gouvernement autonome du Pays basque espagnol*.
lengua *nf* langue *f* • **lenguas amerindias** langues amérindiennes • **lengua de víbora ou viperina** *fig* langue de vipère • **lengua materna** langue maternelle • **lengua oficial** langue

officielle • **írsele a alguien la lengua, irse de la lengua** *fig* ne pas tenir sa langue • **morderse la lengua** *fig* se mordre la langue • **tirar a alguien de la lengua** *fig* tirer les vers du nez à qqn.

CULTURE

las lenguas amerindias

Bien que l'espagnol soit la langue officielle de tous les pays hispanophones d'Amérique, certains comptent une population indigène importante et ont conservé des langues précolombiennes, notamment dans les zones rurales. C'est le cas du **nahuatl** au Mexique et au Salvador, de l'**aymara** en Bolivie et au Pérou, et du **quechua** parlé dans ces deux pays mais également en Équateur.

CULTURE

las lenguas oficiales

L'espagnol ou **castellano**, historiquement originaire de la province de Castille, n'est pas la seule langue officielle de l'Espagne. Le catalan (**catalán**), parlé en Catalogne, aux îles Baléares et dans la Communauté valencienne, le basque ou euskera (**vasco**) au Pays basque et le galicien (**gallego**) en Galice sont les autres langues officielles du pays.

lenguado *nm* sole *f*.

lenguaje *nm* langage *m* • **lenguaje cifrado** langage codé • **lenguaje coloquial** langue *f* parlée • **lenguaje corporal** langage du corps • **lenguaje de programación** langage de programmation • **lenguaje máquina** langage machine.

lenguaraz *adj* **1.** *(qui parle mal)* grossier(ère) **2.** *(qui dit ce qu'il pense)* • **ser muy lenguaraz** ne pas avoir la langue dans sa poche.

lengüeta *nf* languette *f*.

lengüetada *nf* = **lengüetazo**.

lengüetazo *nm* coup *m* de langue.

lenidad *nf* indulgence *f*.

lente *nf* lentille *f* • **lentes de contacto** verres *mpl* de contact. ■ **lentes** *nmpl* lunettes *fpl*.

lenteja *nf (gén pl)* lentille *f*.

lentejuela *nf (gén pl)* paillette *f*.

lenticular *adj* lenticulaire.

lentilla *nf (gén pl)* lentille *f* (de contact).

lentitud *nf* lenteur *f* • **con lentitud** lentement.

lento, ta *adj* lent(e) • **a fuego lento** à feu doux.

leña *nf* **1.** bois *m (de chauffage)* **2.** *fam* & *fig (coup)* • **dar leña a alguien** flanquer une volée à qqn **3.** *fig* • **echar leña al fuego** jeter de l'huile sur le feu.

leñador, ra *nm,f* bûcheron *m*, -onne *f*.

leñazo *nm fam* **1.** *(coup)* coup *m* de bâton **2.** *(impact)* • **darse ou pegarse un leñazo a)** *(tomber)* se prendre une gamelle **b)** *(avoir un accident)* se planter.

leñe *interj* (ESP) *fam* & *euphém* mince, zut, flûte • **¡leñe, que me quemo!** zut, je me brûle ! • **¡cállate ya, leñe!** tais-toi, bon sang !

leñero, ra *adj* & *nm,f fam* SPORT dur.

leño *nm* bûche *f* • **dormir como un leño** dormir comme une souche.

Leo *nm inv* Lion *m*. ◻ *nmf inv (personne)* lion *m inv*.

león, ona *nm,f* **1.** lion *m*, lionne *f* **2.** *fig (personne)* • **ser una leona** être une tigresse. ■ **león marino** *nm* otarie *f*.

León *npr* León • **el golfo de León** le golfe du Lion.

leonera *nf* **1.** cage *f* aux lions **2.** *fam* & *fig (pièce désordonnée)* bazar *m*.

leopardo *nm* léopard *m*.

leotardo *nm* **1.** *(gén pl)* collant *m (épais)* **2.** justaucorps *m*.

lépero, ra *adj* (AMÉR) *fam* **1.** grossier(ère) **2.** rusé(e).

lepra *nf* lèpre *f*.

leproso, sa *adj* & *nm,f* lépreux(euse).

lerdo, da *adj* & *nm,f fam* empoté(e).

Lérida *npr* Lérida.

les *pron pers pl (complément indirect) (à eux, à elles)* leur ; *(à « ustedes »)* vous • **les he mandado un regalo** je leur ai envoyé un cadeau • **les he dicho lo que sé** je vous ai dit ce que je sais • **les tengo miedo** j'ai peur d'eux/de vous.

lesbiano, na *adj* lesbien(enne). ■ **lesbiana** *nf* lesbienne *f*.

lésbico, ca *adj* lesbien(enne).

lesión *nf* **1.** *(blessure)* DR lésion *f* **2.** *(préjudice)* dommage *m* ; atteinte *f (à l'honneur)*.

lesionado, da *adj* & *nm,f* blessé(e).

lesionar *vt* **1.** blesser • **el alcoholismo lesiona el hígado** l'alcoolisme détériore le foie **2.** *fig* léser. ■ **lesionarse** *vp* • **lesionarse el brazo** se blesser au bras.

leso, sa *adj* **1.** *sout* lésé(e) • **crimen de lesa majestad** crime de lèse-majesté • **crimen de lesa patria** haute trahison **2.** (AMÉR) *fam* bête, niais(e).

Lesotho, Lesoto *npr* Lesotho *m*.

letal *adj* mortel(elle).

letanía *nf (gén pl)* litanie *f*.

letárgico, ca *adj* **1.** MÉD léthargique **2.** ZOOL • **en estado letárgico** en hibernation.

letargo *nm* **1.** *(gén)* MÉD léthargie *f* **2.** hibernation *f*.

Letonia *npr* Lettonie *f*.

letra *nf* **1.** *(signe, sens)* lettre *f* • **dice mucho más de lo que la letra expresa** cela en dit plus long qu'il n'est écrit **2.** écriture *f* **3.** caractère *m* • **(letra) bastardilla** *ou* **cursiva** *ou* **itálica** (caractère) italique • **letra de imprenta ou de molde** caractère d'imprimerie • **letra mayúscula** capitale *f* • **letra negrita ou negrilla** caractère gras • **a la letra, al pie de la letra** *fig* à la lettre, au pied de la lettre **4.** paroles *fpl (d'une chanson)*

5. *COMM* • **letra (de cambio)** traite *f*, lettre *f* de change. ■ **letras** *nfpl SCOL* lettres *fpl*.
letrado, da *adj* lettré(e). ❑ *nm, f* avocat *m*, -e *f*.
letrero *nm* écriteau *m*.
letrina *nf* latrines *fpl*.
letrista *nmf* parolier *m*, -ère *f*.
leucemia *nf* leucémie *f*.
leucocito *nm (gén pl)* leucocyte *m*.
leva *nf* **1.** *MIL* levée *f* **2.** *NAUT* appareillage *m* **3.** *TECHNOL* came *f*.
levadura *nf* levure *f* • **levadura de cerveza** levure de bière.
levantamiento *nm* **1.** soulèvement *m* • **levantamiento de pesas** haltérophilie *f* **2.** *(suppression)* levée *f*.
levantar *vt* **1.** lever ; soulever *(un poids, un nuage de poussière)* • **levantar el campamento** lever le camp **2.** arracher **3.** démonter *(une tente, un stand, etc)* **4.** élever • **levantar el tono** hausser le ton **5.** relever *(un poteau, une barrière)* • **levantar el ánimo** remonter le moral **6.** *(pousser à la révolte)* • **levantar a alguien contra** monter qqn contre **7.** dresser *(un procès-verbal, un plan)*. ■ **levantarse** *vp* **1.** se lever **2.** s'élever **3.** se soulever.
levante *nm* **1.** levant *m* **2.** vent *m* d'est. ■ **Levante** *npr (région d'Espagne)* Levant *m*.
levantino, na *adj* levantin(e). ❑ *nm, f* Levantin *m*, -e *f*.
levar *vt* • **levar anclas** lever l'ancre.
leve *adj* léger(ère) ; *(maladie)* bénin(igne) ; petit(e) *(délit, péché)*.
levedad *nf* légèreté *f* ; bénignité *f (d'une maladie)* ; petitesse *f (d'un délit, d'un péché)*.
levemente *adv* légèrement.
levita *nf* redingote *f*.
levitación *nf* lévitation *f*.
levitar *vi* léviter.
lexicalizar [13] *vt* lexicaliser. ■ **lexicalizarse** *vp* se lexicaliser.
léxico, ca *adj* lexical(e). ■ **léxico** *nm* lexique *m*.
lexicografía *nf* lexicographie *f*.
lexicología *nf* lexicologie *f*.
lexicón *nm* lexique *m*.
ley *nf* **1.** loi *f* • **las leyes del juego** les règles du jeu • **ser de buena ley** être digne de confiance • **ley de incompatibilidades** loi d'incompatibilité *(réglementant le cumul des fonctions)* • **ley de la oferta y de la demanda** loi de l'offre et de la demande • **con todas las de la ley** en bonne et due forme • **regirse por la ley del embudo** avoir deux poids, deux mesures **2.** titre *m (d'un métal)*. ■ **leyes** *nfpl DR* droit *m*.
leyenda *nf* légende *f* • **la leyenda negra** la légende noire *(vision de la conquête de l'Amérique hostile aux colonisateurs espagnols)*.
liante, ta *fam adj (personne)* compliqué(e), qui fait des histoires.
liar [9] *vt* **1.** lier ; ficeler *(un paquet)* **2.** envelopper ; rouler *(une cigarette)* **3.** *fam & fig* embrouiller • **liar a alguien en un asunto** mêler qqn à une histoire. ■ **liarse** *vp* **1.** s'embrouiller **2.** *(commencer)* • **liarse en** se lancer dans *(une discussion, etc)* **3.** *fam (sexuellement)* • **liarse (con alguien)** coucher (avec qqn).
Líbano *npr* • **el Líbano** le Liban.
libélula *nf* libellule *f*.
liberación *nf* **1.** libération *f* **2.** levée *f (d'hypothèque)*.
liberado, da *adj* libéré(e).
liberal *adj* libéral(e). ❑ *nmf* libéral *m*, -e *f*.
liberalismo *nm* libéralisme *m*.
liberalización *nf* libéralisation *f*.
liberalizar [13] *vt* libéraliser.
liberar *vt* libérer • **liberar (de algo a alguien)** dispenser (qqn de qqch). ■ **liberarse** *vp* • **liberarse (de algo)** se libérer (de qqch).
libertad *nf* liberté *f* • **dejar ou poner a alguien en libertad** laisser ou mettre qqn en liberté • **tener libertad para hacer algo** être libre de faire qqch • **tomarse la libertad de hacer algo** prendre la liberté de faire qqch • **libertad bajo fianza** liberté sous caution • **libertad condicional** liberté conditionnelle • **libertad de expresión** liberté d'expression • **libertad de imprenta ou prensa** liberté de la presse.
libertador, ra *adj* libérateur(trice) • **Bolívar fue el héroe libertador de América Latina** Bolívar a été le héros qui a libéré l'Amérique latine. ❑ *nm, f* libérateur *m*, -trice *f*.
libertar *vt* libérer.
libertario, ria *adj & nm, f* libertaire.
libertinaje *nm* libertinage *m*.
libertino, na *adj & nm, f* libertin(e).
Libia *npr* Libye *f*.
libidinoso, sa *adj* libidineux(euse).
libido *nf* libido *f*.
libio, bia *adj* libyen(enne). ❑ *nm, f* Libyen *m*, -enne *f*.
libra *nf* livre *f* • **libra esterlina/irlandesa** livre sterling/irlandaise.
Libra *nf inv* Balance *f*. ❑ *nmf inv (personne)* balance *f inv*.
librador, ra *nm, f COMM* tireur *m*.
libramiento *nm COMM* tirage *m*.
libranza *nf* = **libramiento**.
librar *vt* **1.** dispenser **2.** livrer **3.** *COMM* tirer. ❑ *vi* être en congé. ■ **librarse** *vp* • **librarse de algo** se dispenser de qqch • **como tú fuiste a la reunión, él se libró** comme tu as été à la réunion, lui s'en est dispensé • **librarse de alguien** se débarrasser de qqn • **de buena te libraste** tu l'as échappé belle.
libre *adj* libre • **libre de a)** libre de **b)** exonéré(e) de *(impôts)* • **libre de franqueo** franc de port • **libre de hipotecas** non hypothéqué(e) • **libre del servicio militar** dégagé des obligations militaires • **estudiar por libre** être candidat(e) libre.
librecambio *nm* libre-échange *m*.

librecambismo *nm* libre-échangisme *m*.
librepensador, ra *adj* libre-penseur • **una persona librepensadora** un libre-penseur. ❑ *nm,f* libre-penseur *m*.
librepensamiento *nm* libre-pensée *f*.
librería *nf* **1.** librairie *f* **2.** *(meuble)* bibliothèque *f*.
librero, ra *adj* du livre. ❑ *nm,f* libraire *mf*. ■ **librero** *nm* (AMÉR) *(meuble)* bibliothèque *f*.
libreta *nf* **1.** carnet *m* **2.** COMM livre *m* de comptes. ■ **libreta de ahorros** *nf* livret *m* de caisse d'épargne.
libreto *nm* **1.** MUS livret *m* **2.** (AMÉR) scénario *m*.
libro *nm* livre *m* • **llevar los libros** tenir les livres • **libro de bolsillo** livre de poche • **libro de escolaridad/de familia** livret *m* scolaire/de famille • **libro de reclamaciones** livre des réclamations • **libro de texto** manuel *m* scolaire • **día del libro** *Journée Mondiale du livre*.
Lic. abrév de **licenciado**.
licencia *nf* **1.** permission *f* ; COMM & SPORT licence *f* • **licencia de armas** permis *m* de port d'armes • **licencia de obras** permis *m* de construire **2.** *(confiance)* liberté *f*.
licenciado, da *adj & nm,f* SCOL • **licenciado en** diplômé(e) en.
licenciar [8] *vt* SCOL *décerner le diplôme de fin de second cycle* ; MIL libérer. ■ **licenciarse** *vp* **1.** SCOL • **licenciarse (en)** *obtenir son diplôme de fin de second cycle (en)* **2.** MIL être libéré.
licenciatura *nf diplôme sanctionnant cinq années d'études supérieures en Espagne*.
licencioso, sa *adj* licencieux(euse).
liceo *nm* **1.** lycée *m* **2.** club *m*.
licitación *nf* appel *m* d'offres.
licitador, ra *nm,f* enchérisseur *m*, -euse *f*.
licitar *vt* **1.** *(aux enchères)* enchérir **2.** ÉCON soumissionner.
lícito, ta *adj* licite.
licor *nm* liqueur *f*.
licra *nf* Lycra® *m*.
licuadora *nf* mixer *m*.
licuar [6] *vt* • **licuar (algo)** passer (qqch) au mixer.
licuefacción *nf* liquéfaction *f*.
líder, leader *adj* qui occupe la première place. ❑ *nmf* leader *m*.
liderar *vt* **1.** *(liste, classement)* être en tête de **2.** *(entreprise, mouvement)* être à la tête de.
liderato, liderazgo *nm* **1.** SPORT première place *f* **2.** *(direction)* leadership *m*.
lidia *nf* combat *m*.
lidiar [8] *vi (lutter)* • **lidiar (con)** lutter (contre). ❑ *vt* combattre (le taureau).
liebre *nf* lièvre *m*.
lienzo *nm* toile *f*.
lifting ['liftin] *nm* lifting *m*.
liga *nf* **1.** jarretière *f* **2.** *(d'états, de personnes)* ligue *f* **3.** SPORT championnat *m*.
ligadura *nf* **1.** *(action)* MÉD ligature *f* **2.** lien *m* **3.** MUS liaison *f*.
ligamento *nm* ligament *m*.
ligar [16] *vt* **1.** *(gén, culin)* MUS lier ; ficeler *(un paquet)* **2.** MÉD ligaturer. ❑ *vi* **1.** *(se mettre d'accord)* • **ligar con** s'accorder avec **2.** *fam (séduire)* • **ligar (con alguien)** draguer (qqn). ■ **ligarse** *vp* **1.** *(se liguer)* s'allier, s'unir • **se ligaron para defender sus intereses** ils se sont alliés pour défendre leurs intérêts **2.** (ESP) *fam (séduire)* sortir avec.
ligazón *nf* liaison *f* ; rapport *m (entre deux faits)*.
ligeramente *adv* **1.** légèrement, un peu **2.** *fig* à la légère, légèrement • **actuar ligeramente** agir à la légère.
ligereza *nf* **1.** légèreté *f* **2.** erreur *f*.
ligero, ra *adj* léger(ère) • **a la ligera** à la légère.
light [lait] *adj inv (repas)* allégé(e) ; *(boisson, tabac)* light.
ligón, ona *adj & nm,f fam* dragueur(euse).
ligoteo *nm fam* drague *f*.
ligue *nm fam* **1.** *(action)* drague *f* • **ir ou salir de ligue** aller draguer • **tener un ligue (con alguien)** avoir une aventure (avec qqn) **2.** *(personne)* petit copain *m*, petite copine *f*, flirt *m*. ❑ *v* → **ligar**.
liguero, ra *adj* SPORT du championnat. ■ **liguero** *nm* porte-jarretelles *m*.
liguilla *nf* FOOTBALL match *m* de barrage.
lija *nf* **1.** *(poisson)* roussette *f* **2.** papier *m* de verre.
lijar *vt* poncer.
lila *nf* BOT lilas *m*. ❑ *adj inv (couleur)* lilas. ❑ *nm* couleur *f* lilas.
liliputiense *adj & nmf fam* lilliputien(enne).
lima *nf* **1.** lime *f* **2.** *(plante)* limettier *m* ; *(fruit)* lime *f*.
Lima *npr* Lima.
limar *vt* **1.** limer **2.** polir.
limbo *nm* **1.** RELIG limbes *mpl* • **estar en el limbo** être dans les nuages **2.** ASTRON limbe *m*.
limitación *nf* **1.** restriction *f* • **limitación de edad** limite *f* d'âge **2.** *(district, secteur)* limite *f*.
limitado, da *adj* limité(e).
limitar *vt* **1.** limiter ; délimiter *(un terrain)* **2.** *(définir)* délimiter. ❑ *vi* confiner. ■ **limitarse** *vp* • **limitarse a** se borner à.
límite *adj inv* limite. ❑ *nm* limite *f*.
limítrofe *adj* limitrophe.
limón *nm* citron *m*.
limonada *nf* citronnade *f* ; rafraîchissement *m*.
limonero, ra *adj* • **la exportación limonera** les exportations de citrons. ■ **limonero** *nm* citronnier *m*.
limosna *nf* aumône *f*.
limosnear *vi* demander l'aumône.
limpia *nf* (AMÉR) **1.** défrichage *m* **2.** nettoyage *m*.

limpiabotas *nmf inv* cireur *m* de chaussures.
limpiacristales *nm inv* produit *m* pour les vitres.
limpiador, ra *nm,f* nettoyeur *m*, -euse *f*.
limpiamente *adv* **1.** adroitement **2.** proprement.
limpiaparabrisas *nm inv* essuie-glace *m*.
limpiar [8] *vt* **1.** nettoyer **2.** *fam* faucher.
límpido, da *adj sout* limpide.
limpieza *nf* **1.** propreté *f* **2.** nettoyage *m* **3.** *fig* adresse *f* **4.** *fig* honnêteté *f*.
limpio, pia *adj* **1.** propre • **un cielo limpio** un ciel dégagé **2.** net, nette *f* **3.** honnête • **un asunto limpio** une affaire claire • **estar limpio** avoir la conscience tranquille **4.** *fam (sans argent)* • **dejar limpio a alguien** dépouiller qqn **5.** *(sans mélanges)* pur(e) • **a grito limpio** *fig* à grands cris • **a puñetazo limpio** *fig* à grands coups de poing. ■ **limpio** *adv (jouer)* franc jeu. ■ **en limpio** *loc adv* • **poner en limpio** mettre au propre • **sacar en limpio** tirer au clair.
linaje *nm* lignage *m*.
linaza *nf* linette *f*.
lince *nm* lynx *m* • **ser un lince para algo** *fig* avoir le génie de qqch.
linchamiento *nm* lynchage *m*.
linchar *vt* lyncher.
lindar *vi* • **lindar con algo a)** *(espace)* être contigu(ë) à qqch **b)** *(concepts)* rejoindre qqch • **lindar con el ridículo** friser le ridicule.
linde *nm ou nf* limite *f*.
lindero, ra *adj* contigu(ë). ■ **lindero** *nm* limite *f*.
lindeza *nf* beauté *f*. ■ **lindezas** *nfpl iron* gentillesses *fpl*.
lindo, da *adj* joli(e) • **de lo lindo** *fig* joliment.
línea *nf* **1.** *(gén)* SPORT & MIL ligne *f* • **cortar la línea (telefónica)** couper la ligne (téléphonique) • **guardar la línea** garder la ligne • **línea continua** ligne blanche • **línea de puntos** pointillé *m* • **líneas aéreas** lignes aériennes **2.** rangée *f*; file *f (de personnes)* **3.** *(catégorie)* rang *m* • **en la misma línea** sur le même plan **4.** lignée *f* **5.** *fig* • **en líneas generales** en gros • **leer entre líneas** lire entre les lignes.
lineal *adj* linéaire.
linfático, ca *adj & nm,f* lymphatique.
linfocito *nm* lymphocyte *m*.
linfoma *nm* MÉD lymphome *m*.
lingote *nm* lingot *m*.
lingüista *nmf* linguiste *mf*.
lingüístico, ca *adj* linguistique. ■ **lingüística** *nf* linguistique *f*.
linier [li'njer] (*pl* **liniers**) *nm* SPORT juge *m* de touche.
linimento *nm* liniment *m*.
lino *nm* lin *m*.
linterna *nf* lampe *f* de poche.
lío *nm* **1.** ballot *m* **2.** *fam & fig* embrouillamini *m* • **hacerse un lío** s'emmêler les pinceaux • **meterse en un lío** se mettre dans une sale histoire **3.** *fam & fig* vacarme *m* **4.** *fam & fig* aventure *f*.
liofilizar [13] *vt* lyophiliser.
lionés, esa *adj* lyonnais(e). ❑ *nm,f* Lyonnais(e).
lioso, sa *adj* **1.** *(situation)* embrouillé(e) **2.** *(personne)* • **ser lioso** faire des embrouilles.
lípido *nm* lipide *m*.
liposucción *nf* liposuccion *f* • **hacerse una liposucción** se faire faire une liposuccion.
lipotimia *nf* lipothymie *f*.
liquen *nm* lichen *m*.
liquidación *nf* règlement *m (d'une facture)* ; liquidation *f (de la marchandise)* ; réalisation *f*.
liquidar *vt* **1.** liquider ; solder *(un compte)* **2.** *(dépenser rapidement)* engloutir **3.** résoudre *(un problème, une difficulté)*.
liquidez *nf* liquidité *f*.
líquido, da *adj* **1.** *(gén)* PHYS liquide **2.** ÉCON liquide ; ÉCON net, nette *f*. ■ **líquido** *nm* **1.** *(gén)* PHYS & MÉD liquide *m* **2.** ÉCON liquidité *f*.
lira *nf* **1.** lyre *f* **2.** *(monnaie)* lire *f* **3.** *strophe de cinq ou six vers*.
lírico, ca *adj* lyrique. ❑ *nm,f* lyrique *m*. ■ **lírica** *nf* lyrique *f*.
lirio *nm* iris *m*.
lirismo *nm* lyrisme *m*.
lirón *nm* loir *m* • **dormir como un lirón** *fig* dormir comme un loir.
lis *nf* iris *m*.
Lisboa *npr* Lisbonne.
lisboeta *adj* lisbonnais(e). ❑ *nmf* Lisbonnais *m*, -e *f*.
lisiado, da *adj & nm,f* estropié(e).
liso, sa *adj* **1.** lisse ; *(terrain)* plat(e) **2.** *(tissu)* uni(e) **3.** SPORT • **200 metros lisos** 200 mètres plat. ❑ *nm,f* **(AMÉR)** effronté *m*, -e *f*.
lisonja *nf* flatterie *f*.
lisonjear *vt* flatter.
lista *nf* **1.** liste *f* • **pasar lista** faire l'appel • **lista de boda/de espera** liste de mariage/d'attente • **lista de precios a)** tarifs *mpl* **b)** *(au restaurant)* carte *f* **2.** bande *f (de tissu, de papier)* ; latte *f (de bois)* **3.** rayure *f (d'un tissu)*. ■ **lista de correos** *nf* poste *f* restante.
listado, da *adj* à rayures.
listar *vt* **1.** INFORM lister **2.** **(AMÉR)** *(datos, problemas)* faire ou dresser ou établir la liste de.
listillo, lla *nm,f* **(ESP)** *fam & péj* petit futé *m*, petite futée *f*, petit malin *m*, petite maligne *f*.
listín *nm* annuaire *m*.
listo, ta *adj* **1.** malin(igne) ; dégourdi(e) • **pasarse de listo** vouloir faire le malin **2.** prêt(e).
listón *nm* baguette *f (d'encadrement)*.
litera *nf* lit *m* (superposé) ; couchette *f (de train, de bateau)*.
literal *adj* littéral(e).

literalmente *adv (mot pour mot)* textuellement ; *(au sens propre)* littéralement.
literario, ria *adj* littéraire.
literato, ta *nm,f* écrivain *m*.
literatura *nf* littérature *f*.
litigante *adj* plaidant(e). ❑ *nmf* plaideur *m*, -euse *f*.
litigar [16] *vi* être en litige.
litigio *nm* litige *m*.
litio *nm* lithium *m*.
litografía *nf* **1.** lithographie *f* **2.** atelier *m* de lithographie.
litoral *adj* littoral(e). ❑ *nm* littoral *m*.
litro *nm* litre *m*.
Lituania *npr* Lituanie *f*.
liturgia *nf* liturgie *f*.
liviano, na *adj* léger(ère).
lívido, da *adj* livide.
ll, Ll [eʎe] *nf* l *m* mouillé.
llaga *nf* plaie *f*.
llagar [16] *vt* faire une plaie à. ■ **llagarse** *vp* se couvrir de plaies.
llama *nf* **1.** flamme *f* **2.** lama *m*.
llamada *nf* **1.** *(gén)* *TÉLÉCOM* appel *m* • **hacer una llamada** téléphoner • **llamada a cobro revertido** appel en PCV • **llamada a larga distancia** communication *f* vers l'étranger • **llamada interurbana** communication *f* interurbaine • **llamada urbana** communication *f* locale **2.** renvoi *m (dans un livre)*.
llamado *nm* **(AMÉR)** appel *m (téléphonique)*.
llamador *nm* **1.** heurtoir *m* **2.** sonnette *f*.
llamamiento *nm* appel *m*.
llamar *vt* **1.** appeler • **llamar (por teléfono) a alguien** téléphoner à qqn • **llamar de tú/usted a alguien** tutoyer/vouvoyer qqn **2.** *DR* citer • **llamar a alguien a juicio** appeler qqn à comparaître. ❑ *vi* **1.** frapper ; sonner *(à la porte)* **2.** téléphoner. ■ **llamarse** *vp (avoir pour nom)* s'appeler.
llamarada *nf* **1.** flambée *f* **2.** rougeur *f*.
llamativo, va *adj* voyant(e).
llamear *vi* flamber.
llanero, ra *nm,f* **1.** *habitant de la plaine* **2.** **(AMÉR)** *Indien de la région de Los Llanos.*
llaneza *nf* simplicité *f*.
llano, na *adj* **1.** plat(e) **2.** simple **3.** modeste • **el pueblo llano** le petit peuple **4.** *GRAMM* • **una palabra llana** un paroxyton **5.** *GÉOM* plan(e). ■ **llano** *nm* plaine *f*.
llanta *nf* **1.** jante *f* **2.** **(AMÉR)** roue *f*.
llanto *nm* pleurs *mpl*, larmes *fpl*.
llanura *nf* plaine *f*.
llave *nf* **1.** *(gén)* *SPORT* clef *f* • **echar la llave** fermer à clef • **llave en mano** *COMM* clefs en main • **llave de contacto** clef de contact • **llave inglesa** clef anglaise • **llave maestra** passe-partout *m* **2.** robinet *m (d'eau, de gaz)* ; *ÉLECTR* interrupteur *m* • **llave de paso** robinet d'arrêt **3.** *(signe de ponctuation)* accolade *f*.
llavero *nm* porte-clefs *m*.
llegada *nf* arrivée *f*.
llegar [16] *vi* **1.** arriver • **llegar de viaje** rentrer de voyage **2.** venir • **al llegar la noche** à la nuit tombante **3.** *(durer, atteindre)* • **llegar a ou hasta algo** atteindre qqch, arriver à qqch • **no llegó a la cima** il n'a pas atteint le sommet • **el abrigo le llega hasta la rodilla** son manteau lui arrive au genou • **no llegará a mañana** il ne passera pas la nuit **4.** suffire • **no me llega para pagar** je n'ai pas assez pour payer **5.** *(obtenir)* • **llegar a (ser) algo** devenir qqch • **llegarás a ser presidente** tu deviendras président • **¡si llego a saberlo!** si j'avais su ! • **llegar a hacer algo** en arriver à faire qqch. ■ **llegarse** *vp* • **llegarse a** passer par.
llenar *vt* **1.** *(remplir)* • **llenar algo (de) a)** remplir qqch (de) **b)** couvrir qqch (de) **2.** *(satisfaire)* combler • **llenar a alguien de a)** remplir qqn de *(joie, d'indignation)* **b)** abreuver qqn de *(conseils, de compliments)* **c)** combler qqn de *(faveurs)*. ■ **llenarse** *vp* • **llenarse (de algo) a)** se remplir (de qqch) **b)** se couvrir (de qqch) • **ya me he llenado** je n'ai plus faim.
llenazo *nm* • **hay un llenazo en el estadio** le stade est plein à craquer.
lleno, na *adj* **1.** plein(e) • **tener la casa llena** avoir beaucoup de monde chez soi • **lleno de a)** plein de **b)** couvert de **2.** repu(e) **3.** *fam* potelé(e). ■ **de lleno** *loc adv* en plein.
llevadero, ra *adj* supportable.

llevar

■ **llevar** *vt*

1. PORTER UN POIDS, UNE CHARGE
• **llevaba un saco a la espalda** il portait un sac sur le dos • **el avión llevaba carga** l'avion transportait des marchandises

2. AVOIR SUR SOI
• **no llevo dinero** je n'ai pas d'argent sur moi

3. AVOIR SUR SOI, EN PARLANT D'UN VÊTEMENT
porter • **lleva un traje nuevo/gafas** elle a porte une nouvelle robe/des lunettes

4. INDIQUE UN ÉTAT TRANSITOIRE
avoir • **lleva el pelo corto/recogido** elle a les cheveux courts/attachés • **llevas las manos sucias** tu as les mains sales, tes mains sont sales

5. PORTER QQCH À QQN
• **le llevé un regalo** je lui ai apporté un cadeau

6. ACCOMPAGNER QQN QUELQUE PART
• **llevo a Diego a su casa** j'emmène Diego chez lui • **nos llevó al teatro** il nous a emmenés au théâtre • **llévenos al hospital** conduisez-nous à l'hôpital

7. MENER QQN À QQCH / À FAIRE QQCH
conduire • **una estrategia que los llevó a la victoria** une strategie qui les a conduits à la victoire • **ese éxito juvenil lo llevó a dejar los estudios** ce succès de jeunesse l'a conduit à abandonner ses études • **el juego te va a llevar a la ruina** le jeu va te conduire à la ruine
8. POUR EXPRIMER LA DURÉE
• **lleva dos años aquí** ça fait deux ans qu'il est là • **llevo una hora esperándote** ça fait une heure que je t'attends • **me llevó un día hacer esta tarta** ça m'a pris une journée de faire ce gâteau
9. GÉRER
• **lleva bien su negocio** il mène bien ses affaires • **el matrimonio que lleva el restaurante** le couple qui tient le restaurant
10. PRENDRE EN CHARGE
• **es ella quien lleva la casa** c'est elle qui s'occupe de la maison • **llevar las cuentas** tenir les comptes
11. SUPPORTER
• **lleva su enfermedad con resignación** elle supporte sa maladie avec résignation • **lleva mal su divorcio** il vit mal son divorce
12. DÉPASSER EN ÂGE, EN TAILLE
• **se llevan dos años** ils ont deux ans d'écart • **mi hijo me lleva dos centímetros** mon fils me dépasse de deux centimètres
13. MAINTENIR
• **llevar el paso** marcher au pas
14. CONDUIRE UNE VOITURE
conduire • **¿me dejas llevar el coche un rato?** tu me laisses conduire un peu ?

■ **llevar** *vi*
1. DEVANT UN GÉRONDIF, EXPRIME LA CONTINUITÉ
• **llevan saliendo juntos desde el pasado verano** ils sortent ensemble depuis l'été dernier
2. DEVANT UN PARTICIPE PASSÉ, POUR FAIRE UN CONSTAT
• **lleva leída media novela** il en est à la moitié du roman • **llevamos andados 20 kilómetros** jusque-là, nous avons parcouru 20 kilomètres

■ **llevar a** *v + prép*
CONDUIRE, MENER À UN ENDROIT DÉTERMINÉ
• **esta carretera lleva a la ciudad** cette route mène à la ville • **esta autopista lleva a Francia** cette autoroute va en France

■ **llevarse** *vp*
1. PRENDRE, EMPORTER
• **los ladrones se llevaron todo** les voleurs ont tout emporté • **¡alguien se ha llevado mi bolso!** quelqu'un a pris mon sac à main ! • **la riada se ha llevado la carretera** la crue a emporté la route
2. GAGNER
remporter • **se llevó el premio a la mejor actriz** elle a remporté le prix de la meilleure actrice
3. DÉPLACER D'UN ENDROIT À UN AUTRE
• **se llevó la copa a los labios** elle porta le verre à ses lèvres
4. ÉPROUVER UNE SENSATION
avoir • **¡me llevé un susto!** j'ai eu une de ces peurs !
5. AVOIR UNE BONNE OU UNE MAUVAISE RELATION AVEC QQN
• **llevarse bien/mal (con alguien)** s'entendre bien/mal (avec qqn)
6. ÊTRE À LA MODE
• **la minifalda ya no se lleva** la minijupe n'est plus à la mode
7. EN MATHÉMATIQUES
retenir • **menos dos, más tres y me llevo seis...** moins deux, je pose trois et je retiens six...

llorar *vi* **1.** pleurer **2.** *fam (se plaindre)* • **llorarle a alguien** supplier qqn. ❑ *vt* pleurer.
llorica *adj fam & péj* pleurnicheur(euse), pleurnichard(e).
lloriquear *vi* pleurnicher.
lloriqueo *nm* pleurnichement *m*.
lloro *nm* pleurs *mpl*.
llorón, ona *adj* pleurnicheur(euse) ; qui pleure beaucoup. ❑ *nm, f* pleurnicheur *m*, -euse *f*.
lloroso, sa *adj (personne)* en pleurs ; *(yeux, voix)* larmoyant(e).
llover [24] *v impers* pleuvoir. ❑ *vi fig* pleuvoir • **le llueve el trabajo** il a du travail à ne plus savoir qu'en faire.
llovizna *nf* bruine *f*.
lloviznar *v impers* bruiner.
lluvia *nf* pluie *f* • **lluvia ácida** pluies *fpl* acides.
lluvioso, sa *adj* pluvieux(euse).
lo, la *(mpl* **los**, *fpl* **las**) *pron pers (complément direct) (personne, chose)* le, la, l' *(devant une voyelle)* ; *(formule de politesse)* vous • **no lo/la conozco** je ne le/la connais pas • **la quiere** il l'aime • **los vi** je les ai vus • **la invito a mi fiesta** je vous invite à ma soirée. ■ **lo** *pron pers neutre (prédicat)* le, l' *(devant une voyelle)* • **su hermana es muy guapa pero él no lo es** sa sœur est très belle mais lui ne l'est pas • **es muy bueno aunque no lo parezca** il est très gentil même s'il n'en a pas l'air. ❑ *art (neutre)* • **lo antiguo tiene más valor que lo moderno** les choses anciennes ont plus de valeur que les modernes • **lo mejor/peor** le mieux/pire • **lo más gracioso es que...** le plus drôle c'est que.... ■ **lo de** *loc prép* • **siento lo de ayer** je regrette ce qui s'est passé hier. ■ **lo que** *loc conj* ce que • **acepté lo que me ofrecieron** j'ai accepté ce qu'on m'a offert.
loa *nf* **1.** louange *f* **2.** LITTÉR éloge *m*.
loable *adj* louable.

loar *vt* louer.
lobato = **lobezno.**
lobby ['loβi] (*pl* **lobbies**) *nm* lobby *m*.
lobezno, lobato *nm* louveteau *m*.
lobista *nmf* lobbyiste *mf*.
lobo, ba *nm,f* loup *m*, louve *f*. ■ **lobo de mar** *nm* loup *m* de mer.
lóbrego, ga *adj* lugubre.
lóbulo *nm* lobe *m*.
local *adj* local(e). ❑ *nm* **1.** local *m* **2.** *(endroit)* siège *m*.
localidad *nf* **1.** localité *f* **2.** *(siège, billet)* place *f*.
localismo *nm* **1.** esprit *m* de clocher **2.** LING régionalisme *m*.
localista *adj (intérêts, problèmes)* local(e) • **es localista** il a l'esprit de clocher.
localización *nf* localisation *f*.
localizar [13] *vt* localiser ; trouver *(une personne, un objet)* ; joindre *(par téléphone)*. ■ **localizarse** *vp* être localisé(e).
locamente *adv* follement • **está locamente enamorada** elle est follement ou éperdument amoureuse.
locávoro, ra *adj* locavore. ■ **locávoro** *nm* locavore *m*.
loción *nf* **1.** lotion *f* **2.** friction *f*.
loco, ca *adj* fou, folle *f* • **estar loco de ou por ou con** être fou de • **loco de atar ou de remate** fou à lier • **a lo loco a)** *(conduire)* comme un fou **b)** *(répondre, travailler, etc)* n'importe comment. ❑ *nm,f* fou *m*, folle *f*.
locomoción *nf* locomotion *f* • **los gastos de locomoción** les frais de transport.
locomotor, ratriz *adj* locomoteur(trice). ■ **locomotora** *nf* locomotive *f*.
locuaz *adj* loquace.
locución *nf* locution *f*.
locura *nf* folie *f* • **con locura** à la folie.
locutor, ra *nm,f* présentateur *m*, -trice *f*.
locutorio *nm* **1.** parloir *m* **2.** TÉLÉCOM • **locutorio (telefónico)** cabines *fpl* téléphoniques **3.** RADIO & TV studio *m*.
lodazal *nm* bourbier *m*.
lodo *nm* boue *f*.
logaritmo *nm* logarithme *m*.
lógicamente *adv* logiquement.
lógico, ca *adj* logique • **es lógico que...** c'est normal que.... ❑ *nm,f* logicien *m*, -enne *f*. ■ **lógica** *nf* logique *f*.
logístico, ca *adj* logistique. ■ **logística** *nf* logistique *f*.
logo *nm* logo *m*.
logopeda *nmf* orthophoniste *mf*.
logotipo *nm* logo *m*.
logrado, da *adj* réussi(e) ; *(prix, médaille)* obtenu(e).
lograr *vt* • **lograr algo** obtenir qqch • **lograr su objetivo** atteindre ses objectifs • **lograr hacer algo** réussir à faire qqch.
logro *nm* réussite *f*.
Logroño *npr* Logroño.
LOGSE (abrév de **Ley Orgánica de Ordenación General del Sistema Educativo**) *nf loi de réforme de l'enseignement secondaire en Espagne*.
loísmo *nm emploi incorrect de «lo» ou «los» au lieu de «le» ou «les» au datif.*
loma *nf* colline *f*.
lombardo, da *adj* lombard(e). ❑ *nm,f* Lombard *m*, -e *f*. ■ **lombarda** *nf* BOT chou *m* rouge.
lombriz *nf* • **lombriz (de tierra)** ver *m* de terre.
lomo *nm* **1.** dos *m* **2.** *(viande - de porc)* échine *f* ; *(- de bœuf)* • **lomo bajo** bavette *f*.
lona *nf* **1.** toile *f* de bâche **2.** SPORT tapis *m*.
loncha *nf* tranche *f*.
lonchar *vi* (AMÉR) casser la croûte.
lonche *nm* (AMÉR) en-cas *m inv*.
lonchera *nf* boîte *f* à déjeuner.
lonchería *nf* (AMÉR) sandwicherie *f*.
londinense *adj* londonien(enne). ❑ *nmf* Londonien *m*, -enne *f*.
Londres *npr* Londres.
longaniza *nf* saucisse *f* sèche.
longevidad *nf* longévité *f*.
longevo, va *adj* qui vit très vieux, vieille *f* • **el más longevo** le plus âgé.
longitud *nf* **1.** longueur *f* • **de diez metros de longitud** de dix mètres de long • **longitud de onda** longueur d'onde **2.** GÉOGR & ASTRON longitude *f*.
longitudinal *adj* longitudinal(e).
lonja *nf* **1.** tranche *f* **2.** bourse *f* de commerce • **lonja de pescado** halle *f* aux poissons **3.** parvis *m*.
lontananza *nf* lointain *m* ; *(dans un tableau)* arrière-plan *m* • **en lontananza** dans le lointain.
loro *nm* **1.** perroquet *m* **2.** *fam* laideron *m* **3.** *fam & fig* moulin *m* à paroles.
los *art* → **el.** ❑ *pron* → **lo.**
losa *nf* dalle *f*.
loseta *nf* carreau *m (de céramique)*.
lote *nm* **1.** lot *m* ; part *f (d'héritage)* • **lote de Navidad** *cadeau de Noël offert par les entreprises à leurs employés* **2.** *fam (caresser)* • **darse ou pegarse el lote** se peloter.
lotería *nf* **1.** loterie *f* • **jugar a la lotería** jouer à la loterie • **tocarle a alguien la lotería** gagner à la loterie **2.** *kiosque de billets de loterie.*
loto *nf* (ESP) *fam (juego)* ≃ Loto®.
Lovaina *npr* Louvain.
loza *nf* **1.** *(matière)* faïence *f* **2.** *(objets)* vaisselle *f*.
lozanía *nf* vigueur *f*, fraîcheur *f*.
lozano, na *adj* vigoureux(euse) ; *(personne)* qui respire la santé.
LSD (abrév de **lysergic diethylamide**) *nm* LSD *m* • **un viaje de LSD** un trip LSD.
Ltd., ltda. (abrév de **limitada**) SARL.
lubina *nf* bar *m*, loup *m* de mer.
lubricación = **lubrificación.**

lubricante = **lubrificante**.
lubricar [10] *vt* = **lubrificar**.
lúbrico, ca *adj sout* lubrique.
lubrificación, lubricación *nf* lubrification *f*.
lubrificante, lubricante *adj* lubrifiant(e). ❑ *nm* lubrifiant *m*.
lubrificar, lubricar [10] *vt* lubrifier.
lucero *nm* **1.** étoile *f* (brillante) **2.** *fig* éclat *m* • **como un lucero** propre comme un sou neuf.
lucha *nf* lutte *f* • **lucha libre** lutte libre • **lucha de clases** lutte des classes.
luchador, ra *adj* combatif(ive). ❑ *nm,f* lutteur *m*, -euse *f*.
luchar *vi* lutter, se battre • **luchar contra/por** lutter contre/pour.
lucidez *nf* lucidité *f*.
lucido, da *adj* splendide.
lúcido, da *adj* lucide.
luciérnaga *nf* ver *m* luisant.
Lucifer *npr* Lucifer.
lucimiento *nm* éclat *m*.
lucio *nm* brochet *m*.
lucir [32] *vi* **1.** briller ; *(étoiles)* luire **2.** profiter • **trabajé mucho pero no me ha lucido** j'ai beaucoup travaillé pour rien **3.** faire de l'effet. ❑ *vt* **1.** faire preuve de **2.** porter *(des bijoux, des vêtements)* • **lucir las piernas** montrer ses jambes. ■ **lucirse** *vp (se distinguer)* • **lucirse (en)** briller (à) • **¡te has lucido!** *fam, fig & iron* tu as bonne mine !
lucrarse *vp* s'enrichir.
lucrativo, va *adj* lucratif(ive).
lucro *nm* gain *m* • **el afán de lucro** l'appât du gain.
lucubrar *vt* **1.** *(réfléchir)* • **lucubrar sobre** méditer sur **2.** *péj* échafauder.
lúdico, ca *adj* ludique.
ludoeducativo, va *adj (software, programme)* ludo-éducatif(ive).
ludópata *nmf* joueur *m* invétéré, joueuse *f* invétérée.
ludopatía *nf* dépendance *f* aux jeux.
ludoteca *nf* ludothèque *f*.
luego *adv* **1.** ensuite • **primero aquí y luego allí** d'abord ici et ensuite là-bas • **primero dijo que no, pero luego aceptó** il a d'abord dit non et puis il a accepté • **cenamos y luego nos acostamos** on a dîné et on s'est couchés tout de suite après **2.** *(plus tard)* • **hazlo luego** fais-le plus tard • **vendré luego** je viendrai tout à l'heure **3.** (AMÉR) rapidement • **lueguito vuelvo** je reviens dans une minute. ❑ *conj* donc • **pienso, luego existo** je pense donc je suis. ■ **luego luego** *loc adv* (AMÉR) *fam* **1.** tout de suite **2.** de temps en temps.
lugar *nm* **1.** lieu *m* • **en el lugar del crimen** sur les lieux du crime • **dar lugar a** donner lieu à • **fuera de lugar** hors de propos • **no deja lugar a dudas** cela ne fait aucun doute • **si ha lugar** s'il y a lieu • **tener lugar** avoir lieu **2.** endroit *m* • **en un lugar apartado** dans un endroit retiré • **en este lugar había una iglesia** à cet endroit, il y avait une église • **la gente del lugar** les gens du coin **3.** place *f* • **ocupar el segundo lugar** être à la deuxième place • **dejar las cosas en su lugar** laisser les choses à leur place • **en tu lugar, no lo haría** à ta place, je ne le ferais pas. ■ **en lugar de** *loc prép* au lieu de. ■ **lugar común** *nm* lieu *m* commun.
lugareño, ña *adj & nm,f* villageois(e).
lugarteniente *nmf* adjoint *m*, -e *f*.
Lugo *npr* Lugo.
lúgubre *adj* lugubre.
lujo *nm* luxe *m* • **con todo lujo de detalles** avec un grand luxe de détails • **un artículo de lujo** un produit de luxe • **un piso de lujo** *fig* un splendide appartement.
lujoso, sa *adj* luxueux(euse).
lujuria *nf* luxure *f*.
lujurioso, sa *adj* lascif(ive) • **una mirada lujuriosa** un regard concupiscent.
lumbago *nm* lumbago *m*.
lumbalgia *nf* MÉD lombalgie *f*.
lumbar *adj* lombaire.
lumbre *nf* **1.** feu *m* **2.** *fig* éclat *m*.
lumbrera *nf fam* • **no ser ninguna lumbrera** ne pas être une lumière.
lumínico, ca *adj sout* lumineux(euse).
luminosidad *nf* luminosité *f*.
luminoso, sa *adj* lumineux(euse).
luminoterapia *nf* luminothérapie *f*.
luna *nf* **1.** Lune *f* • **luna llena** pleine lune • **luna nueva** nouvelle lune **2.** *(miroir)* glace *f* **3.** *fig* • **estar en la luna** être dans la lune. ■ **luna de miel** *nf* lune *f* de miel.
lunar *adj* lunaire. ❑ *nm* **1.** grain *m* de beauté **2.** *(d'un tissu)* pois *m* • **de ou con lunares** à pois.
lunático, ca *adj & nm,f* désaxé(e).
lunes *nm inv* lundi *m*. Voir aussi **sábado**.
lunfardo *nm argot des classes populaires de Buenos Aires*.
lupa *nf* loupe *f*.
lustrabotas *nm inv* cireur *m* de chaussures.
lustrador (AMÉR) *nm* = **lustrabotas**.
lustrar *vt* astiquer ; faire briller *(les chaussures)*.
lustre *nm litt & fig* éclat *m*.
lustro *nm* lustre *m* • **hace lustros que no lo veo** il y a des lustres que je ne l'ai pas vu.
lustroso, sa *adj* brillant(e).
luteranismo *nm* luthéranisme *m*.
luto *nm* deuil *m* • **vestir de luto** porter le deuil.
luxación *nf* luxation *f*.
Luxemburgo *npr* Luxembourg *m*.
luxemburgués, esa *adj* luxembourgeois(e). ❑ *nm,f* Luxembourgeois *m*, -e *f*.
luz *nf* **1.** lumière *f* ; électricité *f* • **pagar el recibo de la luz** payer la facture d'électricité • **se ha ido la luz** il y a une panne de courant • **cortar la luz** couper le courant • **encender/**

apagar la luz allumer/éteindre la lumière **2.** phare *m* • **darle las luces a alguien** faire un appel de phares à qqn • **luces de carretera ou largas** feux *mpl* de route, phares • **luces de cruce ou cortas** feux *mpl* de croisement, codes *mpl* • **luces de posición ou situación** feux *mpl* de position, veilleuses *fpl* **3.** scintillement *m* • **despedir luces** étinceler **4.** *ARCHIT* ouverture *f* **5.** *(expressions)* • **dar a luz** accoucher • **sacar a la luz a)** révéler **b)** publier *(un livre)*. ■ **luces** *nfpl* **1.** *(culture)* • **el Siglo de las Luces** le siècle des Lumières **2.** *(intelligence)* • **tener pocas luces** ne pas être très futé(e).
lycra® *nf* Lycra® *m*.

M

m, M [eme] *nf* m *m inv*, M *m inv*. ■ **m** (abrév de metro) m.
m^2 (abrév de metro cuadrado) m^2.
m^3 (abrév de metro cúbico) m^3.
macabro, bra *adj* macabre.
macana *nf* **(AMÉR) 1.** gourdin *m* **2.** *fam & fig* bêtise *f* **3.** mensonge *m* **4.** *(contrariété)* • **¡qué macana!** quel dommage !
macanudo, da *adj* **(AMÉR)** *fam* formidable, du tonnerre. ■ **macanudo** *interj* **(AMÉR)** *fam* d'accord !, parfait !
macarra *nm fam* loubard *m* ; maquereau *m*.
macarrón *nm (gén pl)* macaroni *m*.
macarrónico, ca *adj fam* • **habla un inglés macarrónico** il parle anglais comme une vache espagnole.
macedonia *nf* macédoine *f*.
macerar *vt CULIN* faire macérer.
maceta *nf* **1.** pot *m* ; pot *m* de fleurs **2.** petit maillet *m*.
macetero *nm* cache-pot *m*.
machaca *nmf fam* **1.** casse-pieds *mf inv* **2.** homme *m* à tout faire.
machacar [10] *vt* **1.** piler **2.** *fam & fig* rabâcher **3.** *fam & fig* potasser. ❏ *vi* **1.** *fig* insister ; *fig* rabâcher **2.** *(vaincre)* écraser.
machacón, na *fam adj* soûlant(e). ❏ *nm, f* rabâcheur *m*, -euse *f*.
machete *nm* machette *f*.
machismo *nm* machisme *m*.
machista *adj & nmf* machiste.
macho *adj* **1.** mâle **2.** *fig* macho. ❏ *nm* **1.** mâle *m* **2.** *fig* macho *m* **3.** pièce *f* mâle ; *ÉLECTR* prise *f* mâle. ❏ *interj fam* • **¡oye, macho!** eh, mon vieux !
machoexplicación *nf* mansplaining *m*.
machote *adj & nm fam* dur *m*, -e *f* • **ser un machote** être un dur.
Machu Picchu *npr* Machu Picchu *m*.
macizo, za *adj* **1.** *(or, bois)* massif(ive) **2.** *fam & fig (personne)* • **estar macizo** être baraqué. ■ **macizo** *nm GÉOGR & BOT* massif *m*.
macramé *nm* macramé *m*.
macro *nf INFORM* macro-instruction *f*.
macrobiótico, ca *adj* macrobiotique. ■ **macrobiótica** *nf* macrobiotique *f*.
macrocosmo, macrocosmos *nm inv* macrocosme *m*.
macroeconomía *nf* macroéconomie *f*.
macrofestival *nm* grand festival *m*.
mácula *nf* **1.** *(gén) ASTRON* tache *f* **2.** *fig* tromperie *f*.
macuto *nm* sac *m* à dos.
madeja *nf* pelote *f* • **madeja de lana** pelote de laine.
madera *nf* **1.** bois *m* ; planche *f* • **de madera** en bois **2.** *fig (dispositions pour)* • **tener madera de** avoir l'étoffe de.
madero *nm* **1.** madrier *m* **2.** *fig* bûche *f* **3.** *tfam* flic *m*.
madrastra *nf (marâtre)* belle-mère *f*.
madraza *nf fam* maman *f* gâteau.
madre *nf* **1.** mère *f* • **madre de alquiler** mère porteuse • **madre política** belle-mère *f* • **madre soltera** mère célibataire • **me vale madre (AMÉR)** *tfam & fig* je m'en fous complètement **2.** lie *f (du vin)* **3.** lit *m (d'une rivière)*. ■ **madre mía** *interj* • **¡madre mía!** mon Dieu !
madreselva *nf* chèvrefeuille *m*.
Madrid *npr* Madrid.
madridista *adj* du Real Madrid. ❏ *nm, f supporter ou membre de l'équipe du Real Madrid*.
madrigal *nm* madrigal *m*.
madriguera *nf* tanière *f* ; terrier *m (du lapin)*.
madrileño, ña *adj* madrilène. ❏ *nm, f* Madrilène *mf*.
madrina *nf litt & fig* marraine *f*.
madroño *nm* **1.** arbousier *m* **2.** arbouse *f*.
madrugada *nf* matin *m* • **la una de la madrugada** une heure du matin.
madrugador, ra *adj* matinal(e). ❏ *nm, f* • **es un madrugador** il est matinal.
madrugar [16] *vi* **1.** se lever tôt **2.** *fig* prendre les devants.
madrugón, ona *adj* matinal(e). ■ **madrugón** *nm* • **darse ou pegarse un madrugón** *fam* se lever aux aurores.
maduración *nf* **1.** *(de fruit)* maturation *f*, mûrissement *m* **2.** *(de personne)* maturité *f*.
madurar *vt & vi* mûrir.
madurez *nf* maturité *f*.
maduro, ra *adj* **1.** mûr(e) **2.** *(idée, projet, solution)* mûrement réfléchi(e).
maestría *nf (habileté)* maîtrise *f*.

maestro, tra *adj* maître, maîtresse *f* • **una viga maestra** une poutre maîtresse • **una pared maestra** un mur porteur • **un golpe maestro** un coup de maître. ❑ *nm, f* maître *m*, maîtresse *f* *(d'école)*. ■ **maestro** *nm* **1.** *(sage, directeur)* maître *m* • **maestro de ceremonias** maître de cérémonie • **maestro de cocina** chef *m* cuisinier **2.** *MUS* maestro *m* • **maestro (de orquesta)** chef *m* d'orchestre **3.** matador *m*.
mafia *nf* mafia *f*.
mafioso, sa *adj* mafieux(euse). ❑ *nm, f* mafioso *m*.
Magallanes *npr* Magellan • **el estrecho de Magallanes** le détroit de Magellan.
magdalena *nf* madeleine *f*.
magia *nf* magie *f* ; charme *m* *(d'une personne)*.
mágico, ca *adj* magique.
magisterio *nm* **1.** *diplôme d'instituteur* **2.** enseignement *m* primaire **3.** corps *m* des instituteurs.
magistrado, da *nm, f* magistrat *m*.
magistral *adj* magistral(e).
magistratura *nf* magistrature *f* • **magistratura de trabajo** ≃ conseil *m* de prud'hommes.
magma *nm* magma *m*.
magnánimo, ma *adj* magnanime.
magnate *nm* magnat *m*.
magnesia *nf* magnésie *f*.
magnesio *nm* magnésium *m*.
magnético, ca *adj* magnétique.
magnetismo *nm* magnétisme *m*.
magnetizar [13] *vt* magnétiser.
magnetófono *nm* magnétophone *m*.
magnetoscopio *nm* magnétoscope *m*.
magnicida *nmf* assassin *m* *(d'une personne haut placée)*.
magnicidio *nm* assassinat *m* *(d'une personne haut placée)*.
magnificar [10] *vt* faire l'éloge de.
magnificencia *nf* magnificence *f*.
magnífico, ca *adj* magnifique.
magnitud *nf* **1.** grandeur *f* **2.** *ASTRON* magnitude *f* **3.** *(importance)* ampleur *f*.
magnolia *nf* magnolia *m*.
mago, ga *nm, f* **1.** magicien *m*, -enne *f* **2.** enchanteur *m*, -eresse *f*.
magrear *vt* **(ESP)** *vulg* peloter, tripoter.
Magreb *npr* • **el Magreb** le Maghreb.
magrebí (*pl* **magrebíes** *ou* **magrebís**) *adj* maghrébin(e). ❑ *nm, f* Maghrébin *m*, -e *f*.
magro, gra *adj* maigre. ■ **magro** *nm* *(viande)* maigre *m*.
magulladura *nf* meurtrissure *f*.
magullar *vt* *(peau)* meurtrir ; *(fruit)* taler.
maharajá = **marajá**.
Mahoma *npr* Mahomet.
mahonesa *nf* = **mayonesa**.
maicena *nf* Maïzena® *f*.
mail [meil] *nm INFORM* mail *m*, mél *m*.
mailing ['meilin] *nm* mailing *m*.
maillot [ma'jot] (*pl* **maillots**) *nm SPORT* maillot *m* ; *(danse)* justaucorps *m* ; *(gymnastique)* body *m* • **maillot amarillo** maillot jaune.
maître ['metre] *nm* maître *m* d'hôtel.
maíz *nm* maïs *m*.
majadería *nf* idiotie *f*.
majadero, ra *nm, f* idiot *m*, -e *f*.
majareta, majara *adj & nmf fam* cinglé(e).
majestad *nf* majesté *f*.
majestuoso, sa *adj* majestueux(euse).
majo, ja *adj* **1.** gentil(ille) **2.** mignon(onne). ❑ *nm, f nom donné au XVIIIe siècle à un certain type populaire madrilène*.
mal *adj* → **malo**. ❑ *nm* mal *m* • **el mal** le mal • **el mal de ojo** le mauvais œil • **no hay mal que por bien no venga** à quelque chose malheur est bon. ❑ *adv* mal • **encontrarse mal** se sentir mal • **oír/ver mal** entendre/voir mal • **oler mal a)** sentir mauvais **b)** *fam & fig* sembler louche • **saber mal a)** avoir mauvais goût **b)** *fig* déplaire • **sentar mal a alguien a)** *(vêtement)* aller mal à qqn **b)** *(repas, aliment)* ne pas réussir à qqn **c)** *(commentaire, attitude)* ne pas plaire à qqn • **ir de mal en peor** aller de mal en pis • **mal que bien** tant bien que mal • **no estaría mal que...** ça serait bien que....
malabarismo *nm* • **hacer malabarismos** *litt & fig* jongler.
malabarista *nmf* jongleur *m*, -euse *f*.
malacostumbrado, da *adj* *(enfant)* gâté(e).
malacostumbrar *vt* donner de mauvaises habitudes à ; gâter *(un enfant)*.
Málaga *npr* Malaga.
malagueño, ña *adj & nm, f* malaguène, habitant(e) de Malaga.
malaleche *fam nf* humeur *f* de cochon ; foutu caractère *m* • **tener malaleche** être une peau de vache.
malapata *fam nf* poisse *f* • **has tenido malapata** tu n'as pas eu de pot.
malaria *nf* malaria *f*.
malasangre *nf* mauvais esprit *m* • **hacerse malasangre** *fam* se faire un sang d'encre.
Malasia *npr* Malaisie *f*.
malasombra *fam nf* *(malchance)* • **tener malasombra** avoir la poisse.
Malaui, Malawi *npr* Malawi *m*.
malcomer *vi* **1.** *(qualité)* mal manger **2.** *(quantité)* manger mal.
malcriado, da *adj & nm, f* mal élevé(e).
malcriar [31] [9] *vt* gâter *(un enfant)*.
maldad *nf* méchanceté *f*.
maldecir [66] *vt* maudire. ❑ *vi* médire.
maldición *nf* malédiction *f*.
maldito, ta *adj* maudit(e).
Maldivas *npr* • **las (islas) Maldivas** les (îles) Maldives *fpl*.
maleable *adj* malléable.

maleante *adj & nmf* délinquant(e).
malear *vt* corrompre.
malecón *nm* jetée *f*.
maleducado, da *adj & nm,f* mal élevé(e).
maleficio *nm* maléfice *m*.
maléfico, ca *adj* maléfique.
malentendido *nm* malentendu *m*.
malestar *nm* **1.** douleur *f* • **sentir malestar general** avoir mal partout **2.** *fig* malaise *m*.
maleta *nf* valise *f*.
maletero *nm* AUTO coffre *m*.
maletín *nm* mallette *f*; attaché-case *m*.
malevolencia *nf* malveillance *f*.
malévolo, la *adj* malveillant(e).
maleza *nf* mauvaises herbes *fpl*; broussailles *fpl*.
malformación *nf* malformation *f*.
malgastar *vt* gaspiller.
malhablado, da *adj* grossier(ère). ❑ *nm,f* • **es un malhablado** il parle comme un charretier.
malhechor, ra *adj* malfaisant(e). ❑ *nm,f* malfaiteur *m*.
malherir [27] *vt* blesser grièvement.
malhumor *nm* mauvaise humeur *f*.
malhumorado, da *adj* de mauvaise humeur.
malicia *nf* **1.** méchanceté *f* **2.** malice *f*.
malicioso, sa *adj* **1.** mauvais(e) **2.** malicieux(euse).
maligno, na *adj* **1.** malveillant(e) **2.** MÉD malin(igne) • **un tumor maligno** une tumeur maligne.
malintencionado, da *adj* malintentionné(e).
malinterpretar *vt* mal interpréter.
malla *nf* **1.** maille *f* **2.** filet *m*. ■ **mallas** *nfpl* caleçon *m (de fille)*.
Mallorca *npr* Majorque.
mallorquín, ina *adj* majorquin(e). ❑ *nm,f* Majorquin *m*, -e *f*.
malnacido, da *adj & nm,f* misérable *(vil)*.
malnutrición *nf* malnutrition *f*.
malo, la *adj (**peor** est le comparatif et le superlatif de **malo**; devant un nom masculin singulier : **mal**)* **1.** mauvais(e) • **una comida mala** un mauvais repas • **un resultado malo** un mauvais résultat • **pasar un mal rato** passer un mauvais quart d'heure • **es malo para los idiomas** il est mauvais en langues • **ser malo para la salud** être mauvais pour la santé **2.** méchant(e) • **ser malo con alguien** être méchant avec qqn **3.** dur(e) • **lo malo es que...** le problème, c'est que... **4.** malade, souffrant(e) • **estar malo** être malade • **ponerse malo** tomber malade **5.** vilain(e) **6.** *fig* • **estar de malas** être de mauvaise humeur • **por las malas** de force. ❑ *nm,f* méchant *m*, -e *f (d'un film, etc)*.
malogrado, da *adj* **1.** *(occasion)* gâché(e) **2.** *(artiste)* à la carrière éphémère.
malograr *vt* **1.** gâcher; rater **2.** endommager **3.** (AMÉR) casser. ■ **malograrse** *vp* **1.** tourner court **2.** mourir prématurément **3.** être endommagé(e) **4.** (AMÉR) se casser; (AMÉR) *(voiture, machine)* tomber en panne.
maloliente *adj* malodorant(e).
malparado, da *adj* mal en point • **salió malparado de...** il ne s'est pas bien tiré de....
malpensado, da *nm,f* • **ser un malpensado** avoir l'esprit mal tourné.
malquerencia *nf* antipathie *f*.
malsano, na *adj* malsain(e).
malsonante *adj* grossier(ère).
malta *nm* malt *m*.
Malta *npr* Malte.
maltratador, ra *nm,f* auteur *m* de maltraitances.
maltratar *vt* **1.** maltraiter **2.** abîmer.
maltrato *nm* mauvais traitements *mpl*, maltraitance *f*.
maltrecho, cha *adj* en piteux état.
malva *nf* BOT mauve *f*. ❑ *adj inv (couleur)* mauve. ❑ *nm (couleur)* mauve *m*.
malvado, da *adj & nm,f* méchant(e).
malvavisco *nm* guimauve *f*.
malvender *vt* vendre à perte.
malversación *nf* malversation *f* • **malversación de fondos** détournement *m* de fonds.
malversador, ra *nm,f* coupable de malversations • **ser un malversador de fondos** détourner des fonds.
malversar *vt* détourner *(de l'argent)*.
Malvinas *npr* • **las Malvinas** les Malouines *fpl*.
malvivir *vi* vivre pauvrement.
mama *nf* **1.** *(animal)* mamelle *f*; *(femme)* sein *m* **2.** *fam* maman *f*.
mamá *nf fam* maman *f* • **mamá grande** (AMÉR) *fam* mamie *f*.
mamadera *nf* (AMÉR) **1.** biberon *m* **2.** tétine *f*.
mamado, da *adj* **1.** *tfam (ivre)* pété(e), bourré(e) **2.** (ESP) *tfam (facile)* fastoche, les doigts dans le nez. ■ **mamada** *nf* **1.** *(de bébé)* tétée *f* **2.** (AMÉR) *fam (bonne affaire)* aubaine *f*.
mamar *vt* **1.** téter • **dar de mamar** allaiter **2.** *fig* apprendre au berceau. ❑ *vi* téter. ■ **mamarse** *vp tfam* **1.** *(boire)* descendre, se taper • **se mamó toda la botella él solito** il a descendu la bouteille à lui tout seul **2.** *(s'enivrer)* se bourrer la gueule.
mamarrachada *nf fam* connerie *f* • **me parece una mamarrachada** c'est débile.
mamarracho *nm* **1.** *(fantoche)* • **estar hecho un mamarracho** être ridicule **2.** pauvre type *m* **3.** *(film)* navet *m*; *(tableau)* croûte *f*.
mambo *nm* mambo *m*.
mami *nf fam* maman *f*.
mamífero, ra *adj* mammifère. ■ **mamífero** *nm* mammifère *m*.
mamografía *nf* mammographie *f*.
mamón, ona *adj* **1.** *vulg* connard, connasse *f* **2.** (AMÉR) crâneur(euse). ❑ *nm,f vulg* connard

m, connasse *f*. ■ **mamón** *nm* (AMÉR) BOT papayer *m* ; (AMÉR) papaye *f* ; (AMÉR) anone *f*.
mamotreto *nm péj (livre)* pavé *m* ; *(meuble)* mastodonte *m*.
mampara *nf* pare-douche *m*.
mamporro *nm fam* gnon *m* • **darse un mamporro** se cogner.
mampostería *nf* maçonnerie *f*.
mamut *nm* mammouth *m*.
manada *nf* **1.** troupeau *m (de chevaux, de vaches)* ; bande *f (de loups)* ; harde *f (de cerfs)* **2.** horde *f (de gens)*.
mánager ['manajer] (*pl* **mánagers**) *nmf* manager *m*.
Managua *npr* Managua.
manantial *nm* source *f*.
manar *vi* • **manar (de)** jaillir (de).
manazas *adj inv & nmf inv* empoté(e).
mancebo, ba *nm,f* jeune homme *m*, jeune fille *f*. ■ **manceba** *nf* concubine *f*.
mancha *nf* tache *f*.

> À PROPOS DE
> **mancha**
> Attention **mancha** ne signifie pas **manche** mais **tache** !

manchar *vt fig (déshonorer)* souiller. ■ **mancharse** *vp* se tacher.
manchego, ga *adj (région d'Espagne)* de la Manche. ■ **manchego** *nm* → **queso**.
mancillar *vt* souiller *(l'honneur, etc)*.
manco, ca *adj* **1.** manchot(e) **2.** *fig (incomplet)* boiteux(euse). ❑ *nm,f* manchot *m*, -e *f*.
mancomunar *vt (efforts, intérêts)* unir ; *(biens)* mettre en commun. ■ **mancomunarse** *vp* s'unir.
mancomunidad *nf* association *f* ; fédération *f (de provinces, etc)*.
mancorna, mancuerna *nf* (AMÉR) bouton *m* de manchette.
mandado, da *nm,f* envoyé *m*, -e *f*. ■ **mandado** *nm (course)* commission *f*.
mandamás *nmf* **1.** grand patron *m* **2.** grand manitou *m*.
mandamiento *nm* commandement *m*.
mandanga *nf fam* **1.** *(gén pl)* histoires, bêtises • **déjate de mandanga(s)** arrête tes histoires **2.** flemme • **andar con mandanga** être amorphe.
mandar *vt* **1.** ordonner • **el profesor mandó un trabajo para casa** le professeur nous a donné un travail à faire à la maison • **mandar hacer algo** faire faire qqch **2.** envoyer • **mandar a alguien a paseo ou a la porra** *fam* envoyer balader qqn **3.** commander *(une armée)* ; diriger *(un pays)*. ❑ *vi péj* commander • **¿mande?** *fam* pardon ?
mandarín *nm* mandarin *m*.
mandarina *nf* mandarine *f*.
mandatario, ria *nm,f* mandataire *mf*.
mandato *nm* **1.** mandat *m* • **mandato judicial** mandat (de justice) **2.** *(commandement)* ordre *m*.
mandíbula *nf* mâchoire *f*.
mandil *nm* tablier *m*.
mandioca *nf* manioc *m*.
mando *nm* **1.** *(gén)* MIL commandement *m* • **estar al mando de** diriger, commander • **los mandos** les dirigeants **2.** *(chef)* cadre *m* • **mandos intermedios** cadres moyens **3.** *(dispositif)* commande *f* • **mando a distancia** télécommande *f*.
mandolina *nf* mandoline *f*.
mandón, ona *adj* autoritaire. ❑ *nm,f* petit chef *m* • **es una mandona** elle veut mener tout le monde à la baguette.
mandril *nm* **1.** ZOOL mandrill *m* **2.** *(pièce)* mandrin *m*.
manduca *nf fam* bouffe *f*.
manducar *vt & vi fam* bouffer.
manecilla *nf* **1.** aiguille *f (d'une montre)* **2.** fermoir *m*.
manejable *adj* maniable.
manejar *vt* **1.** manier **2.** *fig* mener ; gérer *(les affaires)* • **manejar a alguien a su antojo** mener qqn par le bout du nez **3.** (AMÉR) conduire *(une voiture)*. ■ **manejarse** *vp* **1.** se déplacer **2.** se débrouiller.
manejo *nm* **1.** maniement *m* **2.** *(gén pl) fig* manigances *fpl* **3.** *fig (direction)* conduite *f* ; gestion *f (d'affaires, d'une entreprise)*.
manera *nf* **1.** manière *f* • **de cualquier manera a)** n'importe comment **b)** de toute façon • **de ninguna manera, en manera alguna a)** en aucune façon **b)** jamais de la vie • **de todas maneras** de toute façon • **en cierta manera** d'une certaine manière • **de manera que** de telle sorte que • **no hay manera** il n'y a pas moyen **2.** *(gén pl)* manières *fpl*.
manga *nf* **1.** *(de vêtement)* SPORT manche *f* • **en mangas de camisa** en manches de chemise • **manga corta/larga** manche courte/longue **2.** *(filtre)* chausse *f* **3.** manche *f* à air **4.** *(en pâtisserie)* poche *f* à douille **5.** tuyau *m (d'arrosage)* **6.** *fig* • **ser de manga ancha, tener manga ancha** avoir les idées larges.
mangante *adj & nmf fam* voleur(euse).
mangar [16] *vt fam* piquer.
mango *nm* **1.** manche *m (d'un outil)* **2.** manguier *m* **3.** mangue *f*.
mangonear *vi fam* **1.** fourrer son nez partout **2.** mener tout le monde à la baguette.
mangosta *nf* mangouste *f*.
manguera *nf* **1.** tuyau *m* d'arrosage **2.** lance *f* d'incendie.
maní (*pl* **manises**) *nm* BOT *(plante)* arachide *f* ; *(fruit)* cacahouète *f*, cacahuète *f*.
manía *nf* **1.** manie *f* **2.** folie *f* • **la manía de los videojuegos** la folie des jeux vidéo **3.** *fam (aversion)* • **coger manía a alguien** prendre qqn en grippe.

maniaco, ca, maníaco, ca *adj & nm,f (malade)* maniaque.
maniacodepresivo, va *adj & nm,f* maniacodépressif(ive).
maniatar *vt* attacher les mains de.
maniático, ca *adj & nm,f* maniaque • **un maniático del fútbol** *fig* un fou de football.
manicomio *nm* asile *m (d'aliénés)*.
manicuro, ra *nm,f* manucure *mf*. ■ **manicura** *nf* manucure *f*.
manido, da *adj (thème, etc)* rebattu(e).
manierismo *nm* ART maniérisme *m*.
manifestación *nf* manifestation *f*.
manifestante *nmf* manifestant *m*, -e *f*.
manifestar [19] *vt* **1.** manifester **2.** déclarer. ■ **manifestarse** *vp* **1.** manifester *(dans la rue)* **2.** *(devenir évident)* se manifester.
manifiesto, ta *adj* manifeste • **poner de manifiesto** mettre en évidence. ■ **manifiesto** *nm* manifeste *m*.
manilla *nf* **1.** *(de porte, fenêtre)* poignée *f* **2.** *(gén pl) (d'une montre)* aiguille *f*.
manillar *nm* guidon *m*.
maniobra *nf* manœuvre *f*.
maniobrar *vi* manœuvrer.
manipulación *nf* manipulation *f*.
manipulador, ra *adj & nm,f* manipulateur(trice).
manipular *vt* manipuler ; trafiquer *(l'information, un résultat)*.
maniqueísmo *nm* manichéisme *m*.
maniquí (*pl* **maniquíes** *ou* **maniquís**) *nm* mannequin *m (de couturier)*. ❑ *nmf* **1.** *(modèle)* mannequin *m* **2.** *fig* pantin *m*.
manirroto, ta *adj* dépensier(ère). ❑ *nm,f* panier *m* percé.
manitas *adj inv* • **es muy manitas** il est très habile de ses mains. ❑ *nmf inv* bricoleur *m*, -euse *f* • **ser un manitas** être bricoleur • **hacer manitas** se faire des caresses.
manito, mano *nm* (AMÉR) *fam* pote *m*.
manivela *nf* manivelle *f*.
manjar *nm* mets *m*.
mano *nf* **1.** main *f* • **a mano a)** sous la main **b)** à la main • **a mano armada** à main armée • **dar ou estrechar la mano a alguien** serrer la main à qqn **2.** ZOOL patte *f* de devant ; *(de porc)* pied *m* **3.** *(côté)* • **a mano derecha/izquierda** à droite/gauche **4.** couche *f (de peinture, etc)* **5.** *(adresse)* • **tiene buenas manos para bricolar** c'est un bon bricoleur **6.** *(capacité de travail)* • **necesitamos manos para descargar** on a besoin de bras pour décharger • **mano de obra** main-d'œuvre *f* **7.** *(influence)* • **tiene mano en el ministerio** il a le bras long au ministère **8.** *(aide, intervention)* coup *m* de main • **echar ou tender una mano a alguien** donner un coup de main à qqn **9.** *(mortier)* pilon *m* **10.** partie *f (de jeu)* **11.** *(série)* volée *f (de coups)* **12.** *fig* • **bajo mano** en sous-main • **caer en manos de alguien** tomber entre les mains de qqn • **con las manos cruzadas, mano sobre mano** les bras croisés • **con las manos en la masa** la main dans le sac • **de primera mano** de première main • **de segunda mano** d'occasion • **mano a mano** en tête à tête • **¡manos a la obra!** au travail ! • **¡manos arriba!, ¡arriba las manos!** haut les mains ! • **tener mano izquierda** savoir y faire.
manojo *nm* botte *f (d'asperges, de radis)* ; bouquet *m (de fleurs)* ; touffe *f (de cheveux)* ; trousseau *m (de clés)*.
manoletina *nf* **1.** *passe inventée par le torero espagnol Manolete* **2.** *(chaussure)* ballerine *f*.
manómetro *nm* manomètre *m*.
manopla *nf* **1.** moufle *f* **2.** gant *m* de toilette.
manosear *vt* tripoter.
manotazo *nm* claque *f*.
mansalva ■ **a mansalva** *loc adv* en quantité.
mansarda *nf* toit *m* mansardé.
mansedumbre *nf* douceur *f* ; docilité *f (d'un animal)*.
mansión *nf* demeure *f*.
manso, sa *adj* **1.** paisible, doux, douce *f* **2.** docile **3.** (AMÉR) énorme.
manta *nf* couverture *f* • **liarse la manta a la cabeza** *fig* sauter le pas, se jeter à l'eau. ❑ *nmf* *fam* bon *m* à rien, bonne *f* à rien.
manteca *nf* **1.** graisse *f (animale)* • **manteca de cerdo** saindoux *m* **2.** beurre *m* • **manteca de cacao** beurre de cacao.
mantecado *nm* **1.** gâteau *m* au saindoux **2.** glace *f* à la vanille.
mantecoso, sa *adj* gras, grasse *f*.
mantel *nm* nappe *f*.
mantelería *nf* linge *m* de table.
mantenedor, ra *nm,f (d'une compétition, d'un concours, etc.)* organisateur *m*, -trice *f*.
mantener [72] *vt* **1.** maintenir • **mantengo que...** je maintiens ou je soutiens que... • **mantener la cabeza alta** garder la tête haute • **mantener a distancia ou a raya** tenir à distance **2.** entretenir • **mantener a una familia** entretenir une famille • **mantener relaciones/una conversación** entretenir des relations/une conversation • **mantener en buen estado** entretenir **3.** soutenir • **mantener un edificio** soutenir un bâtiment. ■ **mantenerse** *vp (tenir, rester)* • **mantenerse derecho/en pie** se tenir droit/debout • **mantenerse joven** rester jeune • **mantenerse en el poder** rester au pouvoir • **mantenerse con ou de** vivre de.
mantenido, da *adj (efforts, etc.)* soutenu(e). ❑ *nm,f (homme)* gigolo *m* ; *(femme)* maîtresse *f*.
mantenimiento *nm* entretien *m* ; maintenance *f (de matériel)*.
mantequería *nf* **1.** épicerie *f* **2.** crèmerie *f*.
mantequilla *nf* beurre *m*.
mantero, ra *nm,f* *fam* vendeur *m*, -euse *f* à la sauvette.
mantilla *nf* **1.** mantille *f* **2.** lange *m*.

mantis *nf* • **mantis religiosa** mante *f* religieuse.
manto *nm* **1.** grande cape *f* • **el manto de la Virgen** le manteau de la Vierge **2.** *fig* voile *m* **3.** manteau *m (terrestre).*
mantón *nm* châle *m.*
manual *adj* manuel(elle). ❑ *nm (livre)* manuel *m.*
manualidad *nf (gén pl)* travaux *mpl* manuels.
manualmente *adv* manuellement.
manubrio *nm* manivelle *f.*
manufacturado, da *adj* manufacturé(e).
manufacturar *vt* manufacturer.
manuscrito, ta *adj* manuscrit(e). ■ **manuscrito** *nm* manuscrit *m.*
manutención *nf* entretien *m* ; nourriture *f* • **tener para su manutención** avoir de quoi se nourrir.
maña *nf* **1.** habileté *f* • **darse maña para** être doué(e) pour • **más vale maña que fuerza** plus fait douceur que violence **2.** *(gén pl)* ruse *f* • **darse maña para** faire tout ce que l'on peut pour.
mañana *nf* **1.** matin *m* • **a las dos de la mañana** à deux heures du matin • **a la mañana siguiente** le lendemain matin • **por la mañana** le matin **2.** matinée *f* • **toda la mañana** toute la matinée. ❑ *nm* lendemain *m*, avenir *m.* ❑ *adv* demain • **¡hasta mañana!** à demain ! • **mañana por la mañana** demain matin • **pasado mañana** après-demain.
manzana *nf* **1.** pomme *f* **2.** pâté *m* de maisons.
mañanero, ra *adj* matinal(e).
manzanilla *nf* **1.** *(plante, infusion)* camomille *f* **2.** *(vin doux)* manzanilla *m* **3.** *type de petites olives.*
mañanitas *nfpl* **(AMÉR)** *chanson d'anniversaire mexicaine.*
manzano *nm* pommier *m.*
maño, ña *fam adj* aragonais(e). ❑ *nm, f* Aragonais *m*, -e *f.*
mañoso, sa *adj* adroit(e) de ses mains.
maoísmo *nm* maoïsme *m.*
mapa *nm* carte *f* • **borrar del mapa** rayer de la carte • **desaparecer del mapa** disparaître de la circulation.
mapache *nm* raton *m* laveur.
mapamundi *nm* mappemonde *f.*
maqueta *nf* maquette *f.*
maquetación *nf* IMPR & INFORM mise *f* en page.
maquetar *vt* maquetter.
maquetista *nmf* IMPR maquettiste *mf.*
maquiavélico, ca *adj* machiavélique.
maquiladora *nf* **(AMÉR)** usine *f* de sous-traitance.
maquilar *vt* **(AMÉR)** *(produits, pièces)* assembler.
maquillaje *nm* maquillage *m.*
maquillar *vt litt & fig* maquiller. ■ **maquillarse** *vp* se maquiller.
máquina *nf* **1.** machine *f* • **hecho a máquina** fait à la machine • **escribir ou pasar a máquina** taper à la machine • **a toda máquina** à fond de train • **máquina de coser** machine à coudre • **máquina de escribir** machine à écrire • **máquina de vapor** machine à vapeur • **máquina fotográfica** appareil *m* photo • **máquina traganíqueles (AMÉR)** machine à sous • **(máquina) tragaperras** machine à sous **2. (AMÉR)** voiture *f.*
maquinación *nf* machination *f.*
maquinal *adj* machinal(e).
maquinar *vt* manigancer • **maquinar algo contra alguien** tramer qqch contre qqn.
maquinaria *nf* **1.** machinerie *f* ; mécanisme *m (d'une pendule)* • **maquinaria agrícola** matériel *m* agricole **2.** *fig (organisme)* machine *f.*
maquinilla *nf* • **maquinilla (de afeitar)** rasoir *m* • **maquinilla eléctrica** rasoir électrique.
maquinista *nmf* mécanicien *m (d'un train).*
mar *nm ou nf* mer *f* • **alta mar** haute mer • **el mar Báltico** la mer Baltique • **el mar Cantábrico** le golfe de Gascogne *(partie sud)* • **el mar Caribe** la mer des Caraïbes • **el mar Mediterráneo** la mer Méditerranée • **el mar Muerto** la mer Morte • **el mar Negro** la mer Noire • **el mar del Norte** la mer du Nord • **el mar Rojo** la mer Rouge • **la mar de** drôlement • **es la mar de inteligente** il est drôlement intelligent.
mar., mar, mzo., mzo (abrév de marzo) mars • **8 mar. 2003** 8 mars 2003.
mara *nf* bande *f* de jeunes délinquants.
marabunta *nf* **1.** invasion *f* de fourmis **2.** *fig* foule *f.*
maraca *nf* maraca *f.*
maracuyá *nm (fruit)* fruit *m* de la Passion, maracudja *m*, maracuja *m* ; *(plante)* passiflore *f.*
marajá, maharajá [mara'xa] *nm* maharaja *m.*
maraña *nf* **1.** broussaille *f* **2.** *fig* enchevêtrement *m.*
marasmo *nm* MÉD marasme *m* ; *fig* apathie *f.*
maratón *nm* marathon *m.*
maravilla *nf* **1.** *(objet extraordinaire)* merveille *f* **2.** émerveillement *m* **3.** BOT souci *m* **4.** *fig* • **a las mil maravillas, de maravilla** à merveille • **venir de maravilla** tomber à pic.
maravillar *vt* **1.** émerveiller **2.** stupéfier. ■ **maravillarse** *vp* **1.** s'émerveiller **2.** être stupéfait(e).
maravilloso, sa *adj* merveilleux(euse).
marca *nf* **1.** trace *f* **2.** marque *f* • **de marca** de marque • **marca de fábrica** marque • **marca registrada** marque déposée **3.** SPORT score *m* • **batir una marca** battre un record.
marcado, da *adj* **1.** marqué(e) **2.** *(animaux)* marqué(e) au fer rouge. ■ **marcado** *nm* **1.** mise *f* en plis **2.** marquage *m.*
marcador, ra *adj* marqueur(euse). ■ **marcador** *nm* tableau *m* d'affichage.
marcaje *nm* SPORT marquage *m.*

marcapáginas *nm* marque-page *m*.
marcapasos *nm inv* pacemaker *m*.
marcar [10] *vt* **1.** marquer ; indiquer **2.** faire ressortir • **la falda le marca las caderas** sa jupe lui moule les hanches • **marcar la diferencia** faire la différence **3.** composer *(un numéro de téléphone)* **4.** faire une mise en plis. ❑ *vi* marquer. ■ **marcarse** *vp fam* • **marcarse un detalle** avoir une attention délicate • **marcarse un tanto** marquer un point.
marcha *nf* **1.** marche *f* • **en marcha a)** *(machines)* en marche **b)** *(affaires)* en cours • **poner en marcha a)** *(machine)* mettre en marche **b)** *(affaires, commerce)* mettre en route • **sobre la marcha** au fur et à mesure • **dar marcha atrás** *fig* faire marche arrière **2.** *(sortie, abandon)* départ *m* **3.** AUTO vitesse *f* • **marcha atrás** marche *f* arrière **4.** *fam* ambiance *f* • **hay mucha marcha** il y a beaucoup d'ambiance • **ir de marcha** faire la bringue.
marchante, ta *nm,f* marchand *m*, -e *f* d'art.
marchar *vi* **1.** *(avancer, fonctionner)* marcher **2.** partir. ■ **marcharse** *vp* s'en aller • **se marchó** il est parti.
marchitar *vt* faner. ■ **marchitarse** *vp* **1.** se faner **2.** s'étioler.
marchito, ta *adj* **1.** fané(e) **2.** étiolé(e).
marchoso, sa *fam adj (musique, ambiance)* plein(e) d'entrain. ❑ *nm,f (personne)* fêtard *m*, -e *f*.
marcial *adj* martial(e).
marciano, na *adj & nm,f* martien(enne).
marco *nm* **1.** cadre *m* ; encadrement *m (de porte, de fenêtre)* **2.** *(monnaie)* mark *m* **3.** SPORT buts *mpl*.
marea *nf* marée *f* • **marea alta/baja** marée haute/basse • **marea negra** marée noire.
mareado, da *adj* **1.** *(malade)* • **estar mareado a)** *(gén)* avoir mal au cœur **b)** *(en bateau)* avoir le mal de mer **2.** *fig* assommé(e).
marear *vt* **1.** faire tourner la tête à **2.** *fam* assommer. ■ **marearse** *vp* avoir la tête qui tourne ; avoir le mal de mer *(en bateau)* ; avoir mal au cœur *(en voiture, en avion)*.
marejada *nf* **1.** houle *f* • **hay marejada** la mer est houleuse **2.** *fig* effervescence *f*.
maremoto *nm* raz *m* de marée.
mareo *nm* **1.** mal *m* au cœur ; mal *m* de mer **2.** *fam (tracas)* plaie *f*.
marfil *nm* ivoire *m*.
margarina *nf* margarine *f*.
margarita *nf* marguerite *f* • **deshojar la margarita a)** effeuiller la marguerite **b)** *fig* tergiverser.
margen *nm ou nf* **1.** *(gén m) (gén)* COMM marge *f* • **al margen** en marge • **margen de error** marge d'erreur **2.** *(gén f)* rive *f* **3.** *(gén m) (occasion)* • **dar margen a alguien para hacer algo** donner à qqn l'occasion de faire qqch.
marginación *nf* marginalisation *f*.
marginado, da *adj* marginalisé(e). ❑ *nm,f* marginal *m*, -e *f*.
marginal *adj* marginal(e) ; *(problème)* mineur(e).
marginar *vt (personne)* ignorer ; *(de la société)* marginaliser, exclure.
maría *nf* **1.** *fam* bobonne *f* **2.** (ESP & AMÉR) *fam (marijuana)* herbe *f*.
mariachi *nm* **1.** mariachi *m (au Mexique, musicien ambulant)* **2.** *musique de mariachis* **3.** *orchestre de mariachis*.
marica *nm tfam & péj* pédale *f*.
maricón *nm tfam & péj* pédé *m*.
mariconera *nf fam* sac *m* d'homme.
marido *nm* mari *m*.
marihuana *nf* marijuana *f*.
marimacho *nm fam & péj* virago *f*.
marimandón, ona *fam adj* autoritaire. ❑ *nm,f* tyran *m* • **es una marimandona** elle mène tout le monde à la baguette.
marimorena *nf* • **se armó la marimorena** *fam & fig* il y a eu de la baston.
marina *nf* → **marino**.
marinero, ra *adj* **1.** *(quartier, village)* de marins **2.** *(bateau)* marin(e). ■ **marinero** *nm* marin *m*.
marino, na *adj* marin(e). ■ **marino** *nm* marin *m*. ■ **marina** *nf* marine *f* • **marina mercante** marine marchande.
marioneta *nf* marionnette *f*. ■ **marionetas** *nfpl (théâtre)* marionnettes *fpl*.
mariposa *nf* **1.** papillon *m* **2.** veilleuse *f*.
mariposear *vi* papillonner.
mariquita *nf* coccinelle *f*. ❑ *nm tfam & péj (homosexuel)* tante *f*.
marisabidilla *nf fam* madame *f* je-sais-tout.
mariscada *nf plateau de fruits de mer servis chauds*.
mariscal *nm* maréchal *m*.
marisco *nm* fruits *mpl* de mer.
marisma *nf* marais *m (du littoral)*.
marisquería *nf* restaurant *m* de poissons.
marital *adj* marital(e).
marítimo, ma *adj* maritime.
marketing ['marketin] *nm* marketing *m*.
marmitaco, marmitako *nm* CULIN *plat typique du Pays basque à base de morue et de pommes de terre*.
mármol *nm* marbre *m* • **de mármol** *fig* de marbre.
marmota *nf* marmotte *f*.
marqués, esa *nm,f* marquis *m*, -e *f*.
marquesina *nf* **1.** *(auvent)* marquise *f* **2.** Abribus® *m*.
marranada *nf fam* **1.** cochonnerie *f* **2.** saloperie *f*.
marrano, na *nm,f* **1.** ZOOL cochon *m*, truie *f* **2.** *fam (personne sale)* cochon *m*, -onne *f* **3.** *fam (personne sans scrupules)* sagouin *m*, -e *f*.
marras ■ **de marras** *loc adj* • **el idiota de marras** l'idiot de service.
marrón *adj & nm* marron.

marroquí (*pl* **marroquíes** *ou* **marroquís**) *adj* marocain(e). ❑ *nmf* Marocain *m*, -e *f*.
marroquinería *nf* maroquinerie *f*.
Marruecos *npr* Maroc *m*.
Marsella *npr* Marseille.
marsellés, esa *adj* marseillais(e). ❑ *nm,f* Marseillais(e). ■ **Marsellesa** *nf* Marseillaise *f*.
Marte *npr* ASTRON & MYTHOL Mars.
martes *nm* mardi *m* • **martes y trece** ≃ vendredi *m* treize. Voir aussi **sábado**.
martillear, martillar *vt* marteler.
martillo *nm* marteau *m*.
mártir *nmf* martyr *m*, -e *f*.
martirio *nm* martyre *m*.
martirizar [13] *vt litt* & *fig* martyriser.
maruja *nf fam* bobonne *f*.
marxismo *nm* marxisme *m*.
marxista *adj* & *nmf* marxiste.
marzo *nm* mars *m*. Voir aussi **septiembre**.
mas *conj* mais • **hace mucho tiempo de eso, mas todavía lo recuerdo** il y a bien longtemps de cela, mais je m'en souviens encore.

más

■ **más** *adv*

1. COMPARATIF
plus • **Gabriel es más alto** Gabriel est plus grand • **hace más calor que ayer** il fait plus chaud qu'hier • **necesito más tiempo** j'ai besoin de plus de temps • **tengo más de cien euros** j'ai plus de cent euros • **Lucía es más joven que tú** Lucía est plus jeune que toi • **Mercedes tiene más experiencia que tú** Mercedes a plus d'expérience que toi • **tiene dos años más que yo** elle a deux ans de plus que moi
2. SUPERLATIF
plus • **el más alto** le plus grand • **la más guapa** la plus belle • **lo más importante** le plus important • **es la más lista de la clase** c'est la plus intelligente de la classe • **lo más posible** le plus possible
3. DAVANTAGE DE
encore • **quiero más pastel** je veux encore du gâteau
4. DANS DES PHRASES NÉGATIVES, POUR INDIQUER QUE L'ON NE VEUT PAS CONTINUER
plus • **no quiero más** je n'en veux plus • **¡no puedo comer ni una cucharada más!** je ne peux pas manger une cuillerée de plus !
5. AVEC UN PRONOM INTERROGATIF OU UN PRONOM INDÉFINI
• **¿qué más?** quoi d'autre ? • **¿alguien más quiere?** quelqu'un d'autre en veut ? • **no vendrá nadie más** personne d'autre ne viendra
6. INDIQUE UNE PRÉFÉRENCE
mieux • **más vale que nos vayamos** il vaut mieux que nous partions
7. DANS DES PHRASES EXCLAMATIVES, MARQUE L'INTENSITÉ
• **¡es más tonto!** il est tellement bête ! • **¡qué día más bonito!** quelle belle journée !
8. DANS UNE ADDITION
plus • **uno más uno son dos** *ou* **igual a dos** un plus un font deux
9. DANS DES EXPRESSIONS
• **más bien** plutôt • **más o menos** plus ou moins • **el que más y el que menos** tout un chacun • **más y más** de plus en plus, toujours plus • **sin más (ni más)** comme ça, sans raison • **¿qué más da?** qu'est-ce que ça peut faire ? • **no estaba contento, es más, estaba furioso** il n'était pas content, je dirais même qu'il était furieux • **no trabaja bien, es más, el jefe lo ha llamado a su despacho** il ne travaille pas bien, d'ailleurs le patron l'a convoqué dans son bureau

■ **más** *nm inv*

1. LE MAXIMUM, LE PLUS
• **es lo más que puedo hacer** c'est tout ce que je peux faire
2. SIGNE DE L'ADDITION
plus • **el más es el signo de la suma** le plus est le signe de l'addition

■ **de más** *loc adv*

de ou en trop • **hay cinco euros de más** il y a cinq euros de ou en trop

■ **por más que** *loc conj*

avoir beau • **por más que insistas no te lo diré** tu auras beau insister, je ne te le dirai pas

masa *nf* **1.** masse *f* **2.** CULIN pâte *f* **3.** (AMÉR) petit gâteau *m* **4.** (AMÉR) *pâte à base de maïs*. ■ **masas** *nfpl (peuple)* • **las masas** les masses *fpl*.
masacrar *vt* massacrer.
masacre *nf* massacre *m*.
masaje *nm* massage *m*.
masajear *vt* masser.
masajista *nmf* masseur *m*, -euse *f*.
mascar [10] *vt* mâcher.
máscara *nf* masque *m* • **máscara antigás** masque à gaz.
mascarada *nf* mascarade *f*.
mascarilla *nf* masque *m*.
mascarón *nm* gargouille *f* • **mascarón de proa** figure *f* de proue.
mascletá *nf lors des Fallas de Valence, gros pétards que l'on allume en même temps*.
mascota *nf* mascotte *f*.
masculinizar [13] *vt* masculiniser.
masculino, na *adj* masculin(e).
mascullar *vt* marmonner.
masía *nf ferme traditionnelle en Catalogne ou en Aragon*.
masificación *nf* massification *f* • **la masificación de las aulas** les classes surchargées.

masificar [10] *vt* **1.** *(lieu)* envahir **2.** *(opinions)* uniformiser. ▪ **masificarse** *vp* **1.** *(lieu)* être envahi **2.** *(remplir)* se remplir **3.** *(opinions)* s'uniformiser.
masilla *nf* mastic *m*.
masivo, va *adj* massif(ive).
masón, ona, francmasón, ona *nm,f* franc-maçon *m*, -onne *f*.
masonería, francmasonería *nf* franc-maçonnerie *f*.
masónico, ca, francmasónico, ca *adj* maçonnique.
masoquismo *nm* masochisme *m*.
masoquista *adj & nmf* masochiste.
mass media, mass-media *nmpl* mass media *mpl*.
mastectomía *nf* mammectomie *f*.
máster (*pl* **masters**) *nm* mastère *m*.
masticar [10] *vt* mâcher ; *fig* ruminer.
mástil *nm* **1.** mât *m* **2.** manche *m (d'un instrument à cordes)*.
mastodonte *nm* mastodonte *m*.
mastodóntico, ca *adj fam* balèze.
masturbación *nf* masturbation *f*.
masturbar *vt* masturber. ▪ **masturbarse** *vp* se masturber.
mata *nf* buisson *m* ; touffe *f*. ▪ **mata de pelo** *nf* touffe *f* de cheveux.
matadero *nm* abattoir *m*.
matador, ra *adj fam* **1.** *(laid)* monstrueux(euse) **2.** *(fatigant)* tuant(e). ▪ **matador** *nm* matador *m*.
matamoscas *nm inv* tapette *f* (à mouches) ; papier *m* tue-mouches.
matanza *nf* **1.** tuerie *f* **2.** abattage *m (des porcs)*.
matar *vt* **1.** tuer **2.** éteindre *(un feu)* ; briser *(les espérances, etc)* ; adoucir *(une couleur)* **3.** oblitérer **4.** arrondir **5.** *fig* • **matarlas callando** agir en douce. ▪ **matarse** *vp* se tuer ; s'entre-tuer.
matarratas *nm inv* **1.** mort-aux-rats *f* **2.** *fig (boisson)* tord-boyaux *m*.
matasanos *nmf inv péj* charlatan *m* ; *fam* toubib *m*.
matasellos *nm inv* cachet *m*.
mate *adj inv* mat(e). ❑ *nm* **1.** *(échecs)* mat *m* **2.** SPORT *(basket-ball)* smash *m* **3.** *(plante, boisson)* maté *m*.
matemático, ca *adj* mathématique. ❑ *nm,f* mathématicien *m*, -enne *f*. ▪ **matemáticas** *nfpl* mathématiques *fpl*.
materia *nf* matière *f* • **materia prima, primera materia** matière première.
material *adj* **1.** matériel(elle) **2.** véritable. ❑ *nm* **1.** matière *f* ; matériau *m (de fabrication, de construction)* **2.** *(instruments)* matériel *m*.
materialismo *nm* matérialisme *m*.
materialista *adj & nmf* matérialiste.
materialización *nf* matérialisation *f*.
materializar [13] *vt* matérialiser. ▪ **materializarse** *vp* se matérialiser.
maternal *adj* maternel(elle).
maternidad *nf* maternité *f*.
materno, na *adj* maternel(elle).
mates (abrév de matemáticas) *nfpl fam* maths *fpl*, math *fpl*.
matificar *vt* matifier.
matinal *adj* matinal(e).
matiz *nm* nuance *f*.
matizar [13] *vt* **1.** nuancer **2.** *fig* détailler **3.** *fig (donner un ton particulier)* • **matizar con** teinter de.
matojo *nm* buisson *m*.
matón, ona *nm,f fam* gros dur *m*, brute *f*. ▪ **matón** *nm fam* gorille *m*.
matorral *nm* fourré *m*.
matraca *nf (instrument)* crécelle *f*.
matriarcado *nm* matriarcat *m*.
matriarcal *adj* matriarcal(e).
matrícula *nf* **1.** inscription *f* **2.** certificat *m* d'inscription **3.** plaque *f* d'immatriculation. ▪ **matrícula de honor** *nf* ≃ félicitations *fpl* du jury.
matriculación *nf* **1.** *(d'étudiant)* inscription *f* **2.** *(de voiture)* immatriculation *f*.
matricular *vt* **1.** inscrire *(un étudiant)* **2.** immatriculer *(une voiture)*. ▪ **matricularse** *vp* s'inscrire.
matrimonial *adj* matrimonial(e).
matrimonio *nm* **1.** mariage *m* • **contraer matrimonio** se marier **2.** couple *m*.
matriz *nf* **1.** *(gén)* MATH matrice *f* **2.** souche *f (d'un chéquier)*. ❑ *adj* mère • **la casa matriz** la maison mère.
matrona *nf* **1.** matrone *f* **2.** sage-femme *f* **3.** fouilleuse *f (à la douane, dans une prison)*.
matute ▪ **de matute** *loc adv fam* en cachette, clandestinement.
matutino, na *adj* matinal(e) ; *(presse)* du matin.
maullar *vi* miauler.
maullido *nm* miaulement *m*.
mausoleo *nm* mausolée *m*.
maxilar *adj & nm* maxillaire.
máxima *nf* → **máximo**.
máxime *adv* à plus forte raison.
maximizar *vt* maximiser, maximaliser.
máximo, ma *superl* = **grande**. ❑ *adj* maximal(e) • **el máximo responsable** le plus haut responsable. ▪ **máximo** *nm* maximum *m* • **como máximo** au maximum. ▪ **máxima** *nf* **1.** maxime *f* **2.** température *f* maximale.
maya *adj & nm* maya. ❑ *nmf* Maya *mf*.

CULTURE

Los mayas

Les Mayas sont un peuple amérindien présent au sud du Mexique (État du Chiapas et péninsule du Yucatán), au nord du

Belize, au Guatemala et à l'ouest du Honduras et du Salvador. Apparue vers 2600 avant J.-C., la civilisation maya connaît son apogée entre le IIIe et le Xe siècle et disparaît au moment de la conquête espagnole (1527-1546). Cette civilisation précolombienne fut brillante (vestiges de Chichén Itzá, Palenque, Tikal, Uxmal, entre autres). Les Mayas ont maîtrisé l'astronomie et mis au point des calendriers perfectionnés. Ils parlaient plusieurs langues et ont inventé un système d'écriture pictographique, les glyphes.

mayo *nm* mai *m*. Voir aussi **septiembre**.
mayonesa, **mahonesa** *nf* mayonnaise *f*.
mayor *adj* **1.** *(comparatif)* • **mayor (que) a)** *(en taille, en importance)* plus grand(e) (que) **b)** *(en âge)* plus âgé(e) (que) **c)** *(nombre)* supérieur(e) (à) • **su hermano es dos años mayor** son frère a deux ans de plus **2.** *(superlatif)* • **el/la mayor...** *(en taille, en importance)* le plus grand.../ la plus grande... • **el mayor de sus hermanos** le plus âgé de ses frères • **el mayor número de pasajeros** le plus grand nombre de passagers **3.** *(grand)* • **de mayor importancia** de la plus haute importance **4.** *(adulte)* grand(e) • **mayor de edad** majeur(e) **5.** âgé(e) **6.** *MUS* • **en do mayor** en do majeur **7.** *COMM* • **al por mayor a)** *(achat, vente)* en gros **b)** *(commerce, prix)* de gros. ❑ *nmf* • **el/la mayor** l'aîné/l'aînée. ❑ *nm MIL* major *m*. ■ **mayores** *nmpl* grandes personnes *fpl*.
mayoral *nm* **1.** *berger responsable de plusieurs troupeaux* **2.** contremaître *m*.
mayordomo *nm* majordome *m*.
mayoreo *nm* **(AMÉR)** gros *m* • **al mayoreo a)** *(achat, vente)* en gros **b)** *(commerce, prix)* en gros.
mayoría *nf* majorité *f* • **la mayoría de** la plupart de. ■ **mayoría de edad** *nf* majorité *f*.
mayorista *adj* de gros. ❑ *nmf* grossiste *mf*.
mayoritariamente *adv* majoritairement.
mayoritario, **ria** *adj* majoritaire.
mayúsculo, **la** *adj* *(erreur)* monumental(e) ; *(effort, surprise)* énorme. ■ **mayúscula** *nf* majuscule *f*.
maza *nf* massue *f*.
mazacote *nm* *(gâteau, plat)* sec, sèche.
mazapán *nm* massepain *m*.
mazazo *nm* coup *m* de massue.
mazmorra *nf* • **las mazmorras** les oubliettes *fpl*.
mazo *nm* **1.** maillet *m* **2.** paquet *m* ; liasse *f* *(de billets, de papiers)*.
mazorca *nf* • **mazorca (de maíz)** épi *m* (de maïs).
Mb (abrév de **Megabit**) *INFORM* Mb *m*.
me *pron pers* me, m' *(devant une voyelle)* ; *(à la forme impérative)* moi, me • **viene a verme** il vient me voir • **me quiere** il m'aime • **me lo dio** il me l'a donné • **me tiene miedo** il a peur de moi • **¡mírame!** regarde-moi ! • **¡no me digas que no!** ne me dis pas non ! • **me gusta leer** j'aime lire • **me encuentro mal** je me sens mal.
meandro *nm* méandre *m*.
meapilas *adj inv fam & péj* bigot(e). ❑ *nmf inv fam & péj* bigot *m*, -e *f*, grenouille *f* de bénitier.
mear *vi vulg* pisser. ■ **mearse** *vp vulg* pisser.
MEC (abrév de **Ministerio de Educación y Ciencia**) *nm ministère espagnol de l'Éducation*.
Meca *npr* • **La Meca** La Mecque.
mecachis *interj fam* • **¡mecachis!** zut !
mecánica *nf* → **mecánico**.
mecánico, **ca** *adj* mécanique. ❑ *nm,f* mécanicien *m*, -enne *f*. ■ **mecánica** *nf* mécanique *f*.
mecanismo *nm* mécanisme *m*.
mecanización *nf* mécanisation *f*.
mecanizado, **da** *adj* mécanisé(e).
mecanizar [13] *vt* mécaniser ; usiner *(une pièce)*.
mecanografía *nf* dactylographie *f*.
mecanógrafo, **fa** *nm,f* dactylo *mf*.
mecapal *nm* **(AMÉR)** sangle *f* de porteur.
mecedora *nf* fauteuil *m* à bascule.
mecenas *nmf inv* mécène *m*.
mecenazgo *nm* mécénat *m*.
mecer [11] *vt* bercer. ■ **mecerse** *vp* se balancer.
mecha *nf* mèche *f* • **a toda mecha** *fam* à fond la caisse. ■ **mechas** *nfpl* **(AMÉR)** *fam* tignasse *f*.
mechero *nm* briquet *m*.
mechón *nm* mèche *f*.
medalla *nf* médaille *f*. ❑ *nmf* médaillé *m*, -e *f* • **fue medalla de oro** il a eu la médaille d'or.
medallero *nm SPORT* palmarès *m*.
medallista *nmf SPORT* médaillé *m*, -e *f*.
medallón *nm* médaillon *m*.
Medellín *npr* Medellín • **el cártel de Medellín** le cartel de Medellín.
media *nf* → **medio**.
mediación *nf* médiation *f* • **por mediación de** par l'intermédiaire de.
mediado, **da** *adj* *(récipient)* à moitié plein(e) ou vide ; au milieu de *(œuvre, travail, nuit)* • **mediada la noche** au milieu de la nuit • **a mediados de** vers le milieu de • **a mediados de enero** vers la mi-janvier.
mediador, **ra** *adj & nm,f* médiateur(trice).
medialuna *nf* **1.** croissant *m* de lune **2.** **(AMÉR)** croissant *m*.
mediana *nf* → **mediano**.
medianamente *adv* moyennement.
mediano, **na** *adj* moyen(enne). ■ **mediana** *nf* **1.** *GÉOM* médiane *f* **2.** ligne *f* blanche *(d'une route)*.
medianoche (*pl* **mediasnoches**) *nf* **1.** minuit *m* • **a medianoche** au milieu de la nuit **2.** *petit sandwich rond*.
mediante *prép* grâce à.
mediar [8] *vi* **1.** *(arriver à la moitié)* • **mediaba el mes de julio** c'était la mi-juillet • **mediaba la tarde cuando empezó a llover** il a commencé à

pleuvoir en plein après-midi **2.** *(exister)* • **media un kilómetro entre las dos casas** il y a un kilomètre entre les deux maisons • **entre los dos edificios media un jardín** un jardin sépare les deux maisons **3.** *(intercéder)* • **mediar en favor de alguien** intercéder en faveur de qqn **4.** s'écouler.

mediático, ca *adj* médiatique.

mediatizar [13] *vt* avoir une influence sur.

medicación *nf* **1.** prescription *f* (médicale) ; administration *f* (de médicaments) **2.** traitement *m (médicamenteux)*.

medicalizado, da *adj* médicalisé(e) • **cama medicalizada** lit *m* médicalisé • **establecimiento medicalizado** établissement *m* médicalisé.

medicamento *nm* médicament *m* • **medicamento genérico** (médicament) générique *m*.

medicar [10] *vt* donner des médicaments à. ■ **medicarse** *vp* prendre des médicaments.

medicina *nf* **1.** médecine *f* **2.** médicament *m*.

medicinal *adj* médicinal(e).

medición *nf (action)* mesure *f*.

médico, ca *adj* médical(e). ❑ *nm,f* médecin *m* • **médico de cabecera ou familia** médecin de famille.

medida *nf* mesure *f* • **a (la) medida** *(vêtement)* sur mesure • **a la medida de** à la mesure de • **en cierta medida** dans une certaine mesure • **tomar la medida de algo** mesurer qqch • **tomar medidas** prendre des mesures • **a medida que** au fur et à mesure que. ■ **medidas** *nfpl* mensurations *fpl*.

medieval *adj* médiéval(e).

medievo, medioevo *nm* Moyen Âge *m*.

medina *nf* médina *f*.

medio, dia *adj* **1.** demi(e) • **media docena** une demi-douzaine • **un kilo y medio** un kilo et demi **2.** moyen(enne) • **el español medio** l'Espagnol moyen **3.** *fig (beaucoup)* • **medio pueblo estaba allí** presque tous les habitants du village étaient là **4.** *fig (incomplet)* • **a media luz** dans la pénombre. ■ **medio** *adv* à moitié • **medio borracha** à moitié soûle • **a medio hacer** à moitié fait(e). ❑ *nm* **1.** moitié *f* **2.** *(centre, environnement social)* CHIM milieu *m* • **en medios bien informados** dans les milieux bien informés • **en medio de** au milieu de • **ponerse por (en) medio** *fig* s'interposer **3.** *(système, manière)* moyen *m* • **por medio de** *(personne)* par l'intermédiaire de **4.** SPORT demi *m* **5.** *fig* • **quitar de en medio a alguien a)** *(éloigner)* écarter qqn **b)** *(tuer)* se débarrasser de qqn. ■ **medios** *nmpl* moyens *mpl* • **medios de comunicación ou de información** médias *mpl* • **medios de producción** moyens de production • **medios de transporte** moyens de transport. ■ **media** *nf* **1.** moyenne *f* **2.** *(heure)* • **al dar la media** à la demie. ■ **medias** *nfpl* **1.** collant *m*, collants *mpl* **2.** mi-bas *mpl* **3.** SPORT demis *mpl*. ❑ *nmpl* médias *mpl*. ■ **a medias** *loc adv (payer)* moitié moitié ; *(faire, croire)* à moitié. ■ **medio ambiente** *nm* environnement *m*.

medioambiental *adj* environnemental(e), de l'environnement.

medioambientalista *nmf* environnementaliste *mf*.

medioambiente *nm* environnement *m*.

mediocre *adj* médiocre.

mediodía *(pl* **mediodías***)* *nm (heure, sud)* midi *m* • **al mediodía** à midi.

medioevo, va = **medievo**.

mediopensionista *nmf* demi-pensionnaire *mf*.

medir [26] *vt* **1.** mesurer **2.** *fig (évaluer)* peser. ■ **medirse** *vp* se mesurer • **medirse al hablar** mesurer ses paroles.

meditabundo, da *adj* pensif(ive).

meditación *nf* méditation *f*.

meditar *vi* • **meditar (sobre)** méditer (sur). ❑ *vt* méditer.

mediterráneo, a *adj* méditerranéen(enne). ❑ *nm,f* Méditerranéen *m*, -enne *f*. ■ **Mediterráneo** *npr* • **el Mediterráneo** la Méditerranée.

médium *nm,f inv* médium *mf*.

medrar *vi* **1.** *(plante)* pousser ; *(animal)* grandir **2.** *(personne)* faire fortune.

médula *nf* **1.** ANAT moelle *f* • **médula espinal** moelle épinière **2.** cœur *m (d'un problème, d'une chose)*.

medusa *nf* méduse *f*.

mega *nm fam* INFORM méga *m*.

megabit *nm* INFORM mégabit *m*.

megabyte [meɣa'βait] *nm* mégaoctet *m*.

megafonía *nf* **1.** sonorisation *f* **2.** haut-parleurs *mpl*.

megáfono *nm* haut-parleur *m*.

megahercio *nm* mégahertz *m*.

megalomanía *nf* mégalomanie *f*.

megalópolis *nf* mégalopole *f*, mégapole *f*.

megavatio *nm* mégawatt *m*.

meiga *nf* sorcière *f*.

mejicanismo = **mexicanismo**.

mejicano = **mexicano**.

Méjico = **México**.

mejilla *nf* joue *f*.

mejillón *nm* moule *f*.

mejor *adj* **1.** *(comparatif et superlatif)* meilleur(e) • **el mejor pianista** le meilleur pianiste • **la mejor alumna** la meilleure élève • **mejor que** meilleur(e) que • **estar mejor** aller mieux **2.** *(préférable)* • **(es) mejor que…** il vaut mieux que…. ❑ *nm,f* • **el mejor** le meilleur • **la mejor** la meilleure • **lo mejor es que…** la meilleure c'est que…. ❑ *adv (comparatif et superlatif)* mieux • **ahora veo mejor (que antes)** je vois mieux maintenant (qu'avant) • **el que la conoce mejor** celui qui la connaît le mieux • **¡mejor para ella!** tant mieux pour elle ! ■ **a lo mejor** *loc adv* peut-être • **a lo mejor viene** il viendra peut-être. ■ **mejor dicho** *loc adv* plus exactement

• **tiene dos primos o mejor dicho un primo y una prima** il a deux cousins ou, plus exactement, un cousin et une cousine.
mejora *nf* **1.** amélioration *f* **2.** augmentation *f*.
mejorable *adj* perfectible.
mejorar *vt* **1.** améliorer • **esta película mejora a las demás** ce film est meilleur que les autres **2.** *(malade)* • **este medicamento lo mejoró** ce médicament lui a fait du bien **3.** augmenter *(un salaire, etc)*. ❑ *vi* **1.** *(malade)* aller mieux **2.** *(temps)* s'améliorer **3.** *(situation, pays)* évoluer • **el país ha mejorado mucho** la situation économique du pays s'est beaucoup améliorée. ■ **mejorarse** *vp* **1.** s'améliorer **2.** *(malade)* aller mieux • **¡que te mejores!** meilleure santé !
mejoría *nf* amélioration *f*.
mejunje *nm litt & fig* mixture *f*.
melancolía *nf* mélancolie *f*.
melancólico, ca *adj & nm,f* mélancolique.
melanina *nf* mélanine *f*.
melanoma *nm* MÉD mélanome *m*.
melaza *nf* mélasse *f*.
melé *nf* SPORT *(en rugby)* mêlée *f*.
melena *nf* **1.** *(de personne)* longue chevelure *f* **2.** *(de lion)* crinière *f*. ■ **melenas** *nfpl péj* tignasse *f*.
melenudo, da *adj & nm,f péj* chevelu(e).
melifluo, flua *adj* mielleux(euse).
melindre *nm* CULIN *beignet au miel*. ■ **melindres** *nmpl* • **hacer melindres** faire le délicat, la délicate *f*.
melindroso, sa *adj* **1.** obséquieux(euse) **2.** maniaque.
mella *nf* **1.** *(d'assiette)* ébréchure *f* **2.** *(de dentition)* dents *fpl* manquantes • **hacer mella en a)** *(impressionner)* marquer **b)** *(atteindre)* entamer, porter préjudice à.
mellado, da *adj* **1.** ébréché(e) **2.** édenté(e).
mellar *vt* **1.** *(assiette, etc.)* ébrécher **2.** *(enthousiasme)* miner.
mellizos, , -zas *nm,f pl* faux jumeaux *mpl*, fausses jumelles *f*.
melocotón *nm* pêche *f*.
melodía *nf* mélodie *f*.
melódico, ca *adj* mélodique.
melodioso, sa *adj* mélodieux(euse).
melodrama *nm* **1.** mélodrame *m* **2.** *fig* drame *m* • **montar un melodrama** faire un drame.
melodramático, ca *adj* mélodramatique • **ponerse melodramático** en faire un drame.
melómano, na *nm,f* mélomane *mf*.
melón *nm* **1.** melon *m* **2.** *fam & fig (personne)* cruche *f*.
melopea *nf fam* cuite *f*.
meloso, sa *adj* **1.** sucré(e) **2.** *fig* mielleux(euse).
membrana *nf* membrane *f*.
membresía *nf* (AMÉRICA) **1.** *(condition)* membre *m* **2.** *(groupe de personnes)* membres *mpl*.
membrete *nm* en-tête *m*.
membrillo *nm* coing *m*.
memez *nf* niaiserie *f*.
memo, ma *adj & nm,f* niais(e).
memorable *adj* mémorable.
memorándum (*pl* **memorandos** *ou* **memorándum**) *nm* **1.** agenda *m* **2.** mémorandum *m*.
memoria *nf* **1.** *(gén)* INFORM mémoire *f* • **de memoria** par cœur • **hacer memoria (de algo)** essayer de se rappeler (qqch) • **traer algo a la memoria** rappeler qqch • **memoria RAM/ROM** mémoire RAM/ROM **2.** *(dissertation)* mémoire *m* ; rapport *m (d'entreprise)* **3.** inventaire *m*. ■ **memorias** *nfpl* Mémoires *mpl*.
memorial *nm* **1.** mémorial **2.** requête *f*.
memorización *nf* mémorisation *f*.
memorizar [13] *vt* mémoriser.
menaje *nm* articles *mpl* pour la maison • **menaje de cocina** ustensiles *mpl* de cuisine.
mención *nf* mention *f*.
mencionar *vt* mentionner.
menda *fam pron (celui qui parle)* bibi. ❑ *nm (homme quelconque)* type *m*.
mendicante *adj* qui mendie. ❑ *nmf* mendiant *m*, -e *f*.
mendicidad *nf* mendicité *f*.
mendigar [16] *vt & vi* mendier.
mendigo, ga *nm,f* mendiant *m*, -e *f*.
mendrugo *nm* quignon *m* (de pain).
menear *vt* **1.** remuer ; hocher *(la tête)* ; balancer *(les hanches)* **2.** *fig* relancer. ■ **menearse** *vp* **1.** bouger **2.** *(se dépêcher, s'activer)* se remuer • **se va a llevar un disgusto de no te menees** *fam* je ne te dis pas la déception qu'il va avoir.
meneo *nm* mouvement *m* ; hochement *m (de tête)* ; balancement *m (des hanches)*.
menester *nm vieilli* • **es menester que** il faut que. ■ **menesteres** *nmpl* occupations *fpl*.
menesteroso, sa *adj & nm,f* nécessiteux(euse).
menestra *nf* jardinière *f (de légumes)*.
mengano, na *nm,f* untel *m*, unetelle *f*.
mengua *nf* **1.** ÉCON coupe *f* sombre **2.** manque *m*.
menguado, da *adj* limité(e).
menguante *adj* décroissant(e).
menguar [45] *vi* diminuer ; *(lune)* décroître. ❑ *vt* diminuer.
menhir *nm* menhir *m*.
meningitis *nf inv* méningite *f*.
menisco *nm* ménisque *m*.
menopausia *nf* ménopause *f*.
menor *adj* **1.** *(comparatif)* • **menor (que) a)** *(en taille)* plus petit(e) (que) **b)** *(en âge)* plus jeune (que) **c)** *(en nombre)* inférieur(e) (à) • **mi hermano menor** mon petit frère • **de menor importancia** de moindre importance **2.** *(superlatif)* • **el menor/la menor a)** *(en taille, en nombre)* le plus petit/la plus petite **b)** *(en âge)* le/la plus jeune **c)** *(en importance)* le/la moindre **3.** *(jeune, de peu*

d'importance) *MUS* mineur(e) • **ser menor de edad** être mineur(e) • **un problema menor** un problème mineur • **en do menor** en do mineur **4.** *COMM* • **al por menor** au détail. ❑ *nmf* **1.** *(superlatif)* • **el menor** *(fils, frère)* le cadet • **la menor** la cadette **2.** mineur *m*, -e *f*.

Menorca *npr* Minorque.

menos

■ menos *adv*

1. COMPARATIF

moins • **Tomás es menos gordo** Tomás est moins gros • **hace menos frío que ayer** il fait moins froid qu'hier • **menos manzanas** moins de pommes • **tengo menos de diez euros** j'ai moins de dix euros • **Teresa tiene menos libros que tú** Teresa a moins de livres que toi • **tengo dos años menos que tú** j'ai deux ans de moins que toi

2. SUPERLATIF

moins • **el menos alto** le moins grand • **la menos guapa** la moins belle • **lo menos importante** le moins important • **es la menos lista de la clase** c'est la moins intelligente de la classe • **lo menos posible** le moins possible

3. EXCEPTÉ

sauf • **todo menos eso** tout sauf ça

4. EN MATHÉMATIQUES

moins • **diez menos dos son** *ou* **igual a ocho** dix moins deux font huit

5. POUR INDIQUER L'HEURE

• **son las dos menos diez** il est deux heures moins dix

6. DANS DES EXPRESSIONS

• **¡menos mal!** heureusement ! • **venir a menos** déchoir

■ menos *nm inv*

1. LE MINIMUM, LE MOINS

moins • **es lo menos que puedo hacer** c'est le moins que je puisse faire

2. SIGNE DE LA SOUSTRACTION

moins • **el menos es el signo de la resta** le moins est le signe de la soustraction

■ al menos, por lo menos *loc adv*

1. INDIQUE LA LIMITE INFÉRIEURE DANS LE CALCUL APPROXIMATIF D'UNE QUANTITÉ

au moins • **por lo menos llamaron veinte personas** au moins vingt personnes ont appelé

2. INTRODUIT UNE EXPLICATION QUI LIMITE LA PORTÉE D'UNE AFFIRMATION

au moins • **estamos en pleno agosto, pero al menos, no hace tanto calor como temíamos** nous sommes en plein mois d'août, mais au moins il ne fait pas aussi chaud qu'on le craignait

3. AU MINIMUM

au moins • **explícame, al menos, qué hacías allí** explique-moi au moins ce que tu faisais là

■ a menos que *loc conj*

SAUF SI

à moins que • **saldremos de excursión a menos que llueva** nous irons en excursion, à moins qu'il ne pleuve • **no tome nunca este medicamento en ayunas a menos que su doctor así lo indique** ne prenez jamais ce médicament à jeûn, à moins que votre médecin ne vous dise de le faire

■ de menos *loc adv*

1. INDIQUE L'ABSENCE, LE MANQUE

• **hay dos euros de menos** il y a deux euros en moins

2. DANS DES EXPRESSIONS

• **es lo de menos** ce n'est pas le plus important

menoscabar *vt* entamer *(le succès, l'honneur)* ; porter atteinte à *(droits, intérêts)*.

menoscabo *nm sout* préjudice *m* • **en menoscabo de** au détriment de • **ir en un menoscabo de** porter atteinte à.

menospreciar [8] *vt* **1.** mépriser **2.** sous-estimer.

menosprecio *nm* mépris *m*.

mensaje *nm* message *m*.

mensajería *nf* messagerie *f*.

mensajero, ra *adj* avant-coureur. ❑ *nm, f* **1.** messager *m*, -ère *f* **2.** coursier *m*, -ère *f*.

menstruación *nf* menstruation *f*.

menstrual *adj* menstruel(elle).

menstruar [6] *vi* avoir ses règles.

menstruo *nm* menstruation *f*.

mensual *adj* mensuel(elle).

mensualidad *nf* **1.** mois *m* de salaire **2.** mensualité *f*.

mensualizar [13] *vt* mensualiser.

mensurable *adj* mesurable.

menta *nf* menthe *f* • **de menta** à la menthe.

mentado, da *adj* **1.** *(mentionné)* susnommé(e) **2.** *(connu)* réputé(e).

mental *adj* mental(e).

mentalidad *nf* mentalité *f*.

mentalizar [13] *vt* • **mentalizar a alguien (de que) a)** faire prendre conscience à qqn que **b)** convaincre qqn (que). ■ **mentalizarse** *vp* se préparer *(psychologiquement)* • **mentalizarse de que** se faire à l'idée que.

mentar [19] *vt* mentionner.

mente *nf* **1.** esprit *m* **2.** intention *f*.

mentecato, ta *nm, f* sot *m*, sotte *f*.

mentir [27] *vi* mentir.

mentira *nf* mensonge *m* • **aunque parezca mentira** aussi étrange que cela puisse paraître • **de mentira** faux, fausse *f* • **un reloj de mentira** une fausse montre • **parece mentira que...** c'est incroyable que... • **parece mentira cómo pasa el tiempo** c'est fou comme le temps passe.

mentirijillas ■ **de mentirijillas** *loc adv fam* pour rire.
mentiroso, sa *adj & nm,f* menteur(euse).
mentís *nm inv* démenti *m*.
mentolado, da *adj (cigarette)* mentholé(e) ; *(sirop)* à la menthe.
mentón *nm* menton *m*.
mentor *nm* conseiller *m*.
menú (*pl* **menús**) *nm* menu *m* • **menú del día** menu du jour.
menudencia *nf* broutille *f*.
menudeo *nm* (AMÉR) vente *f* au détail.
menudillos *nmpl* abattis *mpl (de volaille)*.
menudo, da *adj* **1.** *(petit, insignifiant)* menu(e) **2.** *(devant un substantif ; avec une valeur emphatique)* • **¡menuda suerte he tenido!** j'ai eu une de ces chances ! • **¡menudo lío!** tu parles d'un pétrin ! • **¡menudo artista!** quel grand artiste ! ■ **a menudo** *loc adv* souvent.
meñique *nm* → **dedo**.
meollo *nm* cœur *m* • **el meollo del asunto** le cœur du problème.
meón, ona *nm,f fam* pisseur *m*, -euse *f*.
mequetrefe *nmf fam* minable *mf*.
mercader *nmf* marchand *m*, -e *f*.
mercadería *nf* marchandise *f*.
mercadillo *nm* petit marché *m* aux puces.
mercado *nm* marché *m* • **mercado bursátil** marché financier • **mercado común** marché commun • **mercado de abastos** marché de gros.
mercancía *nf* marchandise *f*.
mercante *adj* marchand(e).
mercantil *adj* commercial(e).
mercantilismo *nm* mercantilisme *m*.
mercantilizar [13] *vt* • **mercantilizarlo todo** tout ramener à l'argent.
merced *nf* • **merced a** *sout* grâce à • **a la merced de** à la merci de.
mercenario, ria *adj* mercenaire. ❑ *nm,f* mercenaire *m*.
mercería *nf* mercerie *f*.
merchandising *nm* COMM *(pratique)* merchandising *m* ; *(produits)* produits *mpl* promotionnels.
mercromina® *nf* Mercurochrome® *m*.
mercurio *nm* mercure *m*.
merecedor, ra *adj* méritant(e) • **ser merecedor de algo** mériter qqch.
merecer [30] *vt* mériter • **merece la pena…** ça vaut la peine de…. ❑ *vi* faire reconnaître ses mérites.
merecido *nm (punition)* • **recibirá su merecido** il aura ce qu'il mérite.
merendar [19] *vi* goûter *(l'après-midi)*. ❑ *vt* • **merendar algo a)** boire qqch au goûter **b)** manger qqch au goûter. ■ **merendarse** *vp fam* • **merendarse a alguien/algo** ne faire qu'une bouchée de qqn/de qqch.
merendero *nm* buvette *f*.
merendola *nf fam* goûter *m inv*.
merengue *nm* **1.** meringue *f* **2.** *(danse)* merengue *m*. ❑ *nmf fam supporter du football-club du Real Madrid*.
meretriz *nf* péripatéticienne *f*.
meridiano, na *adj* **1.** méridien(enne) ; *(exposition)* au midi **2.** *fig (clair)* • **una verdad meridiana** une vérité éclatante. ■ **meridiano** *nm* méridien *m*.
meridional *adj & nmf* méridional(e).
merienda *v* → **merendar**. ❑ *nf* goûter *m*.
mérito *nm* mérite *m* • **de mérito** de valeur • **hacer méritos para** tout faire pour.
meritorio, ria *adj* méritoire. ❑ *nm,f* stagiaire *mf*.
merluza *nf* **1.** merlu *m*, colin *m* **2.** *fam* cuite *f*.
merma *nf* diminution *f*.
mermar *vi* diminuer. ❑ *vt* réduire ; entamer *(la fortune)*.
mermelada *nf* confiture *f*.
mero, ra *adj (devant un substantif)* seul(e) • **el mero hecho de…** le simple fait de… • **por mero placer** par pur plaisir. ■ **mero** *nm* mérou *m*.
merodear *vi* rôder.
merovingio, gia *adj* mérovingien(enne). ❑ *nm,f* Mérovingien *m*, -enne *f*.
mes *nm* mois *m* • **tener el mes** *fig* avoir ses règles.
mesa *nf* table *f* • **bendecir la mesa** bénir le repas • **poner/quitar la mesa** mettre/débarrasser la table • **mesa camilla** *petite table ronde équipée d'un brasero* • **mesa de despacho** ou **oficina** bureau *m* • **mesa de edad** *collège électoral réduit appelé à élire un maire ou un chef de gouvernement, comprenant entre autres le membre le plus jeune et le membre le plus âgé du collège entier* • **mesa de mezclas** table de mixage • **mesa de operaciones** table d'opération • **mesa directiva** conseil *m* d'administration. ■ **mesa electoral** *nf* bureau *m* de vote. ■ **mesa redonda** *nf (colloque)* table *f* ronde.
mesero, ra *nm,f* (AMÉR) serveur *m*, -euse *f*.
meseta *nf* GÉOGR plateau *m*.
mesetario, ria *adj* de la Meseta, du plateau de Castille.
mesiánico, ca *adj* messianique.
mesías *nm* messie *m*. ■ **Mesías** *nm* • **el Mesías** le Messie.
mesilla *nf* petite table *f* • **mesilla de noche** table de nuit.
mesita *nf* petite table *f* • **mesita de noche** table de nuit.
mesón *nm* auberge *f*.
mestizaje *nm* métissage *m*.
mestizo, za *adj* métis(isse) ; *(animal, plante)* hybride. ❑ *nm,f* métis *m*, -isse *f* ; *(animal, plante)* hybride *m*.
mesura *nf* mesure *f* • **con mesura** *(modération)* avec mesure.
mesurar *vt* modérer. ■ **mesurarse** *vp* se modérer.

meta *nf* **1.** but *m* • **fijarse una meta** se fixer un but **2.** *SPORT* ligne *f* d'arrivée.
metabolismo *nm* métabolisme *m*.
metabolizar *vt* métaboliser.
metacrilato *nm* méthacrylate *m*.
metafísico, ca *adj* métaphysique.
metáfora *nf* métaphore *f*.
metal *nm* **1.** métal *m* **2.** *MUS* cuivres *mpl*.
metálico, ca *adj* métallique. ■ **metálico** *nm* • **pagar en metálico** payer en liquide.
metalurgia *nf* métallurgie *f*.
metalúrgico, ca *adj* métallurgique.
metamorfosis *nf inv* métamorphose *f*.
metedura ■ **metedura de pata** *nf fam* gaffe *f*.
meteórico, ca *adj* **1.** météorique **2.** *fig* fulgurant(e).
meteorito *nm* météorite *f*.
meteoro *nm* météore *m*.
meteorología *nf* météorologie *f*.
meteorológico, ca *adj* météorologique.
meteorólogo, ga *nm, f* météorologue *mf*.
metepatas *adj inv* & *nmf inv fam* gaffeur(euse).

meter

■ meter *vt*

1. PLACER DANS UN LIEU DÉTERMINÉ
mettre • **he metido los calcetines en el cajón de arriba** j'ai mis les chaussettes dans le tiroir du haut • **metió la llave en la cerradura** il a mis la clé dans la serrure • **mete todo el dinero en el banco** il met tout son argent à la banque • **lo metieron en la cárcel** on l'a mis en prison
2. PLACER DANS UNE SITUATION PARTICULIÈRE
mettre • **¡en menudo lío nos ha metido!** il nous a mis dans un sacré pétrin !
3. CAUSER, PROVOQUER
faire • **no metáis tanto ruido** ne faites pas tant de bruit
4. FAIRE ENTRER QQN DANS QQCH
faire rentrer • **me metió en la asociación** il m'a fait rentrer dans l'association
5. PRODUIRE UN EFFET DÉTERMINÉ SUR QQN
• **¡le vas a meter miedo al niño!** tu vas faire peur à l'enfant ! • **¡no me metas prisa!** ne me bouscule pas !
6. FAIRE PARTICIPER UNE ACTIVITÉ
• **nos metió a todos a hinchar globos para la fiesta** il nous a tous mis à contribution pour gonfler des ballons pour la fête
7. *fam* DONNER UN COUP
flanquer • **me metió un puñetazo** il m'a flanqué un coup de poing • **metió una patada a la máquina de bebidas** il a flanqué un coup de pied dans le distributeur de boissons
8. *fam* IMPOSER QQCH À QQN
• **le han metido diez años de cárcel** il en a pris pour dix ans • **nos han metido una multa** on s'est pris un PV
9. *fam* DANS DES EXPRESSIONS
• **meter una bronca a alguien** engueuler qqn • **nos metió el mismo rollo de siempre** il nous a sorti le même baratin

■ meterse *vp*

1. SE PLACER, S'INSTALLER
se mettre • **no sabía dónde meterme** je ne savais plus où me mettre • **me metí en la cama a las diez** je me suis mis au lit à dix heures
2. ALLER QUELQUE PART, ENTRER DANS UN LIEU
• **¿dónde se ha metido?** où est-il passé ? • **se metió en el cine** il est entré dans le cinéma
3. *fam* SE MÊLER DE QQCH QUI NE NOUS REGARDE PAS
• **¡no te metas (por medio)!** mêle-toi de ce qui te regarde ! • **¿y tú por qué te metes?** de quoi tu te mêles ? • **no te metas donde no te llaman** ne te mêle pas des affaires des autres

■ meterse a *vp + prép*

1. COMMENCER À FAIRE QQCH
se mettre à • **de repente se metió a gritar** tout à coup, elle s'est mise à hurler
2. CHANGER D'ÉTAT, DE MÉTIER
• **se metió a periodista** il est devenu journaliste • **su hijo se ha metido a cura** son fils s'est fait curé

■ meterse con *vp + prép*

fam EMBÊTER
• **los otros niños se meten con él** les autres enfants s'en prennent à lui

■ meterse en *vp + prép*

1. *fam* SE METTRE DANS UNE SITUATION DONNÉE
• **siempre te estás metiendo en problemas** tu te fourres toujours dans les problèmes
2. *fam* SE MÊLER DE QQCH QUI NE NOUS REGARDE PAS
• **no te metas en los asuntos de los demás** ne te mêle pas des affaires des autres • **se mete en todo** il se mêle de tout

meterete, metete *adj* (AMÉR) *fam* fouineur(euse).
meticuloso, sa *adj* méticuleux(euse).
metido, da *adj* **1.** *(impliqué)* • **andar ou estar metido en a)** être mêlé à *(une affaire)* **b)** être pris par *(son travail)* **2.** *(abondant)* • **metido en años** d'un âge avancé • **metido en carnes** bien en chair.
metódico, ca *adj* méthodique.
metodizar [13] *vt* organiser de façon méthodique.
método *nm* méthode *f*.
metodología *nf* méthodologie *f*.
metodológico, ca *adj* méthodologique.
metomentodo *nmf fam* • **ser un metomentodo** fourrer son nez partout.
metonimia *nf* métonymie *f*.

metraje *nm* **1.** *CINÉ* métrage *m* **2.** **(AMÉR)** surface *f*.
metralla *nf* mitraille *f*.
metralleta *nf* mitraillette *f*.
métrico, ca *adj* métrique • **una cinta métrica** un mètre à ruban.
metro *nm* **1.** mètre *m* **2.** métro *m*.
metrópoli *nf inv* = **metrópolis.**
metrópolis *nf* métropole *f*.
metropolitano, na *adj* métropolitain(e).
Mex. abrév de **México.**
mexicanismo, mejicanismo *nm* mexicanisme *m*.
mexicano, na, mejicano, na *adj* mexicain(e). ❑ *nm, f* Mexicain *m*, -e *f*.
México, Méjico *npr* Mexique *m* • **México (distrito federal)** Mexico (DF).
mezcla *nf* **1.** mélange *m* **2.** mixage *m (du son)*.
mezclador, ra *nm, f (persona)* ingénieur *m* du son. ■ **mezclador** *nm* mélangeur *m* • **mezclador de sonido** mélangeur de son.
mezclar *vt* **1.** *(gén)* • **mezclar (con)** mélanger (à) **2.** *fig (impliquer)* • **mezclar a alguien en algo** mêler qqn à qqch. ■ **mezclarse** *vp* **1.** *(gén)* • **mezclarse con ou entre** se mêler à **2.** *(intervenir)* • **mezclarse en** se mêler de **3.** *(personnes)* • **mezclarse (con)** se mélanger (à).
mezquino, na *adj* mesquin(e).
mezquita *nf* mosquée *f*.
mg (abrév de **miligramo**) mg.
Mhz (abrév de **megahercio**) *nm* Mhz *m*.
mi[1] *nm MUS* mi *m*.
mi[2] (*pl* **mis**) *adj poss* mon, ma • **mis libros** mes livres.
mí *pron pers (après une préposition)* moi • **no se fía de mí** il n'a pas confiance en moi • **¡a mí qué!** et alors ! • **para mí que...** à mon avis • **para mí que no viene** je pense qu'il ne viendra pas • **por mí** s'il ne tient qu'à moi • **por mí no hay inconveniente** en ce qui me concerne, je n'y vois pas d'inconvénient.
mía → **mío.**
miaja *nf* miette *f*.
miasma *nm (gén pl)* miasme *m*.
miau *nm* miaou *m*.
michelines *nmpl fam* bourrelets *mpl*.
mico *nm* **1.** *(singe)* ouistiti *m* **2.** *fam (personne)* macaque *m*.
micosis *nf inv* mycose *f*.
micra *nf* micron *m*.
micro *nm fam* micro *m*.
microbiano, na *adj* microbien(enne).
microbio *nm* microbe *m*.
microblog *nm* microblog *m*.
microbús *nf* minibus *m*.
microchip *nm INFORM* puce *f*.
microcirugía *nf* microchirurgie *f*.
microclima *nm* microclimat *m*.
microcomputadora *nf INFORM* micro-ordinateur *m*.
microcosmos *nm inv* microcosme *m*.
microcrédito *nm ÉCON* microcrédit *m*.
microeconomía *nf* microéconomie *f*.
microfilm (*pl* **microfilms**), **microfilme** *nm* microfilm *m*.
micrófono *nm* microphone *m* • **micrófono inalámbrico** micro *m* sans fil.
Micronesia *npr* Micronésie *f*.
microondas *nm inv* micro-ondes *m inv*.
microordenador *nm INFORM* micro-ordinateur *m*.
microorganismo *nm* micro-organisme *m*.
microprocesador *nm* microprocesseur *m*.
microscópico, ca *adj* microscopique.
microscopio *nm* microscope *m*.
miedica *adj & nmf fam & péj* froussard(e).
miedo *nm* peur *f* • **dar miedo** faire peur • **le da miedo la oscuridad** il a peur du noir • **temblar de miedo** trembler de peur • **tener miedo a algo/a hacer algo** avoir peur de qqch/de faire qqch • **tener miedo de** *fig* avoir peur de • **tengo miedo de que se entere** j'ai peur qu'il ne l'apprenne • **de miedo** *fam & fig* super.
miedoso, sa *adj & nm, f* peureux(euse).
miel *nf* miel *m*.
miembro *nm* membre *m* • **miembro (viril)** membre (viril).
mientras *conj* **1.** pendant que • **puedo leer mientras escucho música** je peux lire pendant que j'écoute de la musique • **mientras más ando más sudo** plus je marche plus je transpire **2.** *(jusqu'à ce que)* • **mientras no se pruebe lo contrario** jusqu'à preuve du contraire • **mientras esté aquí** tant que je serai là **3.** *(au contraire)* • **mientras que** alors que. ❑ *adv* • **mientras (tanto)** pendant ce temps • **arréglate, mientras (tanto), hago las maletas** prépare-toi, pendant ce temps, je fais les valises.
miércoles *nm inv* mercredi *m*. Voir aussi **sábado.**
mierda *vulg nf* **1.** merde *f* **2.** *(saleté)* • **hay mucha mierda aquí** c'est franchement dégueulasse ici **3.** *(expressions)* • **irse a la mierda a)** *(pour rejeter)* aller se faire foutre **b)** *(rater)* partir en couilles • **mandar a la mierda** envoyer se faire foutre.
mies *nf* moisson *f* • **segar la mies** moissonner. ■ **mieses** *nfpl* moissons *fpl*.
miga *nf* **1.** mie *f (de pain)* **2.** *(gén pl) (restes)* miettes *fpl*. ■ **migas** *nfpl pain émietté, imbibé de lait et frit* • **hacer buenas/malas migas** *fam* faire bon/mauvais ménage.
migra *nf* • **la migra (AMÉR)** *fam & péj* la police des frontières *(des États-Unis)*.
migración *nf* migration *f*.
migraña *nf* migraine *f*.
migrar *vi* migrer.
migratorio, ria *adj* migratoire • **un ave migratoria** un oiseau migrateur.

mijo *nm* millet *m*.
mil *adj num* mille • **mil gracias** mille fois merci • **mil excusas** mille excuses. ❑ *nm* mille *m inv*. Voir aussi **seis.** ■ **miles** *nmpl (grande quantité)* milliers *mpl*.
milagro *nm* miracle *m* • **de milagro** par miracle.
milagroso, sa *adj* miraculeux(euse).
milamores *nf inv* mâche *f*.
milenario, ria *adj* millénaire. ■ **milenario** *nm* millénaire *m*.
milenio *nm* millénaire *m*.
milésimo, ma *adj num* millième. ■ **milésima** *nf* millième *m*.
mileurista *nmf en Espagne, terme qui désigne une personne née entre 1965 et 1985 et dont les revenus n'excèdent pas les 1000 € par mois*.
milhojas *nm inv* mille-feuille *m (gâteau)*.
mili *nf fam* service *m (militaire)* • **hacer la mili** faire son service.
milicia *nf* **1.** carrière *f* des armes **2.** *(gén pl)* milice *f*.
miliciano, na *adj* de l'armée. ❑ *nm, f* milicien *m*, -enne *f*.
miligramo *nm* milligramme *m*.
milimetrado, da *adj* millimétré(e).
milímetro *nm* millimètre *m*.
militante *adj* militant(e) ; *fig* engagé(e). ❑ *nmf* militant *m*, -e *f*.
militar[1] *adj & nmf* militaire.
militar[2] *vi* militer.
militarización *nf* militarisation *f*.
militarizar [13] *vt* militariser.
milla *nf* • **milla (marina)** mille *m* (marin).
millar *nm* millier *m*.
millardo *nm* milliard *m*.
millón *nm* million *m* • **un millón de a)** un million de **b)** *fig* des milliers de • **un millón de gracias** mille fois merci. ■ **millones** *nmpl* • **costar/ganar millones** coûter/gagner des millions • **tener millones** être riche à millions.
millonada *nf fam très grosse somme* • **cuesta una millonada** ça coûte une petite fortune.
millonario, ria *adj & nm, f* millionnaire.
millonésimo, ma *adj num* millionième • **es la millonésima vez que...** c'est la énième fois que.... ■ **millonésima** *nf* millionième *m*.
milonga *nf chanson populaire d'Argentine*.
mimado, da *adj (enfant, etc)* gâté(e).
mimar *vt* gâter.
mimbre *nm* osier *m*.
mimetismo *nm* mimétisme *m*.
mímico, ca *adj* mimique • **un actor mímico** un mime. ■ **mímica** *nf* geste *m* ; THÉÂTRE mime *m*.
mimo *nm* **1.** câlin *m* **2.** *(mauvaise éducation)* • **con tanto mimo, este niño está maleducado** on a tellement gâté cet enfant qu'il est mal élevé **3.** THÉÂTRE mime *m*.
mimosa *nf* mimosa *m*.
mimoso, sa *adj* câlin(e).
min (abrév de **minuto**) min.
mina *nf* mine *f* ; *fig (personne)* perle *f* • **mina de oro** *litt & fig* mine d'or.
minar *vt* miner.
minarete *nm* minaret *m*.
mineral *adj* **1.** minéral(e) **2.** → **agua**. ❑ *nm* minerai *m*.
mineralogía *nf* minéralogie *f*.
minería *nf* **1.** extraction *f* minière **2.** industrie *f* minière.
minero, ra *adj* minier(ère). ❑ *nm, f* mineur *m*.
miniatura *nf* **1.** miniature *f* • **en miniatura** en miniature **2.** modèle *m* réduit.
miniaturizar [13] *vt* miniaturiser.
minibar *nm* minibar *m*.
minicadena *nf* minichaîne *f*.
minifalda *nf* minijupe *f*.
minigolf (*pl* **minigolfs**) *nm* minigolf *m*.
mínima *nf* → **mínimo**.
minimalista *adj* minimaliste.
mínimamente *adv* un tant soit peu.
minimizar [13] *vt* minimiser.
mínimo, ma *adj* minime ; moindre • **la temperatura mínima** la température minimale • **no tengo la más mínima idea** je n'en ai pas la moindre idée • **como mínimo** au minimum • **como mínimo podrías haber...** tu aurais pu au moins... • **en lo más mínimo** le moins du monde. ■ **mínimo** *nm* minimum *m*. ■ **mínima** *nf* température *f* minimale.
minipímer® *nm ou nf* mixer *m*, mixeur *m*.
miniserie *nf* mini-série *f*.
ministerial *adj* ministériel(elle).
ministerio *nm* ministère *m*. ■ **Ministerio** *nm* ministère *m* • **el Ministerio de Asuntos Exteriores** le ministère des Affaires étrangères.
ministro, tra *nm, f* ministre *m* • **el ministro de Asuntos Exteriores** le ministre des Affaires étrangères • **primer ministro** Premier ministre.
minivolumen *nm* AUTO minispace *m*.
minoría *nf* minorité *f*.
minorista *adj* au détail. ❑ *nmf* détaillant *m*, -e *f*.
minoritario, ria *adj* minoritaire.
minucia *nf* vétille *f* ; détail *m* • **reparar en minucias** se perdre dans les détails.
minuciosidad *nf* minutie *f*.
minucioso, sa *adj* minutieux(euse).
minúsculo, la *adj* minuscule. ■ **minúscula** *nf* minuscule *f*.
minusvalía *nf* **1.** moins-value *f* **2.** handicap *m (physique)*.
minusválido, da *adj & nm, f* handicapé(e) *(physique)*.
minusvalorar *vt* sous-estimer.
minuta *nf* **1.** honoraires *mpl* **2.** *(au restaurant)* carte *f*.

minutar *vt* minuter.
minutero *nm* aiguille *f* des minutes.
minuto *nm* minute *f*.
mío, mía (*mpl* **míos**, *fpl* **mías**) *adj poss* à moi • **este libro es mío** ce livre est à moi • **un amigo mío** un de mes amis • **no es asunto mío** ça ne me regarde pas • **no es culpa mía** ce n'est pas (de) ma faute. ❑ *pron poss* **1.** *(après un article défini)* • **el mío** le mien • **la mía** la mienne • **aquí guardo lo mío** c'est là que je range mes affaires **2.** *(expressions)* • **ésta es la mía** *fam* à moi de jouer • **lo mío es el teatro** *fam* mon truc c'est le théâtre • **los míos** *(ma famille)* les miens.
miocardio *nm* myocarde *m*.
miope *adj & nmf* myope.
miopía *nf* myopie *f*.
MIR (abrév de **médico interno y residente**) *nm concours espagnol permettant d'obtenir le titre d'interne des hôpitaux*.
mira *nf* mire *f* • **con miras a** *fig* en vue de • **tener altas miras** viser haut.
mirado, da *adj* réfléchi(e) • **ser mirado en algo** faire attention à qqch • **bien mirado** tout bien considéré. ■ **mirada** *nf* regard *m* • **apartar la mirada** détourner les yeux • **dirigir** ou **lanzar la mirada** jeter un regard • **fulminar con la mirada** foudroyer du regard • **levantar la mirada** lever les yeux.
mirador *nm* **1.** bow-window *m* **2.** belvédère *m*.
miramiento *nm* égard *m* • **sin miramientos** sans égards.
mirar *vt* **1.** regarder • **¡mira!** regarde ! • **mirar de cerca/de lejos** regarder de près/de loin • **mirar algo por encima** *fig* jeter un coup d'œil à qqch • **de mírame y no me toques** très fragile • **si bien se mira** *fig* si l'on y regarde de près **2.** penser • **mira bien lo que haces** fais attention à ce que tu fais • **mira si vale la pena** vois si cela vaut la peine • **mirar bien/mal a alguien** penser du bien/du mal de qqn **3.** *(à l'impératif ; dans une explication)* • **mira, yo creo que...** écoute, je crois que... • **mira, mira** *(exprime la surprise)* tiens, tiens. ❑ *vi* **1.** regarder **2.** *(être situé)* • **mirar a a)** être orienté(e) au *(nord, sud, etc)* **b)** donner sur *(une rue, une cour, etc)* **3.** *(prendre soin)* • **mirar por alguien/por algo** veiller sur qqn/à qqch. ■ **mirarse** *vp* se regarder.
miríada *nf* myriade *f*.
mirilla *nf* judas *m (de porte)*.
mirlo *nm* merle *m*.
mirón, ona *adj fam* curieux(euse) • **un tío mirón** un voyeur. ❑ *nm, f* **1.** voyeur *m*, -euse *f* **2.** curieux *m*, -euse *f* ; badaud *m*, -e *f*.
mirra *nf* myrrhe *f*.
misa *nf* messe *f* • **oír** ou **ir a misa** aller à la messe • **esto va a misa** *fam & fig* c'est tout vu • **no sabe de la misa la mitad** *fam & fig* il n'en sait rien de rien.
misal *nm* **1.** missel *m* **2.** bréviaire *m*.
misántropo, pa *nm, f* misanthrope *mf*.
miscelánea *nf* mélange *m*.
miserable *adj* misérable • **una cantidad miserable** une misère • **un sueldo miserable** un salaire de misère. ❑ *nmf* **1.** avare *mf* **2.** misérable *mf*.
miseria *nf* **1.** misère *f* **2.** avarice *f*.
misericordia *nf* miséricorde *f* • **pedir misericordia** demander miséricorde.
mísero, ra *adj* misérable • **no nos ofreció ni un mísero café** il ne nous a même pas offert un malheureux café.
misil *nm* missile *m*.
misión *nf* mission *f*. ■ **misiones** *nfpl* RELIG missions *fpl*.
misionero, ra *adj & nm, f* missionnaire.
misiva *nf sout* missive *f*.
mismísimo, ma *adj superl fam* en personne • **el mismísimo gobernador** le gouverneur en personne.
mismo, ma *adj* même • **el mismo piso** le même appartement • **del mismo color** de la même couleur • **en este mismo cuarto** dans cette même chambre • **en su misma calle** dans sa propre rue • **el rey mismo** le roi lui-même • **mí/ti** *etc* **mismo** moi-/toi- *etc* même • **¡tú mismo!** à toi de voir ! ❑ *pron* • **el mismo** le même • **se prohibe la entrada al edificio al personal ajeno al mismo** accès interdit aux personnes étrangères à l'établissement • **lo mismo (que)** la même chose (que) • **dar** ou **ser lo mismo** être du pareil au même • **me da lo mismo** cela m'est égal • **estamos en las mismas** *fig* on n'est pas plus avancés. ■ **mismo** *adv (après un substantif)* • **hoy mismo** aujourd'hui même • **ahora mismo** tout de suite • **encima/detrás mismo** juste au-dessus/derrière • **mañana mismo** dès demain.
misoginia *nf* misogynie *f*.
misógino, na *adj & nm, f* misogyne.
misterio *nm* mystère *m*.
misterioso, sa *adj* mystérieux(euse).
mística *nf* → **místico**.
místico, ca *adj & nm, f* mystique. ■ **mística** *nf* mystique *f*.
mistificación, mixtificación *nf* mystification *f*.
mistificar [10], **mixtificar** *vt* mystifier.
mitad *nf* **1.** moitié *f* • **a mitad de precio** à moitié prix • **a mitad del camino** à mi-chemin • **mitad hombre, mitad animal** mi-homme, mi-bête • **cortar/partir por la mitad** couper/partager en deux • **mitad y mitad** moitié moitié **2.** milieu *m* • **en mitad de la reunión** au milieu de la réunion.
mítico, ca *adj* mythique.
mitificar [10] *vt* mythifier ; *fig* idéaliser.
mitigar [16] *vt* calmer *(la douleur, l'anxiété)*.
mitin (*pl* **mítines**) *nm* meeting *m*.
mito *nm* **1.** mythe *m* • **¡es puro mito!** c'est un mythe ! • **es un mito que se ha creado** c'est

une invention de toutes pièces **2.** *(personnage fabuleux)* personnage *m* mythique ; *(célèbre)* figure *f* • **un mito de la Historia** une figure de l'Histoire.
mitología *nf* mythologie *f*.
mitómano, na *adj & nm,f* mythomane.
mitote *nm* (AMÉR) *fam* grabuge *m*.
mix [miks] *nm inv* MUS compilation *f*, mix *m inv*.
mixtificación = **mistificación**.
mixtificar = **mistificar**.
mixto, ta *adj* mixte.
mixtura *nf* mélange *m* ; *(produit pharmaceutique)* mixture *f*.
ml (abrév de **mililitro**) ml.
mm (abrév de **milímetro**) mm.
m1ml (abrév de **mándame un mensaje luego**) *(SMS)* envoie-moi un message plus tard.
mnemotécnico, ca, nemotécnico, ca *adj* mnémotechnique.
mñn (abrév de **mañana**) *(SMS)* 2m1 *(demain)*.
mobbing ['moβin] *nm* harcèlement *m* moral.
mobiliario *nm* mobilier *m*.
mocasín *nm* mocassin *m*.
mochila *nf* sac *m* à dos.
mochilero, ra *nm,f fam* routard *m*, -e *f*.
mocho, cha *adj (pointe)* émoussé(e) ; *(arbre)* étêté(e) ; *(animal)* écorné(e).
mochuelo *nm* **1.** hibou *m* **2.** *fam* corvée *f*.
moción *nf* **1.** motion *f* **2.** mouvement *m*.
moco *nm* morve *f* • **limpiarse los mocos** se moucher.
mocoso, sa *adj* • **estar mocoso** avoir le nez qui coule. ❑ *nm,f fam & péj* morveux *m*, -euse *f*.
moda *nf* mode *f* • **estar de moda** être à la mode • **estar pasado de moda** être démodé.
modal *adj* modal(e). ■ **modales** *nmpl* manières *fpl*.
modalidad *nf (type)* forme *f*.
modelado *nm* modelage *m*.
modelar *vt* **1.** modeler **2.** *fig* former *(le caractère)*.
modelismo *nm* modélisme *m*.
modelo *adj* modèle. ❑ *nm* modèle *m*. ❑ *nmf* **1.** modèle *m (d'un artiste)* **2.** mannequin *m*.
módem ['modem] (*pl* **modems**) *nm* modem *m*.
moderación *nf* modération *f*.
moderado, da *adj & nm,f* modéré(e).
moderador, ra *adj* modérateur(trice). ❑ *nm,f* animateur *m*, -trice *f (d'un débat, d'une réunion)*.
moderar *vt* **1.** modérer *(la vitesse, les aspirations, etc)* **2.** animer *(un débat, une réunion)*. ■ **moderarse** *vp* se modérer.
modernidad *nf* modernité *f*.
modernismo *nm* **1.** *(gén)* LITTÉR modernisme *m* **2.** ARCHIT & ART modern style *m inv* ; ≃ Art *m* nouveau.
modernista *adj* **1.** LITTÉR moderniste **2.** ARCHIT & ART modern style. ❑ *nmf* **1.** LITTÉR moderniste *mf* **2.** ARCHIT & ART artiste *mf* modern style.
modernización *nf* modernisation *f*.
modernizar [13] *vt* moderniser. ■ **modernizarse** *vp* se moderniser.
moderno, na *adj* moderne.
modestia *nf* modestie *f*.
modesto, ta *adj* modeste. ❑ *nm,f* • **los modestos** les gens modestes.
módico, ca *adj* modique.
modificación *nf* modification *f*.
modificar [10] *vt* modifier.
modismo *nm* idiotisme *m*.
modista *nmf* **1.** *(styliste)* couturier *m* **2.** tailleur *m*, couturière *f*.
modisto *nm* **1.** *(styliste)* couturier *m* **2.** tailleur *m*.
modo *nm* **1.** façon *f*, manière *f* • **el modo que tienes de comer** ta façon de manger • **hazlo del modo que quieras** fais-le comme tu veux • **a modo de** en guise de • **de todos modos** de toute façon ou manière • **en cierto modo** d'une certaine façon ou manière • **de modo que a)** de façon que **b)** alors • **lo hizo de modo que...** il a fait en sorte que... **2.** *(style)* GRAMM mode *m* • **modo de empleo** mode d'emploi • **modo de vida** mode de vie. ■ **modos** *nmpl* manières *fpl* • **buenos/malos modos** bonnes/mauvaises manières.
modorra *nf fam* • **me entra la modorra** je ferais bien un petit somme.
modoso, sa *adj* sage.
modulación *nf* modulation *f* • **modulación de frecuencia** modulation de fréquence.
modulador, ra *adj* modulateur(trice). ■ **modulador** *nm* RADIO & TV modulateur *m*.
modular *vt* moduler.
módulo *nm* module *m*.
mofa *nf* moquerie *f*.
mofarse *vp* • **mofarse (de)** se moquer (de), bafouer.
moflete *nm* grosse joue *f*.
mogollón *nm* **1.** *fam (beaucoup)* • **un mogollón de** un tas de **2.** *tfam* bordel *m*. ❑ *adv fam* vachement • **me gustó mogollón** ça m'a vachement plu.
mohair [mo'er] *nm* mohair *m*.
mohín *nm* moue *f*.
moho *nm* **1.** moisi *m* **2.** rouille *f*.
mohoso, sa *adj* **1.** moisi(e) **2.** rouillé(e).
mojado, da *adj* mouillé(e).
mojama *nf lanières de thon salé et séché*.
mojar *vt* mouiller ; tremper *(le pain)*. ■ **mojarse** *vp* se mouiller • **el traje no puede mojarse** ce costume n'est pas lavable.
mojigato, ta *adj* **1.** prude **2.** faux, fausse *f*. ❑ *nm,f* **1.** prude *mf* **2.** petit saint *m*, petite sainte *f*.
mojito *nm* mojito *m (cocktail à base de rhum, de jus de citron, de sucre et de menthe fraîche)*.
mojón *nm* borne *f*.
molar[1] *nm* molaire *f*.

molar[2] *tfam* *vt* brancher • **¿te molaría ir al cine?** ça te brancherait d'aller au ciné ? • **¡cómo me mola ese chico!** ce garçon me plaît vachement ! ❑ *vi* être vachement classe.

molcajete *nm* **(AMÉR)** mortier *m*.

molde *nm* moule *m*.

moldeado *nm* **1.** mise *f* en plis **2.** moulage *m*.

moldear *vt* **1.** mouler **2.** modeler *(une sculpture, le caractère)* **3.** faire une mise en plis.

moldura *nf* moulure *f*.

mole *nf* masse *f*.

molécula *nf* molécule *f*.

molecular *adj* moléculaire.

moler [24] *vt* **1.** moudre *(le grain)* **2.** *fam (fatiguer)* crever.

molestar *vt* **1.** gêner ; *(distraire)* déranger • **me molesta hacer...** ça m'ennuie de faire... **2.** faire mal **3.** vexer. ■ **molestarse** *vp* **1.** se déranger • **molestarse por alguien/algo** se déranger pour qqn/qqch • **molestarse en hacer algo** prendre la peine de faire qqch **2.** se vexer.

molestia *nf* **1.** gêne *f*, dérangement *m* • **si no es demasiada molestia** si cela ne vous dérange pas trop **2.** ennui *m*.

molesto, ta *adj* **1.** *(enquiquinant)* • **ser molesto** être gênant **2.** *(irrité)* • **estar molesto** être fâché **3.** *(mal à l'aise)* gêné(e).

molido, da *adj* moulu(e) • **estar molido** *fam* être crevé.

molinero, ra *adj & nm,f* meunier(ère).

molinete *nm (porte)* tourniquet *m*.

molinillo *nm* moulin *m (à café)*.

molino *nm* moulin *m*.

molla *nf* **1.** chair *f* **2.** graisse *f*.

molleja *nf* ris *m (de veau, d'agneau)* ; gésier *m (de volaille)*.

mollera *nf* **1.** *fam & fig (jugeote)* • **no le cabe en la mollera que...** il n'arrive pas à se mettre dans le crâne que... **2.** *ANAT* fontanelle *f*.

molusco *nm* mollusque *m*.

momentáneamente *adv* momentanément, pour le moment.

momentáneo, a *adj* momentané(e).

momento *nm* moment *m* • **no para ni un momento** il n'arrête pas un instant • **a cada momento** tout le temps • **al momento** à l'instant • **de momento, por el momento** pour le moment • **desde el momento (en) que a)** *(temps)* dès l'instant où **b)** *(cause)* du moment que • **de un momento a otro** d'un moment à l'autre.

momia *nf* momie *f*.

mona → **mono**.

monacal *adj* monacal(e).

Mónaco *npr* • **(el principado de) Mónaco** (la principauté de) Monaco.

monada *nf* **1.** *(merveille)* • **es una monada a)** *(personne)* elle est mignonne **b)** *(chose)* c'est mignon **2.** pitrerie *f*.

monaguillo *nm* enfant *m* de chœur.

monarca *nm* monarque *m*.

monarquía *nf* monarchie *f*.

monárquico, ca *adj* **1.** monarchique **2.** monarchiste. ❑ *nm,f* monarchiste *mf*.

monasterio *nm* monastère *m*.

monástico, ca *adj* monastique.

Moncloa *npr* • **la Moncloa** *résidence du chef du gouvernement espagnol*.

monda *nf (action)* épluchage *m* ; *(peau)* épluchure *f* • **ser la monda** *tfam* **a)** *(un comble)* être super **b)** *(drôle)* être tordant ou marrant.

mondadientes *nm inv* cure-dents *m*.

mondadura *nf* **1.** épluchage *m* **2.** épluchure *f (de fruit, de légume)*.

mondar *vt* éplucher, peler. ■ **mondarse de** *vp fam* • **mondarse de risa** se tordre de rire, être mort de rire.

moneda *nf* **1.** pièce *f* (de monnaie) **2.** monnaie *f* • **moneda extranjera** monnaie étrangère.

monedero, ra *nm,f* monnayeur *m*. ■ **monedero** *nm* porte-monnaie *m*.

monegasco, ca *adj* monégasque. ❑ *nm,f* Monégasque *mf*.

monería *nf* pitrerie *f (d'un enfant)* ; singerie *f (d'un singe, d'un clown)*.

monetario, ria *adj* monétaire.

monetarismo *nm* monétarisme *m*.

mongólico, ca *adj* **1.** *MÉD* mongolien(enne) **2.** *(de Mongolie)* mongol(e). ❑ *nm,f* **1.** *MÉD* mongolien *m*, -enne *f* **2.** *(de Mongolie)* Mongol *m*, -e *f*.

mongolismo *nm* mongolisme *m*.

monigote *nm* **1.** *(poupée, personne)* pantin *m* **2.** *(dessin)* bonhomme *m*.

monitor, ra *nm,f* moniteur *m*, -trice *f*. ■ **monitor** *nm INFORM* moniteur *m*.

monitorear *vt* **(AMÉR)** suivre, contrôler.

monitoreo *nm* **(AMÉR)** surveillance *f*, contrôle *m*.

monitorizar *vt* mettre sous monitoring, surveiller en continu.

monja *nf* religieuse *f*.

monje *nm* moine *m*.

mono, na *adj* mignon(onne). ❑ *nm,f* singe *m*, guenon *f* • **ser el último mono** *fig* être la cinquième roue du carrosse. ■ **mono** *nm* **1.** salopette *f* ; bleu *m* de travail ; combinaison *f (de ski)* **2.** *fam* manque *m (du drogué)*. ■ **mona** *nf* **1.** *fam* cuite *f* **2.** *(pâtisserie)* • **mona (de Pascua)** *gâteau vendu à Pâques en Espagne, comme on vend les œufs de Pâques en France*.

monoambiente *nm* **(AMÉR)** studio *m*.

monobloque *nm* **(AMÉR)** ensemble *m* d'immeubles résidentiels.

monocarril *adj & nm* monorail.

monocolor *adj* unicolore.

monocorde *adj* monocorde.

monóculo *nm* monocle *m*.

monocultivo *nm* monoculture *f*.

monodosis *nf* unidose *f*.

monoesquí (*pl* **monoesquís** *ou* **monoesquíes**) *nm* monoski *m*.
monofásico, ca *adj* monophasé(e).
monogamia *nf* monogamie *f*.
monógamo, ma *adj & nm,f* monogame.
monografía *nf* monographie *f*.
monokini, monoquini *nm* monokini *m*.
monolingüe *adj* monolingue. ❑ *nm* dictionnaire *m* monolingue.
monolítico, ca *adj* monolithique.
monólogo *nm* monologue *m*.
monomando *nm (robinet)* mitigeur *m*.
monomotor *adj & nm* monomoteur.
monoparental *adj* monoparental(e).
monopatín *nm* skateboard *m*, planche *f* à roulettes.
monoplaza *adj & nm* monoplace.
monopolio *nm* monopole *m*.
monopolizar [13] *vt* monopoliser.
monoquini = **monokini**.
monosilábico, ca *adj* monosyllabique.
monosílabo, ba *adj* monosyllabe. ■ **monosílabo** *nm* monosyllabe *m*.
monoteísmo *nm* monothéisme *m*.
monoteísta *adj & nmf* monothéiste.
monotemático, ca *adj* • **es monotemático** il parle toujours de la même chose • **sus películas son monotemáticas** ses films traitent toujours du même sujet.
monotipo *nm* Monotype® *f*.
monotonía *nf* monotonie *f*.
monótono, na *adj* monotone.
monovolumen *nm* monospace *m*.
monseñor *nm* monseigneur *m*.
monserga *nf fam* • **no me vengas con monsergas** ne me raconte pas d'histoires • **no son más que monsergas** ce ne sont que des balivernes.
monstruo *adj inv* **1.** *(grand)* énorme **2.** *fig* phénoménal(e). ❑ *nm* **1.** monstre *m* **2.** *fig* dieu *m*, génie *m*.
monstruosidad *nf* monstruosité *f*.
monstruoso, sa *adj* monstrueux(euse).
monta *nf* **1.** montant *m* **2.** importance *f* **3.** monte *f (à cheval)*.
montacargas *nm inv* monte-charge *m*.
montado *nm sorte de canapé servi en tapas, typique du Pays basque*.
montaje *nm* **1.** montage *m* **2.** THÉÂTRE réalisation *f* **3.** coup *m* monté.
montante *nm* montant *m* • **montantes compensatorios** montants compensatoires.
montaña *nf* montagne *f* • **montaña rusa** montagnes *fpl* russes.
montañero, ra *adj* de montagne. ❑ *nm,f* alpiniste *mf*.
montañés, esa *adj & nm,f* **1.** montagnard(e) **2.** de la région de Santander.
montañismo *nm* alpinisme *m*.
montañoso, sa *adj* montagneux(euse).
montar *vt* **1.** *(gén)* THÉÂTRE & CINÉ monter • **montar el piso** monter son ménage **2.** monter *(une mayonnaise, des blancs d'œufs)* ; fouetter *(une crème)*. ❑ *vi* **1.** *(gén)* • **montar (a)** monter (à) • **montar en a)** monter à *(bicyclette)* **b)** monter en *(avion)* **2.** *(additionner)* • **montar a** s'élever à. ■ **montarse** *vp (gén)* • **montarse en a)** monter sur *(un cheval, une bicyclette)* **b)** monter dans *(un avion)* • **montárselo** *fam & fig* se débrouiller.
montaraz *adj* sauvage.
monte *nm* **1.** mont *m*, montagne *f* **2.** bois *mpl*. ■ **monte de piedad** *nm* mont-de-piété *m*.
montepío *nm* caisse *f* de secours.
montera *nf toque du torero*.
montés, esa *adj* sauvage.
Montevideo *npr* Montevideo.
montículo *nm* monticule *m*.
montilla *nm vin de Montilla, près de Cordoue*.
monto *nm* montant *m*.
montón *nm* tas *m* • **a ou de ou en montón** en bloc • **hay de eso a montones** il y en a des tas • **ganar a montones** gagner des mille et des cents • **un hombre del montón** monsieur Tout-le-Monde.
montura *nf* **1.** monture *f* **2.** harnais *m* ; selle *f*.
monumental *adj* monumental(e).
monumento *nm* monument *m*.
moña *nf* **1.** *fam* cuite *f* **2.** ruban *m*. ❑ *nm tfam* pédé *m*.
moño *nm* chignon *m* • **estar hasta el moño** *fig* en avoir ras le bol.
monzón *nm* mousson *f*.
MOPU (abrév de Ministerio de Obras Públicas y Urbanismo) *nm ministère espagnol des Travaux publics et de l'Urbanisme*.
moquear *vi* avoir le nez qui coule.
moqueta *nf* moquette *f*.
mora *nf* mûre *f*.
morada *nf sout* demeure *f*.
morado, da *adj* violet(ette) • **pasarlas moradas** *fam & fig* en voir de toutes les couleurs • **ponerse morado** *fam & fig* s'empiffrer. ■ **morado** *nm* **1.** *(couleur)* violet *m* **2.** *(hématome)* bleu *m*.
moral *adj* moral(e) • **un ejemplo moral** un exemple de moralité. ❑ *nf* **1.** morale *f* **2.** moral *m* • **levantar la moral** remonter le moral. ❑ *nm* mûrier *m* noir.
moraleja *nf* morale *f (d'une fable)*.
moralidad *nf* moralité *f*.
moralista *nmf* LITTÉR moraliste *mf* ; *péj* moralisateur *m*, -trice *f*.
moralizar [13] *vi* moraliser.
morar *vi sout* demeurer.
moratón *nm* bleu *m*.
moratoria *nf* moratoire *m*.
mórbido, da *adj* morbide.

morbo *nm* **1.** *fam (plaisir malsain)* • **tener morbo** avoir une curiosité malsaine **2.** maladie *f.*
morboso, sa *adj* morbide • **detalles morbosos** détails scabreux.
morcilla *nf* boudin *m* noir • **¡que te/le** *etc* **den morcilla!** *tfam & fig* va te/allez vous *etc* faire voir !
mordaz *adj* acerbe.
mordaza *nf* bâillon *m.*
mordedura *nf* morsure *f.*
morder [24] *vt* mordre ; croquer *(un fruit)* • **estar alguien que muerde** être d'une humeur de chien. ❑ *vi* mordre. ■ **morderse** *vp* se mordre.
mordida *nf* **(AMÉR)** *fam* bakchich *m.*
mordisco *nm* **1.** morsure *f* • **dar un mordisco en algo a)** mordre dans qqch **b)** *(fruit)* croquer qqch **2.** morceau *m.*
mordisquear *vt* mordiller *(un objet)* ; grignoter *(un en-cas).*
moreno, na *adj* **1.** *(cheveux, peau)* brun(e) **2.** bronzé(e) • **ponerse moreno** bronzer **3.** *(pain, riz, etc)* complet(ète) • **el azúcar moreno** le sucre roux • **el trigo moreno** le blé noir. ❑ *nm, f* brun *m,* -e *f.*
morera *nf* mûrier *m* blanc.
morería *nf* HIST quartier *m* maure.
moretón *nm (hématome)* bleu *m.*
morfina *nf* morphine *f.*
morfología *nf* morphologie *f.*
morgue *nf* morgue *f.*
moribundo, da *adj & nm, f* moribond(e).
morir [25] *vi* mourir. ■ **morirse** *vp* • **morirse (de)** mourir (de).
morisco, ca *adj* mauresque ; *(converti)* morisque. ❑ *nm, f* morisque *mf.*
mormón, ona *adj & nm, f* mormon(e).
moro, ra *adj* **1.** HIST maure **2.** *péj* arabe **3.** *fam* macho. ❑ *nm, f* **1.** HIST Maure *mf* **2.** *péj* Arabe *mf* • **bajarse al moro** *fam aller acheter du haschisch en Afrique du Nord* • **hay moros en la costa** les murs ont des oreilles. ■ **moro** *nm fam* macho *m.* ■ **Moros y Cristianos** *nmpl fête traditionnelle du Levant.*
moroso, sa *adj* • **es un cliente moroso** ce client a un arriéré. ❑ *nm, f* mauvais payeur *m.*
morral *nm* musette *f.*
morrear *vt & vi tfam* se bécoter. ■ **morrearse** *vp tfam* se bécoter.
morreo *nm tfam* patin *m,* pelle *f* • **darse un morreo** se rouler un patin.
morriña *nf* mal *m* du pays.
morro *nm* **1.** museau *m* **2.** *(gén pl) fam* lèvres *fpl* • **estar de morros** bouder **3.** *fam* avant *m (d'une voiture)* ; *fam* nez *m (d'un avion)* **4.** *fam* culot *m* • **¡qué morro tiene!** il a un de ces culots !
morrón *nm* **1.** *fam* gnon *m* **2.** **(AMÉR)** poivron *m* rouge.
morsa *nf* ZOOL morse *m.*
morse *nm (invariable en apposition) (code)* morse *m.*
mortadela *nf* mortadelle *f.*
mortaja *nf* linceul *m.*
mortal *adj & nmf* mortel(elle).
mortalidad *nf* mortalité *f.*
mortandad *nf* • **causar mortandad** causer des pertes.
mortero *nm* mortier *m.*
mortífero, ra *adj* mortel(elle) ; *(épidémie)* meurtrier(ère).
mortificación *nf* mortification *f.*
mortificar [10] *vt* mortifier ; *fig* tourmenter. ■ **mortificarse** *vp* se mortifier ; se tourmenter.
mortuorio, ria *adj* mortuaire ; *(cortège)* funèbre.
moruno, na *adj* mauresque.
mosaico, ca *adj (de Moïse)* mosaïque. ■ **mosaico** *nm* mosaïque *f.*
mosca *nf* mouche *f* • **estar mosca** *fam* faire la tête • **por si las moscas** au cas où • **¿qué mosca me/te** *etc* **ha picado?** quelle mouche m'a/t'a *etc* piqué ? ■ **mosca muerta** *nf* sainte-nitouche *f.*
moscardón *nm* **1.** mouche *f* bleue **2.** *fam & fig (personne)* casse-pieds *m inv.*
moscatel *nm (vin doux)* muscat *m.*
moscón *nm* **1.** grosse mouche *f* **2.** *fam & fig (personne)* casse-pieds *m inv.*
moscovita *adj* moscovite. ❑ *nmf* Moscovite *mf.*
Moscú *npr* Moscou.
mosén *nm* RELIG *titre donné aux prêtres en Catalogne et en Aragon* • **mosén Jacinto** père Jacinto.
mosquear *vt fam* vexer. ■ **mosquearse** *vp fam* se vexer, prendre la mouche.
mosqueo *nm fam* • **tener un mosqueo** être vexé.
mosquete *nm* mousquet *m.*
mosquetero *nm* mousquetaire *m.*
mosquetón *nm* mousqueton *m.*
mosquita *nf fam* • **mosquita muerta** sainte-nitouche *f.*
mosquitera *nf* moustiquaire *f.*
mosquitero *nm* moustiquaire *f.*
mosquito *nm* moustique *m.*
mosso d'esquadra *nm membre de la police autonome catalane.*
mostacho *nm* moustache *f.*
mostaza *nf* moutarde *f.*
mosto *nm* **1.** jus *m* de raisin **2.** moût *m.*
mostrador *nm* comptoir *m.*
mostrar [23] *vt* montrer ; faire preuve de *(intelligence, générosité).* ■ **mostrarse** *vp* se montrer.
mota *nf* poussière *f* • **tener motas** *(pullover)* pelucher.
mote *nm* surnom *m.*
motear *vt* donner un surnom à.
motel *nm* motel *m.*
motero, ra *fam nm, f* motard *m,* -e *f.* ❑ *adj* de motard(s).
motín *nm* émeute *f* ; mutinerie *f (de soldats, de prisonniers).*

motivación *nf* motivation *f*.
motivar *vt* motiver.
motivo *nm* **1.** raison *f*, motif *m* • **con motivo de a)** *(pour célébrer)* à l'occasion de **b)** *(à cause de)* en raison de • **por este motivo** pour cette raison **2.** sujet *m (d'une œuvre littéraire)* **3.** *MUS* motif *m*.
moto *nf* moto *f* • **moto de agua** scooter *m* des mers.
motocicleta *nf* motocyclette *f*.
motociclismo *nm* motocyclisme *m*.
motociclista *nmf* motocycliste *mf*.
motociclo *nm* motocycle *m*.
motocross *nm inv* motocross *m*.
motocultivo *nm* motoculture *f*.
motoesquí *nm* scooter *m* des neiges.
motonáutico, ca *adj* motonautique. ■ **motonáutica** *nf* motonautisme *m*.
motoneta *nf* **(AMÉR)** Scooter *m*.
motor, ratriz *adj* moteur(trice). ■ **motor** *nm* moteur *m* • **motor de reacción** moteur à réaction. ■ **motora** *nf* bateau *m* à moteur.
motorismo *nm* motocyclisme *m*.
motorista *nmf* motocycliste *mf*.
motorizar [13] *vt* motoriser. ■ **motorizarse** *vp fam* être motorisé(e).
motosierra *nf* tronçonneuse *f*.
mototaxi *nm* moto-taxi *f*.
motricidad *nf* motricité *f*.
motriz *nf* → **motor**.
mountain bike (*pl* **mountain bikes**) *nm* mountain bike *m*, VTT *m*.
mousse *nm ou nf inv CULIN* mousse *f*.
movedizo, za *adj* **1.** *(pièce)* amovible **2.** *(sables, terrain)* mouvant(e).
mover [24] *vt* **1.** faire marcher **2.** déplacer **3.** remuer • **mover las masas** remuer les foules **4.** provoquer • **mover la curiosidad** provoquer la curiosité • **mover a piedad/risa** faire pitié/rire **5.** *fig (inciter)* • **mover a alguien a algo/a hacer algo** pousser qqn à qqch/à faire qqch. ■ **moverse** *vp* **1.** *(se mettre en mouvement, s'agiter)* bouger **2.** se déplacer **3.** *(fréquenter)* • **moverse en/entre** évoluer dans/parmi **4.** *(se dépêcher)* se secouer.
movible *adj* mobile.
movido, da *adj* **1.** agité(e) ; *(conversation, voyage)* mouvementé(e) **2.** *(photo, image)* flou(e). ■ **movida** *nf fam (ambiance)* • **aquí hay movida** il y a de l'ambiance ici • **movida (madrileña)** *mouvement de renouveau culturel*.

CULTURE

la movida madrileña

La **movida madrileña**, mouvement de renouveau culturel et artistique plutôt libéral basé sur la provocation, a vu le jour à Madrid dans les années 1980 en réaction aux décennies de dictature franquiste. Le mouvement regroupait des cinéastes, des peintres, des photographes et des musiciens, comme le réalisateur et acteur Pedro Almodóvar, les chanteurs Miguel Bosé et Alaska, ou encore le groupe Mecano.

móvil *adj & nm* mobile.
movilidad *nf* mobilité *f*.
movilizar [13] *vt* mobiliser. ■ **movilizarse** *vp* **1.** se mobiliser **2.** **(AMÉR)** se déplacer.
movimiento *nm* mouvement *m*.
moviola *nf* visionneuse *f*.
moza *nf* → **mozo**.
mozárabe *adj & nmf* mozarabe.
mozo, za *adj* jeune. ❑ *nm,f* **1.** jeune homme *m*, jeune fille *f* • **es buen mozo** il est beau garçon **2.** **(AMÉR)** serveur *m*, -euse *f*. ■ **mozo** *nm* **1.** *(serveur)* garçon *m* **2.** domestique *m* **3.** *MIL* appelé *m*.
MP3 *nm INFORM (format)* MP3 *m* ; fichier *m* MP3.
MP4 *nm INFORM (format)* MP4 *m* ; fichier *m* MP4.
MPEG ['eme pe xe] (abrév de **motion picture experts group**) *nm* MPEG *m*.
mu *nm* meuh *m* • **no decir ni mu** *fig* ne pas piper mot.
mucamo, ma *nm,f* **(AMÉR)** domestique *mf*.
muchachada *nf* **(AMÉR)** marmaille *f*.
muchacho, cha *nm,f* garçon *m*, fille *f*. ■ **muchacha** *nf* domestique *f*.
muchedumbre *nf* foule *f*.
mucho, cha *adj* **1.** beaucoup de • **mucha gente** beaucoup de gens • **muchos meses** plusieurs mois • **mucho tiempo** longtemps **2.** très *(sommeil, faim, froid, etc)* • **hace mucho calor** il fait très chaud. ❑ *pron* • **muchos piensan que…** beaucoup de gens pensent que… • **tener mucho que contar** avoir beaucoup de choses à raconter. ■ **mucho** *adv* **1.** beaucoup • **trabaja mucho** il travaille beaucoup • **se divierte mucho** il s'amuse bien **2.** *(indique une comparaison)* bien • **mucho antes/después** bien avant/après • **mucho más/menos** beaucoup plus/moins • **mucho mejor** bien mieux **3.** longtemps • **lo sé desde hace mucho** je le sais depuis longtemps **4.** souvent • **viene mucho por aquí** il vient souvent par ici **5.** *(expressions)* • **como mucho a)** *(comme maximum)*(tout) au plus **b)** *(dans tous les cas)* à la limite • **con mucho** de loin • **ni mucho menos** loin de là. ■ **por mucho que** *loc conj* • **por mucho que insistas…** tu auras beau insister….
mucosas *nfpl* muqueuses *fpl*.
mucosidad *nf* mucosité *f*.
muda *nf* **1.** *(de plumes, peau, voix)* mue *f* **2.** linge *m* de rechange.
mudanza *nf* **1.** changement *m* ; *(de plumes, peau)* mue *f* **2.** déménagement *m* • **estar ou andar de mudanza** déménager.
mudar *vt* changer. ❑ *vi* • **mudar de** changer de • **mudar de casa** déménager • **mudar de plumas/piel/voz** muer. ■ **mudarse** *vp* • **mudarse (de casa)** déménager • **mudarse (de ropa)** se changer.

mudéjar *adj & nmf* mudéjar(e).
mudo, da *adj & nm,f* muet(ette).
mueble *nm* meuble *m* • **mueble bar** bar *m*. ❑ *adj* → **bien**.
mueca *nf* grimace *f*; moue *f (de dégoût)*.
muela *v* → **moler**. ❑ *nf* **1.** dent *f*, molaire *f* • **tener dolor de muelas** avoir mal aux dents **2.** *(pierre)* meule *f*.
muelle *nm* **1.** ressort *m (d'un matelas, d'une montre)* **2.** quai *m (dans un port)*.
muérdago *nm* gui *m*.
muermo *nm fam (chose, situation)* barbe *f*, bagne *m* ; *(personne)* casse-pieds *mf inv* • **tener muermo** être ramollo.
muerte *nf* **1.** mort *f* • **de mala muerte** minable • **muerte súbita (del lactante)** mort subite du nourrisson **2.** meurtre *m*.
muerto, ta *adj* **1.** mort(e) • **estar muerto de miedo/de frío/de hambre** être mort de peur/de froid/de faim **2.** *(couleur)* terne. ❑ *nm,f* mort *m*, -e *f* • **el día de los muertos** ≃ la Toussaint • **hacer el muerto** faire la planche. ■ **muerto** *pp* → **morir**.

CULTURE

el día de los muertos

Au Mexique, on fête le jour des morts les 1er et 2 novembre, le 1er étant le jour des enfants et le 2 celui des adultes. Selon la tradition, les morts reviennent ce jour-là pour retrouver les êtres qui leur sont chers. On dresse alors à la maison et dans les établissements publics des **altares**, autels décorés de fleurs et garnis de tissus de couleurs, de têtes de morts, où l'on dépose les portraits des défunts mais aussi leurs objets personnels et leurs plats préférés. Toute la nuit, des bougies et lanternes brûlent pour guider le retour des âmes et leur permettre d'entrer en contact avec leur famille. Puis, après avoir célébré leurs morts, les Mexicains célèbrent la vie en faisant la fête. Les enfants dégustent de petites têtes de morts en sucre appelées **calaveras de azúcar**.

muesca *nf* **1.** encoche *f* **2.** entaille *f*.
muesli *nm* muesli *m*.
muestra *v* → **mostrar**. ❑ *nf* **1.** échantillon *m* • **para muestra (basta) un botón** un exemple suffit **2.** *(signe, preuve)* • **dar muestras de a)** faire preuve de *(intelligence, prudence)* **b)** donner des marques de *(tendresse, sympathie)* **c)** donner des signes de *(fatigue)* **3.** modèle *m* • **piso de muestra** appartement *m* témoin **4.** exposition *f*.
muestrario *nm* **1.** échantillonnage *m* **2.** nuancier *m (de couleurs)*.
muestreo *nm* échantillonnage *m (pour une enquête)*.
mugido *nm* mugissement *m*.
mugir [15] *vi* mugir ; *(vache)* meugler.
mugre *nf* crasse *f*.
mugriento, ta *adj* crasseux(euse).
muguete *nm* muguet *m*.
mujer *nf* femme *f* • **mujer de la limpieza** femme de ménage.
mujeriego *nm* coureur *m* de jupons.
mujeril *adj* **1.** féminin(e) **2.** efféminé(e).
mujerzuela *nf péj* grue *f*.
mula → **mulo** .
mulá *nm* RELIG mollah *m*.
muladí (*pl* **muladíes** *ou* **muladís**) *nmf* HIST *en Espagne, chrétien converti à l'Islam*.
mulato, ta *adj & nm,f* mulâtre.
muleta *nf* **1.** béquille *f* ; *fig* soutien *m* **2.** TAUROM muleta *f*.
muletilla *nf* **1.** TAUROM petite muleta *f* **2.** *fig* tic *m* de langage.
mullido, da *adj* moelleux(euse).
mulo, la *nm,f* mulet *m*, mule *f*. ■ **mula** *nf fam & fig* brute *f* ; tête *f* de mule.
multa *nf* amende *f*.
multar *vt* condamner à une amende.
multicentro *nm* galerie *f* marchande *(de magasins indépendants)*.
multicine *nm inv (après un nom)* cinéma *m* ou complexe *m* multisalles.
multicolor *adj* multicolore.
multiconfesional *adj* multiconfessionnel(elle).
multicopista *nf* machine *f* à polycopier.
multicultural *adj* multiculturel(elle).
multidifusión *nf* **1.** RADIO & TV multidiffusion *f* **2.** INFORM multicasting *m*.
multidisciplinar, multidisciplinario, ria *adj* pluridisciplinaire, multidisciplinaire.
multiétnico, ca *adj* multiethnique, pluriethnique.
multiforme *adj* multiforme.
multifuncional *adj (salle, centre, complexe)* multifonctionnel(elle).
multijugador *adj* multi-utilisateur(s) • **juega a un videojuego multijugador de rol en línea** il joue à un jeu de rôles multijoueurs en ligne.
multilateral *adj* multilatéral(e).
multimedia *adj inv* multimédia.
multimillonario, ria *adj & nm,f* multimillionnaire.
multinacional *nf* multinationale *f*.
multiplataforma *adj inv* INFORM multi-plateforme.
múltiple *adj* multiple.
multiplicable *adj* multipliable.
multiplicación *nf* multiplication *f*.
multiplicar [10] *vt & vi* multiplier. ■ **multiplicarse** *vp* **1.** se multiplier **2.** être partout à la fois.
multiplicidad *nf* multiplicité *f*.
múltiplo, pla *adj* • **un número múltiplo** un multiple. ■ **múltiplo** *nm* multiple *m*.

multipropiedad *nf* multipropriété *f.*
multipuesto *adj inv* multiposte.
multirracial *adj* multiracial(e).
multirresistente *adj (virus)* multirésistant(e), ultrarésistant(e).
multirriesgo *adj inv (assurance)* multirisque.
multisala(s) *nm inv* multiplexe *m*, cinéma *m* multisalle (s).
multitarea *adj inv* multitâche(s).
multitud *nf* multitude *f.*
multitudinario, ria *adj* • **una manifestación multitudinaria** une manifestation de masse.
multiuso *adj inv* à usages multiples.
multiusuario *adj* multi-utilisateur(s).
mundanal *adj* de ce monde.
mundano, na *adj* **1.** mondain(e) **2.** de ce monde.
mundial *adj* mondial(e). ❑ *nm* coupe *f* du monde.
mundialización *nf* mondialisation *f.*
mundialmente *adv* mondialement.
mundillo *nm* monde *m* • **el mundillo teatral** le monde du théâtre.
mundo *nm* **1.** monde *m* • **el cuarto mundo** le quart-monde • **el tercer mundo** le tiers-monde • **todo el mundo** tout le monde **2.** expérience *f* • **hombre/mujer de mundo** homme/femme du monde.
munición *nf* munition *f.*
municipal *adj* municipal(e). ❑ *nmf* → **guardia.** ■ **municipales** *nfpl (élections)* municipales *fpl.*
municipio *nm* **1.** commune *f* **2.** *(habitants)* • **el municipio** les administrés *mpl* **3.** municipalité *f.*
muñeco, ca *nm,f* poupée *f.* ■ **muñeco** *nm fig* marionnette *f.* ■ **muñeca** *nf* **1.** poignet *m* **2.** (AMÉR) *fam* piston *m.* ■ **muñeco de nieve** *nm* bonhomme *m* de neige.
muñequera *nf* SPORT poignet *m.*
muñón *nm* moignon *m.*
mural *adj* mural(e). ❑ *nm* peinture *f* murale.
muralismo *nm* ART muralisme *m.*

CULTURE

El Muralismo

Mouvement artistique révolutionnaire et avant-gardiste mexicain. Lié à l'exaltation de la culture indienne, le muralisme fut impulsé par le gouvernement d'Álvaro Obregón, président favorable aux réformes (1920-1924), et surtout par son ministre de l'Éducation, José Vasconcelo. Entre 1921 et les années 1940, on mit ainsi sur pied un vaste programme de peintures recouvrant les murs des villes, des bâtiments, des espaces publics (bibliothèques, universités) et les couloirs des bâtiments officiels, qui décrivaient des scènes de la vie quotidienne, le folklore et l'histoire. Les principaux représentants de ce mouvement sont Diego Rivera (1886-1957), José Clemente Orozco (1883-1949) et David Alfaro Siqueiros (1896-1974).

muralla *nf* **1.** muraille *f* **2.** rempart *m.*
murciélago *nm* chauve-souris *f.*
murga *nf* **1.** *groupe de musiciens ambulants* **2.** (ESP) *fam* ressassement *m* • **dar la murga** embêter, casser les pieds à.
murmullo *nm* murmure *m.*
murmuración *nf* médisance *f.*
murmurador, ra *adj* médisant(e). ❑ *nm,f* mauvaise langue *f.*
murmurar *vt* murmurer. ❑ *vi* **1.** murmurer **2.** *(critiquer)* • **murmurar de ou sobre** dire du mal de **3.** *fig* marmonner.
muro *nm* **1.** mur *m* **2.** INFORM *(d'un réseau social)* mur *m.* ■ **Muro de Berlín** *nm* • **el Muro de Berlín** HIST le mur de Berlin. ■ **Muro de las lamentaciones** *nm* • **el Muro de las lamentaciones** le mur des Lamentations. ■ **muro del sonido** *nm* mur du son.
mus *nm inv jeu de cartes espagnol.*
musa *nf* muse *f.*
musaraña *nf* musaraigne *f* • **mirar a las musarañas** *fig* être dans la lune.
musculación *nf* musculation *f.*
muscular *adj* musculaire.
musculatura *nf* musculature *f.*
músculo *nm* muscle *m.*
musculoso, sa *adj* **1.** ANAT musculeux(euse) **2.** *(fort)* musclé(e).
museo *nm* musée *m.*
museología *nf* muséologie *f.*
musgo *nm* BOT mousse *f.*
música *nf* → **músico.**
musical *adj* musical(e) • **un instrumento musical** un instrument de musique.
music-hall ['mjusik'xol] (*pl* **music-halls**) *nm* music-hall *m.*
músico, ca *adj* musical(e). ❑ *nm,f* musicien *m*, -enne *f.* ■ **música** *nf* musique *f* • **¡vete con la música a otra parte!** *fam* va voir ailleurs si j'y suis !
musicología *nf* musicologie *f.*
musicoterapia *nf* musicothérapie *f.*
musitar *vt* murmurer.
muslo *nm* cuisse *f.*
mustio, tia *adj* **1.** fané(e) **2.** morne.
musulmán, ana *adj & nm,f* musulman(e).
mutación *nf* mutation *f* • **mutación de temperaturas** changement *m* de température.
mutante *adj* mutant(e). ❑ *nm* mutant *m.*
mutar *vt* muter.
mutilación *nf* mutilation *f.*
mutilado, da *adj & nm,f* mutilé(e).
mutilar *vt* mutiler.
mutismo *nm* mutisme *m.*
mutua *nf* → **mutuo.**

mutualidad *nf* mutuelle *f*.
mutualista *adj & nmf* mutualiste.
mutuamente *adv* mutuellement.
mutuo, tua *adj* mutuel(elle). ■ **mutua** *nf* mutuelle *f* • **mutua de seguros** société *f* d'assurance mutuelle.
muxo (abrév de mucho) *(SMS)* bcp *(beaucoup)*.
muy *adv* très • **muy cerca/lejos** très près/loin • **muy de mañana** de très bon matin • **eso es muy de ella** c'est tout elle • **¡el muy tonto!** quel idiot ! • **por muy cansado que esté...** il a beau être fatigué....
muyahidín *nm* moudjahidin *mpl*. ❑ *adj* des moudjahidin.
Myanmar *npr* Myanmar *m*.
mzo., mzo = **mar.**.

N

n, N ['ene] *nf* n *m inv*, N *m inv*. ■ **20 N** *nm 20 novembre 1975, date de la mort du général Franco*.
n/ (abrév de nuestro) n/ • **n/ Ref.: 2578** n/Réf.
nº (abrév de número) nº • **no de tel.** nº de tél.
nabo *nm* navet *m*.
nácar *nm* nacre *f*.
nacer [29] *vi* **1.** naître • **nació en Granada** il est né à Grenade • **ha nacido cantante** c'est un chanteur-né • **ha nacido para trabajar** il est fait pour le travail **2.** *(rivière)* prendre sa source ; *(soleil)* se lever.
nacho *nm* CULIN nacho *m (chips mexicaine au maïs)*.
nacido, da *adj* né(e). ❑ *nm, f* • **los nacidos en enero/en Valencia** les personnes nées en janvier/à Valence • **un recién nacido** un nouveau-né • **ser un mal nacido** *fig* être un odieux personnage.
naciente *adj* **1.** naissant(e) • **el sol naciente** le soleil levant **2.** jeune • **la república naciente** la jeune république.
nacimiento *nm* **1.** naissance *f* ; source *f (d'une rivière)* • **de nacimiento** de naissance **2.** crèche *f (de Noël)*.
nación *nf* nation *f* ; pays *m*. ■ **Naciones Unidas** *nfpl* • **las Naciones Unidas** les Nations *fpl* unies.
nacional *adj* national(e). ❑ *nmf (partisans de Franco)* • **los nacionales** les nationalistes.
nacionalidad *nf* nationalité *f*.
nacionalismo *nm* nationalisme *m*.
nacionalista *adj & nmf* nationaliste.
nacionalización *nf* **1.** ÉCON nationalisation *f* **2.** *(de personne)* naturalisation *f*.
nacionalizar [13] *vt* **1.** ÉCON nationaliser **2.** naturaliser.
nada *pron* rien • **no quiero nada** je ne veux rien • **antes de nada** avant tout • **de nada** *(en réponse à « gracias »)* de rien, je t'en/vous en prie • **un regalito de nada** un petit cadeau de rien du tout • **no dijo nada de nada** il n'a rien dit du tout • **nada más** c'est tout • **no quiero nada más** je ne veux rien d'autre • **como si nada** comme si de rien n'était • **¡de eso nada!** pas question ! ❑ *adv* **1.** du tout • **no me gusta nada** ça ne me plaît pas du tout **2.** peu • **no hace nada que salió** il est sorti à l'instant même. ❑ *nf* • **la nada** le néant. ■ **nada más** *loc adv* à peine • **nada más irte llamó tu padre** tu étais à peine parti que ton père a appelé.
nadador, ra *adj & nm, f* nageur(euse).
nadar *vi* nager • **nadar en deudas** être criblé(e) de dettes • **nadar en dinero** rouler sur l'or • **nadar en la opulencia** nager dans l'opulence.
nadería *nf* rien *m* • **se enfada por naderías** un rien l'irrite.
nadie *pron* personne • **nadie más** plus personne • **nadie me lo ha dicho** personne ne me l'a dit • **no ha llamado nadie** personne n'a téléphoné. ❑ *nm* • **ser un nadie** être un minable.
nado ■ **a nado** *loc adv* à la nage.
nafta *nf* naphte *m*.
naftalina *nf* naphtaline *f*.
nahua, náhuatl *adj* nahua. ❑ *nmf (personne)* Nahua *m*. ❑ *nm (langue)* nahuatl *m*.
naïf [na'if] *adj inv* ART naïf(ïve).
nailon, nilón, nylon® ['nailon] *nm* Nylon® *m*.
naipe *nm* carte *f* (à jouer). ■ **naipes** *nmpl* cartes *fpl* (à jouer).
nalga *nf* fesse *f*.
nana *nf* **1.** berceuse *f* **2.** *fam* mamie *f*.
nanay *interj fam* • **¡nanay!** des clous !
nanobiología *nf* nanobiologie *f*.
nanociencia *nf* nanoscience *f*.
nanómetro *nm* nanomètre *m*.
nanopartícula *nf* PHYS nanoparticule *f*.
nanosegundo *nm* nanoseconde *f*.
nanotecnología *nf* nanotechnologie *f*.
nao *nf* nef *f (navire)*.
napa *nf* cuir *m* souple.
napia *nf (gén pl) fam* pif *m*, tarin *m*.
naranja *adj inv* orange. ❑ *nm (couleur)* orange *m*. ❑ *nf (fruit)* orange *f*. ■ **media naranja** *nf fam & fig (épouse)* moitié *f*.
naranjada *nf* orangeade *f*.
naranjo *nm* oranger *m*.
narcisismo *nm* narcissisme *m*.
narciso *nm* BOT narcisse *m* • **es un narciso** il est narcissique.
narco *nmf* • **una red de narcos** un réseau de narcos.
narcosala *nf* **(ESP)** *salle de shoot*.

narcótico, ca *adj* narcotique. ■ **narcótico** *nm* narcotique *m*.
narcotismo *nm* narcotisme *m*.
narcotizar [13] *vt* administrer des narcotiques à.
narcotraficante *nmf* trafiquant *m*, -e *f* de drogue, narcotrafiquant *m*, -e *f*.
narcotráfico *nm* trafic *m* de stupéfiants.
nardo *nm* nard *m*.
narguile *nm* narguilé *m*, chicha *f*.
narigudo, da *adj* • **¡es tan narigudo!** il a un si grand nez !
nariz *nf* nez *m* • **estar hasta las narices** *fig* en avoir par-dessus la tête • **lo harás por narices** *fam* tu vas le faire, il n'y a pas à tortiller • **meter las narices en algo** *fig* fourrer son nez dans qqch.
narizotas *nmf inv fam* • **es un narizotas** il a un gros pif.
narración *nf* narration *f* ; récit *m*.
narrador, ra *nm,f* narrateur *m*, -trice *f*.
narrar *vt* raconter.
narrativo, va *adj* narratif(ive). ■ **narrativa** *nf (genre littéraire)* roman *m*.
NASA (abrév de National Aeronautics and Space Administration) *nf* NASA *f*.
nasal *adj* **1.** *(gén)* GRAMM nasal(e) **2.** nasillard(e).
nasalizar [13] *vt* nasaliser.
nata *nf* crème *f* • **nata batida ou montada** crème fouettée • **la (flor y) nata de...** *fig* la fine fleur de....
natación *nf* natation *f*.
natal *adj* natal(e).
natalicio *nm* **1.** jour *m* de naissance **2.** anniversaire *m*.
natalidad *nf* natalité *f*.
natillas *nfpl* crème *f* renversée.
natividad *nf* nativité *f*. ■ **Natividad** *nf* • **la Natividad** la Nativité.
nativo, va *adj* **1.** natif(ive) • **ser nativo de** être originaire de • **un profesor de inglés nativo** un professeur d'anglais de langue maternelle anglaise **2.** *(pays, ville, village)* natal(e). ❑ *nm,f* natif *m*, -ive *f*.
nato, ta *adj* **1.** *(de naissance)* né(e) • **es un músico nato** c'est un musicien-né **2.** *(charge, titre)* de plein droit.
natural *adj* **1.** naturel(elle) ; *(lumière)* du jour • **esa reacción es natural en él** cette réaction est naturelle chez lui **2.** *(originaire)* • **ser natural de** être originaire de. ❑ *nmf* natif *m*, -ive *f*. ❑ *nm* naturel *m* • **al natural** au naturel.
naturaleza *nf* nature *f* • **por naturaleza** par nature.
naturalidad *nf* naturel *m* • **con toda naturalidad** tout naturellement.
naturalista *adj & nmf* naturaliste.
naturalización *nf* naturalisation *f*.
naturalizado, da *adj* naturalisé(e).
naturalizar [13] *vt* naturaliser. ■ **naturalizarse** *vp* se faire naturaliser.
naturalmente *adv* naturellement.
naturismo *nm* naturisme *m*.
naturista *nmf* naturiste *mf*.
naturópata *nmf* naturopathe *mf*.
naufragar [16] *vi* **1.** *(bateau, personne)* faire naufrage **2.** *(commerce)* couler ; *(affaire, projet)* échouer.
naufragio *nm litt & fig* naufrage *m*.
náufrago, ga *adj & nm,f* naufragé(e).
náusea *nf (gén pl)* nausée *f* • **tener náuseas** avoir la nausée • **me da náuseas** ça me donne la nausée.
nauseabundo, da *adj (odeur)* nauséabond(e) ; *(comportement, attitude)* écœurant(e).
náutico, ca *adj* nautique. ■ **náutica** *nf* navigation *f*.
navajazo *nm* coup *m* de couteau.
navajero, ra *nm,f agresseur armé d'un couteau*.
navajo, ja *adj* navajo. ❑ *nm,f* Navajo *mf*. ■ **navaja** *nf* **1.** couteau *m* (à lame pliante) ; *(petit)* canif *m* • **navaja de afeitar** rasoir *m* à main **2.** ZOOL couteau *m*. ■ **navajo** *nm (langue)* navajo *m*.
naval *adj* naval(e).
Navarra *npr* Navarre *f*.
navarro, rra *adj* navarrais(e). ❑ *nm,f* Navarrais *m*, -e *f*.
nave *nf* **1.** navire *m* **2.** vaisseau *m* • **nave espacial** vaisseau spatial **3.** nef *f* **4.** hangar *m*.
navegable *adj* navigable.
navegación *nf* navigation *f*.
navegador, ra *nm,f* internaute *mf*.
navegante *adj* navigant(e) • **un pueblo navegante** un peuple de navigateurs. ❑ *nmf* navigateur *m*, -trice *f*.
navegar [16] *vi* naviguer.
Navidad *nf* Noël *m* • **¡Feliz Navidad!** joyeux Noël ! • **las Navidades** les fêtes de Noël.
navideño, ña *adj* de Noël.
naviero, ra *adj (compagnie, entreprise)* de navigation. ■ **naviero** *nm* armateur *m*. ■ **naviera** *nf* compagnie *f* maritime.
navío *nm* vaisseau *m*.
nazi *adj & nmf* nazi(e).
nazismo *nm* nazisme *m*.
N. del A. (abrév de nota del autor) NDA, N.D.A.
N. del E. (abrév de nota del editor) NDE, N.D.E.
N. del T. (abrév de nota del traductor) NDT, N.D.T.
neblina *nf* brume *f*.
nebulosa *nf* → **nebuloso**.
nebulosidad *nf* ASTRON nébulosité *f*.
nebuloso, sa *adj* nébuleux(euse). ■ **nebulosa** *nf* nébuleuse *f*.
necedad *nf* sottise *f*.
necesario, ria *adj* nécessaire • **no es necesario que venga** il n'est pas nécessaire qu'il vienne

• **es necesario hacerlo** il faut le faire • **es necesario que le ayudes** il faut que tu l'aides.
neceser *nm* nécessaire *m* (de toilette).
necesidad *nf* **1.** besoin *m* • **en caso de necesidad** en cas de besoin • **sentir la necesidad de** éprouver le besoin de **2.** nécessité *f* • **por necesidad** par nécessité. ■ **necesidades** *nfpl* **1.** *(besoins physiologiques)* • **hacer sus necesidades** faire ses besoins **2.** *(manque d'argent)* • **pasar necesidades** être dans le besoin.
necesitado, da *adj & nm,f* nécessiteux(euse).
necesitar *vt* avoir besoin de • **necesito ayuda/verte** j'ai besoin d'aide/de te voir • **necesito que me digas...** j'ai besoin que tu me dises... • **'se necesita empleada'** 'on demande une employée'.
necio, cia *adj & nm,f* idiot(e).
nécora *nf* étrille *f (crabe)*.
necrología *nf* nécrologie *f*.
necrológico, ca *adj* nécrologique. ■ **necrológica** *nf* nécrologie *f*. ■ **necrológicas** *nfpl* PRESSE rubrique *f* nécrologique.
necrópolis *nf inv* nécropole *f*.
necrosis *nf inv* nécrose *f*.
néctar *nm* nectar *m*.
nectarina *nf* nectarine *f*.
neerlandés, esa *adj* néerlandais(e). ❑ *nm,f* Néerlandais *m*, -e *f*. ■ **neerlandés** *nm* néerlandais *m*.
nefasto, ta *adj* néfaste.
nefrítico, ca *adj* néphrétique.
negación *nf* **1.** *(gén)* GRAMM négation *f* **2.** refus *m*.
negacionismo *nm* négationnisme *m*.
negacionista *nmf* négationniste *mf*.
negado, da *adj* • **soy negado para el latín** je suis nul en latin. ❑ *nm,f* incapable *mf*.
negar [35] *vt* **1.** nier **2.** refuser • **negar el saludo/la palabra a alguien** refuser de saluer qqn/de parler à qqn. ■ **negarse** *vp* refuser • **no me pude negar** je n'ai pas pu refuser • **negarse a hacer algo** refuser de ou se refuser à faire qqch.
negativo, va *adj* négatif(ive). ■ **negativo** *nm* PHOTO négatif *m*. ■ **negativa** *nf* refus *m* • **contestar con la negativa** répondre par la négative.
negligencia *nf* négligence *f*.
negligente *adj* négligent(e).
negociable *adj* négociable.
negociación *nf* négociation *f*.
negociador, ra *nm,f* négociateur *m*, -trice *f*.
negociante *adj* commerçant(e). ❑ *nmf* **1.** commerçant *m*, -e *f* **2.** *fig (intéressé)* • **ser un negociante** être âpre au gain.
negociar [8] *vi* faire du commerce • **negociar (con)** négocier (avec). ❑ *vt* négocier.
negocio *nm* **1.** affaire *f* • **hacer negocio** gagner de l'argent • **negocio sucio** affaire louche **2.** *(établissement)* commerce *m*.
negra *nf* → **negro**.
negrero, ra *adj* **1.** négrier(ère) **2.** *fig* tyrannique. ❑ *nm,f litt & fig* négrier *m*.
negrita, negrilla *nf* → **letra**.
negro, gra *adj* **1.** *(gén, ciné)* LITTÉR noir(e) ; *(tabac, bière)* brun(e) • **el mercado negro** le marché noir **2.** *(futur, avenir)* sombre **3.** *fam* furax **4.** *fig* • **me pone negro** ça me tape sur les nerfs • **pasarlas negras** *fam* en baver. ❑ *nm,f* Noir *m*, -e *f*. ■ **negro** *nm* **1.** *(couleur)* noir *m* **2.** *fig (travailleur anonyme)* larbin *m* ; nègre *m (d'un écrivain)*. ■ **negra** *nf* MUS noire *f* • **tener la negra** *fam & fig* avoir la poisse.
negrura *nf* noirceur *f*.
negruzco, ca *adj* noirâtre.
nem [nem] *nm* CULIN nem *m*.
nemotécnico, ca = **mnemotécnico**.
nene, na *nm,f fam* bébé *m*.
nenúfar *nm* nénuphar *m*.
neocapitalismo *nm* néocapitalisme *m*.
neocelandés, esa = **neozelandés**.
neoclasicismo *nm* néoclassicisme *m*.
neoclásico, ca *adj & nm,f* néoclassique.
neocolonialismo *nm* néocolonialisme *m*.
neoconservador, a *nm,f* néoconservateur *m*, -trice *f*.
neoconservadurismo *nm* néoconservatisme *m*.
neofascismo *nm* néofascisme *m*.
neofascista *adj & nmf* néofasciste.
neófito, ta *nm,f* néophyte *mf*.
neoliberal *adj & nmf* néolibéral(e).
neoliberalismo *nm* néolibéralisme *m*.
neolítico, ca *adj* néolithique. ■ **neolítico** *nm* néolithique *m*.
neologismo *nm* néologisme *m*.
neón *nm* néon *m*.
neonato, ta *adj sout* nouveau-né(e).
neonazi *adj & nmf* néonazi(e).
neopreno® *nm* Néoprène® *m*.
neorrealismo *nm* CINÉ néoréalisme *m*.
neoyorquino, na *adj* new-yorkais(e). ❑ *nm,f* New-Yorkais *m*, -e *f*.
neozelandés, esa, neocelandés, esa *adj* néo-zélandais(e). ❑ *nm,f* Néo-Zélandais *m*, -e *f*.
Nepal *npr* • **el Nepal** le Népal.
nepotismo *nm* népotisme *m*.
nerd [nerd] *nmf péj* nerd *m*.
nervio *nm* **1.** *(gén)* ANAT nerf *m* • **hacer algo con nervio** faire qqch avec énergie • **tener nervio** avoir du nerf **2.** BOT & ARCHIT nervure *f*. ■ **nervios** *nmpl (nervosité)* nerfs *mpl* • **tener nervios** être nerveux(euse) • **tener un ataque de nervios** avoir une crise de nerfs • **poner los nervios de punta** taper sur les nerfs • **tener los nervios de punta** avoir les nerfs à vif.
nerviosismo *nm* nervosité *f*.
nervioso, sa *adj* **1.** *(gén)* ANAT nerveux(euse) **2.** énervé(e) • **ponerse nervioso** s'énerver.

nervudo, da *adj (cou, mains)* nerveux(euse).
netamente *adv* nettement.
netiqueta *nf* INFORM nétiquette *f.*
neto, ta *adj* net, nette *f.*
neumático, ca *adj* pneumatique ; *(chambre)* à air. ■ **neumático** *nm* pneu *m.*
neumonía *nf* pneumonie *f.*
neura *nm fam (manie)* obsession *f* ; *(dépression)* déprime *f.*
neurálgico, ca *adj* névralgique.
neurastenia *nf* neurasthénie *f.*
neurasténico, ca *adj* neurasthénique.
neurocirugía *nf* neurochirurgie *f.*
neurología *nf* neurologie *f.*
neurológico, ca *adj* neurologique.
neurólogo, ga *nm,f* neurologue *mf.*
neurona *nf* neurone *m.*
neuronal *adj* neuronal(e).
neuropatía *nf* neuropathie *f.*
neuropsicología *nf* neuropsychologie *f.*
neurosis *nf inv* névrose *f.*
neurótico, ca *adj (troubles, comportement)* névrotique ; *(personne)* névrosé(e). ❑ *nm,f* névrosé *m*, -e *f.*
neurotransmisión *nf* neurotransmission *f.*
neutral *adj* neutre. ❑ *nm,f* • **los neutrales** les pays neutres.
neutralidad *nf* neutralité *f.*
neutralizable *adj* • **son efectos neutralizables** ce sont des effets auxquels on peut remédier.
neutralizar [13] *vt* neutraliser.
neutro, tra *adj* neutre.
neutrón *nm* neutron *m.*
nevado, da *adj* enneigé(e). ■ **nevada** *nf* chute *f* de neige.
nevar [19] *v impers* neiger.
nevera *nf* **1.** réfrigérateur *m* **2.** glacière *f.*
nevisca *nf* légère chute *f* de neige.
neviscar [10] *v impers* neiger légèrement.
nexo *nm (rapport)* lien *m.*
ni *conj* ni • **ni... ni...** ni... ni... • **ni de día ni de noche** ni le jour ni la nuit • **no canto ni bailo** je ne chante pas et ne danse pas non plus • **ni uno ni otro** ni l'un ni l'autre • **ni un/una...** même pas un/une... • **no comió ni una manzana** il n'a même pas mangé une pomme • **no dijo ni una palabra** il n'a pas dit un traître mot • **ni que...** comme si... • **¡ni que lo conocieras!** comme si tu le connaissais ! • **¡ni pensarlo!, ¡ni hablar!** pas question ! ❑ *adv* même pas • **ni tiene tiempo para comer** il n'a même pas le temps de manger • **no quiero ni pensarlo** je ne veux même pas y penser.
Nicaragua *npr* Nicaragua *m.*
nicaragüense *adj* nicaraguayen(enne). ❑ *nmf* Nicaraguayen *m*, -enne *f.*
nicho *nm* niche *f (dans un mur).*
nicky = **niqui**.
nicotina *nf* nicotine *f.*
nidificar [10] *vi* nidifier.
nido *nm* nid *m.*
niebla *nf litt & fig* brouillard *m.*
nieto, ta *nm,f* petit-fils *m*, petite-fille *f.* ■ **nietos** *nmpl* petits-enfants *mpl.*
nieve *nf* neige *f.* ■ **nieves** *nfpl* chutes *fpl* de neige.
NIF (abrév de **número de identificación fiscal**) *nm numéro d'identification attribué à toute personne physique en Espagne.*
night-club ['naitklub] (*pl* **night-clubs**) *nm* night-club *m.*
nihilista *adj & nmf* PHILO nihiliste.
Nilo *npr* • **el Nilo** le Nil.
nilón = **nailon**.
Nimes *npr* Nîmes • **de Nimes** nîmois(e).
nimiedad *nf* **1.** insignifiance *f* **2.** vétille *f.*
nimio, mia *adj* insignifiant(e).
ninfa *nf* nymphe *f.*
ninfómana *adj & nf* nymphomane.
ninfomanía *nf* nymphomanie *f.*
ningufonar *vt* faire du phubbing.
ningunear *vt* négliger.
ninguneo *nm* mise *f* à l'écart.
ninguno, na *adj (devant un nom masculin :* ***ningún****)* **1.** aucun(e) • **en ningún lugar** nulle part • **ningún libro** aucun livre • **ninguna mujer** aucune femme • **no tiene ningunas ganas de estudiar** il n'a aucune envie de travailler • **no tiene ninguna gracia** ce n'est pas drôle du tout **2.** *(valeur emphatique)* • **no es ningún especialista** ce n'est vraiment pas un spécialiste. ❑ *pron* • **ninguno (de)** aucun (de) • **ninguno funciona** aucun ne marche • **no vino ninguno** personne n'est venu • **ninguno de ellos lo vio** aucun d'eux ne l'a vu • **ninguna de las calles** aucune des rues.
niña *nf* → **niño**.
niñato, ta *nm,f fam & péj* morveux *m*, -euse *f.*
niñería *nf* enfantillage *m.*
niñero, ra *adj* • **es muy niñero** il aime beaucoup les enfants. ■ **niñera** *nf* nourrice *f.*
niñez *nf* **1.** enfance *f* **2.** *fig* enfantillage *m.*
niño, ña *adj (enfant)* petit(e) • **ser muy niño** être très jeune. ❑ *nm,f* **1.** enfant *mf*, petit garçon *m*, petite fille *f* ; bébé *m* • **de niño** quand j'étais petit • **los niños** les enfants • **niño bien** enfant de bonne famille • **niño bonito** *fig* chouchou *m* • **niño prodigio** enfant prodige • **estar como un niño con zapatos nuevos** être heureux comme un roi • **si no escribes a máquina, ¿qué ordenador ni qué niño muerto te voy a regalar?** tu ne sais même pas taper à la machine, comment veux-tu que je t'offre un ordinateur ? **2.** *(jeune)* gamin *m*, -e *f.* ■ **niña** *nf* pupille *f* • **la niña de sus ojos** *fig* la prunelle de ses yeux.
nipón, ona *adj* nippon(onne). ❑ *nm,f* Nippon *m*, -onne *f.*
níquel *nm* nickel *m.*

niquelar *vt* nickeler.
niqui, nicky *nm* tee-shirt *m*.
níspero *nm* **1.** nèfle *f* **2.** néflier *m*.
nitidez *nf* netteté *f*.
nítido, da *adj* net, nette *f*; *(eau, explication)* clair(e).
nitrato *nm* nitrate *m*.
nitrógeno *nm* azote *m*.
nivel *nm* niveau *m* • **a nivel europeo** au niveau européen • **al nivel de** à la hauteur de • **al nivel del mar** au niveau de la mer • **nivel de vida** niveau de vie.
nivelación *nf* nivellement *m*.
nivelar *vt* niveler ; *(balance)* équilibrer.
Niza *npr* Nice.
no *nm* (*pl* **noes**) non *m* • **un no rotundo** un non catégorique. ❑ *adv* **1.** non • **¿te gusta? no** ça te plaît? non • **estás de acuerdo ¿no?** tu es d'accord, non? **2.** *(à la forme négative)* ne… pas • **no tengo hambre** je n'ai pas faim • **¿no vienes?** tu ne viens pas? • **creo que no** je ne crois pas • **no quiero nada** je ne veux rien • **no hemos visto a nadie** nous n'avons vu personne • **no fumadores** non-fumeurs • **¿por qué no?** pourquoi pas? • **todavía no** pas encore • **¡a que no te atreves!** je parie que tu ne le fais pas! • **¡cómo no!** bien sûr! • **no sólo… sino que** non seulement… mais… • **no sólo se equivoca, sino que encima es testarudo** non seulement il a tort mais en plus il s'entête • **¡pues no!, ¡que no! , ¡eso sí que no!** certainement pas!
nobel *nmf* le lauréat du prix Nobel, la lauréate du prix Nobel.
nobiliario, ria *adj* nobiliaire.
noble *adj & nmf* noble.
nobleza *nf* noblesse *f*.
noche *nf* nuit *f*; soir *m* • **esta noche ceno en casa** ce soir je dîne à la maison • **de noche a)** la nuit **b)** *(travail)* de nuit • **es de noche** il fait nuit • **hacer noche en** passer la nuit à • **por la noche** la nuit • **ayer por la noche** hier soir • **se ha hecho de noche** la nuit est tombée • **de la noche a la mañana** du jour au lendemain. ■ **buenas noches** *interj* • **¡buenas noches! a)** *(pour prendre congé)* bonne nuit ! **b)** *(en arrivant, pour saluer)* bonsoir !
Nochebuena *nf* nuit *f* de Noël.
nochero *nm* **(AMÉR) 1.** veilleur *m* de nuit **2.** table *f* de nuit.
Nochevieja *nf* nuit *f* de la Saint-Sylvestre.
noción *nf* notion *f*. ■ **nociones** *nfpl* • **tener nociones de…** avoir des notions de….
nocivo, va *adj* nocif(ive).
noctámbulo, la *adj & nm,f* noctambule.
nocturno, na *adj* nocturne ; *(cours)* du soir ; *(train, travail, etc)* de nuit.
nodriza *nf* nourrice *f*; → **avión**.
nódulo *nm* nodule *m*.
nogal *nm* noyer *m*.
nómada *adj & nmf* nomade.
nomadismo *nm* nomadisme *m*.
nombramiento *nm* nomination *f*.
nombrar *vt* nommer.
nombre *nm* **1.** nom *m* • **en nombre de** au nom de • **nombre artístico a)** *(d'un artiste)* nom de scène **b)** *(d'un écrivain)* nom de plume • **nombre completo, nombre y apellido** noms et prénoms • **nombre de soltera** nom de jeune fille **2.** *(devant le nom)* • **nombre (de pila)** prénom *m* **3.** *fig* renom *m*.

FAUX AMIS

nombre

Nombre est un faux-ami, il signifie **prénom.**

nomenclatura *nf* nomenclature *f*.
nomeolvides *nm inv* **1.** BOT myosotis *m* **2.** *(bracelet)* gourmette *f*.
nómina *nf* **1.** liste *f* du personnel • **estar en nómina** faire partie du personnel **2.** feuille *f* de paie **3.** paie *f*.
nominación *nf* nomination *f*.
nominado, da *adj* nominé(e) • **un cheque nominado a** un chèque à l'ordre de.
nominal *adj* nominal(e).
nominar *vt* nommer.
nominativo, va *adj* nominatif(ive). ■ **nominativo** *nm* GRAMM nominatif *m*.
nomo = **gnomo**.
non *adj* impair(e). ❑ *nm* nombre *m* impair. ■ **nones** *nmpl* • **decir que nones** dire que non.
nonagenario, ria *adj & nm,f* nonagénaire.
nonagésimo, ma *adj num* quatre-vingt-dixième.
nono, na *adj* **1.** *sout* neuvième **2. (AMÉR)** *fam* papi *m*, mamie *f*.
noquear *vt* **1.** SPORT mettre KO **2. (AMÉR)** battre à plate(s) couture(s).
nordeste, noreste *adj & nm* nord-est.
nórdico, ca *adj* **1.** nord **2.** *(scandinave)* nordique. ❑ *nm,f* Nordique *mf*.
noreste = **nordeste**.
noria *nf* **1.** noria *f* **2.** grande roue *f*.
norma *nf* **1.** règle *f* • **norma de conducta** ligne *f* de conduite **2.** norme *f* *(industrielle)*.
normal *adj* normal(e) ; *(essence)* ordinaire.
normalidad *nf* normalité *f* • **volver a la normalidad** revenir à la normale.
normalizar [13] *vt* normaliser. ■ **normalizarse** *vp* redevenir normal(e).
normalmente *adv* normalement.
Normandía *npr* Normandie *f*.
normando, da *adj* normand(e). ❑ *nm,f* Nomand *m*, -e *f*. ■ **normando** *nm* normand *m*.
normar *vi* **(AMÉR) 1.** gouverner, diriger **2.** régler.
normativo, va *adj* normatif(ive). ■ **normativa** *nf* réglementation *f*.
noroeste *adj & nm* nord-ouest.

norte *nm* nord *m inv* • **el norte de Europa** le nord de l'Europe. ❑ *adj (zone, frontière)* nord *(inv)*. ■ **Norte** *nm* • **el Norte** le Nord.
Norteamérica *npr* Amérique *f* (du Nord).
norteamericano, na *adj* nord-américain(e), américain(e). ❑ *nm,f* Américain *m*, -e *f*.
Noruega *npr* Norvège *f*.
noruego, ga *adj* norvégien(enne). ❑ *nm,f* Norvégien *m*, -enne *f*. ■ **noruego** *nm* norvégien *m*.
nos *pron pers* nous • **viene a vernos** il vient nous voir • **nos lo dio** il nous l'a donné • **vistámonos** habillons-nous • **nos queremos** nous nous aimons.
nosocomio *nm* (AMÉR) hôpital *m*.
nosotros, tras *pron pers* nous • **nosotros mismos** nous-mêmes • **entre nosotros** entre nous.
nostalgia *nf* nostalgie *f*.
nostálgico, ca *adj & nm,f* nostalgique.
nota *nf (gén)* MUS note *f* • **sacar buenas notas** avoir de bonnes notes • **tomar nota de algo** prendre note de qqch • **dar la nota** se faire remarquer • **nota a pie de página** note de bas de page • **nota de corte** moyenne *f* requise *(pour entrer à l'université)* • **nota de gastos** note de frais. ■ **notas de sociedad** *nm* carnet *m* mondain.

CULTURE

las notas

En Espagne, les devoirs et les examens sont notés sur 10. Pour avoir la moyenne, il faut donc obtenir un 5 ou **suficiente** ou **aprobado**. Un 6 donne lieu à une appréciation **bien**, qui correspond à « mention assez bien » ; une note allant de 7 à 8 **notable** ou « mention bien » ; et **sobresaliente** ou « très bien » est attribué pour des notes allant de 9 à 10 ; par contre **insuficiente** ou « insuffisant » est attribué pour des notes comprises entre 0 et 5.

notable *adj* remarquable ; *(considérable)* notable. ❑ *nm* **1.** SCOL mention *f* bien **2.** *(gén pl) (personne)* notable *m*.
notación *nf* MATH & MUS notation *f*.
notar *vt* **1.** remarquer **2.** sentir, trouver • **la noto molesta** je la sens gênée • **notar calor/frío** trouver qu'il fait chaud/froid. ■ **notarse** *vp* se voir.
notaría *nf* **1.** notariat *m* **2.** étude *f* (de notaire).
notarial *adj* notarial(e) • **un acta notarial** un acte notarié.
notario, ria *nm,f* notaire *m*.
noticia *nf* nouvelle *f*. ■ **noticias** *nfpl* • **las noticias** les informations • **noticias falsas** fake news.
noticiario, noticiero (AMÉR) *nm* **1.** *(à la radio)* bulletin *m* d'informations, informations *fpl* **2.** *(au cinéma)* actualités *fpl* (cinématographiques).
notición *nm fam* scoop *m*.
notificación *nf* notification *f*.
notificar [10] *vt* notifier.
notoriedad *nf* notoriété *f*.
notorio, ria *adj* notoire.
nov., nov, novbre., novbre (abrév de **noviembre**) nov. • **17 nov. 1994** 17 nov. 1994.
novatada *nf* **1.** bizutage *m* **2.** erreur *f* de débutant • **pagar la novatada** faire les frais de son inexpérience.
novato, ta *adj & nm,f* débutant(e).
novecientos, tas *adj num* neuf cents. Voir aussi **seiscientos**.
novedad *nf* nouveauté *f* ; nouveau *m* • **sin novedad** rien de nouveau. ■ **novedades** *nfpl* COMM nouveautés *fpl*.
novedoso, sa *adj* nouveau, nouvelle *f*.
novel *adj* débutant(e).
novela *nf* roman *m* • **novela policíaca** roman policier.
novelar *vt* romancer.
novelero, ra *adj* passionné(e) de romans.
novelesco, ca *adj* romanesque.
novelista *nmf* romancier *m*, -ère *f*.
novelístico, ca *adj* du roman.
novelón *nm fam & péj* roman-fleuve *m*.
noveno, na *adj num* neuvième. Voir aussi **sexto**.
noventa *adj num inv & nm inv* quatre-vingt-dix. Voir aussi **sesenta**.
noviazgo *nm* fiançailles *fpl*.
novicio, cia *adj* **1.** RELIG • **los monjes novicios** les novices **2.** *fig* novice. ❑ *nm,f* novice *mf*.
noviembre *nm* novembre *m*. Voir aussi **septiembre**.
novillada *nf course de jeunes taureaux*.
novillero, ra *nm,f* TAUROM *matador qui combat de jeunes taureaux et n'a pas encore reçu l'alternative*.
novillo, lla *nm,f* jeune taureau *m*, génisse *f*. ■ **novillos** *nmpl fam* fête *f* • **hacer novillos** (ESP) *fam & fig* faire l'école buissonnière.
novio, via *nm,f* **1.** (petit) copain *m*, (petite) copine *f* ; fiancé *m*, -e *f* **2.** jeune marié *m*, jeune mariée *f* • **los novios** les mariés.
novísimo, ma *adj* tout neuf, toute neuve *f*.
NS/NC (abrév de **no sabe, no contesta**) *(dans une enquête)* sans opinion.
ntra. abrév de **nuestra**.
ntro. abrév de **nuestro**.
nubarrón *nm* gros nuage *m*.
nube *nf* **1.** nuage *m* **2.** *fig* nuée *f* **3.** *fig* • **estar en las nubes** être dans les nuages • **poner algo/a alguien por las nubes** porter qqch/qqn aux nues • **vivir en las nubes** ne pas avoir les pieds sur terre.
nublado, da *adj* **1.** nuageux(euse) **2.** *fig (regard)* brouillé(e).

nublar *vt* **1.** *(ciel)* assombrir **2.** *fig (esprit)* obscurcir. ■ **nublarse** *vp* **1.** *(temps)* se couvrir **2.** *(yeux)* se voiler **3.** *fig (personne)* • **se le nubló la razón** il a perdu son sang-froid.
nubosidad *nf* nébulosité *f.*
nuca *nf* nuque *f.*
nuclear *adj* nucléaire.
nuclearizar [13] *vt* nucléariser.
núcleo *nm* noyau *m.*
nudillo *nm* jointure *f (des doigts).*
nudismo *nm* nudisme *m.*
nudista *adj & nmf* nudiste.
nudo *nm* **1.** nœud *m* • **hacérsele a alguien un nudo en la garganta** avoir la gorge nouée **2.** *fig* lien *m (d'amitié).*
nudoso, sa *adj* noueux(euse).
nuera *nf* belle-fille *f.*
nuestro, tra *adj poss* notre • **nuestro padre** notre père • **nuestros libros** nos livres • **este libro es nuestro** ce livre est à nous • **un amigo nuestro** un de nos amis • **no es asunto nuestro** ça ne nous regarde pas • **no es culpa nuestra** ce n'est pas (de) notre faute. ❑ *pron poss* • **el nuestro** le nôtre • **la nuestra** la nôtre • **ésta es la nuestra** *fam* à nous de jouer • **lo nuestro es el teatro** *fam* notre truc c'est le théâtre • **los nuestros** *(notre famille)* les nôtres.
nueva *nf* → **nuevo**.
Nueva Caledonia *npr* Nouvelle-Calédonie *f.*
nuevamente *adv* à ou de nouveau.
Nueva Orleans *npr* Nouvelle-Orléans *f.*
Nueva York *npr* New York.
Nueva Zelanda *npr* Nouvelle-Zélande *f.*
nueve *adj num inv & nm inv* neuf. Voir aussi **seis**.
nuevo, va *adj* **1.** nouveau(elle) • **el año nuevo** le nouvel an **2.** neuf, neuve *f.* ❑ *nm, f* nouveau *m*, -elle *f.* ■ **buena nueva** *nf* bonne nouvelle *f.* ■ **de nuevo** *loc adv* de ou à nouveau.
nuez *nf* **1.** noix *f* **2.** pomme *f* d'Adam. ■ **nuez moscada** *nf* noix *f* (de) muscade.
nulidad *nf* nullité *f.*
nulo, la *adj* nul, nulle *f* • **es nulo para la música** il est nul en musique.
núm. (abrév de **número**) n°.
numeración *nf* **1.** numérotation *f* **2.** chiffres *mpl*, numération *f.*
numeral *adj* numéral(e).
numerar *vt* **1.** numéroter • **localidades sin numerar** places non numérotées **2.** compter. ■ **numerarse** *vp (personnes)* se compter.
numerario, ria *adj* titulaire.
numérico, ca *adj* numérique.
número *nm* **1.** *(quantité, math)* GRAMM nombre *m* • **un gran número de...** un grand nombre de... **2.** *(dans une série, un spectacle)* PRESSE numéro *m* • **número de matrícula** numéro d'immatriculation • **número de teléfono** numéro de téléphone **3.** chiffre *m* • **número redondo** chiffre rond **4.** taille *f (d'un vêtement)* ; pointure *f (de chaussures)* **5.** billet *m (de loterie)* **6.** MIL membre *m (de la garde civile, etc)* **7.** *fig* • **en números rojos** à découvert • **hacer números** faire les comptes • **montar el número** faire son numéro.
numerología *nf* numérologie *f.*
numeroso, sa *adj* nombreux(euse).
numismático, ca *adj* numismatique. ❑ *nm, f* numismate *mf.* ■ **numismática** *nf* numismatique *f.*
nunca *adv* jamais • **nunca me hablas** tu ne me parles jamais • **no llama nunca** il n'appelle jamais • **nunca jamás ou más** jamais plus.
nuncio *nm* nonce *m.*
nupcial *adj* nuptial(e).
nupcias *nfpl* noces *fpl.*
nurse ['nurs] *nf* nurse *f.*
nutria *nf* loutre *f.*
nutrición *nf* nutrition *f.*
nutricionista *nmf* nutritionniste *mf.*
nutrido, da *adj* **1.** nourri(e) **2.** *fig* nombreux(euse) • **nutrido de** truffé de.
nutriente *nm* nutriment *m.*
nutrir *vt* • **nutrir (de ou con)** nourrir (de) • **nutrir (de)** *fig* alimenter (en) *(eau, etc).* ■ **nutrirse** *vp* • **nutrirse de ou con** se nourrir de • **nutrirse de ou con** *fig* se fournir en.
nutriterapia *nf* nutrithérapie *f.*
nutritivo, va *adj* nutritif(ive).
nylon® = **nailon**.

Ñ

ñ, Ñ [eɲe] *nf* ñ *m inv*, Ñ *m inv (lettre de l'alphabet espagnol).*
n/ (abrév de **nuestro**) n/ • **n/Ref.: 2578** n/Réf.
ñame *nm* **(AMÉR)** igname *f.*
ñam ñam *interj fam* miam-miam.
ñoñería, ñoñez *nf* niaiserie *f.*
ñoño, ña *adj* **1.** *(personne)* timoré(e) **2.** *(fade -style)* mièvre ; *(-apparence)* cucul.
ñudo **(AMÉR)** ■ **al ñudo** *loc adv fam* en vain.

O

o[1] (*pl* **oes**), **O** [o] *nf* o *m inv*, O *m inv.*
o[2] *conj (le* **o** *se transforme en* **u** *devant les mots commençant par un* **o** *ou un* **ho***)* ou • **rojo o verde** rouge

ou vert • **25 o 30** 25 ou 30 • **uno u otro** l'un ou l'autre • **10 ó 30** 10 ou 30. ■ **o sea (que)** *loc conj* autrement dit.

o/ abrév de **orden.**

oasis *nm inv litt & fig* oasis *f.*

obcecado, da *adj* obstiné(e).

obcecar [10] *vt* aveugler. ■ **obcecarse** *vp* • **obcecarse en** s'obstiner à • **obcecarse con** ou **por** être aveuglé(e) par.

obedecer [30] *vt* obéir à. ❑ *vi* obéir • **calla y obedece** tais-toi et obéis • **obedecer a** être dû, due *f* à.

obediencia *nf* obéissance *f.*

obediente *adj* obéissant(e).

obelisco *nm* obélisque *m.*

obertura *nf MUS* ouverture *f.*

obesidad *nf* obésité *f.*

obeso, sa *adj & nm,f* obèse.

obesofobia *nf* **1.** *(par rapport à soi-même)* phobie *f* de l'obésité **2.** *(par rapport à soi-même)* grossophobie *f.*

obispo *nm* évêque *m.*

objeción *nf* objection *f* • **objeción de conciencia** objection de conscience.

objetar *vt* objecter • **si no tiene nada que objetar** si vous n'y voyez pas d'inconvénient. ❑ *vi* être objecteur de conscience.

objetividad *nf* objectivité *f.*

objetivo, va *adj* objectif(ive). ■ **objetivo** *nm* objectif *m.*

objeto *nm* objet *m* • **ser objeto de** faire l'objet de. ■ **objetos perdidos** *nmpl* objets *mpl* trouvés.

objetor, ra *nm,f* • **objetor (de conciencia)** objecteur *m* de conscience • **fue el único objetor a mi solicitud** c'est le seul qui se soit opposé à ma demande.

oblea *nf* **1.** pain *m* azyme **2.** *(médicament)* cachet *m.*

oblicuo, cua *adj* oblique.

obligación *nf (gén) COMM* obligation *f.*

obligado, da *adj* obligatoire • **es obligado llevar corbata** le port de la cravate est obligatoire.

obligar [16] *vt* • **obligar a alguien a hacer algo** obliger qqn à faire qqch. ■ **obligarse** *vp* • **obligarse a hacer algo** s'engager à faire qqch.

obligatoriamente *adv* obligatoirement.

obligatorio, ria *adj* obligatoire.

oblongo, ga *adj* oblong(ongue).

obnubilar *vt* **1.** *MÉD* obnubiler **2.** *fig* fasciner.

oboe *nm* hautbois *m.* ❑ *nmf* hautboïste *mf.*

obra *nf* **1.** œuvre *f* • **obra de arte** œuvre d'art • **obra de caridad** œuvre de charité • **obra de consulta** ouvrage *m* de référence • **obra de teatro** pièce *f* de théâtre • **obras completas** œuvres complètes • **obra maestra** chef-d'œuvre *m* • **por obra de, por obra y gracia de** grâce à • **por obra y gracia del Espíritu Santo** par l'opération du Saint-Esprit **2.** chantier *m* ; travaux *mpl* • **obras públicas** travaux publics.

obrador *nm* atelier *m.*

obrar *vi* **1.** agir **2.** *(être en possession de)* • **el documento obra en poder del notario** le notaire est en possession du document.

obrero, ra *adj & nm,f* ouvrier(ère).

obscenidad *nf* obscénité *f.*

obsceno, na *adj* obscène.

obscurantismo = **oscurantismo.**

obscurecer [30] = **oscurecer.**

obscuridad = **oscuridad.**

obscuro = **oscuro.**

obsequiar [8] *vt* offrir • **obsequiar a alguien con algo** offrir qqch à qqn.

obsequio *nm* cadeau *m.*

obsequioso, sa *adj* obligeant(e).

observación *nf* observation *f* ; remarque *f.*

observador, ra *adj & nm,f* observateur(trice).

observancia *nf* observance *f.*

observar *vt* observer ; remarquer • **se observa una cierta mejora** on observe une légère amélioration.

observatorio *nm* observatoire *m.*

obsesión *nf* obsession *f.*

obsesionar *vt* obséder. ■ **obsesionarse** *vp* • **obsesionarse con** être obsédé(e) par.

obsesivo, va *adj* obsédant(e), obsessionnel(elle).

obseso, sa *adj & nm,f* obsédé(e).

obsoleto, ta *adj sout* obsolète.

obstaculizar [13] *vt* **1.** gêner **2.** *fig* faire obstacle à.

obstáculo *nm* obstacle *m.*

obstante ■ **no obstante** *loc adv* néanmoins.

obstetricia *nf* obstétrique *f.*

obstinación *nf* obstination *f.*

obstinado, da *adj* obstiné(e).

obstinarse *vp* s'obstiner • **obstinarse en** s'obstiner (dans) *(une idée, etc)* • **obstinarse en hacer algo** s'obstiner à faire qqch.

obstrucción *nf* obstruction *f.*

obstruir [51] *vt* **1.** obstruer **2.** *fig* empêcher. ■ **obstruirse** *vp* s'obstruer, se boucher.

obtención *nf* obtention *f.*

obtener [72] *vt* obtenir. ■ **obtenerse** *vp* s'obtenir.

obturación *nf* obturation *f.*

obturador *nm* obturateur *m.*

obturar *vt* obturer.

obtuso, sa *adj* **1.** obtus(e) **2.** émoussé(e). ❑ *nm,f fig* • **es un obtuso** il est obtus.

obús *(pl* **obuses***) nm* **1.** obusier *m* **2.** obus *m.*

obviamente *adv* évidemment.

obviar [8] *vt* parer à *(un inconvénient, un problème)* ; contourner *(une difficulté, un obstacle).*

obvio, via *adj* évident(e).

oca *nf* **1.** oie *f* **2.** jeu *m* de l'oie.

ocasión *nf* occasion *f* • **con ocasión de** à l'occasion de • **de ocasión** d'occasion • **en alguna ou cierta ocasión** une fois • **en algunas ocasiones** parfois.
ocasional *adj* occasionnel(elle).
ocasionalmente *adv* **1.** par hasard **2.** occasionnellement.
ocasionar *vt* causer.
ocaso *nm* **1.** crépuscule *m* **2.** *fig* déclin *m*.
occidental *adj* occidental(e). ❑ *nmf* Occidental *m*, -e *f*.
occidentalizar [13] *vt* occidentaliser. ■ **occidentalizarse** *vp* s'occidentaliser.
occidente *nm* occident *m* • **el sol se pone por occidente** le soleil se couche à l'ouest. ■ **Occidente** *nm* • **(el) Occidente** (l')Occident *m*.
OCDE (abrév de Organización para la Cooperación y el Desarrollo Económico) *nf* OCDE *f*.
Oceanía *npr* Océanie *f*.
oceánico, ca *adj* **1.** *(de l'océan)* océanique **2.** *(d'Océanie)* océanien(enne).
océano *nm* océan *m* • **el océano (Glacial) Antártico** l'océan Antarctique • **el océano Atlántico** l'océan Atlantique • **el océano (Glacial) Ártico** l'océan Arctique • **el océano Índico** l'océan Indien • **el océano Pacífico** l'océan Pacifique.
oceanografía *nf* océanographie *f*.
ochenta *adj num inv* quatre-vingts • **ochenta hombres** quatre-vingts hommes • **ochenta y dos** quatre-vingt-deux • **página ochenta** page quatre-vingt. ❑ *nm inv* quatre-vingts *m inv*. Voir aussi **sesenta**.
ocho *adj num inv & nm inv* huit. Voir aussi **seis**.
ochocientos, tas *adj num* huit cents. Voir aussi **seiscientos**.
ocio *nm* loisirs *mpl* • **el tiempo de ocio** le temps libre.
ociosidad *nf* oisiveté *f*.
ocioso, sa *adj* oisif(ive) ; *(inutile)* oiseux(euse) • **el miércoles es un día ocioso** le mercredi, repos.
ocluir [51] *vt* **1.** MÉD occlure **2.** *(cañería)* boucher. ■ **ocluirse** *vp* **1.** MÉD se fermer **2.** *(cañería)* se boucher.
oclusión *nf* occlusion *f*.
oclusivo, va *adj* occlusif(ive). ■ **oclusiva** *nf* occlusive *f*.
ocre *nm* **1.** *(couleur)* ocre *m* **2.** *(minéral)* ocre *f*. ❑ *adj inv (couleur)* ocre.
oct., oct (abrév de octubre) oct. • **12 oct. 1992** 12 oct. 1992.
octágono, na *adj* octogonal(e). ■ **octágono** *nm* octogone *m*.
octano *nm* octane *m*.
octava *nf* → **octavo**.
octavilla *nf* **1.** tract *m* **2.** IMPR in-octavo *m inv*.
octavo, va *adj num* huitième. Voir aussi **sexto**. ■ **octavo** *nm* huitième *m* • **octavos de final** SPORT huitièmes de finale. ■ **octava** *nf* MUS octave *f*.
octeto *nm* INFORM octet *m*.
octogenario, ria *adj & nm,f* octogénaire.
octubre *nm* octobre *m*. Voir aussi **septiembre**.
ocular *adj* oculaire.
oculista *nmf* oculiste *mf*.
ocultar *vt* cacher. ■ **ocultarse** *vp* se cacher.
ocultismo *nm* occultisme *m*.
oculto, ta *adj* **1.** caché(e) **2.** *fig (pouvoir, sciences)* occulte.
ocupación *nf* **1.** occupation *f* **2.** profession *f*.
ocupacional *adj* professionnel(elle).
ocupado, da *adj* occupé(e).
ocupante *adj & nmf* occupant(e).
ocupar *vt* **1.** occuper **2.** employer. ■ **ocuparse** *vp* • **ocuparse (de)** s'occuper (de).
ocurrencia *nf* **1.** idée *f* **2.** trait *m* d'esprit.
ocurrente *adj (drôle)* spirituel(elle).
ocurrir *vi* arriver • **aquí ocurre algo extraño** il se passe quelque chose de bizarre ici • **¿qué te ocurre?** qu'est-ce qui t'arrive ? ■ **ocurrirse** *vp (venir à l'esprit)* • **no se me ocurre ninguna solución** je ne vois aucune solution • **¡ni se te ocurra!** tu n'as pas intérêt ! • **¿se te ocurre algo?** tu as une idée ? • **se me ocurre que podríamos salir** et si on sortait ?
oda *nf* ode *f*.
odiador, ora *nm,f* hater *mf*.
odiar [8] *vt* haïr ; détester *(un aliment)*. ■ **odiarse** *vp* se détester.
odio *nm* haine *f* • **tener odio a algo/alguien** haïr qqch/qqn.
odioso, sa *adj* odieux(euse) ; *(endroit, temps)* détestable.
odisea *nf* odyssée *f* ; *fig* épopée *f*.
odontología *nf* odontologie *f*.
odre *nm* outre *f*.
oeste *nm* **1.** *(zone)* ouest *m inv* • **el oeste de Europa** l'ouest de l'Europe **2.** vent *m* d'ouest. ❑ *adj (zone, frontière)* ouest *(inv)* ; *(vent)* d'ouest. ■ **Oeste** *nm* • **el Oeste** l'Ouest.
ofender *vt* offenser. ❑ *vi* faire offense. ■ **ofenderse** *vp* se vexer.
ofendido, da *adj & nm,f* offensé(e).
ofensa *nf* **1.** offense *f* **2.** DR outrage *m*.
ofensivo, va *adj* **1.** offensant(e) **2.** offensif(ive). ■ **ofensiva** *nf* offensive *f*.
oferta *nf* **1.** *(gén)* ÉCON offre *f* • **oferta pública de adquisición** offre publique d'achat • **ofertas de trabajo** offres d'emploi **2.** promotion *f* • **de ou en oferta** en promotion.
ofertar *vt* faire une promotion sur.
off *adj* • **off the record** *fig* à titre confidentiel • **voz en off** voix off.
office ['ofis] *nm inv* office *m (d'une cuisine)*.
oficial, la *nm,f* apprenti *m* qualifié, apprentie *f* qualifiée. ■ **oficial** *adj* officiel(elle). ❑ *nm* **1.** officier *m* **2.** *(fonctionnaire)* • **oficial (administrativo)** employé *m* (administratif).
oficialismo *nm* (AMÉR) *soutien inconditionnel du parti au pouvoir*.

oficializar [13] *vt* officialiser.
oficialmente *adv* officiellement.
oficiar [8] *vt* célébrer *(une messe, une cérémonie)*. ❑ *vi* **1.** *(prêtre)* officier **2.** *(remplir la fonction de)* • **oficiar de** faire office de.
oficina *nf* bureau *m* • **oficina de empleo** agence *f* pour l'emploi ; ≃ ANPE *f* • **oficina de turismo** office *m* du tourisme.
oficinista *nmf* employé *m*, -e *f* de bureau.
oficio *nm* **1.** métier *m* • **ser del oficio** être du métier • **no tener oficio ni beneficio** être un bon à rien **2.** RELIG office *m* **3.** fonction *f*.
oficioso, sa *adj* officieux(euse).
ofimática *nf* bureautique *f*.
ofrecer [30] *vt* offrir ; donner *(une fête, une possibilité)* ; ouvrir *(des perspectives)* ; présenter *(une particularité, un aspect)*. ■ **ofrecerse** *vp* • **ofrecerse a** ou **para hacer algo** s'offrir pour faire qqch.
ofrecimiento *nm* offre *f* • **ofrecimiento de** ou **para** offre de.
ofrenda *nf* offrande *f*.
ofrendar *vt* • **ofrendar algo a alguien** faire offrande de qqch à qqn.
oftalmología *nf* ophtalmologie *f*.
ofuscar [10] *vt litt & fig* aveugler. ■ **ofuscarse** *vp* se troubler • **ofuscarse con** être obnubilé(e) par.
ogro *nm* ogre *m* ; *fig* monstre *m*.
oh *interj* • **¡oh!** oh !
oída ■ **de oídas** *loc adv* par ouï-dire.
oído *nm* **1.** oreille *f* • **aguzar el oído** tendre l'oreille • **de oído** d'oreille • **hacer oídos sordos** faire la sourde oreille • **prestar oídos a algo** prêter foi à qqch • **ser duro de oído** être dur d'oreille • **tener (buen) oído** avoir de l'oreille • **tener mal oído, no tener oído** ne pas avoir d'oreille. **2.** ouïe *f* • **ser todo oídos** être tout ouïe
oír [62] *vt* **1.** entendre **2.** écouter • **¡oiga, por favor!** votre attention s'il vous plaît ! • **¡oiga!** allô! (qui est à l'appareil ?) • **¡oye!** *fam* écoute !
OIT *nf* **1.** (abrév de Organización Internacional del Trabajo) OIT *f* **2.** (abrév de Oficina Internacional del Trabajo) BIT *m*.
ojal *nm* boutonnière *f*.
ojalá *interj* **1.** *(exprime l'espoir)* • **¡ojalá lo haga!** pourvu qu'il le fasse ! **2.** *(exprime le regret)* • **¡ojalá estuviera aquí!** si seulement il était là !
ojeada *nf* coup *m* d'œil • **echar** ou **dar una ojeada (a)** jeter un coup d'œil (à).
ojear *vt* regarder.
ojera *nf (gén pl)* cerne *m* • **tener ojeras** avoir des cernes ou les yeux cernés.
ojeriza *nf fam* • **tener ojeriza a alguien** avoir une dent contre qqn.
ojeroso, sa *adj* • **estar ojeroso** avoir les yeux cernés.
ojete *nm* **1.** œillet *m (pour passer les lacets)* **2.** *vulg* trou *m* de balle.
ojímetro ■ **a ojímetro** *loc adv fam* au pifomètre.
ojiva *nf* ogive *f*.
ojo *nm* **1.** œil *m* • **andar con (mucho) ojo** faire (bien) attention • **a ojo (de buen cubero)** *fam* au jugé • **a ojos vistas** à vue d'œil • **comerse con los ojos a alguien** *fam* dévorer qqn des yeux • **echar el ojo a alguien/algo** jeter son dévolu sur qqn/qqch • **en un abrir y cerrar de ojos** en un clin d'œil • **mirar** ou **ver con buenos/malos ojos** voir d'un bon/mauvais œil • **no pegar ojo** ne pas fermer l'œil • **ojos que no ven, corazón que no siente** loin des yeux, loin du cœur • **tener (buen) ojo** avoir le coup d'œil. **2.** chas *m (d'une aiguille)* ; trou *m (d'une serrure)* ❑ *interj* • **¡ojo!** attention ! ■ **ojo de buey** *nm* œil-de-bœuf *m*.
OK [o'kei] *interj* • **¡OK!** OK !
okupa *nmf tfam* squatter *m*.
ola *nf* vague *f* • **la nueva ola** la nouvelle vague.
ole, olé *interj* • **¡ole!** olé !
oleada *nf litt & fig* vague *f*.
oleaginoso, sa *adj* oléagineux(euse).
oleaje *nm* houle *f*.
óleo *nm* ART huile *f*.
oleoducto *nm* oléoduc *m*, pipeline *m*.
oler [49] *vt* sentir. ❑ *vi* sentir • **huele bien/mal** ça sent bon/mauvais • **huele a lavanda/tabaco** ça sent la lavande/le tabac • **huele a mentira** ça sent le mensonge. ■ **olerse** *vp (soupçonner)* • **olerse algo** flairer qqch.
olfatear *vt litt & fig* flairer.
olfativo, va *adj* olfactif(ive).
olfato *nm* **1.** odorat *m* **2.** *fig* flair *m*.
oligarca *nmf* oligarque *m*.
oligarquía *nf* oligarchie *f*.
oligoceno *adj & nm* oligocène.
oligoelemento *nm* oligoélément *m*.
olimpiada, olimpíada *nf* olympiade *f* • **las olimpiadas** les jeux *mpl* Olympiques.
olímpicamente *adv fam* • **pasar olímpicamente de algo** se ficher royalement de qqch.
olímpico, ca *adj* olympique.
olisquear *vt* renifler.
oliva *nf* olive *f*.
olivar *nm* oliveraie *f*.
olivo *nm* olivier *m*.
olla *nf* marmite *f* • **olla a presión** ou **exprés** autocuiseur *m*, Cocotte-Minute® *f* • **olla podrida** ragoût *m*.
olmeca *adj* olmèque. ❑ *nmf* Olmèque *mf*.
olmo *nm* orme *m*.
olor *nm* odeur *f* • **olor a** odeur de.
oloroso, sa *adj* odorant(e). ■ **oloroso** *nm* *grand cru de Jerez*.
OLP (abrév de Organización para la Liberación de Palestina) *nf* OLP *f*.
olvidadizo, za *adj* tête en l'air *(inv)*.
olvidar *vt* oublier. ■ **olvidarse** *vp* • **olvidarse (algo/de hacer algo)** oublier (qqch/de faire qqch).

olvido *nm* oubli *m* • **caer en el olvido** tomber dans l'oubli.
ombligo *nm* nombril *m.*
omisión *nf* omission *f.*
omitir *vt* omettre.
ómnibus *nm inv (autobus)* omnibus *m.*
omnipotente *adj* omnipotent(e) • **se cree omnipotente** il se croit tout-puissant.
omnipresencia *nf* omniprésence *f.*
omnipresente *adj* omniprésent(e).
omnívoro, ra *adj & nm,f* omnivore.
omoplato, omóplato *nm* omoplate *f.*
OMS (abrév de Organización Mundial de la Salud) *nf* OMS *f.*
onanismo *nm* onanisme *m.*
once *adj num inv & nm inv* onze. Voir aussi **seis.**
ONCE (abrév de Organización Nacional de Ciegos Españoles) *nf association nationale espagnole d'aide aux aveugles et aux handicapés qui organise notamment une loterie* • **el sorteo de la ONCE** le tirage au sort de la ONCE.
onceavo, va *adj num* onzième • **onceava parte** onzième *m.* Voir aussi **sexto.**
oncología *nf* oncologie *f.*
onda *nf* **1.** PHYS & RADIO onde *f* • **onda corta** ondes courtes • **onda larga** grandes ondes • **onda media** ondes moyennes **2.** ondulation *f (d'une chevelure, d'un tissu).*
ondeante *adj* ondoyant(e).
ondear *vi* ondoyer.
ondulación *nf* ondulation *f.*
ondulado, da *adj* ondulé(e).
ondulante *adj* ondulant(e).
ondular *vt & vi* onduler.
oneroso, sa *adj* onéreux(euse).
ONG (*pl* **ONGs**) (abrév de Organización No Gubernamental) *nf* ONG *f.*
ónice, ónix *nm ou nf* onyx *m.*
onírico, ca *adj* onirique.
ónix = **ónice.**
on-line [ɔnlajn] *adj inv* INFORM en ligne.
onomástico, ca *adj sout* onomastique. ■ **onomástica** *nf* **1.** *sout (jour du saint)* fête *f* **2.** onomastique *f.*
onomatopeya *nf* onomatopée *f.*
ontología *nf* ontologie *f.*
ONU (abrév de Organización de las Naciones Unidas) *nf* ONU *f* • **el Consejo de Seguridad de la ONU** le Conseil de sécurité de l'ONU.
onza *nf* **1.** *(unité de monnaie)* once *f* **2.** carré *m (de chocolat).*
OPA (abrév de oferta pública de adquisición) *nf* OPA *f.*
opacidad *nf* opacité *f.*
opaco, ca *adj* opaque.
ópalo *nm* opale *f.*
opar *vt* ÉCON lancer une OPA.
opción *nf* **1.** choix *m* **2.** *(droit)* • **dar opción a algo** donner droit à qqch • **tener opción a algo** avoir droit à qqch **3.** COMM option *f* • **opción de compra/de venta** option d'achat/de vente.
opcional *adj* optionnel(elle), facultatif(ive) • **la radio es opcional** la radio est en option.
OPEP (abrév de Organización de Países Exportadores de Petróleo) *nf* OPEP *f.*
ópera *nf* opéra *m.*
operación *nf* opération *f* • **operación retorno** *opération de régulation de la circulation routière en période de retour de vacances.*
operacional *adj* opérationnel(elle).
operador, ra *nm,f* **1.** chirurgien *m,* -enne *f* **2.** *(d'une machine)* opérateur *m,* -trice *f* **3.** projectionniste *mf* • **operador de cámara** opérateur *m* de prises de vues. ■ **operador turístico** *nm* tour-opérateur *m.*
operar *vt* opérer • **operar a alguien de algo** opérer qqn de qqch. ❑ *vi* **1.** opérer **2.** COMM réaliser une opération **3.** MATH faire une opération. ■ **operarse** *vp* **1.** *(gén)* • **operarse (de)** se faire opérer (de) **2.** *(se produire)* s'opérer.
operario, ria *nm,f* ouvrier *m,* -ère *f.*
operatividad *nf* efficacité *f* • **la operatividad de las medidas** l'efficacité des mesures.
operativo, va *adj* opérationnel(elle).
opereta *nf* opérette *f.*
opinable *adj* discutable.
opinar *vt* penser. ❑ *vi* donner son avis ou son opinion • **opinar bien de** penser du bien de.
opinión *nf* **1.** opinion *f,* avis *m* • **expresar ou dar su opinión** donner son avis ou son opinion • **opinión pública** opinion publique **2.** réputation *f.*
opio *nm* opium *m.*
opíparo, ra *adj* copieux(euse) • **una comida opípara** un festin.
oponente *nm,f* opposant *m,* -e *f* ; SPORT adversaire *mf.*
oponer [65] *vt* opposer. ■ **oponerse** *vp* • **oponerse (a)** s'opposer (à).
oporto *nm* porto *m.*
oportunamente *adv* **1.** opportunément **2.** en temps voulu.
oportunidad *nf* **1.** occasion *f* • **aprovechar la oportunidad** profiter de l'occasion **2.** opportunité *f* **3.** chance *f* • **dar otra oportunidad** redonner une chance. ■ **oportunidades** *nfpl* COMM promotions *fpl.*
oportunismo *nm* opportunisme *m.*
oportunista *adj & nmf* opportuniste.
oportuno, na *adj* opportun(e) • **es oportuno decírselo ahora** il convient de le lui dire maintenant.
oposición *nf* **1.** *(gén)* POLIT opposition *f* **2.** *(obstacle)* résistance *f* **3.** *(gén pl)* concours *m* • **oposición a** concours de recrutement de • **oposición a cátedra** ≃ concours de l'agrégation. ■ **oposiciones** *nfpl* concours *f* • **aprobar unas oposiciones** réussir un concours.

opositar *vi* se présenter à un concours • **opositar a la magistratura** se présenter au concours de la magistrature.
opositor, ra *nm, f* candidat *m*, -e *f (à un concours)*.
opresión *nf* **1.** oppression *f* **2.** pression *f (d'un bouton)*.
opresivo, va *adj* oppressif(ive).
opresor, ra *adj* oppresseur • **una política opresora** une politique d'oppression. ❑ *nm, f* oppresseur *m*.
oprimir *vt* **1.** presser **2.** opprimer **3.** *fig* oppresser.
oprobio *nm* opprobre *m*.
optar *vi* • **optar por algo** choisir qqch • **optar por hacer algo** choisir de faire qqch • **optar a** aspirer à.
optativo, va *adj* optionnel(elle). ■ **optativa** *nf* SCOL matière *f* optionnelle.
óptico, ca *adj* optique. ❑ *nm, f* opticien *m*, -enne *f*. ■ **óptica** *nf* **1.** optique *f* **2.** *(magasin)* • **en la óptica** chez l'opticien.
optimismo *nm* optimisme *m*.
optimista *adj & nmf* optimiste.
optimización *nf* optimisation *f*.
optimizar *vt* optimiser.
óptimo, ma *superl* = **bueno**. ❑ *adj* optimal(e) ; *(température)* optimum.
opuesto, ta *adj* opposé(e). ■ **opuesto** *pp* → **oponer**.
opulencia *nf* opulence *f*.
opulento, ta *adj* opulent(e).
opus *nm inv* MUS opus *m*.
opúsculo *nm* opuscule *m*.
OPV (abrév de oferta pública de valores) OPV *f* • **lanzar una OPV** lancer une OPV • **realizar una OPV** réaliser une OPV.
oración *nf* **1.** prière *f* **2.** GRAMM proposition *f*.
oráculo *nm* oracle *m*.
orador, ra *nm, f* orateur *m*, -trice *f*.
oral *adj* oral(e). ❑ *nm* → **examen**.
órale *interj* (AMÉR) *fam* • **¡órale! a)** *(pour exprimer son accord)* d'accord ! **b)** *(pour encourager)* allez !
oralmente *adv* oralement • **este medicamento se administra oralmente** ce médicament s'administre par voie orale.
orangután *nm* orang-outan *m*.
orar *vi* prier.
oratorio, ria *adj* oratoire. ■ **oratoria** *nf* art *m* oratoire.
orbe *nm* univers *m*.
órbita *nf* **1.** orbite *f* **2.** *fig* sphère *f* d'influence.
orca *nf* orque *f*.
órdago *nm* • **de órdago** *fig* du tonnerre.
orden (*pl* **órdenes**) *nm* ordre *m* • **en orden** en ordre • **por orden** par ordre • **orden público** ordre public. ❑ *nf (mandat)* RELIG ordre *m* • **¡a la orden!** MIL à vos ordres ! • **por orden de** par ordre de • **orden de arresto** mandat *m* d'arrêt • **estar a la orden del día** être monnaie courante. ■ **del orden de** *loc prép* de l'ordre de. ■ **orden del día** *nm* ordre *m* du jour.
ordenación *nf* **1.** organisation *f* • **ordenación territorial** aménagement *m* du territoire **2.** RELIG ordination *f*.
ordenadamente *adv* **1.** de façon ordonnée **2.** méthodiquement.
ordenado, da *adj* ordonné(e).
ordenador *nm* ordinateur *m* • **ordenador personal** ordinateur personnel • **ordenador portátil** ordinateur portable.
ordenanza *nm* **1.** employé *m* de bureau **2.** MIL ordonnance *f*. ❑ *nf (gén pl)* règlement *m*.
ordenar *vt* **1.** ranger ; ordonner *(des idées, des chiffres)* • **ordenar alfabéticamente** classer par ordre alphabétique **2.** *(mandater)* RELIG ordonner. ■ **ordenarse** *vp* RELIG • **ordenarse sacerdote** être ordonné prêtre.
ordenata *nm fam* ordi *m*.
ordeñar *vt* traire.
ordinal *adj* ordinal(e).
ordinariez *nf* vulgarité *f* ; *(action, expression)* grossièreté *f*.
ordinario, ria *adj* **1.** ordinaire **2.** grossier(ère), vulgaire. ❑ *nm, f* • **ser un ordinario** être vulgaire.
orear *vt* aérer. ■ **orearse** *vp* s'aérer.
orégano *nm* origan *m*.
oreja *nf* oreille *f* • **con las orejas gachas** la queue entre les jambes.
orejera *nf* oreillette *f*.
Orense *npr* Orense.
orfanato, orfelinato *nm* orphelinat *m*.
orfandad *nf* **1.** *(état)* • **estar en orfandad** être orphelin(e) **2.** orphelinat *m* **3.** *fig* désarroi *m*.
orfebre *nmf* orfèvre *mf*.
orfebrería *nf* orfèvrerie *f*.
orfelinato = **orfanato**.
orfeón *nm* chorale *f*.
orgánico, ca *adj* organique.
organigrama *nm* organigramme *m*.
organillo *nm* orgue *m* de Barbarie.
organismo *nm* organisme *m*.
organista *nmf* organiste *mf*.
organización *nf* organisation *f*.
organizador, ra *adj & nm, f* organisateur(trice).
organizar [13] *vt* organiser. ■ **organizarse** *vp* s'organiser.
órgano *nm* **1.** organe *m* **2.** MUS orgue *m*.
orgasmo *nm* orgasme *m*.
orgía *nf* orgie *f*.
orgullo *nm* **1.** fierté *f* **2.** orgueil *m*.
orgulloso, sa *adj* **1.** fier, fière *f* • **estar orgulloso de** être fier de **2.** orgueilleux(euse). ❑ *nm, f* orgueilleux *m*, -euse *f*.
orientación *nf* **1.** orientation *f* **2.** *fig (information)* indication *f*.

oriental *adj* oriental(e). ❏ *nmf* Oriental *m*, -e *f*.
orientalismo *nm* orientalisme *m*.
orientar *vt* orienter. ■ **orientarse** *vp* s'orienter.
orientativo, va *adj* indicatif(ive).
oriente *nm* orient *m*, est *m* • **el sol sale por oriente** le soleil se lève à l'est. ■ **Oriente** *npr* • **(el) Oriente** l'Orient *m* • **Oriente Medio** Moyen-Orient *m* • **Oriente Próximo** Proche-Orient *m* • **Lejano ou Extremo Oriente** Extrême-Orient *m*.
orificio *nm* orifice *m*.
orig. (abrév de original) orig.
origen *nm* origine *f* • **de origen español** d'origine espagnole.
original *adj* **1.** original(e) **2.** originel(elle) • **el pecado original** le péché originel. ❏ *nm* original *m*.
originalidad *nf* originalité *f*.
originalmente *adv* **1.** de manière originale **2.** à l'origine.
originar *vt* provoquer, être à l'origine de. ■ **originarse** *vp* *(incendie)* se déclarer ; *(tempête)* éclater.
originario, ria *adj* **1.** *(originaire)* • **ser originario de** être originaire de **2.** *(initial, primitif)* original(e).
orilla *nf* **1.** bord *m* **2.** lisière *f*. ■ **orillas** *nfpl* **(AMÉR)** périphérie *f*, banlieue *f*.
orillar *vt* *(difficulté)* éviter. ❏ *vi* se rapprocher du bord, se ranger.
orín *nm* rouille *f*. ■ **orines** *nmpl* urines *fpl*.
orina *nf* urine *f*.
orinal *nm* pot *m* de chambre.
orinar *vt* & *vi* uriner. ■ **orinarse** *vp* • **orinarse en la cama/encima** faire pipi au lit/dans sa culotte.
orita *adv* **(AMÉR)** *fam* tout de suite.
oriundo, da *adj* • **oriundo de** originaire de. ❏ *nm,f sportif dont l'un des parents est espagnol*.
orla *nf* **1.** bordure *f* ; *(de cadre)* passe-partout *m* **2.** *tableau comportant les photos des étudiants et des professeurs d'une même promotion*.
ornamentación *nf* ornementation *f*.
ornamental *adj* ornemental(e) ; *fig* *(inutile)* décoratif(ive).
ornamentar *vt* orner.
ornamento *nm* ornement *m*.
ornar *vt* orner, ornementer.
ornitología *nf* ornithologie *f*.
ornitólogo, ga *nm,f* ornithologue *mf*.
oro *nm* or *m* • **de oro** en or • **un reloj de oro** une montre en or • **un corazón de oro** un cœur d'or • **un marido de oro** un mari en or • **estar cargado de oro** *fig* être riche comme Crésus • **hacerse de oro** faire fortune • **prometer el oro y el moro** promettre monts et merveilles. ■ **oros** *nmpl* *l'une des quatre couleurs du jeu de cartes espagnol*. ■ **oro negro** *nm* *(pétrole)* or *m* noir.
orografía *nf* orographie *f*.
orondo, da *adj* *fam* très fier, très fière *f*.
oropel *nm* imitation *f* or ; *fig* clinquant *m*.
orquesta *nf* orchestre *m*.
orquestación *nf* orchestration *f*.
orquestar *vt* *litt* & *fig* orchestrer.
orquestina *nf* orchestre *m* de danse.
orquídea *nf* orchidée *f*.
ortiga *nf* ortie *f*.
ortodoncia *nf* orthodontie *f*.
ortodoxia *nf* orthodoxie *f*.
ortodoxo, xa *adj* & *nm,f* orthodoxe.
ortofonista *nm* orthophoniste *mf*.
ortografía *nf* orthographe *f*.
ortopedia *nf* orthopédie *f*.
ortopédico, ca *adj* orthopédique.
oruga *nf* ZOOL *(chaîne)* chenille *f*.
orujo *nm* marc *m* *(de raisin, d'olives)*.
orzuelo *nm* orgelet *m*.
os *pron pers* vous • **viene a veros** il vient vous voir • **os lo dio** il vous l'a donné • **levantaos** levez-vous • **no os peleéis** ne vous disputez pas.
osa *nf* → **oso**.
osadía *nf* audace *f*.
osado, da *adj* audacieux(euse).
osamenta *nf* **1.** ossature *f* **2.** ossements *mpl*.
osar *vi* oser.
osario *nm* ossuaire *m*.
Óscar *nm inv* CINÉ oscar *m*.
oscarizado, da *adj* CINÉ oscarisé(e).
oscilación *nf* oscillation *f* ; fluctuation *f* *(de la température)*.
oscilar *vi* osciller.
oscurantismo, obscurantismo *nm* obscurantisme *m*.
oscurecer [30], **obscurecer** *vt* **1.** obscurcir, assombrir **2.** *fig* *(esprit)* troubler **3.** *fig* faire de l'ombre à. ❏ *v impers* commencer à faire nuit. ■ **oscurecerse, obscurecerse** *vp* s'obscurcir, s'assombrir.
oscuridad, obscuridad *nf* obscurité *f*.
oscuro, ra, obscuro, ra *adj* **1.** obscur(e) • **a oscuras** dans le noir **2.** *(couleur)* foncé(e) **3.** *(ciel, avenir)* sombre.
óseo, a *adj* osseux(euse).
osificarse [10] *vp* s'ossifier.
Oslo *npr* Oslo.
ósmosis *nf inv* osmose *f*.
oso, osa *nm,f* ours *m*, ourse *f* • **oso de felpa ou de peluche** ours en peluche • **oso hormiguero** fourmilier *m* • **(oso) panda** panda *m* • **oso polar** ours polaire. ■ **Osa Mayor** *nf* Grande Ourse *f*. ■ **Osa Menor** *nf* Petite Ourse *f*.
ostensible *adj* ostensible • **hicieron ostensible su desacuerdo** ils ont manifesté leur désaccord.
ostentación *nf* ostentation *f*.
ostentador, ra *nm,f* poseur *m*, -euse *f*.
ostentar *vt* **1.** détenir *(un record)* ; porter *(un titre)* **2.** arborer.

ostentoso, sa *adj* somptueux(euse).
osteoporosis *nf* ostéoporose *f*.
ostra *nf* huître *f* • **aburrirse como una ostra** *fam & fig* s'ennuyer comme un rat mort. ■ **ostras** *interj fam* • **¡ostras!** la vache !
ostracismo *nm* ostracisme *m*.
ostrogodo, da *adj* ostrogoth(e). ❑ *nm,f HIST* • **los ostrogodos** les Ostrogoths.
OTAN (abrév de Organización del Tratado del Atlántico Norte) *nf* OTAN *f* • **las fuerzas de la OTAN** les forces de l'OTAN.
OTI (abrév de Organización de Televisiones Iberoamericanas) *nf association regroupant toutes les chaînes de télévision de langue espagnole*.
otitis *nf inv* otite *f*.
otomano, na *adj* ottoman(e). ❑ *nm,f* • **los otomanos** les Ottomans.
otoñal *adj* automnal(e).
otoño *nm litt & fig* automne *m*.
otorgamiento *nm* **1.** octroi *m (d'un privilège)* ; attribution *f (d'un prix)* **2.** *DR* passation *f*.
otorgar [16] *vt* octroyer *(un privilège)* ; attribuer *(un prix)* ; conférer *(des pouvoirs)* • **otorgar su apoyo/el perdón** accorder son soutien/son pardon.
otorrino, na *nm,f fam* oto-rhino *mf*.
otorrinolaringología *nf* oto-rhino-laryngologie *f*.
otorrinolaringólogo, ga *nm,f* oto-rhino-laryngologiste *mf*.
otro, tra *adj* autre • **otro chico** un autre garçon • **la otra calle** l'autre rue • **otros tres goles** trois autres buts • **el otro día** l'autre jour. ❑ *pron* un autre, une autre • **dame otro** donne-m'en un autre • **el otro, la otra** l'autre • **no fui yo, fue otro** ce n'était pas moi, c'était quelqu'un d'autre • **otros habrían abandonado** d'autres auraient abandonné.
otrora *adv sout* jadis.
output ['autput] (*pl* **outputs**) *nm INFORM* sortie *f*.
ovación *nf* ovation *f*.
ovacionar *vt* ovationner, faire une ovation à.
oval *adj* ovale.
ovalado, da *adj* ovale.
ovario *nm* ovaire *m*.
oveja *nf* brebis *f*. ■ **oveja negra** *nf* brebis *f* galeuse.
overbooking [oβer'βukiŋ] *nm* surréservation *f* ; surbooking *m (dans les avions)*.
óvidos *nmpl* ovinés *mpl*.
Oviedo *npr* Oviedo.
ovillo *nm* pelote *f* • **hacerse un ovillo** *fig* se pelotonner.
ovino, na *adj* ovin(e). ❑ *nm,f* • **los ovinos** les ovins *mpl*.
ovíparo, ra *adj & nm,f* ovipare.
ovni ['ofni] (abrév de objeto volador no identificado) *nm* ovni *m*.
ovulación *nf* ovulation *f*.
ovular[1] *adj* ovulaire.
ovular[2] *vi* ovuler.
óvulo *nm* ovule *m*.
oxidación *nf* oxydation *f*.
oxidado, da *adj* **1.** oxydé(e) **2.** *fam & fig (ankylosé)* rouillé(e).
oxidar *vt* rouiller ; *CHIM* oxyder. ■ **oxidarse** *vp* rouiller, se rouiller ; *CHIM* s'oxyder.
óxido *nm* **1.** *CHIM* oxyde *m* **2.** rouille *f*.
oxigenación *nf* oxygénation *f*.
oxigenado, da *adj* oxygéné(e) ; *(cheveux)* décoloré(e).
oxigenar *vt* oxygéner. ■ **oxigenarse** *vp* s'oxygéner.
oxígeno *nm* oxygène *m*.
oyente *nm,f* **1.** *RADIO* auditeur *m*, -trice *f* **2.** *(élève)* auditeur *m* libre.
ozono *nm* ozone *m*.

P

p, P [pe] *nf* p *m inv*, P *m inv*.
p. = **pág.**.
P° abrév de **paseo**.
pabellón *nm* pavillon *m*.
pacato, ta *adj* timoré(e).
pacer [29] *vi* paître.
pachá (*pl* **pachás** *ou* **pachaes**) *nm* pacha *m* • **vivir como un pachá** *fam & fig* vivre comme un pacha.
pachanga *nf fam* java *f*.
pachanguero, ra *adj* **1.** *(musique)* • **una canción/una orquesta pachanguera** une chanson/un orchestre de bastringue **2.** (*AMÉR*) *fam* gai(e). ❑ *nm,f* (*AMÉR*) *fam* fêtard *m*, -e *f*.
pacharán *nm (liqueur)* prunelle *f*.
pachorra *nf fam* • **tener pachorra** être pépère.
pachucho, cha *adj fam* • **estar pachucho** être mal fichu.
paciencia *nf* patience *f* • **perder la paciencia** perdre patience.
paciente *adj & nmf* patient(e).
pacificación *nf* pacification *f*.
pacificador, ra *adj & nm,f* pacificateur(trice).
pacificar [10] *vt* pacifier. ■ **pacificarse** *vp* se calmer.
pacífico, ca *adj* **1.** pacifique **2.** paisible. ■ **Pacífico** *npr* • **el Pacífico** le Pacifique.
pacifismo *nm* pacifisme *m*.
pacifista *adj & nmf* pacifiste.
pack (*pl* **packs**) *nm* pack *m*.
paco, ca *nm,f* (*AMÉR*) *fam* flic *m*.

pacotilla *nf* pacotille *f* • **de pacotilla** de pacotille.
pactar *vt* négocier. ❑ *vi* • **pactar con el enemigo/el diablo** pactiser avec l'ennemi/le diable.
pacto *nm* pacte *m* • **hacer/romper un pacto** conclure/rompre un pacte.
padle = **pádel**.
padecer [30] *vt* **1.** souffrir de *(maladie, froid, etc)* ; subir *(une injustice, des abus)* ; • **padecer un cáncer** souffrir d'un cancer • **ha padecido un infarto** il a eu un infarctus **2.** supporter • **padeció todas sus impertinencias** elle a supporté toutes ses impertinences. ❑ *vi* souffrir • **padecer de** souffrir de *(maladie)*.
padecimiento *nm* souffrance *f*.
pádel, paddle ['paðel] *nm* padel *m*.
padrastro *nm* **1.** *(second mari de la mère)* beau-père *m* **2.** envies *fpl (autour des ongles)*.
padrazo *nm fam* papa *m* gâteau.
padre *nm* père *m* • **de padre y muy señor mío** *fam* de tous les diables. ❑ *adj* **1.** *fam (grand)* terrible • **un susto padre** une peur bleue **2.** (AMÉR) génial(e). ■ **padres** *nmpl* **1.** parents *mpl* **2.** *(ancêtres)* pères *mpl*.
padrenuestro *nm* Notre Père *m*.
padrino *nm* **1.** parrain *m* **2.** témoin *m (d'un acte solennel)* **3.** *fig* protecteur *m*. ■ **padrinos** *nmpl* parrains *mpl*.
padrísimo *adj* (AMÉR) *fam* génial(e).
padrón *nm* **1.** recensement *m* **2.** registre *m* électoral.
padrote *nm* (AMÉR) *fam* maquereau *m*.
paella *nf* paella *f*.
paellera *nf* poêle *f* à paella.
pág. (*pl* **págs.**), **p.** (*pl* **pp**) (abrév de **página**) p.
paga *nf* paie *f* • **paga extra ou extraordinaria** ≃ treizième mois *m*.
pagadero, ra *adj* payable.
pagador, ra *adj* payeur(euse). ❑ *nm,f* payeur *m*, -euse *f* • **buen/mal pagador** bon/mauvais payeur.
paganismo *nm* paganisme *m*.
pagano, na *adj* païen(enne). ❑ *nm,f* **1.** païen *m*, -enne *f* **2.** *fam (payeur)* • **siempre soy yo el pagano a)** *(factures, compte)* c'est toujours pour ma pomme **b)** *(fautes des autres)* c'est toujours moi le dindon de la farce.
pagar [16] *vt* **1.** payer • **pagar con su vida** payer de sa vie **2.** *fig* rendre, payer de retour • **me las pagarás** *fam* tu me le paieras • **el que la hace la paga** qui casse les verres les paie. ❑ *vi* payer. ■ **pagarse** *vp* se payer • **pagarse unas vacaciones** se payer des vacances.
pagaré *nm* billet *m* à ordre • **pagaré del Tesoro** bon *m* du Trésor.
página *nf* page *f* • **las páginas amarillas** ≃ les pages jaunes • **página web** page Web.
paginación *nf* pagination *f*.
paginar *vt* paginer.
pago *nm* **1.** paiement *m* • **de pago** payant(e) **2.** *fig (récompense)* • **¿éste es el pago que me das?** c'est comme ça que tu me remercies ? • **en pago de** en remerciement de. ■ **pagos** *nmpl (lieu)* • **por estos pagos** par ici.
pagoda *nf* pagode *f*.
paila *nf* (AMÉR) poêle *f* • **a la paila** *(œufs)* au plat.
paipai (*pl* **paipais**), **paipay** (*pl* **paipays**) *nm* éventail *m* en palme.
país *nm* pays *m* • **países desarrollados/subdesarrollados** pays développés/sous-développés. ■ **países Bálticos** *nmpl* • **los países Bálticos** les pays Baltes *mpl*.
paisaje *nm* paysage *m*.
paisajismo *nm* **1.** paysagisme *m* **2.** *(de parcs, jardins)* aménagement *m* paysager.
paisajista *adj* & *nmf* paysagiste.
paisajístico, ca *adj* paysager(ère).
paisano, na *adj* du même pays. ❑ *nm,f* compatriote *mf*. ■ **paisano** *nm* civil *m* • **de paisano** en civil.
Países Bajos *npr* • **los Países Bajos** les Pays-Bas *mpl*.
País Vasco *npr* • **el País Vasco** le Pays basque.
paja *nf* **1.** paille *f* **2.** *fig* remplissage *m* **3.** *vulg (masturbation)* • **hacerse una paja** se branler.
pajar *nm* grenier *m* à foin.
pájara *nf fig* garce *f*.
pajarera *nf* volière *f*.
pajarería *nf* oisellerie *f* • **en la pajarería** chez l'oiselier.
pajarita *nf* **1.** nœud *m* papillon **2.** cocotte *f* en papier.
pájaro *nm* **1.** oiseau *m* • **pájaro bobo** manchot *m* • **pájaro carpintero** pivert *m* **2.** *fig* vieux renard *m*.
pajarraco *nm* **1.** *péj* vilain oiseau *m* **2.** *fig (personne)* affreux personnage *m*.
paje *nm* page *m*.
pajilla, pajita *nf* paille *f (pour boire)*.
Pakistán = **Paquistán**.
pala *nf* **1.** pelle *f* • **pala mecánica ou excavadora** pelle mécanique **2.** raquette *f (de ping-pong)* **3.** pale *f* **4.** empeigne *f*.
palabra *nf* **1.** mot *m* • **de palabra** de vive voix • **tomar ou coger la palabra a alguien** prendre qqn au mot • **en una palabra** en un mot **2.** *(aptitude, droit, promesse)* parole *f* • **dar/quitar la palabra a alguien** donner/couper la parole à qqn • **no tener palabra** ne pas avoir de parole • **palabra de honor** parole d'honneur.
palabrería *nf* bavardage *m*.
palabrota *nf* gros mot *m*.
palacete *nm* petit palais *m* ; *(en ville)* hôtel *m* particulier.
palacio *nm* palais *m* • **palacio de congresos** palais des congrès.
palada *nf* **1.** pelletée *f* **2.** coup *m* de pelle ; tour *m* d'hélice ; coup *m* de rame.
paladar *nm* palais *m*.
paladear *vt* savourer.

palanca *nf* **1.** levier *m* • **palanca de cambio** levier de (changement de) vitesse(s) • **palanca de mando** manche *m* à balai **2.** plongeoir *m*.
palangana *nf* cuvette *f*.
palangre *nm* palangre *f*.
palatino, na *adj* palatial(e).
palco *nm* THÉÂTRE loge *f*.
paleocristiano, na *adj* paléochrétien(enne).
paleografía *nf* paléographie *f*.
paleolítico, ca *adj* paléolithique. ■ **paleolítico** *nm* paléolithique *m*.
paleontología *nf* paléontologie *f*.
Palestina *npr* Palestine *f*.
palestino, na *adj* palestinien(enne). ❑ *nm, f* Palestinien *m*, -enne *f*.
paleta *nf* **1.** petite pelle *f* ; truelle *f* **2.** CULIN spatule *f* **3.** ART palette *f* **4.** pale *f*.
paletilla *nf* **1.** omoplate *f* **2.** CULIN épaule *f* *(d'agneau)* ; CULIN palette *f (de porc)*.
paleto, ta *adj & nm, f* plouc.
paliar [8] *vt* **1.** apaiser *(la douleur, la peine)* **2.** pallier *(une erreur, un problème)*.
paliativo, va *adj* palliatif(ive). ■ **paliativo** *nm* palliatif *m*.
palidecer [30] *vi* pâlir.
palidez *nf* pâleur *f*.
pálido, da *adj* pâle.
palillo *nm* **1.** *(pour les dents)* • **palillo (de dientes)** cure-dents *m inv* **2.** baguette *f (de tambour, pour manger du riz)* **3.** *fig (personne)* • **estar hecho un palillo** être maigre comme un clou.
palio *nm* dais *m*.
palique *nm fam* causette *f* • **estar de palique** papoter • **tener palique** avoir la langue bien pendue.
palito *nm (gén pl)* **1.** CULIN bâtonnet *m* • **palito de pescado** bâtonnet de poisson **2.** (AMÉR) glace *f* à l'eau.
paliza *nf fam* **1.** *(coups, défaite)* raclée *f* **2.** *fig (effort)* • **el viaje en coche fue una paliza** le voyage en voiture a été crevant **3.** *fig* plaie *f*.
palma *nf* **1.** paume *f (d'une main)* **2.** palmier *m* **3.** *(feuille, triomphe)* palme *f*. ■ **palmas** *nfpl* applaudissements *mpl* • **batir palmas** applaudir.
palmada *nf* **1.** tape *f (de la main)* **2.** applaudissement *m* • **dar palmadas** frapper dans ses mains.
Palma de Mallorca *npr* Palma (de Majorque).
palmar[1] *adj* palmaire. ❑ *nm* palmeraie *f*.
palmar[2] *vt & vi fam* • **palmar(la)** crever *(mourir)*.
palmarés *nm* palmarès *m*.
palmear *vt* **1.** *(représentation)* applaudir **2.** *(personne)* • **palmear en la espalda** donner des tapes amicales dans le dos de. ❑ *vi* applaudir ; battre des mains *(au flamenco)*.
palmera *nf* palmier *m*.
palmito *nm* **1.** palmier *m* nain **2.** CULIN cœur *m* de palmier **3.** *fam & fig* minois *m* • **tener palmito** avoir du charme.
palmo *nm* empan *m* • **un palmo de** un bout de • **estamos a un palmo de casa** nous sommes à deux pas de la maison • **palmo a palmo** point par point, minutieusement • **dejar a alguien/quedarse con un palmo de narices** laisser qqn/rester le bec dans l'eau.
palmotear *vi* battre des mains.
palmoteo *nm* applaudissement *m*.
palo *nm* **1.** bâton *m* ; manche *m (d'un balai)* **2.** SPORT *(des buts)* poteau *m* ; *(de golf)* club *m* **3.** *(matière)* BOT bois *m* **4.** coup *m* (de bâton) **5.** *fam (déception)* • **dar un palo a alguien a)** décevoir qqn **b)** *(critiquer)* descendre qqn • **llevarse un palo a)** se ramasser *(à un examen)* **b)** *(avec quelqu'un)* se prendre une baffe **6.** mât *m* **7.** couleur *f (aux cartes)* **8.** jambage *m (d'une lettre)* **9.** *fig* • **es un palo** *fam* c'est la galère • **a palo seco a)** *(boisson)* sec **b)** *(aliment)* sans rien, tout seul, toute seule *f*.
paloma *nf* → **palomo**.
palomar *nm* pigeonnier *m*.
palomilla *nf* **1.** teigne *f* **2.** *(écrou)* papillon *m* **3.** ARCHIT équerre *f*.
palomita *nf* • **palomita (de maíz)** pop-corn *m inv*.
palomo, ma *nm, f* pigeon *m*, pigeonne *f* • **paloma mensajera** pigeon voyageur. ■ **paloma** *nf* colombe *f*.
palote *nm* bâton *m (pour apprendre à écrire)*.
palpable *adj litt & fig* palpable.
palpación *nf* palpation *f*.
palpar *vt* **1.** palper **2.** *fig* sentir. ❑ *vi* tâtonner.
palpitación *nf* palpitation *f*.
palpitante *adj* palpitant(e).
palpitar *vi* **1.** palpiter **2.** *fig (émotion, nervosité)* • **en sus palabras palpitaba su emoción** ses paroles trahissaient son émotion.
pálpito *nm* pressentiment *m*.
palta *nf* (AMÉR) *(fruit)* avocat *m*.
paludismo *nm* paludisme *m*.
palurdo, da *adj & nm, f fam* balourd(e).
pamela *nf* capeline *f*.
pampa *nf* pampa *f*.
Pampa *npr* • **la Pampa** la Pampa.
pampero, ra *adj* de la pampa. ❑ *nm, f* habitant *m*, -e *f* de la pampa.
pamplina *nf (gén pl) fam & fig* balivernes *fpl*, bêtises *fpl* • **no hace más que contar pamplinas** il ne raconte que des bêtises.
pan *nm* pain *m* • **pan de molde ou inglés** pain de mie • **pan integral** pain complet • **pan rallado** chapelure *f* • **a pan y agua** au pain sec et à l'eau • **contigo pan y cebolla** avec toi jusqu'au bout du monde • **es pan comido** c'est du gâteau • **estar a pan y agua de dinero** *fig* être à court d'argent • **estar a pan y cuchillo** être logé(e) et nourri(e) • **ganarse el pan** gagner

son pain • **llamar al pan pan y al vino vino** appeler un chat un chat • **pan y circo** du pain et des jeux • **ser el pan nuestro de cada día** être monnaie courante • **ser más bueno que el pan** être la bonté même.
pana *nf* velours *m* côtelé.
panacea *nf* panacée *f*.
panadería *nf* boulangerie *f*.
panadero, ra *nm, f* boulanger *m*, -ère *f*.
panal *nm* rayon *m* *(d'une ruche)*.
Panamá *npr* Panama *m*.
panameño, ña *adj* panaméen(enne). ❑ *nm, f* Panaméen *m*, -enne *f*.
Panamericana *npr* • **la Panamericana** *autoroute panaméricaine*.
panamericanismo *nm* panaméricanisme *m*.
panamericano, na *adj* panaméricain(e).
pancarta *nf* pancarte *f*.
panceta *nf* lard *m*, poitrine *f* de porc.
pancho, cha *adj fam* pépère, peinard(e) • **se quedó tan pancho** ça ne lui a fait ni chaud ni froid.
páncreas *nm inv* pancréas *m*.
panda *nm* → **oso**. ❑ *nf* bande *f* *(d'amis)*.
pandemia *nf* pandémie *f*.
pandereta *nf* tambour *m* de basque.
pandero *nm* **1.** tambour *m* de basque **2.** *fam* popotin *m*.
pandilla *nf* bande *f* *(d'amis)*.
panecillo *nm* petit pain *m*.
panegírico, ca *adj* • **un discurso panegírico** un panégyrique *m*. ■ **panegírico** *nm* panégyrique *m*.
panel *nm* panneau *m* • **panel de mandos** tableau de commandes.
panera *nf* corbeille *f* à pain.
pánfilo, la *adj* niais(e). ❑ *nm, f* idiot *m*, -e *f*.
panfleto *nm* pamphlet *m* ; *(propagande)* tract *m*.
pánico *nm* panique *f*.
panocha *nf* épi *m* *(de maïs)*.
panoplia *nf* **1.** armure *f* **2.** panoplie *f*.
panorama *nm* panorama *m*.
panorámico, ca *adj* panoramique. ■ **panorámica** *nf* **1.** vue *f* panoramique **2.** CINÉ panoramique *m*.
panqueque *nm* (AMÉR) crêpe *f*.
pantaletas *nfpl* (AMÉR) culotte *f*.
pantalla *nf* **1.** *(gén)* INFORM écran *m* • **la pequeña pantalla** le petit écran • **pantalla de cristal líquido** écran à cristaux liquides **2.** abat-jour *m*. ■ **pantalla acústica** *nf* enceinte *f* acoustique.
pantalón *nm* *(gén pl)* pantalon *m* • **llevar pantalones azules** porter un pantalon bleu • **pantalones cortos** culottes *fpl* courtes • **pantalón pitillo** fuseau *m* • **pantalón tejano** ou **vaquero** jean *m*.
pantaloncillos *nmpl* (AMÉR) slip *m*.
pantano *nm* **1.** marais *m* **2.** retenue *f* d'eau.
pantanoso, sa *adj* **1.** marécageux(euse) **2.** *fig* épineux(euse).
panteón *nm* panthéon *m*.
pantera *nf* panthère *f*.
pantimedias *nfpl* (AMÉR) collants *mpl*.
pantorrilla *nf* mollet *m*.
pantufla *nf* *(gén pl)* pantoufle *f*.
panty (*pl* **pantys**) *nm* collant *m*.
panza *nf* panse *f*.
panzada *nf* **1.** *(coup)* • **darse una panzada** **a)** s'étaler de tout son long **b)** *(dans l'eau)* faire un plat **2.** *fam* *(satiété)* • **darse una panzada de comer** s'en mettre plein la panse • **darse una panzada de reír** mourir de rire.
pañal *nm* couche *f*. ■ **pañales** *nmpl* **1.** langes *mpl* **2.** *fig* *(débuts)* • **en pañales** à ses débuts • **aún estoy en pañales** je suis encore débutant • **el proyecto está en pañales** le projet en est à ses débuts.
pañería *nf* draperie *f* • **ir a la pañería** aller chez le drapier.
paño *nm* **1.** drap *m* **2.** chiffon *m* • **paño de cocina** torchon *m* (de cuisine). ■ **paños** *nmpl* **1.** drapé *m* **2.** compresse *f* **3.** *fig* • **venir con paños calientes** prendre des gants • **estar en paños menores** être en petite tenue.
pañoleta *nf* fichu *m*.
pañuelo *nm* **1.** mouchoir *m* • **pañuelo de papel** mouchoir en papier **2.** foulard *m*.
papa *nf* pomme de terre *f* • **ni papa** *fam* & *fig* rien du tout • **no sé ni papa de cocina** je n'y connais rien en cuisine. ■ **Papa** *nm* pape *m*.
papá *nm fam* papa *m*. ■ **papás** *nmpl* parents *mpl*. ■ **Papá Noel** *nm* père *m* Noël.
papachador, ra *adj* (AMÉR) câlin(e).
papachar *vt* (AMÉR) cajoler.
papada *nf* double menton *m*.
papagayo *nm* perroquet *m*.
papalote *nm* (AMÉR) cerf-volant *m*.
papamoscas *nm inv* gobe-mouches *m inv*.
papanatas *nm* ou *nf inv fam* ballot *m*.
papaya *nf* papaye *f*.
papear *vi fam* bouffer.
papel *nm* **1.** *(matière, document)* papier *m* • **papel carbón** papier carbone • **papel celofán** Cellophane® *f* • **papel continuo** INFORM papier continu • **papel de aluminio** ou **de plata** papier (d')aluminium • **papel de embalar** ou **de embalaje** papier d'emballage • **papel de fumar** papier à cigarettes • **papel de lija** papier de verre • **papel higiénico** papier toilette • **papel pintado** papier peint • **papel secante** papier buvard **2.** rôle *m* • **desempeñar** ou **hacer el papel de** jouer le rôle de **3.** FIN valeur *f* • **papel moneda** papier-monnaie *m*. ■ **papeles** *nmpl* papiers *mpl* *(d'identité)*.
papela *nf* *tfam* dose *f* *(d'héroïne)*.
papeleo *nm* paperasserie *f*.
papelera *nf* → **papelero**.
papelería *nf* papeterie *f*.

papelero, ra *adj* papetier(ère). ■ **papelera** *nf* **1.** corbeille *f* à papier **2.** papeterie *f*.

papeleta *nf* **1.** billet *m* ; bulletin *m* de vote **2.** SCOL bulletin *m* de notes **3.** *fig (situation délicate)* • **¡vaya papeleta!** quelle tuile !

papelina *nf fam* dose *f (de drogue)*.

papelón *nm fam* • **hacer un papelón** être ridicule.

papeo *nm fam* bouffe *f*.

papera *nf* goitre *m*. ■ **paperas** *nfpl* oreillons *mpl*.

papi *nm fam* papa *m*.

papila *nf* papille *f*.

papilla *nf* bouillie *f* • **hecho papilla a)** *(fatigué)* à ramasser à la petite cuillère **b)** *(abîmé)* réduit(e) en bouillie.

papilomavirus *nm* papillomavirus *m*.

papiro *nm* papyrus *m*.

papiroflexia *nf* art *m* du pliage.

paquete *nm* **1.** paquet *m* • **paquete bomba** colis *m* piégé • **paquete postal** colis *m* postal **2.** INFORM • **paquete (de programas ou de software)** progiciel *m* **3.** *(à moto)* • **ir de paquete** monter derrière **4.** *(ensemble)* • **un paquete de medidas** un train de mesures • **paquete turístico** voyage *m* organisé **5.** *fam* couches *fpl* **6.** *fam (pas capable)* • **ser un paquete** être nul, nulle *f* **7.** *fam (chose pénible)* • **me ha tocado el paquete de...** c'est moi qui me suis tapé la corvée de...

paquidermo *nm* pachyderme *m*.

Paquistán, Pakistán *npr* Pakistan *m*.

par *adj* **1.** pair(e) **2.** égal(e) • **sin par** hors pair. ❑ *nm* **1.** paire *f (de chaussures, de gants)* • **dentro de un par de días** dans deux jours • **lo hizo un par de veces** il l'a fait deux ou trois fois **2.** *(plusieurs)* • **tomar un par de copas** prendre un ou deux verres **3.** *(titre)* pair *m*. ■ **a la par** *loc adv* **1.** en même temps **2.** au même niveau **3.** FIN au pair. ■ **de par en par** *loc adv* • **abierto de par en par** grand ouvert.

PAR (abrév de Partido Aragonés Regionalista) *nm parti régionaliste aragonais*.

para

■ **para** *prép*

1. INDIQUE LE BUT

pour • **sale para distraerse** elle sort pour se distraire • **lo he hecho para agradarte** je l'ai fait pour te faire plaisir • **¿para qué?** pourquoi ? • **no sirve para nada** ça ne sert à rien • **es malo para la salud** c'est mauvais pour la santé

2. INDIQUE LE DESTINATAIRE

pour • **es para ti** c'est pour toi

3. INDIQUE LA DESTINATION, LA DIRECTION

• **salieron para Madrid** ils sont partis pour Madrid • **vete para casa** rentre à la maison • **échate para el lado** mets-toi sur le côté

4. INDIQUE UN MOMENT, UNE DURÉE

• **tiene que estar hecho para mañana** ça doit être fait pour demain • **queda leche para dos días** il reste du lait pour deux jours • **faltan dos semanas para las vacaciones** il reste deux semaines avant les vacances

5. DANS UNE COMPARAISON

pour • **está muy espabilado para su edad** il est très éveillé pour son âge

6. INDIQUE LE POINT DE VUE

• **para mí, no es la respuesta correcta** d'après moi *ou* à mon avis, ce n'est pas la bonne réponse • **para mí, no debería habérselo dicho** à mon avis, il n'aurait pas dû le lui dire

7. DEVANT UN INFINITIF, INDIQUE QUE QQCH EST IMMINENT

• **la cena está lista para servir** le dîner est prêt à être servi

■ **para que** *loc conj*

INDIQUE LE BUT

pour que • **te lo digo para que lo sepas** je te le dis pour que tu le saches

parabeno *nm* paraben *m*.

parabién (*pl* **parabienes**) *nm* félicitations *fpl*.

parábola *nf* parabole *f*.

parabólico, ca *adj* parabolique.

parabrisas *nm inv* pare-brise *m inv*.

paracaídas *nm inv* parachute *m*.

paracaidismo *nm* parachutisme *m*.

paracaidista *nmf* parachutiste *mf*.

paracetamol *nm* MÉD paracétamol *m*.

parachoques *nm inv* pare-chocs *m inv*.

parada *nf* → **parado**.

paradero *nm* **1.** point *m* de chute • **desconozco su paradero** j'ignore où il se trouve • **dieron con su paradero** ils ont trouvé où il était **2.** (AMÉR) arrêt *m (de bus)*.

paradigma *nm* paradigme *m*.

paradisiaco, ca, paradisíaco, ca *adj* paradisiaque.

parado, da *adj* **1.** *(immobile)* arrêté(e) **2.** timide **3.** *fam* au chômage **4.** *fig* • **salió bien/mal parado** il s'en est bien/mal tiré • **quedarse parado** rester interdit. ❑ *nm, f fam* chômeur *m*, -euse *f*. ■ **parada** *nf* **1.** arrêt *m* • **parada de autobús** arrêt d'autobus • **parada de taxis** station *f* de taxis • **parada discrecional** arrêt facultatif **2.** MIL parade *f*.

paradoja *nf* paradoxe *m*.

paradójico, ca *adj* paradoxal(e).

parador *nm (auberge)* relais *m*. ■ **Parador Nacional** *nm grand hôtel géré par l'État*.

parafarmacia *nf* parapharmacie *f*.

parafernalia *nf* attirail *m (d'une personne)* ; tralala *m (d'une cérémonie)*.

parafina *nf* paraffine *f*.

parafrasear *vt* paraphraser.

paráfrasis *nf inv* paraphrase *f*.

paraguas *nm inv* parapluie *m*.

Paraguay *npr* • **(el) Paraguay** le Paraguay.

paraguayo,ya *adj* paraguayen(enne). ❑ *nm,f* Paraguayen *m*, -enne *f*.
paragüero *nm* porte-parapluie *m*.
paraíso *nm* paradis *m*.
paraje *nm* endroit *m* ; *(région)* contrée *f*.
paralela → **paralelo**.
paralelepípedo *nm* parallélépipède *m*.
paralelismo *nm* parallélisme *m*.
paralelo,la *adj* parallèle. ■ **paralelo** *nm* parallèle *m* • **en paralelo** *ÉLECTR* en parallèle. ■ **paralela** *nf GÉOM* parallèle *f*. ■ **paralelas** *nfpl SPORT* barres *fpl* parallèles.
paralímpico,ca,paraolímpico,ca *adj* paralympique. ❑ *nm,f* athlète *mf* paralympique.
parálisis *nf inv* paralysie *f*.
paralítico,ca *adj & nm,f* paralytique.
paralización *nf* **1.** *MÉD* paralysie *f* **2.** *fig* arrêt *m*.
paralizar [13] *vt* paralyser. ■ **paralizarse** *vp* être paralysé(e) ; *(travaux)* être arrêté(e).
parámetro *nm* paramètre *m*.
paramilitar *adj* paramilitaire.
páramo *nm* **1.** plateau *m* dénudé **2.** endroit *m* isolé.
parangón *nm* comparaison *f* • **sin parangón** sans pareil(eille).
paraninfo *nm* grand amphithéâtre *m*.
paranoia *nf* paranoïa *f*.
paranoico,ca *adj & nm,f* paranoïaque.
paranormal *adj* paranormal(e).
paraolímpico = **paralímpico**.
parapente *nm* parapente *m*.
parapetarse *vp* • **parapetarse (tras)** se retrancher (derrière).
parapeto *nm* **1.** parapet *m* **2.** barricade *f*.
paraplejía,paraplejia *nf MÉD* paraplégie *f*.
parapléjico,ca *adj & nm,f* paraplégique.
parapsicología,parasicología *nf* parapsychologie *f*.
parapsicológico,ca,parasicológico,ca *adj* parapsychologique.
parapúblico,ca *adj* parapublic(ique) • **el sector parapúblico** le parapublic.
parar *vi* **1.** arrêter ; *(train, etc)* s'arrêter • **no para de llover** il n'arrête pas de pleuvoir • **sin parar** sans arrêt **2.** finir • **¿en qué parará todo esto?** comment tout cela va-t-il finir ? • **fue a parar a la cárcel** il a atterri en prison • **¿dónde iremos a parar?** où en arrivera-t-on ? • **ir a parar a manos de** tomber entre les mains de **3.** descendre *(à l'hôtel)*. ❑ *vt* **(AMÉR)** lever. ■ **pararse** *vp* **1.** s'arrêter **2.** **(AMÉR)** se lever.
pararrayos *nm inv* paratonnerre *m*.
parasicología = **parapsicología**.
parásito,ta *adj* parasite. ■ **parásito** *nm* parasite *m*. ■ **parásitos** *nmpl (interférences)* parasites *mpl*.
parasol *nm* parasol *m*.
parcela *nf* parcelle *f*.
parcelar *vt* parcellariser.
parche *nm* **1.** *(pour boucher un trou - dans un tissu)* pièce *f* ; *(- sur un pneu)* Rustine® *f* **2.** • **parche de nicotina** patch *m* antitabac **3.** *(retouche)* • **ser un parche en el panorama** faire tache dans le paysage **4.** rafistolage *m* **5.** pis-aller *m inv*.
parchear *vt (vêtement)* rapiécer ; *(déficit)* colmater ; *fig* parer au plus pressé.
parchís *nm inv* ≃ petits chevaux *mpl*.
parcial *adj* **1.** partiel(elle) **2.** partial(e). ❑ *nm (examen)* partiel *m*.
parcialidad *nf* partialité *f*.
parco,ca *adj* **1.** *(personne)* sobre • **parco en** avare de **2.** *(aliment, salaire)* maigre.
pardillo,lla *adj & nm,f (ingénu)* poire.
pardo,da *adj* brun(e) • **nubes pardas** des nuages sombres. ■ **pardo** *nm* brun *m*.
parear *vt* **1.** apparier **2.** confronter **3.** *TAUROM poser les banderilles*.
parecer [30] *nm* **1.** avis *m* **2.** allure *f* • **es de buen parecer** elle a un physique agréable. ❑ *vi* ressembler à • **un perro que parece un lobo** un chien qui ressemble à un loup. ❑ *v att* avoir l'air, paraître • **pareces cansado** tu as l'air fatigué • **parece más grande** elle paraît plus grande. ❑ *v impers* **1.** *(croire, penser)* • **me/te** *etc* **parece** il me/te *etc* semble • **¿qué te parece?** qu'en penses-tu ? • **me parece que...** j'ai l'impression que... • **me parece muy bien** je trouve ça très bien • **¿te parece?** ça te va ? **2.** *(être possible)* • **parece que...** on dirait que... • **al parecer** apparemment. ■ **parecerse** *vp* se ressembler • **se parecen en los ojos** ils ont les mêmes yeux.
parecido,da *adj (semblable)* • **parecido (a)** semblable (à) • **los gemelos son parecidos** les jumeaux se ressemblent • **ser mal parecido** être laid. ■ **parecido** *nm* ressemblance *f*.
pared *nf* **1.** *(gén) SPORT* mur *m* **2.** *ANAT (d'une montagne, etc)* paroi *f*.
paredón *nm* gros mur *m* ; mur *m* des fusillés.
parejo,ja *adj* pareil(eille) • **estar parejo** être quitte. ■ **pareja** *nf* **1.** paire *f* **2.** couple *m* • **pareja de hecho** couple vivant en concubinage **3.** partenaire *mf* ; *(danse)* cavalier *m*, -ère *f* ; *(vêtement)* • **la pareja de este calcetín** la deuxième chaussette.
parentela *nf (famille)* parenté *f*.
parentesco *nm* lien *m* de parenté.
paréntesis *nm inv* parenthèse *f* • **entre paréntesis** entre parenthèses.
pareo *nm* pareo *m*.
paria *nmf litt* & *fig* paria *m*.
parida *nf fam* • **no dice más que paridas** il ne raconte que des bêtises.
paridad *nf* parité *f* • **paridad de cambio** parité du change.
pariente,ta *nm,f* **1.** parent *m*, -e *f* **2.** *fam (conjoint - femme)* moitié *f* ; *(- mari)* homme *m*.
parir *vi (animal)* mettre bas ; *(femme)* accoucher. ❑ *vt (animal)* mettre bas ; *(femme)* accoucher de.

París *npr* Paris.
parisino, na, parisiense *adj* parisien(enne). ❑ *nm, f* Parisien *m*, -enne *f*.
paritario, ria *adj* paritaire.
paritorio *nm* salle *f* d'accouchement.
parking *nm* parking *m*.
párkinson *nm* maladie *f* de parkinson.
parlamentar *vi* parlementer.
parlamentario, ria *adj & nm, f* parlementaire.
parlamentarismo *nm* parlementarisme *m*.
parlamento *nm* **1.** parlement *m* **2.** THÉÂTRE tirade *f*.
parlanchín, ina *adj & nm, f* bavard(e).
parlante *adj* parlant(e).
parlotear *vi fam* papoter, bavasser.
parloteo *nm fam* papotage *m*.
parmesano *nm* → **queso**.
parné *nm fam* fric *m*, pognon *m*.
paro *nm* **1.** chômage *m* **2.** arrêt *m* • **paro cardiaco** arrêt cardiaque • **paro de imagen** arrêt sur image.
parodia *nf* parodie *f*.
parodiar [8] *vt* parodier.
paroxismo *nm* paroxysme *m*.
parpadear *vi* **1.** cligner des yeux, battre des paupières **2.** *(lumière)* vaciller ; *(de façon intermittente)* clignoter **3.** *(étoile)* scintiller.
parpadeo *nm* **1.** clignement *m* d'yeux **2.** *fig* scintillement *m*.
párpado *nm* paupière *f*.
parque *nm* parc *m* • **parque acuático** parc aquatique • **parque de atracciones** parc d'attractions • **parque de bomberos** caserne *f* de pompiers • **parque nacional** parc national • **parque temático** parc à thème • **parque zoológico** parc zoologique.

CULTURE

los parques temáticos

Il y a de plus en plus de parcs à thème en Espagne, avec différentes attractions mais avec une vocation didactique. Parmi eux : **Dinópolis** (à Teruel), une immense exposition paléontologique qui raconte l'histoire des dinosaures depuis le « Big Bang » jusqu'à leur extinction ; à **Isla Mágica** (à Séville) on se retrouve au XVIe siècle, à l'époque des grandes découvertes ; le parc **Terra Mítica** (à Alicante) a été conçu pour permettre de connaître tout en s'amusant les civilisations les plus importantes de la Méditerranée ; **Port Aventura** (à Tarragone) propose un voyage dans les cinq continents ; **Faunia** (à Madrid) est dédié aux passionés de la nature, car on peut aussi bien observer la faune nocturne, que la faune tropicale ou l'écosystème polaire.

parqué, parquet (*pl* **parquets**) *nm* parquet *m*.
parqueadero *nm* (AMÉR) parking *m*.
parquear *vt* (AMÉR) garer.
parquet = **parqué**.
parquímetro *nm* parcmètre *m*.
parra *nf* treille *f*.
parrafada *nf* **1.** *(discussion)* • **echar una parrafada con alguien** discuter avec qqn **2.** *(monologue)* laïus *m*.
párrafo *nm* paragraphe *m*.
parranda *nf* **1.** *fam* virée *f* **2.** *petit orchestre de village*.
parrandista *adj & nmf fam* noceur(euse).
parricida *nmf* parricide *mf*.
parricidio *nm* parricide *m*.
parrilla *nf* **1.** gril *m* • **a la parrilla** au gril **2.** *(salle de restaurant)* grill *m* **3.** SPORT • **parrilla (de salida)** grille *f* de départ **4.** (AMÉR) AUTO galerie *f*.
parrillada *nf assortiment de viandes ou de poissons grillés*.
párroco *nm* curé *m* (de la paroisse).
parroquia *nf* **1.** paroisse *f* **2.** clientèle *f*.
parroquial *adj* paroissial(e).
parroquiano, na *nm, f* **1.** paroissien *m*, -enne *f* **2.** client *m*, -e *f*.
parsimonia *nf* **1.** lenteur *f* **2.** parcimonie *f*.
parsimonioso, sa *adj* parcimonieux(euse).
parte *nm* rapport *m* • **dar parte** informer • **parte facultativo ou médico** bulletin *m* de santé • **parte meteorológico** bulletin *m* météorologique. ❑ *nf* **1.** *(morceau)* DR partie *f* • **en parte** en partie • **por partes** peu à peu • **vayamos por partes** procédons par ordre **2.** *(portion, lieu)* part *f* • **la mayor parte de la gente** la plupart des gens • **en alguna parte** quelque part • **por ninguna parte** nulle part • **por todas partes** partout **3.** côté *m* • **estar ou ponerse de parte de alguien** être ou se mettre du côté de qqn • **los tengo de mi parte** *fig* ils sont de mon côté • **por parte de madre/padre** du côté maternel/paternel **4.** THÉÂTRE rôle *m* **5.** *(expressions)* • **de parte de** de la part de • **¿de parte de quién?** c'est de la part de qui ? • **por mi parte** pour ma part • **por otra parte** d'autre part • **tener ou tomar parte en algo** prendre part à qqch. ■ **partes** *nfpl* parties *fpl* intimes.
partera *nf* sage-femme *f*.
parterre *nm* parterre *m*.
partición *nf* partage *m* ; partition *f (d'un territoire)*.
participación *nf* **1.** participation *f* ; ÉCON intéressement *m* **2.** billet *m (de loterie)* **3.** faire-part *m*.
participante *adj & nmf* participant(e).
participar *vi* **1.** *(collaborer)* • **participar (en)** participer (à) **2.** *(profiter)* • **participar de ou en** prendre part à **3.** *(partager)* • **participar de algo** partager qqch • **participo de tus ideas** je partage tes idées. ❑ *vt* • **participar algo a alguien** faire part de qqch à qqn.

participativo, va *adj* • **es muy participativo en clase** il participe beaucoup en classe.
partícipe *adj* • **hacer partícipe de algo a alguien** faire part de qqch à qqn. ❑ *nmf* participant *m*, -e *f*.
participio *nm* participe *m*.
partícula *nf* particule *f*.
particular *adj* **1.** particulier(ère) • **en particular** en particulier **2.** privé(e). ❑ *nmf* particulier *m*. ❑ *nm* sujet *m*.
particularidad *nf* particularité *f*.
particularizar [13] *vt* particulariser ; détailler. ❑ *vi* **1.** entrer dans les détails **2.** *(viser)* • **particularizar en alguien** viser qqn en particulier. ■ **particularizarse** *vp* • **particularizarse por** se distinguer par.
particularmente *adv* **1.** particulièrement **2.** en particulier.
partida *nf* → **partido**.
partidario, ria *adj* partisan • **es partidaria de...** elle est partisan de... • **es partidario de cerrar la fábrica** il est pour la fermeture de l'usine. ❑ *nm,f* partisan *m*.
partidismo *nm* partialité *f* ; POLIT esprit *m* de parti.
partidista *adj* partisan(e).
partido, da *adj* **1.** cassé(e) **2.** fendu(e). ■ **partido** *nm* **1.** parti *m* • **buen/mal partido** bon/mauvais parti • **partido político** parti politique **2.** match *m* • **partido amistoso** match amical **3.** *fig* • **sacar partido de** tirer parti de • **tomar partido por** prendre parti pour. ■ **partida** *nf* **1.** départ *m* **2.** *(dans un jeu)* partie *f* **3.** *(document)* acte *m* **4.** *(COMM - marchandises)* lot *m* ; *(- de facture)* poste *m*.
partir *vt* **1.** casser **2.** couper **3.** partager. ❑ *vi* • **partir (hacia)** partir (pour) • **partir de** partir de. ■ **partirse** *vp* se casser. ■ **a partir de** *loc prép* à partir de.
partisano, na *adj* partisan(e). ❑ *nm,f* partisan *m*, -e *f*.
partitura *nf* partition *f*.
parto *nm* *(animal)* mise *f* bas ; *(femme)* accouchement *m* • **estar de parto** être en travail.
parturienta *nf* femme *f* en couches ; MÉD parturiente *f*.
parvulario *nm* école *f* maternelle.
párvulo, la *nm,f* enfant *mf* • **los párvulos** les tout-petits.
pasa *nf* raisin *m* sec.
pasable *adj* acceptable.
pasada *nf* → **pasado**.
pasadizo *nm* passage *m*.
pasado, da *adj* **1.** dernier(ère) • **el año pasado** l'année dernière • **pasado un año** un an plus tard • **lo pasado, pasado está** le passé c'est le passé **2.** périmé(e) ; *(fruit)* blet(ette). ■ **pasado** *nm* passé *m*. ■ **pasada** *nf* **1.** *(couche)* • **dar una pasada de pintura** donner un coup de peinture **2.** *fam* *(chose extraordinaire)* • **tu coche nuevo es una pasada** ta nouvelle voiture est vraiment géniale. ■ **de pasada** *loc adv* en passant. ■ **mala pasada** *nf* mauvais tour *m*.
pasador *nm* barrette *f*.
pasaje *nm* **1.** passage *m* **2.** passagers *mpl* **3.** billet *m*.
pasajero, ra *adj* & *nm,f* passager(ère).
pasamano *nm* galon *m*.
pasamanos *nm inv* main *f* courante.
pasamontañas *nm inv* passe-montagne *m*.
pasaporte *nm* passeport *m*.
pasapuré, pasapurés *nm inv* presse-purée *m inv*.

pasar

■ **pasar** *vt*

1. REMETTRE, TRANSMETTRE
passer • **pásame la sal** passe-moi le sel • **me ha pasado su catarro** il m'a passé son rhume
2. DU TEMPS
passer • **pasó dos años en Roma** elle a passé deux années à Rome • **ya hemos pasado las Navidades** Noël est déjà passé
3. FRANCHIR, TRAVERSER
passer • **pasar la frontera** passer la frontière
4. FAIRE PASSER À TRAVERS UN FILTRE
passer • **pasar la harina por el tamiz** passer la farine au tamis
5. À LA TÉLÉVISION, AU CINÉMA
passer • **pasar una película** passer un film
6. AU THÉÂTRE
jouer • **¿qué pasan actualmente en el Rex?** qu'est-ce qu'on joue en ce moment au Rex ?
7. FAIRE RENTRER
• **me pasó al salón** il m'a fait entrer dans le salon • **pasaban droga** ils passaient de la drogue
8. CHANGER QQCH DE PLACE
• **pasar algo de un sitio a otro** déplacer qqch d'un endroit à un autre
9. TOLÉRER
passer • **¡no pienso pasarte otra impertinencia!** je ne vais pas te passer une nouvelle impertinence ! • **le pasa todos sus caprichos** elle lui passe tous ses caprices
10. ENDURER, SOUFFRIR
• **está pasando una depresión** elle est en pleine dépression • **están pasando problemas económicos** ils ont des problèmes financiers en ce moment • **pasar frío/hambre** avoir froid/faim, souffrir du froid/de la faim
11. PASSER AVEC SUCCÈS
• **pasó el examen de historia con muy buena nota** il a réussi son examen d'histoire avec une très bonne note • **no ha pasado las oposiciones** il n'a pas été reçu au concours

12. DÉPASSER
• **un coche nos pasó por la derecha** une voiture nous a doublés par la droite • **ya ha pasado los treinta** il a plus de trente ans
13. DANS DES EXPRESSIONS
• **lo pasamos muy bien en la fiesta** nous nous sommes bien amusés à la fête • **lo pasó muy mal** il a passé un mauvais moment

■ **pasar** *vi*
1. S'ÉCOULER, EN PARLANT DU TEMPS
passer • **pasan los días** les jours passent
2. CHANGER D'ÉTAT
passer • **pasa fácilmente de la alegría a la tristeza** il passe facilement de la joie à la tristesse
3. CHANGER DE FONCTION
passer • **ha pasado de secretario a tesorero** de secrétaire, il est passé trésorier
4. FINIR, TERMINER
passer • **pasó el frío** le froid est passé
5. ALLER D'UN LIEU À UN AUTRE
passer • **pasar de largo** passer sans s'arrêter • **¡pase!** entrez !
6. SE PRODUIRE
se passer, arriver • **cuéntame lo que pasó** raconte-moi ce qui s'est passé • **¿cómo pasó?** comment est-ce arrivé ? • **pase lo que pase** quoi qu'il arrive

■ **pasar a** *v + prép*
passer à • **pasemos a otra cosa** passons à autre chose

■ **pasar de** *v + prép*
1. DÉPASSER
• **pasan de veinte** ils sont plus de vingt • **no pasa de los cuarenta** il n'a pas plus de quarante ans
2. *fam* SE DÉSINTÉRESSER
• **paso de ir al cine** je n'ai aucune envie d'aller au cinéma • **paso de política** la politique, je n'en ai rien à faire • **dice que pasa de él** elle dit qu'elle n'a rien à faire de lui

■ **pasar por** *v + prép*
1. ÊTRE CONSIDÉRÉ COMME
passer pour • **pasar por tonto** passer pour un idiot
2. AVOIR À SUPPORTER
traverser • **está pasando por un momento difícil** il traverse un moment difficile
3. DANS DES EXPRESSIONS
• **si puedo pasaré por tu casa** si je peux, je passerai chez toi • **ni se me había pasado por la imaginación** cela ne m'avait même pas traversé l'esprit

■ **pasar sin** *v + prép*
SE PASSER DE, VIVRE SANS
• **pasar sin carne** se passer de viande • **no puedo pasar sin hablar** je ne peux pas m'empêcher de parler

■ **pasarse** *vp*
1. S'EN ALLER, NE PAS DURER
passer • **¿se te ha pasado el dolor?** est-ce que la douleur est passée ?
2. PASSER SON TEMPS À
passer • **se pasaron el día hablando** ils ont passé la journée à parler
3. MANQUER
passer • **se nos acaba de pasar una magnífica oportunidad/ocasión** nous venons de laisser passer une magnifique opportunité/occasion
4. POURRIR, S'ABÎMER
• **hay que comer el pescado antes de que se pase** il faut manger le poisson avant qu'il s'abîme • **estas conservas se han pasado** ces conserves sont périmées
5. OUBLIER, EFFACER DE SA MÉMOIRE
• **se me pasó decirle que no era preciso reservar** j'ai oublié de lui dire que ce n'était pas nécessaire de réserver • **no se le pasa nada** rien ne lui échappe
6. *fam* EXAGÉRER, ALLER TROP LOIN
• **deberías pedirle perdón a Carmen, ¡esta vez te has pasado!** tu devrais demander pardon à Carmen, cette fois-ci tu es allé trop loin !
7. DANS DES EXPRESSIONS
• **¿qué tal te lo estás pasando?** alors, tu t'amuses ? • **nos lo pasamos muy bien en el zoo** nous nous sommes bien amusés au zoo • **se lo pasó muy mal en la fiesta** elle ne s'est pas amusée du tout à la soirée

■ **pasarse a** *vp + prép*
SE METTRE DANS LE CAMP ADVERSE
• **algunos se pasaron al enemigo** certains sont passés à l'ennemi • **pasarse al otro bando** changer de camp

■ **pasarse de** *vp + prép*
EXAGÉRER, ALLER TROP LOIN
• **a veces te pasas de bueno** parfois, tu es trop bon • **¡no te pases de listo!** ne fais pas trop le malin !

pasarela *nf* **1.** passerelle *f (d'embarquement)* **2.** podium *m (pour un défilé)*.

pasatiempo *nm* passe-temps *m*. ■ **pasatiempos** *nmpl* PRESSE rubrique *f* jeux.

Pascal *nm* INFORM pascal *m*.

Pascua *nf* **1.** Pâque *f (des Juifs)* **2.** Pâques *m (des chrétiens)* • **y santas Pascuas…** un point c'est tout → **isla**. ■ **Pascuas** *nfpl* Noël *m* • **¡felices Pascuas!** joyeux Noël ! • **de Pascuas a Ramos** tous les trente-six du mois.

pase *nm* **1.** laissez-passer *m* **2.** projection *f (de films, de diapositives, etc)* **3.** défilé *m (de mode)* **4.** SPORT passe *f*.

paseante *nmf* promeneur *m*, -euse *f*.

pasear *vi* se promener. ❑ *vt* promener. ■ **pasearse** *vp* se promener.

paseíllo *nm* TAUROM *défilé des toreros et de leur «cuadrilla» dans l'arène avant le début de la corrida.*
paseo *nm* promenade *f* • **dar un paseo, ir de paseo** faire une promenade, aller se promener.
pasillo *nm* couloir *m*.
pasión *nf* passion *f*. ■ **Pasión** *nf* Passion *f*.
pasional *adj* passionnel(elle).
pasionaria *nf* passiflore *f*.
pasividad *nf* passivité *f*.
pasivo, va *adj* passif(ive). ■ **pasivo** *nm* passif *m*.
pasma *nf fam* • **la pasma** les flics *mpl*.
pasmado, da *adj* **1.** ébahi(e) **2.** hébété(e). ❑ *nm,f* • **¡no te quedes como un pasmado!** ne reste pas là à gober les mouches !
pasmar *vt* ébahir. ■ **pasmarse** *vp* s'ébahir.
pasmarote *nmf fam* débile *mf*.
pasmo *nm* stupéfaction *f*.
pasmoso, sa *adj* stupéfiant(e).
paso *nm* **1.** passage *m* • **abrir ou abrirse paso** se frayer un chemin • **¡abran paso!** laissez passer ! • **ceder el paso** céder le passage • **'prohibido el paso'** 'défense d'entrer' • **paso a nivel** passage à niveau • **paso (de) cebra** passage clouté • **paso elevado** CONSTR passerelle *f* • **paso obligado** *fig* passage obligé • **paso peatonal ou de peatones** passage (pour) piétons **2.** *(façon de marché)* pas *m* **3.** *(gén pl) (gestion)* démarche *f* **4.** *(mauvaise période)* • **(mal) paso** mauvaise passe *f* **5.** char *m (d'une procession)* **6.** *fig* • **a cada paso** à tout moment • **a dos ou cuatro pasos** à deux pas • **paso a paso** pas à pas • **salir del paso** se tirer d'affaire. ■ **de paso** *loc adv* au passage. ■ **paso del Ecuador** *nm moment où les étudiants franchissent la moitié d'un cursus universitaire.*
pasodoble *nm* paso doble *m inv*.
pasota *adj & nmf fam* je-m'en-foutiste.
pasotismo *nm fam* je-m'en-foutisme *m*.
pasta *nf* **1.** pâte *f* • **pasta dentífrica ou de dientes** dentifrice *m* • **ser de buena pasta** *fam* être bonne pâte **2.** *(CULIN - spaghettis, etc)* pâtes *fpl* ; *(- pâtisserie)* petit gâteau *m* sec **3.** *fam* fric *m*.
pastar *vi* paître.
pastel *nm (CULIN - sucré)* gâteau *m* ; *(- salé)* tourte *f (de viande, de légumes)*, pain *m (de poissons)*, terrine *f* • **repartirse el pastel** *fig* se partager le gâteau.
pastelería *nf* pâtisserie *f*.
pasterizado, da = **pasteurizado**.
pasterizar = **pasteurizar**.
pasteurizado, da, pasterizado, da *adj* pasteurisé(e).
pasteurizar [13], **pasterizar** *vt* pasteuriser.
pastiche *nm* pastiche *m*.
pastilla *nf* **1.** pastille *f* ; tablette *f (de chocolat)* ; MÉD pilule *f* • **pastilla de jabón** savonnette *f* **2.** AUTO plaquette *f* **3.** INFORM puce *f* • **a toda pastilla** *fam* à toute pompe.
pastillero, ra *nm,f fam consommateur de pilules d'ecstasy.*
pastizal *nm* pâturage *m*.
pasto *nm* **1.** pâturage *m* **2.** pâture *f* **3.** *(motif)* • **ser pasto para la crítica** alimenter la critique.
pastón *nm fam* • **valer un pastón** valoir un fric fou.
pastor, ra *nm,f* berger *m*, -ère *f*. ■ **pastor** *nm* **1.** RELIG pasteur *m* **2.** chien *m* de berger.
pastoral *adj* pastoral(e).
pastorear *vt* mener paître.
pastoreo *nm* pâturage *m (action)*.
pastoso, sa *adj* pâteux(euse).
pata *nf* **1.** patte *f (d'un animal, d'une personne)* • **a cuatro patas** à quatre pattes • **a la pata coja** *fam* à cloche-pied **2.** pied *m (d'un meuble)* **3.** *(expressions)* • **meter la pata** faire une gaffe • **poner/estar patas arriba** mettre/être sens dessus dessous • **tener mala pata** avoir la poisse. ❑ *nm* (AMÉR) copain *m*. ■ **pata de gallo** *nf* **1.** patte-d'oie *f* **2.** pied-de-poule *m*. ■ **pata negra** *nm jambon de pays de première qualité.*
patada *nf* coup *m* de pied • **tratar a alguien a patadas** *fam & fig* traiter qqn à coups de pied dans le derrière.
patalear *vi* gigoter ; *(sur le sol)* trépigner.
pataleo *nm* **1.** gesticulation *f* **2.** *(sur le sol)* trépignement *m*.
pataleta *nf fam* cirque *m* • **armó una pataleta** il a fait tout un cirque.
patán *adj m & nm* **1.** *(ignorant)* plouc **2.** goujat.
patata *nf* pomme de terre *f* • **patatas fritas** **a)** frites *fpl* **b)** chips *fpl*.
patatín *fam* • **que si patatín, que si patatán** et patati et patata.
patatús *nm inv fam* • **le dio un patatús** ça lui a fichu un coup.
paté *nm* pâté *m*.
patear *vt* **1.** donner un coup de pied à **2.** piétiner **3.** faire à pied. ❑ *vi* **1.** trépigner **2.** *fam & fig* se démener. ■ **patearse** *vp* **1.** *(parcourir)* • **se ha pateado la ciudad** il a fait toute la ville à pied **2.** *fam* claquer *(de l'argent)*.
patentado, da *adj* breveté(e).
patentar *vt* breveter.
patente *adj* manifeste. ❑ *nf* **1.** brevet *m* **2.** patente *f*.
patera *nf embarcation de fortune utilisée par les clandestins partis d'Afrique du Nord pour traverser la Méditerranée.*
paternal *adj* paternel(elle).
paternalismo *nm* paternalisme *m*.
paternalista *adj* paternaliste.
paternidad *nf* paternité *f*.
paterno, na *adj* paternel(elle).
patético, ca *adj* pathétique.
patetismo *nm* pathétisme *m* • **escenas de gran patetismo** des scènes d'un grand pathétique.
patíbulo *nm* échafaud *m*.
patidifuso, sa *adj fam* soufflé(e).
patilla *nf* **1.** *(cheveux)* patte *f* ; *(barbe)* favoris *mpl* **2.** branche *f (de lunettes)*.

patín *nm* **1.** patin *m* • **patín de cuchilla** patin à glace • **patín de ruedas** patin à roulettes **2.** trottinette *f* **3.** pédalo *m*.
pátina *nf* patine *f*.
patinador, ra *nm,f* patineur *m*, -euse *f*.
patinaje *nm* patinage *m*.
patinar *vi* **1.** patiner **2.** *fam* & *fig* se planter.
patinazo *nm* **1.** glissade *f*; dérapage *m (d'une voiture)* **2.** *fam* & *fig* bourde *f*.
patinete *nm* trottinette *f*.
patio *nm* **1.** cour *f*; patio *m* • **patio interior** cour intérieure • **patio de recreo** cour de récréation **2.** *THÉÂTRE* • **patio (de butacas)** orchestre *m*.
patitieso, sa *adj fam* **1.** frigorifié(e) **2.** *(surpris)* baba.
pato, ta *nm,f* canard *m*, cane *f* • **pagar el pato** *fig* payer les pots cassés.
patógeno, na *adj* pathogène.
patología *nf* pathologie *f*.
patológico, ca *adj* pathologique.
patoso, sa *adj* & *nm,f fam* pataud(e).
patraña *nf fam* bobard *m*.
patria *nf* → **patrio**.
patriarca *nm* patriarche *m*.
patriarcado *nm* patriarcat *m*.
patrimonial *adj* patrimonial(e).
patrimonio *nm* patrimoine *m* • **declarar algo patrimonio histórico** déclarer qqch monument historique.
patrio, tria *adj* de la patrie. ■ **patria** *nf* patrie *f*. ■ **patria potestad** *nf DR* autorité *f* parentale.
patriota *adj* & *nmf* patriote.
patrioterismo *nm péj* chauvinisme *m*.
patriotero, ra *adj péj* chauvin(e).
patriótico, ca *adj* patriotique.
patriotismo *nm* patriotisme *m*.
patrocinador, ra *adj* • **la empresa patrocinadora** le sponsor. ❑ *nm,f* sponsor *m*.
patrocinar *vt* **1.** *(dans la publicité)* sponsoriser **2.** parrainer *(un projet)*; appuyer *(une candidature)*.
patrocinio *nm* **1.** *(dans la publicité)* parrainage *m* • **bajo el patrocinio de** sous le patronage de **2.** appui *m*.
patrón, ona *nm,f* patron *m*, -onne *f*. ■ **patrón** *nm* **1.** patron *m (d'un bateau, d'une couturière)* **2.** *(référence)* étalon *m* • **patrón monetario** étalon monétaire • **patrón oro** étalon-or *m*.
patronal *adj* patronal(e). ❑ *nf* **1.** direction *f (d'une entreprise)* **2.** patronat *m*.
patronato *nm* patronage *m*; fondation *f (de bienfaisance)*.
patronazgo *nm (gén) RELIG* patronage *m*.
patronímico, ca *adj* patronymique.
patrono, na *nm,f* patron *m*, -onne *f*.
patrulla *nf* patrouille *f* • **patrulla urbana** ≃ îlotiers *mpl*.
patrullar *vt* patrouiller dans. ❑ *vi* patrouiller.
paulatino, na *adj* **1.** lent(e) **2.** progressif(ive).
pauperización *nf* paupérisation *f*.
paupérrimo, ma *adj* très pauvre.
pausa *nf* pause *f*.
pausado, da *adj* calme; *(manières, voix)* posé(e).
pauta *nf* **1.** règle *f* **2.** ligne *f (sur une feuille de papier)*.
pautado, da *adj (papier)* rayé(e).
pava → **pavo** .
pavada *nf* (AMÉR) • **decir/hacer una pavada** dire/faire une bêtise.
pavimentación *nf* revêtement *m*.
pavimento *nm* **1.** revêtement *m* **2.** pavé *m*.
pavo, va *adj fam* & *péj* godiche. ❑ *nm,f* **1.** dindon *m*, dinde *f* • **pavo real** paon *m* **2.** *fam* & *péj (idiot)* âne *m*.
pavonearse *vp péj* prendre de grands airs • **pavonearse de** se vanter de.
pavor *nm* épouvante *f*; panique *f (collective)*.
pavoroso, sa *adj* épouvantable.
paya *nf* (AMÉR) *poème accompagné à la guitare*.
payasada *nf* clownerie *f (d'un clown)*; pitrerie *f (d'un enfant)* • **hacer payasadas** faire le pitre.
payaso, sa *adj* • **ser payaso** faire le clown. ❑ *nm,f* clown *m*.
payés, esa *nm,f* paysan *m*, -anne *f (en Catalogne et aux Baléares)*.
payo, ya *nm,f* gadjo *mf*.
paz *nf* paix *f* • **¡déjame en paz!** laisse-moi tranquille ! • **estar ou quedar en paz** être quitte • **hacer las paces** faire la paix • **que en paz descanse, que descanse en paz** qu'il/elle repose en paix • **tu hermana, que en paz descanse, era...** ta sœur, paix à son âme, était...
pazguato, ta *adj fam* & *péj* nunuche.
pazo *nm* manoir *m (en Galice)*.
PC *nm* (*pl* **PC** *ou* **PCs**) (abrév de personal computer) PC *m*.
PD, PS (abrév de posdata) PS.
pdo. abrév de **pasado**.
peaje *nm* péage *m*.
peana *nf* socle *m*.
peatón *nm* piéton *m*, -onne *f*.
peatonal *adj* piéton(onne).
peatonalizar [13] *vt transformer une voie en zone piétonne*.
peca *nf* tache *f* de rousseur.
pecado *nm* péché *m* • **sería un pecado tirar toda esa comida** ce serait un crime de jeter toute cette nourriture.
pecador, ra *adj* • **los hombres pecadores** les pécheurs. ❑ *nm,f* pécheur *m*, -eresse *f*.
pecaminoso, sa *adj* condamnable.
pecar [10] *vi* pécher • **pecó de prudente** il a péché par excès de prudence.
pecera *nf* aquarium *m*; bocal *m* (à poissons).
pecho *nm* **1.** poitrine *f* **2.** poitrail *m (d'un animal)* **3.** sein *m* • **dar el pecho** donner le sein

4. *fig* cœur *m* • **a lo hecho, pecho** ce qui est fait est fait • **tomarse algo a pecho** prendre qqch à cœur.
pechuga *nf* 1. blanc *m (de volaille)* 2. *tfam* nichons *mpl*.
pecoso, sa *adj* • **ser pecoso** avoir des taches de rousseur.
pectoral *adj* pectoral(e). ❑ *nm* sirop *m* pectoral.
peculiar *adj* particulier(ère).
peculiaridad *nf* particularité *f*.
pecuniario, ria *adj* pécuniaire.
pedagogía *nf* pédagogie *f*.
pedagógico, ca *adj* pédagogique.
pedagogo, ga *nm, f* pédagogue *mf*.
pedal *nm* pédale *f*.
pedalear *vi* pédaler.
pedante *adj & nmf* pédant(e).
pedazo *nm* morceau *m* • **hacer pedazos a)** mettre en morceaux **b)** *fig* briser.
pederasta *nm* pédéraste *m*.
pedernal *nm* 1. silex *m* 2. pierre *f* à fusil ou à feu.
pedestal *nm* piédestal *m*.
pedestre *adj* pédestre.
pediatra *nmf* pédiatre *mf*.
pediatría *nf* pédiatrie *f*.
pediátrico, ca *adj* pédiatrique.
pedicura *nf* soins *mpl* des pieds.
pedicuro, ra *nm, f* pédicure *mf*.
pedida *nf* demande *f* en mariage.
pedido *nm* commande *f* • **hacer un pedido** passer une commande.
pedigrí (*pl* **pedigríes** *ou* **pedigrís**), **pedigree** (*pl* **pedigrees**) *nm* pedigree *m*.
pedigüeño, ña *adj* • **ser pedigüeño** quémander.
pedir [26] *vt* 1. demander • **pedir a alguien que haga algo** demander à qqn de faire qqch • **pedir a alguien (en matrimonio)** demander qqn en mariage • **pedir prestado** emprunter 2. avoir besoin de • **esta planta pide sol** cette plante a besoin de soleil. ❑ *vi* mendier.
pedo *nm* 1. pet *m* • **tirarse un pedo** *vulg* péter 2. *tfam* cuite *f* • **cogerse un pedo** prendre une cuite. ❑ *adj inv tfam* • **estar pedo** être bourré(e).
pedofilia *nf* pédophilie *f*.
pedorro, rra *fam adj* 1. qui pète sans arrêt 2. *fig* casse-pieds *(inv)*.
pedrada *nf* 1. grêle *f* • **a pedradas** à coups de pierres.
pedrea *nf* 1. *plus petit prix de la loterie nationale espagnole* 2. grêle *f* 3. bataille *f* à coups de pierres.
pedregal *nm* terrain *m* rocailleux.
pedregoso, sa *adj* rocailleux(euse), pierreux(euse).
pedrera *nf* carrière *f*.
pedrería *nf* pierres *fpl* précieuses.
pedrisco *nm* grêle *f*.
pedrusco *nm* grosse pierre *f*.
peeling ['pilin] *nm* peeling *m*.
pega *nf* 1. difficulté *f* • **poner pegas (a)** mettre des obstacles (à) 2. colle *f*. ■ **de pega** *loc adj* faux, fausse *f* ; *(anillo, pulsera, etc.)* en toc.
pegadizo, za *adj* 1. chantant(e) 2. *fig* contagieux(euse).
pegajoso, sa *adj litt & fig* collant(e).
pegamento *nm* colle *f*.
pegar [16] *vt* 1. *(gén)* INFORM coller • **pegar un botón** coudre un bouton 2. frapper ; battre 3. donner *(un coup, une claque)* ; pousser *(un cri)* ; • **pegar un susto** faire peur • **pegar saltos** faire des bonds • **pegar tiros** tirer des coups de feu 4. *(contaminer)* • **pegar algo a alguien** passer qqch à qqn. ❑ *vi* 1. coller 2. frapper contre 3. *(harmoniser)* • **pegar con algo** aller avec qqch • **el verde y el rosa no pegan** le vert et le rose ne vont pas ensemble 4. *(sujet : soleil)* taper. ■ **pegarse** *vp* 1. coller ; *(sujet : riz, etc)* attacher 2. *(se cogner)* • **pegarse (un golpe) con/contra algo** se cogner à/contre qqch 3. se battre 4. se donner *(des coups, des coups de poing, etc)* 5. *fig (se transmettre)* s'attraper • **se me pegó su acento** j'ai attrapé son accent • **esta música se pega muy fácilmente** c'est un air que l'on retient très facilement 6. *péj (personne)* • **pegarse a alguien** coller qqn, se coller à qqn.
pegatina *nf* autocollant *m*.
pego *nm* • **dar el pego a)** *(personne)* donner le change **b)** *fam (bijoux, etc.)* faire vrai.
pegote *nm* 1. *fam* fioritures *fpl* 2. *fam* bricolage *m* 3. *fam* blague *f* 4. emplâtre *m* • **venir de pegote** venir comme un cheveu sur la soupe.
peinado *nm* coiffure *f*.
peinar *vt* 1. peigner ; coiffer 2. *fig* ratisser. ■ **peinarse** *vp* se peigner ; se coiffer.
peine *nm* peigne *m*.
peineta *nf* peigne *m* (de mantille).
p. ej. (abrév de **por ejemplo**) p. ex. • **un felino, p. ej. el tigre** un félin, p. ex. le tigre.
Pekín *npr* Pékin.
pela *nf fam* peseta *f* • **no tengo ni una pela** je n'ai pas un rond.
peladilla *nf* dragée *f*.
pelado, da *adj* 1. *(tête)* tondu(e) 2. *(montagne, fruit)* pelé(e) ; *(légume, pomme de terre)* épluché(e) • **tengo la espalda pelada** j'ai le dos qui pèle 3. *(arbre, intérieur, champ)* dénudé(e) 4. *fam* fauché(e) 5. *(nombre)* • **quinientos pelados** cinq cents tout rond. ■ **pelado** *nm* coupe *f* de cheveux.
pelagatos *nmf inv fam & péj* pauvre type *m*, pauvre fille *f*.
pelaje *nm* pelage *m*.
pelar *vt* 1. tondre *(les cheveux)* 2. peler *(un fruit)* ; éplucher *(un légume, une pomme de terre)* 3. plumer *(une volaille)* 4. *fam & fig (laisser sans argent)* plumer. ■ **pelarse** *vp* 1. *(peau)* peler 2. se faire couper les cheveux.

peldaño *nm* marche *f*; échelon *m (d'une échelle)*.
pelea *nf* **1.** bagarre *f*; combat *m (de boxe)* **2.** dispute *f*.
peleado, da *adj* **1.** *(combat)* acharné(e) **2.** *(personne)* • **estar peleado (con alguien)** être fâché (avec qqn).
pelear *vi* **1.** se battre **2.** se disputer. ■ **pelearse** *vp* **1.** se battre **2.** se disputer.
pelele *nm* **1.** *fam & péj (personne)* marionnette *f* **2.** grenouillère *f* **3.** *(poupée)* pantin *m*.
peleón, ona *adj* bagarreur(euse).
peletería *nf* **1.** *(métier)* pelleterie *f* **2.** *(boutique)* • **en la peletería** chez le fourreur.
peli (abrév de **película**) *nf fam* film *m*.
peliagudo, da *adj fig* épineux(euse).
pelicano, pelícano *nm* pélican *m*.
película *nf* **1.** film *m* • **película del Oeste** western *m* • **película de terror ou miedo** film d'épouvante • **película de vídeo** cassette *f* vidéo *(film)* • **de película** *fig* du tonnerre **2.** *(couche fine)* PHOTO pellicule *f* **3.** *fam (histoire incroyable)* roman *m*.
peliculero, ra *adj* **1.** *(gén)* de film **2.** *(personne)* • **ser peliculero a)** *fam* raconter des histoires.
peliculón *nm fam* super film *m*.
peligrar *vi (personne)* être en danger ; *(récolte, bâtiment, etc.)* être menacé(e).
peligro *nm* danger *m* • **correr peligro** courir un danger • **correr peligro de** courir le risque de • **fuera de peligro** hors de danger • **'peligro de muerte'** 'danger de mort'.
peligrosidad *nf* **1.** danger *m* **2.** insécurité *f*.
peligroso, sa *adj* dangereux(euse).
pelín *nm fam* • **un pelín** un tantinet • **es un pelín largo** c'est un poil trop long.
pelirrojo, ja *adj & nm,f* roux, rousse *f*.
pellejo *nm* **1.** peau *f* • **expuso su pellejo** *fam* il a risqué sa peau **2.** envie *f (des ongles)*.
pellizcar [10] *vt* **1.** pincer **2.** grignoter.
pellizco *nm* **1.** *(sur la peau - action)* pincement *m* ; *(- marque)* pinçon *m* **2.** *(petite quantité)* • **un pellizco de sal** une pincée de sel.
pelma *adj* lourd(e). ❑ *nm,f* casse-pieds *mf inv*.
pelmazo, za *fam & péj adj* lourd(e). ❑ *nmf* casse-pieds *mf inv*.
pelo *nm* poil *m* ; cheveu *m* • **el pelo a)** les cheveux *(d'une personne)* **b)** le pelage *(d'un animal)* • **con pelos y señales** dans les moindres détails • **montar a caballo a pelo** monter à cru • **no tener pelos en la lengua** *fam* ne pas mâcher ses mots • **no verle el pelo a alguien** *fam* ne plus voir qqn • **se le pusieron los pelos de punta** *fam* ses cheveux se sont dressés sur sa tête • **por los pelos** de justesse • **no se mató por un pelo** il s'en est fallu d'un cheveu qu'il ne se tue • **ser (un) hombre de pelo en pecho** être un homme, un vrai • **tomar el pelo a alguien a)** *fam (se moquer)* se payer la tête de qqn **b)** *(faire croire à)* faire marcher qqn. ■ **a contra pelo** *loc adv* à rebrousse-poil.
pelón, ona *adj* **1.** rasé(e) **2.** qui a très peu de cheveux. ■ **pelón** *nm* **(AMÉR)** brugnon *m*, nectarine *f*. ■ **pelona** *nf* **(AMÉR)** *fam* • **la Pelona** *(la mort)* la Camarde.
pelota *nf* **1.** ballon *m* ; balle *f* • **pelota vasca** pelote *f* basque **2.** boule *f* **3.** *fam & fig* • **hacer la pelota (a alguien)** cirer les pompes (à qqn). ❑ *nmf fam* lèche-bottes *mf inv*. ■ **pelotas** *nfpl* **1.** *tfam (testículos)* couilles *fpl* • **en pelotas** *tfam & fig* à poil **2.** **(AMÉR)** *fam (persona)* con *m sing*, conne *f*, connard *m sing*, -asse *f*.
pelotazo *nm* coup *m* de ballon.
pelotera *nf fam* engueulade *f*.
pelotero, ra *adj fam* lèche-bottes. ❑ *nm,f* **1.** *fam* lèche-bottes *mf* **2.** *fam* FOOTBALL footeux *m*, -euse *f*. ■ **pelotera** *nf fam* engueulade *f*.
pelotillero, ra *adj fam* lèche-bottes. ❑ *nm,f fam* lèche-bottes *mf*.
pelotón *nm* **1.** MIL & SPORT peloton *m* **2.** horde *f*.
pelotudez *nf* **(AMÉR)** *tfam* connerie *f* • **hacer/decir una pelotudez** faire/dire une connerie.
pelotudo, da *adj* **(AMÉR)** *fam* crétin(e).
peluca *nf* perruque *f*.
peluche *nm* peluche *f*.
peludo, da *adj* poilu(e).
peluquería *nf* **1.** salon *m* de coiffure • **ir a la peluquería** aller chez le coiffeur **2.** *(métier)* coiffure *f*.
peluquero, ra *nm,f* coiffeur *m*, -euse *f*.
peluquín *nm* postiche *m*.
pelusa *nf* **1.** duvet *m* **2.** peluche *f* **3.** mouton *m (de poussière)*.
pelvis *nf inv* bassin *m*.
pena *nf* **1.** peine *f* • **dar pena** faire de la peine • **(no) valer ou merecer la pena (hacer algo)** (ne pas) valoir la peine (de faire qqch) • **no vale la pena molestarse** ce n'est pas la peine de se déranger • **pena capital ou de muerte** peine capitale ou de mort **2.** *(dommage)* • **es una pena** c'est dommage • **¡qué pena!** quel dommage ! **3.** **(AMÉR)** honte *f* • **me da pena** j'ai honte.
penacho *nm* **1.** huppe *f* **2.** aigrette *f*.
penal *adj* pénal(e). ❑ *nm* maison *f* d'arrêt.
penalidad *nf (gén pl)* peine *f*.
penalista *nmf* avocat *m*, -e *f* pénaliste.
penalización *nf* pénalité *f*.
penalizar [13] *vt* **1.** *(délit)* mettre sous le coup de la loi **2.** SPORT pénaliser.
penalti, penalty *nm* penalty *m* • **se casó de penalti** *fam* elle s'est mariée en cloque.
penar *vt (sujet : loi)* punir. ❑ *vi (souffrir)* peiner.
pendejada *nf* **(AMÉR)** *tfam* **1.** *(action)* sale coup *m*, saloperie *f* **2.** *(propos)* connerie *f*.
pendejear *vi* **(AMÉR)** *tfam* faire le con, la conne *f*.
pendejo *nm,f* **1.** **(AMÉR)** *tfam (idiot)* con *m*, conne *f* **2.** **(AMÉR)** *fam (peureux)* lavette *f* **3.** **(AMÉR)** *tfam & péj (adolescent)* morveux *m*, -euse *f*.

pender *vi* **1.** • **pender (de)** pendre (à) **2.** *fig (menace, etc)* • **pender sobre** peser sur **3.** *fig (sentence, etc)* être en suspens.

pendiente *adj* **1.** en suspens • **tener una asignatura pendiente** avoir une matière à rattraper • **tener una cuenta pendiente** *fig* avoir une affaire à régler • **estar pendiente de** être dans l'attente de *(jugement, réponse, etc)* **2.** *(attentif)* • **está muy pendiente de sus hijos** elle s'occupe beaucoup de ses enfants. ❑ *nm* boucle *f* d'oreille. ❑ *nf* pente *f*.

pendón, ona *nm,f fam* glandeur *m*, -euse *f* • **estar hecho un pendón** passer sa vie dehors. ■ **pendón** *nm* **1.** bannière *f* **2.** *fam* traînée *f*.

pendonear *vi fam* traîner *(dans les rues)*.

pen drive [pen draif] *nm INFORM* clé *f* USB.

péndulo *nm* **1.** pendule *m* **2.** balancier *m*.

pene *nm* pénis *m*.

penene *nmf* ≃ maître *m* auxiliaire.

penetración *nf* pénétration *f*.

penetrante *adj* pénétrant(e) ; *(cri, voix)* perçant(e) • **un dolor penetrante** une douleur aiguë.

penetrar *vi* • **penetrar (en)** pénétrer (dans) • **el frío penetra en los huesos** le froid pénètre les os. ❑ *vt* pénétrer.

penicilina *nf* pénicilline *f*.

península *nf* péninsule *f* ; presqu'île *f* • **la península Ibérica** la péninsule Ibérique.

peninsular *adj* péninsulaire. ❑ *nmf* • **los peninsulares** les Espagnols du continent.

penitencia *nf* pénitence *f*.

penitenciaría *nf* pénitencier *m*.

penitenciario, ria *adj* pénitentiaire.

penitente *nmf* pénitent *m*, -e *f*.

penoso, sa *adj* **1.** *(travail)* pénible **2.** *(événement)* douloureux(euse) **3.** *(spectacle)* affligeant(e) **4.** **(AMÉR)** timide.

pensado, da *adj* • **ser (un) mal pensado** avoir l'esprit mal tourné • **el día menos pensado** un beau jour. ■ **bien pensado** *loc adv* tout bien réfléchi.

pensador, ra *nm,f* penseur *m*, -euse *f*.

pensamiento *nm* **1.** *(gén) BOT* pensée *f* **2.** esprit *m*.

pensar [19] *vi* penser ; réfléchir • **pensar en** penser à • **dar que pensar** donner à réfléchir. ❑ *vt* **1.** penser **2.** réfléchir à • **piensa lo que te he dicho** réfléchis à ce que je t'ai dit. ■ **pensarse** *vp* • **tengo que pensármelo** je dois y réfléchir.

pensativo, va *adj* pensif(ive).

pensión *nf* pension *f* • **media pensión** demi-pension *f* • **pensión completa** pension complète • **pensión (de jubilación)** retraite *f*.

pensionado *nm* **1.** pensionnat *m* **2.** **(AMÉR)** résidence *f* universitaire.

pensionista *nmf* **1.** *(handicapé)* pensionné *m*, -e *f* **2.** retraité *m*, -e *f* **3.** pensionnaire *mf*.

pentágono *nm* pentagone *m*.

pentagrama *nm MUS* portée *f*.

pentatlón *nm* pentathlon *m*.

Pentecostés *nm* Pentecôte *f*.

penúltimo, ma *adj & nm,f* avant-dernier(ère).

penumbra *nf* pénombre *f* • **en penumbra** dans la pénombre.

penuria *nf* pénurie *f*.

peña *nf* **1.** rocher *m* **2.** bande *f* (d'amis) **3.** club *m*.

peñasco *nm* rocher *m*.

peñón *nm* rocher *m*. ■ **Peñón** *npr* • **el Peñón (de Gibraltar)** le rocher de Gibraltar.

peón *nm* **1.** manœuvre *m*, ouvrier *m* agricole **2.** pion *m (aux échecs)* **3.** toupie *f*.

peonza *nf* toupie *f*.

peor *adj* **1.** *(comparatif)* • **peor (que)** pire (que) • **tú eres malo pero él es peor** tu es méchant mais il est pire • **su letra es peor que la tuya** son écriture est pire que la tienne • **soy peor alumno que mi hermano** je suis plus mauvais élève que mon frère **2.** *(superlatif suivi d'un nom)* • **el peor** le plus mauvais • **la peor** la plus mauvaise • **el peor alumno de la clase** le plus mauvais élève de la classe • **los peores recuerdos de su vida** les plus mauvais souvenirs de sa vie. ❑ *nmf* • **el/la peor** le/la pire • **lo peor es que…** le pire c'est que… • **Juan es el peor del equipo** Juan est le plus mauvais de l'équipe. ❑ *adv (comparatif et superlatif)* • **es peor todavía** c'est encore pire • **es cada vez peor** c'est de pire en pire • **cada día escribe peor** il écrit de plus en plus mal • **hoy ha dormido peor que ayer** aujourd'hui il a dormi moins bien qu'hier • **si se lo dices será mucho peor** si tu le lui dis ce sera bien pire • **estar peor** aller plus mal • **peor que nunca** pire que jamais • **¡peor para él!** tant pis pour lui !

pepinillo *nm* cornichon *m*.

pepino *nm* **1.** concombre *m* • **importarle algo a alguien un pepino** *fam* se ficher de qqch comme de l'an quarante.

pepita *nf* **1.** pépin *m* **2.** pépite *f*.

pepito *nm* **1.** *sandwich à la viande* **2.** ≃ éclair *m*.

peppermint = **pipermín**.

pequeñez *nf* **1.** petitesse *f* **2.** *fig* broutille *f*.

pequeño, ña *adj* petit(e). ❑ *nm,f (enfant)* petit *m*, -e *f* • **de pequeño no comía nada** quand j'étais petit, je ne mangeais rien. ■ **pequeños** *nmpl* • **los pequeños** les petits.

pequeñoburgués, esa *adj & nm,f* petit-bourgeois, petite-bourgeoise *f*.

pequinés *nm (chien)* pékinois *m*.

pera *nf* poire *f* • **pedir peras al olmo** *fig* demander la lune • **¡este tío es la pera!** *fam & fig* c'est quelque chose ce type ! ❑ *adj inv fam* snobinard(e) • **un niño pera** un fils à papa.

peral *nm* poirier *m*.

percance *nm* incident *m*.

percatarse *vp* • **percatarse (de algo)** s'apercevoir (de qqch).
percebe *nm* **1.** *ZOOL* pouce-pied *m* **2.** *fam (personne)* cloche *f.*
percepción *nf* perception *f.*
perceptible *adj* **1.** perceptible *(par les sens)* **2.** *COMM* recouvrable.
perceptivo, va *adj* perceptif(ive) • **los centros perceptivos** les centres sensoriels.
percha *nf* **1.** cintre *m* **2.** portemanteau *m* **3.** perchoir *m.*
perchero *nm* portemanteau *m.*
percibir *vt* percevoir.
percusión *nf* percussion *f.*
percusionista *nmf* percussionniste *mf.*
percutor, percusor *nm* percuteur *m.*
perdedor, ra *adj & nm, f* perdant(e).
perder [20] *vt* **1.** perdre • **perder el conocimiento** perdre connaissance • **perder el juicio** perdre la tête • **perder el tiempo** perdre son temps • **perder la esperanza** perdre espoir • **sus malas compañías le perderán** ses mauvaises fréquentations le perdront **2.** rater, manquer *(un train, un bus, une occasion).* ❑ *vi* **1.** perdre **2.** baisser **3.** *(air, eau)* fuir. ■ **perderse** *vp* **1.** se perdre • **se me han perdido las gafas** j'ai perdu mes lunettes **2.** s'y perdre **3.** *(désapprouver)* • **¡tú te lo pierdes!** tant pis pour toi ! **4.** *(pour quelqu'un)* • **se pierde por ella** il ferait n'importe quoi pour elle.
perdición *nf* perte *f* • **eso fue su perdición** ça l'a mené à sa perte.
pérdida *nf* **1.** perte *f* **2.** fuite *f.* ■ **pérdidas** *nfpl* **1.** *MIL, FIN & MÉD* pertes *fpl* • **pérdidas y ganancias** pertes et profits **2.** dégâts *mpl.*
perdidamente *adv* éperdument.
perdido, da *adj* **1.** perdu(e) **2.** *fam (sale)* • **me he puesto perdido** je me suis tout sali • **perdido de barro** couvert de boue **3.** *fam (complètement)* • **loco perdido** fou à lier • **tonto perdido** bête comme ses pieds. ❑ *nm, f* débauché *m*, -e *f.*
perdigón *nm* **1.** plomb *m* (de chasse) **2.** perdreau *m* **3.** *(salive)* postillon *m.*
perdiz *nf* perdrix *f.*
perdón *nm* pardon *m* • **es, con perdón, un pedazo de imbécil** c'est, si vous me permettez l'expression, un bel imbécile • **no tener perdón** être impardonnable • **¡perdón!** pardon !
perdonar *vt* **1.** pardonner • **te perdono tus críticas** je te pardonne tes critiques • **¡perdona!** excuse-moi !, pardon ! • **perdone que le moleste** excusez-moi ou pardon de vous déranger **2.** *(exempter de)* • **perdonar algo a alguien a)** faire grâce de qqch à qqn **b)** *(dette, obligation)* libérer qqn de qqch.
perdonavidas *nmf inv fam* • **ir de perdonavidas** faire le matamore.
perdurable *adj* **1.** éternel(elle) **2.** durable.
perdurar *vi* **1.** *(temps, effet)* durer ; *(souvenir, idée, tradition)* persister **2.** *(persévérer)* • **perdurar en** persister dans.
perecedero, ra *adj* périssable.
perecer [30] *vi* périr.
peregrinación *nf* **1.** pèlerinage *m* **2.** *fig* pérégrination *f.*
peregrinaje *nm* pèlerinage *m.*
peregrinar *vi* aller en pèlerinage.
peregrino, na *adj* **1.** *(oiseau)* migrateur(trice) **2.** *fig* bizarre, étonnant(e). ❑ *nm, f* pèlerin *m.*
perejil *nm* persil *m.*
perenne *adj* **1.** vivace ; *(feuillage, feuille)* persistant(e) • **una planta perenne** une plante vivace **2.** perpétuel(elle).
perennizar *vt* pérenniser.
perentorio, ria *adj* **1.** • **en el plazo perentorio** dans le délai imparti **2.** urgent(e).
pereza *nf* paresse *f.*
perezoso, sa *adj & nm, f* paresseux(euse).
perfección *nf* perfection *f.*
perfeccionamiento *nm* perfectionnement *m.*
perfeccionar *vt* perfectionner. ■ **perfeccionarse** *vp* se perfectionner.
perfeccionismo *nm* perfectionnisme *m.*
perfeccionista *adj & nmf* perfectionniste.
perfectamente *adv* parfaitement.
perfectivo, va *adj* perfectif(ive).
perfecto, ta *adj* parfait(e).
perfidia *nf* perfidie *f.*
pérfido, da *adj & nm, f* perfide.
perfil *nm* **1.** *(gén) GÉOM* profil *m* • **de perfil** de profil **2.** trait *m.*
perfilar *vt* **1.** profiler **2.** *fig* affiner. ■ **perfilarse** *vp* se profiler.
perforación *nf* **1.** *(gén) MÉD* perforation *f* **2.** forage *m (d'un puits).*
perforador, ra *adj* perforateur(trice). ■ **perforadora** *nf* perforatrice *f.*
perforar *vt* perforer ; forer *(un puits).*
perfumar *vt* parfumer. ■ **perfumarse** *vp* se parfumer.
perfume *nm* parfum *m.*
perfumería *nf* parfumerie *f.*
pergamino *nm* parchemin *m.* ■ **pergaminos** *nmpl* titres *mpl* de noblesse.
pérgola *nf* pergola *f.*
pericia *nf* habileté *f.*
periferia *nf* périphérie *f.*
periférico, ca *adj* périphérique.
perífrasis *nf inv* périphrase *f.*
perilla *nf (barbe)* bouc *m.*
perímetro *nm* périmètre *m.*
periódico, ca *adj* périodique. ■ **periódico** *nm* journal *m.*
periodismo *nm* journalisme *m.*
periodista *nmf* journaliste *mf.*
periodístico, ca *adj* journalistique.

periodo, período *nm* **1.** *(gén)* MATH période *f* **2.** règles *fpl.*
peripecia *nf* péripétie *f.*
periplo *nm* périple *m.*
peripuesto, ta *adj fam* tiré(e) à quatre épingles.
periquete *nm* • **en un periquete** *fam* en un clin d'œil.
periquito *nm* perruche *f.*
periscopio *nm* périscope *m.*
peritaje *nm* expertise *f.*
peritar *vt* expertiser.
perito *nm* **1.** expert *m* • **perito mercantil** expert-comptable *m* • **perito tasador** commissaire-priseur *m* **2.** ingénieur *m* technique.
perjudicado, da *adj* **1.** *(personne)* lésé(e) **2.** *(objet)* endommagé(e). ❑ *nm,f* **1.** victime *f* **2.** DR lésé *m,* -e *f.*
perjudicar [10] *vt* nuire à ; *(moralement)* porter préjudice à • **perjudicar la salud** nuire à la santé.
perjudicial *adj* • **perjudicial (para)** nuisible (à).
perjuicio *nm* préjudice *m (moral)* ; dégât *m (matériel)* • **ir en perjuicio de** porter préjudice à.
perjurar *vi* **1.** *(jurer énormément)* • **jurar y perjurar** jurer ses grands dieux **2.** se parjurer.
perjurio *nm* parjure *m (faux serment).*
perla *nf* perle *f* • **venir de perlas** *fig* bien tomber.
permanecer [30] *vi* rester, demeurer • **permanecer despierto/mudo** rester éveillé/muet.
permanencia *nf* **1.** *(quelque part)* • **su permanencia en el país...** votre séjour dans le pays... • **la permanencia de las tropas en...** le maintien des troupes dans... **2.** *(durée)* permanence *f.*
permanente *adj* permanent(e). ❑ *nf* permanente *f.*
permeabilidad *nf* perméabilité *f.*
permeable *adj* perméable.
permisible *adj* tolérable • **el rechazo es permisible** il est permis de refuser.
permisividad *nf* permissivité *f.*
permisivo, va *adj* permissif(ive).
permiso *nm* **1.** *(gén)* MIL permission *f* • **con permiso, ¿me deja pasar?** pardon, pouvez-vous me laisser passer ? **2.** *(document officiel)* permis *m* • **permiso de conducir** permis de conduire.
permitir *vt* permettre • **¿me permite?** vous permettez ? ■ **permitirse** *vp* se permettre • **no poder permitirse algo** ne pas pouvoir se permettre qqch.
permuta, permutación *nf* permutation *f.*
permutable *adj* permutable.
permutar *vt* **1.** *(gén)* troquer **2.** *(poste, responsabilité)* échanger.
pernicioso, sa *adj* pernicieux(euse).
pernil *nm* jambon *m.*
perno *nm* boulon *m.*
pernoctar *vi* passer la nuit.
pero *conj* mais • **un alumno inteligente pero vago** un élève intelligent mais paresseux • **pero ¿cómo quieres que yo lo sepa?** mais comment veux-tu que je le sache ? ❑ *nm* mais *m* • **no hay pero que valga** il n'y a pas de mais qui tienne • **poner peros a** trouver à redire à.
perol *nm* marmite *f.*
peroné *nm* péroné *m.*
peronismo *nm* POLIT péronisme *m.*
perorar *vi* **1.** prononcer un discours **2.** *fam* pérorer.
perorata *nf* laïus *m.*
perpendicular *adj & nf* perpendiculaire.
perpetrar *vt* perpétrer.
perpetuar [6] *vt* perpétuer. ■ **perpetuarse** *vp* se perpétuer.
perpetuidad *nf* perpétuité *f* • **a perpetuidad** à perpétuité.
perpetuo, tua *adj* perpétuel(elle) ; éternel(elle).
perplejo, ja *adj* perplexe.
perra *nf* **1.** → **perro** **2.** *fam* colère *f* • **coger una perra** faire une colère **3.** *fam (argent)* • **no tener (ni) una perra** ne pas avoir un rond **4.** *fam (idée fixe)* • **está con la perra de irse** il n'a qu'une idée en tête, c'est de partir.
perrera *nf* → **perrero.**
perrería *nf fam* • **¡no le hagas perrerías al niño!** n'embête pas le petit ! • **¡han hecho una perrería contigo!** ils t'ont bien arrangé !
perrero, ra *nm,f* employé *m,* -e *f* de la fourrière *(pour chiens).* ■ **perrera** *nf* **1.** chenil *m* **2.** fourgon *m* de la fourrière *(pour chiens).*
perrito caliente *nm* hot-dog *m.*
perro, rra *nm,f* **1.** chien *m,* chienne *f* • **perro callejero** chient errant • **perro lazarillo** chien d'aveugle • **perro lobo** chien-loup *m* • **perro pastor** chien de berger • **perro policía** chien policier **2.** *fam & péj (personne)* peau *f* de vache **3.** *(expressions)* • **andar como el perro y el gato** s'entendre comme chien et chat • **ser perro viejo** être un vieux renard. ❑ *adj fam* de chien • **¡qué vida más perra!** quelle chienne de vie ! ■ **perro caliente** *nm* hot dog *m.*
perruno, na *adj* canin(e).
persecución *nf* **1.** poursuite *f* **2.** persécution *f.*
perseguir [43] *vt* **1.** poursuivre ; *fig* rechercher *(le bonheur)* **2.** *(personne)* • **perseguir a alguien** persécuter qqn.
perseverancia *nf* persévérance *f.*
perseverante *adj* persévérant(e).
perseverar *vi* • **perseverar (en)** persévérer (dans).
persiana *nf* store *m* ; persienne *f.*
persignarse *vp* se signer.
persistencia *nf* persistance *f.*
persistente *adj* persistant(e) ; *(personne)* tenace.

persistir *vi* • **persistir (en algo)** persister (dans qqch) • **persistir en hacer algo** persister à faire qqch.
persona *nf* personne *f* • **en persona** en personne • **persona mayor** grande personne.
personaje *nm* personnage *m*.
personal *adj* personnel(elle). ❑ *nm* **1.** personnel *m (d'une entreprise)* **2.** *fam (gens)* • **¡cuánto personal!** quel peuple ! ❑ *nf* SPORT faute *f* personnelle.
personalidad *nf* personnalité *f*.
personalismo *nm* favoritisme *m*.
personalizado, da *adj* personnalisé(e).
personalizar [13] *vi* viser quelqu'un en particulier • **sin personalizar** sans citer de nom.
personalmente *adv* personnellement.
personarse *vp* se présenter.
personificación *nf* personnification *f* • **es la personificación de la bondad** c'est la bonté personnifiée.
personificar *vt* personnifier.
perspectiva *nf* perspective *f* • **en perspectiva** en perspective.
perspicacia *nf* perspicacité *f*.
perspicaz *adj* perspicace.
persuadir *vt* persuader • **persuadir a alguien para que haga algo** persuader qqn de faire qqch. ■ **persuadirse** *vp* • **persuadirse (de/de que)** se persuader (de/que).
persuasión *nf* persuasion *f*.
persuasivo, va *adj* persuasif(ive). ■ **persuasiva** *nf* pouvoir *m* de persuasion.
pertenecer [30] *vi* • **pertenecer a** appartenir à • **no me pertenece hacerlo** il ne m'appartient pas de le faire.
perteneciente *adj* • **perteneciente a** appartenant à • **ser perteneciente a** appartenir à.
pertenencia *nf* appartenance *f*. ■ **pertenencias** *nfpl* biens *mpl (personnels)*.
pértiga *nf* **1.** perche *f* **2.** saut *m* à la perche.
pertinaz *adj* **1.** obstiné(e) **2.** persistant(e).
pertinencia *nf* pertinence *f*.
pertinente *adj* **1.** pertinent(e) **2.** approprié(e).
pertrechos *nmpl* **1.** MIL équipement *m* **2.** *fig* attirail *m*.
perturbación *nf* **1.** *(gén)* MÉTÉOR perturbation *f* **2.** *(émotion, altération)* trouble *m* • **perturbaciones respiratorias** troubles respiratoires.
perturbado, da *adj & nm,f* déséquilibré(e).
perturbador, ra *adj & nm,f* perturbateur(trice).
perturbar *vt* **1.** perturber **2.** *(impressionner, émouvoir, altérer)* troubler • **perturbar el orden público** troubler l'ordre public.
Perú *npr* • **(el) Perú** (le) Pérou.
peruano, na *adj* péruvien(enne). ❑ *nm,f* Péruvien *m*, -enne *f*.
perversidad *nf* perversité *f*.
perversión *nf* perversion *f*.
perverso, sa *adj* pervers(e).
pervertido, da *nm,f* pervers *m*, -e *f*.
pervertidor, ra *adj* pervers(e). ❑ *nm,f* pervers *m*, -e *f*.
pervertir [27] *vt* pervertir. ■ **pervertirse** *vp* se pervertir.
pesa *nf* **1.** poids *m* **2.** *(gén pl)* SPORT haltère *m*.
pesadez *nf* **1.** lourdeur *f* **2.** ennui *m* • **¡qué pesadez de película!** quel ennui ce film ! • **es una pesadez** c'est pénible.
pesadilla *nf* cauchemar *m* • **tener pesadillas** faire des cauchemars.
pesado, da *adj* **1.** lourd(e) **2.** *(travail)* pénible **3.** ennuyeux(euse) **4.** assommant(e). ❑ *nm,f* casse-pieds *mf inv*.
pesadumbre *nf* chagrin *m*.
pésame *nm* condoléances *fpl* • **dar el pésame** présenter ses condoléances.
pesar *nm* **1.** chagrin *m* **2.** regret *m*. ❑ *vt* peser. ❑ *vi* **1.** peser • **este paquete pesa** ce paquet pèse lourd • **le pesa tanta responsabilidad** toutes ces responsabilités lui pèsent **2.** causer du chagrin ; regretter • **me pesa haberlo hecho** je regrette de l'avoir fait **3.** *fig* • **mal que le pese** qu'il le veuille ou non. ■ **pesarse** *vp* se peser. ■ **a pesar de** *loc prép* malgré • **a pesar de todo** malgré tout • **a pesar mío** malgré moi. ■ **a pesar de que** *loc conj* bien que • **saldré a pesar de que llueve** je sortirai bien qu'il pleuve. ■ **pese a** *loc prép* malgré • **es muy activo pese a su edad** il est très actif malgré son âge.
pesca *nf* pêche *f* • **ir de pesca** aller à la pêche • **pesca de altura/de bajura** pêche hauturière/côtière.
pescadería *nf* poissonnerie *f*.
pescadero, ra *nm,f* poissonnier *m*, -ère *f*.
pescadilla *nf* merlan *m*.
pescado *nm* poisson *m* • **pescado azul/blanco** poisson gras/maigre.
pescador, ra *nm,f* pêcheur *m*, -euse *f*.
pescar [10] *vt* **1.** pêcher **2.** *fam & fig* choper *(une maladie)* **3.** *fam & fig* dégoter *(un emploi)* **4.** *fam & fig* cueillir *(un voleur)* **5.** *fam & fig* piger.
pescuezo *nm* cou *m*.
pesebre *nm* **1.** mangeoire *f* **2.** crèche *f (de Noël)*.
pesero *nm* (AMÉR) taxi *m* collectif.
peseta *nf* peseta *f*. ■ **pesetas** *nfpl* argent *m*.
pesetero, ra *adj* rapiat(e).
pesimismo *nm* pessimisme *m*.
pesimista *adj & nmf* pessimiste.
pésimo, ma *superl* → **malo**. ❑ *adj* très mauvais(e).
peso *nm* **1.** *(gén)* SPORT poids *m* • **tiene un kilo de peso** ça pèse un kilo • **campeón en diferentes pesos** champion dans différentes catégories • **de peso** *(important)* de poids • **peso bruto/neto** poids brut/net • **peso muerto** poids mort

2. *(monnaie)* peso *m* **3.** balance *f* **4.** *fig* • **pagar algo a peso de oro** payer qqch à prix d'or.
pesquero, ra *adj (bateau, etc)* de pêche ; *(industrie)* de la pêche. ■ **pesquero** *nm* bateau *m* de pêche.
pesquisa *nf* recherche *f*, enquête *f*.
pestaña *nf* **1.** cil *m* **2.** bord *m* ; languette *f (de papier)*.
pestañear *vi* cligner des yeux • **sin pestañear** *fig* sans sourciller.
peste *nf* **1.** *(maladie)* peste *f* **2.** *fam (mauvaise odeur)* infection *f* **3.** *(grande quantité)* invasion *f* **4.** *(gêne)* • **ser la peste** être infernal(e).
pesticida *adj & nm* pesticide.
pestilencia *nf* odeur *f* pestilentielle.
pestilente *adj* pestilentiel(elle).
pestillo *nm* verrou *m* • **correr ou echar el pestillo** mettre le verrou.
pestiño *nm* CULIN *sorte de beignet au miel*.
petaca *nf* **1.** blague *f* (à tabac) **2.** flasque *f* **3.** (AMÉR) valise *f* **4.** (AMÉR) bosse *f*. ■ **petacas** *nfpl* (AMÉR) *fam* fesses *fpl*.
pétalo *nm* pétale *m*.
petanca *nf* pétanque *f*.
petardear *vt* faire sauter.
petardo *nm* **1.** pétard *m* **2.** *fam (ennui)* • **un petardo de película** un film rasoir **3.** *fam (joint)* pétard *m* **4.** *fam (personne laide)* • **ser un petardo** être moche comme un pou.
petate *nm* balluchon *m* ; MIL paquetage *m*.
petición *nf* **1.** demande *f* • **a petición de** à la demande de **2.** pétition *f*.
petiso, sa, petizo, za *adj* (AMÉR) *fam* court(e) sur pattes.
peto *nm* **1.** plastron *m* **2.** salopette *f* **3.** bavette *f*.
pétreo, a *adj (chemin)* de pierre, pierreux(euse) ; *fig (regard, etc.)* glacial(e).
petrificar [10] *vt litt & fig* pétrifier.
petrodólar *nm* pétrodollar *m*.
petróleo *nm* pétrole *m*.
petrolero, ra *adj* pétrolier(ère). ■ **petrolero** *nm* pétrolier *m*.
petrolífero, ra *adj* pétrolifère.
petroquímico, ca *adj* pétrochimique. ■ **petroquímica** *nf* pétrochimie *f*.
petulancia *nf* arrogance *f*.
petulante *adj* arrogant(e).
peúco *nm (gén pl)* chausson *m (de bébé)*.
peyorativo, va *adj* péjoratif(ive).
pez *nm* poisson *m* • **pez espada** espadon *m* • **estar pez (en algo)** *fig* être nul, nulle *f* (en qqch), nager complètement (en qqch). ❑ *nf* poix *f*. ■ **pez gordo** *nm fam & fig* gros bonnet *m*.
pezón *nm* **1.** mamelon *m* **2.** BOT queue *f*.
pezuña *nf* **1.** sabot *m* **2.** *fam* panard *m*.
pH *nm* CHIM pH *m*.
piadoso, sa *adj* **1.** *(qui a de la compassion)* • **ser piadoso** avoir bon cœur **2.** pieux(euse).
pianista *nmf* pianiste *mf*.
piano *nm* piano *m* • **piano de cola** piano à queue.
pianola *nf* piano *m* mécanique.
piar [9] *vi* piailler.
piara *nf* troupeau *m (de porcs)*.
PIB (abrév de **producto interior bruto**) *nm* PIB *m*.
pibe, ba *nm, f* (AMÉR) *fam* gosse *mf*.
pica *nf (lance)* TAUROM pique *f*. ■ **picas** *nfpl (aux cartes)* pique *m*.
picada *nf* → **picado**.
picadero *nm* manège *m (de chevaux de bois)*.
picadillo *nm* hachis *m (de viande)* ; julienne *f (de légumes)*.
picado, da *adj* **1.** piqué(e) • **un cutis picado de...** un visage marqué par... • **picado de polilla** mangé aux mites **2.** *(viande, légumes)* haché(e) ; *(glace)* pilé(e) **3.** carié(e) **4.** *fig* vexé(e). ■ **picado** *nm* **1.** AÉRON • **descender en picado** descendre en piqué • **caer en picado** *fig* chuter **2.** CULIN hachis *m*.
picador, ra *nm, f* **1.** TAUROM picador *m* **2.** dresseur *m*, -euse *f* de chevaux **3.** *(mineur)* piqueur *m*.
picadora *nf* hachoir *m*.
picadura *nf* **1.** piqûre *f* **2.** marque *f* **3.** *(de dent)* • **tener una picadura en un diente** avoir une dent cariée **4.** tabac *m* haché.
picante *adj* **1.** *(nourriture)* piquant(e) **2.** *fig (blague, histoire)* grivois(e). ❑ *nm* cuisine *f* épicée.
picantería *nf* (AMÉR) petit restaurant *m*.
picapica *nm ou nf bonbon pétillant* • **polvos (de) picapica** poil *m* à gratter.
picapleitos *nmf inv péj* avocaillon *m*.
picaporte *nm* heurtoir *m* ; poignée *f*.
picar [10] *vt* **1.** *(gén)* TAUROM piquer • **me picó una avispa** une guêpe m'a piqué • **picar la curiosidad** piquer la curiosité **2.** gratter **3.** CULIN hacher **4.** *(manger - sujet : oiseau)* picorer ; *(- sujet : personne)* grignoter **5.** concasser *(de la pierre)* ; piler *(de la glace)* **6.** *fig* titiller ; *fig* vexer **7.** *(billet)* poinçonner, composter **8.** saisir *(un texte)*. ❑ *vi* **1.** piquer **2.** *(sujet : poisson)* mordre • **¿pican?** ça mord ? **3.** gratter **4.** *(manger - sujet : oiseau)* picorer ; *(- sujet : personne)* grignoter **5.** *(sujet : soleil)* brûler **6.** se faire avoir **7.** *fig* • **picar (muy) alto** viser (très) haut. ■ **picarse** *vp* **1.** se miter **2.** *(sujet : vin)* se piquer **3.** *fig* se fâcher ; se vexer **4.** *(sujet : mer)* s'agiter **5.** se rouiller **6.** *(dent)* • **se me ha picado una muela** j'ai une dent gâtée **7.** *fam (drogue)* se piquer.
picardía *nf* **1.** malice *f* **2.** espièglerie *f* **3.** effronterie *f*. ■ **picardías** *nm inv* nuisette *f*.
picaresco, ca *adj* **1.** LITTÉR picaresque **2.** *fig* coquin(e) • **llevar una vida picaresca** vivre d'expédients. ■ **picaresca** *nf* **1.** LITTÉR roman *m* picaresque **2.** *(style de vie)* débrouillardise *f*.
pícaro, ra *nm, f* **1.** malin *m*, -igne *f* **2.** coquin *m*, -e *f* **3.** *(obscène)* • **ser un pícaro** être grivois. ■ **pícaro** *nm héros de la littérature espagnole des XVI*[e] *et XVII*[e] *siècles caractérisé par son espièglerie*.

picatoste *nm* croûton *m (pour la soupe, etc)*.
picazón *nf* **1.** *(picor)* démangeaison *f* **2.** *fam* & *fig* malaise *m*.
picha *nf* (ESP) *vulg* bite *f*, queue *f*.
pichichi *nm,f meilleur buteur d'un championnat de football*.
pichincha *nf* (AMÉR) *fam* occase *f*.
pichirulo *nm fam* bitoniau *m*.
pichón *nm* **1.** pigeonneau *m* **2.** *fam* & *fig (appellation affectueuse)* • **oye, pichón** dis, mon lapin.
picnic (*pl* **picnics**) *nm* pique-nique *m*.
pico *nm* **1.** bec *m* **2.** coin *m* ; pointe *f* **3.** *(outil, montagne)* pic *m* **4.** *fam* caquet *m* • **cerrar el pico** fermer son caquet, la fermer **5.** • **y pico** et quelques • **a las cinco y pico** à cinq heures et quelques.
picor *nm* démangeaison *f*.
picoso, sa *adj* (AMÉR) piquant(e).
picota *nf* **1.** pilori *m* • **poner en la picota** *fig* faire passer un mauvais quart d'heure **2.** *(cerise)* bigarreau *m*.
picotear *vt* **1.** *(sujet : oiseau)* picorer **2.** *fig* grignoter.
picoteo *nm* grignotage *m*.
pictograma *nm* pictogramme *m*.
pictórico, ca *adj* pictural(e).
pie *nm* **1.** pied *m* • **a pie** à pied • **de ou en pie** debout • **de pies a cabeza** des pieds à la tête **2.** bas *m (d'un document écrit)* • **al pie de la página** au bas de la page **3.** THÉÂTRE • **dar pie** donner la réplique **4.** *fig* • **al pie de la letra** au pied de la lettre • **andar con pies de plomo** y aller doucement • **buscarle (los) tres pies al gato** chercher midi à quatorze heures • **con buen pie** du bon pied • **dar pie a alguien para que haga algo** donner l'occasion à qqn de faire qqch • **en pie de guerra** sur le pied de guerre • **levantarse con el pie izquierdo** se lever du pied gauche • **no tener ni pies ni cabeza** n'avoir ni queue ni tête • **pararle los pies a alguien** remettre qqn à sa place • **seguir en pie a)** être encore valable **b)** être toujours debout.
piedad *nf* **1.** pitié *f* **2.** piété *f*.
piedra *nf* pierre *f* • **piedra pómez** pierre ponce • **piedra preciosa** pierre précieuse • **quedarse de piedra** tomber de haut, ne pas en revenir.
piel *nf* **1.** peau *f* • **piel roja** Peau-Rouge *mf* • **la piel de toro** *fig* l'Espagne *f* **2.** cuir *m* • **una cazadora de piel** un blouson en cuir **3.** fourrure *f* • **un abrigo de pieles** un manteau de fourrure.
piercing ['pirsiŋ] *nm* piercing *m*.
pierna *nf* **1.** jambe *f (d'une personne)* **2.** patte *f (d'un oiseau, d'un chien, etc)* **3.** gigot *m (d'agneau)*.
pieza *nf* pièce *f* • **pieza de recambio ou repuesto** pièce détachée • **dejar/quedarse de una pieza** *fig* laisser/rester sans voix.
pifia *nf fam (paroles)* gaffe *f* ; *(erreur)* bourde *f*.
pifiar [8] *vt* • **pifiarla** *fam* **a)** gaffer ; faire une bourde.
pigmentación *nf* pigmentation *f*.
pigmento *nm* pigment *m*.
pijada *nf fam* bêtise *f*.
pijama *nm* pyjama *m*.
pijo, ja *fam adj* bon chic bon genre. ❑ *nm,f* minet *m*, -ette *f*.
pila *nf* **1.** *(gén)* ARCHIT pile *f* **2.** évier *m* **3.** *fam* montagne *f* • **tiene una pila de deudas** il a une montagne de dettes **4.** • **ponerse las pilas** *fam* se bouger.
pilar *nm litt* & *fig* pilier *m*.
píldora *nf* pilule *f* • **tomar la píldora** prendre la pilule • **dorar la píldora a alguien** dorer la pilule à qqn.
pileta *nf* (AMÉR) **1.** évier *m* **2.** piscine *f*.
pillaje *nm* pillage *m*.
pillar *vt* **1.** attraper **2.** renverser **3.** *fam* surprendre • **me pilló en pijama** il m'a surpris en pyjama **4.** coincer *(quelqu'un)* ; pincer *(un doigt)* **5.** saisir *(une blague, une explication)*. ❑ *vi (se trouver)* • **me pilla de paso** c'est sur mon chemin • **me pilla lejos** c'est loin de chez moi. ■ **pillarse** *vp* se coincer ; se pincer *(un doigt)*.
pillo, lla *adj* & *nm,f fam* coquin(e).
pilosidad *nf* ANAT pilosité *f*.
pilotar *vt* piloter.
piloto *nm* **1.** pilote *m* • **piloto automático** pilote automatique **2.** voyant *m* lumineux *(d'un appareil)* ; feu *m (d'un véhicule)*. ❑ *adj inv (ferme, école)* pilote ; *(appartement)* témoin.
piltrafa *nf* **1.** *(gén pl)* restes *mpl* **2.** *fam* loque *f*.
pimentón *nm* piment *m* rouge moulu.
pimienta *nf* poivre *m*.
pimiento *nm* piment *m* • **pimiento morrón** poivron *m*.
pimpante *adj* **1.** ravi(e) **2.** pimpant(e).
pimpollo *nm* **1.** rejeton *m (d'une plante)* ; bouton *m (d'une fleur)* ; bouton *m* de rose **2.** *fam* & *fig (personne attirante)* • **¡vaya pimpollo!** quel beau brin de fille ! • **está hecho un pimpollo** il est devenu beau gosse.
pin *nm fam* pin's *m*.
PIN (abrév de **personal identification number**) *nm* PIN *m*.
pinacoteca *nf* **1.** pinacothèque *f* **2.** galerie *f (de peinture)*.
pinar *nm* pinède *f*.
pinaza *nf* aiguille *f (de pin)*.
pincel *nm* **1.** pinceau *m* **2.** *fig (style)* touche *f*.
pincelada *nf* **1.** coup *m* de pinceau **2.** *fig* trait *m* • **dar las últimas pinceladas** donner la touche finale.
pincha *nmf fam* DJ *mf*.
pinchadiscos *nmf inv* disc-jockey *mf*.
pinchar *vt* **1.** piquer **2.** crever *(une roue, un ballon)* **3.** *(fixer)* • **pinchar algo en la pared** accrocher qqch au mur **4.** *fam* & *fig* asticoter **5.** *fam* & *fig* tanner **6.** *fam* mettre sur écoutes. ❑ *vi* **1.** *(roue)* crever **2.** *(barbe)* gratter. ■ **pincharse** *vp* **1.** se piquer **2.** crever **3.** se faire faire une piqûre **4.** *fam (drogue)* se piquer.

pinchazo *nm* **1.** piqûre *f* **2.** crevaison *f*.
pinche *nmf* marmiton *m*. ❑ *adj* **(AMÉR)** *fam* satané(e).
pinchito *nm mini-brochette de viande servie comme « tapa »*.
pincho *nm* **1.** épine *f* **2.** pique *f* **3.** *portion servie comme « tapa » dans les bars* • **pincho moruno** *brochette de viande de porc*.
pinga *nf* **(AMÉR)** *vulg* quéquette *f*.
pingajo *nm fam & péj* • **ir hecho un pingajo** être tout déguenillé.
pingo *nm fam & péj (personne)* • **estar hecho un pingo** mener une vie de bâton de chaise • **estar de pingo a)** *(voyager)* être toujours par monts et par vaux **b)** *(faire la fête)* être de sortie.
ping-pong, pimpón *nm* ping-pong *m*.
pingüino *nm* pingouin *m*.
pinitos *nmpl* • **hacer sus pinitos** *litt & fig* faire ses premiers pas.
pino *nm* pin *m* • **en el quinto pino** *fam & fig* à perpète.
pinta *nf* → **pinto**.
pintado, da *adj* **1.** peint(e) • **'recién pintado'** 'peinture fraîche' **2.** tacheté(e) **3.** maquillé(e). ■ **pintada** *nf* **1.** graffiti *m* **2.** pintade *f*.
pintalabios *nm inv* rouge *m* à lèvres.
pintar *vt* **1.** peindre **2.** *fig* dépeindre. ❑ *vi* **1.** *(signifier, importer)* • **aquí no pinto nada** je n'ai rien à faire ici • **¿qué pinto yo en este asunto?** qu'est-ce que j'ai à voir là-dedans ? **2.** *(stylo, feutre)* • **pintar bien/mal** écrire bien/mal. ■ **pintarse** *vp* **1.** se maquiller **2.** se voir • **el miedo se pintaba en su cara** la peur se lisait sur son visage **3.** *fig* • **pintárselas uno solo para algo** ne pas avoir son pareil pour qqch.
pintarrajear *vt fam & péj* peinturlurer.
pintaúñas *nm inv* vernis *m* à ongles.
pinto, ta *adj* tacheté(e). ■ **pinta** *nf* **1.** *(pois)* • **con pintas blancas** tacheté de blanc **2.** *fig* air *m* • **la comida tiene buena pinta** le repas a l'air bon • **¡vaya pintas que lleva!** il a une de ces allures ! **3.** *(unité de mesure)* pinte *f*. ■ **pintas** *nmf fam* • **estar hecho un pintas** avoir une de ces touches.
pintor, ra *nm,f* peintre *m* • **pintor colorista** coloriste *mf*.
pintoresco, ca *adj* **1.** pittoresque **2.** *fig* haut(e) en couleur.
pintura *nf* **1.** *(gén)* ART peinture *f* • **pintura al óleo** peinture à l'huile **2.** *fig (description)* tableau *m*.
piña *nf* **1.** ananas *m* **2.** pomme *f* de pin **3.** *fig (groupe de gens)* • **reaccionar en piña** faire bloc **4.** *fam (coup)* • **dar una piña a alguien** flanquer un coup à qqn.
pinza *nf (gén pl)* **1.** pince *f* **2.** pince *f* à linge.
piñata *nf récipient suspendu que des enfants aux yeux bandés brisent à coups de bâton pour y récupérer des friandises*.
piñón *nm* pignon *m* • **están a partir un piñón** ils sont comme les deux doigts de la main.
pío, a *adj* pieux(euse) ; *(œuvre)* pie. ■ **pío** *nm* pépiement *m* • **no decir ni pío** *fig* ne pas piper.
piojo *nm* pou *m*.
piola *adj* **(AMÉR)** *fam* malin(igne).
piolín *nm* **1.** *(personnage)* Titi **2.** **(ESP)** *fam* membre de la Guardia Civil.
pionero, ra *nm,f* pionnier *m*, -ère *f*.
pipa *nf* **1.** pipe *f* **2.** pépin *m* **3.** graine *f* de tournesol **4.** tonneau *m* **5.** *fig* • **pasarlo ou pasárselo pipa** *fam* s'éclater.
pipermín, peppermint [piper'min] *nm* peppermint *m*, menthe *f*.
pipí *nm fam* pipi *m* • **hacer pipí** faire pipi.
pique *v* → **picar**. ❑ *nm* **1.** • **tener un pique con alguien** être en froid avec qqn **2.** concurrence *f* • **irse a pique** *litt & fig* couler.
piquete *nm* **1.** piquet *m* **2.** *(groupe armé)* peloton *m* • **piquete de ejecución** peloton d'exécution.
pirado, da *adj fam* cinglé(e).
piragua *nf* pirogue *f* ; SPORT canoë *m*.
piragüismo *nm (discipline)* canoë-kayak *m*.
piramidal *adj* pyramidal(e).
pirámide *nf* pyramide *f*.
piraña *nf* piranha *m*.
pirarse *vp fam* se casser.
pirata *adj litt & fig* pirate. ❑ *nmf* pirate *m*.
piratear *vt & vi* pirater.
pirateo *nm fam* piratage *m*.
piratería *nf* piraterie *f*.
pirenaico, ca *adj* pyrénéen(enne).
pírex, pyrex *nm* Pyrex® *m*.
pirindolo *nm* machin *m*.
Pirineos *npr* • **los Pirineos** les Pyrénées *fpl*.
piripi *adj fam* pompette.
piro *nm* • **darse el piro** *fam* se barrer.
pirómano, na *nm,f* pyromane *mf*.
piropear *vt fam* • **piropear a alguien** faire du plat à qqn.
piropo *nm fam* compliment *m*.
pirotecnia *nf* pyrotechnie *f*.
pirotécnico, ca *adj* pyrotechnique. ❑ *nm,f* pyrotechnicien *m*, -enne *f*, artificier *m*.
pirrarse *vp fam* • **pirrarse por algo** être fana de qqch • **pirrarse por alguien** s'enticher de qqn.
pirueta *nf* **1.** pirouette *f* **2.** *fig (effort)* • **hacer piruetas con** jongler avec.
pirula *nf* **(ESP)** *fam* **1.** *(blague)* sale coup *m* • **hacer una pirula a alguien** faire un sale coup à qqn **2.** *(acte)* • **hacer una pirula** commettre une infraction.
piruleta *nf* sucette *f (plate et ronde)*.
pirulí (*pl* **pirulís**) *nm* sucette *f*.
pis *nm fam* pipi *m*.
pisada *nf* pas *m*.
pisapapeles *nm inv* presse-papiers *m inv*.

pisar *vt* **1.** marcher sur ; appuyer sur *(la pédale, l'accélérateur)* • **pisar a alguien** *litt & fig* marcher sur les pieds de qqn **2.** fouler *(le raisin)* **3.** *fig (aller à)* mettre les pieds à **4.** *fig (devancer)* • **pisar una idea a alguien** couper l'herbe sous le pied de qqn.
piscicultura *nf* pisciculture *f*.
piscifactoría *nf* établissement *m* piscicole.
piscina *nf* piscine *f*.
Piscis *nm inv* Poissons *mpl*. ❏ *nmf inv* poissons *m inv*.
pisco *nm* **(AMÉR)** eau-de-vie *f*.
piscolabis *nm inv fam* • **tomarse un piscolabis** casser une petite croûte.
piso *nm* **1.** appartement *m* **2.** étage *m* **3.** revêtement *m* **4.** couche *f* **5. (AMÉR)** sol *m*.
pisotear *vt* **1.** piétiner **2.** *fig* bafouer • **pisotear a alguien** rabaisser qqn.
pisotón *nm fam* • **me dieron un pisotón** quelqu'un m'a marché dessus.
pispás, pis pas ■ **en un pispás** *loc adv fam* en un clin d'œil.
pista *nf* piste *f* • **pista de aterrizaje** piste d'atterrissage • **pista de baile** piste de danse • **pista de despegue** piste de décollage • **pista de esquí** piste de ski • **pista de patinaje ou de hielo** patinoire • **pista de tenis** court *m* de tennis.
pistacho *nm* pistache *f*.
pisto *nm* ≃ ratatouille *f*.
pistola *nf (arme, pulvérisateur)* pistolet *m* • **pistola (de grapas)** agrafeuse *f*.
pistolero, ra *nm, f* tueur *m*, -euse *f*. ■ **pistolera** *nf* étui *m* de revolver.
pistoletazo *nm* coup *m* de pistolet ou de revolver • **pistoletazo de salida** signal de départ.
pistón *nm* piston *m*.
pitada *nf* **(AMÉR)** *fam* taffe *f*.
pitar *vt* siffler. ❏ *vi* **1.** siffler ; *(voiture)* klaxonner **2.** *fam (fonctionner)* rouler **3. (AMÉR)** *fam* fumer **4.** *fig* • **salir/irse/venir pitando** sortir/partir/venir en quatrième vitesse.
pitido *nm* coup *m* de sifflet ; *(voiture)* coup *m* de Klaxon.
pitillera *nf* porte-cigarette *m*.
pitillo *nm* **1.** cigarette *f* **2. (AMÉR)** paille *f (pour boire)*.
pito *nm* **1.** sifflet *m* ; Klaxon® *m (d'une voiture)* **2.** *fam* clope *f* **3.** *fam* zizi *m*.
pitón *nm* **1.** corne *f* **2.** bec *m* (verseur).
pitonisa *nf* voyante *f*.
pitorrearse *vp fam* • **pitorrearse (de algo/alguien)** se ficher (de qqch/qqn).
pitorreo *nm fam* rigolade *f*.
pitorro *nf* bec *m* (verseur).
pitufo, fa *nm, f fam* bambin *m* • **los Pitufos** les Schtroumpfs.
pívot *(pl* **pivots***)* *nmf SPORT* pivot *m*.
pivotar *vi SPORT* pivoter.
pivote *nm* pivot *m*.
píxel *nm INFORM* pixel *m*.
pixelar *v* pixelliser.
pizarra *nf* **1.** ardoise *f* **2.** tableau *m (noir)*.
pizarrón *nm* **(AMÉR)** tableau *m* (noir).
pizca *nf* **1.** *fam* • **una pizca de** un petit peu de • **una pizca de sal** une pincée de sel • **no veo ni pizca** je n'y vois que dalle • **no me gusta ni pizca** je n'aime pas ça du tout **2. (AMÉR)** récolte *f*.
pizza *nf* pizza *f*.
pizzería *nf* pizzeria *f*.
pl., pza. (abrév de **plaza**) Pl., pl.
placa *nf* **1.** plaque *f* • **placa solar** panneau *m* solaire **2.** carte *f (électronique)*.
placaje *nm SPORT* plaquage *m*.
placenta *nf* placenta *m*.
placentero, ra *adj* plaisant(e).
placer *nm* plaisir *m*.
plácido, da *adj* placide.
plaga *nf* **1.** fléau *m* **2.** épidémie *f* **3.** *fig (grande quantité)* invasion *f*.
plagado, da *adj* rempli(e) • **plagado de deudas** criblé de dettes.
plagar [16] *vt* • **plagar de a)** remplir de **b)** *(murs)* couvrir de.
plagiar [8] *vt* **1.** plagier **2. (AMÉR)** kidnapper.
plagio *nm* plagiat *m*.
plan *nm* **1.** plan *m* **2.** *(projet)* • **¿que planes tienes?** qu'est-ce que tu comptes faire ? **3.** *fam (ticket)* • **salirle un plan a alguien** se faire draguer **4.** *fam (manière)* • **lo dijo en plan serio** il a dit ça sérieusement • **lo dijo en plan (de) broma** il a dit ça pour rire **5.** *fam & fig* • **¡menudo plan!** *fam* tu parles d'un plaisir !
plancha *nf* **1.** fer *m* à repasser ; *(action)* repassage *m* **2.** gril *m* • **a la plancha** grillé(e) **3.** plaque *f* ; planche *f (en bois)* **4.** *fam* gaffe *f* **5.** *(au football)* tacle *m* **6.** tôle *f (d'une voiture)* **7.** *IMPR* planche *f*.

> À PROPOS DE **plancha**
> Attention ! **plancha** n'est pas une **planche** mais un **fer à repasser.**

planchado *nm* repassage *m*.
planchar *vt* repasser.
planchazo *nm fam* gaffe *f*.
planchista *nmf* tôlier *m*.
plancton *nm* plancton *m*.
planeador *nm* planeur *m*.
planear *vt* projeter ; planifier. ❏ *vi* **1.** faire des projets **2.** planer *(dans l'air)*.
planeta *nm* planète *f*.
planetario, ria *adj* planétaire.
planetarium *(pl* **planetariums***)* *nm* planétarium *m*.
planicie *nf* plaine *f*.
planificación *nf* planification *f* • **planificación familiar** planning *m* familial.
planificar [10] *vt* planifier.

planilla *nf* **(AMÉR)** formulaire *m*.
planisferio *nm* planisphère *m*.
planning *nm* planning *m*.
plano, na *adj* **1.** *GÉOM* plan(e) **2.** plat(e). ■ **plano** *nm* plan *m* • **primer plano** premier plan • **de plano** *fig* en plein • **el sol da de plano en la terraza** le soleil donne en plein sur la terrasse • **caerse de plano** tomber de tout son long. ■ **plana** *nf* **1.** page *f* • **una ilustración a toda plana** une illustration pleine page **2.** plaine *f*.
planta *nf* **1.** *BOT (du pied)* plante *f* **2.** étage *m* • **planta baja** rez-de-chaussée *m inv* **3.** usine *f* • **planta depuradora** station *f* d'épuration • **planta incineradora** usine d'incinération.
plantación *nf* plantation *f*.
plantado, da *adj* planté(e) • **dejar plantado a alguien** *fam & fig* laisser tomber qqn • **ser bien plantado** *fig* être bien de sa personne.
plantar *vt* **1.** planter **2.** *fam* flanquer **3.** *fam (dire avec brusquerie)* • **le plantó cuatro frescas** il lui a sorti ses quatre vérités **4.** *fam* flanquer dehors **5.** *fam* plaquer. ■ **plantarse** *vp* **1.** se planter **2.** *(arriver)* • **en cinco minutos te plantas ahí** tu y es en cinq minutes **3.** *(attitude)* • **plantarse en algo** ne pas démordre de qqch **4.** *(aux cartes)* • **me planto** servi(e).
planteamiento *nm* **1.** approche *f* **2.** exposé *m*.
plantear *vt* poser *(un problème, une question, etc)* ; envisager *(une possibilité, un changement)*. ■ **plantearse** *vp (problème, question, etc)* se poser ; *(possibilité, changement)* envisager.
plantel *nm* **1.** pépinière *f* **2.** *fig* groupe *m*.
plantilla *nf* **1.** personnel *m (d'une entreprise)* **2.** semelle *f (intérieure d'une chaussure)* **3.** *(modèle)* patron *m*.
plantío *nm* plantation *f*.
plantón *nm fam* • **dar un plantón** poser un lapin • **estar de plantón** poireauter.
plañidero, ra *adj fam* geignard(e).
plañir *vt* pleurer *(une perte)*. ❑ *vi* gémir.
plaqueta *nf* plaquette *f*.
plasma *nm* plasma *m*.
plasmar *vt* **1.** *fig (refléter)* exprimer **2.** façonner. ■ **plasmarse** *vp* se concrétiser.
plasta *adj & nmf* enquiquineur(euse). ❑ *nf* bouillie *f*.
plástica *nf* → **plástico**.
plástico, ca *adj* **1.** plastique **2.** parlant(e). ■ **plástico** *nm* **1.** plastique *m* **2.** *fam* cartes *fpl* de crédit. ■ **plástica** *nf* plastique *f*.
plastificar [10] *vt* plastifier.
plastilina *nf* pâte *f* à modeler.
plata *nf* **1.** argent *m* • **plata de ley** argent titré • **hablar en plata** *fam* parler franchement **2.** argenterie *f* **3.** **(AMÉR)** *fam* argent *m*.
plataforma *nf* **1.** plate-forme *f* • **plataforma del 0,7%** *en Espagne, mouvement en faveur de l'aide au tiers-monde* **2.** *fig* tremplin *m*.
platal *nm* **(AMÉR)** *fam* • **un platal** une fortune.
plátano *nm* **1.** banane *f* **2.** *BOT* bananier *m*, platane *m*.
platea *nf THÉÂTRE* parterre *m*.
plateado, da *adj* argenté(e).
platense *adj* **1.** de La Plata *(ville, Argentine)* **2.** de la région du Río de la Plata.
plateresco, ca *adj* plateresque. ■ **plateresco** *nm* art *m* plateresque.
plática *nf* **(AMÉR)** conversation *f*.
platicar [10] **(AMÉR)** *vi* discuter. ❑ *vt* dire • **te lo platico mañana** je t'en parlerai demain.
platillo *nm* **1.** soucoupe *f* **2.** plateau *m (d'une balance)* **3.** *(gén pl)* cymbale *f*. ■ **platillo volante** *nm* soucoupe *f* volante.
platina *nf* platine *f*.
platino *nm* platine *m*. ■ **platinos** *nmpl* vis *fpl* platinées.
plato *nm* **1.** assiette *f* • **lavar los platos** faire la vaisselle • **pagar los platos rotos** payer les pots cassés **2.** *(nourriture)* plat *m* • **el plato fuerte de la historia es que...** *fig* la meilleure c'est que... • **plato combinado** plat garni • **primer plato** entrée *f* • **segundo plato, plato fuerte** plat de résistance **3.** platine *f (pour disques)* **4.** plateau *m (d'une balance, d'une bicyclette)*.
plató *nm* plateau *m*.
platónico, ca *adj* platonique.
platudo, da *adj* **(AMÉR)** *fam* friqué(e).
plausible *adj* plausible.
playa *nf* **1.** plage *f* **2.** **(AMÉR)** *(parking)* • **playa de estacionamiento** parking *m*.
play-back (*pl* **play-backs**) *nm* play-back *m*.
play-boy (*pl* **play-boys**) *nm* play-boy *m*.
playero, ra *adj* de plage. ■ **playera** *nf (gén pl)* chaussures *fpl* en toile.
plaza *nf* **1.** place *f* **2.** poste *m (de travail)* **3.** marché *m* **4.** arène *f* • **plaza de toros** arènes *fpl* **5.** *COMM & GÉOM* zone *f* **6.** place *f* forte.
plazo *nm* **1.** *(gén) COMM* délai *m* • **a corto/largo plazo** à court/long terme **2.** versement *m* • **a plazos** à crédit.
plazoleta, plazuela *nf* petite place *f*.
pleamar *nf* marée *f* haute.
plebe *nf* plèbe *f*.
plebeyo, ya *adj & nm,f* plébéien(enne).
plebiscito *nm* plébiscite *m*.
plegable *adj* pliant(e).
plegar [35] *vt* plier. ■ **plegarse** *vp* • **plegarse a** se plier à.
plegaria *nf* prière *f*.
pleitear *vi* **1.** *(avocat)* plaider **2.** *(client)* être en procès.
pleito *nm* procès *m*.
plenamente *adv* pleinement, entièrement.
plenario, ria *adj* plénier(ère).
plenilunio *nm* pleine lune *f*.
plenitud *nf* plénitude *f*.
pleno, na *adj* plein(e) • **en pleno a)** *(au milieu)* en plein **b)** *(dans sa totalité)* au grand complet

• **en pleno día** en plein jour • **en plena forma** en pleine forme. ■ **pleno** *nm* **1.** séance *f* plénière • **pleno de accionistas** assemblée *f* générale des actionnaires • **pleno del congreso/ayuntamiento** séance plénière du congrès/du conseil municipal **2.** *(aux jeux de hasard)* • **acertar el pleno** avoir tous les bons numéros.
pletórico, ca *adj* • **pletórico de** plein de.
pleuresía *nf* pleurésie *f*.
plexiglás *nm inv* Plexiglas® *m*.
pléyade *nf* pléiade *f*.
pliego *nm* **1.** feuille *f* (de papier) **2.** *(document)* pli *m* • **pliego de condiciones** cahier *m* des charges **3.** IMPR cahier *m*.
pliegue *nm* pli *m (document)*.
plinto *nm* cheval-d'arçons *m*.
plisado *nm (action)* plissage *m* ; *(résultat)* plissé *m*.
plisar *vt* plisser.
plomazo, za *nm, f fam* • **ser un plomazo** être gonflant ou lourd.
plomería *nf* **(AMÉR)** plomberie *f*.
plomero *nm* **(AMÉR)** plombier *m*.
plomizo, za *adj* de plomb • **un cielo plomizo** un ciel de plomb.
plomo *nm* **1.** plomb *m* • **caer a plomo** *fam* tomber comme une masse **2.** *fam* casse-pieds *mf inv*.
plotter (*pl* **plotters**) *nm* INFORM traceur *m*.
pluma *nf* **1.** plume *f* • **(pluma) estilográfica** stylo *m* (à) plume **2.** *fig* homme *m* de plume **3. (AMÉR)** stylo *m*.
plumaje *nm* plumage *m*.
plum-cake [pluŋ'keik] (*pl* **plum-cakes**) *nm* cake *m*.
plumero *nm* plumeau *m* • **vérsele a alguien el plumero** *fam & fig* voir venir qqn.
plumier (*pl* **plumiers**) *nm* plumier *m*.
plumífero *nm* doudoune *f*.
plumilla *nf* plume *f (de stylo)*.
plumón *nm* **1.** duvet *m* **2.** doudoune *f*.
plural *adj* pluriel(elle). ❑ *nm* pluriel *m*.
pluralidad *nf* pluralité *f*.
pluralismo *nm* pluralisme *m*.
pluralizar [13] *vi* généraliser.
pluricultural *adj* pluriculturel(elle).
pluriemplearse *vp* cumuler les emplois.
pluriempleo *nm* cumul *m* d'emplois.
plurilingüismo *nm* plurilinguisme *m*, multilinguisme *m*.
pluripartidismo *nm* pluripartisme *m*.
plurivalente *adj* plurivalent(e).
plus (*pl* **pluses**) *nm (gratification)* prime *f*.
pluscuamperfecto *nm* plus-que-parfait *m*.
plusmarca *nf* SPORT record *m*.
plusmarquista *nmf* recordman *m*, recordwoman *f*.
plusvalía *nf* plus-value *f*.
pluvial *adj* pluvial(e).
pluviometría *nf* pluviométrie *f*.
pluviosidad *nf* pluviosité *f*.
pluvioso, sa *adj sout* pluvieux(euse).
p.m. (abrév de **post meridiem**) p.m. • **abierto por las tardes de 2 a 8 p.m.** ouvert l'après-midi de 14 h à 20 h.
PM (abrév de **policía militar**) *nf police militaire espagnole*.
PNB (abrév de **producto nacional bruto**) *nm* PNB *m* • **el PNB por habitante** le PNB par habitant.
PNV (abrév de **Partido Nacionalista Vasco**) *nm parti nationaliste basque*.
población *nf* **1.** population *f* **2.** peuplement *m* **3.** localité *f*.
poblado, da *adj* **1.** peuplé(e) **2.** *fig (barbe, sourcils)* fourni(e). ■ **poblado** *nm* village *m*.
poblador, ra *adj* • **los indios pobladores de América** les Indiens qui peuplent l'Amérique. ❑ *nm, f* habitant *m*, -e *f*.
poblar [23] *vt* peupler. ■ **poblarse** *vp* se peupler.
pobre *adj* pauvre • **¡pobre hombre!** pauvre homme ! • **¡pobre de mí/ti** *etc*! pauvre de moi/toi *etc* ! ❑ *nmf* pauvre *mf*.
pobreza *nf* pauvreté *f* • **pobreza de** *(choses matérielles)* manque de.
pochismo *nm* **(AMÉR)** *fam* spanglish *m*.
pocho, cha *adj* **1.** *(personne)* patraque **2.** *(fruit)* blet(ette) **3. (AMÉR)** *fam* américanisé(e) *(se dit des Mexicains)*.
pocilga *nf litt & fig* porcherie *f*.
pócima *nf* **1.** potion *f* **2.** *péj (boisson)* • **este cóctel es una pócima** ce cocktail est imbuvable.
poción *nf* potion *f*.
poco, ca *adj* peu de • **poco trabajo** peu de travail • **de poca importancia** de peu d'importance • **dame unos pocos días** donne-moi quelques jours • **las vacantes son pocas** les places sont rares. ❑ *pron* peu • **han aprobado pocos** il y en a peu qui ont réussi • **tengo muy pocos** j'en ai très peu • **tengo amigos, pero pocos** j'ai des amis, mais j'en ai peu • **unos pocos** quelques-uns • **un poco (de)** un peu (de) • **un poco de paciencia** un peu de patience. ■ **poco** *adv* **1.** peu • **come poco** il ne mange pas beaucoup • **está poco salado** ce n'est pas très salé • **por poco** pour un peu • **por poco lo consigo** j'ai failli réussir • **por poco se desmaya** pour un peu, il s'évanouissait **2.** *(peu de temps)* • **tardaré poco** je ne serai pas long • **al poco de llegar** peu après son arrivée • **dentro de poco** bientôt, sous peu • **llegará dentro de poco** il arrivera bientôt • **hace poco (tiempo)** il n'y a pas longtemps • **poco a poco** peu à peu • **¡poco a poco!** doucement !
podadera *nf* serpe *f*.
podar *vt* élaguer *(un arbre)* ; tailler *(la vigne, un rosier)*.
podcast *nm* podcast *m*.
podcasting *nm* podcasting *m*.
poder *nm* **1.** *(autorité)* pouvoir • **el partido que está en el poder** le parti (qui est) au pouvoir

• **los militares lograron hacerse con el poder** les militaires ont réussi prendre le pouvoir • **poder adquisitivo** pouvoir d'achat • **poder ejecutivo/judicial/legislativo** pouvoir exécutif/judiciaire/législatif **2.** *(capacité, puissance)* • **pretendía así mostrar su poder** il prétendait ainsi montrer sa puissance • **un detergente de un gran poder limpiador** un détergent très puissant **3.** *(possession)* • **las pruebas están ya en poder de los jueces** les preuves sont déja entre les mains des juges. ■ **poderes** *nmpl* **1.** *(autorités)* • **poderes públicos** pouvoirs publics **2.** *(droit d'exercer certaines fonctions)* procuration • **dar poderes a alguien** donner procuration à qqn • **por poderes** par procuration.

poder

■ **poder** [64] *vt*

1. AVOIR LA POSSIBILITÉ DE

pouvoir • **no podré venir a tu boda** je ne pourrrai pas venir à ton mariage • **¿puedes venir un momento, por favor?** tu peux venir un moment, s'il te plaît ? • **puedo pagarme el viaje** je peux me payer le voyage

2. AVOIR LE DROIT DE

pouvoir • **no podemos abandonarlo** nous ne pouvons pas l'abandonner

3. EXPRIME UNE POSSIBILITÉ, UNE ÉVENTUALITÉ

pouvoir • **puede estallar la guerra** la guerre peut éclater • **podías habérmelo dicho** tu aurais pu me le dire

■ **poder** [64] *vi*

• **no puedo más** je n'en peux plus • **disfrutamos a** *ou* **hasta más no poder** nous nous sommes amusés comme des fous • **es avaro a** *ou* **hasta más no poder** il est on ne peut plus avare

■ **poder** [64] *v impers*

EXPRIME UNE POSSIBILITÉ, UNE ÉVENTUALITÉ

• **puede ser** c'est possible • **no puede ser** ce n'est pas possible • **puede que llueva** il va peut-être pleuvoir • **¿vendrás mañana? — puede** tu viendras demain ? — peut-être • **¿se puede?** on peut entrer ?

■ **poder a** *v + prép*

TENIR TÊTE

• **a mí no hay quien me pueda** je suis le plus fort

■ **poder con** *v + prép*

1. ÊTRE CAPABLE DE FAIRE FACE À UNE SITUATION

• **poder con algo/con alguien** venir à bout de qqch/de qqn • **ella sola no podrá con la corrección de pruebas** elle ne pourra pas corriger les épreuves toute seule • **por mucho que lo intento, no puedo con las matemáticas** j'ai beau essayer, je n'y arrive pas en maths

2. *fam* ÊTRE CAPABLE DE SUPPORTER QQN

• **de verdad, ¡no puedo con Roberto!** vraiment, je ne peux pas supporter Roberto !

poderío *nm* **1.** puissance *f* **2.** *(territoire)* domaine *m*.

poderoso, sa *adj* puissant(e).

podio, podium *nm* podium *m*.

podólogo, ga *nm,f* podologue *mf*.

podómetro *nm* podomètre *m*.

podrá → **poder**.

podría → **poder**.

podrido, da *adj* pourri(e). ■ **podrido** *pp* → **pudrir**.

podrir = **pudrir**.

poema *nm* poème *m*.

poesía *nf* poésie *f*.

poeta *nm* poète *m*.

poético, ca *adj* poétique.

poetisa *nf* poétesse *f*.

póker = **póquer**.

polaco, ca *adj* polonais(e). ❑ *nm,f* Polonais *m*, -e *f*. ■ **polaco** *nm* polonais *m*.

polaina *nf* guêtre *f*.

polar *adj* polaire.

polarizar [13] *vt* **1.** *(attention)* PHYS polariser **2.** *fig* centrer *(un sujet, une question, etc)*. ■ **polarizarse** *vp* • **polarizarse en a)** se polariser sur **b)** être centré(e) sur.

polaroid® *nf inv* Polaroid® *m*.

polea *nf* poulie *f*.

polémico, ca *adj* polémique. ■ **polémica** *nf* polémique *f*.

polemizar [13] *vi* • **polemizar (sobre)** polémiquer (sur).

polen *nm* pollen *m*.

polenta *nf* polenta *f*.

poleo *nm* menthe *f* forte.

poli *fam nmf* flic *m*. ❑ *nf* • **la poli** les flics *mpl*.

polichinela *nf* polichinelle *m*.

policía *nmf* policier *m*, femme *f* policier. ❑ *nf* police *f*.

policiaco, ca, policíaco, ca *adj* policier(ère).

policial *adj* policier(ère) ; *(fourgon, descente, etc)* de police.

policlínica *nf* polyclinique *f*.

policromo, ma, polícromo, ma *adj* polychrome.

polideportivo, va *adj* omnisports. ■ **polideportivo** *nm* palais *m* omnisports.

poliedro *nm* polyèdre *m*.

poliéster *nm inv* polyester *m*.

polifacético, ca *adj* éclectique.

polifonía *nf* polyphonie *f*.

poligamia *nf* polygamie *f*.

polígamo, ma *adj & nm,f* polygame.

políglota, poliglota *adj & nmf* polyglotte.

poligloto, ta, polígloto, ta *adj & nm,f* polyglotte.

poligonal *adj* polygonal(e).
polígono *nm* **1.** *GÉOM* polygone *m* **2.** *(superficie d'un terrain)* zone *f* • **polígono industrial** zone industrielle.
polilla *nf* mite *f*.
polimorfismo *nm* polymorphisme *m*.
polinizar *vt* polliniser.
polio *nf* polio *f*.
poliomielitis *nf inv* poliomyélite *f*.
polipiel *nf* similicuir *m*.
pólipo *nm* polype *m*.
Polisario (abrév de Frente Popular para la Liberación de Sakiet el Hamra y Río de Oro) *nm* Front Polisario *m (mouvement armé pour la création d'un État sahraoui indépendant dans le Sahara occidental)* • **el Frente Polisario** le Front Polisario.
polisemia *nf* polysémie *f*.
politécnico, ca *adj* polytechnique ; → **instituto**. ■ **politécnica** *nf école supérieure d'enseignement technique*.
politeísmo *nm* polythéisme *m*.
politeísta *adj & nmf* polythéiste.
política *nf* → **político**.
políticamente *adv* • **políticamente correcto** politiquement correct.
politicastro *nm péj* politicard *m*, -e *f*.
político, ca *adj* **1.** politique **2.** *(parent)* • **el hermano político** le beau-frère • **la familia política** la belle-famille. ■ **político** *nm* homme *m* politique. ■ **política** *nf* politique *f*.
politiquear *vi péj* faire de la politique politicienne.
politiqueo *nm péj* politique *f* politicienne.
politización *nf* politisation *f*.
politizar [13] *vt* politiser. ■ **politizarse** *vp* **1.** *(débat, conflit)* se politiser **2.** *(personne)* participer à la vie politique.
polivalencia *nf* polyvalence *f*.
polivalente *adj* polyvalent(e).
póliza *nf* **1.** police *f (d'assurances)* **2.** timbre *m* fiscal.
polizón *nm* passager *m* clandestin.
polla *nf* → **pollo**.
pollera *nf* (AMÉR) jupe *f*.
pollería *nf* • **en la pollería** chez le volailler.
pollito *nm* poussin *m*.
pollo, lla *nm, f* **1.** poussin *m* **2.** *(gén m) fam* jeunot *m*. ■ **pollo** *nm* poulet *m*. ■ **polla** *nf vulg* bite *f*.
polluelo *nm* poussin *m*.
polo *nm* **1.** pôle *m* • **polo negativo/positivo** pôle négatif/positif • **polo norte/sur** pôle Nord/Sud **2.** glace *f (à l'eau)* **3.** *(chemisette)* polo *m* **4.** *(SPORT - à cheval)* polo *m* ; *(- dans l'eau)* water-polo *m*.
pololear *vi* (AMÉR) *fam* flirter.
pololo, la *nm, f* (AMÉR) *fam* copain *m*, copine *f*.
Polonia *npr* Pologne *f*.
poltrona *nf* bergère *f*.
polución *nf* pollution *f*.
polucionar *vt* polluer.
polvareda *nf* nuage *m* de poussière.
polvera *nf* poudrier *m*.
polvo *nm* **1.** poussière *f* • **limpiar ou quitar el polvo** épousseter **2.** poudre *f* • **en polvo** en poudre **3.** *vulg (coït)* • **echar un polvo** tirer un coup **4.** *fig* • **estar hecho polvo a)** *fam (fatigué)* être vanné **b)** *(cassé)* être fichu **c)** *(démoralisé)* ne pas aller fort • **hacer polvo algo** *fam* bousiller qqch. ■ **polvos** *nmpl (maquillage)* poudre *f*.
pólvora *nf* poudre *f*.
polvoriento, ta *adj* poussiéreux(euse).
polvorón *nm petit gâteau fait de pâte sablée, que l'on mange à Noël*.
pomada *nf* pommade *f*.
pomelo *nm* **1.** pamplemoussier *m* **2.** pamplemousse *m*.
pómez *adj* → **piedra**.
pomo *nm* bouton *m (de porte, de tiroir)*.
pompa *nf (cérémonial)* pompe *f*. ■ **pompa de jabón** *nf (gén pl)* bulle *f* de savon. ■ **pompas fúnebres** *nfpl* pompes *fpl* funèbres.
pompis *nm inv fam* derrière *m*.
pompón *nm* pompon *m*.
pomposidad *nf* **1.** pompe *f* **2.** emphase *f*.
pomposo, sa *adj* pompeux(euse).
pómulo *nm* pommette *f*.
ponchar *vt* (AMÉR) crever *(un pneu)*. ■ **poncharse** *vp* (AMÉR) crever.
ponche *nm (boisson)* punch *m*.
poncho *nm* poncho *m*.
ponderable *adj* **1.** digne d'éloge **2.** pondérable.
ponderación *nf* **1.** louange *f* • **hablar de alguien con ponderación** faire l'éloge de qqn **2.** pondération *f*.
ponderar *vt* **1.** porter aux nues **2.** examiner **3.** *(statistiques)* pondérer.
ponedor, ra *adj* pondeur(euse).
ponencia *nf* **1.** communication *f* ; rapport *m* **2.** *(charge)* • **ocupa la ponencia de la mesa sobre...** il est le rapporteur de la table ronde sur... **3.** commission *f*.
ponente *nmf DR* rapporteur *m* ; *(congrès)* conférencier *m*, -ère *f*.

poner

■ **poner** [65] *vt*

1. PLACER

mettre • **¿dónde has puesto el libro?** où as-tu mis le livre ? • **pon vinagre en la ensalada** mets du vinaigre dans la salade

2. DISPOSER SUR LE CORPS, REVÊTIR

mettre • **ponle el abrigo/los guantes** mets-lui son manteau/ses gants

3. ALLUMER

mettre • **pon la radio/la tele/la calefacción** mets la radio/la télé/le chauffage

4. PRÉPARER
mettre • **pon la mesa mientras yo preparo la ensalada** mets la table pendant que je prépare la salade
5. EMPLOYER, CONTRIBUER
• **puso toda su voluntad en ello** il y a mis toute sa volonté • **podrías poner un poco de tu parte** tu pourrais y mettre un peu du tien • **ya he puesto mi parte** j'ai déjà payé ma part
6. INSTALLER
• **en el piso nuevo nos están poniendo el gas y la luz** ils sont en train d'installer le gaz et l'électricité dans notre nouvel appartement • **han puesto su casa con mucho gusto** ils ont arrangé leur maison avec beaucoup de goût
7. MONTER
ouvrir • **han puesto una tienda de comestibles** ils ont ouvert une épicerie
8. PROVOQUER UN ÉTAT
• **lo que le dije la puso furiosa** ce que je lui ai dit l'a rendue furieuse • **poner triste** rendre triste • **lo pones de mal humor** tu le mets de mauvaise humeur
9. DONNER
• **este profesor siempre nos pone muchos deberes** ce professeur nous donne toujours beaucoup de devoirs
10. AU CINÉMA, À LA TÉLÉVISION
passer • **esta película la ponen sólo en el Médicis** ce film passe seulement au cinéma Médicis
11. AU THÉÂTRE
jouer • **¿qué obra ponen en el Condal?** quelle pièce joue-t-on au théâtre Condal ?
12. DONNER UN PRÉNOM
• **le han puesto Mario** ils l'ont appelé Mario • **¿qué nombre le van a poner al bebé?** quel prénom vont-ils donner au bébé ?
13. TRAITER DE
• **no aceptaré que me pongan de mentiroso** je n'accepterai qu'on me traite de menteur
14. SUPPOSER
• **pon ou pongamos que…** mettons ou admettons que…
15. EN MATHÉMATIQUES
poser • **pongo 6 y llevo 3** je pose 6 et je retiens 3
16. TÉLÉCOMMUNICATIONS
• **nos puso un telegrama/un fax** il nous a envoyé un télégramme/un fax • **poner una conferencia** passer un appel à l'étranger • **¿me pones con él?** tu me le passes ?
17. ŒUF
pondre • **las gallinas ponen huevos** les poules pondent des œufs
18. DANS DES EXPRESSIONS
• **poner de comer** donner à manger • **poner a régimen** mettre au régime • **poner impedimentos** mettre des bâtons dans les roues • **¡no pongas esa cara!** ne fais pas cette tête ! • **poner a mal tiempo buena cara** faire contre mauvaise fortune bon cœur

■ **poner** [65] *vi*
ŒUF
pondre • **las gallinas ponen** les poules pondent

■ **ponerse** *vp*
1. PRENDRE UNE CERTAINE POSITION
se mettre • **ponerse cómodo** se mettre à l'aise • **ponerse de pie** se mettre debout
2. DISPOSER SUR LE CORPS, REVÊTIR
mettre • **¡ponte el abrigo!** mets ton manteau ! • **se puso un poco de colorete** elle a mis un peu de blush
3. PASSER D'UN ÉTAT À UN AUTRE
• **se puso rojo de ira** il est devenu rouge de colère • **a menudo se ponía melancólica** elle devenait souvent mélancolique • **¡no te pongas así!** ne te mets pas dans cet état ! • **¿con quién has quedado que te has puesto tan guapa!** tu t'es faite belle, avec qui as-tu rendez-vous ?
4. SANTÉ
• **ponerse malo ou enfermo** tomber malade • **ponerse bien** se rétablir
5. TÉLÉPHONE
répondre • **ponerse al teléfono** répondre au téléphone
6. SE SALIR
• **se ha puesto de barro hasta las rodillas** il s'est couvert de boue jusqu'aux genoux
7. SOLEIL
se coucher • **el sol se pone por el oeste** le soleil se couche à l'ouest
8. (AMÉR) *fam* AVOIR L'IMPRESSION QUE
• **se me pone que no nos ha dicho toda la verdad** j'ai l'impression qu'il ne nous a pas dit toute la vérité
9. (AMÉR) *fam* S'ENIVRER
• **ponérselas** *ou* **ponérsela** prendre une cuite
10. DANS DES EXPRESSIONS
• **ponerse al tanto** se mettre au courant

■ **ponerse a** *vp + prép*
SUIVI DE L'INFINITIF : COMMENCER À
se mettre à • **se puso a llorar** il s'est mis à pleurer

poni, poney *nm* poney *m*.
poniente *nm* **1.** couchant *m* **2.** vent *m* d'ouest.
pontifical *adj (pape)* pontifical(e) ; *(évêque)* épiscopal(e).
pontífice *nm* pontife *m* • **sumo pontífice** souverain *m* pontife.
pontificio, cia *adj* pontifical(e).
pontón *nm* NAUT ponton *m*.
pop *adj* pop.
popa *nf* poupe *f*.

popote *nm* (AMÉR) paille *f (pour boire)*.
populacho *nm péj* populace *f*.
popular *adj* populaire.
popularidad *nf* popularité *f*.
popularizar [13] *vt* populariser. ■ **popularizarse** *vp* devenir populaire.
popularmente *adv* populairement • **popularmente conocido como...** plus connu sous le nom de...
populismo *nm* populisme *m*.
populista *adj & nmf* populiste.
populoso, sa *adj* populeux(euse).
pop-up *nm* pop-up *m*.
popurrí (*pl* **popurrís**) *nm* pot-pourri *m*.
póquer, póker *nm* poker *m*.
poquito, ta *adj* peu de • **hay poquita gente** il y a peu de monde, il n'y a pas grand monde. ■ **poquito** *adv* **1.** *(quantité)* très peu • **ponme poquito** mets-m'en très peu **2.** *(temps)* très peu de temps • **poquito a poco** peu à peu, petit à petit. ❑ *nm* • **un poquito** un petit peu.

por

■ **por** *prép*

1. INDIQUE LE BUT
pour • **lo hizo por complacerte** il l'a fait pour te faire plaisir
2. EN FAVEUR
pour • **lo hizo por ella** il l'a fait pour elle • **votó por mí** elle a voté pour moi
3. INDIQUE LA MANIÈRE
par • **lo cogieron por el brazo** ils l'ont pris par le bras • **por escrito** par écrit
4. INDIQUE LE MOYEN
par • **por mensajero/fax** par coursier/fax
5. INDIQUE LA CAUSE
à cause de • **se enfadó por tu culpa** elle s'est fâchée à cause de toi
6. INTRODUIT LE COMPLÉMENT D'AGENT
par • **el récord fue batido por el atleta** le record a été battu par l'athlète
7. INDIQUE UN MOMENT
• **por abril** en avril *ou* dans le courant du mois d'avril
8. INDIQUE UN MOMENT DE LA JOURNÉE
• **por la mañana/tarde/noche** le matin/l'après-midi/la nuit
9. INDIQUE LA DURÉE
• **por unos días** pour quelques jours
10. INDIQUE LA POSITION, LE LIEU
• **había papeles por el suelo** il y avait des papiers par terre • **había niños por todas partes** il y avait des enfants partout • **¿por dónde vive?** où habite-t-il ?
11. INDIQUE LE LIEU PAR OÙ L'ON PASSE
par • **sólo pasaba por aquí** je ne faisais que passer par là • **entramos en África por Tánger** nous sommes entrés en Afrique par Tanger • **pasar por la aduana** passer à la douane • **los ladrones entraron por la ventana** les voleurs sont entrés par la fenêtre
12. INDIQUE LE PRIX
pour • **lo ha comprado por poco dinero** il l'a acheté pour une petite somme • **lo tuve por 10 euros** je l'ai eu pour 10 euros
13. INDIQUE UN ÉCHANGE
contre • **cambió el coche por la moto** il a échangé sa voiture contre une moto
14. À LA PLACE DE
pour • **él lo hará por mí** il le fera pour moi
15. INDIQUE LA DISTRIBUTION, LA RÉPARTITION
• **tocan a dos por cabeza** il y en a deux par personne • **100 km por hora** 100 km à l'heure • **huevos por docenas** des œufs à la douzaine
16. EN MATHÉMATIQUES
fois • **tres por tres son nueve** trois fois trois égalent neuf
17. ALLER CHERCHER
• **baja por tabaco** descends chercher des cigarettes • **vino a por los libros** il est venu chercher les livres
18. INDIQUE QU'UNE ACTION EST SUR LE POINT D'ÊTRE ACCOMPLIE
• **estaba por salir** j'étais sur le point de partir • **la mesa está por poner** la table n'est pas encore mise • **estuve por llamarte** j'ai failli t'appeler
19. DANS DES EXPRESSIONS
• **no me cae bien, por (muy) simpático que te parezca** tu as beau le trouver sympathique, moi je ne l'aime pas • **por mucho que llores, no arreglarás nada** tu auras beau pleurer, cela ne changera rien

porcelana *nf* porcelaine *f*.
porcentaje *nm* pourcentage *m*.
porcentual *adj* en pourcentage.
porche *nm* porche *m*.
porcino, na *adj* porcin(e).
porción *nf* portion *f*; part *f (d'un butin, d'un gâteau)*.
pordiosero, ra *adj* qui demande l'aumône. ❑ *nm, f* mendiant *m*, -e *f*.
porfía *nf* **1.** discussion *f* **2.** obstination *f*.
porfiado, da *adj* obstiné(e).
porfiar [9] *vi* **1.** *(discuter)* • **siempre está porfiando** il faut toujours qu'il discute **2.** insister lourdement • **porfiar en** s'obstiner à.
pormenor *nm (gén pl)* détail *m*.
pormenorizar [13] *vt* détailler *(énumérer)* • **pormenorizando todos los detalles** sans négliger aucun détail.
porno *adj fam* porno.
pornografía *nf* pornographie *f*.
pornográfico, ca *adj* pornographique.
poro *nm* pore *m*.
porosidad *nf* porosité *f*.
poroso, sa *adj* poreux(euse).

poroto *nm* **(AMÉR)** haricot *m.*
porque *conj* **1.** parce que **2.** pour que.
porqué *nm* • **el porqué de…** le pourquoi de….
porquería *nf* cochonnerie *f.*
porqueriza *nf* porcherie *f.*
porra *nf* **1.** massue *f* ; matraque *f* **2.** beignet *m* ; ≃ chichi *m* **3.** *(expression)* • **irse ou mandar a la porra** *fam* envoyer balader. ❑ *interj (gén pl)* • **¡porras!** *fam* mince !, nom d'un chien !
porrada *nf fam* • **una porrada de** un tas de.
porrazo *nm* coup *m.*
porreta *nmf fam* fumeur *m*, -euse *f* de haschisch.
porro *nm fam* joint *m.*
porrón *nm flacon en verre pour boire le vin à la régalade.*
portaaviones *nm inv* porte-avions *m inv.*
portada *nf* **1.** couverture *f (d'un livre, d'un magazine)* ; une *f (d'un journal)* **2.** façade *f.*
portadocumentos *nm inv* **1.** porte-documents *m inv* **2.** porte-cartes *m inv.*
portador, ra *adj* porteur(euse). ❑ *nm,f* porteur *m*, -euse *f* • **al portador** au porteur.
portaequipajes *nm inv* **1.** *AUTO* coffre *m* à bagages **2.** galerie *f.*
portafolio(s) *nm inv* porte-document *m.*
portal *nm* **1.** *(pièce)* entrée *f* **2.** portail *m* **3.** crèche *f (de Noël).*
portalámparas *nm inv* douille *f.*
portamaletas *nm inv* **(AMÉR)** coffre *m* à bagages.
portaminas *nm inv* portemine *m.*
portamonedas *nm inv* porte-monnaie *m inv.*
portapapeles *nm inv INFORM* presse-papiers *m.*
portar *vt* porter. ■ **portarse** *vp* se comporter • **¡pórtate bien!** sois sage ! • **los niños se han portado bien** les enfants se sont bien tenus • **siempre se ha portado bien conmigo** il a toujours été très correct avec moi.
portarrollos *nm inv (dans une salle de bains)* porte-papier *m* ; *(dans une cuisine)* dérouleur *m* d'essuie-tout.
portátil *adj* portatif(ive) ; portable.
portavoz *nmf* porte-parole *m inv.*
portazo *nm* • **dar un portazo** claquer la porte.
porte *nm* **1.** *(gén pl) (transport)* port *m* • **porte(s) debido(s)/pagado(s)** port dû/payé **2.** *(prestance)* allure *f.*
porteador, ra *adj* porteur(euse). ❑ *nm,f* porteur *m*, -euse *f.*
portento *nm* prodige *m.*
portentoso, sa *adj* prodigieux(euse).
porteño, ña *adj* **1.** *(d'Argentine)* de Buenos Aires **2.** *(d'Espagne)* de Puerto de Santa María. ❑ *nm,f* **1.** *(d'Argentine) natif ou habitant de Buenos Aires* **2.** *(d'Espagne) natif ou habitant de Puerto de Santa María.*
portería *nf* **1.** loge *f (de concierge)* • **se ocupa de la portería** c'est la gardienne de l'immeuble **2.** *SPORT* buts *mpl.*
portero, ra *nm,f* **1.** gardien *m*, -enne *f* • **portero electrónico** Interphone® *m* **2.** *SPORT* gardien *m* de but.
pórtico *nm* portique *m.*
portillo *nm* **1.** brèche *f* **2.** guichet *m.*
portorriqueño, ña = **puertorriqueño.**
portuario, ria *adj* portuaire.
Portugal *npr* Portugal *m.*
portugués, esa *adj* portugais(e). ❑ *nm,f* Portugais *m*, -e *f.* ■ **portugués** *nm* portugais *m.*
porvenir *nm* avenir *m.*
pos ■ **en pos de** *loc prép* **1.** derrière **2.** en quête de • **ir en pos de algo** courir après qqch.
posada *nf* auberge *f* • **dar posada** héberger.
posaderas *nfpl fam* fesses *fpl.*
posar *vt & vi* poser. ■ **posarse** *vp* **1.** *(oiseau, insecte, avion)* se poser **2.** *(particule, poussière, etc)* se déposer.
posavasos *nm inv* dessous *m* de verre.
posdata, postdata *nf* post-scriptum *m inv.*
pose *nf (attitude)* pose *f.*
poseedor, ra *adj* • **ser poseedor de algo** posséder qqch. ❑ *nm,f* possesseur *m* ; détenteur *m*, -trice *f (d'un record, d'armes).*
poseer [50] *vt* posséder.
poseído, da *adj & nm,f* possédé(e).
posesión *nf* possession *f.*
posesivo, va *adj* possessif(ive).
poseso, sa *adj & nm,f* possédé(e).
posgrado, postgrado *nm* ≃ troisième cycle *m.*
posgraduado, da, postgraduado, da *adj & nm,f titulaire d'un diplôme de troisième cycle.*
posguerra, postguerra *nf* après-guerre *m ou f.*
posibilidad *nf* possibilité *f* • **hay posibilidades de que…** il est possible que… • **tiene posibilidades de éxito** il a des chances de réussir.
posibilitar *vt* permettre.
posible *adj* possible • **hacer posible** rendre possible • **haré (todo) lo posible** je ferai (tout) mon possible • **lo antes posible** le plus tôt possible. ■ **posibles** *nmpl* moyens *mpl* • **una persona sin posibles** une personne sans ressources.
posiblemente *adv* probablement.
posición *nf* position *f* • **tiene una buena posición** il a une belle situation.
posicionamiento *nm (marketing)* positionnement *m.*
posicionarse *vp* se prononcer • **posicionarse a favor del aborto** se prononcer en faveur de l'avortement.
posindustrial = **postindustrial.**
pósit *nm* Post-it® *m.*
positivismo *nm* positivisme *m.*

positivizar *vt* positiver.
positivo, va *adj* positif(ive).
posmoderno, na *adj & nm,f* postmoderne.
poso *nm* dépôt *m (d'un liquide)* • **poso de café** marc *m* de café.
posología *nf* posologie *f*.
posoperatorio, ria = **postoperatorio**.
posparto, postparto *adj inv* postnatal(e). ❑ *nm* post-partum *m inv*.
posponer [65] *vt* **1.** faire passer après **2.** reporter.
pospuesto, ta *pp* → **posponer**.
post *nm (sur des réseaux sociaux)* post *m*, message *m*.
posta ■ **a posta** *loc adv* exprès.
postal *adj* postal(e). ❑ *nf* carte *f* postale.
postdata = **posdata**.
poste *nm* poteau *m*.
postear *vt & vi (sur des réseaux sociaux)* poster, publier.
póster (*pl* **posters**) *nm* poster *m*.
postergar [16] *vt* **1.** repousser **2.** reléguer ; *(dans une entreprise)* rétrograder.
posteridad *nf* postérité *f*.
posterior *adj* **1.** *(dans l'espace)* arrière • **la puerta posterior** la porte de derrière **2.** *(dans le temps)* ultérieur(e).
posteriori ■ **a posteriori** *loc adv* a posteriori.
posterioridad *nf* • **con posterioridad** par la suite.
posteriormente *adv* ultérieurement, postérieurement.
postgrado = **posgrado**.
postgraduado, da = **posgraduado**.
postguerra = **posguerra**.
postigo *nm* **1.** volet *m* **2.** guichet *m*.
postín *nm* ostentation *f* • **de postín** luxueux(euse).
postindustrial, posindustrial *adj* postindustriel(elle).
postizo, za *adj* faux, fausse *f*. ■ **postizo** *nm* postiche *m*.
postmoderno, na = **posmoderno**.
postoperatorio, ria, posoperatorio, ria *adj* postopératoire.
postor, ra *nm,f* enchérisseur *m*, -euse *f*.
postparto = **posparto**.
postrar *vt* abattre. ■ **postrarse** *vp* se prosterner.
postraumático, ca *adj MÉD* post-traumatique.
postre *nm* dessert *m*. ❑ *nf* • **a la postre** *fig* en définitive.
postrero, ra *adj* dernier(ère).
postrimerías *nfpl* fin *f* • **en las postrimerías de** à la fin de.
postulado *nm* postulat *m*.
postulante, ta *nm,f* **1.** *(collecte)* quêteur *m*, -euse *f* **2.** (AMÉR) candidat *m*, -e *f*, postulant *m*, -e *f*.
postular *vt* **1.** réclamer **2.** collecter *(des fonds, des dons)*.
póstumo, ma *adj* posthume.
postura *nf* **1.** posture *f* • **en una postura incómoda** en mauvaise posture **2.** attitude *f* **3.** offre *f (dans une vente aux enchères)* ; mise *f (à la roulette, etc)*.
postureo *nm* postureo *m (fait de se montrer sous un meilleur jour sur les réseaux sociaux)*.
posventa, postventa *adj* après-vente *(inv)*.
posverdad *nf* post-vérité *f*.
potable *adj* potable.
potaje *nm* **1.** potage *m* **2.** *plat de légumes secs*.
potasio *nm* potassium *m*.
pote *nm* **1.** pot *m* **2.** *fam* maquillage *m*.
potencia *nf* puissance *f*.
potenciador, ra *adj* de renforcement. ■ **potenciador** *nm (substance)* exhausteur *m* • **potenciador del sabor/aroma** exhausteur de goût/d'arôme.
potencial *adj* potentiel(elle). ❑ *nm* **1.** *(gén) ÉLECTR* potentiel *m* **2.** *GRAMM* conditionnel *m*.
potenciar [8] *vt* favoriser • **el clima potencia la agricultura** le climat est favorable à l'agriculture.
potente *adj* puissant(e).
potestad *nf* pouvoir *m*.
potingue *nm fam* **1.** *(medicament)* potion *f* **2.** *(boisson)* breuvage *m* **3.** *(gén pl) (crèmes)* • **los potingues** les produits de beauté.
potito *nm* petit pot *m (pour bébés)*.
potra *nf* → **potro**.
potro, tra *nm,f* poulain *m*, pouliche *f*. ■ **potro** *nm* cheval-d'arçons *m inv*. ■ **potra** *nf tfam* pot *m* • **tener potra** avoir de la veine ou du pot.
poyo *nm* banc *m* de pierre.
pozo *nm* puits *m*.
p.p. 1. (abrév de **por poder**) pp **2.** (abrév de **porte pagado**) pp.
PP (abrév de **Partido Popular**) *nm parti politique espagnol de droite*.
práctica *nf* → **práctico**.
practicable *adj* **1.** *(projet, etc.)* réalisable **2.** *(chemin)* praticable.
prácticamente *adv* pratiquement.
practicante *adj* pratiquant(e). ❑ *nmf* **1.** *RELIG* pratiquant *m*, -e *f* **2.** aide-soignant *m*, -e *f*.
practicar [10] *vt SPORT* faire • **practicar la natación** faire de la natation. ❑ *vi* s'exercer.
práctico, ca *adj* pratique. ■ **práctico** *nm NAUT* pilote *m*. ■ **práctica** *nf* **1.** pratique *f* • **en la práctica** dans la pratique • **las prácticas** les travaux pratiques **2.** stage *m (en entreprise)*. ■ **prácticas** *nfpl* stage *m*.
pradera *nf* prairie *f*.
prado *nm* pré *m*.

Praga *npr* Prague.
pragmático, ca *adj* pragmatique.
pragmatismo *nm* pragmatisme *m*.
pral. (abrév de **principal**) p^al^.
praliné *nm* chocolat *m* praliné ; praliné *m*.
preacuerdo *nm* accord *m* de principe.
preadolescente *nmf* préadolescent *m*, -e *f*.
preámbulo *nm* préambule *m*.
preaviso *nm* préavis *m*.
precalentamiento *nm* SPORT échauffement *m*.
precalentar [19] *vt* **1.** CULIN préchauffer **2.** SPORT s'échauffer.
precariedad *nf* précarité *f*.
precario, ria *adj* précaire.
precaución *nf* précaution *f* • **tomar precauciones** prendre des précautions.
precaver *vt* prévenir. ■ **precaverse** *vp* • **precaverse (de ou contra)** se prémunir (contre).
precavido, da *adj* prévoyant(e).
precedente *adj* précédent(e). ❑ *nm* précédent *m*.
preceder *vt* • **preceder (algo/a alguien)** précéder (qqch/qqn).
preceptivo, va *adj* obligatoire. ■ **preceptiva** *nf* précepte *m*.
precepto *nm* **1.** précepte *m* **2.** disposition *f*.
preceptor, ra *nm,f* précepteur *m*, -trice *f*.
preciado, da *adj* précieux(euse).
preciar [8] *vt* apprécier. ■ **preciarse** *vp* se vanter • **para cualquier médico que se precie...** pour un médecin qui se respecte....
precintar *vt* sceller.
precinto *nm* DR scellé *m* ; DR *(action)* pose *f* des scellés • **un precinto de garantía** un emballage scellé.
precio *nm* *litt* & *fig* prix *m* • **al precio de** au prix de • **precio de fábrica ou coste** prix coûtant, prix de revient • **precio de venta (al público)** prix (public) de vente.
preciosidad *nf* **1.** beauté *f* **2.** *(chose ou personne)* merveille *f*.
precioso, sa *adj* **1.** précieux(euse) **2.** ravissant(e), adorable.
precipicio *nm* précipice *m*.
precipitación *nf* précipitation *f*.
precipitado, da *adj* précipité(e).
precipitar *vt* précipiter. ■ **precipitarse** *vp* se précipiter.
precisamente *adv* justement.
precisar *vt* **1.** préciser **2.** avoir besoin de • **precisa tu colaboración** il a besoin de ta collaboration.
precisión *nf* précision *f*.
preciso, sa *adj* **1.** précis(e) **2.** *(nécessaire)* • **es preciso que vengas** il faut que tu viennes.
precocinado, da *adj* précuit(e) • **un plato precocinado** un plat cuisiné.
precolombino, na *adj* précolombien(enne).
preconcebido, da *adj* préconçu(e).
preconcebir [26] *vt* concevoir à l'avance.
preconizar [13] *vt* préconiser.
precoz *adj* précoce.
precuela *nf* préquel *m*, préquelle *f*.
precursor, ra *adj* précurseur • **un signo precursor** un signe avant-coureur. ❑ *nm,f* précurseur *m*.
predador, ra *adj* prédateur(trice). ■ **predadores** *nmpl* prédateurs *mpl*.
predecesor, ra *nm,f* prédécesseur *m*.
predecible *adj* prévisible.
predecir [66] *vt* prédire.
predestinado, da *adj* prédestiné(e).
predestinar *vt* prédestiner.
predeterminación *nf* prédétermination *f*.
predeterminar *vt* prédéterminer.
prédica *nf* prêche *m*.
predicado *nm* GRAMM prédicat *m*.
predicador, ra *nm,f* prédicateur *m*, -trice *f*.
predicar [10] *vt* & *vi* prêcher.
predicción *nf* prédiction *f* • **la predicción del tiempo** les prévisions météorologiques.
predicho, cha *pp* → **predecir**.
predilección *nf* prédilection *f*.
predilecto, ta *adj* préféré(e).
predisponer [65] *vt* prédisposer.
predisposición *nf* • **predisposición (a)** prédisposition *f* (à).
predispuesto, ta *adj* prédisposé(e) • **ser predispuesto a** avoir une prédisposition à. ■ **predispuesto** *pp* → **predisponer**.
predominante *adj* prédominant(e).
predominar *vi* • **predominar (sobre)** prédominer (sur).
predominio *nm* prédominance *f*.
preelectoral *adj* préélectoral(e).
preeminencia *nf* prééminence *f*.
preeminente *adj* prééminent(e).
preescolar *adj* préscolaire. ❑ *nm* maternelle *f* *(cycle)*.
preestablecido, da *adj* préétabli(e).
preestreno *nm* avant-première *f*.
preexistente *adj* préexistant(e).
prefabricado, da *adj* préfabriqué(e).
prefabricar [10] *vt* préfabriquer.
prefacio *nm* préface *f*.
prefectura *nf* préfecture *f*.
preferencia *nf* **1.** préférence *f* **2.** AUTO priorité *f* • **tener preferencia** avoir (la) priorité.
preferencial *adj* préférentiel(elle).
preferente *adj* préférentiel(elle).
preferentemente *adv* de préférence.
preferible *adj* préférable • **es preferible echar limón a vinagre** il vaut mieux mettre du citron que du vinaigre.
preferido, da *adj* & *nm,f* préféré(e).
preferir [27] *vt* préférer • **preferir algo a algo** préférer qqch à qqch • **prefiere el calor al frío**

elle préfère la chaleur au froid • **prefiero aburrirme a salir con ella** je préfère m'ennuyer plutôt que de sortir avec elle.
prefigurar *vt* préfigurer.
prefijar *vt* fixer à l'avance.
prefijo *nm* **1.** GRAMM préfixe *m* **2.** TÉLÉCOM • **prefijo (telefónico)** indicatif *m* (téléphonique).
pregón *nm* **1.** discours *m* **2.** avis *m* (au public).
pregonar *vt* **1.** rendre public **2.** *fig* crier sur les toits.
pregonero, ra *nm, f* **1.** crieur *m* public **2.** *fig* & *péj* pipelette *f*.
pregunta *nf* question *f* • **hacer una pregunta** poser une question.
preguntar *vt* demander. ❑ *vi* • **preguntar por alguien** *(s'intéresser)* demander des nouvelles de qqn • **preguntar por algo/alguien** *(solliciter)* demander qqch/qqn. ■ **preguntarse** *vp* se demander.
preguntón, ona *fam adj* curieux(euse) • **es muy preguntón** il n'arrête pas de poser des questions.
prehispánico, ca *adj* préhispanique.
prehistoria *nf* préhistoire *f*.
prehistórico, ca *adj* préhistorique.
preimpresión *nf* IMPR préimpression *f*.
preindustrial *adj* préindustriel(elle).
preinstalar *vt* INFORM pré-installer.
prejubilación *nf* préretraite *f*.
prejubilado, da *nm, f* préretraité *m*, -e *f*.
prejubilarse *vp* partir en préretraite.
prejuicio *nm* préjugé *m*.
prejuzgar [16] *vt* juger d'avance. ❑ *vi* porter un jugement prématuré.
prelavado *nm* prélavage *m*.
preliminar *adj* & *nm* préliminaire.
preludiar *vt* préluder à. ❑ *vi* préluder.
preludio *nm* prélude *m*.
premamá *adj inv* pour femme enceinte.
prematrimonial *adj* prénuptial(e).
prematuro, ra *adj* prématuré(e).
premeditación *nf* préméditation *f*.
premeditado, da *adj* prémédité(e).
premeditar *vt* préméditer.
premenstrual *adj* prémenstruel(elle).
premiado, da *adj* gagnant(e) • **el número premiado** le numéro gagnant.
premiar [8] *vt* récompenser.
premier (*pl* **premiers**) *nm* Premier ministre *m* britannique.
premio *nm* **1.** prix *m* • **premio Miguel de Cervantes** *prix littéraire espagnol* **2.** *(à la loterie)* lot *m* • **premio gordo** gros lot.
premisa *nf* hypothèse *f*.
premolar *nm* prémolaire *f*.
premonición *nf* prémonition *f*.
premonitorio, ria *adj* prémonitoire.
premura *nf* **1.** *(urgence)* • **con premura** à la hâte **2.** manque *m*.
prenatal *adj* prénatal(e).
prenda *nf* **1.** vêtement *m* • **prenda de abrigo** vêtement chaud **2.** *(garantie)* gage *m* **3.** *(gén pl) (appellation affectueuse)* qualité *f* **4.** • **este niño es una prenda** cet enfant est un amour.
prendar *vt* charmer. ■ **prendarse** *vp* • **prendarse de** s'éprendre de.
prender *vt* **1.** saisir *(un objet, un bras, etc)* ; arrêter *(une personne)* **2.** accrocher, attacher ; épingler **3.** allumer • **prender fuego a** mettre le feu à. ❑ *vi* **1.** prendre **2.** *fig (se propager)* • **prender en** gagner • **el desaliento prendió en el equipo** le découragement a gagné l'équipe. ■ **prenderse** *vp* prendre feu.
prendido, da *adj* accroché(e) • **quedar prendido de** être sous le charme de.
prensa *nf* presse *f* • **prensa del corazón** presse du cœur.
prensar *vt* presser.
prenupcial *adj* prénuptial(e).
preñado, da *adj fig* rempli(e) • **preñado de** empreint de. ■ **preñada** *fam adj f (femelle)* pleine ; *(femme)* enceinte.
preñar *vt* **1.** *fam* féconder **2.** *fig* empreindre.
preocupación *nf* souci *m*.
preocupado, da *adj* inquiet(ète) • **preocupado por su hijo** inquiet pour son fils • **preocupado por saber los resultados** inquiet de connaître les résultats.
preocupante *adj* inquiétant(e), préoccupant(e).
preocupar *vt* **1.** inquiéter **2.** *(importer)* • **no le preocupa lo que piensen los demás** il se moque de ce que pensent les autres. ■ **preocuparse** *vp* **1.** s'inquiéter • **preocuparse por alguien** s'inquiéter pour qqn • **preocuparse por algo** se préoccuper ou s'inquiéter de qqch • **¡no te preocupes!** ne t'en fais pas ! **2.** *(se charger de)* • **preocuparse de** veiller à.
prepa *nf* (AMÉR) SCOL ≃ lycée *m*.
prepagado, da *adj* prépayé(e) • **una tarjeta de prepagada** une carte prépayée.
prepago *nm* pré-paiement *m*.
preparación *nf* **1.** préparation *f* **2.** bagage *m (culturel)*.
preparado, da *adj* **1.** prêt(e) **2.** compétent(e). ■ **preparado** *nm* préparation *f*.
preparador, ra *nm, f* **1.** *(formateur)* préparateur *m*, -trice *f* **2.** SPORT entraîneur *m*.
preparar *vt* préparer. ■ **prepararse** *vp* • **prepararse (a ou para)** se préparer (à).
preparativo, va *adj* préparatoire. ■ **preparativo** *nm (gén pl)* préparatifs *mpl*.
preparatorio, ria *adj* préparatoire.
preparatorio, ria *adj* préparatoire. ■ **preparatoria** *nf* (AMÉR) SCOL ≃ lycée *m*.
preponderancia *nf* prépondérance *f* • **tener preponderancia sobre** avoir la prépondérance sur.

preponderante *adj* prépondérant(e).
preponderar *vi* être prépondérant(e).
preposición *nf* préposition *f*.
prepotencia *nf* toute-puissance *f*.
prepotente *adj* **1.** arrogant(e) **2.** tout-puissant, toute-puissante *f*.
preprogramado, da *adj* préprogrammé(e).
prerrequisito *nm* prérequis *m*.
prerrogativa *nf* prérogative *f*.
prerrománico, ca *adj* ART préroman(e). ■ **prerrománico** *nm* ART art *m* préroman.
presa *nf* **1.** proie *f* **2.** barrage *m*.
presagiar [8] *vt* prédire *(l'avenir, le bonheur)* ; présager *(une tempête, des problèmes)*.
presagio *nm* présage *m*.
presbiterio *nm* chœur *m (d'une église)*.
presbítero *nm* prêtre *m*.
prescindir *vi* • **prescindir de a)** *(renoncer à)* se passer de **b)** *(omettre)* faire abstraction de.
prescribir *vt* prescrire. ❑ *vi* DR se prescrire • **prescribe** il y a prescription.
prescripción *nf* **1.** DR prescription *f* **2.** MÉD • **prescripción (facultativa)** prescription *f* médicale.
prescrito, ta *pp* → **prescribir**.
preselección *nf* présélection *f*.
preseleccionar *vt* présélectionner.
presencia *nf* **1.** présence *f* • **en presencia de** en présence de **2.** *(aspect)* allure *f*. ■ **presencia de ánimo** *nf* présence *f* d'esprit.
presencial *adj* → **testigo**.
presenciar [8] *vt* assister à ; être témoin de *(crime, délit)*.
presentable *adj* présentable.
presentación *nf* présentation *f* • **tiene buena presentación** c'est bien présenté.
presentador, ra *nm,f* présentateur *m*, -trice *f*.
presentar *vt* présenter • **me presentó sus excusas** il m'a présenté ses excuses • **presentar a alguien** présenter qqn. ■ **presentarse** *vp* se présenter.
presente *adj* présent(e) • **el presente mes** le mois courant • **tener algo presente** ne pas oublier qqch. ❑ *nmf* personne *f* présente. ❑ *nm* présent *m*. ❑ *nf (lettre)* présente *f*.
presentimiento *nm* pressentiment *m*.
presentir [27] *vt* pressentir.
preservación *nf* préservation *f*.
preservar *vt* préserver. ■ **preservarse** *vp* • **preservarse de** se préserver de.
preservativo, va *adj* de protection. ■ **preservativo** *nm* préservatif *m*.
presidencia *nf* présidence *f*.
presidenciable *nmf* (AMÉR) présidentiable *mf*.
presidencial *adj* présidentiel(elle).
presidente, ta *nm,f* président *m*, -e *f*.
presidiario, ria *nm,f* prisonnier *m*, -ère *f*.
presidio *nm* prison *f*.
presidir *vt* **1.** présider **2.** *sout (sujet : sentiment)* présider à.
presión *nf* pression *f* • **hacer presión sobre** faire pression sur • **a presión** *(bouteille, etc)* sous pression • **presión arterial ou sanguínea** pression artérielle • **presión fiscal** pression fiscale, poids *m* de l'impôt.
presionar *vt* • **presionar algo** appuyer sur qqch • **presionar a alguien** *fig* faire pression sur qqn.
preso, sa *adj & nm,f* prisonnier(ère).
prestablecido, da *adj* préétabli(e).
prestación *nf* prestation *f* • **prestaciones de paro** *allocations de chômage et aide à la formation*. ■ **prestaciones** *nfpl* performances *fpl (d'une voiture, d'une machine)*.
prestado, da *adj* prêté(e) • **de prestado a)** *(vêtement)* emprunté(e) **b)** *(situation)* précaire • **pedir ou tomar prestado** emprunter.
prestamista *nmf* prêteur *m*, -euse *f* (sur gages).
préstamo *nm* prêt *m* • **pedir un préstamo** faire un emprunt.
prestancia *nf* prestance *f*.
prestar *vt* prêter • **prestar crédito a** croire à • **prestar oídos** prêter l'oreille • **prestar servicio** rendre service. ■ **prestarse** *vp* **1.** se proposer • **se prestó a ayudarme** il s'est proposé pour m'aider **2.** *(participer)* • **prestarse a** se prêter à **3.** *(être motif à)* • **esto se presta a confusión** cela prête à confusion.
presteza *nf* • **con presteza** promptement.
prestidigitador, ra *nm,f* prestidigitateur *m*, -trice *f*.
prestigio *nm* prestige *m*.
prestigioso, sa *adj* prestigieux(euse).
presto, ta *adj* **1.** prêt(e) **2.** prompt(e).
presumible *adj* • **es presumible que…** il est probable que…
presumido, da *adj & nm,f* prétentieux(euse).
presumir *vt* présumer. ❑ *vi* **1.** s'afficher • **presume de guapa** elle se croit belle **2.** être prétentieux(euse).
presunción *nf* présomption *f*.
presunto, ta *adj* présumé(e) • **el presunto asesino** l'assassin présumé.
presuntuoso, sa *adj & nm,f* prétentieux(euse).
presuponer [65] *vt* présupposer.
presupuestar *vt (travaux, projet)* établir le devis de ; *(coût)* budgeter.
presupuestario, ria *adj* budgétaire.
presupuesto, ta *pp* → **presuponer**. ■ **presupuesto** *nm* **1.** devis *m* ; budget *m* **2.** presupposé *m*.
pretencioso, sa, pretensioso, sa *adj & nm,f* prétentieux(euse).
pretender *vt* **1.** *(essayer)* • **pretender hacer algo** chercher à faire qqch **2.** *(aspirer à)* • **pretender algo** aspirer à qqch • **pretender hacer algo**

avoir l'intention de faire qqch **3.** prétendre **4.** postuler à ou pour *(un poste, etc)* **5.** *(courtiser)* • **pretender a alguien** faire la cour à qqn.

pretendido, da *adj* prétendu(e).

pretendiente *nmf* • **pretendiente (a) a)** candidat *m*, -e *f* (à) **b)** prétendant *m*, -e *f* (à) *(trône)*. ❑ *nm* prétendant *m*.

pretensión *nm* prétention *f* • **sus pretensiones son excesivas** ses prétentions sont exagérées.

pretensioso, sa = **pretencioso**.

pretérito, ta *adj* passé(e). ■ **pretérito** *nm* GRAMM passé *m* • **pretérito indefinido/perfecto** passé simple/composé.

pretextar *vt* prétexter.

pretexto *nm* prétexte *m*.

preuniversitario, ria *adj* préuniversitaire • **la enseñanza preuniversitaria** l'enseignement du second degré.

prevalecer [30] *vi* prévaloir • **prevalecer sobre** l'emporter sur.

prevaler [74] *vi* • **prevaler (sobre)** prévaloir (sur). ■ **prevalerse** *vp* • **prevalerse de** se prévaloir de.

prevención *nf* **1.** prévention *f* **2.** disposition *f*.

prevenido, da *adj* • **ser prevenido** être prévoyant • **hombre prevenido vale por dos** un homme averti en vaut deux • **estar prevenido** être prévenu.

prevenir [75] *vt* **1.** *(empêcher de se produire, avertir)* prévenir • **prevenir de** prévenir de • **prevenir a alguien contra algo/alguien** mettre qqn en garde contre qqch/qqn **2.** préparer ; prévoir.

preventivo, va *adj* préventif(ive).

prever [76] *vt* prévoir.

previamente *adv* au préalable, préalablement.

previo, via *adj* préalable • **previa consulta del médico** après consultation du médecin.

previsible *adj* prévisible.

previsión *nf* prévision *f*.

previsor, ra *adj* prévoyant(e).

previsto, ta *adj* prévu(e). ■ **previsto** *pp* → **prever**.

prieto, ta *adj* **1.** serré(e) **2.** (AMÉR) *fam* brun(e).

prima → **primo**.

primar *vi* • **primar (sobre)** primer (sur). ❑ *vt* primer.

primario, ria *adj* primaire. ■ **primarias** *nfpl* (élections) primaires *fpl*.

primates *nmpl* primates *mpl*.

primavera *nf litt & fig* printemps *m*.

primaveral *adj* printanier(ère).

primer → **primero**.

primera *nf* → **primero**.

primerizo, za *adj* **1.** débutant(e) **2.** *(femme enceinte)* • **ser primeriza** attendre son premier enfant. ❑ *nm, f* débutant *m*, -e *f*.

primero, ra *adj (devant un nom masculin singulier : **primer**)* premier(ère) • **lo primero** le plus important • **lo primero es lo primero** procédons par ordre. ❑ *nm, f* premier *m*, -ère *f* • **es el primero de la clase** c'est le premier de la classe • **a primeros de** au début de • **a primeros de año** en début d'année. ■ **primero** *adv* **1.** d'abord • **primero acaba y luego ya veremos** finis d'abord et on verra après **2.** *(plutôt)* • **primero... que...** plutôt... que... • **primero morir que traicionar** plutôt mourir que trahir. ❑ *nm* **1.** premier (étage) *m* **2.** première année *f*. ■ **primera** *nf* première *f (vitesse, classe)* • **de primera** *fam* de première • **en este restaurante se come de primera** on mange super bien dans ce restaurant.

primicia *nf* primeur *f (d'une nouvelle)*.

primigenio, nia *adj* primitif(ive).

primitivo, va *adj* primitif(ive). ■ **primitiva** *nf* loto *m*.

primo, ma *nm, f* **1.** cousin *m*, -e *f* **2.** *fam (idiot)* poire *f* • **hacer el primo** se faire avoir. ■ **prima** *nf* prime *f*. ■ **prima donna** *nf* prima donna *f*.

primogénito, ta *adj & nm, f* aîné(e).

primor *nm (enfant)* merveille *f* • **¡tu bebé es un primor!** ton bébé est un amour !

primordial *adj* primordial(e).

primoroso, sa *adj* **1.** ravissant(e) **2.** habile.

princesa *nf* princesse *f*.

principado *nm (territoire)* principauté *f*.

principal *adj* principal(e). ❑ *nm* **1.** *étage situé au-dessus du rez-de-chaussée ou de l'entresol* **2.** chef *m*.

príncipe *nm* prince *m*. ■ **príncipe azul** *nm* prince *m* charmant.

principesco, ca *adj* princier(ère).

principiante, ta *adj & nm, f* débutant(e).

principio *nm* **1.** début *m* • **al principio** au début • **a principios de** au début de • **en un principio** à l'origine **2.** principe *m* • **en principio** en principe **3.** *(origine)* • **la falta de organización fue el principio de la quiebra** le manque d'organisation a été à l'origine de la faillite. ■ **principios** *nmpl* principes *mpl*.

pringado, da *fam & péj adj* **1.** naïf, naïve *f* **2.** bonne poire. ❑ *nm, f* **1.** gobeur *m*, gobeuse *f* **2.** poire *f*.

pringar [16] *vt* **1.** tacher (de graisse) **2.** *fam & fig (compromettre)* • **pringar a alguien en un asunto** faire tremper qqn dans une affaire. ❑ *vi fam* trimer. ■ **pringarse** *vp* **1.** se tacher (de graisse) **2.** *fig (se compromettre)* se salir les mains.

pringoso, sa *adj* graisseux(euse).

pringue *v* → **pringar**. ❑ *nm* **1.** graisse *f* **2.** crasse *f*.

prion *nm* BIOL prion *m*.

priorato *nm* **1.** prieuré *m* **2.** *vin du Priorat (Tarragone)*.

priori ■ **a priori** *loc adv* a priori.

prioridad *nf* priorité *f*.
prioritario, ria *adj* prioritaire.
priorizar *vt* donner la priorité à.
prisa *nf* hâte *f* • **a** ou **de prisa** vite • **darse prisa** se dépêcher • **meter prisa a alguien** bousculer ou faire se dépêcher qqn • **tener prisa** être pressé(e).
prisión *nf* **1.** prison *f* **2.** emprisonnement *m*.
prisionero, ra *nm,f* prisonnier *m*, -ère *f*.
prisma *nm* **1.** *GÉOM & PHYS* prisme *m* **2.** *fig (point de vue)* angle *m*.
prismático, ca *adj* prismatique. ■ **prismáticos** *nmpl* jumelles *fpl*.
privacidad *nf* vie *f* privée, intimité *f*.
privación *nf* privation *f*.
privado, da *adj* privé(e) • **en privado** en privé.
privar *vt* • **privar a alguien/algo de algo** priver qqn/qqch de qqch • **privar a alguien de hacer algo** interdire à qqn de faire qqch. ❑ *vi* **1.** raffoler de • **le privan los bombones** il raffole des chocolats **2.** être à la mode **3.** *fam* picoler. ■ **privarse** *vp* • **privarse de** se priver de.
privativo, va *adj DR* privatif(ive).
privatización *nf* privatisation *f*.
privatizar [13] *vt* privatiser.
privilegiado, da *adj* **1.** privilégié(e) **2.** exceptionnel(elle). ❑ *nm,f* **1.** privilégié *m*, -e *f* **2.** surdoué *m*, -e *f*.
privilegiar [8] *vt* privilégier.
privilegio *nm* privilège *m*.
pro *prép* pour. ❑ *nm* pour *m* • **el pro y el contra, los pros y los contras** le pour et le contre • **en pro de** pour, en faveur de.
proa *nf* **1.** *NAUT* proue *f* **2.** *AÉRON* nez *m*.
probabilidad *nf* probabilité *f*.
probable *adj* probable.
probablemente *adv* probablement.
probador *nm* cabine *f* d'essayage.
probar [23] *vt* **1.** prouver **2.** essayer *(un vêtement)* **3.** goûter. ❑ *vi* • **probar a hacer algo** essayer de faire qqch. ■ **probarse** *vp* essayer.
probeta *nf* éprouvette *f*.
problema *nm* problème *m*.
problemático, ca *adj* problématique. ■ **problemática** *nf* problématique *f*.
procaz *adj* provocant(e).
procedencia *nf* **1.** origine *f* **2.** provenance *f* **3.** bien-fondé *m*.
procedente *adj* • **procedente de a)** *(personne)* originaire de **b)** *(train, etc)* en provenance de • **no ser procedente a)** être malvenu(e) **b)** *(commentaire)* être déplacé(e).
proceder *nm* façon *f* d'agir. ❑ *vi* **1.** *(dériver)* • **proceder de** venir de **2.** *(avoir comme origine)* • **proceder de a)** *(personne)* être originaire de **b)** *(choses)* provenir de **3.** *(agir)* • **proceder (con)** procéder (avec) **4.** *(commencer)* • **proceder a** procéder à **5.** convenir.
procedimiento *nm* **1.** procédé *m* **2.** *DR* procédure *f*.
procesado, da *nm,f* accusé *m*, -e *f*.
procesador *nm INFORM* processeur *m*, système *m* de traitement • **procesador de textos** système de traitement de texte.
procesal *adj* de procédure.
procesamiento *nm INFORM* traitement *m* • **procesamiento de textos** traitement de texte.
procesar *vt* **1.** *DR* poursuivre **2.** *INFORM* traiter.
procesión *nf* **1.** *fig RELIG* procession *f* **2.** *(écoulement)* • **la procesión de los días** les jours qui s'écoulent.
proceso *nm* **1.** processus *m* **2.** procédé *m* **3.** *(intervalle)* espace *m* • **en el proceso de** en l'espace de **4.** *DR* procédure *f*. ■ **proceso de datos** *nm* traitement *m* des données. ■ **proceso de textos** *nm* traitement *m* de texte.
proclama *nf* proclamation *f*.
proclamación *nf* **1.** *(annonce)* proclamation *f* **2.** *(cérémonie)* intronisation *f*.
proclamar *vt* proclamer. ■ **proclamarse** *vp* **1.** se proclamer **2.** être proclamé(e).
proclive *adj* • **proclive a** enclin(e) à.
procreación *nf* procréation *f*.
procrear *vi* se reproduire. ❑ *vt* engendrer.
procurador, ra *nm,f DR* procureur *m*.
procurar *vt* **1.** s'efforcer de, essayer de **2.** procurer. ■ **procurarse** *vp* se procurer.
prodigar [16] *vt* prodiguer. ■ **prodigarse** *vp* se montrer • **prodigarse en** se répandre en *(attentions, cadeaux, etc)*.
prodigio *nm* prodige *m*.
prodigioso, sa *adj* prodigieux(euse).
pródigo, ga *adj & nm,f* prodigue.
producción *nf* production *f* • **producción en serie** production en série.
producir [33] *vt* produire. ■ **producirse** *vp* se produire.
productividad *nf* productivité *f*.
productivismo *nm ÉCON* productivisme *m*.
productivo, va *adj* productif(ive).
producto *nm* produit *m*.
productor, ra *adj & nm,f* producteur(trice). ■ **productora** *nf CINÉ* maison *f* de production.
proeza *nf* prouesse *f*.
prof. (abrév de **profesor**) Pr.
profanación *nf* profanation *f*.
profanar *vt* profaner.
profano, na *adj & nm,f* profane.
profe (abrév de **profesor**) *nmf fam* prof *mf*.
profecía *nf* prophétie *f*.
proferir [22] *vt* proférer.
profesar *vt* professer ; *RELIG* pratiquer. ❑ *vi* prononcer ses vœux.
profesión *nf* profession *f*.
profesional *adj & nmf* professionnel(elle).
profesionalidad *nf* professionnalisme *m*.
profesionalismo *nm* professionnalisme *m*.

profesionalización *nf* professionnalisation *f*.
profesionalizar [13] *vt* professionnaliser.
profesionista *adj & nmf* **(AMÉR)** professionnel(elle).
profesor, ra *nm,f* professeur *m*.
profesorado *nm* **1.** corps *m* enseignant **2.** professorat *m*.
profeta *nm* prophète *m*.
profético, ca *adj* prophétique.
profetisa *nf* prophétesse *f*.
profetizar [13] *vt* prophétiser.
profiláctico, ca *adj* prophylactique. ■ **profiláctico** *nm* préservatif *m*.
profilaxis *nf inv* prophylaxie *f*.
prófugo, ga *adj & nm,f* fugitif(ive).
profundamente *adv* profondément.
profundidad *nf* profondeur *f*.
profundizar [13] *vt* approfondir. ❑ *vi* • **profundizar en algo** *(question, sujet)* approfondir qqch.
profundo, da *adj* profond(e).
profusión *nf* profusion *f*.
profuso, sa *adj* abondant(e).
progenitor, ra *nm,f* géniteur *m*, -trice *f*. ■ **progenitores** *nmpl* géniteurs *mpl*.
programa *nm* **1.** *(gén)* *INFORM* programme *m* **2.** *TV* émission *f*.
programable *adj* programmable.
programación *nf* programmation *f*.
programador, ra *nm,f INFORM* programmeur *m*, -euse *f*. ■ **programador** *nm* programmateur *m*.
programar *vt* programmer.
progre *adj & nmf fam* progressiste ; ≃ bobo.
progresar *vi* progresser.
progresión *nf* **1.** *(gén)* *MATH* progression *f* **2.** progrès *m* • **su progresión en matemáticas...** ses progrès en mathématiques....
progresismo *nm* progressisme *m*.
progresista *adj & nmf* progressiste.
progresivo, va *adj* progressif(ive).
progreso *nm* progrès *m* • **hacer progresos** faire des progrès.
prohibición *nf* interdiction *f*.
prohibido, da *adj* interdit(e) • **'prohibido aparcar'** 'défense de stationner' • **'prohibido fumar'** 'défense de fumer' • **'prohibida la entrada'** 'entrée interdite' • **'dirección prohibida'** 'sens interdit'.
prohibir *vt* interdire • **'se prohibe el paso'** 'accès interdit'.
prohibitivo, va *adj* **1.** *(panneau, etc)* d'interdiction **2.** *(prix, etc)* prohibitif(ive).
prohombre *nm* grand homme *m*.
prójimo *nm* prochain *m*.
prole *nf* progéniture *f*.
prolegómenos *nmpl* **1.** *(d'une oeuvre)* introduction *f* **2.** *fig* discours *m* • **déjate de prolegómenoss** arrête de discourir.
proletariado *nm* prolétariat *m*.
proletario, ria *adj & nm,f* prolétaire.
proletarizar *vt* prolétariser. ■ **proletarizarse** *vp* se prolétariser.
proliferación *nf* prolifération *f*.
proliferar *vi* proliférer.
prolífico, ca *adj* prolifique.
prolijo, ja *adj (personne)* prolixe ; *(explication, description, etc)* interminable.
prologar *vt* préfacer.
prólogo *nm* prologue *m* ; préface *f*, avant-propos *m (d'une œuvre)*.
prolongación *nf* **1.** prolongation *f* ; prolongement *m (d'une route, d'une rue, etc)* **2.** *DR* prorogation *f*.
prolongado, da *adj* prolongé(e).
prolongar [16] *vt* prolonger. ■ **prolongarse** *vp* se prolonger.
promedio *nm* moyenne *f*.
promesa *nf* **1.** promesse *f* **2.** *fig (personne)* espoir *m*.
prometedor, ra *adj* prometteur(euse).
prometer *vt* promettre • **prometió venir** il a promis de venir. ❑ *vi* promettre. ■ **prometerse** *vp* se fiancer.
prometido, da *nm,f* fiancé *m*, -e *f*. ❑ *adj* • **lo prometido** ma/ta *etc* promesse.
prominencia *nf* proéminence *f*.
prominente *adj* **1.** proéminent(e) **2.** *fig* éminent(e).
promiscuidad *nf* promiscuité *f*.
promiscuo, cua *adj* dissolu(e).
promoción *nf* **1.** promotion *f* **2.** *SPORT* • **de promoción** *(match)* de barrage.
promocional *adj* promotionnel(elle).
promocionar *vt* **1.** faire la promotion de **2.** promouvoir *(dans une entreprise)*. ■ **promocionarse** *vp* se faire valoir.
promontorio *nm* promontoire *m*.
promotor, ra *adj* • **la empresa promotora** le sponsor. ❑ *nm,f* promoteur *m*, -trice *f*.
promover [24] *vt* **1.** promouvoir **2.** être à l'origine de.
promulgar [16] *vt* promulguer.
pronombre *nm* pronom *m*.
pronominal *adj* pronominal(e). ❑ *nm* verbe *m* pronominal.
pronosticar [10] *vt* pronostiquer ; prévoir *(le temps)*.
pronóstico *nm* **1.** *(gén)* *MÉD* pronostic *m* • **pronóstico reservado** pronostic réservé **2.** prévision *f (du temps)*.
pronto, ta *adj* prompt(e) • **una pronta curación** un prompt rétablissement. ■ **pronto** *adv* **1.** vite ; bientôt • **ven pronto** viens vite • **¡hasta pronto!** à bientôt ! • **tan pronto como**

dès que **2.** tôt • **salimos pronto** nous sommes partis tôt. ❑ *nm fam* saute *f* d'humeur. ■ **de pronto** *loc adv* soudain. ■ **por lo pronto** *loc adv* pour le moment.
pronunciación *nf* prononciation *f*.
pronunciado, da *adj* prononcé(e).
pronunciamiento *nm* **1.** putsch *m* **2.** *DR* prononcé *m*.
pronunciar [8] *vt* **1.** *(gén) DR* prononcer **2.** souligner. ■ **pronunciarse** *vp* **1.** *(prendre position)* • **pronunciarse (sobre)** se prononcer (sur) **2.** se soulever.
propagación *nf* propagation *f*.
propaganda *nf* **1.** propagande *f* **2.** publicité *f*.
propagandístico, ca *adj* de propagande ; *(panneau)* publicitaire.
propagar [16] *vt* propager. ■ **propagarse** *vp* se propager.
propalar *vt* divulguer.
propano *nm* propane *m*.
propasar *vt* dépasser. ■ **propasarse** *vp* **1.** dépasser les bornes **2.** aller trop loin. ■ **propasarse con** *v + prép* **1.** abuser de **2.** manquer de respect à ; *(sexuellement)* profiter de.
propensión *nf* propension *f*, tendance *f* ; prédisposition *f (à tomber malade)*.
propenso, sa *adj* • **propenso a** *(maladie)* sujet à • **ser propenso a creer que...** être porté à croire que....
propiamente *adv* proprement • **propiamente dicho** à proprement parler.
propiciar [8] *vt* favoriser.
propicio, cia *adj* propice.
propiedad *nf* **1.** propriété *f* • **propiedad privada/pública** propriété privée/publique **2.** justesse *f* • **con propiedad** correctement.
propietario, ria *nm,f* **1.** propriétaire *mf* **2.** titulaire *mf*.
propina *nf* pourboire *m*.
propinar *vt* administrer *(des coups, une raclée)*.
propio, pia *adj* **1.** *(gén) GRAMM* propre • **tiene coche propio** il a sa propre voiture • **por tu propio bien** pour ton bien • **propio de** propre à • **no es propio de él** ça ne lui ressemble pas **2.** *(approprié)* • **propio para** approprié à **3.** *(naturel)* vrai(e) **4.** *(même)* • **el garaje está en la propia casa** le garage est dans la maison même **5.** *(en personne)* lui-même, elle-même • **el propio compositor** le compositeur lui-même **6.** *(pareil)* ressemblant(e) • **es el propio retrato de su padre** c'est tout le portrait de son père.
proponer [65] *vt* proposer. ■ **proponerse** *vp* se proposer.
proporción *nf* proportion *f*.
proporcionado, da *adj* proportionné(e).
proporcional *adj* proportionnel(elle).
proporcionar *vt* **1.** proportionner **2.** fournir *(des informations, des données, etc)* **3.** apporter, donner *(du bonheur, de la tristesse)*.
proposición *nf* proposition *f*.
propósito *nm* **1.** intention *f* • **tener el propósito de** avoir l'intention de **2.** but *m*. ■ **a propósito** *loc adj* approprié(e). ❑ *loc adv* **1.** exprès **2.** à propos. ■ **a propósito de** *loc prép* à propos de.
propuesta *nf* proposition *f*.
propuesto, ta *pp* → **proponer**.
propugnar *vt* soutenir, défendre • **propugnar una reforma** défendre une réforme.
propulsar *vt* **1.** propulser **2.** *fig (promouvoir)* encourager.
propulsión *nf* propulsion *f*.
propulsor, ra *adj (hélice, roue)* propulsif(ive) ; *(gaz, mécanisme)* propulseur ; *(force)* de propulsion. ❑ *nm,f* promoteur *m*, -trice *f*. ■ **propulsor** *nm AÉRON* propulseur *m*.
prorrata *nf* prorata *m* • **a prorrata** au prorata.
prorratear *vt* partager au prorata.
prórroga *nf* **1.** prorogation *f* ; report *m* d'appel *(du service militaire)* **2.** *SPORT* prolongation *f*.
prorrogable *adj* **1.** reconductible **2.** renouvelable.
prorrogar [16] *vt* proroger *(un contrat, etc)* ; reporter *(un délai, une décision)*.
prorrumpir *vi* • **prorrumpir en a)** éclater en *(sanglots)* **b)** fondre en *(larmes)*.
prosa *nf* **1.** prose *f* **2.** *fig* monotonie *f*.
prosaico, ca *adj fig* prosaïque.
proscribir *vt* **1.** interdire **2.** exhiler.
proscrito, ta *adj & nm,f* proscrit(e). ■ **proscrito** *pp* → **proscribir**.
prosecución *nf* poursuite *f*.
proseguir [43] *vt* poursuivre. ❑ *vi* continuer.
proselitismo *nm* prosélytisme *m*.
prosélito, ta *nm,f* prosélyte *mf*.
prospección *nf* prospection *f*.
prospecto *nm* prospectus *m* ; notice *f (de médicament)*.
prosperar *vi* **1.** prospérer ; réussir *(dans le travail)* **2.** *(proposition, idée)* être retenu(e).
prosperidad *nf* **1.** prospérité *f* **2.** réussite *f*.
próspero, ra *adj* prospère.
próstata *nf* prostate *f*.
prosternarse *vp* se prosterner.
prostíbulo *nm* maison *f* close.
prostitución *nf* prostitution *f*.
prostituir [51] *vt* prostituer. ■ **prostituirse** *vp* se prostituer.
prostituta *nf* prostituée *f*.
prostituto, ta *nm,f* prostitué *m*, -e *f*.
prota (abrév de protagonista) *nmf fam* personnage *m* principal.
protagonismo *nm* rôle *m* principal.
protagonista *nm,f* **1.** protagoniste *mf* **2.** *LITTÉR* héros *m*, héroïne *f* ; *THÉÂTRE & CINÉ* ac-

teur *m* principal, actrice *f* principale ; *(rôle)* personnage *m* principal.
protagonizar [13] *vt* **1.** jouer le rôle principal dans *(une œuvre, un film)* **2.** *(événement)* faire la une de ; *(personne)* être l'acteur(trice) de.
protección *nf* protection *f*.
proteccionismo *nm* protectionnisme *m*.
proteccionista *adj & nmf* protectionniste.
protector, ra *adj & nm,f* protecteur(trice). ■ **protector** *nm* SPORT protège-dents *m inv*.
protectorado *nm* protectorat *m*.
proteger [14] *vt* protéger. ■ **protegerse** *vp* se protéger.
protege-slips *nm inv* protège-slip *m*.
protegido, da *adj & nm,f* protégé(e).
proteína *nf* protéine *f*.
prótesis *nf inv* MÉD prothèse *f*.
protesta *nf* protestation *f*.
protestante *adj & nmf* protestant(e).
protestantismo *nm* protestantisme *m*.
protestar *vi* • **protestar (contra ou por)** protester (contre) • **protestar una letra** dresser un protêt.
protestón, ona *adj & nm,f fam* râleur(euse), rouspéteur(euse).
protocolario, ria *adj* protocolaire.
protocolo *nm* **1.** *(gén)* INFORM protocole *m* **2.** DR • **protocolo (notarial)** minute *f*.
protón *nm* proton *m*.
prototipo *nm* **1.** archétype *m* **2.** prototype *m*.
protuberancia *nf* protubérance *f*.
protuberante *adj* protubérant(e), proéminent(e).
provecho *nm* **1.** profit *m* • **¡buen provecho!** bon appétit ! • **de provecho a)** *(personne)* valable **b)** *(lecture, conseil)* utile • **sacar provecho** tirer profit, profiter **2.** efficacité *f*.
provechoso, sa *adj* profitable.
proveedor, ra *nm,f* fournisseur *m*, -euse *f*.
proveer [50] *vt* **1.** fournir **2.** pourvoir *(un poste)*. ■ **proveerse** *vp* • **proveerse de a)** se fournir en **b)** s'approvisionner en *(vivres)*.
proveniente *adj* • **proveniente de** en provenance de.
provenir [75] *vi* provenir • **provenir de a)** *(dans l'espace)* provenir de **b)** *(dans le temps)* dater de.
Provenza *npr* • **(la) Provenza** la Provence.
provenzal *adj* provençal(e) • **a la provenzal** CULIN à la provençale. ❑ *nmf* Provençal *m*, -e *f*. ❑ *nm* provençal *m*.
proverbial *adj* proverbial(e).
proverbio *nm* proverbe *m*.
providencia *nf* **1.** *(gén pl)* dispositions *fpl* **2.** DR décision *f* judiciaire ; DR ordonnance *f*. ■ **Providencia** *nf* Providence *f*.
providencial *adj litt & fig* providentiel(elle).
provincia *nf* province *f* ; ≃ département *m*. ■ **provincias** *nfpl* province *f*.
provincial *adj* de province ; → **diputación**.
provinciano, na *adj & nm,f péj* provincial(e).
provisión *nf* **1.** *(gén pl)* provision *f* **2.** mesure *f*.
provisional *adj* provisoire ; *(président, maire)* par intérim.
provisionalmente *adv* provisoirement.
provisto, ta *pp* → **proveer**.
provocación *nf* **1.** provocation *f* **2.** déclenchement *m*.
provocador, ra *adj & nm,f* provocateur(trice).
provocar [10] *vt* **1.** provoquer **2.** (AMÉR) *fig (avoir envie de)* • **¿te provoca hacerlo?** ça te dit de le faire ?
provocativo, va *adj* provocant(e).
proxeneta *nmf* proxénète *mf*.
próximamente *adv* prochainement.
proximidad *nf* proximité *f*. ■ **proximidades** *nfpl* environs *mpl*.
próximo, ma *adj* **1.** proche **2.** prochain(e) • **el domingo próximo** dimanche prochain • **el próximo año** l'année prochaine.
proyección *nf* **1.** projection *f* **2.** *fig (portée, importance)* rayonnement *m* • **de proyección internacional** d'envergure internationale.
proyectar *vt* projeter.
proyectil *nm* projectile *m*.
proyecto *nm* projet *m* • **proyecto de investigación a)** projet de recherche *(d'un groupe)* **b)** mémoire *m (d'une personne)*.
proyector, ra *adj (appareil)* de projection. ■ **proyector** *nm* projecteur *m*.
prudencia *nf* prudence *f* • **con prudencia** *(boire, manger)* avec modération.
prudente *adj* prudent(e) • **a una hora prudente** à une heure raisonnable.
prueba *v* → **probar**. ❑ *nf* **1.** preuve *f* **2.** *(douleur, examen)* SPORT épreuve *f* • **a prueba de** à l'épreuve de • **a toda prueba** à toute épreuve • **poner a prueba a)** mettre à l'épreuve **b)** tester • **prueba de acceso a la universidad** examen *m* d'entrée à l'université **3.** essai *m* **4.** MÉD analyse *f* • **prueba del embarazo/del sida** test *m* de grossesse/du sida.
PS = **PD**.
PSC (abrév de Partit dels Socialistes de Catalunya) *nm parti socialiste catalan*.
psicoanálisis, sicoanálisis *nm inv* psychanalyse *f*.
psicoanalista, sicoanalista *nmf* psychanalyste *mf*.
psicoanalizar [13], **sicoanalizar** [13] *vt* psychanalyser.
psicodélico, ca, sicodélico, ca *adj* psychédélique.
psicodrama, sicodrama *nm* psychodrame *m*.
psicología, sicología *nf* psychologie *f* • **tener psicología** faire preuve de psychologie, être psychologue • **hay que tener mucha psicología para tratar con adolescentes** il faut être fin psychologue pour dialoguer avec des adolescents.

psicológico, ca, sicológico, ca *adj* psychologique.
psicólogo, ga, sicólogo, ga *nm,f* psychologue *mf*.
psicomotor, ra, sicomotor, ra *adj* psychomoteur(trice).
psicópata, sicópata *nmf* psychopathe *mf*.
psicosis, sicosis *nf inv* psychose *f*.
psicosomático, ca, sicosomático, ca *adj* psychosomatique.
psicotécnico, ca, sicotécnico, ca *adj* psychotechnique. ❑ *nm,f* psychotechnicien *m*, -enne *f*. ■ **psicotécnico, sicotécnico** *nm* test *m* psychotechnique.
psicoterapeuta, sicoterapeuta *nmf* psychothérapeute *mf*.
psiquiatra, siquiatra *nmf* psychiatre *mf*.
psiquiatría, siquiatría *nf* psychiatrie *f*.
psiquiátrico, ca, siquiátrico, ca *adj* psychiatrique. ■ **psiquiátrico, siquiátrico** *nm* hôpital *m* psychiatrique.
psíquico, ca, síquico, ca *adj* psychique.
PSOE (abrév de Partido Socialista Obrero Español) *nm* PSOE *m* ; ≃ PS *m*.
Pte. (abrév de presidente) Pt.
Pto. abrév de **puerto**.
púa *nf* **1.** piquant *m (d'une plante, d'un hérisson)* **2.** dent *f (d'un peigne)* **3.** MUS médiator *m*.
pub [paβ] (*pl* **pubs**) *nm* bar *m*.
pubertad *nf* puberté *f*.
pubis *nm inv* pubis *m*.
publicación *nf* publication *f*.
publicar [10] *vt* publier.
publicidad *nf* publicité *f*.
publicista *nmf* publicitaire *mf*.
publicitar *vt* faire de la publicité pour.
publicitario, ria *adj* & *nm,f* publicitaire.
público, ca *adj* public(ique) • **en público** en public • **hacer público** rendre public(ique). ■ **público** *nm* public *m*.
publirreportaje *nm* film *m* publicitaire ; PRESSE publireportage *m*.
pucha *interj* (AMÉR) *fam* • **¡pucha(s)!** punaise !
pucherazo *nm fam* & *fig* fraude *f* électorale.
puchero *nm* **1.** marmite *f* **2.** ≃ pot-au-feu *m*. ■ **pucheros** *nmpl* • **hacer pucheros** faire la moue.
pucho *nm* (AMÉR) mégot *m*.
pudding = **pudin**.
pudibundo, da *adj* pudibond(e).
púdico, ca *adj* pudique.
pudiente *adj* & *nmf* nanti(e).
pudin (*pl* **púdines**), **pudding** (*pl* **puddings**) *nm* pudding *m* • **pudin de pescado** terrine *f* de poisson.
pudor *nm* **1.** pudeur *f* **2.** retenue *f*.
pudoroso, sa *adj* pudique ; réservé(e).
pudrir, podrir *vt* pourrir. ■ **pudrirse, podrirse** *vp* pourrir.

pueblerino, na *adj* & *nm,f* villageois(e) ; *péj* plouc.
pueblo *nm* **1.** village *m* **2.** peuple *m*.
pueda *(etc)* → **poder**.
puente *nm* **1.** *(gén)* ARCHIT pont *m* • **hacer puente** *(congé)* faire le pont **2.** *(dent)* bridge *m*. ■ **puente aéreo** *nm* pont *m* aérien.
puentear *vt* **1.** *(vehicule, appareil)* court-circuiter **2.** *fam* & *fig* court-circuiter.
puenting *nm* saut *m* à l'élastique.
puerco, ca *adj* dégoûtant(e). ❑ *nm,f* **1.** *(animal)* porc *m*, truie *f* **2.** *fam* & *fig (personne - sale)* cochon *m*, -onne *f* ; *(- malintentionnée)* goujat *m*.
puercoespín *nm* porc-épic *m*.
puericultor, ra *nm,f* puériculteur *m*, -trice *f*.
puericultura *nf* puériculture *f*.
pueril *adj fig* puéril(e).
puerro *nm* poireau *m*.
puerta *nf* **1.** porte *f* **2.** SPORT buts *mpl* **3.** *fig* • **a las puertas de** à deux doigts de • **a puerta cerrada** à huis clos.
puerto *nm* **1.** *(gén)* INFORM port *m* • **puerto deportivo** port de plaisance **2.** col *m (de montagne)*.
Puerto Rico *npr* Porto Rico *m*, Puerto Rico *m*.
puertorriqueño, ña, portorriqueño, ña *adj* portoricain(e). ❑ *nm,f* Portoricain *m*, -e *f*.
pues *conj* **1.** car **2.** donc • **te decía, pues, que...** je te disais donc que... **3.** *(valeur emphatique)* eh bien • **¡pues ya está!** eh bien voilà ! • **¡pues claro!** mais bien sûr !
puesto, ta *adj* • **ir muy puesto** être bien habillé. ■ **puesto** *pp* → **poner**. ❑ *nm* **1.** *(gén)* MIL poste *m* • **puesto (de trabajo)** poste (de travail) **2.** place *f (dans une file, un classement)* **3.** étal *m* • **puesto de periódicos** kiosque *m* à journaux. ■ **puesta** *nf* **1.** mise *f* • **puesta al día/a punto/en marcha** mise à jour/au point/en marche • **puesta en escena** mise en scène **2.** *(des oiseaux)* ponte *f*. ■ **puesta de sol** *nf* coucher *m* de soleil. ■ **puesto que** *loc conj* puisque.
puf (*pl* **pufs**) *nm* pouf *m*.
pugna *nf litt* & *fig* lutte *f*.
pugnar *vi litt* & *fig* se battre.
puja *nf (aux enchères)* enchère *f* ; mise *f*.
pujante *adj* vigoureux(euse).
pujanza *nf* nerf *m (vigueur)*.
pujar *vi* **1.** enchérir **2.** *fig* lutter.
pulcritud *nf* propreté *f* • **hacer algo con pulcritud** faire qqch avec soin.
pulcro, cra *adj* soigné(e).
pulga *nf* puce *f*.
pulgada *nf (mesure)* pouce *m*.
pulgar *nm* → **dedo**.
pulgón *nm* puceron *m*.
pulido, da *adj* soigné(e).
pulimentar *vt* polir.
pulir *vt* **1.** polir **2.** peaufiner. ■ **pulirse** *vp* engloutir.

pulla *nf* • **lanzar pullas** lancer des piques.
pulmón *nm* poumon *m.* ■ **pulmones** *nmpl fam & fig* • **tener pulmones** avoir du coffre.
pulmonía *nf* pneumonie *f.*
pulpa *nf* pulpe *f.*
pulpería *nf* **(AMÉR)** épicerie-buvette *f.*
púlpito *nm* chaire *f.*
pulpo *nm* **1.** poulpe *m* **2.** *fam (personne)* • **ser un pulpo** avoir les mains baladeuses **3.** *(élastique)* tendeur *m.*
pulque *nm* **(AMÉR)** *boisson alcoolisée à base de jus d'agave fermenté.*
pulsación *nf* pulsation *f.*
pulsador *nm* bouton *m (d'un mécanisme, d'un appareil).*
pulsar *vt* **1.** appuyer sur ; gratter **2.** sonder.
pulsera *nf* bracelet *m.*
pulso *nm* **1.** pouls *m* **2.** bras *m* de fer **3.** *(fermeté)* • **tener buen pulso** avoir la main sûre • **a pulso** à la force du poignet **4.** *fig (prudence)* doigté *m.*
pulular *vi* pulluler.
pulverizador, ra *adj* • **un aparato pulverizador** un pulvérisateur. ■ **pulverizador** *nm* pulvérisateur *m.*
pulverizar [13] *vt litt & fig* pulvériser.
puma *nm* puma *m.*
puna *nf* **(AMÉR) 1.** *(lieu)* puna *f* **2.** *(affection)* mal *m* des montagnes.
punción *nf* ponction *f.*
punible *adj* punissable.
punición *nf* punition *f.*
punitivo, va *adj* punitif(ive).
punk [paŋk, puŋk] *(pl* **punks** *ou* **punkis***)* *adj & nmf* punk.
punta *nf* **1.** *(gén)* GÉOGR pointe *f* • **sacar punta a un lápiz** tailler un crayon **2.** bout *m (de la langue)* ; croûton *m (de pain)* • **a punta de pistola** sous la menace du revolver **3.** *fig* • **a punta pala** *fam* à la pelle • **tener algo en la punta de la lengua** avoir qqch sur le bout de la langue.
puntada *nf* **1.** *(couture)* point *m* **2.** trou *m (d'aiguille).*
puntal *nm* **1.** étai *m* **2.** *fig* soutien *m* • **puntal de familia** soutien de famille.
puntapié *nm* coup *m* de pied.
puntazo *nm fam* • **¡qué puntazo de fiesta!** quelle fête géniale !
puntear *vt* MUS • **puntear la guitarra** pincer les cordes de la guitare.
puntera *nf* → **puntero.**
puntería *nf* **1.** adresse *f (au tir)* **2.** visée *f.*
puntero, ra *adj* • **puntero en** spécialisé dans. ❑ *nm, f* leader *m* • **ser el puntero** être en tête. ■ **puntera** *nf* bout *m (d'une chaussure, d'une chaussette).*
puntiagudo, da *adj* pointu(e).
puntilla *nf* dentelle *f* rapportée. ■ **de puntillas** *loc adv* sur la pointe des pieds.
puntillismo *nm* pointillisme *m.*
puntillo *nm* amour-propre *m.*
puntilloso, sa *adj* pointilleux(euse).
punto *nm* **1.** point *m* • **dar unos puntos a** faire un point à • **estar a punto** être au point • **llegar a punto** arriver à point • **dos puntos** deux points • **punto cardinal** point cardinal • **punto culminante** point culminant • **punto de confluencia** point *m* de rencontre • **punto de partida** point de départ • **punto (de sutura)** point (de suture) • **punto de venta** point de vente • **punto de vista** point de vue • **punto muerto** point mort • **puntos suspensivos** points de suspension • **punto y coma** point-virgule *m* **2.** lieu *m* • **punto de reunión a)** lieu de rencontre **b)** point *m* de rencontre *(dans un aéroport, une gare)* **3.** stade *m* • **estando las cosas en este punto...** les choses en étant arrivées là... **4.** *(couleur)* nuance *f* **5.** *(tricot)* • **hacer punto** tricoter **6.** *(petite quantité)* pointe *f* **7.** *(objectif)* but *m* **8.** *fig* • **al punto** immédiatement • **a punto de caramelo** fin prêt(e) • **estar a punto** être au point • **estar a punto de** être sur le point de • **estar en su punto** être à point • **hasta tal punto que** au point que • **poner los puntos sobre las íes** mettre les points sur les i • **poner punto final a** mettre un point final à • **y punto** *fam* un point c'est tout. ■ **en punto** *loc adv* pile • **a las cinco en punto** à cinq heures pile. ■ **hasta cierto punto** *loc adv* jusqu'à un certain point. ■ **punto de equilibrio** *nm* ÉCON seuil *m* de rentabilité.
puntocom *nf inv* ÉCON pointcom *m.*
puntuable *adj* • **ser puntuable para** compter pour • **esa prueba es puntuable para el campeonato** cette épreuve compte pour le championnat.
puntuación *nf* **1.** note *f* ; classement *m (à un concours, une compétition)* **2.** ponctuation *f.*
puntual *adj* **1.** ponctuel(elle) **2.** circonstancié(e).
puntualidad *nf* **1.** ponctualité *f* **2.** précision *f.*
puntualizar [13] *vt* préciser.
puntualmente *adv* **1.** *(à temps)* à l'heure • **llegar puntualmente** arriver à l'heure **2.** *(au moment voulu)* en temps et en heure, en temps voulu.
puntuar [6] *vt* **1.** noter **2.** ponctuer. ❑ *vi* **1.** noter **2.** *(entrer dans le compte)* • **puntuar (para)** compter (pour).
punzada *nf* **1.** piqûre *f* • **darse una punzada** se piquer **2.** élancement *m.*
puñado *nm* poignée *f.*
puñal *nm* poignard *m.*
puñalada *nf* coup *m* de poignard.
punzante *adj* **1.** *(objet)* pointu(e) **2.** *(douleur, blessure)* lancinant(e) **3.** *fig (humour, blague)* caustique.
punzar [13] *vt* **1.** piquer **2.** élancer • **punzar el corazón** pincer le cœur.

puñeta *nf* **1.** *tfam* connerie *f* **2.** manchette *f* • **mandar a hacer puñetas** *fam* envoyer balader. ❑ *interj fam* • **¡puñeta!** crotte !
puñetazo *nm* coup *m* de poing.
puñetero, ra *adj fam (personne, chose)* fichu(e) • **tu puñetero marido** ton fichu mari. ❑ *nm,f tfam* emmerdeur *m*, -euse *f*.
puño *nm* **1.** poing *m* **2.** poignet *m* **3.** poignée *f* • **de su puño y letra** de sa propre main • **morderse los puños de hambre** avoir l'estomac dans les talons • **morderse los puños de rabia** écumer de rage.
punzón *nm* poinçon *m*.
pupa *nf* **1.** bouton *m (sur la peau)* **2.** *(mal)* • **hacerse pupa** se faire bobo.
pupila *nf* ANAT pupille *f*.
pupilaje *nm* **1.** SCOL pension *f* **2.** location *f* d'un box.
pupilo, la *nm,f* **1.** élève *mf* **2.** *(orphelin)* pupille *mf*.
pupitre *nm* pupitre *m*.
purasangre *nm inv* pur-sang *m inv*.
puré *nm* purée *f*.
pureza *nf* **1.** pureté *f* **2.** droiture *f*.
purga *nf litt & fig* purge *f*.
purgante *adj* purgatif(ive). ❑ *nm* purgatif *m*.
purgar [16] *vt* purger ; purifier *(son âme)* ; expier *(ses péchés)*. ■ **purgarse** *vp* se purger.
purgatorio *nm* purgatoire *m*.
purificador, ra *adj* purificateur(trice) • **máscara purificadora** masque purifiant. ❑ *nm,f* purificateur *m*, -trice *f* • **purificador de aire/agua/ambientes** purificateur d'air/d'eau/d'atmosphère. ■ **purificador** *nm* (AMÉR) purificateur *m* d'eau.
purificar [10] *vt* purifier.
purista *adj & nmf* puriste.
puritanismo *nm* puritanisme *m*.
puritano, na *adj & nm,f* puritain(e).
puro, ra *adj* **1.** pur(e) **2.** *(intègre)* droit(e). ■ **puro** *nm* cigare *m*.
púrpura *adj inv & nm* pourpre.
purpurina *nf (poudre)* paillettes *fpl*.
purria *nf fam* racaille *f*.
purulento, ta *adj sout* purulent(e).
pus *nm* pus *m*.
pusilánime *adj* pusillanime.
pústula *nf* pustule *f*.
putada *nf vulg* vacherie *f* • **¡que putada!** quelle vacherie !
putear *vulg vt* faire chier.
puto, ta *vulg adj* • **este puto…** ce putain de…. ❑ *nm,f* pute *f*.
pútrido, da *adj* putride ; *(eau)* croupi(e).
puya *nf* pique *f*.
puzle, puzzle *nm* puzzle *m*.
PVC (abrév de polyvinyl chloride) *nm* PVC *m*.
PVP (abrév de precio de venta al público) *nm* pvp *m*.
PYME (*pl* **PYMEs** *ou* **PYME**) (abrév de Pequeña y Mediana Empresa) *nf* PME *f*.
pyrex® = **pírex**.
pza. = **pl.**.

Q

q, Q [zku] *nf* q *m inv*, Q *m inv*.
q.e.p.d. (abrév de que en paz descanse) RIP.

que

■ que *pron rel*

1. SUJET
qui • **la moto que me gusta** la moto qui me plaît • **ese hombre es el que me lo compró** c'est cet homme qui me l'a acheté
2. COMPLÉMENT D'OBJET DIRECT
que • **el hombre que conociste ayer** l'homme que tu as rencontré hier • **no ha leído el libro que le presté** il n'a pas lu le livre que je lui ai prêté • **la señora a la que fuiste a ver** la dame que tu es allé voir
3. COMPLÉMENT D'OBJET INDIRECT
à qui • **el joven al que di la propina** le jeune homme à qui j'ai laissé un pourboire • **la mujer a la que se lo regalé** la femme à qui je l'ai offert
4. PRÉCÉDÉ D'UNE PRÉPOSITION, EN PARLANT D'UNE PERSONNE
• **la amiga con la que fui al cine** l'amie avec qui je suis allé au cinéma • **ése es el chico al que hablé** c'est le jeune homme à qui j'ai parlé • **la chica con que sueño a menudo** la fille dont je rêve souvent
5. PRÉCÉDÉ D'UNE PRÉPOSITION, EN PARLANT D'UNE CHOSE
• **el coche con el que participé en la carrera** la voiture avec laquelle j'ai participé à la course • **es algo sin lo que no puedo vivir** c'est une chose sans laquelle je ne peux pas vivre
6. INTRODUIT UN COMPLÉMENT DE LIEU OU DE TEMPS
où • **la playa a la que fui de vacaciones** la plage où j'ai passé mes vacances • **nunca olvidaré el día (en) que te conocí** je n'oublierai jamais le jour où je t'ai rencontré

■ que *conj*

1. INTRODUIT UNE SUBORDONNÉE
que • **es importante que me escuches** il est important que tu m'écoutes • **me ha confesado que me quiere** il m'a avoué qu'il m'aimait • **quiero que lo hagas** je veux que

tu le fasses • **espero que te diviertas** j'espère que tu t'amuseras
2. INTRODUIT UNE COMPARAISON
que • **es más rápido que tú** il est plus rapide que toi
3. INTRODUIT LE BUT
que • **ven aquí que te vea** viens ici que je te voie
4. INTRODUIT LA CONSÉQUENCE
que • **me lo pidió tantas veces que se lo di** il me l'a demandé tant de fois que je le lui ai donné
5. EXPRIME LA CAUSE
• **déjalo que está durmiendo** laisse-le, il dort
6. DANS DES PHRASES EXCLAMATIVES, POUR EXPRIMER UN VŒU
• **¡que te diviertas!** amuse-toi bien ! • **¡que tengas mucha suerte!** bonne chance !
7. INTRODUIT UNE HYPOTHÈSE
si • **que no quieres, pues no pasa nada** si tu ne veux pas, ce n'est pas grave
8. POUR INSISTER
que • **estaban charla que charla** ils ne faisaient que bavarder

qué *adj* quel, quelle • **¿qué hora es?** quelle heure est-il ? • **¿qué libros?** quels livres ? • **¡qué día!** quelle journée ! ❑ *pron* que • **¿qué quieres?** que veux-tu ? • **no sé qué hacer** je ne sais pas quoi faire • **¿qué te dijo?** qu'est-ce qu'il t'a dit ? • **¿qué?** *(comment ?)* quoi ? ❑ *adv* **1.** *(exprime une grande quantité)* que • **¡qué tonto eres!** que tu es bête ! • **¡y qué!** et alors ! **2.** • **qué de** que de • **¡qué de gente hay aquí!** que de monde il y a ici !

quebequés, esa *adj* québécois(e). ❑ *nm,f* Québécois *m*, -e *f*. ■ **quebequés** *nm* québécois *m*.

quebradero ■ **quebradero de cabeza** *nm (gén pl)* tracas *m*.

quebradizo, za *adj* cassant(e) ; *fig (faible)* fragile.

quebrado, da *adj* **1.** *(chemin, terrain)* accidenté(e) • **la voz quebrada** la voix cassée • **una línea quebrada** une ligne brisée **2.** *MATH* fractionnaire **3.** *LITTÉR* • **un verso de pie quebrado** un vers court.

quebrantahuesos *nm inv* gypaète *m*.

quebrantar *vt* **1.** enfreindre *(la loi)* ; ne pas tenir *(une promesse, sa parole)* ; ne pas remplir *(ses obligations)* **2.** casser **3.** *fig (affaiblir)* briser. ■ **quebrantarse** *vp* **1.** se casser **2.** décliner, s'affaiblir.

quebranto *nm* **1.** perte *f* **2.** affaiblissement *m* **3.** détresse *f*.

quebrar [19] *vt* **1.** casser **2.** *(couleur)* pâlir. ❑ *vi* faire faillite. ■ **quebrarse** *vp* **1.** se casser • **quebrarse una pierna** se casser une jambe **2.** *(couleur)* pâlir **3.** *(voix)* se briser • **se le quebró la voz** il avait la voix brisée.

quechua *adj* quechua. ❑ *nmf* • **los quechuas** les Quechuas *mpl*. ❑ *nm* quechua *m*.

quedada *nf* **1.** rendez-vous *m* **2.** *fam* bobard *m* • **¡estoy harto de tus quedadas!** tu me fais toujours marcher, j'en ai marre !

quedar

■ **quedar** *vi*
1. SUBSISTER
rester • **quedan tres manzanas** il reste trois pommes • **nos quedan dos días para inscribirnos** il nous reste deux jours pour nous inscrire
2. CONTINUER À ÊTRE DANS LE MÊME ÉTAT
rester • **el cuadro quedó sin acabar** le tableau est resté inachevé • **queda mucho por hacer** il reste beaucoup à faire
3. DONNER UNE CERTAINE IMPRESSION
• **quedó como un imbécil** il s'est comporté comme un imbécile • **quedar bien/mal (con alguien)** faire bonne/mauvaise impression (à qqn) • **quedar en ridículo** se ridiculiser
4. INDIQUE UN RÉSULTAT
être • **la tarta ha quedado perfecta** le gâteau est très réussi
5. CONVENIR, EN PARLANT DE VÊTEMENTS, DE COULEURS
• **ese color te queda muy bien** cette couleur te va très bien • **la nueva falda te queda fatal** ta nouvelle jupe te va très mal
6. AVOIR RENDEZ-VOUS
• **hemos quedado en el cine** nous avons rendez-vous au cinéma • **he quedado con Luisa a las diez delante del teatro** j'ai donné rendez-vous à Luisa à 22 heures devant le théâtre • **hemos quedado para el lunes** nous nous sommes mis d'accord pour lundi
7. *fam* SE TROUVER, ÊTRE
• **queda lejos** c'est loin • **¿por dónde queda eso?** ça se trouve où, ça ?
8. DANS DES EXPRESSIONS
• **por mí que no quede** je ferai tout mon possible • **que no quede por falta de dinero** il ne faut pas que l'argent soit un problème

■ **quedar en** *v + prép*
DÉCIDER DE
• **habíamos quedado en que vendrías a buscarme** nous avions convenu que tu passerais me chercher • **¿en qué quedamos?** alors, qu'est-ce qu'on fait ?

■ **quedarse** *vp*
1. INDIQUE UN CHANGEMENT D'ÉTAT PROVISOIRE
• **se quedó callado/sorprendido** il est resté silencieux/surpris • **se quedó embarazada** elle est tombée enceinte
2. INDIQUE UN CHANGEMENT D'ÉTAT PERMANENT
devenir • **se quedó ciego** il est devenu aveugle

3. DEMEURER QUELQUE PART
rester • **Alfonso se quedó a dormir en mi casa** Alfonso est resté dormir chez moi

■ **quedarse con** *vp + prép*

1. CONSERVER SUR SOI
garder • **quédese con el cambio** gardez la monnaie

2. *tfam* SE MOQUER DE
• **¡te estás quedando conmigo!** tu te payes ma tête !

quedo, da *adj* tranquille • **con voz queda** posément. ■ **quedo** *adv* doucement • **hablar quedo** parler tout bas.

quehacer *nm (gén pl)* travail *m* • **quehaceres domésticos** travaux *mpl* ménagers.

queimada *nf boisson à base d'eau-de-vie flambée, originaire de Galice*.

queja *nf* plainte *f*.

quejarse *vp* • **quejarse (de/a)** se plaindre (de/à).

quejica *nmf péj* pleurnichard *m*, -e *f* ; • **ser un quejica** se plaindre sans arrêt.

quejido *nm* gémissement *m*.

quejoso, sa *adj* mécontent(e) • **estar quejoso de** se plaindre de.

quejumbroso, sa *adj* plaintif(ive).

quemado, da *adj* **1.** brûlé(e) **2.** *(fusible)* grillé(e) **3.** • **estar quemado a)** *(n eplus pouvoir)* en avoir assez **b)** *(être épuisé)* être mort de fatigue.

quemador *nm* brûleur *m*.

quemadura *nf* brûlure *f* • **quemadura solar** coup *m* de soleil.

quemar *vt* **1.** brûler ; faire brûler *(un plat, le repas)* **2.** *(fusible)* fondre ; *(moteur)* griller **3.** *fig* dilapider. ❑ *vi* **1.** *(avoir de la fièvre)* brûler **2.** *fig* user. ■ **quemarse** *vp* **1.** brûler • **se le quemó el arroz** il a fait brûler le riz **2.** *(personne)* se brûler ; prendre un coup de soleil ; *(fusible)* être grillé(e) **3.** *fig* en avoir assez **4.** *fig* s'user.

quemarropa ■ **a quemarropa** *loc adv* **1.** *(tirer)* à bout portant **2.** *(demander, répondre)* à brûle-pourpoint.

quemazón *nf* **1.** brûlure *f* **2.** démangeaison *f*.

quepa → **caber**.

quepo → **caber**.

querella *nf* **1.** DR plainte *f* • **presentar una querella** déposer une plainte **2.** querelle *f*.

querer

■ **querer** [67] *vt*

1. AVOIR ENVIE DE, SOUHAITER
vouloir • **quiero pan** je veux du pain • **no quiso ir** il n'a pas voulu y aller • **no sé qué ha querido decir con eso** je ne sais pas ce qu'il a voulu dire par là • **¿tú quieres que me enfade?** tu veux que je me fâche ? • **quiere hacerse abogado** il veut devenir avocat

2. DEMANDER COMME PRIX
vouloir • **¿cuánto quiere por el coche?** combien voulez-vous pour la voiture ?

3. DEMANDER AVEC AUTORITÉ, EXIGER
vouloir • **quiero que seas tú quien se lo diga** je veux que ce soit toi qui le lui dises • **¿quieres que lave los platos?** tu veux que je lave la vaisselle ?

4. ÉPROUVER DE L'AFFECTION OU DE L'AMOUR
aimer • **te quiero mucho** je t'aime beaucoup

5. SUIVI DE L'INFINITIF, INTRODUIT UNE SUPPOSITION
• **parece que quiere llover** on dirait qu'il va pleuvoir

6. DANS DES EXPRESSIONS
• **como quien no quiere la cosa** mine de rien • **lo hizo queriendo** il l'a fait exprès • **lo he roto sin querer** je l'ai cassé sans le faire exprès • **querer es poder** vouloir c'est pouvoir • **quien bien te quiere te hará llorar** qui aime bien châtie bien

■ **querer** [67] *nm*

amour • **eso son cosas del querer** ce sont les choses de l'amour

■ **quererse** *vp*

ÉPROUVER UNE AFFECTION RÉCIPROQUE
s'aimer • **se quieren como el primer día** ils s'aiment comme au premier jour

querido, da *adj* cher(ère). ❑ *nm, f* amant *m*, maîtresse *f* • **¡ven querida!** viens, chérie !

queroseno, keroseno *nm* kérosène *m*.

quesadilla *nf* **(AMÉR)** *crêpe de maïs fourrée au fromage*.

quesera *nf* → **quesero**.

quesería *nf* fromagerie *f*.

quesero, ra *adj & nm, f* fromager(ère). ■ **quesera** *nf* cloche *f* à fromage.

quesito *nm* portion *f* de fromage.

queso *nm* fromage *m* • **queso de bola** fromage de Hollande • **queso manchego** *(fromage de brebis de la Manche)* manchego *m* • **queso parmesano** parmesan *m* • **queso rallado** fromage râpé.

quetzal [ket'sal] *nm* quetzal *m*.

quia *interj fam* • **¡quia!** tu parles !

quicio *nm* encadrement *m (de porte, fenêtre)* • **estar fuera de quicio** *fig* être hors de soi • **sacar de quicio a alguien** *fig* mettre qqn hors de soi, faire sortir qqn de ses gonds.

quid *(pl* **quids***)* *nm* hic *m* • **el quid de la cuestión** le nœud du problème.

quiebra *v* → **quebrar**. ❑ *nf* **1.** faillite *f* **2.** *fig (perte)* effondrement *m*.

quiebro *nm* **1.** écart *m* ; SPORT feinte *f* **2.** MUS trille *m*.

quien *pron rel* **1.** *(sujet)* qui • **fue mi hermano quien me lo explicó** c'est mon frère qui me l'a expliqué • **eran sus hermanas quienes le ayudaron** ce sont ses sœurs qui l'ont aidé **2.** *(complément)* • **son ellos a quienes quiero co-**

nocer ce sont eux que je voudrais connaître • **era de Pepe de quien no me fiaba** c'est à Pepe que je ne faisais pas confiance. ❑ *pron indéf* **1.** *(sujet)* celui qui, celle qui • **quien lo quiera que luche por ello** que celui qui le veut se batte pour l'avoir • **quienes quieran verlo que se acerquen** que ceux qui veulent le voir s'approchent **2.** *(complément)* • **apoyaré a quienes considere oportuno** je soutiendrai ceux que je jugerai bon de soutenir • **vaya con quien quiera** allez avec qui bon vous semble **3.** *(expression)* • **quien más quien menos** tout un chacun.

quién *pron* **1.** *(interrogatif)* qui • **¿quién es ese hombre?** qui est cet homme ? • **no sé quién viene** je ne sais pas qui vient • **¿a quiénes has invitado?** qui as-tu invité ? • **dime con quién vas a ir** dis-moi avec qui tu vas y aller • **¿quién es? a)** *(à la porte)* qui est là ? **b)** *(au téléphone)* qui est à l'appareil ? **2.** *(exclamatif)* • **¡quién pudiera verlo!** si seulement je pouvais le voir !

quienquiera (*pl* **quienesquiera**) *pron* quiconque • **quienquiera que venga...** quiconque viendra...

quieto, ta *adj* tranquille • **¡estate quieto!** tiens-toi tranquille!, sois sage ! • **¡quieto todo el mundo!** que personne ne bouge !

quietud *nf* tranquillité *f*; quiétude *f*.

quijada *nf* mâchoire *f*.

quijote *nm péj* doux rêveur *m*. ■ **Don Quijote** *npr* don Quichotte *m*.

quijotesco, ca *adj* chimérique.

quilate *nm* carat *m*.

quilla *nf* **1.** NAUT quille *f* **2.** bréchet *m (d'un oiseau)*.

quilo = **kilo**.

quilogramo = **kilogramo**.

quilocaloría = **kilocaloría**.

quilombo *nm* **(AMÉR)** *tfam* bordel *m*.

quilometraje = **kilometraje**.

quilometrar = **kilometrar**.

quilométrico, ca = **kilométrico**.

quilómetro = **kilómetro**.

quilovatio = **kilovatio**.

quilovoltio = **kilovoltio**.

quimbambas *nfpl* • **vete a las quimbambas** va voir ailleurs si j'y suis.

quimera *nf* chimère *f*.

quimérico, ca *adj* chimérique.

químico, ca *adj* chimique. ❑ *nm,f* chimiste *mf*. ■ **química** *nf* chimie *f*.

quimio (abrév de **quimioterapia**) *nf fam* chimio *f*.

quimioterapia *nf* chimiothérapie *f*.

quimono, kimono *nm* kimono *m*.

quina *nf* quinquina *m* • **tragar quina** *fig* avaler des couleuvres.

quincalla *nf (objets)* quincaillerie *f*.

quince *adj num inv* quinze • **el siglo quince** le quinzième siècle. ❑ *nm inv* quinze *m inv*. Voir aussi **seis**.

quinceañero, ra *adj* • **un chico quinceañero** un garçon de quinze ans. ❑ *nm,f* adolescent *m*, -e *f*, garçon *m*, fille *f* (de quinze ans).

quinceavo, va *adj num* quinzième.

quincena *nf* quinzaine *f*.

quincenal *adj* bimensuel(elle).

quiniela *nf* **1.** bulletin *m (de loterie)* **2.** combinaison *f (au loto)* • **la quiniela** ≃ le loto sportif. ■ **quiniela hípica** *nf* ≃ PMU *m*.

quinientos, tas *adj num inv* cinq cents. Voir aussi **seiscientos**.

quinina *nf* quinine *f*.

quínoa *nf* quinoa *m*.

quinqué *nm* quinquet *m*.

quinquenio *nm* **1.** quinquennat *m* **2.** *augmentation de salaire quinquennale*.

quinqui *nmf fam* voyou *m*.

quinta → **quinto**.

quintaesencia *nf inv* quintessence *f*.

quintal *nm* quintal *m*.

quinteto *nm* **1.** MUS quintette *m* ; MUS quintet *m* **2.** LITTÉR *strophe de cinq vers*.

quintillizos, zas *nm,f pl* quintuplés *mpl*, quintuplées *fpl*.

quinto, ta *adj num* cinquième. Voir aussi **sexto**. ■ **quinto** *nm* **1.** cinquième *m* **2.** MIL appelé *m*. ■ **quinta** *nf* **1.** maison *f* de campagne **2.** MIL promotion *f*; • **somos de la misma quinta** nous sommes de la même année.

quintuplicar [10] *vt* quintupler ; être cinq fois supérieur(e) à. ■ **quintuplicarse** *vp* quintupler.

quíntuplo, pla, quíntuple *adj* quintuple. ■ **quíntuplo** *nm* quintuple *m*.

quiosco, kiosco *nm* kiosque *m* • **quiosco de periódicos** kiosque à journaux.

quiosquero, ra *nm,f* marchand *m*, -e *f* de journaux.

quiquiriquí (*pl* **quiquiriquíes**) *nm* cocorico *m*.

quirófano *nm* bloc *m* opératoire.

quiromancia *nf* chiromancie *f*.

quiromasaje *nm* chiropractie *f*.

quiromasajista *nmf* chiropracteur *m*, -trice *f*.

quiropráctico, ca *adj de la chiropractie*. ❑ *nm,f* chiropracteur *m*, -trice *f*, chiropraticien *m*, -enne *f*.

quirúrgico, ca *adj* chirurgical(e).

quisque *nm fam* • **cada ou todo quisque** chacun(e) • **que cada quisque se las arregle** que chacun se débrouille.

quisquilloso, sa *adj* **1.** pointilleux(euse) **2.** chatouilleux(euse).

quiste *nm* kyste *m*.

quitaesmalte *nm* dissolvant *m (pour ongles)*.

quitamanchas *nm inv* détachant *m*.

quitanieves *nm inv* chasse-neige *m inv (machine)*.

quitar *vt* **1.** enlever ; *(déconnecter)* éteindre • **quitar algo a alguien** *(dépouiller, voler)* prendre qqch à qqn • **quitar tiempo** prendre du temps • **de quita y pon** amovible **2.** empêcher • **quitar el sueño** empêcher de dormir • **esto no quita que...** il n'empêche que... **3.** *(excepter)* • **quitando el queso me gusta todo** à part le fromage, j'aime tout. ■ **quitarse** *vp* **1.** se pousser **2.** enlever, retirer *(un vêtement)* • **me quito la chaqueta** j'enlève ma veste **3.** *(sujet : tache)* partir.

À PROPOS DE **quitar**

Attention ! **Quitar** ne signifie pas **quitter** mais **enlever**.

quitasol *nm* parasol *m*.
quite *nm* SPORT *(escrime)* parade *f* • **estar al quite** *fig* se tenir prêt(e) *(à aider qqn)*.
Quito *npr* Quito.
quizá, **quizás** *adv* peut-être • **quizá llueva mañana** peut-être pleuvra-t-il demain • **quizá no lo sepas** tu ne le sais peut-être pas • **quizá sí/no** peut-être que oui/non.
quórum *nm inv* quorum *m*.

R

r, **R** ['erre] *nf* r *m inv*, R *m inv*.
rábano *nm* radis *m* • **importar un rábano** *fig* s'en ficher comme de l'an quarante.
rabí (*pl* **rabíes** *ou* **rabís**) *nm* rabbin *m*.
rabia *nf* rage *f* • **me da rabia** ça m'énerve • **tenerle rabia a alguien** *fig* en vouloir à qqn.
rabiar [8] *vi* **1.** *(souffrir)* • **está rabiando de dolor** il souffre le martyre **2.** enrager, se mettre en colère • **no me hagas rabiar** ne m'oblige pas à me mettre en colère.
rabieta *nf fam* • **tener una rabieta** piquer une crise.
rabillo *nm* • **mirar con el rabillo del ojo** *fig* regarder du coin de l'œil.
rabino *nm* rabbin *m*.
rabioso, **sa** *adj* **1.** enragé(e) ; *(ton, voix)* rageur(euse) **2.** furieux(euse) **3.** *(voix, couleur)* criard(e).
rabo *nm* queue *f*.
rácano, **na** *adj* & *nm,f* pingre.
RACE (abrév de Real Automóvil Club de España) *nm club automobile espagnol*.
racha *nf* **1.** rafale *f* **2.** *(période)* vague *f* • **estar de racha** *fig* avoir la chance de son côté • **mala racha** mauvaise passe *f* • **a rachas** *fig* par à-coups.
racial *adj* racial(e).
racimo *nm* grappe *f (de raisin)* ; régime *m (de dattes, de bananes)*.
raciocinio *nm* **1.** raison *f* **2.** raisonnement *m*.
ración *nf* **1.** part *f* ; ration *f* **2.** *(au restaurant) assiette de «tapas»*.
racional *adj* **1.** *(personne)* doué(e) de raison **2.** *(méthode, nombre)* rationnel(elle).
racionalidad *nf* rationalité *f*.
racionalismo *nm* rationalisme *m*.
racionalización *nf* rationalisation *f*.
racionalizar [13] *vt* rationaliser.
racionamiento *nm* rationnement *m*.
racionar *vt* rationner.
racismo *nm* racisme *m*.
racista *adj* & *nmf* raciste.
radar (*pl* **radares**) *nm* radar *m*.
radiación *nf* **1.** PHYS radiation *f* **2.** rayonnement *m*.
radiactividad, **radioactividad** *nf* radioactivité *f*.
radiactivo, **va**, **radioactivo**, **va** *adj* radioactif(ive).
radiador *nm* radiateur *m*.
radial *adj* **1.** radial(e) **2.** (AMÉR) radiophonique.
radiante *adj* **1.** *(soleil, personne)* radieux(euse) • **radiante de alegría** rayonnant(e) de joie **2.** PHYS radiant(e).
radiar [13] *vt* **1.** radiodiffuser *(des nouvelles, etc)* **2.** émettre (par radiations) *(de la lumière, de la chaleur)* **3.** PHYS irradier.
radical *adj* radical(e). ❑ *nm* radical *m*.
radicalismo *nm* radicalisme *m*.
radicalización *nf* radicalisation *f*.
radicalizar [13] *vt* radicaliser. ■ **radicalizarse** *vp* se radicaliser.
radicar [10] *vi* • **radicar en** *(problème, difficulté, etc)* résider dans.
radio *nm* **1.** *(gén)* GÉOM rayon *m* **2.** ANAT radius *m* **3.** CHIM radium *m*. ❑ *nf* radio *f* • **oír algo por la radio** entendre qqch à la radio • **por radio macuto** *fam* & *fig* par le téléphone arabe.
radioactividad = **radiactividad**.
radioactivo, **va** = **radiactivo**.
radioaficionado, **da** *nm,f* radioamateur *m*.
radiocasete, **radiocassette** *nm* radiocassette *f*.
radiocirujía *nf* radiochirurgie *f*.
radiocontrol *nm* radiocommande *f*.
radiodespertador *nm* radioréveil *m*.
radiodifusión *nf* radiodiffusion *f*.
radioemisora *nf* station *f* émettrice.
radioescucha *nmf inv* auditeur *m*, -trice *f* ; radio *m (sur un bateau, etc)*.
radiofonía *nf* radiophonie *f*.
radiofónico, **ca** *adj* radiophonique.
radiografía *nf* radiographie *f*.
radiología *nf* radiologie *f*.
radiomensaje *nm* **1.** message *m* radio **2.** (AMÉR) bip *m*.
radionovela *nf* feuilleton *m* radiodiffusé.

radiorreloj *nm* radioréveil *m*.
radioscopia *nf* radioscopie *f*.
radiotaxi *nm* radio-taxi *m*.
radiotelefonía *nf* radiotéléphonie *f*.
radioteléfono *nm* radiotéléphone *m*.
radioterapia *nf* radiothérapie *f*.
radiotransmisión *nf* émission *f* radio.
radioyente *nmf* auditeur *m*, -trice *f*.
RAE (abrév de Real Academia Española) *nf Académie royale de la langue espagnole* ; ≃ Académie *f* française • **el Diccionario de la RAE** le Dictionnaire de la RAE.
raer [68] *vt* racler.
ráfaga *nf* rafale *f* ; AUTO appel *m* de phares.
rafting *nm* rafting *m*.
raído, da *adj (vêtement)* râpé(e).
raigambre *nf* **1.** tradition *f* • **de profunda raigambre** profondément ancré(e) **2.** souche *f* **3.** BOT racines *fpl*.
raíl, rail *nm* rail *m*.
raíz (*pl* **raíces**) *nf* **1.** *gén,* MATH & GRAMM racine *f* • **raíz cuadrada** racine carrée • **echar raíces** prendre racine **2.** origine *f* • **a raíz de** à la suite de.
raja *nf* **1.** tranche *f (de melon, de pastèque, etc)* ; rondelle *f (de citron, de saucisson)* **2.** fissure *f (dans le bois, dans un mur)* ; fêlure *f (dans du verre)*.
rajá (*pl* **rajás** *ou* **rajaes**) *nm* radjah *m* • **vivir como un rajá** *fam* & *fig* vivre comme un pacha.
rajado, da *adj* & *nm,f fam* dégonflé(e).
rajar *vt* **1.** *(bois, mur)* fissurer ; *(verre)* fêler ; • **el mármol está rajado** le marbre est fendu • **tiene el labio rajado** il a la lèvre fendue **2.** *tfam* étriper. ■ **rajarse** *vp* **1.** *(bois, mur)* se fissurer ; *(verre)* se fêler ; *(marbre)* se fendre **2.** *fam* se dégonfler.
rajatabla ■ **a rajatabla** *loc adv* à la lettre.
ralea *nf péj* engeance *f* • **de su misma ralea** du même acabit.
ralentí *nm* ralenti *m*.
ralentización *nf* ralentissement *m*.
ralentizar [13] *vt* ralentir. ■ **ralentizarse** *vp* se freiner.
rallado, da *adj* râpé(e). ■ **rallado** *nm* râpage *m*.
rallador *nm* râpe *f*.
ralladura *nf (gén pl)* râpure *f*.
rallar *vt* râper.
rally ['rali] (*pl* **rallies**) *nm* rallye *m*.
ralo, la *adj (cheveux, barbe)* clairsemé(e) ; *(dents)* espacé(e).
RAM (abrév de random access memory) *nf* RAM *f*.
rama *nf* branche *f*.
ramadán *nm* ramadan *m*.
ramaje *nm* branchage *m*.
ramal *nm* **1.** embranchement *m (de route, de chemin de fer)* **2.** volée *f (d'escalier)*.
ramalazo *nm* **1.** *fam (effeminement)* • **se le ve el ramalazo** il est de la jaquette **2.** crise *f*.
rambla *nf (avenue)* promenade *f*.
ramera *nf fam* catin *f*.
ramificación *nf* ramification *f*.
ramificarse [10] *vp* • **ramificarse (en)** se ramifier (en).
ramillete *nm* bouquet *m*.
ramo *nm* **1.** *(gén)* ÉCON branche *f* **2.** bouquet *m (de fleurs)*.
rampa *nf* **1.** rampe *f (d'escalier)* **2.** côte *f* **3.** crampe *f*.
rampante *adj* rampant(e).
rana *nf* grenouille *f*.
ranchero, ra *nm,f* fermier *m*, -ère *f*. ■ **ranchera** *nf* **1.** *chanson populaire mexicaine* **2.** AUTO break *m*.
rancho *nm* **1.** popote *f* **2.** ranch *m*.
rancio, cia *adj* **1.** rance ; *(vin)* aigre **2.** ancien(enne) • **de rancio abolengo** de vieille souche.
rango *nm* rang *m*.
ranking ['raŋkin] *nm* classement *m*.
ranura *nf* rainure *f* ; fente *f (pour glisser une pièce)*.
rap *nm* rap *m*.
rapapolvo *nm fam* • **dar ou echar un rapapolvo** sonner les cloches à qqn.
rapar *vt* raser. ■ **raparse** *vp* se raser.
rapaz, za *nm,f vieilli* garçonnet *m*, fillette *f*. ■ **rapaz** *adj* voleur(euse). ■ **rapaces** *nfpl* rapaces *mpl*.
rape *nm* **1.** *(poisson)* baudroie *f* ; CULIN lotte *f* **2.** *(cheveux)* • **al rape** (à) ras.
rapé *nm (invariable en apposition)* tabac *m* à priser.
rapear *vi* rapper.
rápel, rapel, rappel ['rapel] *nm* SPORT rappel *m*.
rapero, ra *nm,f* rappeur *m*, -euse *f*.
rapidez *nf* rapidité *f*.
rápido, da *adj* rapide. ■ **rápido** *adv* vite • **¡no tan rápido!** pas si vite ! ❑ *nm (train)* rapide *m*. ■ **rápidos** *nmpl* rapides *mpl (d'un cours d'eau)*.
rapiña *nf* **1.** rapine *f* **2.** → **ave**.
rappel = **rápel**.
rapsodia *nf* rhapsodie *f*.
raptar *vt* enlever *(une personne)*.
rapto *nm* **1.** enlèvement *m* **2.** *(attaque)* accès *m*.
raptor, ra *nm,f* ravisseur *m*, -euse *f*.
raqueta *nf* **1.** raquette *f* **2.** râteau *m (de croupier)*.
raquítico, ca *adj* **1.** MÉD rachitique **2.** *(salaire, etc)* maigre. ❑ *nm,f* MÉD rachitique *mf*.
raramente *adv* rarement.
rareza *nf* **1.** rareté *f* **2.** curiosité *f* **3.** bizarrerie *f*.
raro, ra *adj* **1.** bizarre • **¡qué animal más raro!** quel drôle d'animal ! **2.** rare • **lo veo rara vez** je le vois rarement.
ras *nm* • **a ou al ras** à ras bord • **a ras de** au ras de • **a ras de tierra** à ras de terre.
rasante *adj (lumière, tir)* rasant(e) ; *(vol)* en rase-mottes. ❑ *nf* inclinaison *f* • **en cambio de rasante** en haut d'une côte.

rasca *nf* **1.** *fam* froid *f* • **aquí hace mucha rasca** ça caille, ici **2.** (AMÉR) *fam* cuite *f*.
rascacielos *nm inv* gratte-ciel *m inv*.
rascador *nm* **1.** grattoir *m* **2.** frottoir *m (pour allumettes)*.
rascar [10] *vt* **1.** gratter • **rasca un poco la guitarra** *fam* il gratte un peu **2.** racler *(avec une spatule)*. ❑ *vi* gratter. ■ **rascarse** *vp* se gratter.
rasera *nf* écumoire *f*.
rasgadura *nf (de tissu)* déchirure *f*.
rasgar [16] *vt* déchirer. ■ **rasgarse** *vp* se déchirer.
rasgo *nm* **1.** trait *m* **2.** acte *m (d'héroïsme, etc)*. ■ **rasgos** *nmpl* traits *mpl (d'un visage, d'une lettre)*.
rasguear *vt* gratter *(la guitare)*.
rasguñar *vt* **1.** égratigner **2.** griffer. ■ **rasguñarse** *vp* **1.** s'égratigner **2.** se griffer.
rasguño *nm* égratignure *f*.
raso, sa *adj* **1.** plat(e) • **en campo raso** en rase campagne **2.** plein(e) ; *(cuillerée, etc)* ras(e) **3.** *(ciel)* dégagé(e) **4.** *(vol)* en rase-mottes • **muy raso** très bas **5.** MIL → **soldado**. ■ **raso** *nm* satin *m*. ■ **al raso** *loc adv* à la belle étoile.
raspa *nf* arête *f (de poisson)*.
raspador *nm* grattoir *m*.
raspadura *nf* **1.** *(gén pl)* raclure *f* **2.** éraflure *f* **3.** grattage *m*.
raspar *vt* **1.** racler ; *(sujet : vin)* râper **2.** frôler. ❑ *vi* gratter.
rasposo, sa *adj* râpeux(euse) ; *(peau, vêtement)* rêche.
rasta *fam adj* rasta. ❑ *nmf (personne)* rasta *mf*. ❑ *nf* dreadlock *f*, rasta *f*.
rastras ■ **a rastras** *loc adv* • **llevar algo/a alguien a rastras** *litt & fig* traîner qqch/qqn.
rastreador, ra *adj* • **un perro rastreador** un limier.
rastrear *vt* **1.** suivre à la trace **2.** *fig (sujet : personne)* ratisser ; *(sujet : projecteur, faisceau lumineux)* balayer. ❑ *vi fig* enquêter.
rastrero, ra *adj (plante)* rampant(e) ; *(personne)* vil(e).
rastrillo *nm* **1.** râteau *m* **2.** petit marché *m* aux puces **3.** vente *f* de charité.
rastro *nm* **1.** trace *f* • **sin dejar rastro** sans laisser de traces **2.** marché *m* aux puces.
rastrojo *nm* chaume *m*.
rasurador *nm* rasoir *m* électrique.
rasurar *vt* raser. ■ **rasurarse** *vp* se raser.
rata *adj & nmf fam* radin(e). ❑ *nf* rat *m*.
ratero, ra *nm, f* voleur *m*, -euse *f*.
ratificación *nf* ratification *f*.
ratificar [10] *vt* ratifier. ■ **ratificarse** *vp* • **ratificarse en** s'en tenir à.
rato *nm* moment *m* • **al (poco) rato (de)** juste après • **hace un rato** ça fait un moment • **mucho rato** longtemps • **pasar el rato** passer le temps • **pasar un mal rato** passer un mauvais moment • **a ratos** *fig* par moments.
ratón *nm (gén)* INFORM souris *f*.
ratonera *nf* **1.** souricière *f* **2.** trou *m* de souris.
raudal *nm* **1.** torrent *m* **2.** *fig* flot *m* • **correr a raudales** couler à flots • **gana dinero a raudales** il gagne énormément d'argent.
raudo, da *adj* • **correr/partir raudo** filer/partir comme une flèche • **pasar raudo** passer en coup de vent.
ravioli *nm (gén pl)* ravioli *m*.
raya *v* → **raer**. ❑ *nf* **1.** *(gén)* ZOOL raie *f* ; *(éraflure, de couleur)* rayure *f* ; zébrure *f (d'un animal)* • **a rayas** à rayures **2.** pli *m (d'un pantalon)* **3.** ligne *f (de cocaïne)* **4.** *fig* limite *f* • **pasarse de la raya** dépasser les bornes ou les limites **5.** tiret *m*.
rayado, da *adj* rayé(e). ■ **rayado** *nm* **1.** rayures *fpl* **2.** tracé *m*.
rayano, na *adj* limitrophe.
rayar *vt* **1.** rayer **2.** tirer des traits sur. ❑ *vi* **1.** *(approcher)* • **rayar en algo** friser qqch • **raya en lo ridículo** ça frise le ridicule **2.** *(commencer à faire jour)* • **al rayar el alba** à l'aube. ■ **rayarse** *vp* se rayer.
rayo *v* → **raer**. ❑ *nm* **1.** *(gén)* PHYS rayon *m* • **rayo láser/X** rayon laser/X • **rayos infrarrojos/ultravioleta** rayons infrarouges/ultraviolets • **rayos uva** UV, rayons UV **2.** MÉTÉOR foudre *f* • **ser un rayo** être rapide comme l'éclair.
rayón *nm* rayonne *f*.
rayuela *nf* marelle *f*.
raza *nf* **1.** race *f* • **de raza** de race **2.** (AMÉR) *fam* culot *m*.
razón *nf* **1.** *(gén)* MATH raison *f* • **dar la razón a alguien** donner raison à qqn • **en razón de ou a** en raison de • **hacer entrar en razón a alguien** faire entendre raison à qqn • **perder la razón** perdre la raison • **tener razón** avoir raison • **y con razón** non sans raison • **razón de Estado** raison *f* d'État • **razón social** raison *f* sociale • **razón de ser** raison d'être **2.** renseignements *mpl* • **'razón aquí'** 'renseignements'. ■ **a razón de** *loc prép* à raison de.
razonable *adj* raisonnable.
razonamiento *nm* raisonnement *m*.
razonar *vt* justifier. ❑ *vi* raisonner.
re *nm* ré *m*.
reabastecer *vt* réapprovisionner. ■ **reabastecerse** *vp* se réapprovisionner.
reabrir *vt* rouvrir.
reabsorber *vt* **1.** réabsorber **2.** résorber. ■ **reabsorberse** *vp* se résorber.
reacción *nf* réaction *f*.
reaccionar *vi* réagir.
reaccionario, ria *adj & nm, f* réactionnaire.
reacio, cia *adj* réticent(e) • **reacio a algo** réfractaire à • **reacio a ou en hacer algo** peu enclin à faire qqch • **un caballo reacio** un cheval rétif.
reacondicionar *vt (lieu)* réaménager.
reactivación *nf* ÉCON réactivation *f* ; ÉCON relance *f*.

reactivar *vt* relancer *(l'économie, etc.)*.
reactividad *nf* réactivité *f*.
reactor *nm* **1.** réacteur *m* **2.** avion *m* à réaction.
readaptación *nf* réadaptation *f*.
readaptar *vt* réadapter. ■ **readaptarse** *vp* se réadapter.
readmisión *nf* réadmission *f*.
readmitir *vt* réadmettre ; reprendre.
reafirmar *vt* réaffirmer. ■ **reafirmarse** *vp* s'affirmer • **reafirmarse en** être conforté(e) dans *(une opinion, etc)*.
reagrupar *vt* regrouper.
reajustar *vt* réajuster.
reajuste *nm* **1.** réaménagement *m* • **reajuste ministerial** remaniement *m* ministériel **2.** *ÉCON* rajustement *m*.
real *adj* **1.** réel(elle) **2.** royal(e).
realce *v* → **realzar.** ❑ *nm* **1.** éclat *m* • **dar realce a** donner de l'éclat à **2.** *ART* rehaut *m* **3.** relief *m (d'une architecture, d'une sculpture)*.
realeza *nf* **1.** royauté *f* **2.** faste *m*.
realidad *nf* réalité *f* • **en realidad** en réalité • **realidad virtual** réalité virtuelle.
realismo *nm* **1.** *(gén) ART* réalisme *m* **2.** *POLIT* royalisme *m*.
realista *adj & nmf* **1.** réaliste **2.** *POLIT* royaliste.
realizable *adj* réalisable.
realización *nf* réalisation *f*.
realizador, ra *nm,f CINÉ & TV* réalisateur *m*, -trice *f*.
realizar [13] *vt* réaliser ; faire *(un effort, un investissement)*. ■ **realizarse** *vp* **1.** se réaliser **2.** s'épanouir *(dans son travail)*.
realmente *adv* réellement • **está realmente enfadado** il est vraiment fâché.
realquilado, da *adj* sous-loué(e). ❑ *nm,f* sous-locataire *mf*.
realquilar *vt* sous-louer.
realzar [13] *vt* rehausser.
reanimación *nf MÉD* réanimation *f*.
reanimar *vt* **1.** revigorer **2.** réconforter **3.** réanimer.
reanudación *nf* reprise *f*.
reanudar *vt* renouer *(une amitié, une conversation)* ; reprendre *(le travail, les cours)*. ■ **reanudarse** *vp (amitié)* se renouer ; *(travail, cours)* reprendre.
reaparecer [30] *vi* réapparaître.
reaparición *nf* réapparition *f*.
reapertura *nf* réouverture *f*.
rearme *nm* réarmement *m*.
reaseguro *nm COMM* réassurance *f*.
reavivar *vt* raviver.
rebaja *nf* réduction *f*. ■ **rebajas** *nfpl* soldes *mpl* • **comprar algo de rebajas** acheter qqch en solde • **estar de rebajas** solder • **ir de rebajas** faire les soldes.
rebajado, da *adj* **1.** *(prix)* réduit(e) ; *(marchandise)* soldé(e), en solde **2.** *(personne)* rabaissé(e) **3.** *ARCHIT* surbaissé(e).
rebajar *vt* **1.** réduire *(un prix)* ; solder *(une marchandise)* • **le rebajo diez euros** je vous fais une réduction de dix euros **2.** rabaisser *(une personne)* **3.** atténuer *(l'intensité)* **4.** *(hauteur)* abaisser. ■ **rebajarse** *vp* se rabaisser • **rebajarse a hacer algo** s'abaisser à faire qqch.
rebanada *nf* tranche *f (de pain)* ; tartine *f (avec du beurre, etc)*.
rebanar *vt* **1.** couper (en tranches) **2.** sectionner.
rebañar *vt* saucer • **siempre rebaña la cazuela** il finit toujours les restes dans la casserole.
rebaño *nm* troupeau *m*.
rebasar *vt* dépasser.
rebatible *adj* **1.** *(argument)* réfutable **2.** **(AMÉR)** *(chaise, table, lit)* pliant(e).
rebatir *vt* réfuter.
rebeca *nf* cardigan *m*.
rebelarse *vp* se rebeller.
rebelde *adj* rebelle. ❑ *nm,f* **1.** rebelle *mf* **2.** *DR* condamné(e) par contumace.
rebeldía *nf* **1.** révolte *f* **2.** *DR* • **en rebeldía** par contumace.
rebelión *nf* rébellion *f*.
rebenque *nm* **(AMÉR)** fouet *m*.
reblandecer [30] *vt* ramollir. ■ **reblandecerse** *vp* se ramollir.
rebobinar *vt* rembobiner.
rebosante *adj* • **rebosante (de)** débordant(e) (de).
rebosar *vt* déborder. ❑ *vi* déborder • **rebosar de** déborder de.
rebotar *vi* rebondir. ■ **rebotarse** *vp tfam* se foutre en rogne.
rebote *nm* rebond *m* • **de rebote** par ricochet.
rebozado, da *adj CULIN* pané(e).
rebozar [13] *vt CULIN* paner.
rebrotar *vi* repousser.
rebuscado, da *adj* **1.** *(compliqué)* recherché(e) **2.** *(pas naturel)* affecté(e).
rebuscamiento *nm* recherche *f (raffinement)*.
rebuznar *vi* braire.
recabar *vt* **1.** réclamer **2.** obtenir.
recadero, ra *nm,f* coursier *m*, -ère *f*.
recado *nm* **1.** message *m* **2.** *(démarche)* course *f*.
recaer [55] *vi* **1.** retomber **2.** *(malade)* rechuter • **recaer en** retomber dans *(un vice, l'erreur, etc)* • **recaer sobre** *(faute, responsabilité)* retomber sur.
recaída *nf* rechute *f*.
recalcar [10] *vt* insister sur • **no hace falta que me lo recalques...** tu n'as pas besoin de me le répéter....
recalcitrante *adj* récalcitrant(e).
recalentar [19] *vt* **1.** réchauffer **2.** *(moteur)* surchauffer. ■ **recalentarse** *vp (moteur)* chauffer.
recámara *nf* **1.** dressing *m* **2.** *(armurerie)* magasin *m* **3.** **(AMÉR)** chambre *f*.
recamarera *nf* **(AMÉR)** *(domestique)* bonne *f*.
recambiar [8] *vt (pièce)* remplacer.

recambio *nm* pièce *f* de rechange • **de recambio** de rechange • **una rueda de recambio** une roue de secours.
recapacitar *vi* réfléchir.
recapitalización *nf* recapitalisation *f.*
recapitulación *nf* récapitulation *f.*
recapitular *vt* récapituler.
recarga *nf* recharge *f.*
recargable *adj* rechargeable.
recargado, da *adj* surchargé(e).
recargar [16] *vt* **1.** *(gén)* • **recargar (algo/a alguien de algo)** surcharger (qqch/qqn de qqch) • **recargar el café de azúcar** mettre trop de sucre dans le café **2.** recharger **3.** majorer.
recargo *nm* majoration *f (d'une dette, d'un impôt, etc).*
recatado, da *adj* **1.** honnête **2.** réservé(e).
recato *nm* **1.** pudeur *f* **2.** prudence *f* • **no tener recato en** n'avoir aucun scrupule à.
recauchutar *vt* rechaper.
recaudación *nf* **1.** *(action)* recouvrement *m* **2.** *(quantité)* recette *f.*
recaudador, ra *nm, f* receveur *m*, -euse *f* ; percepteur *m (des impôts).*
recaudar *vt* recouvrer *(les impôts, un paiement)* ; collecter *(des dons).*
recaudo ■ **a buen recaudo** *loc adv* en sûreté • **poner a buen recaudo** mettre en lieu sûr.
recelar *vi* • **recelar (de)** se méfier (de).
recelo *nm* méfiance *f.*
receloso, sa *adj* méfiant(e).
recepción *nf* réception *f.*
recepcionar *vt* recevoir.
recepcionista *nmf* réceptionniste *mf.*
receptáculo *nm* réceptacle *m.*
receptividad *nf* réceptivité *f.*
receptivo, va *adj* réceptif(ive).
receptor, ra *adj* récepteur(trice). ❑ *nm, f* receveur *m*, -euse *f.* ■ **receptor** *nm* récepteur *m.*
recesión *nf* récession *f.*
recesivo, va *adj* récessif(ive).
receta *nf* **1.** *fig* CULIN recette *f* **2.** MÉD ordonnance *f.*
recetar *vt* MÉD prescrire.
recetario *nm* livre *m* de recettes.
rechazar [13] *vt* **1.** *(gén)* MIL repousser **2.** *(proposition, demande)* MÉD rejeter.
rechazo *nm* **1.** refus *m* **2.** *fig* MÉD rejet *m.*
rechinar *vi* grincer.
rechistar *vi* rechigner.
rechoncho, cha *adj fam* rondouillard(e).
rechupete ■ **de rechupete** *loc adj fam (plat)* • **está de rechupete** on s'en lèche les babines.
recibidor *nm (pièce)* entrée *f.*
recibimiento *nm* accueil *m.*
recibir *vt* **1.** recevoir • **recibir una carta/invitados** recevoir une lettre/des invités **2.** accueillir • **el médico recibe los lunes** le médecin reçoit le lundi.
recibo *nm* **1.** *(action)* réception *f* **2.** reçu *m* ; quittance *f (de loyer, etc).*
reciclable *adj* recyclable.
reciclaje *nm* recyclage *m.*
reciclar *vt* recycler.
recién *adv* récemment • **recién edificado** récemment construit • **los recién casados** les jeunes mariés • **los recién llegados** les nouveaux venus • **un recién nacido** un nouveau-né.
reciente *adj* **1.** récent(e) **2.** *(pain, peinture, sang, etc)* frais, fraîche *f.*
recientemente *adv* récemment.
recinto *nm* enceinte *f.*
recio, cia *adj* **1.** *(personne)* robuste **2.** *(poutre, mur)* solide **3.** *(voix, tissu)* fort(e) • **un tiempo recio** un temps rigoureux.
recipiente *nm* récipient *m.*
reciprocidad *nf* réciprocité *f* • **en reciprocidad a** en remerciement de.
recíproco, ca *adj* réciproque.
recital *nm* récital *m* ; concert *m (de rock).*
recitar *vt* réciter.
reclamación *nf* réclamation *f.*
reclamar *vt* réclamer. ❑ *vi (protester)* • **reclamar (contra)** déposer une réclamation (contre).
reclamo *nm* **1.** réclame *f* **2.** *(oiseau, sifflet)* appeau *m.*
reclinable *adj* inclinable.
reclinar *vt (siège)* incliner • **reclinar algo contra** appuyer qqch contre. ■ **reclinarse** *vp* s'incliner • **reclinarse sobre** s'appuyer sur.
recluir [51] *vt* enfermer. ■ **recluirse** *vp* s'enfermer, se cloîtrer.
reclusión *nf* **1.** réclusion *f* **2.** *fig (enfermement)* prison *f.*
recluso, sa *nm, f* prisonnier *m*, -ère *f.*
recluta *nm* recrue *f.*
reclutamiento *nm* recrutement *m* • **reclutamiento (obligatorio)** conscription *f.*
reclutar *vt* **1.** *(soldat)* enrôler **2.** *(salarié)* recruter.
recobrar *vt* recouvrer *(de l'argent, la santé)* • **recobrar el aliento/conocimiento** reprendre haleine/connaissance. ■ **recobrarse** *vp* récupérer • **recobrarse de** se remettre de.
recochinearse *vp fam* • **recochinearse de alguien** mettre qqn en boîte.
recochineo *nm fam* • **me roba y encima, con recochineo** il me vole, et par-dessus le marché, il se fiche de moi.
recodo *nm* détour *m (d'un chemin)* ; coude *m (d'une rivière).*
recogedor *nm* pelle *f (à poussière).*
recoger [14] *vt* **1.** ramasser ; ranger *(une chambre, une pièce)* • **recoger la mesa** débarrasser la table **2.** *(rassembler, héberger)* recueillir **3.** *(aller chercher)* • **pasó a recogerme** il est passé me prendre **4.** AGRIC *(obtenir)* récolter **5.** retrousser *(une jupe, une robe, etc).* ■ **recogerse** *vp* **1.** *(se retirer)*

aller se coucher **2.** se recueillir **3.** attacher *(ses cheveux)*.
recogido, da *adj* **1.** *(endroit)* tranquille **2.** *(cheveux)* attaché(e). ■ **recogida** *nf* **1.** *AGRIC* récolte *f* **2.** ramassage *m (des ordures)*.
recogimiento *nm* **1.** recueillement *m* **2.** retraite *f* • **vivir en total recogimiento** vivre complètement retiré(e).
recolección *nf* **1.** *AGRIC* récolte *f* **2.** collecte *f (de fonds)*.
recolectar *vt* **1.** récolter **2.** collecter.
recolector, ra *adj AGRIC* • **país recolector** pays producteur *(de fruits, céréales)*. ❏ *nm, f* cueilleur *m*, -euse *f*.
recoleto, ta *adj* **1.** *(endroit)* peu fréquenté(e) **2.** *(personne)* solitaire.
recomendable *adj* recommandable.
recomendación *nf* **1.** recommandation *f* **2.** *(gén pl)* références *fpl*.
recomendado, da *nm, f* • **es un recomendado de** il a été recommandé par.
recomendar [19] *vt* recommander.
recomenzar [34] *vt* recommencer.
recompensa *nf* récompense *f*.
recompensar *vt* récompenser.
recomponer [65] *vt* réparer.
recompuesto, ta *pp* → **recomponer**.
reconcentrar *vt* **1.** concentrer **2.** réunir. ■ **reconcentrarse** *vp* • **reconcentrarse (en)** se concentrer (sur).
reconciliación *nf* réconciliation *f*.
reconciliar [8] *vt* réconcilier. ■ **reconciliarse** *vp* se réconcilier.
reconcomer *vt (sentiment)* ronger • **los celos la reconcomen** elle est rongée par la jalousie. ■ **reconcomerse** *vp* être rongé(e) • **reconcomerse de envidia** être rongé(e) de jalousie.
recóndito, ta *adj* **1.** *(caché)* retiré(e) **2.** *(intime)* • **lo más recóndito de** le tréfonds de.
reconducir [33] *vt (problème, débat, etc.)* recentrer.
reconfigurar *vt INFORM* reconfigurer.
reconfortante *adj* réconfortant(e).
reconfortar *vt* réconforter.
reconocer [31] *vt* **1.** reconnaître **2.** *MÉD* examiner. ■ **reconocerse** *vp* se reconnaître.
reconocible *adj* reconnaissable.
reconocido, da *adj* **1.** *(admis)* reconnu(e) **2.** reconnaissant(e).
reconocimiento *nm* **1.** *(gén) MIL* reconnaissance *f* **2.** *MÉD* • **reconocimiento (médico)** examen *m* médical.
reconquista *nf* reconquête *f*. ■ **Reconquista** *nf HIST* • **la Reconquista** la Reconquista *f*.

> CULTURE
> ### la Reconquista
> Ce terme désigne la période durant laquelle les chrétiens d'Espagne combattirent les musulmans qui avaient envahi la péninsule Ibérique en 711. La reconquête prit fin en 1492 avec la prise de Grenade, qui entraîna l'expulsion définitive des Arabes par les Rois Catholiques. Les Arabes ont laissé de nombreuses traces de leur passage tant dans le domaine des sciences que dans celui de l'architecture ou de la vie courante.

reconquistar *vt* reconquérir.
reconsiderar *vt* reconsidérer.
reconstituir [51] *vt* reconstituer. ■ **reconstituirse** *vp* se reconstituer.
reconstituyente *nm* reconstituant *m*.
reconstrucción *nf* **1.** reconstruction *f* **2.** *(d'événement)* reconstitution *f*.
reconstruir [51] *vt* **1.** reconstruire **2.** reconstituer *(des événements)*.
reconversión *nf* reconversion *f*.
reconvertir [27] *vt* reconvertir.
recopilación *nf* **1.** compilation *f (de documents)* ; rassemblement *m (de données)* **2.** recueil *m*.
recopilar *vt* compiler *(des documents)* ; rassembler *(des données)*.
recopilatorio *nm* compilation *f*, compil *f*.
récord (*pl* **records**) *nm* record *m* • **batir/establecer un récord** battre/établir un record.
recordar [23] *vt* **1.** rappeler • **te recuerdo que tienes que madrugar** je te rappelle que tu dois te lever tôt • **me recuerda a un amigo mío** il me rappelle un ami à moi **2.** se rappeler, se souvenir de • **recuerdo mis primeras vacaciones** je me rappelle mes premières vacances • **si mal no recuerdo** si je me souviens bien.
recordatorio *nm* **1.** rappel *m* **2.** image *f* commémorative.
recordman [re'korman, 'rekorman] (*pl* **recordmans**) *nm* recordman *m*.
recorrer *vt* parcourir.
recorrida *nf* **(AMÉR)** parcours *m (effectué)*.
recorrido *nm (trajet)* parcours *m*.
recortable *nm* découpage *m (pour enfant)*.
recortado, da *adj* découpé(e).
recortar *vt* **1.** couper ; découper **2.** *fig* réduire *(un salaire, un budget, etc)*. ■ **recortarse** *vp (se profiler)* se découper.
recorte *nm* **1.** *(pièce coupée)* coupure *f* • **recorte de prensa** coupure de presse **2.** *fig* réduction *f (de frais, etc)* **3.** *SPORT* dribble *m* • **hacer un recorte** dribbler.
recostar [23] *vt* appuyer. ■ **recostarse** *vp* s'allonger ; se caler *(dans un fauteuil, etc)*.
recoveco *nm* **1.** recoin *m* **2.** détour *m* **3.** *fig* repli *m (du cœur, de l'âme)*.
recreación *nf* recréation *f*.
recrear *vt* **1.** amuser, distraire **2.** *(reproduire)* recréer. ■ **recrearse** *vp* **1.** se distraire **2.** se délecter.

recreativo, va *adj (soirée, moment)* agréable ; *(société, centre, etc)* de loisirs • **una máquina recreativa** un jeu d'arcade.
recreo *nm* **1.** loisir *m* **2.** *SCOL* récréation *f*.
recriminación *nf* récrimination *f*, reproche *m*.
recriminar *vt* récriminer ; • **recriminar a alguien por algo** reprocher qqch à qqn.
recrudecer [30] *vi* redoubler. ■ **recrudecerse** *vp* s'intensifier.
recrudecimiento *nm* recrudescence *f*.
recta *nf* → **recto**.
rectal *adj* rectal(e).
rectangular *adj* rectangulaire.
rectángulo, la *adj* rectangle. ■ **rectángulo** *nm* rectangle *m*.
rectificable *adj* rectifiable.
rectificación *nf* rectification *f*.
rectificar [10] *vt* rectifier ; corriger.
rectilíneo, a *adj* rectiligne.
rectitud *nf* **1.** rectitude *f* **2.** *fig* droiture *f*.
recto, ta *adj* **1.** droit(e) **2.** *(vrai)* juste **3.** *(sens)* propre. ■ **recto** *nm* rectum *m*. ❑ *adv* tout droit. ■ **recta** *nf* droite *f* • **la recta final** la dernière ligne droite.
rector, ra *adj* directeur(trice). ❑ *nm,f SCOL* recteur *m*, -trice *f*. ■ **rector** *nm RELIG* recteur *m*.
rectorado *nm SCOL* rectorat *m*.
rectoría *nf SCOL* rectorat *m*.
recua *nf* **1.** troupeau *m (de bêtes de somme)* **2.** *(de personnes)* bande *f*.
recuadro *nm* encadré *m*.
recubrimiento *nm* recouvrement *m*.
recubrir *vt* recouvrir.
recuento *nm* dénombrement *m*, décompte *m* • **recuento de votos** dépouillement *m* du scrutin.
recuerdo *nm* souvenir *m*. ■ **recuerdos** *nmpl* • **¡(dale) recuerdos a tu hermano!** bien des choses à ton frère !
recular *vi* **1.** reculer • **recular un metro** reculer d'un mètre **2.** *fam & fig* se dégonfler.
recuperable *adj* récupérable.
recuperación *nf* **1.** récupération *f (de ce qui était perdu)* ; rétablissement *m (d'un malade)* ; redressement *m (de l'économie)* **2.** *MÉD* rééducation *f* **3.** *SCOL* rattrapage *m*.
recuperar *vt* récupérer ; rattraper *(des heures de travail, un examen)* • **recuperar fuerzas** reprendre des forces. ■ **recuperarse** *vp* **1.** *(malade)* • **recuperarse de** se remettre de **2.** se relever *(d'une crise)*.
recurrencia *nf* récurrence *f*.
recurrente *adj* **1.** *DR* appelant(e) **2.** récurrent(e).
recurrir *vi* **1.** *(chercher de l'aide)* • **recurrir a algo/alguien** avoir recours à qqch/qqn **2.** *DR* faire appel.
recurso *nm* **1.** recours *m* **2.** *DR* pourvoi *m* • **recurso (de apelación)** appel *m*. ■ **recursos** *nmpl* ressources *fpl* • **recursos propios** fonds *mpl* propres.
recusar *vt* récuser.
red *nf* **1.** *(gén) INFORM* réseau *m* • **red de carreteras ou viaria** réseau routier • **red de tiendas** chaîne *f* de magasins • **red de ventas** réseau commercial • **red wi-fi** réseau Wi-fi **2.** filet *m*.
redacción *nf* rédaction *f*.
redactar *vt* rédiger.
redactor, ra *nm,f* rédacteur *m*, -trice *f*.
redada *nf* coup *m* de filet.
redefinir *vt* redéfinir.
redención *nf* **1.** rachat *m* **2.** rédemption *f*.
redicho, cha *adj (personne)* chochotte ; *fam (langage, attitude)* affecté(e).
redil *nm* enclos *m*.
redimir *vt* **1.** racheter **2.** libérer. ■ **redimirse** *vp (personne)* se racheter ; se dispenser *(d'une obligation)*.
redireccionar *vt INFORM* rediriger.
redirigir *vt* rediriger.
redistribución *nf* **1.** redistribution *f* **2.** *(de meubles)* nouvelle disposition *f*.
redistribuir [51] *vt* redistribuer.
rédito *nm* intérêt *m*.
redoblar *vt* redoubler • **redoblar la vigilancia** redoubler d'attention. ❑ *vi* battre le tambour ; *(cloches)* sonner.
redoble *nm (de tambour)* roulement *m*.
redomado, da *adj* fieffé(e) • **un mentiroso redomado** un fieffé menteur.
redondear *vt* **1.** arrondir **2.** *(achever)* • **redondear con** achever par.
redondel *nm* rond *m* ; *TAUROM* arène *f*.
redondo, da *adj* **1.** rond(e) • **a la redonda** à la ronde **2.** *(avantageux)* excellent(e) **3.** catégorique **4.** *(chiffre, quantité)* tout rond.
reducción *nf* réduction *f*.
reducido, da *adj* réduit(e) ; *(rendement)* faible ; *(maison, espace)* petit(e).
reducir [33] *vt* **1.** réduire **2.** soumettre *(des troupes, des rebelles, etc)*. ❑ *vi AUTO* ralentir. ■ **reducirse** *vp* **1.** *(se limiter)* • **reducirse a** se réduire à **2.** *(équivaloir)* • **tanta palabrería se reduce a que...** tout ce verbiage revient à dire que...
reducto *nm fig (refuge)* bastion *m* ; fief *m (d'un groupe, d'une idéologie, etc)*.
reductor, ra *adj* réducteur(trice).
redundancia *nf* redondance *f*.
redundante *adj* redondant(e).
redundar *vi* • **redundar en beneficio/perjuicio de alguien** tourner à l'avantage/au désavantage de qqn.
reedición *nf* réédition *f*.
reeditar *vt* rééditer.
reeducación *nf* rééducation *f*.
reeducar [10] *vt* rééduquer.
reelección *nf* réélection *f*.
reelegir [42] *vt* réélire.

reembolsable, rembolsable *adj* remboursable.
reembolsar, rembolsar *vt* rembourser.
reembolso, rembolso *nm* remboursement *m*.
reemplazar [13], **remplazar** *vt* remplacer.
reemplazo, remplazo *nm* remplacement *m* ; *MIL* contingent *m*.
reemprender *vt* reprendre.
reencarnación *nf* réincarnation *f*.
reencarnarse *vp* • **reencarnarse (en)** se réincarner (en).
reencontrar [23] *vt* retrouver. ■ **reencontrarse** *vp* se retrouver.
reencuentro *nm* retrouvailles *fpl*.
reenfocar *vt* *(projet)* recadrer.
reenviar *vt* renvoyer.
reenvío *nm* renvoi *m*.
reestreno *nm* *THÉÂTRE* & *CINÉ* reprise *f*.
reestructuración *nf* restructuration *f*.
reestructurar *vt* restructurer.
reexpedir [26] *vt* réexpédier.
refacción *nf* *(gén pl)* **(AMÉR) 1.** réparation *f* **2.** pièce *f* détachée.
refaccionar *vt* **(AMÉR)** réparer.
refaccionaria *nf* **(AMÉR)** magasin *m* de pièces détachées.
refectorio *nm* réfectoire *m*.
referencia *nf* référence *f*; renvoi *m* *(à un mot)* • **con referencia a** en ce qui concerne. ■ **referencias** *nfpl* références *fpl*.
referenciar *vt* *INFORM* référencer.
referéndum (*pl* **referendos** *ou* *inv*) *nm* référendum *m*.
referente *adj* • **referente a algo** concernant qqch.
referir [27] *vt* *(raconter)* rapporter. ■ **referirse** *vp* • **referirse a a)** parler de **b)** se référer à **c)** se rapporter à • **¿a qué te refieres?** de quoi parles-tu ? • **por lo que se refiere a...** en ce qui concerne...
refilón ■ **de refilón** *loc adv* **1.** de biais • **dar de refilón** frôler **2.** *fig* en passant.
refinado, da *adj* raffiné(e).
refinamiento *nm* raffinement *m*.
refinanciar [8] *vt* refinancer.
refinar *vt* raffiner.
refinería *nf* raffinerie *f*.
reflectante *adj* réfléchissant(e).
reflectar *vt* *PHYS* réfléchir.
reflector, ra *adj* réfléchissant(e). ■ **reflector** *nm* *ÉLECTR* & *MIL* projecteur *m*.
reflejar *vt* *litt* & *fig* refléter. ■ **reflejarse** *vp* *litt* & *fig* se refléter.
reflejo, ja *adj* **1.** *(gén)* *PHYS* réfléchi(e) **2.** *(douleur, mouvement)* réflexe. ■ **reflejo** *nm* **1.** reflet *m* **2.** *(réaction)* *MÉD* réflexe *m*. ■ **reflejos** *nmpl* *(teinture pour les cheveux)* balayage *m*.
reflexión *nf* réflexion *f*.
reflexionar *vi* réfléchir.
reflexivo, va *adj* réfléchi(e).
reflexología *nf* réflexologie *f*.
reflexoterapia *nf* réflexothérapie *f*.
refluir [51] *vi* refluer.
reflujo *nm* reflux *m*.
reforestación *nf* reforestation *f*.
reforestar *vt* reboiser.
reforma *nf* **1.** réforme *f* • **reforma agraria** réforme agraire **2.** rénovation *f* *(d'un local, d'un logement)* • **'cerrado por reformas'** 'fermé pour travaux'. ■ **Reforma** *nf* *RELIG* • **la Reforma** la Réforme.
reformado, da *adj* **1.** *(organisme, système)* réformé(e) **2.** *(lieu)* rénové(e).
reformar *vt* **1.** réformer **2.** rénover *(un local, un logement, etc)*. ■ **reformarse** *vp* changer *(de comportement)*.
reformatorio *nm* centre *m* d'éducation surveillée.
reformular *vt* reformuler.
reforzar [37] *vt* renforcer.
refractar *vt* réfracter.
refractario, ria *adj* réfractaire.
refrán *nm* proverbe *m*.
refranero *nm* recueil *m* de proverbes.
refregar [35] *vt* **1.** frotter ; récurer *(des casseroles, etc)* **2.** *fig* narguer **3.** *fig* *(reprocher)* • **refregar algo a alguien por las narices** jeter qqch à la figure de qqn.
refrenar *vt* refréner. ■ **refrenarse** *vp* se refréner.
refrendar *vt* **1.** *(approuver)* ratifier **2.** *(légaliser)* viser.
refrescante *adj* rafraîchissant(e).
refrescar [10] *vt* rafraîchir. ❑ *vi* se rafraîchir. ■ **refrescarse** *vp* *(boire, se mouiller)* se rafraîchir ; *(sortir)* prendre le frais.
refresco *nm* *(boisson)* rafraîchissement *m*.
refriega *v* → **refregar**. ❑ *nf* bagarre *f*; *MIL* échauffourée *f*.
refrigeración *nf* **1.** réfrigération *f* *(d'aliments)* ; refroidissement *m* *(de machines)* **2.** climatisation *f*.
refrigerador, ra *adj* réfrigérant(e). ■ **refrigerador** *nm* **1.** réfrigérateur *m* **2.** refroidisseur *m*.
refrigerante *adj* réfrigérant(e).
refrigerar *vt* **1.** réfrigérer *(des aliments)* **2.** refroidir *(une machine)* **3.** climatiser *(un local)*.
refrigerio *nm* **1.** *(boisson)* rafraîchissement *m* **2.** collation *f*.
refrito, ta *adj* réchauffé(e). ■ **refrito** *pp* → **refreír**. ❑ *nm* *CULIN* • **hacer un refrito de algo** faire revenir qqch.
refuerzo *nm* **1.** *(pièce)* renfort *m* **2.** *(action)* renforcement *m*. ■ **refuerzos** *nmpl* *MIL* renforts *mpl*.
refugiado, da *adj* & *nm,f* réfugié(e).

refugiar [8] *vt* donner refuge à. ■ **refugiarse** *vp* se réfugier • **refugiarse de** se mettre à l'abri de.
refugio *nm* refuge *m* ; abri *m (pour se protéger d'une attaque)* • **refugio antiaéreo/atómico** abri antiaérien/antiatomique.
refulgir [15] *vi* resplendir.
refundar *vt* refonder.
refundir *vt* refondre.
refunfuñar *vi* ronchonner.
refunfuñón, ona *adj* ronchon(onne).
refutable *adj* réfutable.
refutar *vt* réfuter.
regadera *nf* **1.** arrosoir *m* **2.** **(AMÉR)** douche *f*.
regadío *nm* terres *fpl* irriguées.
regalado, da *adj* **1.** *(pas cher)* donné(e) • **precio regalado** prix sacrifié **2.** agréable.
regalar *vt* offrir • **le regaló flores** il lui a offert des fleurs • **regalar a alguien con algo** offrir qqch à qqn • **nos regaló con sus últimos poemas** il nous a offert ses derniers poèmes. ■ **regalarse** *vp* • **regalarse con algo** s'offrir qqch.
regaliz *nm* réglisse *f*.
regalo *nm* **1.** cadeau *m* **2.** régal *m*.
regalón, ona *adj* **(AMÉR)** *fam* gâté(e).
regañadientes ■ **a regañadientes** *loc adv fam* en rechignant.
regañar *vt* gronder. ❑ *vi* se disputer.
regañina *nf* **1.** réprimande *f* **2.** dispute *f*.
regañón, ona *adj* & *nm, f* rabat-joie *(inv)*.
regar [35] *vt litt* & *fig* arroser.
regata *nf* **1.** régate *f* **2.** rigole *f*.
regate *nm* **1.** SPORT dribble *m* **2.** *fig (action habile)* pirouette *f*.
regatear *vt* **1.** marchander **2.** SPORT dribbler. ❑ *vi* **1.** marchander **2.** participer à une régate.
regateo *nm* marchandage *m*.
regazo *nm* giron *m*.
regencia *nf* **1.** *(règne)* régence *f* **2.** *(gestion)* gérance *f*.
regeneración *nf* **1.** régénération *f (d'un tissu, d'un organe)* **2.** transformation *f (morale d'une personne)*.
regeneracionismo *nm* POLIT *mouvement de réforme du début du XXᵉ siècle en Espagne*.
regenerar *vt* **1.** *(tissu, organe)* régénérer **2.** *(personne)* transformer. ■ **regenerarse** *vp (tissu, organe)* se régénérer ; *(personne)* se réhabiliter.
regenerativo, va *adj* régénérateur(trice).
regentar *vt* diriger ; tenir *(un magasin, un café, etc)*.
regente *adj* régent(e). ❑ *nmf* **1.** régent *m*, -e *f* **2.** gérant *m*, -e *f*. ❑ *nm* **(AMÉR)** maire *m*.
reggae ['reɣe] *nm* reggae *m*.
regidor, ra *nm, f* **1.** conseiller *m* municipal, conseillère *f* municipale **2.** THÉÂTRE, CINÉ & TV régisseur *m*.
régimen *(pl* **regímenes***)* *nm* régime *m* ; règlement *m (d'un collège, d'un lycée, etc)* • **estar a régimen** être au régime • **Antiguo régimen** Ancien Régime.
regimiento *nm* régiment *m*.
regio, gia *adj litt* & *fig* royal(e).
región *nf* région *f*.
regional *adj* régional(e).
regionalismo *nm* régionalisme *m*.
regionalista *adj* & *nmf* régionaliste.
regionalizar [13] *vt* régionaliser.
regir [42] *vt* **1.** régir **2.** diriger *(un pays, une nation)* ; tenir *(un commerce)*. ❑ *vi* **1.** *(loi)* être en vigueur **2.** *fig (personne)* • **regir muy bien** avoir toute sa tête. ■ **regirse** *vp* • **regirse por** se fier à, suivre.
registrado, da *adj* **1.** enregistré(e) **2.** *(brevet, marque)* déposé(e).
registrador, ra *adj* enregistreur(euse). ❑ *nm, f* préposé *m*, -e *f* à un registre.
registradora *nf* caisse *f* enregistreuse.
registrar *vt* **1.** enregistrer ; déclarer *(une naissance, un décès, etc)* ; déposer *(un brevet)* **2.** *(inspecter)* fouiller. ❑ *vi* fouiller. ■ **registrarse** *vp* **1.** s'inscrire **2.** se produire.
registro *nm* **1.** *(gén)* INFORM & MUS registre *m* • **inscribir en el registro civil** inscrire à l'état civil **2.** *(inspection)* fouille *f* ; perquisition *f (de la police)* **3.** signet *m*.
regla *nf* **1.** règle *f* • **en regla** en règle • **por regla general** en règle générale **2.** MATH opération *f* **3.** *fam* règles *fpl (d'une femme)*.
reglaje *nm* réglage *m*.
reglamentación *nf* réglementation *f*.
reglamentar *vt* réglementer.
reglamentario, ria *adj* réglementaire.
reglamento *nm* règlement *m*.
reglar *vt* régler.
regocijar *vt* réjouir. ■ **regocijarse** *vp* • **regocijarse (con ou de)** se réjouir (de).
regocijo *nm* joie *f*.
regodeo *nm* délectation *f*.
regordete *adj* rondelet(ette).
regrabable *adj* réenregistrable.
regrabar *vt* réenregistrer.
regresar *vi* rentrer, retourner. ❑ *vt* **(AMÉR)** rendre. ■ **regresarse** *vp* **(AMÉR)** rentrer, retourner.
regresión *nf* régression *f* ; recul *m (des ventes, des exportations)*.
regresivo, va *adj* régressif(ive).
regreso *nm* retour *m*.
reguero *nm* flot *m (d'eau, de sang)* ; traînée *f (de poudre)*.
regulable *adj* régulable.
regulación *nf* contrôle *m* ; réglage *m (d'un mécanisme, d'une horloge)*.
regulador, ra *adj* régulateur(trice).

regular[1] *adj* **1.** *(réglé, uniforme)* régulier(ère) **2.** *(médiocre)* moyen(enne) **3.** raisonnable. ❑ *adv (santé)* comme ci comme ça. ■ **por lo regular** *loc adv* habituellement.
regular[2] *vt* **1.** régler **2.** *(réglementer)* contrôler.
regularidad *nf* régularité *f* • **con regularidad** régulièrement.
regularización *nf* régularisation *f.*
regularizar [13] *vt* régulariser. ■ **regularizarse** *vp* se mettre en règle.
regurgitar *vi* régurgiter *(les aliments).*
regusto *nm* arrière-goût *m* ; *fig (ressemblance)* air *m.*
rehabilitación *nf* **1.** réhabilitation *f* **2.** MÉD rééducation *f.*
rehabilitar *vt* **1.** réhabiliter **2.** rééduquer.
rehacer [60] *vt* refaire. ■ **rehacerse** *vp* se remettre *(de la fatigue, etc).*
rehén *(pl* **rehenes***) nm* otage *m.*
rehidratar *vt* réhydrater. ■ **rehidratarse** *vp* se réhydrater.
rehogar [16] *vt* CULIN faire revenir.
rehuir [51] *vt* fuir • **rehuyó contestarme** il a refusé de me répondre.
rehusar *vt* refuser.
reimplantar *vt* réimplanter.
reimpresión *nf* réimpression *f.*
reimprimir *vt* réimprimer.
reina *nf* **1.** reine *f* **2.** *(aux cartes)* ≃ dame *f.*
reinado *nm* règne *m.*
reinante *adj* **1.** *(personne, monarchie)* régnant(e) **2.** *fig (froid, chaleur)* qui règne.
reinar *vi* régner.
reincidente *adj & nmf* récidiviste.
reincidir *vi* récidiver • **reincidir en** retomber dans *(l'erreur, une faute).*
reincorporar *vt* réintégrer. ■ **reincorporarse** *vp* MIL *(un poste)* • **reincorporarse a a)** *(service militaire)* être réincorporé dans **b)** *(travail)* reprendre.
reinicializar [13] *vt* réinitialiser.
reiniciar *vt* **1.** *(renouer)* reprendre **2.** INFORM réinitialiser.
reino *nm* **1.** royaume *m* **2.** BIOL règne *m.*
Reino Unido *npr* • **el Reino Unido** le Royaume-Uni.
reinserción *nf* réinsertion *f.*
reinstalar *vt (personne, chose)* INFORM réinstaller.
reinstaurar *vt* réinstaurer.
reintegración *nf (à un poste)* réintégration *f* ; *(d'argent)* restitution *f.*
reintegrar *vt* **1.** restituer *(de l'argent)* **2.** mettre un timbre fiscal sur. ■ **reintegrarse** *vp* • **reintegrarse a a)** réintégrer *(un poste)* **b)** se réinsérer dans *(la société).*
reintegro *nm* **1.** réintégration *f* **2.** retrait *m (bancaire)* **3.** remboursement *m (de frais, d'une dette)* **4.** *(au loto)* remboursement *m* du billet **5.** timbre *m* fiscal.
reinterpretar *vt* réinterpréter.
reír [28] *vi* rire. ❑ *vt* rire de • **le ríe todas las gracias** il rit de toutes ses plaisanteries. ■ **reírse** *vp* rire • **reírse con ou de algo** rire de qqch • **reírse de alguien** se moquer de qqn.
reiteración *nf* réitération *f.*
reiteradamente *adv* à plusieurs reprises.
reiterar *vt* réaffirmer ; réitérer *(une demande).* ■ **reiterarse** *vp* • **reiterarse en algo** réaffirmer qqch.
reiterativo, va *adj* répétitif(ive) • **un discurso reiterativo** un discours plein de répétitions.
reivindicación *nf* revendication *f.*
reivindicar [10] *vt* revendiquer.
reivindicativo, va *adj* revendicatif(ive).
reja *nf* grille *f.*
rejego, ga *adj* (AMÉR) *fam* récalcitrant(e), qui rechigne.
rejilla *nf* **1.** grillage *m* ; grille *f (d'une cuisinière, d'un four)* **2.** cannage *m.*
rejoneador, ra *nm,f* torero à cheval.
rejoneo *nm* corrida *f* à cheval.
rejuntarse *vp fam* se mettre à la colle.
rejuvenecer [30] *vt & vi* rajeunir. ■ **rejuvenecerse** *vp* rajeunir.
rejuvenecimiento *nm* rajeunissement *m.*
relación *nf* **1.** relation *f* • **con relación a, en relación con** en ce qui concerne • **tener relación con alguien** fréquenter qqn • **relaciones públicas** relations publiques • **relación calidad-precio** rapport *m* qualité-prix **2.** *(énumération)* liste *f* **3.** *(description)* récit *m* **4.** rapport *m.* ■ **relaciones** *nfpl (contacts)* relations *fpl.*
relacionar *vt* **1.** mettre en relation **2.** *(raconter)* rapporter. ■ **relacionarse** *vp* • **relacionarse con alguien** fréquenter qqn.
relajación *nf* **1.** relaxation *f* **2.** *fig* relâchement *m.*
relajado, da *adj* **1.** détendu(e), décontracté(e) **2.** *fig* relâché(e).
relajante *adj* **1.** relaxant(e) **2.** *(musique, couleur)* reposant(e).
relajar *vt* **1.** *(muscle)* décontracter **2.** *fig* relâcher. ■ **relajarse** *vp (se reposer)* se détendre.
relajo *nm* (AMÉR) *fam* foire *f.*
relamer *vt* lécher. ■ **relamerse** *vp* **1.** se pourlécher **2.** *fig* se réjouir.
relamido, da *adj* **1.** affecté(e) **2.** soigné(e).
relámpago *nm* éclair *m.*
relampaguear *vi* étinceler.
relanzar [13] *vt* relancer.
relatar *vt* relater *(un événement)* ; raconter *(une histoire).*
relatividad *nf* relativité *f.*
relativizar [13] *vt* relativiser.
relativo, va *adj* relatif(ive) ; • **relativo a algo** concernant qqch.
relato *nm* **1.** rapport *m* **2.** récit *m.*

relax *nm inv* **1.** relaxation *f* **2.** détente *f* **3.** petites annonces *fpl* spécialisées.
relé *nm ÉLECTR & RADIO* relais *m*.
relectura *nf* relecture *f*.
releer [50] *vt* relire.
relegar [16] *vt* • **relegar (a)** reléguer (à).
relente *nm* fraîcheur *f* nocturne.
relevancia *nf* importance *f*.
relevante *adj* éminent(e) ; *(information)* important • **de importancia relevante** de première importance.
relevar *vt* **1.** *(exempter)* • **relevar a alguien de** dispenser qqn de • **relevar a alguien de su cargo** relever qqn de ses fonctions **2.** *(remplacer) SPORT* relayer.
relevo *nm* **1.** *MIL* relève *f* **2.** *SPORT* relais *m*. ■ **relevos** *nmpl SPORT* course *f* de relais.
relicario *nm* reliquaire *m*.
relieve *nm* relief *m* • **bajo relieve** bas-relief *m* • **poner de relieve** *fig* mettre en relief.
religión *nf* religion *f*.
religiosamente *adv* religieusement.
religiosidad *nf* **1.** religiosité *f* **2.** *fig (avec exactitude)* • **pagar con religiosidad** payer rubis sur l'ongle.
religioso, sa *adj & nm,f* religieux(euse).
relinchar *vi* hennir.
relincho *nm* **1.** *(du cheval)* hennissement *m* **2.** *fam (cri)* beuglement *m*.
reliquia *nf* **1.** relique *f* **2.** *fig* souvenir *m*.
rellano *nm* palier *m (dans un escalier)*.
rellenar *vt* **1.** remplir ; boucher *(des trous)* **2.** farcir.
relleno, na *adj* **1.** *CULIN* farci(e) ; *CULIN* fourré(e) **2.** • **estar relleno** *(personne)* être enveloppé. ■ **relleno** *nm CULIN* farce *f* ; garniture *f (de tarte, etc)* ; *fig* remplissage *m*.
relocalización *nf* relocalisation *f*.
relocalizar *vt* relocaliser.
reloj *nm* horloge *f* ; montre *f* • **reloj de arena** sablier *m* • **reloj (de pared)** pendule *f* • **reloj de pulsera** montre-bracelet *f* • **reloj despertador** réveil *m* • **hacer algo contra reloj** *fig* faire qqch dans l'urgence.
relojería *nf* horlogerie *f*.
relojero, ra *nm,f* horloger *m*, -ère *f*.
reluciente *adj* brillant(e).
relucir [32] *vi* briller • **sacar algo a relucir** *fam & fig* remettre qqch sur le tapis.
reluctante *adj* réticent(e).
relumbrar *vi* reluire.
remachar *vt* **1.** river **2.** *fig (insister)* appuyer.
remache *nm* **1.** rivetage *m* **2.** rivet *m*.
remanente *nm* **1.** reste *m* **2.** solde *m* positif *(d'un compte bancaire)*.
remangar [16], **arremangar** *vt* retrousser. ■ **remangarse** *vp* retrousser ses manches.
remanso *nm* nappe *f* d'eau dormante.
remar *vi* ramer.
remasterizar [13] *vt MUS* remastériser.
rematado, da *adj* **1.** achevé(e) **2.** *fig* fini(e) • **ser un loco rematado** être fou à lier.
rematar *vt* **1.** *(finir, tuer)* achever **2.** adjuger **3.** liquider **4.** *SPORT* • **rematar el pase** tirer au but. ❑ *vi SPORT* tirer au but.
remate *nm* **1.** fin *f* **2.** *fig* couronnement *m* **3.** adjudication *f (dans une vente aux enchères)* **4.** *SPORT* tir *m* au but. ■ **de remate** *loc adv* complètement • **loco de remate** fou à lier.
rembolsable = **reembolsable**.
rembolsar = **reembolsar**.
rembolso = **reembolso**.
remedar *vt* imiter ; *fig* singer.
remediable *adj* remédiable.
remediar [8] *vt* **1.** remédier à *(un mal, un problème)* ; réparer *(un mal)* **2.** éviter *(un danger)*.
remedio *nm* **1.** solution *f* • **como último remedio** en dernier recours • **no hay ou queda más remedio que...** il n'y a pas d'autre solution que de... • **no tiene más remedio** il n'a pas le choix • **sin remedio** *(inévitablement)* forcément **2.** réconfort *m* **3.** *(médicament)* remède *m*.
rememorar *vt* remémorer.
remendar [19] *vt* **1.** raccommoder *(à l'aide d'une pièce)*, rapiécer **2.** réparer *(une chaussure)*.
remero, ra *nm,f* rameur *m*, -euse *f*. ■ **remera** *nf* **(AMÉR)** tee-shirt *m*.
remesa *nf COMM* envoi *m*.
remeter *vt* remettre • **remeter las sábanas** border le lit.
remezcla *nf MUS* remix *m*.
remezclar *vt MUS* remixer.
remezón *nm* **(AMÉR)** secousse *f* (sismique).
remiendo *nm* **1.** pièce *f* **2.** raccommodage *m* ; rapiéçage *m* **3.** *fam* rafistolage *m* • **hacer un remiendo en algo** rafistoler qqch.
remilgado, da *adj* minaudier(ère) • **ser remilgado comiendo** faire la fine bouche.
remilgo *nm* minauderie *f*.
reminiscencia *nf* réminiscence *f*.
remisión *nf* **1.** *MÉD* rémission *f* **2.** *(dans un texte)* renvoi *m* **3.** *(pardon)* rémission *f*. ■ **sin remisión** *loc adv* sans rémission.
remiso, sa *adj* réticent(e) • **ser remiso a hacer algo** n'avoir guère envie de faire qqch.
remite *nm* • **el remite** le nom et l'adresse de l'expéditeur.
remitente *nmf* expéditeur *m*, -trice *f*.
remitir *vt* **1.** expédier **2.** remettre **3.** transmettre. ❑ *vi* **1.** *(dans un texte)* • **remitir a** renvoyer à **2.** *(diminuer)* s'apaiser ; *(fièvre)* baisser. ■ **remitirse** *vp* • **remitirse a a)** s'en remettre à **b)** se reporter à.
remo *nm* **1.** rame *f* **2.** aviron *m* **3.** *(gén pl) (extrémités - chez l'homme)* membres *mpl* ; *(- chez l'animal)* pattes *fpl* ; *(- chez l'oiseau)* ailes *fpl*.
remodelación *nf* rénovation *f*, remaniement *m*.
remodelar *vt* rénover ; remanier.

remojar *vt* **1.** faire tremper ; tremper *(du pain)* **2.** *fam (fêter)* arroser.
remojo *nm* • **poner en remojo** faire tremper.
remolacha *nf* betterave *f*.
remolcador, ra *adj* remorqueur(euse) • **un barco remolcador** un remorqueur • **un coche remolcador** une dépanneuse. ■ **remolcador** *nm* remorqueur *m*.
remolcar [10] *vt* remorquer.
remolino *nm* **1.** tourbillon *m* ; remous *m* ; *fig* foule *f* **2.** épi *m (dans les cheveux)*.
remolón, ona *adj* lambin(e). ❑ *nm, f* • **hacerse el remolón** lambiner.
remolque *nm* **1.** remorquage *m* **2.** remorque *f*.
remontada *nf (dans une carrière, une compétition)* remontée *f*.
remontar *vt* **1.** gravir *(une pente, une montagne)* ; remonter *(un fleuve)* **2.** surmonter *(un obstacle, un malheur)* **3.** faire monter *(dans les airs)*. ■ **remontarse** *vp* **1.** *(oiseaux, avions)* s'élever • **remontarse a** *(frais)* s'élever à **2.** *fig (dater)* • **remontarse a** remonter à.
remonte *nm* remontée *f* mécanique.
rémora *nf fam & fig (obstacle)* handicap *m*.
remorder [24] *vt fig (inquiéter)* • **remorderle algo a alguien** ronger qqn • **me remuerde haberle reprendido** je m'en veux de l'avoir grondé.
remordimiento *nm* remords *m*.
remotamente *adv (de manière imprécise)* vaguement.
remoto, ta *adj* **1.** *(dans le temps, dans l'espace)* lointain(e) **2.** *fig* minime • **no tengo ni la más remota idea de ello** je n'en ai pas la moindre idée.
remover [24] *vt* **1.** remuer **2.** déplacer *(des meubles, des objets)* **3.** fouiller dans *(le passé)*. ■ **removerse** *vp* s'agiter.
remplazar [13] = **reemplazar**.
remplazo = **reemplazo**.
remuneración *nf* rémunération *f*.
remunerado, da *adj* rémunéré(e).
remunerar *vt* **1.** rémunérer **2.** récompenser.
renacentista *adj* Renaissance *(adj inv)*. ❑ *nmf* spécialiste *mf* de la Renaissance.
renacer [29] *vi* renaître.
renacimiento *nm* renaissance *f*. ■ **Renacimiento** *npr HIST* • **el Renacimiento** la Renaissance.
renacuajo *nm* **1.** têtard *m* **2.** *fam & fig* bout de chou *m*.
renal *adj* rénal(e).
rencilla *nf* querelle *f*.
rencor *nm* rancune *f*.
rencoroso, sa *adj & nm, f* rancunier(ère).
rendición *nf* reddition *f*.
rendido, da *adj* **1.** épuisé(e) **2.** *fig (soumis)* • **caer rendido ante** tomber à genoux devant • **un rendido admirador** un fervent admirateur.
rendija *nf* fente *f*.
rendimiento *nm* rendement *m*.
rendir [26] *vt* **1.** *(vaincre)* soumettre **2.** *(offrir)* rendre • **rendir homenaje/culto a** rendre hommage/un culte à **3.** épuiser. ❑ *vi (avoir du rendement)* être performant(e) ; *(commerce)* rapporter, être rentable. ■ **rendirse** *vp* **1.** **rendirse (a)** se rendre (à) • **rendirse ante la evidencia** se rendre à l'évidence **2.** *(se décourager)* abandonner.
renegado, da *adj* apostat(e). ❑ *nm, f* renégat *m*, -e *f*.
renegar [35] *vt* • **negar y renegar algo** nier fermement qqch. ❑ *vi* **1.** *(répudier) RELIG* • **renegar de algo/alguien** renier qqch/qqn **2.** *fam* ronchonner.
renegociar [8] *vt* renégocier.
Renfe (abrév de Red Nacional de los Ferrocarriles Españoles) *nf réseau public espagnol des chemins de fer* ; ≃ SNCF *f*.
renglón *nm* ligne *f* ; poste *m (de dépenses)*.
reno *nm* renne *m*.
renombrado, da *adj* renommé(e).
renombrar *vt INFORM* renommer.
renombre *nm* renom *m*.
renovable *adj* renouvelable.
renovación *nf* **1.** renouvellement *m* **2.** rénovation *f*.
renovador, ra *adj & nm, f* rénovateur(trice).
renovar [23] *vt* **1.** renouveler ; faire renouveler *(son permis de conduire, son passeport)* **2.** rénover **3.** donner une nouvelle dimension à.
renquear *vi* **1.** clopiner **2.** *fig* vivoter.
renta *nf* **1.** revenu *m* • **renta fija/variable** revenu fixe/variable • **renta per cápita** ou **por habitante** revenu par habitant **2.** rente *f* • **vivir de las rentas** vivre de ses rentes **3.** loyer *m*. ■ **renta pública** *nf* dette *f* publique.
rentabilidad *nf* rentabilité *f*.
rentabilizar [13] *vt* rentabiliser.
rentable *adj* rentable.
rentar *vt* **1.** *(être rentable)* rapporter **2.** **(AMÉR)** louer. ❑ *vi* rapporter.
rentista *nmf* rentier *m*, -ère *f*.
renuncia *nf* renoncement *m*.
renunciar [8] *vi* renoncer • **renunciar a algo a)** renoncer à qqch **b)** refuser qqch.
reñido, da *adj* **1.** brouillé(e) • **están reñidos** ils sont brouillés **2.** *(bataille, lutte)* serré(e) **3.** *(opposé)* • **estar reñido con algo** être incompatible avec qqch.
reñir [26] *vt* **1.** *(personne, chien)* gronder **2.** livrer *(une bataille, un combat)*. ❑ *vi* se disputer.
reo, a *nm, f* inculpé *m*, -e *f*.
reojo *nm* • **mirar de reojo** regarder du coin de l'œil.
reordenación *nf* réaménagement *m*.
reordenar *vt* réaménager.
reorganización *nf* **1.** réorganisation *f* **2.** réaménagement *m (d'horaires)* **3.** *POLIT* remaniement *m*.

reorganizar [13] *vt* **1.** réorganiser **2.** *(horaires)* réaménager **3.** *POLIT* remanier.
reorientar *vt* réorienter.
repantingarse [16] *vp* se vautrer *(dans un fauteuil)*.
reparación *nf* réparation *f*.
reparador, ra *adj* *(repos, sommeil)* réparateur(trice).
reparar *vt* réparer. ❑ *vi* *(avertir)* • **reparar en algo** remarquer qqch • **no reparar en gastos** ne pas regarder à la dépense.
reparo *nm* **1.** objection *f* **2.** *(gêne)* • **no tener reparos en** ne pas avoir de scrupules à.
repartición *nf* répartition *f*.
repartidor, ra *adj* distributeur(trice). ❑ *nm,f* livreur *m*, -euse *f*.
repartir *vt* **1.** partager **2.** livrer ; distribuer *(le courrier, des ordres)* • **repartir justicia** rendre la justice **3.** étaler **4.** répartir.
reparto *nm* **1.** *(gén, ciné)* *THÉÂTRE* distribution *f* **2.** partage *m* • **reparto de beneficios** partage des bénéfices **3.** livraison *f* **4.** répartition *f* **5.** casting *m*.
repasador *nm* **(AMÉR)** torchon *m*.
repasar *vt* **1.** réviser, revoir **2.** recoudre.
repaso *nm* **1.** révision *f* **2.** *fam* *(réprimande)* savon *m*.
repatear *vt fam* • **me repatea...** ça me dégoûte...
repatriación *nf* rapatriement *m*.
repatriar [9] *vt* rapatrier. ■ **repatriarse** *vp* se faire rapatrier.
repecho *nm* raidillon *m*.
repelencia *nf* **1.** aversion *f* **2.** dégoût *m*.
repelente *adj* repoussant(e) ; *(enfant)* odieux(euse).
repeler *vt* **1.** repousser **2.** dégoûter.
repelús *nm* • **dar repelús** donner le frisson.
repente ■ **de repente** *loc adv* tout à coup.
repentinamente *adv* subitement.
repentino, na *adj* soudain(e).
repera *nf* • **es la repera a)** *fam* c'est trop ! **b)** *(personne)* il me tue !
repercusión *nf* répercussion *f* • **su película tuvo gran repercusión en el público** son film a eu un grand retentissement dans le public.
repercutir *vi* • **repercutir en** se répercuter sur.
repertorio *nm* répertoire *m*.
repesca *nf fam* *SCOL* repêchage *m*.
repetición *nf* répétition *f*.
repetidamente *adv* à plusieurs reprises.
repetidor, ra *adj* • **un alumno repetidor** un redoublant. ❑ *nm,f* redoublant *m*, -e *f*. ■ **repetidor** *nm* *ÉLECTR* relais *m*.
repetir [26] *vt* **1.** répéter **2.** *SCOL* • **repetir curso** redoubler **3.** *(plat)* • **repetir algo** reprendre de qqch. ❑ *vi* **1.** *SCOL* redoubler **2.** *(aliment)* donner des renvois **3.** *(convive)* reprendre de. ■ **repetirse** *vp* se répéter.
repetitivo, va *adj* répétitif(ive).
repicar [10] *vt* faire sonner *(les cloches)* ; battre *(battre le tambour)*. ❑ *vi* *(cloches)* carillonner ; *(tambour)* battre.
repipi *adj fam* gnangnan *(inv)*.
repique *v* → **repicar**. ❑ *nm* carillon *m* *(des cloches)*.
repiquetear *vi* **1.** *(cloches)* carillonner ; *(tambour)* battre **2.** *fig* *(personne, pluie)* tambouriner.
repisa *nf* **1.** tablette *f* **2.** console *f*.
replantar *vt* replanter.
replantear *vt* réexaminer.
replegar [35] *vt* replier. ■ **replegarse** *vp* *MIL* se replier.
repleto, ta *adj* • **repleto de** plein de • **estoy repleto** je suis repu • **el autobús estaba repleto** l'autobus était plein à craquer.
réplica *nf* **1.** réplique *f* **2.** réponse *f* • **el derecho de réplica** le droit de réponse.
replicar [10] *vt* répliquer.
repliegue *nm* repli *m*.
repoblación *nf* repeuplement *m* • **repoblación forestal** reboisement *m*.
repoblar [23] *vt* repeupler.
repollo *nm* chou *m* (pommé).
reponer [65] *vt* **1.** remettre ; rétablir **2.** remplacer **3.** *THÉÂTRE & CINÉ* reprendre **4.** *CINÉ* repasser ; *TV* rediffuser **5.** répondre. ■ **reponerse** *vp* • **reponerse (de)** se remettre (de) • **tardó en reponerse** il a mis du temps à s'en remettre.
reportaje *nm* reportage *m*.
reportar *vt* **1.** apporter **2.** *ÉCON* rapporter **3.** **(AMÉR)** faire un rapport à.
reporte *nm* **(AMÉR)** rapport *m*.
repórter *nm* reporter *m*.
reportero, ra *nm,f* reporter *m*.
reposabrazos *nm inv* appui-bras *m inv*, accoudoir *m*.
reposacabezas *nm inv* appui-tête *m*.
reposado, da *adj* posé(e) ; *(décision)* réfléchi(e).
reposamuñecas *nm inv* repose-poignets *m inv*.
reposapiés *nm inv* repose-pieds *m inv*.
reposar *vi* **1.** reposer **2.** se reposer.
reposera *nf* **(AMÉR)** chaise *f* longue.
reposición *nf* **1.** *THÉÂTRE, CINÉ & TV* reprise *f* **2.** *TV* rediffusion *f*.
reposicionamiento *nm* repositionnement *m*.
reposo *nm* repos *m*.
repostar *vt* • **repostar combustible** *(suj : avion)* se ravitailler en carburant • **repostar gasolina** *(suj : voiture)* prendre de l'essence.
repostería *nf* pâtisserie *f*.
repostero, ra *nm,f* pâtissier *m*, -ère *f*. ■ **repostero** *nm* **(AMÉR)** garde-manger *m inv*.
reprender *vt* réprimander.
reprensible *adj* répréhensible.
reprensión *nf* réprimande *f*.

represa *nf* retenue *f* d'eau.
represalia *nf (gén pl)* représailles *fpl*.
representación *nf* représentation *f* • **en representación de** en tant que représentant de.
representante *adj* • **ser representante de algo** être représentatif(ive) de qqch. ❑ *nmf* **1.** *(gén)* COMM représentant *m*, -e *f* **2.** agent *m (d'un artiste)*.
representar *vt* **1.** *(gén)* COMM représenter **2.** paraître • **no representar su edad** ne pas faire son âge **3.** THÉÂTRE jouer *(une œuvre)*.
representatividad *nf* représentativité *f*.
representativo, va *adj* **1.** représentatif(ive) • **representativo de** représentatif de **2.** *(symboliser)* • **ser representativo de algo** représenter qqch.
represión *nf* **1.** répression *f* **2.** refoulement *m*.
represivo, va *adj* répressif(ive).
represor, ra *adj* répressif(ive). ❑ *nm, f* oppresseur *m*.
reprimenda *nf* réprimande *f*.
reprimido, da *adj & nm, f* refoulé(e).
reprimir *vt* réprimer ; retenir *(un cri)*. ■ **reprimirse** *vp* réprimer ses envies.
reprobación *nf* réprobation *f*.
reprobar [23] *vt* réprouver.
reprochar *vt* reprocher. ■ **reprocharse** *vp* se reprocher.
reproche *nm* reproche *m*.
reproducción *nf* reproduction *f*.
reproducir [33] *vt* reproduire ; *(discours)* restituer. ■ **reproducirse** *vp* se reproduire.
reproductor, ra *adj* BIOL reproducteur(trice).
reprografía *nf* reprographie *f*.
reptar *vi* ramper.
reptil *nm* reptile *m*.
república *nf* république *f* • **repúblicas bálticas** pays *mpl* Baltes.
República Checa *npr* République *f* tchèque.
República Dominicana *npr* République *f* dominicaine.
republicano, na *adj & nm, f* républicain(e).
repudiar [8] *vt* repousser ; *(sujet : mari)* répudier.
repudio *nm* répudiation *f*.
repuesto, ta *adj* remis(e) *(d'une maladie, etc)*. ■ **repuesto** *pp* → **reponer**. ❑ *nm* pièce *f* de rechange.
repugnancia *nf* répugnance *f*.
repugnante *adj* répugnant(e).
repugnar *vt* • **este olor me repugna** cette odeur me répugne • **me repugna este tipo de película** j'ai horreur de ce genre de film.
repujar *vt (graver)* repousser.
repulsa *nf* • **repulsa ante algo a)** rejet *m (de mesures, d'une politique)* **b)** réprobation *f (de la violence, d'un crime)*.
repulsión *nf* répulsion *f*.
repulsivo, va *adj* repoussant(e).
repuntar *vi* FIN *(valeur)* se redresser.
reputación *nf* réputation *f* • **tener buena/mala reputación** avoir bonne/mauvaise réputation.
requemado, da *adj* brûlé(e).
requerimiento *nm* **1.** requête *f* **2.** DR *(ordre)* sommation *f* ; *(avis)* mise *f* en demeure.
requerir [27] *vt* exiger, demander. ■ **requerirse** *vp* falloir • **se requiere la nacionalidad española** la nationalité espagnole est exigée.
requesón *nm fromage frais* ; ≃ fromage *m* blanc.
requete- *préf fam* • **requetebién** vachement bien.
requiebro *nm* mot *m* doux.
requisa *nf* **1.** réquisition *f* **2.** *(inspection)* • **pasar requisa a** faire l'inspection de.
requisar *vt* réquisitionner.
requisito *nm* condition *f* requise.
res *nf* tête *f* de bétail.
resabiado, da *adj (personne)* retors(e) ; *(animal)* vicieux(euse).
resabio *nm* **1.** arrière-goût *m* **2.** *fig* mauvaise habitude *f*.
resaca *nf* **1.** *fam* gueule *f* de bois **2.** ressac *m*.
resalado, da *adj fam* qui a du piquant ; *(enfant)* très gracieux(euse).
resaltar *vi* **1.** ressortir ; *(personne)* se distinguer **2.** *(balcon, corniche, etc)* faire saillie. ❑ *vt* faire ressortir.
resalte, resalto *nm (sur route)* ralentisseur *m*.
resarcimiento *nm* dédommagement *m*, indemnisation *f*.
resarcir [12] *vt* • **resarcir a alguien (de algo)** dédommager qqn (de qqch). ■ **resarcirse** *vp* • **resarcirse de** se dédommager de.
resbalada *nf* (AMÉR) glissade *f*.
resbaladizo, za *adj* **1.** glissant(e) **2.** *fig (sujet, question, etc)* délicat(e).
resbalar *vi* glisser ; *(sol, chaussée)* être glissant(e). ■ **resbalarse** *vp* glisser.
resbalón *nm* • **dar ou pegar un resbalón** glisser.
rescatar *vt* sauver ; récupérer *(un objet)* ; délivrer *(un otage, une personne séquestrée)* ; racheter.
rescate *nm* **1.** sauvetage *m (d'une personne en danger)* **2.** délivrance *f*, libération *f (d'un otage, d'une personne séquestrée)* **3.** rançon *f*.
rescindir *vt* résilier.
rescisión *nf* résiliation *f*.
rescoldo *nm* **1.** dernières braises *fpl* **2.** *fig* restes *mpl (d'un sentiment)*.
resecar [10] *vt* dessécher. ■ **resecarse** *vp* se dessécher.
reseco, ca *adj* desséché(e) ; *(peau, pain)* très sec, sèche *f*.
resentido, da *adj* • **estar resentido con alguien** en vouloir à qqn. ❑ *nm, f* • **es un resentido** il est aigri.
resentimiento *nm* ressentiment *m*.

resentirse [27] *vp* **1.** *(ne pas être bien)* • **resentirse de** se ressentir de • **su salud se resiente** sa santé s'en ressent **2.** s'offenser.

reseña *nf* compte rendu *m*.

reseñar *vt* faire le compte rendu de.

reserva *nf* **1.** *(gén, mil)* ÉCON réserve *f* • **con reservas** sous toutes réserves • **reserva natural** réserve naturelle **2.** réservation *f (d'hôtel, de train, etc)* **3.** discrétion *f*. ❑ *nmf* SPORT remplaçant *m*, -e *f*. ❑ *nm (vin)* • **un reserva del 81** un millésime 81. ■ **reservas** *nfpl (ressources, énergie)* réserves *fpl*.

reservación *nf* (AMÉR) réservation *f*.

reservado, da *adj* réservé(e). ■ **reservado** *nm* compartiment *m* réservé *(dans un train)* ; salon *m* particulier *(dans un restaurant)*.

reservar *vt* réserver. ■ **reservarse** *vp* se réserver • **me reservo para el postre** je me réserve pour le dessert.

resfriado, da *adj* enrhumé(e). ■ **resfriado** *nm* rhume *m*.

resfriar [9] *vt* refroidir. ■ **resfriarse** *vp* prendre froid.

resfrío *nm* (AMÉR) rhume *m*.

resguardar *vt* • **resguardar de** protéger de. ■ **resguardarse** *vp* • **resguardarse de** se mettre à l'abri de.

resguardo *nm* **1.** reçu *m* ; récépissé *m (d'un envoi en recommandé)* **2.** abri *m*.

residencia *nf* **1.** lieu *m* de résidence **2.** résidence *f* • **residencia universitaria** résidence universitaire **3.** hôpital *m* **4.** *(période de formation)* internat *m* **5.** permis *m* de séjour.

residencial *adj* résidentiel(elle).

residente *adj* • **los extranjeros residentes en España** les étrangers résidant en Espagne. ❑ *nmf* **1.** résident *m*, -e *f* **2.** *(médecin)* interne *mf*.

residir *vi* **1.** *(vivre)* • **residir en a)** résider en *(pays)* **b)** résider à *(ville)* • **reside en la calle Sargenta, número 1** il réside au numéro 1 de la rue Sargenta **2.** *(problème, difficulté, etc)* • **residir en** résider dans.

residual *adj* **1.** résiduel(elle) **2.** → **agua**.

residuo *nm* résidu *m* • **residuos radiactivos** déchets *mpl* radioactifs.

resignación *nf* résignation *f*.

resignarse *vp* • **resignarse (a hacer algo)** se résigner (à faire qqch).

resiliencia *nf* PSYCHO résilience *f*.

resina *nf* résine *f*.

resistencia *nf* résistance *f* • **oponer gran resistencia a** opposer une grande résistance à.

resistente *adj* résistant(e).

resistir *vt* **1.** *(gén)* • **resistir (algo)** résister (à qqch) **2.** supporter. ❑ *vi* • **resistir (a)** résister (à). ■ **resistirse** *vp* • **resistirse (a)** résister (à) • **no hay hombre que se le resista** aucun homme ne lui résiste • **me resisto a creerlo** je me refuse à le croire • **se le resisten las matemáticas** il a beaucoup de mal en mathématiques.

resma *nf* rame *f (de papier)*.

resol *nm* réverbération *f* du soleil.

resollar [23] *vi* souffler.

resolución *nf* **1.** résolution *f* • **para la resolución de algo** pour résoudre qqch **2.** détermination *f* • **de mucha resolución** résolu(e) **3.** *(gén)* DR décision *f*.

resolver [24] *vt* **1.** résoudre • **con ese gol el partido estaba resuelto** avec ce but le match était gagné **2.** *(décider)* • **resolver hacer algo** résoudre de faire qqch. ■ **resolverse** *vp* **1.** être résolu(e) **2.** *(se décider)* • **resolverse a hacer algo** se résoudre à faire qqch.

resonancia *nf* **1.** *(gén)* PHYS résonance *f* **2.** *fig* retentissement *m (d'une nouvelle, etc)*.

resonar [23] *vi* résonner.

resoplar *vi* **1.** être essoufflé(e) **2.** *fig* grogner *(de mécontentement)*.

resoplido *nm* essoufflement *m* • **dar resoplidos** grogner.

resorte *nm* ressort *m* • **los resortes del poder** les rênes du pouvoir.

respaldar *vt* soutenir, appuyer. ■ **respaldarse** *vp* • **respaldarse en a)** s'adosser à **b)** *fig* reposer sur.

respaldo *nm* **1.** dossier *m (d'un siège)* **2.** *fig* soutien *m*.

respectar *v impers* • **por** ou **en lo que respecta a alguien/a algo** en ce qui concerne qqn/qqch.

respectivamente *adv* respectivement.

respectivo, va *adj* respectif(ive) • **sus respectivos padres** leurs parents respectifs.

respecto *nm* • **al respecto, a este respecto** à ce sujet • **(con) respecto a, respecto de** au sujet de, en ce qui concerne.

respetable *adj* respectable.

respetar *vt* respecter.

respeto *nm* respect *m* • **por respeto a** par respect pour.

respetuoso, sa *adj* respectueux(euse).

respingo *nm (d'un animal)* • **dar un respingo** ruer.

respingón, ona *adj* • **una nariz respingona** un nez en trompette.

respiración *nf* respiration *f* • **respiración asistida** respiration assistée.

respiradero *nm* bouche *f* d'aération ; *(au sous-sol)* soupirail *m*.

respirar *vt* respirer. ❑ *vi* respirer • **no dejar respirar a alguien** *fig* ne pas laisser respirer qqn.

respiratorio, ria *adj* respiratoire.

respiro *nm* **1.** répit *m* • **necesitar un respiro** avoir besoin de souffler **2.** soulagement *m*.

resplandecer [30] *vi* **1.** resplendir **2.** *fig (ressortir)* briller.

resplandeciente *adj* resplendissant(e).

resplandor *nm* éclat *m*.

responder *vt* répondre à. ❑ *vi* répondre • **responder a a)** *(répondre, correspondre)* répondre à

b) réagir à *(un traitement)* • **responder a alguien** répondre à qqn • **responder a una pregunta** répondre à une question • **responder a una necesidad** répondre à un besoin • **responder de algo/por alguien** répondre de qqch/de qqn.

respondón, ona *adj & nm,f* insolent(e).

responsabilidad *nf* responsabilité *f*.

responsabilizar [13] *vt* rendre responsable ; faire porter la responsabilité à. ■ **responsabilizarse** *vp* • **responsabilizarse de algo** assumer la responsabilité de.

responsable *adj* • **responsable (de)** responsable (de). ❑ *nmf* responsable *mf*.

respuesta *nf* réponse *f* • **en respuesta a** en réponse à.

resquebrajadura *nf* fissure *f* ; *(vaisselle)* fêlure *f*.

resquebrajar *vt* fendiller ; *(mur)* fissurer ; *(vaisselle, glace, etc)* fêler. ■ **resquebrajarse** *vp* se fendiller ; se fêler.

resquicio *nm* **1.** fente *f* ; entrebâillement *m* *(d'une porte)* **2.** *fig* lueur *f* *(d'espoir)*.

resta *nf* soustraction *f*.

restablecer [30] *vt* rétablir. ■ **restablecerse** *vp* **1.** se rétablir **2.** être rétabli(e).

restablecimiento *nm* rétablissement *m*.

restallar *vt* faire claquer. ❑ *vi* claquer.

restante *adj* restant(e) • **los restantes años de mi vida** les années qu'il me reste à vivre • **lo restante** le reste.

restar *vt* **1.** MATH soustraire **2.** *fig* ôter, enlever *(de l'importance, le mérite à)* ; affaiblir *(l'autorité)* • **restar dramatismo** dédramatiser **3.** retourner *(au tennis)*. ❑ *vi* *(manquer)* rester.

restauración *nf* restauration *f*.

restaurador, ra *nm, f* ART restaurateur *m*, -trice *f*.

restaurante *nm* restaurant *m*.

restaurar *vt* restaurer.

restitución *nf* restitution *f*.

restituir [51] *vt* **1.** restituer • **restituir la salud** remettre sur pied **2.** *(restaurer)* • **restituir algo a** rétablir qqch dans.

resto *nm* reste *m*. ■ **restos** *nmpl* restes *mpl*.

restregar [35] *vt* frotter. ■ **restregarse** *vp* se frotter *(les mains)* • **restregarse por el suelo** se traîner par terre.

restricción *nf* **1.** restriction *f* **2.** *(gén pl)* rationnement *m* *(d'eau, de nourriture, etc)*.

restrictivo, va *adj* restrictif(ive).

restringir [15] *vt* restreindre ; rationner *(l'eau, la nourriture, etc)*.

resucitar *vt & vi* ressusciter.

resuello *nm* souffle *m* • **llegó sin un resuello** il est arrivé complètement essoufflé.

resuelto, ta *adj* résolu(e). ■ **resuelto** *pp* → **resolver**.

resulta ■ **de resultas de** *loc prép* à la suite de.

resultado *nm* résultat *m*.

resultante *adj* résultant(e) • **resultante de** qui résulte de. ❑ *nf* PHYS résultante *f*.

resultar *vi* **1.** résulter • **¿qué resultará de todo esto?** que ressortira-t-il de tout cela ? **2.** *(être)* • **me resulta difícil** ça m'est difficile • **resultar un éxito** être réussi(e) • **nuestro equipo resultó vencedor** finalement, notre équipe a gagné • **el viaje resultó largo** le voyage a été long • **resultó ser su primo** il s'est avéré que c'était son cousin • **resultó ser inexacto** on a découvert que c'était faux • **dos personas resultaron heridas** deux personnes ont été blessées **3.** réussir • **el experimento ha resultado** l'expérience a réussi **4.** *(coûter)* revenir • **nos resultó caro** ça nous est revenu cher. ❑ *v impers* • **resulta que...** il se trouve que...

resultas ■ **de resultas de** *prép* à la suite de.

resultón, ona *adj fam* *(personne)* qui a du charme ; *(maison)* coquet(ette).

resumen *nm* résumé *m*.

resumir *vt* résumer. ■ **resumirse** *vp* • **resumirse en** se résumer à.

resurgimiento *nm* résurgence *f* ; *(d'intérêt)* regain *m*.

resurgir [15] *vi* ressurgir.

resurrección *nf* résurrection *f*.

retablo *nm* retable *m*.

retaco *nm fam* *(homme)* nabot *m* ; *(femme)* naine *f*.

retaguardia *nf* **1.** *(troupe)* arrière-garde *f* **2.** *(partie)* arrière *m*.

retahíla *nf* kyrielle *f*.

retal *nm* coupon *m* *(de tissu)*.

retama *nf* genêt *m*.

retar *vt* lancer un défi à • **retar a alguien a hacer algo** défier qqn de faire qqch.

retardar *vt* retarder.

retardo *nm* retard *m*.

retazo *nm* **1.** coupon *m* **2.** *fig* bribe *f*.

rete *adv* **(AMÉR)** *fam* très.

retén *nm* • **retén (de bomberos)** piquet *m* d'incendie.

retención *nf* **1.** *(gén)* MÉD rétention *f* **2.** retenue *f* *(sur salaire)* • **retención fiscal** prélèvement *m* fiscal **3.** *(gén pl)* embouteillage *m*.

retener [72] *vt* retenir • **la empresa me retiene parte del salario** l'entreprise me retient une partie de mon salaire • **los piratas del aire retienen a 24 pasajeros** les pirates de l'air retiennent 24 passagers en otage.

reticencia *nf* réticence *f*.

reticente *adj* réticent(e).

reticular *adj* réticulaire.

retina *nf* rétine *f*.

retintín *nm* **1.** ton *m* moqueur **2.** tintement *m*.

retirado, da *adj* **1.** retiré(e) **2.** retraité(e). ❑ *nm, f* retraité *m*, -e *f*. ■ **retirada** *nf* retrait *m* ; MIL retraite *f* • **batirse en retirada** battre en retraite.

retirar *vt* **1.** retirer • **retirar su candidatura** retirer sa candidature • **retiro lo dicho** je retire ce que j'ai dit **2.** mettre à la retraite. ■ **retirarse** *vp* **1.** *(s'isoler, s'en aller)* se retirer **2.** prendre sa retraite **3.** *MIL* battre en retraite **4.** s'écarter.
retiro *nm* retraite *f*.
reto *nm* défi *m*.
retocar [10] *vt* **1.** retoucher **2.** mettre la dernière main à.
retomar *vt* reprendre.
retoño *nm* rejeton *m*.
retoque *nm* retouche *f*.
retorcer [41] *vt* **1.** tordre **2.** *fig* déformer *(les propos)*. ■ **retorcerse** *vp* • **retorcerse (de)** se tordre (de).
retorcido, da *adj* **1.** tordu(e) **2.** *fig* alambiqué(e) **3.** *fig* retors(e).
retórico, ca *adj* rhétorique • **una figura retórica** une figure de rhétorique. ❑ *nm, f* rhétoricien *m*, -enne *f*. ■ **retórica** *nf* rhétorique *f*.
retornar *vt* rendre. ❑ *vi* • **retornar a** retourner à.
retorno *nm (gén) INFORM* retour *m* • **retorno de carro** retour chariot.
retortijón *nm (gén pl)* crampe *f (d'estomac)*.
retozar [13] *vi* batifoler.
retractación *nf* rétractation *f*.
retractarse *vp* se rétracter • **retractarse de** revenir sur.
retraer [73] *vt* rétracter. ■ **retraerse** *vp* **1.** se rétracter **2.** *(s'isoler)* • **retraerse de** se retirer de, s'écarter de **3.** se replier.
retraído, da *adj (personne)* renfermé(e).
retraimiento *nm fig (de personne)* retrait *m* ; *(timidité)* caractère *m* renfermé.
retransmisión *nf* retransmission *f*.
retransmitir *vt* retransmettre.
retrasado, da *adj* **1.** en retard **2.** attardé(e) *(mentalement)*. ❑ *nm, f* • **retrasado (mental)** attardé *m*, -e *f*.
retrasar *vt* **1.** retarder **2.** reculer *(l'heure, une date)* ; repousser *(un voyage, un projet, etc)*. ❑ *vi (montre)* retarder. ■ **retrasarse** *vp* **1.** être en retard **2.** prendre du retard **3.** être retardé(e) **4.** *(montre)* retarder.
retraso *nm* retard *m* • **llegar con retraso** arriver en retard.
retratar *vt* **1.** photographier **2.** faire le portrait de **3.** *fig* dépeindre. ■ **retratarse** *vp* • **¡me he retratado!** *iron* je suis catalogué !
retrato *nm* **1.** portrait *m* • **ser alguien el vivo retrato de alguien** être le portrait vivant de qqn • **retrato robot** portrait-robot *m* **2.** *fig (reflet)* • **su novela es un retrato de la sociedad de la época** son roman est une photographie de la société de l'époque.
retrete *nm* toilettes *fpl*.
retribución *nf* rétribution *f*.
retribuir [51] *vt* rétribuer.
retro *adj* rétro.
retroactivo, va *adj* rétroactif(ive).
retroalimentación *nf TECHNOL* rétroalimentation *f*.
retroceder *vi* reculer • **no retrocede ante nada** il ne recule devant rien • **retroceder en el tiempo** remonter le temps.
retroceso *nm* **1.** recul *m* **2.** aggravation *f (d'une maladie)*.
retrógrado, da *adj* rétrograde.
retrospección *nf* examen *m* rétrospectif.
retrospectivo, va *adj* rétrospectif(ive). ■ **retrospectiva** *nf* rétrospective *f*.
retrotraer [73] *vt (récit)* faire remonter.
retrovirus *nm MÉD* rétrovirus *m*.
retrovisor *adj* → **espejo**. ❑ *nm* rétroviseur *m*.
retumbante *adj* retentissant(e).
retumbar *vi* **1.** *(bruit)* retentir ; *(tonnerre)* gronder ; *(canon)* tonner **2.** résonner.
reuma, reúma *nm ou nf* rhumatisme *m*.
reumatismo *nm* rhumatisme *m*.
reunificación *nf* réunification *f*.
reunificar [10] *vt* réunifier. ■ **reunificarse** *vp* être réunifié(e).
reunión *nf* réunion *f*.
reunir *vt* réunir ; rassembler *(des données, etc)*. ■ **reunirse** *vp* se réunir.
reutilizable *adj* réutilisable.
reutilizar [13] *vt* réutiliser.
revalidar *vt SPORT* • **revalidar su título** confirmer son titre.
revalorar = **revalorizar**.
revalorización *nf* revalorisation *f*.
revalorizar [13], **revalorar** *vt* revaloriser. ■ **revalorizarse** *vp* **1.** prendre de la valeur **2.** reprendre de la valeur.
revancha *nf* revanche *f*.
revanchismo *nm* • **un espíritu de revanchismo** un esprit vindicatif.
revelación *nf* révélation *f*.
revelado *nm PHOTO* développement *m*.
revelador, ra *adj* révélateur(trice).
revelar *vt* **1.** révéler **2.** *PHOTO* développer. ■ **revelarse** *vp* se révéler • **se reveló como un gran músico** il s'est révélé être un grand musicien.
revellón, reveillón *nm* réveillon *m*.
revendedor, ra *nm, f* revendeur *m*, -euse *f*.
revender *vt* revendre.
reventa *nf* revente *f*.
reventar [19] *vt* **1.** faire éclater, crever • **revientas el vestido** cette robe te boudine **2.** faire sauter *(avec des explosifs)* **3.** *fam* crever **4.** *fam* démolir **5.** *fam (ennuyer)* • **su manera de hablar me revienta** il a une façon de parler qui me tue. ❑ *vi* **1.** éclater **2.** *(désirer)* • **reventar por hacer algo** mourir d'envie de faire qqch **3.** *fam* & *fig* exploser **4.** *fam (mourir)* crever. ■ **reventarse** *vp* **1.** éclater **2.** *fam* se crever • **me reviento a trabajar** je me tue au travail.

reventón *nm* éclatement *m* • **tuve un reventón** mon pneu a éclaté • **darse ou pegarse un reventón** *fam* se crever.
reverberación *nf* réverbération *f.*
reverberar *vi* **1.** *(lumière, chaleur)* • **reverberar sobre** se réverbérer sur **2.** *(son)* résonner.
reverdecer [30] *vi* **1.** *(plante, champs)* reverdir **2.** *fig* se ranimer.
reverencia *nf* révérence *f.*
reverenciar [8] *vt* révérer.
reverendo, da *adj* • **reverendo padre** mon révérend père. ■ **reverendo** *nm* révérend *m.*
reverente *adj* révérencieux(euse) • **un reverente silencio** un silence recueilli.
reversible *adj* réversible.
reverso *nm* revers *m* • **el reverso de la hoja** le verso.
revertir [27] *vi* restituer • **revertir en beneficio de** tourner à l'avantage de.
revés *nm* revers *m* ; dos *m (d'une feuille de papier)* ; envers *m (d'un tissu)* • **los reveses de la vida** les revers de fortune • **al revés** à l'envers • **comemos primero y luego vamos al cine o lo hacemos al revés** nous mangeons d'abord et nous allons au cinéma après ou nous faisons l'inverse • **lo entiende todo al revés** il comprend tout de travers • **al revés de lo que piensas...** contrairement à ce que tu penses... • **del revés** à l'envers.
revestimiento *nm* revêtement *m.*
revestir [26] *vt* **1.** *(gén)* • **revestir (de)** revêtir (de) • **revestir importancia** revêtir de l'importance **2.** *fig* camoufler *(une faute, un défaut, etc).* ■ **revestirse** *vp* • **revestirse de** *(courage, patience)* s'armer de.
revisar *vt* réviser ; vérifier *(les comptes)* ; faire un bilan de *(santé, sa vue)* ; faire réviser *(une voiture).*
revisión *nf* révision *f*; vérification *f (des comptes)* • **revisión médica** visite *f* médicale.
revisionismo *nm* révisionnisme *m.*
revisionista *adj & nmf* révisionniste.
revisor, ra *adj* de contrôle. ❏ *nm, f (train, autobus)* contrôleur *m*, -euse *f.*
revista *v* → **revestir**. ❏ *nf* **1.** *(gén)* THÉÂTRE revue *f* • **pasar revista a algo** passer qqch en revue • **revistas del corazón** presse *f* du cœur **2.** PRESSE rubrique *f* • **revista de libros/música** rubrique littéraire/musicale.
revistero, ra *nm, f* chroniqueur *m*, -euse *f.* ■ **revistero** *nm* porte-revues *m inv.*
revitalizar [13] *vt* revitaliser.
revivificar [10] *vt* revivifier.
revivir *vi* **1.** revivre **2.** *fig (sentiment)* se ranimer. ❏ *vt (se souvenir)* revivre.
revocación *nf* révocation *f.*
revocar [10] *vt* révoquer ; casser *(une sentence).*
revolcar [36] *vt* rouler ; faire tomber • **el niño revolcó sus juguetes en el barro** l'enfant a traîné ses jouets dans la boue. ■ **revolcarse** *vp* se rouler.
revolotear *vi (oiseau)* voleter ; *(feuille, papier, etc)* voltiger.
revoltijo, revoltillo *nm* fouillis *m.*
revoltoso, sa *adj* turbulent(e).
revolución *nf* **1.** *(gén)* ASTRON révolution *f* **2.** TECHNOL tour *m.*
revolucionar *vt* **1.** bouleverser **2.** révolutionner.
revolucionario, ria *adj & nm, f* révolutionnaire.
revolver [24] *vt* **1.** remuer **2.** mettre sens dessus dessous **3.** *fig (irriter)* • **revolver el estómago ou las tripas** soulever le cœur • **revolver la sangre** retourner les sangs. ❏ *vi* • **revolver en** fouiller dans.
revólver *nm* revolver *m.*
revuelo *nm* **1.** *(d'oiseau)* • **mirar el revuelo de los gorriones** regarder les moineaux voleter **2.** *fig (agitation)* trouble *m.*
revuelto, ta *adj* **1.** sens dessus dessous **2.** troublé(e) **3.** *(climat)* instable **4.** *(mer)* agité(e) **5.** *(brouillé)* • **tengo el estómago revuelto** j'ai l'estomac barbouillé. ■ **revuelto** *pp* → **revolver**. ■ **revuelta** *nf* **1.** révolte *f* **2.** détour *m.*
revulsión *nf* révulsion *f.*
revulsivo, va *adj fig* stimulant(e). ■ **revulsivo** *nm fig* • **servir de revulsivo a** donner un coup de fouet à.
rey *nm* roi *m.* ■ **Reyes** *nmpl* • **los Reyes** le roi et la reine. ■ **Reyes Católicos** *nmpl* • **los Reyes Católicos** les Rois Catholiques. ■ **Reyes Magos** *nmpl* • **los Reyes Magos** les Rois mages.

CULTURE

los Reyes Magos

En Espagne, ce sont les Rois mages qui apportent les cadeaux le 6 janvier, et non le père Noël le 24 décembre. La coutume veut que les Rois déposent des cadeaux dans les souliers des enfants, à côté desquels ces derniers ont laissé une boisson ou un aliment destinés à permettre aux Rois et à leurs montures de se restaurer. On dit que les enfants qui n'ont pas été sages ne reçoivent que du charbon.

reyerta *nf* rixe *f.*
rezagado, da *adj* • **andar ou ir rezagado** être à la traîne. ❏ *nm, f* retardataire *mf.*
rezagarse [16] *vp* **1.** prendre du retard **2.** rester en arrière **3.** traîner.
rezar [13] *vt* réciter, dire • **rezar su oración** faire sa prière. ❏ *vi* prier.
rezo *nm* prière *f.*
rezumar *vt* **1.** laisser filtrer **2.** *fig (manifester)* déborder de. ❏ *vi* suinter.
Rh (abrév de **rhesus**) *nm* Rh.

rhesus *nm MÉD* rhésus *m* • **factor Rhesus** facteur Rhésus.
ría *v* → **reír**. ❑ *nf* ria *f*.
riachuelo *nm* ruisseau *m*.
riada *nf* **1.** crue *f*; inondation *f* **2.** *fig (multitude)* flot *m*.
ribeiro *nm vin léger de la région d'Orense, en Espagne*.
ribera *nf* rive *f*; rivage *m*.
ribereño, ña *adj & nm,f* riverain(e) *(d'une rivière)*.
ribete *nm* liseré *m*; *fig (petit quelque chose)* touche *f* • **tiene ribetes de artista** il a un côté artiste.
ricino *nm* ricin *m*.
rico, ca *adj* **1.** *(gén)* • **rico (en)** riche (en) **2.** délicieux(euse) **3.** *(sympathique)* adorable **4.** *fam (pour interpeller)* • **¡oye rico!** écoute, mon vieux ! ❑ *nm,f* riche *mf* • **los ricos** les riches.
rictus *nm* rictus *m*.
ridiculez *nf* **1.** chose *f* ridicule **2.** bêtise *f*, rien *m*.
ridiculizar [13] *vt* ridiculiser.
ridículo, la *adj* ridicule. ■ **ridículo** *nm* ridicule *m* • **hacer el ridículo** se ridiculiser.
riego *nm* arrosage *m*; irrigation *f (des champs)*.
riel *nm* rail *m*.
rienda *nf* **1.** rêne *f* • **dar rienda suelta a** *fig* laisser libre cours à **2.** *(modération)* retenue *f*. ■ **riendas** *nfpl fig (direction)* rênes *fpl*.
riesgo *nm* risque *m* • **a todo riesgo** tous risques.
rifa *nf* tombola *f*.
rifar *vt* tirer au sort. ■ **rifarse** *vp* • **rifarse algo** se disputer qqch.
rifle *nm* carabine *f*.
rigidez *nf* **1.** rigidité *f* **2.** rigueur *f* **3.** impassibilité *f*.
rígido, da *adj* **1.** rigide • **volverse rígido** se solidifier **2.** figé(e).
rigor *nm* rigueur *f*. ■ **de rigor** *loc adj* de rigueur.
riguroso, sa *adj* rigoureux(euse).
rima *nf* **1.** rime *f* **2.** *(gén pl)* vers *mpl*.
rimar *vi* rimer. ❑ *vt* faire rimer.
rimbombante *adj* **1.** ronflant(e) **2.** tapageur(euse).
rímel, rimmel *nm* Rimmel® *m*.
rincón *nm* **1.** coin *m* **2.** recoin *m*.
rinconera *nf* meuble *m* d'angle.
ring *nm* ring *m*.
rinitis *nf inv MÉD* rhinite *f* • **rinitis alérgica** rhinite allergique.
rinoceronte *nm* rhinocéros *m*.
riña *v* → **reñir**. ❑ *nf* dispute *f*.
riñón *nm* rein *m*.
riñonera *nf (petit sac)* banane *f*.
río *nm* **1.** fleuve *m*; rivière *f*; • **río abajo** en aval • **río arriba** en amont **2.** *fig (abondance)* flot *m*.
Río de la Plata *npr* Rio de la Plata.
rioja *nm vin de la région espagnole de La Rioja*.
riojano, na *adj* de La Rioja. ❑ *nm,f* habitant *m*, -e *f* de La Rioja.
rioplatense *adj* du Rio de la Plata. ❑ *nmf* habitant *m*, -e *f* du Rio de la Plata.
ripio *nm fig* remplissage *m* • **son ripios** c'est du remplissage.
riqueza *nf* richesse *f* • **tener riqueza vitamínica** être riche en vitamines.
risa *nf* rire *m*.
risco *nm* rocher *m* escarpé.
risible *adj* risible.
risotada *nf* éclat *m* de rire.
ristra *nf* chapelet *m* • **ristra de ajos** chapelet d'ail • **ristra de insultos** chapelet d'injures.
risueño, ña *adj* **1.** rieur(euse) **2.** souriant(e).
ritmo *nm* rythme *m*.
rito *nm* rite *m*.
ritual *adj* rituel(elle). ❑ *nm* rituel *m*.
rival *adj & nmf* rival(e).
rivalidad *nf* rivalité *f*.
rivalizar [13] *vi* • **rivalizar con alguien** rivaliser avec qqn • **rivalizar en algo** *(générosité, beauté, etc)* rivaliser de qqch.
rizado, da *adj* **1.** frisé(e) **2.** *(mer)* moutonneux(euse). ■ **rizado** *nm* frisure *f* • **hacerse un rizado** se faire friser les cheveux.
rizar [13] *vt* friser. ■ **rizarse** *vp* se (faire) friser; *(mer)* moutonner.
rizo, za *adj* frisé(e). ■ **rizo** *nm* **1.** boucle *f* • **tener rizos en el pelo** avoir les cheveux bouclés **2.** *(tissu)* • **rizo (esponjoso)** tissu-éponge *m* **3.** *AÉRON* looping *m*.
RNE (abrév de **Radio Nacional de España**) *nf radio nationale espagnole*.
roast-beef = **rosbif**.
róbalo, robalo *nm (poisson)* bar *m*.
robar *vt* **1.** voler **2.** *(plaire énormément)* ravir **3.** *(aux cartes, etc)* piocher **4.** *(demander cher)* • **en ese restaurante te roban** ce sont des voleurs dans ce restaurant.
roble *nm* chêne *m* (rouvre) • **estar hecho un roble** *fig* être fort comme un chêne.
robo *nm* vol *m*.
robot *nm (gén) INFORM* robot *m*.
robótica *nf* robotique *f*.
robotización *nf* robotisation *f*.
robotizar [13] *vt* robotiser.
robustecer [30] *vt* fortifier. ■ **robustecerse** *vp* prendre des forces.
robusto, ta *adj* robuste.
roca *nf* roche *f*.
rocalla *nf* rocaille *f*.
rocambolesco, ca *adj* rocambolesque.
roce *v* → **rozar**. ❑ *nm* **1.** frottement *m*; frôlement *m* **2.** éraflure *f*; égratignure *f (sur la peau)* **3.** *FIN* friction *f* **4.** *(relation)* • **roce (entre)** fréquentation (de) **5.** *(brouille)* heurt *m* • **tener un roce con alguien** s'accrocher avec qqn.

rociar [9] *vt* **1.** asperger **2.** arroser. ❑ *v impers* • **ha rociado** il y a eu de la rosée.
rocío *nm* rosée *f*.
rock (*pl* **rocks**), **rock and roll** *nm* rock *m*.
rockero, ra = **roquero**.
rococó *adj* rococo.
rocódromo *nm* **1.** *espace à l'air libre réservé aux concerts de rock* **2.** centre *m* d'escalade.
rocoso, sa *adj* rocheux(euse).
rodaballo *nm* turbot *m*.
rodado, da *adj* **1.** *(circulation)* routier(ère) **2.** *(pierre)* → **canto**.
rodaja *nf* tranche *f* ; rondelle *f* *(de citron, de saucisson)*.
rodaje *nm* **1.** *(gén)* AUTO rodage *m* • **en rodaje** en rodage **2.** CINÉ tournage *m*.
rodante *adj* roulant(e).
rodapié *nm* plinthe *f*.
rodar [23] *vi* **1.** rouler **2.** CINÉ tourner **3.** *(tomber)* • **rodó escaleras abajo** il a dégringolé l'escalier **4.** *(déambuler)* • **rodar por** errer dans • **rodar por medio mundo** rouler sa bosse. ❑ *vt* **1.** CINÉ tourner **2.** AUTO roder.
rodear *vt* **1.** *(gén)* • **rodear (con)** entourer (de) **2.** *(encercler)* cerner **3.** faire le tour de **4.** *(éluder)* • **rodear un tema** tourner autour du sujet. ■ **rodearse** *vp* • **rodearse de** s'entourer de.
rodeo *nm* **1.** détour *m* • **no andar ou ir con rodeos** ne pas y aller par quatre chemins • **dar rodeos** *fig* tergiverser **2.** rodéo *m*.
rodilla *nf* genou *m* • **de rodillas** à genoux.
rodillera *nf* genouillère *f*.
rodillo *nm* rouleau *m* ; chariot *m* *(de machine à écrire)*.
rododendro *nm* rhododendron *m*.
rodríguez *nm* *fam* *homme qui reste en ville pour travailler pendant que sa femme et ses enfants sont en vacances d'été* • **en agosto, me quedo de rodríguez** au mois d'août, je suis célibataire.
roedor, ra *adj* rongeur(euse). ■ **roedores** *nmpl* rongeurs *mpl*.
roer [69] *vt* **1.** ronger **2.** *fig* *(inquiéter)* • **los remordimientos le roen la conciencia** il est rongé de remords.
rogar [39] *vt* • **rogar a alguien (que) haga algo** prier qqn de faire qqch.
rogativa *nf* *(gén pl)* rogations *fpl*.
rojillo, lla *adj & nm, f* *fam* POLIT gaucho.
rojizo, za *adj* rougeâtre.
rojo, ja *adj* *(gén)* POLIT rouge • **el color rojo** le rouge. ❑ *nm, f* POLIT rouge *mf*. ■ **rojo** *nm* *(couleur)* rouge *m* • **al rojo vivo a)** chauffé(e) au rouge **b)** *fig* chauffé(e) à blanc.
rol (*pl* **roles**) *nm* **1.** rôle *m* **2.** rôle *m* d'équipage.
roller ['roler] *nmpl* rollers *mpl*.
rollito *nm* **(AMÉR)** *fam* **1.** *(de graisse)* bourrelet *m* **2.** CULIN • **rollito (de primavera)** rouleau de printemps.
rollizo, za *adj* potelé(e).
rollo *nm* **1.** rouleau *m* **2.** CINÉ bobine *f* **3.** *fam* *(discours)* • **rollo (patatero)** baratin *m*, tchatche *f* • **cascar ou soltar un rollo a alguien** tenir la jambe à qqn • **tener mucho rollo** être un moulin à paroles • **cortar el rollo a alguien** couper le sifflet à qqn **4.** *fam* bobard *m* **5.** *fam* casse-pieds *mf inv* **6.** *fam* *(sujet)* • **no sé de qué va el rollo** je ne sais pas de quoi ça cause **7.** *fam* *(ambiance)* • **hay buen rollo aquí** c'est sympa ici • **meterse en el rollo** se mettre dans le coup **8.** *fam* *(ennui)* • **ser un rollo** être gonflant(e) • **¡qué rollo!** quelle barbe !
roll-on *nm inv* déodorant *m* à bille.
ROM (abrév de **read only memory**) *nf* ROM *f* • **un CD-ROM** un CD-ROM *ou* CD-Rom.
Roma *npr* Rome.
romance *adj* roman(e). ❑ *nm* **1.** LING roman *m* **2.** LITTÉR romance *m* **3.** idylle *f*.
romancero *nm* LITTÉR recueil *m* de « romances ».
románico, ca *adj* roman(e). ■ **románico** *nm* roman *m*.
romano, na *adj* romain(e). ❑ *nm, f* Romain *m*, -e *f*.
romanticismo *nm* romantisme *m*.
romántico, ca *adj* romantique.
romanza *nf* romance *f*.
rombo *nm* losange *m*.
romeo *nm* *fig* soupirant *m*.
romería *nf* **1.** pèlerinage *m* **2.** fête *f* patronale **3.** *fig* *(multitude)* procession *f*.
romero, ra *nm, f* pèlerin *m*. ■ **romero** *nm* romarin *m*.
romo, ma *adj* **1.** *(pointe)* émoussé(e) **2.** *(nez)* • **ser romo** avoir le nez camus.
rompebolas *adj inv & nmf inv* **(AMÉR)** *vulg* casse-couilles.
rompecabezas *nm inv* **1.** puzzle *m* **2.** *fig* casse-tête *m inv*.
rompecorazones *nmf inv* bourreau *m* des cœurs, tombeur *m*, -euse *f*. ❑ *adj* charmeur(euse), enjôleur(euse).
rompedor, ra *adj* révolutionnaire.
rompehielos *nm inv* brise-glace *m inv*.
rompeolas *nm inv* brise-lames *m inv*.
rompepelotas *adj inv & nmf inv* **(AMÉR)** *vulg* casse-couilles.
romper *vt* **1.** casser ; *fig* briser • **romper el hielo** *fig* briser la glace **2.** déchirer *(du papier, un tissu)* **3.** abîmer *(des chaussures)* ; user *(une chemise)* **4.** rompre *(une relation, un engagement, un contrat)* • **¡rompan filas!** rompez les rangs ! • **romper el silencio** rompre le silence. ❑ *vi* **1.** *(relation)* • **romper (con alguien)** rompre (avec qqn) **2.** *(vagues)* se briser **3.** *(commencer)* • **romper a hacer algo** se mettre à faire qqch • **romper a llorar** éclater en sanglots. ■ **romperse** *vp* **1.** se casser • **se ha roto una pierna** il s'est cassé une jambe • **se rompió el jarrón** le vase s'est cassé **2.** *(vêtements)* s'user.
rompimiento *nm* rupture *f*.

ron *nm* rhum *m.*
roncar [10] *vi* ronfler.
roncha *nf* bouton *m (sur la peau)* ; piqûre *f (d'insecte).*
ronco, ca *adj* **1.** enroué(e) • **me he quedado ronco** je me suis cassé la voix **2.** rauque.
ronda *nf* **1.** *(surveillance)* ronde *f* **2.** boulevard *m* périphérique **3.** *fam (dans un bar)* tournée *f* **4.** *(cyclisme, dans un jeu)* tour *m.*
rondar *vt* **1.** *(surveiller)* faire une ronde dans **2.** *(malheur, maladie)* guetter **3.** avoisiner **4.** faire la cour à. ❑ *vi* rôder.
ronquera *nf* enrouement *m.*
ronquido *nm* ronflement *m.*
ronronear *vi* ronronner.
ronroneo *nm* ronronnement *m.*
roña *adj & nmf fam* radin(e). ❑ *nf* **1.** crasse *f* **2.** *fam* radinerie *f* **3.** gale *f.*
roñoso, sa *adj* **1.** crasseux(euse) **2.** radin(e). ❑ *nm, f* radin *m,* -e *f.*
ropa *nf* vêtements *mpl* • **quitarse la ropa** se déshabiller • **ropa blanca** linge *m* (blanc) • **ropa interior a)** sous-vêtements *mpl* **b)** dessous *mpl (féminins)* • **ropa sucia** linge *m* sale.
ropaje *nm* tenue *f (vestimentaire).*
ropero *nm* penderie *f.*
roquero, ra, rockero, ra *adj* rock. ❑ *nm, f* rockeur *m,* -euse *f.*
rosa *nf* rose *f* • **estar (fresco) como una rosa** être frais comme une rose. ❑ *adj inv (couleur)* rose. ❑ *nm (couleur)* rose *m.* ■ **rosa de los vientos** *nf* rose *f* des vents.
rosado, da *adj* **1.** rose **2.** → **vino.** ■ **rosado** *nm* rosé *m.*
rosal *nm* rosier *m.*
rosaleda *nf* roseraie *f.*
rosario *nm* **1.** chapelet *m* ; suite *f (de malheurs)* **2.** rosaire *m.*
rosbif (*pl* **rosbifs**), **roast-beef** (*pl* **roast-beefs**) [ros'βif] *nm* rosbif *m.*
rosca *nf* **1.** filet *m (d'une vis)* **2.** *(forme cylindrique)* anneau *m* **3.** CULIN couronne *f* **4.** *fig* • **pasarse de rosca** *fig* dépasser les bornes.
rosco *nm* couronne *f (de pain, brioche, etc).*
roscón *nm* brioche *f* en couronne • **roscón de Reyes** *brioche aux fruits que l'on mange pour la fête des Rois* ; ≃ galette *f* des Rois.
rosetón *nm* rosace *f.*
rosquilla *nf petit gâteau sec en forme d'anneau.*
rosticería *nf* (AMÉR) marchand *m* de poulets rôtis.
rostro *nm* visage *m.*
rotación *nf* **1.** rotation *f* **2.** roulement *m.*
rotafolio *nm* tableau *m* de conférence.
rotar *vi* tourner. ❑ *vt* faire tourner. ■ **rotarse** *vp* se relayer, faire à tour de rôle.
rotativo, va *adj* rotatif(ive). ■ **rotativo** *nm* journal *m.* ■ **rotativa** *nf* rotative *f.*
rotatorio, ria *adj* rotatoire.
roto, ta *adj* **1.** cassé(e) ; *(tissu, papier)* déchiré(e) **2.** *fig (vie, cœur)* brisé(e) **3.** *fig* éreinté(e). ❑ *nm, f* (AMÉR) ouvrier *m,* -ère *f.* ■ **roto** *pp* → **romper.** ❑ *nm* accroc *m (dans un tissu).*
rotonda *nf* ARCHIT rotonde *f* ; ARCHIT rond-point *m.*
rotoso, sa *adj* (AMÉR) *fam* déguenillé(e).
rótula *nf* rotule *f.*
rotulador *nm* feutre *m* ; marqueur *m* ; surligneur *m (fluorescent).*
rótulo *nm* écriteau *m* ; enseigne *f (commerciale).*
rotundamente *adv* **1.** catégoriquement **2.** totalement.
rotundo, da *adj* **1.** catégorique **2.** *(échec, succès)* total(e).
rotura *nf* rupture *f* ; fracture *f (d'os)* ; déchirure *f (dans un tissu).*
roulotte [ru'lot] *nf* caravane *f.*
router ['ruter] *nm* INFORM routeur *m.*
royalty [ro'jalti] (*pl* **royalties** *ou* **royaltys**) *nm* royalties *fpl.*
rozadura *nf* **1.** éraflure *f* **2.** écorchure *f.*
rozamiento *nm* **1.** frottement *m* **2.** *fig (dispute)* friction *f.*
rozar [13] *vt* **1.** frôler **2.** érafler ; écorcher • **roza los cuarenta** il n'est pas loin des 40 ans **3.** *fig (avoisiner)* friser. ❑ *vi* • **rozar con** toucher • **esa cuestión roza con lo jurídico** *fig* cette question touche au juridique. ■ **rozarse** *vp* **1.** se frôler **2.** s'écorcher **3.** *fig (relation)* • **rozarse con alguien** fréquenter qqn.
r.p.m. (abrév de revoluciones por minuto) *nfpl* tr/mn, tr/min.
RR HH (abrév de recursos humanos) *nmpl* RH *fpl (ressources humaines).*
Rte. (abrév de remitente) exp.
RTVE (abrév de Radiotelevisión Española) *nf organisme public de radiodiffusion et de télévision espagnoles.*
rúa *nf* rue *f.*
rubeola, rubéola *nf* rubéole *f.*
rubí (*pl* **rubíes** *ou* **rubís**) *nm* rubis *m.*
rubicundo, da *adj (cheveux)* roux, rousse *f* ; *(visage)* rougeaud(e).
rubio, bia *adj & nm, f* blond(e).
rubor *nm* **1.** honte *f* • **causar rubor** faire rougir **2.** rougeur *f* • **el rubor encendió su rostro** son visage s'empourpra.
ruborizar [13] *vt* faire rougir. ■ **ruborizarse** *vp* rougir.
rúbrica *nf* **1.** paraphe *m* **2.** PRESSE rubrique *f* **3.** *fig* conclusion *f* • **poner rúbrica a algo** mettre le point final à qqch.
rubricar [10] *vt* **1.** parapher **2.** *fig* confirmer **3.** *fig* conclure.
rucola *nf* roquette *f.*
rudeza *nf* **1.** rudesse *f* **2.** grossièreté *f.*
rudimentario, ria *adj* rudimentaire.
rudimentos *nmpl* rudiments *mpl.*
rudo, da *adj* **1.** rude **2.** grossier(ère).

rueda *v* → **rodar**. ❑ *nf* **1.** roue *f* • **rueda delantera/trasera** roue avant/arrière • **rueda de repuesto** roue de secours **2.** cercle *m* ; ronde *f* **3.** tranche *f* ; rondelle *f (de citron, de saucisson)*. ■ **rueda de prensa** *nf* conférence *f* de presse. ■ **rueda de reconocimiento** *nf présentation de suspects en vue d'identification*.
ruedo *nm* **1.** TAUROM arène *f* **2.** paillasson *m*.
ruego *nm (demande)* prière *f*.
rufián *nm* crapule *f*.
rugby *nm* rugby *m*.
rugido *nm* rugissement *m* ; *fig* hurlement *m (d'une personne)*.
rugir [15] *vi* **1.** rugir **2.** *(ventre)* gargouiller.
rugoso, sa *adj* **1.** rugueux(euse) **2.** fripé(e).
ruibarbo *nm* rhubarbe *f*.
ruido *nm* bruit *m* • **mucho ruido y pocas nueces** beaucoup de bruit pour rien.
ruidoso, sa *adj* bruyant(e) ; *fig* tapageur(euse).
ruin *adj* **1.** vil(e) **2.** pingre.
ruina *nf* ruine *f* • **dejar en la ruina** ruiner • **estar en la ruina** être ruiné(e) • **ser la ruina de alguien** mener qqn à sa perte • **estar hecho una ruina** être une loque. ■ **ruinas** *nfpl* ruines *fpl (historiques)* ; décombres *mpl*.
ruinoso, sa *adj* **1.** ruineux(euse) **2.** en ruine.
ruiseñor *nm* rossignol *m*.
ruleta *nf (jeu)* roulette *f*. ■ **ruleta rusa** *nf* roulette *f* russe.
ruletear *vi* **(AMÉR)** conduire un taxi.
ruletero *nm* **(AMÉR)** chauffeur *m* de taxi.
rulo *nm* bigoudi *m*.
rulot *(pl* **rulots** *ou* **rulotes***)* *nf* caravane *f*.
ruma *nf* **(AMÉR)** tas *m*.
Rumanía, Rumania *npr* Roumanie *f*.
rumano, na *adj* roumain(e). ❑ *nm, f* Roumain *m*, -e *f*. ■ **rumano** *nm* roumain *m*.
rumba *nf* rumba *f*.
rumbo *nm* **1.** cap *m* • **ir con rumbo a** faire route vers **2.** *fig* direction *f* ; tournure *f (des événements)* • **con rumbo a** en direction de.
rumboso, sa *adj fam* généreux(euse).
rumiante *adj* ruminant(e). ❑ *nm* ruminant *m*.
rumiar [8] *vt & vi* ruminer.
rumor *nm* **1.** rumeur *f* • **circula el rumor de que…** le bruit court que… **2.** *(bruit - voix)* brouhaha *m* ; *(- eau)* grondement *m*.
rumorearse *vp* • **se rumorea que…** le bruit court que…
runrún *nm* **1.** ronflement *m* **2.** *(rumeur)* bruit *m*.
runruneo *nm (de moteur)* ronronnement *m*.
rupestre *adj* rupestre.
ruptura *nf* rupture *f*.
rural *adj* rural(e) ; *(médecin, curé)* de campagne.
Rusia *npr* Russie *f*.
ruso, sa *adj* russe. ❑ *nm, f* Russe *mf*. ■ **ruso** *nm* russe *m*.
rústico, ca *adj* **1.** de campagne ; *(propriété)* rural(e) ; *(mobilier)* rustique **2.** fruste. ■ **en rústica** *loc adj* broché(e).
ruta *nf* route *f* ; *fig* chemin *m*.
rutilante *adj* étincelant(e).
rutilar *vi* étinceler.
rutina *nf* routine *f*.
rutinario, ria *adj* routinier(ère).

S

s[1], **S** [ese] *nf* s *m inv*, S *m inv*.
s[2] (abrév de **segundo**) s.
s., sig. 1. (abrév de **siglo**) s. • **en el s. XIX** au XIXe s. **2.** (abrév de **siguiente**) suiv. • **ver pág. s.** voir p. suiv.
S (abrév de **san**) St • **S Fernando** St Fernando.
SA (abrév de **sociedad anónima**) *nf* SA *f*.
sábado *nm* samedi *m* • **¿qué día es hoy? (es) sábado** quel jour sommes-nous, aujourd'hui ? (nous sommes) samedi • **cada dos sábados, un sábado sí y otro no** un samedi sur deux • **cada sábado, todos los sábados** tous les samedis • **caer en sábado** tomber un samedi • **te llamo el sábado** je t'appelle samedi • **el próximo sábado, el sábado que viene** samedi prochain • **el sábado pasado** samedi dernier • **el sábado por la mañana/la tarde/la noche** samedi matin/après-midi/soir • **en sábado** le samedi • **nací en sábado** je suis né un samedi • **este sábado a)** samedi dernier **b)** samedi prochain • **¿trabajas los sábados?** tu travailles le samedi ? • **trabajar un sábado** travailler un samedi • **un sábado cualquiera** n'importe quel samedi.
sabana *nf* savane *f*.
sábana *nf* drap *m*.
sabandija *nf* **1.** bestiole *f* **2.** *fam & fig (personne)* minable *mf*.
sabañón *nm* engelure *f*.
sabático, ca *adj* sabbatique.
Sabbat ['saβat] *nm* sabbat *m*.
sabelotodo *nmf inv fam* monsieur *m* je-sais-tout, madame *f* je-sais-tout.
saber [70] *nm* savoir *m*. ❑ *vt* **1.** savoir • **ya lo sé** je le sais bien • **lo supe ayer** je l'ai su hier • **saber hacer algo** savoir faire qqch • **sabe montar en bici** il sait faire du vélo • **hacer saber algo a alguien** faire savoir qqch à qqn • **a saber** à savoir • **que yo sepa** que je sache • **¡vete a saber!** *fam* va savoir ! • **¡y yo que sé!** je n'en sais rien, moi ! **2.** s'y connaître en • **sabe mucha física** il s'y connaît en physique ❑ *vi* **1.** *(avoir un goût)* • **saber a** avoir un goût de • **no saber a nada** n'avoir aucun goût • **saber bien/mal**

avoir bon/mauvais goût • **saber mal a alguien** **a)** *fig (déplaire)* ne pas plaire à qqn **b)** *(attrister)* faire de la peine à qqn **2.** *(comprendre)* • **saber de algo** s'y connaître en qqch **3.** *(avoir des nouvelles)* • **saber de alguien** avoir des nouvelles de qqn • **saber de algo** être au courant de qqch **4.** *(paraître)* • **eso me sabe a disculpa** j'ai l'impression que c'est une excuse. ■ **saber-se** *vp* savoir • **me lo sé de memoria** je le sais par cœur.

sabido, da *adj* connu(e) • **como es sabido** **a)** *(habituel)* selon ou suivant la coutume **b)** *(évident)* naturellement, comme de bien entendu • **sabido es que** il est bien connu que.

sabiduría *nf* **1.** savoir *m* **2.** sagesse *f.*

sabiendas ■ **a sabiendas** *loc adv* sciemment.

sabihondo, da = **sabiondo.**

sabio, bia *adj* savant(e) • **una sabia decisión** une sage décision. ❑ *nm,f* savant *m*, -e *f.*

sabiondo, da, sabihondo, da *adj* pédant(e). ❑ *nm,f* grosse tête *f.*

sablazo *nm* **1.** coup *m* de sabre **2.** *fam & fig (argent)* • **dar un sablazo a alguien** taper (de l'argent à) qqn.

sable *nm* sabre *m.*

sablear *vi fam* taper *(de l'argent).*

sabor *nm* **1.** goût *m* • **un sabor a** un goût de **2.** *fig (style)* saveur *f.*

saborear *vt* savourer.

sabotaje *nm* sabotage *m.*

sabotear *vt* saboter.

sabrá *(etc)* → **saber.**

sabroso, sa *adj* **1.** délicieux(euse) **2.** *(proposition)* intéressant(e) ; *(quantité)* substantiel(elle) **3.** *fig (malicieux)* savoureux(euse).

saca *nf* sac *m* • **saca de correos** sac postal.

sacacorchos *nm inv* tire-bouchon *m.*

sacamuelas *nm inv fam* arracheur *m* de dents.

sacapuntas *nm inv* taille-crayon *m.*

sacar

■ **sacar** [10] *vt*

1. METTRE À L'EXTÉRIEUR

sortir • **sacó el coche del garaje** il a sorti la voiture du garage • **saca a pasear al perro** sors promener le chien • **sacó un billete del bolsillo** il a sorti un billet de sa poche

2. EXPULSER, ENLEVER

• **lo han sacado del colegio** ils l'ont retiré du collège • **sacar una muela** arracher une dent

3. TROUVER SON ORIGINE DANS

tirer • **sacar vino de la uva** tirer du vin du raisin • **sacar aceite de las aceitunas** tirer de l'huile des olives • **sacar una película de una novela** tirer un film d'un roman

4. PRÉLEVER

retirer • **tengo que pasar por un cajero a sacar dinero** je dois passer au distributeur retirer de l'argent

5. TIRER UN BÉNÉFICE ÉCONOMIQUE

• **ha sacado mucho dinero de sus cuadros** il a tiré beaucoup d'argent de ses tableaux

6. REMPORTER UN PRIX, UNE RÉCOMPENSE

gagner • **sacar el gordo** gagner le gros lot

7. ACQUÉRIR

prendre • **ya he sacado los billetes para el concierto** j'ai déjà pris les billets pour le concert

8. FAIRE LES DÉMARCHES NÉCESSAIRES POUR OBTENIR UN DOCUMENT

• **he sacado el pasaporte en París** j'ai fait faire mon passeport à Paris

9. PHOTO

prendre • **sacar una foto** prendre une photo

10. COPIE

faire • **sacar una fotocopia** faire une photocopie

11. METTRE QQCH QUE L'ON POSSÈDE À DISPOSITION DE QQN

donner • **nos sacó algo de comer** il nous a donné quelque chose à manger

12. RÉSOUDRE UN PROBLÈME PAR LA RÉFLEXION

• **sacar un problema de matemáticas/una ecuación** résoudre un problème de mathématiques/une équation • **sacar algo en claro ou en limpio** tirer quelque chose au clair • **no saques conclusiones demasiado rápidas** ne tire pas de conclusions trop hâtives

13. OBTENIR PAR LA FORCE OU LA RUSE QUE QQN DONNE QQCH

soutirer • **me despachó sin miramientos después de haberme sacado los cuartos** il m'a renvoyé sans égards après m'avoir soutiré de l'argent

14. CRÉER, PROMOUVOIR UN PRODUIT

lancer • **la fábrica ha sacado un nuevo modelo** l'usine a lancé un nouveau modèle

15. METTRE EN ÉVIDENCE UNE PARTIE DU CORPS

• **sacar el pecho** bomber le torse • **sacar la lengua** tirer la langue

16. OBTENIR

avoir • **este año Guillermo ha sacado buenas notas** cette année, Guillermo a eu de bonnes notes

17. INVITER

• **sacar a bailar** inviter à danser

18. À LA TÉLÉVISION

passer • **lo sacaron en televisión** c'est passé à la télévision

19. PRENDRE L'AVANTAGE

• **sacó tres minutos a su rival** il a pris une avance de trois minutes sur son rival

20. DANS DES EXPRESSIONS

• **sacar apuntes** prendre des notes • **sacar adelante un negocio** faire prospérer une affaire • **sacar adelante a los hijos** bien élever ses enfants • **sacar de banda** SPORT faire la remise en jeu

■ sacar [10] *vi*

1. UNE BALLE
lancer • **le toca sacar al equipo contrario** c'est l'équipe adverse qui lance
2. AU TENNIS
servir • **Javier saca con mucha fuerza** Javier sert avec beaucoup de force

■ sacarse *vp*

1. ÔTER, ENLEVER QQCH QUE L'ON A SUR SOI
enlever • **sácate los zapatos** enlève tes chaussures
2. UN EXAMEN
• **me estoy sacando el carné (de conducir)** je suis en train de passer mon permis (de conduire) • **acabo de sacarme el carné (de conducir)** je viens d'avoir mon permis

sacarina *nf* saccharine *f.*
sacarosa *nf* saccharose *m.*
sacerdocio *nm* sacerdoce *m.*
sacerdotal *adj* sacerdotal(e).
sacerdote, tisa *nm,f (païen)* prêtre *m*, prêtresse *f.* ■ **sacerdote** *nm* RELIG prêtre *m.*
saciar [8] *vt* assouvir ; répondre à • **saciar la sed** étancher sa soif. ■ **saciarse** *vp* se rassasier • **beber hasta saciarse** boire jusqu'à plus soif.
saciedad *nf* satiété *f* • **hasta la saciedad** *fig* à satiété.
saco *nm* **1.** sac *m* • **saco de dormir** sac de couchage **2.** (AMÉR) veste *f.*
sacralizar [13] *vt* sacraliser.
sacramental *adj* sacramentel(elle).
sacramento *nm* sacrement *m.*
sacrificar [10] *vt* **1.** sacrifier **2.** abattre *(des animaux).* ■ **sacrificarse** *vp* • **sacrificarse (por alguien)** se sacrifier (pour qqn).
sacrificio *nm* *litt* & *fig* sacrifice *m.*
sacrilegio *nm* *litt* & *fig* sacrilège *m.*
sacrílego, ga *adj* & *nm,f* sacrilège.
sacristán, ana *nm,f* sacristain *m*, sacristine *f.*
sacristía *nf* sacristie *f.*
sacro, cra *adj* sacré(e).
sacrosanto, ta *adj* sacro-saint(e).
sacudida *nf* secousse *f* ; *fig* choc *m* • **sacudida eléctrica** décharge *f* (électrique).
sacudir *vt* **1.** secouer **2.** *fam* donner une rouste à. ■ **sacudirse** *vp* *fig* chasser, se débarrasser de.
sádico, ca *adj* & *nm,f* sadique.
sadismo *nm* sadisme *m.*
sadomasoquismo *nm* sadomasochisme *m.*
sadomasoquista *adj* & *nmf* sadomasochiste.
saeta *nf* **1.** flèche *f* **2.** aiguille *f (d'une montre)* **3.** *courte pièce chantée lors des processions de la Semaine sainte.*
safari *nm* **1.** safari *m* **2.** parc *m* animalier.
saga *nf* saga *f.*
sagaz *adj* sagace.
Sagitario *nm inv* Sagittaire *m inv.* ❑ *nm,f inv* sagittaire *m inv.*
sagrado, da *adj* sacré(e).
Sahara, Sáhara *npr* • **el (desierto del) Sahara** le Sahara.
saharaui *adj* sahraoui(e). ❑ *nmf* Sahraoui *m*, -e *f.*
sahariano, na *adj* saharien(enne). ❑ *nm,f* Saharien *m*, -enne *f.*
sainete *nm* saynète *f.*
sajón, ona *adj* saxon(onne). ❑ *nm,f* Saxon *m*, -onne *f.*
sake *nm* saké *m*, saki *m.*
sal *nf* **1.** sel *m* **2.** *fig* charme *m* ; *(dans le langage)* piquant *m.* ■ **sales** *nfpl* sels *mpl (pour réanimer, pour le bain).*
sala *nf* **1.** salle *f* • **sala de audio** auditorium *m* • **sala de espera** salle d'attente • **sala de fiestas a)** salle de bal **b)** *(à la mairie)* salle des fêtes **2.** *(salon)* • **sala (de estar)** salle *f* de séjour, séjour *m* **3.** DR salle *f* (d'audience) ; *(ensemble des magistrats)* chambre *f.*
salado, da *adj* **1.** salé(e) ; trop salé(e) **2.** *fig* drôle **3.** (AMÉR) malchanceux(euse).
salafismo *nm* salafisme *m.*
salafista *nmf* salafiste *mf.*
salamandra *nf* salamandre *f.*
salami, salame *nm* salami *m.*
salar *vt* saler.
salarial *adj* salarial(e) ; *(augmentation)* de salaire.
salario *nm* salaire *m* • **salario mínimo (interprofesional)** salaire minimum ; ≃ SMIC *m.*
salaz *adj* salace.
salazón *nf* **1.** *(de viande, poisson)* salaison *f* **2.** (AMÉR) *fam* poisse *f.*
salchicha *nf* saucisse *f.*
salchichón *nm* saucisson *m.*
saldar *vt* **1.** solder *(un compte, un produit)* **2.** s'acquitter de *(dette)* **3.** *fig* régler *(un différend, une question).* ■ **saldarse** *vp (finir)* • **saldarse con** se solder par.
saldo *nm* **1.** solde *m (d'un compte)* ; règlement *m (d'une dette)* • **saldo acreedor/deudor** solde créditeur/débiteur **2.** *(gén pl)* COMM soldes *mpl* **3.** *fig* bilan *m.*
salero *nm* **1.** salière *f* **2.** *fig* charme *m.*
saleroso, sa *adj* **1.** charmant(e) **2.** drôle.
salida *nf* **1.** *(gén)* INFORM sortie *f* ; lever *m (du soleil)* • **salida de emergencia ou de incendios** sortie ou issue de secours **2.** *(de train, d'avion)* SPORT départ *m* **3.** *(professionnels)* COMM débouchés *mpl* • **tener mucha salida** *(marchandises)* s'écouler facilement **4.** *(solution)* issue *f* **5.** échappatoire *f* **6.** trait *m* d'esprit.
salido, da *adj* **1.** saillant(e) • **tener los ojos salidos** avoir les yeux globuleux **2.** *(animal)* en chaleur. ❑ *nm,f* *fam* chaud lapin *m.*
saliente *adj* **1.** saillant(e) ; *fig* principal(e) **2.** POLIT sortant(e). ❑ *nm* ARCHIT saillie *f.*

salino, na *adj* salin(e).

salir

■ salir [71] *vi*

1. QUITTER UN LIEU POUR ALLER AU DEHORS OU DANS UN AUTRE LIEU
sortir • **salió a la calle** il est sorti • **Juan sale mucho con sus amigos** Juan sort beaucoup avec ses amis
2. COMMENCER UN TRAJET
partir • **el tren/el barco sale a las dos** le train/le bateau part à deux heures • **el avión saldrá con retraso** l'avion décollera avec du retard • **mañana saldremos para Valencia** demain, nous partons à Valence • **salir corriendo** partir en courant • **salir de viaje** partir en voyage
3. RESSORTIR
dépasser • **esta cornisa sale demasiado** cette corniche dépasse trop
4. OBTENIR UN RÉSULTAT
• **salir bien/mal** réussir/échouer • **el pastel te ha salido muy bien** ton gâteau est très réussi • **el plan les ha salido mal** leur plan a échoué • **el postre me ha salido mal** mon dessert est raté
5. POUR INSISTER SUR UN RÉSULTAT
• **salir elegido/premiado** être élu/récompensé • **salió elegida mejor actriz** elle a été élue meilleure actrice • **salir ganando** bien s'en tirer, y gagner • **salir perdiendo** être désavantagé(e), y perdre
6. PARVENIR À
• **el problema no me sale** je n'arrive pas à résoudre ce problème • **nunca me salen los crucigramas** je n'arrive jamais à faire les mots croisés
7. AVOIR UNE RELATION AMOUREUSE AVEC QQN
sortir • **sale con su vecina** il sort avec sa voisine • **María y Pedro están saliendo** María et Pedro sortent ensemble
8. ÊTRE PUBLIÉ
paraître, sortir • **una revista que sale los miércoles** un magazine qui paraît le mercredi • **la novela sale en junio** le roman sort en juin
9. ÊTRE MIS EN VENTE
• **el nuevo modelo saldrá el año que viene** le nouveau modèle sera lancé l'année prochaine
10. PARAÎTRE EN PUBLIC, DANS LES MÉDIAS
• **mi vecina salió en la tele** ma voisine est passée à la télé • **la noticia sale en los periódicos** la nouvelle est dans les journaux • **¡qué bien sales en la foto!** tu es très bien sur la photo !
11. SURGIR, SE PRÉSENTER
• **nos ha salido una oportunidad/ocasión estupenda** une opportunité/une occasion magnifique s'est présentée à nous • **le ha salido un empleo muy bien pagado** on lui a proposé un emploi très bien remunéré
12. POUSSER
• **los tulipanes empiezan a salir** les tulipes commencent à pousser
13. SOLEIL
se lever • **el sol sale por el este** le soleil se lève à l'est
14. DIRE QQCH D'INATTENDU
sortir • **nunca se sabe por dónde va a salir** on ne sait jamais ce qu'il va sortir
15. EN INFORMATIQUE
quitter • **sal del programa y apaga el ordenador** quitte le programme et éteins l'ordinateur
16. DANS DES EXPRESSIONS
• **no consigo salir adelante** je n'arrive pas à m'en sortir • **el proyecto acabó saliendo adelante** le projet a fini par aboutir

■ salir a *v + prép*

ressembler à • **este niño ha salido a su padre** cet enfant ressemble à son père

■ salir a *ou* **por** *v + prép*

COÛTER
• **la cena nos salió por 25 euros cada uno** le dîner nous est revenu à 25 euros par personne • **salir caro** revenir cher, coûter cher

■ salir de *v + prép*

1. QUITTER UN LIEU POUR ALLER AU DEHORS OU DANS UN AUTRE LIEU
sortir de • **salgo del hospital** je sors de l'hôpital
2. QUITTER UN ÉTAT, UNE SITUATION
sortir de • **salir de la crisis** sortir de la crise
3. TROUVER SON ORIGINE DANS
• **la sidra sale de la manzana** on tire le cidre de la pomme • **de la uva sale el vino** on tire le vin du raisin

■ salirse *vp*

1. DÉBORDER
• **vigila la leche, que no se salga** surveille le lait, qu'il ne déborde pas
2. FUIR
• **el depósito se sale** le réservoir fuit
3. DANS DES EXPRESSIONS
• **salirse con la suya** parvenir à ses fins

■ salirse de *vp + prép*

1. SORTIR D'UN ENDROIT
• **se salió de la autopista** il est sorti de l'autoroute • **el tren se salió de la vía** le train a déraillé • **salirse de la carretera** quitter la route • **salirse de los límites** dépasser les limites
2. SORTIR D'UN GROUPE
• **salirse de una asociación** quitter une association
3. S'ÉCARTER, S'ÉLOIGNER
• **salirse del tema** s'écarter du sujet

4. DÉBORDER
• **el agua se salió de la bañera** la baignoire a débordé

■ **salirse por** *vp + prép*
GAZ, LIQUIDE
s'échapper par • **el aire sale por los poros** l'air s'échappe par les pores

À PROPOS DE **salir**
Salir ne veut pas dire **salir** mais **sortir** ou **partir**.

salitre *nm* salpêtre *m*.
saliva *nf* salive *f*.
salival, **salivar** *adj* salivaire. ❏ *vi* **1.** saliver **2.** (AMÉR) cracher.
salmo *nm* psaume *m*.
salmodia *nf* **1.** psalmodie *f* **2.** *fig* litanie *f*.
salmodiar *vt* psalmodier.
salmón *nm* saumon *m*. ❏ *adj & nm inv (couleur)* (rose) saumon.
salmonela, **salmonella** *nf* **1.** MÉD *(bactérie)* salmonelle *f* **2.** MÉD *(maladie)* salmonellose *f*.
salmonete *nm* rouget *m*.
salmuera *nf* saumure *f*.
salobre *adj* saumâtre.
salomón *nm fig* sage *mf*.
salón *nm* **1.** salon *m* • **salón de belleza** institut *m* de beauté **2.** salle *f* • **salón de actos** salle de conférences. ■ **de salón** *loc adj fig* mondain(e).
salpicadero *nm* tableau *m* de bord.
salpicadura *nf* éclaboussure *f*.
salpicar [10] *vt* **1.** éclabousser **2.** *fig* parsemer.
salpicón *nm* **1.** CULIN matelote *f* • **salpicón de marisco** matelote de fruits de mer **2.** (AMÉR) jus *m* de fruits.
salpimentar [19] *vt* saupoudrer de sel et de poivre.
salpullido = **sarpullido**.
salsa *nf* **1.** sauce *f* ; jus *m (de viande)* • **salsa bechamel ou besamel** sauce béchamel • **salsa mayonesa ou mahonesa** sauce mayonnaise • **salsa rosa** sauce cocktail **2.** *fig (intérêt)* attrait *m* **3.** MUS salsa *f*.
salsera *nf* saucière *f*.
saltamontes *nm inv* sauterelle *f*.
saltar *vt* **1.** *(gén)* SPORT sauter ; plonger *(dans l'eau)* **2.** faire sauter. ❏ *vi* **1.** *(gén)* SPORT sauter ; *(bouton)* tomber • **saltar sobre algo/alguien** sauter sur qqch/qqn • **saltar de un tema a otro** passer du coq à l'âne **2.** *(se lancer)* • **saltar de 10 metros** faire un saut de 10 mètres **3.** *(se lever, réagir brusquement)* bondir **4.** *(se répandre)* jaillir **5.** exploser **6.** se casser **7.** *(sortir)* • **saltar a** arriver sur *(un terrain, une piste, etc)*. ■ **saltarse** *vp* **1.** sauter • **se me ha saltado un botón** j'ai perdu un bouton **2.** ignorer ; brûler *(un feu, un stop)*.
saltarín, **ina** *adj* remuant(e). ❏ *nm,f* • **es un saltarín** il ne tient pas en place, il a la bougeotte.
salteado, **da** *adj* **1.** CULIN sauté(e) **2.** *(parsemé)* • **la falda tiene lunares salteados** la jupe est parsemée de pois.
salteador, **ra** *nm,f* • **salteador (de caminos)** bandit *m* (de grand chemin).
saltear *vt* **1.** attaquer **2.** CULIN faire sauter.
saltimbanqui *nmf* saltimbanque *m*.
salto *nm* **1.** *(gén)* SPORT saut *m* ; plongeon *m (dans l'eau)* • **dar ou pegar un salto a)** faire un saut **b)** *fig (avoir peur)* faire un bond **c)** faire un bond en avant • **salto de altura/de longitud** saut en hauteur/en longueur **2.** *fig (différence)* écart *m* **3.** *fig (omission)* trou *m* **4.** précipice *m* **5.** • **vivir a salto de mata** vivre au jour le jour. ■ **salto de agua** *nm* chute *f* d'eau.
saltón, **ona** *adj (dent)* en avant • **tener los ojos saltones** avoir les yeux globuleux.
salubre *adj* salubre.
salud *nf* santé *f* • **estar bien/mal de salud** être en bonne/mauvaise santé • **beber a la salud de alguien** boire à la santé de qqn. ❏ *interj* • **¡salud! a)** *(pour trinquer)* à la tienne/vôtre ! **b)** *(quand quelqu'un éternue)* à tes/vos souhaits !
saludable *adj* **1.** sain(e) **2.** *fig* salutaire.
saludar *vt* saluer *(quelqu'un)* • **saluda a Ana de mi parte** dis bonjour à Ana de ma part • **le saluda atentamente** recevez l'expression de mes sentiments distingués. ■ **saludarse** *vp* se saluer • **no saludarse** *(être en froid)* ne plus se dire bonjour.
saludo *nm* salut *m* • **Ana te manda saludos a)** tu as le bonjour d'Ana • **dirigir un saludo a alguien** saluer qqn • **un saludo afectuoso** *(dans une lettre)* affectueusement.
salu2 (abrév de **saludos**) *(SMS)* salut.
salva *nf* MIL salve *f* • **una salva de aplausos** *fig* une salve d'applaudissements.
salvación *nf* **1.** *(remède)* • **no tener salvación a)** *(malade)* être perdu(e) **b)** *(maladie)* être incurable **2.** secours *m* **3.** RELIG salut *m*.
salvado *nm* BOT son *m*.
salvador, **ra** *adj* salvateur(trice). ❏ *nm,f* sauveur *m*.
salvadoreño, **ña** *adj* salvadorien(enne). ❏ *nm,f* Salvadorien *m*, -enne *f*.
salvaguardar *vt* sauvegarder.
salvaguardia *nf* sauvegarde *f*.
salvajada, **salvajería** *nf* **1.** acte *m* barbare ou monstrueux **2.** *fig* insanité *f*.
salvaje *adj* **1.** sauvage **2.** violent(e). ❏ *nmf* sauvage *mf*.
salvamanteles *nm inv* dessous-de-plat *m inv*.
salvamento *nm* sauvetage *m*.
salvapantallas *nm inv* INFORM économiseur *m* d'écran.
salvar *vt* **1.** sauver **2.** franchir *(un obstacle)* ; surmonter *(une difficulté)* **3.** *(excepter)* • **salvando**

algunos detalles… excepté quelques détails… 4. *INFORM* sauvegarder *(un fichier)*. ■ **salvarse** *vp* 1. *(se sortir de)* • **salvarse de** réchapper de 2. *RELIG* sauver son âme.
salvaslip *nm* protège-slip *m*.
salvavidas *adj inv* de sauvetage. ❑ *nm inv* bouée *f* de sauvetage.
salvedad *nf* exception *f* • **con la salvedad de que…** excepté que…
salvia *nf* sauge *f*.
salvo, va *adj* sauf, sauve *f* • **estar a salvo** être en sûreté • **su honor está a salvo** son honneur est sauf • **poner algo a salvo** mettre qqch à l'abri. ■ **salvo** *adv* sauf • **salvo que llueva** sauf s'il pleut • **hablaron todos, salvo él** ils ont tous parlé sauf lui.
salvoconducto *nm* sauf-conduit *m*.
samaritano, na *adj* samaritain(e). ❑ *nm,f* Samaritain *m*, -e *f*.
samba *nf* samba *f*.
sambenito *nm fig* mauvaise réputation *f* • **poner ou colgar a alguien el sambenito de** faire à qqn une réputation de.
samplear *vt MUS* échantilloner.
san *adj* saint • **san José** saint Joseph.
sanador, ra *nm,f* guérisseur *m*, -euse *f*.
sanar *vt* guérir. ❑ *vi* guérir • **no he sanado del todo** je ne suis pas totalement guéri.
sanatorio *nm* clinique *f* ; sanatorium *m*.
sanción *nf* sanction *f*.
sancionar *vt* sanctionner.
sandalia *nf* sandale *f*.
sándalo *nm* santal *m*.
sandez *nf* sottise *f*.
sandía *nf* pastèque *f*.
sandinismo *nm* sandinisme *m*.
sandinista *adj & nmf* sandiniste.
sándwich (*pl* **sándwiches** *ou* **sandwichs**) *nm* sandwich *m* (de pain de mie).
saneamiento *nm* assainissement *m*.
sanear *vt* assainir.
sanfermines *nmpl fête patronale de Pampelune, célèbre pour ses courses de taureaux.*

CULTURE

Sanfermines

La fête des **Sanfermines** se déroule chaque année à Pampelune du 6 au 14 juillet. A cette occasion on organise tous les jours à travers les rues de la ville une course entre le public qui le souhaite et six taureaux. Le parcours, qui s'étend sur 800 mètres et dure 3 minutes environ, se termine dans le toril où les taureaux sont enfermés. C'est de là que vient le mot **encierro**.

sangrar *vi* saigner • **sangrar por la nariz** saigner du nez. ❑ *vt* 1. saigner 2. *(arbre)* gemmer 3. *IMPR* renfoncer.
sangre *nf* sang *m* • **llevar algo en la sangre** avoir qqch dans le sang • **no llegó la sangre al río** ça n'a pas été plus loin. ■ **sangre fría** *nf* sang-froid *m*.
sangría *nf* 1. saignée *f* 2. sangria *f* 3. *IMPR* alinéa *m* ; *INFORM* retrait *m*, renfoncement *m*.
sangriento, ta *adj* 1. sanglant(e) 2. sanguinaire.
sanguijuela *nf* sangsue *f* • **ser una sanguijuela para alguien** *fam & fig* saigner qqn à blanc.
sanguinario, ria *adj* sanguinaire.
sanguíneo, a *adj* sanguin(e).
sanidad *nf* 1. *(service)* santé *f* • **trabajar en sanidad** travailler dans le secteur médical • **el ministerio de sanidad** le ministère de la Santé 2. hygiène *f*.
sanitario, ria *adj* sanitaire. ❑ *nm,f* professionnel *m*, -elle *f* de la santé. ■ **sanitarios** *nmpl* sanitaires *mpl*.
sanjacobo *nm CULIN* escalope *f* cordon bleu.
San Juan *npr* San Juan.
sano, na *adj* 1. sain(e) • **sano y salvo** sain et sauf 2. intact(e).
San Salvador *npr* San Salvador.
sánscrito *nm* sanskrit *m*.
sanseacabó *interj fam* • **¡sanseacabó!** un point c'est tout !
San Sebastián *npr* Saint-Sébastien.
sansón *nm fig* hercule *m*.
Santa Fe de Bogotá = **Bogotá**.
Santander *npr* Santander.
santería *nf* 1. sainteté *f* 2. *culte ritualisé pratiqué à Cuba, syncrétisme de catholicisme et de la religion yoruba*.
santero, ra *nm,f* 1. gardien *m*, -enne *f* d'un sanctuaire 2. guérisseur *m*, -euse *f*.
Santiago de Chile *npr* Santiago (du Chili).
Santiago de Compostela *npr* Saint-Jacques-de-Compostelle.
santiamén ■ **en un santiamén** *loc adv fam* en un clin d'œil.
santidad *nf* sainteté *f* • **una vida de santidad** une vie de saint(e).
santificar [10] *vt* sanctifier.
santiguar [45] *vt* faire le signe de la croix sur. ■ **santiguarse** *vp* se signer.
santo, ta *adj* 1. saint(e) • **todo el santo día** toute la sainte journée • **hace su santa voluntad** il fait ses quatre volontés 2. *fam* miraculeux(euse). ❑ *nm,f litt & fig* saint *m*, -e *f*. ■ **santo** *nm* 1. fête *f* 2. *fam & fig* image *f* 3. *(expressions)* • **¿a santo de qué?** en quel honneur ? • **írsele a alguien el santo al cielo** perdre le fil (de ses pensées). ■ **santo y seña** *nm MIL* mot *m* de passe.
Santo Domingo *npr* Saint-Domingue.
santón *nm* 1. *RELIG* marabout *m* 2. *fig* grand manitou *m*.
santoral *nm* 1. *recueil sur la vie des saints* 2. martyrologe *m*.
santuario *nm* sanctuaire *m*.
santuarizar *vt* sanctuariser.

santurrón, ona *adj & nm,f* bigot(e).
saña *nf* **1.** rage *f* **2.** acharnement *m*.
sañudo, da *adj* **1.** haineux(euse) **2.** acharné(e).
sapiencia *nf sout* science *f*.
sapo *nm* crapaud *m*.
saque *v* → **sacar**. ❑ *nm SPORT* coup *m* d'envoi ; *(au tennis, au badminton, etc)* service *m*.
saquear *vt* **1.** piller, mettre à sac **2.** *fam* faire une razzia sur.
saqueo *nm* pillage *m*.
sarampión *nm* rougeole *f*.
sarao *nm* fête *f*.
sarcasmo *nm* sarcasme *m*.
sarcástico, ca *adj* sarcastique.
sarcófago *nm* sarcophage *m*.
sarcoma *nm* sarcome *m*.
sardana *nf* sardane *f*.
sardina *nf* sardine *f* • **ir como sardinas en canasta** ou **en lata** *fig* être serrés comme des sardines.
sargento *nmf* **1.** *MIL* sergent *m* **2.** *péj (personne autoritaire)* gendarme *m*. ❑ *nm* serre-joint *m*.
sarmiento *nm* sarment *m*.
sarna *nf* gale *f* • **sarna con gusto no pica** *fig* quand on aime ça… (on n'en voit pas les inconvénients).
sarnoso, sa *adj & nm,f* galeux(euse).
sarpullido, salpullido *nm* éruption *f* cutanée.
sarro *nm* tartre *m*.
sarta *nf* **1.** chapelet *m (d'objets)* **2.** série *f (de malheurs)*.
sartén *nf* **1.** poêle *f* • **tener la sartén por el mango** tenir les rênes **2.** poêlée *f*.
sashimi [sa'ʃimi] *nm CULIN* sashimi *m*.
sastre, tra *nm,f* tailleur *m*, couturière *f*.
sastrería *nf* • **ir a la sastrería** aller chez le tailleur.
Satán, Satanás *npr RELIG* Satan *m*.
satánico, ca *adj* satanique.
satanismo *nm* satanisme *m*.
satélite *adj & nm* satellite *m*.
satelización *nf* satellisation *f*.
satén *nm* satin *m*.
satinado, da *adj* satiné(e).
satinar *vt* satiner.
sátira *nf* satire *f*.
satírico, ca *adj* satirique. ❑ *nm,f* **1.** persifleur *m*, -euse *f* **2.** satiriste *mf*.
satirizar [13] *vt* railler, faire la satire de.
sátiro *nm* **1.** *MYTHOL* satyre *m* **2.** **(AMÉR)** violeur *m*.
satisfacción *nf* **1.** satisfaction *f* • **tener cara de satisfacción** avoir un air satisfait **2.** *fig* luxe *m* • **darse la satisfacción de** s'offrir le luxe de.
satisfacer [60] *vt* **1.** satisfaire **2.** honorer *(une dette)* **3.** répondre à *(une question)* • **satisfacer una duda** lever un doute **4.** remplir *(les conditions requises)*. ■ **satisfacerse** *vp* **1.** • **satisfacerse con algo** se satisfaire ou se contenter de qqch **2.** • **satisfacerse (de)** se venger (de).
satisfactorio, ria *adj* satisfaisant(e).
satisfecho, cha *adj* **1.** satisfait(e) **2.** repu(e) • **darse por satisfecho** s'estimer heureux **3.** fier, fière *f* de soi. ■ **satisfecho** *pp* → **satisfacer**.
saturación *nf* saturation *f*.
saturar *vt* saturer. ■ **saturarse** *vp* être saturé(e) • **saturarse de trabajo** travailler comme un fou.
sauce *nm* saule *m* • **sauce llorón** saule pleureur.
saudí (*pl* **saudíes** *ou* **saudís**), **saudita** *adj* saoudien(enne). ❑ *nm,f* Saoudien *m*, -enne *f*.
sauna *nf* sauna *m*.
savia *nf* **1.** sève *f* **2.** *fig* fougue *f*.
savoir-faire [sa'βwarfer] *nm* savoir-faire *m*.
saxofón = **saxófono**.
saxofonista *nmf* saxophoniste *mf*.
saxófono, saxofón, saxo *nm* saxophone *m*. ❑ *nmf* saxophoniste *mf*.
sazón *nf* **1.** maturité *f* • **estar en sazón** être mûr(e) **2.** goût *m*. ■ **a la sazón** *loc adv* à ce moment-là, à cette époque.
sazonado, da *adj* assaisonné(e).
sazonar *vt* assaisonner.
scanner = **escáner**.
scout [es'kaut] (*pl* **scouts**) *nm* scout *m*, -e *f*.

se

■ **se** *pron pers*

1. EMPLOI RÉFLÉCHI
se • **se pasea** il se promène • **se divierte** elle s'amuse • **hay que lavarse todos los días** il faut se laver tous les jours • **se están bañando** *ou* **están bañándose** ils se baignent • **siéntese** asseyez-vous • **¡que se diviertan!** amusez-vous bien !

2. EMPLOI RÉCIPROQUE
se • **se tutean** elles se tutoient • **se quieren** ils s'aiment

3. ÉQUIVALENT À LA FORME PASSIVE
• **se ha suspendido la reunión** la réunion a été suspendue • **este producto sólo se vende aquí** ce produit n'est vendu qu'ici • **'se alquilan habitaciones'** 'chambres à louer'

4. IMPERSONNEL
on • **se dice que el golf es un deporte elitista** on dit que le golf est un sport élitiste • **desde aquí se ve bien** on voit bien d'ici • **se rumorea que el presidente va a dimitir** le bruit court que le président va démissionner • **'se habla inglés'** 'on parle anglais' • **'se prohíbe fumar'** 'interdiction de fumer'

5. REMPLACE LES COMPLÉMENTS INDIRECTS "LE" ET "LES"
• **cómpraselo** achète-le-lui • **se lo dije, pero no me hicieron caso** je le leur ai dit, mais ils ne m'ont pas écouté • **si usted quiere,**

yo se las mandaré si vous voulez, je vous les enverrai

sé → saber → ser.
sebo *nm* **1.** *(pour le savon, les bougies)* graisse *f* **2.** *ANAT* sébum *m* **3.** suif *m*.
seborrea *nf* séborrhée *f*.
seboso, sa *adj* gras, grasse *f*.
secadero *nm (lieu)* sécherie *f* ; *(appareil)* séchoir *m*.
secador *nm* séchoir *m* • **secador (de pelo)** sèche-cheveux *m inv*.
secadora *nf* séchoir *m* • **secadora de ropa** sèche-linge *m inv*.
secamanos *nm inv* sèche-mains *m inv*.
secano *nm* terre *f* non irriguée.
secante *adj* **1.** siccatif(ive) **2.** → **papel** **3.** *GÉOM* sécant(e). ❑ *nf GÉOM* sécante *f*.
secar [10] *vt* **1.** *(linge, larmes)* sécher ; *(plante, peau)* dessécher **2.** essuyer. ■ **secarse** *vp* sécher ; *(rivière, source)* s'assécher ; *(plante, peau)* se dessécher • **secarse el pelo** se sécher les cheveux.
secarropas *nm* **(AMÉR)** sèche-linge *m inv*.
sección *nf* **1.** rayon *m (d'un magasin)* ; service *m (d'une entreprise)* **2.** *PRESSE* pages *fpl* • **sección deportiva** pages sportives **3.** *MIL* & *GÉOM* section *f* **4.** *(dessin)* coupe *f*.
seccionar *vt* sectionner.
secesión *nf* sécession *f*.
secesionismo *nm* sécessionnisme *m*.
secesionista *adj* & *nmf* sécessionniste.
seco, ca *adj* **1.** sec, sèche *f* • **lavar en seco** nettoyer à sec **2.** *(rivière, lac)* à sec **3.** *(expression)* • **parar en seco** s'arrêter net. ■ **a secas** *loc adv* tout court • **se llama Juan a secas** il s'appelle Juan tout court.
secreción *nf* sécrétion *f*.
secretar *vt* sécréter.
secretaría *nf* secrétariat *m*.
secretariado *nm* **1.** secrétariat *m* **2.** secrétariat *m* d'État.
secretario, ria *nm, f* secrétaire *mf*.
secretear *vi fam* faire des messes basses.
secretismo *nm* secret *m*.
secreto, ta *adj* secret(ète) • **en secreto** en secret. ■ **secreto** *nm* secret *m*.
secta *nf* secte *f*.
sectario, ria *adj* **1.** *(fanatique)* sectaire **2.** *(de secte)* d'une secte. ❑ *nm, f* **1.** *(fanatique)* sectaire *mf* **2.** *(membre de secte)* adepte *mf*.
sector *nm* secteur *m* ; courant *m (d'un parti)* • **un sector de la opinión pública** une partie de l'opinion publique.
secuaz *nmf péj* acolyte *m*.
secuela *nf* séquelle *f*.
secuencia *nf* séquence *f* ; série *f (de thèmes)*.
secuenciar [8] *vt* ordonner.
secuestrador, ra *nm, f* **1.** ravisseur *m*, -euse *f* **2.** pirate *m* de l'air.
secuestrar *vt* **1.** enlever *(une personne)* **2.** détourner *(un bateau, un avion)* **3.** saisir *(un journal, une publication, des biens)*.
secuestro *nm* **1.** enlèvement *m (d'une personne)* **2.** détournement *m (d'un bateau, d'un avion)* **3.** saisie *f (d'un journal, d'une publication, de biens)*.
secular *adj* **1.** séculier(ère) **2.** séculaire.
secularización *nf* sécularisation *f*.
secularizar [13] *vt* séculariser.
secundar *vt* appuyer, soutenir • **secundar a alguien** seconder qqn.
secundario, ria *adj* secondaire.
sed *v* → **ser**. ❑ *nf litt* & *fig* soif *f*.
seda *nf* soie *f* • **como una seda** comme sur des roulettes.
sedante *adj* apaisant(e) ; *MÉD* sédatif(ive). ❑ *nm MÉD* sédatif *m*.
sedar *vt* calmer.
sedativo, va *adj MÉD* sédatif(ive) ; *fig* soporifique.
sede *nf (résidence, diocèse)* siège *m*. ■ **Santa Sede** *npr* • **la Santa Sede** le Saint-Siège.
sedentario, ria *adj* sédentaire.
sedentarismo *nm* sédentarité *f*.
sediento, ta *adj* assoiffé(e).
sedimentación *nf* sédimentation *f*.
sedimentar *vt* déposer. ■ **sedimentarse** *vp* se déposer.
sedimentario, ria *adj* sédimentaire.
sedimento *nm* **1.** dépôt *m* **2.** sédiment *m* **3.** *(gén pl) fig* traces *fpl*.
sedoso, sa *adj* soyeux(euse).
seducción *nf* séduction *f*.
seducir [33] *vt* **1.** séduire **2.** enjôler.
seductor, ra *adj* séduisant(e). ❑ *nm, f* séducteur *m*, -trice *f*.
sefardí *(pl* **sefardíes** *ou* **sefardís***)*, **sefardita** *adj* séfarade. ❑ *nmf* Séfarade *mf*. ❑ *nm (langue)* judéo-espagnol *m*.
segador, ra *nm, f (agriculteur)* moissonneur *m*, -euse *f*. ■ **segadora** *nf (machine)* moissonneuse *f* ; *(outil)* faucheuse *f*.
segar [35] *vt* **1.** moissonner ; faucher **2.** *fig* couper *(des têtes)* ; faucher *(des vies)* ; briser *(des illusions)*.
seglar *adj* & *nm* séculier.
segmentación *nf* segmentation *f*.
segmentar *vt* segmenter.
segmento *nm* segment *m*.
Segovia *npr* Ségovie.
segregación *nf* **1.** ségrégation *f* **2.** sécrétion *f*.
segregacionismo *nm* ségrégationnisme *m*.
segregacionista *adj* & *nmf* ségrégationniste.
segregar [16] *vt* **1.** séparer **2.** discriminer **3.** sécréter.
seguidamente *adv* **1.** aussitôt, tout de suite **2.** aussitôt après.

seguido, da *adj* continu(e) ; de suite, d'affilée • **diez años seguidos** dix ans de suite • **se comió 15 pasteles seguidos** il a mangé 15 gâteaux d'affilée • **tener hijos seguidos** avoir des enfants rapprochés. ■ **seguido** *adv* tout droit. ■ **en seguida** *loc adv* tout de suite.
seguidor, ra *nm,f* adepte *mf* ; *SPORT* supporter *m*.
seguimiento *nm* suivi *m*.
seguir [43] *vt* **1.** suivre • **alguien nos seguía** quelqu'un nous suivait • **seguí tus instrucciones** j'ai suivi tes instructions • **sigue unos cursos de...** elle suit des cours de... • **la enfermedad sigue su curso** la maladie suit son cours **2.** poursuivre. ❑ *vi* **1.** *(venir après)* • **seguir a algo** suivre qqch • **la primavera sigue al invierno** le printemps suit l'été **2.** continuer • **sigue por este camino** continue dans cette voie • **sigue haciendo frío** il continue à faire froid **3.** *(demeurer)* • **sigue enferma/soltera** elle est toujours malade/célibataire. ■ **seguirse** *vp* s'ensuivre.
según *prép* **1.** *(en accord avec)* selon, d'après • **según ella, ha sido un éxito** selon elle, ça a été un succès • **según yo/tú** *etc* d'après moi/toi *etc* **2.** *(en fonction de)* suivant, selon • **según la hora que sea** suivant l'heure (qu'il sera) • **según los casos** selon les cas. ❑ *adv* **1.** comme • **todo permanecía según lo había dejado** tout était comme il l'avait laissé **2.** (au fur et) à mesure que • **según nos acercábamos, el ruido aumentaba** à mesure que nous approchions, le bruit s'amplifiait **3.** *(dépendre de)* • **¿te gusta la música? según** tu aimes la musique ? ça dépend • **lo intentaré según esté de tiempo** j'essaierai en fonction du temps que j'aurai • **según parece,...** à ce qu'il paraît,.... ■ **según que** *loc adv* selon que • **según que haga frío o calor...** selon qu'il fasse froid ou chaud... ■ **según qué** *loc adj* certain(e) • **según qué días la clase es muy aburrida** certains jours, le cours est très ennuyeux. ■ **según (y) como** *loc adv* **1.** tel que, telle que • **se lo contaré según (y) como me lo contaste** je le lui raconterai tel que tu me l'as raconté **2.** • **lo intentará según (y) como se encuentre de salud** il essayera selon son état de santé.
segunda *nf* → **segundo**.
segundero *nm* trotteuse *f (d'une montre)*.
segundo, da *adj num* deuxième, second(e) • **primos segundos** cousins au second degré. Voir aussi **sexto**. ■ **segundo** *nm* seconde *f*. ■ **segunda** *nf (vitesse, classe)* seconde *f*. ■ **con segundas** *loc adv (discours, mots)* • **ir con segundas** être plein(e) de sous-entendus.
seguramente *adv (probablement)* sûrement.
segurata *nmf* *fam (de boîte de nuit)* videur *m*.
seguridad *nf* **1.** *(protection)* sécurité *f* ; *(fiabilité)* sûreté *f* • **de seguridad** *(ceinture, etc)* de sécurité **2.** *(certitude, confiance)* assurance *f* • **con seguridad** avec certitude • **seguridad en sí mismo** confiance en soi. ■ **Seguridad Social** *nf* Sécurité *f* sociale.
seguro, ra *adj* sûr(e) • **tener por seguro que** être sûr(e) ou certain(e) que. ■ **seguro** *nm* **1.** *(contrat)* assurance *f* • **seguro de vida** assurance-vie *f* **2.** *(dispositif)* sûreté *f* ; cran *m* de sûreté *(d'un pistolet)* **3.** *fam* Sécu *f* **4.** (AMÉR) épingle *f* de nourrice. ❑ *adv* sûrement.
seis *adj num inv* six • **seis personas** six personnes • **tiene seis años** il a six ans • **página seis** page six • **estamos a día seis** nous sommes le six. ❑ *nm inv* six *m* • **el seis de agosto** le six août • **calle Mayor (número) seis** six, calle Mayor • **seis por seis** six fois six • **el seis de diamantes** le six de carreau. ❑ *pron num* six • **somos seis** nous sommes six • **vinieron seis** ils sont venus à six • **los seis** tous les six. ❑ *nfpl* • **las seis** six heures • **son las seis** il est six heures.
seiscientos, tas *adj num inv* **1.** *(pour compter)* six cents • **seiscientos hombres** six cents hommes • **seiscientos veinte** six cent vingt **2.** *(pour numéroter)* six cent • **página seiscientos** page six cent.
seísmo, sismo *nm* séisme *m*.
selección *nf* **1.** sélection *f* **2.** recrutement *m* **3.** *SPORT* équipe *f* nationale.
seleccionador, ra *adj* de sélection. ❑ *nm,f* sélectionneur *m*, -euse *f*.
seleccionar *vt* sélectionner.
selectividad *nf* *examen d'entrée à l'université* ; ≃ baccalauréat *m*.
selectivo, va *adj* sélectif(ive).
selecto, ta *adj* **1.** de choix **2.** choisi(e) • **la gente selecta** les gens bien.
selector, ra *adj* de sélection. ■ **selector** *nm* sélecteur.
selfi *nm* selfie *m*.
self-service *(pl* **selfservices***)* *nm* self-service *m*, libre-service *m*.
sellado, da *adj* tamponné(e).
sellar *vt* **1.** tamponner **2.** timbrer **3.** sceller.
sello *nm* **1.** timbre *m* **2.** tampon *m* **3.** chevalière *f* **4.** *(cachet)* sceau *m* **5.** *fig (caractère)* • **tener un sello personal** avoir un certain cachet • **tener el sello de** porter la marque de. ■ **sello discográfico** *nm* maison *f* de disques.
selva *nf* jungle *f* ; forêt *f*.
selvático, ca *adj (terrain, région)* boisé(e) ; *(végétation, faune)* des bois.
semáforo *nm* feu *m (de circulation)*.
semana *nf* semaine *f* • **entre semana** en semaine • **semana laboral** semaine de travail. ■ **Semana Santa** *nf* Pâques *m* • **la Semana Santa** la Semaine sainte.

CULTURE

la Semana Santa

La Semaine sainte s'étale du dimanche des Rameaux à Pâques. Pendant cette semaine, chacune des paroisses de la ville s'organise en confréries qui convergent en processions vers l'une des places de la ville. Les pénitents portent des cagoules et défilent en suivant une croix. Derrière vient le **paso**, large plate-forme, souvent décorée de manière baroque avec des scènes de la passion du Christ, portée par des dizaines de pénitents vêtus de longues tuniques et coiffés de capuchons pointus avec deux trous pour les yeux.

semanada *nf* (AMÉR) argent *m* de poche *(distribué chaque semaine)*.
semanal *adj* hebdomadaire.
semanalmente *adv* toutes les semaines, hebdomadairement.
semanario, ria *adj* hebdomadaire. ■ **semanario** *nm* hebdomadaire *m*.
semántico, ca *adj* sémantique. ■ **semántica** *nf* sémantique *f*.
semblante *nm (expression du visage)* mine *f*.
semblanza *nf* **1.** portrait *m* **2.** notice *f* biographique.
sembrado, da *adj fig (plein)* • **sembrado de trampas** semé d'embûches. ■ **sembrado** *nm* semis *m*.
sembrador, ra *adj (technique, procédé)* d'ensemencement. ❑ *nm, f* semeur *m*, -euse *f*. ■ **sembradora** *nf* semoir *m*.
sembrar [19] *vt* **1.** semer **2.** *fig (remplir)* • **sembrar (de ou con)** couvrir (de).
semejante *adj* **1.** *(pareil)* • **semejante (a)** semblable (a) • **dos casos semejantes** deux cas semblables **2.** *(tel)* pareil(eille) • **nunca ha habido semejante cola** il n'y a jamais eu une queue pareille. ❑ *nm (gén pl)* semblable *m*.
semejanza *nf* ressemblance *f*.
semejar *vi* ressembler. ■ **semejarse** *vp* se ressembler.
semen *nm* sperme *m*.
semental *adj* • **un toro/burro semental** un taureau/âne étalon • **un caballo semental** un étalon. ❑ *nm* étalon *m*.
semestral *adj* semestriel(elle).
semestre *nm* semestre *m*.
semiautomático, ca *adj* semi-automatique.
semicircular *adj* semi-circulaire, demi-circulaire.
semicírculo *nm* demi-cercle *m*.
semiconductor, ra *adj* semi-conducteur(trice). ■ **semiconductor** *nm* semi-conducteur *m*.
semiconsciente *adj* à demi-conscient(e).
semiconsonante *nf* semi-consonne *f*.
semicorchea *nf* double-croche *f*.
semidesértico, ca *adj* semi-désertique.
semidesnatado, da *adj* demi-écrémé(e).
semidesnudo, da *adj* à moitié nu(e).
semidiós, osa *nm, f* demi-dieu *m*, demi-déesse *f*.
semidirecto *adj* semi-direct(e). ❑ *nm* semi-direct *m*.
semifinal *nf* demi-finale *f*.
semifinalista *adj* • **quedar semifinalista** aller en demi-finale. ❑ *nmf* demi-finaliste *mf*.
semilla *nf* **1.** graine *f* **2.** *fig (motif)* • **ser la semilla de algo** être à l'origine de qqch • **ser la semilla de la discordia** semer la discorde.
seminario *nm* séminaire *m*.
seminarista *nm* séminariste *m*.
semioculto, ta *adj* à demi-caché(e).
semiótica *nf* **1.** LING sémiotique *f* **2.** MÉD sémiologie *f*.
semiprecioso, sa *adj* semi-précieux(euse).
semiseco, ca *adj* demi-sec, demi-sèche *f*.
semita *adj* sémite. ❑ *nmf* Sémite *mf*.
semitismo *nm* sémitisme *m*.
semitono *nm* demi-ton *m*.
semitransparente, semitrasparente *adj* à demi transparent(e).
sémola *nf* semoule *f*.
sempiterno, na *adj sout* éternel(elle) ; *fig* sempiternel(elle).
Sena *npr* • **el Sena** la Seine.
senado *nm* sénat *m*. ■ **Senado** *nm* • **el Senado** le Sénat.
senador, ra *nm, f* sénateur *m*.
sencillamente *adv* simplement.
sencillez *nf* simplicité *f*.
sencillo, lla *adj* simple. ■ **sencillo** *nm* (AMÉR) *fam* petite monnaie *f*.
senda *nf* **1.** sentier *m* **2.** *(moyen, méthode)* voie *f*.
senderismo *nm* randonnée *f*.
senderista *adj* du Sentier lumineux. ❑ *nmf* **1.** randonneur *m*, -euse *f* **2.** *membre ou partisan de la guérilla péruvienne du Sentier lumineux*.
sendero *nm* sentier *m*.
sendos, das *adj* chacun un, chacun une, chacune un, chacune une • **Pedro y Juan llevaban sendos paquetes** Pedro et Juan portaient chacun un paquet.
Senegal *npr* • **(el) Senegal** (le) Sénégal.
senegalés, esa *adj* sénégalais(e). ❑ *nm, f* Sénégalais *m*, -e *f*.
senil *adj* sénile.
sénior *adj inv* **1.** • **¿está el Señor López sénior?** monsieur López père est-il là ? **2.** SPORT senior. ❑ *nm* (*pl* **seniors**) senior *mf*.
seno *nm* **1.** sein *m* • **tiene grandes senos** elle a une poitrine opulente • **en el seno de** *fig* au sein de **2.** *(cavité)* poche *f* **3.** MATH & ANAT sinus *m*.
sensación *nf* **1.** sensation *f* **2.** impression *f*.
sensacional *adj* sensationnel(elle).
sensacionalismo *nm* sensationnalisme *m*.
sensacionalista *adj* à sensation.
sensatez *nf* bon sens *m*.
sensato, ta *adj* sensé(e).
sensibilidad *nf* sensibilité *f*.
sensibilización *nf* sensibilisation *f*.

sensibilizar [13] *vt* sensibiliser.
sensible *adj* **1.** *(gén) PHOTO* sensible **2.** délicat(e).
sensiblemente *adv* sensiblement.
sensiblería *nf péj* sensiblerie *f*.
sensiblero, ra *adj péj* mièvre ; trop sensible.
sensitivo, va *adj* sensitif(ive).
sensor *nm* capteur *m*.
sensorial *adj* sensoriel(elle).
sensual *adj* sensuel(elle).
sensualidad *nf* sensualité *f*.
sentado, da *adj (prudent)* réfléchi(e) • **dar algo por sentado** considérer qqch comme acquis. ■ **sentada** *nf* sit-in *m* • **de una sentado** d'une traite.
sentar [19] *vt litt & fig* asseoir. ❑ *vi* **1.** *(vêtement, coiffure)* aller • **ese vestido te sienta bien** cette robe te va bien • **el negro le sienta fatal** le noir ne lui va pas du tout **2.** *(climat, vacances, repas, etc)* • **sentar bien/mal a alguien** réussir/ne pas réussir à qqn • **un descanso te sentará bien** ça te fera du bien de te reposer • **el clima húmedo me sienta mal** le climat humide ne me réussit pas • **las espinacas me han sentado mal** je n'ai pas digéré les épinards **3.** *(commentaire, action)* • **sentar bien** plaire • **sentar mal** déplaire. ■ **sentarse** *vp* s'asseoir.
sentencia *nf* sentence *f*.
sentenciar [8] *vt* **1.** *DR* • **sentenciar (a)** condamner (à) **2.** *fig (avec un a priori)* • **antes de entrar al examen ya estaba sentenciado** avant même de commencer l'examen il savait qu'il n'avait aucune chance • **estar sentenciado al fracaso** être voué à l'échec.
sentido, da *adj (sentiment)* sincère • **ser muy sentido** être très susceptible. ■ **sentido** *nm* **1.** sens *m* • **no tiene sentido que...** ça ne sert à rien de... • **de sentido único** à sens unique • **doble sentido** double sens • **sentido común** sens commun • **sentido del humor** sens de l'humour • **sexto sentido** sixième sens **2.** connaissance *f* • **quedarse sin sentido, perder el sentido** perdre connaissance. ■ **sin sentido** *nm* non-sens *m inv*.
sentimental *adj* sentimental(e).
sentimentalismo *nm* sentimentalisme *m*.
sentimentaloide *adj* à l'eau de rose. ❑ *nmf* • **ser un sentimentaloide** être fleur bleue.
sentimiento *nm (gén pl)* **1.** sentiment *m* **2.** *(peine)* • **le acompaño en el sentimiento** croyez à toute ma sympathie.
sentir [27] *nm* sentiment *m*. ❑ *vt* **1.** *(percevoir, apprécier)* sentir ; entendre *(un bruit)* **2.** *(expérimenter)* avoir *(chaud, faim)* ; éprouver, ressentir *(de la tendresse, de la pitié)* • **sentir vergüenza** éprouver de la honte **3.** regretter • **lo siento (mucho)** je suis (vraiment) désolé(e) **4.** penser • **te lo digo como lo siento** je te le dis comme je le pense. ■ **sentirse** *vp* se sentir • **sentirse cansado** se sentir fatigué • **sentirse superior** se croire supérieur(e) • **sentirse forzado a hacer algo** se sentir obligé de faire qqch.
senyera = **señera**.
seña *nf* **1.** signe *m* • **hacer(le) señas (a alguien)** faire des signes (à qqn) **2.** consigne *f*. ■ **señas** *nfpl* adresse *f*, coordonnées *fpl*.
señal *nf* **1.** signe *m* • **en señal de** en signe de • **dar señales de vida** *fig* donner signe de vie **2.** signal *m* ; tonalité *f (d'une ligne téléphonique)* ; • **señal sonora** signal sonore **3.** *(empreinte, cicatrice)* marque *f* **4.** acompte *m*, arrhes *fpl* **5.** *AUTO* • **señal (de tráfico)** panneau *m* (de signalisation) • **la señal de stop** le stop.
señalado, da *adj* important(e) • **un día señalado** un grand jour.
señalar *vt* **1.** *(marquer, dire)* signaler **2.** montrer • **no señales al señor con el dedo** ne montre pas le monsieur du doigt **3.** indiquer ; marquer **4.** fixer • **hemos señalado la fecha de...** nous avons fixé la date de.... ■ **señalarse** *vp* **1.** se dessiner **2.** *fig* se distinguer.
señalización *nf* signalisation *f* • **las señalizaciones son poco claras** la signalisation n'est pas très claire.
señalizador, ra *adj* de signalisation, signalisateur(trice).
señalizar [13] *vt* signaliser.
señera, senyera *nf drapeau catalan*.
señor, ra *adj* **1.** distingué(e) **2.** *(en apposition) fam* beau, belle *f*. ■ **señor** *nm* **1.** *(titre)* monsieur *m* • **el señor Pérez** M. Pérez • **los señores Pérez** M. et Mme Pérez • **el señor presidente** M. le président • **Muy señor mío** *(dans une lettre)* Cher Monsieur • **señores, siéntense** asseyez-vous messieurs **2.** *(homme)* monsieur *m* **3.** gentleman *m* • **es todo un señor** c'est un vrai gentleman **4.** *HIST* seigneur *m* **5.** *(maître)* • **como el señor no está...** comme Monsieur n'est pas là... • **el señor de la casa** le maître de maison. ■ **señora** *nf* **1.** *(titre)* madame *f* • **la señora Pérez** Mme Pérez • **la señora presidenta** Mme le président • **¡señoras y señores!** mesdames, mesdemoiselles, messieurs • **Estimada señora** *(dans une lettre)* Chère Madame • **¿señora o señorita?** madame ou mademoiselle ? **2.** *(épouse)* femme *f* **3.** *(maîtresse de maison)* • **como la señora no está...** comme Madame n'est pas là... • **la señora de la casa** la maîtresse de maison.
señorear *vt* dominer, maîtriser.
señoría *nf* • **su señoría** *(à un juge)* Votre Honneur.
señorial *adj* **1.** majestueux(euse) **2.** seigneurial(e).
señorío *nm* **1.** autorité *f* **2.** distinction *f*.
señorito, ta *adj péj* • **es muy señorito** il aime bien se faire servir. ■ **señorito** *nm* **1.** *vieilli fils de propriétaires terriens* **2.** *fam & péj* fils *m* à papa • **el señorito** monsieur. ■ **señorita** *nf* **1.** demoiselle *f (célibataire)* **2.** *(titre)* mademoiselle *f* • **la señorita Pérez** mademoiselle Pérez **3.** *(à l'école)* • **¡señorita!** maîtresse !

señuelo *nm* **1.** appeau *m* **2.** *fig* leurre *m*.
seo *nf* cathédrale *f*.
sep., sep, sept., sept (abrév de septiembre) sept. • **11 sep. 2001** 11 sept. 2001.
sepa → saber.
separación *nf* **1.** séparation *f* **2.** écart *m*.
separado, da *adj* **1.** *(éloigné)* • **estar separado de** être loin de **2.** *(couple)* séparé(e). ❑ *nm,f* personne *f* séparée.
separar *vt* **1.** séparer • **los pantalones están separados por tallas** les pantalons sont rangés par taille **2.** *(écarter)* • **separar algo de** éloigner qqch de **3.** *(réserver)* mettre de côté. ■ **separarse** *vp* • **separarse (de) a)** se séparer (de) **b)** *(s'écarter)* s'éloigner (de).
separatismo *nm* séparatisme *m*.
separatista *adj & nmf* séparatiste.
separo *nm* (AMÉR) cellule *f (de prison)*.
sepelio *nm* obsèques *fpl*.
sepia *nf* seiche *f*.
septentrional *adj* septentrional(e). ❑ *nmf* habitant *m*, -e *f* du Nord.
septicemia *nf* MÉD septicémie *f*.
septiembre, setiembre *nm* septembre *m* • **el 1 de septiembre** le 1er septembre • **uno de los septiembres más lluviosos de la última década** l'un des mois de septembre les plus pluvieux de la dernière décennie • **a mediados de septiembre** à la mi-septembre • **a principios/finales de septiembre** au début/à la fin du mois de septembre • **el pasado/próximo (mes de)septiembre** en septembre dernier/prochain • **en pleno septiembre** en plein mois de septembre • **en septiembre** en septembre • **este septiembre (pasado/próximo)** en septembre (dernier/prochain) • **para septiembre** en septembre • **entrará en el colegio para septiembre** il fera sa rentrée scolaire en septembre • **lo quiero para septiembre** je le veux pour le mois de septembre.
séptimo, ma, sétimo, ma *adj num* septième. Voir aussi **sexto**.
septuagenario, ria *adj & nm,f* septuagénaire.
sepulcral *adj* **1.** funéraire **2.** *fig (voix)* sépulcral(e).
sepulcro *nm* tombeau *m*.
sepultar *vt* **1.** inhumer **2.** *fig* ensevelir.
sepultura *nf* **1.** inhumation *f* • **dar sepultura** inhumer • **recibir sepultura** être inhumé(e) **2.** sépulture *f*.
sepulturero, ra *nm,f* fossoyeur *m*.
sequedad *nf* sécheresse *f*.
sequía *nf* sécheresse *f*.
séquito *nm* **1.** suite *f* **2.** conséquence *f*.

ser

■ **ser** [5] *nm*

être *m* • **los seres humanos** les êtres humains

■ **ser** [5] *vi*

1. DEVANT UN ADJECTIF, INDIQUE UN TRAIT CARACTÉRISTIQUE PERMANENT

être • **es muy guapo** il est très beau • **son muy majos** ils sont très sympas

2. POUR INSISTER SUR UNE CARACTÉRISTIQUE

être • **lo que me explicó era muy interesante** ce qu'il m'a expliqué était très intéressant • **lo importante es decidirse** l'important c'est de se décider • **allí fue donde nació** c'est là qu'il est né

3. DEVANT UN NOM

être • **soy abogado** je suis avocat • **es un amigo** c'est un ami

4. DEVANT UN PARTICIPE PASSÉ, POUR FORMER LA VOIX PASSIVE

être • **fue visto por un testigo** il a été vu par un témoin

5. POUR INDIQUER L'HEURE

être • **¿qué hora es?** quelle heure est-il ? • **son las tres de la tarde** il est trois heures de l'après-midi

6. POUR INDIQUER LA DATE

être • **hoy es martes** aujourd'hui, on est mardi • **mañana es 15 de julio** demain, c'est le 15 juillet

7. DANS DES EXPRESSIONS TEMPORELLES

être • **es muy tarde** il est très tard

8. POUR INDIQUER UN PRIX, UNE QUANTITÉ

être • **¿cuánto es?** c'est combien ? • **somos tres** nous sommes trois

9. AVOIR LIEU, SE DÉROULER

• **la conferencia era esta mañana** la conférence a eu lieu ce matin • **¿cómo fue el accidente?** comment l'accident est-il arrivé ?

10. EN MATHÉMATIQUES

faire • **dos y dos son cuatro** deux et deux font quatre

11. SUIVI DE "QUE", POUR INSISTER

• **es que ayer no vine porque estaba enfermo** si je ne suis pas venu hier, c'est parce que j'étais malade

12. DANS DES EXPRESSIONS

• **a no ser que** à moins que • **de no ser por ti me hubiera ahogado** si tu n'avais pas été là, je me serais noyé • **no es nada** ce n'est rien • **se ha dado un golpe, pero no es nada** il s'est cogné, mais ce n'est rien • **¡no es para menos!** il y a de quoi ! • **pinchamos y por si fuera poco nos quedamos sin gasolina** nous avons crevé et comme si ça ne suffisait pas nous sommes tombés en panne d'essence • **como sea** coûte que coûte

■ **ser de** *v + prép*

1. INDIQUE L'ORIGINE

être de • **yo soy de Madrid** je suis de Madrid

2. INDIQUE L'APPARTENANCE

• **ese libro es de mi hermano** ce libre est à mon frère • **él es del Consejo Superior** il est membre du Conseil supérieur • **Pedro es**

como de la familia Pedro est comme un membre de la famille
3. INDIQUE LA MATIÈRE
être en • **el reloj es de oro** la montre est en or
4. DANS DES EXPRESSIONS
• **es de día** il fait jour • **¿qué es de ti?** qu'est-ce que tu deviens ? • **es de desear que la situación se mejore** il serait souhaitable que la situation s'améliore • **era de esperar** on pouvait s'y attendre • **es de suponer que han tomado las precauciones necesarias** on peut supposer qu'ils ont pris toutes les précautions nécessaires

■ **ser para** *v + prép*
1. SERVIR DE
• **este trapo es para limpiar los cristales** c'est le chiffon qui sert à nettoyer les vitres
2. S'ADRESSER À
• **este libro no es para niños** ce n'est pas un livre pour les enfants

SER (abrév de Sociedad Española de Radiodifusión) *nf chaîne de radio espagnole privée.*
Serbia *npr* Serbie *f.*
serbio, bia *adj* serbe. ❑ *nm,f* Serbe *mf.*
serenar *vt (personne)* apaiser. ■ **serenarse** *vp* se calmer ; *(temps)* s'améliorer.
serenata *nf* **1.** *MUS* sérénade *f* **2.** • **dar serenata** ne pas laisser fermer l'œil de la nuit.
serenidad *nf* **1.** sérénité *f (d'une personne)* **2.** calme *m (de la nuit, de la mer, etc)*.
sereno, na *adj* **1.** *(personne)* serein(e) **2.** *(atmosphère, ciel)* clair(e) **3.** *(mer)* calme. ■ **sereno** *nm personne qui était chargée de surveiller les rues et d'ouvrir les portes des immeubles la nuit à Madrid en particulier.*
serial *nm* feuilleton *m.*
seriamente *adv* sérieusement.
serie *nf* série *f* • **fuera de serie** hors série. ■ **en serie** *loc adv* **1.** en série **2.** *INFORM* série.
seriedad *nf* sérieux *m* • **con seriedad** sérieusement.
serio, ria *adj* **1.** sérieux(euse) **2.** *(couleur)* sévère ; *(tenue)* strict(e). ■ **en serio** *loc adv* sérieusement.
sermón *nm* sermon *m.*
sermonear *vt* sermonner.
seropositivo, va *adj & nm,f* séropositif(ive).
serpentear *vi* serpenter.
serpentina *nf* serpentin *m.*
serpiente *nf* serpent *m.*
serranía *nf* région *f* montagneuse.
serrano, na *adj* **1.** montagnard(e) • **una tierra serrana** un pays montagneux **2.** → **jamón**. ❑ *nm,f* montagnard *m*, -e *f.*
serrar [19] *vt* scier.
serrín *nm* sciure *f.*
serrucho *nm* scie *f* (égoïne).
servicial *adj* serviable.
servicio *nm* **1.** *(gén) SPORT* service *m* • **prestar un servicio** rendre un service • **servicio de té/de mesa** service à thé/de table • **servicio de urgencias** service des urgences • **servicio militar** service militaire • **servicio público** service public **2.** *(personnel de maison)* • **servicio (doméstico)** domestiques *mpl* **3.** *(tour)* garde *f* **4.** *(gén pl) (cabinet)* toilettes *fpl.*
servidor, ra *nm,f* **1.** *(moi)* • **este pastel lo ha hecho un servidor** ce gâteau c'est moi qui l'ai fait **2.** *(dans une lettre)* • **su seguro servidor** votre dévoué serviteur. ❑ *interj (à l'appel)* • **¡servidor!** présent ! ■ **servidor** *nm INFORM* serveur *m.*
servidumbre *nf* **1.** domestiques *mpl* **2.** dépendance *f* **3.** servitude *f.*
servil *adj* servile.
servilleta *nf* serviette *f (de table).*
servilletero *nm* porte-serviettes *m inv* ; rond *m* de serviette.
servir [26] *vt* **1.** servir *(un repas, une boisson)* • **sírvanos dos cervezas** deux bières s'il vous plaît • **¿te sirvo más?** je t'en ressers ? **2.** être utile à • **¿en qué puedo servirle?** en quoi puis-je vous être utile ? ❑ *vi* servir • **una tabla le servía de mesa** une planche lui servait de table • **servir para** servir à • **no sirve para nada** ça ne sert à rien • **no sirve para estudiar** il n'est pas fait pour les études. ■ **servirse** *vp* **1.** se servir *(à manger, à boire)* • **sírvete...** sers-toi... **2.** *(profiter de)* • **servirse de** se servir de **3.** *(formule de politesse)* • **sírvase sentarse** veuillez vous asseoir.
servoasistido, da *adj AUTO* • **freno servoasistido** servofrein • **dirección servoasistida** direction assistée.
sésamo *nm* sésame *m.*
sesear *vi prononcer en espagnol les « c », devant « e » et « i », et les « z » comme des « s ».*
sesenta *adj num inv* soixante • **los (años) sesenta** les années soixante. ❑ *nm inv* soixante *m inv.*
sesentavo, va *adj num* soixantième.
seseo *nm prononciation en espagnol des « c », devant « e » et « i », et des « z » comme des « s ».*
sesera *nf* **1.** *fam* caboche *f* **2.** *fam & fig* jugeote *f.*
sesgado, da *adj (information, vision)* biaisé(e), tendancieux(euse).
sesgo, ga *adj* en biais • **al sesgo** en biais. ■ **sesgo** *nm fig* tournure *f.*
sesión *nf* séance *f* ; *THÉÂTRE* représentation *f* • **un cine de sesión continua** un cinéma permanent.
seso *nm (gén pl)* **1.** *(gén) CULIN* cervelle *f* **2.** *fam* jugeote *f* • **sorber el seso** ou **los sesos a alguien** *fam* tourner la tête à qqn.
sestear *vi* faire la sieste.
sesudo, da *adj fam* • **es sesudo** c'est une tête.
set (*pl* **sets**) *nm SPORT* set *m.*
seta *nf* champignon *m.*
setecientos, tas *adj num inv* sept cents. Voir aussi **seiscientos**.

setenta *adj num inv & nm inv* soixante-dix. Voir aussi **sesenta**.
setentavo, va *adj num* soixante-dixième. Voir aussi **sexto**.
setiembre = **septiembre**.
sétimo, ma = **séptimo**.
seto *nm (clôture)* haie *f*.
seudónimo *nm* pseudonyme *m*.
Seúl *npr* Séoul.
s.e.u.o. abrév de **salvo error u omisión**.
severidad *nf* sévérité *f*.
severo, ra *adj* sévère.
Sevilla *npr* Séville.
sevillano, na *adj* sévillan(e). ❑ *nm,f* Sévillan *m*, -e *f*. ■ **sevillanas** *nfpl danse folklorique apparentée au Flamenco, composée de quatre mouvements, et qui se danse en couple*.
sexagenario, ria *adj & nm,f* sexagénaire.
sex-appeal [seksa'pil] *nm inv* sex-appeal *m inv*.
sexismo *nm* sexisme *m*.
sexista *adj & nmf* sexiste.
sexo *nm* sexe *m* • **sexo débil** sexe faible.
sexólogo, ga *nm,f* sexologue *mf*.
sex-shop [sek'ʃop] (*pl* **sex-shops**) *nm* sex-shop *m*.
sex-symbol *nmf* sex-symbol *m*.
sextante *nm* sextant *m*.
sexteto *nm* **1.** MUS sextuor *m* **2.** LITTÉR sizain *m*.
sexto, ta *adj num* sixième • **Carlos sexto** Charles six • **el sexto piso** le sixième étage • **el sexto de la clase** le sixième de la classe • **llegó el sexto** il est arrivé sixième.
sextuplicar [10] *vt* sextupler. ■ **sextuplicarse** *vp* sextupler.
séxtuplo, pla *adj* sextuple. ■ **séxtuplo** *nm* sextuple *m*.
sexual *adj* sexuel(elle).
sexualidad *nf* sexualité *f*.
sexy (*pl* **sexys**) *adj* sexy.
sha [sa, ʃa] *nm* chah *m*.
sharia = **charia**.
shetland ['ʃedlan] (*pl* **shetlands**) *nm* shetland *m*.
shiatsu ['ʃiatsu] *nm* shiatsu *m*.
shock = **choc**.
short ['ʃort], **shorts** ['ʃorts] *nm* short *m*.
show ['ʃou] (*pl* **shows**) *nm* show *m* • **montar un show** *fam* faire tout un cirque.
si[1] (*pl* **sis**) *nm* MUS si *m*.
si[2] *conj* **1.** si, s' *(devant un i)* • **¿y si fuéramos a verlo?** et si on allait le voir • **si viene, me voy** s'il vient je m'en vais • **me pregunto si lo sabe** je me demande s'il le sait **2.** *(exprime l'insistance)* • **¡pero si no he hecho nada!** mais je n'ai rien fait ! • **si ya sabía yo que…** je savais bien que…
sí[1] (*pl* **síes**) *nm* oui *m* • **dar el sí** donner son approbation.
sí[2] *adv* **1.** *(affirmation)* oui ; *(après une réponse négative)* si • **¿vendrás? sí, iré** tu viendras ? oui, je viendrai • **¿no te lo dijo? sí, acaba de hacerlo** il ne te l'a pas dit ? si, il vient de le faire • **¡claro que sí!** mais bien sûr ! **2.** *(emploi emphatique)* • **sí que me gusta** elle me plaît vraiment • **¡a que no lo haces! ¡a que sí!** je parie que tu ne le fais pas ! chiche ! • **¿por qué lo quieres? — porque sí** pourquoi tu le veux ? parce que • **me voy de viaje — ¡(ah) sí…!** je pars en voyage — ah bon ! ❑ *pron pers* lui ; elle ; eux ; elles ; *(« usted », « ustedes »)* vous • **cuando uno piensa en sí mismo** quand on pense à soi • **decir para sí (mismo)** se dire • **de por sí** en soi.
siamés, esa *adj* siamois(e). ❑ *nm,f* **1.** *(de Siam)* Siamois *m*, -e *f* **2.** *(frère)* siamois *m*, -e *f*. ■ **siamés** *nm* siamois *m*.
sibarita *adj & nmf* sybarite.
Siberia *npr* Sibérie *f*.
sibila *nf* sibylle *f*.
sibilino, na *adj* sibyllin(e).
sicario *nm* tueur *m* à gages ; *sout* sicaire *m*.
Sicilia *npr* Sicile *f*.
sicoanálisis = **psicoanálisis**.
sicoanalista = **psicoanalista**.
sicoanalizar = **psicoanalizar**.
sicodélico, ca = **psicodélico**.
sicodrama = **psicodrama**.
sicología = **psicología**.
sicológico, ca = **psicológico**.
sicólogo, ga = **sicológo**.
sicomotor, ra = **psicomotor**.
sicópata = **psicópata**.
sicosis = **psicosis**.
sicosomático, ca = **psicosomático**.
sicotécnico, ca = **psicotécnico**.
sida (abrév de **síndrome de inmunodeficiencia adquirida**) *nm* sida *m* • **el virus del sida** le virus du sida.
sidecar *nm* side-car *m*.
sideral *adj* **1.** *(des astres)* sidéral(e) **2.** (AMÉR) *fam (prix)* extravagant(e).
siderurgia *nf* sidérurgie *f*.
siderúrgico, ca *adj* sidérurgique.
sidoso, sa *adj & nm,f péj* sidéen(enne).
sidra *nf* cidre *m*.
siega *nf* moisson *f*.
siembra *v* → **sembrar**. ❑ *nf* semailles *fpl*.
siempre *adv* **1.** toujours • **como/desde siempre** comme/depuis toujours • **de siempre** habituel(elle) • **lo de siempre** comme d'habitude • **somos amigos de siempre** nous sommes amis depuis toujours • **para siempre** pour toujours • **para siempre jamás** à jamais **2.** (AMÉR) *(sans doute)* vraiment • **¿siempre nos vemos mañana?** on se voit toujours demain ? ■ **siempre que** *loc conj* **1.** chaque fois que • **siempre que vengo** chaque fois que je viens **2.** pourvu que, à condition que • **siempre que seas bueno** à condition que tu sois gentil. ■ **siempre y cuando** *loc conj* pourvu que.
sien *nf* tempe *f*.
sierpe *nf* ZOOL serpent *m*.

sierra *v* → **serrar**. ❑ *nf* **1.** scie *f* **2.** *GÉOGR* sierra *f*, chaîne *f* de montagnes **3.** *(région montagneuse)* montagne *f* • **en la sierra** à la montagne.

siervo, va *nm,f* **1.** serf *m*, serve *f* **2.** *RELIG* serviteur *m*, servante *f*.

siesta *nf* sieste *f*.

siete *adj num inv & nm inv* sept. ❑ *nf* • **¡la gran siete!** (AMÉR) *fam & fig* purée ! Voir aussi **seis**.

sietemesino, na *adj & nm,f* prématuré(e) *(de sept mois)*.

sífilis *nf inv* syphilis *f*.

sifón *nm* **1.** siphon *m* **2.** eau *f* de Seltz.

sig. = **s.**.

sigilo *nm* discrétion *f* • **con mucho sigilo a)** *(secrètement)* en grand secret **b)** *(en silence)* très discrètement.

sigilosamente *adv* discrètement.

sigiloso, sa *adj* discret(ète).

sigla *nf* sigle *m*.

siglo *nm* siècle *m* • **hace siglos que no te veo** ça fait des siècles que je ne t'ai pas vu • **por los siglos de los siglos** pour la vie.

CULTURE

el Siglo de Oro

Le terme « Siècle d'or » désigne la période couvrant les XVIe et XVIIe siècles durant laquelle l'Espagne atteint son apogée. Grâce à la découverte de l'Amérique, le pays devient la première puissance politique et économique d'Europe. Sur le plan artistique, la littérature vit ses heures de gloire avec, notamment, des auteurs tels que Quevedo, Lope de Vega et Calderón de la Barca.

signatario, ria *adj & nm,f* signataire.

signatura *nf (dans une bibliothèque)* cote *f*.

significación *nf* **1.** signification *f* **2.** *(importance)* portée *f*.

significado, da *adj* important(e). ■ **significado** *nm* signification *f*.

significante *nm LING* signifiant *m*.

significar [10] *vt* signifier. ❑ *vi (avoir de l'importance)* • **significa mucho para mí** cela représente beaucoup pour moi.

significativamente *adv* significativement.

significativo, va *adj* **1.** significatif(ive) ; *(regard, geste, etc)* éloquent(e) **2.** important(e).

signo *nm* signe *m* • **signo de exclamación** ou **de admiración** point *m* d'exclamation • **signo de interrogación** point d'interrogation.

siguiente *adj* suivant(e) • **a la mañana siguiente** le lendemain matin • **al día siguiente** le lendemain. ❑ *nm,f* suivant *m*, -e *f* • **¡el siguiente!** au suivant ! • **lo siguiente** la chose suivante.

sij (*pl* **sijs**) *adj & nm,f* sikh.

sílaba *nf* syllabe *f*.

silabear *vt* prononcer en détachant les syllabes ; scander *(un vers)*. ❑ *vi* détacher les syllabes.

silbar *vt & vi* siffler.

silbato *nm* sifflet *m*.

silbido, silbo *nm* **1.** sifflement *m* **2.** sifflet *m (pour huer)* **3.** coup *m* de sifflet.

silenciador *nm* silencieux *m*.

silenciar [8] *vt* passer sous silence ; étouffer *(un scandale)*.

silencio *nm* silence *m* • **estar en silencio** être silencieux(euse) • **guardar silencio (sobre algo)** garder le silence (sur qqch) • **romper el silencio** rompre le silence.

silencioso, sa *adj* silencieux(euse).

sílfide *nf* sylphide *f*.

silicio *nm* silicium *m*.

silicona *nf* silicone *f*.

silla *nf* **1.** chaise *f* • **silla de ruedas** fauteuil *m* roulant • **silla eléctrica** chaise électrique • **silla (de montar)** selle *f* **2.** siège *m (d'un prélat)*.

sillar *nm* pierre *f* de taille.

sillín *nm* selle *f (de bicyclette, etc)*.

sillita *nf* poussette *f*.

sillón *nm* fauteuil *m*.

silo *nm* silo *m*.

silogismo *nm* syllogisme *m*.

silueta *nf* silhouette *f*.

silvestre *adj (plante, etc)* sauvage.

silvicultura *nf* sylviculture *f*.

SIM (abrév de Subscriber Identity Module) • **tarjeta SIM** carte SIM.

sima *nf* gouffre *m*.

simbiosis *nf inv* symbiose *f*.

simbólico, ca *adj* symbolique.

simbolismo *nm* symbolisme *m*.

simbolista *adj & nmf* symboliste.

simbolizar [13] *vt* symboliser.

símbolo *nm* symbole *m*.

simetría *nf* symétrie *f*.

simétrico, ca *adj* symétrique.

simiente *nf sout* semence *f*.

simiesco, ca *adj* simiesque.

símil *nm* similitude *f*.

similar *adj* • **similar (a)** semblable (à).

similitud *nf* similitude *f*.

simio, mia *nm,f* singe *m*, guenon *f*.

simpatía *nf* sympathie *f* • **tener** ou **sentir simpatía por** avoir de la sympathie pour.

simpático, ca *adj* sympathique.

simpatizante *adj & nmf* sympathisant(e).

simpatizar [13] *vi* sympathiser • **simpatizar con a)** sympathiser avec *(une personne)* **b)** adhérer à *(une théorie, etc)* • **enseguida simpaticé con ellos** nous avons tout de suite sympathisé.

simple *adj* **1.** simple **2.** simplet(ette). ❑ *nmf* niais *m*, -e *f*. ❑ *nm SPORT* simple *m*.

simplemente *adv* simplement.

simpleza *nf* simplicité *f* d'esprit ; bêtise *f*.
simplicidad *nf* simplicité *f*.
simplificación *nf* simplification *f*.
simplificar [10] *vt* simplifier.
simplismo *nm* simplisme *m*.
simplista *adj & nmf* simpliste.
simplón, ona *adj & nm,f* simplet(ette).
simposio, simposium *nm* symposium *m*.
simulación *nf* simulation *f*.
simulacro *nm* simulacre *m*.
simulador, ra *adj* simulateur(trice). ■ **simulador** *nm* simulateur *m*.
simular *vt* simuler • **simular hacer algo** feindre de faire qqch.
simultanear *vt* mener de front • **simultaneo el trabajo y el estudio** je mène de front le travail et les études.
simultaneidad *nf* simultanéité *f*.
simultáneo, a *adj* simultané(e).
sin *prép* sans • **sin sal** sans sel • **sin parar** sans arrêt • **sin alcohol** non alcoolisé(e) • **estamos sin vino** nous n'avons plus de vin • **está sin terminar/hacer** ce n'est pas fini/fait • **sin que nadie se enterara** sans que personne ne le sache. ■ **sin embargo** *loc conj* cependant.
sinagoga *nf* synagogue *f*.
sincerarse *vp* • **sincerarse (con)** se confier (à).
sinceridad *nf* sincérité *f* • **con sinceridad** sincèrement.
sincero, ra *adj* sincère.
sincopado, da *adj* syncopé(e).
síncope *nm* syncope *f*.
sincretismo *nm* syncrétisme *m*.
sincronía *nf* **1.** synchronisme *m* ; synchronisation *f* **2.** LING synchronie *f*.
sincronismo *nm* synchronisme *m*.
sincronización *nf* synchronisation *f*.
sincronizar [13] *vt* synchroniser.
sindicación *nf* syndicalisation *f*.
sindical *adj* syndical(e).
sindicalismo *nm* syndicalisme *m*.
sindicalista *adj & nmf* syndicaliste.
sindicar [10] *vt* syndiquer. ■ **sindicarse** *vp* se syndiquer.
sindicato *nm* syndicat *m*.
síndico *nm* syndic *m*.
síndrome *nm* syndrome *m* • **síndrome de abstinencia** syndrome de sevrage • **síndrome de Down** trisomie *f* 21, syndrome de Down.
sine ■ **sine die** *loc adv* indéfiniment.
sinecura *nf* sinécure *f*.
sinergia *nf* synergie *f*.
sinfín *nm* • **un sinfín de** une infinité de • **un sinfín de problemas** des problèmes à n'en plus finir.
sinfonía *nf* symphonie *f*.
sinfónico, ca *adj* symphonique.
Singapur *npr* Singapour.
singladura *nf* **1.** *(NAUT - direction)* route *f* ; *(- distance) parcours d'un bateau en 24 heures* **2.** *fig (développement)* • **empezar la singladura de algo** *(année, etc)* entamer qqch.
single ['siŋgel] *nm* 45-tours *m inv*.
singular *adj* **1.** *(gén)* GRAMM singulier(ère) **2.** unique. ❑ *nm* GRAMM singulier *m* • **en singular** au singulier.
singularidad *nf* singularité *f* • **tener la singularidad de** avoir la particularité de.
singularizar [13] *vt* singulariser • **no quiero singularizar** je ne veux nommer personne. ■ **singularizarse** *vp* se singulariser.
siniestralidad *nf* • **(índice de) siniestralidad** taux *m* d'accidents.
siniestro, tra *adj* **1.** sinistre **2.** funeste. ■ **siniestro** *nm* sinistre *m* ; accident *m (de la route)*.
sinnúmero *nm* • **un sinnúmero de** un nombre incalculable de.
sino *conj* **1.** mais • **no es azul, sino verde** ce n'est pas bleu mais vert • **no sólo es listo, sino también trabajador** non seulement il est intelligent, mais en plus il est travailleur **2.** sauf • **nadie lo sabe sino él** personne ne le sait sauf lui • **no podemos hacer nada sino esperar** nous ne pouvons rien faire d'autre que d'attendre • **no hace sino hablar** il ne fait que parler • **no quiero sino que se haga justicia** je veux seulement que justice soit faite.
sínodo *nm* synode *m*.
sinónimo, ma *adj* synonyme. ■ **sinónimo** *nm* synonyme *m*.
sinopsis *nf inv* résumé *m* ; synopsis *m (d'un film)*.
sinóptico, ca *adj* synoptique.
sinrazón *nf* **1.** folie *f (gén pl)* **2.** injustice *f*.
sinsabor *nm (gén pl)* désagrément *m*.
sinsentido *nm* non-sens *m*, absurdité *f*.
sintagma *nm* syntagme *m*.
sintaxis *nf inv* syntaxe *f*.
síntesis *nf inv* synthèse *f* • **en síntesis** en résumé.
sintético, ca *adj* synthétique.
sintetizador, ra *adj* de synthèse. ■ **sintetizador** *nm* synthétiseur *m*.
sintetizar [13] *vt* synthétiser.
sintoísmo *nm* shintoïsme *m*.
síntoma *nm* symptôme *m*.
sintomático, ca *adj* symptomatique.
sintonía *nf* **1.** MUS indicatif *m* **2.** RADIO réglage *m* ; *(station)* fréquence *f* **3.** *fig* entente *f* • **estamos en sintonía** nous sommes sur la même longueur d'onde.
sintonizar [13] *vt (connecter)* • **sintoniza Radio Nacional** mets Radio Nacional. ❑ *vi* **1.** **sintonizan con Radio Nacional** vous écoutez Radio Nacional **2.** *fig* être sur la même longueur d'onde • **sintonizar con alguien en algo** s'entendre avec qqn sur qqch.
sinuoso, sa *adj* **1.** *(chemin, etc)* sinueux(euse) **2.** *fig (manœuvres, comportement)* tortueux(euse).

sinusitis *nf inv* sinusite *f.*
sinvergüenza *adj* effronté(e). ❑ *nmf* crapule *f.*
sionismo *nm* sionisme *m.*
sionista *adj & nmf* sioniste.
siquiatra = **psiquiatra.**
siquiátrico, ca = **psiquiátrico.**
siquiatría = **psiquiatría.**
síquico, ca = **psíquico.**
siquiera *conj* même si • **hazme este favor, siquiera sea el último** rends-moi ce service, même si c'est le dernier • **ven siquiera por pocos días** viens ne serait-ce que quelques jours. ❑ *adv* au moins • **dime siquiera su nombre** dis-moi au moins son nom. ■ **ni (tan) siquiera** *loc conj* même pas • **ni (tan) siquiera me saludaron** ils ne m'ont même pas dit bonjour.
sirena *nf* sirène *f.*
Siria *npr* Syrie *f.*
sirimiri *nm* bruine *f.*
siroco *nm* sirocco *m.*
sirope *nm* sirop *m.*
sirviente, ta *nm,f* domestique *mf.*
sisa *nf* **1.** • **hacer sisa** grappiller (à droite à gauche) **2.** emmanchure *f.*
sisar *vt* **1.** grappiller (à droite à gauche) **2.** échancrer. ❑ *vi* grappiller.
sisear *vt & vi* siffler ; dire « chut ».
siseo *nm* sifflets *mpl.*
sísmico, ca *adj* sismique.
sismo = **seísmo.**
sismología *nf* sismologie *f*, séismologie *f.*
sistema *nm* système *m* • **proceder/trabajar con sistema** procéder/travailler avec méthode • **sistema educativo** système éducatif • **sistema operativo** système d'exploitation • **sistema planetario** ou **solar** système solaire. ■ **por sistema** *loc adv* systématiquement.

CULTURE

el sistema educativo

Le système éducatif espagnol commence au jardin d'enfants (de 3 à 6 ans). Vient ensuite l'école primaire pour les 6-12 ans, puis l'école secondaire obligatoire pour les 12-16 ans. Les élèves ont alors le choix entre un cursus général (**bachillerato**) ou technique, en deux ans. Avec le diplôme de **bachillerato**, et après avoir obtenu la **selectividad**, il est possible de s'inscrire à l'université qui se divise en trois cycles : **diplomado** en trois ans, **licenciado** en quatre, cinq ou six ans selon les domaines, et **doctorado** en six ans ou plus.

Sistema Ibérico *npr* • **el Sistema Ibérico** les chaînes Ibériques.
sistemático, ca *adj* systématique.
sistematización *nf* sistématisation *f.*
sistematizar [13] *vt* systématiser.
sistémico, ca *adj* systémique.
sitiador, ra *adj & nm,f* assiégeant(e).
sitiar [8] *vt* **1.** assiéger **2.** *fig* traquer.
sitio *nm* **1.** endroit *m* **2.** place *f* • **hacer sitio a alguien** faire de la place à qqn **3.** MIL siège *m* **4.** INFORM • **sitio web** site *m* Web **5.** (AMÉR) station *f (de taxis).*
situ ■ **in situ** *loc adv* sur place, sur les lieux.
situación *nf* situation *f* • **no estar en situación de pedir nada** ne pas être en position de demander quoi que ce soit.
situado, da *adj* **1.** situé(e) **2.** *(aisé)* • **estar bien situado** avoir une bonne situation.
situar [6] *vt* **1.** situer **2.** placer. ■ **situarse** *vp* **1.** se situer **2.** se placer **3.** se faire une situation.
skateboard [es'keiðβor] (*pl* **skateboards**) *nm* skateboard *m.*
skater [es'keiter] *nmf personne qui pratique le skateboard.*
skay = **escay.**
sketch [es'ketʃ] (*pl* **sketchs** *ou* **sketches**) *nm* sketch *m.*
ski = **esquí.**
SL (abrév de **sociedad limitada**) *nf* SARL *f.*
slalom = **eslalom.**
slam = **eslam.**
slamero, ra = **eslamero.**
slip [es'lip] (*pl* **slips**) *nm* slip *m.*
slogan = **eslogan.**
smartphone® [es'martfon] *nm* Smartphone® *m.*
SME (abrév de **sistema monetario europeo**) *nm* SME *m.*
smoking = **esmoquin.**
SMS *nm* TÉLÉCOM (abrév de **short message service**) SMS *m* • **un mensaje SMS** un SMS, un texto.
s/n (abrév de **sin número**) *indique qu'il n'y a pas de numéro dans une adresse.*
snack (*pl* **snacks**) *nm* snack *m.*
snack-bar *nm inv* snack-bar *m.*
snob = **esnob.**
snobismo = **esnobismo.**
snowboard [es'nouβord] *nm* surf *m* des neiges.
so *prép* • **so pena/pretexto de** sous peine/prétexte de. ❑ *adv fam* • **¡so tonto!** espèce d'idiot ! ❑ *interj* • **¡so!** ho ! *(pour arrêter un cheval).*
sobaco *nm* aisselle *f.*
sobado, da *adj* **1.** *(vêtement, tissu)* élimé(e) **2.** *fig (thème, argument)* rebattu(e) **3.** CULIN à l'huile. ■ **sobado** *nm brioche à l'huile.*
sobar *vt* **1.** tripoter **2.** pétrir *(une pâte)* ; fouler *(des peaux).* ❑ *vi tfam* pioncer.
soberanamente *adv* souverainement.
soberanía *nf* souveraineté *f.*
soberano, na *adj* souverain(e) ; *fig (raclée)* magistral(e). ❑ *nm,f* souverain *m*, -e *f.*
soberbio, bia *adj* **1.** prétentieux(euse) **2.** *fig* superbe **3.** *fig* énorme. ❑ *nm,f* préten-

tieux *m*, -euse *f*. ■ **soberbia** *nf* **1.** orgueil *m* **2.** splendeur *f*.
sobón, ona *adj fam* collant(e).
sobornar *vt* soudoyer.
soborno *nm* **1.** corruption *f* **2.** pot-de-vin *m*.
sobra *nf* excédent *m* • **estar de sobra** être en trop • **lo sabes de sobra** tu le sais parfaitement • **tengo motivos de sobra para** je n'ai que trop de raisons de. ■ **sobras** *nfpl* restes *mpl*.
sobradamente *adv* parfaitement.
sobrado, da *adj* en trop • **tener sobrada paciencia** avoir de la patience à revendre • **tener tiempo sobrado** avoir largement le temps • **andar ou estar sobrado (de dinero)** être très à l'aise financièrement.
sobrante *adj* restant(e). ❑ *nm* excédent *m*.
sobrar *vi* **1.** rester • **nos sobra comida** il nous reste à manger • **sobra algo** il y a quelque chose en trop **2.** être de trop • **tú te callas porque aquí sobras** toi tais-toi parce que tu es de trop ici.
sobrasada *nf* CULIN *saucisson pimenté typique de Majorque*.
sobre *nm* **1.** *(pour envoyer par la poste)* enveloppe • **necesito un sobre y un sello** j'ai besoin d'une enveloppe et d'un timbre **2.** *(pour contenir)* sachet • **sopa en sobre** soupe en sachet **3.** *fam (lit)* pieu • **irse al sobre** se pieuter.

sobre

■ **sobre** *prép*

1. INDIQUE UNE POSITION SUPÉRIEURE AVEC CONTACT
sur • **el libro está sobre la mesa** le livre est sur la table
2. INDIQUE UNE POSITION SUPÉRIEURE SANS CONTACT
au-dessus de • **hay un cuadro sobre la chimenea** il y a un tableau au-dessus de la cheminée • **el pato vuela sobre el lago** le canard vole au-dessus du lac
3. INDIQUE UN THÈME
sur • **una conferencia sobre el desarme** une conférence sur le désarmement
4. INDIQUE UNE APPROXIMATION
vers • **llegarán sobre las diez** ils arriveront vers dix heures
5. INDIQUE LA RÉITÉRATION, LA RÉPÉTITION DE QQCH
sur • **fracaso sobre fracaso** échec sur échec

sobreabundancia = **superabundancia**.
sobreabundante = **superabundante**.
sobreactuar *vi (acteur)* surjouer.
sobrealimentar *vt* suralimenter.
sobreático *nm* ≃ chambre *f* de bonne.
sobrecarga *nf* surcharge *f*.
sobrecargar [16] *vt* surcharger.
sobrecargo *nm* NAUT subrécargue *m*.
sobrecogedor, ra *adj* saisissant(e).
sobrecoger [14] *vt (nouvelle, etc)* saisir d'effroi ; *(bruit, etc)* faire sursauter. ■ **sobrecogerse** *vp* sursauter ; être saisi(e) d'effroi.
sobrecoste, sobrecosto *nm* surcoût *m*.
sobrecualificado, da *adj* surqualifié(e).
sobrecubierta *nf (de livre)* jaquette *f*.
sobredimensionar *vt* surdimensionner.
sobredosis *nf inv* overdose *f*.
sobreentender = **sobrentender**.
sobreentendido, da = **sobrentendido**.
sobreesdrújulo, la = **sobresdrújulo**.
sobreexcitar, sobrexcitar *vt* surexciter. ■ **sobreexcitarse, sobrexcitarse** *vp* se mettre dans un état de surexcitation.
sobreexponer = **sobrexponer**.
sobreexposición = **sobrexposición**.
sobrehumano, na *adj* surhumain(e).
sobreimpresión *nf* surimpression *f*.
sobreimprimir *vt* surimprimer.
sobreinformación *nf* surinformation *f*.
sobreinformar *vt* surinformer.
sobrellevar *vt* supporter *(endurer)*.
sobremanera *adv* extrêmement.
sobremesa *nf moment après le repas, durant lequel les convives s'attardent à table, autour d'un café ou d'un digestif, pour bavarder ou regarder la télévision* • **a la comida le siguió una larga sobremesa** à la fin du repas, on s'éternisa à table.
sobrenatural *adj* surnaturel(elle).
sobrenombre *nm* surnom *m*.
sobrentender, sobreentender *vt* sous-entendre. ■ **sobrentenderse, sobreentenderse** *vp* être sous-entendu(e).
sobrentendido, da, sobreentendido, da *adj* sous-entendu(e).
sobrepasar *vt* dépasser.
sobrepesca *nf* surpêche *f*.
sobrepeso *nm* excédent *m* de bagages.
sobreponer [65], **superponer** *vt* superposer • **la estantería está sobrepuesta** l'étagère n'est pas fixée • **sobreponer a** *fig* faire passer avant. ■ **sobreponerse, superponerse** *vp* • **sobreponerse a algo** *fig (difficulté, etc)* surmonter qqch.
sobreprecio *nm* majoration *f* du prix.
sobreproducción = **superproducción**.
sobreproteger [14] *vt* surprotéger.
sobrepuesto, ta, superpuesto, ta *pp* → **sobreponer**.
sobresaliente *adj* **1.** saillant(e) **2.** *fig* remarquable. ❑ *nm* mention *f* très bien.
sobresalir [71] *vi* **1.** dépasser **2.** *fig (en importance)* • **sobresalir (entre los demás)** se distinguer (des autres) **3.** ARCHIT faire saillie.
sobresaltado, da *adj* **1.** en sursaut **2.** effrayé(e).
sobresaltar *vt* • **sobresaltar a alguien** faire sursauter qqn. ■ **sobresaltarse** *vp* sursauter.
sobresalto *nm* sursaut *m*.

sobrescribir *vt* surcharger *(texte)*.
sobresdrújulo, la, sobreesdrújulo, la *adj* GRAMM *(mot)* accentué(e) sur la syllabe précédant l'antépénultième.
sobreseimiento *nm* non-lieu *m*.
sobrestimar *vt* surestimer.
sobresueldo *nm* • **sacar un sobresueldo** arrondir ses fins de mois.
sobretasa *nf* surtaxe *f*.
sobretodo *nm* pardessus *m*.
sobrevalorar, supervalorar *vt* surévaluer. ■ **sobrevalorarse, supervalorarse** *vp* se surestimer.
sobrevenir [75] *vi* survenir.
sobrevivir *vi* • **sobrevivir (a)** survivre (à).
sobrevolar [23] *vt* survoler.
sobrexponer, sobreexponer *vt* surexposer.
sobrexposición, sobreexposición *nf* surexposition *f*.
sobriedad *nf* sobriété *f*.
sobrino, na *nm,f* neveu *m*, nièce *f*.
sobrio, bria *adj* sobre ; *(repas)* frugal(e).
socarrón, ona *adj* sournois(e) ; *(visage, sourire)* narquois(e).
socavar *vt* **1.** creuser **2.** *fig* saper.
socavón *nm* nid-de-poule *m*.
sociable *adj* sociable.
social *adj* social(e). ■ **sociales** *nfpl* **1.** (AMÉR) vie *f* sociale • **hacer sociales a)** *(parler)* discuter **b)** *(se voir)* fréquenter des gens **2.** (AMÉR) PRESSE carnet *m* du jour ou mondain.
socialdemócrata *adj & nmf* social-démocrate, sociale-démocrate *f*.
socialismo *nm* socialisme *m*.
socialista *adj & nmf* socialiste.
socializar [13] *vt* socialiser.
sociata *nmf fam & péj* socialo *mf*.
sociedad *nf* société *f* • **de sociedad** mondain(e) • **sociedad anónima** société anonyme • **sociedad de consumo** société de consommation • **sociedad (de responsabilidad) limitada** société à responsabilité limitée.
socio, cia *nm,f* **1.** COMM associé *m*, -e *f* • **socio capitalista** commanditaire *m* **2.** membre *m* *(d'un club, d'une association)*.
sociocultural *adj* socioculturel(elle).
socioeconomía *nf* sciences *fpl* économiques et sociales.
socioeducativo, va *adj* socio-éducatif(ive).
sociolaboral *adj* socioprofessionnel(elle).
sociología *nf* sociologie *f*.
sociólogo, ga *nm,f* sociologue *mf*.
socorrer *vt* secourir.
socorrido, da *adj* **1.** pratique **2.** banal(e).
socorrismo *nm* secourisme *m*.
socorrista *nmf* secouriste *mf*.
socorro *nm* secours *m* • **venir en socorro de** venir au secours de. ❑ *interj* • **¡socorro!** au secours !
soda *nf* soda *m*.
sodio *nm* sodium *m*.
sodomía *nf* sodomie *f*.
sodomizar [13] *vt* sodomiser.
soez *adj* grossier(ère).
sofá *nm* canapé *m* • **sofá cama** canapé-lit *m*.
sofisma *nm* sophisme *m*.
sofisticación *nf* sophistication *f*.
sofisticado, da *adj* sophistiqué(e).
sofisticar [10] *vt* sophistiquer. ■ **sofisticarse** *vp* se sophistiquer.
sofocante *adj (fumée, air)* suffocant(e) ; *(chaleur)* étouffant(e).
sofocar [10] *vt* **1.** étouffer **2.** *fig* faire rougir. ■ **sofocarse** *vp* **1.** étouffer **2.** *fig* rougir ; *fig* être rouge de colère.
sofoco *nm* **1.** étouffement *m* **2.** *fig* honte *f* **3.** *fig (contrariété)* • **se llevó un sofoco** il était vert de rage.
sofocón *nm fam* grande contrariété *f*.
sofreír [28] *vt* faire revenir.
sofrito, ta *pp* → **sofreír**. ■ **sofrito** *nm friture d'oignons et de tomates*.
sofrología *nf* sophrologie *f*.
software ['sofwer] *nm inv* logiciel *m*.
soga *nf* corde *f*.
sois → **ser**.
soja *nf* soja *m*.
sol[1] *nm* MUS sol *m*.
sol[2] *nm* **1.** soleil *m* • **hace sol** il fait beau • **tomar el sol** prendre le soleil • **de sol a sol** *fam* du matin au soir • **no dejar a alguien ni a sol ni a sombra** ne pas lâcher qqn d'une semelle **2.** *fig* amour *m* **3.** TAUROM *place côté soleil dans l'arène* **4.** *(monnaie)* sol *m*.

FAUX AMIS

sol

Attention, **Sol** est un faux ami. Il ne signifie pas **sol** mais **soleil**.

solamente *adv* seulement.
solana *nf* **1.** endroit *m* exposé au soleil **2.** *(galerie)* véranda *f*.
solapa *nf* **1.** revers *m (d'un vêtement)* **2.** rabat *m (d'une enveloppe, d'un livre)*.
solapadamente *adv* en cachette.
solapado, da *adj* sournois(e).
solapar *vt fig* dissimuler.
solar *adj* solaire. ❑ *nm* terrain *m* (à bâtir).
solariego, ga *adj* seigneurial(e) • **una casa solariega** un manoir.
solario, solárium (*pl* **soláriums**) *nm* solarium *m*.
solaz *nm* **1.** distraction *f* **2.** soulagement *m*.
solazar [13] *vt* **1.** distraire **2.** soulager.

soldado *nm* soldat *m* • **soldado raso** simple soldat.
soldador, ra *nm,f* soudeur *m*, -euse *f*. ■ **soldador** *nm* fer *m* à souder.
soldar [23] *vt* souder.
soleá *nf chant et danse populaires andalous aux tonalités mélancoliques*.
soleado, da *adj* ensoleillé(e).
soledad *nf* solitude *f*.
solemne *adj* **1.** solennel(elle) **2.** *fig* monumental(e).
solemnidad *nf* solennité *f*.
soler [81] *vi* • **suele cenar tarde** en général il dîne tard • **aquí suele hacer mucho frío** il fait généralement très froid ici • **solíamos ir a la playa todos los días** nous allions à la plage tous les jours.
solera *nf* **1.** *(originalité)* cachet *m* **2.** lie *f* • **de solera** élevé en fût.
solfa *nf* **1.** MUS solfège *m* **2.** *fam* raclée *f* **3.** • **poner algo en solfa** *fam* tourner qqch en ridicule.
solfeo *nm* solfège *m*.
solicitante *adj* qui se porte candidat(e). ❑ *nmf* candidat *m*, -e *f*.
solicitar *vt* **1.** demander *(par écrit)* ; solliciter **2.** *(personne)* • **estar muy solicitado** être très sollicité.
solícito, ta *adj* prévenant(e).
solicitud *nf* **1.** demande *f* ; dossier *m (d'admission, d'inscription)* **2.** empressement *m*.
solidaridad *nf* solidarité *f*.
solidario, ria *adj* solidaire.
solidarizarse [13] *vp* se solidariser.
solidez *nf* solidité *f*.
solidificar [10] *vt* solidifier. ■ **solidificarse** *vp* se solidifier.
sólido, da *adj* solide. ■ **sólido** *nm* solide *m*.
soliloquio *nm* soliloque *m*.
solista *adj & nmf* soliste.
solitario, ria *adj & nm,f* solitaire. ■ **solitario** *nm* **1.** *(diamant)* solitaire *m* **2.** *(jeu de cartes)* réussite *f*.
sollozar [13] *vi* sangloter.
sollozo *nm* sanglot *m*.
solo, la *adj* seul(e) • **lo haré yo solo** je le ferai tout seul • **a solas** tout seul, toute seule *f*. ■ **solo** *nm* MUS solo *m*. ❑ *adv* = **sólo**.
sólo *adv* seulement • **sólo te pido que me ayudes** je te demande seulement de m'aider • **sólo quiere verte a ti** il ne veut voir que toi • **no sólo... sino (también)...** non seulement... mais encore... • **sólo con oírlo, me saca de quicio** rien que de l'entendre, ça me met hors de moi • **quisiera ir, sólo que no puedo** j'aimerais y aller, seulement je ne peux pas.
solomillo *nm* aloyau *m (de bœuf)* ; filet *m (de porc)*.
solsticio *nm* solstice *m* • **solsticio de verano** solstice d'été.
soltar [23] *vt* **1.** lâcher • **no sueltes la cuerda** ne lâche pas la corde • **soltar un perro** lâcher un chien • **suelta cada palabrota...** il sort de ces gros mots... • **no suelta ni un duro** *fam* il ne lâche pas un centime • **soltar las amarras** larguer les amarres **2.** libérer *(un oiseau)* ; relâcher *(un prisonnier)* **3.** détacher ; défaire. ■ **soltarse** *vp* **1.** *(main)* • **el niño se soltó de la mano de su madre** l'enfant a lâché la main de sa mère **2.** se détacher **3.** *(devenir habile)* • **soltarse en** se débrouiller en • **se va soltando en inglés** il commence à se débrouiller en anglais **4.** *(devant un infinitif, commencer)* • **soltarse a hacer algo** commencer à faire qqch.
soltería *nf* célibat *m*.
soltero, ra *adj & nm,f* célibataire.
solterón, ona *adj* • **es un viejo solterón** il est vieux garçon. ❑ *nm,f* vieux garçon *m*, vieille fille *f*.
soltura *nf* aisance *f* • **hablar con soltura** s'exprimer avec aisance.
soluble *adj* soluble.
solución *nf* solution *f*.
solucionar *vt* résoudre.
solvencia *nf* solvabilité *f*.
solventar *vt* **1.** acquitter **2.** venir à bout de.
solvente *adj* solvable.
Somalia *npr* Somalie *f*.
somático, ca *adj* somatique.
somatizar [13] *vt* somatiser.
sombra *nf* **1.** ombre *f* • **dar sombra** faire de l'ombre • **no hay ni sombra de...** *fig* il n'y a pas l'ombre de... • **permanecer en la sombra** *fig* rester dans l'ombre • **sombra de ojos** ombre à paupières **2.** *(chance)* • **buena sombra** chance *f* • **tiene mala sombra** il n'a pas de chance **3.** *(caractère)* • **tener buena sombra** être avenant(e) • **tener mala sombra** avoir mauvais esprit **4.** TAUROM *place située à l'ombre dans l'arène*. ■ **sombras** *nfpl (inquiétudes)* • **sólo ve sombras y problemas** il ne voit que le mauvais côté des choses.
sombrero *nm* chapeau *m*.
sombrilla *nf* ombrelle *f* ; parasol *m*.
sombrío, a *adj* sombre.
somero, ra *adj* sommaire.
someter *vt* soumettre. ■ **someterse** *vp* se soumettre • **someterse a algo a)** se soumettre à qqch **b)** *(opération, interrogatoire)* subir qqch.
somier (*pl* **somieres** *ou* **somiers**) *nm* sommier *m*.
sommelier = **sumiller**.
somnífero, ra *adj* somnifère. ■ **somnífero** *nm* somnifère *m*.
somnolencia *nf* somnolence *f*.
somos → **ser**.
son *v* → **ser**. ❑ *nm* **1.** son *m* **2.** façon *f* • **a su son** comme ça lui chante • **vengo en son de paz** *fig* je ne suis pas là pour me battre.
sonado, da *adj* **1.** *(succès, scandale)* retentissant(e) • **un evento muy sonado** un événe-

ment dont on a beaucoup parlé **2.** *fam* timbré(e) **3.** *(étourdi)* sonné(e).
sonajero *nm* hochet *m.*
sonambulismo *nm* somnambulisme *m.*
sonámbulo, la *adj & nm,f* somnambule.
sonar[1] *nm* sonar *m.*
sonar[2] [23] *vi* **1.** sonner • **así ou tal como suena** comme je vous le dis **2.** *(mot)* se prononcer • **tal como suena** comme ça se prononce **3.** être connu(e) **4.** *fam* avoir l'air • **suena raro** ça a l'air bizarre • **suena a falso** ça sonne faux **5.** *(être familier)* dire quelque chose • **me suena** ça me dit quelque chose • **no me suena su nombre** son nom ne me dit rien **6.** *(rumeur)* • **suena por ahí que...** le bruit court que... ❑ *vt* moucher. ■ **sonarse** *vp* se moucher.
sonda *nf* sonde *f.*
sondar *vt* sonder.
sondear *vt* sonder.
sondeo *nm* sondage *m.*
sonido *nm* son *m.*
sonoridad *nf* sonorité *f.*
sonorización *nf* sonorisation *f.*
sonorizar [13] *vt* sonoriser.
sonoro, ra *adj* **1.** sonore **2.** → **banda.**
sonreír [28] *vi* sourire. ■ **sonreírse** *vp* sourire ; *(deux personnes)* se sourire.
sonriente *adj* souriant(e).
sonrisa *nf* sourire *m.*
sonrojar *vt* faire rougir. ■ **sonrojarse** *vp* rougir.
sonrojo *nm* honte *f.*
sonrosado, da *adj (joue)* rose.
sonsacar [10] *vt* **1.** soutirer **2.** faire avouer.
sonso, sa = **zonzo.**
soñador, ra *adj* rêveur(euse). ❑ *nm,f* **1.** rêveur(euse) **2.** *(aux Etats-Unis)* dreamer.
soñar [23] *vt* rêver • **soñé que te ibas** j'ai rêvé que tu t'en allais • **¡ni soñarlo!** aucune chance ! ❑ *vi* • **soñar (con)** rêver (de).
soñoliento, ta *adj* somnolent(e).
sopa *nf* **1.** soupe *f* • **encontrarse a alguien hasta en la sopa** tomber sur qqn à tous les coins de rue • **estar como una sopa** être trempé(e) comme une soupe **2.** *morceau de pain que l'on trempe dans la soupe* ; mouillette *f (dans l'œuf).*
sopapo *nm fam* claque *f.*
sopero, ra *adj* **1.** *(cuiller)* à soupe ; *(assiette)* creux(euse) **2.** *fig (personne)* • **ser muy sopero** aimer beaucoup la soupe. ■ **sopero** *nm* assiette *f* à soupe. ■ **sopera** *nf* soupière *f.*
sopesar *vt* **1.** soupeser **2.** *fig* peser.
sopetón ■ **de sopetón** *loc adv* brutalement ; *(dire, répondre)* de but en blanc.
soplar *vt* **1.** souffler **2.** souffler sur **3.** gonfler **4.** *fam & fig (dénoncer)* donner **5.** *fam & fig (voler)* faucher. ❑ *vi* **1.** souffler **2.** *fam (boire)* descendre. ■ **soplarse** *vp fam* se siffler.
soplete *nm* chalumeau *m.*
soplido *nm* souffle *m.*
soplo *nm* **1.** *(gén)* MÉD souffle *m* **2.** *fig (instant)* • **en un soplo a)** en un instant **b)** *(passer)* à toute vitesse **3.** *fam (moucharder)* • **dar el soplo** vendre la mèche.
soplón, ona *nm,f fam* mouchard *m*, -e *f.*
soponcio *nm fam* • **le ha dado un soponcio** ça lui a fichu un coup.
sopor *nm* torpeur *f.*
soporífero, ra *adj* soporifique.
soportable *adj* supportable.
soportal *nm* porche *m.* ■ **soportales** *nmpl* arcades *fpl.*
soportar *vt* supporter. ■ **soportarse** *vp* se supporter.
soporte *nm* **1.** *(gén)* INFORM support *m* **2.** *fig* soutien *m.*
soprano *nmf* soprano *mf.*
sor *nf* RELIG • **sor Ana** sœur Ana.
sorber *vt* **1.** boire • **sorber las palabras de alguien** *fig* boire les paroles de qqn **2.** absorber.
sorbete *nm* sorbet *m.*
sorbo *nm* gorgée *f* • **(beber) a sorbos** (boire) à petites gorgées.
sordera *nf* surdité *f.*
sórdido, da *adj* sordide.
sordina *nf* sourdine *f.*
sordo, da *adj* sourd(e). ❑ *nm,f* sourd *m*, -e *f* • **no hay peor sordo que el que no quiere oír** il n'est pire sourd que celui qui ne veut pas entendre.
sordomudo, da *adj & nm,f* sourd-muet, sourde-muette *f.*
sorna *nf* • **con sorna** sur un ton sarcastique.
soroche *nm* **1.** **(AMÉR)** mal *m* des montagnes **2.** **(AMÉR)** rougeur *f.*
sorprendente *adj* surprenant(e).
sorprendentemente *adv* étonnamment.
sorprender *vt* surprendre • **me sorprende que...** ça m'étonne que... • **lo sorprendimos robando** on l'a surpris en train de voler. ■ **sorprenderse** *vp* être surpris(e) • **no se sorprende con nada** elle ne s'étonne de rien.
sorprendido, da *adj* surpris(e), étonné(e) • **quedarse sorprendido** être étonné ou surpris.
sorpresa *nf* surprise *f* • **de ou por sorpresa** par surprise.
sorpresivo, va *adj* **(AMÉR)** inattendu(e).
sortear *vt* **1.** tirer au sort **2.** éviter *(un obstacle)* ; surmonter *(une difficulté).*
sorteo *nm* tirage *m* au sort.
sortija *nf* bague *f.*
sortilegio *nm* sortilège *m.*
SOS (abrév de **save our souls**) *nm* SOS *m* • **enviar/lanzar un SOS** envoyer/lancer un SOS • **captar/recibir una señal de SOS** capter/recevoir un signal de détresse.
sosa *nf* soude *f.*
sosaina *adj & nmf fam* niais(e).

sosegado, da *adj* calme.
sosegar [35] *vt* calmer. ■ **sosegarse** *vp* se calmer.
soseras *nmf fam* godichon *m*, -onne *f*.
sosería *nf* gaucherie *f*.
sosias *nm inv* sosie *m*.
sosiego *nm* calme *m*.
soslayar *vt* esquiver ; *(question)* éluder.
soslayo ■ **de soslayo** *loc adv* de biais, de côté ; *(regarder)* du coin de l'œil.
soso, sa *adj* **1.** *(sans sel)* fade **2.** *(sans charme)* insipide.
sospecha *nf* soupçon *m*.
sospechar *vt* • **sospechar (que)** soupçonner (que) • **sospechar algo** se douter de qqch. ❑ *vi* • **sospechar de alguien** soupçonner qqn.
sospechoso, sa *adj & nm,f* suspect(e).
sostén *nm* **1.** soutien *m* **2.** soutien-gorge *m*.
sostener [72] *vt* soutenir ; tenir *(une conversation)* ; entretenir *(une famille, une correspondance)*. ■ **sostenerse** *vp* se tenir • **sostenerse en pie** tenir debout.
sostenibilidad *nf* durabilité *f*.
sostenible *adj* durable • **el desarrollo sostenible** le développement durable.
sostenido, da *adj* **1.** soutenu(e) **2.** MUS dièse.
sota *nf (carte à jouer)* ≃ valet *m*.
sotabarba *nf* double menton *m*.
sotana *nf* soutane *f*.
sótano *nm (étage)* sous-sol *m* ; *(pièce)* cave *f*.
sotavento *nm* NAUT côté *m* sous le vent.
soterrado, da *adj* **1.** enterré(e) **2.** *fig* souterrain(e), obscur(e).
soterrar [19] *vt litt & fig* enterrer, enfouir.
soufflé [su'fle] *nm* soufflé *m*.
souvenir *nm* souvenir *m*.
soviético, ca *adj* soviétique. ❑ *nm,f* Soviétique *mf*.
soy → **ser**.
spaghetti = **espagueti**.
speed [es'pið] *(pl* **speeds***)* *nm* speed *m*, amphétamines *fpl*.
spam = **espam**.
spanglish = **espanglish**.
sport [es'por] *adj inv* sport • **un traje de sport** un costume sport.
spot *(pl* **spots***)* *nm* spot *m*.
spray = **espray**.
sprint = **esprint**.
squash [es'kuaʃ] *nm inv* squash *m*.
Sr. (abrév de **señor**) M, Mr.
Sra. (abrév de **señora**) Mme.
Sras. (abrév de **señoras**) Mmes.
Sres. (abrév de **señores**) MM.
Srta. (abrév de **señorita**) Mlle.
ss. (abrév de **siguientes**) suiv. • **consultar pág. 67 y ss.** consulter les p. 67 et suiv.
s.s.s. abrév de **su seguro servidor**.
Sta. (abrév de **santa**) Ste • **Sta. Teresa** Ste Thérèse.
staff [es'taf] *(pl* **staffs***)* *nm* staff *m (d'une entreprise)* ; équipe *f (de professeurs)*.
stand [es'tan] *(pl* **stands***)* *nm* stand *m*.
standing *nm* standing *m*.
starter = **estárter**.
status = **estatus**.
stick *(pl* **sticks***)* *nm (de hockey)* crosse *f*.
Sto. (abrév de **santo**) St • **Sto. Tomás** St Thomas.
stock *(pl* **stocks***)* *nm* stock *m*.
stop *nm* stop *m*.
streaming *nm* INFORM streaming *m*.
stress = **estrés**.
strip-tease [es'triptis] *nm inv* strip-tease *m*.
su *(pl* **sus***)* *adj poss* son, sa ; leur ; *(à « usted », à « ustedes »)* votre • **sus libros a)** ses livres **b)** leurs livres **c)** vos livres.
suave *adj* doux, douce *f*.
suavemente *adv* doucement.
suavidad *nf* douceur *f*.
suavizante *adj* adoucissant(e). ❑ *nm* adoucissant *m (pour le linge)* ; après-shampooing *m (pour les cheveux)*.
suavizar [13] *vt* adoucir.
Suazilandia = **Swazilandia**.
subacuático, ca *adj* sous-marin(e).
subalimentación *nf* sous-alimentation *f*.
subalimentar *vt* sous-alimenter.
subalquilar *vt* sous-louer.
subalterno, na *adj & nm,f* subalterne.
subarrendar [19] *vt* sous-louer.
subarriendo *nm* sous-location *f*.
subasta *nf* **1.** vente *f* aux enchères **2.** appel *m* d'offres.
subastar *vt* vendre aux enchères.
subcampeón, ona *adj & nm,f* SPORT second(e) *(dans un championnat)*.
subcampeonato *nm* SPORT deuxième place *f*.
subclase *nf* sous-classe *f*.
subcomisión *nf* sous-commission *f*.
subconjunto *nm* sous-ensemble *m*.
subconsciente *adj* subconscient(e). ❑ *nm* subconscient *m*.
subcontinente *nm* sous-continent *m*.
subcontratación *nf* sous-traitance *f*.
subcontratar *vt* sous-traiter.
subcultura *nf* sous-culture *f*.
subcutáneo, a *adj* sous-cutané(e).
subdesarrollado, da *adj* sous-développé(e).
subdesarrollo *nm* sous-développement *m*.
subdirector, ra *nm,f* sous-directeur *m*, -trice *f*.
subdirectorio *nm* INFORM sous-répertoire *m*.
súbdito, ta *nm,f* **1.** sujet *m*, -ette *f* **2.** ressortissant *m*, -e *f*.
subdividir *vt* subdiviser. ■ **subdividirse** *vp* se subdiviser.
subdivisión *nf* subdivision *f*.

subemplear *vt* sous-employer.
subespecie *nf* sous-espèce *f*.
subestimar *vt* sous-estimer. ■ **subestimarse** *vp* se sous-estimer.
subgénero *nm* BIOL sous-genre *m*.
subgrupo *nm* sous-groupe *m*.
subido, da *adj* **1.** *(goût, odeur)* fort(e) ; *(couleur)* vif, vive *f* **2.** *fam (en quantité)* • **estar de un imbécil subido** avoir de la bêtise à revendre • **tener el guapo subido a)** être en beauté **b)** *iron* se croire beau, belle *f* **3.** *fam (audacieux)* • **ser subido (de tono)** être osé. ■ **subida** *nf* **1.** montée *f* **2.** ascension *f* **3.** hausse *f*.
subíndice *nm* MATH indice *m*.
subir *vi* **1.** monter • **subir a a)** monter à **b)** faire l'ascension de *(montagne)* **c)** monter dans *(un avion, une voiture)* **2.** augmenter *(un prix, la qualité)* **3.** *(montant, compte)* s'élever à. ❑ *vt* **1.** monter • **subir el tono** hausser le ton **2.** *(prix, poids)* augmenter ; augmenter le prix de *(produit)* **3.** remonter. ■ **subirse** *vp* **1.** *(monter)* • **subirse a a)** monter sur *(un cheval, une chaise, etc)* **b)** grimper à *(un arbre)* **c)** monter dans *(une voiture, un train, un avion)* • **el taxi paró y me subí** le taxi s'est arrêté et je suis monté **2.** *fam (enivrer)* monter à la tête **3.** remonter *(ses chaussettes)* ; relever *(ses manches)* ; • **subirse los pantalones** remonter son pantalon.

subir

Subir ne signifie pas **subir** mais **monter.**

súbitamente *adv* subitement.
súbito, ta *adj* soudain(e).
subjefe, fa *nm,f* sous-chef *m*.
subjetividad *nf* subjectivité *f*.
subjetivismo *nm* subjectivisme *m*.
subjetivo, va *adj* subjectif(ive).
subjuntivo, va *adj* subjonctif(ive). ■ **subjuntivo** *nm* subjonctif *m*.
sublevación *nf* soulèvement *m*.
sublevamiento *nm* = **sublevación**.
sublevar *vt* **1.** *(pousser à la révolte)* soulever **2.** *(indigner)* révolter. ■ **sublevarse** *vp* se soulever.
sublimación *nf* sublimation *f*.
sublimar *vt* sublimer ; encenser.
sublime *adj* sublime.
subliminal *adj* subliminal(e).
submarca *nf* sous-marque *f*.
submarinismo *nm* plongée *f* sous-marine.
submarinista *adj* de plongée sous-marine. ❑ *nmf* plongeur *m* (sous-marin), plongeuse *f* (sous-marine).
submarino, na *adj* sous-marin(e). ■ **submarino** *nm* sous-marin *m*.
submúltiplo, pla *adj* sous-multiple. ■ **submúltiplo** *nm* MATH sous-multiple *m*.
submundo *nm* univers *m* marginal • **el submundo de la droga** l'univers marginal de la drogue.
subnormal *adj & nmf fig & péj* débile.
suboficial *nm* sous-officier *m*.
subordinación *nf* subordination *f*.
subordinado, da *adj & nm,f* subordonné(e).
subordinante *adj* GRAMM de subordination.
subordinar *vt* subordonner. ■ **subordinarse** *vp* se subordonner.
subproducto *nm* sous-produit *m*.
subrayar *vt* souligner.
subrepticio, cia *adj sout* subreptice.
subsahariano, na *adj* subsaharien(enne). ❑ *nm,f* Subsaharien *m*, -enne *f*.
subsanable *adj* **1.** résoluble **2.** réparable.
subsanar *vt* **1.** résoudre **2.** réparer.
subscribir = **suscribir**.
subscripción = **suscripción**.
subscriptor, ra = **suscriptor**.
subsecretaría *nf* sous-secrétariat *m*.
subsecretario, ria *nm,f* **1.** secrétaire *m* adjoint, secrétaire *f* adjointe **2.** sous-secrétaire *m*.
subsidiar [8] *vt* subventionner.
subsidiario, ria *adj* **1.** *(aide)* subventionnel(elle) ; *(mesure)* complémentaire **2.** DR subsidiaire.
subsidio *nm* subvention *f* ; allocation *f (familiale, de chômage)*.
subsiguiente *adj* • **subsiguiente a** consécutif(ive) à.
subsistencia *nf* **1.** subsistance *f* **2.** survie *f*. ■ **subsistencias** *nfpl* **1.** moyens *mpl* de subsistance **2.** vivres *mpl*.
subsistir *vi* subsister.
substancia = **sustancia**.
substancial = **sustancial**.
substancioso, sa = **sustancioso**.
substantivo = **sustantivo**.
substitución = **sustitución**.
substituible = **sustituible**.
substituir [51] = **sustituir**.
substituto = **sustituto**.
substituto, ta = **sustituto**.
substracción = **sustracción**.
substraer [73] = **sustraer**.
substrato = **sustrato**.
subsuelo *nm* sous-sol *m*.
subte (abrév de **subterráneo**) *nm* (AMÉR) métro *m*.
subterfugio *nm* subterfuge *m*.
subterráneo, a *adj* souterrain(e). ■ **subterráneo** *nm* souterrain *m*.
subtitulado, da *adj* sous-titré(e).
subtitular *vt* sous-titrer.
subtítulo *nm (gén pl)* sous-titre *m*.
subtotal *nm* sous-total *m*.
subtropical *adj* subtropical(e).
suburbano, na *adj* suburbain(e).
suburbial *adj* de banlieue.

suburbio *nm* banlieue *f* • **los suburbios** les banlieues défavorisées.
subvalorar *vt (coût, produit)* sous-évaluer ; *(personne, qualité)* sous-estimer.
subvención *nf* subvention *f*.
subvencionar *vt* subventionner.
subversión *nf* subversion *f*.
subversivo, va *adj* subversif(ive).
subvertir [27] *vt (ordre social)* troubler ; *(principes, valeurs)* saper.
subyacente *adj* sous-jacent(e).
subyacer *vi* être sous-jacent(e).
subyugador, ra *adj* **1.** dominateur(trice) **2.** *fig* fascinant(e).
subyugar [16] *vt* **1.** soumettre **2.** *fig* subjuguer.
succión *nf* succion *f*.
succionar *vt (sujet : racines)* absorber ; *(sujet : bébé)* sucer.
sucedáneo, a *adj* de remplacement. ■ **sucedáneo** *nm* succédané *m*, ersatz *m*.
suceder *v impers (avoir lieu)* arriver • **¿qué le sucede?** qu'est-ce qu'il vous arrive ? ❑ *vi (venir après)* • **suceder a** succéder à • **a la guerra sucedieron años terribles** des années terribles suivirent la guerre.
sucedido *nm fam* anecdote *f*.
sucesión *nf* **1.** succession *f* **2.** MATH suite *f*.
sucesivamente *adv* successivement • **y así sucesivamente** et ainsi de suite.
sucesivo, va *adj* successif(ive) • **en lo sucesivo** à l'avenir.
suceso *nm* **1.** événement *m* **2.** *(gén pl)* fait *m* divers.
sucesor, ra *nm,f* successeur *m*.
sucesorio, ria *adj* successoral, successorale *f*.
suciedad *nf* saleté *f*.
sucinto, ta *adj* **1.** *(explication, récit, etc)* succinct(e) **2.** *fam* & *fig (bikini, etc)* riquiqui.
sucio, cia *adj* **1.** sale • **en sucio** au brouillon **2.** *(couleur, travail)* salissant(e) **3.** *(affaire)* malhonnête.
suculento, ta *adj* succulent(e).
sucumbir *vi* • **sucumbir (a)** succomber (à).
sucursal *nf* succursale *f*.
sudaca *adj* & *nmf péj* latino.
sudadera *nf* **1.** *(sueur)* • **le ha entrado una sudadera** il a pris une suée **2.** sweat-shirt *m*.
Sudáfrica *npr* Afrique *f* du Sud.
sudafricano, na, surafricano, na *adj* sud-africain(e), d'Afrique du Sud. ❑ *nm,f* Sud-Africain *m*, -e *f*.
Sudamérica = **Suramérica**.
sudamericano, na = **suramericano**.
Sudán *npr* Soudan *m*.
sudar *vi* **1.** suer **2.** *(mur)* suinter. ❑ *vt* **1.** tremper de sueur **2.** *fam (travailler beaucoup)* • **para ganar esta carrera, vas a tener que sudarla** tu vas en baver pour gagner cette course.
sudario *nm* linceul *m*. ■ **Sudario** *nm* • **el Santo Sudario** le saint suaire.
sudeste, sureste *adj* & *nm* sud-est. ■ **Sudeste asiático** *npr* Asie *f* du Sud-Est.
sudista *adj* & *nmf* HIST sudiste.
sudoeste, suroeste *adj* & *nm* sud-ouest.
sudoku [su'doku] *nm* sudoku *m*.
sudor *nm* **1.** sueur *f* **2.** *fam (travail)* • **le costó muchos sudores** il en a bavé.
sudoroso, sa, sudoriento, ta *adj* en sueur.
Suecia *npr* Suède *f*.
sueco, ca *adj* suédois(e). ❑ *nm,f* Suédois *m*, -e *f*. ■ **sueco** *nm* suédois *m*.
suegro, gra *nm,f* beau-père *m*, belle-mère *f*. ■ **suegros** *nmpl* beaux-parents *mpl*.
suela *nf* semelle *f*.
sueldo *nm* salaire *m* ; traitement *m (d'un fonctionnaire)* • **a sueldo** *(tueur)* à gages.
suelo *nm* **1.** sol *m* • **caer al suelo** tomber par terre • **por el suelo** par terre **2.** *fig* • **echar por el suelo un plan** faire tomber un projet à l'eau • **estar por los suelos a)** *fam (produit)* être donné(e) **b)** *(personne)* avoir le moral à zéro • **poner** ou **tirar a alguien por los suelos** traîner qqn dans la boue.
suelto, ta *adj* **1.** *(cheveux)* détaché(e) ; *(lacets)* défait(e) ; *(feuille)* volant(e) ; *(vêtement)* ample ; • **andar suelto a)** *(animal)* être en liberté **b)** *(voleur, prisonnier)* courir **2.** *(argent)* • **¿tienes algo suelto?** est-ce que tu as de la monnaie ? **3.** à l'unité, à la pièce • **la chaqueta y la falda se venden sueltas** la veste et la jupe sont vendues séparément • **tengo unos ejemplares sueltos de la revista** j'ai quelques numéros de cette revue **4.** *(pas collé)* • **el arroz salió suelto** le riz n'a pas collé **5.** *(nœud)* lâche **6.** *(style)* qui coule ; *(langue)* • **está muy suelto en inglés** il parle couramment anglais **7.** *(diarrhée)* • **tener el estómago suelto** avoir la courante. ■ **suelto** *nm* (petite) monnaie *f*.
sueño *nm* **1.** sommeil *m* • **coger el sueño** s'endormir • **tener sueño** avoir sommeil **2.** *(imagination, ambition)* rêve *m* • **en sueños** en rêve • **tener un sueño** faire un rêve **3.** *fam (jolie chose)* bijou *m*.
suero *nm* **1.** sérum *m* **2.** petit-lait *m*.
suerte *nf* **1.** chance *f* • **por suerte** heureusement • **tener suerte** avoir de la chance • **tener mala suerte** ne pas avoir de chance **2.** hasard *m* • **de suerte** par hasard **3.** sort *m* **4.** *sout* sorte *f* • **de esa suerte** de la sorte • **de suerte que** de sorte que **5.** TAUROM *nom donné aux actions exécutées au cours des « tercios » ou étapes de la corrida.*
suertudo, da *adj fam* veinard(e).
suéter (*pl* **suéteres**), **sweater** (*pl* **sweaters**) ['sweter] *nm* pull *m*.
suficiencia *nf* **1.** aptitude *f* **2.** suffisance *f*.
suficiente *adj* suffisant(e). ❑ *nm (note)* mention *f* passable.
suficientemente *adv* suffisamment.

sufijo *nm* suffixe *m*.
sufragar [16] *vt* supporter *(des frais)* ; financer *(une campagne)*.
sufragio *nm* suffrage *m*.
sufrido, da *adj* **1.** *(résigné)* • **hacerse el sufrido** faire le martyr **2.** *(tissu)* résistant(e) ; *(couleur)* peu salissant(e).
sufrimiento *nm* souffrance *f*.
sufrir *vt* **1.** souffrir de *(maladie)* ; être victime de *(accident, blessures)* **2.** supporter *(des peines, des malheurs)* **3.** subir *(une opération, des pertes)*. ❑ *vi* • **sufrir (de)** souffrir (de) • **sufrir del corazón** être malade du cœur.
sugerencia *nf* suggestion *f*.
sugerente *adj* suggestif(ive).
sugerir [27] *vt* suggérer.
sugestión *nf* suggestion *f*.
sugestionable *adj* influençable.
sugestionar *vt* **1.** persuader **2.** faire peur à. ■ **sugestionarse** *vp* **1.** prendre peur **2.** *PSYCHO* faire de l'autosuggestion.
sugestivo, va *adj* **1.** suggestif(ive) **2.** séduisant(e).
suiche *nm* **(AMÉR)** interrupteur *m*.
suicida *adj* suicidaire • **una operación suicida** une opération suicide. ❑ *nmf* suicidaire *mf*.
suicidarse *vp* se suicider.
suicidio *nm* suicide *m*.
suite [swit] *nf* suite *f (d'hôtel)*.
Suiza *npr* Suisse *f*.
suizo, za *adj* suisse. ❑ *nm, f* Suisse *mf (le féminin est aussi Suissesse)*.
sujeción *nf* **1.** fixation *f* **2.** assujettissement *m*.
sujetador *nm* soutien-gorge *m*.
sujetalibros *nm inv* serre-livres *m inv*.
sujetapapeles *nm inv* pince *f (à dessin)*.
sujetar *vt* **1.** tenir ; retenir **2.** assujettir, soumettre ; maîtriser **3.** attacher. ■ **sujetarse** *vp* • **sujetarse de ou a** se tenir à • **sujetarse a a)** se soumettre à **b)** s'astreindre à.
sujeto, ta *adj* fixé(e) • **sujeto a** exposé à. ■ **sujeto** *nm* **1.** *(gén) GRAMM* sujet *m* **2.** individu *m*.
sulfamida *nf* sulfamide *m*.
sulfatar *vt* sulfater.
sulfato *nm* sulfate *m*.
sulfurar *vt* mettre hors de soi. ■ **sulfurarse** *vp* être hors de soi.
sulfúrico, ca *adj* sulfurique.
sulfuro *nm* sulfure *m*.
sultán *nm* sultan *m*.
sultana *nf* sultane *f*.
sultanato *nm* sultanat *m*.
suma *nf* **1.** somme *f* • **en suma** en somme **2.** *MATH* addition *f*.
sumamente *adv* extrêmement.
sumando *nm* terme *m (d'une addition)*.
sumar *vt* **1.** *MATH* additionner • **tres y dos suman cinco** trois plus deux font cinq **2.** s'élever à. ■ **sumarse** *vp* • **sumarse (a)** s'ajouter (à) • **sumarse a** se joindre à.
sumario, ria *adj* sommaire. ■ **sumario** *nm* **1.** *DR* instruction *f* **2.** sommaire *m* **3.** résumé *m*.
sumergible *adj* submersible ; *(montre, caméra)* étanche.
sumergir [15] *vt* submerger ; plonger. ■ **sumergirse** *vp* plonger • **sumergirse en** *fig* se plonger dans.
sumidero *nm* **1.** puisard *m* **2.** bouche *f* d'égout.
sumiller *(pl* **sumillers***)*, **sommelier** [sumi'jer] *(pl* **sommeliers***)* *nm* sommelier *m*.
suministrador, ra *adj & nm, f* fournisseur(euse).
suministrar *vt* fournir.
suministro *nm* fourniture *f* ; distribution *f (d'eau, d'électricité)*.
sumir *vt* plonger. ■ **sumirse** *vp* • **sumirse en** se plonger dans.
sumisión *nf* soumission *f*.
sumiso, sa *adj* soumis(e).
sumo, ma *adj* **1.** suprême **2.** extrême • **con sumo cuidado** avec le plus grand soin. ■ **a lo sumo** *loc adv* tout au plus.
suní, sunní, sunita, sunnita *adj & nmf RELIG* sunnite.
suntuario, ria *adj* somptuaire.
suntuoso, sa *adj* somptueux(euse).
supeditar *vt* faire dépendre de • **estar supeditado a** dépendre de. ■ **supeditarse** *vp* • **supeditarse a** se soumettre à.
super- *préf fam* super, hyper • **el examen era superfácil** l'examen était hyper facile • **es supermajo** il est super sympa.
súper *adj fam* super. ❑ *nm fam* supermarché *m*. ❑ *nf (essence)* super *m*.
superable *adj* surmontable.
superabundancia, sobreabundancia *nf* surabondance *f*.
superabundante, sobreabundante *adj* surabondant(e).
superación *nf (d'une limite, d'un record)* dépassement *m* ; *(d'une crise, d'un problème)* résolution *f* • **el afán de superación** le désir de se surpasser.
superado, da *adj* révolu(e) • **estar superado** être dépassé.
superar *vt* **1.** surpasser **2.** dépasser **3.** surmonter *(un problème, une difficulté)*. ■ **superarse** *vp* se surpasser ; se dépasser.
superávit *adj inv* excédent *m*.
supercarburante *nm* supercarburant *m*.
superchería *nf* supercherie *f*.
superconductor, superconductora *adj PHYS* supraconducteur(trice). ■ **superconductor** *nm PHYS* supraconducteur *m*.
supercopa *nf* **1.** *SPORT (en Europe)* Supercoupe *f* d'Europe **2.** *SPORT (en Espagne)* Supercoupe *f* d'Espagne.
superdotado, da *adj & nm, f* surdoué(e).

superestrella *nf* superstar *f.*
superestructura *nf* superstructure *f.*
superficial *adj* superficiel(elle).
superficialidad *nf* manque *m* de profondeur, caractère *m* superficiel.
superficie *nf* **1.** *(gén)* GÉOM surface *f* **2.** *(étendue, apparence)* superficie *f.*
superfino, na *adj* extra fin(e).
superfluo, a *adj* superflu(e).
superhéroe *nm* super héro *m.*
superheroína *nf* super héroïne *f.*
superhombre *nm* surhomme *m.*
superíndice *nm* indice *m.*
superior, ra *adj* RELIG supérieur(e). ❑ *nm, f* RELIG père supérieur *m*, mère supérieure *f.* ■ **superior** *adj* **1.** supérieur(e) **2.** *fig* de premier ordre. ❑ *nm (gén pl)* supérieur *m* (hiérarchique).
superioridad *nf* supériorité *f.*
superlativo, va *adj* **1.** *(beauté, degré)* extrême **2.** GRAMM superlatif(ive).
superligero *adj m & nm* SPORT super-léger.
supermán [super'man] *nm* surhomme *m.*
supermercado *nm* supermarché *m.*
supernova *nf* supernova *f.*
supernumerario, ria *adj* **1.** surnuméraire **2.** en disponibilité. ❑ *nm, f* surnuméraire *mf.*
superpoblación *nf* surpeuplement *m.*
superpoblado, da *adj* surpeuplé(e).
superponer = **sobreponer.**
superposición, sobreposición *nf* superposition *f.*
superpotencia *nf* superpuissance *f.*
superproducción, sobreproducción *nf* **1.** surproduction *f* **2.** CINÉ superproduction *f.*
superproteger *vt* surprotéger.
superpuesto, ta *pp* → **superponer.**
superrealismo, surrealismo *nm* surréalisme *m.*
supersónico, ca *adj* supersonique.
superstición *nf* superstition *f.*
supersticioso, sa *adj* superstitieux(euse).
supervalorar = **sobrevalorar.**
superventas *nm inv (livre)* best-seller *m* ; *(disque)* • **su album ha sido el superventas de los últimos meses** son album est classé premier au hit-parade des ventes des trois derniers mois.
supervisar *vt* superviser ; contrôler, inspecter *(une entreprise, des comptes).*
supervisión *nf* supervision *f.*
supervisor, ra *nm, f* surveillant *m*, -e *f (aux examens)* ; superviseur *m* ; inspecteur *m*, -trice *f.*
supervivencia *nf* survie *f* ; survivance *f (d'us et coutumes).*
superviviente, sobreviviente *adj & nmf* survivant(e), rescapé(e).
supiera *(etc)* → **saber.**
supino, na *adj* **1.** couché(e) sur le dos **2.** *fig (ignorance)* crasse.
suplantación *nf* imposture *f* • **suplantación de personalidad** usurpation *f* d'identité.
suplantar *vt* • **suplantar a alguien** se faire passer pour qqn.
suplementario, ria *adj* supplémentaire.
suplemento *nm* **1.** *(gén)* PRESSE supplément *m* **2.** accessoire *m (vestimentaire).*
suplencia *nf* remplacement *m* ; *(acteur)* doublage *m.*
suplente *adj* suppléant(e) • **un jugador suplente** SPORT un remplaçant. ❑ *nm, f* suppléant *m*, -e *f* ; THÉÂTRE doublure *f* ; SPORT remplaçant *m*, -e *f.*
supletorio, ria *adj* d'appoint. ■ **supletorio** *nm (téléphone)* deuxième poste *m.*
súplica *nf* **1.** supplication *f* **2.** *(écrit)* DR requête *f.*
suplicante *adj* suppliant(e).
suplicar [10] *vt* **1.** supplier • **suplicar a alguien que haga algo** supplier qqn de faire qqch **2.** DR • **suplicar (a un tribunal)** se pourvoir (devant un tribunal).
suplicio *nm litt & fig* supplice *m* • **su vida es un suplicio** sa vie est un calvaire.
suplir *vt* **1.** remplacer **2.** suppléer à • **su generosidad suple su mal genio** sa générosité compense son mauvais caractère.
supo → **saber.**
suponer [65] *vt* **1.** supposer • **supongamos que...** supposons ou admettons que... **2.** *(signifier)* représenter **3.** *(croire)* imaginer • **lo suponía** je m'en doutais • **le supongo 50 años** je lui donne 50 ans. ❑ *nm* • **es un suponer** c'est une simple supposition. ■ **suponerse** *vp* s'imaginer, supposer.
suposición *nf* supposition *f.*
supositorio *nm* suppositoire *m.*
supranacional *adj* supranational(e).
supremacía *nf* suprématie *f.*
supremo, ma *adj* **1.** suprême **2.** *fig (moment, situation, etc)* décisif(ive).
supresión *nf* suppression *f.*
suprimir *vt* supprimer.
supuestamente *adv* soi-disant.
supuesto, ta *adj* prétendu(e) ; *(coupable, assassin)* présumé(e) • **un nombre supuesto** un faux nom • **por supuesto** bien sûr. ■ **supuesto** *pp* → **suponer.** ❑ *nm* hypothèse *f* • **en el supuesto de que...** en supposant ou admettant que...
supurar *vi* suppurer.
sur *nm* sud *m* • **el sur de Europa** le sud de l'Europe. ❑ *adj (zone, frontière, etc)* sud *(inv)* ; *(vent)* du sud. ■ **Sur** *nm* • **el Sur** le sud.
surafricano, na = **sudafricano.**
Suramérica, Sudamérica *npr* Amérique *f* du Sud.

suramericano, na, sudamericano, na *adj* sud-américain(e), d'Amérique du Sud. ❑ *nm,f* Sud-Américain *m*, -e *f*.
surcar [10] *vt* **1.** *(parcourir)* sillonner **2.** creuser des sillons dans.
surco *nm* **1.** *(gén)* MUS sillon *m* **2.** ornière *f* **3.** ride *f (sur la peau)*.
sureño, ña *adj* du sud. ❑ *nm,f* habitant *m*, -e *f* du Sud.
sureste = **sudeste**.
surf, surfing *nm* surf *m*.
surfear *vi fam* INFORM surfer. ❑ *vt fam* INFORM surfer sur.
surfista *nmf* SPORT surfeur *m*, -euse *f*.
surgimiento *nm* apparition *f*.
surgir [15] *vi* **1.** surgir **2.** jaillir.
suroeste = **sudoeste**.
surrealismo = **superrealismo**.
surrealista *adj & nmf* ART surréaliste.
surtido, da *adj* **1.** approvisionné(e) • **surtido en** qui offre un grand choix de **2.** *(varié)* • **unas pastas surtidas** un assortiment de petits gâteaux. ■ **surtido** *nm* choix *m (de vêtements, de tissus)* ; assortiment *m (de pâtes, de bonbons)*.
surtidor *nm* jet *m* d'eau • **surtidor (de gasolina)** pompe *f* (à essence).
surtir *vt (approvisionner)* • **surtir a alguien en** fournir qqn en • **surtir efecto** avoir de l'effet. ❑ *vi* jaillir. ■ **surtirse** *vp (s'approvisionner)* • **surtirse de** se fournir en.
susceptibilidad *nf* susceptibilité *f*.
susceptible *adj* susceptible.
suscitar *vt* susciter.
suscribir, subscribir *vt* **1.** souscrire **2.** souscrire à *(un accord, un pacte)*. ■ **suscribirse, subscribirse** *vp* • **suscribirse a a)** s'abonner à **b)** COMM souscrire à.
suscripción, subscripción *nf* **1.** abonnement *m* **2.** COMM souscription *f*.
suscriptor, ra, subscriptor, ra *nm,f* **1.** abonné *m*, -e *f* **2.** COMM souscripteur *m*.
sushi ['suʃi] *nm* sushi *m*.
susodicho, cha *adj* susdit(e).
suspender *vt* **1.** suspendre **2.** SCOL • **suspender a alguien en un examen** refuser qqn à un examen • **suspender un examen** rater un examen. ■ **suspenderse** *vp* être interrompu.
suspense *nm* suspense *m*.
suspensión *nf (gén)* AUTO suspension *f* ; ÉCON suppression *f (d'emplois)*.
suspensivo, va *adj* • **puntos suspensivos** points de suspension.
suspenso, sa *adj* **1.** *(suspendu)* • **suspenso de** suspendu à **2.** *(candidat)* refusé(e) **3.** *fig* interloqué(e). ■ **en suspenso** *loc adv* en suspens. ■ **suspenso** *nm* SCOL • **tener un suspenso** ne pas avoir la moyenne, être recalé(e).
suspensores *nmpl* **(AMÉR)** bretelles *fpl*.
suspicacia *nf* méfiance *f*.
suspicaz *adj* soupçonneux(euse).
suspirar *vi* soupirer • **suspirar por a)** *fig* soupirer après *(une personne)* **b)** avoir une folle envie de *(voiture, voyage, etc)*.
suspiro *nm* **1.** soupir *m* **2.** *(instant)* • **en un suspiro** en un clin d'œil.
sustancia, substancia *nf* substance *f*. ■ **sustancia gris** *nf* matière *f* grise.
sustancial, substancial *adj* substantiel(elle) ; *(mesures, changement)* important(e).
sustancioso, sa, substancioso, sa *adj* substantiel(elle).
sustantivo, va, substantivo, va *adj* GRAMM nominal(e). ■ **sustantivo** *nm* GRAMM substantif *m*.
sustentar *vt* **1.** soutenir **2.** nourrir *(une personne, une famille)*.
sustento *nm* **1.** nourriture *f* **2.** soutien *m*.
sustitución, substitución *nf* remplacement *m*.
sustituible, substituible *adj* remplaçable • **somos todos sustituibles** nul n'est irremplaçable.
sustituir, substituir [51] *vt* • **sustituir (por)** remplacer (par).
sustitutivo, va, substitutivo, va *adj* substitutif(ive). ■ **sustitutivo** *nm* • **sustitutivo (de)** succédané *m* (de).
sustituto, ta, substituto, ta *nm,f* remplaçant *m*, -e *f*.
susto *nm* peur *f*.
sustracción, substracción *nf* **1.** vol *m* **2.** MATH soustraction *f*.
sustraer [73], **substraer** [73] *vt* **1.** *(gén)* MATH soustraire **2.** voler, subtiliser. ■ **sustraerse, substraerse** *vp* • **sustraerse (a ou de)** se soustraire (à).
sustrato, substrato *nm* substrat *m*.
susurrar *vt* chuchoter. ❑ *vi fig (vent, eau)* murmurer.
susurro *nm* chuchotement *m*.
sutil *adj* subtil(e) ; *(tissu, ligne)* fin(e).
sutileza *nf* subtilité *f*.
sutura *nf* suture *f*.
suturar *vt* MÉD coudre.
suyo, ya *adj poss* à lui ; à elle ; à eux ; à elles ; *(« usted », « ustedes »)* à vous • **este libro es suyo** ce livre est à lui/à elle *etc* • **un amigo suyo** un de ses/vos amis • **no es asunto suyo** ça ne le/la *etc* regarde pas • **no es culpa suya** ce n'est pas (de) sa/votre faute • **es muy suyo** *fam & fig* il est spécial. ❑ *pron poss* **1.** *(après un article défini)* • **el suyo a)** le sien **b)** *(« usted », « ustedes »)* le vôtre **c)** le leur • **la suya a)** la sienne **b)** la vôtre **c)** la leur **2.** • **de suyo** en soi • **hacer de las suyas** *fam* faire des siennes • **hacer suyo/suya** faire sien/sienne • **lo suyo es el teatro** *fam* son truc c'est le théâtre • **los suyos** *(sa famille)* les siens.
Swazilandia, Suazilandia *npr* Swaziland *m*.
sweater = **suéter**.

T

t¹, T [te] *nf* t *m inv*, T *m inv*.
t² (abrév de tonelada) t.
tabacalero, ra *adj* du tabac • **un establecimiento tabacalero** un magasin d'articles pour fumeurs. ■ **Tabacalera** *nf régie espagnole des tabacs* ; ≃ SEITA *f*.
tabaco *nm* **1.** tabac *m* **2.** cigarettes *fpl* • **¿tienes tabaco?** tu as une cigarette ? ❑ *adj inv (couleur)* tabac.
tábano *nm* taon *m*.
tabaquismo *nm* tabagisme *m*.
tabardo *nm* manteau *m*.
tabarra *nf fam* barbe *f* • **dar la tabarra a alguien** tanner qqn.
tabasco® *nm* Tabasco® *m*.
taberna *nf* bistrot *m*.
tabernáculo *nm* tabernacle *m*.
tabernero, ra *nm,f* patron *m*, -onne *f* de bistrot.
tabicar [10] *vt* cloisonner ; *(obstruer)* boucher.
tabique *nm* cloison *f*.
tabla *nf* **1.** *(de bois)* NAUT planche *f* ; plaque *f (de métal)* ; étagère *f (d'un meuble)* • **tabla de planchar** planche à repasser **2.** pli *m (d'un vêtement)* **3.** *(schéma, graphique)* tableau *m* ; *(liste)* table *f* • **tabla de materias** table des matières **4.** *assiette de charcuterie ou de fromages*. ■ **tablas** *nfpl* **1.** *(aux échecs)* • **quedar en** ou **hacer tablas** faire partie nulle **2.** THÉÂTRE planches *fpl* **3.** TAUROM barrières *fpl*.

> **tabla**
>
> **Tabla** ne signifie pas **table** mais **planche**.

tablado *nm* THÉÂTRE scène *f* ; *(pour la danse)* plancher *m* ; estrade *f*.
tablao *nm sorte de cabaret où sont données des représentations de flamenco*.
tablero *nm* **1.** planche *f* • **tablero de anuncios** tableau *m* d'affichage **2.** *(d'un jeu)* • **tablero (de ajedrez)** échiquier *m* • **tablero (de damas)** damier *m* **3.** SPORT panneau *m* **4.** AÉRON & AUTO • **tablero (de mandos)** tableau *m* de bord.
tableta *nf* **1.** tablette *f (de chocolat)* **2.** MÉD comprimé *m* **3.** INFORMÁTICA tablette *f* • **tableta de lectura digital** tablette de lecture, liseuse.
tablilla *nf* **1.** MÉD atelle *f* **2.** tablette *f*.
tabloide *nm* tabloïd *m*.
tablón *nm* planche *f* • **tablón (de anuncios)** panneau *m* d'affichage.
tabú (*pl* **tabúes** *ou* **tabús**) *adj* tabou(e). ❑ *nm* tabou *m*.
tabulación *nf* tabulation *f*.
tabulador *nm* tabulateur *m*.
tabular *vt* **1.** *(valeurs, chiffres, etc)* disposer en tableau **2.** *(texte)* tabuler. ❑ *vi* INFORM mettre des tabulations.
tabula rasa *nf* table *f* rase • **hacer tabula rasa (de algo)** faire table rase (de qqch).
taburete *nm* tabouret *m*.
tacañería *nf* avarice *f*.
tacaño, ña *adj & nm,f* avare.
tacatá, tacataca *nm* trotteur *m (pour bébé)*.
tacha *nf* **1.** défaut *m* • **sin tacha** irréprochable **2.** punaise *f*.
tachadura *nf* rature *f*.
tachar *vt* **1.** barrer *(ce qui est écrit)* • **tachar lo que no proceda** rayer la mention inutile **2.** *fig (accuser)* • **tachar a alguien de algo** taxer qqn de qqch.
tacho *nm* (AMÉR) seau *m*.
tachón *nm* **1.** rature *f* **2.** clou *m* de tapissier.
tachuela *nf* punaise *f*.
tácito, ta *adj* tacite.
taciturno, na *adj* taciturne.
tacle *nm* FOOTBALL tacle *m*.
taco *nm* **1.** taquet *m* **2.** cale *f* **3.** liasse *f (de billets)* **4.** *fam & fig* gros mot *m* **5.** *fam & fig* tas *m* **6.** queue *f (de billard)* **7.** pile *f (de papiers, etc)* **8.** cube *m (de jambon, de fromage)* **9.** SPORT crampon *m* **10.** (AMÉR) talon *m* **11.** (AMÉR) CULIN *crêpe de maïs farcie*. ■ **tacos** *nmpl tfam (âge)* • **tiene treinta tacos** il a trente balais.
tacón *nm* talon *m (de chaussure)*.
taconear *vi* claquer des talons *(en dansant)*.
táctico, ca *adj* tactique. ❑ *nm,f* tacticien *m*, -enne *f*. ■ **táctica** *nf* tactique *f*.
táctil *adj* tactile.
tacto *nm* **1.** toucher *m* **2.** *fig* tact *m*.
taekwondo *nm* taekwondo *m*.
tafetán *nm* taffetas *m*.
tahúr, ura *nm,f* joueur *m* invétéré, joueuse invétérée *f*.
taichi [tai'tʃi] *nm* tai-chi *m*.
taifa *nf* HIST royaume *m* de Taifa *(petit royaume issu du califat de Cordoue)*.
taiga *nf* taïga *f*.
Tailandia *npr* Thaïlande *f*.
taimado, da *adj* **1.** rusé(e) **2.** sournois(e).
Taiwán [tai'wan] *npr* Taïwan.
tajada *nf* **1.** tranche *f* **2.** *fam & fig* cuite *f*.
tajante *adj fig (ton, décision)* catégorique.
tajantemente *adv* catégoriquement.
tajar *vt* trancher.
tajo *nm* **1.** estafilade *f* **2.** *fam* turbin *m* **3.** ravin *m*.
Tajo *npr* • **el Tajo** le Tage.

tal

■ tal *adj*

1. MARQUE L'INTENSITÉ

tel, telle *f* • **lo dijo con tal seguridad que todos lo creyeron** il l'a dit avec une telle assurance que tout le monde l'a cru

2. POUR DÉSIGNER, SANS DÉFINIR AVEC PRÉCISION

tel, telle *f* • **mañana a tal hora** demain à telle heure

3. DE CE GENRE

• **tal cosa jamás se ha visto** on n'a jamais vu une chose pareille • **en tales condiciones** dans de telles conditions

4. DEVANT UN NOM PROPRE

• **te ha llamado un tal Pérez** un certain ou un dénommé Pérez t'a appelé

■ tal *pron*

DANS DES EXPRESSIONS

• **son tal para cual** ils sont faits l'un pour l'autre • **que si tal que si cual** *ou* **tal y cual** *ou* **tal y tal** ceci, cela • **y tal** et ainsi de suite

■ con tal (de) que *loc conj*

À CONDITION QUE

• **se lo daré con tal de que me deje en paz** je vais le lui donner, du moment qu'il me fiche la paix • **con tal de no ir a la escuela, este niño es capaz de cualquier cosa** cet enfant est capable de tout pour ne pas aller à l'école

■ qué tal *loc adv*

POUR PRENDRE DES NOUVELLES

• **¿qué tal?** comment ça va ? • **¿qué tal la entrevista?** comment s'est passé ton entretien ? • **¿qué tal fueron las vacaciones?** comment se sont passés tes vacances ?

■ tal (y) como *loc conj*

comme • **todo ocurrió tal y como había predicho** tout s'est passé comme je l'avais prédit • **tal como te decía...** comme je te le disais... • **cuelga la ropa tal como yo lo hago** étends le linge comme moi je le fais

■ tal cual *loc adv*

tel quel, telle quelle *f* • **se lo dije tal cual, sin añadir ningún comentario** je le lui ai dit tel quel, sans ajouter de commentaire

taladradora *nf* **1.** perceuse *f* **2.** perforeuse *f*.

taladrar *vt* percer.

taladro *nm* **1.** perceuse *f* **2.** trou *m*.

talante *nm* **1.** humeur *f* **2.** *(disposition)* • **de buen talante** de bonne grâce.

talar *vt* abattre *(des arbres)*.

talasoterapia *nf* thalassothérapie *f*.

talco *nm* talc *m*.

talega *nf* sac *m (de toile)*.

talego *nm* **1.** sac *m (en toile)* **2.** *vulg (prison)* tôle *f*.

talento *nm* talent *m* • **ser un talento de la música** être doué(e) en musique.

talentoso, sa *adj* talentueux(euse).

Talgo (abrév de **tren articulado ligero de Goicoechea Oriol**) *nm train espagnol aux essieux à écartement variable*.

talibán (*pl* **talibanes** *ou* **talibán**) *nm* taliban *m*.

talión *nm* talion *m*.

talismán *nm* talisman *m*.

talla *nf* **1.** *(gén)* ART taille *f* • **¿qué talla usas?** quelle taille fais-tu ? **2.** *fig* envergure *f* • **dar la talla** être à la hauteur.

tallado, da *adj (bois)* sculpté(e) ; *(pierre précieuse)* taillé(e).

tallar *vt* **1.** *(pierre)* tailler ; *(bois)* sculpter **2.** *(personne)* mesurer.

tallarín *nm (gén pl)* tagliatelle *f*.

talle *nm* **1.** *(ceinture)* taille *f* **2.** silhouette *f*.

taller *nm* **1.** atelier *m* **2.** garage *m* • **llevar el coche al taller** amener la voiture au garage.

tallo *nm* tige *f* ; pousse *f* ; brin *m (d'herbe)*.

talón *nm* **1.** *(gén)* ANAT talon *m* • **un zapato sin talón** une chaussure ouverte • **talón de Aquiles** *fig* talon d'Achille **2.** chèque *m* • **talón bancario/conformado** chèque bancaire/certifié • **talón en blanco** chèque en blanc.

talonario *nm* carnet *m* de chèques, chéquier *m*.

talonera *nf* talonnette *f*.

talud *nm* talus *m*.

Tamagotchi® *nm* Tamagotchi® *m*.

tamal *nm* **(AMÉR)** *pâté de viande à la farine de maïs enveloppé dans des feuilles de maïs*.

tamaño, ña *adj* pareil(eille) • **nunca he visto tamaño atrevimiento** je n'ai jamais vu (une) pareille audace. ■ **tamaño** *nm* taille *f* • **de tamaño natural** grandeur nature.

tamarindo *nm* **1.** *(fruit)* tamarin *m* **2.** *(arbre)* tamarinier *m*.

tambaleante *adj* **1.** *(personne)* titubant(e) ; *(meuble)* branlant(e) **2.** *fig (gouvernement, système)* chancelant(e).

tambalearse *vp* chanceler ; *(personne ivre)* tituber ; *(bateau)* tanguer.

también *adv* **1.** aussi **2.** de plus.

tambor *nm* **1.** tambour *m* **2.** barillet *m*.

tamboril *nm* tambourin *m*.

tamborilear *vi* **1.** tambouriner **2.** MUS jouer du tambourin.

Támesis *npr* • **el Támesis** la Tamise.

tamiz *nm* tamis *m*.

tamizar [13] *vt* **1.** tamiser **2.** *fig* trier.

tampoco *adv* non plus • **no quiere salir, yo tampoco** il ne veut pas sortir, moi non plus • **no quiere ir al cine ni tampoco comer fuera** il ne veut ni aller au cinéma ni aller au restaurant.

tampón *nm* tampon *m*.

tan *adv* **1.** *(tellement)* si • **tan grande/deprisa** si grand/vite • **¡qué película tan larga!** qu'est-ce qu'il est long ce film ! • **tan… que…** tellement… que… • **es tan tonto que no se entera** il est tellement bête qu'il ne comprend rien **2.** *(dans une comparaison)* • **tan… como…** aussi… que… • **es tan listo como su hermano** il est aussi intelligent que son frère. ■ **tan sólo** *loc adv* seulement.

tanatorio *nm* funérarium *m*.

tanda *nf* **1.** groupe *m* ; équipe *f (de travail)* **2.** série *f* • **tanda de palos** volée *f* de coups.

tándem *(pl* **tándemes** *ou* **tándems** *ou inv) nm* **1.** *(bicyclette)* tandem *m* **2.** *(couple)* duo *m (d'acteurs)* ; paire *f (de bœufs)*.

tanga *nm* string *m*.

tangente *adj* tangent(e). ❑ *nf* tangente *f*.

Tánger *npr* Tanger.

tangible *adj* tangible.

tango *nm* tango *m*.

tanguero, ra *adj* du tango. ❑ *nm,f* **1.** amateur *m*, -trice *f* de tango **2.** chanteur *m*, -euse *f* de tango.

tanque *nm* **1.** tank *m* **2.** *(véhicule)* citerne *f* **3.** réservoir *m*.

tanteador *nm* **1.** *(dans un jeu)* marqueur *m* **2.** SPORT tableau *m* d'affichage.

tantear *vt* **1.** évaluer ; examiner de près *(un projet, des solutions)* • **tantear el terreno** tâter le terrain **2.** *fig* sonder *(une personne)* **3.** mesurer *(un adversaire, un rival)*. ❑ *vi* **1.** tâtonner **2.** compter les points *(dans un jeu)*.

tanteo *nm* **1.** essai *m* **2.** score *m*. ■ **a tanteo** *loc adv* en gros.

tanto

■ **tanto, ta** *adj*

1. INDIQUE UNE GRANDE QUANTITÉ, UNE INTENSITÉ

tant de, tellement de • **¡tiene tantos libros!** il a tant de livres ! • **¡tengo tantas ganas de verte!** j'ai tellement envie de te voir !

2. INDIQUE UNE QUANTITÉ INDÉTERMINÉE

tant de • **nos daban tanto dinero al día** on nous donnait tant d'argent par jour

3. INTRODUIT UNE COMPARAISON

• **no tengo tanto dinero como tú** je n'ai pas autant d'argent que toi • **tenemos tanta hambre como vosotros** nous avons aussi faim que vous

4. APRÈS UN NOMBRE, INDIQUE UNE ADDITION PEU IMPORTANTE

et quelques • **y tantos** et quelques • **tiene cincuenta y tantos años** elle a cinquante ans et quelques

■ **tanto, ta** *pron*

1. DANS UNE COMPARAISON

autant • **tienes muchos vestidos, yo no tantos** tu as beaucoup de robes, moi je n'en ai pas autant • **había mucha gente aquí, allí no tanta** il y avait beaucoup de monde ici, il n'y en avait pas autant là-bas • **otro tanto** autant • **le ocurrió otro tanto** il lui est arrivé la même chose

2. INDIQUE UNE QUANTITÉ OU UNE DATE INDÉTERMINÉES

tant • **supongamos que vengan tantos…** supposons qu'il en vienne tant… • **a tantos de febrero** le tant du mois de février

■ **tanto** *nm*

1. POINT MARQUÉ DANS UNE COMPÉTITION, UN MATCH

• **marcar un tanto** marquer un point, marquer un but

2. *fam* & *fig* ATOUT, AVANTAGE

• **es un tanto a su favor** c'est un avantage qu'il a • **apuntarse un tanto (a favor)** marquer des points • **márcate un tanto y déjame salir** sois sympa et laisse-moi sortir

3. INDIQUE UNE SOMME INDÉTERMINÉE

• **le pagan un tanto por página** on le paye tant par page

4. DANS DES EXPRESSIONS

• **tanto por ciento** pourcentage • **intento ponerme al tanto de las novedades** j'essaie de me tenir au courant des nouveautés • **hay que estar bien al tanto, por aquí hay carteristas** il faut bien surveiller, il y a des pick-pockets dans les parages

■ **tanto** *adv*

1. MARQUE L'ÉGALITÉ D'INTENSITÉ

autant • **no me sirvas tanto** ne m'en sers pas autant

2. MARQUE L'INTENSITÉ

• **la quiere tanto que no podría vivir sin ella** il l'aime tellement qu'il ne pourrait pas vivre sans elle • **de eso hace tanto que ni me acuerdo** il y a si longtemps de cela que je ne m'en souviens plus

3. INTRODUIT UNE COMPARAISON

autant • **trabajo tanto como él** je travaille autant que lui

4. DANS DES EXPRESSIONS

• **¡y tanto!** et comment !

■ **tantas** *nfpl*

fam INDIQUE UNE HEURE TRÈS AVANCÉE, EN PARTICULIER LA NUIT

• **llegaron a las tantas** ils sont arrivés très tard *ou* à pas d'heure

■ **en tanto (que)** *loc conj*

INDIQUE LA SIMULTANÉITÉ

pendant que • **yo pongo la mesa en tanto que tú preparas la comida** je mets la table pendant que tu prépares à manger

■ **por (lo) tanto** *loc conj*

INDIQUE LA CONSÉQUENCE

par conséquent • **estaba enfermo, por lo tanto no pude ir** j'étais malade, par conséquent je n'ai pas pu y aller

■ **tanto como** *loc conj*

DANS UNE COMPARAISON

autant que • **de eso sé tanto como él** j'en sais autant que lui

■ **tanto (es así) que** *loc conj*

À TEL POINT QUE

tant et si bien que • **está muy seguro de su talento, tanto es así que no teme las críticas** il est très sûr de son talent, tant et si bien qu'il ne craint pas les critiques

■ **un tanto** *loc adv*

UN PEU

quelque peu • **lo encuentro un tanto presumido** je le trouve quelque peu prétentieux

tántrico, ca *adj RELIG* tantrique.

tañer *vt (jouer)* • **tañer un instrumento** jouer d'un instrument. ❑ *vi* **1.** tambouriner **2.** *(cloches)* sonner.

tañido *nm MUS* son *m* ; tintement *m (de cloches)*.

taoísmo *nm* taoïsme *m*.

taoísta *adj & nmf* taoïste.

tapa *nf* **1.** couvercle *m* **2.** *petite quantité d'olives, d'anchois, de « tortilla », etc servie en apéritif* **3.** couverture *f (de livre)* **4.** talon *m (de chaussure)* **5.** (AMÉR) bouchon *m (de bouteille)*.

tapabarros *nm inv* cache-sexe *m*.

tapacubos *nm inv* enjoliveur *m*.

tapadera *nf* **1.** couvercle *m* **2.** *fig* couverture *f (pour recouvrir quelque chose)*.

tapadillo ■ **de tapadillo** *loc adv fam* en douce.

tapar *vt* **1.** couvrir **2.** boucher *(une bouteille, un trou)* ; fermer *(un coffre, la bouche)* **3.** cacher. ■ **taparse** *vp* se couvrir • **taparse la boca** mettre la main devant sa bouche.

taparrabos, taparrabo *nm inv* cache-sexe *m*.

tapear *vi* manger des tapas • **ir a tapear** aller manger des tapas.

tapeo *nm* action *f* de manger des tapas • **ir de tapeo** aller manger des tapas.

táper, tupper ['taper], **tupperware®** [taper'wer] *nm* Tupperware® *m*.

tapete *nm* **1.** napperon *m* **2.** tapis *m (de jeu)*.

tapia *nf* mur *m* (de clôture).

tapiar [8] *vt* **1.** murer **2.** clôturer.

tapicería *nf* **1.** tapisserie *f* • **en la tapicería** chez le tapissier **2.** tapisseries *fpl*.

tapioca *nf* tapioca *m*.

tapiz *nm* **1.** tapisserie *f (pour le mur)* **2.** tapis *m*.

tapizado *nm* tapisserie *f*.

tapizar [13] *vt* **1.** recouvrir *(un meuble)* **2.** tapisser *(les murs)*.

tapón *nm* **1.** bouchon *m* **2.** *fam* nabot *m*, -e *f* **3.** *SPORT* lancer *m* tapé.

taponar *vt* boucher. ■ **taponarse** *vp* se boucher.

tapujo *nm* • **hablar sin tapujos** parler clair.

taquería *nf* (AMÉR) *établissement où l'on vend des « tacos »*.

taquicardia *nf* tachycardie *f*.

taquigrafía *nf* sténographie *f*.

taquilla *nf* **1.** guichet *m* **2.** casier *m* **3.** recette *f*.

taquillazo *nm* blockbuster *m*.

taquillero, ra *adj (artiste, spectacle)* qui fait recette ; *(film)* qui fait beaucoup d'entrées. ❑ *nm, f* guichetier *m*, -ère *f*.

taquímetro *nm* tachymètre *m*.

tara *nf* tare *f*.

tarado, da *adj* **1.** défectueux(euse) **2.** taré(e). ❑ *nm, f* taré *m*, -e *f*.

tarántula *nf* tarentule *f*.

tararear *vt* fredonner.

tardanza *nf* retard *m*.

tardar *vi* **1.** *(tarder)* • **tardar en hacer algo** mettre du temps à faire qqch • **tardó un año en hacerlo** il a mis un an à le faire • **tardo dos minutos** j'en ai pour deux minutes • **a más tardar** au plus tard **2.** *(prendre du retard)* • **tardar en hacer algo** tarder à faire qqch • **no tardaron en venir** ils n'ont pas tardé à venir.

tarde *nf (jusqu'à 7 heures)* après-midi *m ou f* ; *(après 7 heures)* soir *m* • **vendré por la tarde a)** je viendrai dans l'après-midi **b)** je viendrai dans la soirée. ❑ *adv* **1.** tard • **hoy saldré tarde** aujourd'hui, je sortirai tard • **tarde o temprano** tôt ou tard **2.** trop tard • **ya es tarde para...** il est trop tard pour.... ■ **buenas tardes** *interj* • **¡buenas tardes! a)** *(jusqu'à 7 heures)* bonjour ! **b)** *(après 7 heures)* bonsoir ! ■ **de tarde en tarde** *loc adv* de temps à autre • **muy de tarde en tarde** très rarement.

tardío, a *adj* tardif(ive).

tardo, da *adj* lent(e) • **tardo de entendimiento/reflejos** lent à comprendre/à réagir.

tardón, ona *adj fam* • **ser tardón a)** arriver toujours en retard **b)** *(lent)* lambiner.

tarea *nf* **1.** travail *m* ; tâche *f* • **tareas domésticas** tâches ménagères **2.** *SCOL* devoirs *mpl*.

tarifa *nf* tarif *m* • **tarifa nocturna** tarif de nuit • **tarifa plana** *(pour Internet)* forfait *m* mensuel *(avec connexions illimitées)*.

tarifar *vt* tarifer.

tarima *nf* estrade *f*.

tarjeta *nf* carte *f* • **tarjeta de crédito** carte de crédit • **tarjeta monedero** porte-monnaie *m* électronique • **tarjeta postal** carte postale.

tarjetero *nm* porte-cartes *m inv*.

tarot *nm* tarot *m*.

Tarragona *npr* Tarragone.

tarrina *nf* barquette *f*.

tarro *nm* **1.** pot *m* **2.** *fam (tête)* • **estar mal del tarro** être complètement fêlé(e).

tarta *nf* gâteau *m* ; tarte *f* • **una tarta de chocolate** un gâteau au chocolat.

tartaja *adj & nmf fam* bègue.

tartajear *vi* bégayer.

tartaleta *nf* tartelette *f*.

tartamudear *vi* bégayer.

tartamudeo *nm* bégaiement *m*.

tartamudez *nf* bégaiement *m (trouble)*.
tartamudo, da *adj & nm,f* bègue.
tartana *nf fam* guimbarde *f*.
tartera *nf* gamelle *f*.
tarugo *nm* **1.** *fam* abruti *m* **2.** gros morceau *m* de bois **3.** quignon *m* de pain.
tarumba *adj fam* • **estar tarumba** être dingue.
tasa *nf* **1.** taux *m* • **tasa de desempleo ou paro** taux de chômage **2.** taxe *f* • **tasa de importación** taxe à l'importation • **tasas académicas** droits *mpl* d'inscription (à l'université) **3.** taxation *f*.
tasación *nf* taxation *f*.
tasar *vt* **1.** expertiser **2.** taxer.
tasca *nf* bistrot *m*.
tatami *nm* tatami *m*.
tatarabuelo, la *nm,f* trisaïeul *m*, -e *f*.
tataranieto, ta *nm,f* arrière-arrière-petit-fils *m*, arrière-arrière-petite-fille *f*.
tate *interj* • **¡tate! a)** attention !
tato, ta *nm,f fam* grand frère *m*, grande sœur *f*. ■ **tata** *nf* **1.** *fam* nounou *f* **2.** **(AMÉR)** *fam* papa *m*.
tatuaje *nm* tatouage *m*.
tatuar [6] *vt & vi* tatouer. ■ **tatuarse** *vp* se faire tatouer.
taurino, na *adj* taurin(e).
Tauro *nm inv* Taureau *m inv*. ❑ *nmf inv* taureau *m inv*.
tauromaquia *nf* tauromachie *f*.
TAV (abrév de **tren de alta velocidad**) *nm train à grande vitesse espagnol* ; ≃ TGV *m*.
taxativo, va *adj* strict(e).
taxi *nm* taxi *m*.
taxidermia *nf* taxidermie *f*.
taxidermista *nmf* taxidermiste *mf*.
taxímetro *nm* compteur *m (de taxi)*.
taximoto *nm* moto-taxi *f*.
taxista *nmf* chauffeur *m* de taxi.
taxonomía *nf* taxinomie *f*.
taza *nf* **1.** tasse *f* **2.** cuvette *f*.
tazón *nm* bol *m*.
tb *(SMS)* abrév de **también**.
TC (abrév de **Tribunal Constitucional**) *nm* ≃ Conseil *m* constitutionnel.
te *pron pers* **1.** te, t' *(devant une voyelle)* • **vengo a verte** je viens te voir • **te quiero** je t'aime • **te lo dio** il te l'a donné • **te tiene miedo** il a peur de toi • **¡mírate!** regarde-toi ! • **¡no te pierdas!** ne te perds pas ! • **te gusta leer** tu aimes lire • **te crees muy listo** tu te crois très malin **2.** *(impersonnel) fam* on • **si te dejas pisar, estás perdido** si on se laisse marcher sur les pieds, on est perdu.
té *nm* thé *m*.
tea *nf* torche *f*.
teasing ['tisin] *nm* teasing *m*.
teatral *adj* théâtral(e).
teatralidad *nf* théâtralité *f*.
teatralizar [13] *vt* théâtraliser.
teatrero, ra *adj fam* **1.** théâtral(e) **2.** passionné(e) de théâtre.
teatro *nm* **1.** théâtre *m* **2.** *(feinte)* • **es todo teatro** c'est de la comédie.
tebeo® *nm* bande *f* dessinée.
teca *nf* teck *m*.
techado *nm* toiture *f*.
techar *vt* poser la toiture de.
techo *nm* **1.** plafond *m* • **techo artesonado** plafond à caissons **2.** toit *m* • **bajo techo** sous un toit • **techo corredizo** toit ouvrant.
techumbre *nf* toiture *f*.
tecla *nf* touche *f*.
teclado *nm (gén)* INFORM clavier *m* • **teclado expandido** clavier étendu • **teclado numérico** pavé *m* numérique.
tecleado *nm* INFORM saisie *f*.
teclear *vi* taper *(sur un clavier)*.
tecleo *nm* frappe *f (sur un clavier)*.
tecnicismo *nm* terme *m* technique.
técnico, ca *adj* technique. ❑ *nm,f* technicien *m*, -enne *f*. ■ **técnica** *nf* technique *f*.
tecnicocomercial *adj* technico-commercial(e).
Tecnicolor® *nm* Technicolor® *m*.
tecnificar [10] *vt* techniciser.
tecno *nm inv* musique *f* techno.
tecnocracia *nf* technocratie *f*.
tecnócrata *adj* technocratique. ❑ *nmf* technocrate *mf*.
tecnología *nf* technologie *f* • **tecnología punta** technologie de pointe.
tecnológico, ca *adj* technologique.
tecno(-)pop *nm* techno-pop *f*.
tecolote *nm* **(AMÉR)** hibou *m*.
tectónico, ca *adj* tectonique. ■ **tectónica** *nf* tectonique *f* • **tectónica de placas** tectonique des plaques.
tedio *nm* ennui *m*.
tedioso, sa *adj* ennuyeux(euse).
teflón® *nm* Téflon® *m*.
Tegucigalpa *npr* Tegucigalpa.
Teide *npr* • **el Teide** le Teide.
teja *nf* tuile *f*. ■ **a toca teja** *loc adv* rubis sur l'ongle.
tejado *nm* toit *m*.
tejano, na *adj* en jean. ■ **tejanos** *nmpl* jean *m*.
Tejas = **Texas**.
tejemaneje *nm fam* **1.** manigance *f* **2.** remue-ménage *m inv*.
tejer *vt* **1.** tisser ; tricoter ; faire au crochet **2.** tresser **3.** *fig* tramer. ❑ *vi* tricoter ; faire du crochet.
tejido *nm* tissu *m*.
tejo *nm* **1.** palet *m* **2.** BOT if *m*.
tejón *nm* ZOOL blaireau *m*.
tel., teléf., tfno. (abrév de **teléfono**) tél.
tela *nf* **1.** tissu *m* **2.** *(film, tableau)* toile *f* **3.** *fam (chose compliquée)* • **tener (mucha) tela** donner du

fil à retordre • **¡vaya tela!** c'est coton ! • **tener tela de trabajo** *fam* avoir du pain sur la planche • **poner en tela de juicio** remettre en cause. ■ **tela metálica** *nf* grillage *m*.
telar *nm* métier *m* à tisser. ■ **telares** *nmpl* usine *f* textile.
telaraña *nf* toile *f* d'araignée • **la telaraña** *(Internet)* la Toile.
tele *nf fam* télé *f*.
teleadicto, ta *adj & nm,f* mordu(e) de télé.
telearrastre *nm* remonte-pente *m*.
teleasistencia *nf (pour personnes âgées)* aide *f* à domicile.
telebanca *nf* télébanque *f*.
telebasura *nf* télé poubelle *f*.
telecabina *nf* télécabine *f*.
telecomedia *nf* sitcom *m ou f*.
telecompra *nf* téléachat *m*.
telecomunicación *nf (moyen)* télécommunication *f*. ■ **telecomunicaciones** *nfpl (réseau)* télécommunications *fpl*.
teleconferencia *nf* téléconférence *f*.
telecontrol *nm* télécommande *f*.
telediario *nm* journal *m* télévisé.
teledirigido, da *adj* téléguidé(e).
teledirigir [15] *vt* téléguider.
teléf. = **tel.**.
telefax *nm* télécopieur *m*.
teleférico *nm* téléphérique *m*.
telefilme, telefilm (*pl* **telefilms**) *nm* téléfilm *m*.
telefonazo *nm fam* coup *m* de fil • **dar un telefonazo a alguien** donner ou passer un coup de fil à qqn.
telefonear *vi* téléphoner. ■ **telefonearse** *vp* s'appeler *(au téléphone)*.
telefonía *nf* téléphonie *f* • **telefonía fija** téléphonie fixe • **telefonía móvil** téléphonie mobile.
telefónico, ca *adj* téléphonique. ■ **Telefónica** *nf compagnie nationale espagnole des Téléphones* ; ≃ France Télécom.
telefonillo *nm fam* interphone *m*.
telefonista *nmf* standardiste *mf*.
teléfono *nm* téléphone *m* • **colgar el teléfono** raccrocher le téléphone • **hablar a alguien por teléfono** avoir qqn au téléphone • **llamar por teléfono** téléphoner • **teléfono inalámbrico** téléphone sans fil • **teléfono móvil** téléphone portable • **teléfono público** téléphone public • **teléfono sin manos** appareil *m* « mains-libres ».
telegrafía *nf* télégraphie *f*.
telegráfico, ca *adj* télégraphique.
telégrafo *nm (moyen, appareil)* télégraphe *m*.
telegrama *nm* télégramme *m*.
telehuevo *nm fam* œuf *m (télécabine)*.
teleinformática *nf* téléinformatique *f*.
telejuego *nm* jeu *m* vidéo.
telekinesia = **telequinesia**.
telele *nm fam* • **le dio un telele a)** *(évanoui)* il a tourné de l'œil **b)** *(surpris)* ça lui a fichu un coup.
telemando *nm* télécommande *f*.
telemaratón *nm* téléthon *m*.
telemarketing *nm* télémarketing *m*.
telemática *nf* télématique *f*.
telemático, ca *adj* télématique. ■ **telemática** *nf* télématique *f*.
telenovela *nf* feuilleton *m* télévisé.
teleñeco *nm* marionnette *f (utilisée dans une émission de télévision)*.
teleobjetivo *nm* téléobjectif *m*.
telepago *nm* télépaiement *m*, paiement *m* en ligne • **telepago seguro** paiement sécurisé.
telepatía *nf* télépathie *f*.
telepeaje *nm* télépéage *m*.
telepredicador, ra *nm,f* téléprédicateur *m*, -trice *f*.
teleprómpter, telepronter *nm TV* prompteur *m*, téléprompteur *m*.
telequinesia, telekinesia *nf* télékinésie *f*.
telerrealidad *nf TV* téléréalité *f*.
telescópico, ca *adj* télescopique.
telescopio *nm* télescope *m*.
teleserie *nf TV* série *f* télévisée.
telesilla *nm* télésiège *m*.
telespectador, ra *nm,f* téléspectateur *m*, -trice *f*.
telesquí (*pl* **telesquís** *ou* **telesquíes**) *nm* téléski *m*.
teletaquilla *nf* kiosque *m* interactif.
teletexto *nm* télétexte *m*.
teletienda *nf* téléachat *m*.
teletipo® *nm* Télétype® *m*.
teletrabajador, ra *nm,f* télétravailleur *m*, -euse *f*.
teletrabajo *nm* télétravail *m*.
televangelismo *nm* télévangélisme *m*.
televangelista *nmf* télévangéliste *mf*.
televendedor, ra *nm,f* télévendeur *m*, -euse *f*.
televenta *nf* télévente *f*.
televidente *nmf* téléspectateur *m*, -trice *f*.
televisado, da *adj* télévisé(e).
televisar *vt* téléviser.
televisión *nf* télévision *f* • **ver la televisión** regarder la télévision • **televisión en color** télévision couleur.
televisivo, va *adj* télévisé(e).
televisor *nm* téléviseur *m*.
télex *nm inv* télex *m*.
telómero *nm BIOLOGÍA* télomère *m*.
telón *nm THÉÂTRE & CINÉ* rideau *m* • **telón de fondo** *fig* toile *f* de fond.
telonear *vt MUS* jouer en première partie de.
telonero, ra *adj* • **ser telonero** passer en première partie *(d'un spectacle, d'un concert)*.
telúrico, ca *adj* tellurique.

tema *nm* **1.** sujet *m* **2.** *MUS* thème *m*.
temario *nm SCOL* programme *m*.
temático, ca *adj* thématique. ■ **temática** *nf* thème *m*.
temblar [19] *vi* trembler • **temblar de frío/de miedo** trembler de froid/de peur.
tembleque *nm* tremblement *m*.
temblequear *vi fam* trembloter.
temblor *nm* tremblement *m*.
tembloroso, sa *adj* tremblant(e).
temer *vt* • **temer (algo/a alguien)** craindre (qqch/qqn) • **teme el agua/a su madre** il a peur de l'eau/de sa mère • **temo que se vaya** je crains qu'il ne s'en aille. ❑ *vi* avoir peur, craindre • **teme por sus hijos** il a peur pour ses enfants • **no temas** ne crains rien. ■ **temerse** *vp* craindre • **me temo lo peor** je crains le pire.
temerario, ria *adj* téméraire ; *(jugement, accusation)* hâtif(ive).
temeridad *nf* **1.** témérité *f* **2.** *(stupidité)* • **es una temeridad** c'est de l'inconscience.
temeroso, sa *adj* **1.** peureux(euse) **2.** effrayant(e).
temible *adj* redoutable.
temor *nm* crainte *f* • **por temor a ou de** par crainte de.
témpano *nm* • **témpano (de hielo)** glaçon *m*.
temperamental *adj* **1.** qui a du tempérament **2.** lunatique.
temperamento *nm* tempérament *m*.
temperar *vt* **1.** refroidir **2.** tempérer **3.** *MÉD* calmer. ❑ *vi* **(AMÉR)** *fig* changer d'air.
temperatura *nf* température *f* • **tomar la temperatura a alguien** prendre la température à qqn.
tempestad *nf* tempête *f*.
tempestuoso, sa *adj* orageux(euse) ; tempétueux(euse).
templado, da *adj* **1.** *(eau, boisson, repas)* tiède **2.** *(climat, zone) MUS* tempéré(e) **3.** *(personne, caractère)* modéré(e), calme.
templanza *nf* **1.** tempérance *f* ; • **tener templanza** savoir garder son calme **2.** douceur *f* *(d'un climat)*.
templar *vt* **1.** faire tiédir **2.** calmer *(les esprits, les nerfs)* **3.** *TECHNOL* tremper *(le métal, etc)* **4.** couper *(un café, un whisky)* **5.** *MUS* accorder **6.** resserrer *(une vis, etc)*. ❑ *vi (temps, température)* s'adoucir. ■ **templarse** *vp (temps, température)* se radoucir ; *(liquide)* tiédir.
templario *nm* templier *m*.
temple *nm* **1.** *(sérénité)* • **tener temple** savoir garder son calme **2.** *ART* détrempe *f*.
templete *nm* kiosque *m (à musique)*.
templo *nm* temple *m* ; église *f (catholique)*.
tempo *nm* tempo *m*.
temporada *nf* saison *f* ; période *f (d'examen)* • **de temporada a)** *(fruit)* de saison **b)** *(travail)* saisonnier(ère) • **temporada alta/baja** haute/basse saison • **temporada media** intersaison *f* • **una temporada** un certain temps, quelque temps.
temporal *adj* **1.** *(gén) RELIG* temporel(elle) **2.** temporaire. ❑ *nm* tempête *f*.
temporalmente *adv* temporairement.
temporero, ra *adj* temporaire. ❑ *nm,f* travailleur *m*, -euse *f* temporaire.
temporizador *nm* minuterie *f*.
temporizar [13] *vi* composer *(transiger)*.
tempranamente *adv* **1.** de manière précoce **2.** prématurément.
tempranero, ra *adj* **1.** *BOT* précoce **2.** *(personne)* matinal(e).
temprano, na *adj* précoce • **a horas tempranas** de bonne heure • **frutas/verduras tempranas** primeurs *fpl*. ■ **temprano** *adv* tôt.
ten *v* → **tener**. ■ **ten con ten** *nm fam* doigté *m*.
tenacidad *nf* ténacité *f*.
tenacillas *nfpl* **1.** pincettes *fpl* **2.** fer *m* à friser **3.** pince *f* à sucre.
tenaz *adj* tenace.
tenaza *nf (gén pl)* **1.** tenailles *fpl* **2.** pince *f* *(d'un crustacé)*.
tendedero *nm* étendoir *m*.
tendencia *nf* • **tendencia (a)** tendance *f* (à).
tendencioso, sa *adj* tendancieux(euse).
tender [20] *vt* **1.** étendre • **tender la ropa** étendre le linge **2.** tendre • **tender la mano** tendre la main • **tender una trampa** tendre un piège **3.** construire *(un pont, une voie ferrée)*. ❑ *vi* • **tender a a)** tendre à **b)** *(couleur)* tirer sur. ■ **tenderse** *vp* s'étendre.
tenderete *nm* étalage *m*.
tendero, ra *nm,f* petit commerçant *m*, petite commerçante *f* ; épicier *m*, -ère *f*.
tendido, da *adj* **1.** étendu(e) **2.** tendu(e). ■ **tendido** *nm* **1.** *(installation)* pose *f* **2.** *TAUROM* gradins *mpl*.
tendinitis *nf inv MÉD* tendinite *f*.
tendón *nm* tendon *m*.
tendrá *(etc)* → **tener**.
tenebroso, sa *adj* sombre ; *fig* ténébreux(euse).
tenedor[1] *nm* fourchette *f*.
tenedor[2], **ra** *nm,f COMM* détenteur *m*, -trice *f* • **tenedor de libros** comptable *m*.
teneduría *nf COMM* comptabilité *f*.
tenencia *nf* détention *f* • **tenencia ilícita de armas** détention d'armes.

tener

■ **tener** [72] *vt*

1. INDIQUE LA POSSESSION

avoir • **tiene un coche/mucho dinero** il a une voiture/beaucoup d'argent • **tengo un hermano mayor** j'ai un frère aîné • **van a tener un niño** ils vont avoir un enfant • **tener huéspedes** avoir des invités • **¿tiene algo**

que decirnos? vous avez quelque chose à nous dire ?
2. INDIQUE UNE CARACTÉRISTIQUE
avoir • **tiene los ojos azules** il a les yeux bleus • **tiene buen corazón** il a bon cœur
3. INDIQUE L'ÂGE
avoir • **¿cuántos años tienes?** quel âge as-tu ?
4. INDIQUE UNE SENSATION, UN ÉTAT
avoir • **tengo hambre** j'ai faim • **le tiene lástima** il a pitié de lui • **tendrá una sorpresa** il aura une surprise
5. INDIQUE UNE OCCUPATION
avoir • **hoy tengo clase** j'ai cours aujourd'hui
6. PORTER DANS SES MAINS, DANS SES BRAS
tenir • **tener un niño en brazos** tenir un enfant dans ses bras
7. MESURER
faire • **la sala tiene cuatro metros de largo** le salon fait quatre mètres de long
8. POUR DÉSIGNER
• **aquí tiene su cambio** voici votre monnaie
• **aquí me tienes** me voici
9. DANS DES PHRASES EXCLAMATIVES, POUR EXPRIMER DES VŒUX
• **¡que tengas un buen viaje!** bon voyage !
• **que tengan unas felices Navidades** joyeux Noël !
10. CONSIDÉRER
• **me tiene por tonto, pero yo me entero de todo** il me prend pour un idiot, mais moi je comprends tout • **ten por seguro que lloverá** tu peux être sûr qu'il pleuvra
11. DANS DES EXPRESSIONS
• **tener lugar** avoir lieu • **tener presente algo/alguien** se souvenir de qqch/qqn • **hay que tener presente que la situación internacional es muy tensa** il ne faut pas oublier que la situation internationale est très tendue • **tener que ver con algo/alguien** avoir à voir avec qqch/qqn • **yo no tengo nada que ver con ese asunto/ese individuo** je n'ai rien à voir avec cette affaire/ce type • **¿conque esas tenemos? ¿te niegas a hacerlo?** alors comme ça, tu ne veux pas le faire ? • **no las tiene todas consigo** il n'en mène pas large • **le ruego tenga a bien mandarme toda la información disponible** je vous prie de bien vouloir m'envoyer tous les renseignements dont vous disposeriez

■ **tener** [72] *v aux*
1. DEVANT UN PARTICIPE PASSÉ, INDIQUE UN RÉSULTAT
• **ya tengo hecha la mitad** j'en ai déjà fait la moitié • **tengo leído medio libro** j'ai lu la moitié du livre • **teníamos pensado ir al teatro** nous avions pensé aller au théâtre
2. DEVANT UN PARTICIPE OU UN ADJECTIF, MAINTENIR DANS UN CERTAIN ÉTAT
• **el ruido me ha tenido despierto toda la noche** le bruit m'a tenu éveillé toute la nuit • **eso la tiene entretenida** ça l'occupe

■ **tener que** *v + conj*
1. INDIQUE UNE OBLIGATION
• **tengo que irme** je dois partir, il faut que je parte
2. INDIQUE UN DEVOIR MORAL OU UNE INTENTION
• **tenemos que salir a cenar juntos** il faut que nous allions dîner ensemble

■ **tenerse** *vp*
INDIQUE UNE POSITION
• **tente derecho** tiens-toi droit • **el niño ya sabe tenerse de pie** l'enfant se tient déjà debout • **el borracho no se tenía de pie** l'ivrogne ne tenait pas debout

■ **tenerse por** *vp + prép*
SE CONSIDÉRER COMME
• **se tiene por muy listo** il se croit très malin

Tenerife *npr* Tenerife, Ténériffe.
tenia *nf* ténia *m*.
teniente *nm* lieutenant *m*. ■ **teniente (de) alcalde** *nmf* adjoint *m* au maire.
tenis *nm inv* tennis *m* • **tenis de mesa** tennis de table. ❑ *nfpl* tennis *mpl & fpl*.
tenista *nmf* joueur *m*, -euse *f* de tennis.
tenor *nm* MUS ténor *m*. ■ **a tenor de** *loc prép* compte tenu de.
tenorio *nm* don Juan *m* • **es un tenorio** c'est un don Juan.
tensar *vt* tendre.
tensión *nf* tension *f* • **alta tensión** haute tension • **tensión (arterial)** tension (artérielle).
tenso, sa *adj* tendu(e).
tensor, ra *adj* • **los músculos tensores** les muscles tenseurs.
tentación *nf* tentation *f* • **ser una tentación** être tentant(e) • **tener la tentación de** être tenté(e) de.
tentáculo *nm* tentacule *m*.
tentador, ra *adj* tentant(e).
tentar [19] *vt* **1.** tenter **2.** tâter.
tentativa *nf* tentative *f*; SPORT essai *m* • **tentativa de asesinato** tentative de meurtre.
tentempié *nm* **1.** en-cas *m inv* **2.** *(jouet)* culbuto *m*.
tenue *adj (pluie, tissu)* fin(e) ; *(voix)* faible ; *(douleur)* léger(ère) ; *(fil, lumière)* ténu(e).
teñir [26] *vt* • **teñir (de rojo, etc)** teindre (en rouge, *etc*). ■ **teñirse** *vp* • **teñirse el pelo** se teindre les cheveux • **teñirse de rubio/moreno** se teindre en blond/brun.
teocracia *nf* théocratie *f*.
teología *nf* théologie *f*.
teólogo, ga *nm,f* théologien *m*, -enne *f*.

teorema *nm* théorème *m*.
teoría *nf* théorie *f* • **en teoría** en théorie.
teóricamente *adv* théoriquement.
teórico, ca *adj* théorique. ❑ *nm,f* théoricien *m*, -enne *f*. ■ **teórica** *nf* théorie *f*; code *m (du permis de conduire)*.
teorizador, ra *adj* qui théorise.
teorizar [13] *vi* théoriser.
tequila *nm ou nf* tequila *f*.
terabyte [tera'βait] *nm* INFORM terabyte *m*.
terapeuta *nmf* thérapeute *mf*.
terapéutico, ca *adj* thérapeutique.
terapia *nf* thérapie *f*.
tercer → **tercero**.
tercera *nf* → **tercero**.
tercermundista *adj* du tiers-monde ; *(politique, attitude)* tiers-mondiste.
tercero, ra *adj num (devant un substantif masculin singulier:* ***tercer****)* troisième. Voir aussi **sexto**. ■ **tercero** *nm* **1.** troisième *m* **2.** *(SCOL - au collège)* ≃ quatrième *f*; *(- à l'université)* troisième année *f* **3.** *(médiateur)* tiers *m*, tierce personne *f*. ■ **tercera** *nf* AUTO troisième *f*.
terceto *nm* MUS trio *m*.
terciar [8] *vt* **1.** mettre en travers ; *(arme)* mettre en bandoulière **2.** couper en trois. ❑ *vi* **1.** intervenir, s'interposer **2.** *(participer)* • **terciar (en)** prendre part (à). ■ **terciarse** *vp* se présenter • **si se tercia** si l'occasion se présente.
terciario, ria *adj* tertiaire. ■ **terciario** *nm* GÉOL tertiaire *m*.
tercio *nm* **1.** tiers *m* **2.** *nom donné à chacune des trois étapes de la corrida*.
terciopelo *nm* velours *m*.
terco, ca *adj & nm,f* entêté(e).
tergal® *nm* Tergal® *m*.
tergiversación *nf* déformation *f (de propos)*.
tergiversar *vt* déformer *(les propos de qqn)*.
termal *adj* thermal(e).
termas *nfpl* thermes *mpl*.
termes = **termita**.
térmico, ca *adj* thermique.
terminación *nf* **1.** achèvement *m* **2.** extrémité *f* **3.** GRAMM terminaison *f*.
terminal *adj* final(e) • **en fase terminal** MÉD en phase terminale. ❑ *nm* INFORM terminal *m*. ❑ *nf* terminal *m (d'un aéroport)* ; terminus *m (d'un bus)*. ■ **terminal videotex** *nm* terminal *m* vidéotex.
terminante *adj* **1.** catégorique, formel(elle) **2.** *(preuve)* concluant(e).
terminantemente *adv* formellement • **queda terminantemente prohibido...** il est formellement interdit de....
terminar *vt* terminer, finir • **terminar un trabajo** terminer un travail • **terminar la carrera** finir ses études. ❑ *vi* **1.** se terminer, finir • **las vacaciones terminan** les vacances se terminent • **terminar con** en finir avec • **hemos terminado con este tema** nous en avons fini avec ce sujet • **terminó de conserje en...** il a fini concierge dans... • **terminar de/por hacer algo** finir de/par faire qqch • **terminar en** se terminer en • **terminó en pelea** ça s'est terminé en bagarre **2.** *(couple)* rompre. ■ **terminarse** *vp* se terminer • **se ha terminado el butano** il n'y a plus de gaz.
término *nm* **1.** fin *f* • **poner término a algo** mettre un terme à qqch **2.** *(territoire)* • **término (municipal)** ≃ commune *f* **3.** délai *m* • **en el término de** dans un délai de **4.** *(lieu, position)* plan *m* • **en primer término** ART & PHOTO au premier plan • **en último término** *fig* en dernier recours **5.** *(élément)* • **considerar algo término por término** étudier qqch point par point **6.** LING & MATH terme *m* **7.** *(transports)* • **la estación de término** le terminus. ■ **término medio** *nm* juste milieu *m* • **por término medio** en moyenne. ■ **términos** *nmpl* termes *mpl* • **los términos del contrato** les termes du contrat • **en términos generales** en règle générale.
terminología *nf* terminologie *f*.
termita *nf* termite *m*.
termo *nm* Thermos® *f*.
termoaislante *adj* calorifuge.
termodinámico, ca *adj* thermodynamique. ■ **termodinámica** *nf* thermodynamique *f*.
termómetro *nm* thermomètre *m*.
termonuclear *adj* thermonucléaire.
termorregulador *nm* thermorégulateur *m*.
termostato *nm* thermostat *m*.
terna *nf* POLIT *groupe de trois candidats*.
ternasco *nm* agneau *m* de lait.
ternero, ra *nm,f (animal)* veau *m*, génisse *f*. ■ **ternera** *nf (viande)* veau *m*.
terno *nm* **1.** *fam (trio)* • **son el terno infernal** c'est le trio infernal **2.** *(costume)* complet *m*.
ternura *nf* tendresse *f*.
terquedad *nf* entêtement *m*.
terracota *nf* terre *f* cuite.
terrado *nm (toit)* terrasse *f*.
terral, tierral *nm* **(AMÉR)** nuage *m* de poussière.
terraplén *nm* terre-plein *m*.
terráqueo, a *adj (globe)* terrestre.
terrario, terrarium *nm* terrarium *m*.
terrateniente *nmf* propriétaire *m* terrien, propriétaire *f* terrienne.
terraza *nf* terrasse *f*; balcon *m*.
terrazo *nm* granito *m*.
terremoto *nm* tremblement *m* de terre.
terrenal *adj* terrestre.
terreno, na *adj* terrestre. ■ **terreno** *nm* **1.** *(gén)* SPORT terrain *m* **2.** *fig* domaine *m*.
terrestre *adj* terrestre. ❑ *nmf* terrien *m*, -enne *f*.
terrible *adj* terrible.
terrícola *adj* terrestre. ❑ *nmf* terrien *m*, -enne *f*.
territorial *adj* territorial(e).
territorialidad *nf* DR territorialité *f*.

territorio *nm* territoire *m*.
terrón *nm* **1.** motte *f (de terre)* **2.** morceau *m (de sucre)*.
terror *nm* terreur *f* ; *CINÉ* horreur *f* • **dar terror** terrifier.
terrorífico, ca *adj* terrifiant(e).
terrorismo *nm* terrorisme *m*.
terrorista *adj & nmf* terroriste.
terroso, sa *adj* terreux(euse).
terso, sa *adj (peau, surface)* lisse.
tersura *nf* douceur *f (de la peau)*.
tertulia *nf réunion informelle au cours de laquelle un thème particulier est abordé*.
tertuliano, na *nm,f* **1.** habitué *m*, -e *f* **2.** *RADIO & TV* invité *m*, -e *f*.
tertuliar *vi* **(AMÉR)** débattre.
Teruel *npr* Teruel.
tesauro *nm* thésaurus *m*, thesaurus *m*.
tesina *nf SCOL* ≃ mémoire *m (de maîtrise)*.
tesis *nf inv* thèse *f*.
tesitura *nf MUS* tessiture *f*.
tesón *nm* persévérance *f*.
tesorería *nf* trésorerie *f*.
tesorero, ra *nm,f* trésorier *m*, -ère *f*.
tesoro *nm* **1.** trésor *m* • **ven aquí, tesoro** *fig (appellation affectueuse)* viens ici, mon trésor **2.** *(personne de valeur)* perle *f*. ■ **Tesoro Público** *nm* Trésor *m* public.
test *(pl* **tests***)* *nm* test *m*.
testa *nf* tête *f*. ■ **testa coronada** *nf* tête *f* couronnée.
testado, da *adj* **1.** *(succession, héritage) réglé par testament* **2.** *(personne) qui a laissé un testament*.
testaferro *nm* prête-nom *m*.
testamentario, ria *adj* testamentaire. ❑ *nm,f* exécuteur *m*, -trice *f* testamentaire.
testamento *nm* testament *m*. ■ **Antiguo Testamento** *nm* Ancien Testament *m*. ■ **Nuevo Testamento** *nm* Nouveau Testament *m*.
testar *vi* faire un testament. ❑ *vt* tester.
testarudez *nf* entêtement *m*.
testarudo, da *adj & nm,f* têtu(e).
testear *vt* **(AMÉR)** tester.
testículo *nm* testicule *m*.
testificar [10] *vt* témoigner • **su contestación testifica su buena fe** sa réponse témoigne de sa bonne foi. ❑ *vi* témoigner.
testigo *nmf* témoin *m* • **testigo ocular ou presencial** témoin oculaire. ❑ *nm SPORT* témoin *m*. ■ **testigo de Jehová** *nmf* témoin *m* de Jéhovah.
testimonial *adj DR* testimonial(e).
testimoniar [8] *vt & vi* témoigner.
testimonio *nm* témoignage *m* • **como testimonio de** *fig* en témoignage de • **dar testimonio de algo** témoigner de qqch.
testosterona *nf* testostérone *f*.
testuz *nm ou nf* **1.** *(de cheval, âne)* front *m* **2.** *(de vache, taureau)* nuque *f*.
teta *nf fam* nichon *m*, sein *m*.
tétanos *nm inv* tétanos *m*.
tetera *nf* théière *f*.
tetilla *nf* **1.** mamelon *m (d'un homme)* **2.** tétine *f (de biberon)*.
tetina *nf* tétine *f (de biberon)*.
tetrabrick *(pl* **tetrabricks***)* *nm* Tétrabrick® *m*.
tetraedro *nm* tétraèdre *m*.
tetralogía *nf* tétralogie *f*.
tetraplejía, tetraplejia *nf MÉD* tétraplégie *f*.
tetrapléjico, ca *adj & nm,f* tétraplégique.
tétrico, ca *adj* lugubre.
teutón, ona *adj* **1.** *HIST* teuton(onne) **2.** *fam* teuton(onne). ❑ *nm,f* **1.** *HIST* Teuton *m*, -onne *f* **2.** *fam* Teuton *m*, -onne *f*.
texapiel *nf* cuir *m* synthétique.
Texas, Tejas *npr* Texas *m*.
textil *adj & nm* textile.
texto *nm* texte *m*.
textual *adj* textuel(elle).
textualmente *adv* textuellement.
textura *nf* texture *f*.
tez *nf* teint *m*.
tfno. = **tel.**.
thriller ['θriler] *(pl* **thrillers***)* *nm* thriller *m*.
ti *pron pers (après une préposition)* toi • **pienso en ti** je pense à toi • **me acordaré de ti** je me souviendrai de toi.
tianguis *nm inv* **(AMÉR)** marché *m*.
tiara *nf* tiare *f*.
Tíbet *npr* • **el Tíbet** le Tibet.
tibetano, na *adj* tibétain(e). ❑ *nm,f* Tibétain *m*, -e *f*.
tibia *nf* tibia *m*.
tibieza *nf* tiédeur *f* ; *fig* froideur *f*.
tibio, bia *adj* **1.** *(eau, infusion, etc)* tiède **2.** *fig (relations, sentiment, etc)* froid(e).
tiburón *nm* **1.** requin *m* **2.** *FIN* raider *m*.
tic *nm* tic *m*.
ticket = **tíquet**.
tico, ca **(AMÉR)** *fam adj* costaricien(enne). ❑ *nm,f* Costaricien *m*, -enne *f*.
tictac *nm* tic-tac *m inv*.
tiempo *nm* **1.** *(gén) GRAMM* temps *m* • **al poco tiempo** peu de temps après • **a tiempo** à temps • **aún estás a tiempo de hacerlo** tu as encore le temps de le faire • **a un tiempo** en même temps • **con el tiempo** avec le temps • **con tiempo** à l'avance • **del tiempo a)** *(fruit)* de saison **b)** *(boisson)* à température • **fuera de tiempo** trop tard • **ganar tiempo** gagner du temps • **perder el tiempo** perdre son temps • **hace buen/mal tiempo** il fait beau/mauvais • **hace tiempo que...** il y a longtemps que... • **tener tiempo para** avoir le temps de • **todo el tiempo** tout le temps • **tomarse alguien su tiempo** prendre son temps • **tiempo libre** temps libre **2.** âge *m* • **¿qué tiempo tiene tu hijo?** quel âge a ton fils ? **3.** *SPORT* mi-temps *f*.

tienda *v* → **tender**. ❑ *nf* **1.** magasin *m* **2.** tente *f* • **tienda (de campaña)** tente (de camping).
tiene → **tener**.
tienta *v* → **tentar**. ❑ *nf* TAUROM *sélection des jeunes taureaux*. ■ **a tientas** *loc adv* à tâtons.
tiento *nm* **1.** toucher *m* **2.** prudence *f*, tact *m* **3.** *fam* • **dar un tiento a algo a)** *(boisson)* boire un coup **b)** *(aliment)* manger un morceau.
tierno, na *adj* tendre • **pan tierno** du pain frais.
tierra *nf* **1.** *(gén)* ÉLECTR terre *f* • **caer a tierra** tomber à terre • **tomar tierra** atterrir • **tierra firme** terre ferme **2.** pays *m*, terre *f* natale. ■ **Tierra** *npr* • **la Tierra** la Terre. ■ **Tierra Santa** *npr* Terre *f* sainte. ■ **Tierra del Fuego** *npr* Terre de Feu *f*.
tierral = **terral**.
tieso, sa *adj* **1.** raide **2.** *fig* guindé(e).
tiesto *nm* **1.** pot *m* ; pot *m* de fleurs **2.** vieillerie *f*.
tifoideo, a *adj* typhoïde.
tifón *nm* typhon *m*.
tifus *nm inv* typhus *m*.
tigre *nm* tigre *m*.
tigresa *nf* tigresse *f*.
tijera *nf (gén pl)* ciseaux *mpl* • **unas tijeras** une paire de ciseaux.
tijeras *nfpl* ciseaux *mpl*.
tijereta *nf* **1.** ZOOL perce-oreille *m* **2.** SPORT saut *m* en ciseaux.
tijeretazo *nm* coup *m* de ciseaux.
tijeretear *vt* découper *(avec des ciseaux)*.
tila *nf (infusion)* tilleul *m*.
tildar *vt* • **tildar de** taxer de.
tilde *nf* **1.** tilde *m* **2.** accent *m* écrit.
tiliches *nmpl* **(AMÉR)** attirail *m*.
tilín *nm* • **tilín tilín** dring dring • **hacer tilín** *fam* & *fig* taper dans l'œil.
tilo *nm* BOT tilleul *m*.
timador, ra *nm,f* escroc *m*.
timar *vt* **1.** *(escroquer)* • **timar cincuenta euros** escroquer de cinquante euros **2.** *fam* arnaquer, rouler.
timba *nf* partie *f* de cartes.
timbal *nm* timbale *f (d'un orquestre)*.
timbrar *vt* timbrer.
timbrazo *nm* coup *m* de sonnette.
timbre *nm* **1.** sonnette *f* • **tocar el timbre** sonner **2.** timbre *m (de documents, de voix)* ; timbre *m* fiscal.
timidez *nf* timidité *f*.
tímido, da *adj* & *nm,f* timide.
timo *nm* **1.** escroquerie *f* **2.** *fam* arnaque *f*.
timón *nm* **1.** NAUT & AÉRON gouvernail *m* ; NAUT & AÉRON manche *m* (à balai) *(du pilote)* **2.** *fig (gouvernement)* • **llevar el timón de** diriger **3.** **(AMÉR)** volant *m*.
timonear *vi* NAUT barrer.
timonel, timonero *nm* timonier *m*.
timorato, ta *adj* timoré(e).
tímpano *nm* ANAT & ARCHIT tympan *m*.
tina *nf* **1.** jarre *f* **2.** bac *m* **3.** **(AMÉR)** baignoire *f*.
tinaja *nf* jarre *f*.
tinglado *nm* **1.** hangar *m* **2.** estrade *f* **3.** *fig* pagaille *f* • **armar un tinglado** *fam* faire la foire.
tinieblas *nfpl* ténèbres *fpl* • **estar en las tinieblas a)** être dans le noir **b)** *fig* être dans le brouillard.
tino *nm* **1.** *(au tir, habileté)* adresse *f* • **tener tino** avoir l'œil **2.** *fig* modération *f* • **sin tino** sans mesure **3.** *fig* discernement *m*.
tinta *nf* encre *f* • **tinta china** encre de Chine. ■ **medias tintas** *nfpl fig* demi-mesures *fpl*.
tintar *vt* teindre.
tinte *nm* **1.** teinture *f* **2.** teinturerie *f* **3.** *fig* teinte *f*.
tintero *nm* encrier *m*.
tintinear *vi* tinter.
tintineo *nm* tintement *m*.
tinto, ta *adj fig (teinté)* • **tinto en sangre** taché de sang. ■ **tinto** *nm* rouge *m*.
tintorera *nf* requin *m* bleu.
tintorería *nf* teinturerie *f*.
tintorro *nm fam* gros rouge *m*.
tiña *v* → **teñir**. ❑ *nf* MÉD teigne *f*.
tiñoso, sa *adj* MÉD teigneux(euse) ; pingre.
tío, a *nm,f* **1.** oncle *m*, tante *f* **2.** *fam* mec *m*, nana *f* • **oye, tío, ¿tienes un cigarrillo?** eh, t'aurais pas une cigarette ?
tiovivo *nm* manège *m*.
tipazo *nm fam* • **¡vaya tipazo que tiene!** elle est sacrément bien foutue !
tipear *vt* & *vi* **(AMÉR)** taper à la machine.
tipejo, ja *nm,f péj* sale type *m*, garce *f*.
típico, ca *adj* typique • **el típico español** l'Espagnol type.
tipificar [10] *vt* **1.** classer **2.** être caractéristique de • **esa chica tipifica la mujer moderna** cette fille est le type même de la femme moderne.
tipismo *nm* particularisme *m (caractère)*.
tiple *nmf* soprano *mf*.
tipo, pa *nm,f tfam* type *m*, nana *f*. ■ **tipo** *nm* **1.** type *m* • **todo tipo de** toute(s) sorte(s) de **2.** *(physiquement)* • **tener buen tipo** être bien fait(e) **3.** ÉCON taux *m* **4.** IMPR caractère *m*.
tipografía *nf* typographie *f*.
tipográfico, ca *adj* typographique.
tipógrafo, fa *nm,f* typographe *mf*.
tipología *nf* typologie *f*.
tíquet *(pl* **tiquets**), **ticket** ['tiket] *(pl* **tickets**) *nm* ticket *m* ; billet *m (de spectacle)*.
tiquismiquis *adj inv* & *nmf inv fam* pinailleur(euse). ❑ *nmpl* **1.** chichis *mpl* **2.** brouilles *fpl*.
tira *nf* **1.** bande *f* ; lanière *f (de cuir)* **2.** bande *f* dessinée **3.** *fig* • **la tira de...** *fam* une tripotée de....

tirabuzón *nm* **1.** *(boucle de cheveux)* anglaise *f* **2.** tire-bouchon *m*.
tirachinas *nm inv* lance-pierre *m*.
tiradero *nm* **(AMÉR) 1.** décharge *f* publique **2.** *fig* bazar *m*.
tirado, da *adj* *fam* **1.** *(pas cher)* donné(e) **2.** fastoche. ■ **tirada** *nf* **1.** lancer *m* **2.** IMPR tirage *m* **3.** tirade *f* *(de vers)* **4.** *(distance)* • **hay una tirada** ça fait un bout de chemin • **de** *ou* **en una tirada** d'une (seule) traite.
tirador, ra *nm,f* tireur *m*, -euse *f*. ■ **tirador** *nm* poignée *f* *(de tiroir, de porte)* ; cordon *m* *(d'une clochette, d'une sonnette)*. ■ **tiradores** *nmpl* **(AMÉR)** bretelles *fpl*.
tiraje *nm* IMPR tirage *m*.
tiramisú *nm* CULIN tiramisu *m*.
tiranía *nf* tyrannie *f*.
tiranizar [13] *vt* tyranniser.
tirano, na *adj* tyrannique. ❑ *nm,f* tyran *m*.
tiranosaurio *nm* tyrannosaure *m*.
tirante *adj* tendu(e) • **estar tirantes** *(personnes)* être en froid. ❑ *nm* **1.** cordon *m* *(d'un tablier, d'un vêtement)* **2.** ARCHIT tirant *m*. ■ **tirantes** *nmpl* bretelles *fpl*.
tirantez *nf* tension *f*.
tirar *vt* **1.** jeter ; lancer • **tirar papeles al suelo/a la basura** jeter des papiers par terre/à la poubelle • **tirar cohetes/piedras** lancer des pétards/des pierres **2.** faire tomber ; renverser *(un liquide)* **3.** dilapider *(l'argent)* **4.** *(avec une arme, sport)* IMPR tirer • **tirar un cañonazo** tirer un coup de canon **5.** abattre *(un bâtiment)* • **tirar abajo a)** abattre **b)** enfoncer *(une porte)* **6.** attirer • **me tira la vida en el campo** j'irais bien vivre à la campagne. ❑ *vi* **1.** tirer • **tirar del pelo** tirer les cheveux • **tirar de la cuerda** tirer sur la corde • **el ciclista tiraba del pelotón** le cycliste menait le peloton • **la chaqueta me tira de la manga** cette veste me serre aux manches • **el juego del tira y afloja** le marchandage **2.** *(aimer)* • **la patria/familia tira mucho** on aime toujours son pays/sa famille **3.** *(fonctionner)* marcher • **el coche no tira** la voiture n'avance pas **4.** *(se diriger)* • **tirar a la derecha** prendre à droite • **tira por este camino** prends ce chemin **5.** *fam* *(se débrouiller)* • **¡vamos tirando!** on fait aller ! **6.** *(ressembler)* • **tira a su abuela** elle ressemble à sa grand-mère • **un marrón tirando a gris** un marron qui tire sur le gris **7.** *(avoir tendance)* • **este programa tira a hortera** cette émission est un peu ringarde • **el tiempo tira a mejorar** le temps semble s'améliorer **8.** SPORT shooter. ■ **tirarse** *vp* **1.** se jeter • **tirarse de cabeza al agua** plonger la tête la première • **se tiró del cuarto piso** il a sauté du quatrième étage **2.** s'étendre **3.** *(le temps)* passer • **se tiró el día leyendo** il a passé sa journée à lire.
tirita® *nf* pansement *m*.
tiritar, tititiritar *vi* grelotter.
tiritera, tiritona *nf* grelottement *m*.
tiro *nm* **1.** *(action)* SPORT tir *m* • **pegar un tiro a alguien** tirer sur qqn • **tiro al blanco** tir à la cible **2.** *(tir, fracas)* coup *m* (de feu) • **un fusil de cinco tiros** un fusil à cinq coups **3.** *(tir, blessure)* balle *f* • **un tiro en el corazón** une balle dans le cœur • **pegarse un tiro** se tirer une balle **4.** portée *f* • **a tiro de bala** à portée de tir **5.** tirage *m* *(d'une cheminée)* **6.** entrejambe *m* **7.** attelage *m* **8.** *fig* • **ni a tiros** pour rien au monde • **sentar como un tiro** *fam* rester sur l'estomac • **vestirse ou ponerse de tiros largos** se mettre sur son trente et un. ■ **tiros** *nmpl* **(AMÉR)** bretelles *fpl*.
tiroides *nm inv* thyroïde *f*.
tirón *nm* **1.** *(action)* • **dar un tirón** tirer • **dar tirones** tirer les cheveux **2.** crampe *f* **3.** vol *m* à l'arraché. ■ **de un tirón** *loc adv* d'un trait.
tirotear *vt* tirer sur. ❑ *vi* tirailler.
tiroteo *nm* fusillade *f*.
tirria *nf* *fam* • **tenerle tirria a alguien** ne pas pouvoir blairer qqn.
tisana *nf* tisane *f*.
tísico, ca *adj & nm,f* phtisique.
tisis *nf inv* phtisie *f*.
titán *nm* titan *m* ; *fig* *(industriel, etc.)* géant *m*.
titánico, ca *adj* *(travail)* de titan.
titanio *nm* titane *m*.
títere *nm* **1.** marionnette *f* **2.** *fig* pantin *m*. ■ **títeres** *nmpl* spectacle *m* de marionnettes.
titi *nmf* *vulg* mec *m*, gonzesse *f*.
Titicaca *npr* • **el lago Titicaca** le lac Titicaca.
titilar, titilear *vi* **1.** trembloter **2.** *(étoile, lumière)* scintiller.
titipuchal *nm* **(AMÉR)** *fam* ribambelle *f*.
titiritar = **tiritar**.
titiritero, ra *nm,f* **1.** marionnettiste *mf* **2.** acrobate *mf*.
titubeante *adj* hésitant(e).
titubear *vi* **1.** hésiter **2.** bafouiller *(en parlant)*.
titubeo *nm* *(gén pl)* hésitation *f* • **sin titubeos** sans hésiter.
titulado, da *adj & nm,f* diplômé(e) • **titulado en** diplômé en.
titular[1] *adj & nmf* titulaire. ❑ *nm* *(gén pl)* PRESSE gros titre *m*.
titular[2] *vt* intituler. ■ **titularse** *vp* **1.** s'intituler **2.** *(se diplômer)* • **titularse (en)** obtenir un diplôme (de).
titulillo *nm* *péj* diplôme *m* de pacotille.
título *nm* **1.** *(gén)* DR & ÉCON titre *m* • **a título de** à titre de **2.** SCOL diplôme *m* • **título de bachillerato** ≃ baccalauréat *m*.
tiza *nf* craie *f* ; bleu *m* *(de billard)*.
tiznar *vt* tacher de noir. ■ **tiznarse** *vp* se tacher de noir.
tizne *nm ou nf* suie *f*.
tizón *nm* tison *m*.
tizona *nf* épée *f*.
tk = **tq**.

tlapalería *nf* **(AMÉR)** quincaillerie *f*.
toalla *nf* serviette *f (de toilette, de plage)* ; tissu-éponge *m*.
toallero *nm* porte-serviette *m*.
toallita *nf* lingette *f*.
tobillera *nf* chevillère *f*.
tobillo *nm* cheville *f*.
tobogán *nm* toboggan *m*.
toca *nf* coiffe *f (de religieuse)*.
tocadiscos *nm inv* tourne-disque *m*.
tocado, da *adj* **1.** *(toqué)* timbré(e) **2.** *(fruit)* gâté(e). ■ **tocado** *nm (style, coiffe)* coiffure *f*.
tocador *nm* **1.** *(meuble)* coiffeuse *f* **2.** cabinet *m* de toilette.
tocar [10] *vt* **1.** toucher • **no toques eso** ne touche pas à ça **2.** *MUS* jouer de • **toca la guitarra/el piano** il joue de la guitare/du piano **3.** *(cloche, heure)* sonner • **el reloj tocó las doce** midi a sonné à l'horloge **4.** aborder *(un sujet, un thème, etc)* **5.** *fig* porter atteinte à *(la dignité, l'honneur)* • **tocar el amor propio de alguien** blesser qqn dans son amour-propre. ❑ *vi* **1.** *(être prêt)* • **tocar a ou con (algo)** toucher qqch • **tocar a su fin** toucher à sa fin **2.** *(correspondre - après un partage)* revenir ; *(- obligation)* • **te toca hacerlo** c'est à toi de le faire **3.** *(concerner)* • **por lo que a mí me toca** en ce qui me concerne • **tocar de cerca** toucher de près **4.** *(destin)* gagner • **le ha tocado la lotería** il a gagné à la loterie • **le ha tocado sufrir mucho** il a beaucoup souffert **5.** *(moment arrivé)* • **hemos comido y ahora nos toca pagar** maintenant que nous avons mangé, il faut payer. ■ **tocarse** *vp (maisons, câbles, etc)* se toucher • **tocarse el pelo** se passer la main dans les cheveux.
tocateja ■ **a tocateja** *loc adv* • **pagar a tocateja** payer rubis sur l'ongle.
tocayo, ya *nm, f* homonyme *mf*.
tocho *nm* **1.** lingot *m (de fer)* **2.** *fam (livre)* pavé *m*.
tocinería *nf* charcuterie *f*.
tocino *nm* lard *m*. ■ **tocino de cielo** *nm flan riche en jaunes d'œufs*.
tocón, ona *adj & nm, f fam* peloteur(euse). ■ **tocón** *nm (d'arbre)* souche *f*.
todavía *adv* **1.** encore • **todavía no** pas encore • **todavía no lo sabe** il ne le sait pas encore **2.** pourtant • **es malo y todavía le quiere** il est méchant et pourtant elle l'aime • **... y todavía se queja** ... et par-dessus le marché, il se plaint.
todo, da *adj* **1.** tout(e) • **todo el mundo** tout le monde • **toda España** toute l'Espagne • **todo el día** toute la journée • **todos los días/los lunes** tous les jours/les lundis • **un vestido todo sucio** une robe toute sale • **está todo preocupado** il est très inquiet **2.** *(valeur emphatique)* • **es todo un hombre** c'est un homme, un vrai • **ya es toda una mujer** c'est une vraie femme maintenant • **es todo un éxito** c'est un vrai succès. ❑ *pron* **1.** *(choses)* tout(e) • **lo ha vendido todo** il a tout vendu • **todo es culpa mía** c'est entièrement ma faute • **no del todo** pas tout à fait **2.** *(gén pl) (personnes)* tous, toutes *f* • **han venido todas** elles sont toutes venues • **todos me lo dicen** tout le monde me le dit. ■ **todo** *nm* tout *m*. ❑ *adv* tout, entièrement • **todo lana** pure laine. ■ **con todo** *loc adv* malgré tout, néanmoins. ■ **de todas todas** *loc adv* à coup sûr. ■ **sobre todo** *loc adv* surtout. ■ **todo terreno** *nm* véhicule *m* tout-terrain.
todopoderoso, sa *adj* tout-puissant, toute-puissante *f*.
todoterreno *adj inv & nm (véhicule)* tout-terrain *(inv)*. ❑ *nmf fam & fig (personne) personne capable de s'adapter à toutes les situations*.
tofe, toffee ['tofi] *(pl* **toffees***)* *nm* caramel *m* au café.
tofu *nm CULIN* tofu *m*.
toga *nf* **1.** toge *f* **2.** *(cheveux)* • **hacerse la toga** se faire un tourbillon.
togado, da *adj* **1.** *(professeur) qui porte la toge* **2.** *(magistrat) qui porte la robe*.
Togo *npr* Togo *m*.
toisón ■ **toisón de oro** *nm* Toison *f* d'or.
Tokio *npr* Tokyo.
toldo *nm* **1.** store *m* **2.** bâche *f (de camion)*.
Toledo *npr* Tolède.
tolerable *adj* tolérable.
tolerancia *nf* tolérance *f*.
tolerante *adj* tolérant(e).
tolerar *vt* tolérer.
tolteca *adj* toltèque. ❑ *nmf* Toltèque *mf*.
tom. (abrév de **tomo**) t. • **consultar tom. 3** consulter le t. 3.
toma *nf* **1.** prise *f* • **toma de corriente** prise de courant • **toma de tierra** prise de terre **2.** *CINÉ* prise *f* de vues. ■ **toma de conciencia** *nf* prise *f* de conscience. ■ **toma de posesión** *nf* **1.** prise *f* de possession **2.** *POLIT* investiture *f*.
tomacorriente *nm* **(AMÉR)** prise *f* électrique.
tomadura *nf* • **es una tomadura de pelo** *fam* on se fout de nous.
tomar *vt* prendre • **¿qué quieres tomar?** qu'est-ce que tu prends ? • **tomar por imbécil** prendre pour un imbécile • **me tomó por mi hermano** il m'a pris pour mon frère • **tomar cariño a alguien** prendre qqn en affection • **tomar prestado** emprunter • **¡toma! a)** *(en donnant quelque chose)* tiens ! **b)** *(exprime la surprise)* ah, bon ! • **tomarla ou tomarlas con alguien** *fam* prendre qqn en grippe. ❑ *vi (se diriger vers)* • **tomar a la derecha/izquierda** prendre à droite/à gauche. ■ **tomarse** *vp* prendre • **tomarse una cerveza** prendre une bière.
tomate *nm* **1.** tomate *f* **2.** trou *m (dans une chaussette)* **3.** *fam* pagaille *f*.
tomavistas *nm inv* caméra *f*.
tómbola *nf* tombola *f*.
tomillo *nm* thym *m*.
tomo *nm* tome *m*.

ton ■ **sin ton ni son** *loc adv* sans rime ni raison.
tonada *nf* MUS air *m.*
tonalidad *nf* **1.** tonalité *f* **2.** teinte *f.*
tonel *nm* tonneau *m.*
tonelada *nf* tonne *f.*
tonelaje *nm* tonnage *m.*
tóner (*pl* **tóneres**) *nm* toner *m.*
tongo *nm* **1.** SPORT *fait de monnayer sa défaite* **2.** (AMÉR) *fam chapeau rond porté par les Indiens en Bolivie.*
tónico, ca *adj* tonique. ■ **tónico** *nm* **1.** fortifiant *m* **2.** lotion *f* tonique. ■ **tónica** *nf* **1.** ton *m* • **marcar la tónica** donner le ton **2.** tonique *f* **3.** ≃ Schweppes® *m.*
tonificador, ra, tonificante *adj* tonifiant(e).
tonificar [10] *vt* tonifier.
tonillo *nm* *péj* ton *m* monocorde.
tono *nm* **1.** (*gén*) MUS ton *m* **2.** MÉD tonus *m* **3.** *fig* • **darse tono** *fam* rouler des mécaniques • **fuera de tono** hors de propos.
tonsura *nf* tonsure *f.*
tontaina *fam adj inv* bébête • **no seas tan tontaina** arrête de faire l'idiot. ❑ *nmf inv* idiot *m*, -e *f.*
tontear *vi* **1.** faire l'idiot(e) **2.** (*aguicher*) • **tontear (con alguien)** flirter (avec qqn).
tontería *nf* **1.** bêtise *f* • **decir cuatro tonterías** dire trois mots • **hacer una tontería** faire une bêtise **2.** bricole *f.*
tonto, ta *adj* bête, idiot(e). ❑ *nm, f* imbécile *mf* • **hacer el tonto** faire l'idiot • **hacerse el tonto** faire l'innocent • **ser un tonto** être bête. ■ **a lo tonto** *loc adv* l'air de rien. ■ **a tontas y a locas** *loc adv* à tort et à travers.
tontorrón, ona *adj & nm, f* bêta(asse).
top (*pl* **tops**) *nm* (*vêtement*) haut *m.*
topacio *nm* topaze *f.*
topadora *nf* (AMÉR) bulldozer *m.*
topar *vi* (*rencontrer*) • **topar con** tomber sur. ■ **toparse** *vp* • **toparse con** tomber sur.
tope *adj inv* (*limite*) maximal(e) • **la fecha tope** la date butoir. ❑ *adv* *tfam* super. ❑ *nm* **1.** butoir *m* **2.** limite *f* **3.** (*obstacle*) frein *m* • **poner tope a algo** mettre un frein à qqch. ■ **a tope** *loc adv* (*vitesse, intensité*) à fond. ❑ *loc adj* *fam* plein(e) à craquer.
topetazo *nm* (*collision*) choc *m* • **le dio un topetazo con el coche** il l'a tamponné.
tópico, ca *adj* **1.** banal(e) **2.** MÉD topique, à usage local. ■ **tópico** *nm* banalité *f*, cliché *m.*
topless, top-less *nm inv* topless *m* • **hacer topless** faire du topless.
top manta *nm* *fam vente à la sauvette de copies pirates de CD et de DVD et autres produits de contrefaçon.*
topo *nm* *litt* & *fig* taupe *f.*
topografía *nf* topographie *f.*
topógrafo, fa *nm, f* topographe *mf.*
toponimia *nf* toponymie *f.*
topónimo *nm* toponyme *m.*
toque *v* → **tocar.** ❑ *nm* **1.** coup *m* • **toque de diana** coup de clairon • **toque de difuntos** glas *m* • **toque de queda** couvre-feu *m inv* **2.** (*nuance*) touche *f* • **dar los últimos toques a algo** mettre la dernière main à qqch **3.** (*avertissement*) • **dar un toque a alguien a)** *fam* appeler qqn **b)** passer un coup de fil à qqn **c)** *fig* mettre qqn en garde.
toquetear *vt* *fam* tripoter.
toquilla *nf* châle *m.*
torácico, ca *adj* thoracique.
tórax *nm inv* thorax *m.*
torbellino *nm* tourbillon *m.*
torcedura *nf* **1.** torsion *f* **2.** MÉD entorse *f.*
torcer [41] *vt* **1.** tordre **2.** (*tourner*) • **torcer la esquina** tourner au coin de la rue. ❑ *vi* tourner. ■ **torcerse** *vp* **1.** se tordre • **me torcí el dedo** je me suis tordu le doigt • **me tuerzo al escribir** je n'écris pas droit **2.** mal tourner.
torcido, da *adj* tordu(e) ; de travers.
tordo, da *adj* pommelé(e). ❑ *nm, f* cheval *m* pommelé, jument *f* pommelée. ■ **tordo** *nm* grive *f.*
toreador, ra *nm, f* torero *m.*
torear *vt* **1.** combattre **2.** *fig* éviter (*une personne*) ; esquiver (*un danger*) **3.** *fig* (*se moquer de*) • **torear a alguien** taquiner qqn. ❑ *vi* toréer.
toreo *nm* tauromachie *f.*
torero, ra *nm, f* torero *m* • **saltarse algo a la torera** *fig* faire fi de qqch. ■ **torera** *nf* (*vêtement*) boléro *m.*
toril *nm* toril *m.*
tormenta *nf* orage *m* • **acabar en tormenta** *fig* mal tourner.
tormento *nm* **1.** tourment *m* **2.** (*punition*) torture *f.*
tormentoso, sa *adj* orageux(euse).
tornadizo, za *adj* changeant(e).
tornado *nm* tornade *f.*
tornar *sout* *vt* transformer. ❑ *vi* • **tornar a** retourner à. ■ **tornarse** *vp* devenir.
tornas *nfpl* • **vuelven ou se vuelven las tornas** *fig* le vent tourne.
tornasolado, da *adj* moiré(e).
torneado, da *adj* **1.** (*poterie*) fait(e) au tour **2.** (*forme*) bien fait(e) • **tener las piernas torneadas** avoir les jambes galbées. ■ **torneado** *nm* (*poterie*) tournage *m.*
tornear *vt* tourner (*façonner*).
torneo *nm* tournoi *m.*
tornillo *nm* vis *f* • **le falta un tornillo** *fam* & *fig* il lui manque une case.
torniquete *nm* **1.** MÉD garrot *m* **2.** tourniquet *m.*
torno *nm* **1.** tour *m* (*de potier*) **2.** toupie *f* (*de charpentier*) **3.** roulette *f* (*de dentiste*) **4.** treuil *m.* ■ **en torno a** *loc prép* **1.** autour de **2.** environ.
toro *nm* taureau *m.* ■ **toros** *nmpl* corrida *f.*
toronja *nf* pamplemousse *m.*

torpe *adj* **1.** maladroit(e) **2.** *(pas doué)* • **ser torpe para algo** ne pas être très doué(e) pour qqch **3.** lent(e).
torpedear *vt* torpiller.
torpedero *nm* torpilleur *m*.
torpedo *nm* torpille *f*.
torpeza *nf* **1.** maladresse *f* **2.** lenteur *f*.
torrar *vt sout* torréfier.
torre *nf* **1.** tour *f* ; clocher *m (d'une église)* • **torre de control** tour de contrôle **2.** pavillon *m*.
torrefacción *nf* torréfaction *f*.
torrefactar *vt* torréfier.
torrefacto, ta *adj* torréfié(e).
torrencial *adj* torrentiel(elle).
torrente *nm* **1.** torrent *m* **2.** *fig* flot *m (de gens, de paroles)*.
torrentera *nf* lit *m* (d'un torrent).
torreón *nm* bastion *m*.
torreta *nf* **1.** MIL tourelle *f* **2.** ÉLECTR pylône *m*.
torrezno *nm* lardon *m*.
tórrido, da *adj* torride.
torrija *nf* CULIN pain *m* perdu.
torsión *nf* torsion *f*.
torso *nm sout* torse *m*.
torta *nf* **1.** CULIN galette *f* **2.** *fam* baffe *f* • **dar ou pegar una torta a alguien** donner une baffe à qqn. ■ **ni torta** *loc adv fam* que dalle • **no veo ni torta** je n'y vois que dalle.
tortazo *nm fam* **1.** baffe *f* **2.** *(coup)* • **darse ou pegarse un tortazo a)** prendre une gamelle **b)** se planter *(en voiture)*.
tortería *nf* **(AMÉR)** sandwicherie *f*.
tortícolis *nf inv* torticolis *m*.
tortilla *nf* **1.** omelette *f* • **tortilla (a la) española ou de patatas** omelette espagnole • **tortilla (a la) francesa** omelette nature **2.** **(AMÉR)** *crêpe de maïs épaisse servant de base à la cuisine mexicaine*.
tortillera *nf vulg* gouine *f*.
tortita *nf* crêpe *f*.
tórtola *nf* tourterelle *f*.
tortolito, ta *nm,f* **1.** novice *mf* **2.** *(gén pl) fam (amoureux)* tourtereau *m*.
tortuga *nf* tortue *f*.
tortuoso, sa *adj* tortueux(euse).
tortura *nf* torture *f*.
torturador, ra *adj* torturant(e). ❑ *nm,f* tortionnaire *mf*.
torturar *vt* torturer. ■ **torturarse** *vp* se tourmenter.
torvo, va *adj* torve.
tos *nf* toux *f* • **tos ferina** coqueluche *f*.
tosco, ca *adj* **1.** grossier(ère) ; *(ustensile, construction)* rudimentaire **2.** *fig* rustre.
toser *vi* tousser.
tostada *nf* → **tostado**.
tostado, da *adj* grillé(e) ; *(couleur)* foncé(e) ; *(teint)* hâlé(e). ■ **tostada** *nf* toast *m*.
tostador *nm* grille-pain *m*.
tostadora *nf* = **tostador**.
tostar [23] *vt* **1.** faire griller **2.** *(bronzer)* brunir. ■ **tostarse** *vp* se faire bronzer.
tostón *nm* **1.** CULIN croûton *m* frit **2.** *fam & fig (ennui)* plaie *f*.
total *adj* total(e). ❑ *nm* **1.** total *m* • **en total** au total **2.** totalité *f* • **el total del grupo** la totalité du groupe. ❑ *adv fam* bref ; de toute manière • **total que me fui** bref, je suis parti • **total no podemos hacer nada** de toute manière, on ne peut rien y faire.
totalidad *nf* totalité *f*.
totalitario, ria *adj* totalitaire.
totalitarismo *nm* totalitarisme *m*.
totalizar [13] *vt* **1.** *(personne)* faire le total de, totaliser **2.** *(chiffres)* se monter à • **los gastos totalizan 200 euros** les frais se montent à 200 euros.
totalmente *adv* totalement, entièrement.
tótem (*pl* **totems** *ou* **tótemes**) *nm* totem *m*.
tour [tur] (*pl* **tours**) *nm (voyage)* SPORT tour *m* ; *(gira)* tournée *f*. ■ **tour de force** ['turðefors] *nm fig* tour *m* de force.
tournée [tur'ne] (*pl* **tournées**) *nf* **1.** *(voyage)* tour *m* **2.** *(d'artiste)* tournée *f*.
toxicidad *nf* toxicité *f*.
tóxico, ca *adj* toxique. ■ **tóxico** *nm* produit *m* toxique, toxique *m*.
toxicomanía *nf* toxicomanie *f*.
toxicómano, na *adj & nm,f* toxicomane.
toxina *nf* toxine *f*.
tozudez *nf* entêtement *m*.
tozudo, da *adj & nm,f* têtu(e).
tq, tk (abrév de **te quiero**) *(SMS)* je t'm *(je t'aime)*.
traba *nf fig* obstacle *m* • **poner trabas a alguien** mettre des bâtons dans les roues à qqn.
trabajador, ra *adj* travailleur(euse). ❑ *nm,f* travailleur *m*, -euse *f* • **trabajador eventual/temporal** travailleur occasionnel/temporaire.
trabajar *vi* **1.** travailler • **trabaja de ou como camarero** il est garçon de café **2.** CINÉ & THÉÂTRE jouer. ❑ *vt* travailler.
trabajo *nm* **1.** travail *m* ; emploi *m* • **hacer un buen trabajo** faire du bon travail • **trabajos manuales** travaux manuels • **trabajo temporal** travail temporaire **2.** *fig* efforts *mpl* • **costar mucho trabajo** demander beaucoup d'efforts.
trabajoadicto, ta *nm,f fam* accro *mf* au travail.
trabajoso, sa *adj* **1.** laborieux(euse) **2.** pénible.
trabalenguas *nm inv mot ou phrase difficile à prononcer*.
trabar *vt* **1.** attacher ; assembler **2.** engager *(la lutte, la conversation)* • **trabar amistad con** se lier d'amitié avec **3.** entraver **4.** CULIN lier *(une sauce)*. ■ **trabarse** *vp* s'emmêler • **se le trabó la lengua** sa langue a fourché.
trabazón *nf fig* enchaînement *m (d'idées, d'arguments, etc)*.
trabuco *nm* tromblon *m*.
traca *nf* chapelet *m* de pétards.

tracción *nf* traction *f* • **tracción delantera** traction avant.
tractor, ra *adj* moteur(trice). ■ **tractor** *nm* tracteur *m*.
trader ['treiðer] *nmf* trader *mf*.
tradición *nf* tradition *f*.
tradicional *adj* traditionnel(elle) ; *(personne)* traditionaliste.
tradicionalismo *nm* traditionalisme *m*.
tradicionalista *adj & nmf* traditionaliste.
traducción *nf* traduction *f* • **traducción automática** traduction automatique • **traducción directa** version *f* • **traducción inversa** thème *m*.
traducir [33] *vt* • **traducir de/a** traduire (de/en). ■ **traducirse** *vp* • **traducirse (por)** se traduire (par).
traductor, ra *nm,f* traducteur *m*, -trice *f*.
traer [73] *vt* **1.** apporter *(une chose)* ; amener *(une personne)* **2.** *(de quelque part - chose)* rapporter ; *(- personne)* ramener **3.** *(provoquer)* causer **4.** *(inclure)* • **el periódico trae un artículo interesante** il y a un article intéressant dans le journal **5.** porter *(sur soi)* **6.** *fig* • **traer algo entre manos** manigancer qqch • **traer de cabeza a alguien** mener la vie impossible à qqn. ■ **traerse** *vp fam & fig* • **el examen se las trae** l'examen n'est pas piqué des vers • **este niño se las trae** cet enfant est impossible.
tráfago *nm* agitation *f*.
traficante *nmf* trafiquant *m*, -e *f*.
traficar [10] *vi* • **traficar (con ou en algo)** faire du trafic (de qqch).
tráfico *nm* **1.** circulation *f* **2.** *(commerce illégal)* trafic *m*.
tragaderas *nfpl fam* • **tener (buenas) tragaderas a)** *(crédule)* tout gober **b)** *(tolérant)* pouvoir tout encaisser **c)** *(manger beaucoup)* avoir un bon coup de fourchette.
tragaldabas *nmf inv fam* glouton *m*, -onne *f*, goinfre *mf*.
tragaluz *nm* lucarne *f*.
traganíqueles *nf inv* (AMÉR) *fam* → **máquina**.
tragaperras *nm ou nf* machine *f* à sous.
tragar [16] *vt* **1.** *(absorber, croire)* avaler **2.** engloutir **3.** *fam & fig (supporter - chose)* se taper ; *(- personne)* • **no (poder) tragar a alguien** ne pas pouvoir encadrer qqn **4.** *fam (consommer beaucoup - voiture)* pomper ; *(- personne)* avaler. ■ **tragarse** *vp* **1.** *(absorber, croire)* avaler **2.** engloutir **3.** *fam & fig (se supporter)* • **no se tragan** ils ne peuvent pas s'encadrer **4.** ravaler *(son orgueil, ses larmes)*.
tragedia *nf* tragédie *f*.
trágico, ca *adj* tragique. ❑ *nm,f (auteur)* tragique *m* ; *(acteur)* tragédien *m*, -enne *f*.
tragicomedia *nf* tragi-comédie *f*.
trago *nm* **1.** gorgée *f* • **de un trago** d'un trait **2.** *fam* verre *m* **3.** *fam & fig (dispute)* • **pasar un mal trago** passer un mauvais quart d'heure.
tragón, ona *adj & nm,f fam* goinfre.
traición *nf* trahison *f*.
traicionar *vt* trahir.
traicionero, ra *adj & nm,f* traître(esse).
traidor, ra *adj & nm,f* traître(esse).
tráiler (*pl* **trailers**) *nm* **1.** CINÉ bande-annonce *f* **2.** AUTO semi-remorque *m*.
trainera *nf bateau de pêche à la traîne utilisé dans le golfe de Gascogne*.
traje *nm* robe *f* • **traje (de chaqueta) a)** *(pour femme)* tailleur *m* **b)** *(pour homme)* costume *m* • **traje de baño** maillot *m* de bain • **traje de luces** habit *m* de lumière.
trajeado, da *adj* **1.** habillé(e) **2.** *fam* sapé(e).
trajear *vt* habiller.
trajín *nm fam & fig* remue-ménage *m*.
trajinar *vi fam & fig* s'activer.
trallazo *nm fam* SPORT *(au football)* tir *m*.
trama *nf* **1.** trame *f* **2.** intrigue *f (d'une œuvre)* **3.** *fig* machination *f*.
tramar *vt* tramer.
tramitación *nf* démarches *fpl* • **la tramitación del divorcio** la procédure de divorce.
tramitar *vt* • **tramitar algo a)** *(passeport, permis de conduire, dossier)* faire des démarches pour obtenir qqch **b)** *(vente, prêt)* s'occuper de qqch.
trámite *nm* démarche *f* ; formalité *f* • **de trámite** de routine.
tramo *nm* tronçon *m (de route)* ; pan *m (de mur)* ; volée *f (d'escalier)*.
tramoya *nf* THÉÂTRE machinerie *f*.
trampa *nf* **1.** piège *m* • **hacer trampas** tricher **2.** trappe *f* **3.** *fig* dette *f*.
trampear *vi fam* **1.** magouiller **2.** vivoter.
trampero, ra *nm,f* **1.** *(chasseur)* piégeur *m*, -euse *f* **2.** *(en Alaska)* trappeur *m*.
trampilla *nf* trappe *f*.
trampolín *nm* **1.** tremplin *m* **2.** plongeoir *m*.
tramposo, sa *adj & nm,f* **1.** tricheur(euse) *(au jeu)* **2.** mauvais payeur, mauvaise payeuse *f*.
tranca *nf* **1.** barre *f* de fer *(d'une porte, d'une fenêtre)* **2.** trique *f* **3.** *fam* cuite *f* **4.** *fig* • **a trancas y barrancas** tant bien que mal.
trancar *vt* **1.** *(porte, fenêtre)* barrer, barricader **2.** (AMÉR) bloquer. ■ **trancarse** *vp* (AMÉR) **1.** être bloqué(e) **2.** être suspendu(e).
trancazo *nm* **1.** coup *m* de trique **2.** *fam & fig* crève • **tener un trancazo** avoir une bonne crève.
trance *nm* **1.** mauvais pas *m* • **pasar (por) un mal trance** passer un mauvais moment **2.** transe *f* • **estar en trance** être en transe • **estar en trance de muerte** être à l'article de la mort. ■ **a todo trance** *loc adv* à tout prix.
tranquilamente *adv* **1.** tranquillement **2.** avec aplomb • **me lo dijo tan tranquilamente** il me l'a dit comme si de rien n'était **3.** facilement.
tranquilidad *nf* tranquillité *f*, calme *m*.
tranquilizador, ra *adj* rassurant(e).

tranquilizante *adj* **1.** apaisant(e) **2.** *MÉD* tranquillisant(e). ❑ *nm MÉD* tranquillisant *m*.
tranquilizar [13] *vt* **1.** tranquilliser, calmer **2.** rassurer. ■ **tranquilizarse** *vp* **1.** se tranquilliser **2.** se rassurer.
tranquillo *nm fam* • **coger el tranquillo a algo** prendre le coup.
tranquilo, la *adj* **1.** tranquille ; *(mer, vent, commerce)* calme • **(tú) tranquilo** *fam* (ne) t'inquiète pas **2.** insouciant(e).
transacción *nf* transaction *f*.
transalpino, na, trasalpino, na *adj* transalpin(e).
transandino, na, trasandino, na *adj* transandin(e).
transar *vi* **(AMÉR) 1.** trouver un compromis **2.** céder.
transatlántico, ca, trasatlántico, ca *adj* transatlantique. ■ **transatlántico** *nm* transatlantique *m*.
transbordador, trasbordador *nm* **1.** ferry *m* **2.** *AÉRON* • **transbordador (espacial)** navette *f* spatiale.
transbordar, trasbordar *vt* transborder. ❑ *vi* changer *(de train, etc)*.
transbordo, trasbordo *nm* changement *m* • **hacer transbordo** changer *(de train, etc)*.
transcendencia = **trascendencia**.
transcendental = **trascendental**.
transcendente = **trascendente**.
transcender [20] = **trascender**.
transcontinental = **trascontinentam**.
transcribir, trascribir *vt* transcrire.
transcripción = **trascripción**.
transcurrir, trascurrir *vi* **1.** *(temps)* s'écouler **2.** *(événement, action)* se passer.
transcurso, trascurso *nm* • **en el transcurso de a)** au cours de *(repas, réunion)* **b)** dans le courant de *(la journée, l'année)*.
transeúnte *nm,f* **1.** passant *m*, -e *f* **2.** personne *f* de passage.
transexual *adj & nmf* transsexuel(elle).
transexualidad *nf* transsexualité *f*.
transferencia, trasferencia *nf* **1.** virement *m* **2.** transfert *m*.
transferible *adj (joueur)* transférable.
transferir, trasferir [27] *vt* **1.** virer **2.** transférer.
transfiguración, trasfiguración *nf* transfiguration *f*.
transfigurar, trasfigurar *vt* transfigurer. ■ **transfigurarse, trasfigurarse** *vp* être transfiguré(e).
transformable *adj* transformable.
transformación, trasformación *nf* transformation *f*.
transformador, ra, trasformador, ra *adj* transformateur(trice) ; *(industrie, système)* de transformation. ■ **transformador, trasformador** *nm ÉLECTR* transformateur *m*.
transformar, trasformar *vt* • **transformar algo/alguien en** transformer qqch/qqn en. ■ **transformarse** *vp* **1.** se transformer **2.** être transformé(e).
transformismo *nm* transformisme *m*.
transformista *adj* transformiste. ❑ *nmf* **1.** transformiste *mf* **2.** *(artiste)* spécialiste *mf* des transformations rapides.
transfronterizo, za *adj* transfrontalier(ère).
tránsfuga, trásfuga *nmf* transfuge *mf*.
transfuguismo, trasfuguismo *nm POLIT* dissidence *f*.
transfusión, trasfusión *nf* transfusion *f*.
transgeneracional, trasgeneracional *adj* transgénérationnel(elle).
transgénico, ca *adj* transgénique. ■ **transgénicos** *nmpl* OGM *mpl*.
transgredir [78], **trasgredir** [78] *vt* transgresser.
transgresión, trasgresión *nf* transgression *f*.
transgresor, ra, trasgresor, ra *nm,f* contrevenant *m*, -e *f*.
transiberiano, na *adj* transsibérien(enne). ■ **transiberiano** *nm RAIL* Transsibérien *m*.
transición *nf* **1.** transition *f* **2.** *POLIT nom donné à la période de l'histoire espagnole qui a suivi le franquisme*.
transido, da *adj* transi(e) *(de froid)* ; accablé(e) *(de douleur)*.
transigencia *nf* tolérance *f*.
transigente *adj* tolérant(e).
transigir [15] *vi* • **transigir (con)** transiger (sur).
transistor *nm* transistor *m*.
transitable *adj (route)* praticable.
transitar *vi* passer ; *(voiture)* circuler.
transitivo, va *adj* transitif(ive).
tránsito *nm* **1.** circulation *f*, passage *m* **2.** transit *m*.
transitorio, ria *adj* transitoire.
translimitar *vt (droits)* outrepasser ; *(frontière)* franchir.
translúcido, da, traslúcido, da *adj* translucide.
translucir, traslucir [32] *vt* manifester, laisser paraître. ❑ *vi* • **dejar translucir** laisser voir/deviner. ■ **translucirse, traslucirse** *vp* **1.** *(verre)* être translucide **2.** *(tissu)* être transparent(e) **3.** *(sentiments, peur)* transparaître.
transmediterráneo, a, trasmediterráneo, a *adj* transméditerranéen(enne).
transmisible, trasmisible *adj* transmissible.
transmisión, trasmisión *nf* transmission *f*.
transmisor, ra *adj (appareil)* de transmission ; *(station)* émetteur(trice). ■ **transmisor** *nm RADIO* émetteur *m*.

transmitir, trasmitir *vt* transmettre ; *RADIO & TV* diffuser. ■ **transmitirse, trasmitirse** *vp* se transmettre.
transmutación, trasmutación *nf* transmutation *f.*
transmutar, trasmutar *vt* transmuter.
transnacional, trasnacional *adj* transnational(e).
transoceánico, ca *adj* transocéanique.
transparencia, trasparencia *nf* **1.** transparence *f* **2.** *(pour un exposé)* transparent *m.*
transparentarse, trasparentarse *vp* **1.** être transparent(e) **2.** *fig (se manifester)* transparaître.
transparente, trasparente *adj* **1.** transparent(e) **2.** *fig (évident)* clair(e).
transpiración, traspiración *nf* transpiration *f.*
transpirar, traspirar *vi* transpirer.
transpirenaico, ca, traspirenaico, ca *adj* transpyrénéen(enne).
transponer [65], **trasponer** *vt* déplacer. ■ **transponerse, trasponerse** *vp* **1.** s'assoupir **2.** disparaître ; *(soleil)* se coucher.
transportable, trasportable *adj* portable.
transportador, ra, trasportador, ra *adj* transporteur(euse). ■ **transportador** *nm* **1.** transporteur *m* **2.** *(pour mesurer les angles)* rapporteur *m.*
transportar, trasportar *vt* transporter. ■ **transportarse, trasportarse** *vp* • **transportarse (con)** être transporté(e) (de).
transporte, trasporte *nm* transport *m* • **transporte público ou colectivo** transports *mpl* en commun.
transportista, trasportista *nmf* transporteur *m.*
transposición, trasposición *nf* transposition *f.*
transposón *nm* transposon *m*, élément *m* transposable.
transvasar, trasvasar *vt* transvaser.
transvase, trasvase *nm* **1.** transvasement *m* **2.** dérivation *f (d'une rivière).*
transversal, trasversal *adj* transversal(e). ❑ *nf GÉOM* transversale *f.*
tranvía *nm* tramway *m.*
trapecio *nm* trapèze *m.*
trapecista *nmf* trapéziste *mf.*
trapero, ra *nm,f* chiffonnier *m*, -ère *f.*
trapezoide *nm* **1.** *GÉOM* quadrilatère *m* trapézoïdal **2.** *ANAT* trapézoïde *m.*
trapichear *vi fam* traficoter.
trapicheo *nm fam (affaires louches)* trafic *m* ; *(manigances)* micmac *m*, combines *fpl.*
trapío *nm* **1.** *TAUROM* fougue *f* **2.** *sout* allure *f.*
trapisonda *nf fam* embrouille *f.*
trapisondear *vi fam* **1.** faire du tapage **2.** traficoter.
trapo *nm* **1.** chiffon *m* • **trapo (de cocina)** torchon *m* **2.** *TAUROM* muleta *f* **3.** *fig* • **poner a alguien como un trapo** traiter qqn de tous les noms. ■ **trapos** *nmpl fam (vêtements)* • **hablar de trapos** parler chiffons.
tráquea *nf* trachée *f.*
traqueotomía *nf* trachéotomie *f.*
traqueteo *nm* secousses *fpl (d'un train).*
tras *prép* **1.** après • **tras su intervención…** suite à son intervention… • **día tras día** jour après jour • **una mentira tras otra** mensonge sur mensonge **2.** derrière • **andar tras alguien** être à la recherche de qqn • **andar tras algo** courir après qqch.
trasalpino = transalpino.
trasandino = transandino.
trasatlántico, ca = transatlántico.
trasbordador, ra = transbordador.
trasbordar = transbordar.
trasbordo = transbordo.
trascendencia, transcendencia *nf fig* importance *f* • **tener una gran trascendencia** être d'une grande importance.
trascendental, transcendental *adj* **1.** *(important)* • **de trascendental importancia** très important(e) • **una decisión trascendental** une décision capitale **2.** *(méditation)* transcendantal(e).
trascendente, transcendente *adj* **1.** *(fait, événement)* marquant(e) **2.** *PHILO* transcendant(e).
trascender, transcender [20] *vi* **1.** se propager • **trascender a a)** s'étendre à **b)** *(mécontentement)* gagner **2.** *(sentir)* • **trascender a** exhaler une odeur de **3.** *(aller plus loin)* • **trascender de** dépasser.
trascontinental, transcontinental *adj* transcontinental(e).
trascribir = transcribir.
trascripción, transcripción *nf* transcription *f.*
trascriptor = transcriptor.
trascurrir = transcurrir.
trascurso = transcurso.
trasegar [35] *vt* **1.** déranger **2.** transvaser.
trasero, ra *adj* de derrière ; *(siège, roue)* arrière. ■ **trasero** *nm fam* derrière *m.*
trasferencia = transferencia.
trasferir = transferir.
trasfigurar = transfigurar.
trasfondo *nm* fond *m* ; sens *m* profond *(d'un mot, d'une œuvre)* ; *POLIT* arrière-plan *m.*
trasformación = transformación.
trasformador, ra = transformador.
trasformar = transformar.
trásfuga = tránsfuga.
trasfusión = transfusión.
trasgredir = transgredir.
trasgresor, ra = transgresor.
trashumancia *nf* transhumance *f.*

trashumante *adj* transhumant(e).
trashumar *vi* transhumer.
trasiego *nm* remue-ménage *m inv*.
traslación *nf* **1.** ASTRON translation *f* **2.** déplacement *m*.
trasladable *adj* transférable.
trasladar *vt* **1.** déplacer ; transporter *(des voyageurs, un blessé, etc)* **2.** muter *(un employé, un fonctionnaire)* ; transférer *(une entreprise, un local, un prisonnier)* **3.** reporter *(une réunion, une date)*. ■ **trasladarse** *vp* se déplacer ; *(entreprise, local, prisonnier)* être transféré(e) • **trasladarse (de piso)** déménager.
traslado *nm* **1.** déplacement *m* ; transport *m (de voyageurs, de marchandises, d'un blessé, etc)* ; transfert *m (de prisonniers)* **2.** déménagement *m* **3.** mutation *f (d'un employé, d'un fonctionnaire)*.
traslúcido, da = **translúcido**.
trasluz *nm* • **al trasluz** par transparence.
trasmano ■ **a trasmano** *loc adv* **1.** hors de portée • **tener algo a trasmano** ne pas avoir qqch sous la main **2.** loin • **me coge a trasmano** ça n'est pas du tout sur mon chemin.
trasmisión = **transmisión**.
trasmisor, ra = **transmisor**.
trasmitir = **transmitir**.
trasnochado, da *adj (théorie, idée)* dépassé(e).
trasnochador, ra *nm,f* fêtard *m*, -e *f*.
trasnochar *vi* se coucher à pas d'heure.
traspapelar *vt* égarer *(un papier)*. ■ **traspapelarse** *vp (papier)* s'égarer.
trasparencia = **transparencia**.
trasparentarse = **transparentarse**.
trasparente = **transparente**.
traspasable *adj* **1.** franchissable **2.** *(affaire, bail)* transmissible, transférable.
traspasar *vt* **1.** transpercer **2.** traverser *(une route, une rivière)* ; franchir *(une porte)* **3.** céder *(une affaire)* • **'se traspasa'** 'bail à céder' **4.** SPORT transférer *(un joueur)* **5.** *fig* dépasser *(les limites)* ; transgresser *(la loi)*.
traspaso *nm* **1.** cession *f (d'une affaire)* **2.** *(somme d'argent)* reprise *f* ; COMM pas-de-porte *m inv* **3.** SPORT transfert *m (d'un joueur)*.
traspié (*pl* **traspiés**) *nm* faux pas *m* • **dar un traspié** *litt & fig* faire un faux pas.
traspiración = **transpiración**.
traspirar = **transpirar**.
trasplantar *vt* transplanter.
trasplante *nm* greffe *f*.
trasponer = **transponer**.
trasportable = **transportable**.
trasportador, ra = **transportador**.
trasportar = **transportar**.
trasporte = **transporte**.
trasquilar *vt* **1.** tondre **2.** couper n'importe comment *(les cheveux)*.
trastabillar *vi* **(AMÉR)** chanceler.
trastada *nf* mauvais tour *m*.
trastazo *nm fam* coup *m* • **darse ou pegarse un trastazo** se casser la figure.
traste *nm* **1.** MUS touchette *f (de guitare)* **2.** **(AMÉR)** *fam* derrière *m* **3.** *fig* • **irse al traste** tomber à l'eau. ■ **trastes** *nmpl* **(AMÉR)** affaires *fpl* • **fregar los trastes** faire la vaisselle.
trastear *vi* fouiller *(dans les affaires de qqn)*. ❑ *vt* **1.** *(lieu)* mettre sens dessus dessous **2.** *fam (personne)* mener par le bout du nez.
trastero *nm* débarras *m*.
trastienda *nf* arrière-boutique *f*.
trasto *nm* **1.** *(chose inutile)* vieillerie *f* **2.** *fam & fig* polisson *m*. ■ **trastos** *nmpl* **1.** affaires *fpl* • **tirarse los trastos a la cabeza** *fam* s'engueuler **2.** matériel *m* ; accessoires *mpl (du torero)*.
trastocar [36] *vt* déranger *(des papiers, etc)*. ■ **trastocarse** *vp* perdre la tête.
trastornado, da *adj* bouleversé(e) • **tener la mente trastornada** être dérangé(e).
trastornar *vt* **1.** faire perdre la tête à **2.** tourmenter ; bouleverser **3.** déranger. ■ **trastornarse** *vp* perdre la tête.
trastorno *nm* **1.** trouble *m* **2.** bouleversement *m* **3.** dérangement *m*.
trastrocar [36] *vt* **1.** mélanger *(des papiers)* ; modifier *(ses plans)* **2.** déformer *(le sens)*.
trasvase = **transvase**.
trasversal = **transversal**.
trata *nf* traite *f* • **trata de blancas** traite des Blanches.
tratable *adj (personne)* aimable.
tratado *nm* traité *m*.
tratamiento *nm* **1.** *(gén, méd)* INFORM traitement *m* • **tratamiento de textos** traitement de texte **2.** titre *m*.
tratante *nmf* marchand *m*, -e *f*, négociant *m*, -e *f* • **tratante de vinos** négociant *m* en vins.
tratar *vt* **1.** *(gén, méd)* INFORM traiter **2.** *(s'adresser à)* • **tratar a alguien de tú** tutoyer qqn • **tratar a alguien de usted** vouvoyer qqn **3.** négocier *(un accord)*. ❑ *vi* • **tratar de ou sobre** traiter de • **tratar con alguien** fréquenter qqn • **tratar de hacer algo** essayer de faire qqch • **tratar con algo** manipuler qqch. ■ **tratarse** *vp* **1.** se fréquenter • **tratarse con alguien** fréquenter qqn **2.** *(traiter de)* • **¿de qué se trata?** de quoi s'agit-il ? • **se trata de...** il s'agit de....
tratativas *nfpl* **(AMÉR)** formalités *fpl* • **estar en tratativas con** être en négociations avec.
trato *nm* **1.** traitement *m* • **de trato agradable** (d'un commerce) agréable **2.** fréquentation *f* • **no quiero tratos con ellos** je ne veux pas avoir affaire à eux **3.** *(accord)* • **cerrar ou hacer un trato** conclure un marché • **¡trato hecho!** marché conclu ! **4.** *(personne)* • **dar un trato a alguien** s'adresser à qqn.
trauma *nm* traumatisme *m*.
traumatismo *nm* traumatisme *m*.
traumatizante *adj* traumatisant(e).

traumatizar [13] *vt* traumatiser. ■ **traumatizarse** *vp* être traumatisé(e).
traumatología *nf* traumatologie *f*.
travelín, travelling *nm* CINÉ travelling *m*.
través ■ **a través de** *loc prép* **1.** en travers de **2.** à travers, au travers de **3.** par l'intermédiaire de. ■ **al través** *loc adv* en travers. ■ **de través** *loc adv* de travers.
travesaño *nm* **1.** traverse *f* **2.** SPORT barre *f* transversale.
travesero, ra *adj* • **una flauta travesera** une flûte traversière.
travesía *nf* **1.** *(voyage)* traversée *f* **2.** *(rue)* passage *m*.
travestido, travestí (*pl* **travestís**) *nm* travesti *m*.
travestirse [26] *vp* se travestir.
travesura *nf* espièglerie *f*.
traviesa *nf* traverse *f*.
travieso, sa *adj* espiègle.
trayecto *nm* trajet *m*.
trayectoria *nf* trajectoire *f (d'un projectile, etc)* ; parcours *m (d'une personne)*.
traza *nf* **1.** *(aspect)* air *m* **2.** *(gén pl) (habileté)* • **darse buenas/malas trazas (para algo)** être/ne pas être doué(e) (pour qqch).
trazado *nm* tracé *m*.
trazar [13] *vt* **1.** tracer **2.** *(indiquer, décrire)* évoquer • **trazar un paralelo entre** établir un parallèle entre **3.** concevoir.
trazo *nm* trait *m*.
trébol *nm* trèfle *m*. ■ **tréboles** *nmpl (aux cartes)* trèfle *m*.
trece *adj num inv* treize. ❑ *nm inv* treize *m inv*. Voir aussi **seis**.
treceavo, va *adj num* treizième. Voir aussi **sexto**.
trecho *nm* • **un buen trecho a)** *(espace)* un bon bout de chemin **b)** *(temps)* un bon bout de temps.
tregua *nf* trêve *f*.
treinta *adj num inv & nm inv* trente. Voir aussi **sesenta**.
treintañero, ra *adj & nm,f* trentenaire.
trekking ['trekin] *nm* trekking *m*, trek *m*.
tremebundo, da *adj* épouvantable.
tremendismo *nm* **1.** alarmisme *m* **2.** LITTÉR *réalisme social apparu après la guerre civile espagnole*.
tremendo, da *adj* terrible • **tomar(se) algo a la tremenda** prendre qqch au tragique.
trementina *nf* térébenthine *f*.
tremolar *vi sout (drapeau)* ondoyer.
trémulo, la *adj* • **una luz trémula** une lumière vacillante • **una voz trémula** une voix chevrotante.
tren *nm* **1.** RAIL & TECHNOL train *m* • **tren de alta velocidad** train à grande vitesse • **tren de aterrizaje** train d'atterrissage • **tren de carga** train de marchandises • **tren de lavado** portique *m* de lavage automatique • **tren expreso/semidirecto** train express/semi-direct **2.** *(style)* • **tren (de vida)** train *m* de vie • **estar como un tren** *tfam* être canon.
trena *nf tfam* taule *f*.
trenca *nf* duffel-coat *m*.
trenza *nf* tresse *f*.
trenzar [13] *vt* tresser.
trepa *nmf fam* • **ser un trepa** avoir les dents qui rayent le parquet.
trepador, ra *adj* • **una planta trepadora** une plante grimpante. ❑ *nm,f fam* • **ser un trepador** avoir les dents longues.
trepanación *nf* trépanation *f*.
trepar *vi* **1.** grimper • **trepar a los árboles** grimper aux arbres **2.** *fam & fig* grimper dans l'échelle sociale.
trepidante *adj* trépidant(e).
trepidar *vi* trépider.
tres *adj num inv* trois • **ni a la de tres** *fig* pour rien au monde. ❑ *nm inv* trois *m*. Voir aussi **seis**.
■ **tres cuartos** *nm inv (manteau)* trois-quarts *m*.
■ **tres en raya** *nm (jeu)* marelle *f*.
trescientos, tas *adj num inv* trois cents. Voir aussi **seiscientos**.
tresillo *nm* **1.** *(mobilier) salon comprenant un canapé et deux fauteuils assortis* **2.** MUS triolet *m*.
treta *nf* ruse *f*.
tríada *nf* triade *f*.
trial *nm* trial *m* • **trial indoor** trial en salle.
triangular *adj* triangulaire.
triángulo *nm (gén)* MUS triangle *m*.
triatleta *nmf* triathlète *mf*.
triatlón *nm* triathlon *m*.
tribal *adj* tribal(e).
tribalismo *nm* tribalisme *m*.
tribu *nf* **1.** tribu *f* **2.** *fam & fig (famille nombreuse)* smala *f* • **tribu urbana** faune *f*.
tribulación *nf* tribulation *f*.
tribuna *nf* tribune *f*.
tribunal *nm* **1.** tribunal *m* ; cour *f* • **llevar a alguien a los tribunales** traîner qqn devant les tribunaux **2.** jury *m (d'examen)*.
tribuno *nm* tribun *m*.
tributar *vt* témoigner *(du respect, de l'admiration)* • **tributar un homenaje a** rendre hommage a.
tributario, ria *adj (système, droit, etc.)* fiscal(e). ❑ *nm,f* contribuable *mf*.
tributo *nm* **1.** *(impôt)* contribution *f* **2.** *fig contrepartie*, tribut *m* **3.** *(sentiment favorable)* • **dedicar un tributo de admiración a alguien** témoigner de l'admiration à qqn.
tricampeón, ona *nm,f* triple champion *m*, -onne *f*.
tricentenario *nm* tricentenaire *m*.
tríceps *nm inv* triceps *m*.
triciclo *nm* tricycle *m*.
tricolor *adj* tricolore.
tricornio *nm* tricorne *m*.

tricot *nm inv* tricot *m*.
tricotar *vt & vi* tricoter.
tricotosa *nf* machine *f* à tricoter.
tridimensional *adj* tridimensionnel(elle).
trienal *adj* triennal(e).
trienio *nm* **1.** *période de trois ans* **2.** *indemnité par période de trois ans d'ancienneté*.
trifásico, ca *adj* triphasé(e).
trifulca *nf fam* bagarre *f*.
trigal *nm* champ *m* de blé.
trigésimo, ma *adj num* trentième.
trigo *nm* blé *m*.
trigonometría *nf* trigonométrie *f*.
trigueño, ña *adj (peau)* mat(e) ; *(cheveux)* auburn *(inv)*.
trilateral *adj* **1.** GÉOM trilatéral(e) **2.** *(accord, pacte, etc.)* triparti(e).
trilero, ra *nmf tfam personne qui escroque les passants en leur proposant de parier dans des jeux truqués*.
trilingüe *adj & nmf* trilingue.
trillado, da *adj fig* rebattu(e).
trillar *vt* AGRIC battre.
trillizos, zas *nm,f pl* triplés *mpl*, triplées *fpl*.
trilogía *nf* trilogie *f*.
trimestral *adj* trimestriel(elle).
trimestre *nm* trimestre *m*.
trimotor *adj & nm* trimoteur.
trinar *vi* faire des trilles • **está que trina** *fig* il est fou furieux.
trincar [10] *fam vt (arrêter)* pincer. ❑ *vi* picoler.
trincha *nf* patte *f (de vêtement)*.
trinchante *nm* couteau *m* à découper ; fourchette *f* à découper.
trinchar *vt* découper.
trinchera *nf* tranchée *f*.
trineo *nm* **1.** luge *f* **2.** traîneau *m*.
Trinidad *nf* RELIG • **la (Santísima) Trinidad** la (Sainte) Trinité.
Trinidad y Tobago *npr* Trinité-et-Tobago.
trinomio *nm* trinôme *m*.
trío *nm* **1.** *(gén)* MUS trio *m* **2.** *(aux cartes)* brelan *m*.
tripa *nf* **1.** tripes *fpl* **2.** *fam* ventre *m*. ■ **tripas** *nfpl fig* intérieur *m (d'une machine, d'un objet)*.
tripartito, ta *adj* triparti(e).
tripi *nm fam* acide *m*.
triple *adj* triple. ❑ *nm* triple *m* • **el triple de gente** trois fois plus de gens.
triplicado *nm* triplicata *m* • **por triplicado** en triple exemplaire.
triplicar [10] *vt* tripler. ■ **triplicarse** *vp* tripler.
trípode *nm* trépied *m*.
tríptico *nm* **1.** ART triptyque *m* **2.** dépliant *m*.
tripulación *nf* équipage *m*.
tripulante *nmf* membre *m* de l'équipage.
tripular *vt (conduire)* piloter.
triquiñuela *nf (gén pl) fam* ruse *f*.
tris *nm inv* • **estar en un tris de...** *fig* être à deux doigts de....
trisílabo, ba *adj* trisyllabique.
trisomía *nf* trisomie *f* • **trisomía 21** trisomie 21.
triste *adj* **1.** triste **2.** *(devant un substantif)* pauvre *(personne)* ; maigre *(salaire)* **3.** *(pas le moindre)* • **ni un triste regalo** même pas un malheureux cadeau.
tristeza *nf* tristesse *f*.
tristón, ona *adj* tristounet(ette).
tritón *nm* ZOOL & MYTHOL triton *m*.
triturador *nm* broyeur *m (d'ordures)* ; déchiqueteuse *f (de bureau)*.
trituradora *nf* broyeur *m*.
triturar *vt* broyer ; piler *(des amandes)* ; hacher menu *(de l'ail)*.
triunfador, ra *adj* victorieux(euse). ❑ *nm,f* **1.** vainqueur *m (d'une compétition)* **2.** gagneur *m*, -euse *f (dans la vie)*.
triunfal *adj* triomphal(e).
triunfalismo *nm* triomphalisme *m*.
triunfalista *adj & nmf* triomphaliste.
triunfar *vi* **1.** *(vaincre)* • **triunfar (sobre)** triompher (de) **2.** réussir.
triunfo *nm* **1.** triomphe *m* ; victoire *f (dans une rencontre sportive, aux élections)* ; réussite *f (dans la vie)* **2.** *(aux cartes)* atout *m*.
triunvirato *nm* triumvirat *m*.
trivial *adj* banal(e).
trivialidad *nf* banalité *f*.
trivializar [13] *vt* banaliser.
triza *nf (gén pl)* morceau *m* • **hacer trizas a)** *(objet)* casser en mille morceaux **b)** *(personne)* mettre dans tous ses états.
trocar [36] *vt* **1.** échanger **2.** *(transformer)* • **trocar algo en algo** transformer qqch en qqch.
trocear *vt* couper en morceaux.
troche ■ **a troche y moche** *loc adv* **1.** à tort et à travers **2.** généreusement.
trofeo *nm* trophée *m*.
troglodita *nmf* troglodyte *mf*. ❑ *nm fam* ours *m* mal léché.
trol *(pl* **troles** *ou* **trols**) *nm* MITOL & INFORM troll *m*.
trola *nf fam* • **meter trolas** raconter des salades.
trole *nm* trolley *m*.
trolear *vt (sur les réseaux sociaux)* troller.
trolebús *nm* trolleybus *m*.
trolero, ra *nm,f fam* menteur *m*, -euse *f*.
tromba *nf* trombe *f* • **tromba de agua** trombe d'eau.
trombón *nm* trombone *m*.
trombosis *nf inv* thrombose *f*.
trompa *nf* **1.** *(gén)* ANAT & MUS trompe *f* **2.** *fam* cuite *f* • **coger ou pillar una trompa** prendre une cuite.
trompazo *nm* coup *m*.
trompear *vt* **(AMÉR)** *fam* cogner. ■ **trompearse** *vp* **(AMÉR)** *fam* se bagarrer.
trompeta *nf* trompette *f*.
trompetista *nmf* trompettiste *mf*.

trompicón *nm* faux pas *m* • **a trompicones** *fig* par à-coups.
trompo *nm* toupie *f*.
trona *nf* chaise *f* haute.
tronado, da *adj fam (personne)* cinglé(e) ; *(radio, télé)* pété(e). ■ **tronada** *nf* coups *mpl* de tonnerre.
tronar *v impers* tonner. ❑ *vi* tonner ; *(cris)* résonner. ❑ *vt* **(AMÉR)** *fam* flinguer.
tronchante *adj fam* tordant(e).
tronchar *vt* casser ; *fig* briser. ■ **troncharse** *vp fam* • **troncharse (de risa)** être plié(e) en quatre *ou* de rire.
tronco[1] *nm* tronc *m* • **dormir como un tronco, estar hecho un tronco** dormir comme une souche.
tronco[2]**, ca** *nm,f fam* pote *m*.
tronera *nf* **1.** ARCHIT embrasure *f* **2.** blouse *f*. ❑ *nm,f fam* noceur *m*, -euse *f*.
tronío *nm fam* **1.** *(élégance)* allure *f* **2.** *(ostentation, richesse)* grande pompe *f*, frime *f*.
trono *nm* trône *m*.
tropa *nf* **1.** MIL troupe *f* **2.** *fig (multitude)* armée *f*.
tropecientos, tas *adj pl fam* • **he recibido tropecientos mensajes** j'ai reçu trente six mille messages.
tropel *nm* **1.** cohue *f* **2.** tas *m (de choses)*.
tropero *nm* **(AMÉR)** gardien *m* de vaches.
tropezar [34] *vi* trébucher. ■ **tropezarse** *vp fam* se retrouver • **tropezarse con alguien** tomber sur qqn.
tropezón *nm* faux pas *m*. ■ **tropezones** *nmpl morceaux de viande, de pain, de fromage, etc mélangés à la soupe*.
tropical *adj* tropical(e).
trópico *nm* tropique *m* • **trópico de Cáncer/de Capricornio** tropique du Cancer/du Capricorne.
tropiezo *nm* **1.** faux pas *m* **2.** *fig* difficulté *f*, embûche *f*.
tropismo *nm* tropisme *m*.
troposfera *nf* troposphère *f*.
troquel *nm* **1.** coin *m*, étampe *f* **2.** massicot *m*.
troquelar *vt (monnaie)* frapper.
trotamundos *nmf inv* globe-trotter *mf*.
trotar *vi* **1.** *(cheval)* trotter **2.** *fam & fig (marcher beaucoup)* cavaler.
trote *nm* **1.** trot *m (de cheval)* **2.** *fam (activité intense)* • **ya no estoy para (esos) trotes** j'ai passé l'âge.
troupe ['trup, 'trupe] *nf* THÉÂTRE troupe *f*.
trovador *nm* troubadour *m*.
trozo *nm* bout *m* • **cortar algo en trozos** couper qqch en morceaux.
trucaje *nm* truquage *m*.
trucar [10] *vt* truquer ; trafiquer *(un moteur, un mécanisme)*.
trucha *nf* truite *f*.
truco *nm* truc *m* • **coger el truco** prendre le coup.
truculencia *nf* truculence *f*.
truculento, ta *adj* terrifiant(e).
trueno *nm* **1.** tonnerre *m* **2.** *fig* coup *m* de tonnerre.
trueque *v* → **trocar**. ❑ *nm* troc *m*.
trufa *nf* truffe *f*.
trufar *vt* truffer.
truhán, ana *nm,f* truand *m*.
trullo *nm tfam* trou *m*.
truncar [10] *vt* **1.** briser *(une carrière, des illusions)* ; faire échouer *(un plan)* **2.** tronquer *(une phrase, un texte, etc)*.
trusa *nf* **(AMÉR)** maillot *m* de bain.
TS (abrév de Tribunal Supremo) *nm* ≃ Cour *f* de cassation.
TSJ (abrév de Tribunal Superior de Justicia) *nm juridiction suprême espagnole*.
TSJC (abrév de Tribunal Superior de Justicia de Catalunya) *nm juridiction suprême de la communauté autonome de Catalogne*.
TSJPV (abrév de Tribunal Superior de Justicia del País Vasco) *nm juridiction suprême de la communauté autonome du Pays basque*.
tsunami *nm* tsunami *m*.
tu *(pl* **tus***) adj poss* ton, ta • **tus libros** tes livres.
tú *pron pers (sujet)* tu ; *(prédicat)* toi • **tú te llamas Juan** tu t'appelles Juan • **el culpable eres tú** c'est toi le coupable • **de tú a tú** d'égal à égal • **hablar ou tratar de tú a alguien** tutoyer qqn.
tuareg *adj inv* touareg. ❑ *nmf inv* Touareg *mf*.
tuba *nf* MUS tuba *m*.
tubérculo *nm* tubercule *m*.
tuberculosis *nf inv* tuberculose *f*.
tubería *nf* **1.** tuyauterie *f* ; tuyau *m* **2.** *(tube)* conduite *f*.
tubo *nm* **1.** tuyau *m (d'écoulement)* **2.** *(récipient)* tube *m* • **tubo de ensayo** tube à essai • **tubo digestivo** tube digestif. ■ **tubo de escape** *nm* AUTO pot *m* d'échappement.
tubular *adj* tubulaire. ❑ *nm* boyau *m (de bicyclette)*.
tucán *nm* toucan *m*.
tuerca *nf* écrou *m*.
tuerto, ta *adj & nm,f* borgne.
tueste *nm* torréfaction *f*.
tuétano *nm* moelle *f* • **calarse hasta los tuétanos** être trempé(e) jusqu'aux os • **hasta los tuétanos** profondément.
tufarada *nf* bouffée *f*.
tufillo *nm* **1.** mauvaise odeur *f* **2.** CULIN fumet *m*.
tufo *nm* **1.** puanteur *f* **2.** relent *m*.
tugurio *nm* boui-boui *m* ; *(habitation)* taudis *m*.
tuit *nm* tweet *m*.
tuitear *vt & vi* twitter, tweeter.
tuitero, ra *adj* relatif à Twitter®. ❑ *nm,f* twitteur *m*, -euse *f*.
tul *nm* tulle *m*.

tulipa *nf (lampe)* tulipe *f.*
tulipán *nm (fleur)* tulipe *f.*
tullido, da *adj & nm,f (vieux)* impotent(e) ; *(handicapé)* infirme.
tullir *vt* paralyser.
tumba *nf* tombe *f* • **ser una tumba** *fig* être muet(ette) comme une tombe.
tumbado, da *adj* allongé(e), couché(e) • **tumbado en la cama** allongé sur le lit.
tumbar *vt* **1.** faire tomber **2.** allonger **3.** *fam* coller *(à un examen)* ; *fam* battre *(dans une compétition).* ■ **tumbarse** *vp* s'allonger.
tumbo *nm* cahot *m* • **dando tumbos** *fig* cahin-caha.
tumbona *nf* transat *m* ; chaise *f* longue.
tumefacción *nf* tuméfaction *f.*
tumor *nm* tumeur *f.*
tumoración *nf* **1.** tuméfaction *f* **2.** tumeur *f.*
túmulo *nm* **1.** tombeau *m* **2.** tumulus *m.*
tumulto *nm* **1.** tumulte *m* **2.** cohue *f.*
tumultuoso, sa *adj* **1.** tumultueux(euse) **2.** houleux(euse).
tuna *nf* → **tuno**.
tunante, ta *nm,f* canaille *f.*
tunda *nf fam* raclée *f* ; *fig* galère *f.*
tundra *nf* toundra *f.*
tunear *vt* personnaliser.
tunecino, na *adj* tunisien(enne). ❑ *nm,f* Tunisien *m,* -enne *f.*
túnel *nm* tunnel *m.* ■ **túnel de lavado** *nm AUTO* station *f* de lavage automatique.
Túnez *npr* **1.** Tunis **2.** Tunisie *f.*
tungsteno *nm* tungstène *m.*
túnica *nf* tunique *f.*
tuning *nm* personnalisation *f,* tuning *m.*
tuno, na *nm,f* filou *m.* ■ **tuna** *nf MUS petit orchestre d'étudiants.*
tuntún ■ **al (buen) tuntún** *loc adv* au petit bonheur.
tupé *nm* **1.** toupet *m* **2.** banane *f (de rocker).*
túpper, tupperware® = **táper**.
tupido, da *adj (forêt, feuillage)* dense.
turba *nf* **1.** tourbe *f* **2.** *péj (foule)* peuple *m.*
turbación *nf* **1.** trouble *m* **2.** embarras *m.*
turbante *nm* turban *m.*
turbar *vt* troubler. ■ **turbarse** *vp* se troubler.
turbina *nf* turbine *f.*
turbio, bia *adj* **1.** trouble **2.** *fig (affaire, etc)* louche.
turbión *nm* averse *f* ; *fig* avalanche *f.*
turbo *nm TECHNOL & AUTO* turbo *m* • **poner el turbo** *fam & fig* mettre le turbo.
turbodiésel *adj* turbodiesel *inv.* ❑ *nm* turbodiesel *m.*
turbopropulsor *nm* turbopropulseur *m.*
turborreactor *nm* turboréacteur *m.*
turbulencia *nf* **1.** turbulence *f* **2.** tumulte *m.*
turbulento, ta *adj* **1.** turbulent(e) **2.** agité(e).
turco, ca *adj* turc, turque *f.* ❑ *nm,f* Turc *m,* Turque *f.* ■ **turco** *nm* turc *m.*
turismo *nm* **1.** tourisme *m* • **turismo rural** tourisme vert **2.** voiture *f* de tourisme.
turismofobia *nf* phobie *f* des touristes, tourismophobie *f.*
turista *nmf* touriste *mf.*
turístico, ca *adj* touristique.
Turkmenistán *npr* Turkménistan *m.*
turnarse *vp* se relayer.
turnedó *nm* tournedos *m.*
turno *nm* **1.** tour *m (d'une personne)* **2.** équipe *f (de travail).*
turquesa *nf* turquoise *f.* ❑ *adj inv (couleur)* turquoise. ❑ *nm (couleur)* turquoise *m.*
Turquía *npr* Turquie *f.*
turrón *nm* touron *m (confiserie de Noël semblable au nougat).*
turulato, ta *adj fam* baba.
tururú *interj fam* • **¡tururú!** taratata !
tute *nm* **1.** *jeu de cartes semblable au whist* **2.** *fam & fig* boulot *m* • **darse un tute** donner un coup de collier.
tutear *vt* tutoyer. ■ **tutearse** *vp* se tutoyer.
tutela *nf* tutelle *f* • **tener la tutela de alguien** avoir qqn sous sa tutelle.
tutelar *adj* tutélaire. ❑ *vt (personne)* avoir la tutelle de ; *(œuvre, etc)* encourager.
tuteo *nm* tutoiement *m.*
tutiplén ■ **a tutiplén** *loc adv* à foison.
tutor, ra *nm,f* **1.** *(gén) DR* tuteur *m,* -trice *f* **2.** *(professeur-privé)* précepteur *m,* -trice *f* ; *(-d'une classe)* professeur *m* principal.
tutoría *nf* tutelle *f.*
tutorial *adj relatif au tutorat ou au tuteur.* ❑ *nm INFORM* tutoriel *m.*
tutti frutti, tuttifrutti *nm* tutti frutti *m.*
tutú *nm* tutu *m.*
tuviera *(etc)* → **tener**.
tuyo, ya *adj poss* à toi • **este libro es tuyo** ce livre est à toi • **un amigo tuyo** un de tes amis • **no es asunto tuyo** ça ne te regarde pas • **no es culpa tuya** ce n'est pas (de) ta faute. ❑ *pron poss (après un article défini)* • **el tuyo** le tien • **la tuya** la tienne • **ésta es la tuya** *fam* à toi de jouer • **lo tuyo es el teatro** *fam* ton truc c'est le théâtre • **tú a lo tuyo** occupe-toi de tes affaires • **los tuyos** *(ta famille)* les tiens.
TV (abrév de **televisión**) *nf* TV *f.*
TVE (abrév de **Televisión Española**) *nf chaîne de télévision publique espagnole.*
Twitter® *npr* Twitter®.

U

u[1] *(pl* **úes***)*, **U** [u] *nf* u *m inv*, U *m inv*.
u[2] *conj* ou. Voir aussi **o**.
uberización *nf* ubérisation *f*.
ubicación *nf* emplacement *m*.
ubicar [10] *vt* placer ; situer. ■ **ubicarse** *vp* se situer.
ubre *nf* mamelle *f* ; pis *m (de vache)*.
UCI (abrév de unidad de cuidados intensivos) *nf* USI.
Ucrania *npr* Ukraine *f*.
Ud. (abrév de usted), **Vd.** • **esto depende de Ud.** cela dépend de vous.
Uds. (abrév de ustedes), **Vds.** • **como Uds. deseen** comme vous voudrez.
UE (abrév de Unión Europea) *nf* UE *f* • **los estados/países miembros de la UE** les états/pays membres de l'UE.
UEFA (abrév de Unión de Asociaciones Europeas de Fútbol) *nf* UEFA *f*.
uf *interj* • **¡uf!** ouf !
ufanarse *vp* • **ufanarse de** se targuer de.
ufano, na *adj* **1.** *(personne)* fier(ère) **2.** *(plante)* beau, belle *f*.
ufología *nf* ufologie *f*.
Uganda *npr* Ouganda *m*.
ugetista *adj* de l'UGT. ❑ *nmf* membre *m* de l'UGT.
UGT (abrév de Unión General de los Trabajadores) *nf syndicat espagnol proche du PSOE*.
ujier *nm* **1.** huissier *m* **2.** portier *m*.
újule *interj* **(AMÉR)** • **¡újule!** c'est malin !
UK (abrév de United Kingdom) *nm* UK.
úlcera *nf* ulcère *m*.
ulcerar *vt MÉD* ulcérer. ■ **ulcerarse** *vp* s'ulcérer.
ulterior *adj* ultérieur(e).
ultimación *nf* achèvement *m*.
ultimador, ra *nm,f* **(AMÉR)** assassin *m*.
últimamente *adv* dernièrement.
ultimar *vt* **1.** mettre la dernière main à **2.** conclure *(un traité, etc)* **3.** **(AMÉR)** assassiner.
ultimátum *(pl* **ultimatos** *ou inv)* *nm* ultimatum *m*.
último, ma *adj* dernier(ère) • **su última película** son dernier film • **el último piso** le dernier étage. ❑ *nm,f* • **el último** le dernier • **la última** la dernière • **llegar el último** arriver dernier • **este último** ce dernier. ■ **última** *nf* • **estar en las últimas a)** être à l'article de la mort **b)** ne plus avoir beaucoup de... *(argent, provisions)* • **ir a la última** *fam* être à la dernière mode. ■ **por último** *loc adv* enfin, finalement.
ultra *adj* d'extrême droite. ❑ *nmf POLIT* • **es un ultra** il est d'extrême droite. ■ **non plus ultra** *nm* summum *m* • **es el non plus ultra** c'est le nec plus ultra.
ultraconservador, ra *adj & nm,f* ultraconservateur(trice).
ultraderecha *nf* extrême droite *f*.
ultraderechista *adj POLIT* d'extrême droite. ❑ *nmf POLIT* personne *f* d'extrême droite.
ultraizquierda *nf* extrême gauche *f*.
ultraizquierdista *adj POLIT* d'extrême gauche. ❑ *nmf POLIT* personne *f* d'extrême gauche, gauchiste *mf*.
ultrajar *vt* outrager.
ultraje *nm* outrage *m*.
ultraligero *nm* ULM *m*.
ultramar *nm* pays *mpl* d'outre-mer • **de ultramar** d'outre-mer.
ultramarino, na *adj* d'outre-mer. ■ **ultramarinos** *nmpl* épicerie *f*.
ultramoderno, a *adj* ultramoderne.
ultranza ■ **a ultranza** *loc adj* convaincu(e). ❑ *loc adv* à outrance.
ultrarresistente *adj* ultrarésistant(e).
ultrarrojo = **infrarrojo**.
ultrasonido *nm* ultrason *m*.
ultratumba *nf* • **de ultratumba** d'outre-tombe.
ultravioleta *adj inv* ultraviolet(ette).
ulular *vi* **1.** *(hibou)* ululer **2.** *(vent)* hurler.
umbilical *adj* ombilical(e).
umbral *nm* seuil *m* • **en el umbral ou los umbrales de** au seuil de.
umbrío, a *adj* ombragé(e).
un, una *art (devant un substantif féminin commençant par « a » ou par « ha » tonique :* **un***)* • **un hombre/amor** un homme/amour • **una mujer/mesa** une femme/table • **un águila** un aigle • **un hacha** une hache. ❑ *adj* → **uno**.
unánime *adj* unanime.
unanimidad *nf* unanimité *f* • **por unanimidad** à l'unanimité.
unción *nf* onction *f*.
uncir [12] *vt* atteler.
undécimo, ma *adj num* onzième. Voir aussi **sexto**.
underground ['andeɣraun] *adj inv* underground.
UNED (abrév de Universidad Nacional de Educación a Distancia) *nf université nationale espagnole d'enseignement à distance*.
Unesco (abrév de United Nations Educational, Scientific and Cultural Organization) *nf* Unesco *f*.
ungimiento *nm* onction *f*.
ungir [15] *vt* oindre • **ungir con algo** oindre de qqch.
ungüento *nm* onguent *m*.

ungulado, da *adj* ongulé(e). ■ **ungulados** *nmpl* ongulés *mpl*.
únicamente *adv* uniquement.
unicameral *adj* monocaméral(e).
Unicef (abrév de United Nations International Children's Emergency Fund) *nm* Unicef *m*.
unicelular *adj* unicellulaire.
único, ca *adj* **1.** seul(e) • **es lo único que deseo** c'est la seule chose que je souhaite • **es hijo único** il est fils unique **2.** unique.
unicornio *nm* licorne *f*.
unidad *nf* unité *f* • **unidad central (de proceso)** unité centrale (de traitement) • **unidad de cuidados intensivos ou vigilancia intensiva** unité de soins intensifs • **unidad de disco** lecteur *m* de disquette. ■ **unidad móvil** *nf TV* car *m* de reportage.
unidimensional *adj* unidimensionnel(elle).
unidireccional *adj* unidirectionnel(elle).
unido, da *adj* uni(e).
unifamiliar *adj (entreprise)* familial(e) ; *(logement)* individuel(elle).
unificación *nf* **1.** unification *f* **2.** uniformisation *f*.
unificador, ra *adj* unificateur(trice).
unificar [10] *vt* **1.** unir **2.** unifier.
uniformado, da *adj* en uniforme.
uniformar *vt* **1.** uniformiser **2.** mettre un uniforme à.
uniforme *adj & nm* uniforme.
uniformidad *nf* uniformité *f*.
uniformización *nf* uniformisation *f*.
uniformizar [13] *vt* uniformiser.
unigénito, ta *adj* unique • **su hijo unigénito** son fils unique.
unilateral *adj* unilatéral(e).
unión *nf* **1.** union *f* **2.** jonction *f*.
Unión Europea *npr* • **la Unión Europea** l'Union *f* européenne.
unipersonal *adj* **1.** unipersonnel(elle) **2.** *GRAMM* impersonnel(elle).
unir *vt* **1.** unir **2.** assembler *(des pièces)* **3.** *(communiquer)* relier *(des villes, etc)* **4.** lier *(une sauce, des problèmes)* **5.** rapprocher. ■ **unirse** *vp* **1.** s'unir **2.** *(routes, rivières)* se rejoindre **3.** *(ami, invité)* • **unirse a** se joindre à.
unisexo, unisex *adj inv* unisexe.
unisexual *adj* unisexué(e).
unísono ■ **al unísono** *loc adv* à l'unisson.
unitario, ria *adj* unitaire.
unitarismo *nm* unitarisme *m*.
universal *adj* universel(elle).
universalismo *nm* universalisme *m*.
universalizar [13] *vt* universaliser.
universidad *nf* université *f*.
universitario, ria *adj* universitaire. ❑ *nm,f* étudiant *m*, -e *f* à l'université ; diplômé *m*, -e *f* de l'université.
universo *nm* univers *m*.
unívoco, ca *adj* univoque.

uno

■ uno, una *adj*

devant un nom masculin singulier : **un**

1. ARTICLE INDÉFINI
un, une *f* • **un día volveré** je reviendrai un jour • **un hombre, un voto** un homme, une voix

2. AU PLURIEL, INDIQUE UNE QUANTITÉ INDÉTERMINÉE
• **había unos coches mal aparcados** il y avait des *ou* quelques voitures mal garées

3. AU PLURIEL, INDIQUE UNE APPROXIMATION
• **me voy unos días a Madrid** je vais passer quelques jours à Madrid • **vinieron unas diez personas** une dizaine de personnes sont venues • **cuesta unos 45 euros** cela coûte environ 45 euros

■ uno, una *pron*

1. DÉSIGNE UN ÉLÉMENT INDÉTERMINÉ DANS UN CHOIX LARGE
un, une • **coge uno** prends-en un • **uno de ellos** l'un d'eux • **uno de tantos** un parmi tant d'autres • **como uno más** comme tout le monde • **unos cuantos** quelques-uns • **más de uno** plus d'un

2. DÉSIGNE UN ÉLÉMENT INDÉTERMINÉ DANS UN CHOIX RESTREINT
quelques-uns, quelques-unes, certains, certaines • **tienes muchas manzanas, dame unas** tu as beaucoup de pommes, donne-m'en quelques-unes • **unas son buenas, otras malas** certaines sont bonnes, d'autres mauvaises

3. *fam* DÉSIGNE UNE PERSONNE DÉTERMINÉE DE FAÇON VAGUE
• **ayer hablé con uno que te conoce** hier j'ai parlé à un type qui te connaît • **lo sé porque me lo han contado unos** je le sais parce que certaines personnes me l'ont raconté

4. POUR PARLER DE SOI DE FAÇON IMPERSONNELLE
on • **entonces es cuando se da uno cuenta de ya no es tan joven como antes** c'est alors qu'on se rend compte qu'on n'est plus aussi jeune qu'avant

5. DANS DES EXPRESSIONS
• **uno a uno** un à un • **de uno en uno** *ou* **uno por uno** un par un • **uno tras otro** l'un après l'autre • **uno a otro** l'un l'autre

■ uno *nm*

CHIFFRE
un • **uno y uno son dos** un et un font deux
Voir aussi **seis**.

■ una *nf*

1. POUR EXPRIMER L'HEURE
• **la una** une heure

2. DANS DES EXPRESSIONS
• **a una** comme un seul homme, en chœur • **una de dos** de deux choses l'une • **una que otra vez** de temps à autre

untar *vt* **1.** *(gén)* • **untar con a)** *(pain, tartines, etc)* tartiner de **b)** *(corps)* enduire de • **untar una tostada con mantequilla** étaler du beurre sur une tartine **2.** *fam & fig* graisser la patte à.
untuoso, sa *adj* **1.** gras, grasse *f* **2.** onctueux(euse).
uña *nf* **1.** ongle *m* **2.** griffe *f* **3.** sabot *m* • **ser uña y carne** *fig* être comme les deux doigts de la main.
uñero *nm* **1.** panaris *m* **2.** ongle *m* incarné.
uperización *nf* upérisation *f.*
uperizado, da *adj* UHT *inv.*
uperizar [13] *vt* upériser.
UPG (abrév de Unión del Pueblo Gallego) *nf parti nationaliste galicien.*
UPN (abrév de Unión del Pueblo Navarro) *nf parti nationaliste navarrais.*
uralita® *nf* Fibrociment® *m.*
uranio *nm* uranium *m.*
urbanidad *nf* civilité *f.*
urbanismo *nm* urbanisme *m.*
urbanista *nmf* urbaniste *mf.*
urbanístico, ca *adj* urbanistique.
urbanita *adj hum* citadin(e), urbain(e), de ville. ❑ *nmf hum* citadin *m*, -e *f*, rat *m* des villes.
urbanización *nf* **1.** urbanisation *f* **2.** lotissement *m.*
urbanizar [13] *vt* urbaniser.
urbano, na *adj* urbain(e). ❑ *nm,f* agent *m* de police.
urbe *nf* grande ville *f.*
urbi et orbi *loc adj & loc adv* urbi et orbi • **clamar algo urbi et orbi** *fig* clamer qqch urbi et orbi.
urdimbre *nf* **1.** *(de tissu)* chaîne *f* **2.** *fig (intrigue)* machination *f.*
urdir *vt* tramer.
uréter *nm* uretère *m.*
uretra *nf* urètre *m.*
urgencia *nf* urgence *f* • **con urgencia** d'urgence • **una urgencia de** un besoin urgent de. ■ **urgencias** *nfpl* MÉD urgences *fpl.*
urgente *adj* urgent(e).
urgentemente *adv* urgemment.
urgir [15] *vi* • **urge que** il est urgent que • **me urge** j'en ai besoin rapidement • **me urge hacerlo** il faut que je le fasse le plus vite possible.
urinario, ria *adj* urinaire. ■ **urinario** *nm* urinoirs *mpl.*
urna *nf* **1.** urne *f* **2.** vitrine *f (de musée).*
urología *nf* urologie *f.*
urólogo, ga *nm,f* urologue *mf.*
urraca *nf* pie *f.*
ursulina *nf* **1.** RELIG ursuline *f* **2.** *fig (femme timide)* prude *f.*
urticaria *nf* urticaire *f.*
Uruguay *npr* • **(el) Uruguay** (l')Uruguay *m.*
uruguayo, ya *adj* uruguayen(enne). ❑ *nm,f* Uruguayen *m*, -enne *f.*
USA (abrév de United States of America) *npr* USA *mpl.*
usabilidad *nf* TÉLÉCOM utilisabilité *f* web.
usado, da *adj* **1.** usagé(e) ; *(voiture)* d'occasion ; *(mot)* usité(e) **2.** usé(e).
usanza *nf* • **a la vieja usanza** à l'ancienne mode.
usar *vt* **1.** utiliser, se servir de **2.** porter *(des vêtements, des lunettes)* • **en invierno usa medias** en hiver, elle porte des collants. ■ **usarse** *vp* **1.** s'utiliser ; *(mot, expression)* s'employer **2.** *(vêtement)* se porter.
USB [u 'ese be] (abrév de universal serial bus) *nm* INFORM USB *m* • **memoria USB** clé *f* USB • **puerto USB** port *m* USB.
uso *nm* **1.** *(gén)* LING usage *m* **2.** utilisation *f* **3.** *(gén pl) (coutume)* • **usos y costumbres** les us et coutumes.
usted *pron pers* vous • **me gustaría hablar con usted** j'aimerais vous parler • **¿cómo están ustedes?** comment allez-vous ? • **de usted, de ustedes** à vous • **hablar ou tratar de usted a alguien** vouvoyer qqn.
usual *adj* habituel(elle).
usuario, ria *nm,f* usager *m (des transports, des services, etc)* ; utilisateur *m*, -trice *f (d'une machine, d'un ordinateur, etc).*
usufructo *nm* usufruit *m.*
usufructuario, ria *adj & nm,f* usufruitier(ère).
usura *nf* usure *f.*
usurero, ra *nm,f* usurier *m*, -ère *f.*
usurpación *nf* usurpation *f.*
usurpador, ra *adj & nm,f* usurpateur(trice).
usurpar *vt* usurper.
utensilio *nm* ustensile *m.*
útero *nm* utérus *m.*
útil *adj* utile. ❑ *nm (gén pl)* outils *mpl.*
utilidad *nf* **1.** utilité *f* **2.** profit *m.*
utilitario, ria *adj* fonctionnel(elle). ■ **utilitario** *nm* **1.** AUTO petite voiture *f* **2.** INFORM utilitaire *m.*
utilitarismo *nm* utilitarisme *m.*
utilización *nf* utilisation *f.*
utilizar [13] *vt* utiliser.
utillaje *nm* outillage *m.*
utopía *nf* utopie *f.*
utópico, ca *adj* utopique.
uva *nf* raisin *m* • **tener mala uva** *fig* avoir un sale caractère. ■ **uvas** *nfpl* • **las doce uvas** *grains de raisin que l'on mange le soir du 31 décembre.*
uve *nf* V *m inv.* ■ **uve doble** *nf* W *m inv.*

UVI (abrév de unidad de vigilancia intensiva) *nf* USI *f.*
uy *interj* • **¡uy! a)** *(exprime la douleur)* aïe ! **b)** *(exprime la surprise)* oh !
Uzbekistán *npr* Ouzbékistan *m.*

V

v, V ['uβe] *nf* v *m inv*, V *m inv.* ■ **v doble** *nf* w *m inv.*
v. = **vid.**.
va → **ir**.
vaca *nf* **1.** *(animal)* vache *f* • **vaca lechera a)** vache laitière **b)** *ÉCON* vache à lait • **vaca sagrada** vache sacrée **2.** *(viande)* bœuf *m* • **vacas flacas** *fig* vaches *fpl* maigres • **vacas gordas** *fig* vaches *fpl* grasses • **vacas locas** *fig* vaches *fpl* folles.
vacacional *adj* des vacances, de vacances • **el periodo vacacional** la période des vacances.
vacaciones *nfpl* vacances *fpl* • **estar/irse de vacaciones** être/partir en vacances.
vacante *adj* vacant(e). ❑ *nf* poste *m* vacant.
vaciado *nm* **1.** *(de recipient)* vidange *f* **2.** *(de texte)* dépouillement *m* **3.** *ART* moulage *m.*
vaciar [9] *vt* **1.** vider **2.** évider **3.** *ART* mouler.
vacilación *nf* **1.** hésitation *f* **2.** vacillement *m.*
vacilante *adj* **1.** hésitant(e) **2.** *(lumière)* vacillant(e) ; *(pas)* chancelant(e).
vacilar *vi* **1.** hésiter **2.** *(lumière)* vaciller **3.** chanceler **4.** *fam* crâner. ❑ *vt fam (se moquer de)* faire marcher • **¡no me vaciles!** ne te fiche pas de moi !
vacile *nm fam* bobard *m* • **estar de vacile** raconter des bobards.
vacilón, ona *adj & nm, f fam* **1.** crâneur(euse) **2.** farceur(euse). ■ **vacilón** *nm* **(AMÉR)** fête *f.*
vacío, a *adj* **1.** vide ; *(phrase, discours, etc)* creux(euse) ; *(personne)* superficiel(elle) **2.** *(pas occupé)* libre. ■ **vacío** *nm* vide *m* • **al vacío** sous vide • **caer al vacío** tomber dans le vide.
vacuna *nf* vaccin *m.*
vacunación *nf* vaccination *f.*
vacunar *vt* vacciner. ■ **vacunarse** *vp* se faire vacciner.
vacuno, na *adj* bovin(e). ■ **vacuno** *nm* • **el vacuno** les bovins *mpl.*
vacuo, cua *adj* vide ; *(personne)* superficiel(elle) ; *(discours)* creux(euse).
vadear *vt* passer à gué.
vado *nm* **1.** bateau *m (de trottoir)* • **'vado permanente'** 'sortie de véhicules' **2.** gué *m.*
vagabundear *vi* vagabonder • **vagabundear (por)** errer (dans).
vagabundo, da *nm, f* vagabond *m*, -e *f.*
vagamente *adv* vaguement.
vagancia *nf* **1.** fainéantise *f* **2.** vagabondage *m.*
vagar [16] *vi* • **vagar (por)** errer (dans) • **vagar (por)** flâner (dans).
vagina *nf* vagin *m.*
vaginal *adj* vaginal(e).
vago, ga *adj* **1.** feignant(e) **2.** flou(e), vague. ❑ *nm, f* feignant *m*, -e *f.*
vagón *nm* wagon *m.*
vagoneta *nf* wagonnet *m.*
vaguada *nf* talweg *m.*
vaguear *vi* fainéanter.
vaguedad *nf* imprécision *f* • **responder con vaguedades** rester dans le vague.
vaharada *nf* bouffée *f*, souffle *m.*
vahído *nm* étourdissement *m.*
vaho *nm* vapeur *f* ; buée *f (sur les vitres).* ■ **vahos** *nmpl MÉD* inhalations *fpl.*
vaina *nf* **1.** étui *m* ; fourreau *m (d'une épée, d'un sabre)* **2.** *BOT* cosse *f (des petits pois, etc)* **3. (AMÉR)** *fam & fig* embêtement *m.*
vainilla *nf* **1.** vanille *f* **2.** vanillier *m.*
vaivén *nm* va-et-vient *m inv* • **los vaivenes** *fig* les hauts et les bas.
vajilla *nf* vaisselle *f.*
vale *nm* **1.** bon *m* • **vale de regalo** chèque-cadeau *m* **2.** billet *m* gratuit **3.** reçu *m* **4. (AMÉR)** *fam* pote *m.* ❑ *interj* → **valer**.
valedero, ra *adj* valable.
Valencia *npr* Valence.
valenciano, na *adj* valencien(enne). ❑ *nm, f* Valencien *m*, -enne *f.* ■ **valenciano** *nm* valencien *m.*
valentía *nf* **1.** courage *m* **2.** haut fait *m.*
valentón, ona *adj & nm, f* fanfaron(onne).
valer [74] *vi* **1.** valoir ; *(prix)* coûter • **¿cuánto vale?** combien ça coûte ? • **no vale nada** ça ne vaut rien • **este libro vale por mil** ce livre en vaut mille • **más vale que te vayas** il vaut mieux que tu t'en ailles • **hacerse valer** se faire valoir • **es un chico que vale** c'est un garçon bien **2.** *(servir, être utile)* • **valer para algo** servir à qqch • **¿para qué vale?** à quoi ça sert ? **3.** être valable • **eso aún vale** c'est encore valable **4.** *(expressions)* • **¿vale?** d'accord ? • **¡vale!** d'accord !, OK ! ❑ *vt* valoir • **vale la pena** ça (en) vaut la peine. ■ **valerse** *vp* **1.** *(se servir de)* • **valerse de algo/de alguien** se servir de qqch/de qqn **2.** *(s'en tirer)* • **valerse por sí mismo** se débrouiller tout seul.
valeroso, sa *adj* courageux(euse).
valía *nf* valeur *f.*
validación *nf* validation *f.*
validar *vt* valider.
validez *nf* validité *f* • **dar validez a algo** valider qqch.
válido, da *adj* valable.

valiente *adj* courageux(euse) • **¡valiente jefe!** *iron* tu parles d'un chef ! ❑ *nm,f* brave *mf.*
valija *nf* valise *f* • **valija diplomática** valise diplomatique.
valioso, sa *adj* précieux(euse).
valla *nf* **1.** clôture *f* **2.** *SPORT* haie *f.* ■ **valla publicitaria** *nf* panneau *m* publicitaire.
vallado *nm* clôture *f.*
vallar *vt* clôturer *(un terrain).*
valle *nm* vallée *f.*
vallisoletano, na *adj* de Valladolid.
valón, ona *adj* wallon(onne). ❑ *nm,f* Wallon *m*, -onne *f.* ■ **valón** *nm (dialecte)* wallon *m.*
valor *nm* **1.** valeur *f* **2.** courage *m* **3.** *fam (personne prometteuse)* • **un joven valor** un jeune talent. ■ **valores** *nmpl FIN* valeurs *fpl.*
valoración *nf* évaluation *f.*
valorar *vt* **1.** évaluer • **estar valorado en** être estimé à **2.** apprécier *(le mérite, des qualités).* ■ **valorarse** *vp* s'estimer.
valorización *nf* **1.** évaluation *f* **2.** valorisation *f.*
valorizar [13] *vt* **1.** évaluer **2.** mettre en valeur, valoriser. ■ **valorizarse** *vp* prendre de la valeur.
vals *(pl* **valses***)* *nm* valse *f.*
valuar [6] *vt* évaluer, estimer.
válvula *nf* **1.** *(gén) ÉLECTR* valve *f* **2.** *TECHNOL* soupape *f.* ■ **válvula de escape** *nf fig* soupape *f* de sécurité.
vampiresa *nf fam* vamp *f.*
vampiro *nm* vampire *m.*
vanagloria *nf* fatuité *f.*
vanagloriarse [8] *vp* • **vanagloriarse (de)** se vanter (de).
vandálico, ca *adj* **1.** *(acte)* de vandalisme **2.** *HIST* • **los pueblos vandálicos** les Vandales.
vandalismo *nm* vandalisme *m.*
vándalo, la *adj* vandale. ❑ *nm,f HIST* Vandale *mf.* ■ **vándalo** *nm* vandale *m.*
vanguardia *nf* avant-garde *f.*
vanguardismo *nm* avant-gardisme *m*, mouvement *m* d'avant-garde.
vanguardista *adj* avant-gardiste, d'avant-garde.
vanidad *nf* vanité *f.*
vanidoso, sa *adj & nm,f* vaniteux(euse).
vano, na *adj* **1.** vain(e) • **en vano** en vain **2.** vaniteux(euse).
vapor *nm* **1.** vapeur *f* • **al vapor** *CULIN* à la vapeur • **de vapor a)** *(machine, bateau)* à vapeur **b)** *(bain)* de vapeur **2.** bateau *m* à vapeur, vapeur *m.*
vaporizador *nm* vaporisateur *m.*
vaporizar [13] *vt* vaporiser. ■ **vaporizarse** *vp PHYS* se vaporiser.
vaporoso, sa *adj* **1.** vaporeux(euse) **2.** *(bain, etc)* de vapeur.
vapulear *vt* **1.** rouer de coups **2.** houspiller **3.** fustiger.
vaquero, ra *adj* en jean. ❑ *nm,f* vacher *m*, -ère *f.* ■ **vaqueros** *nmpl* jean *m.*
vaquilla *nf* vachette *f.*
vara *nf* **1.** bâton *m* **2.** tige *f* **3.** *MUS* coulisse *f (de trombone)* **4.** *TAUROM* pique *f.*
varar *vi NAUT* échouer.
variabilidad *nf* variabilité *f.*
variable *adj* variable ; *(caractère, humeur)* changeant(e).
variación *nf* **1.** *(gén) MUS* variation *f* **2.** *fig* changement *m.*
variante *adj* variable. ❑ *nf* **1.** *(différence, version)* variante *f* **2.** déviation *f (d'une route, etc)* **3.** *(au loto sportif) pari sur un match nul ou sur la victoire de l'équipe adverse.*
variar [9] *vt* **1.** changer **2.** varier. ❑ *vi* varier • **para variar** *iron* pour changer.
varicela *nf* varicelle *f.*
varicoso, sa *adj* variqueux(euse).
variedad *nf* variété *f.* ■ **variedades** *nfpl* variétés *fpl.*
varilla *nf* **1.** baguette *f* ; *AUTO* jauge *f* **2.** baleine *f (de parapluie, de corset).*
varillaje *nm* baleines *fpl (de parapluie, de corset).*
vario, ria *adj* varié(e). ■ **varios, rias** *adj pl* **1.** divers(es) **2.** plusieurs. ❑ *pron pl* plusieurs.
variopinto, ta *adj* bigarré(e) ; *fig* varié(e).
varita *nf* baguette *f* • **varita mágica** baguette magique.
variz *nf (gén pl)* varice *f* • **tener varices** avoir des varices.
varón *nm* homme *m* ; garçon *m.*
varonil *adj* viril(e) ; *(vêtement, parfum)* pour homme.
Varsovia *npr* Varsovie.
vasallaje *nm* vassalité *f.*
vasallo, lla *nm,f* vassal *m*, -e *f.*
vasco, ca *adj* basque. ❑ *nm,f* Basque *mf.* ■ **vasco, vascuence** *nm* basque *m.*
vascoespañol, la *adj* hispano-basque.
vascofrancés, esa *adj* franco-basque.
vascohablante, vascoparlante *adj* bascophone. ■ **vascohablante, vascoparlante** *nmf* bascophone *mf.*
vascongado, da *adj* basque. ❑ *nm,f* Basque *mf.*
vascular *adj* vasculaire.
vasectomía *nf* vasectomie *f.*
vaselina *nf* vaseline *f.*
vasija *nf* pot *m.*
vaso *nm* **1.** verre *m* **2.** *ANAT & BOT* vaisseau *m* • **vasos capilares/sanguíneos** vaisseaux capillaires/sanguins.
vástago *nm* **1.** descendant *m* **2.** *BOT* rejet *m* **3.** tige *f.*
vasto, ta *adj* vaste.
vate *nm sout* poète *m.*

váter (*pl* **váteres**), **wáter** ['bater] (*pl* **wáteres**) *nm* W-C *mpl*.
vaticano, na *adj* du Vatican. ■ **Vaticano** *npr* • **el Vaticano** le Vatican.
vaticinar *vt* prédire.
vaticinio *nm* prédiction *f*.
vatio, watio ['batjo] *nm* watt *m*.
vaudeville = **vodevil**.
vaya *v* → **ir**. ❑ *interj* **1.** *(exprime la surprise)* • **¡vaya!** ça alors ! **2.** *(exprime la contrariété)* • **¡vaya con las huelgas otra vez!** zut! encore des grèves ! **3.** *(valeur emphatique)* • **¡vaya moto!** ouah! la moto ! • **¡vaya tontería!** quelle idiotie !
VB, V° B° (abrév de **visto bueno**) *nm (dans un document)* 'lu et approuvé *m*'.
Vd. = **Ud.**.
Vda. (abrév de **viuda**) vve • **Blanca Rosa Muñoz Vda. de Márquez** Blanca Rosa Muñoz, vve Márquez.
Vds. = **Uds.**.
ve *v* → **ir**.
véase = **verse**.
vecinal *adj (relations, etc)* de voisinage • **un camino vecinal** un chemin vicinal.
vecindad *nf* voisinage *m*.
vecindario *nm* **1.** voisins *mpl*, voisinage *m* **2.** habitants *mpl*.
vecino, na *adj* **1.** voisin(e) **2.** *(habitant)* • **ser vecino de** être domicilié à. ❑ *nm,f* **1.** voisin *m*, -e *f* **2.** habitant *m*, -e *f*.
vector *nm* vecteur *m*.
vectorial *adj* vectoriel(elle).
veda *nf* **1.** interdiction *f*, défense *f (de chasser, pêcher)* **2.** fermeture *f (de la chasse, pêche)* • **levantar la veda a)** déclarer l'ouverture de la chasse **b)** déclarer l'ouverture de la pêche.
vedado, da *adj* interdit(e). ■ **vedado** *nm* • **vedado (de caza)** réserve *f* de chasse.
vedar *vt* interdire.
vedette [be'det] *nf* vedette *f (du spectacle)*.
vega *nf* plaine *f* fertile.
veganismo *nm* véganisme *m*.
vegano, na *adj & nm,f* végan.
vegetación *nf* végétation *f*.
vegetal *adj* végétal(e). ❑ *nm* végétal *m*.
vegetar *vi* végéter.
vegetarianismo *nm* végétarisme *m*.
vegetariano, na *adj & nm,f* végétarien(enne).
vegetativo, va *adj* végétatif(ive).
vehemencia *nf* **1.** véhémence *f* **2.** impulsion *f*.
vehemente *adj* **1.** véhément(e) **2.** impulsif(ive).
vehicular *adj* **1.** véhiculaire • **lengua vehicular** langue véhiculaire **2.** *relatif aux véhicules* • **tráfico vehicular** trafic de véhicules.
vehículo *nm* véhicule *m*.
veinte *adj num inv* vingt • **el siglo veinte** le vingtième siècle. ❑ *nm inv* vingt *m inv*. Voir aussi **sesenta**.
veinteañero, ra *adj* d'une vingtaine d'années. ❑ *nm,f* personne *f* d'une vingtaine d'années.
veinteavo, va *adj num* vingtième.
veintena *nf* vingtaine *f*.
veinticinco *adj num inv & nm inv* vingt-cinq.
veinticuatro *adj num inv & nm inv* vingt-quatre.
veintidós *adj num inv & nm inv* vingt-deux.
veintinueve *adj num inv & nm inv* vingt-neuf.
veintiocho *adj num inv & nm inv* vingt-huit.
veintiséis *adj num inv & nm inv* vingt-six.
veintisiete *adj num inv & nm inv* vingt-sept.
veintitrés *adj num inv & nm inv* vingt-trois.
veintiuno, na *adj num (devant un nom : **veintiún**)* vingt et un(e) • **el siglo veintiuno** le vingt et unième siècle. ■ **veintiuno** *nm inv* vingt et un *m inv*.
vejación *nf* humiliation *f*.
vejamen *nm* = **vejación**.
vejar *vt* humilier.
vejatorio, ria *adj* humiliant(e).
vejestorio *nm péj* vieux fossile *m*.
vejez *nf* vieillesse *f*.
vejiga *nf* vessie *f*.
vela *nf* **1.** bougie *f* **2.** NAUT voile *f* **3.** *(état)* veille *f* • **estar en vela** être éveillé(e) • **pasar la noche en vela** passer une nuit blanche. ■ **velas** *nfpl fam (morve)* chandelles *fpl* • **estar a dos velas** *fig* être fauché(e).
velada *nf* **1.** veillée *f* **2.** soirée *f (en société)*.
veladamente *adv* à mots couverts.
velado, da *adj* voilé(e).
velador, ra *adj* qui veille. ■ **veladora** *nf* (AMÉR) bougie *f*. ■ **velador** *nm* **1.** guéridon *m* **2.** (AMÉR) table *f* de nuit ou de chevet **3.** (AMÉR) bougie *f* **4.** (AMÉR) lampe *f* de chevet.
velamen *nm* NAUT voilure *f*.
velar *vi* • **velar (por)** veiller (sur). ❑ *vt* **1.** veiller *(un malade, un mort)* **2.** *(occulter)* PHOTO voiler. ■ **velarse** *vp* PHOTO être voilé(e).
velatorio *nm* veillée *f* funèbre.
velcro® *nm* Velcro® *m*.
veleidad *nf* **1.** inconstance *f* **2.** velléité *f*.
velero, ra *adj* à voiles. ■ **velero** *nm* voilier *m*.
veleta *nf* girouette *f*. ❑ *nmf fam* girouette *f*.
velista *nmf* SPORT voiliste *mf*.
vello *nm* duvet *m*.
vellocino *nm* toison *f*.
vellón *nm* toison *f*.
velloso, sa *adj* duveteux(euse).
velludo, da *adj* poilu(e).
velo *nm* voile *m* • **correr** ou **echar un (tupido) velo sobre** jeter un voile sur. ■ **velo del paladar** *nm* voile *m* du palais.

velocidad *nf* vitesse *f* • **de alta velocidad** à grande vitesse • **velocidad punta** vitesse de pointe.
velocímetro *nm* compteur *m* de vitesse.
velocípedo *nm* vélocipède *m*.
velocista *nmf* sprinter *m*, -euse *f*.
velódromo *nm* vélodrome *m*.
velomotor *nm* vélomoteur *m*.
velorio *nm* veillée *f* funèbre.
veloz *adj* rapide.
velozmente *adv* rapidement.
ven → **venir**.
vena *nf* veine *f* • **tener vena de pintor** avoir des dispositions pour la peinture • **si le da la vena lo hará** si ça lui chante, il le fera.
venado *nm* ZOOL cerf *m* ; *(chasse)* gros gibier *m*.
venal *adj* vénal(e).
vencedor, ra *adj* victorieux(euse). ❑ *nm,f* vainqueur *m*.
vencer [11] *vt* **1.** vaincre ; surmonter *(une difficulté, un obstacle)* **2.** battre ; SPORT mener • **vencer por tres puntos** mener par trois points • **vencer a alguien a algo** battre qqn à qqch. ❑ *vi* *(contrat, délai)* expirer ; *(dette, paiement)* arriver à échéance. ■ **vencerse** *vp* • **vencerse (con el peso)** s'affaisser (sous le poids).
vencido, da *adj* **1.** vaincu(e) • **darse por vencido** s'avouer vaincu **2.** périmé(e) ; COMM arrivé(e) à échéance. ❑ *nm,f* vaincu *m*, -e *f*.
vencimiento *nm* **1.** expiration *f* *(d'un contrat, d'un délai)* ; échéance *f* *(d'une dette, d'un paiement)* **2.** affaissement *m*.
venda *nf* bandage *m*.
vendaje *nm* bandage *m*.
vendar *vt* bander.
vendaval *nm* vent *m* violent.
vendedor, ra *nm,f* vendeur *m*, -euse *f*.
vender *vt* vendre. ■ **venderse** *vp* se vendre • **'se vende'** 'à vendre'.
vendetta *nf* vendetta *f*.
vendido, da *adj* vendu(e) • **estar ou ir vendido** *fig* être joué ou couru d'avance.
vendimia *nf* vendange *f* ; *(période)* vendanges *fpl*.
vendimiar [8] *vt & vi* vendanger.
vendrá *(etc)* → **venir**.
Venecia *npr* Venise.
veneno *nm* poison *m* ; venin *m* *(d'un animal)*.
venenoso, sa *adj* *(champignon)* vénéneux(euse) ; *(serpent)* venimeux(euse).
venerable *adj* vénérable.
veneración *nf* vénération *f*.
venerar *vt* vénérer.
venéreo, a *adj* vénérien(enne).
venezolano, na *adj* vénézuélien(enne). ❑ *nm,f* Vénézuélien *m*, -enne *f*.
Venezuela *npr* Venezuela *m*.
venga → **venir**.
vengador, ra *adj & nm,f* vengeur(eresse).
venganza *nf* vengeance *f*.
vengar [16] *vt* venger. ■ **vengarse** *vp* • **vengarse (de)** se venger (de).
vengativo, va *adj* vindicatif(ive).
vengo → **venir**.
venia *nf* permission *f*.
venial *adj* **1.** *(péché)* véniel(elle) **2.** *(faute, délit)* mineur(e).
venida *nf* venue *f*.
venidero, ra *adj* à venir.

venir

■ **venir** [75] *vi*

1. ALLER À L'ENDROIT OÙ SE TROUVE LE LOCUTEUR

venir, arriver • **no quiero que Laura venga** je ne veux pas que Laura vienne • **¿quién vino a la fiesta?** qui est venu à la fête ? • **¿has venido en coche o andando?** tu es venu en voiture ou à pied ? • **¿vienes tú o voy yo?** c'est toi qui viens ou c'est moi ? • **vinieron a las doce** il sont venus à midi • **ya vienen los turistas** les touristes arrivent

2. INDIQUE LA CARACTÉRISTIQUE

• **el texto viene en inglés** le texte est en anglais • **desde unos quince días, viene muy preocupado** depuis une quinzaine de jours, il est très inquiet • **los cambios vienen motivados por la presión de la oposición** les changements sont dus aux pressions de l'opposition

3. DEVANT UN GÉRONDIF, INDIQUE QUE L'ACTION COMMENCÉE DANS LE PASSÉ SE POURSUIT AU MOMENT OÙ ELLE EST EXPRIMÉE

• **las peleas vienen sucediéndose desde hace tiempo** les bagarres se succèdent depuis un certain temps déjà

4. APPARAÎTRE

• **su foto viene en primera página** sa photo est en première page

5. SENTIR MONTER

• **me viene sueño** je commence à avoir sommeil • **le vinieron ganas de reír** il eut envie de rire

6. CONVENIR

arranger • **me viene bien/mal** ça m'arrange/ne m'arrange pas • **me viene mejor mañana** ça m'arrange mieux demain

7. EN PARLANT DE VÊTEMENTS, ALLER, CONVENIR

• **¿qué tal te viene?** comment ça te va ? • **el abrigo le viene pequeño** ce manteau est trop petit pour lui • **venir clavado a alguien** aller comme un gant à qqn

8. DANS DES EXPRESSIONS

• **el año que viene** l'année prochaine

■ **venir a** *v + prép*

1. SUIVI DE L'INFINITIF, ÊTRE ÉQUIVALENT À

revenir à • **viene a ser lo mismo** ça revient au même • **venir a ser** revenir à • **el viaje nos vino a costar unos 1.000 euros** le voyage nous est revenu à environ 1 000 euros

2. DANS DES EXPRESSIONS
• **¿a qué viene esto?** qu'est-ce que c'est que ça ? • **venir a parar en** se solder par • **el negocio vino a menos** son affaire a coulé • **una familia venida a menos** une famille déchue *ou* ruinée • **venir al pelo** *ou* **venir rodado** *fam* tomber à pic

■ **venir con** *v + prép*

venir • **no me vengas con historias** ne viens pas me raconter d'histoires

■ **venir de** *v + prép*

TROUVER SON ORIGININE
venir de • **esta palabra viene del latín** ce mot vient du latin

■ **venirse** *vp*

1. SE DÉPLACER EN DIRECTION DU LOCUTEUR OU DE L'INTERLOCUTEUR
venir • **se ha venido solo** il est venu seul
2. DANS DES EXPRESSIONS
• **el edificio amenaza con venirse abajo** l'immeuble menace de s'écrouler • **la tienda se vino abajo** son magasin a coulé • **sus proyectos se han venido abajo** ses projets sont tombés à l'eau

venta *nf* **1.** vente *f* • **estar a la ou en venta** être en vente • **venta al contado/a plazos** vente au comptant/à crédit **2.** auberge *f*.
ventaja *nf* avantage *m* • **llevar ventaja a alguien** avoir de l'avance sur qqn.
ventajista *adj & nmf* opportuniste.
ventajoso, sa *adj* avantageux(euse).
ventana *nf* **1.** *(gén)* INFORM fenêtre *f* **2.** ANAT • **las ventanas (de la nariz)** les narines *fpl*.
ventanal *nm* baie *f* vitrée.
ventanilla *nf* **1.** guichet *m* **2.** fenêtre *f (d'un train, d'une enveloppe)* ; vitre *f (d'une voiture)* ; hublot *m (d'un avion)*.
ventear *v impers* venter. ❑ *vi* renifler *(animal)*.
ventero, ra *nm,f* aubergiste *mf*.
ventilación *nf* aération *f*, ventilation *f*.
ventilador *nm* ventilateur *m*.
ventilar *vt* **1.** aérer, ventiler **2.** tirer au clair.
■ **ventilarse** *vp* **1.** être aéré(e) **2.** *fam (terminer)* liquider.
ventisca *nf* tempête *f* de neige.
ventiscar [10], **ventisquear** *v impers* • **ventisca** il y a une tempête de neige.
ventolera *nf* rafale *f (de vent)*.
ventosa *nf* ventouse *f*.
ventosidad *nf (gén pl)* vents *mpl*.
ventoso, sa *adj* venteux(euse).
ventrículo *nm* ventricule *m*.
ventrílocuo, cua *nm,f* ventriloque *mf*.
ventura *nf* **1.** chance *f* • **buena/mala ventura** bonne/mauvaise fortune **2.** hasard *m* • **a la (buena) ventura** au hasard **3.** félicité *f*.
venturoso, sa *adj* heureux(euse).
Venus *npr* ASTRON & MYTHOL Vénus.

ver

■ **ver** [76] *vt*

1. PERCEVOIR PAR LES YEUX
voir • **desde casa vemos el mar** de chez nous, on voit la mer • **hacía mucho tiempo que no te veía por aquí** ça faisait longtemps que je ne t'avais pas vu par ici
2. ASSISTER EN TANT QUE SPECTATEUR
• **¿has visto esa película?** as-tu vu ce film ?
• **Pablo se pasa el día viendo la tele** Pablo passe ses journées à regarder la télé
3. SE TROUVER EN PRÉSENCE DE QQN, RENDRE VISITE À QQN
voir • **fue a ver a unos amigos** il est allé voir des amis
4. SE RENDRE COMPTE, CONCEVOIR
voir • **ya veo lo que quieres decir** je vois bien ce que tu veux dire • **veo que estás de mal humor** je vois que tu es de mauvaise humeur • **veo que tendré que irme sola** je vois qu'il faudra que je parte seule
5. SE FAIRE UNE OPINION DE
voir • **cada cual tiene su manera de ver las cosas** chacun a sa façon de voir les choses
• **esto lo veremos más adelante** nous verrons ça plus tard
6. DANS DES EXPRESSIONS
• **¡hay que ver lo tonto que es!** qu'est-ce qu'il peut être bête ! • **no poder ver algo/a alguien (ni en pintura)** *fam* ne pas pouvoir voir qqch/qqn (en peinture) • **por lo visto ou que se ve** apparemment • **¡te he visto venir!** je t'ai vu venir !

■ **ver** [76] *vi*

DANS DES EXPRESSIONS
• **¿qué es esto ? ¿a ver?** qu'est-ce que c'est ? fais voir ? • **¡a ver, niños! ¿qué pasa aquí?** voyons, les enfants ! qu'est-ce qui se passe ici ? • **¿y encima te ha invitado al restaurante? — ¡a ver!** et en plus il t'a invité au restaurant ? — évidemment ! • **a ver qué pasa** on verra bien • **dejarse ver** se montrer • **eso está por ver** ça reste à voir • **ya veremos** on verra

■ **ver** [76] *nm*

APPARENCE
allure • **estar de buen ver** avoir belle allure

■ **verse** *vp*

1. SE PRÉSENTER
se voir • **nos vemos a veces** on se voit de temps en temps
2. S'IMAGINER SOI-MÊME
se voir • **él ya se ve instalado en el despacho del presidente** il se voit déjà installé dans le bureau du président • **ya me veo haciendo su maleta** je me vois déjà en train de faire sa valise

3. DANS DES TOURNURES IMPERSONNELLES • **nunca se ha visto nada igual** on n'a jamais vu une chose pareille • **¡habráse visto!** *fam* ça, par exemple !
4. INSTRUCTION DANS UN LIVRE, UN DOCUMENT voir • **'véase anexo 1'** 'voir annexe 1'

vera *nf* **1.** bord *m* **2.** *fig (côté)* • **a la vera de** aux côtés de, auprès de.
veracidad *nf* véracité *f*.
veranda *nf* véranda *f*.
veraneante *adj* en vacances. ❑ *nm,f* estivant *m*, -e *f*.
veranear *vi* • **veranear (en)** passer ses grandes vacances (à).
veraneo *nm* grandes vacances *fpl*, vacances *fpl* d'été.
veraniego, ga *adj (climat, saison, etc)* estival(e) ; *(vêtement, robe)* d'été.
veranillo *nm* été *m* • **el veranillo de San Juan** l'été de la Saint-Jean • **el veranillo de San Miguel** *ou* **San Martín** l'été indien.
verano *nm* été *m*.
veras ■ **de veras** *loc adv* **1.** vraiment **2.** sérieusement.
veraz *adj* véridique.
verbal *adj* verbal(e).
verbalizar [13] *vt* exprimer verbalement, verbaliser.
verbena *nf* **1.** *fête populaire nocturne* • **la verbena de San Juan** la fête de la Saint-Jean **2.** *BOT* verveine *f*.
verbenero, ra *adj* de fête • **es muy verbenero** il adore faire la fête.
verbo *nm* verbe *m*.
verborrea *nf* verbiage *m*.
verdad *nf* vérité *f* • **a decir verdad, la verdad es que** à vrai dire, en fait • **es verdad que...** c'est vrai que... • **está bueno, ¿verdad?** c'est bon, n'est-ce pas ? ■ **verdades** *nfpl* • **cantarle ou decirle a alguien cuatro verdades** *fig* dire ses quatre vérités à qqn. ■ **de verdad** *loc adv* **1.** sérieusement **2.** vraiment. ❑ *loc adj (authentique)* vrai(e).
verdaderamente *adv* vraiment, réellement.
verdadero, ra *adj* **1.** vrai(e) **2.** véritable.
verde *adj* **1.** *(gén) POLIT* vert(e) **2.** *fig (obscène)* cochon(onne) **3.** *fig (inexpérimenté)* jeune ; *(projets)* prématuré(e) **4.** *(producto)* vert(e) **5.** *fig* • **poner verde a alguien** descendre qqn (en flammes). ❑ *nm (couleur)* vert *m*. ■ **Verde** *nm POLIT* • **los Verdes** les Verts *mpl*.
verdecer [30] *vi* verdir.
verdinegro, gra *adj* vert foncé *(inv)*.
verdor *nm* **1.** couleur *f* verte, verdure *f* **2.** verdeur *f*.
verdoso, sa *adj* verdâtre.
verdugo *nm* **1.** bourreau *m* **2.** cagoule *f*.
verdulería *nf* • **ir a la verdulería** aller chez le marchand de légumes.
verdulero, ra *nm,f* marchand *m*, -e *f* de légumes. ■ **verdulero** *nm* bac *m* à légumes *(d'un réfrigérateur)*.
verdura *nf* légume *m*.
vereda *nf* **1.** sentier *m* **2.** **(AMÉR)** trottoir *m*.
veredicto *nm* verdict *m*.
verga *nf* **1.** *ANAT* verge *f* **2.** *NAUT* vergue *f* **3.** bâton *m*.
vergel *nm* verger *m*.
vergonzante *adj* honteux(euse).
vergonzoso, sa *adj* **1.** honteux(euse) **2.** timide. ❑ *nm,f* timide *mf*.
vergüenza *nf* **1.** honte *f* • **¿no te da vergüenza hacer eso?** tu n'as pas honte de faire cela ? • **me da vergüenza cantar** j'ai honte de chanter • **sentir vergüenza ajena** avoir honte pour qqn **2.** dignité *f*. ■ **vergüenzas** *nfpl* parties *fpl* honteuses.
verídico, ca *adj* **1.** véridique **2.** *fig* réel(elle) • **un hecho verídico** un fait réel.
verificable *adj* vérifiable.
verificación *nf* vérification *f*.
verificar [10] *vt* **1.** vérifier **2.** tester *(un appareil, une machine, etc)*. ■ **verificarse** *vp* **1.** avoir lieu **2.** effectuer **3.** *(prédiction, etc)* se réaliser.
verja *nf* grille *f*.
vermú, vermut (*pl* **vermuts**) *nm* **1.** vermouth *m* **2.** apéritif *m* **3.** **(AMÉR)** *CINÉ & THÉÂTRE* matinée *f*.
vernáculo, la *adj* vernaculaire.
verosímil *adj* vraisemblable.
verosimilitud *nf* vraisemblance *f*.
verruga *nf* verrue *f*.
versado, da *adj* • **versado (en)** versé (dans).
versar *vi* • **versar sobre** traiter de, porter sur.
versátil *adj* **1.** *(personne)* versatile **2.** *(machine)* polyvalent(e).
versatilidad *nf* versatilité *f*.
versículo *nm* **1.** *RELIG* verset *m* **2.** *LITTÉR* vers *m* libre.
versión *nf* version *f* • **en versión original** en version originale.
versionar *vt* faire une nouvelle version de.
verso *nm* **1.** vers *m* **2.** poème *m*.
vértebra *nf* vertèbre *f*.
vertebrado, da *adj* vertébré(e). ■ **vertebrados** *nmpl* vertébrés *mpl*.
vertebral *adj* vertébral(e).
vertebrar *vt* structurer, organiser.
vertedero *nm* **1.** décharge *f* **2.** déversoir *m*.
verter [20] *vt* **1.** renverser **2.** verser **3.** **verter (a)** traduire (en) **4.** *fig* exprimer *(des idées, des pensées)* ; débiter *(des calomnies, etc)*. ❑ *vi (rivière)* • **verter a** se jeter dans. ■ **verterse** *vp* se renverser.
vertical *adj* vertical(e). ❑ *nf GÉOM* verticale *f*.
verticalmente *adv* verticalement, à la verticale.
vértice *nm* sommet *m*.

vertido *nm* déchet *m*.
vertiente *nf* **1.** versant *m (d'une montagne)* ; pente *f (d'un toit)* **2.** *fig* aspect *m (d'un problème, etc)* **3.** **(AMÉR)** source *f*.
vertiginoso, sa *adj* vertigineux(euse).
vértigo *nm* **1.** vertige *m* • **dar vértigo** *litt & fig* donner le vertige **2.** *fig* rythme *m* effréné *(d'une ville, de la vie, etc)*.
vesícula *nf* vésicule *f*.
vespa® *nf* Vespa® *f*.
vespertino, na *adj* vespéral(e) ; *(journal)* du soir.
vestíbulo *nm* hall *m (d'un bâtiment, d'un hôtel)* ; entrée *f (d'un bureau)*.
vestido, da *adj* habillé(e). ■ **vestido** *nm* **1.** vêtement *m* **2.** robe *f*.
vestidor *nm* **1.** dressing *m* **2.** **(AMÉR)** vestiaire *m*.
vestidura *nf (gén pl)* vêtement *m* ; RELIG habit *m* • **se rasga las vestiduras** *fam & fig* il en fait tout un plat.
vestigio *nm* **1.** vestige *m* **2.** *fig* trace *f*.
vestimenta *nf* vêtements *mpl*.
vestir [26] *vt* **1.** habiller **2.** porter *(sur soi)* **3.** *fig (sentiment, défaut)* • **vestía su maldad de ingenuidad** il cachait sa méchanceté sous le masque de l'innocence. ❑ *vi* **1.** *(être vêtu)* • **vestir (de)** être habillé(e) (en) **2.** *(être élégant)* • **vestir mucho** faire très habillé **3.** *fig* faire bien. ■ **vestirse** *vp* s'habiller • **vestirse de hada** se déguiser en fée.
vestuario *nm* **1.** *(gén)* SPORT vestiaire *m* ; loge *f (d'acteur)* **2.** garde-robe *f* ; THÉÂTRE costumes *mpl*.
Vesubio *npr* • **el Vesubio** le Vésuve *m*.
veta *nf (filon, marbrure)* veine *f*.
vetar *vt* mettre son veto à.
vetear *vt* veiner.
veteranía *nf* ancienneté *f (d'une personne)*.
veterano, na *adj (qui a de l'ancienneté)* ancien(enne) ; vieux, vieille *f (soldat)* ; chevronné(e). ❑ *nm, f* MIL & SPORT vétéran *m*.
veterinario, ria *adj & nm, f* vétérinaire. ■ **veterinaria** *nf* médecine *f* vétérinaire.
veto *nm* veto *m* • **poner veto a algo** mettre son veto à qqch.
vetusto, ta *adj sout* vétuste.
vez *nf* **1.** fois *f* • **¿has estado allí alguna vez?** tu y es déjà allé ? • **a la vez (que)** en même temps (que) • **cada vez (que)** chaque fois (que) • **cada vez más** de plus en plus • **cada vez menos** de moins en moins • **cada vez la veo más feliz** je la trouve de plus en plus heureuse • **de una vez** d'un seul coup • **de una vez para siempre** ou **por todas** une (bonne) fois pour toutes • **muchas veces a)** plusieurs fois **b)** souvent • **otra vez** encore une fois • **pocas veces, rara vez** rarement • **por última vez** une dernière fois • **una vez** une fois • **una vez más** une fois de plus • **una y otra vez** à plusieurs reprises **2.** tour *m* • **pedir la vez** demander son tour **3.** *(expression)* • **érase una vez…** il était une fois… ■ **a veces** *loc adv* parfois. ■ **de vez en cuando** *loc adv* de temps en temps. ■ **en vez de** *loc prép* au lieu de. ■ **tal vez** *loc adv* peut-être. ■ **una vez que** *loc conj* une fois que.
VHF (abrév de **very high frequency**) *nf* VHF *f*.
VHS (abrév de **video home system**) *nm* VHS *m* • **el sistema VHS** le système VHS.
vía *nf* voie *f* • **por vía aérea** par avion • **por vía marítima** par bateau • **por vía terrestre** par voie de terre • **vía de comunicación** voie de communication • **vía férrea** voie ferrée • **vía pública** voie publique • **vía única** voie à sens unique • **vías respiratorias** voies respiratoires • **dar vía libre** laisser le champ libre. ❑ *prép* **1.** via • **vía Bruselas** via Bruxelles **2.** par • **vía satélite** par satellite • **vía fax** par fax. ■ **Vía Láctea** *npr* Voie *f* lactée. ■ **en vías de** *loc prép* en voie de *(développement, d'extinction, etc)* ; en cours de *(négociation, etc)*.
viabilidad *nf* viabilité *f* ; faisabilité *f*.
viable *adj fig* viable.
viacrucis *nm inv* RELIG chemin *m* de croix ; *fig* calvaire *m*.
viaducto *nm* viaduc *m*.
Viagra® *nm ou nf* Viagra® *m*.
viajante *nmf* voyageur *m* de commerce.
viajar *vi* voyager.
viaje *nm* **1.** voyage *m* • **¡buen viaje!** bon voyage ! • **ir de viaje** partir en voyage • **viaje de ida** aller *m* • **viaje de vuelta** retour *m* • **viaje de ida y vuelta** voyage aller-retour • **viaje de novios** voyage de noces **2.** *fam & fig* beigne *f*.
viajero, ra *adj* • **una persona viajera** un grand voyageur • **un ave viajera** un oiseau migrateur. ❑ *nm, f* voyageur *m*, -euse *f* • **¡viajeros al tren!** en voiture !
vial *adj* routier(ère).
viandante *nmf* passant *m*, -e *f*.
viario, ria *adj* routier(ère).
viático *nm* viatique *m*.
víbora *nf* vipère *f*.
vibración *nf* vibration *f*.
vibrador, ra *adj* vibratoire. ■ **vibrador** *nm* **1.** vibromasseur *m* **2.** TECHNOL vibrateur *m*.
vibrante *adj* **1.** vibrant(e) **2.** *(scène, spectacle)* émouvant(e) ; *(voix, etc)* ému(e).
vibrar *vi* vibrer.
vibratorio, ria *adj* vibratoire.
vicaría *nf* **1.** vicariat *m* **2.** presbytère *m*.
vicario *nm* vicaire *m*.
vicecónsul *nm* vice-consul *m*.
vicepresidente, ta *nm, f* vice-président *m*, -e *f*.
vicerrector, ra *nm, f* vice-recteur *m*, -trice *f*.
vicesecretario, ria *nm, f* sous-secrétaire *mf*.
viceversa *adv* • **y viceversa** et vice versa.
viciado, da *adj (air, atmosphère, etc)* vicié(e).
viciar [8] *vt* **1.** corrompre ; gâter *(en enfant)* **2.** *fig* vicier *(l'air)* ; *(aliment)* frelater **3.** déformer.

■ **viciarse** *vp* **1.** • **viciarse (con algo)** être dépendant(e) (de qqch) **2.** se déformer.
vicio *nm* **1.** *(perversion)* *DR* vice *m* **2.** manie *f* **3.** défaut *m (physique)* **4.** *fam* & *fig (gâterie)* • **tener mucho vicio** être très gâté(e).
vicioso, sa *adj* **1.** défectueux(euse) **2.** vicieux(euse). ❑ *nm,f* vicieux *m*, -euse *f*.
vicisitud *nf* instabilité *f*. ■ **vicisitudes** *nfpl* vicissitudes *fpl*.
víctima *nf* victime *f* • **ser víctima de** être victime de.
victimización *nf* victimisation *f*.
victimizar *vt* victimiser.
victoria *nf* victoire *f* • **cantar alguien victoria** *fig* crier victoire.
victorioso, sa *adj* victorieux(euse).
vid *nf* vigne *f*.
vid., v. (*abrév de* véase) v. • **vid. cap. VII** v. chap. VII.
vida *nf* **1.** vie *f* • **de por vida** à vie • **en vida de** du vivant de • **¡en mi vida he visto cosa igual!** je n'ai jamais vu une chose pareille ! • **estar con vida** être en vie • **ganarse la vida** gagner sa vie • **pasar a mejor vida** quitter ce monde • **perder la vida** perdre la vie **2.** durée *f* de vie.
vidente *nm,f* voyant *m*, -e *f*.
vídeo, video *nm* **1.** *(technique)* vidéo *f* **2.** film *m* vidéo • **vídeo doméstico** film vidéo amateur **3.** *(appareil - pour visionner)* magnétoscope *m* ; *(- pour filmer)* caméra *f* vidéo **4.** bande *f* vidéo. ❑ *adj inv* vidéo.
videoaficionado, da *nm,f* vidéaste *mf* amateur.
videoarte *nm* art *m* vidéo.
videoartista *nmf* artiste *mf* vidéo.
videocámara *nf* Caméscope® *m*.
videocasete *nm* cassette *f* vidéo, vidéocassette *f*.
videoclip *nm* vidéo-clip *m*.
videoclub (*pl* **videoclubs** *ou* **videoclubes**) *nm* vidéoclub *m*.
videoconferencia *nf* vidéoconférence *f*, visioconférence *f*.
videoconsola *nf* console *f* de jeux vidéo.
videófono = **videoteléfono**.
videojuego *nm* jeu *m* vidéo.
videoportero *nm* vidéophone *m*.
videoteca *nf* vidéothèque *f*.
videoteléfono, videófono *nm* vidéophone *m*, visiophone *m*.
videoterminal *nm* terminal *m* vidéo.
videotexto, videotex *nm inv* vidéotex *m*.
videovigilancia *nf* vidéosurveillance *f*.
vidorra *nf fam* vie *f* de patachon • **pegarse una gran vidorra** mener une vie de patachon.
vidriero, ra *nm,f* vitrier *m*. ■ **vidriera** *nf* **1.** baie *f* vitrée ; porte *f* vitrée **2.** vitrail *m*.
vidrio *nm* **1.** verre *m* **2.** *(gén pl)* objet *m* en verre **3.** carreau *m*.
vidrioso, sa *adj* **1.** *(matière, aspect)* fragile **2.** *fig (thème, sujet)* épineux(euse) **3.** *fig (yeux)* vitreux(euse).
vieira *nf* coquille *f* Saint-Jacques.
viejo, ja *adj* vieux, vieille *f* • **un hombre viejo** un vieil homme • **hacerse viejo** se faire vieux. ❑ *nm,f* **1.** (petit) vieux *m*, (petite) vieille *f* • **viejo verde** vieux cochon *m* **2.** *fam (parents)* • **mis viejos** mes vieux **3.** (AMÉR) *fam (appellation affectueuse)* • **¡viejo!** mon vieux ! ■ **Viejo de Pascua** *nm* (AMÉR) Père *m* Noël.
Viena *npr* Vienne.
viene → **venir**.
viento *nm* **1.** vent *m* • **hace viento** il y a du vent • **contra viento y marea** contre vents et marées • **ir viento en popa** marcher merveilleusement bien **2.** câble *m* **3.** *fig* • **beber los vientos por** brûler de désir pour • **gritar algo a los cuatro vientos** crier qqch sur tous les toits • **irse** *ou* **largarse con viento fresco** *fam* débarrasser le plancher • **mis esperanzas se las llevó el viento** mes espoirs se sont envolés.
vientre *nm* ventre *m*.
viera → **ver**.
viernes *nm inv* vendredi *m*. Voir aussi **sábado**. ■ **Viernes Santo** *nm* vendredi *m* saint.
Vietnam *npr* • **(el) Vietnam** (le) Viêt Nam.
viga *nf* poutre *f*.
vigencia *nf* validité *f (d'une loi, etc)* • **estar/entrar en vigencia** être entrer en vigueur.
vigente *adj* **1.** *(loi)* en vigueur **2.** *(mode, etc)* actuel(elle).
vigésimo, ma *adj num* vingtième.
vigía *nf* tour *f* de guet. ❑ *nmf* guetteur *m* ; *NAUT* vigie *f*.
vigilabebés *nm* moniteur *m* bébé vidéo.
vigilancia *nf* **1.** surveillance *f* **2.** service *m* de surveillance.
vigilante *nmf* gardien *m*, -enne *f* • **vigilante nocturno** veilleur *m* de nuit. ❑ *adj* vigilant(e).
vigilar *vt* surveiller ; assurer la surveillance de *(banque, musée, etc)*. ❑ *vi* faire attention.
vigilia *nf* **1.** veille *f* • **las preocupaciones lo tienen en continua vigilia** les soucis l'empêchent de dormir **2.** *RELIG* vigile *f* • **comer de vigilia** faire maigre.
Vigo *npr* Vigo.
vigor *nm* **1.** vigueur *f* • **estar en vigor** *(loi, etc)* être en vigueur **2.** *(force - morale)* courage *m* ; *(- physique)* énergie *f*.
vigorizante, vigorizador, ra *adj* fortifiant(e).
vigorizar [13] *vt* **1.** fortifier **2.** *fig* réconforter.
vigoroso, sa *adj* vigoureux(euse).
vigués, esa *adj de Vigo, en Galice*. ❑ *nm,f natif ou habitant de Vigo*.
vigueta *nf* solive *f*.
VIH (*abrév de* virus de inmunodeficiencia humana) *nm* VIH *m*.

vihuela *nf MUS* vihuela *f.*
vikingo,ga *adj* viking. ❑ *nm,f* • **los vikingos** les Vikings *mpl.*
vil *adj* **1.** méprisable **2.** vil(e).
vileza *nf* bassesse *f.*
vilipendiar [8] *vt vieilli* vilipender.
villa *nf* **1.** ville *f* **2.** villa *f.*
villancico *nm* chant *m* de Noël.
villano,na *nm,f* **1.** roturier *m*, -ère *f* **2.** scélérat *m*, -e *f.*
villorrio *nm péj* bled *m*, trou *m.*
vilo ■ **en vilo** *loc adv* en l'air • **estar en vilo** être sur des charbons ardents • **estar en vilo por saber algo** mourir d'impatience de savoir qqch • **pasar la noche en vilo** ne pas fermer l'œil de la nuit.
vinagre *nm* vinaigre *m.*
vinagrera *nf (flacon)* vinaigrier *m.* ■ **vinagreras** *nfpl* huilier *m.*
vinagreta *nf CULIN* vinaigrette *f.*
vinculación *nf* lien *m.*
vinculante *adj* obligatoire.
vincular *vt* **1.** lier **2.** *DR* rendre inaliénable. ■ **vincularse** *vp* se lier.
vínculo *nm* lien *m.*
vindicación *nf* **1.** vengeance *f* **2.** revendication *f.*
vindicar [10] *vt* **1.** *(affront)* venger **2.** *(notoriété)* défendre **3.** *(droit)* revendiquer.
vindicativo,va *adj* vindicatif(ive).
vinícola *adj* vinicole.
vinicultor,ra *nm,f* viticulteur *m*, -trice *f.*
vinicultura *nf* viniculture *f.*
viniera *(etc)* → **venir**.
vinificación *nf* vinification *f.*
vinilo *nm* vinyle *m.*
vino *nm* vin *m* • **vino blanco/rosado/tinto** vin blanc/rosé/rouge • **vino dulce/seco** vin doux/sec.
vintage [bin'teiʃ] *adj inv & nm* vintage.
viña *nf* vigne *f.*
viñedo *nm* vignoble *m.*
viñeta *nf* **1.** dessin *m (d'une bande dessinée)* **2.** illustration *f (d'un livre).*
viola *nf* viole *f.*
violación *nf* **1.** violation *f (de la loi, des droits)* **2.** *(abus sexuel)* viol *m.*
violador,ra *nm,f* violeur *m*, -euse *f.*
violar *vt* violer.
violencia *nf* **1.** *(agressivité, force)* violence *f* • **violencia callejera** violence de rue • **violencia de género** violence de genre • **violencia física** violence physique • **violencia verbal** violence verbale • **la no violencia** la non-violence **2.** *(gêne)* • **me causa violencia pedirle dinero** cela me gêne de lui demander de l'argent.
violentar *vt* gêner. ■ **violentarse** *vp* être gêné(e).
violento,ta *adj* **1.** violent(e) **2.** *(gêné)* • **estar/sentirse violento** être/se sentir gêné • **ser violento** être gênant.
violeta *nf (fleur)* violette *f.* ❑ *adj inv (couleur)* violet(ette). ❑ *nm (couleur)* violet *m.*
violín *nm (instrument)* violon *m.*
violinista *nmf* violoniste *mf.*
violón *nm (instrument)* contrebasse *f.*
violoncelista = **violonchelista**.
violoncelo = **violonchelo**.
violonchelista, violoncelista *nmf* violoncelliste *mf.*
violonchelo, violoncelo *nm (instrument)* violoncelle *m.*
VIP [bip] (abrév de **very important person**) *nmf* VIP *mf.*
viperino,na *adj* de vipère ; *(critique, commentaire)* venimeux(euse).
viraje *nm* **1.** virage *m* **2.** *fig* tournant *m.*
viral *adj* viral(e) • **marketing viral** marketing viral • **publicidad viral** publicité virale.
virar *vt & vi* virer.
virgen *adj & nf* vierge. ■ **Virgen** *nf* • **la Virgen** la Vierge.
virginal *adj* virginal(e) • **un rostro virginal** un visage d'ange.
virginidad *nf* virginité *f.*
virgo *nm* virginité *f.* ■ **Virgo** *nm inv* Vierge *f inv.* ❑ *nmf inv* vierge *f inv.*
virguería *nf fam* • **ser una virguería** être du cousu main.
vírico,ca *adj* viral(e).
viril *adj* viril(e).
virilidad *nf* virilité *f.*
virología *nf* virologie *f.*
virreinato, virreino *nm* vice-royauté *f.*
virrey *nm* vice-roi *m.*
virtual *adj* **1.** virtuel(elle) **2.** potentiel(elle).
virtualidad *nf* virtualité *f.*
virtud *nf* vertu *f* • **tener la virtud de a)** avoir la vertu de **b)** avoir le don de. ■ **en virtud de** *loc prép* en vertu de.
virtuosismo *nm* virtuosité *f.*
virtuoso,sa *adj* vertueux(euse). ❑ *nm,f* virtuose *mf.*
viruela *nf* **1.** variole *f* **2.** pustule *f.*
virulé ■ **a la virulé** *loc adj* de travers • **ojo a la virulé** œil au beurre noir.
virulencia *nf* virulence *f.*
virulento,ta *adj* virulent(e).
virus *nm inv (gén) INFORM* virus *m.*
viruta *nf* copeau *m.*
visa *nf* **(AMÉR)** visa *m.*
visado *nm* visa *m.*
víscera *nf* viscère *m.*
visceral *adj* viscéral(e) ; *(caractère)* impulsif(ive).
visceralmente *adv* viscéralement.

viscoso, sa *adj* visqueux(euse). ■ **viscosa** *nf* viscose *f*.
visera *nf* **1.** visière *f* **2.** casquette *f* **3.** *AUTO* pare-soleil *m*.
visibilidad *nf* visibilité *f*.
visible *adj* visible.
visigodo, da *adj* wisigothique. ❑ *nm,f* Wisigoth *m*, -e *f*.
visigótico, ca *adj* wisigothique, visigothique.
visillo *nm (gén pl)* rideau *m*.
visión *nf* **1.** vision *f* ; apparition *f (d'un saint, de la Vierge)* • **ver visiones** avoir des visions **2.** vue *f* • **visión de conjunto** vue d'ensemble **3.** *(lucidité)* sens *m*.
visionar *vt* visionner.
visionario, ria *adj & nm,f* visionnaire.
visir *nm* vizir *m*.
visita *nf* **1.** visite *f* • **tener visitas** avoir de la visite **2.** visiteur *m*, -euse *f* **3.** *MÉD* • **visita (médica)** consultation *f* • **pasar visita** examiner (les malades).
visitador, ra *adj* • **ser visitador** aimer rendre visite. ❑ *nm,f* visiteur *m*, -euse *f*.
visitante *adj & nmf* visiteur(euse).
visitar *vt* **1.** rendre visite à *(un ami, un parent)* ; visiter *(un client, un endriot)* **2.** *(sujet : médecin)* examiner.
vislumbrar *vt* apercevoir, distinguer ; *fig* entrevoir. ■ **vislumbrarse** *vp* **1.** se distinguer **2.** *fig* se dessiner.
vislumbre *nm ou nf* **1.** lueur *f* **2.** signe *m*.
viso *nm* **1.** apparence *f* • **tener visos de** sembler • **tiene visos de ser cierto** cela semble vrai **2.** reflet *m* **3.** doublure *f*.
visón *nm* vison *m*.
visor *nm* **1.** *PHOTO* viseur *m* **2.** onglet *m (d'un dossier)*.
víspera *nf* **1.** *(jour précédent)* veille *f* • **en vísperas de** à la veille de **2.** *(gén pl)* vêpres *fpl*.
vista *v* → **ver**. ❑ *nf* **1.** vue *f* ; yeux *mpl* • **a primera ou simple vista** à première vue • **estar a la vista** être en vue • **operar a alguien de la vista** opérer qqn des yeux **2.** regard *m* • **fijar la vista en algo** fixer qqch **3.** *DR* audience *f* **4.** *(expressions)* • **conocer a alguien de vista** connaître qqn de vue • **hacer la vista gorda** *fig* fermer les yeux • **¡hasta la vista!** à la prochaine ! • **perder de vista** perdre de vue • **saltar a la vista** sauter aux yeux. ■ **vistas** *nfpl (panorama)* vue *f* • **con vistas al mar** avec vue sur la mer. ■ **a la vista** *loc adj* **1.** *(en évidence)* en vue **2.** *fig (intentions)* clair(e) **3.** *FIN* à vue. ■ **con vistas a** *loc prép* dans l'intention de • **una reforma con vistas a…** une réforme visant à… ■ **en vista de** *loc prép* vu, compte tenu de. ■ **en vista de que** *loc conj* étant donné que.
vistazo *nm* coup *m* d'œil • **echar ou dar un vistazo** jeter un coup d'œil.
visto, ta *adj* • **estar bien/mal visto** être bien/mal vu. ■ **visto** *pp* → **ver**. ■ **visto bueno** *nm* • **'visto bueno (y conforme)'** 'lu et approuvé'. ■ **por lo visto** *loc adv* apparemment. ■ **visto que** *loc conj* vu que, puisque.
vistosamente *adv* magnifiquement, superbement.
vistosidad *nf* magnificence *f*, splendeur *f*.
vistoso, sa *adj* voyant(e).
visual *adj* visuel(elle). ❑ *nf* ligne *f* de mire.
visualización *nf* **1.** visualisation *f* **2.** *INFORM* affichage *m*.
visualizador *nm INFORM* afficheur *m*.
visualizar [13] *vt* **1.** visualiser **2.** imaginer **3.** *INFORM* afficher.
vital *adj* vital(e) ; *(personne)* plein(e) de vitalité.
vitalicio, cia *adj (rente, pension)* viager(ère) ; *(charge, etc)* à vie. ■ **vitalicio** *nm* **1.** viager *m* **2.** assurance-vie *f*.
vitalidad *nf* vitalité *f*.
vitalizar [13] *vt* revitaliser.
vitamina *nf* vitamine *f*.
vitaminado, da *adj* vitaminé(e).
vitamínico, ca *adj* • **un complejo vitamínico** un complexe vitaminé.
vitícola *adj* viticole. ❑ *nm,f* viticulteur *m*, -trice *f*.
viticultor, ra *nm,f* viticulteur *m*, -trice *f*.
viticultura *nf* viticulture *f*.
vitivinicultura *nf* vitiviniculture *f*.
vitorear *vt* acclamer.
vitral *nm* vitrail *m*.
vítreo, a *adj (matière)* vitreux(euse).
vitrificar [10] *vt* vitrifier. ■ **vitrificarse** *vp* se vitrifier.
vitrina *nf (meuble)* vitrine *f*.
vitro ■ **in vitro** *loc adv* in vitro.
vitrocerámica *nf* **1.** vitrocéramique *f* **2.** plaque *f* vitrocéramique.
vitualla *nf (gén pl)* victuailles *fpl*.
vituperar *vt* blâmer ; décrier *(une œuvre, etc)*.
viudedad *nf* **1.** veuvage *m* **2.** pension *f* de veuve.
viudo, da *adj & nm,f* veuf, veuve *f*.
viva *nm* vivat *m*. ❑ *interj* • **¡viva!** hourra ! • **¡viva España!** vive l'Espagne !
vivac = **vivaque**.
vivacidad *nf* vivacité *f*.
vivalavirgen *nmf inv* insouciant *m*, -e *f*.
vivales *nmf inv* petit malin *m*, petite maligne *f*.
vivamente *adv* vivement ; *(raconter, décrire)* de façon vivante.
vivaque, vivac *nm* bivouac *m*.
vivaracho, cha *adj* vif(ve) ; *(yeux)* pétillant(e).
vivaz *adj* **1.** *(personne)* vif, vive *f* **2.** *(plante)* vivace.
vivencia *nf (gén pl)* expérience *f* (vécue), vécu *m*.
víveres *nmpl* vivres *mpl*.
vivero *nm* **1.** pépinière *f* **2.** vivier *m (de poissons, de mollusques)*.

viveza *nf* vivacité *f*.
vívido, da *adj* vivant(e).
vividor, ra *nm,f* **1.** *péj* bon vivant *m* **2.** *fig* parasite *m*.
vivienda *nf* logement *m*.
viviente *adj* vivant(e).
vivificante *adj* vivifiant(e).
vivificar [10] *vt* vivifier.
vivíparo, ra *adj & nm,f* vivipare.
vivir *vt (expérimenter)* vivre. ❑ *vi* **1.** vivre • **vivir para ver** qui vivra verra **2.** habiter • **vivo en Barcelona** j'habite à Barcelone.
vivisección *nf* vivisection *f*.
vivito *adj* • **estar vivito y coleando** *fam & fig* se porter comme un charme.
vivo, va *adj* **1.** vif, vive *f* • **un olor vivo** une odeur forte • **una ciudad viva** une ville pleine de vie **2.** *(existant, expressif)* vivant(e) • **estar vivo** être en vie. ❑ *nm,f (gén pl)* vivant *m*. ■ **en vivo** *loc adv (émission)* en direct ; *(personne)* en chair et en os.
vizconde, esa *nm,f* vicomte *m*, vicomtesse *f*.
vocablo *nm* mot *m*.
vocabulario *nm* vocabulaire *m*.
vocación *nf* vocation *f*.
vocacional *adj* • **ser vocacional** être une vocation.
vocal *adj* vocal(e). ❑ *nm,f* membre *m (d'une assemblée, d'un conseil)*. ❑ *nf* LING voyelle *f*.
vocalista *nmf* chanteur *m*, -euse *f (d'un groupe)*.
vocalización *nf* **1.** vocalisation *f* **2.** MUS vocalise *f*.
vocalizar [13] *vi* **1.** articuler **2.** MUS faire des vocalises, vocaliser.
vocativo *nm* vocatif *m*.
vocear *vt* **1.** crier ; proclamer **2.** vendre à la criée **3.** crier sur les toits. ❑ *vi* crier.
vocerío *nm* cris *mpl*.
vociferante *adj* vociférant(e).
vociferar *vi* vociférer.
vodcast ['bodkast] *nm* INFORM vodcast *m*.
vodevil, vaudeville [boðe'βil] *nm* vaudeville *m*.
vodka ['boθka] *nm ou nf* vodka *f*.
vol. (*pl* **vols.**) (abrév de **volumen**) vol.
voladizo *nm* saillie *f*, encorbellement *m*.
volado, da *adj fam* • **estar volado** être dingue. ■ **volada** *nf* vol *m (d'oiseau)*.
volador, ra *adj* volant(e).
voladura *nf* explosion *f* ; *(dans une mine)* minage *m*.
volandas ■ **en volandas** *loc adv* • **coger en volandas** soulever.
volante *adj* volant(e). ❑ *nm* **1.** volant *m* • **estar ou ir al volante** être au volant **2.** lettre *f (d'un médecin)*.
volar [23] *vt (faire exploser)* faire sauter. ❑ *vi* **1.** voler • **volar a a)** *(altitude)* voler à **b)** *(destination)* voler vers • **echar(se) a volar** s'envoler **2.** *fam (disparaître)* s'évaporer • **el tiempo vuela** on ne voit pas passer le temps **3.** *fig* se dépêcher • **me voy volando** je me dépêche • **hacer algo volando** faire qqch en vitesse. ■ **volarse** *vp* s'envoler • **se me voló el sombrero** mon chapeau s'est envolé.
volátil *adj* **1.** versatile **2.** volatil(e).
volatilidad *nf* **1.** CHIM volatilité *f* **2.** instabilité *f* • **la volatilidad de los precios** l'instabilité des prix.
volatilizar [13] *vt* volatiliser. ■ **volatilizarse** *vp* se volatiliser.
volatinero, ra *nm,f* acrobate *mf*, funambule *mf*.
vol-au-vent = **volován**.
volcán *nm* volcan *m*.
volcánico, ca *adj* volcanique.
volcar [36] *vt* renverser ; vider ; verser. ❑ *vi (véhicule)* se retourner ; *(bateau)* chavirer. ■ **volcarse** *vp* **1.** se renverser ; *(bateau)* chavirer **2.** se démener • **volcarse con ou en** se dévouer à.
volea *nf* SPORT volée *f*.
volear *vt* SPORT rattraper à la volée. ❑ *vi* **1.** SPORT frapper de volée **2.** SPORT *(au football)* faire une reprise de volée.
voleibol *nm* volley-ball *m*.
voleo *nm* volée *f* • **a ou al voleo a)** SPORT à la volée **b)** *fam (arbitrairement)* au petit bonheur.
voley *nm fam* volley *m* • **voley-playa** beach-volley *m*.
volován (*pl* **volovanes**), **vol-au-vent** [bolo'βan] (*pl* **vol-au-vents**) *nm* CULIN vol-au-vent *m*.
volquete *nm* camion *m* à benne.
voltaje *nm* voltage *m*.
volteador, ra *nm,f* voltigeur *m*, -euse *f (acrobate)*.
voltear *vt* **1.** retourner **2.** faire sauter en l'air *(un enfant)* **3.** faire sonner à toute volée *(des cloches)* **4.** (AMÉR) renverser. ■ **voltearse** *vp* (AMÉR) **1.** se retourner **2.** se renverser.
voltereta *nf* culbute *f* ; *(en gymnastique)* roulade *f* • **dar volteretas** faire des galipettes.
voltímetro *nm* voltmètre *m*.
voltio *nm* volt *m*.
volubilidad *nf* versatilité *f*.
voluble *adj (personne)* versatile ; BOT volubile.
volumen *nm* volume *m* • **a todo volumen** à fond • **subir/bajar el volumen** monter/baisser le son • **volumen de negocios ou ventas** chiffre *m* d'affaires.
voluminoso, sa *adj* volumineux(euse).
voluntad *nf* volonté *f* • **a voluntad** à volonté • **buena/mala voluntad** bonne/mauvaise volonté • **contra la voluntad de alguien** contre la volonté de qqn • **por mi/tu** *etc* **propia voluntad** de mon/ton *etc* plein gré • **por voluntad propia** selon sa volonté • **voluntad de hierro** volonté de fer.
voluntariado *nm* bénévolat *m*.
voluntario, ria *adj & nm,f* volontaire. ■ **voluntario** *nm* MIL volontaire *m*.
voluntarioso, sa *adj* • **ser voluntarioso** avoir de la volonté.

voluntarismo *nm* volontarisme *m*.
voluptuosidad *nf* volupté *f*.
voluptuoso, sa *adj* voluptueux(euse).
voluta *nf* volute *f*.

volver

■ volver [24] *vt*

1. METTRE À L'ENVERS
retourner • **volved la hoja del examen** retournez votre copie • **volvió la carta y... ¡era un as!** il a retourné la carte et... c'était un as !
2. UNE PARTIE DU CORPS
tourner • **volver la cabeza/la espalda** tourner la tête/le dos
3. TRANSFORMER DE FAÇON DÉFINITIVE
rendre • **aquello lo volvió loco** ça l'a rendu fou • **el éxito lo ha vuelto orgulloso** le succès l'a rendu prétentieux

■ volver [24] *vi*

1. RETROURNER À L'ENDROIT D'OÙ L'ON VIENT
• **vuelve, no te vayas** reviens, ne t'en va pas • **no pienso volver allí** je n'ai pas l'intention de retourner là-bas
2. DANS DES EXPRESSIONS
• **volver en sí** revenir à soi

■ volver a *v + prép*

SUIVI DE L'INFINITF, EXPRIME LA RÉITÉRATION, LA RÉPÉTITION
• **no lo he vuelto a ver** je ne l'ai jamais revu • **volver a hacer** refaire • **volver a leer** relire • **vuelve a llover** il recommence à pleuvoir • **no vuelvas a pronunciar esa palabra** ne prononce plus jamais ce mot

■ volverse *vp*

1. CORPS
se retourner • **me volví para verla mejor** je me suis retourné pour mieux la voir
2. SE TRANSFORMER DE FAÇON DÉFINITIVE
devenir • **se ha vuelto muy antipática** elle est devenue très antipathique
3. DANS DES EXPRESSIONS
• **me di cuenta de que había olvidado la cartera y tuve que volverme atrás** je me suis rendu compte que j'avais oublié mon portefeuille et j'ai dû revenir en arrière • **llegados a este punto del proyecto no es posible volverse atrás** arrivés à ce point du projet, ce n'est plus possible de faire machine arrière

■ volverse a *vp + prép*

1. REVENIR D'OÙ L'ON VIENT
rentrer • **me vuelvo a casa** je rentre chez moi
2. REPRENDRE LE FIL D'UNE HISTOIRE, D'UN SUJET
revenir à • **volvamos a nuestro tema** revenons à notre sujet

■ volverse (contra) *vp + prép*

se retourner contre • **la opinión pública se volvió contra él** l'opinion publique s'est retournée contre lui

vomitar *vt & vi* vomir.
vomitera *nf* vomi *m* • **entrarle a alguien una vomitera** avoir des vomissements.
vomitivo, va *adj* vomitif(ive) ; *fig* à vomir. ■ **vomitivo** *nm* vomitif *m*.
vómito *nm* **1.** vomissement *m* **2.** vomi *m*.
vomitona *nf fam* vomissement *m* abondant.
voracidad *nf* voracité *f*.
vorágine *nf* tourbillon *m*.
voraz *adj* vorace ; *(passion, etc)* dévorant(e).
vórtice *nm* tourbillon *m*.
vos *pron pers* **1.** **(AMÉR)** tu **2.** *vieilli* vous.
VOSE (abrév de versión original subtitulada en español) *nf* VO *f* sous-titrée en espagnol ; ≃ VOST *f*.
voseo *nm emploi de* vos *au lieu de* tú *pour s'adresser à qqn*, vouvoiement *m*.
vosotros, tras *pron pers* vous.
votación *nf* **1.** vote *m* • **por votación** par voie de scrutin **2.** élection *f*.
votante *nmf* votant *m*, -e *f*.
votar *vt* voter. ❑ *vi* voter • **votar en blanco** voter blanc • **votar por a)** voter pour **b)** être pour.
voto *nm* **1.** voix *f* ; vote *m* • **contar los votos** faire le décompte des voix • **voto de censura/de confianza** vote de censure/de confiance • **tiene mi voto de confianza** j'ai toute confiance en lui **2.** droit *m* de vote **3.** *(demande)* RELIG vœu *m*.
voy → **ir**.
voyeurista *adj & nmf* voyeur(euse).
voz *nf* **1.** *(gén)* GRAMM voix *f* • **alzar ou levantar la voz a alguien** élever la voix devant qqn • **a media voz** à mi-voix • **en voz alta/baja** à voix haute/basse • **no tener ni voz ni voto** ne pas avoir voix au chapitre • **voz de la conciencia** voix de la conscience • **voz en off** voix off **2.** cri *m* • **a voces** en criant • **dar voces** pousser des cris **3.** rumeur *f* • **corre la voz de que...** le bruit court que... **4.** mot *m* **5.** *fig* • **llevar la voz cantante** mener la danse.
VPO (abrév de vivienda de protección oficial) *nf* ≃ HLM *m ou f*.
vudú *nm (invariable en apposition)* vaudou *m*.
vuelco *nm* chute *f* ; *fig* revirement *m* • **dar un vuelco** *(voiture)* se retourner • **le dio un vuelco el corazón** *fig* ça lui a fait un coup au cœur.
vuelo *nm* **1.** *(gén)* AÉRON vol *m* • **al vuelo a)** *(attraper)* au vol **b)** *fig (comprendre)* du premier coup • **alzar ou emprender ou levantar el vuelo a)** s'envoler **b)** *fig* voler de ses propres ailes • **vuelo chárter/regular** vol charter/régulier • **vuelo libre/sin motor** vol libre/sans moteur

2. *(d'un vêtement)* • **una falda con (mucho) vuelo** une jupe (très) large.

vuelta *nf* **1.** *(gén) SPORT* tour *m* • **dar media vuelta** faire demi-tour • **dar la vuelta al mundo** faire le tour du monde • **dar vueltas** tourner • **dar una vuelta** faire un tour • **vuelta ciclista** tour cycliste **2.** retour *m* • **a la vuelta** au retour • **estar de vuelta** être de retour **3.** *(argent restant)* monnaie *f* • **dar la vuelta** rendre la monnaie **4.** tournant *m* **5.** *(face opposée)* dos *m* • **dar la vuelta a algo** retourner qqch • **darle la vuelta a la página** tourner la page • **dar(se) la vuelta** se retourner **6.** *(changement)* renversement *m* **7.** revers *m (d'un pantalon, etc)* **8.** *(expressions)* • **a la vuelta de la esquina** au coin de la rue • **a vuelta de correo** par retour du courrier • **dar la vuelta a la tortilla** *fam* renverser la vapeur • **darle vueltas a algo** tourner et retourner qqch dans sa tête • **no tiene vuelta de hoja** c'est comme ça et pas autrement • **poner a alguien de vuelta y media a)** *(insulter)* traiter qqn de tous les noms **b)** *(gronder)* sonner les cloches à qqn. ■ **vuelta de campana** *nf AUTO* tonneau *m*.

vuelto, ta *adj* • **de cuello vuelto** *(pull)* à col roulé. ■ **vuelto** *pp* → **volver**. ❑ *nm* **(AMÉR)** monnaie *f (rendue)*.

vuestro, tra *adj poss* votre • **vuestros libros** vos livres • **un amigo vuestro** un de vos amis • **no es asunto vuestro** ça ne vous regarde pas • **no es culpa vuestra** ce n'est pas (de) votre faute. ❑ *pron poss* • **el vuestro** le vôtre • **la vuestra** la vôtre • **ésta es la vuestra** *fam* à vous de jouer • **lo vuestro es el teatro** *fam* votre truc c'est le théâtre • **los vuestros** *(votre famille)* les vôtres.

vulcanología *nf* volcanologie *f*.

vulgar *adj* **1.** vulgaire **2.** banal(e) ; *(jour, objet)* ordinaire.

vulgaridad *nf* vulgarité *f* • **decir vulgaridades a)** dire des grossièretés **b)** dire des banalités.

vulgarismo *nm* vulgarisme *m*.

vulgarización *nf* vulgarisation *f*.

vulgarizar [13] *vt* vulgariser. ■ **vulgarizarse** *vp* se vulgariser.

vulgarmente *adv* vulgairement.

vulgo *nm péj* • **el vulgo a)** le peuple **b)** le commun des mortels.

vulnerabilidad *nf* vulnérabilité *f*.

vulnerable *adj* vulnérable.

vulneración *nf* violation *f*.

vulnerar *vt* **1.** porter atteinte à *(un nom, une réputation, etc)* **2.** violer *(la loi, etc)*.

vulva *nf* vulve *f*.

VV abrév de **ustedes**.

W

w, W [' uβe'doble, 'doble'uβe] *nf* w *m inv*, W *m inv*.

walkie-talkie (*pl* **walkie-talkies**) *nm* talkie-walkie *m*.

walkman® ['walman] (*pl* **walkmans**) *nm* Walkman® *m*.

WAP [wap] (abrév de **wireless application protocol**) *nm INFORM* WAP *m*.

wapo, pa *(SMS)* beau, belle.

wasabi *nm* wasabi *m*.

wáter, wáteres = **váter**.

waterpolo [water'polo] *nm* water-polo *m*.

watio = **vatio**.

WC (abrév de **water closet**) *nm* W-C *mpl* • **los WC públicos** les toilettes publiques.

web ['weβ] *nf INFORM* web *m* • **una (página) web** un site *m* web.

webcam ['weβkam] (*pl* **webcams**) *nf INFORM* webcam *f*, netcam *f*.

webcast ['weβkast] *nm INFORM* webcast *m*.

weblog [weβ'log] *nm* weblog *m*.

webmail ['weβmeil] *nm INFORM* webmail *m*.

webmáster, webmaster [weβ'master] *nmf INFORM* webmestre *mf*.

western ['wester] (*pl* **westerns**) *nm* western *m*.

whisky = **güisqui**.

wi-fi ['wifi] (abrév de **Wireless Fidelity**) *nm inv* Wi-Fi *m inv*.

wiki *nm ou nf INFORM* wiki *m*.

windsurf ['winsurf], **windsurfing** ['winsurfin] *nm* • **hacer windsurf** faire de la planche à voile.

windsurfista *nmf* véliplanchiste *mf*, planchiste *mf*.

WTF (abrév de **What the Fuck**) *vulg (dans des messages)* WTF *(c'est quoi ce délire ?)*.

WWW (abrév de **World Wide Web**) *nm ou nf* WWW *m*.

X

x, X ['ekis] *nf* x *m inv*, X *m inv*. ■ **X** *nf* X *m* • **la señora X** madame X.

xa, xra (abrév de **para**) *(SMS)* pr *(pour)*.

xD (abrév de **carcajada**) *(SMS)* MDR *(mort de rire)*.

xdon (abrév de perdón) *(SMS)* dsl *(désolé)*.
xenofilia *nf* xénophilie *f*.
xenófilo, la *adj & nm,f* xénophile.
xenofobia *nf* xénophobie *f*.
xenófobo, ba *adj & nm,f* xénophobe.
xerocopia *nf* Xérocopie® *f*.
xerocopiar [8] *vt* reproduire par Xérocopie®.
xerografía *nf* Xérographie® *f*.
xerografiar *vt* reproduire par Xérographie®.
xfa (abrév de por favor) *(SMS)* STP *(s'il te plaît)*.
xilofón, xilófono *nm* xylophone *m*.
XML (abrév de Extensible Markup Language) *nm* XML *m*.
xq (abrév de porque) *(SMS)* pck *(parce que)*.
Xunta [ʃunta] *npr* • **la Xunta de Galicia** la Xunta de Galice *(nom du gouvernement autonome)*.

Y

y[1], Y [i'ɣrjeɣa] *nf* y *m inv*, Y *m inv*.
y[2] *conj* et • **un café y un pastel** un café et un gâteau • **sabía que no lo conseguiría y aun así seguía intentándolo** il savait qu'il n'y parviendrait pas et pourtant il continuait à essayer • **¡hay restaurantes y restaurantes!** il y a restaurant et restaurant ! • **tras horas y horas de espera** après des heures et des heures d'attente • **¿y tu mujer? ¿dónde está?** et ta femme, où est-elle ?
ya *adv* **1.** déjà • **ya en 1950** en 1950, déjà • **ya me lo habías contado** tu me l'avais déjà raconté **2.** maintenant ; *(immédiatement)* tout de suite • **¿nos vamos ya o dentro de un rato?** on part tout de suite ou dans un moment ? • **hay que hacer algo ya** il faut faire quelque chose tout de suite • **ya no** plus maintenant **3.** *(exprime le futur)* • **ya te llamaré** je t'appellerai • **ya nos habremos ido** nous serons déjà partis **4.** *(enfin)* • **hay que hacer algo ya** il est temps de faire quelque chose **5.** *(renforce le verbe)* • **ya entiendo** je comprends • **ya lo sé** je sais bien • **¡ya era hora!** il était temps ! • **¡ya está!** ça y est ! • **ya veremos** on verra bien • **¡ya voy!** j'arrive ! ❑ *conj (distributive)* • **ya llegue tarde, ya llegue temprano...** que j'arrive tôt ou que j'arrive tard.... ❑ *interj* • **¡ya! a)** *(assentiment)* je sais ! **b)** *(pour dire que c'est assez)* merci ! **c)** *(finalement)* enfin ! **d)** *(bien sûr)* évidemment ! • **¡ya, ya!** bon, bon ! ■ **ya no** *loc adv* plus maintenant • **ya no... sino** pas seulement..., mais aussi • **fue desagradable, ya no conmigo sino con los demás** il a été désagréable, pas seulement avec moi, mais aussi avec les autres. ■ **ya que** *loc conj* puisque • **ya que has venido...** puisque tu es venu....
yacente, yaciente *adj* gisant(e).
yacer [77] *vi* **1.** être étendu(e) **2.** gésir • **aquí yace** ci-gît.
yacimiento *nm* gisement *m* • **yacimiento (arqueológico)** site *m* archéologique.
yang *nm* yang *m* • **el yin y el yang** le yin et le yang.
yanqui *adj* **1.** HIST yankee **2.** *fam* amerloque. ❑ *nmf* **1.** HIST Yankee *mf* **2.** *fam* Amerloque *mf*.
yate *nm* yacht *m*.
yayo, ya *nm,f fam* papy *m*, mamie *f*.
yedra = **hiedra**.
yegua *nf* jument *f*.
yeísmo *nm défaut consistant à prononcer de façon identique les lettres « ll » et « y »*.
yelmo *nm* heaume *m*.
yema *nf* **1.** jaune *m (d'œuf)* **2.** bourgeon *m* **3.** bout *m (des doigts)* **4.** CULIN *confiserie au jaune d'œuf et au sucre*.
Yemen *npr* • **(el) Yemen** (le) Yémen.
yemení *adj* yéménite. ❑ *nmf* Yéménite *mf*.
yen *nm* yen *m*.
yerba = **hierba**.
yerbatero *nm* (AMÉR) guérisseur *m*.
yermo, ma *adj* **1.** inculte **2.** désert(e).
yerno *nm* gendre *m*.
yerro *nm vieilli* erreur *f*.
yeso *nm* **1.** gypse *m* **2.** *(poussière, sculpture)* plâtre *m*.
yeyé *adj* yé-yé.
yeyuno *nm* jéjunum *m*.
yiddish, jiddisch ['jiðiʃ] *nm* yiddish *m*.
yihad, jihad *nf* djihad *m*.
yin *nm* yin *m* • **el yin y el yang** le yin et le yang.
yo *pron pers (sujet)* je, j' *(devant une voyelle)* ; *(prédicat)* moi • **yo me llamo Juan** je m'appelle Juan • **el culpable soy yo** c'est moi le coupable • **yo que tú/él** *etc* à ta/sa *etc* place. ❑ *nm* PSYCHO • **el yo** le moi.
yodo, iodo *nm* iode *m*.
yoga *nm* yoga *m*.
yogur (*pl* **yogures**) *nm* yaourt *m* • **yogur enriquecido con bifidus** yaourt au bifidus.
yogurtera *nf* yaourtière *f*.
YOLO (abrév de You Only Live Once) *(dans des messages)* YOLO *(on n'a qu'une vie)*.
yonqui *nmf fam* junkie *mf*.
yóquey (*pl* **yoqueys**), **jockey** ['jokei] (*pl* **jockeys**) *nm* jockey *mf*.
youtubero, ra *nm,f* youtuber *m*, -euse *f*.
yoyó *nm* Yo-Yo® *m inv*.
yuan *nm (monnaie)* yuan *m*.
yuca *nf* **1.** *(plante)* yucca *m* **2.** manioc *m*.
yudo, judo ['juðo] *nm* judo *m*.
yudoca, judoka [ju'ðoka] *nmf* judoka *mf*.
yugo *nm* joug *m*.

Yugoslavia *npr* Yougoslavie *f* • **la ex Yugoslavia** l'ex-Yougoslavie *f.*
yugular *adj & nf* jugulaire.
yunque *nm* enclume *f.*
yuppie (*pl* **yuppies**) *nmf* yuppie *mf.*
yute *nm* jute *m.*
yuxtaponer [65] *vt* juxtaposer.
yuxtaposición *nf* juxtaposition *f.*
yuxtapuesto, ta *pp* → **yuxtaponer**.

Z

z, Z ['θeta] *nf* z *m inv*, Z *m inv.*
zafarse *vp* **1.** se sauver, s'échapper **2.** se dérober **3.** **(AMÉR)** *(articulation)* se démettre, se déboîter. ■ **zafarse de** *v + prép* **1.** se débarrasser de **2.** se libérer de, éviter • **zafarse de un compromiso** se libérer d'un engagement.
zafarrancho *nm NAUT* branle-bas *m inv* • **zafarrancho de combate** *MIL* branle-bas de combat.
zafio, fia *adj* grossier(ère).
zafiro *nm* saphir *m.*
zaga *nf SPORT* arrières *mpl* • **ir a la zaga** être à la traîne • **no irle a la zaga a alguien** *fig* n'avoir rien à envier à qqn.
zaguán *nm* entrée *f.*
zahorí (*pl* **zahoríes** *ou* **zahorís**) *nmf* **1.** sourcier *m*, -ère *f* **2.** *fig* • **es un zahorí** on ne peut rien lui cacher.
zaino, na *adj* **1.** *(cheval)* zain *(inv)* **2.** *(vache)* noir(e).
Zaire *npr* Zaïre *m.*
zalamería *nf (gén pl)* flatterie *f.*
zalamero, ra *adj & nm, f* enjôleur(euse).
zamarra *nf* blouson *m* (fourré).
zambo, ba *adj & nm, f* cagneux(euse).
zambomba *nf MUS tambour percé d'une baguette.*
zambullir *vt* plonger. ■ **zambullirse** *vp* • **zambullirse en a)** plonger dans *(de l'eau)* **b)** *fig* se plonger dans *(une activité).*
Zamora *npr* Zamora.
zampar *vt fam* bouffer. ■ **zamparse** *vp fam* *(absorber)* s'enfiler.
zanahoria *nf* carotte *f.*
zanca *nf* patte *f (d'oiseau).*
zancada *nf* enjambée *f.*
zancadilla *nf* • **poner una ou la zancadilla a alguien a)** faire un croche-pied à qqn **b)** *fig* *(tromper)* tendre un piège à qqn **c)** *(rendre difficile)* mettre des bâtons dans les roues à qqn.
zancadillear *vt* • **zancadillear a alguien a)** faire un croche-pied à qqn **b)** *fig* tirer dans les pattes de qqn.
zanco *nm* échasse *f.*
zancudo, da *adj* **1.** *(personne)* qui a de longues jambes **2.** *(animal)* haut(e) sur pattes • **un ave zancuda** un échassier. ■ **zancudo** *nm* **(AMÉR)** moustique *m.*
zanganear *vi fam* flemmarder.
zángano, na *nm, f fam* flemmard *m*, -e *f.* ■ **zángano** *nm ZOOL* faux bourdon *m.*
zanja *nf* tranchée *f.*
zanjar *vt* trancher *(sur un sujet, dans une discussion)* ; résoudre *(une difficulté, un problème).*
zapallo *nm* **(AMÉR)** **1.** courgette *f* **2.** calebasse *f.*
zapata *nf* **1.** taquet *m* **2.** *(frein)* mâchoire *f.*
zapateado *nm* zapateado *m* ; *danse espagnole rythmée par des coups de talon.*
zapatear *vi* **1.** taper des pieds **2.** *MUS marquer le rythme en donnant des coups de talon.*
zapatería *nf* **1.** cordonnerie *f* **2.** magasin *m* de chaussures.
zapatero, ra *nm, f* **1.** *(fabricant, vendeur)* chausseur *m* **2.** *(réparateur)* • **zapatero (de viejo ou remendón)** cordonnier *m*, -ère *f.*
zapatilla *nf* chausson *m* • **zapatilla de ballet** chausson de danse • **zapatilla (de deporte)** chaussure *f* de sport, tennis *m ou f.*
zapatismo *nm* zapatisme *m.*
zapatista *adj & nmf* zapatiste.
zapato *nm* chaussure *f.*
zapear *vi* zapper.
zapeo *nm* zapping *m.*
zapping *nm inv* zapping *m* • **hacer zapping** zapper.
zar *nm* tsar *m.*
zarandajas *nfpl fam* balivernes *fpl.*
zarcillo *nm (gén pl)* boucle *f* d'oreille.
zarina *nf* tsarine *f.*
zarista *adj & nmf* tsariste.
zarpa *nf* griffe *f.*
zarpar *vi* appareiller.
zarpazo *nm* coup *m* de griffe.
zarrapastroso, sa *adj (vêtement)* en lambeaux. ❑ *nm, f (personne)* clochard *m*, -e *f.*
zarza *nf* ronce *f.*
zarzal *nm* ronces *fpl.*
zarzamora *nf* **1.** mûre *f* **2.** mûrier *m.*
zarzuela *nf* **1.** *(opérette espagnole)* zarzuela *f* **2.** *CULIN plat de poisson et coquillages en sauce.*
zas *interj* • **¡zas!** vlan !
zasca *nf (réplique)* skud *m.*
zascandilear *vi fam* fouiner, mettre son nez partout.
zen *adj inv & nm* zen.
zenit = **cenit**.
zepelín *nm* zeppelin *m.*
zigzag (*pl* **zigzags**) *nm* zigzag *m.*
zigzagueante *adj* zigzagant(e).
zigzaguear *vi* zigzaguer.
zinc = **cinc**.

zíngaro = **cíngaro**.
zíper *nm* (AMÉR) fermeture *f* Éclair®.
zipizape *nm fam* grabuge *m*.
zócalo *nm* **1.** plinthe *f* **2.** socle *m* **3.** soubassement *m*.
zoco *nm* souk *m*.
zodiacal *adj* zodiacal(e).
zodiaco, zodíaco *nm* zodiaque *m*.
zombi, zombie *nmf litt & fig* zombie *m*.
zona *nf* zone *f* • **zona azul** AUTO zone bleue • **zona euro** zone euro • **zona verde** espace *m* vert.
zonal *adj* zonal(e).
zonzo, za, sonso, sa *adj* (AMÉR) *fam* crétin(e).
zoo *nm* zoo *m*.
zoofilia *nf* zoophilie *f*.
zoología *nf* zoologie *f*.
zoológico, ca *adj* zoologique ; de zoologie. ■ **zoológico** *nm* → **parque**.
zoólogo, ga *nm,f* zoologiste *mf*.
zoom = **zum**.
zooplancton *nm* zooplancton *m*.
zopenco, ca *adj & nm,f* crétin(e).
zoquete *adj & nmf* abruti(e). ❑ *nm* (AMÉR) chaussette *f*.
zorro, rra *adj* • **ser zorro** être rusé comme un renard. ❑ *nm,f* renard *m*, -e *f* • **un zorro viejo** *fig* un vieux renard. ■ **zorro** *nm (fourrure)* renard *m*.
zozobra *nf fig* angoisse *f*.
zozobrar *vi* **1.** sombrer, faire naufrage **2.** *fig* échouer ; *(affaire, commerce)* couler.
zueco *nm* sabot *m*.
zulo *nm* planque *f*, cache *f*.
zulú (*pl* **zulúes** *ou* **zulús**) *adj* zoulou(e). ❑ *nm,f* Zoulou *m*, -e *f*.
zum, zoom *nm* zoom *m*.
zumbado, da *adj & nm,f fam* cinglé(e).
zumbar *vi* **1.** *(abeille)* bourdonner ; *(moteur)* ronfler **2.** *fam & fig (courir)* filer. ❑ *vt fam (frapper)* • **zumbar a alguien** flanquer une raclée à qqn.
zumbido *nm* bourdonnement *(d'une abeille)* ; ronflement *m (d'un moteur)*.
zumbón, ona *adj fam* moqueur(euse). ❑ *nm,f fam* blagueur *m*, -euse *f*.
zumo *nm* jus *m* • **zumo de naranja** jus d'orange.
zurcido *nm* **1.** reprisage *m* **2.** reprise *f*.
zurcir [12] *vt* repriser.
zurdo, da *adj* **1.** *(main, œil, etc)* gauche **2.** *(personne)* gaucher(ère). ❑ *nm,f* gaucher *m*, -ère *f*. ■ **zurda** *nf* **1.** main *f* gauche **2.** pied *m* gauche.
zurra *nf fam* raclée *f*.
zurrar *vt* **1.** tanner *(une peau)* **2.** *fam (frapper)* • **zurrar a alguien** flanquer une raclée à qqn.
zurrón *nm* gibecière *f*.
zutano, na *nm,f* Untel *m*, Unetelle *f*.

PAPIER À BASE DE FIBRES CERTIFIÉES

LAROUSSE s'engage pour l'environnement en réduisant l'empreinte carbone de ses livres. Celle de cet exemplaire est de :
1,6 kg éq. CO_2
Rendez-vous sur www.larousse-durable.fr

Imprimé en Italie par la Tipografica Varese Srl. Varese
Dépôt légal : mai 2018 – 321169/01
N° de projet : 11037629 – avril 2018